鸣　　谢

本书中文版获准出版，得到了美国公共行政学会前主席、美国公共生产力研究中心主任、知名行政学家、瑞格大学马克·霍哲教授部分资金资助，谨致谢忱！

公共管理与公共政策经典译丛

主　　　编：张梦中　马克·霍哲（美）
副 主 编：鲍　静　葛　洪
助理主编：周　巍
译丛总策划：葛　洪

学术顾问：郭　济　夏书章　袁曙宏

编　　委：（排名不分先后）：

董克用	张成福	周志忍	薛　澜	彭宗超	胡象明	李成智
唐任伍	杨冠琼	薄贵利	刘旭涛	董晓君	王乐夫	陈瑞莲
蔡立辉	陈振明	卓　越	马敬仁	黄卫平	李　平	金太军
竺乾威	林尚立	丁　煌	徐晓林	戚　攻	陈建先	杜国钧
何　颖	高小平	靳江好	周光辉	吴建南	王　红	吴　伟
曹景钧	詹中原	毛桂荣	何立仁	（Ian Holliday）		姜晓萍
杨爱华	曹大友	钱再见	罗德刚			

公共管理学手册

（第二版）

Handbook of Public Administration

(Second Edition)

主编

杰克·雷斌（Jack Rabin）
巴特利·希可德雷思（W.Bartley Hildreth）
杰拉尔德·J·米勒（Gerald J.Miller）

翻译

张梦中　等

中山大学出版社　　　　中国·广州

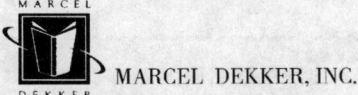
MARCEL DEKKER, INC.　　　　NEW YORK · BASEL

Handbook of Public Administration (Second Edition) / (Rabin, J.)
Copyright © 1998 by MARCEL DEKKER, INC. All Rights Reserved.
No part of this book may be reproduced or utilized in any form or by any means, electronic or mechanical, including photocopying, recording, or by any information storage and retrieval system, without permission in writing from the publsher.

本书中文字体专有出版权由 MARCEL DEKKER, INC. 授予中山大学出版社, 版权为中山大学出版社所有。未经书面允许, 不得以任何方式复制或抄袭本书内容。

版权所有　翻印必究

图书在版编目（CIP）数据

公共管理学手册（第二版）= Handbook of Public Administration (Second Edition) / （美）杰克·雷斌（Rabin, J.）主编；张梦中 等译. —广州：中山大学出版社，2006.11

（公共行政与公共政策经典译丛）

ISBN 7-306-02752-2

Ⅰ. 公… Ⅱ. ①雷… ②张… Ⅲ. 公共管理—手册 Ⅳ. D035-62

中国版本图书馆 CIP 数据核字（2006）第 087153 号

责任编辑：葛　洪
封面设计：云盖寺
责任校对：宗　隐
责任技编：黄少伟
出版发行：中山大学出版社
　　　　　编辑部电话（020）84111996，84113349
　　　　　发行部电话（020）84111998，84111160
地　　址：广州市新港西路 135 号
邮　　编：510275
传　　真：(020) 84036565
印 刷 者：广州市新明光印刷有限公司
经 销 者：广东新华发行集团
规　　格：787mm×1092mm　1/16　88.5 印张　2310 千字
版次印次：2006 年 11 月第 1 版　2006 年 11 月第 1 次印刷
定　　价：280.00 元

本书如有印装质量问题影响阅读，请与出版社联系调换

内 容 提 要

作为一部标准的学术参考书，本书的第二版，以独辟蹊径的历史眼光和5个重大概念或理论框架为特定主题，全面更新并反映了该领域的最新研究与发展，审视了公共管理学科的所有主要领域，涉及公共预算、公共财政管理、决策制定、公共法规和政治经济学等14个核心分支学科，对这些学科领域的最新研究和发展进行了广泛而全面的更新。

为了促进对公共管理学科的深度理解，全面修订并出版该书的第二版显然是时代的呼唤。该修订版以编年体形式，追溯了本学科领域自1880s至当前的发展全貌。

本书采用独立成篇的长篇论文形式，在相对独立的学科空间和牢固的学科根基上，对于公共管理学科的14个核心分支学科，加以详尽而精致化地构建，循着时间的流程，逐步凸显出其百科全书式的学科发展的全景式画卷……

该修订版为当今美国最资深的行政学家之一的杰克·雷斌（Jack Rabin）先生主编并凝聚了35位本学科顶尖级专家竭尽心智的学术贡献，几乎是不遗余力地搜罗了相关的参考文献。相对于第一版，该修订版提供了超过5300种最新的学术文献引证材料，仅在本版中，所涉及的新增学术参考文献即超过2700种，并使用了大量有助于表现学科发展全景的表格、公式、图形和照片以便阐明问题，其权威性、集成性贡献是毋庸置疑的。

使用实践已经证明，《公共管理学手册》（第二版）作为一种主要学习资源，必将成为公共部门管理者、公共政策专家、政治科学家的必备基本读物，更是公共行政、政治科学、公共事务和公共政策课程研究生的必备且极具价值的入学考试参考书及研究和学习的不可或缺的工具书。

"公共管理与公共政策经典译丛"
总　　序

国家治理是一个既古老又新颖的概念，可以说自从有了古代王朝，就有了国家治理。但作为现代意义上的国家治理和社会公共事务管理，却是在过去的100多年里——确切地说，是自1880s以来产生于美国及西方各国的概念，而这一概念的内涵，更是在持续地扩展和迁延之中。20世纪后半叶，伴随着经济的腾飞和政治体制改革的持续深入，古老的中国加快了社会主义民主与法制国家建设的步伐，从而引发了对国家治理形态的深刻反思，西方现代国家治理理论和技术形态迅即进入国家高层管理者和理论界的政治视野。对现代型国家治理人力资源的迫切需求，使得在1997年中国研究生培养目录中，首次出现了公共管理这一类别，从而"公共管理"这一概念迅速受到国人的关注。

舶来的概念，呼唤着系统而深入的理论阐释。为此，理论界和出版界携手合作，在不长的时间内，引进并翻译出版了众多西方世界的相关学术文献，时下见于坊间的成规模、成系列的译著已多达上数十种之多，其中的确不乏20世纪本学科的精品。但据熟知西方该学科学术文献的资深学者分析，良莠不齐现象是很显在的事实。

而就总体言，目前各出版机构引进的本学科领域的著述，以教科书居多，甚至于几乎占了图书目录的绝大多数，且碎片化特征明显，鲜有站在学术发展高端、勾勒学科发展全景画卷的学术文献，这种支离破碎的学术文献引进和吸收方式，在很大程度上扰乱了学术界、公共管理实践领域的全景视野。更有甚者，学子们受这些学术文献的影响，很难得理论和技术之精髓，此必将在很大程度和较长时间段内，影响我国公共管理理论和技术水平。

为改变这一现实状况，2002年，中山大学出版社在美国公共行政学会（ASPA）的指导下，选择了从引进具有本学科全景式画卷的权威学术文献入手的出版思路。通过美国行政学会前任主席马克·霍哲（Marc Holzer）教授及其同事们的艰苦努力，并获得了美国当前最资深的公共行政学者之一、"公共行政与公共政策丛书"的主编杰克·雷斌（Jack Rabin）先生全力协助，中山大学出版社获得了Marcel Dekker出版公司的授权，此正值该公司刚刚举行其"公共行政与公共政策系列丛书"出齐百种的盛大典礼之际。Marcel Dekker 出版公司是在美国学术图书出版领域享有盛誉的私人出版机构，她倾数十年之人力物力财力，策划、组织、出版并发行了包括《公共行政学百科全书》在内的诸多学术工具书和参考书，仅在公共行政学领域，其已出版的学术文献和工具书、参考书就种类齐全、规模巨大，且多数是大部头的高端学术参考文献和工具性文献。

在第一阶段，中山大学出版社获准从其已出版"公共行政与公共政策系列图书"的101种著作中，挑选并翻译出版3种，在中国图书市场加以推介。为此，以美国公共行政学会前主席马克·霍哲（Marc Holzer）教授、丛书主编杰克·雷斌（Jack Rabin）先生为首的丛书编委会，经反复协商，从中挑选了最具宏观性和权威性，最全景且透彻地解析整个公共管理学科学术发展全景，并且能关联学科全领域的3种学术性工具书：

1. 《公共管理学手册》（Handbook of Public Administration）（第二版），杰克·雷斌（Jack Rabin）等主编
2. 《公共管理与法》（Public Administration and Law）（第二版），戴维 H. 罗森布洛姆（David H. Rosenbloom）等著
3. 《公共部门组织行为手册》（Handbook of Organizational Behavior）（第二版），罗伯特 T. 戈洛比威尔斯基（Robert T. Golembiewski）主编

从书名和中国读者已经耳熟能详的编撰者，我们已经不难看出这些学术文献的分量和权威性、经典性价值。仅以《公共管理学手册》（第二版）为例，其第一版被《美国参考数年鉴》誉为"一个有杰出学术价值的贡献"。该书凝聚了35位本学科顶尖级专家竭尽心智的学术贡献，几乎是不遗余力地搜罗了相关的参考文献。相对于第一版，该修订版提供了超过5300种最新的学术文献引证材料，仅在本版中，所涉及到的新学术文献即超过2700种，并使用了大量有助于表现学科发展全景的表格、公式、图形和照片以便阐明问题。其权威性、集成性贡献是毋庸置疑的。它采用独立成篇的长篇论文形式，在相对独立的学科空间和牢固的学科根基上，对于公共管理学科的14个核心分支学科，加以详尽而精致化地构建，循着时间的流程，逐步凸现出其百科全书式的学科发展的全景式画卷。作为一部标准的学术参考书，本书的第二版，以独辟蹊径的历史眼光和5个重大概念或理论景观为特定主题，全面审视了公共管理学科的所有领域，涉及公共预算、公共财政管理、决策、公共法规和政治经济学等14个核心分支学科，对这些学科领域的最新研究和发展进行了广泛而全面的更新，以编年体形式，追溯了本学科领域自1880s至当前的发展全貌。使用实践

已经证明,《公共管理学手册》(第二版)作为一种主要学习资源,必将成为公共部门管理者、公共政策专家、政治科学家的必备基本读物,更是公共行政、政治科学、公共事务和公共政策课程研究生水平入学考试的必备且极具价值的参考书及研究和学习的不可或缺的工具书。

限于序言的篇幅,笔者不拟赘述其余两种图书的杰出学术贡献,想必读者诸君自有公断。

最后,谨向为该译丛精心挑选书目、版权引进、翻译等做出贡献的诸多专家学者致于诚挚的谢意,尤其对马克·霍哲(Marc Holzer)教授、杰克·雷斌(Jack Rabin)先生的鼎力支持和艰苦努力表示衷心感谢。马克·霍哲教授还为本译丛的版权引进提供了无偿资金资助,一并谨致谢忱。最后,感谢张梦中博士在版权引进和组织翻译方面的突出贡献。

译丛总策划:葛　洪

2006年10月12日于岭南康乐园

中文版序

　　的确很欣慰见证我们的书翻译成中文。我们感谢张梦中教授将这部巨著带给我们在中国的所有朋友。

　　我们努力尝试着在公共行政领域内以百科全书的方式引入主要的概念和观点。而且，本书的设计对于学者而言是他们寻求研究生涯的起点；对于学生，是渴望对这门学科有更宽阔的视角；而对于实践工作者，则提供行政工具的背景和发展沿革。如此，他们将期待和渴望使用这样的视角。

　　我们欢迎您的评论和建议。

杰克·雷斌（Jack Rabin）
W·巴特利·希尔德雷思（W. Bartley Hildreth）
杰拉尔德·J·米勒（Gerald J. Miller）

2006 年春天

译者的话

2001年仲夏，当笔者参加在中山大学政治与行政学系和行政管理研究中心（现为中山大学政治与公共事务管理学院）举办的首届公共管理国际会议时，中山大学出版社的葛洪先生找到笔者，希望帮助引进对国内学术界比较有参考价值的公共管理著作。回到美国后，我即开始相关的工作。光阴似箭，日月如梭，5年时间过去了，在本书即将付梓之际，的确感慨万千。

公共行政既是一门学术领域，又是一种职业实践。公共行政试图从不断变化的世界中提取理论，寻找有规律性的原理原则，同时又不断地塑造着这个现实世界。因而，公共行政包含着学者与公共管理者的互动，也包含着政府与社会的互动。私营管理的"底线"是利润，而公共管理的本质考量是公众的福祉。要实现这个目的，公共行政在其历史演变过程中发展出一套价值与信念体系，与私营部门有着显著的区别。公共行政的核心价值导向包括：效益、社会公平、民主参与、社会代表性、回应性、公共责任、公正与正义，当然还有与私营部门共有的效率信念。

作为一种实践，公共行政的历史与人类的历史一样悠久而源远流长。作为一门人类探询的学术领域，公共行政的诞辰通常被认为始于伍德罗·威尔逊（Woodrow Wilson）1887年所写的论文"行政之研究"。在20世纪的早些年代，弗雷德里克.泰勒（Frederick Taylor）忙于时间动作研究，那个时代的核心关注是效率。这个时期同样被标注上科学管理的"个人像机器"那样的模型。卢瑟·古里克（Luther Gulick）和林德尔·厄威克（Lyndall Urwick）1937年关于行政科学的论文列出了行政职能的7个原则——计划、组织、人事、指导、协调、报告和预算（POSDCORB）。在此20年前，亨利·法约尔（Henri Fayol）(1916)识别了14个原则：（1）工作分工；（2）权威与回应；（3）纪律；（4）命令的统一；（5）方向的一致；（6）个人利益服从总体利益；（7）个人的回报；(8) 集权化；(9) 等级链条（权威链条）；(10) 秩序；(11) 公平；(12) 个人任期的稳定性；(13) 首创精神；与 (14) 集体精神。1924 年，埃尔顿·梅奥和其他学者在西部电器工厂开始了一系列工作条件与工作行为的研究，通常被称作"霍桑实验（Hawthorne Experiments）"。"霍桑效果"触发了人际关系学派的兴起，诸如马斯洛（Maslow）关于人类动机的理论（5 个层次需求的理论）以及麦格雷戈（McGregor）发展的 X 理论和 Y 理论。在 20 世纪 60 年代，美国波涛汹涌的校园骚动、人权运动、女权运动、越南战争和其他事件之后，明罗布鲁克会议（Minnowbrook Conference，1968）开辟了公共行政的新纪元，即"新公共行政运动"。"新公共行政"的价值导向是社会公平、代表性、回应性、民主参与和社会责任——这与早期的效率效益导向是有所差异的。当我们进入 20 世纪 80 年代后，一个新的治理范式进入全球公共部门的视野——即"新公共管理运动"，"新公共管理运动"是"重塑政府"视角的扩展，源于 20 世纪 70 年代末和 80 年代初的英国、新西兰和澳大利亚。简言之，"新公共管理运动"就是用私营部门的理念、观点、技术与方法，管理公共部门。包括政府与其他公共部门的精简、合同外包、非国有化、私营化、绩效评估、结果导向等等内容。也可以说，"新公共管理运动"是 20 多年来席卷世界各国行政改革浪潮。按照欧文·休斯（Owen Hughes）的说法，"新公共管理"是"公共部门改革协调一致的努力和举措，致力于用管理代替行政，尽可能用市场和合同代替正式的官僚机构，并且精简公共部门的规模和幅度"（Hughes，1998：1489）。

上一个 10 年，一个新的术语——治理——成为公共部门的行话而流行起来。正如许多其他学术术语一样，治理也毫无例外地获得了多重定义。海登（Hyden）和布拉顿（Bratton）这样定义治理，"政府结构框架下有意识的管理，带有提升公共组织合法性的见解"（1992：6-7），罗西瑙（Rosenau，1995）说治理是"从家庭到国际组织中所有层级人类活动的规则体系，而这些组织通过控制追求目的的活动有着跨国的影响"（1995：13）。皮埃尔（Pierre）等人认为"思考治理意味着如何驾驭经济和社会以及如何达成集体目的"（2000：1）。治理有三个层级，即地方层级、国家层级、超国家和全球层级。这些治理模式可以划分为"等级——依赖于政府的治理"，"协调——政府与市场和公民社会的结构性互动"和"自我治理——自主的行动者网络"（Potucek et al.，2004）。

如今，公共服务、服务型政府不仅成为不少学术研讨会的主题，更进入我们政府实践的范畴。公共服务是否成为继"新公共管理"之后的又一个公共行政"范式"还有待实践检验。在学术界，有两种主要观点：一种认为公共管理取代了公共行政；另一种认为公共管理只是公共行政的一个范式。笔者赞同后者。自然，这里不是争辩的场所。从实证的角度考察，笔者认为中国改革开放后的行政改革越来越带有全球化、国际化的特征，而本土化的特征却在减少（Zhang and Straussman，2003）。

比如最近若干年中国政府在改革与创新中引入的"阳光政府"、透明化、

译者的话

政务公开、听政制度、政府重大决策程序与监督等等，都是西方发达国家已经实施了多年的举措。那么，系统地引进西方发达国家公共行政的理论、技术、方法和实践，对于转型中的中国公共行政，无疑有着重大的理论和实践意义。

正是在这样的背景下，我们组织翻译了《公共管理学手册》，全书包括14部分内容：（1）公共行政历；（2）组织理论；（3）公共预算和财政管理；（4）决策制定；（5）公共人事行政和劳工关系；（6）联邦主义和政府间关系；（7）政策科学；（8）比较和国际行政学；（9）公法和公共行政；（10）公共行政教育；（11）数据管理和研究方法：（12）司法行政；（13）公共经济学；（14）公共行政职业。这部巨著的内容很丰富，理论和实践信息量都很大，适合于公共管理、公共行政、公共政策和公共事务类高年级学生、研究生（硕士，博士）以及教师科研工作者和政府官员、公共部门实践者参考。如果说新闻带有很强的时效性，那么带有跨越历史研究的本书将是一部长销书，就是说，在今后相当长的时间内，书中的智慧光芒，都将照耀着中国公共行政/管理/政策的理论研究与实践，有着丰富和深刻的借鉴与启迪作用。

在翻译技术上，本书将 Management 翻译为"管理"，将 Administration 翻译为"行政"。考虑到中国学术界普遍将 Administration 理解为"管理"，所以书名 Handbook of Public Administration 翻译为《公共管理学手册》。人名地名尽可能采用商务印书馆的译法。人名、地名、学术名称、机构名称尽可能在括弧内提供原文，方便不同需求的读者。注释与参考文献提供原文，以便有英文基础的读者考证查核和查找进一步阅读读物。

笔者曾经参与翻译若干部英文学术著作，但本书是最厚实最丰富的一部，全书逾200万字。跨越数年的翻译，我和几位译者可谓呕心沥血。全书由张梦中、周巍、葛洪、张云翻译，张梦中统校。时间和译者水平有限，书中翻译错误和不当之处乞求读者批评指正。

美国著名公共行政学者马克·霍哲（Marc Holzer）教授以及本书原主编杰克·雷斌（Jack Rabin）教授在联系协商版权方面提供了不可或缺的帮助，中山大学出版社社长叶侨健先生对本书的出版给予了自始至终的支持和关怀，在此表示谢意！

张梦中
2006年7月于新加坡南洋理工大学

参考文献

Hughes, Owen E. (1998). "New Public Management," in Jay M. Shafritz edited INTERNATIONAL ENCYCLOPEDIA OF PUBLIC POLICY AND ADMINISTRATION. Westview Press.

Hyden, G and Bratton, M. (eds). (1992). Governance and Politics in Africa.

Boulder: Lynne Rieder.

Pierre, Jon & Guy Peters. (2000). Governance, Politics and the State. New York: St. Martins Press.

Potucek, Martin, Arnost Vesely and Martin Nekola. (2004). Understanding Governance: Theory, Measurement and Practice. Publisher: UK FSV CESES.

Rosenau, J. N. (1995). "Governance in the Twenty-first Century," Global Governance 1, 13-43.

Zhang, Mengzhong & Jeffrey D. Straussman. (2003). "Chinese Administrative Reforms with Japan, British and United States Characteristics?" Public Administration and Policy, Vol. 12, Iss. 2, 143-179.

序　言

　　通过讨论如何再设计公共机构使它们能够更好地回应顾客、消费者和公民/纳税人的需求，公共行政研究的活力持续增加。《公共管理学手册》（第二版）对如何管理政府公共机构和提升公共行政研究的辩论做出了贡献，公共行政领域致力于改善政府的运作。

　　和《手册》（第一版）一样，这些章节从两个不同的立场对公共行政内的主要子领域提供视角。每个单元对应某个普遍被接受的公共行政子领域。因此，每个单元由两个章节构成。书目提要中，第一篇文章追溯了某一分支领域各种理念的年代表，第二篇文章则探讨这一分支领域的五个"重要理念"。根据所积累的研究和知识，这两篇互为补充的文章评估了在这一分支领域内当前的最新知识状态。

　　更具体一些，在每个单元的第一篇论文中都含有一个从1880年到现在的时间发展顺序，以每10年或其他区分点为单位，讲述了形成和发展这一特定分支领域的主要概念、理论及其应用。选择从19世纪80年代开始，即我们认识到如《1883年公务员改革法》和1887年伍德罗·威尔逊的论文等是现代公共行政管理发展的两个主要起点。尽管这一起点藐视作为美国公共行政的权威性和概念性起点的美国宪法，但并没有阻止作者们在描述某一分支领域时使用宪法原则。

　　每一单元的第二章表达了作者对这五大理念或概念、理论、主题或观点的看法，这些理念对于全面理解这一领域的发展现状非常重要。

　　通过设计，这些"重大理念"章节并不是打算全面发展每个子领域的陈年往事或历史的视角，因为这些信息都出现在相伴随的历史文章中。有必要指出的是，历史章节的作者和"重大理念"章节的作者在他们各自的章节成型时可能没有彼此交流过。编者承担这最后的责任，协调这些不同的文稿。当在一个单元的各章节采用不同的路径时，编者允许这种潮流，因为每篇文稿都做出了巨大贡献。

和以前一样，《公共管理学手册》一书为研究生、教授、学者和公共管理人员回顾公共管理的关键子领域的文献提供了一个机会。我们欢迎读者和每章的作者都提出建议、批评和咨询意见。

杰克·雷宾

W·巴特利·希尔德雷思

杰拉尔德·J·米勒

目 录

第一单元 公共行政历史

第一章　美国公共行政学百年——进入第二个世纪美国人生活中的公共管理研究和实践 ……………………… 约瑟夫·A.尤格斯和劳斯伦·F.凯勒/1
第二章　公共行政学的五大理论 ……………… 马克·霍哲和盖布雷林/58

第二单元 组织理论

第三章　组织科学发展的趋势 ……………… 罗伯特·T.葛伦比维斯基/117
第四章　组织理论的五个重大问题 ……………… 罗伯特·B.丹哈特/133

第三单元 公共预算和财政管理

第五章　公共预算和财政管理领域（1789－1995）
……………………………………………………… 卡罗尔·w.刘易斯/164
第六章　预算与财政管理理论与实践提议
……………………………………………………… 格洛丽亚·A.格里泽尔/258

第四单元 决策制定

第七章　公共行政决策制定 ……………………… 约翰·R.吉斯特/303
第八章　决策制定的五大议题 …… 罗伯特·P.麦高恩，丹尼斯 P.威特曼/333

第五单元 公共人事行政和劳工关系

第九章　公共人事和劳工关系 ……………………… N·约瑟夫·凯尔/362
第十章　二十世纪公共人事行政 ……………………… 卢瑟·F.卡特/402

第六单元　联邦主义和政府间关系

第十一章　联邦主义,政府间关系和政府间管理:两个世纪以来依据地域和职能组织能力,这三个概念的起源,形成和成熟
.... 戴尔·S. 赖特/429

第十二章　联邦制和政府间关系:理论、理念和概念
.... 理查德·H. 里奇/511

第七单元　政策科学

第十三章　政策科学史 .... 彼得·德利翁,E. 萨姆·奥弗曼/530

第十四章　公共政策分析的多元视角
.... 斯图亚特·S. 内格尔,C. E. 提斯里三世/574

第八单元　比较和国际行政学

第十五章　比较与国际行政学 .... 乔治·M. 格斯/603

第十六章　比较和国际行政学中的议题 .... 弗雷尔·海迪/640

第九单元　公法和公共行政

第十七章　行政法和行政法规 .... 戴维·H. 罗森布洛姆/665

第十八章　公法和公共行政中的关键问题 .... 菲利浦·库珀/738

第十单元　公共行政教育

第十九章　公共行政的教育史 .... 埃莉诺·V. 劳迪辛纳/776

第二十章　公共行政教育学——另一个角度看待理论和实践中的演变范式
.... 拉尔夫·克拉克·钱德勒/820

第十一单元　数据管理和研究方法

第二十一章　公共行政学数据管理和研究方法 .... 罗伯特·K. 惠兰/858

第二十二章　公共行政学研究经典方法 .... 塞谬尔·J. 耶格尔/889

第十二单元　司法行政

第二十三章　司法行政——第三部门现代化…………史蒂文·W.海斯/1018
第二十四章　司法行政五大理论…………………詹姆斯·A.盖泽尔/1070

第十三单元　公共经济学

第二十五章　公共经济学和公共行政学……………弗里德·汤普森/1101
第二十六章　市场选择、公共选择和制度选择研究的新发展
　　　　　　……………………………………文森特·奥斯特罗姆/1182

第十四单元　公共行政职业

第二十七章　公共行政学界和寻求职业化……………约翰·J.加根/1208
第二十八章　公共行政职业中的五大问题……………布雷恩·R·弗赖伊,
　　　　　　　　　　　　　　　　　　　　　　劳埃德·G.尼格罗/1285
索引……………………………………………………………………/1349
主编简介…………………………………………………………………/1383
作者简介…………………………………………………………………/1387
译者简介…………………………………………………………………/1391

Contents

Preface ·· /1
Contributors ··· /1
About the Editors ·· /1

Unit I PUBLIC ADMINISTRATION HISTORY

1. One Hundred Years of American Public Administration and Counting: Moving into a Second Century in the Study and Practice of Public Management in American Life ······················ Joseph A. Uveges and Lawrence F. Keller/1
2. Five Great Ideas in American Public Administration
   ··· Marc Holzer and Vatche Gabrielian/58

Unit II ORGANIZATION THEORY

3. Trends in the Development of the Organizational Sciences
   ·· Robert T. Golembiewski/117
4. Five Great Issues in Organization Theory ·················· Robert B. Denhardt/133

UNIT III PUBLIC BUDGETING AND FINANCIAL MANAGEMENT

5. The Field of Public Budgeting and Financial Management, 1879 – 1995
   ·· Carol W. Lewis/164
6. Budgeting and Financial Management: Propositions for Theory and Practice
   ·· Gloria A. Grizzle/257

UNIT IV DECISION MAKING

7. Decision Making in Public Administration ·················· John R. Gist/302
8. Five Great Issues in Decision Making
   ······························· Robert P. McGowan and Dennis P. Wittmer/332

UNIT V   PUBLIC PERSONNEL ADMINISTRATION AND LABOR RELATIONS

9. Public Personnel and Labor Relations .... N. Joseph Cayer/361
10. Public personnel Administration in the 20th Century ...... Luther F. Carter/401

UNIT VI   FEDERALISM AND INTERGOVERNMENTAL RELATIONS

11. Federalism, Intergovernmental Relations, and Intergovernmental Management: The Origins, Emergence, and Maturity of Three Concepts Across Two Centuries of Organizing Power of Area and by Function .... Deil S. Wright/428
12. Fedearlism and Intergovernmental Relations: Theories, Ideas, and Concepts
.... Richard H. Leach/510

UNIT VII   POLICY SCIENCES

13. A History of the Policy Sciences ...... Peter deLeon and E. Sam Overman/529
14. Diverse Perspectives for Public Policy Analysis
.... Stuart S. Nagel and C. E. Teasley III/573

UNIT VIII   COMPARATIVE AND INTERNATIONAL ADMINISTRATION

15. Comparative and International Administration .... George M. Guess/602
16. Issues in Comparative and International Administration ...... Ferrel Heady/639

UNIT IX   PUBLIC LAW AND REGULATION

17. Administrative Law and Regulation .... David H. Rosenbloom/664
18. Critical Issues in Public Law and Public Administration
.... Phillip J. Cooper/737

UNIT X   PUBLIC ADMINISTRATION PEDAGOGY

19. History of Pedagogy in Public Administration .... Eleanor V. Laudicina/775
20. Public Administration Pedagogy: Another Look at Evolutionary Paradigms in Theory and Practice .... Ralph Clark Chandler/819

UNIT XI DATA ADMINISTRATION AND RESEARCH METHODS

21. Data Administration and Research Methods in Public Administration
 .... Robert K. Whelan/858
22. Classic Methods in Public Administration Research ...... Samuel J. Yeager/889

UNIT XII JUDICIAL ADMINISTRATION

23. Judicial Administration: Modernizing the Third Branch
 .... Stephen w. Hays/1018
24. Five Great Issues in Judicial Administration .... James A. Gazell/1070

UNIT XIII POLITICAL ECONOMY

25. Public Economics and Public Administration .... Fred Thompson/1099
26. Some Developments in the Study of Market Choice, Public Choice, and Institutional Choice .... Vincent Ostrom/1180

UNIT XIV THE PROFESSION OF PUBLIC ADMINISTRATION

27. The Public Administration Community and the Search for Professionalism
 .... John J. Gargan/1206
28. Five Great Issues in the Profession of Public Administration
 .... Brian R. Fry and Lloyd G. NIgro/1283
Index .... /1347

第一章 美国公共行政学百年回顾

进入第二个世纪美国人生活中的公共管理研究和实践

约瑟夫·A·尤格斯[*]

劳伦斯·F·凯勒[**]

Ⅰ. 引言

21世纪即将来临之际，公共行政学的研究和实践遇到了一些重大的问题，如管理前提，执行国家事务的能力等。而执行这些国家事务是公共行政学建立的初衷。重新兴起的平民主义（populism）（Rosenbloom 1993a）和信息技术的进步及时提供了公众意见和促使政府主动管理。这些发展对独立的和职业化培养的行政人员在多大程度上能够导致回应性政府和责任政府提出了质疑。它们也对作为公共行政学研究和演变基础的一些基本前提提出了许多重要疑问。

本章的结构，如上一版那样，以10年为时间单位回顾了不同时期公共行政研究和实践的历史和组织。这部历史说明了人和事的奇特混合影响了一种实践（如果不是一种职业）和研究领域的浮现。[①] 尽管原来文章中一些说明性材料已被删除，但是重点部分仍被保留。在恰当的地方，公共行政中的人和事都与当代的事件和趋势结合起来。然而，很明显的是，原来文章中最重要的主题现在仍然是最重要的主题。联系和理解公共行政研究和实践发展的三种主要模式仍然盛行。而且，导致并影响1994年国会选举的那些发展表明：公众可能会再次坚持我们的一个模型，并对20世纪大部分时期都流行的该模型提出相应的质疑。

---

[*] 约瑟夫·A·尤格斯（Joseph A. Uveges），西肯塔基大学（Western Kentuckuy University）

[**] 劳伦斯·F·凯勒（Lawrence F. Keller），克利夫兰州立大学（Cleveland State University）

公共行政的重要性源于其在社会治理中的决定性角色（Rohr 1986）。通过考察政治行政系统（politicoadministrative systems），我们相信治理（governance）被最大程度地涵盖了。因此，切实可行的形象和模型都是指导研究和反映实践的重要工具（Boulding 1956；Kass & Cartron 1990；Morgan 1986）。例如，贝利（Bailey 1968）和亨利（Henry 1986）就认为公共行政学的研究范围应是一些规范性问题，如：关于行政"应该做的事情"；关于技术和管理的开放性；关于个体和组织对公共部门政策和管理影响的考虑等等。最近，重建（refounding）运动已把焦点放在了公共行政在治理方面所充当的角色上。

美国历史上，政治行政系统中出现了三个截然不同的模式，公共行政充当了完全不同的角色。每个模式都涉及到不同学科规范的一面。因此要了解历史就得对三个模式的兴起和内容做一个简要的考察。

Ⅱ．行政，政治和历史：治理的三笔遗产

公共行政三种模型反映出治理的演变。[②] 从哲学上看，关于治理的观念都是由奠基人（founding fathers）创立并随着时间发展而不断得到修改。每一种模型都试图从不同的层面解释政府是如何控制互为冲突的利益以及如何管理社会的。通过分析这些前提和假设，就能够确定并评估公共行政的范围和属性。

建立美利坚合众国的多数奠基人将人视为在本质上是易腐化的。类似于基督教神学所称谓的"原罪"（original sin）。这个假设非常重要，因为对于奠基人来说这意味着公共权力的分配方式必须避免给个人提供腐化的机会。从这个视角，就能够理解奠基人对权力控制与均衡的关注。对权力的制衡可以说是对人性弱点的结构篱栅。

第二个假设涉及共和国的权力属性。政府治理的共和属性通过一套正式建立的复杂程序将公共权力授予民众代表，目的是建立一个有限的政府。倘若没有民众代表的批准或宪法条文所指定的权力，政府官员就不能行使权力。政府由一系列公共官职所组成，广泛分享公共权威。职位的拥有者是在一系列制度安排和程序中通过许多代表选举产生。通过分离的政府结构而将权力（控制、均衡以及联邦制）分散到政府的各个角落，该设计限制了专制的机会。

第三个假设预计到了个人与集团围绕公共机关的参与与冲突。麦迪逊（Madison）在《联邦主义者》（Federalist）的第十篇文章中提出派别邪恶的不可避免性及控制它们的必要性这一信念，麦迪逊认为派系将寻求有利他们的政府行动，而最好的控制是均衡各派系。尽管有的派系可能谋求精英主义和广泛的公众利益（Redford 1969），但这不能改变其余派系只追求其特殊利益的趋势。因此我们的第一种模型，派系冲突模型（conflict of factions model，简称 COF）就假定利益竞争是一个政体永恒的、而且是可悲的特征。

公共机构被设计来回应和主导不同利益的组合，以确保没有一个或相关的利益群体能够独立决定政策。另一方面，汉密尔顿（Hamilton）等人（Caldwell

1944；1987）敦促一些公共机构应植根于宪法并让一些在职官员行使相当的自主权，因而提供能量和方向，可能去抵消那些在选择中本能地融入私利的愿望。另一些奠基人认为官员不仅应有自主权，而且应有伦理诉求，呼吁这些官员追求荣誉，后代将会判断他们的行为是否为一个更好的社会而工作（Hart 1984）。追求荣誉的个人将调节派系之间的矛盾，并促进无偏无倚地分享权力。尽管如此，多数奠基人还是趋向于权力分离以保护整个体系。

不久以后，第二种模型，派系规则模型（rule of faction models，简称 ROF）的一些重要因素开始引起注意。在这个模型中，公共权威和合法性基于直接的选举，（迅速崛起但直到几十年后才变得重要）的政党强调代表职能，使得荣誉追求（fame-worthiness）更加难以执行。运用整合倾向，政治党派成为团结不同派别进行治理的工具。政府官员对政党和政策的忠诚变得尤为重要。公职常常根据民选官员获得的选票或其他资源而进行分配。但是，建立在派系冲突模型上的基本政治结构并没有大的改变。

派系规则模型的重点是将选举作为公共权威的基础。全体选民和民选官员的数目扩大了。政府的行为应当反映选举的结果。从规范意义上讲，成功的选举带来执行一项提议的项目、纲领和授权的权力，如果不是责任的话。政府官员的挑选要么是根据其与被选官员的政策偏好相同与否，要么是根据他们的任命能够带来的选票或执行某项项目所必需的政治资源的效用（utility）来决定。实际上，这样的动力学常常使个人或者被支持的政党得利，很少考虑对公共项目的影响。具有讽刺意义的是，正如克雷森（Crenson 1975）所指出，监督政治任命者（那些政治任命者缺少专业技能且对公共利益承诺很少）的需要，却成为进一步扩大政府官僚体系的动力。

19 世纪末，加速发展的技术革命给迅速城市化和工业化的这个国家提供了能量，为了应对这些变化的情况，改革者们要求美国政府进行根本性变革。尽管改革者为一些具体问题争执不休（Holli 1969），但是大多数形成共识的基本假设和信仰直接影响了以后美国公共行政的发展（Huber 1964；Crunden 1984；Keller 1989）。

第三种模型是公共利益模型（the public interest model，简称 PI）。科学的效用是这一理论的支柱。改革家们认为，运用科学能够解决公共问题和进行道德灌输。③ 应该设立给专家更多权力的政府结构：专家是指那些拥有相关科学知识之人。学位、教育证书是专业技能的象征，开创了美国对学术学位的关注，如果不是着迷的话。

改革家们将科学概念化为不断积累和增长的知识体系。这种许多美国人仍然拥有的科学概念更准确地说是技术（Merton 1970）。许多改革者表达了他们获取全部知识的信念，即通过仔细的和持续不断的运用科学方法。通过运用无偏见的一般法则，他们看不到科学效验及其解决所有当前问题的局限性。④

从哲学层面上来说，这一信念根源于启蒙运动（enlightenment movement），科学理性在一个以城市为中心的技术时代不仅视为合乎需要的而且是可行的。

既然科学能使行政官员更加理性，那么这种新的政治行政系统的决定性要素就是管理。民众代将公共职位委任给经过恰当训练的专家，这些得到授权的专家执行所有的行政权威，并且只对任命他们的机构负责，这些机构一般会听从专家的建议。在这些修正之中，发现了政府的理事会—经理模式（council-manager）的原型，这是自从宪法制定后美国政治行政系统里的惟一重要的新结构。

将政治因素从行政中分离出来之后，改革者们认为科学的理性能够消除政治冲突。任何可以通过研究加以解决的争执很明显地有损职能，或者正如一些改革者所评述的，是没有效率的。运用知识而不参杂政治就会实现公众利益，达到各方面都更好的状况（Brownell and Stickle 1973；Haber 1964；Hofstadter 1955）。

这种公共利益模型假定了人类具备知识后的完美无缺性。[5]理性不仅增加了人们塑造现实的能力，而且完善了个人。为了增加理性，改革者们愿意将更多的公共权力授予专家。广泛强求至少到高中的正式教育。教育不仅使人们的认识技能敏锐，同样注入了基于科学知识的道德观。回顾这一过程，我们发现这种教育方法，非常遗憾地忽略了霍勒斯·曼（Horace Mann, Antioch College 1927）对培育共和国公民的关注。

美国内战后，派系规则模型与公共利益模型成为前沿。派系规则模型成为总统改革的典范，而公共利益模型最初影响了公务员改革与地方政府。尽管没有一种模型能够独占鳌头，但在不同时期，一种模型的影响可能要大于其他模型。在20世纪的多数时期，公共利益模型指引了公共管理。然而，20世纪80年代和90年代的社会与政治事件，表明派系规则模型的复活。同时由于公共利益模型无视公众要求其变革的呼声，越来越多的人怀疑它满足公共需要的前景。

Ⅲ. 19世纪80年代：萌芽和初建时期

在19世纪80年代，美国成为一个城市工业社会。到1900年，工人取代农民成为典型的职业种类（Naisbitt 1982；Toffler 1980）。令人遗憾的是，当时的政治制度并没有准备好应对必要的传统公共工程高涨的需求，更不用说去应对城市国家的社会需求。很多城市是政治机器的领地，在这里党派和腐败控制了国家政策的诸多方面。在派系规则模型统治下的一些领域，对公共利益的关注微乎其微。但是，应当指出的是，在那时对"公共"的定义非常狭窄，大多数公共服务是通过私人赢利企业提供的（Callow 1976；Riordon 1948, in contract, see Dewey 1927）。

19世纪80年代是当代公共行政学的萌芽时期（Peterson 1961；White 1957）。城市发展和治理是政治行动的焦点（Howe 1925）。那个10年最显著的特征，就是来自世界各地的海外移民和农村人口急剧涌入城市。大型工业公司及其国际市场扮演了催化作用（Chandler 1984；Degler 1959；Hofstadter 1963）。

这些大公司常和腐败的政治机器相联盟，常常为追求私人利益而赤裸裸地使用政治权力，但这在一定程度上促进了改革，成效之一就是产生了公共行政学这一领域（Croly 1909）。

公共行政学第一部理论作品应归功于伍德罗·威尔逊（Woodrow Wilson）。创作该文时，他还是一个年轻但具有改革头脑的教授（Stillman 1973；Wilson 1887）。虽然威尔逊的作品一直以来被认为是公共行政学的开山之作，但它的影响主要是在以后的理论建设上而不是当时的公共行政实践上。正如范·莱坡（Van Riper 1974）所指出的［引用沃尔多（Waldo）的观点］，最早对公共行政"科学实践"作出贡献的可能是多尔曼·伊顿（Dorman Eaton）。多尔曼·伊顿是纽约的一位律师，曾为海斯（Hayes）总统研究过公务员制度，后来是市政改革运动的主要人物之一（Van Riper 1983）。

但是，威尔逊（1984）识别了假设和本质关注点是如何推动公共行政实践发展的。他设想政府应该独立于时代和文化，他呼吁一种企业化政府模式，这种政府具有的行政技能能够克服美国政治中的党派属性。⑥现代公务员制度建立于 1883 年（早于威尔逊文章的发表），这是公共利益模型的早期改革例证。尽管最初的公务员制度包括 12% 的联邦雇员。但是改革者们非常精明能干，他们容许总统为保护其任命的人员而将他们转化为公务员，这也促进了公务员规模的扩大。到 1900 年，大约超过 10 万名联邦雇员为公务员（Hoogenboom 1961；Van Riper 1958）。

政府规制（Government Regulatory）机构的发展，如 1887 年成立的州际商务委员会（Interstate Commerce Commision，简称 ICC），证明了改革者的信念，即受过专门教育的人员能有效地引导工业民主。尽管最初州际商务委员会只被赋予有限的权力，而且长期受到意见相左的最高法院的阻挠，但是它最终仍然成为其他政府规制机构的原型。因而，对于认为权力分离和党派政治是处理复杂社会和经济问题的绊脚石的人而言，解决办法就是规制机构由专家操作，并从传统政治机构中分离出来（Landis 1938；Rosenbloom 1983）。这些机构故意违反权力分离原则，动员必要的专业技能以结束腐败，执行有利于公共利益的政策、监督结果（result）以确保合适的后果（outcome）。在 20 世纪八九十年代，重新主张利益集团政治的人质疑这些假设，这种政治思潮的主要结果就是采取措施大幅减少中央政府的规制角色。

从这一时期开始，改革的举措在广泛的前沿地带开始活跃。正如一些观察者，最早是托克维尔（DeTocqueville）所指出的，社会组织一直就是美国生活的一个方面。但是内战（the Civil War）后出现的一些组织常常追求那些远远超过他们组织成员需要的政策。例如，成立于 1885 年的美国经济协会（American Economic Association）支持从国家获得"积极援助"以满足日益扩大的社会需求。安德鲁·卡耐基（Andrew Carnegie），伍德罗·威尔逊（Woodrow Wilson）和亨利·亚当斯（Henry Adams）都是该协会的创始人，他们对日益扩大的公共责任感抱有兴趣（Commager 1950）。

Ⅳ. 19世纪90年代：序幕继续上演

虽然在19世纪80年代，公共行政学很少有什么革新，但是这10年仍然是美国思想和文化整体发展的关键10年。国会在敦促行政改革中扮演的角色越来越重要，派系规则模型和正在兴起的公共利益模型的斗争仍旧继续。1890年《舍曼反托拉斯法》（Shernan Anti-Trust Act）和早期州际商务立法都强烈要求实行改革政策。但是，这些行动往往遭到保守的最高法院的阻挠。

这一时期行政机构（administrative apparatus）也有一些缓慢而平稳的发展，但是这些机构很少有或几乎没有公共服务属性和职能的意识。这些机构很可能是为某些特殊集团的特殊要求而建立。例如，输往欧洲的猪肉质量丑闻和国内猪肉销售下降50%，使得联邦政府于1890年建立了猪肉质量监督机构。工业界要求政府实行监督，作为重建消费者信心的一种手段（Schlesinger 1983）。这一时期在城市治理上也取得了一些重大成绩。改革管理实践被应用于一些问题领域，如：公共卫生、住房、自来水及污水处理系统等（Bettmans 1974）。1893年弗兰克·古德诺（Frank Goodnow）在这个10年中所撰写的《比较行政法》（Comparative Administrative Law）是美国第一部关于公共行政的专著。对于那些注意到行政对于现代政府和社会都日趋重要的人来说，该书是一个先行者[Haines & Dicmock (1935) 引于 Van Riper (1984)]。

在19世纪90年代中期，国家进入一个大萧条期。几乎毫不例外，公共部门并没有像20世纪30年代后期那样被动员起来抗击经济衰退。事实上，无论中央政府还是地方政府，更多的是平息劳资纠纷而不是满足社会需要，这些失败激发了致力于改革和职业发展的努力。到1894年，在许多城市，超过80多个公民协会和团体抨击政府滥用权力。美国市政发展学会（American Society for Municipal Development）建立起来了，并且为建立良好城市政府的第一次全国性大会也召开了，这是全国市政联盟（National Municipal League）的前身（Stewart 1950; Stone & Stone 1975）。推动市政改革的先锋是城市的商业利益群体，他们需要一个更加企业化的、限制政治干预的治理路径（Hays 1965; Weinstein 1962）。在某些城市，如美国西南部各城市，理事会—经理制（council-manager）作为一种资本投资战略被采用（Bridges 1992）。这些首创精神指示了后来推行政府管理和政治过程职能分离的指征。

Ⅴ. 20世纪前10年：在实践中转变

1900年，一场飓风席卷了德克萨斯州的盖尔维斯敦市（Galveston, Texas），夺走了6000人生命。城市的恢复由一种新的市政府形式所推进，即委员会形式。这种变化反映了更为注重公共管理实践的策略。政策问题由七个委员讨论，而这些委员最初由州政府任命。每一个委员都是一个或多个政府行政部门的主管。"委员会计划"的后期形式纳入民选的委员,这种形式迅速蔓延开来。十年之后,就有数百个城市采纳了类似的委员会制度(Rice, 1977; Schiesl, 1977)。

里查德·蔡尔德(Richard Child)形式的委员会—经理型(commission-manager)市政府形式被建立(Stillman 1974)。这种委员会—经理型市政府的巨大改进就是有一个人数不多的立法机构,被赋予制定政策的权力。地方层级的分权被有效地消除,政治与行政二分法通过由委员会任命市政府经理而贯彻,而经理拥有全部行政权力。[⑦]这是美国政治史上惟一的非选举高级行政主管通过展示能力的基础而上任,这将增加行政(administration)范围,而急剧缩小政治范围(Childs 1952; East 1965),这些均在社区利益的名义下进行。1908年经理型市政府开始运行,尽管大家对第一个真正开始实施这一形式的城市仍存在争议(一些人认为应该优先考虑城市工程师的职位变革问题,另外一些人则认为应该优先考虑整个体系的构建)(Stone et al. 1940)。

早期的城市经理几乎全由工程师担任,这在很大程度上回应了城市扩张所需要的广泛公共工程。城市经理制同样注入了公共利益模型中的其他元素,如科学的效用、以普遍的自由和非党派选举替代党派政治。人们认为,结合公共规划职业(public planning profession),其视野是专家管理城市,从道德上提升市民,且更好回应社区的需要(Boyer 1983; White 1927)。事实上,一些新兴城市被设计成进步的象征和道德的中心(Buder 1967; Mumford 1961; Scott 1971)。在要求政治与行政两分的运动中,市政改革者实际的关注也许比威尔逊的文章更起作用(Van Riper 1984)。

不久,一些批评家认为职业化政府(professional government)只是机器模型(machine model)的变体,引用的例证是:政府授予合同的惟一依据是给"朋友"(see Lowi's introduction in Gosnell 1967)。这些批评家认为,根源于商业利益的价值观反映了一种正在兴起的派系利益。尽管改革者的信念和口头所表达的都是一种"社区利益",但这种派系利益使得公共利益模型政治化。阿瑟·本特利(Arthur Bentley)始终关注着利益集团,但他却对利益集团持不同的见解。在其以后被称为"多元主义"(pluralism)中,本特利抓住了集团参与公共事务的动态性,并认为在一个日益以组织为基础的政体里,这种动态性是继续甚至是加速发展的。但是,一直到1951年戴维·杜鲁门(David Truman)的经典著作《政府过程》(the Governmental Process)的出版,派系冲突模型这一说法才成为政府研究的规范性基础。可以肯定的一点是,杜鲁门对于派系竞争的结果的看法远比麦迪逊(Madison)更为积极和正面。麦迪逊认为派系竞争是一种灾难性影响,应使得这种影响最小化。

在内战的10年期间,北卡罗莱纳大学查珀尔希尔校园(the University of North Carolina, Chopel Hill)建立了首个政治经济学系。此后,政府研究兴趣的稳步增长导致1903年美国政治学协会(American Political Science Association,简称APSA)得以建立。但是,除威尔逊和威洛毕(Willoughby)这些人之外,多数发展学科更多关注的是政治理论和哲学的抽象问题,而不是实践应用问题(Stone and Stone 1975)。

这一时期,政府研究局(Bureaus of Governmental Research)成为应用研究的中心,致力于在地方上将科学作为政治改革的工具。对于许多改革者如罗伯特·摩西(Robert Moses)来说,研究局是重要的培训基地(Caro 1974; Upson 1947)。例如,对地方财政的追踪记录不仅有助于发现那些"无赖"和挪用公款者,同时也为预算和会计改革奠定了基础。此外,政府研究局建立的培训和教育项目后来发展成为公共行政的研究生项目。纽约局(New York Bureau)的培训和教育项目向锡拉丘兹大学转移就是一个实例。几个月后,南加州大学(University of Southern California)也建立了一个类似的项目。

Ⅵ. 20世纪第一个10年:改革持续和深化

政治和行政改革在接下来的10年开始加快步伐。1913年,城市经理人组成了他们自己的职业协会——国际城市经理协会(International City Managers Association)。在其年会上,经理们不仅分享市政管理的日常经验,而且对他们在城市治理中的角色进行讨论。⑧城市规划者(City Planners)于1917年成立了美国规划者协会(American Institute of Planners, Scott 1917)。同时,在州层面上,城市联盟的数目增长也很快,最终形成了全国城市联盟(National League of Cities, Stones and Stones 1975)。

弗雷德里克·泰勒(Frederick Tayler)于1911年出版了关于科学管理的权威著作。这本书最初关注的是私有部门,但却提升了公共部门中基于技术的管理。科学管理充满合乎规范的热情和概括,它也成为1912年总统效率与经济委员会(Predisent's Commission on Efficiency and Economy)建议的基础。该委员会就是广为人知的塔夫托(Taft)委员会。这份建议同时也说明改革者希望在公共部门实行科学管理(Caiden 1969)。

相同的动力促使纽约局培训学校(New York Bureau's Training School)于1911年成立《市政研究杂志》(Municipal Research Journal)。对公共服务培训和教育的关注与对其研究的关注相适应。不久以后,美国政治学协会成立了一个公共服务实践培训委员会,这个委员会于1914年提出了一个全面的却被大家忽略的报告,呼吁在大学里设置独立的公共行政学院(Caldwell 1915)。查尔斯·A·比尔德(Charlds A. Beard)坚持不懈地倡导在大学独立院系进行专门职业教育。比尔德所敦促的职业教育和许多当代的MPA项目非常相似(Caldwell 1965),比尔德在主管培训学校时所开设的课程和后来公共事务和公共行政院校联合会(National Association of Schools of Public Affairs and Administration,简称NASPAA)所认同和采纳的课程惊人的相似(Coodsell 1986)。

主要由市政行政官员(municipal administrators)组成的全国城市联盟(The Municipal League)在1917年出版了一个模范城市宪章(Model City Charter),用

来指导市政府的法律改革。政府的委员会—经理模式得到拥护和赞同。因为市政府委员会—经理模式强调权力统一在委员会下，且不设市长这一职位（但是许多城市都设置了市长一职，并由委员会中上次选举的票数最高的人担任）。为确保一直变化着的社区利益得到充分代表以及委员会广泛权力的正当性，委员会建立了比例代表制（proportional representation）。一种根据特定的投票数目（比例）选举委员会成员的方法。⑨但是这种建议是短命的，因为它损害了支持改革的商业群体在社区范围的优先权（Hays 1964）。

国家层面上改革努力的例子就是1916年所通过的《联邦资助公路法案》（Federal–Aid Highway Act）。这种绝对授权项目要求承担财政责任和服从科学设置标准，开创了基于公共利益模型上的中央政府的积极行政角色的首例（Uveges 1963）。另外，联邦公路研究委员会（Federal Highway Research Board）的建立也是中央政府有意支持研究以及把研究实际运用于公共问题的例子。

在政府中，特别是在地方政府中的这些变革，推动了接下来10年学术学位和公共服务型项目的发展。这一时期许多完成和被实施的研究都表明了为改善公共问题所作的职业培训和有根据的分析是非常有价值的。因此，政府扩张产生了对高级行政领导和专门培训的需要，这种需求也为以大学为基地的项目的改革和成长提供了肥沃的土壤。

Ⅶ. 20世纪20年代：公共利益模型的成熟期

行政革新在各地被迅速采纳证明了公共利益模型的信念是正确的。早期的教科书阐述这一精粹，就像对城市经理第一次进行学术画像一样（White 1927；Willoughby 1927；Storing 1965）。改革者们并不像后来学者所讲的那样思想狭隘或固守教条，他们继续发展和支持公共利益模型。改革者也鼓励大学项目的发展以教育公共行政职业人员。1914年，密执安大学（University of Michigan）开始设立这类项目。接着，加州大学伯克利分校（University of California, at Berkeley）、斯坦福大学（Stanford University）、锡拉丘兹大学（Syracuse University）、辛辛那提大学（Cincinnati University）、南加州大学（Southern California University）和芝加哥大学（the University of Chicago）也建立相应的项目。在女性民事行动联盟（Women's Civic Action League）的地方成员帮助下，1926年在南加州大学成立了政府研究所（Institute of Government）。1929年南加州大学公共行政学院（School of Public Administration）的成立也是改革者行动的结果。

尽管有良好的意图，但是许多大学项目中开设的培训课程为数不多，为文科课程作了补充。虽然保持了改革主题的活力，但是大学对经理人员的实践教育贡献微薄（Stone and Stone 1975）。没有成功地建立一个更有侧重点的项目以及公共行政学的研究团体，可能是改革者们不能将研究成果运用到基本管理实践中去的原因。例如，玛丽·帕克·福莱特（Mary Parker Follet, 1918）在20世纪20年代中期在这方面曾经创建非常有用的管理技术，但是这些管理技术一直到很多年以后才成为公共管理教育中有价值的组成部分（Fox 1968；Metcalf and Urwich 1940）。

一些大学也建立了后来被称为公共服务的机构。像芝加哥大学的"1313"公共行政中心（Brownlow 1958；Stone and Stone 1975）就是这些努力之一。这些努力通常反映了一些专家如查尔斯·马里穆（Charles Marriam）的奉献。不幸的是，大学之间的联系总是在学院核心行动者死后就没有再持续了。但是这些组织的联合活动在同行中建立和维持关系网上起了很大的作用。到了20世纪60年代这些活动的地点最终转移到华盛顿去了，这种变化反映了联邦项目在各级政府中地位的上升和随之产生的、在华盛顿建立关系网络的需要。

在国家层面上的两个人事改革（staff reform）产生了深远的影响。首先是1921年通过的《预算与会计法》（Budgeting and Accounting Act），它实施了许多塔夫脱委员会呼吁的改革措施。其次是联邦预算局（Bureau of the Budget）和联邦会计总署（General Accounting Office）这两个机构的成立，虽然前者那时只是财政部的一个部门，直到1939年才被纳入总统行政厅（Executive Office of the President）。这两个机构是公共利益模型的典型。他们强调科学管理，机构成员都是由专家组成。预算局，也就是后来的行政管理和预算局（the Office of Management and Budget），是个行政基础建设（Administrative Infrastructure）的早期例子。这些行政基础建设后来成为支持所谓"帝王式总统制"（Imperial Presidency）的例证（Reedy 1970；Schjlesnger 1973）。

如果20世纪20年代是公共利益模型理论和实践发展的鼎盛时期，那么30年代则给这些理论和实践带来了严峻的挑战和考验。中央政府无论是服务提供的内容和级别都有了很大的扩张。科学管理在得到社会授权后，在大型政府组织中应用起来，但很快人们就发现科学管理在理论上和实践上的缺陷。一个明显的不足，就是不能很好处理公共管理中的政治背景。另外一个缺陷就是对人际关系研究的成果不敏感。要把二者结合起来还需要对现代国家管理的进一步实践和进一步探讨。即使到那时，政治行政系统的几个模型也很难促使政治、行政和管理融合。

Ⅷ. 20世纪30年代：行政国家的兴起

到20世纪30年代，基于科学管理原则的公共行政学已经良好确立，社会科学研究理事会（Social Science Reserch Council）、公共行政信息交流所（Public Administration Clearing House，简称PACH）和公共行政顾问委员会（the Advisory Committee on Public Administration）的努力工作构成公共行政学的核心。他们从洛克菲勒慈善机构（Rockfeller Philanthropies）得到资金资助。这些慈善机构坚持要求将他们的资助被看作是非政治的，并且把政府研究和科学管理与清晰独特的技术定位和地方政府取向融为一体。在罗伯茨（Roberts 1994）看来，这在公共行政学术项目兴起时期极大巩固了政治—行政两分法。

虽然能够得到一些务实政府的关注和认同，但是支持培训公共服务的大部分是学者。他们对政府能够解决社会问题持革新的视野（Mosher 1937）。当经济衰退加剧时，卢瑟·古立克（Luther Gulick）、弗雷德里克·克利夫兰（Frederick Cleaveland）、威廉·莫舍（William Mosher）和威廉·威洛毕（William Willoughby）等人把他们的关注点从市政层面转移到国家层面，把科学管理原则运用到由罗斯福政府所承担的且日益重要的公共角色上来。伦纳德·D·怀特（Leonard D. White）较早呼吁建立一个统一的公共行政体系。这个体系将建立在科学管理基础上，致力于通过行政过程来处理社会变革的问题（Merriam 1937；White 1926）。此外，这些学者对于如何实践"政治"艺术并不幼稚，经常通过抨击政客的方法来推进变革（Gaus 1931；1947）。

田纳西流域峡谷管理局（Tennessee Valley Authority，简称TVA）就是将这些原则运用到实践中的一个例子。田纳西流域峡谷管理局创建于1933年，它运用职业化管理（Professional Management），委任一些行政官员在该地区尝试进行社会和经济改革（Clapp 1955；Lilienthal 1944；Schlessinger 1958）。具有讽刺意义的是，在一些早期对公共组织的研究中，田纳西流域峡谷管理局被描述成是一个成功的政治故事（Selznick 1949）。现在看来，大多数人都将田纳西峡谷管理局看成是职业化公共管理的一个进步，但是大家都忽略了其在发展一个更具包容性服务的社区方面所作的承诺。

从这个角度来看，政府管理寻求限制（如果不是阻止）影响解决公共问题的政治因素。约翰·菲夫纳（John Pfiffner 1935）、弗里茨·莫斯坛·马克思（Fritz Morstein-Marx）（1940）和哈维·沃克（Harvey Walker 1937）等人的文章都是反政治哲学的表现。他们主张用行政技术来解决政治问题。古立克和厄威克（Gulick and Urick）撰写的《行政科学》（Science of Administration）论文，以及行政管理总统委员会（President's Commission on Administrative Management 1937），即布朗诺委员会报告（Brownlow Commission Report），同时在1937年出版，这是公共利益正统思想在公共行政理论中的最鼎盛时期（Gulick and Urwick 1937）。后来的批评家宣称公共利益模型削弱了个人选择和民主责任，因为民众既不能表达偏好，也不能进行有效参与（Denhardt 1981；Schick 1975；Stivers 1990）。

虽然早期一些大学，例如辛辛那提大学（University of Cincinnati）和密执安大学（University of Michigan）的培训项目中止执行了，但是20世纪30年代这10年以非大学为基础的公共行政研究项目还在继续。成立于1926年的公共行政信息交流所（PACH）很快成为全国搜集和分享公共部门研究和专业技能的最有成效的研究中心（Stillman 1982）。但是，政治学家发现他们越来越难以接受公共行政学的这一独立培训角色。他们正在建立一种"学术"学科。1935年在普林斯顿大学（Princeton University）一次由公共行政信息交流所主办的研讨会上，大家认为公共行政学需要广泛的大学参与，这样学生才能培养一种价值判断，"一种关于公共官员的责任，机构间的环境和关系以及公共职位的政治、

11

经济、法律基础上的价值判断"（Caldwell 1965：57）。与比尔德（Beard）的早期呼吁对公共服务进行实践培训不同，政治学现在改变了它的规范性关注，从20世纪30年代晚期开始，政府研究日益出现多元化研究方向的趋势（Gaus et al. 1936；Herring 1936）。以治理的派系规则模型为基础（虽然这种模型并不关心治理本身），一些政治学家开始质疑"职业化"公共行政所扮演的角色。

但是，具有讽刺意味的是，中央政府的社会经济责任进一步加速了一个更加职业化公共服务的需要。它需要积极的公共服务，也要求一定的人际关系和广泛的行政和管理技能（Egger 1975）。1934年，美国公务员制度委员会（应为公务员委员会，U. S. Civil Service Commission）为"职业性职位"（Profession Position）设定了考试安排，这为行政学的大学毕业生提供了职业机会（Van Riper 1958）。由美国政治与社会科学院（American Academy of Political and Social Sciencies）出版的一系列关于"政府服务中有待提高的人事"专题论文，强调了公共人事和管理需要进一步职业认同。

到20世纪30年代晚期，行政机构无计划的扩张导致一次制度性和管理危机（Egger 1975）。一些人要求对正在扩展的行政过程（Adiministrative Process）进行法律和司法控制。这最终导致在接下来的10年内《行政程序法》（Administrative Procedures Act）的制定。其他一些人关注的是总统的管理角色，行政管理总统委员会（布朗诺委员会）着重分析了这一点。他们的报告（1937）强调了科学研究对政府行政的重要性，他们建议在新时代应该改变过去在公共机构的规划和管理中信息不灵的判断和政治上的权宜之计（President's Committee on Administrative Management 1937）。他们要求行政授权，建议领导风格应该意识到（但要公开并独立于）多元压力（Karl 1963；Polenberg 1966）。这次改革重新提倡派系规则模型（ROF）。他们表达了对专家角色的关注，但是他们只把专家视为民选高级行政主管的职员而已。

同时，切斯特·巴纳德（Chester Barnard）富有新意的关于高级行政主管角色的工作，为公共行政和一个更通用的管理路径之间提供了桥梁（Barnard 1938）。这也是第一部注意到管理的社会层面之重要性并将其整合到组织行政的构造中的概念性篇章。管理过程和行动，诸如领导和决策制定，被视为传统科学方法和更为新近的行为主义路径的功能纽带。现代管理的组织设置被视为不仅是一个任务还是一种社会制度（Golembiewski 1977；Selznick 1949）。

到1939年，看到政治学的学术走向并没有为公共行政学的增长和发展提供相应的基础条件，学术项目、培训院校和职业协会的领导者们聚会尝试建立一个全国性的组织，来改善这一领域学术部门和实践部门的联系。美国公共行政学会（American Society for Public Administration，ASPA）就是这种尝试的结果。美国公共行政学会不仅寻求从理论和职业上应对公共行政学缺乏身份的问题，而且寻求建立一个在公共部门管理中分析、评估和改善的知识团体。由于得到实践工作者和学者的拥护，美国公共行政学会进行了更有效的实用研究，增加了关于公共行政问题的交流和沟通。[⑩]它的出版物，《公共行政评论》（Public Administration Review)为观点和研究发现的交流提供了一个全国论坛。《公共行政评论》成为学术界和职业领域认识到专门促进和提高美国行政学会目的和目标的声音（Martin 1952；Mosher 1976；Stone 1975）。美国公共行政学会是一个独立于政治学，但是却包含政治学家的组织，它为那些对公共管理者的培训和发展感兴趣的政治学家和其他学者、本领域的职业人员提供了支持性的环境。

Ⅸ．20 世纪 40 年代对行政国家的反思

20 世纪 40 年代是公共行政学寻求自己独立身份和重要性，以区别于正统原则学派和日趋多元化的政治科学的时期。在这一时期早期，对于公共部门具体地应用科学管理原则和广泛地采纳公共利益模型，人们不断提出质疑，从而使得公共部门减少了对二者的应用（Stone 1940）。许多人要求更多公共行政教育状况及其满足公共部门管理需要能力的相关信息和数据。人们希望通过富有创造性的教育和培训项目，使学者和公共官员能够积极主动地合作（Graham 1941）。大家对民主价值在公共管理中的角色地位有了一个明确的认识，大家也对公共管理实践如何与这些价值协调非常感兴趣（Appleby 1945；Beard 1941；Gaus 1955；Levitan 1943；Wengert 1942）。

第二次世界大战加速了一些本来在衰退时期就已开始的趋势。一个趋势就是更大范围的"试验"开始涌现，许多学者到公共机构从事政府实际工作。这种对于职能部门实际情况而非职员职责的引入，导致公共行政学在认知上产生了重大变化。自然科学界的更大规模参与已经非常明显。曼哈顿工程（Manhattan Project）只是一个开始，该工程成功地造出第一枚原子弹，中央政府开始在非大学实验室里，尤其是在国防领域，任用自然科学家。这种现象在冷战时期继续增长，就像政府继续使用科学产品一样（Price 1965）。60 年代及其以后一段时间，政府对社会科学研究及其应用方面的投资进一步扩大。但是，有关"科学"能否解决"社会"问题的效验和科学与政府所持文化的差异，人们却有不同的看法（Snow 1959，1961）。

到了 40 年代后期，在这一领域的基本导向发生了若干变化：（1）从强调行政专长转到致力于公共目的的第一线运作（line operations）；（2）从强调高级行政主管及其附属控制机构转到部或局级行动；（3）从强调一般的抽象原则转到具体部门或项目的不同背景（varying context）；（4）更少地关注效率和经济转到更多的注重民主价值和行政过程之间的联系（Fesler 1975）。阿普尔比（Appleby）于 1945 提出了一个新的领导方法。这一方法虽建立在传统的管理规范之上，但却认识到了这些传统规范在政治行政系统中的角色及其不足。这些重新构想反映了在一个更大、越来越以学术为驱动力的国家政府的更大参与。

对于"大政府"的必然性，尽管非常含蓄地被接受，但却是普遍的。但是并不是所有的人都对这一趋势感到满意。可能考虑到大政府随后所带来的困

难，一些人质疑政府权威过大会威胁到民主价值和个人价值。他们的关注集中在，社会和经济控制在一群经过技术训练的职业人员手中后会带来什么样的后果（Hayek 1944；Von Miss 1944）。

但是，上面的这种观点并不是主流观点。大学研究中心再次变得活跃起来，科学和研究成果在公共部门得到应用。斯蒂尔曼（Stillman）于1982年认为"职业化国家"（Professional State）（Mosher 1968）的到来预示着，公共行政学的思考从关注政府实践问题转移到更加中立、分析性和过程导向的方法上了。人们发现，公共管理和工商管理对公共机构目标的期望是不同的，因此不能用相同的行政实践或评估来检验（Appleby 1945，1949；Dimock 1945）。传统的政治与行政两分法现在已经不适应了，公共行政日益被人们认为是个人行为和组织行为的联合。这种个体行为和组织行为是建立在政策与管理决策中社会、经济、政治影响等因素的互动之上（Schick 1975）。案例研究作为这种新意识下分析行政行为的研究方法，已得到越来越多的欢迎（Stein 1952）。

40年代展开了有关"行政科学"实用性问题的严肃讨论。罗伯特·达尔（Robert Dahl）的批评就是一个例子，罗伯特·达尔认为"行政科学"是值得怀疑的，特别是它把理论基础建立在对行为进行机械假设上时。根据达尔的观点，行政科学的"普遍原则"（Universal Laws）主要存在于公共行政学的教科书中（Dahl 1947）。

郝伯特·西蒙（Herbert Simen）进一步认为，所谓的行政原则只不过是一些谚语而已，在他看来，它们几乎没有给公共行政提供科学根据。作为一个逻辑实证主义者，西蒙认为，需要加强对以经验为基础的原则的鉴别。确定这些原则要求将事实和价值分离（Simen 1946，1947），逻辑上的分离会产生类似于政治与行政两分法所带来的反响。

德怀特·沃尔多（Dwight Waldo 1948）采用一种稍微不同的方法。他在西方民主价值框架内回顾了公共行政学的起源和发展。在他的著作《行政国家》（The Administrative State）一书中，沃尔多展示了公共行政经典正统理论的根本性瑕疵。因此，他认为，将那些"原则"运用到公共部门去产生了许多重大的问题。他认为，行政居于政治过程之上是没有根据的，因此，他呼吁人们应在民主政府过程中认识政府。

20世纪40年代，经典正统理论逐渐衰亡，大家日益认识到应该从更宽广的视角来研究这一领域。跨学科研究方法得到重视。例如，对公共行政进行社会与心理学研究的影响随着马克斯·韦伯（Max Weber）著作的翻译而得到加强（Gerth and Mills 1946）。在大规模的复杂政府组织中，组织结构、权威和个人行为的关系是非常明显的。不幸的是，人们从规范意义上而不是从描述性上解读韦伯。韦伯的研究设计和研究意图在他对官僚制效能的结论中并没有得到体现。组织理论这一新领域首次应用到公共行政中去的同时，这些发展也进一步加强了对正规的、缺少弹性的政府结构进行规范（Blan 1956；Merton 1957；Sleznick 1949，1957）。后来的组织理论将质疑这种普遍性的正式模型的概念并集中关注一些具体突发事件（Koontz 1980；Scott 1961；Thompson 1967）。

这一个10年时期也结束了关于行政过程规制的激烈争论。行政过程规制始于罗斯福新政（Roosevelt New Deal）时期，"新政"是在一片慌乱情况之下采取行政行动的。争论包括1938年总统对第一次《行政程序法》行使的否决权。实质上，直到1941年把对美国司法部长行政程序调查委员会（Attorney General's Committee on Administrative Procedure）的建议中的少数反对意见也编成法典，争论才得以结束。后来，在1946年国会以压倒性的多数通过了《行政程序法》（Administration Procedures Act），因此，澄清了国会与行政的关系问题，也表明了行政过程事实上是政治过程和行政过程的相互影响的结果（Rosenbloom 1993a）。

但是，联邦法院和州法院对法案的司法解释使得法案的时代前沿性受到了挫折。对条款的修正，例如，获得官方文件的公共途径，表明司法控制对行政实践有着本质的限制和约束（Schwartz and Wade 1972；Shapiro 1968；Warren 1982）。大家也期待在法院和行政机构，如果不是一种"司法"政体（juridical polity）的话（Lowi 1979），建立更进一步的伙伴关系（Cooper 1985；Melnick 1985）。

在1949年——这10年即将结束之时——第一届胡佛委员会（First Hoover Commission）发表了他的最终报告。胡佛委员会的官方名称是行政机关组织委员会（The Commission on the Organization of the Executive Branch）。它的初衷是精简政府机构数目。但是其最终报告却要求普遍增加职业化管理，并加强行政机关（executive branch）对行政（administration）工作的控制，该报告的很多建议都最终被采纳（Arnold 1976）。

这一时期的许多发展也对公共行政核心统一主题——公共利益模型——提出质疑。这一模型已经持续运用了将近40年，但是还没有找到一种更令人满意的代替模型，特别是能够将实证分析和行政实践现实情况相融合的模型。更为重要的是，经典正统理论的衰亡给这一领域留下一个规范基础的空白，正如它当时遇到的第一个坚决反对行政国家职能扩大的对手情况一样。

X．20世纪50年代：自我反思的开始

20世纪40年代原则路径（principles approach）信誉的丧失使得该领域出现了真空。重塑这一领域的努力主要出现在50年代。其中心主题就是承认政治价值和行政过程相互依赖的关系（Caro 1974；Martin 1952；Sayre 1958；Waldo 1955；Wilbern 1957）。一些人试图回到早期的派系冲突模型（COF）和派系规则模型（ROF）。公共行政学的范围进一步扩大。但是，整合公共行政研究和实践的一致意见却几乎没有出现（Landon 1962；Mosher 1956）。

由于学术界在塑造和界定该领域时变得更为积极，大学也增加了对公共行政学和政策的研究。所以，政治学和公共行政学重新修好就有了思想基础，特

别是当政治价值和特殊利益（党派）对政府行政的影响被大家广泛认同时。但是这样的事并没有发生，当公共行政学日益朝着一个更具有跨学科性和开放性的属性发展（open-ended identity）时，政治学变得更加迷恋多元主义和行为主义。这些主题都没有给公共行政学的培育在制度和职业关怀上提供一个合适的基础。这一时期，政治学完成了它开始于20世纪30年代的规范转移，公共行政学却丧失了它作为"朝气蓬勃的年轻巨人"（lusty young giant）的形象（Landau 1962）并似乎在统治当时政治学的非培训、多元化的模式前摇摆不定。

例如，多元主义并没有为公共行政学留下规范的角色，它是受许多政治党派影响的多个政府过程中的一个（Dahl and Lindblom 1953；Truman 1951）。与立法过程、执行过程一样，行政过程只是另一个受政治影响的施压对象而已，施加影响的目的是为了实现政治家的特殊利益。本质上而言，行政国家的公共管理只是被添加到"剧中人物"的利益原则中（the rule of interests dramatae personis）。公共行政学关注的是政策执行的方式或者公共政策如何反映超出党派原则（the rule of faction）的公共利益，这些都使得公共行政学显得不合时宜（Fesler 1975）。

行为主义进一步把公共行政学从政治学的主流中孤立出来。部分因为西蒙，基于某一特定的科学哲学上呼吁进一步加强科学探索，所以行为主义者严格限制了政治学的角色。他们把研究重点放在投入、总体、投票行为和其他一些可定量的事实上，而不是放在更少用实证方法来查明的、对公共政策负责的个体行为与机构行为上。行为主义成为政治科学的新正统。由于公共行政学与制度动力学和管理培训的"非科学"（Nonscientific）关系，所以公共行政学不是政治科学。

没有以前那些"原则"的公共行政学似乎越来越没有能力或意愿去建立一个可行的行为主义的代替物。公共行政人员既缺乏自我意识又缺乏智力资源（Martin 1952；Siffin 1956）。公共行政学成为一门濒临绝种的学科。事实上，到60年代后期，人们几乎否认它的存在（Landau 1962；Waldo 1968）。

不过，既然大部分公共行政项目都设在政治学系，那么对于政治和社会价值敏感的具有自我意识能力和跨学科性质的公共行政学，其发展取决于其学科结构在政治学中的发展。这一时期出版的教科书主要是政治学家所写，并且开始吸收反映多元化和行为主义影响的材料（Pfiffner and Presthus 1953；Simon et al 1950）。当人们把注意力转向政策制定过程的政治和具体的公共项目实施时，也就产生了早期公共政策关注的根源。人们不再强调机械地关注焦点问题，却注重于价值对公共行政的影响（Golembiewski 1977）。案例研究方法日益得到广泛运用，这是确定和探索具体行政行为努力的典型。拉斯韦尔（Lasswell）的著作反映了对政策过程的强调。他建议一种跨学科的政策科学，关注超越政治科学和公共行政学的政策体系概念（Dror 1967，1971；Lerner and Lasswell 1951）。

没有一个核心主题使得50年代的公共行政学可以从不同渠道吸收观点和接受影响。现代公共行政学开始关注任何和全部的知识领域，只要这些知识领域和赋予了公共目的的个人和组织其职能相适应（Dimock，1958）。社会学家像默顿（Merton 1957）、塞尔兹尼克（Selznick 1957）的更为广泛的阐述和更为完善的方法论为了解行政国家的大型正规组织特征提供了洞察力。此外，面对面关系的社会心理研究方法和对非正式组织的正确评价增加了公共组织研究中人这一层面的相关性。这样一来，至少暂时抑制了把商业和工业模式转化应用到公共部门的想法，并使得人们接受了与当代组织相关的许多研究，这些研究在短期内急剧增加（Argyris 1957；Golembiewski 1962；Katy 1966；Likert 1961；March 1958；McGregor 1960）。

当赫伯特·西蒙（Herbet Simon 1946，1947）将"决策"识别为行政的中心事项时，建议采用跨学科的和通用性强（generic）的方法来解释组织行为。在有关通用的管理院校开设公共行政学的课程就反映了这种研究方法的影响（Caldwell 1965；Schick 1975）。虽然达尔（Dahl）批评西蒙的"决策制定纲要"（Decision-making Schma），对它能否适应公共组织及其决策制定过程提出了质疑，但西蒙的观点仍成为该领域一个主要考虑的问题（Dahl 1947）。

林德布罗姆（Lindblom）于1959年为公共部门决策提出了一个不同的理论基础，当然这一理论基础也是与其他理论基础相容的。他认为公共决策者就是应该能够在一个切实可行和能够实现的理性条件下决策的人（Lindblom 1959）。西蒙和林德布罗姆都按他们自己的方式，用多元的决策中心、高度分化、有限理性来描述这一过程（Caiden 1991）。从本质意义上说行政决策者在一个高度流动的、政治利益相互竞争的不稳定环境中寻求社会和谐、稳定团结等协调价值观（Stillman，1982）；用林德布罗姆的名言就是"渐进决策"（Muddled Through）。

到了50年代末期，公共行政学仍然被其缺乏身份和关注焦点而烦恼。但是它也准备澄清和更新它的自我意识（self-awareness）。多元主义和行为主义在创造机会的同时也产生了问题。在高度多元化的环境背景下，要求对组织行为进行系统和实证分析，已经在研究议事日程上占据主动。这些发现强调了公共组织的变化性和适应性。但是当实际行政问题出现时，求助于更为简单的处方性（prescriptive）解决办法的想法仍然十分强烈（Divine 1955）。

当政府职能扩张时，合作和整合的要求也随之增长。对富有竞争力的职业性公共管理者的需求刺激了公共行政领域课程和项目规模的扩大（Somit 1956）。提供这些学术和职业培训的人越来越自我意识（self-consious）到这一领域的重要性。在以大学为基础的项目和公共部门实践者之间，信息共享程度越来越大（Mosher 1956）。

但是对政府规模和范围的关注仍然存在。成立于1953年的第二届胡佛委员会要求裁减许多政府机构，特别是那些与私有部门相竞争的机构（Mansfield 1969）。与第一届胡佛委员会的经历相比，第二届委员会的建议很少被采纳。

随着1955年《行政科学季刊》（Administrative Science Quartly）的出版，对组织和组织行为的研究已到处可见，这些研究强调了组织和环境的互动。公共行政学似乎准备结束它的文化局限的视角（culture-bound perspective），经济发展与比较政治行政体系之间相互依赖和相互联系的关系逐渐得到了承认（Lawson 1959；Kiggs 1956；Siffin 1957）。

XI. 20 世纪 60 年代：超越政治学

进入 60 年代后，许多人认为政策分析可以指导备选方案的选择；另一些人士认为成熟的科学和技术基础为公共行政学研究的理性化和多元化开启了大门（Campbell 1972）。同样，还有人认为运筹学（Operations Research）的运用以及对公共问题系统研究的运用（Quade 1975）增添了新的管理见识和运用能力。

不幸的是，这些期盼受到政治过程现实的局限（Lindblom 1965；Schlesinger 1967；Waldo 1961）。比如，在政策制定过程中立法的渐进性限制了计划项目预算制度（Planning-programming-budgeting，PPBS）在全国范围的采用（Botner 1970；Schick 1966，1973）。之后，70 年代通过零基预算制（Zero-Base Budgeting）运用理性财政政策的努力也是同样的命运。然而，在一个更为分权的过程中，项目管理者的更广泛参与使行政获益匪浅（Moore 1980；Draper and Pitsvada 1981）。

肯尼迪（John F. Kennedy）总统关于美国人 60 年代将登上月球的许诺，由美国国家航空航天局（National Aeronautics and Space Administration，NASA）实现了。登月的成功振奋了全国的士气，这远比要赶上苏联重要。国家航天航空局致力于项目管理，对任务的组织集中于具体工作而不是等级制，增加了公共管理的灵活性倾向（Cleland 1983；Martin 1976）。理论上讲，项目的组织是以技能为基础与人结合，一旦项目完成又再度与人结合。NASA 的经验可以用矩阵管理和矩阵组织最为完整地概念化表达（Davis and Lawrence 1977）。虽然国家航天航空局和它的私有承包商热衷于"矩阵"管理，但是国家航天航空局积累的经验却很少被普遍应用于公—私合作伙伴运动。从概念上看，项目管理是在公共利益模型基础上对组织原则的运用。

对科学技术的日益接受，促进了公共管理和技术使用以援助跨国发展之间的关系。20 世纪 50 年代，比较与发展行政运动促使他们努力向发展中国家提供技术援助。政治学中年青的行为主义者在以变革为导向的学术指导下，在 1970 年成立了比较行政协会（Comparative Administration Group，CAG），作为美国公共行政学会（ASPA）的一个分支机构（Jones 1976；Savage 1976）。它促成了《比较行政杂志》（Journal of Comparative Administration）的出版，为分析政府官僚制提出了一个跨学科的研究方法（Riggs 1964；Heady 1996）。

比较行政协会的重点是理论方面，对于出现于 60 年代末期，并存在于整个 70 年代的怀疑和悲观主义所产生的后果就是比较行政协会开始衰落。越南战争、对于生态日益上升的不确定性、伟大社会项目（Great Society Programs）的预期失败、水门事件、对科学技术效能以及政府能否有效地把科学和技术运用到实践所持的普遍怀疑态度等等,都成为对公共行政学假设的釜底抽薪(Waldo 1984)。虽然,比较行政学在公共行政的议事日程上一直保持到20世纪70年代,但是其关注的重心变得更加中间路线(middle range)和制度性(Jreisat 1975)。1974年将《比较行政杂志》更名为《行政与社会》(Administration and Society)就表明对这一领域兴趣日益下降。

其他立足于政治学的人寄希望于公共行政学采取政策过程方法,寻求系统研究方法(Churchman 1968;Kast and Rosenzweig 1970;Schoderbek 1971)与科学技术的合并(Science and Public Policy, 1967)。运筹学的实施和要求对行政行为作定量研究就是两个具体的例子(Campbell, 1972)。一些人,如叶海卡·德洛尔(Yehezkel Dror 1967, 1968),根据经济决策理论和行为主义,反对政策分析的主导地位。德洛尔建议,这些技术应该依据定性分析因素的加盟以及它们对公共政策的影响而得以调和。同一时期,唐斯(Downs)将经济原则(economic principles)应用到官僚结构和行为上,这表明在经济准则和个人的价值选择上存在某些联系(Downs 1957)。基于这样的见解,即公共行政是组织和管理的一个通用方法的一部分,其他一些人指出,个人价值和角色是决定组织行为的重要因素。

虽然公共行政的学校和学院数量在20世纪60年代达到高峰(Caldwell 1965;Schick 1975),澄清公共行政学身份的努力,促使新一代学者采用一种不但寻求独立于政治学派和行政管理学派之外,且能反映先前的发展情况的研究新方法(Fredrickson 1976)。和CAG那些同仁一样(Marini, 1971),这些新一代学者对政治学领域中公共行政学明显的思想分离以及对行政管理路径中缺乏对价值的关注感到沮丧。在德怀特·沃尔多(Dwight Waldo)的召集下,他们在明诺布鲁克(Minnowbrook)召开了一次会议,要求公共行政应有一个独立的身份,其基础应是相关性、参与、变革、价值和社会公平。新公共行政(New Public Administration, NPA)是以政策为中心(policy centered)的,它为公共管理者规划了一个规范的、主动的角色(Barton 1980;Ramos 1972;Richter 1970)。他们也倡导在公共政策业已建立的程序和后果上应有巨大的变革(Frederickson 1974;Schick 1975)。新公共行政对公共行政所信奉的职业主义、文凭、等级制和价值中立管理提出挑战。他们对民主价值的规范性承诺促进了顾客控制、分权和价值共识(Bennis 1965, 1969;Campbell 1972)。"明诺布鲁克会议"处方式的抨击表达了一些主题,这些主题后来出现在90年代中期的选举倾向中;同时这也表明了他们随后想要重新确定公共行政学的关注焦点的努力(Compare with Drucker's view of management 1954, 1959)。

有迹象表明,公共行政学再次觉醒到这个社会是迅速多变的,政治是反复无常的。所以NPA所提倡的那些价值很难在公共行政中实施。但是,逾来逾多的有识之士开始关注公共行政职业教育和培训的相关性以及组织成员、顾客甚至全社会的需求和渴望。后人也将再次提及类似的问题,并且呼吁"重塑政府"(reinventing government)。

早在 1959 年，公共行政教育领导人通过成立公共行政研究生教育理事会（the Council on Graduate Education for Public Administration，CGEPA）以表明他们的关注。CGEPA 授权发表了一份关于公共服务教育地位的汇编报告，即"霍尼报告"（Honey Report），这份报告于 1967 年完成。该报告记录了公共服务教育不足之处，特别是在对公共服务职业人士就业机会和需求增长的时期（Honey 1967）。这份报告提出了很多建议并确定需要改进的诸多问题。它也强调必须培养公共行政——无论其作为一种学科还是作为职业发展中的一个焦点——的内聚力和身份。霍尼重申并扩展了公共服务教育要沿着早期德怀特·沃尔多所提出的那些建议作出变革的观点（Waldo 1965）。

关于公共服务教育项目的争议和对话，重新激起对公共行政学身份发展的兴趣（Miles 1967）。希望在该领域中许多不同的利益能够得到广泛地协调。学术项目内容、学科焦点的建立、有效的职业生涯发展被优先对待。有关公共行政学的"范围、目标和方法"的论坛也得以举行（Charlesworth 1968）。政治学因其作为公共行政学的"家园"（homebase）而受到越来越多的批评（Hinderaber 1963；Charlesworth 1966，1968）。除其他人之外，沃尔多是最清楚地阐述过这个问题的人，他认为公共行政学需要鉴定其核心要素（central core），必须认识到它的未来取决于"职业化姿态"的发展。这个职业化姿态必须有足够的宽度和灵活度来容纳公共行政中的利益多元化，有足够的稳定性和可理解性来提供团结和目标方向感（Waldo 1968）。

但是，在这一时期早期，澄清公共行政学的身份的努力受到限制。大多数公共行政项目还是设置在政治学系。很多人都缺乏必要的热情去支持明显的、高质量职业化项目。而且，公共行政学传统的政治学基地也在公共行政学其他学术学科角色的扩大下，其基础地位日益下降（Waldo 1975）。这种状况造成的结果，就是公共行政学越来越中庸，并开始寻求新的立足点。沃尔多呼吁，即使公共行政并不真的是一门职业，它也"要像一个职业一样行事"。尽管这一呼吁在一定程度上还是不够的。批评家强调公共行政缺乏一个职业的特征，诸如行为准则、控制成员进入的能力、没有专门研究和著述与职业问题相关的受认可机构（Schick 1975；Schott 1976）等。后来的研究抨击了他们有关职业的"社会学"定义。用更为传统的职业概念来说，他们敦促公共行政应该成为真正的职业化（Grenn et al 1993）。

但是，这个 10 年时期的晚期又出现了一些非常明显的趋势。为公共行政学确定身份以及更好地了解其职责及其本质的需求和兴趣得到普遍接受。无党派的竞争能力（neutral competent）、价值中立（value-free）等在公共利益模型中的一些公共行政学概念得到重新阐释。现在关于公共行政价值的争议集中在它们的本质和方向，而不是争议价值是否应当在这一领域拥有一席之地（Gawthrop 1970；Hart 1971；Redford 1969）。一些人发觉公共行政学应发展成一门手艺（craft），而不仅仅是一门艺术或科学（Campbell 1972；Berkeley 1975）。最后，身份问题既可以在特殊学科特征基础上，也可以在项目内容和职业责任基础上找到答案。

XII. 20世纪70年代：身份重审，新潮流和新课程

70年代的美国社会与政府反映了人们对未来的矛盾心理。对民权运动、越南战争、水门事件、能源危机的不同看法使得人们对个人与政府的关系、政府之间的责任划分以及国际关系等诸多过去的假设提出了挑战。一方面，公共行政学为政府存在的问题背上了黑锅；另一方面人们又期待着公共行政学能为行政模式的改观提供良策（Waldo 1972）。

学者和实践者都感到日益增长的的紧张和压力。将科学和政治结合起来的要求变得更加明晰。对于实践者来说，亟待解决的事情就是：在有效资源下降时期的公共生产力问题（pubic productivity），重组行政结构（administrative structure）和供给系统（delivery system）的需要，更加关注顾客的需要和兴趣，以及政策产出与社会需求的相关性等问题（Campbell 1972）。要求公共行政实践实现多元化以及将该领域发展为一个更加明显的学术一致观点的压力与日俱增。

要求变革的建议从采取新的核心理论（central theories）去代替传统的正统思想（Landau 1972；Ostrom 1974）到把焦点放在跨学科的多元化研究上等（Waldo 1975；Frederickson 1976）。其他学者可能受到罗尔斯（Rawl 1971）著作的影响，要求关注社会公平和正义。观点相互矛盾是普遍的现象（O'Toole 1977）。新公共行政（NPA）运动的支持者对奉行价值中立理性的官僚制方法提出质疑，他们敦促公共行政的研究和实践要进一步向人文主义（humanistic）和民主因素开放（Crozier 1964；Laporte 1971；Levine et al. 1975；Savage 1976）。但也有反对者抵制这些努力，他们声称：法治不应该被一个基于人治的行政系统所代替（Thompson 1975）。一些学者预测官僚制必将消亡（Denhardt 1981），另外一些学者却认为官僚制将会产生一个更为积极、正面的结果（Miewald 1970）。一些公共事务的职业管理者和领导人在一定程度上接受新公共行政（NPA）的议事日程，因为他们意识到有必要转移他们的优先考虑对象。他们认识到个人价值，认为公共服务应更富有同情心，并积极回应不同的政治和社会需求（Berkeley 1971），也认识到有必要进一步关注职业生涯发展规划以应对技术变革和创新（Chapman and Cleaveland 1973）。

20世纪60年代的民权运动给公共利益模型和它的功绩制（Merit System）带来了新的批评。平等就业机会（equal employment opportunity）和肯定性行动（affirmative action）倡议开始寻求消除种族歧视的实践，要求增加给予弱势群体的机会，如为少数族裔和女性提供更多的就业和晋升途径（Nigro 1974）。虽然这种倡议更多的是基于法律授权（legal mandates），而不是基于对人民主权（popular sovereignty）或个人价值（individual values）的呼吁，但是，公共利益模型的支持者对这些变革的长期效果仍持怀疑态度。与他们相对的是，其他人

则强调功绩制和平等就业机会存在兼容性（Kranze 1974；Reeve 1970）。

70年代早期，文森特·奥斯特罗姆（Vincent Ostrom）要求公共行政学的关注焦点要进行转移，从官僚制和威尔逊模式（Wilsonian Model）（奥斯特罗姆认为这种模式已近乎偏见地支持强有力的中央集权的行政系统）转移到一个分权化的服务供给体系，有点类似于派系冲突（COF）模型或派系规则模型（Ostrom 1974）。在他的预想中，这是一个回应性的服务供给系统，是民主决策点的多元体，是同时具有司法管辖区和分散组织模式且行政权威分散的系统。通过吸收政治经济学家解释行政行为的观点，奥斯特罗姆认为，有关行政政策的决策应该考虑包括竞争和备选供给系统在内（Ostrom and Ostrom 1971）。

沿着相关的思路，发展核心理论（Central Theory）的另外一些人发现公共行政关注机构产出（agency output）与公共产品和私有产品的平衡问题。关于公私之间的边界问题，常常是用经济学概念来进行部分的描述（Wamsley and Zald 1973a；Caiden 1991）。当核心理论的研究继续时，该领域出现了各种各样的不同的范式（Paradigms）（Ostrom 1974；Henry 1975；Golembiewske 1977）。虽然这些范式在科学上很少堪称成熟，但是，它们还是鼓舞了寻求学术上可接受的研究地位的努力。一种范式呼吁多元主义和政治经济学相结合恰逢适宜，不过它的可行性还有待商榷。对奥斯特罗姆观点的批评意见指出：这种范式明显地不能探索和解释这一领域的复杂性（Stillman 1976）。而且，对于民主行政的后果假设，它的那一套研究方法被认为过于简单，也不切实际（Golembiewski 1977）。此外，一些人称之为的"政策子系统"（policy subsystem）——一个相对较少的群体，由一些控制基本公共政策的行政官员、立法者和院外集团的说客组成（Freeman 1952；Kindon 1984；Seidman 1970；Walker 1974），在奥斯特罗姆看来似乎是合法的。

70年代更为系统化与应用研究方法进行整合的更多举措被纳入到解决政府问题中来（Eddy and Saunders 1972）。知识管理作为一个提供更具有回应性和责任感的公共管理的工具而得到提倡（Bowman 1978；Henry 1974）。公共生产力（Balk 1978）与用来解决公共部门所面临问题的理论和实际方法的发展被提到了议事日程。这些问题是资源日益减少但服务需求保持稳定（即使没有上升）（Levine 1978）。私有部门的管理技术也被认为是令人渴望的，可以运用到公共部门来。为提高工作生活质量，同时也增加雇员和机构的生产力，组织发展也得到了确认和促进（Golembiewski 1978, 1980；Golembiewski and Eddy 1978；McGill 1974）。

但要求一个更具有代表性的公共服务的压力增加了，要求对功绩制的领导和责任方面进行考量和改革的压力也大大增加。职业服务机构似乎不受行政机关领导的影响使得总统备感沮丧，人员规模日益扩大，以及需要改善专职服务机构的形象和责任，这些都促使卡特（Carter）总统推行功绩制改革。在一些公共服务教育和实践领导者的咨询下，卡特总统将当时的一些管理技术运用到联邦政府。行政领导者的地位和责任都得到了加强（Beam 1978；Campbell 1978）。

在改革启动时，很少有人意识到对公共服务进行扩大的行政控制和最高层职业化之间会产生冲突。

1978 年，依赖《公务员改革法》(Civil Serivce Reform Act) 的实质，公共服务职业人员在一个过程导向的人事系统 (Process – Oriented Personel System) 受到更少的限制。以绩效为基础的工资供给和高级行政主管体系 (Senior Executive Service) 所强调的生产力和灵活度得到授权。1948 年赛尔 (Sayre) 在对人事行政 (personnel administration) 进行检查时，对推翻"技术战胜目的"(triumph of technique over purpose) 的希望感到痛惜。1980 年总统选举后，里根政府意识到"更小政府"的需求，运用改革所提供的授权挑选政治被任命者。这些政治被任命者寻求限制（如果不是减少）政府项目，减少职业管理者在政策制定中的影响 (Carroll et al. 1989)。派系规则模型似乎再一次得到新生。

里根政府的努力为质疑改革的公共行政者和公共利益拥护者提供了一个有利的环境。他们对改革的成效提出疑问，他们担心政治价值可能再次变成公共人事管理中决策的标准 (Thayor 1978)，这种担忧似乎得到支持，甚至那些在公共服务中的人有时也抵制他们所支持的改革，这并不令人感到奇怪，改革从公众中所得到的支持远远大于在职业公共雇员那里所得到的支持 (Lynn and Vaden 1979)。

当公共行政实践方面还在与 20 世纪 70 年代所预期的变革作斗争时，尝试进一步改变公共行政教育的议事日程的努力急剧增加。1970 年，全国公共事务与公共行政院校联合会 (National Association of Schools of Public Affairs andAdministration, NASPAA) 成立了，其前身是 CGEPA。根据霍尼报告 (Honey Report) 的观点，并考虑其他识别公共服务未来需要的研究 (Chapman and Cleaveland 1973)，NASPAA 开始着手为发展公共部门管理者建立一个教育和研究基地。NASPAA 关注的是在教育课程和项目特征的共识基础上建构一种身份 (identity)。这种共识能够在这一领域形成内聚力，并在公共行政教育和培训中的职业化方式上授予组织权威 (Uveges 1987)。NASPAA 发展和支持代表该领域跨学科特征的课程安排，这一行为得到那些为公共服务提供职业教育的人的欢迎。NASPAA 的《硕士学位点指南和标准》(Guidelines and Standards for Master's Degree Program) 是广泛和灵活的，为公共行政项目提供了身份和责任。他们包括了在大部分项目中都能够找到的主要学术和职业特征 (NASPAA 1974, 1976)。大学在确定这一领域本质上的地位得到加强，公共管理硕士学位 (Master of Public Administration, MPA) 和公共服务的专职职业生涯发展之间的特殊关系也得到了加强 (Grode and Holzer 1975; for an earlier analysis, see Walker 1945)。

该领域的地位和内聚力在 20 世纪 70 年代随着新的学术杂志的建立，而得到实质意义上的加强和巩固。地方性杂志例如，《中西部地区公共行政评论》(Midwest Review of Public Administration) 和《南部公共行政评论》(Southern Review of Public Administration) 开办之后，到 80 年代早期，对公共行政研究兴趣的增长使这些杂志需采用新的名字来表明其更大范围的读者：前者更名为《美国公共行政评论》（American Review of Public Administration），后者更名为《公共行政季刊》（Public Administration Quartly）。

在对 NASPAA 所作的努力支持过程中也存在一些问题。为了在公共管理硕士项目中引入一些大家公认的东西，NASPAA 通过了一个自愿的"专家评审"（Peer Review）程序。事实表明在"专家评审"程序和为进入正式认证程序（Formal Accreditation Process）所可能采取的努力之间存在着联系（Engelbert 1977；Thayer 1976）。另外值得警惕的事情包括：NASPAA 的标准和角色将怎样影响 NASPAA 和 ASPA 的关系（Thayer 1976）；这些标准是否把太多的注意力集中在技术和教学方法上，而妨碍了多元化和创新（Howard 1975），以及职业化和公共行政课程的关系问题（Schott 1976）等。总而言之，NASPAA 的首创行为和为查明这一领域的参数而作的实践努力还是得到了相当多的支持。需要测评公共服务中职业导向型教育（Profession-Oriented Education）的质量也越来越被人们所认同。

XIII. 20 世纪 80 年代：逆流和回归基础

政府行政的职业化在 80 年代受到越来越多的检查，尽管早期的怀疑更多出现在中央政府，但州政府与地方政府也面临着日益增长的压力以使行政政策更好地回应和反应社会和政治趋向。

80 年代初期开始，里根政府就开始控制政府规模和范围。格雷斯委员会（Grace Commission）呼吁用一种明显的企业方法来进行政府管理，因而职业公共部门管理者应当较少地受到政治的压力，这与政治高级行政主管相反（Goodsell 1984）。一些人士认为，私有部门在满足公共部门的需求方面应该扮演更为积极的作用并且可以扮演互换的作用以服务于公共部门（Savas 1982）。博尔丁（Boulding）1981 年推断，通过可能会演变为新的"定位"（niches）的短期不断增长的渐进变化，将来政府与非政府的形式会产生巨大的变化。这样的后果是为行政的多元化创立更多的机会并且为私有部门能够提供公共服务打下基础（Behn 1980；Ingraham and Barrilleuax 1983；Lewis and Logalbo 1980；Schacter 1983）。

通过非公共机构即私有化——提供公共服务的努力在地方政府，尤其是大城市地区发展较快。中心城市由于预算的压力而发现私有化是一个有吸引力的备选方案。当然，组织良好的公共部门的工会反对这种趋势，这些工会都代表一些非常强大的传统集团，如"警察兄弟界"（Fraternal Order of Police）。在雇员组织受限的地方，如郊区，私有化得到了较快的发展。然而，大多数情况下，私有化的收获仍是很小的；有时候，公共雇员组织起来，比私有公司竞价更低。然而，作为竞价的结果是政府省下一笔钱，例如，在克利夫兰（Cleveland）公共雇员的竞价就击败了外来的竞争者，从而节省了 200 万美元的开支

(Janik 1995)。90年代，对私有化的呼吁直接导致了"重塑"政府这一日益高涨的运动。

在80年代，州政府与地方政府被要求承担着不断增加的行政政策责任。官僚主义不再（即使曾经）主要是中央政府特有的现象。从1950年到1980年，州与地方政府雇员从400万增至1300万（Van Riper 1983），增长经费大部分来源于中央政府。现在州与地方政府被要求承担政策责任并筹备公共项目经费。

此外，中央政府债务持续增长及要求精简政府机构和人员的呼声严重削弱了中央对州和地方努力的支持。为适应这些变化，1989年，密西西比州州长（Mississippi）威廉·F. 温特（Willian F Winter）被授权主持一个州和地方公共服务全国委员会（National Commission on the State and Local Publicc Service）即温特委员会（Winter Commission），尝试为州和地方行政实践改革出谋划策（see Hard Truths/ Tough Choices: An Agenda for State and Local Reform 1993）。

当要求对行政官员增加正规培训得到授权时（Newland 1979），当分权化和生产力成为有效解决20世纪80年代众多问题的王牌（Gulick 1983）之时，公共行政却又面临新的挑战。这些挑战有助于培养公众对政府行政的战略规划（Strategic Planning）日趋浓厚的兴趣。战略规划视角（the Planning Perspective）最初的设想是为公司制定发展方向，这种视角对公共行政也极为重要。[11]这个视角有助于解决备选政策方向问题，并且运用于组织的协同发展（Eadie and Steinbacher 1985；Olsen and Eadie 1982）。甚至政治上有明显党派性质的州，如俄亥俄州，都大规模地实行战略规划。在地方，战略规划被有选择性地使用，用于那些优先项目，例如警察服务（Levine 1985）。战略规划常常与程序创新结合在一起，例如谈判技巧（Negotiation Technique），确保那些卷入过程中的人认同程序（Fisher and Ury 1981；Gargan and Moore 1984）。除与程序创新结合外，战略规划也常与问题分析（Issues Analysis）相结合。

80年代也反映了寻求解决职业公务员缺乏社会尊敬和职业地位问题所作的努力（Riggs 1983）。生产力和责任指标得到发展，以增加其灵活性和有效性（Pfiffner 1983）。职业化和伦理占据越来越重要的地位（Bowman 1982；Golembiewski 1983；Rabin 1981，1983），日益增长的职业化和伦理被视为在州级政府建立一个更有知识能力和负责任的职业高级行政主管的关键（Daley 1983；Mertins and Hennigan 1982）。在1984年，美国公共行政学会提出伦理准则（Code of Ethics），伦理准则将进一步缩短公共行政实践与它作为一门职业状况之间的差距。到1985年，公共行政被视为已经拥有一个职业的许多"特征"（Daniels and Johansen 1985）。后来职业精神被重新定义，并被确切地阐述，它能更好地与职业的最初含义相协调，并与公共部门政府管理职业相称（Green et al. 1993）。

该领域的地位问题继续在公共行政学术界的议事日程上高居榜首，在公共行政资源材料和文献的可获得性方面也达到历史的顶点（Rouse 1982）。NASPAA的"专家评审"程序获得了普遍的接受，到1985年，81个硕士学位点已经列入"花名册"（Roster），该程序的影响在课程内容和项目司法问题上尤为重要（Uveges 1987）。1986年"美国职业认证理事会"（Council on Professional Accreditation），承认NASPAA是公共行政硕士学位项目认可团体。

有意思的是，就在该领域的地位问题和职业责任问题似乎接近于解决的时候，由里根政府所作的重塑"行政国家"的努力看来又重新引发该领域一个古老的争论：政治与行政两分法。在里根看来，美国政治与行政系统没有作为积极的政策扮演者的"议案官员"（Bill Bureaucrat）（see Appleby 1945）。里根总统是在个体独立性的基础上看待政治与行政关系（尽管和项目陈述一样多的华丽词藻）。杰弗逊（Jefferson）在自耕农（Yeoman）和私有部门中发现了这种个体独立性（Individual Independence），正如欧洲人所支持的自由主义者一样（see Stillman 1982）。

在强调个人权利时，里根政府又自相矛盾地追求有害于传统自由企业制度的经济政策。其隐含的观点就是：政府的角色就是为独立和强健的美国公民及其跨国公司提供基础设施。很少有人认识到独立的个体和国际经济组织可能会有本质的冲突。本质上而言，其目的就是限制中央政府在社会和经济事务中的职责。

职业行政人员的自由裁量权（Discretionary）受到更多的限制。在操作上，卡特总统和里根总统都试图在政策制定中减少被任命的公务员的参与，他们增加了基于政治（价值一致）而不是基于职业基础（功绩）（Merit）上的政治被任命者的人数。这次运动回到了过去的政治与行政角色分离，政策问题由政治被任命者负责的时代。1985年卡罗尔等人（Carroll et al.）称这些新型管理者为供应方管理者（Supply-Side Managers），并且指出："对于他们（供应方理论家）在复活政治与行政两分法所作的努力，公共行政的供应方理论家肯定会感到失望。"其他人则呼吁公共服务恢复元气（National Commission on the Public Service 1989）。

同样地，伯克（Burke 1983）认为，政治行政系统的现实情况不可能在公共部门的政策和管理中限制职业影响。但是，在政治行政系统中，要求澄清它们的角色地位和期望。史瓦拉（Svara 1985）认为，这样的澄清能够更好地认识有关政府管理者的更为敏感的政治角色和职业角色的当代趋势。

政治与行政两分法的重新兴起是有其深层次原因的。虽然在这一领域的实践者和理论家都认识到需要变革，要求公共行政人员和专家不要那么积极，这可能代表着一种转变，一种远离公共利益模型的基本转变，但ROF模型为适应美国生活职业化的现实得到了修改，里根—布什政府反映出对派系规则模型（ROF）的更为开放的态度。要求一个更少的"专家目标主导"（Expert-Objective-Dominated）行政可能在某种程度是对职业精神能够增加组织绩效这一观点的回应，同时也产生了一种需要更多社会亲密接触的心理渴望（Broder 1980；Naisbitt 1982；see Green et al. 1993）。一个更加"以人为中心"的工作场所和对政治价值转变更具回应性的要求肯定了以民主为导向的公共服务价值（Frederickson and Hart 1983）。在那里，将"仁爱"（Benevolence）和"爱国主义"（Patriotism）相关联是服务政治社区的一种合适的方法。

必须清醒地指出，一些研究发现民主行政中存在一些令人感到讽刺的东西，劳工队伍的满意可能会和顾客的满意成反比关系（Katz 1975）。更有趣的是，如果我们注意到，早在1902年，简·亚当斯（Jane Addams）预见了公共利益模型中职业化后公共行政的行为和政治后果：

> 社区中的有钱人认为政治本身是应该值得丢弃的东西，道德上，他们可能承认政治责任是良好市民的一部分，但是政治努力不是他们的道德或社会生活的表述。这种分离导致的结果就是：商人和先进分子所发动的"改革运动"（Reform Movements）几乎完全被政治机器所控制，他们关心的是更好的行政管理方法而不是维护民众福利这一最终目的。他们将这么多的关注全部集中在方法上以至于没有考虑政府的……最终目的。这也足以解释为什么以牺牲投票人的直接代表者的权利为代价，却把越来越多的责任寄托在高级行政官员和被任命委员会上的趋势了。他们在提及或写到政治净化时，常常把它当成远离他们日常生活的东西。
>
> 另一方面，民众的实际领导者是他们所控制的社区的全部生活的一部分，只要他们具有代表性，他们就是民主的社会代表。他们在政治上常常是腐败的，但是尽管如此，相对于改革者，他们还是按照一个更为完善的理论着手工作。［……］因为他们和大多数选民住得更接近，清楚地知道选民的想法，所以，他们认识到这一点，并依此行事；直接满足（选民）的生活和社会需要。他们认识到民众作为一个整体是很在乎社会结果的，他们能够掌权，是因为他们回应了这些需要。他们是腐败的，常常干事情干得很糟；但是他们至少能够不犯那些商人所犯的错误。那些商人被民主吓坏了，民众对他们也失去了信心（Addams 1902：223-225）。

90年代顾客和公民开始感到被排斥在外和缺乏控制，这能够说明为什么更新后的立法机构会饶有兴趣地回顾和改变结构，在公共利益模型中，结构曾被视为行政管理的精髓。

一些公共行政人员意识到问题的存在，寻求解释和解决方法（Stever 1988）。例如，80年代末，公共行政网络（Public Administration Network）作为占统治地位的行为主义研究方法的对立面出现了。一些人认为公共行政的超然导致科学在行为主义下是怎样定义的，他们要求重新定义科学和知识，把公共行政与社区紧密相连。这种观点重复了早期明诺布鲁克会议的关注。那次会议已经批评公共行政人员回避解决社会问题（Marini 1971；Frederickson 1983；Bailey and Mayer 1992）。对于行为主义的这种反应，部分也因为从这个角度研究没有能力解决，如：职业化，治理过程中公共行政者的角色等问题（Adams and White 1994）。

考虑到在政府治理话语中缺乏规范性理论，公共行政网络于1987年在刘易斯与克拉克学院（Lewis and Clark College）召开会议。会议出版了一系列论文以探讨公共行政人员如何概念化的问题（Kass and Catron 1990），这本论文集借鉴了加雷斯·摩根（Gareth Morgan, 1986）的新方法"意象"（Imagination）；该方法根据不同理论建立的形象（Images）分析组织。从这次会议所发表的论文来看，公共行政的角色甚至本质都发展成一系列的形象（Images）。例如，将行政官员视为扭曲的灵魂（Harmon 1995）。这次会议向大家展示非行为主义方法的效用，以及检查公共行政人员观点的起源和背景的必要性。

XIV. 20世纪90年代的公共行政：基础变革

20世纪90年代是一个重要变革的十年，特别是在各级政府公共官员和民选官员如何看待公共行政领域问题上，选举官员日益对职业行政人员的效用提出质疑。这种怀疑尤其在国家层面上还是比较新的。以前，总统常会选择用职业人员来给官僚机构配置人员，这也许是为了避免庇护人（Patronage）的负面影响。林肯最贴切地描述了"庇护人"这一概念，他嘲讽那些庇护人常常是培养了一个忘恩负义者和十个敌人。尽管任命高层官员并使其无限期保持这些职位存在困难，20世纪八九十年代的美国总统即使不能行使"庇护人"任命，仍然越来越诉求政策上的帮助。当然，一些机构被免除了这种有利的政治功效，特别是总务管理局（General Services Administration）和邮政局（Post Office）。但是注意，这些机构在大多数国会选区（congressional districts）有办公室，因此有更多适合的庇护机会。

在州和地方政府中，对职业公共行政人员抱有敌意已经不是什么新鲜事。在许多案例中，职业化任命从未发生过，或者被转移到任命办事员和其他一些职务，因为这些职务都限制了庇护人员的实效。悲哀的是，许多公众把职业化管理者和非职业化管理者混为一谈，所以，他们全都倾向将所有在政府工作的人都视为讨厌的"官僚"。

寻求更加安全的基础呈现不同的形式：一些人批评民选官员和大众的态度问题，另外一些人支持根据民选官员、媒体和大众的批评对公共行政进行变革。正如在一个扩展的共和国（Extended Republic）存在太多的矛盾，知道大众是谁、他们关注些什么问题是很难辨别的。现代媒体用来反映和影响议事日程的方式也使得这些问题更加复杂，议事日程被认为是与讨论有关的。但是因为很少有媒体和/或大众能明显地区分职业和非职业化管理，所以，对政府的敌对是显而易见的，而且还在增长。

政治与行政二分法披着新的外衣再次出现，它自身再一次遭受到苛刻的检验。1994年，罗伯茨（Roberts）在那篇引起广泛兴趣的论文中追述了两分法的兴起和洛克菲勒基金会（Rockfeller Foundation）对政府研究的资助，如果基金会的钱被觉察到用在政治上，那么它所担心的强烈的不利反应就有可能发生。在这种情况下，只要公共行政与政治学分离，且被授权处理广泛的公共政策，基金就能够支持它。所以，这个基金会得到一些人的高度支持，例如布朗诺就极力赞成这种通过授权行政官员制定政策、令人满意的两分法。

此外，对于一些人来说，这个原则（两分法）并不是遥远过去的浪漫遗物，而是管理者处理当前的事项问题非常有用的指南。蒙蒂乔伊（Montjoy）和沃森（Watson）在1995年仔细琢磨了这一概念，指出它既有政策意义又有制度意义。他们发现这条原则（两分法）对处理地方政治中的庇护等特殊主义（Particularisms）（允许各种政治上独立的政策）非常有用。他们概念化的重组强化了史瓦拉1985年对两分法的修正，史瓦拉指出两分法只是一个更大职能划分的一部分。史瓦拉构想了在一个有效的政府体系（Governmental System）内实施的四个职能（使命、政策、行政和管理）。他批评当前的看法，认为它们忽略了政府的使命职责（Mission Duty）和公共行政人员在确定使命中的角色，传统的两分法只处理政策和行政，这种缺乏远见的观点降低了政府战略规划能力，也降低了能够反映人们渴望的未来的政策能力。它也促使民选官员把不相关的时间花在管理上。史瓦拉得出结论：这四种职能在理事会—经理制中得到共享，而与二分法所预见的整齐划分相反。因此，对日益增长的反职业化政治的回应就是：更详细地阐明了过去，为职业行政人员建立一个强有力的规划指南，同时澄清它的历史记录。

更根本的是，80年代中期重建运动（Refounding Movement）开始浮出水面，当时一组教员在弗吉尼亚理工学院（Virginian Tech）发表了格外重要的黑堡宣言（Blacksburg Manifesto），这个宣言勇敢地为公共行政人员的政策角色辩护。《重建公共行政》（Refounding Public Administration）一书出版于90年代早期，它建立在前人努力的基础上，例如，约翰·罗尔（John Rohr）的得奖作品《运行宪法》（To Run a Constitution）。罗尔（1986）认为，公共行政人员是以宪法为基础的政策角色，这些角色的基础可以追溯到共和国初创时期联邦党人和反联邦党人的观点。其他人在这些根源上感到了危险，因为他们推行奴隶制和其他一些不受欢迎的价值观（Spicer and Terry 1993）。

"重建运动"对于那些坚韧不拔的学者来说是一个过程，或者是对话，目的是严格地评估基础和过去的实践，其焦点更多放在当前的规范和伦理上，而不是要精确描述过去的制度或者关注管理技术的提高。政治与行政两分法产生不了多少兴趣，充其量是在行政官员政策角色受到质疑时，对行政官员有点效能而已。例如，1990年，加里·瓦斯利（Gary Wamsley）寻求一种代理视角（Agency Perspective），对于他而言，行政官员只是许多委托人（Principals）的代理人（Agents）。由多重原则所造成的紧张关系既扩大了又限制了行政的范围。既然近来历史显示总统的行政主导（presidential administrative Dominance）是第一位的，可以断言，更为成功的行政应允许行政官员避免只受一个委托人所控制。根据瓦斯利的观点，一个更加以宪法为基础的制度，能够让行政官员不受总统制的管辖，但是这却让他们面临着多重委托人所带来的问题。当机构被不同的政党，更为重要的是，不同的意识形态所控制时，关注的东西也将会有不同的考虑（Public Administration and Constitution 1993）。这样的制度也提出了公共行政学领域应该回应的几个关键的伦理问题（Bowman 1991；Cooper 1994；Rohr 1976，1989）。

另一个对"重建运动"作出贡献的人是特里（Terry），他在1995年提出要重新定义领导能力。特里从塞尔兹尼克（Selznick）的制度概念开始——塞尔兹尼克认为制度是一个被赋予社区价值的组织，而行政中的领导能力应该集中把组织（工具性实体）转化为制度（充满价值的企业）——特里强调一个公共领导者必须"保存"对他/她的组织至关重要的价值。这样的领导人并不拒绝变革，但是变革能否得到支持取决于它是否能够推动组织的核心价值。

此外，古德塞尔（Goodsell）也回应为官僚制辩护，他注意到官僚制的职能方面。在他的畅销书《官僚制案例》（The Case for Bureacarcy 1994）中，他认为官僚制是一种合乎需要的必要品，因为它给公务员的行动提供了责任，给政府带回信誉，更多被认为是一个重新发现的过程而不是一个重塑的过程（Goodsell 1994；Moe 1994）。

在定义公共行政时，公民的位置得到了确定，特别是当卡姆·斯蒂夫斯（Cam Stivers，1996）尖锐地质疑我们的政治和行政理论是如何看待我们的公民时，正如她敏锐观察到的，大多数理论假设的是一个沉寂的公民，愿意被那些在政府中占有关键地位的人所引导，除了选举一些领导人外就不履行其他职能了，而这些领导人一旦当选就会谦恭地为公民服务。同样，她认为这个领域负担沉重，因为存在一些潜在性的，现在仍然不愿承认的种族和性别问题，尤其是后者（Stivers 1993；Gallas 1976；Guy 1993；Naff 1994）。

总之，"重建运动"都试图去保护——如果不是提高——公共行政学在行政国家中的政策角色，而这是通过以宪法为基础将政策作用更详细地概念化并建议适当的规范来达到的。在这一过程中，公共行政的关键因素得到重新阐释（Terry 1995）和/或被质疑（Stivers 1994；Lane 1990；Luton 1994）。

不幸的是，"重建运动"的努力大多数都集中在国家层面，并没有注意到州和地方政府存在巨大的差异（Winter 1969）。相对于这些重建运动的基本价值观和制度所提出的高度哲学化和理论化问题，地方政府关心的焦点则来自于管理视角，集中在提高服务供给上。在关于重建运动的书籍出版了将近两年后，一个前城市经理和一个顾问才认为公共行政需要进行重塑（Gaebler and Osborne 1992）。他们发现，行政停滞与公共服务供给的效益及效率低下并行不悖。他们认为，这种不幸根源于没有把行政官员从没有受到实际检验的传统中解放出来，从而拒绝重新考虑这一领域的原则问题，并使之更新。作者认为，除非我们解放公共服务，否则，公共服务将远远落后于它们本来可以达到的境界，并在公民中孕育负面情绪。解决办法就是重新考虑如何构建我们的政府和授权给服务供给者，也许只有通过非政府组织提供服务来实现（Bellone 1992；Nathan 1995；Perlmutter 1995；Terry 1993）。

克林顿（Clinton）政府也致力于中央政府官僚制的转变。副总统阿尔·戈尔（Al Gore）长期以来就对运用技术来提高政府效率非常感兴趣，他被选来领导这一"重塑"举措，他着手这个任务就像一个真正的信仰者，旨在对提供服务的方式进行持久的变革（Executive Office of the President 1993，1995）。通过应用现代电讯装备，如因特网，进入"重塑"过程的途径大大扩展了。事实上，到90年代中期，中央政府的许多部门，越来越多的州和地方政府都"上网"了。完整的网页允许那些"上网冲浪"的人仔细阅读文件，通过使用电子邮件和那些致力从事改变政府的人互动。尽管有些人对上网的人以及在多大程度上代表公民意愿表示了质疑，但这些途径还是保证政府越来越接近市民。

20世纪90年代早期展示，公共行政学继续是一个蓬勃发展的领域。政府的哲学疑问与让非政府组织参与公共服务供给的努力同时并存。在学术界，关于职业化的重新定义增添了对公共行政人员的角色定位的争论。与此同时，有关科学的本质以及它在公共行政的运用性也展开了辩论。表面上看，多元化在范围上、也在方法上显得缺乏统一性。那些重新建立这一领域的人质疑重塑政府的渴望程度（see Goodsell 1993），但是他们很少积极介入有意义的对话。而那些热衷于重塑运动的人对公共部门及其改革中更大范围的哲学问题似乎不感兴趣。这两种情况的发展从概念上要求这些运动和其他运动联系起来，例如，公共行政学在多大程度上对国家有充分的见解（Stillman 1991）。

XV 结论：公共行政和寻求治理

进入第二个世纪，可能又会提出一些有关公共行政学的疑难问题。正如我们所指出的，公共行政的基础——公共利益模型——必须通过职业关注和社会需求联系起来而得到协调。同时，也必须避免腐败和心胸狭隘的党派偏见，亚当斯（Addams 1902）在20世纪之交就已经提出这种党派偏见。但是要求对大众政治潮流作出更具反省的管理回应的这一动力，继续激励我们政体的很大部分，特别是在州和地方一级。互相矛盾的是，当越来越少的美国人能够清晰地标明自己的政党身份时，重申党派政治的努力却似乎一直在增长。

在第一版中，我们指出公开行政必须放置在治理的背景下予以考虑。治理是为社会提供合法方向的一个体系，在一个复杂的、充满竞争的社会，对政策的要求是既要有效益又要有合法性。如果政策不是由那些被看作是代表社会的人所制定，也不是由那些有竞争能力而且公正的人所执行，那么它就不能成功地达到这两个目标。美国制度中的代表性常常集中关注在地理方面，即代表那些住在特定地方的人（Morgon 1988）。虽然有时候代表性也与种族和肤色有关，但是，这个概念强调的是一个与空间有关的政体，而不是一个阶级或者群体。研究和历史都展示了政策的建立和管理并不一定或者并不偏好与政治—行政两分法相吻合。但是职业化行政并不仅仅只是政治，因此，两分法的一些目的还是有用的（Svara 1990，1994）。借用一个比喻就是，公共行政必须处于政治之中，但却不是政治（Behn 1995；Price 1975；Rosenbloom 1993a，1993b）。

强调治理有助于行政和政治的互动，这样的强调也允许从其他领域得来的"经验教训"（lessons）应用到公共行政中来。例如，1972年，麦克尔·撒拉逊（Michael Saranson）将他的处方从组织发展扩展到一个更为广泛的关于社会本质和其前途上。类似的还有科布和埃尔德（Cobb and Elder 1972），他们也强调了议事日程制定的重要性，议事日程制定是一个对公共行政具有明显重要性的行动，但是却回避被概念化所囊括（conceptual inclusion）（Allison 1971；Cobb and Rochefort 1994；Kingdon 1984）。更重要的是，强调治理能够为一个更加积极主动的公共行政提供宪法基础。正如洛伊（Lowi）1995年所言，我们在许多方面没有对政治的宪法背景进行充分的概念化。正因为没有更多健全的概念化（Conceptualizations），我们将不能以宪法为基础建立公共行政，也拒绝公共行政在治理中的重要作用（Freedman 1977）。

此外，洛伊（Lowi）还有力地向我们说明，一个历史更为准确、概念更令人满意的宪法体系描述可能同样伴随着一个简单的公共服务的概念 [For contrasting views, see the Terry's (1995) book review on Lowi's work]。尽管奠基人明显地掌握了复杂性，但我们似乎处于一个喜欢用简单的解决办法去解决复杂问题的时代。可笑的是，尽管许多人呼吁政府分权及政府权威分散，但是私有部门权力正在加强这一点又使得他们有点担心，私有部门权力的加强可能在未来需要一个更加强大的公共部门。失败于将公共行政中的治理合法化，并且没有相应灵活地管理公共利益，就只会促进利益集团自由主义（interest group liberalism）的多元化博弈。这一点谢茨施耐德（Schattschneider）早在25年前即1960年就娴熟地把它概念化了，洛伊也在1979年生动地指责过。

如果公共行政想要在统治我们这个复杂的社会上扮演主要合法化角色的话，它需要进一步完全的概念化，一个更加健全的概念必须考虑在地方上的服务供给和在中央层级的政策制定。在许多方面就好像各个学科面临着的挑战，比如物理学，它可以研究微观层面的亚原子现象，也可以研究宏观层面的宇宙本质问题。正如伯勒尔（Burrell）和摩根（Morgan）1979年在他们尝试着去综合关于复杂组织的不同理论时所指出的，理论的不同方面可能需要不同的范式。

事实上，区分我们本章回顾开篇即强调的治理不同路径以及公共行政本身的多次改革是不同的范式假设。伯勒尔和摩根通过注意到存在着四种不同的范式而揭示了组织理论多元化，并指出每种范式都代表了有关基础哲学范畴一套不同的假设。对于他们来说，组织理论的多元化是没有桥梁可以互通的，因为不同的学派已经嵌入各种不同的范式了。

许多公共行政的多元化也反映了不同的范式。一些人争议，不同的方式是否有沟通的桥梁？但是，我们相信，这种多元化增加了我们研究的动力和变化，同时也增加了我们学位项目（Academic Degree Programs）的复杂性。在全球背景下，对一个复杂社会的治理是一个错综复杂的过程，各种各样的理论方法对掌握各个方面是必要的。我们期望研究多元化，这样，研究者可以根据自己的研究的特殊项目来选择最有用的范式。研究的灵活性似乎成了许多公共行政研究的主要特征。

与此相对照，学术项目却发现很难整合多元化。例如，方法论课程，常常只能反映一种范式导向。此外，许多大学的课程安排是受到限制的，需要在其中包含不同的范式也经常排除了活跃的相互竞争的观点。在一些情况下，学生可能也没准备好适应多重需求，即将参与治理置于职业之上的要求（Williams 1994）。

最后，治理和公共行政的三种不同方法——派系冲突模型（COF），派系规则模型（ROF）和公共利益模型（PI）也是基于不同的范式。每个方法中的基本假设都具有多元化，这可解释为什么行政官员总是难以理解不同的方法了。学术准备不健全，观点和方法就只能建立在一套假设上。图1向我们展示了这三种方法是怎样和伯勒尔和摩根的范式相关联的。更有趣的是，前15年的主要推动力也跨越了类似的范式。难怪研究公共行政的新方法吸引了不同类别的理论家和实践者。我们都期盼这些创新因其哲学上与治理的某个范式方向和方法相似而得以接受，而其他的则会受到批评，有时甚至谴责训诫。然而，对于适合生存的学科和具有强大生命力的职业来说，我们必须能够理解这些方法和创新是怎样应用到治理复杂社会的学科和职业中去的。

重塑政府是一场运动，它具有的哲学假设就是伯勒尔和摩克所指的功能范式——通向客观世界的一个方向。这场运动的成员对测评政府绩效很感兴趣。在公共利益模型中的服务提供也有类似的范式根源，许多早期的公共行政学者相信，公共服务能够被科学地设计，这显然是一种功能范式导向。

公共选择学有着不同的起源，这可以解释为什么它在我们领域受到相对冷落的原因，它反映的是许多和经济学一样的假设。这些假设关注的是一个以冲突为标志的客观世界。斯派塞（Spicer 1995）在其努力检查现代政府的宪法本质时认识到这一状况，他在试图用权力分离背景设计政府的研究方法时也认识到这一情况。既然冲突不可避免，从这一哲学导向出发，统治体系（Governing Systems）就必须考虑到不可避免的冲突。在美国政治中，这就是派系规则模型（ROF）的理论基础。因此，公共选择学在那些对冲突、目标体系（Objective Systems）和最优化选择得到认同的人那里受到热烈的欢迎。

图 1　迈向公共行政学的范式导向以及它们对不同路径的影响

另一方面，重建公共行政也触及到了用以勾画公共利益模型管理视角的哲学假设。从这些视角出发，公共行政存在于主观世界，寻求一种可以接受的秩序。这要求哲学和传统的发展围绕社区中政府的角色以及职业行政官员在这些政府中的作用而展开（Waldo 1952；1956；1971；Yates 1982）。因此，重建运动强调有关社区和政府观点的发展必须与传统协调一致，因为传统至今还推动着公共行政朝政府治理方向发展。一些人倡导不仅仅是重建我们的职业，他们甚至要求重建我们的社会。那么这一过程就不仅仅包括公共行政，而是包括所有的政治制度，而且可能，即使不是非常可能，导致冲突升级（Drucker 1969）。因此，在图1中，重塑运动更接近主观世界和冲突方面，表明一个社会的重建将比一个职业的重塑产生更多的冲突。

多元文化的概念也产生了一些争议（Schlesinger 1992）。在公共行政领域，它导致要求更大的多元化。这些要求对公共服务的组成因素产生巨大的影响，特别是在国家层面上（Keller et al. 1994）。这些要求反映了要求联多为一（e pluribus unum）的最初动力，这一点和派系规则模型（ROF）有着类似的哲学根源，尽管许多多元文化学者认为其有高度的固有矛盾，甚至强烈反对任何关于共同文化的概念。在实践上，冲突大大增加了参谋机构（Staff Agencies）的数目，这些参谋机构调查行业的服务供给（Anechiarico 1994）。

总之，我们希望公共行政继续反映哲学假设中的多元化。梅萨洛（Mesaros）和鲍尔弗（Balfour）于1993年提出的范式就是一个例子。这个范式呼吁在定性分析、结构分析和经验分析中进行对话。然而，我们相信一个强大的学科和一个健全的职业其根源取决于我们的尝试，尝试将分散的运动融合到一个统一的统治体系（Governing System）中来。如果我们尝试扩大范围取得成功的话，我们就能帮助美国建立一个更加清晰明了但又以宪法为基础的联多为一（信条）(e pluribus unum)。这种尝试将要求团体之间相互对话，交流困难，讨论把我们的学术项目与哲学的多元化融合。此外，正如盖泽（Gazell）和皮尤（Pugh）于1993年所提出的，只有到了公共行政人员和公共行政学的议事日程在政治上和社会上达成一致时，这些突显的矛盾才不会继续。公共行政学能否回应这些挑战尚不明朗。因此我们认为，整个20世纪90年代，该领域的特点仍然是基础的多元化。

NOTES

① Michael Foucault, in another context, described the utility of such an approach in the following way: to follow the complex course of descent is to maintain passing events in their proper dispersion; it is to identify the accidents, the minute deviations—or conversely, the complete reversals—the errors, the false appraisals, and the faulty calculations that gave birth to those things that continue to exist and have value for us; it is to discover that truth or being do not lie at the root of what we know and what we are but the exteriority of accidents (Foucault 1977: 146).

② Several others have commented on three models or variables. Ours differ in that they are created from a variety of sources over a period of time. In essence, these are three distinct philosophies on governance with direct implications for public administration. In contrast, Stillman (1982) examined the conceptions of three of the founding fathers and ascertained three different models of government. In his classic piece, Kaufman (1956) identified three core values around which the field of public administration has oscillated.

③ The spoils system had some ironic outcomes. Surprisingly the use of unfit and unmotivated people for public service required considerable supervision. This extensive supervision helped to bureaucratize public service (Crenson 1975).

④ The novel Philip Dru, Administrator, published in 1912 captures this belief and its expression in administration. Philip Dru is the appointed Administrator of the United States in the wake of the Second Civil War. He solves all problems, even seemingly intractable social problems. He sails for the Soviet Union to become their administrator, bringing universal science to solve public problems regardless of political or cultural context. The book was published anonymously, but was later attributed to Colonel House, chief advisor to Woodrow Wilson (Haber 1964). Karl Marx's methodology and his Utopian belief in the withering away of government similarly represent a moral triumph of knowledge (Feuer 1969).

⑤ Plato was one of the first to express a relationship between knowledge and virtue. The concept of philosopher kings certainly reflects a belief in this relationship. During the American reform era, the moral nature of the politicoadministrative system, and life in general, was inculcated in the capstone courses of colleges. In his study of the Mugwumps, James McLachlan found that they were predominantly college educated. The capstone course at the time was moral philosophy, taught by the university president who typically connected the moral imperatives of philosophy to the problems of the time. In contrast, the industrial elite and New York City officials, the groups to which he compared the Mugwumps, typically had no college education (McLachlan 1974).

⑥ This was originally published in 1912 in the Woman's Home Companion, indicating the persistence and diffusion of reform efforts. See Bok (1920) for the story of the leading women's publications during the reform era.

⑦ Richard Childs with his typical bluntness characterized separation of powers and checks and balances as "ancient superstitions" (East 1965). He also opposed less than pure forms of the city management system and even debated managers on this point. Banfied in Urban Government (1969) cities additional arguments about the dysfunctions of separation of powers.

⑧ Transcripts of the early meetings were printed for many years in the yearbooks published by ICMA. These are interesting glimpses into the thinking of appointed chief executives on their roles and responsibilities.

⑨ The city of Cincinnati continued to elect their councils at large by a complicated version of proportional representation until the late 1950s. It was only stopped with the election of a black vice-mayor in 1957, an innovation not desired in a city that had recently caused its basebal team to change its moniker from Reds to Redlegs to avoid the taint of Communism. See Miller (1980) and Straetz (1958) for interesting details of this period.

⑩ Note the preposition is "for" not "of". Its use indicates an intention to emphasize the relations of the study to the practice as well as a more avocational stance toward the promotion of professional goals.

⑪ Jim Paisley, who worked with the strategic Management Group at Deloitte, Haskins and Sells, used the phrase "direction establishment" to capture the purpose of strategic planning for the private sector. Given the fact that for public agencies the legislature and other external bodies often establish much of the direction for a public agency, it has been difficult to transfer the technology of strategic planning from the private to the public sector. However, the strategic perspective is useful to public administration, although it would seem to unnecessarily limit its potential by combining it with the budgetary process (Olsen and Eadie 1982).

REFERENCES

Adams GB, White JD. Research in Public Administration: Reflections on Theory and Practice. Thousand Oaks, CA: Sage Publications, 1994.

Addams J. Democracy and Social Ethics. 1902. New York: Macmillan Company. Allison G. The Essence of Decision: Explaining the Cuban Missile Crisis. Boston: Little Brown, 1971.

Anechiarico F, Jacob JB. Visions of corruption, control and the evolution of American public administration. Public Admin Rev 54: 465 – 474, 1994.

Antioch, OH: Antioch College, 1937. Appleby PH. Big Democracy. New York: Alfred A. Knopf, 1945.

———. Policy and Administration. Tuscaloosa, AL: University of Alabama Press, 1949.

Argyris C. Personality and Organization. New York: Harper and Row, 1957.

Arnold PE. The first Hoover commission and the managerial presidency. J Politics 38: 46 – 70, 1976.

Attorney General's Committee on Administrative Procedure. Final Report. Washington, D. C.: U. S. Government Printing Office, 1941.

Bailey MT, Mayer RT. Public Management in an Interconnected World: Essays in the Minnowbrook Perspective. New York: Greenwood Press, 1992.

Bailey SK. (1968). Objectives of the theory of public administration. In: Charlesworth, JC (ed.) Theory and Practice of Public Administration: Scope, Objectives, Methods, Philadelphia: American Academy of Political and Social Sciences, 1968, pp. 128 – 139.

Balk WA. A symposium: productivity in government. Public Admin Rev 38: 1 – 51, 1978.

Banfield EC, ed. Urban Government: A Reader in Administration and Politics. 2nd ed. New York: Free Press, 1969.

Barnard CI. Functions of the Executive. Cambridge, MA: Harvard University Press, 1938.

Barton R. Roles advocated for administrators by the new public administration. South Rev Public Admin 3: 463 – 486, 1980.

Beam DR. Public administration is alive and well—and living in the White House. Public Admin Rev 38: 72 – 77, 1978.

Beard CA. Public Policy and General Welfare. New York: Holt, Rinehart, and Winston, 1941.

Beckman N, ed. A symposium: policy analysis in government: alternatives to "muddling through." Pwblic Admin Rev37: 221 – 263, 1977.

Behn RD, ed. (1980). A symposium: leadership in an era of retrenchment. Public Admin Rev 40: 603 – 626, 1980.

———. The big questions of public management. Public Admin Rev 55: 313 – 324, 1995.

Bellone CJ, Goeri GF. Reconciling public entrepreneurship and democracy. Public Admin Rev52: 130 – 134, 1992.

Bennis W. Beyond bureaucracy. Transaction 44 – 51, 1965.

———. Changing Organizations. New York: McGraw-Hill, 1966.

———. Organizational Development: Its Nature, Origins, and Prospects. Reading, MA: Addison-Wesley, 1969.

Bentley AF. The Process of Government: A Study of Social Pressures. Chicago: University of Chicago Press, 1908.

Berkeley G. The Administrative Revolution: Notes on the Passing of Administrative Man. Englewood Cliffs, NJ: Prentice-Hall, 1971.

———. The Craft of Public Administration. Boston: Allyn and Bacon, 1975.

Bettmans OL. The Good Old Days—They Were Terrible. New York: Random House, 1974.

Blau P. The Dynamics of Bureaucracy. Chicago: University of Chicago Press, 1956.

Bok W. The Americanization of Edward Bok: The Autobiography of a Dutch Boy Fifty Years After. New York: C. Scribner's Sons, 1920.

Botner SB. Four years of ppbs: an appraisal. Public Admin Rev 30: 423 – 431, 1970.

Boulding KE. The Image; Knowledge and Life in Society. Ann Arbor, MI: University of Michigan Press, 1956.

———. Ecodynamics: A New Theory of Societal Evolution. Beverly Hills, CA: Russell Sage, 1981.

Bowman JS. Managerial theory and practice: the transfer of knowledge in public administration. Public Admin Rev 38: 563 – 570, 1978.

———, A professional perspective for public administration. Bureaucrat 11: 49 – 52, 1982.

———. Ethical Frontiers in Public Management. San Francisco: Jossey-Bass, 1991.

Boyer MC. Dreaming the Rational City: The Myth of American City Planning. Cambridge, MA: MIT Press, 1983.

Bozeman B, ed. Public Management: The State of the Art. San Francisco: Jossey-Bass, 1993.

Bridges A. Winning the west to reform. Urban Affairs Quarterly 27: 494 – 518,

1992.

Broder DS. Changing of the Guard: Power and Leadership in America. New York: Simon and Schuster, 1980.

Brownell BA, Stickle W. Bosses and Reformers: Urban Politics in America, 1880 – 1920. Boston: Houghton-Mifflin, 1973.

Brownlow L. A Passion for Anonymity: the Autobiography of Louis Brownlow, Second Half. Chicago: University of Chicago Press, 1958.

Buchanan P, ed. An Approach to Executive Development in Government. Washington, D. C.: National Academy of Public Administration, 1973.

Buder S. Pullman: An Experiment in Industrial Order and Community Planning, 1880 – 1930. New York: Oxford University Press, 1967.

Burke CG. Stratified systems theory: politics and administration revisited. Unpublished paper presented at the annual meeting, American Society for Public Administration, Chicago, IL, 1983.

Burrell G, Moyan G. Sociological Paradynis and Organizational Analysis: Elements of the Sociology of Corporate Life. London: Heinemann, 1979.

Caiden G, ed. Administrative Reform. Chicago: Aldine, 1969.

———. Administrative Reform Comes of Age. New York: W. de Gruyter, 1991.

Caldwell LK. The Administrative Theories of Hamilton and Jefferson: Their Contribution to Thought on Public Administration. Chicago: University of Chicago Press, 1944.

———. The Administrative Theories of Hamilton and Jefferson: Their Contribution to Thought on Public Administration. New York: Holmes and Meier, 1987 2nd ed.

———. Public administration and the universities: a half century of development. Public Admin Rev 25: 52 – 60, 1965.

Callow AB, ed. The City Bosses in America: An Interpretative Reader. New York: Oxford University Press, 1976.

Campbell AK. Old and new public administration in the 1970s. Public Admin Rev 32: 343 – 347, 1972.

———. Civil service reform: a new commitment. Public Admin Rev 38: 99 – 103, 1978.

Caro RA. The Power Broker: Robert Moses and the Fall of New York. New York: Alfred A. Knopf, 1974.

Carroll JD, Fritscher AL, Smith BLR. Supply-side management in the Reagan administration. Public Admin Rev 45: 805 – 814, 1985.

Chandler AD, Jr. The Visible Hand: The Managerial Revolution in American Business. Cambridge, MA: Harvard University Press, 1984.

Chapman RL, Cleaveland FN. The changing character of the public service and the administrator of the 1980s. Public Admin Rev 33: 358 – 366, 1973.

Charlesworth JC, ed. A Design for Political Science: Scope, Objectives, Methods. Philadelphia: American Academy of Political and Social Sciences,

———. Theory and Practice of Public Administration: Scope, Objectives, Methods. Philadelphia: American Academy of Political and Social Sciences, 1968.

Childs RS. Civil Victories: The Story of an Unfinished Revolution. New York: Harper, 1952.

Churchman CW. The Systems Approach. New York: Delacorte, 1968.

Clapp G. T. V. A. Chicago: University of Chicago Press, 1955.

Cleland DI. Systems Analysis and Project Management. 3rd ed. New York: McGraw-Hill, 1983.

Cobb R, Elder C. Participation in American Politics: The Dynamics of Agenda Building. Boston: Allyn and Bacon, 1972.

Cobb R, Rochefort D. The Politics of Problem Definition: Shaping the Policy Agenda. Lawrence, KA: University of Kansas Press, 1994.

Commager HS. The American Mind: An Interpretation of American Thought and Character since the 1880s. New Haven, CT: Yale University Press, 1950.

Cook BJ. Subordination or independence for administrators: the decision of 1789 reexamined.

Public Admin Rev 52: 497 – 503, 1992.

Cooper PJ. Conflict or constructive tension: the changing relationship of judges and administrators. Public Admin Rev 45: 643 – 652, 1985.

Cooper TL, ed. Handbook of Administrative Ethics. New York: Marcel Dekker, 1994.

Crenson MA. The Federal Machine: Beginnings of Bureaucracy in Jacksonian America. Baltimore, MD: John Hopkins University Press, 1975.

Croly HD. The Promise of American Life. New York: Macmillan, 1909.

Crozier M. The Bureaucratic Phenomenon. Chicago: University of Chicago Press, 1964.

Crunden RM. Ministers of Reform: The Progressives' Achievement in American Civilization, 1889 – 1920. New York: Basic Books, 1982.

———. Ministers of Reform: The Progressives' Achievement in American Civilization, 1889 – 1920. Urbana, IL: University of Illinois Press, 1984.

Dahl RA. The science of public administration: three problems. Public Admin Rev 7: 1 – 11, 1947.

———. The behavioral approach in political science: epitaph for a monument to a successful protest. Am Politic Sci Rev 55: 763 – 772, 1961.

Dahl RA, Lindblom CE. Politics, Economics and Welfare: Planning and Politico-Economic Systems Resolved into Basic Social Processes. New York: Harper and Company, 1953.

Daley D. Support for professionalism in the states: an examination of administrative, executive and legislative attitudes. Am Rev Public Admin 17: 102 – 114, 1983.

Daniels MR, Johansen E. Role of accreditation in the development of public administration: a theoretical and empirical assessment. Public Admin Q 8: 419 – 441, 1985.

Davis SM, Lawrence PR. Matrix. Reading, MA: Addison-Wesley, 1977.

Degler CN. Out of Our Past: The Forces that Shaped Modern America. New York: Harper, 1959.

Denhardt RB. In the Shadow of Organization: Lawrence, KS: University Press of Kansas, 1981.

____. Theories of Public Organization. 2nd ed. Belmont, CA: Wadsworth, 1993.

Dewey J. The Public and Its Problems. New York: H. Holt and Co., 1927.

Dilulio J Jr, Garvey G, Ketti D. Improving Government Performance. Washington, D.C.: Brookings Institution, 1993.

Dimock ME. The study of administration. Am Politic Sci Rev 31: 28 – 40, 1937.

____. Administrative efficiency within a democratic policy. In: New Horizons in Public Administration: A Symposium. Tuscaloosa, AL: University of Alabama Press, 1945.

____. A Philosophy of Administration. New York: Harper and Company, 1958.

Divine WR. The second Hoover commission report: an analysis. Public Admin Rev 15: 263 – 270, 1955.

Downs A. An Economic Theory of Democracy. New York: Harper and Row, 1957.

____. Inside Bureaucracy. Boston: Little Brown, 1967.

Draper FO, Pitsvada BT. ZBB—looking back after ten years. Public Admin Rev 41: 76 – 83, 1981.

Dror Y. Policy analysts: a new professional role in government service. Public Admin Rev 27: 197 – 203, 1967.

____. Public Policy-Making Reexamined. San Francisco: Chandler, 1968.

____. Ventures in Policy Sciences: Concepts and Applications. New York: Elsevier American, 1971.

Drucker P. The Practice of Management. New York: Harper and Company, 1954.

____. Landmarks of Tomorrow. New York: Harper, 1959.

____. The Age of Discontinuity. New York: Harper, 1969.

Eadie DC, Steinbacher R. Strategic agenda management: a marriage of organizational development and strategic planning. Public Admin Rev 45: 424 – 430, 1985.

East JP. Council-Manager Government: The Political Thought of Its Founder, Richard

S. Childs. Chapel Hill, NC: University of North Carolina Press, 1965.

Eddy WB, Saunders RJ. Applied behavioral sciences in urban administrative/political systems. Public Admin Rev 32: 1 – 11, 1972.

Egger R. The period of crisis: 1933 – 1945. In: Mosher, EC ed. American Public Administration:

Past, Present, and Future. Tuscaloosa, AL: University of Alabama Press, 1975, pp. 49 – 96.

Engelbert EA. The findings and implications of a survey of standards and accreditation for education programs in public administration. Public Admin Rev 37: 520 – 527, 1977.

Etzioni A. A Comparative Analysis of Complex Organizations. New York: Free Press, 1961.

———. Mixed scanning: a third approach to decision-making. Public Admin, Rev 27: 383 – 392, 1967.

Etzioni A, Lawrence P. Socio-Economics: Toward a New Synthesis. Armonk, NY: M. E. Sharpe, 1991.

Executive Office of the President. From Red Tape to Results: Creating a Government That Works Better and Costs Less. Washington, D. C. : U. S. Government Printing Office, 1993.

———. Common Sense Government, Works Better and Costs Less. Washington, D. C. : U. S. Government Printing Office, 1995.

Fesler JW. Public administration and the social sciences: 1946 – 1960. In: Mosher, FC ed. American Public Administration: Past, Present, and Future. Tuscaloosa, AL: University of Alabama Press, 1975, pp. 97 – 141.

Feuer LS. Marx and the Intellectuals: A Set of Post-Ideological Essays. New York: Doubleday, 1969.

Fisher R, Ury W. Getting to Yes: Negotiating Agreement without Giving In. Boston: Houghton-Mifflin, 1981.

Follet MP. The New State. New York: Longmans, Green, 1918.

Foucault M. In: Bouchard DF, ed. Language, Counter-Memory, Practice. Ithaca, NY: Cornell University Press, 1967.

Fox EM. Mary Parker Follet: the enduring contribution. Public Admin Rev 28: 520 – 529, 1968.

Frederickson HG. Social equity and public administration: a symposium. Public Admin Rev 34: 1 – 51, 1974.

———. The lineage of new public administration. Admin Soc 8: 149 – 174, 1976.

———, ed. Ethics and Public Administration. Armonk, NY: M. E. Sharpe, 1993.

Frederickson HG, Chandler R. Citizenship and Public Administration: Proceedings of the National Conference on Citizenship and Public Service. Washington, D. C.: American Society for Public Administration, 1984.

Frederickson HG, Hart DK. The public service and the patriotism of benevolence. Public Admin Rev 45: 547 – 553, 1985.

Freedman JO. Crisis and Legitimacy: The Administrative Process and American Government. New York: Cambridge University Press, 1977.

Freeman AL. The Political Process: Executive Bureau-Legislative Committee Relationships. New York: Random House, 1952.

Friedrich CJ, Taylor C. Responsible Bureaucracy. Cambridge, MA: Harvard University Press, 1932.

Gaebler T, Osborne D. Reinventing Government: How the Entrepreneurial Spirit is Transforming the Public Sector. Reading, MA: Addison-Wesley, 1992.

Gallas N, ed. Women in public administration: a symposium. Public Admin Rev 36: 347 – 389, 1976.

Gargan JJ, Moore CM. Enhancing local government capacity in budget decision making: the use of group process techniques. Public Admin Rev 44: 504 – 511, 1984.

Gaus JM, White LD, Dimock ME. The Frontiers of Public Administration. Chicago, University of Chicago Press, 1936.

(1931). The present status of the study of public administration. American Political Science Review 25: 120 – 134.

(1947). Reflections on Public Administration. University of Alabama Press, University, Ala.

(1955). Public participation in federal programs, in Democracy in Federal Administration. U. S. Department of Agriculture, Washington, D. C.

Gawthrop L. The Administrative Process and Democratic Theory. Boston: Houghton Mifflin, 1970.

Gazell JA, Pugh DL. The future of professionalization and professionalism in public administration: advancements, barriers, and prospects. Int J Public Admin 16: 1933 – 1965, 1993.

Gerth HH, Mills CW. From Max Webber: Essays in Sociology. New York: Oxford University Press, 1946.

Golembiewski RT. The Small Group. Chicago: University of Chicago Press, 1962.

———. Public Administration as a Developing Discipline. New York: Marcel Dekker, 1977.

———. Perspectives on public sector OD: a symposium. South Rev Public Admin 1: 406 – 502, 1978.

———. Perspectives on public sector OD: II. South Rev Public Admin 4: 136 – 252,

———. Toward professional certification. Bureaucrat 12: 50–55, 1983.

Golembiewski RT, Eddy WB. Organization Development and Public Administration. New York: Marcel Dekker, 1978.

Goodnow FJ. Comparative Administrative Law. New York: G. P. Putman's Sons, 1893.

———. Policy and Administration. New York: MacMillan, 1900.

Goodsell CT. The grace commission: seeking efficiency for the whole people. Public Admin Rev 44: 196–204, 1984.

———. Charles A. Beard, prophet for public administration. Public Admin Rev 46: 105–106, 1986.

———. Re-invent government or re-discover it? Public Admin Rev 53: 85–87, 1993.

———. The Case for Bureaucracy: A Public Administration Polemic. 3rd ed. Chatham, NJ: Chatham House, 1994.

Gosnell HF. Machine Politics: Chicago Model. Chicago: University of Chicago Press, Reprinted from 1937 ed.

Graham G. Education for Public Administration. Chicago: Public Administration Service, 1941.

Green B, Feerick JD. Government Ethics Reform for the 1990s: The Collected Reports of the New York State Commission on Government Integrity. New York: Fordham University Press, 1991.

Green RT, Keller LF, Wamsley GL. Reconstituting a profession for American public administration. Public Admin Rev 53: 516–524, 1993.

Grode G, Holzer M. The perceived utility of MPA degrees. Public Admin Rev 35: 403–412, 1975.

Gulick LH. Politics, administration and the new deal. Ann Am Acad Politic Soc Sci 169: 55–66, 1933.

———. Better Government Personnel: Report of the Commission of Inquiry on Public Service Personnel. New York: McGraw-Hill, 1935.

———. The dynamics of public administration today as guidelines for the future. Public Admin Rev 43: 193–198, 1983.

Gulick LH, Urwick L, eds. Papers on the Science of Administration. New York: Institute of Public Administration, 1937.

Guy ME. Three steps forward, two steps backward: the status of women's integration into public management. Public Admin Rev 53: 285–291, 1993.

Haber S. Efficiency and Uplift: Scientific Management in the Progressive Era, 1890–1920. Chicago: University of Chicago Press, 1964.

Haines CG, Dimock ME. Essays on the Law and Practice of Governmental Administration. Baltimore, MD: Johns Hopkins University Press, 1935.

Harmon MM. Responsibility as Paradox: A Critique of Rational Discourse on Government. Thousand Oaks: Sage Publications, 1995.

Hart DK. The virtuous citizen, the honorable bureaucrat, and "public" administration. Public Admin Rev (special issue): 111 – 120, 1984.

Hart DK, Scott WG. The moral nature of man in organization: a comparative analysis. Acad Manage J 14: 241 – 255, 1971.

Hayek FA. The Road to Serfdom. Chicago: University of Chicago Press, 1944.

Hays SP. The politics of reform in municipal government in the progressive era. Pacific Northwest Q 55: 157 – 166, 1964.

Heady F. Public Administration: A Comparative Perspective. 2nd ed. New York: Marcel Dekker, 1979.

Henry NL. Knowledge management: a new concern for public administration. Public Admin Rev34: 189 – 196, 1974.

————. Paradigms of public administration. Public Admin Rev 35: 378 – 386, 1975.

Herring EP. Public Administration and the Public Interest. New York: McGraw-Hill, 1936.

Hinderaker I. The study of administration: interdisciplinary dimensions. West Politic Q 16: 5 – 12, 1963.

Hofstadter R. The Age of Reform: From Bryant to F. D. R. New York: Alfred A. Knopf, 1955.

————. The Progressive Movement, 1900 – 1915. Englewood Cliffs, NJ. Prentice-Hall, 1963.

————. The Idea of a Party System: The Rise of Legitimate Opposition in the United States, 1780 – 1840. Berkeley: University of California Press, 1969.

Holli MG. Reform in Detroit: Hazen S. Pingree and Urban Politics. New York: Oxford University Press, 1969.

Honey JC. A report: higher education for the public service. Public Admin Rev 27: 294 – 321, 1967.

Hoogenboom A. Outlawing the Spoils: A History of the Civil Service Reform Movement. Urbana: University of Illinois Press, 1961.

Howard LC. Education for the public interest: a critique and a projection of the NAPA view of meeting the needs of tomorrow's public service. Public Admin Rev 35: 173 – 180, 1975.

Howe FC. Confessions of a Reformer. New York: Charles Scribner's Sons, 1925.

Ingraham PW, Barrilleaux C. Motivating government managers for retrenchment: some possible lessons from the senior executive service. Public Admin Rev 43:

393 – 402, 1983.

Janik D. $2 million blown, $2 million saved. Cleveland Plain Dealer 11 October: 11 – B. Jones GN. Frontiersman in search for the 'lost horizon': the state of development administration in the 1960s. Public Admin Rev 36: 99 – 110, 1976.

Jreisat JE. Synthesis and relevance in comparative public administration. Public Admin Rev 35: 663 – 671, 1975.

Karl BD. Executive Reorganization and Reform in the New Deal. Cambridge, MA: Harvard University Press, 1963.

Kass HD, Catron B, eds. Images and Identities in Public Administration. Newbury Park, California: Sage Publications, 1990.

Kast EE, Rosenzweig JE. Organization and Management: A Systems Approach. New York: McGraw-Hill, 1970.

Katz D. Bureaucratic Encounters: A Pilot Study in the Evaluation of Government Services. Ann Arbor, MI: Institute for Social Research, 1975.

Katz D, Kahn R. The Social Psychology of Organizations. New York: John Wiley and Sons, 1966.

Kaufman HA. Emerging conflicts in the doctrine of public administration. Am Politic Sci Rev50: 1057 – 1073, 1956.

Keller LF. Public administration, city management, and the American enlightenment. Int J Public Admin 20: 213 – 249, 1989.

———. The political economy of public management: an interorganizational network perspective. Admin Society 15: 455 – 474, 1984.

———. Murray S, Terry L and Washington, C. The role demands and dilemmas of minority public administrators: the herbert thesis revisited. Public Administration Review 54: 409 – 417, 1994.

Kingdom JW. Agendas, Alternatives and Public Policies. Boston: Little, Brown, 1984.

Koontz H. The management theory jungle revisited. Acad Manage Rev 5: 175 – 187, 1980.

Kranz H. Are merit and equity compatible? Public Admin Rev 34: 434 – 440, 1974.

Landau M. Political science and public administration: field and the concept of decision-making. In: Mailick, S, Van Ness E H, ed. Concepts and Issues in Administrative Behavior. Englewood Cliffs, NJ: Prentice-Hall, 1962, pp. 1 – 28.

———. The concept of decision-making in the field of public administration. In: Political Theory and Political Science, New York: Macmillan, 1972, pp.

Landis JM. The Administrative Process. New Haven, CT: Yale University Press, 1938.

Lane LM, Wolf JE. The Human Resource Crisis in the Public Sector: Rebuilding the

Capacity to Govern. New York: Quorum Books, 1990.

LaPorte T. The recovery of relevance in the study of public organization. In: Marini F, ed. Toward a New Public Administration: The Minnowbrook Perspective, Scranton, PA: Chandler, 1971, pp.

Lawson GW. Technical cooperation for administrative improvement. Ann Am Acad Politic Social Sci, 323: 111 – 119, 1959.

Lemer D, Lasswell H, eds. The Policy Sciences. Stanford, CA: Stanford University Press, 1951.

Levitan DM. Political ends and administrative means. Public Admin Rev 3: 353 – 359, 1943.

Levine CH. A symposium: organizational decline and cutback management. Public Admin Rev 38: 315 – 357, 1978.

――. Police management in the 1980's: from decrmentalism to strategic thinking. Public Admin Rev 45: 691 – 700, 1985.

Levine CH, Backoff RW, Cahoon AR, Siffin WJ. Organizational design: a post-Minnowbrook perspective for the 'new' public administration. Public Admin Rev 35: 425 – 435, 1975.

Lewis CW, Logalbo AT. Cutback principles and practices: a checklist for managers. Public Admin Rev 40: 184 – 188, 1980.

Likert R. The Human Organization: Its Management and Value. New York: McGraw-Hill, 1961. Lilienthal D. TV A—Democracy on the March. New York: Harper & Row, 1944.

Lindblom CE. The science of 'muddling through'. Public Admin Rev 19: 79 – 88, 1959.

――. The Intelligence of Democracy: Decision Making Through Mutual Adjustment. New York: Free Press, 1965.

Lowi TJ. The End of Liberalism: The Second Republic of the U.S. 2nd ed. New York: W. W. Norton, 1979.

――. The End of the Republican Era. Norman: University of Oklahoma Press, 1995.

Luton LS. To run this democracy: reflections on American public administration and the Constitution. Admin Theory Praxis 16: 31 – 43, 1994.

Lynn N, Vaden R. Bureaucratic responses to civil service reform. Public Admin Rev 39: 333 – 343, 1979.

Mansfield HC. Federal Executive Reorganization: Thirty Years of Experience. Washington, D.C.: Brookings Institution, 1969.

March JG, Simon HA. Organizations. New York: John Wiley & Sons, 1958.

Marini F, ed. Toward a New Public Administration: The Minnowbrook Perspective.

Scranton, PA: Chandler, 1971.

Martin CC. Project Management: How to Make It Work. New York: AMACON, 1976.

Martin RC. Political science and public administration—a note on the state of the union. Am Politic Sci Rev 46: 660 – 676, 1952.

McGregor D. The Human Side of Enterprise. New York: McGraw-Hill, 1960.

McLachlan J. American colleges and the transmission of culture: the case of the Mugwumps. In: Elkins S, McKitrick E, eds. . The Hofstadter Aegis: A Memorial. New York: Alfred A. Knopf, 1974.

Melnick RS. The politics of partnership. Public Admin Rev 45: 653 – 660, 1985.

Merriam L. The trend toward professionalization. Annals Am Acad Politic Social Sci, 189: 71 – 77, 1937.

Merlins H, Hennigan PJ. Applying Professional Standards and Ethics in the 1980s. Washington, D. C. : American Society for Public Administration, 1982.

Merton RK. Social Theory and Social Structure. Rev. ed. Glencoe, IL: Free Press, 1957.

_____. Science, Technology and Society in Seventeenth Century England. New York: H. Fertig, 1970. Reprinted from vol. IV, p. II, Osiris: Studies on the History and Philosophy of Science and on the History of Learning and Culture. 1938.

Mesaros W, Balfour DL. Hermeneutics, scientific realism, and social research: toward a unifying paradigm for public administration. Admin Theory Praxis 15: 25 – 36, 1993.

Metcalf HC, Urwick L, eds. Dynamic Administration: The Collected Papers of Mary Parker Follet. New York: Harper and Brothers, 1940.

Miewald R. The greatly exaggerated death of bureaucracy. Calif Manage Rev 65 – 69, 1970.

Miles R. The search for identity of graduate schools of public affairs. Public Admin Rev 27: 343 – 356, 1967.

Miller ZL. Boss Cox's Cincinnati: Urban Politics in the Progressive Era. Chicago: University of Chicago Press, 1980. Reprint of the 1968 original.

Moe RC. The re-inventing government exercise: misinterpreting the problem, misjudging the consequences. Public Admin Rev 54: 111 – 122, 1994.

Montjoy RS, Watson DJ. A case for a reinterpreted dichotomy of politics and administration as a professional standard in council-manager government. Public Admin Rev 55: 231 – 239, 1995.

Moore P. Zero base budgeting in American cities. Public Admin Rev 40: 253 – 258, 1980.

Morgan ES. Inventing the People: The Rise of Popular Sovereignty in England and America. New York: Norton, 1988.

Morgan G. Images of Organization, Beverly Hills, CA: Sage Publications, 1986.

Morstein-Marx F, ed. Public Management in the New Democracy. New York: Harper and Brothers, 1940.

――――. Elements of Public Administration. Englewood Cliffs, NJ: Prentice-Hall, 1946.

Mosher FC. Research in public administration: some notes and suggestions. Public Admin Rev 16: 169 – 179, 1956.

――――. Democracy and the Public Service. New York: Oxford University Press, 1968.

――――, ed. American Public Administration: Past, Present, and Future. Tuscaloosa, AL: University of Alabama Press, 1975.

――――, ed. Basic Documents of American Public Administration: 1776 – 1950. New York: Holmes and Meier, 1976.

Mosher WE. Government without patronage. Ann Am Acad Politic Social Sci 189: 35 – 41, 1937.

Mumford L. The City in History: Its Origins, Its Transformations, and its Prospects. New York: Harcourt Brace Janovitz, 1961.

Naff, K. C. Through the glass ceiling, prospects for the advancement for women in the federal civil service. Public Admin Rev 54: 507 – 517, 1994.

Naisbitt J. Megatrends. New York: Warner Books, 1982.

Najjar GK. Development administration and the 'new' public administration: a convergence of perspectives. Public Admin Rev 34: 584 – 587, 1974.

NASPAA. Guidelines and Standards for Professional Masters Degree Programs in Public Affairs/ Administration. Washington, D. C.: National Association of Schools of Public Affairs and Administrative, 1974.

――――. Guidelines and Standards for Baccalaureate Degree Programs in Public Affairs-Public Administration. Washington, D. C.: National Association of Schools Public Affairs and Administration, 1976.

――――. 1994 Directory of Programs. Washington, D. C.: National Association of Schools of Public Affairs and Administration, 1994.

Nathan RP. Re-inventing government: what does it mean? Public Admin Rev 55: 213 – 215, 1995.

National Commission on the Public Service. Leadership for America: Rebuilding the Public Service. Washington, D. C.: National Commission on the Public Service, 1989.

Newland CA, ed. Public sector training: diversity, dispersion, discipline: a symposium. South Rev Public Admin 2: 402 – 510, 1979.

Nigro LC, ed. Affirmative action in public employment: a mini-symposium. Public

Admin Rev 34: 234–246, 1974.

Olsen JB, Eadie DC. The Game Plan: Governance with Foresight. Washington, D. C.: Council of State Planning Agencies, 1982.

Osborne D, Gaebler T, Re-inventing Government: How the Entrepreneurial Spirit is Transforming the Public Sector. Reading, MA: Addison-Wesley, 1992.

Ostrom V. The Intellectual Crisis in American Public Administration. Rev. ed. Tuscaloosa, AL: University of Alabama Press, 1974.

———. The undisciplinary discipline of public administration: a response to Stillman's critique. Midwest Rev Public Admin 11: 304–308, 1977.

Ostrom V, Ostrom E. Public choice: a different approach to the study of public administration. Public Admin Rev 31: 203–216, 1971.

O'Toole LJ Jr. Lineage, continuity, Frederickson, and the new public administration. Admin Society 9: 223–253, 1977.

Perlmutter FD, Cnaan RA. Entrepreneurship in the public sector: the horns of a dilemma. Public Admin Rev 55: 29–36, 1995.

Peterson L. The Day of the Mugwumps. New York: Random House, 1961.

Pfiffner JP. Public Administration. New York: Macmillan, 1935.

———. The challenge of federal management in the 1980s. Public Admin Q 7: 162–182, 1983.

Pfiffner JP, Presthus R. Public Administration. 3rd ed. New York: Ronald Press, 1953.

Polenberg R. Reorganizing Roosevelt's Government. Cambridge, MA: Harvard University Press, 1966.

President's Commission on Administrative Management. Report of the Commission. Washington, D. C.: U. S. Government Printing Office, 1937.

President's Commission on Economy and Efficiency. Report of the Commission. Washington, D. C.: U. S. Government Printing Office, 1912.

Prethus R. The Organizational Society. New York: Random House, 1965.

Price DK. The Scientific Estate. Cambridge, MA: Harvard University Press, 1965.

———. 1984 and beyond: social engineering or political values. In: Mosher EC, ed. American Public Administration: Past, Present, and Future. Tuscaloosa, AL: University of Alabama Press, 1975, pp. 233–252. Public administration and the constitution: a forum. Public Admin Rev 53: 237–267, 1993.

Quade ES. Analysis for Public Decisions. New York: American Elsevier, 1975.

Rabin J, ed. Public administration as a profession: a symposium. South Rev Public Admin 5: 237–391, 1981.

———, ed. Public administration professionalism: has it a future? a symposium, part one. Public Admin Q 8: 398–508, 1985.

Ramos AG. Models of man and administrative theory. Public Admin Rev 32: 241 – 246, 1972.

Rawls J. A Theory of Justice. Cambridge, MA: Harvard University Press, 1971.

Redford E. Democracy in the Administrative State. Cambridge, MA: Oxford University Press, 1969.

Reedy GE. The Twilight of the Presidency. New York: World Publishing, 1970.

Reeves EJ. Making equality of employment opportunity a reality in the federal service. Public Admin Rev 30: 43 – 49, 1970.

Rice BR. Progressive Cities: The Commission Government Movement in America, 1901 – 1920. Austin, TX: University of Texas Press, 1977.

Richter A. The existentialist executive. Public Admin Rev 30: 415 – 422, 1970.

Riggs FW. Public administration: a neglected factor in economic development. Ann Am Acad Politic Social Sci 305: 70 – 80, 1956.

———. Administration in Developing Countries. Boston: Houghton Mifflin, 1964.

———. Bureaucracy and the Constitution. Public Admin Rev 54: 65 – 72, 1994.

Riggs RR. PA'S public image. Bureaucrat 12: 38 – 40, 1983.

Riordon WL. Plunkitt of Tammany Hall: A Series of Very Plain Talks on Very Practical Politics, Delivered by Ex-Senator George Washington Plunkitt, The Tammany Philosopher, from His Rostrum, the New York County Court-House Bootblack Stand. New York: Alfred A. Knopf, 1948.

Roberts A. Demonstrating neutrality: the Rockefeller philanthropies and the evolution of public administration, 1927 – 1936. Public Admin Rev 54: 221 – 228, 1994.

Rohr JA. The study of ethics in public administration curriculum. Public Admin Rev 36: 398 – 406, 1976.

———. To Run A Constitution: The Legitimacy of the Administrative State. Lawrence, KS: University Press of Kansas, 1986.

———. Ethics for Bureaucrats: An Essay on Law and Values. 2nd ed. New York: Marcel Dekker, 1989.

Rosenbloom DH. Public administrative theory and the separation of powers. Public Admin Rev 43: 219 – 227, 1983.

———. Have an administrative Rx: don't forget the politics. Public Admin Rev 53: 503 – 507, 1993a.

———. Prescriptive public administration theory as a product of political dominance. Admin Theory Praxis 15: 1 – 10, 1993b.

Rouse JE Jr. Boundaries of an emerging superdiscipline: a review of recent and selected older bibliographic material in public administration. Public Admin Rev 42: 390 – 398, 1982.

Saranson M. The Creation of Settings and the Future Societies. San Francisco: Jossey-Bass, 1972.

Savage P. Optimism and pessimism in comparative administration. Public Admin Rev 36: 415 – 423, 1976.

Savas ES. Privatizing the Public Sector. Chatham, NJ: Chatham House, 1982.

Sayre WS. The triumph of techniques over purpose. Public Admin Rev 8: 134 – 137, 1948.

____. Premises of public administration: past and emerging. Public Admin Rev 18: 102 – 105, 1958.

Schacter HL. Retroactive seniority and agency retrenchment. Public Admin Rev 43: 77 – 81, 1983.

Schattschneider EE. The Semi-Sovereign People: A Realist's View of Democracy in America. New York: Rinehart and Winston, 1960.

Schick A. The road to PPB: the stages of budget reform. Public Admin Rev 26: 243 – 258, 1966.

____. A death in the bureaucracy: the demise of federal PPB. Public Admin Rev 33: 146 – 156, 1973.

____. The trauma of politics. In: Mosher FC, ed. American Public Administration: Past, Present, and Future. Tuscaloosa, AL: University of Alabama Press, 1975, 142 – 180.

Schiesi MJ. The Politics of Efficiency: Municipal Administration and Reform in America: 1880 – 1920. Berkeley: University of California Press, 1977.

Schlesinger AM Jr. The Age of Roosevelt: The Coming of the New Deal. Boston: Houghton Mifflin, 1958.

____. The Imperial Presidency. Boston: Houghton-Mifflin, 1973.

____. ed. The Almanac of American History. New York: Putnam, 1983.

____. The Disuniting of America: Reflections on a Multicultural Society. Knoxville, TN: Whittle Direct Books, 1991.

Schlesinger JR. Systems Analysis and the Political Process. Rand Paper P – 3464, Santa Monica, Cal. Schoderbek PP. Management Systems. 2nd ed. New York: John Wiley, 1971.

Schott R. Public administration as a profession: problems and prospects. Public Admin Rev 36: 253 – 259, 1976.

Schwartz B., and Wade HWR. Legal Control of Government: Administrative Law in Britain and the United States. New York: Oxford University Press, 1972.

Science and public policy: a symposium. Public Admin Rev 27: 95 – 161, 1967.

Scott M. American City Planning. Washington, D.C.: American Planning Association, 1971.

Scott WG. Organization theory: an overview and an appraisal. Acad Manage J 4: 7 – 26, 1961.

Seidman H. Politics, Position and Power: The Dynamics of Federal Organization. New York: Oxford University Press, 1970.

Seiznick PA. TVA and the Grass Roots. New York: Harper and Row. 1949.

——. Leadership and Administration. Evanston, IL: Row Peterson, 1957.

Shapiro MM. The Supreme Court and Administrative Agencies. New York: Free Press, 1968.

Siffin WJ. The new public administration: its study in the U.S. Public Admin 34: 365 – 376, 1956.

——. Toward the Comparative Study of Public Administration. Bloomington, IN: Department of Government, Indiana University, 1957.

Simon HA. The proverbs of administration. Public Admin Rev 6: 53 – 67, 1946.

——. Administrative Behavior. New York: MacMillan, 1947.

Simon HA, Smithburg DW, Thompson VA. Public Administration. New York: Alfred A. Knopf, 1950.

Snow CP. The Two Cultures and the Scientific Revolution. New York: Cambridge University Press, 1959.

——. Science and Government. New York: Oxford University Press, 1961.

Somit A. Bureaucratic real politic and the teaching of administration. Public Admin Rev 16: 292 – 296, 1956.

Spicer MW. The Founders, the Constitution, and Public Administration: A Conflict in World Views. Washington, D.C.: Georgetown University Press, 1995.

Spicer MW, Terry LD. Legitimacy, history and logic: public administration and the constitution. Public Admin Rev 53: 239 – 246, 1993.

Stein H. Public Administration and Policy Development. New York: Harcourt Brace, 1952.

Stene EO. An approach to a science of administration. Am Politic Sci Rev 34: 1124 – 1137, 1940.

Stewart FM. A Half Century of Municipal Reform: The History of the National Municipal League. Berkeley: University of California Press, 1950.

Stever J. The End of Public Administration: Problems of the Profession in the post-Progressive Era. Dobbs Ferry, NY: Transnational Publishers, 1988.

Stillman RJ II. Woodrow Wilson and the study of administration: a new look at an old essay. Am Politic Sci Rev 67: 582 – 588, 1973.

——. The Rise of the City Manager. Albuquerque, NM: University of New Mexico Press, 1974.

——. Professor Ostrom's new paradigm for American public administration—adequate or antique? Midwest Rev Public Admin 10: 179 – 192, 1976.

———. The changing patterns of public administration theory in America. In: Uveges JA, ed. Public Administration: History and Theory in Contemporary Perspective. New York: Marcel Dekker, 1982.

———. Preface to Public Administration. New York: St. Martins Press, 1991.

Stivers C. Gender Images in Public Administration: Legitimacy and the Administrative State. Newbury Park, CA: Sage Publications, 1993.

Stivers C. The listening bureaucrat: responsiveness in public administration. Public Admin Rev 54: 364 – 369, 1994.

———. Refusing to Get It Right: Citizenship, Difference and the Refounding Project. In Wansly G. Refounding Democratic Public Administration: Modern Paradoxes, Postmodern Challenges. Thousand Oaks. CA: Sage Publications, 1996, pp. 260 – 278.

Stone AB, Stone DC. Early development of education in public administration. In: Mosher PC, ed. American Public Administration: Past, Present, and Future. Tuscaloosa, AL: University of Alabama Press, 1975, pp. 11 – 48, appendix, 268 – 290.

Stone DC. Birth of ASPA—a collective effort in institution building. Public Admin Rev 35: 83 – 93, 1975.

Stone HA, Price DK, Stone KH. City Manager Government in Nine Cities. Chicago: Public Administration Service, 1940.

Storing HJ. Leonard D. White and the study of public administration. Public Admin Rev 25: 38 – 51, 1965.

Stover CF. Changing patterns in the philosophy of management. Public Admin Rev 18: 21 – 27, 1958.

Straetz RA. PR Politics in Cincinnati: Thirty-two Years of City Government through Proportional Representation. New York: New York University Press, 1958.

Sundquist JL. The concept of governmental management: or what's missing in the Gore report. Public Admin Rev 55: 398 – 399, 1995.

Svara JH. Dichotomy and duality: reconceptualizing the relationship between policy and administration in council-manager cities. Public Admin Rev 45: 221 – 232, 1985.

———. Official Leadership in the City: Patterns of Conflict and Cooperation. New York; Oxford University Press, 1990.

———. Facilitative Leadership in Local Government: Lessons from Successful Mayorsand Chairpersons. San Francisco: Jossey-Bass, 1994.

Taylor FW. Scientific Management. New York: Harper and Row, 1923.

Terry LD. Why we should abandon the misconceived quest to reconcile public entrepreneurship with democracy. Public Admin Rev 53: 393 – 395, 1993.

———. Leadership of Public Bureaucracies: The Administrator as Conservator. Thousand Oaks, CA: Sage Publications, 1995.

———, ed. Spirited dialogue: Theodore Lowi's The End of the Republican Era. Public Admin Rev 55: 475 – 494, 1995.

Thayer F. The NASPAA threat. Public Admin Rev 36: 85 – 90, 1976.

———. The president's management reforms: theory x triumphant. Public Admin Rev 38: 309 – 314, 1978.

Thompson J. Organizations in Action: The Social Science Basis of Administrative Theory. New York: McGraw-Hill. 1967.

Thompson V. Without Sympathy or Enthusiasm: The Problem of Administrative Compassion. Tuscaloosa, AL: University of Alabama Press, 1975.

Toffler A. The Third Wave. New York: William Morrow, 1980.

Truman DB. The Governmental Process. New York: Alfred A. Knopf, 1951.

U. S. House of Representatives, Committee on Energy and Commerce. Forsight in the Private Sector: How can Government Use It? Washington, D.C.: U. S. Government Printing Office, 1983.

Upson LD. Letters on Public Administration, from a Dean to His Graduates. Detroit, MI: Detroit Citizens Research Council of Michigan, 1947.

Uveges JA Jr. Federal-State Relationships in Interstate Highway Administration: A Case Study of Florida. Gainesville, FL: Public Administration Clearing Service, 1963.

———. ed. Public Administration: History and Theory in Contemporary Perspective. New York: Marcel Dekker, 1982.

———. Identifying the impacts of NASPAA's MPA standards and peer review process on education for the public service: 1975 – 1985. Int J Public Admin 9: 193 – 227, 1987.

Van Riper PP. History of the United States Civil Service, Evanston, IL: Row, Peterson, 1958.

———. The American administrative state: Wilson and the founders—an unorthodox view. Public Admin Rev 43: 477 – 490, 1983.

———. The politics-administration dichotomy: concept for reality? In: Rabin J, Bowman JS, eds. Politics and Administration: Woodrow Wilson and American Public Administration. New York: Marcel Dekker, 1984.

Von Mises L. Bureaucracy. New Haven, CT: Yale University Press, 1944.

Waldo D. The Administrative State. New York: Ronald Press, 1948.

———. Development of theory of democratic administration. Am. Politic Sci Rev 46: 81 – 103, 1952.

____. The Study of Public Administration. New York: Doubleday, 1955.

____. Perspectives on Administration. Tuscaloosa, AL: University of Alabama Press, 1956.

____. Organization theory: an elephantine problem. Public Admin. Rev 21: 210 – 225, 1961.

____. The administrative state revisited. Public Admin Rev 25: 5 – 30, 1965.

____. Scope of the theory of public administration. In: Charlesworth JC, ed. Theory and Practice of Public Administration: Scope, Objectives, Methods. Philadelphia, PA: American Academy of Political and Social Sciences, 1968.

____, ed. Public Administration in a Time of Turbulence. San Francisco: Chandler, 1971.

____. Developments in public administration. Ann Am Acad Politic Social Sci, 404: 217 – 245, 1972.

____. Education for public administration in the seventies. In: Mosher FC, ed. American Public Administration: Past, Present, and Future. Tuscaloosa, AL: University of Alabama Press, 1975, pp. 181 – 232.

____. Symposium on comparative and development administration: retrospect and prospect. Public Admin Rev 36: 615 – 654, 1976.

____. The Administrative State. 2nd ed. New York: Homes and Meier, 1984.

Walker H. Public Administration in the U.S. New York: Farrar and Rinehart, 1937.

Walker JL. Performance gaps, policy research, and political entrepreneurs. Policy Stud J 3: 112 – 116, 1974.

Walker RA. Public administration: the universities and the public service. Am Politic Sci Rev 39: 926 – 933, 1945.

Wamsley G, Zaid M. The Political Economy of Public Organizations. Lexington, MA: D. C. Heath, 1973a.

____. The political economy of public organizations. Public Admin Rev 33: 62 – 73, 1973b.

____. Refounding Public Administration. Newbury Park, CA: Sage Publications, 1990.

____, et al. The Blacksburg Manifesto. Blacksburg, VA: Center for Public Administration and Policy, Virginia Polytechnic Institute and State University, 1985.

Warren KF. Administrative Law in the American Political System. St. Paul, MN: West Publishing, 1982.

Weinstein J. Organized business and the city commission and manager movements. J South Hist 28: 166 – 182, 1962.

Wengert E. The study of public administration. American Political Science Review 36: 313 – 322, 1942.

White LD. Introduction to the Study of Public Administration. New York: MacMillan, 1926.

―――. The City Manager. Chicago: University of Chicago Press, 1927.

―――. Administration as a profession. Ann Am Acad Politic Social Sci 189: 90 – 94, 1937.

White MG. Social Thought in America. Boston: Beacon Press, 1957.

Willbern Y. The broadening concerns of administration. Public Admin Rev 17: ii-iii. Williams DG. Applying Public Management Concepts to Ourselves: Accreditation Under the New Master Degree Minimum Standards. Washington, D. C. : National Association of Schools of Public Affairs and Administration, 1994.

Willoughby WF. Principles of Public Administration. Baltimore, MD: Johns Hopkins Press, 1927. Wilson JQ. The rise of the bureaucratic state. Public Interest 41: 77 – 103, 1975.

Wilson W. The study of administration. Politic Sci Q 2: 197 – 222, 1887.

―――. The new meaning of government. Public Admin Rev 44: 193 – 195, 1984.

Winter WF. Hard Truths/Tough Choices: An Agenda for State and Local Reform. National Commission on the State and Local Public Service. Washington, D. C. : 1993.

Winter WO. The Urban Polity. New York: Dodd, Mead and Co. , 1969.

Yates D. Bureaucratic Democracy: The Search for Democracy and Efficiency in American Government. Cambridge, MA: Harvard University Press, 1982.

第二章 美国公共行政学的五大理论

马克·霍哲*
瓦奇·盖布雷林**

Ⅰ. 引言

公共行政学是一门根源于古代的人类探索学科。与现代实践相反，古人主要从事公共事务的治理，反对商业，比如在希腊，他们通常藐视商业以及企业管理（business enterprise）。古代帝国都建立复杂的国家结构，有效地运作一套对广袤领土监督的机器。在大约2000年前中国率先建立了科举制度（Civil Service System），当时的罗马帝国也确立了治理结构（例如，将行政机构分为5个部门），许多现代欧洲国家也在发展中予以借鉴（see e.g., Heady 1996; Wren 1994）。

然而，美国公共行政学的研究和系统发展才刚刚超过百年。这是一个无论在实践层面还是理论层面都在不断适应20世纪政府不断变化属性的研究领域。公共行政学通常被描绘成将社会与其他科学运用到公共问题上，从而连接各个学科（bridging disciplines）（Frederickson 1976, 152）。持续不断地试图界定自身（define itself），公共行政学从多种渠道吸取资源，努力去协调那些常常相互对立的观点。

在解决该领域持续的"身份危机"[该词组是由沃尔多（Waldo）在60年代提出的]，并寻求与时代俱进的答案之时，公共行政学的学者和实践者始终都在反思几个焦点问题（key issues）：政治（Politics）止于何处，行政（Administration）始于何方？雇员如何被领导、激励以及保护[以免受过多政治（political excesses）的影响]？公共管理与私人管理（Private Management）有何不同？政府服务的必要范围是什

---

* 马克·霍哲（Marc Holzer），罗格斯大学纽瓦克分校（Rutgers University）
** 瓦奇·盖布雷林（Vatche Gabrielian），罗格斯大学纽瓦克分校（Rutgers University）

么？中央集权或者分权有什么内容，在多大程度上集权与分权？公共部门如何在实现效率与效果的（efficiency and effectness）同时又在服务供给中平衡那些对公平的关注？谁来治理（Govern）？专家和专业技能在治理过程中的地位如何？公共利益的本质——如果确实存在的话——又是什么？以上问题有些属于支撑公共行政学领域的政治理论范畴；其他的则涉及公共行政学应用实践中更为实用性的关注。

在美国公共行政学的演变过程中，这些问题常常以一种更为简单、尖锐、有时甚至是对立的方式（Pattern）在公共话语（Public Discourses）中被提出来，常常拒绝既定的思维（Established Mentality）或用两分法来刻画它（例如，行政不同于政治，公共管理不同于私营管理）。这些问题也常常用作推动公共行政学不断发展的强有力的言辞（powerful rhetoric）。

在长达一个世纪的美国公共行政学理论发展长河中，这些焦点问题总是被行政学者们从不同的角度，以这种或那种形式，明确地阐明（articulated）。尽管在行政研究中从未找到过简单明了的最终答案，许多理论观点（ideas）仍然捕捉了时代的灵魂。由于受到公众所关注的事件和问题的催化，这些理论见解值得大量的科学努力和拥护（scientific effort and advocacy），而且在该领域的演化中，每一个理论都标志着一个时代。例如，弗雷德里克·泰勒（Frederick Taylor）的工业工厂管理（industrial shop management）被进步党人（Progressives），如路易斯·布兰代斯（Louis Brandeis）（他创造了"科学管理"这一术语），称之为是提高铁路生产力从而防止票价上涨的一种方式。在国会对泰勒方法的听证会（hearings）后（这次听证会导致泰勒方法被联邦政府驱逐），泰勒和其他人仍然继续广泛宣传科学管理的概念。这一概念后来被许多私有部门广为采纳（embraced）（Wren 1994）。类似的还有，20年代怀廷·威廉斯（Whiting Williams）在发展人际关系模式（例如，工业社会学，industrial sociology）的首创工作一直到30年代社会科学成为一个既定的重要研究领域时才站住脚（take hold），因为这一时期，通过霍桑研究（Hawthorne studies），哈佛大学（Harvard）和麻省理工学院（M.I.T.）的研究者的学术资历（Academic Credentials）为该模式提供了有利的案例（Wren 1994）。因此，通过塑造（并继续塑造）该领域的相关议题（issues）和关注点（concerns）的棱柱体（Prism）来研究有关公共行政学思想（thought）的演化是有裨益的。

作为一个相对年轻的应用领域，管理（总体而言）和公共行政（具体而言）正在不断地适应变化着的社会政治和经济形势（conditions），因此不易将之分类。最普遍且颇具成效地讲授公共行政学理论的方法就是把不同的理论置于其（特定）历史背景（historical context）下，追踪公共行政学随时间的演变过程。追求有效的公共部门管理（effective public sector administration）可以阐释为一系列理论（ideas），每种理论代表公共行政学全部历史中的一个阶段（step）或者一个增长量（increment）。没有任何一个理论是综合性的或者是完整的。总体而言，它们（这些理论）都不可能对未来见解预先把握（preoccupy possible future insights），每个理论都持续进行有限的重点论述（limited emphasis），因而公共行政学更接近于令人合意的行政（Administration）。具体而言，每次所作的重点论述与其说是对其他理论的代替倒不如说是一种补充。从时间上看，这些理论有助于建立一个知识大水库（substantial reservoir of knowledge）。尽管对公共行政学深刻了解的历史（history of insights）常常巧妙地分为几个独立时期（discrete periods），但这个整洁（neatness）是武断的，毫无必要的，而且似乎把每个理论（idea）或观点（perspective）限制到某些确定的年限（certain years）。例如，下列分类方法（approaches）通常典型地（typically）被限制到某些时期（e.g., McCurdy, 1972; Nigro and Nigro, 1973）：

行政改革运动时期：1870～1926
正统时期，行政科学运动：1906～1952
政治时期：1936～1967
人类关系与行为科学：1933～现在
项目有效性时期：1964～现在

生硬和固定不变的（hard and fast）分类方法也是容易引起误解（misleading）的，因为学生可能基于出现新生学派的"正确的"核心理念（core idea），而认为后面的学派代替了前面的学派。更清楚一点，公共行政学最好被描述为一系列的延续且部分重叠（overlapping）的见解（insights），其中没有任何一个观点完全被取代。

近来，更为严密的理论尝试已经发展了管理理论的分类（taxonomies），依据的是它们不同的研究方法（approaches）和管理（包括公共管理和私营管理）强调的不同方面。或许管理理论最基本的划分（这一划分被每个组织理论的学者以这样或那样的方式所认可），或者强调普遍的、"科学的"管理原则（基本的结构和过程），或者强调组织内的人类行为。孔茨（Koontz, 1961）被确认创立了"管理理论丛林（management theory jungle）"概念。他确定了六大学派：（1）管理过程学派（the management process school）；（2）经验学派（the empirical school）；（3）人类行为学派（the human behavior school）；（4）社会系统学派（the social system school）；（5）决策理论学派（the decision theory school）；（6）数学学派（the mathematical school）。这种管理方法分类虽然清晰，但既不成系统也不是基于一个连贯一致的标准——例如，经验（研究方法）研究可能是数学（工具）且可能集中于人类行为（内容）上。美国加利福尼亚大学洛杉矶分校（UCLA）1962年出的一个专题论文集（symposium）中，回应了孔茨的文章，对管理理论（包括公共和私营领域）的普遍性提出疑问，并得出结论：起源不同的学派所使用的语言有差别（Wren 1994：355-257）。

在寻求该领域更为严密的分类学中，组织科学（organizational science）汲取了伯勒尔（Burrell）和摩根（Morgan）的研究成果，该成果载于《组织分析中的社会学范式》(Sociological Paradigms in Organizational Analysis, 1979),他们二人将相关的所有组织理论(图1)加以分类,根据他们研究科学的方法(their approach to science)(沿着主观—客观的连续体)和研究社会的方法(沿着激烈的变化到规制的连续体)。伯勒尔(Burrell)和摩根(Morgan)(1979:3)把主观的观点定义为集中"理解个体创造、修改并阐释世界的方式,在这个世界里,他或她找到自己",他们把客观的观点确定为寻找"用以解释并治理被观测到的现实的普遍法则(universal laws)"。另一纬度(dimension)从社会学中伯勒尔和摩根称之为"秩序—冲突"的辩论演化而来,指的是理论究竟是应努力揭示内聚的(cohesive)人类体系的秩序,还是试图去说明激烈的变化(radical change)。

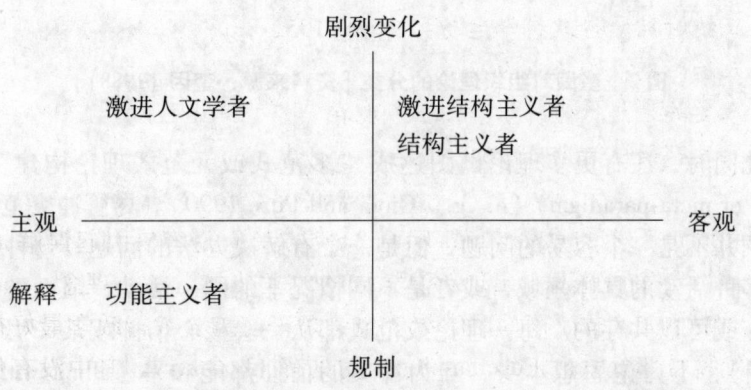

图1 伯勒尔和摩根对组织理论的分类 [资料来源:伯勒尔和摩根(1979)]

在20世纪80年代,奎因(Quinn 1988)提出了一个"竞争的价值观"框架(图2)来划分管理理论,根据它们对待控制与分权[沿着控制—灵活性轴(the axis of control-flexibility)]的方法和其集中于组织内部或外部的努力[沿着内部—外部轴(the axis of internal-external)]。

奎因方法存在的一个问题就是泰勒和其他人在合理的目标模式环境下的研究并不全部是以外部为导向的,但是所有的分类都把泰勒模型(Taylor's model)和内部过程模型(internal process model)描绘成本质上是一致的——即传统官僚模式(classic bureaucratic model)或封闭式模式(closed model)。或许,不采用控制—灵活性二分法,而改成用确定—不确定(certain-uncertain)(简单—复杂;并且结构松散)方法可能会更好地解释泰勒"科学管理"强调最有效地利用一组业已确定且稳定的条件(conditions),同时也解释韦伯(Weber)对大型复杂组织中协调一致的重视。奎因(1988)称自己的模式为"竞争的价值观"框架,对之采用一种综合方法(holistic approach):成功的组织和管理者应该平衡强化每种模式的能力而不是胜出某种模式;狭隘性将使他们易受到组织经常所遇到的竞争性的权利要求(competing claims)的影响。至少从70年代中期以来,对综合法的呼吁已成为组织思潮的主流,70年代中期正是发动公共生产力运动以图在改善了的组织实践中综合不同的管理学派的时期。

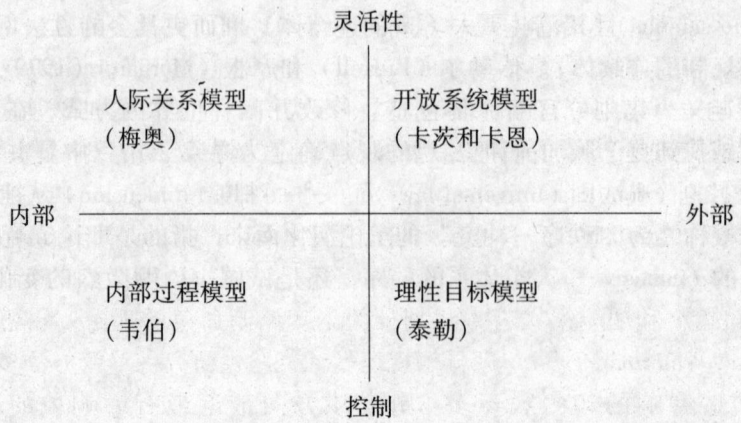

图 2 奎因对组织理论的分类 [资料来源：奎因 (1988)]

与此同时，还有更多理论试图达成"多范式或元范式理论构建"（multi-paradigm or meta-paradigm）（e. g., Gioia and Pitre 1990）。尽管冲突范式之间的理论协调并不是一个容易的问题，但是一个有解决办法的问题。每种范式所涉及的是多种活动的具体领域，或者是不同情况下的同一活动，因而解决办法是互为补充或可以共存的。每一理论或范式都从一套核心信仰或某一思想体系汲取（养料），不讨论思想本身，互为冲突的信仰都能和平（albeit with tension）（尽管有些紧张）共存。例如，在玛丽·道格拉斯（Mary Douglas）有关文化的群－格（网）类型学（Group-Grid Typology）中，四个基本的、排他性有关社会文化的假设——等级制度、平等主义、宿命主义和个人主义——能同时被同一个人或组织拥有（例如，作为父母，他可能是等级主义者；作为公民，个人主义者；作为宗教人士，宿命论者；作为职业人员，平等主义者），因为他们都处于特定环境下（context specific）（Thompson et al 1990）。

尽管在公共行政学文献中有分类的努力，但由于公共行政学本身的多学科性，公共行政学抵制分类；再加上从普遍的组织研究中多元化的视角，公共行政学也有法律的和政治的参考框架（framework of reference）。因为有不同且常常互为冲突的视角，沃尔多（Waldo 1961）把在公共行政背景下的组织理论称为"大象的问题"（"elephantine problem"）。尽管研究该领域有不同的路径，我们可以大致从两个方向（two directions）——行政或政治——来划分公共行政领域，或者具有"微观"和"宏观"：公共组织的管理；以及宪政民主结构中官僚制的角色。

在前一方向中，即公共组织的管理中，可以辨认出两个基本模型：传统行政管理模型（the classic administrative model）[从泰勒（Taylor）、威尔逊（Wilson）、韦伯（Weber）到西蒙（Simon）、马奇（March）]；以及人际关系模型（the human relations model）[从梅奥（Mayo）和福莱特（Follett）到葛乐碧威斯基（Golembiewski）和阿基里斯（Argyris）]。

第二个方向，即宪政民主结构中的官僚制，由于其与政治科学、经济学和社会学关系紧密，且其范畴更大（larger scope），因而更具多样性。例如，1991年，希尔（Hill）根据最终结果（end result）——他们规定（prescribe）治理中官僚制的影响——来划分官僚制理论。这一分类有三种主要类别或理论：（1）官僚制是（或应该是）脆弱的和工具型的；（2）官僚在政治过程中是重要的演员；（3）官僚控制（dominate）政策过程。每一方面都有变异，从"纯粹"多元主义（"Pure" Pluralism）到利益集团自由主义（Interest-Group Liberalism）到马克思主义（Marxism）和精英主义（Elitism）。库克（Cook 1992）按照制度主义者（等级制度者）和功能主义者方法划分关于官僚制角色的理论，伍德和沃特曼（Wood and Waterman 1994）区分了规范性和经验性研究。尽管方法多样，对该领域有塑造影响的却为数不多。也许该方向最近最有影响力的思想潮流（stream of thought）就是公共选择学派（Public Choice School）（Ostrom 1977，1989b；Ostrom and Ostrom 1971；Niskanen 1971；Williamson 1975），它把经济逻辑运用到政治生活和社会生活中来。当然与该论证方法并列的就是一直以来的观点（constant reminder），即公共行政学理论也就是政治和社会的理论（Waldo 1990）。

给公共行政学理论分类的大多数尝试都是实证的（Positivistic）。例如，弗雷德里克森（Frederickson 1976：153）虽然赞成一个更具批判性的"新公共行政"，仍然认识到基于理论定义的公共行政学的五大模式是"实证的或基于经验的知识"（"positive or empirically based knowledge"）。他鉴别这些模式是传统官僚的（classic bureaucratic）（Gulick and Urwick 1937），新官僚模型（Neo-Bureaucratic）（Simon 1976），制度的模式（Institutional）（Lindblom 1956），人际关系（Human Relations）模式（McGregor 1960），公共选择模式（Rublic Choice）（Ostrom 1989b），以及"新公共行政"（模式）（"New Public Administration），它们（新公共行政模式）更具人道的、平等的和民主的价值观，这与先前主要集中在效率和效益（efficiency and effectiveness）的模式相反。罗森布洛姆（Rosenbloom 1983）区分了对公共行政学理论采用"管理的"、"政治的"和"法律的"历史路径。基于分层的系统理论（Stratified Systems Theory），伯克（Burke 1989）提出了对该领域发展至关重要的主题：理论与行政的关系；就业；官僚制；公共利益；以及公共行政学的定义。最近，斯蒂尔曼（Stillman 1995）提出始于70年代"重建公共行政"运动的六大学派：（1）"重塑者学派"（Reinventors）——由奥斯本和盖布勒（Osborne and Gaebler 1992）推动发展的这种辩证方法；（2）社群主义者（the Communitarians）——强调公民权、家庭价值以及公民参与；（3）黑堡宣言"重建者"学派（the Blacksburg Manifesto）（Wamsley et al., 1990）（Virginia Polytechnic Institute）——他们试图扩展公共行政学的意义，从纯粹的公共部门管理到将公共行政学理解成治理的一部分，从而范围更大更合法；（4）诠释理论家（the Interpretive Theorists）以及后现代主义者学派（Postmodernists）——强调由组织占支配地位的社会中人类的条件；（5）"工具路径"学派（Tools Approach）——有一个占领导地位的主题，以至于在今天，在公共服务供给中非盈利组织如雨后春笋般出现，因而即使在联邦层面，着手服务行政也没有最好的通途；（6）新官僚视角——主要强调宪政民主制中的官僚责任。

除了所有这些不同的研究路径，还存在一种比较公共行政学的地下分支——作为潜流势力（e. g., Heady 1996；Riggs 1973，1994；Willoughby 1919）。尽管美国公共行政学界明显地目光短浅且以自我为中心，比较公共行政学者们仍坚持要展示跨文化研究的效能。

至少自70年代以来，公共行政学领域普遍被认为是非常复杂的，且必须满足多元的，常常是竞争的价值观（competing values）。例如，弗雷德里克森（Frederickson 1976）指出，公共行政学的模式都以牺牲其他的价值而尽力把某些价值最大化，尽管其他的价值也是合法的。斯蒂尔曼（Stillman 1976，1991，1995）遵循沃尔多（Waldo）的传统，一直主张在该领域内采取多元视角研究。自70年代以来，也产生了一种关于公共行政学的后现代、诠释性以及批评性的分析（Denhardt 1981；Harmon 1981；Jun 1986；Hummel 1994；Kass and Catron 1990；Fox and Miller 1995；Farmer 1995a），强调组织与官僚制中人的体验。例如，福克斯和米勒（Fox and Miller 1995）按照后现代传统探讨公共行政学，区分三种塑造了公共行政学的话语论述（three discourses）：正统的，宪政的以及社群主义的话语（Orthodox, Constitutional, Communitarian）。

公共行政学理论最为复杂的分析类型是丹哈特（Denhardt 1990，1993）所提出的：丹哈特汲取了伯勒尔和摩根（1979）有关组织理论的类型分析，提出一种公共行政学的分析类型。

丹哈特的分类（图3）摒弃了激进的变化—规制（或规范化）维度，而引进了更具有相关性的政治—行政维度。这大大改善了伯勒尔和摩根的分类在公共行政学上的适用性（applicability）。维度的替代可能基于不同的理由。例如，人们一直认为，公共行政学理论的产生源于生产力（或效率）伦理［production or (efficiency) ethic］，致力于社会和官僚制的"规范化"，因此它就没有讨论可替换的"解放"伦理（"liberation" ethics）（Farmer 1995b）。美国公共行政学理论尽管一直关注一个美好的生活和一个更为民主的行政管理，但却是立足于一个民主的政治体系（美国理想型模式）前提条件下的，且从未信奉基于马克思主义（Marxist）或其他政治思想的激进变化的意识形态。相反，政治—行政维度却突出了公共行政学的独特特点（不同于"一般管理"）（Generic Management）以及其身份的主要困境（central dilemma）。与伯勒尔和摩根分类方法相反，丹哈特（Denhardt）分类方法的惟一问题就是，相关的标准是异质的——主观性或客观性（以及变化或适应）是一个普遍的方法论问题，虽然相对于分析模式来说，组织或政治更是研究的对象。这一模式也与奎因（Quinn 1988）提出的竞争的价值观研究路径相似。在这两种解释中，我们将概念简化，可以将一个分类"转化"为另一个。假设 ①公共机构本质上是政治的，在与其他机构、立法机关、人民（顾客）和组织的对外活动中，他们行使政治职能。②对客观现实（确定性）的了解使我们能够计划并加以控制，虽然主观的了解需要对现实进行多元的、竞争的解释，且要求一个更为灵活的研究方法，但我们能把两种分类并置（使用）。当然，这些假设知识有益于相互比较，标准不会直接相互转化，且不应从从字面意义上去理解。

图3 丹哈特对公共行政理论的分类 [资料来源：Denhardt（1993）]

因此，这种双重分类（图4）让我们能更丰富地分析公共行政学理论。首先，它表明了公共行政学与管理和组织研究之间一般的联系。其次，它有助于强调公共与私营管理之间的差异，并间接提到在哪些方面他们更为相似。第三，它更加关注实用（控制—灵活性），帮助探索、比较、对照理论的认识论基础（主观性—客观性）（subjective-objective），同时它也有助于观察处于背后工具性分类的东西（例如，在管理目标模式中隐含有哪种理性）。第四，所采用标准的一方面（政治—组织的和控制—灵活性）是更为同质的——它们彼此都与研究的对象相关。这再次表明行政理论的不同研究方法能够而且应该在实践层面上协调，包含了图表中的每一象线中的元素。因而生产率高的公共机构应该实施创建它们所设定的政治职能并政治地行事（例如，构筑顾客群体以寻求政治支持）；理性和诚实地着手业已确立的政治、社会和经济结构（如，通过不同机制对国会、总统、公众负起责任）；不断改善内部组织和技术（例如，测评技术）；并且开发人力资源，在工作场所保持一个有创造力的社会氛围。

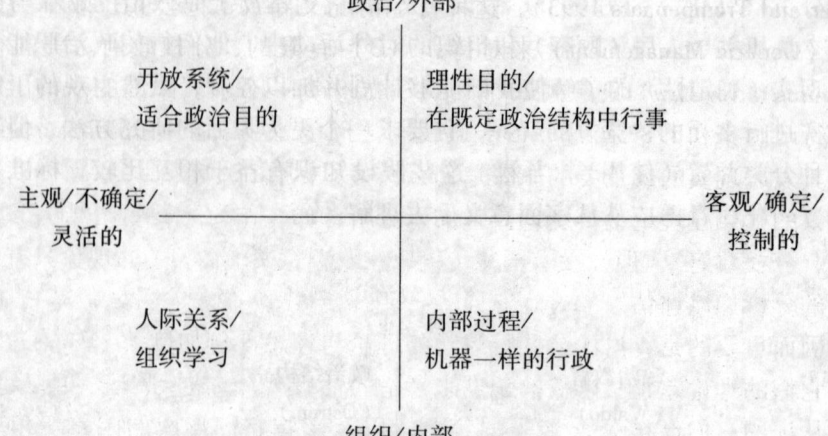

图4　公共行政学理论双重分类

例如，这个双重结构突显了公共选择学派与芬纳（Finer 1941）的学术思想传统相一致的主题。芬纳反映了威尔逊（Wilson 1887）的观点，将政治系统视为一系列既定的原则（假设政治体系与公共选择理论共享这些原则），所以他在与弗里德里克（Friedrich 1941）著名的辩论中认为"公众的仆人不能决定他们自己的道路，他们只对公众选举的代表负责，这些代表才在最大程度上确定技术上可行的最为细微的公务员行动方案"（Finer 1941：335）。用同样的方式，沃尔多对形成公共行政学领域的思想潮流的研究，也与检验社会和政治力量对不同机构结构的影响力的研究有共同的特征（e. g., DiTomaso 1994）。

当然，没有任何框架能抓住公共行政学的复杂性和多元性。首先，在描述和分析一个正在积极演化的领域上，人的认知能力是有限的。其次，许多惯常用于行政理论的术语有多种，具有不同情境的意义（context-specific）。例如，邓塞尔（Dunsire 1973）发现"administration"这个单词就有15个意思。再次，还有其他一些科学探索维度，与上述维度联系紧密却又不尽相同［例如，规范对经验研究（Normative versus Empirical Research），定性对定量研究（Qualitative versus Quantitative Research），比较的/国际的对美国特定的研究（Comparative/International versus U. S.-specific Research)］。最后，每一种两分法（如政治—行政两分法）都是对一个更为细微精确的连续体（continuum）的大致近似，连续体从理想的政治到理想的行政，而现实世界各种现象总是包括了这两个因素。

为更好地理解公共行政学不同的理论，理解这些理论能够得到这么多注意力的原因，很重要的一点就是把这些理论置于其历史背景下。通常情况下，人们必须透过这些理论的直接特征去发现什么事件形成了它们。例如，我们可以推测，尽管在美国一直存在"合法的"（legalistic）思想潮流，但是这个国家的公共行政学从未获得一个合法的特性（与法国不同），有以下几个原因：（1）在美国不存在国家传统（Stillman 1991）；（2）美国倾向于普遍化（Hampden-

Turner and Trompenaars 1993），这种特定情况又导致了把公共行政学当作一般管理（Generic Management）来对待；（3）有限的、分权政府。美国行政法（Administrative Law）只是在 20 世纪才开始作为一个羽翼丰满的学科出现，是现代行政国家和 1787 年建立的宪政民主之间的紧张结果（Rosenbloom 1989）。无论其发展现实的或重要的原因是什么，大家认为，尽管某些原因可以通过一个建议的框架在理论上辨别差异来加以分析（如，作为一种政治结构形式的有限的、分权政府），但像没有国家传统（在欧洲意义上而言）的现象只有通过历史性的分析加以评估。

因而重要的是，讨论公共行政学的理论与理想［例如信条（tenets）］不仅要从它们的理论差别和严格的角度来考虑，而且要从它们对于该领域发展的影响，从证明它们已被公众接受的言语，以及影响它们形成的因素等角度来考虑。基于这个原因，我们发现在下面这个框架内，结合公共行政学的历史重要性和理论差别，来介绍影响该领域形成的五大理论是有所裨益的。我们对几种理论会作重点介绍，其他的则仅提到而已。例如，主观地对待组织问题（如，现象、批判研究），尽管理论上相当严格并有差别，且自 70 年代以来发展迅速，但仍然没有像科学管理学派和人际关系学派那样对公共行政学领域产生同样的影响。当然，部分（理论）重叠是可能的，但我们认为这个框架在介绍对该领域有持久影响力的理论上是非常有用的。

以我们在认识论和基于内容的标准所识别出来的双重分类框架，下面我们区别一下美国公共行政学的五大理论观点。立足于认识论和内容之间暗含的联系，我们可以明白用更为实用的术语表达（控制对照于灵活性）的理论问题不仅能够捕获公共行政学者的注意力，而且也能抓住公众的想象力。在某段历史时期成为公共辞令的一部分，它们塑造该领域。

首先是诚实和像企业一样的政府理论。（这一理论）假定游戏规则及演员的目标都是确定且稳定的——每个人都知道在这个政治环境下人们、公共官员、政治家应该努力做什么，接下来是组织的有效行政理论。同样任务和职责都是明确确定的，系统是封闭式的——与外界的互动不是关注的重点。第三个途径认为政治结构和目标是变化的，公共机构就像政治家那样必须回应并适应变化。第四个途径关注人与组织的互动——在追求组织目标中人们如何调和多种视角和利益。最后，第五个理论关注整体的项目有效性，认识到先前理论的局限性并把所有的资源合为一体。这里的假定是现实有多种信条，每种信条研究时在大脑中有一个不同的焦点，采用不同的分析工具，但不以牺牲其他的信条作为代价。为获得成功，公共组织应在所有方向上都要胜出：在被接受的结构和规则内行使职能；适应突然出现的政治结构和利益；激励并领导被雇佣者；努力实现内部资源的最大效用。因此，构成我们框架并继续作为现代公共行政学基石的五大理论就是：

1. 诚实，无党派及像企业一样的政府。诚实，有效率，无党派的政府行政理念是建立美国公共行政领域惟一最重要的理论。这一思想潮流立足于两个基础假设，（一是）有明确的"社会秩序和福祉的神圣律法"（G. L. Prentiss 1877, as quoted in Waldo 1984：29），（二是）政府主要有两个最终职能："意志的表达与意志的执行"（Goodnow 1900：22）。或换言之，已存在一个业已确定的稳定的政治框架，公共行政学在框架内应被指定了其适合的明确的位置。进步主义运动（Progressive Movement）不仅把行政与政治分开，而且事实上把臭名昭著这一标签贴在与政治有关的一切事务上，并开始不懈地努力期望私有部门提供最佳实践。与此同时，公共行政学常常忽视了合法的管理，认为太过于书呆子气，没有在法律的框架内发展。原因之一是人们反对书本化，另一原因是判例法不同于大陆欧洲的（法国的）法典。诚如今天在提供公共服务时要求民营化和更多的市场结构所表明的，这种坚持不懈地向私有部门借鉴不止限于内部组织过程，也与政治和经济结构相关。非常有趣的是，从这一角度（基于客观性和外部焦点）的公共行政学理论分析把威尔逊的公共行政学理论和公共选择理论置于同一概念范畴下，而不管这样看来有多么不同寻常。

2. 经典管理模式。当行政与政治分离被合法接受后，其功能与企业管理一样，主流观念追求开始在"完成工作"中以最低的能源耗费得到像机器一样的效率。重心从公共行政学在社会中的地位这一政治问题转移到更为微观的问题——即在描述现实、可以明确认知、科学的规则前提下实现有效地管理组织。这个导向主要源于科学管理学派，并在较为复杂的行政决策制定分析中达到鼎盛时期。通过对企业组织的研究，产生了大量被认为是广为适用的行政"法则"或"原理"，也产生了一个程序，即科学管理（程序），通过这些原则和程序可以获得最佳效率。借鉴这些发现应用到公共部门组织的管理中被认为是顺理成章的，这种管理是在"封闭式模式"内予以界定。

3. 政治与政策制定。在公共行政领域被建立起来，而且新生的福利国家开始广泛发展福利项目时，很明显政治行政两分法就不再具有现实意义。由于政府普遍的干预，利益集团自由主义占据了支配地位，公共机构显然本身已经触及到各个选区，给他们施加影响并适应他们的要求。这说明建立公共行政领域的一个假设前提已经改变：即清晰、固定的民主结构法规，其中每一个制度（机构）（Institution）都被确定了具体的、全部的职责。人们认识到，在民主的政治体系内，公共行政没有固定的职责，而公共行政需要反应社会中的变化并同时影响这些变化。因此，公共行政学一个主要趋势就是远离"中立"观点而朝向"政治"观点。尽管早期行政中立的支持者主张行政官员只是执行公共政策，这一假设现在被认为是幼稚的。大家认识到价值观从许多外部渠道入侵行政，并且也存在于甚至是有关政策执行中被认为是"主观"的内部决策中,而且大家也认识到,像过程中的其他参与者一样,官僚人员必然也是政策制订者。

4. 人类行为。经典管理学派根植于泰勒(Taylor)的科学管理学派以及效率的工程概念中:即用最少的能源耗费完成工作。尽管主要从私营部门中得出的管理理论的确有助于理解组织的骨架,但是,事实证明这些理论不足以或不能令人满意地解释无论是公共组织还是私营组织的人类行为。特别是它们不能解释人性的复杂,或不确定、变化的环境的影响。伴随着20年代末以及30年代的霍桑(Hawthorne)(i.e. Western Electric)实验的广为人知,以及将社会学研究引入组织,一个新的管理学派思想诞生了。行为主义模式(the Behavioral Model)强调人际关系与个人目标的重要性。如果封闭式模式主要强调组织的技术系统——该系统生产产品或服务,或维持运行——那么行为主义模式则认识到社会系统——该系统由组织内个人和/或集体的非正式、多层面、模糊的关系网络组成的——同等重要性。该学派在保持组织内部管理研究重心的同时,也集中研究了人们在处理所有人类组织所遇到的多元含义和不确定因素。

5. 项目有效性。20世纪以来,伴随着技术进步、人口不断变化以及最近公共资源的锐减(以不变美元计算),并作为政府项目日益增多的结果,公共组织生产力的有效性成为美国公众的一个主要关注问题。行政的"惟一最佳途径"概念受到批判,对行政更加包容性的途径受到拥护。这不仅适宜于实用工具和技术,而且有助于我们从理论上理解该领域——总而言之,公共行政将自身视为一个综合领域,通常必须平衡相互竞争、观念冲突的价值观,而这一领域还在不断地适应和改善之中以追求优异的绩效。

Ⅱ. 理论1:诚实、像企业一样的政府

美国公共行政一场持续不断的拔河赛是在证书意味着能力与代表性意味着回应性之间进行的。甚至在华盛顿到约翰·昆西·亚当斯(John Quincy Adams)任总统时期相对比较小的官僚集团机构内,资格也是受到高度评价的。虽然肯定存在政治庇护,这种庇护还没有提高到政治哲学的高度。例如,乔治·华盛顿就声称政府职位应该安排给"那些看来最适合公共职位的人"(Tolchin and Tolchin 1971:323)。但在1828年,随着安德鲁·杰克逊(Andrew Jackson)当选总统,先前被剥夺了选举权的、没有财产的民众进入政界,这开创了一个新型行政哲学——"分赃制"。与精英政府相对,该制度强调政府轮换作为获得政治回应性行政管理的方式。几乎所有的公民都被认为适于执行"简单的"公共管理职责,这些职责,毕竟只是一个"常识"问题。1829年在杰克逊第一年度首次向国会提出的国情咨文中,他宣称:"所有公共职位的职责是……如

此简单，有头脑的人完全胜任这些工作；我不得不相信，长期担任公职的官员因他们经验所得的利益远少于他们长期担任公职所失去的利益。他们容易养成用冷漠对待公共利益"（Hofstadter 1954：51）。

不幸的是，回应性的代价高昂。虽然作为腐败贿赂行为的送礼可能追溯到最早古代公共组织建立时期，但是在杰克逊的分赃制下，送礼尤为猖獗。在19世纪许多时候，各级政府贪污腐败肆意盛行，各种丑闻频频发生。对于一个公共官员来说，因其影响力或友谊的关系收受巨额数目贿赂并非不寻常。在许多发展中的社会，这种行为也仍然是普遍的，而腐败又有很高的间接成本。低效率普遍存在，贪污腐败肆意虐行，丑闻频频发生——不仅是在联邦政府而且在分赃制盛行的州和市政各级政府中蔚为成风。正当政府开始承担新的责任时，一个庞大、不断工业化，因此也更为复杂的国家不能忍受如此低下的公共服务行政。市政府必须提供用水、保证公共安全、维持街道畅通、消防，到该世纪末，还必须提供公共教育、规制公用事业或公共交通体系。

如果政府以及随之而来不断成长的社会要有效地运作，浪费和不诚实就必须受到控制。在国内战争之后，改革运动直接呼吁公众要求在政治和行政领域讲求效率和诚实。改革这一共同的主题出现在19世纪70年代并且支配了半个世纪的政治。在著名的进步主义时代（Progressive Era），改革为政府的行政职能带来了巨大变革。在1875~1920年间，经济进步和动荡改变了政治氛围，激励着公民撤换腐败的机器，并且任命能提高城市经商气氛从而能提高生活质量的行政官员。旧的机器政治（Machine Politics）和分赃制因社会中的每一个弊端而受到谴责——低效率、不公正、腐败，甚至是娼妓（Kaufman 1965，129）。改革者攻击分赃制，将"利益冲突"成功地定义为不道德的局势。现在到处可见对官员的限制，诸如禁止在其管理或者有商务来往的任何公司拥有金融利益（Financial Interest），类似的在"法律条文"内被认为是合乎伦理的情景正不断受到来自道德底线的质疑。

反应（Reaction）——美国公共行政学第一"大"理论基石——就是呼吁在政府内讲求效率和诚实的改革运动。《1883年彭德尔顿公务员法案》（the Pendleton Civil Service Act of 1883）建立了一个中立的、两党（Bipartisan）的公务员委员会（Civil Service Commission）——这是公务员体系的开端，现在覆盖了90%以上的公共雇员。在改革盛行的气候中建立一个公务员制度，不仅为以最小的耗费完成工作提供了途径，也提供了动力。

作为改革运动的一个职能，美国的司法机构开始建立伦理准则（Codes of Ethics），且常常被编入法律；今天的法律明显要求公共服务应该以诚实、公开、公正且没有歧视地提供。简言之，我们期望我们的官僚在法律内行事，而不是法律在他们面前失效。尽管遵从法律常常会束手束脚，但作为原则问题，我们（作为一个社会）愿意以一定的低效率作为自由的代价；我们承认，民主的一个基本优势就是既关注政府的目的，又同样多地关注政府的方式。然而，对于公众和新闻界，规章制度虽源自平等实行法律的需要，但也只是被宣称为令人沮丧的"繁文缛节"（官样文章）（Red Tape），而他们经常加之嘲弄。

政治和行政之间明确地分离是由伍德罗·威尔逊（1887）（他当时是教授身份）等改革家提出来的，他们提出在通过政治的政策制定和通过非政治行政的政策执行之间有一个两分法。[①]因此，根据威尔逊的观点，政府公共政策的执行将遵从更加"企业化"的管理原则。为达到此目标，这些管理政府的人员需要更加关注行政政府（Administering Government）的科学，那就是，行政原则（Administrative Principles）加上坚实的管理："政府的组织和方法应该决定：第一，政府能够适当地和成功地做什么；第二，政府能够如何最有效率地完成这些事情……美国需要发展具有行政技能的行政组织"（Wilson 1887）。政府只有通过有能力、不腐败的行政才能实现人民和其代表的愿望。公务员被视为职业的，行政被视为有效率的，而政府被视为可以信赖的。这都反映了该运动第二个不同的特征：除了相信专业技能，还要相信行政科学（或做事情的"惟一最佳方法"），这一点是非政治的公务员将要代表的。

后来，古德诺（Goodnow 1900：22）强化了威尔逊的观点，将宪法诠释为"政府两个不同职能"的声明。在立法和司法机构中形成政策，但只由行政部门执行。政策是国家意愿的表达，非政治化的行政国家意愿的执行。世纪之交的改革运动的推进体现在这句名言中："既没有民主党的方式也没有共和党的方式去修建一条道路，只有正确的方式"（There is neither a Democratic nor a Republican way to build a road, just the right way）。这样改革运动正朝两个主要方向演化：（1）人事中立；（2）效率提高。两者主要发生在地方层面。

1894 年第一届良好城市政府年会（The First Annual Conference for Good City Government）把全国市镇联盟（the National Municipal League）组织成一个论坛及协调机构，目标是能制定一个全国支持的计划（Shafritz and Hyde 1991）。两百个附属社团，诸如纽约市政研究局（the Bureau of Municipal Research in New York），提出了一个良好政府（Good Government）的理论，该理论立足于四个基本因素以及相关联的改革，认为：

公共服务的有效率供给是公共利益的核心所在。

公共服务的行政必须与政治分开，并且通过独立当选的董事会和委员会运作。

在公务员功绩制（Civil Service Merit System）下被任命且经过专业训练的专家将组成一个永久的公务员机构且应当实行科学方法。

政府通过运用科学管理原则，将像企业一样运作，这些原则包括适当的预算和会计程序以及竞争性竞标（Competitive Bidding）。

在世纪之交，改革运动（Reform Movement）已经在公共行政实践方面，尤其是在财政以及人事管理方面，取得重大进展。例如得克萨斯州的加尔维斯顿市（Galveston, Texas）成为第一个按照企业模式运行的城市，该模式随后在

"一战"前被450个以上的自治城市采纳（ICMA 1994）。在该世纪（20世纪）的前10年，城市经理人模式在好几个自治城市得到执行。随着改革的推进，改革的语境也开始变化。如果在19世纪80年代许多人认为人事改革是"崇高的道德举措"，那么到20世纪开始，大多数人认为它是更注重实用的"改善行政质量的一个（措施）"（Waldo 1984：29）。

20世纪自威尔逊呼吁更为企业化的公共行政以来，公共部门确实采纳了许多私营部门的技术。不过，尽管在公共行政的这些改善有着一个最终的目标——提高生产力——但是，公共服务还是丧失了许多公众的信心。尽管为改善政府服务提供已做了一个世纪的系统化的努力，也取得了巨大的进步，但公众仍感到沮丧、生气，并且仍然要求政府职员更为精明，工作更加勤奋。很明显，在19世纪最后1/3的时间内，缺乏信心的现象并没有消失。1926年，伦纳德·D. 怀特（Leonard D White 1979），一位著名的美国政府分析员，观察到：

> 美国纳税者广泛存在两个想法。他们相信存在过多无用的或者收入过高的公共官员，他们也相信大多数政府雇员都是懒惰和无能的……城市、州或者联邦雇员……想起这么多年他们所提供的忠诚服务，他们躲在"公众"凝盯着他们的窗户之后……并且可能会耸耸肩，认为，"有什么用呢？"

几乎也就在60年后，考夫曼（Kaufman 1981）得出结论：公共行政在大众中间没有取得任何进展：

> 越来越多的人明确相信官僚体系正迅速地失控，他们被这一前景弄得非常愤怒和恐惧……[但是]这个风气是更为语言方面的而不是实质性的。

在一百多年的进程中，诚实、企业化管理理论既没有在公共行政学研究中消失，也没在大众话语中消亡。尽管许多概念预先占据了几代学者，例如，20世纪70年代新公共行政更强调回应性和公正，且是价值导向的视角（Frederickson 1971；Marini 1971），但是，把公共行政置于一个客观、清晰的治理概念中的理论并没有消亡。这样，在70年代早期公共行政学领域的一个主要的思想发展（Intellectual Development）就是公共选择学派的出现。公共选择学派的方法论或多或少地强调客观和稳定的知识以供汲取，强调当务之急是宪政政府（Constitutional Government）中公共行政的位置。借鉴经济学中的公共选择学派，奥斯特罗姆（Ostrom 1989b：16）主张美国公共行政学中一个全新的概念，这一概念是基于公共物品理论（Public Goods）而不是官僚制理论，他认为美国公共行政学专注于官僚制。也许公共选择学派最显著的特征可以通过其提出的研究焦点表述为"分析的多层次、多方面和多焦点，它们与下列因素有关：（1）对人的评价（human valuation）；（2）生产可能性（production possibilities）；（3）系列的商品和服务（arrays of goods and service）；（4）规则导向的关系（rule-oriented relationships）；（5）能够让人彼此交流、有意义地行动的共同理解的分享水平"。正如 V·奥斯特罗姆（1977：151）所写的，"政治探索的主体问题是决策制定能力在人类社会人与人之间的分配、执行和控制。决策通过参考规则而颁布"。对规则的这种关注公开地站在了公共选择传统的立场上。在阿罗（Arrow 1951）论证了在理性投票集体体系（Rational-Voting Collective System）内，可能不会获得与组成集体的个体的不同偏好相一致的集体选择之后，探索过程集中在使过程更为公正上面。布坎南和塔洛克（Buchanan and Tullock）于 1962 年转为研究博弈的规则而不是结果，因为正如阿罗所证实的，有些人无可避免地会赢，而有些人会输。这种分析类型通常主要关注社会偏好整合规则（rules of aggregation of preferences）。E·奥斯特罗姆（1991）进一步分析了这种模式，借鉴博弈理论传统的观点，辨认出一套最小的、对民主社会治理非常重要的规则。这些规则包括信息规则（Informational Rules）、边界规则（Boundary Rules）、范围规则（Scope Rules）、权威规则（Authority Rules）等等，也包括整合规则（Aggregation Rules）。至于每个主要的思想成就，就很难把文森特（Vincent）、埃利诺·奥斯特罗姆（Elinor Ostrom）和其他公共选择学派代表的研究著作放到分类计划中强求一致的基层组织内（Procrustean Cells）。基于公共选择学派的这些信念，诸如服务提供的多种安排，服务供给的投票重要性以及它们方式的灵活性，许多人把公共选择理论学派视为更接近政治适应范畴（Political Adaptation Category）。如果我们按照灵活性—控制关系而不是主观性—客观性关系分类，事实上这可能已经是方法。但正如以上所提到的，这些分类并不直接相互转化，那么在这种情况下，我们把我们的分类立足于公共选择理论知识的客观性基础上。公共选择学派的重要性也基于下面这个事实，即在理论层面上，他重新介绍并简化了提供公共物品的多种可能安排的想法，这些安排包括民营化等。这些想法后来成为一个强大的政治主题，以至于公共行政学领域被迫同意一个几乎不合理的"民营化热"。然而，民营化运动的持久性仍然存在问题，以至于在服务供给中如此巨大的转变所带来的、无法预见的、且常常是负面的后果变得如此明显。

III. 理论 2：传统管理模式

在改革盛行的气氛中建立的公务员制度给更加"企业化"的政府提供了途径和动力。在威尔逊（Wilson）和其他改革者之后——他们认为政府运动需要更为企业化（Businesslike）——占支配地位的观念是追求像机器一样的效率，以最少的资源耗费完成工作。但尽管企业部门常常被政府批评家认为是效率的一种模式，但是"企业化管理"（Businesslike Management）和"常识"都不足以指导这些复杂问题。企业模式（Business Model）（无论是被公共还是私营组织应用）仍然被简要的提出来：运作组织的"正确的方式"绝对不是不言而喻或是直观的。诚实的"常识"被证明不足以在复杂组织内充当管理复杂体系的有效率的、有用的指导，这样就产生了对范式的需要。

对于企业组织的研究产生了许多行政学假定的普遍"法则"或"原则"，也产生了一个程序——科学管理程序——通过该程序可以获得最佳效率（Optimum Efficiency）。不过借鉴这些发现并应用到公共部门组织的管理中是符合逻辑的，而且这种管理是在"封闭式模式"中予以界定的。或者如威洛毕（Willoughby 1927）所写道的："……在行政学里，存在一些类似于那些显示任何一门科学特征的普遍应用原则，如果要确保行政的目的——即运作中的效率，就必须遵守这些原则。"厄威克（Urwick 1937：49）赞同道：

> 有些原则可以从有关组织中人的经历的研究中归纳出来，它们应该掌控任何人类协作的安排。这些原则可以作为一个技术问题加以研究，不必考虑其目标如何，或者不必考虑其建立的宪法上的、政治的或社会理论基础。

那么，组织普遍的原则被认为是在"封闭式模式"（行政的，官僚的，机械的）内适用于公共部门组织的管理，在封闭式模式中，组织利益支配个人利益。这些组织的利益集中在效率和效益（efficiency and effectiveness）、专门化，以及服从权威上。组织封闭式模式用诸如官僚制、等级制、金字塔（Pyramid）或者是垂直的、正式的、理性的以及机械的（Mechanistic）等词汇来描述。

在"科学管理"这一标题下，泰勒（1903，1911，1923）和他的追随者的著作展现了他们对管理进行研究、鉴定的效率，并指导工人通过"最佳途径"来完成工作。然而，这些管理理论最终被证明不足以满意地解释组织。他们不能揭示人性的复杂性或解释一个不确定和变化着的环境所产生的影响。虽然他们忽略了肌肉（the muscle and the flesh），但他们的确提供了对骨架问题（skeleton）的理解：组织由部门（parts）和程序（processes）组成，而这些部门和程序必须被管理。泰勒的假设就是今天管理者的工作是劳动分工的结果，是一个独立的全职管理工作。这样，泰勒的理论框架包括了这一概念，即管理一有责任发现最佳途径来计划并完成运作的所有方面，二负责在建立［组织］中培训并发展每个个体，使工人能够达到他自然能力的极限，完成"最高层次"的工作。

尽管泰勒的原则被政府内有组织的劳工所抵制，但他的工作有助于建立一种政府模式，在这一模式中，组织的正式模式被界定为一个理性的、合法的、制度化的人际关系，为实现某个预先确定的目标、目的，人们被一个中心所正式管理或协调。

根据法约尔（Fayol 1949）和其他人的观点，在一个工业环境下工作，正式组织或行政组织的基本要素是专业化、权威、等级制、劳动分工、交流、规范的运作程序以及管理。这些要素的整合和它们之间的关系界定了组织的结构，或者说组织结构。

在公共部门内，泰勒与法约尔帮助所界定的组织类型，用工业术语来说，适合于德国社会学家和政治科学家马克斯·韦伯（Max Weber）所界定的官僚制模式。这种模式的基本原型被韦伯（1968，1971）描述成一种"理想型"官僚制（"Ideal-Type" Bureaucracy）。韦伯的"理想型"或官僚制模式描述了职位的安排（arrangements of positions），他认为这是完成目标"最合理的已知途径"。根据韦伯的观点，官僚制形式把行政程序常规化，就像机器将产品常规化一样。效率的获得要通过建立一个业已确定的任务分工、一个明确界定的权威等级制度、非人格化（Impersonality）以及详尽的规章制度。与以前的历史形成鲜明对比的是，韦伯将官僚制视为一个更加进步的权威类型。与拥有传统权力的国王和运用超凡能力的特殊领导相反，官僚制基于合法—理性的权威之上。这有助于使它更为活跃、更有效率，尽管大众对官僚这一术语的理解与无回应性、繁文缛节和拙劣的效率相联。

韦伯模式的主要特点包括并非针对个人实施的普遍的规则、使用书面记录、将责任分为能力范围、培训每个岗位、基于能力进行选择、职务等级安排、基于职位的薪水和职务任期等等。这些特点有助于构成一个持久的、可预测的、有效率的、有组织的"机器"。在运行良好的官僚体制内——其中最好的军事部队和机构是最恰当的例子——用这样的方式管理运作以至于常常最好的赞扬就是"像钟表一样顺利"（like clockwork）。就逻辑、成本、速度、控制以及操作稳定性而言，这是最有效率的模式。该模式的基本特征在政治上预先决定且明确陈述的目标、集中的权威、严格的命令链以及为组织活动所有方面制定的非人格化且相互联系的规章（Regulations）（管理层与雇员权利和职责，惩罚和奖励，操作与管理程序，等等）。每个公共官僚机构结构的核心因素是严格的等级制，最高层只有一个行政主管（chief executive）。每个职位都处于上一级的直接行政控制之下。职能、权力以及职责只分配给职位而不是个人。组织的每个成员都有其有限的、明确界定的权利、职责、权力以及专业才能，这一切都确定在书面指示中。填补职位空缺和晋升根据正式的技术资格（technical qualifications）（证书和学历）、年资和/或成就。

然而，泰勒（美国人）更多强调对效率在工程意义上的理解——用一种最好的科学的方法完成特定工作从而在每个工人身上获取最大产出——法约尔（法国人）和韦伯（德国人）为了从组织获得最大产出则更为强调协调和控制。通常认为这种差别是美国和欧洲不同的经验的结果（Hofstede 1993）。

建立在泰勒、法约尔以及其他人所发展的，在工业背景下的工作类型和原则基础上，古立克和厄威克（Gulick and Urwick 1939）确定了一套发生在每个组织内的程序。它们使用首字母缩写形式POSDCORB（计划-planning，组织-organizing，人事-staffing，指导-directing，协调-coordinating，报告-reporting 和预算 – budgeting）。每一程序都与它们的"健康行为"（healthy behavior）规则有关。例如，古立克和厄威克确定并提升了专业化的概念以更好地使用不同工人的不同技术和才能。随着专业化的促进，他们也认为有增加工作协调的需要。协调将通过下述情况而获得：一是等级权威的机构；二是一起工作的人的头脑中和意愿中的目标单一性（一致性）的发展。组织应该总是遵守统一的命令链原则（a chain of command with unity of command）。厄威克（1952）的"十大原则"描述了在建立任何正式组织时其组织设计应该使用的指导方针：

1. 目的原则。每个组织以及组织每个部分必须是相关任务目标的表达，否则就是毫无意义的，因而也是多余的。没有人能在真空里进行组织，必须为某事而组织。

2. 专业原则。任何有组织的群体中其成员的活动应该（尽可能地）限定到行使一个单一的职能。

3. 协调原则。不同于任务的目的，组织的目标本质上就是促进协调，或促进努力（措施）的统一。

4. 权威原则。在每一个有组织的群体内，最高权威必须存在，从组织最高权威到每个个人应该有一个清晰的权威线（line of authority）。

5. 责任原则。上级对其下属行为的责任是绝对的（absolute）。

6. 定义原则。每个职位的内容、相关职责、所期待的权威和责任以及与其他职位的关系必须予以书面明确确定，并公之于众。

7. 符合原则。每个职位其责任与权威必须相符合。

8. 控制范围。任何主管都不应当管理超过5个或最多6个工作相关的直接下属。

9. 平衡原则。一个组织中的下属单元应当保持平衡是至关重要的。

10. 连续性原则。重组是一个持续过程，在每个企业内的具体规定应该适应这一原则。

1937年，罗斯福总统授权布朗诺委员会（Brownlow Committee）负责去探讨如何使美国民主政体能有效地完成它所要求的工作。在古立克的指导下，布朗诺报告（the Brownlow Report）代表政府内科学管理动力的最高点。《行政科学论文集》（Papers on the Science of Administration, Gulick and Urwick 1937）没有详尽描述政治假设以及一般行政学的意含（Golembiewski 1989），相反的是，在这些问题上布朗诺报告更有帮助。罗尔（Rohr 1986）认为，它"试图把科学管理建立在美国政府的宪法理论和基本原则上"。

这一领域值得赞扬的是，管理原则不再幼稚地当作普遍的绝对的东西而被接受。西蒙（Simon 1946）对行政领域原则的概念提出挑战，将它们比作谚语。他找到了矛盾，认为这些所谓的原则取决于不同的情境，只应当作可能的处方来对待。在他具有里程碑意义的研究中，西蒙（1975/1947）在整体上将公共行政学领域以及组织科学的研究方向转到决策制定上来。借鉴逻辑实证主义哲学，西蒙将价值观和事实分开，并界定了价值—事实链（value-fact chain），将其作为组织不同层级的知识基础，其中达到上一层级的途径被诠释为下一层级的目标，其结果就是建立在有限的但或多或少不模糊知识基础上的理性决策制定。但是，理性并不是全面的，它受到人的认知能力以及与获得该知识相关的成本"限制"。通过分析决策制定过程，西蒙证明了现实中人的决策并不基于最大化结果的原则——该项任务可能过于雄心勃勃且代价高昂，人们宁愿"满足"［该词是西蒙从 satisfy（满意）和 suffice（足够）两词中创造出来的］。西蒙和他同事的著作（e. g., March and Simon 1958; Simon et al. 1950）被认为是经典学派的巅峰，或正如别人常常所标记的，构成了管理中的"新经典"学派。

IV. 政治和政策制定

理论 1 强调基于中立的能力，理论 2 强调能力以效率为前提。生硬地坚持中立假设、像企业一样管理以及惟一最佳途径给互为竞争的价值观留下了微乎其微的空间，而这些价值观是公共机构运作环境的最显著特征。当代公共行政学必须强调政治价值观和行政的互动：在诠释政策指令时行政自由裁量权（Administrative Discretion）的实施，需要在相互抵触的价值观和利益之间做决策，以及政策外部拥护者和行政拥护者之间的关系。理论 3 对政策过程的每一步都加以批评：决策的需要、信息的需要和专家的作用以及理性、渐进的决策风格。

与 19 世纪改革者相对比较幼稚的假设相反，20 世纪分析家接受了这一事实：即主要的、被任命的行政官员经常在制定政策中居于领导地位，下层官员必然参与解释政策中。19 世纪的政策主要是分配性的（Distributive）——在有限政府框架内——且不要求与在福利国家中流行的规制性和重新分配的政策有那样多的解释。② 随着大萧条时期"大政府"（Big Government）的来临，随着新政项目的繁荣，公共行政学已认识到政治与行政假定的两分法并不现实。一个主要的趋势就是从原来沉迷于"中立"向实现行政的"政治"方面的转变。尽管早期行政中立的倡导者认为行政人员只是实施公共政策，这一假设现在看来是幼稚的。我们现在认识到价值观从许多外部渠道渗透进行政，而且甚至出现在有关政策执行的大家所认为的"客观"内部决策中。官僚是政策制定者，不亚于过程中的其他参与者。一个更为现实的概念是公共行政 = 政治 + 管理。

尽管总是有许多人反对把公共行政官员看作是"中立的"这一幼稚观点，但是对这一主题的正面攻击始于 20 世纪 40 年代，在"二战"结束时获得了极大动力。阿普尔比（Appleby 1949：43）认为"有关政策应用的论点（arguments）在本质上是关于政策"。沃尔多（Waldo 1984）发现公共行政学的研究应植根于政治学理论。郎（Long 1949）认为"行政的生命线就是权力"，并且呼吁每个人关注行政机构的这些方面，诸如政治生存以及顾客培养。塞尔兹尼克（Selznick 1949）证实了田纳西流域管理局（Tennessee Valley Authority，TVA）（一个独立的公共机构），通过适应地方利益，生存并完成其使命。西蒙（1976）也证明了每个决策不仅建立在源于行政现实的基础上，也建立在价值观基础上。在详尽描述这一点后，西蒙（1967）宣称威尔逊"行政领域是一个事务性领域，它与政治领域的混乱和冲突相距甚远"的假设不仅现在是完全错误的，而且在过去也是完全错误的。西蒙坚持认为威尔逊的假设是规范性的（Normative）而不是描述性的（Descriptive），应该被理解为"行政领域应该是一个事务性的领域"。西蒙提议，讨论官僚机构的权力问题不要用中立这类术语，而要用自主（Autonomy）、可预测性（Predictability）和可靠性等一类术语。西蒙建议，谈到中立时，必须考虑官僚机构"公正"行为将获得的价值观的可预测性。只要价值观没有受到质疑，我们就能坚持中立。但一旦价值观改变的话，我们就不能确定官僚制"中立"常规（Neutral Routine）是否会把我们领向我们赞同的、可预测的、可靠的社会价值观。

正如古德塞尔（Goodsell 1990）所描述的，1956 年，G·舒伯特（Glendon Schubert）"屠宰"了公共利益的观点，他显示获得公共利益的每种途径都构成政治哲学（内涵）的基础，而公共利益应该指导中立公务人员的活动。

许多理论都规定了治理体系中行政人员（官僚人员）不同的角色（Hill 1991）。一些人认为官僚制是一个工具（例如，马克思主义阐释中是经济精英的工具），一些人认为官僚制在政策过程中是一个主要演员［例如，在达尔和林德布罗姆（Dahl and Lindblom）的"多头政治"（Polyarchy）中］，还有一些人将官僚制视为一个主要的行动者（Actor）［例如，在艾利森（Allison 1971）中为"官僚制政治"模式］。尤为流行的是有关政策子系统（Policy Subsystem）的文献。

子系统最常见的形象是"铁"（或"舒适"）三角形象，其中利益团体、国会委员会或次委员会，以及行政分支机构以封闭的、意见一致的方式决定政策。但这只是一个概念化——最简单的政策子系统形式。这些次系统范围包括从（1）称作"铁三角"③的封闭实体；到（2）萨巴蒂尔（Sabatier 1988）提出的静态结构，及更开放、更以知识作为基础的倡导联盟框架；到（3）赫尔克（Heclo 1978）提出的结构更松散的政策问题网络（Policy Issues Networks），"几乎无法确定网络从哪里停止，网络环境从哪里开始"；到（4）金登（Kingdon 1984）提出的"垃圾桶"（Garbage Can）模式，该模式中公共政策议程是在一段时间内，当选择机会出现时，通过将解决办法、问题和参与者（和他们的资源一起）随便组合到一起而制定的。政策过程松散结构的画像，像金登（Kingdon）的模式，由于忽略了政治的制度基础而常常受到批评，因为"制度不仅仅是社会力量的简单的镜子"，且"政治制度（Political Institutions）界定了政策发生的框架"（March and Olsen 1989，18）。经常有人辩论政策子系统与政策类型不一致（Ripley and Franklin 1991）。政策子系统模式比"铁三角"更为全面的一个重要方面，就是子系统更加关心知识和论证法，而且子系统模式建立在比理性主义者以及渐进主义者方法更为复杂的决策模式基础上。

考虑到篇幅和辩论的简化，我们把注意力集中在"政治"学派一个更为平衡的观点上，赞成在许多群体都有发言权（多元主义）的政治系统内，具有非常专业才能的官僚扮演关键角色。事实上，由官僚者书写的法规与立法者所书写的法规一样多。官僚机构与政治过程中任何参与者一样也能够动员力量支持其利益，和任何人一样也能成为决策制定联盟的一部分。法律在其执行时得到了行政诠释，虽然法律只有几页，但是它们必须在许多常常意想不到的具体情势下得到诠释。这样，行政作为政策制定的最后一步，是影响政策"最后的机会"，也是政策制定过程的最终焦点。行政裁量权是法律所需要的而不是排除在外的一个事实。

据此可以推断：行政机构也是外界压力的目标，这些压力常常是一些利益群体和立法者，因为起草政策中的行政主动权（Administrative Initiative）以及诠释政策的行政裁量权固有地包括价值偏好，甚至所谓的技术决策实际上也是充满了价值的。

在政策被明确成文制定之后，它的执行远没有保证。利益压力领域（Interest Pressure Fields）同样可以在公共组织内部发现，鲁尔克（Rourke 1984）认为行政官员应该在政策发展以及执行中扮演积极角色，由于他们仍有自由裁量的权力——在公众中产生赞成意见、组织顾客以及与立法机关培养亲善关系——机构成为外部渠道——利益集团、立法人员、媒体、个体——的政策偏好目标。就内部而言，在机构内，官员赞成组织受到来自隶属于外界的压力——赞成或反对某些立场，或解释、赞成、反对严格的标准，拥护或贬抑实行更严格的控制的必要性。在立法机关和法庭获得政策成功后，这些群体的代表把他们的努力和策略转移到不太引人注目的官僚机构以获得有效的政策执行。外部集团也越来越复杂，欣赏寻求政治支持的需要——需要为假设的"内部"决策而动员外部力量。当然，一些集团可能努力以削弱政策执行；在开始决定严格标准后，一个产业可能直接给官僚机构施压要求废除或削弱这一决定。在官僚制内，高层官员可能会很好地反映这些辩论。

预算是一个尤为重要的政策舞台，在这一舞台上行政人员的角色和技能至关重要。每个政府，无论是市政府、县政府、州政府还是中央政府，都在被授权的开支计划——预算——下运作。因为预算文件都是大本书，充满了数据，通常被认为是枯燥、乏味且毫无刺激的，但没有远离真理之物。货币是一个机构或一个项目的命脉（Lifeblood）：预算将决定多少人参加工作以及可以使用哪些设备。为这种分配的奋斗是生与死的搏斗，是关于价值观的奋斗。这些可以到手的钱是分给警察巡逻吗？或者给救护车司机吗？或者给矫正阅读的项目（remedial reading program）吗？正如基（Key 1940）所主张的，答案不是一个逻辑问题，而是偏好和优先权的问题。基（1940）提出了规范预算理论问题

(Normative Budgetary Theory)："应该根据什么分配 X 元给活动 A，而不给活动 B？"他的答案是在公共预算中难以找到这样的标准，因为它是"一个缺乏共同分母的目标之间的价值偏好问题。因此，这个问题是政治哲学领域的一个问题。"后来，维尔达维斯基（Wildavsky 1961：184）精心阐述了这个问题，得出结论："因此，一个规范的预算理论在该词最完满意义上而言是乌托邦式的；这一理论的完成以及被接受将意味着有关政府在社会中角色的冲突结束。"

任何老练的官僚将容易承认官僚的决策——（关于）预算的或其他的——常常是政治决策。雇员被雇佣是为了安抚一个或另一个颇具影响力的个人。合同给了高层官员的亲戚；前任官员成为薪水丰厚的顾问。在这些行为中的串通经常不是为个人利益，而是为了保持和平。官僚制一个首要法则是"不要树敌"。有时官僚人员通过避免严厉决策（Hard Decision）来避免树敌，但是没作决定的决策仍然是个决策，虽然这是个非决策（Nondecision）。有时他们的利益受到很大的威胁，像在金融危机最严重时他们被迫全力以赴阻止预算缩减，以至于他们公开政治化。为证明他们项目的重要性，证明大幅度削减资金的政治代价，他们招募了他们的天然同盟——工人组织（如工会）、顾客团体，诸如通勤者（commuters），或街坊四邻，诸如医院周围的地区。特别利益群体的代表活跃地进行疏通游说，且常常得到有关官僚机构的积极合作，为的是恢复某高级行政主管或立法委员会所提出的被削减的预算，结果预算文件反映出不同竞争者相对的成功或失败。同样的动力机制在联邦、州以及地方各级都起作用。

官僚的自由裁量权常常被谴责为允许官僚做出不受控制的行为，这些行为可能被政策制定者认为是（非预期的）（unintended）或被法院认为是非法的。官僚应该能够决策产生潜在的重大政治后果吗？官僚的政治权力不仅被认为是真实的，按照芬纳（Fine 1941）的惯例，也受到批评，因为太广泛的行政机构的权力假设是违反宪法的。最近对太广泛的行政裁量权最为重要的批评是来自于西奥多·洛伊（Theodore Lowi）。自他的《自由主义的终结》（The End of Liberalism 1979）在 60 年代后期问世以来，洛伊不断地重申，在行政国家出现之前，美国是受立法机关控制的共和国——这是忠实美国宪法的文字和思想，宪法要求所有的权力应该属于国会（第一款）。因为政府新的干预项目（interventionist program）把自由裁量权交给了官僚，并且为特定集团量身定做，官僚很快成为这些利益集团的俘虏。这一新生现象叫做利益集团自由主义（Interest-Group Liberalism），它是建立在乐观主义、信任政府、分散性（fragmentation），以及利益团体的激增等基础上的。这样的政府并不是很有成效，意识形态只在表明哪个政客与哪个团体有关系时才重要。"从立法机关到行政机关这一广泛且不确定的裁量权授予（delegation）"导致了"立法自杀"（legiscide）（Lowi 1991），并且最终扰乱"实际上所有的宪法关系，以及阻止了宪法限制有关权力、相当程度的可计算性以及程序可计算性目标的达成（Lowi 1993：151）。洛伊（1991）以认识论为根据也批评了开放式的"授权"立法（Open—Ended Entitlement Legislation),认为应该采取注重实用的点滴方式(Piece-Meal Approach)解决问题,而不是对所有的问题采取一个综合的解决办法,那样总是迅速扩大产生具有更广泛自由裁量权的更多立法。

作为对洛伊和其他人批评的回应,也展开了一些争论赞成公共机构拥有裁量权,赞成把权威委派给有经验的官僚在行政法原则下去执行和解释立法。例如,朗(Long 1952)认为官僚制最代表美国的政府制度,但走出朗的理论一步,约翰·罗尔(John Rohr)证明了基于美国公众真正的"微观结构"(microcosmic)代表的公共行政的合法性(因为没有选举,公共行政能够是合理的,且执行像肯定性行动一样的政策)(Rohr 1990:72)。沃伦(Warren 1993)认为争论公共行政学的合法性毫无意义——它不仅仅是合法的。沃伦把行政国家看作合法有以下两个原因:它是人们对于服务非下降需求的回应;行政国家的合法性得到法院的支持。

使政策制定过程更为客观的一个方法就是使它更具有逻辑性。进一步而言,关于如何制定决策的视角常常也是决策制定更完整模式的框架:例如,理性—综合学派(Rational-Comprehensive School)赞成最好的决策是按逻辑的方式制定的。理性的—综合决策制定倡导者认为一个决策的所有后果应该得到考虑,而且零星地制定政策可能使政策制定者对他们决策的所有后果失去判断。然而,甚至这一学派的倡导者现在也不谈论绝对的、无所不包的理性,而是谈"有限理性"这一概念(Simon 1976)。他们认为,即使理性的—综合决策制定是不可能的,人们也应该尽可能地靠近。

换言之,渐进主义者维护"渐进决策"程序,认为它更现实,能够在不冷漠任何人的情况下回应许多团体的利益,能够回应危机压力和最后期限且无需"逻辑"决策所需要的时间和精力的大量投入(Lindblom 1959)。执行政策的决定通常是一小步一小步逐渐地制定的,而不是通过采取一个包括所有的、合理的计划。渐进主义者认为危机压力和最后期限限制了能用于分析的时间量,渐进主义方法产生"渐进"决策,仅仅选择令人满意且足够的替代方法。

渐进主义受到来自许多方面的批评。攻击的依据常常认为它维护现状,忽略了重大改变的可能(Dror 1964)。渐进决策制定的批评家也对这种行为主义模式提出质疑。他们质问:这么多年来渐进发展的项目在没有实际调查的情况下,有助于持续下去并发展吗?渐进的政策制定使整体视角晦暗不清吗?对渐进主义的一个回应就是"日落法案"(Sunset Laws),它授权对项目进行定期评估和取消。例如,70年代科罗拉多州(Colorado)在公民组织——公共使命(Common Cause)的推动下,率先通过一部"日落法"。在日落立法机关下,现在一个机构或项目在一个既定时期结束后自动失效,除非立法机关特别予以更新或修订。

关于政策制定过程的另一视角就是阿米泰·伊兹欧尼(Amitai Etzioni)提出的"混合扫描"途径("Mixed Scanning" Approach)。该途径设法"明确结合优先的(high-order)以及重大的政策制定过程,这些过程确定了基本方向和渐进方向，渐进方向是为重大决策做准备的，在获得重大决策后并将之制定出来"（Etzioni 1976，385）。

在"垃圾桶"（"Garbage-Can" Model）决策制定模式中，决策制定远不是理性主义（Rationalistic）的。"垃圾桶"模式中的问题、解决办法、决策制定者以及选择机会都是独立的，就像外源的河流（streams），它们任意连接在一起流过一个系统（Cohen et al. 1972）。正如上文中所认为的，这些决策制定模式作为一个框架用以解释治理过程中官僚的政治角色。例如，金登（Kingdon 1984）有关日程设置的研究，以及马奇和奥尔森（March and Olsen 1989）政治新制度主义模式都是建立在决策制定的垃圾桶模式之上（尽管对此有不同的看法），正如"铁三角"模式建立在林德布罗姆的渐进主义之上。

V．理论4：人际关系

19世纪末、20世纪初的改革者关注的是提高效率的途径：以最小的资源耗费完成工作。尽管主要来自私营部门的管理理论的确提供了对组织结构的理解，但是这些理论证明是不足以充分解释组织内（无论是公共还是私营）的行为的，特别是它们没有说明人性的复杂性或解释一个不确定且正在变化的环境的影响。

管理模式的一个主要信念就是：假设在组织内作为交换的公平日工资（Fair Day' Pay），有能力的人总是会被发现能填补任何职位空缺来完成任何工作。传统行政理论假设惟一激励人工作的因素就是金钱，金钱是一个充分的激励，品格、个性以及社会利益与工作绩效毫不相干，这一种理论今天仍然被许多经理所赞同。

此外，人类行为理论家认为，人们在他们的行为中被许多其他的刺激物所鼓励或阻挠，他们除了补偿外还有需要。例如，在最流行的激励理论中，马斯洛（Maslow 1943）提出了五个需要层次：（1）"生理"需要，诸如食物和住所；（2）安全需要；（3）归属需要，需要成为一个非正式社会群体的部分；（4）自尊和地位需要；最后，除了这些需要，最有力的激励可能是（5）自我实现的需要或愿望——从事一些对于个人有意义的或满足个人需要的工作。所有这些需要，最低的没有满足的需要是一个人的最强大的动力。当然，马斯洛和其他人的激励理论（例如，赫茨伯格和其他人，1959；麦克莱兰，1961；弗鲁曼）（e.g. Herzberg et al 1959；McClelland 1961；Vroom 1964）不否认金钱是激励手段。相反，他们强调人性的复杂性并指出还有许多其他的激励机制。

行为主义模式强调人际关系和人的目标的重要性。如果封闭模式主要集中于组织的技术系统——一个生产产品或服务或者维持运作的系统——那么行为主义模式认识到社会系统——由操作技术系统（Technical System）的雇佣人员组成的系统的同等重要性。这个模式是封闭模式的修订，引起管理层对组织的社会和心理方面的关注。因为它主要与组织的内部管理有关，该模式的重心仍然和在传统模式中一样是内部导向的，但它也认识到组织内人们常常用不同的方式解释事物，而且有不同的关注和烦恼。因此，实质上这种方法更为灵活和方便。

在现代社会的绝大部分组织都遵循这个模式。大多数管理者明白，他们首先是与人打交道，因此，他们必须关注雇员的情感与心理健康。如果忽视了操作该系统的人的社会和心理需要，那么任何技术系统都经常会失灵。那么，要掌握与人合作努力的复杂性，我们有必要注意在组织结构后的"非正式"组织。这一视角自40年代以来在美国组织科学中获得支持，尤其是在"二战"结束前霍桑研究广泛流行之时。④这部分是由于社会科学本身确立了自己合法研究领域这一事实，它也推动了关于这些问题，如组织有效性，在一个更为"人性"视角上的发展。

非正式组织这一术语是巴纳德（Barnard 1938）引进到管理文献中来的，管理专家首次对这一现象有所记录的研究是霍桑研究。在伊利诺州西方电子公司的霍桑工厂（Western Electric's Hawthorne, Illinois, plant），梅奥（Mayo）（1945）和罗特利斯伯格（Roethlisberger）（1941）于20年代后期和30年代的实验中表明：对于生产率来说，主要工作小组（或小组内每日常规的工作关系安排）与物质设施（physical facilities）和金钱补偿同等重要。正如霍桑研究所表明的，一个小组有其自己关于其成员适当态度和行为的规范，这些规范以社会的或其他的非正式对不遵守的成员，实施制裁加以强制实施。通常，小组（群体）通过提供社会满足感（satisfactions）和控制来服务于组织，但小组利己的目标代替整体组织的目标也可能发生。正如韦伯模式的批评家所指出的，真实（现实中）的官僚制的实际运作导致了"目标替代"的情况，这时成员对待规则就像他们本身就是主要目标；有时候他们用"次优化"进行目标替代，认为他们部门的利益比广大的组织目标更为重要。

巴纳德（1938）认为非正式组织正在履行组织必要的职责（为组织履行一些必要的职责）（巴纳德将之定义为一个协作努力行为），即：交流、在正式组织内维持一致以及支持雇员的自尊和正直（诚实）（integrity）情感。巴纳德也认为由于正式组织建立了不正式的组织，非正式组织反过来也会产生正式组织的一些形式，这明确了不正式发展的关系和态度。

通常认为，一个非正式组织系统履行以下职能：（1）增长、诠释、加速或改变正式交际系统（或者没有该职能）；（2）调节正式权威（formal authority）的流程、范围、方式以及实施；（3）在提供一些安全、统一（团结）和正直（完整）时，通过帮助保持成员中的个人感情而将正式组织"人性化"；（4）满足相关的精神和社会需要以至能得到一个组织的印象（Banki 1981）。

非正式组织能缓解在正式组织内出现的摩擦。尽管由于惯性职能，非正式组织也会抑制变革，但有时它们是变革的动因（agents）。因此，非正式组织可能被认为是任务小组（task force）和团队建设筹备（安排）的一个被修改的先进形式，它处理那些影响组织作为一个整体且涉及组织内一个单位以上的紧急问题或机会。通常，这些问题集中在未来，它们对于组织来说是新生的，并且异常复杂。在非正式组织内，以等级为基础的关系和态度被摒弃一边以促进有创造性地解决问题（尽管一些意想不到的后果可能会造成职能失调）。在这样一个解释中，非正式组织使用任务为导向的团队建设活动，包括变革动因（change agent）、数据收集、反馈以及过程咨询（process consultation）。非正式组织能确认并解决正式组织没有解决的系统问题，这样创造性地补充了正式组织。两种组织都包含同样的人。非正式组织的产出代表了对正式组织的投入，前者的成功与后者的成功联系在一起（Huczynski 1987；Zaud 1981）。

行为主义模式也强调组织对内部情况和外部环境的回应性。它强调决策制定过程中低层管理者需要更多的分权、更少的等级、更弱的命令链以及更多的自由，不仅是管理者还有其他雇员都被期望成为决策制定的一部分。他们被鼓励在解决问题组织中工作，这些组织由那些没有必要在等级制中占据高位，但被认为有能力（由于他们个人成绩和能力）建立有成效关系的人所领导。雇员和行政人员的持续训练（constant training）以及学习被认为是管理方的主要关注对象。使用非正式结构能产生更好的工作绩效的这一观点并不新鲜。1951年，在英国塔维斯托克研究所（the Tavistock Institute）的研究人员探讨了在煤矿的所有权和技术发生变化的情况下非正式工作组的调整问题（Trist 1963）。5年的研究证明，当允许好几个矿的大量非正式工作组进行自我调节时，它们更有能力适应工作技术的变化。

行为主义模式是从封闭模式到开放模式的转变。开放模式（有机的、系统的）是一个组织的概念，在这一组织中权威和专业才能共享、等级更不重要、水平的交流线（horizontal lines of communication）处于支配地位，对环境变化作出即刻回应是其中一个基本的管理策略。实质上，组织被看作人类互动的一个社会系统，而不是附属于某一技术的一群人。尽管一定的常规化和标准化是任何正式组织有效性的基本成分，但开放型模式优先考虑创造性（Creating）和革新性（Innovativeness）。

在开放型模式中，组织的决策制定过程完全是分权化的，而且是通过达成共识而不是通过正式（或甚至是不正式）领导的个人判断，正式规则和指导几乎已被消除，广泛的跨学科技能非常重要，管理层的数目控制在最小程度。

对组织内行为的研究发现大多数最具生产力的雇员在"人作为机器"模式下不能理想地履行职能。该模式假定了人是懒惰和不负责任的，在世界许多地区盛行。工资和恐惧显然是激励因素，也显然被广泛应用，但它们只在相对低的限度内具有生产力。研究和经验发现甚至在工资收入高的雇员组织也不能期盼高的生产力，除非他们考虑更高层次的心理需要。简单的、以恐惧为基础的假设是无效的：人们仍然是个体，甚至在工作场所也是，而且人们受许多力量的影响和驱使，金钱只是其中之一。作为个体，他们能被组织角色"打开"（turn on）或"关闭"（turn off），取决于环境在心理上提供给他们的东西以及是否组织把他们当作成熟的、活跃的成人还是当作懒惰的、依赖的寄生虫。管理理论家逐渐意识到人倾向于参加与其工作有关的社会团体，而这些团体形成了他们自己的以生产力为导向的标准，个体被期望遵守这些标准。特别是与外部激励的私营部门的同伴相比，公务人员可能拥有更多的内在激励。因此，人类行为不仅仅反映了来自组织的，也反映了来自人和团体的压力。

道格拉斯·麦格雷戈（Douglas McGregor）、伦希斯·利克特（Rensis Likert）和克里斯·阿吉里斯（Chris Argyris）一起为界定组织人本主义（Organizational Humanism）理论作出贡献。不同于科学管理和人类关系学派较为简单的视角，他们认为工作本身能作为工人的激励和满意渠道。建立在马斯洛（Maslow）人的需要理论基础上，麦格雷戈（1960）将关于人性的管理假设分为X理论和Y理论——分别是等级的和人际的。X理论假设人不喜欢工作、回避责任、喜欢被领导，激励办法是威胁或惩罚。Y理论认为人受内部激励，有潜力实行自我发展、有能力承担责任，而且他们喜欢并能够在实现组织目标中提供自我控制。根据麦格雷戈的观点，管理实践主要是受这些截然不同的观点所形成的影响。成功可以通过任意一种途径获得，这取决于环境。然而，当组织变得更为复杂，管理变得更为复杂，X理论假设帮助越少，承认权威委派、工作扩大以及参与管理的Y理论必然获得更多的认知。

利克特（1961）提出的有效的组织结构模式由参与工作团体组成，是个体需要被满足的重要来源。通过建立"支持性关系"（supportive relationships），管理者能促进这些团体的生产力。利克特也建立了一个组织领导类型。他区分了四种类型的领导风格：①剥削性权威式系统（Exploitative Authoritative）；②温和的权威式系统（Benevolent Authoritative）；③参与协商式系统（Participative Consultative）；④参与管理式系统（Participative Management Systems）。研究发现系统3和4更具有生产力（Hollway 1991）。此外，对该理论的批评人士认为，尽管管理者的偏好总是赞同系统4（民主参与式管理），而现实中多数组织实施系统2——温和的权威式，且往往是成功的（Perrow 1987）。

阿吉里斯（1957）也强调了人类条件（human condition）的重要性，认为个体和正式组织作为两个因素常常是冲突的，寻找不同的目标。阿吉里斯（1957）赞同"正式组织在一个健康的个人失败和受挫的情感里创造了短时间视角和冲突"。管理模式的命令链、方向统一、控制范围以及任务专门化是约束和限制性的机制（devices），这些机制功能上有障碍以致它们剥夺了个体潜在发展和实现自我的可能性。阿吉里斯认为个体参与对他或她工作有影响的决策让该个体对工作更满意并产生更高的生产力。

然而，从系统化的视角来看，个体激励因素是必要的，但却是不充分的。意识到这种不足，组织发展学派确立了其目标——"在为改进组织的问题解决程序和更新程序的长程努力中，尤其是通过一个更为有效、更具协作的组织文化管理"来整合个体和组织目标。这需要"不断发展的工作团队，包括上级和下级"作为基础，并"主要强调人和社会的关系"（French and Bell, 1973: 15-20）。

作为理论3的一个职能，这些有关个体和团体行为的理论在公共行政项目中得到广泛传授，且被许多政府机构所采纳。心理激励在那些薪水低于私营部门的地方尤为重要。对许多人而言，政府是有意义行为的场所，不一定是薪金的场所。然而公务员常常感到他们是某种有意义之事的一部分，无论作用多么渺小（Rainey 1991）。

但政府也已经开始认识到，我们建立的、用来服务公众的官僚机构一个出乎意料的后果就是对它们自己的雇员服务不周。常常存在着要保持中庸的压力而不是对生产的激励，这种事情太常见了。不知什么原因，一个新来的、聪明的、热切的公务人员迅速地接收到信息：工作不要太努力，不要比上级做得更好，不要捣乱。他或她太经常地成为一个用良心来交换安全的个体，成为一个生存者，成为有必要为"相处融洽而进行"（go along to get along）的不知名产品（faceless product）。总之，成功的官僚人员是那些最少关注他们对其顾客的责任却将他们个人利益最大化的人，懒散的态度常常因不履行职责者很少被解雇这一事实而得到进一步加强。

例如，根据这一推理，赫梅尔（Hummel 1994）在他研究官僚制经验中，概括了官僚制组织对于人的几种影响：

自上而下的工作构建创造了被动性（the kind of passivity），雇员等候等级制告诉他们做什么。

官僚制内工作人员（functionary）的自我概念以组织身份、整合以及与组织其余人的相似性形式发展。以此种方式官僚制建立了个体自我（individual self）对组织结构存在依赖性。

人被视为一个系统的可以相互交换的功能元素（functional elements），他们之间的质的差别并没有产生功能上的差异。量的测评对于实际的东西是一个标准。

通过逐渐灌输类比思维的实践，官僚人员被训练只在他们能辨认出与预先界定的行动模式相匹配的实际情况时才予以行动。

其他好几个理论家已经从主观的理论视角分析了组织的人类经验。丹哈特（1981）采用批评视角分析人在"组织阴影"（the shadow of organization）中的生存状况。现象学方法（approaches）也被应用到研究官僚生活的"政治"方面（Harmon 1981；Jun 1986）以及研究官僚制的内部运转，常常得出结论：传统的官僚环境进一步确认了包括上级和官员在内对现存事物等级的依赖。

尤为新近，"学习型组织"（Learning Organization）的理论家已组建了一个当代人类绩效行为主义模式（Behavioral Model of Human Performance）。迪尔沃思（Dilworth）认为："在我们这个动荡年代，组织生存能力和繁荣能力要求新思维和组织的方式……它要求两个思潮的融合……持续的提高（Kaizen）和不断的学习。"（Chawla and Renesch 1995：243）

Ⅵ. 理论5：项目有效性

在韦伯和泰勒的年代，一个组织起作用的环境是相对稳定的，政府的任务也是受限的、简单的。自那以后情况发生了迅速的变化，对政府的需求也是多维度的。尽管并不总是很及时并使用最新的技术（state of the art），但公共行政学的回应太多了：通过建立并强化多种能力，公共行政非常成功地管理了美国福利国家。第二次世界大战产生了运筹学（Operations Research），这是为将有限的资源最大化分配以获得最大利益的科学，它作为政策工具出现，在协调武装部队大规模的后勤工作时非常管用。自20世纪50年代以来，系统方法已成为分析公共项目的一个框架。这种途径的版本（versions）包括成本—利益分析，在美国制度化地使用该分析（方法）常常可追溯到《1936年防洪法》（Flood Control of 1936）(Hatry 1982：167)。到50年代，系统方法已成为水利资源政策一个业已接受的（established）特点。60年代初成本—有效性分析（Cost-Effectiveness Analysis）在国防部获得了增长势头（gain momentum），但是国防部长罗伯特·麦克纳马拉（Robert McNamara）开创了计划项目预算系统（the Planning Programming Budgeting System，PPBS）——根据花费的每美元的项目单位成本或有效性系统有计划地比较不同项目的研究方法。为了把政府用以"向贫穷宣战（war of poverty）"的大量精力放在"科学的"轨道（"scientific" rails）上，并且回答有关"大社会项目"（Great Society Programs）的效益和效率问题，约翰逊总统命令所有的行政机构于1965年使用计划项目预算系统（PPBS）（1971年官方终止了这一命令）。政策分析和项目评估的一个完整的家庭式工业（Cottage Industry）出现了。

多种多样的方法被用于项目评估［例如，赫里姆斯基（Chelimsky），1989］。尽管这些研究都是根据经济效率和效益进行，但它们也融合了一些来自于组织社会学（Organizational Sociology）和其他相关学科的观点。由普雷斯曼和怀尔德威斯基（Pressman and Wildavsky 1984）在加州奥克兰进行了一个颇具影响的公共政策执行研究，在公共行政学这个方向产生了另一个支流：如何执行项目，对这些程序有什么障碍（这些过程的阻碍因素有那些）。在他们的分析中，普雷塞曼和怀尔德威斯基（1984）不仅关注项目的经济效益也强调"联合行动复杂性"的重要性。从此，对执行的研究激增，并提出了许多框架［例如，亚历山大（Alexander 1985）；麦克劳林（MacLaughlin 1976）；萨巴蒂尔和梅兹缅尼亚（Sabatier and Mazmanian 1979）］。

"二战"后政府服务机构的扩展以及公共行政学和社会学领域知识的增长通常是在社会——技术的、社会的、法律的——迅速变革的背景下进行的。如此迅速的变化意味着在政府机构生活中可预测性更低。工人技能和期望变了；技术变了；邻区和城市变了；顾客需要也在不断的变化中。5年前还适用的政策、项目和程序今天可能已不再适应机构顾客的要求了。今天是不可能缓慢发展"一个最佳途径",然后毫无疑问地继续使用这条途径。与之相反,活动必须根据效益状况不断地予以控制并接受质疑。

为回应这一变化,在已经拥有公共行政学广泛的现有理论(如上所述,这些理论通常集中于关注的有限方面)的指导下,公共行政人员自60年代晚期和70年代努力发展更综合的途径,根据公共问题复杂性并以系统的方式着手公共问题。项目有效性理论不仅建立在生产力运动基础上,也建立在其他整合性方法的基础上。特别是有效性这一概念已扩展到包括诸如以下的关注:意料之外的后果、错用和滥用权力、从"内部检查"(inner check)到检举揭发(whistle-blowing)的道德"站台"(stops)。为拥有一个更为综合的和道德的行政学的努力是新公共行政学(the New Public Administration,NPA),其诞生于1968年锡拉丘兹大学(Syracuse University)召开的明诺布鲁克第一次会议(the Minnow-brook I Conference)(且20年后在明诺布鲁克第二次会议上得到重新评估)和其他帮助发展了与道德和回应性有关的有效性概念的专题讨论会。

作为对社会骚动和政治变革的回应,60年代期间,新公共行政强调参与、分权以及代议制官僚制。年青的公共行政学学者界定的新公共行政植根于60年代的经验,尤其是相信公共行政官员能够解决国家的技术和社会问题(LaPorte 1971;Marini 1971)。人们认为公共行政官员应该,而且能够,成为变革的动因(Crenson 1971)。被概念化后,"新公共行政不仅尽可能寻求有效地、经济地执行法令,也寻求同时影响和执行更普遍提高全民生活质量的政策"(Paynter 1971)。弗雷德里克森(1971/1976)认为:"十分清楚,行政官员不是中立的。他们应该承诺良好管理和社会公平这样的价值观以及要实现的事物等。"

新公共行政认为(Marini 1971):

> 政府中伦理、诚实以及回应已回到公共行政学的最前线。职业生涯服务的官僚人员不再被认为只是执行人员,而是拥有公共信任、能提供最可能的公共服务的人。
>
> 社会公平作为政策立场的理论基础或正当理由,不断弥补效率和经济。
>
> 公共政策的问题逐渐和公共管理问题一样重大。
>
> 合理的模式和等级制严格概念的有用性面临严峻挑战。
>
> 政府应该回应公众的需要。不必要的和无效用的组织或项目应被终止。
>
> 有效的公共行政应该在积极的和参与的公民这样的背景中界定。

参与作为政治过程和组织过程都得到支持。政治参与被视为分散权力和增加公民参与政府的机制(Waldo 1984)。组织参与是用以在组织内实现变革和分散权力的途径。"组织,如参与,是打算用来在政府和组织过程中分散权力和增加公民参与的"(Waldo 1984)。代议制官僚制是打算用来产生顾客为中心的行政和行政官吏代表的顾客利益。

为扭转政府权力集中、消极和中庸，振兴政府的运动在联邦政府内得到发展。在明诺布鲁克第一次会议（Minnowbrook I）的 10 年后，卡特总统于 1978 年发起了重要的联邦公务员制度改革，包括给个人提供刺激和更大的责任。类似的项目在州和地方层级被建立起来。最近，有关公共服务的各种委员会继续推动振兴公共服务。州与地方公共服务全国委员会（the National Commission on the State and Local Public Service），由前任州长威廉·温特（William Winter）领导，紧随沃尔克委员会（Volcker Commission）的领导，后者出版了《铁的事实/艰难的决策：州和地方改革日程》（Hard Truths/Tough Choices：An Agenda for State and Local Reform）（Winter 1993）。沃尔克和温特委员会报告设定了踌躇满志的议事日程——进行数十个为提高联邦、州和地方政府的基本变革。

温特委员会（Winter Commission）的建议描述了一个基本的日程来改变州和地方政府与公民联系且为其提供服务的方式。温特主席（1993，vii）认为：

> 让民主发挥作用是州和地方公共服务必须着手做的事情。就是在这里实际提供了最基础最根本的服务……我们作为一个社会，提出这些面临的问题之一个明显作用就是检验政府结构并确定如何更好地组织政府结构，从而达到更有效率的工作。这必须是一个持续性的活动，是充分动态且具有广泛基础的活动，能抵抗那些赞成维持现状的政治地盘（political turf）维护者。但另一个甚至更为重要的政府绩效的测评是：公共服务中人道的维度（human dimensions）。

根据理查德·内森（Richard Nathan）的观点 5，90 年代政府重塑者应该追求的有 5 个重要价值观：①提高对公民的政治责任和回应性；②加强政府制定和执行艰难决策（tough choices）的能力；③为政府提供新鲜血液；④减少特殊利益群体的不健康权利；⑤在公民和其政府之间进行更为诚恳的对话。

然而，专题讨论会和报告产生并不充足的动力，在"新政（the New Ideal）"和"伟大社会项目（Great Society programs）"层面给予政府支持。从公民的角度，在政治结构的底层，公共服务必须"提供保证过的服务"。这样，与回应理论发展和公务员制度改革的执行一样，"生产力运动（Productivity Movement）"作为整合和执行至今在公共行政学发展中提出的全部理论（理论 1—4）的途径得到了发展。"生产力运动"的目的是在服务供给上取得明确的进步，尤其是在强调与产出相对应的后果方面。

公共部门生产力的改善使得公共组织能够更容易地达到目标，从而它本身也成为一个跨学科的关注点。今天提高生产力的需要是在经济、技术和社会讨论中一个反复出现的主题，因不断地受到高级行政主管（民选的或任命的）、媒体、公司、经济学者、公共行政人员以及公众的强调，生活水准的提高和社会政治稳定与生产力的提高息息相关。

在这一背景下，"生产力改善"意味着能力建设（即：基础设施和知识——它们是所期望的绩效的前提）以及实际绩效提高。生产力改善是一个复杂的任务。生产力管理，公共和私营的，已从19世纪晚期简单的"常识"演化成20世纪晚期复杂的体系。今天，为提供公共服务，最好的公共组织已经发展了多元的日益增强的能力，融合先进的管理技术，运用质量管理原则，使用测评作为决策制定工具、努力激励雇员、适应新的技术，并常常促成公私合营。

在图5中，我们提出了一个确诊生产力改善的系统化的方案，这是一个综合性的框架，我们可用来确定关键性问题和机会。我们框架的四个主要要素是信息的、社会的、技术的层级管理的。"政治的"（在理论3方面）尽管不是这四个要素之一，但作为一个相关的问题不应该被排除在外。相反，它是一个永久性的环境条件，渗透或者包含着其他四个要素。

——纵观四个要素，四个范畴带（categorical "bands"）从文献中显现：

1. 常量，或叫做因素，在短期内（1~3年内）不会发生变化。这些包括生产力需求、文化差异、州的优先权以及公共管理的范围。

2. 问题，或叫做能力建设障碍，必须在综合性生产力项目中着手处理。这些包括生产力误解（misconceptions）、官僚病理学（Bureaucratic Pathologies）、资本管理以及大型组织的定势僵化（Stereotypical Rigidity）。

3. 机会，或能力建设中的积极方法（positive approaches）。这些包括信息共享、劳资合作、技术转移以及组织结构、组织体系或组织控制。

4. 行动，或具体项目。这些包括数量和质量的测评，动机激励（motivational incentives）、地方性技术适应（local technological adaptation）以及劳资培训。

A. 信息因素

1. 常量：对生产力改善的要求

政府的"顾客"不断对公共服务的效率和效益提出疑问。诸如"生产力"、"生产力的"和"生产"这类词语随着不耐烦的选民要求进步而获得更加突出的位置。这些进步包括：公民追求更高的生活标准、公司寻求投资机会、金融机构寻求投资和贷款的安全保证、新闻媒体寻求探查问题、政治家和政策制定者寻求国家自立。尽管利益不同，但所有选民看来都同意这种观点，即政府、公共企业以及非赢利组织应该以更少的资源提供同样的服务或产品，或者就同样的资源得到更高的产出。他们一直要求更好的信息来判断进步。

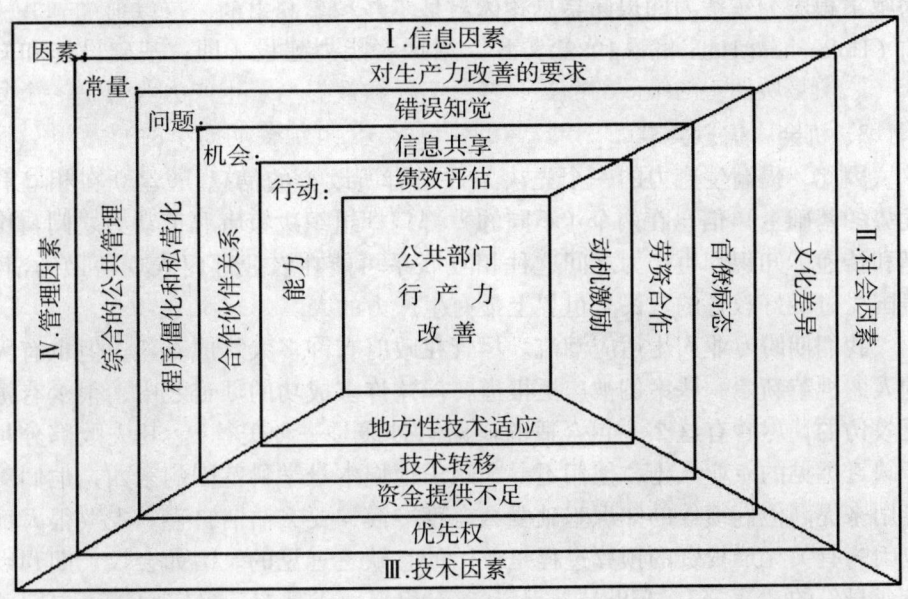

图 5 公共部门生产力改善

2. 问题：错误知觉

尽管公共部门有其职能界限，生产力这一概念还是遭到了误解、恐惧和迷信：产出和后果不能被测评，工人不与节省劳动力的技术合作，生产力提高自然意味着工作的丧失，管理风险远大于管理回报。因为生产力这个词语和其衍生词汇，几乎无意识地遭到了这些反对，因此"生产力"项目必须常常在其他标题下运作：效率、管理、绩效、能力建设、资金投入、质量控制，等等（Holzer and Halachimi 1988）。但无论在哪个名称下，采用什么方式，如通过增加工人动力和技能，通过加强管理和测评，通过重新组织工作（职位）和工作程序，通过技术和运作革新，或通过任何一系列方法来提高公共部门效率和效益的项目，事实上都是生产力项目。

尽管政府取得巨大成就，但是其公众形象（popular images）还是加强了官僚无能这一错觉。新闻报道几乎一律持否定态度，形成一种对公共官僚的偏见，这种偏见日益被形象商人（image merchants）所强化。公务人员被刻画为"笨手笨脚的官员"（bumbling bureaucrats）。他们被认为工作做得过少，工资拿得过高，他们做的是"任何人都能做的工作"。而且他们被认为是不像企业（unbusinesslike），缺乏雄心和常识。

但是公共部门的确常常提高其绩效。在美国成千上万企业化的、获奖项目已成功地扩展资源（stretch resources），发展解决问题能力，并帮助解决社会最难以解决的问题（EXSL 1989－1995），他们并非不寻常。几十年来，政府平静地进行了成千上万个革新项目，成绩斐然。处于压力之下的公共行政继续在实用、生产力高的方面不断取得成就。这样，就出现了有关有效生产力提高项目的越来越庞大复杂的知识体系，该体系是不断积累起来的，可以追溯到几十年前（Holzer and Halachimi 1988）。

3. 机会：信息共享

因此，提高生产力的一个先决条件是有所改善的信息，（建立在相互利用优势的基础上）信息在两个（不同的）部门、组织决策者和劳动力之间自由共享和传递。知识和生产力之间这种相互联系可能在农业部门表现得最为清晰：美国受过最好教育的农民是世界上最有生产力的人。

我们期盼专业人士适应潮流。尽管在政府有许多人赞成革新，但也有大量的人忽视革新。一些案例被广泛报道，但这许多成功的项目之中，很少有被广泛效仿的，尽管有这么一句合适的谚语"抄袭是一种美德"。其失败部分是由于缺乏远见的专业人士，他们不寻求超出他们本身学科范围的东西，他们对可能用来提高他们绩效的知识基础要么态度冷漠，要么沾沾自喜。失败很大部分也因为有关无形投资的预算过程是政治的且缺乏远见的。诸如会议、期刊以及专业身份的"累赘"（frills）被认为毫不相干，或具有不确定回报；它们并不打算幸存于预算过程，输给了相对摇摇欲坠的公共事业或无效的犯罪控制的即刻需要。充其量，专业知识常常被当作自由裁量支出而不是必要的投资。因为没有进入相关分析和案例研究的途径，公共行政人员不断地犯同样的错误，重蹈覆辙，错过同样的可能情况。例如，大多数公共经理没有意识到其他管辖范围或研究中心不遗余力发展的模式，这些模式在一个需求不断增长、资源下降的环境中能适应提高的综合生产力，例如"十步模式"（Ten Step Model）（Holzer 1994）就是从几十例案例检测中综合出来的：

1. 明确高层管理人员和民选官员的目标，并获得他们的支持。
2. 将模式确定为修改的蓝图，并作为潜在错误的警示。
3. 确立有发展潜力的领域，诸如那些面临以下情况的职能：大量积压的工作、错过最后期限（slipping deadlines）、高离职率或许多的抱怨等。
4. 建立一个团队，该团队所有感兴趣的当事人，尤其是资方、劳工和顾客，以及提供服务的可能合作者，能辨别障碍并提议改进措施。
5. 规划项目，包括目标、任务、责任以及时段（time frames）。
6. 收集项目数据并根据金融和服务资料测评进展。
7. （在）定期、持续的讨论问题、机遇和优先权的基础上修改项目计划。
8. 期待并处理潜在和实际的问题，诸如误解、误会、抵制和下滑（slippage）等。
9. 在常规基础上执行改善行动（improvment action），不大吹大擂，不必要地提高期望。

  10. 评估和公布结果，建立政治和专业支持，使项目和项目扩展合理化以适应增长的服务要求。

  与任何其他"一般配方"（generic recipe）一样，这种模式类型应予以修改来适应特定的组织环境。实际情况总是与该模式有些不同；在某些情况下，由于情况的组织和文化假设有一两个步骤会缺失，而在另外一些情况下好几个步骤会被合并成一个步骤。但是，因为该模式的步骤经分析可以辨别，所以该模式作为一种途径来凸显讨论中案例的优势和显露其弱点以分析实际组织和项目是有益的。

  政府需要意识到，然后应用其本身的成功之处、模式以及概念路线图。用以提高公共绩效的策略正在成百的出版物和大会上被分析，并得到明确的报道（Cherry and Holzer 1992）。公共组织需要开挖知识大山——参与计算机化的网络，分享成功和不成功的经验，参加会议，并且通过使它们更为容易运作而将经理当作专业人士来对待。

4. 行动：绩效测评

  在税收反叛（tax revolts）和财政危机这样的环境下，测评问题毫无保留地体现在公民的埋怨声中："邻里越来越危险了。""街道越来越脏了。""学校越办越差了。"他们常常用夸张的故事、谣言和个人经历来回答他们自己的问题。公共行政人员必须能够用数据回答这些控诉："犯罪下降了8%。""街道比以前洁净了30%。""成绩平均提高了2分"。但这些回答只是一个企图解决问题的黑白快照（black-and-white snapshot）；更多的数据才会有助于诊断问题—回应模式（problem-response pattern）。

  通常认为，测评是责任和改善，包括政府单位之间（如上所述）以及决策制定者和财产所得者之间获得信息共享途径的改善的必要工具或压力（Fountain 1992）。如果有关服务分配和资源利用的辩论是由客观标准指导的话，服务供给的目标就是服务提供良好。也许最有价值和最特别的信息形式是包含在服务测评或产品数量和质量之中。生产力测评的最新技术使得政策制定和政策执行官员不再需要听任遵循政府生产力不能被测评或评估这样的因果假设（casual assumptions）。对政府项目客观评估的定量途径特别被美国的研究成果所证明。整体而言，一些文献界定了公共部门产出与后果的复杂指标概略（compendium）。

  生产力指标有助于回答诸如以下的问题：组织是在做自己的工作吗？组织会产生出乎意料的负作用和负面影响吗？组织回应公众（的要求）吗？组织对所有的群体公平吗？或者他倾向于某些群体吗？是出于无心还是故意的？组织是在其授权活动范围之内运行吗？简言之，组织生产力高吗？

  管理方常常有铁的数据用以构建那些客观指标。如果没有，它能开发信息。获奖的案例表明，公共服务测评概念上是完善的且也是行得通的：产出和后果是可测评的，数据是容易获得的，结果也不是太复杂而不能使用的（EXSL 1989 - 1995）。一个测评项目提供一个发展和提出"硬性"反馈（hard feedback）的机会来代替一般化的概念。据最近美国会计总署（U. S. General Accounting Office）的一项研究（GAO 1992）显示：

> 经理们能使用绩效指标提供的数据资料来帮助他们用三个基本方式来管理：解释过去的活动；管理当前的运作；或评估规划目标的进展。当用来审视过去的活动时，绩效指标可以说明用来完成一项任务的过程和程序以及项目结果。当用来管理当前运作时，绩效指标能说明资源，如美元和职员，是如何有效地被运用的。最后，当关系到规划的目标时，绩效指标能用来评估一个机构如何有效地获得在其长期战略规划中设立的目标。精心设计及时、相关和准确的指标是重要的，但是指标被决策制定者使用也是重要的。

虽然生产力测评对于组织行为者的整个领域都有益，但它在职员、分析员和审计员的掌握下尤为有益。指标不仅有利于内部决策制定者，即经理和政策层级的被任命者，同样有助于外界群体，甚至是新闻界，通过澄清真实的、与猜测相反的问题而改善自身的分析。

测评的动力取得了重大的进展，大量关键研究证明了这一点（e. g. Epstein 1988；Holzer 1992；Washnis 1980）。可能最重要最持久的是在美国城市研究所（Urban Institute）由哈里·哈蒂（Harry Hatry）和其同事所作的的努力（Hatry et al. 1974，1977，1979；Urban Institute 1980），通过这些努力，测评的最基本规则（"nuts and bolts"）是容易获得的。

有关公共部门生产力测评的对话自 1975 年来通过《公共生产力和管理评论》（Public Productivity and Management Review, PPMR）每个季度都在持续，该刊原名是《公共生产力评论》（Public Productivity Review），它强调组织目的和目标的执行，效率和效益水平的测评，资方、劳工和顾客的合作，以及对生产力提高来自财政、法律、政治和技术方面限制的认识。例如，《公共生产力和管理评论》出版了关于"政府效率"的评估相关的研究（Rabin 1990），其中米勒（Miller）认为"效率、公平和过分节俭支配了政府财政革新，[而且]效率是构成公共财政管理的基本信条"（Miller 1990：333）。

生产力测评是新近追求质量的一个重要部分，诸如全面质量管理（Total Quality Management，TQM）（Milakovich 1992）。政府会计标准委员会（the Government Accounting Standards Board，GASB）已在迈向客观指标的发展中获得了重要进步。1987 年，政府会计标准委员会采纳了概念呈述 1 号（Concepts Statement No. 1），它提出了财务报告需要在履行政府职责中有助于对公众负责（GASB 1987）。政府会计标准委员会所实施的研究，其动力是普遍地关注：政府实体机构的财务报告没有成功地提供"给资方、民选官员和公众有关实体的

'运作结果'或其项目的完整信息"（Fountain 1992）。公共组织通常使用测评作为决策制定工具，尽管这些指标的应用是不平衡的（GAO 1992；GASB 1990）。为回应公民、民选官员以及专业协会的压力，政府已开始开发关于效率、效益、质量以及后果的项目性指标（ASPA 1992，1996；Bowsher 1992；Christopher 1986；GAO 1992）。

B. 社会因素

1. 常量：文化差异

传统生产力模式模仿传统私营部门的模式，例如科学管理，常常将工人本质上视为是经济人（economic beings），因为他们主要受对工资欲望的激励而表现出很高的生产力。传统管理原则的拥护者假设个人想保留其职位，害怕被解雇，因此非常愿意遵从集权权威的命令，自上而下地交流以及其他"科学管理"范式。但是把工人看作"经济动物"总是与这样的现实不吻合，即在组织流程图（organization charts）中不明显的力量的确控制着雇员的行为。激励的复杂性已在诸如霍桑实验（Hawthorne Experiments）、Y理论（Theory Y）、全面质量管理以及学习型组织（Learing Organization）的作品中讨论过。例如，这些力量可能包括宗教（假日和祈祷时间）、习俗（每天工作时间和休息，从早上8点到下午4点或早上9点到下午5点不同），或者参照群体（reference group）（家庭、朋友、村民）。

2. 问题：官僚病态

尽管公共官僚机构处于不断的生产力要求的压力下，但多种张力却暗中破坏生产力改善的举措，其中张力之一是官僚制无法预料的病态后果。我们的大型私营和公共组织，具有一个共同的潜在疾病——官僚制的滞后性（bureaucratic stagnation）——目前技术导向的政策和研究几乎忽视了这一点。尽管官僚制被认为是公共和私营组织一个有效的工具，越来越明显的是，官僚结构出乎意料的后果是它们对生产力的影响甚微。太多的庸才、"不要出人头地"这一警告、让人窒息到独立性丧失，以及把精力错误地用到解决个人升迁问题，玩办公室政治，以及诋毁和贬损共事雇员，这都频繁地在官僚制中得以体现。这样，官僚机构常常蜕变为机器，可能太没有人情味，感觉太迟钝而不能有效地回应公共需要。在恐惧的刺激下，这些机器生产水平极低，错误百出。

官僚制阻碍了生产力，这些信息不能因其简单就不予考虑，因为许多社会科学理论基础是建立在相同的假设中。最近，奥斯本和盖布勒（Osborne and Gaebler 1992）认为传统的官僚制模式必须让位于企业方式来研究公共行政。同样的紧张关系——官僚控制与个人进取心之间——几十年来一直不断重新浮现。它们拥有持久的力量（staying power），因为官僚制的问题仍未解决，因为组织科学一直不能改变大多数组织，因为官僚制仍然被认为是侵犯了公共信任。

官僚机构能受恐惧驱使，但却处于极低的生产力水平。长远来看，如果控制对不诚实（control versus dishonesty）是支配模式，那么组织会在危机中，在一片险境中，在竞争中失败。

3. 机会：劳资合作

克服这些病状的途径之一就是让资方和劳工合作。处于压力下的公共组织现在认识到生产力提高的一个前提，以及消极的、让人产生误解的假设的抵消力量就是在组织决策制定者和劳工（界定为劳工和中间管理层）之间的合作。它绝不是传统意见箱（suggestion box）。在不同的标题下，诸如生产力委员会和理事会、自主管理、利益共享或质量圈（quality circle）等，前提条件是富有创意的想法（productive ideas）平等地分配在组织内部，自上而下的官僚制特征必须由一种平等关系代替，这种平等关系能够吸纳如顶层同样多的底层的创意能量（creative energy）；革新和冒险是可能的；所有的组织成员都受到奖励；劳工和中间管理层在组织改善中有着主要的心理利益（psychological stake）（Grace and Holzer 1992）。

如果内部管理咨询资源被忽视，中间管理层的合作常常减到最低程度。胡佛（Hoover）（1992）提出，对于使用外部顾问来改善项目的做法，在组织内变更代理能够履行一系列作用，从而是一种成本效率的替代办法。他的前提是：内部顾问是提高组织绩效的一种重要资源，在政府组织内应该有更多的内部顾问，而且应该更好地使用这些顾问。胡佛（1992）认为：

> 当这些职员对该任务作了充分准备时，使用现有职员填补内部顾问职位是非常成功的。现有雇员带来了其组织以及运作程序的经验、知识。他们可能被组织其他人知晓，尤其是那些他们将不得不一起成功执行指定任务的人。他们不会被现有经理和雇员视为外人。

但资方（management）对于想象或革新没有垄断权，富有创造力的想法（productive ideas）分布于整个等级制中。所有的组织，在这种情况下的公共组织必须认识到生产力提高必不可少的因素就是在组织领导与其劳动力（定义为劳工和中间管理层）之间的合作。正如全面质量管理（TQM）和其他早期策略所表明的，自上而下的官僚制特点能被一种平等关系代替，在这种平等关系下，底层和中层与顶层有同等多的创意能量（creative energy）；革新和冒险是可能的；所有的组织成员都受到奖励；劳工和中间管理层在组织改善中有着息息相关的心理利益（psychological stake）。

鲍曼（Bowman 1992）介绍了劳资合作的一种特别形式——质量圈（quality circles），质量圈在80年代开始流行，并且领导了雇员参与运动。

当劳工和中间管理层被当作机构的内部顾问时，他们就卷入了变革过程。

尽管成本很小，但潜在的收效是巨大的：绩效改善和成本节余（cost savigns）；建立在一个连续合理的理论基础上的劳资对话，并且不用花很大代价聘请外部顾问或调停者；被当作解决问题的成人对待的积极情感；以及在所有层级提高的职业承诺感。

4. 行动：动机激励

大家普遍认识到生产力只有通过开发组织中人的潜力而获得。例如，盖伊（Guy 1992）指出许多相互依赖的因素导致了一个具备生产力的工作环境：组织文化、团队建设（这在补偿雇员缺点的同时将其优点最大化）、开放的交流渠道、在预测中的灵活性以及用雇员的需要平衡组织的需要。非金钱刺激能强化工人帮助解决生产力问题的自然欲望（即热情），这些激励措施唾手可得：工作轮换、工作扩大、工作丰富化；质量圈以及联合劳资委员会；职业阶梯；奖励和其他认知形式；灵活的工作时间和工作共享（job sharing）；改善的工作条件；以及其他成打的措施。

政府最广泛、最昂贵的投资是人——大多数公共组织投入50%~85%的预算用于雇员薪金和福利（salaries and benefits），因为这些"人力资源"有复杂的需求，最先进的公共组织已集纳了开明的人力资源实践，摒弃权利独裁和官僚形式。他们典型地：

> 认识到激励要求管理许多相互联系的因素。班恩等人（Ban et al 1992）认为，要达到目的，公共组织需要对人事管理采取整合的方式，将劳动力规划、招募、雇佣、培训和其他人事政策联系起来。建立和维持一个具备生产力的劳动力队伍包括：(1) 制定一个正式的劳动力规划；(2) 积极招募求职者；(3) 重新设计测验或发展替代书面测试的富有创造性的办法；(4) 将培训和发展活动与组织任务联系起来；(5) 修改人事政策以满足雇员需求。

> 金钱是一个重要的激励办法，但不是惟一的激励选择。就公共部门经理对于工作的满意度而言，与私营部门经理相比，在组织内能够导致变化更为重要（Balfour and Wechsler 1991）。

> 谨慎应用绩效评估体系。戴利（Daly 1992）指出生产力是激励的一个功能，激励，不论是内部的还是外部的，本身是对个体工作努力的认知。这样的认知能从绩效评估精心构想和精心管理的体系中得出。

C. 技术因素

1. 常量：优先权

生产力建设的第三个要素来自于技术。和平、多产的技术使用的一个前提是优先权的明确定义。稀缺的资金常常用来提高"安全"，如警察和监狱，但在一个更为多产的环境下可能用于教育、科学以及技术等目的。

2. 问题：资金提供不足

实在难以确保公共部门投资的资金筹措（financing）安全——被选官员常常更多地关心最小化短期预算，而不是最大化长期生产力回报。筹措资金是一尤为困难的限制，其中，雇佣尽可能多的工人（包括季节性使用失业工人）时采用的公共政策常常强调使用人力资本（human capital）并且减少在购买新机器、设备或装备的资金开支。而且，在"勒紧裤腰带"（tighten belts）、缩减开支（cut back）、节俭等协议的压力下，投资往往很难得到，那么获得资源以创造多产的机会几乎成为不可能的事。

问题在于对公共组织投资常常极为不足。公共组织常常缺乏能力投资于生产力高的技术如计算机、电信、交通工具、维护设备、节能装置以及能源效率高的（energy-efficient）建筑。长远来看，他们可能也没有能力投资于与劳动力队伍（即人力资本）相关的诸如培训、教育、医疗支持服务等内部能力。最后，他们也可能没有能力投资在信息共享的机制内，如数据库、票据交换所（clearing house）、出版物、研究以及案例课程（case lessons）。

3. 机会：技术转移

和工业技术一样，生产力改善常常是个"组织技术"问题。这些组织"机器"包括金融、时间和材料；组织图表；工作说明书；书面指示等等简单记录。在一个可以接受的低层次这些做法满足了生产力的要求，但是更高的愿望常常要求更为复杂的体系：计算机化的记录、跟踪系统、矩阵组织等等。一个组织能从简单到复杂移动的程度，但仍能提供快速的、回应的行动，就是它能成为有生产力模式的程度。

预先倾向劳动力密集型（labor-intensive）组织和缩减管理（cutback management）作为生产力提高的一种工具不应该被允许去排斥其他适当的技术（硬件和软件）。复杂的技术，诸如计算机、电信、遥感装置，以及简单的装置如手工用具、卡车和电话，可能有适宜和具体的应用。然而，对这些机会的正确评价是依革新措施的扩散而定。

在美国，一些政府项目是技术转移扩散（在商业部和国防部有技术转移项目）的有效工具。公共技术有限公司（Public Technology, Inc.）是一个非赢利性组织，它致力于为公共部门发展和扩散有生产力的技术。私营部门卖主是扩散的另一个途径。尽管有这些努力，甚至在美国，技术和其他方面的革新可能在广为人知晓前、在广为人接受前需要数十年的努力。

4. 行动：技术适应

如果技术被视为组织体系的一部分，并且其应用与系统的劳动力、环境、任务和信息的适当改变或设备提供相协调时，技术才是具有生产力的。

先进的技术对于公共部门和私营部门都同等重要，公共部门常常是新系统的开拓者。在美国，政府雇员已发明创造了（或帮助发明）激光、固态技术（solid-state technology）、大部分商用和军用飞机的基本设计、仪表着陆系统（instrument landing systems）、第一台现代计算机、钛（以及其他更强大、更轻型的材料）、计算机辅助层析扫描（CATScan）、塑料角膜、先进的渔网、核武器、聚四氟乙烯（Teflon）、洗后不烫就平的织布（wash and wear fabric）、复苏器具（resuscitation devices）以及塑料包装（plastic wrap）等（Public Employees Roundtable 1990）。例如，美国国家航空航天局（NASA）有一个长期的项目帮助私营部门利用来自太空项目的革新。

技术不仅限于计算机应用。例如，在废物收集这样一个平凡领域，纽约市、亚利桑那州的史考戴尔市和凤凰城（Scottsdale and Phoenix）以及其他地方的卫生部门都开发和应用了大量的技术变革（Holzer and Callahan 1993）。正如这些例子所表明的，政府绩效的提高主要可能是取决于普通技术的确定和应用。

D. 管理因素

1. 常量：综合的公共管理

第四个提高生产力的必要条件是对基础结构充分地公共管理，它们使得公共和私营部门的有生产力的工作（productive work）成为可能：学校、金融机构、健康保健、电话和电信、飞机场、铁路、港口、道路、邮政服务等等。受过教育的中产阶级是训练新的现场管理者（first-line supervisors）的前提。有效的邮政服务和交通网络是及时决策制定的前提，可靠的金融机构是资金形成和投资于工厂和装备的前提。

尽管全面质量管理（TQM）和类似的措施普遍与私营部门有关（Crosby 1979；Imai 1986；Juran 1988），民选官员和任命官员逐渐认识到传统的、综合的、管理导向的生产力措施单独不能导致服务质量上的充分改善，公众已觉察到这一点。根据米拉口卫奇（Milakovich 1992）的观点：公共管理几十年来的改进是不充分的："尽管有最好的意图，这些［传统的］方法的应用并没有消除对无效率或无效果服务、资源浪费或公共雇员缺乏回应性等的抱怨。"这样，针对公共或私营部门生产力提高的全面质量管理（TQM）是一个最新近的对管理理论的重新系统阐述（reformulations）（Hyde 1992）。它是以理论为基础的改善策略，允许公共经理提高全机构范围（agency-wide）的合作、回应顾客需求以及改进过程等能力。但是，对公共部门来说，全面质量管理（TQM）不是新发明。相反，它是公共部门几十年来有关生产力提高的创新的重新包装（see e. g., Holzer 1992；Hunt 1993；Public Productivity and Management Review 1975-present；Washnis 1980）。尽管全面质量管理（TQM）和质量改善（quality improvement）这两个术语一直到1988年还没有在公共部门的文献中普遍出现，但是过去这几年，这类术语出现了加速发展和出版运动。在许多情况下，以前的"生产力"项目现在重新被描述成"质量"措施。

全面质量管理有多种定义。科恩和布兰德（Cohen and Brand 1993，xi-xii）是这样界定全面质量管理（TQM）的：

全面指的是将寻求质量运用到工作的每个方面，从确定顾客需要到积极地评估顾客是否满意。

质量指满足和超越顾客的期望。

管理指发展和保持组织不断提高质量的能力。

科恩和布兰德也认为"用在私营产业的、相同的全面质量管理原则正在公共部门掀起一场静悄悄的革命（quiet revolution）……为提高服务质量、增加生产力、减少浪费，越来越多的政府经理——从小石城（Little Rock）到华盛顿（Washington）——都转向全面质量管理。

2. 问题：程序僵化和私营化

尽管生产力和质量措施像全面质量管理，但是不幸的是，减少管理的自由裁量权和灵活性的法律和法规却是泛滥成灾。它们全都过分强调自上而下地监管——例如，签订合同或雇用新成员的费力的审批程序（laborious approval process）——延缓了改善措施并且阻止了有能力的买方或求职者竞争公共合同或职位。同样，国家支持、地方管理的项目要求（使得）多组监督人员有他们的声音。在每一层面，"监工"（watchdogs）因提出"有利于公众"的问题和障碍而赢得分数（win points）。但这些障碍的数量对于提高生产力来说意味着失败。不幸的是，这些人（监工）获得的回报经常是最大化地压缩开支（不管是必要服务的丧失，还是由于不必要的延续引起的）而不是投资于或促进有生产力的行动（productive actions）。同等重要的是要认识到建立在大多数公共预算和金融管理系统内的"使用它或者失去它"这一病状，它阻碍了经理们通过革新或其他途径去节省资源。

政府的一个结构替代办法——私有化——已在最近10年获得动力。企业化管理在当代重新体现就是私有化，私有化已理所当然获得了动力。"私有化"这个名词，由于其普遍被使用，实际上是一个两分概念（bifurcated concept）（Donahue 1989；Rainey 1991；Wamsley and Zald 1973）。该词的一个意义指政府服务到私有部门的转变，在私有提供方和私有消费者之间建立一个直接关系。该转变可能包括政府企业和资产的剥夺或销售、卸包袱（load shedding）以及取消政府服务的垄断从而允许私营替代方式出现（Savas 1992）。在这些公共到私有的转变中，私有化强调将服务从政府提供转为私有提供者（一个公司）和主顾或顾客的一个直接关系；两者之间的金融关系是私人双方关系，不经过政府来实现支付。与政府实体没有合同关系，尽管政府可能起规制的、维持的或间接的金融作用。

私有化的其他代替词是合同外包（contracting out），或将服务从直接由政府提供转为建立私有提供者（代表政府工作、作为正式承包人的公司）和消费者/顾客之间的一个直接关系。三方之间的金融关系是：政府作为管道（conduit）和监控者（monitor），公司作为服务提供者，主顾/顾客作为服务接受者。前提是承包人比政府更加具有创新性和更为节俭；他们有更好的激励办法和更少的障碍来提供服务。

定期受到政客的监督、媒体的关注，私有化现在可能是公共部门提高生产力最流行的主张。他们的逻辑是：将服务外包或转交给私营部门节省了大量资金但实际上服务水准没有丧失或降低（Savas 1992）。这些拥护者认为私有化能提供现在公共部门仍提供的、更大一部分的服务。但怀疑人士认为许多服务必然是政府的责任，而且由公共到私营的转变不会自动在管辖区域或部门提高生产力（Barnekov and Raffel 1992）。在有关民营化的文献中，一个经常出现的主题是：产生差距的原因是竞争，而不是私有化本身这个事实，私有垄断绝不亚于公共垄断（e.g. Donahue 1989）。这样，只要私有化采取竞争，它的生产力就会提高。

3. 机会：合作伙伴关系

基于竞争的私有化理所当然是发展的一个重要机会，但合作也是一个必不可少的提高生产力的战略，但是往往被人所忽视。现在的服务提供的合作安排（cooperative arrangements）可能是出现的日常关系（day-to-day relationship）的一个更为准确的特征。联合公私创意（Joint public-private initiatives）是创新的公共官员常常求助的选择。这些新关系不是私有化、增加税收或征求捐款项目〔即，税收补贴（tax supplement）〕，而是联合解决问题的办法，可以由任何"一方"启动。劳资之间、不同公共机构之间、邻近的地方政府之间、政府与自愿组织之间、行政和立法部门或与不同层级的政府实体之间的合作已经证明是提高政府服务和缩减成本的有效安排（arrangements）。在严格但熟悉的"官僚匣子"（bureaucratic box）之外，思考和行动的能力对于在一个资源不断匮乏的氛围中去聚集资源和提高生产力是至关重要的。在公私两部门之间、劳资之间、不同公共组织之间等等有许多成功的伙伴实例（Holzer and Gabrielian 1996）。

根据福斯勒和伯杰（Fosler and Berger 1982）的观点，"受到强大的民众基础支持的地方创意，能赋予社区动员公共和私有资源改善社区条件的能力"。典型的是，公私联合企业加强了政府提供服务的能力，其采取的途径如下：

  提供人事或装备捐赠
  提供诸如学校、公园和图书馆之类的服务
  联合发展去解决不断出现的问题的策略，诸如无家可归或犯罪等
  激励经济发展

  私营伙伴通常期盼他们的投资至少提供一些间接的回报，如一支更为良好教育的劳动力队伍，或者一个更为安全可以从事商务的邻里。但私营伙伴可能也开始作为服务公众的机构，直接为一般公共利益（public good）而不是为特殊短期底线利益（bottom-line gain）而投资。

  4. 行动：能力

  竞争和合作可以是建设性的概念，但只在公共部门劳动力受到足够的能力训练程度内。然而，在许多政府内，在职培训仍然被认为是履行公共部门责任的一个充分准备。他们仍然受到公职人员（public office）职责如此简单，每个人都能做好这种假设的影响。如果公共管理责任曾经是那么简单，它们肯定不再如此。在工业和现在的后工业社会，在职培训对于越来越复杂的公共（和私营）部门责任是不够的准备。但总而言之，我们继续将许多公共组织的管理委托给实际上没有专业管理培训的非专业人士，仅仅是"在职培训"：为文盲的政治家和其任命者，以及拥有技术而非管理才能的专业人士提出管理知识。许多管理公共机构的人拥有不足的管理技能，尤其是在相对高的政策层次。民选高级行政官员可能对公共管理的政治维度敏锐，但可能对管理方法或人事和预算系统没有准备。一个政治联系可能意味着任命者缺乏任何训练，除了经验丰富的政治敏锐性。政治任命者可能监督专业人士，但他可能远远缺少或没有专业文凭（professional credentials）。

  在文献和教室里，关于在职培训有效性的、陈旧的因果假设已给支持管理技术的复杂性和受过培训的能力所替代，这些技术和能力对于公共服务的管理，对于首创、维持和控制系统方面的管理差异是必不可少的。在寻求更具生产力的途径中，两个部门都补充了具有卓越见识的良好意图：其他组织使用过的技术方法；基于群体和个人的社会和心理实际情况之上的有见识的领导；以及吸收了其他公共和私营组织产生的综合性管理体系。

  作为一个专业，公共行政/管理拥有可以被使用的明确的（well-defined）知识体。至少四打有关公共行政的综合性手册，给诸如改善责任（improving accountability）、改革官僚制、管理信息、促进交流、执行战略管理、管理财政和人力资源、改善劳工关系以及提高生产力等主题提供了指南（guidance）。而且一个文献索引就列出 5000 以上的与公共服务有关的发表物（Bowman 1980—

1995),将雇佣机会、伦理学、专业异议人士(professional dissent)、公务员制度改革、政治腐败、媒体和大众意见、公共政策分析、工资不平等以及地方长官(gubernatorial)和总统交接(transition)的动荡性等等这些问题摆到了重要位置。管理公共部门这些独一无二的问题在成百上千的期刊上受到评论。

Ⅶ. 结论

奥斯本和盖布勒的《重塑政府》(Reinventing Government 1992)是20世纪90年代公共行政最为流行的范式。它给高绩效政府介绍了一个大众化的日程,副总统戈尔(Gore)和国家绩效评估委员会(the National Performance Review 1993)将该日程吸收到《创建一个成本更少、工作更好的政府》(Creating a Government that Works Better and Costs Less)的文件中。他们对程序和服务提高措施的相关建议可能比那些过去一个世纪许多的类似措施具有更大的影响。政府或许从来没有受到来自公众的如此强烈的、对更有生产力、更具效果的要求,也从来没有这样显得愿意进行变革。

"重塑政府"范式是一个对不同路径颇为辩证的综合。它有10个信条(tenets):

1. 政府应该作为催化剂而行动——它应该"掌舵",而不是"划桨"
2. 政府应该授权而不是服务。
3. 政府应该具有竞争性。
4. 政府应该是使命驱动而不是规则驱动。
5. 政府应该是结果导向,其行动不应该基于投入之上。
6. 政府应该以顾客为导向。
7. 政府应该企业化。
8. 政府应该预见而不是医治社会弊病。
9. 政府应该分权。
10. 政府应该以市场为导向(Osborne and Gaebler 1992)。

尽管"重塑政府"已成为政治——公共词汇的一个新成员,我们必须认识到这远不是一个新发明。这里的一种论证方法(one line of argument)——分权化—竞争——源于公共选择学派思潮,尽管它不同于公共选择,这种新思潮更亲近政府(pro-government)。把重点放在顾客上,这让人想起多元主义的视角,"重塑政府"范式要求行政人员有更多的自主权,赞扬企业化的政府,倡导"预防性"而不是"反应性"政府。这种方式的路径,推翻了洛伊(Lowi)"没有法律的政策"是不合法的这一逻辑。

重塑也不是在公共行政领域毫无批判的情况下被接受的。威尔逊(Wilson

1994：668）声称"民主责任考虑的近乎缺失"是国家绩效评估委员会（1993）最显著的特征。相反，国家绩效评估报告强调的是机构对于顾客的回应以及经理和雇员增加的自由裁量权。国家绩效评估报告受到基于制度主义原因的批评，认为它没有考虑公共行政的公共法律基础并且使政府的责任过程（accountability process）处于危险境地（Moe 1994，Moe and Gilmour 1995）。

《重塑政府》的一个主要信念是呼吁竞争性的政府。作者们没有把竞争性只局限于市场或只限于竞标合同的私营公司之间，而是呼吁公共和私营、公共和公共机构之间的竞争。奥斯本和盖布勒把著名的民营化领袖 E. S. 萨瓦斯（E. S. Savas）称为"一个务实的私有化倡导者，而不是空想家"（Osborne and Gaebler 1992：343）。基于萨瓦斯（1987）区分产品类型（私有、通行费、共同和集体），服务安排的类型［政府服务、政府经商、政府之间的协议、合同、特许权、拨款、政府付款凭单（voucher）、市场系统、志愿服务以及自我服务等］，以及选择最好的服务安排模式的标准的思想，奥斯本和盖布勒提出一个最适合不同部门任务的框架（Osborne and Gaebler 1992：347-348）。他们不仅为公共和私有部门而且也为第三或非赢利部门确定了优势和劣势。最适合公共部门的任务是政策管理、规制、实施公平、防止歧视、防止剥削以及促进社会凝聚（social cohesion）。最适用于私有部门的任务包括经济和投资任务、产生利润（profit generation），以及提高自给自足。更适宜于第三产业的任务是社会任务、要求自愿劳动的任务、产生微薄利润的任务、促进个人责任、推动社区发展，以及提高其他人福利的任务。这一分类有些抽象和不明确，因为几乎政府所作的每一努力都有多重目标，并且像"经济任务"这样的词语范围太宽泛了。

公共行政学是一个积极演化的领域，试图适应并反映政府和社会之间一个不断变化着的、复杂的关系网和互动。理论框架，诸如奥斯本和盖布勒的理论框架，不管有综合性如何、多么有见地，都总是不完善的，主要有两个原因：首先，在民主社会，政府的角色总是一个激烈的公众辩论的问题；其次，社会总是会有新的发展，公共行政学科会尽量回应并整合这些发展。随着国际合作的增加和世界治理的全球化趋势，国际和比较行政学可能经历一次新生。随着全球经济发展的减速，福利国家（welfare state）可能缩小服务范围或更为谨慎地配给，将他们外包（outsourcing）或私营化。由于意识到来自某些确定产业的新危害，国家管制活动可能增加。由于采纳任期的限制，"铁三角"最终会被改变（也许仍然是三角，但不是铁的；也许仍然是铁的，但超过了三角）。随着批评途径在主流社会思潮中获得更多的动力，公共行政人员可能在提出公共问题时倾向于更多的参与途径。所有这些，以及许多其他种种，有时是非常惊人的发展都可能会出现。预测未来是一项徒劳的任务，但至少可以肯定地预测一件事情：变化通常肯定会发生。公共行政学已经被证明总是灵活的，且生命旺盛，能够将不同的社会思潮纳入其领域，将来它也会这样做。公共部门行政人员将继续尽力解决公民参与、专业责任，以及有效的服务供给等问题。公共行政将面临昨天所面临的、今天也正在面临的同样的一些问题：政治止于何处？行政始于何方？雇员怎样被领导、激励和保护（不受到政治过剩影响）？公共管理如何不同于私营管理？政府服务的必要范围是什么？什么应该集权或分权？集权或分权的程度如何？公共部门怎样在获得效率和效益的同时平衡在服务供给中的公平问题？谁应该治理？专家或专业才能在治理中的地位如何？公共利益的本质，如果确实存在的话，是什么？

NOTES

① For Wilson's role in the formation of public administration in the United States, see Cook (1995), Stillman (1973), and Van Riper (1984).

② For typology of public policies, see Lowi and Ginsberg (1992).

③ The term has been used since at least 1964 by Douglas Cater, but gained prominence in the 1970s in Gordon Adams's study of defense contractors.

④ Hawthorne studies were not embraced by all. Organized labor long disregarded or opposed to it, and many studies questioned its basic assumptions. See Wren (1994) for details.

⑤ Richard Nathan's comments were made during the 1993 National Public Sector Productivity Annual Conference in Scottsdale, Arizona.

REFERENCES

Adams G. The Politics of Defense Contracting: The Iron Triangle. New Brunswick, NJ: Transaction Press, 1982. Alexander ER. From idea to action: notes for a contingency theory of the public implementation process. Admin Society, 16 (4): 481–504, 1985.

Allison G. Essence of Decision: Explaining the Cuban Missile Crisis. Boston: Little, Brown, 1971. Appleby P. Policy and Administration. Tuscaloosa, AL: University of Alabama Press, 1949. Argyris C. Personality and Organization. New York: Harper, 1957. Arrow K. Social Choice and Individual Values. New York: John Wiley & Sons, 1951.

ASPA (American Society for Public Administration). Guidelines for developing government performance measurement and reporting programs: resolution encouraging the use of performance measurement and reporting by government organizations. Washington, D.C.: American Society for Public Administration. Resolution adopted April 14, 1992.

ASPA (American Society for Public Administration). Performance measurement training. Government Accomplishment and Accountability Task Force of the American

Society for Public Administration. Washington, D. C., 1996.

Balfour DL, Wechsler B. Commitment, performance, and productivity in public organizations. Public Product Manage Rev 15 (1): 355–368, 1991.

Ban C, Faerman SR, Riccucci NM. Productivity and the personnel process. In: Holzer M, ed. Public Productivity Handbook. New York: Marcel Dekker, 1992, pp. 401–423.

Banki IS. Dictionary of Administration and Management. Los Angeles, CA: Systems Research Institute, 1981.

Barnard CI. Functions of the Executive. Cambridge, MA: Harvard University Press, 1938.

Barnekov TK, Raffel JA. Public management of privatization. In: Holzer M ed. Public Productivity Handbook. New York: Marcel Dekker, 1992, pp. 99–115.

Bowman IS. ed. The Public Affairs and Administration Series. New York: Garland Press, 1980–1995.

———. Quality Circles for the 1990s. In: Holzer M ed. Public Productivity Handbook. New York: Marcel Dekker, 1992, pp. 499–517.

Bowsher CA. Performance measurement: an important tool in managing for results. Testimony before the Committee on Governmental Affairs, U. S. Senate, May 5, 1992.

Buchanan J, Tullock GA. The Calculus of Consent: Logical Foundations of Constitutional Democracy. Ann Arbor: University of Michigan Press, 1962.

Burke CG. Themes from the history of American public administration: rethinking our past. In: Rabin J, Hildreth WB, Miller GJ, eds. Handbook of Public Administration. New York: Marcel Dekker, 1989, pp. 43–104.

Burrell G, Morgan G. Sociological Paradigms in Organizational Analysis. London: Heinemann, 1979.

Cater D. Power in Washington. Random House, 1964.

Chawla S, Renesch J eds. Learning Organizations: Developing Cultures for Tomorrow's Workplace. Portland, OR: Productivity Press, 1995.

Chelimsky E, ed. Program Evaluation: Patterns and Directions. 2nd ed. Washington, D. C.: American Society for Public Administration, 1989.

Cherry VR, Holzer M. Research Guide to Public Administration. New York: Garland Press, 1992.

Christopher WF. Productivity Measurement Handbook. 2nd ed. Cambridge, MA: Productivity Press, 1986.

Cohen MD, March JD, Olsen JP. A garbage-can model of organizational choice. Admin Sci Q 17: 1–25 1972.

Cohen S, Brand R. Total Quality Management in Government: A Practical Guide for the Real World. San Francisco, CA: Jossey-Bass, 1993.

Cook BJ. The representative function of bureaucracy: public administration in constitutive perspective. Admin Society 23 (4): 403–429, 1992.

———. At the crossroads of real and ideal: Woodrow Wilson's theory of administration, Admin Theory Praxis 17 (2): 15–29, 1995.

Crenson MA. Comment: Contract, law & character building. In: Marini F, ed. Toward a New Public Administration: The Minnowbrook Perspective. Scranton, PA: Chandler Publishing, 1971, pp. 83–89.

Crosby PB. Quality is Free: The Art of Making Quality Certain. New York: McGraw-Hill, 1979.

Dahl RA, Lindblom C. Politics, Economics and Welfare. New York: Harper and Brothers, 1953.

Daly DM. Pay for performance, performance appraisal and total quality management. Public Product Manage Rev 16 (2): 39–52, 1992.

Denhardt RB. In the Shadow of Organization. Lawrence, KS: University of Kansas Press, 1981.

———. Five great issues in organization theory. In: Rabin J, Hildreth WB, Miller GJ, eds. Handbook of Public Administration. New York: Marcel Dekker, 1989, pp. 105–128.

———. Public administration theory: the state of the discipline. In: Lynn N, Wildavsky A, eds. Public Administration: The State of the Discipline. Chatham, NJ: Chatham House, 1990, pp. 43–72.

———. Theories of Public Organization. 2nd ed. Belmont, CA: Wadsworth, 1993.

DiTomaso N. Class and politics in the organization of public administration: The U. S. department of labor. In: Fischer F, Sirianni C, eds. Critical Studies in Organization and Bureaucracy. 2nd ed. Philadelphia: Temple University Press, 1994.

Donahue JD. The Privatization Decision: Public Ends, Private Means. New York: Basic Books, 1989.

Dror Y. Muddling through— "science" or inertia? Public Admin Rev 24: 153–157, 1964.

Dunsire A. Administration: The Word and Science. New York: John Wiley & Sons, 1973.

Epstein PD. Using Performance Measurement in Local Government: A Guide to Improving Decisions, Performance, and Accountability. New York: National Civic League Press, 1988.

Etzioni A. Mixed scanning: a "third" approach to decision-making. Public Admin Rev 27: 385–392, 1967.

EXSL (Exemplary State and Local Awards Program). National Center for Public Productivity, Rutgers University, Newark, NJ. 1989–1995.

Farmer DJ. Kill the king: Foucault and public administration theory. Admin Theory Praxis 17 (2): 78–83, 1995a.

———. The Language of Public Administration: Bureaucracy, Modernity and Postmodernity. Tuscaloosa, AL: University of Alabama Press, 1995b.

Fayol H. General and Industrial Management. London: Pitman Publishing, 1949.

Finer H. Administrative responsibility in democratic government. Public Admin Rev 1: 335–350, 1941.

Fosler RS, and Berger RA. (eds.) Public-Private Partnerships in American Cities:. Seven Case Studies, Lexington, MA: D. C. Heath and Co., 1982.

Fountain J, ed. Service Effort and Accomplishment Project. Norwalk, CT: Government Accounting Standards Board, 1992.

Fox CJ, Miller HT. Postmodern Public Administration. Thousand Oaks, CA: Sage, 1995.

Frederickson HG. Toward a new public administration. In: Marini F, ed. Toward a New Public Administration: The Minnowbrook Perspective. Scranton, PA: Chandler Publishing, 1971.

———. The lineage of new public administration. Admin Society 8: 144–174, 1976.

French WO, Bell CH. Organization Development: Behavioral Science Intervention for Organization Improvement. Englewood Cliffs, NJ: Prentice-Hall, 1973.

Friedrich CJ. Public policy and the nature of administrative responsibility. In: Rourke FE, ed. Bureaucratic Power in National Politics. Boston: Little, Brown, 1965, pp. 165–175.

GAO (General Accounting Office). Program performance measures: federal agency collection and use of performance data. Report to the Chairman and Ranking Minority Member, Committee on Governmental Affairs, U. S. Senate. Washington, D. C.: General Accounting Office, May 1992.

GASB (Government Accounting Standards Board). An overview: service efforts and accomplishments reporting: its time has come. Norwalk, CT: Governmental Accounting Standards Board, 1990.

———. Concepts statement no.1: service efforts and accomplishments. Government Accounting Standards Series, No. 109–A. Norwalk, CT: Government Accounting Standards Boards, April 1994.

Gioia D, Pitre E. Multi-paradigm perspectives in theory building. Acad Manage J, 15 (4): 584–602, 1990.

Golembiewski RT. Humanizing Public Organizations. Mt. Airy, MD: Lomond Publications, 1985.

———. The papers and productivity: posterity's guidance for today's challenges. Public

Product Rev 13 (3): 283 – 301, 1989.

Goodnow FJ. Politics and Administration. New York: MacMillan, 1900.

Goodsell C. Public administration and the public interest. In: Wamsley G et al. Refounding Public Administration. Newbury Park, CA: Sage Publications, 1990, pp. 96 – 114.

Grace SL, Holzer M. Labor-management cooperation: an opportunity for change. In: Holzer M, ed. Public Productivity Handbook. New York: Marcel Dekker, 1992, pp. 487 – 498.

Gulick LH, Urwick L, eds. Papers on the Science of Administration. New York: Institute for Public Administration, 1937. See especially: "Notes on the Theory of Organization", pp. 1 – 46.

Guy ME. Productive work environment. In: Holzer M, ed. Public Productivity Handbook. New York: Marcel Dekker, 1992, pp. 321 – 335.

Hampden-Turner C, Trompenaars A. The Seven Cultures of Capitalism. New York: Currency Doubleday, 1993.

Harmon MM. Action Theory for Public Administration. New York: Longman, 1981.

Hatry HP. Cost-benefit and cost-effectiveness analysis. In: Heyel C, ed. The Encyclopedia of Management. 3rd ed. New York: Van Nostrand Reinhold Company, 1982, pp. 167 – 171.

Hatry HP et al. Measuring the Effectiveness of Basic Municipal Services. Washington, D. C. : Urban Institute, 1974.

____. How Effective Are Your Community Services? Washington, D. C. , Urban Institute, 1977.

____. Efficiency Measurement for Local Government Services. Washington, D. C. : Urban Institute, 1979.

Heady F. Public Administration: A Comparative Perspective. 5th ed. New York: Marcel Dekker, 1996

Hecio H. Issue networks and the executive establishment. In: King A, ed. The New American Political System. Washington, D. C. : American Enterprise Institute, 1978.

Herzberg F, Mausner B, Snyderman BB. The Motivation to Work. New York: John Wiley & Sons, 1959.

Hill LB. Who governs the American administrative state? A bureaucratic-centered image of government. J Public Admin Res Theory. 1 (3): 261 – 294, 1991.

Hofstadter R. The American Political Tradition. New York: Vintage Books, 1954.

Hofstede G. Cultural constraints in management theories. Acad Manage Exec 7 (1): 81 – 94, 1993.

Hollway W. Work Psychology and Organizational Behavior. Newbury Park, CA: Sage

Publications, 1991.

Holzer M, ed. Public Productivity Handbook. New York: Marcel Dekker, 1992.

────. Building capacity for productivity improvement. In: Halachmi A, Holzer M, eds. Competent Government: Theory and Practice. Burke, VA: Chatelaine Press, 1994, pp. 457–467.

Holzer M, Callahan K. Fiscal pressures and productive solutions. Public Product Manage Rev 16 (4): 331–348, 1993.

Holzer M. Gabrielian V, eds. Cases in Productive Public Management. Burke, VA: Chatelaine Press, 1996.

Holzer M, Halachmi A. Public Sector Productivity. New York: Garland Press, 1988.

Hoover DF. Internal consulting. In: Holzer M, ed. Public Productivity Handbook. New York: Marcel Dekker, 1992, pp. 565–576.

Huczynski A. Encyclopedia of Organizational Change Methods. Aldershot, England, and Brookfield, VT: Gower Publishing, 1987.

Hummel R. The Bureaucratic Experience. 4th ed. New York: St. Martin's Press, 1994.

Hunt VD. Quality Management for Government: A Guide to Federal, State and Local Implementation. Milwaukee, WI: ASQC Quality Press, 1993.

Hyde AC. Implications of total quality management for the public sector. Public Product Manage Rev 16 (1): 23–24, 1992a.

────. The proverbs of total quality management. Public Product Manage Rev 16 (1): 25–38, 1992b.

Imai M. Kaizen: The Key to Japan's Competitive Success. New York: Random House, 1986.

ICMA (International City Managers Association). Issue Brief 93–18973. International City Managers Association, Washington, D.C.: 1994.

Jun J. Public Administration: Design and Problem Solving. New York: Macmillan, 1986.

Juran JM. Juran on Planning for Quality. New York: Free Press, 1988.

Kass HD, Catron BL, eds. Images and Identities in Public Administration. Newbury Park, CA: Sage Publications, 1990.

Katz D, Kahn RL. The Social Psychology of Organizations. 2nd ed. New York: John Wiley & Sons, 1978.

Kaufman H. Fear of bureaucracy: a raging pandemic. Public Admin Rev 41 (1): 1–9, 1981.

────. The growth of the federal personnel system. In: Rourke FE, ed. Bureaucratic Power in National Politics. Boston, MA: Little, Brown, 1965, pp. 129–140.

Key VO, Jr. The lack of budgetary theory. Am Politic Sci Rev 34: 1137–1144,

1940.

Kingdon JW. Agendas, Alternatives and Public Policies. New York: Harper Collins, 1984.

Koontz H. The management theory jungle. J Acad Manage 4 (3); 1961.

LaPorte T. The Recovery of Relevance in the Study of Public Organization, in Marini, F. (ed.)

Toward a New Public Administration: The Minnowbrook Perspective. San Francisco: Chandler Publishing, 1971.

Likert R. New Patterns of Management. New York: McGraw-Hill, 1961.

Lindblom CE. The science of muddling through. Public Admin Rev 19: 79 – 88, 1959.

Long NE. Power and administration. Public Admin Rev 9: 257 – 264, 1949.

―――. Bureaucracy and constitutionalism. Am Politic Sci Rev, 46: 808 – 818, 1952.

Lowi TJ. The End of Liberalism: The Second Republic of United States. 2nd ed. New York: W. W. Norton, 1979.

―――. Toward a legislature of the first kind. In: Robinson WH, Wellborn CH, eds. Knowledge, Power, and the Congress. Congressional Quarterly, 1991, pp. 9 – 37.

―――. Two roads to serfdom: liberalism, conservatism and administrative power. In: Elkin SL, Soltan KE, ed. A New Constitutionalism: Designing Political Institutions for a Good Society. Chicago: University of Chicago Press, 1993, pp. 149 – 174.

Lowi TJ, Ginsberg B. American Government: Freedom and Power. 2nd ed. New York: W. W. Norton, 1992.

March JG, Olsen JP. Rediscovering Institutions: The Organizational Basis of Politics. New York: Free Press, 1989.

March JG, Simon HA. Organizations. New York: John Wiley & Sons, 1958.

Marini F, ed. Toward a New Public Administration: The Minnowbrook Perspective. Scranton, PA: Chandler Publishing, 1971.

Maslow AH. A theory of human motivation. Psychol Rev 50: 370 – 396, 1943.

Mayo E. The Social Problems of Industrial Civilization. Cambridge, MA: Harvard University Press, 1945.

McClelland D. The Achieving Society. Princeton, NJ: Van Nostrand, 1961.

McCurdy HE. Public Administration: A Bibliography. Washington, D.C.: American University, School of Government and Public Administration, 1972.

McGregor D. The Human Side of Enterprise. New York: McGraw Hill, 1960.

McLaughlin M. Implementation as mutual adaptation. In: Williams W, Ellmore R, eds. Social Program Implementation. New York: Academic Press, 1976, pp. 167-180.

Milakovich ME. Total quality management for public service productivity improvement. In: Holzer M, ed. Public Productivity Handbook. New York: Marcel Dekker, 1992.

Miller GJ. Efficiency as a competing principle in public financial management. Public Product Manage Rev XIII. (4): 331-351, 1990.

Moe RC. The "reinventing government" exercise: misinterpreting the problems, misjudging the consequences. Public Admin Rev 54 (2): 111-123, 1994.

Moe RC, Gilmour RS. Rediscovering principles of public administration. Public Admin Rev 55 (2): 135-147, 1995.

National Performance Review. Creating a Government that Works Better and Costs Less. Washington, D. C.: U. S. Government Printing Office, 1993.

Nigro FA, Nigro LG. Modern Public Administration. New York: Harper and Row, 1973.

Niskanen WA. Bureaucracy and Representative Government. Chicago: Aldine Althenon, 1971.

Osborne D, Gaebler T. Reinventing Government: How the Entrepreneurial Spirit is Transforming the Public Sector. Reading, MA: Addison-Wesley, 1992.

Ostrom E, A method of institutional analysis and an application to multiorganizational arrangements. In: Kaufman F-X, ed. The Public Sector: Challenge for Coordination and Learning. Berlin: Walter de Gruyter, 1991, pp. 501-525.

Ostrom E, Ostrom V. Public choice: a different approach to the study of public administration. Public Admin Rev 31: 203-216, 1971.

Ostrom V. Some problems in doing political theory: a response to Golembiew ski's "critique". Am Polit Sci Rev 71: 1508-1525. 1977.

———. Some developments in the study of market choice, public choice and institutional choice. In: Rabin J, Hildreth WB, Miller GJ, eds. Handbook of Public Administration. New York; Marcel Dekker, 1989a, pp. 861-883.

———. The Intellectual Crisis in American Public Administration. Tuscaloosa, AL: University of Alabama Press, 1989b.

Paynter. 1. Comment: On a redefinition of administration responsibility. In: Marini F, ed. Toward A New Public Administration; The Minnowbrook Perspective. Scranton PA: Chandler Publishing, 1971.

Perrow C. Complex Organizations. New York: Random House, 1987.

President's Committee on Administrative Management (Brownlow Committee). Report With Special Studies. Washington, D. C.: U. S. Government Printing Office, 1937.

Pressman JL, Wildavsky A. Implementation. 3rd ed. Berkeley, CA: University of California Press, 1984.

Public Employees Roundtable. Unsung Heroes (Newsletter). Washington, D. C.: Public Employees Roundtable, 1987 – 1990.

Public Productivity and Management Review, Thousand Oaks, CA: Sage, 1975 – present. Quinn RE. Beyond Rational Management. San Francisco, Jossey-Bass, 1988.

Rabin, ed. Governmental efficiency. Symposium in Public Product Manage Rev XIII (4): 331 – 396, 1990.

Rainey HG. Understanding and Managing Public Organizations. San Francisco: Jossey-Bass, 1991.

Riggs FW. Prismatic Society Revisited. Morristown, NJ: General Learning Press, 1973.

———. Bureaucracy and the Constitution. Public Admin Rev 54 (1): 65 – 72, 1994.

Ripley R, Franklin G. Congress, the Bureaucracy and Public Policy. Brooks/Cole, 1991.

Roberts A. Demonstrating neutrality: the Rockefeller philanthropies and the evolution of public administration. Public Admin Rev 54 (3): 221 – 228, 1994.

Roethlisberger FJ. Management and Morale. Cambridge, MA: Harvard University Press, 1941.

Rohr JA. To Run a Constitution: The Legitimacy of the Administrative State. Lawrence, KS: University Press of Kansas, 1986.

Rohr J. The constitutional case for public administration. In: Wamsley G, et al. Refounding Public Administration. Newbury Park, CA: Sage Publications, 1990, pp. 52 – 96.

Rosenbloom D. Public law and regulation. In: Rabin J, Hildreth WB, Miller GJ, eds. Handbook of Public Administration. New York: Marcel Dekker, 1989, pp. 523 – 577.

Rosenbloom DH. Public administration theory and the separation of powers. Public Admin Rev 43 (3): 219 – 226, 1983.

Rourke FE. Bureaucracy, Politics and Public Policy. Boston: Little, Brown, 1984.

Sabatier P. An advocacy coalition framework of policy change and the role of policy oriented learning therein. Policy Sci 21: 129 – 168, 1988.

Sabatier P, Mazmanian D. The conditions of effective implementation: a guide to accomplishing policy objectives. Policy Analysis 5 (4): 481 – 504, 1979.

Savas ES. Privatization: The Key to Better Government, Chatham, NJ: Chatham House, 1987.

———. Privatization and productivity. In: Holzer M, ed. Public Productivity Handbook. New York: Marcel Dekker, 1992, 79 – 98.

Schubert GA Jr. The public interest in administrative decision-making: theorem, theosophy, or theory. Am Politic Sci Rev 51: 346 – 348, 1957.

Seiznick PA. TVA and the Grass Roots. New York: Harper and Row, 1949.

Shafritz JM, Hyde AC, eds. Classics of Public Administration. 3rd ed. Wadsworth Publishing, 1991.

Simon HA. The proverbs of administration. Public Admin Rev 6: 53 – 67, 1946.

———. The changing theory and changing practice of public administration. In: de Sola P, ed. Contemporary Political Science: Towards Empirical Theory. New York McGraw-Hill, 1967.

———. Administrative Behavior: A Study of Decision-Making Process in Administrative Organizations. 3rd ed. New York: Free Press, 1976.

Simon HA, Smithburg DW, Thompson VA. Public Administration. New York: Alfred A. Knopf, 1950.

Stillman RJ II. Woodrow Wilson and the study of administration: a new look at an old essay. Am Politic Sci Rev 67: 582 – 588, 1973.

———. Professor Ostrom's new paradigm for American public administration—adequate or antique? Midwest Rev Public Admin 10: 179 – 182, 1976.

———. Preface to Public Administration Theory: A Search for Themes and Directions. New York: St. Martin's Press, 1991.

———. The refounding movement in American public administration. Admin Theory Praxis 17 (1): 29 – 45, 1995.

Taylor F. Shop Management. New York: Harper and Row, 1903.

———. The Principles of Scientific Management. New York: W. W. Norton, 1911.

———. Scientific Management. New York: Harper and Row, 1923.

Thompson M, Ellis R, Wildavsky A. Cultural Theory. Boulder, CO: West View Press, 1990.

Tolchin M, Tolchin S. To the Victor. Political Patronage from the Clubhouse to the White House. New York: Vintage Books, 1971.

Trist EL, et al. Organizational Choice. London: Tavistock Publications, 1963.

Urban Institute. Performance Measurement: A Guide for Local Elected Officials. Washington, D. C.: Urban Institute, 1980.

Executive Office of the President. National Performance Review. From Red Tape to Results: Creating Government that Works Better and Costs Less. Washington, D. C.: U. S. Government Printing Office, 1993.

Urwick LF. Notes on the Theory of Organization. New York: American Management Association, 1952.

————. Organization as a technical matter. In: Gullick L, Urwick L, eds. Papers on the Science of Administration, New York: Augustus M. Kelley, 1969 [1937].

Van Riper PP. The politics-administration dichotomy: concept or reality? In: Rabin J, Bowman J, eds. Politics and Administration: Woodrow Wilson and American Public Administration. New York: Marcel Dekker, 1984, pp. 203 – 218.

Volcker Commission. Report of the National Commission on the Public Service. Washington, D. C.: Volcker Commission, 1989.

Vroom VH. Work and Motivation. New York: John Wiley & Sons, 1964.

Waldo D. Organization theory: an elephantine problem. Public Admin Rev 21 (4): 210 – 225, 1961.

————. The Administrative State. 2nd ed. New York: Holmes and Meier, 1984 [1948].

————. A theory of public administration means in our time a theory of politics also. In: Lynn N, Wildavsky A, eds. Public Administration: The State of the Discipline. Chatham, NJ: Chatham House, 1990, pp. 73 – 84.

Wamsley G, et al. Public administration and the governance process: shifting the political dialogue (the Blacksburg Manifesto). In: Wamsley G, et al. Refounding Public Administration. Newbury Park, CA: Sage Publications, 1990, pp. 31 – 52.

Wamsley GL, ZaId MN. The Political Economy of Public Organizations. Lexington, MA: D. C. Heath, 1973.

Warren K. We have debated ad nauseam the legitimacy of the administrative state-but why? Public Admin Rev 53 (3): 249 – 253, 1993.

Washnis GJ, ed. Productivity Improvement Handbook for State and Local Government. New York: John Wiley & Sons, 1980.

Weber M. Economy and Society: An Outline of Interpretive Sociology. New York: Bedminster Press, 1968.

————. Bureaucracy. In: Gerth HH, Mills CW, eds. From Max Weber: Essays in Sociology. New York: Oxford University Press, 1971.

White LD. Introduction to the Study of Public Administration. New York: MacMillan, 1926.

————. The personnel problem. In: Thompson FJ, ed. Classics of Public Personnel Policy. Oak Park, IL: Moore Publishing, 1979.

Wholey JS. Organizational Excellence: Stimulating Quality and Communicating Value. Lexington, MA: D. C. Heath, 1987.

Wildavsky A, Political implications of budget reform. Public Admin Rev 21: 183 – 190, 1961.

Williamson OE. Markets and Hierarchies. Analysis and Antitrust Implications. New

York: Free Press, 1975.

Willoughby WF. The Government of Modern States. New York: D. Appleton-Century Co. , 1919.

———. Principles of Public Administration. Baltimore, MD: Johns Hopkins University Press, 1927.

Wilson JQ. Reinventing public administration. PS: Politic Sci Politic, (22): 667 – 673, 1994.

Wilson W. The study of administration. Politic Sci Q June: 197 – 222, 1887.

Winter WF. The first report of the National Commission on the State and Local Public Service. Hard Truths/Tough Choices: An Agenda for State and Local Reform. The State University of New York at Albany: Nelson A. Rockefeller Institute of Government, 1993.

Wood BD, Waterman RW. Bureaucratic Dynamics: The Role of Bureaucracy in Democracy. Boulder, CO: Westview Press, 1994.

Wren DA. The Evolution of Management Thought. 4th ed. New York: John Wiley & Sons, 1994.

Zaud DE. Information, Organization and Power. New York: McGraw Hill, 1981.

第三章 组织科学发展的趋势

罗伯特 T. 葛伦比维斯基*

在公共行政学中,一个有关经验法则(rules of thumb)的叙述可能不足以凭信,但也可能并非如此。在一个估算中国中西部平原颈上有纹的野鸡的新年收成的任务中,一个便利的途径经证明是有用的。下面所列举的是一些触发性事件(trigger event)):但当被选地里的玉米长到大约一英尺时,乡村邮递员可以迅速的搜索每一块地,很清楚地看到正在四处寻觅昆虫的野鸡头(heads)。经济、合理、准确地估计当年野鸡的供应是可能的,根据是去年猎手成功地捕获的野鸡数量以及前一年对被选地的估算。关键时期并不会延续很久。正在生长的玉米很快就会隐蔽所有容易看到的野鸡踪迹。

无论真假,这个比喻,野鸡数量强调了从幼芽到支撑玉米的茎秆过程中的间歇期间的绿色背景,而在本短文中,强调了组织科学发展过程中的几个趋势。组织科学只是为当前目的的一个方便标签,大致与三个方便的分析标签有关:组织行为、组织理论和组织发展。

Ⅰ. 简单主权结构

但是这篇文章意义远远超过文章本身;事实上,真正的进步在于后退一大步。因为在真正的玉米地里,人们所看见的取决于什么时间去看。回溯不到 25 年左右,组织科学(the organizational sciences, OS)常常被视为类似于照料良好的草地:视为千篇一律,由相当直接(quiet-direct)的原则所治理,这些原则可能不被人完全所知,但却是可知的,在任何情况下都能普遍应用。因此,法约尔(Fayol)在 1916 年写了关于"公认的真理"(acknowledged truths),它们是"灵活的,能够适应每种需要",他的定向或多或少都印在了人们脑海里。应用的关键在于应用者,而不在于所声称的真理

---

* 罗伯特 T. 葛伦比维斯基(Robert T. Golembiewski),佐治亚大学(the University of Georgia)

对于变化的环境的敏感度。正如法约尔所注意到的:"这是一件人是如何使用[这些公认的真理]的事情,是一件困难的艺术,它要求智慧、经验、决定以及均衡。"(quoted in Shafritz and Ott 1992:56)。

这种世界观的基本产品最好被叫做"简单主权结构",这一结构是官僚制机构中最僵硬的形式。官僚制结构看起来像图1中的结构(Carew et al. 1977),因为没有区别"职能"和"一般职员"而简化了一点点(Golembiewski 1967)。用文字来表达,这些传统结构强调:

围绕工作"部分"而划分部门——在组织高层经常被叫做"职能"
将"相似的"活动纳入部门或工作单位
权威和责任的垂直关系促进单位之间所要求的整合
如果必要的话缩小控制,强调权威与责任的联系
缩小控制范围(例如,应当只有少数几个人能向个别权威人物报告),因而这样的组织随着它们规模的扩大、发展迅速而变得"高大"

与简单主权结构相类似的结构几乎传播到各地,而且是在一个很短的时间内。因此许多观察者宣称"世界的官僚化"(Jacoby 1973),而且他们说出了一个合理的、接近整个事实的真相。

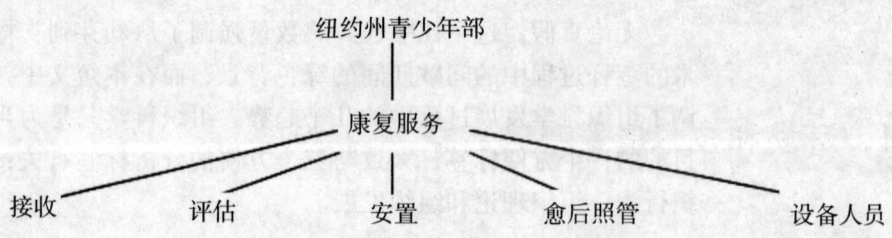

图1 政府官僚结构框架

Ⅱ. 五大趋势

尤其自"二战"以来,简单主权结构受到猛烈的批评[如,西蒙(Simon)1946],而且即使这一世界观失去了其重大依据,即使很不容易,但仍常常得到保留。例如,我最好的估计就是组织科学(OS)是处于困境(stuck)[例如,葛伦比维斯基(Golembiewski)1986],但其他人感到绝望,他们认为组织科学是一个纠缠错结的"丛林"[例如,孔茨(Koontz)1961],而不是一个将要结满果实的农田,两种观点都到了同一个底线。

但是,无论赞同处于困境("stuckness")还是"丛林"("jungle"),选择还是不可或缺。哪个观点要施加养料?那个将被根除?惟恐更为有成效的观点被排除掉。

现在看来，是时候研究一下组织科学以检查其是否符合"概念群上的野鸡头"（heads above the conceptual crowd）了。那种感觉很有用，也许从没有比今天更有用。

什么样的组织科学途径特别保证解开"困境"或驯服"丛林"呢？让我着重论述5个趋势，同时我也想提出几点说明以防止误解：暗含的艰难挑战，与这些有希望的候选对象未来具体发展相适应的临时尝试，以及高度武断地集中在5位——与4或6位相对——候选对象身上。这时你的评论员甚至不得不借用奥迪电视广告节目而躲避起来——你知道，该广告设法解释为什么当时新的汽车有5缸，"6个缸太多了"，讲究精确的日耳曼工程师这样安抚旁观者，"4个又太少了。"

这些关注有阻碍作用，但是它们并没有强行被迫绕道而行。简言之，5个提高组织科学成本/收益比率（cost/benefit ratio）的适当候选对象包括：

环境和技术的情景变量（contingencies），它们调节简单主权组织（SSS）应用

战略＝结构性情景变量（structural contingencies）：分部式模式（divisional model）

结构性情景变量：备用模式（alternative models）

构造组织的"水平"途径

组织发展和变革

Ⅲ．环境和技术情景变量

通过强调环境和技术中的差异，至少三组观察者对简单主权结构表示怀疑，他们脑海里有一个清晰的、笼统观点（general point）。总的看来，如果环境和技术真的不同，那么不同的结构比单一的结构更为适合。也就是说，随着变化着的环境，多元结构增加了"良好匹配（good fit）"或"有益匹配（better fit）"的可能性。

这一焦点是直接的，甚至是基本的。下面这三种模型能适应于组织科学（OS）的组织生态学途径范围内，并且大量的概念空间有待节省［如，卡梅伦（Cameron）等人，1988］。组织生态学跨越范围广泛——从简单的概念，即组织贯穿发展的基本生和死阶段［如，伯恩斯坦（Bernstein）1955］到精微的理论方法甚至是形而上学的方法（metaphysical treatments）［如，考夫曼（Kaufman）1985，1991］。这个范围将覆盖并超越本文，而且构成一个地盘，使受到本文激励可能更加密切关注环境和技术情景的读者希望到该地寻踪探宝。

让我们保持简单明了。

A．环境动荡相对于环境平静

一个直接但有效地构想"良好匹配"可能性的方法集中在"因果结构"

上：环境在可能被叫做"变化速率"(velocity of change)的事物里明显不同(Emery and Trist 1965)。如果是这样,"机械结构"(Mechanistic Structures),像官僚组织模式(Bureaucratic Model),看来更为适合低速率,但"有机结构"(Organic Structures)在组织环境中更吸引高变化速率。用学术行话来说,高速率环境常常被标为"动荡的"。

将结构与围绕结构的环境相联系,其潜在的理论根据是非常明确的。想想一个破损的钟表,它显然和其环境不同步。钟表每天可以提供两次确切的时间,同时在集聚在这两个时间点的几个位置上也提供非常接近正确时间的相似时间。但除了很有限的目标之外,构成了"(拙劣匹配)(poor fit)"以及糟糕的赌注(bad bet)。

B. 一般的技术

技术显然各不相同,这个事实也对简单主权结构的意义提出了挑战。考虑图2中的两个方面:组织内遇到的问题的可变性;与问题相关的搜索程序的特点。它们产生四个基本的组织任务类型,不同的结构将找到与之"良好匹配"的任务。例如,官僚结构看来最适应任务Ⅲ。

其他区分技术的方法导致同样的基本结论。这样,伍德沃德(Woodward 1958)区分了三种技术:手工、大批同样的终极产品(large batch of identical end-items),以及持续程序(continuous processes)。她也提供了在结构和管理特征方面相关差异的经验数据。例如,由于不同的理由,官僚制结构更适宜于大批量技术任务,而不是手工和持续程序任务。为什么?简言之,依赖手工意味着手工匠人要自律,并减少所有高大官僚等级制的需要。对于持续程序,官僚组织模式也提供了拙劣的匹配,因为该模式集中在工作的"部件"上,但强调整体对于持续模式是适合的,像炼油那样。

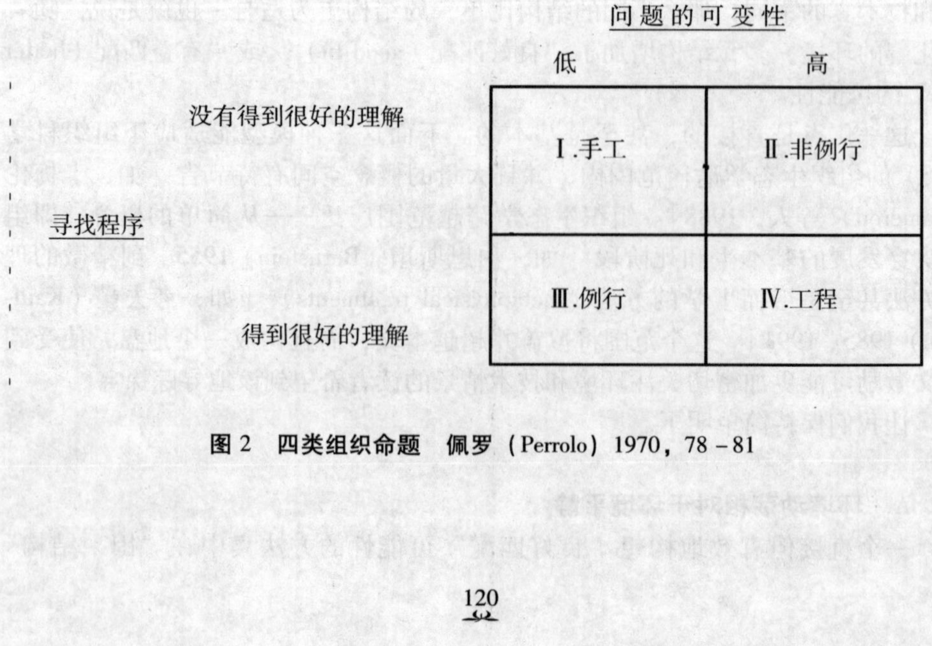

	问题的可变性	
	低	高
没有得到很好的理解	Ⅰ.手工	Ⅱ.非例行
寻找程序		
得到很好的理解	Ⅲ.例行	Ⅳ.工程

图2 四类组织命题 佩罗(Perrolo)1970,78-81

C. 环境和技术

其他的学者［例如，劳伦斯和洛奇（Lawrence and Lorsch 1967）；劳伦斯（Lawrence 1993）］已提出了良好匹配模式（good-fit models），这些模式与环境和技术特点有关。广泛而言，这些学者建议所有的组织必须平衡两个基本趋势：

1. 区分（differentiation）趋势，指在组织职能部门内部之间的差异，差异与认知和情感两个导向相关。

2. 整合趋势，指组织运作所在环境的影响要求部门之间和部门之内的努力统一。环境包括市场、产品生产线、技术，等等。

总之，官僚结构立足于职能的差异，它推动了紧缩控制以及专业化，也加深了专家和分离单位（separate units）之间的认知差异和情感差异，专家（职能）在官僚制结构中从上到下都被部门化到独立的单位。这种情况，在诸如以熟知的技术、低创新率、简单产品线和长期的反应时间为特点的硬纸板箱工业（cardboard carton industry）环境下，是过得去的，甚至是必需的。然而，即使在那里，职能部门在所面临的要求规范回应（modal reaction）上也有所不同，也就是说，运营（operations）与许多的专业部门如销售相比，倾向于更少的时段（time frames），与研究和发展相比，则需要更加少的时段。假设有稳定的技术和一个简单的生产线，尤其是在一个职能占支配地位的地方，那么，这些差异或多或少能被不同的整合机制所容纳。

此外，官僚结构与其他环境和技术不相适应，那么，总有一天简单主权结构的成本会开始超过其收益。例如，塑料产业要求高度整合长期以来以先进技术作为基础的复杂职能链（complex chains of functions）。这时官僚组织模式带来不断增加的差异错误地妨碍了所要求的高度整合。因为缺乏基本的结构变革，事情会越来越糟糕。下一节将注意到这个关键问题。

Ⅳ. 战略 = 结构情景

A. 分部式模式（Divisional Model）

在 20 世纪早期，在少数企业，也许半个世纪后在联邦政府内，对环境和技术的要求不断发展，一直到一个新的组织战略开始广泛适用。反过来，该战略强制在组织内进行后官僚（Post-Bureaucratic）结构创新，试图提高组织的生存机会。

有许多途径来说明这一新战略 = 结构情景，表 1 描述了一个便利的途径。广泛而言，组织或多或少在既定的顺序里，采纳这几种发展战略中的某一种来发展。最直接的战略，在一个中心场所扩张容量，允许一些组织发展到非常庞大的规模，却只具有最小的组织复杂性，不过这只有在技术变革缓慢发展、产品线都有限的情况下。这就是享利·福特（Henry Ford）名言所蕴含的智慧：

"你能拥有任何一款（你喜欢的）福特车，只要这是一辆黑色 T 型车（black Model T）。"当第一个发展战略占支配地位时，官僚组织模式处于支配地位，而且匹配良好，正如它长期以来在商业中处于支配地位一样，在广泛的政府内部官僚制当然相对更少如此。

表1　成长战略

在一个中心场所扩张容量
增加现场单位
增加职能和活动
产品和生产线多元化

来源：基于钱德勒（1962）

然而，复杂情况开始要求更先进的发展战略，尤其是要求战略多样化。这样福特远见的智慧就成了他的失败的原因。他仍然可以廉价高效地生产 T 型车，但他却不能够卖掉这些车。简言之，汽车市场反映了更复杂的需要和要求（wants and needs）。因此，对于许多组织，选择变得很明显，要么进行结构性变革，要么就枯萎或死亡。

钱德勒（Chandler 1962）将这个故事尤其叙述得很好，因此我们对这一基本结构变革的直接概述感到满意，这种变革在组织的高层通常被称为分部式模式。类似的模式也在中层和底层得到应用（Golembiewski 1994）。

一般而言，企业的适应早于，且远远多于政府内的适应。我们可以列举一下纽约州组织（the New York state organization），其早期官僚结构在图 1 内，在 20 世纪 70 年代后期后官僚版本的属性。图 3 描述了这一基本结构变化，为图方便所省略细节加重了而不是减轻了叙述的负担。

从图 1 到 图 3 的结构变化（的）理论根据在许多细节上都不同，但它们具有同样的显著特征。简要地说明一下，图 3 的焦点是从任务的部分转移到了整体上——从几种活动到对具体顾客（clients）的整体关注。效果上，现在每个［青年服务团队（Youth Service Team, YST）］完成足够的活动以对某一特殊群体顾客负责。图 1 中一些活动予以保留，只指定给他们的上级监管，部分原因是为促进监管，但也是为了方便起见。

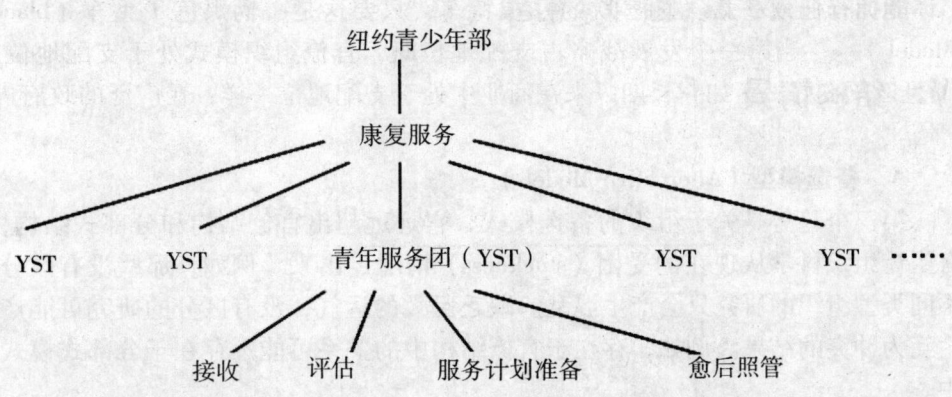

图3 政府中的分部式结构

即使这些很少的结构细节也表明了相反的主要趋势。在图1中,如果对某位特别的顾客发生错误,那么受到几种活动的指指点点是普遍的,对于维持政治优势常常也是必要的,甚至也许是适当的。"我们所做的是正确的",辩护可能会这样,"但他们妨碍了顾客"。更广泛而言,图3有比较各种青年服务小组的各种机会——例如,几组顾客累犯行为(recidivism)的百分比。这一结构特点有助于目标责任,也鼓励了在每个青年服务团队内,而不是在具有专业职能的单位之间,来解决任何冲突。在趋势上的这种差异常常能促进种类的差异。它构成了按照自己标准在处理"死猫(dead cat)"上的差异——即在你后院里任何问题的差异。与此相对照的是,将问题扔到其他职能专业人士手中,这是官僚组织模式诱导人所做的。

当然,文章篇幅不允许详细描述整个情况,部门经验也不是一成不变。具体细节可从别处得到〔如,葛伦比维斯基(Golembiewski)1995,第7-9章〕,这些细节既与分部式模式的优势有关,也和一些惊奇有关,这些经验描述的是创新,特别是在企业界,所体现的经验。

这里让我们走一条捷径。分部式模式的5个特征与图中的措词形成巧妙的、鲜明的对比。总之,图3中的结构强调:

部门化围绕"整体",围绕顾客的需要

"相关"活动的整合,即,所要求的活动有非常完整的工作流程

通过那些有助于完整工作流程的"水平"关系来实现整合,同时仍然维持垂直关系

每个基本单位——即,图3中每个青年服务小组(YST)——的成员的自控和自律

一个可能非常广泛的控制范围,由于容易评估绩效:这样的组织即使很大也是"扁平"的。周围环境能鼓励狭隘的控制范围,这在组

织启动时或毫无经验时非常普遍。

IV. 结构情景

A. 备选模型（Alternative Models）

第三个趋势是关于组织的备选模式，它远远超出官僚结构和分部式结构，有望让组织科学从现在的受困（stuckness）情况走出来。例如，那些没有区分不同类型组织的研究只会产生混乱。缺乏巨大的运气，没有区分的研究可能产生互为冲突的结果。例如，存在于官僚结构中的关系可能不存在于分部式模式中。

不过，组织科学文献典型地没有区分组织类型，因而研究发现，如果不是彻头彻尾地渐进的话，常常是没有聚焦点的。效果上，组织科学（OS）文献冒险地比较谚语中的苹果与桔子甚至西瓜。由此，因为研究中的"单位"在许多相关的细节（particulars）上是不同的，所以（组织科学）受困的可能性很高。

只有一种重要的组织类型才会将我们带出这个自己制造的分析漏洞（analytic hole）[如，葛伦比维斯基（Golembiewski）1987]。这种分类进步不仅是多分头的（hydra headed）的，而且存在于内部过程发展（in-process development）的不同阶段[例如，塞尔兹尼克（Selznick）1957；沃西（Worthy）1958]。下面主要回顾了有关结构情景的四类工作，每一类都标为"方法"（treatment）。

1. 分析或综合方法（Analytic or Synthetic Treatments）

这种历史最悠久的结构情景途径寻求从丰富但杂乱的描述性文献中将备选模式分离出来，同时也是从更严谨但重心狭隘的现场实地研究和实验室研究这样的经验主义研究中分离出来。基本上，这种分析的或综合的努力试图突出备选结构形式而且强调它们的优势和缺点。因此，没有具体的资格条件，很难指出很多关于组织类型文献的实质。但我们也不妨尝试一下。

基本上而言，这些努力指出了采用任何简单主权研究组织设计途径的不足之处。组织世界是复杂、动荡不安的，组织结构很难是铁板一块。

然而，关于基本备选结构的一个必要的、充分的清单，或者组织需要根据那些变量进行区分等问题至今没有共识。这样，美国"工作事业单位"（work establishments）的《国家组织研究》（the National Organizations Study）（Spaeth and O'Rourke 1994）区别了5种构型（configurations），两种是关于"简单结构"的变化，三种官僚制变体（varieties）（Marsden et al. 1994）。葛伦比维斯基（1987）区分了三种基本结构模式，试图集中在它们两两之间进行比较与对照。与之相反，明茨伯格（Mintzberg 1989）集中关注正在发展的一组模式。它们包括：

企业结构（entrepreneurial structure），围绕一个具有超凡魅力的中

心人物，他直接监管整个组织，几乎没有什么中间管理层或参谋机构（staff service）

机器官僚制，类似于图1所描述的但适合工业或制造业环境，大量的参谋机构和许多等级层次

专业官僚制，类似于图1所描述的但附加了许多的参谋和职业机构

根据图3的顺序采取不同的或分部式的形式

专业组织，其中专业人士工作时有很大程度的自主权，都非常理想地具有指导行为的标准

创新型组织或临时性组织（临时性任务组织）（ad hocracy），这些术语所蕴含的意思就是：结构常常是暂时的、稀少的以及自发的，且为特别具体的目标而发展

无论这个清单有多长，分析或综合的候选对象都常常作为一般用途。也就是说，它们不同地说明了太多性（too-muchness）（它们各自证明了一个差不多的东西）。这样，明茨伯格（Mintzberg 1989）强调环境和技术的多样性过多而使官僚制组织模式所不能囊括）。而且葛伦比维斯基（Golembiewski 1965，1989）极力主张，许多人所赞同的价值观——犹太基督教伦理（the Judaeo-Christian ethic）——应该远远超出传统模式的理解范围（grasp）。对他而言，广泛的人类需要也要求结构情景，这是最近才延伸到组织多样性中的一个导向（Golembiewski 1995）。更早时期，沃西（Worthy 1958）从人类自由的角度做了类似的论证，特别是他提出人类自由的扩张既是那种特殊的集体企业（collective enterprise）的原因，也是它们的产物，该种企业能够避免愚蠢和最终的窒息。从长远看，官僚组织模式将不再发挥作用，沃西推荐了一种分部门模式形式。

2. **统计方法**（Statistical Treatments）

强有力的统计方法允许对组织类型数目的判断，这些数据对于说明观察目标的一些统计人口之间的不同点和相似点是必要的。例如，对人与人之间的传记差异和相似点的具体分析意味着统计上要求20个以上的子群组（subgroup）去提供有用的、关于人的分类［例如，斯托克斯等人（Stokes et al 1994）］。早期的几轮分析集中关注那些适合于不同人口和不同传记信息类型的子群组。后来的几轮分析能决定这些子群组是怎样与许多利益变量相联系：在学校或工作时的业绩表现［如，欧文斯（Owens 1971）］，选举行为［如，葛伦比维斯基等人（Golembiewski et al 1977）］，或许多行为和态度指标。最终，分析精力和智慧可能成功地用变化的标记变量簇（variegated clusters of marker variables）来描述子群组的特征。后来，这些研究可能发展出一些标记，确认内容充实的单位，这些单位不仅仅是统计类型。

组织科学研究者有建议地但却不经常地探求了这种统计途径，例如在对"组织原型"的有用研究中［例如，米勒和弗里森（Miller and Friesen）1984］。其最初的工作集中在企业公司，但其普遍原则运用范围较宽泛。总之，"原型"追求在一批组织中整体的差异，这与集中在一个或少数几个变量里的差异相反。要避免的陷阱是显而易见的，虽然这一目标也还远不是很容易的事情。集中在为数不多的几个差异和相似点显然让其他许多特征可以自由变化，并且这使得对结果的诠释依赖于一个不太可能的条件，即"所有其他的变量条件都或多或少相同"。

在前沿研究中（Miller and Friesen 1984），对关于81个组织的31个变量的强大的统计分析表明包含所测评的整组差异或相似点至少必须有10个原型。为说明这一点，描述一个公司的情况的原型包括过度扩张型公司、停滞的官僚制以及在非常具有挑战性环境下的适应型公司。

非常清楚的是，将一个组织原型一般化将不能很好地，或根本不能，应用到一部分或全部的其他组织中。米勒和弗里森通过区分9种不同的转变突出了这个重点，即不同的原型公司可能在进展中超出最初原型的位置。

最近《国家组织研究》曾经建立并超越用原型的始创工作［例如，马斯登等人（Marsden et al 1994）］。《国家组织研究》也依赖8个变量作统计分析——正式化、分权化、垂直层次等等来产生5个结构"构型"（structural "configurations"）。这5个基本类型通过两种基本方式来应用：测试提出来的，诸如结构规模与结构指标之间的理论网络［例如，布劳和舍恩赫尔（Blau and Schoenherr）1971］，以及测试以找出赢利、公共部门与非赢利组织之间的差异。一般而言，大型对小型组织而言在结构指标上不同，但背景不同却与可察觉的结构不同有关联，甚至在控制组织之间的规模和复杂性方面的差异之后亦如此（Marsden et al. 1994：924－927）。

3. 临床方法（Clinical Treatments）

第三个结构情景途径认为组织反映他们精英的特点，甚至更具体的是，反映了他们奠基人的特点。有关的文献庞大，且平稳增加。分析目标常常是政治人物——例如，希特勒的权力和性变态如何影响了第二次世界大战中德国国家社会主义干部的发展（Waite 1977：286－294），或公众人物，如J·埃德加·胡佛（J. Edgar Hoover）（Powers 1987）的个性如何深深影响了机构的特点，这些机构是在他们的个性特点影响下发展的。分析目标也可能是商人，如萨姆·沃尔顿（Sam Walton），观察者将他不倦的热情和他的沃尔玛商业帝国（Wal-Mart empire）联系起来，但他不仅建立了，而且好像越过坟墓还在维持这个帝国［例如，休伊（Huey 1991）］。

这些可能叫做"临床"方法，通过一个范例得到有用的示范，该范例也结合了一个类型的某些成分。这样凯茨·德弗里斯和米勒（Kets de Vries and Miller 1984）提出组织倾向于反映他们奠基人或主导成员的最主要情绪或甚至是病态。为说明这一点，5个基本的"精神病组织"类型已获得大家关注：动态的、偏执的、精神分裂的、强制性的以及压抑的。

事实上，每种类型都是与众不同的：每种类型都有不同的优势，而且都以自己的方式失控。在一个精神病组织中，相对立的趋势在同一时间能出现。这看来非常合理：几乎没有一般化的东西可以或多或少平等地应用到不同的精神病组织类型中。

VI. 构建组织的"水平"途径

有效的组织科学之路径的第四个趋势特别强调用构建工作的"水平"导向补充先前官僚组织模式的"垂直"导向。例如，分部门模式仍保持垂直特征，诸如自上而下的报告关系，但在要求部门化的基本单位内寻求用水平力量（horizontal forces）增长这些特征。将图1和图3进行比较就支持这个观点（point）。水平力量包括对与整个工作流程相关的活动保持共有的忠诚且承担责任（如，图3中每个青年服务小组）。与之相反，在官僚组织模式中基本部门倾向于分化这些忠诚和责任。

如表2所表明，无论在低层还是高层，组织结构的水平导向呈现许多形式。为方便起见，表2采用了从这到那（here → there）的格式来说明从垂直到水平方向的变化或转变。从这到那（here → there）的变动显然是程度变化而不是全部或没有变化，但它们的联合效果能产生完全不同于官僚组织模式的组织［例如，葛伦比维斯基和基匹（Golembiewski and Kiepper 1988）；珀金斯等人（Perkins et al 1983）］。

表2试图说明一个基本的研究方向而不是穷尽它的具体措施。表2主要是一个自我解释性质的，但在两个主要方面仍然不完整。这样从垂直到水平（vertical → horizontal）关系的范例能够，而且很容易成倍增加。此外，基本点（basic point）的更全面发展会强调合适于工作水平导向的基础结构。该基础结构涉及政治、实践、程序以及结构类型［例如，珀金斯等人，（e. g. Perkinset al. 1983）］。

VII. 组织发展和变革

最后，如果只是为了简单地列举在组织科学中最显著的方法，那么此处标明的组织发展与变革已显示了其巨大绩效，也具有远大前途。组织发展与变革有两个基本形式：组织发展（organization development, OD）和工作生活品质（quality of working life, QWL）。在许多地方两个形式都受到过分地关心［例如，葛伦比维斯基（Golembiewski 1995b）］，但这里的篇幅只允许描述三个特征。

表2 工作中"水平结构"的一些发展趋势

结构与角色的特征	适当的行为与态度
从具体的活动或职能到要求工作流程的全方位的活动或职能	从狭隘的具体个人利益的保护到整体工作绩效的提高,后者要求恰当的文化与价值
从"高"结构到层级更少的"扁平"结构	从重视活动与职能到重视组织内外的顾客与客户
从多个狭隘的具体职位到更少的整合性工作(丰富工作)	从工人执行具体方向到决策制定参与的更宽范围,带有更为广泛的使命或角色
从外部单位的检查和控制到更多依赖与内部的检查和控制	从"一种规模适合于所有结构"到多途径发展相同或相似单位,以回应历史或人事搭配
从一种"官僚垄断"到能够包括无数结构形式,含官僚结构	从上到下沟通,即高组织中分工狭隘的单位之间没有生气的沟通,到扁平结构中整合单位内强烈"闪烁"的沟通
从控制到授权的角色转移,从那些控制者转移到那些授权者	从竞争以获取更多资源份额到减少成本与提高质量的竞争,正如通过直接比较几个整合单位来促成
管理导向从交易(像官僚机构中计分)转移到变革,这涉及动荡环境中恰当文化和规范的转变	从复杂的并且通常是政治协调冲突的狭隘的分工单位到整合的单位内部直接明了的协调

A. 组织发展和变革价值观（ODC values）

组织发展和工作生活品质依赖于相关的一系列价值观,都倾向于在工作中实现更大的满意度。它的目标在于鼓励在工作中承担更大的责任和得到更高的绩效。组织发展倾向强调工作场所的品质以及互动类型的质量,但工作生活品质倾向于强调程序和结构问题。但是,两种途径都有共同的基本价值观[例如,斯凯利（Skelley 1989）]。这些价值观与那些支撑官僚制形式的价值观形成鲜明对照,但工作生活品质,尤其是组织发展,追求高度参与和介入（participation and involvement）。

B. 组织发展和变革范围（Reach）

组织发展与变革应用到组织各个层面和活动的整个范围。这样,一般而言,组织发展拥有不止一个行政焦点,而工作生活品质倾向于强调操作层面;但两者重叠的情况也的确发生。正如过去一样许多著名的实践者和理论家都在组织发展与变革大道的双翼展开工作。按照它们复杂性和精确性的近似排序,组织发展与变革的应用可以划分为下列类别（Golembiewski 1990：19－21）：

过程分析，包括将行为科学理论和视角应用于诊断复杂和动态的情境——在人际之间的、群体之间的以及群体系统内的。

与组织发展和变革价值观保持一致的技能建设，这是在给予和收到反馈时，或者在冲突解决时诊断，通常包括过程分析。但能够依赖于许多其他的数据收集和诠释性途径，如通过调查/反馈、觉察群体（sensing groups）或者采访辅导（coaching）或咨询（counseling），这是在第三方参与冲突解决时团队的建设或发展，关注于小型任务组的效率和效果上团队间建设和发展（Inter-team building of development），重视在更为广泛体系内的两个或两个以上单位的关系上，例如，部门、项目或任务小组（task forces）技术结构活动（technostructural activities），它们寻求建立满足需要的角色、工作、政策/程序、以及结构系统更新或系统建设，这在文化、价值观和结构相关的大型系统内有综合性的目标。

这些梗概类别在组织发展与变革应用中得到多元的能量。因而在任何单独的组织发展和变革应用中，可能使用两个或两个以上的类别。事实上，在组织发展和变革价值观建设中，系统更新或系统建设典型地包括所有的7个活动类别。相关的，最后一个组织发展和变革类别可能有2~5年的操作时间，但其他的类别应用可能只要几天或几个小时。

C. 组织发展和变革掌握（Grasp）

总之，这些评论暗指组织发展和变革试图拥有一个非常广阔的范围。但按照这个意图行事，它做得怎样呢？一句话，对组织发展和变革掌握得怎样？

在评估这个掌握时充满自信是可能的。总而言之，组织发展和工作生活品质方面的成功率都是巨大的，无论是在高度发展的经济体还是在第三世界背景下［例如，葛伦比维斯基（Golembiewski）1990：11－43］。评估研究在许多具体情况下有所不同：要处理的案例数目、成功指标、对方法论严格的关注等等。大致的估计，成功率的评估很少低于50%，而且通常簇拥到超过70%的范围。在第三世界环境下，成功率在所有可得的案例中要低一些［例如，葛伦比维斯基和罗（Golembiewski and Luo 1994）］，但即使在第三世界，成功率也是很具吸引力的。

毫无疑问，组织发展和变革的成功率仍有许多有待学习之处，但证据表明不大可能让人们感到重大的关键性意外。例如，对组织发展和变革应用的基本批评强调它们通常依赖于自我报告（self-report）指标，有些观察者认为这些指标是不可靠的，或只是一些观点而已。但是，当组织发展和变革的效果用客观的报告（objective report）或"严格的数据"（hard data）——生产成本和浪费，缺勤率等等来评估时，它也有很高的成功率［例如，尼古拉斯（Nicholas 1982）］。实际上，在一个大组工作生活品质研究中（Golembiewski and Sun 1990），严格的数据比自我报告数据得出的成功率要高。

Ⅷ. 过程中的结论

本文可以两个普遍化的术语进行总结。有一些颇具吸引力的"头"正努力穿过组织科学这块田地。此处5个范例得到大家的关注，但可能有更多的范例够格。

如果读者悉知第一个普遍化应用的方法，而且如果通过进一步阅读加上对经验的思考他们被激励而去探求第二个普遍化的细节，那么本文就已经达到了最大目的。

REFERENCES

Bernstein MH. Regulating Business by Independent Commission. Princeton, NJ: Princeton University Press, 1955.

Blau PM, Schoenherr RA. The Structure of Organizations. New York: Basic Books, 1971.

Cameron KS, Sutton RI, Whetten DA, eds. Readings in Organizational Decline. Cambridge, MA: Ballinger, 1988.

Carew DK, Carter SI, Gamache JM, Hardiman R, Jackson B III, Parisi EM. New York State division of youth. J Appl Behav Sci 13: 327–339.

Chandler AD, Jr. Strategy and Structure. Cambridge, MA.: MIT Press, 1962.

Chandler RC, ed. A Centennial History of the American Administrative State. New York: Free Press, 1987.

Cooper CL, Robertson I, eds. Review of Industrial and Organizational Psychology. London: John Wiley & Sons, 1986.

Emery F, Trist EL. The causal texture of organizational environments. Hum Relat 18: 21–31, Fayol H. General and Administrative Management, Storrs, C. trans. London: Pitman and Sons. Golembiewski RT. Men, Management, and Morality. New Brunswick, NJ: Transaction Publishers, 1965, 1989.

——. Organizing Men and Power. Chicago: Rand McNally, 1967.

——. Humanizing Public Organizations. Mt. Airy, MD: Lomond Publications, 1985.

——. Organization analysis and praxis: prominences of progress and stuckness. Pp. 279–304,

In: Cooper CL, Robertson I, eds. Review of Industrial and Organizational Psychology. London: John Wiley & Sons, 1986, pp. 279 – 304.

―――. Public-sector organization: why theory and practice should emphasize purpose, and how to do so. In: Chandler RC, ed. A Centennial History of the American Administrative State. New York: Free Press, 1987, pp. 433 – 474.

―――. Ironies in Organizational Development. New Brunswick, NJ: Transaction Publishers, 1990.

―――, ed. (1993). Handbook of Organizational Behavior. New York: Marcel Dekker, 1993.

―――. Practical Public Management. New York: Marcel Dekker, 1995.

―――. Managing Diversity in Organizations. Tuscaloosa, AL: University of Alabama Press, 1995a.

―――. Organization development and change in the public sector. In: Perry J, ed. Handbook of Public Administration. San Francisco: Jossey-Bass, 1995b.

Golembiewski RT, Billingsley K, Munzenrider RF. Electoral choice and individual characteristics: a bio-data approach. J Polit Sci 4: 118 – 133.

Golembiewski RT, Kiepper A. High Performance and Human Costs. New York: Praeger, 1988. Golembiewski RT, Luo H. OD applications in developmental settings. Int J Org Anal, 1994. Golembiewski RT, Sun B – C. Positive-findings bias in QWL studies. J Manage 16: 665 – 674, 1990. Huey J. America's most successful merchant. 127 (September 23): 46 – 52, 1991.

Jacoby H. The Bureaucratization of the World. Berkeley and Los Angeles, CA: University of California Press, 1973.

Kalleberg AL, Knoke D, Marsden PV, Spaeth JL. The national organizations study. Am Behav Sci 37: 860 – 871, 1994.

Kaufman H. Time, Chance, and Organizations. Chatham, NJ: Chatham House, 1985, 1991.

Kets de Vries MFR, Miller D. The Neurotic Organization. San Francisco, CA: Jossey-Bass, 1984. Koontz H. The management theory jungle. Acad Manage J 4: 174 – 188, 1961.

Lawrence PR. The contingency approach to organizational design. Pp. 9 – 18, In: Golembiewski RT, ed. Handbook of Organizational Behavior. New York: Marcel Dekker, 1993, pp. 9 – 18.

Lawrence PR, Lorsch JW. Organization and Environment. Homewood, IL: Irwin, 1967.

Marsden PV, Cook CR, Kalleberg AL. Organizational structures. Am Behav Sci 37: 911 – 927, 1994.

Miller D, Friesen PH. Organizations: A Quantum View. Englewood Cliffs, NJ: Prentice-Hall, 1984.

Mintzberg H. Inside Our Strange World of Organizations. New York: Free Press, 1989.

Nicholas JM. The comparative impact of organization development interventions on hard criteria measures. Acad Manage Rev 7: 531–542, 1982.

Owens W. A quasi-actuarial basis for individual assessment. Am Psychol 26: 992–999, 1971. Perkins DNT, Nieva VF, Lawler EE III. Managing Creation. New York: John Wiley & Sons, 1983.

Perrow C. Organizational Analysis. Monterey, CA: Brooks/Cole Publishing, 1970.

Perry J, ed. Handbook of Public Administration. San Francisco: Jossey-Bass, 1995.

Powers RG. Secrecy and Power. New York: Free Press, 1987.

Seiznick P. Leadership and Administration. New York: Harper, 1957.

Shafritz JM, Ott JS, eds. Classics of Organization Theory. Oak Park, IL: Moore, 1992.

Simon HA. The proverbs of administration. Public Admin Rev 6: 53–67, 1946.

Skelley BD. Workplace democracy and OD. Public Admin Q 13: 176–195, 1989.

Spaeth JL, O'Rourke DP. Designing and Implementing the National Organization Study. Am Behav Sci 37: 872–890, 1994.

Stokes GS, Mumford MD, Owens WA, eds. Biodata Handbook. Palo Alto, CA: CPP Books, 1994.

Waite RGL. The Psychopathic God. New York: Mentor Book, 1977.

Woodward J. The effects of technical innovations on management administration. International Conference on Economic and Social Aspects of Automation. Namur, Belgium: International ssociates for Cybernetics.

Worthy JC. Big Business and Free Men. New York: Harper & Row, 1958.

第四章 组织理论的五个重大问题

罗伯特·B·丹哈特[*]

公共行政理论家包括许多持不同观点和目标的学者和实践者。虽然政治理论也做出了重要的贡献。但大多数的理论都从组织理论这一更为普通的领域汲取重要素材,确实,正如我们将在本章末尾所要看到的,公共组织理论(将组织视角和政治视角融合在一起)是否成为可能必须引起关注。

但是在这里,我们首要关注的是检查组织理论领域的这些发展,它们与公共行政研究关系最大。这里我的方法就是确定主要来自组织理论的问题,这些问题经证明为公共行政内广大的理论家和实践者所感兴趣;确定一直是在公共行政领域内持续争议的来源等问题;以及确定直到今天还基本未解决的问题。本章讨论了五个问题,每个问题都符合上述三个标准,它们是:

Ⅰ. 政治和行政
Ⅱ. 官僚与民主
Ⅲ. 组织与管理
Ⅳ. 理论与实践
Ⅴ. 公共组织理论

Ⅰ. 政治与行政

虽然政治与行政两分法毫无疑问是公共行政领域最古老的问题之一,但是政治与行政的关系仍然是当今时代的问题之一。伍德罗·威尔逊(Woodrow Wilson 1887)的论文被大多数评论家视为公共行政学的第一篇重要著作。在该文中,威尔逊为自我有意识地研究公共行政学奠定了基础,他指出公共机构面临着日益增长的困难,他认为"执行一部宪法变得比制定一部宪法要困难得多"(Wilson 1887:200)。

他的解决方法就是在企业化的基础上运行政府机构,启

---

[*] 罗伯特·B·丹哈特(Robert B. Denhardt),特拉华大学(University of Delaware)

用在私营部门所接受的管理理念,寻求效率最大化。但是在威尔逊看来,只要公共机构受制于腐朽的政治影响,这种情况就不可实现。正因为如此,威尔逊对政治与行政进行了区分:在政治领域,公共政策问题得到制定;在行政领域,它们得到执行。威尔逊的格言非常清楚:"行政在政治领域之外。行政问题不是政治问题。虽然政治为行政设定任务,但是政治不应该为操作这些职位所累"(Wilson 1887:210)。

威尔逊的论点提出了两个重要的问题:第一,政治与行政是否(或者能够)被分离的经验性问题;第二,怎样维持行政机构责任的规范性问题。第一个问题是在上个世纪之交由古德诺(Goodnow 1900)所提出,他的《政治与行政》(Politics and Administration)一书在过去(和现在)都被许多人视为是威尔逊对政治与行政区别的辩护。事实上,古德诺在书中认为,立法职能和执行职能形式主义上的分离在实践中经常得到违背。虽然古德诺认为,在分析上有可能区别国家意志的"表达"和"执行",但是他认为这两种职能不可能非常清楚地分配给政府的这个或那个部门。

其他作者也提出了类似的论点,他们包括阿普尔比(Appleby 1949)、古立克(Gulick 1993)、怀特(White 1936)和威洛毕(Willoughby 1936)。所有这些人都认识到分离政治(或政策)和行政的困难,根据的是古立克和怀特提供的公务员在发展政策中的角色的具体实例,他们通过在执行政策中运用自由裁量权或者通过为政策制定者提供建议的形式影响政策发展。例如,古立克(Gulick 1993:56)将公共雇员工作描述成是"裁量权和行动的一张无缝之网"。类似地,怀特(White 1936)指出了日益增加的"在公共政策中的行政主动权",他甚至坚持这样一点:那些任职于官僚机构的人可能最适合提出免受政治影响的建议。通过这些方法,政治与行政两分法(如果它曾经存在于理论或实践中)很快受到侵蚀。确实,到了阿普尔比著书的时候,两分法显然已经消失。阿普尔比简单地说:"公共行政就是政策制定"(Appleby 1949:70)。

学者开始更加坦率地承认官僚参与政策制定的一个原因就是官僚正与越来越多的政策制定有关(Dunn 1981;Peters 1984;Ripley and Franklin 1982;Seidman and Gilmour 1986;Wildavsky 1979)。当然,威尔逊著作的本身也被一个事实所激励,即公共机构的人事不再仅是办事员,而越来越多的是包括来自许多实质背景下的技术人员和专业人员。随着20世纪政府的发展和变得日益复杂的同时,这种趋势得到持续。在公共机构的人都是与公共政策事务有关的专业技能的来源,因此被要求陈述他们的观点。此外,今天政府的范围和复杂性使得立法机构要确定新颁布的政策的每个细节都更加困难。因此,整个公共机构越来越依靠行政官员行使他们的自由裁量权和制定他们认为适当的公共政策(Gilmour and Halley 1994;Stillman 1991)。

但是官僚在公共政策中日益增长的角色并没有使得政治与行政这一问题的困难有所减少。如果官僚继续参与政策制定,我们如何保证所产生的政策回应了公共利益?我们如何确保民主责任?威尔逊的答案和在刚刚兴起的公共行政领域内的早期理论家的答案,都是公共机构的管理者将最终向立法机关负责,立法机关则向人民负责,这样才满足了民主的要求。在这种责任等级制观点中,政治与行政的分离是基本的,因为必须保护任命官员的政治中立。

许多最近的研究表明,这种观点存在困难(see Thompson 1983:245)。官僚不仅行使自由裁量权和提供建议,他们也通过他们提供的信息来形成公共舆论、发动支持他们的问题(和机构)、与政府内外各种集团谈判以实现他们的目标。在这种情况下,显然很难谈到只是存在于机构和立法机关之间这一等级制关系中的一种适当的责任检查办法(Lynn 1981;Thompson 1980;1985)。

正因为如此,当代越来越多对回应性的讨论使人们对政治和行政问题有了新的认识:通过什么措施我们可能增加等级责任以确保"官僚决策和社区偏好存在一致"(Rourke 1969:3)?总体而言,答案不外乎两种:第一就是寻求在公共机构人事中建立主观责任感;第二就是寻求正式的或客观的机制来确保责任(Rosen 1989;Stewart 1985)。

希望代表公务员,特别是行政人员发展一种强烈的责任感,几十年来许多作者评价了他们认为合乎需要的一些品质。迪莫克(Dimock 1936;1932)希望"忠诚、诚实、热情、谦逊和其他产生有效和令人满意的服务的性格和行为特征";阿普尔比(Appleby 1945:4)提到"一个特别的公共责任态度";贝利(Bailey 1966:24)寻求"(1)乐观的;(2)勇敢的;(3)博爱所锻造的公平"等道德品质。尤为新近,多布尔(Dobel 1990:363)建立了一个更复杂的理论观点,产生了公共行政人员的下列义务:

第一,必须真实地对相应的权威机构和公众负责。第二,强调政体的公共价值。第三,尊重和建立机构和程序以实现目标。第四,确保利益相关人(Stake holders)公正和适当的参与。第五,在政策和项目执行中寻求能力绩效。第六,为政府有效率运行而努力。第七,将政策和项目与公众参与者的自身利益以一种基本目的不得受到破坏的方式相联系。

为了实现这些抽象的品质,人们作了诸多努力。一种主要与弗里德里克(Friedrich 1972)和莫舍(Mosher 1982)有关的思潮认为,在官僚制中所出现的职业主义有助于在官僚中建立一套正确的价值观。弗里德里克感到,不管职业人员的技术领域如何,都可能更适用于行政责任问题。莫舍则更多关注那些为政府行政职业生涯做特殊准备的人。他认为,作为职业培训的一部分,未来的行政官员应该充满民主责任感。用莫舍的话说就是,"大学为民主保证这些职业的安全提供了最大希望"(Mosher 1987:219)

另外一种思潮则集中在对公务员提出要求的各种承诺和誓言上。许多职业协会,包括美国公共行政学会(the American Society for Public Administration),都提出他们成员所要遵守的道德准则。一些协会像国际城市管理协会(International City Management Association)都提出了惩罚违反准则者的机制。确实,正如罗尔(Rohr 1978)指出的,所有的公共雇员都发誓高度支持宪法,因而在他看来,这些雇员一定会支持这个政体的价值观。根椐罗尔的观点,这些价值观的确定将通过仔细评估最高法院对宪法的解释来进行（see also Rohr 1986）。

其他关于公共行政理论的研究遵守另一些不同的路径。库珀（Cooper 1990）将负责任的行政官员描述成"应对大量相互竞争的义务和价值观的魔术师"（Cooper 1990：223）。库珀讨论了对理论问题的四个层次的思考和权衡：表达层面（情感）、（组织或政策的）道德规则层面、伦理分析层面和后伦理（postethical）层面（提出人性的基本假设）。超越这些层面的是负责行为和个体自主性等问题，所有这些都必须在行政行为中予以平衡或成功地联合。

伯克（Burke 1986）从一个不同的视角认为，必须使官僚对他们服务的社会负责，但是这可能以多种方式出现。责任的正式合法定义是令人渴望的，但是可能带有太多顺从等级制和严格法治的味道。这样的定义必须与关注个体的个人责任感相平衡，因为个人责任是通过参与民主社会而发展起来的。

最后，丹哈特（Denhardt 1998）寻求平衡公共服务伦理的一个哲学的实践方法。她将行政伦理定义为"一个自主评价决策标准的过程，根据可以被发现的核心社会价值观，在可以被确定的合理的组织范围内，并受到个人和职业责任的约束"（Denhardt 1998：26）。她的方法是在制定伦理决策中强调思考和对话。在后来的著作中（Denhardt 1994），她扩大了该观点，支持在塑造行政官员角色中品格伦理的重要性。

其他学者发现，依赖个体行政官员的伦理承诺作为确保回应的一个手段是不充分的。在这些人当中，芬纳（Finer 1972）和洛伊（Lowi 1969）都赞成立法更为具体和增加对行政行为的监督作为限制官僚选择的手段。芬纳（1972：238）是这样来阐明他的观点："是公务员决定他们的行动方案，还是他们的行动方案由他们之外的机构来决定？"考虑到这些持少数派观点的官僚会将他们的观点强加到不怀疑他们的公众上，芬纳支持后者；特别是在制定公共政策中立法机关应该参与对该政策意图的详细考察，应该对政府机构执行周密的监督。

洛伊（Lowi 1969）从另外一个极为不同的视角考虑问题，但却得出类似的结论。他关注这样一个事实：某些政府机构似乎和某些私人利益建立了一个特殊关系，而这些私人利益恰恰正是这些机构设计要管制的。在这种情况下，官僚可能行使自由裁量权支持某些私人利益而忽略更大的公共利益。洛伊的办法就是：司法的民主主义（Juridical Democracy），设想与更完善的行政法规制定相结合的更为具体的立法行动，二者都是设计通过尽可能地将这些机构和他们利害关系人之间的关系编成法典来消除这种自由裁量权。

除了对行政行为进行更加明确的立法和更多的立法评审外，提出了其他的建议用以提高回应。例如，库珀（1990）讨论了许多角色、义务和目标责任，为行政行为提供界限；高思罗普（Gawthrop 1984）探索运用系统理论作为基础，重新设计组织结构以求达到完全纳入伦理问题。

其他学者也描述了各种不同的结构机制，用来确保代表了行政官员的回应。在这些机制中有诸如"阳光"法案和日落法案（sunshine and sunset laws）、民意调查、行政听证会和行政监察官项目（Ombudsman program）；但是最广为讨论的两个提议是"代议制官僚制"（Representative Bureaucracy）和行政决策制定中的公共参与（public participation）。代议制官僚制的支持者认为，如果政府机构的人事配备方式反映了重大的人口特征，那么官僚决策更可能代表了人民的普遍意志。在早期的应用中，代议制官僚制概念代表了不同地理位置的选区（主要是州），或者用英国的版本说是代表了社会阶层（Kingsley 1994）。在更近的现代，代议制官僚制更可能指的是基于种族或性别的代表（Krislov 1974）。不幸的是，研究表明，在回应上出现了混合的结果（Meier 1979：169ff）。

公共参与用作一种确保公务员的行动和人民意志保持一致的手段也具有很长的历史（如果不是更长的话），但是在20世纪六七十年代它得到了特殊的重视，特别在被称为"新公共行政"时期（Bellone 1980；Frederickson 1971，1980；Marini 1971；Waldo 1971），就预示了公共参与概念的到来。通过建立从开放的听证会到咨询委员会，再到民选或任命的委员会等市民参与（input）的论坛，从那些可能受到机构决策影响的人那里获得了更多的信息。还发展了一种方法是，将愿意在追求共同目标中分享权力的不同群体聚集一起（Bryson and Crosby 1992）。此外，还有大量广泛的参与和公众参与经验，一些是政府的主动行为，其他的是基于街道邻里的公民行动（Barber 1992；Lappe and DuBois 1994；Mathews 1994）。但是在许多情况下，看似是参与的行为最好描述成"收买"（cooptation）——"吸收新的要素进入领导层或由政策所决定的结构或实体中的一个过程"（Selznick 1949：13），而且许多政府机构都与公众处于相当隔绝的状态。

政治与行政问题显然和公共行政的合法性问题有关，这是一群来自弗吉尼亚理工学院（Virginia Tech）的学者的看法，它最初被称为"黑堡宣言"（The Blacksburg Manifesto），后来以书的形式出版（Wamsley et al. 1990）。黑堡宣言认为，公共行政的合法性还存在问题，只有通过"重建"该领域才能恢复其合法性。这样一个任务要求关注广泛的问题，如治理和公民权力，即集中关注这些宣言的作者所称为"机构视角"（agency perspective）上。虽然不清楚这个机构视角如何恢复公共行政领域的合法性，但是显然，这些作者希望看到公共官僚朝着一个在民主系统中更加核心的角色前进，而事实目前也是如此。很显然，在这样的努力中，与政治和行政有关的严重问题必须着手解决。

沿着相同的路线，斯蒂弗（Stever 1988）也呼吁增加公共组织的合法性。在他看来，"无论对于民选官员还是对于公众，公共行政都是社会维持的一个关键职能。此外，公务员在履行这种关键职能中必须具有一定的神秘色彩"（Stever 1988：175）。虽然很少有人会不同意在公共官僚体制中建立这样一种信任有助于它的合法性，但是在公共行政官员怎样去做这一问题时仍然和以前一样模糊不清。

为什么时至今日政治与行政问题在对公共行政的讨论中仍然如此突出？我们至少想到了三个原因。首先，虽然早期的公共行政学者并不像人们所想的那样要求政治与行政的严格分离，但是很快他们就确定了他们的研究主题，其根据似乎暗指了政治与行政分离。通过把公共行政确定为政府机构的工作（Willoughby 1927），这些作者很快就放弃了将公共行政视为发生在政府中职能的这一概念，转而追求发生在某一特定情境（机构）中所出现的公共行政的制度观点。当然，其意义就是：可以在独立于立法过程研究之外发展这样一个研究；可以在立法和执行之间、政治和行政之间进行区分。

其次，威尔逊和其他人极力主张政府机构追求的那种在私营部门的效率模型也要求对政治和行政更多地进行区分。为了使得机构有效率，这些机构就不能受到常常不知不觉地溜进了政治过程中的腐败或不诚实的污染；或者受到关注回应的污染，因为正如人们所感觉到的，这一关注是立法机关的特权。此外，早期的作者正如今天的许多作者一样，想像运作企业那样运作政府，不过并没有人完全清楚这意味着什么。但是这个口号，在当时和今天都要求分离。

最后，对政治与行政之间合适关系的疑问一直存在，仅仅是因为确定这一关系涉及到公共行政所有内容的核心。如果对公共部门的治理和管理有别于社会的其他部门，那么这种区别就在于这些组织在确定和反应公共利益中的适当角色上。正如我们后面要看到的，正是效率和回应性之间这种与生俱来的紧张，也许不可避免的紧张，才是公共组织工作中最显著的特征。

Ⅱ. 官僚制和民主

正如我们所看到的，许多早期作者只是从立法控制的角度来对待怎样协调对效率的关注和对回应性的关注这一问题。这种观点的逻辑似乎就是，一旦行政机构对立法机关授权的回应性得到保证，行政机构就应该将重点放在以可能的最佳效率运作方式上。因此很自然的，学者和实践者被吸引关注当代实现组织效率的最佳模型——工业模式或官僚制模式。因而，尽管事实上，这个模式具有一些与民主理论大相径庭的专制特征，它还是成为公共部门行政管理的标准。

但是，这种观点回避了这样一个问题，即以非民主方法组织起来的行政体系是否与民主社会这一概念相符合。肯定会有许多人觉得这里并没有什么问题。例如，克利夫兰（Cleveland 1920：15）写道："专制和民主之间差别并不在于行政组织中，而是在于在行政组织之外是缺少还是存在一个控制全体选民或其代表的体系，这个体系拥有决定其成员意愿和对行政组织执行意愿的权力"。另一方面，也有许多人认为"民主国家必须不仅基于民主原则，而且也要基于民主行政，民主哲学渗透到它的行政机器中"（Levitan 1943：359）。这些相对立的争论是对官僚与民主之间关系持续讨论的典型。

正如政治与行政的讨论不可避免地要从伍德罗·威尔逊的作品开始一样，对官僚制概念的分析也不可避免地开始于德国的社会学家马克斯·韦伯（Max Weber）。在他对权威概念的经典审查中，韦伯指出，官僚制行政在支持法律权威（与传统或个人魅力相对）中的重要性。官僚制概念很容易应用到工业和宗教组织以及政府组织中，它包含好几个因素，其中一些因素如下："（1）[官员]个人是自由的，只有在非个人的官员义务上才是受到权威的约束；（2）他们在一个明确界定的职位等级制中被重新组织；（3）每个职位都有一个明确确定的权能范围……；（4）官员的工作完全与行政方法所有权无关……；（5）他们在工作中受到严格和系统的纪律和控制的约束"（Weber 1947：328）。用稍微现代的语言来说，官僚制的特征就是等级制的权威模式，劳动力分工和任务专门化，以及职位的非个人安排。

对于韦伯和许多后来的作者来说，官僚制在指导人类事务上能允许最大程度的效率，因此也是最"理性"的社会组织模式。韦伯又一次写道，"经验普遍都表明，从一个纯粹技术观点来看，纯粹的官僚制行政类型……是能够达到最大程度效率的，因而在这个意义上，它是形式上为人所知的，最合理的对人实施绝对控制的方式"（Weber 1947：333-334）。在另一段中，他写道"从一个正式技术观点来看，官僚制行政（其他情形不变）总是最理性的类型"（Weber 1947：337）。

对于那些寻求政府机构的最大可能效率的早期公共行政学学者来说，已经在工业中确立起来的官僚制模型经证明是一个有吸引力的模型。例如法约尔（Fayol 1949）的等级原则（scalar principle）将组织中的权威等级描述成构成某种交流模式的各个环节（但是，我们可能注意到，法约尔并不赞成严格遵守等级制交流）。

类似地，威洛毕（Willoughby 1927：37）寻求将行政机构变成一个"单一的、整合的行政机器"，而古立克（Gulick 1973：44）赞赏等级制组织原则，称之为"人们在文明进程中把自己提起来的鞋带（靠自己的力量重新振作）"。然而，只是在赫伯特·西蒙的著作中行政领域的理性才得到最广泛地对待。

西蒙的分析一开始就指出人们理性的有限性，他认为人们作决策并不是根据纯粹理性（就像经济人假设的经典模型一样），而是根据"有限理性"（bounded rationality）的限制。的确，正是因为人们的能力有限，人们才联合起来加入复杂的组织中。根据西蒙的观点，"理性的个人是，而且必须是，一个有组织的制度化的个人"（Simon 1957：102）。只有通过在组织中联合在一起人们才能获得那种在其他地方逃脱的这种理性（解读为"效率"）。

但是，作为复杂组织的成员，人们的行为倾向于回应自己的需求和利益。例如，西蒙对为什么人民回应组织权威的讨论就是基于一个"诱导—贡献"（inducement-contributions）公式，在这种算计中，提供给个人某种诱因则个人会做出所期望的行为。在做出这样的贡献决策时，个人可能不会完全"最大化"他们的利益，而只是"满足"，他们选择他们认为满意的一个选择方案（Simon 1957, xxvi）。虽然行政人（administration man）并不是完全理性的，但他尽最大努力。

与那种认为官僚制组织是社会组织的最理性形式这一观点相反，一些人认为，将理性和效率等同的观点不仅在理论上是不正确的，而且它也导致了与民主社会的重大规范相对立的结构和行为（Fischer and Sirianni 1984；Hummel 1982）。这些年出现了许多对官僚生活的批评（Scott and Hart 1979；Thayer 1973；Whyte 1956；but see also Goodsell 1983）。在整个20世纪80年代，公共行政领域理论家所写的三本书都指出了伴随着官僚制组织的主要困难。

在《新组织科学》（New Science of Organizations 1981）中，拉莫斯（Ramos）认为，一个以市场为中心的社会，这是一个相当近的历史发展，已经产生了一种特殊类型的组织，拉莫斯称为"经济"组织（economizing organizations）。这种组织类型是建立在工具理性（instrumental rationality）理论之上，是对获得既定目标的各种手段的协调，它逐渐支配我们思考组织的方式，排除了其他可能的组织类型。这种发展在两个方面是有害的：第一，它导致采纳一种特殊的社会特征，在这种社会特征中，人被剥夺了个人发展的机会，而被转变成只是生产过程中的一个组成要素；第二，它允许对生态和心理外在特征不敏感的组织系统的增长。与此相反，拉莫斯赞成一个新的组织科学，这个科学能够使我们设想多种可作选择的组织设计，这些设计反过来又导致一个"多中心的"或"网状的"社会，在这个社会中不同形式的组织被应用到不同的目的中。

现代官僚思潮的反人性方面在丹哈特的《在组织阴影下》（In the Shadow of Organization 1981）一书中受到进一步的审查。丹哈特同意这种说法，即复杂组织的发展导致了一个新的具有包容性的组织伦理，这是一种新的看世界的方法，是对生活的一种新比喻，也是受到工具思维局限性所限制的一个伦理。与之相反，她建议对优先权进行激进地重新排序，以便将重点放在个人发展而不是生产过程的效率上，这在组织社会中是一个需要替代的人格主义的生活方法（personalist approach）。只有通过在组织中发展一个实用的生活哲学才能将个体化和解放等问题结合到一起。"对某种需求的满足可能得到组织伦理的支持，但是对精神的需求可能得不到，组织不能只是承担个人的道德追求"（Denhardt 1981：132）。

最后，哈蒙（Harmon）的《公共行政的行动理论》（Action Theory for Public Administration 1981）在批评工具理性影响我们对组织生活理解的构建的同时，更多地关注在组织环境中获得负责的人类行为的方式。与工具的个人的概念（这是官僚制思想的构成部分）相反，哈蒙认为个人是一个有意识（intentional）动物，其行动是为了赋予人类行为以意义。这样一种观点认为，我们应该区别人的直接行为和有意识的行为，并更加重视后者，也就是说，更加重视个人对他们自己的行动和对其他人的行动的日常意义。随着这个主题的提出，哈蒙描述了随之产生的"积极主动的"（proactive）行政官员，他们是承诺非聚集决策以及承诺关注平等和责任的人。积极主动的行政官员在组织中，同与所服务的委托人或者公众一起将达成共识的决策制定制度化并加以推进。

当考虑到公共行政的价值观背景时，这些普遍的评论就适用力越强。尽管古立克（Gulick 1937）、怀特（White 1936）和威洛毕（Willoughby 1927）认为效率是公共行政研究的主要目标，但迪莫克（Dimock）却对公共组织中机械地应用效率标准提出质疑，他认为单独追求的效率是"冷酷地计算和非人性的"，而"成功的行政是温情的和有活力的。它是充满人性的"（Dimock 1963：120）。

其他一些人指出，效率也是许多公共组织工作中必须借以评估的许多标准之一，特别是在一个民主社会中。例如达尔（Dahl 1947）在一次与西蒙重要的辩论中提出，在一个民主社会中的公共行政，按照定义，几乎都忠于这些价值观诸如回应性、同情和关注等。效率可能确实很重要，但是与民主问题相比还是不那么重要。我们如何评价第二次世界大战中的德国集中营？这些组织因效率而出名。

雷德福（Redford 1969）在他的《行政国家的民主》（Democracy in the Administrative State）中提出了一个类似的主题。雷德福（1969：8）认为，民主建立在个性、平等和参与等概念上，而后者包括："（1）获得信息的途径……；（2）通往决策论坛的直接或间接途径；（3）将问题进行公开讨论的能力；（4）提出自己的主张而无须担心强制报复的能力；（5）考虑提出的所有主张。"但是，当人们审查政府机构的运行方式时，会发现一套大相径庭的假设在运作。个人目标服从组织目标，权威以一种大大不平等的方式进行分配，而在决策过程中很少有机会留给组织中的底层或组织的顾客参与。雷德福得出结论，在行政领域要获得民主理想取决于众多分散的利益在决策制定者中的代表。

但是，对这些问题的经典解决办法仍然是沃尔多（Waldo 1948）的《行政国家》（the Administrative State）一书。在这本书和其他材料中（Waldo 1952，1980），沃尔多（不是有意地）寻求一种看法，即，那些为组织设计和组织行为提出各种方法的人正在积极投入政治理论的建立。也就是说，他们为组织周期的运行所发展的那些材料对社会的政治价值有着直接意义。沃尔多特别指出，将效率选为公共行政的主要价值观将导致那些与正规的民主标准不一致的官僚结构和实践的发展。确实，早期的作者似乎一直认为："正在运作的'专制'是不久之后的民主的不可避免的代价"（Waldo 1948：75）。

沃尔多的作品中所传递的信息已经很清楚了：对官僚制观点的不加批判地接受构成了对民主社会的抵制。与之相反，沃尔多呼吁组织的一种更多民主模式，一个与民主社会组织一致的模式。他认为，这样一个代替方法必然是"实质上放弃服从权威和从上级到下级（Superordinate-subordinate）思维方式，这种思路方式将主导我们的行政理论"（Waldo 1952：103）。这种与民主原则相一致的组织模式必然是"后官僚制"（Postbureaucratic）的。

官僚制和民主问题的最终一个变体就是：民主原则是否应该通过社会中的许多组织而不只是政府中的许多组织得以扩展。肯定的说，今天公共政策的主要方面都是传统以来就是私人运行的组织所决定的。此外，毫无疑问的是，这样的组织对整个社会的个人生活有着巨大的影响，这一点已经被许多鼓吹"社群主义"（Communitarian）的学者所强调（Bellah 1985；Etzioni 1993；Selznick

1992)。在这种情况下,我们最好提出是否所有的组织,不仅仅只是公共部门组织,应该根据他们公共性(Publicness)的程度来评估,这个程度就是他们对被给予信息的群众的需求和利益的回应程度(Bozeman 1987)。丹哈特(1984:182)写道:"在这种努力中,公共行政理论,特别是民主行政理论,可能普遍会成为组织理论的一种模式。"

Ⅲ. 组织与管理

我们对政治与行政、官僚制与民主的讨论都强调了在公共组织中工作的道德和政治基础。但是,公共行政理论家以什么方式接近组织和管理问题?这些在公共行政领域最有影响的理论和方法在哪个方面与众不同?特别是,它们强调人们会联想起民主道德的价值观和问题吗?

正如我们所看到的,在大多数情况下,这些问题的答案是没有的。公共行政理论家和实践者要依靠的是和私营部门的那些人一样的组织和管理方法(See Stewart and Garson 1983)。但是也有一些人支持这种观点:公共行政中的人,和他们的商业伙伴相比,无论对内部还是外部都对人性化关系更为感兴趣,而且在历史上也更为回应顾客的需求和利益。更有意思的是,现代对商业实践的研究中正预示了这些特征(See for example, Albrecht 1985; Block 1987, 1993; Milokovich 1995)。

当然正如我们所看到的,公共行政领域的早期作者被鼓励遵循工业的或者官僚的组织模型。的确,在公共行政中被称作为"行政管理"运动所遵循的和商业中的建议非常相似,即管理者对结构问题如等级权威、命令统一、控制跨度、一线员工与职员关系(Line-staff relations)和劳动分工等优先予以考虑和行动。古立克(Gulick 1937)的那篇众所皆知的《组织理论的几点见解》(Notes on the Theory of Organization)论文中说明了行政管理的方向,古立克将管理问题描述成建立合适的劳动分工的问题,然后强加在劳动分工的协调和控制机制上。他提议了四个步骤:(1)确定要实施的工作;(2)挑选一个指挥者;(3)决定所需单位的性质和数量;(4)建立一个权威结构,借此实现协调和控制(Gulick 1937:7)。

随着对管理和组织研究朝着一个普遍的方向发展,公共管理和私有管理(private management)出现了甚至更加直接的合并趋势。在这种发展中的一个重要人物是公共行政家赫伯特·西蒙(Herbert A. Simon),他和其他人一起加入到对行政行为的"科学"研究中。在追求复杂组织中人类行为的常规性时,这些"一般"(generic)的理论家逐渐认为,这些常规性基本上独立于它们的背景之外。例如,无论是描述一个家庭、一个工业组织或者一个政府机构,权力的执行和激励或授权的能力几乎一致。根据这一观点,出现了新的社会科学:"组织分析"(Organizational Analysis),它借鉴了企业和公共行政以及社会学、心理学和其他学科的成果。

这一方法在西蒙自己对决策制定过程的分析中阐述得非常清楚。西蒙认为，作为一个通用现象，决策制定由情报（为决策制定寻找机会）、设计（提出各种方案）和选择（从这些方案中进行选择）组成。结果，与西蒙对人的理性的解释一致，决策者希望使产出（outcomes）最大化，但是典型情况是发现他得到了满足感。

尽管通用的方法具有感染力并且它显然是一个封闭的决策制定系统，公共行政理论家们迅速就指出了某些缺陷。如林德布罗姆（Lindbloom. 1959）认为，在实践操作中，西蒙的决策制定模式鲜为使用。相反，行政官员典型地选择一种渐进方法，基于经验和个人价值观来设定限制性目标和进行有限的比较。同样，阿利森（Allison 1971）认为，那些主要的政策决策，如涉及肯尼迪政府（Kennedy Administration）时期古巴导弹危机的那些决策，并没有遵循传统的理性行动者模型（Rational Actor Model）或那些包含在组织理论中的模型。相反地，他认为，决策来源于在一个迅速变化的环境中已过时的谈判和协商政治过程。

其他的学者追求环境不确定性理念，他们指出，开放的组织系统不能在追求他们的目标时由严格的效率概念来指导，这仅仅是因为环境的转变意味着事情一直是在变化的。塞尔兹尼克（Selznick 1949）对田纳西流域管理局（TVA）的研究检查了该机构早期所采用的分权化和地方群体参与政策。他指出，在波动环境下评估组织的关键标准并不一定是他们的效率，而是在面对环境的变化时他们的适应性和维持稳定的能力。同样，考夫曼（Kaufman 1960）检查了环境对美国森林服务护林员（rangers in the U. S. Forest Service）的影响，尽管地方层级在他们身上施加了诸多环境压力，但突出强调保持森林护林员的忠诚和始终如一的各种努力却是最根本的。

一段时间以前，雷尼和米尔沃德（Rainey and Milward 1983）探讨了在提供公共项目中跨越了不同具体组织的政策网络（policy networks）。这项工作部分借鉴了奥尔德里奇和惠腾（Aldrich and Whetten 1981）对跨组织网络的研究，它提出，项目是根据所涉及的有组织的利益类型而跨越机构的。"既然项目常常是网络的焦点，项目网络就是政策制定的最重要的网络类型。有许多网络是在群体、个人和组织中根据他们对某一特定项目兴趣而形成的"（Rainey and Milward 1983：143）。尤为新近，网络是怎样构成和如何运作这一问题已经获得重大关注（Cage and Mandell 1990；Nohria and Eccles 1992；Thompson et al. 1991）。

对环境因素影响机构绩效的关注也是那些对执行问题感兴趣的人的工作特征。普雷斯曼和威尔达夫斯基（Pressman and Wildavsky）检查了某一特定经济发展项目的失败，并得出结论："看上去似乎只是一个简单的项目，但结果证明却是很复杂的，它涉及许多参与者、许多不同的视角和一条漫长曲折的包含了许多必须理清的决策点的道路"（Pressman and Wildavsky 1073：94）。就部分而言，他们的建议，作为政策形成的一部分，为的是使立法机构更加关注建立组织机制以有效地执行。部分而言，这也是建议学者们更加仔细考虑执行措施影响或者甚至决定政策后果（outcome）的方式（see also Bardach 1977; Wildavsky 1979; Wholey et al. 1986）。

一个对公共机构工作饶有兴趣和相关的解释包含在万斯雷和扎尔德（Wamsley and Zald 1973）的《公共机构的政治经济》（The Political Economy of Public Organization）中，万斯雷和扎尔德提出一个框架来分析行政机构，焦点放在政治因素和经济因素的并存上，也就是在每种情况下对组织的内在因素和对群体的外在因素。政治因素是那些涉及权力和利益的因素，经济因素是那些影响市场以及市场产品和服务交换的因素。正是这些不同因素的相互作用下才建立了组织的能力，包括它的组织权力结构（Downs 1967）。

万斯雷和扎尔德对交换机制的重视看来很明显地和文森特·奥斯特罗姆（Vincent Ostrom）对公共选择的重要著述相关。奥斯特罗姆的著述是基于这样一种假设：即理性的个人对于公共产品和私有产品都运用理性；从这个角度对公共选择的分析将对公共组织的设计带来重要的教训。在他看来，"公共机构不能仅仅看作是执行他们的上层人物指定他们所执行的那些职能的官僚单位。相反，公共机构应视为分配决策制定能力的手段，目的是提供回应了不同社会环境下个人偏好的公共产品和服务"（Ostrom and Ostrom 1971: 27）。奥斯特罗姆追求公共选择逻辑，直至确定公共企业能够在具体领域内被运作的情况，因此也为权力和权威更大地分权开辟了可能。最终他的建议是一种在跨组织关系和有意识分裂（fragmentation）基础上的民主行政，这是公共选择逻辑认为不仅是更具有回应性的，而且是更有效率的东西（Ostrom 1974）。[我们应该注意的是，奥斯特罗姆的工作已经受到葛乐比威斯基（Golembiewski 1977）的批评，后者认为个人可能寻求价值观的最大化，但这些价值观并不必然会推进民主社会，甚至有可能腐蚀它。也可参见奥斯特罗姆（1977）的回应。]

不像其他作者将主要兴趣放在政策发展上（Edwards 1980; Kindgon 1984; Nagel 1980），奥斯特罗姆将政策分析运用到批评而不是证明官僚制结构（bureaucratic structures）的合理性上，因此我们可以将他和另外一种完全不同的对组织人文主义（Organizational Humanism）感兴趣的理论家联系起来。[以一种相关的基调，我们应该指出德利翁（DeLeon 1992）有关政策科学民主化的重要工作。]这个群体的工作通常可以追溯到20世纪二三十年代著名的霍桑试验（Hawthorne experiments）。这些试验，从根本上来说是始于作为检查适宜的工作条件怎样影响工人生产力的各种措施，导致记录了社会和心理因素在美国工人生产力中的重要性。特别是研究团体发现除了创造产品或服务外，组织也服务于"在组织个人成员中建立和分配满意的服务"这一目的（Roethlisberger and Dickson 1940: 562）。

霍桑结论在切斯特·巴纳德（Chester Barnard）的研究中再次得到肯定，巴纳德根据自己的行政主管生涯，非常生动地写出了组织工作中非正式的或社会的方面。巴纳德写道，为了实现合作，人们必须考虑许多的且经常相互矛盾的对个体组织成员起作用的力量。"正如人们所观察和经历到的，合作和组织是各种相反事实和人类各种相反的思想和情感的具体综合。的确，主管的职能就是在各种矛盾力量的具体行动中促进合成，并协调各种相互冲突的力量、本能、利益、条件、职位和理想"（Barnard 1983：21）。

同样，学者诸如布莱克和穆顿（Blake and Mouton 1981）以及麦格雷戈（McGregor 1960）都支持更加人性化的管理方法，前者写道联合对生产力和对人的高度关注"与其他的理论相比是与成功、生产力和赢利具有正面联系的"（Blake and Mouton 1981：128）。但是，最值得一提的是克里斯·阿吉里斯（Chris Argyris）的研究，他的《个性和组织》（Personality and Organization 1957）非常具有影响力。阿吉里斯指出，当代的管理实践倾向于代表管理者强调高度指示的控制导向行为，这其实是反生产力的，因为它违背了成年人个性的基本追求。阿吉里斯转而强调这样一种管理风格，强调在组织中管理者对人的发展的理解和帮助，并最终导致强烈关注个人学习和组织发展的联合。

在公共行政学者中，葛乐比威斯基是提出这诸多主题的最能干的一个（Golembiewski 1972，1985，1993，1995）。他的工作最重要的就是将道德考虑融入到组织发展和变革的讨论中。葛乐比威斯基早期的工作将管理的人文主义方法和道德问题作了很重要的联系，认为"道德敏感性能与满意的产出和雇员的满意度相联系"（1967：53）。他后来努力探索组织的发展，将之作为理解和提高复杂组织工作的方法。但即使在该处，他对道德的关注还是很明显的。例如，他描述了五种"元价值观"（Metavalues）去指导实验室方式研究组织和发展：（1）相互理解和开放交流；（2）愿意试验新的行为；（3）权威的协作概念；（4）建立互助关系；（5）在人与人的关系之间建立真诚（Golembiewski 1972：60-66）。

现代公共行政学者的人文主义趋势在"新公共行政"（New Public Administration）中得到强调，一系列的论文在锡拉丘兹大学的一次会议中被聚集在一起（Marini 1971）。这些论文，尽管在内容和视角上很难统一，但确实努力强调公共行政官员在公共政策发展中的一个更加积极的角色，强调一个更加公平和参与的公共组织管理方法。也许后一领域最值得一提的是柯克哈特（Kirkhart 1971）和怀特（White 1971）的文章，他们两个都强调开放交流、权力的更加平等和在组织中建立共识的重要性。

20世纪80年代和90年代早期许多的学者在不同的工作中追求这些相同的主题。正如前面所提到的，哈蒙（Harmon 1981）审查了"积极主动的"（proactive）行政官员概念，他和哈特（Hart 1974）一起将罗尔斯（Rawls 1971）的哲学方法应用到公共行政中。马丁（Martin 1983）建议限制现代组织中管理者的数量，利普斯基（Lipsky 1980）则强调基层行为（street-level action），但弗格森（Ferguson 1984）则对官僚制提出了女性主义视角的批评。鲍姆（Baum 1983，1987）、戴蒙德和奥尔科恩（Diamond and Allcorn 1985）、怀特和麦克斯温（White and McSwain 1983）采用心理分析见识尝试理解公共管理者的行为，但是没有人像戴蒙德（Diamond 1993）在《组织的无意识生活》（The Unconscious

Life of Organization）一书中讨论得那么完整。在这本著作中，他探索了在复杂组织中等级关系和其他关系的无意识方面，认为这些是理解组织文化和组织身份的关键所在。最后，丹哈特（Denhardt 1993）和福里斯特（Forester 1993）也回顾了早期工作，探索批判的社会理论对"有教育作用的"管理方法的意义。

同时，与公共行政领域只有边缘联系的组织理论家为对管理问题感兴趣的公共行政学者设置了一个很高的标准。"文化"和"学习"的相关概念可能是他们近期应用中最值得注意的。对组织文化概念进行了最好介绍的可能是沙因（Schein 1992; see also Ott 1989）。沙因指出，"文化"一词有许多不同的意义，包括一个组织支持的占主导地位的价值观、指导组织对其雇员和顾客的政策的哲学、一个组织内所传达的感觉和气氛、相处的游戏规则、工作组内的规范和在人们互动中所观察到的行为规则。但是，所有的这些都没有抓住沙因对文化所作的描述的全部意义，他描述为"更深层的基本假设和信仰，它们由组织成员共享，它们无意识地运行、它们确定……一个组织对它自身和它的环境的看法"。运用"组织文化"观点，我们可以更清晰地理解享有同一个文化或者参与一个亚文化或对立文化的个体之间的互动。

近来对组织学习的强调直接遵循于阿吉里斯和舍恩（Argyris and Schon 1978）早期的研究工作，他们认为学习是组织变革的关键。阿吉里斯和舍恩辩论道，个人持有被拥护的理论（我们声称将在我们行为中遵循的行动理论）和"在使用中的理论"（我们确实遵循的理论）。两者之间典型的差异对于学习过程显然是具有破坏作用的，因而必须予以克服以出现最有效的学习。这种学习可能指向解决限制组织正在使用的理论问题，这叫做"单环学习"（single-loop learning）；或者它直接指向转变一个组织的基本规范和价值观，这叫做"双环学习"（double-loop learning）。除此之外，个人和组织也可以参与"双重学习"（duetero learning），也就是说，关于学习的学习。

阿吉里斯和舍恩的研究也在许多方面得到延伸。但是，近来最有兴趣的一些应用是彼得·圣吉（Peter Senge）和他在麻省理工学院（MIT）的同事们所作的努力。圣吉（1990）认为，现在的许多组织都因"学习无能"（learning disabilities）而苦恼，阻止了他们能够确定他们所面临的机会和潜在的威胁因素。为了将一个组织转变成"学习型组织"，一种方法是预防出现学习无能，圣吉建议应该运用五个原则：

第一个原则是个人掌握（personal mastery），这被描述成学习型组织的一个至关重要的基础。这是一个持续地澄清和深化个人的观点、集中精力、培养耐心和客观地理解现实的原则。圣吉认为那些个人掌握程度高的人是那些实现了与他们自己息息相关的结果并致力于终身学习的人。

第二个原则就是是分析自己的心智模式（Mental Models）、根深蒂固的假设、普遍化和形象，它们影响了我们理解世界和我们怎样采取行动的方式。当根据这一原则进行工作时，个人开始就把镜子照到内部以了解他们赖以生存的心智模式。此外，一旦这些心智模式被公诸于众，它们就应该受到检查，这样才能考虑不同的思考世界的方法。

圣吉所提出的第三个原则关注建立一个共享愿景（vision）。组织需要将人团结在一个共同的身份和共同的命运感上。"当存在一个真正的愿景，人就表现得很优秀并不断学习，这不是因为人们告诉他们这样做，而是因为他们想这样做"（Senge 1990：9）。

第四个原则是团队学习（team discipline），它强调对话的重要性和成员在一起真正思考的能力。团队学习还包括未被发现的防御模式，这些模式常常深深地渗透在人们的行为方式中。

第五个原则，即系统思考（systems thinking），将所有其他原则整合成理论和实践的一个连贯的整体。根据圣吉的观点，学习无能与其他任何一个根源于无力进行系统思考的原则都有关系。组织需要思考和理解形成系统行为的各种力量和各种相互关系。如果个人理解他们周围的更大过程并与之更加一致的行动的话，组织内的变革将更为有效果。

在公共行政管理家对管理变革的处理中，丹哈特（1993）的《追求意义》（The Pursuit of Significance）相当于私有部门检验高层管理者中最佳实践的著作。依据对高度进取公共管理者的采访，丹哈特确定了似乎构成这些管理者成功基础的五种战略或方法。丹哈特建议公共组织应该由一个对共同目标的承诺所驱动，由对及时有效地服务公众的关注所驱动，由授权和共享权威所驱动，由实用的渐进主义驱动，以及由致力于对公共服务的奉献所驱动。运用这些方法，管理者能够极大地提高组织的质量和生产力。

作为一个与近来强调文化和学习相一致的例子，丹哈特描述了管理者如何寻求组织变革——他更少关注结构而更多地发展对组织使命和价值观的普遍忠诚，特别是对职业主义和正直，服务和平等等价值观的忠诚。价值观需由主管明确地表达出来并在整个组织中为大家所共享。因此，变革更少地关注组织的结构，而更多地关注组织潜在的基本假设和文化。当组织对这些价值观做出承诺，它就能够成功地指导自己进入它自己设想正拥有的未来。

从这个简短的总结中显然可以看出，公共行政内的那些人在他们的组织和管理方法上主要依赖私有部门的工作。但是人们也了解到，在公共行政而不是企业行政（Business Administration）的作者中，人文主义考虑不仅仅是"有用的"，而且实际在道德上是正确的。不应该感到惊讶的是，这一感情将在公共行政内盛行，它的标志就是对公共服务的关注。有趣的是，正如上面所提到的，虽然近来几本关于私有部门管理的书提出一个服务导向和在组织中以参与的方式分享权力，但是实际上这些趋势标志着过去几十年公共行政理论的特征。公共部门的管理者虽然常常被认为是抄袭私有部门管理者的最佳实践，但是他们最终会为企业中的那些人提供一些重大教训。

Ⅳ. 理论与实践

无论研究者支持什么价值观和方法，他们发现结果的交流都产生了困难。

近几十年来，理论与实践、知识与行动之间的关系对公共行政领域的研究者来说都特别麻烦。实践者们对模糊的研究结果与公共行政的"现实世界"的关系提出质疑；他们反对学术研究中的复杂和不必要的专门术语；他们指出研究者过分注重详细的数据分析这一明显的嗜好。另一方面，学者们则抱怨这些实践者有时候目光太短浅太快而忽略了可能具有价值的发现，抱怨他们并没有看到研究对实践的长远意义。无论在哪种情况下，结果都是理论和实践之间出现明显的鸿沟。

部分而言，理论与实践这一问题是一个实际的问题：研究发现怎样才能以合适的形式对实践领域的那些人有效？但这问题也是一个理论问题：知识获得结果以什么方式影响了理论和实践的和谐：正是后一个问题一直是公共行政理论发展中的一个问题。

有趣的是要指出：理论和实践这一问题不是早期公共行政领域作者的一个特别关注的问题。许多这些都在联邦、州和地方政府中的行政职位和大学中的研究职位之间来回任职。在这一时期所出现的大量的公共行政研究，都是在新建立的政府机构以及对行政问题有高度实践导向的大学项目中产生的。当理论与实践的差异出现时，他们有可能集中在规范性问题而不是相关性问题。

只有随着一个"科学的"研究公共行政的方法被发展出来才会出现理论和实践之间关系的疑问。从这个角度，值得注意的是，与弗雷德里克·W. 泰勒（Frederick W. Taylor 1923）有关的科学管理学派（Scientific Management School），甚至在公共行政领域也有许多建立科学威望的努力行为。威洛毕（Willoughby 1927）和怀特（White 1936）两人都支持行政科学的可能性，这种行政科学为行动提供指导，反过来又增加公共组织的效率。类似地，斯坦恩（Stene 1942）认为，通过确定可以被科学测验的命题（propositions）来建立这一方法。

正如我们所提出的，在发展公共行政科学的方向中最重大的一步出现在20世纪40年代晚期赫伯特·西蒙的研究。西蒙（1957）反对早期的公共行政"原则"或"谚语"，认为它们是幼稚和自相矛盾的。为了取代这些原则，西蒙努力为对真正科学地研究行政行为奠定了基础。他对科学的阐述就是对逻辑实证主义（logical positivism）的阐述，后者在这一时期的社会科学中获得重要地位。这一方法的关键就是论证了事实与价值是可以分开的，而且科学是与事实而不是与价值观有关系。西蒙认为，研究事实的益处就是：基于事实的命题可以得到"检验以决定它们正确还是错误，即他们对这个世界的评述的确发生与否"（Simon 1957：45-46）。在这一观点里，科学理论是建立在对明显行为的客观观察基础上的普遍框架。

显然，西蒙的观点和正在兴起的社会科学正统性基本一致，并很快成为公共行政研究中的主流方向。但是这一发展也不是没有受到批评。公共行政领域的几个学者和达尔（Dahl 1947）一起指出价值观在公共行政中的重要作用，他们认为一个纯粹的行政科学因此也不适合这一领域。效率问题也再次被提起。

西蒙在保持其方法的客观性的同时，继续提出效率的重要作用，他写道："行政理论与应该怎样构建和运作组织以获得工作效率有关。"（Simon 1957：38）

在对这一观点的批评中，沃尔多（Waldo）警告经验社会科学以救世主自居的倾向，这些倾向远离了道德问题。用他的话说就是，"到现在为止，[撰写有关公共行政学文献的政治学家]从传统信念——良好政府问题就是道德人问题，提出了完全相反的看法：道德是不相关的……"（Waldo 1948：23）。对沃尔多而言，事实与价值的分离最终导致对价值问题的忽略。

更为普遍的是，对实证主义的批评对这一新方法的效度（validity）和影响提出了几个具体问题（Fischer 1980；White 1982）。首先，事实与价值的分离被抨击为不现实的，也许甚而是危险的。他们认为，事实与价值是如此相互缠绕，以至于为了科学目的而将它们分离充其量而言只是人为的。此外，甚至科学家选择一个主题进行研究时即采用了价值观，因此把该主张降低为"价值中立"的社会科学是有问题的。甚至更重要的是，一些人认为，将价值研究从公共行政中消除将导致组织成员的客观化，并强化僵硬和非人格的官僚制形象。

其次，实证主义科学的宿命论倾向得到许多人的质疑。新行政科学暗示人类行为遵循某些预先确定的法则，人们曾经发现，这些规则能够解释、预测和控制人的行为。但是，这样一种观点似乎没有考虑人类行为的变化性，即人通过学习和适应能够而且确实改变了他们的行为模式。确实，这表明：简单地把研究结果传达到实践者可能使后者产生新的行为模式。

对我们目前目标更重要的是，社会科学研究的实证主义倾向在研究者和实践者之间产生了距离。这种情况有几种不同的发生方式。首先，主流社会科学集中"从外部"来观察行为，这与行政官员"从内部"观察组织生活不同。特别是，行政官员主观上将这个世界视为事实和价值观的结合，而不是彼此孤立。因此，人们并不像桌子上的台球那样而是通过交换意义和价值观来彼此往来。尝试纯粹将人类互动的客观核心孤立出来的研究结果似乎是无法理解的。其次，实证主义纯粹把科学家的角色理解为理论建设者的角色，从而把应用的所有细节留给了实践者。这额外增加了实践者的负担，但这又容许科学家逃避任何使用研究结果的责任感。很显然，这一情形似乎对非科学家是非常不公平的。

近来，公共行政理论家也加入到其他社会科学家中，检验了不同的认识论观点，修正一些实证主义缺陷，尤其是其理论和实践相分离这一缺陷（Burrell and Morgan 1979）。在这些不同观点中，现象学（Phenomenology）[或者解释理论（Interpretive Theory）]和批判理论得到该领域学者的最大注意，不过也探讨了一些其他的方法（Harmon and Mayer 1986；Morgan 1983）。我们将逐个评估这些方法，然后指出它们帮助解决理论和实践困境的方式。

解释社会理论（Interpretive Social Theory），或者正如一些公共行政学者称之为的行动理论（Action Theory），根源于20世纪早期的现象学研究。现象学方法试图去掉可能倾向于"从外部"观察行为的假设，反而集中在"从内部"

所经历过的这个世界。主观经验似乎依赖于赋予这个世界以意义的人身上；正是通过我们的行动和意识，我们才使得这个世界具体化（Schult2 1967）。与实证主义模式相反，解释主义者（Interpretivist）认识到所有的人类互动所具有的内在主观性，即所有在一起生活和工作的人不断地构建和重建社会现实（Berger and Luckman 1996）。

当应用到组织研究中，现象学方法强调"不同行动者的典型行动和他们所认为的他们行动的意义"（Silverman 1971：154）。特别是在公共行政领域，柯克哈特（Kirkhart 1971）提议联合组织模型，为解释主义研究创造了条件。柯克哈特的模型是建立在互相揭露和互相认知的基础上，这个基础是构成每次互动互惠的基础，这个关系式现象学者称之为"我们"（we）型的关系。结果就是一种强调适应，互相揭露和非竞争性的信任关系的组织模型。

哈蒙（Harmon 1981）、赫梅尔（Hummel 1982）和琼（Jun 1986）也做出了类似的努力。他们每个人的著作都建立在行为（能为外界观察到）和行为（内部的意图）之间的差异上。然后，公共行政行动理论的发展是建立在行政行动者所确定的意义基础上。有趣的是，在这样的研究中，理论家的作用就是协助澄清各种行动者的意义和意图，这可能会导致有共识的决策制定（Harmon 1981）。

这样一种对组织生活的解释观点在卡斯和卡特伦（Cass and Catron 1981）近年的一个论文集中得到很好地描述。在这个著作中，许多不同的学者探讨了在该领域的基本形象可能有瑕疵的环境下，在公共行政领域建立合法性的困难。更为实际地说，这些建议可能导致对那些常常使得公共组织对它们的成员和顾客都不具有回应的处于支配和依赖地位的条件的检查。这里具有代表性的工作就是卡米拉·斯蒂弗斯（Camilla Stivers）的《公共行政中的性别形象》（Gender Image in Public Administration）一书，在该书中，斯蒂弗斯认为，构成行政权力防御基础的主要形象可以从男性对权力和成就的理解中发现。只有当该领域能够从这些受到性别限制的形象中解脱出来时才能够实现实质上的合法性。最后，英格索尔和亚当斯（Ingersoll and Adams 192）在他们对《缄默的组织》（The Tacit Organization）的研究中探讨了神话和制造神话的方面。

第二个实证主义替代思想是批判的社会理论。批判理论的根源可以追溯到黑格尔（Hegel）的将历史视为理性（Reason）的展开，也就是通过批评和消除那些限制了社会中发展理性和自由的因素来完成的东西。就像社会思想中的法兰克福学派（Frankfurt school）所提出来的一样，批判性理论也从早期将理性解释为在启蒙过程中为一种狭隘的现代理性版本（只是关注获得既定目标的适当手段）提供指导原则中，指出现代社会中的理性概念的日益狭窄。批判理论认为，后者执着于追求效率，这不仅限制了个人以创造和发展的方式行动的可能，也减少了关于价值观的对话，而这种对话类型是一个自由社会的基本组成要素。批判理论所寻求的选择方案是一个强调"对以行动为导向的原则和规范的实用性和合意性进行公共的不受限制的讨论，且不受支配"的方案（Habermas 1979：118 – 119）。

在应用到公共组织的各种方案中，丹哈特（1981，1984，1993）、邓恩和富邹尼（Dunn and Fozouni 1976）、福里斯特（Forester 1983 1993）和赫梅尔（Hummel 1993）支持一种确立了价值批判作为公共政策的制定和执行基础的方法。的确，这样一个研究的一个方面就是检查公共官僚制中的交流模式（Garnett 1992）。显然，交流的等级模式限制了组织成员之间未受到曲解的交流的可能，这反过来限制了组织的创造性和适应能力；为未受到曲解的交流创造更多的机会将是一个至关重要的矫正方法。沿着这些想法，出现了一系列描述了一个后现代主义观点的评论，后现代主义观点的历史和起源是怀特和亚当斯（1995）所探索过的。

正如我们后来将会看到的，这些观点对于公共行政官员着手管理任务本身的方式有重大意义。丹哈特（1994）所提出的一种备选管理形式在观点上是有"教育意义的"，它帮助组织成员和顾客确定他们真正的需求，并消除影响实现这些需求的社会条件。这样的努力一定在整个社会伴随有组织结构的更大民主化，它应该提高民主话语。"在这样的条件下，公共官僚制甚至可能成为社会自我反省和自我批判的主要工具"（Denhardt 1993：205）。

很明显，现象学和批判理论都比主流社会科学设想了一个更加紧密的理论和实践的关系。解释主义者寻求理解实践者的主观世界，包括确定这个世界的各种有意义的结构；批判理论家超越了纯粹理解现存意义模式，而提出了特别指向社会行动的反省模式和批判模式。在这两种情况下，理论和实践问题的理论方面都被提了出来。

对这一问题更为实践的一面仍然需要注意，不管是在制度意义上（如何传达研究结果？），还是在更为个人的意义上（如何增加对理论的接受度？）。对于后者，可以做出两个评论。第一，实践者必须认识到，无论他们是否有意识地构建公共行政理论，至少这些理论间接地指导了他们的每个行为。很显然，在可以表达、讨论和澄清这些理论这一程度上，它们为有效的和负责的人类行为提供了更为完善的基础。从这个意义上来说，理论和实践都通过学习过程而紧紧联接在一起。第二，解释理论和批判理论都提出了实践者对思想和行动的责任以及理论家对行动与思想的责任。无论以什么方法来采用这里所评估的对不同知识习得方法的理解，都不可能回避责任问题。

在离开理论与实践问题之前，有必要指出近来在公共行政学中朝着更加实践化著作的一个转变，这些作品缺乏早期研究的强大理论基础，但却对该领域产生了巨大的影响。显然，在这一点上最值得一提的是奥斯本和盖布勒（Osborne and Gaebler）的作品《重塑政府》（Reinventing Government），这是一本指导了有关公共部门管理的许多近来思考的书，其中包括了对克林顿总统的美国绩效评估委员会（National Performance Review, NPR）的指导。

奥斯本和盖布勒提出通过旨在为顾客提供优先权、减少官僚制和授权雇员等的企业激励措施来重组政府。通过这样做，作者希望建立一个"政府市场"，

（governmental market）其作用是：（1）节约政府资金，显著减少浪费性开支和蹩脚的投资选择；（2）增加政府雇员和整个政府系统的效率；（3）减少系统内的"繁文缛节"数量。在理论上，所提议的这些变革措施将导致一个顾客授权的、竞争性的、以市场为导向的政府，这样的政府将减少规制，通过费用和收费（fees and charges）增加收入，并集中关注权威的分权化、管理的私营化和公共机构中的质量提高。

虽然《重塑政府》目前被副总统阿尔·戈尔（Al Gore）和美国绩效评估委员会作为一个模式在使用，但是对所提议的这样一种重组政府的方式还存在大量的批评。例如，弗雷德里克森（Frederickson 1992）认为，这本书的主要问题领域是：政府是一个"市场"而公民则是"顾客"的理念；裁员是在不降低有效的职能水平情况下减小政府的规模和成本的理念；以及政府雇员是最主要的问题这一假设。凯特尔（Kettl 1994）认为，这一理论注重绩效前提之下的节约，它对与国会打交道和处理监督、权威和监管等力量缺乏明确的建议，并且它更明确地确定其目标和指导原则。莫（Moe 1994）提出，奥斯本和盖布勒强调以经济为基础的问题胜过以法律为基础的价值观，使用一些薄弱且不相关的统计数据来支持政府和法律中的变化，并且误解了法治在行政部门的管理中的作用。这些批评认为，政府可能变得更加复杂、效益更低和权威更低，并最终在服务于它的公民时更为薄弱和不成功。

此外，在回顾这些似乎来自于一个更为"实践"倾向的著作时，我们可能注意到近来出版的各种材料，它们关注人力资源问题（Cane and Wolf 1990）或这些诸如全面质量管理（Total Quality Management）等主题 [see Carr and Littman and Milokovich（1995）]，并寻求提高组织的质量和生产力。此外，也有许多出版物是关于战略规划和管理的，最值得注意的是布赖森（Bryson 1988）和纳特和巴科夫（Nutt and Backoff 1992）的著作。从另外一个视角来看，萨拉蒙（Salamon 1989）检查了现在参与公共服务提供的"第三方"（third parties），凯特尔（Kettl 1993）检查机构现在参与权力分享的方式。最后也有许多提供了对公共机构的详细观察的经验研究，值得一提的是包括了加维（Garvey 1993）以及伍德和沃特曼（Wood and Waterman 1994）的研究。再一次将这些完全不同类型的书聚集到一起的是他们更加实践的导向，萨拉蒙（1989）认为这一视角归因于"对公共行政领域的主导研究范式感到不满"。

V．公共组织的理论

虽然在其相对较短的历史中，公共行政领域面临着许多重要的理论问题，但是是否存在"公共行政理论"经证明是最难的问题之一。当然，那些试图回答与公共组织行为相关的理论问题的人参考了政治理论、组织理论、社会理论、经济理论、伦理理论和更多的学科。他们从许多不同的视角着手研究：诸如作为对找到具体问题的答案感兴趣的实践者、作为寻求产生建立一个理论体系的的经验社会科学家和作为希望构建一个广泛的框架来理解公共组织生活的具有自我意识的理论家。考虑到在公共行政理论发展中所提出的不同的背景和兴趣，在这一领域很少达成共识就毫不令人奇怪，甚至对于什么构成好的理论这一点也如此。

公共行政理论是否可能存在这一问题与一个独立的可辨认的公共行政学科是否可能存在密切相关，因为很可能该学科地位的一个标志是发展了一个连贯整合的理论观点。这里，对历史的简要回顾将澄清这些问题。显然，公共行政研究的早期发展出现在政治科学这一学科中，确实，今天有许多人认为公共行政仅仅只是政治科学的一个子领域而已。从这一视角出发，公共机构在治理过程中作用重大，这是在伊斯顿（Easton 1965：50）称之为"对价值的权威性分配"中。人们看到这些机构在许多方面影响了政府的决策，从它们影响公共政策的制定到它们在政策执行中行使自由裁量权。如果事实确实如此，公共行政学就被认为是政治科学的一个构成部分，而适合其研究和实践的理论是政治理论。在这一观点中，公共行政领域内的理论对话就应该集中关注诸如自由、公正和平等等问题。

的确，在早期公共行政研究中发现有这样的关注，但是更为新近则出现了一个不同的视角。正如我们所看到的，其他一些人认为，公共组织是首要和最重要的组织，因此面临着与它们的管理效率有关的问题。例如，关于授权运用的问题就和一个人是私营公司的经理还是联邦机构的经理非常相似。如果这是真的话，公共行政就被认为是管理的一部分，而适合其研究和实践的理论是一般的管理理论（generic management theory）。在这一观点中，公共行政领域内的理论对话就应该集中关注诸如交流、激励和组织动力等问题。

介于这两个观点之间的见解就是德怀特·沃尔多（Dwight Waldo）所突出表达的，即公共行政是一门职业，它吸取了不同的学科和许多不同的理论观点。沃尔多（1975：223-224）用医学领域作了一个类比："不存在单一而统一的疾病或健康理论，理论和基于理论的技术不断地变化，并且存在着广大的未知领域，关于极为重大的医学问题仍然存在着巨大争议，'艺术'因素仍然非常重要。经过严密的审查，'健康'经证明就像'好的行政'一样不能被确定"。但是，医学院校借鉴各种不同的领域成果来培训医生。同样，沃尔多认为，公共行政项目在他们培训未来的行政官员中也借鉴各个社会科学的成果。一个连贯的公共组织理论对这一任务来说并不是最关键的。

将公共行政视为一门职业这一观点借鉴了许多不同的理论视角，它可能成为今天该领域中最主要的观点。但是这也产生了一些困难。一方面，存在着将针对其他领域的一些理论用来指导实践这一问题。从行政实践者的观点来看，政治理论和组织理论都不直接匹配于"现实世界"的问题；它们都没有直接针对行政官员所面临的问题。它们漏掉了至关重要的因素。这导致第二个问题，即协调产生于广大不同的学科观点中的不同理论的理论问题。例如，怎样可能在平等和自由中把政治理论的各种利益和在等级制与控制中的组织利益融合一起？

如果我们认为政治科学因为没有全面考虑组织和管理问题而没有理解公共组织内人们所关注的全部问题；如果我们认为组织分析因为没有充分理解公共组织内的工作的道德和政治背景所以受到限制的话；如果我们认为公共行政作为一门职业的研究领域这一观点是因为它必须一直借鉴其他学科但从来没有直接解决公共行政的问题的话，那么还有什么希望来发展一种连贯的公共组织理论，并从而发展一个适合这些组织内人的各种利益的学科吗？

丹哈特（1993）认为重新定义这一领域能够产生这样的发展。特别是，他认为重新修正的定义应该普遍关注公共组织而不是政府机构的行政，而且应该将公共行政视为一个过程，而不是出现在某一特别类型机构中的行动（如，一个官僚制机构）。被挑选的定义应该把政治理论对公正、平等和回应的关注与组织理论对有效的变化过程的关注融合在一起。作为一种尝试性的定义，丹哈特认为，公共行政关注"在追求公共界定的社会价值观中的管理变革"（Denhardt 1993：19）。

公共管理者的这个观点建议个人对人际关系和结构关系对稳定或变化的组织模式发展的影响保持敏锐，一些人能够认识到组织变化过程中的一些微妙差异并做出回应。也要认识到，公共管理者处于一个设计和执行社会价值观的特殊的关系中，该关系为公共管理提供了道德基础。"（公共）管理者处于一个政治与行政世界的联接中，因此他既不是一个独立的行动者也不单单是政治系统的一个工具。在这种很独特的位置，管理者接受、解释和影响这些指导技能和知识应用的价值观"（Denhardt 1993：20）。

新的定义融合了政治科学和组织分析见解（同时也考虑了其他学科成果）。通过这种方法，可以发展公共组织理论而不仅仅是与公共行政有关的理论。此外，这种新的定义也提出，公共组织中影响公共生活的那些人的重要角色和他们以一种与民主标准相一致的方式管理自己行为的责任。通过这种方法，前面已经讨论的许多问题呈现了不同的状态。

例如，这一新的定义通过承认公共管理者不仅处于对立法机关授权做出回应而且处于更为直接地表达了社会中个人利益需求的这样一个位置，提出了解决政治和行政两分法的一个办法。这种观点提到了行政官员的积极角色，但同时也强调了公共组织工作的道德和政治基础。这一新的领域研究方法承认：既然公共管理者应该积极参与社会价值的公共表达，那么积极持续地关注民主就必须超越对官僚制甚至效率等价值观的考虑。

同样，我们理解组织问题和管理问题之间关系的方式可能也受到影响。通过关注过程而不是结构，这一方法提出有必要理解个人在实施组织和社会变革中的作用。我们可能注意到，这样一种方法与迅速变化的社会要求是一致的，这样的社会要求组织特别具有适应性，这个只可能出现在这种条件下：鼓励和确实能够使个人行使创造性和责任。

最后，通过再次强调公共组织工作中的道德和政治基础，这一方法提出联合知识和行动,学习和变革。反过来,它对公共行政理论中的这些人提出了一个新的角色,这个角色认识到公共行政理论家和实践者共同承担道德义务。这些理论家的责任在过去是最小的,逃到"象牙塔"里去是太容易了。承认,事实上是强调公共服务的道德和政治本质将使这一逃避更加困难,但这也使得发展公共组织理论成为最重大的事业之一。

REFERENCES

Albrecht K. Service America!: Doing Business in the New Economy. Homewood. IL: Dow Jones-Irwin, 1985.

Aldrich H, Whetten DA. Organization sets, action sets, and networks: making the most of simplicity. In: Nystrom PC, Starbuck WH, eds. Handbook of Organization Design, vol. 1. Oxford: Oxford University Press, 1981.

Allison GT. Essence of Decision: Explaining the Cuban Missile Crisis. Boston: Little Brown, 1971. Appleby P. Big Democracy. New York: Alfred A. Knopf. 1945.

____. Policy and Administration. Tuscaloosa, AL: University of Alabama Press, 1949,

Argyris C. Personality and Organization. New York: Harper & Row, 1957.

Argyris C, Schon D. Organizational Learning. Reading, MA: Addison-Wesley, 1978.

Bailey S. Ethics and the public service. In: Golembiewski RT, Gibson F, Comog G, eds. Public Administration: Readings in Institutions, Processed Behavior. Chicago: Rand McNally, pp. 22–31, 1966.

Barber B. An Aristocracy of Everyone: The Politics of Education and the Future of America. New York: Ballantine Books, 1992.

Barber B, Watson P. The Struggle for Democracy. Toronto: Lester and OrpenDennys, 1988. Bardach E. The Implementation Game. Cambridge, MA: MIT Press, 1977.

Barnard C. The Functions of the Executive. Cambridge, MA: Harvard University Press, 1938.

Baum HS. Planners and Public Expectations. Cambridge, MA: Schenkman, 1983.

____. The Invisible Bureaucracy: Problem Solving in Bureaucratic Organizations. New York: Oxford University Press, 1987.

Beilah RN. Habits of the Heart: Individualism and Commitment in American Life. Berkeley, CA: University of California Press, 1985.

Bellone C, ed. Organization Theory and the New Public Administration. Boston: Allyn and Bacon, 1980.

Berger PL, Luckman T. The Social Construction of Reality. New York, Doubleday,

1966.

Blake R, Mouton J. The Academic Administrator Grid. San Francisco: Jossey-Bass, 1981.

Block P. The Empowered Manager: Positive Political Skills at Work. San Francisco: Jossey-Bass, 1987.

————. Stewardship: Choosing Service over Self Interest. San Francisco: Berrett-Koehler, 1993. Bozeman B. All Organizations Are Public: Bridging Public and Private Organizational Themes. San Francisco: Jossey-Bass, 1987.

Byrson JM. Strategic Planning for Public and Nonprofit Organizations. San Francisco, CA: Jossey-Bass, 1988.

Bryson JM, Crosby BC. Leadership for the Common Good: Tackling Public Problems in a Shared-Power World. San Francisco: Jossey-Bass, 1992.

Burke J. Bureaucratic Responsibility. Baltimore, MD: John Hopkins University Press, 1986.

Burrell G, Morgan G. Sociological Paradigms and Organizational Analysis. London: Heinemann, 1979.

Carr DK, Littman ID. Excellence in Government: Total Quality Management in the 1990's. Coopers and Lybrand, 1990.

Cass HD, Catron BL. Images and Identities in Public Administration. Newbury Park, CA: Sage Publications, 1990.

Cleveland FA. The Budget and Responsible Government. New York: Macmillan, 1920.

Cooper TL. The Responsible Administrator: An Approach to Ethics for the Administrative Role. 2nd ed. New York: Kennikat Press, 1990.

————. Handbook of Administrative Ethics. New York: Marcel Dekker, 1994.

Dahl RA. The science of public administration. Public Admin Rev 7: 1–11, 1947.

deLeon P. The democratization of the policy sciences. Public Admin Rev 52 (2): 125–129, 1992.

Denhardt KG. The Ethics of Public Service. New York: Greenwood Press, 1988.

————. Character ethics and the transformation of governance. Int J Public Admin 17 (12): 2165–2193, 1994.

Denhardt RB. In the Shadow of Organization. Lawrence, KS: Regents Press, 1981.

————. Theories of Public Organization. Belmont, CA: Wadsworth, 1993.

Diamond MA. Bureaucracy as externalized self-system: a view from the psychological interior. Admin Society 16: 195–214, 1984.

Diamond MA, Allcorn S. Psychological responses to stress in complex organizations. Admin Society 17: 217–239, 1985.

————. The Unconscious Life of Organizations. Westport, CT: Quorum Books, 1993.

Dimock ME. Criteria and objectives of public administration. In: Gaus JM, White LD, Dimock ME, eds. The Frontiers of Public Administration. Chicago: University of Chicago Press, pp. 116 – 132, 1936.

Dobel JP. Integrity in the public service. Public Admin Rev 50: 354 – 366, 1990.

Downs A. Inside Bureaucracy. Boston: Little, Brown. 1967.

Dunn WN. Public Policy Analysis. Englewood Cliffs, NJ: Prentice-Hall, 1981.

Dunn WN, Fozouni B. Toward a Critical Administrative Theory. Beverly Hills, CA: Sage, 1976.

Easton D. A Framework for Political Analysis. Englewood Cliffs, NJ: Prentice-Hall, 1965.

Edwards GC. Implementing Public Policy. Washington, D.C.: Congressional Quarterly Press, 1980.

Etzioni A. The Spirit of Community. New York: Crown Books, 1993.

Fayol H. General and Industrial Management. Storrs C, trans. London: Pittman, 1949.

Ferguson KE. Bureaucracy and public life: the feminization of the policy. Admin Society 15: 295 – 322, 1983.

Finer H. Administrative responsibility in democratic government. In: Rourke F, ed. Bureaucratic Power in National Politics. Boston, Little, Brown: pp. 326 – 337, 1972.

Fischer F. Politics, Values, and Public Policy: The Problem of Methodology. Boulder, CO: Westview Press, 1980.

Fischer F, Sirianni C. Critical Studies in Organizational Bureaucracy. Philadelphia, PA: Temple University Press, 1984.

Forester J. Critical theory and organizational analysis. In: Morgan G, ed. Beyond Method. Beverly Hills, CA: Sage pp. 234 – 246, 1983.

———. Critical Theory, Public Policy and Planning Practice. Albany: State University of NY Press, 1993.

Frederickson HG. Toward a new public administration. In: Marini F, ed. Toward a New Public Administration. San Francisco: Chandler, pp. 309 – 331, 1971.

———. New Public Administration, Tuscaloosa, AL: University of Alabama Press, 1980.

———. Painting bull's-eyes around bullet holes. Governing (October): 13, 1992.

Friedrich CJ. Public policy and the nature of administrative responsibility. In: Rourke F, ed. Bureaucratic Power in National Politics. Boston: Little, Brown, 1972, pp. 165 – 175, 1972.

Gage RW, Mandel M, eds. Strategies for Managing Intergovernmental Policies and Networks. New York: Praeger, 1990.

Garnett JL. Communicating for Results in Government: A Strategic Approach for Public Managers. San Francisco: Jossey-Bass 1992.

Garvey G. Facing the Bureaucracy: Living and Dying in a Public Agency. San Francisco: Jossey – Bass, 1993.

Gawthrop LC. Public Sector Management Systems and Ethics. Bloomington. In: Indiana University Press, 1984.

Gilmour RS, Halley AA, eds. Who Makes Public Policy? Chatham, NJ: Chatham House, 1994.

Golembiewski RT. Men, Management, and Morality. New York: McGraw-Hill, 1967.

____. Renewing Organizations. Ithaca, IL: Peacock, 1972.

____. A critique of "Democratic Administration" and its supporting ideation. Am Polit Sci Rev 71: 1488 – 1507, 1977.

____. Humanizing Public Organizations. New York: McGraw-Hill. 1985.

____. Handbook of Organizational Behavior. New York: Marcel-Dekker, 1993.

____. Managing Diversity in Organizational Development. New Brunswick, NJ: Transaction, 1995a.

____. Practical Public Management. New York: Marcel-Dekker, 1995b.

Goodnow F. Policy and Administration. New York: Macmillan, 1900.

Goodsell CT. The Case for Bureaucracy: A Public Administration Polemic. Chatham, NJ: Chatham House, 1983.

Gulick L. Politics, administration, and the new deal. Ann Am Acad Polit Soc Sci 169: 545 – 556, 1933.

____. Notes on the theory of organization. In: Gulick L, Urwick L. eds. Papers on the Science of Administration. New York: Institute of Public Administration, 1937, pp. 1 – 46.

Habermas J. Communication and the Evolution of Society. McCarthy TJ, trans. Boston: Beacon 1979.

Harmon MM. Action Theory for Public Administration. New York: Longman, 1981.

Harmon MM, Mayer RT. Organization Theory for Public Administration. Boston/Toronto: Little, Brown, 1986.

Hart DK. Social equity, justice, and the equitable administrator. Public Admin Rev 34: 3 – 10, 1974.

Hummel R. The Bureaucratic Experience. 2nd ed. New York: St. Martin's Press, 1982.

____. The Bureaucratic Experience, 4th ed. New York: St. Martin's Press, 1993.

Ingersoll VH, Adams GB. The Tacit Organization. Greenwich, CT: JAI Press, 1992.

Jun JS. Public Administration: Design and Problem Solving. New York: MacMillan,

1986.

Kaufman H. The Forest Ranger. Baltimore, MD: Johns Hopkins University Press, 1960.

Ketti DF. Sharing Power: Public Governance and Private Markets. Washington, D. C.: Brookings Institution, 1993.

____. Reinventing Government? Appraising the National Performance Review. Washington, D. C.: Brookings Institution, 1994.

Kingdon JW. Agendas, Alternatives, and Public Policies. Boston/Toronto: Little, Brown, 1984.

Kingsley D. Representative Democracy: An Interpretation of the British Civil Service. Yellow Springs, OH: Antioch University Press, 1944.

Kirkhart L. Toward a theory of public administration. In: Marini F, ed. Toward A New Public Administration. San Francisco: Chandler, 1971, pp. 127 – 164.

Krislov S. Representative Bureaucracy. Englewood Cliffs, NJ; Prentice-Hall, 1974.

Lane LM, Wolf JF. The Human Resource Crisis in the Public Sector: Rebuilding the Capacity to Govern. New York: Quorum Books, 1990.

Lappe FM, Du Bois PM. The Quickening of America. San Francisco: Jossey-Bass, 1994.

Levitan DM. Politics ends and administration means. Public Admin Rev 3: 353 – 359, 1943.

Lipsky M. Street-Level Bureaucracy. New York: Russell Sage, 1980.

Lindblom CE. The science of muddling through. Public Admin Rev 19: 79 – 88, 1959.

Lowi T. The End of Liberalism. New York: W. W. Norton, 1969.

Lynn LE Jr. Managing the Public's Business. New York: Basic Books, 1981.

Marini F, ed. Toward a New Public Administration: The Minnowbrook Perspective. San Francisco: Chandler, 1971.

Martin S. Managing Without Managers: Alternative Work Arrangements in Public Organizations. Beverly Hills, CA: Sage, 1983.

Mathews FD. Politics For People: Finding a Responsible Public Voice. Urbana, IL: University of Illinois Press, 1994.

McGregor D. The Human Side of Enterprise. New York: McGraw-Hill, 1960.

Meier KJ. Politics and the Bureaucracy: Policymaking in the Fourth Branch of Government. Duxbury, MA: Duxbury Press, 1979.

Milokovich ME. Improving Service Quality. Delray Beach, PL: St. Lucie Press, 1995.

Moe RC. The reinventing government exercise: misinterpreting the problems, misjudging the consequences. Public Admin Rev (54) 2: 111 – 122, 1994.

Morgan G. Beyond Method. Beverly Hills, CA: Sage, 1983.

Mosher F. Democracy and the Public Service. 2nd ed. New York: Oxford University Press, 1982.

Nagel S, ed. Improving Policy Analysis. Beverly Hills, CA: Sage, 1980, pp. 15 – 33.

Nohria N, Eccles RG, eds. Networks and Organizations. Boston: Harvard Business School Press, 1992.

Nutt P, Backoff R. Strategic Management of Public and Third Sector Organizations: A Handbook for Leaders. San Francisco: Jossey-Bass, 1992.

Osborne DE, Gaebler T. Reinventing Government Reading. MA: Addison-Wesley Publishing Co, 1992.

Ostrom V. The Intellectual Crisis in American Public Administration. Tuscaloosa, AL: University of Alabama Press, 1973.

____. Some problems in doing political theory. Am Polit Sci Rev 71: 1508 – 1525, 1977.

Ostrom V, Ostrom E. Public choice: a different approach to the study of public administration. Public Admin Rev 31: 203 – 216, 1974.

Ott JS. The Organizational Culture Perspective. Pacific Grove, CA: Brooks-Cole, 1989.

Peters BG. The Politics of Bureaucracy. New York: Longman, 1984.

Pressman J, Wildavsky A. Implementation: How Great Expectations in Washington Are Dashed in Oakland: Or, Why It's Amazing that Federal Programs Work at All. Berkeley, CA: University of California Press.

Rainey HG, Milward HB. Public organizations: policy networks and environments. In: Hall RH, Quinn RE, eds. Organizational Theory and Public Policy. Beverly Hills, CA: Sage, 1983.

Ramos AG. The New Science of Organizations. Toronto: University of Toronto Press, 1981.

Rawls J. A Theory of Justice. Cambridge, MA: Belnap Press, 1971.

Redford ES. Democracy in the Administrative State. New York: Oxford University Press, 1969.

Ripley RB, Franklin GA. Bureaucracy and Policy Implementation. Homewood, IL: Dorsey Press, 1982.

Roethlisberger F, Dickson W. Management and the Worker. Cambridge, MA: Harvard University Press, 1940.

Rohr JA. Ethics for Bureaucrats. New York: Marcel Dekker, 1978.

____. To Run a Constitution. Lawrence, KS: University Press of Kansas, 1986.

Rosen B. Holding Government Bureaucracies Accountable. New York: Praeger,

1989.

Rourke FE. Bureaucracy, Politics, and Public Policy. Boston: Little, Brown, 1969.

Salamon LM, Lund MS, eds. Beyond Privatization: The Tools of Government Action. Washington, D. C.: Urban Press Institute, 1989.

Schein EH. Organizational Culture and Leadership. San Francisco: Jossey-Bass, 1992.

Schultz A. The Phenomenology of the Social World. Walsh G, Lehnert F, trans. Evanston, IL: Northwestern University Press, 1967.

Scott WG, Hart DK. Organizational America. Boston: Houghton-Mifflin, 1979.

Seidman H, Gilmour R, eds. Politics, Position, and Power: From the Positive to the Regulatory State. 4th ed. New York: Oxford University Press, 1986.

Seiznick P. TVA and the Grass Roots. New York: Harper & Row, 1949.

――――. The Moral Commonwealth. Berkeley, CA: University of California Press, 1992.

Senge PM. The Fifth Discipline. New York: Double Day, 1990.

Silverman D. The Theory of Organizations. New York: Basic Books, 1971.

Simon HA. Administrative Behavior: A Study of Decision-Making Processes in Administrative Organization. 2nd ed. New York: Free Press, 1957.

Stene EO. An approach to a science of administration. Am Polit Sci Rev 34: 1124 – 1126, 1940.

Stever JA. The End of Public Administration. Dobbs Ferry, NY: Transnational, 1988.

Stewart DW. Ethics and the profession of public administration. Public Administration Quarterly, 45: 487 – 495, 1985.

Stewart DW, Garson GD. Organizational Behavior and Public Management. New York: Marcel Dekker, 1983.

Stillman RJ III. A Preface to Public Administration. New York: St Martin's Press, 1991.

Stivers C. Gender Images in Public Administration. Newbury Park, CA: Sage Publications, 1993.

Taylor F. Scientific Management. New York: Harper & Row, 1923.

Thayer F. An End to Hierarchy! An End to Competition! New York: New Viewpoints, 1973.

Thompson DP. Moral responsibility of public officials: the problem of many hands. The American Political Science Review, 74: 905 – 916, 1980.

――――. Bureaucracy and democracy. In: Duncan G., ed. Democratic Theory and Practice. Cambridge, Massachusetts: Cambridge University Press, 1983.

――――. The possibility of administrative ethics, Public Administration Review, 45:

555-562, 1985.

Thompson G, Levacic R, Mitchell J, eds. Markets, Hierarchies, and Networks. London: Sage Publications, 1991.

Waldo D. The Administrative State. New York: Ronald Press, 1948.

―――, The development of a theory of public administration, American Political Science Review, 46: 81-103, 1952.

―――. Public Administration in a Time of Turbulence. San Francisco: Chandler, 1971.

―――. Education in the seventies. In: Mosher PC, ed. American Public Administration. Tuscaloosa, AL: University of Alabama Press, 1975, pp. 181-232.

―――. The Enterprise of Public Administration. Novato, CA: Chandler & Sharp, 1980.

Wamsley G, Zaid M. The Political Economy of Public Organization. New York: Oxford University Press, 1973.

Wamsley G, Bacher RN, Goodsell CT, Kronenburg PS, Rohr JA, Stivers CM, White OF, Wolf JF. Refounding Public Administration. Newbury Park, CA: Sage, 1990.

Waterman RW, Wood BD. Bureaucratic Dynamics: The Role of Bureaucracy in a Democracy. Boulder, CO: Westview Press, 1994.

Weber M. The Theory of Social and Economic Organization. New York: Oxford University Press, 1947.

White JD. Public policy analysis: reason, method, and praxis. DPA dissertation, George Washington University, Washington, D.C., 1982.

White JD, Adams G. Research in Public Administration: Reflections on Theory and Practice. Thousand Oaks, CA: Sage, 1994.

White JD, Adams G. Reason and Postmodernity: Administrative Theory and Praxis, vol 17: 1, p. 18, 1995.

White LD. The meaning of principles in public administration. In: Gaus JM, White LD, Dimock ME, eds. The Frontiers of Public Administration. Chicago: University of Chicago Press, 1936, pp. 13-25.

White OF, Jr. Administrative adaptation in a changing society. In: Marini F, ed. Toward a New Public Administration: The Minnowbrook Perspective. San Francisco: Chandler, 1971, pp. 59-62.

White OF, Jr., McSwain CJ. Transformational theory and organizational analysis. In: Morgan G, ed. Beyond Method. Beverly Hills, CA: Sage, 1983, p. 292.

Wholey JS, Abramson MA, Bellavita C. Performance and Credibility: Developing Excellence in Public and Nonprofit Organizations. Lexington, MA: D. C. Heath, 1986.

Whyte WH Jr. The Organization Man. New York: Simon and Schuster, 1956.

Wildavsky A. Speaking Truth of Power: The Art and Craft of Policy Analysis. Boston: Little, Brown, 1979.

Willoughby WF. Principles of Public Administration. Baltimore, MD: Johns Hopkins University Press, 1972.

———. The Government of Modern States. New York: Appleton-Century-Crofts, 1936.

Wilson W. The study of administration. Polit Sci Q 2: 197 – 232, 1887.

Wood BD, Waterman RW. Bureaucrat Dynamics. Boulder, CO: Westview Press, 1994.

第五章 公共预算和财政管理领域（1789 – 1995）

卡罗尔·W. 刘易斯[*]

Ⅰ. 引言

A：目的

1. 年代法（chronological Approach）

这篇历史和文献学的文章按年代顺序介绍了一些主要文件、出版物和一些在文献中最持久的，在美国公共预算和财政管理领域最具影响力的理论和实证经验的发展。[①]原始资料（Sources）的多元化反映了这样一个事实：这一领域本身是从实践者和理论家的关注和贡献中以及在理论和应用的研究及分析的相互作用下产生并演变发展的（Rubin 1990）。同样重要的有对有限政府和灵活联邦制的长久奉献，这二者孕育了很多适用于在国家、州和地方政府单位之间和在政府及非政府机构之间转换的理念、经验和创新。

历史不是惟一合法的参照标准（reference），但它是传统的参照标准（Mccaffery 1987；webker and Wildavsky 1986）。它是本章总体的组织因素，因为某些理念或发展的影响可能是周期性的、循环性的、连续性的、滞后的，或者影响如此重大以至于它们蔑视以时间来划分，即根据日历年和10年的一个简单的时间线分段将一个人为连贯性强加在一个复杂的事件上。此外，历史分类方法要求应该关注历史的连续性和断裂性（disjuncture）。不断反复出现的联邦制、权力分立和行政能力（administrative capacity）等主题加强了前者，但是只有后者出现在年代表中（见表1）。

---

[*] 卡罗尔·W. 刘易斯（Carol W. Lewis），康涅狄格大学（University of Connecticut）

表1 联邦预算年表（Chronology of Federal Budgeting）

从宪法到第二次世界大战

1789	《美国宪法》，第一条第七款（Art. 1, Sec. 7），由众议院提出的收入法案（按惯例拨款）；第一条第九款（Art. 1, Sec. 9），为了支出以及公共收入和支出的必要拨款
1789	《关于建立财政部的法案》（1 Stat. 12）。建立构成联邦财政系统基本的组成要素，包括支出、会计以及财政部、审计长和审计员的报告和职务
1791	第一个国内税——关于蒸馏酒（distilled spirits）——被国会通过
1802	筹款委员会（Ways and Means Committee）作为常设委员会建立
1816	参议院设立财政委员会（Senate Committee on Finance）
1819	在麦卡洛克诉马里兰州（McCulloch v. Maryland）一案中，最高法院裁定联邦政府免于被州课税
1837	众议院规则第二十一条（House Rule XXI）未授权的拨款和被立法机关禁止的拨款
1850	参议院规则第十五条（House Rule XV）禁止的未授权的拨款
1865	众议院拨款委员会（House Appropriations Committee）建立
1867	众议院拨款委员会创立
1871	通过拨款议案的附文成立了第一届公务员制度委员会（firs1 Civil Service Commission）
1894	《多克里法》（Dockery Act）确定联邦财政会计实践
1906	《反赤字法》（Antideficiency Act）（31 U.S.C. 1511 et seq.）开始资金拨款（在1950年得以修正以允许预算准备金（budgetary reserve）并在1974年的修正中限制预算准备金
1912	（塔夫脱）经济与效率委员会报告［Report of the (Taft) Commission on Economy and Efficiency］表达了对国家预算和行政预算的需要
1913	美国宪法第十六条修正案（Amendment Art. XVI）国会被完全授权对任何来源的收入规定和征收所得税
1913	《联邦储备法》（Federal Reserve Act）为国家货币政策（national monetary policy）所建立的机构和制度；国会首次授予大量的权力给联邦预算和全国经济机构
1917	《自由公债法》（Liberty Bond Acts）授权财政部还债并以美国信誉借债到一定数额（specified amounts）［债务最高限额（debt ceiling）］
1921	《预算和会计法》（Budget and Accounting act 31 U.S.C. 1101 et seq.）建立了行政预算系统（Executive Budget System）、预算署（Bureau of Budget）和审计总署（General Accounting Office）
1933	国会建立独立的公共公司（public corporation），田纳西流域管理局（Tennessee Valley Authority，TVA）
1935	社会保障制度（Social Security Program）建立
1937	行政管理总统委员会（布朗诺委员会）（President Committee on Administration Management）（Brownlow Committee）的报告表达了总统在行政部门（executive branch）的管理角色和对权力和人事的需要

1937	"第一号机构重组计划"[第 8284 总统令（Executive Order）]将预算局转化成一个角色更加扩大的新的总统行政办公室（Executive office of the president）

战后时期（the postwar period）

1945–1949	
1945	《政府公司控制法》（Government Corporation Control Act）第一次尝试规范和控制政府公司的财政行为
1946	《1946 年就业法》（Employment Act of 1946）建立了总统经济顾问理事会（Council of Economic Advisors）和总统经济报告
1946	《行政程序法》（Administrative Procedure Act）规范了机构中的行政实践
1946	《立法机构重组法》（又叫立法重组法或国会改革法）（Legislative Reorganization Act）确定立法预算（legislative budget）（1949 年撤消）
1949	政府行政机构组织委员会（Commissions on Organization of the Executive Branch of the Government）（第一届胡佛委员会）（first Hoover Commission）的总结报告强调总统在行政管理和"管理运动"中的作用、对行政机构的重组提出建议，并呼吁绩效预算（performance budgeting）

50 年代（the 1950s）

1950	《预算与会计程序法》（Budget and Accounting procedure Act）寻求行政机构资金的控制和责任，建立预算、会计、财政报告、审计和授权的绩效预算的标准
1950	《综合拨款法》（Omnibus Appropriations Act）首次将所有的日常支出用单一拨款法案，但是 1951 年回到个别法案上（separate bills）
1953–1955	第一届胡佛委员会建议限制政府与私营部门相竞争的行为和其他一些关于预算和财政实践的建议

60 年代（the 1960s）

1961	国防部采纳规划项目预算制度（Planning-Program Budgeting System，PPBS）
1962	10988 号行政命令（Executive Order 10988）支持联邦雇员加入工会（unionization）
1965	预算署第 66–3 号公报（bulletin no. 66–3）在行政部门和机构使用 PPBS（直到 1971 年被撤消）
1965	《社会保障法修正案》建立了对老年人的医疗保险方案（Amendment to Social Security Act created Medicare）
1966	预算署 A–76 号通告（circular A–76）执行政府政策以使私人供给者根据成本比较竞争；在 1979 年进一步扩大
1967	预算概念总统委员会（President Commission on Budget Concepts）采纳统一的预算

70 年代（the 1970s）

1970	《立法机构重组法》（Legislative Reorganization Act）扩大审计总署（General Accounting office）的重要角色（项目评估），提供一个 5 年计划
1970	《第二号重组计划》（Reorganization Plan No. 2）将预算署重组为行政管理与预算局（Office of Management and Budget），并重新强调管理角色
1971	正式取消了规划项目预算制度（PPBS）
1972	尼克松政府对国内项目进行了史无前例的巨大的撤消和扣押
1972	《州和地方财政协助法》（State and Local Fiscal Assistance Act）（P. L. 92–

	512)建立一般收入共享和开始"新联邦主义"(new federalism)。1986年被中止
1972	审计总署签发政府审计标准的全面声明
1972	预算控制联合研究委员会(Joint Study Committee on Budget Control)成立,对1973年报告进行了重要的修改,到1974年成为预算法
1973	《全面就业与培训法》(Comprehensive Employment and Training Act,ETA)建立对州和地方政府培训和就业的财政援助
1974	《国会预算和扣押控制法》(Congress Budget and Impoundment Control Act)(P. L. 93-344)建立国会预算程序和时间表、众议院和参议院预算委员会(House and Senate Budget Committee)、国会预算署(Congressional Budget Office)以及审查撤消和延期的程序
1974	通过《社会保障法》的修正案增加了自动的生活费用调整(Automatic cost-of-living adjustment,COLA)
1977	行政管理与预算局第77-9号公告,零基预算(zero-base budgeting)被引入行政部门和机构(并于1981年被官方中止)
1978	《充分就业和平衡增长法》(《汉弗莱—霍金斯法》)(Full Employment and Balanced Growth Act)(Humphrey-Hawkins),国会授权总统建议并着手与生产价格和就业有关的行动
1978	《检察长法》(Inspector General Act)在主要国内机构中建立独立的单位来进行审计和调查以减少欺诈、浪费和滥用

80年代(the 1980s)

1980	调解过程(又叫账目核对过程)(Reconciliation process)。在改变后第一次作为预算解决方案的一部分而被使用,允许在国会预算过程的最初被使用
1981	里根政府在行政管理和预算局A-11通告中放弃零基预算
1981	《综合预算法》(又叫《综合调解法》)(《综合预算调解法》)(Omnibus Reconciliation Act)在第一个解决方案中使用调解
1981	《经济复兴税法》(Economic Recovery Tax Act,ERTA)引进重要的减税,包含减少最高个人税收等级
1981	第12291号行政命令,要求新的具有一亿美元或更大的年度经济影响的重大规制接受成本效益分析
1982	平衡预算的修正案在参议院被批准但没有在众议院得到通过
1982	在移民归化局诉查德哈一案中(Immigration and Naturalization Service v. Chadha),美国最高法院削弱了立法否决权
1982	《联邦经理人财务诚实性法案》(Federal Managers' Financial Integrity Act)(31 U. S. C. 3512)通过要求对国内控制和会计系统的年度评估和报告以减少在机构运行中的欺诈、浪费和滥用
1982	《税收公平与财税责任法》(Tax Equity and Fiscal Responsibility Act,TEFRA),该法案在医疗、事故减少以及养老金和退休计划上开始实行重大变革
1982	行政管理和预算局制定了与OMB通告A-123相一致的国内控制评估指南
1983	审计长签署联邦机构内部控制标准
1984	《总统私营部门成本控制调查报告》(President's Private Sector Survey on Cost Control)(格雷斯委员会)(Grace commission)。它强调效率和节约,发布了包

	括大约2500份建议的47份报告,并得出联邦报告和会计系统是不适当的这一结论
1984	《单一审计法》(Single Audit Act)通过建立统一而单一的对联邦拨款接受者的统计要求来精简政府之间的财政系统
1984	《联邦资本投资项目法》(Federal Capital Investment Program Act)。作为1985年总统年度预算提交议案,要求在统一的预算中突出资本投资支出
1985	《平衡预算与紧急情况赤字控制法》(格拉姆－拉德曼－霍林斯法)(Balanced Budget and Emergency Deficit Control Act)(Gramm-Rudman-Hollings Act, GRH)(GRH, P L 99－177)。如果规划的赤字超过了目标,就通过强制性扣押减少年度预算赤字,从1986年到1991年减至为零;如果预期赤字超过目标,立法工具就是债务限制的延伸
1985	第12498号行政命令确定了行政管理与预算局对规制进行清理,包括机构的规制政策和建议
1985	在1986年财政年度的调解议案中,地方政府一般收入共享没有得到再次授权
1986	在鲍舍诉西纳尔一案中(Bowsher v. Synar)(106 S CT 3138),最高法院判决《平均预算与紧急情况赤字控制法》自动激发扣押机制因违背了权力分立原则而无效
1986	《税制改革法》(又叫税收改革法)(Tex Reform Act)(P. L. 99－514)。它引进了1986年《国内税收法典》(Internal Revenue Code),该法典对税收系统进行主要的检查,包括:减少个人税率(tax rate)和税级(tax brackets)的数目、消除许多税收扣除(tax deductions)和税收优惠(tax preferences),并恢复标准减少(1944－1977)
1986	1987年财政年度《国防授权法案》修正案(P. L. 99－145, Sec. 1405)。国会授权总统给1988和1989财政年提交第一个两年一度的国家预算
1986	《平衡预算修正案》在参议院以一票之差没有通过
1987	随着10月股票市场的下跌,成功的立法与行政谈判寻求一个两年预算协定
1987	《平衡预算与紧急情况赤字控制法》(Balanced Budget and Emergency Deficit Control Reaffirmation Act)(P. L. 100－199)。修正了1985年《格拉姆—拉德曼—霍林斯法》(GRH)以重新设定赤字削减目标,将平衡预算推迟到1993年完成;恢复自动扣押激发(automatic sequestration trigger),授予行政管理与预算局职责;立法机关的工具是债务限制的扩大
1988	乔治·布什(George Bush)接受共和党提名,在他的"你给我仔细听好"的保证中承诺不加税
1988	南卡罗莱纳州诉贝克(South Carolina v. Baker)一案。案中,最高法院支持1982年《税收公平和财税责任法》[Sec. 310 (b) (1)],并认为没有宪法授权不能对州和地方公债和所得征收税款
1989	在减少政治分肥(pork-barrel politics)的努力中,通过法律建立了独立委员会以建议关闭或减少过时的军事基地的规模
1989－1990	每个财政年度赤字都超过《格拉姆—拉德曼—霍林斯法》(GRH)的赤字目标
	90年代 (the 1990s)
1990	布什总统提交的预算包括对平衡预算的宪法修正案、单款项目否决授权、两年一度预算和更多等建议

1990	历史上的第二次,众议院考虑对宪法进行一次"平衡预算"的修正案,它因离必需的 2/3 的多数票还差 7 票而失败;参议院司法委员会(Senate Judiciary Committee)汇报平衡预算修正案
1990	在预算陷入僵局时,联邦雇员被迫临时休假
1990	《联邦信贷改革法》(Federal Credit Reform Act)通过要求政府所有和政府承办的企业去补贴必须受到预算和划拨的资金的贷款成本,从而改变了对贷款和贷款担保的预算处理办法
1990	《首席财务官法》(Chief Financial Officers Act)将对联邦预算管理的责任分配给行政管理与预算局的副署长和联邦财务管理办公室(the Office of Federal Financial Management);在 23 个主要部门任命首席财务官和首席财务官委员会;努力建立一个整合的财政管理系统,将预算和会计与监督预算执行相联系;要求机构准备审计财务报表
1990	行政管理与预算局(OMB)、财政部和审计总署(GAO)建立联邦会计标准咨询委员会(Federal Accounting Standards Advisory Board, FASAB)以制定统一的会计标准
1990	为 1991 财政年度所产生的《综合预算调整法案》(Omnibus Budgeting Reconciliation Act)(P. L. 101-508)提高了高收入者的所得税率、吸收了旨在节约大约 5000 亿美元的 5 年支出削减,并有效地撤消《平衡预算与紧急情况赤字控制法》;随后通过了拨款,许多拨款并没有最终的立法文本
1990	《1990 年预算执行法》(Budget Enforcement Act of 1990)(BEA; Title XIII of 1990 OBRA)对《格拉姆—拉德曼—霍林斯法》和 1974 年《国会预算法》进行了主要修改;将焦点由固定的赤字限额转到支出控制上来;基于变化的赤字目标延续到 1995 财政年度的赤字目标建立新的赤字控制;对自由裁量开支以及对收入和直接支出的"量入为出"(pay-as-you-go)的规则(赤字中性)进行限额;并修正了扣押程序(小额扣押)
1992	多种版本的平衡预算修正案被提出,但没有得到国会通过
1993	克林顿总统赤字削减的一揽子方案增加高收入者的边际税率(marginal tax)
1993	行政管理与预算局(OMB)修订了它 1984 年 A-127 号公告——"财务管理系统"(Financial Management Systems),并要求每个机构建立一个单一的整合财务管理系统
1993	国家绩效评估委员会(National Performance Review, NPR)包括一些预算和财政管理的建议,这些建议包括增加管理自主权,例如,权力终结、人事上限(lapses staffing ceiling)和受限制的逐条登记(restrictive itemization)及两年一度预算周期(biennial budget cycle)
1993	第 12839 号行政命令指导机构裁减 5%的雇员或从 1993 到 1995 裁减 10 万名雇员
1993	《1993 年政府绩效与结果法》(Government Performance and Results Act of 1993)(GPRA; P. L. 103-621)。根据 8 年执行时间表,它要求联邦机构设定年度绩效目标;要求行政管理与预算局(OMB)开始提交 1999 财政年度的政府绩效计划预算
1993~1994	在预算提交时,克林顿总统根据《预算执行法》调节最大赤字总额
1994	在他关于 1995 财政年度的预算信息中,克林顿总统宣布在 1994 年将削减大约

	340个自由裁量项目,并提议削减大约300个非国防项目,其中包括终结100多个项目
1994	《联邦采购简化法》(Federal Acquisition Streamlining Act)更新和简化了采购程序
1994	《与美国签约》)(Contract with America)由376名共和党候选人签署,其中包括许多国会议员候选人;强调责任和减少政府角色,建议包含一个独立全面的国会审计;通过增税必须超绝对多数票;零基预算(zero-baseline budgeting);平衡预算和税收限制修正案;单项条款否决(line-item veto);包括使用风险评估和成本效益分析的规制改革;无资金授权改革(unfunded mandate reform)
1994	行政管理与预算局(OMB)A-34号通报,即"关于预算执行的指导文件",自从1985年进行重要修订以来再次得到修订以解释在法律实践中的变化
1994	行政管理与预算局(OMB)A-11号通报,即"概算(Budget Estimate)的准备和提交",得到修订以解释《1993年政府绩效与结果法》
1995	单项条款否决和平衡预算的修正案再次被否决
1995	《无资金授权改革法》(Unfounded Mandates Rform Act)(P. L. 104-4)。该法强调披露(disclosure)和责任,该法要求国会预算局对政府授权超过5000万美元(私营部门为1亿美元)界限的给授权委员会提供成本估算,但不包括宪法所保障的公民权等范畴;建立程序问题(point of order)的议事规则,反对在没有国会预算局的成本估算下考虑议案,反对总的成本超过界限的无资金授权;实际上国会在签署授权时必须记录在案
1995	根据联邦立法,华盛顿特区(Washington D. C)建立了一个财政监管实体(控制委员会)
1995	行政管理与预算局颁布了A-87号财政通报的修正,即"州、地方和部落政府(Tribal Governments)的成本原则",因此为授权(grants)、补偿(reimbursements)和承包契约(contracts)设定了成本计算标准
1995	在联邦机构中引进要求使用风险评估和成本效益分析的法案,这使得联邦机构有了生气,但却在预算和政策制定中留下一个没有解决的方法论问题
1995	《暂停规制制定》(Moratorium on Regulatory Rule Making)在众议院和参议院得到通过
1995	国会倾向于通过支持对给予州的一揽子拨款进行资金限额来停止既享权利项目和转移项目对州失助儿童家庭扶助(Aid to Families with Dependent Children)、食品券,对穷人的医疗补助方案(Medicaid)的责任
1995	债务最高限额在国会和总统之间的预算僵局中成为抵押品(在4.9万亿美元);联邦机构关闭,8万名"非必要"雇员在11月暂时休假

2. 以联邦为重点 (Federal Emphasis)

这里历史的重点放在联邦政府上,因为今天它在系统的财政、经济和智力上占据支配地位。它提供了惟一的我们所拥有的全国性应用的模型。此外联邦的实践和过程(process)是相对复杂的,因此学者和实践者都很感兴趣。考虑到与州和地方政府相联系的经历和实验的多样化和数目之多,一个联邦焦点将允许把某种分析规则（analytical order）强加到一个可能很容易变得复杂甚至混乱的叙述上。当前大部分文献就反映了这一相同的分析选择（analytical choice）。从一个系统的视角来看，在联邦层面按年月顺序排列的主要发展与州和地方政府的趋势和文献最佳地联系在一起。

3. 文献目录索引标准（Bibliographic criteria）

文献目录的组成部分是由一个官方和非官方出版物、实践者和学者的作品、各级政府和主要事件及趋势（由于篇幅和清晰度的原因，大多数对该领域有影响的法院判决被排除在外）的混合物。一个多样的、迅速增长的文献——其规模、多样化和技术语言威胁和诱导那些未入门的人（the uninitiated）——强迫有同感的和负责任的选择。重提弗雷德里克 A. 克利夫兰（Frederick A Cleveland）的观察很有用，他当时是纽约市非常有影响力的市政研究局（Bureau of Municipal Research）的局长，他观察到："探索美国预算理念演变中的困难并不在我们要掌握的历史材料上，而在将要讨论什么'理念'的相关决策上"（Cleveland 1915：15）。为了我们的目的，选择来自于四个标准类别，包括在实践上重大地影响了这一领域的法规和其他主要的法律参数的来源；那些集中体现正统学说和传统实践的出版物，包括定义了职业标准的示范立法（model legislation）和权威申明；代表了特别是具有学术或历史影响力的思想或实践创新的出版物；以及参考频度高的经典作品。[②]这些选择标准容许弄错一种特别的包括或省略选择，但不是反复无常的或者任意专横的选择。

B. 背景

1. 公共行政（public administration）

美国的预算和财政管理与更广泛的公共行政领域同步发展。公共行政系统的背景是西方政治思想和一个历史上动态但又稳定系统的共同遗产，我们全力使其轮廓符合不同的时期。当我们回应和调节变化并将其整合到我们的政治形态和思考中的同时，我们采纳、改变、摒弃和修订了我们对历史和经历的解释。战争、宏观经济变化如萧条和全球相互依赖、理念如"科学管理"和职业理想、产生了政治和行政需求的人口变化，以及从电话到电脑的技术进步——反映在提高了的行政和分析能力（和速度）之中——这些都促进了在公共行政系统内和在预算理论和实践中的变革。

2. 动力学和稳定

尽管变化很重要和富有戏剧性，但是一个精确的描述同时也强调了这些连续线（threads of continuity），正是这些连续丝线长期以来把该体系和该领域跨越了整个美洲的大陆联系在一起。"控制"这一十分重要的问题，它确保具体区别对待。我们对那些制定决策和决策改变行政和技术能力的方式的理解也是如此。但是根据作者的观点,另外一个主题和美国预算系统的核心是持续依靠建立在民主原则、联邦共和制、政治制衡和权力分立基础上的政府结构。因此,尽管在这一章中所强调的现代行政时代出现的日程早就被确定,但是我们一开始还是求助于美国宪法。作为这一系统的核心主题、历史和法律文件,美国宪法是历史的逻辑起点,适当地充当了我们当前和仍在发展的系统的背景。

Ⅱ. 历史经历

A. 美国宪法(U.S. Constitution)

1. 汉弥尔顿观点(Hamiltonian Perspective)

美国宪法是基于《邦联条例》(Articles of Confederation)缺陷的一种试验。在1789年为了争取各州的批准,亚历山大·汉弥尔顿(Alexander Hamilton)在他的《联邦党人文集》中阐述了他关于预算问题和邦联缺乏集中的资源和权力等观点。这一根源对于理解宪法背后的目的和基于宪法的政治体系是至关重要的一系列文章(Mosher 1976, 10; Rossiter 1961)。汉弥尔顿生动地描述了这一问题:

> 货币和财产一起被恰当看作实体政治(body politic)的最重要的原则,是维持政治实体的生命和行动,并使它能够执行其最主要职能的东西。因此只要社会资源允许,获得固定而充足的货币供应的一个完全的权力可能被认为是每个宪法一个不可缺少的成分。由于这方面的缺乏,以下两种弊端必然会产一种:不是人民必然遭到不断的掠夺,作为一种代替供应公众需要的更为适当的办法,就是政府必然陷入致命的萎缩状态,并且在短时间内灭亡(Federalist No. 30)

汉弥尔顿,后来成为第一任财政部长(Secretary of the Treasury),进一步做出了无法反驳的观察结果:"在政治算术中二加二并不总是等于四"(Federalist no 21)。③

美国版本的殖民地遗产其在国王和议会之间的冲突至少可追溯到《大宪章》(the Magna Carta)时期,这一遗产在由宪法代表并通过宪法所产生的制度和程序方面得到了发展。政府机制是建立在政治制衡(checks and balances)和权力分立基础上的,而且正是在谨慎戒备的宪法权力中行政立法特权得到了监控。这一观点持续占主导地位:"因此,围绕预算的重大斗争发生在总统与国会之间。预算政治被这种斗争的'英雄传奇'所主导"(Shuman 1984: 16)。④

2. 宪法第一条和修正案

最初,预算和经济权力完全被授予国会,国会通过拨款仍然保留着授权支

出的这一宪法权利。宪法中的预算权力列举如下:

第一条第七款 所有征税议案应首先在众议院提出,但参议院得像对其他议案一样,提出或同意修正案。

第八款 国会有权:

规定和征收直接税、进口税、捐税和其他税,以偿付国债、提供合众国共同防务和公共福利,但一切进口税、捐税和其他税应全国统一;

以合众国的信用借款;

管制同外国的、各州之间的和同印第安部落的商业;

制定合众国全国统一的归化条例和破产法;

铸造货币,厘定本国货币和外国货币的价值,并确定度量衡的标准;……

招募陆军和供给军需,但此项用途的拨款期限不得超过两年;……

以及制定为行使上述各项权力和由本宪法授予合众国政府或其任何部门或官员的一切其他权力所必要和适当的所有法律。

第九款 …… 除依本宪法上文规定的人口普查或统计的比例,不得征收人头税或其他直接税。[参照第十六修正案]

对于从任何一州输出的货物,不得征税。……

除根据法律规定的拨款外,不得从国库提取款项。一切公款收支的定期报告书和账目,应不时予以公布。……

第十四条修正案第四款 对于法律批准的合众国公共债务,包括因支付平定叛乱或反叛有功人员的年金和奖金而产生的债务,其效力不得有所怀疑。……[1868]

第十六条修正案 国会有权对任何来源的收入规定和征收所得税,无须在各州按比例进行分配,也无须考虑任何人口普查或人口统计。[1913]

3. 财政部

新政府筹备时的首先一步是《关于建立财政部的法案》(An Act to Establish the Treasury Department)(1 Stat. 12 [1789])。[5]它建立了最基本的模型或"联邦财政系统中的基本要素"(Mosher 1976:8)。该法案也明确地表达了该系统通过建立机制来强调控制,今天我们大体上也依赖这些机制,这些机制包括在财政部长、审计员(Comptroller)、稽核员(Auditor)、财务员(Treasurer)、注册员(Register)和助理部长(Assistant to the Secretary)之间进行专门和详细的职责区分;要求在财政部长制定的政策中需要有审计员的副署认证(countersign warrant）；要求财政部长给每届国会的报告"真实全面地叙述财政部的状态"；并且禁止出现宪法第八条中出现"利益冲突"，即"任何被任命到由本法令所制定的职位上的人，都将不得直接或间接对从事贸易或商业活动加以关注或感兴趣"。正是通过财政部长这一职位汉弥尔顿设计了一套管理联邦国债的战略，到 1790 年独立战争（Revolutionary War）时联邦国债增加到 7000 万美元（Swan, in Rabin and Lynch, 1983：12）；现在的观察家即使不认可美元币值也能够认识到这一问题。

18 世纪以一些这样的制度和问题而结束，这些制度和问题继续在当代发挥着积极的作用。国会在 1796 年建立了一个临时性筹款委员会（Ways and Means Committee）；到 1802 这一委员会变成了永久性的机构（Smithies 1955：51）。新的财政部门注定在 130 多年之后成为第一个新的预算署（Bureau of the Budget）。在汉弥尔顿部长任期内年度拨款法等于一些整笔拨款（lump-sum appropriation），拨款之一是关于国库支付担保命令（treasury warrants）的，另外一个是关于文官年俸（civil list）的，第三个是给陆军部的（Department of War），第四个是 1791~1794 年间的其他一些开支（Smithies 1995：50）。但是从 1795 年开始，新的机器如其所愿开始在下一个世纪并且在另外一个重要的方面运转；国会通过投票具体且不可转让的拨款（nontransferable appropriations）来行使其宪法权力并防止行政"过度"（executive excess）。

B. 19 世纪的立法预算（Legislative Budgeting）

1. 强行限制次国家负债限额（Imposition of Subnational Debt Limits）

对于一些人来说，历史视角有助于将一些事件融合和理顺成一个平稳的时间流，这个时间流只受到一些重大的事件如内战所干扰。但是，19 世纪是一个变革和动乱、是一个边境和城市增长以及城市贫穷（squalor）、劳工骚乱、过度党派性、腐败和首领对政党严格控制的时代。例如，那时被公共财政管理的一些重大发展所强调的（见表 1）是州对重要公共工程（public works）的财政资助最终导致负债限额。

> 在 19 世纪 20 年代，所采取的一个巨大行动就是提供内部改进，通过提供财政制度（financial institution）和交通纽带（transportation links）以扩大各州的经济基础设施。……各州积极地借贷为运河、银行、铁路、公路和其他企业筹集资金。……债务开始急剧增加。……理论上，这些借贷应该由那些投资得来的收入而不是从税收中偿还。但是这种人为的繁荣，这一建设热潮导致对工程的总体上投资过度，直接欺诈行为非常普遍。……这一借贷"泡沫"在 1837 年大恐慌中归于破裂。……为了防止进一步的过度，抚慰纳税人（taxpayer）挫折感，重建以及恢复投资者对债券的信心，对债务进法律限制（consti-

tutional Limits），在州这一层级被强迫执行。……对于借贷这样的限制现在仍然存在（Bennett and DiLorenzo 1983：13-15）。

内战后这一模式两次被地方政府重演，负债额从1860年的1.5亿美元攀升到1890年的9亿美元（Friedman 1985：528）。结果各州开始强行限制地方借贷（Moak and Hillhouse 1975：262）。这些影响州和地方财政的发展更为重要的是因为这些政府在整个系统中的角色；从雇员的数量和政府开支的比值来测评，这些发展在这一时期支配了整个美国系统。

2. 国会支配的联邦预算

在联邦层级，"在整个19世纪除了短暂的战争年代，国会支配了美国政府以及它的预算和预算程序"（Shuman 1984：17-18）。在19世纪通过使用在大部分账目之间不可转让的详细拨款（detailed appropriations）来行使这种支配地位。此外直到第一次世界大战后，所有的这些运作都是在一个系统的背景下，即"机构仍然遵循杰斐逊主义传统准备他们的估算（estimates），并将估算交给财政部，财政部再交给国会"以及"总统不参与预算程序，也没有一个整体的行政机构计划（Executive Branch Plan）"（Lynch 1985：319）。用这一主题的一位权威的话来说，"值得注意的是，从1789年到1884年，国会在立法中主要关注的是这些支出的合法性，而不是这些支出所购买的东西的可以理解的记录"（Smithies 1995：63）。因此它发展到"当国会想要声称它有权凌驾于行政部门之上时，它重新千篇一律地转而严格限制使用拨款"（smithies 1995：49）。

3. 拨款过程

虽然立法和行政之间的紧张、行动和反行动（move and countermove）说明了一些事情，但是许多事情正在占主导地位的部门——国会——内部发生，它们也说明了在预算过程和权力中的持续调整。两步授权拨款程序于1837年在众议院、1850年在参议院开始（Shuman 1984：57）使用；独立的拨款委员会首先于1865年在众议院、两年后在参议院建立（但是对重大拨款的控制权威20年后转交给实体委员会（substantive committee）。有关信贷事项的管辖权也于1965年从赋税委员会转移到银行和货币委员会（Banking and Currency Committee）。这一时期的标志还有当代"波托马克河场景"（Potomac scene）观察家所熟悉的"臭名昭著"的预算实践，如处理财政法案中的实质性问题。例如，对有关格兰特政府（Grant）滥用职权的回应中，国会于1871年建立了第一届公务员制度委员会（Civil Servile Commission），作为一个拨款法案的附加部分。

因为对19世纪拨款程序进行一个概要的描述是在没有一个全面计划或行政指挥（executive orchestration）的条件下进行的，我们求助于1912年塔夫脱委员会（Taft Commission）的报告，根据该报告：

……美国的估算报告(Book of Estimates)是进行预算的一个最近的途径,确切地说它或多或少是许多已经完全领会的信息,这些信息由立法机构的代理人提交给立法机构以便立法机关委员会考虑,使得立法机关既能提出又能决定在预算周期(budgetary period)由行政机构来执行的政策。

因此,这些条款正是我们迎接现代时期的预算和财政管理所依据的条款。

Ⅲ. 现代时期的出现

A. 连续性和断裂性(Continuity and Disjuncture)

1. 政府角色的变化

美国预算和财政管理现代时期的特征是反映了在更大政体内发展的一些重大变革。也许最重要的发展是政府自身角色的变化。20世纪的公共部门受到众多压力的影响,诸如严重的经济混乱和政治威胁:"大萧条"(Great Repression)、全球战争和在一个相互依赖的城市社会中民众骚乱。对此的回应就是从一个小的、有时甚至是微不足道的公共集会转变成构成广泛定义的社会经济系统的一个必要组成部分。增长和变化的模式被这一事实所简明概括:尽管1929年整个政府支出只占国民生产总值的1/10,但是半个世纪以后,这一比值已经增长到整个政府支出大约占到这个国家经济活动的1/3。[6]

增长的广泛模式模糊或忽略了其他的重大趋势,其中构成联邦系统的各级政府的相对重要性的变化绝对不是最不重要的,联邦政府逐渐在开支方面支配该系统。虽然从百分值来看就业相对稳定,在上半个世纪地方政府大约占据了3/5的文职政府雇员,但是就自有来源(our-source)的支出而言,地方政府从三个主要政府层级中的第一位下降到最后一位。这一变化所暗示的财政依赖因政府间转移和援助项目的重要性而突出。一项研究强调政府间限制和财政萎缩(fiscal atrophy)是市政预算(Municipal Budgeting)中最主要的特征(Friedman 1980);同样,另一种渠道(source)用不同的语言将贫穷和肯定确定为市政预算的两个特征(Wildavsky 1975:114 – 135)。直接讨论这些相同趋势的持续突出性,注意力则从20世纪80年代早期强调节约(Burchell and Liskotin 1981; Carr 1984; Clark and Ferguson 1983; Levine 1980; Levine et al. 1981; Rubin 1979)转移到对联邦政策和资助变化的影响研究上来(Nathan et al. 1983; Palmer and Sawhill 1982)。[7]更多的冲突、新的规则和可能的不同赢家被预测(Caiden 1981),而随后的发展也证明了这些预测(Gold 1995; Walker 1995)。对州和地方预算的实践和学术研究包括程序的变化、联邦援助、政治和社会经济变量、州的政策、授权和其他法律限制、财政压力（fiscal stress）、经济衰退的后果及更多。⑧

2. 联邦预算的转变

随着联邦政府开始支配政府预算（根据标准项如占整个政府支出的百分比等来测评），行政机构也开始支配联邦过程。实际上，朝着"行政预算"（executive budgeting）的发展是现代时期各级政府预算最显著的特征。例如，俄亥俄州（Ohio）就比华盛顿州早10年采纳行政预算。在说明系统视角重要性的同时，行政预算的背后动力常常追溯到进步时期（Progressive Era）的市政改革议事日程和发展高级复杂的公共行政和行政能力上，但是在联邦层级的转变对于理解这一领域的文献和历史是至关重要的。

根据学术界的共识，公共行政的现代时期是1887年伍德罗·威尔逊（Woodrow Wilson）的《行政之研究》（The Study of Administration）一文的发表（Wilson 1887）所开创的。虽然预算职能并没有得到特别讨论而值得一提，但是威尔逊对舆论（public opinion）的评论和他的结论，即"建立美国行政科学基础的原则必须是那些将民主政策牢牢放在心上的原则"和"我们的职责就是给一个联邦组织、给系统内的系统提供最好的最可能的生活"，都强调了连接现代和以前的行政时期的连续性［诸如立宪主义（constitutionalism）、联邦主义以及责任和控制等］。［后来，具有讽刺意味的是，作为总统的威尔逊竟然否决了可以毫不夸张地说是美国历史上的一个主要改革文件，即1921年《预算与会计法案》（Budget and Accounting Act of 1921）的一个早期版本（see note 13）］。

B. 缓慢前进的行政预算

1. 行政预算的市政根源

20世纪的公共预算和财政管理大体上讲述了行政与立法的关系、控制政府开支和抑制腐败及滥用职权的努力措施、政府间关系以及在行政中变化的观点和技术。所有这些都与这个世纪早期在朝行政预算和其他政府改革的发展中汇集起来的。改革的一个重要来源是国家市政联盟（National Municipal League），它是明确效力于政府改革的一个非政府组织，是在威尔逊的文章出版的这10年中组织起来的。该联盟1916年的第二个模范城市宪章（Model City Charter）要求在政策（理事会）和行政（城市经理）以及行政预算之间进行严格区分，即：

> 第三十六款：年度预算，城市经理需在接到各部门主管进行的估算后，准备和向委员会提交年度预算。
>
> ［第三十七款：建立六个行政部门，其中一个是财政部门；第五

十一款呼吁统一分类]（Mosher 1976：82 – 89）

纽约市政研究局（New York City's Bureau of Municipal Research）最有名的可能是它的类型，它最初根据公司章程成立于1906年，这些章程明确确定它的价值是有效率和经济的政府；这些价值，和标准化、职业化（professionalization）及确保它们活力的改革一起，开始支配公共行政的往后时期（ensuing period）。也许，这一新的问答教学法（catechism）非常明显地推动了公共预算和财政管理的改革，而对市政研究所具有决定性影响的研究、培训和实践也是非常明显的（Dahlberg 1966）。⑨

2. 塔夫脱委员会（Taft Commission）

虽然行政部门常规、一致所形成的，并提交由立法审查和拨款的单一全面的预算规划理念主要产生于城市地区——那是一个丑闻、腐败、暴行和滥用职权的"扒粪者时代"（muckracker's era）——这一理念逐渐在其他政府层级开始生根。塔夫脱总统在1910年建立经济和效率委员会（Commission of Economy and Efficiency），1912年塔夫脱委员会的报告打破了从内战到世纪之交由四个国会委员会检查行政事项的先例。它"认同总统对行政负责这一概念"（Mosher 1976：49），它"提出了总统行政联邦部门中统一开支用途分类，一起报告给总统"。⑩1912年塔夫脱委员会用这些话来重新定义了预算和预算目的：

> 在本报告中所使用的预算是指由行政所准备并提交给立法机关的一份建议书。一个预算的使用要求政府执行一个完全相反程序，即行政机关提供预算声明给立法机构作为财政管理的账目和对未来的建议。因此，一份准备和提交的全国预算将服务于一份计划书这一目的。它的目标是概要地陈述对形成政府政策和提供财政支持所必要的事实。

尽管国会没有立即采纳委员会的建议，但是塔夫脱总统却努力根据这些新观点行动。1911年他把集中的表格分配给各部门首脑以重新分配估算准备中的数据。他甚至于提交过一份执行（行政）类型（executive-type）预算给国会，国会的响应就是将这一预算提交给拨款委员会（the Appropriations Committee）处理，"拨款委员会没有考虑、行动或报告，就将它搁在那里"（Cleveland 1915：28）。

3. 拨款

塔夫脱委员会报告的产生并不是孤立的，而是在那一时期得到许多其他重要事件支持的背景下产生的。1906年的《反赤字法》（Antideficiency Act of 1906）（34 Stat. l. 40）指出了对预算和财政管理进行计划和控制的持续兴趣和认识必要性。在一个对过去实践的主要背离中，它规定拨款以打击使用不足的拨款（deficiency appropriations）。根据这一法案，拨款"将……逐月或按照其他分配方式进行以阻止按照该年的一个部分开支，这种支出方式使补拨款或附加拨款成为必需……"（in Smithies 1995：156－57）。[11]

4. 授权（Delegating Authority）开始的最初阶段

第一次国会关于联邦预算和国家经济的重大权力的授权发生在 1913 年，当时国会通过了《联邦储备法》（Federal Reserve Act）。国会没有授权给总统而是给一个规制机构，从而建立了一个"类私营、类公有的机构，使得它独立于总统，但却是国会的代理人"（Shuman 1984：18）。另外的例子是通过了两个《自由公债法》（Liberty Bond Acts 1971），这些法案授权财政部门可以到某一特殊额或"债务限额"内偿还债务和以美国的信誉借贷；对 1917 年第二个《自由公债法》的修正案仍然被用来增加债务限制。这些国会法案开始了被视为现代预算特征的一个整体模式，即

> 在 20 世纪，国会将它的预算权逐步授予给总统。这常常不是阴谋或掠夺的结果，而是国会深思熟虑的授权、国会权力的衰弱或回避的结果（Shuman 1984：17－18）。

那么原因是什么？用一种回答来说，"每次法案和每次权力转移之前都是经济问题、恐慌、战争或宪法危机"（Shuman 1984：20）。总之，外在的或环境因素挤压着系统并迫使产生适应性的回应。

5. 公共行政的影响

创新理论的发展和完善过去是现在也是环境的一个重要部分。1912 年 1 月 25 日弗里德里克·W·泰勒（Frederick W. Taylor）在美国众议院前为"科学管理"作证。几年之后，在 1915 年，美国政治和社会科学院（the American Academy of Politcal and Social Science）出版了名为"公共预算"的一个里程碑著作。它的贡献就是做出一个连贯统一的声明，引导学者和实践者支持一个分析的、系统的、行政的预算方法；它的范围是全国性的［加利福尼亚、马塞诸塞州（Massachusetts）、纽约州、伊利诺伊州（Illinois）、克利夫兰（Cleveland）、纽约市和芝加哥市］和比较性的（德国、法国和英国），它的作者名单和代表组织读起来像公共行政这一新领域的"名人录"（who's who），包括弗雷德里克·A. 克利夫兰（Frederick A. Cleveland）——1912 年塔夫脱委员会主席和市政研究局的局长、查尔斯·A. 比尔德（Charles A. Beard）——哥伦比亚大学教授和著名的芝加哥大学教授查尔斯·E. 梅里亚姆（Charles E. Merriam）——他也是芝加哥城市委员会委员。

在这一领域最重要的经典作品之一《美国预算观点的演变》中，克利夫兰

讨论了塔夫脱委员会对行政和行政预算的观点。用当代的语言气息，他把预算描述成：

> 在一个有限的时期内为企业或政府提供资金的计划，这是由一个责任行政机构准备并提交给一个代表性机构（或其他正当组建的机构），在计划执行之前它的批准和授权是必须的（Cleveland 1995：15）。

他进一步阐述了他将预算视为"提供资金的计划"的含义：

> 每一年在每一管辖范围内我们都有对收入和支出的"估算"。但是"估算"本身并不构成一个预算。它们只是为工作计划和财政计划打好基础这一目的服务而已（Cleveland 1915：16）。

在同一本书中的另一个贡献就是赖德（Rider）的部分注释过的选择性书目，该书目结合了来自学者和实践者的"最重要的材料"（Rider 1915：227-287）。它的参考文献描述了一个正在成型的领域，包括塔夫脱委员会成员威洛毕（Willoughby）1913 年在《美国政治学评论》中的一篇文章，该杂志仍然是该领域一本优秀的杂志〔（《会计杂志》（Journal of Accountancy）也一样，它负责赖德书目中的和从那以后的许多引文）〕，S. G. 劳里（S. G. Lowie）1913 年写给《年签》（The Annals）的文章，两年后克利夫兰的文章参考了这一杂志和塔夫脱委员会的另一成员 F. J. 古德诺（F. J. Goodnow）的一篇作品。在接下来的几年里，思想家、作者和实践者领导层扩大了，另外一些作品也添加到文献中被认可的作品目录上，出版物的速度也加速了，但是 75 年来，这些名字被学者、实践者和学者所认识和崇拜……这一现象还将继续。

出版的速度的确加快了。对出版文章的直接计数无疑是一个粗犷的、过于简单化的和完全没有定性的工具，但它的确提供了出版物的数量和时间意识。一份从 1886 年到 1974 年发表的期刊文章的索引显示，所有有关预算的文章中只有稍微超过 1/5 的文章[12]发表在第一个 50 年（1886~1935），几乎 4/5 的文章发表在接下来的 38 年（1936~1974）。此外超过 2/3 的引文属于战后时期，（1946~1974）。218 篇原始资料是 1986~1974 年的（Wile 1978）。另外一个索引（因为不同的覆盖面和引证方法产生了一种不同的计算结果，不能与第一个相比较），说明总数达 476 篇文章发表于 1975~1985 年间，这意味着这一时期我们见证了每年至少有 43 篇杂志文章加入到这一文献和这一领域中（见表 2）。

表 2　所挑选的当代的期刊

《行政与社会》（Administration and Society）
《美国政治学评论》（American Political Science Review）
《公共管理者》（The Public Manager）
《国会季刊》（Congressional Quarterly）
《政府财政》（Governmental Finance）
《会计杂志》（The Journal of Accountancy）
《国家杂志》（National Journal）
《全国税务杂志》（National Tax Journal）
《政策研究评论》（Policy Studies Review）
《公共行政评论》（Public Administration Review）
《公共预算与财政》（Public Budget & Finance）
《公共预算与财政管理》（Public Budget and Financial Management）
《州和地方政府评论》（State and Local Government Review）
《城市事务季刊》（Urban Affairs Quarterly）

C. 1921 年改革

塔夫脱委员会的报告和这一时期其他几个重要的事件和出版物一起在随后几年逐渐向高潮发展。其结果对当代联邦层级公共预算的重要性仅次于宪法（甚至考虑到后来的法案和修正案），而且在美国行政历史上通常被给予一个独特的地位。在伍德罗·威尔逊早期否决宪法基础（Constitutional ground）后[13]，国会通过、哈丁总统（President Harding）签署了 1921 年《预算与会计法》（the Budget and Accouting Act）(42, Stat. 18)。由该法产生的机构而诞生的官方文件强调了该法的重要性。

> 联邦政府的预算系统是建立在 1921 年 6 月 10 日通过的《预算和会计法》上的。该法是美国有效公共管理道路上的里程碑。作为预算计划和控制的基础，该法不仅产生了对政府财政需求的责任决定，也促使行政机关在它所有行动中承诺一个更高的行政标准。
>
> 为了实现这两个目标，总统被授予全面责任。更为重要的是总统应被授予足够的权力去履行这一职责（OMB/BOB 1958：1）。
>
> 该法案的基本目的是提供一个独立的行政机关支出审查和满足对一个全国预算的需要（GAO 1965：1-1）。

1. 新的机构

该法案创建了预算署（Bureau of the budget，BOB），它是财政部的一个新办公室，将发展为华盛顿政府中真正的权力中心之一。[14] 预算职能中的人员和信息基础得到巨大扩张（见图 1）。该法要求每一个部门都应该任命一个预算官员；要求预算署应该获得各部门的信息、记录和账簿（books）；要求预算署应该有义务回应来自国会收入和拨款委员会的信息。根据第207款：

> 该署在总统规定的规章制度下将为他准备预算、备选预算和任何补充性的或不足的估算，为此目的，它将有权去汇编、协调、修订、减少或增加对几个部或单位（establishments）的估算。

为了平衡新授权给行政机关的人事能力（staff capacity），一个"独立于行政部门"（第301款）、负责监管审计职能的新的国会机构根据同一个法案建立起来。该法第三条（title III）建立了联邦审计总署（General Accounting office，GAO），根据国会建议由总统任命的审计总长担任局长，同意任期为单一的固定的15年，只有国会的联合决议才能将其罢免（审计长也因此从财政部中分离出去，自从1789年以来它一直都在财政部）。联邦审计总署执行基本的审计职能（如证明平衡），而审计总长，用第309款的话来说，是"对一些部门和机构的行政拨款和资金会计以及为美国的财政官员的账户和申诉进行行政审查指定形式、系统和程序"。根据联邦审计总署：

> 联邦审计总署对政府机构进行审计和调查的权力和责任在许多法律中都有表述。1921年《预算与会计法》建立了联邦审计总署，它把在1984年7月31日《多克里法》和其他可以追溯到1789年9月2日法令中所规定的财政部的6个审计员和审计长的权力和责任以及新的职责都授予给了该署。自从通过了建立由美国审计长所控制和指导下联邦审计总署的建制法（organic act）后（这一建制法还建立了在美国审计总长控制和指导下的联邦审计总署，它的行动范围通过后来的立法得到扩大［包括1950年的《预算和审计法》（Budget and Auditing Act），在第117款中澄清了现有的审计权力］（GAO 1965 revised 1-1）。

第三单元 公共预算和财政管理

第1105条 预算内容和提交国会

(a) 在国会每个规定会期的前15天内，总统提交下一财政年度的预算。每次预算中都必须包括一份预算咨文、概要提示和补充信息。总统在每次预算中都必须包括：

(1) 有关政府行动及其职能的信息；
(2) 一旦可行，有关政府项目的成本和补充信息；
(3) 其他令人满意的信息；
(4) 开支令人满意的概况与所提建议的拨款分类；
(5) 除了任本款必须的拨款到后的拨款外，总统支持所提交的预算财政年度和以后4个财政年度的政府；
(6) 所提交的预算财政年度和以后4个财政年度的政府支持所提交的预算财政年度和以后4个财政年度的政府主要遵循；
     A类 预算提交之后的现行法律；(B) 预算中决定增加收入的建议
(7) 财政部在当前财政年度结束时的情况；
(8) 当前财政年度政府的预计支出和收入以及拨款和所提建议的款；
(9) 下列的平衡报表 (balanced statements)：
    (A) 财政部在前一财政年度结束时的情况；
    (B) 财政部在当前财政年度结束时的情况；
    (C) 如果预算中的政府提议被采纳，所提交的预算财政年度结束时的情况；
(10) 有关政府债务的基本信息；
(11) 总统法定的其他立法信息能够令人满意地、详细地、有效地解释政府财政情况；
(12) 预算中用于拨款的每个提议数目，这是因为所提交的预算或财能，表格必须说明；

(A) 预算中用于拨款的支出的提议数目，财政年度的提议。

* * * * *

《1921年预算和会计法》不断得到修正。在总统预算所包括的信息类型中增加了3个修正案。

预算必须提供5年的收支计划。这些计划高度汇总，不说明每个账目的将来开支。

每个财政年度结束之际都会公布一个年度财政联合决算表 (Treasury Combined Statement)

图1 《1921年预算与会计法》

[资料来源：从希克A.基思（1982）《联邦预算过程的手稿》。华盛顿特区：《国会研究服务部》（Congressional Research Service），国会图书馆，23]

法律要求总统提交某种请求，法定。长期以来，对单项目的数量在增长减少，但预算账目的具体描述

对每个账目前言，预算提供了3个财政年度的信息：前一年度，当前年度和下一年（预算年度）。

文件：1《1921年预算与会计法》
第201款，如所修改（美国法典第31篇第1105条）

183

2. 机构问题（Institution Issues）

考虑到政府日益扩大的范围和复杂性及反映这种发展的日益增加的预算数字，那些加强行政人事能力（staff capacity）和国会监督的安排具有非常重要的意义。行政预算和它集权式程序、技术分析、协调的时间表和统一的数字一样，都取决于核心人物（central staff），就像人员的增长在一个复杂环境中等待行政决策制订一样，这两者同时发生。行政能力的发展如此具有影响力，以致于它被视为描述预算系统或模式的一个有用的基本元素（Caiden 1978）。

预算署和联邦审计总署的建立将以职业化和专业技能为一方和政治义务及责任为另一方的持续紧张关系的一个来源制度化了，这种紧张可能是现代系统（modern system）中所固有的并且更普遍地针对预算职能和公共行政之间的亲密联系。正如一个高级预算官员所表述的，"这是总统的预算。……从我们机构生活（institutional lives）开始就要非常熟悉这种哲学——要意识到"街对面的办公室"——是我们职业生活中最重要的因素"（McOmber 1981：79）。1994年预算署颁布的 A-11 通报中的摘录表明：这种紧张关系在当代预算中产生了重要的"游戏规则"（rules of the game）（见图2）。

12.9 关于预算公开的责任

（a）机构就预算事项在国会前的证词和与国会的交流

总统决定的性质和数额直到预算正式提交给国会前是高度机密的、不得公开的。那些导致预算的行政机构交流既不能被机构也不能被准备预算的人泄露。……

在预算、修正案、或添加拨款申请正式传达之后，当机构代表在国会委员会之前证明或与国会议员进行交流时，他们将以下列政策为指导：

（1）证人将坦诚、全面地回答所有的问题。

（2）证人将避免主动发表意见，反映与总统提交给国会的项目或拨款申请不一致的观点。

（3）如果存在有把机构预算估算直接提交给国会的法定条款，预算署可以给机构提供附加材料，支持总统的预算请求以通过该机构转交给国会进行机构证明。这些机构的证人要解释机构的提交、总统预算中的申请和任何形式的辩护材料。

（4）在回应项目和拨款申请的具体问题上，证人将避免给预算署提供机构的申请以及超过总统请求的拨款使用计划。证人典型地负责一个或一些项目的行动，但是总统必须仔细衡量所有联邦政府的需要，并将它们在互相之间和根据可以满足这些需要的收入进行比较。这里适当的证人应该注意解释他们不适合于支持增加超过总统申请数额的拨款的原因时在职责范围内存在的这一分歧；

（b）为国会和媒体准备的与预算相关的材料批准

政策一致性在总统预算的各个组成部门，以及各机构为国会和媒体准备的与预算相关的材料中是至关重要的。机构有责任确保这些与预算相关的材料与总统的预算一致，并提交给预算署许可,除非预算署批准特别豁免批准。

机构在提交给国会委员会或国会的个别议员或他们的助手之前,会将所有提议的预算辩护材料提交预算署进行批准。

机构也要提交预算署已经批准与预算相关的监督材料。

图2　预算署A-11号通报摘录。华盛顿特区:预算署,1994,22-23

3. 行政预算——第二款(Title II)

预算署和联邦审计总署是联邦预算过程中历史性转变的制度组成部分——从立法预算(legislative budget)到授权在总统领导下的行政预算,这正如第二篇——《预算》——中所规定的:

第201款:总统在每一常规会议期间的第一天把《预算》提交给国会,预算将总结式地、详细地提出

(a) 在总统判断中,对下一财政年度支持政府必要开支和拨款的估算……;

(b) 他对政府收入的估算……;

(e) 年度的、永久的或其他拨款的数额……;

(f) 平衡表(balanced statements)……;

(g) 关于政府债券和其他负债的所有基本事实……;

(h) 为了让大家尽可能详细地了解政府的财政状况,他意见中的其他财政报告和数据都是必要的或需要的。[15]

第202款(a)……总统在《预算》中要给国会提出新的税收、借贷或其他适当的行动以满足估算的不足。

第206款:除非在国会两院之一的要求下,否则没有估算或拨款申请、没有在这样的估算或申请的任何一项上增加的申请、也没有关于如何满足政府收入需要的建议等被任何部门或机构的官员或雇员提交给国会或任何一个委员会。

4. 预算"改革"的意义

新的机构、新的信息和一个不同的制定过程在系统中产生了重大变革。如果这些没有使系统产生变化的话,那实施变化就毫无意义可言。正如40年后阿龙·威尔达夫斯基(Aaron Wildavsky)在对预算改革进行的一次重大检查中所解释的那样,"美国大部分有关预算的文献都是关于改革的……预算关系中的任何积极的变革都必定改变预算过程的后果(outcome)。否则何必自找麻烦呢?"他继续指出,"如果不影响到政治过程,就不可能在预算过程中作出重大的变革"(Wildavsky 1961:183-190)。

5. 连续体

但是,预算过程中一些基本特征并没有在这次或后来的变革中被铲除。预算过程的主导地位继续变成权力的一个重要来源。宪法授权的拨款仍然是这一程序的特征(见图3和图4)。

总而言之,1921年《预算会计法》:

> 为行政主导联邦预算过程建立了主要的法令基础。通过授权总统和他的预算署长为除国会和最高法院外的所有联邦机构编制一个预算,该法案确保总统所关心的主导地位有重要的权力基础。国会认为,因为它保留了增加或减少估算的全部权力,所以这并不会构成一种权力投降。……在随后的几十年中这种想法被证明是错误的(Duncombe and Heffron, in Rabin and lynch 1983:419)。

第三单元 公共预算和财政管理

这是 13 个常规拨款法案中的一个。这些法案是联邦机构所有建立的,每个法案都有自己拨款的次级委员会

这是给部长办公室的一个"鏊笔"拨款。给联邦各部门大多数的组织单位进行了类似的"薪金和开支"拨款。"不超出"(not to exceed) 指定能用于某一特殊项目的拨款数量的限制

(对于一个指定的组织单位而言)每个账目都有自身的拨款和拨给的资金转移权否则一个账目不能用于其他账目

资金"保留运用,直到年完为止"这是一个"无年限拨款"(no-year appropriation),并不局限于单个财政年度

《公法》第 91-102 条 (Public Law)

本法由美国国会参议院和众议院制定,在 1982 年 9 月 30 日本财政年度结束前,下列拨款金额是财政部拨给交通部和相关部门及用于其他目的,即(不得用于其他部门)交通部相关部门及用于其他目的

标题 1——交通部
部长办公室
薪酬和开支

交通部部长办公室的必要开支 $3500万,包括在部长可以决定的但不超过 $2.7万的官方接待和代表开支。在没有得到众议院和参议院拨款委员会的同意之前,该法案中的资金都不得用于进行销售和转让任何政府所有的联合铁路公司(the Consolidated Rail Corporation)

交通规划、研究和发展

进行交通规划、研究和发展活动的必要开支是$725万,包括收集国家交通统计数据

每个拨款的执行条款确定该拨款的财政年度,除非其他情况下,法案中的这笔资金只在该财政年度有效

由于没有提到期限,这是一个无年度的拨款,只对在执行条款中所预定财政年度有效

文件:《公法》第97-102 条 (1981 年 12 月 23 日),《交通部拨款法案》1982 财政年度

图3 常规拨款法案

[资料来源: 引自希克A。(Schick A.Keith R.1982联邦预算过程的手稿。华盛顿特区:《国会研究服务》(Congressional Research Service),国会图书馆,50-51]

年度拨款（Annual Appropriation）

这种拨款把整个资金分配于三个目的。指定的数额只对每个指定目标有效的资金数额，但是$100万用于管理培训的"不超过"拨款指的是这些数额的一部分可以用于其他两个目的。

公法第 91-102 条（Public Law）

都市大众运输署（Urban Mass Transportation Administration）

根据《1964年都市大众运输法案》（Urban Mass Transportation Act）（在《美国法典》第 49 篇第 1601 条及以下得到修订），用于研究和培训的必要开支为6160万，此笔经费已获授权保留运用，直到用尽为止。其中5860万用于研究、发展和展示，200万用于大学研究和培训，不超过100万用于该法案所授权的管理培训。

根据《1964年都市大众运输法案》（在《美国法典》第49篇第1601条及以下得到修订），所授权的城市自主救量补助金（discretionary grants）（包括第21条）的必要开支为14亿7900万，此笔经费已获授权保留运用，直到用尽为止；同时还有来自"铁路服务劳动费"（rail service operating payments）拨款的1100万

提前拨款（Advance Appropriation）

提前拨款不同于"提供远期资金"（forward funding），后者提供的资金在进行拨款的财政年度开始之前就可以使用。
提前拨款是超出当前财政年度或下一财政年度的责任清算，支付给城市大众运输署的拨款。在这一点的说明上，1982财政年度公共广播公司（the Corporation for Public Broadcasting）的拨款包括了对1984财政年度公共广播公司的拨款

根据《1964年都市大众运输法案》（已修订）的授权，支付给公共广播公司的资金为1.1亿，该资金只对1984财政年度内该法所规定的范围内有效：

* * * * * *

根据《1964年都市大众运输法案》（在《美国法典》第23篇第142（c）条所产生的和约的责任清算和代替州际系统部门［在《美国法典》第49篇第1601条及以下得到修订］和《1976年联邦资助高速公路法》（the Federal-Aid Highway Act of 1976）执行之前就已撤消］的项目所产生的责任清算，支付给城市大众运输署的资金为12亿，此经费保留运用，直到用尽为止。

转移拨款（Transfer）

转移拨款是从一个拨款账目转到另一个账目上的资金。在这种情况下，转移拨款只同时存在拨款法案内，但有时候转移权也能被授予行政官员来转移。

清算拨款（Liquidating Appropriation）

当拨款用于支付一个现有合同或责任时就被叫做"清算拨款"，而不是做预算事权。预算事权只在该拨款的同时才得以提供

文件：《公法》第97-102条（1981年12月21日），交通部拨款法案，1982财政年度；众议院第4160号法案（第97次国会），《劳动部、卫生部和教育部拨款法案》，1982财政年度

［资料来源：从希克A.（Schick A.Keith R.1982）。联邦预算过程的手稿。华盛顿特区：《国会研究服务》（Congressional Research Service），国会图书馆，50–51。

图3（续）

这份证据说明了一个年度拨款为 $ 200,000,000 的预算执行的最终报告。该拨款于 1994 年 9 月 30 日期满 (expire) 并于 1999 年 9 月 30 日被取消。每一栏都代表下一个连续的财政年。拨款条项 133 (S. F. 133 line numbers) 都在括号指出来。

第一栏是提交给 OMB 的最终年末 S. F. 133 报告,该预算于 1994 年 9 月 30 日期满。在 1994 财政年度 (简称 FY1994),实际的支出有 $ 199,760,000 (第 9. A 行),到预算期满时仍有 $ 130,000 (第 13. C 行) 的债务余额 (obligated balances)。未支配余额 (unobligated balances) 列在拨款期满的这一年的第 9. A 行,以表明在该账目期满之前可以用以债务的余额。

第二栏是提交给 OMB 的最终年末 S. F. 133 报告,该预算于 1995 年 9 月 30 日到期。在 FY1995,从 FY1994 延续下来的有 $ 110,000 期满的未支配余额 (第 2. A 行)。在 FY1995, 年末未支配余额从 $ 110,000 增加到 $ 140,000 (第 10. E 行)。这 $ 30,000 的增长是集合了 $ 18,000 的返还资金 (refund) (第 3. A 行) 和前一年因某一合同下调所产生的债务 (obligation) 中有 $ 12,000 的回收 (recovery) 资金 (第 4. A 行),这笔资金有 $ 80,000 供与支配,但只开支了 $ 68,000。最初的 $ 130,000 的保留余额 (第 13. A 行) 由于支付合同义务 (contract obligation) 下降了 $ 68,000,用于下调的 $ 12,000 则重新归为未支配余额。

该年末的保留余额为 $ 50,000。整个支出是 $ 68,000,但是净支出为 $ 50,000 (第 4 行),因为 $ 18,000 的返还资金抵消了同等的支出资金。

第三栏说明了被提交到 OMB 的最终年末 S. F. 133 报告,该预算于 1996 年 9 月 30 日期满。在 FY1996,有 $ 140,000 期满的未支配余额 (第 2. A 行) 是由 FY1995 (第二栏,第 10. E 行) 延续下来。在 FY1996, 1994 年 4 月 15 日进行的一笔为数 $ 65,000 的拨款经发现没有债务 (obligation) 记录。这笔没有记录的债务 (obligation) 被当作向上调整。它被当作已发生的债务 (第 8、12 行),并从最初的未支配余额 (第 2. A 行) 中被除去以获得年末未支配余额 (第 10. E 行)。

这笔未支配余额下降了 $ 65,000,从 $ 140,000 (第 8 行) 降到 $ 75,000 (第 2. A 行)。最初的债务余额因为要支付现有的债务从 $ 50,000 (第 13. A 行) 降到 $ 50,000 (第 13. C 行)。净支出为 $ 75,000 (第 14 行),包括了 $ 65,000 未被记录的拨款和 $ 10,000 的现有债务。

第四栏是被提交到 OMB 的最终年末 S. F. 133 报告,该预算于 1997 年 9 月 30 日期满。在 FY1997,从 FY1996 (第三栏,第 10. E 行) 延续下来有 $ 75,000 期满的未支配余额 (第 2. A 行)。在 FY1997,该法案 (bill) 指定成本加固定费用的一份合同的最初费用为 $ 15,000,但实际上是 $ 60,000。增加 $ 45,000 的上调被作为已发生的债务 (第 8、12 行),并从最初的未支配余额 (第 2. A 行) 中除去以获得年末未支配余额 (第 10. E 行)。这笔未支配余额下降了 $ 45,000,从 $ 75,000 (第 2. A 行) 降到 $ 30,000 (第 10. E 行)。最初 $ 40,000 (第 13. A 行) 的债务余额因为要支付 $ 15,000 的合同债务和 $ 5,000 其它的现有债务而下降。最终的债务余额是 $ 20,000 (第 13. C 行)。净支出为 $ 65,000 (第 14 行),这包括 $ 15,000 的合同债务、$ 5,000 的其他债务和 $ 45,000 上调的合同债务。

第五栏是被提交到 OMB 的最终年末 S. F. 133 报告,该预算于 1998 年 9 月 30 日期满。在 FY1998,从 FY1997 (第四栏,第 10. E 行) 延续下来有 $ 30,000 期满的未支配余额 (第 2. A 行)。在 FY1998, 所获得的实际债券 (bills) 总计 $ 27,000,超过先前所报告的债务。这增加的 $ 27,000 上调作为已发生的债务 (第 8、12 行),并从最初的未支配余额 (第 2. A 行) 中被除去以获得年末未支配余额 (第 10. E 行)。这笔未支配余额下降了 $ 27,000 (第 8 行),从 $ 30,000 (第 2. A 行) 下降到 $ 3,000。现在只有 $ 3,000 可用于进一步上调。

最初 $ 20,000 (第 13. A 行) 的债务余额因为要支付 $ 5,000 的现有债务而下降到 $ 15,000 (第 13. C 行)。净支出为 $ 32,000 (第 14 行),这包括 $ 27,000 的上调和 $ 5,000 的现有债务。

第六栏是被提交到 OMB 的最终年末 S. F. 133 报告,该预算于 1999 年 9 月 30 日期满。在 FY1999,从 FY1998 (第四栏,第 10. E 行) 延续下来有 $ 3,000 期满的未支配余额 (第 2. A 行)。在 FY1999,所获得的实际债券 (bills) 总计 $ 2,000,超过先前所报告的债务。这增加的 $ 2,000 上调作为已发生的债务 (第 8、12 行),从最初的未支配余额 (第 2. A 行) 中被除去从而得出年末未支配余额为 $ 1,000,这是在这笔数目 (the amount) 被消之前。净支出为 $ 16,900 (第 14 行),这包括 $ 2,000 的上调和 $ 14,900 的现有债务,在拨款数目 (the amount) 被取消之前还剩下 $ 100 的债务余额。

为了在这一财政年末取消余额,$ 1,000 的未支配余额作为一个负值 (negative) 在第 6 行被删除了,在第 10. E 行记录了一个零值。$ 100 的债务余额因没有支出也被删除。首先,在第 4. A 记录了一个正面值,是前几年债务的回收。这个数字作为一个负值在第 6 行被删除。从 $ 2,000 的上调中除出来 $ 100 债务余额,这 $ 1,900 的净值包括在第 12 行。被删除但未支用的全部余额被出示在第 6 行,为 - $ 1,100。

这个账目现已清付了结。

图 4　拨款生命周期

资料来源:来源于预算署通报 A - 34 (1994),《预算执行指导》。华盛顿特区:预算署,exhibit 111

D. 信息产业（information industry）

1. 预算署和联邦审计总署的数据和文件

对于联邦预算的学者和参与者来说，1921年《预算与会计法案》所建立的两个机构至少部分致力于超党派分析和研究，它们逐渐产生了一系列被广泛使用并被认为值得高度信赖的文件和出版物。也许管理与预算局（Office of Management and Budget，OMB，前身为预算署 BOB）所作的最重要贡献就是总统预算要求（budget request）本身。[16]《简要的预算》（Budget in Brief）和它相对详细的伴随物如《特别分析：美国预算》（Special Analysis：American Budget）等都是用于立法机构、媒体和教室的年度出版物（见表3）。这一简略的序列应该添加上管理与预算局通告，通告详细说明了规则和程序（例如，行政管理与预算局 1986a）、数据收集以及个别研究和报告。管理与预算局提出了复杂的图表，它们经常出现在总统演讲和媒体报道中。协调联邦统计和收集事实（fact-collecting）的任务借助1942年《联邦报告法》（Federal Report Act of 1942）被分配给管理与预算局的主任。

表3 可从美国政府印刷局获得的标准联邦预算文件

1. 美国政府预算，财政年度
    · 包括总统的预算信息
    · 提出总统的预算建议
2. 分析视角，美国政府预算，财政年度
    · 突出被选择的项目领域
    · 展示其他重要分析，包括经济与会计、支出、收入、借款、当前服务估算（service estimates）和其他更多信息
3. 历史项目表 美国政府预算 财政年度
4. 美国政府预算，财政年度——附录
    · 展示拨款和资金的最具体的信息
    · 包括所提议的拨款说明（appropriation language）、立法提议和某种非预算行动

预算信息的电子来源（electronic source）可以从网络得到（OMB，GPO）

第三单元 公共预算和财政管理

对1994年度未到期和到期拨款的说明
预算执行报告

机构：政府部分 办公室：部长办公室 描述	SF 133 日期 9/30/94 1994 期满	SF 133 日期 9/30/95 1995 期满	SF 133 日期 9/30/96 1996 期满	SF 133 日期 9/30/97 1997 期满	SF 133 日期 9/30/98 1998 期满	SF 133 日期 9/30/99 1999 期满
预算资源						
1.预算权						
A.已实现拨款 - - - - - - -	200,000,000					
B.拨款预测（不确定）						
C.其他新权力						
D.转移净额 - - - - - - -						
2.未支配余额						
A.为10月1日所借 - - - -	0	110,000	140,000	75,000	30,000	3,000
B.转移净额 - - - - - -						
3.索赔和其他收入						
A.赚取的（$） - - - - - - -		18,000				
B.未发货顾客订购的变化（+或-） - - - - -						
4.过去几年债务的恢复						
A.实际债务 - - - - - - -	0	12,000				100
B.预期当年余下的债务 - - - - - - -						
5.根据PL__ 不可获得的部分（一）						
6.恢复（+）和注销（-）						
7.全部预算资源	200,000,000	140,000	140,000	75,000	30,000	2,000
预算资源的情况						
8.已发生债务 - - - - - -	199,890,000	0	65,000	45,000	27,000	2,000
9.可用的未支配余额						
A.分配 A类 - - - - - - -	110,000					
B.分配 B类 - - - - - - -						
C.其他可用余额 - - - - -						
10.不可用的未支配余额						
A.分配到以后时期 - - - - -						
B.撤消未决的 - - - - - -						
C.延期的 - - - - - - -						
D.未分配的循环资金余额 - - - - - - -						
E.其他不可用的余额 - - - - -		140,000	75,000	30,000	3,000	0
11.全部预算资源	200,000,000	140,000	140,000	75,000	30,000	2,000
债务与支出和应付开支的关系						
12.已发生债务净额(8-3A-3B-4A) - - - -	199,890,000	-30,000	65,000	45,000	27,000	-1,900
13.未支付债务余额						
A.10月1日债务余额 - - - - -		0	130,000	50,000	40,000	20,000	15,000
B.转移的债务余额净额（+或-） - - - - -		0	0	0	0	0
C.年末债务余额		130,000	50,000	40,000	20,000	15,000	0
14.支出 (12+13A-13B-13C) - - - - -	199,760,000	50,000	75,000	65,000	32,000	16,900
15.可支付账目的改变，净额						
A.10月1日可支付账目，净额 - - - - -						
B.转移的可支付账目，净额 - - - - -						
C.最终可支付账目						
16.应计开支 (14-15A 15B+15C)						
17.其他 - - - - -	阴影部分的数据应包括在FY1996预算实际年一栏内	阴影部分的数据应包括在FY1997预算实际年一栏内	阴影部分的数据应包括在FY1998预算实际年一栏内	阴影部分的数据应包括在FY1999预算实际年一栏内	阴影部分的数据应包括在FY2000预算实际年一栏内	阴影部分的数据应包括在FY2001预算实际年一栏内
18.其他						
19.其他						
20.其他						

第15和16行为任选项

* 源处 SF132

注释：这份表格说明同一账目从1994到1999年的一系列SF133报告

图4（续）

联邦审计总署也是数据和文件的一个重要来源。为了履行其作为联邦审计机构的职能,联邦审计总署监督和报告其他机构依从规章和法令的相关情况,并提交自己的法令所要求的报告。联邦审计总署的报告覆盖了管理研究、成本分析、预算研究和更多的内容;从预算和管理问题诸如培训、库存目录、资产和退休金管理等到实质性的问题诸如环境保护、对外援助和国家安全等。[17]也有一些大众更感兴趣的出版物,包括有用的和多次被引用的《联邦预算过程术语汇编》(Glossary of Terms Used in the Federal Budget Process)。这一来源确定了联邦过程中潜在的令人混淆的方面。例如,"预算权威"(budget authority)被界定为:

> 由法律所提供的权力,达成了一种义务(enter into a obligation),这种义务导致马上和将来的联邦政府资金支出,除了预算权力不包含对其他人或政府债务偿还的担保或保证。预算权威的基本形式有拨款、借贷权和订约权(contract authority)。预算权威可以根据有效期限(一年、多年、无限期)、根据国会行动的时间选择(当前的还是永久的)或者根据有效数额的决定方式(确定或是不确定的)等来分类(GAO 1981:41)。

2. 其他联邦来源

超党派信息的这些和其他的联邦来源——财政部,特别是对收入统计;国会图书馆的国会研究服务机构(Congress Research Service);商务部所属的人口统计局(the Bureau of the Census of the Department of Commerce);进行年度报告的经济顾问委员会(the Council of Economic Advisors);国会预算办公室(根据1974年法案,后面将进行讨论)和其他的联邦机构如劳工部、住房与城市发展部等都对政府印刷局的地位和工作量做出了重要的贡献。华盛顿超党派的政府间关系咨询委员会(Advisory Commission on Intergovernmental Relations, ACIR)也做出了同样的贡献,它成立于1959年,出版了许多研究和出版著作,包括20多年的数据丛书《财政联邦主义的重要特征》(Significant Features of Fiscal Federalism)和从1975年开始的《政府间视角》(Intergovernmental Perspective)。自1972年以来舆论研究公司(Opinion Research Corporation)和盖洛普公司(Gallup Organization)都先后为该委员会作了公众态度(public attitude)的年度调查,自那以来还出版了《公众对政府和税收变化的态度》(Changing Public Attitudes on Government and Taxes)。政府间关系咨询委员会也分析了大量关于联邦、州和地方财政关系的信息。

严厉的批评导致政府间关系咨询委员会在1996年春天结束了它的使命。同时,第104届国会从更多的信息、分析和人员支持这一趋势中开始反向。它采取多个步骤撤消了国会技术评估办公室(Congressional Office of Technology Assessment),深度削弱了国会预算办公室(Congressional Budget Office, CBO)、国会研究服务机构（CRS）和联邦审计总署。虽然对国会单位的削减没有多少金额——国会占据不到联邦开支 1/10 的 1/10——但是一些观察家注意到国会和国会制定有根据的预算决策的能力的一个潜在弱化（Carney 1995：2354-2355）。例如，因为在 1996 年《无资金授权改革法》（the 1996 Unfunded Mandates Reform Act），国会预算办公室扩大了的分析角色只获得原有估算的一部分，所以当国会领导人在赤字削减、医疗保健、其他预算和政策讨论中依赖它的数据时，国会预算办公室承受着特别巨大的压力。预算削减者也将目标放在一些行政统计机构，包括商务部人口普查署（Commerce's Census Bureau）和劳工部劳工统计局（Labor's Bureau of Labor Statistics）（Stanfield 1995：7408），其使命就是搜集人口统计数字（demographic）、经济、商业和其他数据，且这 11 个机构每年的开支都稍多于 10 亿美元。

3. 新型信息

技术分析和信息成为全国的一个主要产业，想要阻止这一趋势的行为是不可能成功的。即使如此，不无讥讽的是，对数据有效性和完整性的威胁与当前决策中管理方法强调硬数据（hard date）和预算中使用数量分析工具背道而驰。朝着绩效和后果（outcome）指标及成本效益分析就是相关的例子，它们据称建立了政府责任和公开性（或透明性）。

相同的目的驱使政府会计准则委员会（Governmental Accounting Standard Board，GASB）努力将服务措施和完成情况报告（Service Efforts and Accomplish Report，SEA）引进到次国家层面。根据政府会计标准委员会的概念陈述（concept statement）（1992. iii），"对政府实体绩效的测评不仅要求有关资源获得和使用的信息，还要求有关所提供的服务的产出（output）和后果（outcome）以及资源的使用与产出和后果之间的关系等信息"。政府会计标准委员会（1991：111）指出，"服务措施和完成情况报告的目的是提供关于政府实体绩效的完整信息，而不是提供经营报表（operating statements）、资产负债表（balance sheet）和预算比较报告和报表"。

在联邦审计总署 1992 年对绩效数据使用（performance data）进行的调查中，102 个联邦机构报告使用了绩效指标。甚至在因为研究方法而经常有所夸张的情况下（GAO 1993a, 30），也只有 50% 的机构指出这些指标被用来测量实现战略目标的进度，70% 作出应答的经理报告了绩效指标有助于预算决策制定、项目管理以及更多等等。为了更加准确地评估实践，国会预算办公室（1993b）对 6 个机构进行了详细的案例研究并证实了"有一个明确界定的任务的重要性、为许多政府职能设定后果指标（outcome measures）的困难性和在预算和绩效指标之间常常具有的脆弱联系……。机构预算的基本方面不是由投入和产出之间的关系来决定的"（COB 1993b：35-36）。

1993 年《政府绩效与结果法》（Government Performance and Result Act，GPRA，P L：103-62）要求机构在 1998 年财政年度之前制定战略计划（strategic plans)、从 1999 财政年度开始准备年度计划制定绩效目的，并从 2000 年 3 月开始每年都报告与这些目标相比较的实际绩效。通过使用一个 8 年执行计划表，《政府绩效与结果法》要求联邦机构设置每年的绩效目标，要求行政管理与预算局开始为 1999 财政年度提交一份政府范围的绩效计划预算（见表 1）。在强调《政府绩效与结果法》的执行之时，管理与预算局第 10A－11 号通报（1994：24）包含了一些如后果指标（outcome）和产出指标（output measures）以及绩效目标和指示物（indicator）等关键术语的定义。A－11 通报的小结（1994）指出，"1996 年的预算过程在预算中提出更多的项目绩效指标——产出和后果——以及在将目标与实现这些目标所需要的资源联系起来的这一方向中将采取一个重要的步骤。今年对第 A－11 号通报的修正本就反映了这一新的方向。"

美国陆军工程兵部队（The US Army Corps of Engineers）曾经使用成本效益分析长达几十年，但它超越资金工程（capital projects）的角色却要追溯到里根政府时期。1981 年所签发的 12291 行政命令要求那些每年经济影响达 1 亿美元或更多的新的重大规制应该进行成本效益分析。似乎它的角色还会进一步扩大。《与美国签约》（Contract With America）中对规制改革的提议包括使用风险评估和成本效益分析（Gillespie and Schellhas 1994）。在 1995 年要求在联邦机构中使用风险和成本效益分析的法案使人感到振奋，但也在预算和政策制定中留下了一些没有解决的方法论问题。

4. 州信息制造者

联邦信息制造者的州制造伙伴提供了研究和出版物，在许多由私人赞助、与大学联合的政府研究所也是如此，这些州包括爱达荷州（Idaho）、加利福尼亚州（California）、新泽西州（New Jersey）、乔治亚州（Georgia）和康涅狄克州（Connecticut），但远不止于这些州。这些组织构成了一个可以马上获得及时且通常与具体的州相关的数据和分析的绝好来源。其他制造者包括主要的职员办公室（staff office），如预算和人事、审计部门、劳工部门和卫生部门，甚至是政府间关系咨询委员会的州层面的类似机构。

5. 非政府信息制造者

a. 公共利益组织。非政府组织产生了大量的令人印象深刻的出版物，它们常常被政府文件和学术著作引用（参见参考文献）。这些组织主要分为四大类：公共利益组织、研究组织、职业协会和组织以及纯粹的或主要的学术组织和出版物。例如在第一类中有全国市政联盟（National Municipal League）、全国城市联盟（National League of Cities）、妇女选民联盟（the League of Women Voters）和许多其他组织，它们有许多集中关注州和地方的问题。税务基金会（The Tax Foundation）在它被建成一个非赢利组织的 20 年后于 1957 年开始出版它的每月通讯《税的特征》（Tax Features），而它两年一次的著作《政府财政的事实和数据》(Facts and Figures on Government Finance)是一本有用的数据收集。在这一类中以州为导向的组织中有州政府理事会(Council of State Government)(CSG, annual; Howard 1973)和全国州议会会议(the National Conference of State Legislatures),它们出版了有关预算和财政问题的研究和调查(Mackey 1993, NCSI 1994; 1981, 1986, 1994)。

b. 研究性组织。一些研究组织或"智囊集团"(think tank)以它们高度有声誉的分析和研究而为世人所知,其中许多都是在拨款下通过合同研究(contract research)形式来获得资金。布鲁金斯学会(The Brooking Institution)在1927年就组织成了它现在的这种形式,正如它自己描述的是"一个独立的组织,致力于对经济学、政府和社会科学进行非党派的研究、教育和出版"(Aronson and Hilley 1986, Frontpiece)。它的"政府财政研究"系列尤为引人注目(Ott and Ott 1977; Rechman 1985),它从1971到1983年的"确定国家优先权"系列也是如此。美国企业研究所(American Enterprise Institute)、卡托研究所(Cato Institute)、传统基金会(Heritage Foundation)、公共行政研究院(Institute of Public Administration)[1937年它负责出版古立克和厄威克的经典著作]、兰德公司(Rand corporation)和城市研究院(the Urban Institute)都可以划分到研究性组织这一类中,代表着参数文献中的引文。

c. 职业协会和组织。信息产业非政府成员的第三大类就是职业协会,它的数目使得有必要在此做一个简要的介绍。源自于1903年市政府财政官员协会(Municipal Finance Officers Association)的政府财政官员协会(Government Finance Officers Association)从20世纪20年代开始出版了杂志《市政财政》(Municipal Finance),共44卷,直到1972年被《政府财政》(Governmental Finance)所取代。正如许多被广泛使用的来源文献所表明的(GFOA 1994, Glick 1986; MFOA 1979; Miller 1984; Mack and Hillhouse 1975; Moak and Lillian 1963; stachota 1994),它的出版计划是面向实践者。同样,州预算官员全美协会(National Association of State Budget officers, NASBO)从1977年和其他资源一道出版了《州财政调查》(Fiscal Survey of States)(NASBO 1992)。美国公共行政学会是公共行政领域学者和实践者的一个全国性组织,它第一次出版《公共行政评论》(Public Administration Review)杂志是在1940年;它的地位显然来自于参考文献中引文的数量(Goodsell 1984; Gore 1994; Lewis1994; Lindblom 1959, 1979; Mani 1995; Pyhrr1977; Rabin 1990; Schick 1966, 1973; Wildavskcy 1961)并导致在1980和1987年出版了有关预算的"公共行政评论经典作品"(Schick 1987)。美国公共行政学会的预算与财政管理协会(Association for Budgeting and Financial Management)出版了《公共预算与财政》(Public Budgeting & Finance)(e. g. … Bland and Nunn 1992; Botner 1989),这本杂志首次出现在1981年。国际城市(和最近的县)管理协会[The International City (and County) Management Association]的关注焦点在它的标题中就已表达出来了,负责出版许多出版物包括《市政年签》(Municipal Year Book)、《市政管理》(Municipal Management) 系列 (Aronson and Schwartz 1987)、月刊《公共管理》 (Public Management) 和其他资源 (e. g, Forrester and Mullins 1992)。

d. 学术组织和出版物。简单地说，学术出版物的范围和数量是太大而不能符合一个介绍性回顾的格式；参考文献的目录是这一分类的较好的指导（和杂志的索引一起）。其他的文献目录，有一些很普遍，另外一些则专门针对预算和财政管理领域的某些特定方面，它们在许多其他的来源中都可以得到 [e. g, Rabin and Lynch (1983) and Aronson and SchwArtz (1987)]。美国政治学会 (American Political Science Association) 的杂志《美国政治学评论》(American Political Science Review) 对这一领域的发展至关重要，可以追溯到1915年的关于预算的一个文献目录引用了一篇早期著作 (Rider 1915)。⑱

其他杂志的历史也就是代表持续的令人印象深刻的证词（其他期刊的历史范围也在持续性上令人印象深刻），例如《国家税收杂志》(The National Tax Journals) 可以追溯到1907年的《国家税收协会公报》(the National Tax Association Bulletin)。相对来说，新的期刊杂志讲述了这一领域持续的活力，例子包括有定位于联邦实践者所关注问题的《公共管理者》[以前的《官僚》(The Bureaucrat)] 和定位在学者和实践者兴趣的《公共预算与财经》(Public Budgeting & Finance)（这篇文章包括一系列挑选出来的当代杂志，它们现在或一直都在美国公共预算与财政管理领域特别具有影响力。见表2）。

6. 增长型行业 (Growth Industry)

接下来这些年我们所看到增加了反映预算过程和预算文件中所呈现出来的新的责任、关注和需要的信息。绩效和项目指标 (measures)、零基预算 (zero-base budgeting) 包 (package)、预测模型 (forecasting model)、多年度成本 (multiyear costing) 都只是几个例子。公开承认的实用目的是为了决策制定以及学术和应用研究提供更好更有用的信息。是否服务于这一目的由历史来判断，但是可以自信地说信息仍然是一个快速发展的行业，而预算文献本身将变得更长久和更复杂。

Ⅳ．"完善"原型

A. 追求经典和激进 (pursing the classical and radical)

1. 时间范围 (Time Horizon)

参与所谓的现代时期的优势之一就是修补 (tinkering) 和调整 (adjustment) 可以被称为"现代化"和"改革"。一个明显的缺点就是短时间范围不可避免地使评估失真。似乎是事情发生得越近，它被判断成一个事件的进程而不是一个谨慎的评估就更为重要。而且，个人和机构的记忆是足够清晰能回忆征程中每一次努力、每一个错误和每一次微小的转变，这条道路似乎只有从历史的稳固长河（secure distance）去看才是笔直朝前的。但是，肯定第二次世界大战前旷日持久的大萧条和政府的回应改变了我们一直在充分注视以激起"第二次美国革命"的陈词滥调，其改变了的预算前景这一点已经成为传统。

2. "第二次美国革命"
政府角色和责任根据新的需求和新的理论而得到重新定义：

在大萧条（Great Depression）可怕经济经历的背景下，约翰·梅纳德·凯恩斯（John Maynard Keynes）用《就业利息与货币的一般理论》（The General Theory of Employment Interest and Money）挑战传统经济学家的观点。……挑战是成功的，结果所产生的凯恩斯理论……极大地改变了立法者对预算与经济政策的行为。……在凯恩斯理论的影响下，财政政策逐渐意味着政府在经济的发展和稳定中深思熟虑地使用公共支出和财政（Stapleford and Figura, in Rabin and Lynch 1983: 567, 571）。

一个规模巨大、史无前例的国内开支项目在联邦层级中产生了。考虑到这一开支项目中的预算细节，有必要指出，这些"新政"（the New Deal）项目的拨款出现在常规的预算过程之外。州和地方政府变得越来越依赖华府，但同时又扩大了他们在一个模式中的责任，20世纪60年代后期和70年代该模式在它的广阔轮廓中（broad outlines）一再重复。

3. **会计和审计标准**
财政危机、违约和对财政管理的关注导致许多州和地方政府对税收、开支和债务加以限制，在20世纪70年代也重复了同样的一个运动（ACIR 1997；Peterson et al. 1977）。此外，职业会计和审计标准开始迅速发展并被应用到政府运行中。从1934年开始，在市政财政官员协会（Municipal Finance Officers Association）[后来的政府财政官员协会（Government Finance Officers Association）]的支持下，政府会计全国理事会（National Council on Governmental Accounting）出版了许多著作。同样，在20世纪70年代出现了迅速的发展，这些是继权威标准的出版与在纽约市和其他地方的财政困难之后的事情。尽管根据重点合作者进行阶段化（periodization）可能有所不同，如根据下一个原始材料：

第一个具有历史意义的城市会计改革运动开始于19世纪90年代，到1934年随着第一个国家市政会计委员会的建立而达到尾声。改革的内在动因是由全国市政联盟（National Municipal League）和它在商业、学术界和政府中的支持者所提供的。……1943年1月成立了国家市政会计委员会（National Committee on Municipal Accounting），1935

年该委员会批准了会计原则。……两次改革（1890s－1934，1977－现在）浪潮的激励因素都来自于类似的经济和政治潮流。……都发生在城市债券市场的信心危机之后（Rousmaniere and Guild 1981：66－67）。

4. 布朗诺委员会（Brownlow Committee）

1936年，在凯恩斯改革经典经济理论的同时，罗斯福总统任命一个三人委员会来全面检查总统的管理职能。第二年"布朗诺委员会"提交了"总统行政管理委员会报告"（Report of the President's Committee Administration Management）。这一报告是建立在"政府的效率取决于两个因素：被统治者的同意和良好管理"这一前提之上（Mosher 1976：113）。后者要求总统应该配给进行管理任务的必要人员，以及重组政府行政机构的权力。1939年，布朗诺委员会提议的修订版在《重组法》（Reorganization Act）中被颁布，授权总统临时改组政府的权力，但受到立法否决约束。关于财政管理，该报告建议预算局应该作为行政机构的核心人事和信息中心。根据1939年《第一号重组计划》（53 Stat. Reorganization Plan No. 1）和同年的第8248号行政命令中最后决定，预算局从财政部转移至总统行政办公厅（预算署在1939年《重组计划》[《第一号重组计划》第68条（53 Stat. Reorganization Plan No. 1）]下建立并根据同年第8248号行政命令得到稍微调整，最后从财政部被转到了总统行政办公室。

布朗诺委员会的提议认为，在某种程度上，那些似乎创新的观点和相互矛盾的事件是可以共存的，甚至建立在公认的常识和传统思想的基础上。对这一正统思想，也许是其节录的一个突出的经常被引用的例子就是发表于1937年题为《行政科学论文集》（Papers on the Science of Administration）（Gulick and Urwick，1937）的书。只要注意到预算数字是高级行政主管7种行为之一就够了，这7种行为用公式表示为"POSDCORB"。[19] 根据古立克的观点，"效率是……行政的价值天平上的第一原则"（Gulick, in Gulick and Urwick 1937）。这一激烈变革的时期则标志着一种潜在的主要信念，即通过正确的结构和正确的原则可以完成许多任务，这些结构和原则都可以得到确认和执行，也可以根据占主导地位的价值观（效率）来证明其合法性。

5. 关键的问题

明显的概念和规范共识遮掩了在《重组法》一年后由著名政治学家小V. O. 科伊（V. O. Key Jr.）（Key 1940）提出的一个问题。如果要求你选择在预算和管理领域所出版的唯一一篇最重要的期刊文章的话，你可能被建议最好回避这一任务，也许不惜一切代价地回避这一任务。答案的选择，任何选择都将只会产生抗议，让人家伸出着食指警告，使别人因为受到热衷于另一选择的支持者的谴责，以及和自己的理由一样有力的理由而摇摆不定。但是，科伊的"缺乏预算理论"（Lack of a Budgeting Theory）无疑将会列举一个简短的名单

(make a short list)，这是一种想像出的策划（Mosher 1981：190-195；Shafritz and Hyde 1978，1987）。通过雄辩和尖锐地批评文献中回避分配问题的这一趋势，他确立了后来几十年来讨论的术语（terms）：

> 关于公共预算的最重要方面，即在不同的目的之中分配开支以获得最大回报，美国预算文献是相当枯燥乏味的。预算领域的勤劳者主要忙于预算准备的组织和程序、资金申请提交的方式、预算文件（budget document）本身的格式，以及类似的一些问题上［这里它引用了巴克（Buck 1929）和其他人的观点］……倾注能量为预算建立机制基础使得不再关注基本的预算问题（在开支方面），即："究竟基于什么样的前提我们决定给 A 项目拨款 X 美元，而不是给 B 项目？"
>
> 利用公共资金的最大优点就是可以将其分解成在缺乏一个共同标准的目的之间的价值偏好问题。因此这个问题本身就是政治哲学领域的一个问题。……具体上，什么力量参与预算的制定？什么因素控制预算官员的决策？立法机关确切的角色是什么？……对于这些在工作的预算官员，讨论的意义主要在于根据备选方案考虑估算中的观点——决策总是被制定，但却不总是有意识的。……在预算机构中制定的成千上万个小决策逐渐增长成难以对付的预算文件，这些预算文件，因为数量太多而常常使具有最终决策权的人忙得焦头烂额（Key 1940：1137-1144）。

对科伊的问题的回答包括许多不同的方面，如经济原则、税收和政治。维恩·刘易斯（Verne Lewis）将伊科的问题称为"公共预算的开支方面的 64 美元问题"（那是以当期美元计算！），并从相对价值（relative value）、边际效用（marginal utility）和相对效益（relative effectiveness）的角度来回应（Lewis 1952：42-54）。在他对联邦预算历史的研究中［重点在依赖关税税则（Customs tariff）作为主要的收入来源的 19 世纪］，40 年前哈佛大学经济系主任阿瑟·史密斯（Arthur Smithies）在对 V.O. 科伊的回应中写道："开支价值的最终标准是它们是否确保政府必须征收的税收或必须发生的债务以筹措开支"（Smithies 1995，xiii-xiv）。[⑳]科伊的文章在出版 20 年后被威尔达维斯基（Wildavsky）引用，作为同一简单清单的另一可能的候选者，他对预算改革的讨论是：

> 1940 年，在这个主题仍被讨论得最多的时候，V.O. 科伊悲叹"缺乏预算理论"。他呼吁一种能帮助解决在开支方面这一基本的预算问题的理论。……一个包含确定什么应该是预算中的标准的理论而不是只规定政府应该做什么的理论……一个规范的预算理论应当是一个全面而具体的政治理论……这一概念在其完全意义上只是个乌托邦式的；它的完成和被接受将意味着关于政府在社会中角色问题争论

的结束。也许"预算研究"只不过是"政治研究"的另一个表达而已……（Wildavsky 1961：183-190）。

6. 战后的几年（Immediate Postwar Years）

a. 财政政策。大萧条、战争和概念发展的影响在1946年《就业法》（Employment Act of 1946）表现明显（60 Stat. 33 [1946]），在该法中，认识到了联邦对经济和社会目标的责任，并建立了经济顾问委员会（Council of Economic Advisor）。[21]因为委员会的三个委员都是在参议院的建议和同意下由总统任命，所以委员会在国会每一届正式常规会议都要提交一份经济报告。其目的是"向总统提出和建议全国经济政策以培养和促进自由竞争企业、避免经济波动或消除由此带来的负面影响，以及维持就业、生产和购买力（purchasing power）"（Mosher 1976：180）。国会也建立了联合经济委员会（Joint Economic Committee）（经济报告联合委员会）（Joint Committee on the Economic Report），从而正式拥有自己的财政政策。[22]

b. 第一届胡佛委员会。随着1949年"改组政府行政机构组织委员会报告"（Report of the Commission of Organization of the Executive Branch of the Government）的出台，这十年又以政府高层回归到传统理论而划上句号。第一届胡佛委员会[以委员会主席、前任总统赫伯特·胡佛（Herber Hoover）的名字命名]的报告被描述为一个"原教旨主义的教义核心"的表达（Seidman and Gilmour 1986：4）。

和在管理哲学和提出建议方面重复了几10年的布朗诺报告一样，这份报告也呼吁比传统的单项条款格式（line-item format）更好的绩效预算（performance budgeting）。该报告固执地认为这一主题——"预算和拨款过程是行政机构管理和控制的核心"——已经到来，它宣称，在"预算中一直都很重要的事情是要完成的工作或服务以及该工作或服务将花费的成本"。这份报告建议：

> 通过采用一种基于职能、行动和项目（projects）的预算，联邦政府的整个预算概念应该得到改变；这种预算我们称之为"绩效预算"。……这一方法将集中关注将要完成的工作的普遍性质和相对重要性、或将要提供的服务，而不是将要获得的事物，如个人服务（person service）、供应品（supplies）、设备等等。……在绩效预算下，注意力集中在职能或行动上——在目标的完成上。……

第一届胡佛委员会的一些建议在1950年《预算与会计程序法》（Budget and Accounting Procedures of 1950）中得以体现（Stillman 1982：180-183）。根据1985年预算署的一份手册：

该法明确承认总统有权决定在预算中对所建议的拨款和开支表（Statements of expenditures）的内容、顺序和安排；它明确把预算中财政需求的提出指向将要执行的行动；……提供特别的支持以完善政府的会计和审计程序；……并加强预算署在联邦统计计划和运行的行政分析和整合领域的工作。该法和1921年的《预算与会计法》都在1956年得以修正以进一步完善政府预算与会计方法和程序（OMB/BOB 1958：20）。

B. 渐进主义者和理性主义者

1. 渐进主义

查尔斯·林德布洛姆（Charles Lindblom）在 1959 年的一期《公共行政评论》中发表了他的具有深远意义的《渐进决策科学》（The Science of "Muddling Through"）一文，而在随后的 20 年中，公共行政学的大多数文献都投身于对决策制定进行"连续的，有限的比较"的审查（Lindblom 1959，1979）以及批评和辩驳，经验研究和开拓备选模式（alternative models）。总而言之，林德布洛姆对在 20 世纪六七十年代席卷整个政府的理性主义潮流的批评不仅有助于我们理解预算实践中存在的局限性，而且有助于理解支持它们的各种假设和意义（Plant 1986：76）。

那些认为认识能力和决策制定策略的有限性的理念来自于对组织和政治可行性和有竞争优势的计算。政治学变成了占主导地位的解释因素，而不是管理原则和规定的理想版本甚至理想化的版本。在"渐进主义"的指导下，这些理念被加入到关于预算的思考中。在 20 世纪 60 年代，阿龙·威尔达维斯基（Aaron Wildavsky）的开拓性工作很大程度上与他对预算决策制定的描述紧密联系（Davis et al. 1996；Wildavsky 1964，1986）。他的《预算过程中的政治》（The Politics of the Budgetary Process）自从 1964 年以来已出版多个版本，成为该领域最广泛的读本之一，它在随后得到重新修订以解释联邦预算中的变化（Wildavsky 1992）。威尔达维斯基在书中描述了许多形成预算申请和国会拨款的策略和反策略。

> "渐进主义"简明地定义为：
> 一种预算过程理论，它认为，政策制定者只对预算的很少部分进行有限的考虑并通过对上年度的预算进行稍微的调整就得出决策……（不同角色的）参与者通过讨价还价和谈判这一过程来制定政策。……作为一个整体的预算并没有得到考虑。……相反，参与者在已经存在的一个基础上作了稍微的改变（LeLoup 1988：13）。
>
> 渐进预算（incremental budgeting）"关注本年度预算申请，强调本年度的增长"（Lynch 1979：316）。

另一种说明渐进主义动力的方法就是通过一种理念，这种理念认为一个机构预算申请的惟一的最好预示就是历史，它是以上一年度的拨款或当前服务（current service）的形式为基准的。通过历史比较并根据自己的形式，可以直接形成许多预算理由和申请，将前年的拨款、现状与今年的要求和拨款纵向比较排列。从这一有利角度看，预算的建立都是来自许多的互动、递归判断（recursive judgment）、序列决定（sequential decisions）和过去的政治建议。三个要集中的主要方面就是"基础"(上一年度的拨款)、预期"公平共享"(fair share)(维持预算份额)和增量(increment)(一个微小的局部变化)。通常没有预期在整个预算比例中彻底改变对于那些特定机构(预算份额)的做法,但是,预算过程的重复性的确考虑到了跨越好几轮预算的巨大变化。因此,常规而言,短期变化有待出现在边缘地带,这在任何一个既定的财政年度都影响了相对小部分的整体预算。

2. 关于理论的辩论

有关本质上的保守主义、规范偏见(normative bias)、有限的应用性(limited applicability)[只有部分联邦开支通过拨款过程,大部分的开支如权利(entitlement)和其他无法控制的事情等都根据以前的决策和法律进行分配]和预算数据等主张的辩论风行一时,它们是高度整合在一起,以至于掩盖着了在次级机构和项目层级的重要变化。解释效度(explanatory validity)对描述能力(descriptive potency)的这一议题也同时被提出来(Gist 1977;LeLoup 1975,1978;Moreland 1975;Natchez and Bupp 1973;Shull 1979;Wanat 1974,1978)。尽管威尔达维斯基的工作对此有所批评,但是它所确定的研究任务和科伊早期文章拟定研究问题的方式基本一致。

3. 理性主义改革

与此同时,在华盛顿和各州以及各地区提高预算的目标制定和管理职能的措施在全国范围内继续进行,并通过这些首字母缩略词(acronyms)如 PPBS、MBO 和 ZBB 等被载入史册。似乎看来,即使常规的决策制定也是渐进的,但是"改革"措施寻求扩大"理性的和全面的"决策制定方法的潜在性(Lindblom 1959;LeLoup 1986:16;Wildavsky and Hammond 1965)。这种决策制定模式与经济学家的理性概念密切相关,它产生一种明确(项目)目的之逐步设计,对全部备选方案的考虑基于可行性成本和收益的选择,有计划地执行和系统评估的预算程序。"这些理论或概念模式之所以重要是因为许多人认真对待它们,并力图使用这些理论中的某一种作为他们改革公共预算的指导"(Lynch 1979:22)。如果预算参与者试图表现得使他们理应如此,而且其他人也是如此,那么个别和一般文献所赞同的理论则在信仰和行为的互动中扮演重要的角色,这种互动被称为"自我实现的预言"(self-fulfilling prophecy)。

a. 约翰逊政府和计划项目预算制度(PPBS)。林登·B. 约翰逊(Lyndon B. Johnson)总统将计划项目预算制度(Planning-Programming-Budgeting-System,PPBS)引进联邦预算,首先引入国防部然后扩展到整个联邦部门和机构。[23]计划项目预算制度力图通过现代系统分析和成本效益分析来整合计划和预算职能,它是分析备选方案、成本和结果的一个全面系统的方法。许多长篇和重要的文献都对此有所记载,它们提供了更为严格或不那么严格的定义,包括1965年

10月预算局第66-3号通报。[24]

约翰逊总统1965年的国情咨文中宣布了相当宏伟的也许并不可能达到的目的，包括：

> 在一个持续的基础上精确地确立我们的国家目标；在这些目标中挑选最为紧迫的那些目标；找到以最少成本、最高效率获得这些目标的备选方案；不仅告知我们有关项目的第二年的成本，还有第三年、第四年以及以后年份的成本；测评项目绩效以确保我们的每一美元花费都有一美元价值的服务。

对于这些细节，他增加了一些很少有人会持有异议的内容，"有必要记住一件事情：无论有多么完善，也没有什么系统能够为我们制定决策。……但是我们的判断却不可能超过我们的信息"(in Subcommittee on National Security 1967：1-2)。

b. 尼克松(Nixon)政府、一般收入共享(GRS)和目标管理(MBO)。1971年，尼克松总统重组行政办公室并建立一个国内事务委员会(Domestic Council)，期望这一机构能纳入"目标定向"(goal-oriented)和计划职能，这两个职能在预算过程中由重新命名的管理与预算局(Office of Management and Budget, OMB)用PPBS来整合。第二年，一份管理与预算局的备忘录替代了联邦机构准备与项目相关的提案和备忘录这一任务，艾伦·希克(Allen Schick)简要地记录为"官僚制的死亡"(A Death in the Bureaucracy)(Schick 1973)。值得指出的是，项目预算(program budgeting)在州和地方政府中得到广泛应用。大多数州使用一个项目公式(program format)给机构拨款(NASBO 1981, 14)。

尼克松总统也提出政府间关系的"新联邦主义"(new federalism)，从他前任短命的"伟大社会"(Great Society)和"新政"的集权化中转变过来。这代表了对角色和责任的重新定位，并全面改革混乱的、常常是重叠的、数不清的和成本日益增加的补助金项目(grant-in-aid programs)。在1969年8月的一次总统电视演说中，尼克松提出收入共享，阐明了他的目的和意图。

> 我们现在开始一项提议，我认为它对联邦共同责任系统的未来具有深远重要的意义……
> 1/3个世纪以来(33年以来)，权力和责任不断流向华府，华府为它自己占据了这个国家最好的收入来源。……
> 我们试图扭转这一趋势，我们将给州更大范围的责任——这并不是作为回避问题的一个办法，而是解决问题的一个更佳方法。

既享权利项目(entitlement program)、一般收入共享(General Revenue Sharing，GRS）因 1972 年 10 月公法 92 - 512，即《州和地方财政支援法》（State and Local Fiscal Assistance Act）的通过而被颁布成法案（Caputo and Cole 1976）。1976 年重新授权的审计标准在许多地方引进了一个新的因素：财政控制和责任。此外（泰然自若地凭借事后的认识），把舞台从华盛顿转移到其他地方的努力和更为随意的财务安排（permissive financial arrangements）（例如，整笔拨款）的使用都暗示着下一个 10 年后将要发生的事情。一般收入共享到 1986 财政年度就完全结束了。

尼克松政府进行了一系列的目标管理（Management by Objection，MBO），这归因于德鲁克（Drucker 1954）的《管理实践》（The Practice of Management）一书。根据一份评论：

> 在联邦目标管理项目之后的目的是围绕总统的政策目标培养共识，然后测评进度情况。……焦点是政府的行动和行动的后果（consequences），而不是它们的成本。……当 1977 年新总统上台执政时，目标管理迅速从大众视线中消失（Grafton and Permaloff, in Rabin and Lynch 1983：1101 - 102）。

c. 卡特政府和零基预算（ZBB）。根据第 77 - 9 号通告，零基预算（Zero-Base Budgeting，ZBB）是卡特政府对在行政部门重复了十多年的理性主义改革祈祷的贡献。这一方法应归功于皮尔（Pyhrr 1977），当卡特还是乔治亚州州长时他们就一起实施零基预算（Lauth 1978；Pyhrr 1973）。⑤在一次回忆约翰逊的咨文（这已是 12 年以后）中，卡特在 1977 年 2 月 14 日的新闻发布会上宣布了他的全面目标。从一个假设的零基数开始，分析家应该为"决策单位"（decision units）的备选资金水平设计选择、包装（package）和排列，并将它们和将要拨款的运作预算（operating budget）协调一致（OMB 1977）。这项改革几乎没有任何进展，1981 年通过行政管理与预算局第 A - 11 号通报，华盛顿官方正式取消了零基预算。即便如此，它也对当代预算文献和其解读有重要影响（Crafton and Permaloff, in Rabin and Lynch 1983：118 - 124；Hyde and Shafritz 1987：252 - 323；Positer and McGowan 1984）。

d. 评估"改革"。"历史的判决"（judgement of history）可能更好地得出结论：旨在阐明系统全面选择的 15 年不成功的改革腾飞在预算神话而不是在预算实践中留下了一个不可磨灭的标志。不实际的期望、繁重的文书工作（burdensome paperwork）、增长的潜在冲突、官僚的抵制和根深蒂固的惯例、不稳定的行政利益（executive interest）和大量的环境因素都是导致失败的原因中的一部分。既然欠缺不足（shortfall）而不是彻底的失败是最可能的潜在后果，那么为什么在联邦、州和地方层面的公共预算中一再出现（如果不总是满腔热情和持续的）理性定向的改革呢？部分答案在于预算者职业上对理性主义和进步的持续奉献。但是，刚才详细列举的联邦经验表明，部分答案也在于新的总统行政机关对宣布新的总统执政的兴趣——没有比改变预算形式更有效率的办法来得到官僚的立即关注。

C. 控制——责任和经济

1. 历史视角

自从伊莎贝拉和费迪南德（Isabella and Ferdinand）"派遣皇家账目会计来监视和记录哥伦布（Columbus）的诈骗档案（Swindle sheet），当时哥伦布开始计算他所积累的黄金和香料的成本"（Cooke 1973：33），美国的预算编制者一直执着于"控制"。在这一传统中根据马萨诸塞州（the Commonwealth of Massachusetts）档案的记载，甚至在殖民时代，构成监控的惯例和程序即使到了革命紧急时候也没有被放弃过。保罗·里维尔（Paul Revere）关于"安全委员会行政区"（riding for the committee of safety），发行"士兵借票"（soldier notes）的提案提交非常及时，众议院批准在 1775 年 8 月全面采用以书面账户的形式交易——偿还总额比著名的爱国开支账户的总额少七先令（参见图 5 和图 6）。

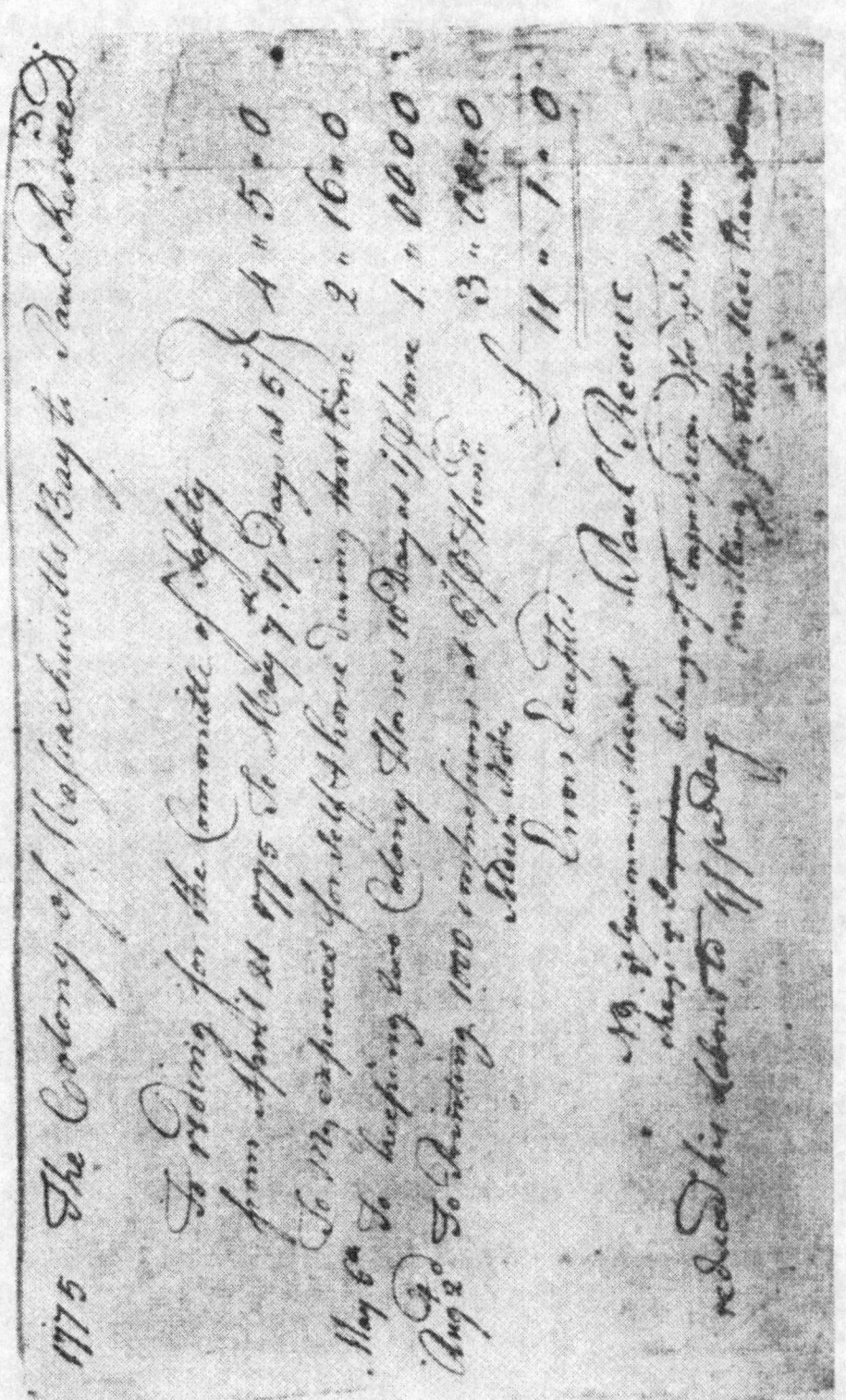

图5 保罗（Panl Revere）的开支账户

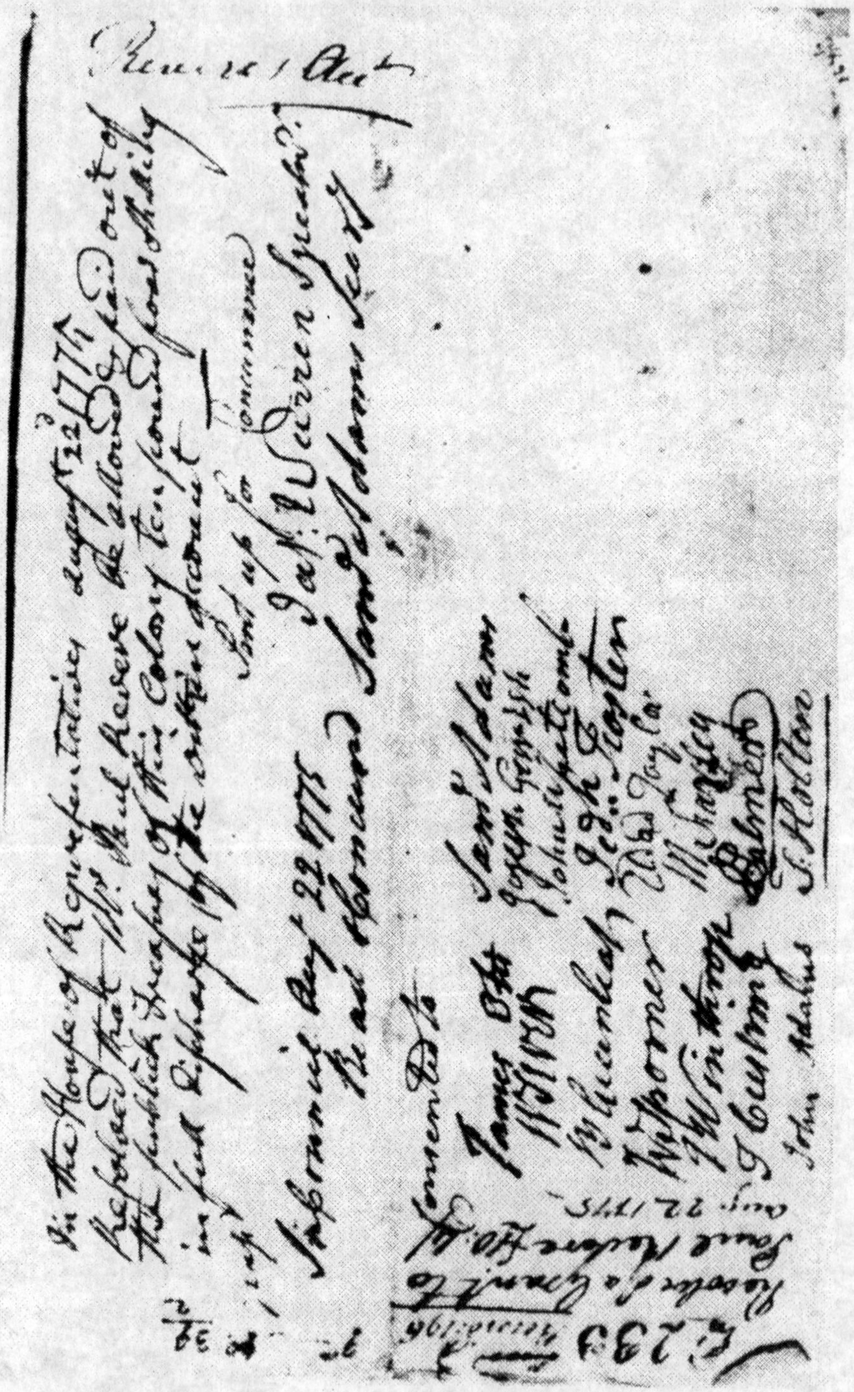

图6 马萨诸塞州众议院的1775年决议

合理保证公共资金按照原来的设想被使用,绝对不是针对美国或对现代时期所特有的一个问题。坚持证据验证(evidential verification)和责任分离(separation of duties)——这两者都是当代控制系统中的标准技术——可以追溯到5500年前美索不达美亚(Mesopotamia)的原始记载,这些记载显示了财政记录(financial records)的各种标志(marks)。"一个抄写员准备交易的摘要;另一个则核实它们。验证和责任分离的控制系统可能就是起源于此"(Sawyer 1981:3)。"audit"(审计)一词来源于拉丁文"audifus",指的是一个官员口头核实另一个官员的账目(sawyer 1981:4)。

2. 控制和责任(control and accountability)

a. 程序。就它的责任内涵来说,"控制"就是尽可能地设计出防护措施以保证受信托人[或者"精明的管家"(prudent steward)管理公款(public money)(集中了保护管理公共资金的受信托人(或"谨慎的管家")方面的所有防护措施)]。实践中,它意味着常规所要求的有关财务交易(financial transactions)的程序和记录。根据监督权来源的不同,控制可分为内部控制和外部控制,根据它们发生在财务交易的前后可分为事前控制和事后控制。许多的防护措施被整合成一个系统方法,用来减少欺诈行为、浪费、滥用职权、亏损和无效率的风险。具体的逐项拨款是由立法机关执行的最重要的事前审计控制,因此200年来一直是美国公共预算的一个独特特征。按比例分配(apportionment)是20世纪的一个发展(见上文),它是产生于行政机构的最卓越的外部事前审计控制。财务交易发生后它的对立面就是代表了立法职能或行政职能或二者兼有的事后审计;事后审计根据职业标准独立审核财务状况和运营结果。其他的控制工具包括采购清单(procurement invoices)和凭单(vouchers)、拨款账户(appropriations accounts)、财产抵押权(encumbrances)、人事安排(personnel schedules)和同类的工具。这些程序、文件(papers)、规则和记录作为一个整体是非常费时、昂贵和麻烦的。而单个来看,有些工具是琐碎的,其他的则是无法理解且与历史遗产无关的;许多工具对于被迫遵守它们的人来说则是令人厌烦的。有时候用计获得这些工具的行为都是英雄才能所为,但这不合法;而其他时候,这样的行为只是为了诈骗目的或个人所得。

b. 政治。控制并不是关于预算界限的小事情,因而不适宜于留给下级或财务管理者。更确切地说,它是预算过程的主要支柱,是包含在预算过程中的政治关系和目标的保护者。[26]例如,立法与行政冲突的持续性"传奇"在"世俗琐事"(mundane details)如拨款账户等方面上演。这一点在A. E. 巴克(A. E. Buck)的专题研究中有关控制和责任的讨论中予以强调,这些专题研究和布朗诺的报告一起在1937年提交给罗斯福总统。[27]巴克认为"拨款的细化走得太远,以至于它常常使得国会漠视行政机构并通过资金拨给的具体规定(detailed specifications)来直接控制行政机构"(Presidents Committee on Administrative Management 1937: 144)。巴克继续引用克利夫兰(Cleveland)提交给1931年公共会计官员协会（Association of Public Accounting officers）年会有关"详细拨款对总额拨款"（Detailed Versus Lump-Fund Appropriation）的论文，在会上克利夫兰认为"通过详细拨款对行政进行立法控制是为使用政治制度而采纳的一种工具……"。巴克的介绍性评论，在它被撰写的半个多世纪后仍然中肯，他很好地总结了这一问题："国家财政系统的运作基础是在来源于国会和总统的某些政治和行政控制之中。"

玛丽·帕克·弗莱特（Mary Parker Follett）在1932年的讲演中直接针对控制问题，这篇讲演出版在由古立克和厄威克主编的著名的《行政科学论文集》（Papers on the Science of Administration）中（1937：161-169）。在"控制过程"（The Process of Control）一文中，她问道，"……我们能够说什么是控制原则呢？这就和询问什么是组织原则一样。因为组织的目标是控制，或者我们可以说组织就是控制"（Follett, in Gulick and Urwick 1937：161）。在她的使用中，控制被广泛地定义为一个协调的过程。

c. 作为预算职能。大约半个世纪后，在一次对预算职能特别有影响力的审查中，艾伦·希克（Allen Schick）认为不同的重点或"导向"（orientation）和它们机构的问题和过程在不同时期为争夺主导权而相互竞争（Schick 1966）。因此，预算系统包含三个相互竞争的职能——计划、管理和控制——通过在整体方向上的倾斜而对它们加以区分。希克强烈支持当时的理性主义改革（PPBS），他得出结论，"所有的不同都可以在报表（in the Statement）中总结出来，即预算的信条证明其正当性并转到分析上了"。根据希克的研究：

> 控制指的是使运作官员（operating official）和由他们上级制定的政策和计划捆绑在一起的过程……它在执行和审计阶级占主导地位，但是预算估算和拨款的形式常常由控制考虑所决定。与预算执行相关的各种混合控制和报告程序……的目的是保证服从中央权威（central authorities）所制定的政策。
>
> "控制导向"（control orientation）处理的是相对狭窄的一系列关注：怎样能够把机构控制在由立法机关和行政主管所制定的开支限额内？报告程序有哪些……：对机构开支、人事和装备有什么限制？（Schick 1966：1244-245）。

因为每个导向都是在改革（和信息、分析、决策制定要求和能力）的前后衔接继阶段建立在彼此的基础之上，所以我们可以从希克的分析中推知，控制导向是所有后来系统的一个必要部分，是预算中一个永久的固定部分。后来的增加也正是建立在这一基础之上。因此容易理解，信托责任，也就是控制的责任方面，一直是并继续是美国预算和财政管理历史上一个主要主题（dominant theme）。

d. 职业标准。也许没有人会不同意这些"演员"（player）——职业会计、审计员和编制预算者——前半个世纪一直在发展职业标准。这些标准的一个来源渠道是联邦审计总署（GAO），它在 1957 年和 1968 年发布了联邦机构内部审计（internal auditing）原则和概念的一些声明，1972 年在被称为"黄皮书"（the Yellow Book）的《政府组织项目活动与职能的审计标准》（Standards for Audit of Governmental Organization Program Activities and Functions）中发布了一个综合的政府审计标准声明。1974 年美国注册公共会计师协会（American Institute of Certified Public Accountant，AICPA）发表了它的行业审计指南：《州和地方机构审计》（Audits of State and Local Government Units）。尽管不断有许多建立和遵守公认程序（accepted procedures）的职业行为，但似乎实践并不是那么完美。联邦审计总署对联邦援助（federal assistance）接收者的审计状况的一次审查中发现：在 34% 的政府审计中，注册公共会计师（CPAs）都没有令人满意地达到公认的政府审计标准（GAO 1986C）。正如联邦审计总署所总结的，公认的审计标准（Generally Accepted Audit Standard，GAAS）要求包括业务能力（professional proficiency）、独立的态度和表现、正当职业关注（due professional care）以及对审计范围或全面性限制的解除或报告（GAO 1986c, appendix 1）。

公认的会计原则（Generally Accepted Accounting Practice，GAAP）是在全美政府会计理事会（National Council on Government Account，NCGA）的支持下发展并由政府财务官员协会（Government Finance Officers Association，GFOA），即以前的市政财政官员协会（MFOA）出版。1968 年全美政府会计理事会在被称为蓝皮书（blue book）或 GAAFR 的《政府会计、审计和财务报告》（Governmental Accounting Auditing and Financial Reporting）中出版了 13 条基本原则（根据该书 1980 年版的序言，1968 年版本发布了 4 万多册）。当 1974 年美国会计师协会（AICPA）的"审计指南"（Audit Guide）承认《政府会计、审计和财务报告》是公认的会计原则时，它由此获得了权威地位。《政府会计、审计和财务报告》的 1980 年版也包括全美政府会计理事会（NCGA）1979 年的第一号声明（Statement I）（这是当代会计财务报告的基础）和它适用的具体情况。第一号声明在 1980 年被美国会计师协会（AICPA）确认为公认的会计原则（GAAP）。因此，公认的会计原则和官方标准来自于全美政府会计理事会，随后由于美国会计师协会的认同而得到进一步确定。1984 年全美政府会计理事会（NCGA）被政府会计标准委员会所取代（Governmental Accounting Standards Board，GASB），这个委员会继续提出各种声明和解释并被纳入职业会计标准之中。最近的《政府会计、审计和财务报告》（GAAFR）包括政府会计标准委员会（GASB）在 1994 年 3 月所签署的 24 个公告。

注意这样一个事实是有益的，即《政府会计、审计和财务报告》对选举政治和政治家的观点有点传统的政治行政两分法的味道。这一点尤为重要，因为政治和政治家（和会计职业）对预算和财政管理的影响力不能被夸大。

政治过程极大地影响了政府环境（government atmosphere）。基于受欢迎度或政治纽带（political ties）而被选中的民选官员，可能不拥有他们职位所必需的管理技能。民选政府官员通常对当选很感兴趣。不幸的是，最有可能加强他们重新当选机会的财政管理活动可能与有效实现政府社会服务组织的目标并不是最佳吻合。

……政府的正式和非正式政治结构都会影响到它们会计和财务报告行动和需要（MFOA 1980：2）。

e. 财政危机。也许在重新兴起对责任因素（accountability elements）的关注背后的惟一一个最强烈的动力是20世纪70年代纽约市的财政危机。当1975年纽约的金融市场（financial markets）关闭时，给预算和财政管理界的教训可不只是"这些街道不［再］是黄金所铺设的了"（Auletta 1980）；对于财务管理、会计和审计实践、财务报告、公开披露（public disclosure）特别有关股票报价（bond offering）的警戒已经蔓延到纽约市之外。纽约市的这一经历［和随后其他管辖区域包括扬克斯（Yonkers）和克利夫兰（Cleveland）的这些经历］影响了全国的报告和会计。[20]正当纽约市在州建城市援助公司（State Established Municipal Assistance Corporation）的支持下重建它的债务并改进它的财政和预算实践时，一般收入共享的再次授权制定了审计要求，债券的内容介绍在篇幅和细节上有所增加，而包括《纽约时报》（New York Times）、《华尔街日报》（Wall Street Journal）、《政府间视角》（Intergovernmental Perspective）、甚至《国会记录》（Congressional Record）在内的报纸和期刊杂志也报道了对更多更好的管理、会计和公开程序的不安和要求。如果需要一个动力来支持适应这一切的话，那么纽约市就照做了。在稍被忽略之后［这也许是作为拨款的游戏（grants game）的一种现实性回应］，控制议题和问题在州和地方预算以及政府间的财务中复兴（Dirsmith and Simon 1983；NCGA 1980）。

在1994年12月再次兴起对财政实践的关注，当时加利福尼亚州富裕的（就居民收入而言）奥兰治县（Orange County）发生了历史上最大的城市破产事件。这个县的财政局长对187个政府参与者，其中包括34个城市和38个学区（school districts）的价值75亿美元投资基金（investment pool）负责，他采用了逆回购安排（reverse repurchase arrangements）作为一个高风险投资战略的杠杆和衍生物（leveraging and derivatives）。当损失了17亿美元时，这个县不得不请求破产救济（bankruptcy relief）。在1995年6月，根据1978年税收与开支限制（Tax and Expenditure Limitation，TEL）的第十三条建议举行的一次公民投票中，260万居民中的选民抵制增税。

f. 近期联邦动向。美国国会在1981年制定了《联邦经理人财务诚实性法案》（Federal Managers Financial Integrity Act）(31 U.S.C. 3512 ［b］ and ［c］)。为了加强自20世纪50年代以来的会计控制和内部控制要求，该法案强调持续关注对所有资金的责任。它要求每个机构按照审计总长签署于1983年的《联邦政府内部控制标准》（Standards for Internal Controls in the Federal Government）

来建立和维持它们的内部控制。预算署于 1982 年 12 月发表了评估行政部门机构控制的指导方针，该方针是建立在预算署 A – 123 号通报《内部控制系统》（Internal Control Systems）的规定和标准之上。这些发展将关注转移到每年对内部控制和会计系统的恰当评估和报告上来。

财政数据的准确公开是评估绩效的关键，而健全的财政管理系统是这一绩效的核心。作为对这两个领域严重不足的回应，已经付出艰苦的努力以提高和并使财政报告和管理现代化。重点包括 1990 年的《首席财务官法》（Chief Financial Officers Act Of 1990），该法明确了旨在建立整合的财政系统的财政管理责任，并建立了一个协调理事会；还包括 1990 年建立的联邦会计标准咨询委员会（the Federal Accounting Standards Advisory Board），目的是发展统一的会计原则和标准。1991 年美国财政部财务管理服务机构（the U. S. Treasury's Financial Management Service）出版了它的"样板"（prototype）《美国政府统一财务报告》（Consolidated Financial Statements of the United States Government）。1993 年预算署修订了它的 1984 年 A – 127 号通报《财政管理系统》。根据联邦审计总署的"财政管理共同促进项目"（Joint Financial Management Improvement Program），1994 年首席财务官理事会（Chief Financial Officers Council）采纳了一个愿景声明（vision statement），该声明宣称"使政府工作更好成本更低，要求项目和财政管理者在运用现代管理技术和整合的财政系统下相互合作，确保信息决策制定的透明度、作出决策和测评绩效以获得令人满意的结果（outcome）和实际成本效果（real cost effectiveness）"（GAO 1995b：1 – 2）。

3. 控制与经济

节约（prudence）有另外一个意思，与适当的数量和开支水平意义有所相关。与节俭（economy）相关的控制方面对于理解美国预算的发展也是很重要的。甚至在华盛顿接受行政预算以前，弗雷德里克·A·克利夫兰（Frederick A Cleveland）观察到，"但是正是政府成本不受控制的（uncontrolled）和不可控制（uncontrollable）的增长最终使公众培养出对被亲切地叫作'美国系统'（American System）的一种敌视态度"（Cleveland 1915，22）。最高限额（ceilings）、限额（caps）和冻结（freezes）成为预算行业（budget shop）熟悉的工具，不管是在华盛顿，州政府还是在市政厅（镇公所）（town halls）（Ceiling 1975；Lewis and Logalbo 1980）。

a. 开支模式（Spending Pattern）。在战后时期，州和地方公共部门是一个"高度发展的行业"，开支增长的速度是经济增长速度的好几倍。然而到了 20 世纪 70 年代，出现了相反的情况。1974 年地方开支实际开始下降；1976 年州的开支也呈现相同的模式。"收入限制的再发现"（discovery of the revenue constraint）（Peterson, in Gorham and Glazer 1976：35 – 118）是受到许多因素的集中影响，包括经济衰退、两位数的通货膨胀（double-digit inflation）、管理和政治的作为与不作为（inaction）、公众舆论（特别是有关税收）、经济的结构调整和联邦资金的转向（因联邦政策和资金的变化而得到加强）。很快人们认识到纽约市的情况并不是孤立的，而是这场席卷全国的冲击波的中心。后果（outcomes）包括州和地方层级实际开支（real spending）的增长减速、财政管理实践或者至少标准有所提高、对地方预算的更多无休止的限制（见下文）、一些艰难的抉择和一些政治职业的灭亡。

b. 紧缩（retrenchment）。这些经验也产生了一个关于"紧缩"〔"精简管理"（cutback management）〕的文献，其代表作是由一篇很有影响力的文章《组织衰退和精简管理》（Organization Decline and Cutback Management）（Levine 1978）。如果大家接受莱文（Levine）的结论，即"未来世界是不确定的，但是资源紧缺和权衡（tradeoffs）不可避免"，那么这一时期出现的分析成果将继续在实践中非常重要、在分析上中肯。正如莱文所警告的：

> 政府组织既不是永久的也不是不可缩小的。组织的衰退和消亡，不管是受到侵蚀还是如计划进行，它就像增长一样，也是组织变化的一种形式；但是，所有管理组织变化的问题都因缺少资源（slack resources）而混合一起。衰退组织的特征——处理不确定所必需的稀有资源的缓冲物的减少，风险创新（risking innovation）和有益的忠诚和合作——向政府提出了一个问题，该问题同时也挑战了当前管理系统和多元主义自由民主制度的根本前提和可行性（Levine 1978：316, citations omitted）。

在参考文献中引用了更新的有关财政压力的研究。

c. 加州十三条提案（Proposition 13）和税收开支限制（TELS）。当代在州和地方层级坚持把经济作为一个决定性的价值在第13条动议中得到最佳体现，第13条动议是在1978年6月通过公民投票对加利福尼亚州宪法进行的一次修正案（见图7）。它的条款规定，财产税被限定不超过其在1975～1976年的估计市场价值的1%，而财产的市场价值估计增长率的年度增长被限制在2%之内（只有当财产被出售时才应用市场价值）。此外，贾维斯—甘恩修正案（Jarvis-Gann amendment）（以发起者命名）使地方税收增长和新税收严格受到选民的批准（electoral approval）（2/3的有效选民），同时要求州立法机关两院2/3的议员同意才能增加州税收。

将第十三条动议 XIII A 增添至宪法的动议（initiative propose）：

第一节

(a) 任何不动产（real property）的从价税（ad valorem tax）的最大额不能超过这一财产所有现金价值（cash value of such property）的1%。这1%的税额由县征收，根据县内地区法律进行拨款。

(b) 对(a)进行再次划分所提供的限制不能应用到从价税或者特殊评估上，以在这一部分变为有效之前支付投票者所同意的任何负债利息和赎回费用（redemption charges）。

第二节

(a) 全部（full）现金价值指的是县地产估价人对在"全部现金价值"下有关1975~1976税收法案中所体现的不动产做的评估，或者是对刚购买的和新构建的对不动产已经评估过的价值或对在1975年以后出现的产权变化的评估。所有还没有根据1975~1976税收水准进行评估的不动产可能要进行重新评估以反映其价值。

(b) 公平市场价格基础（fair market value base）可能反映了在任何既定年限不能超过2%的逐年通货膨胀率，或者反映了在消费价格指数中所体现的削减，或者在税收管辖权下该地的可比数据。

第三节

来自于或者根据本条款的有效数据（自本提案实施之日起），任何以增加收入为目的而改变州税的行为，不管其征收是根据税率的增加还是计算方法的改变都必须由一个法律来加以限制，该法的通过不得少于立法机关两院中所选举的2/3的议员的支持，但不对不动产征收新的从价税、或者对不动产的销售征收营业税（sales taxes）或交易税（transaction tax）除外。

第四节

经城市、县和特区的2/3有效选民投票同意，可以在这些地区征收特别税（special taxes），但在这些城市、县和特区对不动产征收从价税或对不动产销售征收营业税或交易税除外。

第五节

本条款自这一修正案通过后于7月1日开始的纳税年度（tax year）生效，但第三款除外，第三款从本条款通过即日起生效。

第六节

如果某些节（section）、部分、条款（clauses）或者措辞因为某种原因而失去效力或违反宪法，其他部分将并不受到影响，仍然保持绝对的效力和作用（force and effect）。

图7　加州十三条提案：对财产税的限制

公众、职业界和学术出版界宣布"纳税人暴动"（tax revolt）正在进行。[29]会议，新闻发布（press releases）和所有的期刊出版（［例如，《政府间观点》1978）都热衷于这一激烈的辩论问题。但是，为了历史准确确定这一目标，我们必须注意到，税收和开支限制（tax and expenditure limitations，TELS）很难说是对察觉到的挥霍浪费或滥用构成了一种新的现象或新的响应（Bennett and DiLorenzo 1983）。对运作预算（operating budgets）的限制可追溯到20世纪30年代，对资本预算（capital budgets）的限制则可追溯到一个世纪以前。在加州十三条提案通过之前，政府间关系咨询委员会发现14个州和华盛顿特区在1970~1977年之间对地方机构的开支和税收进行新的限制。当时在大多数州都在运行各种类型的税收和/或开支限制，将税收与开支限制与州强加的开支命令联系一起，政府间关系咨询委员会（ACIR）将这"近来的高潮"归因于一些因素，包括"公众要求减免财产税（tax relief）（Shannon and Gabler 1977）。

一些统计数据与更为广泛地理解财产税在当前预算和政治中的角色是相关的。对财产税的依赖在1981年降到"历史的低点"，下降到不及州和地方税收的31%，46个州自从20世纪60年代开始就已经提供某些形式的财产税减免［例如"断路开关"（circuit breaker）］（Walker 1986，74）。但是，财产税还是州和地方税务结构（tax structure）中不可或缺的重要部分，也是地方政治中最容易起争议的问题。[30]然而，考虑到（then too）公众对于财产税的态度，特别是与其他税联系起来看，根据政府间关系委员会的《正在改变中的公共态度》（Changing Public Attitudes）报告，1979年地方的财产税只是失去了它的显要地位，成为"最糟糕的税——也就是最不公平的税"，当时联邦所得税也获得了这一可疑的殊荣，这种状况持续到1985年（ACIR 1985：1）。1994年地方财产税和联邦所得税一起成为了"最糟糕的税"（the worst tax）（ACIR 1994）。

d. 格雷斯委员会。联邦职位（Federal offices）也没有免于受到控制与经济的影响。1982年第12369号行政命令成立了"总统私营部门成本控制调查委员会"（President's Private Sector Survey on Cost Control，PPSS），目的是"确定和提议对浪费和滥用的补救措施"。以主席J·彼得·格雷斯（J. Peter Grace）命名的格雷斯委员会在1984年1月汇报了对削减成本提高收入所采取措施的调查结果，提供了2500条建议，目的是在此后3年内节省4240亿美元……或者到20世纪末每年减少1.9万亿美元！根据1984年1月12日的传送信（transmittal letter），与制度失灵和人事管理不善有关的建议几乎占据了潜在节约数额的3/5，这一发现导致了这样一个结论，即"它们是联邦政府无效率的基础"（Grace Commission 1984：6）。陈述已见（making a point）也在这一受欢迎的版本（popularized version）中得到强调（Fitzgerald and Lipson 1984），该传送信没有考虑将传统的政治考量（traditional political considerations）作为公共支出决策制定的合法标准（Legitimate Criteria）。它陈述到：

> 我们发现国会的干预已经成为一个主要的问题。例如，因为国会

阻碍了国防部想要关闭军事基地计划，3 年来就浪费了 3.67 亿美元。总之，总统私营部门成本控制调查委员会（PPSS）建议通过关闭过多的军事基地可以节约 31 亿美元，这相当于 46.6 万户中等收入家庭 3 年的收入所得税（Grace Commission 1984：5）。

这些措辞和建议引发了一些评论和批评。国会预算署（CBO）和联邦审计总署（GAO）同意一部分建议目标，并审查了近 400 条建议，大约占这 3 年期间潜在节约的近 90%。这一审查"发现，从 1985~1987 年执行大多数这些建议所产生的潜在赤字削减将比规划少得多"（CBO – GAO 1984：1）。也许下面的观察结果更为重要：

> 虽然，大多数格雷斯委员会的建议都可以被描述为管理建议以获得更高效率或者在一个更商业化的基础上运行，由 PPSSCC 所评估的成本节约大部分都和改变政策或者重组项目的建议相关，而所有的这些建议都需要国会采取行动（CBO – GAO 1984：2）。

但是，根据联邦审计总署的意见，被修订后的建议大约有 2/3 被发现是有一些价值的，它在一半以上的情况下也作过"类似的或相关的建议"。另外的分析普遍赞同和得出结论：

> 格雷斯委员会在两个主要的方面有所误述，即它做了什么和它完成了什么。首先，它所宣称的通过采纳它的建议所能实现的节约在总体上被夸大。第二，提高效率的指令和态势（mandate and posture）而不提出新政策被广泛忽略（Goodsell 1984：199）。

回想早期的总统委员会，最近的这个也同样强调效率管理。在最可能发展为它最重要遗产的东西内，委员会对管理问题提议了一个更为集中的方法和公认的地位。特别是它提议在总统行政办公室建立一个联邦管理厅（Office of Federal Management）以包括管理与预算局（OMB）、总务管理局（GSA）和人事管理局（OPM），目的是通过政府监督管理系统。

效率、商业态势（business posture）、成本削减（cost cutting）和无保留的经济（outright economy）代表了美国公共预算和财政管理的持久价值。尽管大家都不愿意像前任那样挑剔这个委员会追求这样或那样的挑选价值，但是传统和共识都没有改变他们的思想渊源。这一满载价值、解释的预算方法反映了整个公共行政领域一些可能固有的东西。

格雷斯委员会最后的商业导向偏见就是主张对公共行政采用一个整合、集权和严密控制的方法。政府不被认为是一系列的许多组织而是一个单一的组织。……大家普遍的结论是，尽管 PPSSCC 努力工作并提出许多好主意，但它文件堆积如山、分析质量良莠不齐、节约估算令人怀疑、有业务偏见、有集权癖好、有反公共服务的态势和嗜好秘密行动都使得这样一个运行的负债远远超出它的价值（Goodsell 1984：201，203）。

e. 国家绩效评估委员会。当 1986 年国内税务署（Internal Revenue Service）提出全面质量管理（Total Quality Management，TQM）时，与全面质量管理相关的概念和实践开始正式进入到联邦机构（Mani 1995）。奥斯本和盖布勒（Osborne and Gaebler）将全面质量管理原则应用到政府并将它们与有创新性的技术和程序的州的地方政府经验联系起来，随着他们的《重塑政府》（Reinventing Government）一书在 1992 年出版，他们成为公众瞩目的对象。他们把"问题"确定为不是政府过多或过少，而是"错误的政府类型"（Osborne and Gaebler 1992：23，italics omitted），主张代表了分权、创新、适应、有竞争力、有效果、有创造力、以市场为导向和以顾客为中心的公共机构，所提倡的具体技术中有定量数据（quantifiable data），如绩效测评（performance measures）和监督使命以及关注后果（outcome）的预算。

随着克林顿政府致力于"重塑"原则，副总统戈尔（Al Gore）领导了国家绩效评估（National Performance Review，NPR），对整个政府运行进行检查以提出建议，例如砍掉"不必要"的开支和执行结果预算（outcome budgeting）（Gore 1993 xl-xli）。第一步是"简化预算过程"（Gore 1993：7）。通过描述缺乏战略思考、关键辩论和有用信息的一个过程，副总统阿尔·戈尔的全国绩效评估报告（1993）建议一个行政预算解决方案，根据职能来设定整个政策和分配资金，两年一次的预算和拨款，迅速撤消（expedited rescission）、增加管理的自由裁量权和减少在事项上的限制，如按比例分配（apportionment）、分配（allotments）、人事限额（personnel ceilings）、单向款项（Line Items）和年终权利终止（year-end lapse）。在一次针对联邦管理者的报告中，他强调责任（Gore 1994：318）："现在总统有可能……分权，但同时总统又能而且掌握这一领域的运行情况和对结果负责（使实地运行信息灵通并对结果负责）。正是责任这一概念将克林顿时期的联邦管理者和早期联邦管理者的角色联系在一起。"他用一种对预算具有明显意义的方法详细地阐述了这一概念，写道：

> 传统的方法期待联邦行政人员使用等级制安排（hierarchical arrangements），对每次投入都进行衡量和控制、详细阐述报告机制、并广泛使用规章制度（rules and regulations）。……现在的新方法期待联邦行政人员集中关注绩效并仔细测评结果——后果（outcomes）和产出，而不仅仅是投入（Gore 1994：320，note omitted）。

来自州和地方公共服务部门全国委员会（National Commission on the State and Local Public Service）的类似建议呼吁加速采购、消除失效（lapses）（"使用或放弃"的预算系统）（spend—it—or—lose—it budget system）和使预算过程更为灵活（Thompson 1993）。

一些观察家警告，全国绩效评估的建议将"基本上转变国会和行政机构的关系"（Fisher and Kliman 1994：19）。虽然这并没有发生，但"重塑"和全国绩效评估委员会获得了足够的关注来保证执行，例如许多文章发表在《公共行政评论》（Gore 1994）、《公共行政时代》（PA Times）和《公共管理者》上（Fisher and Kliman 1994），所取得的一个成就是1994年通过了《联邦采购简化法案》（Federal Acquisition Streamlining Act），用来简化和更新特别繁琐和代价高昂的程序。

在企业和政府的环境中，全面质量管理和重塑/再造（reinvention/reengineering）与裁员（downsizing）联系如此紧密以至于充满怀疑。确实，1993年2月克林顿总统签署第12839号行政命令，从而命令各机构削减5%的雇员或者从1993~1995年削弱将近10万个职位，并到1998年估计节约160亿美元；全国绩效评估委员会从1996~1999年将其建议变成额外削减15万名联邦雇员（CBO 1993a：2）。注意，全国绩效评估委员会并不是惟一的一个人员裁减例子；从1981~1983年超过7.1万个全职职位被撤消，相应的1.16万个专职雇员（full-time workers）失业（CBO 1993a：18）。精简文职人员的方法有：消耗（attrition）、休假（furlough）和"大规模精简"（reduction in force）或RIFS，精简文职人员是一个困难而复杂的任务，通过"解雇"（bumping）和其他程序在整个联邦官僚制内掀起波浪。全国绩效评估委员会1995年现状报告（Status report）宣称：撤销了16万个联邦工作，节约成本580亿美元，新建议节约成本700亿美元和解除许多联邦规制（Brace 1995：1）。

D. 1974年国会预算法

1. 改革来源

第93-334号公法，即《国会预算和扣押法》（Congressional Budget and Impoundment Control Act）（31 U.S.A. 1331）在1974年7月得以签署，在国家预算过程中产生了实质性的变革。新的程序和制度被建立，人们也可获得新的信息。最重要的是，从历史视角来看，预算法重申了美国预算的两个热衷（preoccupations）——努力进行预算控制和行政与立法机构对预算主导权的竞争。预示着这一法案通过的这些事件可以与导致1921年预算法（这是行政预算开始的时间）的事件相比较；但是，

> 1974年预算法与1921年预算法相比，在两个重要的考察环境和目标上有所不同。首先1974年预算法不仅是财政危机也是宪政危机

(constitutional crisis)的产物。涉及秘密和未经授权地使用资金和轰炸入侵柬埔寨(Cambodia)。另外,国会拨给农场和城市项目的资金被尼克松总统以前所未有的宏大规模扣押。

第二,1974年国会要求收回过去授予总统的权力和权威(Shuman 1984:183)。

权力问题和权力得以执行所通过的机构特权(institutional prerogatives)在对1974年预算法的其他分析中也很突出(Pfiffner 1979)。一个观察者写道:"尽管有宪法规定,国会已经将它对资金的权力转让给总统。"(Havemann 1987:4)[31]用扣押这些词语来描述这一问题,希克(1980:45)解释道:"扣押争论比任何其他在1967~1973年间一直在折磨着国会的预算政治的争执都更加促使国会设计自己的预算过程。"

美国众议院预算委员会意见一致,"尽管有宪法限制,即'除因为法律规定的拨款产生的结果外,不得从国库提取任何资金',但在许多人眼里,国会失去了它对资金的权力,而给了行政分支"(Committee on the Budget 1981:3)。审查这一法案的起源,委员会的"一般解释"(General Explanation)认为:[32]

> 这些原因是深远而长期存在的,在许多方面反映了美国社会自身的增长和复杂性。
>
> 首先,联邦预算的规模和它对全国经济的影响。
>
> 在仅仅半个世纪,预算从30亿美元增长到超过4000亿美元;从世纪之交以来,国家的债务从10亿美元增长到超过7000亿美元。……
>
> 第二,过去的预算改革措施增强和集中行政机构的预算权威,但同时容许国会内增长的开支权威(spending authority)分裂。……
>
> 第三,国会预算行动的性质和时间选择。大约75%的预算在现行法律下被认为是"相对无法控制"(relatively uncontrollable),而无法控制部分则成为整个预算中增长最快的部分。后门开支(backdoor spending),即在常规拨款过程之外的开支,超过所有开支的一半。
>
> 在财政年度开始时很少有完成拨款法案的,因为要为之提供资金,这导致许多联邦机构在一年的一段时期根据持续解决方案运作,但在许多情况下是全年如此。
>
> 第四,行政机构不断使用扣押,这直接挑战国会确定开支优先权的宪法权力(Committee on the Budget 1981:3-4)。

将"国会预算制定这一混乱"放在"预算改革根源"之中,乔尔·哈夫曼(Joel Havemann)引用参议员小萨姆 J. 欧文(Sam J. Ervin, Jr)的话:

国会从来没有决定总支出（total expenditure）应该是多少，也没有公开表明有关预算是否应该有盈余还是赤字。总开支似乎刚刚发生，没有人对此负责，或有信心知道将会是什么（Havemann 1987：4）。

1974年立法机关试图用一个系统、协调的立法预算过程取代一个分裂、分散的决策制定过程。

这并不是朝着这一方向前进的第一次尝试。1946年《立法机关重组法案》（Legislative Reorganization Act）呼吁采纳由一个联合委员会所提议的立法预算，但在1949年两次不成功的试行后，立法预算被放弃。1950年《综合拨款法》（Omnibus Appropriation Bill）寻求整合所有一般的拨款法案，但是这一努力还没有持续到第二个财政年度就结束了。1972年建立了预算控制联合研究委员（A Joint Study Committee on Budget Control），作为债务限制立法的一个部分，它于1973年的报告在经过重要修改后成为1974年《预算法》。

2. 国会预算过程和程序

1974年的《预算法》并没有为国会预算本身准备什么，但提供了一个国会预算过程：一个系统的、常规的、全面的初始目标（initial targets）程序，然后，锁定目标（binding targets）和后续协调（Subsequent reconciliation）（见下文），所有的计划时间表（scheduled）都针对迅速来临的财政年度的最后期限（deadline）。正如1975年共同决议（concurrent resolution）所展示的，预算决议的设计主要是为了五组数字达成一致，包括总支出（total outlays）、新的预算权威、赤字、总收入和公债（public debt）（见图8）。总之，它们构成决策制定过程中重要的新信息。这些数字意味着该法"要求国会一年两度地去做它以前从未做过的事情，即决定联邦预算的总额"（Havemann 1987：4）。

考虑到国会的临时或部分拨款经历至少可以追溯到1798年（GAO 1986a：14），可能的结果同时预示着预算决议和时间表的程序要求可能会慢慢变为临时的资金指标（funding measures）和零碎预算（piecemeal budgeting）。几年来国会两院领导人的两党联合委员会（BipArt. isan commitment）一直要求国会履行程序。那些促使最终回归旧习惯的因素包括：保留委员会结构（独立的拨款和实体委员会）和需要通过的13个拨款法案，加上逐日减少赋税委员会（House Ways and Means Committee）的权威。联邦审计总署1986年对持续决议的研究表明，"增长的对共同决议的依赖和因为拨款颁布的延迟所带来的资金短缺影响都是与联邦预算过程决策制定相关的主要问题"（GAO 1986a：10）。[33]该研究也发现这些"决议已被用来取代正式的拨款法案，而且它们的使用范围如此广泛以致于相当于综合拨款法案"（GAO 1986a：14）。有点微妙的是（delicacy），这项研究观察到，"这些变化的根本原因是政治决策制定过程中一些固有的问题，它们影响了预算选择"（GAO 1986a：14）。

	表71
第94届国会 第1次会议	美 国 国 会 众 议 院 [第94-77号文件]

美 国 参 议 院
1975. 4. 15

来自预算委员会的马斯基（Muskie）先生，他报告了下面的共同决议，
这一决议已被要求放入议事日程中

共同决议（concurrent resolution）

关于1975年7月1日开始的财政年度美国政府的国会预算：

第一条. 经参议院决定（众议院赞成），根据1974年《国会预算法》第301款（a），国会特此决定从1975年7月1日开始的财政年度——

(1) 总预算支出的适当水平为365,000,000,000美元；

(2) 总新预算权威的适当水平为388,600,000,000美元；

(3) 与经济条件和其他所有相关因素相适应的预算中的赤字总额在现行法律下为67,200,000,000美元，但如果在第（4）段中所提到的收入指标（revenue measures）被扩大和实施的情况下则为69,600,000,000美元；

(4) 在现有法律下，联邦收入的推荐水平（recommend level）是297,800,000,000美元，但如果1975年《联邦减税法》（Federal Tax Reduction Act）的某些条款到1976年被扩大而且实行能源附加税（Additional taxes on energy）的话，联邦收入水平将为295,400,000,000美元；

(5) 现行法律下公债的适当水平是617,600,000,000美元，但如果第（4）段中提到的收入指标被扩大和实施情况下则为620,000,000,000美元；

第二条. 国会在提出决议的第一章中所包含的数额时估计：出于原油开发目的而出租外部大陆架的所得收入是4,000,000,000美元，而非在总统提交的预算中评估的8,000,000,000美元。如果实现了所评估的8,000,000,000美元，在第一条第（3）段所提出的赤字在现行法律下是63,200,000,000美元，如果在第一条第（4）段所提到的收入指标被扩大和实施的情况下则为65,600,000,000美元。

图8　1975年共同决议

增加了新的机构以补充那些防备管辖权入侵（jurisdiction incursion）并在很大程度上对国会分裂决策制定特征负责的老牌机构。1974年《预算法》建立了参议院和众议院的预算委员会（每院都派有一个自己的人员）和一个跨党派的国会预算局（CBO）（它和行政机构的预算局一样提供信息和分析）（第1~2篇）。国会预算局不仅加入了信息行业（information industry）（见上文），而且这些选择数据——在20世纪中期当集中关注赤字规划时的预测、规划、评估和"技术调整"——的可获得性改变了传统年度辩论中的术语和参与者（Blustein and Shribman 1986）。但是，更具有行政性的能力和信息的影响之一就是讨论的技术方面甚至超出了许多知识广博的门外汉（layman）的理解范围。

1974年《预算法》为国会预算程序安排了一个时间表并设定了许多程序（第3~4篇）它修正了1921年《预算与会计法》和1946年、1970年《立法机构重组法》，从而创建了一个开始日程调整到10月1日的新财政年度，改变了预算术语（budget terminology），改变了总统提案中所提供的信息（第5~6篇）。总统被要求提供一个"当前机构预算"（current service budget）和一个总统预算。[34]事实上，它确定了一个新的底线（baseline），据此以评估开支需要和提议。新的程序呼吁在广泛的职能类别（broad functional categories）和拨款委员会之间建立递归通道（recursive crosswalk），在很大程度上这些程序是设计用来防止预算委员会侵犯现有委员会的权力。[35]

根据这一法案的条款，报告未来新的预算权威与完成第一个共同决议或目标是在5月中期；国会在9月早期完成新的开支和新的预算授权工作；在9月中期随之而来的是第二个共同决议（约束性目标或限额）[被1985年《平衡预算与紧急赤字控制法》（Balanced Budget and Emergency Deficit Control Act）所撤消]；到9月底，在新的财政年度开始之前，一个协调法案（reconciliation bill）或决议案（或者两者都有）执行第二个共同决议。这些决议不是法律，没有总统的签名，而且只是从内部影响国会。根据一个评估：

> 国会预算决议实际上并不是建立项目或适当的资金。但是它却是国会每年所制定的惟一最重要的预算决策，是国会开支优先权的最重要表达（Collender 1986：31）。

1974年《预算法》也详细说明了国会审查总统扣押（presidential impoundments）的程序（第10篇），总统扣押是足以成为一种导致法院采取行动的争论来源并在1972年尼克松政府时期达到顶峰。构成1974年《预算法》确定的扣押程序有四个：行政机构向国会报告有关预算授权永久地或暂时免除义务或开支；如果在45天内国会不赞成，所提议的扣押必须予以撤消，这意味着没有必要采取行动去支持现行法令预算权威；如果国会不使之无效，延期（deferrals）可以继续，但是两院之一必须通过决议以发放资金；审计总长被授权寻求法院的强制执行。根据一个评估，"该系统一直到相对近期的时候都运行得相当合理"（GAO 1986d：2）。在1983年，作为最高法院在移民归化局诉查德哈（Immigration and Neutralization Service v. Chadha）一案的判决结果，一院否决权条款失去了信任。因此，延期（deferrals）没有获得立法实施的支持，扣押继续是国会受挫及行政和立法之间磨擦的一个源泉。

3. 协调（Reconciliation）

不无讽刺的是，尽管1974年《预算法》的确重新平衡政府分支之间的预算权力，开创了一个立法机构预算（Legislative budgeting）的时代，但是它也恰当建立了协调程序，里根总统和行政管理与预算局局长戴维·斯托曼（David

Stockman)曾经通过将一个国会程序转变成一个总统工具从而用该程序赢得了1981 年预算周期(budget round)。最初,协调给众议院和参议院预算委员会指导他们的拨款委员提出削减或收入以达到第二项共同决议的锁定目标。1980 年改变了协调,这样它可以在过程开始之时发挥作用,成为第一个预算决议的一部分。这正是 1981 年《综合协调法》(the Omnibus Reconciliation Act of 1981)中所出现的内容(Collender 1986: 39 – 42; CRS 1981; Shuman 1984: 246 – 274; Stockman 1986)。[根据 1985 年《预算法》,协调命令(instructions)在预算决议中是强制性的(Collender 1986: 40)]。

政府分支之间的平衡是惟一提到的平衡(尽管已经通过了一个平衡预算的法令要求)(Ceilings 1975; Stine 1985: 2038)。㊱其不考虑控制的经济方面,并不为处理赤字或债务提供一种机制,而且不为节俭并不为平衡预算提供机制或激励(Wildavsky, in Penner, 1981: 87 – 100),该法案也为联邦预算的下一个改变构建了平台,即 1985 年《平衡预算与紧急情况赤字控制法》(the Balanced Budget and Emergency Deficit Control Act)的通过。

E. 1985 年格拉姆-拉德曼-霍林斯法(Gramm-Rudman-Hollings Act, GRH)

1. 改革来源

1985 年 12 月 12 日,总统签署第 99 – 177 号公法,《平衡预算与紧急情况赤字控制法》,一般被称为《格拉姆-拉德曼-霍林斯法》(GRH)。这是第 99 届国会对联邦收入与开支之间日益增长的不平衡和对公众要求对赤字做些什么的压力的回应。国会所做的是通过 1974 年《国会预算与扣押法》对债务限额(debt ceiling)的立法作为修正来修改。在该法案通过的背后的结构和政治环境一直被称为"美国大消费狂欢"(America's great consumption binge)(Courant and Gramlich 1986),并可以追溯到下列的部分或全部现象时期:减税和减少收入的指标(indexing);国防和利息的开支增加及其他领域不恰当支出的削减;不支持联邦财政部为回应人口统计和其他变化所做的需求的经济状况;缺乏政治意志。如果这一问题能被减少到一个数字,那它是一个令人印象深刻的数字;在 1985 年秋天,对公债法定限额已经上升到 2 万多亿美元。1985 年《预算法》的目的是到 1991 年财政年度将联邦赤字通过中期目标削减到零。如果这个问题是一个视觉,那么压力感是参议员多梅尼西(Domenici)在 1985 年 12 月 11 日的《国会记录》(Congressional Record)的报告中传达的。他说,

> 我认为美国人民感觉到,如果我们不能把赤字降下来,一些邪恶的事情正在发生。这就是他们支持这次立法的原因。……它(GRH)不是管理一个宏大国家的最好方法。但是在这一点上我们还有政治障碍(political gridlock),而且我们政府的现有过程,行政和立法,都促

使这一障碍继续下去（S 17386）。

2. 赤字限额（Deficit Ceiling）和扣押（Sequestration）

主要条款增加了债务限额，建立了赤字限额（在总统的提案中也是一样），修改了预算过程，加快了时间计划，并要求预算削减以实现既定的赤字限额。用该法案的话来说，"'赤字'这个词意味着，对于任何财政年度，该年度的预算总支出量超过该年度的总收入量"。这一法案要求总统提交一个赤字与该年度所规定的最大赤字值保持一致的预算，并且要求国会按照它的预算决议同样进行，其中决议将包括协调命令。

赤字估算激发赤字削减程序（deficit reduction procedure），该程序是一个自动特征，设计用来取代政治意志和权衡。[随着社会保障从预算名单中被除名，其目的是排除计算赤字和现在预算中的所有其他预算外实体（off-budget entities），"统一"预算的范围被改变（Schick 1986：21）]。如果规划的赤字超过5年中每年所设置的目标，直到1991财政年度为零，那么将会产生自动、全面的削减（取代逐个项目决策），除非制定有其他被挑选的削减项目。一半的削减将发生在国防领域，一半发生在国内项目，但是国债、社会保障、医疗补助、赡养儿童家庭援助计划（Aid to Families with Dependent Children）、粮食券（Food Stamps）、退伍军人抚助金、社会安全生活补助金（Supplemental Security Income）和其他项目的利息被豁免或受到有限比例削减（limited percentage cuts）的保护。

自动赤字削减机制就是"扣押"（sequestration），这意味着永久取消预算权威和预算资源。一些人将它视为可能是"国会预算过程中最有创意、意义最深远和最具争议的变革……"（Collender 1986：49）。总统签署扣押命令（sequester order）是强制的，无条件的和必须执行的（它是强制性的、非裁量的、并根据总统签发的扣押令进行）（见图9）。

从1986~1993年曾5次启动扣押，"1986、1988和1990财政年度每年一次，1991财政年度两次。1986财政年度的扣押削减被法院审诉（court action）取消，但后来又得到重申，1988财政年度的削减后来被废除，1990财政年度的削减得到实质性的修改，而1991财政年度的削减在一个情况下应用到国内自由裁量项目，在另一个情况下应用到国际自由裁量项目（后一种削减后来被废除）"（Committee on Ways and Means 1993：84）。

1986 年紧急情况赤字控制措施
1986 年 2 月 1 日致国会的咨文

致美国国会：

根据 1985 年《平衡预算与紧急情况赤字控制法》，我在此汇报对受影响机构签署的这一命令（Order），推迟自动开支增长和扣押或削减预算资源，使之与该法案所要求的由审计总长 1 月 21 日所做的扣押或削减决定相一致，以此消除 1986 财政年度 117 亿美元的赤字超额。这一命令（Order）从 1986 年 3 月 1 日起生效，除非被所实施的备选赤字削减立法所修正。附录有这一命令的复本。

行政、立法和司法机构的首脑已进一步计算了项目、规划和行动的基础和削减或扣押额的详细报告，并将报告提交给国会。这些计算与审计长的报告相一致。

根据美国宪法，包括 1985 年《平衡预算与紧急情况赤字控制法》（后面都作"该法"）第 252 条在内，授予总统我的权力，由此我命令要立刻采取下列行动来执行审计总长在 1986 年 1 月 21 日在其报告中所要求的扣押或缩减。"该法"第 251 条要求：

（1）每次自动开支增长都将是在 1986 财政年度颁布"该法"之时或之后首批得到支付，如果没有通过"该法"，自动开支增长会如第 252（a）（6）条冻结，并且受到"该法"第 255、256 和 257 条所提出条款的制约。与 1986 年自动开支增长有关的项目都有具体的账目名称并以这种方式进行削减，这些项目是：中央情报局退休和残疾系统资金（Central Intelligence Agency Retirement and Disability System Fund）；公务员退休和残疾资金（Civil Service Retirement and Disability Fund）；审计长退休系统（Comptrollers General Retirement System）；国外服务退休和残疾资金（Foreign Service Retirement and Disability Fund）；军人退休资金（Military Retirement Fund）；国家海洋暨大气总署退休（National Oceanic and Atmospheric Administration Retirement）；铁路退休第二层职位（Railroad Retirement Tier II）；海岸警卫队退休工资（Retired Pay, Coast Guard）；公共卫生服务现役官员的退休工资和医疗福利（Retirement Pay and Medical Benefits for Commissioned Public Health Service Officers）；《联邦雇员补偿法案》的特别福利（Special Benefits, Federal Employees' Compensation Act）；《国家羊毛法案》（National Wool Act）；特别牛奶项目（Special Milk Program）和职业康复项目（Vocational Rehabilitation）。

（2）根据"该法"第 252（a）（2）条所提出的程序，对重大的国防职能类目（050）新的预算权和未支配余额数受到扣押。

（3）关于联邦预算中非国防账目，下列受到扣押：新的预算权；新的贷款保障承诺；新的直接贷款责任；已修订的《1974 年国会预算法案》第 410（c）（2）条所确定的支付权；以及依据"该法"第 252（a）（1）（B）（i）条对指定的每个账目、每个项目、计划和行动的责任限制进行削减或依据"该法"第 252（a）（1）（B）（ii）条对所指定的每个预算账目活动的责任进行限制削减。

（4）对于实体法所要求考虑进行支付的账目，各部门或各机构的首脑被要求修改对每个这种支付的考虑，使之有必要减少对该财政年度接下来时间整个被要求支付的估计，这样，（a）支付就不会从已修订的《1974 年国会预算法案》第 410（c）（2）条所确定的支付权（spending authority）变成剩余预算资源（remaining budgetary resources），或者（b）支付就不会从已修订的《1974 年国会预算法案》第 410（c）（2）条所确定的支付权变成包括在审计总长于 1986 年 1 月 21 日所做的必要扣押或削减决定中所估计的预算水平。

(5) 对承诺安全贷款以及负责受到限制的直接贷款的账目（对此实体法有不同要求），各部门或各机构的首脑被要求修改对这种承诺或责任的考虑，使之有必要符合"该法"以及审计总长 1986 年 1 月 21 日决定中所确定的限制条件。

(6) 只要法律不禁止，各部门或各机构的首脑就可以使用现有的权限降低债务预算资源余额的专用性成为必要，根据实体法所规定的公式驱动考虑，尽可能用统一的一种方式把所要求的缩减或扣押应用到每个有权享受支付的个人或其他接受者身上。专用性降低债务可能包括预算资源债务（obligations），对此并没有公布检查也没有支付资金（指定偿还但没有被使用的资金）。

此外，各部门和各机构的首脑应该向参议院议长、众议院议长、行政管理与预算局局长、审计总长报告在第 252（a）(5)（A）条中所要求的项目、计划和行动等信息，这是行政管理与预算局局长在第 86 - 7 号公告（Bulletin No. 86 - 7）中所指示的。对于国防职能中的项目已经由项目、计划和行动中报告过，所以不必再报告。各部门和各机构的报告因此纳入这一命令。

我进一步指示中情局局长根据分类基础向国会各拨款委员会报告在第 252（a）(5)（A）条和（B）条中所要求的项目、计划和行动信息，因为国家对外情报项目符合这份命令的前三段；并且对参议院议长、众议院议长、行政管理与预算局局长、审计总长报告提出建议，这是行政管理与预算局局长所指示的。

根据第 252（a）(6)（A）条，在这一命令下被冻结、扣押或削减的数目应该从债务（obligation）中收回，被冻结或扣押的数量应该于 1986 年 3 月 1 日完全取消，除非在此之前有其他立法被颁布。

该命令将被提交给国会并将于《联邦公报》（Federal Register）上出版。

罗纳德·里根
白宫
1986 年 2 月 1 日

图 9　1986 年总统关于扣押的致国会咨文

3. 宪法问题（Constitution Issues）

1985 年《预算法》的条款和根据它所采纳的一些程序都引起了严重的宪法问题（CRS 1985；Hoadley 1986）。宪法所主张的权力分立再次对联邦预算过程施加其影响力，当时在 1986 年鲍舍诉西纳尔（Bowsher v. Synar）一案中（106s ct 3138），最高法院宣布扣押的自动激发机制因违背权力分立原则而无效。但法院判决的效果受到限制，这是因为该法案包括了一个可分割的条款，并规定立法实施是一个备选路径（alternative route）。

4. 第二份格拉姆－拉德曼－霍林斯法（GRH Ⅱ）

该法于 1987 年通过，并由于债务限额再次扩大立法工具（Legislative vehicle），《平衡预算与紧急情况赤字控制确认法》（Balanced Budget and Emergency Deficit Control Reaffirmation Act）（PL, 100 - 119）修正了 1985 年的格拉姆－拉德曼－霍林斯法（GRH）以重新确定赤字削减目标，预算平衡被推迟到 1993

年。自动扣押激发机制得以恢复,这一次职责被分配给管理与预算局。随着1987年10月股票市场的暴跌,成功的立法与行政谈判产生了一个两年预算协定。

F. 1990年预算执行法

1990年通过的《预算执行法》(Budget Enforcement Act, BEA)(BEA; Title XIII of the 1990 Omnibus Budget Reconciliation Act)对1974年和1985~1987年预算改革进行了重大的变革(见表1)。国会研究服务机构(Congressional Research Service)的摘要(Davis 1991:1)陈述道:

> 《预算执行法》的主要目的是去建立临时性程序以执行1990年《协调法》(Reconciliation)和其他法律所制定的赤字削减,但是该法案也在预算程序中造成永久的改变。《预算执行法》在1991-1995财政年度建立了自由裁量支出限额(discretionary spending limit),并要求在同一时期的直接开支和收入立法是赤字中性的(deficit neutral)[在一个叫做"量入为出"("pay-as-you-go")的过程之下]。总而言之,自由裁量开支超过任何财政年度所确定的限额,或者直接开支[主要是权利(entitlement)]或收入立法增加了赤字,那么所谓的"小型扣押"(mini-sequesters)将在国会会期结束之时被激发以在受到影响的类别里全面削减支出。这一法案也修改并将格拉姆-拉德曼-霍林斯法(GRH)的赤字目标扩大到整个1995财政年度,将社会保障从扣押赤字计算(sequestration deficit calculations)中除名。

《预算执行法》改变了方向,从固定赤字限额转到开支控制上来。它基于可变化的赤字目标建立了新的赤字控制,根据在被修改的扣押程序(小型扣押)中所实施的自由裁量开支(服从年度拨款,包括国防在内)建立了新的限制。收入和直接或后门开支(backdoor)[指的是在拨款委员会管辖范围外并由实体立法(substantive legislation)所决定的开支]要服从"量入为出"的规则以确保赤字中性。

作为与预算外财政相关的可能性和复杂性的范例,社会保障信托资金(Social Security Trust Funds)自从1985年起就是预算外的,根据《预算执行法》将在扣押赤字评估中得到审计,但是,它的收益免除于扣押削减(David 1991:7)。换句话说,《预算执行法》加强了社会保障的预算外地位,将它的信托资金从扣押过程的赤字估算中剔除出来[见(Collender 1992)和希克(Schick 1995)对《预算执行法》及其应用的详尽叙述]。

G. 令人困惑的平衡预算（The Elusive Balanced Budget）

1. 抵制预算改革

里根和布什政府的改革并没有成功地实现赤字削减和预算平衡这些重大目标。从 1985～1990 年，每个财政年度的赤字都超过了 GRH 的目标。尽管零赤字在未来容易达到，但因为当时政治协定被用来换取延迟政治成本（political costs）和项目削减。平衡预算变成一个动态的目标。在 1985 年的 GRH 中，目标完成日期是 1990 年；1987 年将目标最后期限修改延期到 1993 年。《预算执行法》再一次修订了 1991－1995 财政年度的赤字目标，并没有确定达到零赤字的目标完成日期（而且对社会保障信托资金改变了的待遇在事实上扩大了这一目标）。当克林顿总统在 1993 年和 1994 年提交他的预算提案时，他抓住由《预算执行法》所提供的这个机会，调整最大赤字数额，使之与经济和技术设想一致。此外，在 1995 年的预算僵局（budget stalemate）中，鼓吹者们迫切要求确定他们预算平衡的优先目标日期——2002 年或 2005 年——预算平衡再一次成为被延期的重大目标。

2. 政治意义

累积的赤字转变成国债，这在美国政治历史中一直起着重要的作用。事实上，债务作为一个有争议的议题可追溯到共和国建立时期和设想规划（the Assumption Plan）上。美国曾经只有一次完全偿还了国债，那是在安德鲁·杰克逊（Andrew Jackson）总统的第二届任期内（Watson 1990：160）。对于州和地方政府来说，平衡预算被视为主要实施纪律者，"是对预算最重要的限制"（Rubin 1993：164）。[32]

民意测验跟踪民众对平衡联邦预算的支持可以追溯到半个世纪前。当 1936 年盖洛普民意调查（Gallup Doll）提出这样一个问题："你认为有必要在此时进行平衡预算和开始削减国债吗？" 70% 的回答是肯定的。完成这一目标的优先策略就是政府节约（governmental economies），80% 的被调查者青睐这一策略（Gallup Poll 1972：12，survey 16）。1953 年，大多数回答者支持平衡联邦预算甚至超过了减税（Gallup Poll 1972，survey 510－K）。1976 年，70% 的回答者表明他们支持平衡联邦预算的一个宪法修正案（Gallup Poll 1978：679，survey 947－K）。关于平衡联邦预算的类似问题在 1980 年被提出，当时 67% 的回答者支持修正案（Gallup Poll 1981，survey 150－G），而在 1985 年再次提出这些问题，当时支持者下降到回答者的 49%（Gallup Poll 1986，special telephone survey）。在 1995 年 3 月当回答者被问及他们是否 "支持或反对对美国宪法的一个平衡预算修正案" 时，71% 的回答是支持（Public Opinion Online，question 026）。

值得指出的是，一代人以来每年都在重复当前政治中有关联邦预算不平衡这个主题，以及累积的国债规模及其影响。而且，净利息的支付在 20 世纪 90 年代中期大约占联邦支出的 14%。随着过去 10 年年度赤字高涨和国债积累，提高国债限制和缩减赤字日益主导了预算争议。1985年和1987年GRH两个版本的立法工具是国债限制（当国会在第一次世界大战《自由公债法》下授权借款时所制定的）的一种延伸。"预算制定政治是里根总统任期的核心主张"，而"里根时代的预算政策直接对乔治·布什总统的……受赤字驱动的议事日程负责……。预算问题在20世纪90年代大多数华盛顿争议的核心和基础"（Fenno 1991, ix-x）。平衡预算和/或限制预算增长也主导了克林顿政府的预算和国内政策。⑱

3. 宪法修正案

预算平衡的一些工具中有通过具体的有规划的目标进行赤字削减（上文已有描述）、开支削减和开支上限（spending caps）、单项款项否决（line-item veto）和建议修改宪法以要求平衡预算（见表1）。1982年一个要求平衡预算的修正案得到参议院的批准，但没有得到众议院的批准。1990年布什总统的预算提议包括一个平衡预算的宪法修正案。同年，也是历史上第二次，美国众议院考虑了一个宪法平衡预算修正案，但是联合决议没有征集必需的2/3多数票。在1990年参议院司法委员会（the Senate Judiciary Committee）再一次汇报了平衡预算修正案，而《预算执行法》再次将努力方向从赤字削减改变到开支控制上来。1992年又提议了多种版本的平衡预算修正案，但是都没有在国会通过（A Balanced Budget Amendment, 1992）。1994年，376名共和党候选人，包括许多国会议员候选人，签署支持《与美国签约》（Contract with American）（Gillespie and Schellhas 1994），该契约包括承诺要求平衡预算的一个宪法修正案，但1995年这个修正案没有得到通过。1995年债务限额再一次占据舞台中心，这次成为预算关系紧张的抵押品，这种紧张关系的特征是立法与行政冲突、党派竞争和明显不同的国内政治议程。

4. 单项款项否决（Line-Item Veto）

许多总统包括里根、布什和克林顿都支持给予高级行政主管权力以否决拨款法案的一部分，作为减少"政治分肥"开支（Park-barrel spending）和由此在当前情况下的赤字的另一工具。《与美国签约》（Gillespie and Schellhas 1994）的目标中包括单项款项否决权力。由于具体细节的不同，这一行政权力被许多州长和联邦层级之下的政府高级行政主管所拥有。

公众支持给予总统单项款项否决权力的证据至少可以追溯到1945年，当时57%的回答者对盖洛普民意调查（Gallup Poll）的调查问题给予了肯定的回答（Gallup Poll 1972, Survey 356 – K）。1995年1月，盖洛普民意调查问道，"你赞成还是反对给予总统择项否决权，这项权力将允许他抵制开支法案的单个部分，而不是在现有法律要求下不得不接受或抵制整个法案？" 73%的回答者完全支持，20%的回答者反对（7%的人不知道）（Public Opinion Online, question 005）。

国会反对总统撤消（rescissions）和扣押（impoundments）以维护它的拨款特权，这是达到同一目标的另一有效工具。总统拒绝开支拨款资金是 1974 年预算改革被采纳的一个主要因素。在对宪法和其他问题的一番激烈辩论后，1995 年单项款项否决在国会中受到挫败，然后随即被制定成法律。

5. 圣牛（sacred cow）之死

追求预算平衡和赤字削减的努力之间的相互矛盾之处在于它们揭示了当代预算过程的权力和重要性。艾伦·希克（Allen Schick）将它描述成一个更强大、更具包含性的预算过程，但它受到"追求神圣的联邦资金的零和博弈"（zero-sum competition for scare federal dollars）的限制，在这种博弈中历史优先权抢先了当时的选择（Association for Budgeting & Financial management 1994：2）。联邦审计总署的文章《预算政策：迅速采取必要行动，防止对经济的长期损害》（Budget Policy Prompt Action Necessary to Avert Long-term Damage to the Economy 1992a）说明正在出现引人警觉的一个问题，该问题正日益影响着公共政策辩论（e.g., Franklin 1993）。

围绕着这样一种观点的共识不断扩大和深化，即近 30 年来，每年预算失衡和由此所集聚的公债是令人无法维持和不受欢迎的。在克林顿总统 1994 财政年度的预算咨文中，他指出，"为了确保我们下一代不是美国人生活中第一次比父辈们做得更差的一代，我们必须复兴'美国梦'"。严密的预算控制促使过去被认为是碰不得的、政治上可以接受的补偿（remedies）和政策选择项目，就是所谓的圣牛（神圣不可侵犯了东西）（sacred cow）的扩张置于监督之下。

《格拉姆－拉德曼－霍林斯法》和《预算执行法》通过在预算程序例如扣押下赋予这些既定权利项目（entitlements program）特殊的地位来保护它们。毫无疑问，它们的政治地位部分与选举计算（electoral arithmetic）相关。根据人口普查数据（Census data），1980 年大约 4700 万公民或者 25% 的美国人口接受社会保障或者赡养儿童家庭援助计划（Aid to Families with Dependent children，AFDC）的补贴帮助。到 1992 年这两个项目 5550 万的受益者几乎占总人口的 22%。这意味着 5 个公民中有 1 个以上成为这两个既定权利项目的直接受益者。

国会预算局向参议院预算委员会的报告《削减赤字：开支和收入选择》（Reducing the Deficit：Spending and Revenue Options）按年度出版。对 1989 年、1993 年和 1995 年报告的比较显示了在预算议程中的一些重大变化。1989 年考虑所制定的相对较少的选择主要集中在项目削减上；开支选择包括减少公共消费、项目授权给州和地方以及累进再分配（progressive redistribution）；收入选择包括扩大收入所得税基数（income tax base）、增加所得税率以及增加消费税的使用和使用者收费。到 1993 年，国会预算局提出了一个更为广阔的系列预算（array），焦点也扩大到增加终止选择（termination option）（在 1995 年它被重新提及）。1993 年报告中关注转向自由裁量开支、单项款项否决、支出上限和削减公式驱动的项目。与终止和削减一起，1995 年报告也审查了执行《预算执行法》对自由裁量开支的现行限制、通过重构来提高效率以及到 2002 年将赤字削减到零的平衡预算计划。终止既享权利项目的选择数目在 1989 年是 5 个，1993 年是 13 个，而 1995 年也是 13 个；既享权利项目的削减数量在 1989 年是 8 个，1993 年是 21 个，1995 年是 19 个。

国会预算局的选择说明，到 20 世纪 90 年代早期，过去曾经受到保护的项目看起来如果不是政治选择也是分析选择。既享权利项目作为潜在目标的出现源于预算数字（budgetary arithmetic）的推动：到 90 年代中期，直接支付给个人的费用预期几乎达到了所有联邦支出的一半。预算过程被预算削减者所控制，而辩护的角色被大体上留给了没有官方授权的参与者，诸如公共利益组织和院外活动集团成员（lobbyists）。在其 1995 财政年度的预算咨文中，克林顿总统宣称 1994 年大约在 340 个自由裁量支出项目中进行了削减，并且在大约 300 个非国防项目中提议削减，包括终止了 100 个以上的项目。

6. 通过授权而进行的开支削减：整笔拨款（Block Grants）

整笔拨款代替了现行的联邦项目和拨款，它代表着在整个联邦对全国性问题的回应和联邦从政策领域退出这两者之间的一种妥协。1995 年，整笔拨款对国会削弱联邦政府在国内政策中角色的努力至关重要，当时，三个主要的既享权利项目［对穷人的医疗保险项目（Medicaid）、食物券（food stamps）和赡养儿童家庭援助计划（AFDC）］被共和党主导的国会建议改为整笔拨款。虽然第一次整笔拨款是在约翰逊总统任职内所执行，但是大多数整笔拨款都与共和党人有关。尼克松总统成功地建立了两个整笔拨款作为他"新联邦主义"的一部分。1981 年，里根总统领导了将 50 个以上的分类拨款（categorical grants）合并成 9 个整笔拨款的努力。从 1983 年到 1993 年，这 9 个整笔拨款中只有两个有实际意义的开支增加。虽然整笔拨款到 1993 年只占 2060 亿美元中的 320 亿美元和 593 个联邦援助州项目中的 15 个，但是整笔拨款极有可能在联邦对州的资助中扮演更加重要的角色（Gold 1995a, see also GAO 1995a）。

H. 现在的状况

普遍认同的联邦预算动力（budgetary dynamics）反映了近两个世纪以来逐层、逐个机构和逐个程序所建立起来的一个繁琐的过程，每一步都代表着对政府挑战的一种深思熟虑的回应。这一过程被神秘规则所构建和限制，特别是在近 20 年内，这些神秘规则正变得越来越复杂。芬纳（Fenno 1991：135）认为，这一过程可以被认为是在程序和相应顺序的可能性上本质变化的一系列、可变的"统治规则"（governing rules）。麦卡弗里（McCaffery 1987：373）将这一过程描述成"一个弹性而灵活的程序，能够适应变化的情况"。通过描述联邦预算的许多发展，包括新的预算程序，希克（Schick 1995：48）评论道，"这个累积的结果就是在有效的时间内超过它所能处理负载的这一过程"。管理与预算局（OMB）A-11 号通报（1994）给了当前的正式过程一个总的评论（见图 10）。

10.1 行政预算形成过程

在预算形成中，总统确定了总体的预算和财政政策指导方针。在一个多年规划系统下，为即将到来的预算年度和接下来的 4 年而给予机构政策指南，并为机构预算申请的准备提供最初的指导原则。

预算形成过程于每年春天前就要开始，至少要先于预算提交前的 9 个月开始。行政分支机构根据总统通过管理与预算局（OMB）及它在通告中所提供的有关估算准备的详细说明所提供的指南作为基础来准备他们的预算请求。

去年，行政部门预算评估过程被扩大为机构首脑和他们职员的更大参与作准备。基于这一过程，管理与预算局（OMB）和机构职员一起确定了即将到来的预算的主要问题；进行必要的分析以提供决策制定的内容；为秋季的预算评估过程确定主要的选择方案；并为问题的分析发展和执行一个多年计划，这些问题在未来几年将需要被决策。

整个春季和夏季，这一过程集中在项目绩效的评估及确保有效使用政府资源和成功执行项目和政策的方法上。有关潜在职能的重组、活动的合并和重新建构项目的提议的观点得到交流。此外，探索广泛的管理实践以确保高质量的项目绩效，确保对近期和长期项目结果的评估，以及通过行政行动或立法变革确保及时评估政策重新定向的需要。

根据第 103 条款的时间表，行政各部门和各机构被要求在秋季开始早期就向管理与预算局提交最初的预算材料。其他的材料根据管理与预算局提供的时间表，后来在秋季和冬季提交。预算数据需包括过去、现在、即将到来和该预算年度之后的 4 年。

秋季，主要的问题和选择将为总统的考虑作准备，围绕主要的行政主题和跨领域议题（cross-cutting issues）进行组织。然后，管理与预算局将根据总统优先意向、项目绩效和预算约束来审查机构的预算申请。一套完整的预算提议于 12 月份早期被提交给总统以待其批准。

审查过程完成后，有关预算申请的决策反馈给机构。一旦收到当前和预算年度的最终决策，机构就修订它们的预算申请以确保它们与这些决策相一致。这些最终估算将在总统的预算中传达给国会。根据现行法律，预算必须在 2 月份第一个星期一之前转交给国会。

然后，包含在总统的预算中的多年规划概算成为下一预算年度中提交给国会的预算规划起点。

10.2 行政和国会预算过程

上文所描述的行政预算形成过程是由管理与预算局所规定的，其根据是 1921 年《预算和会计法》及其修正案。下一时间表突出了在总统预算提交中最终的重大日期以及随后预算的更新日期。它也反应了由 1974 年《国会预算法》和 1985 年《平衡预算和紧急情况赤字控制法》的某些要求所确定的国会预算程序，因为这两个都是《预算执行法》的修正案。

（续）

需完成的行动		
行政预算过程	时间安排	国会预算过程
受行政部门审查的机构提交最初的预算申请材料	9月	
财政年度开始	10月1日	财政年度开始
没有受行政部门审查的机构提交的预算申请材料	10月15日	
	会期结束后10天	国会预算局发布最终扣押报告
行政管理与预算局发布最终扣押报告;[①] 如果有必要，总统签发扣押令	在会期结束后的15天	
	30天后	审计总长发布依从报告（compliance report）
立法机关和司法机关提交预算申请材料	11月至12月	
	在总统预算提交前5天	国会预算局发布扣押预览报告（preview report）
总统向国会提交预算，包括管理与预算局的扣押预览报告	不晚于2月份的第一个星期一	
2月15日	国会预算局向预算委员会汇报总统预算情况	
	在总统提交预算的6个星期内	委员会向预算委员会提交评估和估算
管理与预算局发布预算计划指南	4月1日	参议院预算委员会汇报预算的共同决议
	4月15日	国会完成共同决议的行动
	5月15日	众议院在没有关于预算的共同决议下可能考虑拨款法案
	6月10日	众议院拨款委员会汇报最终拨款法案

(续)

	6月15日	国会完成共同决议立法的行动
	6月30日	众议院完成年度拨款法案的所有行动
	在完成自由裁量支出、直接支出或收入的立法行动后	国会预算局评估预算立法的实践影响
总统提交中期评估，更新预算估算	7月15日	
管理预算局和众机构讨论问题和选择，准备秋季预算评估和决策制定	7月末至8月初	
	8月15日	国会预算局发布扣押更新报告
行政管理和预算局发布扣押更新报告	8月20日	

1. "在会期"扣押是在拨款制定成法律后15天内被激发，这些拨款是在预算年度会期结束之后和7月1日之前所制定，如果它们不履行财政年度对职能开支限制的话。对一个分类限制（category limit）的"回顾"削减（lookback reduction）应用于正在进行的财政年度（它不履行这一财政年度）的职能限制6月30日以后制定的拨款中，并应用到下一个财政年度。

注意：行政管理与预算局，在立法制定的5个日程表（calendar）之内，也向国会汇报有关颁布的立法的影响，并提供解释在管理和预算局和国会预算局估算之间的差异。

图10　预算过程概述

资料来源：OMB 通报 A-11（1994）．华盛顿特区：OMB，pp. 10. 1-10. 2.

当然，很多人会同意麦卡弗里（McCaffery 1987：373）的观点，他指出，"历史告诉我们，预算技术并没有这些资金所用来的目的那么重要"。怀特（White 1988：165）认为，"这一预算过程在20世纪80年代已经互解……"，并得出结论："如果党派斗争的奖品足够高的话，对预算的压力日益临近爆裂。"（White 1988：194）这就是发生在1990年的事情，当时政府被临时关闭，这一过程再次被"改组"。多年以后，在其1995财政年度的预算咨文中，克林顿总统说道，"我们已经结束放任自流，并打破了过去的枷锁。国会和总统最终在一起共同对抗我们国家的问题"。很快使国会预算局事情再一次朝一个相反的方向变化。对目标和政府角色上的不协调与不满,加上对政策和特权方面的机构及政党磨擦,导致1995年再一次在预算僵局和美国政府临时被关闭。

由于公众支持特别项目但却反对总体成本,因而使得联邦预算过程的目的在自相矛盾的公共态度中工作,这很明显会导致:满足了对由公共利益概念所释放的多元主义的肆意追求。今天这一过程既是零和现实以及已消失的游戏(diminished play)的俘房和创造者;同时也是任意制度分裂的牺牲品。我们可以观察到,"联邦预算是 ……我们政治系统和公共哲学的一种骨骼结构(skeletal structure)(Franklin 1993:9)。总之,一个为失败设计的体系正在继续。

NOTES

① The author extends her appreciation to the University of Connecticut's Graduate Research Foundation and the MPA program for their ongoing research support.

② Several collections of the literature of public administration generally and public budgeting in particular are available, including Hyde and Shafritz (1978), Hyde (1992), Mosher (1982), Sharfritz and Hyde (1978, 1987), and Schick (1987).

③ Before ascribing excessive authority to "authoritative" pronouncements, it may be worthwhile to note Hamilton's preference for indirect taxation, especially duties, excises, and taxes on consumption expressed in Federalist no. 12 and his prediction in no. 21 that indirect taxes "must always constitute the chief part of the revenue in this country."

④ Major budget "reforms" of 1921, 1974, 1985, and 1990, discussed in detail in this chapter, illustrate the continuing importance of executive-legislative relations and constitutional authority in the development of American budgeting and financial management.

⑤ Basic documents in public budgeting are available in several collections, including Mosher (1976) and Stillman (1982).

⑥ The patterns of growth and change are summarized in the statistics available in indispensable periodical statistical sources such as the compendia of federal, state, and local financial data from the Bureau of the Census of the U. S. Department of Commerce.

⑦ Demographic change (Peterson 1976), tax policy (Samuelson 1969; Tiebout 1956), and variations in expenditures related to political culture (Morris 1980; Wilson and Banfield 1958) or government structure (Lineberry and Fowler 1967), as well as routine political and administrative decision making (Crecine 1969; Levy et al. 1974; Lineberry 1977; Meltsner 1971; and, with respect to the states, Bingham et al 1978, 193 – 211; Sharkansky 1970, 13) also are among the independent variables associated with changes in subnational and especially municipal finance. For current studies of the impact of intergovernmental transfers and policies (e. g. , state constraints), see reference citations including ACIR (1986), Aronson and Hilley (1986), Bahl (1981), Bingham et al. (1978, 55 – 70), Burchell et al. (1984), CBO (1983), Friedman (1980), Gold (1995b), Sbragia (1983), and Walker (1995).

⑧ Among the innumerable sources on state practices and problems are the publications listed in Table 2; the U. S. Advisory Commission on Intergovernmental Relations; National Association of State Budget Officers; and National Conference of State Legislatures; Cranford 1992; Eckl et al. 1993; The Fiscal Survey of States; GAO, 1992b, 1993a, 1993b; Gold 1995a, 1995b; Gold and McCormick 1994; Lee 1991; Mackey 1993; Public Budgeting and Financial Management 1993; Snell 1993; Thompson 1993; and Walker 1995. In a highly selective listing of the extensive literature on municipal budgeting, see publications of the Government Finance Officers Association, International City and County Association; specialized journals such as Urban Affairs Quarterly and Municipal Finance; Bland and Nunn 1992; Botner 1989; Cope 1992; Dearborn et al. 1992; Forrester and Mullins 1992; Click 1986; Gold and Ritchie 1994; Kantor and David 1992; Lewis 1994; MacManus et al. 1989; O'Toole and Marshall 1987; Rubin 1993; and Strachota 1994.

⑨ An early and influential text—cited in V. O. Key, Jr. 's 1940 article, for example—on public budgeting was written by a bureau staff member, A. E. Buck (1929).

⑩ The members of the first comprehensive commission on national budgeting in the United States are a list of luminaries in the field and include Frederick A. Cleveland, commission chairman and director of the Bureau of Municipal Research; Frank J. Goodnow, a professor of administrative law at Columbia University who went on to the presidency of Johns Hopkins University; William F. Willoughby, whose varied career in government service ultimately saw him as constitutional advisor to the ill-fated Chinese Republic; Walter W. Warwick; and Merritt O. Chance. In light of the administration-versus-politics debate that was to mark the developmental phase of public administration as a field of inquiry, it is worthwhile noting that Woodrow Wilson, Frank Goodnow, W. F. Willoughby, Charles Merriam, Charles Beard, and Luther Gulick contributed to the practice and literature of public budgeting and became presidents of the American Political Science Association as well.

⑪ "Apportionment, a recognized, standard building block of preaudit financial controls, became the responsibility of the Bureau of the Budget in 1933. On apportionment, see Fisher (1975, 38 – 40) and GAO's glossary (1981, 34).

⑫ Citations are limited to those in categories "budget", "budgetary", "budgeting", "budgets," and "bureau of budgets" in order to minimize double counting of entries under multiple categories.

⑬ Wilson's objection about the power to remove the comptroller general would arise again 65 years later in litigation over the constitutionality of provisions of the Balanced Budget and Emergency Deficit Control Act of 1985, popularly referred to under the name of its sponsors, Gramm-Rudman-Hollings.

⑭ The BOB was transferred to the Executive Office of the President in 1939 and renamed the Office of Management and Budget in 1970. For a history of this agency, see Berman (1979), CRS (1986), LeLoup (1986, 95 – 119), Mosher (1984), and BOBs 1958 staff orientation manual (now OMB). For one person's view of the agency and its director's contemporary impact, see Stockman (1986); another personal history is told in McOmber (1981, 78 – 84); and for a collection of perspectives from numerous sources, see Schick (1980, 134 – 192).

⑮ For "Evolution of Budget Concepts in the President's Message: 1923 – 1968", see R. W. Johnson in President's Commission on Budget Concepts (1967, 93 – 103).

⑯ For an introduction to the mystifying documents known as the U. S. budget, see especially Collender (1984 – 1995).

⑰ With respect to budgeting and financial management, GAO also produces many case studies, other sources of which include Harvard's Case Clearinghouse, Lewis and Walker (1984), and the Office of Personnel Management's training materials.

⑱ he American Political Science Association is the professional association for political scientists, and both practitioners and academics may and do join. Yet because the journal is geared to theoretical concerns and research rather than to the applied aspects of political science, the "academic" category seems most appropriate. See also note 10.

⑲ The seven "principles" of POSDCORB include planning, organizing, staffing, directing, coordinating, reporting, and budgeting (Gulick and Urwick 1937).

⑳ There are many studies of decision making about taxes, tax administration, and tax policy (e. g., Aronson and Hilley 1986; Pechman 1985; Fullerton and Rogers 1993). They are not marked by consensus. One author concludes that public opinion is irrelevant to decisions about taxing and that these are not associated with spending decisions (Hansen 1983). According to a contrary thesis, "Expenditures are increased only to the point where the vote gained by the additional dollar spent is more than cancelled out by the vote lost by the additional dollar taxed. The budget is established where the tradeoff between spending money and raising revenues is equal" (Friedman 1980, 169). It has been suggested that environmental, legal, revenue-raising, and other factors affect tax decisions (Bingham et al. 1978, 193 – 211).

㉑ Other legislation affecting the budget function and/or agencies include the Federal Reports Act of 1942, which gave BOB statisitcal and data-collecting responsibilities; the Government Corporation Control Act of 1945, which extended BOB'S budget authority to wholly owned government corporations; the Classification Act of 1949, charging BOB'S director with regulatory duties; and the General Appropriation Act of 1950, which restated statutory authority for the apportionment procedure.

㉒ Pointing to the passage of the Humphrey-Hawkins Act in 1978 and to the debate and legislation on deficits and taxes in the 1980s, some observers argued that fiscal policy crowds out other concerns. This concern intensified during the next two decades.

㉓ The references include a few of the more frequently cited studies of PPBS (Hinrich and Tay-lor 1969; Lyden and Miller 1972; Merewitz and Sosnick 1971; Mosher 1969; Schick 1966, 1971, 1973; Rabin, in Golembiewski and Rabin 1975, 427 – 446; these and other sources (such as Grafton and Permaloff, in Rabin and Lynch 1983, 118 – 124) provide estensive bibliographies specifically on this subject.

㉔ This administration was also responsible for introducing the "unified" federal budget and retaining the "cash" budget, based on the recommendations of the President's Commission on Budget Concepts (1967). The "unified budget" refers to the "present form of the budget of the Federal Government adopted beginning with the 1969 budget, in which receipts and outlays from Federal funds and trust funds are consolidated. ... By law, budget authority and outlays of off-budget entities are excluded from the unified budget, but data relating to off-budget entities are displayed in the budget documents" (Committee on the Budget, 1981, 133). See treatment of Social Security under GRH and BEA (herein) as examples.

㉕ One source races zero-base budgeting in the literature to 1924 and to the Department of Defense in the early 1960s (Merewitz and Sosnick 1971, 62). See also Wildavsky and Hammond (1965).

㉖ Control is a topic that has occupied great minds or at least much time, as suggested in the exhibit from the Massachusetts House of Representatives, wherein consenting participants included James Otis, John Winthrop, Sam Adams, and others.

㉗ Written by A. E. Buck, the study is entitled "Financial Control and Accountability" and is part of the report of the President's Committee on Administrative Management (1937, 137 – 168). Committee members included Louis Brownlow,

Charles E. Merriam, and Luther Gulick.

㉘ In 1983 the Washington Public Power Supply System, derisively referred to as "Whoops", defaulted on $ 2.2 billion in revenue bonds.

㉙ In another well-publicized manifestation, the tax revolt struck Massachusetts in the form of Proposition 2⁄2, which limited property tax and property tax increases.

㉚ The Tax Foundation's Tax Features is an influential source of current data and opinion on taxes.

㉛ "Impoundment" is any "action or inaction by an officer or employee of the U. S. Government that precludes the obligation or expenditure of budget authority approved by Congress" (Committee on the Budget 1981, 119). If unrestricted, its potential effect on policy and programs is comparable to the line-item veto. Schick explains that Nixon's 1972 – 1973 impoundments "were designed to rewrite national policy at the expense of congressional power and intent" (1980, 46). In contrast to an "impoundment", "rescission" is the "consequence of enacted legislation that cancels budget authority previously provided by Congress before the time when the authority would otherwise lapse (i. e., cease to be available for obligation)" (Committee on the Budget 1981, 128).

㉜ "Controllability" refers to the "ability of Congress and the President to increase and decrease budget outlays or budget authority in the year in question. Relatively uncontrollable refers to spending that the Federal Government cannot increase or decrease without changing existing substantive law. For example, outlays in any one year are considered to be relatively uncontrollable when the program level is determined by existing statute or by contract or other obligation." Other examples include permnanent budget authority; interest on the public debt ("for which budget authority is automatically provided under a permanent appropriation enacted in 1847"); and open-ended entitlement programs mandated by law (Committee on the Budget 1981, 110). Controllable versus relatively uncontrollable spending remained an important issue in the 1970s (Ogilvie, in Penner 1981, 101 – 134) and emerged as an important distinction in the sequestration process associated with the 1985 Gramm-Rudman – Hollings Act.

㉝ Continuing resolution refers to legislation providing budget authority for ongoing activities when the regular appropriations are not enacted by the beginning of the new fiscal year. It usually states a maximum rate at which an agency may incur obligations. Although Congress enacts continuing resolutions as joint resolutions, they must be passed by both houses and approved by the president. Procedurally the House's restrictions on general appropriations do not apply; the Senate considers them to be the same, and standard procedures apply (GAO 1986a, 10 – 11).

㉞ Current services estimates "refer to estimated" budget authority and outlays for the ensuing fiscal year based on continuation of existing levels of service, ignoring all new initiatives, presidential or congressional that are not yet law. "These estimates of budget authority and outlays, accompanied by the underlying economic and programmatic assumptions upon which they are based (such as the rate of inflation, the rate of real economic growth, the unemployment rate, program caseload, and pay increases) are required to be transmitted by the President to the Congress with the President's budget" (Committee on the Budget 1981, 111).

㉟ Crosswalk " is any " procedure for expressing the relationship between budgetary data from one set of classifications to another, such as between appropriation accounts and authorizing legislation or between the budget functional structure and the congressional committee spending jurisdictions (Committee on the Budget, 1981, 111).

㊱ Because the 1985 act had no automatic revenue consequences, the deficit ceiling, in effect, became a spending ceiling. Tracing earlier efforts at controlling spending from fiscal 1968 through 1976, one assessment concluded that "spending ceilings have a record of consistent failure as a means of controlling the growth of federal spending" (Ceilings 1975, 1624).

㊲ On budgetary balance at the subnational level, see especially Cranford 1992; GAO 1993a, Lewis 1994; National Association of State Budget Officers 1992; Rubin 1993, 164 – 206; and Snell 1993, 38. On the Reagan and Bush administrators, see especially Collender 1983 – 1992; Fenno 1991; Franklin 1993; Schick 1995; Shuman 1992; White 1988; and Wildavsky 1992. On the Clinton administration, see Collender 1993 – 1995; Ketti 1995; Ketti and Dilulio 1995; and Schick 1995. See also annual articles on the president's budget in Public Budgeting & Finance.

REFERENCES AND SELECT BIBLIOGRAPHY

Aaron HJ, Schultze CL, eds. Setting Domestic Priorities, What Can Government Do? Washington, D. C.: Brookings Institution, 1992.

ACIR (Advisory Commission on Intergovernmental Relations). State Limitations on Local Taxes and Expenditures. A – 64. Washington, D. C.: ACIR, 1977.

American Bibliography Center. Advance Bibliography of Contents: Political Science and Government. Santa Barbara, CA: CLIO Press, annual, 1974 – 1985.

AICPA (American Institute of Certified Public Accountants). Audits of State and Local Governmental Units. New York: AICPA, 1974.

____. Statement of Position no. 80 – 2: Accounting and Financial Reporting by Governmental Units. New York: AICPA, 1980.

Aronson JR, Hilley JL. Financing State and Local Governments. 4th ed. Studies of

Government Finance series. Washington, D. C. : Brookings Institution, 1986.

Aronson JR, Schwartz E. Management Politics in Local Government Finance. 3rd ed. Municipal Management series. Washington, D. C. : International City Management Association, 1987, Association for Budgeting & Financial Management. Schick Shares Insights on Budget Reform. Budget & Finance (Fall): 23, 1994.

Auletta K. The Streets Were Paved with Gold. New York: Random House, 1980.

Bahl RM, ed. Urban Government Finance, Emerging Trends. Urban Affairs Annual Review, vol. 20. Beverly Hills, CA: Sage, 1981,

Bahl RM, Johnson M, Wasyklenko M. State and Local Government Expenditure Determinants. In: Bahl R, Burkhead J, Jump B, eds. Public Employment and State and Local Government Finance. Cambridge, MA: Bollinger, 1980, pp. 65 –120.

Bailey J, O'Conner R. Operationalizing incrementalism: measuring the muddles. Public Admin Rev 35: 60 –66, 1975.

Balance budget amendment: the dream and the debate. Washington Post, June 2, p. A17, 1992.

Beard CA. American City Government. New York: Century, 1912, pp. 143 –157.

____. The budgetary provisions of the New York Constitution. The Annals 62: 64 – 68, 1915.

Bennett JT, DiLorenzo TJ. Underground Government: The Off-Budget Public Sector. Washington, D. C. : Cato Institute, 1983.

Berman L. The Office of Management and Budget and the Presidency, 1921 –1979. Princeton, NJ: Princeton University Press, 1979.

Bingham RD, Hawkins BW, Hebert FT. The Politics of Raising State and Local Revenue. New York: Praeger 1978.

Bland RB, Nunn S. Municipal operating budgets. Public Budgeting & Finance 12 (2): 32 –45, 1992.

Blustein P, Shribman D. Lawmakers say two rosier forecasts on deficit don't ease need for hard decisions on budget. Wall Street Journal, February 24, p. 50, 1986.

Botner SB. The use of budgeting/management tools by state governments. Public Admin Rev 45: 616 –622, 1985.

____. Trends and developments in budgeting and financial management in large cities of the United States. Public Budget Fin 9 (3): 37 –42, 1989.

Brace P. NPR saves $58 billion, outlines more plans. PA Times 18 (10): 20, 1995.

Brookings Institution. Setting National Priorities. Washington, D. C. : Brookings Institution, annual, 1971 –1983.

Buck AE. Public Budgeting. New York: Harper & Row, 1929.

Bureau of the Census, Department of Commerce. Governmental Finances. Washington, D. C.: Government Printing Office, annual.

———. City Government Finances. Washington. D. C.: Government Printing Office, annual.

———. State Government Finances. Washington, D. C.: Government Printing Office, annual.

———. Statistical Abstract of the United States. Washington, D. C.: Government Printing Office, annual.

Bureau of Labor Statistics, Department of Labor. Consumer Price Index. Washington, D. C.: Bureau of Labor Statistics, monthly.

Burchell RW, Listokin D, eds. Cities Under Stress. New Brunswick, NJ: Center for Urban Policy Research, 1981.

Burchell RW et al. The New Reality of Municipal Finance. New Brunswick, NJ: Center for Urban Policy Research, 1984.

Burkhead J. Government Budgeting. New York: John Wiley & Sons, 1956.

Caiden N. Patterns of budgeting. Public Admin Rev 38: 1978.

———. Public budgeting amidst uncertainty and instability. Public Budget Fin 1: 6 – 19, 1981.

Caputo DA, Cole RL. Revenue Sharing. Lexington, MA: D. C. Heath, 1976.

Carney EN. Losing support. Nat J 27 (38): 2353 – 2357, 1995.

CarrJH, ed. Crisis and Constraint in Municipal Fiannce. New Brunswick NJ: Center for Urban Policy Research, 1984.

Carter J. Jimmy Carter tells why he will use zero-base budgeting. Nat Business 65: 24 – 26, 1977.

CBO (Congressional Budget Office). The Federal Government in a Federal System: Current Intergovernmental Programs and Options for Change. Washington, D. C.: Government Printing Office, 1983.

———. The Economic and Budget Outlook: Fiscal Years 1986 – 1990, A Report to the Senate and House Committees on the Budget, Part I, as Required by P. L. 93 – 344. Washington, D. C.: CBO, 1985.

———. Reducing the Size of the Federal Civilian Work Force. Washington, D. C.: Government Printing Office, 1993a.

———. Using Performance Measures in the Federal Budget Process. Washington, D. C.: CBO, 1993b.

———. Reducing the Deficit: Spending and Revenue Options. A Report to the Senate and House Committees on the Budget. Washington, D. C.: Government Printing Office, annual.

———. The Economic and Budget Outlook. Washington, D. C.: Government Printing

Office, annual.

CBO and GAO. Analysis of the Grace Commission's Major Proposals for Cost Control. CBO/ GAO, Washington, D. C.

CBO and OMB. Sequestration Report for Fiscal Year 1986: A Summary. A Joint Reoprt to the Comptroller General of the United States. Washington, D. C.: CBO/ OMB, 1986.

Ceilings are made to be broken. Nat J 7: 1624 – 1625, 1975.

Clark TN, Ferguson LC. City Money, Political Processes, Fiscal Strain, and Retrenchment. New York: Columbia University Press, 1983.

Cleveland FA. Evolution of the budget idea in the United States. The Annals, 62: 15 – 35, 1915.

Collender SE. The Guide to the Federal Budget, Fiscal 1984 – 1996 eds. Washington, D. C.: Urban Institute Press, 1983 – 1995.

Committee on the Budget, U. S. House of Representatives. The Congressional Budget Process: A General Explanation. Washington, D. C.: Government Printing Office, 1981.

Cooke A. Alistair Cooke's America. New York: Alfred A. Knopf, 1973.

Cope GH. Walking the fiscal tightrope: local budgeting and fiscal stress. Int J Public Admin 5: 1097 – 1120, 1992.

Council of State Governments. Book of the States. Lexington, KY: CSG, annual.

____. Inventory of Current State Government Accounting and Reporting Practices. Lexington, KY: CSL, State Government Accounting Project, 1980.

____. Preferred Accounting Practices for State Governments. Lexington, KY; NCL, State Government Accounting Project, 1983.

Courant PN, Gramlich EM. Federal Budget Deficits. Englewood Cliffs, NJ: Prentice-Hall, 1986.

Cranford, J. R. ('1992). State Budgets: Deceptive Models. Congressional Quarterly, 50 (24): 1686.

Crecine JP. Governmental Problem Solving: A Computer Simulation of Municipal Budgeting. Chicago: Rand McNally, 1969.

____, ed. Financing the Metropolis, Public Policy in Urban Economics. Urban Affairs Annual Review, vol. 4. Beverly Hills, CA: Sage, 1979.

CRS (Congressional Research Service), Library of Congress, for Committee on Governmental Affairs of U. S. Senate. Guide to the Conference Report on H. R. 3982, The Omnibus Budget Reconciliation Act of 1981 (P. L. 97 – 35). By Robert A. Keith. Washington, D. C.: CRS, 1981.

____. The Federal Budget Process: Selected References. By Kurt E. Beske. Washington, D. C.: CRS, 1984.

——. Selected Constitutional Questions Raised by Gramm-Rudman Deficit Reduction Proposal. By Richard Ehlke. Washington, D. C. : CRS, 1985.

——. Office of Management and Budget: Evolving Roles and Future Issues. Washington, D. C. : Government Printing Office, 1986.

Dahlberg J. The New York Bureau of Municipal Research, foreword by Luther Gulick, New York: New York University Press, 1966.

Davis E. Congressional Budget Process Reform: 101st Congress. Washington, D. C. : Congressional Research Service, Library of Congress.

Davis OA, Dempster MAH, Wildavsky A. A theory of the budgetary process. Am Polit Sci Rev, 60: 529 – 547, 1966.

Dearborn PM, Peterson GE, Kirk RH. City Finances in the 1990s. Washington, D. C. : Urban Institute, 1992 (draft).

de Tocqueville A. Democracy in America, vols. 1-2. New York: Random House, 1945.

Dilulio JJ Jr, ed. Deregulating the Public Service. Can Government Be Improved? Washington, D. C. : Brookings Institution: 1994.

Dirsmith MW, Simon AJ. Local Government Internal Controls, A Guide for Public Officials. New York: Council on Municipal Performance, 1983.

Drucker P. The Practice of Management. New York: Harper & Row, 1954.

Economic Report of the President, Transmitted to the Congress Together with the Annual Report of the Council of Economic Advisors. Government Printing Office, Washington, D. C.

Eckl CL, Hayes KC, Perez A. State Budget Actions 1993. Denver, CO: National Conference of State Legislatures, 1993.

Fenno RF, Jr. The Power of the Purse. Boston: Little, Brown, 1966.

——. The Emergence of a Senate Leader: Pete Domenici and the Reagan Budget. Washington, D. C. : Congressional Quarterly, 1991.

Fiscal Survey of States. Washington, D. C. : National Governors' Association and National Association of State Budget Officers, 1977 – curreni, biannu al.

Fisher L. Presidential Spending Power. Princeton, NJ: Princeton University Press, 1975.

Fisher L, Kliman AJ. The Gore Report on Budgeting. Public Manager 22 (4): 19 – 22. 1994.

Fitzgerald R, Lipson G. Pork Barrel, The Unexpurgated Grace Commission Story of Congressional Profligacy. Washington, D. C. : Cato Institute, 1984.

Forrester JP, Mulins DR. Rebudgeting in Larger U. S. Municipalities. Washington, D. C. : International City and County Management Association.

Franklin DP. Making Ends Meet: Congressional Budgeting in the Age of Deficits.

Washington, D. C.: Congressional Quarterly, 1993.

Friedman L. City Budgets. In: Lane FS, ed. Managing State and Local Government: Cases and Readings. New York; St. Martin's Press, 1980, 167 – 213.

Friedman LM. A History of American Law. 2nd ed. New York: Simon & Schuster, 1985.

Fullerton D, Rogers DL. Who Bears the Lifetime Tax Burden? Washington, D. C.: Brookings Institution, 1993.

GAO (General Accounting Office). Comprehensive Audit Manual. Washington, D. C.: GAO, 1965 revision and subsequent update transmittals of 1960 manual, first issued 1952.

____. Standards for Audit of Governmental Organizations, Programs, Activities, and Functions. Washington, D. C.: GAO, 1972.

____. Internal Auditing in Federal Agencies. Washington, D. C.: Government Printing Office, 1974.

____. Streamlining Zero-Base Budgeting Will Benefit Decisionmaking. Washington, D. C.: GAO, 1979.

____. A Glossary of Terms Used in the Federal Budget Process, and Related Accounting, Economics, and Tax Terms. 3rd ed. Washington, D. C.: GAO, 1981.

____. HUD's First-Year Implementation of the Federal Managers' Financial 1984.

____. Appropriations, Continuing Resolutions and an Assessment of Automatic Funding Approaches. Washington, D. C.: GAO, 1986a.

____. Compliance Report for FY 1986, Balanced Budget and Emergency Deficit Control Act of 1985. Washington, D. C.: GAO, 1986b.

____. CPA Audit Quality, Many Governmental Audits Do Not Comply with Professional Standards. Washington, D. C.: GAO, 1986c.

____. Testimony of Milton J. Socolar, Special Assistant to the Comptroller General before the House Committee on Government Operations, on the Impoundment Control Process. Washington, D. C.: Government Printing Office, 1986d.

____. Budget Policy, Prompt Action Necessary to Avert Long-term Damage to the Economy. GAO/ OCG – 92 – 2. Washington, D. C.: GAO, 1992a.

____. Intergovernmental Relations, Changing Patterns in State-Local Finances. GAO/HRD – 92 – 87FS. Washington, D. C.; GAO, 1992b.

____ (1992c). Program Performance Measures: Federal Agency Collection and Use of Performance Data. GAO/GGD – 92 – 65. Washington, D. C.: GAO, 1992c.

____. Balanced Budget Requirements, State Experiences and Implications for the Federal Government. GAO/AFMD – 93 – 58BR. Washington, D. C.: GAO, 1993a.

____. State and Local Finances, Some Jurisdictions Confronted by Short and Long-term Problems. GAO/HRD094 – 1. Washington, D. C.: GAO, 1993b.

____. Block Grants: Characteristics, Experience and Lessons Learned. GAO: Washington, D. C.: GAO, 1995a.

____. GAO's Joint Financial Management Improvement Program. Core Financial System Requirements. FFMSR – 1. Washington, D. C.: GAO, 1995b.

Galiup Poll. Public Opinion 1935 – 1971. Vol. I – II. New York: Random House, 1972.

____. Public Opinion 1972 – 1977. Wilmington, DE: Scholarly Resources, 1978.

____. Public Opinion 1980 – 1985. Wilmington, DE: Scholarly Resources, annual.

Gillespie E, Schellhas B, eds. Contract with America, The Bold Plan by Representative NewtGingrich, Representative Dick Armey and the House Republicans to Change the Nation. New York: Random House, 1994.

GASB (Governmental Accounting Standards Board, Financial Accounting Foundation. Governmental Accounting Standards Series and exposure drafts. Stamford, CT: GASB, periodic.

____. Statement no. I: Authoritative Status of NCGA Pronouncements and AICPA Audit Guide. Stamford, CT: GASB, 1984.

____. Service Efforts and Accomplishments Reporting, No. 093 – A (preliminary views). Norwalk, CT: Financial Accounting Foundation, 1992.

GFOA (Government Finance Officers Association). Governmental Accounting, Auditing and Financial Reporting. Chicago: GFOA, 1994.

Gist J. Increment and base in the congressional appropriations process. Am J Polit Sci 21: 341 –352, 1977.

Glick PE. How to Understand Local Government Financial Statements: A User's Guide. Chicago; Government Finance Officers Association, 1986.

Gold S. The ABCs of Block Grants. State Fiscal Briefs, 28. Albany, NY: Center for the Study of the States, Nelson A. Rockefeller Institute of Government, State University of New York, 1995a.

____, ed. The Fiscal Crisis of the States. Washington, D. C.: Georgetown University Press, 1995b.

Gold S, McCormick. State Tax Reform in the Early 1990s. Albany, NY: Center for the Study of the States, Nelson A. Rockefeller Institute of Government, State Universtiy of New York, 1994.

Gold S, Ritchie S. State Actions Affecting Cities and Counties, 1990 – 1993: De Facto Federalism. Albany, NY: Center for the Study of the States, Nelson A. Rockefeller Institute of Government, State University of New York, 1994.

Golembiewski RT, Rabin J, eds. Public Budgeting and Finance. 2nd ed. Itasca, IL:

Peacock, 1975.

Goodsell CT. The Grace Commission: seeking efficiency for the whole people? Public Admin Rev 44: 196–204, 1984.

Gore A. Creating a Government that Works Better and Costs Less, the Report of the National Performance Review. New York: Penguin, 1993.

―――. The new job of the federal executive. Public Admin Rev 54 (5): 317–321, 1994.

Gorham W, Glazer N, eds. The Urban Predicament. Washington, D. C.: Urban Institute, 1976, pp. 35–118.

Grace Commission. President's Private Sector Survey on Cost Control. A Report to the President, as submitted to the executive committee for consideration at its meeting on January 15, Washington, D. C.: Government Printing Office, 1984.

Groves HM, and Bish, R. L. (1973). Financing Government, 7th ed. (1st ed. dates to 1939). Holt, Reinhart and Winston, New York.

Gulick L, Urwick L, eds. Papers on the Science of Administration. New York: Institute of Public Administration, 1937.

Hansen SB. The Politics of Taxation: Revenue without Representation. New York: Praeger, 1983.

Havemann J. Congress and the Budget. Bloomington, IN: Indiana University Press, 1978.

Havemann J, Margolis J, eds. Public Expenditure and Policy Analysis. 3rd ed. Boston: Houghton, Mifflin, 1983.

Hinrich HH, Taylor GM, eds. Program Budgeting and Benefit-Cost Analysis. Santa Monica, CA: Goodyear, 1969.

Hoadley JF, Easy riders: Gramm-Rudman-Hollings and the legislative fast track. PS: 30–36, 1986. Howard SK. Changing State Budgeting. Lexington, KY: Council of State Governments, 1973.

Hyde AC, ed. Government Budgeting: Theory, Process, Politics, 2nd ed. Pacific Grove, Brooks/Cole, 1992.

Hyde AC, Shafritz JM, eds. Government Budgeting: Theory, Process, Politics. Oak Park, IL: Moore, 1978.

ICMA (International City Management Association). FYI. Resources on Local Government, 1983–1985. Washington, D. C.: ICMA, 1986.

―――. The Municipal Year Book. Washington, D. C.: ICMA, annual. Ippolito DS. The Budget and National Politics. San Francisco: W. H. Freeman, 1978.

Kantor P, David S. The political economy of change in urban budgetary politics: a framework for analysis and a case study. In: Judd D, Kantor P, eds. Enduring Tensions in Urban Politics. New York: Macmillan, 1992, pp. 564–583. Originally published in Br J Polit Sci 13: 254-274, 1983.

Ketti DF. Fine Print, the Contract with America, Devolution, and the Administrative Realities of American Federalism. Washington, D. C.: Brookings Institution: 1995.

Ketti DF, Dilulio JJ Jr, eds. Cutitng Government. Washington, D. C.: Brookings Institution, 1995. Key VO, Jr. The lack of a budgetary theory. Am Polit Sci Rev 34: 1137-1144, 1940.

Keynes JM. The General Theory of Employment, Interest and Money. New York: Harcourt, Brace & World, 1965.

Lauth TP. Zero-base budgeting in Georgia state government: myth and reality. Public Admin Rev 38: 420-430, 1978.

Lee RD. Developments in state budgeting: trends of two decades. Public Admin Rev 51 (3): 254-262, 1991.

LeLoup LT. Agency policy actions: determinants of nonincremental change. In: Ripley RB, Franklin GA, eds. Policy-Making in the Federal Executive Branch. New York: Free Press. 1975, pp. 65-90.

―――. The myth ofincrementalism. Analytic choices in budgetary theory. Polity 10: 488-509, 1978.

―――. Budgetary Politics. 4th ed. Brunswick, OH: King's Court Communications, 1986.

Levine CH. Organizational decline and cutback management. Public Admin Rev, 4: 316-325, 1978.

―――, ed. Managing Fiscal Stress, The Crisis in the Public Sector. Chatham, NJ: Chatham House, 1980.

Levine CH, Rubin IW, Wolohojian GG. The Politics of Retrenchment. Beverly Hills, CA: Sage, 1981.

Levy F, Meltsner AJ, Wildavsky A. Urban Outcomes, Schools, Streets, and Libraries. Berkeley, CA: University of California Press, 1974.

Lewis C. Budgetary balance: the norm, concept, and practice in large U. S. cities. Public Admin Rev 54 (6): 515-542, 1994.

Lewis CW, Logalbo A. Cutback principles and practices, a checklist for managers. Public Admin

Rev 40: 184-188, 1980. Lewis CW, Walker AG, III, eds. Casebook in Public Budgeting and Financial Management. Englewood Cliffs, NJ: Prentice-Hall, 1984.

Lewis VB. Toward a theory of budgeting. Public Admin Rev 12: 42: 54, 1952.

Lindblom CE. The science of "muddling through." Public Admin Rev 19: 79-88, 1959.

―――. Still muddling, not yet through. Public Admin Rev 39: 517-526, 1979.

Lineberry RL. Equality and Urban Policy. Beverly Hills, CA: Sage, 1977.

Lineberry RL, Fowler E. Reformism and public policies in American cities. Am Polit Sci Rev 61: 701-716, 1967.

Lyden GJ, Miller EG, eds. Planning Programming Budgeting: A Systems Approach to Management. 2nd ed. Chicago: Markham, 1972.

Lynch TD. Public Budgeting in America. Englewood Cliffs, NJ: Prentice-Hall, 1979.

Mackey SR. State Programs to Assist Distressed Local Governments. Denver, CO: National Conference of State Legislatures, 1993.

MacManus SA, et al. A decade of decline: a longitudinal look at big city and big county strategies to cope with declining revenues. Int J Public Admin 12: 749-796, 1989.

McCaffery JL. The development of public budgeting in the United States. In: Chandler RC, ed. A Centennial History of the American Administrative State. New York: Macmillan, 1987, pp. 345-373.

Mani BG. Old wine in new bottles tastes better: a case study of TQM implementation in the IRS. Public Admin Rev 55 (2): 147-158, 1995.

McOmber D. An OMB retrospective. Public Budget Fin 1: 78-84, 1981.

Meltsner AJ. The Politics of City Revenue. Berkeley, CA: University of California Press, 1971.

MErewitz L, Sosnick SH. The Budget's New Clothes. Chicago: Markham. 1971.

MFOA (Municipal Finance Officers Association). Disclosure Guidelines for State and Local Governments. Chicago: MFOA [now Government Finance Officers Association], 1979.

―――. Government Accounting Auditing and Financial Reporting. 2nd ed. Chicago: MFOA [now Governmental Finance Officers Association], 1980.

Mikesell JL. Fiscal Administration: Analysis and Applications for the Public Sector. Homewood, IL: Dorsey Press, 1982.

Miller G. Capital Budgeting: Blueprints for Change. Washington, D.C.: GFOA, 1984.

Moak LL, Hillhouse AM. Concepts and Practices in Local Government Finance. Chicago: Municipal Finance Officers Association [now Government Finance Officers Association], 1975.

Moak LL, Killian KW. Operating Budget Manual, A Manual of Techniques for the Preparation, Consideration, Adoption, and Administration of Operating Budgets. Chicago: Municipal Finance Officers Association [now Government Finance Officers Association], 1963.

Moreland WB. A nonincremental perspective on budgetary policy actions. In: Ripley RB, Franklin GA, eds. Policy-Making in the Federal Executive Branch. New York, Free Press, 1975. pp. 45 – 64.

Morris CR. The Cost of Good Intentions. New York: W. W. Norton, 1980.

Mosher FC. Limitations and problems ofPPBS in the states. Public Admin Rev 29: 160 – 167, 1969.

——, ed. Basic Documents of American Public Administration, 1776 – 1950. New York: Homes & Meier, 1976.

——. A Tale of Two Agencies: A Comparative Analysis of the General Accounting Office and the Office of Management and Budget. Baton Rouge, LA: Louisiana State University Press, 1984.

Musgrave RA, Musgrave PB. Public Finance in Theory and Practice. New York: McGraw-Hill, 1978.

Myers MG. A Financial History of the United States. New York: Columbia University Press, 1970.

NAA (National Association of Accountants). Bibliography on Government Accounting. Montvale, NJ, NAA, 1985.

NASBO (National Association of State Budget Officers). Budgetary Processes in the States (a tabular display). Washington, D.C.: NASBO, 1981.

Natchez PB, Bupp 1C. Policy and priority in the budgetary process. Am Polit Sci Rev 67: 951 – 963, 1973.

Nathan RP, Doolittle FC, et al. The Consequences of Cuts: The Effects of the Reagan Domestic Program on State and Local Governments. Princeton, NJ: Princeton Urban and Regional Research Center, 1983.

——. State Balanced Budget Requirements: Provisions and Practices. Washington, D.C.: NASBO, 1992.

NCGA (National Council on Governmental Accounting). Governmental Accounting, Auditing, and Financial Reporting (GAAFR). Chicago: Municipal Finance Officers Association, Municipal Finance Officers Association, 1968, 1980.

NCSL (National Conference of State Legislatures) Fiscal Survey of the States. NCSL, Denver, CO: NCSL, 1986.

——. Budget Practices. Denver, CO: NCSL, 1981.

——. Legislative Budget Procedures in the 50 States. Legislative Finance Papers no. 21. Denver, CO: NCSL, 1983.

——. State Budget Update: March 1994. Legislative Finance Papers 93. Denver, CO: NCSL, 1994.

OMB (Office of Management and Budget). Budget in Brief and Special Analyses, Budget of the United States Government. Washington, D.C.: Government Printing Office, annual.

————. Budget of the United States, Analytical Perspectives. Washington, D. C.: Government Printing Office, annual.

————. (as BOB). Staff Orientation Manual, Washington, D. C.: Executive Office of the President, BOB, 1958.

————. Bulletin 66 – 3. Planning-Programming-Budgeting. BOB, Washington, D. C., BOB, 1965.

————. Bulletin 77 – 9. Zero Base Budgeting. Washington, D. C.: OMB, 1977.

————. Circular A – 123. Internal Control Systems. Requirements for agency implementation of Federal Manager's Financial Integrity Act. Washington, D. C.: OMB, 1982.

————. Bulletin 86 – 5. Initial Reporting Requirements of the Balanced Budget and Emergency Deficit Control Act. Washington, D. C.: OMB, 1985.

————. Bulletin 86 – 6. Incorporating the Effects of Sequestration Into the Current Services Baseline. Washington, D. C.: OMB, 1986a.

————. Bulletin 86 – 7. Implementing the President's Order under the Balanced Budget and Emergency Deficit Control Act and supplement no. 1 of Jan. 30, 1986. Washington, D. C.: OMB, 1986b.

————. Circular A-ll. Preparation and Submission of Budget Estimates. Washington, D. C.: OMB, 1994.

————. Circular A – 34. Instructions on Budget Execution. Washington, D. C.: OMB, 1994.

OPM (Office of Personnel Management), Office of Training and Development. Financial Management Courses, FY 1986 and FY 1987. Washington, D. C.: OPM, 1986.

Osborne D, Gaebler T. Reinventing Government, How the Entrepreneurial Spirit is Transforming the Public Sector. Reading, MA: Addison Wesley, 1992.

O'Toole DE, Marshall J. Budgeting practices in local government: the state of the art. Gov Fin Rev3 (1): ll – 16, 1987.

Ott DJ, Ott AF. Feeral Budget Policy. 3rd ed. Washington, D. C.: Brookings Institution, 1977.

Palmer JL, Sawhill IV, eds. The Reagan Experiment. Changing Domestic Priorities series. Washington, D. C.: Urban Institute Press, 1982.

Panetta LE. Transmittal memorandum no. 65 of 6 July, accompanying OMB circular A – ll. Washington, D. C.: OMB, 1994.

Peacock AT, Wiseman J. (assisted by Jindrich Veverka). The Growth of Public Expenditures in the United Kingdom. Princteon, NJ: Princeton University Press, 1961.

Pechman JA. Who Paid the Taxes, 1966 – 1985? Washington, D. C. : Brookings Institution, 1985.

Penner RG, ed. The Congressional Budget Process After Five Years. Washington, D. C. : American Enterprise Institute, 1981.

Peterson G. Finance. In: Gorham W, Glazer N, eds. The Urban Predicament. Washington, D. C. Urban Institute, 1976, pp. 35 – 118.

Peterson JD, Cole LA, Petrillo ML. Watching and Counting: A Survey of State Assistance to and Supervision of Local Debt and Financial Administration. NCSL MFOA, 1977.

Peterson JE, Spain CL, Laffey MF, eds. State and Local Government Finance and Financial Management: A Compendium of Current Research. Washington, D. C. ; Government Finance Research Center, 1978.

Pfiffner JP. The President, the Budget, and Congress: Impoundment and the 1974 Budget Act. Boulder, CO: Westview Press, 1979.

Plant JF, ed. Charles E. Lindblom's "Decision-Making" in Taxation and Expenditures. Public Budget Fin 6: 76 – 86, 1986.

Poister TH, McGowan RP. The use of management tools in municipal government: a national survey. Public Admin Rev 44: 215 – 223, 1984.

President's Commission on Budget Concepts. Staff Papers and Other Materials Reviewed by the President's Commission. Washington, D. C. : Government Printing Office, 1967.

President's Committee on Administrative Management. Report with Special Studies (Brownlow Committee). Washington, D. C. : Government Printing Office, 1937.

Public Budgeting and Financial Management 5 (1): Special Issue on Theory, Research, and Practice in State Budgeting, 1993.

Public Manager 22 (4): Forum on reinventing government, 1993 – 1994.

Public Opinion Online. Roper Center at University of Connecticut. Electronic data retrieval on opinion polls.

Pyhrr PA. The zero-base approach to governmental budgeting. Public Admin Rev 37: 1 – 8, 1977.

Rabin J, Lynch TD, eds. Handbook on Public Budgeting and Financial Management. New York: Marcel Dekker, 1983.

Rider HA. Select list of references on national state, county and municipal budgets in the United States. The Annals 62: 277 – 287, 1915.

Rossiter C, ed. The Federalist Papers. New York: New American Library, 1961.

Rousmaniere PF, Guild NB. The second wave of municipal accounting reform. Public Budget Fin 1: 66 – 77, 1981.

Rubin I. Running in the Red. Albany, NY: State University of New York Press, 1979.

———. Budget theory and budget practice: how good the fit? Public Admin Rev 50 (2): 179–189, 1990.

———. The Politics of Public Budgeting. 2nd ed. Chatham, NJ: Chatham House, 1993.

Samuelson P. Pure theory of public expenditure and taxation. In: Margolis J, Guitton H, eds. Public Economics. New York: St. Martin's Press, 1969, pp. 98–123.

Sawyer LB. The Practice of Modern Internal Auditing. Altamonte Springs, FL: Institute of Internal Auditors, 1981.

Sbragia AM, ed. The Municipal Money Chase: The Politics of Local Govenrment Finance. Boulder, CO: Westview Press, 1983.

Schick A. The role to PPB: the stages of budget reform. Public Admin Rev 26: 243–258, 1966.

———. Budgetary Innovations in the States. Washington, D.C.: Brookings Institution, 1971.

———. A death in the bureaucracy: the demise of federal PPB. Public Admin Rev 33: 146–156. 1973.

———. Congress and Money, Budgeting, Spending and Taxing. Washington, D.C.: Urban Institute, 1980.

———. Explanation of the Balanced Budget and Emergency Deficit Control Act of 1985—Public Law 99–177 (The Gramm-Rudman-Hollings Act). Washington, D.C.: Congressional Research Service, Library of Congress, 1986.

———, ed. Perspectives on Budgeting. PAR Classics series, 2nd ed. Washington, D.C.: American Society for Public Administration, 1987.

———. The Federal Budget, Politics, Policy, Process. Washington, D.C.: Brookings Institution, 1995.

———, Keith R. Manual on the Federal Budget Process. Washington, D.C.: Congressional Research Service, Library of Congress, 1982.

Seidman H, Gilmour R. Politics, Position, and Power, from the Positive to the Regulatory State. 4th ed. New York: Oxford University Press, 1986.

Shafritz JM, Hyde AC, eds. Classics of Public Administration. Chicago: Dorsey Press, 1978, 1987.

Shannon J, Gabler LR. Tax lids and expenditure mandates: the case for fiscal fair play. Intergov Perspect 3: 7–13, 1977.

Sharkansky I. Spending in the American States. Chicago: Rand McNally, 1970.

Shull SA. Budgetary policy making: Congress and the President compared. President

Stud Q 9: 180-191, 1979.

Shuman HE. Politics and the Budget: The Struggle Between the President and the Congress. Englewood Cliffs, NJ: Prentice-Hall, 1984.

————. Politics and the Budget: The Struggle Between the President and the Congress. Englewood Cliffs, NJ: Prentice-Hall, 1992.

Smithies A. The Budgetary Process in the United States. New York: McGraw-Hill, 1955.

Snell R. Do State Balanced Budgets Really Happen? Denver, CO: National Conference of State Legislatures, 1993.

Stanfield RL. Losing Numbers. Nat J 27 (39): 2408-2411, 1995.

Stillman RJ II, ed. Basic Documents of American Public Administration Since 1950. New York: Holmes & Meier, 1982.

Stine SF. Controlling the budgeting: an old idea. Congress Q, October 12, 1985, p. 2038.

Stockman DA. The Triumph of Politics: Why the Reagan Revolution Failed. New York: Harper & Row, 1986.

Strachota D. The Best of Governmental Budgeting, A Guide to Preparing Budget Documents. Chicago: GFOA, 1994.

Subcommittee on National Security and International Operations, Committee on Government Operations, US Senate (1967). Planning-Programming-Budgeting. Committee Print. Government Printing Office, Washington, D.C.

Tax Foundation. Facts and Figures on Government Finance. Washington, D.C.: Tax Foundation, biennial.

————. Tax Features. Washington, D.C.: Tax Foundation, monthly.

Taylor FW. Scientific management. Testimony before the U.S. House of Representatives, January 25. In: Shafritz JM. Hyde AC, eds. Classics of Public Administration. Oak Park. IL: Moore Publishing, 1978.

Thompson FJ, ed. Revitalizing State and Local Public Service, Strengthening Performance, Accountability, and Citizen Confidence, (preface by William F. Winter). San Francisco: Jossey-Bass, 1993.

Tiebout CM. A pure theory of local expenditures. J Polit Econ 64: 416-424, 1956.

Tierney C, CalderPT. Governmental Accounting, Procedures and Practices. New York: Elsevier, 1985.

————. Significant Features of Fiscal Federalism. M series. Washington, D.C.: ACIR, Multi-volume. 1986-1994.

————. (annual). Changing Public Attitudes on Governments and Taxes. S series. Washington, D.C.: ACIR, 1985-1994.

————. Public Attitudes on Governments and Taxes 1994. Intergovernmental Perspective (Summer/Fall): 29 – 30, 1994.

US Congressional Record.

US Constitution (1789).

U. S. House of Representatives Democratic Study Group. Special Report, A Guide to the Gramm-Rudman Process. Washington, D. C.: Government Printing Office, 1986.

———. Committee on Ways and Means (1993). Background Material on the Federal Budget and the President's Proposals for Fiscal Year 1994, committee print. Washington, D. C.: Government Printing Office.

US Treasury, Department of, Financial Management Service (1991). Consolidated Financial Statements of the United States Government, Prototype 1991. Washington, D. C.: Government Printing Office.

White House, Office of the Press Secretary. Fact Sheet, Order and Message Under the Balanced Budget and Emergency Deficit Control Act of 1985. Feb. 1, 1986.

Walker DB. Intergovernmental relations and the well-governed city: cooperation, confrontation, clarification. Nat Civ Rev 75: 65 – 87, 1986,

———. The Rebirth of Federalism, Slouching toward Washington. Chatham, NJ: Chatham House, 1995.

WanatJ. The bases of budgetary incrementalism. Am Polit Sci Rev 68: 1221 – 1228, 1974.

———. Introduction to Budgeting, North Scituate, MA: Duxbury, 1978.

Watson HL. Liberty and Power, The Politics of Jacksonian America. New York: Hill and Wang. 1990.

Webber C, Wildavsky A. A History of Taxation and Expenditure in the Western World. New York: Simon & Schuster, 1986.

Wehr E. Congress Enacts Far-Reaching Budget Message. Congress Q, Dec. 14, 1985, pp. 2604 – 2611.

White J. What budgeting cannot do: lesson's of Reagan's and other years. In: Rubin I. New Directions in Budget Theory. Albany, NY: State University of New York, 1988, pp. 165 – 202.

Wildavsky A. Political implications of budgetary reform. Public Admin Rev 21: 183 – 190, 1961.

———. Budgeting as a political process. In: Sills DB, ed. International Encyclopedia of the Social Sciences, vol. 2. New York: Crowell Collier and Macmillan, 1986, pp. 192 – 199.

———. Budgeting, A Comparative Theory of Budgetary Processes. Boston: Little, Brown, 1975.

———. The Politics of the Budgetary Process. 4th ed. Boston: Little, Brown, 1984.

———. The Politics of the Budgetary Process. 1st ed. Boston: Little, Brown, 1964.

———. The New Politics of the Budgetary Process. 2nd ed. New York: HarperCollins, 1992.

Wildavsky A, Hammond Comprehensive versus incremental budgeting in the Department of Agriculture. Admin Sci Q 10: 321–346, 1965.

Wile AN, exec. ed. The Combined Retrospective Index Set to Journals in Political Science, 1886–1974. Washington, D. C. : Carollton Press, 1978.

Willoughby WF. The Movement for Budgetary Reform in the States, New York: D. Appleton and Co. , 1918.

Wilson JQ, Banfield EC. Public regardingness as a value premise in voting behavior. Am Polit Sci Rev 4: 876–887, 1958.

Wilson WW. The study of administration. Polit Sci Q 2: 197–222, 1887.

第六章 预算与财政管理理论与实践议题

格洛丽亚 A. 格里泽尔[*]

渐进预算理论（Incremental Budgeting Theory）经证明它本身作为全面预算和财政管理框架是不适当的（Berry 1990；LeLoup 1988；Miller 1991；Rubin 1988，1990）。50年来，许多学者在回应 V. O. 科伊（V. O. Key）对一个伟大的、统一的预算理论的呼吁未果后，现在一些人相信建立那样一种理论可能是无法实现的（Kiel and Elliot 1992；Larkey 1995；Pilegge 1989；Premchand 1989）。考虑到当前的理论状况，描述性研究在近期可能是发展预算和财政管理知识最有成效的办法。这些研究中得来的知识能否产生一个预算理论，在这一点上学者们各持己见。一个得到普遍支持的方法就是，根据我们从描述性研究中的所得，发展用于预算过程不同要素的碎片理论（Fragmented Theories），然后将这些碎片理论聚集起来形成一个"差异性理论（differentiated theory），这种理论试图给定在什么样的条件下产生的理论具有普遍性"（Rubin 1988：12）。一个更为适度的方法就是将单个机构或职能随着时间的发展在开支率（spending rates）方面的变化绘制成图，然后确定在这些开支模式中变化和稳定的原因以发展一种预算探索法（Budget Heuristics），而不是预算理论（Kiel and Elliot 1992）。

这两种方法都认为预算行为是有条件的，当我们为一个既定的管辖权限设计适宜的过程和系统时，必须将那些随着时间而不断变化的条件考虑在内。本章通过关注已经持续了一个世纪的五个重要议题来回顾预算和财政管理文献。根据这些受关注议题的整合，本章随即推演出一系列建议，这些建议是我们从每个问题所得中汲取出来的。这些建议寻求服务于实践者和学者，通过的方式有（1）提出一些有前景的行动方案以提高公共部门的财政管理水平；（2）为其他的研究描述大有可为的领域。

---

[*] 格洛丽亚 A. 格里泽尔（Gloria A. Grizzle），佛罗里达州立大学（Florida State University）

所考虑的问题如下:

作为政治过程的预算和作为理性分析的预算两者之间应该是什么关系?

什么样的决策规则应该指导资源分配?

公共管理者应该怎样对公共宣传（public speaking）负责?

制定和执行财政政策的哪些权力须由立法机构授权给行政机构?

我们应该怎样在政府中促进效率?

I. 作为政治过程的预算和作为理性分析的预算之间的关系应该是什么?

20世纪60年代见证了公共行政文献中渐进预算的支持者和经济分析为基础的分配效率的支持者之间的对话（Premchand 1981b: 78）。这两种观点在下文中都得到简要重述,随后讨论了这两个过程是如何相互联系的。

A. 作为政治的预算

根据查尔斯 E. 林德布洛姆（Charles E. Lindblom）,渐进决策的制定是建立在有限的信息和人有限的理解（grasp）、计算（calculate）和记忆能力这些现实基础之上的。因为要目标（ends）和手段（means）一致是不可能的,所以全面预算（comprehensive budgeting）将会危及政治稳定。我们可以设想,当用来制定预算决策的过程正确时,根源于这一过程的税收和开支政策也是理性的。

在国家层面实现预算决策的理性协调的正确过程就是党派相互调整（partisan mutual adjustment）。党派决策制定者是"一个人,他精心制定的决策只是服务于自己的目标,而不是服务于其他所有决策制定者可能共有的目标,虽然他和这些人相互依赖"（Lindblom 1965: 29）。党派相互调整所包括的方法在预算过程中是非常普遍的,这些方法包括互投赞成票（log rolling）、谈判（negotiation）和讨价还价（bargaining）。

党派相互调整过程的决策制定具有以下重要特征:

每个党徒（partisan）将他的注意力限制在有限的但在政治上可行的系列政策备选方案上。

分析只考虑那些在有限系列中的备选方案差别微小的方面。

党徒将每个政策决策视为一系列中独一无二的一个。

党徒不会抽象地而是根据实际的政策选择去考虑它们的价值。这样一来,这些政策备选方案的属性可能导致重新考虑党徒追求价值的紧张情况。因此在目标和手段之间有一个互惠的（reciprocal）关系。

当一个政策选择可能影响很多的价值时,党徒只关注几个他自己最感兴趣的结果（consequences）（Lindblom 1961）。

为什么每个党徒都自然而然地忽视了政策的重大结果（consequences）？其正当理由在于政治过程的多元主义理论（Schick 1969）。如果所有的利益集团在党派相互调整过程中得到代表，则所有的后果（consequences）都会在过程中得到考虑。"在美国的党派相互调整中……，差不多任何价值，甚至那些数量相对较少的公民适中或者强烈地希望看到在政策制定过程中受到重视的任何价值，几乎都将在零价值以上的某个价值点得以权重（Lindblom 1965：333）。一般认为，正确的过程保证了正确的政策选择。

B. 作为分析的预算

更为全面分析的支持者承认，预算过程本质上是一个政治过程，但是他们并不赞成多元主义政治过程必然产生正确的选择这样一种信念。他们认为，国家预算过程"与理性决策过程的要求并不一致"（Anshen 1965：13）。为了有效地决定政策，政府应该"理性地在这些备选行动方案中进行选择，并尽可能地全面了解这些备选方案的意义"（Smithies 1965：26）。

也许多元主义观点的对立面可以用计划项目预算制度（PPSB）支持者的两个引述来总结：所有的组织"都要求对目标进行排序，分析它们对整个事业伟大目标中的相对贡献、发展计划、测评备选资源投入与投入和朝目标进展之间的关系、理性选择可行目标、分配手段、监控进展和评估结果。预算过程就是一个行动，通过这个行动预算得以完成"（Anshen 1965：3-4）。此外，一个好的预算结构将大大有利于发展"一种环境，在这种环境里，那些控制我们政治机构的人将对美国社会的伟大目标以及我们在平衡协调公共和私有活动中获得这些目标的能力进行有意义地评估和辩论"（Anshen 1965：15）。在那些经济理性分配的支持者中，几乎没有人关注应对什么是"伟大目标"的冲突加剧而产生的使政治稳定陷入危险的可能性。

C. 政治吸收分析（politics absorbs analysis）

在30年来尝试进行预算改革的经验之后，这些预算改革试图产生一个更加有效的资源分配，这两种观点有限整合似乎成为可能。对中央部门预算分析员的行为研究表明，这些分析员将他们的资金建议建立在经济理性和政治两个标准基础之上（Thurmaier 1995；Willoughby 1993）。对国家行政预算部门和立法预算部门的一个调查也发现，理性因素和政治因素对于那些资源分配参与者来说都是很重要的（Abney and Lauth 1993）。研究预算的学者可以通过以下结论来解决这个问题：（1）预算将仍然是个政治过程，但是（2）一个更为全面的分析模式将能更好地理解党派相互调整。用一位预算署（the Bureau of the Budget）前任主管的话就是"问题不是计划项目预算制度怎样去代替政治过程，而是它是否能和怎样去适合这一过程"（Schultze 1968：17）。

我们的政治过程将负担放在每一个利益体上来提出和拥护那些对它重要的政策结果（consequences）上。舒尔茨（Schultze）坚持，如果党徒没有理解政策选择所产生的结果（consequences），那他们就不能够有意义地拥护他们自己的利益。分析提供了这样的信息，"发展更为理性的预算决策制定方法所作的努力，其前提就建立在这样一种信仰之上，即公共项目太过于复杂而不能单独留给讨价还价者去猜测（guesswork）、无知地辩论和仓促地判断。我们要寻求的是理性的党徒和拥护者，他们被告知其观点和可能的备选方案所带来的潜在结果"（Howard 1973：161）。在社会生产职能的知识基础不足以将项目投入和结果联系在一起的情况下，专业项目干涉（disciplined program interventions）加上精心设计的项目评估能够通过有序的、渐进的党派相互调整过程来提供必要的反馈以提高资源分配（Schultze 1968：63-64；Shipman 1971：200）。

在资源分配上可以合理地预期哪种提高是来自分析和评估？它们能够"从那些可以被证明是正确或错误的观点中来区分有理性的人所不同意的观点"（Howard 1973：140），从而有助于确定可能由政治决议所产生的经济问题（Premchand 1981a：20）。虽然认为分析能够产生选择最佳政策是不现实的，但是假定它在消除那些最糟糕的政策备选方案上非常重要却是合理的（Schultze 1968；Wildavsky 1966）。"那些并不喜欢设计第二个或第三个甚至是第四个最佳备选方案的分析员在选择其他职业上有可能干得很好"（Schultze 1968：79）。

在什么情况下分析和评估最有可能有效用？某些类型的政策有较少的政治内容，因而比其他政策更容易受到分析的影响。舒尔茨的结论是：政治对处理纯公共产品、不影响政治权力结构并且是新兴的政府项目限制最小。生产纯公共产品的项目包括国防、太空（space）和外交事务。对于这些项目，在较低的决策制定层级确定详细的生产输出的目标和手段主要是技术选择，较少可能影响到收入分配和政治权力。与之相对应的，对于那些收入分配项目而言，"涉及基本政治价值观的选择则渗透到决策制定的每个层级"（Schultze 1968：87）。类似地，威尔达维斯基（Wildavsky）推理道，对于那些并不涉及预算份额重新分配之类的问题，分析可能最为有用（Wildavsky 1961）。因为改变业已建立的分配项目［例如，农业补贴（farm subsides）、海事补贴（maritime subsides）和公共工程规划（public works project）］，会威胁那些具有直接收入损失的有组织的群体，所以想改变这些分配的政策选择将面临最大的政治限制。

其他研究者所总结的、影响到分析影响预算决策可能性的其他因素包括：

分析本身的质量（Grizzle 1986；Howard 1973；Lehne and Fisk 1974）；

分析者通往预算决策制定者的途径（Grizzle 1986；Hatry 1976；Havens 1983；Howard 1973；Lee 1992；Lehne and Fisk 1974；Wildavsky 1969）；

分析完成的适当时间选择（Grizzle 1986；Hatry 1976；Havens

1983；Howard 1973；Lehne and Fisk 1974)。

时间选择是非常关键的，一旦资助一个项目变成政治领域一个有争议的问题后，分析就不可能成为解决这一问题的基础。当卷入到政党谈判中时，政策制定者可能会使用那些支持其论点的分析作为讨价还价的手段，但不可能将它作为重新考虑他们优先项的基础（Weiss 1979）。为了影响政策制定者对某一问题的思考，分析员必须在政策制定者表明他们立场前预测这些问题，并且提供有关分配效率的信息以供政策制定者使用（Grizzle 1986）。

D. 建议

我们通过提出几点建议来结束这一讨论，这些建议概括了几种情况，在这些情况下，将效率和效果标准应用到政策选择中的分析可能影响预算决策。

1. 对进行了有益分析的备选方案范围的政治限制，对于重新分配收入和产生准公共产品和影响政治权力结果的项目，其限制可能远远大于那些只生产纯公共产品但不影响政治权力结构的项目。

2. 关于政策选择的效率和效果信息可能更为影响到新项目的确定而不是已经确立的项目。

3. 当分析员有途径接近关键决策制定者并且分析质量很高时，在政治限制允许的政策备选方案的范围内进行的分析更有可能影响预算决策。

4. 一旦一个问题在政治领域变得有争议且对手已经摆出他们的观点时，来源于理性分析的信息就更有可能只被用作支持事先设定的观点的手段，而不是作为选择最富有成本效益的政策选项的基础。

Ⅱ．什么样的决策规则应该指导资源分配？

根据 V. O. 科伊的观点，在不同的目标中用一种实现最大回报的方式分配资源是"预算最重要的方面"（Key 1940：1137）。决策规则是指南，确定了应该如何分配资源的的标准。我们审查了四种这样类型的决策规则，并考虑了使用每种类型的可能结果。这些规则包括：根据相关功绩分配、现有基础加增量或减量的公平共享、从上到下的控制规则和标的以及分配公式（allocation formula）。

A. 项目功绩

"有意义的公共决策必须衡量与项目价值有关的项目成本"（Mikesell 1986：137）。经济理性的支持者将比较备选资金使用方案的有关功绩以决定怎样分配资源（Lewis 1952）。基于功绩分配的一个必要但不充分条件就是存在一个允许将成本和功绩联系在一起的知识基础。效率和利益被用来评估项目的价值。

如果我们能够量化成本与产出的关系，一个可行的决策规则就是"一个行动的总分配额等于它的工作量乘以单位成本"。挑选适当地体现一个项目或活动的特征的服务单位（service unit）可能是有问题的。被挑选的服务单位应该是可观察的、同质均衡的（homogeneous）和排他的（Kelley 1984：19）。但是，对于在同一时间内产生一个服务以上的行动而言，排他性则是一个问题。考虑一下由大学教授所典型提供的这些服务——讲授、研究和公共服务。如果读一本专业书所花的时间是一个同时有益于这三个服务的任务，那么读这本书所花费的努力将如何在这三个机构中分配呢？

评估未来的单位成本（unit cost）要求：（1）一个成本会计（cost accounting）系统或者一个成本决定（cost determination）系统用文件证明历史成本；（2）理解成本是怎样随着产出改变程度而发生变化的。确定工作量常常是获得执行这一决策规则所需信息的最容易的部分。基于服务需求的历史记录的趋势可以被用来规划被要求平衡需求的工作量。

纯绩效预算将使用这一决策规则来确定给每个行动的资助数额。对城市政府的三次调查发现，类似的比值在制定开支决策中运用了单位成本分析。一个对123个城市政府的调查和另一个对88个城市政府的调查发现，31%的这些城市使用了单位成本分析（Friedman 1979；Usher and Cornia 1981），但对170个城市的第三个调查中发现29%的城市使用效率测评（efficiency measurements）（Forrester 1991）。对526名实践者（代表城市、县、地方政府、学校和特区）的第四个调查发现，一个更高的百分比（81%）说明他们使用了效率指标（O'Toole and Marshall 1987）。这些调查并没有说明单位成本用于开支决策中的比例，也没有说明相对于其他可能已经进入决策计算（decision calculus）的标准，这个效率标准到底有多重要。对451个城市的另外一次调查通过职能领域（functional area）将绩效指标（performance measures）进行分类。使用单位成本指标进行城市报告的比值从一般行政15%的低点到公共交通系统的54%高点之间变化，其中位数是33%。管理者的报告中，30%将绩效测评认为用来辅助行政和决策制定是"卓有成效的"（Poister and Streib 1989：244）。

如果我们能够量化成本对后果（outcomes）的关系，决策规则就可以应用到效益成本（benefit-cost）分析或成本效果分析（cost-effectiveness）之中。效益成本分析对我们的知识基础提出了许多严格的要求。我们不仅必须能够确定和量化所有重大的成本和效益，而且我们还必须能将这些数量转化为美元值（dollar values）。成本和效益达到美元值所要求的许多假设，对于在成本效益范围内所包含的内容以及如何评估该内容所持有的异议打开了分析大门。考虑一下由国会授权，由跨佛罗里达州驳船运河工兵（the Army Corps of Engineers of the Cross Florida Barge Canal）所进行的效益成本分析吧。第一次分析得出的效益成本比率是每一美元的支出有20美分的收益，第二次分析的比率是每一美元的支出有1.05美元的收益，第三次是每一美元的支出有1.17美元的收益，第四次是每一美元的支出有1.4美元的收益（Carter 1974：273，275，376）。比率上存在的巨大差异警示我们，效益成本分析的结果在没有首先检查支持它们的假设时是不应该被接受的。如果决策制定者确实同意这些假设，他们可以使用这三个决策规则之一在项目中分配资源：

根据最大的净现值（net present value）提供项目资金；

根据最大的效益成本比率来提供项目资金；

根据最高的内部收益率（internal rate of return）提供项目资金。

成本效果分析对我们的知识基础要求不那么严格，收益仍然必须被量化但不需要转化成美元值。因为收益不能转化成美元或任何可比指标（commensurable measure），所以成本效果分析为只比较那些具有相同收益类型的项目提供了一个明确的决策规则。这两种决策规则的任何一种都可以在这类决策中指导选择：

运用成本常量（cost constant），为那些产生最大效果的项目提供资金。

运用效果常量（effect constant），为那些成本最低的项目提供资金。

项目预算寻求用来执行这些决策规则所要求的效果指标（effectiveness measures）。如前面提到的对123个城市的调查中，43%的城市在预算中的确使用了效果指标（Usher and Cornia 1981）。在对170个城市的调查中，30%的城市报告在营业预算（operating budget）中使用了效益成本分析（Forrest 1991）。而在对527个地方政府实践者的调查中，87%的报告说在它们的管辖范围内使用了效果指标（O'Toole and Marshall 1987）。但是这里我们还是不清楚效果在开支决策中起作用的比例，或当效果起作用时效果标准相对于其他标准的重要性。在对451个城市的调查中，汇报根据职能使用效果指标的城市比值从固体废弃物的37%低点到卫生和医院的68%高点之间变化，中位数为46%（Poister and Streib 1989）。

1990年对州预算办公室的调查报告中，26%的州行政预算决策实质上是基于效果指标的，9%的立法决策实质上是基于效果分析的（Lee 1991：258）。当决策制定者自己的人员进行成果分析时，决策更有可能受这些分析的影响。对于行政决策，当预算办公室认为它进行效果分析时，报告受到实质性影响有35%的州；而当它没有执行效果分析时，受到实质性影响的只有6%。对于立法决策，分别对应的可比比值是17%和0%（Lee 1992：180）。

当效益成本分析（benefit-cost analysis）和成本效果分析（cost-effectiveness）都对我们的知识基础提出过于严格的要求时，政府有时候会使用一些较为简单的排序技巧（ordering techniques）。普遍用于资本预算（capital budgeting）中的一个方法就是，根据需要的紧急情况分类以确定优先项目。一个经典的分类方法是，基于这样一个前提，即在我们资助一些新的设施之前需维持现在设施（facilities）：

1. 资助保护人民和维护财产所紧急需要的设施；
2. 进行一些重要的创新或增添以提高现有设施；
3. 建立新的设施以减轻现有的过度拥挤；
4. 为现有项目中规划到有所增加的个案负荷（caseloads）建立新的设施；
5. 建立执行新项目所必需的新设施（Howard 1973：257）。

在资本预算中有时候使用的另外一种方法就是提出一个计分卡（scorecard），将分数分给满足不同标准的项目。摘自明尼苏达州圣保罗市（Saint Paul, Minnesota）的项目评价图表中21个标准（和相应评分系统）的一部分说明了这一方法（Getzels and Thurow 1980：70）：

符合全面计划
 符合   6~10分
 部分符合   2~5分
 不符合   0分
符合资本分配政策
 与上面计分相同
项目用来服务
 整个城市人口   7~10分
 几个地区   3~7分
 一个地区   0~3分
公共环境、审美情趣和/或历史保护得到加强
 加强   4~10分
 没有加强   0分
能源消费是
 削减   7~10分
 增加（少量）   4~6分
 增加（正常）   1~3分
 增加（大量）   0分

与该方法相符合的决策规则是："根据它们的总分递减顺序来资助项目。"

B. 基础加公平的分配（Base Plus Fair Share）

在项目或机构中分配资源，一个简单的决策规则就是分配给每个项目或机构它前一年所收到的数额（基数），并根据整个政府收入增长的一部分来增加这一数额。每个项目和机构从总增量（increment）所得到的部分由它的基数（base）占整个政府基数中的比例来决定（即它的公平分配）。如果基数加公平分配的定义得以应用，分配将变成一个简单的过程，能够在集权层级中由一个懂得使用电子测算表（electric spreadsheet）的人迅速得到执行。这样一个明确的决策规则既不要求行政主管参与预算制定也无需立法机构在拨款前左右权衡。

为了保持这样的决策规则但又允许行政和立法机构影响分配，可以使基数加公平分配概念变得模糊（fuzzy）。当不清楚哪些开支项目或目标是否在基数中时，行政机关的预算人员能够和机构所有人员协商应该在基数中包括哪些项目或目标。例如，当第二年的预算申请被放到一起时，今年购买的一个计算机系统可以被包括在基数之中，还是因为这是一个不会再发生的资本支出机构必须把它从基数中删除呢？只要基数不能得到量化，公平分配也就不能得到计算。因此，一个模糊的基数给行政机构一些空间，用符合他们自己政策偏好的方式进行开支。

同样，模糊的基数加公平分配概念给了立法机构对具体项目筹资层级的变化和"互投赞成票"立法中的单个计划和变化进行谈判的空间，具体项目是党派相互调整过程的显著特征，而互投赞成票立法允许为整个拨款法案而集合大多数联盟。保持基数加公平分享规则允许他们在不提项目相关功绩的条件下进行分配。

一些研究者得出结论，对基数加公平分配概念很关键的党派相互调整过程不会像对增量预算那样，对减量预算也行之有效（Behn 1985；Bozeman and Straussman 1982；Caiden 1984；Pitsvada and Draper 1984；Tarschys 1981）。在紧缩预算情况下，年度预算削减似乎并不是全体一致的而是有选择性的（Behn 1985；Caiden and Chapman 1982；Glassberg 1978；Grizzle and Trogen 1994；Levine et al. 1981；Rickards 1984；Weinberg 1984）。对纽约市紧缩预算的一个纵向研究发现，那些在最为艰苦的年月进行的选择性削减长时间存在，而且并没有在光景较好的年月中得到恢复，这导致了长期的变革（Berne and Stiefel 1993）。

关于减量进行谈判协定是非常棘手的，有可能产生冲突和不信任。"没有利益群体愿意削减自己的一个项目，除非确定其他人都愿意做出同样的牺牲。成为第一个建议对别的利益群体的预算进行削减被视为是非常卑鄙的，有可能引起报复"（Behn 1985：159）。贝恩（Behn）的结论是：减量预算过程必须在强有力的领导下集中进行，必须要求有一揽子有待通过或否决（voted up or down）的全面的预算计划（budget packages），而且必须提供方式以建立支持这一揽子计划的一个联盟。一个中心或占主导地位的议题可以提供这样的方式，吸收了很多中心议题的控制规则（containment rules）将在第二节 C 部分得到讨论。

可以在项目中设计一些特征以鼓励增量增长（Pitsvada and Draper 1984），如经济通货膨胀时将收益水平纳入价格，并且制定由需要驱动、没有上限、且不需要年度拨款的权利公式（entitlement formula）就是有这两个特征。一个促进减量预算的方法就是在项目中设计减量特征（Tarschys 1981），它包括日落条款（sunset provisions）、根据公式限定分配（capping allocations by formula）、削减指数（eliminating indexing）和监督服务需求中的变化。

C. 限额与目标（ceiling and targets）

在联邦层面，许多年来管理与预算局（OMB）一直为联邦机构设置临时性目标以在他们准备预算申请时使用。过去 10 年中，目标预算（target budgeting）在州和地方政府中变得更加流行。在 1990 年，45% 的州长都签署了具体的美元层级限额（dollar level ceilings）；只有 11% 的州长在他们的机构预算准备指导中没有使用任何类型的限额（Lee 1991，255）。在罗切斯特（Rochester）、凤凰城（Phoenix）和坦帕（Tampa）等城市进行的对以目标为基础预算的一个案例研究中发现，这一方法在降低成本和进行削减中是有用的（Rubin 1991）。

在财政紧缩的年代，限制整个政府开支的自上而下的决策规则变得日益重要。1979 年建议并被引入国会的宪法修正案就包含了这样一种决策规则：每年政府总支出的增长百分比不会超过上一年度国民生产总量的增长百分比（Wildavsky 1980）。凯顿（Caiden 1995）将现有联邦预算过程描述成包含了在（1）预算与经济；（2）收入与开支；（3）强制性开支与自由裁量开支；（4）国内自由裁量开支与国防开支；（5）国内自由裁量和国外自由裁量开支二者之间的平衡规则等级制的一个过程。

除了联邦政府以外，平衡收入与开支一直都是景气或不景气时期预算者的主要目标。但是当机构的需求大大超过政府的资源时，要实现这一目标就非常困难。有几个决策规则作为限制政府开支总额或作为从机构流向中央预算部门的需求流（stream of wants）的办法而广受欢迎。

一个方法是在机构准备预算申请之前，让行政主管去决定每一职能领域的整个开支份额。刘易斯（Lewis）（1952：52）认为这一方法的特点是，"在摆出证据之前裁决案件"。采用这种方法，政府将不可能根据相对项目功绩在职能领域分配资金。堪萨斯州（Kansas）的"平衡的基础预算系统"就是这样一个例子，在预算申请准备阶段之前，州长会确定每个机构的基础分配（base allocation）作为整个收入预期目标的一定份额（Muchmore and Duncan 1982）。机构也被要求在预算申请中准备两个其他的分配，一个高于、另一个低于基数分配。为了在机构分配中有效地促进资源的使用，每个分配层级都可以根据绩效信息得到调整。

加拿大的"封套预算"（envelope budget）与此类似。一开始，被评估的国民生产总值的增长率就限制了为政府设置的整个增长比率。然后，每个职能领域被给予一个预算目标或限额。每个职能领域也有权获得一笔政策储备金（policy reserve fund），它能收到预算的大约1%的最初基金。这笔储备金将是一笔周转金，它由每个职能领域的营业基础中删除旧的项目所得节余中提供（McCaffery 1984）。

堪萨斯州和加拿大的预算都设置了限额以限制机构的申请内容，并适当地设置了一个机制，他们希望这个机制能在这些限额中产生机构效率。关于效率可以实现的程度，我们推迟到本章的第五节 E 部分讨论。

欧洲国家也求助于控制规则（containment rules）以限制整体支出。这些规则的例子包括：

公共消费中的年度增长不会超过国内生产总值的平均增长，少于 x%；

整个公共开支增长每年不超过 y%；

整个公共开支将从国内生产总值的 x% 减少到 y%；

赤字与国内生产总值的比率在下一个 z 年后将减少 x。

将这些控制规则和开支决策相联系，这些国家在机构预算筹备之前也典型地确定了机构的具体目标（Schick 1986）。

在过程一开始就决定预算的总体规模并不需要颁布一个新的预算系统。里根（Reagan）没有像约翰逊（Johnson）、尼克松（Nixon）和卡特（Carter）一样，他并没有提出一个新的预算系统作为控制预算的手段。但是在他就任总统的第一年，他对分配资源有一套明确的决策规则：

减税；

增加军事开支；

减少国内开支。

对于这些规则，管理与预算局（the Office of Management and Budget）局长戴维·斯托克曼（David Stockman）增加了第四个规则——缩减弱势要求但不减少弱势顾客（curtail weak claims but not weak client）。但是为了在国会中建立一个多数联盟以支持与里根前三个决策规则相一致的一揽子预算，斯托克曼的规则没有被采用（Greider 1981）。

历史上国会曾两次立法为自己提供一个控制整个开支的机制。1946 年《立法机构重组法》（The Legislative Reorganization Act of 1946）授予在众议院赋税委员会（the House Ways and Means Committee）和参议院财经委员会（Senate Finance Committee）立法预算的创议权。这些委员会在每次会议开始之时一起向国会提供一个共同决议来确定拨款和开支限额。这种自上而下控制规则的尝试犹如昙花一现。1947年，这一共同决议在会议协商中消亡；1948年，因它过于一般化没有对拨款委员会提供任何指导而被终止。到1949年，国会再也没有认真努力考虑过这样一个开支限额（Burkhead 1956：328-329；Ippolito 1978：97-98；Smithies 1955：94-98）。

通过1974年《国会预算和扣押控制法》（Congressional Budget and Impoundment Control Act），国会再次采纳自己的一套自上而下的控制规则。正如最初所制定的，通过共同决议确定了两个阶段的职能目标（functional targets）。第一个决议是在17个预算职能中分配没有约束力的整体预算权威和开支目标。第二个决议中，这些目标作为一个有约束力的限额强加在预算权威和支出上（Smith 1977）。在实践中，国会取消了第二个决议，并在第一个预算决议中确定了约束性目标（Keith 1981；Schick 1981）。这些限额作为一种工具，在控制权利支出（entitlement spending）上比控制拨款委员会领域的年度支出更加重要（Kamlet and Nowery 1985）。

1985年《平衡预算与紧急情况赤字控制法》（The Balanced Budget and Emergency Deficit Control Act of 1985）［（格拉姆—拉德曼—霍林斯法案）（Gramm-Rudman-Hollings）］是国会实施自上而下控制规则的另一尝试。这一立法包含了每一年的最大赤字目标，直到1991年当收入与开支持平时为止。如果在任何年度总审批所规划的赤字超过了目标赤字100亿美元以上，就会启动一个自动开支削减程序。该程序将下列决策规则应用到非豁免项目上（nonexempt program）：

将一半削减分配到国防部、一半到非国防部项目；

将所有自动退休和残废项目减少到赤字的50%或者零，以数额更小的数字为准；

无论所需削减数字有多大，全面按百分比削减开支，以满足最大化削减赤字要求（Washington 1986）。

在某种意义上，这些决策规则提供了公正的外表，因为所有非豁免项目都是平等地被削减。然而，如果一些项目比其他项目有更多的宽松资源（slack resources），那么这些削减的结果（consequences）可能被认为是不平等的。此外，项目可能有不同形状的边际效用曲线（marginal utility curves），它们的资金水平分布在这些曲线的不同点上。用过去的收益来测评的，不是开支在一个项目中的一美元的成本因而也会随着不同的项目发生变化。因此，为了达成实施预算削减的一个政治共识就牺牲了有效的分配。

但是国会并没有政治意志来执行这些决策规则，1987年，国会改变了赤字目标并推迟这些目标。当这些目标不能实现时，国会通过了《1990年预算执行法》（The Budget Enforcement Act of 1990）。该法案加上随后《1994年协调法》（Reconciliation Act），为预算准备提供了下列量入为出的决算规则：

任何既享权利开支的增长都必须用其他的既享权利开支减少来抵消；

任何收入的增加都必须通过其他收入的减少来抵消。

D. 分配公式（Allocation Formulas）

大约1/5的联邦预算是根据分配公式来分配的（Spencer 1982）。对31个运用公式来分配教育资金（Cothran 1986）的州政府而言，这一比例甚至更高。米勒的研究（Miller 1964：2），公式具有吸引力是因为它们简化预算申请理由，便于比较，并且因其表达成数学等式而具有客观和准确的光环。

分配公式可能是需求驱动或者资源限制的（resource constrained）。需求驱动公式的一个实例是加州（California）在20世纪60年代对加州大学（the University of California）的资助方式。加州资助的教员职位数目是：每28名低年级本科生配备一位教师，28除1.5则是高年级本科生的教师数目，28除2.5是研究生新生的教师数目，28除3.5则是二年级以上的研究生教师数目。采用这一公式，大学每招收28名本科新生就可以获得一个教师职位，每招收8个高年级研究生就可以获得一个教师职位，依此类推等等（Thompson and Zumeta 1981）。

穷人医疗保险补助项目（Medicaid）是另一个需求驱动公式的例子，它的项目成本由州和联邦政府所共有。整个开支取决于有权获得由政府支付的医疗保健的人的数量，这些人要求帮助，和提供一整套服务。这些服务将由政府、州来补偿给医疗保健的提供者。下列分配公式决定了联邦政府支付的每个州医疗保健成本的百分比：$1.00 - 0.45[(州人均收入)/(美国人均收入)]$[②]。州人均收入（PCI）指的是该州3年个人收入所得的平均值。对该州比值的限额定在其他州的整体成本的50%，因为这个公式会给他们一个更大的份额。这一方案的目标是为了在各州减少对穷人的医疗保健覆盖范围的差异和在各州公平分配财政负担。但是，在没有考虑州纳税资源的条件下检查相对收入，这一公式没有将大多数联邦开支分给那些只有薄弱税基和穷人集中的州，也就是那些需求最大的州。穷人医疗保险补助项目（Medicaid）在最近20年迅速发展，其增长率已超过州的收入增长率，结果导致在这些州政府中产生巨大的财政压力（Gold 1992）。为了控制联邦开支，国会已在考虑转而使用一种医疗拨款项目（MediGrant Program），在这一项目下整个联邦对州的投入（federal contributions）将通过整笔拨款的公式来设定上限。

美国农业部（the U.S. Department of Agriculture）为《妇女、婴儿、儿童特别辅助食品计划》（Special Supplement Food Program for Women, Infants, and Children）提出了一种分配公式，表明了一个资源受到限制的决策规则。公式中决定每个州份额的条件有：处于贫困线185%以下的妇女、婴儿、儿童在该州的百分比（A），州婴儿死亡率占整个国家婴儿死亡率的百分比（B），以及州低体重儿出生（low-birth-weight）率占整个国家低体重儿出生率的百分比（C）（Candle and Newcomer 1986）。这一公式是一个多重因子运算，其中，因素 A 占整个份额（total weight）的 80% 的权重，因素 A 乘以 B 则占整个份额的 5%，因数 A 乘以 C 占整个份额的 15%：A（0.8 + 0.05B + 0.15C）。这一公式决定了每个州收到的在整个拨款中的哪些部分，但并不影响国会选择拨款的程度。

分配公式比项目拨款（project grants）对于重新分配似乎是更为有效的工具。项目拨款可能要求匹配资金和一定层次的人事专门技能（staff expertise）以提出有竞争力的拨款建议，但是这些拨款建议不利于那些弱势单位（poorer units）（Stein 1981；Torgovnik and Barzel 1979）。斯坦（Stein）研究的范围多达 180 个城镇政府，它们在尼克松政府执政时曾引进公式为基础的一揽子拨款，并在收入共享项目之前和之后都参与了联邦援助系统。他得出结论："由于接受援助的政府收入构成发生变化，在联邦援助分配中产生了更大的平等。新来的接受者明显增加了异质差异程度并且增加了联邦援助接受人数，从而提高了平等化程度。"（Stein 1981：340）

最小基本金项目（minimum foundation program）经常被使用来均等各个单位的开支。例如，一个州对地方公立学校的分配就在全州范围内确定一定程度的人均开支。为了参与分配，每个学校单位都被要求在州设定的某个层级提高地方税。州给学校支持的份额在这些学校中是不断变化的，它取决于每个单位自身的征税能力（参见图 1）。

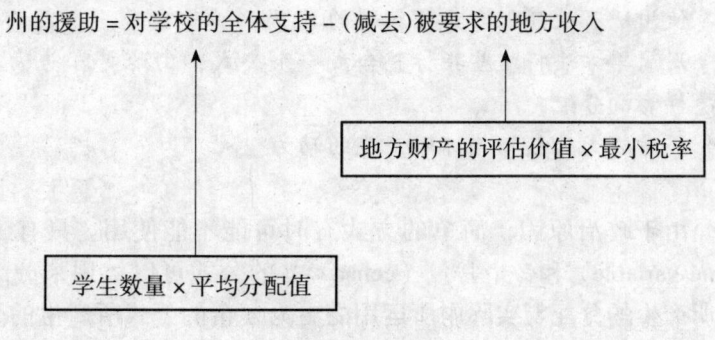

图 1　州援助的确定

人们可能希望提出公式的过程是集权的，以及最小基本金项目将所有机构的支持标准化，却忽略了地方偏好。正如以色列（Israel）对地方政府一揽子拨款分配所表明的，这种想法不是那么一回事。给每个社区的一揽子拨款（M）等于社区以标准成本的一揽子服务（service basket）所需（S）减去社区提高收入的标准努力（P）：M = S − P。但是哪种服务进入社区的一揽子服务取决于中央政府与每个社区的协商。标准成本的计算是根据标准化开支，这一标准也是源于类似社区的开支。收入标准则源于社区的财富指数，包括家庭收入、住房类型、福利负担水准和儿童数目（Torgovnik and Barzel 1979）。

公式作为数学等式在有些人的心目中意味着精密和准确。但公式不一定会产生我们所想要的结果。例如，加州的加权招募驱动公式（weighted enrollment-driven formula）（上文已有界定）目的就是要反映教育不同层次的学生所需要的实际相对成本。在提出该公式的时候，学校教育一个高年级研究生的开支是教育一个低年级大学生的3.5倍。但是在该公式开始支付给该校高年级3.5倍的资金10年以后，学校给高年级研究生的经费就不是低年级本科生的3.5倍，而是6~12倍（Thompson and Zumeta 1981，41）。

要求驱动的方式奖励某些行为，因此可以预见对引导机构的行为是有用的。例如，加州的社区大学公式为这些大学向外寻求更多的学生提供财政动力，这导致了成年人入学人数的急速增加（Cothran 1986）。但是，这些方式就他们所导致的总开支水平而言可预测性更小。科思伦（Cothran）认为，当政策制定者更重视控制机构行为而不是机构开支时，需求驱动公式是适当的（Cothran 1986）。相反，当控制开支更为重要时，这一资助机制应该是资源强迫公式或者是年度拨款。

建立能够提供预期结果的公式，其指导原则包括（Patton and Sawicki 1986：241；Spencer 1982）：

将公式建立在项目目标基础之上；
建立可以理解的目标操作指标；
使用所有被分配者都可获得的数据；
用简单方法将这些指标整合成一个公式，由此更容易确定数据错误怎样影响分配；
提防公式为数据损坏所产生的动力。

但是由于政治原因，简单的方式有时可能不能使用。只有三个加权变量（weighted variable）和一个常量（constant）的公式可以被用来分配一般收入资金，它所产生的分配与实际中所运用的更为复杂的公式所产生的分配相比，分配之间的联系大于0.999。但是，简化的公式不一定达致项目的目标。"要使项目合理化，至少使项目显得可以回应特殊的环境，那在政治上可能必须要有许多（过多）的统计变量。"（Spencer 1982：525）

E. 建议

这些讨论认为，资源分配的决策规则根据它们获得政府目标的工具价值（instrumental value）而有所变化。这些决策规则对于哪些目标最适合呢？下面列举的建议根据本节所回顾的研究提供了一个类型学的基本原理。

1. 当预算削减必要时，与职能上限（functional ceiling）或全面削减相联系，在机构准备预算申请之前，由立法机构或行政主管所强迫采用的控制规则，将通过党派相互调节过程和自上而下的重新分配来试图与个体项目变革协商相比较，前者可能在达到削减目标上更为有效。

2. 当平等化重要时，分配公式比项目拨款更有可能成为分配资金的一个有效工具。

3. 当财政限制重要时，资源限制的分配公式在控制开支上比需求驱动公式更为有效。

4. 当知识基础允许项目成本与产出相联系时，基于服务需求和单位成本的决策规则比那些基于基数加公平分配或限额和职能目标的决策规则，更有可能产生有效的分配。

5. 当知识基础允许项目成本和后果（outcomes）相互联系，并且政策决策者对重大后果（outcomes）的内容意见一致时，基于成本效益分析和成本效果分析的决策规则比基于基数加公平或限额和目标的决策规则更可能产生经济理性的资源分配。

6. 当知识基础不足以将项目成本与产出和结果（outcomes）相联系时，更为简单的等级或计分技术在确定资助优先权方面比成本效益和成本效果分析更为有效。

7. 当政策制定者不能就优先哪个后果（outcomes）达成一致意见时，通过对边缘地带的具体变化进行讨价还价和协商来建立联盟比尝试将决策建立在项目功绩基础上更具有可行性。

Ⅲ. 公共管理者应该怎样对开支负责？

负责就是对自己的行为承担责任或后果。公共行政文献认为政治机构和行动者能够应用各种强制措施以确保行政责任（administrative accountability）（Pearson and Wigginton 1986）。在预算执行中，立法机构和中央预算部门可能将大量的控制措施强加在公共管理者身上。每种强加的控制都寻求使管理者根据下列一个或多个方面来负责：开支的合法性、运作效率、政策与立法意图的一致性和项目成就（Howard 1973：290）。表1总结了用以实现这些方面的最普遍使用的控制工具。

这些方法寻求使官僚者直接对行政主管和立法机构负责，从而间接对选民负责。为在地方政府中获得更多直接责任的一个建议如下：首先，政府将每年进行选举，使得竞争性政党或联盟尽早地向选民陈述备选预算方案，公众也因此能够直接选择他们想执行的那种预算。其次，每个政府都有它自己的地方所得税，这样投票赞成雄心勃勃的开支项目的公民将懂得为这些项目付钱的乐趣（Foster and Jackman 1982）。

公众直接参与的其他方法包括提供竞争性服务提供系统并向公民提供保证，这样公民才能从他们选择的系统中得到服务（Swiss 1983）。下面的讨论只限于谈论间接控制机制，该机制寻求使得公共管理者直接向立法机构和行政主管负责，而不是向公众负责。

表1 使公共管理者对开支负责的工具

用来确保开支和发行的工具
单项款项否决（Line-item budgeting）预算
预算与留置（encumbrance）会计和报告
资金系统和资金分离
分配或拨款系统
人事批准和职位控制
采购和购物单系统
检查合同、购买设备和其他大型开支
旅行控制
财政和复合式审计（compliance audits）
预算转移和修正程序
归属财政部（reversions to the Treasury）
事前审计
紧急情况或意外情况储备程序
方差分析（variance analysis）

用以确保运行效率的工具
组织和方法研究
工作量标准和人事比率
生产报告
集中采购
表格控制（forms controls）
扣留资金以提高效率
绩效预算
绩效审计
成本会计
事前审计
竞争性投标
目标管理
绩效监督
工作计划

用以确保政策与立法机构意图一致的工具
拨款条款或限制
立法调查
立法否决
立法监督委员会
日落法案

对不服从机构削减未来的拨款
撤换某些官员以施加压力
来自某一关键议员的电话
在听证会、委员会报告和会场辩论（floor debate）中包含的指令
预算调整
授权

用以确保项目完成的工具
项目预算
监督机构视察部门
后果（outcomes）评估
成本效益分析
成本效果分析
将每个项目的责任明确到具体部门
目标管理
绩效监督
社会和经济会计

资料来源：Axelrod 1995；Buck 1929；Burkhead 1956：342－345，348－372；Draper and Pitsvada 1981；Howard 1973：290－293；Jones 1992b；LeLoup 1977：176－180；Long 1986；Lynch 1979

A. 控制导向的发展

对开支合法性的控制集中在开支目标上（Schick 1966）。20 世纪早期，开支合法性问题是首要问题。"当立法者和公民大都充满了对行政官员不信任时，目标分类（object classification）是这个时代最直接的产物。这是预算中技术的一大进步，因为它允许设置能够与预算账户相联系的政府会计系统，从而能够限制盗用公款现象。"（Burkhead 1956：128）

在国家层面，1946 年的《就业法》（The Employment Act of 1946）标志着越来越强调从根据开支目标的控制到根据"在社会中实现某一目标"的控制（Swan 1983：22）。会计总局（GAO）不断变化的角色就是控制导向进步的缩影。30 年来，会计总局主要关注的就是收据的"室内审计"（in-house auditing）。在 1945 年《政府公司与控制法》（Government Corporation and Control Act of 1945）和 1950 年《预算和会计程序法》（the Budget and Accounting Procedures Act of 1950）通过之后，会计总局转向关注开支的合法性和行政效率的实地审计（on－site auditing）。在 1970 年《立法重组法案》（the Legislative Reorganization Act of 1970）和 1974 年《国会预算和扣押控制法》（the Congressional Budget and Impoundment Control Act of 1974）通过后，会计总局有权执行效益成本分析。如今会计总局的审计概念包括合法性、效率、联邦项目是否获得其目标以及是否有以更少的成本来完成项目目标的其他方法（Rourke 1978）。到 1980 年，会计总局有一半的工作是项目评估和成本效益分析；29% 是管理效率

研究，7%是财务审计，14%是特别研究（White 1985：625）。

同样，州政府在20世纪三四十年代也采用了财政事后审计系统，20年后也扩大到绩效和项目审计中。到70年代，州立法机关在拨款法案中表达他们的意图也是非常普遍的事了，总是出现在拨款法案的逐条款项、尾注或者总结性部分（Duncombe and Heffron 1983）。

研究发现，集中关注开支目标的控制机制虽在地方政府占主导地位，但并不是惟一的导向。在对88个城市的调查中，与控制开支合法性相关的实践占70%，控制运作效率相关的实践占60%，与控制项目完成相关的实践占43%（Friedman 1975）。另外一个对125个城市预算主管的调查中，绝大多数人都报告使用过下面的开支目标导向工具（object-of-expenditure-oriented tools）：人事控制系统（96%）；采购规章（96%）；定期开支报告（99%）；定期收入报告（97%）；在预算账户中的转移程序（97%）；雇员旅行规划（employee travel regulations）（90%）；紧急情况或意外情况储备程序（83%）（Kane 1982）。即使关注扩大到包含控制绩效和项目完成的工具时，那些确保开支合法性的较古老的工具仍然保持不变。

20世纪最后10年证明了对促使机构对其项目负责再次发生兴趣。在澳大利亚、加拿大、丹麦、瑞典和英国等工业国家，将预算和后果（outcomes）相联系的改革要早于美国国家层面行动（Schick 1990）。在20世纪90年代美国财政管理改革先锋的三个主要行动是：1990年的《首席财务官法》（the Chief Finance Officers Act of 1990），1993年的《政府绩效与结果法》（the Government Performance and Results Act of 1993，GPRA）和国家绩效评估委员会（the National Performance Review）。

《首席财务官法》是设计用来提高联邦财政管理，它强制在组织结构、计划和报告中进行变革以提高效率和效果。它不是通过一个单一的会计系统将所有的财政交易过程集中起来，而是建立一个整合的财政管理系统，使机构在该系统中有一定的灵活性来满足他们的特殊需要（Hildreth 1993）。它为政府设立了一个总财务长，安排在管理与预算局内，并在23个联邦机构中设立首席财务主管（chief financial officers）。每个机构的财政管理职能在他们的首席财务主管手中都得到加强。机构也必须提交一个5年执行计划、年度审计财政报表和年度管理工作报告（Jones and McCaffery 1992）。后来，国会迫切要求扩大审计，把绩效评估包括在内。管理与预算局发布了给机构首席财务主管的指南，指示在他们的年度财政报表中包括评估项目效率和效果的绩效指标（Jones and McCaffery 1993）。

在《首席财务官法》基础上，3年以后的《政府绩效和结果法》要求联邦机构提出一个到1997年的5年战略计划。从1994年开始，在至少10个机构试行项目3年以后，整个政府将会全面执行。除了战略计划外，机构还必须准备年度绩效计划和报告，将完成情况与1999年开始在计划中设定的目标相比较。从1998年开始，至少有5个机构必须参与两年以绩效为基础的预算试行项目

（Joyce 1993b）。为了帮助机构执行 GPRA，联邦审计总署（GAO）考量了澳大利亚、加拿大、新西兰、英国在执行结果导向管理改革中的经验。这些政府将对结果负责的更大需求与给予这些机构在资源和动机上更多的灵活性联系起来，使机构得到更多的权威在全面预算限额内来管理他们的资源，同时取消了对机构的人员编制和运行开支细节的中央控制（GAO 1995）。

在克林顿（Clinton）总统签署《政府绩效与结果法》一个月后，副总统戈尔（Gore）签发了第一份总统在6个月前要求的全国绩效评估委员会报告。全国绩效评估委员会继续的主题是，放松对管理者某些类型的限制以换取他们对项目结果更加负责："……如果我们要想使机构和个人对完成某个事情负责的话，我们必须确保他们有某类他们所需要的灵活权威去做他们需要去做的事。一只手（或两只手）被束缚在背后，他们是不可能取得成功的。"（Gore 1995：86）十三条管理建议中，有一部分是建立在《首席财务官法》和《政府绩效和结果法》中的条款基础之上：

财政管理第一条：加快联邦会计标准的颁布；
财政管理第二条：澄清和加强管理与预算局（OMB）和财政部的财政管理角色；
财政管理第三条：完全整合预算、财政和项目信息；
财政管理第五条：使用《首席财务长官法》以提高财政服务；
财政管理第十条：向公众提交年度财政报告（Gore 1993）。

对于州和地方政府来说，政府会计标准委员会（the Government Accounting Stands Board，GASB）建议这些实体在他们的财政报告中包括服务措施和成绩的绩效标准（GASB 1990），但并不是所有的利益相关者都采纳这一建议。虽然美国公共行政学会（the American Society for Public Administration）通过一个支持GASB观点的决议，但是政府财政官员联合会（the Government Finance Officers Association，GFOA）则通过一个反对决议。在政府财政官员联合会（GFOA）看来，"服务质量的非财政指标超出了会计和财政报告的权限，因而也超出了GASB的能力和管辖范围"（Esser 1992：3）。虽然 GFOA 认为 GASB 不应该在财政报告中报告非财政绩效指标，但 GFOA 的确促进了以计划、预算和管理为目的绩效指标的使用。在对949个有管辖权的成员的调查中，GFOA发现，12%的人说他们在年度财政报告中报告了绩效指标，37%的人说他们在预算文件中报告了绩效指标（Tigue 1994：43）。

包括佛罗里达州（Florida）、明尼苏达州（Minnesota）、北卡罗莱纳州（North Carolina）、俄勒冈州（Oregon）和得克萨斯州（Texas）在内的几个州正在提出以绩效为基础的预算，作为试图将资助水平与项目完成相互联系的一种手段。利益相关者对什么构成有意义的绩效指标缺乏共识已经阻碍了对这些改革的执行，立法机构和其成员的有限参与被认为是立法机构在他们的审议中没有使用绩效预算信息的原因（GAO 1994）。

但是，并不是所有的利益相关者都同意在联邦层面的绩效评估要求。在参议院政府事务委员会（the Senate Committee on Governmental Affairs）前作证时，审计总长支持管理与预算局（OMB）在财务报表中要求有绩效评估信息的策略。但是他汇报，那些试图转而将这些指标与预算过程相联系的举措常常会失败，他认为这样一个联系将促使机构因为担忧绩效评估将成为削减他们预算的一种手段而作出不诚实的报告（Bowsher 1992）。虽然绩效预算得到管理与预算局和参议院和政府事务委员会的支持，但是众议院和参议院的拨款委员会（the House and Senate Appropriations Committees）却反对它，因为他们担心它限制了他们委员会的自由裁量权（Jones 1992a）。

一些对国会预算过程的观察者认为，几乎没有证据显示国会正在使用那些给予它的绩效信息（Jones and McCaffery 1993；Joyce 1993a）。将绩效评估信息和预算决策联系起来要求组织文化发生变革，要求强调项目结果而不是投入，并且要求公共管理者有不同的激励措施（GAO 1995；Joyce 1993a, b；Schick 1990）。从以前尝试的改革中得出的教训说明，成功地执行以绩效为基础的预算可能要求以下几点（Bowsher 1992；GAO 1995；Joyce 1993b；Schick 1990）：

  那些在立法机构和行政机构要使用这些指标的人都应该对项目的目标内容以及对合适的指标达成共识；

  被挑选的后果指标（outcome measure）应该是项目可以影响的指标，数据收集过程应该得到审计以确保数据透明性；

  指标不应该用来作为削减机构预算的工具；

  绩效评估应该作为一个更大系统的构成部分，该系统鼓励管理首创精神和责任。

B. 从普遍原则到应急战略（from universal principles to contingent strategies）

当 A. E. 巴克（A. E. Buck）在 20 世纪 20 年代谈论预算实践时，一个单一的控制机制系统被认为适合于所有的政府和机构。下面一些原则描述了这一优良预算控制系统的特征：

  通过将权威集中到高级行政主管手中以确定责任；

  包括一个中央会计办公室和事前审计职能办公室的财务管理部门应该对高级行政主管负责；

  一个独立的事后审计员应该向立法机构负责；

  拨款不应被视为向那些开支机构直接拨款，它仅仅是确定机构可以开支的最大数额的授权，并服从行政指导和行政监督；

  拨款应该是整笔拨款（lump sum），并应该确定要遵从的一般政策；

在拨款之后、开支开始之前，每个机构都应该准备并提交给高级行政主管以求批准符合整笔拨款政策的一个工作计划；

在工作计划得到批准后，在整个财政年度的拨款分配应该与工作计划相一致；

定期开支报告应该比较拨款、分配、开支和债权（Buck 1929：431-568）。

在调查大萧条时期州政府的预算实践之后，J. 威尔纳·桑德尔森（J. Wilner Sundelson）建议各州采用下列控制程序：

使用整笔拨款；

使用为鼓励紧急情况下做准备而设计的改善的分配计划；

给予高级行政主管部门之间和部门之内在收入下降时可以使用的转移权力；

制定应急情况拨款，并提供储备金为意外情况作准备（Sundelson 1938：617）。

这些建议认识到，在紧急情况下控制机制可能需要给行政机构更多的灵活度。

杰西·伯克黑德（Jesse Burkhead）在反对上述普遍原则上更进一步。首先，为了服务于国家政府的经济稳定政策，国家（不是州或地方）行政机构需要权威压制或加速开支；其次，项目中的成本波动不一致，而不同项目可能需要不同种类的预算执行系统，如警察或公共工程。他提议在一个管理控制框架内保持项目的灵活度，但他也认识到，有效确保项目灵活度的技术取决于立法机构授权的性质（Burkhead 1956：346-348）。

艾伯特·海德（Albert Hyde）得出结论：对于一个政府适宜的预算系统取决于它的需要，他建议研究者集中关注"什么类型的组织使用什么类型的预算过程和系统，而这些组织展示了哪些特征，这些预算过程和系统又展示了哪些特征"（Hyde 1978，74）。根据这一主旨，华莱士·斯旺（Wallace Swan）认为，合适的控制系统可能取决于组织环境，而不同预算理论的成分可以整合起来以产生适宜于特殊组织环境的控制系统（Swan 1983：55-56）。

同样，普列姆昌德（A. Premchand）认为，一个预算系统的成功取决于环境、结构和行为因素，以及人的技能和经济因素（Premchand 1983：352）。如果根据这些因素可以评估直接控制机制对政府的适应性，那么有可能设计出适合特定政府的责任体系。随着政府的内部和外部发生变化，它的控制机制也有可能发生变化。

对用以设计具体情境控制体系所必要的丰富知识的积累需要所做的一种研究的实例之一，就是文献上所报道的对一个小县政府的案例研究。该县的财政局长认为，开支目标的详细列表加上没有转移的权威将增加管理责任。这个县"一直与隐秘的财政限制作斗争"，它使用了开支目标控制，诸如旅行限制、人事程序和转移限制等来延缓或阻止开支（Massey and Straussman 1981：9）。研究者的结论是：当财政压力使得预算难以平衡时，开支目标控制将占主导地位而削弱效率和项目完成控制。

一个辅助方法就是，从一个理论基础中假设在不同的环境中什么样的控制机制应该是合适的。弗雷德·汤姆森（Fred Thompson）、L. K. 琼斯（L. K. Jones）和威廉·朱姆塔（William Zumeta）的研究也说明了这一方法。他们使用来自工业组织分析的概念，建议控制机制应该根据讨论中的具体服务的成本行为（cost behavior）来确定（Jones and Thompson 1986：46）。他们与希克（1964）的结论一致，希克的结论是预算执行代表着技术对目标的胜利。但他们认为，传统的开支目标控制是适应于许多产生了"大量不同的、难以确定的、且无法进行测评服务"的机构（Thompson and Zumeta 1981：42）。他们相信，按单位补助（per unit subsidies）比开支目标控制更适应于在竞争性供给（competitive supply）、可评比结果和随着规模增加而增加的单位成本的条件下提供服务的那些机构。

凭借从多学科文献中得来的控制理论，威廉·坦克斯利（William Tankersley）提出了一个整合框架，管理者可以用来为一个既定项目或行为设计适宜的管理控制系统。当项目的目标不明确时，控制系统本质上是政治的。当目标明确时，这样的控制选择类别可能是人事、行动或结果，这取决于项目的特征。当我们知道什么样的行动令人满意、且被要求产生合意的结果和影响时，并且我们有能力确保会采用这些行动时，行为控制是适宜的。当我们知道什么结果是令人满意的并且我们有能力控制和测评这些结果时，结果控制是必要的。行为控制包括行为责任、行动前审查以及物理和行政限制；结果控制机制集中关注项目影响并且给予项目管理者决定怎样实现这些结果的自由（Tankersley 1995；Tankersley and Grizzle 1994）。

C. 建议

上面所回顾的研究只是开始描述适应于不同政府环境的控制机构设计。本文的提议认为未来研究方向包括：

1. 适合于政府组织环境、人类技能，以及经济、结构和行为等特征的控制机制比试图最大化控制范围和特征的控制机制更可能成功地使公共管理者承担责任。

2. 在竞争性供给、可测评产出和随着规模的扩大而单位成本不断增加的条件下，单位补助（per unit subsidies）比开支目标控制更可能提供有效的控制。

3. 当开支机构产生难以确定和测评的大量产出时，开支目标控制比单位成本可能更为有效。

4. 除了再强加控制是一个可信的威胁、授权只会给开支机构提供净收益、而且预算人员认为这些开支机构是值得信任的之外，由中央控制机构管理的开支目标控制可以比授权给开支机构的控制更为有效。

5. 在财政紧张时期，为了给管理者提供激励措施以获得效率，政府更有可能设置整体开支限额将财政控制分权。

6. 当政府的某一部门政治权力集中时，政府更有可能对测评项目结果和使机构对项目结果负责的项目目标和目的达成共识。

7. 当项目外在因素实质上影响到项目的结果时，管理者可能更为关注产出而不是后果（outcomes）。

8. 当与该过程有利益关系的那些人对目标、目的和使用的指标达成一致意见、机构管理者使用绩效指标管理预算、行政和立法机构的政策制定者使用绩效指标制定有见识的资源分配决策、且绩效评估系统得到审计以确保数据真实时，将预算和想要的后果（outcomes）联系起来更可能具有可持续性。

IV. 立法机构应该授予行政机构什么样的财政政策权威？

在过去这个世纪里，国会曾几次将财政权威授予行政部门。主要的授权包括：以美国的声誉来支付债务和借款的权力、负责准备一个全国性预算，以及共同负责管理经济。而危机则推动了这些授权。

A. 危机导致授权

在第一次世界大战期间，产生的巨大赤字使得国会批准每次单独国债发行变得不切实际。因此，国会在1917年颁布了两个《自由债券法》（Liberty Bond Acts），这给予财政部到一个具体上限内借贷资金的一般权威（Shuman 1984）。

在1912年，塔夫托总统经济与效率委员会（Taft's Commission on Economy and Efficiency）提议，行政机构应该向总统提交预算申请作为行政管理和控制的一种手段。但是，国会认为行政预算是对他们权力的一种威胁，且没采取行动来授权这一职责（Grafton and Permaloff 1983）。"一战"导致了巨大赤字，使国会产生要控制开支的紧迫感（Shuman 1984：213-214；Smithies 1955）。"战后那段时期有利于改革，主要是因为当时都认为一个集中的预算有助于开支削减和税收削减这一过程。"（Smithies 1955：72）因此，1921年国会通过了《预算和会计法》（the Budgeting and Accounting Act），授予总统准备全国性预算的职责。

1930年的大萧条（the Great Depression）将这个国家的经济哲学从自由放任改变到补偿性财政政策上来。1946年《就业法》（The Employment Act）宣布经济稳定和繁荣是国家的目标。它要求总统向国会提交年度报告，对实现这些目标提供政策意见并建立总统经济咨询理事会（the President's Council of Economic Advisors）（Ippolito 1978；Shuman 1984；Smithies 1955）。

当开支拨款资金随着危机的增加和减少而增减时，灵活权授予总统处理。

"整笔拨款在战争和国家萧条时期尤为值得注意，这时候危机巨大，需求不明确，而且立法权的大规模授权条件成熟"（Fisher 1975：61）。

100多年前，国会在行政开支中几乎不允许自主权。它寻求通过逐条拨款和抑制赤字来控制开支（Burkhead 1956：344）。行政部门没有权力转移拨款或将未用完的拨款转入随后年度（Smithies 1955：56；White 1958：58－59）。怀特（White 1958：1）把国会在行政事务中的角色特点描述为"过分的"，而总统的领导特点是"相对软弱的"。"国会珍惜确定能够开支的公共资金目标和数额的权力；……它准备尽可能地削减行政机构在使用拨款时的自由裁量权；…… 给市民和军人的付费率的控制是全面的；……但是国会除了必须情形外不会再进一步相信行政机构部门，但是……行政紧急情况给陆军和海军资助的财政交易和运作留下许多余地。"（White 1958：57）

在西班牙和美国的战争（Spanish-American War）中，国会确实给予麦金利（McKinley）总统在国防开支上广泛的自由裁量权（Fisher 1975）。20世纪初的赤字开支导致国会在1906年通过了《反赤字法》（the Anti-Deficiency Act）以图控制开支，要求一个分配过程来限制在财政年度早期所允许的开支部分。在大萧条期间，国会给予罗斯福（Roosevelt）总统在紧急救助开支上广泛的自由。在萧条期间，州的立法机构也给予州长在管理开支上更多的灵活性，这样面对收入下降，他们能够满足宪法平衡预算的要求（Sundelson 1938）。

B. 信任导致授权

杰西·伯克黑德（Jesse Burkhead）（1956：345）认为，整笔拨款所提供的行政裁量权，和随意的而不是强制的预算权只有当立法机关高度信任行政机构时才有可能存在。在回顾20世纪中期占主导地位的控制机制时，伯克黑德得出结论："如果在公共服务内责任行政得到进一步发展，预算执行中的僵化……会得到缓和。伴随着的是一个更新的加强的对项目利益和项目结果的关注，以及现在对狭隘意义上财政控制过频过度关注的减少。"（Burkhead 1956：355）

在差不多40年后重新考虑这一问题时，阿克塞尔罗德（Axelrod 1995）指出，预算执行是政策的一个主要部分，而且立法机构不会接受在政策制定和执行间的分离，因为这种分离将它们排除在参与预算执行之外。立法机构通常对预算执行实行控制的方法包括：控制分配；优先批准在项目、开支目标和单个项目间转移资金；要求优先批准来自应急资金的开支；要求机构提交关于收支的报告；使用立法否决权以停止以前在拨款法案中批准的项目资助。但是，最重要的是在财政法和拨款中的条款，条款设立资金可以开支的标准和条件、提供与立法意图有关的指导和控制开支的数额、时机和目的。阿克塞尔罗德（Axelrod 1995：237）认为，立法机构在执行中所应该起的特殊作用角色是每个政府不得不计算出来的一种微妙的平衡，它受到特定时期主要的政治、法律、经济、认识和社会因素的制约。他得出结论：那些具有政治影响和政治信誉的机构在控制资金上比其他机构得到更多的灵活性。机构通过明确控制项目和成本的强大管理系统可以获得信誉（Axelrod 1995：233）。

费希尔（Fisher）也得出结论：只有在下列条件下国会对广泛自由裁量权的授予才是一个可行的办法：

> 高级执行主管官员都是职业男性和女性，他们都遵循职业标准而且必须多年都与国会保持良好的关系
> 国会信任这些高级执行主管官员的良好信誉行为和诚实正直

"当国会与从外面招收的、带来或没有带来职业标准、且常常几乎没有或者根本没有兴趣与国会维持良性关系的任命者打交道时，授权产生的结果就不那么令人愉快了。他们主要的动力就是在某一特定时间范围内完成某一特定任务，如果要完成的任务碰巧与国会产生对抗，如果信任遭到破坏而且自由裁量权被滥用，这就不那么重要了。几年以后，这些任命者可以回到私人生活中去，将弥补与国会关系的工作留给他们的接替者和妄想发迹的人（Fisher 1975：259）。

但是，拉里·琼斯（Larry Jones）提醒我们，对于立法者所支持的财政改革也是有限制的。当立法者可能对项目结果感兴趣时，他们也会对资金的开支去向和谁得到资金感兴趣。逐项拨款允许立法者控制谁得到什么，成功的财政改革必须满足这一立法需要。在这一限制内，立法机构常常愿意授予可观的权威（Jones 1992b）。

在过去几年里，给予总统单项款项否决权的理念很流行。这样做将会授予更多的权威给行政机构部门以限制开支。当前州长普遍正在考虑的事情比单项款项否决权更为有限。在共和党人"与美国签约"（Contract with America）中，总统无权否决拨款法案中的项目，但是加强了在资金被拨款后的撤销权。1974年的《国会预算和扣押控制法》要求国会肯定地授予总统所提议的撤销权，但如果国会在规定时间内没有采取行动的话，当前的提议允许总统所提议的撤销生效（Fisher 1995）。既然总统是民主党人，共和党控制的国会似乎不会热情地根据国会预算局局长所说的方法行事，该方法"牺牲国会的优先权去增加总统追求他或她的预算优先权的权力"（O'Neill 1995：15）。

当行政机构追求不同于立法机构的政策议程并且当立法机构大多数人和行政机构属于不同的党派时，立法机构似乎可能会约束行政机构在预算筹备和执行上的权威。在政府联邦层面一个实例是：在尼克松总统拒绝支出由国会为国内项目的拨款之后，包括住房和社区发展、用水和下水道（water and sewer）、开发太空和农场项目等，国会通过了 1974 年《预算和扣押控制法》（Fisher 1975；Shuman 1984）。该法案迫使总统支出拨款资金，除非国会在扣押情况下采取积极行动，或在延期情况下不采取行动（P. L. 93-344）。第十条第 1012 款要求就扣押问题总统首先必须向国会证明其扣留义务的正当理由，而国会必

须在45天内根据一个撤销法案完成工作。第1013款要求总统向国会建议延期，并允许国会两院之一通过形成决议撤销延期。

尼克松对管理与预算局的政治化是国会对政治任命者的反应的又一个例子。历史上广为人知的是预算局的中立能力（neutral competence）和公正、非党派专业技能。尼克松政府建立了一系列非专业的副局长职位以监督项目部门的预算工作。他们的目的是确保管理与预算局对总统的政策和项目产生回应。结果，通过公法P. L. 93-250，国会要求局长和副局长的任命需经参议院的批准（Heclo 1975; Mosher and Stephenson 1982; Zcidcnstcin 1978）。

州立法机构也进行类似的行为。来自宾夕法尼亚州（Pennsylvania）、北卡罗莱纳州和佛罗里达州的事件表明立法机构可能会限制州长的财政权力。1975年，宾夕法尼亚州立法机关（General Assembly）禁止为一个特别检察官对费城警察部门的调查而提供州立资金，但州长为此动用了联邦拨款资金。这一行动导致在1976年州立法机关中费城的民主党和保守的共和党建立了联盟，他们成功地通过立法限制了州长在支出联邦资金中的裁量权。州立法机关颁布了一个含有41条具体条款的拨款联邦资金的单独法案，取代了作为《总拨款法案》（General Appropriation Act）的构成部分的整体联邦资金拨款（Skok 1980）。

在北卡罗莱纳州，一个咨询预算委员会（Advisory Budget Commission）负责整理州长的预算。1972年这个州的市民自重建运动（Reconstruction）以来，选择了第一个共和党州长。在此之前，咨询预算委员会由5个州长任命的人组成。1972年选举后，由民主党人控制的州立法机关重组了咨询预算委员会，将成员的人数由5人增加到12人，并规定参议院主席、众议院议长以及州长每人任命4个成员。这一改变使得咨询预算委员会的大多数都是民主党人而不是共和党人。在这个共和党政府时期，州长将提交给州大会的行政预算提议变成一个项目形式（program format）。但州众议院拨款委员会抵制这一形式，要求州长提交具有详细单项款项形式（line-item format）的预算提议。

几年以后，佛罗里达州选举了一个州长，他在税收和开支方面没有参议院在政治上那么保守。州长在其给立法机构的预算提议中改变了形式，没有提供具体的细节。然后，立法机构修正了拨款法规（Chapter 216, Florida Statutes），要求预算形式将由州长和立法机构联合确定，并且要求在预算执行中的预算转移须得到众议院和参议院拨款成员和州长预算成员的批准（Grizzle and Keating 1984）。

C. 建议

总而言之，当政府面对在财政决策制定上要求灵活性和速度的紧急情况时，立法机构倾向于扩大行政机构的自由裁量权。当立法机构不相信行政官员会诚实善意地执行财政政策时，就有可能减少给予行政机构的自由裁量权。

1. 与和平时期相比，在全国危机（战争和经济萧条）时期，国会更有可能增加行政机构制定和执行财政政策的权威。

2. 当危机减弱时，国会可能会将拨款做得更具体而不是更灵活。

3. 当责任行政官员是专业政府人员且他们的正直得到国会的信任时，与当他们是政治任命者时相比，国会更有可能授予更广泛的有关预算执行的自由裁量权。

4. 明确控制项目和成本、具有强大的管理系统的机构和具有政治影响力的机构，比那些没有这些特征的机构更有可能在预算执行中获得灵活性。

5. 立法者可能会抵制他们认为可能会减少他们控制遴选项目能力的财政改革，这些项目有利于他们的选民。

6. 当立法机构的大多数成员在党派隶属（partisan affiliation）或项目优先权上与行政分支机构人员不同时，与当行政分支机构与立法机构多数成员拥有相同的党派隶属和项目优先权时相比，立法机构更有可能修改预算过程以控制行政机构的权力。

V. 我们应该怎样在政府中提高效率？

效率可以被界定为输入对输出的比率，或所提供服务的单位成本。政府机构通常用来提高效率的工具包括：组织和方法研究、工作量标准和人事比率（staffing ratios）、生产报告、方差分析、绩效预算、绩效审计、成本会计、事前审计、绩效监督、表格控制（forms controls）、集中采购、竞争性投标和目标管理。这些工具构成了19世纪许多尝试使得政府更加有效率的剩余遗产。本节探讨五种提高政府效率的方法：①使政府像企业一样运行；②通过管理科学最优化运行；③建立预算和会计控制；④为公共管理者有效运作提供动力；⑤限制可供政府使用的收入。最后一节将讨论新公共管理，它融合了好几种这样的方法。

A. 引进商人（Bring in Businessman）

在1893年大萧条后，政府腐败和服务提供劣质是许多美国城市的特点。在进步时代（Progressive Era）早期，改革者们就呼吁成功的商人担任公职。虽然在那个时代选拔商人担任公职并不能挽救城市弊端（Fleischmann and Marquette 1986），但是使政府像企业一样运行作为一种使政府更加有效率的方法继续被重新提出来。商业被错误地认为是提高公共部门实践的来源，事实上这些实践是由公共官员和学者发展起来的。因为那个时代的研究所从富有的商人那里获取资金，这些商人希望研究所的工作与他们的理念一致，所以研究所的成员则"不管他们对预算改革公共起源的认识，而去听从这些商业精英"（Rubin 1939：42）。

引进商业以使联邦政府更加有效率的两个例子就是塔夫脱总统经济与效率委员会（the Taft Commission on Economy and Efficiency）和格雷斯委员会（the Grace Commission）的工作。促使塔夫脱总统向国会咨文中报道委员会提议的动力是总统应该被给予发展一个行政预算过程的权威:"虽然商业具有庞大性和复杂性,每年却由行政部门执行并得到国会资助……但是,现在对于拨款却没有准备用这样一种方法来报告收入、开支和评估,以至于行政机构……能够知道政府已经做了什么或者政府提议要做什么"(Taft Commission,1912,4)。委员会报告不仅提议一个行政预算和年度机构绩效报告,而且提议总统推荐改革拨款法案的形式,这样允许政府"在当前商业交易中,代表行政部门利用行使自由裁量权的收益,以确保政府经济的确有效率地运行和完成任务……"(Taft Commission,1912:8)。因此,总统被给予更多的权威,类似于私营部门行政主管在商业中的权威。

里根总统向联邦政府成本控制私营部门调查委员会(Private Sector Survey on Cost Control in the Federal Government)(格雷斯委员会)提出了2478项建议,并宣称在3年内可节省4240亿美元。在这些建议中,还通过建立一个联邦管理局(Office of Federal Management)来集中行政管理和通过建立一个联邦信息资源经理(Federal Information Resource Manager)来集中数据采集处理(data processing acquisition)(Goodsell 1984)。据此,当时再次认为如果政府效仿企业,它将更为有效率地运行。

对格雷斯委员会报告的一个猛烈的批评是因为商人有"一个无法想象、难以置信的傲慢自大的概念",即:问题的存在是因为政府里面没有人注意到它们,而如果私营部门的集体智慧将这些问题指出来的话,它们就解决了(Downs and Larkey 1986:220)。在解释为什么商业原则不能够转移到公共部门时,唐斯和拉基(Downs and Larkey)(1986:42-48,221-223)指出了一些存在于私营和公共部门之间的差异:

政府目标更加复杂,且常常自相矛盾;民选官员可能分配给公共机构一些无法完成的项目;

政府内的行政权威受到法律框架、其他政府机构相互重复的责任和政府人事系统等的限制;

大多数民选官员任期短暂,为发展项目建立了短期时间范围(time horizons);

政府战略性质问题在本质上不同于企业的这些问题(例如,赢利方面)。它们包括重新分配资源、调和利益群体的价值、捍卫政治制度等等;

政府的意图是争斗,即在关于问题是什么以及应该怎样解决这些问题的不同见解中抗争。

B. 通过管理科学进行最优化

在弗雷德里克·W. 泰勒（Frederick W. Taylor）传统中，管理科学技术寻求确定实施机构运行的"最佳途径"。显然，包含在运筹学或管理科学调查中的技术显然包括有数学规划（mathematical programming）、排队论和决策理论。应用到公共部门效率问题上的数学规划就是这样一种运用。数据封套分析（data envelopment analysis）是一种数学规划技术，被用来评估项目单元的相对效率（Charnes and Cooper 1980；Charnes et al. 1981；Silkman 1986）。另外一种应用使用目标规划，它也是一种不同的数学规划技术，用以在预算中确定优先权（Fitzsimmons et al. 1979；Khan 1983）。

在纽约市政研究局（New York's Bureau of Municipal Research）成立初期，它将科学管理和公民授权联系在一起。他们相信，对组织绩效问题的研究将为公民更有效地参与政治过程提供数据。因为倡导支持政治控制的学校治理（school governance）的模式，所以研究局"发现它自己处于一个很尴尬的位置，它想去帮助穷人在教育决策制定中有一些潜在的发言权，但是它的资金又来自于一些最贪得无厌的美国资本家"（Schachter 1995：61）。研究局的研究模式被调查：他们非常有效的公民手册（citizenship pamphlets）系列和明信片被描述成是微不足道且粗俗不堪的，他们使用颜色鲜艳的纸张被描述成表明"党派政治和争执不休"（Schachter 1995：58）。为持续从洛克菲勒（Rockefeller）那里获得资金，研究局的任务受到限制，效率公民运动（Campaign for Efficient Citizenship）由此终结。效率的目的从授予公民权利变为给商业削减税收负担："进步党人认为政府是解决公共问题的一个方法，规模日益增长的政府要求更有效的开支手段和更有权威和更负责的行政人员。塔夫托等保守主义者认为不平等是必要的，而政府为减少不平等的项目则是一个十分讨厌的事情。效率是为了减少税收负担，特别是加在商业上的负担，而不是提供服务或管制商业。应该给予更具有权威的行政人员更多的控制，因为它们代表自然的精英，是能够被信任的。"（Rubin 1994：248）

30年前，史密斯（Smithies）认为，"有效率的运行不可能来自于那些由政府高层签发给那些不顺从的或无关紧要部门的指令。已经出现的管理上的主要进步基本上取决于部门的主动行为，……总统和国会的作用应该是促进和鼓励而不是规定这些行动"（Smithies 1955：15）。但是，后来自上而下的预算改革，例如计划项目预算制度（PPBS）和零基预算（Zero-Based Budgeting，ZBB），都常常规定机构使用分析技术来证明全体预算申请的正当性。

在思考政府试图执行这些政府范围改革的经验时，研究者得出结论：分析更为有用是当它"作为常规的、渐进的政治过程的一个常规构成部分"（Chelimsky 1985：5）；作为整个系统内的项目和利益团体竞争的一个构成部分，但不是理性全面预算改革所指的行政机构顶层和国会（Grafton and Permaloff 1983）；并且是当运用到世俗的而不是戏剧性的问题上时（Downs and Larkey

1986)。唐斯和拉基（1986：140）强调政府"到处都存在问题，它有责任去分析"。库存、路线、采购、日程安排、人事分配等问题都典型地属于世俗问题领域。可喜的是，这些也是有用的分析技术为之存在的问题，它们认为效率有大幅提高的潜力，它们的低政治突显性意味着政治不会常常阻碍执行改善。

财政环境怎样影响机构使用分析的程度？大多数研究者的结论是：对财政限制的导向更为集中关注绩效且为进行分析提供动力以产生更好的项目正当理由（Grafton and Permaloff 1983；MacManus 1984；Muchmore and Duncan 1982；Schick 1986：126）。一个相反的观点认为，自我评估将使机构暴露在预算削减之中，因此进行分析的动力是不存在的（Straussman 1979）。

C. 建立预算和会计控制系统

20世纪初，市政研究局成为提高地方政府预算和会计系统的一个推动力。全国市镇联盟（the National Municipal League）、市政会计署（Bureau on Municipal Accounting）和市政会计全国委员会（National Committee on Municipal Accounting）迫切要求统一的分类系统、成本会计、权责发生制会计（accrual accounting）和正式预算系统。统一分类有助于比较，而将所完成的工作和需求进行比较的统计方法被认为提供了消除腐败和贿赂的关键条件（Allen 1907）。到20年代中期，美国具有统一会计分类系统的城市为数成百上千，而且所有的州政府都建立了预算系统（Fleischmann and Marquette，1986：76；Graves 1953：493）。

第一、二届胡佛委员会（Hoover Commission）都呼吁在联邦政府运用绩效预算和权责发生制会计，"在预算的筹备中，存在……有坚决主张在开支机构中有效率的管理方式的权利"（Citizens Committee 1955：177）。在1950年《预算和会计程序法》授权绩效预算以后，第二届胡佛委员会建议这些机构：（1）使他们的组织结构、预算分类和会计系统同步；（2）以成本为基础制定和执行预算；（3）使用权责发生制会计和成本会计技术。

尤为新近，《1974年国会预算和扣押控制法》（P. C. 93 - 334）第八条（Title VIII）、《联邦经理财务正直法》（Federal Managers Financial Integrity Act）（P. L. 97 - 255）和《首务财务官法》（P. L. 101 - 576）都产生了几条动议，以标准化联邦政府的分类和法规，并提高了其财政管理系统。管理和预算局（OMB）工作指南A - 123，A - 127，A - 130和A - 76号报告都要求机构发展管理改进计划以提高效率，发展和执行财政管理系统的主要改进措施，提高内部管理运作，以及将信息作为联邦资源来管理。

D. 提供动力

"有效地组织信息和建立合理的组织激励措施是预算系统的职责"（Mikesell 1986：155），成功地执行管理科学和预算/会计方法需要令人赞同的激励结构。试图改革财政管理系统的公共行政人员（administrator）应该更多关注怎样实施奖励和制裁。一般可能认为监督机构通过增加资助的方式来奖励那些有效率的机构（Niskanen 1971：42）。但是，一种与之相对的观点认为，那些有效运行因而没有开支完他们整个拨款的机构有可能在未来几年内得到更少的拨款（Anton 1966；Contino and Lorusso 1982；Klay 1987；Levine 1979；Straussman 1979；Wildavsky 1964：93 - 94）。持后一种观点的管理者就可能不会提出关于效率的高质量信息，因为他们担心预算监督机构可能会利用这些信息来证明削减他们机构预算的正当理由（Jones and Thompson 1986，43；Thompson and Zumeta 1981：40）。

在1945~1969年间，通过使用证券交易委员会（Securities Exchange Commission）的数据，对这些相互竞争的观点的一个实证研究发现，在拨款层级和前一年的产出之间有一个负面相关联系。这一发现支持那种认为财政监督机构应该处罚而不是奖励有效率机构的观点（Warren 1975）。

财政管理过程本身也包含了阻碍效率提高的错误动机。平衡预算是一个比效率更为重要的目标（Thompson and Zumeta 1981），这一优先权使得财政行政人员（administrators）高度厌恶与开支估算有关的风险，因为他们的奖励是成功地匹配收支。财政准确度也比效率受到更多的关注（Jones and Thompson 1986），甚至当预算办公室尝试要求把有用的绩效信息作为资源分配的基础的预算改革时，他们也没有做到奖励遵守提供效率信息指令的机构和惩罚没有这样做的机构（Klay 1987）。

改变激励结构以奖励而不是处罚良好绩效机构的建议采用这三种方法中的一种：(1) 建立主张效率的制度；(2) 让公众制裁效率低下的机构；(3) 让那些机构保持节余，当他们提高效率时，节余自然会增长。

该制度方法是基于效率必须与政治过程中的其他价值观相互相竞争这样一种假设。为了使效率价值观在政治过程中得到有效地主张，主张效率的人必须与主张其他价值观的人独立开来（Downs and Larkey 1986：256）。即使公共部门的开支没有效率时，一些人仍然从中获益，因此这些人有动力来维持这一无效率。"他们不能直接在大庭广众公开为低效率辩护，也不能为他们享有的年资功绩项目价值所得利益辩护。但是他们能够非常技巧地确定（和提高）维护无效率的价值观之积极因素。"（Downs and Larkey 1986：256）唐斯和拉基建议，联邦政府、州政府和较大的地方政府建立独立的机构来负责促进效率，确保独立就能够将预算和雇员从短期政治控制中脱离；禁止雇员参加政治活动，禁止该机构为任何它评估其效率的机构服务；授予检查所有记录的权力；并且提供为提高效率进行投资筹资所需要的资源。

一些研究者认为，提高效率要求建立标准，根据这些标准监督绩效，而且当绩效没有达到所确定的标准时要实施处罚（Swiss 1983）。斯威斯（Swiss）认为，公众没有足够的能力建立标准和直接监督绩效，因为这些行为需要高水平的专业技能和持续的努力。他提议建立新的监督组织，可能是以进步时代流行的市政研究局为模板。这一提议认为，公民没有关于使得他们在有效率和没有效率的机构中选择的机构绩效信息，而且他们找出这些信息的代价过于高昂。这些新的监督机构将评估许多服务机构的绩效，并使公众能获得这些信息。如果公民能够以低成本得到这些有效信息，那么他们就能够区分有效率机构和无效率机构，并通过选择那些为他们服务的机构来实施制裁。这种直接制裁方法要求存在提供一个服务的竞争性机构，并要求应该授予公众权力通过机制，如一个优惠购货券制度（voucher system），来购买有补贴的服务（Swiss 1983）。

第三种奖励有效率机构的方法是让他们保留因为提高效率而节省下来的资金。这样做的一种办法就是立法机构进行权变拨款（Klay 1978）。开支完拨款中所规定的目标后仍有剩余资金的机构被允许将这些剩余资金用在一些它曾经申请资金但没有收到拨款的其他目的之上。激励公式为机构获得节余提供了另外一种办法。在北卡罗莱纳州的实验中，雇员能够收到他们在所提供的单位成本服务中所实现的削减的25%的红利。在这一公式上的变化可以允许机构获得部分节余以投资到未来的生产力提高中（Jarrett 1981）。同样类型的另外一种激励机制就是给予更有效率的机构在预算执行、工作保障和雇员发展机会上更大的灵活性（Klay 1987）。

帕特里克·拉基（Patrick Larkey）认为，要使预算改革获得成功，他们必须提出激励预算过程参与者的措施，其方式对于他们作为个体而言是有意义的。他建议将这种激励理念放到一个比机构参与者还高的层次，并为国会议员设计激励措施。例子之一就是国会议员的薪酬直接取决于他们所实现的目标，例如，控制赤字。当年的薪酬简单地计算为上一年的工资乘以上一年收入占开支的百分比。虽然他认识到这样一个公式过于简单，但是他注意到可以改写这一公式把除赤字削减外的其他附加目标纳入进来，也可以衡量这一公式，这样他们报酬的合理水平就存在着风险。另外一个例子是：拉基认为，国会议员寻求使政府在他们选区的无效率开支是应该被取消的，这样国会议员就会从关注对他们选民最好的东西定位到关注对国家最好的东西上来。因此，可以建立一个指数以显示联邦征收和开支对每个国会选区的影响。征收和支出需根据一个移动的平均基数来权衡，在预定的时间内促使联邦资金在每个选区流动平衡。

E. 限制收入

在过去10年，许多政府都追随加利福尼亚州，尝试通过立法限制收入的形式来控制开支。也许最著名的改革就是限制了财产税收入的加利福尼亚州的第十三条建议（Proposition 13）、马萨诸塞州的2 1/2 建议（Proposition 2 1/2）和《1981年联邦政府经济复兴法》（Federal Governments' Economic Recovery）。后者的税收改革导致资源从公共部门向私营部门转移，在5年内大约转移了7500亿美元（Shuman 1984：107）。

削减资源水平，把效率强加于机构之上的战略是取决于这样一个前提，即政府本质上是浪费的，但却不能浪费他们不拥有的资金。但是拨款上的削减事实上转变成了项目削减而不是提高的效率（Downs and Larkey 1981; Smithies

1955：15；198，209）。正如这样一个例子，当艾森豪威尔（Eisenhower）政府对武装部队（armed service）的预算限制进行限额时，他们就没有变得更加有效率。这些机构"看重它们的内部目标——通过耀眼的装置产生威严——而不是公共目标。他们削减不那么引人注目但却更为重要的产出来资助他们的威严产出（prestige outputs）。结果就是当需要弹药的时候他们就强调轰炸机；飞机的生产和军种的使命严重不一致"（Swiss 1983：83）。

唐斯和拉基（1986：208）预测，当政治家必须迅速进行预算削减以平衡预算但反对减少收入时，他们将会采纳全面的或"大刀阔斧的"决策规则。典型的方法就是强迫全面的比例削减；冻结雇佣、旅费补贴（travel funds）和资本支出；取消那些具有很少且相对没有组织选民和难以确定的（生活质量）收益的项目；撤销那些并不为选民群体所见的服务，如维护（maintenance）。但推迟维护和资本支出可能以牺牲未来的效率作为代价在短期内减少开支。自相矛盾的是，"当前，官员们面临税收和支出限制形式的紧张压力，他们倾向于对未来的问题作出巨大贡献，但同时因为承诺回应性公共服务和效率而受到赞扬"（Downs and Larkey 1986：209）。塔奇斯（Tarschys 1981：55）得出结论：这样的预算削减是与生产力提高背道而驰的（counterproductive）。

为什么要使用全面的决策规则而不是削减那些效率或效果低下的项目？因为削减具体的项目需要（1）允许比较项目绩效的信息，以及（2）对什么项目最重要达成共识，这两点在美国政治系统中都不存在。"预算的关键方面是，根据有限的资源，谁的偏好能够在关于哪些行为应该被实行和在多大程度上实行的争议中获胜。"（Wildavsky 1961：84）改变项目优先权所需要的政治谈判具有太大的争议，要求太多的努力。

F. 新公共管理

副总统戈尔的全国绩效评估委员会通过支持一些方法，提出了政府中的效率问题，而这些方法则包括在被称作"新公共管理"的里面。所包括的策略有授予权威（delegate authority）、用激励措施代替法律和规章、根据结果提出预算、将政府运作暴露在竞争中、寻求市场而不是行政解决办法（Reshtenthaler and Thompson 1995）。

如果国会预算要支持国家绩效评估委员会所设想的使命驱动（mission-driven）、结果导向预算和分权的话，国会就必须改变它审查和制定预算的方法。汤普森（Thompson 1994）建议国会应该做到以下几点：

> 根据现金流量的折现现值为项目性立法决策的生存授予新的义务权威；
>
> 放弃预算决议和总统年度预算，转而将新的项目性建议看成是每个都应该考虑到的；
>
> 给任务中心永久的预算权威，并只考虑在项目运行和投资中的重

大变化。任务中心只有当他们想进行变革以提高财政部的责任时才应该寻求预算权威。

授权更多而管制更少是基于这样一种信念，即"人民是诚实的，如果你告诉人民需要做什么并让他们去做，可能比你告诉他们如何去做完成得更好——而且更廉价"（Gore 1995, 33）。国家绩效评估委员会也认识到控制在减少生产力上带来的损失，"如果你想你不得不填写许多的表格，你应该明白政府为了甚至是最不重要的采购或行动而使得它的雇员们经历过什么。对自己的雇员缺乏信任是为什么在政府中做任何事情都要求几十个签署的一个原因：确保没有人会欺骗纳税者。当然有时候这一过程的成本会超过受到保护的东西价值……"（Gore 1955：33）。

汤普森在根据损失的生产力评估控制成本研究中，将使用错误的形式控制和使用太多的正确形式的控制相区别。他评估因为应用错误的控制形式而产生的效率损失为5%–20%，同时他相信，应用太多控制而造成的效率损失远远高于前者（Thompson 1993：311）。他引用了一个经验法则，大意是：1美元用在监督和执行上的直接控制成本带来20美元的间接成本。这些间接成本来自主动行为的抑制和重复的努力。那么适合的控制量是什么？控制应该增加到边际成本不会超过边际效益的这一点。不幸的是，事前控制有激增的趋势，用汤普森的话就是："过多的控制导致失败，而失败又导致更多的控制，尔后又是更多的失败。"（Thompson 1993：312）

G. 建议

从效率改进的方法审查中得出最重要的教训总结出来的建议包括：

1. 适合于目标复杂性、有限的行政权威、短暂时间范围、统计问题和政府对抗本质特征的效率尝试，与使政府像企业那样运行的尝试相比可能更为成功。

2. 应用到常规运作的分析，比应用到政治更为突显问题上的分析更可能促使效率改进。

3. 立法机构和行政主管发展激励结构以鼓励机构确定和制定进步措施的效率尝试，比自上而下的全面改革（其中，立法机构和行政主管规定了机构用以提高效率所必须采用的程序和行为）更可能成功。

4. 执行一个奖励良好机构绩效并处罚不好的机构绩效的激励结构比削减拨给机构的资金层级更有可能提高效率。

5. 在政府中减少控制数量比改变控制类型更有可能提高效率。

6. 除了资助者忽略绩效数据的地方，在允许将机构绩效与标准相比较的会计、预算和监督系统中持续投资的政府，比那些随着每一届新的执政府而采纳一种新的财政管理改革的政府更有可能提高效率。

Ⅵ. 结论

在这篇文章进行回顾时，作者对可能产生什么样提议（如果有的话），没有任何预见。从每个问题中总结出来的这些提议代表了从在这一学科有所建树的学者和实践者中汲取的一种共识，提议并不包括那些没有形成共识的发现。如果这一工作是一本书而不是单一的一章，那么它们可能作为一系列的小问题而得到有意义地探索，这些小问题只能通过另外的实践、研究和思考才能得到解决。

阅读这些提议所产生的就是一种感觉，即财政管理作为公共行政研究和实践的一个领域正在日益成熟。20世纪早期典型的简单原则和惟一最佳途径规定已经过去了。取而代之的是一种观点，即最适合的财政管理实践取决于政府运行的经济政治环境、对政府项目了解的现状、立法机构和行政机关选择互动的方式、项目类型、政府使用的激励系统，以及政府的目的等等。

什么样的理论框架能够适应这一更为复杂的财政管理实践观点？混沌理论（Chaos Theory）似乎是一种令人感兴趣的选择（Overman 1995）。它的非线性的、能动的数学模式能够整合变革、时间和变化等因素（Kiel and Elliott 1992）。它认识到，变量之间的关系随着时间变化，而这一变化可能产生许多可能的后果（outcome）。有时候一个系统可能以一种稳定的线性方式表现；其他时候它可能以一种特定模式的方式波动；在另外一些时候它可能爆发成非特定模式的行为或明显随机的行为。随着时间的流逝，是否能够获得这些复杂行为的方式，从而产生建立一个宏大的财政管理所需要的普遍性结论，这一点仍然有待时日加以观察。

REFERENCES

Abney G, Lauth TP. Determinants of state agency budget success. Public Budget Finan Manage 5: 37–65, 1993.

Alien WH. Efficient Democracy. New York: Dodd, Mead, 1907.

Anshen M. The federal budget as an instrument for management and analysis: In: Novick D, ed.

Program Analysis and the Federal Budget. Cambridge, MA: Harvard University Press, 1965, pp. 1–23.

Anton TJ. The Politics of State Expenditures in Illinois. Urbana: University of Illinois Press, 1966. Axelrod D. Budgeting for Modern Government. 2nd ed. New York: St. Martin's Press, 1995.

Behn RD. Cutback budgeting. J Policy Anal Manage 4: 155–177, 1985.

Berne R, Stiefel L. Cutback budgeting: the long-term consequences. J Policy Anal

Manage 12: 664–684, 1993.

Berry WD. The confusing case of budgetary instrumentalism: too many meanings for a single concept. J Politic 52: 167–196, 1990.

Bowsher CA. Performance measurement: an important tool in managing for results. Testimony before the Senate Committee on Governmental Affairs, May 5, 1992. Washington, D.C.: General Accounting Office.

Bozeman B, Straussman JD. Shrinking budgets and the shrinkage of budget theory. Public Admin Rev 42: 509–515, 1982.

Buck AE. Public Budgeting. New York: Harper, 1929.

Burkhead J. Government Budgeting. New York: John Wiley & Sons, 1956.

Caiden N. The new rules of the federal budget game. Public Admin Rev 44: 109–118, 1984.

———. After the earthquake: the president's budget for FY 1996. Public Budget Finan 15: 3–17, 1995.

Caiden N, Chapmen JI. Constraint and uncertainty: budgeting in California. Public Budget Finan 2: 111–129, 1982.

Carter LJ. The Florida Experience: Land and Water Policy in a Growth State. Baltimore, MD: Johns Hopkins University Press, 1974.

Caudle SL, Newcomer KE. Grant allocation decision rules: expectations versus realities. Eval Rev 10: 860–879, 1986.

Charnes A, Cooper WW. Auditing and accounting for program efficiency and management efficiency in not-for-profit entities. Account Organiz Soc 5: 87–107, 1980.

Charnes A, Cooper WW, and Rhodes E. Evaluating program and managerial efficiency: an application of data envelopment analysis to program follow through. Manage Sci 27: 668–697, 1981.

Chelimsky E. Old patterns and new directions in program evaluation. In: Program Evaluation: Patterns and Directions. Washington, D.C.: American Society for Public Administration, 1985. pp. 1–35.

Citizens Committee for the Hoover Report. Digests and Analyses of the Nineteen Hoover Commission Reports. Washington, D.C.: Citizens Committee, 1955.

Contino R, Lorusso RM. The theory Z turnaround of a public agency. Public Admin Rev 42: 66–72, 1982.

Cothran DA. Some sources of 'budgetary accountability': the interaction of automatic funding and program flexibility. Public Budget Finan 6: 45–62, 1986.

Downs G, Larkey P. Fiscal reform and governmental efficiency: hanging tough. Policy Sci 13: 381–396, 1981.

———. The Search for Government Efficiency: From Hubris to Helplessness. New

York: Random House, 1986.

Draper FD, Pitsvada BT. Limitations in federal budget execution. Gov Account J 30: 15 – 25, 1981.

Duncombe HS, Heffron F. Legislative budgeting. In: Handbook on Public Budgeting and Financial Management. Rabin J, Lynch TD, eds. New York: Marcel Dekker, pp. 417 – 456, 1983.

Esser JL. Service efforts and accomplishments reporting. Gov Finan Rev 8: 3.

Fisher L. Presidential Spending Power. Princeton, NJ: Princeton University Press, 1975.

———. The 'Contract with America': what it really means. New York Rev June 22: 20 – 24, 1995.

Fitzsimmons JA, Schwab AJ, and Sullivan RS. Goal programming for holistic budget analysis. Admin Soc Work 3: 33 – 43, 1979.

Fleischman RK, Marquette RP. The origins of public budgeting: municipal reformers during the progressive era. Public Budget Finan 6: 71 – 77, 1986.

Forrester JP. Multi-year forecasting and municipal budgeting. Public Budget Finan 11: 47 – 61, 1991.

Foster C, Jackman R. Accountability and control of local spending. Public Money 2: 11 – 14, 1982.

Friedman LC. Control, management, and planning: an empirical examination. Public Admin Rev 35: 625 – 628, 1975.

Friedman L. Performance budgeting in American cities. Public Product Rev 3: 50 – 62, 1979.

GAO (General Accounting Office). Managing for Results: State Experiences Provide Insights for Federal Management Reforms. Washington, D.C.: Government Printing Office, 1994.

———. Managing for Results: Experiences Abroad Suggest Insights for Federal Management Reforms. Washington, D.C.: Government Printing Office, 1995.

GASB (Government Accounting Standards Board). Service Efforts and Accomplishments Reporting: Its Time Has Come. Norwalk, CT: GASB, 1990.

Getzels J, Thurow C. Local Capital Improvements and Development Management: Analysis and Case Studies. Washington, D.C.: Government Printing Office, 1980.

Glassberg A. Organizational decline and cutback management. Public Admin Rev 38: 325 – 331, 1978.

Gold D. The federal role in fiscal stress. Publius J Fed 22: 33 – 47, 1992.

Goodsell CT. The Grace Commission: seeking efficiency for the whole people? Public Admin Rev 44: 196 – 204, 1984.

Gore A. Creating a Government that Works Better and Costs Less: Improving Financial Management. Accompany Report of the National Performance Review. Washington, D. C.: Government Printing Office, 1993.

____. Common Sense Government Works Better and Costs Less. Third Report of the National Performance Review. Washington, D. C.: Government Printing Office, 1995.

Grafton C, Permaloff A. Budgeting reforms in perspective. In: Rabin J, Lynch TD, eds. Handbook on Public Budgeting and Financial Management. New York: Marcel Dekker, 1983, pp. 89–119.

Graves WB. American State Government. 4th ed. Boston: D. C. Heath, 1953.

Greider W. The education of David Stockman. Atlantic Month 242: 27–54, 1981.

Grizzle GA. Building analysis into the budget process: lessons from two experiences. Res Public Policy Anal Manage 3: 113–128, 1986.

Grizzle GA, Keating MM. Budget execution. In: Foss TC, Sutberry TD, eds. State Budgeting in Florida: A Handbook for Budget Analysts. Tallahassee: Florida State University, 1984.

Grizzle GA, Trogen PC. Cutback budgeting in Florida: causes, approaches, and consequences. Southeast Polit Rev 22: 503–523, 1994.

Hatry H, et al. Program Analysis for State and Local Governments. Washington, D. C.: Urban Institute, 1976.

Havens HS. Integrating evaluation and budgeting. Public Budget Finan 3: 102–113, 1983.

Hecio H. OMB and the presidency: the problem of "neutral competence". Public Interest 38: 80–98, 1975.

Hildreth WB. Federal financial management control systems: an integrative framework. Public Budget Finan 13: 77–86, 1993.

Howard SK. Changing State Budgeting, Lexington, KY: Council of State Governments, 1973.

Hyde AC. A review of the theory of budget reform. In: Hyde AC, Shafritz JM, eds. Government Budgeting: Theory, Process, Politics. Oak Park, IL: Moore, 1978, pp. 71–77.

Ippolito DS. The Budget and National Politics. San Francisco: W. H. Freeman, 1978.

Jarrett JE. Improving Productivity through Monetary Incentives: North Carolina's Bonus Experiment. Lexington, KY: Council of State Governments, 1981.

Jones L. Performance budgeting gets boost in federal government. News Views Fall: 1, 1992a.

____. Public budget execution and management control. In: Rabin J, ed. Handbook of Public Budgeting. Public Administration and Public Policy 46: 147 – 164, 1992b.

Jones LR, McCaffery JL. Federal financial management reform and the Chief Financial Officers Act. Public Budget Finan 12: 75 – 85, 1992.

———. Implementation of the federal Chief Financial Officers Act. Public Budget Finan 13: 68 – 76, 1993.

Jones LR, Thompson F. Reform of budget execution control. Public Budget Finan 6: 33 – 49, 1986.

Joyce PG. The reiterative nature of budget reform: is there anything new in federal budgeting? Public Budget Finan 13: 36 – 48, 1993a.

———. Using performance measures for federal budgeting: proposals and prospects. Public Budget Finan 13: 3 – 17, 1993b.

Kamlet MS, Mowery DC. The first decade of the Congressional Budget Act: legislative imitation and adaptation in budgeting. Policy Sci 18: 313 – 334, 1985.

Kane TJ Jr. A national survey: municipal budget directors view budgetary control. Public Budget Finan 2: 44 – 50, 1982.

Keith RA. Budget reconciliation in 1981. Public Budget Finan 1: 37 – 47, 1981.

Kelley JT. Costing Government Services: A Guide for Decision Making. Washington, D. C.: Government Finance Research Center, 1984.

Key VO Jr. The lack of a budgetary theory. Am Politic Sci Rev 34: 1137 – 1140, 1940.

Khan A. Municipal budgeting as multiobjective decision-making problem: an example of capital improvement programs. Paper presented at the annual meeting of the American Society for Public Administration, 1983.

Kiel LD, Elliott E. Budgets as dynamic systems: change, variation, time, and budgetary heuristics. J Public Admin Res Theor 2: 139 – 156, 1992.

Klay WE. A legislative tool to encourage agency efficiency. Public Product Rev 3: 23 – 31, 1978.

———. Management through budgetary incentives. Public Product Rev 41: 59 – 71, 1987.

Larkey PD. Good budgetary decision processes. Unpublished manuscript, Carnegie Mellon University, Pittsburgh, PA, 1995.

Lee RD Jr. Developments in state budgeting: trends of two decades. Public Admin Rev 51: 254 – 262, 1991.

———. The use of program information and analysis in state budgeting: trends of two decades. In: Lynch TD, Martin LL, eds. Handbook of Comparative Public Budgeting and Financial Management. New York: Marcel Dekker, 1992, pp. 169 – 188.

Lehne R, Fisk DH. The impact of urban policy analysis. Urban Affairs Q 10: 115 – 138, 1974.

LeLoup LT. Budgetary Politics: Dollars, Deficits, Decisions. Brunswick, OH: Kings Court, 1977.

——. From microbudgeting to macrobudgeting: evolution in theory and practice. In: Rubin IS. New Directions in Budget Theory. Albany: State University of New York Press, 1988, pp. 19 – 42.

Levine CH. More on cutback management: hard questions for hard times. Public Admin Rev 39: 179 – 183, 1979.

Levine CH, Rubin IS, Wolohojian GG. Resource scarcity and the reform model: the management of retrenchment in Cincinnati and Oakland. Public Admin Rev 41: 619 – 627, 1981.

Lewis VB. Toward a theory of budgeting. Public Admin Rev 12: 43 – 54, 1952.

Lindblom CE. Decision-making in taxation and expenditures. In: National Bureau of Economic Research. Public Finances: Needs, Sources and Utilization. Princeton, NJ: Princeton University Press, pp. 295 – 296, 1961.

Excerpted in Plant JF. Charles Lindblom's "decision-making in taxation and expenditures". Public Budget Finan 6: 76 – 86, 1986.

——. The Intelligence of Democracy. New York: Free Press, 1965.

Long NE. Getting cities to keep books. J Urban Affairs 8: 1 – 7, 1986.

Lynch TD. Public Budgeting in America. Englewood Cliffs, NJ: Prentice-Hall, 1979.

MacManus SA. Coping with retrenchment: restructuring budget document formats. Public Budget Finan 4: 58 – 66, 1984.

Massey J, Straussman JD. Budget control is alive and well: case study of a county government. Public Budget Finan 1: 3 – 11, 1981.

McCaffery J. Canada's envelope budget: a strategic management system. Public Admin Rev 44: 316 – 323, 1984.

Mikesell JL. Fiscal Administration: Analysis and Applications for the Public Sector Chicago: Dorsey, 1986.

Miller GJ. Government Financial Management Theory. New York: Marcel Dekker, 1991.

Miller JL. State Budgeting for Higher Education: The Use of Formulas and Cost Analysis. University of Michigan, Ann Arbor: Institute of Public Administration, 1964.

Mosher FC, Stephenson MO. The Office of Management and Budget in a changing scene. Public Budget Finan 2: 23 – 41, 1982.

Muchmore LR. Duncan HT. The Kansas balanced base budget system. State Gov 55:

106 - 109, 1982.

Niskanen WA. Bureaucracy and Representative Government. Chicago: Aldine-Atherton, 1971.

O'Neill JE. Statement on the Congressional Budget Process before the Subcommittee on Legislattive and Budget Process and the Subcommittee on Rules and Organization of the U. S. House of Representatives, July 13, 1995.

O'Toole DE, Marshal J. Budgeting practices in local government: the state of the art. Gov Finan Rev 3: 11 - 16, 1987.

Overman ES. The new sciences of administration: chaos and quantum metaphors and methods. Trinity Symposium paper. San Antonio: American Society for Public Administration.

Patton CV, Sawicki DS. Base Methods of Policy Analysis and Planning. Englewood Cliffs, NJ: Prentice-Hall, 1986.

Pearson WM, Wigginton VA. Effectiveness of administrative controls: some perceptions of state legislators. Public Admin Rev 46: 328 - 331, 1986.

Pilegge JC. V. O. Key's legacy: a mosaic of budgetary theory. New Direct Public Admin Res 2: 17 - 24, 1989.

Pitsvada BT, Draper FD. Making sense of the federal budget the old fashioned way-incrementally. Public Admin Rev 44: 401 - 407, 1984.

Poister TH, Streib G. Management tools in municipal government: trends over the past decade. Public Admin Rev 49: 240 - 248, 1989.

Premchand A. Government budget reforms: agenda for the 1980s. Public Budget Finan 1: 16 - 24, 1981a.

―――. Government budget reforms: an overview. Public Budget Finan 1: 74 - 85, 1981b.

―――. Government Budgeting and Expenditure Controls: Theory and Practice. Washington, D. C.: International Monetary Fund, 1983.

―――. Paradigms in search of practice; practice in search of a comprehensive theory. New Direct Public Admin Res 2: 59 - 74, 1989.

Reshtenthaler G, Thompson F. Public administration in an era of transformation. Trinity Conference paper. San Antonio: American Society for Public Administration, 1995.

Rickards RC. How the spending patterns of cities change: budgetary incrementalism reexamined. J Policy Analy Manage 4: 56 - 74, 1984.

Rourke JT. The GAO: an evolving role. Public Admin Rev 38: 453 - 457, 1978.

Rubin IS, ed. New Directions in Budget Theory. Albany: State University of New York Press, 1988.

―――. Budget theory and practice: how good the fit? Public Admin Rev 50: 179 -

189, 1990.

———. Budgeting for our times: target base budgeting. Public Budget Finan 11: 5 – 14, 1991.

———. Who invented budgeting in the United States? Public Admin Rev 53: 438 – 444, 1993.

———. Early budget reformers: democracy, efficiency, and budget reforms. Am Rev Public Admin 24: 229 – 252, 1994.

Schacter HL. Democracy, scientific management and urban reform: the case of the Bureau of Municipal Research and the 1912 New York City school inquiry. J Manage Hist 1: 52 – 64, 1995.

Schick A. Control patterns in state budgeting execution. Public Admin Rev 24: 97 – 106, 1964.

———. The Road to PPB: the stages of budget reform. Public Admin Rev 26: 243 – 248, 1966.

———. Systems politics and systems budgeting. Public Admin Rev 29: 137 – 151, 1969.

———. Reconciliation and the Congressional Budget Process. Washington, D. C.: American Enterprise Institute, 1981.

———. Macro-budgetary adaptations to fiscal stress in industrialized democracies. Public Adrnin Rev 46: 124 – 134, 1986.

———. Budgeting for results: recent developments in five industrialized countries. Public Admin Rev 50: 26 – 34, 1990.

Schultze C. The Politics and Economics of Public Spending. Washington, D. C.: Brookings Institute, 1968.

Shipman GA. The evaluation of social innovation. Public Admin Rev 31: 198 – 200, 1971.

Shuman HE. Politics and the Budget: The Struggle Between the President and the Congress. Englewood Cliffs, NJ: Prentice-Hall, 1984.

Silkman RH, ed. Measuring efficiency: an assessment of data envelopment analysis. New Direct Program Eval 32: 1 – 110, 1986.

Skok JE. Budgetary politics and decision-making: development of an alternative hypothesis for state government. Admin Soc 11: 445 – 460, 1980.

Smith LL. The congressional budget process—why it worked this time. Bureaucrat 6: 88 – 111, 1977.

Smithies A. The Budgetary Process in the United States. New York: McGraw-Hill, 1955.

———. Conceptual framework for the program budget. In: Novick D. ed. Program Budgeting: Program Analysis and the Federal Budget. Cambridge, MA: Harvard

University Press, 1965, pp. 24 – 60.

Spencer BD. Technical issues in allocation formula design. Public Admin Rev 42: 524 – 529, 1982.

Stein RM. The allocation of federal aid monies: the synthesis of demand-side and supply-side explanations. Am Politic Sci Rev 75: 334 – 343, 1981.

Straussman JD. A typology of budgetary environments: notes on the prospects for reform. Admin Soc 11: 216 – 226, 1979.

Sundelson JW. Budgetary Methods in National and State Governments. Special Report of the New York State Tax Commission, No. 14. Albany, NY: J. B. Lyon, 1938.

Swan WK. Theoretical debates applicable to budgeting. In: Rabin J, Lynch TD, eds. Handbook on Public Budgeting and Financial Management. New York: Marcel Dekker, 1983.

Swiss JE. Holding agencies accountable for efficiency. Admin Soc 15: 75 – 96, 1983.

Taft Commission. The need for a national budget. In: Hyde AC, Shafritz JM, eds. Government Budgeting: Theory, Process, Politics. Oak Park, IL: Moore, 1978, pp. 4 – 11.

Tankersley WB. Management control systems: an integrated paradigm. Coast Bus Rev 4: 43 – 47, 1995.

Tankersley WB, Grizzle GA. Control options for the public manager: an analytic model for designing appropriate control strategies. Public Product Manage Rev 18: 1 – 18, 1994.

Tarschys D. Rational decremental budgeting: elements of an expenditure policy for the 1980s. Policy Sci 14: 49 – 58, 1981.

Thompson F. Matching responsibilities with tactics: administrative controls and modern government. Public Admin Rev 53: 303 – 318, 1993.

———. Mission-driven, results-oriented budgeting: fiscal administration and the new public management. Public Budget Finan 14: 90 – 105, 1994.

Thompson F, Zumeta W. Control and controls; a reexamination of control patterns in budget execution. Policy Sci 13: 25 – 40, 1981.

Thurmaier K. Decisive decision making in the executive budget process: analyzing the political and economic propensities of central budget bureau analysts. Public Admin Rev 55: 448 – 460, 1995.

Tigue P. Use of performance measures by GFOA members. Gov Finan Rev 10: 42 – 44, 1994.

Torgovnik E, Barzel Y. Block grant allocation: relationships between self-government and redistribution. Public Admin 57: 87 – 102, 1979.

Usher CL, Cornia GC. Goal setting and performance assessment in municipal budgeting. Public Admin Rev 41: 229-235, 1981.

Warren RS Jr. Bureaucratic performance and budgetary reward. Public Choice 24: 51-57, 1975.

Washington CW. The President's budget for 1987. Public Budget Finan 6: 3-26, 1986.

Weinberg M. Budget retrenchment in small cities: a comparative analysis of Wooster and Athens, Ohio. Public Budget Finan 4: 46-57, 1984.

Weiss CH. The many meanings of research utilization. Public Admin Rev 39: 426-431, 1979.

White J. Much ado about everything: making sense of federal budgeting. Public Admin Rev 45: 623-630, 1985.

White LD. The Republican Era: 1869-1901. New York: Macmillan, 1958.

Wildavsky A. Political implications of budgetary reform. Public Admin Rev 21: 183-190, 1961.

———. The Politics of the Budgetary Process, Boston: Little, Brown, 1964.

———. The political economy of efficiency: cost-benefit analysis, systems analysis, and program budgeting. Public Admin Rev 23: 292-310, 1966.

———. Rescuring policy analysis from PPBS. Public Admin Rev 29: 189-202, 1969.

———. How to Limit Government Spending. Berkeley: University of California Press, 1980.

Willoughby KG. Decision making orientations of state government budget analysts: rationalists or incrementalists? Public Budget Finan Manage 5: 67-114, 1993.

Zeidenstein HG. The reassertion of congressional power: new curbs on the president. Politic Sci Q 93: 393-409, 1978.

第七章 公共行政决策制定

约翰·R·吉斯特[*]

Ⅰ. 引言

达成决策（reaching）是行政的核心，行政过程的所有其他特点都取决于决策制定、与决策制定相互交织、且为决策制定而存在（McCamy 1947, 41）。

考虑到这个定义所隐含的广泛概念，人们可以合理地得出结论：决策制定的研究等同于行政研究。对于本章任务范畴而言，这样一个结论的内涵是令人生畏的（forbidding）。过去40年里，有关公共部门决策制定的文献已发展得如此之庞大、如此专业化，并弥漫到如此多的学科，以至于要写一篇关于某一时期的发展文章都是一项极其困难的（daunting）任务，如果试图描述整个世纪的研究工作完全可以认为是一种狂妄的（hubris）行为。很明显，迫切需要对这个研究所包含的材料加以限制。

一个令人安慰的因素是，决策制定作为公共行政的一个组织概念、作为分析行政行为的一个方法，基本上是"二战"后才出现的一个现象。这稍微简化了对材料的挑选，但是，除此之外，所涉及的选择材料必然是有选择性的，并且反映了我个人的兴趣和倾向性。最明显的就是格外突出了预算决策制定。虽然我试图包括所有主要理论发展，但是不可避免的是对选择和放弃有不同的看法。

将决策视为一个过程和一个分析构建（analytical construct）的兴趣出现在"二战"后，并且是作为公共行政的决策制定和行为方法的一部分。当时，而且一直到现在，最具影响力的支持者是赫伯特·西蒙（Herbert Simon）和查尔斯·林德布洛姆（Charles Lindblom），他们对该领域的理论

---

[*] 约翰 R. 吉斯特（John R. Gist），维吉尼亚理工学院和州立大学（Virginia Polytechnic Institute and State University）、美国退休者协会公共政策研究所（The Public Policy Institute of in washing to American Association of Retired Persons）政策分析家

贡献有许多共同点，但也有许多不同因素。他们的贡献在本章中后面部分将得到深入论述。

虽然决策作为公共行政学领域一个明确的研究中心是比较新近的事，但通过政治学和公共行政学学者的早期贡献，通过大量运用构成其他领域，如经济学、统计决策理论（statistical decision theory）、运筹学研究以及社会心理学等学科的理论和研究，有关决策制定的文章得到了巨大的发展。

Ⅱ．"二战"前时期

自起始阶段开始，公共行政中决策制定文献主要致力于研究理性在行政决策中的角色以及将效率作为组织理性的标准。普遍而言，在互为冲突的政治价值观下致力于研究理性选择的可行性一直是行政理论长期关注的问题。

早期有关理性和政治行动之间冲突的辩论在弗兰克·古德诺（Frank Goodnow）和伍德罗·威尔逊（Woodrow Wilson）的世纪之交的著作中可以找到，他们宣称在政治领域和行政领域之间有一个根本的区别。政治是人们意志的表达，而行政则主要关注这些意志的执行。在提出政治行政两分法中，古德诺和威尔逊都受"科学管理"方法的影响，"科学管理"方法与弗雷德里克·泰勒有关（Frederick Taylor）。泰勒对找到最有效的方法来完成体力劳动，以图将公平日工作从劳资冲突领域中分离出来很感兴趣。科学管理和公共行政都很有兴趣将科学方法拓展到人类关注的一个更为宽广的范围上（Waldo 1984）。

古德诺和威尔逊坚信可能存在一门行政科学，能有效运行行政组织，而无须考虑政治压力的影响。

> 要观察的最重要的是我们公务员制度改革者强调得如此之多、如此有利的事实，也就是行政在政治上的固有范围之外。行政问题不是政治问题。虽然政治规定了行政的任务，但它不应该费尽心机去操控行政机构（offices）（Wilson 1887：218）。

在威尔逊的论述中，存在的不仅仅是多少有点精英主义观点和对公众意见的不屑意味。公众意见能够阻止政府有效地行动，而有效的行动是行政最高的目标。

古德诺将政治和行政，而不将立法、行政和司法行为，视为政府的不同职能。在他看来，这三个宪法所确立的机构不是真正分开的职能，因为三者均是对国家意愿的表达（Goodnow 1900：18）。这种政治行政两分法当然——正如古德诺所反对的——只是人为的。

威尔逊和古德诺是进步时代（Progressive Era）和市政改革运动的产物。几十年的市政腐败导致强烈地反对城市政治结构和试图将企业模式（business model）应用于城市的举措（Pfiffner 1935）。企业模式因其强调效率、以功绩为基础的晋升以及专业才能而受到欢迎。

直到30年代,研究者继续几乎排他性地强调下列主题:效率、行政权集中化、专业才能以及公共行政官员专业化。与政客相比,行政人员的比较优势在于知识和专业技能而不是权威。工程学有时被视为行政的适合模式。

> 行政基本上是一个工程概念……它关注的是问题、原因设计（cause design）、建筑材料、方法以及结果。所有这些都彼此适合,就像组成部分和模式（pieces and pattern）。但是,该工作比建筑工程师的工作更为艰难,因为政治科学家所面临问题的主要因素是人（Dimock 1937: 323）。

对某些人而言,政治和行政之间僵硬的二分法是过了头（Gaus et al. 1936: 3）。然而,在"二战"前十年,对行政组织能够理性地行事的信任继续处于支配地位。最为人所知的传统公共行政导向的宣言（statement）是出版于1937年的《行政科学论文集》（Papers on the Science of Administration, Gulick and Urwick 1937）。

> 在行政学领域,无论是公共的抑或私有的,基本的"好"是效率。行政学基本的目标是以最小的人力和材料消耗完成正在进行的工作,因此效率是行政价值尺度中的公理数（axiom number）。（Gulick and Urwick 1937: 192）

该论文集介绍了传统公共行政学最有名的首字母缩写——POSDCORB——这是作者对行政主管（chief executive）研究的速记形式,这些字母代表了计划（planning）、组织（organizing）、人事（staffing）、指导（directing）、协调（coordinating）、报告（reporting）和预算（budgeting）。甚至此时没有迹象表明决策制定正作为一个独立的问题出现,当然所有的这些行政职能都是决策。但是传统理论家,诸如古立克和厄威克（Gulick and Urwick）,都致力于研究结构、形式和规则而不是行政行为的过程。

行政传统理论高度的规范性使得在组织决策制定中,要想获得理性和效率则需要一套理想化的程序。这套程序与传统经济理性概念有某些共同之处,理性的决策制定者须:

> 缜密地提出广泛的备选行动方案（course of action）；
> 调查将要完成的所有目标和选择所蕴含的价值观；
> 要仔细权衡他所知道的每一个备选方案所带来的负面结果与风险以及正面结果的成本和风险；
> 集中搜集与进一步评估备选方案有关的新信息；

正确吸收和考虑任何他所获得的新信息或者专家意见，即使该信息或意见并不支持他开始赞同的行动方案；

在作最后决策前重新审查所有已知备选方案的正面和负面影响，包括那些一开始被认为是无法接受的方案；

为执行或实施这些被选行动方案制定具体的计划，特别注意可能需要的应急计划以应对突然出现许多已知的危险。

既然出现了对过程和行为的关注，那对决策制定过程的关注也一样。公共行政经典学派在20世纪30年代的多数时期支配了该领域。最早从"经典"公共行政学派分离的是巴纳德的（Barnard 1938）《经理人员的职能》（The Functions of the Executive），仅晚于古立克和厄威克《行政科学论文集》一年出版。这是从理性传统主义者或传统理论家到后者行为理论家如西蒙、马奇（March）和林德布洛姆（Lindblom）转变的一个里程碑。

巴纳德是第一批将决策制定本身作为分析结构（analytical construct）的理论家之一，他关于这一决策制定的观点受到他对个体和组织合理性看法的影响。对巴纳德而言，个体决策包括对目的和手段（ends and means）的选择。虽然后者能够成为逻辑过程的结果，但前者，基本上先于后者（prior）或是"已经确定的"（given），不能成为逻辑过程的结果。

组织的行为远比个人行为有逻辑（logical）些，因为组织的目标需要"正式规划"，而个人行为则无需这样。即使组织有非理性或不逻辑的方面，但重要的是：

> 逻辑过程的最高程度必须而且能够描述与个体行动相对应的组织行动的特征，而决策在组织内是专业化的这一程度也是重要的。根据目标来谨慎选择手段是正式组织的基本特征，这个要求不仅使合作优于个体的生物力和感觉（biological powers and senses），而且在大多数持久组织重要情况下，这可能是个体行动的最优合作办法（Barnard 1938：186）。

对巴纳德来说，决策制定形式的"客观领域"由决策目标和决策环境构成，包括"物质世界、社会世界、当时的外部事物、力量和环境"（Barnard 1938：194）。虽然事物的目的都是与个人相关且是主观的，但

> 在制定新的决策时，一个现存目标，也就是在先前条件下作的先前决策的结果，是一个客观事实，因此该目标在新决策制定时就作为新决策的一个因素来对待（Barnard 1938：195）。

这里巴纳德对于目标（purpose）和环境（environment）的描述非常近似于

目标（ends）和手段（means）——目标（purposes）首先是在环境下通过有效的手段而获得的目的（ends），然后一旦制定了决策，它就成为新决策的事实前提。

在巴纳德有关决策制定的观点中，他预示了一些重要论点，10年之后这些观点被赫伯特·西蒙（Herbert Simon）提出来。例如，巴纳德对权威的概念，和西蒙一样，都强调下级在接受消息时的角色是合法的（legitimate）。权威不仅有赖于下级的理解，也在于每个个体存在"冷漠地带"（zone of indifference），"该个体接受命令，且不会有意识地怀疑它们的权威性"（Barnard 1938：167）。巴纳德将决策视为手段和目的的联接点，将价值前提和事实陈述联系起来。很明显，相对于个人理性来说，他对组织理性的可能性持更乐观态度。

III. 1945—1970年期间

A. 西蒙和有限理性（Bounded Rationality）

如果巴纳德是组织决策制定传统方法和行为方法之间转换的标志，那么西蒙则以他的重要著作《行政行为》（Administrative Behavior 1947）开启了一个新的传统，该书在巴纳德《经理人员的职能》（The Functions of the Executive）出版10年后完成。

西蒙认识到并且抨击传统政治行政两分法的弊端以及传统理论"谚语"中的矛盾（Simon 1946）。西蒙认为效率是行政的主要目标，但他解决效率问题的一个普遍话题（pervasive theme）就是意识到个体和组织理性行为的局限。至于个体局限性：

> 其一，个体受到这些技能、习惯和习惯性反应的限制，而这些不再属于意识范围……其二，个体受到自己的价值观以及影响其制定决策的目标概念限制……其三，个体受到与其工作相关的知识范围限制（Simon 1947：40）。

《行政行为》是对行政决策制定主题的第一次完整论述，它将逻辑实证者有关事实陈述和价值陈述的区别应用于区别"在行政学领域中最经常作的有关政策问题和行政问题"（Simon 1947：45）。对西蒙而言，决策既有事实又有伦理学内容。

> 事实因素不能严格地与伦理因素分开。首先，……大部分价值判断是根据中间价值（intermediate values）所作的，而这些中间价值本身就是事实问题。其次，如果事实决策都委托给专家，那么必须有制裁来保证专家会诚心诚意地遵从民主产生的价值判断（Simon 1947：57）。

事实和价值分别与行政行动和政治行动保持一致。价值陈述（value statement），或者说目标陈述（statement of ends），属于政治领域，是大众意愿的表达，这个主题几乎让人想起半个世纪以前古德诺和威尔逊的观点。产生了一个合意的价值后，剩下的就是确定达到该目标的最合适手段。这属于行政行动，受到事实陈述（factual statement）的影响。它们确定了在理想的目标和实现该目标的最有效手段之间的实证关系（empirical relationship）。但是，每一个价值只是达到某个更遥远一点的价值的手段。事实陈述为一个价值的获得提供了经验基础，该价值因而又成为追求更高价值的前提。"理性与这样一种手段——目标链（means-ends chains）的构建相关"（Simon 1947：62）。

西蒙将事实和价值之间的区别作为一种表述政治和行政之间其他方面分离的方式。认为，

> 如果想要保留（retain）"政策"和"行政"这两个词语，它们最好应用到决策职能的划分上，该划分遵循那些被提议的途径。虽然这一区分不同于"价值观"与"事实"之间的区别，但是这样一种划分很明显取决于那一个基本的区别（Simons 1947：58）。

有人认为这是试图重新引进政治行政两分法，这是行为主义理论家一直努力从公共行政学词汇中采用的，但是其他人认为西蒙只是在作一个分析上的区别而已（analytical distinction）（Landau 1962：21）。

西蒙和其追随者开创了一个全新的、研究组织理论的方法，这一方法强调人类认知的局限性，控制这些认知局限所产生的经济理性行为的局限性，以及组织成员用以适应这些认知局限性的行为调整方法（behavioral adaptations）。这种研究（inquiry）的"有限理性"传统与在卡耐基技术学院（the Carnegie Institute of Technology）（后改为卡耐基—梅隆大学，Carnegie-Mellon University）的西蒙和其追随者的研究方法非常相似，后来成为众所周知的"卡耐基学派"（Carnegie School）。

西蒙认为一个单一的、孤立的个体不可能达到传统或经济模式所描述的理性的最高程度，因为要探究的备选方案太多了，要审查的信息太多了。实际的行为至少在三个方面缺乏理性：（1）对选择结果的全面了解是理性行为所必需的，但了解总是不全面；（2）我们对将来结果的评估是不完备的；（3）理性要求要在所有备选行为中选择一种，但事实上，我们只能想出几种备选行为（Simon 1947：81）。

虽然西蒙在研究中对处于"经济人"或者甚至"行政人"之后的假设的有效性提出质疑的倾向性很明显，但是，他对行政组织中理性可行性的论证在一定程度上是模糊的。虽然明确承认人的认知能力有局限性，但在《行政行为》中还是坚持强调组织中效率和理性是最主要的目标。

虽然个体肯定不能以理性的方式行事，西蒙对组织理性的可能性更为乐观。理性能够通过专业化、选择性关注（selective attention），以及限制需考虑的价值等工具在行政组织内获得。这三个因素允许组织的各个部门考虑一套已限制的价值观、决定与获得这些价值相关的因素，以及选择最可能实现这些价值的备选方案。因此，在《行政行为》中，西蒙似乎赞同巴纳德的乐观想法：相对于个体来说，组织在理性获得上更具优势。

组织通过构建手段——目标链获得理性，目标是逻辑过程的结果，同时它们也是获得更广泛或者更遥远目标的手段：

> 但是目标无论何时、以何种过程被确定，有关工具的决策本身就是鉴别、分析、选择的一个逻辑过程——无论选择的事实基础还是有关这些事实的推理过程有多么不完善（Simon 1947：185）。

在《理性选择的一个行为模式》中（A Behavioral Model of Rational Choice 1955），西蒙发展了一个决策制定行为概念来替代经济人的整体理性（global rationality）——后者是建立在"意图理性"（intended rationality）基础上。他首先确定了经济人对个体行为的要求，但是认为在实际决策制定情形下没有证据表明这些要求在运作。他继续描述了他的备选选择行为概念，这是一个更加以实际的个体决策程序过程（decision processes of individuals）模型的概念。

> 简要面临的一个明显的矛盾是企业的经济理论和行政理论试图在人类行为至少"有意图的"合理情况下处理该行为；但是同时，当也能表明如果我们假设传统理论的合理性的总的类别时，企业或其他组织的内部结构的主要问题都会消失。当我们用有限知识和能力的一个选择机构（choosing organism）代替"经济人"或"行政人"时，矛盾消失了，理论的纲要开始出来了。为选择目的，该机构对现实世界的简化介绍了在简化模式和现实之间存在的分歧；而这些分歧反过来又有助于诠释许多组织行为现象。

颇具影响力的著作《组织》（Organizations）（March and Simon 1958）一书对这两种理性模式进行了更为清晰的对比，作者在书中系统地提出了一系列有关组织行为的假设（propositions）。一个备选方案是最优的（optimal），他们写道：

> 如果：（1）存在一套标准允许比较所有的备选方案，而且（2）根据这些标准，提出的备选方案要优于所有备选方案。一个备选方案是令人满意的（satisfactory）只要（1）存在一套描述了极少令人满意的备选方案的标准，而且（2）提出的备选方案满足了或者超过了这

些标准（March and Simon 1958：140）。

他们进而补充道，大多数人的决策制定不是与发现最优备选方案有关，而是与发现和选择令人满意的备选方案有关。这样在最大化行为和"令人满意"行为之间的主要差别渗透到决策制定文献中。

认知局限性或者有限理性方法也应用到私营企业行为的研究中（Cyert and March 1963）。传统的企业理论将企业组织（business organizations）视为惟一的利润最大化代理机构（profit-maximizing agents）。该理论并没有注意到价格和产出决策制定的组织背景的影响力。在50年代，甚至有些经济学家开始质疑传统企业理论，尤其是有些传统假设的现实意义。利润最大化动机越来越被认为是许多目标之一或者根本就不是一个目标。对确定性的传统假设以及它的现代对等物——对将来事件可能性分配的了解——受到基于认知的挑战（Cyert and March 1963：8）。塞尔特和马奇（Cyert and March）提出了企业决策制定的备选理论，它由组织目标、组织期望以及组织选择等分支理论构成。

组织目标通过协商、内部控制机制以及根据经验做的调整的联合制定。目标冲突要按照顺序而不是同时集中解决。组织稳定性部分是通过宽松资源（slack resources）得以维持，宽松资源允许在困难时期满足成员需要，而在良好时期通过阻止过多的需要来维持组织稳定性（Cyert and March 1963：38）。

组织选择通过使用标准作业程序（standard operating procedure）得到促进，标准作业程序是组织的记忆（memory）、不确定性的预防，以及简化决策规则具体策略。这些适应理性（adaptive rationality）概念〔与全知理性（omniscient rationality）相对应〕在西蒙和马奇的支持者的研究中一次又一次地出现，它们与当时查尔斯·林德布洛姆（Charles Lindblom）所发展的一套理论密切相关。

B. 不连续的渐进理论（Disjoined Incrementalism）

林德布洛姆也发展了一个密切相关的理论，对全面理性的信念提出挑战，并强调人的认知能力局限性。除了西蒙，没有人像林德布洛姆那样对决策制定理论有如此巨大的影响。在50年代开始一直持续了20年之久的一系列著作中（Braybrooke and Lindblom 1963；Dahl and Lindblom 1953；Lindblom 1959，1961，1965，1979），他创立了一个理论，影响了一代支持者和反对者对决策制定的研究。

林德布洛姆从类似于西蒙的一个前提开始——现存对决策制定的规范性文献讲述了一个"理性全面性"（rational comprehensiveness）模式，该模式对人的认知可能抱有不切实际的乐观态度。根据林德布洛姆的观点，理性全面性方法（rational-comprehensive approach）要求决策制定者：在既定的政策范围了解所讨论的价值和喜好、能够按照等级划分这些价值、确定获得这些价值的有效手段，以及确定理想目标和手段之间的联系。林德布洛姆将传统方法（classical approach）描述为"理性全面理想"，它规定了价值的澄清（clarification）、工具和手段的分析、将"好"的政策确定为获得理想目标的最适合工具、综合分析，以及把对理论的信赖作为有效的决策制定的最基本要素。

林德布洛姆的备选路径被称为"连续有限的比较"（successive limited comparisons）、"分支"方法（branch method）、"不连续的渐进主义"（disjoined incrementalism）或者"渐进主义"，它在根本上不同于理性全面性（rational comprehensiveness）。首先，在价值目标的选择和达到理想目标的合适手段分析之间相互依赖。目标的选择部分是立足于可获得的事物这一基础上，这样手段和目标并不是不同的。这里有点类似于西蒙的方法，西蒙强调工具—目标链的建立并将其作为理性的手段，目标是仍处于更遥远目标的手段。但林德布洛姆的论据关注的是区别目标和手段的可行性，目标也不能在没考虑如何获得的情况下加以选择，因为手段限制了将要获得的目标。

其次，测试好的政策不是因为站在手段—目标角度上，它是最适合的政策，而是因为它吸引了广泛的政治支持。强调共识反映了普遍盛行的一个政治稳定价值观，以及对多元主义产生对社会有利结果的能力的深信不疑。

这一模式的第三个特征就是分析是有限的，而且忽视了一些备选方案和后果。最终，对理论的依赖减少，因为好的理论在社会政策的大多数领域并不存在。相反，所考虑的决策备选方案就是那些类似于现状的或者相互之间只有增量上的不同的决策，因而对备选方案的寻求也是受到限制的。

在林德布洛姆的理论构建中，价值观不能抽象地予以指定，因为个体仍然对价值观有不同意见，甚至在个体自己的价值体系内（value set）也存在矛盾。许多情况下，这些价值观不能调和，但必须彼此权衡取舍。因为价值观冲突和取舍是必需的，所以在作决策时，价值观实际上只是在一个相对意义上予以确定。事实上，价值观在具体的环境下的决策制定中是被分类和选择的。例如，如果没有参照当前失业和通货膨胀情形，没有可行的一套备选方案以及具体的取舍建议，那么在所希望的失业和通货膨胀程度之间不可能做出选择。

许多人注意到，林德布洛姆理论的一个重要特征是揉合了描述性（descriptive）和规范性（normative）成分。他开始就确定了一个理想的程序，演示了实际上是怎样通过一个大不相同的程序制定决策的，他得出结论——有时候结论并不明确——最好的程序是渐进程序，因为它适合于人类局限性，能产生更好的结果。这样，他认为这些结果更加富有共识，因而在准经济意义上，也是更有效率的。

后者是林德布洛姆理论观点中（theoretical argument）具有争议的一个方面，其观点是：对一个好的政策的测试是人们能达成共识的程度。乍一看，在实现目标的最好手段意义上而言，该理论似乎过于实用主义，因而经济上肯定不合理。但是，仔细考虑一下，该理论在政治理性上有重大正当性（Diesing 1962）。集体决策要求某种程度上将偏好汇总纳入强制性决策（binding decisions）。由于价值观在个体之间和个体之内都互为冲突，对价值等级也就没有共识，也没有最好政策的最终标准。如果所有相关的价值观都要求予以合法考虑，那么除非通过偏好汇总规则（preference aggregation rule），否则没有协调办法。候选规则（candidate rules）包括一致性（unanimity）、实用主义（utilitarianism）、帕累托最优化理论（Pareto optimality）以及多数人投票（majority voting）（Barry and Rae 1975）。虽然多数人投票是民主体制中最受大家接受的一种集体方法，但还没有合适的权衡偏好强度的方法。

林德布洛姆认为，由于缺乏明确的标准，共识应该确定在任何一组既定的环境下，哪一种决策方法是最好的。因此，他有关好政策的最佳测试就是共识这一观点实质上是赞同多数主义原则（majoritarian principles），承认所有相关团体要求的合法性。

假设每一个行动者清楚地认识到他或她自己的利益，也强烈维护自己的利益，那么协商过程（process of bargaining）就出现了，寻求在什么地方每个人的自我利益能产生有利于绝大多数人民的结果。每一个"重大"利益都将得到代表，因此大家认为没有人受到公共决策结果的伤害。这个概念表明在政治经济意义上，政治过程能产生大家可以接受的，也是有功效的政策结果（帕累托最优化理论）。有些利益的条件得到了改进，没有（重大的）利益受到损害。没有人需要知道社会福利职能，所有个体的整个偏好序列。只要每个人都保证自己的利益，所有人的利益都得到了代表，社会福利就会得到提高。这个过程就是林德布洛姆所指的党派相互调整（partisan mutual adjustment）（Lindblom 1965）。

此外，政治过程也是用这样一种方式运作，以至于要保证这些达成一致的结果将是最为有效的。林德布洛姆政策决策理论的主要观点有：(1) 决策是系列的（serial）——不可能一劳永逸地解决政策问题，因而要求在相当长的时间内作一系列修改；(2) 政策决策也是补救性的（remedial），因为它们总是试图着手解决问题或在某种社会条件下得到提高；(3) 政策决策也是边际的（marginal），这有两层意思——它们总是只与现状稍有不同，备用政策也通常是彼此稍有不同。

渐进主义者和"有限理性"思想流派（schools of thought）明显地拥有许多相同特性。最显而易见的共同特征是这一概念：人类智慧收集、整理、加工信息的能力是有限的，因而使得获得经济理性行为是不可能的。此外，这两个流派都强调对现实状况的不满是寻求（search）政策备选方案的兴奋剂。二者的寻求行为局限于熟悉行为——现状作为基础。二者都强调目标和工具的互动以及寻求"令人满意"的备用方案，这一方案恰当地——即使不是最好地或永久性地——解决目前存在的问题。最后，二者通过提议以集体来克服个体的认知缺点，从而系统地重构理性。西蒙也是这样认为的，他提议使用适应理性模式，组织可以使用选择性关注、问题寻求、松弛（slack）以及简化规则来克服个体认知局限性。林德布洛姆使用的方法是将分权的决策制定过程作为类似市场的"无形之手"（invisible hand）的运行，这样每个个体行动者都代表他或她自己的利益，能够产生在经济上有效率的结果。

林德布洛姆的观点是经典的多元主义者说法，这一概念是：在一个开放、民主的社会，代表过程将保证所有重大利益的表述都会被听到。这代表了一种信念：如果政治过程运行正常的话，那么该过程的结果就是公平而有益的。

当然，这一论点受到了许多对林德布洛姆观点持批评态度的人的质疑，因为它很明显代表了有关该政治过程效能和公平的一个价值判断，而这一判断被检测是经常不与事实相符合的。正如伊兹欧尼（Etzioni）所指出的，

> 党派决策必须反映最具权势的人的利益……被剥夺了权力的人和政治无组织的人将得不到代表（Etzioni 1967：387）。

60 年代初，对多元主义范式的反对同时也被用来反对用决策制定的方法来解决城市政治（Dahl 1961；Polsby 1963），这是由于社区的流行偏见（prevailing bias）阻碍了问题提到政策日程上来（Bachrach and Baratz 1963）。因此，应该关注"非决策"（nondecision）。非决策可界定为：

> 一个决策，它导致制止或阻挠对决策制定者的价值观或者利益提出一个潜在的或明显的挑战……非决策也一种方法，通过这一方法对社区现存的福利和权力分配作出变革，这种要求甚至在还提出来之前就已遭到压制（Bachrach and Baratz 1963：632）。

能够理解的是，大家对研究非决策的可行性也提出反对意见，非决策在定义上的确不存在，因而是不能被实证观察的（Wolfinger 1971）。然而，20 世纪五六十年代，在印第安纳州的加里市（Gary）和东部芝加哥市（East Chicago），一项实证调查应用非决策制定框架来表明企业利益体是如何阻挠采用污染和控制指标的（Crenson 1971）。

虽然非决策被证明是难以确定的，但是在政策领域对"偏见动员"（mobilization of bias）和流行观点对政策议程的确定和控制影响力（Schattschneider 1960）的相关认知产生了巨大的贡献。议程的建设和控制（agenda building and controlling）以及公众对相关议题的关注和不关注（Downs 1972；Hirschman 1982）虽然难以被严格经验调查，但已被当作理解决策制定动力学的重要前提。

C. 预算决策制定

20 世纪 60 年代标志着将预算视为一个政治决策制定过程的开始。立足于渐进主义理论的研究多年盘踞整个领域，这样预算和渐进主义都成为了同义词。事实上，这可能是因为预算领域本身容易受到实证调查，所以渐进主义在该领域受到了频繁的肯定，而鲜有批评。

没有人能比阿伦·威尔达维斯基（Aaron Wildavsky）更多地推进渐进主义进程了，无论在经验性还是规范性诠释内。在其有关预算主题长长一系列可读

易懂但又深刻尖锐的文章和书本目录中，威尔达维斯基坚决认为预算是渐进的，因为该主题的复杂性、人类认知能力的局限性以及政治的现实性所要求，因为些许的调整就更能适应政治体制的性质、在体制内减少冲突并且整体上比任何备选方案能产生更好的结果，因此，预算也应该是渐进的。（Wildavsky 1961，1964，1975）。

预算决策的性质很好地适应渐进主义行为。预算决策是频繁的、日程化的，受到许多权势中心和分裂的决策权威的影响，而且相对容易妥协，因为与诸如环境质量、选举权或者公立学校的祈祷相比，金钱更具有可分性。

《预算过程的政治》（The Politics of the Budgetary Process 1964）一书形象地描述了渐进预算理论，这以后，威尔达维斯基和他的合作者成功地为50家以上的国内联邦机构用统计模型编制出国会拨款和总统预算申请程序（presidential budget request process）（Davis et al. 1966，1971，1974）。他们发现，拨款和申请模式的运作就像是行政机构和国会将可预测的和持续的线性决策规则应用到他们的预算决策制定中。

西蒙的支持者对预算文献所作的贡献也出现在20世纪六十年代的文献中，这些在地方政府中预算分配的"过程模式"（process model）（Crecine 1969；Gerwin 1969）把由西蒙、马奇、塞尔特（Cyert）和其他人所描述各种类型的适应性决策制定策略应用到地方预算过程的计算机模拟方法中（computer simulations）。虽然与渐进模式有许多共同之处，但这些计算机模拟在方法上不同于渐进模式，而且在将过程概念化上也稍微不同于渐进主义者。其中一个重要的不同点是在过程模式中纳入了"自上而下"的财政政策制约（fiscal policy constraint），而这始终没有出现在渐进预算模式中。

克雷星（Crecine）在一个大城市（1969）和国防部（Department of Defense，DOD 1971）构建了预算过程的模拟模式，这些模式将复杂的决策过程分解为一系列的决策点，每个决策点受制于一套组织制约（organizational constraints），每个决策点的相关决策制定者都必须适应该套组织制约。例如，国防部预算申请总额的确定是建立在一系列计算的基础上，包括自上年以来的国防总额，对来年的收入估算［来自于财政部和经济顾问理事会（CEA）］，苏联国防政策、国内支出压力等等。

格温（Gerwin 1969）在一个大的学校校区（school district）也采用类似的方法提出了一个组织的预算制定过程模式。他的模式纳入了下列决策，诸如收入预测、基数确定（determination of the base）、对新进职员和薪金增长的应对办法以及确定适量的赤字规模等。这些复杂的决策得到一般经验法则的促进，诸如保证所有人都增长薪资、当收入预期值低时不批准新职位，以及首先尽可能调节收入来应付财政赤字。

在这些过程模式和纯粹的渐进模式之间的差别是：过程模式更具普遍性，它们强调组织动力学，它们将一个过程分解为无数个子过程（subprocesses），子过程作为整体结构和设计的一部分。渐进模式试图集中关注在一个单一的互动或者决策，而不是一个序列或过程，试图把多步骤组织行为集中在一个单一的指标内（measure）。

具有讽刺意味的是，大概在预算的渐进主义理论和有限理性理论获得声望时，一个新的系统化的研究预算的方法，也就是大家所知道的计划项目预算系统（Planning-Programming-Budgeting-System，PPBS）进入了学术文献的视野（Novick 1965）。计划项目预算系统于1961年被国防部部长罗伯特 S. 麦克纳马拉（Robert S. McNamara）引进到国防部，它构成一个不亚于理性的综合预算蓝图（Hitch 1965）。1965年，威尔达维斯基在《预算过程的政治》中措辞强烈、令人信服地抨击理性全面预算一年之后，约翰逊总统（President Johnson）积极地在联邦其他官僚机构内推行计划项目预算系统。该制度直接根源于统计决策理论（statistical decision theory）、排队理论（queuing theory）、线性规划（linear programming），以及运筹学等战时的发展（Merewitz and Sosnick 1971），而这些都是打算用来提高战时资源分配的决策制定。在发展这些技术所要解决的问题中，目标通常被明确界定，重要的变量可以量化，成本效益相对比较容易测评。这些技术的使用，加上以目标为导向的战略计划方法，其实就等于系统分析师（Systems Analyst）这一术语，他们都被应用到水资源投资中来（McKean 1958），然后用到国防问题（Hitch and McKean 1960），后来在肯尼迪政府时期以罗伯特 S. 麦克纳马拉为部长的国防部得以实践（Hitch 1965）。

这些技术没有得到普遍使用，也没有改变国内机构的预算决策制定，这给热烈向往计划项目预算系统（PPBS）和理性预算技术的预算学者和实践者泼了冷水。但是它并没有消除在预算领域增加理性的推动力，而许多随着计划项目预算系统而来的改革，特别是项目分析和评估，的确存在于其他的预算领域，但是常常没有计划项目预算系统的专业术语和华丽外表。

Ⅳ. 20 世纪 70 年代

20世纪70年代决策制定取得了许多理论和概论上的成就，包括许多对林德布洛姆理论的评论和批评、预算理论中的概念和实证发展、有限理性开始应用到外交政策的决策中和在风险察觉（risk perception）的心理学理论上的重要成果。

如上文已经提到的，在关于林德布洛姆的理论是否只是想去描述和解释在现实世界决策制定的方式还是描述这个世界应该怎样去运行这一问题上，他的理论是不明确的。在林德布洛姆早期的著作中并没有承认他已意识到了"渐进主义"这一术语在实证意义和规范意义的重要区别。事实上，林德布洛姆对政治过程的分析常常让人想起微观经济学家思考市场运行的方法。在林德布洛姆的理论中，作了一系列明确或不明确的假设：效率是应当去追求的最重要的价值；资源分配过程本身将确保这一价值被实现；如果出现不平衡，分配机制将自我调节。这种理论的出现激起很多学者的强烈反响，他们不同意这一理论的描述性效度和规范性效度。

这些对林德布洛姆理论描述有效性的批评是对重大或"基本"（fundamental）决策和有计划、理性的决策制定的明显抵制的早期反对（Dror 1964；Etzioni 1967）。

伊兹欧尼（Etzioni 1967：388）的批评区分了两种不同的决策机制：规定了基本方向的高级的、基本的政策制定过程；为基本决策作准备并在达成决策时将它们详细制定出来的渐进过程。在伊兹欧尼的系统中，理性就主要的备选方案来说是可以实现的，细节只有等到作出更大的决策时才会被考虑。伊兹欧尼至少清楚林德布洛姆所不清楚的一件事——他的"综合扫描"（mixed-scanning）范式既是战略性的又是描述性的。德罗尔（Dror）提出了一个类似的系统，他称之为"规范性最佳模式"（Normative Optimum Model）。这一系统部分借助于理论，在那里价值被确定，新的备选方案被考虑，预期报偿的初步评估被决定，这些都基于理论而产生。

那些还在争论渐进主义是一种模式还是一种范式的人指出，它或许在某些政策领域是正确的，但不适合其他领域。那些已被选出作为渐进主义例外情况的特殊领域就是那些无论在生产还是成就方面都有门槛效果（threshold effects）和巨大的不连续性（large discontinuities）的领域。这些领域倾向于那些具有尖端技术基础的领域，例如空间探索、环境保护、医疗研究等（Goodin and Waldner 1979；Schulman 1975）。

古丁和瓦尔德纳（Goodin and Waldner 1979）对林德布洛姆的观点提出质疑，认为渐进决策制定在没有好的理论或者没有理解因果过程（causal processes）条件下可以继续进行。林德布洛姆则认为，我们能够获得的最好效果就是通过非理论的渐进变革改善考虑之中的问题。

这种辩论的逻辑似乎表明：知道事物发挥作用的原因可能没有知道事物发挥作用那么重要。因此，事实上没有必要需要理论。政策决策只需要回应明显的需要或者危机等情况。但是，正如古丁和瓦尔德纳所指出的，没有在理论上了解一个过程，也就没有办法知道什么才算作渐进干预，而如果我们不知道它起作用的原因，也就没有办法知道他是否在起作用了。

如果不知道这个过程，我们就不知道所企盼的落在后面的时间是什么；我们就有可能会很长时间不能发觉什么时候可能有门槛效果或者沉睡效果（sleeper effects）；而我们也不知道有利效果的产生是偶然的巧合还是人为干预造成的。

渐进主义，既然没有借助理论理解这一系统，也就不能称为是一个可以接受的决策制定策略。这种理论被要求：

> 知道什么可以看作是一个渐进干预；
> 按照渐进修补术（incremental tinkering）解释和行动；
> 知道什么时候干预是安全的。

古丁和瓦尔德纳所指的基本的渐进主义就是林德布洛姆在他各种著作中所描述的"渐进主义"①。

"渐进主义"②认识到一个系统如何运作的理论的重要性，并且使用渐进程序完善这些理论。也就是说，开始是一个不完全的理论和一些不确定的假设，渐进的变革能够提供反馈，根据反馈可以检测这些假设和完善这些理论。每次一些变量的细微变化过程使得有可能更为精确地跟踪这个因果链。

"渐进主义"③是一种在理论上有准备的探索途径，但是在这种情况下，所选择的备选方案必须小到可以逆转，因为小的变革更加不可能阻碍将来的选择。

总之，古丁和瓦尔德纳得出结论：对理论的需要是合理的。没有一个理论，就不可能解释渐进干预的结果。他们说，政策制定者，否认他们扮演的是政策研究者的角色。

> 他们和他们政策科学家同事经常宣称，假设的检测和理论的构造都是学术任务，而他们自己的方向是实践政策问题……他们不能承担去完善理论的任务——他们必须要得到结果。
> 在研究和结果中的尖锐区别完全是无根据的，正如我们已经证明过的，一个政策制定者如果想要负责地行动并产生良好结果时，他就必须根据建立在某种有效的一般理论基础上的假设行事。(Goodin and Waldner 1979：18)

在对林德布洛姆理论的规范性方面的反对中，并不只是关注渐进主义被认为将政策资源占主导地位的分配合法化和假设政治过程将根据市场进行自我调整上。但是，很多人并不接受林德布洛姆理论所描述的关于市场力量所起作用的这一乐观看法。伊兹欧尼批判了渐进主义对缺少权力者的偏见。他正确地指出，下层社会(underprivileged)和政治上没有组织的人在渐进主义的系统中代表不足。对市场固有效率的认同并没有成功地认识到，经济资源的分配甚至在市场职能运行高效的情况下也可能受到极端偏见的这一事实。甚至在经济学家中也很少有人会接受市场应该自由地运行这个理论，因为并不是所有的参与者都有平等或者甚至足够的渠道获得经济资源。因此，将传统经济思想应用到政治领域并认为在缺乏中央协调的情况下还可以产生效率，这些都与那些将渐进主义视为多元主义至关重要的防御手段的人不一致。尽管林德布洛姆宣称政党相互调整过程将保证所有重大利益在决策制定过程中得到代表，但是大家广泛地关注的是"重大的"这个修饰语是否与将许多群体从政治过程中排除出去的这一系统过程相一致。

A. 预算决策制定

在预算文献中，对戴维斯等人（Davis et al.）的发现结果的重要挑战开始出现在 20 世纪 70 年代早期（Bailey and O'Connor 1973; Gist 1974; LeLoup 1978; Natchez and Bupp 1973; Ripley and Franklin 1975; Wanat 1974），这些挑战本质上是理论的、概念的和实证的。戴维斯所发现的预算决策制定的"巨大稳定性"被认为是他们关注的把"机构"而不是"项目"作为分析单位的一个函数（Natchez and Bupp 1973: 951）。这些高度日程化和官僚化的预算分配过程式导致每年在给机构的预算分配中相对出现了一些微小而稳定的变化，但是在这一机构层面的分配过程中嵌入了一个高度易变的政治过程，其中分配是项目经理为获得分配给他们机构的稀缺资金而进行的激烈竞争过程的结果。纳切兹和布皮（Natchez and Bupp）用来检测理论观点的方法是为每个项目建立"繁荣指数"（prosperity scores），它是每个项目在某一既定年份获得机构拨款的年度份额，这是与在所有受调查年限内其平均拨款份额相对而言的。这一测评方法与戴维斯等人所采用的方法完全不同，戴维斯等人根据所给予的预算申请的平均百分值或所要求的平均增量来测评机构和国会行动。

对渐进主义预算理论的一个最突出的批评是"渐进"决策的实证标准是含糊不清的或是不存在的（Bailey and O'Connor 1973; LeLoup 1978），有时候分析家认为5%或更大的变化是非渐进的（Bailey and O'Connor 1973）。但是作为非渐进变化基准的数量标准并没有得到广泛认同，因为"对增量来说没有一个魔幻般的不可思议规模（magic size）"（Dempster and Wildavsky 1979）。相反，变化的重要标准是规律性和稳定性而不是某一具体规模（specific size）（Davis et al 1966; Gist 1974）。这解释了与"巨大的渐进预算申请"相关的这一明显矛盾，即：

> 如果国会通过在某一年削减50%而在第二年增加200%的方法追求一个有规则的100%的年度增加预算申请，这一预算过程还是渐进主义的，也就是说有规律的。（Dempster and Wildavsky 1979: 374）

对渐进主义预算学派一个重要的概念挑战由下一事实得到说明：很大一部分联邦拨款是不能通过正规拨款过程（appropriations process）得到控制的。既然在许多领域的预算分配不是在所建立的拨款委员会的管辖范围之内，它们与行政机构部门和国会拨款分会之间的互动和谈判模式就会不一致，被认为产生渐进的预算后果（outcome）的决策规则不能应用到在预算不被正式过程所控制的地方（Gist 1974; Wanat 1974）。经证实，在可控制和不可控制预算因素之间的这一差异在国会的预算决策中发挥了作用。在预算条款是不可控制的地方，国会倾向于通过所申请的全部资金数额，而在控制存在的地方，国会倾向于削减申请（Wanat 1974）。也有人争论道，既然预算有3/4或更多是超出了年度拨款审查，那么渐进主义理论将只能应用到整个联邦预算中相对小的份额之上（Gist 1974）。

尽管存在对渐进主义预算理论的诸多批评，在有限理性传统中的其他一些人发现，简化那些近似于威尔达维斯基（Wildavsky）所发现的决策规则似乎说明了国防部的预算决策（Crecine 1971；Crecine and Fischer 1973）。国防部是戴维斯等人在研究中没有包括的一个部门，国防部预算的复杂性和巨大规模迫使采纳简化决策规则以给军队分配资金。克雷星和菲舍尔（Crecine and Fischer）认为，与资金分配相关所制定的决策能够理解为应用一系列"经验法则"的后果（outcomes）。这些法则包括，如：

国防的整体开支在国防部内部分配之前已被决定，也就是说，有一个预先决定的限额；

这一领域内的申请被聚集在一起以缩减一些预算细节；

这些机构常常试图获得预算增加，将近来他们拨款中的趋势、敌对行动的程度、国际威胁和他们前一年申请中所发生的事情都考虑在内。

这些结果与威尔达维斯基（1964）所描述的那些结果非常相似。在很大程度上，国防预算分配是兵力结构（force structures）的结果，它确定了每个机构都有权提出要求分享国防部的整个预算。克雷星和菲舍尔（Crecine and Fischer）认为，根据推理，经验法则在过去的应用已导致一个"神奇数字"（magic number）现象，在那里兵力结构——陆军师团、空军联队和海军军舰的数目——集中关注在具有明显、独特或简单特性的"焦点决议"（focal point solutions）（Schelling 1960）上。然后这些兵力结构需要一定的预算分配。例如，他们推论到，一个从48到95的空军联队既定计划增加，可能描述了一个很简单增加其力量的100%的方法，这将产生总额为96个的空军联队。这些数字的类似性使得他们去推知一个经验法则决策（Crecine 1971；Crecine and Fischer 1973）。

尽管存在这种观点，但是军队预算有一个很明显的预算变化模式，这一模式似乎与增量变化的合理标准不符合（Gist 1974）。对这一明显冲突的一个可能性解释依赖于在增量决策规则（或行为）和增量后果之间（incremental outcome）的区别。可以确信的是，与西蒙和林德布洛姆两人理论相一致的决策规则可能会导致在大小上完全不同于以前的（immediate past）预算分配。虽然在有规则、简化的决策规则与增量结果之间，这一公认的联系可能具有直观意义（make intuitive sense），但正如登普斯特和威尔达维斯基（Dempster and Wildavsky 1979）所坚决主张的，它在逻辑上不是一个必要的联系。

B. 外交政策决策制定

在20世纪70年代，从有限理性方法中产生了对外交政策决策制定的一些重大的新的理解。阿利森（Allison 1971）和斯坦布鲁纳（Steinbruner 1971）也产生了两个新的、全面的和详细的理性或分析决策制定范式标准。他们的大部分知识都是来自西蒙、马奇、林德布洛姆等人的一些开拓性研究（intellectual debts）。

阿利森对古巴导弹危机的研究将三种解释模式根据它们解释导弹危机的能力进行了比较。他将现在占主导地位的理性行动者范式（rational-actor paradigm）和两个备选决策制定范式——组织过程（organizational process）和官僚政治模式（bureaucratic politics）——进行比较，并试图测评它们解释这一危机事件的能力。他认为，当从传统的"国家是理性行动者"这一范式角度来看，在外交政策和国际事务中很多的事件是没有多大意义或者毫无意义的。他根据基本的分析单位、组织概念、主要推理方式、基本主张和检验它们的证据比较了这三种模式。

在理性行动者范式中，分析的基本单元是由民族国家（nation state）所作的外交政策选择。组织概念（organizing concepts）包括国家行动者、战略问题和理性选择，后者由目的、选项（option）、后果和选择（choice）组成。这一范式占主导地位的推理模式是一种职能推理（functional reasoning）——如果某一特定行动被某一国家所采用，这一行动必须服务于某些重大目的。

组织过程模式突出政府组织而不是国家作为行动者的行为。在这一范式中的基本分析单位是大型组织根据常规的行为模式行使职能的产出。组织概念包括组织行动者、以计划表（repertoires）和项目形式的计划行动、标准作业程序、不确定性和问题导向研究。占主导地位的推理模式是组织各个部分参与那些只是与过去稍微不同的行动，并且根据业已确立的组织日程管理国家对该环境中问题的回应。

在组织过程范式中，组织根据行动项目和计划表——它们是建立在已经惯例化的角色和地位基础之上的、一系列预先决定了、计划好了的行动——着手处理问题的有限方面和回应问题。"程序化"行动（programmed activity）这一概念来自于西蒙（1960），他的意思是类似于给计算机编写程序一样来完成一系列日常任务。这些计划表或标准作业程序（standard operating procedures，SOPs）允许组织用高度惯例化和可预测的方式来回应问题。但是这些标准作业程序是不能很快或很容易发生变化，在日常的官僚行为中，这就是大官僚制等级化组织的力量之所在。但是在一些情况下，它们也可能使得组织的表现形式"过于拘泥、迟钝且常常不适当"（Allison 1971：83）。

新的形势给组织带来不确定性，组织必须找到一个适当的回应。他们用"标准情景"（standard scenarios）激活程序化回应（programmed response）或标准作业程序，但是这些可能都不适合任务。在西蒙的观点中，当组织遇到没有程序化回应存在的情况时，组织的剩余能力不得不创造出新的回应方法。根据阿利森的观点，新形式出现并不符合"标准情景"，因而需要一个标准回应以外的其他东西。为了有效地反应，组织必须寻找备选行动方案。"问题搜寻"（problemistic search）——西蒙和马奇（1958）所创造的一个术语——从熟悉的选择和备选方案范围开始，并持续直到发现一个令人满意的备选方案为止。

官僚政治模式将决策概念化为在政治游戏中谈判、妥协和冲突的政治结果。这一范式的组织概念分为四类：谁参与、什么决定每个参与者（player）的立场（stand）、什么决定影响，以及这个游戏怎样结合这些因素以得出决策（Allison 1971：164）。单个"参与者"在游戏中担任职位，职位确定了这个参与者的目的、兴趣、奖金、优先权以及他们的义务和限制。相关的权力决定一个人对结果的影响，但是权力又来源于职位、资源和其他的谈判优势、使用这些优势的技巧和意志以及其他参与者的观点（perceptions）（Allison 1971：168）。占主导地位的推理模式是后果（outcomes）产生于强大的参与者的谈判。

正如这些推理模式所表明的，阿利森的这三个模式都提出了一些关于外交政策行为的思考方法，但是最好充当对所制定的决策的事后解释（post hoc explanations）。虽然组织过程模式和官僚政治模式在解释导弹危机上似乎比理性行为者模式更为出色，但是这些模式都没有得到足够的定形而不具有预测性。更确切地说，他们在本质上最好被认为是"启发式的"（heuristic）。

登普斯特（Steinbruner 1974）对"分析范式"（analytical paradigm）的批评是基于一种来自控制论（Cybernetics）和认知论（Cognitive Theory）的观点的，这两种理论是关于对人在加工信息、察觉自己价值观、认识自己行为的后果、权衡相互冲突的价值观的相对优势（relative merits）上能力有限的理论。但是他认为，对"分析范式"的其他批评家都试图把这些建议吸收到占主导地位的分析范式中来，而不是质疑范式本身。他们通过"对这一理想的理性过程采用许多的实践限制——这在概念上反映了诸如时间限制、信息成本和附加价值观的影响等事物"来完成这一切（Steinbruner 1974：15）。

> 登普斯特很关心"复杂决策问题"，在这些问题里：
> 两个或多个价值观（values）受到影响，并且在这些价值中有一个
> 权衡的关系；
> 存在不确定性；
> 制定决策的权力被分散给许多人。

登普斯特认为，这一范式存在缺点，因为价值整合（value integration）（即在互相冲突的价值中进行权衡的能力）构成个体逻辑基础的价值整合不能被扩展到集体层面。这与阿利森观点是一致的，但是登普斯特的观点不是建立在对方案中的组织壁垒或者差异问题的基础之上。确切地说，他更为专业地认为，在经济模式中的效用最大化概念（conceptions of utility maximization）并不允许在个人之间进行效用比较（即人与人之间进行效用比较是不可能的）。

登普斯特提出了两个备选范式，他认为它们保证了对更好地解释常规决策制定提供了不同的逻辑和假设。第一个备选范式是控制范式，它所描述的决策机制是围绕信息反馈、减少复杂性、以少数几个关键变量的知识为基础的适应和消除不确定性而组织的。伺服机构（servomechanism）是原始的控制系统。这

是一个非目的性的（nonpurposive）适应系统，它并没有为了实现一个最小的表达清楚的价值（minimally articulated value）而要求价值确定、价值整合、偏好排序。通过将问题环境分解成许多最小的变量，仔细监督这些变量，并用一个高度程序化和集中的方法回应这些变化来获得价值，而并没有备选的结果、可能性或权衡计算（Steinbruner 1971：86）。

登普斯特引述了西蒙关于现实的状态描述和过程描述之间的差别，前者有如一个蓝图，后者就像一个处方：

> 大体说来，控制范式所提出的决策机制是一个根据收据原则（principle of the receipt）运行的机制。决策制定者有大量的运作方法，他在控制了一些反馈变量的同时按顺序一一运用这些方法（Steinbruner 1974：55）。

在登普斯特观点中，认知论的角色是去帮助解释人类心智（human mind）是怎样去分解复杂问题的，这时这些问题似乎是不可分解的，而且复杂性也太大，以致于使分析范式不能运行。人类心智试图在信仰中维持始终一致的关系，但是容易受到现实障碍的约束。认识推理的另外两个原则是简单和稳定，推理机制的作用是维持信念结构尽可能的简单和稳定，或阻止发生变化。

认知论认为，在不确定情况下，决策制定者不会通过试图计算权衡的方式去强调价值冲突，反而会否认权衡并分别处理价值，建立一个决策问题的等级制而不是一个冲突。这类似于马奇和西蒙关于价值冲突是按顺序给予价值关注的观点。登普斯特（1974：108）认为这是一个"价值分离"（value separation）的假设。对于不确定减少认识论提供了一个不同的观点。它不是通过对备选结果的可能性计算方法而减少的，但是绝对是在一套单一的占统治地位的信念下被减少的（Steinbruner 1974：122）。

C. 风险察觉（risk perception）和决策制定

关于察觉、认知和人类决策制定的一系列理念在20世纪70年代被实验和社会心理学家提出，他们对理性决策制定的前提提出了质疑。

我们已经讨论过的对个体理性（individual rationality）的传统经济认知是以一些假设为前提的，假设认为，个体能够将他们对结果（outcome）的偏好分好等级并且能够测评每个可能的结果（outcome）或事件出现的可能性。每个备选方案的"期望效用"（expected utility）是分配到每个结果上的价值的产物（product），每个结果都有因其出现的可能性而成倍增加。面对选择，一个理性的决策制定者将选择能够提供最高期望效用的事物。期望效用理论是建立在一系列原理之上的，诸如偏好的可转移性，它为选择的理性提供标准。这个理论的关键前提是给他以始终如一的方式去察觉和回应风险。例如，对于一个期望效用最大化者而言，一个获得1000美元的5%的机会和一个获得100美元的

50%的机会是一样的。但是在两种情况下所察觉到的风险其差异很容易产生不同的回应。

选择心理研究显示,个人会一直作出违反期望效用理论预期结果的决策(Tversky and Kaheman 1971)。特沃斯基和卡纳曼(Tversky and Kaheman)将这一"决策框架"(decision frame)视为决策制定者的"与某一特定选择有联系的行为、结果和意外情况的观念"(1981:453)。他们发现,人类的认知影响目标的表面规模和不同选择的相对满意度。

他们研究的一个实验发现结果是,当他们面对一个有关收益的情势,他们倾向于厌恶风险(risk averse),但当他们面对不利的情况下,他们倾向于追求风险。例如,人们发现,实验对象(experimental subject)始终选择一个肯定会获得240美元的机会,而不是一个可获得1000美元的25%的机会,尽管后者有一个更高的期望效用。这是一个厌恶风险的行为。与之相对应的,当面对一个在一个肯定会失去750美元和75%的机会失去1000美元的选择中,大对数的实验对象都选择后一个更为风险的选择,尽管他们的期望效用是相同的(Tversky and Kaheman 1981:454)。在制定决策中,个人回应某种"启发式研究"(heuristics),例如,根据想起(可获得性)(availability)一件事情或者相似事物的容易度来判断其可能性,或者从给予一个对象的某个起点(定位)(anchoring)来测评价值(Tversky and Kahneman 1974:1128)。这些实验结果可能看起来是符合实际甚至是非常明显的,但是直到近来才得到人们普遍地认同。他们对决策制定的经济模式的许多分析结构有异议,例如利益成本分析和风险分析,因为他们认为人们可能不会用"期望的"或理性的方式去回应选择形势。这样,测评政策备选方案需要了解有关个体和集体的风险察觉。

V. 20 世纪 80 年代到现在

A. 组织衰退(Organizational Decline)

在70年代末期并一直持续到现在,出现了一个与组织衰退分析有关的全新的文献资料(Levine 1978)。这项研究由发生在70年代中期的一些严重的经济和财政事件所推动,例如1974~1975年的经济大衰退、纽约市和克里夫兰(Cleveland)的财政危机、开始于加利福尼亚州的第十三条建议以及到后来席卷全美的税收抵制和90年代的平衡预算运动。组织变革的这一途径是以收缩而不是以增加为前提的。虽然渐进主义的变革方向使得每年的预算分配中必须有预期增长,但是严重的经济衰退扩大了组织衰退问题,这些在"二战"结束之后是没有碰到过的(Levine 1978)。这一衰退将要求预算削减(budgetary retrenchment)而不是扩张(Glassberg 1978),并发展"紧缩管理"(cutback management)的技能(Clark and Ferguson 1983;Levine 1978;Levein and Rubin 1980;Levine et al 1981;Rubin 1982;Wolman and Davis 1980)。

预算削减方面的学者都试图在地方层级观察这一现象,在那里预算必须保持平衡而且借贷能力受到限制。他们认为，对财政紧缩的行政回应存在一个等级制，财政紧缩可以被实行，但取决于它的严重程度。在紧缩决策中主要的动机是为了避免冲突，其形式是不征收费用（imposing cost）或削减收益，除非很有必要。如果有必要征收费用，维持服务的愿望必须说明增加收入的备选方案需在减少开支之前提出。对增税的担忧表明，首先找到更为不可见的收入形式，然后增加税收，即使这样，也只能把它当成最后一个求助办法。如果开支削减变得必要时，他们最有可能在资本和维护领域开始——这是更为不可见的——而不是在正规机构中开始。如果在后者中的削减是必须的，有可能首先全面强加削减以制成一个公正的表象（Levine et al 1981）。如更多的严重削减变得必要的话，那么可能有更多的削减目标，那些"非基础性"服务相关的领域将得到更大规模的削减。

B. 情报和决策

当今（其实还有一段时间以来）指导决策制定研究的问题之一就是知识、情报（或信息）和分析在组织决策制定中所扮演的角色。

维伦茨基（Wilensky 1967）是那些最先去测评组织情报质量和使之影响组织决策的阻碍因素的学者之一：

> 即使最初的信息是精确的、清楚的、及时的和相关的，它可能在送信者和预期信息接收者之间被个人立场（personnel standing）所改变、压缩或完全封锁；它可能是以一种被歪曲的形式完成的（Wilensky 1967：41）。

根据维伦茨基（Wilensky）的观点，那些损害信息平稳流动的组织特征是有等级的，"它有利于隐瞒和误传"（1967：43）、专业化［它将鼓励冲突和地方主义，因而"产生一些误导性或不相关的信息"（1967：50）］和集权（它使得高层的官员，因为他们可能完全脱离控制而且任务过重不能有效地行使职能从而几乎没有获得精确而相关的信息）。

> 我们能够得出的最稳妥的归纳……是，参与决策过程的层级数目越多和组织单元数量越多，层级和管辖权的扭曲影响就越大，因此，一个情报失真的机会就更大（Wilensky 1967：41）。

随着有效的科学和分析信息在数量上和（有时候）在质量上的剧增，这些信息是决策的基础，专家的角色相对于决策制定者来说，得到了充分的关注（Benveniste 1972；Lerner 1976；Meltsner 1975）。在一些情况下，职业人员的价值可能会与组织的目的相冲突，在这种情况下，在制定组织决策时每个人都会为别人让步（Bell 1985：55）。另一方面，当有不同的等级或地位差异的情况下，职位可能决定后果（outcome）（Zeitz 1980）。当决策过程处于时间压力下，可能更趋向于忽略、扭曲或误解信息（Desai and Crow 1983）。但是，专业分析家所透露的决策制定理性模式仍然在组织文献中拥有强大的影响：

……与分析和决策之间的联系相关的透明度（clarity）是决策的"理性问题解决"模式的主要基本诉求之一……（Springer 1985）。

C. 不连续渐进主义和有限理性

从 80 年代到现在，许多的决策文献继续研究有限理性和渐进主义传统，或者至少是它们衍化而来的。勒斯蒂克（Lustick 1980）测评了不连续渐进主义策略在不确定性或复杂性很高的任务环境中的应用。他认为在一些情况下，不连续渐进主义策略可能不能很好地发挥作用，而简要的（synoptic）或理性综合的（rational comprehensive）策略可能更为适合。例如：

当任务环境的特征是变量的价值中存在明显的不连续性或门槛；或者特征是连接对组织具有不同突出度的问题的因果链的交叉点时，那么，回溯渐进调整（post-facto incremental adjustment）就相对没有那么有用了（Lustick 1980：344）。

或者当组织的任务环境不可分解时——也就是说，在子系统之间的联系或关系和子系统内部的关系一样或更加紧张时——不连续性渐进主义作为一个策略和协调机制其功效必须大打折扣（Lustick 1980：344）。

帕吉特（Padgett 1980）曾明确地比较和测验了两种预算理论——戴维斯等人的渐进理论和"系列判断"（serial judgement）理论，后一种理论来源于西蒙的有限选择和满意度概念、特沃斯基和卡纳曼（Tversky and Kahnerman 1974）"在不确定条件下判断"（judgement under uncertainty）［特别是依据固定诱导（heuristic of anchoring）法则］概念与马奇和奥尔森（March and Olsen 1979）对组织选择不确定性的强调。

帕吉特发现，根据经验，系列判断理论优于戴维斯等人的理论，因为它能够精确预测大多数的预算决策，这些决策只是稍微不同于过去，它也能预测偶尔的激进变革作为对一般日常预算决策制定的定期调整，但戴维斯等人却没有做到这些。帕吉特也指出戴维斯等人的模式与许多不同的预算决策制定过程的解释相一致。

D. 预算决策制定

在预算决策制定的其他的研究也常常是建立在渐进主义理论基础上或是对它的批评。在一次对国防部预算决策研究和发展的研究中（Gist 1982），预算决策表现的或者是预算的渐进理论（Davis et al），或者是"竞争"理论（Natchez and Bupp)（见上文），这取决于所使用的测评和方法而不是分析单位，这一点登普斯特和威尔达维斯基（Dempster and Wildavsky 1973）在前面已然辩论过。换言之，"竞争"被发现在使用纳切兹和布匹（Natchez and Bupp）方法的机构中，稳定则是在使用戴维斯等人方法的项目中。如前面所提到过的，这些理论之间的冲突是因为它们在概念方法和测评技术中的不同。不同的评估方法是理论观点所必需的不同选择，但是在经验结果上的不同更多地是因为每个人所采用的理论构建和测评而不是分析单元上的差异（Gist 1982）。

虽然将稀有资源分配给竞争性目的是预算的本质，但是，很少有（如果有的话）决策制定研究能有效地使这一过程受到经验测评，反而选择独立地测评个体机构。费希尔和卡姆利特（Fischer and Kamlet 1984）在一次联邦预算的国防与非国防部门的权衡分析中纠正了这一问题。他们的观察是建立在克雷星和费希尔（Crecine and Fischer 1981）以前的研究基础上，并将"竞争期望层级模式"（competing aspirations level model，CALM）应用到这两个大型集体的权衡中去。费希尔和卡姆利特（Fischer and Kamlet 1984）也吸收了一个明确的财政政策限制。在他们的模式中，在整个开支的最大层级与国防和非国防开支的最小可接受层级之间的差距，如果是一种双赢（positive sum）的话，被视为是不确定的（slack），或者是一个"竞争区域"（zone of contention），可以在国防、非国防或财政政策中划分。他们发现：

> 大约30%的竞争区域是分配给那些超出国防和非国防开支的最小期望层级的开支。余下的70%事实上被用来削减可能会有的赤字规模（如果没有不确定的话）（Fischer and Kamlet 1984：365）。

他们进一步发现，对于分配给超过最小期望层级的那些开支的竞争区域部分，国防部门收到总额的27%，非国防部门收到总额的73%（Fischer and Kamlet 1984：366）。

VI. 结论

作为公共行政学的一个分支领域，决策制定的发展中一个最显著的方面就是，具有许多共同点的两个研究体系——西蒙和林德布洛姆的研究——是怎样主导了并继续主导文献和提供框架的，在这一框架下又进行了新的研究。对于他们洞察力的力量和幅度来说，这是一种荣誉，他们的影响直到今天还和50年前一样继续被敏锐地感觉到。大体而言，这也是一种关于理论权力的评论，即，甚至在强烈的经验抨击中持续下来，正如渐进主义也有的，直到被那些具有貌似正确（plausibility）的理论所取代，这些可能性表现的与观察一样或更好。也许就像库恩（Kuhn）从物理学的角度来观察，这应该是不令人感到惊讶的，即只有那些在现存范式中有所提高的范式才能够取代那些现存的范式

（Kuhn 1962）。西蒙和林德布洛姆的理论持续下来是因为他们的洞察力是如此地具有普遍性和重要性，以至于没有替代理论能够超出他们的力量和全面性。

　　这一分支领域另一个显著特征就是理性或分析范式持续影响决策制定的思考的力量，显然这不是作为对经验事实的一种精确描述而是作为一个理想。虽然存在着这样强烈的主张，认为其他作出决策的方法更好地应用于人类认知的有限性并能产生"更好的"结果，但是有限理性和渐进主义学派并没有将它们自己建成一个标准的、超出或优于更为传统的技术或经济理性的概念，这一点会继续作为决策评估的标准。

REFERENCES

Allison G. Essence of Decision. Boston, MA: Little, Brown, 1971.

――――. Conceptual models and the Cuban missile crisis, Am Politic Sci Rev 63: 689 –718, 1969.

American Behavioral Scientist. Political decision making, 1976.

Anderson P. Decision making by objection and the Cuban missile crisis. Administrative Science Quarterly 28: 201 – 222, 1983.

Axelrod R. The Structure of Decision. Princeton, NJ: Princeton University Press, 1976.

Bachrach P, Baratz M. Power and Poverty. NY: Oxford University Press, 1970.

――――. Two faces of power. Am Politic Sci Rev 56: 947 – 952, 1962.

――――. Decisions and on-decisions. Am Politic Sci Rev 57: 632 – 642, 1963.

Bailey J, O'Connor J. Operationalizing incrementalism: measuring the muddles. Public Admin Rev 35: 60 – 66, 1973.

Barnard C. The Functions of the Executive. Cambridge, MA: Harvard University Press, 1938. Barry B, Rae D. Political evaluation. In: Greenstein F, Polsby N, eds. Handbook of Political

Science, vol. 1. Reading, MA: Addison-Wesley, 1975, pp. 337 – 401.

Becker G, McClintock C. Value: Behavioral decision theory. Annual Review of Psychology 18: 239 – 286, 1967.

Bell R. Professional values and organizational decision making. Admin Soc 17: 21 – 60, 1985. Benveniste G. The Politics of Expertise. San Francisco: Boyd and Fraser Glendessary, 1972. Braybrooke D, Lindblom C. A Strategy of Decision. New York: Free Press, 1963.

Dark TD, Shrode, WA. Public sector decision structures. Public Administration Review 39: 343 – 354, 1979.

Dark TD, Ferguson L. City Money. New York: Columbia University Press, 1983.

Cobb R, Elder C. Participation in American Politics: The Dynamics of Agenda Building. Baltimore, MD: Johns Hopkins University Press, 1975.

Cobb R, Ross J, Ross M. Agenda building as a comparative political process. Am Politic Sci Rev, 70: 126-138, 1976.

Cohen M, March J, Olsen J. A garbage can model of organizational choice. Administrative Science Quarterly 17: 1-25, 1972.

Crecine J. Governmental Problem Solving. Chicago: Rand McNally, 1969.

―――. Defense budgeting: organizational adaptation to environmental constraints. In: Byrne RF, et al., eds. Studies in Budgeting, Amsterdam: North-Holland, 1971.

Crecine J, Fisher G. On resource allocation processes in the U.S. Department of Defense. In: Cotter C, ed. Political Science Annual. Indianapolis, IN: Bobbs-Merrill, 1973.

―――. Defense spending, nondefense spending, and the need for fiscal restraint. Arms Control 2: 65-106, 1981.

Crenson M. The Unpolitics of Air Pollution. Baltimore, MD: Johns Hopkins University Press, 1971.

Cyert R, March J. A Behavioral Theory of the Firm. Englewood Cliffs, NJ: Prentice-Hall, 1963.

Dahl R. Who Governs? New Haven, CT: Yale University Press, 1961.

Dahl R, Lindblom C. Politics, Economics and Welfare. New York: Harper & Row, 1953.

Davis O, Dempster MAH, Wildavsky A. A theory of the budgetary process. Am Politic Sci Rev 60: 529-547, 1966.

―――. On the process of budgeting. II: An empirical study of congressional appropriations. In: Byrne RF, et al., eds. Studies in Budgeting. Amsterdam: North-Holland, 1971.

―――. Towards a predictive theory of government expenditure: U.S. domestic appropriations. Brit J Politic Sci 4: 419-452, 1974.

Dempster M, Wildavsky A. On change, or there is no magic size for an increment. Politic Stud 27: 371-389, 1979.

Desai U, Crow M. Failures of power and intelligence. Admin Soc 15: 185-206, 1983.

Diesing P. Reason in Society. Urbana, IL: University of Illinois Press, 1962.

Dimock M. Modern Politics and Administration. New York: Anderson, 1937.

Domke W, Eichenberg R, and Kelleher C. The illusion of choice: defense and welfare in advanced industrial democracies, 1948-78. Am Politic Sci Rev 77: 19-35, 1983.

Downs A. Up and down with ecology: the "issue-attention cycle". Public Interest

28: 38 – 50, 1972. Dror Y. Muddling through: "science" or inertia? Public Admin Rev 24: 153 – 157, 1964.

Etzioni A. Mixed scanning: a "third" approach to decision making. Public Admin Rev 27: 385 – 392, 1967.

Fischer G, Kamlet M. Explaining presidential priorities: the competing aspirations levels model of macrobudgetary decision making. Am Politic Sci Rev 78: 356 – 371, 1984.

Gaus J, White L, Dimock M. The Frontiers of Public Administration. Chicago: University of Chicago Press, 1936.

Gerwin D. Budgeting Public Funds. Milwaukee: University of Wisconsin Press, 1969.

Gist J. Stability and "competition" in budgetary theory. Am Politic Sci Rev 76: 859 – 872, 1982.

____. Mandatory Expenditures and the Defense Sector: Theory of Budgetary Incrementalism. Beverly Hills. CA: Sage Publications, 1974.

Glassberg A. Organizational responses to municipal budget decisions. Public Admin Rev 38: 325 – 332, 1978.

Goodin R, Waldner I. Thinking big, thinking small, and not thinking at all. Public Policy 27: 1 – 24, 1979.

Goodnow F. Policy and Administration. New York: Russell and Russell, 1900.

Gore W. Administrative Decision Making. New York: Wiley, 1964.

Gore W, Silander F. A bibliographic essay on decision making. Administrative Science Quarterly, 41: 97 – 121, 1959.

Gulick L, Urwick L. Papers on the Science of Administration. New York: Columbia University, 1937.

Halperin M. Bureaucratic Politics and Foreign Policy. Washington, D.C.: The Brookings Institution, 1974.

Hirschman A. Shifting Involvements. Princeton, NJ: Princeton University Press, 1982.

Hitch C. Decision Making for Defense. Berkeley: University of California Press, 1965.

Hitch C, McKean R. The Economics of Defense in the Nuclear Age. New York: Atheneum, 1960. Janis I. Victims of Groupthink. Boston: Houghton Mifflin, 1972.

Janis I, Mann L. Decision Making. New York: Free Press, 1977.

Kirkpatrick S. Psychological views of decision-making. In: Cotter C, ed. Political Science Annual, Vol. 4. Indianapolis: Bobbs-Merrill, 1975.

Kuhn T. The Structure of Scientific Revolutions. Chicago: University of Chicago Press, 1962. Landau M. Concept of decisions. In: Mailick S, Van Ness E, eds. Concepts and Issues in Administrative Behavior. Englewood Cliffs, NJ: Prentice-Hall, 1962.

____. Decision theory and comparative public administration. Comparative Political Studies 1: 175 – 195, 1968.

____. Redundancy, rationality and the problem of duplication and overlap. Pub Admin Rev 29: 346 – 358, 1969.

LeLoup L. The myth of incrementalism: analytical choices in budgetary theory. Polity (10): 488 – 509, 1978.

Lerner A. The Politics of Decision Making. Beverly Hills, CA: Sage Publications, 1976.

____. Decision making by organizations. Micropolitics 2: 123 – 151, 1982.

Levine C. Organizational decline and cutback management. Public Admin Rev 38: 316 – 325, 1978. ____, ed. Managing Fiscal Stress. Chatham, NJ: Chatham House, 1980.

Levine C, Rubin I. Fiscal Stress and Public Policy. Beverly Hills, CA: Sage Publications, 1980. Levine C, Rubin I, Wolohojian G. The Politics of Retrenchment. Beverly Hills, CA:

Sage Publications, 1981.

Lindblom C. Policy analysis. American Economic Review 18: 298 – 312, 1958.

____, The science of "muddling through." Public Admin Rev 19: 79 – 88, 1959.

____. Decision making in taxation and expenditure. In: Bureau of Economic Research. Public Finances: Needs, Sources, Utilization. Princeton, NJ: Princeton University Press, 1961.

____, The Intelligence of Democracy. New York: Free Press, 1965.

____. Still muddling, not yet through. Public Admin Rev 39: 517 – 526, 1979.

Lustick I. Explaining the variable utility of disjointed incrementalism: four propositions. Am Politic Sci Rev 74: 342 – 353, 1980.

March J. Some recent substantive and methodological developments in the theory of organizational decision-making. In: Ranney A, ed. Essays on the Behavioral Study of Politics. Urbana, IL: University of Illinois Press, 1962.

March J, Olsen J. Ambiguity and Choice in Organizations. Bergen, Norway: Universites forlaget, 1979.

March J, Simon H. Organizations. New York: John Wiley & Sons, 1958.

McCamy J. Analysis of the process of decision making. Public Admin Rev 7: 41 – 48, 1947.

McKean R. Efficiency in Government Through Systems Analysis. New York: John Wiley & Sons, 1958.

Meltsner A. Policy Analysts in the Bureaucracy. Berkeley: University of California

Press, 1975. Merewitz L, Sosnick S. The Budget's New Clothes. Chicago: Markham, 1971.

Natchez P, Bupp I. Policy and priority in the budgetary process. Am Politic Sci Rev 67: 951 – 963, 1973.

Novick D, ed. Program Budgeting. Cambridge, MA: Harvard University Press, 1965.

Padgett J. Bounded rationality in budgetary research. Am Politic Sci Rev 74: 354 – 373, 1980.

Pfifner J. Public Administration. New York: Ronald Press, 1935.

Polsby N. Community Power and Political Theory. New Haven, CT: Yale University Press, 1963. Ripley R, Franklin G. Policy Making in the Federal Executive Branch. New York: Free Press, 1975.

Rubin I. Running in the Red. Albany: State University of New York Press, 1982.

Russett B. Defense spending and national well-being. Am Polit Sci Rev 76: 767 – 777, 1982. Schattschneider EE. The Semi-Sovereign People. New York: Holt, Rinehart and Winston, 1960. Schelling T. The Strategy of Conflict. Cambridge, MA: Harvard University Press, 1960.

Schulman P. Nonincremental policy making. Am Politic Sci Rev 69: 1354 – 1370, 1975.

———. Large Scale Policy Making. New York: Elsevier, 1980.

Seiznick, P. Leadership in Administration. New York: Harper & Row, 1957.

Simon H. The proverbs of administration. Public Admin Rev 11: 53 – 67, 1946.

———. Administrative Behavior. New York: MacMillan, 1947.

———. Models of Man: Social and Rational. New York: Wiley, 1957.

———. The New Science of Management Decision. New York: Harper, 1960.

———. The architecture of complexity. In: Simon H, ed. The Sciences of the Artificial. Cambridge, MA: MIT Press, 1969. Smith G, May D. The artificial debate between rationalist and incrementalists models of decision making. Policy and Politics 8: 147 – 162, 1980.

Snyder J, Bruck H, Sapin B. Foreign Policy Decision Making. New York: Free Press, 1962. Springer J. Policy analysis and organizational decisions. Admin Soc 16: 475 – 508, 1985.

Steinbruner J. The Cybernetic Theory of Decision. Princeton, NJ: Princeton University Press, 1974.

Thompson J. Organizations in Action. New York: McGraw-Hill, 1967.

Tversky A, Kahneman D. Judgement under uncertainty: heuristics and biases. Science 204: 1124 – 1131, 1974.

———. The framing of decisions and the psychology of choice. Science 211: 453 –

458, 1981.

Vickers G. The Art of Judgement. New York: Basic Books, 1965.

Waldo D. The Administrative State. 2nd ed. New York: Holmes and Meier, 1984.

Wanat J. Bases of budgetary incrementalism. Am Politic Sci Rev 68 (4): 1221 – 1228, 1974. Wildavsky A. Political implications of budgetary reform. Public Admin Rev 21: 183 – 190, 1961.

——. Budgeting. Boston: Little, Brown, 1975.

——. The Politics of the Budgetary Process. Boston: Little, Brown, 1964.

Wilensky H, Organizational Intelligence. New York: Basic Books, 1967.

Wilson W. The study of administration. Politic Sci Q June: 197 – 222, 1887.

Wolfinger R. Non-decisions and the study of local politics. Am Politic Sci Rev 65: 1063 – 1081, 1971.

Wolman H, Davis B. Local government strategies to cope with fiscal pressure. In: Levine C, RubinT, eds. Fiscal Stress and Public Policy. Beverly Hills, CA: Sage Publications, 1980.

Zeitz G. Hierarchical authority and decision-making in professional organizations. Admin Soc 12: 277 – 300, 1980.

第八章 决策制定的五大议题

罗伯特·P. 麦高恩[*]
丹尼斯·P. 威特曼[**]

Ⅰ. 引言

公共行政和公共事务中的决策领域常常对明确的定义和范畴不以为然，但是它对当前和未来的公共行政人员有着特别的意义。在复杂的项目和服务提供领域，管理者常常处于不得不制定各种决策的地位，从常规的、有序的情况（structured situations）（如发放工资的过程）到高度无序的、非常规的情况（如在各种不同的项目中制定权衡决策）（Simon 1973）。本章的目的就是测评对公共部门中的管理具有重大影响的决策制定中的五大议题。当有疑问时，虽然其他人可以提出其他的议题，这些议题可以被增加到或从那些我们将要讨论的议题中扣除，但这里所考虑的议题包括了那些最常被实践者和学者等人所引用或参考的议题。

Ⅱ. 决策类型

政策概念常常被界定为一个原则或规则，与之不同的是，重要的是先考虑决策过程。出于讨论的需要，决策被界定为在任何特定情况下实施判断（the exercise of judgment）。管理者和理论家所使用的决策类型在很大程度上是日常的和非日常的决策类型。西蒙（Simon）将这两种类型界定为"程序化的"（programmed）和"结构不良的"（ill-structured），认为日常决策就是按一种规定的方法所制定的决策（Simon 1973, 1980）。这些决策一般具有一个管理或者程序性质，它们被组织的传统的惯例所支配——公共机构历史以来就是

---

[*] 罗伯特·P. 麦高恩（Robert P. McGowan），丹佛大学（University of Denver）丹尼尔斯商学院（Daniels College of Business）
[**] 丹尼斯·P. 威特曼（Dennis P. Wittmer），丹佛大学（University of Denver）丹尼尔斯商学院（Daniels College of Business）

以一种特定的方法运行；顾客或选民团体日益要求一个固定的行为模式；或者由业已确定的、限制其活动的规则或立法授权所统治。

相反的，非日常的或结构不良的决策类型涉及复杂的问题和议题（problems and issues），对于这些问题和议题不存在任何的先例和模式。雷德福（Radford 1977）描述了它们的一些主要特征：

  关于这些问题只能够得到有限的信息；
  面对决策问题的个人可能有不只一个目标，而有些目标是相互冲突的；
  不只一个人参与决策过程，而且他们都有能力影响备选方案的选择；
  关于分配不同目标的优先权上存在分歧，在评估进展的方法上也同样如此；
  正被讨论的特定问题可能和其他的问题形势联系在一起。

正如雷德福所指出的，程序化和非程序化决策之间的区别就是能够帮助决策制定者的信息数量。对于日常行政决策，信息被处理直到符合所要求的输入格式（input format）。例如，在一个社会服务机构中，个案工作者（caseworker）常常将一些对顾客的有关信息用表格的形式记录，接着在一个报告系统内会考虑这些表格。基于这些数据，确定了服务的合格标准和是否可以获得服务。那些不属于现在报告范畴的信息不会被使用。这种类型的系统优势在于决策标准是明确的，而且可以根据问题"类别"应用到具体案例中，而不断增长的顾客数量依赖于服务，以及个案工作者不会根据个案或者个人偏见达成决策。但同样也存在局限性。对于包括顾客认为对他或她的情况很重要的额外信息就很少或者没有余地了。对个案工作者常常因这一过程而感到沮丧，行使的是一种处理角色而不是一种职业服务活动。

在另外一个极端，在公共机构中的个人可能被要求根据有限的信息制定决策。回到我们的社会服务机构，我们看到一些因为没有程序或文件存在而产生的问题。对未婚妈妈提供咨询的一个项目就是这种决策形势的一个例子。虽然对这一项目的拨款来自于联邦层级，但是州和地方服务机构必须在一个有限的或不存在的信息运行以建立标准和监督进展情况。这一项目在本质上应该是相对被动的吗（即，给那些和机构进行接触的个人提供服务）？抑或一个主动的寻求项目应该通过学区和社区团体联系接受者而得以实施吗？事实上，那些愿意参与的人估计有多少呢？而且是在哪一段时间呢？这些问题都说明了这些非程序化或结构不良的决策形势的特征。这一挑战的目的就是有效地进行战略分析，这也要求互动、交流技巧、与内外部组织协商、对稀有或过剩资源进行讨价还价以及渐进调整。

Ⅲ. 决策制定过程

除了不同的决策类型——结构的和结构不良的——在公共组织中的决策制定环境也包括备选决策风格（decision styles）和途径。当考虑到应该使用哪种工具或技术时，这些都必须得到仔细的权衡。

简要说来，决策风格可能被分成三种方法：独裁式（autocratic）、民主式（democratic）和自由放任式（laissez-faire）。独裁式的决策风格是指个人在制定决策时很少或从不咨询他人意见的决策风格，这必须使得那些负责执行的人相信这一决策本身的相对价值，所以本质上说这一方法使执行更加困难。在某些情况中，这种路径形式是必要的，如军事运作或危机情景使这种形式很有必要，因为这时时间成了一个关键因素。可能也会出现其他情况，这时制定决策的个人可能具有更深的见识或者获得必须在决策本身中考虑到的关键信息。最后，必须考虑到法律或者法规限制的情况。在使用独裁式方法中，当管理者不善于联系这种情况下更广泛的背景，问题将会产生；其他人倾向于将这一方法视为笨手笨脚的或反复无常的。

第二种决策风格——民主式——在近些年来得到许多的关注，主要是因为近来对日本的管理模式的关注，这一风格强调在所有参与者之间达成共识的必要性。不同于前一方法，民主风格强调，在决策制定中所有与这一形势有关的各个方面都寻求得到一个相互一致的结果（outcome）。这种方法的好处有很多。由于所有相关方面都提供了某种程度的投入（input）——在某种意义上他们"被带入"决策本身，所以执行变得容易。另外一个好处就是纳入了各种观点和整合了各种信息源。最后，在这种方法中大大促进了交流。但是，值得注意的是，这一民主方法可能不适宜某些情形，特别是在那些时间效率很关键的情况下。

第三种决策风格——自由放任——也是一种方法，在这种方法中最终决策结果的产生很少或并没有得到那些领导的指导。这种自由放任方法的例子常常可以在那些可能有政治敏感的问题上找到：公众要求要行动，但是行动对个人或者对整个组织可能是有破坏性的。解决这个问题的一个方法就是推迟直接行动，辩论并进一步分析、进行公共听证会、或者一些独立的委员会行动。这一特别决策风格的使用没有得到强烈的拥护，因为它具有高度的风险性，而且没有健全的模式去评估对推迟行动的预期反应。

总之，这三种决策风格的使用都依赖于若干因素：（1）法律、法规或程序化等限制阻碍制定任何其他调整的程度；（2）制定和执行决策所必须的有效时间；（3）在决策质量和其他人的接受程度之间的平衡；（4）那些卷入其中的人的期望（Fiedler 1967）。

决策方法涉及到从问题到最后执行的发展的诸多步骤（Dunn 1981；Kingdon 184）。这一方法的一个最显著的特征是强调决策制定的过程（process），而其他人常常关注的是与达成决策有关的机构或行为因素上（Cohen and March 1986；Selznick 1957）。图1提供了这一过程的一个粗略图示。

这一过程的第一阶段是问题或议题（problem or issue）的确定，它包括好几个因素。最主要是将症状和问题区别开来。这样的一个例子是在某一特定区域酒精和药物滥用事件的显著增加。可能有很多原因导致这一显著增长，包括从可能确定了更多的个人这一事实到该地失业率的迅速增长。因此，重要的是管理者要考虑到因果模式；忽略这一区别可能意味着机构资源和能源的不充分使用。

问题确定（problem identification）
|
提出备选方案（development of alternatives）
|
测评备选方案（evaluation of alternatives）
|
选择解决方案（selection of solution）
|
执行解决方案（implementation of solution）
|
测评（evaluation）

图1 决策过程

在问题确定阶段另一个要考虑的因素是依靠历史数据。那些参与努力解决问题或议题（problem or issue）的个人必须对历史数据在范围上是有限的这一事实很敏感；某些问题或议题（problem or issue）常常是独特的或是不经常发生的。修正这一缺陷的一些模式（patterns）有"头脑风暴法"（Brainstorming Techniques）或德尔菲法（Delphi）（Worsham 1980）。

当确定问题和议题（problem or issue）的本质（nature）时，使用头脑风暴法特别有效。头脑风暴法要求参与者尽可能快地自由列举出他们的观点。这避免了任何试图偏向去支持或阻碍任何建议，不管它们看起来有多激进。列举随后得到分析，通过这一互动的过程，得出了一系列关键问题和议题（problem or issue）的领域。德尔菲法涉及一种不同的路径，不是所有的人都自由输入信息，对于某一特定问题确定一个核心专家组，然后，专家组将就特定事件发生的可能性、那些将被显露的议题的本质、针对所提出问题的解决方案和相类似问题（独立地）提供输入信息（input），接着这些结果将被收集、制成表格、然后交还给专家以做进一步的澄清或减少到一个可以进行处理的数量。在这一过程中的关键变量就是对专家组的选择和对用来减少或合并结果的理性选择。但是如果使用正确的话，德尔菲方法是一个有效的预测工具，预测那些不存在多少历史数据的问题或议题（problem or issue）。

决策过程的第二阶段包括提出备选方案，这和前一阶段的问题或议题确定有很密切的联系，因为正是这些问题或议题被确定的方式将影响备选方案的生成。例如，一个主要城市机场的发展是许多管辖区域所面临的一个议题，如果把将这一议题确定为一个严格与交通政策相关的议题，将把进一步分析限制到一种交通模式对另一种交通模式的各种权衡分析上。应将机场的发展广义地界定为包括了经济发展在内，把人口统计、社会和技术等因素纳入这一过程当中。

除了范围问题外，在公共部门提出备选方案还面对一些关于理性主义对渐进主义的争议（rationalism versus incrementalism）（Wildavsky 1964）。理性主义观点认为所有的备选方案都在分析方法中得到考虑。没有备选方案会被遗漏，而随后的分析将决定出最理想的路径。相反，渐进主义路径认为，尤其在涉及许多利益的公共部门，简单地对备选方案列表并达成一个共识是非常没有效率的。

无论是使用理性主义还是渐进主义路径都取决于好几个因素，其中，有效时间和资源的数量和特定议题的复杂性绝对是最重要的因素。只要这样说就够了：理性主义路径可能更适宜于那些更独立的单位或部门，在那里管理者有一定程度的自由裁量权和控制权。如果这些问题和议题发生在跨机构或跨部门层级，对有待考虑的备选方案的范围要达成一定程度的共识的能力最多也是有限的。

但是有很多的方法将理性主义和渐进主义的方方面面融合在一起。奎因（Quinn 1980）将这一路径称为"逻辑渐进主义"（logical incrementalism）。确定这一路径的一个办法是去考虑我们大多数人制定决策的方式。我们不是集中关注在几个挑选的备选取方案上，而是倾向于一个大范围内的备选方案，只是将这个范围的两个极端排除在外。我们避免在分析所有方案上花费时间——但与此同时，我们又有一定程度的选择或选择对象。

决策路径的第三个阶段是备选方案的测评，它是本章许多权衡要关注的领域，因为正是这一阶段我们常常联想到决策制定中的分析工具和技术联系。但是考虑到这一阶段之前和之后的更为宽广的环境也是很重要的。分析工具和技术不能视为管理者的代替物，相反它们是允许管理者制定更好决策的支持方法——其最终结果是生产力的增加（定量的和定性的）。

备选方案测评包含两个附加关注。首先，评估将考虑项目或服务提供的定性和定量方面的一个混合体。苏珊和马丁·托尔钦（Susan and Martin Tolchin）在对执行规制中使用成本效益分析的争议进行检查时鲜明地指出了这一点（Susan and Martin Tolchin 1983，49-50）。他们的观点是，机构的规制制定者要从本质上明确说明一个特定项目或服务的定性方面是非常困难的，而法院也越来越反对在分析中使用它——这在某种意义上导致最小成本分析（least-cost analysis）。这自然给公共管理者进一步发展和完善定性指标增加了更大的负担（Haberman 1978）。

备选方案评估的第二个关注是标准或准则的使用。备选方案的测评常常很少或没有把关注放在判断绩效或与总体目标一致的标准上。弥补这一情况的一个方法就是发展具体的和可核实的标准。这些标准从一些最基本的标准如公民满意度（无论怎样确定）到项目成本维持或恢复等等。此外，这些标准应该被视为是动态的，随着外在事件或捐款的变化，这些标准也应该是变化的（Simon 1978）。

这一过程的第四阶段是解决方案的选择，它主要依赖前一阶段所使用的测评方法。例如，关键路径法（critical path method, CPM）的性质就是根据资源和时间的分配去寻找最佳路径（或方法）。同样，效益成本分析应当选择那些相对净成本能产生最大净效益（net benefit to net cost）的项目或服务选项。以计算机为基础的模式越来越被引进到办公室或工作环境也极大地帮助选择解决方案，这主要是因为它们快速处理大量信息的能力（Kraemer and King 1977）。也许可以说一句说离题的话，即那些处于管理高层的行政人员有一个倾向，即在选择和支持一个特定的解决方案时依赖于他们自己的直觉和经验（McGowan and Loveless 1982）。需要指出，这一点是很有意思的，当他们面对一个与他们直觉或经验相反的选择时，他们在多大程度上会改变他们的选择。最后，解决方案的选择，特别是在公共部门，都包含有必要在效率或方便和公平之间进行权衡。

决策路径的第五和第六阶段主要包括执行过程和跟进阶段（Mazmanian and Sabatier 1981; Williams et al 1982）。在决策风格的讨论中我们已经指出，一个选择独裁或民主风格的管理者都可能在执行中碰到不同的一系列问题。如果其标准相对的是决策的质量而不是公众的接受度，那么所需要的是一种独裁方法。这可能会在执行阶段花费额外的时间让其他人相信决策是必要的，是应该被执行的。另一方面，如果标准是决策的公众接受度而不是决策质量，那么需要的是一个民主的方法。在这种情况下，因为其他人参与决策过程从而使执行变得非常容易。在这两种情况下，个人可能一直在这一过程的某些阶段权衡时间。

这一过程的最后阶段——测评和反馈——也许是这整个过程最薄弱的阶段。在公共部门这一点可能特别关键，因为正式项目和服务测评的工具还是最基本的并在这样一些组织的控制之下，如管理与预算局（the Office of Management and Budget, OMB），联邦审计总署（the General Accounting Office, GAO）和国会预算局（the Congressional Budget Office, CBO）。某些州和地方也还有同样性质的组织（例如，立法机关事后审计组织）。但总的说来，为大多数公共管理者所建立的正式反馈和测评组织并没有广泛到位，在大多数情况下将这些职能让给了像立法机关监督、听证会等等测评工具。为了改善最后这一阶段，需要努力将这样的测评和前面明确表达的标准和最初的问题和议题联系起来。

Ⅳ. 决策制定的五个主要贡献

试图挑选五个对决策制定领域最具有影响的事件、工具或条件是非常困难的。一些人视为重要的东西，其他人可能认为不重要，反过来也是如此。但是挑选这五个事件、工具或条件的标准是根据过去几十年里最常引用的或参考的工具和技术。与此同时，也必须考虑总体的宽广度——在联邦、州和地方层面出现的各种应用。最后，有意思的是，许多要被讨论的应用都起源于一般管理（general management），无论是公共部门或私营部门的管理。要着手决策制定的所有方面自然是困难的，因为这包括了广泛的视角和原则（principles），但是我们已经有望着手于主要的要素。

Ⅴ. 效益成本分析

效益成本分析（Benefit-Cost Analysis）或成本效益分析（Cost-Benefit Analysis）（这两个术语常常是互换的）是对公共部门决策制定有重要影响的一个分析技术。一个主要的原因就是效益成本分析迫使管理者明确说明一个项目或服务的定性和定量方面。自然这一过程也有其不足之处；这些都会被进一步提出来。

A. 起源

效益成本分析的使用的确切起源普遍被认为发生在美国陆军工程兵部队（Army Corps of Engineers）。根据1902年《里弗斯和哈伊斯法》（Rivers and Harbors Act of 1902），陆军工程兵的工程成本不得不低于它的收益（Meier 1984）。这一技术合理并明确地应用到水坝和开垦项目，清晰说明了与实际建设和维护有关的成本。因此这些成本与当前和将来的效益取得平衡，常常折扣成为净现值。至于这一具体方法的效果，很少有证据保存到今天。

不用说，直到"二战"后在运筹学和管理科学的出现之前，效益成本分析还一直保持完全休眠状态。正是这一时期定量方法和技术开始形成并被应用到许多不同的事件和情境中，从一些日程议题到大型工程和项目计划。正如迈耶（Meier）所指出的，第二个关于效益成本分析的标志性的事件（threshold event）是项目计划预算制度（PPBS）正式引进联邦政府，它开始于国防部，后来根据总统行政命令扩大到其他的联邦机构。效益成本分析常常被用来证明具体项目的扩大或继续的正当性或者用来制定权衡决策。

在约翰逊政府之后随着项目计划预算制度逐步淘汰，效益成本分析很大程度上进入了休眠状态，一直到卡特和里根政府。两个关键的事情标志着它的复兴。第一个是1980年的《联邦文书控制法》（Federal Paperwork Control Act）：

《联邦文书控制法》的目的是修正信息管理中的一些缺陷。特别是，它通过执行标准的收集信息方法来力图减少对公共和私有产业的信息处理负担［例如，管理与预算署优先批准机构表格（agency forms）之前］。此外，如果必要的话，它也在管理与预算署中建立了联邦信息政策办公室（Office of Federal Information Policy）去监督和指导政府机构的信息实践（Stevens and McGowan 1985）。

随着这一立法的通过，机构不得不仔细评估和证明与他们的项目和服务供给职能有联系的文书作业的遵循成本（cost of compliance）。

在这一时期的第二个事件是规制分析评估组织（Regulatory Analysis Review Group，RARG）的建立，它试图去检查联邦规制的效果，特别是当这些规制影响到小型企业时。规制分析评估组织成立于 1978 年，代表了行政机构对机构规制行为实施控制的一种协调一致的努力，通过的方式是要求机构正式给新的规制在其执行之前提供文件并予以证明其正当性。但是它并不是没有受到诋毁：

> 对于他们来说，［规制分析评估组织的］批评者都担心这种新经济学家的霸权效果，他们认为，这些经济学家受他们学科的限制进入一种新的僵化状态，在这种状态中"健全的分析"（sound analysis）被等同于独一无二的经济分析。向规制分析评估组织平衡成本与收益的标准屈服意味着通过白宫经济学家的关系更严格地看待规制政策（而且他们预测，在这种框架内）时，成本因素将总是优先于社会关注（Tolchin and Tolchin 1983，49 - 50）。

正如托尔钦（Tolchin and Tolchin）继续所解释的，大多数批评家所持的观点是，效益成本分析的使用在效益很难以被表达清楚的一些特定领域是能够得到支持的。在这种方法下，效益不能够被量化，因而也不能被证明的效益被从分析中排除出来，结果导致最小成本分析。托尔钦（Tolchin and Tolchin 1983）引用一些极端的例子，如尝试去评估大峡谷（Grand Canyon）风景的价值。规制机构现在被置于一个防御性的地位：努力将包含了高度的主观判断的项目领域或因素定量化。

在规制领域使用效益成本分析的努力之后的是另外两个很关键的立法：公法 96 - 354（P. L. 96 - 354），《规制职能的分析》（The Analysis of Regulatory Functions）和 12291 号总统行政命令（1981）。公法 96 - 354 于 1980 年通过，代表着卡特政府为"小型实体"（small entities）（即，小企业）提供规制解除的努力。其意义重大是因为管理与预算署被授权直接监督机构规制职能，并进一步负责确保效益成本分析的应用。

这一法律的关键部分包括要求机构必须一年两次在《联邦公报》（Federal

Register）出版一次规制灵活性议程（regulatory flexibility agenda）。议程的目的是为机构通报即将到来的法规，这些法规"可能对小型实体产生重大的经济影响"。另外，规制机构也被要求进行一个"规制灵活性分析"（regulatory flexibility analysis），分析包括（1）陈述对规则的需要；（2）总结公共评论（public comments）所谈到的问题；（3）描述替代规则的重要备选方案，这些方案的设计是为了最小化任何重大的经济冲击。最后，机构在准备灵活性分析中必须提供"对所提议的规则其效果的一个定量的或数字化的描述……或者如果定量化是不实际或不可能的话，提供更为一般的描述声明（statement）"（P. L. 96-354）。后一种描述性声明在机构听证会上或法院诉讼（court proceeding）中受到强烈的质疑。

紧跟公法96-354的是12291号总统行政命令，它于1981年2月17日由罗纳德·里根（Ronald Reagan）总统签署。它也是被用作一种控制规制机构行为的工具，它明确地告诉高级行政主管这一将要被采用的方法。关键性的章节（第二章）要求机构在颁布新的规制时考虑到以下几点：

1. 决策应该基于足够的信息，这些信息与所提议的政府行动的需要和后果相关。
2. 除非规制对社会的潜在效益大于对社会的潜在成本，否则不应该进行规制行为。
3. 应该选择规制目标以最大化其对社会的纯效益。
4. 在实现任何一个既定规制目标的备选方案中，应该选择涉及对社会最小纯成本的方案。
5. 机构应该根据最大化原则对社会的总纯效益（aggregate net benefits）这一目标设定优先权，将受到规制影响的特殊行业的情况、国家经济的状况和为未来打算的其他规制行为等考虑在内。

第三部分和第四部分是关键领域。总统令不仅要求机构寻求最大化效益，而且他们必须同时考虑到最小成本。这样做的意义很明显，一个2:1的效益成本率将优先于一个6:2的效益成本率，即使后者的产量大约是前者的3倍。在这种情况下，成本考量是首要的。

B. 应用

效益成本分析的应用过程朝着一个相当明确的方向发展。正如迈耶（1984）所指出的，这大概包括三个阶段。

首先是确定一个项目或服务的影响（直接或间接）。这些通常根据收益或成本分类，然后才被确定为直接的（第一位的）（first-order）或间接的（第二位的）（second-order）。我们以城市地区减少空气污染为例，虽然没有列举出所有可能的效益和成本，但很多主要的效益与成本还是可以想到的。与肺相关的疾病数目的减少可以归类为直接效益。提高健康是减少空气污染的结果，也会将这个第二位影响解释为低矿工（lower absenteeism）和高生产力。

在成本方面，直接地遵循成本（即废物排泄控制装置的安装、监督和实施）常常被考虑为第一成本。第二成本可能包括公司破产和就业机会丧失，这是因为执行项目造成了企业被迫关闭、或迁出这一地区、或不能成功在该地区开办。

其次，制定每个效益与每个成本的美元估价（dollar estimate）。对于大多数的成本和收益都分配了一个市场价格，那些在未来将要发生的成本和效益将用现值技术（present-value techniques）进行打折。这种技术的目的是确定当前的美元投资在未来将产生什么样的结果。另外，在某一特定项目或服务中投资的机会成本（opportunity cost）应该得到反映。这通常指的是使用那些必然的资金的其他机会。例如，为一个大坝开支 2.5 亿美元，其机会成本将可能包括用以扩大另一个现有设施发电能力的 5000 万美元。

也许关于将美元置于效益成本分析之下的一个最具争议的方面是有关效益的，因为这些收益都没有明确的市场价值。这里，迈耶（1984）建议了一些补救措施。首先，可以使用所谓的影子价格（shadow prices）。当一个竞争性市场不存在时使用这些价格；当市场被给予补助时价格通常比较高，而市场被垄断时则较低。因此，所指定的一美元要么稍微高于要么稍微低于在一个竞争性市场的美元价格，从而"影子化"了竞争性市场条件。另外一个的技术就是基于公共产品的价值分配。与建立一个外回路州际系统的相关的公共产品可能就是中心城市更不拥挤程度减弱，因而交通事故（automatic accident）率也更低。

最后，某些效益可能抵制定量化的努力，但这一努力已成为这一分析的不可缺少的一部分。我们在前面减少城市地区空气污染的例子中，一个主要的效益是提高了生活的全面质量。虽然这个概念对于很多被调查的人来说有很多的定义，但这是一个必须被考虑的因素。有许多不引人注目的方法去检验它，从被挑选的邻里街区调查到确定代表公民的"支付意愿"（willingness to pay）（Hatry et al. 1973；Webb and Hatry 1973）。不幸的是，正如上面所讨论的，最后一个因素最具有争议性。

C. 成本效益分析的未来

要全面应对像成本效益分析这样一种技术的所有精妙之处是很难的。正如对任何技术和工具来说，它的可用性来自于它被普遍接受和使用的程度。效益成本分析不是没有批评者，而且还有人认为它的使用是限制机构权力的一个企图。抛开个人观点，没有人会怀疑效益成本贡献的巨大性（Tolchin and Tolchin 1983）。它也迫使公共行政人员去检查一个项目或服务的两个方面、去观察长期效果、并用定量和定性的方法明确描述它的影响。

Ⅵ. 运筹学

运筹学领域也为公共部门决策制定领域作出了巨大的贡献。但是在详细审视这些技术之前，仔细界定运筹学是很重要的。

运筹学可以被视为管理科学整个领域内的一个主要分支。通常说来，"管理科学"（Management Science）这个术语被界定为将科学的方法论或原则应用到管理决策中去。这个一般化定义可以在运筹学、决策科学、政策分析和系统分析中发现。虽然我们没有详细讨论每一个方面，但下面的区别是有帮助的：

> 运筹学（OR）不同……因为它关注的是"效率问题，在这些问题中人们能够最大化某一"支付"职能，而这一职能又明确地表达了一个人试图去完成的任务"，而不是在一个作为整体的系统内力图澄清备选政策选择。换句话说，运筹学只是在价值选择被制定后开始起作用；它在这些选择所代表的系统内被用来最大化系统的效率和效果（Henry 1975）。

在这种意义上，运筹学在本质上是"中立的"，一旦已经开始执行政策选择，它只寻求最佳的方法或路径。

A. 运筹学的起源

存在一种共识，即运筹学开始于20世纪30年代的英国，第二次世界大战使其很快扩大到了其他应用上。它被用到这样一些行动上，如追踪敌机、部队和装备运输的后勤工作和日程规划行动（scheduling activities）。在第二次世界大战后，运筹学被扩展到许多领域，如高层建筑（highly construction）、土地利用、邮政服务和公共安全等。最后随着电脑和电子数据处理的出现，运筹学的所有潜力才得以实现，它的应用是相当广泛的。

库存（Inventory），它解决空闲资源问题。例如，大多数培训问题可以被视为库存问题，因为它们包括决定培训管理者所具有的程度和数量和提供一个正确的匹配。

分配，或者发现有效资源、被做的工作和完成工作的方法的最佳组合。大多数的预算问题都是分配问题。通过将电子数据表程序（spreadsheet program）计算机化的方法来发展各种"倘若这样应怎样"（what if）情景的方案已经在这一应用中占主导地位。

排队（Queuing），它考虑如何使人员或物资尽可能用最快、最有效率和最有效果的方法来通过服务机构。与日程安排有关的问题就是一个例子。

排序（Sequencing），它试图用排队的方式解决与绩效相关的问题。例如，将服务一个优先群体所需的整个时间最小化。

路径安排（routing），或努力使在各点之间的相关距离、时间或成本最小化。"推销员的旅程问题"（traveling salesperson）就是路径安排的经典测验，必须要找到对于推销员来说是城市之间最短的、最有效的路径。在公共部门一个类似的例子是关于垃圾收集（refuse collection）的安排表。

替换（replacement），它努力将替换那些随着时间流淅而退化或失效的项目的成本最小化。它也与库存问题紧密相连。公共工程项目的安排表（例如，桥梁或公路修复）就是这些应用的典范。

竞争，或者当一个决策制定者面对其他决策制定者的竞争时将回报最大化的问题。它与博弈论密切相关，通常应用于外交领域。

搜索（research），它指的是找到一个决策制定者所需的机会和资源的最佳方法。运筹学被用在审计、探索和检验（inspections）及其他领域，使搜索程序和减少成本常规化（Henry 1975：134 – 135）。

正如前面所指出的，大多数这些技术都是定位在过程，或更确切地说定位在什么是使用资源的最佳方法上。从对运筹学的这个一般性讨论中，我们求助于与运筹学密切相关并且也在公共行政领域内被使用的两种技术或工具：项目评审技术（program evaluation review technique，PERT）和关键路径法（critical path method，CPM）。

B. 网络分析（Network Analysis）

在公共行政中有许多特别的工具和技术，包括项目评审技术和关键路径法，都被用来规划和协调大型而复杂的工程。这些工程可能包括像从高速公路建设到空间或军事行动等行为。网络分析这一概念作为用最有效方式去应对物资和资源分配问题的一种工具，经证明是相当有用的。网络分析主要指的是某一特定工程或项目的规划、人员及其他资源的分配以及监督进度。

本质上说，网络分析包括四个主要阶段：

1. 网络产生（Network generation）。这一阶段以将工程的目标或对象（goal or objective）具体化为开始，它从必须做什么的概念化发展到明确规定在实现目标或对象中必须实施的事件和行为。在这一阶段产生的网络描述是工程的图表模式，并纳入了时间（有时候是成本）估算。

2. 网络测评（Network evaluation）。工程的最初网络规划一旦完成，管理者就必须对其稳健性（soundness）进行测评，从它最基本的逻辑立场确定它的正确性。

3. 网络监督（Network monitoring）。网络规划一经被选择就成了工程一生（life）有价值的管理工具。它可以用来决定工程按计划进行的程度，以及是否要求进行管理干预。在管理干预必要的地方，网络提供有用的数据以衡量各种可能的备选管理行为。

4. 网络修正（Network modification）。监督将显示不得不更改网络规划以保持必要的管理控制（White et al. 1980）。

本质上说，网络分析在很大程度上是建立在系统分析和系统逻辑术语（logic terms）上的。也就是说，任何进行的项目或工程都应该从整体来看待［即，统一原则（principle of unity）］，而且管理者考虑到相关因素和单元的互动也是很重要的。另外，反馈和控制机制将被纳入到该过程中来，这样才能在到达危机管理阶段之前作出必要的调整和修正。最后，网络分析涉及到全面的（comprehensiveness）系统概念；也就是说那些对实现整体目标很关键的因素（不管这些因素是工程或项目本身运行之内还是之外的）都必须整合到全面的设计中来。

正如前面所提出的，使用了网络分析并在运筹学这一更广泛领域内被分类的两个工具是项目评审技术和关键路径法。

关键路径法（CPM）是在20世纪50年代晚期由杜邦（Du Pont）、雷明顿（Remington）、兰德（Rand）、尤尼法克（或通用公司）（Univac and Mauchly Associates）提出的（Shaffer et al. 1965），它是将计算机应用到复杂工程的一个工具。项目评审技术（PERT）则是由美国海军特别项目办公室（U.S. Navy Special Project Office）建立的一个团队所提出的，团队包括来自洛克希德飞机公司（Lockheed Aircraft Corporation）和布兹、艾伦和汉密尔顿咨询公司（consulting firm of Booz，Allen，and Hamilton）的代表（Stires and Murphy 1964）。项目评审技术作为北极星海军弹道导弹项目（Polaris Fleet Ballistic Missile Program）的一个计划和控制系统而得到发展（Dannenbring and Starr 1981：548）。尽管这两个技术最初是为了不同的用途而提出，但是随着时间的发展和广泛的使用，两者已经逐渐融合到一起并被放在一起考虑。后来，历史上用来整合和编制大规模信息的、巨大的计算机系统已经被更小的、但是更有力量的、以微观和宏观为基础的项目所取代，这些项目本身在系统分析上有了巨大的提高，项目管理者也能够更加紧密地监督项目绩效。

简要地描述，项目评审技术包括对工程完工所必需的时间和资源的一个图表估算。它可应用于许多行动，包括从建筑工程到人事的安排和调度。尽管没有详细深入探讨，但项目评审技术包括两个主要成分：对事件的描述（常常用一个圆圈表示）和对行为的描述（常常用一个箭头表示）。这两个随后被联系在一起组成一个对关键事件和行动的网络，这个网络导致一些事件必须按某种特定的顺序来进行。

顺序常常有两种类型。图2展示的是一个顺序，其中事件4取决于行为C的发生。事件3必须在行为C之前发生，等等。这一模式被视为"连续性互相依赖"（serial interdependence），它强调在事件和行为之间的直接因果关系。连续性互相依赖的一个普通例子是大规模的生产线（mass production line），在那里更加强调行为A、B、C和要获得一致性的标准化。

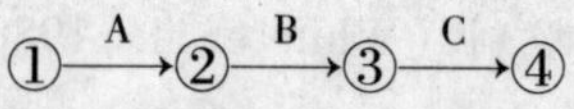

①—A→②—B→③—C→④

图2 事件的连续性相互依赖

这一顺序的第二种类型通常与项目评审技术联系在一起，这近似于重复大多数发生在管理中的行为。这一顺序包括那些以"平行"（parallel）方式发生的行为和事件。图3代表这一路径。它还强调行为和事件的逻辑顺序，但同时又存在一些平行的系列行为（streams of activity）。图3中显示的行为 G 被认为是一种"虚构行为"（dummy activity）。这表明，虽然就时间或资源而言事件4和事件7没有直接联系，但是事件4必须发生在事件7之前。

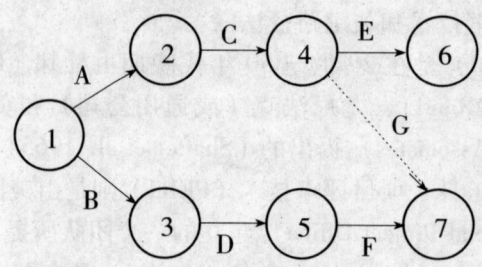

图3 事件的平行顺序

在事件和行为的特定顺序被描述后，列举了所显示的每个行为的时间和资源成本。通常包括三个时间估算：最佳的时间，最可能的时间和最糟的时间。这三个时间以平均、方差来计算。那些具有最小方差的评估被认为是更加"精确的"，常常得到行政官员（administrator）的青睐。虽然项目评审技术的具体应用可能会稍微有些变化，这取决于任务的特殊性质，但它已经被应用到许多的领域，从导弹调度行动到在医院里安装和运行计算机辅助的层析照相扫描装置（CAT scanners）。也许这些应用最普遍的方面是强调及时地、最有效地调度资源。

网络分析的第二种模式——关键路径法是指确定事件和行为之间最长的路径。工程的长度相当于通过优先网络（precedence network）中最长路径的长度，这一最长的路径被认为是最关键的路径。构成这一最长路径的行为叫做关键行为，超出它的预期时间而延缓它的完成都将导致整个项目花费比必要更多的时间。和关键路径密切相关的是迟缓（slack）这一概念，它指的是在可以允许的最晚时间和最早预期的时间之间的差距。在公共部门应用关键路径法的例子包括：在有限资源内决定开始高速公路建设的理想时间、建设周期的长度，以及那些要求重新调度建设资源和资金的预料之外的事件［例如，一段倒塌的高速公路，一座桥梁的受损退化（deterioration）］。

在评估运筹学对整个公共行政学领域的全面贡献时，下面的引言作了最好的总结：

>尽管运筹学对在系统内澄清相互依赖关系和相应地分配资源是一个有用的工具，然而它依靠的是该领域外的一些人搔头抓腮并告诉大家完成某些活动可能要花多长时间，代价是多少……尽管项目评审技术对行政管理人员来说是非常有用的，但是它的推测的基础绝不能被它技术的上层结构所遮蔽（Henry 1975：343）。

对整个运筹学领域也应该做同样的免责声明。所产生和使用的这些工具和技术并不能够替代管理经验和环境所要求的直觉，这些技术只是用来帮助管理者制定决策，它们不能取代管理者。要了解更多关于这些技术的信息，请参考莫德尔和菲利浦的作品（Moder and Phillips 1970）。

根据使用这些关注效率概念的技术，下一部分我们将讨论包括过程和整体目标的技术。在某种意义上它是将目的和手段结合在一起。

Ⅶ. 管理信息系统

近些年来公共部门经历了很多变革，其中一个决策制定领域就是信息系统领域。确实，要不是因为自动系统在帮助管理者收集和使用不同的数据及信息渠道和数量中所具有的能力，许多今天很普遍的管理技术都是不可能的。这一过程的一个方面就是信息系统在帮助实际政策设定（policy setting）中的贡献。近来的研究也显示，公共管理者正在开始接受更先进的信息系统应用，并将这样的系统视为是帮助而不是取代管理职能（McGowan and Lombardo 1986）。

A. 信息系统的贡献

通常，电脑化信息系统（computerized information system）被发现在以下一些领域具有潜在的价值（Stevens and McGowan 1985，173–177）：

　　发现问题（problem finding）
　　界定问题（problem definition）
　　提供与备选方案有关的信息
　　在备选方案中进行选择
　　政策论证（policy argument）

发现问题领域指的是信息系统搜索和标出那些除了偏差的情形之能力。也被认为是"异常报告"（exception reporting），这可能包括，例如，发行远远超出标准的社会保障支票。这里，信息系统的贡献是能够解放管理者和行政人员

(administrator）的时间并使其去集中关注关键的绩效领域。丹齐格和克林（Danziger and Kling 1982）正确地指出，在许多政府组织，特别是在地方，问题的发现常常来源于对数据的特别检查（ad hoc examinations），而不是来自复杂的例外报告系统。这并不意味着这样的报告系统是无效的，只是每个组织依赖于信息系统的程度不同而已。

界定问题阶段更多是将数据日常扫描和处理移开，这些数据表达出下一步行动的需求。在这一阶段，管理者试图主要以一个支持的角色来使用这一信息系统，当他/她试图去确定问题和议题（problem or issue）的本质时他可能不断地参考这一系统。一个警官注意到邻里犯罪的急剧增加，信息系统可能用来给界定阶段提供额外的信息源输入（source of input）。也许这个警察希望将这一增长和迁入或迁出该区域的移民数量联系起来，但他可能发现这一邻区周边环境是不典型的，有一个很高的流动性。强调大多数管理者非常重视解决问题情况的个人经历和直觉是很重要的；信息系统所提供的数据，是根据他们在很大程度上支持这些直觉而得到评价的。

电子化信息系统提供与政策和项目备选方案相关的信息的能力，得到了在数据库系统（database systems）和决策支持系统（decision support systems）使用中取得的发展的支持。数据库系统允许使用者组织、存储和恢复数据而不要担心档案格式和存储结构的技术考虑。为了项目计划和政策决策目的，容易获得一些数据资源的能力明显是有好处的。

决策支持系统常常应用在信息使用的下一层级或等级中，因为它们处理的是数据库管理系统的管理信息和报告方面。这些系统常常擅长于制定战略类型的决策或对"如果那样怎么办"情况作出回应。决策支持系统在州层级的可能运用就是：如果联邦补助减少到某一数目的话，它将检查收入可能的亏空。这也让机构官员和行政人员有时间和灵活度去制订出更为详细的（和精确的）应急计划。不管你使用的是一个数据库系统或一个决策支持系统，信息系统都能够提供数据以提高备选方案的选择。

今天，发展了许多复杂的硬件和软件系统，它们能够为备选方案选择提供具体的过程。人工智能领域可能就是这样一个例子，但是这也是在未来几年内具有深远影响的一个领域。需要应对的一个重要因素就是决策制定者和信息系统之间的关系，也就是所谓的人机界面问题（man-machine interface）。为了使应用成功，设计者们必须对最终使用者的需求敏感，而且这些系统应该只是被用以增加而不是代替最终决策。它们能做的贡献是去过滤或缩小选择领域。

被探讨的最后一个应用就是信息系统的政策论证方面。信息系统的价值体现在它的操作应用上，这一点在一些论坛的作用是非常明显的，如国会听证会、拨款会议、议会辩论等。一个让人鼓舞的迹象就是监督机构，例如议会和立法机构，变得越来越能接受在那些公共论坛中使用计算机产生的信息。他们对它的潜在影响很敏感，也正在向机构官员和行政人员（administrator）询问更多的探讨性问题。

要总结信息系统对决策制定领域的贡献，一些人可能说，它们总的贡献到今天还是有限的。但是有很多积极的迹象表明，这一现象正在开始改变。当职业人员进入政策辩论和政策论证的政治争议中，他们越来越多地使用电子化信息系统应对政策问题的许多方面。此外，随着信息高速公路的出现，应用急剧增加，促进了对州和地方服务和信息的获取，包括访问许多不同的机构和组织的网站主页。

Ⅷ. 战略计划和管理

战略计划被认为是公共和非盈利组织管理的"热门"创新之一（Berry and Wechsler 1995）。尽管"战略计划"和"战略管理"可以互换使用，但我们可以将战略管理视为战略计划的执行或结果。不管是计划还是执行，一个战略路径方法采取一个系统视角审查基本的职能和目的、分析一个组织的内外部条件和力量，并假设使用一个 1~5 年的时间范围的决策制定框架。

"战略"这个术语来源于古希腊，与指挥军队有关。这个术语传达的是"在战争状态下实现关键目标的观点"（Anderson 1994，339）。企业和政府管理者面临着相类似的议题。他们都在日益动荡的环境下行使职责，都不得不去管理内部和外部状态，而且都必须设计系统和确定实现目的和目标的方向。但是还是有很重要的不同。对于企业管理者来说，战场可以被认为是竞争顾客的市场，而政府管理者则为有限的公共资金而竞争。如果政府机构采用一个竞争性企业方法，只会导致"无效率地保护地盘（turf-protecting）行为，而不是更好的、更具有成本效益的服务"（Anderson 1994：340）。这些根本的不同对战略计划的适当模式和路径有重要的影响。

A. 定义和基本要素

提供的不同定义：

> 战略计划被界定为一个系统过程，管理组织和与它的环境和外部利益相关人联系的未来方向，包括战略制定、分析机构优劣势、确定机构的利益相关人、执行战略行动和议题管理（Berry and Wechsler 1995）。

> 战略管理是……执行一个战略计划的过程，它将组织的目的、政策和行动顺序整合成一个具有内聚力的整体（Halachmi 1992）。

> 我们将战略管理定义为一个产生重大决策和行动的主要措施，这些决策和行动形成和指导组织（或其他实体）是什么，它做什么，为什么要去做（Bryson 1989）。

不管谁发现最为有吸引力的特殊定义，有一些重要的因素是任何战略计划都必须包括的：

1. 对外部环境的评估。战略计划包括一个环境扫描（environmental scan），扫描审查组织基本使命和目的所面临的机遇和挑战（Eadie 1983；Halachmi 1992）。考虑到大多数组织环境的动荡状态，战略方法将系统地评估对完成组织的重大目标（如果不是基本的生存目标）提供了新的机遇或者提出新的威胁的这些条件。这常常包括审查影响今天环境发展的主要的经济、政治、社会和技术倾向。例如，一个大学将监控人口趋势、变化着的工作状态和市场上的新的参与者和竞争者。

2. 对内部环境的评估。战略计划也包括根据组织优势和缺点对组织进行评估。这可以被认为是一种"资源审计"（resource audit），它分析组织的特殊财产和责任，因为它们与预期的战略选择和行动有关（Eadie 1983）。如果未来方向的选择和执行要成功的话，这些信息非常重要。例如，如果一个大学在没有充足的师资力量或没有这一领域必需的资源时，作出发展一个新的学位课程（degree program）的决策是注定要失败的。战略计划应该在做出这样的项目变革之前就确定这些需求。

3. 使用系统视角选择战略目标。如果意识到组织的环境并感受到组织的职能或目的，就可以制定关于具体行动步骤以至于组织和环境现实之间更好地适合。例如，在上面所提到的情况下，大学不要去决策扩大学位课程，可能重新设计现存项目的课程来回应变革要求，可能在利用其教师这一特有资产的同时重新设计现有教学课程以回应变革的需要，而不是决定扩大学位课程。

虽然我们已经提到了三个基本的要素，当然还有其他的战略计划和管理的要素。例如，战略计划的另一个要素可能是确定重大目的或者是重新评估组织的基本使命。一些人认为目的界定是战略计划过程的一部分（e.g., Steiner 1979），但是其他人认为目的选择和战略制定应该分开。但是，在政府和企业之间的不同必须予以考ողe。私营部门改变任务的能力在公共部门是有问题的，因为公共部门管理者没有权限在重大目标中作出变革（Stevens and McGowan 1983）。

另一个分析（Anderson 1994）确定了一个战略导向（政府或企业）的下面五个特征：

    关注使命与关键活动
    在时间指向上的长度
    从组织边界到向外看利益相关人或顾客
    寻求投资的最大回报而不是最小经济成本
    高度重视技术、人力和信息等资源的价值

B. 用途和现在趋势

战略计划已经成为一个被广泛使用的管理工具,越来越多的政府机构选择某种形式的战略计划。战略计划正在各级政府中被使用。对城市经理和州机构管理者的独立调查显示,报告了一个相似的使用率。大约60%的州和城市层级的管理者反映使用了某些形式的战略计划(Berry and Wechsler 1995;Poister and Streib 194)。

举几个例子,战略计划在公共部门和非盈利组织中的应用包括公共部门信息技术的发展(Andersen 1994)、平等就业委员会(EEOC)的战略管理(Kemp et al. 1993)、城市和县的规划(Sorkin et al. 1984;Thomas et al. 1998;Wheeland 1993)以及绩效评估和人力资源管理(Kerr 1994)。

C. 战略计划的路径

尽管战略计划有一些共同的要素,但是在不同的路径得到了发展。布赖恩(Bryson 1989)总结了私营部门战略管理的一些主要路径,他将这些路径划分为过程和内容。内容路径包括:

投资组合法(portfolio methods)。公司的各种业务都根据与每项业务或者投资部分有关的战略来评估(e.g. MacMillan 1983)。

竞争分析(competitive analysis)。形成这一商务的关键力量根据正在发展的战略选择来评估(e.g. Porter 1985)。

战略议题管理。这里关注的是确定对这一商务有重要影响的议题。战略发展成为管理这些议题的有效方法(e.g., King 1982)。

另一方面,过程路径(process approaches)包括:

哈佛政策模式(Harvard Policy Model)。这一方法使用SWOT(优势、弱势、机会和威胁)分析,确定组织内部要素的优势和弱势,同时审查对实现组织目标的机会和威胁的外部要素(e.g. Andrews 1980)。

战略计划系统。这里管理者通常在跨组织的各职能与各层级制定重要决策,这些决策集中在使命、战略、预算和控制上(e.g. Lorange 1980)。

利益相关人管理(stakeholder management)。这一路径确定关键的利益相关人(内部的和外部的),并制定与每个利益相关人/组织打交道的战略(e.g. Freeman 1984)。

战略协商(strategic negotiation)。谈判和协商常常被视为确定和解决组织战略问题的一个过程(e.g. Pettigrew 1984)。

逻辑渐进主义（logical incrementalism）。这一路径关注的是发展和执行组织战略中的细微变化的重要性（e.g. Quinn 1980）。

创新框架（frameworks for innovation）。强调的是创新作为一种战略（e.g. Taylor 1984）。

基于他对私营部门的战略计划路径的观点，布赖恩（1989）得出一些有关公共部门和非盈利部门战略计划的结论。首先，战略计划不是一个单一的概念、程序或工具。第二，公共部门的战略计划不得不考虑广泛的计划行为。第三，战略计划应该适应形势，常常产生一个不同路径的混合物。第四，所有公共和非盈利部门规划者都应当意识到并了解战略计划工具和路径。第五，规划者应考虑议题的技术和政治两个方面。第六，需要研究以增加了解公共部门和非盈利部门的战略计划。

布赖恩（1989）提出一个普遍路径，它融合了上面讨论过的私营部门路径的各个方面。他提出一个八步骤路径，他认为这一方法适宜于公共和非盈利部门组织，这八个步骤是：

1. 提出和协定一个战略计划过程；
2. 确定组织授权（organizational mandates）；
3. 明确组织使命和价值；
4. 评估外部环境：机遇与挑战；
5. 评估内部环境：优势和弱势；
6. 确定组织面临的战略议题；
7. 制定管理这些议题的战略；
8. 建立一个关于未来的有效组织视野。

另外一种路径（Halachmi 1992）确定了一个简单的战略计划模式的七个步骤：

1. 提出计划；
2. 整理被选方案（盘点存货）（take stock）；
3. 进行战略分析；
4. 决定备选方案的产生；
5. 做出战略决策；
6. 产生组织领导者和支持者；
7. 审查和评估。

公共部门组织的战略计划和管理的特别路径可能不得不量身定做，特别是因为许多战略路径是为企业应用而开发出来的。例如，安德森（Andersen

1994）修正了波特（Porter 1985）的竞争战略分析，提出了一个分析的合作模式，这一模式包括服务环境中的提供者、顾客、进入者和代替者。然后，安德森在建立一个适合于应用到公共组织的公共信息管理应用路径时，将这一合作分析和另外一个企业路径（business approach）——战略选择生成器（Wiseman 1985）——结合起来。重要的一点是，有许多不同的战略计划和管理路径，为了应用到公共组织中，进行创造性的修正是必须的，这取决于政府的层级、被提供服务的种类和其他相关因素。

Ⅸ. 全面质量管理

质量运动可以被视为一场革命，这场革命开始于 1980 年，美国国家广播公司（NBC）当时播出了一个项目，向美国人介绍 W. 爱德华·戴明（W. Edward Deming）。他是全面质量管理和质量运动之父，他的管理哲学被视为是美国全球生产力和竞争危机的解决方法。这一路径最初被企业采用，但现在渗入各级政府组织中，这部分可能是他们自己对日益减少的财政资金和公民支持危机的回应。

戴明的目标并不中庸，在他最著名的书《走出危机》（Out of Crisis, 1986）中，他认为：

> 本书的目的是改变美国的管理风格。美国管理风格的转变不是一项重建工作，也不是修订而已。它要求一个全新的结构，从基础开始往上……转变政府与企业关系也是必须的（Deming 1986, ix）。

所以戴明的质量路径和全面质量管理也不单只是对决策制定的帮助，它是组织中所有决策制定的一个整体的管理战略。

A. 定义和基本要素

全面质量管理（TQM）可能被视为一些概念和工具的集合，管理者用以提高产品、服务，以及组织的生产力和效率。质量可以定义为满足或超出消费者的期望。此外，质量可以被视为产生顾客满意的一系列特征。就产品和制造品而言，这些特征包括可靠性、耐用度和有用性等方面。就服务而言，质量方面包括及时性、礼貌和回应性。

虽然质量控制可能被认为是某一特定单位或个人的责任，但是全面质量管理"表达的是一种全面的企业范围的努力，包括所有的雇员、供应商和顾客，它持续寻求提高产品的质量和过程以满足顾客需要和感受"（Dean and Evans 1994：12）。这就是全面质量管理的"全面"要素，也说明了为什么戴明认为组织的全面转变是必要的。本身没有"质量"议题，相反与组织的生产、资金、市场、人力资源和其他职能相关的议题和问题存在着问题。采用全面质量管理视角就是将问题视为整个系统的函数,这样,全面质量管理就将组织中的每个人包括在内,去确定和提高质量维度,以及顾客的满意度。

尽管有许多不同的全面质量管理路径,但全面质量管理路径还是有共有的核心要素、特征或原则。迪安和埃文斯(Dean and Evans 1994)总结以下几点:

顾客导向(customer focus)。这里假设顾客是质量的裁判。因此,一个全面质量管理路径将量度那些让顾客满意的要素,通常收集有关顾客使用、需要和满意的数据。顾客的关系和顾客的忠诚是基本的目的。此外,顾客包括外部顾客(他们购买产品)和内部顾客[他们在服务或生产过程中得到工作产出(work output)]。从把全面质量管理应用到公共部门组织上来说,界定"顾客"本身也成了一个问题。

战略计划和领导(strategic planning and leadership)。一个全面质量管理包括一个假设即,为了实现成功,要求一个长期的承诺去改善。另外,成功将包括过程和组织的所有方面。因此计划必须是战略性的(即长期的),它涉及组织的所有方面,而且必须包括对向目标进展情况的常规审查和评估。高层管理者的领导在全面质量管理中是关键的。明确的目的和高度的期望必须得到交流,领导者必须承担建立全面质量管理战略和系统的责任。

持续改善(continuous improvement)。任何全面质量管理路径将包括持续改善。这些改善是(1)通过更新和提高产品及服务向顾客提供价值;(2)减少失误、缺陷和浪费;(3)提高回应和周期效绩(cycle-time performance);(4)提高所有资源使用的生产力和效果。此外,这些改善必须得到测评,因此使用可信的数据、信息和分析对持续改善来说是很关键的。

授权和团队协作(empowerment and teamwork)。组织的职能和单位必须包括和承诺去实现质量和卓越(excellence)。因此,任何全面质量管理路径都关注改善团队协作,这可以根据三个层级来考虑。垂直团队协作包括上级和下级雇员,尤其是下级雇员被授权去制定让顾客满意的决策。水平协作(Horizontal teamwork)包括跨越职能线的群体,因此有了术语"跨职能团队"(cross-functional teams)。跨组织团队协作包括发展供应商团队、顾客和其他外部组织团队。在公共部门中,这可能包括各种公民团体、机构代表(agency representatives)、分包者(subcontractors)和民选官员。

B. 全面质量路径(approaches to Total Quality)

如果认为存在一个最好的全面质量管理模式,那可是错误的。成功的执行依据组织的方法和它的文化、任务和组织而量体裁衣。全面质量包括一个复杂的、全面的组织和变革过程。还有,组织可以强调一些质量工具,而没有必要在过程和文化中制定基本变革。尽管全面质量方法有这一独特的特征，但我们还是能简要概括一下戴明路径和这一路径的关键要素。

1. 戴明的方式（The Deming Way）

戴明以这样一个假设开始，即"美国工业病症的基本原因……是高层管理的管理失败"（Deming 1986, ix）。管理失败本质上就是没有"为未来规划和预测问题"，从而导致无效率、顾客报复（consumer retaliation）和失业。戴明对这一失败的解决方法就是戴明链（Deming chain）：

提高质量—降低成本—提高生产力—占领市场—保持业务—更多工作

虽然他认为质量方法可以应用到政府中，但戴明意识到政府和企业之间的不同：

在大多数政府服务中，没有市场可去占领。取代占领市场，政府机构应当经济地提供由法律和规章所规定的服务。目的就是在服务的差别上。政府服务的持续改善将得到美国人民的赞赏，并将在服务中留住工作并帮助工业建立更多的工作（Deming 1986：6）。

因此政府的关注应该放在质量服务上，根据戴明链，这些服务将降低成本和提高生产力。其结果不是去增加市场份额，而是得到公民和民选官员的信任，这将带来服务、公共资金和相关公共职位的延续（continuation）。

戴明管理的 14 点可以通过不同的方法得以表达。谢尔肯巴赫（Scherkenbach 1987）将它们总结为：

1. 建立目的持久性。组织应该首先集中关注服务顾客和雇员而不是短期的获利。
2. 学习和接纳新的哲学。
3. 扬弃依赖大量的监督来达到质量。一个目的应该是通过把质量纳入过程而消除监督的必要。
4. 持续不断并永久地改善系统。这是一种对集中持续改善的呼吁。
5. 清除障碍（从权力到工作的自豪）。
6. 消除恐惧（在组织中）。相互尊重的氛围是很重要的，因为尊重（或它的对立面，恐惧）影响了在转变组织中其他要素的成功。
7. 打破部门间的藩篱。
8. 抛弃数字式的目标（和口号及主张）。

9. 抛弃工作标准。抛弃目标管理、数字管理(management by number)和数字式目标。而用领导来代替(substitute leadership)。

10. 建立现代化监管模式。建立领导,意味着追求领导的目的就是帮助人们和机器把工作做得更好。

11. 建立现代培训模式。

12. 建立教育和再培训项目(通过强有力的自我改善项目)。

13. 结束根据价格标签回报商务的实践。不能只看最低成本,而要以长期的忠诚和信任关系工作。

14. 让每个人都为变革的完成而工作。在组织中的每个人都应与质量目的和目标有关,并为之作出贡献。

2. 其他质量路径

尽管有许多全面质量管理的应用方法,而戴明也是这场质量运动中最突出的一个,但是其他两种相关的哲学和路径也值得一提。

约瑟夫·朱兰(Joseph Juran)度过了他作为一个公司的工业工程师的大部分职业生涯。和戴明一样,他在20世纪50年代将质量原则教给日本人。在1951年他撰写并编辑了《质量控制手册》(Quality Control Handbook),现在已经是第四版了(Juran and Gryna 1988)。朱兰将质量定义为"适宜使用"(fitness for use)。朱兰学院(Juran Institute)在它的质量三部曲中关注质量的三个方面。第一个是质量计划,满足质量目的的过程。第二是质量控制,在运行中满足质量目的的过程。第三是质量改善,证实需要改善和发展质量改善工程的过程。

菲利浦·克罗斯比(Philip Crosby)是另一个质量专家,他在1979年出版了《质量是免费的》(Quality is Free)。他的哲学体现在被视为质量管理绝对因素和改善的基本要素上。他的绝对因素包括:质量指的是与要求而不是与优雅一致,惟一的绩效测评是质量成本,以及惟一的绩效标准是零缺陷。改善的基本要素包括决定、教育和执行。他的路径是更加行为主义的,并强调管理和组织过程以改变企业文化和态度而不是统计技术。

C. 用途和当前趋势

全面质量作为一种管理路径和工具正被各级政府所采纳。路易斯·哈里斯(Louis Harris)的一次调查报道,66%的联邦高级行政主管已经在他们的机构中提出一种新的质量哲学(Carr and Littman 1990)。例如,在联邦层级,全面质量管理已经被国税局(Internal Revenue Service)(Mani 1995)和国防部各种项目中得到实施(Gilbert 1992)。联邦质量学院(Federal Quality Institute)被建立以在发展全面质量项目中提供指导和教育,包括一本关于质量管理的手册(U.S. Federal Quality Institute 1991)。

州政府也采纳了质量动议,如威斯康星州(Wisconsin)、密歇根州(Michigan)、明尼苏达州（Minnesota）、阿肯色州（Arkansas）和加利福尼亚州（California）（Carr and Littman 1990）。一个在州层级高度成功的全面质量管理项目就是佛罗里达州交通厅（Bowman and French 1992）。

在他们对城市经理的问卷调查中，波伊斯特和斯特赖比（Poister and Streib 1994）发现，39%的市政经理报告使用了全面质量管理，这让他们得出结论，"全面质量管理开始迅速渗透到地方政府"（Poister and Streib 1994：120）。这一使用率特别让人印象深刻，因为在调查的早期版本中全面质量管理其至还没有出现。在1993年对2.5万个以上的城市的调查中，25%的应答者使用了全面质量管理，而且最普遍的应用领域就是警察、公园、娱乐、预算和人事。在另外一次对城市政府的调查中，作者得出结论，"全面质量管理在城市政府中运行很好"（Berman and Wert 1995：64）。他们发现22%的回答者象征性地信奉全面质量管理，而11%的回答者是实质性地信赖全面质量管理。

X．结论

试图确定（和辩护）在决策制定的五大议题是一个很困难的任务，有一些人可能会质疑这已经被选择的五个议题。也许每个议题所拥有的关键的最基本特征就是，它们都在某种程度上尽力帮助决策制定过程。在一个不断变化和挑战的环境下，没有一个对获得组织目标的决策制定和战略的帮助是充分的。管理者需要评估各种路径的优势，为组织成功而准备定制设计他们自己的模式和路径（Johnston 1995）。这包括成本效益分析，它强迫管理者去证明他们项目和服务的合理性；运筹学，它在一个竞争环境下看待决策制定；信息系统，它允许管理者去应对日益复杂和非常规的环境；战略计划和管理，它使管理者关注组织更大的环境和长期目的；和全面质量管理，它为最大化生产力和效率提供一个框架。不管我们是在一个相似的名义还是以不同的借口下使用它们，毋庸置疑，我们都发现了它们的要素明显地存在于今天的工作环境中。

REFERENCES

Andersen DF. Strategic information management: conceptual frameworks for the public sector. Public Product Manage Rev XVII (4): 335 – 353, 1994.

Andrews K. The Concept of Corporate Strategy. Homewood, IL: Irwin, 1980.

Berman EM, West JP. Municipal commitment to total quality management: a survey of recent progress. Public Admin Rev 55 (1): 57 – 66, 1995.

Berry FS, Wechsler B. State agencies' experience with strategic planning: findings from a national survey. Public Admin Rev 55 (2): 159 – 168, 1995.

Bowman JS, French BJ. Quality improvement in a state agency revisited. Public Product Manage Rev XVI (1): 53 – 64, 1992.

Bryson JM. Strategic Planning for Public and Nonprofit Organizations. San Francisco: Jossey-Bass, 1989.

Carr D, Littman I. Excellence in Government: Total Quality Management in the 1990s. Arlington, VA: Coopers & Lybrand, 1990.

Cohen M, March J. Leadership and Ambiguity: The American College President. Boston: Harvard Business School Press, 1986.

Crosby PB. Quality is Free. New York: McGraw-Hill, 1979.

Dannenbring D, Starr M. Management Science: An Introduction. New York: McGraw-Hill, 1981. Danziger JN, Kling R. Computers in the policy process. In: Danziger J, Dutton W, Kling R, Kraemer K, eds. Computers and Politics. New York: Columbia University Press. 1982, pp. 136 – 168.

Dean WJ Jr, Evans JR. Total Quality: Management, Organization, and Strategy. Minneapolis, MN: West Publishing, 1994.

Deming WE. Out of the Crisis. Cambridge, MA: Massachusetts Institute of Technology Center for Advanced Engineering Study, 1986.

Dunn W. Public Policy Analysis. Englewood Cliffs, NJ: Prentice-Hall, 1981.

Eadie DC. Putting a powerful tool to practical use: the application of strategic planning in the public sector. Public Admin Rev 43: 447 – 452, 1983.

Fiedler FA. Theory of Leadership Effectiveness. New York: McGraw-Hill, 1967.

Freeman RE. Strategic Management: A Stakeholder Approach. Boston: Pitman, 1984.

Gilbert GR. quality improvement in a federal defense department. Public Product Manage Rev XVI (1): 65 – 75, 1992.

Haberman SJ. Analysis of Qualitative Data. New York: Academic Press, 1978.

Halachmi A. Strategic management and productivity. In: Holzer M, ed. Public Productivity Handbook. New York: Marcel Dekker, 1992.

Halachmi A. Strategic planning and management? Not necessarily. Public Product Rev 20: 35 – 50, 1986,

Hatry H, Winnie R, Fisk D. Practical Program Evaluation for State and Local Government Officials. Washington, D. C.: Urban Institute, 1973.

Henry N. Public Administration and Public Affairs. Englewood Cliffs, NJ: Prentice-Hall, 1975. Johnston VR. Increasing quality and productivity: strategic planning, TQM, and beyond.

In: Halachmi, A, Boucheaert, G. eds., Public Productivity Through Quality and Strategic Management IOS Press, 1995.

Juran JM, Gryna FM. Juran's Quality Control Handbook (4th ed). New York: McGraw-Hill, 1988. Kemp EJ Jr, Funk RJ, Eadie DC. Change in chewable bites: applying strategic management at EEOC. Public Admin Rev 53 (2):

129 – 134, 1993.

Kerr DL. Managing Rosie the riveter: the work between strategic planning and performance measurement. Public Product Manage Rev XVII (3): 215 – 221, 1994.

King WR. Using strategic issue analysis. Long Range Plan 15 (4): 45 – 49, 1982.

Kingdon J. Agendas, Alternatives, and Public Policies. Boston: Little, Brown, 1984.

Kraemer K, King JL. Computers and Local Government: A Manager's Guide, vol. 2. New York: Praeger, 1977.

Lorange P. Corporate Planning: An Executive Viewpoint. Englewood Cliffs, NJ: Prentice-Hall, 1980,

Mani BG. Old wine in new bottles tastes better: a case study of TQM implementation in the IRS. Public Admin Rev 55 (2): 147 – 158, 1995.

MacMillan I. Competitive strategies for not-for-profit agencies. Adv Strat Manage 1: 61 – 82, 1983.

Mazmanian D, Sabatier P, eds. Effective Policy Implementation. Lexington, MA: Lexington Books, 1981.

McGowan RP. Total quality management: lessons from business and government. Public Product Manage Rev l8 (4): 321 – 331, 1995.

McGowan RP, Lombardo G. Decision support systems in state government: promises and pitfalls. Public Admin Rev 46: 579 – 583, 1986.

McGowan RP, Loveless S. Strategies for information management: the administrator's perspective. Public Admin Rev 41: 331 – 339, 1982.

McGowan RP, Stevens JM. Local government's initiatives in a climate of uncertainty. Public Admin Rev 43 (2): 127 – 136, 1983.

Meier K. The limits of cost-benefit analysis. In: Nigro L, ed. Decision-Making in the Public Sector. New York: Marcel Dekker, 1984, pp. 43 – 63.

Moder J, Phillips C. Project Management with CPM and PERT. New York: Van Nostrand Reinhold, 1970.

Morrisey G. Management by Objectives and Results. Reading, MA: Addison-Wesley, 1970.

Pettigrew AM. Strategy formulation as a political process. Int Stud Manage Org 7 (2): 78 – 87, 1977.

Porter M. Competitive Advantage. New York: Free Press, 1985.

Poister TH, Streib G. Municipal management tools from 1976 to 1993: an overview and update. Pub Product Manage Rev 18 (2): 115 – 127, 1994.

Public Law 96 – 354, September 19, 1980, 5 USC 604.

Quinn JB. Strategies for Change: Logical Incrementalism. Homewood. IL: Irwin,

1980.

Radford K. Complex Decision Problems: An Integrated Strategy for Resolution. Reston, VA: Reston Publishing, 1977.

Scherkenbach WW. The Deming Route to Quality and Productivity: Road Maps and Roadblocks. Rockville: MD: Mercury Press, 1987.

Seiznick P. Leadership in Administration: A Sociological Interpretation. Evanston, IL: Row, Peterson, 1957.

Shaffer LR, Ritter JB Meyer WL. The Critical Path Method. New York: McGraw-Hill, 1956.

Simon H. The structure of ill-structured decision processes. Artiflmell 4: 181–201, 1973.

——. Centralization vs. Decentralization in Organizing the Controller's Department: A Research Study and Report Prepared for Controllership Foundation. Houston, TX: Scholarly Books, 1978.

——. The new science of management decision. In: Cyert R, Welsch L, eds. Management Decision Making. New York: Penguin Books, 1980, pp. 13–16.

Sorkin DL, Ferris NB, Hudak J. Strategies for Cities and Counties: A Strategic Planning Guide. Washington, D.C.: Public Technology, Inc., 1984.

Steiner GA. Strategic Planning: What Every Manager Must Know. New York: Free Press, 1979.

Stevens JM, McGowan RP. Local government management: reactive and adaptive. Pub Admin Rev 43 (3): 260–267, 1983.

Stevens JM, McGowan RP. Information Systems and Public Management. New York: Praeger, 1985.

Stires D, Murphy M. Modern Management Methods PERT and CPM: Program Evaluation Review Technique and Critical Path Method. Boston: Materials Management Institute, 1964.

Taylor B. Strategic planning: which style do you need? Long Range Planning 17: 51–62, 1984.

Thomas RL, Means MC, Grieve M. Taking Charge: How Communities are Planning their Futures. Washington, D.C.: International City Management Association, 1988.

Tolchin S, Tolchin M. Dismantling America: The Rush to Deregulate. Boston: Houghton-Mifflin, 1983.

U.S. Federal Quality Institute. Federal Total Quality Management Handbook. Washington, D.C.: Government Printing Office, 1991.

Webb K, Hatry H. Obtaining Citizen Feedback: The Application of Citizen Surveys to Local Governments. Washington, D.C.: Urban Institute, 1973.

West JP, Herman EM, Milakovich ME. Implementing TQM in local government: the leadership challenge. Public Product Manage Rev XVII (2): 175 – 189, 1993.

Wheeland CM. Citywide strategic planning: an evaluation of Rock Hill's empowering the vision. Public Admin Rev 53 (1): 65 – 72, 1993.

White M, Clayton R, Myrtle R, Siegel G, Rose A. Managing Public Systems: Analytic Techniques for Public Administration. North Scituate, MA: Duxbury, 1980.

Wildavsky A. The Politics of the Budgetary Process. Boston, MA: Little, Brown, 1964.

Williams W, et al. Studying Implementation: Methodological and Administrative Issues. Chatham, NJ: Chatham House, 1982.

Wiseman C. Computers and Strategy: Information Systems as Competitive Weapons. Homewood, IL: Dow Jones – Irwin, 1985.

Worsham JP. Application of the Delphi Method: A Selected Bibliography. Monticello, IL: Vance Bibliographies, 1980.

第九章　公共人事和劳工关系

N. 约瑟夫·凯尔 *

I. 引言：公共服务的发展

美国公共服务的发展在整体上反映了变化的社会关注。作为其结果，在社会、经济和政治价值观上的许多转变在人事系统着手的议题中都得以显现。为理解1883年《公务员法案》（Civil Service Act）的通过和随后改革的动力学，以及它们对于现代公共人事管理的效果，有必要先了解用以支撑公共人事政策制定的基本理念（ideals）。因此，将检验起源于联邦政府体系之初的公共服务。

A. 联邦主义者时期（Federalist Period 1789—1810）

当乔治·华盛顿（George Washington）总统建立他的政府时，他有机会创立新的公共服务体系。虽然邦联条款（Articles of Confederation）的先前经验理所当然地起了一定作用，但它对新的政府实际上几乎没起什么指导作用。凝聚一个新的国家以及让政府坚定地开始运作这两方面的压力支配了一些不得不要做的决策。这样，首届政府努力吸收包括国会、革命战争的退役军人和其他对政府运作有兴趣的人（Kaufman 1965；Mosher 1982；Van Riper 1958）。

在公共服务部门服务最基本的凭证之一是支持这一新的政治体系。这样华盛顿政府的公共雇员都是正如华盛顿一样的联邦主义者。虽然没有严格地检测政治观点，政府显然必须保证其雇员不会动摇新体系。在约翰·亚当斯（John Adams）政府时期，党派政治（partisanship）变得更为重要。由于联邦主义者等级的一些冲突以及联邦主义者和杰斐逊主义者（Jeffersonian）分歧的增长，亚当斯总统发现自己在任命或更替公共官员时处于要考虑党派政治的压力之下（White 1948）。但在这个新生国家前12年里，党派政治在公共服务人员配备决策（staffing decisions）中仍然只扮演一个次要的

---

* N. 约瑟夫·凯尔（N. Joseph Cayer），亚利桑那州立大学（Arizona State University）

角色（Kaplan 1940）。

比党派政治更重要的是社会地位（social status）。联邦主义者公共服务显然代表了贵族。正如怀特（White 1948）所指出的，华盛顿对于他任命的人员有一个非常高的适合标准（standard of fitness）。但是，适合（fitness）并不完全与完成工作的能力相关。适合（fitness）也包括一些事项如：在社区的时间长久，这一点可以通过该人在该社区曾任过那些职位得以证明。而且，居住地点也是职位适合的一个因素，华盛顿还把在革命战争中的服役情况（service）当作一个因素来考虑。

所有这些考虑只为保证公共服务部门能让公众支持新政府。由于贵族拥有政治权力，得到他们的支持是十分重要的。任命贵族到政府服务机关是获得其支持的有效途径。同样，通过保证所有地区在公共服务部门中都得到很好的代表，尝试去保证这个新生国家不同地方忠诚的举措取得成功。对于这个国家的总统而言，这些考虑是非常实用的，但它们也成为持续影响美国政府大部分历史时期人事系统的重要因素（Van Riper 1958）。许多这些贡献后来在法律或公务员政策中得以正式化。

由于在1796年选举中共和党竞争力很强，约翰·亚当斯（John Adams）总统面临着比华盛顿曾经面临过的更纯粹的党派政治。结果，亚当斯更加将政治党派作为职位任命的一个标准。虽然华盛顿主要对最高层次的问题很敏感，亚当斯则主要关注公共服务较低层次的问题。在竞选中如此强烈地关注党派政治以至于共和党人开始抗议他们认为所受到的"歧视"的内容（White 1948）。

联邦主义者和共和党人也在公务员的工资水平上发生冲突。联邦主义者赞成支付给公务员的薪水时应该考虑：不为财产和收入发愁，并能在首都建立居所，但是共和党人支持一个更加节俭的路径。双方都没有在争论中赢得明确的胜利，当时的评论（commentaries）表明公共服务人员都感到工资过低。

B. 杰斐逊主义者：1801—1829（The Jeffersonian）

1800年，托马斯·杰斐逊（Thomas Jefferson）当选，这代表了美国历史上权力从一个政党到另一个政党的首次继承。毫不奇怪，在给公共服务配备人员时出现了党派政治。托马斯·杰斐逊所面临的是联邦主义者充斥的公共服务部门，而联邦党在竞选中被打败了。他自己党内成员想获得进入服务部门的机会（White 1951）。因此，杰斐逊不得不想办法给政府配备对他的政治关注更为敏锐的官员。与此同时，他似乎对于公共服务部门大改组并不感兴趣。

为了解决在保持一定的稳定并同时使政府对其政党更具响应性这一两难问题，杰斐逊提出了在职务担任上政党之间应该保持平衡的原则（Van Riper 1958）。当然，他希望能够任命自己政党的成员，并且以一种有节制的适度方式进行。他开始裁减高层官员并更替以共和党人。随着其政府的继续，裁撤步伐加快，一直到1803年，他才达到了他所认为是适合的平衡。从那以后，杰斐逊使用和党派政治有关的、他的前任使用过的、同样的标准。大多数被任命者碰巧也都是共和党人。

除了党派政治问题，杰斐逊使用了与联邦主义者近似的标准。被任命到公共服务部门的人反映了社会上的贵族和权势人物。在杰斐逊统治时期，农业利益群体在其代表上看来更为良好。不然的话，他的任命就明显地与联邦主义者相似，是来自"绅士阶层"（gentleman class）。

杰斐逊在人事上也引进了第一个"精简管理"（cutback management）（Van Riper 1958）。共和党人不相信大政府，企图通过不派人任职和合并其他职位来缩减政府规模。虽然他们的努力没有完全成功，但是他们建立了一个先例，这对后几个世纪的后人都有很大的意义。不断成长的国家和不断扩展的政府活动使得他们的努力成果并不长久。

麦迪逊和门罗（Madison and Monroe）遵循杰斐逊从上层阶级任命人员的传统，也普遍倾向共和党人。但是，因为这一时期党派活动普遍下降，人们少了党派代表制（partisan representation）的紧迫感。在麦迪逊和门罗（Madison and Monroe）政府时期，杰斐逊平衡了公共服务，但倾向于共和党人。这一时期一个重大的发展就是通过了 1820 年《4 年任期法》（the Four Years Law of 1820）（也叫做 1820 年任期法）（the Tenure of Office Act of 1820）。该法将公共官员的任期限定为 4 年。结果实际为每位总统实行新的任命打开了大门。麦迪逊和门罗都倾向于重新任命任期终止的政府任职者。

约翰·昆西·亚当斯（John Quincy Adams）就职时全体选民和选举团的分裂情况很严重。因此，他要满足不同的政治派系（political factions），压力极大。他坚持维护曾经用来指导华盛顿和杰斐逊任命人员同样的原则。这样他坚持职位适合（fitness for office）并且在任命公共人员时继续从上层社会经济群体中选择。他抵制政治压力并没有拓宽他的政治支持，这样为安德鲁·杰克逊（Andrew Jackson）当选和公共服务的一个重大变革布置好了舞台。

在杰斐逊时期，这个国家也见证了公共部门工会运动（union movement）前身的发展。美国海军的外科医生和外科医生助手（assistant surgeon）对他们的工资和工作条件不再抱有幻想，其中一些人聚集起来，于 1828 年向国会请愿要求救济（White 1951）。同样，陆军上尉（Army Captains）也于 1826 年向国会请愿要求更高的工资。1819 年根据国会一个法案建立了文秘节约协会（The Provident Association of Clerks），为组织内亡故成员的家庭提供帮助。作为一个利益联盟（benefit association），它履行了许多工会后来将履行的职能。正如怀特（1951）所指出的，这些组织拥有经济利益，力图确保他们利益的安全，其方式类似于今天工会使用的方式。

在杰斐逊主义时期工资仍然相对较低，尤其自从联邦主义者党派逐渐衰落后，几乎没有对共和党政策的正式反对。尽管工资低，公共服务部门在杰斐逊时期和联邦主义者时期似乎出人意料地与腐败和串谋（collusion）无关。由早期总统界定的职位适合关注焦点在确保公共服务人员高度正直这方面显得非常有效。在我们早期历史中在政府中任职确实是一个受人尊敬的职业（Goodsell

1983；Newland 1984b）。

州和地方政府遭遇了和中央政府（national government）许多同样的经历。在许多情况中，州和地方政府走在前列。在任命程序中更多地考虑到党派显然就是这种情况。虽然大多数州任用贵族配备公共服务人员的方式，但有一些州在任命方式中则更加倾向党派（Fish 1905）。特别是纽约和宾夕法尼亚州，在19世纪头十年就开始使用分赃制。尽管他们用杰斐逊平衡服务的理由，但是他们没有证明杰斐逊的路径中的任何限制的含义（the restraint implicit）。纽约和宾夕法尼亚州是该世纪中叶国家层面将要经历的模型。

随着庇护事件的发生，在19世纪20年代出现了在国会和总统之间为争夺公共服务部门控制权的冲突。参议员托马斯H. 本顿（Senator Thomas H. Benton 1826）通过建议剥夺任命和裁撤的行政控制来确定基调以解决这一冲突。特别是他的建议中要求总统对撤免官员给出正当理由，邮政局长需参议院批准及由国会和州来分配干部和军官候补生（cadets and midshipmen）的任命。

C. 分赃制时期：1829—1865（The Era of Spoils）

前面提到，19世纪早期州和地方政府分赃制的发展在1829年选举之后进入国家层面。安德鲁·杰克逊总统就职上任得到选民的支持，这些选民的构成变化超过了他的前几任总统。由于国家当时已发展到24个州并且正在朝西部扩张，选民的性质发生了变化。投票权扩展到非土地所有者；这样上层经济阶级不是惟一的投票群体。民主党的崛起，它相信人民大众应该能够参与政府，为杰克逊政府提供了支持基础。

就职上任后，杰克逊发现只有精英才有机会进入公职的体系冒犯了民主党的理念。因此，他赞成使每个人都能够参与公共服务部门，尤其是人民大众。结果产生了强大的理由赞成更替具有党派支持者的官员。杰克逊相信，他的忠诚支持者应该获得在任命职位上服务的机会。杰克逊相信公共官员因为在位时间太长而与跟随他的选民失去了联系，更为重要的是，他相信贵族没有权力垄断政府职位（White 1954）。

为挽救他所继承的情势，杰克逊提出职位轮换制度（the institution of rotation in office）。尽管有《1820年任期法》（the Tenure of Office Act of 1820），但是杰克逊的前任们并未忠实地执行。他打算应用该法，同时建议并任用平民担任政府职位。虽然杰克逊总统认同职位轮换，事实他并没有大量地撤换政府在职人员。有证据表明，在杰克逊政府，也许有20%，但更可能是不到10%的公务员被撤换（Crenson 1975；Eriksson 1927）。

在杰克逊政府时期的分赃制形象夸大了事实，他的路径仍然有很重要的效果（Kaplan 1940；Mosher 1982）。公共服务部门第一次被民主化并且反映了美国社会大范围的利益和状态（the interests and status）（Aronson 1964）。只是仍然只有男性参与投票，女性，就任何重要的职位而言，都没有被包括在接受政府任命的人员中。

虽然杰克逊在实施分赃时受到限制，但如此公开实施的事实还是导致了大量对他政府的批评（Fish 1905）。国家还没有见证分赃制最坏的一面。1840 年选举，威廉·哈里森（William Harrison）当选为总统，他在上任一个月后就去世了。大选表明民主党不是惟一对庇护有兴趣的政党。大批的职位谋求者突然来访华盛顿，形成了一个趋势直到 1883 年改革才罢休。尽管约翰·泰勒（John Tyler），哈里森（Harrison）的继位者，试图抵制分赃任命者的压力（spoils appointments），却没有获得成功。成功候选人的支持者认为，公共职位任命是对他们的支持的一个收益。由于政局不稳以及民主党和辉格党（Whigs）之间的总统轮换，直到 1860 年职位轮换还是标准程序。甚至从同一政党作为继承者当选的总统也不能保护公务员（public servants）的撤换和更替。

州和地方层面与国家层面的经历相似。正如前面所提及，在许多例子中，州先于国家政府建立庇护程序。但庇护制的使用也有例外，著名的例子是发生在南方州级层面上（Fish 1905）。南方拥有土地的贵族在内战之前从未在政治上失去控制，所以能够先发制人地阻碍分赃运动。具有讽刺意味的是，南方后来在 20 世纪改革成功后反而成为庇护制度的大本营。

分赃制受到猛烈的抨击，甚至在其发展到顶点时亦如此。分赃的效果在长期上看妨碍公共服务功能。虽然早期使用分赃制将公共服务民主化，也给予了平民接近政府职位和决策制定的机会，但是后来的经历并不如此获益。在职人员的不断轮换导致运作效率低下。与分赃制相关的丑闻损害了公共服务部门的形象，而在我们国家历史前 40 年公共服务部门的形象是非常良好的。当然，内战期间的极端行为也导致了雇员的腐败和压制（coercion）。同时，庇护制的使用也被认为是内战中盟军取胜的一个重要因素（Van Riper 1958；White 1958）。

虽然在杰克逊时期广泛使用分赃制，但是这一时期还是存在很多发展，这些发展帮助建立了我们现代人事制度所依赖的基础。考试（examinations）的使用实际上始于杰斐逊主义时期，但被杰克逊主义者所拓展（White 1954）。到 1853 年，考试在华盛顿所有部门办公室的文秘人员（clerks）中进行。更早时期发展了以考核军队医护人员的专门考试。虽然这些考试使用并不广泛，但它的确为后来的改革提供了非常有价值的经验。人事制度的这些早期特征是后来决策的先例。

D. 改革之路：1865—1883（The Road to Reforms）

内战证明，在一个分裂的国家里，对于总统而言，分赃制是有效的。林肯非常精明，他使用庇护来确保盟军的忠诚。如果没有分赃制，他无法确定美国会团结在一起。林肯对巩固共和党的支持很关心，他以前所未有的规模清除人员（Fish 1905）。处于紊乱之中的政党只是他关心的一件事情。他也必须找到将国家团结一致的路径。因此，南方官员受到肃清，而对盟军事业忠诚之士取代了他们（Van Riper 1958；White 1958）。

林肯的支持者期盼在他再次当选后再一次将人员从职位中撤换掉。他顶住压力，并开设了他的后继者可以借鉴的先例。他的直接继位者面临严重的政治问题，不能抵制同样的压力，但是林肯的坚定不移给了那些开始被称为改革者的人希望。分赃制已变得非常需要变革。从1865年到1883年改革期间取得了缓慢但却稳定的进步。

林肯能以牺牲国会的代价来巩固许多行政机关的权利。安德鲁·约翰逊（Andrew Johnson）继位之后，国会看到了要求归还和恢复部分权力的机会。对人事系统的控制成为该举动的一个主要尝试。约翰逊面临自己的党内反对，于是他使用撤换权撤换了许多对他不忠诚的人。可以设想，他激怒了许多共和党人，因此，他发现自己的政党也不支持他。

为了获得对庇护的控制，国会通过了《1867年任期法》（the Tenure of Office Act of 1867），限制总统撤换权。约翰逊公然反对这一法案，国会通过弹劾来保护这一法案。最终以一票之差，约翰逊避免了被定罪和撤职。这一时期是国会力图行使它的权力的时期，而接下来几十年则见证了国会努力所获得的巨大成功。约翰逊和他的两位软弱的继任者，格兰特（Grant）总统和海斯（Hayes）总统，都不能在阻挡住这个趋势方面有所作为。

格兰特政府的许多成员腐败和丑闻非常严重，这种情况在大部分州和地方政府中也存在，结果使得政府的公共形象变得令人绝望地腐败，公共服务部门的威望受到严重扭曲（severely strained）。让许多人吃惊的是，格兰特总统实际上支持人事改革，国会以一个拨款法案附件的形式通过《1871年公务员改革法》（the Civil Service Reform Act of 1871）。格兰特总统尝试依照这一法案建立一个功绩制，在几年之内他是成功的。但是其政府的丑闻以及政治竞争（political infighting）使他放弃了这一努力。尽管如此，格兰特政府真的提供了一个公共服务试验，事实上为1883年改革所依赖的基本原则作了准备。

格兰特放弃改革努力的部分原因是它重新激起了国会和总统之间关于人事的冲突。1871年法案赋予总统控制公共服务部门的权力，这是国会不愿意接受的。因而格兰特为了完成政府的其他目标不得不放弃这一努力。试验的确鼓舞了改革者和他们的支持者推进他们的事业。格兰特的继任者，拉瑟福德·B.海斯（Rutherford B. Hayes），尽管他也支持改革，却不能完成很多。

改革者的成功部分归因于公众对变革支持的发展（Hoogenboom 1965）。公众领导（civic leaders）和重要的政客开始努力促进变革。纽约公共服务改革协会（the New York Service Reform Association）（建立于1877年）和国家公务员改革联盟（the National Civil Service Reform League）（建立于1881年）是众多重新联合公众支持和推动改革的众多组织中的两个。新闻媒体曝光（pick up on）了改革者的关注并且强调了分赃制的弊端（Hoogenboom 1961, 1964; Nelson 1973）。加菲尔德（Garfield）总统的遇刺留给新闻界一个戏剧性的事件，特别是因为杀手不满意于自己在谋求政府职位时遭到失败，新闻界据此而呼吁改革。

另一个支持改革的事件是评估的应用。1876年国会一个法案禁止对政府工作者进行评估。评估是雇员被期望对其捐助者为其得到政府职位所应作出的"贡献"或反应（kickbacks）。通常采取的形式是雇员薪金的百分比值，可能要交给其政党。在庇护制（patronage system）下，如果雇员拒绝支付评估费用，他们可能被撤换。牛顿·柯蒂斯（Newton Curtis），是财政部（Treasury Department）雇员和纽约共和党财务长（Treasurer of the New York Republican Party），被裁定违反法律。美国最高法院在柯蒂斯一案中（Ex parte Curtis 1882）的判决赞成这一定罪从而支持改革运动。

由于共和党人眼见1884年留守白宫的机会已悄悄溜走，他们开始考虑防止民主党人彻底清除政府雇员的办法。支持公共服务部门改革被认为是最行得通的途径，于是在1883年通过了《彭德尔顿公务员法》（the Pendleton Civil Service Act of 1883）。那些想将公共服务部门从分赃制的弊端中拯救出来的人寄希望于新法律的执行。

Ⅱ. 公务员制度

即使在国会中取得胜利，改革倡议者仍有许多工作要做。只有小部分的公共服务部门包含在《联邦公务员法》（the Civil Service Act），大约90%的部门仍受制于庇护制（Hoogenboom 1958 – 1959, 1961）。该法案代表了国会在争取对公共服务部门的控制过程中的局部胜利。虽然该法案为总统提供了指导原则，但它言语必须非常谨慎以确保不会违反宪法所赋予的权力分离。为调和这一问题，国会授权总统建立一个公务员委员会（civil service commission）来制定人事管理规章制度并且予以实施。这个法案避免了命令总统这样去做的困窘（Siciliano, n. d.）。

该法案涵盖了许多议题，包括：使用竞争性考试，在全国范围内分配职位，一个开放的进入体系（entry system）以及通过全部职位（blanketing-in of positions）的方式。此外，还有一些保护服务部门的政治中性、评估的禁令以及违反规则的惩罚的条款。新成立的公务员委员会在建立其权威和范围中进展缓慢。考虑到政治现实，在成立早期，它力所能及地避免主要的论战。因此，它逐渐获得了威望和影响力。这样长达95年来，它在美国公共人事管理方面成为一个主要的行动者，直到在1978年改革中它被解散及被其他组织所取代（Rosenbloom 1982; U. S. Civil Service Commission 1974; 1978）。

A. 实施改革

公务员制度初期举步维艰是因其对手继续试图削弱或废除之。怀特（White 1958）报告指出削弱公务员制度的措施包括公共官员规避规则（evasion of rules）、只给公务员提供有限的资源、为所有公务人员提出4年任职期限的新建议。国会的许多议员在改革开始的最初15年里引进一些法案以废除《彭德尔顿法》。

尽管必须承受冲突，公务员制度逐渐获得了地位，在19世纪末已相当完备（well-established）。每届总统都通过扩大其范围包括更多的雇员来鼓励该制度的拥护者。克利夫兰（Cleveland）总统在这一方面尤为突出，他在每届任期结束时发布总统行政命令（executive order），将大批的雇员纳入公务员委员会（the Civil Service Commission）的管辖之内。

在他第二任任期最后一年，他将3万个职位归入公共服务部门，对这一命令，人们从在任的民主党人听到抱怨。这一插曲实际上将政务官员和职业文官（career public service）之间关系的讨论带到了前台，而辩论实际上也是围绕在二者之间的区别上。成为这一学术思潮的一个重要人物的伍德罗·威尔逊（Woodrow Wilson 1885）写了大量文章，辨别政府服务内政治和非政治之间的诸多困难。当然，后来威尔逊（1887）为这二者的分离作了强烈辩护。公务员委员会的立场是公共服务中绝大部分职位是非政治的，而且该观点在公务员大多数历史中都得到反映。

1889年西奥多·罗斯福（Theodore Roosevelt）获得任命，成为公务员委员会一名成员，这可能是委员会早期能够顶住周围压力的一个最重要因素。罗斯福是一名非常坦率、富有表达能力的公务员的代言人，他拓宽了公务员制度的大众吸引力。尽管早期委员会有许多坚强的成员，但大多数人都不坚强。当罗斯福1901年就职总统后，有关公务员是否要继续存在的争论停止了。

同时，委员会正努力奋斗以求生存，也发展了一套基础的指导方针将政治和行政分离。用于公务员的规则和指导方针被草拟出来，普遍禁止政府雇员参与党派政治。这些指导方针最终成为今天管理雇员的规则。禁止对公共雇员进行评估财产也作为政策的一部分被包括其内。

考试构成了公务员委员会早期的大部分工作，但它也在其他领域获得进步。主要的进程是在为许多中央政府雇员建立职位分类和薪酬系统（pay system）中取得。基本上委员会承担了保证《1883年彭德尔顿法》实施的角色。在承担这个角色中，它又建立了人事机构的审查和监视职能（policing and monitoring function），这一直是多年来许多分歧的主题（Sayre 1948）。运作部门（operating department）常常憎恶这一角色，但是雇员和工会经常认为这一角色是保护他们的利益。政策制定者也想看到人事机构实施他们创立的政策。

同一时期，公务员制度在不断制度化。社会中许多变革都预示着将来的发展。公共人事管理最重要的是在公共雇员中工会的发展（Brooks 1971, chap. 23；Kearney 1992；Martin 1979, chap. 2；Moskow et al. 1970；Stieber 1973）。虽然已经提到了公共雇员遇到和压制着他们的委屈/抱怨，工会组织是公共雇员关注的更为重要的象征。1889年全国邮递员协会（the National Association of Letter Carriers）成立，其他类似协会相继产生。这些发展促使政治体系不得不被迫考虑雇员的要求。结果，适合雇员的综合福利（benefit package）和其他要求构成公共人事系统的一个部分。

虽然这些发展在国家公务员体系内发生，州和地方政府也处于要求同样类似变革的压力之下（Aronson 1974；Dilts et al. 1992；Rabin et al. 1995）。如上所述，一些民间团体和领导出现在州这一层级上。结果是国家采取的模式也被州和地方政府所用，但是改革进展非常缓慢。

B. 巩固改革原则

20世纪前40年，公务员制度的拥护者成功地将政治中立的公务员制度化（U.S. Civil Service Commission 1974；Van Riper 1958）。西奥多·罗斯福在麦金利（McKinley）总统被暗杀后接任，这给改革者的努力提供了所急需的激励。麦金利总统容忍政治党派压力，并在人事决策方面使用庇护制。让公务员制度支持者非常泄气的是，他撤换了功绩体制中大约6,000个职员。他的行动是对克利夫兰地毯式必吸收3万个职员的回应。虽然如此，结果仍然让那些一直致力于发展一个非分赃式地配备公务人员路径的人士担忧不已。

随着罗斯福总统就职，公务员制度有了一位朋友。罗斯福一直是公务员委员会中一个积极的成员，他直言不讳地要努力建立以健全的功绩作为基础的公务员制度（Kaufman 1965）。罗斯福也表现出19世纪道德家的热情，他相信公共服务应该建立在名誉和诚实的基础上。让公共服务政治上保持中立是赋予它一个正面的、道德的形象的重要组成部分（Van Riper 1958）。他诚挚地努力根除政府腐败，这体现在他的政府对公务员队伍不同部门的丑闻调查上。

除了对公务员的理想承诺之外，罗斯福与公务员委员会密切的工作关系帮助该系统制度化。因为他以前的委员身份以及他对该工作的兴趣，他非常熟知公务员。此外，他任命密友参与委员会，这样在系统和政府其他部门之间发展了非常亲密的工作关系。

罗斯福在任期间在对待对手方面是不予妥协的，这一路径导致他与自己党内成员以及国会之间的冲突。例如，罗斯福禁止联邦雇员直接与国会交涉有关工作条件和工资的事情。虽然他成功地禁止了这一直接接触，却激起国会的反击。在塔夫脱总统（Taft）执政期间，国会通过了《1912年劳埃德·拉福莱特法》（the Lloyd-LaFollette Act of 1912），保证联邦雇员向国会请愿的权利，也保证他们成立组织的权利（the right to organize）。组织权是极为重要的，因为它是权利的法定承认，对于公共部门工会的发展很重要。国会的确强加一个条件——即工会及其雇员不能够倡导进行罢工。

罗斯福为建立公开的办事机构（the open shop）提供了很大的帮助。在关于一个曾被逐出工会（他是会员）而遭解雇后又恢复原职的例子中，罗斯福声明工会的规则不能超越国家的法律（U.S. Civil Service Commission 1903）。即使该人是工会成员，工会也不能以此作为雇佣条件。这一原则一直主导公共雇佣。

在罗斯福执政时期，禁止公共雇员政治参与的规则不断地被各个部门和机构打破。由于实施规则时存在困难，因此，罗斯福签署总统令以区别不同的公共服务部门。他区分分类的和没有分类的服务部门，政务官和职业公务员之间的差别开始出现。而且，革新是总统对中性服务和认知实践局限性承诺的结果。他极力坚持按照服务人员的分类实施党派政治参与禁令，但他也认识到在政策职位任命忠诚的拥护者需要一定的自由。

州和地方政府在 20 世纪时期就是专门报道丑闻的新闻记者的关注焦点。在 J. L. 斯蒂芬斯（J. L. Steffens 1904）的领导下，改革的拥护者在主要城市和州政府曝光腐败和丑闻。他们曝光的结果以及改革成效是在州和市政层级采纳一个更非党派偏见、以功绩为基础上安置人事管理的政策（Aronson 1974）。公务员制度在诸如威斯康星（Wisconsin）、伊利诺伊（Illinois 1905）以及科罗拉多（Colorado 1907）和新泽西（New Jersey 1908）等州被采纳。在接下来的 10 年中，更多的州相继效仿。

在 1900 到 1910 年间，以下诸如圣弗朗西斯科（San Francisco）、洛杉矶（Los Angels）、费城（Philadelphia）、塔科马（Tacoma）、得梅因（Des Moines）、克利夫兰（Cleveland）以及纽瓦克（Newark）等城市也采纳了公务员制度。许多城市仅仅在警察和消防部门发展公务员制度。虽然警察和消防部门与人事系统其他部门区别对待，但许多地区仍然存在着以前路径的余痕。例如，在得克萨斯州的大部分城市公共安全部门有着独立的人事系统。虽然地方政府在分赃的发展中居于领先地位，但是在国家公务员制度相对发展之后，他们还是执行了公务员制度。

从 1910 至 1920 年间，在国家层面上，没有对罗斯福政府建立的类型作出重要变革。在州和地方层面，采取某些形式的公务员制度的司法管辖区数量逐渐增加。虽然没有很多较大的发展，几个至为重要的发展对公共人事管理有着长远影响。

工资和薪金（wages and salaries）一直都是公共政策制定者关心的问题。公务员制度试图为建立薪酬提供一些合理基础。例如，在中央政府，职员级别之间的差异被用来区分薪酬。由于公共雇佣愈来愈专业化，有必要发展一个正式系统来区分工作。芝加哥建立了分类系统并于 1912 年实施，在正式工作分析和分类上领先一步（Civil Service Assembly 1941）。直到 11 年以后，中央政府才采纳该系统，但州和地方政府在这段时间之内试行该系统。职位分类（position classification）成为人事方面正式管理系统制度化的一个主要工具，也是早期公务员制度最持久的因素之一。

这段时期另一个被证明也是极为持久的遗产是退役军人优先权制度（veteran's preference system）。《1919 年退役军人优先权法》（the Veteran's Preference Act of 1919）实际上是其他立法文件的两个附件。该法案为联邦分类服务中光荣退役的军人提供优先权。虽然公共服务部门在采纳该法案之前并没有几个退役军人，但 1920~1921 年期间，数字激增至 13.6%，第二年又增至 28.3%。在 1922~1923 年达到 34.1%，"二战"后达到 50%，后来一直保持这个比率（Emmert and Gregory 1982）。公共人事管理这一重要遗产是该法案一直到"二战"后仍然保持的公共服务的基本政策，甚至到那时都是几乎没做多少修改（Davis 1982）。在 1923 年，哈丁总统（President Harding）做了一次重要修改，分别建立了 5 点和 10 点优先权制度（5 and 10 point preference system）来区分非残疾与残疾退役军人。这种区别今天仍然存在，并且在《1978 年公务员改革法》（the 1978 Civil Service Reform Act）中得到加强，它允许残疾退役军人不参加竞争性的考试而被直接任命，并赋予他们在实施裁员时被保留的权利。

集体谈判（collective bargaining）在这一时期也有着重要渊源（Dickerson and Cayer 1994；Kearney 1992, chap. 1－2；Nesbitt 1976；Spero 1927；Stieber 1973）。在国家层面，1916 年联邦雇员工会（the Federal Employees Union）在陆军部（the War Department）成立。1917 年，许多不同的地方组织经美国劳工联盟（American Federation of Labor, AFL）授权许可作为一个联盟，成为联邦雇员国家联盟（the National Federation of Federal Employees），至今仍然存在。最后，在 1918 年，尤其在 1919 年发生的事件为公共部门集体谈判或劳资管理关系（labor management relations）（许多公共官员倾向于这样称呼）开创了先例（Ziskind 1971）。警察罢工出现在诸如辛辛那提（Cincinnati 1918）和波士顿（Boston 1919）这些城市。波士顿罢工尤为严重，马萨诸塞州州长卡尔文·库利奇（Calvin Coolidge）通过开除所有的罢工官员来控制局势，他宣称，没有人有权罢工而违背公共安全。这使他成为一个英雄和共和党的总统候选人。次年，国会通过立法禁止华盛顿特区的警察和消防官员罢工。公共雇员没有权利罢工这一主张在这两个案例中的行动中得到体现。公共雇员和工会受玷污的形象及伴随这些情势而来的对公共雇员集体协商所构成的阻力到 20 世纪 60 年代才停止下来。

塔夫脱总统 1910 年任命经济效率委员会（the Commission on Economy and Efficiency）分析公共服务部门并提出改善建议。为确定最有效地开展工作，该委员会考虑采用商业途径进行管理，并试图评估公务员的所有方面。委员会的建议与科学管理路径（Scientific Management）是相一致的，它开始对公共人事管理产生影响，但是根据他们仔细考量，并没有产生很大的直接影响。但是他们确定了一个议程，这对 20 世纪许多时候都很重要。该议程包括集中人事职能，并使之成为行政长官的工具。对工作条件下薪资率（pay rates）和其他问题的分析使大家系统地集中关注这些问题，并有助于努力使该系统更合理、一致和公平。

20 世纪第二个 10 年结束时，伍德罗·威尔逊当选总统。从他 19 世纪的作品中，人们普遍知道他对政治和行政的观点。此外他在国家公务员改革联盟中（the National Civil Service Reform League）非常活跃，在他担任新泽西州长期间支持功绩制。但是，他面临来自自己政党的巨大压力，因为该政党长期以来没有掌权，并想从分赃制中获得胜利。威尔逊试图抵制自己政党的要求，但不是很成功。他仍然坚持鼎力支持功绩制，设法减轻庇护制最恶劣的影响。但在实践层面，他不得不迁就党派政治。

美国 1917 年参加第一次世界大战对公共服务部门有深远的影响。对雇员的需求迅速扩大，公务员委员会发现有必要超出功绩制范围雇佣人员。许多超出功绩制程序的例外都是为了给新生和迅速发展的机构配备职员。虽然许多功绩制拥护者批评这些变革，但他们不能施加多大影响，因为整个国家的关注都转到了战争上。战争期间一个尤为重要的行动是威尔逊用行政命令裁撤那些被认为对国家不忠诚的联邦政府雇员。虽然该行政命令没有产生许多直接效果，但它成为"二战"后一个重要的先例。

20 世纪 20 年代公务员制度不断和渐进地稳固其地位。哈丁政府（Harding Administration）在人事管理上所取得的重要效果并不为人所知。相反，人们将它与丑闻联系在一起。不过，《1921 年预算会计法》（the Budget and Accounting Act of 1921）的通过的确意义深远地影响了人事制度。预算署（the Bureau of the Budget）的成立以及该法案其他特征（feature）将焦点放在提高政府活动的管理协调上。管理的主要因素是人事，结果是更加集中人事职能。《1921 年预算会计法》是哈丁政府的主要成绩。

在 1920 年《退休法案》（the Retirement Act）通过后，公共雇员退休保证金有了先例。国会通过法律但没有为此提供公共资金，反而是雇员的捐赠给该系统提供了资金。

当卡尔文·库利奇（Calvin Coolidge）取代哈丁后，他也继承了爆炸性的丑闻。他大大降低庇护过程，但却成功地使用它巩固了对自己党派的控制。库利奇总统仍然承诺功绩制，寻求将企业实践和视角带入公共服务部门。在他执政期间通过了《1923 年分类法》（the Classification Act of 1923），确立了在联邦服务部门中的分类概念。该法案影响有限，因为它只限于华盛顿特区的公务员，但是它的确确立了资薪范围（salary ranges），并为雇员加薪作了相关规定（provisions）。像 20 世纪早期其他许多活动一样，该法案在长远上的影响可能比通过的时候更为重要。它为分类系统未来的扩展提供了模式，分类系统将成为传统公务员制度中的关键因素。

整个 20 年代对于公务员制度来说都是好年头。虽然没有许多显著的发展，但也没有重大的挫折，公务员委员会在这 10 年中得到越来越多的支持，并继续确立了自身在联邦政府中是一个有领导地位的管理组织。它与各个部门一起致力发展更为管理导向的路径。一些部门，例如农业部，开始为它们常规的人事职能发展自己的人事办公室。公务员委员会继续集中将考试作为一项主要活动，并从事考试程序的改进工作。

正如纽兰（Newland 1976）所建议的，人事官僚模式（bureaucratic model of personnel）在 30 年代的联邦服务部门中是完备的。事实上，在 30 年代人事系统中许多更为官僚制的因素是批评的目标。批评导致一些变革，但是直到 70 年代许多批评家的主要建议才受到关注（Morse 1976；Rosenbloom 1982）。官僚制因素被认为是一种分离政治和行政的方式（Barnard 1968；Goodnow 1900；White 1926）。重点放在技术和找到完成事情的最佳路径上，这一点科学管理学派（the Scientific Management School）作了主要概括。30 年代后期，管理概念经历了变革并且被应用于公共服务部门上。

C. 20 世纪 30 年代：持续和变革

20 世纪 30 年代表征了公共人事管理中两个迥异的传统，只是这两个传统也一起产生作用。莫舍（Mosher 1982）认为 1937 年以前是效率化地管理政府的部分时期，1937 年以后是行政人员（administrators）管理政府时期。30 年代伊始，胡佛当选总统，这一时期继续推行库利奇时代的模式，即企业效率对整个政府部门来说至关重要。当然，萧条添加了新的关注，但事实上对人事实践影响甚微。不管怎样，富兰克林当选总统将具有重要的意义。

罗斯福第一任期让功绩制的拥护者大为气馁（Harvey 1970）。政府部门将庇护制的使用提高到一个新的高度。在共和党执政几十年后，这一新任民主党总统感到有义务将政府重新定向到新价值观。以萧条形式存在的重大突发性事件这一事实给罗斯福实施自己的政见提供了道路。重新引进庇护制的一个最为有效的方式是让国会在受保护的部门之外建立新的机构，所谓的罗斯福政府的字母机构（alphabet agency）就是以该种方式建立的。到 1934 年为止，大约 60 个机构是在公务员范围以外建立的，而只有 5 个机构处于公务员委员会的管辖范围之下（Van Riper 1958）。当然，既然急于采取分赃制的民主党操纵了国会，国会也愿意支持。这一时期，总统拥护功绩原则但行动上是为获得对项目和机构强大的控制权。

这一时期一个新的开端是田纳西流域管理局（the Tennessee Valley Authority，TVA）的建立，它有一套独立的人事系统（Selznick 1949）。该系统建立在功绩制上。最终一些其他机构也沿着同一路线发展。

随着庇护制不断取得优势，公务员委员会逐渐失去了支持。在大萧条时期预算被削减，几乎无力阻止新政府的举动。它只能在其管辖范围内的那些机构完善考试职能。

罗斯福的第二个任期代表了公共服务部门的重要变革（Harvey 1970）。到那时为止庇护制已完成其目标，公众的情绪开始反映批评家对政府部门使用庇护制的某些关注。这时罗斯福能够按照他所支持的有关功绩制的理想行动了。他于 1937 年任命行政管理总统委员会（the President's Committee on Administrative Management），即广为人知的布朗诺委员会（the Brownlow Committee）。该委员会从重新组织和改善管理出发负责审查政府工作。布朗诺委员会提出许多直接关系到公共服务部门的建议（President's Committee on Administrative Management 1937）。这一报告的影响就是促使政府和国会在一个更高层级上考虑人事管理，虽然依照这些建议的行动并没有立即出现。该委员会建议公务员委员会应该重新组织以产生一个人事主管，他的工作将与政府其他部门的工作紧密融合。此外，该委员会对公务员中的许多人事活动之集权颇有微辞，总统指示各部成立人事机构（personnel units）处理常规职责。

他们的许多其他建议也找到进入具体立法的路径。例如，1938年《拉姆斯佩克和奥马霍尼邮政局长法案》(the Ramspeck-O'Mahoney Postmaster Act of 1938)在将功绩制引入邮政部门的过程中走了长长的一段路。邮政部门曾一直是分赃制的缩影。1939年和1940年的《哈奇法案》(the Hatch Acts of 1939 and 1940)也将该委员会的一些建议纳入法规中(Kaplan 1940; Kirchheimer 1941)。《1939年哈奇法案》将禁止联邦雇员的政治活动编纂一起(禁止联邦雇员参与政治活动)，而《1940年哈奇法案》将禁止范围扩大到从事联邦资金资助项目的州和地方政府雇员，并禁止雇佣那些倡导通过暴力路径推翻政府的个人。国会议员开始怀疑在即将来临的选举中总统的意图。国会担心罗斯福总统将在1940年他的再次选举举措中任用一大批党派公共雇员，于是国会找到合适的理由禁止党派政治参与并予以制度化(Bolton 1976; Nelson 1958; Rose 1962)。

1938年，罗斯福按字母顺序地毯式地在各部门吸收许多雇员，部分是响应布朗诺委员会的建议。国会通过了《1940年拉姆斯佩克法案》(the Ramspeck Act of 1940)以加强对地毯式雇佣的控制。虽然该法案实际上鼓励地毯式吸收雇员，但是它要求对那些正被地毯式录用的雇员进行非竞争性考试，强化了功绩或能力这一概念，这对公共雇佣是不可或缺的(Harvey 1970)。此外，《1940年拉姆斯佩克法案》鼓励公务员委员会通过研究工资和分类来分析公务员。它也禁止在雇用时基于种族、宗教或肤色的歧视。

另一影响公共人事管理的法案是《1938年社会安全法案》(the Social Security Act of 1939)，它为州和地方政府功绩制建立了标准(Aronson 1940)。这些标准被应用于由联邦政府资助的机构和项目。在这些涵盖的项目中，雇员不得不受功绩制的管理，而标准则为这些系统确立了最小的要求。

19世纪三四十年代通过了许多重大劳工法律(Brook 1971; Dickerson and Cayer 1994; Kearney 1992; Martin 1979)。1935年《国家劳工关系法案》(the National Labor Relations Act of 1935)特别将大部分公共雇员排除在其范围之外，这一倾向一直持续到60年代。这样，虽然私营部门雇员的权利受到保护，但公共雇员却不符合同一范围类型。虽然如此，其他发展的确有助于公共雇员的利益。美国州、县和城市雇员联合会(the American Federation of State, County and Municipal Employees, AFSCME)于1935年成立，它对州和地方政府有重大影响(Kramer 1962)。它是功绩制在州和地方政府直言不讳的支持者，相信功绩制保护雇员不受到分赃制操作的毁损。从1939年开始，费城(City of Philadelphia)与其雇员协商协议。这样虽然国家立法不支持公共雇员集体协商，工会在其他地方让自己名声大噪。

Ⅲ. 大政府

20世纪30年代应对大萧条和社会问题的项目使国家从一个有限的政府视角转到这样一个视角：政府被视为对广大范围的社会和经济问题都负有责任。

1939 年《社会安全法修正案》(the Social Security Act Amendments of 1939) 的通过特别具有代表性，因为它是接下来 30 年许多社会立法的基础。直到 20 世纪 70 年代，大政府实际上被视为所有问题的解决者。

A. 满足战争时期与和平时期人事要求：20 世纪 40 年代

40 年代的前 5 年继续推行罗斯福总统的政策，但是也有一些具体的新发展。实质上，人事管理理念颇具影响力，它是一股积极的管理力量，给运作部门提供帮助，而不仅仅是一个负面的政治力。到这时候显示出许多人事方面发展的特征，塞尔（Sayre 1948）认为它是技术对目标的一个胜利。在这个时期规则和程序精简了，录用时有更大的灵活性。特别是，建立了一个为青年准备的管理考试（a junior management exam）用以招募受过大学教育的具有通才的人进入公共服务部门。

在 1939 年到 1941 年间，招募人数激增，工作队伍扩大了一倍，雇员从大约 90 万增到 180 万。这样大规模的招募在程序上产生了更大的灵活性，而且许多责任下放到运作部门。公务员委员会越来越成为活动的协调者，这种活动又提高了它的地位和权威。为避免在内战和"一战"后所面临的一些问题再次出现，这些招募的成员被认为是暂时的，在战时以及战后六个月内持续存在。那些上过战场者的职位受到这个条款的保护。对他们进一步的保护是《1944 年退役军人优先权法案》(the Veteran's Preference Act of 1944) 所提供，该法案将《1919 年退役军人优先权法案》(the 1919 Veteran's Preference Act) 所激励的许多实践纳入法规，州和地方政府也如法炮制。

不足为怪的是，忠诚和安全在战时成为了问题，但是"二战"后大家更加关注这些问题（Bar of the City of New York 1956; Latham 1966; Morgenthau 1955）。非美活动调查委员会（the House Un-American Activities Committee, HUAC）于 1939 年成立，并在 40 年代早期进行调查。政府部门也以总统行政命令和指示的方式予以关注。

当哈里·杜鲁门（Harry Truman）开始就职总统时，有许多冲突需要他处理。军人复员和处理"二战"后权力这些困难占据了他许多时间，影响了他处理国内事务的能力。罗斯福的去世也给政治领导班子留下空缺。公众尤其是国会并不热衷于让他的工作轻松。虽然杜鲁门是功绩制的强有力支持者，但他不得不在民主党内处理内部政治冲突。要求庇护制的压力非常强大，因此，杜鲁门政府没有对罗斯福政府的政策作重大改变。政府充满小丑闻，这给国会与总统之间的争吵火上加油，公共服务部门也常常是许多冲突的替罪羊。

新政府面临的首要问题是吸收军方人员进入国内工作队伍（domestic workplace）。为了做到这一点以及重新安置那些去参战但其工作受到保护的人，有必要发展规章和制度（rule and regulations）。强制裁员的政策将那些短期雇佣者从服务部门中分离出来。处理文书工作（paperwork）来重新录用那些工作受到保护的人是一个艰巨的任务。但由于政府部门和公务员委员会仔细规划，工作进展顺利。委员会战后工作的一个主要特征就是将竞争性招募和选拔程序再次制度化，这用来代替战时更为灵活的政策。

虽然为和平时期作了调整，公务员委员会从罗斯福和杜鲁门任命的优秀人员身上受益匪浅。公务员委员会的委员们认真地履行他们的责任，为在和平时期管理公共服务部门制定了蓝图。他们的计划强调功绩制概念的延伸，并在整个公共服务组织内改进技术（Harvey 1970）。委员会也致力于与运作机构（operating department）合作，委员会负责制定标准，运作那些承担执行标准责任的部门（McDiarmid 1946）。公务员委员会也担任监督职责以确保其指导方针得以正确执行。这样，委员会的工作因其与具体的部门人事相联系而更以服务导向而不是行动为导向。

杜鲁门指示公务员委员会在1945年将其分类政策扩展到整个公共服务部门。这样委员会试图在全国范围内获得地方性办公室（field offices）的遵从中处理了大量的冲突。《1949年分类法案》中一些条文就是这些冲突的结果。该法案巩固了委员会的权威，加强了它的地位，尤其是在审计分类方面。

部分原因是为了回应行政部门和国会分支为争夺对政府和其雇员的控制而产生的冲突，国会1947年创建了第一届胡佛委员会（First Hoover Commission）。正如1937年布朗诺委员会（Brownlow Committee）一样，该委员会在其建议中反映了许多同样的关注。尤其是第一届胡佛委员会强烈建议人事职能更进一步分权，并呼吁重新组织工资和分类政策（Hoover Commission 1949）。该委员会的报告，和以前这样的机构所作的报告一样，有助于为未来公共人事政策决策设置议程。但是，其直接影响是零碎的而且是有限的。它的确在联邦政府中刺激大量有关人事管理角色的讨论，因而注意力集中在公共服务上。

在杜鲁门政府时期，对于发展雇员关系项目（employee relations programs）也有一些尝试性的步骤。许多机构着手解决雇员的健康和福利问题，中央政府对退休制度的贡献受到评估，也作了一些行动建议，但是一直到后来才完成了这些工作。雇员的权利也是非常重要的，公务员上诉和审查委员会（the Board Appeals and Review of the Civil Service Commission）将其权利和职能扩大。该委员会在1930年建立，但权威极其有限。

战后立即遇到的人事问题中其更具争议的因素是忠诚和安全。因为行政机关和国会都对忠诚和安全问题很感兴趣，它们都成为棘手的政治问题（Latham 1966）。杜鲁门政府在很大程度上能控制这些问题，但在50年代，政治因素日趋盛行，该系统也开始肆意妄为。杜鲁门通过1947年的总统行政命令建立一个忠诚项目。该命令让公务员委员会对这一项目负责。对忠诚展开调查的同时，忠诚委员会也对案例进行评估。整体而言，这一气氛被这些项目冷却下来，但国会也偶尔挑起事端（Bar of the City of New York 1956）。参议院调查小组委员会（the Senate Investigation Subcommittee）在1948年后展开调查，到1954年开始辛辣地攻击公共服务部门。

美国参加朝鲜战争导致公共服务部门的另一波增长。"二战"经验很好地为国家服务，但增长进展相当平稳。但是有关参战的争执对所有政府机关的内部事务都有影响。因此，公共服务部门开始失去其地位，陷入政治冲突之中。在冲突中，几乎没有什么具体人事行动或政策，但是公务员委员会不得不再次使用其专长招募大批的人员。在"二战"期间发展的灵活性重新回到招募和选拔程序中，这是在整个情况的非常时间内，暂时再次任命职员。

B. 放慢政府增长：20世纪50年代

艾森豪威尔政府（the Eisenhower Administration）将企业导向带到政府和公共服务部门。他也象征着共和党人近20年在野以来重新获得一定庇护的机会。该政府承诺提高政府的经济和效率，这转化为对公共服务部门的压力。虽然艾森豪威尔并不特别强烈支持庇护导向，他的确对回报本党有压力，在高层庇护制非常明显。但是，另外他又保证实行功绩制。该政府面临的最大问题是，在将人们从商业世界带入公共服务领域中，常常对公共官员的行为期盼不够敏感（insensitivity）。在商业中常见的实践在公共服务部门中遭到反对，因此，政府对利益冲突以及通常影响了政府公共形象的其他小型丑闻苦恼不堪。公务员地位受到影响，公共服务部门的整个士气低落（Kilpatrick et al. 1964）。

公务员委员会与政府的关系在艾森豪威尔执政时期得到改观（Harvey 1970）。总统让委员会主席作为他的人事管理助手，这使得委员会表现出更多地参与政府的庇护问题和公务员关注的问题。但这一关系进一步毁损了公共服务部门的形象。

总统也提出了发展C工资档次（Schedule C），它提供了在不同职位任用高层官员的机会。他们的服务是让政府满意，且不受公务员保护。C工资档次是成立于70年代末的资深高级执行主管制度（the Senior Executive Service）的前身。虽然政府部门试行了这一概念，但从未实际执行过。

在艾森豪威尔时期，忠诚和安全问题成为一个主要的冲突。1953年的一个总统行政命令允许各部门管理忠诚和安全项目。该命令也包括了对忠诚和安全的一个更模糊的标准。政府可以以不符合国家安全利益为由隔离雇员，但这个标准常遭到许多自由裁量和滥用（Rosenbloom 1971）。同时，威斯康星州参议员约瑟夫·麦卡锡（Joseph McCarthy）开始在部门机构内，尤其是将国务院（the State Department）作为个人攻击对象（Morgenthau 1955）。作为参议院政府运作委员会和其常设研究委员会的主席（Chair of the Senate Committee on Government Operations and its Permanent Subcommittee on Investigation），麦卡锡用反共产主义为理由对公共服务部门发动辛辣的攻击。因为该参议员控诉他们同情共产主义，许多人的职业被毁。政府部门几乎没采取任何措施保护公务员，可以预见士气又下降到新的最低点。在1954年夏天，在喧闹的气氛中进行了军队听证会（Army Hearings），麦卡锡最终在抨击参议院同僚时做得太过分，因而他们在11月份都投票对他进行谴责。事情平息了一点点，但非美活动调查委员会继续调查一直持续到60年代。这些活动的辛辣对提高公共服务部门的地位没起丝毫作用。

1955年，第二届胡佛委员会审查行政机关的组织后公布了它的建议。这些建议与早期的委员会建议类似（parallel）；最显著的特征是呼吁在人事方面更多区分政策和行政，呼吁按照艾森豪威尔 C 工资档次的方针设立一个高级公务员体制（Senior Civil Service）。胡佛委员会也批评在人事过程中的繁文缛节（the red tape），呼吁更大的灵活性和责任（Commission on the Organization of the Executive Branch of Government 1955）。

集体协商在50年代继续扩大发展，尤其是在州和地方层面上（Brooks 1971；Dickerson and Cayer 1994；Dilts et al. 1992；Kearney 1992；Martin 1979；Stieber 1973；Wellington and Winter 1971）。艾森豪威尔政府不同意集体协商，所以它在国家层面发展甚微。纽约市在1958年按照市长罗伯特·瓦格纳（Mayor Robert Wagner）的行政命令开始与雇员协商。威斯康星是第一个在1959年为公共雇员集体协商提供立法的州。这些发展为60年代的这类活动的高涨奠定了基础（Grodin and Wollett 1974；Hanslowe 1967；Moskow et al. 1970）。

关注雇员福利在50年代的议程上并不重要，但政府开始制定政策以更好地利用人力资源。《1958年政府雇员训练法》（the Government Employees Training Act of 1958）表明政府认识到有必要解决雇员发展问题。虽然该法案集中于具体的技能训练上，它也代表与雇员合作上迈出了重要一步。许多州和地方政府相继仿效。

C. 责任、公平和正义：20世纪60年代

60年代早期反映了理想主义，其典型代表是肯尼迪政府的神秘性（mystique）。公共服务新的形象是只要它下定决心，它所树立的公共服务部门无所不能的这一新形象鼓励许多年轻人追求公共服务生涯。大学校园招募的新生增加，"和平队"组织（the Peace Corps，美国政府支持的一民间机构，派出志愿人员去不发达国家帮助执行工农业、教育和卫生事业计划——译注）也将许多人带入公共服务这一特殊部门。

60年代的理想主义充满了社会正义和公平感。公民权问题在60年代早期开始作为一个全国性的议程得到发展，到60年代中期已成为一项重要议程（Dye 1971；Galbraith 1973；Gardner 1961）。同样，穷人和受压迫的人的困境得到大量关注，肯尼迪政府与社会上其他团体一起为这些问题提供哲学动力（philosophical thrust）。一直到肯尼迪被刺，许多致力于这些问题的项目才得以实际执行。

随着注意力转到社会正义上，忠诚和安全问题弱化了他们所受到的全国关注。因此，公共服务部门更少地成为国会调查的目标。公务员委员会的作用也在肯尼迪时期作了些许改变（Harvey 1970）。委员会主席事实上被任命为公务员委员会工作的经理，委员会总体上成为政策制定者。推动力是让委员会更加认识到其政策与管理的整合性，主席也比先前政府时期的主席更有权威。

肯尼迪政府最大的遗产可能是集体协商，或联邦服务部门中通常称作的劳资关系（Robert 1968；Sulzner 1985）。肯尼迪总统行政命令10988（1962）第一次承认联邦政府雇员有权与其雇主进行协商。机构接到指示制定协商程序。该行政命令为国家许多地区奠定了基调。如早些时候所提到的，一些州和地方政府已经制定了政策，但1962年以后集体协商运动获得了合法性和推动力。在20世纪60年代后期以及进入70年代，公共部门集体协商发展迅速（Kearney 1992；Warner 1963；Wellington and Winter 1971）。肯尼迪的命令被以后的命令以及最终被《1978年公务员改革法》所修改，但其基本设想是联邦服务部门以及许多州和地方劳工管理关系的基础（Horton 1973；Piskulich 1992；Sulzner 1982）。

《1962年联邦薪水改革法》（the Federal Salary Reform Act of 1962）和《1963年同酬法》（the Equal Pay Act of 1963）反映了对公平和正义的关注，这又影响了人事系统。《1962年薪水改革法》的补偿体系的特色可与私营部门相比，《同酬法》要求同工同酬，集中关注内部公平。《1970年薪资比较法》（the Pay Comparability Act of 1970）完善了比较问题并事实上明确规定确立比较程序，该程序进一步被《1990年联邦雇员薪水比较法》（the Federal Employees Pay Comparability Act of 1990）所完善。劳动统计局（the Bureau of Labor Statistics）现在所进行全国性的有关职业的、技术的、支援的薪金调查目的是将国家补偿与私营部门相比较。这种年度评估用来确定联邦服务薪金水平。

肯尼迪总统遇刺以及林登·约翰逊（Lyndon Johnson）的继任预示了一段激烈冲突时期。新总统能运用其立法技能使国会通过许多社会立法。最重要的一个立法是《1964年民权法案》（the Civil Rights Act of 1964）。尽管法案有关雇佣部分只适用于私营部门，但它也普遍地为雇佣实践奠定了基调（Dye 1971）。各级政府承受着压力，用非歧视方式实施人事程序。尽管有许多人抵制，该法案最终由《1972年平等就业机会法案》（the Equal Employment Opportunity Act of 1972）（事实上是《1964年法案》的修正案）扩大到公共服务领域。平等就业机会和肯定性行动将支配20世纪70年代的议事日程，但在60年代得到推动（Glazer 1975；Hudson and Broadnax 1982；Kranz 1976；Krislov and Rosenbloom 1984；Rosenbloom 1977）。源于类似的价值观，《1967年就业年龄歧视法案》（the Age Discrimination in Employment Act of 1967）限制了年龄歧视。

专注于公平问题的立法和其他政策在20世纪60年代后期引起大量诉讼问题，诉讼问题一直持续至今。不仅平等机会是法院诉讼的主题，而且所有类型的雇员权利问题也提了出来（Baird et al. 1995；Jaegal and Cayer 1991；Roberts 1985；Rosenbloom 1970，1971，1981；Rosenbloom and Carroll 1995）。对《海奇法》（the Hatch Act）和以各州为对手的诉讼在这一时期也频繁出现（Martin 1973）。同样，在国家和州层面上也出现了许多对退役军人优先权政策的挑战（通常是不成功的）。

20世纪60年代的动力学（dynamism）和理想主义对公共服务部门也有相互

冲突的影响。肯尼迪政府初期对于它们抱一个乐观的态度，这给公共服务部门提供了一个良好形象，尤其在年轻人中间。这样，20世纪50年代出现的公共服务部门的士气低落问题逐渐消失了。由于20世纪60年代中期的社会动乱，对已然确定的限制公共服务部门的价值观产生了许多冲突。许多对官僚制的保守主义持批评态度的人将批判目标指向公共服务部门，同时，还有一种感觉是政府能够完成任何它决定要做的事情。其结果都体现在对组织机构（包括公共官僚机构）不断增长的不信任以及对变革的渴求上。

"新公共行政"诞生于20世纪60年代，在1970年明诺布鲁克会议上得到体现（Marini 1971）。新公共行政集中关注公共行政官员成为改革的动因的需要（change agents），且对公共服务部门的任务和诚实充满理想（Bellone 1980；Frederickson 1980；Waldo 1971）。新公共行政的倡导者很怀疑那些认为现有官僚制是为经济和政治权利者的利益服务的观点。一些官僚制研究者也将这一系统描绘成新的机器政治，为专业官僚者而不是公民的利益服务（Lowi 1967）。与强调社会正义和公平保持一致，新公共行政人员将为机构和项目的顾客辩护，尤其为无权者和受压制者辩护。虽然毫不奇怪的是公共官僚制没有公开拥护新公共行政的观点，但也很清楚，这一运动所提出的许多问题使官僚机构、政策制定者以及一般大众对它们很敏感。

Ⅳ. 削减与改革

从1970年开始，政治价值观开始从政府干预是所有社会问题的答案转向对政府应该做什么的计算（calculated）评估上。结果是集中关注在政府节俭并缩减政府规模上（Levine 1978, 1979；Nathan et al. 1983；Rubin 1985）。项目和行动的评估也一直是自20世纪70年代早期以来许多政府政策的一个主要目标。

A. 为改革搭建舞台：20世纪70年代

20世纪70年代早期总体上是国家麻烦不断的年代，公共服务部门尤为如此。随着1968年理查德·尼克松（Richard Nixon）当选，政治党派对总统职位的控制再次易手。不幸的是，对尼克松政府来说，国会控制没有发生变化。这样争斗不可避免，尤其是在政府部门的领导和国会领导之间也有许多个人互不信任和敌意时。

尼克松政府显然想要缩减政府活动并降低对社会问题的重视，但在国会反对的情况下，这些目标事实上是不可能实现的。结果是许多20世纪60年代的社会公平问题继续进行，并且在一些法案中体现出来，诸如《1972年平等就业机会法案》(the Equal Employment Opportunity Act of 1972)，《1973年综合就业培训法》(the Comprehensive Employment Training Act of 1973)，以及《1973年残疾人复健案》(the Rehabilitation Act of 1973)。这些法案为早期曾是歧视实践目标的团体增加了就业机会。但总体而言，政府部门并不积极支持这些项目。

社会公平问题继续在法庭被其他机构和在其他机构中被平等就业机会委员会（the Equal Employment Opportunity Commission，EEOC）提出来，多起冲突事件相继产生。许多诉讼围绕考试问题，但薪资问题也在法庭诉讼中出现（Kearney and Hays, 1985）。为了回应对公平的关注，平等就业机会委员会在1970年公开标准以方便州和地方政府以及承包商用来挑选雇员。好几个联邦机构认为平等就业机会委员会的标准太过于严格，于是，在1976年发展了自己的标准。1976年的标准后来由司法部和劳工部（the departments of Justice and Labor）以及公务员委员会公布。大家对这两套标准非常困惑，后达成妥协，在1978年发展成一套单一的标准。这些标准对州和地方政府影响巨大。只要补助接受者（grantee）持有一个肯定性行动计划，就会给予许多的补助（grants）。同样，感到自己受到歧视的个体能将其顾主控告到合同管理遵从办公室（Contract Compliance Office）或平等就业委员会。雇主一经发现歧视雇员，可以采取许多补救办法，包括偿还薪酬和雇佣受歧视的个体。通常有罪的一方也被要求制定一个肯定性行动计划并予以实施。

考试工作在这一时期也受到大量检查。联邦服务入选考试（the Federal Service Entrance Examination，FSEE）因其工种不够具体而受到批评，因而也受到平等就业质疑的影响。行业和行政执业考试（the Professional and Administrative Careers Exam，PACE）产生于1974年，代替联邦服务入选考试，但在1982年被停止使用。行业和行政执业考试也受到同样的批评，每个部门现在都负责发展自身特有的与正在招募人员的相关工作岗位的考试。在70年代为挑选雇员或晋升的评估中心非常受欢迎（Ross 1979；Sackett 1982），它们在许多决策中代替了传统考试。

尼克松更多地赞同政府部门的政治观点，倡导一般收入共享（general revenue sharing）并将其作为联邦政府放松对州和地方政府活动控制的一种方式。《1972年收入共享法》（the Revenue Sharing Act of 1972）将资金分给州和地方政府，几乎没附加什么限制，但是在使用收入分享资金时，司法权限禁止歧视则致力于一个重大的人事问题。这种试图削弱联邦政府其他单位影响力的势力在80年代为该方向进一步发展布置好了舞台。

尼克松政府也命令在联邦服务部门1～5级中越南退役军人有绝对的优先权。《越南退役军人调整法》（the Vietnam Veteran's Readjustment Act 1974）要求政府合同方给这些退役军人特殊考虑。

尼克松政府在人事管理上最让人记住的可能是它直接挑战功绩制。该政府对官僚制感到不满，认为这与政府的价值观不一致，因此政府产生了一个复杂详细的系统用来选拔在政治上更支持政府的人员。一本著名的《马利克手册》（"Malek Manual"）（Federal Political Personnel Manual 1976）被政治作业人员（political operatives）用于政府部门。该手册的使用以及1974年"水门"丑闻损害了公共服务部门的诚实，公共服务部门的公共形象再次被削弱（Panetta and Gall 1971；Weisband and Franck 1975）。由于以上问题，公共服务部门的道德规范达到值得考虑的地步（Bowman 1977；Stewart 1984）。

在 20 世纪 70 年代，培训和发展是重要的关注。《1970 年政府间人事法》（the Intergovernmental Personnel Act of 1970）的通过导致了州和地方政府拿出大量的资金用于培训目的。同时，组织人文主义者在培训圈内影响巨大（Argyris 1973a，b，1983；Bennis 1973；Berkley 1971；Golembiewski 1969；Golembiewski and Eddy 1978；Golembiewski et al. 1981；Harmon 1981；Kaplan and Tausky 1977；Presthus 1978；Simmons 1981）。结果是在各级政府中产生了许多行为主义导向的培训项目。虽然在某些项目中作了特殊的技能培训，重点显然是放在对行为的更多考虑上。随着组织的发展，激励和生产力也是主要的议题（Newland 1972）。

20 世纪 70 年代发展的顶点是 1978 年的《公务员改革法》（the Civil Service Reform Act，CSRA），这是 95 年来该系统的惟一主要改革（Ingraham and Ban 1984；Lynn 1983）。卡特政府（Carter Administration）在承担政府责任的路径上不像 60 年代或者三四十年代的民主党人政府。像前任尼克松政府，卡特政府也想缩减政府规模。卡特总统就职，但却被华府视为局外人。他并未做什么去讨得那些手握实权和影响力的人的欢心。因此，他与公共服务部门的关系并不算好。尽管有来自某些人的强烈反对（Rosen 1978，1983），但公共服务部门中的许多人还是支持他的改革举措。他努力使政府更有效率，更具响应性的一个主要基石就是《公务员改革法》。

总统建立一个工作组（task force），对联邦政府人事的各个方面进行全面审查。工作组在 1977 年提出建议，其中许多建议在《1978 年公务员改革法》中转变为法律（Bowman 1982；Ingraham and Rosenbloom 1992；President's Reorganization Project 1977）。《公务员改革法》加强了人事管理，并将其与行政机关其他部门更紧密地融合一起。人事再次被视为管理的一个部分。

同一时期，该法通过撤消公务员委员会并以其他几个机构代替来重新组织人事职能（U. S. Civil Service Commission 1978）。在重组中出现了三个主要机构。人事管理局（the Office of Personnel Management，OPM）是人事的主要政策制定部门，直接对总统负责。联邦劳工关系局（the Federal Labor Relations Authority，FLRA）是独立设置的一个机构，对联邦服务的劳资关系项目的管理负责。功绩制度保护委员会（the Merit Systems Protection Board，MSPB）是建立用来保护雇员不受被禁止人事实践的危害。它扮演着雇员上诉委员会的作用，但也监督人事政策的全面执行，它还负责制定系统内问题的年度报告。

《公务员改革法》也确立了高级执行主管制（the Senior Executive Service，SES）。高级执行主管制是可以追溯到至少是布朗诺委员会时的一个概念，它考虑到高级雇员工作的灵活性。只要需要，他们可以分配能发挥其特殊专门才能的工作。支持该系统的观点是更有效地使用可用的人才，避免与公务员制度有关的繁文缛节（Buchanan 1981；Colby and Ingraham 1981；Huddleston 1992；Long 1981；Pagano 1984；Rosen 1981；Waldby and Hartsfield 1984）。

在《公务改革法》被通过的同一时期,卡特总统提出有关公共雇员利益冲突和其他行为的更强硬的法则。《政府伦理法》(the Ethics in Government Act)于 1978 年通过,在限制离任政府雇员(postgovernment employment)和要求许多公共雇员放弃投资的同时,该法将其财务报告(financial statements)公开,并抑制其参与可能会出现利益冲突的决策(Walter 1981)。该法部分是受到"水门"丑闻结果的刺激(Bowman 1977;Plant and Gortner 1981)。

公务员改革和对伦理的关注促进许多州和地方政府采取行动(Plant and Gortner 1981)。虽然有一些地方在重组中早于联邦服务部门,但大多数地区是在《政府伦理法》出台之后对系统进行研究的(Dresang 1982)。许多州和地方政府也采取更为严格的《伦理法》(Hays and Gleissner 1981)。《会议公开法》(Open Meeting Laws)和《信息自由或公开接近立法》(Open Access Legislation)也构成促使政府更加负责的阳光立法运动(the sunshine legislation movement)的一部分。

在活动的另一个具有重要的公共服务意义的领域就是,州和地方政府是领导者。加利福尼亚州选民在 1978 年通过的第 13 号提案(proposition 13)激励了持续到 20 世纪 80 年代的精简管理(cutback management)时代。纳税人的反抗遍布了全国,政府随即发现自己处于紧缩开支的压力之下。由于人事是绝大多数政府最大的开支项目,紧缩就意味着人事缩减。大批裁员(reductions-in-force)、下岗以及其他形式的裁减促使重新审查公共服务部门以及它们运作的基础(Lewis et al. 1983)。生产力提高作为一种克服削减的路径也越来越受到大家的关注。

B. 更多削减:20 世纪 80 年代

公共部门的困境在 20 世纪 80 年代变得恶化。里根政府(Reagan Administration)上台部分是基于对公共服务部门的攻击,这只是更猛烈抨击大政府内容的一部分(Levine 1986)。毫不奇怪,公共服务部门的士气骤然下降。除了将公务员描述成造成浪费的政府活动的罪犯外,政府还试图在意识形态上改造公共服务部门。纽兰(Newland 1983)认为里根统治下的公共行政是一个意识形态上的公共行政。

1981 年职业的空管组织(Professional Air Traffic Controllers,PATCO)罢工以及政府对罢工的解决办法代表了里根政府的方式。尽管该组织在里根竞选总统时赞同他当选,但是它是里根新价值观的首当其冲者。罢工一开始,该组织就被告知雇员如不返回工作就会被解雇,这是在里根政府因该组织薪金要求过头而使得该组织显得不合理之后所发生的。工会从来没有捕获公众对它所认为是更为重要的事情的关注。由于公众的意见牢固地站在自己一边,里根总统能够用该组织作为范例说明政府是如何与公共雇员艰难合作的。当然,由于此次罢工不具合法性,工会没有充分的证据,没有考虑到这个事实:过去贯穿整个公共部门的罢工被以不同的方式解决了,雇员在问题解决后也欢迎回来工作。

里根政府立场坚定，PACTO 被迫取消资格。这给公共雇员工会的信号是显而易见的，从此他们在任何一级政府坚持强调他们的要求都不太具有成效，这样公共雇员工会与集体协商的蓬勃发展嘎然而止。

许多里根任命的职员对于利益冲突缺乏敏感进一步使公共服务部门感到气馁（Newland 1983, 1987; Pfiffner 1987; Rosen 1983）。就像 20 世纪 50 年代的艾森豪威尔一样，里根总统看来偏向任命那些背景没有被仔细查明，或者那些在任时表现得好像他所任职的部门或单位就是他们自己的私人领地的人。这再次表明，私营企业可以接受的实践在公共服务部门中是难以接受的，许多被任命者看来无法理解这一点，结果给政府造成了许多尴尬事件。不道德的标签就转移给了整个公共组织。1989 年通过了《伦理改革法》（the Ethics Reform Act），加强了管理雇员行为的一些法则。

里根政府也确定了降低平等就业机会和肯定性行动的重要性这一大事情（Krislov and Rosenbloom 1984; Thompson 1984）。因支持推翻这些举措，政府常常被告上法庭，这也疏远了早期在联邦政府要求下确定平等就业机会和肯定性行动项目的许多州和地方政府。许多州和地方政府都感到如果现代社会关注公平与公正，那么这种举措是正确的。他们厌恶现在必须抵御政府部门的行为，其他的则厌恶摧毁他们首先被迫发展的项目。平等就业机会委员会在当前最高法院首席大法官克拉伦斯·托马斯（Supreme Court Justice Clarence Thomas）领导下，因为缺乏能力以及对肯定性行动完全的敌意而痛苦不堪（Perman 1988）。

里根政府也强力倡导政府紧缩开支（Levine 1986; Rubin 1985），随之而来的是人员削减。虽然中央政府有能力缩减许多项目，尤其是社会项目集资方向，但州和地方政府却被迫采取马虎态度（Hulten and Sawhill 1984; Nathan et al. 1983; Palmer and Sawhill 1984; Rivlin 1992）。许多州和地方政府官员支持缩减的观点，但事实上这些层面的公共机构必须在较少的资源提供公共服务的同时还要解决已经增长的服务需求。生产力项目继续被强调是提供服务的一种方式，但其中许多项目也不得不被削减。

虽然公务员觉察到部分政府部门的反公共服务部门态度，但他们还是有同盟者。国会更具有同情心，法院继续在支持他们的利益上起着重要作用，而且支持程度比行政部门高。不过，公共人事管理在艰难时候面临削减问题和保持劳动力的士气问题。

社会公平问题继续重要。在许多情况下，这些问题受到雇员组织（包括工会）的逼迫。肯定性行动、平等就业机会等等诸如此类的问题更加可能受到工会而不是政治领导的拥护。1982 年行业和行政执业考试在诉讼中被发现具有歧视性后被终止。

可比价值（同值同酬）（comparable worth）被描述为 20 世纪 80 年代的问题，也是对前 30 年平等就业机会承诺的延伸（Doherty and Harriman 1981; Johansen 1984a, 1984b; Moore and Abraham 1994; Neuse 1984; Remick 1981; Steel and Lovrich 1987; Tompkins 1987）。可比价值最重要的拥护者是雇员工会，尤其

是美国州、县和城市雇员联合会（American Federation of State, County and Municipal Employees, AFSCME）。

由于劳动力的变化，性骚扰是另外一个受到越来越多关注的问题（Dresang and Stuiber 1991；MacKinnon 1979；Neugarten and Shafritz 1980；Ross and England 1987）。在1986年，美国最高法院明确认为交换型骚扰（quid pro quo）和敌对环境骚扰是非法的（Meritor Savings Bank v. Vinson 1986）。交换型骚扰指雇佣决定取决于性别偏好的情形，其中敌对环境骚扰像猥亵性评论、触摸、暗送秋波以及攻击材料使得个体感觉不舒服或产生恐惧感（MacKinnon 1979）。

权利问题一直都是公共雇佣关心的重要问题，因为公共机构需要公众的支持。在20世纪80年代，公共雇员中吸毒成瘾导致建议测试所有的公共雇员或者对他们进行随机测试。同样，测谎仪测试（polygraph tests）也被用来作为潜在雇员的筛选工具。当然，雇员和其工会对接受这样的建议踌躇不定。有关这些项目的公民自由问题（civil liberties questions）也受到广泛关注（Elliott 1989；Thompson et al. 1991）。除了所提议的项目，越来越普遍地看到在公共和私营雇佣中雇员辅助项目（employee assistance programs）（Johnson 1986；Kemp 1985）。这些项目处理存在于雇员中的、可能影响到他们生产能力的问题。

《1978年公务员改革法》为80年代公共人事管理的革新和试验奠定基础。例如，功绩酬劳（merit pay）或绩效酬劳制度（pay-for-performance systems）在联邦机构和许多州以及地方政府中试行，绩效酬劳吸引了许多官员，很难想象有人会对绩效不想得到回报。但是，实施起来又是另外一回事了。对那些构成荣誉绩效缺乏认同以及政治决策制定者不愿意将各种资金用于强调功绩酬劳上，这些都导致了大多数绩效酬劳制度无法成功。这些制度的承诺远比实施现实情况要好（Ingraham 1993；Kellough and Lu 1993；National Research Council 1991）。

对分类改革和酬劳捆绑的试验（pay bounding）也于20世纪80年代出现。在几个联邦正式任命中，政府作了许多努力寻求使分类和赔偿更为灵活的路径。虽然试验也取得了一些成功，拓宽其使用的尝试却不容易被接受（Ban 1991；National Academy of Public Administration 1991；Risher and Schay 1994）。

20世纪80年代末，乔治·布什（George Bush）是当时的总统，布什总统遵循里根政府的路径。但是，在其执政期间，没有对公共服务部门进行言词攻击这一点是值得注意的。虽然他的政党中的保守派施压要他坚持前任总统的许多政策，但布什政府的论调远没有以前刺耳（Harsh）。

V. 重塑、再造和精简：20世纪90年代

20世纪90年代开始继续强调80年代的紧缩和削减。随着时间的发展，对政府的攻击加剧，政治环境也对许多促进社会公平的项目产生了回应。民主党因比尔·克林顿（Bill Clinton）竞选而重新获得总统职位，克林顿的施政纲领触及到社会各个部门，但是他很快就遇到了抵抗。1994年中期选举结果是共和

党，并且是共和党保守派控制了国会。反政府言论占据了政治议程，总统开始对其支持的温和的（moderate）和自由的政策摇摆不定。对于公共人事管理，其涵义过去是，现在也是多种多样。虽然主要关注一直是要缩减政府范围和规模，许多活动的目标是提高政府绩效，并通过这些努力获得节余。这样，重塑和再造成为90年代的时尚，全面质量管理（Total Quality Management）和它的变体成为完成这些目标的工具。

1989年，国家公共服务委员会（the National Commission on the Public Service）（沃尔克委员会）（Volcker Commission）发布了报告《公共服务领导学》（the Leadership for the Public Service），激励更多地分析人事系统，特别是在国家层面上。州和地方公共服务全国委员会（the National Commission on the State and Local Public Service）仿效也于1993年发布了一个报告，它类似于沃尔克委员会的提议。克林顿（Clinton）总统任命副总统戈尔（Gore）负责《国家绩效评估委员会》（the National Performance Review），它在1993年和1994年出版报告，集中关注重塑和再造政府机构和项目的路径。所有这些报告包含了质量管理路径的要素。精简（人员）和削减（开支）都是这些努力的成果，但主要还是集中在提高机构和人事的绩效方面（Ingraham et al. 1994）。

变化的人口统计数字给人事系统施以新的压力，因为这些系统必须适应一支逐渐老龄化，教育更为良好、更加多元化，拥有更多白领的劳动大军（Hudson Institute 1988；Pomerleau 1994；and U.S. Office of Personnel Management 1993）。劳动大军的变化属性（changing nature）在许多方面挑战人事管理。组织发现它们必须使管理者和雇员对多元化的劳动队伍敏感，并确保全体人员拥有舒适的工作环境。受过更好教育的白领劳动力产生了参与式路径，强调对传统独裁式的决策制定模式没有响应的雇员授予权力。正在老化的劳动力呼吁更多的退休准备培训以及充分关注退休金项目。

到20世纪90年代早期，平等就业机会和肯定性行动项目是公共人事系统的最主要部分。《1991年民权法案》（the Civil Rights Act of 1991）加强反歧视政策的执行并允许收取歧视赔偿和惩罚金。它同时呼吁建立一个玻璃天花板委员会（Glass Ceiling Commission）来解决女性和少数族裔在管理某些层级以上缺乏晋升机会的问题。

20世纪90年代中期对肯定性行动项目进行了全面攻击。由于政治体系临近1996年总统选举，候选人在1994年中期选举中明显地坚持要求响应保守党派。这样，共和党人抨击肯定性行动项目，加利福尼亚州州长皮特·威尔逊（Pete Wilson）走在最前沿。他说服加州大学评议会（the University of California Board of Regents）在其校园中放弃肯定性行动项目。克林顿总统认真地对待这件事情的显著特征，命令在联邦政府评审肯定性行动项目，最终公开表明强力支持他们继续进行。他的态度是这些项目应该得到改进，但不予放弃。对大多数公共人事系统，肯定性行动仍然继续，但也取得了对攻击这些项目的政治合法性。法院看来也对这些项目的非难更加开放。显然，肯定性行动是一个领域，其中变革可能会发生。

作为平等机会辩论的一个部分，残疾人和男女同性恋者要求获得权利。《1990年美国残障法案》(the Americans with Disabilities Act of 1990) 对公共人事具有巨大涵义 (Cozzetto 1994)。人事系统所有各方面都经过分析来确保它们没有歧视残疾人。男、女同性恋者受到总统候选者克林顿的鼓舞，克林顿承诺支持他们的利益，保证在军队中取消对男、女同性恋的禁令。但是，克林顿总统遇到主要的政治反对（包括国会中自己政党的反对）时，他改变了原来的立场。妥协是允许男、女同性恋者在军队服役，只要他们不公开讨论他们是同性恋者这个事实。他们的长官也不应该再询问性倾向问题 (sexual orientation)，这一问题正在被起诉。现在许多州和地方政府是制定有关这一问题政策的舞台。许多司法机关通过法律或法令保护男、女同性恋者不再受歧视，但有些司法机关发动市民开始撤销或禁止这样的政策。对这一政策的诉讼再一次盛行一时；到目前为止还没有在公共雇佣中解决男、女同性恋者权利的确切路径 (Lee and Greenlaw 1995；McNaught 1993；Simon and Daly 1992)。

同性恋问题也出现在福利政策决策中。家庭伙伴关系政策 (domestic partnership policy) 家庭伙伴关系上扩大了给配偶提供的福利，并与主要的男、女同性恋支持者辩论，但是，这些政策也扩大到非同性恋关系中 (Gossett 1994)。90年代其他的福利问题与家庭和医疗保健有关。《1994年家庭和医疗休假法》(the Family and Medical Leave Act of 1994) 要求任何拥有至少50个雇员的雇主准许雇员在任何12个月期限内有12个星期的不带薪的家庭和医疗休假。医疗保健福利越来越昂贵，雇主竭力想出在提供充足服务的同时遏制成本的办法。雇员在其可利用的服务以必须分享的成本中亲身经历了许多变化。通常雇主逐渐地提供灵活的福利计划以便雇员能选择对他们最为重要的福利计划。

性骚扰就是有高可见度的另一公平问题。在阿妮塔·希尔 (Anita Hill) 控告最高法院被提名者克拉伦斯·托马斯 (Clarence Thomas) 在平等就业委员会被他雇佣时对她进行性骚扰。参议院对他的批准所进行的听众会吸引了大量的关注。尽管托马斯被定罪，但在雇佣环境下性骚扰是一个最明显的问题 (Pellicotti 1993)。法院继续完善其裁决，包括一个最高法院决议——埃里森·V. 布雷迪 (Ellison V. Brady 1991)，它规定在确定一个情势是否构成性骚扰时必须考虑该女性的观点。在1993年，最高法院裁决：受伤害者对于敌对和侮辱的环境的见识是合法行动的充足条件 (Harris V. Forklift Systems 1993)。确定性骚扰政策和培训对公共雇主已成为一个必要前提。此外，任何投诉必须立刻调查，并且必须采取纠正性行动 (corrective action) 来避免欠债。

工作场所中的暴力在20世纪90年代也是对公共雇主的一大挑战。公共雇员在工作时受到攻击和谋杀，有时是人事决定的结果，有时是内部纠纷扩大的结果 (Elliott and Jarrett 1994；Johnson and Indvik 1994)。雇主现在必须为与这种暴力受害者一起工作的雇员提供安全和援助。

20世纪90年代的各种挑战太多了，将会给公共人事管理带来巨大变化。

政治和人口变化使得公共人事是一个动态的领域。公共服务部门的形象继续受损,尤其克林顿政府,像以前的政府一样,似乎嗜好在对其助手和提名人的过去的争执上陷入困境。3个内阁成员必须受到有关法律和道德败坏特别理事会的调查。许多被提名到显赫位置的人,包括最高法院,因其背景上的污点(过去政府没有发现)被撤职。克林顿夫妇本身就是在国会审讯的目标,并受到特别理事会的调查。结果,公众对政府越来越冷嘲热讽。随着人们越来越不信任整个政府的人事,公务员(public servants)都受到了这些丑闻的影响。

VI. 总结

美国公共人事管理不断地经受变革(Ingraham et al. 1994;Lane and Wolf 1990;McEnery and Lifter 1987;Wooldridge and Wester 1991)。这些变革通常响应了变化中的政治价值观。最初几届政府的政治价值观是为该系统赢得支持;此后历届政府关注的是确保公共雇员纳入它的价值体系。要不然,拥有一个响应性的公共服务部门很难。公共服务部门应当在多大程度上回应政府一直处于争议之中。国家从极端响应(纯粹的分赃)到极端中立(20世纪初期)之间摇摆不定。每一次的反应都将钟摆回摆到一定的程度。

公共人事管理文献在过去三四十年内得到发展。在这之前有一些关于具体人事系统或问题的描绘和分析;公务员制度可能得到审查或分赃制可能得到描述(profiled)。然而,几乎没有正式考虑过人事在整体管理中的地位。伍德罗·威尔逊1887年的论文对于4年前的改革运动提供了学术论证,他的文章被用作公务员制度的最重要成果(center piece)。19世纪早期文献就是建立在这一路径以及科学管理原则路径之上。直到20世纪60年代,政治与行政分离才在公共人事管理中被接受(Rosenbloom 1982)。

20世纪60年代的文献开始质疑政治与行政或政策与行政的分离。随着这个变化,人们认识到这样一个事实:公共人事管理受政治价值的影响。莫舍(1902)走在最前面,汤普森(Thompson 1975)的经典作品,《城市人事政策》(Personnel Policy in the City)为这个观点作了一个最明确的论述。对该领域的批评,认为它缺乏理论,与其他事务相比枯燥乏味、冗长沉闷,这也是对公共人事管理的挑战(Klingner and Nalbandian 1978;Milward 1978;Rosenbloom 1973;Shafritz 1975)。20世纪七八十年代的文献代表一个更严格研究导向的路径,是建立在将公共人事管理置于政治以及政治运作的公共政策这一环境里(Cayer 1996;Elliott 1989 5;Klingner 1981;Mainzer 1973;Nalbandian and Klingner 1982;Rich 1982;Rosenbloom 1973,1982;Stein 1987;Thompson 1975,1991,1995)。

现代社会认识到政治处于人事过程的中心地位,我们从国家建国初期开始兜了一个整圈。公共人事管理既是政治又是行政,两者之间的平衡是人事管理者的核心问题(Ingraham and Kettl 1992;Ingraham et al. 1994;Klay 1983;Lynn

1983; Macy, Adams, and Walter 1983; Newland 19841; O'Toole 1987; Thompson 1995)。建立一个有效的组织要求既有内部又有外部的政治技能（Carnevale 1995）。

REFERENCES

Argyris. C. Organization man: rational and self-actualizing. Public Admin Rev 33: 354–357, 1973a.

———. Some limits of rational man organizational theory. Public Admin Rev 33: 253–267, 1973b.

———. Reasoning, Learning, and Action: Individual and Organizational. San Francisco: Jossey-Bass, 1983.

Aronson AH. Merit systems under the Social Security Act. Public Person Rev 1: 20–24, 1940.

———. States and Kinship in the Higher Civil Service. Cambridge, MA: Harvard University Press, 1964.

———. State and local personnel administration. In: U. S. Civil Service Commission. Biography of an Ideal. Washington, D. C.: Government Printing Office. 1974.

Baird J, Kadue DD, Sulzer KD. Public Employee Privacy: A Legal and Practical Guide to Issues Affecting the Workplace. Chicago: American Bar Association, 1995.

Ban C. The Navy demonstration project: an experiment in experimentation. In: Ban C, Riccucci N, eds.. Public Personnel Management: Current Concerns—Future Challenges. New York: Longman, 1991.

Bar of the City of New York. Report of the Special Committee on the Federal Loyalty Security Program. New York: Dodd Mead, 1956.

Barnard CI. The Functions of the Executive. Cambridge, MA: Harvard University Press, 1968.

Bellone C, ed. Organization Theory and the New Public Administration. Boston: Allyn and Bacon, 1980.

Bennis W. Beyond Bureaucracy. New York: McGraw-Hill, 1973.

Benton TH. Report on the Reduction of Executive Patronage. Senate Doc. 88, 19th Cong., 1stsass, May 4, 1826.

Berkley GR. The Administrative Revolution. Englewood Cliffs, NJ: Prentice-Hall, 1971.

Bolton JR. The Hatch Act: A Civil Libertarian Defense. Washington, D. C,: American Enterprise Institute for Policy Research, 1976.

Bowman JS. Ethics in the federal service: a post-Watergate view. Midwest Rev Public

Admin 11: 3-20, 1977.

____. Symposium on civil service reform. Rev Public Person Admin 2 (spring): 1-134, 2 (summer): 1-92, 1982.

Brooks TR. Toil and Trouble. 2nd ed. New York: Dell, 1971.

Buchanan B. The senior executive service: how we can tell if it works. Public Admin Rev 41: 349-358, 1981.

Carnevale DG. Trustworthy Government: Leadership and Management Strategies for Building Trust and High Performance. San Francisco: Jossey Bass, 1995.

Cayer NJ. Public Personnel Administration in the United States. 3rd ed. New York: St. Martin's, 1996.

Civil Service Assembly. Position Classification in the Public Service. Chicago: Civil Service Assembly, 1941.

Colby PW, Ingraham PW. Individual motivation and institutional changes under the senior executive service. Rev Public Person Admin 2: 101-118, 1982.

Commission on the Organization of the Executive Branch of Government. Personnel and Civil Service: A Report to the Congress. Washington, D.C.: Government Printing Office, 1955.

Cozzetto DA. Implications of ADA for state and local government: judicial activism reincarnated. Public Person Manage 23: 105-116, 1994.

Crenson MA. The Federal Machine: Beginning of Bureaucracy in Jacksonian America. Baltimore, MD: Johns Hopkins University Press, 1975.

Davis CE. Veteran's preference and civil service employment: issues and policy implications. Rev Public Person Admin 2: 57-65, 1982.

Dickerson SD, Cayer NJ. The environmental context of public labor relations. In: Rabin J, Vocino T, Hildreth WB, Miller, GJ. eds.. Handbook of Public Sector Labor Relations. New York: Marcel Dekker, 1994.

Dilts D, Deitsch C, Rassuli A. Labor Relations Law in State and Local Government. Westport, CT: Quorum Books, 1992,

Doherty MH, Harriman A. Comparable worth: the equal employment issue of the 1980s. RevPublic Person Admin 1: 11-31, 1981.

Dresang DL. Diffusion of civil service reform: the federal and state governments. Rev Public Person Admin 2: 35-47, 1982.

Dresang DL, Sluiber PJ. Sexual harassment: challenges for the future. In: Ban C, Riccucci N, eds. Public Personnel Management: Current Concerns—Future Challenges. New York: Longman, 1991.

Dye TR. The Politics of Equality. Indianapolis, IN: Bobbs-Merrill, 1971.

Elliott RH. Public Personnel Administration: A Values Perspective. Reston, VA: Reston Publishing, 1985.

_____. Drug testing and public personnel administration. Rev Public Person Admin 9: 15-31, 1989.

Elliott RH, Jarrett DT. Violence in the workplace: the role of human resource management. Public Person Manage 23: 287-299. 1994.

Ellison v. Brady, 9 dr. Ct. (1991). Emmert MA, Gregory BL. Veteran's preference and the merit system. In: Rosenbloom DH, ed. Centenary Issues of the Pendleton Act of 1883. New York: Marcel Dekker, 1982.

Eriksson EM. The federal civil service under President Jackson. Miss Valley Hist Rev 13: 527-528, 1927.

Ex pane Curtis, 106 U. S. 371 (1882). Federal Political Personnel Manual. Bureaucrat 4: 429-508, 1976.

Fish CR. The Civil Service and the Patronage. New York: Longmans, Green, 1905.

Frederickson HG. New Public Administration. University, Alabama: University of Alabama Press, 1980.

Galbraith JK. Economics and the Public Purpose. Boston: Houghton-Mifflin, 1973.

Gardner J. Excellence: Can We Be Equal and Excellent Too? New York: Harper and Row, 1961.

Glazer N. Affirmative Discrimination: Ethnic Inequality and Public Policy. New York: Basic Books, 1975.

Golembiewski RT. Organization development in public agencies: perspectives on theory and practice. Public Admin Rev 29: 367-377, 1969.

Golembiewski RT, Eddy W, eds. Organization Development in Public Administration, part I. New York: Marcel Dekker. 1978.

Golembiewski RT, Proehl CW Jr, Sink D. Success of OD applications in the public sector: toting up the score for a decade, more or less. Public Admin Rev 41: 679-682, 1981.

Goodnow FJ. Politics and Administration: A Study in Government. New York: Macmillan, 1900.

Goodsell CT. The Case for Bureaucracy. Chatham, NJ: Chatham House. 1983.

Gossett CW. Domestic partnership benefits: patterns in the public sector. Rev Public Person Admin XIV: 64-84, 1994.

Grodin JR, Wollett DH. Collective Bargaining in Public Employment. 2nd ed. Washington, D.C.: Bureau of National Affairs, 1974.

Guy ME. Three steps forward, two steps backward: the status of women's integration into public management. Public Admin Rev 53: 285-292, 1993.

Hanslowe KL. The Emerging Law of Labor Relations in Public Employment. Ithaca: New York State School of Industrial and Labor Relations, Cornell University, 1967.

Harmon MM. Action Theory for Public Administration. New York: Longman, 1981.

Harris v. Forklift Systems, 114 S. Ct. 367 (1993).

Harvey DR. The Civil Service Commission. New York: Praeger, 1970.

Hays S, Gleissner R. Codes of ethics in state government: a nationwide survey. Public Person Manage 10: 48 – 68, 1981.

Hoogenboom A. The Pendleton Act and the civil service. Am Hist Rev 64: 301 – 318, 1958 – 1959.

————. Outlawing the Spoils: A History of the Civil Service Reform Movement, 1865 – 1883. Ur – bana: University of Illinois Press, 1961.

————, ed. Spoilsmen and Reformers. Chicago: Rand McNally, 1964.

Hoover Commission. The Hoover Commission Report. New York: McGraw Hill, 1949.

Horton RD. Municipal Labor Relations in New York City. New York: Praeger, 1973.

Huddleston M. To the threshold of reform: the Senior Executive Service. In: Ingraham PW, Rosenbloom DH, eds. The Promise and Paradox of Civil Service Reform. Pittsburgh, PA: University of Pittsburgh Press, 1992.

Hudson Institute. Civil Service 2000. Washington, D. C. : Office of Personnel Management, 1988.

Hudson WT, Braodnax WD. Equal opportunity as public policy. Public Person Manage 11: 268 – 276, 1982.

Hulten CR, Sawhill I, eds. The Legacy of Reaganomics. Washington, D. C. : Urban Institute Press, 1984.

Ingraham PW. Of pigs in pokes and policy diffusion: another look at pay-tor-performance. Public Admin Rev 53: 348 – 356, 1993.

Ingraham PW, Ban C, eds. Legislating Bureaucratic Change: The Civil Service Reform Act of 1978. Albany: State University of New York Press, 1984.

Ingraham PW, Ketti DP. Agenda for Excellence: Public Service in America. Chatham, NJ: Chatham House, 1992.

Ingraham PW, Romzek BS, and associates. New Paradigms for Government: Issues for the Changing Public Service. San Francisco: Jossey Bass, 1994.

Ingraham PW, Rosenbloom DH, eds. The Promise and Paradox of Civil Service Reform. Pittsburgh, PA: University of Pittsburgh Press, 1992.

Jaegal D, Cayer NJ. Public personnel administration by lawsuit. Public Admin Rev 51: 211 – 221, 1991.

Johansen E. Comparable Worth: The Myth and the Movement. Boulder, CO: Westview, 1984a.

————. Managing the revolution: the case of comparable worth. Rev Public Person Admin 4: 14 – 27, 1984b.

Johnson AT. A comparison of employee assistance programs in corporate and government organizational contexts. Rev Public Person Admin 6: 28–42, 1986.

Johnson PR, Indvik J. Workplace violence: an issue of the nineties. Public Person Manage 23: 515–523, 1994.

Kaplan HE. Political neutrality of the public service. Public Person Rev 1: 10–23, 1940.

Kaplan HR, Tausky C. Humanism in organizations: a critical appraisal. Public Admin Rev 37: 171–180, 1977.

Kaufman H. The growth of the federal government service. In: Sayre W, ed. The Federal Government Service: Its Character, Prestige, and Problems. 2nd ed. Englewood Cliffs, NJ: Prentice-Hall, 1965.

Kearney RC. Labor Relations in the Public Sector. 2nd ed. New York: Marcel Dekker, 1992.

Kearney RC, Hays SW. The politics of selection: spoils, merit, and representative bureaucracy. In: Rosenbloom DH, ed. Public Personnel Policy: The Politics of Civil Service. Port Washington, NY: Associated Faculty Press, 1985.

Kellough JE, Lu H. The paradox of merit pay in the public sector: persistence of a problematic procedure. Rev Public Person Admin XIII: 45–64, 1993.

Kemp D. Employee assistance programs: organization and services: Public Admin Rev 45: 378–382, 1985.

Kilpatrick FP, Cummings MC Jr, Jennings MK. The Image of the Federal Service. Washington, D.C.: Brookings Institution, 1964.

Kirchheimer O. The historical and comparative background of the Hatch Act. Public Policy 2: 341–373, 1941.

Klay WE. Fiscal constraints, trust and the need for a new politics/administration dichotomy. Rev Public Person Admin 4: 44–54, 1983.

Klingner DE. Political influences on the design of state and local personnel systems. Rev Public Person Admin 3: 1–10, 1981.

Klingner DE, NAlbandian J. Personnel management by whose objectives. Public Admin Rev 38: 366–372, 1978.

Kramer L. Labor's Paradox—The American Federation of State, County, and Municipal Employees, AFL-CIO. New York: John Wiley and Sons, 1962.

Kranz H. The Participatory Bureaucracy: Women and Minorities in a More Representative Public Service. Lexington, MA: Lexington Books, 1976.

Krislov S, Rosenbloom DH. Representative Bureaucracy and the American Political System. 2nd ed. New York: Praeger, 1984.

Lane LM, Wolf JE. The Human Resource Crisis in the Public Sector: Rebuilding the Capacity to Govern. Westport, CT: Quorum Books, 1990.

Latham E. The Communist Controversy in Washington: From the New Deal to McCarthy. Cambridge, MA: Harvard University Press, 1966.

Lee RD Jr, Greenlaw PS. The legal evolution of sexual harassment. Public Admin Rev 55: 357 – 364, 1995.

Levine CH. Organizational decline and cutback management. Public Admin Rev 38: 316 – 325, 1978.

____. More on cutback management: hard questions for hard times. Public Admin Rev 39: 179 – 189, 1979.

____. The federal government in the year 2000: administrative legacies of the Reagan years. Public Admin Rev 46: 195 – 205, 1986.

Lewis CW, Shannon WW, Ferree GD Jr. The cutback issue: administrators' perceptions, citizen attitudes, and administrative behavior. Rev Public Person Admin 4: 12 – 27, 1983.

Long NE. The S. E. S. and the public interest. Public Admin Rev 41: 305 – 312, 1981.

Lowi TJ. Machine politics—old and new. Public Interest 9: 83 – 92, 1967.

Lynn NB. The Civil Service Reform Act of 1978. In: Hays SW, Kearney RC, eds. Public Personnel Administration: Problems and Prospects. Englewood Cliffs, NJ: Prentice-Hall, 1983.

McDiarmid J. The changing role of the U. S. Civil Service Commission. Am Politic Sci Rev 40: 1067 – 1096, 1946.

McEnery JM, Lifter ML. Demands for change: interfacing environmental pressures and the personnel process. Public Person Manage 16: 61 – 87, 1987.

MacKinnon CA. Sexual Harassment of Working Women: A Case of Sex Discrimination. New Haven, CT: Yale University Press, 1979.

McNaught B. Gay Issues in the Workplace. New York: St. Martin's, 1993.

Macy JW, Adams B, Walter JJ. America's Unselected Government: Appointing the President's Team. Cambridge, MA: Ballinger, 1983.

Mainzer LC. Political Bureaucracy. Glencoe, IL: Scott, Foresman, 1973.

Marini F, ed. Toward a New Public Administration. San Francisco: Chandler, 1971.

Martin PL. The Hatch Act in court: some recent developments. Public Admin Rev 33: 443 – 447, 1973.

____. Contemporary Labor Relations. Belmont, CA: Wadsworth, 1979.

Mentor Savings Bank v. Vinson, 106 S. Ct. 2399 (1986).

Milward HB. Politics, personnel and public policy. Public Admin Rev 38: 391 – 396, 1978.

Moore MV, Abraham YT. Comparable worth: is it a moot issue? Part II: the legal and judicial posture. Public Person Manage 23: 263 – 286, 1994.

Morganthau HJ. The impact of the loyalty and security measures on the State Department. Bull Atom Sci 11: 134–140, 1955.

Morse MM. We've come a long way. Public Person Manage 5: 218–224, 1976.

Mosher FC. Democracy and the Public Service. 2nd ed. New York: Oxford University Press, 1982.

Moskow MH, Loewenberg JJ, Koziara EC. Collective Bargaining in Public Employment. New York: Random House, 1970.

Murphy LV. The first civil service commission: 1871–1875. Public Person Rev 3: 29–39, 218–231, 299–323, 1942.

Naff K. Through the glass ceiling: prospects for the advancement of women in the federal civilservice. Public Admin Rev 54: 507–514, 1994.

Nalbandian J, Klingner D. The politics of public personnel administration: towards theoretical understanding. Public Admin Rev 41: 541–549, 1982.

Nathan RP, Doolittle FC, and Associates. The Consequences of Cuts: The Effects of the Reagan Domestic Program on State and Local Governments. Princeton, NJ: Princeton University Urban and Regional Research Center, 1983.

National Academy of Public Administration. Modernizing Federal Classification: An Opportunity for Excellence. Washington, D.C.: National Academy of Public Administration, 1991.

National Commission on the Public Service. Leadership for the Public Service. Washington, D.C: National Commission on the Public Service, 1989.

National Commission on the State and Local Public Service. Hard Truths/Tough Choices: An Agenda for State and Local Reform. Albany, NY: Rockefeller Institute of Government, 1993.

National Performance Review. From Red Tape to Results: Creating a Government that Works Better and Costs Less. Washington, D.C.: Government Printing Office, 1993.

———. Creating a Government that Works Better and Costs Less: Status Report. Washington, D.C.: Government Printing Office, 1994.

National Research Council. Pay for Performance: Evaluating Performance Appraisal and Merit Pay. Washington, D.C.: National Academy Press, 1991.

Nelson CJ. The press & civil service reform. Civ Serv J 13: 1–3, 1973.

Nelson DC. Political expression under the Hatch Act and the problem of statutory ambiguity. Midwest J Polit Sci 2: 82–85, 1958.

Nesbitt MM. Labor Relations in the Federal Government Service. Washington, D.C.: Bureau of National Affairs, 1976.

Neuganen DA, Shafritz JM, eds. Sexuality in Organizations: Romantic and Coercive Behaviors at Work. Oak Park, IL: Moore, 1980.

Neuse S. A critical perspective on the comparable worth debate. Rev Public Person Admin 3: 1 –20, 1982.

Newland CA. Symposium on productivity in government. Public Admin Rev 32: 739 –850, 1972

————. Public personnel administration: legalistic reforms vs. effectiveness, efficiency, and economy. Public Admin Rev 36: 529 –537, 1976.

————. A mid-term appraisal-the Reagan presidency: limited government and political administration. Public Admin Rev 43: 1 –21, 1983.

————. Crucial issues for public personnel professionals. Public Person Manage 13: 15 –46, 1984a.

————. Public Administration and Community: Realism in the Practice of Ideals. McClean, VA: Public Administration Service, 1984b.

————. Public executives: imperium, sacerdotium, collegiums? Bicentennial leadership challenges. Public Admin Rev 47: 45 –56, 1987.

O'Toole LJ. Doctrines and developments: separation of powers, the politics-administration dichotomy, and the rise of the administrative state. Public Admin Rev 47: 17 –25, 1987.

Pagano MA. The SES performance management system and bonus awards. Rev Public Person Admin 4: 40 –56, 1984.

Palmer JL, Sawhill I. The Reagan Record. New York: Ballinger, 1984.

Panetta LE, Gall P. Bring Us Together. Philadelphia, PA: Lippincott, 1971.

Pellicotti J. PERL 75—Title VII Liability for Sexual Harassment in the Workplace: An Update.

Alexandria. VA: International Personnel Management Association, 1993.

Perman F. The players and problems in the EEO enforcement process: A status report. Public Admin Rev 48: 827 –833, 1988.

Pfiffner JD. Political appointees and career executives: the democracy-bureaucracy nexus in the third century. Public Admin Rev 47: 57 –65, 1987.

Piskulich JP. Collective Bargaining in State and Local Government. New York: Praeger, 1992.

Plant J, Gortner HP. Ethics, personnel management, and civil service reform. Public Person Manage 10: 3 –10, 1981.

Pomerleau R. A desideratum for managing the diverse workplace. Rev Public Person Admin XIV: 85 –100, 1994.

President's Committee on Administrative Management. Report With Special Studies. Washington, D. C.: Government Printing Office, 1937.

President's Reorganization Project. Personnel Management Project Vol. I, Final Staff Report. Washington, D. C.: Government Printing Office, 1977.

Presthus R. The Organizational Society, rev. ed. New York: St. Martin's, 1978.

RabinJ, Vocino T, Hildreth WB, Miller GJ. Handbook on Public Personnel Administration. New York: Marcel Dekker, 1995.

Remick H. The comparable worth controversy. Public Person Manage 10: 371 – 383, 1981.

Rich WC. The Politics of Urban Personnel Policy: Reformers, Politicians and Bureaucrats. Port Washington, NY: Kennikat, 1982.

Risher HH, Schay BW. Grade banding: the model for future salary programs? Public Person Manage 23. 187 – 199, 1994.

Rivlin AM. Reviving the American Dream: The Economy, the States and the Federal Government. Washington, D.C.: Brookings Institution, 1992.

Roberts HS. Labor-Management Relations in the Public Service. 2 vols. Honolulu, HI: Industrial Relations Center, University of Hawaii, 1968.

Roberts RN. The public law litigation model and Memphis v. Stotts. Public Admin Rev 45: 527 – 532, 1985.

Rose H. A critical look at the Hatch Act. Harv Law Rev 75: 510 – 526, 1962.

Rosen B. Merit and the president's plan for changing the civil service system. Public Admin Rev 38: 301 – 304, 1978.

———. Uncertainty in the senior executive service. Public Admin Rev 41: 203 – 207, 1981.

———. Effective continuity of U.S. government operations in jeopardy. Public Admin Rev 43: 383 – 392, 1983.

Rosenbloom DH. The Constitution and the civil service: some recent developments: judicial and political. Kans Law Rev 18: 839 – 869, 1970.

———. Federal Service and the Constitution. Ithaca, NY: Cornell University Press, 1971.

———. Public personnel administration and politics: toward a new public personnel administration. Midwest Rev Public Admin 7: 98 – 110, 1973.

———. Federal Equal Employment Opportunity in Politics and Public Personnel Administration. New York: Praeger, 1977.

———. The sources of continuing conflict between the Constitution and public personnel management. Rev Public Person Admin 2: 3 – 18, 1981.

———, ed. Centenary Issues of the Pendleton Act of 1883: The Problematic Legacy of Civil Service Reform. New York: Marcel Dekker, 1982.

Rosenbloom DH, Carroll JD. Public personnel administration and the law. In: Rabin J, Vocino T, Hildreth WB, Miller GJ, eds. Handbook of Public Personnel Administration. New York: Marcel Dekker, 1995.

Ross CS, England RB. State government's sexual harassment policy initiatives. Public

Admin Rev 47: 259 - 262, 1987.

Ross JD. A current review of public-sector assessment centers: cause for concern. Public Person Manage 8: 41 - 46, 1979.

Rubin I. Shrinking the Federal Government. New York: Longman, 1985.

Sackett PR. A critical look at some common beliefs about assessment centers. Public Person Manage 11: 140 - 147, 1982.

Sayre W. The triumph of technique over purpose. Public Admin Rev 8: 134 - 137, 1948.

Seiznick P. TVA and the Grass Roots. Berkeley: University of California Press, 1949.

Shafritz JM. Public Personnel Management: The Heritage of Civil Service Reform. New York: Praeger, 1975.

Siciliano RC. The federal personnel system under scrutiny. In: Page T, ed. The Personnel Agency and the Chief Executive. Chicago: Public Personnel Association, n. d.

Simmons RH. Achieving Humane Organizations. Malibu, CA: Daniel Spencer, 1984.

Simon HA, Daly E. Sexual Orientation and Workplace Rights: A Political Land Mine for Employees? Employ Relat Law J 18 (summer): 29 - 60, 1992.

Spero SD. The Labor Movement in Government Industry: A Study of Employee Organization in the Postal Service. New York: Macmillan, 1927.

Steel BS, Lovrich NP Jr. Comparable worth: the problematic politicization of a public personnel issue. Public Person Manage 16: 23 - 36, 1987.

Steffens JL. The Shame of the Cities. New York: McClure, Phillips, 1904.

Stein L. Merit systems and political influence: the case of local government. Public Admin Rev 47: 262 - 271, 1987.

Stewart DW. Managing competing claims: an ethical framework for human resource decision making. Public Admin Rev 44: 14 - 22, 1984.

Stieber J. Public Employee Unionism: Structure, Growth and Policy. Washington, D. C.: Brookings Institution, 1973.

Suizner GT. Politics, labor relations and public personnel management: retrospect and prospect. Policy Stud J 11: 279 - 289, 1982.

____. Public sector labor relations: agent of change in American industrial relations? Rev Public Person Admin 5: 70 - 77, 1985.

Thompson FJ. Personnel Policy in the City. Berkeley: University of California Press, 1975.

____. Deregulation at the EEOC: prospects and implications. Rev Public Person Admin 4: 41 - 56, 1984.

———, ed. Classics of Public Personnel Policy. 2nded. Belmont, CA: Brooks/Cole, 1991.

———. The politics of public personnel administration. In: Hays SW, Kearney RC, eds. Public Personnel Administration: Problems and Prospects. 3rd ed. Englewood Cliffs, NJ: Prentice-Hall, 1995.

Thompson FJ, Riccucci N, Ban C. Biological testing and personnel policy: drugs and the federal workplace. In: Ban C, Riccucci N, eds. Public Personnel Management: Current Concerns-Future Challenges. New York: Longman, 1991.

Tompkins J. Comparable worth and job evaluation validity. Public Admin Rev 47: 254–258, 1987.

U. S. Civil Service Commission. Twentieth Report. Washington, D. C.: Government Printing Office, 1903.

———. Biography of An Ideal. 2nd ed. Washington, D. C.: Government Printing Office, 1974.

———. Introducing the Civil Service Reform Act. Washington, D. C.: Government Printing Office, 1978.

U. S. Office of Personnel Management. Revisiting Civil Service 2000: New Policy Direction Needed. Washington, D. C.: U. S. Office of Personnel Management, 1993.

Van Riper PP. History of the United States Civil Service. Evansion, IL. Row, Peterson, 1958.

Waldby HO, Hartsfield AM. The senior management service in the United States. Rev Public Person Admin 4: 28–39, 1984.

Waldo D. Public Administration in a Time of Turbulence. Scanton, PA: Chandler, 1971.

Walter JJ. The Ethics in Government Act, conflict of interest laws and presidential recruiting. Public Admin Rev 41: 659–666, 1981.

Warner KO, ed. Management Relations with Organized Public Employees: Theory, Policies, Programs. Chicago: Public Personnel Association, 1963.

Weisband E, Franck TM. Resignation in Protest. New York: Penguin, 1975.

Wellington HH, Winter RK. The Unions and the Cities. Washington, D. C.: Brookings Institution, 1971.

White LD. Public Administration. New York: Macmillan, 1926.

———. The Federalists: A Study in Administrative History. New York: Macmillan, 1948.

———. The Jeffersonians: A Study in Administrative History, 1801–1829. New York: Macmillan, 1951.

———. The Jacksonians: A Study in Administrative History, 1829–1861. New York:

Macmillan, 1954.

———. The Republican Era: 1869 – 1901: A Study in Administrative History. New York: Macmillan, 1958.

Wilson W. Congressional Government: A Study in American Politics. Boston: Houghton Mifflin, 1885.

———. The study of administration. Politic Sci Q 2: 197 – 220, 1887.

Wooldridge B, Wester J. The turbulent environment of public personnel administration: responding to the challenge of the changing workplace of the twenty-first century. Public Person Manage 20: 207 – 224, 1991.

Ziskind D. One Thousand Strikes of Government Employees. New York: Arno and the New York Times, 1971.

第十章 20世纪公共人事行政

卢瑟 F. 卡特*

I. 引言

20世纪的公共人事行政既是一个学术探索（intellectual inquiry）领域，也是一门职业，它历经巨大变革，界定与再界定。该领域每10年就会产生大量的理论、概念和争执，其中许多都具有潜在的影响。本章将确定最深刻影响人事职能的范围和内容的5大理论。

这样做通常是一种冒险：所有关于客观性的防止错误的学术说明（academic caveats）都适应这一点。确定最重要的5个议题或主题（issues or themes）是一个充满偏见和投机的练习。事实上每一代学者和实践者都拥护自己的主题议程（thematic agenda），只有很少的几个问题受到持久的关注。这么多年以来，仍然有几个议题一直受到历代学者的详尽研究，并不可避免地影响公共人事的研究和实践的发展。

首先，一些与标准有关的思想用来选择这些议题。本章介绍的每个议题都在其能够满足四个前提的基础上进行评估：持久的影响（permanent impact）、应用到实践和学术领域（application to the practitioner as well as academic community）、一个占支配地位的公共部门重心（predominantly public sector focus），以及在推动认识人事的思想和实践方面有一个持久的贡献。

20世纪公共人事行政和劳工关系中有5个主要议题符合这些标准。按时间顺序，这些议题是（1）公务员制度（civil service）的建立和改革；（2）功绩概念的演变；（3）人际关系的发展；（4）公共双边主义（public bilateralism）的发展；（5）职业公共行政官员的出现。

---

* 卢瑟 F. 卡特（Luther F. Carter），南卡罗莱纳州预算控制局（South Carolina State Budget and Control Board）

这5个议题集体界定了当代公共人事行政的精髓。但是，每个议题分别代表了对美国公共雇佣系统发展中，经常相互矛盾的价值观和原则的一个奇怪看法。

Ⅱ．公务员制度和功绩概念的确立与改革

公务员制度改革与发展这一主题界定了现代公共人事系统的真正实质，而功绩原则（merit principal）是其核心成分。虽然有许多赞成这一改革的历史先辈，但美国经验（American experience）中真正出现的立法是《1883年彭德尔顿公务员制度法案》（the Pendleton Civil Service Act of 1883）。除了认识到功绩是人事决策的必不可缺的标准外，该法案开创了跨两党人事委员会（bipartisan personnel commission）的出现。功绩这一概念是设计用来调和公开的庇护制压力影响的。这一委员会对公务员制度体系（civil service system）的治理给予少量的公正，或至少是平衡的偏见（Van Riper 1958）。

莫舍（Mosher 1968：65-66）主张三个基本主题构成产生接受《彭德尔顿法案》的运动。这些主题揭示了公务员制度以及政府改革的起源。首先，他认为人事行政，或当时被认为是人事行政的事物，与道德这一概念有关。其次，根据莫舍的观点，另一个较远的主题，其采纳受人们对更高效率的关注的影响。最后，公务员改革运动是一场努力"根除弊端"的行动。第一个和第三个主题说明了通过立法方式扫除腐败影响将公共人事提高到一个更高的地位这一趋势。第二个主题，可以说是三个中最不起眼的主题，主张努力为政府雇佣选拔更具有能力的人员。

虽然这两个意图显然并不彼此对立，但每个意图都着重强调代表后来改革成效的一个截然不同的类型。在"净化"导向（"purification" orientation）上，强调的是清除负面作用诸如腐败，同时削弱政治压力的影响。第二个导向更有意地集中关注通过发展性变革来提高人事系统。在接下来的这些年中，人们做了许多努力来得出一个切实可行的功绩概念，并将该概念应用于选拔和晋升决策中。总体上，与两种追求有关的成就都是系统化的、持续的，但偶尔也有些挫折。

威尔逊（Wilson 1887）的经典文章《行政学研究》继《彭德尔顿法案》之后出版，它通过区分政治职业与行政职业的概念将"净化主题"持续化，对于行政职业，威尔逊写道：

> 行政领域是一种事务性领域，它与政治领域的混乱和冲突相距甚远。在大多数问题上，它甚至与宪法研究方面那种争议甚多的情况也迥然不同。行政作为政治生活的一个组成部分，正如会计师的工作方法是社会生活的一部分，就像机械是制造产品的一部分一样。但同时，行政又远远高出纯粹技术细节的单调内容，其根据是：通过它的

较高原则,它与政治智慧经久不息的原理以及政治进步所具有的永恒真理直接相关联(Wilson 1887)。

与政治劳力(political labors)相比,有关行政的困难和价值,威尔逊建议:

> 这就是当前必须认真和系统地调整行政工作使之适合于仔细试验过的政策标准的原因,是我们目前拥有一种前所未有的行政科学的原因。但是对于宪政原则日益加重的论战仍未结束,只是它们不再比行政问题在即时的实践上更为突出。执行一部宪法比制定一部宪法困难弥艰(Wilson 1887)。

在20年之内,弗兰克·古德诺(Frank Goodnow)在他标题恰当的书《政治与行政》中参与辩论,呼吁在行政中去除政治。古德诺对二者间的职能区别是立法机关和行政机关之间的结构分离的延伸。这样,政治涉及"国家意愿的政策或表达",而行政涉及"这些政策的执行"(Goodnow 1900:10-11)。

两种观点都表达了有关公共人事和公务员制度一个明确的假设。这样一个系统,要想达到有效,就必须在政治决策制定上享有大量自主权。威尔逊在他评论公务员改革时充分概括了这一点:

> 应该观测到的、最重要的是我们的公务员制度改革者所坚持的事实(the truth)已经如此之多、如此幸运;即:行政置身于政治之外。行政问题不是政治问题。虽然政治也为行政确定任务,但它不应该操纵其职能(Wilson 1887)。

净化主题支配了19世纪后半叶时期,成为市政改革拥护者倡导的一个为人所知的议题。马丁·希尔(Martin Schiesl)对市政改革运动的历史叙述,《效率政治学》(The Politics of Efficiency)一书中详细讨论了这一时期重点是放在非党派雇员体系发展上。但希尔谨慎地指出,政治改革者在是否支持将无党派政治扩大到任命职位并包括民选官员上还犹豫不决。出于对无党派禁令所强加的限制的谨慎,"改革者选择成为这一系统的发起者而不是它的工具"(Schiesl 1977,34-36)。政治和行政很可能有一个融合点:可能是在公共雇员的任命中,也可能在其免职中。任何有效的公务员制度体系一方面保护被任命雇员不受强制的政治压力影响;而另一方面,它保证民选官员有足够的权威指挥这些雇员。

政治控制这一主题(political control)成为全国市政联盟(the National Municipal League)以及其他地方性"改革者"组织,诸如马萨诸塞州改革俱乐部(Massachusetts Reform Club)、纽约宪法俱乐部(New York's Constitution Club),以及芝加哥公务员制度改革联盟(Chicago Civil Service Reform League)等激烈

辩论的主题（Schiesl 1977：25-45）。各种不同的组织一致同意效率和回应性是要获得的功效；而困境是如何在根除分赃制的同时二者兼得。逐渐地，但可以看到，功绩概念被认为是将公共人事系统去政治化的工具。虽然接下来塑造功绩的理论基础的措施确实在政治压力和功绩适应性之间发现某种纤细但解不开的联系（Nalbandian and Klingner 1981），但当时的改革者还是强烈赞成以功绩为基础的规则、规章和程序（rules, regulation and procedures）。

人事行政中的功绩概念没有被很好地界定，所以大多被误解。这一术语常常被"资历"（qualification）、"能力"（ability）以及"竞争"等术语交替使用。格伦·斯塔尔（O. Glen Stahl）在其人事行政的经典文章中，将功绩系统定义为"一个人事系统，其中可比较的功绩和成就（comparative merit or achievement）支配机构内个人的选拔和晋升，绩效的状况和回报有助于机构的效能和持久（Stahl 1976）。从通过《彭德尔法案》（the Pendleton Act）以来，人事体系中引进功绩传统上是通过依赖公开的、正规的考试得以确认。其含义非常明显：无论功绩包括什么，其如何运作，功绩概念能通过强制执行客观指标而得以最佳实现。由于分赃制政府（spoils administration）中所作的高度主观雇佣和晋升决议，所以毫不奇怪的是，这种考试可以被视为根除庇护和偏袒的万灵药。

尽管使用考试来雇佣公务员明显地起源于英国，但《彭德尔顿法》所要求的考试具有"实用特性"，这样得出对功绩概念的独特的美国视角（Henry 1986）。"实用"考试，无论对其界定如何不完善，明显的目的是在某种类型相关的工作的知识或技能基础上进行选择决策。不幸的是，早期的考试太过于原始以致远远不能达到实现大多数功绩为基础的期望。这些测试仅仅肯定了改革者的论点，即"机遇选拔胜过庇护选拔"（Wentworth 1968）。

最后，当人事专家更好地了解了测试（test）、效力（validity）和可靠性（reliability）概念时，考试的行政效益得到更完满的实现。1955年联邦服务部门招募考试（the Federal Service Entrance Examination）的成立以及它的后继者——1974年成立的职业生涯行政考试（the Professional Career Administration Examination）——是努力发展更复杂、更精确的测试工具的典型代表。尽管出于对方法论的关注以及对种族偏见的指责使得过去几年内偏离了书面考试这一趋势（Rosenbloom and Obuchowski 1977），但测试仍在功绩原则早期的发展中起着至关重要的作用。

同样，标准的职位分类以及报酬体系（compensation systems）通过在头衔、岗位责任制以及工资方面实现统一而给功绩理念提供内容。《1923年职位分类法》（The Classification Act of 1923）负责将这一基本成分纳入联邦公务员制度体系中，虽然《社会安全法案》（Social Security Act）——在1939年得到修改——也导致许多州的功绩制（merit systems）的产生。随后的立法，例如《1938年公平劳动标准法》（the Fair Labor Standards Act of 1938）以及该法案的多次修订，尝试建立补偿（remuneration）的公平基础。虽然该法案无论在国会还是在法庭都特别追求间接提出这个议题（Davis and Murphy 1985；Elder and Miller 1979），但他还是强调致力于补偿性改革（compensatory reform）。

人事部门本身的发展作为公务员制度体系成熟过程中的一个关键因素不应予以忽视。尽管1937年国会拒绝了布朗诺委员会（the Brownlow Committee）要求只任命一个公务员主管的建议（President's Committee on Administrative Management 1937），但罗斯福还是于第二年在许多主要联邦机构中建立了人事部门。在"二战"后一段时期，这些部门被授予越来越多的权威，直至最后《1949年职位分类法》按照公务员制度委员会（Civil Service Commission）确立的标准，将分配个人职位的责任转让给这些部门（Siegel and Myrtle 1985）。

当然如果不考虑到20世纪最近、最具有争议的改革——《1978年公务员制度改革法》，那么关于公务员改革（initiatives）的讨论都将是不完整。根据阿兰·坎布尔（Alan Campbell），他是公务员制度委员会主席以及后来人事管理办公室（the office of Personnel Management）主管，这一改革法设计的方法是"提高管理，激励绩效和效率，为雇员提高所需的保护，以及帮助获得联邦服务部门所承诺的，公众有权享受的平等就业期望"（Campbell 1978）。

实质上，《1978年公务员制度改革法》卓有成效地重建了联邦人事系统，采取的方式是清除老式的公务员委员会并将其职能分配在两个机构：人事管理办公室（the office of Personnel Management，OPM）——行政机构，和功绩制保护委员会（the Merit Systems Protection Board，SPB）——听审和解决人事不满的机构。同时包括在内的是提供5年固定任期的特别理事会（special counsel）。特别理事会将调查被认为从事已禁止的人事实践活动的联邦机构。此外，该法为资深的政策制定行政官员确定新的人事系统——高级行政主管服务部门（the Senior Executive Service，SES）。为这些高级行政主管（executives）建立了新绩效规范以及评估程序，为他们也为高层管理者（GS13－15级）建立了功绩酬劳激励措施（merit pay incentives）。

之后，几乎立刻就产生了大量对该法案方方面面的批评。这些批评包括评估系统给了政治任命者超过职业主管（career executives）的太多的权力（Rosen 1978）；该法案并没有真正对少数族裔和女性列举出优先问题（Howard 1978），以及该法案"在狭隘基础上强调效率"（Thayer 1978）等问题。

随着时间的演变，来自法学、政治学、公共行政学的研究者的批评更加猛烈。皮尔斯和佩里（Pearce and Perry 1983）从多年数据分析得出结论，功绩酬劳（merit pay）概念在"13～15级没有被成功地按计划继续将1～12级的雇员包括在内"。在法案通过的随后一段时期，对高级行政主管服务部门（SES）的调查中，林恩和瓦登（Lynn and Vaden 1979）发现大部分职业官僚对工作安全感没有把握，这样产生了一种潜在的令人丧气的情况。其他人，包括赫德尔斯顿（Huddleston 1981）在内，继续质疑政治任命者对职业行政官员的权力。事实上，赫德尔斯顿将人事管理办公室（OPM）描述为"执行党派政治功能的党派政治组织"。查尔斯·莱文（Charles Levine）也探求了"更高层的公务员已增长的'政治化',以及美国行政管理和预算办公室(OMB)更广泛地使用集中控制(central controls)……来塑造部门和机构的政治议程"(Levine 1986：201)。

尽管有这些关注,但自从《公务员制度改革法》通过以后,公务员制度改革仍在州和地方政府层面作为一个重要议题出现。过去几年中,越来越多的民选官员对陈旧过时的州和市政人事系统的改革兴趣尤浓(Nigro and Nigro 1981)。许多司法选区已完成了,或正在完成改革首创行动,例如废除裙带关系法(repeal of nepotism laws),采纳功绩基础的酬报和评估程序。

但是受到持续关注的是在州和地方层级大量民选官员的政治化。长期选票("long ballot")概念继续阻碍对这些官员所管理的、被截切、分裂的人事领地的系统改革。甚至在雇员表面上看被提供了功绩保护的情况下,选举周期带来了独特的压力(unique stresses),但其中政治忠诚和管理责任的区别仍模糊不清。

虽然最近的研究,例如科南特(Conant 1988)进行的研究,肯定了在州层级行政机关重组获得成功,但对这些改革中有关行政效率和效益获得的程度还有许多疑问。但正如科南特所提醒我们的,在没有"有关综合性重组潜在的结果这一复杂问题的确定答案时……改革者没有一个不得已的理由去放弃追求一个现代化的、精简的行政机关或强大的行政领导"。的确,过去的教训清晰地说明有意义的公务员制度改革是必须将行政集权和行政领导作为前提条件的。

在过去 20 年里,两个总统的研究倡议提出了在不同的,但也兼容的环境下进行联邦政府改革这一幽灵(specter)。二者传统地审查了公共人事职能和政府改革的独特关系。第一个主动研究,罗纳德·里根(Ronald Reagan)的私营部门成本控制调查委员会(Private Sector Survey on Cost Control),其主席是企业主管(business executive)J. 彼得·格雷斯(J. Peter Grace)。这一倡议,从 1982 年进行到 1984 年,提出超过 47 个报告,对政府程序和职能进行了泰然自若地批评。最后一次格雷斯委员会报告声明有 21.4% 的计划节余可以通过纠正人事管理失误问题而获得(Goodsell 1984)。但是,到 80 年代后期,很少有格雷斯委员会的建议得以执行。也许,正如后来阿诺德(Arnold 1995)观察到的:"因为他们实际上是用来批评政府而不是进行变革"。

1993 年,比尔·克林顿(Bill Clinton)国家绩效评估委员会的设立,尝试了一个显著不同的方针。由阿尔·戈尔(Al Gore)出任主席,该小组开始着手改革规划,目的是审查政府(government)的目标和方法。该小组虽然言词没有格雷斯委员会辛辣刻薄,但是它的最终启示和象征意义是一样的贬损。

《从繁文缛节到结果》(From Red Tape to Results),该报告于 1993 年 9 月 7 日颁布。它的公布可以让人偷窥一眼国家绩效评估委员会内隐的政治目标。所有的官员和新闻记者站在白宫的草地上,总统克林顿和副总统戈尔背对着装满了联邦预算规则、采购规则(procurement rules)以及人事规则的叉车(Arnold 1995)。

虽然国家绩效评估委员会的提议太为新近而不能精确评估它们的执行潜力，但很清楚的是，它们会与格雷斯委员会的建议一样遭到许多相同的困难。至于它对公共雇员朝功绩卓越（merit excellence）发展的影响，阿诺德（1995）告诫大家"暂时使用重组来代替关于大政府的政治不稳定，只会有利于动摇公共行政的合法性"。至少，这些措施看来是太愿意牺牲功绩为基础的系统，这些系统都是有关政治上的权宜之计的圣坛。

作为一个持久性的问题，在公共服务部门看来，公务员/功绩/人事改革已产生了一个持续的、系统化的变革。过去一个世纪中，公共雇员的选拔和晋升标准已经变得更为严格，对公共雇员的要求已经得到加强。但是，让人头痛且必须指出的是始终存在着三个问题：控制政治影响力的需要；更好地实现难以理解的功绩理念问题；更加完善地评估使用改革作为可行的变革策略。

Ⅲ. 人际关系和工作职场质量运动的发展

第二个值得一提的议题是对社会科学普遍称之为人际关系运动的理论和概念的收集。虽然公务员制度改革效果的实现主要是法律行为的结果，但人际关系运动已演化为学者的观点和意见的一个进步。因此，更好地理解人际关系的影响是将其作为一个对正统思想挑战和捍卫的过程，而不是一个有序的系统的变革过程。

过去10年出现的美国公共行政领域的质量运动也占据了一个同样重要的位置。运动对下属雇员和消费者（顾客）采取明显的人文主义态度，试图也进行一场不亚于政府"重塑"运动的雄心壮志的任务，从而产生更多参与和更加企业化的过程（Osborne and Gaebler 1992）。

人际关系视角的偏离以及它产生的许多变革，它们的初始点都是1929～1932年间在伊利诺州西塞罗（Cicero, Illinois）霍桑工厂（Hawthorne Works）进行的西部电力公司的试验（the Western Electric experiments）。在这些实验过程中，埃尔顿·梅奥（Elton Mayo）和一支来自哈佛商学院的研究队伍重新界定了关于在复杂组织中工人生产力的基本假设。试验中，他们促进了我们对于非正式团体的理解，并教导我们对不受打搅的雇员奖励结构（unobtrusive employee reward structures）的重要性（Roethlisberger 1941；Roethlisberger and Dickson 1939）。很幸运的是，对于接下来几代学术顾问，他们的努力也有助于证明大学作为应用行为研究中心的价值。

用许多种方法，西部电力公司的研究证实了学者，例如玛丽·帕克（Mary Parker）和亨利·德曼（Henri DeMan）的早期论点。在反驳泰勒（Taylor 1911）制定的机械导向的"科学管理"方法时，福莱特（Follett）认为"一个人不应该对另一个人进行命令，但两人应该在一致认同的情境中接受命令"（Follett 1926）。福莱特明确地将单个工人视为决定工作环境和最终组织命运的参与者。同样重要的是，福莱特将组织的需要和工人的需要视为兼容的（compatible）。

结果，很明显在两个层次的任何一层级，个人还是组织，都必须以一种方式整合，该方式允许二者通过日常的工作过程来实现。整合任务是领导的责任，而且根据福莱特的观点，成功的领导"知道如何整合这些愿望使得它们具有驱动力"（Follett 1940）。

亨利·德曼的工作更加具体地集中在分析德国工人对他们日常工作的态度上。主要依靠访谈技术（interview technique），德曼得出结论：试图找到"工作中的欢乐"是自然的本能，受工作场地积极的和消极的因素影响（DeMan 1929）。德曼的研究结果被用来与30年后由弗雷德里克·赫茨伯格（Frederick Herzberg）提出的"保健因素—激励因素"（hygiene-motivation）理论相媲美。

兼容性问题，主要是组织和个人需要、需求和目标之间的兼容性，已成为人际关系方法的一个主要方面。从人事行政和劳工关系的视角来看，这种兼容性时时提醒我们：组织不必与自然人类经验性（natural human experience）对立；相反，它应该是这种经验的一个有意义的部分。西部电力公司研究者预见了在雇员和组织之间"协作型"关系（"collaborative" relationship）的一个新纪元的到来。但是，正如罗特利斯伯格（Roethlisberger）告诫大家的，这是协作的一个形式，完全不同于管理必须习惯的那种协作关系。

> 大多数时候我们都认为协作是可以通过逻辑或合法的手段设法达到。西部电力公司的研究说明这更多是一个情感问题，而不是一个逻辑问题。工人不是孤立的、毫无联系的个体；他们是社会动物，并应该以此相待。
>
> 这个声明——工人是社会动物，并应该以此相待——是简单的，但要系统地和长期一致地实践这个观点却并不简单。如果在系统上能够实践，那么它会导致今天人事工作的革命（Roethlisberger 1941）。

由于研究的争议性，西部电力公司的研究无论是在当时还是在研究多年以后都造就了大量的批评家。在各种不同时候，罗伯特·S. 林德（Robert S. Lynd）、莱因哈特·本迪克斯（Reinhard Bendix）、赫伯特·布卢默（Herbert Blumer）、克拉克·克尔（Clark Kerr）、C. 赖特·米尔斯（C. Wright Mills）、威尔伯特·E. 穆尔（Wilbert E. Moore）、哈罗德·威伦斯基（Harold Wilensky）以及丹尼尔·贝尔（Daniel Bell）都参与辩论，质疑研究的设计或研究结果的诠释。[①]大多数的批评围绕（这两个主题）：研究者给予组织冲突的贬损的内涵，以及霍桑工厂内部由于社会群体造成的分裂。批评家认为，由于意见不统一和固有的冲突，而这又是劳资关系天生的一个部分，所以双方没有任何让步可做。就目标和过程而言，"资方被认为［是］合理的，而工人被认为［是］不合理的（Perrow 1986：83）。

人际关系运动几乎没有促进人事工作改革。但是，它对传统管理方法提出质疑，并且就新的途径提供新观点。该运动在为其基本论点即，在社会因素和生产力之间有一个直接关系，提供实证支持时不是很成功。皮罗（Perrow）认为这可能是由于社会科学方法论应用于复杂组织时一个内在的缺陷：

> 社会科学，至少在复杂组织领域，极度需要理论，而不是数据。实践者采用那些能弄懂这个世界（make sense of the world）的概念；如果这些概念有意义（make sense），社会科学就不会仔细追问这些理论或概念的实证支持。对于那些发现相互矛盾的理论的人，最紧迫的事情就是在理论的基础上予以响应；只是到后来才有一些人能够"奢侈"地耐心地重新审查新理论的经验性记录（empirical documentation）。

虽然有这些批评，人际关系运动仍然对人事行政领域内的知识和实践有着巨大贡献。经过几代与这一运动有关的心理学家、社会学家和政治科学家的努力，该研究可以分类成几个范围，下面分三个部分予以讨论：

A. 领导、激励和生产力

工作组织中的领导、激励和绩效之间的关系一直是西部电力公司研究的惟一最大的研究焦点。一般假设是"好的"领导将产生更大的激励，而这又会产生更大的生产力（Perrow 1979）。尽管对于该种联系的方向和力度（strength）不能确定，但过去50年，大量的研究集中关注在这一联系上。斯多迪尔（Stogdill 1974）的《领导手册：理论和研究概况调查》（Handbook of Leadership：A Survey of Theory and Research）提供了最穷尽的、时至当今的一卷有关该研究的论述（treatment）。

在一项调查论文（survey essay）中，肖瑞斯汉（Schriesheim）等人（Schriesheim 1978）回顾了过去50年间所作的领导研究状况，将领导研究分成三个阶段：特质阶段（trait phase）（一直到40年代后期）、行为阶段（behavioral phase）（40年代后期到60年到早期），以及情景阶段（situational phase）（60年代早期一直到现在）。就阶段而言，他们的结论是：当研究与更为广泛的、更多由环境引起的问题相分离时，人们永远都不能正确理解领导。

其他的研究更直接地审查雇员态度和绩效之间的关系，它们审查了大范围的问题，但是没有得出重要的结论。布雷菲尔德和克罗克特（Brayfield and Crockett 1954）评估了大约50个这样的研究结果，几乎没有发现关于这种假设关系的任何证据。随后几年，许多在组织理论和行为中首次出现的姓名（杰出的人物）（premiere names），包括弗鲁（Vroom 1964）、劳勒和波特（Lawler and Porter 1967），进行了完全类似的研究，只产生适度确定（moderately conclusive）的结果。[②]尤为新近，卡瓦纳（Cavanagh 1984）、卡明斯（Cummings 1984）和米尔本（Milbourn 1980）审查了补偿对工人激励和绩效的影响。作为一本文集，虽然该研究的结果对组织或管理的适应性有限，但是有一些社会科学家继续对这一现象感兴趣。

B. 群体、群体过程以及组织环境

人际关系运动这一方面也集中关注在绩效和生产力上，但更加关注团体，包括正式和非正式团体的影响力以及组织环境，而更少地关注个体领导的态度和方法（approaches）。虽然在该领域的研究较领导和生产力的研究成果较少，但它整体产生了更多明确的收益。

随着领导—激励—生产力研究的发展，许多行为科学的杰出人物对更好地理解团体和环境影响的问题作出了贡献。巴纳德（Barnard 1938）在其富于创造性的书《高级行政主管的职能》（The Functions of the Executive）中开创了对非正式团体的研究。最重要的是，巴纳德确定了研究的主要效果是确定"态度、理解、习俗、习惯，（以及）制度"并且建立"正式组织产生的条件"。

马斯洛（Maslow 1943）审查了形成人类需要的不同因素，试图将这些需要排列等级。麦格雷戈（McGregor 1960）探究了与雇员类别有联系的管理态度，并且产生了"X理论"（Theory X）和"Y理论"（Theory Y）管理这两个相对照的概念。莱克（Liker 1967）建立了四类组织"体系"，假定"价值观"，每种价值观会产生组织环境不同方面。埃默里和特里斯特（Emery and Trist 1965）也讨论组织环境的问题以确定不同类型的"因果结构"（causal textures）。

团体和环境研究产生了更大范围的对组织的生活的鉴赏（appreciation），而且它也对构成科学管理方法和领导—激励—生产力工作理论基础的简单假设提出质疑。最后，也许最为重要的是，该研究将在研究行政和组织现象中，用一系列的方法论路径（methodological approaches），来使实证研究成果合法化。

除了上面提到的两个领域外，人际关系理论家的研究还集中关注在许多其他的主题上，诸如组织和个体冲突（Argyris 1957，1964，1970），民主官僚制的发展（Bennis 1966；Waldo 1952，1980），以及通过行政来追求社会公平（Frederickson 1971，1980），但这里只列举其中的几个。哈曼和迈耶（Harmon and Mayer 1986：197-239）对后来人际关系理论家的研究工作进行了综合性评估和批评。

过去几十年里，人际关系运动产生了大量的支持者与反对者。人际关系反对者批评人际关系理论的不完善以及时时互为矛盾的研究发现，缺乏整合的理论实体，以及其弟子接受太多基于意识形态的信念之趋势。

但是，大多数学者更可能认同哈曼和迈耶的评估（1986：239）：虽然后来人际关系理论家"提出的问题比他们解决的问题多"，但是，作为结果，"公共组织理论也因此被大大充实了"。他们的努力当然增进了我们对复杂组织总的工作环境的理解，不可避免地改变了许多管理哲学。同样重要的是，人际关系运动给所有组织的教训是要摒弃任何、所有有关人类行为的"老生常谈"。

C. 质量场地运动（quality workplace movement）

逐渐的，但自1985年以来就一直是这样，全面质量管理（total quality management，TQM）拥护者致力于挑战各级政府的行政传统。如果把质量运动作为人际关系运动的一个逻辑延伸的主要特点，那将是错误的。但是，两个运动都过多地充满了价值观，强调目标导向行为而不是过程导向行为。事实上，它们倡导许多相同的制度价值：参与过程、分权决策制定以及扁平式组织结构（Osborne and Gaebler 1992）。

在丰富多样的系列理论中，从"二战"后日本戴明（Deming）的研究到布雷恩·乔伊纳（Brain Joiner 1994）《第四代管理》（Fourth Generation Management），质量运动已对有关当代复杂组织的效率和效益提出了严肃的质疑。考虑到这一告诫要平等地提供给公共和私营部门，而且提倡一个普遍的模式，该运动强烈呼吁需求通用组织（generic organization）的研究人员。

在这些学者和实践者中存在怀疑主义，他们认为政府服务于一个不同的、证明是较高的目标。在企业自主和民主责任（entrepreneurial autonomy versus democratic accountability）（Bellone and Goerl 1992）与顾客的服务和更广泛的公众服务（service to the customer versus service to the broader public）（Swiss 1992）之间的重大差异作为基本的不可比值（incompatibilities）。无论解决办法如何，这一辩论促进了对公共服务部门的性质和本质的反省和严肃讨论（serious discourse）。当公共行政在各个层级上寻求重新确定（revalidate）它们的社会价值时，质量运动重提这样一个辩论被认为是很有价值的。

Ⅳ. 寻求代表性

在过去一个世纪中，几乎没有几个公共人事问题像获得代议制官僚制的必要性（necessity）那样被激烈地争论过，甚至什么组成公共组织代表性的界定也处于辩论之中。早期的一个倡议者，J. 唐纳德·金斯利（J. Donald Kingsley）将这一概念描述成一个阶级问题（class issue），尤其是在英国公务员制度的背景中，这也是他论文的主要论点。金斯利总体上认为，代表不足的团体，其成员应该被直接提升到精英等级（elite status）。其他的学者令人信服地辩论道，这个概念要求官僚参与的程度与该群体在社会的规模成正比（Kranz 1976）。而且，还有一些人更加中庸地赞成在招募和晋升中简单的机会平等。克里斯罗夫和罗森布洛姆（Krislov and Rosenbloom 1981）提出了一个更加广泛的代议制官僚制的观点，包括人事代议制（representation by personnel）、行政组织代议制（representation by administration organization），以及公民参与代议制（representation through citizen participant）。

作为一个人事问题，代表性自20世纪40年代以来一直是一个极其重要但又特别敏感的问题。最重要的是在倡议优先雇佣的同时又有必要保持功绩观点。从法律角度来看，公共人事行政在追求这种代表性过程中其角色是有问题的。直到1972年，联邦人事系统几乎没有作出超出善意的但主要是象征性的行政命令。

1972年，《平等就业机会法案》（the Equal Employment Opportunity Act，EEOA）反映做出了业已决定的但又适中的承诺，将为公共劳动力（public workforce）获得更广泛的代表。同一时期，司法法院积极拥护肯定性行动的方式，如果不常是目标的话。在法院案例中，例如格里格斯诉杜克动力公司案（Griggs vs. Duke Power Company）③，卡特诉加拉格尔案（Carter vs. Gallagher）④，以及拉弗勒诉克里夫兰教育局（LeFleur vs. Cleveland Board of Education）⑤中的决定用来限制使用歧视实践或过程，但是经常采用最迂回间接的方式。

学者应该怎样评估这种变革的效果呢？尽管平等就业法案和法院采取的方法很少被欣赏，但是对其效果的研究却只有有限的结果。罗斯和奇圣（Rose and Chia 1978）在1969～1974年间审查联邦服务部门黑人就业情况时，得出的结论是正在取得"缓慢但持续的进步"，但是他们也发现，这种变革主要出现在联邦工资等级（federal schedule）的底层，黑人似乎几乎没有什么途径进入中层和高层职位。

罗杰斯（Rodgers 1984）认为联邦政府在1978年以前没有实现更多的进步⑥，主要是人事管理局（the Office of Personnel Management，OPM）抵制肯定性行动。他的理由是，这种抵制根源于对严格功绩雇佣的承诺和对"特别培训项目"以及"女性和少数族裔的学历例外"的厌恶（Rodgers 1984：100）。除了人事管理局的阻挠，罗杰斯（1984：114－115）确定了7个导致进展受阻的问题：

  政策目标不明确，没有用来测评进展的量化标准
  对反对歧视行动的被动监控和执行
  因观念问题，联邦机构改变委托事项
  尼克松、福特和里根总统不愿支持
  执行机构鲜有合作
  来自少数族裔波动的压力去迫使依从（compliance）
  支持不服从（noncompliance）的成本效益执行率（cost-benefit implementation ratio）

分析1958～1977年间受雇于整个劳工队伍中的黑人男性和女性的百分比率，罗杰斯的确发现雇佣增长（employment gains）的证据。同样，罗杰斯同一时期有关联邦劳工的分析也展示了黑人雇佣适度的增长。不幸的是，增长在联邦计划相对偏低的最后部分是如此微小，如此集中在联邦工资底层，以至于在罗杰斯看来（1984：103）这将"需要黑人几十年的时间才能在联邦政府高层职位获得同等待遇"。斯图尔德（Stewart 1976）对在联邦高层任职的女性的分析也反映了类似的趋势。

但是，在州和地方政府层面，研究者发现这些政府在他们劳动队伍中增加

黑人的数量都普遍非常地成功（Demetrius and Siegelman 1984；Elling 1983）。而且，在这些政府层面的黑人的薪金与那些白人男性的薪金是可以比拟的（Demetrius and Siegelman 1984）。

功绩原则和肯定性行动原则之间的争斗一直是大家广泛讨论的主题。利文斯顿（Livingston 1979）认为功绩主义（meritocracy）概念是容易使人上当的种族主义的，无论是在思想还是社会方面的原因：

> 自我欺骗能力随着社会日益接近功绩主义的要求而增长。由于法律规定功绩机会的不平等现象需被消除，也由于努力和幸运在决定生活机会中起着越来越微小的作用，所以，也更容易想象私自强制实行群体公正是不重要的。这种根植于种族主义的群体劣势可以表现为个体道德败坏（Livingston 1979：154）。

克里斯罗夫和罗森布洛姆（Krislov and Rosenbloom 1981：52 - 57）对功绩提出了一个更实际的批评。考虑到许多因素影响了功绩雇佣，包括教育，他们告诫大家"在简单、现实的世界环境下，公开的功绩主义制度是不纯粹的"。通常，功绩制反映了建立于除能力之外的偏见。

> 社会地位高的人能够得到关于机会及如何使用这些机会的信息，有非正式的途径接近看门人（gatekeeper）或能够影响这些看门人，以及财政机会来利用教育机会，这些都是等级约束的因素（class-bound factors）（Krislov and Rosenbloom 1981：55）。

但是，某些学者坚持谨慎对待肯定性行动，至少当其运用到优先雇佣上时。O. 格伦·斯塔尔（O. Glenn Stahl）将这种雇佣视为等同于"限额主义"（quotaism），并谴责其对公共人事系统的潜在影响：

> 危险不仅仅是对行政绩效质量的直接损害；危险同样也是所建立得不好的公共服务部门形象——该形象就是：公共职位天生是奖励，或更差劲的是，为给穷人或应该得到的人提供酬劳所建立的福利分配。社会的道德结构（moral fabric）通过"负所得税"（"negative income tax"）——予以保障的所得税——肯定危险性小，或通过其他任何诸如此类的工具而不是通过公众对政府雇佣的威望的腐蚀形象（Stahl 1976：24 - 25）。

扎欣（Zashin 1981：380）认为肯定性行动"严重地背离了公共服务部门表面的功绩主义标准"，但他也同意没有人证明了肯定性行动的成功是"以破坏联邦人事质量作为代价的"。

格雷泽（Glazer 1978）在他名为《肯定性歧视》（Affirmative Discrimination）、反对肯定性行动的一书中表达了类似的保留意见：

> 要说没有任何政策发挥作用可是一个简单的错误，任何事物，或者几乎所有的事物，在这种或那种范围"发挥作用"，但我们对我们所有的政策感到非常的失望。
>
> 目标和限额有过帮助吗？也许有吧。在这本书中我认为它们帮助了那些不需要帮助的人但对需要帮助的人却几乎没有任何帮助。我不敢确定我是正确的。复杂的经济计量分析（econometric analyses）产生不同的内容。如果我们把底层黑人的情况作为一个指标，很明显，目标和限额不会有显著的成功（Glazer 1978，xii-xiii）。

到70年代后期，代表性在人事圈内已成为过时的话题，由于里根和布什政府对该问题没有任何承诺，这使它重新成为学者关注和探究的一个突出主题。许多讨论都集中在麦德卡夫和多比尔（Medcalf and Dolbeare 1985）所称的"平等自由两分法"（"equality-freedom dichotomy"）上。这个观点在克里斯托尔（Kristol）的研究著作中频繁地加以介绍。克里斯托尔认为平等基础上的自由观点有可能破坏个人自由——他认为个人自由是自由社会最高的价值观。结果，"'社会公正'可能要求一个民族——由于他们的偏好是腐败的（因为相对于平等他们更喜欢自由）——强制实行平等"（Kristol 1978：179）。

里根政府接受这一逻辑，并作为运作假设（operational assumption）。在评估美国平等的现行意义时，维巴和奥伦（Verba and Orren 1985）总结了里根的方法：

> 从1981年开始，里根政策迎来了反对平等主义热潮的最新时期。知识分子（intellectuals）——新和旧的保守人士一起——批评了前几十年的平等压力（egalitarian thrust）。里根政府设法扭转狂澜，也的确取得了一定成果。政府按照传统的美国政治（American Politics），通过寻求减少理想与现实之间的差异来着手工作。然而，人们发现，里根的理想并不存在于独立宣言的平等符号（egalitarian symbols）中，而存在于市场的个人主义符号（individual symbols）中（Verba and Orren 1985：370）。

但更使人迷惘的是法院——法院在70年代是肯定性行动的捍卫者——事实上在80年代后期和90年代开始对许多肯定性行动的核心假设提出质疑。随着1989年里士满市对J·A·克罗森公司诉讼案（Richmond v. J. A. Croson）[⑦]的出现，最高法院倡议州和地方政府把"严格审查"（"strict scrutiny"）标准用于所有基于种族的行动。1995年，法院在有争议的阿达兰德建筑公司诉佩纳案

(Adarand Constructors v. Pena)⑧的裁决中进一步限制了这类项目。首席大法官斯卡利亚（Justice Scalia）与大部分人意见一致，他总结了30年后对人权法案第七条（Title VII）的最强烈的挑战：

> 在我看来，政府从未对基于种族的歧视产生兴趣来弥补过去反向的种族歧视。受到不合法种族歧视不公正待遇的个体应该完好无损（made whole）；但在我们的宪法下，不可能有这样一个债权或债务种族（creditor or debtor race）。

可比价值（comparable worth）主题和对性别为基础的酬劳不平等问题的关注也成为了八九十年代广泛且常常是激烈讨论的焦点。大家主要关注的是，为可以比较技能和能力的工作努力发展平等的补偿性工资等级（compensatory schedules）。反对者提出质疑这个概念的意图是人为地抬高市场价值，然后才是工资稳定性（Livernash 1980）。诺伊斯（Neuse 1982）对这个有争议的主题的评估是综合和全面的，有助于理解该主题的研究者之间的常常是激烈的交流。

许多辩论是关于工资不平等情况的，核心是使用一个绝对的或普遍的标准工作进行评估（Tompkins 1987；Remick 1983）。它的涵义不那么抽象，当认识到公共部门女性在职业晋升机会上常常遇到"玻璃天花板"现象（"glass ceiling"）（Naff 1994）。在政府服务部门上层女性相对缺乏是一个被公认的问题（recognizable problem）（Cornwell and Kellough 1994），对该问题的补救措施经常的表现是"进三步、退两步"（Guy 1993）。

在我们的社会中，对代议制官僚制的寻求仍然在继续。但是，20年前看似是一个模范甚至是神勇的追求现在成为许多分裂甚至是嘲弄的焦点。有一件事是确定的：将来的行政官员可能遇到与该问题有关的更多争议。

V. 公共领域中双边主义的发展

公共人事行政和劳工关系的第四大问题是劳工关系过程本身的发展以及公共领域的双边主义发展。联邦雇员与管理方协商的权利是一个相当新的现象，只可以追溯到1962年。1962年1月17日，约翰 F. 肯尼迪（President John F. Kennedy）总统发布了第10988号总统行政令，确定了联邦雇佣人员发展组织的基础。

第10988号总统行政令在1969年被尼克松的第11491号总统行政令所取代，第11491号总统行政令为联邦集体协商程序（federal collective bargaining process）建立了执行和调节框架（framework），这样"使之更加与经济私营部门的实践相一致"（Fox and Shelton 1972：113）。第11491号总统行政令也承认联邦雇员参与或不参与工会的权利，但禁止联合罢工（federal strikes）⑨。

缺乏明确的联邦指导，州和地方政府趋向于仿效联邦范例，虽然这掀起了更加敌对、恐惧和怀疑的一个高潮（Nigro and Demarco 1980）。这种发展趋势惟一出现的例外地区是在东南部，那里通过了较少的集体协商立法，公共雇员更不情愿地展望工会联合的前景（Kearney 1982）。

公共人事系统在这次变革中起到了大熔炉的作用，与学者和实践者一起试图对改革效果进行评估。研究初期几年，研究试图确定公共和私营部门协商之间的差异（Haber 1968；Immundo 1975；Shaw and Clark 1972；Summers 1974），尝试去评估公共工会（public union）会员规模（Cohany and Dewey 1979；Stieber 1973），并且探查公共工会的性质（Marshall 1974；O'Neill 1970；Stieber 1973）。

公共工会（public unionization）对人事系统和公共利益的影响也开始在这几年被考虑。威特（Witte 1967）审查了协商对民主程序的影响，而许多学者则考虑了协商和功绩原则之间的联系（Helburn and Bennett 1972；Lewin and Horton 1975；Stanley 1970），以及协商和公务员制度之间的关系（Feigenbaum 1974）。

整个70年代公共罢工（public strikes）这个概念是大家一直感兴趣的话题。许多的文章、章节和书籍都出版了有关罢工的主题，包括赞成和反对的观点。一个特别负面的罢工对策是在威尔逊（Wilson 1974）的《工会：谁需要？》（Unions：Who Needs Them?）里，但是比利格斯和格林亚（Billigs and Greenya 1974）在《赋予公共雇员权力》（Power to the Public Worker）中公然予以支持。对于该主题更多中庸和客观的观点是由阿伦（Aaron 1972）、巴雷特和洛贝尔（Barrett and Lobel 1974），以及巴顿（Barton 1970）提出来的。

这一时期在公共部门中出现的各种化解僵局模式（impasse resolution）对实情调查（fact finding）（Doherty 1976）、策划（meditation）（Ross 1976），以及仲裁（arbitration）（Bornstein 1978；Rehmus 1974）技巧产生了兴趣。尽管僵局化解过程越来越复杂，韦斯利（Wesley 1976，3）对化解技巧的综合性调查是从提示开始的：即化解常常要求"使用人际关系技能"加上坚决保证"不断尝试"。最近，僵局化解研究转为考虑不同层面政府的有效性或者不同的风格（Kolb 1983；Rodgers 1986）。

在70年代后期和80年代后期，政府预算中紧缩财政（fiscal austerity）促使探求公共集体协商的经济学。人们采取许多措施来评估工会对公共酬劳的影响（Karper and Mechstroth 1976；Mitchell 1978），确定纳税人对抗对公共雇佣和工会产生的影响（Kearney 1983），以及探询纽约市金融危机对该城市市政工会的影响（Weitzman 1979）。同样，对生产力协商也投入了大量的关注，并试图确定其对公共雇员的可行性。评估情况是从非常挑剔（Horton 1976）到适度的支持（Layden 1980）。

尽管有这一研究，公共双边主义传统上被描述成在人事行政领域相对被忽略的一个领域，在本文中与其他事物相比这一点尤为真实。海斯和里夫（Hayes and Reeves）（1984：344 – 345）将这种忽视归因于劳工关系成员之间的孤立以及他们在组织中地位低微。毫无疑问，他们两人是正确的，但这样的评估保证了限定条件（qualification）。当集体协商程序在司法机关出现故障时，正如它一直在发生的，劳工关系成员（labor relations staff）很快受到关注（acquire visibility）。

仍然伤害公共联合信誉的最大困难极有可能是它基本上与公务员制度中的功绩体制无法适应（incompatibility）（Douglas 1992）。工会所强烈依赖"资深原则"（rule of seniority）仍然无法与功绩制的"能力原则"（rule of ability）或者甚至与肯定性行动的"便利原则"（rule of accessibility）一致。在21世纪公共人事议程拥挤的情况下，工会可能认识到培养和维持一批观众（viable audience）遇到越来越多的困难。

这些批评太严厉了吗？可能不是。过去35年以来，公共部门集体协商引人注意的地方，很少是因为它所完成的任务，而是因为它总是没有完成的任务。如果公共工会（public unions）要生存下去的话，它们的纲领政策就必须更加积极进取，它们的方针策略就必须更加安抚人心。

Ⅳ. 职业公共行政官员的认可

五个问题的最后一个可能是最不具体的，尽管它是决定公共组织和公共服务部门前途最关键的问题。职业公共行政官员的发展以及他们被社会承认是人事部门所真正从事的每一项工作的理想目的。不幸的是，直到前10年职业化（professionalism）概念还仅仅是一个符号意义。自相矛盾的是，正是由于对该概念的攻击，这一时期它才受到了这么多的关注。

在伍德罗·威尔逊看来，公务员的职业特点在于他们对支持公务员原则和支持公共利益和意见的平衡能力：

> 我们的理想是有足够文化、自信、理性、活力去行动的公务员，但是通过选举和长期的公众参考（public counsel），它又紧密与公众思想（popular thought）联系在一起，以便发现武断（arbitrariness）或者阶级精神是完全不可能的（Wilson 1887）。

马克斯·韦伯职业化的途径主要是更为技术性的（technical），包括以下的要求：培训、固定薪金、任期制、工作流动性，以及证书体系（Gerth and Mills 1946）。但是，与威尔逊不同的是，韦伯对缺乏受过教育的公众意见感到怀疑，尤其是在美国大都市外来移民选票都已被"封杀"（corralled）的情况下。

这么多年来，有关公共行政官员的专业地位问题偶尔被人提起，通常伴随着改革公务员制度的动议。只是从60年代后期和70年代早期开始，职业问题才更明确地集中在单个行政人员身上而不是行政系统上。明诺布鲁克会议（Minnowbrook）和新公共行政为此应该受到称赞，他们提出了有关个体官僚责任的问题，[10]越南战争和水门事件也不应该不作为影响因素。

同一时期，公共行政领域的专业学位项目随着学生对公共服务职业兴趣的增长而急速增长。全国公共事务与公共行政院系联合会（the National Association of Schools for Public Administration and Affairs，NASPAA）开始作为课程讨论的论坛，在接下来几十年中起着认证评估的作用。

《1978年政府行为伦理法》（the Ethics in Government Act in 1978）的通过提出了关于公共服务部门的道德义务的公共意识。结构上，这一法律在司法部（the department of Justice）建立了政府犯罪办公室（an Office of Government Crimes），在美国人事管理办公室（OPM）建立了政府伦理办公室（the Office of Governmental Ethics）。该法同时也要求为高层官僚公开资产信息，并对某些（政府官员退休/离职）后雇佣活动作了限制。

《政府伦理法》也引起了对职业化的伦理和道德基础的兴趣。过去几年内，学者们审查了一个伦理法典的前景和渴望性（Chandler 1983），探究了公共官员道德责任的性质和局限性（Thompson 1985），并且也评估了在民主社会中影响官僚行动的伦理问题（ethical dimensions）（Rohr 1978）。

除了对伦理有兴趣，职业化这一主题自1981年以来一直在专业杂志上得到明确对待。1981年秋，雷宾（Rabin）编辑了一个题为《作为职业的公共行政学》（Public Administration as a Profession）的专题论文集，出版在《公共行政南方评论》（the Southern Review of Public Administration）上。这些文章集中讨论了源于职业化这一广泛主题的一系列主题，包括专业（profession）的语义定义（Marutello 1981）、专业的特征（Kline 9181），以及专业协会成员（Yeagar 1981）。1984年，《公共行政评论》（Public Administration Review）发表了专刊（an issue），即1983年4月份举办的《公民权和公共服务部门全国大会论文集》（the Proceedings of the National Conference on Citizenship and Public Service）。致力于公民权和职业公务员的章节包括下面内容：考虑了民主公民（democratic citizenship）和人事行政之间的矛盾（MrGregor 1984），对官僚者作为二等公民（second-class citizen）的评估（Rohr 1984），以及讨论了公民权与公共行政职业化之间的联系（Cooper 1984）。许多期刊的文献都热衷于定义职业化并且将公共行政对职业地位的要求合理化。

近期对公共行政学领域职业化的强调，作为前10年盛行的"抨击官僚制"（bureaucracy-bashing）运动的辩护性反应（defensive reaction）。因此，毫不奇怪的是，公共行政用突出该领域行政优秀记录的论据反击了这些批评，诸如古德塞尔（Goodsell 1985）的《官僚制案例：一个公共行政辩论》（The Case for Bureaucracy：A Public Administration Polemic）中的论据。古德塞尔的论文大胆支持美国官僚制以及官僚在美国社会发展中的地位，但他也确实提出告诫：

> 公共行政领域必须发展学术自信以更加不受约束地扩充其自身有关公共官僚制的知识体系。我们需要超越40年来的怀疑社会学（dubious sociology）以及市场导向的经济学家的反政府偏见，让社会学家以及批评理论家登台亮相。应该诚实地研究官僚机构是什么而不是研

究它们不是什么（Goodsell 1985：148）。

职业化在两个方面不同于前四个问题。首先，对职业化的要求是无止境的。假如实践者达到了所要提高的职业能力水平，或者一个职业达到了发展的理想状态，那么新的标准又会制定出来；范式，需要的范式，是不断变化的。这在职业内可以理解，但是在职业以外常常让人迷惑不已。其次，职业化是一个可怕的难以名状的概念。它的意义随着时代、环境以及机遇而变化。总之，该词应用于公共服务部门缺乏现实定义和方向。

当派系政治更为分裂的时候，这种不确定性以及伴随而来的怀疑主义使得公共行政官员容易成为批评目标。然而，奇怪的是，这也是行政能力最为需要的时候：

> 政治只是给了政府按照民主秩序的方向。通常留给官僚体制内受过高等训练的官员的是：提供能够让政府政策安然无恙地达到目的的知识和技能（Rourke 1992）。

一个更让人振奋的标准（要获得有很大障碍），即文凭化以及继续学历，随着羽翼未丰的这个职业的尝试性前进而大量需要。

VII. 小结

本章介绍的公共人事行政五大问题都是主观上加以选择的。虽然在选择和展开每一个问题都努力使之符合一套共同的标准，但是这些主题本质上都促进了争论和辩论。在概念上基本上可以理解这些问题都在某种程度上互相联系，但是每个问题之间加以区别，常常是主观上的区别，以方便对它们加以介绍。

公共行政学领域在过去这一个世纪取得了巨大的进展，主要是通过其人事职能产生的标准和期望所驱使。21 世纪可能遇到新的问题和新的紧张局势，但亚历山大·汉密尔顿（Alexander Hamilton）在《联邦党人文集》（Federalist）第 68 篇中的告诫是永恒的：

> 我们虽然不能默然同意某个诗人的下述政治邪说：
> "政体如何，愚人多虑；其实好坏，全在治理"
> 但是我们却不妨承认，优良政体的真正检验标准应视其能否有助于治国安邦。

NOTES

① For a comprehensive discussion of the criticisms of the Western Electric research, see Perrow (1979, 82 – 84).
② see Perrow (Chap. 3, 98 – 112).
③ 4OO U. S. 861, 27 L. Ed. 2d 101, 91 S. Ct. 98 (1971).
④ 32 L. Ed. 2d 338, 92 S. Ct. 2045 (1971).
⑤ 414. U. S. 632 (1974).
⑥ The federal reorganization plan of 1978 transferred OPM's responsibility for affirmative action oversight to the Equal Employment Opportunity Commission (EEOC).
⑦ 488 U. S. 469 (1989).
⑧ 115 S. Ct. 2097 (1995)
⑨ 3 C. F. R. 516 (Supp. 1971).
⑩ See (he essays contained in Marini (1971).

REFERENCES

Aaron B. Collective bargaining where strikes are not tolerated. In: Richard Rowan RL, ed. Collective Bargaining: Survival in the 1970's? Philadelphia: University of Pennsylvania Press, 1972.

Argyris C. Personality and Organization. New York: Harper and Row, 1957.

———. Integrating the Individual and the Organization. New York: John Wiley & Sons, 1964.

———. Intervention Theory and Method: A Behavioral Science View. Reading, MA: Addison-Wesley, 1970.

Arnold PE. Reform's changing role. Public Admin Rev 55: 407 – 417, 1995.

Barnard CI. The Functions of the Executive. Cambridge, MA: Harvard University Press, 1938.

Barren JT, Lobel IT. Public sector strikes: legislative and court treatment. Month Labor Rev September: 19 – 22, 1974.

Barton JFJ. Can public employees be given the right to strike? Labor Law J August: 472 – 478, 1970.

Bennis W. Changing Organizations. New York: McGraw-Hill, 1966.

Bellone CJ, Goeri GF. Reconciling public entrepreneurialship and democracy. Public Admin Rev52: 130 – 134, 1992.

Billings RN, Greenya J. Power to the Public Worker. Washington, D. C. : Robert B. Luce, 1974.

Bomstein T. Interest arbitration in public employment: an arbitrator views the process. Labor Law J 29: 77 – 86, 1978.

Brayfield AH, Crockett WH. Employee attitudes and employee performance. Psychol Bull 52: 393 – 401, 1955.

Campbell AK. Civil service reform: a new commitment. Public Admin Rev. 38: 99 – 103, 1978. Cavanagh M. In search of motivation. Person J (March 1984).

Chandler RC. The problem of moral reasoning in American public administration: the case for a code of ethics. Public Admin Rev 43: 32 – 39, 1983.

Cohany HP, Dewey LM. Unionism among government employees. Month Labor Rev July: 15 – 20, 1970.

Conant JK. In the shadow of Wilson and Brownlow: executive branch reorganization in the states, 1965 to 1987. Public Admin Rev 48: 892 – 902, 1988.

Cooper T. Citizenship and professionalism in public administration. Public Admin Rev. 44: 143 – 149, 1984.

Comwell C, Kellough JE. Women and minorities in federal government agencies: examining new evidence from panel data. Public Admin Rev. 54: 265 – 270, 1994.

Couturier JJ, Schick RP. The second century of civil service reform: an agenda for the 1980s. In: Hays SW, Kearney RC, eds. Public Personnel Administration: Problems and Prospects. Englewood Cliffs, NJ: Prentice-Hall, 1983, pp. 311 – 329.

Cummings L. Compensation, culture and motivation: a systems perspective. Org. Dynam (Winter 1984).

Davis P, Murphy MA. Local Governments and the Fair Labor Standards Act. Knoxville: Institute for Public Service, University of Tennessee, 1985.

DeMan H. Joy in Work. Paul E. trans. New York: Holt, Rinehart and Winston, 1929.

Doherty RE. On fact finding: a one-eyed man lost among the eagles. Public Person Manage 5: 363 – 367. 1976.

Dometrius NC, Sigelman L. Assessing progress toward affirmative action goals in state and local government: a new benchmark. Public Admin Rev 44: 241 – 246, 1984.

Douglas JM. State civil service and collective bargaining: systems in conflict. Public Admin Rev52: 162 – 172, 1992.

Elder PK, Miller HD. The Fair Labor Standards Act: changes of four decades. Month Labor Rev July: , 1979.

Elling R. State bureaucracies. In: Gray V, Jacob H, Vines KN, eds. Politics in the American States: A Comparative Analysis. 4th ed. Boston: Little, Brown,

1983.

Emery FE, Trist EL. The causal texture of organizational environments. Hum Relat 18: 21 – 32, 1965.

Feigenbaum C. Civil service and collective bargaining: conflict or compatibility? Public Person Manage 3: 244 – 252, 1974.

Follett MP. The giving of orders. In: MetcalfHC, ed. Scientific Foundations of Business Administration. Baltimore, MD: Williams and Wilkins, 1926.

____. Dynamic Administration. New York: Harper and Brothers, 1940, p. 248.

Fox MJ, Shelton HE Jr. The impact of executive order 11491 on the federal labor management relations process. J Collect Negot Public Sect 1: 113 – 124, 1972.

Frederickson HG. Toward a new public administration. In: Marini F, ed. Toward a New Public Administration: The Minnowbrook Perspective. Scranton, PA: Chandler, 1971, pp. 309 – 331.

____. New Public Administration. University, Alabama: University of Alabama Press, 1980.

Gerth H, Mills CW. From Max Weber: Essays in Sociology. New York: Oxford University Press, 1946.

Goodnow FJ. Politics and Administration. New York: McMillan, 1900.

Goodsell CT. The Grace commission: seeking efficiency for the whole people? Public Admin Rev 44: 196 – 204, 1984.

____. The Case for Bureaucracy: A Public Administration Polemic. Chatham, NJ: Chatham House, 1985.

Guy ME. Three steps forward, two steps backward: the status of women's integegration into public management. Public Admin Rev 53: 285 – 292, 1993.

Haber H. The relevance of private sector experience to public sector collective bargaining. Proceedings of the Conference of the Institute of Management and Labor Relations, Rutgers, NJ, 1968.

Harmon MM, Mayer RT. Organization Theory for Public Administration. Boston: Little, Brown, 1986.

Hayes SW, Reeves TZ. Personnel Management in the Public Sector. Boston: Allyn and Bacon, 1984.

Helbum IB, Bennett ND. Public employee bargaining and the merit principle. Labor Law J 23: 618 – 629, 1972.

Henry NL. Public Administration and Public Affairs. 3rd ed. Englewood Cliffs, NJ: Prentice-Hall, 1986, pp. 197.

Honon R. Productivity and productivity bargaining in government: a critical analysis. Public Admin Rev 36: 407 – 414, 1976.

Howard LC. Civil service reform: a minority and woman's perspective. Public Admin

Rev 38: 305 – 309, 1978.

Huddleston MW. The Carter civil service reforms. Politic Sci Q 96: 607 – 621, 1982.

Joiner B. Fourth Generation Management. New York: McGraw-Hill, 1994.

Immundo LV Jr. Federal government sovereignty and its effect on labor-management relations. Labor Law J March: 46 – 151, 1975.

Karper MD Meckstroth DJ. The impact of unionization on public wage rates. Public Person Manage 5: 343 – 346, 1976.

Kearney RC. Public employee unionization and collective bargaining in the southeast. South Rev Public Admin 5: 477 – 499, 1982.

——. Public employment and public employee unions in a time of taxpayer revolt. In: Hays SW,

Kearney RC, eds. Public Personnel Administration: Problems and Prospects. Englewood Cliffs, NJ: Prentice-Hall, 1983, pp. 189 – 202.

Kingsley JD. Representative Bureaucracy. Yellow Springs, OH: Antioch Press, 1944.

Kline EH. To be a professional. South Rev Public Admin 5: 58 – 281, 1981.

Kolb DM. The Mediators. Cambridge, MA: MIT Press, 1983.

Kranz H. The Participatory Bureaucracy: Women and Minorities in a More Representative Public Service. Lexington, MA: Lexington Books, 1976.

Krislov S, Rosenbloom DH. Representative Bureaucracy and the American Political System. New York: Praeger, 1981, pp. 22 – 26.

Kristol I. Three Cheers for Capitalism. New York: Basic Books, 1978.

Lawler EE III, Porter LW. The effect of performance on job satisfaction. Ind. Relat 7: 20 – 28, 1967.

Layden DR. Productivity and productivity bargaining: the environmental context. Public Person Manage 9: 244 – 256, 1980.

Lewin D, Horton RD. The impact of collective bargaining on the merit system in government. ArbitJ30: 199 – 211, 1975.

Likert R. New Patterns of Management. New York: McGraw-Hill, 1961.

——. The Human Organization. New York: McGraw-Hill, 1967.

Livemash ER, ed. Comparable Worth: Issues and Alternatives. Washington, D.C.: Equal Employment Advisory Council, 1980.

Livingston JC. Fair Game?: Inequality and Affirmative Action. San Francisco: W. H. Freeman, 1984.

Lynn N, Vaden RE. Bureaucratic response to civil service reform. Public Admin Rev 39: 333 – 343, 1979.

Marini F, ed. Toward a New Public Administration: The Minnowbrook Perspective.

Scranton, PA: Chandler, 1971.

Marshall JF. Public employee associations: roles and programs. Public Person Manage 3: 415 – 424, 1974.

Marutello F. The semantic definitions of profession. South Rev Public Admin 5: 246 – 257, 1981.

Masters MF, Bierman L. The Hatch Act and the political activities of federal employee unions: a need for policy reform. Public Admin Rev 45: 518 – 526, 1985.

Maslow A. A theory of human motivation. Psychol Rev 50: 370 – 396, 1943.

McGregor D. The Human Side of Enterprise. New York: McGraw-Hill, 1960.

McGregor EB Jr. The great paradox of democratic citizenship and public personnel administration. Public Admin Rev 44: 126 – 131, 1984.

Medcalf LJ, Dolbeare KM. Neopolitics: American Political Ideas in the 1980's. New York: Random House, 1985.

Milbourn G. The relationship of money and motivation. Compen Rev Second Quarter, 1980.

Mitchell DJB. Collective bargaining and wage determination in the public sector: is armageddon really at hand? Public Person Manage 7: 80 – 95, 1978.

Mosher FC. Democracy and the Public Service. New York: Oxford University Press, 1968.

Naff KC. Through the glass ceiling: prospects for the advancement of women in the federal civil service. Public Admin Rev 54: 507 – 514, 1994.

Nalbandian J, Klingner D. The politics of public personnel administration: towards theoretical understanding. Public Admin Rev 45: 541 – 549, 1981.

Neuse SA. A critical perspective on the comparable worth debate. Rev Public Person Admin 3: 1 – 20, 1982.

Nigro FA, Nigro L. The New Public Personnel Administration. 2nd ed. Itasca, IL: Peacock, 1981, pp. 11 – 27.

Nigro L, DeMarco JJ. Collective bargaining and the attitudes of local government personnel managers. Public Person Manage 9: 160 – 168, 1980.

O'Neill H. The growth of municipal employee unions. In: Connery RH, Parr W, eds. Unionization of Municipal Employees. New York: Academy of Political Science, 1970.

Osborne D, Gaebler T. Reinventing Government. Reading, MA: Addison-Wesley, 1992.

President's Committee on Administrative Management. Report on the Committee on Administrative Management. Washington, D.C.: Government Printing Office, 1937.

Pearce JL, Perry JL. Federal merit pay: a longitudinal analysis. Public Admin Rev

43: 315 – 325, 1983.

Perrow C. Complex Organizations: A Critical Essay. New York: Random House, 1979, chap. 3.

Rabin J. Public administration as a profession: a symposium. South Rev Public Admin 5: 237 – 391, 1981.

Rehmus CM. Legislated interest arbitration. Proceedings of the Twenty-Seventh Annual Winger Meeting. Industrial Relations Research Association, 1975, pp. 307 – 314.

Remick H. The comparable worth controversy. Public Person Manage J 12: 371 – 382, 1983.

Rogers HP Jr. Fair employment laws for minorities: an evaluation of federal implementation. In: Bullock CS III, Lamb CM, eds. Implementation of Civil Rights Policy. Monterey, CA: Brooks/Cole, 1984.

Rodgers RC. An interesting, bad theory of mediation. Public Admin Rev 46: 67 – 74, 1986.

Roethlisberger FJ, Dickson WJ. Management and Morale. Cambridge, MA; Harvard University Press, 1939a, chap. 2.

―――. Management and the Worker. Cambridge, MA: Harvard University Press, 1939b.

Rohr JA. Ethics for Bureaucrats. New York: Dekker, 1978.

―――. Civil servants and second class citizens. Public Admin Rev 44: 135 – 139, 1984.

Rose W, Chia T. The impact of the Equal Employment Opportunity Act of 1972 on black employment in the federal service: a preliminary analysis. Public Admin Rev 38: 245 – 261, 1978.

Rosen B. Merit and the president's plan for changing the civil service system. Public Admin Rev 38: 301 – 304, 1978.

Ross JH. Federal mediation in the public sector. Month Labor Rev 99: 41 – 45, 1976.

Rourke F. Responsiveness and neutral competence in American bureaucracy. Public Admin Rev 52: 546, 1992.

Schiesi MJ. The Politics of Efficiency: Municipal Administration and Reform in America: 1880 – 1920. Berkeley: University of California Press, 1977.

Schriesheim CA, Tolliver JM, Behling OC. Leadership theory: some implications for managers. MSU Bus Topic Summer: 34 – 40, 1978.

Shaw LC, dark TR Jr. The practical differences between public and private sector collective bargaining. UCLA Law Rev 19: 867 – 886, 1972.

Siegel GB, Myrtle RC. Public Personnel Administration: Concepts and Practices.

Boston: Houghton Mifflin, 1985, p. 23.

Stahl OG. Public Personnel Administration. 7th ed. New York: Harper and Row, 1976, p. 42.

Stanley D. What are unions doing to the merit system? Public Person Rev 31: , 1970.

Stewart DW. Women in top jobs: an opportunity for federal leadership. Public Admin Rev 36: 357 – 364, 1976.

Stieber J. Public Employee Unionism: Structure, Growth, Policy. Washington, D. C. : Brookings Institution 1973.

Stogdill RM. Handbook of Leadership: A Survey of Theory and Leadership. New York: Free Press, 1974.

Swiss JE. Adapting total quality management (TQM) to government. Public Admin Rev 52: 356 – 362, 1992.

Taylor FW. The Principles of Scientific Management. New York: W. W. Norton, 1911.

Thayer FC. The president's management 'reforms:' theory X triumphant. Public Admin Rev 38: 309 – 314, 1978.

Thompkins J. Comparable worth and job evaluation. Public Admin Rev 47: 254 – 258, 1987.

Thompson DF. The possibility of administrative ethics. Public Admin Rev 45: 555 – 561, 1985.

Van Riper RP. History of the United States Civil Service Commission. New York: Harper and Row, 1958.

Verba S, Orren GR. The meaning of equality in America. Politic Sci Q 100: 369 – 387, 1985.

Vroom V. Work and Motivation. New York: John Wiley Sons, 1964.

Waldo D. Development of theory of democratic administration. Am Politic Sci Rev 46: , 1952.

———. The Enterprise of Public Administration; A Summary View. Novato, CA: Chandler and Sharp, 1980, pp. 81 – 98.

Weitzman JP. The effet of economic restraints on public sector collective bargaining: the lessons of New York City. In: Jascourt HD, ed. Government Labor Relations: Trends and Information for the Future. Oak Park, IL: Moore, 1979, pp. 334 – 346.

Wentworth K. Development and use of written tests. In: DOnovan JJ, ed. Recruitment and Selection in the Public Service. Chicago: Public Personnel Association, 1968, pp. 112 – 122.

Wesley R. Impasse Resolution: An Analysis of Old and New Ways to End Deadlocks.

Washington, D. C.: Labor-Management Relations Service, 1976.

Wilson J. Unions: Who Needs Them? Sarasota, FL: Omni – Print, 1974.

Wilson W. The study of administration. Politic Sci Q II: , 1887.

Witte EE. Collective bargaining and the democratic process. In: Bakke EW, Kerre C, Amos C, eds. Unions Management and the Public. Chicago: Harcourt, Brace and World, 1967.

Wren DA. The Evolution of Management Thought. New York: John Wiley & Sons, 1972.

Yeager SJ. Fostering the development of professionalism: an exhange theory perspective of the decision to join a public organization. South Rev Public Admin 5: 314 – 338, 1981.

Zashin EM. Affirmative action, preferential selection, and federal employment. In: Klingner DE, ed. Public Personnel Management: Readings in Contexts and Strategies. Palo Alto, CA: Mayfield, 1981, pp. 366 – 383.

第十一章 联邦主义，政府间关系和政府间管理

戴尔·S. 赖特[*]

Ⅰ. 简介

任何规模和影响力（size and consequence）的国家都将面临这样一个基本的治理问题——在中心权威和边缘权威（central and peripheral authority）之间的争议如何解决？在宪法上（constitutionally），这个问题通常是用法律术语来规范的：哪个司法管辖区有权来做什么，拥有多大程度的自由裁量权或自治权？（Bulpitt 1983；Davis 1978；King 1982；Riker 1964；Rose 1982；Wheare 1964）。在行政上，这一"基本理论问题"是由费斯勒（Fesler）提出的："怎样将地域和职能相联结"（How to relate area and function）（Fesler 1973，4，also Fesler 1949，1965；Truman 1940；Ylvisaker 1959）。和政治与行政融合问题一样，这两个问题部分是重叠的，相互关联的甚至是融合的（Macmahon 1972）。基于政治的宪法性安排（constitutional arrangements）和以行政为中心的组织执行（organizational implementation）之间的关系是贯穿本章的主题。这很难说是有新意的，事实上，宪法的和行政的主题（constitutional-administrative theme）有一个并不是那么神圣的传统，这一传统跨越了美国历史经验的两个世纪。两者的内容和环境（content and context）都暗示对两个世纪作一个简要的回顾是完全需要的。

一些作者都注意到对公共行政的有限关注和它的非宪法地位（nonconstitutional status）（Carroll 1982；Heady 1987；Krisliv and Rosenbloom 1981；Waldo 1980）。认识到行政职能的宪法条款几乎是不存在的。《联邦党人文集》几乎同样地也只是对行政问题作出偶然的评论，下面几段来自汉密尔顿（Hamilton）、麦迪逊（Madison）、杰伊（Jay），尽管它们简洁

---

[*] 戴尔·S. 赖特（Deil S. Wright），北卡罗莱纳大学（North Carolina University）

和被淹没的地位,它们对我们的目的而言很有启发和相当贴切。

>杰伊(第三篇):因为一个有效的全国政府一旦建立,国内最优秀人物不仅会愿意为它服务,而且总的来说也会得到任命,从事政府的管理工作;……因此其结果是,全国政府的行政、政治理事会和司法判决,都会比各州更聪慧、更系统、更明智,从而使其他的国家更为满意,对我们自己也就更加安全。

>汉密尔顿(第二十七篇):除非我们同时假定全国政府权力的管理不如州政府,那似乎就没有余地可以假定人民会有厌恶、不满或反对了。我们相信他们对一个政府的信任和服从,通常是与它的管理的优劣成正比的,这可以当作一般的准则,必须承认,这个准则也有例外,但是这些例外完全决定于偶然因素,所以不能认为它们与宪法的真正优缺点有任何关系,只能用一般性的原则和原理来判断。

>麦迪逊(第四十六篇):如果……人们将来对联邦政府的偏袒胜过对州政府的偏袒时,这种改变只能产生于那种一目了然和无可辩驳的证明,这种证明会克服以前的一切倾向。

>汉密尔顿(第六十八篇):……我们却不妨承认,好的政府的真正检验标准是其产生良好行政的态度和趋势。

>汉密尔顿(第七十二篇):政府之行政,以最广义而论,包括一切实体政治,而不论其属于立法、行政或司法,但从其最普通,或即最准确的意义上讲,则限于行政执行的细节,具体归属于行政部门的范畴。

尽管其数量不是很多,但这些理念是非常重要的,汉弥尔顿(1937)注意到了行政的广泛范围和详细特征。他将好的政府和公民对政府的信心及公民授予政府的合法性联系起来。麦迪逊也注意到好的政府和公民的尊敬和忠诚的联系;杰伊也看到中央政府正在吸引全国的优秀人才去管理和执行这一新的系统。

就奠基人在宪法联邦主义的见解方面,其评论家和分析者不胜枚举(Beer 1993; Diamond 1961, 1976a, b; Huntington 1959; Jillson 1981; Lienesch 1983anb; Warren 1968)。但是奠基人论行政的见解方面,分析的广泛性和探索性就贫瘠得多,尽管也有一些例外(Caldwell 1944; Rohr 1986; White 1948)。

在《联邦党人文集》出版的100年后,伍德罗·威尔逊在他1887年那篇著名的文章《行政学研究》中仔细地检查了行政和联邦主义(Wilson 1887)。这篇文章的四个阐述(statements),有两个是关于行政的,两个是关于联邦主义的,都是值得关注的。赞成汉密尔顿在《联邦党人文集》第七十二篇中的阐述,威尔逊(1941: 497)指出"行政学的研究,从哲学上来看,是和关于宪法权威的适当分配的研究是密切相关的"。威尔逊也承认"现在运行一个宪法比制定一个宪法更为艰难"。尽管威尔逊的文章常常被关注的是它所建立的政治与行政的两分法，但是对这篇文章一个完整的和平衡地阅读会使得人们很难以支持这样一种观点，即威尔逊提出和支持在这政治与行政这两种行为中一个纯粹的、简单的和明显的分离。

威尔逊在他的那篇经典文章中在多大程度上探讨了联邦主义，这一点经常被忽略了（Wright 1987）。下面所引用的两段是从那篇文章中关于这一主题的内容里挑选出来的。第一段表明威尔逊意识到奠基者们的创举和联邦主义的宪法—法律维度。在第二段的阐述中，他用一些语言扩充了中央—州—地方关系的特征，这些语言（1）可以用来作为当代政府间关系的描述，（2）也很容易在近来政府间关系咨询委员会（Advisory Commission on Intergovernmental Relation）的报告中出现，而不显得陈旧：

> 除开建立在个人基础上的联邦政府的活动以及联邦最高法院的某些职能之外，我们究竟开创了什么？
> 我们的职责在于给联邦组织，给系统之中的系统，提供尽可能最好的生活，使得乡镇、城市、郡县、各州以及联邦政府的日子都过得同样充实，同样在健康方面有保证，使上述每方面都毫无疑问地能够保持自己主人翁的地位，而又使一切单位既彼此独立又相互合作，把独立和相互帮助结合起来，这是一个足以使最优秀的人物都向往的伟大而又重要的任务。

我们可能在争论威尔逊是否是一个"奠基人"（founder）或者说是否他在公共行政学的发展中具有很大的影响力（Van Riper 1983；Waldo）。不管这场争议的结果怎样，威尔逊的思考和早期文章是19世纪晚期更大范围的社会、政治和智慧发酵的一部分，他的思想、作品和行动都反映了一种提出和对付一个正在迅速变化着的经济、社会、政治—行政秩序的努力（Skowronek 1982）。

威尔逊1887年的文章和他20年后关于联邦主义的阐述（Wilson 1908）——它是我们宪法系统中的"基本问题"——在这一系统已经被建立一个世纪后，重新强调中心—边缘权威这一基本问题。大约在威尔逊文章的半个世纪后，德拉姆（Durham 1940：6）探讨了政治与行政的联系，重点放在政府间关系（intergovernmental relations, IGR）上。

> 那么在政府间关系里的政治和行政是什么？它们的节点（interlocking）表明制约、平衡和政治与行政分离的不现实。作为权力分离（division of powers）新理论的一个指南，"行政政治学"（administrative politics），或公共行政人员（administrator）的相互依赖，在其中呈现出一个日益增加的、更为持久的终身制职位，构成一个更为现实的概念……在现有的边界和宪法限制条件下，联邦系统中的结构和职能问

题阻碍一个更为重要因素的出现，而在清楚界定一个新的"行政政治学"的政策阶段上，这个因素比政党更为重要。

他的"行政政治学"的措词并没有持续和繁荣，但是它确实增加了两分法消亡的动力，这一两分法的消亡得到阿普尔比（Appleby 1949）、朗（Long 1949, 1962）、塞尔（Sayre）和其他人的肯定。科尔伯特（Colbert 1983）近来提出了行政与政治连续统一体（politic-in-administration continuum），作为一种重新阐述并就这一连续统一体列举了超过 6 个参考书目（references）。不管以后的发展如何，德拉姆（Durham）对二分法的评论，当这一两分法应用到联邦制（FED）和政府间关系（IGR）时，其重要性不应被低估。例如，沃尔多在他的《行政国家》(The Administration State 1948: 128) 一书中指出，"在僵硬的政治与行政观点和一种认为州和国家将平稳地运行并且每个都会在它独立的领域而没有冲突的联邦制哲学之间有着非常相近的类似"。

虽然德拉姆与学术潮流（intellectual flow）一起抨击政治与行政两分法，但他的分析并没有他所确定的其他两个变量那样有先见之明和预言性：政党和职业化（professional）（终身制）。德拉姆（1940, 6）预测到"政党作为权力分散工具的重要性"，在这一点上，与政府间关系咨询委员会（ACIR 1986）、布坎南（Buchanan 1965）、格罗津斯（Grodzins 1960a）、赖克（Riker 1964）和杜鲁门（Truman 1955）相比，他是政党权力分散者（party-as-decentralizer）论点更广泛发展的先驱者。政党认同（identification）、政党忠诚（loyalty）、政党功效（efficacy）的下降都提出了政党制度集权和分权之间关系的广泛议题（如果有关系的话）。

德拉姆对职业化的间接提及也触及到一些变量，这些变量对联邦制和政府间关系有影响，这种影响他也只能在这个时候（20 世纪 30 年代晚期）模糊地察觉。职业化更广泛的和普遍集中的影响直到许多年后才被比尔（Beer 1978a）、格罗津斯（Grodzins 1966）、考夫曼（Kaufman 1969）、莫舍（Mosher 1968）、莫舍和斯蒂尔曼（Mosher and Stillman 1978）和沃特（Wirt 1981）所完全了解。

我们倾向于通过借用塞缪尔·比尔（Samuel Beer）在美国政治学协会的会长致辞来对这一二百年的简要描述作一个总结（Beer 1978a）。他对联邦制和政府间关系的分析因为很多原因而显得很重要，这里我们只讨论其中的两种。第一是强调了政治性，提出了他所称作的"代议联邦制"（representational federalism），另外一个因素，只是被比尔附带提了一下，关于行政与管理，正是这一领域将会产生政府间管理（IGM）的概念和实践。

通过关注"代议联邦制"，比尔的努力最终宣告了政治与行政两分法的死亡，当然如果这个死亡是需要的话。他认为一种全新的影响形式（forms of influence）在美国政治系统中得到发展，并且联邦安排（federal arrangement）用与它的历史的、灵活的、开放的特性一致的方法来适应它们。

根据比尔的观点，在华盛顿两个正在形成的利益群体是"专家治国论者"（technocrats）和"地方自治政府"（"Topocrats"）。前者代表在中央、州和地方政府中的"新职业化"（new professionalism）。他们是职能项目专家（functional program specialist）的"职业官僚合成物"（professional bureaucratic complex）；他们最容易被理解为构成绘图类别（classing graphic）的垂直"栅栏"，栅栏的联邦制度（picket fence federal）（Sanford 1967；Wright 1974，1978）。

地方自治政府（Topocrats）是以比尔所称作政府间院外游说团体（intergovernmental lobby）的利益为核心的。这就是一群所谓的公共利益集团——在州和地方层级的政治/行政专家（generalists）的联合。州长、州议员、市长、郡长（county executives）、城市经理都联合起来，为了一个变化着的共同关注即在国会山、行政机构甚至在司法机构表明他们的存在和发挥他们的影响（Farkas 1971；Haider 1974；National League of Cities v. Usery 1975；Arnold and Plant，1994）。

在"专家治国论者"和"地方自治政府"之间的紧张和分裂（divisiness）关系在20世纪70年代并不是一件新鲜事，甚至在20世纪30年代晚期德拉姆写作时就已开始浮出水面（Clark 1938；Hovde 1940；Vieg 1940）。在20世纪40年代一群明尼苏达州立大学（University of Minnesota）的研究生在威廉·安德森（William Anderson 1960）的指导下对这一分裂关系进行了系统调查，韦德纳（Weidner 1955，1960）和伊尔维萨克（Ylvisaker 1956）对这两个群体之间不同的态度进行深入关注和探讨。

由冲突和比尔所提出的规范性问题是不应该被忽略的。这两个新的代议制形式对民主过程其他方面有哪些影响？正如比尔所担心的，"专家治国论者"和"地方自治政府"已经"稀释人民意志"（dilutions of the popular will）？尽管社团代表（corporate representation）已取代个人代表（personal representation），比尔承认这两个实体"确实增强了现代国家的实力"，但是他质疑，"这可能是以自由政府的牺牲为代价的"。

比尔认识到专家治国论者、项目专家（program professionals）的角色构成了从20世纪70年代开始的第二波发展潮流。这些公共行政人员（在80年代后期被称为"政策专家"（policy professionals））的操作水准（operation significance）和专门领域（specialized domain）甚至在比尔的有觉察力的分析中也没有得到适当的分析。直到80年代，政府间管理（IGM）被用来描述这样的行为的概念，即那些有时候补充但常常是与联邦制和政府间关系冲突的行为（Agranoff 1986；Peterson et al. 1986；Wright 1983；1990a）。

这一介绍性章节只是稍微提及美国中央与边缘关系200年演变中的一些关键时期。以时间表为基础，我们对大致在200、100、50、20年前出现的一些问题、理论和概念进行理智的接触。本章的其他部分将持续这一已经建立的年代学主题（chronological motif）。

三个术语被用来作为本文的组织概念（organizing concept）：联邦制，政府间关系和政府间管理。年代法（chronological approach）将遵循在文章标题所提到的发展顺序……每个概念的起源、形成和成熟，从联邦制开始，以政府间管理结束。

为说明这三个概念而采用的临时和发展的战略都能够以看得见的形式来表示。图1提供了一个试图反映每个概念的历史模式和各自的亚时期（subperiods）时间线（timeline）。联邦制，它开始于共和国建立时，常常被认为经历过三个大的时期——双重联邦制（dual）、合作联邦制（cooperative）、强制联邦制（coercive）（Kincaid 1990 b, 1993b, 1996）。政府间关系，在过去60年期间被认为经历了多个阶段，从开始于20世纪30年代的冲突阶段到90年代的强制大杂烩阶段（coercive-collage phase）（Wright 1988, 1997）。最后，政府间管理被分成两个不同的时期。他们反映了由这一概念所包含的政府间解决问题的从上至下和从下至上的实践方法（Wright and Krane 1996）。

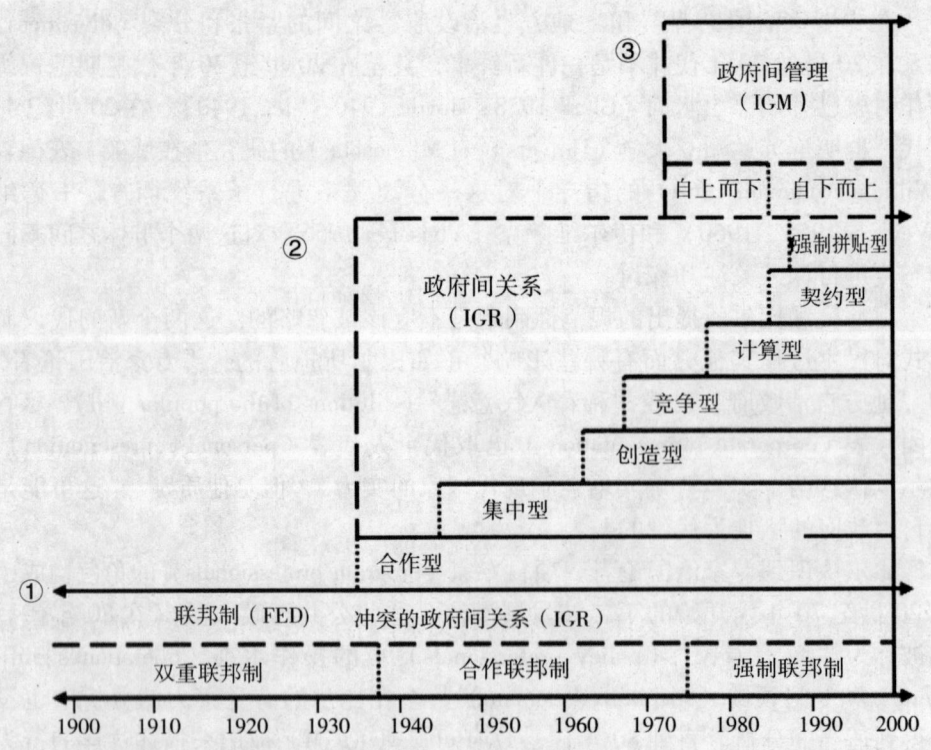

图1 联邦制，政府间关系和政府间管理三个阶段历史类型

Ⅱ. 联邦制的起源

A. 费城会议

当我们今天还在为这个术语的涵义进行斗争时，毫无疑问，费城会议（Philadelphia Convention）是理解联邦制起源的起点。当然，这次会议是用来对《邦联条款》（Articles of Confederation）"提出修正和修改"的，邦联条款从1777 年起就统治着这块前殖民地。对于在费城的奠基人来说，这些条款就是一个"联邦系统"（federal system）。换句话说，他们不会在联邦（federal）和邦联安排（confederal arrangements）中制造区别。

两份陈述（statements）将它说得很清楚。麦迪逊在《联邦党人文集》第39 篇中写到，这一新宪法融合国家（national）与"联邦"（federal）特征。在后一种情况下，他解释了来自邦联条款的特征。他得出结论：这一新宪法"既不是完全国家的，也不是完全联邦的"（neither wholly national nor wholly federal）。此外，乔治·梅森（George Mason），也是一个弗吉尼亚人（Virginian），在会议召开前不久写给他儿子的信中，关于期望在会议中达成一致的程度时说道（Jillson，1981：600）："在一些主要州，最流行的观点就是对现有的联邦系统进行全面的修改。"

从这些主张中有两点可能要注意。第一就是通过称自己为"联邦党人"的方式来支持新宪法的人的政治和战略创意。由于这个术语，他们认为中央与周围政府实体之间最没有集权联系纽带。他们也将他们的对手，反联邦党人，置于一个受抨击只对现有联邦安排进行修改这样一个尴尬和防守的地步（Storing 1981：7-14）。第二点，源于梅森的信，就是共享一系列基本政治价值，这些价值为那些在费城开会的人所普遍主张（Bailyn 1967；Benson 1960；Roche 1961；Wood 1969）。大多数制定者都是很明确的国家主义者（nationalist），虽然霍尔克姆（Holcombe 1950）和其他人都已描述和探讨了这些人之间的不同派别，但这些人都一致同意需要一个更为强大的中央政府。

尽管在一些基本原则上有着本质上的一致，但是对这次会议进行分析的占主导地位的模式则是去关注宪法草案中关于内容、条款和结构的冲突和妥协（Farrand 1911；Holcombe 1950；Jillson 1981；Smith 1965；Warren 1968）。吉尔森（Jillson 1981）将因素分析（factor analysis）应用到不同阶段会议投票中，发现四个贯穿在联盟与再联盟之间的四个问题。这些问题中的两个，州的完整和全国政府（national government）的范围和权力，都与联邦制相关。吉尔森的分析更广阔的涵义是他将会议的宪法制定与冲突和分裂理论（Schattschneider 1960）及美国政党制的关键再联合理论联系起来（Burnham 1970；Key 1955；Sundquist 1973）。

B. 宪法的采纳

《联邦党人文集》毫无疑问是理解下面各项的起点：（1）宪法的条款；

(2) 三个奠基人（汉密尔顿、麦迪逊、杰伊）选择这些条款的理性；（3）在采纳过程中使用的主要辩论要点，包括支持和反对意见。《联邦党人文集》的三个版本提供了一个扩大的简介性文章，这篇文章提供了有用的、引导性的论述（Earle 1937；Fairfield 1981；Rossiter 1961）。《联邦党人文集》作为不是惟一的理解和解释宪法的权威性文集，它也没有完全牢牢把握选择过程中的政治。

在联邦党人和反联邦党人的争议中，反方（negative side）长期以来受到忽略，直到近来反联邦党人才有这样一个地位，即他们"也应该被视为奠基人"（Lienesch 1983a）。在这一联系方面的权威性工作可归功于斯托尹（Storing 1981）的努力工作。在他对反联邦党人的主张进行详细说明中，斯托尹（Storing）有效地挑战了凯尼恩（Kenyon 1955）的观点，即宪法的反对者是"没有什么信念的人"（men of little faith）。在几个要求呼吁考虑采纳所提议宪法的州议会中，利恩斯吉（Lienesch 1983）对辩论进行了仔细和详尽地分析，而且也增加了这个观点的深度（Elliot 1861）。

C. 奠基者的意图（intent）、意涵（meaning）和导向（orientation）

现在关于奠基者对联邦制和宪法的其他部分的目的或意图的兴趣和争论重新复活。这在很大程度上可以追溯到总检察长米斯（Meese 1985）支持"最初意图的法理"（jurisprudence of original intention）态度，与之相对应的是他所视为的"特性的法学"（jurisprudence of idiosyncrasy）。联邦制，特别是对州进行限制的人权法案"整合"学说（通过宪法第14修正案），是受到公开审视的问题之一。

奠基者们对联邦制的最初观点是什么？联邦制是怎样与这个更大的哲学环境（context）和框架相联系的，从这些环境和框架中他们展开了他们的辩论？本章并不能回答这些问题，它只能确定来源（source）和观点，讨论和争议都起源于它们（Beer 1993）。

就联邦制而言，奠基者的见解最严肃、最持续和最关键的评估是戴蒙德（Diamond 1961，1962，1971，1976a，b）的工作。他对这一主题的多角度和全面的探讨很难一言以蔽之，否则，将是不公正的。但是，渗透进他的思考和表达中的一个观点就是寻求一个明确和连贯的宪法原则，戴蒙德无疑是这些奠基者原则的检查者中最持久和最严格的一个，他坚信这样一个事实，这些原则确实是存在的，为了我们自己的利益，我们有必要去理解它。

威廉·安德森（William Anderson）绝不仅仅是一个学者，他对辩明这些奠基者的意图并不抱多大的希望。在他《国家和州》（The Nations and States 1955）一书备受尊重的评论中用了一整章来探讨"最初的奠基者：他们的言语与意图"（The Original Framers：Their Words and Intentions）。安德森对宪法的起源和意义采取了可能被称为进化性的观点，他认为宪法"很明显不会是完善的、完整的、不解自明的：最可能的是它将永远不会是完整和完善的"（Anderson 1955：66）。关于奠基者的意图，安德森补充说，"事实上，凭想象去认为这样一件事情，如完整意义上的"奠基者"的"意图"，曾经存在或者能够被发现，这是徒然无功的（Anderson 1955：66）。

除了对奠基人"最初意图"的争论外，最近许多关于对奠基人的哲学基础——起源联邦制（无论怎样诠释）广泛的批评和"重新思考"的文章越来越多。应该认真一读的两个详尽阐述（full-length expositions）是达尔（Dahl 1956）和威尔斯（Wills 1981）的。前者部分地认为麦迪逊（主要是）错误地解读了自己的时代，没有完全与他自己的论证逻辑保持一致，尤其在《联邦党人文集》第十篇文章中。另一方面，威尔斯发现了一个简单的哲学基础，它渗透在《联邦党人文集》中，甚至超越了汉密尔顿和麦迪逊的不一致和差异之处。（回忆一下，当维吉尼亚计划被麦迪逊起草并送至费城时，汉密尔顿（Hamilton）敦促州长由总统任命和撤职，麦迪逊（Madison）加以调和，把允许联邦国会否决任何一个州立法律的条款纳入其中。

威尔斯（Wills）主张在《联邦党人文集》中广为流行并使之成为一个单一的整体是它有关人性的观点，人不是霍布斯主义的（Hobbesian），它对公民中公善（public good）感和美德感充满信心。因此，政府结构，包括联邦制，是一种通过广大国土范围的选拔程序滤除那些不把公众利益和普遍的善放在第一和最重要位置的人〔也参见摩根（Morgan 1981）〕。

在达尔和威尔斯之间的差异能通过阅读奥斯特罗姆（Ostrom）的论文和利恩斯吉（Lienesch 1983b）的一篇文章来加以调和（1971，1987，1991）。奥斯特罗姆强调共和党人"复合"特点以及其作为联邦制复杂的政治理论的一致性。[①] 利恩斯吉（Lienesch）认为，如果奠基人被视为依赖历史、哲学和科学这一混合体的话，那么宪法的意义能够得到建设性地诠释。奠基人以科学为基础的特点得到兰尼（Ranny 1976）进一步详尽阐述。

另外的一种观点要求在完成对联邦制建立的描述之前有概念之说。它可以根据奠基人对于变革的方向来有用地被解决。在费城的制定者是反动分子、改革分子或者革命者吗？对于三种解释都有例可寻。

作为反动分子观点的经典说明是在比尔德（Beard 1913）的《宪法的经济诠释》（Economic Interpretation of the Constitution）中。他认为麦迪逊是统治阶级中的马克思，这种观点受到了广泛地质疑（Brown 1956；Warren 1968）。尽管他后来公开认错，但是比尔德解释的影响持续存在（Beard 1945）。

对奠基人的第二个观点是将他们看作务实的政治家中的改革群体。这个观点的主要倡导者也许是罗奇（Roche 1961），但是，有几个人赞同这个称号并且强调联邦制是根据立宪会议产生的、实用的改革之一（Elkins and Mckitrick 1961；Holcombe 1950；Jensen 1950；Ranny 1976；Smith 1965）。奠基人作为有建设意义的变革动因（agents）的观点看来占据了现代整个思想界。

也许最不受关注的是关于制定者是激进者或者说是革命者的这种观点，也就是说，一个推翻旧制度的群体。提出这个议题的这群少数者里，其中一位是厄尔（Earle 1947，viii-ix）。奠基人采取了三个"革命性"行动，这些行动违反了"游戏规则"。首先,费城大会通过撰写一个全新的宪法而超越了它的权威,该宪法不仅仅是重写或修改《邦联条例》(Articles of Confederation)。其次,在确保采纳方面,奠基人避开州立法机关,呼吁普选专门大会考虑该宪法(document)。第三个革命因素(element)是宪法在13个州立大会的9个中被接受后开始生效。厄尔观察到这些前所未有的行动构成了"一个革命行动,一次政变"(1937, ix)。利恩斯吉(Lienesch)把这些结果置于有关反联邦党人和联邦党人的合适的和讽刺的观点中:"也许历史对于失败者不仁慈才是惟一合适的。对于成功者来说,他们开始分战利品,包括在历史记载中的显赫地位"(1983a: 65)。

Ⅲ. 新兴的联邦制:1790—1890

"新兴"这个词汇用来表达一个时期的理念,在这一时期中一个新兴体制的发展、演变和获得发展完备、连贯一致的身份,这一时期或阶段在成熟(mature)时期之前。在成熟时期,它形式多样、体制复杂、深奥微妙。联邦制新兴时期所确立的时间范围是从1790年到1890年。我们从以下四个方面来研究这个时间段:(1)联盟(the Union)和法律秩序的性质;(2)政治;(3)行政;(4)资源。

A. 联盟的性质

在1981年罗纳德·里根(Ronald Reagan)的总统就职演说中,他宣称:"联邦政府没有建立众州,但众州建立了联邦政府"。他的话很快就受到了历史学者和政治科学家的挑战(Beer 1982, 1993)。他们的反驳理由基于历史的不精确和/或历史诠释上。当然争论的问题是,(过去和现在)宪法赋予联盟的性质是什么?

在众州中,联盟是一个契约吗?或者联盟直接依赖于人民的批准和作为合法权利的来源,并由国家和各州政府来行使?两个问题背后的前提都源自于18世纪流行的,作为执行政治和政府权威基础的社会契约论。问题是,谁是契约的当事人?州,还是美国全体人民?热情的拥护者经过两个世纪的、在政治和法律方面对宪法的辩论,要么倾向于这些以州为基础的"契约论者"(compact)假设,要么倾向于以美国全体人民为基础的"国家主义者"假设。

持国家主义者观点的领导人从亚历山大·汉密尔顿和丹尼尔·韦伯斯特(Daniel Webster)到亚伯拉罕·林肯(Abraham Lincoln)和西奥多·罗斯福(Theodore Rooselvelt)及富兰克林·罗斯福(Franklin Roosevelt)。例如,林肯在他1861年就职演说中宣称"联盟比任何一个州都古老,而且事实上是联盟建立使之成为州……联盟给每个[州]它所拥有的所有独立和自由"。林肯对于词语的选择是意义重大的。"联盟"他指的并不是(在华盛顿特区)国家或者"联邦"政府。他的所指利用了"美利坚合众国"这一抽象的概念,该概念超越了(但是也包括了)所有的州以及国家政府。

契约论者也强调了杰出的历史人物——约翰·C·卡尔霍恩(John C. Calhoun)、杰斐逊·戴维斯(Jefferson Davis)以及(早期的)理查德·亨利·李(Richard Henry Lee),还有其他的反联邦党人,都反对接纳费城大会的产物。反联邦党人认识到《邦联条款》的主要缺陷,但是他们不承认需要这样一个强大的中央或者国家政府。

曾经,在1798~1799年,契约拥护者甚至包括了托马斯·杰斐逊(Thomas Jefferson)和詹姆斯·麦迪逊(James Madison),他们分别起草了《肯塔基决议案》和《维吉尼亚决议案》(Kentucky and Virginia resolutions)。这些高声喧哗的州级立法行动受到1798年国会通过的《侨民和镇压叛乱法》(the Alien and Sedition Acts)的调和。它们采用词语废止(nullifycation)和调停(interposition)来确认和证明保留给各个州的广泛但不确定的权力。这两个议案声称各个州能够使用该权利来反对(阻止或者废止)他们(单个或集体)所认为的中央政府不合宪法行为。②

这种对于联盟性质的冲突是如何被解决的?这一问题在实际上可能是不能改变的条件下以支持国家主义者的观点而得以解决,尽管里根总统持完全不同观点。解决的方式是多种多样。内战(在州之间的战争?)就是一种解决方式——通过暴力方式。宪法修正案,尤其是第14修正案,是另外一种方式。司法解释也是一个尤为突出的第三种方式。事实上,首席大法官蔡斯(Chase)在得克萨斯州诉怀特一案(Texas v. White 1869)中的观点可能是经典的法庭论断(court assertion)。该案件取决于得克萨斯州在1861年"脱离"联盟时是否实际上已经离开了联盟这一问题。

> 因此,当得克萨斯州成为合众国的一部分,她参与到一个不可分离的联系之中……她加入联盟这一行动的完成不仅仅只是一个契约;这是一个新的成员加入一个政治实体,而且这是不可变更的。在得克萨斯州和其他州之间的联盟正如最初几个州之间的联盟是完整的、永久的和不可分离的。宪法在所有的条款中,都依赖于一个由难以破坏的各州组成的一个难以破坏的联盟。

注意这里"联盟"正如林肯所评述的一样,不是指国家政府。事实上,在第一个世纪内用于华盛顿特区政府实体的用语多半反映了最开始用于1787~1788年间所写的《联邦党人文集》中的多种描述语(multiple descriptors)。这些用语包括一般政府(general government)、中央政府(central government)、国家政府(national government)、美国政府(U. S. government)以及"联邦"政府(federal government)。再回想一下,内战期间,北方军队被称为"联盟军队"(Union Army),士兵被叫做"联邦军队战士"(federals)。

从一个法律、历史和概念的角度来看,我们可以认为联盟的性质是以支持国家主义者诠释而得到解决。但是，这一声称并不意味着所有国家和州之间关系的法律和司法问题都是稳定的或得到了解决。还有一个巨大的判例法大全（body of writing and corpus of case law），它们涉及到这些正式的权力之争的过去、现在以及将来的方方面面。

除了联盟性质这一抽象问题，还有一系列经济发展的力量和举措，它们又导致了联邦制、州级法律原则（state legal doctrine）、经济增长、联邦和州司法系统之间的亲密缠绕。沙伊贝（Scheiber 1976，1978）综合地、见解独到地评价了这些主题的相互影响。他认为1789～1861年间是"双重的联邦制和竞争主义州级重商主义"（dual federalism and rivalistic state mercantilism）。沙伊贝（1976：71）指出"主要是因为重大的政策领域是由各州控制（无论所遵循的政策是否都与最高法院的声明一致），而且也因为各州地区司法机构与所承担的职能一致，所以1861年前的美国联邦制是分权化的"。

沙伊贝（1978：636）划分从内战到1890年这段时间是"过渡的联邦制"（transitional federalism）。虽然由于宪法修正案（第十三，第十四，第十五），法院决定、经济变革（工业主义）等等，但是有强大的证据支持这样的论点："总之，在实际权力方面，显然很少有倾向中央的变化"（Scheiber 1978：637）。

B. 政治

如果在19世纪倾向中央的"实际权力"上没有什么重大的法律变化的话，那么有一些重要的政治备选方案增加到新兴的联邦制的法令中。将要讨论的只有一个宪法变革，该变革为接下来的成熟期奠定了基础。

美国参议院最初普遍被认为是"边缘化机构"（peripheralizing institution）（Riker 1955：455）。大家期盼有一个直接用于国家利益表达和保护的工具（Riker 1955）。如果不是一些州的否决，我们也不会直到1913年第十七条修订案授权普选（popular election），美国参议员才在每个州立法机关进行投票选举。

赖克（Rike 1955）追溯州立法机构根据关键票（crucial vote）任命参议员这一不成功举措。"教育权"（right of instruction）甚至被提议写入第一修正案中，但是没有确保和得到众议院通过（House passage）。这样开始了参议院作为州代表工具的终止。该过程实际上分外复杂，远不止这一主要总结所传达的意思，但是主要观点是一样的。参议院开始作为地位低下、"地方者"（localist）实体。（从1790～1849年间，实际上有48个美国参议员辞职就任各州职位（state offices）。在19世纪，它成为一个更强大甚至是更有权势的机构（Wilson, 1885），随着这个世纪后来分赃制变得更加广泛，因为庇护制的缘故，参议员常常成为州党派组织的非正式领导，它的权力得到巨大的提高。

C. 行政和资源

在格雷夫斯（Graves 1964：478）最杰出的政府间关系的作品中，他指出："冒着过于简单化的危险，可以说19世纪的美国有四个主要问题，即公共领域的设置（disposition）、内部改善（internal improvement）、教育以及奴隶制"。最后一个问题是在法院以及最终是在战场上被解决的，其他三个问题首先在国会由立法机构提出来，但是最终是由行政机构执行的。

联邦制兴起时期行政学的有限的发展史是 L. D. 怀特（L. D. White）始于《联邦党人》终于《共和国时期》（The Republican Era）（1948，1951. 1954，1958）的四卷作品。怀特的焦点主要不是联邦制导向，但是整套书散布着相关的见解。在其他地方他还更为完善地发展了在国家和州政府之间长达一个世纪的有关"行政确定"（administrative settlement）的论点（White 1953：6 - 12）。怀特（1953：8）是这样描述他的计划的："出现了政府和行政的二元制，每个层面在自己领域内是独立的，其运作不受另外一方的阻碍，每个层级都受到它自己完全掌握的收入的支持。"他补充道"州，尤其还有城市，成为行政世界繁忙的车间，但是在联邦主义者时期开始的职能很少再被一般政府（general government）所履行"（White 1953：10）。

就没有阻力而言，怀特的行政"确定"或者二元制可能是精确的。但是双元制观点在咨询、技术帮助以及资源领域只有微小的或者有限的适用性。伊拉扎尔（Elazar 1962）关于 19 世纪合作联邦制的研究大大地丰富了给国家官员在州级运作提供支持的记录，他们在州级运作的领域包括内部改善、银行业务、初级教育、高等教育以及社会服务等。

伊拉扎尔的论点席卷了一切，也就是说，"美国 19 世纪政府所有的活动实际上都是合作性的举动，由联邦和州机构共同合作，采取正如 20 世纪合作管理项目一样的方式"（1962：1）。可以坦率地说，它呼吁挑战。沙伊贝尔（Scheiber 1966，1980）的再次反驳可能是最具有意义的，问题围绕着在宪法、法律、政治和战场等冲突背景下的行政合作的范围和意义。对于州的权利以及联盟契约理论没有被伊拉扎尔研究所确定的合作的广大数量所调和和销毁。[3]

在资源领域，伊拉扎尔（1962）和格雷夫斯（1964）提供了对国家政府使用主要资源——公共领域——促进目标所采取的方法的充分和独到的分析。从 1787 年在西北地域法令（Northwest Ordinance）中所通过《莫里尔法》（Morrill Acts）（1862，1890）到 1887 年有关农业研究基地的《海奇法》（Hatch Act），国家政府利用资源促进了教育的发展，普遍提高了内部改善。格雷夫斯（1964：510）列举了 18 条立法，这构成了在 1785～1890 年间联邦对教育所提供的帮助。当然公共土地是国家政府的主要资源。这段时间内，大约 100 万英亩以上的土地拨出，其中大约 30% 是住宅要求，20% 留给学校，大约 10% 留给铁路建设（Graves 1964：481）。

随着 19 世纪末期的来临，美国的联邦主义羽翼丰满、清晰展现。它达到了一些经济发展理论家称之为"起飞"的阶段。我们选择将它称之为成熟阶段的初期。

Ⅳ. 成熟中的联邦制：1890—1940

从 1890 到 1940 年半个世纪标志着国家运动，无论是国内还是国际上，在几个领域内朝着成熟化发展。联邦制的成熟是整个国内发展的一个重要组成部分。主要表现在宪法（constitutional law）、政治改组（political realignments）、行政发展以及财政革新四个方面。以下就是对这四个领域简要回顾。

A. 宪法（constitutional law）

1940 年前 50 年的宪法解释的性质普遍被认为是二元联邦制（dual federalism）的鼎盛时期（Corwin 1950）。科温（Corwin）认为这段时期的大部分时候最高法院作为超级立法机构（superlegislature）运作，在判断上摆出一副可以预测国家和各州立法机关行动的样子。在科温看来，司法积极主义（judicial activism）的极端性是如此史无前例，以至于它造成了"法院高于宪法"的情况（Corwin 1938）。

司法判决机制（mechanisms of judicial judgement）主要是双重的：(1) 第十四修正案的正当程序条款（due process caluse）；(2) 第 10 修正案权利保留原则（reserved-powers doctrine）。前一条款成为法院评估许多关于经济和社会立法方面的各州立法，例如，劳工工会、雇佣等等。在诠释"正当过程"中，法院对许多州行为的智慧和可取之处进行实质性（substantive）裁定。

从 1890~1940 年，最高法院裁定了 2316 个涉及州权威的相关联邦制的案件（Sprague 196：62）。也要中肯地指出，在这 50 年内，关于联邦制，法院持不同的意见的案例只占到 21%。从 1940~1960 年间对联邦制案例超过 50% 的意见是分裂的（Sprague 1968：62）。前一个低百分值表明对于构成高级发展阶段特征的国家和州之间的联系的性质意见统一程度很高。

在 20 世纪前半叶的开始部分法院基本的态度在首席大法官富勒（Fuller 1888-1910）的领导下就已确定了。这期间施密德豪泽（Schmidhauser 1958：139）注意到"在联邦和州之间关系中出现的两个极其重大的革命，这主要归功于富勒法院（the Fuller Court）。通过使用诸如契约的合理性和自由等原则，富勒法院使得第十四条修正案正当程序条款成为一个杠杆，是迄今为止对立法机构和各州行动的联邦司法监督权史无前例的扩大"。另外一个富勒法院用来完成同一目标但却小一些的"杠杆"是使用国家商业权来对各州行为进行控制。同时富勒法院迅速并有效地撤销了其他对第十四修正案条款的潜在的广大解释，并作为对州的限制，例如，平等的保护、特权和豁免条款。

国家权力的扩大，它通过商业权和税收权而产生，标志着富勒法院引进的"第二次伟大革命"。在这里，施密德豪泽（1958，140）得出结论："就联邦制而言，与其先行者相比，富勒法院在联邦制向集权方向发展上作了一个更为重大的修正。"看起来，富勒法院积极投入到确定联邦制的成熟的路途中，其方法是：通过给予选择性国家行动更广泛的自由和强加给各州一个有限的角色。从法理学角度来看，对联邦制和其他问题的司法积极主义不仅仅是被发动了，而且是全部投入。

但是，在富勒法院朝着赞同几乎不受限制的国家行动的道路发展中出现了分歧或者说是迂回。这发生在国家政府试图通过商业和税收权力来调节诸如以下问题时：童工、农业、煤矿开采以及劳资关系。从1917~1937年，在一系列案例中，最高法院认为它们是违反了宪法的国家立法，理由是它们侵犯了各州调节制造、采矿等等的保留权。在一个短时间内，尤其是在30年代，似乎关于第十和第十四修正案的法院原则已经建立了一个无人地带，既没有国家政府也没有州政府能够有效地调控人类活动的某些领域。该问题在30年代中期达到高潮，富勒法院驳回了好几个重要的新政立法。

1937年开始，富勒法院开始及时撤退，极力拥护多个重要的有关社会安全、劳资关系、农业等等的法令。富勒法院政策的改变被戏谑的认为是"一针及时顶九针"（the switch in time that saved nine）。在这场"和平的革命"中（Schmidhauser 1958：182），第十修正案"不过是一个陈词滥调而已"，它不再作为一个对国家行动的直接限制来运作了。施密德豪泽在30年代末简明地总结了成熟的联邦制的法律地位。

> 在1937年后，二元联邦制的原则在"达比"案件（Darby case）中最终被摒弃。事实上，在商务条款的"直接"和"间接"影响之间的形式主义区别在"琼斯—劳克林"（Jones-Laughlin）一案中被摒弃。联邦征税和开支权力在社会保障领域得到广泛的确立。这些广泛解释者决策的净效益就是联邦警察权利的惊人扩大。许多主题，如劳工关系的某些方面，以前都是在各州的保留权利范围内予以考虑，但是现在落到国会商业权内。最高法院在经过几乎半个世纪的"选择性"不确定后，出于大多数目的考虑，将国家经济视为一个统一的整体（Schmidhauser 1958：182）。

科温（Corwin）考虑了国会所作的变革，并提供了一个更具有影响力的一系列判断：

> ……曾一度被夸为权利宪法（Constitution of Rights）的东西，包括国家和个人（state and private），都被一个权力宪法（Constitution of Powers）所代替。更具体一点，联邦体制已经转变到立足于一个巩固了的国家权力基础上，而在国家政府自身内部，朝向总统方向的权力流动继续增加（Corwin 1950：2）。

B. 政治和党派重组

1890~1940年间的美国政治有两个鲜明特征，它们与一个成熟的联邦制有重大的联系。第一个特征是科温最后一个引言中提到该类型的总统领导；另一个特征是这一时期由两个"关键选举"（Key 1955）构成的政治党派类型的突出地位（prominence）（甚至是主导地位）。

"总统制的崛起"是20世纪美国政治制度变化的独具特色的方面（Corwin 1957；Leuchtenberg 1983）。总统领导（presidential leadership）的坚实基础是在20世纪前40年3位总统任期内奠定的。西奥多·罗斯福、伍德罗·威尔逊以及富兰克林·罗斯福把精力、活力和创新带到国家政府，以各种不同的巧妙方式，证实了国家问题高于地区和地方问题的重要性。

3个人都提出了许多国家项目，它们的目的和权力都得到巩固和以"新"为卖点。这些项目有T. 罗斯福的"新民族主义"（New Nationalism）（Leuchtenberg 1961）、威尔逊的"新自由"（New Freedom）（Morison and Commager 1950）以及富兰克林·罗斯福的"新政"（New Deal）（Schlesinger 1959，1960）。当然，这3个项目的具体内容都不相同，它们是对所觉察到的时代需要所做的回应。然而，他们的共同主题，是美国政府在一系列国内问题上行动的重要性。任期稍微有所不同，美国政治从1890~1940年间使用了两个标签（bookends）。前者是"进步运动"，后者是"新政"。它们都代表了一种政治潮流，这种潮流在那些被认为是国家范围内的议题上携起手来，要求国家层面的回应。但是，这些回应倾向于集中关注国家和州之间的互动，并且通过国家与州之间的互动加以过滤。以州层面作为基础和政党体制的一般结构确保了国家层面对州层面的利益和问题的高度敏感。

两个具体的事例将把具体性带入这种过于抽象的宣言中。在1908年5月13日，超过40个州长在T. 罗斯福的邀请下在华盛顿特区集聚一堂（Brooks 1961）。虽然许多国家官员和公众知名人士出席会议，但是"很清楚，州长们是注意力的焦点，所有的议程都称为州长会议，而没有提到其他的与会者"（Brooks 1961：11）。在第一次会议后，州长们继续主动地会面，然后组成了著名的全国州长会议（the National Governors' Conference）[现在叫做全国州长协会（the National Governors' Association）]。但是，第一次会议的动力是来自总统，召集的目的是建立对罗斯福国家保守政策的可见度（visibility）以及公众对它的支持。

第二个实例来自于"新政"时期，正如塞谬尔·比尔（Samuel Beer）所描述的，他认为自己在这一过程中是个参与者。"罗斯福的国家主义是联邦中央集权的一个原则，在他执政期间，和平时期和战争年代，美国联邦制的天平都朝华府摇摆得很利害"（Beer 1978b：7）。比尔回顾自己在推动联邦制成熟化过程中的作用，他详细叙述了自己给富兰克林·罗斯福"智囊团"（FDR's Brain Trust）主要成员做助理的经历："我清晰地记得我们全身心投入到说服人们去依靠华府来解决问题,以及与之相关的公众态度上的巨大变化的感觉。"(Beer 1978b:8)。

在本节总结有关成熟的联邦制的政治前,还要做一些关于这半个世纪政党和党派特征的重要的记录。它的政治性是由两个关键的或者重组的选举(realigning elections)所决定的(Brunham 1970;Key 1955)。这些在1869~1900年间以及在1928~1932年间所抛下的锚是与曾出现的"公共哲学"相似,如果不是前后一致的话(Beer 1978b)。虽然从1896年到1930年共和党联盟占统治地位,但是这一时期的政治包括了进步主义、改革以及人道主义等重要思潮(Morison and Commager 1950:354-384)。这一时期美国民主所面临的许多挑战中,两个与联邦制有关。第一个是城市的兴起以及伴随着的对新兴的政治和社会(也有技术)工程的要求。第二个是修复全国行政系统——国家、州和地方层面——中所丧失的诚实和效率(Morison and Comager 1950:357)。这些主题会直接或间接地在下面的小节中提到。它们也曾经在威尔逊1887年的文章中被提及,至少是被间接论述,在那篇文章中他呼吁培养受过培训的和有效率的公务人员结束"市政府有害氛围和州行政部门鬼鬼祟祟的秘密"(Wilson 1941:485)。

C. 行政

在1887年,也就是威尔逊文章出来的那一年,当国家政府和各州之间的行政二元制被打破之时,L. D. 怀特(L. D. White)声称"最初的行政协议一直延续到1887年通过了《州际商务法》(the Interstate Commerce Act)之后都没有作任何重大改变"(White 1953:10)。该法案在从新兴到成熟的联邦安排过渡中,既不是单独的也不是最重大的行政成分。怀特后来指出:"独立的行政二元制原型的丧失随着对州和其下属机构有条件的辅助金(grants-in-aid)体制的发展而完成。"(1953:16)

1887年看来是行政改革最有成效的一年。除了威尔逊的文章和《州际商务法》外,第一次给予州的年度现金拨款也于当年正式批准。1887年《海奇法》是现代拨款的原型,建立了农业试验基地——它很快就成为与州立农业大学有联系的实体(ACIR 1978a,15;Walker and Plant 1984)。

但是,如果认为1887年和1890年或者任何一个单独的年限是从联邦制兴起到成熟阶段转变的主要分界年那就大错特错了。但如果说这个转变是行政的、财政的、政治的或者宪法的,这又是真实的。从一个年代到另一个年代的前进是渐进的,但又是可以识别的。在另外几个较少的例子中发现,这个进步的转变很明显是可以在行政领域中得到证明。关于这一点的文献资料来自于斯科罗尼克(Skowronek 1982)对国家政府行政成熟(administration maturation)所作的一个探讨性回顾。

斯科罗尼克从政权建立(state building)的理论观点来进行历史分析,这里的政权(state)是指治理能力的一个普遍名词。他的特殊时间集中关注在1877

（重建结束）到1920年（"一战"后遣散军队）。这40年基本上是联邦制的成熟阶段。

斯科罗尼克详细评估的三个特定焦点：（1）民事行政（civil administration）的改革（始于19世纪80年代的公务员改革）；（2）军队重组（在1900年之后不久）；以及（3）国家铁路规则的建立（始于1877年）。正如他所指出的："（它们三个）一起标志着从一个政权组织（state organization）——它认为在国家层面的广大宪法控制是不存在的——到一个围绕着国家行政能力而组织的政权这一关键的转变。"(Skowronek 1982：4)

斯科罗尼克分析的范围和内容在多个层面都很重要，他的研究结果有重大含义，联邦制只是代表了其中一个成分。他的研究方法所具有的普遍意义以及他的研究成果的特色可以从两个段落中得到：

> 一般说来，世纪之交美国国家行政能力的扩大是对工业主义的响应。一个中央官僚机构的建立被认为是在经济、社会和国际事务跌宕起伏时期维持秩序一个最好地方法。从这一层面来看，美国经验在公共行政上符合一个制度发展和理性化的普遍模式。事实上，对于现在评估的每一项行政革新，特定的且同时代发生的类似情况都可以在飞速工业化的西方国家政权中找到。
>
> 但是，在更深一个层面上，我们对工业化的行政回应却是袖手旁观，这值得特别关注的。在美国，国家行政控制的现代化没有确保这个业已建立的政权更为有效；它确保建立一个在质量上有所差异的国家。早期美国政府发展所走的道路并没有期望需要一个强大的国家行政手臂。在适应对政府的新需求上，为了拥有超越狭隘国家概念的官僚的补救方法就是美国不得不改变道路，去掉已经明确了的治理安排。在工业主义时期，美国国家行政能力的扩大取决于动摇现有的政治和制度权力结构，同时为政府运作打造一个全新的框架。现在拥护如此强大的一个中央官僚机构是解决内部政府重建的这种危险政治的产品（Skiowronek 1982：4）。

对斯科罗尼克简单介绍的章节和后记的一个缜密的看法对于掌握国家治理能力重要性提供了一个精彩的表演。他的研究所提出来的和证实的论点也为更好地理解财政变革提供了背景，这些变革在培育一个成熟的联邦制中是工具性的。

D. 财政资源

在1890年以后的50年中，有几个财政主题很重要，并一直持续存在。其中有以下几个：（1）提供联邦财政资助的国家资源；（2）补助金项目（grant-in-aid program）的授权和集资水平；（3）拨款的法律地位；（4）拨款的行政和执行；(5) 对城市的直接资助（绕过州府）。每个主题都予以简要的描述，并附带有引文以为更详细地对主要问题描述和讨论提供机会。

1. 提供联邦财政资助的资金。在 19 世纪，正如前面所论述的，国家政府的主要资源是公共土地。到 1890 年为止，著名的历史学家弗雷德里克森·杰克逊·特纳（Frederick Jackson Turner），也是美国人口普查局的主管（superintendent of the Census）宣称"几乎很难说有一个边际线（frontier line）"（Morison and Commager 1950：99）。从土地销售所得来的、似乎不会衰竭的收入资源很快就消失殆尽。由于各种收入的原因，国会在 1894 年通过了征收所得税（作为关税措施的一部分）的议案。但这项税收（超过 4000 美元的征收 2% 的个人所得税）立刻就在波洛克诉农民贷款和托拉斯一案中（Pollock v. Farmers loan and Trust, 138 U. S. 601 1895）被宣布违反了宪法。

直到 1913 年通过的第十六条修正案才推翻了这项最高法院裁决。该税的采用为国家政府获得主要的收入来源敞开了大门。这项来源非常重要，到 1922 年，60% 以上的联邦收入来自所得税（ACIR 1978a：17）。这不断增长的且富有成效的收入基础使得国家政府为收入寻求新的用途成为可能，许多要求者中多对赞助新的补助金项目感兴趣。

2. 拨款项目的增长和集资。始于 1914 年并且断断续续持续到 1930 年，少量的（10～12 个）补助金项目被创立和集资。这些项目覆盖了如，农业推广（agricultural extension）（1914）、公路建设（1916）、职业教育（1917）、职业康复（vocational rehabiltation）（1920）、妇幼保健（1921）以及林业（1924）等。在这一时期对于不断增长的拨款的多样性和复杂性开展了四个知识性的讨论（ACIR 1978a; Council of State Governments 1949; Key 1937; MacDonald 1928）。

在 1932 年总统选举之前不久，麦克唐纳（MacDonald）更新了他 1928 年对联邦补助的研究，并且报告说为"补助系统"（subsidy system）集资的水平应相对保持稳定（MacDonald 1931）。这些数字是（用百万作单位）1922：\$118；1927：\$123；1930：\$135。但是，他预期援助数字在 1932 年会超过 2 亿美元以回应大萧条所带来的需求。麦克唐纳在其他方面也有先见之明：

> 因此，以不同的方式，联邦财政部给予各州的拨款正在更加坚定地要求在美国行政计划中占有一个永久性的位置。每年它们都得到增加了的惯例的支持，并很快成为一个习惯。而且更为重要的是，它们正在获得成果（MacDonald 1931：634）。

联邦补助在 1932 年不但超过了 2 亿美元，而且它在大萧条控制的 30 年代以一条抛物曲线运动。美国政府间关系顾问委员会（ACIR 1978a：19）的数字以及麦克唐纳（1940：489）随后对 30 年代的评价揭示了下列支出模式（pattern of outlays）（以百万为单位）。

```
1931：180
1932：214
1933：190
1934：1803
1935：2197
1936：1015
1937：818
1938：790
1939：583
```

国内经济紧急情况所产生的拨款项目的数量与1930年以前所授权和集资的少数项目相比已经增加到了21个。

3. **拨款的法律地位**。与联邦补助相关的、两次具有重大意义的宪法问题也是在成熟时期得到解决的，具体是在1923年和1936年。这两年内有两个出处（source）（Council of State Governments 1949；Wright 1968）提到了在最高法院裁决中提出的这两个问题。1923年，法院使得纳税者或者州政府很难获得合法地位来确定诉讼，法院的目的在于限制拨款项目的资金支出（Frothingham v. Mellon, 262 U. S. 447；Massachusetts v. Mellon, 262 U. S. 447）。

1936年，最高法院最终直接面对长期以来对在宪法的"一般福利"（general welfare）条款中所暗指的"支出权力"（spending power）范围的这一争议（U. S. v. Butler, 297 U. S. 1）。我们可以从三个对该案件和支出权的重要讨论中得到参考（Constitution of the U. S.：Analysis and Interpretation, 1973：136 – 140；Council of State Governments 1949：17 – 20；Wright 1968：19 – 25）。当然，在法律期刊上也有对该条款以及所伴随的问题的广泛分析。

在美国诉巴特勒案（U. S. v. Butler）中基本的财政问题就是：在开支力问题上，到底是汉密尔顿的观点获胜还是麦迪逊的观点获胜？汉密尔顿认为，根据《宪法》第1条第八款（Article I, Section 8）的规定，国会能够为任何"一般福利"目的而使用资金。麦迪逊采取一个严格的建构论方法（constructionist approach），认为税收和开支只能用来促成明确赋予国家政府的其他权利的目的。根据这个原则，麦迪逊否决了重大的内部改善的立法，理由是这些活动（比如，公路，运河）不能列为国家政府的宪法目标。为了把事情简化，1936年最高法院明确赞同了汉弥尔顿有关税收/开支力的自由主义观点。

4. **拨款管理**（administration）。两本著作对拨款管理给予了持久的关注。麦克唐纳的作品（1928）对早期有限的几个现金拨款项目的审查、批准、审计等方面进行渐进式推演（progressive elaboration）。他也探讨了拨款对于州立官员和计划的接受者所带来的影响的方方面面。麦克唐纳在全国市镇委员会（National Municipal League）所赞助的"联邦补助州委员会"（Committee on Federal Aid to States）上非常活跃。委员会对州立拨款项目的官员做了问卷调查（Na-

tional Municipal Review 1928），调查结果表明联邦拨款在所援助的领域"鼓舞州层面的活动"："联邦监督提高了州层面的行政水准"，联邦补助没有"导致联邦干涉州级事务"。

基（Key 1937）研究了新政拨款项目所受到的管理。基的研究是广泛、精深且具有权威性的，他发现好几个"联邦控制机制"（Key 1937：369 ff.）。他最重要的观察是：(1) 集中关注服务而不是规制活动；(2) 联邦和州两级人事的混合或融合；(3) 所援助活动的自治特点或者非协调特点；(4) 代表项目利益群体的参与和影响；(5) 缺乏引导联邦拨款的全面战略。两个声明将这些和其他的管理主题联系到一起：

> 美国拨款系统对于联邦和州的财政系统有重大影响，但这是巧合的，而不是通过设计而产生的。
> 各州在效果上，而不是形式上，在从事国会所考虑的活动时，披上了一层国家利益的外衣，成为中央政府的代理（Key 1937：367, 368）。

基的远见卓识对于洞察和明察几个与一个特殊高潮时期的拨款项目相关的基本问题是令人钦佩的。这些见识也很有意义，因为它们把一些问题具体化了，这些问题在他开天辟地的研究之后一直持续了半个世纪。

5. 联邦对城市的援助。联邦制成熟期的一个方面逃脱了基的眼睛，毫无疑问这是因为它被确定在基以州为导向的研究之外。这是国家政府和地方之间，尤其与城市之间联系的发展。盖尔芬德（Gelfand 1975：222）认为："新政标志着美国市政历史上的一个新纪元；城市已经被宪法和国家立法机关忽视了一个半世纪，最终城市从华盛顿获得了一些承认。"美国政府间关系顾问委员会（ACIR 1978a：17）报告指出在 20 世纪 30 年代"华盛顿特区与市政大厅的新联系得到了推进；政府之间伙伴关系的法律基础（被）明确化了"。在其他地方，马丁（Martin 1965：111）把新政称为是国家与地方关系发展的"地理断层线"（geologic fault line）。克拉克（Clark 1938）把拨款的普遍扩大和直接向城市提供资金称为"新联邦制的兴起"。

我们的论点修改了或者说对这些论断提出了挑战——更少是根据国家和地方关系的新特点，更多是根据作为以前先例的增加或扩大了的州和地方契约。国家城市化的特点产生了越来越多的经济、社会以及财政问题。这些问题导致了一些国家政治家认为存在一个需要建立政治联盟的机会。莫伦科普夫（Mollenkopf 1983：254）的一本巨著支持下面这个论点："自新政 50 年来，主要通过民主党派政治企业结成了许多复杂的联邦城市发展项目网络和国家与地方政治联盟成功地重建了美国城市，并确立了民主党是正常的多数党（normal majority party）。"

但是，国家和城市之间直接的联系要早于 20 世纪 30 年代（Elazar 1967）。

下面我们寻求城市历史学家来了解一下国家和城市的伙伴关系，这个关系早已建立但长期以来一直被忽视（Mowry and Brownell 1981）。这一研究和作品有不同的标题："战争城市"（the martial metropolis）（Lotchin 1984），"城市和剑"（the city and the sword）（Lotchin 1982），以及"城市军事情结"（municipal-military complex）（Lotchin 1979a, b, c）。这些标题传达了在城市和与之相关的或者近似的军事设施之间的关系（alliance）。下面几段会阐述这些基本观点。

> 加州城市与剑的联盟是一个自愿的事件。它也是一个非常有发展潜力的联盟，推动着美国政府结构的改变，鼓舞着美国文化重新西部导向，并且有助于美国社会军事的合法化。虽然联邦城市的伙伴关系通常归因于新政和民众与改革的推动，但是至少它可以追溯到进步时代（Progressive Era），既有民众根源也有军事根源（Lotchin 1982: 2）。

洛特钦（Lotchin）对于圣地亚哥（San Diego）的研究以及该城市寻求海军的援助解释了该城市在20年代成功的原因。在30年代早期，全市有1/3人口的就业都是依靠海军。

也许从这一文献得出的最重要的理论观点就是把城市看作独立的变量（independent variable）的重要性（Lotchin 1984）。这种方法认为城市不仅仅只是被州或者国家政府塑造的适应性强的实体。按照这个观点，城市对于它们的命运有一定的影响；许多城市（和城市区域）对于它们的前途有重大的影响，尤其是"二战"后和平时期的军事活动的扩张。但是，在城市企业能力的技巧中，惯例和学习经验（precedents and learning experiences）首先是在1890~1940年间发展起来的。

虽然在新政时期，各州有时候被忽视，并认为是不重要的，但是，如果认为联邦制发展最为成熟的几年使得各州处于懒散萎缩状态，那将是错误的。一个观察者（Gulick 1993: 420）认为各州都是奄奄一息的："我不是预言各州会瘫痪，而是肯定它们已经[完全]瘫痪了。"帕特森（Patterson）提出了一个更为广泛的、平衡的和内省的观点：

> 新政既没有产生联邦独裁，它是一个完全合作性的联邦制，也没有产生新的州级渐进主义（state progressivism）。相反，它有助于建立一个成就、平凡和困惑的混合体。尽管新政有假定的权利，但是不能够把它所有的指导方针都强加在独立自主的48个州上（Patterson 1969: 202）。

事实上，新政的15个拨款项目中，几乎只有一个在本质上是关于国家与州之间关系的（MacDonald 1940）。政党体制的分权特点似乎确保了，即使是在最严重的经济紧急情况下，也要考虑各州的利益。

到新政结束和整个20世纪30年代，联邦制的成熟时期才得到巩固。我们的意思是说：国家政府已经巩固了它在宪法、政治、行政和财政上的优势。各州尽管不是生机勃勃，至少是有活力，而且也显示了正在进入20世纪的迹象，尽管在许多情况下不是心甘情愿的（Goldwin 1961）。城市以及其他的地区也登台露面（exert a presence）了，在许多问题上得到了国家政府的关注。

换句话说，这个"成熟"时期不仅仅是国家突出了优势。虽然这是真的，但是这也是一个大多数政府——国家、州和地方——在政治和行政方面越来越活跃的一个时期和环境。选举公众（electoral publics）也受到鼓舞，并被发动起来支持公共服务的供给和改善。

这一成熟时期也敦促一些评论员看到"联邦制的衰退"（Laski 1939）。拉斯基（Lasky）的抨击是务实的：美国联邦安排已不能运作；它故意妨碍议案的通过，是消极的，没有效率的。为了维护联邦制，有很多人对拉斯基（和其他的批评者）作了直接或间接的反驳（Benson 1941）。但是，在某种意义上，拉斯基在概念上或辩论上获胜。如他所写的，出现了一个新的词语，府际关系（intergovernmental relations），它作为描述国家—州—地方联系不断变化和演化的性质的一种替代表达。

联邦制的继续使用是普遍的（Earle 1968；Friedrich 1968；Elazar 1969，1987；Dye 1990）。但更频繁更有规律的是出现在加连字号的形式中或者前面有许多的形容词来修饰的情况下。的确如此，到20世纪80年代，一个学者能够收集到497中不同"类型"的联邦制（stewart 1982，1984）。这种不断变化甚至是慌不择言地使用这些词语促成了两件事情。第一，它减少了联邦制一词的清晰度、用途以及精确度；就像流通时间过长或次数过多的硬币，它（联邦制）已经失去了一些光辉和价值（Davis 1978）。第二，这一概念（但是不一定实际运行）的弱化为新的概念——府际关系（intergovernmental relations，IGR）——开辟了一条道路。

Ⅴ．府际关系——起源和发展：1949—1960

1940年被随意地认为是府际关系的起源和发展的起始年，府际关系成为一个描绘已经改变了的美国联邦制性质的词汇。该年的重要性表现在以《美国的府际关系》作为标题的《年鉴》（The Annals）（vol. 207，1940）的出版上。编辑（W. Brooke Graves 1940）收集了26篇文章，不仅包括国家与州之间、州与州之间以及国家与地方之间的联系，也包括地方主义以及地方与地方的关系。一份9页的目录（Culver 1940）包含超过150个、几乎无一例外是20世纪30年代出版的书籍、文章和报告。

参考文献的多样性和集中性是用来确定府际关系的，作为一个概念，它起源于20世纪30年代的（Wright 1975）。最早在文献中正式使用该词是斯奈德（Snider 1937：909），而最可能最早使用并将它公开的是威廉·安德森（William Anderson）。安德森（1970）承认"没有人的名字比我更完全与早期使用该词语（回到30年代）联系在一起了"。安德森不仅在美国政府和宪法发展中使用该词，而且在称作"联邦主义和府际关系"的研究生班课程中使用它（Anderson 1970）。随后在明尼苏达州出现了关于府际关系广泛的研究以及好几个专题研究项目（Anderson 1960）。

安德森看法中有两段可以帮助我们确定和界定府际关系。

> 它指出了在美国联邦制中各种类型和层级政府单位之间的重要类型的活动或者互动……
>
> 具有职位的人才是政府单位之间联系的真正决定者。因此，府际关系这个概念必然主要是根据人际关系和人的行为而制定的（Anderson 1960：3）。

对于这一点，我们只能补充道，在一定意义上是没有府际关系的；只有官员之间的联系，他们在各种不同的政府单位中占据和扮演不同的角色。这里不再探讨这一点，但是应该注意的是"人"这个尺度是府际关系区别于联邦制的一个重要特征。

没有必要再讨论府际关系概念的起源和最初的详细情况了，因为资料是很容易获得的（Anderson 1960；Durham 1940；Graves 1964；Wright 1975，1990b）。表示了早期对该词的自我意识的是安德森（1946）的《联邦主义和府际关系：研究建议的预算》（Federalism and Intergovernmental Relations: A Budget of Suggestions for Research）。10年之后格雷夫斯（Graves 1956）为府际关系内务附属委员会（the House Subcommittee on Intergovernmental Relations）准备了一份非常详细（120页）的参考文献（作为委员会印刷物），分类的（但是没做注解）参考书籍、报告、文章、小册子以及文献包括3500个条目。格雷夫斯（1958）后来完成了美国历史上有关府际关系事件有注解的年表。

因为各种不同的分析目标，我们没有必要讨论府际关系独特的特征以及使用府际关系代替联邦制的多种原因（Anderson 1960；Wright 1974，1975，1982b）。也不是绝对有必要对20世纪30年代以来的府际关系的几个阶段进行一个详细的分类（Wright 1988）。除了清晰概念及其详细情况，我们集中关注府际关系在1940~1960年这一紧急时期"在该领域内"是怎样发展的。这一关注证实了德拉姆（Durham 1940）所强调的、强大的行政联系，该联系在这20年的《公共行政评论》（Public Administration Review，PAR）的许多文章中有广泛的反映（在1935~1960年期间的府际关系评估可以参见赖特1985）。当然，20世纪40年代占主导地位的是合作性的努力，以进行战争并从中恢复元气。20世纪50年代是内省、分析以及重新评估的10年（Wright and White 1984）。但是，这些年间，新的拨款项目授权的数量以一种飞快的但却不易察觉的速度发展。从1946~1960年几乎有100个新的拨款项目得到授权。

A. 战时和战后的府际关系

战时合作行政的集中表现是贝恩（Bane 1942）所描述的在执行定量配给项目（rationing programs）时国家—州—地方之间广泛和令人难忘的合作。贝恩后来担任州政府理事会（the Council of State Governments）的执行主管和府际关系顾问委员会的第一任主席（1959～1969）。没有人能够比弗兰克·贝恩更值得"府际先生"这一称呼了。他指出，在这一早期战争经历正产生一个"新的体制"，他称之为"合作型政府"（cooperative government 1942：95）。国家—州—地方关系以一种平缓有效的方式融合成后来被格罗津斯（Grodzins 1960b）和麦克莱恩（McLean 1952）所发展的"大理石蛋糕"（marble cake）的联邦制度。

战时合作的府际关系的程度、深度和投入在1941年12月7日珍珠港事件后通过商品定量配给项目的投放而得以表现。怀特（1942）描述了其过程和结果：

> 定量配给的法律权限是战时生产委员会（the War Production Board）所授予的，但是又被它委派给了价格管理办公室（the Office of Price Administration，OPA）。在珍珠港事件4天后，以前的生产管理办公室冻结了供应或者橡胶；1941年12月14日，价格管理办公室得到任务重新建立定量配给系统；1942年1月5日，由于弗兰克·贝恩先生的天才，该系统在全国范围内执行，这是管理上的一大功绩，然后他就当上了价格管理办公室的现场运作主任。

另外一个有见识的观察家认为战时举动产生一种结果，这一结果不同于以前的类型或者先例。布罗梅奇（Bromage 1943：35）认为府际关系形成它本身的身份或者生命。

> 像公共行政所有其他的方面一样，府际关系正在经历着不断的重新调整以适应时代和环境。战争如此巨大地改变了公共事务的环境，以至于联邦—州—地方的重组每月都在进行。通过国家—州—地方权威机构的合作型政府已成为管理民防、定量配给以及其他战时项目惊人举措的一个口头禅。政府间管理，虽然是各级政府的一部分内容，但它正成为完全不同于它们本身的东西。

显然，府际关系，尤其是它的管理或者运作方面在战时成为美国体制的一个独具的特点。

20世纪40年代有关该领域发展的证据很充足。卢茨（Lutz 1949）写了一篇评论，题目是《基层的府际关系》（Intergovernment Relations at the Grass Roots），评估了府际关系委员会所作的七个报告。这些地方层级的委员会是建立在公民基础上的团体,四个州都分别在一个或更多的县建立了这样的团体。这个全国性协调委员会有许多著名的成员,例如,威廉·安德森、弗兰克·贝恩、卢瑟·古力克(Luther Gulick)、保罗·麦克纳特(Paul McNutt)以及哈罗德 D. 史密斯(Harold D. Smith)。

为了说明 20 世纪 40 年代该"领域"的状态,引用一些声明是很有用的,这些声明构成了这些委员会成立、他们所考虑的问题以及他们所作的判断的基础(Lutz 1949:119 – 120)。

1. 对于地方事务和地方政府的控制已越来越集中到州和联邦政府。
2. 除非受到抑制,这种渐进的变动会继续。
3. 政府的迅速扩张混淆了"基层"人员的大脑,大家不明确什么类型的政府才合适地和有效地属于联邦、州还是地方层面。
4. 除非弄清楚这一点,并扭转趋势,要不然最终它会动摇民主政府。
5. 权利和控制逐渐集中的部分原因是那些处于高位和控制地位的人认为地方层面的人不能够解决所出现的问题。
6. 委员会不相信这是真的。它相信这种想法的出现,不是人们能力不够的结果,而是因为在地方层面机构之间的缺乏协作,并且公民对"我们的政府"缺乏兴趣和参与。
7. 运作和提高政府服务的更大责任应该在于地方层面的人员手中。

公民参与和同级之间的协作是 50 年前的问题,也是以后的问题(Porter 1975;Browning 1983)。州为联邦补助所做的预算问题也是如此。阿德(Ader 1950)的一篇文章思考了"联邦补助金的州级预算控制",他发现这些控制"令人痛苦地缺乏",他指出"也许更为重要的是州运作部门申请拨款资金不是通过州预算办公室这些渠道"(Ader 1950:92)。

同级之间交流的一个主要例子克鲁克(Crook 1951)在一篇文章中所描述的,"府际关系太平洋海岸委员会(the Pacific Coast Board of Inter-Governmental Relations),这个独特的实体是在自愿、合作的基础上,在 1945 年由西海岸各州各级政府的主要官员联合发动组织起来的。71 个官员每个季度都在三个地方城市——西雅图、波特兰、旧金山——轮流召开会议"。克鲁克担任委员会的管理者,对于该实体 5 年的努力做出以下结论:

> 在 5 年成功的运作中,府际关系太平洋海岸委员会展示了在西部沿海地区各级政府之间合作的可能性和重要性。它尊重官员的地域性观点,这些官员一直在司法上受到限制只能考虑那些同样受到限制的问题。这样一来,它就能够产生有关基本地域要求的地域性观点,因而能够增进机会来理解华盛顿要求的专业化特点。最后,它成功地提高了官员之间日益改善的合作关系,因为他们必须商量政府对官员事务(official business)的方针路线问题。也许委员会的组织和工作给其他地区的府际合作提供了一个模式(Crook 1951:108)。

尽管该委员会获得了明显的"成功",但是由于国家层面的国内预算削减以及官员逐渐对此失去兴趣,它在1953年被解散。它的解散似乎代表了早期府际关系管理举措上的脆弱和短暂的性质。

B. 20世纪50年代:学术的10年

府际关系的这一发展时期被称作"学术时期"是有许多原因的(Wright and White 1984)。首先,建立于1953年的一个全国性委员会对府际关系作了广泛的研究。其次,学者们出了大量的书、专著以及文章探讨了有关该主题的政策、项目和政治等方面问题。第三,从广泛的国内政策措施的角度来看,这10年是相对平静的10年,但是也有许多新的但是适度的拨款项目在规章法令的书籍中出现。

两个值得一提的关于府际关系的国家政策行动是立法的双重"防御"法案(dual defense pieces of legislation)——《1956年州际和国防公路建设法》(the Interstate and Defense Highway Construction Act of 1956)以及《1958年国防教育法》(the National Defense Education Act of 1958)。前者建立了州际公路体系,并提供资金,后者是对俄国太空研究(史波尼克号发射)(苏联)人造地球卫星(the Sputnik launch)所作的一个回应。虽然联邦给这两个项目提供了大量的资金,联邦对于各州的援助从1950年24亿美元增加到了1960年的70亿美元。拨款授权的数量(从1940年大概是30个增加到1950年大约60个)也持续增长到1960年的130个左右。

这10年的中间点是以艾森豪威尔倡议的府际关系委员会的报告(1955)来划分。这份总结报告以及广泛的辅助性研究、委员会报告和研究文献为府际关系作为值得持续感兴趣的概念和主题提供了主要动力。这些动力和兴趣体现在几个方向:(1)立法的;(2)宪法的;(3)政策/政治的;(4)学术的。

委员会报告促使众议院政府运作委员会府际关系下属委员会(the Intergovernmental Relations Subcommittee of the House Committee on Government Operations)发动长达4年的一系列的申辩、报告以及成员研究(staff studies)[参见赖特和佩迪科德(Peddicord 1973)所列举的30年有关府际关系政府文献目录,包括一份众议院和参议院文献的完整目录,政府间关系顾问委员会的出版物,以及府际关系委员会所有的报告]。这些以立法为基础的行动促成了1959年建立政府间关系顾问委员会(Wright 1965)。

总统委员会的一个政策/政治产品是努力将某些职能(以及税收来源)还给各州的行动。1957年,在艾森豪威尔总统给全美州长大会(the Governors' Conference)的建议下,归还行动(turnback effort)由于政治、经济、财政和行政等方面的困难而被终止(Grodzins 1960b;Maxwell 1960,1962;Shore 1959a,b;Subcommittee on Intergovernmental Relations 1958b)。联邦与各州联合委员会(joint federal-state committee)寻求归还提议的最后报告承认了权力下放行动所面临的困难(Joint Federal-State Action Committee 1960)。当联合委员会解散、政府间关系顾问委员会成立时，出现了对于越来越多的拨款问题的一个普遍应对办法。谬斯金（Mushkin 1960）回顾了 20 世纪 50 年代的经历，回顾了修改和管理日益增长的援助项目的不成功举措，也回顾了克服"对联邦补助金系统的各种障碍"。

在 1959 年之后，政府间关系顾问委员会成为政府间关系的官方、有时候是明确的观察者/研究者。在政府间关系顾问委员会建立之前，出现的对于政府间关系有组织、集中和持续的研究是不合规则的例外而不是规则。20 世纪 50 年代的主要例外可能被简略地注意到和很清楚地被认为出自学术领域。

首先，在威廉·安德森的指导下，明尼苏达州对政府间关系长期的研究产生了 10 卷文献。这些不同的研究项目集中在法院（Talbott 1950）、公路（Gomez 1950）、教育（Morlan 1950）、公共卫生（Wyatt 1951）、社会福利（Raup 1952）、就业安全（Rourke 1952）、地方政府（Ylvisaker 1956）、财政（Anderson 1956）以及参与者的视角（Weidner 1960）。

其次，默顿·格罗津斯（Morton Grodzins）在芝加哥大学开创了联邦制专题研讨班（the Federalism Workshop）。他和他的同事从多种路径和角度探求了"新美国体制"（Elazar 1962；Elazar et al. 1969；Grodzins 1960a，b，1966）。

第三个对该体制思考的来源出现在高斯（Gaus 1956）对有关政府间关系四个主要著作的评论文章中——它们由安德森（1955）、政府间关系委员会（1955）、麦克马洪（Macmahon 1955）以及怀特（1953）所写。高斯的评估是成熟的、公平的，而且是令人反思的，适合像他那样有学术水准的人。他的总结性评论是"我们是一个未完成的国家，但是已经知道我们的山水风景（landscape）"（Gaus 1956：109）。

这个国家山水风景有两个方面没有被高斯提到或概述到。一个是"成熟"的政府间关系的将来风景。另外一个是城市—都市风景——这是战后大量关注的焦点。第二个主题包括了我们对政府间关系发展时期的讨论。

都市问题、政策以及改革这一主题在战后所受到的持续关注的程度是格外不同的一个主题。但是，对该主题最初的重大关注要先于这次战争（Jones 1942；Ketcham 1940；Merriam et al. 1933；Reed 1942；Studenski 1930）。

1953 年琼斯（Jones）评估了八个"都市研究"（Metropolitan Studies 1953），探讨了在亚特兰大（Atlanta）、伯明翰（Birmingham）、芝加哥（Chicago）、旧金山（San Francisco）、多伦多（Toronto）以及华盛顿（特区）（Washington D.C.）的问题，并提出了改革建议。琼斯是一个久负盛名的都市学者，但他关于这个主题的书在 1942 年出版时，他感到遗憾的是当时并没有更多的都市政府。自 1930 年以来，在都市利益和改革的第一次浪潮开始时也没有任何进展。这一铁的事实持续存在，虽然琼斯注意到了"在城市地区，有更多的已出版的和未出版的政府专题研究——官方调查报告、博士论文、获奖文章和专题文章"（1953：58）。琼斯总结道，改革提议可能会继续失败，直到"用对城市组织以及态度和意见形成的机构之间的关系的研究来补充对城市社会的管理和结构的研究"。

琼斯对城市组织和改革问题的综合分析主要集中用地区之间和本土路径来解决这些正在迅速发展地区的政府间关系问题。但是，出现了一个范围更大的路径和策略（Wood 1958，1959，1961）。它是关于国家层面的行动和政策。格兰特（Grant 1954）的文章《联邦市政关系和城市整合》（Federal-Municipal Relationships and Metropolitan Integration），说明了这一点。格兰特指出，"事实上，所有的城市地区研究都大量关注每一个可以想到的城市整合的备选解决办法或者工具，但是没有考虑当遭受挫折的城市任何问题或者所有问题都习惯向联邦政府寻求援助的时候，联邦政府所进行的干预"（Grant 1954：259）。格兰特偏向于国家参与来促进城市变革，这种观点出现在他文章的接近结尾处，"为美国170个标准城市地区的任何一个设计、一个甚至是合理的、整合的市政府摹本一直都是失败的，这清楚说明了需要探求新的整合路径"（Grant 1954：267）。

在"学术"的20世纪50年代，格兰特对积极甚至是扩张性的国家参与城市问题的呼吁在富饶的学术地盘（Scholarly turf）上登陆，也流落在贫瘠的政治和政策土壤上（Procter 1953）。一股稳健的研究和推荐的潮流持续到20世纪50年代的剩余时期并进入20世纪60年代早期（Bollens1956，1957，1961；Connery and Leach 1960）。在20世纪50年代，不亚于15篇《公共行政评论》文章或者书评直接或间接探讨了都市问题，在1957年出现了一份主要关于都市问题的书目（Governmental Affairs Foundation 1957）。但是国家对于城市/都市问题谨慎的、有目的的行动一直等到20世纪60年代以及建立了广泛的政治支持基础之后，这种支持将在政府间关系的成熟时期得到发展。

Ⅵ. 政府间关系——25年的成熟期和质变期：1960—1985

1959年政府间关系顾问委员会的建立可以被解释为一个方便的（尽管是主观的）转变点，它标志着政府间关系从发展到成熟时期转变。以政府间关系顾问委员会的建立作为正式组织承认的标志，赋予了政府间关系一个谨慎的、持续的、制度方面的焦点（Wright 1965）。但是，政府间关系顾问委员会并不是突然来自宙斯的箭，相反，它是10年来一系列事件、行动和建议的顶点。

第一届胡佛委员会（the first Hoover Commission 1949a，1949b）只是附带地提到了政府间关系，但是它建议"建立一个与联邦和州关系有关的持续性机构，其主要责任是在联邦和州关系方面研究、提供信息并给予指导"（Hoover Commission 1949a：36）。这一建议得到（当时的）政府间关系委员会进一步推动，它呼吁"持续关注层级之间的联系"（Commission on Intergovernmental Relations 1955：86）。

对政府间关系的持续关注是在20世纪50年代后期，但是它要求用4年时间建立一个档案并为建立一个永久性的机构而建立支持。两个活动潮流促使出现一个短暂的繁荣，结果在 1959 年通过了《公法 86 – 380》(Public Law 86 – 380)，该法批准成立政府间关系顾问委员会。这两个活动以前就被提到过：(1) 对于政府间关系的立法审判，这是众议院政府间关系下属委员会通过的，当时的主席是 L. H. 方丹（Rep. L H. Fountain）；(2) 总统发起的、通过联邦与州行动联合委员会（Joint Federal-State Action Committee）执行的反馈努力（turnback efforts）(Subcommittee 1956b, 1956c, 1957, 1958a, 1958b)。

到 20 世纪 60 年代政府间关系顾问委员会已开始运作，用来观察涉及随后在政府间关系所发生的变革的政治、政策、管理和法律等方面的运转。任何试图用图表绘制 20 世纪 60 年代以来政府间关系的变化都面临着难以克服的困难。在评述 20 世纪 60 年代到 80 年代政府间关系的发展情况时，德西克（Derthick）观察到"联邦制的研究者要了解（这段时期）的事件决不是一件容易的事"（1987：67）。

任何一种对这 25 年政府间关系的研究路径都必须在两方面进行选择。首先，它必须来自于一些有组织的原则。其次，它只能对在政府间关系标志下充斥公共议程的少量的活动、行动者、事件和研究/作品进行抽样。将要讨论所选择的组织原则与本章的按时间顺序排列的主题是一致的。抽样标准也是精简的——发展情况范围是全国性的并集中在制度方面。以全国和制度导向的模式对作为政府间关系元素的州与地方以及地方与地方之间的关系产生了一个偏见。对于这些政府间关系模式缺乏关注并不是一个疏忽；它是在时间和空间限制下平衡协调时所造成的。一个独立重要的章节可以用来叙述（在其他地方）有关州和地方的关系 (Zimmerman 1972, 1983, 1995)。

A. 监控成熟和变质

在讨论连续的 5 年时间段之前，查阅以下描绘和评价 20 世纪 60 年代以来政府间关系发展的有选择性的资料来源是很有价值的。

在开始的 15 年中，政府间关系顾问委员会每年发布年度报告，不仅包括该委员会的活动、研究以及提议，也对每年甚至更长时期的政府间关系模式进行了评价。1975 年政府间关系顾问委员会开始发行季刊《府际观点》(Intergovernmental Perspective)，这份期刊上所报告的、对文章和实践的评估给 20 世纪 70 年代中期以来的政府间关系提供了持续不断的教育。

政府间关系顾问委员会是最重要的政府机构，它主要的任务是监控政府间关系的发展。但是，其他许多的国家政府机构也提供了对影响府际（和联邦制）问题的研究结果、政策分析、报告和提议。一份早期的、记载了日期的、暂时性的书目是赖特和佩迪科德（Wright and Peddicord 1973）收集的。例如，400 多个国会委员会和下属委员会是这些成员研究（staff studies）、听审、报告等等潜在的和实在的场所，这些成员研究、听审、报告等等影响了一个或多个府际项目、政策和政治。

在 20 世纪七八十年代，两个以国会为基地的分析机构出现在府际领域。一个是成立于 1974 年的国会预算办公室（the Congressional Budget Office），它探索并向国会介绍了关于待定立法（pending legislation）的政策选择，包括许多州际政府提议的备选方案。同时，从 20 世纪 70 年代早期到整个 80 年代联邦审计总署（General Accounting Office，GAO）也成为政府间关系问题的肯定行动者。不同时期的联邦审计总署被组织起来明确集中关注政府间关系问题。例如，20 世纪 70 年代末，它发展了一个"项目计划"（program plan）（GAO 1978）来评估大范围内的府际政策和财政关系。80 年代，联邦审计总署在人力资源部（the Human Resource Division）创建了政府间关系团体（the Intergovernmental Relations Group），并且建立了一个"府际研究议程"（intergovernmental research agenda）（GAO 1986）。由于后来该团体被解散，联邦审计总署也降低了对政府间关系的关注（Kincaid and Stever 1922）。[④]

在最近几十年，还有其他的原始资料和出版物应该被注意，它们是监控政府间关系中心。重要的是一些叫做"七大"（Big Seven）公共利益群体的定期期刊。这些期刊是《公共管理》（ICMA，月刊）、《国家城市》（NLC，月刊）、《县》（NACO，月刊）、《州立法机构》（NCSL，月刊）以及《州政府》（CSG，季刊）。自 1993 年来，《州政府》重新更名为《光谱：州政府杂志》（Spectrum: The Journal of State Government）。州长组织（the governor's organization，NGA）没有出版独立的主要刊物，但是定期地在《光谱》（Spectrum）上撰写或者宣传相关的文章。州长组织的确建立了一个半月刊的新闻简报，叫作"州长公报"（Governors Bulletin），主要是报道府际问题。这些数量众多的期刊常常含有一些府际问题的报道。

另外一个与府际关系相关的协会的活动和期刊必须被提到。美国公共行政学会（the American Society for Public Administration，ASPA）出版了双月刊《公共行政评论》（Public Administration Review，PAR）。从 1940 年到 1983 年《公共行政评论》出版了 350 篇以上有关政府间关系方方面面的文章（Wright and White 1984）。自从列过（书目）清单以来，有关府际关系的文章看来已经增加。美国公共行政学会也按月出版了《公共行政时代》（PA Times），该刊不断地报道有政府间关系影响的行政发展。另一个以美国公共行政为基础的渠道是府际行政与管理分部（the Section on Intergovernmental Administration and Management，SIAM），它是美国公共行政学会的一个主要分支。自从 1977 年以来，它也创办了一个季度的新闻简报《SIAM 府际新闻》（SIAM Intergovernmental News）。自 1993 年以来，它就成为一个联合发起人，和佐治亚大学文森政府研究所（Vinson Institute of Government）一起，出版《州和地方政府评论》（State and Local Government Review）。

另外两个期刊也因报道政府间关系问题而值得一提并予以强调。首先是《国家民事评论》（National Civic Review）（前称是《国家市政评论》（National Municipal Review）），一份长期存在的月刊（自 1987 年以后变为双月刊），始于世纪之交的市政改革运动。它的文章倾向于以简介和倡导为导向，适合它的初始目标。但是，由于它只是纯粹报道了有关国家—州—地方互动关系的事件和问题，所以，它难以匹配《国家民事评论》长期的范围并用作说明的具体内容。

第二份需提到的期刊在政府间关系上也是范围广泛、甚至是普遍的，但是在起源上更为近。首先出现在 1971 年的《公民：联邦杂志》（Publius：The Journal of Federalism）是坦普尔大学联邦制研究中心（Center for the Study of Federalism at Temple University）的季刊。它强大的实力、不同的贡献者以及创新的内容使得它在一系列有关政府间关系和联邦制的核心研究上处于中心地位。1977 年以来值得特别注意的是，它分出一期《公民：联邦杂志》对联邦制的状况作年度评估。除了该刊外，联邦制研究中心也定期出版其他出版物、报告以及会议论文集，例如，联邦研究"笔记"大会（the Conference of Federal Studies "Notebook"）等。

以前的出版物可以定期被监控或者有选择地咨询，因为它们出现在最近几十年对政府间关系大量不同的研究路径和分析上。不可能把这么多种渠道的政府间关系研究内容提炼出来。但是，有两篇文章值得一提，因为它们评估了跨越 20 年（1960 ~ 1980）的政府间关系的趋势和模式。斯坦伯格（Steinberg 1980）是政府间关系顾问委员会的成员，他当时评估了从"美酒加玫瑰的日子"（the days of wine and roses）到政策重新定向和紧缩时期的即将发生的变化，某个诙谐者把后一时期叫作"啤酒加雏菊的夜晚"（the evening of beer and daisies）。斯坦伯格在《公共行政评论》的文章中，很有见解地看到了政策圈朝着后来米勒（Miller）称作"公共部门绩效：一个概念转变点"的方向转变（Miller 1984）。赖特后来把这个转变叫做"政府间关系的收缩时期"（the contractive phase of IGR）（Wright 1988）。

在其他地方，在《公民：联邦杂志》（Publius）中，三个作者思考了在 20 世纪六七十年代影响政府间关系的主要事件和主要趋势（Cole et al. 1983）。借助对政府间关系学术观察者的评分调查，这三个作者试图描绘在这 20 年中主要突出的事件、行动、趋势以及影响，他们做得相当成功。表 1 和表 2 对于他们的发现成果提供了一个简洁的轮廓。

无论是新来的还是有经验的/有地位的政府间关系观察者都能从有思考地阅读这些《公共行政评论》和《公民：联邦杂志》文章中获益。这些文章勾勒了这 25 年的大部分（成果），现在我们以 5 年为一个阶段来审查。

表1　影响政府间关系的主要趋势

序列	趋势或发展
1	越来越多的联邦美元流入州和地方政府
2	在20世纪70年代末所出现的对政府不满意和越来越关注政府的责任
3	地方政府（尤其是城市）越来越依赖于州和联邦补助
4	许多内部城市带来的日益增长的郊区化以及持续的人口流失
5	出现了冷冻地带－阳光地带（Frostbelt-Sunbelt）地区之间的竞争，"富人"和"穷人"之间的关系越来越紧张
6	法院在府际领域方面的地位越来越重要，并且在体制内关注公平
7	联邦对共享收入的使用设立更多的规则
8	联邦补助"扩大"，尤其是在一般收入共享方面
9	以华盛顿为基地的公共利益团体在数目和影响上的增长
10	私营和公共部门之间的模糊
11	联邦政府增加使用公式来确定联邦补助资金目标
12	地区治理和协调机构的发展以及上升的影响［COGs，州以内（substate）全国性组织，多个州之间（multistate）的地区组织］
13	州增加对地方政府的援助
14	州越来越多地采用所得税
15	新的或更新的州宪法

资料来源：科尔等人（Cole et al.）

表2　影响政府间关系的10个主要社会和政治事件序列：1960－1980

序列	事件
1	越南战争和由此产生的通货膨胀的循环上升
2	1973年能源危机和1979年能源危机
3	林顿·约翰逊（Lyndon Johnson）当选——伟大社会（Great Society）的开端（1964）
4	人口统计的改变——年轻对年老人口比例的上升
5	阳光地带各州（Sunbelt states）在人口和政治影响力上的上升
6	大城市的金融危机，包括纽约市的财政拖欠
7	城市骚动：1964－1968
8	环境运动
9	理查德·尼克松当选——导致20世纪70年代初期的新联邦主义
10	水门事件

资料来源：科尔等人（Cole et al.）

B. 1960-1965：政治过程、共享职能、变化的结构

20 世纪 50 年代的政治过程和准行为路径（quasi-behavioral approaches）对于 60 年代的研究和文献的影响是可以察觉的。格罗津斯把研究重点放在政党体制的角色，将其视为美国体制中一个可变的解释非集中化的角色明确表达了过程和行为主旨（Grodzins 1960a, b）。在这一点上，他在深度和形式上更进一步地发展了戴维·杜鲁门早几年提出来的主题（Truman 1955）。在这段时期内该主题从两个相对的角度加以探究。赖克（Riker 1964）在他著名的、高调批判联邦制的书中赞成政党作为分权者（party-as-decentralizer）这一观点。另一方面，布坎南（Buchanan 1965）对于所提议的因果关系以哪种方式运行抱有疑虑。在《政治和联邦制：政党还是反政党？》（Politics and Federalism: Party of Anti-Party）一文中，他假设联邦制的结构安排可能是用来解释美国政党被分权原因的变量。

在这一时期出现的过程和行为路径都在《1965 年鉴》（The Annals 1965）一期特刊的文章中得以陈述。除了布坎南有关政党和联邦制的文章，包含的成果有有关压力团体（Anderson 1965）、公共官员的态度（McCulloch 1965）以及"政府间关系研究的行为主义路径"（Ostrom and Ostrom 1965）。

格罗津斯（Grodzins）也卓具成效地详细描述了共享职能概念，这是在他为总统国家目标委员会（the President's Commission on National Goals）广泛散发的文章中开始提到的（Grodzins 1960b）。这一概念在他的遗著——《美国体制》（The American System）中得到扩展和延伸（Grodzins 1966）。其他人，最值得一提的是丹尼尔·伊拉扎尔（Daniel Elazar），他研究这一主题并应用到正进行中的和长期的历史分析中（Elazar 1962, 1965, 1969）。格雷夫斯（Graves）在其主要作品《美国政府间关系》（American Intergovernmental Relations 1964）中，进一步提供了具体的（甚至是彻底的）描述性材料。在这个过程中，格雷夫斯编写了第一部有关政府间关系真诚但却是冗长的教材。

在其他地方有关结构和过程的问题也得到深思熟虑的明确表述。20 世纪 50 年代的城市—都市推动所形成的强大压力促使建立一个内阁级城市事务部门。康纳里和利奇（Connery and Leach 1960）对这一具有争议的问题进行了平衡的评估。在政策行动（policy actions）的颠簸中通过政治路径［通过建立美国房屋及城市发展部（HUD）］而得以解决，政策行动是约翰逊总统任期"伟大社会"（Great Society）（创造性的联邦主义）（Creative Federalism）动力中必不可缺的成分（ACIR 1963; Cleaveland 1969）。

此外，在结构方面出现了令人惊讶的地方。州立法机关的代表制结构多年来一直是一个激烈的政治问题。在贝克诉卡尔案（Baker v. Carr 1962）中，最高法院作出了一个有里程碑意义的裁决，扩大了法院对第 14 修正案平等保护条款的解释和应用。从一个政策/代表制观点来看，1962 年法院的裁决将最终导致大多数州的立法机关进行意义重大的重组和重新定向。但是，马丁·兰多（Martin Landau）对于重新分配持不同看法。在一篇名为《贝克诉卡尔案以及联

邦主义幽灵》(Baker v. Carr and the Ghost of Federalism) 的文章中，他预测该案的效果，认为这是加速了美国联邦制的衰亡 (Landau 1965, 1973)。

C. 1965 – 1970：财政、各州和城市事务

20 世纪 60 年代末见证了美国府际领地大量的、甚至是暴乱的政治漩涡 (political whirlwinds)。只对三个这些风暴系统——财政、各州以及城市化——的追踪似乎已足够让人感受到这一不稳定时期的政府间关系的气候了。为了感受一下这段时期是在如何紧张和压力之下，下一段引言展示了该时期的特点：

> 人们根本不在乎"政府间关系"。它猛烈攻击了不予行动的借口。人们需要面包，不要借口。人们要的是工作，不要府际解释 (intergovernmental explanations)。人们想要给孩子们提供机会，不要府际赎罪 (Abrams 1969: 378)。

从财政角度来看，从伟大社会援助金项目开始的这场联邦美元阵雨将许多观察者和参与者，尤其是州和地方官员的眼睛坚定不移地转移到注视着华府的一举一动。政府间关系顾问委员会在政府间关系体系内得出一卷确定的财政平衡/不平衡 (definitive volume of the fiscal balance/imbalance) (ACIR 1967) 著述。该报告的一个主要论点就是需要一个更加平衡的联邦补助配置——从类目/项目 (categorical /project) 拨款到一揽子拨款 (block grants) 和收入共享的变革。

大多数，尽管不是全部州和地方官员赞同这一观点。一些学术圈也支持这一观点，但是这一观点远没有达到一致拥护的程度 (Anderson 1968; Heller 1966; Perloff and Nathan 1968; Wright 1968)。但是，国会的意见是更加矛盾的，即使不是坚决反对的话。众议院一位资深议员出了一本书，认为收入共享应该视州和地方政府结构的条件而定，并且应要求大规模地重组这些结构 (Reuss 1970)。

显然，罗伊斯的观点没有获得成功。但是他对州事务的关注是和将关注转到州政府的重大改变保持一致的。对州的关注的性质是多种多样的、完全不同的、辨证的。但是，实践者和学术人员研究和作品中一个共同的主题就是，政府间关系中各州的相关性和重要性。

政治和政策焦点支配了以州为导向第一个分析波中许多地方。雅各布和文斯 (Jacob and Vines 1965) 在他们突破性的州政治学著作 (state politics book) 的第一版中提出了"比较分析"。各州之间政府间关系是该主题的一个核心部分，但是并没有被清楚地认识到。此外，有关教育、公路、福利等政策章节明显地纳入了重要的州和国家以及州和地方成分。

随着戴伊 (Dye)、沙堪斯基 (Sharkanskey) 和其他人寻求在大量的政治和经济变量中变化着的以支出为基础的产出指标的原因时，对各州的"政策"的

关注迅速增长。戴伊（1996）的书似乎打开了一个洪水闸门，主流是沙堪斯基（Sharkanskey）（1968，1970），他们研究影响州支出的府际（inter-）和府内（intra-）因素。Sharkanskey（1972）在他厚厚的统计分析之后对州政策的成果和机会进行了一个更详尽的研究。洛伊（Lowi）的著作（1964，1972，1978）加强了政策关注。

两卷解释性的、非量化的著作赞同但又完全不同于关于各州"政策产出"（policy output）的文献。二者都明确、深远地集中在府际问题上。伊拉扎尔（1966）在考察20世纪60年代中期的政府间关系上采纳了"来自州的一个观点"。随后的两次修订（Elazar 1972，1984）没有动摇以州作为基础的视角，并且特别强调州政治（亚）文化。

更加以行动和拥护为导向的是州长特里·桑福德（Governor Terry Sanford 1967）的著作《各州的风暴》（Storms over the States）。这个对州振兴的呼吁提出了著名的暗喻"栅栏联邦制"（picket fence federalism），用以描述联邦补助项目中所固有和隐藏的那些狭隘、孤立、项目性的/职业的忠诚行为。但是，在项目专家和政策专家之间的基本紧张关系已经在稍微早些时候被明确确定了（Advisory Committee on Local Government 1955；Weidner 1955，1960）。

在桑福德书中有关各州优势的观点的种子没有落在贫瘠的土壤中。相反，主要因为桑福德的动议，成立了两个实体机构来提高政府间关系在振兴各州中的地位。机构之一是长期性的各州教育委员会（Education Committee of the States），是由桑福德和牛津校长詹姆斯 B. 科南特（James B. Conant）联合推动建立的。另外一个是为20世纪70年代建立的、暂时性的（两年）的州项目学院（Institute for State Programming）。一个前任州长负责后一团体。他在修辞性标题"州要停留在这里吗？"（Are the State Here to Stay）下探讨了这两个组织（Campbell 1968）。

很少有人怀疑这些州会持续地存在。更关键的问题是怀疑各州有没有作为已扩大的伙伴关系的积极有效参与者的能力。塞谬尔·比尔（Samuel Beer）是哈佛大学著名的学者，他被吸引到这个主题上来，他选择集中研究似乎是州层面最不可能感兴趣的一个政策问题——贫穷问题。比尔和他的同事们研究州解决贫穷问题的行动中，至少在马萨诸塞州，发现了问题，但也发现了看好的前景（Beer and Barringer 1970）。

广泛地关注各州并没有排除对城市问题的关注（Mogulof 1971；Long 1972）。事实上，对20世纪60年代末的观察结果之一就是城市问题无一例外地被认为在性质上是府际问题的。罗斯科·马丁（Roscoe Martin）早就认识到了这一点，但其他许多人没有意识到它的重要性。马丁（1965）在《城市和联邦制度》（The Cities and the Federal System）一书中不遗余力地批评了"不情愿的"州府，同时也强调并且确定国家和地方（城市）的一系列问题。他称国家和地方的关系是"扩大的伙伴关系"（Martin 1965：109）。

对于公众来说，始于1966年、冗长且协调良好的参议院听证会明显地结束了国家与城市之间的连接。市长和其他官员的一次游行证实了有关城市的隐忧（urban malaise）和社会政治的燎原巨焰，这些又被叫做"城市暴动"（urban riot）(Subcommittee on Executive Reorganization 1966－1968）。例如，在参议员罗伯特·肯尼迪（Robert Kennedy）和洛杉矶市长塞谬尔·约蒂（Samuel Yorty）之间的关于国家和地方交流中所出现的公开指责、反诉以及敌意都表明了围绕扩大的伙伴关系的紧张局势。

60 年代将近结束时，两卷作品似乎回应了当时的情绪，并给予对未来的些许希望。桑德奎斯特（Sundquist）在他的《让联邦制运作》(Making Federalism Work）一书中评估了国家层面的问题（和更多的东西）(1969）。该书的副标题"在社区层面研究项目协调"(A Study of Program Coordination at the Community Work），确切地表达了他的主要关注和内容。但是，这个标题只是在其更为规范性的方面加以暗示。关于后一点，下面这个表述是描述性的："对于联邦制结构的关注必须集中在[总统的]行政办公室某个部门——负责引导整个联邦—州—地方关系系统的发展，这也是第一次被看作一个独立的系统"(Sundquist 1969：246）。

在某种程度上"结束"了 20 世纪 60 年代的第二卷书是坎贝尔（Campbell 1970）的《州和城市危机》(The States and the Urban Crisis）。该书出现在一个有关该主题的美国大会（American Assembly）会议上；它对州和地方的关注明确地补充了桑德奎斯特主要以国家和地方动力的分析。坎贝尔编辑的该书中有八篇论文。没有在政府间关系的煤炭上左右翻耙各州，这个分析更加公平，甚至对各州的地位和前景更持肯定态度。但是，在呼吁州采取行动的主题中出现了一个紧急情况。

> 对美国来说时间是短暂的。
>
> 被一场分裂战争、一个结束所有代沟的代沟和白人和黑人社会两极化所苦恼，美国正处于一个深层的政治、经济、文化、精神和道德危机之中，也许在国家的大城市中心是最能够强烈地感受到这一点。
>
> 没有一个个体、机构、制度，或者某级政府能够单独地结束城市危机。这些一直被允许发展的问题没有得到挑战，一直被允许分裂的制度太复杂而不能采取一个单一的简单的解决办法。
>
> 但是，如果各州选择，那么他们能够执行强大的影响来打破为社会发展这些松弛广大的可变的、但是还不是不受限制的资源。由于他们的地位，州政府拥有权力，也有义务，去解决这些总之是归于城市危机的问题（American Assembly 1970：3）。

在这段时间（1965～1970）内，要过分强调政府间关系事件的重要性是很困难的，在随后的时间内这样做也是困难的。站在回顾角度所写的两本书对于 20 世纪 60 年代后期的政府间关系提出了颇有见地的观察。弗里登和卡普兰

(Frieden and Kaplan 1975) 研究主要集中在"伟大社会"的城市方面，特别是模范城市。韦尔伯恩和伯克黑德 (Welborn and Burkhead 1989) 就约翰逊政府对美国政治和行政体制的影响进行广泛量度的评估。他们指出："也许最重大的变革就是国家权力日益扩大的范围和洞见。许多府际项目得以执行，这推动国家政府［行政上和政治上］在国家以下政府的运作中更接近、更亲密地参与"(Welborn and Burkhead 1989: 1)。

D. 1970—1975: 地域主义、重新定向和执行

20世纪60年代对政府间关系来说是一个麻烦艰难的时期，70年代则是一个动荡不安的时期。其中出现了重大的变化和变革，但是这些变化和变革似乎更多是来自大量艰苦努力、坚毅和耐心而不是来自重大的政治对立和征服。这5年的变化在三个名词下——地域主义、重新定向以及执行——分门归类并相互联系。

地方主题沿着两个主要路线和一个次要路线发展。次要路线包括在国家内阁部门的地方重组，获得10个共同或者规范的地方边界（regional boundaries）以管理联邦援助项目。从这一举措出现了尚缺乏经验的、旨在协调国家行政机构之间项目和政策的联邦地区理事会（Derthick 1974）。这一创举也许可了，国家机构和独立城市之间的"年度安排"（annual arrangements）概念（National Journal 1973）。从地方或者州的角度来看，规范化的联邦地区允许这些官员采用一个普遍的、一步定位（的办法）来安排主要国家机构的地区行政总部。在尼克松总统任期内，行政地域主义（administrative regionalism）被认为是种子，这些种子后来发展和繁荣为政府间管理的幼苗、茎和花。

一个更大的政策和结构规模是与法定的跨州地方机构，如田纳西流域管理局（TVA）、阿巴拉企业区域委员会（Appalachian Regional Commission）以及各种河流盆地和经济发展实体等相关的问题。当然，这些机构是在20世纪60年代或者60年代之前建立的，但是许多聚合的因素使得他们成为70年代的政治/政策问题。最具促进力的是尼克松总统要削减或者根除许多这些机构的目标。关于这些机构的最重要的作品是在接近他们最具有政治可见性的时候出台的（ACIR 1972, 1973 - 1974; Derthick 1974）。政府间关系顾问委员会探讨了跨州地域主义（multistate regionalism）和联邦制的好几个方面（ACIR 1972）。政府间关系顾问委员会在1977年作了一个"重提地域主义"（regionalism revisited）的报告，展示了整个70年代这些实体持续的相关性（ACIR 1977d）。

在结构领域经过政府委员会（Council of Governments, COGs）过滤的政府间关系变革在联邦补助时期达到了沸点（Wikstrom 1977）。[5] 内森（Nathan 1975, 127）把这些趋势称为"新结构主义"（New Structuralism）。越来越多的压力迫使类目援助金（categorical grants-in-aid）的集资和管理非常明确，即使不是鲜明的重新定向。他的两本书很可能成为1970~1975年检讨政策重新定向的真正书档（literal book ends）。

玛尔塔·德西克（Marta Derthick）对围绕类目公共援助项目的政治动力学进行了探讨性分析（Derthick 1970）。在讨论"拨款体系的前景"（prospects for the grant systems）上，她用大量文件简洁明确地记载了有关拨款项目影响的结构以及有关变革提议的紧张态势。她指出，

> 如果要夸大拨款体系的弊端，并将之归结于它的缺陷上，事实上这些缺陷是当代政治的普遍特点，是一件很容易的事情。但是要夸大它的优点也是很容易的。作为一种分散权力和保护多元主义——大家认为这是它的主要优点——的路径，它的缺陷在于倾向于在官方机构之间发展强大的、自利的府际联盟，这些官方机构分享价值、利益以及职能，它们通过体系的运作而获得自主权（Derthick 1970：243）。

20世纪70年代早期的政府间关系为限制这一自主权而战的呐喊被称为"新联邦主义"。具有讽刺意味的是，德西克5年之后用文件记载了在社会服务领域把控制迅速偏移了专业方向这一草率行动的危害性。宽松的法律、初出茅庐的政治任命者加上在健康、教育以及福利等方面的其他因素一起促成了社会服务拨款的"无法控制的支出"（Derthick 1975）。

学者们要求一个新联邦主义的呐喊听起来像起床号，它吸引了许多追随者，但是军号曲调也被适应不同调子的人所听到。对于长期从事府际游说的州长、市长以及其他官员来说（Haider 1974），这些曲调听起来像"冲锋"——尤其是在一般收入共享执行后。至少在一个持怀疑态度的学者看来，这个曲调模式（tonal pattern）标志着一种认知，即："联邦主义——旧的模式——已经死亡。但是在美国，联邦主义——新的模式——是充满活力、健康完好的，它的名字是政府间关系"（Reagan 1972：3）。

当然，一般收入共享（General Revenue Sharing, GRS）议案在国会被通过并且在1972年由尼克松总统签字认定。很少，能有一个单独的国家援助项目曾受到过如此集中和广泛的分析。四大巨著集中于它通过的描述性、规范性以及政治性等方面（Beer 1976；Dommel 1974；Stolz 1974；Thompson 1973）。对它具体的政策影响的研究是非常多的，它对政府间关系的普遍影响之研究也一样多（Annals 1975；Caputo 1975；Caputo and Cole 1974, 1976；Nathan 1975；Nathan et al. 1975；Nathan and Adams 1977；Oates 1975；Scheffer 1976）。国家科学基金会（the National Science Foundation, NSF）给研究项目拨款300万美元，用以评估一般收入共享的公式和过程的影响（Lucas 1976）。

但是，给联邦补助项目重新定向的策略的扩散远远超出了一般收入共享。一揽子拨款（block grants）在这个阶段也叫做特殊收入共享（special revenue sharing），是新联邦主义（New Federalism package）不可或缺的一部分，但是注定在执行时要落在一般收入共享计划之后（Dommel et al. 1978, 1980）。但是一般收入共享和一揽子拨款，以及现存的类目拨款都提出了州和地方"政策管

理"能力的问题。这个问题产生了一个国家科学基金会/行政行政管理和预算局（NSF/OMB）的联合任务组，最终被叫做政策管理援助研究委员会（Study Committee on Policy Management Assistance, SCOPMA）（Executive Office of the President 1975）。评估和审查政策管理援助研究委员会内容的最适宜的地方在《公共行政评论》一期特刊里面（Clayton et al. 1975；Macaluso 1975）。

谈到"政策"，我们把关注转到第三个也是最后一个在20世纪70年代早期发展的重要的政府间关系主题——执行。"使项目取得结果"（getting a program toproduce results）的过程离府际行政人员并不远。但是，自70年代开始，执行概念赢得实践者和学者的关注［在跨越经常存在于学者和实践者之间的鸿沟中、能够与执行对抗的一个术语是渐进主义（incrementalism）］。有关执行文献的迅速增加，其起点似乎是能够明确清晰地确定。普雷斯曼和威尔达维斯基（Pressman and Wildavsky 1973）出版了受到广泛关注的书——《执行：华盛顿的远大期盼是怎样在奥克兰破灭的》（Implementation: How Great Expectations in Washington are Dashed in Oakland）。普雷斯曼（1975）接下来对有关联邦项目和奥克兰城市政治之间的互动进行了范围广阔、很有见地的分析。

执行文献一开始带来的一个明确后果就是强调、甚至是夸大绩效和承诺（期盼）之间的差距。几乎所有的研究文献都在说："你不能从这里到达那里。"当然，这些回顾性研究和悲观的观点并不是这么简单的（Hanf and Scharpf 1978; Salamon 1976; Warren 1978）。还有一些批判性的评估深刻探讨了对未来有用的教训。例如，在审查模范城市项目时，弗里登和坎布兰（Freiden and Kaplan 1975: 4）观察到："仔细理解联邦执行行动将有助于确定联邦政府将来在减少贫穷和不平等现象时、在利用60年代的经验时（但是不重复该时期过于乐观的假设和错误）的角色。"

"联邦角色"（federal role）问题只被简单提及。但是，首先要知道《年鉴》（1974）第三期专门探讨了政府间关系问题。第三期由利奇（Leach 1974）编辑，在"当代美国政府间关系"主题下收集了16篇文章。通过这些文章可以主要理解该主题所承诺的，即在70年代中期政府间关系的地位。

E. 1975—1980：评估和编纂

出现在20世纪70年代早期的联邦补助政策变革和由执行研究产生的批判性态度加上其他因素一起导致了70年代后期的新的重点和问题。这里只讨论两个主要问题——评估和编纂/整理。

在前面引用的有关一般预算共享的研究成果中，在联邦补助范围内的评估已有明确的先例。实际上，1976年的一般预算共享的新立法包含了一项条款，即要求政府间关系顾问委员会（ACIR）从事范围广泛的评估研究。而要说这项授权受到严肃的对待是个不充分陈述。

1976年到1978年，政府间关系顾问委员会在其广泛的研究项目"府际拨款系统：评估和提议的政策方案"（The Governmental Grant System: An Assessment and Proposed Policies）下出版了 14 本书（ACIR 1978b）。主要的一揽子拨款项目都受到评估，也进行了几个专门化研究，例如，对分类拨款的设计和地位的研究（ACIR 1978a）。我们可以在委员会关于提高对联邦拨款管理不遗余力的全面研究中找到其核心导向。

政府间关系顾问委员会第二个主要的评估举措是紧跟第一个而来。委员会的"联邦角色"研究在 1978～1980 年间得以进行，关于国家发展和影响对府际系统的动力学就有 11 卷成果（ACIR 1980d，1980e，1981，1982）。这些详尽的成果报告范围包括从职能项目分析到题为"信任和能力"（ACIR 1980c）和"坍塌性限制"（collapsing constraints）（ACIR 1980b）等项目。这些研究成果的基础就是常常被人引用的一个宣称："美国联邦制……正处于麻烦之中……联邦政府的影响已经越来越深入、越来越具有侵犯性、越来越难以管理、越来越没有成效、代价也越来越高，更重要的是，越来越不负责任"（ACIR 1980d：1）。

20 世纪 70 年代后期的府际评估远远超出政府间关系顾问委员会的范围。布鲁金斯学会（the Brookings Institution）、城市研究所（the Urban Institute）以及美国企业研究所（the American Enterprise Institute，AEI）是三个以华盛顿作为基地的行动中心，它们在那里开展评估工作。理查德·内森（Richard Nathan）在布鲁金斯学会继续他独特的领域研究方法论并扩大到社区发展（community development）和人力一揽子拨款项目（manpower block-grant programs）上（Nathan et al. 1977）。在城市研究所进行的则是用经济和经济计量方法研究联邦补助（Mieszkowski and Oakland 1979）。而美国企业研究所更多的是作诠释性和批判性评估（Barfield 1981）。

在华府以外，对政府间关系进行的评估是间断性的（episodic）、辨证的和为数不多的。强烈地以政策为中心的研究来源（sources）可以被引用，但是它们不应该被解释成完全代表了贯穿整个研究社团的主要研究材料（materials）（Anton et al. 1980；Carroll and Campbell 1976；Couturier and Dunn 1977；Gramlich 1977；Jones and Thomas 1976；Larkey 1979；Lyons and Morgan 1977；Muller and Fix 1980；Rosenthal 1979；Stephens 1974；Stephens and Olson 1979；Wright et al. 1975）。

20 世纪五六十年代有关政府间关系的大量的研究材料促使一些大学开设了有关该主题的课程（笔者从 1956 年起定期开设政府间关系课程——最初主要是根据政府间关系委员会 1955 年的报告）。课程的范围和内容没有学术研究评论所企盼的那样广博（ACIR 1969）。有人可能说，该领域已经成熟能够用文本来"编纂"，并且会给该主题提供核心、连贯或者综合特点。

在近期，为实现这些要求的三个努力在正式讨论之中（Glendening and Reeves 1977；Walker 1981；Wright 1978）。格论迪宁和里夫斯（Glendening and Reeves）的书中国家—州、州—地方、国家—地方以及地方之间关系的章节采用大量的制度互动路径（institutional interaction approach）来进行研究。沃克

(Walker)的课本（text）则主要考虑了 18 世纪以来政府间关系系统的发展和所受到的历史评价。第二个优先考虑的是当代司法、财政以及政治动力学，并特别关注系统"超载"（overload）问题（Beer 1977；Walker 1979；Wright 1980）。赖特的教材（text）在历史发展方向上留下痕迹，主要集中关注过去半个世纪的政府间关系"阶段"。但是，更多优先考虑的是财政、政策以及"参与者视角"问题。这些研究并不是该领域起步前的进步，这也在后来 80 年代出现的好几册课本（text）或者课本类型（text-type）中得到证明。

F. 20 世纪 80 年代：详细阐述、规制、紧缩/重新定向、管理

将连贯和综合通过教材带入政府间关系领域的努力产生了混合的效果。一方面，政府间关系领域多样但混乱的特点几乎确定了没有哪个教材能够全面并成功地论述这一领域。另一方面，首先进行课文编纂的努力促使其他著书者亲手耕犁政府间关系这片土地。

除了格伦迪宁和里夫斯（1984）以及赖特（1982b，1988）所作的修订，在 20 世纪 80 年代出现了有关政府间关系的另外两种教材以及三本编辑读物。而且，出版了两本有关政府拨款的准教材（quasi-texts）。豪伊特（Howitt 1984）和尼斯（Nice 1987）采取的是教材类型（text-type treatment），但是豪伊斯主要收集了 7 个以工具为导向的案例研究，这些大部分是肯尼迪学院案例项目系列模式的案例。尼斯的教材（text）遵照格伦迪宁和里夫斯的制度互动路径，例如，国家—州、州—地方关系（尼斯和弗雷德里克森 1995 出了第二版）。目前的兴趣就是这个事实：两种课本都在标题中或副标题中结合了联邦制和政府间关系。

三个编辑的著述都试图提供 20 世纪 80 年代的研究范围和政府间关系的宽阔领域。在这 10 年初期，也就是正好在里根政策建议成型之时，利奇（1983）列出了 7 个专家小组对该领域有所探询。奥图尔（O'Toole 1985，1993）提出了一套简短的选集，内容从麦迪逊（《联邦党人文集》第 39 篇）到里根的第一次《国情咨文》（State of the Union Message）。大多数的内容来自七八十年代。迪尔格（Dilger1986）收集了更少（17）但是更长的选集。所有这些都是 80 年代早期所写。

这些与联邦补助项目相关的问题到 80 年代仍然持续突出（Clark 1983；Fossett 1983；Peterson 1981）。两部作品用教材方式调查了这些问题。沙帕克（Shapek 1981）对拨款管理问题，尤其是 70 年代的这些问题，提供了广泛的背景材料。对沙帕克管理研究的补充是黑尔和帕利（Hale and Palley 1981）对拨款的政治导向研究。他们采用拨款过程的"规制模式"，下面几段提到了这个主题。

在一定程度上，政府间关系"规制"问题至少与最早的条件拨款项目（conditional）（circa 1887）一样久远，而且与共和党本身（Hanus 1981）一样久远。但是，在"规制联邦主义"（regulatory federalism）下来对大量事件的分类始于 20 世纪 70 年代，到 80 年代上升到突出的地位。也许对该主题最重要的来源是政府间关系顾问委员会出版的一本书（1984b）。这一全面的研究审查了与府际规制有关的政治、政策问题、过程方面、影响以及改革提议。该研究报告的一个简短（50页）的压缩版也得到出版（ACIR 1984a）。该主题持久的重大意义再次被重新评估的研究予以确定（ACIR 1993）。

里根政府的一个主要目标是取消规制——这是始于卡特政府时期的一项政策方向。20世纪80年代有三篇论文具体地集中论述了政府间关系规制改革。马绍和罗斯-阿克曼（Mashaw and Rose-Ackerman 1984）对取消国家规制进行了独具见地的分析，菲克斯（Fix 1984）审查了权威在国家政府各州间的有意识转换。另外，里根（1987）也在一本试图综合性评价规制政策的政治性的书内对政府间关系规制进行了"大理石蛋糕"分析（marble cake）。

政府间关系规制这一主题应当参考其他规制问题的研究（Brown 1980, 1981, 1983; Lovell 1981a, 1981b; Lovell and Tobin 1981; Petkas 1981）。莱文和韦克斯勒（Levine and Wexler 1981）提供了对《1975年残障儿童教育法案》（the Education for All Handicapped Children Act of 1975）（P. L. 94-142）的制定与执行进行集中、易懂、以支持为基础的研究。它的价值主要在于研究了影响和制定（而不是执行）这一重大的府际立法法案的政治性。与莱文和韦克斯勒的案例研究相比，卡茨曼（Katzmann 1986）完成了对执行《1973年残疾人就业法案》第504节（Section 504 of the Rehabilitation Act of 1973）（当它被应用到公共运输系统中时）的平衡测试（balance study）。卡茨曼对政府间关系的特别关注不仅表现在他的标题《制度失效》（Institutional Disability）中，而且表现在他提出的规范性问题中，例如，"制度的结构和激励能改变到可以让政策过程和结果不那么混乱的程度吗？"（Katzmann 1986a, 14）另外一个对政府间关系规制平衡的和探讨式的研究是，凯特尔（Kettl）在社区发展一揽子拨款项目中对国家引导和指导（guidance and direction）措施的研究（Kettl 1981a, b, 1983a, b）。国家监视和指导是从政府间关系规制研究中出现的主要讯息。对国家层面指导失效的一个重要的对立观点，来自查布（Chubb 1985c）就联邦对初级和中级教育援助的重新分配性地执行情况所进行的长期研究。

20世纪80年代政府间关系的紧缩和重新定向特征所产生的研究和著作几乎推翻了对最近发展观察。当然，我们指的是有着不同的名称的"里根革命"（the Reagan revolution）（Nathan 1986）或者"美国政治的新方向"（Chubb and Peterson 1985）的起源、制定和执行。从政府间关系角度来看，提出的充分理由是里根政策不是那么革命的和/或反动的（Glazer 1986; Heclo 1986; Palmer 1986; Wright 1988）。对政府间关系政策变革的一个更为精确的表述可能应将之称为"重新定向"（Wright 1988）。对政府间关系重新定向的预览出现在一本由里根随后选拔担任政府间关系顾问委员会主席的个人所写的书中（Hawkins 1982a）。霍金斯（Hawkins）将政府间关系提议的方向和内容称之为"改革"（Hawkins 1982b: 247）。

虽然1981年以来许多名称被应用到描述政府间关系上，但可以把一些顺序和模式感强加到这些发展中（Conlan 198，1988）。很早就出现的、描述里根新联邦主义思想的一个主题是紧缩，或叫做渐减主义（decrementalism）（Wright 1982a）。爱尔伍德（Ellwood 1982）集中了对开支削减所进行的一个早期、描述性、但有点表面化的评估，并特别关注对州—地方的影响。随后，内森和杜利特尔（Nathan and Doolittle 1983）对"削减的影响"进行了深度分析。比姆（Beam 1984）和戈德堡（Goldenberg 1984）则对"紧缩和重新定向"作了持续的评估。

　　时间定向（time and temporal-oriented）分析给研究者们提供了机会，把里根所进行的变革置于一个长时间的背景之下。到 1985 年，丘博（Chubb 1985a, 306）发现"有目标的、大量[给州和地方政府]援助的中央集权体系不会被国家政党机会的大海汪洋般的变化给扫除，因为它已经制度化了"。丘博在布鲁金斯研究所的同事，保罗·彼得森（Paul Peterson），指导了一个长期性的研究项目，监控在发展、分配、重新分配拨款项目中的变化。关于该研究的创新和重大意义还可以说更多，但是这里要说的、中肯的实质性观点就是"到目前为止，联邦政策还没有像许多人所预期的发生那样大的变化"（Peterson et al. 1986 xii）。

　　里根政府紧缩和重新定向政策的主要特征就是通过《1981年综合预算调解法》（the Omnibus Budget Reconciliation Act of 1981）将 57 个类目拨款合并成 9 个一揽子拨款。研究成果和出版物多得无法测量。从对一揽子拨款执行所作的好几个详尽的研究中引用了这样一句话："总之，一揽子拨款合并的行政理性，以及把决策权还给各州的政治理性，都大部分被 1981 年来的经历所澄清"（Peterson et al. 1986：29）。独立但辅助性的研究集中在国家政府对州的小型城市社区发展一揽子拨款（CDBG）项目中的行政分权上（Jennings et al. 1986）。

　　另外两个对里根新联邦主义的评估明确采用制度作为研究焦点。其中之一关注里根和这些城市（Peterson and Lewis 1986）。作者发现（1986：11）"里根任期最令人鼓舞的发展之一，然而也要求我们重新反思我们所理解的城市行动的一个发展，就是城市发现它们在里根第二任期开始之时处于一个有利的经济和财政位置"（Peterson and Lewis 1986：11）。

　　内森和杜利特尔（1987）主要集中研究里根和各州，普遍得出结论：州对里根所进行的政府间关系政策变革展示了重大的和有建设性的弹性和响应。这些政府间关系政策变化，无论以哪种形式、内容和效果，不能够也不应该脱离 80 年代广泛的经济、社会和政治变化而单独予以考虑（Yoo and Wright 1993）。幸运的是，对于里根任期的一套出色的研究视角的统计是城市研究所对变化着的国内优先权大规模研究的部分产品。

　　从 1960~1985 年，我们已经对政府间关系的成熟期 1/4 个世纪作出了评估（Anton 1984）。这个时间段是不确切的。进而言之，在 80 年代中期结束这一讨论并不表示在 80 年代这一概念的相关事物和政府间关系的实践就结束或者减少了。例如，有建议认为，在 80 年代中期政府间关系的"收缩阶段"达到鼎盛时期之后，在 80 年代后期和 90 年代政府间关系转向"强制性拼贴"模式（coercive-collage mode）（Wright 1992，1997）。

另外，20 世纪八九十年代与联邦制（FED）持续的相关性必须得到承认，例如，国家购买优先权法令的扩大使用，没有提供资金的授权（unfunded federal mandates），以及更多利用与联邦补助相关的交叉许可（crossover sanctions）（条件）（Dye 1990；Kenyon and Kincaid 1991；Kincaid 1990a）。这些国家政府的实践（和其他实践一起）使得批评家和评论员提出充分的理由相信"强制性联邦主义"代替合作联邦制是国家和州关系的主要方式（Kincaid 1990b，1996；Zimmerman 1991，1992）。

政府间关系和联邦制的强制性因素使得下一事件不仅仅只是政策和政治巧合：1994 年共和党"与美国签约"（Contract with America）的好几个特征抨击了国家广泛和干涉式地使用凌驾于州和地方政府之上的权力。1994 年选民转向赞成联邦制和政府间关系的重大意义不能完整地在本文中得以评估。但是，可以想象，将来一篇文章的标题可能会提到 80 年代中期政治变革的影响：《从管理到政治：政府间管理的衰落以及联邦制的复兴》（From Management to Politics: The Decline of IGM and the Resurgence of FED）。这篇未来文章的意义和重要性要求解释政府间管理作为一个概念，其起源、发展以及成熟，并且解释其所集中体现的行政实践。

Ⅶ. 政府间管理

政府间管理（IGM）是一个最近经典的术语，最初用于 20 世纪 70 年代早期。下面几节将讨论它的意义、起源、演化以及比较成熟时期，包括旨在突出政府间管理、政府间关系以及联邦制之间的相互联系的评价。

A. 政府间管理的意义

我从一开始就认为政府间管理没有固定的或者普遍认可的定义。在这些条件下，检验这一概念有一个好处就是可以采取排除法。

对政府间管理的不断了解可以通过弄清楚"它不是什么"来实现。对这一概念发展和澄清作出重大贡献的一个人确定了好几个特征，并且他把这些特征排除在政府间管理范围之外（Agranoff 1986），在给许多地方和城市—都市政府提供人类服务项目的环境下将这些排除在外的特征予以分类。

这些排除在政府间管理之外的特征是：

> 在社会结构、基本权力关系或者财政责任方面的重大变化；
> 国家—州—地方关系的重组；
> 在项目或者职能活动中政府间的主要变化；
> 在现有项目服务水平范围内的重大政策修改或者重新定向；

在大都市治理中的结构变化（Agranoff 1986：1-2）。

换言之，政府间管理认为系统、结构、政策以及项目都是特定的。它更多地集中关注管理活动的渐进调整以促进有效的服务供给。它很少（或者一点都不）关注改变重大的政治、经济和社会平衡的主要变革。

有一个交替使用的阐明政府间管理的排除法。简单的说，政府间管理不是联邦制也不是政府间关系。三个概念的不同在别处已讨论过（Wright 1983，1987，1990a）。差别包括：（1）主要行动者/参与者；（2）政治商数（political quotient）；（3）价值范围；（4）冲突解决手段；（5）权威关系；（6）司法权限的介入。政府间管理与这些特点相关的突出特征将会在下文中出现。

用历史的方法强调，并在概念上把政府间管理、联邦制与政府间关系联系起来比较其特征是可行的。这一任务需借助图2，在合众国（the Republic）建立之时用一根时间线来确定联邦制的起源（circa 1790）。政府间关系的起源确认在20世纪30年代，政府间管理被确定起源于20世纪70年代。

除了按照历史顺序，图2还总结了政府间关系不同于或者与联邦制和政府间关系相比的四个特点。这些比较点是①主要行动者，②主要特征，③权威模式，以及④冲突解决办法。下面对政府间管理的讨论提出了其独具一格的特征，以及政府间管理作为跨管辖权（interjurisdictional）的环境下公共行政的一个重大概念及其起源和发展。

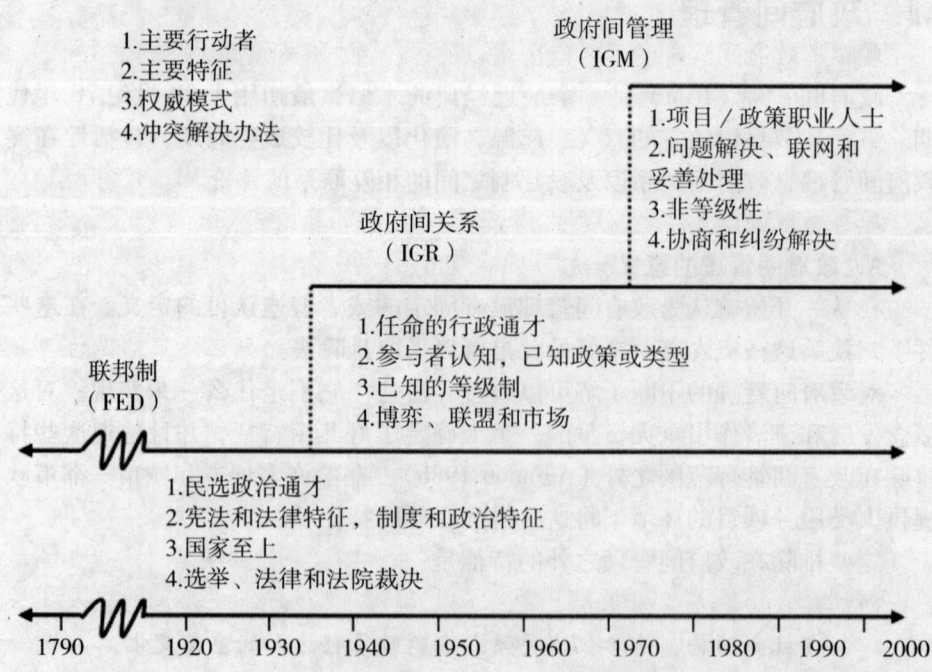

图2 跨管辖权概念的历史演变：联邦制、政府间关系、政府间管理
（资料来源：赖特 1996）

一开始就与政府间管理紧密联系的最普通的成分就是在不确定情况下的问题解决、网络和联网，以及妥善处理/管理（Agranoff 1986；Agranoff and Lindsey 1983；Gage and Mandell 1990；Mandell 1979）。马兰多和弗洛里斯塔诺（Marando and Florestano 1990：299）随后在"朝向政府间管理理论"前进时澄清并增加了其显著的特征。他们把对政府间管理评估的理论根据放在政治与行政的混合（连续体）中，并且从历史、描述和分析角度整合联邦制和政府间关系。例如，他们发现，"在试图了解政府绩效和能力过程中，研究者不能把政治和管理最小化"（Maranto and Florestano 199：294），但同时也指出"政府间管理突出的特征是它强调管理过程"（Maranto and Florestano 1990：299）。

马兰多和弗洛里斯塔诺作了一个总结性判断："政府间管理是在当代评估美国联邦体制背景下朝着重新铸造（recast）政治/行政问题迈出的大胆的一步"（1990：299）。这一陈述在政府间管理和政府间关系间进行大量（8条）比较；还设计了问题，旨在确定政府间关系如何帮助我们提高对人类行为和组织行为的理解。这些问题值得在此重新提到：

> 所有参与者必须在政府间管理成功后的结果中得到可见的利益吗？在政府间管理过程中，政府间行动者中的权威、地位以及资源可以呈现出多大的不平等？在政府间管理的探讨过程中，不同的问题领域要求多大程度的变化？（Marando and Florestano 1990：299）

现在，政府间管理的主要特征可以通过一系列的问题和回答来总结。

1. 谁是政府间管理主要的行动者或者参与者？首先，他们是项目/政策职业人士，紧接着是行政通才，例如，城市经理。政府间管理舞台上的主要参与者是"技术专家"（technocrats）（Beer 1978a）和"政策职业人士"（Peterson et al. 1986）。

2. 政府间管理中，党派政治的程度如何？程度是适中的，如果不是最小的话。在提供服务时，有效的项目执行和问题解决策略是主要或中心问题。

3. 什么样的目标或者价值观将支配政府间管理？有关政府间管理的主要目的是通过有经验的公共管理获得积极有效的项目结果（Wright 1990a）。

4. 在政府间管理中，解决冲突的主要手段是什么？不同于联邦制的选举、法院和立法机关，也不同于政府间关系的联盟、博弈和市场，政府间管理领域的冲突解决是通过谈判、协商以及纠纷解决方法。冲突不能解决的时候（或地方），那么分歧将持续存在、继续忍受、加以协调或者"解决"（Agranoff 1986，1989；Mandell 1990）。

5. 在政府间管理中，权威关系的独具特点是什么？不同于联邦制的国家至上（视情况而定的等级）(contingent hierarchy)，也不同于政府间关系常常可以预见的等级制度（不对称的影响），政府间管理的特点是没有等级制的网络或者是影响的矩阵模式（Mandell 1990）。公平竞争场地是政府间管理最常见的场所。

6. 在政府间管理中，什么司法权限实体是具有该特征的参与者？所有的政府实体——国家、州和地方——都是在政府间管理运作之内的结构。就这一方面而言，政府间管理运作与联邦制和政府间关系具有相同的制度基础。但是，如前所述，政府间管理包含的不仅仅是政府单位（Agranoff 1986，1989，1990），它也包括在行政/管理内重大的政策制定（行政中的政策这一连续体），也包括服务供给过程中的私营和/或非营利部门的显著地位。后一个因素被认为是公共——私营部门的混合，或者是"在几个执行结构中具有会员身份"的"公共和私营部门的陈列"（Mandell 1990：35）。

我们已经考量了政府间管理是什么和不是什么。建立在这一套概念澄清和差别上来观察20年来政府间管理的起源和演化是大有裨益的。

B. 政府间管理的起源和发展：20世纪70年代

对于政府间管理的起源，没有单一或具体的时间已经被证实或能够被证实。但是，酝酿和起源近似时间可以合理地确定到70年代初期。《公共行政评论》的两个特刊介绍了大量用"管理"路径来研究司法辖区关系的问题和事件有关的表现形式（Clayton et al. 1975；Groesnick 1973）。有限的篇幅限制了总结或综合12篇在"新联邦主义管理"中的文章（Groesnick 1973），或者在"政策管理协助"中的21篇论文的努力（Clayton et al. 1985）。

但是，需要指出的是，"自上而下"（top-down）或者以国家作为基础的起跳板就是政府间管理的开端。美国行政管理和预算局以及国家自然科学基金（OMB-NSF）联合管理的首创行为在1975年发行的《公共行政评论》得到总结。这一创举称为政策管理援助研究委员会（Study Committee on Policy Management Assistance，SCOPMA）。其报告《加强政府间体系的公共管理》（Strengthening Public Management in the Intergovernmental System）（Executive Office of the President 1975）除了来自于《公共行政评论》的特刊外，还来自好几个其他部分。它们包括一份行政管理和预算局（OMB）文件，一个含有40份背景文件的1200页的国家自然科学基金（NSF）卷册，以及一盒40分钟的彩色录像带。在荒谬和嘲讽交织情况下，对该项目的国家自然科学基金主管成为国家行政机构中不受欢迎的人物，因为他（通过各种的政策管理援助研究委员会不同的活动）引发了州和地方对"联邦机构"（the Feds）的批判洪流。

除了个性特征、职业冲突和官僚插曲（byplays）外，它仍然保持着主流。70年代政府间管理的起源主要由国家发动，它以华盛顿为基地，在基调和性质上是等级制的。70 年代的随后的行动似乎肯定了斯蒂弗（Stever 1992：347）后来称之为"主导70 年代用等级路径研究政府间管理"的断言。下面包括了一系列的发展：

ACIR，《提高联邦补助管理》（Improving Federal Grants Management）（Washington, D. C.: A -53, February 1977）。

ASPA，《加强政府间管理：改革议程》（Strengthening Intergovernmental Management: An Agenda for Reform）（Washington, D. C.: April 1979）。

总统行政办公厅，行政管理和预算局，《80 年代管理联邦补助》（Managing Federal Assistance in the 1980s），按照公法95 -224（P. L. 95 -224）对国会的报告（Washington, D. C.: March 1980）。

1978 年，在美国公共行政学会内建立政府间行政和管理分部（Section on Intergovernmental Administration and Management, SIAM）。

1979 年成立国家援助管理协会（National Assistance Management Association, NAMA）。

C. 20 世纪80 年代政府间管理的演变：自上而下型和自下而上型

前面提到的事件、活动以及出版物，通过强调20 世纪70 年代政府间管理自上而下的定向，具有潜在的杀伤力。80 年代则反映了对政府间管理观点和路径一种现实的（如果不是大海汪洋般）的变革。正在起作用的多种力量可以暂时分为两大类：现实的/政治的和知识的/意识形态的。第一类包括用于伴随里根政府新联邦主义路径的、重大的政府间政策的重新定向（Conlan 1987；Farber 1983；Williamson 1983, 1990；Yoo and Wright 1993）。第二类是对政府间管理概念的尖锐的学术攻击，这些攻击的任务是考虑政府间管理的等级制、技术专家、地方行政长官以及非制度等因素（Elazar 1981；Gordon 1980；Schechter 1981）。这三个对政府间管理的批评都出现在《公民：联邦杂志》（Publius: The Journal of Federalism）上是很奇怪的，但并不是一种巧合。

我们很自然地（但是没有得到证明），对实际的政治和学术争执的双重攻击动摇了70 年代政府间管理建立的等级制基础。在这种环境下出现了两个可能，一是由于这一概念只有很少的几个现实的、经验的相关事务（referents），它可能会衰弱或消失；另一可能是用一种新的、不同的、现实的操作经验填补看似空缺的概念空间。后者是大家，无论是有目的的还是碰巧的，所追求的道路。总之，政府间管理失去了其国家作为基础的等级制内涵，这些都被州与地方、尤其是地方为基础的实践、研究和重新概念化所代替。

20 世纪80 年代，这种以地方为基础、社区为中心的自下而上的政府间管理路径仍然是假设性的（见图1）。有少量的证据能证明这一论点的合理性。下面的参考文献反映用自下而上路径来理解20 世纪八九十年代政府间管理的相关性和重大意义：阿格雷诺夫（Agranoff）1986，1989，1990；阿格雷诺夫和林赛（Agranoff and Lindsay 1983）；盖奇和曼德尔（Gage and Mandell 1990）；詹宁斯和克兰（Jennings and Krane 1994）；詹宁斯和赞克（Jennings and Zank 1993）；约翰逊和海尔曼（Johnson and Heilman 1987）；彼得森等人（Peterson et al. 1986）；罗森塔尔（Rosenthal 1984）；以及斯托克（Stoker 1991）。

在斯蒂弗（Stever 1992）对盖奇和曼德尔的研究著作的评价中，他不仅抓住了该书的一个主要命题，而且抓住了在理解和使用政府间管理的长达20年的相反的一个论点。斯蒂弗（1992，347）指出："这些作者试图促使政府间管理改变一个新的范式，它不依赖于联邦政府的中央协调。"他从该书推出一个进一步相关的评估："这些作者提出来的、取得共识的政策领域和政府间的网络是在多种不同的制度安排下由行动者通过渐进的方式从下而上建立的"（Stever 1992：350）。如果斯蒂弗所说的是正确的，如果我们也没有怀疑他的基础，那么政府间管理代表了一个重要的司法辖区之间和组织之间活动的一个重大的"隐藏的维度"（hidden dimension），这一空间是广博的、重大的并且基本上没有被认识到的。这样一个当代的现象符合伍德罗·威尔逊（1887）所说的一句话："体制内的体制。"

D. 政府间管理：青春期还是成熟期？

作为政府间管理的总结，我们提出了一个问题：政府间管理已经成熟了吗？或者还是在青年期？当然，我们没有简单"划分年龄"的标准，用来衡量一个概念的各个生命阶段以及每个阶段现实世界的实践活动。但是，我们能够在发展和使用方面来比较政府间管理和政府间关系。我们早些时候（没直接言明地）认为从20世纪30年代它的起源开始，政府间关系就要在大约1/4个世纪后（直到1960年）达到成熟期。我们也（在上面）评估了1960~1985年间这25年来政府间关系的"成熟"时期（Wright 1985，1990b）。

将政府间关系作为一个比较基础，我们能够提出一个合理的理由，即政府间管理没有达到成熟期。政府间管理更可能像是在青少年发育的后期，关于进一步发展和方向的不确定因素仍然非常多。例如，两个变化的环境因素将改变政府间管理在近期和长期未来发展中的角色和重要性。其中一个因素是党派政治前景可预测的重要改变。如果1994年选举是共和党对国家、州和地方之间政治控制的序曲而不是插曲的话，那么政治可能作为一个影响美国司法辖区之间关系的主导因素，并胜过或者甚至代替管理因素。

另外一个侵犯、而且可能是干预了政府间管理的因素是全球化。这个词语代表了国家和政府间力量的集合，它改变了国家和社区的文化、人口、经济、财政以及社会等特征（Jun and Wright 1996）。出现了诸如"内政外交/国际国内"、"渗透主权"（perforated sovereignties）、"六个一包的惊喜（six-pack surprise）"以及"地方社区全球化"之类的术语，它们作为国际社会对国家以下以及微观社区层面影响力的渗透的表达方式（Brown and Fry 1993；Hobbs

1994)。这些发展一个可能的结果就是文化、经济和其他问题将作为公共日程主要关注的议题而覆盖管理问题和过程。

E. 政府间管理：结论性观察（closing observations）

这些又把政府间管理置于何处？非常简单，对于方向和意义，它留给未来疑虑深重。它建议政府间管理的成熟还有待时日，在与联邦制和政府间关系相比较时，有关政府间管理的讨论是敞开大门的。

因此，对政府间管理的分析是更为探讨性和说明性的，而不是经验和解释性的。很少产生确定的结论，但是几个结论性的观察结果可以作为一个非常有用的总结。以下简洁集中地列举了这些结果。

1. 20年来政府间管理一直是争议和改变的主题。但是，它已经发展成为一个对实践、分析和理论目的都非常适用的概念。

2. 公共行政（和公共行政人员）不能从政治和政策过程中分离出来 公共行政也不能从与联邦制、政府间关系和政府间管理的多维特征中分离或游离开。马兰多和弗洛里斯塔诺（Marando and Florestano 1990：309）怀疑"许多的公共行政现在是不是政府之间的"。这篇论文的主旨是几乎所有的公共行政都无法从变化的政府间管理和联邦制以及政府间关系的混合和平衡中分离出来。

3. "好的"决策制定、有建设性的冲突解决以及有效的服务供给有赖于行动者角色和机构责任之间的战略平衡。一个理解制度责任（活动/职责）的办法是通过政府间管理的概念框架。行动者角色可以在三个类别方案中得到适当理解：被选的通才、行政通才以及项目职业人士。这三个类别的官员每一个都分别在联邦制、政府间关系和政府间管理范围内占据重要的职位（Wright 1990a）。

4. 毫不奇怪的是，政府间管理在20世纪70年代起源并发展得如此突出。管理这个概念得到来自大陆最高职位——总统——的认同和强大支持。理查德·尼克松就是一个最认真对待管理概念的总统。亲眼目睹他（许多中的）一个创举就是把旧的预算署（Bureau of the Budget）更名为行政管理和预算局（Office of Management and Budget）。尽管有很多争议、变化和演变，但是随着管理成为我们社会中普遍地，尤其是在公共部门，一个广泛却关键的过程，政府间管理持续下来。

对管理的重要性一个最接近的描述是一个历史学家所作的。海斯（Hays 1991）在一个题为"环境管理的政治"（The Politics of Environmental Management）的章节中对30年来的环境政策进行了讨论。他所使用的语言对该文强调管理的突出性和广泛性更加令人叹为观止。

随着环境政治的发展，它的背景从更广泛的公共辩论转移到管理上来。逐渐地人们谈到空气质量管理、水质量管理、森林质量管理、牧场管理（range management）、土地管理署（the Bureau of Land Management）、海岸线管理（Coastal Zone Management）、风险管理、河流管理以及野生管理（wilderness management）。几乎没有一个环境问题可以在管理的主要术语和概念之外加以解决，反过来，管理在环境选择的世界的形成中扮演强有力角色。管理的影响力逐渐增长，因为它按照自己的条件来协调"系统中"不和谐因素的能力和权威，甚至更多是因为随着日益不断发展交流和行动能力，它组成了政府持续的制度。制度权力（institutional power）就是政治权力；它的上升源自其持续存在要求他人在每日的生活中都必须与它交锋；它设置了选择边界，如果不是实际的日程的话。虽然在环境问题下更大的思想辩论还在来来去去、潮起潮落，管理却塑造了日常政治事务的世界（Hays 1991：49）。

府际管理（IGM）中的"M"（管理）在其广泛意义上给政治、政策制定和治理更大范围领域的管理（和行政）以象征和操作性意义。它用不同方式表达了政治科学学术领导人好几十年前所宣称的东西。"官僚制"——弗里德里克（Friedrich）指的是管理和行政——"是现代政府的核心"（1950：37）。

与以上引文的历史背景和这篇文章的现实定向保持一致，谢克特（Shechter）用下列词汇提出了有关 IGM 的问题：

> 政府间管理受到普遍接受并不是一个历史上的独特事件。该文开始的前提就是"政府间管理"（自1974年提出这一词语以来）最好不要理解为总统的白日梦，而要被看作由伍德罗·威尔逊最先阐发的公共行政领域在20世纪革命的完成。对于它的支持者们来说，"政府间管理"不仅只与联邦制相一致；它也是在一个匮乏时期——无论是资源还是领导，对联邦主义和管理主义双重承诺的自然延伸和复苏成分。
>
> 联邦主义（federalism）和管理主义（managerialism）的基本差别，由此产生的二者之间的紧张局势，都与目标和局限性有关。联邦主义的目的，至少在美国体制中，是自由；管理主义的目的是效率。在这种意义上，公共管理挑战基本上在于把"效率福音书"用于有限政府的制度目的（Schechter 1981：127，136）。

很明显，我们不能探索，更不能反复思考以上在这一章中提出的问题。也许多年以后近似于此的一个事后调查会揭示对联邦主义（FED）、政府间关系（IGR）和政府间管理（IGM）的经验和对它们是如何被协调的分析。

Ⅷ. 结束语

在对这两个世纪的回顾中所涉及的许多问题、事件、发展和变化，指导本文的实践主题产生了一个均匀或者相同的（结果）。把这里交织在一起的现实的类型扼要重述一次既不可行也不适用。但是，重要的是应指出这一年代表所评估主题的公正地位。如果我们要在上面简述的事件、问题和发展中引进某个优先权顺序，那么哪些基础成分或维度是最重要的呢？在主要部分我们提到了四个方面，它们是明确的或者不明确的类型。

贯穿两个世纪治理类型的一个维度或者类型是宪法问题。宪法基础和法律上层结构组成了美国政治体制运作的基本框架。通常最困难的一些政治问题是在法律形式内重新制定并由法院在宪法裁决内解决。

第二个维度可以标为在广泛意义上的"政治"，但在这些讨论中，它呈现出一个更为具体的特性。本章中政治方面的主要关注点是政党体制（party system）。政党体制和国家—州的权力分布之间的关系存在问题。在政党结构和非中央集权之间存在一个因果关系吗？沃克（Walker 1995）对该问题和相关的政治动力作了最相近的和透彻的分析。在以"一个新的政治体制？"（A New Political System）为标题的文章中，沃克评价了美国变化着的政治力量是如何作为"无精打采地迈向华盛顿"（Slouching Toward Washington）的管道的。

第三个维度是集中围绕着钱字号（dollar sign），因为本质上是财政的。财政问题明确而紧密地与政治问题相关，但20世纪似乎发展了对政府间财政问题和政策一定程度上的独立的或者自主的意义。的确，有关1981~1982年间罗纳德·里根的联邦主义的辩论的"财政化"可以作为联邦主义（FED）和政府间关系（IGR）问题用美元表示其程度的一个指示物。在一些地区，财政中心是被看作要么不是那么渴望要么没有成效，或者二者兼之。对财政化趋势的抨击所使用的术语（Phraseology）包括诸如"财政固定"（fiscal fixation）以及"货币近视"（monetary myopia）。

财政问题持续的突出性（即使不是中心化）也在最近几个发展上得到了证明。一个是20世纪90年代从地方（政府）到人（个体为基础的权利）的联邦补助巨大转移。琴凯德（Kincaid 1993a，1993b）的两篇文章把这一转移放在历史和政治的视角来考虑。给予个人受益者的联邦补助比率在60年代小于1/3，但在90年代大约是2/3。

另外一件事将财政涌入"高政治"领域的情况具体化（Bulpitt 1983）。一个例子就是提议的要求平衡的联邦预算的宪法修正案。20世纪80年代50个州的立法机关，几乎有2/3请求国会召开宪法大会，目的就是提出这一修正案。到90年代中期，该问题的政治性发生急剧的变化。国会将平衡的预算修正案放在各州面前，这导致各州州长和立法者之间在政治上的重新考虑。

采纳平衡预算修正案所要求的联邦预算削减的巨大规模使得州长和州立法

者重新评估其对州政府财政的结果。例如,联邦补助资金属于所谓的自主调度资金,该资金在平衡预算修正案所要求授权的缩减中可能面临最大的削减。进言之,在联邦预算限制面前,甚至国会授权救济立法的通过也不能保证各州(和各地方)不受强大的国会多数人强加"无资金联邦授权"(unfunded federal mandates)的议案的影响。总之,国会(Fiorina 1977)在总统和最高法院的赞同下,能够把"财政责任"(pass the fiscal buck)推诿给各州,并确保不受法律制裁甚至不受政治处罚。

如前面所提到的,将财政问题从纯粹的政治问题中区别出来是可能的。但是,要将二者孤立开来,即使不是不可能,也是非常困难的。不可分割性是从共和党控制的第104次国会选举中得出的一个教训。1995年对于平衡预算修正案的这一战役(修正案在美国参议院以一票之差而未通过)只是政治和财政盘根错节不可分割的无数问题中的一个。这些关系很可能一直到21世纪还能对联邦主义(FED)、政府间关系(IGR)和政府间管理(IGM)产生巨大的影响。

1994年共和党的胜利代表了一个地震般的政治平衡。的确,在对政府间(intergovernmental)学者和实践者的一个调查中,这被认为是1980~1995年间最重大的政府间事件(Cole et al. 1995)。1995年调查刷新并扩大了1980年的研究,该研究所产生的结果在表1和表2中已得到体现。表3和表4分别列举了1980~1995年间主要的任务和趋势。

浏览一下1980~1995年(表3)中的主要政府间关系(IGR)事件,它为三个值得一提的观察结果提供了基础。第一,政治和财政事件占据了最重要角色和最突出的地位。第二,所有的重要事件在性质或内容上都是国家层面的。它们包括国家机构、行动者或者各种行动。在非国家行动包括在内之前,所报告的等级排列需要扩大到前20个事件。第三,最重大的事件都与三个国家层面的机构有关系:国会、总统和最高法院。每一个实体都由于其对联邦主义(FED)、政府间关系(IGR)和政府间管理(IGM)的影响而获得较高的等级。

表3 主要政府间事件:1980~1995

序列	发展趋向
1	1994年,共和党赢得对国会的控制和30个州长席位
2	罗纳德·里根的当选(1980)和再次当选(1984)总统
3	国会没有更新一般收入共享(1986)
4	《1990年美国残疾人法案》通过,禁止歧视,要求进入/获得所有公共服务和设施
5	最高法院裁决:加西亚诉圣安东尼奥城市运输管理局案(Garcia v. San Antonio Metropolitan Transit Authority 1985)的结论推翻了全国城市联盟诉尤塞里案(National League of Cities v. Usery 1976)的结论
6	1981年《综合预算调节法》(Omnibus Budget and Reconciliation Act of 1981)被执行
7	1990年《清洁空气修正法案》(Clean Air Act Amendments)确定州/地方政府解决有关雾、酸雨以及空气毒素的最后期限

资料来源:科尔等人(Cole et al.) 1995

表4　影响政府间关系的的主要趋势：1980~1995

序列	发展趋势
1	健康保健和健康保险成本的上升
2	联邦补助增长率下降；从1978年作为州—地方费用的一部分的最高峰（26.5%）下降
3	美国人口从东北部向东南部和西部移动
4	公众对政府的不满和不信任增加
5	"规制联邦主义"的重要性增加（法院裁决、立法行动、行政命令的强制影响）
6	无资金或者资金不足的授权（unfunded and underfunded mandates）在国会行动中不断增长
7	在中心城市和郊区之间的社会和经济差异继续扩大

资料来源：科尔等人（Cole et al.）1995

　　这些结果对有关影响美国政府互动系统行动的地域（location）和责任发出响亮清晰的信号。联邦主义（FED）、政府间关系（IGR）和政府间管理（IGM）目前和将来的设计可能更多是在华盛顿特区而不是州首府、县法院或市政厅等地进行。篇幅不允许对这一广泛的论点和对政治财政之间的关系进行详细叙述。一个单独的例子将足以说明这两个主题。它涉及到公法104-4（P. L. 104-4），《1995年无资金授权改革法》(the Unfunded Mandates Reform Act of 1955）。

　　这项立法是1995年3月在参议院以91∶9、众议院以394∶28票通过的。其目的是减少州和地方政府的外加的强制性（强加的）成本，这是由于全国命令（national mandates）的结果，这些命令包含在国会法规以及行政规章制度之中。在1980年之前，政府间关系顾问委员会（ACIR）已经确认了总共36个命令；但仅在80年代，在法规目录中又另外增加了25个命令（ACIR 1993）。其中最令州和地方官员烦恼的就是这些命令缺乏配套资金。事实上，如果联邦通过的给个人的援助不包含在内，那么联邦（给地方）援助的实际价值在1980~1990年之间下降了33%（Conlan et al. 1995）。

　　第一次财政挤压（fiscal squeeze）可以使人理解州和地方官员把无资金授权称之为"财政恐怖主义"、"无声颠覆"（silent subversion）以及"不宣而战"（undeclared war）。不无巧合的是，授权改革在1994年选举运动中是共和党"与美国签约"中的一个最重要条款。属于授权问题的优先权的进一步（但不是完全的）指示是第104届国会中授权立法的法案编号，参议院是第1，众议院是第5（S. 1 and H. R. 5）。

　　无资金授权的财政规模庞大的一个小的指标是1990年环保署（EPA）的报

告，该报告估计在1970~1987年间联邦污染要求耗费掉地方政府190亿美元，据推断该费用在2000年将上升到320亿美元（Colon et al. 1995）。当然，无资金授权只是强制性政府间关系（IGR）的一种形式。另一强制性机制是预先购买权（参见表4）。90年代使用这两种（以及其他的）强制性工具反映了伊拉扎尔（Elazar）在80年代提出的"规制联邦主义"的转变（Elazar 1984：252）。

在结束语部分，我们用了大量的篇幅就它们对联邦主义（FED）、政府间关系（IGR）和政府间管理（IGM）的影响程度，讨论了政治和财政主题以及二者之间的相互关系。强调这些基础因素以及宪法法律特征，把它们作为形成我们治理的多级司法辖区系统的动态性的最主要变量，并不是不准确也不是不合适的。对于这三个因素，我们已在本文中广泛提到并详细论述，我们加上一个也是最后一个因素。将行政（管理的和官僚的）维度也编入我们的分析结构中。

20世纪记录并证实了美国"行政国家"（administrative state）的兴起、卓越、甚至是有选择性的主导（Mosher 1968；Redford 1969；Skowronek 1982；Waldo 1948）。当然，关于行政国家的宪法基础、合法性以及责任争执一直有很多（Krislov and Rosenbloom 1981；Rohr 1986；Stillman 1991）。

与行政国家的发展和地位相关的问题不必也不能在此提出来。但是，值得一提的是美国行政国家的不同特征，它们已经随着政府间关系和政府间管理的起源、发展和成熟而更加明显。政府间关系和政府间管理能够使学者和实践者一起更加系统地确定和分析事件和行动者的互动。从应用这些概念和分析开始已出现了三个不同的特征。

与美国行政相关的第一个特征是它在成千上万个政府司法辖区内（governemntal jurisdictions）的分散状态。当我们期盼有效的行政行动时，这一分散和差别是一个"既定值"（given）（Jennings and Krane 1994；Jennings and Zank 1993）。这种权威和责任在不同的政府实体中的分配有时叫做"水平分散"（horizontal fragmentation）。

美国行政第二个特征有一个称号："功能主义"（Functionalism）。它指的是高度的专门化和职业化，这是在美国建立和提供公共服务过程中发展的。当然，功能主义是一种分散形式。但是，它是实用的，或者是职业为基础的，这与上面提到的司法为基础的分散相对应。功能分散是在20世纪50年代提出并受到挑战的，在60年代接受了经典的表述"栅栏的联邦制度"（Sanford 1967）。正是这种垂直功能中心以及多种探讨对策导致70年代政府间管理（IGM）这一概念的产生。

本文中第三个也是最后一个出现并朝前发展的行政特征是改革者（reformist）特征，即，需要在司法辖区（水平的）分散和功能的（垂直的）分散之间建立一个更好的桥梁和平衡。在两者之间基本上关系很紧张（Fesler 1949，1973）。前者强调通过政府的单位、层面或者平面来分离响应性和责任（responsibilities and accountability）。后者倾向于把任务融入或者浓缩到一个特殊的职能并且常常是等级的框架内。公共行政人员的特别任务，公共官员的普遍任务是用回应和负责的方式来解决这些紧张局势。

这些紧张局势的解决取决于采取建设性方式使用权力的能力。我们已注意到弗里德里克（Friedrich 1950）将官僚制叫做"现代政府的核心"。宪法、政治以及财政权力如何与这一"核心"相联系很可能决定了美国公共行政进入21世纪的特征。只有通过多年对联邦主义（FED）、政府间关系（IGR）和政府间管理（IGM）的内省才会提供一个清楚的画面，即行政风景的特征是如何适应宪法、政治以及财政地势的小山、峡谷和高原的。

Notes

① Osirom (1987) later expanded his analysis of the framers' premises concerning choices about the constitutional "rules of the game". The framers' premises, according to Ostrom, included an optimistic view of how constitutional arrangements could constrain selfish interests and encourage or promote actions favoring the common good. This optimism stood in sharp contrast to Hobbesian assumptions. One reviewer of Ostrom's work (Yarbrough 1988, 299) concluded, however, that he (Ostrom) has "a far closer affinity with Hobbes than is in fact the case".

② There is an alternative to the either/or alternative presented by the nationalist versus compact theories regarding the nature of the union. This might be termed the "mixed" or the "matrix" model of the national-state relations. It has been a focus of attention for Ostrom (1971, 1987), but it has been most extensively elaborated by Elazar (1973, 1981, 1987, 1988). Ostrom and Elazar trace this model directly to Madison's writings, both within and beyond The Federalist papers. They note that, among other things, this matrix model explains why Madison could be both a strong nationalist at the Philadelphia Convention in 1787 and yet 10 years later emerge as a compact advocate in the Kentucky resolutions.

③ In fairness to Elazar, however, it should be noted that he did not assert that the extensive collaboration he documented either eliminated or reduced to insignificance many aspects of state-national conflict in the 19th century.

④ The ACIR was also disbanded (in 1996) because of budget reductions enacted by the 104th Congress.

⑤ Councils of governments (COGs) have a long (40 – year) history as substate regional entities for interlocal communication, cooperation, and coordination. By the 1970s there were over 600 COGs in existence across the nation. The number has declined since that date but they remain viable and constructive entities in many states.

REFERENCES

Abrams AJ. Making public administration relevant. Public Admin Rev 29: 378 – 379, 1969.

Ader EB. State budgetary controls of federal grants-in-aid. Public Admin Rev 10: 87 – 92, 1950.

ACIR (Advisory Commission on Intergovernmental Relations). Performance of Urban Functions: Local and Areawide. Washington, D. C.: Government Printing Office, 1963.

———. Metropolitan Councils of Governments. Washington, D. C.: Government Printing Office, 1966.

———. Fiscal Balance in the American Federal System. Washington, D. C.: Government Printing Office, 1967.

———. Federalism and the Academic Community: A Brief Survey. Government Printing Office, Washington, D. C.: Government Printing Office, 1969.

———. Multistate Regionalism. Washington, D. C.: Government Printing Office, 1972.

———. Substate Regionalism and the Federal System, vols. 1 – 6. Washington, D. C.: Government Printing Office, 1973 – 1974.

———. Federal Grants: Their Effects on State-Local Expenditures, Employment Levels, and Wage Rates. Washington, D. C.: Government Printing Office, 1977a.

———. Improving Federal Grants Management. Washington, D. C.: Government Printing Office, 1977b.

———. The Intergovernmental Grant System as Seen by Local, State, and Federal Officials. Washington, D. C.: Government Printing Office, 1977c.

———. Regionalism Revisited: Recent Areawide and Local Responses. Washington, D. C.: Government Printing Office, 1977d.

———. Categorical Grants: Their Role and Design. Washington, D. C.: Government Printing Office, 1978a.

———. In Brief – The Intergovernmental Grant System: An Assessment and Proposed Policies. Washington, D. C.: Government Printing Office, 1978b.

———. Awakening the Slumbering Giant: Intergovernmental Relations and Federal Grant Law. Washington, D. C.: Government Printing Office, 1980a.

———. The Condition of Contemporary Federalism: Conflicting Theories and Collapsing Constraints. Washington, D. C.: Government Printing Office, 1980b.

———. A Crisis of Confidence and Competence. Washington, D. C.: Government Printing Office, 1980c.

____. In Brief-The Federal Role in the Federal System: The Dynamics of Growth, Washington, D.C.: Government Printing Office, 1980d.

____. An Agenda for American Federalism: Restoring Confidence and Competence. Washington, D.C.: Government Printing Office, 1980e.

____. In Brief-State and Local Roles in the Federal System. Washington, D.C.: Government Printing Office, 1981.

____. State and Local Roles in the Federal System. Washington, D.C.: Government Printing Office, 1982.

____. In Brief – Regulatory Federalism: Policy, Process, Impact, and Reform. Washington, D.C.: Government Printing Office, 1984a.

____. Regulatory Federalism: Policy, Process, Impact, and Reform. Washington, D.C.: Government Printing Office, 1984b.

____. The Transformation in American Politics: Implications for Federalism. Washington, D.C.: Government Printing Office, 1986.

____. Federal Regulation of State and Local Governments: The Mixed Record of the 1980s. Washington, D.C.: Government Printing Office, 1993.

Advisory Committee on Local Government. An Advisory Committee Report on Local Government. Submitted to the Commission on Intergovernmental Relations. Washington, D.C.: Government Printing Office, 1955.

Agranoff R. Intergovernmental Management: Human Services Problem. Solving in Six Metropolitan Areas. Albany: State University of New York, 1986.

____. Managing intergovernmental processes. In: Perry JL, ed. Handbook of Public Administration. San Francisco: Jossey-Bass, 1989, 131 – 147.

____. Managing federalism through metropolitan human services intergovernmental bodies. Publius 20: 1 – 22, 1990.

Agranoff R, Lindsay VA. Intergovernmental management: perspectives from human services problem solving at the local level. Public Admin Rev 43: 227 – 237, 1983.

American Assembly. Report on the Mid-America Assembly, Time Grows Short for America: The Role of the States in the Urban Crisis. St. Louis, MO: School of Law, St. Louis University, 1970.

Anderson TJ. Pressure groups and intergovernmental relations. Annals 359: 116 – 126.

Anderson W. Federalism and Intergovernmental Relations: A Budget of Suggestions for Research. Chicago: Public Administration Service, 1946.

____. The Nation and the States: Rivals or Partners? Minneapolis: University of Minnesota Press, 1955.

____. Intergovernmental Fiscal Relations. Minneapolis: University of Minnesota

Press, 1956.

———. Intergovernmental Relations in Review. Minneapolis: University of Minnesota Press, 1960.

———. The myths of tax sharing. Public Admin Rev 28: 10–14, 1968.

———. Personal letter to the author, May 20, 1970.

Annals. Vol. 207. Intergovernmental Relations in the United States. Philadelphia: American Academy of Political and Social Science, 1940.

———. Vol. 359. Intergovernmental Relations in the United States. Philadelphia: American Academy of Political and Social Science, 1965.

———. Vol. 416. Intergovernmental Relations in America Today. Philadelphia: American Academy of Political and Social Science, 1974.

———. Vol. 419. General Revenue Sharing and Federalism. Philadelphia: American Academy of Political and Social Science, 1975.

Anton TJ. Intergovernmental change in the United States: an assessment of the literature. In: Miller TC, ed. Public Sector Performance: A Conceptual Turning Point. Baltimore, MD: Johns Hopkins University Press, 1984, pp. 15–64.

———. American Federalism and Public Policy: How the System Works. New York: Random House, 1989.

Anton TJ, Cawley J, Kramer K. Moving Money: An Empirical Analysis of Federal Expenditure Patterns. Cambridge, MA: Oelgeschlager, Gunn & Hain, 1980.

Appleby PH. Policy and Administration. University, AL: University of Alabama Press, 1949.

Arnold DS, Plant JF. Public Official Associations and State and Local Government: A Bridge Across One Hundred Years. Fairfax, VA: George Mason University Press, 1994.

Bailyn B. The Ideological Origins of the American Revolution. Cambridge, MA: Harvard University Press, 1967.

Bane F. Cooperative government in wartime. Public Admin Rev 2: 95–103, 1942.

Barfield CE. Rethinking Federalism: Block Grants and Federal, State, Local Responsibilities. Washington, D.C.: American Enterprise Institute, 1981.

Beam DR. New Federalism, old realities: the Reagan administration and intergovernmental reform. In: Salamon LM, Lund MS, eds. The Reagan Presidency and the Governing of America. Washington, D.C.: Urban Institute Press, 1984, pp. 415–442.

Beard CA. An Economic Interpretation of the Constitution of the United States. New York: Macmillan, 1913.

———. The Economic Basis of Politics. New York: Knopf, 1945.

Beer SH. The adoption of general revenue sharing: a case study in public sector politics. Public Policy 24: 127 – 195, 1976.

———. Political overload and federalism. Polity 10: 5 – 17, 1977.

———. Federalism, nationalism, and democracy in America. Am Political Sci Rev 72: 9 – 21, 1978a.

———. In search of a new public philosophy. In: King A, ed. The New American Political System. Washington, D. C.: American Enterprise Institute, 1978b,. pp. 5 – 44.

———. The idea of the nation. New Republic 187: 23 – 29, 1982.

———. To Make a Nation: The Rediscovery of American Federalism. Cambridge, MA: Belknap Press, 1993.

Beer SH, Barringer RE, eds. The State and the Poor. Cambridge, MA: Winthrop, 1970.

Benson GCS. The New Centralization: A Study of Intergovernmental Relationships in the United States. New York: Rinehart, 1941.

Benson L. Turner and Beard: American Historical Writing Reconsidered. Glencoe, IL: Free Press, 1960.

Bollens JC. The States and the Metropolitan Problem. Lexington, KY: Council of State Governments, 1956.

———. Special District Governments in the United States: Berkeley: University of California Press, 1957.

———. Exploring the Metropolis. Berkeley: University of California Press, 1961.

Bromage AW. Federal-state-local relations. Am Political Sci Rev 37: 35 – 47, 1943.

Brooks G. When Governors Convene: The Governors' Conference in National Politics. Baltimore, MD: Johns Hopkins University Press, 1961.

Brown DM, Fry EH eds.. States and Provinces in the International Economy. Berkeley, CA: Institute of Governmental Studies Press, 1993.

Brown GD. The courts and grant reform: a time for action. Intergov Perspectives 7: 6 – 14, 1981.

———. Federal funds and federal courts-community development litigation as a testing ground for the new law of standing, Boston College Law Rev 21: 525 – 556, 1980.

———. Federalism from the "Grant Law" perspective. Urban Lawyer 15: ix-xxi, 1983.

Brown RE. Charles Beard and the American Constitution: A Critical Analysis of "An Economic Interpretation of the Constitution". Princeton, NJ: Princeton University Press, 1956.

Browning R, Marshall D, Tabb D. Protest is Not Enough: The Struggle of Blacks and Hispanics for Equality in Urban Politics. Berkeley: University of California

Press, 1983.

Buchanan W. Politics and federalism: party or anti-party? Annals 359: 107 – 115, 1965.

Bulpitt J. Territory and Power in the United Kingdom: An Interpretation. Manchester: UK, Manchester University Press, 1983.

Burnham WD. Critical Elections: And the Mainsprings of American Politics. New York: W. W. Norton, 1970.

Caldwell LK. The Administrative Theories of Hamilton and Jefferson. Chicago: University of Chigaco Press, 1944.

Campbell AK, ed. The States and the Urban Crisis. Englewood Cliffs, NJ: Prentice-Hall, 1970.

Campbell JM. Are the states here to stay? Public Admin Rev 28: 26 – 29, 1968.

Caputo DA, ed. General revenue sharing and federalism. Annals 419: ix, 1 – 142, 1975.

Caputo DA, Cole RL. Urban Politics and Decentralization: The Case of General Revenue Sharing. Lexington, MA: Lexington Books, 1974.

―――. eds. Revenue Sharing: Methodological Approaches and Problems. Lexington, MA: Lexington Books, 1976.

Carroll JD. The new juridical federalism and alienation of public policy and administration. Am Rev Public Admin 16: 89 – 105, 1982.

Carroll JD, Campbell RW, eds. Intergovernmental Administration: 1976 Eleven Academic and Practitioner Perspectives. Syracuse, NY: Syracuse University, Maxwell School of Citizenship and Public Affairs, 1976.

Chubb JE. Excessive regulation: the case of federal aid to education. Political Sci Q 100: 287 – 311, 1985a.

―――. Federalism and the bias for centralization. In: Chubb JE, Peterson PE, eds. The New Direction in American Politics. Washington, D. C.: Brookings Institution, 1985b, pp. 273 – 306.

―――. The political economy of federalism. Am Politic Sci Rev 79: 994 – 1015, 1985c.

Chubb JE, Peterson PE, eds. The New Direction in American Politics. Washington, D. C.: Brookings Institution, 1985.

dark JP. The Rise of a New Federalism: Federal-State Co-Operation in the United States. New York: Columbia University Press, 1938.

dark T, Ferguson L. City Money: Political Processes, Fiscal Strain, and Retrenchment. New York: Columbia University Press, 1983.

Clayton R, Conklin P, Shapek R, eds. Policy management assistance-a developing dialogue. Public Admin Rev 35: 693 – 818, 1975.

Cleaveland F, ed. Congress and Urban Problems. Washington, D. C. : Brookings Institution, 1969.

Colbert CM. An Empirical Analysis of Politics-in-Administration: State Agency and State Agency Head Participation in the Policy Process. Ph. D. dissertation, University of North Carolina, Chapel Hill, 1983.

Cole RL, Stenberg CW, Weissert CS. Two decades of change: a ranking of key issues affecting intergovernmental relations. Publius 13: 113 – 122, 1983.

——. Reversing directions: a ranking and comparison of key intergovernmental events, 1960 – 1980 and 1980 – 1995. Paper presented at the annual conference of the American Political Science Association, Chicago, IL, 1995.

Commission on Intergovernmental Relations. Report to the President for Transmittal to the Congress. Washington, D. C. : Government Printing Office, 1955.

Conlan TJ. Federalism and competing values in the Reagan administration. Publius 16: 29 – 48, 1987.

——. New Federalism: Intergovernmental Reform from Nixon to Reagan. Washington, D. C. : Brookings Institution, 1988.

Conlan TJ, Riggle JD, Schwartz DE. Deregulating federalism? The politics of mandate reform in the 104th Congress. Publius 25: 23 – 40, 1995.

Connery RH, Leach RH. The Federal Government and Metropolitan Areas. Cambridge, MA: Harvard University Press, 1960.

Constitution of the United States of America: Analysis and Interpretation. Congressional Research Service, Library of Congress, S. Doc. 92 – 82. 92nd Cong, 2nd sess. Washington, D. C. : Government Printing Office, 1973.

Corwin ES. Court over Constitution. Princeton, NJ: Princeton University Press, 1938.

——. The passing of dual federalism. Virginia Law Rev 36: 1 – 23, 1950.

——. The President-Office and Powers, 1787 – 1957: History and Analysis of Practice and Opinion. New York: New York University Press, 1957.

Council of State Governments. Federal Grants-in-Aid: Report of the Committee on Federal-Grants-in-Aid. Chicago: Council of State Governments, 1949.

Couturier JJ, Dunn SE. Federal colonization of state and local government. State Gov 50: 65 – 71, 1977.

Crook SK. The Pacific Coast Board of Inter-Governmental Relations. Public Admin Rev 11: 103 – 108, 1951.

Culver DC. A bibliography of intergovernmental relations in the United States. Annals 207: 210 – 218, 1940.

Dahl RA. A Preface to Democratic Theory. Chicago: University of Chicago Press, 1956.

Davis SR. The Federal Principle: A Journey Through Time in Quest of Meaning. Berkeley: University of California Press, 1978.

Derthick M. The Influence of Federal Grants: Public Assistance in Massachusetts. Cambridge, MA: Harvard University Press, 1970.

____. Between State and Nation: Regional Organizations of the United States. Washington, D.C.: Brookings Institution, 1974.

____. Uncontrollable Spending for Social Services Grants. Washington, D.C.: Brookings Institution, 1975.

____. American federalism: Madison's middle ground in the 1980s. Public Admin Rev 47: 66–74, 1987.

Diamond M. What the framers meant by federalism. In: Goldwin RA, ed., A Nation of States: Essays on the American Federal System. Chicago: Rand McNally, 1961, pp. 24–41.

____. The Federalist's view of federalism. In: Benson GCS, ed. Essays in Federalism. Claremont, CA: Institute for Studies in Federalism, Claremont College, 1962, pp. 21–64.

____. On the relationship of federalism and decentralization. In: Elazar DJ, ed. Cooperation and Conflict: Readings in American Federalism. Itasca, IL: Peacock, 1969, pp. 72–81.

____. Notes on the Political Theory of the Founding Fathers. Philadelphia, PA: Center for the Study of Federalism, Temple University, 1971.

____. The American idea of equality: a view from the founding. Rev Politics 38: 313–331, 1976a.

____. The forgotten doctrine of enumerated powers. Publius 6: 187–193, 1976b.

Dilger RJ, ed. American Intergovernmental Relations Today: Perspectives and Controversies, Englewood Cliffs, NJ: Prentice–Hall, 1986.

Dommel PR. The Politics of Revenue Sharing. Bloomington: Indiana University Press, 1974.

____. Social targeting in community development. Political Sci Q 95: 465–481, 1980. Dommel PR et al. Decentralizing Community Development. Washington, D.C.: Department of Housing and Urban Development, 1978.

____. Targeting Community Development. Washington, D.C.: Department of Housing and Urban Development, 1980.

Durham GH. Politics and administration in intergovernmental relations. Annals 207: 1–6. Dye TR. Politics, Economics, and the Public: Policy Outcomes in the American States. Chicago: Rand McNally, 1966.

____. American Federalism: Competition Among Governments. Lexington, MA: Lexington Books, 1990.

Earle EM, ed. The Federalist. New York: Random House Modern Library, 1937.

Earle V, ed. Federalism: Infinite Variety in Theory and Practice. Itasca, IL: Peacock, 1968.

Elazar DJ. The American Partnership: Intergovernmental Cooperation in the Nineteenth-Century United States. Chicago: University of Chicago Press, 1962.

____. The shaping of intergovernmental relations in the twentieth century. Annals 359: 10 - 22, 1965.

____. American Federalism: A View from the States. New York: Harper & Row, 1966, 1972, 1984.

____. Urban problems and the federal government: a historical inquiry. Political Sci Q 82: 505 - 525, 1967.

____. ed. The Politics of American Federalism. Lexington, MA: D.C. Heath, 1969.

____. ed. The federal polity. Publius 3: 1 - 299, 1973.

____. Is federalism compatible with prefectoral administration? Publius 11: 3 - 22, 1981.

____. American Federalism: A View from the States, 3rd ed. New York: Harper and Row, 1984.

____. Exploring Federalism. University of Alabama Press, University: Alabama, 1987.

____. Cooperative Federalism. Paper presented for the Advisory Commission on Intergovernmental Relations-Urban Institute Conference on Interjurisdictional Tax and Policy Competition. Washington, D.C.: March 23 - 24, 1988.

Elazar DJ, Carroll RB, Levine EL, St. Angelo D, eds. Cooperation and Conflict: Readings in American Federalism. Itasca, IL: Peacock, 1969.

Elkins S, McKitrick E. The founding fathers: young men of the revolution. Political Sci Q 66: 181 - 216, 1961.

Elliott J, ed. The Debates in the Several State Conventions on the Adoption of the Federal Constitution, 5 vols. Philadelphia, PA: Lippincott, 1861 - 1863.

Ellwood JW, ed. Reductions in U.S. Domestic Spending: How They Affect State and Local Governments. New Brunswick, NJ: Transaction Books, 1982.

Executive Office of the President, Office of Management and Budget. Strengthening Public Management in the Intergovernmental System: A Report Prepared for the Office of Management and Budget by the Study Committee on Policy Management Assistance. Washington, D.C.: Government Printing Office, 1975.

____. Managing Federal Assistance in the 1980's. Washington, D.C.: Government Printing Office, 1980.

Fairfield RP, ed. The Federalist papers Baltimore, MD: Johns Hopkins University

Press, 1981.

Farber SB. The 1982 new federalism negotiations: a view from the states. Publius 13: 33–38, 1983.

Farkas SG. Urban Lobbying: Mayors in the Federal Arena. New York: New York University Press, 1971.

Farrand M. The Records of the Federal Convention of 1787, 3 vols. New Haven, CT: Yale University Press, 1911.

―――. The Framing of the Constitution of the United States. New Haven, CT: Yale University Press, 1913.

Fesler JW. Area and Administration. University, AL: University of Alabama Press, 1949.

―――. Approaches to the understanding of decentralization. J Politics 27: 536–566, 1965.

―――. The basic theoretical question: how to relate area and function. In: Grosenick LE, ed. The Administration of The New Federalism: Objectives and Issues. Washington, D.C.: American Society for Public Administration, 1973, pp. 4–14.

Fiorina M. Congress: Keystone of the Washington Establishment. New Haven, CT: Yale University Press, 1977.

Fix M. Transferring regulatory authority to the states. In: Eads GC, Fix M, eds. The Reagan Regulatory Strategy: An Assessment. Washington, D.C.: Urban Institute, 1984, pp. 153–179.

Fossett J. Federal Aid to Big Cities: The Politics of Dependence. Washington, D.C.: Brookings Institution, 1983.

Frieden BJ, Kaplan M. The Politics of Neglect: Urban Aid from Model Cities to Revenue Sharing. Cambridge, MA: MIT Press, 1975.

Friedrich CJ. Constitutional Government and Democracy. New York: Ginn and Company, 1950.

Friedrich CJ. Trends of Federalism in Theory and Practice. New York: Praeger, 1968.

Gage RW, Mandell MP, eds. Strategies for Managing Intergovernmental Policies and Networks. New York: Praeger, 1990.

General Accounting Office. Intergovernmental Policy and Fiscal Relations. Washington, D.C.: General Government Division, General Accounting Office, 1978.

―――. Intergovernmental Research Agenda, FY 1987–88. Washington, D.C.: Intergovernmental Relations Group, Human Resources Division, General Accounting Office, 1986.

Gaus JM. Federalism and intergovernmental relations. Public Admin Rev 16: 102–

109, 1956. Gelfand MI. A Nation of Cities: The Federal Government and Urban America, 1933 – 1965. New York: Oxford University Press, 1975.

Glazer N. The social agenda. In: Palmer JL, ed. Perspectives on the Reagan Years. Washington, D. C. : Urban Institute Press, 1986, pp. 5 – 30.

Glendening PN, Reeves MM. Pragmatic Federalism: An Intergovernmental View of American Government. Pacific Palisades, CA: Palisades Publishers, 1977, 1984.

Goldenberg EN. The permanent government in an era of retrenchment and redirection. In: Salamon LM, Lund MS, eds. The Reagan Presidency and the Governing of America. Washington, D. C. : Urban Institute Press, 1984, pp. 381 – 404.

Goldwin RA, ed. A Nation of States: Essays on the American Federal System. Chicago; Rand McNally, 1967.

Gomez RA. Intergovernmental Relations in Highways, Minneapolis: University of Minnesota Press, 1950.

Gordon GJ. Managing leviathan: the intergovernmental management agenda for 1980. Publius 10: 137 – 144, 1980.

Governmental Affairs Foundation. Metropolitan Communities: A Bibliography with Special Emphasis on Government and Politics. Chicago: Public Administration Service, 1957.

Gramlich EM. Intergovernmental grants: a review of the empirical literature. In: Oates WE, ed. , The Political Economy of Fiscal Federalism. Lexington, MA: Lexington Books, 1977.

Grant DR. Federal-municipal relationships and metropolitan integration. Public Admin Rev 14: 259 – 267, 1954.

Graves WB, ed. Intergovernmental relations in the United States. Annals 207: 1 – 218, 1940.

———. Intergovernmental Relations in the United States. Legislative Reference Service, Library of Congress. Intergovernmental Relations Subcommittee (Committee Print), 84th Congr. , 2nd sess. Washington, D. C. : Government Printing Office, 1956.

———. Intergovernmental Relations in the United States: An Annotated Chronology of Significant Events, Developments, and Publications with Particular Reference to the Period of the Last Fifty Years. Chicago: Council of State Governments, 1958.

———. American Intergovernmental Relations: Their Origins, Historical Development, and Current Status. New York: Scribner's, 1964.

Grodzins M. American political parties and the American system. West Political Q

13: 974–998, 1960a.

——. The federal system. In: Goals for Americans: The Report of the President's Commission on National Goals. Englewood Cliffs, NJ: Prentice-Hall, 1960b, pp. 265–282.

——. The American System: A New View of Government in the United States. Elazar, DJ, ed. Chicago: Rand McNally, 1966.

Grosenick LE, ed. The Administration of the New Federalism: Objectives and Issues. Washington, D.C.: American Society for Public Administration, 1973.

Gulick LH. Reorganization of the states. Civil Eng 16: 420–421, 1933.

Haider DH. When Governments Come to Washington: Governors, Mayors, and Intergovernmental Lobbying. New York: Free Press, 1974.

Hale GE, Palley ML. The Politics of Federal Grants. Washington, D.C.: Congressional Quarterly Press, 1981.

Hamilton A, Jay J, Madison J. The Federalist, Introduction by Edward M. Earie. New York: Modern Library, 1937.

Hanf K, Scharpf FW. Intergovernmental Policy Making: Limits to Coordination and Central Control. Beverly Hills, CA: Sage Publications, 1978.

Hanus JJ, ed. The Nationalization of State Government. Lexington, MA: D.C. Heath, 1981, Hawkins RB Jr, ed. American Federalism: A New Partnership of the Republic. San Francisco: Institute for Contemporary Studies, 1982a.

——. Conclusion: administrative versus political reform. In: Hawkins RB Jr, ed., American Federalism: A New Partnership for the Republic. San Francisco: Institute for Contemporary Studies, 1982b, pp. 247–254.

Hays SP. Three decades of environmental politics: the historical context. In: Lacey MJ ed. Government and Environmental Politics: Essays on Historical Developments Since World War Two. Baltimore, MD: Johns Hopkins University Press, 1991. Heady F. American constitutional and administrative systems in comparative perspective. Public Admin Rev 47: 9–16, 1987.

Hecio H. Reaganism and the search for a public philosophy. In: Palmer JL, ed. Perspectives on the Reagan Years. Washington, D.C.: Urban Institute Press, 1986, pp. 31–63.

Heller WW. New Dimensions of Political Economy. Cambridge, MA: Harvard University Press, 1966.

Hobbs HH. City Hall Goes Abroad: The Foreign Policy of Local Politics. Thousands Oaks, CA: Sage Publications, 1994.

Holcombe AN. Our More Perfect Union: From Eighteenth-Century Principles to Twentieth-Century Practice. Cambridge, MA: Harvard University Press, 1950.

Hoover Commission (Commission on Organization of the Executive Branch of Government). Administration of Overseas Affairs, Federal-State Relations, Federal Research: A Report to the Congress. Commission Report 18. Washington, D. C.: Government Printing Office, 1949a.

———. Federal-State Relations. S. Doc. 81, 81st Cong., Istsess., March 25, 1949. Washington, D. C.: Government Printing Office, 1949b.

Hovde BJ. The local housing authority. Public Admin Rev 1: 167 – 175, 1940.

Howitt AM. Managing Federalism: Studies in Intergovernmental Relations. Washington, D. C.: Congressional Quarterly Press, 1984. Huntington SP. The founding fathers and the division of powers. In: Maass A, ed. Area and Power: A Theory of Local Government. Glencoe, IL: Free Press, 1959, pp. 150 – 205.

Jacob H, Vines KN, eds. Politics in the American States: A Comparative Analysis. Boston: Little, Brown, 1965.

Jennings ET Jr, Krane D. Coordination and welfare reform: the quest for the philosopher's stone. Public Admin Rev 54: 341 – 348, 1994.

Jennings ETJr, Zank NS, eds. Welfare System Reform: Coordinating Federal, State, and Local Public Assistance Programs. Westport, CT: Greenwood Press, 1993.

Jennings ET Jr et al., eds. From Nation to States: The Small Cities Community Development Block Grant Program. Albany: State University of New York Press, 1986.

Jensen M. The New Nation: A History of the United States During the Confederation, 1781 – 1789. New York: Knopf, 1950.

Jillson CC. Constitution-making: alignment and realignment in the federal convention of 1787. Am Political Sci Rev 75: 598 – 612, 1981.

Johnson GW, Heilman JG. Meiapolicy transition and policy implementation: new federalism and privatization. Public Admin Rev 47: 468 – 478, 1987.

Joint Federal-State Action Committee. Final Report of the Joint Federal-State Action Committee to the President of the United States and to the Chairman of the Governors' Conference. Washington, D. C.: Government Printing Office, 1960.

Jones CO, Thomas RD, eds. Public Policy Making in a Federal System. Beverly Hills, CA: Sage Publications, 1976.

Jones V. Metropolitan Government. Chicago: University of Chicago Press, 1942.

———. Metropolitan studies. Public Admin Rev 13: 57 – 63, 1953.

Jun JS, Wright DS, eds. Globalization and Decentralization: Institutional Contexts, Policy Issues, and Intergovernmental Relations in Japan and the United States. Washington, D. C.: Georgetown University Press, 1996.

Katzmann RA. Institutional Disability: The Saga of Transportation Policy for the Disabled. Washington, D. C.: Brookings Institution, 1986.

Kaufman H. Administrative decentralization and political power. Public Admnin Rev

29: 3-15, 1969.

Kenyon C. Men of little faith: the anti-federalists on the nature of representative government. William Mary Q 12: 1-25, 1955.

Kenyon DA, Kincaid J. Competition Among States and Local Governments: Efficiency and Equity in American Federalism. Washington, D. C.: Urban Institute Press, 1991.

Ketcham RM. Intergovernmental Cooperation in the Los Angeles Area. Berkeley: Bureau of Government Research, University of California, 1940.

Ketti DR. The fourth face of federalism. Public Admin Rev 41: 366-371, 1981a.

――. Regulating the cities. Publius 11: 111-125, 1981b.

――. The Regulation of Federalism. Baton Rouge: Louisiana State University Press, 1983a.

――. The uncertain brides: regulatory reform in Reagan's new federalism. In: Publius: Annual Review of American Federalism, 1981. Philadelphia, PA: Center for the Study of Federalism, Temple University, 1983b.

Key VO Jr. The Administration of Federal Grants to the States. Chicago: Public Administration Service, 1937.

――. A theory of critical elections. J Politics 17: 3-18, 1955.

Kincaid J, Stever JA. Rise and decline of the federal government's institutional capacity for intergovernmental analysis: ACIR, OMB, GAO, and the Congress. Paper presented at the 1992 annual meeting of the American Political Science Association, Chicago, IL, 1992.

Kincaid J. American Federalism: The Third Century. Annals 509: 9-152, 1990a.

――. From cooperative to coercive federalism. Annals 509: 139-152, 1990b.

――. Constitutional federalism: labor's role in displacing places to benefit persons. PS: Political Science and Politics 26: 172-177, 1993a.

――. From cooperation to coercion in American federalism: housing, fragmentation and preemption, 1780-1992. J Law Politics 9: 333-430, 1993b.

――. From dual to coercive federalism in American intergovernmental relations. In: Jun JS, Wright DS, eds. Globalization and Decentralization: Institutional Contexts, Policy Issues, and Intergovernmental Relations in Japan and the United States. Washington, D. C.: Georgetown University Press, 1996, pp. 21-47.

King P. Federalism and Federation. Baltimore, MD: Johns Hopkins University Press, 1982.

Krislov S, Rosenbloom D. Representative Bureaucracy and the American Political System. New York: Praeger, 1981.

Landau M. Baker v. Carr and the ghost of federalism. In: Schubert G, ed. Reapportionment. New York: Scribner's, 1965.

———. Federalism, redundancy, and system reliability. Publius 3: 173 – 196, 1973.

Larkey PD. Evaluating Public Programs: The Impact of General Revenue Sharing on Municipal Government. Princeton, NJ: Princeton University Press, 1979.

Laski HJ. The obsolescence of federalism. New Republic 98: 367 – 369, 1939.

Leach RH. American Federalism. New York: W. W. Norton, 1970.

———. ed. Intergovernmental relations in America today. Annals 416: ix, 1 – 193, 1974.

———. ed. Intergovernmental Relations in the 1980s. New York: Marcel Dekker, 1983.

———. Federalism and intergovernmental relations: theories, ideas, concepts. In: Rabin , eds. Handbook of Public Administration. New York: Marcel Dekker, 1988.

Leuchtenburg WE. The New Nationalism: Theodore Roosevelt. Englewood Cliffs, NJ: Prentice-Hall, 1961.

———. In the Shadow of FDR: From Harry Truman to Ronald Reagan. Ithaca, NY: Cornell University Press, 1983.

Levine EL, Wexler EM. PL 94 – 142: An Act of Congress. New York: Macmillan, 1981.

Lienesch M. In defense of the anti-Federalists. History of Political Thought 4: 65 – 87, 1983a.

———. Interpreting experience: history, philosophy, and science in the American constitutional debates. Am Politics Q 11: 379 – 401, 1983b.

Long NE. Power and administration. Public Admin Rev 9: 257 – 264, 1949.

———. The Polity. Chicago: Rand McNally, 1962.

———. The Unwalled City: Reconstituting the Urban Community. New York: Basic Books, 1972.

Lotchin, RW. The city and the sword: San Francisco and the rise of the metropolitan-military complex, 1919 – 1941. J Am Hist 65: 996 – 1020, 1979a.

———. The Darwinian city: the politics of urbanization in San Francisco between the world wars. Pacific Hist Rev 48: 357 – 381, 1979b.

———. The metropolitan-military complex in comparative perspective: San Francisco, Los Angeles, and San Diego, 1919 – 1941. J West 18: 19 – 30, 1979c.

———. The city and the sword in metropolitan California, 1919 – 1941. Urban Past Present 7: 1 – 16, 1982.

———. ed. The Martial Metropolis: U. S. Cities in War and Peace. New York: Praeger, 1984.

Lovell C. Evolving local government dependency. Public Admin Rev 41: 189 – 202, 1981.

_____. Mandating: operationalizing domination. Publius 11: 59–78, 1981.

Lovell C, Tobin C. The mandating issue. Public Admin Rev 41: 318–331, 1981.

Lowi T. American business, public policy, case-studies, and political theory. World Politics, 16: 677–715, 1964.

_____. Four systems of policy, politics, and choice. Public Admin Rev 32: 298–310, 1972.

_____. The Europeanization of America? From United States to united state. In: Lowi TJ, Stone A, eds. Nationalizing Government: Public Policies in America. Beverly Hills, CA: Sage Publications, 1978.

Lucas TM. NSF-sponsored research on general revenue sharing: the formula. In: Caputo DA, Cole RL, eds. Revenue Sharing: Methodological Approaches and Problems. Lexington, MA: Lexington Books, 1976.

Lutz EA. Intergovernmental relations at the grass roots. Public Admin Rev 9: 119–125, 1949.

Lyons W, Morgan D. The impact of intergovernmental revenue on city expenditures: analysis over time. J Politics 39: 1088–1097, 1977.

Macaluso A. Background and history of the Study Committee on Policy Management Assistance. Public Admin Rev 35: 695–700, 1975.

MacDonald AP. Federal Aid: A Study of the American Subsidy System. New York: Crowell, 1928.

_____. Recent trends in federal aid to the states. Am Political Sci Rev 25: 628–634, 1931.

_____. Federal aid to the states: 1940 model. Am Political Sci Rev 34: 489–499, 1940. Macmahon AW, ed. Federalism: Mature and Emergent. Garden City, New York: Doubleday, 1955.

_____. Administering Federalism in a Democracy. New York: Oxford University Press, 1972. Mandell M. Letters to the editor: intergovernmental management. Public Admin Times 2 (Dec. 15): 2, 1979.

Mandell MP. Network management: strategic behavior in the public sector. In: Gage RW, Mandell MP, eds. Strategies for Managing Intergovernmental Policies and Networks. New York: Praeger, 1990, pp. 29–53.

Marando VL, Florestano PS. Intergovernmental management: the state of the discipline. In: Lynn NB, Wildavsky A, eds. Public Administration: The State of the Discipline. Chatham, NJ: Chatham House, 1990, pp. 287–317.

Martin RC, The Cities and the Federal System. New York: Atherton Press, 1965.

Mashaw JL, Rose-Ackerman S. Federalism and regulations. In: Eads GC, Fix MN, eds. The Reagan Regulatory Strategy: An Assessment. Washington, D.C.: Urban Institute, 1984, pp. 111–145.

Maxwell JA. Recent developments in federal-state financial relations. Nat Tax J 13: 310-319, 1960.

————. Tax Credits and Intergovernmental Fiscal Relations. Washington, D. C.: Brookings Institution, 1962.

McCulloch RW. Intergovernmental relations as seen by public officials. Annals 359: 127-136, 1965.

McLean JE. Politics Is What You Make It. Public Affairs Pamphlet. New York: Public Affairs Committee, 1952.

Meese E III. The attorney general's view of the Supreme Court: toward a jurisprudence of original intention. Public Admin Rev 45: 701-704, 1985.

Merriam CE, et al. The Government of the Metropolitan Region of Chicago, Chicago: University of Chicago Press, 1933.

Mieszkowski P, Oakland WH, eds. Fiscal Federalism and Grants-in-Aid. Washington, D. C.: Urban Institute Press, 1979.

Miller TC, ed. Public Sector Performance: A Conceptual Turning Point. Baltimore, MD: Johns Hopkins University Press, 1984.

Mogulof MB. Governing Metropolitan Areas: A Critical Review of Councils of Governments and the Federal Role. Washington, D. C.: Urban Institute Press, 1971.

Mollenkopf JH. The Contested City. Princeton, NJ: Princeton University Press, 1983.

Morgan RJ. Madison's analysis of the sources of political authority. Am Political Sci Rev 75: 613-625, 1981.

Morison SE, Commager HS. The Growth of the American Republic, vol. II. New York: Oxford University Press, 1950.

Morlan RL. Intergovernmental Relations in Education, Minneapolis: University of Minnesota Press, 1950.

Mosher F. Democracy and the Public Service. New York: Oxford University Press, 1968, 1982.

Mosher F, Stillman R II. Introduction to symposium on the professions in government. Public Admin Rev 37: 631-633, 1978.

Mowry GE, Brownell BA. The Urban Nation: 1920-1980, rev. ed. New York: Hill and Wang, 1981.

Muller T, Fix M. The Impact of Selected Federal Actions On Municipal Outlays. Washington, D. C.: Joint Economic Committee of the U. S. Congress, 1980.

Mushkin SJ. Barriers to a system of federal grants-in-aids. Nat Tax Journal. 13: 193-218. 1960.

Nathan RP. Federalism and the shifting nature of fiscal relations. Annals 419: 120-129, 1975.

_____. Institutional change under Reagan. In: Palmer JL, ed. Perspectives on the Reagan Years. Washington, D. C.: Urban Institute Press, 1986, pp. 121 – 145.

Nathan RP, Adams CF Jr. Revenue Sharing: The Second Round. Washington, D. C.: Brookings Institution, 1977.

Nathan RP, Doolittle FC. The Consequences of Cuts: The Effects of the Reagan Domestic Program on State and Local Governments. Princeton, NJ: Princeton Urban and Regional Research Center, 1983.

_____. Reagan and the States. Princeton, NJ: Princeton University Press, 1987.

Nathan RP, et al. Monitoring Revenue Sharing. Washington, D. C.: Brookings Institution, 1975.

_____. Block Grants for Community Development. Washington, D. C.: Department of Housing and Urban Development, 1977.

National Journal. The new federalism: theory, practice, problems. A special report. Washington, D. C.: Government Research Corporation, 1973.

National Municipal Review. Report of the Committee on Federal Aid to the States. National Municipal League, 1928, pp. 619 – 659.

Nice DC. Federalism: The Politics of Intergovernmental Relations. New York: St. Martin's Press, 1987.

Nice DC, Frederickson P. The Politics of Intergovernmental Relations. Chicago, IL. Nelson Hall, 2nded., 1995.

Oates WE, ed. Financing the New Federalism: Revenue Sharing, Conditional Grants, and Taxation. Baltimore, MD: Johns Hopkins University Press, 1975.

Ostrom V. The Political Theory of a Compound Republic: A Reconstruction of the Logical Foundations of American Democracy as Presented in "The Federalist". Blacksburg, VA: Center for Public Choice, Virginia Polytechnic Institute, 1971.

_____. The Political Theory of the Compound Republic: Designing the American Experiment, Lincoln: University of Nebraska Press, 1987.

_____. The Meaning of American Federalism: Constituting a Self-Governing Society. San Francisco, CA: Institute for Contemporary Studies, 1991.

Ostrom V, Ostrom E. A behavioral approach to the study of intergovernmental relations. Annals 359: 137 – 146, 1965.

O'Toole LJ Jr, ed. American Intergovernmental Relations: Foundations, Perspectives, and Issues. Washington, D. C.: Congressional Quarterly Press, 1985, 2nd ed. . 1995.

Palmer JL. Philosophy, policy, politics: integrating themes. In: Palmer JL, ed. Perspectives on the Reagan Years. Washington, D. C.: Urban Institute Press, 1986, pp. 175 – 205.

Paterson JT. The New Deal and the States: Federalism in Transition. Princeton, NJ: Princeton University Press, 1969.

Perloff HS, Nathan RP, eds. Revenue Sharing and the City. Baltimore, MD: Johns Hopkins University Press, 1968.

Peterson GE, Lewis CW, eds. Reagan and the Cities, Washington, D. C. : Urban Institute Press, 1986.

Peterson GE, et al. The Reagan Block Grants: What Have We Learned? Washington, D. C. : Urban Institute Press, 1986.

Peterson P. City Limits. Chicago: University of Chicago Press, 1981.

Peterson P, Rabe BG, Wong KK. When Federalism Works. Washington, D. C. : Brookings Institution, 1986.

Petkas PJ. The US regulatory system: partnership or maze? Nat Civic Rev 70: 297 – 301, 1981.

Porter D. Responsiveness to citizen-consumers in a federal system. Publius: 5: 51 – 77, 1975.

Pressman JL. Federal Programs and City Politics. Berkeley: University of California Press, 1975.

Pressman JL, Wildavsky AB. Implementation: How Great Expectations in Washington are Dashed in Oakland. Berkeley: University of California Press, 1973.

Proctor DM. Federal-City Relations: A Report to the President of the United States. Washington, D. C. : National Institute of Municipal Law Officers, 1953.

Ranney A. The divine science: political engineering in American culture. Am Political Sci Rev 70: 140 – 148, 1976.

Raup R. Intergovernmental Relations in Social Welfare. Minneapolis: University of Minnesota Press, 1952.

Reagan MD. The New Federalism. New York: Oxford University Press, 1972.

———. Regulation: The Politics of Policy, Boston: Little, Brown, 1987.

Redford ES. Democracy and the Administrative State. New York: Oxford University Press, 1969.

Reed TH. Federal-State-Local Fiscal Relations. Chicago: Municipal Finance Officers Association, 1942.

Report of the Committee on Federal Aid to the States. National Municipal Review 17 (special supplement), 1928.

Reuss HS. Revenue Sharing: Crutch or Catalyst for State and Local Governments? New York: Praeger, 1970.

Riker WH. The Senate in American federalism. Am Political Sci Rev 44: 452 – 469, 1955.

———. Federalism: Origin, Operation, Significance. Boston: Little, Brown, 1964.

Roche JP. The founding fathers: a reform caucus in action. Am Political Sci Rev 55: 799-816, 1961.

Rohr JA. To Run A Constitution: The Legitimacy of the Administrative State. Lawrence: University of Kansas Press, 1986.

Rose R. The Territorial Dimension in Government. Chatham, NJ: Chatham House, 1982. Rosenthal D. Sticking-Points and Ploys in Federal-State Relations. Philadelphia, PA: Center for the Study of Federalism, Temple University, 1979.

Rosenthal SR. New directions for evaluating intergovernmental programs. Public Admin Rev44: 491-503, 1984.

Rossiter C, ed. The Federalist Papers. New York: Mentor Books, 1961. Rourke FE. Intergovernmental Relations in Employment Security. Minneapolis: University of Minnesota Press, 1952.

Salamon L. Follow-ups, let downs, and sleepers: the time dimension in policy evaluation. In: Jones C, Thomas R, eds. Public Policy Making in a Federal System. Beverly Hills, CA: Sage Publications, 1976.

Sanford T, Storm Over the States. New York: McGraw-Hill, 1967.

Sayre WS. Trends in a decade of administrative values. Public Admin Rev 11: 1-9, 1951.

Schattschneider EE. The Semi-Sovereign People: A Realist's View of Democracy in America. New York: Holt, Rinehart and Winston, 1960.

Schechter SL. On the compatibility of federalism and intergovernmental management. Publius 11: 127-141, 1981.

Scheffer WF, ed. General Revenue Sharing and Decentralization. Norman: University of Oklahoma Press, 1976.

Scheiber HN. The condition of American federalism: an historian's view. Committee Print. Subcommittee on Intergovernmental Relations, U.S. Senate, 89th Cong., 2nd sess. Washington, D.C.: Government Printing Office, 1966.

———. Federalism and the American economic order, 1789-1910. Law Soc Rev 10: 57-118, 1976.

———. American federalism and the diffusion of power: historical and contemporary perspectives. Toledo Law Rev 9: 619-680, 1978.

———. Federalism and legal process: historical and contemporary analysis of the American system. Law Soc Rev 14: 663-722, 1980. Schlesinger AM Jr. The Age of Roosevelt: The Coming of the New Deal. Boston: Houghton Mifflin, 1959.

———. The Age of Roosevelt: The Politics of Upheaval. Boston: Houghton Mifflin, 1960. Schmidhauser JR. The Supreme Court as Final Arbiter in Federal-State Relations. Chapel Hill: University of North Carolina Press, 1958.

Shapek RA. Managing Federalism: Evolution and Development of the Grant-in-Aid System. Charlottesville, VA: Community Collaborators, 1981.

Sharkansky I. Spending in the American States. Chicago: Rand McNally, 1968.

____. Regionalism in American Politics. Indianapolis, IN: Bobbs-Merrill, 1970.

____. The Maligned States: Policy Accomplishments, Problems, Opportunities, New York: McGraw-Hill, 1972.

Shore WB. Cooperation grows among government units. Public Admin Rev 19: 279 – 282, 1959a.

____. Intergovernmental relations: satisfactions and problems. Public Admin Rev 19: 65 – 69, 1959b.

Skowronek S. Building a New American State: The Expansion of National Administrative Capacities, 1877 – 1920. Cambridge, UK: Cambridge University Press, 1982.

Smith DG. The Convention and the Constitution: The Political Ideas of the Founding Fathers. New York: St. Martin's, 1965.

Snider CF. County and Township Government in 1935 – 1936. Am Political Sci Rev 31: 909 – 916, 1937.

Sprague JD. Voting Patterns of the United States Supreme Court: Cases in Federalism, 1889 – 1959. New York: Bobbs – Merrill, 1968.

Stenberg C. Beyond the days of wine and roses: intergovernmental management in a cutback environment. Public Admin Rev 41: 10 – 20, 1980.

Stephens GR. State centralization and the erosion of local autonomy. J Politics 36: 44 – 75, 1974.

Stephens GR, Olson G. Pass-Through Federal Aid and Interleave Finance in the American Federal System. Kansas City: University of Missouri at Kansas City, 1979.

Stever JA. Intergovernmental management in a revolutionary era. J Public Admin Res Theory 2: 347 – 350, 1992.

Stewart WH. Metaphors and models and the development of federal theory. Publius 12: 5 – 24, 1982.

____. Concepts of Federalism. Lanham, MD: University Press of America, 1984.

Stillman RJ II. Preface to Public Administration: A Search for Themes and Directions. New York: St. Martin's, 1991.

Stoker RP. Reluctant Partners: Implementing Public Policy. Pittsburgh, PA: University of Pittsburgh Press, 1991.

Stolz OG. Revenue Sharing: A Legal and Policy Analysis. New York: Praeger, 1974.

Storing HJ. What the Anti-Federalists Were For. Chicago: University of Chicago

Press, 1981.

Studenski P. The Government of Metropolitan Areas in the United States. New York: National Municipal League, 1930.

Subcommittee on Executive Reorganization, Committee on Government Operations, U. S. Senate. Federal Role in Urban Affairs. Hearings, 90th Cong. pt. 1 – 21. Washington, D. C.: Government Printing Office, 1966 – 1968.

────. Intergovernmental Relations in the United States: A Selected Bibliography, prepared by W. Brooke Graves, Legislative Reference Service, Library of Congress, at the request of the Subcommittee. Committee Print, 84th Cong., 2nd sess., November 1956, Washington, D. C.: Government Printing Office, 1956a.

────. Subcommittee on Intergovernmental Relations, Committee on Government Operations, U. S. House of Representatives (Fountain Committee). Recommendations and Major Statements of the Commission on Intergovernmental Relations, Annotated to Show Method of Implementation and Federal Agency and Program Affected, prepared by the Bureau of the Budget at the request of the Subcommittee. Committee Print, 84th Cong., 2nd sess., August 1956. Washington, D. C.: Government Printing Office, 1956b.

────. Staff Report on Replies from Federal Agencies to Questionnaire on Intergovernmental Relations. Committee Print, 84th Cong., 2nd Sess., August 1956. Washington, D. C.: Government Printing Office, 1956c.

────. Replies from State and Local Governments to Questionnaire on Intergovernmental Relations: Sixth Report, House Report 575, 85th Cong., 1st sess., June 17, 1957. Washington, D. C.: Government Printing Office, 1957.

────. Federal-State-Local Relations: Federal Grants-in-Aid, Thirteenth Report, House Report 2435, 85th Cong., 2nd sess., August 8, 1958. Washington, D. C.: Government Printing Office, 1958a.

────. Federal-State-Local Relations: Joint Federal-State Action Committee. Hearings, 85th Cong., 2nd sess., February 18, 1958. Washington, D. C.: Government Printing Office, 1958b.

Sundquist JL. Dynamics of the Party System: Alignment and Realignment of Political Parties in the United States. Washington, D. C.: Brookings Institution, 1973.

Sundquist JL, with Davis DW. Making Federalism Work: A Study of Program Coordination at the Community Level. Washington, D. C.: Brookings Institution, 1969.

Talbott F. Intergovernmental Relations and the Courts. Minneapolis: University of Minnesota Press, 1950.

Thompson RE. Revenue Sharing: A New Era in Federalism? Washington, D. C.:

Revenue Sharing Advisory Service, 1973.

Truman DB. Administrative Decentralization. Chicago: Public Administration Service, 1940.

———. Federalism and the party system. In: Macmahon AW, ed. Federalism: Mature and Emergent. Gardeny City, NY: Doubleday, 1955, pp. 115 – 136.

Van Riper P. The American administrative state: Wilson and the founders-an unorthodox view. Public Admin Rev 43: 477 – 490, 1983.

Vieg JA. Working relationships in governmental agricultural programs. Public Admin Rev 1: 141 – 148, 1940.

Waldo D. The Administrative State: A Study of the Political Theory of American Public Administration. New York: Ronald Press, 1948.

———. The Enterprise of Public Administration: A Summary View. Novato, CA: Chandler and Sharp, 1980,

Walker DB. Is there federalism in our future? Public Management 61: 12, 1979.

———. Toward a Functioning Federalism. Cambridge, MA: Winthrop, 1981.

———. The Rebirth of Federalism: Slouching Toward Washington. Chatham, NJ: Chatham House, 1995.

Walker L, Plant JF. Woodrow Wilson and the federal system. In: Rabin J, Bowman JS, eds. Politics and Administration: Woodrow Wilson and American Public Administration. New York: Marcel Dekker, 1984, pp. 119 – 132.

Warren C. The Making of the Constitution. New York: Bames and Noble, 1968.

Warren R. The Community in America, 3rd ed. New York: Rand McNally, 1978.

Weidner EE. Decision making in a federal system. In: Macmahon AW, ed. Federalism: Mature and Emergent. Garden City, New York: 1955, pp. 363 – 383.

———. Intergovernmental Relations As Seen by Public Officials. Minneapolis: University of Minnesota Press, 1960.

Welbom DM, Burkhead J. Intergovernmental Relations in the American Administrative State: The Johnson Presidency. Austin, TX: University of Texas Press, 1989.

Wheare KC. Federal Government, 4th ed. New York: Oxford University Press, 1964.

White LD. Introduction to the Study of Public Administration. New York, NY: Macmillan. Supplement to the 1939 rev. ed., 1942, pp. 1 – 21.

White LD. The Federalists. New York: Macmillan, 1948.

———. The Jeffersonians, New York: Macmillan, 1951.

———. The States and the Nation. Baton Rouge: Louisiana State University Press, 1953. Louisiana.

———. The Jacksonians. New York: Macmillan, 1954.

―――. The Republican Era. New York: Macmillan, 1958.

Wikstrom N. Councils of Governments: A Study of Political Incrementalism. Chicago: Nelson–Hall, 1977.

Williamson RS. The 1982 new federalism negotiations. Publius 13: 11–32, 1983.

―――. Reagan's Federalism: His Efforts to Decentralize Government. Lanham, MD: University Press of America, 1990.

Wills G. Explaining America: The Federalist. New York: Penguin Books, 1981.

Wilson W. Congressional Government: A Study in American Politics. Baltimore, MD: Johns Hopkins University Press, 1885.

―――. The study of administration. Political Sci Q 2: 197–222, 1887. Reprint Political Sci Q 55: 481–506, 1941.

―――. Constitutional Government in the United States. New York: Columbia University Press, 1908.

Wirt F. Does control follow the dollar? Value analysis, school policy, and state-local linkages. Publius 10: 69–88, 1980.

―――. Professionalism and political conflict: a developmental model. J Public Policy 1: 61–93, 1981.

Wood GW. The Creation of the American Republic, 1776–1787. New York: W. W. Norton, 1969.

Wood RC. Suburbia: Its People and Their Politics. Boston: Houghton Mifflin, 1958.

―――. Metropolis Against Itself. New York: Committee for Economic Development, 1959.

―――. 1400 Governments. Cambridge, MA: Harvard University Press, 1961.

Wright DS. The Advisory Commission on Intergovernmental Relations: unique features and policy orientation. Public Admin Rev 25: 193–202, 1965.

―――. Intergovernmental Action on Environmental Policy: The Role of the States. Bloomington: Institute of Public Administration, Indiana University, 1967.

―――. Federal Grants-in-Aid: Perspectives and Alternatives. Washington, D. C.: American Enterprise Institute, 1968.

―――. Intergovernmental relations: an analytical overview. Annals 416: 1–16, 1974.

―――. Intergovernmental relations and policy choice. Publius 5: 1–24, 1975.

―――. Understanding Intergovernmental Relations. North Scituate, MA: Duxbury, 1978.

―――. Intergovernmental games: an approach to understanding intergovernmental relations. South Rev Public Admin 3: 383–403, 1980.

―――. New federalism: recent varieties of an older species. Am Rev Public Admin 16: 56–73, 1982a.

———. Understanding Intergovernmental Relations, 2nd ed. Monterey, CA: Brooks/Cole, 1982b.

———. Managing the intergovernmental scene: the changing dramas of federalism, intergovernmental relations, and intergovernmental management. In: Eddy WB, ed. Handbook of Organization Management. New York: Marcel Dekker, 1983, pp. 417–454.

———. A quarter-century window on the US federal system: the shift from national-state relations to intergovernmental relations, 1935–1960. In: Gelfand LE, Neymeyer RJ, eds. Patterns in American Federal-State Relations During the 1950s, the 1960s and the 1970s. Iowa City: Center for the Study of the Recent History of the United States, University of Iowa, 1985, pp. 1–30.

———. A century of the intergovernmental administrative state: Wilson's federalism. New Deal intergovernmental relations, and contemporary intergovernmental management. In: Chandler RC, ed. A Centennial History of the American Administrative State. New York: Macmillan, 1987, pp. 219–260.

———. Understanding Intergovernmental Relations, 3rd ed. Monterey, CA: Brooks/Cole, 1988.

———. Federalism, intergovernmental relations, and intergovernmental management: historical reflections and conceptual comparisons. Public Admin Rev 50: 168–178, 1990a.

———. Policy shifts in the politics and administration of intergovernmental relations, 1930s–1990s. Annals 509: 60–72, 1990b.

———. The coercive-collage phase of IGR. SIAM Intergov News 15: 1–3, 1992.

———. Understanding Intergovernmental Relations. In: Shafritz JM, Hyde AC, eds. Classics of Public Administration. Fort Worth, TX: Harcourt Brace, 1997, pp. 578–594.

Wright DS, Krane D. Intergovernmental Management. Paper presented at the annual meeting of the American Society for Public Administration, Atlanta, GA, 1996.

Wright DS, Peddicord TE. Intergovernmental Relations in the United States: Selected Books and Documents on Federalism and National-State-Local Relations. Philadelphia, PA: Center for the Study of Federalism, Temple University, 1973.

Wright DS, et al. Assessing the Impacts of General Revenue Sharing in the Fifty States: A Survey of State Administrators. Chapel Hill: Institute for Research in Social Science, University of North Carolina, 1975.

Wright DS, White HL, eds. Federalism and Intergovernmental Relations. Washington, D.C.: American Society for Public Administration, Wyatt LR. Intergovernmental Relations in Public Health. Minneapolis: University of Minnesota Press, 1951.

Yarbrough J. Book review of Vincent Ostrom, The Political Theory of the Compound Republic. Am Political Sci Rev 82: 298-300, 1988.

Ylvisaker PN. Intergovernmental Relations at the Grass Roots. Minneapolis: University of Minnesota Press, 1956.

———. Some criteria for a "proper" areal division of powers. In: Maass A, ed. Area and Power: A Theory of Local Government. Glencoe, IL: Free Press, 1959, pp. 27-49.

Yoo JW, Wright DS. Public Policy and Intergovernmental Relations: Measuring Perceived Change (s) in National Influence-The Effects of the Federalism Decade. Policy Studies J. 21: 687-699, 1993.

Zimmerman JF. The Federated City. New York: St. Martin's, 1972.

———. State-Local Relations: A Partnership Approach. New York: Praeger, 1983, 2nd ed., 1995.

———. Federal Preemption: The Silent Revolution. Ames: Iowa State University Press, 1991.

———. The Growth of National Power. New York: Praeger, 1992.

第十二章 联邦制和政府间关系:理论、理念和概念

理查德 H. 里奇[*]

任何美国政府学者或者参与者很快就知道,美国政府至少在三个方面与众不同:我们的宪法体系纳入了权力分离(separation of powers)、司法审查(judicial review)和联邦制度。这三个方面都是奠基者所关注的事情的总结:权力应该分离而且得到限制。奇怪的是,他们在起草宪法时,并没有将这三个特殊特点的具体细节写入宪法。关于权力分离,他们的意图只有通过在宪法前三条隐晦地对多种关系的事后回溯分析中得出来。虽然司法审查的根源(taproot)在最高条款内(the Supremacy Clause)(第6条,第二款),它更全面地体现在亚历山大·汉弥尔顿(Alexander Hamilton)在《联邦党人文集》第78篇(Federalist No. 78)和马歇尔(Marshall)在马伯里诉麦迪逊一案(Marbury v. Madison),以及麦卡洛克诉马利兰州一案(McCulloch v. Maryland)所做的裁决中。

联邦制度也是同样的情况。用汉弥尔顿的话说,奠基者来到费城是为了解决"我们独立的危险",他们认为该种危险根源于"一个不确定联盟各种弊端的……危险"(Hamilton 1850)。联盟的持续,这一点在《邦联条款》(the Articles of Confederation)中已明确化,被认为是理所当然的事情。正如他们所认为的,需要的是中央政府的角色和权力的变化——不可避免地在那些一起构成联盟的州内发生变化。"这与每个州的幸福是分不开的,"乔治·华盛顿在给纽约大法官罗伯特·利文斯通(Chancellor Robert Livingstone)的信中说,"因此,应该设置一个最高权力机构,来调节和治理联邦共和国的普遍问题"(Mason and Leach 1981)。正是为此目的,结果是提出了国家权力导向的维吉尼亚计划(power-oriented

---

[*] 理查德 H. 里奇(Richard H. Leach),杜克大学(Duke University)

Virginia Plan），这反过来又促进了新泽西计划（New Jersey Plan），该计划将宪法视为限制国家权力从而有利于各州的、保护联盟的一个方式。如果这表明后来寻求整合两个计划的辩论启发了奠基者，他们认为最后的产品是联邦制度，但事实上没有。辩论集中在建立国家政府不同机构的细节上，根本没有涉及他们所考虑的在得到加强的中央政府和各州之间关系的性质。因此对于权力分离和司法审查的实际情况，对联邦制度，奠基者既没有勾画出其理论支持，也没有做什么操作上的支持。

但是一开始联邦制度缺乏确定性概念并不意味着人们不关注其发展方向。他们很快展开了宪法中所暗指的有关联邦制的辩论，并持续到现在。的确，本文的目的就是试图思考自宪法成形以来，联邦制在美国历史上200多年的发展中其主要推动力（directive thrusts）的实质。

有关联邦制度的文献数量巨大，而且仍在增长。如果认为联邦制是在一个中央或者国家政府——通常叫做"联邦政府"——和该国分为更小辖区范围的政府——"州"或"省"——以及无数的地方政府之内（所有层级的政府按照宪法对权力的分配来直接管理人民（operate on the people））的一种权利分配方式的话，对于其他问题是难以达成一致意见的。至少可以确定有5个不同的联邦制度的概念，这一证明突出该主题的意见分歧。简言之，这五种路径是：

宪政联邦主义（Constitutional federalism）：在国家政府、各州以及地方政府之间不确定地分享权力。

州权联邦主义（States' rights federalism）：权力的分享用以保护各州的某个壁垒。

行政联邦主义（Administrative federalism）：根据变化的伙伴关系分享日常权力。

集权联邦主义（Centralized federalism）：权力分享是根据国家政府主导执行的目的和程序而定。

新联邦主义（New federalism）：权力分享是根据已经确定的国家和州的职能。

现在对每种路径进行简要的描述。

Ⅰ. 宪政联邦主义

正如前面所提到的，我们的奠基人并没有详尽地描述他们已经实施的联邦制度。虽然奠基人在费城没有详细论述联邦主义，但是随即就有两个人尽力补救这一情势。在《联邦党人文集》（Federalist 1981）好几篇文章内，亚历山大·汉弥尔顿以及詹姆斯·麦迪逊（James Madison）在很多地方对宪法详细评论中详述了联邦主义，当时宪法正在被几个州的宪法会议上考虑和批准。

这样，汉密尔顿在《联邦党人文集》第 5 篇中，积极回应奠基人詹姆斯·威尔逊（James Wilson）的结论，即在宪法的导言里，具体宣称宪法是人民的起源、赋予州至高无上的权威以及它是《邦联条款》的基础，这些都是不可能的。汉弥尔顿在《联邦党人文集》第 9 篇断言，是人民给予国家政府巨大增长的权力，也是人民授予了"一个巩固的体制"、一个"在一个政府之下的合众国"并且"[各州]完全服从合众国的普遍权威"。

但是威尔斯（Wills 1982）指出，《联邦党人文集》的三个作者——汉弥尔顿、麦迪逊和杰伊（Jay）——不得不说服那些反对批准宪法的人——有许多这样的反联邦党人——"各州服从[所提议的充满活力的国家政府]并不会使他们消失……因此，作为一种'甜言蜜语'的劝说，汉弥尔顿认为是……部分地（partial）把各州融合或合并"到修改过的合众国中。在《联邦党人文集》第 32 篇，汉弥尔顿认为

> 各州完全合并成为一个完整的、全国性的主权国家意味着各个部分完全处于从属地位，他们无论保留什么权利将取决于[人民的]普遍意愿。但是……制宪会议计划的目的仅在于局部的联合或者合并……

但是，正如威尔斯所提醒我们的，如果汉弥尔顿是支持权力集中，"但是存在着分权，[而]这正是[他]所为之而战的"。因此他又不得不"再次向人民保证……'合并'并不是全部的均质化"（Wills 1982），这一点在汉弥尔顿《联邦党人文集》第 9 篇试图解释清楚，他假设，在第 1 条第一款中新国家政府没有规定的权力领域仍然作为一种剩余或并存的权力留给各个州。在第 34 篇，他谈到，关于税收权，州拥有"与合众国同等的权力"。在《联邦党人文集》第 23 篇，他否认，赋予国家政府额外的权利"对于受其限制的反对者来说是太大了"。在这一点，他认为，"或者，换句话说，是为了管理我们国家的利益"。言下之意，还有州的利益须保证受到保护。

对麦迪逊而言，虽然"他的基本论点[是]赞成中央政府有更多的权力"（Wills 1982），但是在《联邦党人文集》第 39 篇中，他声称不会"合并成一个国家"，但会"在它们各自范围内"保留权力；在第 43 篇中，他谈到"各州的保留权力"；在第 45 篇中，他担心各州所拥有的"没有牺牲的保留权力"（un-sacrificed residue）所构成的危险。在《联邦党人文集》第 39 篇中有一段著名的话表明麦迪逊甜言蜜语的功夫不逊于汉弥尔顿。

> 大家提议的宪法……严格意义上而言，既不是国家性的（national）也不是联邦性的（federal）宪法，而是二者的综合体。它的基础是联邦性的，不是国家性的；从政府获得普通权利的来源上看，它部分是联邦性的，部分是国家性的；从这些权利的操作上看，它是国家性

的，不是联邦性的；但从权力的范围上看，它又是联邦性的，不是国家性的……在引进修正案的授权方式上，它既不完全是联邦性的也不完全是国家性的；[而且] 在宪法批准方面，[在这种情况下，每个州] 都被认为是一个主权实体，独立于其他州之外，而且只受其自己主动行为的约束……该宪法一旦确定，它将是一个联邦性的而不是全国性的宪法。

麦迪逊并没有就此停止。在《联邦党人文集》第 51 篇，他无情抨击派系这头野兽，并赞扬了新宪法，赞扬宪法是对"在两个不同的政府之间"的人们交给政府的权力所进行的分配方式。保护人们权利更好的方式是："不同的政府将彼此控制，同时彼此受到自己控制。"

反联邦党人对汉弥尔顿和麦迪逊的"甜言蜜语"极为不满。仔细阅读了在批准宪法时期所有主要的反联邦党人文章后，斯托林（Storing 1981）相信（他的研究是对该主题的确定性研究（definitive work）），虽然他们相信 1787 年美国出现的紧急情况并没有严重到足以对"宪法所主张的政府体系"内所发生的广大变化做出令人满意的解释，但是他们的确同意"联合国家（union）是必需的；需要一个有效的政府；《邦联条款》没有产生这样一个政府"。对于他们来说，这是一件在《邦联条款》和所提议的宪法之间互相妥协的事情。而他们的绊脚石是几乎无一例外都害怕所赋予的权力将不可避免地变成滥用权力。因此，国家政府的目标和所赋予它完成这些目标的权力必须受到更加严格的限制，这是相对于在宪法草案中这些目标和权力而言的。

而且，反联邦党人确信联邦主义者寻求给国家政府更多的权力从而使得它成为人民"寻求国家财富和光荣"的工具（Storing 1981）。但是在他们眼中，后者不是政府的确切目标，尤其是对美国而言。"你们不要询问……你们是如何成为一个伟大而强盛的民族，"反联邦党人帕特里克·亨利（Patrick Henry）写道。相反，你们应该询问"你们的自由可以怎样得以确保？"在质疑中，反联邦党人认为，州政府是最重要的，因为是州政府对公民的幸福负主要责任，国家政府应该适当地限制在国防、对外关系以及一般性商务（general commerce）等领域。总之，联邦体制应该是一个包含"平行的政府，他们彼此相互处于平衡或者紧张之中"。正如一份反联邦党人小册子（Brutus）所说的：

> 所有专门用来为提高政府目标而执行的权力，既不能赋予全国政府（general government），也不能赋予州政府。这些权力应该在二者之内分享——某些目标应该由这种政府达到，其他某些目标应该由另外一种政府达到；这样，加在一起就包括了好政府（good government）的所有目标。如果真的是这种情况下，我们可以得出结论，每一种政府都应当有实现目标的、配备被设计好了的工具（Storing 1981）。

或者正如斯托林，基于反联邦党人著作的一个更广泛的视角，所得出的结论："联邦主义者强调在该［混合系统］内的国家成分的优先性，但是反联邦党人则提出了严格权力分享的重要性，甚至有点像一个主权的分割"（Storing 1981）。

最后，宪法草案按照所提议的文本得到通过，但是随即就有人试图"确保各州持续的独立和活力，而这在宪法中［是］不存在的"（Storing 1981）。第十条修正案作为《1791年人权法案》的一部分，声明"宪法未授予合众国的、也未禁止各州行使的权力，由各州保留，或由人民保留"。事实上，第十条次修正案并没有对反联邦党人所提出的问题给予一个满意的答复，最后4个字（给了人民）本身就是一个非常空泛的声明。

总之，宪政联邦主义向我们介绍了在联邦里尔舞中（in the federal reel）跳舞的人并没有教我们或者他们舞蹈的诀窍。①这样就避免了最终定义的理论困境，因此也让舞者他们自己临时发挥，让我们去了解舞台上正在发生的事情。可能这对许多奠基人来说并不重要，他们认为他们已经达成了一个妥协，这是"在建立一个真正的国家政府过程中，或多或少暂时所做的安排"（Storing 1981）。无论如何，宪政联邦主义完全禁止我们在国家和州权力之间支持任何特殊的联系。

Ⅱ. 州权联邦主义

虽然在建国之时州权联邦主义有很多想法与反联邦党人思想有关，但是实际上它扎根于1798年和1799年的《肯塔基决议案》和《维吉尼亚决议案》（Kentucky and Virginia Resolutions），分别由托马斯·杰斐逊（Thomas Jefferson）和詹姆斯·麦迪逊所写。两个决议案是针对《侨民及叛乱法案》（the Alien and Sedition Acts），这是由联邦主义者所控制的国会在1798年所制定的，它是为了回应已察觉到与法国交战的可能。在其他事情中，他们本可能会允许总统命令任何他认为对国家的和平和安全构成危险的侨民离开本国，本来该允许通过罚款和监禁的形式对那些违反国家政府措施、妨碍国家法律执行、或对国家政府官员进行恶毒攻击的人予以惩罚。虽然这一法案的执行很松懈，而且很快就到期，但是在一些情况下的执行以及它们在法令中的重要性很快就激起了许多美国人的盛怒。而且，人们认为它们都违背了宪法。但是，它们没有拿到最高法院去证明。肯塔基州的立法机关主要是由控制了国家政府的联邦党（Federalist Party）的反对者组成，他们要求杰斐逊起草一系列的决议案以求考虑通过。杰斐逊非常高兴地遵从了他们的请求，他写的这系列提议案很快就得以通过并且在1798年年底前得到该州州长的批准。在1799年它们再次得到确定。决议案宣称：

> 无论何时，只要全国政府行使未经授权的权力，它的行动就没有

权威，没有效力；至于这个契约［即宪法］，每个州同意还是一个州，而且是一个完整的成员（party），对于州来说，它的伙伴州则形成了另一成员；根据这一契约建立的政府在授予它的权力范围内并不是最高的或最终的裁判；……但是，由于在成员州内关于契约的各种情况下没有共同的裁判，所以每个成员州都有同等的权利去自己判断，以及同等权利违规，同等权利调整方式和措施（Jefferson 1975）。

在维吉尼亚立法机关的要求下，麦迪逊在他准备的决议案中用了更强烈的语言，该决议案也于1798年予以通过和认可。麦迪逊的部分观点是：

> 联邦政府的权力，来自于其契约，根据这一契约：州都是部分（parties），受到组成该契约的工具的明显意义和目的限制，而且在契约中列举的、所授予的权力之外的权力不再有效；并且……万一出现故意、明显和造成危险地执行……不是契约授权内的权力，作为部分的各州因而有权并且是在职责范围内来介入，以阻止邪恶的发展，以在他们各自的权限内维持属于他们的权威、权利以及自由（Madison 1884）。

简言之，杰斐逊和麦迪逊在当时的政治高潮中所做的只是把一个新的概念引进到美国联邦主义的讨论中来；也就是，宪法仅仅是一个由几个州达成的契约——协议或盟约，不是其序言中所宣称的人民的工具。在当时，就法律而言，"契约"除了是指在两个或更多的州之间的协议外，没有通用（in general use）。杰斐逊和麦迪逊应该非常熟悉维吉尼亚州和马里兰州于1785年达成的《波托马克河契约》（Potomac River Compact），正如他们所写，至今仍然生效。固然，在使用时，各成员州虽然起草并接受了一个契约，但他们仍保留了废除它的权力。但是把这个想法置于宪法更广泛的情况下又是不无奇怪的，其他州不支持决议案就表明了这一点。

更为重要的是，杰斐逊，尤其是麦迪逊所呼吁的是，州对据说被契约的产物——国家政府——所违反时的抗议行动——介入和废止。介入包括州处于"在市民和国家政府之间以防止对［他们］执行法律。根据这一原则，每个州都是国家行动合法性或宪法性的裁决者，并可能'干预'国家权威以废止联邦行动"（Plano and Greenberg 1985）。这样做的目的是保护州的权力，这是在授予国家政府权力以及否决国家和州政府权力之后在宪法中留给它们的那些不确定领域的权利。可能让人吃惊的是，杰斐逊和麦迪逊都没有谈到第十条修正案是州权的护卫。

如果《肯塔基决议案》和《维吉尼亚决议案》在那个时代并不那么重要的话，那么当它们发展的州权概念逐渐成熟时，它们所包含的新思想也开始被加以利用。后来，杰斐逊和麦迪逊的观点被约翰·C. 卡尔霍恩（John C. Calhoun）补充了，他赞成保护内战前的南方地方主义（sectionalism），也被一个世纪以后那些看到了最高法院对地方分立主义、商务条款以及州镇压叛乱法以夺取州权的人所补充，被那些看到在给各州提供救助金的联邦法律和法规中带有未经授权的强迫成分的人所补充。对于州权的许多信奉者来说，第十条修正案已经全都讲述到了。

两个事例完全可以说明州权利仍在继续。1957 年，得克萨斯州司法总长（attorney general）请求立法机构考虑一个决议，该决议干涉了"得克萨斯州的主权，它侵犯了［该］州的保留权"（Macdonald et al. 1957）。虽然是在得克萨斯州，但是该决议激起其他州"解决有关自然资源的同意权问题"。对《1938 年天然气法案》（the Natural Gas Act of 1938）存在争论，后来赞成国家政府在该法案下行事的最高法院的决议也参与了辩论。该决议宣称：

> 但是，得克萨斯州的……立法机关再次宣称了基本的原则，无论何时联邦政府试图冒险执行未经授权的权力，契约——美国在契约下运作——的各成员州都有权并有责任干预和保护与其相关的权力、权利和自由……德克萨斯州……没有宣布其明确的保留权，表明其隐然赞同（tacit consent）且最终导致交出所有的权力，并不可避免地导致各州权利的完全丧失，这是与神圣的美国运作基础的契约相违背的。

用一种类似的格调，1980 年亚利桑那州（Arizona）通过了一个决议案（Congressional Record 1980），抗议"联邦政府要求各州制定州法律来执行联邦政策，并威胁如果没有这样做就会保留或收回联邦资金"。正如亚利桑那州人们所看到的，

> 这种财政强制权正被用来扩大联邦政府凌驾于各州府的权力，这远远超过了美国宪法授予联邦政府的权力……应该禁止联邦政府将其意愿间接地强加在它没有权力直接行动的那些领域。

亚利桑那州立法机关认为，应该通过宪法修正案强迫联邦政府接受后一种的禁止，州立法机关敦促其在国会的代表加以拥护。

州权者的真正敌人来自于开始时的默许权力（implied powers），通过依赖默许权力，国家政府不断地故意介入州的保留领域，从而破坏各州之间的契约。州权者认为，必须在某一点上制止这种侵犯行为。如他们所见，州权可以明确定为这样，一旦确定，州这一领域，总该在个案基础上（case-by-case basis）通过介入和废止的威胁，州保留领域应该围护起来防止国家巨大怪兽（national Leviathan）入侵。如果某些州权者认为自己的角色主要是一个抗议者，其他人认为这是号召宣战，尤其是对最高法院在联邦体制所扮演的角色上，"介入者认为法院不是联邦问题的最终裁决者，因为权力最终要依赖各州通过国会

或者通过宪法修正案来实行"（Macdonald et al. 1957）。至少内战排除了最后的阴谋，即脱离联邦。

Ⅲ. 行政联邦主义

虽然宪政联邦主义的不精确性，虽然州权联邦主义渴望（但没有达到）精确性，那些在联邦体制内运作层级的人员从一开始就一直在确定另外一种联邦主义观点。该体制的操作者——地方理事会/委员会、州立法机关以及国会的男女工作者，州长以及州和地方执行长官，还有这三个层面的官僚人员——都不急于明确一个联邦主义理论，他们把这一问题留给那些学者，因为这些学者对于描述他们所观察到的实践中发展的行政联邦主义毫无困难。第一批学者中，简·佩里·克拉克（Jane Perry Clark）就是其中之一，在她具有开辟作用的《新联邦主义的兴起：美国联邦和州的合作》（The Rise of a New Federalism: Federal-State Cooperation in the United States 1938）中，她描述和探讨了正式和非正式合作机制的全貌，合作机制是她著书之时被提出来的，这种合作机制联合国家政府和州与地方政府共同努力满足全国人民的需要。几乎所有这些机制都是很实用地提出来的，这些机制有信息交换、人事借用（loans of personnel）、协议和合同、联合规制安排以及补助金。后来一个学者，丹尼尔·伊拉扎尔（Daniel Elazar）在他具有里程碑意义的《美国伙伴关系》（The American Partnership）（1962）一书中，探讨了从共和国最初建立之时开始，美国各级政府是如何在履行政府职能中协作的。到1962年，伊拉扎尔把政府间协作称之为美国政治生活和美国联邦主义的"事实上的规范"。

因为正如伊拉扎尔和其他学者所清晰表明的，事实明确表明，还远远没有组成独立自主的权力范围——用早期州权者的话说是"并行的（collateral）政治范围"（Taylor 1820）——联邦制必然意味着合作，即为了促进公共福利，在一团糟的政府间关系中政府措施的融合。正如莫顿·格罗津斯（Morton Grodzins）所准确描述的，在政府项目的实施中，联邦体系就像"一道彩虹或一块大理石蛋糕，特征是由不同颜色的成分组成的不可分割的混合体，颜色呈现出垂直和斜向的条形和出人意料的卷形。正如大理石蛋糕中颜色被混合在一起，美国联邦体系中各种职能也混合在一起"（Grodzins 1960）。

总之，行政联邦主义为美国假设了一个单一的政府机制，它有许多的行动中心，行动中心之间是履行美国人民对政府要求的所有职能。甚至在费城大会之前，政府间合作在许多职能领域都在使用，而且奠基人都意识到只有"州和联邦金融体系的基本统一"，他们才能提供了国家政府和各州革命战争相关债务的假设（Grodzins 1960）。尽管他们没有描述得这么清楚，奠基人认识到国家政府将与州和地方政府项目及警察行动协调一致。在19世纪，这一认识是一种宣称，对美国政府所有重要职能领域逐步增长的政府间合作的宣称，这一合作持续到整个20世纪。这样行政联邦主义可以看作"合作型"联邦主义，因为它接受并按照下一原则运作：即共享项目，没有过多考虑责任的纯粹分配（neat allocation），这是美国政府运作的核心，也是联邦主义的核心。政府间关系——即，政府间合作——而不是这一或那一层政府所要求的优先权，是体系的运作原则。这一概念的最全面的说明可以在戴尔·S. 赖特（Deil S. Wright1988）的研究成果《理解政府间关系》（Understanding Intergovernmental Relations）中找到。

政府间关系没有局限在国家政府和州政府之间的关系。这种关系在国家政府和地方政府单位、在两个或更多州之间的政府中、在每个州和其本身下属政府之间，以及同一层级的两个或更多政府之间可以找到。而且，最近证据证明，这些关系不只局限于政府之间的关系。主要在20世纪六七十年代盛行的所谓的"创造性"联邦主义（creative federalism），它是行政联邦主义的合理延伸。首次使用这一表达并对这一概念进行描述的是纽约州长纳尔逊·A. 洛克菲勒（Nelson A. Rockefeller），它在1962年哈佛大学高登根讲座（Godkin Lectures）提出来的（Rockefeller 1962）。后来，约翰逊总统采用了这一思想，并在1964年当选后使之成为他项目议程的中心。该议程承认私有，通常是非盈利，权力中心可以适当地和政府一起共同服务于美国人民。当扩大到"创造性"联邦主义时，行政联邦主义吸收了这样的观点：在着手处理国家面临的问题并需要行动时，一个公共—私有工作小组是某些问题领域的力量之一，而国家政府不一定是资深伙伴（senior partner）。

总而言之，行政联邦主义概念集中关注美国人民所要求的服务职能的执行方面。从一开始，他们主要关注的是尽其可能地有效管理美国人所要求的职能，而不是集中关注理论上的微妙差别上。② 这样，他们将联邦主义视为一个过程、一种行事方式，而不是一套抽象的原则（我们应始终记得美国政治思想的最基本原则——有限政府）。在他们的词汇中最频繁出现的是"职能"、"项目"、"行动"以及"行政"，所有这些中，协作关系是最重要的。如果他们仔细考虑了联邦主义，他们视之为一种允许获得共同目标的方法，该方法的优势在于它允许达到的目标而不是坚持一套约束性的信念。

正如我们不能证明理论提供了"行政"联邦主义一样，我们同样也不能证明必须遵循一个确定的政府间关系模式。相反，变化和适应不同的、变化着的需要是美国政府间关系的特点。每一具体的关系类型都由行动领域和一批相关行动者所决定。在某些领域，没有发展一套明确的政府间关系模式。在其他领域，项目倾向于已经十分明确的、一系列关系。在两个行动领域，很少有相同的模式；新的、各种不同的关系不断被发展并付诸实践。

卢瑟·古立克（Luther Gulick）谈到，在商业调节和控制领域的项目同样也相应地适用于其他领域的政府间关系的发展。前者，古立克观察到：

> 没有作为一种社会理论而发生。［它们］产生是因为……出现了问题……受影响最大的人采取他们能够采取的某些步骤，来确立他们

发现必需的控制和服务……每一步都是务实的美国人用来解决一个形势的办法，而不是一个理论（Gulick 1962）。

因此，运作联邦主义（working federalism）——也就是，行政联邦主义——的特征一方面是多样性的、试错的，试验是一方面，另一方面是问题作为导向。当新问题拿到政府处理时，彼此就建立了一系列不同的关系。如沃克（Walker 1981）所描述，所有这些加起来就是一个"联邦—州—县—城市—乡镇—校区—特区—非赢利关系的非系统，它们构成了……美国联邦制度的动力"。

的确，为了给各个层级政府管理联邦制度的人提供帮助，国会在1959年建立了政府间关系顾问委员会（the Advisory Commission on Intergovernmental Relations, ACIR）。主要由国会拨款提供资金，ACIR研究和分析了在国家议程上大量的问题，并且作为解决这些问题人员的会议召集者，无论他们是地方、州，还是国家政府的代表。这么多年来，通过开展研究和召集会议，ACIR在促使行政联邦主义更好地发挥作用上作出巨大贡献（Intergovernmental Perspective 1989, 1994）。

Ⅳ. 集权联邦主义

虽然集权联邦主义主要是20世纪六七十年代的产物，但是它植根于合众国刚成立的最初几年。亚历山大·汉弥尔顿在其对《联邦党人文集》的贡献中以及后来他在乔治·华盛顿时期任财政部长时的文章和行动中奠定了这一基础。后来，约翰·马歇尔（John Marshall）在其担任美国首席大法官时的意见中，一直强调国家权力，强调宪法来自于全体美国人民。那么可以推出，由全体人民建立的政府是美国政府权力的核心，并且它对满足美国人民的需求负主要责任。他们两人之间，汉弥尔顿和马歇尔，明确说明，用马歇尔在马卡洛诉马里兰州一案（McCulloch v. Maryland 1819）中的话来说，国家政府"是所有人的政府，它的权力是所有人授予的；它代表所有人并为所有人行动……在那些国家政府能够起作用的项目内，国家必须把其所有部分都紧紧联系在一起"。在这些项目中是一种责任，为了解释首席大法官萨蒙 P. 蔡斯（Salmon P. Chase）对得克萨斯州诉怀特一案（Texas v. White 1869）的裁决，不仅仅是维持国家政府本身也是维护州和其政府。

集权联邦主义概念的基础很明显依赖于由宪法所特别授予给国家政府的权力，也许不那么明显地依赖于通过宪法第一条第8款，"必要和合适"条款（necessary and proper clause）所获得的权力。"最高法院对这一条款进行了大力建设，将'必要'确定为对目标合适，而不是指明确被禁止，这样它有效地扩大国会发挥作用的主题范围，而法院……发现第十条修正案只是陈述一个不言自明的道理"（Reagan and Sanzone 1981）。这种司法解释的净效益（net effect）

在那些年一直始终如一地持续着，它事实上允许国家政府得到它所需要的所有自由，在它认为是合适的时间，按照合适的方式行动，至少是在它感到在其后面有美国人民的政治共识时。

如果首先就没有机会将集权联邦主义付诸实施，作为一个整体的政府在美国人生活中将不会起主要作用，因而沙伊贝（Scheiber 1980）得出结论，内战以及内战后的20年见证一个"国家政府政策责任的巨大扩张以及联邦法院司法辖区的增长，它们有重大意义的实际权力的集中"，我们可以从他的结论中得出"过渡性集权"（transitional centralization）这一戏称以描述这一段时期。从1890~1933年，沙伊贝（1980）观察到一个"促进联邦规制的、联邦法律为特征的加速集权"时期以及由第一次世界大战所要求的"巨大的，如果不是暂时的，集权"时期。但是，正是由经济大萧条引起的危机以及克服萧条的新政"为集权的联邦制度提供了巩固的机会。虽然"新政"在它的政策和项目上并不一致，但是它还是将国家政府视为推动国家经济复苏和改革的动力，而且在第二次世界大战期间和战后都一直这样认为。回过头来看"新政"时期，洛克滕堡（Leuchtenburg 1963）观察到"罗斯福和新政的执行者几乎彻底变革了美国政治日程"，手段是通过把联邦的平衡从各州的首府转移到了华盛顿，通过使国家政府，尤其是总统，成为"所有政府的核心——各种理念的源头、行动的原动者以及国家利益的代表"。

后来，罗斯福的观点得到更加完整地执行。在约翰逊总统的"伟大社会"（Great Society）标题下，集权化健康发展，一直到1969年詹姆斯·桑德奎斯特（James Sandquist）能宣称"美国联邦体制［已经］进入一个新的阶段"，该阶段的特征是"联邦大量干预社会事务"。桑德奎斯特继续说道，"通过一系列的戏剧性颁布（dramatic enactments），国会［已经］坚持其在广泛的政府职能内的国家利益和权威，直到那时，这些职能都无一例外的或者主要的都是州和地方政府的范围"（Sandquist 1969）（See also Benson 1941）。

国会所采用的主要手段是补助金（grant-in-aid），这早在以前就已开始使用。但在20世纪60年代开始之时，只有40个主要的政府职能（function）受到70亿美元的联邦补助，到60年代末，有240亿美元的联邦补助金拨给了约150个这样的职能。而且这一数目仍在继续上涨。但是不能仅从项目的迅速发展和联邦资金数额的显著增加上来支持它们，这些标志着"伟大社会"的集权化动力。更为重要的是，国家政府在确定国家的目标应该是什么以及发展那些实现这些目标所必需的项目上采取主动精神。

在确定了这样范围广泛的项目是属于国家利益后，在给州和地方政府提供资金全面或局部地执行这些项目后，国家政府又通过国会颁布法令和行政规则，将对这些项目和资金的管理置于严密的联邦控制之下。ACIR在分析1967年的补助金发展中，注意到行政和财政要求的僵化，以及计划要求的广泛授权，这都成为大部分补助金项目的特点。沃克（1981）评论"许多这些收入"，通过州和地方行动"受到联邦法令和联邦法院制裁限制——这是根据对国会规制州际商务和为公共福利开支权力的特别广泛的诠释……而进行的约束"。

而且,伊拉扎尔(1972)注意到,由于集权化的增加,联邦项目和机构也迅速增长,这为"促进甚至在边缘领域的全国的统一性,同时减少州裁量权的范围,并且干预合法的地方决策但却不要区分那些国家平等化明确要求的和那些……合法反映了地方多样性之间的项目的差别,对地方多样性的维护同样[是]为了国家利益"。

把刚才提到所有的事放在一边,集权的联邦制度不会把州和其地方下属机构完全排挤出去。某些领域——例如,影响财产和商务的合同、国内关系法以及州政府对地方政府的权力等事情——根本没有受到"入侵"。尽管国家想出和设计的项目出现不断拓展的盛况,但正如前面所提到的,对这些项目的实际管理上,国家政府通常需要通过州和地方政府的配合工作。这样,国家官僚机构在这一时期还保持相当的稳定,同时州和地方政府也大量增长。的确,完全可能把"合作型"联邦制度并入集权的联邦主义概念,正如维尔(Vile 1961)得出的结论,当时他写道:"美国联邦制度最突出的特征……是联邦和州政府的相互依赖性"。

奇怪得很,但可能也不引以为怪,当这些发生的时候,很少有证据表明,在这些最积极的人中的许多,如果有的话,当他们继续推进事务时,一直积极在理论方面发展集权的联邦制度思想,尽管很容易就可以求助于理论汇集资料。相反,看起来很清楚的是,集权的联邦主义出现主要是因为国家下级政府发现向山姆大叔寻求财政补助更为容易更为便利;山姆大叔在20世纪六七十年代似乎乘着繁荣浪潮的浪尖,能够给这些下级政府慷慨赠与(山姆大叔很快就不再害怕赤字开支),而不是从他们自己的资源中满足项目要求。这样,项目要求而不是理论推动了集权联邦主义的兴起。

还有一个有推动作用的是该时期的新政治,当时特殊的利益群体不断地被允许对项目发展发号施令。用洛伊(Lowi 1978)的话来说就是,"行政机构的领导们,包括总统身边的高级职业人员(top career people)和政治任命者……逐渐感觉到社会如此依赖于国家政府,以至于如果国家政府对有组织的要求不作回应的话,那么它就会分裂"。应该注意的是,国会成员,容易与其行政同僚达成一致。

政治科学家塞谬尔·比尔(Samuel Beer)对集权联邦主义的上升提供了另外一种解释。他的观点是,在二次世界大战后,美国经济的固有特性——该经济的特征是在职业技术人员手下不断增长的职能性差异,该经济可能只有通过集中的权力才能为整体利益而保持完整——这使得集权成为无法避免的事情。比尔(1983)着重强调科学知识和随之而来的技术对公共政策制定者和行政人员的集权的影响,他们所有人都是按照特殊项目或部分内司法辖区范围(jurisdictional lines)联合起来,因此他们能够把他们的技术和知识应用其内。比尔(1983)赞同,这种"新专业主义"或用赖特的说法是"栅栏"联邦制度来解释扩张主义者"公共部门政治"(public sector politics)——这标志着美国人生活的中间几十年并推动了集权发展。

V. 新联邦主义

像州权主义一样，新联邦主义是通过尼克松总统的一个理论假设而流行的，尼克松总统在竞选和在白宫中承诺过重新定向联邦主义阶段的行动。尼克松是一个在哲学上很自我的保守者，他被集权联邦主义以及由集权联邦主义引起的不均衡所触怒，他认为这在美国政府权力中产生了不均衡。他认为对政府角色和责任进行分类及对政府职能进行重新组合不仅是可能的，而且也是产生一个平衡的联邦制所必需的。他发现在一套已出版的作品中有他所需要的说明和可以综合使用的。[③]基本上这些作品充分说明了在国内政策制定和项目管理上集权的程度，与项目管理相伴随的是国家政府给州和地方政府的具有更多选择和改善的财政补助。项目管理的中心是一般收入共享（general revenue sharing, GRS），效果上这是解除了对国家下级政府接受者如何使用从国家政府得来的资金的限制。如果说政治制定和行政管理分权化仍然主要表现在语言上，在1972年一般收入共享（GRS）成为国家法律，一直到80年代中期被终止。

但如果一般收入共享（GRS）被接受成为分权的一个手段，那么它只是起部分作用，因为它增长了州（直到1980年，州从接受补助的政府中删除出来）和地方政府对联邦资金的依赖性，而且，由于资金按权利（不必要申请）提供给事实上国家所有的下级政府，这大大增加了国家政府在州和地方项目计划和运作方面的参与。

如果尼克松任期干满，那么他，在很大程度而言是他的继任者杰拉尔德·福特，所倡导的分权可能已经与强化行动保持一致。事实是在尼克松—福特期间发展"新联邦主义"的机会丧失了，而集权组织几乎没有任何缩减。

虽然卡特总统和尼克松关心一些同样的问题，但却是罗纳德·里根进一步推动了这些问题的发展。正如皮尔斯（Pierce 1984）观察到"当里根上台执政时，他对联邦主义的观点是几十年来任何一位总统中最强烈的"。他相信，华盛顿和华盛顿所主张的国家权力是国家下级政府和美国人民的敌人，如果联邦制度要重新达到平衡，就必须反对它们。里根（1982）推动各州立法人员集会，"让我们一起重新恢复宪政政府，让我们更新并转达丰富州和地方社区的权力和目标"。很早开始，里根就呼吁在国内政策领域进行许多变革：一个"交换"，让州完全负责福利项目以此作为对国家政府接管医疗补助代价和食品券项目的回报；最终把某些联邦项目"返回"各州；并建立"信托基金"，部分由联邦许可证税（excise taxes）提供资金，部分由一般联邦收入提供资金，其目的是为联邦向州和地方基金转移提供资金。国会和各州领导人对这些提议的反应是猛烈且负面的，因此后来几乎没有任何消息。

里根政府毫不气馁，仍在试图行动以举例说明其理论承诺（theoretical commitment），他们想出了可以恢复令人合意的联邦制的均衡的四条路线，其中两条是对美国联邦制度内的长期惯例做出重大改变。接受了 ACIR（1980）研究结论，即联邦补助金项目已经超载，需要"减负"，里根党人同样呼吁解决各级政府的责任问题，这一点尼克松总统早期也提出过。但是，结果表明在政治上是不可能产生任何一致同意、分配明确的责任层级。也出现了要求"分权"——即州和地方决策制定代替国家层面的决策制定，主要是通过把分类补助（categorical grants-in-aid）打破成只有少量的一揽子拨款（block grants），这样，州对他们可以利用的资金拥有更多的裁量权。国会不愿意在这条路上走太远，因此并没有产生许多实际的分权。"减负"（decongestion）和"分权"（devolution）被"渐减主义"（decrementalism）和"解除规制"（deregulation）所整合作为通向新联邦主义的路径。

  渐减主义被界定为随着时间而相应减少许多政府项目的资金供给水平：只是减少国家政府对要提供资金项目的份额，这样迫使州和地方政府或者按比例减少项目服务或者从他们自己被认为充足的资源中替补空缺。从 1982 财政年度开始，政府预算降低联邦对大部分补助金项目的供给比率，并且消除其他的项目，这受到了国会的普遍接受，而 1985 年通过的《格拉姆—拉德曼—霍林斯法案》（Gramm-Rudman-Hollings bill）授权逐年减低联邦预算赤字水平，并持续到 1991 年为止，那一年被认为可以达到平衡预算，该法案将渐减主义变成这个国家法律。

  "解除规制"是里根政府提议的第四个"D"方案。它是对普遍所看到的、国会和联邦行政部门和机构过于把规章制度编入具体拨款项目的情况的一种回应，这一情况阻碍了州和地方政府执行联邦共同提供资金的项目。通过授权解除许多压力，里根政府寻求降低对州和地方政府项目管理的开销，同时增加州和地方官员的自由裁量权。虽然还保留了相当大的一套规则大全（regulation corpus），但对国家下级政府的规制压力已开始大量减少。

  很有意思的是，虽然国会和公众拒绝交换和返回建议（swap and turnback proposals），但是总统的语言陈述以及他的新联邦主义目标的管理在很大程度上推动着联邦制度朝其所想要的状态发展。正如皮尔斯（Peirce 1984）所说的："在一个接一个的政府范围内，[里根]很成功地得到了他想要的东西——把关键的决策制定中心从华府转移到 50 个州府"，而且到 1985 年，戴维·布罗德（David Broder）可以看到，人们可以真正地意识到"里根在国内政策上的革命"，这"通过消减联邦政府的政策革新和财政参与[使得][州]立法人员和州长成为行动者……在教育、社会和大多数经济和环境问题上的主动权现在落到了州府而不是在美国华府和白宫"（Broder 1985）。而且，在他们"重建"角色上，各州的表现赢得了高度赞扬（See Doyle and Hartle 1985；Ehrenhalt 1995；Pear 1985.）

  无论如何，新联邦主义似乎等同于叫做"州为导向"的联邦主义。毫无疑问，坚持一个固定的概念即联邦"平衡"应该是什么，是发展至关重要的一步。但是，也毋庸置疑的是，对"国家政策制定者"的需要和……控制和结束联邦预算赤字相关联"(Stenberg 1985)。这样,里根关于联邦制的观点,正如其所付诸实践的一样,可能只是财政政策的一个附带结果(incidental outcome)。

Ⅵ. 结论

如前所示,自 1787 年《美国宪法》起草以来,联邦制度这一概念在美国政府体系内经历了许多的变革和调整(change and adaptation)。这一过程还在继续。事实上,在 20 世纪 90 年代的前期和中期,联邦制度的性质在美国政府议程上几乎成了最重要的议题。正如前任司法部长埃德温·米斯(Edwin Meese)所言,里根政府为联邦制度许多新的动议提供了基础,他们所做的是强调"凌驾一切的分权哲学"(Meese 1995)。布什政府以及现在的克林顿政府都接受这一重点,它们显然相信大多数的美国人也是这样认为,如果事实上没有反政府偏见所鼓动的话,如果没有对政府的"直接敌对"的话。今天的议程是"精简"国家政府的规模和角色,前者通过废除或者重组政府部门和机构实现,而后者通过一揽子拨款和规制改革来完成,这样给予各州更多的自由去执行几乎全部的项目行动。有人认为,联邦赤字的减少可以通过这些行动得以改善,甚至可以通过更加重视加强和重组地方社区,尤其是大都市地区,并且重新构建政府行政和私有化得以实现(see Nathan 1995)。1994 年大选以及很受人关注的成功的共和党人用以作为其纲领的"与美国签约"证实了改变美国联邦制度性质的这些措施。

于是国家进入了联邦制度的转型期。这么多年来鼓舞着我们政府体系的五大理论和概念可能会增添另外一套概念。但是,最初这五个理论还没有任何一个从舞台上消失,还可以加以利用,就像钟摆一样继续摇摆。作为州权联邦主义的变化形式,"以州导向"的联邦制度似乎可能得以充实,在这一过程中集权的和行政的联邦制度似乎也可能得到重大修改。并且新联邦主义会以这样或那样的形式占据主导地位。

调整也已准备就绪,未来数年要求政府关注的、过多的问题表明他们会继续成为关注点。健康和福利改革可能是行动的关键领域,但是打击犯罪、控制环境破坏、拓展教育质量和机会、处理有毒废弃物、加强交通体系以及克服德鲁克(Drucker 1994)称作"社会转型时期"的困难都会对联邦制产生影响。

在转型的联邦主义时期以及这一时期以外的联邦主义阶段,就在 1992 年克林顿总统当选之后不久,在 ACIR 给他的一封信里阐发了一套深思熟虑精心设计的、引导行动者的原则和口令(carefully thought-through and crafted set of principles)。④总结起来,这些原则如下所述:

……我们联邦民主制的实质……[是]公民管理自身的自由和责任。

……政府是人民的创造物……[而且]所有政府的权力都是人民

授予的。

联邦和州政府应该被认为是平等的，除非有一个清晰的宪法授权指定［一方或另一方］为特定目的在平等上优先。

……地方政府的最初权威……应该受到所有［州和］联邦政府机构的尊重。

地方、州和联邦政府的关系应该立足于礼让和对彼此宪法地位的完全尊重之上。

宪法规定某些领域的主要权力属于联邦政府，其他领域的主要权力属于州和地方政府，还有一些领域的权力是共同的。在这种情况下，联邦和州的关系应该是合作性的，无论是通过更多的分享权力还是通过更多的责任分离。

委员会的责任不是阐明一个联邦制度理论；相反它的原则要指导其实践。值得大家记着的是，这么多年来理论在美国联邦制度的实际运行中不是一个非常重要的因素。大体上而言，联邦制务实地发展，而不是为了回应一个理论框架。有两件事需要牢记在心：（1）宪政联邦主义留给我们不明确、阻碍未来的修正案，这是关于联邦这艘船应该采取的精确的航向，而且（2）经验教导我们，联邦制度处于不稳定状态是正常的，因为奠基人留给我们的就是一个开放的制度。如果我们采纳一套理论原则、特殊的模式或固定的结构而试图关闭开启的大门时，那我们就是失败者。诚如在许多领域内，我们建立联邦制度的奠基人比他们知道的要做得好，而我们则是受益者。

NOTES

① For a contemporary analysis of the argument over federalism, see Ostrom (1991).

② In an early study of the attitudes of governmental officials concerned with the administration of federal grant-in-aid programs (Subcommittee on Intergovernmental Relations 1965) it was found that state and local officials were more apt to take a theoretical stand and to be concerned with "balance" and "parity" than were federal officials (pp. 95-97, 99).

③ Four papers, written under the pseudonyms of Publius, Cato, Althusius, and Polybius, appeared in Publius 2: 95 – 146. Another, by Richard P. Nathan, "Federalism and the Shifting Nature of Fiscal Relations," appeared in The Annals of the American Academy a/Political and Social Science 419: 120 – 129.

④ The essence of the letter was set forth in 1993 by John Kincaid in an article in Public Administration Times.

REFERENCES

ACIR (Advisory Commission on Intergovernmental Relations). In Brief—The Federal Role in the Federal System: The Dynamics of Growth. Washington, D. C.: Government Printing Office, 1980, p. 37.

Beer SH. The modernization of American federalism. Publius 3: 53 – 95, 1983.

Benson GCS. The New Centralization: A Study of Intergovernmental relationships in the United States. New York: Rinehart, 1941.

Broder DS. Initiatives rest in states. Durham Morning Herald, August 11, 1985, p. 5D. dark JP. The Rise of-a New Federalism: Federal-State Cooperation in the United States. New York: Columbia University Press, 1938.

Congressional Record, 126 (May 14, 1980): 55387.

Doyle DP, Hartle TW. A funny thing happened on the way to new federalism. Washington Post National Weekly Review, December 2, 1985, p. 23.

Drucker PF. The age of social transformation. Atlantic Monthly November: 53 – 56, 1994.

Ehrenhalt A. Can states handle new federalism? Durham Herald – Sun, March 26, 1995, p. A15.

Elazar DJ. The American Partnership. Chicago: University of Chicago Press, 1962, p. 336.

———. American Federalism: A View from the States. 2nd ed. New York: Crowell, 1972, pp. vi, 219 – 220.

Federalist. (The Federalist Papers). New York: Bantam Books, 1981.

Grodzins M. The federal system. In: Goals for Americans. The Report of the President's Commission on National Goals. New York: Prentice-Hall, 1960, pp. 265, 268.

Gulick LH. The Metropolitan Problem and American Ideas. New York: Knopf, 1962, pp. 15 – 16.

Hamilton JC. The Works of Alexander Hamilton, vol. II. New York: John F. Trow, 1850, p. 194.

Intergovernmental Perspective. ACIR and the federal system 1959 – 1989.

Intergovernmental Perspective 15 (4): entire issue, 1989.

Jefferson T. The Kentucky resolutions. In: Peterson MD, The Portable Thomas Jefferson. New York: Penguin Books, 1975, pp. 281 – 289.

Kincaid J. Reinventing federalism: principles and challenges. Public Admin Time 16 (2): 3, 1993.

Leuchtenburg WE. Franklin D. Roosevelt and the New Deal. New York: Harper &

Row, 1963, p. 326.

Lowi TJ. The Europeanization of America? From United States to united state. In: Lowi TJ, Stone A. Nationalizing Government: Public Policies in America. Beverly Hills, CA: Sage Publications, 1978, p. 26.

Macdonald HM, Webb WD, Lewis EG, Strauss WL. Outside Readings in American Government. 3rded. New York: Crowell, 1957, pp. 113 – 116.

Madison J. The Virginia resolution. In: Letters and Other Writings of James Madison. New York: R. Worthington, 1884, pp. 506 – 507.

Mason AT, Leach RH. In Quest of Freedom: American Political Thought and Practice. Washington, D. C.: University Press of America, 1981, pp. 61, 103.

Meese E. Address to the Duke University student body, February 23, 1995. The Chronicle, February 24, 1995, p. 3.

Nathan RP. Reinventing government: what does it mean? Public Admin Rev 55: 213 – 215, 1995.

Ostrom V. The Meaning of Federalism: Constituting a Self-Governing Society. San Francisco: Institute for Contemporary Studies, 1991.

Pear R. States are found more responsive to social issues. New York Times, May 19, 1985, pp. 1, 13.

Peirce NR. Ronald Reagan: the states' president? Public Admin Times 7: 2, 1984.

Piano JC, Greenberg M. The American Political Dictionary. 7th ed. New York: Holt, Rinehart and Winston, 1985, p. 42.

Reagan MD, Sanzone JG. The New Federalism. 2nd ed. New York: Oxford University Press, 1981. p. 10.

Reagan R. Remarks of President Reagan to the National Conference of State Legislatures, Atlanta, Georgia, July 30, 1982.

Rockefeller NA. The Future of Federalism. Cambridge, MA: Harvard University Press, 1962.

Scheiber HN. Federalism and legal process: historical and contemporary analysis of the American system. Law and Society Rev 14: 679 – 680, 1980.

Stenberg CW. States under the spotlight: an intergovernmental view. Public Admin 45: 319, 1985.

Storing HJ, with the editorial assistance of Murray Dry. What the Anti-Federalists Were For. Chicago: University of Chicago Press, 1981 pp. 28, 30 – 35 passim, and especially chap. 4. See also his (with Murray Dry) The Complete Anti-Federalist. 7 vols. Chicago: University of Chicago Press, 1982.

Subcommittee on Intergovernmental Relations, Senate Committee on Government Relations. The Federal System as Seen by Federal Aid Officials. Committee Print, 89th Cong., 1st sess. Washington, D. C.: Government Printing Office, 1965.

Sundquist JL, with David W. Davis. Making Federalism Work: A Study of Program Coordination at the Community Level. Washington, D.C.: Brookings Institution, 1969, p. 1.

Taylor J. Construction Construed and Constitutions Vindicated. Richmond, VA: Shepherd and Pollard, 1820.

Vile MJC. The Structure of American Federalism. New York: Oxford University Press, 1961, p. 3.

Walker DB. The Condition of American Federalism. A statement of the Advisory Commission on Intergovernmental Relations before the Subcommittee on Intergovernmental Relations and Human Resources of the Committee on Government Operations, U.S. House of Representatives. Xerox. April 7, 1981, pp. 2-4.

Wills G. Explaining America: The Federalist. New York: Penguin Books, 1982, pp. 171-172, 174.

Wright DS. Understanding Intergovernmental Relations. 3rd ed. Pacific Grove, CA: Brooks Cole Publications, 1988.

第十三章 政策科学史

彼得·德利翁[*]

E·萨姆·奥弗曼[**]

Ⅰ. 引言

政策科学有一个很长的过去但却只有一个很短的历史。作为一门学科,它的思想种子(intellectual seeds)仅仅在40年前才得到播种,政策科学在改变学术和政府组织的前景中获得了巨大的成功。显然,公共政策和政策咨询可以追溯到文明本身的开端,但是现代的政策科学有一种特别的美国20世纪风味。第二次世界大战前,一小群美国社会科学家为产生与社会相关的知识(societally relevant knowledge)的理想导致出版了由勒纳和拉斯维尔(Lerner and Lasswell 1951)所编辑的《政策科学》(The Policy Sciences)。拉斯维尔在他的著作中明确阐述了到现在都著名的愿景(vision)"政策导向"(policy orientation),该愿景是多学科的、与情境有关的(contextual)、问题导向的和明确规范性的政策科学。实现这些伟大的目标占据了政策科学在这个20世纪剩下的所有时间。

历史上,政策科学的成长和发展取决于复杂的学术影响和社会影响互动。在政策科学学界内,这种斗争就一直在扩大该方法的范围和用途。但是,这一动态总是受到当时主要的社会和政治事件所调和。因此,对政策评估(policy evaluation)的强调必须视为是20世纪60年代社会项目的直接结果,对政策终止(policy termination)的重视则是20世纪70年代、80年代和90年代资源稀缺的结果,对伦理和价值的作用的强调至少部分归因于"水门事件"(Watergate affair)。政策科学作为这些和其他事件的一个职能,整个20世纪70年代和80年代在理论观察和应用上都有所增长,而在20世

---

[*] 彼得·德利翁(Peter deLeon),科罗拉多州立大学(University of Colorado)

[**] E·萨姆·奥弗曼(E. Sam Overman),科罗拉多州立大学(University of Colorado)

纪 90 年代则具有巨大的影响。

今天政策科学已超出了寻找与社会相关知识的幼稚理想。政策科学的信任度也因为它没有成功产生客观、实证和规范的真理而受到正当的挑战。在 20 世纪 80 年代，对伦理和价值的强调以及把组织可行性和管理纳入中心政策问题都扩大了政策科学的范围但却最终伤害了它们科学地位的可信度。科学理性（scientific rationality）过去被视为政策科学的奠基石，现在在社会中正在被更为广泛的理性理论（theory of reason）所取代。因此，当代的政策科学正处在十字街头，在狭隘的有用性和更全面的理解之间徘徊。

Ⅱ. 寻找与社会相关知识的理想

直到 1951 年 "政策导向" 才由哈罗德·拉斯维尔（Harold Lasswell）提出，但它的起源可以追溯到更久远。统治历史（history of governing）的标志是在人格化（personalized）和情景（circumstantial）基础上的顾问和统治者的关系。从柏拉图的学院（Plato's Academy）和中国皇帝的宫廷到现代的政策机构，人们一直在努力优化将知识应用到政府的个人关系和制度关系。虽然美国经验仍然有许多要归功于西方文明，但是政策科学的概念、产生和发展的许多方面在美国是非常独特的。早期美国的哲学导向支持一个高度实用且功利的知识和社会概念。这些哲学观点导致物理学家和社会学家都一直在寻求他们的知识和专业技能的实践应用。应用社会科学是第二次世界大战前的观点，在某些情况下也是国家社会科学家之间的一个合法成就。由拉斯维尔（1951）所描述的政策科学是努力确定一门生产和应用与社会相关知识学科的巅峰。

A. 西方文明中的政策科学

由于人们一直在制定政治决策，所以政策分析和它后来的政策建议都以一种或另一种的形式被实践过。邓恩（Dunn 1981）认为，大约在公元前 18 世纪时制定的汉谟拉比法典（Code of Hammurabi）是最早有记录的政策分析的例子之一。据说该法典由 282 部法律组成，由巴比伦的神（Babylonian god）给予汉谟拉比国王（King Hammurabi），它意图建立一个统一而公正的秩序，涵盖公共生活许多方面，从家庭到婚姻关系再到公共职位。塔奇曼（Tuchman 1984）在特洛伊城（Troy）领导者之间重新展开辩论，讨论有关是否接受希腊人提供的木马（Greek-proffered Trojan Horse）作为政策分析的早期插曲和失败的例子。政策建议作为一个政治实践（politic exercise）几乎不是一个新颖的或新奇的想法。在历史上，政策分析和建议仍然是一个非常人格化、个别化的行为，从圣人转到统治者，很少和偶尔考虑去记录这种行为和使这种行为常规化（Goldhamer 1978）。事实上，这些行为是受到狂热保护的特权。

系统持续的政策咨询（policy counsel）可能产生于教堂与国家的关系。像许多西方文明的主题一样，一直到意大利文艺复兴（Italian Renaissance）时期政策建议才采用了一个更为制度化的基础,马基雅维里(Machiavelli)的作品是最有名的例子。托马斯·摩尔(Thomas More)的《乌托邦》(Utopia 1516)为社会冥思(social contemplation)提供了一个处所;培根(Bacon)的《新大西岛》(New Atlantis 1627)将科学知识应用到政府圈子里。世界哲学家如伊拉兹马斯(Erasmus)和英国政治哲学家[如洛克和霍布斯(Locke and Hobbes)]作为政策科学的部分先驱者,为后来的政治和行政研究确立了思想的基调。

在这一历史进步中,重要的是对知识日益增长的政治认可,显然这些知识对于那些具有统治职责的人大为有用,18世纪英国政治哲学家如伯克、本瑟姆和休谟(Burke, Bentham and Hume)等人的影响反映了这一情况。政治哲学与政治事件增长的参与和互动在大革命时期(age of Revolution)的法国哲学家[例如,孟德斯鸠的《论法的精神》(Montesquier's The Spirit of Laws 1748)和卢梭的《社会契约论》(Rousseau's Social Contract 1762)]那里表现很明显。美国的《联邦党人文集》(Federalist Papers 1787-1788)详细阐述了政治教条和有关应当怎样构建政府的特殊观点的相互影响。"学者"(academics)(广泛的定义)被给予了在王宫朝廷露面的时间,无论这些时间逗留是多么的不频繁或不确定。

但是,尽管可能有人认识到有必要给日常提供给治理机构的政策建议以名义上的独立,但是这种提议实际上是根据一个狭隘的人格化的基础提出来的,这一基础主要是根据政治无常(political caprice)、政治权宜(expediency)和政治(syncopancy)进行的预测(Tuchman 1984)。另一方面,政治哲学家都远不是客观中立的参与者。当它们能被应用到政策问题上时,很少考虑思想基础、诚实、积累知识或独立的评估。总之,这些行为装成政策科学陷阱并没有什么理由(就像炼丹术对化学的贡献一样,甚至采用它们最原始的形式)。他们确实为后来与社会相关的知识的发展和表达提供了一个思想激励(intellectual stimulus)和一些实践惯例(practical precedents)。根据一个系统的基础,政策建议仍然保持为很特别很专门的实践。甚至在18世纪和19世纪早期极端的世界性欧洲法庭情况下,一个君主的顾问几乎不可能成为另外一个君主的顾问[但也有一些惊人的例外,如塔列朗和梅特涅(Talleyrand and Metternich)]。很少存在有关于政策过程或什么构成一个好政策的概念;当然对这些问题也没有明确的研究或文献。作为一种历史记录,很少发现有后来确定了政策科学途径的学科贡献(disciplinary contributions)和社会良心(social consciences)。

19世纪在法国和英国应用实证研究的发展与公众对尖锐社会问题的意识是同步的(Dunn 1981)。描述性统计数字被用来策划保障城市穷人。特别是英国的工业革命(the English Industrial revolution)和美国的进步运动(American Progressive)对社会福利项目产生了广泛的需求。尽管启动了新的政策以缓解社会紧张压力,但是这些政策肯定不是分析检验当时的状况和趋势所产生的。早期对社会骚乱的文件和缓解研究的例子并不完全缺乏,但是通常是孤立的,并没有被积累(Bulmer 1982)。狄更斯和肖伯纳(Dickens and Shaw)可能比布恩和韦布斯（Booth and the Webbs）对英国社会福利立法的影响更大，就正如塔贝尔和辛克莱（Tarbells and Sinclairs）是美国进步运动的关键推动者一样。

在这些学科（academic disciplines）内，毫无疑问有一些很重要的早期发展。经济学开始成熟，作为一系列可能的对政策问题的理解；亚当·斯密（Adam Smith）在政治经济方面的著作和戴维·理嘉图（David Ricardo）对英国农业和自由贸易政策的影响是最突出的例子。在脉络性研究（背景研究）（contextual studies）上，历史学家走在前列，但是他们的工作大多是描述性和回顾性的；他们几乎从来没有表现出一个规范性的或者当代性的视角。19世纪晚期主要思想主题就是，与物理学和自然科学相类似的社会法则（social laws）是可以被发现和应用的。赫伯特·斯宾塞（Herbert Spencer）和T. H. 赫胥黎（T. H. Huxley）所阐述的社会达尔文主义（Social Darwinism）是大西洋两岸的一个文化现象。最后，政治学研究开始在与治理问题有关的事情中确定自身。1887年，公共行政学研究最早由伍德罗·威尔逊提出，他认识到"执行一部宪法变得比制订一部宪法更要困难得多"（Wilson 1887）。总之，这些学科开始将他们的技能和观点应用到社会问题上，也就是说，去检验关于与社会有关知识的谨慎概念（cautious notions）。

因此，即使对公共政策问题和议题的系统常规的检验在20世纪开始时也并不存在——肯定不是一个有组织的制度基础，而许多后来作为政策科学刺激的核心组成部分的学科贡献（disciplinary contributions）正开始成为魅力四射的贡献者。但是，这些不同的途径正在提出不同于彼此的有限的政策问题和观点。他们主要将自己确定为独立的有差别的学科，而不是协调的整合的研究社会问题的方法。的确，当这些学科为他们各自不同的身份而奋斗时，他们采取了强烈排斥其他观点的思想界限（intellectual boundaries）。这一趋势一直到20世纪还在影响政策科学。

B. 美国实用主义和工具主义

美国实用主义（Pragmatism）和工具主义（Instrumentalism）哲学的影响对社会科学的发展意义深远。普遍推广"实用主义"这一词语的美国哲学家威廉·詹姆斯（William James）反对早期的且主要是欧洲理性主义者和经验哲学对单一和客观真理（singular and objective truths）的主张。美国经验（American experience）要求一个与欧洲祖先不同的哲学。詹姆斯认为，真理和由此产生的社会相关知识符合更为多元化的现实理念，因为这些理念能够符合人和制度理性（human and institutional reason）。为了这些目的，他提出了一个实用主义的哲学，但后来因为反映美国社会的物质、实践乃至商业价值观而受到抨击（Ross 1970, ii）。实用主义允许人类认知（human perception）、多元解释（multiple interpretation）和辩论成为理论和真理意义以及由此成为政治领域的一个不可缺少的部分。"一个理论（idea）的真实性（truth）不是其固有的一个迟钝属性。真实性发生在理论上。理论成为真实的，通过各种事件成为真实的"（James

1975：97)。知识是嵌入在社会环境中并对实际问题有价值，这后来成为20世纪美国社会科学家的主导主题。在世纪之交，正如今天一样，哲学实用主义为扩大所有学科的科学在社会、政治和经济生活的应用和与它们的相关性（application and relevance）提供了一个基本原理。因而，它也被纳入了政策科学的概念之中，政策科学主要是应用努力行为。

后来，约翰·杜威（John Dewey）扩大了詹姆斯关于真理和意义的实用主义概念，以适合他那更为工具主义的导向。根据杜威的观点，科学研究的目的不应当是真理的某种抽象版本，而是一个改变了的情况（Dewey 1927）。知识和理论是导致行动的工具，应根据这些行动的结果来理解。科学，特别是社会科学，它本身就是特别英美（Anglo-American）的，应当根据它对改善人类条件的贡献来判断。这种对知识在社会作用中的工具概念是政策科学的基本前提。拉斯维尔在他1951年的论文中，认为杜威是早期的一个政策科学家，对"评估和重构社会实践比对产生他价值观的更高抽象观念的更高推论（ratiocination）"更为感兴趣（Lasswell 1951：12）。在《政策科学的预览》（Pre-View of Policy Sciences）一书的序言中，拉斯维尔（1971，xiv）认识到，"政策科学是对由约翰·杜威和其同事在美国实用主义的发展中所推荐的一个普遍的公共政策方法的当代性政策采纳"。甚至到今天，实用主义继续在每一个重要的政策中得到回应。

也许更为重要的是，杜威提出了一个现在仍然是当代政策分析核心的探询过程。杜威（1929）概述了一个工具主义研究过程，在这一过程中，观察者一开始就确定问题，在产生解决该问题的最佳方案之前通过分析不同方案（建议的有序化）和评估每个方案的影响等多个步骤继续进行。用杜威的话说，科学观察是对解决某个社会和理论问题所具有的积极探索和内在兴趣所推动的，而不是由目的本身所推动的（Dewey 1933）。

虽然实用主义和工具主义为产生社会相关知识这一目标提供一个哲学基本原理，但是它们也是对政策科学的惟一最有洞察力的批评的来源。特别是，政策科学也不断受到攻击，认为是政治利益的高价"侍女"（handmaiden）（Horowitz and Katz 1975）。考虑到工具主义为社会相关知识所支持的这些开放的多元主义理想，产生相关的以行动为导向的知识绝对是不够的；有必要提出："知识为谁的利益服务"和"在公共政策的权力和资源方面的分配后果是什么？"即使到今天这些问题还在萦绕着政策科学，并展示了一个受工具主义所推动的社会追问的固有的规范性本质。

随着政策科学的发展，它们的使用也在发展，不管是有意还是无意的（intended or not）。"好的"政策分析这些行动就像民营化和新自由放任哲学不同于公共所有和社会干预一样广为不同，这一点足够证明公共政策不可避免地也要研究谁获得什么、何时获得和如何获得等问题。不过，在20世纪早期，公共政策为社会学家实践他们的应用社会科学的实用主义观点提供了论坛。

C. 应用社会科学

最初大多数社会学家都不愿意放弃他们所受的训练和学科道路，但是到了20世纪30年代晚期，科学咨询和程序能够而且应当对社会问题有一个直接的影响这样一个观点不再是学术反常，而是缓慢成为一个个人渴望的和制度化的期望，但是这也不是没有摩擦。20世纪早期的学术圈不是那么容易就接受实用主义和工具主义理念。对于学术部门来说，保持独立于他们的周边学界之外要比在社会领域检测他们的知识容易得多。尽管他们不情愿，但是培养一个应用社会科学的孤立的且主要是无效的尝试预示着一个整合的政策科学的即将来临。

查尔斯·梅里亚姆（Charles Merriam）是拉斯维尔（Lasswell）在芝加哥大学（University of Chicago）的导师，他是早期应用的、多学科的社会科学的支持者。他的1925年在美国政治学会（the American Political Science Association）的会长发言具有指示意义：

> 同样，我们有可能看到社会科学本身的一个更为紧密的融合，在异化的必要过程中它们在很多情况下都过于孤立。在处理基本问题如惩罚与预防犯罪和酗酒、人类移民这一烦恼问题、黑人关系问题以及大量的工业和农业问题等中，显而易见的是，无论是经济学本身、还是政治学本身、还是历史学本身的事实和技术都不足以来分析和解释这些问题。……
>
> 毕竟，这种整合叫什么，是社会学、国家学、人类学、经济学，还是政治学，这都不是一个很重要的问题。最基本的考虑是：在不同的社会研究领域得到和维持着这种观点和联系；不公正的对待并没有歪曲和改变社会观察人员和分析人员的判断。社会行为问题本质上是一个问题，研究方法的角度可能也应该有所不同，因而科学的结果也是不完善的，除非这些观点在某些时候被有效地放在一起，这样才可能实现多元分析的全部利益（Merriam 1925）。

但是，有先见之明的梅里亚姆（Merriam）可能已经攻击了学科主导权（disciplinary satraps）并呼吁了对应用社会科学的研究，但是他的告诫落在了未孕的土地上。没有几所大学院系或职业协会听从他的领导。他们可能一直忙于巩固和保护他们自己的职业身份（professional identities）和职业自我（egos），或者他们可能太过于迷恋独立于周围学界这一神圣的学术传统。虽然毫无疑问在20世纪30年代有一些思想升华（intellectual refinements），但是大多数都是向内针对方法论的改进，而不是向外针对社会问题。例如，政治科学正在纠缠于行为辩论，这个辩论在缩短与其他学科沟通的同时威胁到了该领域的内聚力。经济学完全作茧自缚到自己的经验主义绳索中,伤害了它的职能经济世界观点。正在出现的公共行政学领域———一个有意识地旨在节约和改善政府实践的领域——实际上被国内关于政治与行政两分法和官僚作为统治工具的"客观"角度的这些争议所削弱(Waldo 1955; White 1948; Willoughby 1927)。

对学科保护主义(disciplinary protectionism)也的确存在有一些个人和机构例外:社会学家罗伯特·默顿(Robert Merton 1936)、经济学家韦斯利·米切尔(Wesley Mitchell 1937)、社会科学研究理事会(Social Science Research Council)的成立(在梅里亚姆的指导和洛克菲勒基金会[Rockefeller Foundation 的资助下于 1923 年成立]以及布鲁金斯学会(Brookings Institution)的巩固[1928 年得到卡耐基基金会(Carnegie Foundation)的支持]鲜明地出现在人们的脑海里(see Critchlow 1985; Lyons 1969)。但是,这些例外是如此地突出不合时宜以至于不得不赞同下面的观察:多学科研究与其在社会问题上的应用就像一个失去了母亲的孩子,也就是离家太远了。

因而不足为怪的是,在 1939 年罗伯特·林德(Robert Lynd)提出了"知识为何"的问题。他反对他所认为的过多的实证主义(包括米切尔的工作)和超脱于社会,他警告道:"如果社会科学家太喜欢等待,直到所有的数据都到手……那么可以在没有他的情况下,政策可以任意地由'实际'的人和由被利益压力集团(interest-pressure bloc)所驱使的顽固的政客所制定"(Lynd 1939:9)。林德问道,在对工具主义主题的回应中,什么是知识的最终目的,是为了它自己的利益还是为了使社会更好?在大多数学术圈里,答案显而易见:社会相关知识的理念被故意地忽略了。这一状况直到第二次世界大战结束时基本未变,因为美国的智力资源被发动到身边最紧迫的需要上去了。

"二战"后不久,国会和行政部门寻求将政府所主办的科学研究确定为公共政策的一种工具,这在当时被认为是一个革命性的概念。当国会争议国家科学基金(National Science Foundation,NSF)的建立和权限时,这一问题变得白热化(Lyons 1969; Polsby 1984)。在国家科学基金的审议中,社会科学和物理学的相对分歧就被凸显出来。直到 1951 年国家科学基金会最终得到授权时,前者都一致被国会排除在基金会资助之外。正如参议员威廉·富布赖特(William Fulbright)在国会的听证会上所评论的:"人们只是不欣赏社会科学的重要意义,这意味着你们的议员也不欣赏"(in Lyons 1969:33)。这一态度预示着政策科学很难有良好的发展,它可以对相关的问题做出要求,但是并没有有组织的利益相关人做出明确解释,更不要说提出他们的情况。

但是,重要的先驱和支持者愿意跨越各学科并强烈支持多学科研究在社会问题上的必要应用。罗伯特·默顿在他 1949 年具有里程碑意义的文章中,呼吁"应用对应用社会研究的社会研究以获得社会科学的公共形象(public images),特别在政府、劳工和企业界的政策决策者中"。默顿断言,"众所周知,一个既定的实际问题要求好几个社会科学的研究者联合努力",他说道,"实践问题是多方面的。可以从几个不同学科的视角来评估它们"。他挑出人类学、心理学、社会心理学和社会学，认为它们之间有高度的相关性，他挑战社会科学家去"使政策制定者对新型的可实现的目标保持敏感……并对达到业已确立的目标的更为有效方法保持敏感"。默顿总结道："应用研究的一个重要职能就是为跨学科调查和为发展一个'基础社会科学'的理论系统，而不是为分立的、不协调的、专门化的理论提供时机和压力"（Merton 1949：167-171）。

Ⅲ．拉斯维尔的观点和政策科学的早期实现：最初几十年

哈罗德·拉斯维尔被认为是政策科学的现代奠基人。正是他在《政策科学》杂志［他与丹尼尔·勒纳（Daniel Lerner 1951）联合编辑］中的"政策导向"（The Policy Orientation）一文明确描述了社会科学原则和实践（discipline and practice）的政策地图（policy map）。政策科学随后的发展可以追溯到三个主要的界定性特征（defining characteristics）：多学科视角（Multidisciplinary perspective）、性质是环境和问题导向（Contextual and problem-oriented in nature），以及明确的规范性（explicitly normative）。在许多方面，这些都代表着不同的重点，因为它们反映了不同的事件和情况。在其他方面，他们互相加强。为了现在能解释清楚，而且冒着一些多余的风险，我将会单个讨论每个特点，因为每个特点对政策科学的演变和被接受都有着可辨明的影响。追溯它们各自的影响也见证了政策科学从20世纪50年代如孩童般被忽略到20世纪60年代青春期崛起的发展历程。

A．多学科视角

拉斯维尔的早期告诫在本质上是政策导向的，在执行中是多学科的：

  政策导向正在跨越现有的专业而得到发展。这一导向具有双重意义。它部分指向政策过程，部分指向政策的知识需要。第一个任务，即政策形成和执行科学的发展，使用了社会学和心理学的研究方法。第二个任务，即对决策制定者有效的信息和各种解释的具体内容，典型地超出了社会科学和心理学的界限（Lasswell 1951）。

拉斯维尔强调："政策科学"并不等同于"应用社会科学"或"应用社会学和心理学"。他告诫道："政策科学也不应被认为基本等同于政治科学家所研究的东西"。该方法致力于"更全面地实现人类尊严，……它的基本重点……放在社会中人的基本重大问题上"。最后，当主张在潜在的顾问和政策过程之间有一个更为紧密的关系之后，拉斯维尔建议道，"为了让学者和积极的政策制定者进行富有成效的联合，新的机构是必需的"（Lasswell 1951：3-14）。

但是，和默顿较早前所提议的议程一样，由默顿、拉斯维尔和政策科学方法的早期拥护者所制定的方案似乎基本上无人问津。当时的学者除了偶尔对拉

斯维尔著作进行评论外（Kecskemeti 1952），就和他们的两次世界大战之间（interbellum）的对手一样，对这信息毫无察觉。看得见的读者应该是政治学家，但是他们因为行为主义争议而内部分裂，所以几乎没有什么倾向要接受一个新的学科焦点。在经过了多年和许多思考后，有人问拉斯维尔他对这一态度怎样做出解释，他的回答有点含糊，"我认为只是时机不对"。对政策科学运动的学科贡献一直到20世纪50年代晚期和60年代早期基本上是处于休眠状态。

运筹学家和经济学家迅速闯入这一空白。莱恩伯里（Lineberry）认为，政策科学的根扎在经济学中，而不是政治学中，他引用佳林·库普曼斯（Tjalling Koopmans）"在第二次世界大战时期为发展一个资源分配理论"的努力就是"将政策科学的起源……定位于一个人和地方"（Lineberry 1981：7）。运筹学打着系统分析的幌子，把它的方法工具应用到也有一些令人瞩目的成功的一系列分离的问题上。即使更为了解的系统分析人员普遍把他们的工作范围限制到对相对分离的问题上，将系统分析和政策分析同等对待在大多数的文献中也有所反映。奎德（Majone and Quade 1980：5）写道："系统分析和政策分析基本上被当作同一个行为的同义术语来使用。"

不仅是可能，这些更为量化的研究公共政策问题的方法的出现和占主导地位是对政治学家所产生的更为孤立的分析和公共行政学为提高政府过程和服务的盲目努力的反对行动。同时，政策分析也是系统分析、成本效益分析和经济学在美国政府的某些部门所拥有成功的一个职能，特别是在国防部（Enthoven and Smith 1971；Hitch and McKean 1960）。虽然更有洞察力的实践者对它们的限制提出警告，但是成本效益分析、系统分析、项目计划预算系统（program-planning-budgeting system, PPBS）和定量模式（quantitative modeling）成为政策分析的流行口令（for example, Quade and Boucher 1968）；将所有的政策消减为一系列经济的或定量的指标的需要变得普遍。扩大到社会问题上的国防领域的分析技术和程序形成的日期并不长，例如，1966年约翰逊总统命令当时在国防部应用的项目计划预算系统（PPBS）应用到卫生、教育和福利部。但是，这些障碍物无论有多么大的限制或者损害，至少应该承认：它们的实践者正在冒着超出学术的风险，将他们的理论和工具应用到真正的社会问题上。

这些学科重点像它们的社会科学前辈一样，很快就变得不重要了。系统分析被认为是鲁莽的、对公共政策问题不敏感（Hoos 1983）。认识到经济学也有其局限，甚至在专门的经济问题上也很明显表现出来（Green 1972；Heller 1975），这是引起这种紧缩的另一原因。对政策目标的不可知论观点、对最优化的强调、对过程和程序的忽略，以及对微观经济学关于人的行为的假设的接受，这些经证明都是处理公共政策问题的不充分的基础（Mead 1983）。正如斯通（Stone 1988）所强调的，这些理论和项目排除规范性考虑的一般倾向——排斥平等、强调效率——是政治政策制定者所不能接受的。项目计划预算系统（PPBS）的缺陷和它在重复国防部管理成功经验上的完全失败（Wildavsky 1979a）进一步在实践中证明了：公共政策问题常常——也许是典型地——拒绝受到修正，因为它们具有非常复杂、互动和变化的特征。这些日益增长的意识和敏感使得政策分析人员提出新的概念范式和方法途径来研究逐渐广为人知的"嘎吱嘎吱作响"的问题（Squishy problem）（Strauch 975，1976）。

同时，有一个思想流派认为政策科学是发展一个囊括一切的政治互动的元理论（metatheory）的机会，其目的是整合社会科学和物理科学，实现孔德（Comte）的社会物理学（social physics）作为减轻社会病疾的一种工具的观点。默顿（Merton 1949：171）宣称，"应用研究的一个重要职能就是为跨学科调查和为发展一个'基础社会科学'的理论系统提供时机和压力"。德洛尔（Dror 1970：138）甚至更为断然有力："政策科学必须从各种知识分支把知识整合到集中在公共政策制定的一个超学科上来"。这些努力行为虽然意图很好，但是至少因为三个原因而被悄悄放弃了。正在出现的学科缺乏理论基础和经验材料来支持这一事业，这一点拉斯维尔（1951）在"政策导向"中已经明确指出，当默顿根据中程理论（midrange theories）制定他的研究议程时也暗示过。此外，因此而产生并标志着朝这些目标前进的定义辩论，对这一努力达成一套共识焦点的新生领域的发展具有阻碍作用。又一次，拉斯维尔和默顿小心翼翼，不将政策科学的目的和构成部分强行纳入不成熟的思想和定义束缚（definitional straitjackets），而这些是德洛尔元理论所必需的。最后，这一阶段对元理论的最初强调使政策科学偏离其他核心特征，如它们对现实世界社会和政治困境的关注和应用，并加强了批评家早已确定为这一方法的缺陷的东西（例如，缺乏严谨的量化）。

其他也许更为保守的学者将这一正在出现的运动视为一种协调不同社会科学的一种途径，同时每个学科仍然保留它们各自的个性（see Charlesworth 1972；Coleman 1971）。在这一领域早期一个主要的教材，所撰写的各章节都来自于不同的有积极作用的学科和案例材料，反映了这一倾向（Bauer and Gergen 1968）。在这一主题中明确的是这一犹疑的认知，也是未经证实的假设，即各种学科对既定问题提出了不同但又互补的观点，显然这是一个遭到拒绝的假设。现在运筹学的教材常规都包括有关政策执行及其技术注解的各章节（Larson and Odoni 1981），而且社会心理学家是政策评估上的领导者，这些事实都证明了大家普遍接受单一学科政策研究具有局限性（一些受严格限制的和常常技术性的问题除外）和多学科政策研究具有优越性。

这并不说明事已成定局。这些先例在取代严格单一的学科研究方法的同时已经导致了对多学科研究更为彻底的承诺。因为三个原因，这一承诺比早期的倡导更为根深蒂固。首先，早期对多学科研究的呼吁是相对孤立的，从而对各学科的各自身份都有更大的威胁。它的拥护者少，反对者很多。很少有分析人员知道怎样进行多学科研究，因为他们整个学术培训都是在一个学科内的。由于缺乏必备的技能，他们对政策研究的倾向和热情是有所保留的，这一点可以理解。尽管现在的池塘可能没有特别好的储藏，但毫无疑问的是，今天的供应远比20年前要好。多学科培训成为大学公共政策教程的特色，这也加强了这一研究方法。其次，正如赫克拉（Heclo 1972）所指出的，政策学者正在"寻求对事件复杂性的更多真实"，这种情况给一个既定社会问题留下了一套多学科的观点，其原因很简单：政策问题几乎不会将自己限制在某一个学科之内。最后，越来越多的组织专门从事公共政策研究。这在政府圈内和圈外以及公共和私人顾客的服务之内和之外都可以发现。他们产品的相对质量、他们杰出的行动、机构的寿命都是不尽相同的，但是这里并不要讨论这些标准。言归正传，多学科应用社会研究不再不得不依靠一个倔强且常常是冷淡的大学背景作为其机构基础。因为这些原因，政策科学平台的多学科基础似乎是牢固的了。

B. 环境和问题导向

在拉斯维尔最初的观点中，政策科学明确地是以问题为导向并使用广泛的情境方法。这部分来自于这样一种认识，即大多数社会问题都不能脱离其政治、经济、社会和文化环境。最好的例子就是拉斯维尔1951年的论文，在这篇文章开始就以冷战背景作为提出政策导向的理论基础："在我们所居住的地方，持续的国家安全危机……"后来在同一篇文章中，他证实了，"正是针对压力背景"，指的是萧条和战争"对通过加强研究工具的办法（这些研究工具是以后发展所必须确定的）来提高人类科学"所产生的影响（Lasswell 1951：7; also Lasswell 1956 articulates this agenda）。

关于问题导向和情境政策导向，拉斯维尔的观点是两方面的："它一部分指向政策过程，一部分指向政策的智力需求"（Lasswell 1951：3）。后来，他完善了政策科学的定义为政策过程的知识和政策过程中的知识（Lasswell 1971：1）。虽然可以很放心地假定拉斯维尔自己强调政策过程的知识（毕竟，他是一个政治科学家），但同样清楚的是他能够理解两个独立的研究政策科学的方法：一个强调政策过程的知识，另一个强调在政策过程中所使用的知识。

在政策过程中的知识和政策过程的知识之间的分裂是在20世纪60年代中发展的，一直持续到今天。兰尼（Ranney 1968）建立在伊斯顿（Easton）著作《政治生活的系统分析》（Systems Analysis of Political Life）的基础上，把"过程"和"内容"描述成政治科学的焦点。行动主义（activism）和科学主义（scientism）的持续紧张力量把政治学家拽向这两种方法之一。兰尼的偏见是倾向于关注内容，这与1945年后行为主义强调过程相对应。加森（Garson 1981）将政策科学的这一双重特征追溯到科学分析（在拉斯维尔看来主要是行为主义，只是后来强调系统分析）加入民主人本主义（democratic humanism）时。拉斯维尔所选择的表达是"民主的政策科学"。强调"科学"导致对整个系统的一个综合观点和全面理性的分析，但是强调"民主"则导致对分离的、多元主义的和高度政治化的政府过程的一个反综合的观点。政策科学将成为神奇的合成物体。加森写道，"这两种观点构成了经验分析（empirico-analytic）导向政策分析和新多元主义（neo-pluralist）导向政策分析的差异"（Garson 1981：538）。

这两种方法虽然在目的和方法上截然不同，却共同具有研究的情境和问题导向本质，正如杜威早期坚持对其工具理想的一个正式研究过程开始支付股息一样。当然，拉斯维尔最初的想法是这一"问题态度"——它要求社会科学家运用想象力引用可行的成功的政策提议——将整合这两种方法。但是，随着政策科学在20世纪六七十年代不断地获得地位和认可，科学方法和民主人本主义相整合的观点经证明在运行上和哲学上都是困难的。这两个重心不但没有整合，而且（一个强调过程，一个强调内容）加强了各自的特征，每个都宣称某种形式的概念霸权。

每个方法都在追求各自的分离而又平等的原则，都在大学、学院和政府机关划定各自的职业领域。就操作上而言，这两个方法已导致形成了两套公共政策模式：（1）这些模式强调政策分析，已在经济学家和公共行政学者中占主流并依赖杜威式理性研究程序的模式；（2）这些模式强调政策过程，在政治学家中占主流并集中关注确定政策过程的各个阶段。

1. 政策分析

运筹学者（富有数学技术和"二战"的实际成功经验）和经济学家（富有凯恩斯主义理念和大萧条时期的成功经验）最初倡导政策导向。他们的假设是：政策问题和其解决方案可以综合、理性、准确地（comprehensive and rational accuracy）得到确定，并受到精确的量化分析和实证分析（quantitative and empirical analytical precision）。政策解决方案应是最优的，政府行为的影响至少可以在几率上是可以预见的，如果不是有问题的、肯定性的得到预测。

此外，政策技术是一般化的，能够应用的，而不管政策问题。斯托克利和泽克豪泽（Stokey and Zeckhauser 1978）在他们的经典著作《政策分析入门》（A Primer for Policy Analysis）中，给分析人员提供了模型和技术，从微分方程（differential equations）到排队模式（queuing models）到线性规划（linear programming）到成本效益分析。找到正确的选择技术模式、认识到它的缺陷并进行分析是他们有力的良方。这些政策勇士的箴言是"拥有技术，愿意旅行"（Have technique, will travel）。通过一些创新，如项目计划预算系统和管理信息系统（Management Information Systems, MIS），政策技术最终会扩大到方法论和管理实践中。但是真正的政策分析人员总是小心翼翼，对政策过程的影响保持敬意，同时集中关注具体公共政策的知识需要和内容。

爱德华·奎德（Edward Quade）常常被认为是政策分析方法的带头支持者。在他的《公共决策的分析》（Analysis for Public Decisions）一书中，奎德（1971，1982）认为运筹学和系统分析是政策分析的同义词。政策分析的因素有：（1）确定目标；（2）确定备选方案；（3）推荐政策行动；（4）监督政策结果；（5）评估政策绩效。像科学管理一样，政策分析被设计成寻找"最佳"备选方案。

2. 政策过程

同时，运筹学和经济学修修补补在政策分析的幌子下正变得越来越有影响力，对理性计算和控制系统的正面攻击也增加。达尔和林德布洛姆（Dahl and Lindblom 1953）抨击这种理性综合方法（rational-comprehensive approach）既危险又不可行。民主和多元主义规范以及描述性现实取代了科学和理性理想。这些反综合支持者的假设是一个多元主义政治过程，在这一过程中，对供选择的政策目标和标准缺乏共识远比综合方法所允许的更为广泛。为取代综合理性，林德布洛姆将政策过程描述为断续渐进主义（disjointed incrementalism）和渐进决策（muddling through）。林德布洛姆和其他人不采用统一的分析模式，他们提出一些政治策略，如连续的有限比较（successive limited comparison）和党派相互调适（partisan mutual adjustment）（Lindblom 1959）。琼斯（Jones 1977：9）响应林德布洛姆的观点，将政策过程概括为"一个高度相对的和多元的决策制定系统，其特征是妥协、渐进主义和持续调整"。

对综合方法的批评集中在局限到了特别是制度理性上，这阻止了对知道所有可能解决方案或能够预测特定的政策影响的合理宣称。在很多情况下，政策分析迫使技术模式适合复杂动态的政策问题，因此冒着产生绝对错误的解决方案的风险。对于政策过程的支持者来说，有必要获取政策过程知识以理解政府的行动。

政策过程的拥护者有强大的关于他们方法优越性的描述性证据。政策分析的夸张宣称促使威尔达维斯基（Wildavsky 1969）写下了《从项目计划预算系统中挽救政策分析》一文（Rescuing Policy Analysis from PPBS）。在这篇创新性文章中，威尔达维斯基坚称，尽管理性分析技术如项目计划预算系统碰到了不可避免的问题，也没有理由认为所有的政策分析都是坏的。其他的人可没有这么慷慨大方。胡斯（Hoos 1983：241）写道，"我们首先必须认识到系统分析不仅仅是一个技术和方法的集合，而更是一个充满社会意义的社会现象，也许更加是因为它的特征就是内部的和外部的矛盾"。

政策理论家主要来自于政治学，他们提出了新的政策过程模型。这些模型保留了，实际上是突出了，政策科学的情境和问题导向性质，但是他们的焦点在政策过程的知识上。与奎德或邓恩的模式相对的是，梅和威尔达维斯基（May and Wildavsky 1978）描述了一个政策周期，包括：（1）议程设置；（2）问题分析；（3）执行；（4）评估；（5）终结。同样，布鲁尔和德利翁（Brewer and deLeon 1983）将他们对政策过程的理解基于一系列他们所确定的：（1）动议；（2）估算；（3）选择；（4）执行；（5）评估；（6）终结。虽然有些词汇如评估，可能和用于政策分析模型中的词汇相同，但是意思截然不同。在评估技术和方法中，政策过程模型普遍强调政策评估的政治和运作上的使用和滥用。

总之，甚至今天这两种方法：政策过程的知识（政策过程）和政策过程中的知识（政策分析）在一些大学和官僚机构中针锋相对、肆意虐行。在流行期刊上的报告在政策科学各级内继续争论。阿伦·威尔达维斯基（Aaron Wildavsky）是伯克利公共政策学院的前任院长，在名为《对当权者直言相谏：政策分析的艺术和技巧》(Speaking Truth to Power: The Art and Craft of Policy Analysis, 1979b) 一书中描述了这一关系。尽管综合性政策分析人员努力使用其技能产生真理，但是只有在与政治权力和公共政策艺术相联系中才能完成政策行为。

在针对国家首都的主要事件发表社论的另一杂志《华盛顿月刊》(Washington Monthly) 中，非常详尽地描述了真理和权力的这场特殊战争。这正是1973年《全面就业和培训法案》(Comprehensive Employment and Training Act, CETA) 的真实情况，它的参差不同的绩效记录要求系统评估，这正是政策分析人员所需要的一类工作。但是在劳工部（Department of Labor），自需要作评估的地方，就应该怎样进行发展了两个派别。在主要由经济学家担任的政策、评估和研究助理部长 (assistant secretary) 职位，评估被设计用来测评《全面就业和培训法案》的影响（例如，有多大百分比的工作受训者保持好的工作？）。人力管理的《全面就业和培训法案》项目人员更愿意测评《全面就业和培训法案》的执行过程（例如，公民参与《全面就业和培训法案》项目的程度如何？）。纳尔逊（Nelson 1979: 59）在《政策分析政治》中记述了这一简短时期，他得出结论："政策分析人员不仅对单个政策或制度产生了兴趣，而且对他们自己所喜爱的职业化策略本身也产生了兴趣"。詹金斯·史密斯（Jenkins-Smith 1990）在他对海事规则的分析中也发现了相同的区分。

尽管这两个方法在他们的各自地盘有着实际的或者可察觉的防御措施，但是这些模式和它们的因素都不是用九码的类型学混凝土（in nine yards of typological concrete）铸造的。事实上，这些方法和阶段相互渗透和彼此了解。要分离它们是不现实且有害的。实际上，"公共政策，几乎从来就不是一个简单的、分离的、单一的现象。确实，公共政策研究的吸引力……恰恰在于它的丰富性"（Greenberg et al. 1997: 533）。但是，公共政策的这些方法和各种模型可以用作需求，来组织和展示政策过程的知识和政策过程中的知识。

最后，采取了大量的措施以和解或实现合成综合性和非综合性方法。甚至在政策科学分裂之前，西蒙（Simon 1945）就概述了一种受到"令人满意的"（satisficing）和"有限理性"（bounded rationality）等概念限制的决策制定理论，在这种理论中，决策制定在一个不完全和不完善的信息世界中受到情境和运作的限制。但是决策制定者选择追求理性科学研究。艾兹奥尼（Etzioni 1967）宣称这两种方法都是必要的，他对各种类型的决策（战略与运行）和合适的方法加以区分（see also Beckman 1977）。后来还有另一个更为直接的措施融合这两个方法，它的特征就是"后实证主义"（post-positivism）（Ascher 1987; deLeon 1992），这是我们后面要回顾的一个主题。

C. 明确的规范性观点（Explicitly Normative Perspective）

政策科学，几乎从他们本身的概念就知道，它们的内容上已经明确是规范性的，并关注人类价值。用拉斯维尔的话（1951: 16），就是"政策科学方法……大力阐明政策中所涉及的价值目标"。拉斯维尔和卡普兰（Lasswell and Kaplan 1950, xxi, xxiv）将政策科学界定为提供"与价值整合有关的知识，通过人际关系实现价值整合，而价值整合又体现在人际关系中"，它"赞美的不是一个去除人性化状态的荣耀或一个社会机制的效率，而是人类尊严和人类能力的实现"。这种对价值的重视仍然是政策科学方法的一个灯塔。同样重要的是能够认识到这些价值，并将之作为分析社会问题的一个明确的部分（Kaplan 1963；Lasswell 1971）。这种规范性的迫切性听起来是真的，即使对达到这一目的的手段仍充满怀疑和争议（Hawkesworth 1988；MacRae 1981；Rein 1983；Stone 1988）。政策科学家将会问，在没有清楚认识到所有的人（不考虑其种族、宗教、性别或地域）都应该有平等权力的情况下，是否任何人都能理解民权政策、福利转移支付或比较价值立法？由威廉·伦奎斯特和罗伯特·博克（相应地作为首席大法官和法官）被提名到美国最高法院所激发的充满仇恨的争议并不是由于他们的职业或法律地位而产生的；根据这些基础，他们两个人都是杰出的、合乎标准的。由他们提名和听证所产生的致命争议只能由这些陪审人员所代表的价值和由这些价值对未来最高法院裁决所产生的可能影响来解释。同样，如果不理解根本的价值观点，没有人能了解克拉伦斯·托马斯最高法院（the Clarence Thomas Supreme Court）提名的致命性。

尽管存在这些早期责难，政策科学的规范性方面因为这三个原因而实际上被所有的人忽略了。第一，一些人认为，政府和项目基本上是"渐进决策"的，而政策的渐进方法将包括或平衡任何可能发生的规范性情况。这些情况可能处于秘密的不争议状态，但是不管怎样，它们应当事实上被整合（Lindblom 1959）。第二，其他人争论道，定量方法，如在运筹学和经济学中的实践，基本上是"价值中立"（value-free）的，因此不会非要关注伦理或价值问题。在杜威的工具主义和韦伯的官僚制中所未说出的信仰支持这一假设。第三，大量的政策分析人员认为，价值不属于政策制定者的领域，对于分析者来说，闯入这一领域或插入他们的价值都是没有保证的（即超出他们的职业能力、专业技能和宪章），甚至在民主伦理意义上来说也许是"错误的"（Amy 1984）。

当然，这些论点没有一个缺乏依据，但是它们很明显地偏离了政策科学最初的宗旨。甚至更为有说服力的是，拒绝明确考虑政策过程的规范性和意识形态方面已经反复导致空洞的分析，不足以"解释"已经发生的事情或可能的情况。"价值中立"的方法对于非常有限的、可能是系统分析问题如备选公共交通系统是足够的，但是甚至这一假设也是有问题的，因为它并没有考虑交通系统为谁服务（和为什么要服务）。毫无疑问的是，如果不公开承认相关的社会价值观，政策科学所提出的广泛的社会的相关情境问题不可能被理解。德洛尔（1946）很久以前就证明了工具主义手法者（incrementalist sleight of hand）的破产。

第二，大多数观察者能够同意，严格的政策问题定量研究方法是不充分的，像公平等问题必须提出来讨论并有意识地包括在内。更具有争议的是实现这一目标的手段（see Fischer 1980；Rein 1976）。此外，现在广泛承认的是，甚至方法论的选择都暗示着将影响分析的一系列强有力的规范性价值和分析假设。没有像"价值中立"的研究或甚至方法论之类的事情，正如后实证主义者所告诉我们的那样。第三，很少有分析者宣称，他们能在分析中"解决"规范性问题，但是越来越多的人会承认，他们至少会将这些考虑作为他们工作和最终建议的一个公开的组成要素。在许多方面，这已经导致分析人员提出"政策科学的民主化"（See deLeon 1992；Dryzek and Torgerson 1993；Fischer 1993）。

规范性标准和政治意识形态被应用和影响政策分析的例子唾手可得。里根的发言人在住房和城市发展部（Department of Housing and Urban Development）的一个报告中明确表述了这一观点："州和地方政府已经充分证明，适当地给予自由，他们自己所做的决策将比联邦政府为他们所制定的决策更好"（May 1982：6）。以前的公共服务朝向民营化的喧闹转变是价值判断的某种信号：私营企业比公共部门组织更适宜于各种任务（Osborn and Gaebler 1992）。规范性的涵义和更重要的信念将很难在里根政府的教育和能源项目中被忽略。

来自很多不同的问题领域的近似例子可以在对里根的国家安全政策中找到，石蕊测验（litmus test）就是人们是否信任前苏联这一"邪恶帝国"（无论前苏联成败与否取决于人们的视角）和社会福利项目（它建立在家庭价值基础上）的辩论。在公众有权保护它的集体自我和个人隐私的神圣权利之间的争议（日益传播的艾滋病病毒最强烈地重新提起这种困境）一直在持续上演。这些政策因为具有定量指标，如导弹弹头、援助需要赡养儿童家庭（Aid to Families with Dependent Children，AFDC）的接收者、或者感染率等，无论有多么"客观"，都直接根源于一个人的道德和意识形态戒律。但是，毕竟这是政策科学领域，是在各种竞争公共行动的备选方案中的一个问题导向的选择过程。规范性问题不能回避，确实，价值问题仍处于当代政策科学的核心。有关价值是否是政策科学的一个明确的部分的争议，如果曾有过争议的话，已经结束了。到了20世纪90年代早期，该领域已经发展到这些问题：怎样将价值包括在政策分析中作为一个重要的理论和实践分析议题，但是在实践中很少有这样的忠告。

我们因此可以认为规范性标准日益成为政治决策制定的一个可见的部分。如果政策分析者希望继续他们着手和咨询的质量，那么它们就必须被公开公正地包括在他们的政策分析中。它们可以被忽略或被转变为技术问题（现在还有许多的系统分析人员这样认为）的这种想法（或希望）不再站得住脚，如果它们曾经站得住脚的话。虽然政策科学家可能不能够说服政治政策制定者任何一套既定规范的正确性，但是分析人员至少可以解释这些互为竞争的价值观，并因而允许政策制定者作出以后诚实且更为公开的（即更少隐藏的）判断。因此，这是第三次政策科学已经成熟，回归到最初拉斯维尔框架。

Ⅳ. 政策科学的成长和发展：20 世纪 70 年代

容易看到，拉斯维尔对多学科、环境，及问题导向的规范性政策科学的原则仍然存在于各种不同的争议和决议中。但是政策科学的行进队伍已通过了回顾这一站，早期的领导者从视野中消逝，新的人物开始出现。这些新人物在许多情况下都是领导者的学生，他们更少地意识到要奋斗才能建立社会相关知识和在客观地受到学科限制的研究中所包含的问题。事实上，许多人作为政策科学家是接受的传统学科之外的教育。对于这些新的行进者，拉斯维尔的表达就是规范，任何回到与学术不相关的行为都受到指责并加以避免。这一代人的社会背景不同于他们的前辈。没有大萧条、第二次世界大战和"冷战"，新一代的政策分析者不得不与不同性质的战争和危机做斗争（例如，"越战"和"向贫穷宣战"），引发了比 20 世纪六七十年代更大的对政策科学的需求和需要。

对政策科学前进的步伐和方向的影响显现出两种形式。一套影响来自政策科学家学界内部，他们努力扩大自己的主张和追求的理论和政治权力。另一套影响来自于这一领域之外，产生于这一时期主要的社会和政治事件中。这些内外部影响相互影响，推动了政策科学的成长和发展。

A. 扩大政策科学的范围

政策科学的一个不可见团队在 20 世纪 60 年代晚期形成。在考虑他们自己的学科和实践中，他们也认识到他们知识和技能的不足和机会。逐渐地，按照一定的序列逻辑（logic of sequence）（如果不是决定性的话），政策科学扩大了其理论范围和应用。政策分析和政策过程两种方法都欣欣向荣，每个方法争相解释政策过程中一些"新发现的"因素或阶段。整个 70 年代，政策科学用一个多少有序和系统的方法提出了评估、使用、执行和终结等议题，不过从来没有明确地解决过。就好像在政策大游行中，队伍被组织成独立的阵营，每个阵营都用自己的方式来准备，每个阵营都反映了整个军队的多样性，但是缺少战略协调的攻击计划。

1. 评估

政策分析的明显目的就是从公共项目中学习，这样在 20 世纪 60 年代早期所表达的社会目标都可以用新的更有效果的项目来满足。在许多的圈子中（e.g. Nagel 1990），评估被认为是绝对必要的政策分析，这里分析的橡胶击中了政策的道路。

评估界似乎为这次机会作好了准备。罗斯和弗里曼（Rossi and Freeman 1985）评论道："在现代，在这些领域如教育和公共卫生，对项目系统评估的承诺可以追溯到世纪之交通过最有效的经济的方法提供文化和职业培训以及减少传染病的死亡率和发病率。"丹尼尔和沃恩（Daniels and Wirth 1983）将 20 世纪 60 年代中期以前的评估研究确定为两个阶段，"作为效率的评估研究"（evaluation research as efficiency）（从 1910 年到二次世界大战）和"作为领域的评估"（evaluation as field research）（二次世界大战到 1963 年）。第三个时期"作为社会实验的评估"（evaluation as social experimentation）（1963~1974）包括这一时期。公共卫生学者，如萨奇曼（Suchman 1967），在发展系统项目评估和评估研究以及特别是激励把应用技术应用到社会问题而不是学术实践中起着至关重要的作用。

在 20 世纪 60 年代晚期和 70 年代早期，基本上整个政策分析界几乎都无一例外地关注政策评估。政策周期的评估阶段肯定受益于这种集中关注。新的方法（通常来自于社会和临床心理学）也被拿来运用，而其他的方法也被调整用来满足特别的需要。联邦政府和私营基金[特别是拉萨尔·塞奇基金会（Russell Sage Foundation）]的资助是巨大的。问题导向的评估研究也对公共政策制定作出巨大的贡献。

资源的窘迫和方法的丰富（methodological riches）有一个严重的经证明是致命的缺陷。大多数评估者在学术界度过了整个职业生涯，他们在政策研究的槽厩中吵吵嚷嚷。因为这个原因，他们很少欣赏与公共官员一起工作或者确保他们的发现和建议符合顾客需要的政策敏锐性。学术目的和官僚目标之间是一个完全不同的舞蹈入场券（dance cards）。许多评估者没有认识到这些不同，或者如果他们认识到了，他们也不愿意去学习新的舞步。此外，这些问题结果证明比以前所估计的更为困难和意义重大，所以这一结果典型地远远缺乏它们所承诺的影响。

因此，评估证明是一个具有争议的行为。不仅评估很少能够确定系统不足的来源，它们也几乎不能对政策制定者需要更好的信息做出回应。作为政策分析的评估从给予它财政支持的赞助者那里获得较差的信誉。"相关性"对"僵硬"的争议削弱了大量的评估 [see the debate between Carol Weiss and Michael Patton in Alkin（1990）]。最重要的是，它们不能回答一些关键性的政策问题：这些项目在"起作用"吗？如果没有，为什么没有，能够做些什么？不管怎样，无论出于什么原因和导致什么样的结果，在 20 世纪 60 年代晚期和 70 年代早期的政策研究界集中在政策评估问题上，以至于剥夺了政策过程的其他方面。

2. 使用（Utilization）

法律、政治学、运筹学、社会学、经济学、心理学和其他社会科学应用到公共政策中所为人觉察到的缺点导致了普遍的一个身份危机（identity crisis）和广泛的悲观主义。斯科特和肖尔（Scott and Shore 1976）提出了每个学科都害怕面对的幽灵。赖恩和怀特（Rein and White 1979）在他们提出这样"政策研究能帮助政策吗"这样一个疑问时并不是孤军奋战的。韦斯（Weiss 1977）用渐进的术语来谈论"知识循渐"（knowledge creep），并质疑社会科学对公共政策制定者来说是否只是实现了"启蒙功能"。林德布洛姆和科恩（Lindblom and Cohen 1979）甚至更为嘲讽；他们宣称，政策分析（或者什么是他们所称的"职业社会研究"）缓和社会问题成功的可能性比随机发生的几率大不了多少。卡普兰等人（Caplan et al. 1975）对联邦执行主管知识运用的研究给许多人以警告，并给其他一些人证据，因为他们发现使用者倾向"软知识"（以非研究为基础、定性、且用外行话来表达），这些知识主要是为了使政策制定者对社会需求敏感这一目的。里夫林（Rivlin 1971）则更为公平，指出政策研究在一些领域怎样取得了巨大的进步，而在另外许多领域又是完全无知的。

这些合理的评论肯定给予丰富的理由停滞不前；也许社会复杂性太多而无法通过分析来把握，甚至通过跨学科的方法也可能太难以解决，本身该方法也难以控制。但是，随着单个学科的源泉经证明干枯了，对他们治病药水的需求仍在增长。政策科学从来就没有在使用这一问题上结束过，它将继续朝更为紧迫的事情前进。

3. 执行

既然评估和使用都有不足，在 70 年代中期，当政策科学家认为他们已经确定了项目失败的根本原因时关注的焦点再一次转移就并不足以令人惊讶了。1973 年，由哈佛大学肯尼迪政府学院（Harvard's School of Government）所出版的《公共部门执行研究报告》（A Report on Studies of Implementation in the Public Sector）评论道：

> 60 年代晚期，我们越来越对政府权威与执行密切相关的这些实践方面感到困惑。这 10 年的项目所取得的成果被广泛认为是不足的。失败的一个清晰来源出现了：执行过程的政治和官僚方面在很大程度上被排除在政府参与者和辅助他们的正式政策分析人员的考虑之外（quoted in Brewer and deLeon 1983, 249）。

没有人应该怀疑，在 70 年代早期的执行（这是官僚机构随意的华尔兹）是政策过程中一个被忽略的阶段，无论是在概念还是操作上，这可是对传统公共行政缺陷的一个令人惋惜的评论。普雷斯曼和威尔达维斯基（Pressman and Wildavsky 1973），在他们有里程碑意义的研究中发现：事实上不存在前人对执行的研究。这在专业上再次保证人们怀疑：项目本身，正如所设想的一样，就等同于任务，而政策失败的真正罪犯是传统的供给系统。政策研究界认为执行是分离项目制定和项目成功的"缺环"（missing link），他们热情地转向研究政策过程的这一阶段（see Hargrove 1975）。伯曼和麦克劳克林（Berman and McLaughlin 1974）讨论了在联邦政府赞助的教育项目背景下的执行，同时德西克（Derthick 1972）解释新城镇的失败——这是在城镇城区更新项目中，执行政治有许多失败。在联邦和地方政府之间的分裂被视为是尤为要受到指责的执行罪行（implementation crimes）。威廉认识到政策执行所产生的两难困境，于是他（Williams 1975）提出"执行分析"（implementation analysis）。执行分析在分析中包括执行战略，这样政策制定者能够评估错误或马虎执行产生的问题，并且因为有这样的知识武装，能够选择最有效的政策和项目。不幸的是，威廉和其他人都有没有认识到"墨菲定律"（Murphy's law）（一种认为凡有可能出差错的事终将出差错的俏皮论断——译者注）的广泛性，这一理念是指无法预测的事情总会发生，从而使得执行预测常常成为想象。

和早期强调项目评估一样，强调执行无疑也是值得尊重的。发展和产生了大量的案例研究材料，突出了政策执行的困难和怎样预测及减少困难。政策学者提供了执行的类型（Bardach 1977），同时一些人提出了朝一个一般的政策执行理论的尝试性的最初步骤（Hargrove 1983；also Mazmanian and Sabatier 1981, 1983）。再一次，就像早期的使用和评估问题一样，对执行的强调产生更多的是混乱而不是澄清。结果证明，执行远比执行分析支持者所提出的，甚至对那些声称代表"第三代"的人来说都要更为复杂和困难（Groggin et al 1990；Linder and Peters 1987；Wittrock and deLeon 1986）。不管这些努力的结果如何，我们都可以万无一失地说，在 70 年代中晚期，政策研究界着重关注政策执行问题，而相对地排除了政策过程的其他阶段。

4. 终结

到 70 年代末，各级政府被更为节俭的需求所包围，随着纳税人坚持要求降低政府开支，减少的收入加强了这一需求。加利福尼亚州的第十三条建议案（Proposition 13）（它减少财产税的标准，因此降低政府收入标准）具有指示意义；在大多数时候一直受到怀疑的社会福利项目也处于特别调查之下（see Bardach 1976）。这一趋势进一步得到民选官员政治倾向的支持，他们在里根政府时就从意识形态上反对"大政府"。鉴于这些发展，项目终结——在如削减管理、日落立法和财政紧缩等标志下——成为政策研究的一个流行主题，但是没有以前对政策执行和评估所强调的程度。"向贫穷宣战"所产生的灾难是泛滥成灾的。在尼克松政府下，霍华德·菲利普斯（Howard Phillips）努力消除经济机会署（Office of Economic Opportunity，OEO），甚至当他是署长时也是如此。虽然借助 1974 年《社区服务法》（Community Services Act of 1974），官方正式废止了经济机会署，它的许多项目仍持续到 80 年代，这时这些项目开始受到里根政府削减的影响。纽约城的财政灾难（只是一些财政上受到威胁城市中的一个）给终结研究和提议策略以额外的信任和原因（Caralay 1982；Levine et al. 1981）。尤为新近，一些人［例如，弗朗茨（Frantz 1993）］检测了早期的一些终结作者（例如，德利翁，1978a）在不同的终结行动中是否仍然有关系。

虽然有可供他们使用的充足的材料和稳定的顾客，政策科学家将他们注意力转移到描述和规定终结策略上。但是就像对政策过程其他各个阶段的强调一样，终结研究经证明也同样不能提供稳固的项目建议。由于多种原因，大多数规定要被清除的项目和机构结果都明显地抵制政策终结削减的斧头,因此对考夫曼(Kaufman 1976)的问题"政府组织是永垂不朽的吗"给予了一个肯定性答案。另外一个政策研究倾向的产生和消失并没有在实证的值得关注的建议的方法上留下些什么,甚至是在克林顿和戈尔的"国家绩效评估委员会"(National Performance Review)和共和党人的"与美国签约"(Contract With America)似乎提供了充足的证据之时。

5. 总结

可以肯定的是,这些焦点关注都显示出努力没有白费。大量的文献得以撰写、传播甚至有些深入人心。人们对这些领域以及每个领域独特的特点都有许多了解。毫无疑义,政策学界(分析人员和政策制定者)都远比他们在60年代早期时要明智得多。但是从一个概念观点来看,主要被忽略的是对整合和平衡的需求,也就是最初拉斯维尔的指令:在政策过程中没有分离的可独立的因素或阶段。每个政策阶段必须重复地与其他阶段连接在一起:发起与估计相连接,选择必须由执行来建议,正如评估必须先于和告知终结(deLeon 1983)。发起和终结是一个政策周期的起点和终点,它们都来自完全相同的概念性和分析性筛子(deLeon 1978a, b)。人们逐渐接受:政策过程是一个无缝的网,而不是一系列分裂的单个阶段或过程,而这一过程的每个阶段都渗透着政策分析。但是负面仍然是类似于多年前"所发现的"过程的持续"再发现"。在政策"记忆"(policy memory)被确定之前,有多少"重塑政府"倾向、社会福利政策和教育改革是必要的?

因此,我们能看到,政策科学的多学科特性、问题导向因素、环境特征和规范重点等的演化在绕了一整圈之后又回到了它的某些情境假设之中。但是,不考虑拉斯维尔观点的明晰和说服力,现实情况就是政策科学(也许更比其他知识追求)受到在它们控制之外和超出它们控制的事件的影响。定义上,它们是问题导向的,所以在没有放弃它们活力或真实的存在理由的一个必不可少的部分时,它们是不会从政治和社会环境中离开的。尽管这不是一个讽刺性的格言,但是显然政策科学深深受到问题导向的传统所影响,即使这意味着它向基本上超出它们控制范围的情况屈服。对于这个混乱情况,现在还没有稳定的解决方案,因为政策科学有意将自身置于现实世界的广场中心,因此必须承受任何可能来自木板小道的政治行为。这一学科的职业挑战就是:在没有被过度歪曲的情况下面对着这些冲击,能够适应,甚至取得成功。

B. 政治事件和政策科学

政策科学的演变也必须部分归功于影响政策科学发展的政治和社会事件。正如拉斯维尔所认识到的,这样的政治或背景条件落到手边任务所要求的分析者的控制之后。例如,对严格的或至少是系统的政策和项目评估的要求在20世纪60年代中期受到对需要分析实验所制定的社会福利项目的巨大推动。六七十年代的一些外生现象对政策科学具有根本的而不是暂时的影响。

1. 反贫穷战争

对系统的致命的种族歧视的迟来认知，和对在"另一个美国"中普遍的、致使衰弱的贫穷的新闻报导（Harrington 1963）导致肯尼迪和约翰逊政府积极行动，制定和执行广泛不同的社会福利项目（see Levine 1970；Sundquist 1969）。改进项目毫无疑问是用意良好，其场面宏大，从教育到住房、营养、就业等（Kershaw and Courant 1970）。它们的共同标准（不幸的是当时没有认识到）深深忽略了它们要改进的社会疾病的原因和这些疾病可能的结果。

用莫伊尼汉（Moynihan 1969）贴切的话来说就是，反贫穷战争的项目是建立在"最大可能的误解"之上。更多的看法则是缺乏明确的甚至是共同的目标。受到政治驱动的热情，取代了任何可获得的贫乏分析。毫无疑义，这一结果就是10年的试验、错误和挫折，此后可以值得争辩的就是：是否这10年和几十亿美元产生了任何看得到的（更不要说有效的）救济（Aaron 1978；Murray 1984），或者从90年代中期的观点来看，产生了对沉重的国家赤字的担心。

不管反贫穷战争的结果是什么样，它对政策科学的影响是巨大的。从概念、方法论和政治等观点来看，反贫穷战争对政策科学有根本性的影响。这些"教训"可以应用到政策分析行动的所有阶段。许多项目的动议所获信息并不准确。执行被当成一个不重要的事后思考而受到忽略，被天真地留给假设为中立的行政官员和官僚。评估受到忽略，直到很晚的时候才发现远比以前想象的要复杂（Glazer 1983）。将所承诺的产品和所提供的产品相比较，对社会科学消除社会问题能力的怀疑在实践者和同情的赞助者中出现合理的怀疑［see "Utilization", section IV. A. 2 (this chapter)；also see Rivlin 1976］。

反贫穷战争对政策科学发展的影响可以在许多的反映和随后的主题中看得出来。在最实践的层面，到目前为止它为社会科学家已经提供了前所未有的大量财政支持（从公共部门到私营部门）和接近政策制定者的便捷通道。从更为概念的层次来看，部分受到反贫穷战争经验的刺激和推动，在60年代晚期和70年代早期，出现了大量的政策文献。专业期刊开始创立，好几个大学［最令人注目的是哈佛大学（Harvard）和加利福尼亚大学伯克利分校（the University of California, Berkeley）］建立了政策分析的专业研究生培训项目。在许多方面，机会似乎创建了需求，而政策分析发射进入了"政策空间"，即使它的目标和轨迹还不知道。

与此同时，政策研究者不得不吞下方法论和结果羞辱这一孪生苦药。理论假设和认识论怪异（epistemological wizardries）经证明在学术传统上是非常可信的，但被展现出是设计社会干预项目的贫乏基础。有关评估教育质量或将劳动经济学应用到失业和贫穷等问题被发现远比以前设想的更为复杂（Aaron 1978；Mead 1992；Murray 1984）。实证研究是建立在不充分数据的浅滩上。最尖锐的是，确定反贫穷战争项目的政治参数表现出既是政策问题的一个内在部分，也是任何问题解决方案的一个不可缺少的部分。尽管这些背景因素在名义上得到系统分析和政策科学经济学传统的承认,反贫穷战争用不含糊的语言让人明白这一经验教训。总之,反贫穷战争同时为政策科学提供了前所未有的机会和为巨大的学术退缩提供了必须履行的责任。

2. 越南战争(The Vietnam War)

60年代美国耀眼的主要政治事件是越南冲突(Vietnam conflict)。虽然对战争的分析和引导都是高度政治化和被连续几届白宫管理,它们主要是国防部和军队的责任。越南可能是分析的车间和熔炉,因为国防各界一直是在分析方法的最前方。在空军和国防部长办公室(Air Force and the Office of the Secretary of Defense)的资助下,由兰德公司(RAND corporation)提出了系统分析和成本技术(costing techniques)(see Fisher 1971; Quade and Boucher 1986)。"国防经济学"得到很好地理解,即使没有总是得到很好地实践的话(Enthoven and Smith 1967; Hitch and McKean 1960)。项目计划预算系统(PPBS)最先由国防部执行。但是在回顾中,可以认为,因为拥有所有明显的分析才能,美国在管理越南战争时发生了严重的问题。如果不停留在这里思考越南战争的各种争议和失败,我们可以指向在信息传递、错误比拟、不愿包括社会和政治变量[和伴随对量化指标(quantitative measures)的承诺]和渐进决策制定中的不足,它们都是损害越南战争行动分析的促进因素(FitzGerald 1972; Gelb and Betts 1979; Sheehan 1971; and most pointedly McNamara 1995)。

政策分析界至少可以从越战中总结出五个重要的"教训"。第一,就是认识到在政治领域中"理性"决策制定的不足。北越的固定解决方案一直都违反了美国政策制定者调整他们决策的理性基础。第二,对计划目标而言,量化指标(quantitative measures)被认为是值得信赖的;但是,后来的披露表明,从越南来的数据正如更为公开的解释报告一样都是主观的和已被操作的。第三,政策分析的保守特性加强了对美国决策制定的渐进主义特性的承诺,从而使得对现有政策的主要背离成为只有那些不赞成或不相干的(out of court)人才提出的观点。第四,越南是一个不断变化的地区,一个公然反抗静态分析的环境变色龙。但是对这一冲突,大多数美国人的解释都拒绝支持变化的政治环境,直到证据无法避免而且惟一的补救措施也是极端激进的时候。这一观察将分析者从假定其他事物都相等(ceterius paribus)的假设中转移到有效地包括一系列趋势和状况。第五,越南战争正如反贫穷战争一样强有力展示了规范的必须履行的责任,特别是在目的或目标方面,这些必须履行的责任必须在任何重要的政策执行中予以清晰表述。但是一些模糊的政治共识在这场战争的早期可能支持(或得到)美国的政策,腐蚀的政治基础——得到日益增长的公众认为战争在道德上是应受到指责的这一信念的推动——直到在美国的社会和政治阶层出现巨大的分歧时才被认识到。

所有的这些状况都迫使一个更为谨慎的政策科学家修补他们对系统分析和

定量分析的信任。这并不说明定量方法像从前的炼丹术（alchemies）一样被丢弃，也不说明"情境伦理"（situational ethics）成为新的试金石，但是我们可以认为，越南战争的环境经验在政策科学的定量和定性方面产生了一个新的融合，更为重视后者，这可能与以前的情况不同。

3. "水门事件"

在"水门事件"丑闻的情境下，理查德·尼克松（Richard Nixon）总统和斯皮罗·阿格纽（Spiro Agnew）副总统的辞职可以被视为不过是对美国政体的一个不幸的瑕疵。政治系统的回应正如人们所希望的。冒犯的政党被有效地转移，而从一个专业视角来看，是迅速被取代，但所有一切都在合法的范围之内，也没有对这一系统产生持久的创伤。"水门"仍然是一个高度可见的公众里程碑，特别是当它提出政府中这一明确和令人不快的道德问题时。很少有人会忘记尼克松总统的宣称，"我不是一个无赖"，这是在他辞职之前，或副总统在提交一个关于他接受非法捐助的不愿辩护也不承认有罪的申辩（nolo contendere plea）的可怜谈判之前。埃利奥特·理查森和阿奇博尔德·考克斯（Eliot Richardson and Archibald Cox）是星期六夜晚大屠杀（Saturday night massacre）的受害者，尽管他们认为，在政府中顾虑（scruples）并不是完全没有，但是公众对"水门事件"（Watergate episode）的整体印象就是整个政府的一个不道德行为，直到包括最高层官员。

即使"水门事件"对美国政治系统的直接影响可能是短暂的，但政治道德问题浮出表面给早期政策科学支持者的告诫增添了新的证据，这些支持者极力主张把对道德标准的明确考虑作为政策科学方法的一个核心标准。"水门事件"给予这些问题一个新的紧迫感，同时也加剧了对道德和价值判断如何在操作层面上被包括在一个政策执行中的争议。后来的研究披露，像"水门事件"一样，政治腐败可能正是用效率取代政府公正的结果（deLeon 1994b）。不像以前那些政治状况的例子，这些状况为政策科学重新评估和更新他们对规范和价值的承诺提供巨大的理由，对于分析者来说无能保护不再是一件很方便的事。"我能做这件事，但它是错误的"。但是同样重要的是，里根政府的腐败——直到包括伊朗反对派对总统诚实的令人烦恼的意义——显示，所有这些教训都不一定是持久的（deLeon 1994b）。

4. 能源危机

1973 年和 1978 年美国的能源危机和它们所担心的衍生物几乎都限定了能源将是一个主要的政治问题。为了帮助解释这些复杂的关系，公共和私营赞助者产生了大量的研究，用作推荐和制定能源政策的基础（Greenberger et al. 1983）。许多这些研究都是建立在精密的电脑模型基础上，在这些模型中，复杂的互动数学等式（mathematical equations）网络模拟了在不同供需水平下的经济反映。变量包括石油和其他能源价格（例如，核的、可再生的以及合成燃料)、需求率,以及在各种终端用户之中的能源分配(如,工业对住户和对交通部门),所有这些都随时间而变化。数学模式是一个主要的调查工具,即使对联邦资助模式工程的一个早期调查结论是"也许多达 2/3 的模型都没有在直接应用到政策问题这一形式中实现他们公开承诺的目的"(Weyant 1980:212)。

这些分析很难说是学术的还是学究式的。随着天然气管道的延伸,在许多书店都可以发现相当多的技术能源研究;一本由斯托博和耶金(Stobaugh and Yergin 1979)所著叫作《能源未来》(Energy Futures)的书甚至成为畅销书。尼克松总统授权"工程独立"(Project Independence);卡特总统穿着毛衣,催促能源节约,补贴太阳能产业,且宣称能源危机是"战争的道德等价物"(moral equivalency of war)(邪恶地简写为 MEOW)。不管战争与否,能源危机提出了对政策科学有重要影响的政治紧急状态和辩论。

能源危机至少有四个特征值得评述。

第一,超出"能源独立"这一呼吁,几乎没有人对目的达成共识,更不要说实现这些目的的适宜手段了。反对阵营形成,但他们持续不和,因为他们几乎没有共同点;他们的基本假设、分析框架、方法论途径、能源供需规划甚至连数据来源都如此不兼容以至于没有人期望会有对话或者政策交汇点(Robinson 1982)。在相互竞争"部落"之间的争议后来被描述成"不是在不确定条件下而是在相互矛盾的确定条件下的决策制定"的例子(Thompson 1984)。

第二,事实上在关于能源危机的一切事情上都存在着永久的不信任;公众将认为石油公司得到"淫秽利润"(obscene profits),阿拉伯人则是"坏蛋",政府则是爱管闲事的"中间人"。愤世嫉俗的公众认为每个受到能源分析影响的人都是无能的或者是欺诈的。

第三,事实上存在有巨大的技术不确定性,甚至是不可知的东西使得分析和争议都蒙上阴影。在最好的分析环境下,精确地评估来自能源资源的供需价值和应用等问题将是巨大的;在能源危机的政治致命环境中,它们又是难以克服的(Wildavsky and Tenebaum 1981)。这一状况被许多模拟模型(simulation models)笨拙地操作而恶化,直到这些模型产生的结果支持预先决定的政治立场(Commoner 1979)。令人苦恼的是,这些策划藏在客观定量模式的幌子之后。许多这样的计算机模型被政策制定者采用和依赖,因为他们缺乏评估它们的技术能力;他们可以预定的事情更多是直觉而不是有可靠的信息。但是,完全有理由相信这些模型的结果,无论是多么的不完善或华而不实,都被用来制定能源政策危机。

第四,能源危机有巨大可见度,它们让任何人都有感触,如果没有受到关注,它们被认为预示了不幸可怕的结果。政策制定者认为能源模型是低成本的政治行为或政府关注这些威胁的简易象征,能源模型是迅捷廉价地对折磨着这个国家问题的一种修理(Hammond 1984),直到包括后来在波斯湾保护中东石油的一场战争。这一国家安全言论的长期后果就是后来布什总统所号召用来参与 1990 年波斯湾战争的理性基础。

总的来说，能源危机提出了一个在政策分析者和政策制定者之间的共生关系，这对所有相关者而言是一种充满了重大机会和陷阱的状况。两者都被夸大地尝试（sampled）。能源危机给予政策分析者机会在政府最高理事会面前展示他们的模型技能；他们的发现能确定和决定政策。此外，他们能坚持自己的分析，因为很明显政策制定者没有技术能力评估他们的工作。这就在能源分析界制造了紧张态势。有充足的证据表明，定量模型绝对没有接近预测精确数字，像他们的支持者描述的那样（Ascher 1978）。承认这些不确定性因素将严重限制通向政策制定圈的通道。与此同时，模型制定实践的假定"客观"本质隐藏了这一现实：即他们的政治基础和社会设想才是那些真正"驱动"结果的东西。能源模型制定者不是承认他们方法的局限性，而是用无保证的信心和不坦白的说明来提出规划。这种两重性很难说是单边的；政策制定者毫不犹豫地向技术人员指定所需要的模型结果或使用他们的分析作为他们政策合理的"证明"。这一教训显然在语调上是否定的，分析人员对负责任报告的承诺在能源危机时期完全被滥用了，就像他们的结果也被滥用一样，这些渎职行为不服务于任何人的长期目的。

和前面所说的"战争"情况一样，能源危机研究加强了多学科方法的需求，甚至在面对大量定量计算机模型情况下，过度依赖"技术评估"模式使得能源分析人员对技术和社会变革之间的关系不敏感（Frankel 1981）。OPEC 的垄断组织的政治激励和行动将能源供给的分析离开了对经济供给和需求的方便计算。公共和私营部门之间的互动以及技术扩散的动态仍然要求另外一套超越标准市场经济学的学科观点。法律和生态问题以及哲学偏好（如，反映在集权和分权、"硬"和"软"的能源来源的两分法中的偏好）也不得不加以考虑。能源辩论的多面性显然要求政策科学消退任何它仍然可能保留的严格学术研究的痕迹。

政策科学从能源危机中得到的最后一个教训就是有必要将复杂的技术分析转变成政策制定者能够理解的语言，以及有必要在政策制定者必须运作的政治环境中表达建议（Meltsner 1980）。这肯定不是一个前所未有的观察，分析者和顾客之间的交流是政策分析文献中的一个重复性主题。但是这样的要求几乎没有被如此明显地不予关注。这可能是一个混合的幸事，因为一些能源研究获得卓越成果更多的是因为它们自我产生的公众关注，而不是它们研究和建议的质量，但这是一个不充分的理由。

5. 回顾

到了20世纪70年代结束时，拉斯维尔最初的日程接受了许多来自政策科学界的研究和今天社会及政治力量的充分检验。更为重要的是，政策科学已持续到第二代。尽管存在毫无疑问的混合结果和频繁的批判评估，政策科学仍然是一个知识上可行的受欢迎的政治策略。而且，在八九十年代还面临更多的检测。保守的政治意识形态和对政府行为并不是解决公共问题的最佳方式的这一普遍情绪（它总是政策科学的一个不明确的假设）迫使一些政策科学家采取一个更为谨慎和更少野心的态度。对于那些显然更能够与变化的政治潮流保持一致的人来说，政治科学证明还是和以前一样，在政府应该如何保护其各种公民这一最为重大的层面上对早期实践者一样都是具有价值的。

Ⅴ. 从政策科学到政策追问：20 世纪 90 年代及其以后

当 20 世纪 70 年代行将结束时，政策科学处于一个健康的怀疑主义状态，这一状态在 80 年代并没有得到多少缓和。许多人都相信政策科学方法的益处，正如许多人怀疑它的贡献一样。可以肯定的是，对政策科学的评估远比最初为产生社会相关知识的热情更为复杂，社会相关知识在 1951 年标志着政策科学的开始。政策科学具有相关性仍然是一个可靠的假设——几乎在政府中没有哪个职位没有分析工具——但是他们所产生的知识的性质和用途今天在本质上或在程序上都更不具有确定性。

80 年代伊始，有关学者提出了称作政策科学"可信度"的问题。可信度问题不仅是对政策科学理论和方法内部发展的反应，而且显然是将政治意识形态从政治改革的妄自尊大转变到政府政策完成任何事情的无助上的一个结果（Downs and Larkey 1986；Stone 1988）。政策科学的可信度日益受到挑战，因为它没有产生它的科学理想所承诺客观的实证和规范真理。政治科学仍然可能产生对复杂社会问题的最系统最重要的分析，但是也很显然：政策科学只是代表了为社会和政治优势而竞争的好几个"理性意识形态"（rational ideologies）中的一个（Diesing 1982；Paris and Reynolds 1983）。而且更为重要的是，其他的方法也在提出案例（see Dryzek 19909；Fischer and Forester 1993）。

从 80 年代以来，政策科学渐进地朝一个激进复杂的变化发展，毫无疑问，该发展是建立在一些它早期信条的基础上（deLeon 1994a）。在八九十年代，政策科学重新提出旧的主题，试图弥合长期存在的冲突并提高它们在学术和政府观众中的地位。例如，布伦纳（Brunner 1991）抨击缺少一个概念核心这一理念。在政策科学中有很多都能运行很好，但是主要是有关一些明确界定和限定的问题，条件常常与社会现实不符合。显然，可以充分说明政策科学所需要的大多是一样的，但是其论证则缺少作为一个背景功能的信度。但是以更为精巧的方法，政策科学开始研究其未来，从一个简单的合理选择理论到社会中的一个理智理论，从而相应地从政策科学到政策追问。

A. 重新探访旧主题

自 20 世纪 80 年代中期以来，两件没有完成的事情仍然留在政策科学的议程上。首先，政策科学要明确成为（虽然并不响亮）规范性的。这一没有解决的问题不是政策分析是否应当包括价值和产生处方性咨询，而是在面临一个纠缠着社会、职业和政治伦理及价值网络时如何实现它（Amy 1984）。第二，一方面在公共政策的认知和分析方面之间的分裂，另一方面在公共政策的组织和程序方面之间的分裂，在它们寻求一定的综合时持续折磨着政策科学。为了这一目的，80年代提出了公共管理和公共政策的联姻以试图缓和这些紧张关系。

1. 政策科学中的伦理和价值

当拉斯维尔、卡普兰和其他人赞成一个明确的规范性政策分析时，他们心中的政策科学是以某个选择理论为固有基础的。也就是说，政策科学为了产生一些政策处方，需要在一些备选方案中作出明确的选择，这些方案都是建立在对选择标准同样明确的说明基础上，通常被确定为政策目标的一个部分。大家都承认，拉斯维尔的视野从一开始就很困难，因为社会科学界更为习惯于一个更为超然的、名义上更为客观的角色，也就是说，一个公开背离了以价值为基础的选择。当代规范性议事日程从价值是否应该包括在政策科学中——到对于这一点的明确答案，再到怎样将这些价值和伦理问题包括在政策科学中。正如邓恩（Dunn 1983：859）所问的，"如果期望政策分析者产生伦理的和实证分析的知识，应该采用什么方法来评估竞争性知识主张呢"？

在80年代和90年代早期在政策科学中提出了研究伦理和价值的四种常用路径（see Brown 1986；Cahill and Overman 1988）。它们是：（1）社会哲学和政治理论；（2）伦理问题和社会道德；（3）职业和行政伦理；以及（4）元伦理学和伦理分析（metaethics and ethical analyses）。在某些方面，它们代表了一个知识思想演变，但是每种方法作为研究公共政策的伦理和价值问题的独立方法仍然是非常容易辨别的。

社会哲学和政治理论很容易是公共政策中伦理和价值研究最牢固的方法。黑斯廷斯中心（Hastings center）对美国公共政策课程的研究揭示，所调查课程的1/3是基于社会和政治理论的伦理原则的。功利主义（Utilitarianism）、社群主义（communitarianism）和自由主义（liberalism）最常被引用为道德理论的例子，而不足为怪的是，罗尔斯（Rawls 1971）的《正义论》（A theory of Justice）就是一本最为常用的书。罗尔斯认为，主导伦理系统应当被一个"分配正义"系统所取代。除了功利主义的做"好"（doing well）规范，社群主义还强调"行善"（doing good），明确强调社会福利而反对严格的经济福利。自由主义在公共政策的制定中提出自由和平等之间的辩论。似乎每个人，不管他是引用柏拉图（Plato）还是罗尔斯，都将自己的目光放在功利性的规范上，作为"社会契约"（social contract）的合法性基础。但是，对于这一点，斯通（Stone 1988）认为这利用了一个模糊框架，该框架可能产生内部混乱和冲突而不是分析清晰。

该方法的特征就是：依赖一个社会政治秩序，以确定政策价值内容以及确定伦理和价值决策被制定的过程。美国经验一直主张民主行政精神（democratic administrative ethos）作为公共政策的伦理和价值来源（cf. Lasswell 1951；Lilla 1981）。政治与行政分离在理论上阻止了政治权力腐蚀公共服务，在19世纪90

年代末的分赃制（spoils system）就是如此。同样，高层公共官员的公共责任提供道德防御，阻止像"水门事件"中那样的道德越轨（ethical transgressions）。在公共政策制定中，民主行政精神在形成公共政策和它们中立能力执行的后续阶段中主张一个多元主义过程，这时一种状态，即林德布洛姆（Lindblom 1990）所宣称的一种状态，它严重倾向程序，支持泛滥的渐进主义。

在伦理和价值研究中发展的第二个方法集中关注一些伦理和社会道德的具体问题，这是一个最适用于环境导向政策科学的局部方法。但是这一广泛的哲学方法避开具体问题，而支持抽象的道德系统，这一局部视角的前提就是，在公共服务内部和外部的个人和团体都被迫在一个正常的基础上作出具体的伦理和价值判断（Kaplan 1963）。具体的伦理问题开始改变，反映在政治领域的当前争议，而且能够容易地改变争议；经历了20世纪60年代美国对极端左翼团体的恐惧，在90年代中期又转变成对极端右翼团体的类似担忧。1964年格福茨（Girvetz）的《当代道德问题》（Contemporary Moral Issue）强调国家安全、人权和战争等伦理问题。到1975年，比彻姆（Beauchamp）的《伦理和公共政策》（Ethics and Public Policy）通过提出堕胎、死刑和性别歧视等伦理问题反映了变化着的公共优先权。1984年古特曼和汤普森（Gutmann and Thompson）将暴力、欺骗、官员不服从（official disobedience）、机会平等、自由和生命等作为伦理冲突的主要问题来检测。在90年代对美国卫生保健或社会福利争议的关键沿着伦理裂痕而分离。具体政策问题的伦理和价值内容的关注增加了复杂性，并强调了政策科学的规范性特征，但是很少关注问题界定和执行的过程。

像政策科学一样，问题导向方法常常因为在解决伦理冲突中缺少对行政执行和官僚控制的关注而受到批评。这样，第三个方法，即行政伦理方法，不仅关注公共权利和问题，也关注公共责任和职责（Fleishman et al. 1981）。职业行为的规范和标准，特别是公共官员和官僚的行为，以及在公共职责、个人道德和个人利益之间的冲突发展成为"行政伦理的可能性"（Thompson 1985），这在历史上是公共行政的一个主要主题。如阿普尔比（Appleby 1959）和贝利（Bailey 1964）以及后来的高索普（Gawthrop 1984）和罗尔（Rohr 1978）等学者都努力发展一种视角，在这一视角中，个体公共官员的伦理行为和行动可以得以描述，并在某些情况下得以管制。

当学者们集中精力分析公共政策的伦理内容时，在公共政策中出现了第四个伦理和价值方法。元伦理学（Metaethics），或对伦理学的伦理研究，纳入了诸如麦克雷（MacRae 1976）的"推理伦理论述"（reasoned ethical discourse）和赖恩（Rein）的"价值批评法"（value critical approach）等的程序中，它代替了在价值中立的社会科学研究中的丧失了信誉的信念。后来，费希尔和福里斯特（Fischer and Forester 1993）主张以"论证变型"（argumentative turn）来进行政策分析，公开地辩论多种观点，即使没有完全达成一个人们可能想要的共识。

对伦理分析的方法和模式的大量研究还在继续，它在整个20世纪90年代都一直处于政策科学议程的最重要位置。集中在政策研究逻辑以及公共政策的实证和规范性问题整合（e. g. deLeon 1992；Dryzek 1990；Fischer 1989）两方面的新方法领域将越来越取代这一假设，即公共服务是民主行政精神所自我管制的中立能力行为（neutral-competent activity）。80年代共和党的政治丑闻生动地指出了这一精神中内在的缺点。问题伦理和行政伦理仍然是政策科学的强大组成部分，因为政策制定和政策执行问题只能增加产生于由公共事务中产生的自然冲突。此外，一个明确的价值结构渗透到整个"政策科学的民主"运动中（Dryzek and Torgerson 1993），这直接表明公民价值是政策过程的核心，甚至超过对代议制政府的传统信念（Anderson 1993）。

2. 公共政策和公共管理

如上所述，20世纪70年代的政策科学集中关注评估、利用、执行和终结。在某种程度上，这些主题都关注把战略政策分析和建议转移到实践操作和组织上来。正因为"某些事情"是政策并不意味着它会被实现，而且似乎政策的完成几乎从来没有得到想要的结果。公共行政将是一个完美的联盟，但是政策科学家在努力区别自身时，将自己与传统公共行政学的标准远远脱离，反之亦然。虽然一些人认为在公共行政和政策科学之间的区别更多是一个风格问题而不是实质问题，但是政策科学家提出自己的学科规则和防御标准似乎还是很重要的，即使在回顾中他们似乎背弃了重大的知识体系。

伴随着1978年《公务员制度改革法》（Civil Service Reform Act，CSRA）的波浪，公共管理领域经历了一次再生。虽然政策科学疏远了传统的公共行政，但是较新的公共管理方法似乎提供了一个合适的联盟。公共管理像政策一样，都轻视传统目标、受学科限制的（discipline-bound）社会科学追问，而更喜欢它的政策导向亲属（kin）的多学科的、问题导向的和明确规范的特征。根据加森和奥弗曼（Garson and Overman 1983）的观点，公共管理采用了在政策科学中非常成功的工具导向和实用导向，但是却明显地集中关注组织、项目和个人绩效，而不是整个社会和政治系统。公共管理者关注的是组织和执行公共政策所必需的具体职能：计划、组织、指挥和控制。政策和管理是天然的合作者，它们在结果上集聚，但在焦点上有分歧。他们甚至拥有共同的概念划分（conceptual divisions）。正如政策科学被分成过程和内容一样，在公共管理中经典的两分法就是行为人本主义导向（behavioral humanistic orientation）和科学导向（scientific orientation）。

一些当代作者提出了联合政策和管理。在梅尔顿斯纳和贝拉维塔（Meltsner and Bellavita 1983）的《政策组织》（The Policy Organization）一书中，他们讨论了沟通和有效的政策管理。他们的主题是：为了加强沟通和（含蓄地）有效政策，管理者需要超越有限的政策沟通（policy communication）概念，并需要包括一个特定问题观点（内容）（issue-specific view）、政策网络观点（过程），以及最重要的是一个想法怎样转变成一个可操作政策的管理观点。这一管理观点

"通过组织的干预，将一个满是理想的世界与一个充满切实可行行动的世界联系起来"（Meltsner and Bellavita 1983：46）。林恩（Lynn 1987）在他的《管理公共政策》（Managing Public Policy）一书中，整合了那些追求个人对公共政策的贡献的高层行政主管的管理行为理论和组织行为理论。根据林恩的观点（1987：19），管理公共政策就是"通过影响设计和实践政府行为过程的方法，行政人员旨在影响政府后果（outcomes）的行为结果"。林恩（1994）记述了公共政策学者和他们新建立的管理兄弟之间的一种新关系。

从管理视角来看，萨拉曼（Salamon 1981）发展到了通过要求公共管理中分析单位从单个项目和组织改变到政府的通用工具来"重新思考公共管理"。将公共管理视为工具，诸如管制税收激励措施和政府赞助地位或所有权等，有效地将管理和政策执行同等对待。

虽然管理和执行的这一联系给许多政策学者提供了一个组织检验标准，但这并没有显示整个管理贡献。从一个纯粹的商业管理角度，明茨伯格（Mintzberg 1977）将政策严格视为一个管理理论领域。他认为政策实际上是一种战略管理形式，它集中关注整个组织。公共部门的战略（政策）制定显然比私营部门的要更加分散和复杂，但是对战略管理和公共政策的讨论在公共政策文献中越来越多地被发现。

也许政策和管理之间这种新的联姻的最佳证据是机构上的。公共政策分析和管理学会（Association for Public Policy Analysis and Management）及其《政策分析和管理杂志》（Journal of Policy Analysis and Management）的建立反映了政策和管理的联合，但是由杂志对文章的挑选来判断，根据平等原则，这一联合的尽善尽美是缓慢的。同样，全国的许多学术项目都把管理建立和增加到他们的政策课程中，或者改变他们的是改变他们的传统以指出这两者。从哈佛大学到伯克利分校的公共政策学院和那些地理上处于两者之间的公共政策学院都在公共管理、或者在一些人喜欢称作组织政治学和公共政策的中间增加教员和课程。甚至传统的商业学校如宾夕法尼亚州立大学沃顿学院（Wharton School of the University of Pennsylvania）也建立了公共政策分析和管理的博士点和硕士点。还有，到了80年代末，似乎政策和管理的联合是富有希望的，即使其具体家庭成员还不确定。最终，在政策科学努力将他们的理论边界扩大到实践应用中去时，这种联合只能证明对它们是有益的。

20世纪90年代对公共管理的兴致很高。也许这是以前从来没有过的，《重塑政府》（Reinventing Government）（Osborne and Gaebler 1992）这本畅销书在各级政府中都推动了一个管理改革议程。主题之一很简单：并不是政府的政策和意图都不好，而是我们进行统治的方法需要更为市场化和更少的指令和控制导向。虽然了解政策科学在公共管理内已是一个陈旧的想法，但它却创建了一个新的观点，即一些人称之为通往组织和政府的"后官僚制"的路径（Barzelay 1992）。通过使用"最佳实践研究"，许多有影响力的公共管理学者开始像早几十年的政策科学家那样推动历史前进（Overman and Boyd 1994）。90年代，早先的政策问题在很多情况下变成了管理问题，但是更要指出的是，在调查的两个领域之间的区别变得更为模糊和更没有特色。到 90 年代中期，公共管理和公共政策似乎已经完善了他们之间的关系，正在期待更大的成果。

B. 新研究方向的确定

预测未来就像往墙壁里敲果冻（Jello）；不只是这难于做到，也可以看到你愚蠢之极。一个万全之策就是预测政策科学的变化和趋势，然后希望它们的最终结果是不把污点弄到墙上。可以论证：20 世纪 80 年代对政策信任度的攻击通过政策研究产生了从政策科学到政策设计的一个转变（see Bobrow and Dryzek 1987；Ingram and Schneider 1993）。政策设计就其不同于政策科学而言，它接受这样一个假设：由政策研究和设计所产生的知识作为实证真理是不明确的。相反它代表一个产生知识主张多元化的可以确定的、系统的、理性研究过程；它的一个优先要求是应该关注基本假设和执行战略，也就是说，内容和过程。从科学到设计的这种转变既不是即时的，也不是全面的，而且肯定在风格和本质上都一样；但是，正如越来越多的捍卫它的有信誉政策学者所证明的，它允许一种对未来的视野。

1. 增加相关性和应用

虽然容易揭露它的缺点，但是在分析解释的能力之外争论政策科学的成功就困难得多了。事实很简单："政策导向"对于解决复杂的社会和政治问题来说很中肯，无外乎是因为存在知识切割石（cutting stones）。公众关注的传统领域持续受到政策分析（如，经济发展、国际贸易、卫生政策、社会福利政策和国防）的影响。新的政策领域也为政策科学的发展提供了充足的机会。基因工程（genetic engineering）和生物工艺学（biotechnology）、机器人、信息政策、移民和归化政策等一系列受益于政策科学系统聚焦的公共政策问题是最为新近的几个。

尽管政策科学在不同的程度上提供了社会和政治的相关性，但是在中立和客观上一些牺牲也是必要的。超出早期的党派主张，政策科学也能够容纳新的政治意识。在它们简短历史的大多数时期，政策科学似乎对政府干预和公共问题的益处持有一个内涵的假设。20 世纪八九十年代保守的政治运动挑战这一假设，质疑政府是否应当参与社会干预和变革。人们也越来越发现政策分析支持这一广泛的政治意识范围。不管是有关默里（Murray 1984）对福利改革的观点还是萨瓦斯（Savas 1987）对民营化的观点，它仍然是政策科学。

政策科学能够从大量的常常对立的观点中着手大多数问题，支持下一概念，即政策科学在社会变革的大合唱中成为一个声音。正如帕里斯和雷诺（Paris and Reynolds 1983：219）所指出的，"不幸的事实就是许多实证的政策研究实际上更像实证的政策战争"，詹金斯—史密斯（Jenkins-Smith 1990）在其对美国海事政策的讨论中证明了这一点。政策科学没有成为政策问题的最终仲裁者,反而它对一个"理性"意识形态政体作出贡献,在这种意识形态中政策制定者担任最终的仲裁者。拉斯维尔是否曾经想将"政策导向"作为政策科学的绝对必要条件是可以自由讨论的,但是,他坚持科学知识是政策科学的基础这一主张是更为明显的:认识论上的转变。如,戴泽克(Dryzek 1990)认为政策分析的理性基础最终注定它是不相关的。朝向更为实际的探询形式并不在拉斯维尔最初的框架之内,而且自从1951年政策科学成立以来就是这一领域的一个重要变革。

2. 从政治科学到政策追问

理性总是政策科学中的一个核心解释,特别是在经济学家中。一个理性的选择理论同时主张偏好和价值最大化的秩序。它进一步主张,选择能够被计算成一个科学模式的近似物。基于技术和经济标准的政策选择可以指望被用来把收益最大化,把成本最小化。政策过程的支持者认识到,理性期望不止一次地没有实现描述性现实,但是几乎无一例外地依赖政治和组织规则,这些规则常常超出经济理性解释差异的局限性(Simon 1985)。但是,理性作为一种选择理论并不能解释政策现象的多样性和丰富性,而且对于是伦理和价值还是组织的模糊性和冲突妨碍了理性期望,需要提出一些新的理论或重要的改进(cf. Etzioni 1988)。显然这不是说理性理论是错误的,而是经证明它是不完善的。

狄辛(Diesing 1962)提出了一个社会中的推理理论(theory of reason),这一理论将传统的理性概念从技术和经济理性(最容易确定和应用)扩大到包括社会、法律和政治理性。其他后来采纳他的推理路线的人包括费希尔(Fischer 1989)、霍克斯沃恩(Hawkesworth 1988)和鲁宾逊(Robinson 1992)。在20世纪七八十年代,没有通过坚持经济和技术理性来缩小对政策科学应用的关注,而"正确的回应应该是反对扩大理性概念去适合正在发展的扩大的社会概念。其目标应该是确定和描述新型的、适宜于社会、政治和法律问题的计算或准计算"(Diesing 1962:247)。西蒙(Simon 1983 but as early as Simon 1945)也赞同这一观点,他提出一个在人类事务中的理性概念,包括四种理性观点:(1)奥林匹亚模式(Olympian Model),即传统的经济和技术理性,这样命名是因为不可能实现它的崇高的目标;(2)行为模式;(3)直觉模式;(4)演变模式。根据西蒙的观点,每个模式都促成了在社会和人类事务中的一个推理理论。

将理性扩大到社会中的一个推理理论的这一理论扩大仍然更多是整个80年代政策科学中的一种理想,而不是一个成就。现代的政策分析理论不重视传统的理性方法,或者甚至科技和政治理性的一个分水岭,而是更多依赖于一个"理性意识政体",在这一政体中,推理政策研究取代了政策科学的"客观"模式(Paris and Reynolds 1983)。推理理论有一个额外的好处,就是进一步推进了政策科学的环境导向和明确规范特征。图尔明(Toulmin)和他的同事无意中提出了一个新的政策科学定义:"推理不是建立理论,不是一劳永逸地回答这些理论是好是坏,是对是错。相反,在每种情况下,推理的任务就是使质疑者能在特定的环境下、以某一特定的形式或特定的事业中对某一特定问题作出最好的决策"（Toulmin et al. 1979：18）。其他人努力把关键理论（Forester 1993），特别是一个开放交易的理论，整合到政策过程中。当政策科学向一个更为后实证的未来发展时，这些都是它们的合适的被规定的角色（deLeon 1994a）。

就理论中的大多数进展而言，古老的理性范式与其说是有缺陷还不如说是描述错误。政策分析的未来取决于朝一个扩大的社会理性概念发展，该概念说明了社会、政治、法律、道德和伦理为基础的理性（Fischer and Forester 1993）。在政策科学中的新方法是以社会中应用理性和沟通理论为基础的。新的方法应该适合于操作各种理性意识的主张和规定。特别是，在政策变革领域需要更多努力，也就是说，增加激励政策观点变化的挑拣和理论（Baumgartner and Jones 1993；Sabatier and Jenkins-smith 1993）。

这样一种推理和政策研究方法就是大家所熟知的政策论证（policy argumentation）或辩论的政策分析，它已经对政策文献进行大量的侵蚀。费希尔（1980）借鉴哈贝马斯（Habermas）和其他人的观点，倡导以"一个政策问题逻辑"来设计构成一个完整的政策论证（policy argument）。10年后，费希尔和福里斯特（Fischer and Forester 1993）将这一逻辑演变为一个政策论证体系（a local of）。这一问题框架作为一种模式并没有提供"正确"和"错误"的答案，但是提供了为什么一个政策与另一个政策相比更优胜的理由。作为一个政治工具，它的目的是在传统政治体系中促进争议和开放沟通。最重要的是，它是一个重复探询的过程。邓恩（1981）就政策论证的模型，在教科书中写了一章，其中他使用一个具体的数据、主张、保证和支持等论证结构说明了如何能够建立和分析复杂的政策论点。借鉴修辞学理论（see Brock et al. 1973；Freely 1976；Hambrick 1974）和哲学推理（Toulmin et al. 1979）等领域，政策追问或论证方法保证不仅满足由社会推理理论所建立的目标，而且整合在政策科学中的所产生的过程和内容之间的分歧。从哲学层面上来看，论证过程常常受到攻击，因为它是相对论的并且没有产生实质的公共政策范式能够得以建立的知识。在缺乏判断政策论证有效性的标准下，政策研究成为一个辩论论坛，辩论中倡导超过了分析。如果要提升政策研究方法，一些评估政策论证标准（如完整性或说服力）的建立必须优先而行（Fischer 1980）。从政治层面来看，论证过程假设了一个民主过程，在这一过程中，政策辩论的进行相对地没有受到绝对权威或不合法的真理主张的阻碍。这样，论证和政策研究可能代表了一种新的进展，但它既不是没有问题的，也不是一种占主导的解决方案。

3. 政策科学中的后实证主义

在20世纪90年代，政策科学的最终途径就是普遍关注后实证主义，并特别关注参与性政策分析。第一个已经在上文中间接提到了：它认为定量和定性研究方法都是合法的。但是，它们却不是研究技能的一种特殊职能，它们需要被确定为被调查问题的一个职能（function）（Bobrow and Dryzek 1987）。我们已经见到这种方法，它暗示更多地关注价值，当价值存在（而且这些价值是有影响力的）于理性行动者模式之外时。第二个证明是后实证主义的模式，它主张：政策过程的更大参与对于政策科学实现他们拉斯维尔式的"民主政策科学"目标是必须的，因为人类的现状常常是多变的，无法定量衡量（deLeon 1992；Dryzek 1990）。而且它们也有不足之处，但是在接下来的10年中会有新的研究路线。

Ⅵ. 小结：政策科学的半个世纪

这一章追溯了政策科学在20世纪的发展。在我们的分析中，四个核心主题标志了这一进程。第一，在第二次世界大战前这一环境下，一小群社会科学者追寻社会相关知识的理想给政策科学提供了巨大动力。第二，在20世纪五六十年代，大多数努力投入到了实现将政策科学观点作为多学科的、情境的、问题导向的和明确规范性的这一观点。第三，一旦它们在学术和政府背景下获得最初的成功，七八十年代的目标就是在坚持政策科学的科学严谨的同时扩大它的相关性。最后，政策科学的未来将更少取决于它对自然科学模式的坚持和它在经验上产生可以证明的真理的能力，而更多取决于它以直接的政策追问服务行政和政治界知识需求的能力（Brunner 1991）。最后时期则提出了太多的承诺或陷阱（或者两者），当政策科学朝着提供更好的信息和过程来照亮和提升公共产品（public good）这一目标前行之时。

REFERENCES

Aaron HJ. Politics and the Professors: The Great Society in Perspective. Washington, D. C.: Brookings Institution, 1978.

Alkin MC, ed. Debates on Evaluation. Newbury Park, CA: Sage Publications, 1990.

Amy DJ. Why policy analysis and ethics are incompatible. Policy Anal Manage 3 (4): 573–591, 1984.

Anderson CW. Recommending a scheme of reason: political theory, policy science, and democracy. Policy Sci 26: 215–218, 1993.

Appleby P. Administration in Democratic Government. Baton Rouge: Louisiana State University Press, 1959.

Ascher W. The evolution of the policy sciences: understanding the rise and avoiding the fall. J Policy Anal Manage 5 (2): 365–373, 1986.

――――. Policy sciences and the economic approach in a "post-positivist" world. Policy Sci 20: 3–9, 1987.

Bailey S. Ethics and public service. Public Admin Rev 24: 234–243, 1964.

Bardach EC. Special issue. Policy Sci 7 (2): entire issue.

————. The Implementation Game. Cambridge, MA: MIT Press, 1977.

Barzelay M. Breaking Through Bureaucracy. Berkeley: University of California Press, 1992.

Bauer RA, Gergen KJ, eds. The Study of Policy Formation. New York: Free Press, 1968.

Baumgartner FR, Jones BD. Agendas and Instability in American Politics. Chicago: University of Chicago Press, 1993.

Beauchamp T. Ethics and Public Policy. Englewood Cliffs, NJ: Prentice-Hall, 1975.

Beckman N, ed. Policy analysis in government: alternatives to "muddling through." Public Admin Rev 37 (3): 221–263, 1977.

Berman P, McLaughlin MW. Federal Programs Supporting Educational Change: A Model of Educational Change. Santa Monica, CA: Rand Corporation, 1974.

Bobrow D, Dryzek JS. Policy Analysis by Design. Pittsburgh, PA: University of Pittsburgh Press, 1987.

Brewer GD, deLeon P. The Foundations of Policy Analysis. Monterey, CA: Brooks/Cole, 1983.

Brock B, et al. Public Policy Decision-making: Systems Analysis and Comparative Advantages Debate. New York: Harper & Row, 1973.

Brown P. Ethics and education for public service in a liberal state. J Policy Anal Manage 6 (1): 56–68, 1986.

Brunner R. The policy movement as a policy problem. Policy Sci 24: 65–98, 1991.

Bulmer M. The Uses of Social Research. London: George Alien & Unwin, 1982.

Cahill A, Overman ES. Contemporary perspectives on ethics and values in public affairs. In: Bowman J, Elliston F, eds. Ethics, Government and Policy: An Anthology of Original Essays. Westport, CT: Greenwood Press, 1988.

Campbell DT. Reforms as experiments. Am Psychol 24: 409–429, 1969.

Caplan N, Morrison A, Stambaugh R. The Use of Social Science Knowledge in Policy Decisions at the National Level. Ann Arbor: University of Michigan Press, 1975.

Caralay D. Doing More With Less. New York: Graduate Program in Public Policy, Columbia University, 1982.

Charlesworth JC, ed. Integration of the Social Sciences Through Policy Analysis. Monograph no. 14. Philadelphia, PA: American Academy of Political and Social Sciences, 1972.

Coleman JC, ed. Policy Research in the Social Sciences. Morristown, NJ: General Learning Press, 1972.

Commoner B. The Politics of Energy. New York: Knopf, 1979.

Critchlow DT. The Brookings Institution, 1916 – 1952: Expertise and the Public Interest in a Democratic Society. DeKalb: Northern Illinois University Press, 1985.

Dahl RA, Lindblom CE. Politics, Economics, and Welfare. New York: Harper, 1953.

Daniels M, Wirth CJ. Paradigms of evaluation research: the development of an important policymaking component. Am Rev Public Admin 17: 33 – 45, 1983.

deLeon P. Public policy termination: an end and a beginning. Policy Anal 4: 369 – 392, 1978a.

——. A theory of policy termination. In: May J, Wildavsky A, eds. The Policy Cycle. Beverly Hills, CA: Sage Publications, 1978b.

——. Policy evaluation and program termination. Policy Stud Rev 2: 631 – 647, 1983.

——. The democratization of the policy sciences. Public Admin Rev 52: 125 – 129, 1992.

——. Reinventing the policy sciences: three steps back towards the future. Policy Sci 27: 77 – 95, 1994a.

——. Thinking About Political Corruption. Armonk, NY: M. E. Sharpe, 1994b.

Derthick M. New Towns-In Town. Washington, D. C.: Urban Institute, 1972.

Dewey J. The Public and Its Problems. Denver: Alan Swallow, 1927.

——. The Quest for Certainty. New York: Putnam, 1929.

——. How We Think. Chicago: Henry Regnery, 1933.

Diesing P. Reason in Society. Urbana: University of Illinois Press, 1962.

——. Science and Ideology in the Policy Sciences. New York: Aldine, 1982.

Downs GW, Larkey PD. The Search for Government Efficiency: From Hubris to Helplessness. New York: Random House, 1986.

Dror Y. Muddling through—Science or Inertia? Public Admin Rev 24: 153 – 157, 1964.

——. Prolegomena to Policy Sciences. Policy Sci 1: 138.

——. Design for the Policy Sciences. New York: American Elsevier, 1971a.

——. Ventures in Policy Analysis. New York: American Elsevier, 1971b.

Dryzek J. Discursive Democracy. New York: Cambridge University Press, 1990.

Dryzek J, Torgerson D. Democracy and the policy sciences: a progress report. Policy Sci 26: 127 – 137, 1993.

Dunn WN. Public Policy Analysis. Englewood Cliffs, NJ: Prentice-Hall, 1981.

——. Values, Ethics, and Standards in Policy Analysis. In: Nagel S, ed. Encyclopedia of Policy

Studies. New York: Marcel Dekker, 1983.

Easton D. A Systems Analysis of Political Life. New York: John Wiley & Sons, 1965.

Enthoven A, Smith CW. How Much Is Enough? New York: Harper & Row, 1971.

Etzioni A. Mixed-scanning: a third approach to decision making. Public Admin Rev 27: 385 – 392, 1967.

____. The Moral Dimension. New York: Free Press, 1988.

Fischer F. Politics, Values, and Public Policy: The Problem of Methodology. Boulder, CO: Westview Press, 1980.

____. The rationality project: policy analysis and the postpositivist challenge. Policy Stud J 17: 941 – 951, 1989.

____. Citizen participation and the democratization of policy expertise; from theoretic inquiry to practical cases. Policy Sci 26: 165 – 188, 1993.

Fischer F, Forester J, eds. The Argumentative Turn in Policy Analysis and Planning. Durban, NC: Duke University Press, 1993.

Fisher GH. Cost Considerations in Systems Analysis. New York: American Elsevier, 1971. FitzGerald F. Fire in the Lake. Boston: Little, Brown, 1972.

Fleishman J, Liebman L, Moore M. Public Duties: The Moral Obligation of Public Officials. Cambridge, MA: Harvard University Press, 1981.

Forester J. Critical Theory, Public Policy, and Planning Practice. Albany. NY: State University of New York Press, 1993.

Frankel E. Energy and social change: an historian's perspective. Policy Sci 14: 59 – 73, 1981.

Frantz JE. Reviving and revising a termination theory. Policy Sci 25: 175 – 190, 1993.

Freely AJ. Argumentation and Debate: Rational Decision Making. 4th ed. Belmont, CA: Wadsworth, 1976.

Garson GD. From policy science to policy analysis: a quarter century of progress? Policy Stud JSpecial issue: 535 – 545, 1981.

Garson GD, Overman ES. Public Management Research in the United States. New York: Praeger, 1983.

Gawthrop L. Public Sector Management, Systems, and Ethics. Bloomington: Indiana University Press, 1984.

Gelb LH, Belts RK. The Irony of Vietnam: The System Worked. Washington, D.C.: Brookings Institution, 1979.

Girvetz H. Contemporary Moral Issues. Belmont, CA: Wadsworth, 1974.

Glazer N. Ethnic Dilemmas: 1964 – 1982. Cambridge, MA: Harvard University Press, 1983. Goldhamer H. The Advisor. New York: Elsevier, 1978.

Green W. Economists in recession: after an inflation of errors and depletion of theory. New York Times Magazine, May 12, 1972, pp. 18–19, 58–66.

Greenberg G, et al. Developing public theory: perspectives from empirical research. Am Politic Sci Rev 71: 1532–1543, 1977.

Greenberger M, et al. Caught Unawares: The Energy Decade in Retrospect. Cambridge, MA: Ballinger, 1983.

Groggin ML, et al. Implementation Theory and Practice: Toward a Third Generation. Glenville, IL: Scott Foresman, 1990.

Gutmann A, Thompson D, eds. Ethics and Politics: Cases and Comments. Chicago: Nelson Hall, 1984.

Hambrick RS. A guide for the analysis of policy arguments. Policy Sci 5: 469–478, 1974.

Hammond PB, The energy model muddle. Policy Sci 16: 227–243, 1984.

Hargrove EC. The Missing Link: The Study of Implementation. Washington, D.C.: Urban Institute, 1975.

——. The search for implementation theory. In: Zeckhauser RJ, Leebaert D, eds. What Role for Government? Durham, NC: Duke University Press, 1983.

Harrington M. The Other America: Poverty in the United States. New York: Macmillan, 1963. Hawkesworth ME. Theoretical Issues of Policy Analysis. Albany: State University of New York Press, 1988.

Hecio HH. Review article: policy analysis. Brit J Politics 2: 83–108, 1972.

Heller WW. What's right with economics. Am Econ Rev 65: 1–26, 1975.

Hitch CH, McKean RN. The Economics of Defense in the Nuclear Age. Cambridge, MA: Harvard University Press, 1960.

Hoos I. Systems Analysis in Public Policy. Rev. ed. Berkeley: University of California Press, 1983.

Horowitz I, Katz J. Social Science and Public Policy in the United States. New York: Praeger, 1975.

Ingram H, Schneider A. Constructing citizenship: the subtle messages of policy design. In: Ingram H, Stephen Rathgeb Smith SR, eds. Public Policies for Democracy. Washington, D.C.: Brookings Institution, 1993.

James W. Pragmatism. Cambridge, MA: Harvard University Press, Jenkins-Smith HC. Democratic Politics and Policy Analysis. Pacific Grove, CA: Brooks/Cole, 1990.

Jones CO. An Introduction to the Study of Public Policy. 2nd ed. North Scituate, MA: Duxbury Press, 1977.

Kaplan A. American Ethics and Public Policy. New York: Oxford University Press, 1963.

Kaufman H. Are Government Organizations Immortal? Washington, D. C. : Brookings Institution, 1976.

Kecskemeti P. The policy sciences: aspiration and outlook. World Politics 5: 520 – 535, 1952. Kershaw JA, Courant PN. Government Against Poverty. Chicago: Markham, 1970.

Larson RC, Odoni A. Urban Operations Research. Englewood Cliffs, NJ: Prentice-Hall, 1981.

Lasswell HD. The policy orientation. In: Lerner D, Lasswell HD, eds. The Policy Sciences. Stanford, CA: Stanford University Press, 1957.

——. The political science of science. Am Politic Sci Rev 50: 961 – 979, 1956.

——. The emerging conception of the policy sciences. Policy Sci 1: 1 – 15, 1970.

——. A Pre-View of Policy Sciences. New York: American Elsevier, 1971.

Lasswell HD, Kaplan A. Power and Society. New Haven, CT: Yale University Press, 1950.

Lerner D, Lasswell HD, eds. The Policy Sciences. Stanford, CA: Stanford University Press, 1951.

Levine CH et al. The Politics of Retrenchment. Beverly Hills, CA: Sage Publications, 1981.

Levine RA. The Poor Ye Need Not Have With You: Lessons from the War on Poverty. Cambridge, MA: MIT Press, 1970.

Lilla M. Ethos, Ethics, and Public Service. Public Interest 63: 3 – 17, 1981.

Lindblom CE. The handling of norms in policy analysis. In: Baran PA, et al., eds. The Allocation of Economic Resources. Stanford, CA: Stanford University Press, 1959.

——. Inquiry and Change. New Haven, CT: Yale University Press, 1990.

Lindblom CE, Cohen DK. Usable Knowledge: Social Sciences and Social Problem Solving. New Haven, CT: Yale University Press, 1979.

Linder BH, Peters BG. A design perspective on policy implementations: the fallacies of misplaced prescription. Policy Stud Rev 6: 459 – 475, 1987.

Lineberry RL. Policy analysis, policy sciences, and political science. Paper presented to the American Political Science Association, Chicago, 1L, 1982.

Lynd RS. Knowledge for What? Princeton, NJ: Princeton University Press, 1939.

Lynn L. Managing Public Policy. Boston: Little, Brown, 1987.

——. Public management: a survey. J Policy Anal Manage 13: 231 – 259, 1994.

Lyons GM. The Uneasy Partnership. New York: Russell Sage Foundation, 1969.

MacRae D. The Social Function of Social Science. New Haven, CT: Yale University Press, 1976.

——. Evaluative problems of public policy analysis. In: Crecine JC, ed. Research in Public Policy Analysis an Management, vol. 1. Greenwich, CT: JAI Press, 1981.

Majone G, Quade ES, eds. Introduction. In: Pitfalls of Analysis. New York: John Wiley & Sons, 1980.

May J, Wildavsky A, eds. The Policy Cycle. Beverly Hills, CA: Sage Publications, 1978.

May L. U.S. softens urban policy after criticism. Los Angeles Times, July 10, 1982, p. 6.

Mazmanian DA, Sabatier PA, eds. Effective Implementation Policy. Lexington, MA: D. C. Heath, 1981.

———. Implementation and Public Policy. Glencoe, IL: Scott, Foresman, 1983.

McNamara RS, with Van Demark B. In Retrospect. New York: Times Books/Random House, 1995.

Mead LM. The interactive problem in policy analysis. Policy Sci 16: 45–66, 1983.

———. The New Politics of Poverty. New York: Basic Books, 1992.

Meltsner A. Don't slight communications: some problems to analytic practice. In: Majone G, Quade ES, eds. Pitfalls of Analysis. New York: John Wiley & Sons, 1980.

Meltsner A, Bellavita C. The Policy Organization. Beverly Hills, CA: Sage Publications, 1983.

Merriam CE. Progress in political research. Am Politic Sci Rev 20: 1–13, 1926.

Menon RK. The unanticipated consequences of purposive social action. Am Sociol Rev 1: 894–904, 1936.

———. The role of applied social science in the formation of policy: a research memorandum. Phil Sci 16: 161–181, 1949.

Mintzberg H. Policy as a field of management theory. Acad Manage Rev 2: 88–103, 1977.

Mitchell WC. The Backward An of Spending Money and Other Essays. New York: McGraw-Hill, 1937.

Moynihan DP. Maximum Feasible Misunderstanding: Community Action in the War on Poverty. New York: Free Press, 1969.

Murray C. Losing Ground. New York: Basic Books, 1984.

Nagel S, ed. Policy Theory and Policy Evaluation. Westport, CT: Greenwood Press, 1990.

Nelson M. What's wrong with policy analysis? Washington Monthly September: 53–59, 1979.

Osborne D, Gaebler T. Reinventing Government. Reading, MA: Addison-Wesley, 1992.

Overman ES, Boyd KJ. Best practice research and post-bureaucratic reform. J Public Admin Res Theory 4: 67–83, 1994.

Paris D, Reynolds J. The Logic of Policy Inquiry. New York: Longman, 1983.

Polsby NW. Political Innovation in America. New Haven, CT: Yale University Press, 1984.

Pressman JL, Wildavsky A. Appendix A. In: Implementation. Berkeley: University of California Press, 1973, 1984.

Quade ES. Analysis for Public Decisions. New York: Elsevier, 1975, 1982.

Quade ES, Boucher WI, eds. Systems Analysis and Policy Planning: Applications in Defense. New York: Elsevier, 1968.

Ranney A, ed. Political Science and Public Policy. Chicago: Markham, 1968.

Rawls J. A Theory of Justice. Cambridge, MA: Belknap Press, 1971.

Rein M. Social Science and Public Policy. Baltimore, MD: Penguin Books, 1976.

———. Value-critical policy analysis. In: Callahan D, Jennings B, eds. Ethics, the Social Sciences, and Policy Analysis. New York: Plenum Press, 1983.

Rein M, White SH. Can policy research help policy? Public Interest 49: 119–136, 1979.

Research Seminar on Bureaucracy, Politics, and Policy. A Report on Studies of Implementation in the Public Sector. Cambridge, MA: John F. Kennedy School of Government, Harvard University, 1973.

Rieke R, Sillars M. Argumentation and the Decision Making Process. New York: John Wiley & Sons, 1975.

Rivlin A. Systematic Thinking for Social Action. Washington, D.C.: Brookings Institution, 1971.

Robinson JB. Apples and horned toads: on the framework-determined nature of the energy debate. Policy Sci 15: 23–45, 1982.

———. Risks, predictions and other optical illusions: rethinking the use of science in social decision-making. Policy Sci 25: 237–255, 1992.

Rohr J. Ethics for Bureaucrats: An Essay on Law and Values. New York: Marcel Dekker, 1979.

Ross R. Introduction. In: James W, ed. The Meaning of Truth. Ann Arbor: University of Michigan Press, 1970.

Rossi PH, Freeman HE. Evaluation: A Systematic Approach. Beverly Hills, CA: Sage Publications, 1985.

Sabatier PA, Jenkins-Smith HC, eds. Policy Change and Learning. Boulder, CO: Westview Press, 1993.

Salamon L. Rethinking public management: third party government and the changing forms of government action. Public Policy 29: 255–275, 1981.

Savas ES. Privatization: The Key to Better Management. Chatham, NJ: Chatham House, 1987.

Scott R, Shore A. Why Sociology Does Not Apply: A Study of the Use of Sociology in Public Policy. New York: Elsevier, 1979.

Sheenan N et al. The Pentagon Papers. New York: Bantam, Simon H. Administrative Behavior. New York: Free Press, 1945.

____. Reason in Human Affairs. Stanford, CA: Stanford University Press, 1983.

____. Human nature in politics: the dialogue of psychology with political science. Am Politic Sci Rev 79: 293–304, 1985.

Stone A. Policy Paradox and Policy Reason. Chicago: Scott Foresman, 1988.

Stobaugh R, Yergin D, eds. Energy Futures. New York: Random House, 1979.

Stokey E, Zeckhauser R. A Primer for Policy Analysis. New York: W. W. Norton, 1978.

Strauch RE. Squishy problems and quantitative methods. Policy Sci 6: 175–184, 1975.

____. A critical look at quantitative methodology. Policy Anal 2: 121–144, 1976.

Suchman EA. Evaluation Research. New York: Russel Sage Foundation, 1967.

Sundquist JL, ed. On Fighting Poverty: Perspectives from Experience. New York: Basic Books, 1969.

Thompson D. The possibility of administrative ethics. Public Admin Rev 45: 555–561, 1985.

Thompson M. Among the energy tribes: a cultural framework for the analysis and design of energy policy. Policy Sci 17: 336, 1984.

Toulmin S, Rieke R, Janik A. An Introduction to Reasoning. New York: Macmillan, 1979.

Tuchman B. The March of Folly. New York: Knopf, 1984.

Waldo D. The Study of Public Administration. New York: Macmillan, 1955.

Weiss C, ed. Using Social Science in Public Policy Making. Lexington, MA: D. C. Heath, 1977.

Weyant JP. Quantitative models in energy policy. Policy Anal 6: 207–231, 1981.

White L. Introduction of Public Administration. New York: Macmillian, 1948.

Wildavsky A. Rescuing policy analysis from PPBS. Public Admin. Rev 29: 189–202, 1969.

____. The Politics of the Budgetary Process, Boston: Little, Brown, 1979a.

____. Speaking Truth to Power: The Art and Craft of Policy Analysis. Boston: Little, Brown, 1979b.

Wildavsky A, Tenenbaum E. The Politics of Mistrust. Beverly Hills, CA: Sage Publications, 1981.

Williams W. Implementation analysis of assessment. Policy Anal 1: 531 – 566, 1975.

Willoughby FW. Principles of Public Administration. Washington, D. C.: Brookings Institution, 1927.

Wilson W. The study of administration, Politic Sci Q 2, 1887.

Wittrock B, deLeon P. Policy as a moving target: a call for conceptual realism. Policy Stud Rev 6: 44 – 60, 1986.

第十四章 公共政策分析的多元视角

斯图亚特·S. 内格尔[*]
C. E. 提斯里[**]

本章回顾了五种分析公共政策的不同视角。公共政策分析可以被定义为研究不同公共政策选择的性质、原因和影响。公共政策分析被用来告知政策制定者选择不同方案的可能性未来结果。这样,它常常使得有必要确定一套目标、决定获得这些目标的有效的备选策略,以及确定这些目标和策略之间的关系,其目的是最佳实现这些目标的方案或者多个方案联合。这一章评估了公共政策分析中所采用的下列五种不同视角:

最优化(Optimality)——例如,决策矩阵(decision matrices);
效率(Efficiency)——例如,管理科学技术;
效果(Effectiveness)——例如,影响评估(impact assessment);
规划(Projection)——例如,预测(forecasting)和回归(regression);
执行(Implementation)——例如,可行性。

每个视角都在公共政策分析中扮演重要角色,这一章就每个视角如何有效面对三个普遍的方法论问题评估了其强项和弱项。这三个问题是复杂性(complexity)、不确定性(uncertainty)和有效性(effectuality)。但是,如果不首先着手一些持续不断影响分析公共政策的特殊问题,就不可能实现对任何视角优劣的理解。

---

[*] 斯图亚特·S. 内格尔(Stuart S. Nagel),伊利诺伊大学(University of Illinois)
[**] C. E. 提斯里(C. E. Teasley III),西佛罗里达大学(University of West Florida)

Ⅰ. 公共政策分析中的方法论问题

公共政策分析应根据每个分析如何有效处理这三个问题来判断。这三个问题就是复杂性、不确定性和有效性。

A. 复杂性

公共政策决策典型地涉及一些复杂的问题：为什么它们另外要求我们这么多的关注呢？复杂性根源于（或者导致，这取决于个人的视角）下列方法问题：许多相互冲突的标准（conflicting criteria）和多元标准所要求的多维度测评指标（multidimensional measures）。很明显，如果一个方案在所有标准上都支配了其他方案，那么决策就不困难了。

1. 多个互为冲突的标准

可能被用来评估政策方案的准则是广泛而多变的。它们可能包括财政成本（包括直接和间接成本）；非财政成本，例如时间、环境和机会等等；和许多根本是无穷的利益，从犯罪减少（crime reduction）到垃圾收集到提高交通流量（traffic flow）到政治支持等。一个有价值的政策分析技术必须有足够的能力，包含大量不同的标准（Nagel 1991：23）。显然，如果一个方案能在每一个准则中都支配其他方案，那么这样一个决策将很简单，但是这种简单性非常少有。因此，复杂性随着被考虑的备选方案和准则的增加而增加。

2. 多维度指标

许多（实际上是大多数）公共政策问题可以使用不同的准则来评估，每个准则可能都有不同的评估形式。这一问题自然是随着使用多种准则而产生，但它也提出了一个经典的问题：怎样比较（或联合）苹果和桔子（Nagel 1991：23）。一些分析工具通过把所有的指标转变为货币价值（monetary values）来解决这一问题，但是这并不总是合适的。例如，怎样用美元来评估教育和人类生活？如果必须用人为工具将这些指标转变成一些可比格式（comparable format），那可能导致效度的丧失。

B. 不确定性

决定当前决策的未来后果必然具有不确定性。不确定性来源于风险和丢失的信息。

风险由可能性来评估，根据过去做的分析某些结果实际产生的可能性来评估。当一个行为的实际后果不能被确定时出现风险（Thompson 1982：35）。彩票的回报如此之大，以至于没有人将放弃这样的机会。但是大多数人的确放弃了，因为所包含的风险。事实上得到这一回报的可能性非常渺茫。假设购买一辆汽车，检修频率说明这一款车平均每15万公里就有必要作一次重大的全面检修，但这并不一定说明在要求重大的维修之前你可以行使这么多公里。分析技术应当在必要的时候能够整合不确定因素。

信息丢失是另外一个产生不确定性的因素（Nagel 1991）。赫伯特·西蒙（Herbert Simon）第一个观察到，决策制定中的真正问题在于数据收集和何时终止数据收集。可能存在有关键性的指标，但是对它们不存在有效指标，或至少不容易发现这种指标。草率消除难以测评的准则导致决策的不确定性。因此，任何有力的决策制定辅助（aid）都必须能够整合对该信息的评估，以使得决策更为稳健。

尽管微型电脑的急剧增加，但是决策制定仍然不能是一个完全理性的事件。公共政策制定的特征是渐进主义和有限理性（bounded rationality），因为有效信息常常是有限的，而收集更多信息的努力则是既昂贵又耗时。当面对不完全数据组时，整合"软数据"（soft data）或代表性指标（proxy measures）可以加强对这些工具的使用，但是一些方法比另外一些方法更要求完整的数据（Nagel 1984）。

C. 有效性（effectuality）

正确的决策在什么时候是错误的？它什么时候被忽略？（Patton 1978; Teasley and Harrell 1996：479-492）。在政治世界，公共政策分析要行之有效，那么他们的结果必须有说服力，也就是说，他们必须有能力与公共政策制定者沟通并得到政策制定者的信任。产生这种说服力的一个因素就是简明性（simplicity）（Nagel 1991：23），简明不仅仅是简而短原则（保持简单而执著），还包括透明度，即答案符合逻辑且显而易见。政策分析人员常常抱怨他们的提议受到忽略，而决策制定者则常常回应认为分析家所提议的东西令人无法理解。采用高度精确的统计技术如多项式回归分析（polynomial regression analysis）等可能超出政策制定者的理解范围，导致太难以理解而无法实施。尽管一个分析工具的选择显然不能完全根据政策制定者对它的熟悉程度而得到推动，但是也不可能不经考虑、该过程没有被很好地理解就制定决策。如果政策制定者既不能理解也不能解释结果，那无论该分析的实施是如何完美，也不管它的结果是如何精确，这样的分析是毫无用处的。公共政策制定者需要能够公开地为他们的决策辩护，因而，这就是简明的价值意义。

有效性的第二个组成因素是及时性（timeliness）。那些花费数星期或几个月才完成的研究结果很可能丧失政策制定者所面临的决策窗（decision windows）。一个获得充分政治支持的议题要排到政策议程上需要相当迅速的决策。许多传统的社会科学研究方法，尽管在学术环境中有用，但并不能及时地产生对决策制定者有用的结果。例如，需要几个月或几年的长期研究可能因时间太长而不能有效地告知政策制定者。一旦一个项目上马几年，就难以改变。

有效性的最后一个组成因素是效度（Validity）。尽管效度在社会科学环境中有意义，但当涉及到政策效力时也有一个特别的意义。在传统研究环境中，效度是指大家所接受的结果的准确度。第二个意思则是指政策制定的结果的直接功效。政策分析的结果常常是间接的；也就是说，分析的结果给政策制定者见识、并进一步告知政策制定者信息，但是结果却不是政策决策所需要的那么具体。例如人们经常惊恐地注意到青少年犯罪率的上升因此必须采取某些行动，但是做什么并不一定来自于这些趋势。有效的政策分析源于问题解决的合理建议。

Ⅱ. 公共政策分析的多元视角

现在我们转向公共政策分析的五种不同视角。这种分析将包括有必要讨论每个视角与上面确定的方法问题有关的比较优劣。

A. 最优化（Optimality）

最优化代表的是一种决策矩阵（decision matrix），它描述了一个连续统一体上的政策备选方案和另一个连续统一体上的决策准则或目的（see Frank and Gaynor 1995；Hwang and Yoon 1981；Nagel 1988；Saaty 1982；Steuer 1986；Teasley 1994；Teasley and Harrell 1996：479－492；and Zeleny 1982）。分析人员唾手可得的有两种决策制定矩阵形式：（1）多准则决策制定（multicriteria decision-making，MCDM）矩阵，它经常采用某种形式的百分比分析（percentaging analysis）；（2）回报矩阵（payoff matrices），它反映的是在既定的一系列未来条件下，一个政策选择的预期产出（anticipated yield）。

1. 多准则决策制定

多准则决策制定（MCDM）对公共政策分析家来说是最新和可能是有用的技术之一。在有效的多准则决策制定种类中有百分比分析（例如，P/G%）和多属性效用技术（multiattribute utility technique，MAUT）（Nagel 1991；Saaty 1982）。在百分比分析和多属性效用技术之间根本的差别在于：前者将原始分数（raw scores）转变成分析的百分值，而在后者中，根据对每个备选方案的可察觉效用而给予原始分数一个经过判断所决定的分数。与其他工具相比，多准则决策制定矩阵更接近于做那些分析家和决策制定者所隐晦做的事情。它强调发展政策目标和选择相关决策准则。这样，多准则决策制定类似于其他一些技术，通过从有效的各种政策方案中建议一个最佳选择来指导决策制定。

多准则决策制定根据矩阵排（row）来组织政策选择（policy options），决策准则列举在各列（columns）中，分数则被填入方格（cell）中。这一简单形式（format）与常识相一致，在不牺牲分析力的情况下使陈述变得很容易。例如，在某一州中，分析家面临着日益增长的船舶事故率（boating accident），他们可能会组织一个类似于在表1中所显示的多准则决策制定矩阵。在这一决策矩阵中，对有关一个船舶安全项目的目标或准则比较了政策方案（增加巡警、要求营运执照、限制船只进入、发动安全竞赛）。这些目标或准则是为了减少船舶事故，减少私人和政府两方面的成本，和减少执行人员的剩余损失（residual loss）。

表1 多准则决策制定船舶安全政策分析——原始分数

准则名称		准则1 事故率	准则2 公共成本	准则3 私人成本	准则4 剩余法律执行	
	权重	5	3	2	1	
政策		<=最佳	<=最佳	<=最佳	>=最佳	总值
1. 增加巡警	21	21	1	0.2	43.2	
2. 营运执照	17	10	1	0.5	28.5	
3. 限制船只进入	19	2	10	1	32	
4. 安全竞赛	26	5	1	1	33	
	总值	83	38	13	2.7	136.7

微电脑项目的有效性加强简明性（simplicity），为了使用这些项目，根本不要求任何技术知识，即使是建立在传统最优化（optimization）之后的原则之上。这种矩阵设计符合典型的计算机空白表格软件项目（spreadsheet software program）。

也许用多准则决策制定的最大强项在于它处理用来评估每个决策准则的各种单位（unit）的方式。百分比分析（P/G% analysis）（Nagel 1991）通过将原始分数转变为加权部分/整体百分值（weighted part/whole percentages）的方法来处理多维准则（multidimensional criteria），这使得这些准则转变为没有维度的数字（dimensionless numbers）。当准则是抽象的并且根据规模来测评而不是具体的单位如美元、公里、年或磅时，这尤为有用。通过使用部分/整体百分值（part/whole percentages），分析人员可以将表1转变成表2。

这一技术就是百分比分析的核心：它允许总结每个备选方案的分数而不考虑用来评估个体准则的单位，这有利于直接比较各种方案。在计算阶段（computational phase），最关键的是，无论在什么测评单位中，分数比例（ratios of scores）在整个分析中都要被保持下来（Teasley 1990，1994）。那么最佳的政策选择就容易确定了。从表2中所得到的结果表明，限制船只进入是最好最安全的政策，紧跟其后的是增加巡警。

表2　船舶安全政策分析的加权比值分析——加权比值分配

准则名称		事故率	公共成本	私人成本	剩余法律执行	分配比值
	权数	5	3	2	1	
政策		<= 最佳	<= 最佳	<= 最佳	>= 最佳	总值
1. 增加巡警		126.5%	165.8%	15.4%	7.4%	28.6%
2. 营运执照		102.4%	78.9%	15.4%	18.5%	19.6%
3. 限制船只进入		114.5%	15.8%	153.8%	37.0%	29.2%
4. 安全竞赛		156.6%	39.5%	15.4%	27.0%	22.6%
	总值	500.0%	300.0%	200.0%	100.0%	100.0%

尽管一个矩阵形式（matrix format）要求分离的方案，但是可以用来构建矩阵的行和列的数量事实上是没有限制的。在这样的条件下，可能存在如此多的方案以至于不能确定所有这些方案的影响，在分配问题上这一点尤为如此。多准则决策制定方法也使用部分/整体百分值来应对这些情况。这些比值可以被用作弹性系数（elasticity coefficients）代理（proxies），反映总计数（the grand total）的分配比值，以决定每一个人、每个群体或每个地区的分配。这使得当面对广泛的方案和准则时，多准则决策制定成为一个理想的分析方法。

矩阵形式也通过将权重整合到分析中，从而解决了多元相互冲突的目的问题。多维标准的解决主要是通过按照不同的标准，根据标准的相对重要性和鉴于使用的测评单位对原始分数进行权衡。这些权数理想地反映出在政策制定者对于许多相互冲突的目标应该获得重视的某些共识。甚至在没有达成共识的地方，多准则决策制定的微电脑应用也能使分析人员进行一个后最优敏感性分析（postoptimum sensitivity analysis）以确定实际的权重图式（realistic weight scheme）如何影响这些结果。

此外，多准则决策制定可以通过改变这些问题来有效地处理信息丢失。询问一个投入项（input item）的精确值（exact value）可以变成询问该投入项高于还是低于临界值（threshold value）。临界值是指一个点，高于或低于该点的分数都将影响被认为是最佳的方案。大多数人会发现，这样一些问题不难解决，比如问可能性是高于还是低于70%，比那些问精确的可能性是多少的问题要更容易处理。此外，因为信息丢失可以及时地被一个近似值所代替，而且这些结果将直接导致合适的政策选择，所以这是进行公共政策分析的一个非常有效的方法。因为多准则决策在处理多重目标、标准和备选方案的同时也表现了简明性，所以它是一个有力的分析工具，适用于广泛范围的政策问题。

2. 回报矩阵

在风险条件下涉及决策制定的一个问题也可以通过一个回报矩阵来处理（Lapin 1988）。乍一看来，回报矩阵似乎与多准则决策制定途径有点相似。它们都在行中有分离的备选方案,但在多准则决策制定在各列中排列许多分离决策准则的地方,回报矩阵分布了备选的自然状态(state of nature),这些状态典型地代表了关于某些未来事件的不确定性的变化程度(varying degrees)。从把每个特殊政策应用到每个将来的实践中所获得的回报都记录在矩阵方格中(Huber 1980:91-92)。尽管回报矩阵遵循决策矩阵格式,但它们也是一种效率分析形式,因为其中很少被考虑多元目标或准则。继续用船舶事故率作为例子,一个典型的回报矩阵将如表3所示。

表3 回报矩阵说明增加海军巡逻

巡逻水平[a]	事故[b]	巡逻成本	征收罚款	回报[c]
1. 减少	-35K	+45K	-12K	8K
2. 现状	-10K	-10K	-5K	-25
增加	+20K	-45K	+12K	-8K

a. 巡逻水平下降=减少2个官员,现状=没有发生变化,增加=增加2个官员。
b. 事故是个负面因素,因此+20K实际说明了船舶事故美元价值的减少。
c. 回报仅仅是增加、减少或不改变官员数量的预期收益和成本数额。此处虽然是一个假设情况,但是最大净回报是随着航海巡逻官员的减少而变化的。

回报矩阵容易构建、使用和解释,这可以解释为什么它们相对受到欢迎。但是,这种情况下的简明性是以灵活性作为高昂代价的。因为回报矩阵是根据一个条件来考虑诸多方案,在考虑时,任何相互冲突的目标必须被灌输到考虑中的战略之中或偶然事件之中。如果每种偶然事件发生的可能性都为人所知,那么回报也应当受到相应的考虑(Huber 1980:94-99;McKenna 1980:72-75)。但是,如果这些可能性具有不确定性,那么权衡的分配要反映政治需要。当然分析人员不应该在没有得到对该政策选择负责的政策制定者强有力的指引下分配这种权衡。

尽管一个回报矩阵所能考虑的备选政策的数量事实上没有限制,但是当选项之间的差异消失时,回报分数的精确度变得日益重要。当这一点得到承认时,回报矩阵可以考虑从相互排斥、分歧的选择到大规模的逐渐变化的选项。

回报矩阵有两个明显的弱项。第一,它们缺少考虑多元准则的机制,它们在总结多种事件的备选方案时没有整合任何机制;第二,它们不能够考虑一个以上的偶然事件。正因为如此,它们非常缺乏解决大多数公共政策问题所必需的分析能力。

分析人员发现,当政策决策取决于一个单一偶然事件发生的可能性时,回报矩阵最为有用。此外,这一技术最适合于简单的问题。最后,它要求根源于精确的和相关数据的偿付分数。这些限制使得回报矩阵在政策分析的微观层次而不是宏观层次上最为实用。

既能够考虑多元准则又能考虑多种方案说明:多准则决策制定方法更符合

并提供信息。

2. 成本收益分析

成本收益分析（Cost-Benefit Analysis，CBA）作为公共政策分析者可以得到的广泛使用的技术再次出现（Harlow and Windsor 1988；Meier 1984；Schofield 1987）。表面上，成本收益分析是一个简单而灵活的工具，将每个政策选择的总成本比作每个政策选择所预期产生的收益总额。分析人员通过把每个这样的比较表述为一个成本收益差别，能容易确定哪个建议最具有经济意义。成本收益分析的效用在于这样一个隐含的假设，即对社会产生最大纯收益（或最小纯成本）的备选方案应当得到执行（Heineman et al. 1990：45；Peters 1993：349）。

尽管分析家名义上应该推荐一些最大化利益对成本差额的政策方案，但是在一些情况下，可能没有收益超过成本的选择方案。这样一种情况的潜在可能明确了需要把现状作为任何成本收益分析中的一个方案来考虑。面对这样一种两难困境，决策制定者需要知道是否不采取行动要优于采纳最不可能引起反对的效率低下的方案。

如果认为每个提议政策的潜在成本和收益都能够被精确预测，那么成本收益分析成了一个记录和比较每个潜在政策选择净现值的容易的实践。在这一点上，成本收益分析可以有效地处理任何数量的不同的方案和同样巨大范围的互为冲突的政策目标。但是假设所有的成本和收益都能被评估（很少能精确地预测），充其量也只是脱离现实的空想而已。

成本收益分析要求一个既定选项的所有成本和收益都应该减少到一个共同的计量单位，虽然有可能用时间、公里和加仑来评估成本和收益，但是最普遍的计量单位是美元（Meier 1984：45）。不幸的是，许多的公共政策问题都涉及一些难以确定的因素如生命、健康、美学艺术（aesthetic beauty）等，它们都难以被简化成货币术语。将这些指标转变成美元对等物的大量努力可以导致在成本和收益评估中难以确定的许多变化，因为这种转变成为一个主观的价值问题；无论怎样努力，成本收益分析也失去了它作为一个客观分析的价值。这个特征使得成本收益分析在评估如备选资本项目以及政策和消防部门的工作分类（manning level）这样一些事情上可能更有用，而不是在福利或消费者产品安全项目上。

在公共政策领域，成本评估比潜在收益评估更为容易准备和更为精确。这一问题使得成本效益分析（Cost-Effectiveness Analysis，CEA）成为成本收益分析的一个引人关注的备选方案。尽管成本收益分析试图评估有希望的政策方案的收益和成本，但是成本效益分析只是确定每个将获得一定被规定的服务水平的备选政策的成本（Guess and Farnham 1989：145）。

例如，当面对船舶事故的高发生率，一个州可以考虑多个备选方案来解决问题。选项可能包括通过更为严格的船舶安全法案、将州的海事警力规模增加最好的选择和进行临界分析（threshold analysis）则是一个更为复杂的事情。

所考虑的备选方案的数量是决策树复杂性的一个主要决定因素。在假设上，一个考虑了每个具体政策选择的决策树可以构建来解决任何问题。但是在实践中，一个考虑了超过一定数量的选择的决策树很快就变得不实用了。

虽然决策树处理多种备选方案的能力有限，但其考虑多个目标的能力则更为受限。不像大多数的决策工具，决策树并不明确建议任何特别的行动方案。相反，它们会提供一个"路线图"（road map），揭示什么顺序的一套决策会导致实现一个既定的目标。每个可能目标状况的渴望性完全被留给决策制定者来判断。既然决策树的每一个分枝都会导致一个回报，用这一技术来考虑多个目标的惟一办法就是明确把权重（weights）分配给每个可能的回报上（Hogwood and Gunn 1984：181）。

为了混合这一问题，决策树没有考虑潜在回报的构成。每个最终结果可能都是一致的，或者是用不兼容的单位所检测的组合结果（outcome）。决策制定者很容易对一个生产5个桔子和3个苹果的选择与另一个生产10个香蕉的选择进行比较。

尽管有这些弱项，决策树在处理不确定性问题上还是有一个基本的强项。不仅能够考虑不同的选择方案的风险，而且能以一个有效的方法处理丢失的信息。其他的分析工具让决策寻求更多的数据，或者满足分析人员完全可以获得的数据。但是，可以构建决策树以包括把对更多信息的寻求作为一个选择/事件分枝。那么，由此产生的决策树显示出：实现所需结果的可能性是通过收集更多的信息得到了加强、减少还是不变。尽管分析家仍然必须制定决策，但是决策树有助于决策制定行为（Gohagan 1980：339 – 334；Huber 1980：124 – 125）。

当所面临的问题本质使得一个渐进的决策制定方法变得适当的时候，决策树最为有用。当决策制定者知道他们所需要的结果，并就此达成一些共识，但又不确定什么政策将产生这一所需的结果时，决策树也是行之有效的。

来自复杂决策树的数据很容易被大多数准则决策制定软件所处理，通过把每个方案或分枝路径当作矩阵各列中的一个标准，而备选方案也放在矩阵的各行中。回到诉讼问题上来，存在一些涉及诉讼成本和调解报价的标准。可能性将被视为用以权衡关于每个方案的每个被选项的分数的价值。每种可能性，或权重，都会是合成可能的产物，对于征收费用和时间折扣的损失也会予以调整。

决策树作为决策过程的概念路标特别有用。它们的强项包括显示大量决策结果的灵活性，在这一灵活性中，有处理不确定性的空间。另一方面，决策树常常要求艺术作品（artwork）并产生复杂的后果（outcome）。正如和图1一样，复杂树的结果可能难以解释，而不确定性系数的影响也变得模糊。尽管这些影响可以通过灵敏分析来确定，但是它们基本的贡献可以用决策矩阵方法来确定。即使采用了矩阵方法，一个图式的决策模式也可以对政策制定者产生作用

征收	方案	可能性	现有价值
1年	1	4.6%	$2.0M
3年	2	2.4%	$1.4
1年	3	8.9%	$1.7
3年	4	1.6%	$1.2
1年	5	7.6%	$6.1
3年	6	9.2%	$4.2
1年	7	16.4%	$5.0
3年	8	8.8%	$3.5
1年	9	1.0%	$12.2
3年	10	3.2%	$8.4
1年	11	2.8%	$10.1
3年	12	3.5%	$6.9
	13	30.0%	$0.0
		100.0%	节余 $1.0

决策树分支（简述）：诉讼 → 胜诉 0.70 / 败诉 0.30；不起诉。胜诉下分损失 $100万 (0.25)、$300万 (0.60)、$600万 (0.15)。各损失下分 2年 (0.40) / 4年 (0.60) 裁决，每个裁决下再分 1年 与 3年 征收。

a. 该图是根据马克·维克多（Marc Victor）有关如何描绘决策树的建议。参见马克·维克多，《诉讼风险分析》（在1982年美国律师协会年会上宣读的论文）。但是，这些数据纯粹是假设的，不用来反映马克·维克多或任何他人的任何具体案件。

b. 任何方案的可能都是沿着该方案的决策树分枝的四个可能性的产物。因而，0.046等于 0.70 × 0.25 × 0.40 × 0.65。

c. 每个方案的现值都等于三倍的损失，一年征收乘以 0.90（10%征收费），三年乘以 0.75（25%征收费）。然后当 0.10 是贴现率的时候一在折扣或乘以 1/(1.10)^t，t 是推迟判断和征收的年度。因此 $2.0 等于 $1 × 3 × 0.90 × 1/[(1.10) × 3]。

图1　决策树分析诉讼决策

当从决策树的视角来思考时，这种类型的问题可以导致许多混淆的分枝（branches）。通过决策树项目输入所有的信息（像《树木栽培家》，美国得克萨斯州仪器公司出版）是一个复杂而困难的工作。尝试操作这样的决策树以决定现实，而不仅仅是一个简单的抽象物。是否将一个受到虐待的小孩带离家庭这样一个问题就是一个很好的例子。回报矩阵方法倾向于过分强调后来发生虐待作为一个标准的可能性，这可能会导致把小孩带走这样的不尽人意的决策。多准则决策制定方法有一个更为平衡的视角，明确考虑以下几个因素：（1）需要维持可能存在于这个家庭的任何关爱；（2）需要考虑给纳税人的可能没有收到担保的额外成本。

多准则决策制定矩阵不仅比回报矩阵更为有效，而且也更为简单。多准则决策制定趋向于使用一个逐步递减的五点制、考虑整数的准则、计算临界分析（computerized threshold analysis）和根据方案、准则和关系的一种逻辑的问题分析方法。因此，它结合了增加效度和简明性，取代了回报矩阵的普通的权衡，取代了牺牲精确度来换取简明性，或牺牲简明性来换取精确度。

B. 效率

大多数政策分析技术是为了私营产业而发展的，对于管理科学方法来说非常普遍（see Gohagan 1980；Golanyi and Tamir 1995；Lapin 1988；McKenna 1980；Mensah and Li 1993；Nagel 1982；Shah 1992；Stokey and Zeckhauser 1978；and White et al. 1980）。既然大多数的技术都产生于私营部门，这些技术都假设目标一致性——特别是利润——因此问题仅仅就是怎样最佳地实现它们。既然利润（投入－产出）与效率（产出/投入）的线性相关，同时利润和效率支持组织生存和福利，那么管理科学方法在企业中流行也是显而易见的。四个最普遍的管理科学技术是：

  决策树（Decision tree），它用图表的形式代表最终导致的一系列结果的一套决策节点（decision forks）和可能节点（probability forks）；

  成本收益分析，它使备选方案减少到成本对收益的比值；

  最佳水平曲线（Optimum-level curves），它表明边际效益等于边际成本的那一点；

  分配分析（Allocation analysis），它使用无差异曲线和函数曲线（indifference and functional curves）来分配稀有资源。

1. 决策树

决策树是用图形来描述在行动、事件和决策后果（outcomes）之间的关系，这些关系对于表格形式来说太过复杂（Lapin 1988：535 – 536）。它们常常被用来处理多重偶发事件（multiple contingent events）。一个决策树是一个图形列举围棋冠军在"朝前看"时大脑中所做的事情。图 1 中所表示的决策树用于解释：如何可以应用该技术来决定在诉讼战略领域中是进行审判还是接受调解。

一倍、对船只运营商执照进行审查,以及用不同方式组合这些方案。使用成本收益分析的分析家仅仅是推荐产生与成本有关的最大利益的方案。

通过使用成本效益模式,州政策制定者将确定一个可接受的事故发生率,然后各种可以实现这一目标的备选方案将。更为强硬的安全法案、增加海事巡警和审查船只运营商的执照可能又是适宜的。但是,使用成本效益分析的分析人员将推荐成本最低的方案而不是最有效的备选政策,用来实现所需要的安全层级。

成本效益分析要求决策制定者对可接受的服务或行动水平达成共识。尽管很难达到这样一个高度的共识,但是一旦达成该种共识就有机会执行代价更小的政策。此外,价值判断是在政治领域中而不是在分析过程中产生,它们属于政治领域。

只要成本收益分析和成本效益分析能避免将难以确定的因素转变成货币单位的这些复杂性,这两种方法仍然相当直接明了。在某种程度上,允许这样的一个方案就是假设来自不同项目的利益的相对质量,并只比较它们的相对成本。当然,这种假设风险很大。简单而言,这些方法产生高度的表达简明性(presentation simplicity)加强它们的效用。但是当难以确定的和间接的因素用影子价格(shadow prices)、机会成本和沉淀成本(sunk costs)说明时,分析就变得很复杂,并建立在无效的替代指标(proxy indicator)上。此外,没有方法区分谁获益和谁支付,因为最终的净效益数字(net benefit figure)是聚合的。当然,这是把结果作为有效的一个主要政治考虑。

3. 最佳程度曲线(Optimum level curves)

许多的公共政策问题都使得有必要找到一个最佳程度的行动,这样,做得更多或更少都不是所希望的。所有不被希望的社会事件如高速公路死亡、暴力犯罪、癌症末期(terminal cancer)和污染等,它们的特征都是如此,削除和减少的成本高昂。对于每一个这样的问题,显然有大多都不是所希望得到的,但是要想实现低发生率可能也会导致成本过于昂贵。

在工业产品设计中使用最佳程度曲线也导致了将它们采用为公共政策制定的一种工具。有关这些问题的传统优化观点(optimizing perspective)是用曲线的图形来表示的某种传统计算优化形式(classical calculus optimization)。这些曲线根据投入(自变量)(independent variables)和产出(因变量)(dependent variables)来描述政策和目标之间的关系。它们努力揭示当边际收益等于边际成本时或者当允许出现不被希望的行动发生的边际成本等于努力消除它的边际成本时的出现率。

假定州立当局决定与上升的船舶事故率作斗争,问题依旧存在,而海上巡逻行动的上升程度也是合乎时宜的。图2中的图形用最佳水平曲线来揭示这一解决方案。

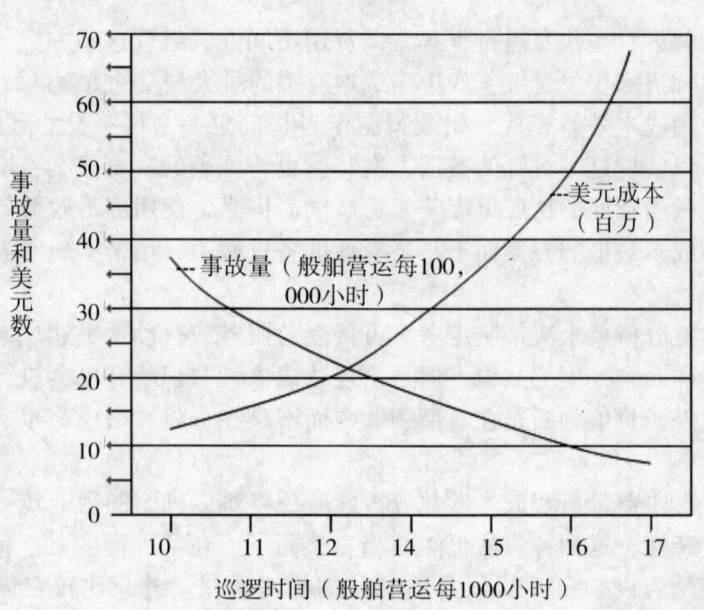

图2 将事故量和增加强制性的美元成本相联系的最佳程度曲线

在最佳程度曲线后面的理论既容易理解也广泛传授，所以根据这一技术上所作的分析常常容易被各种决策制定者所理解。不幸的是，尽管这一技术在概念上简单，但它在公共政策中的应用比在企业中要更为困难。这种困难根源于公共政策环境典型的目标、备选方案和标准的多元性。

尽管最佳程度曲线是少数几个设计用来考虑一系列紧凑的政策选择的分析工具之一，但是它们完全没有能力提出一个以上的单一的基本选择。它们可以告诉分析人员一个既定备选方案在多大程度上是最好的，但是不能将这一方案与其他任何可能的选择作比较。这种限制根源于它们的设计，而它们没有能力考虑多种政策目标也是如此。

既然这一技术将最优化（Optimality）确定为边际成本等于边际收益的那一点，那么最佳水平曲线只可以考虑两个政策目标，其中一个必是资源保护（成本）。该问题的克服只有通过确定这些曲线所描述的成本和收益以包括成本和收益的日益广泛的定义。

不幸的是，更为广泛的成本和收益定义导致这些成本和收益兼容指标逐渐下降。因为最佳程度曲线要求所有的成本和收益用相似的单位来评估，所以大多数最佳程度曲线问题都用货币单位来表示二者。但是，有时候用行动率（activity rates）来表示收益。

不管成本和收益如何受到评估，"正确的"解决方案主要取决于所使用的数据反映现实的精确程度。为了找到这一均衡点，通常需要为两个基本的关系建立一个方程式。允许事件发生的成本可以表示成 $a(x)b$，阻止事件发生的成本可以表示成 $A(X)B$。其目的是使边际成本互为相等并且为 X 找到事件发生的最佳水平。这意味着解答 X 的方法就是在像 $ba(X)^{b-1} = BA(X)^{B-1}$ 的方程式中。这可能难以对政策制定者作出解释。

但是，这一方法常常因为下列原因而变得毫无意义：

做统计分析可能无法获得有效数据，而该分析可能是非线性回归方程（nonlinear regression equations）的基础。

成本和收益并不是总能转变成货币单位。

在成本和依靠因果力来评估的社会指标之间可能存在虚假相关（spurious correlations），这些因果力也影响着两者。

也存在着双向因果关系（reciprocal causation）问题，借此开支水平影响了社会指标，而社会指标也影响了开支水平。

可能存在许多的成本和收益，要求一个多准则视角（multicriteria perspective）。

由于这些原因，依赖替代信息的最佳水平曲线产生了可疑的结果，而丢失的信息使得这一技术几乎毫无用处。

当执行政策的决定已经制定、而剩下的惟一问题就是一个程度或范围问题的时候，这类分析最为有用。甚至这里，分析家需要精确和完整的数据，必须警惕虚假的因果关系和对原因的假定。此外，在公共部门的政治敏锐性使得考虑混合的收益和成本更为困难。决定多少伤亡是具有成本效益的在政治上被认为是无法容忍的，即使它是非常实际的。

事实上，所有的最佳程度问题都可以转变为多准则决策制定问题，方法是把问题的本质从"什么是犯罪、污染或癌症的最佳程度"转变为"什么是减少犯罪、污染和癌症的最佳结合方式"。用这些多准则术语来表达这一问题产生了许多的备选方案和许多判断它们的标准。更为重要的是，它常常产生达成一个协调解决方案的许多理念，该解决方案可能更为优越并且超过公共政策问题中每个互相竞争的利益的最佳预期值。

4. 分配分析（Allocation Analysis）

传统的分配分析使得有必要收集各种备选分配的信息以理解它们的统计效果或边际回报率。例如，一直以来，我们可以获得显示一个城市被分配了多少资金来打击犯罪，以及在每个时间点又发生了多少犯罪。利用这些数据，我们可以通过使用：$Y_1 = a_1 + b_1 \log X_1$ 这个方程式得出这个城市的数值参数（numerical parameters），在这个方程式中，Y 是犯罪发生率，X 则是打击犯罪所花费的资金（通过将对数 X_1 放在等式中考虑了打击犯罪资金以一个下降的回报率在减少犯罪）。对另外一个城市也可以做一个类似的分析，产生另一个方程等式：$Y_2 = a_2 + b_2 \log X_2$。

如果我们只有 50 美元在这两个城市之间分配，一个合乎逻辑的方法就是这样分配：$X_1 + X_2 = \$50$，同时边际利润率保持相等。这样做将使这些城市处于一个均衡状态，资金从这个城市转移到另外一个城市不会产生什么收益。我们不会把$50全都给城市1，即使它有一个最高的单对回归系数，因为日益降低的回报会导致最后这笔资金与将这笔资金作为一个启动资金投入城市2相比获得更低的边际回报率。使这两个边际回报率相同则意味着还有第二个方程式：$b_1/\log X_1 = b_2/\log X_2$。计算这两个方程式则同时可以得出 $X_1 = (\$50)(b_1)/(b_1+b_2)$ 和 $X_2 = (\$50)(b_2)/(b_1+b_2)$。这就告诉我们，要按照城市的单对回归系数的比例或者与根据该城市的系数和该系数的总数之间的比例来分配这50美元。

与最佳水平曲线一样，分配分析也会产生一些无意义的系数，因为存在混淆统计分析或相互的或虚假的因果关系的因素。我们可以通过在时间 $[X(t-1)]r$ 的前一点使用打击犯罪资金来修订这一基本方程式，以部分控制双向因果关系（reciprocal causation）。我们也可以通过在等式的右边增加 $Y(t-1)$ 作为一个自变量来修订这一基本的方程式以部分控制外生变量。

传统最优化可以与多准则决策制定相比较。例如，假设我们想在两个城市之间分配$50，鉴于一些混淆因素，我们不相信大量的统计系数。我们可以要求一些有学识的人根据一个递降的10分等级，就每个城市的警察如何有效地使用这些额外资金打击犯罪给予打分。如果城市1得到8分，而城市2得到4，那么逻辑上我们将给城市1所有资金的8/12或67%，而给第二个城市4/12或33%。如果我们增加司法效率作为一个标准，城市1得分为2，而城市2得分为5的话，则我们将平均百分比，给城市1分配52%〔(38%+67%)/2〕的资金，而城市2则是48%〔(62%+33%)/2〕。如果专家认为在打击犯罪中，政策效率的重要性是司法效率的两倍，此时使用了加权比值，从而城市1将得到更多的分配。

鉴于公共资源几乎总是缺乏完成所有达成共识的目标所需要的数额，所以常常必须执行某种形式的分配分析。传统的分配分析特别用来帮助决策制定者决定应该把多少这样的资源应用到每个公共目标中去。这一过程也用来计算应该分配多少既定资源给支持一个特定目标的每个项目，这些项目如最佳程度曲线一样，需要那些不容易得到的精确和完整的数据。此外，分配分析在表达和解释上也比多准则决策制定或回归方程式要更为困难。

C. 效益

项目评估重点关注公共政策的相对效益（see Cook and Campbell 1979; Drolen 1993; Epstein 1984; Golanyi and Tamir 1995; Kostoff 1995; Kostoff et al. 1994; Langbein 1980; Marini 1993; and Nachmias 1979）。只有在项目已经被执行后它们才可能是有用的公共政策，而对这些项目的相对成功的分析才可能被确定，如果真有可能，那它们能够被完全有效地确定。在这类分析中，传统的社会研究模式被用来提供每个项目对解决某些为公众所察觉到的问题所作贡献内容的结论。采用的方法有准实验设计（quasi-experimental designs）和项目影响评估。

1. 准实验设计

推断各种备选政策的效果的主要科学方案有必要将没有执行某一政策的人或地方与那些已经执行这一政策的人或地方进行比较（Davis 1990）。准实验设计的本质就是将已采用某一政策的司法管辖范围与没有采用这一政策的司法管辖范围进行比较。如果一个州想要确定增加海事巡逻对船舶事故的可能影响，它可以挑选一些地区来增加巡逻以确定相关影响，同时在其他航道减少巡逻以得到另一个比较基础。比较在执行某一新政策之前和之后航道上的船舶事故提供了准实验设计的基础。由于新的执行政策不能被随意分配给船舶大众，所有这类设计被认作是一个准（quasi）而不是一个真正的（true）实验设计。图3展示了如果维持在巡警和事故之间的一个假设理论关系所可能发生的事情。

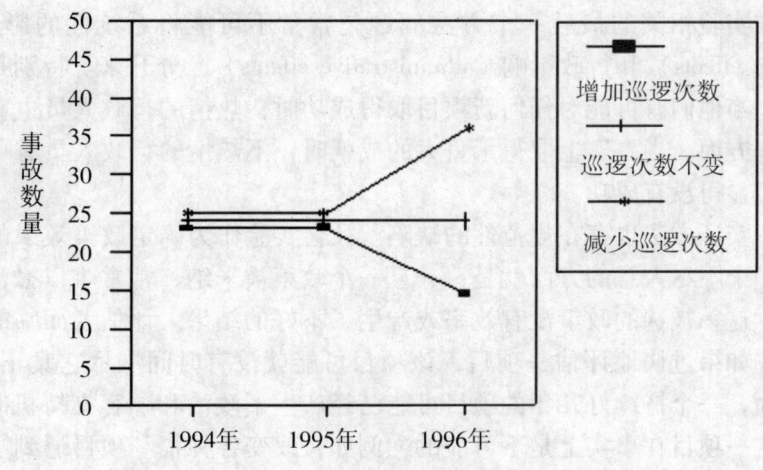

图3　海上事故数量变化

这一方法也有许多的方法缺陷和规范缺陷。

首先，在方法层面，采纳讨论中的政策的地方不存在或者不够多。如果只有几个航道增加或减少巡逻，强有力的结论是没有理由的。

其次，可能不存在采用该政策的地方。一个司法管辖范围假设增加法律执行等这样的政策有效果是很典型的。因此，它在整个领域内都会采用这一政策，因为不这样做是有歧视性的。但是，这样一种行动将使得评估人员没有控制组（control group）来比较结果。

沿着相关思路，还存在某些没有被其他司法管辖范围所采用政策，但是这种采用是随意的、自我挑选的，使得比较根本就没有意义。例如，假设某个受支持的地区增加了巡警，而其他地区可能因为政治影响较小就减少了巡警。在这两类巡逻区域还有影响研究结果（outcome）的许多其他差异。

第三，政策选择可能日期太近而不允许进行长期评估。纯粹执行任何政策常常要求在行动改变产生前有一个时间段。如果在这样一个结果出现之前就消除一个项目，那么我们永远都不能发现该项目的真正影响。

第四，当在一段时间内进行比较时，可能不存在足够的、有效的、来自采纳这一政策之前的一段时间的数据。简单而言，在还没有充足有效的数据之前就过快地采用了一个项目。收集充分的数据以确保结果可能需要几个月甚至几年的时间。就船舶安全而言，在执行的当年，好几个因素就可能会混淆结果。游客的数量、天气或者甚至在执照法案上的变化等都可能使执行的效果难以确定。

第五，政策变化发生之前的这段时期也可能存在不足的数据。让人感到惊讶的是，数据常常被机构胡乱地保留着，特别是在研究开始之前。此外，关于所有适合的变量的数据可能事前都没有被收集。而收集更多的预先测验的数据增加了分析所需的时间。

与准实验相关的最后一个方法问题是常常不可能将系统性的影响（programmatic effects）和行政影响（administrative effects）区分开来。特别是一些创新项目，当他们有可能对任何新项目取得成功时，热情的行政人员也获得了成功。另一方面，当事实上取得了重大的成就时，不热情的行政人员有可能使得这一项目显得没有成功。

这一实证方法也存在规范性的缺陷。社会实验作为确定政策效果的一个工具，其一个不尽人意的方面就是：一旦一个政策被采纳，常常难以撤消，即使评估显示这一被选的政策没有效率或产生了不好的结果。评估者面临的一个困境就是：如果过快地评估一项目，该项目可能就没有时间展示它真正的效果。另一方面，一个持续好几年的项目可能已经产生了政治和顾客支持机制，这使得撤消这一项目在事实上是不可能的。例如，改变各种福利项目遇到了顾客和他们在国会的支持者的立即反对。

即使一个政府政策在被采用后发现是有害的，然后也被终结了，但是也已经造成了巨大的伤害。假设海警执行人员因为研究目的而被减少，而某人也遭到严重的伤害或死亡。行政人员怎样为这些行为辩护呢？

为了避免这些问题，我们可以努力从受到实证检测的前提中推理出政策的效果。这种推理模式（deductive modeling）采用三种形式的其中一种。可以根据处理群体决策制定的模式、双边决策制定模式或个人决策制定模式。公共政策分析中的一种普遍的因果关系是双向因果关系，由此一个公共政策影响了一个社会指标，但是该社会指标可能更为影响了公共政策的选择。

准实验技术可以在应用或历史研究中使用。当被用于一个历史方法时，这些措施避免了在人类社会环境中实验的伦理使用的规范性问题。不管在哪一种情况下，准实验研究的使用提供了一些实证观察结果，这是该领域的一个强大特征，要不然就取决于预测和假设。

2. 影响评估

影响评估是对公共项目成功的社会研究的扩大（Mohr 1988；Welch and Comer 1988）。但是，并不仅仅是出于比较目的而思考项目产出，这一焦点集中关注这些结果是怎样帮助减少它预期要处理的既定问题，如犯罪或船舶事故。和其他被讨论的视角不同的是，影响分析将决策制定视为一个反复的过程（iterative process）。几乎所有的项目都要求某种形式的反馈：顾客满意度调查、矩阵（metrics）、累犯率（recidivism rates）、甚至选举都只是为数不多的几种。已经到位的政策受到检测，其效果也得到评估。评估的结果，说不定至少会使决策制定者结束低效率的项目、启动新的项目并改善那些经发现有效的项目（Nachmias 1980，463）。然后，这些调整的结果受到评估，循环也再次开始。因为影响分析已深深融入所有公共和私营从教育到工业生产率的管理中，任何将它与这里所提到的其他视角相分离的尝试都是困难的。

处理多元目标问题的其他分析方法具有更高或更低的成就，但项目评估检测目标本身。和其他分析工具一样，影响分析会提出"这一政策有多高效率"？但与其他分析工具不同的是，影响分析也会提出"这些目标有多适合"？（Nachmias 1980：441）这使得影响分析成为了一个具有含糊目标的高度政治过程，但是与其说它是概念上固有的问题，还不如说是实践中固有的一个问题。

这一实践不足反映在应用的广度上。在最狭隘的意义上来说，影响分析只能处理一个备选行动方案，即一个已被采纳的行动方案。但当应用到更广意义上，这一过程检测所有可能问题的解决方案。不幸的是，随着评估范围的增加，主观判断和政治操作过程的潜在性也相应增加。

正因为这种潜在性，影响分析就如许多其他政策视角一样，当面对不确定的标准和丢失的信息时就开始失效瓦解。但是，与其说是作为概念对影响分析构成了局部影响，还不如说它在执行中是该过程依赖于其他视角的一个职能。

除了这些缺陷和准实验所讨论的方法论和规范性问题以外，影响分析还面临一些其他限制。

首先，公共项目根本不可能重大地影响广泛的社会问题，如犯罪、教育和福利等。就正如用一个汤匙排干大海一样，面临大型且常常日益增长的问题建立了小型的实验项目。

第二，如上所述，不同的利益相关人一定会在结果中具有相关利益。行政官员、顾客、甚至政治支持群体可能会抵制客观评估他们项目的影响。

第三，可能会出现补偿，因此，这个问题只是转移到其他事情上或其他地方而已。如果在城市的一个地区对犯罪进行制裁，它可能会转移到其他地方。如警察对未成年人进行宵禁，他们可以找到这样的漏洞：允许他们在私人场所呆得更晚，或者允许他们在不被警察所见的地方活动。

最后，所有的评估都是对过去的行为和绩效进行评估。它们是基于已经存在的项目，并由特定个人所管理。这些项目效果转移到任何其他地区或其他时间点的可转移性都必须小心进行。

D. 预测（projection）

预测方法尝试根据历史趋势来预测未来。简单的趋势数据（trend data）常常可以在日常报纸上得到。这一趋势呈现出什么样子取决于正在观察的周期的具体环节。更为复杂的技术，如移动平均数（moving average）和多重回归分析（multiple regression analysis）等，对于提高这些预测不无益处（see Cohen and Cohen 1975；Draper and Smith 1966；Frank and McCollough 1992；Galbraith and Merrill 1996；Gupta 1994；Hilton 1976；Lapin 1988；Overall and Klett 1972；Pindyck and Rubinfeld 1976；and Rogers and Joyce 1996）。

1. 移动平均数

移动平均数很容易计算并得到普遍应用。一个普遍的方法说是平均相互重叠方如三个单位的间距（three-unit intervals）。它们本质上是描述性工具，能够被转变成预测工作（business of forecasting）。这种技术的最普遍应用之一就是对道琼斯产业（Dow Jones Industrials）价值的分析。股票分析人员可能将道琼斯公司的当前价格与它200天之前的移动平均数相比。如果当前价格大大高于这个平均数，则道琼斯可以被认为做得很好。另一方面，如果道琼斯的当前价格远低于这个平均数，则可以说干得不好。

移动平均数比回归分析更容易应用到公共政策领域，这是因为它很少有空间解释要检测的对象。特别是，当回归分析要求分析人员确定什么样的自变量被认为影响了因变量的时候，只要加上移动平均数，就只需要表明应该评估什么变量了。是什么引起该变量的价值变化并没有得到考虑。这允许移动平均数能完全避免多重准则和多元目标等问题，但是多种备选方案问题仍旧存在。

因为不是很容易应用一个移动平均数来分析不同的行动方案，所以该技术更适于帮助决策制定者来确定一个既定事件发生的可能性。在这种意义上，移动平均数除了作为一个标准功能之外并没有提出备选方案，而且该技术在与突出应变评估特征的其他决策制定工具联合起来使用时最为恰当。

在任何应用中，移动平均数作为预测工具的有用性都取决于两个假设。首先存在一个假设，即提取平均数的样本所展示的行为模式中没有出现巨大的变化（Guess and Farnham 1989：58；Gupta 1994：162－164）。其次，既然一个平均数可以建立在任何时间框架（time frame）上（从30天到一年以上），就存在一个假设，即分析家能决定什么时间框架最为适宜。

第一个问题与分析人员使用回归作为预测工具所面临的问题是一样的。但是，后一个问题大为不同。因为被选变量的30天、180天、360天的移动平均数的每一个都彼此不同，所以分析人员所选择的时间框架对于结果的解释非常关键。高度易变的变量比更为稳定的检测对象更有可能展示这种变化。当然，高度易变的变量本质上也比那些稳定的变量更难预测。

当季节性或其他周期性变量被认为会影响检测对象时，移动平均数得到最佳应用。例如，船舶事故在夏天更有可能发生，因为这时在州的航道有大量的船只。在决定怎样解决日益增加的船舶事故率中，内阁成员可能会认为：这一增长严格说来只是水面上船只数量增加的结果，而实际上根本不存在任何问题。对连续几年的移动平均数的检测有助于确定这种观点是不是对事故的正确解释。

2. 回归分析

回归分析可能基于实证观察案例的最复杂最普遍使用的预测事故的统计方法。通过使用关于目标和政策的历史数据（分别是因变量和自变量），回归分析力图确定线性或曲线模式。对这些模式的统计分析产生一个独特的方程式，它成为分析人员预测不同政策选择未来结果的基础。这种预测能力可以说是该技术的主要强项之一。

回归分析也提供了一个高度的机械客观性（mechanical objectivity）。理论上，这一特征能保护分析人员和政策制定者免受政治偏见的指责，这一特征有助于加强回归分析在公共政策领域的普遍性。

分析人员也可以通过采取趋势分析的比值来确定一个回归等式应值得的信心度，趋势分析是一类敏感度分析，展示了实际数据与在回归等式中形成的趋势线有多大不同。一个完善的预测趋势线（trend line）说明100%的数据；信心随着趋势比值比而减少（Guess and Farnham 1989：62－64）。

回归分析在进行趋势预测中最为有用，这些预测预见了在政策中什么样的影响变化将对目标获得构成影响。这一技术特别适用于这样一些问题，如税收收入、增长率和收入水平等。因为这一分析工具依赖大量的精确数据，它的最大效用在于分析渐进的政策调整而不是激烈的政策变革。

对于公共政策分析来说，使用多重回归也有许多的缺点。

首先，回归分析在执行和表述中更为复杂，这可能限制它的效果。分析的各个因素，包括斜率系数（Slope coefficients）（标准化的和非标准化的）、判定系数（coefficient of determination）、预测的标准错误、剩余数（residuals）等类似因素，都需要向政策制定者作出解释。

第二，回归分析不能保证完美的预测。在社会科学中，50%的精确预测可能被认为很好了。

第三，回归分析的结果可能因为自变量之间的双向因果关系、虚假相关或者甚至互动（多重共线性）（multicolinearity）等受到批评。

第四，对于制定政策决策来说，回归分析可能不直接有效和有用。一个最终政策决策可能很难从回归结果中觉察到。

第五，回归分析要求这一模式中的所有变量的数据。信息流失扭曲了这一分析。

最后，回归分析没有给分析人员留有余地表达政策制定者的优先权或偏好。一旦挑选了该模式中的所有变量，这一统计项目就决定了自变量的加权（Weights）。

多重回归分析和多准则决策制定都是系统的方法，使用一套案例和准则来区别这些案例，并将这些案例与这些准则联系起来。它们可以与非系统的全面的方法相对比，这种方法倾向于缺少精确性、有效性、客观性和可转移性。但是，因为一些原因，多准则决策制定比回归分析更具有意义。它允许分析人员改变任何投入（特别是权数），以满足实现更多有意义和没有任何不一致性的目标。多元回归提供了一个惟一的解决方案，但是它最小化了方差（squared deviations），但如果一个惟一的方案没有巨大的现实意义——也就是说它是错误的解决方案时——就没有任何好处。但是，我们可以说一个联合的方法可能比单一的方法更好。

E. 执行

执行评估审查政治过程，因为它影响了公共政策（see Anderson 1983; Boschen 1994; Dunn 1981; Goldberg 1995; Jones 1984; Lindblom 1980; Majone and Wildavsky 1995; Nakamura and Smallwood 1980; Palumbo and Hallett 1993; Peters 1993; Pressman and Wildavsky 1973; Quade 1982; and Vizzard 1995）。在两个阶段政策研究可能做得最好。一个是解答什么是最合意的决策，第二个则集中在怎样最好地执行这一决策上。执行分析集中在遵循一个政策授权出现的变化上。因此，政策分析人员的角色是根据最佳备选方案和项目设计把执行考虑到决策制定中来（Quade 1982: 305, 314）。执行应该受到考虑的原因之一是多元主义（pluralism），这是一个由反对公共利益的自我利益所主导的政治系统。芭达（Bardach 1995）认为行动者之间为了战略优势以及最终结果而斗智的这一互动是一系列的"游戏"。

在政策决策和这些决策的执行之间有着明显的互动。限制确定了政策的界限，而政策通过确定决策怎样和在哪里可能出现来影响执行。这些结论主要基于案例研究，但是它们也日益给分析人员提供能够导致一系列可能的政策备选方案的知识和信息（Margone and Wildavsky 1995: 148）。

政策分析人员可以获得许多有效的技术来预见执行成功。在这些技术中有情景撰写（scenario writing）和可行性评估，包括政治可行性评估和行政可行性评估。

1. 情景撰写

情景撰写是一个过程，其中分析人员对不同的行动者在政治系统中如何回应政策提议以及对政策执行的后果可能是什么作出定性和判断评估。情景撰写与决策树有许多共同点。这两种技术都将政策制定视为一个渐进的过程而不是一个决定性的事件，而且两者都明确地认识到未来事件进程的某种程度上的不确定性。通过描述将来可能发生的一套条件的替代性方案，分析人员可以形成决策过程以便阻挠或促进这些事件（Encel et al. 1976：86）。

在大多数的应用中，情景撰写要求提出一个"最佳方案"（best case）和一个"最坏方案"（worst case），以及一个"第三方案"——常常是"最可能的方案"。每个方案都寻求展现对组织成功关键的、但又独立于组织控制之外的变量怎样在组织被分配了不同的价值时影响组织的。这可能对执行特别有用。一个船舶安全政策可以根据下列来分析：谁支持或反对该政策，他们怎样回应该政策，以及执行该政策的可能结果是什么等。最佳方案理论上代表了当所有被考虑的变量呈现出有利于组织的价值时，事情将如何发展；最坏的方案假设的是其反面。在实践中，情景撰写者常常调和这些极端情况以搭配在现实中可行的而不是在理论上可能的东西。第三种情况取自于在两个极端之间的无限的组合范围。一旦提出这些方案，各种政策选择的效果则可以通过预测在每个方案中每个选择的结果来权衡。

因为把执行记在心中，一个政策的选择可能取决于一个组织中决策制定者倾向于具有多大程度的风险厌恶和要求变革的问题有多严重。一个高度风险厌恶的群体会抵制在最差方案情景中任何可能导致组织失败的政策，也就是说，船舶拥有者不会容忍新的控制和强迫行为。另一方面，一个冒风险的组织将会倾向于选择相同的行动方案，如果这一行动被认为在最佳方案情景下产生巨大的成功的话，特别是如果有非常大量的事故和/或死亡，要求激烈变革的话。

2. 政治可行性

在环境政策领域，经济学家在他们污染最低化的努力中常常推荐某个形式的污染税（pollution tax）、排污费（discharge fee）或排放费（effluent charge）。在水污染领域，这样的税种使得有必要要求在既定水域的所有企业都必须根据每个企业所产生的污染量来纳税。在征税之前，工程师决定通过建立一个下游过滤工厂（downstream filtration plant）来使这个水域保持一定质量水准所需的总成本。如果总成本是1000万美元一年，而企业X占这个水域污染的5%，那么该企业将缴纳1000万美元的5%。在这样一个系统内，每个企业将有动力减少它们的污染从而减少对他们的评估。如果减少污染比评估费用更高，那么该企业会支付评估费，这些费用将在污染损害下游社区之前被用来清理水域。

这样一个系统的主要优势就是将商业企业通过污染河流或其他水域系统所造成的外部伤害成本内部化了。如果没有这样一个系统，成本将由公众以水传疾病的形式和普通税务来承担，那么污染税潜在的威慑效果就没有了。但是，经济优势是这样一个系统的主要政治劣势，提议要企业如此明确承担由他们污染的昂贵代价将激起他们全力以赴去阻挠通过这样的立法。当卡特政府寻求关于天然气的有利于消费者的立法（proconsumer legislation）时，如果华盛顿的天空因为利尔喷气式飞机（Lear Jets）而黑暗的话，我们可以想象一下，如果政府提议一个实际上不单单影响了天然气而且影响了所有产业的污染税的话，这一立法的前景有多么的黯淡。这样一个解决污染问题方法的政治不可行性就在于下一事实：当国会建立了国家用水质量委员会（National Water Quality Commission）的时候，该委员会被禁止调查污染税，禁止将污染税视为1972年水污染立法和1970年空气污染立法的管制反污染部分的一个备选方案。

因此，作为政治上可行的反污染政策所需的就是一个更为间接的选择性方法。这样一个政策将包括联邦对市政当局的补贴和给企业的税收奖励。换言之，补贴立法常常比征税立法，特别是对企业征税的立法，在政治上更为可行。政治上可行的反污染政策也强调对一个既定产业进行逐案认定诉讼（case-by-case litigation）的方法而不是昂贵的地毯式一揽子要求（blanket requirement）。因为企业利益并不见得总是反对允许少量或偶尔的伤害诉讼、禁令或者甚至罚款，这与禁止超过了严格污染界限的汽车和香烟相对而言。因此，一个最佳的反污染政策可以被定义为一个在现有政治限制的界限之内最小化污染的政策。

但是，在里根时代，悄悄引进了一个政治上可行的污染税的代替方案，叫做可交易污染许可证（marketable pollution permit）。联邦政府开始根据污染源的污染水平分配许可证。低污染源可以获得一个超过它们实际污染水平的许可，而高污染源则收到一个低于它们实际排污水平的许可。例如，实际只产生25个单位污染的A企业被给予了40个单位的污染许可证，而实际上产生90个单位污染的企业B被给予了一个70个单位的许可证。然后，企业可以根椐形势的需要自由购买和出售这些污染单位。在我们的例子中，企业B将寻求购买20个许可单位，而企业A则愿意出售15个许可单位。供需规则将使得潜在的购买者减少他们的污染水平以避免花钱购买额外的许可单位。因此，可交易污染许可证用类似于污染税的一种方法将外部伤害内部化了，但是这一收入进了私营企业而不是联邦机构的口袋。

3. 行政可行性

在房屋政策领域，20世纪60年代晚期的经济学家常常建议：应该设计政府项目将穷人从租户转变成房屋拥有者。在理论上，这个主意听起来很不错。通过变成房屋拥有者，穷人将对他们的住所拥有更大的利益，因而会照料好它们更不可能去烧掉房屋。但在60年代他们有时候倾向于这样做（烧掉房屋）。通过成为房屋拥有者，穷人可能也会获得更为正面的自我形象和对社会更为积极的态度，因此不仅仅是照顾好房屋，在各方面也会成为更好的公民。

部分依赖于这种经济分析，尼克松政府为穷人提出了一个房屋所有权项目（home ownership program），包括低月息的政府担保抵押，这和多年来联邦住房当局（the Federal Housing Authority）所提供给中产阶层的没有两样。这一项目后来证明是一个凄惨的失败。房屋以涨价后的价格出售给穷人，这常常是出售者贿赂政府评估者的结果，这些评估者反过来夸大房屋的价格以增加政府担保的数额。房屋被出售时也没有提供关于昂贵的维修成本和在管道、供热和供电系统等方面有漏洞的充足信息。结果，维护和维修成本常常太高以至于穷人无法解决，他们将抵押贷款（mortgage payment）用于维修，因而导致取消抵押品赎回权。有些被取消抵押赎回权的房屋易手的次数远高于那些被重新占有的二手汽车，因为名义上房屋比汽车更为持久耐用。这一项目被同类型的供给者欺诈所扭曲，如为穷人的医疗补助项目和为老年人的医疗保健项目（Medicaid and Medicare programs），在这些项目中，医生、牙医、药剂师、眼科视光师、疗养院及其他一些人都为所提供的服务漫天要价，甚至对一些根本没有提供的服务也予以收费。

在设计一个项目中需要的是更多地关心备选行政系统的效果。也许尼克松政府住房所有权项目所犯的大错是它通过私营部门的房地产系统来进行联邦财政资助。管理这一项目的一个替代方案就是拿薪水的政府雇员出售房屋给穷人，这些房屋来源于抵押品的取消（tax foreclosures）、政府采购或政府新建。拿薪水的政府官员出售政府拥有的房屋给穷人，他们没有动力去提高评估财产价格，或者保留关于与房屋所有权有关的维修成本。

这个例子所说明的行政可行性的一个重要原则是：在公共政策中，政府行政和私有部门行政并没有内在固定的好坏之分。每个政策都需要根据具体的主题（而不是基于一个意识形态标准）来检测以确定最大化纯利益的供给系统。

萨巴蒂尔和梅曼宁（Sabatier and Mazmanian 1995）确定了五个因变量来判断执行的成功：

> 政策产出与法定目标的一致性；
> 目标群体服从政策输出；
> 实际影响与法定目标的一致性；
> 察觉影响与法定目标的一致性；
> 最终政策反馈的数量和方向。

因此，确定政策执行的真正成功将是一个复杂和费时的过程，需要前面所提到的许多其他视角的信息。

Ⅲ. 结论

这一章讨论了公共政策分析的五个重要视角，并且对之进行比较，根据是每个视角是如何有效地处理频繁出现在系统政策分析进程中的方法论问题。每个视角都代表了一种观点，并在处理政策分析所面临的所有方法论问题上存在局限性。特别是，我们讨论了最优化、效率、效果、预测和执行等各种视角是怎样处理复杂的、不确定的和有效性的方法论问题。

最优分析使用多准则决策制定矩阵形式的决策矩阵。如此一来，它们明确地阐述了政策目的和备选方案。这些分析用来回答下一问题时得到最佳使用：根据已然确定的目标应该采取什么样的政策，包括效率、效益和执行？这样，其他的视角可以包括在一个决策矩阵里，因而最优化是一个很普遍但有力的分析工具。多准则决策制定利用百分比值分析（如，P/G% 分析），通过允许整合更广范围的目标和指标，良好地处理复杂性。它处理不确定性——特别是处理丢失的信息——而且有效果，原因是它相对简单，可以及时地产生有效的结果。本质上，决策矩阵重新产生了暗含的（如果不是明确的话）决策制定者在制定政策选择时使用的思想过程。

效率视角主要来源于在私营部门更为盛行的管理科学理论。对于回答这一问题它更为贴切："在明确的目标共识和收益的相对平等情况下，哪一个是最好的备选方案？"但是当碰到信息丢失情况时，它在处理复杂性——因为它假定经济学是最重要的考量——和不确定性上就能力有限了。另外，分析的复杂性使得它们在政治领域不那么有效。效率视角最有可能在预算和财政办公室碰到，因为那里的分析人员有更多的经济学背景。

项目评估是效果分析的核心。对于采用社会科学研究（如准实验设计）的评估来说这一点尤为正确。这一视角可以通过回答下一问题来告诫政策过程：项目在过去运作得如何？尽管评估能有效地处理复杂性，但当涉及到不确定性，尤其是在信息丢失时是有限的。它们的效力不仅受到这些研究数据收集需要和完成这些研究所需时间的限制，而且受到结果有效性的限制——这时可能没有有效的控制组进行比较并且来自特定地区的结果的普遍化受到质疑。但是，当优先评估产生有效的发现时，这些结果应该是任何政策分析的一个重要组成部分。

预测分析从简单的趋势到复杂的计量经济学（econometric）和多元（multivariate）分析。它们试图解答"如果所有的一切都保持一样，在可预测的将来会发生什么"这一问题。当然，问题就在于所有的一切都不可能保持不变。简单的预测（似乎暗含是真的）在处理复杂性上能力有限，但复杂的、计量经济学的预测在处理不确定性上能力有限，这时所有变量的有关数据要不是不能得到、要不就是可疑的。这些结果的效力受到费时的且常常导致复杂结果的数据要求所限制。此外，这些结果可能不足以精确或具体到对决策制定者有用。效果和预测视角两者都可能为受过社会科学训练的分析人员提供分析工具。

执行是近 20 年来的一个新生视角。它所着手的问题是："我们怎样最佳预期不同行动者的影响以选择能最佳执行的一个政策？"这可能是政治家和政治学家更喜欢的一个视角。这种分析类型的结果倾向于定性的和判断性的，但是它们可以由上面讨论的任何视角而为人所知。执行分析的主要强项是它如何处理不确定性，特别是风险，因为其焦点是评估可能会出现多少执行。深入执行分析的效力受到时间或受到从一个背景到另一个背景下的案例研究的普遍化结果的有效性所限制。即便如此，分析人员应当考虑政治和行政参与者对任何建议政策的可能回应。

有关这些视角在近来出现的一件最令人振奋的事情是有意且容易使用的微电脑项目的发展。这些视角和软件现在处于——也可能会继续处于——一个快速发展的状态，而一些新的经验结果也正在采纳一些改进措施。该领域的下一个主要步骤是发展软件，设计用来整合一些或所有的这些视角以应用在解决复杂公共政策问题。

或许，公共政策分析最普遍使用的分析视角是最优化使用多准则决策制定和百分比分析，但是其他的视角也已经和将会作出巨大的贡献。当数据有效且能够被整合时，它们能够将最优化的路径及时地传递给政策分析。另外，每个视角都有自己独特的地方或要回答的问题，以及它们自己的支持者。有力的政策分析不应当局限于一个视角，相反，在可行之处，它应当联合这里所提到的两个或更多的视角。毕竟，立体视觉（stereopsis）给任何视角以深度。

REFERENCES

Anderson J. Public Policy Making. New York: Holt, Rinehart, and Winston, 1983.

Bardach E. The implementation game. In: Theodolo S, Cahn M, eds. Public Policy: The Essential Readings. Englewood Cliffs, NJ: Prentice-Hall, 1995, pp. 137–139.

Bingham, RD, Ethridge ME, eds. Reaching Decisions in Public Policy and Administration: Methods and Applications. New York: Longman, 1982.

Boschen HL. Organizational performance and multiple constituencies. Public Admin Rev 54: 308–312, 1994.

Cohen J, Cohen P. Applied Multiple Regression/Correlation Analysis for the Behavioral Sciences. Hilsdale, NJ: Erlbaum-Wiley, 1975.

Cook T, Campbell D. Quasi-Experimentation: Design and Analysis Issues for Field Settings. Chicago: Rand McNally, 1979.

Davis DP. Do you want a performance audit or a program evaluation? Public Admin Rev 50: 35–41, 1990.

Draper N, Smith H. Applied Regression Analysis. New York: John Wiley & Sons, 1966.

Drolen CS. Designing and managing programs: an effectiveness-based approach. Admin Soc Work 17: 135–138, 1993.

Dunn W. Public Policy Analysis: An Introduction. Englewood Cliffs, NJ: Prentice-Hall, 1981.

Encel S, Marstrand PK, Page W, eds. The Art of Anticipation: Values and Methods in Forecasting. New York: Pica, 1976.

Epstein PD. Using Performance Measurement in Local Government: A Guide to Improving Decisions, Performance, and Accountability. New York: Van Nostrand Reinhold, 1984.

Frank HA, McCollough J. Municipal forecasting practice: demand and supply side perspectives. Int J Public Admin 15: 1669–1695, 1992.

Frank RG, Gaynor M. Incentives, optimality, and publicly provided goods. Public Finan Q 23: 167–192, 1995.

Galbraith CS, Merrill GB. The politics of forecasting: managing the truth. Calif Manage Rev 38: 29–30, 1996.

Gohagan JK. Quantitative Analysis for Public Policy. New York: McGraw-Hill, 1980.

Golanyi B, Tamir E. Evaluating efficiency-effectiveness-equality trade-offs: a data envelopment analysis approach. Manage Sci 41: 1172–1184, 1995.

Goldberg GS. Theory and practice in program development: a study of the planning and implementation of 14 social programs. Soc Serv Rev 69: 614–655, 1995.

Guess GM. Farnham PG. Cases in Public Policy Analysis. New York: Longman, 1989.

Gupta DK. Decisions by the Numbers: An Introduction to Quantitative Techniques for Public Policy Analysis and Management. Englewood Cliffs, NJ: Prentice Hall, 1994.

Harlow KC, Windsor D. Integration of cost-benefit and financial analysis in project evaluation. Public Admin Rev 48: 918–928, 1988.

Heineman RA, Bluhm WT, Peterson SA, Kearny EN. The World of the Policy Analyst: Rationality, Values, and Politics. Chatham, NJ: Chatham House, 1990.

Hilton G. Intermediate Politometrics. New York: Columbia University, 1976.

Hogwood BW, Gunn LA. Policy Analysis for the Real World. Oxford, UK: Oxford University Press, 1984.

Huber GP. Managerial Decision Making. Glenview, IL: Scott, Foresman. 1980.

Hwang CL, Yoon K. Multi Attribute Decision Making: Methods and Applications. Berlin: Springer-Verlag, 1981.

Jones C. An Introduction to the Study of Public Policy. Monterey, CA: Brooks/Cole, 1984.

Kostoff RN, Averch HA, Chubin DC. Research impact assessment: introduction and overview. Eval Rev 18: 3–10, 1994.

———. Research requirements for research impact assessment. Res Policy 24: 869–882, 1995.

Langbein L. Discovering Whether Programs Work: A Guide to Statistical Methods for Program Evaluation. Santa Monica, CA: Goodyear, 1980.

Lapin LL. Quantitative Methods for Business Decisions. 4th ed. San Diego: Harcourt Brace Jovanovich, 1988.

Lindblom C. The Policy-making Process. Englewood Cliffs, NJ: Prentice-Hall, 1980.

Majone, G, Wildavsky A. "Implementation as Evolution," in Stella Theodolo and Matthew Cahn, eds.. Public Policy: The Essential Readings. Englewood Cliffs, N. J.: Prentice-Hall, 1995, 140 – 153.

Marini F. Service management effectiveness: balancing strategy, organization and human-resources, operations, and marketing. Public Admin Rev 53: 170 – 173, 1993.

McKenna CK. Quantitative Methods for Public Decision Making. New York: McGraw-Hill, 1980.

Meier KJ. The limits of cost-benefit analysis. In Nigro LG, ed. Decision Making in the Public Sector. New York: Marcel Dekker, 1984, pp. 43 – 64.

Mensah YM. Li SH. Measuring production efficiency in a not-for-profit setting-an extension. Account Rev 68: 66 – 88, 1993.

Mohr LB. Impact Analysis for Program Evaluation. Pacific Grove, CA: Brooks/Cole, 1988.

Mood A. Introduction to Policy Analysis. Amsterdam: North-Holland, 1983.

Nachmias D, ed. Public Policy Evaluation: Approaches and Methods. New York: St. Martin's, 1979.

———. The Practice of Policy Evaluation. New York: St. Martin's, 1980.

Nagel SS. Policy Evaluation: Making Optimum Decisions. New York: Praeger, 1982.

———. Policy Analysis with Microcomputers. Westport, CT: Greenwood, 1988.

———. Public Policy: Goals, Means, and Methods. New York: St. Martin's, 1984.

———. Decision-Aiding Software: Skills, Obstacles and Applications. New York: St. Martin's Press, 1991.

Nakamura R, Smallwood F. The Politics of Policy Implementation. New York: St. Martin's, 1980.

Overall J, Klett J. Applied Multivariate Analysis. New York: McGraw-Hill, 1972.

Palumbo DJ, Hallett MA. Conflict versus consensus models in policy evaluation and implementation, evaluation and program planning 16 (1): 11 – 23, 1993.

Patton MQ. Utilization-Focused Evaluation. Beverly Hills, CA.: Sage, 1978.

Peters BG. American Public Policy: Promise and Performance. 3rd ed. Chatham, NJ: Chatham House, 1993.

Pindyck R, Rubinsfeld D. Econometric Models and Economic Forecasts. New York: McGraw-Hill, 1980.

Pressman JL, Wildavsky A. Implementation. Berkeley: University of California Press, 1973.

Quade ES. Analysis for Public Decisions. 2nd ed. New York: North-Holland, 1982.

Rodgers R, Joyce P. The effect of underforecasting on the accuracy of revenue forecasts by state governments. Public Admin Rev 56: 48 – 56, 1996.

Saaty T. Decision Making for Leaders: The Analytical Hierarchy Process for Decisions in a Complex World. Belmont, CA: Wadsworth, 1982.

Sabatier PA, Mazmanian D. A conceptual framework of the implementation process. In: Theodolo S, Cahn M, eds. Public Policy: The Essential Readings. Englewood Cliffs, NJ: Prentice-Hall, 1995, pp. 153 – 173.

Schofield J. Cost-Benefit Analysis in Urban & Regional Planning. London: Alien & Unwin, 1987.

Shah A. Empirical tests for allocative efficiency in the local public sector. Public Finan Q 20: 359 – 377, 1992.

Steuer R. Multi Criteria Optimization: Theory, Computation and Application. New York: John Wiley & Sons, 1986.

Stokey E, Zeckhauser R. A Primer for Policy Analysis. New York: W. W, Norton, 1978.

Teasley CE III. It's all in how you keep the score: making computer-aided decisions more objective. Soc Sci Comput Rev 8: 169 – 207, 1990.

———. A bridge over troubled waters: the limits of judgment in decision making. Public Product Manage Rev 17: 325 – 334, 1994.

———. The bad (U. S.) news ranking of MPA programs. J Public Admin Educ 1: 136 – 141, 1995.

Teasley CE III, Harrell S. A real garbage can decision model: measuring the costs of politics with a decision software support (DSS) program. Public Admin Q 19 (4): 479 – 492, 1996.

Thompson MS. Decision Analysis for Program Evaluation. Cambridge: Ballinger, 1882.

Vizzard WJ. The impact of agenda conflict on policy formulation and implementation: the case of gun control. Public Admin Rev 55: 341 – 347, 1995.

Welch S, Comer J. Quantitative Methods for Public Administration: Techniques and Applications, 2nd ed. Pacific Grove, CA: Brooks/Cole, 1988.

White M et al. Managing Public Systems: Analytic Techniques for Public Administration. North Scituate, MA: Duxbury, 1980.

Zeieny M. Multi Criteria Decision Making. New York: McGraw-Hill, 1982.

第十五章 比较与国际行政学

乔治·M. 格斯[*]

Ⅰ. 引言

在过去 10 年里，比较公共行政（comparative administration，CPA）[①]领域被新的研究需要所重新界定，以回应全球主要的政治系统变革。比较公共行政从一个主要借鉴学术政治科学和美国外援政策趋势的学科被新的管理和政策需求引向不同的方向发展。比较公共行政学仍然是研究组织、管理和政策议题的相似点和不同点，目的是建立一个制度化的知识基础以帮助制定更好的决策（Guess 1987a: 477）。但在 20 世纪 90 年代可用于发展援助的资金较少，捐赠者（donors）将焦点放在明显阻碍调整政策执行的行政无效（administrative inefficiencies）上。政府对他们自己国内项目的行政日益苛刻。捐赠者和东道政府机构（host governments）也使用比较行政教训（comparative administrative lessons）来避免重蹈覆辙而变得更加开明。

要政府改善国内政策制定和执行，他们需要知道使得他们有效运行所必要的体制和技能。政府也必须表现出政治意愿。但是在许多实例中，政治意愿可能立刻获得捐赠者的资助而被所削弱，这些资金赢得时间以避免艰难的抉择。在过去，比较公共行政一直能够对体制和技术转移的合适性提供模式和框架，但几乎不能提供实证性结论。比较公共行政过去作为学术研究领域的角色是和变化着的对外援助项目紧密相连的，它几乎没有为国家层级的政治决策提供帮助。它的描述性模式的抽象语言没有为改革决策提供坚实的基础。这可能导致了在比较公共行政的报告和研究中缺少行政改革的建议。

本章认为世界大事迫使比较公共行政为实际的管理和政策问题提供信息。由于重点从范式和模式转移到快速的直觉

---

[*] 乔治·M. 格斯（George M. Guess），发展备选方案公司（Development Alternatives, Inc.）

（hunches）检验，而领域确认（field confirmation）常常是在临时权宜的条件下去提高行政运行，正式演绎理论构建（formal deductive theory）已降到第二位。归纳工作主要是从援助任务（aid missions）和学术研究中积累的，这些任务和研究通过中期理论（middle-range theories）应该导致发展更为现实地描述和解释整个系统。这一研究现在对准问题的解决：在洪都拉斯（Honduras）和尼加拉瓜（Nicaragua）的公共投资项目怎样能够和当前预算联系起来？我们应该用什么样的顺序来改革西非的人事行政？这个转变就是从系统理论到实践，从案例到比较教训（comparative lessons）。

一些人会说，这种实践行动趋势并不是新的。几乎在30年前，里格斯（Riggs 1967：150）就曾提出关于比较审计和开支控制的问题，但是当时并没有比较研究的答案。其差别就是现在必须提供应用的办法来解决同时发生在东欧的国家和地区的安全、民主，以及市场危机（Nelson and Bentley 1994：49）。因为仍然存在强有力的武器、回到极权主义过去的危险（Pomfret 1994），难以对付的伦理和民族冲突使前苏联国家处在危险之中，所以对外援助机构的制度研究和框架建立将不再行之有效。今天在比较公共行政中产生应用错误的风险也大大高于以前。

要想替这些"新"地区绝望的公共实践者解决问题，就要求一定程度地联合当地的行动研究（action research）和在其他地区所实行的临时改革措施，即大多数捐赠任务（donor mission）所从事的工作。尽管这是一个不尽人意的正式学术问题（formal scholarship），但它常常能完成工作。如果一个政府长时间地去执行这些建议的话，它就能提供一个改革的制度化基础。现在的困境是早期的比较公共行政著作提供了很多模式，但却几乎没有给决策制定者提供明确的、可检验的价值建议。更近来比较公共行政研究流露的也是用小型样本和马虎的模式去回答复杂问题的令人失望的尝试。总而言之，意义就是长期的学术成就和短期的实地研究正在振兴这个领域。

第二部分简要回顾了"经典"比较公共行政的强项和弱项，大概从争取进步联盟项目（Alliance for Progress Program）到1981年这段时期。第三部分和本章的大部分将详细讨论"新"比较公共行政时期：即从1982年到现在。

Ⅱ. 经典比较公共行政

A. 对外援助和比较公共行政

经典比较公共行政时期包括美国对外援助的争取进步联盟（1961-1972）和"新方向"（New Directions）（1973~1980）时期的影响。这些影响在一定程度上与由法国和英国与前殖民地的一些其他双边项目的行动、联合国机构如联合国开发计划署（UNDP）和世界银行的行动相并行。但是大多数比较公共行政学术成就的推动力来自于美国的对外援助项目，例如，战后在欧洲援助项目系统性的成功在西方人心目中产生了使用行政手段改革发展中国家的乐观和振奋。正如 1962 年比较行政协会（Comparative Administrative Group）成立时所指出的，这个重点是放在整个系统的转变上：输出政治民主、建立立法机构和设计规划系统。

关于细节的学术争论在援助时期开始出现并导致了该领域的缓慢演变。例如，"发展行政"（development administration）这一术语基本取代了"比较"这一术语，这显示出社会改革大胆的兴趣。与此同时，它对合适项目管理所需的全面的"发展"目标的界定留下广大的空间。正如在"发展预算"中所使用的"发展"一样，这一术语能够用于任何事情，从建筑工程到人力资源培训等项目。更为重要的是，它在那些随便理解"发展"是什么（例如，初等教育和农村水供应）和纯粹想要管理这些项目的人与那些想要发展当地项目管理能力和制定完善的公共政策的人之间打开了争议大门（Riggs 1970：3，6-7）。后一种观点和当时大多数人的观点是不一致的，因为它暗指地方传统特性被要求来实现现代西方结果。在传统社会中发展管理能力意味着：为了在实践中具有成效，现代官僚组织的职能特征将不得不通过非正式的联合模式（patterns of association）得以加强。总而言之，这一时期的比较公共行政强调西方技术以及体制的转让以达到现代化和民主发展。和应用到先进工业化国家的援助项目本身一样，对发展中国家的方法也是自上而下的和专横的。

经典比较公共行政的新方向时期的重点是尝试改变方向，朝一个不那么专横的途径发展。在这一新视角下，分权化、解除管制和民主决策制定成为项目目标，使用像小规模的合适的技术等手段。比较公共行政的批评者指向通过以对外援助为手段，建立对西方国家技术和知识的双重依赖从而试图提出代替共产主义的民主方案的肤浅性。更有说服力的是，它认为：迷恋于西方职能转移模糊了城市蔓延（urban sprawl）、自然资源耗尽、肤浅的物质主义文化（superficial materialist culture）和环境污染（好像这是西方国家的特质）对发展中国家带来的真正危险。援助关系本身成了行政无能的原因，因为地方项目目标被要求更多的外援所取代（Heady 1979：40；Morss and Morss 1982：25）。绕了一整圈，批评者控诉的是新方向对提供先进的技术有所保留，其目的是阻碍发展而青睐小规模体制。

在原则上，新方向是援助方法（Alliance approach）的对立面。在实践中，为公平而非成长或民主的项目援助（programming aid）相比基本上没有两样。依附论的学者（dependency scholars）认为，这是因为阶级特权体制（systems of class privilege）仍然维护现有的不公平，而解放穷人常常要求革命（Chilcote and Edelstein 1974）。其他的人则认为通过美国国际开发署（US Agency for International Development, USAID）或其他捐赠人的自上而下的、僵硬的分配援助机制是改革的桎梏。因为许多比较公共行政研究关注的是援助和改革建议的效果，所以利用比较视角对行政强项和弱项的纯粹国家研究并不多见。在这个意义上，遵循援助流（aid flows）后来导致在给地方问题提供实际的解决方案中出现了与领域脱离相关性的情况。

经典比较公共行政时期的结果有利于激发争论，加强了广泛研究比较政治和行政。但是在这一领域设计行政系统、项目或政策的教训和建议的实用功效并不是很高。议事日程基本上是由那些主要捐赠者（USAID）和个别大学研究项目的需要所决定，较少由那些发展中社会公务员实践者、规划者和政策制定者所决定。正如一位洪都拉斯学者（Honduran intellectual）曾经告诉我的，启发了我对新环境的理解："我们是一个带有归属关系身份（ascriptive status）的棱柱形社会"。这种直率的评论（如果不是陈词滥调的话）总结了早期两个主要比较公共行政产物的强项和弱项。

正如可以预测的，这一时期的第一个产物是对美国对外援助过程本身的深入了解。许多学者，无论是顾问还是研究者，都通过把体制和技术转让出口来对阻碍发展结果的限制条件进行了分类。许多研究关注的是美国国际开发署僵硬的宏观计划、微观管理和对援助项目执行结果漠不关心的这些实际现实（Guess 1987b；Montgomery 1986）。援助项目从早期的援助时期的查尔斯河畔（Charles River）行动情报人员的灵活的高效运作发展到新方向后期的僵硬的政治官僚混乱状况。

早期比较公共行政学术产物非常有价值。关于对外援助政策和管理的关键文献的演变，和对外援助过程本身怎样在公共部门管理中产生地方问题的研究一直持续到"新"比较公共行政时期。例如，盖伊（Ghai 1991）评估了国际货币基金组织（International Monetary Fund，IMF）调节项目在特定非洲国家的社会影响。与传统比较公共行政时期经常使用的依附论视角（dependency perspective）一致，他的主要发现是：结构调节项目对国内事务的干预，特别是私有化条件，加速了国际资本对国家机构的征服（Ghai 1991：91）。对美国国际开发署管理的重要研究还在继续，例如，近来研究关注的是援助的人事动力（AID personnel incentives）、微观管理、报告要求（reporting requirements）、顾问的使用和对国外任务存在（mission presence）的需求。

在传统比较公共行政时期，研究议事日程或援助项目本身是否引起了应用知识中的鸿沟还不明确。但是很明确的是，文献并没有重视当地官僚没有能力履行基本政府输出职能的重要性（Packenham 1973：229）。与此同时，援助项目因只是在预算和人事系统的制度建设的稍微调整而获分（Packenham 1973：116-117）。事实上，在体制和技术转变上也很少有积极的成果可以在这里展示。很少有关于项目或政策管理的比较研究。所进行的实地研究主要都是特殊项目的案例研究，比较教训常常由此被提出却很少在以后的研究中得到跟进。这些例外（exceptions），例如丹斯格（Danziger 1978）对英国自治城市之间开支变化的组织解释或海登海默等人（Heidenheimer et al 1983）对欧洲和美国卫生、地方政府、及其他政策的研究，只是证实了这样一个规则，即大多数比较工作仍然在先进工业国家得以进行。在发展中国家，"比较"研究表现为案例研究，如（Braibanti 1967：360）对巴基斯坦公务员的研究，或对个别项目的正式合法分析（formal-legal analyses），如林业管理（UNFAO 1975）。

B. 职能主义框架（Functionalist Framework）和其他路线图

这一时期的第二个主要产物就是提供了更深地了解过渡或混合性社会（在一个地方的一级和三级公路）（first and third class roads in one place）、执行多种功能的结构（执行社会福利、建筑及维护的公路机构）和由意料之外的"棱形"结构（prismatic structures）所执行的特殊混合职能［由非正式团体结构（informal group structures）和波动性网络（fluctuating network）而不是正式的可以看得见的组织如立法机构和国家警察所进行的地方高速公路规则制定］的学术路线图或框架。构成"职能主义"前提的基础是：变得现代化和制度化、甚至可能是民主化的社会必须经历和执行许多基本职能，诸如利益的明确表达和利益积聚。换句话说，现代化将产生一种"可行的公民文化，这种文化由能够明确表达和聚合各种利益的社会自治和分化部门所组成"（Rahman 1973，159）。

同样，现代官僚机构将不得不包括韦伯式的等级制、差异、纪律和职业化等特性（LaPalombara 1967：10）。更为有用的是，对于发展职能绩效的顺序存在争议（see Hoselitz 1967，188）。众所周知，在贫困国家的政治结构是多职能的，从而可以在社会系统中其他地方履行官僚职能。例如，在尼加拉瓜和洪都拉斯，审计总长执行内外开支控制职能。显然也有一些职能根本没有得到履行（Hoselitz 1967：176-177）。同样在尼加拉瓜和洪都拉斯，经济和效率的分析和审计的外部控制职能完全没有得到履行。在中欧和东欧，内部控制仍然是僵化、墨守成规和忽视绩效问题的（Kirby 1993）。基本职能的履行或不履行允许官僚机构沿着一个从传统到现代的跨度去分类。

在比较组织分析中职能主义模式的现代财政的类似物（analog）就是对美国州和地方机构以及公共企业进行"财政状况"评估以发行长期债务。这些机构被债务评定机构（bond rating agencies）根据它们的基本管理和预算职能绩效来评估。绩效评估可以提出根本的债务服务和绩效问题，并为在一定程度上是主观的信贷风险的评估提供一个基础。但是评估有助于投资者和分析家增加对每个机构的强项和弱项的知识水平。

和财政状况框架也相类似的是，并不是所有的比较公共行政框架都关注纯行政职能。正如可以预期的，对影响了过渡社会行政行为的许多文化、社会和制度变量的见解都来自于各种不同的方向。除了人类学、经济学和社会学外，小说文学也是研究假设和文化见解的主要来源。在这一时期，维—苏—奈保尔（V. S. Naipaul）（Guess 1979；Hamner 1977）、卡里（Cary 1939）和福里斯特（Forester 1924）的故事和游记，为发展研究者提供了了解潜藏在日常生活表面下的潜在的文化冲突、细微的误解和复杂性的有价值的路线图。

这些书以一个可能无法检测的方法加强了研究和外援努力。为了继续比较公共行政模式的"地图"比喻，在这一时期也为革命、现代化和发展等目的进行了大量的努力以发展一些可视的路线图上（范式、模式、中阶理论、主题、框架）。这些路线图只有在资源被得到和复杂的条件被满足时才可能被遵循

（Almond 1970；Riggs 1964；Huntington 1968）。"棱形"视角允许学者看到机构的表面现代化（理性的工作规则和组织图）和常常是机能失调的工作实践的根本现实。这些视角的敏锐和敏感对最近的评估，例如对公务员改革，是很有帮助的。例如，尼泊尔（Nepali）对于所有事情都写备忘录、并在等级制中传递以等候批准而不是通过非正式的面对面的会议或使用电话（World Bank 1993a：9）是一个公认的地方实践。毫无意义的备忘录的激增阻碍了高层管理者的计划和预算能力，也阻碍了中层管理者有效服务公众的能力。在印度，文件的"多重否决系统"（multiple-veto system）要求无休止地批准，这一运作也从高层阻碍了改革（Economist 1995d：7）。

不幸的是，这些路线图也被地方"曲折"（local meandering）（风俗、独特的制度、与职业化和有效行政相冲突的实践）的复杂性所迷惑。痴迷于"文化瓶颈"（cultural bottlenecks）的学者常常相信它们是独一无二的、甚至是"理性的"。路线图所规划的形象缺少决心。结构并没有强加于现象之上，相反现象在指导路线图，结果常常是很少提供经验性了解的被弄得稀里糊涂的比较研究。在支持西方和反对西方的功能主义前提之间的紧张情况阻碍了对组织如何被调整以实现与当地文化相关特征相一致的效率（这是主要服务的财政管理者和顾客所需要的）的比较研究。例如，痴迷于尼泊尔公务员改革的文化限制的复杂性似乎已经阻碍了改革的努力。虽然这个行政系统的集权特征为许多发展中国家特别是拉美国家（Harrison 1985）所共有，但是在如何运行以阻碍有效率和有效果的服务上是很难一致的。

要提供这一时期比较公共行政研究有多深的证据，说明自下而上研究的危险，或在某种情况下政治文化如何和绩效问题纠缠在一起将是很有益的。例如，在对印度农村农民自治组织（panchayati raj）多层农村议会（rural councils）的比较绩效评估中，拉曼（Rahman 1973）指出，西方的行政和政治发展理论从一开始就不尽人意。尽管很明显，中央政府部门有地方项目机构，但它们是设计用来促进当地的民主参与（Rahman 1973：158）。尽管没有与被选择的地方机构（elected local bodies）有联系，但是拉曼相信，用传统的西方政治行政两分法或功能主义来解释，这些机构实在是太复杂多样了。无疑这些制度超出了西方的理解能力之外。

许多传统比较公共行政著作的一个共同信息就是外部人士在尝试去改变那些履行复杂的宗教、伦理和社会职能组织之前，首先要把他们生活中的很大一部分用于学习当地制度的复杂性。如果这些劣质的服务和傲慢无能的官员不将使这些如此众多的人类痛苦永久化，那么外部人士可能取得一致意见。大多数贫穷国家的多层文化复杂性的结果常常表现为一个简单的现象：腐败无效率的项目和服务。制度神秘主义和复杂性的浪漫概念完全是不可能改变制度绩效这个普通前提的一个极端说法（Crozier 1964；Nisbet 1970）。

拉曼的文章在思想上以从下至上的视角让我们进一步了解了有关贫穷国家的传统比较公共行政著作。这时拉曼（1973：151）应用了里格斯（Riggsian）的

"棱形"制度概念,在这一概念中政治与行政在一个"无差别的非自治结构"(undifferentiated nonautonomous structure)中相互交织在一起(Rahman 1973:163)。但是在西方很少有学者会相信过时了的政治行政两分法。我们常常做出区分是为了在政府中运作,特别是在行政法规制定时。但是在其他方面,有效行政要求影响力,这就意味着参与政治。而且本章的主题就是功能主义是相当具有活力和健康发展的。拉曼倾向于详细讨论地方多层次功能体制的描述的复杂性(这也可以在一些先进社会的地方发现),却忽略了这一个事实:服务的提高要求应用效率(成本/单位)和效益(可检测结果)的某些规范性概念。

总而言之,经典比较公共行政研究常常否认西方规范而偏好分析地方复杂性。例如,在没有规范地区分政治和行政的情况下,我们不得不同意社会保障公共行政人员(administrator)应该被允许设定资格要求。这一信念的意义是:不能控制这一行为(内部控制)或者不应该控制这一行为,因为该行为是西方所特有的。但是如果持一切都是政治这种观点(Rahman 1973:163),那么一个本身会实现的预言开始付诸实践只会使行政骚乱持久化。它也产生糊涂的比较研究。围绕评估的基本单位的神秘主义提出了一个明确的问题:是否任何系统的决策模式都可以出现在所有的变量都卷入政治之中的地方?这里真的存在一种行政系统吗?事实上,这些单位大多数是中央政府的权力扩展物,它们在许多国家被建立以监督地方行动。因此,较差的研究设计和对神秘组织的痴迷阻碍了这类早期比较公共行政研究的真正目的。

Ⅲ. 新比较行政

在 1981 年,比较公共行政的议事安排受到美国、英国和其他地方一个长时期的财政保守主义和怀疑主义初期的深远影响。[②]美国对外援助项目受这种风气的影响最大,是每年项目中不受欢迎的典型。对对外援助项目进行批判式地重新检测的时期开始于里根政府,在援助的数量和方向上进行了转变。这种批判的风气持续到今天,国会中新共和党领导者准备进一步削减对外援助。在20世纪80年代早期,比较公共行政受到修订的对外援助项目"推动"的影响。在20世纪90年代早期,它也受到发生在东欧、苏联和拉丁美洲需要新的应用知识的一些事件的"带动"。

"改革的"对外援助项目的一般模式已经将资金从直接政府援助转为非政府组织(NGOs)和私营企业援助,同时也努力去精简那些入侵式的国家管制职能,如商业许可,并努力减少国家通过国有企业(SOEs)的生产行动。贸易和投资正成为国家建设的优先解决办法。到了政府是援助中心这一程度时,主要是去精简公务员和在更少程度上重振基本的政府预算、人事和项目管理职能。在这样的条件下,对外援助项目越来越对寻找成功的应用解决办法感兴趣,如果只是为了维护他们自己的地位和资金来源这一原因的话。

比较公共行政的议事日程也受到传统政府的解决方案——不管是在美国、

欧洲还是在发展中国家——没有很大效果的这一基本认知的影响。焦点成为改革的模式和"转变"政府机构的方法。但是随着美国民众对政府的怀疑日益高涨,许多人质疑:是否美国和欧洲配置政府的"最佳实践"的转让可能只会使公共官僚机构比以前更加令人压抑和效率低下。尽管美国的地方政府模式和许多联邦机构项目如大众交通等都比较有效率,但是这个风气就是它们应该通过项目的外包和私营化机制以及在官僚制中其他机构人员的收购和解散等方法得到处置。令人高兴的一方面是,一些政府显然比其他政府在产生职业动机和提供服务上更有效率,它们成为新比较公共行政的主体和模式。

面对资源更少和怀疑日增,新比较公共行政同时在推动理论建设和实证研究。这在组织理论、人事行政、预算系统、政府间关系和公共管理的主要分支领域很明显。与过去争执像"地盘"(turf)或领域定义等、并探索中程理论对系统理论等问题相对照的是,比较公共行政研究开始关注将组织理论应用到比较管理和政策问题上。有史以来第一次,几条阵线齐心协力检测比较视角中的组织效率和效果。正如已经指出的,像琼(Jun 1976)和塔皮副德拉(Tapiavidela 1976)等作家批评比较公共行政过去没有成功地做到这一点。以一个几乎是辨证的模式,比较公共行政理论和研究实践相互促进,从整体上有利于分支领域的利益。

新比较公共行政尤其被以下几方面所加强:(1)更严谨地运用传统观点如"功能主义系统理论",和引进新的理论视角如"公共选择"、"新制度经济学"和"重塑政府";(2)将研究重点放在对最不发达国家(least-developed countries,LDCs)的重大制度问题上,如国有企业、人事和公共开支管理系统的绩效问题。这些理论和研究的重点都不是新的,它们已经被讨论了40年。但是它们是第一次被使用和执行,目的是为那些每天不得不处理这些问题的决策制定者提供信息。新比较公共行政不再是公共行政和政治科学学者只用来相互交谈的小酒店,现在它是许多学科的折衷的混合体,将分散的假设和发现结果变成大量的应用知识体系。严格说来,比较公共行政不再是严格意义上公共行政(公共部门管理)的分支领域,它得到许多资源的支持,这预示着一个美好的未来。

A. 公共选择和制度经济学

公共选择是早期一个比较"新"的视角,它允许比较公共行政研究关注市场和非市场激励结构决策制定的意义。当被应用到转型社会时,选择视角在预测特殊制度结构的选择结果上仍然有用。例如,基于公共选择分析,马斯和安德森(Maass and Anderson 1978)认为,地方控制、合理的公平程度和排除非成员的能力是有效灌溉管理的关键。虽然选择方法常常因为方法论上的个人主义和它的市场效率前提而受到谴责,但这里证明了:虽然存在一个市场分配系统对于农场主来说是更为经济的这一矛盾,但是其代价可能是对资源的控制丧失给那些具有更大权力的外部人士。

类似地，在非洲，汤姆森（Thomson 1981）解释木柴供应恶化的原因是由正式或非正式土地使用期限规则所产生的扭曲的激励措施的产物。个体在树木生产中投资不足是因为他们不能保护树木生产受到别人的侵犯。投资不足也是资源价格低估现象的结果。政府尝试通过管制进入途径以保护森林资源，但这并不能保护个人投资（Nicholson 1981：39）。这一选择分析的意义是：以一个更高价格的短期成本提高木材的立木（未砍伐的树）价格能够保护资源并使社区获利。因此，根据这一视角，和其他视角相比，那些简单认为市场将发挥作用（系统和结构职能假设）或因为利益的规制冲突（利益群体控制）或因为市场刺激的长期缺陷（马克思主义和依附论）的视角，更清楚地观察到个人和政策失败的决定因素。

新制度经济学挑战公共选择理论是根据其假设即，获得基本信息将使个人和制度都作出正确的决策。比较公共行政理性选择视角存在的问题就是它将个人理性和制度效率联系起来。许多人注意到信息总是比新古典主义选择假设所认定的更加不完全，决策环境也更加复杂。普遍认为，这一方法忽略了"官僚制的异质性"（heterogeneity of the bureaucracy）（Premchand 1983：53），而且这限制了由选择理论所产生的分析价值。

例如，诺思（North 1990：17）提出个体根据分散和主观的决策模式行事，这使得信息更加不完全。和新古典主义经济理论一样，选择理论认为制度被设计用来获得效率的结果（outcome）。事实上，游戏正式的制度规则被建立起来是为那些拥有谈判权去设计新制度的人的利益服务的（North 1990：17）。诺思提出一个"路径依赖"（path dependence）模式来理解制度限制（如税收结构和规章）怎样为生产或非生产行为提供激励措施的。他认为行动者应该有信息处理的主观感情结构，这否决了新古典主义的假设，即他们能够正确地确定他们困境的原因，也就是说，他们知道不同选择的成本和收益（North 1990：111）。

新制度主义对选择理论批评的一个重要涵义就是加强了传统比较公共行政的观点，即文化和人的动机的难以预测性远比经济学家所认识到的更为深远地影响了制度安排和选择。大家认识到这些非正式的因素必须被认识和改变以实现路径调整和组织变革。比较公共行政研究几十年前就说明了这些非正式因素，但却难以找到一个严谨的预测框架（see, for example, Israel 1987）或者特殊制度结果（outcome）的文化决定因素。新制度政治经济试图提供这一框架。它的前提是政治经济不是一个"使价格恰当"（getting prices right）而是一个"使制度恰当"的问题（getting institutions right）（Levi 1994）。正在进行大量的研究试图分离非正式因素对激励措施的制度影响。

例如，在前苏联和东欧一个正在出现的要求组织设计的比较公共行政问题是：什么样的制度机构能在没有等级制和中央计划下为不同的组织提供协调？也就是说，通过什么样的方法和战略，权威家长制文化和互不信任能被寻求服务结果和责任的职业动力所代替？在一个能提供一定见解的研究中，奇泽姆

(Chisholm 1989) 分离了正式和非正式机制，通过这些机制协调能够在多重交换中发生，在这种情况下城市的交通部门是互相依赖的。一个有趣的发现是正式的协调机制可能分裂现存的使得协调成为可能的非正式行为［在专业人员（specialized personnel）之间］，例如运作和维修（Chisholm 1989：189）。

奇泽姆的研究是许多假设的一个丰富来源，它认为许多比较公共行政研究被要求转到了解组织或组织之间的管理机制的效果上来，并为行政改革分离正确的官僚结构和制度机制需要做大量的工作。对于过去的政治学和经济学的简单的利益集团模式，新古典主义方法显然是一个概念上的进步，能够使我们更全面地解释制度、政策和管理上的失败，同时它也为比较研究制度限制提供了一个创新框架。

B. 回归功能主义和系统分析

在新比较公共行政时期，精简政府的规范性努力通过参考传统职能主义模式和实际上是披着新时期管理语言、但归结起来还是传统范式的较新视角而得到合理证明。尽管里格斯的术语，像"伦理观念"（clects）（Riggs 1964），至少都有有利于分析的实证参照物（派系和派别），但现代描述性术语，像"虚拟"（virtuality），可能在顾问组织（consultant circuit）中很有市场，但它们只是徒增分析模糊性。可以回顾，20世纪60年代和70年代的职能主义和系统分析基本上受到怀疑，被认为是重复性的（什么事情都是职能的）和保守的（系统维护、整合和顺序是核心职能）（Bill and Hardgrave 1973：208），使得比较公共行政研究感兴趣的功能主义框架部分是分配和执行系统：利益积聚、规则制定、规则应用和规则调整（Almond and Coleman 1960）。

但是到了20世纪80年代，显然许多政治和行政系统事实上是分裂的，只有在几个阵线上积聚起来才能保护个体功能的价值或整个系统的运行。需要提出的问题是，正在执行哪个公共部门职能？以及执行情况如何？

例如，资本维持职能显然是贫穷国家农村基础设施维持的关键（Heggie 1991）。观点可能是：这是一个特别西方的概念，而地方习俗是不同的。但是允许基础设施恶化和在没有资本预算的情况下资助当前的维护是贫穷国家的普遍实践，这将产生功能后果（consequence）。但是这常常不是一个传统实践问题，而完全是对非理性捐献人激励手段的现代地方回应。在捐赠人资助新的投资这一情况下，贫穷国家理性地对基础设施维护不够。问题就是可以设计什么样的激励制度以鼓励地方组织为基础设施尤其是像公路这样的领域提供有效的维护？为了回答这些问题，施罗德（Schroeder 1993：11）比较了许多亚非国家的管理和财政激励措施，试图解释机构维护的绩效差异并为提高道路维护设计新的激励措施。

尽管做了这些重大努力，但是比较公共行政研究仍然没有提出正确的问题（Wilson 1994，667：671）来解释组织绩效的变化。在各级政府中日益增长的政策设计、行政和影响等问题，给那些一直坚决主张政党（部分）（partial）系统分析和在提出关于社会的夸张的概括前要对中程理论观点（middle-range propositions）进行实证检测的人的著作中注入新的生命（LaPalombara 1970：137）。经典比较公共行政时期的大多数类型学（typologies）和抽象思维都没有给那些面临主要的政策或运行方案问题的人提供多大的帮助。

例如，公共财政管理显然就是如此，它由多种职能组成，必须协调这些职能以分配和控制资源。除非预算、会计、采购、薪金（payroll）、资产管理（treasury management）和审计/评估职能与信息和控制机制相整合，否则不能制定出正确的决策。事实上争议已经在认为预算是平等职能中最重要的还是仅仅是许多财政管理系统中的一个的"功能主义者"之间爆发（Miller 1994；Wesberry 1994）。

地盘问题在功能上是重要的。例如在俄罗斯，不亚于发生在"旧俄罗斯"式的集体农场、补贴、国有企业与"新俄罗斯"式的稳定和对外投资激励手段之间的战斗正发生在"预算战场"上（Economist 1995c：45）。将政治和政策转到财政项目这一范围在逻辑上和实质上都是预算过程——而不是会计部门或财政体系。但是，许多人认为预算仅仅是资源分配，这一过程的其他部分是会计和审计职能的产物（Wesberry 1994）。在这个意义上，职能主义模式在比较跨文化公共财政系统上是非常有用的。例如，格雷等人（Gray et al. 1993：3）认为，预算、会计和评估职能是政治系统内聚力和维持经济增长的核心，继而他们比较了在美国、英国、德国、加拿大、西班牙、瑞典和芬兰的所有这三个职能的运行。

此外，凯登和威尔达维斯基（Caiden and Wildavsky 1975）和威尔达维斯基（Wildavsky 1986）进行的传统比较预算研究代表了在发展中国家和发达国家中，为了政策和管理目的而使用职能主义和系统方法的一些尝试。还有一些尝试既描绘了职能也解释因为政治结构和文化模式而导致了他们的变化，其他的一些研究也只是提供了对职能的比较描述而已。例如，经济合作发展组织（OECD 1987）比较了19年成员国的预算和开支控制系统。这样的工作对于技术设计问题来说是重要的，例如，是否建立多年开支计划系统或者怎样处理财政年度的储备资金。

C. 回到政治文化

早期对文化和对官僚设计和绩效的影响的着迷并没有真正超越对西方人和学术类型的告诫声明。

早期的政治文化路径提供了一个"检阅超越政治结构到影响了人们在这些政治制度之内行动的方式的信仰"的方法（Pye and Verba 1965：514）。但是尝试将这一概念缩小为"一个关于政治互动和政治制度模式的信仰体系"（Pye and Verba 1965：516）没有使我们有更大进展，"信仰"这一概念几乎和"文化"这个概念一样的模糊，加上"政治"这个词也没有给它的全面有形性（overall tangibility）增加些什么。

更为重要的是，政治文化"路径"并没有产生将政治文化的某些方面和特定的政治结果（outcome）相联系的研究。特别是，"文化"并没有应用到组织环境中去解释行政或政策制定行为。这个问题部分是由在于文化常常被视为一种恒量。然后问题就变成了如何用态度和行为取代文化，而这些态度和行为与当地使用现代西方行政体制相一致。在这样的情况下，在预期政治文化实践和结果民主行政之间的差距仍然巨大。

激进的假设，即一个占主导地位的西方资本主义文化是政治行为的真正决定因素，曾一度给政治文化这一概念注入新的活力。例如，普遍认为，拉丁美洲文化实际上并不是由孤立的、自给自足的封建大农场制度（feudal latifundios）所组成。相反，它是留给不发达地区的垄断殖民主义结构服务中的资本主义剥削的产物（Frank 1969：239）。新殖民主义制度（neocolonial institution）如跨国公司（通过投资）和多国捐赠者如世界银行（通过调整项目）继续支配地方文化，在当地转移资本并使得落后行为长期存在。

"政治文化"的批评之主要见解是：虽然它假设从落后的最不发达国家文化演化到西方的现代化，但事实上也可能发生停滞或者革命。但尽管有这样令人兴奋的见解，但在 20 世纪六七十年代在各种非资本主义文化情况下没有成功地找到可行的和发展的社会，并且激进的发现结果也只是证实了传统职能主义者的结论的这一事实（例如，亨廷顿，1968）都导致政治文化的激进比较路径是行不通的智力死胡同。"模型"激进文化（"model" radical culture）的内部崩溃（苏联），不管文化如何（一个国家主义文化的权威家长制），概念上没有成功地解释被选择国家（如，智利）的发展，都导致比较公共行政研究中更多建树的消亡。

尽管有这些概念上的问题，但是一个超出西方的、可行的和发展的资本主义经济和社会，特别是在亚洲，在 20 世纪 80 年代为政治文化概念注入了新的活力。研究开始将政治文化视为一个变量而不是一个恒量。政治文化研究开始建立在这一观念上，即"自治的和合理持久的跨文化差异存在，并且它们产生了重要的政治结果"。例如，英格哈特（Inglehart 1988：1205）假设，高度的政治满意、生活满意、人与人之间的信任和对现有社会秩序的支持是与民主制度的选择和维持相互联系的。在这一时期，威尔达维斯基（1986，chap. 11）也认为政治文化是预算变革的动力。将政治文化分为集体主义（collectivist）、平均主义（eglitarian）、个人主义（individualist）和宿命论主义（fatalist）使得能够描述政体类型和解释预算行为，例如，随文化变化的平衡预算倾向（Caiden 1994：53）。

但是成就很高的非民主人士和共产主义政治系统的衰落又将文化问题推到一个显著的地位上。应该怎样设计制度激励将某种文化实践最大化以实现服务效率和项目效益的普遍价值？在东亚，可以记得马克思·韦伯（Max Weber）曾坚持认为儒家文化是经济发展的障碍，因为它是"传统"（地方习俗和官本位）对"理性法律"（rational law）的代替物。

东亚地区开始迅速发展，留下许多的文化壁垒，有待许多学者队伍注意并进行解释。比较公共行政的关键问题是：文化壁垒怎样突然变成机会？直接的回答就是文化是一个适应性强的变量而不是一个恒量。与"认为文化是先天的和静止的种族理论"相反，根据哈里森（Harrison 1985：166）的观点，"它能够传播和被接受"。例如，新的正统观点是儒家文化尊重权威、家庭忠诚和献身于实践教育，这在许多方面有助于促进正在产生经济奇迹的自信和社会内聚力（Economist 1995a：39）。

确定政治文化和解释它的行政影响力的需要是因为认识到东欧和前苏联的实践在价值和态度中根深蒂固而面临新的紧迫性。官方"看世界"（seeing the world）的办法（official ways）几乎受到一个世纪的力量所推动。普遍认为，被描述成"反工作"、"反企业"和"反民主"的一些类似的世界观阻碍了拉丁美洲政治多元主义的发展和人类进步（Harrison 1985：165）。

拉丁美洲和东欧都被描述成"国家主义文化"（statist cultures）（Veliz 1980；Wynia 1984）。在拉丁美洲，这种从上至下、迷恋控制（control-obsessed）的文化环境因素转化为公共开支的尝试性事前控制。但是每一个检查步骤都会为腐败创造更多的机会，而控制系统则延误了增加无效率总体水平的支付和规划。基于一个小型样本和一类行政行为（支付批准）（payment approvals），可以得出这样一个结论：为了换取授予一线管理者更多的权威，操作型文化（operational cultures）可以被矛盾地集权某些交易（支付分配）所改变。各部都承担项目结果的责任，而资金分配给更广泛的单项款项（Guess 1992a）。

在前苏联，文化遗产就是"负面平均主义"（negative egalitarianism）——倾向于阻止而不是努力去仿效邻居的成功。"巨大的社会主义共产主义官僚机构是寄生的、腐败的，自从斯大林（Stalin）死后就没有能力产生任何重要的制度创新"（Gleason 1992：32）。同样的政府文化渗透整个东欧。高大的组织通过一个僵硬的命令结构控制了经济各个部门。公务员职位没有得到很好地确定，权力常常源于个人与党的干部（nomenklatura）和高层的关系。阻碍了职业主义的僵硬法律被垂直的庇护制和政治"推力"所破坏（World Bank 1993b：26）。这样，在东欧和拉丁美洲，相同类型的文化力量也阻碍着公共管理和有效开支控制（Guess 1997）。虽然有这些文化限制，但大家仍然相信，相似类型的与文化一致的边际变化都能改变操作行为，也能够减少东欧过去文化的阻碍效果（Nolan 1997）。

为可持续发展提供一个制度化基础的需求认识已久。关键是设计一个与可能的民主结果相一致而不是与加剧竞争的特征相一致的地方制度。世界银行和国际货币基金组织所进行的公共部门管理和公共预算支援等项目就是建立在这个前提之上。可能我们还没有认识到的是需要游戏的制度规则以最优化产生稳定和民主的地方文化特征。注意，我们兜了一整圈又回到了原位，现在又将一些文化特征当成了恒量。

例如在乌干达（Uganda），一直认为尽管其存在文化的连贯性，但是多党民主只是民主的一种表面关系。这是因为多党民主是与部落（tribe）而不是阶层（class）联系在一起的。基于部落的多个政党只服务于伦理控制，并导致两极化而不是宽容和民主共识。相反，将多个政党建立在阶层基础上将有助于减少伦理分割。伯克利（Berkeley 1994：24）提出比较存在于后殖民地非洲国家的、可以解释政治恶化成混乱和暴力方面有哪些相似点。那些没有恶化的国家的主要不同点就是行政和政治制度的恢复力，这个强项的重要特征就是政党并不与伦理和宗派利益及代表这些利益的政体一致。也就是说，多个政党根据阶层进行水平组织而不是根据部落进行垂直组织（Berkeley 1994：28）。

同样，众所周知的是，非洲行政系统职能上是设计用来服务于殖民主义者政治控制和经济剥削的。新兴独立的国家继承了这些结构，现在面临着改革这些根据种族分层、并被集权以维持来自首都的控制的制度这一任务。在一项比较坦桑尼亚（Tanzania）、肯尼亚（Kenya）和赞比亚（Zambia）行政改革效果的研究中，马塔哈巴（Mutahaba 1989）也评估了美国、英国、法国和俄罗斯行政改革传统应用到后殖民化非洲（postcolonial Africa）的适应性。俄罗斯和法国以"科学管理"原则的应用而著称。虽然英国的文化和历史传统寻求通过秩序和安全来保护所得到的东西，可美国的改革遗产则是持续创新和管理发明。美国文化被视为是建立在这些因素中求生存的精彩刺激的冒险产物。但是，这些"因素"并不包括现代政府职位。根据他的工作，似乎大多数非洲国家都遵循美国的道路。但是显然最成功的［例如，博茨瓦纳（Botswana）］改革者遵循的却是英国传统。

D. 公务员制度改革和人事行政

几乎所有重要的新比较公共行政著作都代表了建立在职能主义框架基础上并积极加强该框架的一些措施。例如，在人事行政上，基于行政实地研究的大量比较研究都是由像世界银行等国际组织提出的。凯登（Caiden 1994：124）批判地指出，虽然大多数公务员改革理论，像精简公共部门、民营化和去官僚化（debureaucratization）等都起源于美国，但是它们几乎没有在美国得到应用。他认为，尽管和过时的理论与过时的制度相联系，至少美国与克林顿、戈尔意图一致（the Clinton-Gore Commission）最后终于加入到全球行政改革运动中。尽管有着标签，但问题归结于行政职能的设计和绩效。因此，有充足的理由认为，其指导理论本质上仍然是职能主义。应该补充的是，对于全面改革来说，分析应该从使命、目的、操作方法和管理刺激的"结构"开始。在没有注意到结构限制的情况下去改革职能将冒着使得无关系统具有高效率的风险。对国际公务员绩效的评估都集中关注结构和职能。例如，在非洲，公共部门的雇佣长期超过收入增长和生产力（World Bank 1989：59）。

世界银行对此的反应就是用一个逻辑两步走的方法来解决问题。世界银行对人事问题研究的"第一步"（first generation）是确定问题并提供实证评估。"第二步"（second generation）分析将对该地的许多公务员改革项目提供比较方案和评估（Lindauer and Nunberg 1994：5）。例如，德默得和托马斯（deMerode and Thomas 1994：160）比较了加纳（Ghana）、冈比亚（Gambia）和几内亚（Guinea）等国人事系统改革对雇佣削减、赔偿的合理性、财政收益和政府绩效的改善等方面的影响。根据在坦桑尼亚（Tanzania）和其他非洲国家的经验，史蒂文斯（Stevens 1994：103）提供了一系列关于如何进行报酬和雇佣分析的指南。③改革的比较研究，如工作评审（job review），开始出现在那些提出了许多它们与公共部门工作承诺和绩效关系等重大问题的私营企业中。一些人认为与工作或提拔不相关的偶尔交流可能优于正式的绩效评估（Mathews 1994）。林德尔和纳姆贝革（Lindauer and Numberg 1994：238）评估了对公务员改革经验的政治反应，并得出结论："更深入的改革可能比以前所设想的政治成本要低。"④

在拉丁美洲，对公务员改革问题采纳了一个类似的比较方法（Chaudhry and Reid 1993）。例如，在这一系列的会议文件中，基钦（Kitchen 1993）报告了赔偿提高了加勒比（Caribbean）公务员的实践活动。其他的论文也都是基于相类似的实地经验。对政府职能绩效检测是公务员改革的关键。根据对机构职能绩效和人员配置模式（staffing patterns）的评估，许多研究集中在机构臃肿上（overstaffing），应该削减工资（pay decompression）和精简人员以带来生产力收益（World Bank 1993a）。因为对精简和重塑政府的热情不减，所以明智的行政改革决策将要求关于员工买断（employee buyout）和解雇补偿金（Severance Package）的比较成本意义的信息。对于在多个司法管辖区采用多技术的人事削减战略研究正在进行之中（例如，国会预算局，1993）。

E. 公共预算和财政管理

建立在凯登和威尔达维斯基（1975）和威尔达维斯基（1986）早期比较框架的基础上，覆盖预算过程的所有阶段的比较实地研究现在有了根本性的发展。例如，希克（Schick 1988）对于经济合作发展组织（OECD）国家在财政压力下的预算行为进行了重要的比较研究。如上所言，改革者仍然不确定削减资源的最佳方法。一个观点认为：虽然缺少学术可尊重性，但只是把整体最高限额（across-the-board ceilings）交给部门首领可能是最好也是最常用的方法（Pearlstein 1995）。但是希克的答案则是探讨使用新的技术，如提出政治敏感的削减（权利），而反对冻结人事的"老花招"（old tricks）、推迟填补空缺，以及通过把一些价格从指数公式（indexation formula）中清除而降低对通货膨胀的调整。

也许现在大多数经济合作和发展组织（OECD）国家中的主要问题就是固定开支（fixed expenditures）排挤了新的行动倡议的问题。1995 财政年度美国开支中实际上只有 36% 是自由裁量的。在发达国家的一个通用模式中，对老年人的医疗保健项目和社会保障的权利项目预期到 2000 年将吸取预算的 35%（Glassman 1994）。希克（1988：527）评估了对固定成本项目的回应，例如，日本的"裁撤与重建"（scrap and build）规则允许用削减项目所得的节余来支持新项目,以及澳大利亚的分配中用宽松的开支控制和授权给一线管理者来扩大"运营成本"范畴。他也探讨了预算系统在准备时是怎样随着开支优先权的调整而变化,为确定有效备选方案怎样进行分析,以及用比较视角在财政年度中怎样进行监督等问题。在新的比较公共行政时期,在拉丁美洲,对僵硬的和灵活的财政控制对预算发放(budget release)的效果进行了实地研究(Guess 1992a)。

也许是因为其易于量化和作为政府核心激励体制的作用,公共预算中变化的许多次主题一直是大多数新比较公共行政研究的对象。普列姆昌德(Premchand)编纂关于世界大多数转型和发达国家中的预算体制和方法事实上也许是全面的。这些重要的过程问题如开支的范围和分类、开支规划和预测、通货膨胀的预算、在公共开支中的短期调整,以及预算改革的影响等,在近20年来被普列姆昌德和世界货币基金组织的财政事务局(Fiscal Affairs Department of the IMF)运用比较视角进行了评估。

大量的精力投入到预算执行这一主题上,特别是资金发放以及汇报和会计系统。例如,普列姆昌德(1993:358)比较了欧共体(Commonwealth)、拉丁美洲和美国预算体制中资金发放系统对整体开支控制和机构管理动力的影响。他后来的工作(Premchand 1990)提供了10个国家的研究,揭露出开支计划、预算结构、执行,以及会计和汇报等主要政府财政管理问题。普列姆昌德最近的研究(1993)是综合了比较公共开支管理知识,这些知识是在前苏联和东欧系统重建和其他地方现存系统改革所需要的。

在很大程度上,世界银行和世界货币基金组织分别在预算制定和执行阶段之间分配它们的技术援助工作和比较研究。这样世界货币基金组织强调执行监督和汇报以及恰当的支付会计(accounting for payments)。近来在中央计划对市场系统下的预算和会计的强项和弱项的评估中,普列姆昌德和盖拉姆菲尔芙(Premchand and Garamfalvi 1992:280)发现了现有系统中的主要强项。例如,规划者在政策制定和监控上更多地依赖统计数据(如预算规范)而不是会计数据。支付过程(payment process)也因给每个开支机构指定银行而被削减,包括其他系统中所需求的繁文缛节和核实步骤。但是,他们发现,在中央计划下的预算控制事实上并不存在:预算资助计划,但因为计划是政治性的,所以频繁的讨价还价和协商才是分配的真正过程[这也证实了刘易斯(Lewis 1952)的观点,即社会主义规划者(socialist planners)也没有任何办法在项目A和B之间分配开支]。中央规划(central planning)也主要依赖阻碍了政策规划甚至进一步削弱了执行控制的预算外资金(extrabudgetary funds)(在拉丁美洲也一样)。

如果不关注对财政赤字所做的工作,那么任何对比较公共财政的评估都是不全面的。从20世纪80年代早期开始,大量的文献比较集中在个别国家财政赤字所带来的经济影响上(Guess and Koford 1984)。在政治领域,人们越来越相信赤字削减不再是政策稳定目标的手段,而是它本身就是目标。许多人相信预算应该得到平衡，而不管作为结果发生的制度僵硬阻碍了经济发展和服务提供（Harris and Chandler 1995）。大多数关于赤字削减的法律和宪法提议都集中在自由裁量开支上。但是它是强制性开支（主要有社会权利和债务服务成本）和政治上控制不了的在许多国家还在增长的国防项目。随着在大多数国家中债务服务支付（debt service payments）消耗了巨大的自由裁量开支，就出现了怎样强迫政府解决它们的问题。既然削减大众项目（popular program）和增税有政治风险，那么民主应该怎样回应？

联邦审计总署（the General Accounting Office，GAO）评估了澳大利亚、德国、日本、墨西哥和英国的国外信贷市场（external credit market）的效率以及在削减赤字上的法律和宪法要求。削减赤字的主要手段就是开支控制（削减社会福利、推迟指数调整（delayed indexing）、将成本转移到下级政府、减少公共部门雇佣、职能的民营化）和收入增加（主要通过经济增长和通货膨胀）（GAO,1994：7）。这一行政问题就是在严格的法律和宪法限制的情况下，它们被设计以满足于对平衡的政治迷信，政府可以怎样管理服务和执行政策？在那些由财政部门强加了从上至下的条件下的地方，哪种削减系统运行最有效率？法律和宪法限制怎样导致了构成大多数财政赤字主要原因的削减的权利支出的？在比较财政研究中还有很多领域需要进一步研究。

F. 政府间关系和地方政府

比较公共行政研究长期以来就关注政府间关系。三个长期出现的问题是：（1）设计政府间行政系统和在各级政府中分配决策制定权威；（2）在政府层级中管理权威的分权程度；（3）在各级政府中机构的比较绩效，诸如解释地方政策绩效差距的提议。首先应当注意的是政府间关系（intergovernmental relationship, IGR）这一领域充满了产生混乱的标签（label）。对分权化（decentralization）的核心术语有很大的专业术语争议：委托代理（principal-agent）、授权（delegation）、权力下放（devolution）和去集中化（地方分权）（deconcentration）。

例如，在近来的一篇文章中，霍夫曼（Hofman 1994：2）用"授权"（delegation）来代表职能和责任从中央机构到次国家机构的转移。与之相对应的是，马塔哈巴（Mutahaba 1989：70）把这称作"去集中化"（地方分权）（deconcentration）。霍夫曼（1994）用"权力下放"（devolution）来描述权威超出中央政府命令链转移到其他各级政府，但同时受国家路线方针的约束。这对和其他各级政府受国家路线方针的约束是相一致的，和马塔哈巴（Mutahaba）（1989：10）对这一术语的使用是一致的。问题是："各种类型分权中的区别并不总是很清楚，而且许多国家用混合形式来运行，这使得分权从职能到职能都有所不同。在中国的双重领导或俄罗斯的联邦制中，次国家职能部门和司局从属于次国家政府和中央机构，这里同时存在着去集中化（地方分权）（deconcentration）和权力下放（devolution）"（Hofman 1994：3）。

因此这些术语是常常可以互换，钻牛角尖、几乎没有内容的区别只是徒增混乱。例如，"权力下放"（devolution）既是中央政府下放权威的手段或过程，又是自主的地方政府被授权在广泛的国家路线方针的指导下去提高收入和运行服务的最完整的程度或阶段（World Bank 1994：42）。在尼加拉瓜（Nicaragua），通过签约外包的形式从部门中把职能转移出去被认为是"授权"（Coopers and Lybrand 1994，viii）。但是如果地方政府被授权去规制服务提供合同，那我们应该怎样区别权力下放（devolution）和授权（delegation）？另外，权力下放怎样既是一个动态过程又是一个静态阶段呢？一个解决方法就是用授权代替在一元化制度（unitary systems）中的权威转移，但保留把职能真正转移到其他政府单位中去的权力下放（例如，联邦制的建立）。似乎对"权力下放"比对授权或去集中化（地方分权）有更多的共识。通过简要回顾这些术语，提出了这样一个明显的问题：在四种类型的分权之间的区别对政策设计和执行有什么实证价值？显然传统比较公共行政是没有完成这项工作的；新比较公共行政试图对分权的类型和它们成功的条件达成概念上的共识。

在比较政府间关系这一领域的实地工作也受到大量的民主意识形态和传统比较公共行政对地方文化独特性前提的束缚。例如，在尼泊尔"好的政治"等同于自下而上、从地方开始的规划，它单独得到来自中央政府传统直线机构（line agency）的资金和管理。在尼泊尔的一个主要目的就是远离高度集权且腐败的拉纳（Rana）封建秩序的长老会制度（Panchayat system）（Nepal National Commissions 1992：2）。但是可以得到涉及教训的比较性研究几乎没有进行。例如，巴西（Brazilian）的分权过程导致大量的州和地方借债以及国家财政赤字的激增。由此产生的通货膨胀损害了国家发展举措。因此，存在这样一些条件，在这些条件下分权将以其他目的为代价而达到一些目的。也可能存在一系列阶段，通过这些阶段，中央严格的财政控制可以因为地方机构权威的扩张而进行权衡以实现一个国家分权策略的最大收益。要提供在尼泊尔和其他国家怎样分权的经过检测的教训，在该领域内需要进一步的研究。

1. 职能权力下放给下级政府和私营企业

比较政府间关系研究的第一个领域正变得越来越重要，因为特别是在拉丁美洲和东欧的政治改革迫使我们重新评估在许多国家中政府间权力的平衡。注意最普遍的政府间关系问题是来自于一个不明确的职能主义视角：什么样的职能应该从中央政府转移出来？什么增加收入的职能应该被授权给地方和地区机构？哪些职能和国有企业应该民营化？如果存在现有的地区机构，应该改变他们的边界以与具有伟大的历史和宗教意义的古老机构保持一致吗？

因此，从更深一层意义上来说，政府间问题反映了在多元与统一，在权威的分散、财政不平衡和中央权威过分集中之间的根本紧张。在东欧，以前在不同层级的政府之间的财政职能分配和权力分享安排不再具有可行性也不再令人合意（Hewitt and Mihaljek 1992：330）。这一广泛流传的观点迫使基本的新的比较公共行政型（CAP-type）的实践问题推到前台，如什么是从中央政府分配到地方机构的财政转移（fiscal transfers）的最佳基础？这一问题在像波兰（Poland）（Guess et al. 1992）和尼加拉瓜（Nicaragua）（Guess and Garzon 1994）等多样化的国家受到比较处理。

此外，地方机构怎样资助来自中央强加的授权和标准？在这一环境下，马缇内—瓦库之（Martinez-Vazquez 1993）检测了保加利亚（Bulgaria）地方政府的开支和收入及备选财政选择。中央怎样才能通过地方机构控制过度债务财政和与之伴随的腐败？沃利克（Wallich 1994）检测了巴西和俄罗斯的次国家开支控制问题。那些都是制度经济学和行政的问题，但是本质上它们也是精英对政治权力重新分配的容忍问题。对影响了他们生活的服务提供和政治决策要求负有更大责任的不耐烦的大众来说，它们也具有巨大的经济和政治意义。

随着前苏联和东欧的经济在20世纪80年代开始崩溃，结构改革和职能转移是在预算稀缺和压力下而不是为了其他政策原因而进行的。正如马缇内—瓦库之和沃利克（Martinez-Vazquez and Wallace 1995：8）所指出的，在前苏联和东欧没有哪个国家花时间去研究哪个层面的政府应当对哪种公共产品负责。因此俄罗斯关于政府垂直结构、收支分配、预算系统、政府间转移等重大决策的制定都是在没有比较研究的指导下进行的。所幸之至，近来政府间研究已纳入了比较研究。例如，在沃利克（1994：68-69）近来对俄罗斯财政分权选择的讨论中，她运用了德国、阿根廷、巴西和中国的比较经验。这揭露出在给予次国家政府自由借贷权情况下，政府安排的宏观经济不稳定中的成本，并提出中央政府有必要保留对重要税收和借贷手段的控制。

近来其他研究也指出了为政府间职能设计提供比较教训的日益增长的重要性。例如，在巴西所发现的收支分配实践对垂直和水平财政不平衡有着重要的意义。为了评估政府间结构的意义，师阿（Shah 1991）根据一系列指标，如地方政府的责任和地方政府对国家政策的影响等，将澳大利亚、德国、加拿大、墨西哥和美国类似的联邦制度与巴西相比较。其他的比较研究则关注某一级政府，例如，巴尔和林（Bahl and Linn 1992）对城市公共财政进行了详尽的比较研究，包括一个对整个世界政府间转移支付和城市费/税的原则和实践的评估。

通过精简政府和卸载职能来削减赤字的措施还在继续，但注意力已集中到职能的民营化和国有企业的销售上。在这一领域的比较研究正在增加，例如，贝尔（Behr 1995）比较了华盛顿特区（Washington D. C.）和费城（Philadelphia）对财政危机的回应。自1992年以来，费城通过将26个城市服务转包给私营承包商的方法来回应财政危机，这样每年可节省25亿美元。与之相对应的是，1993年华盛顿对私营化采取了一个最严格的法律以保护城市工人。正如在下面阿根廷和尼加拉瓜的例子中即将指出的，美国的城市行动与相对应的对私营化的国际回应并没有什么区别。

更为重要的是，大量关于对私营化努力管理的国际文献都源于拉丁美洲、东欧和前苏联的经验。"私营化"当然是一种战略，与"商业化"（commercialization)和"业务外包"一起,目的是精简公共部门运作和减少政府在经济中的作用(GAO 1994:7;Salamon 1989)。正如费城私营化项目的协调者所认为的,它只是对竞争的一个花哨词汇而已(Behr 1995)。历史上通过销售资产而获得一次性收入的大型国家工业私营化是有效的私营化。但是越来越多的证据表明,在某些条件下,将职能授权给民营经营者可能因为推迟财政改革而使事情更糟。例如,印度在较为盈利的企业里对平等的不公正剥夺的战略并没有对控制、所有权和管理效率产生什么影响。对财政支持企业赤字而言,它只是一个不透明的工具(Economist 1995d:20)。

新比较公共行政研究关注三个对公共部门成本节省和服务效率最重要的问题。这些研究为政府提供了实证性政策教训,要不然的话,政府将冒着私营化决策的政治风险。

首先,必须努力缩小国有部门范围和角色的定义。这时政府必须作出两个系列的初始选择(initial choices):(1)公司经济活力和政治本质的分类;(2)保留或剥夺企业的行动(Shirley and Nellis 1991:19)。这些企业在战略上是基本的吗?如果需要保留,我们怎样能提高绩效?对法国和塞内加尔(Senegalese)绩效合同的比较研究得出结论:绩效目标的量化在实践中没有准备和谈判这一过程重要(Shirley and Nellis 1991:23)。

拉丁美洲国家从传统上都认为国有企业(SOEs)(如电信)不受限制,并认为它们在战略上对国家主权是最基本的。但是许多成功的民营化为创新政策决策建立了先例。阿根廷对国家电信公司(ENTel)成功地私营化受到以前没有成功建立一个可行的规制制度的影响(Hill and Abdala 1993)。最近洪都拉斯(Honduran)总统提议对洪都拉斯电信公司(HONDUTEL)进行私营化,主要是基于比较经济的成功和该地区缺少重要的劳工回应。尼加拉瓜国会投票否决电信局(TELCOR)的私营化显示了坚持古代政治主权概念的浪漫但成本颇高(La Tribuna 1995)。

第二,新比较公共行政研究已解决了在没有抑制管理创新行为和责任的条件下,为国有企业垄断权力设计控制机制的问题。众所周知,贫穷国家和转型社会政府都典型地以效率为代价来干预电力、水和运输等国有企业的定价和运行决策。中央政府财政部门常常对国有企业的自主权(和高薪等级)和它们总是没有提供及时、透明和精确的财政数据不满。中央政府一直给国有企业提供津贴、转移支付和债务担保,但却不清楚它们的使用情况。这迫使中央政府要求大量的报告和评估国有企业预算的单项款项的详细细节。可以想象,国有企业管理者对来自政治人物的干预感到不满。一些亏损(loss-making)的国有企业的债务服务成本(这必须从未来的预算中支出)可能是中央的政治强加给他们的。比较研究显示:在那些中央政府以更为自主的形式为更大的竞争力提供激励的地方,某些形式的国有企业绩效就有所提高。它解释了一个普遍疏忽的问题:经济各部门和国有企业部门常常对他们的部门(sectors)缺少细致的了解(Shirley and Nellis 1991:32)。

第三，主要的实践问题现在就是，在私营化中遵循什么样的次序？正如所提到的，卖断的简单性可能得到好评，但是可能在成本节省和效率世界都是最糟的。将波兰、匈牙利的私营化与捷克相比较的新比较公共行政研究表明，一个重要的失误就是完整出售，而不将之分解或建立机制调节价格（Economist 1995：61）。首先波兰和匈牙利成功地重组国有企业，然后再将之私营化。波兰还大幅削减直接的国家津贴，并迫使银行接受偿还能力标准。这就避免了曾在俄罗斯私营化中打击了这个国家的高度通货膨胀。同样，英国已经知道铁路基建公司（Railtrack）（英国铁路以前的轨道和车站经营者）的早期出售可能是一个错误。比较公共行政私营化研究很好地证实了政府结构对雇员建立风险规避的影响（Wilson 1994：672）。人们发现，英国铁路的自上而下的、由工程领导的管理结构太过于集权。实践教训就是，为了同时授权给雇员和消费者，铁路基建公司首先应通过将权力下放、让直线管理者更接近消费者的方法来得以重组。这样也能给财政部带来一个更好的价格（Economist 1995：61）。

相同的应用比较分析也发生在城市企业层级。例如，阿志维奇（Aziewicz 1994）采访了波兰公用事业部门的 818 个城市企业。该研究是设计用来提供有关他们财政状况的基本数据以确定他们出售的潜在可能。这些事务部门由公共交通、供水和排水、房屋维修、公路维修、公园和花园服务、供热、清洁垃圾等组成。到解释阶段，进行这项研究的格旦斯克市场经济学研究所（Gdansk Institute of Market Economics）正在准备对波兰城市私营化中成功和失败做一次影响分析。

就私营化而言，也出现了如何管理国有份额的拍卖这一实践问题。这里比较知识也正在积累。例如，在东欧的指令经济中，国有企业的改革代表整个社会的基本改革（Shirley and Nellis 1991：72）。在这样的条件下，一个设计拙劣的行政项目可能产生巨大的政治冲击。在俄罗斯，问题就是私营证书（privatization certificate）被用来交换伏特加（vodka）和其他生活用品而不是用来投资。在俄罗斯和罗马尼亚，金字塔式图式（pyramid schemes）允许罪犯和官僚非法剥夺投资者。基于这些经验，波兰和乌克兰严密地管制他们的投资基金经理（investment fund managers）。大约75%的乌克兰工业部门（电信和能源部门不包括在内）准备拍卖，他们正努力避免其他地区民营者都已经清醒认识到的错误。

2. 管理权威的分权

政府间关系研究的第二个领域所关注的是在政府各级中将权威下放给管理者的比较实践。这里的一个重要的问题就是在地方政府机构中怎样将权威下放以提高服务供给？在缺乏管理技能且因较弱的内外开支控制而存在腐败的地方，这是一个困难的策略（maneuver）。怎样下放管理权威这一问题也为预算和管理提出了更大的问题。正如已指出的，人们一直认为分权和自下而上的管理是朝建立民主管理的"好的"或"正确"的方法。

但是比较发现认为，实现这个目标的手段可能要求不同地揉合权威和控制。澳大利亚引进了"远期估算"（forward estimate）系统（Keating and Rosalky 1990），该系统把集中预算形成、开支控制、由财政部（MOF）的支付和对运行该部门所必要的、巨大增长的管理广大的具体项目的自由裁量权结合起来。直线管理者也获得多年预算权威，并根据这一时期为了整合项目结果资源而评估他们的能力。

澳大利亚和马拉维（Malawi）的经验表明：简单地增加自由裁量权导致重大的控制问题。在那些内部控制还没有建立且财政部没有控制各部"投标"的地方，结果是在制定时通常夸大需求和在执行时过度开支。当财政部为地方超支而付账时，结果是管理不善和国家财政赤字增加。在实践中，这一问题常常是什么时候下放预算支付和实际签发账单的权威。许多东欧和前苏联共和国都担心分权支付模式，因为它可能导致更多的腐败和财政支出。同样，拉丁美洲强调集中支付权威的自上而下的控制观点（Bird 1982；Reid 1994），反对在直线部门和地方政府中已经增长的职业主义责任的扩散。重点放在对细节的僵硬的法律控制上（控制/预警 control previo），这引起了设计这些系统来阻止的那些控制和预算外问题。

但是在澳大利亚模式的演变经验可以应用到大多数国家，因为它被解释为控制第一，自由裁量权第二。通过混合集权的和分权的义务以及控制而改变刺激，预算成为鼓劲为结果而管理的工具。这也是分权管理的最终目标，因为它能导致分权者所寻求的更大责任和民主结果。到现在为止，还没有进行很多的对激励战略的比较研究。在变化的组织结构中挑选出最有效的激励措施以鼓励财政和项目管理是未来比较公共行政研究的一个关键领域。

3. 比较绩效（Comparative Performance）

政府间关系研究的第三个领域关注的是比较机构绩效。威尔逊（Wilson 1994）正确地指出：几乎没有关于在公共机构和项目之间的绩效差异的解释。尽管学者们越来越对绩效产生怨言，但他们并没有解释一个机构比其他机构运作得更好的原因（Wilson 1994：671）。事实上，早期著作集中在比较城市政府绩效上（Fried 1975）。杂志把美国城市没有成功地利用卓越的比较数据设计人事冗员和精简项目的原因解释为一个制度价格和傲慢（institutional price and arrogance）的职能。早期国际研究的部分问题表现在对西方现代文化和理念支持和反对的意识形态假设之间的紧张关系之中。那就是，对西方平等和效率概念的苛刻批评以及对非西方的、常常是反启蒙主义概念和理论的痴迷阻碍了应用比较教训的分析和发展。例如，同样的问题阻碍了美国的研究，例如，在关于文化特征背景下实现部落资本主义的行政战略绩效的争议中，这些文化特征支持中央计划的维持，但贫困在许多的印第安人保留地（Indian reservations）仍然存在（Cohen 1989：36）。

幸运的是，新比较公共行政的研究已确定了设计用来比较的机构和职能，并为政策和管理提供了明确的经验教训。在美国,在州和地方层级的应用比较研究近一个世纪以来非常普遍。佩里和芭比斯基(Perry and Babitsky 1986)在 1980~1981 年比较了 246 个运输机构(transit agencies)所有权管理结构(ownership-management structures),他们使用了一系列指标,诸如劳动效率、收入产生和服务消费等。在一次对国际私营化项目充满意义的研究中,他们比较了以下几项的绩效结果:(1)一般政府所有权(general government ownership),公共管理;(2)特别权威所有,公共管理;(3)一般政府所有,契约管理(contract management);(4)特别权威所有,契约管理;(5)私营所有,私营管理(Perry and Babitsky 1986:59)。他们发现私营所有和经营的系统更具生产力,因为公共系统除了交通服务供给外还必须扮演不同的社会角色(Perry and Babitsky 1986:63)。但是,对比较公共行政研究来说,重要的一点是:自从对棱柱型公共组织决定它们的存在的文化特征进行现象学分析时开始,方法就变得更为复杂。

G. 新比较公共行政的问题和机遇

在过去 5 年中,政府中有两种趋势特别值得注意:(1)大多数国家的各级政府面临预算削减时提高服务和项目效果的措施;以及(2)公共部门组织内部和组织之间为管理和财政信息提高数据质量和传播效率的措施。

H. 从重组到政府重塑

在美国,对大政府批评了 10 年之后,20 世纪 90 年代早期开始出现了关于"政府重塑"(government reinvention)的文章和书籍。重塑政府网络(Reinventing Government Network,RGN)和公共策略集团(Public Strategies Group,PSG)成员的著作,如盖布勒和奥斯本(Gaebler and Osborne 1992),被视为所谓的"后官僚制范式"(postbureaucratic paradigm)。克林顿政府时期的国家绩效评估委员会(the National Performance Review,NPR)寻求使用与重塑政府网络和公共策略集团原则相一致的方法重塑大多数美国政府。根据规范的后官僚制视角,应该重新设计公共组织以服务于消费者、授权给雇员、面对竞争、生产结果并用团队代替等级制(Barzelay 1992,Osborne and Gaebler 1992)。应该指出的是,那些使等级制扁平化、授权给直线管理者、通过将外包服务和增加责任来使政府面向竞争、并根据结果指标和项目评估来改革公共开支管理等计划,本质上都是已经存在多年的"职能主义"观点。例如,几乎在 20 多年前考夫曼(Kaufman 1978)就列出了在行政体制改革和重要的重组之间的区别。更有用的是,他描述了改革药方(或名言)的矛盾之处,例如,把自由裁量权授予较低的等级,虽然将权威下放但却冒险落入地方部门因为私人和政治利益而设下的圈套。

虽然从来没有发生将国家绩效评估委员会的原则和行动变成行政"名言"的事,但是与过去改革相对应的是,这次运动在国家绩效评估委员会中具有总统权威，而且被转化为法律，也就是 1993 年的《政府绩效与结果法》（the Government Performance and Results of 1993）。该法案的许多条款都是吸收了企业重组的经验（Drucker 1995）。既然这一方法集中在制度激励上，那么在新制度主义政治经济（上面所提到的）和这个更加非理论的操作方法之间就有个很好的共同点。也很有可能在国外应用新的改革原则和比较研究它们应用的结果。

可以预期，"企业精神"（entrepreneurial）和"后官僚制"范式都受到严厉的批评，因为它们忽略了无效行政过程的法律和政策决定因素（Moe 1994：115）以及在该领域内基本上还没有受到检验。部分归因于东欧的一些发生的事情很近以及这场重塑运动还相对年轻，所以到今天几乎还没有研究提出这样一些问题：我们怎样修正在东欧的国家主义文化（statist culture）以提高绩效？将采用什么序列步骤重塑他们的政府？更具体的是，"范式"被指责既不是一种实证理论也不是一个行动项目，基本上代表了新语言对旧理论的一个综合。这又类似于系统理论中的"黑箱"（black box）。"它"产生产出（output）并得到支持和需求。但是它没能确定精确的机制，系统或过程通过这些机制把投入（重塑资源）转变成产出（改善的绩效）（Easton 1965）。

例如，对于组织计划和预算来说，一个核心的重塑政府原则就是资源分配应该直接与服务和绩效等级相联。一个被建议的产出就是"两年预算"（biennial budgeting）。另外一个则是应该要求部门确定因为被给定不同等级的资源而产生的结果（outcomes）。这些和其他的预算改革原则直接来自于 20 世纪 70 年代的零基预算（ZBB）和 20 世纪五六十年代的绩效预算。惟一的问题就是现在什么样的新的催化剂会使得它们更为有效地发挥作用？

"黑箱"提出了这些问题：如何继续去进行实际的政府重塑同时超越用新的语言去重新包装现存的模式和原则？例如到现在为止，国家绩效评估委员会的方法论一开始就批判性地假设政府问题的规模。在这样的条件下，"精简"就不是与评估某种必需的政府类型相联系的职能绩效详细分析的结果（Barr 1994）。这一有缺陷的方法其效果就像精简旅游部门的绩效一样，而这种精简本身并不是最为需要的。此外，没有成功地执行人事分析将导致削减错误的人员（例如，减少监督和内部控制人员）和进一步削弱项目绩效（这将降低效果）。

例如，根据美国每个学生最高消费和最低的内部开支，对华盛顿特区学校系统的任何削减都应该建立在一个全面的项目评估上。但是常识却认为焦点应放在学校总部的膨胀而不是称职教师数量的过多上（Horwitz 1995）。确定哪里的资源应该得到增加和减少必须与项目的产出和期望结果，而不是与现有工作流程的维护有关。研究显示，在大多数贫穷国家，卫生部门相对有效率（因为他们是各种援助项目的目标）且需要更多而不是更少的工人。来自私营企业的关于怎样排序改革和解决特殊利益抵制的比较教训已开始渗入公共部门的重组措施中，并产生了积极的效果。

几个早期的"重塑"教训应当引用一下。首先，削减劳动力、进行全面削减和外包任务都是损伤性的事务。公司常常发现,在大幅削减后,留下的雇员常常对公司前进的方向意见不一致。公共部门组织需要在精简前而不是精简后重新确定任务(使命)。第二,精简和削减应该出现在工作重组之后。没有成功地做到这一点将导致更低的生产力、士气和质量。管理者需要根除无效率的原因,因为这些无效率的原因可能使得时间浪费在编写不必要的报告、产出一些为短期和中期决策制定不需要的数据、过多的会议、过多的管理层、甚至过多的信息系统任务,浪费了高层人员的时间。第三,精简中的留任者应该明白组织对于削减真正无效率是认真的,而且会因为他们留下来而报以培训、装备和奖励工资(Pearlstein 1995)。这些教训还没有在国际上得到检验。比较研究改革的顺序是必要的,从中可以发展出应用重塑原则和行政理论。

自相矛盾的是,就给改革增添能源而言,将概念的通俗性和定义的模糊性结合起来可能是重塑政府运动的一个最大优势。威尔逊(1994:668)指出,全国绩效评估委员会自1904年建立11个重组任务队伍以来并没有多大的不同。全国绩效评估委员会忽略了理论而且坚持政府应该更有回应性和更少的官僚主义这样一个规范性价值立场。这对于公众来说,远比统治着以前方法的"责任"和"效率"更为明确。就像大多数申请驾驶执照的人都知道不必要排队和繁文缛节一样,大多数商人都知道规制过量的职能和成本。

全国绩效评估委员会重塑方法在关注政府运行的机制(例如,采购制度)和结果(例如,对正在弱化的项目结果收费过高)上非常具有价值。它也推动了新比较公共行政日程为管理和政策提供国际经验教训。例如,为管理者实现项目结果提供激励手段的澳大利亚和新西兰(New Zealand)模式被国家绩效评估委员会为美国经常作为检测过的例子而引用(NPR,1993b:16)。在这种状态下,马斯卡仁豪(Mascarenhau 1993)比较了澳大利亚、新西兰和英国重构公共部门以给管理者更多权威和责任的举措。采用类似的假设,霍姆斯和尚德(Holes and Shand 1994)也比较了澳大利亚、新西兰和英国的核心政府职能的结构改革。正如已指出的,因为重塑路径强调职能的恢复活力,这一方法显然也属于比较公共行政的职能主义传统之内。需要更多的比较国家改革的结果研究,这些改革遵循开创性措施,我们需要做的是,在这些突破性努力以及希克(Schick 1990)与巴泽雷和哈索(Barzelay and Hassal 1994)的努力之后,要更多地研究比较国家改革的结果。

1. 比较管理信息系统

20世纪90年代的第二个特征就是信息技术的扩散。公共部门组织的事务在各级政府层级中和它们的运行与公众之间总是密封和秘密的。显然,稳固的领导和有效的管理要求及时准确的信息,以制定技术性决策与预期和控制他们的结果。因此,在组织和公众之中需要更好的信息交流,同时需要更好的激励措施,以更好地分析原始数据,阻止给决策制定者过多的信息负担。对于管理控制而言,在执行有关预算开支、对于采购命令和合同承诺,以及对于与公共雇佣有关的工资行为（payroll activity）都需要信息。就战略规划而言，一般管理者需要关于雇员绩效、办公室运作和特别工程进度的非财政信息。在财政管理领域，必须整合职能以进行适当的资源分配、控制和结果评估。

迄今为止，还很少有关于对信息技术领域许多核心问题的比较研究。基于信息理论，大家认为，在组织中日益增长的控制是信息反馈和纠正偏离的一个自然过程（Overman and Loraine 1994：194）。但是近来的经验和研究表明，在公共项目案例中，控制和信息之间的联系可能比原来设想的少。管理者可能因为功能障碍而受到信息系统的束缚；而信息本身就是受到管理行为和组织规范所统治的（Overman and Loraine 1994：194）。必须深化信息理论以更为严谨地解释信息和控制之间的联系。对于动态和不稳定的系统（例如公共组织）来说，混沌理论（chaos theory）就是一个备选方案。实际上，言下之意就是，如果在信息和控制之间存在有混乱的联系，那么更复杂的信息系统可能就不是更好的。用老子（Lao Tsu）的话来说就是，"适可而止"（Overman and Loraine 1994：196）。

首先，这样的研究对信息系统和它们转移到国外的成本和收益提出了一系列的关键问题。例如，应该有分散的管理（separate management）和财政管理信息系统（Financial management information systems, FMISS）吗？在什么条件下，一些核心的工资发放、人事和资本投资项目职能是独立的还是紧密地整合到一个财政管理信息系统内（Wesberry 1994）？设计信息进入系统（information access system）能提供什么教训？规则怎样才能逃避政策协调和内部交流问题，比如在哪些地方非工会人员就能和直线工人一样享受到某种财政信息？如果管理信息系统被中断，有没有危险即，"软"的管理系统将接管他们自己的生活，驱除组织的有效生产力工作？

怎样整合多重信息系统的问题与怎样设计和组织工作流程一致的系统有关。大多数组织面临着目标与问题的不一致（相互矛盾的工作激励），这意味着制度激励应当首先受到检查。人事资源常常被浪费在执行错误的任务上，例如，管理者常常把时间浪费在文书工作或者战略规划问题而不是维持运作控制系统上。组织的劳动分工、控制幅度，以及由确定责任中心作为效益、收益或开支而建立的行为激励的意义都需要系统被建立前予以考虑到（Anthony and Young 1988：8）。这些都是很明显的要点，但它们常常在追逐出卖现成的信息系统中被遗忘。

例如在整个东欧，计算机信息系统是由捐赠者和他们的顾问所提供的。许多的系统现在都无法兼容。与上面所讨论的一样，许多系统常常忽略了组织权威流和权力流。例如，财政的各个部门几乎与在社会主义中的计划工作毫不相关，也就是说，预算只不过是执行计划。尽管权力从宏观计划转移到微观预算，但是一些项目把计划部门重新与预算联系起来。在保留对支付控制的同时（至少是在最初）把权力转给直线管理者的需要在许多的情况中被朝向计算机信息系统前进的一个几乎痴迷的推力所忽视。阿伦和哈希姆（Allan and Hashim

1994）的工作提议系统的结构组织应该把一般公共管理和财政管理职能联系起来。但是他们也明确说明，在设计计算机系统以支持财政管理的工作开始之前，管制框架，也就是账户分类、报告要求和全面的控制结构（在文件和交易面上），必须要到位（Allan and Hashim 1994：3－4）。[5]

第二，系统设计应该考虑到预算在上面所提到的更大的财政管理系统中的角色问题。预算应该只是又一个财政管理信息系统职能吗？如果是这样的话，什么样的财政管理职能应该控制系统的其他部分？[6]所有的职能都应该"分享"权力吗？当与政治职能和政策职能相联系，以及与为政府运行的中央激励系统相联系时，预算职能不应该在同类中被优先考虑吗？像上面所讨论的与重塑模式有关联的系统理论的"黑箱"一样，大家认为系统本身就是职能的。来自任何组成部分（subpart）的信息缺陷而产生的不平衡都从多个方面影响着财政结果。从这个视角出发，"系统"这一广泛的概念成为分析的单元。相反，通过把预算作为主要职能，"黑箱"才具有意义，成为公共政策和公共部门管理的动力。

这也和广泛流传的观点相一致，即预算的角色是核心的。它"将政治目标转化到政府项目中，并构成决定官僚行为的激励系统的重要部分"（World Bank 1994）。通过采用一种共识观点，即合适的预算首先要求将预算职能与会计、财政、采购和工资联系起来，这一问题可以得到部分解决。要不然会出现职能扭曲，从而削减了预算的角色。例如在洪都拉斯，财政管理职能，如国库和会计，甚至在财政部的规划中都是没有联系的。在加纳（Ghana），内部控制和审计部门错误地接管了预算计划和执行。在这样的条件下，预算是在一个会计和政策的真空中被执行，它作为资源分配的信誉接近为零。总而言之，应该反复建立更大的预算职能，从发展独立的财政管理要素到一个整合的系统。

第三，在公共部门组织中存在一个管理信息和数据超载点吗？沉溺于获得和交换管理信息能导致组织的腐败和发展吗？装备和系统的存在，加上数据输入所需的劳动力，在哪一点上成为效率的阻碍？在什么阶段为未来进行的数据积累会扭曲激励并伤害当前人员的生产力？当数据本身比它用来解决实际问题更为重要的时候，信息技术可以实现目标替代吗？更为明确的是，如果不能精确测定结果，要花多少钱在数据系统上？

大约25年前，帕肯罕（Packenham 1973：258）注意到比较公共行政对新的数据处理方法以及深奥的框架和概念着迷。正如在上面讨论棱型方法时所提到的，新的比较公共行政方法代表了在提出具体问题解决方案上的重大研究进步。但是，在组织中日益增长的对技术的着迷在用营利、服务和实际生产力来测评时可能不会产生更佳结果。这部分是因为大量的时间被要求用在培训和再培训、日常数据输入、系统修正会议和系统超载上，这导致宝贵时间的流逝。花在起草决策、用合适的形式处理（将决策冠以正确的形式）并通知组织的其他部分所消耗的时间都可能取代了更为需要的工作。

Ⅳ. 总结和结论

总之，在世界大事件的推动下，比较公共行政从传统时期的强调理论转移到新时期的强调实证，试图解决政策和管理问题。在传统时期，比较公共行政从同盟对外援助时期强调自上而下转变到在新方向项目时期自下而上的方法。传统时期主要产生了有关实现变革的发展和战略的真正意义的言辞争议。西方和纯社会主义方案之间的紧张关系也得到争议，结果是对地方文化和制度的复杂性进行评估。但是由于缺乏以前马歇尔计划（Marshall Plan）目标国家那样的基础设施和技能，很少有第三世界国家在外援或是比较公共行政模式构建下得到成长或发展。

对政府规模和结果的怀疑导致对绩效和结构改革重新产生兴趣。原则上，因为得到新选择和制度经济理论的推动，这意味着又回到以前对建立和振兴核心政府职能的传统兴趣上来，这与地方价值观和态度（政治文化）相一致。在实践中，将比较教训在不同（但肯定不是独特）的文化中激励现代职能的全新努力正是区别"传统"和"新"比较公共行政的最突出的特征。新比较公共行政议事日程对理论建设远没有对现有理论转化和应用到实践中去那么感兴趣。由于过去比较公共行政的努力，新比较公共行政只对使职能运作和激励民主资本主义产生实用兴趣。正因为这些兴趣，新的比较公共行政研究已进入公共预算、公共人事管理和政府间关系等传统领域。

要求创新的问题解决技术和应用解决方法的新研究领域包括政府项目和机构的结构和职能改革，并用基本工作程序和机构任务来整合信息系统技术。旧的秩序随着前苏联的崩溃和宗教原教旨主义（religious fundamentalism）的兴起而发生变化，给研究公共部门管理制度（建立在对非洲所进行的研究工作上）的政治稳定职能所提供的机会继续存在。比较公共行政议事日程不再只是受到美国外援资金的流动所决定。为应用公共部门行政研究的资金支持现在是稳定的、跨国界的，主要通过像联合国开发计划署（UNDP）、欧盟波兰匈牙利援助经济重建项目（European Commission, Poland Hungary Aid for the Reconstruction of the Economy, EC-PHARE）、世界银行和世界货币基金组织等机构来执行。总之，对未来的比较公共行政存在一系列很有利的环境。尽管一个变化的世界秩序所产生的挑战从来没有这样严峻过，但是应用方法的使用和国际日益对公共部门改革结果感兴趣之增长已经建立了许多与这些挑战同等的学术资源。

NOTES

① Note that while I enthusiastically taught the CPA, comparative Latin American political systems, and comparative public budgeting seminars several times, my behavior as a one-time student of CPA was quite inconsistent. I dropped the only

CPA course in which I enrolled at USC in 1971. The crusty materials then available might well have been described as "death warmed over."

② It is tempting to refer to this as disillusionment with "governance." But use of the more popular term "governance," defined as "the exercise of political power to manage the nation's affairs" (World Bank 1989, 61) merely moves us back to "government" as the unit of analysis.

③ It should be noted that Stevens and others in the Operations Policy Department of the World Bank have been conducting comparative reviews and analyses of public management and public expenditure systems around the globe since the early 1980s (see World Bank 1994).

④ Unfortunately, the January 1995 takeover of the El Salvadorean congress and seizure of hostages by soldiers caught in budget cutbacks as desmovilizados suggests that such propositions do not extend beyond the civil service into the military (La Prensa 1995). This gives support to those who argue that in many ways downsizing programs hit the weakest parts of the government and that most of the secure, high-paid jobs are untouched by reforms.

⑤ For an excellent discussion of internal and external expenditure control principles applicable for design of systems in Central and Eastern Europe see Kirby (1993).

⑥ For a recent discussion of conflicting financial management frameworks issue see Miller (1994).

REFERENCES

Allan B, Hashim A. Core Functional Requirements for Fiscal Management Systems. Working paper 322. Washington, D. C. : International Monetary Fund, 1994.

Almond G. Political Development. Boston: Little, Brown, 1970.

Almond G, Coleman JS. The Politics of Developing Areas. Princeton, NJ: Princeton University Press, 1960.

Anthony RN, Young DW. Management Control in Nonprofit Organizations. 4th ed. Homewood, IL: Irwin, 1988,

Ashford DE, ed. Comparing Public Policies: New Concepts and Methods. Beverly Hills: Sage Publications, 1978.

Aziewicz T. The Transformation of the Public Utility Sector. Warsaw, Poland: Gdansk Institute of Market Economics, 1994.

Bahl RW, Linn JP. Urban Public Finance in Developing Countries. New York: Oxford University Press, 1992.

Barr S. Midterm exam for 'reinventing.' Washington Post, 19 August 1994, p.

A25.

Barzelay M. Breaking Through Bureaucracy: A New Vision for Managing Government. Berkeley: University of California Press, 1992.

Barzeley M, Hassel B. Revamping public management: integrating comparative research. Paper presented at International Political Science Association meeting. Manchester.

Behr P. The case for privatization. Washington Post, 13 February 1995.

Berkeley B. An African success story? Atlantic Monthly, September: 22–30, 1994.

Bill J, Hardgrave R. Comparative Politics, The Quest for Theory. Columbus: Charles Merrill, 1973.

Bird R. Budgeting and expenditure control in Colombia. Public Budget Finan 2: 87–100, 1982.

Braibanti R. Public bureaucracy and judiciary in Pakistan. In: La Palombara J, ed. Bureaucracy and Political Development. Princeton, NJ: Princeton University Press, 1967.

Caiden G. Administrative reform: American style. Public Admin Rev 54: 123–129, 1994.

Caiden N. Forward: budgeting in historical and comparative perspective. Public Budget Finan 14: 1, 1994.

Caiden N, Wildavsky A. Planning and Budgeting in Poor Countries. New York: John Wiley, 1974. Cary J. Mr. Johnson. New York: New Directions, 1939.

CBO (Congressional Budget Office). Reducing the Size of the Federal Civilian Work Force. Washington, D.C.: CBO, 1993.

Chaudhry SA, Reid GJ. World Bank Conference on Civil Service Reform in Latin America and the Caribbean. Washington, D.C., 1993.

Chilcote RH, Edelstein J. Latin America: The Struggle with Dependency and Beyond. Cambridge, MA: Schenkman, 1974.

Chisholm D. Coordination Without Hierarchy, Informal Structures in Multiorganizational Systems. Berkeley: University of California Press, 1989.

Cohen D. Tribal enterprise. Atlantic Monthly, October: 32–43, 1989.

Coopers and Lybrand. Nicaragua: Institutional Diagnostic and Restructuring Study. 1994.

Crozier M. The Bureaucratic Phenomenon. Chicago: University of Chicago Press, 1964.

Danziger JD. Making Budgets, Public Resource Allocation. Beverly Hills, CA: Sage Publications, 1978.

deMerode L, Thomas C. Experience with civil service pay and employment reform. In: Lindauer DL and Nunberg B, eds. Rehabilitating Government: Pay and Employment Reform in Africa. Washington, D. C. : World Bank, 1994, pp. 119 – 160.

Drucker P. Really reinventing government. Atlantic Monthly February: 49 – 62, 1995.

Easton D. A Framework for Political Analysis. Englewood Cliffs, NJ: Prentice-Hall, 1965.

The Economist. Confucianism: new fashion for old wisdom. 21 January 1995a, pp. 38 – 39.

____. A great train crash. 21 January 1995b, p. 20.

____. Russia, seconds out, round 40. 28 January 1995c, pp. 45 – 46.

____. A survey of India. 21 January 1995d, pp. 1 – 30.

____. Tired of capitalism? So soon? 21 January 1995e, pp. 61 – 62.

Forester EM. A Passage to India. New York: Harcourt Brace, 1952 [1924].

Fried RC. Comparative urban policy and performance. In: Greenstein FI, Polsby NW, eds. Handbook of Political Science, vol. 6. Reading, MA: Addison-Wesley, chap. 6. Frank AG. Latin America: Underdevelopment or Revolution? New York: Monthly Review Press, 1969.

GAO (General Accounting Office). Deficit Reduction: Experiences of Other Nations. Washington, D. C. : GAO, 1994.

Ghai D, ed. The IMF and the South: The Social Impact of Crisis and Adjustment. London: Zed Books, 1991.

Glassman JK. We have the blueprints in hand for a balanced budget. Washington Post, 9 November, 1994.

Gleason A. Russia: the meaning of 1917. Atlantic Monthly November: 30 – 34, 1992.

Goldsmith J. Gunderson G. Comparative Local Politics: A Systems-Functional Approach. Boston: Holbrook Press, 1973.

Gray A, Jenkins B, Segsworth B, eds. Budgeting, Auditing and Evaluation: Functions and Integration in Seven Governments. New Bruswick, NJ: Transaction, 1993.

Gregory P. Dealing with redundancies in government employment in Ghana. In: Lindauer DL, Nunberg B, eds. Rehabilitating Government: Pay and Employment Reform in Africa. Washington, D. C. : World Bank, 1994, pp. 195 – 211.

Guess GM. V. S. Naipaul and Development Administration. Philippine J Public Admin 23: 105 – 117, 1979.

Guess GM, Koford K. Inflation and the federal budget deficit: or blaming economic problems on a statistical mirage. Policy Sci 17: 385 – 402, 1984.

____. Comparative and international administration. In: Rabin J, Hildreth WB, Miller GJ, eds. Handbook on Public Administration. New York: Marcel Dekker, 1987a, pp. 477-497.

____. The Politics of United States Foreign Aid. New York: St. Martin's, 1987b.

____. Centralization of expenditure controls in Latin America. Public Admin Q 16: 376-394, 1992.

____. Transformation of bureaucratic states in Eastern Europe: public expenditure lessons from Latin America. Int J Public Admin, 1997.

Guess GM, Frenzen R, Garzon H, Serageldin M, Winters J. Technical Assistance Strategy on Poland in Local Government and Housing Privatization. Washington, D.C.: International City-County Management Association, 1992.

Guess, GM, Garzon H. Nicaragua: Financial Management Reform Project, Budget Systems Implementation Plan. Washington, D.C.: World Bank, 1994.

Hamner RD, ed. Critical Perspectives on V.S. Naipaul. Washington, D.C.: Three Continents Press, 1977.

Harris JF, Chandler C. $1.61 trillion budget to hill. Washington Post, 7 February 1995, p. Al.

Harrison LE. Underdevelopment As a State of Mind, The Latin American Case. Lanham, MD: University Press of America, 1985.

Heady F. Public Administration: A Comparative Perspective. 2nd ed. New York: Marcel Dekker, 1979.

Heggie IG. Improving Management and Charging Policies for Roads: An Agenda for Reform. Washington, D.C.: World Bank, 1991.

Heidenheimer AJ, Hecio H, Adams C. Comparative Public Policy, The Politics of Social Choice in Europe and America. 2nd ed. New York: St. Martin's Press, 1983.

Hewitt D, Mihaljek D. Fiscal Federalism. In: Tanzi V. Fiscal Policies in Economies in Transition. Washington, D.C.: International Monetary Fund, 1992, pp. 330-350.

Hill A, Abdala MA. Regulations, Institutions and Commitment: Privatization and Regulation in the Argentine Telecommunications Sector. Washington, D.C.: World Bank, 1993.

Herman B. Decentralization and financial management. Background note for Government Expenditure and Financial Management Course. Washington, D.C.: World Bank, 1994.

Holmes M, Shand D. Management Reform, Some Practitioner Perspectives on the Past Ten Years. Washington, D.C.: World Bank, 1994.

Horwitz S. D.C. schools may cut 500 teaching positions. Washington Post, 19 January 1995.

Hoselitz BF. Levels of economic performance and bureaucratic structures. In: LaPalombara J. Bureaucracy and Political Development. Princeton, NJ: Princeton University Press, 1967.

Huntington SP. Political Order in Changing Societies. New Haven, CT: Yale University Press, 1968.

Inglehart R. The renaissance of political culture. Am Politic Sci Rev 82: 1203 – 1231, 1988.

Israel A. Institutional Development, Incentives to Performance. Baltimore: Johns Hopkins, 1989.

Jun JS. Renewing the study of comparative administration: some reflections on the current possibilities. Public Admin Rev 36: 641 – 647, 1976.

Kaufman H. Reflections on administrative reorganization. In: Pechman J, ed. Setting National Proirities: The 1978 Budget. Washington, D. C.: Brookings Institution, 1978.

Keating M, Rosalky D. Rolling expenditure plans: Australian experience and prognosis. In:

Premchand A, ed. Government Financial Management: Issues and Country Studies, 1990, pp. 72 – 98.

Kirby G. Overview of Governmental Financial Control Systems in OECD Countries. Paris: EC/ PHARE, SIGMA-Support for Improvement in Governance and Management in Central and Eastern Europe, 1993.

Kitchen R. Compensation upgrading in the Caribbean public service: comparative needs and exD. C.: World Bank Conference on Civil Service Reform in 1993.

LaPaIombara J. Bureaucracy and political development: notes, queries and dilemmas. In: LaPalombara J, ed. Bureaucracy and Political Development. Princeton, NJ: Princeton University Press, 1967.

———. Parsimony and empiricism in comparative politics: an anti-scholastic view. In: Holt RT, Turner JE, eds. The Methodology of Comparative Research. New York: Free Press, 1979.

Levi M. Review of Political and Economic Interactions in Policy Reform. Am Politic Sci Rev 88: 233 – 234, 1994.

Lewis V. Toward a theory of budgeting. Public Admin Rev Winter, 1952.

Lindauer DL. (1994) "Introduction: Pay and Employment Reform of the Civil Service" in Lindauer and Nunberg op. cit, pp. 1 – 17.

Lindauer DL, Nunberg B, eds. Rehabilitating Government: Pay and Employment Reform in Africa. Washington, D. C.: World Bank, 1994.

Martinez-Vazquez J. Intergovernmental Fiscal Relations in Bulgaria. Research paper ff3S. Atlanta: Georgia State University Policy Research Center, 1993.

Martinez-Vasquez J, Wallace S. The challenge of design of intergovernmental relations in economies in transition. Int J Public Admin, 1997.

Mascarenhas RC. Building an enterprise culture in the public sector: reform of the public sector in Australia, Britain, and New Zealand. Public Admin Rev 53: 319–329, 1993.

Maass A, Anderson R. And the Desert Shall Rejoice. Cambridge, MA: Massachusetts Institute of Technology Press, 1978.

Mathews J. Do job reviews work? Washington Post, 20 March 1994.

Miller GJ. What is financial management? Are we inventing a new field here? Public Admin Rev 54: 209–213, 1994.

Moe RC. The reinventing government exercise: misinterpreting the problem, misjudging the consequences. Public Admin Rev 54: 111–123, 1994.

Montgomery JD. Aftermath: Tarnished Outcomes of American Foreign Policy. Dover, MA: Auburn House, 1986.

Morss ER, Morss VA. U.S. Foreign Aid: An Assessment of New and Traditional Development Strategies. Boulder, CO: Westview Press, 1982.

Mutahaba G. Reforming Public Administration For Development: Experiences From East Africa. London: Kumarian, 1989.

Nelson DN, Bentley S. The comparative politics of Eastern Europe. PS: Political Science & Politics 27: 45–53, 1994.

Nicholson N. Applications of public choice theory to rural development—a statement of the problem. In: Russell C, Nicholson N, eds. Public Choice and Rural Development. Washington, D.C.: Resources for the Future, 1981, pp. 17–43.

Nepal National Planning Commission. The Keys to Democracy, Decentralization and Development in Nepal. Kathmandu: Government of Nepal, 1992.

Nisbet RA. Social Change and History: Aspects of the Western Theory of Development. London: Oxford University Press, 1970.

Nolan R. Public sector training in Eastern Europe: problems and opportunities. Int J Public Admin, 1997.

North DC. Institutions, Institutional Change and Economic Performance. Cambridge, MA: Cambridge University Press, 1990.

NPR (National Performance Review). Agency for International Development. Washington, D.C.: NPR, 1993a.

——. Mission-Driven, Results-Oriented Budgeting. Washington, D.C.: NPR, 1993b.

Nunberg B, Lindauer DL. Conclusion: the political economy of civil service pay and employment reform. In: Lindauer DL, Nunberg B, eds. Rehabilitating Government: Pay and Employment Reform in Africa. Washington, D.C.: World Bank,

1994, pp. 238 – 244.

OECD (Organization for Economic Cooperation and Development). The Control and Management of Government Expenditure. Paris: OECD, 1987.

Osborne D, Gaebler T. Reinventing Government. New York: Addison-Wesley, 1992.

Overman ES, Loraine DT. Information for control: another management proverb? Public Administration Review, 54: 2, 1984, pp. 193 – 197.

Packenham RA. Liberal America and the Third World, Political Development Ideas in Foreign Aid and Social Science. Princeton, NJ: Princeton University Press, 1973.

Pearlstein S. Eight lessons of downsizing. Washington Post, 1 January 1995, HI.

Pechman J, (ed). Setting National Priorities, the 1978 Budget. Washington, D. C., Brookings Institution, 1978.

Perry JL, Babitsky TT. Comparative performance in urban bus transit: assessing privatization strategies. Public Admin Rev 46 (1): 57 – 67, 1986.

Pomfret J. Reform wins: dissidents lose: Eastern Europe's rebels vanish from post cold-war cabinets. Washington Post, 24 October 1994, Al.

———. Public Expenditure Management. Washington, D. C.: International Monetary Fund, 1993.

———, ed. Government Financial Management, Issues and Country Studies. Washington, D. C.: International Monetary Fund, 1990.

Premchand A. Government Budgeting and Expenditure Controls, Theory and Practice Washington, D. C.: International Monetary Fund, 1983.

Premchand A, Garamfalvi L. Government budget and accounting systems. In: Tanzi V, ed. Fiscal Policies in Economies in Transition. Washington, D. C.: International Monetary Fund, 1992.

Problemas con desmovilizados en El Salvador. La Prensa. 25 January 1995.

Pye L, Verba S. Political Culture and Political Development. Princeton, NJ: Princeton University Press, 1965.

Rahman ATR. Rural institutions in India and Pakistan. In: Goldsmith J, Gunderson G. Comparative Local Politics: A Systems-Functional Approach. Boston: Holbrook Press, 1973, pp. 150 – 168.

Reid GJ. Ecuador: Modernization of the State Technical Assistance Project: Public Sector Modernization Component Reappraisal Recommendations. Washington, D. C.: World Bank, 1994.

Riggs FW, ed. Frontiers of Development Administration. Durham, NC: Duke University Press, 1970.

———. Bureaucrats and political development: a paradoxical view. In: LaPalombara

J, ed. Bureaucracy and Political Development. Princeton, NJ: Princeton University Press, 1967.

____. Administration in Developing Countries: The Theory of Prismatic Society. Boston: Houghton Mifflin, 1964.

Rupert J. Ukraine starts selling state-owned firms. Washington Post, 27 January 1995.

Russell CS. Introduction. In: Russell CS, Nicholson NK, eds. Public Choice and Rural Development. Washington, D.C.: Resources for the Future, 1981, pp. 1–17.

Russell CS, Nicholson NK. Public Choice and Rural Development. Washington, D.C.: Resources for the Future, 1981.

Salamon LM. Beyond Privatization: The Tools of Government Action. Washington, D.C.: Urban Institute, 1989.

Schick A. Budgeting for results: recent developments in five industrialized countries. Public Admin Rev 50: 26–35, 1990.

____. Micro-budgetary adaptations to fiscal stress in industrialized democracies. Public Admin Rev 48: 523–534, 1988.

Shah A. The New Fiscal Federalism in Brazil. Discussion paper 124. Washington, D.C.: World Bank, 1991.

Shirley M, Nellis J. Public Enterprise Reform. The Lessons of Experience. Washington, D.C.: World Bank, 1991.

Schroeder L. A Guide to Sustaining Rural Infrastructure Investments. Burlington, VT: Associates in Rural Development, 1993.

Stevens M. Preparing for civil service pay and employment reform. In Lindauer DL, Nunberg B, eds. Rehabilitating Government: Pay and Employment Reform in Africa. Washington, D.C.: World Bank, 1994, pp. 103–119.

Tanzi V, ed. Fiscal Policies in Economies in Transition. Washington, D.C.: International Monetary Fund, 1992.

Tapia-Videla JL. Understanding organizations and environments: a comparative perspective. Public Admin Rev 36: 631–636, 1976.

Thomson JT. Public choice analysis of institutional constraints on firewood production strategies in the West African Sahel. In: Russell CS, Nicholson NK, eds. Public Choice and Rural Development. Washington, D.C.: Resources for the Future, 1981.

La Tribuna. Asamblea Podria Rechazar Privatizacion de TELCOR. 26 January 1994.

UNFAO (United Nations Food and Agricultural Organization). Estudio Comparative de Las Administraciones Forestales Publicas de America Latina. Rome: UNFAO, 1975.

Veliz C. The Centralist Tradition of Latin America. Princeton, NJ: Princeton University Press, 1980.

Wallich CI, ed. Russia and the Challenge of Fiscal Federalism. Washington, D. C.: World Bank, 1994.

Wesberry JP Jr. Integrated Financial Management in Government. Washington, D. C.: World Bank, 1994.

Wildavsky A. Budgeting: A Comparative Theory of Budgetary Processes. Rev. ed. New Brunswick, NJ: Transaction Books, 1986.

Wilson JQ. Reinventing public administration. PS: Political Science & Politics 27: 667-673, 1994.

World Bank. Governance: The World Bank's Experience. Washington, D. C.: World Bank, 1994.

———. The Philippines Country Economic Report: Public Sector Resource Mobilization and Expenditure Management. Washington, D. C.: World Bank, 1992.

———. Nepal: Civil Service Reform: An Agenda for Action. Washington, D. C.: World Bank, 1993a.

———. Poland: Transforming the State: Issues in Public Administration Reform. Washington, D. C.: World Bank, 1993b.

———. Sub-Saharan Africa: From Crisis to Sustainable Growth. Washington, D. C.: World Bank, 1989.

Wynia GW. The Politics of Latin America Development. 2nd ed. Cambridge: Cambridge University Press, 1984.

第十六章 比较和国际行政学议题

弗雷尔·黑迪[*]

I. 比较和国际视角

A. 演变背景

历史上，这个世界上大部分地区的公共行政研究都倾向于集中关注单个民族国家（nation-states）的行政体制。这尤其是公共行政学的独特特征，在过去的一个世纪中它在美国不断发展并得到认同。人们常常指责这种狭隘的地方观念，虽然偶尔也会有一些努力拓展关注的视野，但也只是在过去短短几十年中这些努力才产生了显著的效果。

超越美国行政体制的两个兴趣焦点已经出现。一个与在不同民族国家对公共行政模式进行的比较有关，这常常包括美国但是也包括历史上和当代的许多其他实例。虽然它的起源可追溯到更早时期，但在这个意义上，比较公共行政主要是起源于"二战"后的一次运动的产物，在20世纪60年代晚期和70年代早期达到顶峰，并继续以一个较低但仍然让人印象深刻的水平发展。

第二个焦点就是国际公共行政，它与由主权民族国家所建立、作为国际或地区合作工具的机构的行政运行有关。受到"一战"后国际联盟（League of Nation）的建立所推动，国际行政作为研究的一个独特而次要的分支领域持续到现在，对国际机构的数量和变化以及他们所面临的问题的重要性相关的兴趣也时涨时落。

比较公共行政和国际公共行政在有一点上是很相似的，即，它们每个都有一个焦点，这避免了集中关注某一特定民族国家的行政体制。他们可能也共有许多属性并面临许多比较议题，这表明将他们放在一起讨论是有利的。这也是在本讨论中将他们联系在一起的设想。

---

[*] 弗雷尔·黑迪（Ferrel Heady），新墨西哥大学（The University of New Mexico）

但是，对这些主题的学术文献的一个偶尔调查（casual survey）甚至揭露了：不管在这两个主题之间有多么大的联系，他们通常被分立而不是放在一起对待。对这个相当令人惊讶的现实的基本解释似乎是：一面致力于比较公共行政和一面致力于国际公共行政的人在发展他们自己的专业化时采用了不同的知识背景。

比较公共行政直到第二次世界大战后才得到一个自我意识的地位（identity）。在这场运动中的领导者主要将公共行政视为一个学术研究领域，作为个体，他们当中大部分曾经在军队或在战后的对外技术援助项目中受到国外经验的影响。他们很早就认识到熟悉比较政治学作为政治科学的一个分支学科的重要性，而且他们试图通过社会学和经济学进行的社会比较所得的见解中获益。

对国际行政的兴趣是作为政治科学家中一个专门化领域的国际组织在两次世界大战之间所出现的副产品。在国际组织/行政学者和政治学整个学科之间的联系主要是通过国际关系学的分支学科。

因此，虽然大多数比较公共行政和国际公共行政学者通常都是政治学家，但是他们都来自于这一学科中的不同分支领域。这意味着他们的教育背景有些不同，他们对方法论的偏好也不尽相同。大量的文献都产生于比较公共行政和国际公共行政（特别是前者），但是它们之间却没有什么紧密的联系。

人们对这两个专业的这个或那个感兴趣的最紧密联系是通过一些主要职业协会的附属机构，诸如美国公共行政学会（the American Society for Public Administration）的国际和比较行政分部（Section on International and Comparative Administration，SICA）和附属于美国政治科学协会（the American Political Science Association）、美国公共行政科学院（National Academy of Public Administration）、美国公共事务与行政院校联合会（National Association of School of Public Affairs and Administration）的类似团体，以及在美国的其他伞式组织（umbrella organization）。国际行政科学学会（International Institute of Administrative Sciences）和国际政治科学协会（International Political Science Association）及其他学会都在跨国基础上提供了同等的支持。但是，虽然有了这些推进，但是比较和国际教学和研究努力都是沿着平行路线而不是紧密交织的路线进行的。

这一演化的背景意味着当国际和比较行政学联合时，要确定核心的共同主题是困难的。但是我们还是可以从这一努力中得到许多，因为公共行政研究的这两个焦点更紧密地与实质相联，而不是迄今为止在实践中与追求主要是自主研究方式的学者相联系。

作为确定和检查这些议题的一个序言，我们必须关注一下在比较和国际行政之间在视角上的差异，这是因为影响了这两个专业领域演化的不同的背景。紧随这个总的看法之后就是进一步分析作为被讨论的基本议题的每个领域的一些特征。

B. 比较行政

美国公共行政的学者和实践家从一开始就对其他历史和当代政治体制的行

政经验很感兴趣（Riggs 1976），但是这从来没有成为主要集中在美国问题以及对这些问题的美国解决方法上的研究领域的核心关注焦点。在独立后的第一个世纪里，有一些零星证据表明，政府系统的奠基人研究并借鉴了国外的行政系统，例如麦迪逊（Madison）、汉弥尔顿（Hamilton）和杰弗逊（Jefferson）。阿列克西·德·托克维尔（Alexis de Tocqueville）作为一个国外美国制度评论家，长期以来将美国与欧洲国家进行对比。国内战争后所进行的公务员改革运动主要受到近代英国在功绩制建立中的经验的指导。伍德罗·威尔逊（Woodrow Wilson）、弗兰克·古德诺（Frank Goodnow）和其他人在19世纪晚期帮助塑造了"行政国家"并促进了对公共行政和行政法的研究，他们展示了他们对欧洲先例的了解，促使美国人通过改编这些先例以适应美国的需要而获益。但是，从世纪之交到"二战"后的几十年里，当美国公共行政开始作为一个有自我意识的和被接受的学术研究和探索领域出现时，比较因素逐渐消失直到成为整个努力中的一个微小部分。只有到最近50年来，比较公共行政学才最终成为公共行政学和政治学内的一个分支学科，显示了它的活力并得到认知和接纳。在20世纪60年代和70年代早期爆发出一阵显著的行动后，人们热情度有所下降，情绪变得更加内省，但是比较研究（comparativism）显然已成为公共行政学作为一个学科所不可缺少的部分（Heady 1987，1996）。

"二战"后比较行政"运动"的特征塑造了当代比较公共行政视角的各个维度。最为重要的方面有：（1）激励找到一个分析框架，允许以全球为基础对现有民族国家进行比较；（2）对新兴独立的发展中国家的行政问题特别有兴趣；（3）对行政技术从更发达国家转移到不那么发达国家的转移益处抱有信心；（4）继续要求仔细检查和评估以前的行动，为未来的比较研究设计出更具有生产力的方法。总而言之，这些特征解释了比较行政演变的特点。例如，没有出现达成共识的范式，这导致在这一领域宣称有多么的"科学"上产生争议。对研究的主要选择是"一般系统路径"（general-systems approach）和基于官僚理论的"中程理论"路径（middle-range approach），里格斯（Riggs 1964，1973）是前者最有名的支持者，后者则是早期由蒲勒萨斯（Presthus 1959）和沃尔多（Waldo 1964）所提出的但后来被雅若兰文（Arora 1972）描述为"在比较行政研究中惟一占主导地位的概念框架"。对新兴独立国家的关注导致大量关于"发展行政"的研究 [as reviewed by Asmeron and Jain（1993），Esman（1991），Gant（1979），Honadle（1982），Huque（1990），and Siffin（1991），among others]，这导致在关于如何产生行政提高和技术援助在努力中的角色等问题上的争议。近些年来，那些老前辈和新来者都进行了大量的重新评估（Caiden and Caiden 1990；Heady 1996；Peters 1988，1994；Waldo），这说明成熟和部分觉醒的阶段已到来。虽然对新方向出现了许多建议，但这些建议并没有指向一个正在形成的共识，即：未来应当做什么。

C. 国际行政

国际行政视角必须视为国际组织的一个方面、作为政治科学内的一个专业领域。国际行政学从来没有像比较行政学那样，在 20 世纪 50 年代一开始就做到成功地确定一个自己独立的身份。因此，国际行政学的文献主要由国际组织学的部分成果构成的，这些成果就如拉吉（Ruggie 1985）所描述的"一个稳定的但是低水平的对国际机构和项目的行政运行的兴趣"所生产出来的。作为国际关系学一个分支的国际组织学，它的演变阶段也因此成为关注的焦点。

罗切斯特（Rochester 1986，779）将国际组织学的研究追溯到丹蒂（Dante）在 14 世纪的著作，并引用了"一战"前的一些其他例子，但是他认为"国际组织学直到1920 年国际联盟成立才成为一个可辨别的、系统的研究领域……当时国际关系领域本身也是作为一个独立的学科出现"。

在两次世界大战之间和第二次世界大战期间，国际组织学文献主要是描述性和规范性的，基本上与研究国际联盟和它的附属机构有关（Yalem 1966）。后来采用这种方法的学者被称为"理想主义者"，因为他们更为关注国际机构运行的潜在情况而不是现实情况。

随着 1945 年联合国（the United Nations）的建立，理想主义学派将他们的兴趣转移到这一新的国际机构和它的附属机构上，但是这种对机构建设重心（institution-building focus）受到"现实主义者"的挑战，后者很快就占据主导地位，其中摩根索（Morgenthau 1948）是他们主要代言人之一。他们关注的焦点是"国家主权、国家权力的组成要素、军事战略、外交和其他治理国家的手段以及国家利益的本质"（Rochester 1986：781），他们对国际组织的关注基本上局限于这些机构在"权力平衡"和"权力协调"政治管理中的角色。

理想主义者和现实主义者之间的争论在战后激烈继续，倾向夸大他们之间的分歧并掩蔽相似点。英尼斯·克劳德（Inis Claude）是一个试图结合这两种方法的很有影响力的著作（1956）的作者，正如他所观察到的（1981：199）："现实主义者和理想主义者之间的主要分歧不在于是什么或者应当是什么，而在于什么是可能的"。也许过去 50 年来这一领域的演变中更为重要的就是罗切斯特和拉吉（Ruggie 1985）所提出的：在本质上，焦点从全球议题转移到地区性议题到尤为新近的非政府组织（NGOs）上和"国际政体"上；在方法论上，焦点从传统主义转移到定量研究技术（quantitative research techniques）上；在分析模式上，焦点则从描述性转向更加理论的方法上来。

甚至不只在比较行政的情况下，国际组织/行政现在作为一个领域仍然处于一个混乱状态，这一点正如专业评论家所评估的一样。罗切斯特（1986：790，798，812）对他所称的国际组织领域的"失败"做出诊断。他的发现之一就是到 20 世纪 70 年代，"许多国际组织观察家对研究与国际组织有关的政治比对研究国际组织本身更有兴趣"，而且他在战后揭露出一个模式，该模式导致国际组织领域在 20 世纪 80 年代到达崩溃的边缘，并使得"这一领域身份的真正丧失"。他所推荐的作为未来的"温和的第一步"就是应该回到"对国际组织一个概念上，该概念明确地把国际组织与其他国际关系现象区别开来"。明显地，国际组织/行政视角甚至比比较行政视角更加模糊，可能处于完全被抛弃的危险境地。

Ⅱ. 主要比较：国际行政议题

五个议题已被确定（确定的原因将会得到解释）为比较和国际公共行政这一联合领域最为重大的议题。用简明的问题形式来表达，这些议题就是：

1. （a）在比较基础上研究国家的公共行政系统和（b）研究公共国际组织中的行政，什么是最好的框架（或者什么是可接受的最优框架）？
2. 在每个这样的环境下为获得行政能力提高的"科学"知识的现在和未来的可能性有哪些？
3. 在不那么发达的国家中，行政能力发展的主要趋势和前景有哪些？
4. 在一个适当的行政环境中，考虑到在一个全球性——民族国家系统的环境下，一支有竞争力的公务员队伍的运行在国际组织中怎样得到实现？
5. 对于比较和国际行政来说，未来可能的系统变革的意义是什么？

我们的主要关注放在对这几个议题的考虑上，因为这些议题的每一个都是在比较和国际行政的研究演变中出现的。

A. 研究框架

对比较和国际组织/行政的一个主要持续的关注就是寻求最适宜的分析框架或范式。就确定和建立一个单一的范式作为这一领域的标准这一意义上而言，这一寻求在两种情况下都没有获得成功。虽然每一领域在寻求达成一个共识而未果的情况下都面临一个共同的困境，但是被考虑的备选方案的特征基本上是分开的，只有少量的重复。

战后对比较行政领域感兴趣出现的早期，大部分的选择方案就在比较行政中出现了，而且从此就受到争议，但是其中的一些已经随着时间的推移而在重要性和吸引力上发生了变化。到20世纪60年代早期，我确定了（Heady 1962）四种类型的跨国际比较行政研究。与地方观念为基础的研究差异最小的类型被称为"被修改的传统的"（modified traditional）。它主要由一些案例组成，其中对这些标准主题，如人事管理、总部/现场关系（headquarters/field relationships）、或者在诸如卫生或农业等规划领域的管理行政的研究从特殊国家行政系统扩展到在这些系统之间的比较，但是它也包括许多基本的对西方发达国家中行政的机构比较，其重点放在中央政府组织安排和公务员系统的区别上。这样的比较继续进行，常常得出有用的结果，但是很少有人声称这是该领域作为一个整体进步的一个最有前途的模式。

一个更有生产力的和持久的关注则是"发展行政"。这一术语本身是在20世纪50年代由乔治·甘特（George Gant）所创造的，当时他是福特基金会（Ford Foundation）的一个职员。该术语非常适宜地突出了要集中关注发展中国家行政能力提高的这一需要。这也有一个好处，即回应了大多数比较行政学先驱所接受的两个主题：根据全球基础扩大比较范围从而超出先进的西方国家范围，同时支援新兴独立的国家满足他们建设国家的需要。对于附属于美国行政学会的比较行政学组织（Comparative Administration Group，CAG）来说，它是这场运动的组织基础，这一重点有额外的优势，即它吸引了财政支持，特别是来自福特基金会的支持，该基金会在比较行政学组织活跃时期曾提供许多资金。结果（outcome）就是在20世纪60年代，发展行政和比较行政几乎变成了同义词，大多数由比较行政学组织资助的出版物在它们的标题中都包括了"发展"或"发展的"这些术语。

这些考虑掩盖了发展行政作为这一领域进步的一个基本框架的内部所产生的问题。在这一术语中的模糊性还没有得到满意的澄清。最广为接受的定义是由甘特（1979, 19-21）所提出的，他认为发展行政的意思是"一个政府建立的用来实现其发展目标的机构、管理系统和程序的综合性"，集中在"国家建设的机构或部门"中，在如农业、工业、教育和卫生等领域。这有一个优势，就是在关注欠发达国家的同时也认识到更为发达的国家也存在发展问题，但是它没有明确区别"发展"和"非发展"行政。近来的评论家认识到了这些模糊性。埃斯曼（Esman 1991: 5）承认："发展的概念过去是、现在也是不精确的"，但是它是"多维度的，大多数学者和实践者对相对的重点、优先权和时间安排上存在分歧"。西芬（Siffin 1991: 9, 12）认为，发展行政是"是对一系列、或者至少是潜在的一批问题的指示性的但又不精确的标签"，它也是"一个缺少明确的边界和明确（crisp）的学科严密性的主题（subject matter），用我们所能收集的那些分析技能和人才来解决系统问题"。一个更为重大的困难是，发展行政学无论怎样被界定，整体上都是一个比公共行政学更为受到限制的东西，而且被局限到发展行政问题上来的跨国研究必然会将许多法律主题从比较中排除出去。

认识到这一不足，加上在设计用来帮助发展中国家的技术援助项目的绩效记录中有越来越多的缺陷证据，这些在近年都削弱了把这一方法作为一个基本范式的呼声。对发展行政的兴趣继续存在，但是重点已转到技术援助目标和战略的重新评估上来，从一种关注组织和程序改革的模式朝一种在公共政策和行政技术之间产生直接的联系并强调分权和地方参与的重要性的模式（Bryant and White 1982; Honadle 1982; Islam and Henault 1979; Korten 1980, 1990）。

在比较行政学中带头的模型建立者是弗雷德·W. 里格斯（Fred W. Riggs），他的偏好是通常被称为一般系统理论（general-system theory）的东西。这一方法是基于起点必须是对整个社会的比较分析这样一个概念，然后可能是对社会组成部分如政治系统和它的行政子系统的研究。受到结构功能社会学家（structural-functional sociologist）的影响，里格斯（1964, 1973）提出和重新提出常常被称为一套"棱柱色拉形"的"理想类型的"社会模式和其构成部分，作为理解同时代民族国家、特别是那些欠发达国家的行政特征的工具。

在他修改过的陈述中，里格斯提供了一个框架，从两个方面来描述社会的特征：整合度和差异度。整合意味着在社会构成结构中的和谐调整；差异指的是在这些结构中进一步划分的程度和他们职能的专一性。这个框架可以潜在地用来根据任何维度给任何社会分级。实际上，里格斯和其他人使用这个框架主要限于他称作"正棱柱型"（orthoprismatic）且他认为与许多发展中国家十分相当的社会。里格斯对他所称的这样一个社会的"接待大厅（sala）"行政分系统特别感兴趣，他详细推断了与它有关的特征。他也出版了一个很有价值的、有关泰国（作为一个具有典型正棱柱形特征的"官僚政体"）的案例研究（Riggs 1966），但是他没有试着使用这一模式把许多当代国家精确地放到这个二维框架内。

一般系统方法惟一一个不同的例子就是多尔西（Dorsey 1962）所提出的"信息能量"模型（information-energy model）。他在分析越南（Vietnam 1963）的政治发展中运用了这种方法。后来贝伦森（Berenson 1977）在一次跨国研究中检测了这一方法，不过根据他的判断是令人失望的结果。现在对这一方法的兴趣似乎已经消退了。

如上所提，蒲勒萨斯（Presthus 1959）率先提出把他称之为"中程理论"的作为"宇宙维度"（cosmic dimension）的一个备选方案，这里他认为宇宙方面是一般系统理论的特征。这种中程理论的一个现成的例子就是理想类型的官僚制模式，该模式在20世纪早期由德国社会学家马克思·韦伯（Max Weber）提出，后来被其他的社会学家和政治学家所修订。伯克（Berger 1957）首先在对当时的埃及官僚制的研究中使用它，官僚制在政治发展中的角色在由拉巴隆巴拉（LaPalombara 1963）所编辑的一卷很有影响力的书中所发表的一系列研究文章所强调。存在于当时每个民族国家的公共官僚机构被挑选作为比较公共行政第一次全面检测，最初出现于1966年（Heady）。到了20世纪70年代早期，官僚中程理论被认为是在所有有效的研究框架中最多被使用的和最常被青睐的备选方案，但没有把自身确立为继续重视多样性而不是正统性这一领域的标准范式。

近来惟一的一个创新是把公共政策导向用作比较的主要基础，这一创新可能被认为是一个额外的备选方案。毫无疑问自从20世纪70年代以来在跨国家公共政策研究中，也就是在许多方面是重复早期的更广阔的比较公共行政运动的一个发展中，有一个戏剧性高潮（Hancock 1983）。享德森（Henderson 1981）认为这是一个重要的趋势，我也持相同看法，但是在主题范围被限制到少于对整个国家行政系统的比较这一方面，公共政策近似于其他的部分焦点。因此，它似乎并不是一直在努力获得承认的早期范式的一个可行替代品，而且在成为到现在还没有达成的一个共识的基础上不可能会比它们更成功。

在国际组织/行政学中确定互为竞争的范式更加困难且更具有争议，虽然许多权威的评论家进行了许多的分析 [e. g., refer to Abi-Saab（1981），Feld et al.（1983），and Rochester（1986）]。最好的总结方式是罗切斯特（Rochester）所提出来的，就是回顾在上半个世纪相继按时间顺序出现的作为最为流行的研究框架的四个方案。这些提到的范式普遍被称为理想主义、现实主义、全球主义（globalism）（或现代主义）和新现实主义。正如已经指出的，理想主义和现实主义流派之间存在着长期竞争，另外两个则是这两个基本选择的最近变体。

在每种情况下，这些标签都是一组与范围、焦点、方法论和价值导向等相关的特征的速记形式。在每种情况下的不同结合反映了长期以来在用所偏好的方法处理该领域的这些方面时候的变化，而在学术上的这些变化反过来却是由、至少部分是由20世纪中在国际领域所发生的事件引起的。

理想主义的特点就是对该领域的范围界定狭隘、焦点放在显然是机构的组织和行政上，这些机构明显地是国际的和政府的（international and organization，IGOs），方法论是传统的且不强调定量技术、并且对这些机构减少国际紧张和冲突的能力的提高有价值承诺。

在"二战"之前和之后，理想主义者认为他们关注的范围从根本上受到国际组织传统定义的限制，定义是"为解决由系统条件衍生出的任务的国际系统成员中的一个制定化的安排"（Hanrieder 1971，275）或是"一个国家联盟，由其成员国的协定而成立，拥有一个永久性的的系统或一套机构，它的任务是通过成员国之间的相互合作去追求共同利益目标"（Virally 1981，51）。在这些国际政府间组织中，焦点主要放在那些全球范围的组织上［以前是国际联盟（League of Nations），后来是联合国（United Nations）］或者它们的专门机构上，诸如国际劳工组织（International Labor Organization，ILO）或世界卫生组织（Would Health Organization，WHO）。

研究方法主要是描述性的，这导致只是描述机构的演变或分析正式机构的特征。一个比较好的例子就是韦特海默（Ranshoffen-Wertheimer 1945）对国际联盟的秘书处（secretariat）的研究。理想主义者趋向于高度规范化，目的是建立能促进和平和产生世界政府的国际组织。这一类型的最具代表性的书是由克拉克和索恩（Clark and Sohn 1958）所著的《通过世界法来促进世界和平》（World Peace Through World Law）一书。

20世纪40年代由摩根索（Morgenthau）所发动的现实主义者的反应，在50年代得到加强，60年代达到顶峰，它改变了一些优先权。虽然国际政府间组织继续是主要的研究对象，但显然关注点转移到地方主义和地区机构上来，尤其是与欧共体（European community）相关的机构上来，但是较少关注拉丁美洲、中东和其他地区。研究中的实证主义被强调作为社会科学的行为主义运动的一部分，而且对定量技术的试验有所增加。人们更加努力试图超出对机构的描述处理，而朝理论构建发展以作为研究行为的指南。价值中立被认为能够促进对国际政治环境的更为现实的认知。在对这一时期国际关系领域内整体形式评论的同时，赫尔斯特（Holsti 1971，71）总结道"理论家的当务之急……是探索具体问题、产生假设或普遍性（generalizations）以解释有限的现象范围、特别是要获得数据来检测这些假设"。许多学者如多伊奇等人（Deutsch et al 1957）和哈斯（Haas 1958）都做出了突出的这样的研究范例。

全球主义或现代主义范式出现在20世纪70年代早期，作为对现实主义的一个挑战和改进，它受当代的事件如1973年的石油危机和对世界范围的问题的认识，如人口增长和污染扩散等所推动。它对国际组织的研究也有一些影响。相互依赖的日渐复杂使得有必要扩大关注范围，从主权民族国家和官方国际组织到像跨国公司的非政府组织上，这也因此扩大了国际组织学是一个领域的概念。新的全球主义视角的支持者质疑地区机构的重要性和有效性，而对地区主义的兴趣也有所下降。定量研究技术继续得到青睐，但是显然在实践中它们没有得到广泛应用，对在探索知识的积累上成就也受到怀疑。研究者的价值偏爱被认为是不可避免的，也许是合意的。"学者被要求更加公正直接地对待价值，或者至少使他们研究的规范性或描述性意义更加明晰。后行为主义要求将知识与行动相联，这导致在国际组织领域内日益增长的政策科学视角"（Rochester 1986：796）。

近来在这一领域最流行的是新现实主义。正如名字所意指的，与其说它是一个提议的新范式不如说它是现实主义观点的重新形成，具有一些重要的意义。新现实主义者一方面扩大了国际组织/行政的范围，强调"国际政体"（international regimes）的重要性。这一概念有各种不同的解释。一种描述认为这些机制是"被认识到的实践模式，期望围绕这些模式聚合在一起"，它"可能或不可能伴随着明确的组织安排"（Young 1980：332，333）。另外一种就是它们是"目标导向的企业，其参与成员通过明确的或缄默的权威性价值分配来追求利益"，渔业保护（fish conservation）和海底开采分配利润就是相应的例子（Feld et al. 1980：40）。罗切斯特（Rochester）（1986：800）坚持认为，这一概念是如此之广以至于它对国际组织领域来说"几乎意味着知识混乱"（intellectual chaos）。无论如何，它肯定是模糊了学科的边界。

新现实主义的另一个方面就是它对未来的前景更加悲观、更加宿命论，参与者的激增和相互依赖的复杂性可能被认为是对事件失去了控制。罗切斯特（1986：800，802）认为新现实主义的价值导向，特别是在一些政体分析形式中所宣布的价值导向，就是一个这样的价值：拥有"一个固有的偏见，反对国际政治组织中的任何重大变化"，并标志着"战后学术脱离两次战争之间时期理想主义的'奥德赛'（odyssey）（意指漫长的过程或长期探索过程——译者注）的完成"。

不管人们是否赞同罗切斯特的观点，即目前的形势反映了国际组织学作为一个领域研究的没落，但这个总结中的证据使人相信在这一领域中，人们对于它的范式框架应当是什么仍然没有产生共识。

B. 知识获得（Knowledge Acquisition）

近几十年比较行政和国际行政学，和许多其他的社会科学专业一道，都在努力获得知识的同时寻求变得更加"科学"。库恩（Kuhn 1970）的工作作为实现这个目标的一个指导非常具有影响力。虽然他主要关注的是像天文学和化学等"硬"科学而不是像政治科学和社会学等"软"科学,但是他对什么构成一个"科学"的说明已被广泛接受,成为评估社会科学中科学进步的标准。在这一公式中,一个领域宣称自己是一个规范的科学,其关键因素就是:一个研究的标准范式或理论框架已经出现,并被该领域的专家接受认为是合适的。对于那些努力为他们的研究行为找到科学凭证的人来说,对符合范式共识标准的要求是非常强烈的,而无法达成这些共识常常被引用为没有做出令人满意的进步的证据。

另外一个关键的考虑就是对科学或准科学研究所拥有的专业知识的普遍化理论(generalizability)。达尔(Dahl 1947:8)在评估宣称存在或能够是一门公共行政"科学"时,强调公共行政比较方面的重要性。他指出,只能应用到一个特定国家行政系统的知识是不够的,而要求应当是"独立于他们特定国家背景之外的一系列普遍化的原则"。

虽然这一告诫在比较行政学文献中最为备受关注,但是它对于在国际行政学的研究也同样是中肯的。社会科学总该不应只适用于一个或一组国际组织,而应当适用于所有这些组织。此外,概念化的行政知识应该对于民族国家内的国内行政系统和特殊民族国家制度框架之外的国际组织都具有相关性。

在比较行政学中所提议的重要选择方案都试图在一定程度上回应这些对范式接受和应用普遍性的要求。一般系统理论家,如里格斯和多西尔,都强调生态研究方法的优势,该方法在对国家行政系统进行比较之前先把它们分别置于政治和社会背景下。选择以韦伯式为基础的官僚制理论的人,包括我自己在内,都对官僚制在直接关注行政机构和行政行为的同时又允许全面考虑环境因素对官僚制的影响这一功效印象深刻。在近年对发展行政的研究中,科滕(Korten 1980)和罗得内利和英格尔(Roudinelli and Ingle 1981)以及其他人都集中制定系统战略以完善发展项目的执行,并将这认为是应用产生于一般管理科学的原则。

在国际组织/行政学中也一样,每个提议范式的支持者都支持这一范式,认为最值得被广泛接受和有助于系统的知识积累。正如前面所提到的,使国际组织研究更加科学的行为主义运动在20世纪60年代达到顶峰,但到20世纪70年代产生了"后行为主义"反应,它判断认为〔正如罗切斯特(1986:795,796)所引用的〕"国际组织科学"没有像它所承诺的那样实现。

记录似乎非常明确:比较行政学和国际行政在确定一个正统的范式和在最后展示已经发现了有效的科学原则上都没有取得成功。这并不等于说这两个领域在这上半个世纪都没有取得重大进展。关于这一点的判断是混合的。

对比较行政学所取得成就的批评人士最常抱怨的就是寻求被大众接受的一个范式一直徒劳无功,但是对此进行指责的人在他们有关这一框架应当是什么样的提议中却持不同意见。同样,国际组织/行政学专家对什么样的范式吸引最多的支持也一直在改变看法,没有朝更加一致的方向发展。这两个领域显然在库恩所称之为的"前范式"阶段(preparadigmatic stage),因此没有资格被考虑在成熟学科的范畴之内。

也许更为重要的问题就是累积多少可用的知识，无论这些知识是否适合被认为是科学的产物。正如沃尔多所指出的（1980：22），"科学的根源意义就是知识"。他评论道，"科学"的知识已经"与自然科学的方法和发现联系在一起，更为严格地说是与物理科学联系在一起，不与这一模式相符合的被认为是第二流的知识或不是知识"。但是他断言，没有证据表明，物理学在其发现成果与技术结合以产生"具体的变革"上比其他社会科学先进。

当用这样一种方式、而不是通过在其他努力中强调"科学"的更严格标准所评估时，比较和国际行政学的记录可能留有更深的印象。彼得·萨维奇（Peter Savage）曾提供了对比较行政运动成就的一个均衡总结，指出实现早期的期望"更多与它所选择的领域的复杂性和难以处理性而不是与错误的目标有关"（1976：420－422）。即使对这一运动的所有结果进行严厉批判的人也承认，它的生产力爆发力在相对较短的一段时间里大大增加了有效知识。由罗切斯特所引用的对国际领域形势的评估（1986：807－809）表明了更多的变异性，这使他观察到"对如此基本的一个问题即该领域所发展的知识的整体程度都存在着巨大的意见不合"。他的结论是在许多学科所发现的"累积的知识问题"似乎在这一领域不同寻常地严重。

C. 欠发达国家的行政能力

公共行政知识在实际应用中的目标在于改善行政运行。比较行政和国际行政两者都特别关注改善在那些被挑选作为每个领域内具有关键重要性的地区的行政能力。

大多数对民族国家公共官僚机构的观察家同意他们应当满足两个基本的绩效标准：他们应当是有效率的工具性的（instrumental）。一个有效率的官僚机构会有效地利用资源以满足公共政策目标；一个工具性的官僚机构是作为代理人而不是主人，在选择这些公共政策目标中从它们阶层之外回应政治领导者。

对于一个被归属于政治发达或现代的国家来说，通常所要求的一个属性就是公共官僚机构应当是相对有效率且应当是一个回应政治领导的工具。通过常常使用"三个世界"的分类方法（直到在20世纪90年代变得过时），通常的评估是在第一世界的国家（例如美国）或第二世界的国家（如前苏联），这些标准基本上正得到满足，但是在各个方面和广大的空间还有待提高。另一方面，那些所谓的第三世界国家有可能被标为发展中的或正在现代化的国家，这主要是因为他们的官僚机构常常被认为既没有效率也没有工具性。在比较公共行政学中一个持续的焦点过去是、现在仍然是用这两个标准来评估的这些欠发达国家官僚机构的行政能力提高这一问题。

在20世纪50年代和60年代早期，双边和多边技术援助项目的迅速建立和对发展行政的集中关注是那些初步的行政系统、而且这些系统通常源自于由前殖民国家为了法律秩序目的而设计的独立前的先例的国家中对被认为是要求紧急而激烈的社会转型的回应。发展行政的支持者如韦德纳（Weidner 1962：107）强调需要"将不同的行政角色、实践、组织安排和程序与发展目标最大化联系起来"。在同一时期，一般系统理论家认为，如里格斯（1964）在他的"棱柱型接待大厅"（prismatic-sala）模型中，这些公共官僚获得政治权力的机会与这些官僚机构在行政绩效上的不足之间有联系。

到 20 世纪 70 年代早期，越来越多的证据表明：行政无效率加上官僚精英的政治主导地位正在增长而不是消退。通过技术援助项目的行政改革措施一直是令人失望的，且常常产生了许多始料未及的不良后果（Siffin 1976）。军事政体（military regimes）日益流行，结果到了 20 世纪 70 年代，超过 1/3 的联合国成员国都是由军事干预建立的政府（Welch 1976）。在这些政体中的一个共同模式就是：军队和文职专业官僚一起工作，但是军队拥有最终控制权。这样的"官僚政体"通常被比较行政学者判断为既没有效率也没有工具性。

近来的努力则指向这些趋势的一个反面，并产生了混合的结果。对技术援助的实质和过程给予了特别的关注。一个主要的争议一直是外部产生的提高行政绩效的项目是否应当在公共官僚机构已经凌驾于其他政治机构之上的国家中予以鼓励的问题。对于通常被标为"失衡问题"（imbalance thesis）的支持者赞成，在这样的环境下进一步加强官僚制只会使问题恶化并进一步阻碍未来均衡的政治增长的可能性。关于这一问题效度的怀疑主义者认为，作为一个普遍规则，对于技术援助的要求应当得到赠与国的肯定性回应，即使所要求的援助是为了给那些现在因为官僚占主导地位而失去均衡的政体改善行政。

里格斯（1963，1970，1971）一直是第一种观点的主要代言人，坚持认为目标应当是一个在官僚制与他称为的"构成系统"（constitutive system）之间拥有一个理性的稳定的均衡政体的成就，"构成系统"由这样一些要素构成如一个选举制度、一个民选的立法机构和一个政党体制。在一个官僚政体内，官僚改善中的外部努力遭到反对，这不仅导致进一步的政治失衡，而且损害了行政绩效。布兰班提（Braibanti 1961，1969）一贯支持这个观点：一个有竞争力的官僚机构是政治发展的主要前提，而无论政治权力均衡可能怎样，加强行政都是令人合意的。根据这一视角，政治发展的外部诱因的一般战略应当支援和加强尽可能多的政治机构，包括已经强大的官僚机构。希望就在于应当有一个有渗透力的措施，用现在较为成熟的机构来帮助加强较弱的机构。

关于行政改善的竞争战略和在政治发展中实现均衡的争议仍在持续（Heady 1996）。同时，塞格尔曼（Sigelman 1972，1974）也对失衡主题进行了两次独立的测验，分析了大量发展中国家关于官僚成熟度与政治过度参与之间关系的数据（一次测验中有 57 个国家，另一次有 38 个）。塞格尔曼（Sigelman）在这两个测验中发现，与失衡主题早先的设想，即在官僚发展和政治垄断之间存在着正相关，相反，正是在欠发达国家的官僚机构中趋向于夺取政治权力。后来，麦拔（Mabbutt 1979）仍然进行了另外一个研究，在研究中他更正了他认为在塞格尔曼（Sigelman）研究中的缺陷，但也得出这样的结论：实证研究不支持在一些变量中的失衡主题。

在质询为何根据政治后果压制援助那些已经相对成熟的官僚机构得到质疑的同一时期，在发展行政中的趋势已远离了对中央政府官僚机构的行政改革，而朝具体的地方目标项目的分权化运行方向发展，这一点前面已经提到过。其后果就是一个自相矛盾的情况，其中扩大对欠发达国家的国家官僚机构的外部援助的满意度也没有像对以前努力去做所产生的结果的功效那样受到怀疑。同时，外部援助的动力也转移到帮助实施为农村发展而进行的相对有限的项目上，或转移到为减轻在这些社会中大多数弱势群体（underprivileged groups）经济上的困扰的努力措施上。这样的战略的成功性仍然不确定，尽管这一焦点是值得称赞的。总而言之，虽然在比较行政学中持续关注欠发达国家行政能力的改善，但是对实现这些目标的焦点和手段仍然没有达成一致意见。这一议题不只是过去和现在的一个议题，它也是未来的一个议题。

D. 国际机构行政能力

国际行政学（International Administration）被韦斯（Weiss, xvi）界定为"国际机构运用公共资源执行公共事务"，正如他所指出的，该术语可能被用来"集中描述管理国际组织的官僚群体"。这些官员构成国际官僚机构（international bureaucracy），它是国际行政学学者在提高国际政府间组织（IGOs）的行政能力的首要关注焦点。随着这一领域变得更加分散，即使非政府组织和"国际政体"在近年也被纳入到国际组织/行政学的范围之中，但是对这些机构的行政的研究相对很少。

国家官僚机构先于国际官僚机构，所以一个自然的起点就是探讨两者有多相似。关于这一点的看法广泛不同。凡·瓦更（Van Wagenen 1971：5）表达了更为普遍的观点，他评论道："在国家和国际行政学的相似点远远超过不同点。"而另一个极端则是麦克拉伦（McLaren 1980：127）的观点："关于国家政府秘书处（secretariats）的公共行政的发现结果并不适用于国际组织的秘书处。"

显而易见，事先存在的国家行政系统对20世纪国际行政的演变有一些影响，但是环境和任务不同，所以由此产生的差异应该是期望之中的。正如克劳德（Claude 1984：192）所指出的，"在国际领域不存在长期存在的行政结构和行政程序的模式或国际公共服务的传统价值观。国家先例是可以获得也是可以复制的，但是它们之间相互不一致，也许它们单个或联合一起与国际行政的要求不一致"。乔丹（Jordan 1971, vii, viii）强调了另外一个因素："虽然国内形成了官僚用以实现他们目标的各种手段和各种国家行政传统以满足国家的需要，但是在国际上这些程度并不相同。国家作为世界事务主要政治力量的第一位是这种情况的一个原因。"

这一结果（outcome）可以描述为一个表达：国际秘书处传统（international secretariat tradition）。其起源至少可以追溯到维也纳会议（Congress of Vienna, 1815），但是最重要的先例就是存在于英国的秘书处系统，该系统产生于20世纪早期的帝国国防委员会（Committee of Imperial Defense），到第一次世界大战结束时发展成为英国内阁（Jordan 1917）。作为一个机构，秘书处的本质就是应该存在一群服务于政策制定当局的非政治的职业公务员。至少这些官僚干部主要与政策执行而不是政策制定有关，并且被期望回应政治领导中的变化。

当国际联盟成立时，第一届秘书长是埃里克·杜鲁蒙特先生（Sir Eric Drummond），他改编了他所熟悉的英国秘书处的安排以满足联盟的需要，建立了一个忠诚于作为一个国际组织的国际联盟而不是忠诚于作为秘书处成员国家起源的国家的国际公务员机构。

国际秘书处模式后来被联合国所复制。演化中的国际公务员被认为有四个基本的特征：忠诚于国际组织、在政策执行中公正、独立于对起源国的忠诚，并主要依据绩效进行招聘和保留（Feld et al. 1983：95-97）。这种公务员在其中工作的国际组织被认为是民族主义（nationalism）和相互依赖（interdependence）的副产品，民族主义和相互依赖是现代国际事务中两个主要的对立力量（Jacob et al. 1972）。在国际和国家官僚机构之间所存在的关键差异就是前者在本质上有一个更加理事会式而不是等级性的组织模式，而且国际机构的秘书处比对应的国家机构更加远离政策制定职能。

根据厄立特（Urquhart 1978：46，47），这样一种国际公务员的概念"是最有可能，更不用说在实践上，最终构成某种可行的世界秩序"。国际公务员应当具有以下特征：专业技能、无私的常识、远见、客观判断和适度的趋同。它应当提供一个各个政府可以统一他们相互冲突观点的共同基础。它应当是在国家主权、利益和国际责任之间达到某种工作平衡的努力的核心部分。

依赖国际官僚机构作为满足全球需求的一个积极力量对于部分发展中国家来说是特别重要（Feld et al. 1983：98），但是人们对于这些官僚机构必须在国际组织的绩效记录中所扮演的关键角色还是有一个基本认同。

对这一记录的评估是混合的。在20世纪70年代早期，在联合国已经走过第一个25年之时，出现了一些评估（Jacob et al. 1972；James 1971；Mailick 1970）。一些人表达了乐观看法，正如这个评论所表现的：

> 在联合国内，全球国际组织已经达到空前的全面和整合。它现在的成员探询普适性，跨越了地理、政治和意识形态的界限……它的职能几乎覆盖了人类行为的每一个重要领域。分离的和独立的国际行政和司法机构在很大程度上聚集在一起，作为一个单一的国际协作系统的一部分。虽然协调还远没有完成，而联合国的权威也有限，但是它为国际问题的联合行动提供了最为广泛的框架（Jacob et al. 1971：14）。

一个更普遍的悲观的评估与被认为是国际公务员的退化联系在一起，其原因是正变得日益民族主义化的全球形势。一个主要的现象就是詹姆斯（James）

所称的寻求公正的地区分配运动中的"幽灵"(specter),他坚持认为这已逐渐导致建立了一个定额系统和任命二流官员。据说这一忠诚冲突问题也一直在增长。

> 联合国秘书处已逐渐地、艰辛地演进了一系列与主要是国际的职业公务员的最初概念的折衷物。这一困境就是是否这些折衷物不只是动摇了这一最初概念——在任何情况下,它都是一个高度受到限制的概念——而且削弱了秘书处的效率和价值,直到不能履行任务(James 1971:70)。

詹姆斯(James 1971:70)总结到,这一最低点是"危险地接近了"。

在干预年代(intervening years),这一问题继续是:一个有能力的国际公务员可以在将自身利益置于第一位、全球利益置于第二位的民族国家所主导的一个世界里所安置和维持。

在20世纪80年代的评论家普遍同意联合国的议程继续扩大,重点也越来越放在管理任务上,但是他们怀疑它的行政问题能否得到解决。由马西亚森(Mathiason 1986:13)所作的分析表明"整体上,联合国被要求处理日益增多的问题、从行政的角度执行日益增多的复杂任务、并为该目的提供了日益增加的资源。这一组织显然从最初的服务于民族国家的交易的职能演变成提供和管理全球服务的一个组织"。但是马西亚森(1986:18)的结论是:联合国的财政和其他问题反映了"对这一组织、组织规模和组织的一般管理的一个整体不适应"。乔丹(1981)在对联合国秘书处的人事政策和实践的评估中,发现有证据表明:在这一国际性公共服务中士气低落和普遍存在不满、秘书长维持人事安全感和对该组织的忠诚日益困难,以及民族政府和国际官僚机构日益倾向于把它们自身的利益置于作为组织的联合国之前。在一次对国际组织行政问题的调查中,阿基莱德(Argyriades 1986:3,4,5,7,10,12)断言,"联合国运行的复杂性和规模急剧扩张,但是其处理这一状况的能力却没有相应得到增长"。他发现国籍因素是人员职业发展中的一个重要因素,它加强了"一些特定职位、特别是高级职位职能的代表和象征而不是实质内容的相对重要性"。引起的主要伤害则是"绩效、职业主义和理性规范",其结果是国际组织目前主要的特征已经变得具有"衍射性、分裂性、分散性和多样性"。他进一步得出结论:"改善的前景和许多必需的改革"可能是"毫无意义的"。

雷蒙德和马利克(Reymond and Mailick 1986:142)对这些令人失望的倾向意见一致,但是对未来的前景更为乐观。他们断言,主要的要求就是"加强这一国际服务的独立性和正直性",他们将联合国服务的未来和这一组织的未来联系在一起,并激励该服务必须适应联合国在一个"将是公共行政的重要任务之一"的持续过程中演化的结构和职能。

当联合国在1995年接近其50周年庆典时,出现了处理国际组织和国际公务员当前状况和未来前景的新分析。一些人（Barkdull 1995；Krause and Knight 1995；Murphy 1994；Taylor 1993）尝试用广泛的理论处理这一国际系统和其组织表现形式。有些人集中在联合国及其运行问题上（Eban 1995；Kennedy and Russett 1995；Urquhart and Childers 1990），解决诸如在秘书处高级官员的选拔以及日益增加的服务要求和越来越不确定的资金这样的困境等问题。

国际组织学的官僚制的研究显示出了评论家的最大兴趣（Beigbeder 1988；Jordan 1988；Lengyel 1993；Mouritzen 1990；Pitt and Weiss 1986；Wilson 1994）。最广为接受的结论是乔丹（1991：356）所良好表达的，他认为"一个由政治中立的国际公务员所组成的国际性的联合国官僚机构，它以功绩为基础进行招聘并受到统一的任命、晋升、补偿和保留等标准的约束，这必须被视为更是一个理想而不是现实的反映。现实更近似于大多数成员国的高度政治化的公共服务"。伦吉尔（Lengyel 1993：546）表达了这样的希望，"政治环境现在至少允许（如果他们并没有实际上推动）甚至在5年前还是无法想象的动议"。但是即使他是正确的，可到目前为止几乎没有实现什么。显然，在一个民族国家全球系统中锻造一个有能力的国际公务员这一问题是不可能轻易或迅速得到解决的。

E. 系统转移（System Transformation）

在比较和国际行政学中一直存在的一个次主题（subtheme），就是对在现有民族国家世界系统中正在出现的、很有前景的、并且可能会影响国家和国际官僚机构的转移的推测。这些推测至少在短期内很少有期望作为这个世界上占主导地位的政治秩序模式的民族国家的消失。大多数人接受了米勒（Miller 1986：296）的观点，即"暂时和在我们可以看到的将来"，主权国家将是首要的政治实体。对于比较行政学或国际行政学来说，焦点已放在全球性民族国家系统特征的有意义的转移及它们的结果（consequences）上。

1. 影响比较行政学

在20世纪五六十年代比较行政学运动的全盛时期，共同的设想就是所有的国家从根本上都有国家发展的渴望，欠发达国家采用相同的发展路径竭力仿效更为发达的国家，以及欠发达国家通过引进可以促进他们发展项目的行政技术坚持这样做。这些设想从未得到完全接受，但是近30年对它们的反对有所增长，同时"依附论"（dependency）、"社会系统界限论"（social systems delimitation）和对未来的"后工业主义"观点的支持者提出了三个重大的挑战。

依附理论家基本认为，发展不足或缺少发展是一些社会依附于其他社会这一状况的结果，而且如果在这些关系上没有根本的改变，那么改进的前景甚微。来自"大都市"发达国家的外部因素对"边陲地区"发展中国家的影响被认为基本上是负面的。在苏联解体之前，依附状况的原因被认为是"资本主义帝国主义"（capitalistic imperialism）或者是"超级大国的首要地位"（superpower primacy)（当时的超级大国是苏联和美国），这取决于作者的政治导向。雅嘉利（Jaguaribe 1973）对依附论文献进行了一个全面的评审，包括那些为逃脱或改变依附状况所提出的选择。依附理论家做了一个基本上是负面和悲观的预兆，尤其悲叹行政技术援助外部项目的影响并贬低公共官僚制可以对国家发展所作的贡献。虽然仍然有影响力，但是依附论的作者们不得不对他们的论点进行重大调整，以考虑到前苏联的消失和在东亚如香港、新加坡、台湾和南韩等"小虎"国家和地区的兴起。

社会系统界限论的领导支持者是 A. G. 拉莫斯（A. G. Ramos）。他的"新组织科学"给发展中国家的信息就是：这一界限模式拒绝发展国家的历史经验作为一个指导方针并代替他称为的将提供多种社会飞地（enclave）的"超经济范式"（paraeconomic paradigm）。国家的角色是培育一个多中心的社会，其具有"不仅支持市场导向追求，而且支持适合个人实现（personal actualization）、欢乐关系（convivial relationships），及社区公民行为的社会环境的分配政策"（Ramos 1981：135）。发展的意义将会得到改变，同时公共政策的目标也会被改变。将会重视远期规划和扩大公共政策的制定者和执行者的角色。国家公共官僚机构显然需要得到加强和重新定位，但是拉莫斯和其他的界限理论家在应当怎样去做方面所言甚少。

后工业主义和在其他标签下的类似构想都是对现在较发达国家的未来的社会预测。贝尔（Bell 1973）、图海纳（Touraine 1971）和其他这些预测的社会科学家对不远的将来的重要转变的意见远比在新的社会里实际的特征是什么更为一致。动力就是理论知识和技术将变得越来越重要，而且受过高等教育的职业和技术人员将占主导地位。政治决策制定和行政执行的范围可能会扩大，但是怎样实现扩大却不是后工业主义文献中的一个主要关注。

随着时间的发展，这些观点的预测功效似乎更加受到怀疑而不是肯定。依附条件现在似乎最多只是发展中不足的一个片面的解释。社会系统界限论的支持者在确定采用他们建议的事例上含糊不清。中国、南斯拉夫和坦桑尼亚有时会被提起，但是在这些国家中最近的趋势似乎是远离而不是接近边界。艾茨欧尼（Etzioni 1980）和其他人认为，后工业社会正变得更不可能而不是更可能形成，水晶球（crystal ball）变得更加模糊而不是更加清晰。

2. 影响国际行政学

关于在不久的将来国际组织/行政学是什么的推测分为两种类型。一种认为在可以预见的将来，现有的民族国家系统中只会有微小的变化；另外一种则思考了朝某种世界秩序发展的一个逐步转变，其中民族国家将被替代为基本的政治实体。

贝内特（Bennett 1977：2）代表第一组人，他们主张民族国家系统"没有显示会迅速退化或转变成新形式的迹象"。这一视角导致强调一个基于秘书处模式的国际公务员在面临将他颠覆为特殊国家利益的压力下如何能够得以维持。强调不同国家组织之间对国际组织如何行使职能的认知上还存在距离是非常现实的。在那些赞同接受民族国家的持续核心地位、同时也认识到其他政府和非政府行动者日益重要的人中,对于以后的倾向应该是乐观的还是悲观的还存在广泛不同的意见。例如,克利夫兰(Cleveland 1993)看到了在全球骚动的时代,有一个机会采取一个积极的行动议程来塑造未来,但是亨廷顿(Huntington 1993)预测,即将有一个文明的冲突主导全球政治,并可能带来不幸的结果。

许多对国际组织/行政学领域作出贡献的主要人物的一个可以理解的倾向就是指出民族国家的脆弱性并预测了世界秩序的某种未来的高级模式。例如,阿尔杰(Alger 1977, 123, 142)主张"正如我们所知道的,民族国家系统"应当被视为"人类某些行动的某个历史组织形式。许多雄心勃勃的事业在民族国家系统出现之前就把距离很远的人们联接在一起——用科学、宗教、伦理纽带和商业等。这些过程在民族国家系统建立后仍在继续,而且他们在民族国家系统被取代后也将继续……现有民族国家系统并不是未来全球系统不可缺少的组成部分"。克劳德(Claude 1984:445-448)在认识到"拥有巨大权力的国家之间的暴力冲突的危险是我们这个时代占主导地位的现实"的同时,也表达了希望:在"一个逐步取代国家政府作为人类事务管理的主要机构的过程中",最终"国际组织可以改变多国家系统的运作"。正如所观察到的,"被认为是一个历史过程的国际组织代表了一个长期趋势,朝向进取追求政治手段使得世界变得安全适合人类居住的一个系统发展"。

一个新的世界秩序的具体细节如果出现的话,则不可避免是不明朗的。适合这一秩序的一个官僚机构的特征甚至可能会更加不确定。克劳德(1984:192,193)指出:"某种机构孤独"是现化国际公务员的负担之一,"一个公务员不仅是一个技术成绩,而且也是一个政治社区的自然发展的结果"。直到在未来的某个时候形成了一个全球的政治社区而不是民族国家系统的时候,一个相应的行政子系统的组成部分还只能被模糊地勾划出来,但是它是国际组织/行政学的活力的标志,因为国际组织/行政学中开始关注这一问题。

Ⅲ. 作为一个目的的未来趋同

历史记录显示,比较行政学和国际行政学虽然都同样关注一个主题而不是一个单一民族国家的行政系统,但却是沿着平行线而不是交接的路线发展。对于多数情况,对这些主题都作出主要贡献的人构成了两个不同的群体,他们从政治科学整个学科中的不同专业中吸取知识和并受其影响。

然而,正如前面对比较行政学和国际行政学的文献的调查所显示,这两个分支领域的核心主要关注一些相类似的问题。作为其结果,主要的议题得到确定,它们都是比较行政学和国际行政学学者所共同关注的问题。它们包括:关于对最适宜研究的范式的不同意见、关于如何促进增加知识储备的争议、为提高具有首要利益的公共组织的行政能力的战略的研究，以及关于对在行政环境中潜在的重大变革的结果的猜测等。

"什么是现在所需"、和"未来的议程应该是什么"是这两个专业领域更为有效的结合力量（通过一个群体更为熟悉另外一个群体的工作），这会导致一个逐渐的趋同，这种趋同有利于在公共行政中的比较行政和国际行政研究。不幸的是，在近10年来，还没有充足的证据表明这样一个趋同实际上已在发生。

REFERENCES

Abi-Saab, ed. The Concept of International Organization. Paris: UNESCO, 1981.

Alger CF. Functionalism and integration as approaches to international organization. In: Georges A-S, ed. The Concept of International Organization. Paris: UNESCO, 1977, pp. 122–145.

Argyriades D. The administrative problems of international organizations. Paper prepared for the National Conference of the American Society for Public Administration. 1986. Mimeo.

Arora RK. Comparative Public Administration. New Delhi: Associated Publishing House, 1972.

Asmeron HK, Jain RB. Politics and administration: some conceptual issues. In: Asmeron HK, Jain RB, eds. Politics, Administration, and Public Policy in Developing Countries. Amsterdam: VU University Press.

Barkdull J. Waltz, Durkheim, and international relations: the international system as an abnormal form. Am Politic Sci Rev 89: 669–680, 1995.

Beigbeder Y. Threats to the International Civil Service: Past Pressures and New Trends. London: Pinter Publishers, 1988.

Bell D. The Coming of Post-industrial Society: A Venture in Social Forecasting. New York: Free Press, 1973.

Bennett AL. International Organizations: Principles and Issues. Englewood Cliffs, NJ: Prentice-Hall, 1977.

Berenson WM. Testing the information-energy model. Admin Soc 9: 139–158, 1977.

Berger M. Bureaucracy and Society in Modem Egypt. Princeton, NJ: Princeton University Press, 1957.

Braibanti R. The relevance of political science to the study of underdeveloped areas. In: Braibanti R, Spengler JJ, eds. Tradition, Values, and Socio-Economic Development. Durham, NC: Duke University Press, 1961.

———. External inducement of political-administrative development: an institutional strategy. In: Braibanti R, ed. Political and Administrative Development. Durham, NC: Duke University Press, 1969, pp. 3 – 106.

Bryant C, White, LG. Managing Development in the Third World. Boulder, CO: Westview Press, 1982.

Caiden GE, Caiden NJ. Towards the future of comparative public administration. In: Dwivedi OP, Henderson K, eds. Public Administration in World Perspective. Ames: Iowa State University Press, 1990.

Clark G, Sohn LB. World Peace Through World Law. Cambridge, MA: Harvard University Press, 1958.

Claude IL, Jr. Swords into Plowshares: The Problems and Progress of International Organization. New York: Random House, 1956.

————. Comment. Int Stud Q 25: 199, 1981.

————. Swords into Plowshares: The Problems and Progress of International Organization. 4th ed. New York: Random House, 1984.

Cleveland H. Birth of a New World: An Open Moment for International Leadership. San Francisco: Jossey-Bass 1993.

Dahl RA. The science of public administration: three problems. Public Admin Rev 7: 1 – 11, 1947.

Deutsch KW, et al. Political Community and the North Atlantic Area. Princeton, NJ: Princeton University Press, 1957.

Dorsey JT. An information-energy model. In: Heady F, Stokes SL, eds. Papers in Comparative Public Administration. Ann Arbor: Institute of Public Administration, University of Michigan, 1962, pp. 37 – 57.

————. The bureaucracy and political development in Viet Nam. In: LaPalombara J, ed. Bureaucracy and Political Development. Princeton, NJ: Princeton University Press, pp. 318 – 359.

Eban A. The U. N. idea revisited. Foreign Affairs 74 (5): 39 – 55, 1995.

Esman MJ. Management Dimensions of Development: Perspectives and Strategies. Hartford, CT: Kumarian Press, 1991.

Etzioni A. Who killed postindustrial society? Next 1: 20, 1980.

Feld WJ, Jordan RS, Hurwitz L. International Organization: A Comparative Approach. New York: Praeger, 1983.

Gant G. Development Administration: Concepts, Goals, Methods. Madison: University of Wisconsin Press, 1979.

Haas EB. Uniting of Europe. Stanford, CA: Stanford University Press, 1958.

Hancock MD. Comparative public policy: an assessment. In: Finifter A, ed. Political Science: The State of the Discipline. Washington, D. C: American Political Science Association, 1983, pp. 283 – 308.

Hanrieder WF. International organizations and international systems. In: Wood RS, ed. The Process of International Organization. New York: Random House, 1971, pp. 275–295.

Heady F. Comparative public administration: concerns and priorities. In: Heady F, Stokes SL, eds. Papers in Comparative Public Administration. Ann Arbor: Institute of Public Administration, University of Michigan, 1962, pp. 1–18.

———. Public Administration: A Comparative Perspective. Englewood Cliffs, NJ: Prentice-Hall, 1966.

———. Comparative public administration in the United States. In: Chandler RC, ed. A Centennial History of the American Administrative State. New York: Free Press, 1987, pp. 477–508.

———. Public Administration: A Comparative Perspective. 5th ed. New York: Marcel Dekker, 1996.

Henderson KM. From comparative public administration to comparative public policy. Int Rev Admin Sci 47: 356–364, 1981.

Holsti KJ. Retreat from Utopia: international relations theory, 1945–1970. Can J Politic Sci 4: 171, 1971.

Honadle G. Development administration in the eighties: new agendas or old perspectives? Public Admin Rev 42: 174–179, 1982.

Huque AS. Paradoxes in Public Administration: Dimensions of Development. Dhaka, Bangladesh: University Press, 1990.

Huntington S. The clash of civilizations. Foreign Affairs 72 (3): 22–49, 1993.

Islam N, Henault GM. From GNP to basic needs: a critical review of development and development administration. Int Rev Admin Sci 45: 253–267, 1979.

Jacob PE, Atherton AL, Wallenstein AM. The Dynamics of International Organization. Rev. ed. Homewood, IL: Dorsey Press, 1972.

Jaguaribe H. Political Development: A General Theory and a Latin American Case Study. New York: Harper & Row, 1973.

James RR. The evolving concept of the international civil service. In: Jordan RS, ed. International Administration: Its Evolution and Contemporary Applications. New York: Oxford University Press, 1971, pp. 51–73.

Jordan RS. The influence of the British secretariat tradition on the formation of the League of Nations. In: Jordan RS, ed. International Administration: Its Evolution and Contemporary Applications. New York: Oxford University Press, 1971, pp. 27–50.

———. What has happened to our international civil service? The case of the United Nations. Public Admin Rev 41: 236–245, 1981.

———. Truly international bureaucracies: real or imagined? In: Finkelstein LS, ed. Politics in the United Nations System. Durham, NC: Duke University Press,

1988.

———. The fluctuating fortunes of the United Nations international civil service: hostage to politics or undeservedly criticized? Public Admin Rev 51: 353–357, 1991.

Kennedy P, Russett B. Reforming the United Nations. Foreign Affairs 74 (5): 56–71, 1995.

Korten DC. Community organization and rural development: a learning process approach. Public Admin Rev 40: 480–511, 1980.

———. Getting to the 21st Century: Voluntary Action and the Global Agenda. West Hartford, CT: Kumarian Press, 1990.

Krause K, Knight WA, eds. State, Society, and the UN System. Tokyo: United Nations University Press, 1995.

Kuhn T. The Structure of Scientific Revolutions. 2nd ed. Chicago: University of Chicago Press, 1970.

LaPalombara J, ed. Bureaucracy and Political Development. Princeton, NJ: Princeton University Press, 1963.

Lengyel P. Reforming the international civil service in a new world context. Int Social Sci J 45: 533–547, 1993.

Mabbutt R. Bureaucratic development and political dominance: an analysis and alternative test of the imbalance thesis, 1979. Mimeo.

Mailick S, ed. A symposium towards an international civil service. Public Admin Rev 30: 206–263, 1970.

Mathiason JR. Evolution of tasks and functions in the United Nations and its implications for reform. Paper presented for the National Conference of the American Society for Public Administration. 1986.

McLaren RI. Civil Servants and Public Policy: A Comparative Study of International Secretariats. Waterloo, Ontario, Canada: Wilfred Laurier University Press, 1980.

Miller JDB. The sovereign state and its future. Int J 39: 285–301, 1986.

Morgenthau HJ. Politics Among Nations. New York: Knopf, 1948.

Mouritzen H. The International Civil Service. Aldershot, England: Dartmouth Publishing, 1990.

Murphy CN. International Organization and Industrial Change: Global Governance since 1950. New York: Oxford University Press, 1994.

Peters BG. Comparing Public Bureaucracies: Problems of Theory and Method. Tuscaloosa, AL: University of Alabama Press, 1988.

———. Theory and methodology in the study of comparative public administration. In: Baker R, ed. Comparative Public Management. Westport, CT: Praeger, 1994.

Pitt D, Weiss TG, eds. The Nature of United Nations Bureaucracies. Boulder, CO: Westview Press, 1986.

Presthus RV. Behavior and bureaucracy in many cultures. Public Admin Rev 19: 25 –35, 1959.

Ramos AG. The New Science of Organizations: Reconceptualizing the Wealth of Nations. Toronto: University of Toronto Press, 1981.

Rashoffen- Wertheimer EF. The International Secretariat. Washington, D. C: Carnegie Endowment for International Peace, 1945.

Reymond H, Mailick S. The international civil service revisited. Public Admin Rev 46: 135 –143, 1986.

Riggs FW. Bureaucrats and political development: a paradoxical view. In: LaPalombara J, ed. Bureaucracy and Political Development. Princeton, NJ: Princeton University Press. 1963, pp. 120 –167.

———. Administration in Developing Countries—The Theory of Prismatic Society. Boston: Houghton Mifflin, 1964.

———. Thailand: The Modernization of a Bureaucratic Polity. Honolulu: East-West Center Press, 1966.

———. Bureaucratic politics in comparative perspective. In: Riggs FW, ed. Frontiers of Development Administration. Durham, NC: Duke University Press, 1970, pp. 375 –414.

———. Administrative Reform and Political Responsiveness: A Theory of Dynamic Balancing. Vol. 1. Series No. 001 –010. Beverly Hills, CA: Sage Publications, 1971.

———. Prismatic Society Revisited. Morristown, NJ: General Learning Press, 1973.

———. The American tradition in comparative administration. Paper prepared for the National Conference of the American Society for Public Administration, 1976. Mimeo.

Rochester JM. The rise and fall of international organization as a field of study. Int. Org 40: 777 –813, 1986.

Rondinelli DA, Ingle MD. Improving the Implementation of Development Programs: Beyond Administrative Reform. SICA Occasional Papers Series no. 10. Washington, D. C: American Society for Public Administration, 1981.

Ruggie JG. International organization: a state of the art or an art of the state. Paper prepared for the American Political Science Association. 1985. Mimeo.

Savage P. Optimism and pessimism in comparative administration. Public Admin Rev 36: 415 –523, 1976.

Siffin WJ. Two decades of public administration in developing countries. Public Admin Rev 36: 61 –71, 1976.

————. The Problem of Development Administration. In: Farazmand A, ed. Handbook of Comparative and Development Public Administration. New York: Marcel Dekker, 1991.

Sigelman L. Do modern bureaucracies dominate underdeveloped polities? A test of the imbalance thesis. Am Politic Sci Rev 66: 525–528, 1972.

————. Bureaucratic development and dominance: a new test of the imbalance thesis. West Politic Q 27: 308–313, 1974.

Taylor P. International Organization in the Modern World: The Regional and the Global Process. London: Pinter, 1993.

Touraine A. The Post-Industrial Society: Classes, Conflicts and Culture in the Programmed Society. 1st ed. Mayhew LFW, trans. New York: Random House, 1971.

Urquhart BE. The international civil servant. In: Gordenker L, ed. The International Executive. Papers from a Princeton University Conference, 26–29 April 1977.

World Order Studies Program Occasional Paper no. 6. Princeton, NJ: Princeton University Center of International Studies, 1978, pp. 37–48.

Urquhart B, Childers E. A World in Need of Leadership: Tomorrow's United Nations. Uppsala, Sweden: Dag Hammarskjold and The Ford Foundation, 1990.

Van Wagenen RW. Observations on the life of an international civil servant. In: Jordan RS, ed. International Administration: Its Evolution and Contemporary Applications. New York: Oxford University Press, 1971, pp. 3–24.

Virally M. Definition and classification of international organizations: a legal approach. In: Abi-Saab, Ged. The Concept of International Organization Paris: UNESCO, 1981, pp. 50–66.

Waldo D. Comparative Public Administration: Prologue, Problems, and Promise. Chicago: American Society for Public Administration, 1964.

————, ed. Symposium on comparative and development administration: retrospect and prospect. Public Admin Rev 36: 615–654, 1976.

————. The Enterprise of Public Administration. Novato, CA: Chandler & Sharp, 1980.

Weidner, EW. Development administration: a new focus for research. In: Heady F, Stokes SL, eds. Papers in Comparative Public Administration. Ann Arbor: Institute of Public Administration, University of Michigan, 1962, pp. 97–115.

Weiss TG. International Bureaucracy. Lexington, MA: D. C. Heath, 1975.

Welch CE, Jr, ed. Civilian Control of the Military: Theory and Cases from Developing Countries. Albany: State University of New York Press, 1976.

Wilson DE. Bureaucracy in international organizations: building capacity and credibility in a newly interdependent world. In: Farazmand A, ed. Handbook of Bureaucracy. New York: Marcel Dekker, 1994.

Yalem RJ. The study of international organization, 1920 – 1965: a survey of the literature. Background 10: 2 – 5, 1966.

Young OR. International regimes: problems of concept formulation. World Politic 32: 332 – 333, 1980.

BIBLIOGRAPHY

Finkelstein LS, ed. Politics in the United Nations System. Durham. NC: Duke University Press, 1988.

Heady F. Comparative administration: a sojourner's view. Public Admin Rev 38: 358 – 365, 1978. Kratochwil F, Mansfield ED. International Organization: A Reader. New York: Harper Collins College, 1994.

Riggs RE, Piano JE. The United Nations: International Organization and World Politics. 2nd ed. Belmont, CA: Wadsworth, 1994.

第十七章 行政法和规章

戴维 H. 罗森布洛姆*

I. 引言

行政法是普遍地规制公共行政的法律体。它由法令（statutes）、宪法（constitutiona. law）、法院裁决（constitutional law）、总统行政命令（executive order）和其他控制行政过程如规则制定（rule making）、审判（adjudication）、实施（enforcement）、构建公共参与（structuring public participation）和处理信息等措施构成。它包含许多内容，但缺乏明确界定的边界。一方面，在教科书中对它的处理如此之脱节并高度细节化，以至于难以形成对该领域的一个有用的概述或概念框架。许多有关该问题的法律文献高度集中在规制委员会上（regulatory commission），因此几乎没有关注当代公共行政活动这一大块。正如芙若格（Frug 1984）和史都华（Stewart 1975）所主张的，传统的行政法学理论没有能够令人满意地解释今天复杂的行政国家的现实情况。因此，公共行政学者和实践人员很容易发现对传统行政法课本的讨论是不现实的并远离他们所关注的问题。另一方面，许多公共行政课本对行政法关注不足。很少有人清楚地认识到它作为在法律上调节行政活动的基本通用工具的重要性。而且，最值得一提的是，几乎毫不例外［史都华（Stewart 1975）的观点是最值得一提的］，行政法领域主要是以一种非历史形式进行分析和陈述。

本章讲述了美国行政法历史，该历史对广泛关注我们现代行政国家公民身份（citizenship）的人来说是不无裨益的。本章力图说明行政法的方向是如何受到政治、经济和社会变革以及受到行政发展和演变中的法学理论影响的。本章提供了概念框架，可以作为整理和分析过去一个世纪美国从自由国家到行政国家发展的有用工具。

---

* 戴维·H. 罗森布洛姆（David H. Rosenbloom），美洲大学（The American University）

本章采用的前提是美国的行政法产生于公共行政和美国宪法民主权力分离和广大的个体权利保障之间的紧张态势。本章其余部分由六个部分构成：（1）行政法涉及的主要宪法问题回顾；（2）讨论行政法演化中的正式定义；（3）分析规制行政（regulatory administration）和行政法发展之间的关系；（4）一个分析经济和社会的行政渗透（administrative penetration）的计划（schema）；（5）对当代行政法发展的历史分析；（6）达成一个简短结论，其中提出了行政法还没有解决的三个困惑的复杂问题：曲解了政府三个宪法分支机构的地位和职能；公共行政没能根本适应宪法民主价值；以及在公共行政私有化和市场化时期确定国家行为。

Ⅱ．回顾：行政法的问题

美国行政法的发展与现代行政国家的兴起和1787年确立的宪法民主框架之间的持续的紧张态势有关。行政法对于公共行政和宪法民主，以及对它们之间的关系都很关键。它关注的是：行政机构的权力和对使用这些权利的制衡；公共官员的法律豁免（legal immunities）和他们的法律义务和责任；私人方（private parties）相对于（vis-a-vis）行政活动的权利；以及立法机构、司法机构、行政机构和公众对机构活动的监督的质量。它也是确定公众有权参与公共行政的一个方式。随着各级政府行政成分（administrative components）得到扩展，行政法作为确定和控制他们的权威也日益重要。最终，行政法的发展也对美国法学理论产生深远的影响。

行政法着手应对行政国家和宪法国家（administrative and constitutional states）之间的紧张态势。但是，公共行政的实践者或理论家可能发现这样一个陌生的概念，公共行政活动，被认为是用来提高公共利益的，可能构成了对宪法民主秩序的一个威胁。寻求学习和发展更好的提供公共服务的方式，公共行政学者可能也想知道更大的行政效率和经济是如何动摇有效的民主的。为了鉴别行政法的历史发展，公共行政学家（public administrationists）了解许多政治家、政治权威、法理学家和学者的长期观点，即当代行政国家给美国政府计划提出了严重的难题，是很关键的。

在美国有好几个重大的对公共行政的司法控诉。首先，长期以来一直认为公共行政组织违反了权力分离原则。正如1952年最高法院大法官（Supreme Court Justice）罗伯特·杰克逊（Robert Jackson）所言：

> 行政机构的发展可能是19世纪最重大的法律趋势，而且今天更多的价值观都受到他们决策而不是法院决策的影响，行政决策回顾与众不同……他们已经成为政府名副其实的第四部门，虽然这第四个维度的概念没有解决这三个纬度的思想，但却扰乱了我们三个部门分支的法学理论 [Federal Trade Commission v. Ruberoid Co., 343 U.S.

470，487（1952）]。

1976年，最高法院重申，行政机构的发展"在权力分离原则早期形成时，给这一原则造成了严重的负担"[Buckley v. Valeo, 424 U.S. 1, 280－281（1976）]。

其次，一致同意的是公共行政价值和行为倾向于减少个体宪法赋予的公民自由和财产权利。例如，在斯配蒂诉芒特·弗农[Spady v. Mount Vernon（1974）]一案中，大法官道格拉斯（Douglas）写道，"今天在州和联邦层面不断发展的官僚制，只有置于程序正当过程中才能保证其是组织发展和具有约束作用的"[419 U.S. 983, 985（1974）]。今天的行政法保留了对个体宪法正当程序和隐私权的巨大兴趣，但有关公共雇员责任的案例以及第一修正案权利（First Amendment rights）都是最高法院的案件摘要中著名的案件[e.g. Farmer v. Brennan, 114s. Ct, 1970（1994）; Hafer v. Melo, 116 L. Ed. 2d 301（1991）; U.S. v. National Treasury Employees Union, 130 L. Ed. 2d 964（1995）; Waters v. Churchill, 114 S. Ct. 1878（1994）]。

第三，行政国家的发展把政府权威交到了既不是被选举也不是被政治任命的公共官员的手里。用刘易斯·鲍威尔大法官（Justice Lewis Powell）的话来说，"公务员制度的发展已经限制了被选政治家影响政治变革的能力"[Branti v. Finkel, 445 U.S. 507, 530（1980）]。

最后，据观察，控制公共行政官员行为的措施扭曲了政府三个分支机关的传统角色和职能[Arnold 1979; Fiorina 1977; Nachmias and Rosenbloom 1980]。例如，在移民与归化署诉查达哈案（Immigration and Naturalization Service v. Chadha 1983）[462 U.S. 919, 957－958]中，这是美国众议院所采用的、解决立法否决的合宪法性的一个案例，首席大法官伯格（Burger）又观察到：

> 两院要求（the bicameral requirement）、呈递条款（the Presentment Clauses）、总统否决（the President's veto）和国会使否决无效的权力都是用来建立对每个部门持久的监督并保护人民不受到因委托某些规定步骤而受到缺乏见识的权力实施。为了保护这些监督检查并且维持权力分离，每个部门精心确定的权限必须不受到腐蚀。在这种情况下，为了完成国会的一个院所试图完成的任务要求行为与宪法规定的立法行为的表达程序（express procedures）保持一致：由两院的多数票通过并递交给总统。

但是在莫里森诉奥尔森（Morrison v. Olson）[478 U.S. 654, 727, 733（1988）]一案中，大法官斯卡利亚（Justice Scalia）严厉抱怨，法院多数人允许国会限制总统的撤免权（removal power）损害了宪法诚信。他认为，"现在没有条款（lines）"是关于"行政权力的分裂"。

美国行政法的历史是使大规模的公共行政完全与政府宪法体制兼容的举措之一。行政法发展经历了几个阶段,每个阶段它主要是与行政和宪法国度之间紧张态势的这个或那个方面有关。在最早阶段,行政法集中在公共官员的权利和义务上。的确,怀曼(Wyman)(1903)的行政法教材是美国发行最早的该类教材,它把该主题概念化为"管理公共官员关系的"法律。始于20世纪头10年并持续到30年代的行政法力图集中在对机构决策、程序和权力的司法评估的适当范围上。1914年,罗斯科·庞德(Roscoe Pound)代表大部分法律专业的人宣称,行政裁决(administrative adjudication)本身就是不适当的。他称之为"行政司法"(executive justice),是"一种没有法律的司法的归还"(Pound 1914:18)。从这一角度,法院用其裁决代替行政官员裁决的能力越大越好。

1946年《行政程序法》(the Administrative Procedure Act,APA)部分寻求限制和构建对联邦行政活动的司法审查。但是,在其实施后不久,法院对公共行政的影响超出了APA的法定框架(statutory framework)。焦点转到制定对行政的宪法限制上。始于20世纪50年代并持续至今,最高法院明确说明了许多新的在与行政机构打交道时个人的宪法权利。在第一修正案下的大量权利和自由、程序性的和大量正当的程序、个人财产权利以及平等保护现在比APA刚通过时范围要广〔Dolan v. City of Tigard, 114 S. Ct. 2309(1994); Rosenbloom and O'Leary 1997; U. S. v. Good Real Property, 126 L. Ed. 2d 490(1994)〕。自60年代中期以来,日益重视使公共行政更为公开、普遍代表公众并具有参与性质(participatory)(Krislov and Rosenbloom 1981)。

由于行政法的重心转移,人们的注意力也从旧的问题转到新问题上来。但是,早期的关注几乎没有被完全放下。例如,司法审查确切范围这一问题仍然非常重要,即使早期在行政内增加使用裁决和使裁决程序更为法院化(court-like)(即"公共行政的司法化")被认为是消除探查审议(probing review)的一个部分路径。大体上,行政法的发展可以被认为有相对不同的阶段,但这些阶段是添加的,因为没有哪个阶段真正取代了前一阶段的实质。每一阶段试图建立在前面阶段基础之上。这一过程是广泛回应公共行政和宪法民主之间的紧张态势。但是每一阶段也是更为具体的历史和政治事件、条件和关注的结果。整个事业的成功与否取决于一个人的视角。官僚化的公共行政和民主之间的紧张态势是一个可以解决的"问题",还是政体必须接受的"事实"呢(Waldo 1980,1984)?行政法在解决该"问题"或使该问题更容易与"事实"共处上做了很多工作吗?

Ⅲ. 什么是行政法?

像公共行政的许多方面一样,行政法缺少一个规范的定义。长期以来,众说纷纭。复述这些定义可以为本章得出一个工作定义(working definition)提供基础。显然,寻求一个可接受的行政法定义的起点是怀曼的《指导公共官员关系的行政法原则》(The Principles of the Administrative Law Governing the Relations of Public Officers 1903)。怀曼有意识地参与制定、界定、概念化和解释行政法这一主题。他的定义比更为新近的最佳(vintage)教材中所发现的定义要广得多，而且在某些方面它预示了行政法的宪法化，这是自20世纪50年代就一直在发生的。怀曼写道，"行政法……是确定被赋予实施法律的政府部门的权威和责任的一门学科"(1903:1)。它通过区别行政法的两个方面完善了他的定义：对外的和对内的。

> 对外行政法……解决行政部门和官员与公民之间的关系。对外行政法因此几乎关注于政府对公民所要求的一切事物；而且它几乎涉及到公民对政府的一切要求……由于在这一询问中，它涉及到行政部门的权力范围，所有与官员权力相关的法律都得到讨论。由于在同一询问过程中涉及到对行政部门的限制，所有与官员责任有关的法律也得到讨论(Wyman 1903:9)。
>
> 对内行政法被界定为解决行政部门内官员彼此之间、官员和行政部门本身之间的关系。官员在组织中的立场和在行为中的职能是这一询问的目标(Wyman 1903:4)。

虽然可以使用不同的标记，但内外方面都被认为是当今行政法不可缺少的部分。例如，外部重点包括了个体在与行政机构接触时的宪法权利，包括"权利"事物、机构规则制定各方面如公告(public notice)和回应机会、信息自由、隐私和许多其他方面。内部方面则包括了诸如行政法官在行政机构中的地位，像"上级长官负责优先"(respondent superior)(即让等级权威回答)等原则和公共雇员面对其组织的权利如集体协商和检举揭发。

对行政法早期的另外一种界定是古德诺在《美国行政法原则》(The Principles of the Administrative Law of the United States 1905)中提出来的。古德诺的著作因其对政治和行政的划分而被提起，政治是人民意志的表达，而后者是人民意志的执行。这一两分法应用到行政法的基本方面即政府机构组织中时是模糊的。组织可能包括了建立机构并把权力赋予给机构吗？组织是人民的意志的表达还是执行？古德诺对这一重大概念问题的认识促使他考虑行政法和宪法之间的关系。用他自己的话说：

> 行政法不仅涉及行政职能，例如法律的执行，确定政府执行或行政官员的能力，而且补充了宪法。因为行政法虽然在理论上应该解决政府的整个结构组织，但事实上它必须纯粹解决政府的一般形式以及最重要政府权威彼此之间的关系。行政法在宪法没有涉及到的地方开展工作并且最详尽地实施宪法所制定的政府组织的一般计划(Goodnow 1905:16)。

因此，行政法必须由宪法（constitutional law）告知用来执行政府权威的有关组织、目的和权力。最终，有关公共行政运作和行为的合宪性的案例将会普及。虽然古德诺在1905年没有强调这一点，但如果行政法和宪法有这样一层亲密的关系，它不可避免会与行政行为有关的个体权利的范围有着广泛联系。古德诺对行政法总结性定义提供了这一可能："行政法是……法律的一部分，它确定组织并决定执行法律的权威机构的能力，并且向个体说明违反了其权利的补救方法"（Goodnow 1905：17）。

怀曼（Wyman）和古德诺参与界定这一领域的事业，划定其界限，并说明它为什么应该被考虑为法律划分（legal calssification）的一个重要领域。但一直到20世纪三四十年代，"行政法"这一词语才出现在不同的法律文摘中（Tresolini 1951：377）。在古德诺的界定以后对行政法"一次简介性特点的、首次普遍的研究"是哈特（Hart）的《行政法案例选集导论》（An Introduction to Administrative Law With Selected Cases 1940，viii）。哈特继续早期的把大量时间用于界定行政法这一传统，他从大量的早期公开出版的关于行政法具体方面的著作中获益。他整个目标就是在行政实质和重要意义方面教育公共行政学而不是法律学生（students），他的任务有一种紧迫感。正如哈特所说的：

> 虽然公共行政学课程和整个公共服务培训课程的数目一直在增加，但公共行政学的学生在他们科目的法律资料上大多都没有受到足够的培训。而且，行政法在现代政府和公法（public law）的各个领域正越来越突出，其意义远远超过了公共行政作为一个技术领域的范围。这些意义肯定引起政治科学和每一个准备法律的本科生的关注，这一时刻即将到来（Hart 1940，vii）。

有了这个目标，哈特被迫通过综合其他人的著作而最终界定行政法。他的界定出现在5页集中的纸上，可以归纳如下：

> 广泛地认为，行政法包括由政府行政权威机构制定的法律以及监控这些权威机构的法律。法律这里指的是所有的规章、命令和决策，无论它们是具有一般还是特殊应用性，它们都按照一个所要求的法律秩序产生影响。
>
> 监控行政权威机构的行政法是由选民或宪法制定权威机构、立法者、法院和行政长官在下达给行政下级命令时所制定的……这里所有的司法裁决解释法令、行政法并把普通法、平等或者成文宪法的原则应用到行政权威机构。
>
> 对内行政法，诸如公职法（the Law of Public Office）。
>
> 对外行政法可以较方便地分为四个部分：首先，调查与私有利益

体有直接关系的行政权威的权力和职责；第二，分析这些权力的范围和局限性；第三，制裁的考虑，或者实施的路径，与官方决定有关；第四，对官方行为补救方法的审查。

行政和宪法有相同的部分但重点不同。一方面，行政法包括解释法令、行政法或把普通法原则应用到行政权威机构，但没有涉及任何宪法问题的司法裁决。另一方面，宪法典型地与下一问题有关：是否国家政府有权规制一个既定项目，且不用参考国会法令的行政部门……在行政法研究中，不断出现某类宪法问题。尤其是那些关于正当程序（due process）和权力分离的宪法问题（Hart 1940：3-7）。

这一界定中显然至少有两点很重要。首先，"行政法是根据实质而不是形式来界定"（Hart 1970：7）。换言之，它由许多因素如法令、法院裁决等构成，这些因素影响了公共行政，但不是有意识地被叫做或被认为主要是"行政法"。行政法是一个衍生性范畴（derivative category），许多法律因素置于其中。从这一点来看，行政法"不是传统上所认识的法律的部分，比如刑法、普通法和平等法等"（Hart 1940：3）。对于哈特而言，手头的部分任务是为行政法赢得在法律思想和教育中的一个标准分类（standard classification），使得行政法成为公法中的一个关键而可认知的领域。

哈特定义的第二个引人注目的方面就是缺乏对行政法各部分之间连贯性的表述。例如，对内和对外行政法是如何彼此联系的？正当程序或权力分离如何与对内、对外行政联系？从整体上来说，行政法的基本重大原则和价值是什么？

当然，缺乏行政法的一般理论不是一个小事情。这是发展公共行政法学术领域的一个障碍，因为学术领域将充分而现实地理解公共行政学科。缺乏充分的理论也强化了行政将法律作为子领域的趋势但重要性又普遍低于诸如人事或预算等。戴维森和格伦德斯坦（Davison and Grundstein）指出，

行政法没有合适整体行政体系组织的理论：似乎只有一大堆行政机构在司法审查的一把大伞下工作。行政部门的组织留给了公共行政，这忽视了法律的历史概念和所教育的法律传统，但其有关行政组织的理论却一直要求法律承认（Davison and Grundestein 1968：10）。

而且，根据戴维森和格伦德斯坦（Davison and Grundstein 1968：9），"不同于行政法，公共行政被迫朝着一个行政体系发展，该体系与以行政主管名义的集中控制相适宜"。虽然现在可能在行政法和公共行政之间有一个更好的工作关系，而且在各个领域的专家之间敌对性更小，但也很清楚的是，在美国法律中，公共行政观点有严重的局限性，并且哈特使行政法成为公共行政事业（enterprise）一个主要构成部分的愿望并没有实现（Frug 1984；Stewart 1975；Waldo

1980)。

作为一个裁决、实践和研究领域,从怀曼到哈特,行政法基本定义的发展最后大体被肯尼斯·卡尔普·戴维斯(Kenneth Culp Davis)对该主题的各种不同著作而代替。戴维斯的《行政法论述》(Administrative Law Treatise 1958)以及《行政法规读本》(Administrative Law Text 1951,1959,1972)的好几个版本都被认为是卓越的行政法权威著作。戴维斯对行政法的界定直到今天仍然可能是最广为接受的一个:

> 行政法是有关行政机构权利和程序的法律,尤其包括对行政行为进行司法审查的法律。
> 行政法范围包括了所有执行政府项目的政府机器。
> ……美国行政法仅限于有关权利、程序和司法审查的法律;不包括机构产生的大量的实体法(substantive law),诸如税法、劳工法、反托拉斯法、公共事业法(Public Utility Law)、运输法、福利法、分区法(Zoning Law)等。
> 行政法由宪法、法令(statutory law)、普通法和机构制定的法律等构成。绝大多数行政法都是法官制造的(Judge-made)法律。
> 在现阶段美国行政法令人不安的一个事实是,由于历史的原因,而且仅仅是这些原因,它排除了刑事行政(criminal administration)(Davis 1972:1-2)。

至少还有两点应该添加到这一定义中:首先,行政法没有包括军事法(Military Law);第二,它持续关注公共雇员和官员的权利、责任和职责,即关注公共官员法。

在极大程度上,戴维斯的行政法定义是当代对该领域的理解实例。大多数人会赞同,福利或税收等等"实体法"不应该被认为是行政法的构成部分。这一点不同于在好几个欧洲国家所发现的行政法概念(Davis 1972:2)。不赞同美国的行政法包括实体法可能是因为,在历史上法律分裂成三个主要范畴:普通法、法令和宪法。实体法最可能是两个或所有范畴的结合体,因为它们对一个活动领域如税收领域有影响。此外,在行政情况下,它必须包括机构规则(agency rules)。

戴维斯(1969)也强调公共行政人员执行裁量权或实施"裁量公正"(discretionary justice)的程度。他指出,许多机构行为取决于应该在行政法权限范围内予以考虑的非正式程序。虽然戴维斯对行政法研究作出了重大贡献,但是他的工作不能够弥合公共行政学者与在法律上了解该领域的那些人在方法之间的概念空白。

在20世纪七八十年代,从怀曼一直到戴维斯的研究所发展的行政法的传统模式日益受到冲击。戴维斯认识到在处理行政裁量和非正式程序中审查和司法化传统模式的弱点，但却是理查德·B. 斯图尔特（Richard B. Stewart）在1975年承认了他所称的"美国行政法改革"，从而对传统模式进行了最有力的批评。斯图尔特识别传统的行政法模式由下列部分构成：

1. 行政上所确定的强加给私有个体的制裁必须由立法机关通过调控机构行为的规则来执行（1975，1672）。

2. 机构所采取的决策程序必须是用来保证机构服从［上述］要求（1975，1673）。

3. 机构的决策程序必须便于司法审查以保证机构服从［上述两个］要求（1975，1654）。

4. 司法审查必须有效地保证服从［上述］要求（1）和（2）（1975，1674）。

传统模式的基础前提是"机构是在特殊情况下执行立法命令的一个纯粹的传输带"（Stewart 1975，1675）。但是，在斯图尔特看来，这是一个误解，因为"过去几十年来，确立机构宪章的联邦立法通常明显是广泛的而不具体化的，因而产生了计划用来消除传统模式的适当条件"（Stweart 1975，1677）。因此，"社会和经济政策的主要问题是由不对选民正式负责的官员所决定的，而传统模型的检测和证实职能（checking and validating function）都受到了损害"（Stewart 1975，1676）。

斯图尔特注意到了联邦法院解决这一问题时的措施，"面对机构裁量权这一表面看似难以处理的问题，法院改变了司法审查的重点……这样它主要的目的不再是阻止对私人自由的未经授权的侵犯，而是保证在执行分配给机构的立法权力时，所有受影响的利益体都得到公平代表"（Stewart 1975，1712）。这是通过原则的发展来完成的，建立了有利于机构司法审查的更有力的根据，并促进了个体和机构有获得这一审查资格的能力。斯图尔特认为某些问题和代表模型（Representational Kodel）一致，诸如在时间和承办案件的数目方面所付出的沉重代价，以及支持有组织的、牢固的利益集体的可行的不平衡性。但是，他的结论是：这可能是进一步把行政法发展成一个更完善模式的基础。在实践中，20世纪70年代晚期和80年代早期，最高法院的三个裁决急剧地减少了提供审查机构决策平台（forum）的司法倾向性（judicial proclivity）［Chevron v. Natural Resources Defense Council, 467 U. S. 837（1984）; Heckler v. Chaney, 470 U. S. 821（1985）; Vermont Yankee Nuclear Power Corp. v. Natural Resources defense Council, 435 U. S. 519（1978）］。

杰拉尔德·弗鲁克（Gerald Frug）在《美国法律的官僚思想》（The Ideology of Bureaucracy in American Law）一文中对传统行政法提出了一个更为重大的批评，这一批评文章发表在1984年的《哈佛法律评论》（Harvard Law Review）上。弗鲁克考虑了一些将官僚权力和官僚对政体和经济的支配合法化的几个理论或路径。采用"批判的法律研究"（critical legal studies）分析法，他得出结论：建立在官僚制概念基础之上的法律原则，正如正式的、机械的、基本上是韦伯式的（Weber 1958）的组织一样，最多只是思想意识而已，正如其他的法律模式，包括了那些认为行政专家评价（administrative expertise）、司法评审和行政多元主义（Administrative Pluralism）是作为行政权威和自主裁量权理性化的基础。但在弗鲁克的眼里，这些思想意识基本上是支持官僚组织的，官僚制根本上也是非民主的，是一个不适合美国的政府结构。用他的话而言：

> 我们能够摒弃官僚制想象中永远不变的特点，反而根据即使在现代结构中寻求民主也是可能的这一信念来行动。当然，我们需要有能量和勇气来克服在我们思想、希望和行为中广泛存在的现状。为了获得这一决心，动摇这一持续的信念，即，因为官僚制形式能够保护、甚至提高人类现有状态故没有必要修改现状，似乎大为有益。换言之，为了帮助我们看到变化的可能性，批评美国法律中的官僚制思想是值得的（Frug 1984：1388）。

今天的行政法站在不稳定的地基上。斯图尔特和弗鲁克一致认为旧的行政法模式或思想在概念上和描述上都不足。斯图尔特认为，变化是可能的，可能是不可避免的，但行政法的许多部分可以保存下来并整合到一个适合公共行政现实情况的路径。另一方面，弗鲁克相信必须抛弃前面的理论和方法才能产生实现全面民主。其他的学者发现行政裁量权仍然存在问题（Bryner 1987；Shapiro 1988）。森斯坦（Sunstein 1990）认为，行政法的某些部分根本上是武断的，因为它们不符合理论和历史。还有其他的人，包括马绍（Mashaw 1983）认为，官僚制在宪法价值诸如正当程序内能很好地运作。

当然，未来是不确定的。但是可以认为，公共行政学家（public administrationist）对其裁量权可能产生一定的影响。本章剩下的许多部分将讨论行政法传统模式的发展，希望能给未来选择的思考提供有用的根据。

Ⅳ. 规制行政和行政法

美国的行政法随着行政国家的兴起而脱离了民主宪政（democratic constitutionalism）所强加的限制。从行政法演变的定义和理论上来看，显而易见的是该领域主要的定向是控制、审查和司法化行政行为。但是，公共行政和民主宪政之间的紧张态势在规制性行政方面表现更为复杂。自19世纪80年代到20世纪30年代这一时期以来，在许多关注普通法的律师看来，从这一世纪许多占领导地位的政治理论家和经济学者的角度来看，政府干预自由市场经济违反了美国民主宪政所依赖的自由国家基础（e.g., Freidman 1962；Hayek 1944；Pound 1914）。对于法律界来说，新兴的行政国家提出了一个尤为严峻的挑战，因为这威胁到普通法的最高权力。根据法令（statutory law），行政机构不仅被建立并被赋予权力，而且它们实际的规章拥有法律的力量并可能违反了普通法的内容。依赖普通法不仅是律师的偏爱，而且这也是对一个思考法律问题和实践法律的根本方法的承诺（Ackerman 1984；Johnson 1981）。法律界对行政国家兴起的反映一直对行政法发展中所采用的裁量权有重要的影响。因此，有必要评估行政国家和规制性行政出现的这些方面，因为从普通法角度，它们被认为是尤为有问题的。

1789年所确定的立宪政体（constitutional regime）展望并保护了一个后来广为人知的"自由社会"。宪法理论认为政府与社会不是同义的，而仅仅是社会中的一个行为者。社会先于政府出现，并通过对政府权力的限制而保护不受其害。社会中某些权利是与生俱来的，不能被政府所剥夺，除非是在某些特殊情况下。例如，至少在有效的婚姻框架内，生育权是包括在内的［Cleveland Board of Education v. LaFleur, 414 U. S. 632（1974）］。隐私权可能是另外一个这样的权利。没有确定首先存在着什么样的这种权利之前，第九条修正案（the Ninth Amendment）寻求保护这些权利不受到政府的侵犯："宪法中某种权利的列举不能被看作是否认或轻视人民所保留的其他权利。"

但是"人民所保留"的这些权利有哪些以及可以在何处找到这些权利，这些都有待确定。显然，它们没有在国家的宪法和法令当中，因为宪法是"国家的最高法律"，"尽管相反的是在任何州宪法或法律中的任何事情"。宪法似乎也代替了自然法则，虽然这一文件也足够沙漏而受到自然法则的影响。在实践中，如果要确定这些权利，最可能的地方是在普通法内，由联邦大法官来解释。普通法可以被视为给一个自由社会提供法律基础，为调整和确定司法利益中个体之间以及个体和政府之间个体权力的一个关键机制。至少在理论上，普通法对个体权利的广泛概念能够通过第九修正案而受到保护并成为宪法的一部分。

让法令规章（statutory regulations）和行政规则（administrative rules）取代普通法不仅意味着放弃几个世纪裁决（adjudication）所积累的智慧，而且也牺牲了重大权利——尤其是与私有财产有关的权利——的前景。从一个更为直接的政治角度来看，远离普通法将改变法官在政治体制中的地位，并削减他们为社会制定规则的能力。正如约翰逊（Johnson 1981：10）所观察到的："在19世纪，美国法律系统几乎全部受到司法管理（judicially administered）的普通法的支配。受理上诉的法官用夸大的书面意见决定法律原则的实质和方向。虽然在州和联邦法院层面那些严谨的人不可避免地受到日常事务和当前观点的影响，但他们不愿意承认这一点。"

宪法也是自由社会一种更为直接方式的表达。从行政国家出发，第五条修正案尤为重要。在其许多保护措施中包括了保证"任何人都不会……在没有正当的法律程序下被剥夺生命、自由或财产权……"。这些权利对于在19世纪和20世纪之交理解一个自由社会是至关重大的。生命的重要性无须争论。自由被认为包括以任何价格出卖自己的劳力,用工资和钟点或自己认为适合的条件都可以。当然,这种自由不是绝对的——可能会禁止从事卖淫或者雇佣谋杀等等——但这都广泛存在。每个个体被认为有这些自由并可以以自私的方式合理地使用这些自由。对个体而言,政府干预这类自由可能被认为是降低身份并且剥夺了个体的重大权利。此外,从自由市场经济角度而言,政府干预可能被认为是没有效率且阻碍生产的。从社会达尔文主义(Darwinist)角度而言,对个体每个星期可能工作的小时的规定可能被视为是保护弱势工人不受到强者的竞争从而干预了自由选择"法则"。这些都是在19世纪末20世纪初进行裁决的简要的理论。

财产权是经济上一个同样重要的方面。经济学上企业的所有者可以用只要他们认为适合的方法去获得和使用其财产。虽然工业生产中使用财产可能对工人(例如通过有害的条件)和社会(通过污染)产生有害影响,但是基本的假设是政府在规制有关使用经济上具有生产力的财产时受到宪法限制。此外,可能发布命令惩罚劳动罢工者,因为他们的行为威胁了雇主的物质财产,或者有时候是雇主的经济利益(Gregory and Katz 1979; Leslie 1979)。更为新近的是,财产权在最高法院有关第五条修正案"征用条款"(Takings Clauses)中获得了帮助 [Dolan v. City of Tigard, 114 S. Ct. 2039 (1994); Lucas v. South Carolina Coastal Council, 112 s. Ct. 286 (1992); Nollan v. California Costal Commission, 483 U. S. 825 (1987)]。

但是,第五条修正案允许通过正当的法律程序剥夺自由、财产权利甚至生命本身。历史上,正当程序概念上有两个因素:(1)"程序上正当的程序"以及(2)"实质上正当的程序"。程序上正当的程序可能在法庭审判中得到最充分表现。它包括有权要求一个公正的法官和陪审团、对质和盘问的权利、有权建议、有权出示证人等等。一个更为简要的版本可能仅仅是,公共官员所提议的行为对个体自由或财产利益构成伤害,可以有权向该公共官员陈述自己一方的看法 [Cleveland Board of Education v. Loudermill, 470 U. S. 532 (1985); Goss v. Lopez 419 U. S. 565 (1975)]。目前,为个体所提供的程序正当程序其最小范围普遍依赖于三个因素:(1)受到政府行为影响的私有利益的性质;(2)政府行为存在错误的风险以及在减小该风险时更为复杂的程序可能拥有的价值;以及(3)可能受到不同正当程序程度影响的政府的利益,包括财政和行政负担 [Mathews v. Eldridge, 424 U. S. 319 (1976)]。

实质性正当程序产生更多争议并且没有明确界定。它的实质是"保护不受到任意和不合理行为的影响"(Black's Law Dictionary, 1979),包括依据法令所采取的行政行为。换言之,在实质性正当程序概念之下,有可能挑战对个人自由和财产利益产生不利影响的法律,其根据是该法令是任意的和不合理的——对法官是任意的和不合理的,这就是说,法官的世界观可能正好受到普通法和对自由市场经济承诺的影响。而且,法官可能认为,影响了财产利益的行政规则是任意的和不合理的,因为它们不是通过审判形式的程序而建立的。因而程序上正当的程序可能被认为是保证推理和有理结果的方式，或者是保证在行政管理事务中实质性正当程序的手段。

更广泛的是，实质性正当程序关注第十四条修正案下的"自由"理论。该词应该只是包括《人权法案》（the Bill of Rights）的相关部分并把它们应用到各州吗？它应该被解释为包括了附加的个人权利和自由吗？诸如再决定是否生或养一个孩子不受政府干预的自由［Cleveland Board of Education v. LaFleur, 414 U. S. 632 (1974)］？如果第十四条修正案的自由超出了《人权法案》，那么它应该被限制到由宪法中有限政府、有秩序的自由（ordered liberty）、一个联邦联盟等等规划所指的权利，诸如旅游权利吗？换言之，自由能够在宪法之外根据变化的文化、经济和社会条件来确定吗？在实际操作中，实质性正当程序不仅限于《人权法案》，但它应该纳入什么呢？为什么现在宪法解释是争论的热门话题？

从19世纪80年代到20世纪20年代这一时期，普通法的中心地位、自由社会的概念、经济自由主义、程序上正当的程序（procedural due process）以及实质性适当程序（economic substantive due process）都受到行政国家发展的根本性挑战。大规模的公共行政可能是许多因素的结果，包括公共项目工程（public works projects）、战争，甚至是意识形态。但是，与这里讨论最为相关的是工业化。工业化扰乱了自由社会的概念，在自由社会概念中个体都自由地做出理性经济判断，而经济活动像投资和专业化都最终受到自由市场的协调。至少，短期在美国来看，工业主义的规模、竞争性以及资源和权力的集中都导致了下列问题和回应：

1. 工业化使得个体依赖于其他人，他们不能独立地评估这些人的可靠性。正如弗里德曼（Friedman）（1973：458）所指出的，

  细菌看不见、有危害，藏在每一滴污秽当中，但其发现对法律系统产生了深远的影响。比以前［19世纪90年代］的程度更大，货物——包括食物——都是包装后被送到很远的地方，非个人化地批送入市场，而不是直到要购买时才被触摸、搬运或挤压。这意味着一个人依赖于其他人、依赖于陌生人、依赖于遥远的公司来获得生活必需品；社会与从前相比更加是一个复杂的蜂窝状有机体；这些陌生人和遥远的其他人都有能力产生灾难性的、无可挽回的伤害。

  公共卫生、工厂监督以及纯净食物和药品法的实施是对这一新情况所作的回应。

2. 工业化与市场没有协调经济活动有关。因为许多原因市场的运作可能不会总是令社会满意。在19世纪80和90年代，政治体系尤为关注垄断。铁路是主要的案例。不管运输货物的实际成本如何，在某些地区和城镇他们所收的费率对于竞争是很敏感的，但在其他地区他们的费率是交通能够承受的水平。例如，在一个案例中，阿拉巴马州

米德兰铁路公司（the Alabama Midland Railway）对运送到特洛伊（Troy）磷矿石（phosphate rock）的每吨收费 $3.22，但是同样是相同的距离，从特洛伊送到蒙哥马利（Montgomery）则只收费 $3.00 [Interstate Commerce Commssion v. Alabama Midland Railway Co., 168 U.S. 144 (1897)]。在公共事业领域内的竞争也被认为是不足够的。大型托拉斯机构（trusts）的建立是另外一个发展，令人不满的是，它并没有受到竞争的市场力量的支配。在医生、药剂师、牙医和其他职业和次职业人员之间的竞争也被认为不足并难以保护消费者受到不法行为的危害。劳动力市场没有得到保护以至于最终受到被视为是反社会行为的侵害，如童工、长时间工作以及有害的工作条件。对这些预见到的市场不足由各种不同的行政规制来回应。

3. 工业化的规模产生了具有"外部性"（externalities）的困难。外部性是经济活动中并没有进入市场买主和卖主之间交换的方面。换言之，它们是在市场之外，因而不能够受到市场的控制或调节。在某种形式的污染情况下，外部性可以被社会认为是负面的，而且它们可能受到行政规制的约束。在19世纪80年代到20世纪前10年，大多数时候，对这些外部性的管理与公共卫生法和监督一致。例如，1876年在威斯康辛州（Wisconsin）所成立的州立卫生委员会（State Board of Health）虽然只有有限的影响和更小的权力，但它公布了工业化的外部性如"脱色的、有味的和令人恶心的"自来水供应（Friedman 1973：404）。如果足够广泛的解释，外部性包括与变化的家庭结构有关的社会问题，现在这是一个政治关注和某些行政干预的主题。到20世纪六七十年代，许多外部性促进了更为广泛的环境规则的发展。

工业化的这些条件不足以在较早时期的法律中得到展望。某些案例是经典的。例如，在大法官本杰明·卡多索（Judge Benjamin Cardozo）对麦克弗森诉别克汽车公司（MacPherson v. Buick Motor Co.）[217 NY 382 (1916)] 一案的裁决之前，《产品责任法》（Product Liability Law）受到"私下默契"（privity）概念的支配。在这些案例中，原告和被告之间，通常是买主和卖主之间存在一个直接关系。由于许多个体和社会的原因，最好是控告生产者而不是危害产品的零售商。一方面，这种诉讼的危险应该给生产者（因为他首先制造了危险）产生一个激励从而促使采取更为有效措施确保产品更为安全。恰恰正是这种推理使得卡多索（Cardozo）改变了案例法而允许麦克弗森（MacPherson）控诉别克汽车公司（Buick Motor Company），该公司在"私下默契"概念下将是一个错误的被告（而卖汽车的经销商是正确的被告）。最终其他的州立法院也采用了卡多索（Cardozo）的先例。

著名的"同伴规则"（fellow servant）是普通法路径最终被判决为不适合工业领域的另外一个例子。该规则虽然早期出现在英国法律上，但在美国从19

世纪 40 年代开始，该规则认为"雇员因为受到同一公司另外雇员的疏忽而引起的受伤没有理由采取行动去反对雇主"（Johnson 1981：13）。到 19 世纪 60 年代，该规则在普通法内根深蒂固，但到八九十年代逐渐被认为是存在问题的。毕竟在工业社会，一个工人可能受到另外一个他或她生平未见过的其他工人疏忽的伤害。铁轨工人取决于铁轨上扳道工人的正确操作；机器如轧板机的操作员可能因为另外一个人没有让机器正常运作而受伤。想象一下把这一规则应用到具有一英里长装配线的现代工厂吧。受伤的工人如何评价疏忽工人的行为？同样重要的是，由于在 19 世纪八九十年代大多数工人都很穷，受伤的工人不能期盼通过一个控诉同伴的案件就可以获得很多补偿，所以雇主更有能力去监视和培训工人并补偿在工作中受到严重伤害的工人。正如约翰逊（Johnson 1981：16）所写的，同伴规则已和工业主义现实世界没有任何联系，以至于由于许多原因被削弱并予以放弃：

> 在 19 世纪末，工业事故大量的数目和成本不仅警告了穷人也使得一些法律界的成员（vocal members）鼓动进行改革。法官对同伴规则的武断性感到不满，产生了许多例外。大约 1900 年前后情景费用诉讼系统（contingent fee system of litigation）的发展使得成百上千的律师认为给穷苦工人打官司是值得的，因而整个法庭到处是雇主责任案例。州立法机关，回应改革群体如农业主协会（the Grangers）开始制定相关的 1870 年法律，平息并偶尔废除同伴规则。最后，在 1908 年，联邦政府通过了《联邦雇主责任法案》（the Federal Employers' Liability Act），该法案在其中一款内废除了用于铁路的同伴规则。

但普通法和实质性正当程序化的司法应用并没有总是乐意被调整以适应新的经济实际情况和这一情况对政府更有力调节变化的工业秩序的需要。例如，在芝加哥、密尔沃基和圣保罗铁路公司诉明尼苏达（Chicago Milwaukee and St. Paul Railway Co. v. Minnesota）[134 U.S. 418 (1890)]一案中，最高法院宣布明尼苏达州的一个法令建立一个公共委员会来管理铁路费率是不合宪法的。在这一过程中法院断定，这样的费率管理，如果完全采用的话，应该经过更有意义的司法审查而不是公共行政官员权威来单独批准。

> 铁路公司运输费用收取的合理性问题……是一个突出的受到司法调查的问题，要求适当的法律程序来进行裁决。如果铁路公司被剥夺了因使用其财产而收取合理费用的权利，而这一剥夺是在没有司法机构调查的情况下发生的，那么它就被剥夺了合法使用其财产的权利，因而，在实质上和在效果中，也被剥夺了财产本身……[134 U.S. 418, 458 (1890)]。

后来，使用法令结构（statutory construction），法院认为，联邦州际商务委员会（the federal Interstate Commerce Commission，ICC）没有权威确定铁路费率 [Interstate commerce Commission v. Cincinnati, New Orleans and Texas Pacific Railroad Co., 167 U.S. 479 (1897)]。

著名的洛克纳对纽约州（Lochner v. New York）[1984 U.S. 45 (1905)] 一案是另外一个通过普通法概念来应用实质性正当程序的例子。纽约州制定了禁止面包房工人工作一天超过 10 小时或者一周超过 60 小时的法律。该州认为该法律是一项公共卫生措施。洛克是尤蒂卡城（Utica）的面包师，他因为允许雇员一周工作超过了 60 小时而被判为有罪并罚款。最高法院认为，该项法律违背宪法而干涉了雇员签订合同出卖自己劳力的自由。现在回顾起来，这一意见几乎是当时司法推理的一个讽刺。

> 没有合理的理由，通过确定劳动时间来干涉面包职业中人的自由或自由签订合同的权利。我们不能同意，面包工人作为一个阶层其在智力和能力上与其他行业或手工职业的人不平等，或者他们在没有国家保护的情况下不能够要求他们的权力并且关心自身，从而干扰了他们独立判断和独立行动。他们决不是国家的保卫者……如果要实行，那么该法律就必须遵守，作为与从事面包职业个体健康相关的一项法律。除了那些从事这项职业的人以外，该法并不会影响任何其他公众。干净而健康的面包并不取决于面包工人是否只是每天工作了 10 个小时或者每周工作了 60 个小时。
>
> 我们认为，没有正当的理由去怀疑面包行业，行业内和行业本身，并不是一个不健康行业，至少它授权立法机关干预劳动的权利，干预代表个人，无论是作为雇主还是雇员自由签订合同的权利……必须不仅仅是可能存在着一些少量的不健康因素来保障立法干预自由这一事实。
>
> 在该审查性质下的法令，限制成人和有智力的人在规定的时间内养家糊口，都仅仅是爱管闲事而干涉个人权利……[Lochner v. New York, 198 U.S. 45, 57-61 (1905)]。

与最高法院意见相反，大法官霍姆斯（Justice Holmes）认为这一法律的方向在将来是最可能被确定的："这一案件是根据经济理论来裁决的，国家大部分人都接纳这一理论……但是一部宪法并不用来体现一个特殊的经济理论……"[198 U.S. 45, 75 (1905)]。

体现了放任式经济理论的司法裁决并不是普遍的规则，但它们是对经济进行行政规制的严重障碍。大约有 200 个规章在"洛克纳时代"（Lochner era）被取消（Gunther 1975：565）。而且，那些保持下来的法令的应用受到两个法理学原则的限制：（1）"毁损原则"（derogation canon），该原则认为与普通法相违背的法令应该根据时代来解释从而最小干涉该法（Johnson 1981：76）；（2）通俗语言规则（plain meaning rule），该原则规定，"法院不应该略过确切的法令语言，除非这些文字表面上是令人迷惑的或者是促使得出荒谬结果的……"（Johnson 1981：76）。例如，在一个案例中，威斯康辛最高法院（the Wisconsin Supreme Court）拒绝将"日常铁路公司"有关的法令应用到"电气城市间铁路"（electric interurban railway）中来 [Jones v. Milwaukee Electric Railway Co., 147 Wis. 427（1911）]。

除了这些原则，司法审查本身对行政行为就是一个障碍。正如罗斯克·庞德（Roscoe Pound）（常常严厉批判行政规制）所承认的，"在上个世纪末 [1800年] 美国的行政机构有对两个普通法以及在普通法下发展起来的司法审查非常真实的抱怨"（1942：28）。一个就是行政诉讼（administrative proceedings）不被接受为司法审查依据的一个可靠的记录。相反，在复审法院，"对行政裁决所必需的每个事实都可能要从头再展示出来"（Pound 1942：29）。另外一个抱怨"就是强制行政裁判法庭执行由普通法法庭发展的举证程序法规来满足陪审审判的迫切要求"（Pound 1942：29）。虽然这些抱怨最终的解决有利于行政机构，但在当时说明了司法机关力图阻止发展独立的公共行政。

法院也解释了宪法的商业条款，其解释方式也阻碍了行政在联邦层面的发展。按照今天的标准，州际商务的定义是受到束缚的。要受到国会或联邦机构的规制，经济活动必须跨越州政策，进入州际商务流程或者以某些重大的方式影响该流程。社会目标，如消灭童工等都被认为超出了联邦政府商务权力范围 [Hammer v. Dagenhart. 257 U.S. 251（1918）]。支配着商务条款的推理类型在卡特诉卡特煤矿公司（Carter v. Carter Coal Co.）[289 U.S. 238, 308（1936）] 一案中得到很好的体现：

> 直接和间接效果之间的差别发生了变化，不是根据原因或结果的重要性与否，而是完全根据产生结果的方式。如果用于州际销售或运输的一个人生产的仅仅一吨煤……间接地影响了州际商务，那么结果不会通过吨数的增加、或者所雇用人数的增加、或者商务开支或复杂性的增加、或者所有这些结合因素而变成直接的。

正如普里契特（Pritchett 1977：193）所观察到的，卡特"受到一线灵感的启发，一个充满逻辑抽象观念的司法梦幻世界，这里在1吨煤和100万吨煤之间没有差别，这里法律不再承认对程度的考虑。产品就是地方性的。在国家每个地区的生产危机并不能构成国会去解决一个全国性问题……"。

通过普通法、实质性正当程序和上面提到的这些原则中表达出来的，司法对行政国家的反对不能阻止行政规章的发展。但是这些法规的发展速度确定缓慢下来并且碰到严重的障碍—直到20世纪30年代事情成熟之时。司法对行政国家的反对在"新政"时期通过政治斗争变成司法对公共行政的默许（这一点在后面将予以讨论)。但是,甚至在 30 年代以前,显而易见的是,在洛克纳和其他案例所代表的对行政规章的司法态度不可能流行。这一现象的原因至少是双重的。

首先,且最直接的是,正如霍姆斯(Holmes)所指出的,法院依照的是日益在政治家和政治上积极的公众中不再流行的经济理论。霍姆斯正确地指出"第十四条修正案没有通过赫伯特·斯潘塞的社会静态学理论"(Mr. Herbert Spencer's Social Statics)[Lochner v. New York, 198 U.S. 45, 75 (1905)]。"进步运动"(the Progressive movement 1900 - 1920)吸收由受过培训的技术干预来指导经济和社会系统内的问题领域这样的一个社会概念。其次,虽然司法意见可能推理完善,而普通法概念在抽象上研究精湛,但它们在实际应用中并不一定现实。同伴规则就是一个例子,但是洛克纳裁决更为重要。的确,在理论上,寻找一份面包工人工作的个体可能有权利与雇主签订合同确定每天或每周的工作时间。立法机关干预这一自由可以被认为是废除这一合同。但是,经济现实常常是工人没有这种自由。他或她要么接受雇主所提供的条款或条件,要么就面临无处可去和饥饿的危险。工业化侵蚀了传统的"安全网"(safety net)——人们可以回去的家庭农场。在洛克纳一案中,雇员不选择每周工作 60 小时以上就很快被解雇。而且,到了工业化扩大了公司规模并增加了要求无技术(没有差别)劳力工作机会时,个体工人行使与雇主签订合同的自由权概念都会逐渐不再存在。工人可以互相交换。他们没有稀有的技术来出售。第三,他们试图保护这一概念:美国应该被视为根据自由经济原则组织的一个全国性共同市场,法院选择了在政治上难以立足的一条路径。面临不断增长从而促进需要政府规章的经济和社会复杂性,法院使得各级政府——地方、州和联邦——难以规制商业活动。

司法解释和经济现实之间的差异在两个法律发展中被提出,这缩减了司法审查作为行政国家发展障碍的程度。一个是在马勒诉俄勒冈州(Muller v. Oregon)[208 U.S. 412 (1908)]一案中出现的"布兰代斯诉讼方法"(Brandeis brief)。布兰代斯诉讼方法(Louis Brandeis)在最高法院口头陈述支持一项俄勒冈州法令(Oregan statute),该法令认为在任何工厂或洗衣房工作的"任何女性不得"在一个单独工作日工作 10 小时以上。根据约翰逊(Johnson 1981, 29)的观点,这标志着美国法律一个新纪元的开始。布兰代斯诉讼方法是具有革命性的,因为它主要使用了不能被认为是法律权威(legal authority)的信息材料。正如约翰逊(1981:30)所解释的:

> 不像过去依赖于案例先判(case precedents)的上诉辩论,在马勒案件(Muller case)中所谓的布兰代斯诉讼方法严格说,在其 113 页的辩论上只有 3 页间接提到了法律权威。大多数布兰代斯观点的支持材料都是来自政府劳工统计数据、工厂监管的报告和心理学、经济和医疗论文中的证明等。1908 年前,这些材料几乎没有引起上诉法庭的注

意,而且从来没有律师在一个单独辩护中如此大量使用法律权威以外的材料。

在这次辩护中收集了足够的信息促使最高法院相信布兰代斯认同,即俄勒冈州立法机关能够理性地得出结论:在工厂和洗衣房长时间的工作对女性的安全、精神和健康有害。因此,即使该规则干预了女性签订合同的自由,但它还是在国家政策权力内的。今天这些以性别为基础的保护性立法已不流行并认为是歧视性的 [see J. E. B. v. Alabama ex rel. T. B., 114 S. Ct. 1419 (1994)]。但超出马勒一案中具体情况的更重要一点是,通过把新的信息来源带入并对裁决施加影响,布兰代斯为法理学打开了一扇门,使之能够更容易适应快速变化的社会。

使司法接受行政国家产生更大影响的另外一个发展就是在20世纪二三十年代出现了叫做"法律现实主义"(legal realism)的一个学术路径。"法律现实主义"并不是一个紧密连贯的思想运动或流派。相反用约翰逊的话,是"对该词语一个公正、可行的理解认为:法律现实主义代表了一个普遍观点而不是一个单一的思想流派,自由地混合了许多表达力强、多产的法律学者、律师和法官所拥有的不同于公认标准的观点。在更广大的法律界眼里,把现实主义者联系一起的是他们对传统法律准则和制度的怀疑和他们一致同意用实证研究来确定法律体制在实际中的具体运作"(Johnson 1981:123)。法律现实主义包括了对法律原则发展的关注以及支持根据社会科学研究进行法律改革。

虽然法律现实主义的影响一直受到激烈的争论,但是回顾一下,似乎这一运动促进了法律界对行政国家的接受。阿克曼(Ackerman 1984:13)在一个更为复杂的辩论里认为"只有通过吸收大量的现实主义智慧,这一行业才能保存这么多的传统普通法论证"。这部分是因为"现实主义律师对抽象观点的怀疑使得他们不断从过去继承的特殊原则而没有在自由的法律理论中正视其基础"(Ackerman 1984:19)。因此有可能把传统的法律概念应用到新经济激进的"新政"时期的新法律政体。用阿克曼的话来说,法律现实主义者"对所接受的原则的制度性变化很有信心,根据措辞模糊的公共政策允许他们向自己和他人保证美国的律师已经认识到美国人民坚持一个新政"(Ackerman 1984:19)。现实主义提供了一个渠道,通过该渠道能够根据更为传统的美国法律概念讨论并形成行政法。到20世纪30年代末,问题不再是法律是否会作为发展完备的行政国家的一个重大障碍。相反,问题是法律如何能够最佳地告知并检测行政规则的制定和裁决。美国法律界准备将怀曼和古德诺早期建立行政法的努力措施作为法律和法律研究的一个范畴。但是,不无讽刺的是,正如斯图尔特和弗鲁克所观察到的,被选为行政法基础的公共行政模型本身却越来越不现实了。

V. 目前的行政渗透:结构图式

如果说在20世纪40年代以前,行政活动的范围对法官制定的法律所允许的内容比较敏感的话，那么今天行政法的内容主要是受到行政活动范围的推动，这一说法也许并不是过于简单化。因此，直到今天，公共行政不同领域都与行政法内所采纳的裁决以及所提出的主要问题更具有相关性，回顾这一点是非常有益的。这一回顾必须提炼政治和经济分析的传统范畴，诸如"经济规制"、"社会规制"和"社会福利活动"等等。这些范畴并没有着手在公共行政领域捕捉现在行政法的主要主题如"司法化"、"宪法化"和"代表"等所提出的复杂的法律机制和问题。下面建立的这一结构图式（schema）是掌握这些主题并可以通过分析来了解它们的一种路径。

A. 建立"替代市场"（Surrogate Markets）的行政

这一类型的行政用于当自由市场被认为是不能提高公共利益的适当工具的情况下。运输就是一个经典案例。1887年所建立的州际商务委员会（ICC）其目的就是规制铁路以确保"所有的收费……将是合理而公正的"。后来，在1938年成立了美国民航委员会（the Civil Aeronautics Board，CAB）来控制在航空运输方面的进入和费率。各种公共事业委员会和各种其他管理机构，如联邦通讯委员会（the Federal Communications Commission，FCC）等，也普遍在具有浓厚公共利益色彩的经济活动领域使用，而且在这些领域内，自由市场被认为是不尽人意的。

对替代市场的行政显然是通过对经济分析"收益率"（rates of return）以及考虑服务分配而合理进行的。这一过程不断地要求被规制对象提交因服务性质对利率增长和变化的要求。然后被规制对象受到规制机构的评估，这种机构通常是某种委员会。评估通常采用裁决过程。被规制对象将被该委员会的法定成员在一个听证审查官（hearing examiner）或一个行政法法官面前彻底审查。后者的决定提交给众委员们，他们可能接受、修改或拒绝这一决定。典型的是，该机构的授权是在私有企业经济利益与公共利益之间进行平衡。

与替代市场行政相关的行政法将集中在该机构所采用的裁决程序上（"裁决化"）。例如，听证审查官的独立性以及单方面沟通（ex parte communications）等问题可能比较突出。对机构决策的司法审查显然更加与程序而不是内容有关，因为法院会对机构的实质性专家技能（expertise）比较恭敬。即使某些机构的法令任务（statutory mission）非常模糊，如对符合公共利益、需要和便利的电波使用的规制等，这一点也毋庸置疑。在20世纪70年代末80年代初，联邦"解除规制"主要是集中在替代市场管理，最著名的就是在航空和货运行业。州际商务委员会（ICC）和美国民航委员会（the Civil Aeronautics Board，CAB）都最终被解散。

B. 保证市场正常运作的行政

反托拉斯和公平贸易规章是行政活动旨在规制市场行为的突出范例。1890年《谢尔曼反托拉斯法》（the Sherman Anti-Trust Act of 1890）与1914年《联邦贸易委员会法》(the Federal Trade Commission Act of 1914) 成立的目的就在于此。传统上，反托拉斯规制活动是通过对合并者、获得物和其他实践对市场竞争性的影响的经济分析来合理进行。当代的路径可能注重效率而不是竞争本身。公平贸易规章也是通过经济分析而合理进行，但它可能更为关注反社会经济实践规章本身的管理，而忽视是否这些实践对市场有深远的影响。例如，联邦贸易委员会 (the Federal Trade Commission, FTC) 成功地强调，它能够禁止不公平的实践、甚至无需表明这些实践对竞争是有害的 [Federal Trade Commission v. Sperry and Hutchinson, 405 U.S. 233 (1972)]。错误或欺骗性的广告是公平贸易管理的一个规范性问题。

对这些规制活动的立法授权 (legislative mandate) 常常是不明确的，而且所采用的行政程序也广为不同。联邦司法部的反托拉斯行动没有司法化。司法部阻止合并者或要求众多公司的解散的措施可能受到法院完备裁决 (full-fledged adjudication) 以及在不同上诉层面调查性的司法审查的影响。就另一方面而言，联邦贸易委员会 (FTC) 所采取的公平贸易实践在机构内是具有裁判性的。许多公平贸易活动目的在于解决个体上诉，且常常是通过非正式的财产授予安排。对公平贸易管理的司法审查在程度上会有所不同，这取决于所使用的机构程序，以及正在受到挑战的实践是否是在规制中机构由大量专业人才制定的。

C. 保证产品和服务安全的行政

联邦消费品安全委员会 (the Federal Consumer Safety Product Commission, CPSC)、食品和药物管理局 (Food and Drug Administration, FDA) 与联邦航空局 (Federal Aviation Administration, FAA) 都是机构规制安全的例子。这类规章是通过对责任法不足以保护消费者因使用不安全产品或服务而受到严重伤害这一想法而进行的。机构程序主要取决于检测和监督。这一分析基于许多相关的科学和工程，而经济是第二或次要的问题。在某些情况下，在新药品检测和航空器检查中，规章会主动进行，因为私有部门 (private party) 只有在被允许的情况下才能够销售产品和服务。机构以及受规制方可能以合作的方式防止伤害到公众。虽然可能采取听证的形式来听取专家或感兴趣一方的信息和意见，但是机构程序不会高度司法化。对机构决策的司法审查将会高度尊重机构的技术专家评价。

D. 保证新兴技术安全的规章

核能规制委员会 (the Nuclear Regulatory Commission, NRC) 就是一个范例。虽然与对消费安全的规制活动有关，但是由于历史原因，对新的、假定有危险的技术的管理在概念上存在不同，因为它的目的是保护可能与使用该技术的公司进行直接经济联系的广大公众。即使人民的住所远离这类技术地点，但在放射性物质泄漏时，他们仍冒着潜在风险。基因工程和微波技术也是影响广泛的规制的两个对象。

对技术安全的规章主要是根据工程和科学。它依赖于监察、检查和审批（licensing）。可以进行对许可证的应用进行听证，但听证在程序上不可能高度司法化。司法较少可能对规制机构的技术专家评价表示尊重。

E. 保护环境的规制

为保护环境目的的联邦规章是一个相对独特的行政法范畴。许多联邦实体环境法，如《清洁空气和水法案》（the Clean Air and Water Acts）影响了州和地方的行政（O'leary 1994）。但是，在行政法方面，1969 年《国家环境政策法》（the National Environmental Policy Act，NEPA）则更为重要。《国家环境政策法》在其目标中，"必须宣布一个全国性政策，鼓励在人和环境之间更为建设性和愉快地和谐；必须改进措施，防止或消除对环境和生物圈的破坏以及促进人类的卫生和健康；必须促进公众了解对国家重要的生态系统和自然资源……"。这要求联邦机构"在对立法和其他主要联邦行动有关重大影响环境的提议或报告中，包括一个有关……所提议的行动对环境影响……具体的表述"。这样的规制超出了被确定为应用到可能会破坏环境的整套实践中的危险技术的范畴。有害污染体的源头是多重的，而其中某些技术，如燃烧煤或木头发电（wood for power），都是非常古老的。就其最大程度来考虑，环境规章是面向未来各代的。

环境规章是通过工程和许多科学来进行的。强制执行取决于检测和监督。通过环境影响报告（environmental impact statement）做了很多努力以把对环境构成的新危险清除出去。对这些危险的评估常常涉及到广泛的公共参与和/或辩论。这一过程更像立法听证而不是司法听证。环境规制是一个集体诉讼领域（O'Leary 1993）。不同的联邦法院采用不同的标准执行对环境规章的司法审查。传统的司法审查方法要求尊重机构专家评价，但是在某些案例下，诸如环境保护基金会诉拉克尔肖斯（Environmental Defense Fund v. Ruckelshaus）[439 F. ed 584（1971）] 一案中，法院赞成对机构的发现结果和结论进行更为彻底的调查。

F. 雇佣过程规章

现代工资雇用系统以及劳工市场的运作显然都是工业化的结果。劳工关系作为一个公共政策问题出现于 19 世纪 70 年代（Rosenbloom and Shafritz 1985）。一直到 20 世纪 30 年代，大部分时候的雇佣规章都是留给州政府和州法院进行的。但是在"新政"时期，《国家劳工关系法》（the National Labor Relations Act 1935）确定了一个国家行政程序去规制私有就业中的集体协商问题。1965 年，平等就业机会委员会（the Equal Employment Opportunity Commission，EEOC）开始规制雇佣问题，目的是消除以人种、肤色、性别、宗教和种族为基础的歧视。70 年代早期成立了职业安全健康局（the Occupational Safety and Health Administration，OSHA）来规制有利于雇员身体健康的工作场所。在采矿中存在更为专门的规制措施。1990年,《美国残疾人法》(the Americans With Disabilities Act)给残疾人提供了雇佣利益的国家保护。

虽然这些规制活动取决于不同的程序并且从不同专业化得到信息,但在一个范畴内整合这些活动是不无裨益的,因为它们都涉及雇佣关系的各个方面。国家劳工关系委员会(the National Labor Relations Board,NLRB)与平等就业机会委员会的规章是从法律中得来的。两个机构都司法化并且面对的是上诉裁决,但是平等就业机会委员会也采用上诉作为一种策略用以反对某些雇主采用广泛的方式和实践进行被禁止的歧视。司法机构尊重两个机构在解释法令授权时的专家评价,但是国家劳工关系委员会可能程度更高些。平等就业机会委员会现在的管辖范围是公共和私有雇员、工会、雇佣机构和雇主。国家劳工关系委员会只是关注私有雇佣,它很少有例外。以安全和卫生为目的的职业安全健康局(OSHA)和其他的规制性机构更以监督为导向,并更多由工程获得信息。

G. 保护"既享权利"(entitlements)

对"既享权利"的规制已经和当代行政法不无相关。广泛而言,既享权利包括了收入支持、营养(nutritional)、公共住房(public housing)、教育、执照(licensing)和公共卫生项目。根据行政法,阻止声称被赋予了既享权利的个体获得利益是根据程序上正当的程序、平等保护和禁止翻供的要求得以进行。随着既享权利有时候被作为"财产利益",行政程序已经被宪法化[Cleveland Board of Education v. Loudermill, 470 U. S. 532 (1985); Goldberg v. Kelly, 397 U. S. 254 (1970)]。而且,虽然公共行政人员常常把既享权利概念化成为公众提供福利服务,但是从法律的角度来看,这些利益可以视为具有以某种形式干扰个体自由的规制维度。例如,对有需要抚养子女的家庭补助计划(Aid to Families with Dependent Children)的项目显然是一个服务,但是授权不经过通知就探望接受服务的家庭,这可以被解释为限制了他们的隐私权[Parrish v. Civil Service Commission, 425 P. 2d 223 (1967); also see the Supreme Court's discussion in Wyman v. James, 400 U. S. 309 (1971)]。

本章的剩余部分将对具体规制措施的历史发展进行讨论,将这些范畴记在心里是很有帮助的。尤为重要的是要指出不同的行政活动是如何提出有关行政法内容而且应该是什么的特殊问题。例如,环境规章强调公众参与,但是"既享权利"却又与行政法的合宪性有关。通过对照,联邦航空局(FAA)的功能更多与工程事物有关。

VI. 以10年间隔分析:19世纪80—90年代

A. 19世纪80年代

通常习惯于将美国行政法的起源时间追溯到从19世纪80年代,这10年中通过了《公务员制度法》(the Civil Service Act 1883)和《州际商务法》(Interstate Commerce Act 1887)。两个法案都有重要的联邦或州先例。但是，大约从1877年到1920年，它们一起成为发展一个更大的联邦行政能力的广泛历史努力的关键部分（Skowronek 1982）。

关于公共职位的《公务员制度法》是一个永久性的遗产。在拥有许多目标的改革者长时间的奋斗后它才得以通过。这些最为重要的目标中有：（1）废除在联邦服务部门中盛行的庇护雇佣和解雇实践（分赃制）；（2）发展功绩考核制并作为联邦人事实践的基石；（3）把党派制从人事系统中废除。改革者认为，这些变革将会给联邦服务部门带来更高的士气和效率。更为普遍的是，改革者认为他们寻求的是在人事管理方面的这些变革将会导致美国政治和政治领导特点上的重大变革（Rosenbloom 1971）。他们的整体目标是通过剥夺在公共服务部门中的庇护任命来剥夺政治机器和老板的权力。正如改革的领导人之一多尔曼·伊顿（Dorman B. Eaton）所说的，改革者对分赃制最为重大的批评就是"我们看到了一个政治家阶层在高位上变得强大，但他们并没有（而且他们天生没有资格）积极投入到人民的社会和教育生活。政治越来越像一个行业，或者单独的职业。高素质和能力与大众心中的公共生活是分离的"（Eaton 180：392）。最终，改革者希望"在公共生活中，在他们的合法性环境下再次重塑有能力、高素质、真正的公共精神，并且促使积极政治再次吸引具有自尊和高度爱国理想的人"（Schurz 1893：614），也就是，那些人不会不像公务员制度改革者们自身。

改革运动和《公务员制度法》的重大前提是"政府的事务部分应该以一个完善的事务化的方式进行"（Schurz 1894：3）。在政治和行政（即"事务部分"）之间进行了区分。通过威尔逊（Wilson 1887）和古德诺（Goodnow 1900）的工作，这一区分，也就是现在著名的"政治行政两分法"最终成为美国公共行政理论的核心。

《公务员制度法》的通过是好几个因素的结果。不可否认，改革者们自身就是一个重要的力量。的确，伊顿（Eaton）实际上撰写了这一法案。但是不无讽刺的是，与制定该法有关的立法政治关注的是党派利益。共和党（the Republican Party）因为在1882年大选中惨败而支持改革，把它作为减少对民主党（the Democrats）唾手可得的庇护数目的方法（Hoogenboom 1961）。此外，当1881年一个发狂求公职者（office seeker）刺杀了加菲尔德总统（President Garfield）后，舆论也明确反对分赃制。

该法案最重要的特征如下：

建立有3个委员构成、跨两党制的公务员委员会（Civil Service Commission, CSC）进行政策人事实践。委员会成员由总统根据参议院的意见和认同而任命。最初他们任期不限，但能够被总统免职。1956年，他们被赋予了6年的重叠任期（overlapping terms），但仍受到免职的危险。1978年《公务员改革法》（the Civil Service Reform Act）废除了公务员委员会（CSC），1979年开始生效。委员的职责要求之一是负责协助总统筹备人事系统规则。

规定发展一个"公开、通过竞争考试来检测求职者是否适合公共服务部门"的系统。考试的特点是实践性强、并与工作有关。

从人事行为中废除党派政治，具体规定"公共服务部门中没有人因为该原因而有任何义务去服务于任何政治基金，或者提供任何政治服务，而且，他也不会因为拒绝如此行为而受到免职或歧视"。该法也宣布代表联邦雇员的政治行为的高压统治违法，并包括了许多其他废除党派侵犯联邦服务部门的条款。

在财政部、邮政局和其他部门发展或改善雇员分类系统（employee classifications system）。

经证明，该法案作为一个联邦人事框架，从1880年的大约10万雇员发展到1978年大约300万雇员，直到被《公务员改革法》代替之前在这样一个体制内显然是持久的。

《州际商务法》在发展行政法中被认为同等甚至更为重要。它成立了州际商务委员会（the Interstate Commerce Commission, ICC），该委员会被称作"现代行政机构的原型"（Schwartz 1977: 293）。该法案代表了联邦政府官方认同私有部门市场力量不足以规制有利于公共利益的铁路运输。

具体而言，《州际商务法》确定了：（1）具有5个成员、跨两党制的州际商务委员会，重叠任期6年。委员可以因"效率低下、玩忽职守或渎职"由总统免职。（2）规定在所有州际商务中的铁路费率必须"合理而公平"的条款。（3）一系列条款禁止"对个人、位置和车辆不适当的优惠"，禁止歧视连接线（connecting lines）以及短距离的价格歧视。（4）要求公共承运人印刷并邮递给公众的费率表（rate schedules）以及州际商务委员会（ICC）检查规定。（5）为个体提供和保存对州际商务委员会的投诉档案。（6）许多违反规定的惩罚措施，包括到最高5000美元的罚款以及毁损的民事责任。

颁布《州际商务法》的政治因素是复杂的。随着中西部农民认为他们是垄断或半垄断的受害者，19世纪70年代爆发了要求规制铁路的运动。由于与运输材料的实际成本没有什么联系，费率被认为是过高而不合理的。30年代的保护农场主协会运动（Granger movement）成功地使某些州通过了规制铁路的法律，最突出的是伊利诺伊州（Illinois）和威斯康辛州（Wisconsin）。通过委任规制铁路、仓库和谷物仓库的一个综合性伊利诺伊法在芒恩诉伊利诺伊州（Munn v. Illinois）[94 U.S. 113 (1887)] 一案中受到最高法院的推崇。法院接受了这一论点：这些事务是"有着公共利益的外表"因而能够受到政府的监督。法院的裁决似乎为其他地区铁路规制的倡导者提供了动力，在19世纪70年代末和80年代初，南卡罗莱纳州（South Carolina）、佐治亚州（Georgia）和纽约州（New York）都是为此目的而采取措施的州。

虽然获得了这些成绩，但是倡导规章者并不一定达到了他们治理好铁路的整体目标。铁路利益仍然在州立法机关受到听证，而且保护农场主协会运动的影响开始削弱。例如，威斯康辛州强大的 1874 年《陶瓷法》(Potter Law) 在1876 年被废除 (Friedman 1973：392)。也许更为重要的是，这些记载下来的法律的执行有时候是非常不得力的 (Friedman 1973：392)。

然而，还是存在州规制对铁路行为进行检查，并且对这类活动有更多潜在的要求。这一结构随着 1886 年最高法院在瓦巴西铁路诉伊利诺伊案 (Wabash Railway v. Illinois 118 U.S. 557) 一案中的裁决而突然结束。最高法院认为，因为宪法赋予联邦政府权力去规制州际商务，州就不允许规制来自或者进入另外一个州的商务。这一推理现在被叫做"休眠商务条款"(dormant Commerce Clause)。它防止了州歧视或过度承担州际商务 [Carbone V. Town of Clarkstown, 114 S. Ct. 1677 (1994)]。使得联邦规制事实上无法避免。的确，甚至某些铁路利益集团赞成平衡联邦规制来保护他们不受到公众的敌意。这一观点反映在《州际商务法》对州际商务委员会 (ICC) 是否能够正确地制定费率这一模糊表达上。1897 年，最高法院认为，州际商务委员会不拥有这一权力 (Interstate Commerce Commission v. Cincinnati, New Orleans and Texas Pacific Railroad Co., 167 U.S. 479)。最后它受到 1906 年《赫伯恩法》(the Hepburn Act) 的调查。

B. 19 世纪 90 年代

19 世纪 90 年代的规制受到另外一个持久性法令的支配，这就是 1890 年《谢尔曼反托拉斯法》(the Sherman AntiTrust Act of 1890)。不同于《公务员制度法》和《州际商务法》，《谢尔曼法》没有建立一个行政机构来执行事务。相反，它依赖于司法部通过法院来实行。而且，该法并不局限于一个具体的程序、物质或产业。而是广泛跨越美国州际商务，至少潜在是这样。

尽管该法案有广度，但其目标和语言是不明确的。公务员委员会 (CSC) 和州际商务委员会 (ICC) 的成立是解决具体问题，但《谢尔曼法》的目标是一个一般条件 (general condition)。该法使得"在贸易约束范围内……所有的合并、合同或密谋"都是非法的，而且禁止垄断和垄断市场的措施。"贸易约束"(restraint of trade) 在普通法中有资格。这样的约束被认为违反了公共利益。1890 年以前，几个州采纳了反托拉斯措施。反托拉斯运动中共同的东西就是普遍害怕或关注"大"(bigness)，也就是大型商业康采恩 (concerns) 的巨大规模的和集中的权力。正如弗里德曼 (Friedman 1973：465) 观察到，"殷实的中产阶级所需要的，到目前为止所谈到的一个潜在的渴望，不是恢复纯粹、不受限制竞争的一个法律，而是一个巨大的杀手，即一个缩减巨型联合规模的法案，这些联合聚敛了国家太多的权力"。

但这一目标可能太不明确而不能进行一贯的执行 (Weaver 1980)。更糟糕的是，经过分析其立法历史，该法的意图似乎更为迷惑而不是清楚。其发起人

约翰·谢尔曼（John Sherman）喜欢在不同时期用不同方法解释该法案。有一要点，他认为

> 大众心理受到可能扰乱社会秩序的问题的煽动，而且这些问题中，没有哪个比条件、财富以及机会不平等更具危险性了，这些仅仅在一代人手里就出现了，他们集中大量联合资金来控制生产和贸易并破坏竞争（Weaver 1980：129）。

但他也认为"如果我们不容忍政治权力有个最高国王（king），那么我们就不应该容忍生产、运输和任何日需品销售的垄断者（king）"（Weaver 1980：129）。该法在他心中的主要目的是消除条件、财富和机会的不平等还是纯粹限制权力是具有争论的要点（moot point），而不是个无关紧要的点。谢尔曼好像已经在某种程度上认识到了这一问题。当别人挑战关于该法案语言的模糊性时，他作了如下回应："我承认，要用法律语言确定合法与非法联合之间的明确界限是困难的"（Weaver 1980：130）。

《谢尔曼法》和它之前的《州际商务法》是否代表了要求政府干预经济的一个普遍持续的立法回应，这里还是具有争议的。当然，在《谢尔曼法》情况中，正如弗里德曼（1973：464－465）所指出的，显而易见的是"法令中的模糊语言，事实上，是国会给下属机构或者给行政机关和法院的一种授权；同时把问题也交给了这些机构。这样的法律常常赢得时间；他推迟了问题的解决；它是在那些想要立即具体行动的人和坚持维持现状的人之间的一种折衷办法。"谢尔曼宣称"我们作为法律制定者，能够做的就是宣布普遍的原则，然后能够保证我们法院会运用这些原则实现法律的意义"（Weaver 1980：130）。换言之，就是"把每一个具体案例留给法院来决定"法律的意思（Weaver 1980：130）。但是法院不能在这样一个法律下决定任何事情，除非适当的行政机构（这里指的是司法部）首先提起这样一个案例。模糊授权可能指的是机构拥有大量的裁量权。而且在90年代法院并不十分支持干预市场的裁量权。不经制衡（unchecked）的裁量权被认为违反了法律规则和宪法体制，这也是美国行政法长期以来主要关注的一个问题。

在90年代这10年中，司法部和最高法院都在有效地和一贯地处理该法案上存在困难。根据韦弗（Weaver 1980：132）的观点，在1890～1904年期间，司法部平均每年提出少于1.5个案例。但从1910～1914年间，平均每年有31个案例。在美国诉赖特公司［U. S. V. E. C. Knight（156 U. S. 1, 1895）］一案中，最高法院当时认为该法案与生产没有关系。正如戴维·香农（David Shannon）所解释的：

> 1895年，法院根据法律通过裁决，其方式是严重限制了该法的应用。克利夫兰总统的司法部长（Cleveland's Attorney General）理查德·

奥尔尼（Richard Olney）对美国糖业炼制公司（the American Sugar Refining Company）（通常称作糖业托拉斯）诉讼，其方式是展示法院如何将其生产从该法案中免除出去的。虽然合并后的制糖托拉斯是个98%绝对的垄断产业，但是法院裁决道……该托拉斯从其成员公司获得的股份并没有构成州际商务，因此不受《谢尔曼法》的影响。法院将生产和商务区分开来，并宣称联邦宪法的州际商务条款没有包括生产。合伙人和各种形式的合并在赖特案件（the Knight case）之后迅速发展（Shannon 1963：29）。

但是，到1899年为止，法院似乎与在赖特案件中所表达的观点渐行渐远[see Addyson Pipe and Steel Co. V. U. S., 175 U. S. 211 (1899) and U. S. V. Trans-Missouri Freight Assn., 166 U. S. 290 (1897)]。即使是这样，在1894－1904年间，托拉斯发展甚为成风。根据梅尔（Meier 1985：236）的观点，在这段时间，"大约70家主要行业合并为垄断企业或者近乎垄断企业……4227家公司合并成257个联合公司，确立了在300个不同行业的'托拉斯'"。1914年，国会颁布了《克莱顿法》（the Clayton Act），作为加强反托拉斯政策的手段（以下将讨论到）。

C. 20世纪前10年

从1900~1909这10年是行政国家发展极其重要的10年。但是，不像19世纪八九十年代，它显著的标志不是具体的成就——虽然有一些——而是发展了一个普遍的"行政文化"，这对现代公共行政理论、实践和法律都持续产生强大的影响。行政文化开始发源于19世纪公务员改革运动最后阶段和20世纪"进步运动"最初时期的汇合处。后来，在20世纪的前20年，行政文化通过科学管理运动（the scientific Management movement）而日益明确。到30年代，美国已经发展了公共行政理论和学科，该理论和学科认为自己是根植于科学和完善的事务管理原则中而不是基于那些法律或政治科学原则。它主要的价值观是效率和经济，它通过科学的组织专业化和协调方法来追求效率和经济。

如前所述，19世纪的公务员制度改革试图建立功绩导向、无党派或甚至非政治的公共服务部门，并将之作为一种路径，不仅获得更为有效的公共行政而且在国家政治领导和选举政治特点中产生一个普遍变化。改革者很清楚，如果政府要成为一个有效益的机制去提高公众的经济和社会福利，那么就必须有一个更为强大的行政能力。正如舒尔茨（Schurz 1895：4）所指出的，"随着政府职能在范围、重要性和复杂性方面的发展，用诚实而且用培训过的能力和知识来管理这些职能的需要也越来越多"。"进步运动"提出了同样普遍关注的问题，但侧重点不同。

在1900~1920年间，这是普遍为人所知的"进步时代"（the Progressive Era），美国出现了巨大的社会和经济变革。也许最引人注目的，如夏农（Shannon 1963：88）指出的,是移民的程度：

> 20世纪产生有史以来的最大的移民浪潮。在1860～1900年间,整个移民的数量只是稍微低于140万。但在1900～1915年间,整个数字超过了145万,将近1900年整个人口的1/5。仅1907年这一高峰年,移民人口达到了128.5万,在1904～1914年期间6年里,整个人数超过了100万。1910年,大约1/7的美国人口都是国外出生,而且大约更多的人都是移民父母的后代 …… 1910年,78%的纽约市人口都是第一或第二代移民,芝加哥有同样的比例数,而在波士顿（Boston）、费城（Philadelphia）、匹兹堡（Pittsburgh）和圣路易斯（ST. Louis）超过一半的人口没有超出来自欧洲的第一代人口。

这时候,运输和交通技术都没有能力促进直接而广泛的和"文化移入"（acculturation）以及今天所发现的"不再惊讶"（no surprises）的地区和文化规范化。移民是国家城市人口比例相对增长的一个因素。1900年,人口统计局（the Bureau of the Census）把60%的人口列为农村,也就是住在城镇的人口低于2500万人。在1910年,这一数目是54.2%,而在1920年这一数字是48.6%（Shannon1963：73）。

快速工业化和城市化的这一段时期,商务和劳工也在急剧变化。前者的标志是1913～1914年福特汽车公司（Ford Motor Company）的大批量、流水线生产。但是,甚至还早些时候,弗雷德里克·泰勒（Frederick Taylor 1911）提出了所谓的"科学管理",作为促进更大工业效率的路径。泰勒主义（Taylorism）开始于19世纪90年代,到1920年,已作为美国工业工厂的一个重要方面。它推动工业化简化工作、减少雇员、对工作过程的裁量和管理的趋势。它寻求提高管理权威并将之合法化为科学。同一时期,也许部分作为一种反抗力,美国劳工运动发展起来并获得更大的制度稳定。不像早期的大型工会,美国劳工联合会（the American Federation of Labor）表现出了持久力（staying power）。其成员从1900年大约100万到1917年的200万（Shannon 1963：78）。

"进步运动"力图控制和吸收这些变革并把它们整合到政治上、经济上、道德上和社会上都健康的美国中来。"进步主义"认为移民是对盎格鲁—美国人政治、道德和法律价值的一个威胁。伍德罗·威尔逊（Woodrow Wilson）担心"外来血液的部分腐蚀",担心"毫无疑问我们越来越难以自制,同时又有过多的腐败,可能有堕落的纤维"（Rohr 1986：72）。他也关注"在面对发展和进口变革时,保持我们民族的诚实和传统的创造力"（Rohr 1986：23, note 6）。"进步运动"对政治腐败,尤其是对城市地区政治腐败的攻击是毫不留情的,他们支持纯净食品和药物立法以及移民所需要的更好的经济和社会条件。他们继续努力把公共行政放在一个完善的、像商业一样的基础之上。例如,"进步主义"强烈倡导城市管理概念和建立"市政研究局"。在1915年纽约市的局中（New

York City's bureau) 确定了下列目标:"促进高效和经济的城市政府;促使采纳科学的会计和报告城市事物具体情况的方法……;收集、分类、分析、联系、解释并公开与城市政府管理有关的数据"(Mosher 1976:45)。"城市经理"(city manager)这一概念本身在政治老板全盛时期就非常突出,甚至更为突出的是"仅仅根据他的执行和行政资格"来选举这样的经理(Mosher 1976:83; from the second edition of the Model City Charter of 1916)。

显然,19 世纪改革和 20 世纪的"进步主义"一起构成了美国公共行政理论和实践的基础,并一直到 20 世纪 40 年代。可论证的是,它比更新的方法对于行政实践更具有指导意义。"重塑"公共行政的拥护者仍然认为它是美国行政文化的中坚力量(Gore 1993;Osborne and Gaebler 1992)。古德诺(1900)在其《政治与行政》(Politics and Administration)一书中解释了两个运动之间的联系。古德诺在预见了"进步运动"隆隆的炮声所产生的影响并思考了"进步主义"问题。他熟知 19 世纪公务员制度改革将政治从行政中分离作为一种提高良好政治和完善行政的路径的愿望。但他也认识到"进步运动"对政治改革本身的要求,它将通过削弱或者破坏政治老板和机器来改善政治。这些改革也会为有效和经济的行政创造一个更好的环境。最终这些改革包括预选选举(primary elections)、短票选举(short ballot)、公民投票(referendum)和公投罢免(recall)。对古德诺而言,政治和行政改革是相互依赖的。政治改革使得公众表达自己的意志;行政改革将使得该意志得以有效率地执行。政治和行政在公众服务中是整合在一起的。然而,它们也是独立的。如果公共行政官员没有表达人民意志的角色,那么政治家就没有告诉技术上胜任的公共行政官员该如何来执行人民意志的角色。公共行政还是一门事务性领域,但它只有在政治系统有效地发挥表达人民意志的作用时才会以最事务化的方式发挥作用。这基本的框架仍然反映在对公共行政和行政法的大量思考当中。基本上这是斯图尔特(Stewart 1975)所批判的"传输带",这一点前面已经讨论。

古德诺是行政法的主要权威,但他在《政治与行政》中的构想在解决公共行政和法律之间的关系上并不是完全令人满意的(Goodnow 1893,1900,1905)。对公共行政的司法审查作为一个关键问题出现在 20 世纪前 20 年,到 40 年代,"司法化"已经成为一个主要问题。但是相对于人民意志的执行方面,人民意志的表达方面又处于什么位置呢?如果认为联邦法官代表了人民的意志,即使他们不是被选举的,那么他们对公共行政的审查只有当其干预了意志的技术执行时才可能受到欢迎。从另外一方面来看,如果假设行政机构在他们解释人民意志的表达时立法机关和行政主管负责,那么司法审查在原则上可能是高度侵犯性的。司法化提出了一个相似的问题。如果公共行政人员(根据任何现代概念)参与裁决,那么他们必须实施大量的裁量权。如果这一裁量权是通过法律的技术考虑而被告知的,那么它应该受到寻求司法审查,因为法院被认为通晓许多法律专家知识和判断。如果决策是通过解释人民的意志而被告知的,那么对其执行进行政治检查是非常需要的。古德诺意识到了公共行政与法律之间的关系所产生的一些困难。但是，由于他的工作先于一个羽翼丰满的行政国家出现，先于公共行政广泛的司法化，所以他不能够预见到传输带理论或者官僚专业技能概念以及统一命令作为行政法的基础等的局限性。

古德诺的工作不仅因其能够弥合 19 世纪公务员制度改革和 20 世纪"进步运动"有意义，而且在回顾中他指出的现代行政法的主要问题也同样重要。古德诺、改革者们以及主要是进步主义者们都相信虽然政府有三个分支机构，但具有两个职能。政治和行政都是其职能。政治主要是在立法机关和选举高级行政主管的领域。而行政是在诸如会计和人事活动方面的对经理和专业人士进行非政治化的、专业培训。这是一个执行职能，但是在重大的方面，包括功绩系统和政治中立的规章等，与被选的高级行政主管相独立。这一构思没有解决美国行政法内两个最为重大的问题：（1）面对公共行政活动时，法院的合适位置是什么？（2）到哪种程度、在哪种情况下裁决职能可以适当地放在行政机构中？一直到 20 世纪 40 年代联邦政府才制定出一个统一的法令结构——《行政程序法》（APA）——来解决这些问题。

本节在结束这一讨论之时还应该提及一些具体的法律方面的发展。1906 年通过了《纯洁食品与药品法》（the Pure Food and Drug Act）。该法禁止使用几种具体的食物添加剂以及对药物进行欺骗性说明。该法是农业部的一个化学专家哈维·威利博士（Dr. Harvey Wiley）好几年多方游说的最终结果。一方面，威利博士成立了一个部门雇员"毒品队"（poison squad），他们在受到控制的情况下吃了食品添加剂。威利的努力得到辛克莱出版（Sinclair）《丛林》（The Jungle 1905）一书的强大支持，这本书引起全国关注肉类加工厂令人恶心和反胃的条件。《纯洁食品与药品法案》之后是《1907 年肉食检查法案》（the Meat Inspection Act of 1907）。后者要求农业部检查所有州际商务中所卖的肉。

另外一个重要的发展出现在公共官员法律上。1907 年西奥多·罗斯福总统（President Theodore Roosevelt）发布总统行政令，建立了一个系统，限制联邦雇员政治活动，该命令一直持续到 1939 年《海奇法》（the Hatch Act）改革。该总统行政令写道：

> 根据这些［公务员］规则，处于竞争性分类服务中的人，虽然保持其享有的投票权和对所有政治问题私下发表意见，但他们不能积极参与政治管理或政治选举运动（U. S. Civil Service Commission 1907：9）。

实施工作由公务员委员会（the Civil Service Commission）行使，委员会虽然严格地解释该原则，但在某些情况下可能也是武断的（Rosenbloom 1971）。该原则被 1939 年《海奇法》所取代，除了有限的几个例外之外，该法扩大了联邦雇员在竞争性服务以外的政治中立。

D. 20世纪第二个10年

1910~1919这10年的重点在银行和商务的规章上。整个政策方向继续努力协调新经济现实与传统美国价值。在银行业，规章被认为是保护稳定和独立的一种路径。目标是让银行以及依赖银行的个人和公司不再容易产生由"恐慌"或外界影响所诱发的失败。这种规章的动力来自"1907年大恐慌"（Panic of 1907），但是难以置信的是，美国在一段时间竟没有采纳银行规制，而是忽视这一具体事件。当英国人从美国银行撤回他们的黄金时，恐慌发生了。针对这一情况，银行开始号召贷款，这反过来使得存款者因为相信现有银行正在衰败而在一片恐慌中收回他们的资金。恐慌本身也导致了一些银行因为储备资金不够而倒闭（Meier 1985：48-50）。

政治对恐慌的反应就是任命一个委员会调查银行问题并颁布1913年《联邦储备法》(the Federal Reserve Act of 1913)。该法案成立了一个高度独立的联邦储备委员会（the Federal Reserve Board）以及12个地方性联邦储备银行（regional Federal Reserve Banks）。所有的国家银行均被要求在这些联邦储备银行中保持他们自己一定的资金比例，而且后者被授权帮助国家银行面对流动资产问题（liquidity problems）。该法案也确定了普遍的会计程序并授权货币审计主管（the Comptroller of the Currency）检查银行（Meier 1985：49-50）。联邦储备系统的建立要先于凯恩斯经济学（Keynesian economics）的发展以及其使用货币政策作为一种工具来控制商界的繁荣与萧条的举措。虽然如此，但最终联邦储备委员会在这方面变得很重要。

在这10年第二个主要的规制动力是反托拉斯（trust busting）和贸易实践。《克莱顿法》(the Clayton Act)和联邦贸易委员会（the Federal Trade Commission, FTC）于1914年通过。前者描述了许多实践，包括价格歧视和排他性协议（exclusionary agreements），这在州际商务中都被认为是不合法的。《克莱顿法》也公开宣称，当一种实践的结果可能大量减少竞争或导致建立垄断时就是非法的。

《联邦贸易委员会法》成立了联邦贸易委员会（Federal Trade Commission, FTC），其责任是实施《克莱顿法》并更宽泛地防止不公平竞争方法。联邦贸易委员会（FTC）被授予权力去阻止欺骗性事件，包括欺骗性广告，以及阻止可能建立独裁或者大量减少竞争的合伙或者采购（Katzmann 1980）。

最后值得一提的发展是颁布了《1912年劳埃德—拉福莱特法》(the Lloyd-LaFollette Act of 1912)。该法案为联邦雇员被免职时提供了法令保护。虽然这一保护最多是适中的，但它适合"进步主义"对建立非政治、技术为基础以及职业导向的公共服务部门的关注。而且，该法案中"美国在对公共服务部门分类中没有人会被免职，除非是会提高上述服务的效率"。这一条款一直到今天仍然是最重要的标准。该法案要求在解雇这类雇员的公文中应该通知这些雇员，而且应该在公文中给他们提供书面回应的权利。但是，它特别强调，在这样的免职中不一定要有听证或审判。该法也提倡，邮政工人以及由此类推的其他联邦雇员可以联合起来。但是，该法考虑了这些工会和国会成员之间的讨论而不是现代的集体协商。

E. 20 世纪 20 年代

20 世纪 20 年代大多数时候，当代行政国家发展都处于停止状态。这标志着"进步时代"的结束，但又早于"新政"时期的大规模行政变革。这一时期法律方面的主要发展是日益倾向于面对行政国家产生的这一现实。如前所述，法官、学者和实践者组成的法律界非常敌视行政普遍干预社会，尤其是干预行政裁决。但在 1916 年担任美国律师协会（the American Bar Association）会长的就职演说中，参议员 E. 鲁特（Senator E. Root）呼吁大家关注这一事实：

> 法律发展的一个特殊领域……显然已成为不可避免的了……州际商务委员会、各州公务员委员会（the state pubic service commissions）、联邦贸易委员会、联邦储备委员会各机构、各州的卫生局以及许多其他监督办公室和机构都是熟悉的例子。在这些机构的前面，那些禁止立法权力授予的传统原则真正退出该领域并放弃这一斗争。再也不会有人退出这些试验了。我们应该继续；我们应该扩大试验，无论我们在理论上赞同与否，因为这些机构保护权利并阻碍做错事，而这些在我们新的社会和工业条件下都不能够像过去一代人那样通过传统而简单的立法程序和法院在实践中完成。然而授予这些规制机构的权力以及这些机构必须拥有来进行工作的权力都相应带来了压迫和做错事的大量危险机会。如果我们要继续一个拥有有限权力的政府，那么这些规制机构本身必须受到规制……必须发展一个行政法系统，而这对于我们仍然是在初期，粗糙而不完善（Root 1916：368 - 369）。

鲁特的演说很重要，因为他把行政法的发展列入法律界学者和实践者的议程中来。这也给行政法概念增加了合法性并且敦促其作为一个法律领域的发展。到 20 年代后期，出现了对下一假设更多的支持：即使行政机构参与决策，法规也能够被保存。在狄更生（Dickinson）的《行政司法和法律的霸权》（Administrative Justice and the Supremacy of Law 1927：37）一书中辩论道：

> 对行政决定的法院审查已变得如此重要，而且成为自从行政程序兴起以来如此多讨论的中心。因为至少行政决定仍受到法院审查，所以存在一个保持法律至高无上的路径，但是隔了一代（at one remove）而且是一种次要的保护（a secondary line of defense）。

到了 20 世纪 30 年代，行政行动和权力的司法审查问题变成首要。在 40 年代，行政程序法被采纳以更有效地规制联邦行政行动。

除了20年代的学术发展之外，至少还颁布了一个重要法令。1926年《铁路劳工法》(the Railway Labor Act of 1926) 巩固了几个早期有关州际铁路经营集体协商的联邦规则。该法保护了铁路雇员成立工会的权利，并为雇主建立了参与与这些工会协商的积极义务。该法于1934年予以修改从而包括航空业。它是1935年《国家劳工关系法》(the National Labor Relations Act of 1935) 即《瓦格纳法》(Wagner Act) 的模型，并保存为时至今日的主要联邦劳工关系法令。

F. 20 世纪 30 年代

羽翼丰满的美国行政国家出现在30年代。行政发展主要是回应"大萧条"(the Great Depression)，在这期间工人失业达到劳动大军的25%。行政成长的程度的确是非凡的。在1933~1934年间，大约建立了60家新型机构 (Van Riper 1958：320)。在这些新兴机构中，1936年建立的有食品及药物管理局 (the Food and Drug Administration)、联邦家庭贷款银行委员会 (the Federal Home Loan Bank Board)、商品信贷公司 (the Community Credit Corporation)、联邦存款保险公司 (the Federal Deposit Insurance Corporation)、联邦通讯委员会 (the Federal Communications Commission)、美国证券和交易委员会 (the Securities and Exchange Commission) 以及美国劳工局 (the National Labor Board)。这个10年结束时，又新加入了农业市场服务机构 (the Agricultural Market)、国内航空委员会 (Civil Aeronautics Board) 等等。被认为是现代总统制开端的总统行政办公厅 (The Executive Office of the President) 也于1939年成立。此外，还制定了《社会保障法》(the Social Security Act) 和《公平劳动标准法案》(the Fair Labor Standards Act)，并且加强了《食品和药品法》(the Food and Drug Act)。显然这些发展太多而这里不能公平对待。但是，一些观察似乎是适当的。

首先，在"新政"时期许多规制活动在概念上并非不同于早期所进行的活动。但是，联邦政府通过《国家劳工关系法》(the National Labor Relations Act 1935) 综合地对雇佣过程进行规制。政府在农业中的角色也急剧增长。经济和社会中行政的渗透程度总体上非常快，这标志着一个新的政府形式的到来。"新政"之后的新经济政治和行政远远不同于以前的模式。虽然，利益集团、立法委员会和行政机构自美国政府的早期就存在，但它们之间一个新的关系是在30年代开始发展的。随着政府变得比经济和社会更为突出，无数的利益集团寻求影响政府的方向。他们集中关注行政机构，当时明确认为这些机构在政策制定和执行中有着举足轻重的作用。到这10年结束，普遍认为政府成立了一个"没有头衔"的第四部门。国会对公共行政监督的任务随着机构的膨胀而复杂。最后，在40年代，国会通过委员会和次委员会开始更明确地专门化 (specialization) 来提高参与有效监督的能力。而且为此目的，国会从增加委员会人手。到60年代，已经非常明显的是，（政府）机构、利益集团和（国会）

次委员会的专门化常常在参与者中间产生了和谐的世界观。所谓的"铁三角"（iron triangles）在广大领域得到发展，其中政府是经济中如农业和航空运输等中的一个重要行动者。这些"铁三角"由机构、利益集团和立法次委员会组成，成为确定政策议程和形成政策中的一个主要因素。他们是政府的"次系统"，将立法授予行政机构的广泛权力作为保证他们整体上与总统和国会的相对的自主性［see Nachmias and Rosembloom（1980）］。这些授权是与"新政"有关的第二个主要变化。

立法权授予行政机构使得行政官员能够制定在效果上具有法律作用的规则或政策。换言之，这些授权基本上使得行政机构参与立法。授权受到欢迎有许多原因。它们减少了国会的工作量。他们通过遵从行政官员对专门政策领域的知识而利用他们的专家能力。它们也具有灵活性的优势，因为机构规则制定过程常常比国会立法过程要简单。然而，这些授权把立法权转让给行政机关，这被认为是违反了宪法的权力分离原则。

有关立法权授权的宪法问题在"新政"时就提出来了。1932年，最高法院明文规定"国会的立法权不能够被授予，这一点当然是明白无误的"（U.S. v. Shreveport Grain and Elevator Co.，287 U.S. 77，85）。但到1940年，法院认为，"国会授权一直被认为是必要的，目的是立法权的执行不成为一个无用的东西"（Sunshine Anthracite Coal Co. v. Adkins，310 U.S. 381，398）。不过在此期间，法院曾宣布在下列三个案例中的授权无效：卡特诉卡特煤炭公司（Cater V. Carter Coal Co.）［298 U.S. 238（1936）］、巴拿马炼油公司诉瑞恩案（Panama Refining Co. V. Ryan）［293 U.S. 388（1935）］与谢科特家禽公司诉美国案（Schechter Poultry Corp. V. U.S.）［295 U.S. 495（1935）］。帕纳马（Panama）和谢克特（Schechter）参与了《国家工业复兴法》（the National Industrial Recovery Act），这对"新政"是很关键的。该法的基本目的是消除在经济公司之间的破坏性竞争，也就是"不公平"竞争，因为这可能导致更大的是商业失败和更多失业。巴拿马炼油公司诉瑞恩案涉及到允许总统禁止把"热门石油"（hot oil）（违背州法律）应用到州际商务中来。但是这一条款没有把应该指导总统行使被授予权力的规范具体化。大多数时候，指导仅限于消除"不公平竞争实践"和"保护自然资源"这一不明确目标。因此，法院认为这一授权是在违反宪法情况下把立法权力转移给总统。

谢克特参与更大范围的立法权力授予。它允许总统批准有关州际商务中的公司的"公平竞争法则"（codes of fair competition）。这些法则能够为同行业州际商务中所有公司建立约束性规则。正如谢克特（Schechter）中一样，这些法则可能非常具体，包括销售实践（selling practices）以及薪金和工时。在最高法院看来，国会完全没有为法则内容提供有意义的标准，因此在违反宪法情况下把立法权授予了行政机构。即使法官普遍支持"新政"，他们也认为授权太广泛了。最后，在卡特一案中，法院废除了《1935年烟煤保护法》（the Bituminous Coal Conservation Act of 1935）。在法院看来，该法含有一个致命的错误：

"以一种令人不愉快的方式，立法授权（legislative delegations）……给了私有者，他们的利益也可能常常在同一行业内违背了其他人的利益……"［Carter v. Carter Coal Co., 298 U.S. 238, 311 (1936)］。

帕纳马（Panama）、谢克特和卡特这几个案例都引起了宪法危机。它们使得无需选举的最高法院法官坚定不移地坚持老调的宪法原则，其方式妨碍了国会、总统和大多数投票者的意志。富兰克林·罗斯福（Franklin Rooselvt）总统通过在最高法院增加了6个席位以"安排人员"的计划来进行反击。法院增加人员计划激起了一场强烈的政治争论风暴，但当其中一位大法官欧文·罗伯茨（Owen Roberts）改变了其投票，从根本上反对"新政"转变到拥护它以后，这场风暴才被排除了。此后不久，在法院出现了空缺，罗斯福能够在不要求法令扩充法院规模的情况下任命新的大法官。因此，最高法院和联邦司法部门开始更为广泛接受立法授权，但是在技术上，谢克特一案的授权规则仍然具有程序价值。正如戴维斯（Davis 1975, 39）对这一异常情况的概括："在没有明显滥用或国会真正放弃权力之时，最高法院过去常常只是说说而已的不授权原则（non-delegation doctrine）并没有实际效力。"

要夸张"不授权原则"实际前提的重要性是很困难的。这使得行政国家开始盛行。立法的实际职能主要转到行政机构上。与此伴随的是游说和参与的政治职能，这是受到行政规则和政策影响的选民所具有的。公共行政人员现在明确参与政策变革的制定。国会在政府中的地位也有了改变。国会不再是倡议政策的机构（这一点是美国《宪法》第一条中所设想的），而现在它与官僚机构分享这一职能，并投入许多时间对行政机构的提议作出反应。虽然不再具有良好的宪法地位（good constitutional standing），但"立法否决"（legislative veto）成为国会和行政机构地位转变的缩影［Immigration and Naturalization Service V. Chadha, 462 U.S. 919 (1983)］。

显然从这一讨论中我们可以得知，20世纪30年代的另外一个发展就是总统权力和责任的扩大。政府和将立法权授予行政机关的发展显然把总统置身于美国政治的中心地位。象征性的这一变化是通过对"大萧条"之前最后三位总统进行比较中得以体现的，从卡尔文·库利奇（Calvin Coolidge）到罗斯福总统。随着总统权力的变化，总统制结构一样在变化。在30年代晚期，总统行政管理委员会（the President's Committee on Administrative Management）（又叫做布朗委员会）(the Brownlow Committee) 在通过重新构建行政机构来维护增加总统权力上是坦诚的。同时，委员会提议将另外的立法权威授予给总统。除了建立总统行政办公室（the Executive Office of the President, EPO）将其作为组织工具用于总统管理扩大的行政机关外，该委员会的报告在制定1939年《重组法案》(the Reorganization Act of 1939) 时很有影响力，它容许总统重组行政机构，并受制于国会否决。

G. 20世纪40年代

20世纪40年代也是美国行政法发展的关键时期。法院和国会对新经济政策的现实情况作出回应，联邦行政的发展开始建立。最高法院开始默认行政权威的执行（Pritchett 1948；Shapiro 1968）。最重要的是，最高法院重新制定了商务条款来适应更大的联邦规制的权力。在美国诉达比（U. S. v. Darby）［312 U. S. 100（1941）］一案中，最高法院坚持用于规制州际商务中工人的工资和工时的《公平劳动标准法案》（the Fair Labor Standards Act of 1938）的合宪性。最高法院甚至在威卡德诉菲尔伯恩（Wickard v. Filburn）［317 U. S. 111（1942）］一案中甚至作了更进一步强调，允许联邦政府触及几乎每个经济活动。它赞成《联邦农业调整法》（the federal Agricultural Adjustment Act）所强加在小麦上的农作物配额"不是用于商业但全部是为了农场消费"，其根据是"即使［这一］活动是地方性的，虽然可能不被当作商务，但如果它对州际商务产生了巨大的影响时，那不管其性质如何国会仍然可以触及，而且不会考虑这一影响是否是早些时候被确定为是'直接'抑或'间接'的"［Wickard v. Filburn, 317 U. S. 111, 125（1942）］。

1946年，国会试图调整其在战后新政时代行政国家中的宪法地位并发展制度工具以求更好地监督、规制和控制行政活动。制度上，国会认识到，在一个完备的行政国家中，它在政策制定和规制活动中不那么主动但更积极反映的角色。毫无疑问，它将会广泛地把权力授予行政机构。因此，也必须加强它对机构的监督并规制与授权有关的机构活动。为了这些目标，国会颁布了四个主要法令。

《立法重组法》（the Legislative Reorganization Act）（August 2, 1946）重组国会，试图加强进一步监督。它重组了委员会系统，这样司法范围更为明确，每个部门的重复性减少；把委员会程序的某些方面规范化；在国会图书馆建立了立法参考文献服务部门（the Legislative Reference Service）；赋予审计总长（the Comptroller General）责任去分析机构的开支；增加更多的委员会成员；并授权"每个常务委员会……必须对行政机构与任何法律有关的执行保持持续地监督，这一主题是在该委员会的司法范围之内"，最终委员会和次委员会的数目增加了，国会变得不那么集权化了，而微观管理和"次系统政治"（subsystem politics）开始显著。由（次）委员会、行政部门和利益集团构成的"铁三角"或"舒适三角"（cozy）开始控制大范围的政策领域（Lowi 1969；Ripley and Franklin 1976）。虽然是在行政机关，但机构常常主要是立法委员会的进一步延伸，以及/或者回应并服从立法委员会。虽然这些结构有变化，但是监督本身还是没有计划的，这主要是因为国会成员缺乏足够强有力的激励措施参与监督（Ripley and Franklin 1976：176）。

《侵权索偿法》（the Tort Claims Act）是《立法重组法》的第4款（Title IV）。其目的是回应重组的更大目标：使国会更为有效更为集中。正如福莱特参议员（Senator La Follette 1946, 46）（他是《重组法》的发起人之一）所解释的："国会由于许多私人事务而负担过重，这些事务使它无暇关注国家政策制定，而且那些也不是它必须考虑的……它成了解决个人索赔的特别法庭……"

《侵权索偿法》（the Tort Claims Act）授权给机构首脑去处理财产损失和个人损伤索赔不超过＄1000的案件，这减轻了国会的某些压力，"这样，在美国，如果是个人的话，将容易受到那些要求损失、遗失、受伤或死亡等的危害……"在联邦地区法庭（federal district courts），它也授权给私有方所进行的诉讼。《侵权索偿法》（the Tort Claims Act）宣布取消了大量的政府主权豁免权（sovereign immunity），因此使得政府和其行政机构更加直接对其伤害性行为负责。一直以来，通过修正案和司法解释，起诉联邦政府和征收其民事损伤的金钱赔偿（money damages）也更为容易。

《雇佣法》（the Employment Act）（February 20, 1946）批准了"新政"，使联邦政府在国家经济方面负责提高"最大化就业、生产和购买力"。该法成立了经济顾问委员会（the Council of Economic Advisers），该委员会被授权给总统进行有关经济政策方面的建议。事实上，该法正式使得联邦预算成为财政政策的一个工具。由于（尤指用于市政工程的）刺激经济的政府投资（pump priming）的一个主要手段就是"政治拨款"（pork barrel）开支，该法实际上邀请国会去微观管理机构开支的某些方面。的确，有预见的批评家指控，这一执行是"政治权宜所梳理的蜜糖"（Donnelly 1945：665）。

《行政程序法》（APA）（June 11, 1946）是规制联邦机构程序和行为主要的一般性法令。其中它规定了对国会努力为自身在"后新政时代"行政国家确定一个更为明确的地位至关重要的两个关注点。首先，它构建了与立法授权相关的机构规则制定，以便保证规则制定是公开且具有一定的参与性。其次，《行政程序法》（APA）旨在保护行政机构不会滥用授予他们的权利。它利用程序来限制机构与个人的来往、调节机构裁决、并为机构的许多活动提供司法审查。《行政程序法》（APA）经证明是相当灵活的且能够适应新的问题。例如，在其修正版中还有《信息自由法》（the freedom of information Act 1966），《隐私权法》（the Privacy Act 1974）以及《阳光政府法案》（the Government in the Sunshine Act 1976）。

《行政程序法》（APA）是广泛努力使行政国家服从美国宪法结构并将之翻新的一个产品。早在1933年，美国律师协会（the American Bar Association, ABA）的行政法委员会（the Committee on Administrative Law）就主张法院系统应该广泛评估公共行政，主要是因为"某种通告的重大安全保障、听证机会以及通过独立法庭（independent tribunal）（并且最终至少是在法律问题上通过法庭）来裁决或评估事实和法律问题都是与之相关的，而且如果要对个人保持公正，那实际上是必需的"[see Woll (1963：17)]。到1934年，《行政程序法》（APA）强烈主张确定行政法庭系统（administrative court system）来对联邦机构进行广泛的评估。根据沃尔（Woll 1963：17），"这一提议注定在1934～1960年将被不同的集团相对频繁地被提起。"例如，它在1937年布朗诺委员会（the Brownlow Committee）和1955年胡佛委员会（the Hoover Commission）都得到了支持。总统和行政部门虽然表示理解，但对与一个独立的司法机构分享公共行政控制权并不热衷。这在 30 年代尤为真实。事实上，1940 年胡佛总统（President Roosevelt）否决了《沃尔特-洛根法案》(the Walter-Logan bill)，因为这一法案"为与所有机构决策有关的法律和事实提供司法审查"(Woll 1963：19)。该法也要求对有关行政规则制定的公共关注和公共听证，并提出"有实质利益"方可以在 3 年内请求重新考虑任何一条规则。这样的人可能甚至要求听证有关事情（Woll 1963：18）。在其否决通知书（veto message）中，罗斯福指出，司法部长将会很快对联邦行政法整个事情发布一个综合性报告。

虽然国会不能够使罗斯福的否决无效，但是他仍然强烈关注对行政问题的司法审查。1941 年，当行政程序美国司法部长委员会（the Attorney General's Committee on Administrative Procedure）发布其报告时，在国会所寻求的极端司法审查和司法化与 30 年代在行政部门所发展起来的没有计划性的程序拼凑（patchwork of procedures）之间似乎有可能达成一个妥协。该报告指出需要行政灵活性并且强调公共行政涉及非正式程序的程度。报告似乎对被告知的、许多最终在《行政程序法》(APA) 中渗透的思想颇有影响（U. S. Congress 1946）。

《行政程序法》(APA) 含有四种类型的条款，这些条款对 1946 年以来的美国行政法非常之重要。首先，如图 1 所示，该法的第三部分要求机构具有有关其规则、意见、命令和公共记录的公共信息。这些信息必须出版在《联邦公报》(Federal Register) 之上，《联邦公报》始于 20 世纪 30 年代中期，是包含总统行政命令、机构规则和所提议规则以及其他行政部门信息的政府日常出版物。在后一类目中，"描述了[机构]的主要和场地组织（field organization）以及所确立的地点，在这些地点……人们可以获得信息、或得到决定"，以及"陈述了一般路线和方法，根据这些路线和方法，开辟和确定了其职能，包括对所有存在的正式和非正式程序的性质和要求"。1966 年，《信息自由法》(the Freedom of Information Act) 修改了这些要求，这样，在法律上，私有个人不管与机构有任何特殊联系都可以行使获得政府档案和文件的权力。它也包括了 9 个法令免除（statutory exemptions），这些法令在 60 年代这一节将予以讨论。《阳光政府法案》(the Government in the Sunshine Act 1976) 也通过要求对联邦委员会的会议进行公告以及通过让他们对公众开放而产生压力来促进公开性。

第一节规定了标题，第二节定义，第三节有效日期和构建规则。在上一范式中，第一排的各个章节提出了几种要求、程序和局限性；第二排包括其他法令需要听证的听证和决策要求。第十节是司法审查，它不仅与机构听证之后的决策有关，而且在适当的情况下，与任何其他行政权力或权威的执行有关。

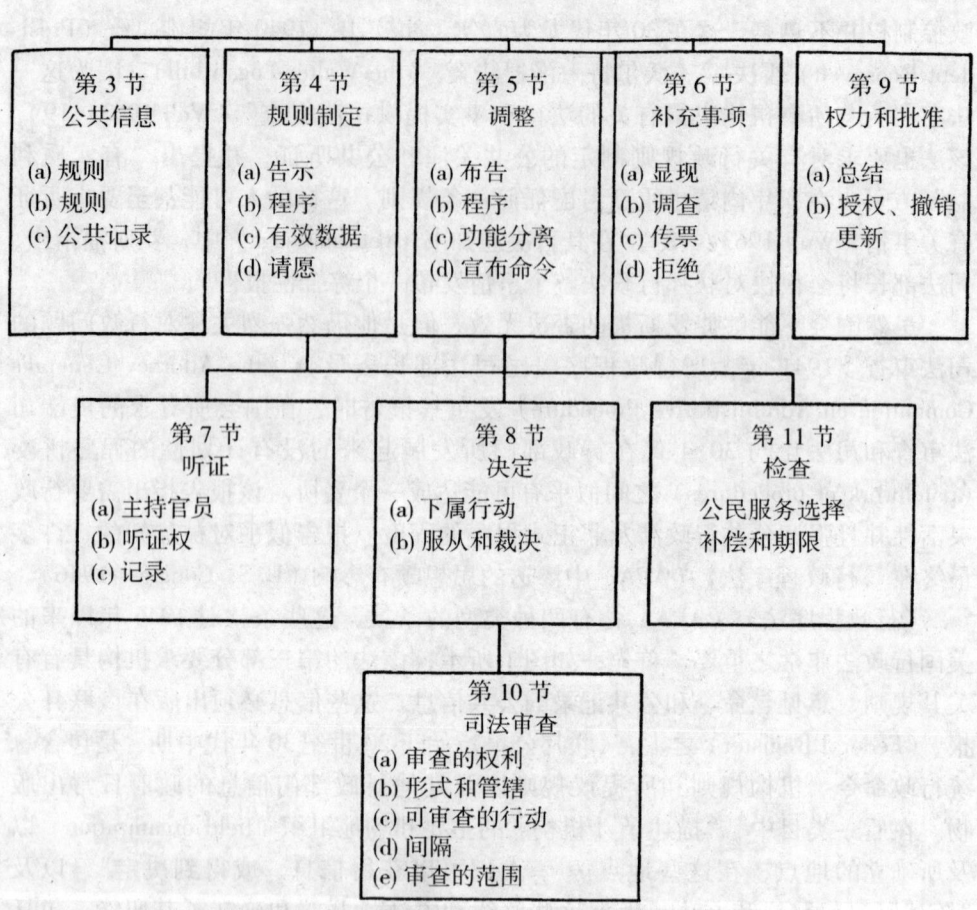

图1　《1946年行政程序法》（the Adinistrative Procedure Act of 1946）的主要章节（选自美国国会1946）

其次，《行政程序法》（APA）确定了机构规则制定的程序（see Kerwin 1994a, 1994b）。该法寻求保证与机构规则制定和规则变革的公告。在某些情况下也要求有机会让公众评论所提议的规则。为了分析该法，将规则做如下分类是很有用的：

1. 立法或实质性规则。假定这些规则是有效的，它们与国会通过的法律具有同样的法律效果。根据赫夫龙和麦克菲利（Heffron and McFeeley 1983：235），规则只有满足了三个标准才具有"实质性"：（a）"……它必须影响个人权利和义务；"（b）"它必须通过法令具体化的程序得以适当颁布……"（c）"它必须根据国会立法权威授权而得以制定"。《联邦公报》（Federal Register）含有许多立法规则，其中许多也是高度具体化的，直接影响了一小部分个人或公司。例如在美国联邦作物保险公司诉美林公司（Federal Crop Insurance Corporation

V. Merrill）[332 U. S. 380（1947）]一案中，最高法院支持应用这一规则，该规则宣布美国联邦作物保险公司"重新在冬麦面积上播种的春麦"是没有保险的。

恰当地颁布立法规则有两个主要程序类型：

　　a. 正式规则制定，或者"根据记录"（on the record）的规则制定。某些法令要求机构采用正式规则制定。除非用另外的方式提供，这意味着将采纳《行政程序法》（APA）正式规则制定程序。这些程序要求一个或更多机构成员或者一个行政法法官主持听证的"审理类型"（trial-type）听证。也采取一个完全地对待方法，双方提出证据并可以质疑对方提供的信息。虽然法庭似的证据规则不一定会采纳，但对可以被接受为作为证据的信息类型也有限制。《行政程序法》（APA）要求"除了法令提供之外，规则或命令的拥护者要承担证明责任。任何口头或记录证据都可以接受，但是作为政策机构要提供排除不相关、非物化或不适当的重复性证据"。对机构参与正式规则制定目的的公告公布在《联邦公报》（Federal Register）上，并且还有这些听证的时间和地点信息。行政法法官的决策通常具有"推荐"属性的地位，对机构而言没有自动的约束力。显而易见的是，这里所勾勒出的正式规则制定程序消耗时间，也有灵活性。

　　b. 非正式规则制定程序更为普遍。这些程序要求机构公开在《联邦公报》（Federal Register）上所提议的规则信息。有关规则以及其一般条款或内容的问题必须提出来。与提议规则制定相关的公共诉讼的时间、地点和特征的提议规则和公告的法令权威解释也必须作出。感兴趣一方就所提议规则公开提出其观点的机会也必须得到保障。但是，由于不正式规则制定不要求司法记录（adjudicatory proceedings），所以这样的机会可以限制在提交书面或口头评议上。最后的规则必须简明陈述其目标或基础而且也必须至少在其生效期（effective date）前30天在《联邦公报》（Federal Register）上公开。

　　行政机构可以避免这些非正式的规则制定程序，当它们被确定是不切实际、没有必要，或与公共利益相违背时。但是，这些"紧急情况"的规则是不可以无限期地持续有效的，在某些情况下需通过正式程序去重新颁布或者放弃。

　　2. 解释性规则。这是行政机构对法令或规章的解释陈述。这些陈述可以用来和公众以及机构自己雇员建议这些法令或规章所要求的内容。在《信息自由法》（the freedom of information Act 1966）下，这些规则必须公布在《联邦公报》（Federal Register）内，但并不要求额外的《行政程序法》（APA）程序。由于解释性规则基本上是实施法令和规章的政策指导，因而并不总是立刻清楚它们如何不同于实质性规则。但是，既然它们没有作为正式性或者非正式性规则颁布，那么法院可以将它们解释为基本上是机构非约束性的法律意见。

3. 程序性规则。这些规则调节机构的内部组织、运作以及实践活动。它们必须在《联邦公报》（Federal Register）内公布，但并不应用其他的规则制定要求。一旦这些规则得以公布，机构就受其约束，但是当然可以以积极主动的方式改变它们。程序规则在告知公众有关机构运作情况方面是很有用的。

《行政程序法》（APA）所规制的行政实践第三个领域是裁决，或"命令制定"（order making）[see generally, Warren (1994)]。行政裁决覆盖许多内容，包括为不同利益方发放不同种类的证书并确定持续的合适性。就正式意义上而言，这样的裁决以命令而结束。裁决可能是根据立法要求、正当程序的宪法要求，或者二者兼而有之。一个明确的裁决程序会要求审理性听证。在《行政程序法》（APA）下，裁决程序有下列要求：（1）通知听证；（2）参与听证的机会；（3）限制参与程序，在案子调查或检控阶段，限制参与对收集证据的机构雇员时的听证（这一限制扩大到该雇员的下属）；（4）带律师出庭的权利；（5）陈述证据的权利；（6）对质和盘问的权利；（7）提交一套发现、结论和例外等建议的权利；（8）编纂记录，该记录是形成裁决的惟一根据（Reigel and Owens 1982：68-69）。说服的责任常常落到机构身上，除非该裁决提出了"实质性证据"或"优势证据"（preponderance of evidence）支持其所提议的行为，否则该裁决就不应该是具有偏向的。在合格性案件中（eligibility case），说服的责任落到私有方（private parties）。行政法法官的裁决被认为是"初步的"，且可能求助于机构本身。禁止这样一个求助或审查，初步裁决成为最后裁决。当机构本身（例如，其"委员会"）支持裁决时，其最初裁决就是最后裁决。总之，法院不会审查不是最终决议的机构行为。

《行政程序法》（APA）颁布之后，裁决一直受到两个主要发展的影响。一个就是20世纪50年代以来行政法日益"宪法化"，这一点在下面予以讨论。另外一个就是行政法法官职位的变化性。《行政程序法》（APA）颁布之时只有18家机构有197个责任听证检察官（hearing examiners）（Dullean 1973：43）。1972年，公务员制度委员会修改了听证检察官的称号，变为"行政法法官"（Administrative law judge, ALJ）。当时大约是22个机构有780名行政法法官（Dullea 1973：47）。到1980年为止，行政法法官的数目超过了1000名，分布于29个机构（Heffron and McFeeley 1983：273）。行政法法官是从由联邦人事管理署（the Office of Personnel Management）确定的名单中选拔。因为根据法律行政法法官在听证出现时必须独立于机构等级制，因此，他们的职能与传统的公共行政关注"命令统一"不一致。而且，行政法法官的裁决与私有方的权利、地位和财产有关。因此，他们可能对机构的资源和预算产生影响。迪莫克（Dimock 1980：113）确定了行政法法官作为公共行政司法裁决本质其不断提高的重要性［see also Lubbers（1994）］。

司法审查是深受《行政程序法》（APA）影响的行政法的第四个领域。但是，该法是不明确的而且对该主题还有点不连贯。它包括了一个很广的陈述："因为机构行为而在法律上遭受不正确待遇或者在相对法令意义内受到机构行为的负面影响或侵害的个人，他们有权利要求司法审查。"它也提倡"能够受到法令审查的机构行为以及在法庭上没有其他补救办法的最终机构行为都要受到司法审查。"虽然这样，但同时"根据法律由机构裁量的"事情免受司法审查，如通过其他法令特别从司法审查中排除出去的那些事情。这么多年来，几个《行政程序法》（APA）条款的联合意义逐渐根据个案分析原则（case-by-case basis）来决定，而且一直以来都容易发生细微或实质性的变化［see Heffron and McFeeley,（1983：293 – 317），for a lucid review］。这一过程孕育出了许多普遍性指导原则：

1. 如果行政行为被认为不适合于司法考虑的，那么该行为就是不能够审查的。政治问题和某些对外事务属于这一范畴。

2. 在1976年《行政程序法》（APA）修正案之前，"主权豁免权"（sovereign immunity）概念，也就是政府在不经其同意之下不能被起诉，是司法审查的一个重大障碍。1976年修正案在非货币案例（nonmonetary）中取消了主权豁免权，但是在货币案例中司法审查并没有被取消。

3. 为了进行司法审查，个人必须获得诉讼资格（standing to sue）。这要求当事人应该实际（或者有时候将要）受到行政行为的伤害或者其受法律保护的利益受到损害。但是，如果这种伤害或损害是普通人所具有的话，就不可能被认为是具有资格。例如，仅仅是因为普遍税收增长而受到损害不足以构成资格。

4. 一般而言，在他或她的案子能够受到司法审查之前，个人必须穷尽所有可能的行政补救办法，如在机构内上诉等。但是在1934年《宣告判决法》（the Declaratory Judgement Act of 1934）下，即使行政行为是即将到来而不是最终的，可是许多问题仍可以认为是成熟的可以进行司法审查。例如，在阿博特实验室诉加德纳（Abbott Laboratories v. Gardenr）［387 U.S. 136（1967）］一案中，最高法院裁决，某类药物公司可以获得对食品和药品管理标签要求合法性的司法审查，并且是在该要求实际实施之前。

5. 如果行政机构对裁决的目标有"主要管辖范围"，那么司法审查不会立刻执行。这是一条技术原则，要求法院研究授权给机构的法令的具体措辞并评估与法庭专业能力相关的机构的实质性专业能力。

如果司法审查可以进行，但可能在范围上有所不同。在《行政程序法》（APA）下，法院被授权"强迫执行不合法受到阻止或不合理受到推迟的机构行为"，并判决属于下列范畴任意一种的"机构行为、结果和结论是违法并予以驳回"，这些范畴是：任意、反复、滥用自由裁量权或其他不合法的权利；违反宪法；超出司法权限或权威；违反程序要求；属于裁决或正式规则制定；没有实质证据支持；或没有事实支持该问题而需要在法庭再审。在这些指导原则和要求框架内，法院在不同时候大致倾向于较严格的审查。随着 30 年代"法院包装规划"（Court-packing plan）之后，法院普遍避免探讨行政行为的审查问题。但是在 70 年代早期，出现了一个值得注意的倾向：即倾向于更深更广的审查（Davis 1975：53 - 71，331 - 346）。后来最高法院裁决的三部曲要求对机构规则制定过程、法令解释和实施等决策进行更为有限的司法评审 [Chevron v. Natural Resources Defense Council, 467 U. S. 837 (1984); Heckler v. Chaney, 470 U. S. 821 (1985); Vermont Yankee Nuclear Power Corp. v. Natural Resources Defense Council, 435 U. S. 519. (1978)]。

《行政程序法》（APA）一直作为联邦行政过程的根本法。在各州可以发现类似的法律（Bonfield and Asimow 1989）。对这些法案的评价各有不同，但整体上容易得出结论：《行政程序法》是立法上一个真正突出的法律。正如维克托·罗森布拉姆（Victor Rosenblum）1986 年在美国律师基金会（the American Bar Foundation）所说过的：

> 这是《美国程序法》的 40 周年纪念日，该法真正是从敌视中构想出来的……然而，在所存在的广大的担忧中采纳了这样一个法令，它寻求调节行政过程……寻求……在起诉和裁决角色之间产生有利于公平的有效分离，并且……提高公众信任行政过程的能力 [经证明是可能的] …… 在 40 年这一过程中……这些目标的确都实现了……

如果不提成立于 1946 年的原子能委员会（the Atomic Energy Commission, AEC），以及由哈里·杜鲁门总统（President Harry Truman）发起的 9835 号总统行政命令所创立的"忠诚计划"（the Loyalty Program），那么 40 年代对规制性行政的讨论就是不完整的。原子能委员会（AEC）是行政规制新技术的一个实例。其任务就是促进原子能的发展并管理核能安全。在 70 年代中期，原子能委员会（AEC）在重组中被废除了，其促进职能并入到一个能源研究和发展机构（an Energy Research and Development Agency）（现在是能源部的一个组成部分），而其规制职能并入到一个核能规制委员会（Nuclear Regulatory Commission）。"忠诚计划"旨在阻止破坏联邦政府的工作。这是现在被标识为"麦卡锡时代"（McCathy Era）（威斯康星州共和党参议员约瑟夫·麦卡锡）的一个普遍时期。该计划严重侵犯了联邦雇员在第一次修正案中的普遍权利，并且在程序上是非常有缺陷的（Rosenbloom 1971, Chap. 6）。后来（1953）该计划被一个

"安全项目"(Security Program)(10540号总统令)所取代。"忠诚计划"和"安全计划"一起最终都促进了与公共雇佣有关的宪法原则内的大规模的变革——在下一节将会讨论这一发展。

H. 20世纪50年代

虽然还存在某些先例,但是把美国公共行政宪法化(constitutionalization)的日期定为从50年代开始是合理的。在美国历史上,这是第一次宪法被如此广泛突出地作为机构对待个人的一个限制。宪法化产生于传统的行政价值如效率、经济、等级控制和有效性等与新兴的、青睐具有强大生命力的实质权利、程序上正当的程序以及平等保护的宪法价值之间的冲突。50年代关键的发展是最高法院着手建立一种将最终广泛地把宪法权利与政府利益和雇佣的接收者联系(the receipt of governmental benefits and employment)的法律制度(jurisprudence)。在这一过程中,法院否决了历史的特权原则(doctrine of privilege)。基本上这一原则包含下列前提和结论:(1)宪法上不要求政府提供赏赐或雇佣,因而宪法上也没有权利获得这一赏赐或雇佣;(2)不要求个体接受这一赏赐或雇佣,而是要求自愿这么做;(3)因此当政府认为适合时就能够分配赏赐和雇佣,并能够把其认为合理的条件放到个人最初和持续地符合这些利益的条件中去。这一特权原则的最佳范式是在1892年政治中立的一个案例大法官霍姆斯(Justice Holmes)的陈述中"请愿者可以有宪法权利谈论政治,但他不具备成为一个警察的宪法权利"(McAuliffe v. New Bedford, 155 Mass. 216, 220)。该原则允许这样的决策,如根据已婚或未婚、皮肤白皙或黝黑,或者是贸易联盟的成员〔Fursman v. Chicago, 278 III. 318(1917)〕等可以将人解除公职;根据已婚可以禁止高中生参加某些活动〔Starkey v. Board of Education, 381 P. 3d 718(1963)〕;个人可能面临这样的选择:住在县公共福利机构认为适合的传统的房屋条件下或者失去老年援助救济〔Wilkie v. O'Connor, 25 N. Y. S. 2d 617(1941)〕;安息日会成员(a Seventh-Day Adventist)可能被拒绝失业补偿因为她坚持禁止在星期六工作的宗教原则而自愿离开工作岗位〔Sherbert v. Verner, 374 U. S. 398(1963)〕。这样的行动在没有重大的安全保障下也可以完成〔Bailey v. Richardson, 341 U. S. 918(1951)〕。

特权原则具有简单性的感染力。但是,它没有能够在新行政国家中保护个人权利〔参见 赖克(Reich 1964)的经典分析〕。这在公共雇佣领域是最明显不过了。

在20世纪50年代早期,忠诚项目拓展到忠诚——安全项目,在这一项目下,不仅那些不忠诚的人,而且那些被认为是由于其他原因而有安全危险的人都被否认了政府雇佣(Bontecou 1953;Brown 1958;Rosenbloom 1971)。"安全危险"(security risks)这一范畴包括那些被认为容易受到恐吓勒索的人——例如,同性恋者。如果对归类的文档和信息粗心的人也可以认为存在安全危险。但是,无论哪个项目对于所禁止的态度和行为都不是特别明确。事实上,这一时期反对共产主义的歇斯底里疯狂性产生了明显的结果，这些结果在今天被认为绝对是很稀奇古怪的。例如，对联邦雇员的正式调查包括诸如此类的问题：

> 你对女性贞操有何看法？
> 你是《纽约时报》(The New York Times) 的忠实读者吗？
> 你和你的妻子定期参加任何有组织的教堂仪式吗？
> 你家里曾经有过黑人吗？
> 你的朋友和同事有智慧、聪明吗？(Rosenbloom 1971: 163-164)

在50年代，最高法院面临着许多个人案例，他们都在政府各个层面以及在要求政府安全证明（security clearances）的私人雇佣的某些方面受到忠诚安全措施的伤害。在贝利诉理查森（Bailey v. Richardson）[341 U. S. 918 (1951)]一案中，法院面对在多年适当的联邦服务之后因不忠诚而被解雇的这样一个女性案例。她经历了第四地区忠诚委员会（the Fourth Regional Loyalty Board）以及随后的国家忠诚评估委员会（the national Loyalty Review Board）的听证。她不能够反抗或盘问不利于她的信息提供者。国家忠诚评估委员会主席指出，他不知道这些信息提供者是谁或者他们在提供证明时是否发过誓。问过贝利女士的一个问题是："你曾经写信到红十字会谈过有关［按照种族］分离血吗？"上诉法庭支持解雇她，主要是根据特权原则逻辑："显然铁的事实就是，就宪法而言，没有禁止反对因为其政治信仰、活动或单位而解雇政府雇员……第一修正案保证自由言论和机会，但并不保障政府雇佣"[Bailey v. Richardson, 182 F. 2d 46, 59 (1950)]。

一个同样意见分裂（equally divided）的最高法院毫无疑问地肯定了下级法院在贝利一案中的立场[341 U. S. 918 (1951)]。但是，威廉·道格拉斯（William Douglas）和罗伯特·杰克逊（Robert Jackson）这两个大法官在一个相关的案子，即联合反法西斯避难委员会诉麦格拉斯案（Joint Anti-Fascist Refugee Committee v. McGrath）[341 U. S. 123 (1951)]中表达的观点指出，他们准备拒绝特权原则。大法官布莱克（Justice Black）早些时候在一个中立案例联邦公共雇员诉米切尔（United Public Workers v. Mitchell）[330 U. S. 75 (1947)]一案中否决特权原则，大法官法兰克福特（Justice Frankfurter）后来在加纳诉洛杉矶市案（Garner v. Los Angeles）[341 U.S. 716 (1951)]中也否决特权原则。一年之后，在韦曼诉厄普德格拉夫案（Weiman v. Updegraff）[344 U.S. 183 (1952)]中，法院大多数人根据下列条件否决了特权原则：

> 我们不必停下来考虑是否存在一个对公共雇佣很抽象的权利。这已足以说明宪法保护没有扩大到公务员上，根据法令，他们被排除在外显然是武断的或差别对待的[344 U. S. 183, 192]。

一直以来，在韦曼（Weiman）案中开始，该方法逐渐包括了保护公共雇员进行正当程序和平等保护的权利。最终好几项实质性权利也提供了更大的保护，包括言论自由（对公共关注问题非党派言论）、结社自由、保护不受到不合理搜查和逮捕、保护反对自认犯罪（self-incrimination）的特权以及保护婚姻和生育自由（see Rosenbloom 1971, 1983; Rosenbloom and Carroll 1994; Rosenbloom and O'Leary 1996, chap. 6）。而且，一旦有关公共雇佣方面的特权原则得到否决，将这一原则应用到接受赏赐上就显得不合逻辑了，如福利资金、失业补偿或公共教育等（Rosenbloom 1983; Rosenbloom and O'Leary 1996, chap. 4）。到 70 年代中期，宪法对正当程序、平等保护和实质性权利的保护要求都给许多社会和公共人事行政增添了知识。

虽然通常从公立学校废除种族隔离（public school desegregation）角度分析，布朗诉托皮卡教育委员会案（Brown v. Board of Education of Topeka）[347 U. S. 483 (1954)] 也通过把平等保护应用到政府赏赐上而削弱了特权原则。后来，平等保护被下级法院应用到公共雇佣 [Brooks v. School District, 267 F. 2d 733 (1959)]、监狱 [Holt v Sarver, 309 F. Supp. 362 (1970)] 和其他公共行政领域中 [see Hawkins v. Town of Shaw, 437 F. 2d 1286 (1971)]。

Ⅰ. 20 世纪 60 年代

不同于 20 世纪四五十年代，60 年代是规制活动集中的 10 年，许多活动都一直实行到 70 年代。这些规制发展可以分为三大范畴，但是必须认识到，这些范畴不可能在这里详细全面的叙述。此外，在 1966 年《行政程序法》（APA）被《信息自由法》（the Freedom of Information Act）所修正。

第一个也是最不复杂的一个范畴是加强并发展了对消费者保护的规制。在这些主要法令颁布中有《1962 年药品修正法》（the Drug Amendments of 1962）以及《国家交通与机动车安全法》（the National Traffic and Motor Vehicle Safety Act of 1966）。《1962 年药品修正法》要求美国所销售的药品安全而有效果。《联邦食品与药物管理局》（FDA）有权实施该法，并对其内部程序作了修正来要求对药品更为严格的审查。它也评估了自 1938 年来它所通过的所有药品的有效性。根据迈耶（Meier 1985：86），到 70 年代，这导致"大约 6000 种不同药品和产品"从市场上清除出去。《国家交通与机动车安全法》授权建立了汽车安全标准以及一个报告安全缺陷的系统。两个法令的颁布伴随着由不足规章所提出的对消费者的各种危险的大众公开性（mass publicity）。参议员埃斯蒂斯·基福弗（Senator Estes Kefauver）公开了欧洲孕妇使用药物停沙立度胺（thalidomide）的悲剧后果（该药物导致严重的生育畸形）（Quirk 1980）。拉尔夫·纳德（Ralph Nader）1965 年的《任何速度都危险》（Unsafe at Any Speed）一书有助于提高意识并关注工程设计汽车的危险性。1969 年，《国家交通与机动车安全法》得以修改并包括了轮胎。

民权（Civil Rights）是规制活动的第二个领域。《1964 年民权法案》（the

Civil Rights Act of 1964)是美国种族关系的里程碑并代表了政府对平等机会的承诺。该法依赖于联邦政府规制州际商务权力禁止在大部分私人雇佣（包括工会和雇佣机构）、公共设施（public accommodation）（诸如旅馆和参观）内或通过公共载体（common carriers）有基于种族、肤色、民族起源或性别的歧视。该法也加强了有关学校废除种族隔离的政府权力和地位。而且，该法包括了在任何联邦资助项目中使歧视无效的一个广泛条款。该法适用于联邦雇佣，但不适用于州和地方政府人事管理。这些司法范畴在1972年《平等就业机会法》(the 1972 Equal Employment Opportunity Act)归属于规制范围内（regulatory regime），该法广泛修改了1964年的法案。其他增添的用于保护民权的法令计划包括了投票权（1966）和公平住房（1968）规制。

执行民权立法的权威被分散在好几个联邦机构中。1964年立法建立了平等就业委员会（an Equal Employment Opportunity Commission，EEOC），具有权力规制大部分私有雇主的人事活动以及自1972年以来的州和地方政府。1979年，平等就业机会委员会（EEOC）负责联邦雇佣中的平等机会，这以前一直是公务员委员会的责任。平等就业机会委员会（EEOC）有权裁决歧视投诉、对广泛从事非法不平等待遇方式和实践的雇主进行诉讼，并发布指导原则以解释联邦平等就业机会法。该委员会因其人事和资源有限又面临巨大任务而受到牵制。虽然最高法院在某些关键案例中对平等就业机会委员会（EEOC）的指导原则表示尊敬，但在法令本身中存在的大量模糊性继续产生实施问题。《民权法》和《平等就业机会法》禁止歧视，但从来不清楚他们允许采取多少肯定性行动来提高女性或少数族裔成员的就业利益。这一模糊性由于处理公共雇用的司法裁决而更为复杂，这就落到《第十四修正案》以及《民权法》的同等保护条款之下，而这又不同于私有雇佣 [Crowley 1985；Rosenbloom 1979；U. S. Commission on Civil Rights (1975)]。60年代实施部分民权立法权力的其他机构有劳工部门（the Department of Labor）、司法部（Justice）、住房和城市发展部（Housing and Urban Development）、卫生和人力资源部（Health and Human Services）以及教育部（Education）。

60年代第三个广泛规制举措是关于环境的（see generally, O'Leary 1993, 1994）。主要颁布的法令分别有《1965年水质法》(the Water Quality Act of 1965)以及《1963年的清洁空气法》和《1967年空气质量法》(the Clear Air and Air Quality Acts of 1963 and 1967)。总体而言，这些法令旨在确定各州将执行的标准。一般来说，对行政法更为重要的是1969年国家环境政策法（the National Environmental Policy Act of 1969，NEPA）（实际上是1970年1月1日所签订的）。

《国家环境政策法》（NEPA）建立了一个环境质量理事会（a council on Environmental Quality），它有责任为评估环境状况以及对环境的威胁因素提供广泛的咨询。该法也确定了影响联邦行政机构活动的新程序。就像《行政程序法》（APA）的要求一样，这些程序目的在于公开机构的活动并提供对这些活动的评价机会。这些程序有：

要求机构制定环境影响说明（develop environmental impact statements）。必须包括考虑负面的环境影响、对所提议行动的备选方案、短期使用和长期生产力之间的关系，以及对任何资源不可改变、不可逆转的承诺。

允许机构对彼此的环境影响说明作出评价（comment）。

公民有权获得对环境影响的说明以及有机会对这些说明作出评价。评价可能会局限于书面陈述。但是，如果机构对其所提议的行动进行听证，可能要求公民参与。而且，《国家环境政策法》（NEPA）使得可能受到机构行动伤害的公民更为容易对政府提起诉讼，以迫使机构制定影响说明或质疑机构之发现或结论。

1966年《信息自由法》（the Freedom of Information Act, FOIA）是另外一个主要的行政法规。该法为公众提供了有权获得所有政府信息的权利，除在9种豁免的情况下例外。想要信息的个人并不必要说明他/她已经受到机构活动的特别伤害或影响（即不必显示"合格"）。可以以三种方式披露信息：在《联邦公报》（Federal Register）上公开；使其能够接受公众检查和复制；或传达给寻求信息的人并要求该信息与业已确定的机构程序保持一致。联邦区法院有权迫使机构发布以不适当方式扣留的信息。在这些情况下，证明的责任就落到受到疑问的机构身上，并且要给予原告合理的律师费用。

一直以来，《信息自由法》（FOIA）主要的困难如下（see generally, Vaughn 1994）。第一，政府的态度并不趋向透露信息。除非是要获得信息的人非常详尽地描述了该信息，否则机构有时候拒绝透露该信息而阻止了该法案的目标。第二，机构并不总是有足够的预算来处理《信息自由法》（FOIA）要求。第三，9个豁免都太广泛且有时候不明确。包括绝密国防（secret defense）和外交政策信息；内部人事规则和机构实践；其他法令禁止公布的材料；特权和绝密贸易、商务和金融信息；不允许对该机构进行诉讼的个人获得的机构备忘录；包含构成侵犯隐私的个人信息文件；某些法律实施记录；与金融机构规章有关的某些信息；以及某些地质和地球物理信息。该法不禁止公开上述类目所包含的信息，但却赋予机构扣留这些信息的裁量权。第四，正如最初所写和所解释的，《信息自由法》（FOIA）允许透露与具体个人有关的信息。这一问题由1974年《隐私权法》（the Privacy Act of 1974）应对，该法禁止在没经个人或他/她预先允许下而透露这样的信息 [see 美国国防部诉联邦劳工关系委员会案（U. S. Department of Defense v. Federal Labor Relations Authority），114 S. Ct. 1006 (1994)，因为最高法院最近的一个法令建议]。《隐私权法》也赋予个人可以获得政府关于他们自身记录的权利并有机会建议更正或增添。在《隐私权法》下，被违反了个人权利的个人可能因为金钱损失而诉讼机构。

显然，20世纪60年代的多元化发展都包含了一个一致的主题。这10年旨在保护个人的利益和民权不受到政府机构和私有公司的侵犯。已建立的政治和经济权力基础，如公共官僚机构、汽车生产者和药物公司等，怀疑其动机以及由于其具有的威胁环境和个人安全、政治自由和地位的能力。

J. 20世纪70年代

20世纪70年代是规制政策转变的10年。这10年始于大规模地巩固和扩大联邦规制活动的举措，但结束时却强调解除规制。这一变化的规制气候反映了不断发展的个人和政治团体的政治力量，这一氛围相信，作为组织和控制经济活动的方式，市场比行政机构更为有效果和有效率。与之相关的是，整个10年，行政法的动力就是旨在建立对机构权力的检查。

70年代早期在传统的规制形式上的发展是令人瞩目的。《1970年职业安全与健康法案》(the Occupational Safety and Health Act of 1970) 在工作场所第一次提供了强大而普遍的联邦规制存在(regulatory presence)，目的是"尽可能地保证每一个工作男女都处在国家安全和卫生的工作环境下"。以前，这种规章主要是州和集体协商协议的领地。该法成立了两个机构，职业安全与健康管理局(the Occupational Safety and Health Administration, OSHA) 以及美国职业安全与健康复审委员 (the Occupational Safety and Health Review Commission, OSHRC)。后者作为一个独立的机构，可以对职业安全与健康管理局 (OSHA) 的决策进行上诉。超过了其他机构，职业安全与健康管理局 (OSHA) 在规制行政方面已成为当代问题的象征。它负责规制雇佣了大约5700万工人的400多万家工厂条件。不可避免的，这些规则倾向于包含过度(overinclusive) 而且其检查也是非常有限的。此外，其法令性任务并不很明确以至于使得大法官伦奎斯特 (Justice Rehnquist) 将其部分称之为"立法幻象，在某些 [国会] 成员看来是这样，但对他人并不是；并且呈现出观看者所想要的形式"[Industrial Union Department, AFL-CIO v. American Petroleum Institute, 448 U. S. 607, 681 (1980)，赞同意见]。在其范围广泛、任务不明确这一框架下，属于劳工部的职业安全与健康管理局 (OSHA) 更倾向于工人而不是雇主。总之，它按照现有技术而不是成本来确定了可以完成什么任务，因此这威胁到边缘企业 (marginal firms) 的经济切实可行性(economic viability)。职业安全与健康管理局 (OSHA) 也赞成采用工程办法来解决清除工作场所的有害或有毒物质，而反对使用成本更低的呼吸器和其他保护性措施。职业安全与健康管理局 (OSHA) 整体的有效性一直广受争议，但是很清楚的是，它获得了很大成功 (see Kelman 1980; Meier 1985: 221–224)。

美国环境保护局 (the Environmental Protection Agency, EPA) 通过立法建议于1970年成立。该机构被确定为巩固一个组织内许多现有环境保护项目的一种路径。1970年《清洁空气法修正案》(the Clear Air Act Amendments of 1970) 要求美国环境保护局 (EPA) 监督到1975年为止减少90%的有害汽车排放物。

1972年修正了《联邦水污染控制法》(the Federal Water Pollution Control Act) 以努力保证国家的水到80年代能够安全地游泳和垂钓。像职业安全与健康管理局（OSHA）一样，美国环境保护局（EPA）面临一个特别大的任务，有时候要求使用已不存在的技术。在1976年美国环境保护局（EPA）的问题在《资源保护与恢复法案》(the Resource Conservation and Recovery Act) 下更为复杂，这一法案使得它有责任规制有害废物的处理问题。早在第一届里根政府初期，在戈萨奇·伯福德（Gorsuch Burford）的主政下，美国环境保护局因为其在政治上赞成使用"超级资金"（superfund）和与消除有害废物相关的其他活动的丑闻而受到环境主义者的围攻批评而处于一片公愤之中。

在1972年《消费品安全法案》(the Consumer Product Safety Act of 1972) 之后建立的美国消费品安全委员会（the Consumer Product Safety Commission, CPSC）是规制持续发展的另外一个例子。计划中消费品安全委员会（CPSC）是独立的。它被授权撤销并禁止危险性产品进入市场而且确定安全标准。该委员会的规则制定遵循一个叫做"供给者体系"（offeror system）的程序（Meier 1985：103）。这一程序目标是增加外部参与并由消费品安全委员会呼吁利益方提供规制某类产品规则的通告（notice）组成。供给者能够撰写具有消费者、企业和其他利益集团参与的这些规则。随后该委员会根据其认为合适可以接受或者拒绝供给者的规则。根据米勒（Meier 1985：103-104）的观点，消费品安全委员会负责规制大约1万种产品，直到1978年以悲惨的方式失败而告终。在领导权上的变化以及来自卡特政府更大的支持似乎挽救了该委员会（至少到今天），这后来是第一届里根政府早期一次不成功申请撤销机构的目标。在1995年和1996年，它再次受到共和党所支配的国会的攻击。

德西克和奎克（Derthick and Quick 1985）分析了70年代朝解除规制发展的运动。也许《1978年航空公司解除规制法案》(the Airline Deregulation Act of 1978) 最好地说明了这一运动。自1938年来美国民航委员会（the Civil Aeronautics Board, CAB）控制了在洲际航空运输产业的费率、服务条件以及报关手续（entry）。10年之后，安全又置身于联邦航空局（the Federal Aviation Administration, FAA）之下。历史上，美国民航委员会倾向于保护主要的航空公司不受到来自可能的新加入者的竞争——而且，也在某种程度上不受到彼此之间的竞争（Behrman 1980；Gray 1961）。这一方法在该产业的早期是否令人合意，还是一个尚在争论中的论点。但是，到70年代中期，政治上占主导地位的观点是市场力量可能会更有效率、更为有效果地组织航空运输。这一观点得到那些在得克萨斯（Texas）和加利福尼亚（California）研究州内航空运输的经济学家的发展。重要的是，航空公司本身对于美国民航委员会（CAB）也持矛盾看法，并不完全一致支持或反对解除规制。到1977年为止，在经济学家弗雷德·卡恩（Alfred Kahn）的领导下，美国民航委员会（CAB）也支持解除规制，即使这会最终导致该委员会在1985年的消亡。由美国民航委员会（CAB）带头，货运、银行以及通信很快就倾向于部分地解除规制。

关于解除规制的辩论仍在继续。通常共和党赞成联邦更少地对经济进行规制，但是民主党的倾向则有点不同。到 20 世纪 90 年代，对保护湿地（wetlands）和濒临危险物种的规制受到猛烈攻击。但是《美国残疾人法》（the Americans with Disabilities Act of 1939）对雇佣实行新的规制。七八十年代的解除规制主要局限于费率和准入上，其标志是运输和银行。减少诸如《联邦贸易委员会》（FTC），像《职业安全与健康管理局》（OSHA）和《美国消费品安全委员会》（CPSC）等这样机构的干预获得了一定的成功，但是并没有出现成批地解除规制。同样，虽然受到来自那些支持解除规制的大量攻击，但是平等就业机会委员会（EEOC）（Thompson 1984）和美国环境保护局（EPA）（O'Leary 1993）迄今也保留了其大型的规制角色。其他的机构，包括全国劳工关系委员会（the National Labor Relations Board）和联邦航空局（FAA），似乎仍然基本上没有受到解除规制的影响。但是在 1996 年早期，后者被"公司化"（corporatized）试图使其更具有成本效益（more cost effective）。但是，如果反对行政规制没有在大规模解除规制中获得成功，那么它成功地促进了出现于 80 年代的许多规制改革。

德西克和奎克（Derthick and Quick 1985）认为"赞成竞争"的解除规制的成功有许多因素，包括理念的力量（the strength of ideas）、微观经济分析能力以及联邦政治体制内的变革等。他们相信国家政治现在比过去更为分裂（fragmented），而且"政治领导的多元主义以及对行政地位和司法地位的宽松定义都是动力学的各种来源"（Derthick and Quirk 1985, 257）。联系专家分析和群众感情或者广大的公众利益式的政治领导者在其"新美国政治体制中""拥有打败狭隘、特殊利益集团的机会"，这些集团过去一直被替代性市场规制中的反竞争性趋势所支持（Derthick and Quirk 1985：257, 258）。即使如此，赞成竞争的规制也不是没有巨大成本和强烈的批评家。例如，德姆西（Dempsey 1994：177）声称"在解除规制之下，航空产业丧失了自 1903 年来莱特兄弟（the Wright Brother）在基帝霍克城（Kitty Hawk）首次飞行以来所赚的钱再加上 2 亿多美元"。他认为，一个长期、公共利益的视角会把空运作为一个基础结构而不是一个消费品（customer good）来对待（see also, Sternberg 1996）。

正如本节上面所提到的，70 年代行政法的主要发展是一些制衡行政机构的权力。《1974 年隐私权法》已予以讨论。《1972 年联邦顾问委员会法案》（the Federal Advisory Committee Act of 1972）目的是改进联邦机构对私有顾问委员会的使用。包括向公众开放委员会机构会议（committee-agency meetings）的"阳光"条款（Sunshine provisions）。该法案也试图保证委员会的成员代表相关的经济部门并且反映不同的观点。许多条款试图使委员会体系更为可靠［see North west Forest Resource Council v. Espy, 846 F. Supp. 1009（1994）for a detailed review of the act's central provisions］。1981 年共有 853 个委员会，与 1972 年相比少了大约 600 个，大概有 2.2 万个成员（Steck 1984：158）。

《1976 年阳光政府法案》是行政法另外一个重大的修改。它禁止联邦委员会召开秘密会议，并使公众至少有权获得所有机构会议在一个星期之前的通告，甚至是那些对公众关闭的会议。这些通告必须包含官员的姓名和电话号码，这样能够联系他获得更多有关会议的信息。有许多原因可以不向公众公开会议，包括那些与《信息自由法案》（FOIA）豁免相类似的原因。像《信息自由法案》（FOIA）一样，这些豁免允许但不要求机构关闭会议。《顾问委员会法案》和《阳光政府法案》都是行政法重要的补充法案，并进一步推动斯图尔特（Stewart 1975）所分析的趋势（这一点在前面也已予以讨论）来提高行政过程中的公平代表。

另外一个制衡行政权力的路径出现在公共官员法律中。在 70 年代以前，许多公共行政人员完全豁免于因为他们的官方行动而遭受的损害所引起的民事诉讼（Rosenbloom 1983；Rosenbloom and O'Leary 1996，chap. 4）。公务上绝对的豁免权的历史原则根源于普通法并得到了美国宪法的一定支持。该原则排除了对政府官员的诉讼，其基本原理是如果公共官员受到"民事诉讼损害调查"，那么"这将严重削弱对委托给政府执行部门（executive）的对公共事务适当和有效管理"［Spalding v. Vilas, 161 U. S. 483, 498 (1896)］。但在 1971～1975 年间，完全豁免权原则基本上已被予以放弃而只赞成提供具有资格的豁免。在这一路径下，大多数公共官员如果违反了"一个明理的人所知道的、明确确定的［联邦］法令或宪法权利时"那他们现在就有责任承担赔偿损失［Harlow v. Fitzgerald, 457 U. S. 800, 818 (1982)］。在某些案例中也可以审查惩罚性赔偿［Smith v. Wade, 461 U. S. 30 (1983)］。市政当局要负责由于违法受联邦保护权利的政策的行动［Owen v. city of Independence, 445 U. S. 622 (1980)］。各州不能因为金钱损失而作为个体受到起诉，但其公务人员可以因为他们个人在州权威的光环下执行宪法上民事侵权行为而受到起诉［Hafer v. Melo, 502 U. S. 21 (1991)；Will v. Michigan Department of State Police, 491 U. S. 59 (1989)］。虽然参与审判或其他司法职能的公共行政人员保留了绝对的豁免权，但这一变化的主要原则是用来补偿受害者、制止违反受联邦保护的权利的行为，并且"为官员建立一个激励，这些官员可能对他们有意为保护市民宪法权的错误行动的合法性存有疑虑"［Owen v. City of Independence, 445 U. S. 622 (1980)］。本质上，个人对宪法权利的了解现在已成为公共行政人员工作能力的一个因素。那些在这方面不足的官员因为金钱赔偿有被个人起诉的危险。的确，地方政府应对没有能够对其雇员培训有关宪法权问题而负责［City of Canton v. Harris, 489 U. S. 378 (1989)］。

要分析整个联系是困难的，但不能够忽视在大约同一时候出现的主要原则变化，即存在一些反对行政权力的宣告。当然，《联邦顾问委员会法案》、《隐私权法》、《阳光法案》、《信息自由法案》、《国家环境政策法》以及解除规制的运动即使在具体内容上不同，但在语气上与取代具有该种责任的完全豁免权的假设是相互联系的。

《1978 年公务员改革法》（the Civil Service Reform Act of 1978）是公共官员

法律中的另一个发展,应该被提及。该法废除了公务员委员会并被联邦人事管理总署(Office of Personnel Management)和功绩制保护委员会(Merit Systems Protection Board)代替。以前在公务员委员会(CSC)内规定的一些权力放到了平等就业机会委员会(EEOC)内,前面提到了这一点。联邦劳工关系委员会(the Federal Labor Relations Council)被更为独立的联邦劳工关系局(Federal Labor Relations Authority)所取代,调节联邦劳工关系的许多方面以及集体协商过程。该法也为"检举者"(whistleblowers)建立了立法保护,他们公开有关浪费、欺诈、滥用、误用权力或者对公共卫生或联邦行政的安全构成大量具体危险的信息。功绩制保护委员会负责保证告密者不会受到报复。该法案的另外一个特点就是把职业管理结构(career management structure)的高层行政主管纳入高级行政主管机构(Senior Executive Service)中。通过促进在各署之间高级职业行政主管的调动,该法削弱了在国会委员会和各署主管之间的"铁三角"之内的关系。这一变化,随着在高级行政主管制度内大规模的流动,促进了由德西克和奎克(1985)描述(see also Goldenberg 1985)的在"新美国政治体制"内某些官僚政治的流动。通过宣称"正是美国这一政策"建立了一个"反映了国家多样性的联邦工作队伍",该法最终促成了使联邦官僚制具有代表性的这一努力。

K. 20 世纪 80 年代

公众对官僚权利的怀疑以及反对其在社会和经济中的侵入持续了整个 80 年代。这些观点因更关注政府的成本以及预算赤字和国债的规模而得到加强。政府规制不断呈现出呆滞、高代价和无法协调现象。两届里根政府公开呼吁反对联邦官僚制,国防领域(defense)除外。这 10 年在规制程序上做了许多重大的改革。

1980 年,两个对联邦规制具有持久重要性的法令予以颁布。《1980 年规制灵活法案》(the Regulatory Flexibility Act of 1980)在技术上而言是对行政程序法(APA)的一个修正,避免"在很多情况下,一致的联邦规制和报告要求把不必要和不合适的负担要求如法律、会计和咨询成本等都强加在小型企业上……"。该法试图帮助小型企业,要求政府在《联邦公报》上公开一个"规制灵活性议程"。这样的议程包括机构本身预见的一系列规则,其发布可能对小型企业产生重大的经济影响。这些议程规则必须受到"初步的规制灵活性分析",由陈述规则、其目标和法律基础、预期报告和记录要求、确定重叠、重复或相左的联邦规则以及讨论可能的替代规则等理性构成。要求行政机构在颁布为最终规则之前吸纳公众的意见。在发布最终规则的 180 天内也要发布最终的规制灵活性分析。这一分析描述了机构对所收到的意见的反映。如果缺乏最终分析,这一规则在 180 天后将无效(Reigel and Owen 1982:35-37)。

《1980 年文书削减法》(the Paperwork Reduction Act of 1980)的通过是针对常常加之于私人个体的联邦文书负担项目。例如,1977 年赫伯特·考夫曼

(Herbert Kaufman)发现一个具有年平均收入少于＄3万的"家庭经营式"(Mon and Pop)商店一年必须填写52次税表。少于50个雇员的公司一年必须向不同机构准备75或80个表格（submissions）。小型的证券经销商一年向不同的机构提交38份报表。雇佣75个人的工厂必须有两个人把一半时间花在只是起草强制性计划和报告的工作上；具有100个雇员的公司每年向国内税务局（the Internal Revenue Service）填写70份表格或支付款项；规模小的无线电台分派两个雇员在4个月内全职提供由联邦通信委员会（the Federal Communications Commission）所制定的所有信息以重新获得执照，并且另外一个电台报道重新获得执照的申请重45磅。一个大型药物公司董事会会长声称，他的公司一年准备了2.7万个政府表格和报告，共计500万美元（他继续说道，"我们花了更多的时间填写政府表格和报告，比我们进行癌症和心脏病研究用的时间加起来还要多"）（Kaufman 1977：7-8）。

该法的主要目的是：(1)将联邦文书对私人个体、州和地方政府的负担最小化；(2)将收集和使用信息的成本最小化；(3)政府收集信息的有用性最大化；(4)协调联邦信息活动；(5)提高联邦政府的信息技术；(6)保证在《隐私权法》和其他联邦法案框架内的绝密性。这授予了管理与预算局（the Office of Management and Budget, OMB）权力发展统一的信息加工、储存和发送系统政策；减少联邦信息收集；并安全保护隐私。当信息已经能在联邦政府内获得时，它禁止机构采纳把文书要求强加给公众的规制措施。机构被要求把加给公众的文书负担最小化并且给管理与预算局（OMB）提交"信息收集要求"以获得批准。

除了这些法令措施，80年代也有三个广泛类型的改革：(1)机构的规制议程被纳入更大的总统监督和控制；(2)采取措施保证规制满足了广泛的整体政策目标，如保持美国经济的竞争性、强化家庭并保护联邦制度；(3)强调进一步解除规制。

使总统能够对联邦相关活动执行更大监督和控制权的当代措施始于尼克松政府（the Nixon administration）。政府发动了一个规制评估过程，在管理与预算局（OMB）对所提议的规制措施进行"生活质量"评估过程中。这些评估集中在尤其是环境规制领域的成本、收益和备用选择上，福特总统（President Ford）要求机构在他们送交管理与预算局（OMB）评估的规制方案中包括通货膨胀影响的陈述。在尼克松和福特政府下，机构能够不顾管理与预算局（OMB）的反对而颁布最终规则。

卡特总统（President Carter）继续改革规制。他成立了一个规制分析评估小组（Regulatory Analysis Review Group，RARG）（该机构由相关的机构发展而来）来评估可能每年花费机构至少1亿美元的机构提议。除了建立规制分析评估小组（RARG）以外，其12044号总统行政命令要求：（1）所提议的规制规则尽可能简单明了；（2）在颁布规制措施之前，机构考虑和分析有意义的替代方案；（3）公共参与规则制定过程；（4）机构公布其规制议程；（5）所有重大规制措施的经济影响分析；（6）定期评估现有规制措施的效用。

里根总统发展了一个更为复杂而综合性的策略来控制机构规则制定。12291号总统行政命令（1981）要求，除非法律禁止，否则机构的规制规则应遵从成本效益分析，并且保证其规制目标能够通过对社会而言代价最低的方式获得。机构能够不顾管理与预算局（OMB）被给予裁量权来评估任何对成本和价格构成重大影响或者负面影响了竞争、就业、投资、生产力或创新等的规则。它也可以要求对现有或所提议的规则进行规制影响分析。这一命令也要求机构制定规制议程以确定他们正在考虑的规则是提议性的（proposing）。几个独立的规制委员会被排除在该命令的覆盖范围之外，但排除这些机构的法律根据是不完全明确的，而且有些机构是自动收集的（Moreno 1994：494 – 499）。

在12291号总统行政命令下，管理与预算局（OMB）的清理角色（clearance role）给联邦规制提供了更大的协调能力，但也付出了代价。1985年，管理与预算局（OMB）平均花费了43天的时间来评估主要的规则（Havemann 1986：12）。大多数提议的规则都被批准，但机构必须起草规则预期管理与预算局（OMB）的反映，有时候似乎管理与预算局（OMB）对商务利益比对其他问题更具有回应性。1985年12498号总统行政命令通过要求机构在制定提议规则前提交草拟的规制项目而更进一步强化了管理与预算局（OMB）的角色。国会在管理与预算局（OMB）下相应规则制定的集中化，威胁如果管理与预算局（OMB）在评估机构行为中不采取更为开放的程序和平衡的观点，它将削减管理与预算局（OMB）的资金。

里根总统也修改了规制过程，试图提高具体的政策目标。12606号总统行政命令（1987）要求机构考虑所提议的政策和规制措施将会给美国家庭所带来的影响。12612号总统行政命令（1987）要求机构在里根早期12291号总统行政命令中所涉及的行动中采纳"联邦主义评估"（federalism assessment）。布什总统（President Bush）通过竞争委员会（the Council on Competitiveness）推动了解除规制，该委员会的主席是副总统，委员有司法部长（the attorney general）、管理与预算局局长、经济顾问委员会主席（the Council of Economic Advisors）、商务和财政部长（the secretaries of Commerce and Treasury）以及白宫办公厅主任（the White House Chief of Staff）。不同于国会在管理与预算局（OMB），该委员会能够在立法监督或影响之外操作。但是，其努力并没有达到独立的规制委员会。

除了这些正式的变革，里根和布什政府以不那么正式的方式削弱了规制。他们的规制机构的任命者有时候被认为是"不仅不够资格管理这些机构，而且只对以公众作为代价帮助企业感兴趣"（Gerson et al. 1988：54 – 55）。尤其是在里根政府下，大量的预算和人事裁减规制机构。在一个计算中，在主要规制机构中具有永久性职位数字的机构从1980年到1984年下降了16%。受到最严重的打击是环境保护局（the Environmental Protection Agency）、消费者产品安全委员会（Consumer Product Safety Commission）以及州际商务委员会（the Interstate Commerce Commission）。

L. 持续到20世纪90年代中期

虽然20世纪90年代始于布什政府执政，但其他的发展超过了他的规制措施。克林顿政府（Clinton administration）的国家绩效评估委员会（National Performance Review，NPR）、急剧的缩减和政府裁员，以及规制变革使联邦政府在2000年看上去有很大的不同。

国家绩效评估委员会（NPR）的原则虽然容易列举，但是执行起来又是另外一回事了。这些原则如对结果而不是过程负责、削减不必要的开支、服务顾客、给予雇员权力、帮助社区解决自己的问题，通过建立一个清晰的任务感而提升优异、更多掌舵更少划桨、权力和责任下放、用激励代替规制措施、根据结果进行预算、让联邦运作参与竞争、寻找市场而不是行政解决路径并用顾客满意来测评成功（Gore 1993：7）。1993年引进，到1995年国家绩效评估委员会（NPR）改变联邦官僚制文化的努力被人事和预算中深重的缩减所遮蔽。1994年中期选举使得在国会两院中共和党获得多数席位，他们大力削减联邦机构、项目和人事的数量以平衡国家的预算并减少政府对经济和社会的侵扰。国家绩效评估委员会（NPR）寻求解除规制政府本身，尤其是在人事和采购领域。12861号总统令（1993）呼吁清除对至少50%的法律不作要求的内部行政规制措施。臭名昭著的《联邦人事手册》（Federal Personnel Manual）终于被大张旗鼓地予以放弃，虽然行政机构仍可以把其作为指导原则。采购也得以简化。强调私有化并鼓励机构更像公司一样地行动以面对顾客的竞争。

国家绩效评估委员会（NPR）所提出来的重大问题就是：在大量解除规制和政府分权以及雇员获得权力的情况下如何维持责任；是否在没有首先清除项目和机构的情况下进行整体改革是一个战略错误；希望削减27.2万（后来增加到29.2万）个联邦雇员的政治回报是否从根本上打消了雇员着手国家绩效评估委员会（NPR）其他提议性变革的意愿（see generally Kettl 1994）。到1995年，克林顿政府同意甚至更大的削减以保留政府机构诸如商业部和能源部（the departments of Commerce and Energy），防止它们在共和党所支配的国会手里被废除。

克林顿政府也在联邦规制过程中发动了广泛改革。政府不反对规制本身，但反对"不必要"的、无意义的规制。克林顿12866号总统行政命令（1993）列举了指导机构规制行动的12条原则：（1）确定提出的问题；（2）评估现有规制措施对这些问题的贡献（如果有的话）；（3）确定规制的替代措施；（4）考虑存在风险；（5）考虑成本效益；（6）权衡成本和收益；（7）决策要根据最佳可获得信息；（8）评估规制可能措施中的替代办法；（9）寻求国家、地方和法院政府的意见；（10）避免在规制措施中存在不一致；（11）把最小的负担加在社会上；（12）用简洁易懂的语言撰写规制措施。该命令废除了12291和12498号总统行政命令，但是维护了管理与预算局（OMB）对许多机构管理措施集中的观点。然而，管理与预算局（OMB）的信息和规制事务办公室（Office of Information and Regulatory Affairs，OIRA）被要求比在过去更为公开地运作。副总统被授权解决在机构与信息和规制事务办公室（OIRA）之间的冲突。12898号总统行政命令（1994）号召机构把环境公平原则纳入他们的政策。早些时候，克林顿就建立了全国经济理事会（National Economic Council）来协调和监督机构的经济政策［Executive Order 12835（1993）］。

在20世纪90年代早期的立法举措包括了《行政争议处置法》（the Administrative Dispute Resolution Act of 1990，ADRA）、《协商规则制定法》（the Negotiated Rulemaking Act of 1990）以及1993年的《政府绩效与成果法》（the Government Performance and Results Act，GPRA）。《行政争议处置法》（ADRA）授权机构可以用另外的争议处置办法代替根据《行政程序法》（APA）所作的裁决。其他争议处置包括解决协商、调解、促进、调和、事实调查、小型听审（mini-trial）、仲裁以及一种综合以上各种路径的方式。仲裁必须可以由机构领导来评估的，目的是为了避免把权力授予私人个体。使用替代行政处置方法的决定不受到司法审查。替代性争议处置技巧可以用作规则制定，并且潜在地减少了在颁布规则之后的诉讼事件。该法要求每个机构任命一名高级官员作为争议处置专家（Dispute Resolution Specialist）。

像《行政争议处置法》（ADRA）一样，《协商规则制定法》（the Negotiated Rulemaking Act of 1990）旨在简化行政程序。该法允许机构通过与利益方协商来提议规则。通过协商的规制或者"规制协商"（reg-neg）有助于确保提议规则的影响得到综合性评估，并且规则在成本效益上也是可以强制执行。广泛参与协商规则也能够促进保持互为竞争的利益集团更为平衡。在协商所提议的规则后，仍然要再公布以求评估，这可能促进修改。在程序上，规制协商提供了大量灵活性。迄今经验表明，机构将建立暂时性的或长期的协商委员会并使用专业促进者（professional facilitators）来使协商不出正轨。虽然耗时昂贵，但是规制协商通过产生更好的协商结果和减少的诉讼能够减少整体成本。

《政府绩效与成果法》（GPRA）更为复杂。它的整体目标就是提出更好的机构绩效措施并且把绩效和预算联系起来。该法要求机构与国会、管理与预算局（OMB）和利益方商榷制定战略计划。它指导机构在可能的时候确定绩效定量方法。分阶段引用（phase-in）进行了好几年，但结果导向的预算必须予以确定。在某些方面《政府绩效与成果法》（GPRA）"强制"规制技术，并且这一成功取决于创建了新的技术。《政府绩效与成果法》（GPRA）展望结果而不是过程，这与国家绩效评估委员会（NPR）是一致的。但国家绩效评估委员会（NPR）寻求加强行政部门的灵活性而减少国会的"微观管理"，而《政府绩效与成果法》（GPRA）则非常像《行政程序法》（APA），认为机构只是国会的一个延伸。它授权（次）委员会深度参与机构目标设置，而且因为普遍上在规制中所测评的内容就是所获得的东西，所以也深度参与绩效措施的采纳上［see Rosenbloom（1995）for a brief review］。

在20世纪90年代早期到中期，法院也在调整行政法上过于积极。最高法院宣布关于商务条款（the Commerce Clause）的范围、私有财产权利、平等保护以及公民自由权利等的宪法裁决，这加强了对政府行政的限制。

在上面提到的卡蓬诉克拉克斯镇（Carbone v. Town of Clarkstown）［114 S. Ct. 1677（1994）］一案中，法院重申"暂停作用的"商务条款禁止州和地方不公平对待州际商务或强加行政负担的规制行为。用法院的话，"商务条款架设了一个全国性市场，它不受倾向于地方利益而不公平对待的地方立法限制"（114 S. Ct. 1677, 1683）。具体上，这一裁决认为相当典型的一类"流量规制"法令（flow-control ordinance）是不符合宪法的，从而使地方政府对固体垃圾处理的措施处于危险之中。

自20世纪30年代以来，最高法院第一次在商务条款之下对联邦权力进行限制。在美国诉洛佩斯案（U. S. v. Lopez）［131 L. Ed. 2d 881（1995）］中，微弱的多数认为，联邦政府没有宪法权力强加离公共学校1000英尺内不准携带枪支禁令这样的条款。虽然各媒体激烈反对和倾情关注，但这一裁决并不是商务条款原则要经历重大变革的信号，而是提醒大家并不是每个问题都可以被认为是全国性的，而且并没有一个普遍的联邦警察权。

一个关于财产权更为重大的变革出现了。在美国诉不动产案（U. S. v. Good Real Property）［126 L. Ed. 2d 490（1994）］中，最高法院认为，正当程序条款（the Due Process Clause）禁止政府在民事没收案件中在首先没有给房地产主提供通知和回应机会的情况下没收其不动产。以前，这种没收——常常与毒品犯罪和有组织的刑事犯罪活动有关——是由第十四条修正案规制。这种更为新型的方式给予不动产主人更大的保护，从而不受到滥用或错误的法律实施。

第十五条修正案的"充公"条款（Takings Clause）也得到实质性加强。长久以来就确定了政府对私有财产的规制如果走得"过远"就能够构成一条违反宪法的、不需赔偿的充公［Pennsylvania Coal v. Mahon 260 U. S. 393（1922）］，而且充公条款通过第十四条修正案应用到各州［Chicago, B. & Q. R. Co. v. Chicago 166 U. S. 226（1897）］。但是，直到80年代晚期，充公法律的应用都没有构成对环境和区域（zoning）规制的一种实质性障碍（Wise 1994）。1994年，最高法院在多兰诉帝加德城（Dolan v. City of Tigard）（114 S. Ct. 2309, 2317, 2319）一案中要求，在把条款应用到建筑证书的授予上时，政府表明了在所寻求的合法国家利益（state interest）和所强加的条款之间的一个"基本关系"（essential nexus），同时强求的条款对于提议财产使用具有"大致的比例"（rough proportionality）。大多数人认为"没有理由应该把作为人权法案一部分的充公条款像第一条修正案和第十四条修正案一样……降级到恶劣关系的地位……"［Dolan v. City of Tigard 114 S. Ct. 2309, 2320 (1994)］。重要的是，政府而不是私有方必须在这些情况下肩负说服的负担。

和卡蓬案例一样，多兰一案的裁决对于地方政府也是代价高昂的。减少了财产所有者排除他人权利的规制收入（regulatory takings），并剥夺了个体使用其土地的权利，或者大量减少私有财产的经济价值的规制收入现在则比过去更可能要求赔偿［Wise 1994; see also Lucas v. South Carolina Coastal Council, 112 S. Ct. 286 (1992)］。

最高法院也更为严格地限制了联邦政府使用少数族裔企业预留金（business set-asides），这一企业预留金制度业已成为减少种族分裂的一个规范性工具［Fullilove v. Klutznick, 448 U. S. 448 (1980)］。在州和地方层面，这样的企业预留金制度要受到在同等保护条款（the Equal Protection Clause）下的严格审查，这要求政府具有重大利益（compelling interest）并且以一种不折不扣的方式满足这种利益［City of Richmond v. Croson, 488 U. S. 469 (1989)］。但是，联邦企业预留金受到"中期"检测（intermediate test）：他们必须在实质上与促进重大的政府目标相关［Metro Broadcasting v. Federal communications commission 110 S. Ct. 2997 (1990)］。这一差别的合理性的根据是第十四修正案的实施条款赋予国会促进对于国家层面以下政府没有获得的法律平等保护的权力。主要是因为最高法院成员的变化，该企业预留金在阿达兰德建筑公司诉佩纳案（Adarand Constructors V. Pena）［115 S. Ct. 2097 (1995)］中被废除，这也把联邦的企业预留金制度置身于严格的审查之下。在联邦政府日益可能把工作外包的一段时期，阿达兰德一案的裁决使得把资金汇集给少数族裔的努力更为困难。

在处置个体第一修正案权利的案件中给公共行政强加了额外的限制条件。在国会大厦广场评论和顾问委员会诉皮内特（Capitol Square Review and Advisory Board v. Pinette）［115 S. Ct. 2440 (1995)］和罗逊贝嘉诉弗吉尼亚校长和访问者（Rosenberger v. Rector and Visitors of the University of Virginia）［115 S. Ct. 2510 (1995)］中，法院认为，政府必须对宗教言论保持中立。他们不能因为担心会出现确定宗教而剥夺或者歧视个人宗教言论。因而在宪法上是不允许俄亥俄州（Ohio）在首府大厦附近的公共广场展示基督十字架的。弗吉尼亚大学（Univerisy of Virginia）也不能拒绝其宗教内容就不给有资格的学生所经营的杂志提供资金。联邦雇员的第一条修正案权利在法院对美国诉美国财政公务员工会一案（U. S. v. National Treasury Employees Union）［130 L. Ed. 2d 964 (1995)］的裁决中稍微得到加强。多数人推翻了禁止联邦雇员对与其工作不相关的演说和著作收取费用的伦理规制（ethics regulation）。当应用到大多数普通雇员身上（rank-and-file employees）时，人们发现规制比防止利益冲突要广泛得多。

在最高法院对各个层面的政府进行宪法限制的同时，它继续允许联邦机构在《行政诉讼法》（APA）下拥有广泛的灵活性这一趋势。例如，多尔顿诉斯佩克特（Dalton v. Specter）［114 S. Ct. 1719 (1994)］案件认为，与《1990年国防基地关闭和重组法案》(Defense Base Closure and Realignment Act of 1990) 有关的国防部长 (Secretary of Defense) 的裁决在《行政诉讼法》(APA) 意义之下并不是最终行动,因此法院不能够审查。它同时也认为,总统并不属于《行政诉讼法》(APA) 范畴。

Ⅶ. 结论:现有问题、展望未来

自 20 世纪 80 年代以来,美国行政法和规制政策发展的特征有两个主要主题。一个是公共行政适应宪法民主的需要;第二个就是找到解决政府规制措施一方与私有财产权和市场经济一方之间的紧张局势的一个公式。

A. 宪法民主

在很大程度上,联邦政府成功地把其行政机构 (administrative apparatus) 革新纳入国家宪法民主。对行政法固有的"法外正义"(justice without law) (Pound 1914:18) 以及行政国家是"走向奴隶制的道路"(road to serfdom) (Hayek 1944) 等的严重担忧已经缓和。问题仍然存在——行政国家几乎不是完善的并且一直受到改革——但是也取得了巨大进步。通过司法审查过程和宪法化过程,这使得行政法的制定与民主立宪制 (democratic constitutionlaism) 更为融洽。当代行政法规制机构,其方式给行政规则制定中的代表和参与提供了大量机会。它提供可以有权获得有关广泛宪法权利和私有利益的信息和保护。有许多方式维持责任,包括使公共行政官员对破坏个体的宪法权利的行为负责。无论是有关环境、家庭、联邦制还是环境正义的影响声明 (impact statements),已经迫使机构关注它们行动的潜在效果。总统和国会对行政的监督手段已经增加并得到完善 (finely-honed)。总之,曾经是革命性的发展,诸如特权原则的消亡和"新财产"理论的发展,现在已经成为公共行政的常规部分。

不过,目前至少在宪法体制中存在三个有关公共行政学位置的议题要求予以关注。首先,行政国家的兴起没有解决权力分离问题。虽然存在变革的征兆,国会不断地显示出倾向授权而不是立法 (Lowi 1969),并且喜好微观管理行政活动 (Fiorina 1977)。1993 年《政府绩效与成果法案》(the Government Performance and Results Act of 1993) 容易被用来进一步把机构变成国会次委员会的附属。总统制不断发展并在回应行政国家中呈现承担更多职责。在 1995 年国会多数派的共和党再一次带来变革,但是几十年来认为总统只是负责发展国家预算、重组机构并管理联邦人事行政。自 20 世纪 70 年代开始,总统都寻求对机构规则制定和规制政策获得更大的监控权,有时候冒着导致规制委员会法律独立性的危险 (Moreno 1994)。法官有时候表现出执行角色,诸如管理监狱、公共心理健康设备以及公共学校,试图保护个体权利不受行政侵犯和/或立法忽视的影响。甚至司法上所强加的税收也不是无法想象的 [Missouri v. Jenkins, 195 U. S. 33 (1990); see also Missouri v. Jenkins, 115 S. Ct. 238

(1995)]。更为普遍的是,法院对政府预算构成影响(Horowitz 1977, 1983; Rosenbloom and O'Leary 1996)。如果在部门之间的政策事实上没有被消除,那么它们当然是模糊不清的,这一点大法官斯卡利亚(Justice Scalia)在持有异议的莫里森诉奥尔森案(Morrison v. Olson)[487 U. S. 654 (1988)]中已作了警告。最终,正如最高法院多数派在移民归化局诉查哈案(Immigration and Naturalization Service v. Chadha)[462 U. S. 919 (1983)]和鲍舍诉西纳尔案(Bowsher v. Synar)[478 U. S. 714 (1986)]裁决中的警告,宪法的诚实性存在着一个威胁。由于宪法对于美国政治文化是至关重要的,这绝不是一个小问题(Almond and Verba 1965)。

其次,随着私有化以及行政运作公司化的继续发展,根据宪法国家行动原则要求分类和改进。虽然美国各级政府通过联邦宪法和州宪法(除了第十三修正案禁止奴隶制和非自愿奴役之外)得到规制,但私有集团并没有这样。在勒布朗诉国家铁路乘客公司案(Lebron v. National Railroad Passenger Corporation)(Amtrak)[115 S. Ct. 961, 973 (1995)]中,最高法院指出,"州或联邦政府肯定不能够只是通过诉诸于公司的形式而逃避宪法所赋予的最神圣义务"。"宪法'无论通过何种工具或行动所采取的何种方式'来限制政府行动"是一个长久以来就已确定的原则[Lebron v. National Railroad Passenger Corporation 115 S. Ct. 961, 971 (1995)]。

总体上讲,除非私有集团参与公共职能,政府深度参与对私有集团行动负责任的活动中,或者政府鼓励私有集团的活动、它要为此而承担责任,否则国家的行动是不会出现的。但是,定义问题(definitional problems)有时候踌躇不前,而且政策也并不总是明确的。在最高法院对勒布朗诉国家铁路乘客公司(Lebron v. National Railroad Passenger Corporation)[115 S. Ct. 961 (1995)]一案中大法官斯卡利亚指出:

> 我们曾经裁定了伯顿诉威尔明顿停车场管理处一案(Burton v. Wilmington Parking Authority)……(1961),并且反复多次提出,私有实体的行动有时候能被认为是政府为宪法目的的行动……"确定何时私有行动可能被认为是国家行为的案例并不是一个一致性的模式"的这一说法是公平的。

例如,根据与政府签订的合同而给犯人提供医疗护理的私人医生是国家行动者(state actor)[West v. Adkins, 487 U. S. 46 (1988)]。那么根据国家法律纯粹进行扣押债务、不审而判、扣押财产或发还财物等的私有个人也是国家行动者[Wyatt v. Cole and Robbins, 504 U. S. 158 (1992)]。但是,政府资助并监管的任命律师由于某种目的并不是国家行动者[see Polk County v. Dodson, 454 U. S. 312 (1981) and Tower v. Glover, 467 U. S. 914 (1984)]。在一个案例中,安姆崔克铁路公司(美国铁路公司)(Amtrak)被称作"不是美国政府的一个机构或手段",在一个案例中称作"非政府公司",而在另外一个案例中被认为是因宪法目的的政府行动者［Lebron v. National Railroad Passenger Corporation 115 S. Ct. 961, 974-975 (1995)］。在另外一个案例中,全国大学生体育协会诉塔坎宁（National Collegiate Athletic Association (NCAA) v. Tarkanian）［488 U. S. 187 (1988)］,私有和公共实体都纠缠在一起,以至于最高法院分裂成5对4个人,决定全国大学生体育协会（NCAA）是否参与了国家行动。

同时,显而易见的是,目前最高法院没有迹象表明允许国家行动由立法或行政法令来确定。国家行动是司法部门的号召。在勒布朗诉国家铁路乘客公司案（Lebron v. National Railroad Passenger Corporation) 115 S. Ct. 961, 971 (1995)］中,大法官斯卡利亚告诫道:

> 但为了确定受美国铁路公司行为影响的公民宪法权,也并不是由国会来对美国铁路公司（Amtrak）作为政府实体的地位作最后决定。如果根据其本质,美国铁路公司是宪法所认为的政府,那么国会的否定断言究竟是使它不受第一修正案的限制,就正如一个近似的宣布能免除联邦调查局（the federal Bureau of investingation）不受到第十四修正案的限制一样。

结果,国家行动的范围继续受到司法部门的确定。但在某些情况下,当前的模糊性可能构成私有化、公司化、公私伙伴关系以及其他混合安排的障碍、持续诉讼的一个根源。

再次,美国公共行政原则一直都与宪法问题有着一个尴尬的关系,现在它更多的是通过经济和企业理论、概念和实践而重新改革来整合。在某些方面,当代的"重塑"（reinvention）将美国公共行政回到其正统根源。毕竟,威尔逊（Wilson）1887年著名的创新论文"行政学研究"（The Study of Administrton）强调公共行政是"一个事务性领域"（Wilson 1887: 493）。同样,第一本公共行政学教材——怀特的《公共行政学研究导论》（Introduction to the Study of Public Administration 1926）强调了该领域的基础是管理而与法律相对应。但是,因为自20世纪40年代以来法律的大力发展,到90年代中期有可能为行政思潮和实践找到一种明确而强大的公共法基础（Moe and Gillmour 1995）。今天,这一法律基础受到广泛使机构更像市场上的公司一样表现的诸多努力的挑战。公民和当事人被概念化为顾客;责任就是追求更佳的底线结果（bottom-line results）,而不仅仅是服从程序;私有化和公司化代替了传统的行政结构;政府的分权和解除规制正在削弱传统的等级制权威渠道（hierarchical channels of authority）。使重塑的公共行政符合宪法结构以及法律提出了一个实质性挑战,这是无论全国绩效评审委员会（NPR）还是其主要支持者还未能严肃回应的问题（Moe and Gilmour 1995）。历史上,正如弗里德曼（Freedman 1978）所指出,"对行政机构的批评受到对行政过程本身合法性强大而持久挑战的驱动"。由于被解除规制的机构和被授予权力的雇员不可避免地要做出与公共权威和资金都相冲突的选择，那么把公共行政置身于公共法约束之下的步骤就同样不可避免。

B. 规制政策

规制性行政所面临的主要问题是两类：宪法的和政策的。把规制性行政纳入宪法民主仍然是具有挑战性的。最高法院最近恢复充公条款（Takings Clause），这提醒我们对私有财产的规制还存在重大的宪法限制。最高法院在美国诉洛佩斯案（U. S. v. Lopez）[131 L. Ed. 2d 626 (1995)]中的裁决提醒国会，在商务条款之下还存在对联邦权力的限制。关于在多大程度上集权和在多大程度上广泛的行政执行控制机构规则的国会与总统之争应当揭示运行中的权力分离。这样的宪法问题可以在一段时间内得到解决，但是随着变化的政治和经济情况，这些问题将再次出现。

就政策而言，自美国建国以来就与之俱有的一个基本划分现仍然存在。已在美国宪法序言中确定的政府目的当然考虑到了干涉经济和社会以促进一般福利的公共行政。但是许多人认为汉弥尔顿关于政府的观点（Hamiltonian view）过于广泛，他们允许行政行为只是回应市场失灵，而且如果只是政府失灵就不会那么糟糕。但即使接受了市场失灵范式，只有当社会和公平问题没有被包括，经济效率才是一个在政治上有用的标准：见证了里根政府在机构规章措施对家庭影响的兴趣以及克林顿政府对环境公正的关注。在联邦行政干预社会目的是否妥当的问题上，由于尖锐的政治分裂，目前的情景进一步复杂化（Lowi 1995）。和本章所讨论过的许多其他问题一样，这样的政策问题将会经久不衰。

总之，尽管在把公共行政整合到美国民主宪政中来取得了进展，但是未来的问题将持续唤起过去的主题。公共行政如何组织、监督并被置于宪法结构和法律框架之内？行政规章的合适范围是什么？正如20世纪美国一位伟大的行政理论家沃尔多（Waldo 1980）所解释的，对美国而言这样的问题是任何时候都会存在的。

案例

阿博特实验室诉加德纳案（Abbott Laboratories v. Gardner）(1967). 387 U. S. 136.

阿达兰德建筑公司诉佩纳案（Adarand Constructors V. Pena）(1995). 115 S. Ct. 2097.

艾迪斯顿管材与钢铁公司诉美国案（Addyson Pipe and Steel Co. v. U. S.）(1899). 175 U. S. 211

贝利诉理查森案（Bailey v. Richardson）(1905). 182 F. 2d 46.

贝利诉理查森案（Bailey v. Richardson）(1905). 341 U. S. 918.

鲍舍诉西纳尔案（Bowsher v. Synar）(1986). 478 U. S. 714.

布兰迪诉芬克尔案（Branti v. Finkel）(1980). 445 U. S. 507.
布鲁克斯诉教学区案（Brooks v. School District）(1959). 267 F. 2d 733.
布朗诉托皮卡教育委员会案（Brown v. Board of Education of Topeka）(1954). 347 U. S. 483.
巴克利诉瓦莱奥案（Buckley v. Valeo）(1976). 424 U. S. 1.
伯顿诉威尔明顿停车场管理处案（Burton v. Wilmington Parking Authority）(1961). 365 U. S. 715.
(Capitol Square Review and Advisory Board v. Pinette) (1995). 115 S. Ct. 2440.
卡蓬诉克拉克斯镇案（Carbone v. Town of Clarkstown）(1994). 114 S. Ct. 1677.
卡特诉卡特煤业公司案（Carter v. Carter Coal Co.）(1936). 289 U. S. 238.
雪佛莱公司诉自然资源保护理事会（Chevron v. Natural Resources Defense Council）(1984). 467 U. S. 837.
(Chicago, B. & Q. R. Co. v. Chicago) (1897). 166 U. S. 226.
芝加哥-密尔沃基-圣保罗铁路公司诉明尼苏达州案（Chicago, Milwaukee and St. Paul Railway Co. v. Minnesota）(1890). 134 U. S. 418.
坎顿市诉哈里斯案（City of Canton v. Harris）(1989). 189 U. S. 378.
里士满市诉克罗森公司案（City of Richmond v. Croson）(1989). 488 U. S. 469.
克利夫兰教育委员会诉拉弗勒案（Cleveland Board of Education v. LaFleur）(1974). 414 U. S. 632.
克利夫兰教育委员会诉劳德米尔案（Cleveland Board of Education v. Loudermill）(1985). 470 U. S. 532.
多尔顿诉斯佩克特案（Dalton v. Specter）(1994). 114 s. Ct. 1719.
多兰诉蒂加德市案（Dolan v. City of Tigard）(1994). 114 S. Ct. 2309.
环境保护基金诉拉克尔肖斯（Environmental Defense Fund v. Ruckelshaus）(1971). 439 F. 2d 584.
法默诉布伦南案（Farmer v. Brennan）(1994). 114 S. Ct. 1970.
美国联邦作物保险公司诉梅里尔案（Federal Crop Insurance Corp. v. Merrill）(1947). 332 U. S. 380.
联邦贸易委员会诉鲁伯洛伊德案（Federal Trade Commission v. Ruberoid Co.）(1952). 343 U. S. 470.
联邦贸易委员会诉斯佩里和哈奇森案（Federal Trade Commission v. Sperry and Hutchinson）(1972). 405 U. S. 233.
福利洛夫诉克卢茨尼克案（Fullilove v. Klutznick）(1980). 448 U. S. 448.
弗斯曼诉芝加哥市案（Fursman v. Chicago）(1971). 278 Ill. 318.
加纳诉洛杉矶市案（Garner v. Los Angeles）(1951). 341 U. S. 716.
戈德堡诉凯利案（Goldberg v. Kelly）(1970). 397 U. S. 254.
戈斯诉洛佩斯案（Goss v. Lopez）(1975). 419 U. S. 565.
哈弗诉梅洛案（Hafer v. Melo）(1991). 116 L. Ed. 2d 301.

哈默诉达金哈特（Hammer v. Dagenhart）(1918). 257 U.S. 251.
哈洛诉菲茨杰拉德案（Harlow v. Fitzgerald）(1982). 457 U.S. 800.
霍金斯诉索填案（Hawkins v. Town of Shaw）(1971). 437 F. ed 1286.
赫克勒诉钱尼案（Heckler v. Chaney）(1985). 470 U.S. 821.
哈弗诉梅洛案（Hafer v. Melo）(1991). 502 U.S. 21.
霍尔特诉萨维案（Holt v Sarver）(1970). 309 F. Supp. 362.
移民归化局诉查哈案（Immigration and Naturalization Service v. Chadha）(1983). 462 U.S. 919.
美国劳工联盟和工业组织代表大会诉美国石油学会案（Industrial Union Department, AFL-CIO v. American Petroleum Institute）(1980). 448 U.S. 607.
州际商务委员会诉阿拉巴马中部铁路公司等 Interstate Commerce Commission v. Alabama Midland Railway Co.）(1897). 168 U.S. 144.
州际商务委员会诉辛辛那提新俄伦斯和得克萨斯太平洋公路公司案（Interstate Commerce Commission v. Cincinnati, New Orleans and Texas Pacific Railroad Co.）(1897). 167 U.S. 479.
(J. E. B. v. Alabama ex rel. T. B.) (1994). 114 S. ct. 1419.
联合反法西斯避难委员会诉麦格拉斯案（Joint Anti-Fascist Refugee Committee v. McGrath）(1951). 341 U.S. 123.
琼斯诉密尔沃基电气铁路公司案（Jones v. Milwaukee Electric Railway Co.）(1911). 147 Wis. 427.
勒伯等诉国家铁路乘客公司案（Lebron v. National Railroad Passenger Corporation）(1995). 63 U.S.L.W. 4109; 115 S. Ct. 961.
卢卡斯诉南诉南卡罗来纳州海岸委员会案（Lucas v. South Carolina Coastal Council）(1992). 112 S. Ct. 286.
洛克纳诉纽约州案（Lochner v. New York）(1905). 198 U.S. 45.
麦克弗森诉别克汽车公司案（MacPherson v. Buick Motor Co.）(1916). 217 N.Y. 382.
马修斯诉埃尔德里奇案（Mathews v. Eldridge）(1976). 424 U.S. 319.
麦考利夫诉新贝德福德案（McAuliffe v. New Bedford）(1892). 155 Mass. 216.
新城广播诉联邦通讯委员会案（Metro Broadcasting v. Federal communications commission）(1990). 110 S. Ct. 2997.
密苏里州诉詹金斯案（Missouri v. Jenkins）(1990). 495 U.S. 33.
密苏里州诉詹金斯案（Missouri v. Jenkins）(1995). 115. S. Ct. 2038.
莫里森诉奥尔森案（Morrison v. Olson）(1988). 478 U.S. 654.
马勒诉俄勒冈州案（Muller v. Oregon）(1908). 208 U.S. 412.
芒恩诉伊利诺伊州案（Munn v. Illinois）(1877). 94 U.S. 113.
全国大学生体育协会诉塔堪人案（National Collegiate Athletic Association v. Tarkanian）(1988). 488 U.S. 187.

诺兰诉加州海岸委员会案（Nollan v. California Coastal Commission）(1987). 483 U. S. 825.

西北森林资源委员会诉埃斯皮案（Northwest Forest Resource Council v. Espy）(1994). 846 F. Supp. 1009.

欧文诉独立城市案（Owen v. City of Independence）(1980). 445 U. S. 622.

巴拿马炼油公司诉瑞安案（Panama Refining Co. v. Ryan）(1935). 293 U. S. 388.

帕里什诉公务员委员会案（Parrish v. Civil Service Commission）(1967). 425 P. 2d 223.

马洪诉宾州煤矿公司案（Pennsylvania Coal v. Mahon）(1922). 260 U. S. 393.

柏克县诉多德森案（Polk County v. Dodson）(1981). 454 U. S. 312.

罗森伯格诉雷克托和弗吉尼亚州的来访者案（Rosenberger v. Rector and Visitors of the University of Virginia）(1995). 115 S. Ct. 2510.

谢克特家禽公司诉美国案（Schechter Poultry Corp. v. U. S.）(1935). 295 U. S. 495.

谢伯特诉弗纳案（Sherbert v. Verner）(1963). 374 U. S. 398.

史密斯诉韦德案（Smith v. Wade）(1983). 461 U. S. 30.

斯佩蒂诉沃隆（Spady v. Mt. Vernon）(1974). 419 U. S. 983.

斯波尔丁诉维拉斯案（Spalding v. Vilas）(1896). 161 U. S. 483.

斯塔基诉教育局案（Starkey v. Board of Education）(1963). 381 P. 3d 718.

阳光无烟煤矿公司诉阿德金斯案（Sunshine Anthracite Coal Co. v. Adkins）(1940). 310 U. S. 381.

托尔诉格洛弗案（Tower v. Glover）(1984). 467 U. S. 914.

联邦公共工人诉米切尔案（United Public Workers v. Mitchell）(1947). 330 U. S. 75.

美国诉达比案（U. S. v. Darby）(1941). 312 U. S. 100.

美国诉莱特公司案（U. S. v. E. C. Knight）(1895). 156 U. S. 1

美国诉不动产案（U. S. v. Good Real Property）(1994). 126 L. Ed. 2d 490.

美国诉洛佩斯案（U. S. v. Lopez）(1995). 131 L. Ed. 2d 626.

美国诉美国财政公务员工会（U. S. v. National Treasury Employees Union）(1995). 130 L. Ed. 2d 964.

美国诉什里夫波特谷物和运输公司案（U. S. v. Shreveport Grain and Elevator Co.）(1932). 287 U. S. 77.

美国诉密苏里货运联盟案（U. S. v. Tran-Missouri Freight Assn.）(1897). 166 U. S. 290.

美国国防部诉联邦劳工关系委员会案（U. S. Department of Defense v. Federal Labor Relations Authority）(1994). 114 S. Ct. 1006.

弗蒙特扬基核能公司诉自然资源保护理事会案（Vermont Yankee Nuclear Power

Corp. v. Natural Resources Defense Council) (1978). 435 U. S. 519.

瓦巴西铁路诉伊利诺伊州案（Wabash Railway v. Illinois）(1886). 118 U. S. 557.

沃特斯诉邱吉尔案（Waters v. Churchill）(1994). 114 S. Ct. 2038.

韦曼诉厄普德格拉夫案（Weiman v. Updegraff）(1952). 344 U. S. 183.

韦斯特诉讼阿特金斯案（West v. Atkins）(1988). 487 U. S. 46.

威卡德诉费尔本案（Wickard v. Filburn）(1942). 317 U. S. 111.

威尔基诉奥康纳案（Wilkie v. O'Connor）(1941). 25 N. Y. S. 2d 617.

威尔诉密执安州警察部（Will v. Michigan Department of State Police）(1989). 491U. S. 59.

怀亚特诉科尔与罗宾斯案（Wyatt v. Cole and Robbins）(1992). 504 U. S. 158.

怀曼诉詹姆斯案（Wyman v. James）(1971). 400 U. S. 309.

REFERENCES

Ackerman B. Reconstructing American Law. Cambridge, MA: Harvard University Press, 1984.

Almond G, Verba S. The Civic Culture. Boston: Little, Brown, 1965.

Arnold RD. Congress and the Bureaucracy. New Haven, CT: Yale University Press, 1979.

Behrman B. The Civil Aeronautics Board. In: Wilson JQ, ed. The Politics of Regulation. New York: Basic Books, 1980. pp. 75 – 120.

Black's Law Dictionary, 5th ed. St. Paul, MN: West, 1979.

Bonfield A, Asimov M. State and Federal Administrative Law, St. Paul, MN: West, 1989.

Bontecou E. The Federal Loyalty-Security Program. Ithaca, NY: Cornell University Press, 1953.

Brown RS. Loyalty and Security. New Haven, CT: Yale University Press, 1958.

Bryner G. Bureaucratic Discretion. New York: Pergammon, 1987.

Crowley D. Selection tests and equal opportunity: the court and the EEOC. Admin Soc 17: 361 – 384, 1985.

Davis KC. Administrative Law Treatise. St. Paul, MN: West, 1958.

――. Discretionary Justice. Baton Rouge: Louisiana State University Press, 1969.

――. Administrative Law Text. 3rd ed. St. Paul, MN: West, 1972.

――. Administrative Law and Government. 2nd ed. St. Paul, MN: West, 1975.

Davison JF, Grundstein N. Administrative Law and the Regulatory System. Washington, D. C.: Lerner Law Book Co. 1968.

Dempsey P. Deregulation and reregulation. In: Rosenbloom D, Schwartz R, eds.

Handbook of Regulation and Administrative Law. New York: Marcel Dekker, 1994, pp. 175 – 206.

Derthick M, Quirk P. The Politics of Deregulation. Washington, D. C. : Brookings Institution, 1985.

Dickinson J. Administrative Justice and the Supremacy of Law. Cambridge, MA: Harvard University Press, 1927.

Dimock M. Law and Dynamic Administration. New York: Praeger, 1980.

Donnelly J. Testimony before the Full Employment Subcommittee of the Committee on Banking and Currency, Senate Hearings 763, August 30. Washington, D. C. : U. S. Government Printing Office, 1945, pp. 665 – 668.

Dullea C. Development of the personnel program for administrative law judges. Admin Law Rev 25: 41 – 47, 1973.

Baton D. The Civil Service in Great Britain. New York: Harper & Bros., 1880.

Fiorina M. Congress: Keystone of the Washington Establishment. New Haven, CT: Yale University Press, 1977.

Freedman JO. Crisis and Legitimacy. New York: Cambridge University Press, 1978.

Friedman LM. A History of American Law. New York: Simon & Schuster, 1973.

Friedman M. Capitalism and Freedom. Chicago: University of Chicago Press, 1962.

Frug G. The ideology of bureaucracy in American law. Harv Law Rev 97: 1276 – 1388, 1984.

Gerston L, Fraleigh C, Schwab R. The Deregulated Society. Pacific Grove, CA: Brooks/Cole, 1988.

Goldenberg E. The permanent government in an era of retrenchment and redirection. In: Salamon L, Lund M, eds. The Reagan Presidency and the Governing of America. Washington, D. C. : Urban Institute Press, 1985, pp. 381 – 404.

Goodnow F. Comparative Administrative Law. 2 vols. New York: G. P. Putnam's Sons, 1893.

——. Politics and Administration. New York: Macmillan, 1900.

——. The Principles of the Administrative Law of the United States. New York: G. P. Putnam's Sons, 1905.

Gore A. Creating A Government that Works Better and Costs Less. Washington, D. C. : U. S. Government Printing Office, 1993.

Gray HM. The airlines industry. In: Adams W, ed. The Structure of American Industry. New York: Macmillan, 1961, pp. 468 – 508.

Gregory CO, Katz HA. Labor and the Law. 3rd ed. New York: Norton, 1979.

Gunther G. Cases and Materials on Constitutional Law. 10th ed. Mineola, NY: Foundation Press, 1975.

Hart J. An Introduction to Administrative Law with Selected Cases. New York: F. S.

Crofts, 1940.

Havemann J. How do you get OMB's attention? Washington Post Weekly Edition, June 2, 1986, p. 12.

Hayek F. The Road to Serfdom. Chicago: University of Chicago Press, 1944.

Heffron F, McFeeley N. The Administrative Regulatory Process. New York: Longman, 1983.

Hoogenboom A. Outlawing the Spoils. Urbana: University of Illinois Press, 1961.

Horowitz D. Decreeing organizational change: judicial supervision of public institutions. Duke Law! 1983: 1265–1307, 1983.

———. The Courts and Social Policy. Washington, D. C.: Brookings Institution, 1977.

Johnson JW. American Legal Culture, 1908–1940. Westport, CT: Greenwood Press, 1981.

Katzmann R. Federal Trade Commission. In: Wilson JQ, ed. The Politics of Regulation. New York: Basic Books, 1980, pp. 152–187.

Kaufman H. Red Tape. Washington, D. C.: Brookings Institution, 1977.

Kelman S. Occupational Safety and Health Administration. In: Wilson JQ, ed. The Politics of Regulation. New York: Basic Books, 1980, pp. 236–265.

Kerwin C. Rulemaking. Washington, D. C.: Congressional Quarterly Press, 1994a.

———. Elements of rulemaking. In: Rosenbloom D, Schwartz R, eds. Handbook of Regulation and Administrative Law. New York: Marcel Dekker, 1994b, pp. 345–381.

Ketti D. Reinventing Government? Appraising the National Performance Review. Washington, D. C.: Brookings Institute, 1994.

Krislov S, Rosenbloom DH. Representative Bureaucracy and the American Political System. New York: Praeger, 1981.

La Follette R. Congress wins a victory over Congress. New York Times Magazine, August 4, 1946, p. 11 ff.

Leslie DA. Labor Law. St. Paul, MN: West, 1979.

Lowi TJ. The End of Liberalism. New York: Norton, 1969.

———. The End of the Republican Era. Norman: University of Oklahoma Press, 1995.

Lubbers J. Management of federal agency adjudication. In: Rosenbloom D, Schwartz R, eds. Handbook of Regulation and Administrative Law. New York: Marcel Dekker, 1994, pp. 287–323.

Mashaw J. Bureaucratic Justice. New Haven, CT: Yale University Press, 1983.

Meier KJ. Regulation. New York: St. Martin's Press, 1985.

Moe R, Gilmour R. Rediscovering the principles of public administration: the neglected foundation of public law. Public Admin Rev 55: 135–146, 1995.

Moreno AM. Presidential coordination of the independent regulatory process. Admin Law J Am Univ 8: 461–516, 1994.

Mosher F. Basic Documents of American Public Administration, 1776–1950. New York: Holmes and Meier, 1976.

Nachmias D, Rosenbloom DH. Bureaucratic Government, USA. New York: St. Martin's Press, 1980.

Nader R. Unsafe at Any Speed. New York: Grossman, 1965.

O'Leary R. Environmental Change: The Courts and the EPA. Philadelphia: Temple University Press, 1993.

——. What every administrator should know about environmental law. In: Rosenbloom D, Schwartz R, eds. Handbook of Regulation and Administrative Law. New York: Marcel Dekker, 1994, pp. 139–155.

Osborne D, Gaebler T. Reinventing Government. Reading, MA: Addison-Wesley, 1992.

Pound R. Justice according to law. Columbia Law Rev 14: 1–26, 1914.

——. Administrative Law. Pittsburgh, PA: University of Pittsburgh Press, 1942.

Pritchett CH. The American Constitution. New York: McGraw-Hill, 1977.

——. The Roosevelt Court. New York: Macmillan, 1948.

Quirk P. Food and Drug Administration. In: Wilson JQ, ed. The Politics of Regulation. New York: Basic Books, 1980, pp. 191–235.

Reich C. The new property. Yale Law J 73: 733–787, 1964.

Reigel S, Owen PJ. Administrative Law. Ann Arbor, MI: Ann Arbor Science, 1982.

Ripley R, Franklin G. Congress, the Bureaucracy, and Public Policy. Homewood, IL: Dorsey, 1976.

Rohr J. To Run a Constitution. Lawrence: University Press of Kansas, 1986.

Root E. Presidential address. Am Bar Assoc Rep 41: 355–374, 1916.

Rosenbloom DH. Federal Service and the Constitution. Ithaca, NY: Cornell University Press, 1971.

——. Kaiser v. Weber: Perspectives from the public sector. Public Personnel Manage 8: 392–396, 1979.

——. ed. Centenary Issues of the Pendleton Act of 1883. New York: Marcel Dekker, 1982.

——. Public Administration and Law. New York: Marcel Dekker, 1983.

——. The context of management reforms. Pub Manager 24: 3–6, 1995.

Rosenbloom DH, Shafritz J. Essentials of Labor Relations. Reston, VA: Prentice-Hall, 1985.

Rosenbloom DH, Carroll J. Public Personnel Administration and Law. In: Rabin J,

Vocino T, Hildredth W, Miller G, eds. Handbook of Public Personnel Administration and Labor Relations. 2d ed. New York: Marcel Dekker, 1994, pp. 91–113.

Rosenbloom DH, O'Leary R. Public Administration and Law. 2d ed. New York: Marcel Dekker, 1997.

Rosenblum V. Comment. American Bar Foundation, Law and Society Annual Meeting, May 29–June 1, Chicago, 1986.

Schurz C. Editorial. Harper's Weekly 37: 614, 1893.

———. The Necessity and Progress of Civil Service Reform. Washington, D.C.: Good Government, 1894.

———. Congress and the Spoils System. New York: George G. Peck, 1895.

Schwartz B. Administrative law: the third century. Admin Law Rev 29: 291–319, 1977.

Shannon D. Twentieth Century America. Chicago, Rand McNally, 1963.

Shapiro M. Who Guards the Guardians? Athens: University of Georgia Press, 1988.

———. The Supreme Court and Administrative Agencies. New York: Free Press, 1968.

Sinclair U. The Jungle. New York: New American Library, 1905 (1980 ed.).

Skowronek S. Building a New American State: The Expansion of National Administrative Capacities, 1877–1920. Cambridge, England: Cambridge University Press, 1982.

Steck HJ. Politics and administration: private advice for public purpose in a corporatist setting. In: Rabin J, Bowman JS, eds. Politics and Administration: Woodrow Wilson and American Public Administration. New York: Marcel Dekker, 1984, pp. 147–174.

Sternberg E. Recuperating from market failure. Pub Admin Rev 56: 21–29, 1996.

Stewan R. The reformation of American administrative law. Harvard Law Rev 88: 1609–1813, 1975.

Sunstein C. Why the unconstitutional conditions doctrine is an anachronism (with particular reference to religion, speech, and abortion). Boston Univ. Law Rev. 70: 593–621, 1990.

Taylor F. The Principles of Scientific Management. New York: Norton, 1911 (1967 ed.).

Thompson FJ. Deregulation at the EEOC: prospects and implications. Rev Public Personnel Admin 4: 41–56, 1984.

Tresolini RJ. The development of administrative law. Univ Pittsburgh Law Rev 12: 362–380, 1951.

U.S. Civil Service Commission. Annual Report. Washington, D.C.: U.S. Government Printing Office, 1907.

U. S. Commission on Civil Rights. The Federal Civil Rights Enforcement Effort—1974. Washington, D. C.: U. S. Government Printing Office, 1975.

U. S. Congress. Senate, Committee on the Judiciary, 79th Cong. Administrative Procedure Act: Legislative History. Washington, D. C.: U. S. Government Printing Office, 1946.

Van Riper P. History of the United States Civil Service. Evanston, IL: Row, Peterson, 1958.

Vaughn R. Federal information policy and administrative law. In: Rosenbloom D, Schwartz R, eds. Handbook of Regulation and Administrative Law. New York: Marcel Dekker, 1994, pp. 467 – 484.

Waldo D. The Enterprise of Public Administration. Novato, CA: Chandler and Sharp, 1980.

____. The Administrative State. 2nd ed. New York: Holmes and Meier, 1984.

Warren K. Adjudicaiton. In: Rosenbloom D, Schwartz R, eds. Handbook of Regulation and Administrative Law. New York: Marcel Dekker, 1994, pp. 225 – 286.

Weaver S. Antitrust division of the Department of Justice. In: Wilson JQ, ed. The Politics of Regulation. New York: Basic Books, 1980, pp. 123 – 151.

Weber M. From Max Weber: Essays in Sociology (Gerth H. H., Mills CW, trans and ed.) New York: Oxford University Press, 1958.

White L. Introduction to the Study of Public Administration. New York: Macmillan, 1926.

Wilson W. The study of administration. Politic Sci Q 56: 481 – 506, 1887 (1941 republication).

Wise C. Regulatory takings. In: Rosenbloom D, Schwartz R, eds. Handbook of Regulation and Administrative Law. New York: Marcel Dekker, 1994, pp. 157 – 173.

Woll P. Administrative Law. Berkeley: University of California Press, 1963.

Wyman B. The Principles of the Administrative Law Governing the Relations of Public Officers. St. Paul, MN: Keefe – Davidson, 1903.

第十八章 公法和公共行政中的关键议题

菲利浦·库珀[*]

在复杂的现代社会，政府只有将大量的自由裁量权授予给机构才能存活下来，这些机构的人员都是由未经选举的专家行政官员组成。同时，不能保证对这些行政官员进行有效的合法限制将会动摇宪政秩序（constitutional order）和我们对法治的承诺。正如最高法院所言："在这个国度没有人能够高于法律。没有哪个法律官员可以制定出法律而又以不受惩罚而蔑视之。所有的政府官员，从上至下，都是法律的产物，必须服从法律"［U. S. v. Lee 106 U. S. 196, 220 (1882)]。然而法律制度对行政官员的过度约束剥夺了他们对于有效率地执行他们负责的政策所必须的灵活性（Gore 1993）。

这一基本而持久的冲突产生了好几个不断重现的重大问题以及更多新近的收获。这些包括了合法性问题、专家自由裁量的双刃剑（two-edged sword）、在行政国家中的公平问题、回应性问题，以及在反对规制环境下规则的地位问题。

人们发现在这些问题中间普遍的就是，它们在法律情况下有具体的技术表现，而且它们也具有更广泛的政治和管理成分。变得狭隘的问题和更广泛的方面相互联系。没有认识到这些联系以及公共行政不愿意关注法律问题都导致了行政法与更为普遍的公共行政的严重困境。

Ⅰ. 合法性问题

在法制和民主原则之下运作的政体中拥有权力遭遇到合法性问题。没有在美国宪法中具体描述的、被美国宪法赋予了巨大裁量权的主要行政机构之存在产生了对行政国家的辩论（Nigro and Richardson 1986; Rohr 1986）。在早些时候，公共行政的研究者严肃地对待合法性问题，他们根据来自被选

---

[*] 菲利浦·库珀（Phillip J. Cooper），弗蒙特大学（University of Vermont Burlington）

政治家和那些失去公众对重大机构和职能的支持两方面的威胁来理解该问题的重要性以及该领域容易受到不予受理的控诉（Appleby 1949；Dickinson 1927；Freund 1928；Gellhorn 1941；Goodnow 1893；Landis 1938；Waldo 1948）。这些不同的辩论主要的形式是对行政权的两个主要合法性挑战，即宪法问题和反民主诉讼。虽然这些问题在不同的时候以不同的方式被提出来，但是这些问题仍然是本质性的问题。

A. 宪法问题

有关官僚制的性质和地位的宪法争议自美国宪法下国家生活的开始几年就一直存在。从撤销权力辩论（removal power debate）（对总统不经参议院提议和同意情况下撤销行政部门官员的权力提出质疑）到国会建立美国银行（the Bank of the United State）的合法性的挑战，一些参与起草政府基本宪章的人发现他们自己在解释他们所撰写的内容，并且详细说明他们在文档中没有提到的主题，就正如我们试图发展用来使国家运作的制度基础结构一样。对行政机构的宪法地位和权力、其领导，以及其与其他机构关系的论证一直持续到今天。对宪法否决［Immigration and Naturalization Service v. Chadha, 462 U. S. 919 (1983)］、格兰姆—拉德曼—霍林斯赤字削减法案（the Gramm-Rudman-Hollings deficit reduction statute）［Bowsher v. Synar 478 U. S. 714 (1986)］、独立检察官（independent counsel）的发展［Morrison v. Olson, 487 U. S. 654 (1988)］以及联邦判决委员会的建立［Mistretta v. U. S., 488 U. S. 361 (1989)］等的挑战都提醒我们：这些争论从来没有得到完全解决。

对于行政权威合法性的宪法辩论体现在两个非常不同但又有联系的形式上。首先，存在传统的宪法（constitutional law）问题。但是也存在更为广泛不只限于传统法律制定（legal formulations）的合法性问题。

对行政合法性的经典宪法辩论强调权力分离、授权原则以及正当程序。对公共行政发展呼声最高的质疑来自20世纪30年代晚期，那时候，"新政"的批评者反对把规则制定和司法权威授予不同的行政单位和独立机构。关于授权的争议实际上是一个权力分离问题，有点不同于其他问题，而且一直都是对行政国家的一个主要挑战。挑战者所发起的抨击是两方面的：首先，机构被赋予不同职能，这些职能是立法的（规则制定）和司法的（司法裁决），违反了权力分离；其次，离开自己的规则制定权威的授权行为是滥用立法权。后一概念来自《公司法》（corporate law），根据该法，拥有被授予权力的人（这种情况下，法律制定权力的授予通过宪法，来自人民）不可以再把这一权力授予别人。而且批评家认为，即使假设授权在原则上是可以接受的，但事实上授权是不可预防的，因为授权是广泛的而且是被授予的机构没有指导才能（unguided gift）［see, e. g., Justice Rehnquist concurring in Industrial Union Department, AFLCIO v. American Petroleum Institute, 448 U. S. 607 (1980)］。直到20世纪七八十年代伦奎斯特（Rehnquist）的运动（campaign），学术评论人员几乎不支持这样一个过激攻击（see Rabkin 1989）。

但是，正如非授权原则的反对者所明确指出的，除了几个有名的案件之外，关于非授权主张看来是注定要消亡的——至少到20世纪的第4个10年，而且是在它被提出的形式上。首先，最高法院在历史上已经广泛解释了国会商务权力和必要性及适当条款（the Necessary and Proper Clause）。虽然从世纪之交一直到20世纪30年代法院都非常保守，但是在"新政"之前，州、地方以及国家层面都有重大的行政发展。基于国会对这些权力的使用，州际商务委员会（the Interstate commerce Commission）、食品和药物管理局（the Food and Drug Administration）、联邦贸易委员会（the Federal Trade Commission）、联邦能源委员会（the Federal Power Commission）、联邦储备局（the Federal Reserve Board）以及许多国家、州和地方机构都在1933年之前已经成立。早在1915年，鲁特（Root）就观察到：

> 随着一个社会从简单到复杂情况的发展，政府能够解决日益增加在自己身上负担的唯一路径就是通过把权力授予下属机构具体执行。他们服从由上级权威所规定的一般指示管理……不能从这些实验中撤离出来。我们应该继续，我们应该扩大它们，无论我们在理论上赞同与否。因为这样的机构为权利提供保障，并防止做错事情，这在我们新的社会和工业条件下不可能通过在上一代立法机关和法院传统简单的程序而切实完成（Root 1916：534 – 535）。

我们也完全有理由期盼更广泛的认识使用征税能力和支出权（taxing and spending power）。

其次，从1813年开始，最高法院颁布了许多所谓非授权原则的规则，支持三个情况以外的所有机构权威。①对于那些最高法院真正不赞成授权的案子尤为让人感到有意思的是：这些案子并不真正是对机构的授权，就正如挑战在机构的支持下国会规则制定的、实际上由私有集团来执行的授权。因此，《国家工业复兴法》（the National Industrial recovery Act，NIRA）条款衰败的一个主要原因就是：在《国家工业复兴法》（NIRA）下所发展的竞争法则主要是由商业集团制定的，并且在没有真正来自立法机关指导的情况下受到政府的制裁。卡多佐法官（Justice Cardozo）赞同最高法院的观点，把这称作"授权异想天开"（delegation running riot）[Schechter Poultry Corp. v. U. S., 295 U. S. 495 (1935); see also Carter v. Carter Coal, 298 U. S. 238 (1936)]。除此之外，各法院普遍避免近距离与非授权原则发生冲突。

第三，作为一个实践问题，立法机构（州或联邦）没有能力授予大量的准立法权威将使得一个现代政府难以运作。在鲍舍诉西纳尔（Bowsher v. Synar）[478 U. S. 714 (1986)]（格兰姆—拉德曼—霍林斯）一案中，最近对非授权观点的断定产生了极度的恐惧。在对于存在不符合宪法授权给总审计长（the

Comptroller General）的赞同意见的口头论证中出现了一个讨论。法律顾问（the Solicitor General）回答道，对联邦贸易委员会（the Federal Trade Commission）、联邦储备局（the Federal Reserve Board）以及其他机构的非授权挑战的这一幽灵是那些试图支持这一法令的人所采用的一个恐怖策略（scare tactic）。奥康纳法官（Justice O'Connor）回应到，"他们采用这一策略来吓唬我"（BNA 1986：3710）。

第四，在授权争论盛行之时，法令制定状态已经极大地改变了其内容。直到20世纪70年代早期，国会仍然习惯于起草开放式构造（open-textured）的法令，采取许多种方式告知行政机构走出去并在其特别政策领域追求公共利益。这些实践行为，加上大多数法庭对机构规则制定的司法审查采取尤为恭敬的方式，故提出了合法性问题（Davis 1969a；Lowi 1969）。但从70年代开始，事情发生了变化。虽然法令必然继续把重大的裁量权授予机构，但是现在大多数立法条文比过去含有许多更为实质性和程序性的限制，包括了对规则制定的时间限制；混合的规则制定要求坚持改进的存档记录和报告程序、更强大的证据负担（burdens of proof）以及增强的公民参与；日落条款（sunset provisions）要求定期重新授权机构规则制定能力。虽然国家和州立法机关对把某些最为困难的政策问题交给行政机构感到不安，但是他们还是以一种非常不同于以前的方式这样做。总之，由于实践、法律和历史的原因，非授权主张不再是对行政合法性的一个重大挑战。

最近几年，发展了一种新的路径来防止非授权原则提出的几种挑战。过去的趋势是采用私有化或者执行部门指导行政（executive direct administration）。20世纪八九十年代普遍的观点就是需要避免更多的官僚制，事实上现在在所有层面都出现了反官僚政治。因而，没有建立或者扩大现有机构来应对新的挑战，这一趋势就是私有化（Osborne and Gaebler 1993）。当然，当政府权力被授予私有组织就出现了严重的问题（Moe and Gilmour 1995）。事实上，正是明确地把这些权利授予私有集团才产生了最高法院在20世纪30年代非授权原则案例中的裁决。对于这一点，法院没有在授权上澄清私有化的地位。

与此同时，由于不同的原因，现代社会的总统发现把决策权力留给行政部门各机构的一种方法。尤其自卡特政府（Carter administration）以来，民主党和共和党的总统都广泛运用总统行政命令、备忘录、立法署名声明（legislative signing statements）和国家安全指令（national security directives）在政府执行和运作法令中制定关键决策，而不求助于规范的行政规则制定过程。的确，总统卡特（Carter）、里根（Reagan）和克林顿（Clinton）都是用总统行政命令把重大的权力授予白宫的管理与预算局（the Office of Management and Budget）来限制其他的行政机构。如果总统有权发布总统令而且没有违反某类法令或宪法条款的话，那么这些总统令就具有法律效力。自卡特总统以来，总统不断地要求其在极为广泛范围内的权力，并求助于美国宪法和法律所赋予他们的权力。这一广泛要求，以及总统行政令向政府内官员公布的这一事实使得这些授权难以被质疑。授权被用于广泛的行动中，如布什（Bush）和克林顿政府回应海地难民危机时（the Haitian refugee crisis），美国最高法院支持的授权等［Sale v. Haitian Centers Council, 125 L. Ed. 2d. 128 (1993)］。

但是授权原则并不是权力分离对官僚制唯一的攻击。当大多数参与讨论的人都意识到美国宪法没有在机构之间提供严密的分离时，其他的挑战者即开始寻求确定立法和行政权的外部界限。一些更为可见和困难的争议是关于行政官员的选拔和控制、具有直接国内行政意义的总统外交政策制定、行政特权问题、通过总统令的行政、立法否决问题以及对预算的控制机制等。在某些情况下，这些冲突是集中在参与其中的政治玩家（political player）是否有权如过去一样行动。例如，在美国诉尼克松（U. S. v. Nixon）［418 U. S. 683 (1974)］水门磁带案件中总统声称的行政特权，或者在巴克利诉瓦莱奥案（Buckley v. Valeo）［424 U. S. 1 (1976)］中，国会两院的领导阶层与行政首长一起参与联邦选举委员会（the Federal Election Commission）的成员选举。其他的争议强调一个部门声称使用其宪法审查权来确定另外一个部门的外部界限，这在立法否决或预算案件中可以发现［Bowsher v. Synar, 478 U. S. 714 (1986); Immigration and Naturalization Service v. Chadha, 462 U. S. 919 (1983); Train v. New York, 420 U. S. 35 (1975)］。

在考虑这些案子过程中，最高法院产生了三个解决权力分离的普遍方法。第一个可以称作列举权力命题（enumerated powers thesis）。从韩战时期接管钢铁公司案（the Korean War-ea steel seizure case）到"水门磁带事件"（Watergate Tapes case）再到尼克松文件所引起的诉讼（the Nixon papers litigation），这些列举权力命题号召行政主管（或任何其他人）承担确定其行动的宪法或法令权威根源的责任，认识到可能有暗指（implied）的权力如执行特权，这些权利虽然在美国宪法中并没有具体规定但作为现代管理必要的因素也可能存在［see also Nixon v. GSA, 433 U. S. 425 (1977); U. S. v. Nixon, 418 U. S. 683 (1974); Youngstown Sheet and Tube v. Sawyer, 343 U. S. 579 (1952)］。第二个理论可以称作权力关系路径（power relations approach），其中法院认为在没有立法反对情况下认同行政行为的有效性。这一路径在伊朗交易案（the Iran Treaty case）得到非常明确的宣布，并且卡特和里根总统为此创建了索赔仲裁（claims adjudication）的行政机制，作为归还美国人质协议中的一部分［Dames & Moore v. Regan, 453 U. S. 654 (1981)］。第三个也是最为新近的一个路径可能成为行政职能命题（executive functions thesis），这被用于最高法院在立法否决和格兰姆—拉德曼—霍林斯案（Gramm-Rudman-Hollings）意见之中［Bowsher v. Synar, 478 U. S. 714 (1986); Immigration and Naturalization Service v. Chadha, 462 U. S. 919 (1983)］。在这些案例中，最高法院选择忽略在扬斯敦案、尼克松案、巴克利案和尼克松诉总服务署案（Youngstown, Nixon, Buckley, Nixon v. GSA）以及在戴姆斯和穆尔案（Dames & Moore）等一系列案件中所发展出来的权力分离分析框架，反而决定：这些讨论中的职能必然是行政的，因而受到保护不受立法干预。不幸的是，意见既没有产生一个宪法原则（constitutional principal）的清晰陈述，也没有清楚地阐明协助未来职能路径使用的标准。但是，对于本讨论目的而言，最重要的一点就是，正如我们所知道的，所有这些裁决都没有仔细考虑对机构权威的重大挑战或对行政国家的重大结构修改。

不无讽刺的是，在国会两院第一次全部都处于共和党控制之下而又是民主党总统执政这一非常时期，在某些领域对于权力分离的争论日益减少。因此，所有各方都赞同，应该存在一个总统单项否决（presidential line item budget veto），但是国会拖延这一过程，希望采用这一方法的第一个总统是他们中间的一员。这很具有讽刺意味，因为单项否决提出了重要的权力分离问题。另一方面，在里根和布什政府采用总统签署声明（presidential signing statement）建立相当于单项否决的职能时，民主党所控制的国会没有提出权力分离之战。陈述（Statement）是当总统签署立法并陈述总统的理解和意图时所颁布的一个文件。虽然这样的一个申明没有宪法法律效力，但是这对于执行法令的行政部门官员是具有指示作用的，因而就其在政府内所产生的非正式影响而言是相当于总统令的一个职能对等物。使用这些方法，尤其是当总统明确拒绝理解国会并坚持白宫解释的优先地位时，会产生严重的问题（Popkin 1991）。

当克林顿总统决定打破在与国会就墨西哥政府总统大选后美国借款400亿美元使政府在这一事情的辩论僵局时，他也没有遭到激烈的反对。克林顿政府的共和党反对者则面临困境。他们已与政府联手批准了《北美自由贸易协定》（the North American Free Trade Agreement），这要视墨西哥城（Mexico City）稳定和有效政府的情况而定。另外一方面，如果到了最后要根据保障条款来偿还债务，那么他们并不想帮助墨西哥的统治集团摆脱困境或者如果到那一天那些保证确实有必要时，与白宫分担使美国易受损害的开支的责任。事实上，共和党想要这些保证来保护他们对《北美自由贸易协定》的支持，但是他们并不想自己必须表达这一立场。克林顿避开国会，宣布他通过总统令而继续向前，他认为立法是没有必要的。虽然某些共和党人予以抗议，但对华府的每个人而言，显然国会都对这一负担解除松了一口气，如果计划失败的话他们十分愿意让总统承担后果，如果最终结果能让人满意的话，那么他们就准备接受《北美自由贸易协定》。

法律正当程序（due process of law）这一概念是宪法对行政权威挑战的第三个普遍焦点，它包括了批评行政权力的人士所采用的对权力分离问题的一个不同看法，这是其一个主要特征。所谓的职能结合（combination-of-functions argument）观点［该观点在《行政程序法》（the Administrative Procedure Act，APA）实施之前是很盛行的］断言，任何机构制定规则、实施规则并裁决机构所公布的申诉是不可以接受的。除了这一问题，挑战者又质疑了行政裁决中另外明显的缺陷。陪审审判（jury trials）并不可行，证据规则（rules of evidence）和举证责任（burdens of proof）没有司法领域（judicial arena）那么严格，诉讼费用使得许多人要充分陈述他们的案情极为困难，而裁决期限（length of adjudication）

使那些待决案件（pending case）的人产生了困难。②

职能结合问题通过保护行政法法官的独立性的《行政程序法》（APA）条款予以解决，也通过反对感兴趣政府官员或利益外集团在待决案件裁决中的单方面交流（ex parte communications）的裁决予以解决。保护裁决官员独立性这一问题在20世纪80年代重新出现，当时里根政府试图通过迫使行政法法官减少撤销拒赔（reversal of claims rejections）来减少社会保障对残废人的作用（Social Security disability roles）[Association of Administrative Law Judges v. Heckler, 594 F. Supp. 1132（1984）]。同样，有些人表明关注在一次联邦劳工关系委员会（Federal Labor Relations Authority）诉讼中华盛顿特区上诉法院众法官不情愿接受公开单方面交流（a panel of the D. C. Circuit of patent ex parte Communications）[Professional Air Traffic Controllers Union v. FLRA 605 F. 2d 547（D. C. Cir. 1982）]。但是，行政法并没有给法治的批评者提供答案：如果它们没有得到适当的实施时。

最高法院从不认为，所有的裁决诉讼程序（adjudicatory proceeding）必须提供进行一个规范的民事或刑事审判所有的条件。程序的灵活性并没有考虑到多数案件中的非正式裁决，事实上这样的审判比完整的司法审判代价要低并且更为方便。这些程序成为可能，部分是因为行政机构有在其特定政策领域内裁决的知识和经验。虽然在行政裁决中存在着许多问题（正如在民事和刑事审判中一样），但是鲜有几个当代的评论员准备为下一点辩护：正式地反对行政机构裁决权威的正当程序诉讼（这是在广义的宪法条件下所定义的）可能会流行起来。

但是，现在还有一个重要的防止误解的说明要提及。最高法院持续始于20世纪70年代，在行政案件中强制执行正当程序原则（fundamentals）中后退的这一趋势。在此情况下，机构裁决的技术合法性可能被依法保持下来了，但是公民认为诉讼程序是不公平的这一想法正在破坏着公共行政的合法性。③

对行政国家的正式宪法法律攻击认为，如果行政官员所要求的权力是无效的，那么他们就被阻止不能要求更广泛的合法性。但是，许多对行政的挑战其性质不是技术的，而是更大范围地建立在政治理论（或思想，这取决于个人视角）和历史解释基础之上。这样的观点有许多形式，但是常常包括下列几个要素：（1）根据《独立宣言》（Declaration of Independence），我们反抗国王的原因之一就是他任命了凌驾于我们之上的部长，而且奠基人（the framers）并不想要官僚人员代替这些部长；（2）美国宪法目的是限制政府，而不是使其更为强大；（3）奠基人当然没有预想过一个多变的官僚制；而且（4）在像我们这样的一个宪法结构中不存在一个强大的官僚制，因为该结构是用来维持分支机构分离的，都是用来防止其他机构滥用权力并维持监管与制衡来阻止权力僭越。

参考《独立宣言》和反对有效的行政部门的观点十分流行的，这部分是因为在美国历史上这些文件非常重要，而且一般来说也是杰斐逊作品（Jeffersonian writings）的象征（see, e. g., Gerber 1995）。但是，这也是一个站不住脚的论点，因为这在历史上是不确切的。在好几个方面《独立宣言》是对行政滥用的一种攻击。但是，起草《独立宣言》和制定《美国宪法》间隔了11年——这些年间，羸弱的《联邦条例》（Articles of Confederation）的缺陷已经非常明显，让人痛心。的确，创建一个强大的行政部门、（创建）一个独立的、同样平等的司法部门、增加主权条款（supremacy clause）、（增加）第一节第八款（Article 1, section 8）的特别条款、在具体问题领域授予立法权力、废除限制那些已于"明确"授权的领域的条款、增加"必要和适当的条款"以及许多其他特征都表明了，需要修改而不是大幅度改变自《独立宣言》起草以来就在运作的政府框架。所有的这些变化都朝着一个更为强大的政府前进。《联邦党人文集》（The Federalist Papers）的前22篇论文按年代记录了这些条例存在的问题。

几个当代作者，包括约翰·罗尔（John Rohr）、劳埃德·尼格罗（Lloyd Nigro）、威廉·理查森（William Richardson）和路易斯·费希尔（Louis Fisher），都奋笔疾书，极富成效地回应了对宪法合法性的普遍挑战。罗尔的观点出现在好几部著作之中，但最突出是体现在其名为《运行宪法》（To Run a Constitution 1986）的一卷著作中。文中罗尔公开接受对公共行政合法化问题的挑战，这样一来就非常清楚他很关注"超出合法的合法性"（legitimacy-beyond-legality）（1986, x）这一问题。罗尔赞同，制定者预见了一个有效的公共行政是运作宪法的关键因素。他补充道，大体上，行政国家后来的发展通过修正在宪法制定中的某些错误而增加了其自身的合法性，这些错误是宪法制定者所考虑的某些问题以及随着国家的发展和党派政治的演化而出现的其他一些问题。最后，除了其他重大的职能，罗尔得出结论，公共行政官员的确并且应该扮演一个平衡轮子的角色（balance wheel role），支持宪法这一前提：在总统制和立法机关中有效但受到保护的权力以及保证正确实施所采纳的政策。无论能不能得出这个结论，罗尔已经完整地说明了这一点，但是很清楚的是，他说明了奠基人理解了有效行政的需要并且在制定我们政府宪章的时候他们完全明确地把这一问题印在自己的脑海里。

尼格罗和理查森（Nigro and Richardson）也同意，官僚制为政治体制提供了必要的更正措施，比起奠基人的核心关注来说，他们俩更少关注美国宪法的结构特征。这一问题就是如何提供这样一个民主共和国，既避免受到个体或社区通过其民主制度行动时过激激情（worst passion）的影响，又保持自由和参与。他们认为，公共行政在没有消极影响那些制定者认为的、对公民道德（civic virtue）必不可少的特点属性之时，提供了一些重大的补救措施（Nigro and Richardson 1987）。

路易斯·费希尔（Louis Fisher）从这一前提开始论证：即权力分离从来不是用来拥护那些政府批评家所常常倡导的、绝对的职能分割（compartmentalization of function）。他认为，我们所真正拥有的（现在以及自宪法制定者以来）是一个共享权力政治。虽然宪法努力设置行使权力的外部限制，但是从严格意义上而言，政府各个机构都没有按照分离权力而是按照许多非正式的理解和调节过程来运作，在这些理解和调解过程中，避免了冲突并完成了任务（Fisher 1985）。他认为，任何其他的方式都会使得有效的政府运作成为不可能。费希尔坚持，运作中的美国宪法整合了所有这三个分支机关的文件、历史、解释，发展中的政治体制、变化中的制度结构和过程，以及随着时间发展的非正式互动模式。有关什么是宪法上合法的观点必须考虑到实际情况。

B. 反民主趋势（Antidemocratic Tendency）和参与补救（Participation Remedy）

对官僚制最为普遍的攻击可能是控诉未经选择的官员不应该在民主社会中行使重大的权力。民主挑战（democracy challenge）发展于20世纪60年代，这一时期整个社会对参与的需要不断发展，而且不仅仅限于对行政合法性的辩论。这也是一个普遍和自觉尊重那些权威人物消失的时期。

反对官僚制的民主案例主要有两个基本要素：要求参与和呼吁分权。前者是由包容政治（politics of inclusion）所驱使，包容政治通常根据统一性术语（by the umbrella term）指的是"民权运动"。的确，美国有色人种促进会（NAACP）和许多相关的群体所作的努力促使公众承认需要对社会、政治和经济组织进行重大的变革，即使要完全意识到这些变革还是十分遥远的事情。他们也制定了一些战略措施，迫使那些愿意这样做的人参与。但是参与运动和两个女性团体、美国原住民（Native Americans）、支持身体残障者需要的组织、精神病患者、发展功能障碍者（the developmentally disabled）、穷人、老人、环境保护主义者和其他人联合在一起。这一挑战是允许以前排除在政治之外的群体参与并且代表在立法方面多数派政治（majoritarian politics）中没有得到很好体现的利益集团。

实质上，许多行动者在坚持对许多要求能有更多的回应的同时也都要求更多的联邦政府政策。但是与此同时，也有人呼吁分权，将其作为保持社会民主特点的根本。其中一组压力是众所周知的社区权力运动（Community power movement）的一部分。除了坚持从国家到州的分权外，社区权力倡导者宣称，即使城市也过于庞大和复杂因而不能回应整个社区的实际居住群众的需要并且提供服务。该运动产生了许多有趣的讽刺笑话，如在一些少数族裔案例中，他们抵制城市学校董事会所准备的取消种族隔离计划，所根据的理论是：最好对他们自己的社区学校进行监管，即使他们主要由一个种族控制，而不是由城市来对少数族裔的象征性代表管理（see, e. g., Grant 1971）。在任何情况下，分权措施的核心就是关注政府的大型单位，尤其是官僚机构，对于地方需要不具回应且感觉迟钝的这些问题。

分权运动的另外一个动力是随着"伟大社会"（Great Society）的服务（以及后来的规制）项目中政府之间复杂性的发展而出现的。州和地方政府对联邦政府尤其是行政机构的授权提出挑战。此外，联邦对重大项目的管理是地区内不断上升的紧张态势的核心。南部和西南各州从联邦项目中获益，他们成为与北部以及东北各州工作和经济增长的主要竞争对象，北部和东北部承担税收负担并且支付联邦政策费用，这使得太阳带（the Sunbelt）获得了其支持。竞争产生了冲突，随着北部和东北部寻求重新发展的支持而其他地区进行阻碍时，出现了更为紧张的压力。国家政府在经济压力下对于冰雪带（Snowbelt）地区的需要回应更少。

第三，分权更为新近的一个要素是随着新右派（the New Right）要求私有化而出现的。该运动不是关注政府职能是否被执行，而是关注这些职能是否应该由政府机构来执行。

对于民主化压力的好几个回应，整合在一起，可能被称为参与补救（participation remedy）。在评审这一回应之前，理解其演化中的一些讽刺点、其发展机制以及所产生的有限的成功是很重要的。

对行政国家的民主挑战并不一定注定要根除美国政府行政机构的重要性。某些要求增加参与并谴责官僚权威的群体寻求使用行政诉讼过程来作为参与的关键点，同时这也宣布了他们对行政国家的一个矛盾心理。大多数这种群体在导向上是自由的，但是在现阶段即使更为保守的选民抵制对现状进行激烈变革。

联邦机构给私有部门提供了许多重大的利益，包括在规制项目情况下的保护措施，反对规制商业产品实践的 50 套独立的标准。当然国防合同获利的是大公司，但是联邦机构支持并鼓励许多其他商务企业，这些企业包括从给政府办公室和职位服务的群体到因为水和空气污染监控项目而发展起来的像环境公司一样的新产业。保守主义者从这些活动中得到了确切的利益。

此外，虽然自由主义者和保守主义者对于集中权威的观点不同，但是二者发现在某些领域内他们都需要强大的行政机构的联邦行动。对于保守主义者而言，对于保证国防、保卫边境、反对非法入境者和过度移民、促进有效的对外政策，以及维持商业发展和运作所需要的经济基础结构，联邦机构是至关重要的。对于自由主义者而言，这一需要是用来保证最低教育标准、帮助穷人、保证环境质量、保护健康和安全以及防止市场滥用等。

对于在 20 世纪 60 年代末到 70 年代占据支配地位的这些紧张局势的回应就是提供参与行政过程的更多机会。宏观程度上，民主党改革寻求代表包括女性和少数族裔在内的、对这一情况的真实和象征性回应。公共行政学界呼吁日益关注官僚机构在其结构和行为上更具有代表性的各种措施。所谓的"新公共行政运动"（New Public Administration Movement）呼吁同时关注代表性和回应性。

在行政法内，三个部门都发生了变革。司法部门起着尤为重要的作用。首先，最高法院在民权和民主自由领域的裁决对保证不受到歧视待遇起着重大作用，在该领域的某些案件中领导了并在其他案件中互补了国会行为。案例法的不断发展保护了公务员不会因说出或者执行其他公民所欢迎的自由而受到报复，它保证了对重大问题的讨论并且保证了一个更具有回应性和更为负责的官僚制。其次，联邦法院和某些州立法院广泛解释了法院接近规则（court access rules),包括资格(standing)、集体诉讼程序(class action procedures)、所谓的行动暗指权利(so-called implied rights of action)(诉讼以执行政府不能或不愿行动情况下的法令的能力)、并拒绝广泛扩大不可复审性原则(the nonreviewability doctrine)的请求,这一请求允许大量的行政裁决逃避司法考量。一个最为重大的变革是要求制定混合规则逐渐为人所知的这一行动。而且虽然前两个趋势主要是来自最高法院,但是后者主要是在美国上诉法院特区巡回法院(the U. S. Court of Appeals for the D. C. Circuit)内发展起来的。

朝更为谨慎的规则制定方向发展基于两个前提:(1)虽然极大尊重行政机构专家技能,但是司法审查是对行政行为的一个严肃的"严格审查"(hard look),以保证其服从法律的本质和程序要求; (2)参与由《行政程序法》(APA)授权的机构规则制定的要求并不仅仅是形式问题,而是这一过程的最重要特征。法院坚持,虽然其工作不是在公共行政人员专业方面再次评审(second-guess)他们,但是有义务要保证他们不受到宪法、法令和程序的滥用的影响。其中一个法令要求就是审查包含在《行政程序法》(APA)内的行政行动的指导原则,这使得法官在适当陈述的案例中封锁"任意而武断的、滥用裁量、或者不符合法律……"等的机构行为[APA, 706 (2)(A)]。他们坚持认为,为了实施这一职能,法院必须仔细审查记录。当然,这样的审查要求有一个充分的记录,包括行政机构做过什么、行政机构的考虑以及最终得出什么裁决等。但是,《行政程序法》(APA)不仅仅要求规则制定是系统而非武断的,而且要求具有参与性。第553条指出,"机构要给予有兴趣的个人参与决策制定的机会……"[APA, 553 (c)]。毕竟,用以保证机构规则制定合法性的保障条款是:机构被要求在其立法授权限制内行动,而且他们必须以一种有序而系统的方式行事,而且他们通过提供参与机会,考虑规则制定中精英形式的民主化。法院发现,行政机构常常以某种方式不提供充分的通告,这一方式被严肃地描绘成为鼓励参与;很少有或没有证据表明这些被提交的评论受到仔细地考虑;缺少关于公共评论和行政机构回应特征的信息使得规则制定的记录是没有价值的,无论是从司法审查视角或是从立法视角上来看。

从提出这些问题的案件中所得出的结论是,除保持尊重功绩制以及在机构规则制定中程序要求以保证一个完整记录的承诺之外,法院警告它们必须是严肃看待其审查的目的的。一个完整的记录界定为:包含对法院和国会保证所必需的要素;规则制定不是武断的,而且事实上还提供了公民参与的有意义的机会和对公民参与的考虑。

但是,最高法院推翻了其中一个主要的混合规则制定决策(hybrid rulemaking decision),警告说,法院不是要求在机构规则制定中超出法令所呼吁的那些程序之外的附加程序[Vermont Yankee Nuclear Power Corp. v. Natural Resources Defense Council, 485 U. S. 519 (1978)]。相反,他们要审查记录的内容以确定是否具有充分的理由来支持这一发现。如果理由充分的话,那么就要支持机构,反之亦然。但最高法院成员和其他下级法院的法官警告道,在伏蒙特·耶克核电厂（Vermont Yankee）一案中，最高法院采取似乎更为尊重的立场要比混合性规则制定决策更不会明显受到司法再度审查的危险。要求程序充分以产生一个完整的记录并没有迫使法官制定任何有关核能危险或者暴露在化学物品中的安全度等的决策，但是严格审查记录的内容明确要求这样的判决（McGowan 1979）。

对于司法审查适当性的辩论继续进行，但是这些辩论不再对混合型规则制定的发展构成威胁。在行政主管所强加给行政运作的重大要求中就有坚持要求所有的行政部门机构进行混合性规则制定。卡特总统在其12044号总统令中采纳了由特区巡回法院最初提出的大多数要求。对于这一授权，卡特总统和其继任者增加了对所提议的、对最终规则进行规制分析的要求。卡特总统令（the Carter order）只是要求考虑不同的备选方法来代替严格的规则制定、评估普遍的成本和收益、并有义务减少冲突的机构要求。里根总统令（12291号和12498号）则更进一步，要求有利的成本/收益分析，成本在广泛条件下来予以考虑。这些命令授予管理与预算局（the Office of Management and Budget, OMB）对规则制定的实质性权威（U.S. Senate 1986）。另一方面，里根政府在公开政府问题上采取完全不同的立场，废弃了关于分类的、以公开为导向的（disclosure-oriented）卡特总统令，支持更廉价的路径获得《自由信息法》（the Freedom of Information act, FOIA）所规定的信息。布什政府不仅保持了里根对机构程序的限制，而且也暂停实施规则制定（Bush 1992）。

克林顿政府（the Clinton administration）宣布了其遵循里根和布什在卫生和环境领域内对规制机构的限制，但是不无讽刺的是，该政府不仅保持了大多数其前政府对规则制定程序的限制还以强迫风险评估的形式增加了限制（see, e.g., Executive Order 12866 issued in 1993）。它也使得规则制定本身成为"重塑政府"的目标，副总统戈尔（Gore）领导了反对规则制定的任务并敦促显著削减规则，白宫指示被用作宣布政策的规范性工具和市场导向工具用来代替直接规制。

立法部门也起着重大的作用。两院都发誓增加和提高监督以保证行政回应性。国会和许多州通过了政府公开法令以寻求保证获得与行政行为有关的信息（《信息自由法》FOIA）、保护个体的隐私，尤其是那些与政府发生互动的人[《隐私权法》（Privacy Act）]、在政府委员会内维持公开的诉讼程序[《政府阳光法案》（Government in the Sunshine Act）]并且禁止滥用行政执行力量，这在历史上是不具有代表性并且常常完全具有偏见的[《联邦顾问委员会法案》（Federal Advisory Committee Act）]。事实上，自1970年以来所颁布的每个重大的规制法令都是由法院所发展起来、后来又强制在行政机构中实施的混合规则制定程序。这一立法的实际效果是把独立的规制机构增加到被要求采用混合程序的机构名单中来。它也采纳了《规制灵活性法》（the Regulatory Flexibility Act），要求集中分析行政行为对地方政府小单位、小企业和非盈利组织的影响。在立法上它也日益采用日落条款，要求重新审查机构运作，允许受影响群体参与重新授权辩论。一系列的立法被颁布,并在《1978年公务员改革法》(the Civil Service Reform Act of 1978)中得到加强,该法禁止根据种族、宗教、性别、年龄或残疾而进行差别对待。立法部门不断地把公民参与要求写入新的项目。

但是,即使这些发展还在继续不断发生,但是我们从一个包容性政治已走到了可能叫做"后参与政治时代"(Postparticipation Politics)。部分地,这一变化必须归因于参与路径中的许多明显的失败。一个接一个的研究得出结论:参与要求并没有导致公民参与的显著上升(U. S. Advisory Commission on Intergovernmental Relations 1979)。这些明显的失败可以归因于相关的公众缺乏兴趣、或者还是归因于不管对提高参与所采取了什么措施但仍然存在财政限制问题、装备不足以及立法对不同类型公民行为的限制等这样一个事实,针对这一问题接下来产生了大量的不同意见。参与倡导者赞同,他们在行政领域与经常性的参与者(repeat players)产生了日益增多的交流,但是在对一般公众的行为做出判断之前还需要做更多努力。

对公共行政强烈的兴趣也随着"新公共行政运动"的消退而衰落。代表性民主问题在70年代末一直到80年代都受到日益减少的关注。公共行政官员对于扩大公民参与采取了重大的阻挠行动,因为他们发现在公众继续要求服务之时他们自己不断试图解决紧缩压力,这导致了在许多机构内对反对公开号召的防御。导致这一紧张态势是因为裁决偏离了10年之前对公务员提供的广泛保护,在这些案例中政府雇员因为公众的评价而被解雇[see, e. g., Connick v. Myers, 416 U. S. 138 (1983)]。高级行政主管服务机构(the Senior Executive Service)的建立提高了对高级职业行政人员的监管机制,但仍然没有起作用(Rosen 1981)。

在司法部门也发生了变革。最高法院从70年代末到90年代对法院接近规则(court access rules)采取了与以前很不相同的观点。它重新诠释并缩小了资格原则、集体诉讼和行动的暗指权利[see, e. g., Lujan v. Defenders of Wildlife, 504 U. S. 555 (1992)]。事实上,一个相对戏剧化的趋势,即最高法院和特区巡回法院的裁决,导致不可复审性原则的重新出现[Heckler v. Chaney, 84 L. Ed. 2d 714 (1985); Block Community Nutrition Institute, 467 U. S. 340 (1984)],但是仍然不清楚的是,在这些裁决10年过去了,最高法院还会坚持这一原则多久。最后,最高法院一直都尊重机构隐瞒信息的措施[我在库珀(Cooper 1986)著作中更为详尽地审查了这一趋势]。

事实上,好几种趋势使得决策进一步离开了公众视线(public eye),并从广泛确定的公民参与中离开。尽管自20世纪30年代以来就存在着立法否决条款这样一个事实,但是自70年代中期开始,国会在立法上采取了许多这样的要求。在这以前只存在一少部分,但到80年代早期已超过了200个。这一要求(claim)是,立法否决机会将通过提供一个代表性论坛而增加参与,从该论坛可以受理对未经被选举的官僚人员的上诉。但是,事实是实际上所出现的是一个政治上诉，由一群具有知识、有直接个人利益且有资金的群体提出，迫使这样一个案例呈现于在该领域具有直接且常常是特殊选民利益的少数几个次委员会前。《行政程序法》（APA）的参与要求、司法审查以及纪录保持义务并没有应用到这些次委员会诉讼程序中。同样，将对总统扩大了的对规则制定显著的监控权授予管理与预算局（OMB）在行政机关产生了相似的结果。70年代末和80年代所出现的另外一个事情就是，当机构拒绝行动或者试图废弃先前的决策时，必须确保保证公民参与问题。

无论这一问题是用宪法语言还是更为广泛、更公开政治的语言来表达，合法性问题仍然是该领域一个持续而重大的问题。辩论继续的理由之一就是因为在专家裁量和民主之间有一个独立而又联系的关系问题。

Ⅱ．专家裁量权：最重要的双刃剑

谈到1942年法律和政府的发展，杰洛姆·弗兰克（Jerome Frank）警告道，重大的问题是调和自由国度（free state）和专家国度（expert state）。前者认为所有的公民都是平等的，决定的最终标准应当是对个体的影响，然而后者的出发点就是这一前提：具有专门知识的人（至少在某些方面要）高人一等，而且抽象真理和理性是决策制定的最终标准。科学由真理结构描述（truth-functional descriptions）组成，但是政府是建立在非真理结构归属（nontruth-functional as-criptions）基础之上。政府与法律是关于称赞与谴责，以及分析和解释。

当然，问题就是在一个现代社会，自由国度不可能在没有专家情况下存在。对于我们许多的必需品，我们必须完全依赖于专家对一切做出判断，从我们所呼吸的空气到我们所饮用的水和所用来促进交流的方式。同样的复杂性要求立法人员给予专家足够的裁量权，他们必须实施项目这样才能回应不同的情况并且根据在立法被颁布之后可以随意获得的经验教训整合快速变化的科学知识。

但是大法官道格拉斯（Justice Douglas）明确无误地警告我们，"除非我们对行政行为的要求是严格并且高的，否则专家才能，也就是现代政府的力量，可以成为一个怪物，规则对它的裁量权没有任何实质限制"［New York v. U.S., 342 U. S. 881, 884 (1951)］。为了考查专家裁量权的好处和错误，必须一开始就简略认识到裁量权所展现的问题类型。八九十年代这20年不仅出现了对专家裁量权而且甚至对专家时期的要求和资格证书的广泛的反对。

A．专家裁量权的特点、使用和滥用

大多数对裁量权的讨论要么是完全从法律的角度进行，要么完全从管理高度进行，而并没有正确认识到在现代治理中这两者之间的相互关系。法律评价通常是根据这一假设：裁量权要被消除以保护不受到任意解决那些机构还未解决的问题的影响。对于他们而言，管理者认为法律是麻烦的，主要是因为它限

制了对有效管理有重大意义的裁量权。当然，行政机构存在是因为他们能够在其服务供给、规制行政或者问题解决中带来知识和经验，而在这些方面，法院和立法机关的耽搁和手续是无法接受的。但是行政权如果是没有限制也是永远无法被接受的。正是这一紧张局势受到弗兰克、弗罗因德和古德诺的关注（Frank 1942, Freund 1928, Goodnow 1905）。然而，我们对裁量权如此分歧的方法以至于许多学术人员和实践者感到用任何一种普遍根据来讨论这一主题都极为困难（see Edley 1990）。幸运的是，有些人继续努力。但整体上对于裁量权还有一个极为重要的辩论，其中各方都拒绝彼此交战。

一旦我们越过了法律对管理这一路障（legal-versus-managerial roadblock），裁量权所面临的下一个问题就是把该问题当作单维度的（unidimensional）这样的一个趋势。那就是，大多数的讨论都是相对简单的，而且与行政国家每天在每个方面都日益庞大且更为集中化的这样一个时期有关。虽然存在这样一个事实，即公共行政的特点产生已经有好多年，但是自由裁量权这一问题的形式（尤其是在法律文献中）是否存在太多的自由裁量权。大家继续参考戴维斯（Davis）的《自由裁量权的正义》（Discretionary Justice 1969）和洛伊（Lowi）的《自由主义的终结》（The End of Liberalism 1969），而没有认识到今天的形势事实上非常不同于1969年的形势。事实上，许多他们关注的问题已经变成了七八十年代的政策规定（policy prescriptions），但是他们案例的其他特征已因社会、政治和经济环境发生了实质性的变化。

对于自由裁量权的辩论，我们事实上碰到了三种不同类型的问题。首先，行政自由裁量权是否被篡夺？那就是，行政官员声称过他或她没有正当拥有的自由裁量权？这主要是一个司法管辖权问题。其次，自由裁量权曾经被滥用吗？假设行政官员在某个固定的职位拥有自由裁量权，是否有过错误地使用该裁量权吗？这常常是一个程序或者证据性问题，也是法律文献中最常考虑的辩论形式。第三，行政官员曾经没有执行法律所要求的裁量权吗，或者如果不是法律权威所具体要求，而是在他或他的职业责任所要求下的裁量权吗？这是一个更为困难而且在许多方面也是更为麻烦的问题。评估已经发生的某事是一回事，评估没有发生的某事又是另一回事。这些问题有时候所采取的形式是在特殊情况（settings）下拒绝按照某个要求行为、耽误或拒绝具有普遍适用性的问题规则、拒绝提供服务、或者退出机构先前从事的活动。

事实上存在有好几种情况，其中的自由裁量权威的性质、范围和行为都大大不同。有些裁量权是实质性的，如一个批准是否要一个利益要求（benefit claim）还是要一个证书请求（license request）的决策，然而其他的自由裁量判断是程序的，如在有关如何解决一个问题的决定中。还有其他的裁量权是关于实质性和程序性问题的复杂决策。有些是内部的，有关机构的人事或者程序。其他的是外部的，指的是那些外界政府、政府之内的其他机构或者管辖范围。有些裁量权是关键的，会导致在使用资源以及组织绩效性质上的巨大的变化，而其他的则是惯例的、过渡的、相对而言不重要的。

有了这些警告在心中,我们可以着手处理专家自由裁量权的更为具体的问题,这些问题在公共法和公共行政中都是特别麻烦的。

B. 专家、政治和法治

不久前曾有一段时期科学似乎可以准确地给任何挑战提供答案。公众对于科学能力的信心当真是毋庸置疑的。行政法一个相对小的比值的问题是关于科学或技术不确定的。但是事情发生戏剧性的变化。在这一过程中我们观察到出现了三个困难:(1)地位问题;(2)评估问题;(3)整合问题。

地位问题涉及继续重新评估已发生的、关于在我们社会里应该给予专家尤其是科学家相符合的尊敬,以及有关专家知识和意见在政府中的高度。在公共行政内,应关注该领域的专业技能的基本性质和地位。同时存在对合理性问题的讨论和对专家权威,尤其是科学判断,更广泛的挑战。

在公共行政内专业知识的地位在好几个方面都非常重要。正如莫舍(Mosher)所正确观察到的,对大多数实践者而言,自从公共行政成为第二职业后,在该领域内专业知识已成为所谓的身份危机的一部分。许多人从一个更为具体的职业,无论是工程师、医生、律师、技术人员、建筑师还是许多其他政府所需要的专业的人逐渐转任到行政职位(Mosher 1968)。他们不仅带来了大量的知识也带来了他们对于事实要求(claims to fact)性质和地位的看法以及其职业规范。70年代这10年出版了许多分析在政府中管理这些职业人士的复杂问题的材料。许多作者也看到了公共行政主管(public executive)所具有的管理才能和那些被指派来管理的公共行政人员的科学才能之间的紧张压力(see, e. g., Rourke 1984)。这常常本身也处于在通才(generalists)和专才(specialists)之间的紧张态势之中。在另外一个层面上来看,在职业生涯人士(careerists)和政治任命者(political appointees)之间也存在着压力,这部分是因为职业生涯人士要求专业才能和经验从而反对凌驾于其上的政治任命者(Heclo 1977; Rourke 1984)。一个相关的问题就是谁拥有政府官员所具有的专业才能。当专家与机构政策意见不同,他们首先忠诚于谁?应该是上级、公众、或者他们主要的职业规范?

虽然对发生在公共行政内部的专业才能的讨论常常假定只有一个正确的科学答案,但是更大的正当性合理问题明确挑战了这一论点,并同时挑战了科学和专家的地位。到70年代中期,各类专家发现社会比以前更愿意挑战他们对许多广泛问题的断言,而更不可能支持或者尊重科学要求。公共问题的范畴暗含科学在思想上是麻木不仁的(mind numbing)。当时出现的能源危机在科学界没有迅捷的解决办法。虽然在空气和水质量的某些方面得到了一些改善,但是新的环境问题随着有毒废弃物的危险被曝光也显露了出来。核能力是公众抱有怀疑态度的另外一个这样的问题,原因是许多的关键问题,如长期的废物处置、一直没有得到解决的问题、三里岛事故(the Three Mile Island accident)以及政府在其早期核试验实践中的欺骗行为的曝光(Ball 1985)。即使医学似乎也往往受到专家在别处所发现的错误和缺点的影响。我们了解到，早几年被认为是安全的医疗实践也产生了严重的、甚至是有生命危险的疾病，如在X光、合成雌激素（synthetic estrogen，DES）和子宫生育控制装备（intrauterine birth control devices）等病例中。有关退伍军人病（Legionnaires' disease）、猪流感疫苗（swine flu vaccine）以及艾滋病（AIDS）的曝光对医疗地位进一步提出了问题。国家航天航空局（NASA），这一科学和技术无谬说（infallibility）、甚至是无敌（invincibility）的象征，受到了"挑战者悲剧"（Challenger tragedy）的动摇。

在科学和技术界成员中的公开辩论导致了公众对信誉的怀疑。对科学专家绝对不同意的、有关地位的一般辩论是一回事，但是对于公众和参与者在法律过程中进行的专家验证的嘲弄则极大恶化了这一信誉。当律师和法官愿意承认（当然是没有记录在案的）在许多情况下专家验证只是一个"惯用的把戏"（dog and pony show）时，那么当律师和法官对公共政策的科学必要性进行抨击时，公众不愿意很认真地对待专家也就不足为怪了。

而且，除了技术的精确性和足够性问题外，还有重大的规范性问题。补救不育的方法（methods to remedy infertility）、在技术能延长生命时有关死的权力的决定，以及有关对待患有严重疾病的新生儿的决定等都产生了严重的问题。每个这样的问题都产生了行政法竞争，大多数情况下在机构被迫解决这些问题之前立法行动都没有着手这些问题的解决[see, e. g., Bowen v. American Hospital Association, 90 L. Ed 2d 584（1986）；Cruzan v. Director, Missouri Dept. of Health, 497 U. S. 261（1990）；Foundation on Economic Trends v. Heckler, 756 f. 2d 143（D. C. Cir. 1985）]。

所有这些因素加上从70年代末开始到90年代对规制的普遍反对，都导致了对食品添加剂、药品和环境问题的专家意见的怀疑。公众开始相信事情比专家告诉他们的要更好和更坏，相信这些专家很少有答案而只有更多的问题。对于公众而言，科学家发现要说服他们关于哪个合理的科学意见是真正没有异议的，那可是一件十分困难的事情。因此里根政府准备保持公众立场：要么不存在有酸雨这么一件事情，要么其危险性已经被大肆渲染和夸张了，科学家们则不相信地盯着这样完全一个脱离了确凿的经验证据（overwhelming empirical evidence）的政策。

这些紧张局势恶化了整个70年代机构所悬而未决的许多规制案例。它们也影响了在社会服务领域司法诉讼过程，如越南老兵（Vietnam veterans）要求的、与以前暴露给大家所知道的橙色落叶剂（Agent Orange）这种除草剂有关的、待遇和家庭帮助这样一个案例（Schuck 1986）。离开地位这一问题，法官就面临着决定如何评估记录并且在这些复杂案例中应用法律这样的问题。

评估问题是法院在决定评估政府机构和其挑战者所提出的规范和权威的测评机制和标准时所必须面对的问题。正如在公共法的任何一个方面，法官都很清楚，他们必须不仅处理不吉利的法律（black-letter law），而且得解决政治容忍限制（political tolerance limits），在这一范围内将接受并执行司法裁决。

在评估方面出现了好几个重复问题。最为普遍的一个就是评估机构行动是否合适的标准这一问题。这一问题的核心就是在贝兹伦学派（the Bazelon school）和笨芬学派（the Benzene school）之间的辩论（前面已予讨论过）。法官应该迫使机构尽可能地进行最为完整的记录、采取可能保证有资格的利益集团在决策的时候严格审查这样的行为、并且保存记录以供立法机关和科学界以后评估使用。或者法院应该避免授予在法令中没有具体规定的程序义务、并且集中评估记录以确定是否该记录充分支持这些决策？每一方都声称他们的方法是更少地侵犯而更多地尊重机构专业才能。但是两方的参与者都认识到有义务对机构行为保持适当的限制并且防止滥用自由裁量权。有些人仅仅希望法院能够放弃这一作用或者至少明显地限制这一作用。

在规则制定要求中的变化首先从法院开始，但后来行政分支和立法机关行动给与授权，这些变化给评估问题增加了不同的维度（dimensions）。在规则制定记录中，混合的规则制定通常要求机构提供描述决策过程中所采用的数据和方法。在现有的总统令和某些法令下，还有可能要求成本效益分析。《规制灵活性法》（the Regulatory Flexibility Act）的要求授权在把规制措施应用到小型企业、政府小单位以及非盈利组织中时影响灵活性的陈述和证据。有些法令具体规定了使用"最可能获得"的科学证据并要求采取所有可行的行为。

然而这些因素的每个都提出一些问题，迫使法官面对评估这个问题，根据立法意图和司法地位来评估，因为检察官自然会选择法令要求（statutory requirements）作为他们挑战行政行为的关键。有时候立法者（legislators）意识到做出科学判断的困难（但更多的时候是他们并没有意识到），却选择许多政治推诿（political handoffs），从而把最困难的问题留给了行政机构和法院。例如，虽然国会确定某个规制灵活性分析不是司法审查的主要根据时，但是却使得分析报告成为整个记录的一部分，这样，分析在任何对规则制定的司法审查中都可以考虑，但是这又有什么确切含义呢？后来的一个特区巡回法庭的裁决认为，有缺陷的分析是否决机构规则的基础［Small Refiner Lead Phase down Task Force v. EPA, 706 F. 2d 506 (D. C. Cir. 1983)］。使用该名词"在法令上可行"（feasibility in statutes）成为许多评估问题的基础。首先，可行性意味着什么？它是科学的还是经济的，或者两者兼是？该词的意思甚至由于以下事实而更加模糊：好几个案例中，国会任意实施"技术力量"（technology-forcing）立法，故意曲解或扩大（stretch）可行性的限制范围。在空气和水污染、汽车安全和化学使用以及废物处置立法方面是真实的。经济可行性是另外一个严格而积极的成本效益计算术语吗？使用成本效益分析的问题是大量的（legion），是从这些计算数据倾向有利于成本测评这一事实开始的。但是，最高法院裁决道，可行性并不必然意指成本效益［American Textile Manufacturers Institute v. Donovan, 452 U. S. 490. (1981)］。此外，可行性仅限于技术和经济指标吗？行政和政治可行性可以融合（factored into）到这一概念中去吗？存在着许多情况，在这些情况下，科学和经济因素可能说明了一个政策，但是在政治上却不可能采纳并实施这一政策。

如何评估技术证据（technical evidence）？在对这一问题的主要裁决中，最高法院同意广泛尊重医疗报告，认识到这些报告常常作为传闻证据（hearsay evidence），当报告准备者没有出庭作证时［Richardson v. Perales, 402 U. S. 389 (1971)］。在这一过程中，最高法院依赖于广为接受的医疗报告的信誉作为证据。然而医疗意见一直都是当前法律公共政策中关于科学意见的地位和价值争论的焦点。

最后一点导致了成为一致职业标准的价值问题。曾有一段时间，最高法院接受了这样一种观点，即主要组织达成一致的规范有助于解决复杂案件［see, e. g., Hutto v. Finney, 437 U. S. 678, 683 n. 7 (1978)］。但是，直到最近法院才警告并反对该实践，指出它们仅仅"确定了该组织所提议的目标"而并没有确定宪法最低要求（constitutional minimums）［Bell v. Wolfish, 441 U. S. 520, 543－544 n, 27 (1979)］。当然对于法官而言，该问题就是如果他们不能采用那些主要职业组织所接受的规范，那么他们又到哪里去找那些对于解决待决案件所必需的规范呢？

因果关系和责任问题（issue of causality and liability）也是评估问题不断出现的两个方面。争论政府是否在核能或者有毒化学暴露等领域引起了伤害，这样的复杂案件给法官提出了试图确定因果关系和分配责任这一难题。因而，在犹他州（Utah）核试验案例中，法院要求对因暴露在内华达州附近（Nevada）地区核武器试验放射性之中已遭受癌症之苦20年以上的原告给予赔偿［Allen v. U. S., 588 F. Supp. 247 (D. Utah 1984)］。假设政府有一定责任，那就难以根据科学的因果关系概念来判定现有问题有多少（责任）是归因于政府，因而应该给予那种类型的补偿。类似的问题在个人对公司的诉讼中，公司被指控产生了引起该地区居民疾病的环境污染。

最后就是整合问题。在科学、管理、政治和法律专长才能相互作用下，各种危险和不确定因素所产生的压力需要仔细调和。政府被要求进行的任务是迫使这些能力的融合。它们都是在几个方面（虽然不是全部）方面的相反力量。它们也相互依赖。整合过程因为在每个领域内的这些紧张压力也更为困难。在一个问题的本质使得效率本身意义更为复杂的环境下，管理裁量权被用来寻求效率，行政官员必须始终关注他们必须牺牲的程度。这在资源匮乏为显著特征的环境下尤为困难，因为稀缺的资源（slack resources）不能用来推迟潜在的冲突。同样，专业才能政治（politics of expertise）使得要在政治机构和选民内就目标和优先权达成一致意见也是困难重重的。这反过来又使得在立法机关和官僚之内的政策技术（crafting of policies）具有格外的挑战性。在曾经一度认为是相对一致的科学界也存在着紧张局势。有些人甚至已经到了倡导建立一个科学法院来解决对公共政策至关重要的科学要求所存在的不同意见。法律界也表现出内部紧张现象。因此，在机构律师（agency counsel）和司法部长（attorney general）之间（在州和联邦层面）就诉讼管理问题继续存在着分歧。司法部长关注的是在政策领域范围内统一的诉讼策略和一贯的政府态度,但是机构律师在其代理机构运作的实际领域则更为有经验、知识更为丰富。

总之,争论机构是否有足够的自由裁量权这一问题是不够的。夏皮诺(Shapiro 1994:379)观察到,"我当然不希望对许多不同形式的自由裁量权只有一个统一的司法或者国会反应"。他补充道,的确,"尤其是在高技术领域,法院可能会在任何朝向限制自由裁量权的运动中停下来"。这一问题要复杂得多。为了解决这一问题,学者和实践人员必须应对其许多要素。尤其是他们必须面对专家自由裁量权以及其地位、评估和整合的宪法因素(constituent elements)。

Ⅲ. 在行政国家的公正:我们要保证多大程度的公正?

再也没有什么问题比我们能如何保证行政官员公正地使用其自由裁量权这一问题那样被行政国家批评人士更为频繁或热烈地提出来了。但是,公正就像正义(justice)一样,是很难以被嘉奖的。人们很容易在特别案件中就指向不公平或不公正,但公平指的是什么以及如何把公平纳入行政行为中就难以达成一致看法。也许这解释了为什么在每个相关者坚持防止不公正的时候对公正要求什么上存在着重大的辩论。

评估产生关于公正地讨论的情况,似乎存在一些不断反复出现的探寻(lines of inquiry)。它们认为,当我们谈到行政中的公正时我们指的是考虑以下一个或多个因素:(1)正当程序(due process);(2)行政行为中的理性(rationality)而不是任意性(arbitrariness);以及(3)平等(equality)和公平(equity)之间的关系。每一组讨论都包括许多细微不同的问题。

A. 正当程序

达到公正一个最悠久也是最常用的方法就是保证法律的正当程序,尤其是程序上的正当程序(procedural due process)。虽然正当程序的宪法基础来自第五条修正案(the Fifth Amendment)(关于联邦政府)和第十四条修正案(the Fourteenth Amendment)(包括了州和其下属机构的行为)颁布以来就一直存在,但是我们继续要讨论这一保证的性质和局限性。我们可以把这些认为是角色、管理、复杂性和视角问题。

继续讨论正当程序的作用导致了工具性与内在性的辩论(the instrumental-versus-intrinsic argument),这反映在许多美国最高法院的重大判决中(Cooper 1988; Tribe 1978)。对许多律师和法官而言,正当程序无论是由法院还是由行政机构来执行都是许多恰当执行的裁决(properly conducted adjudication)的一个速记表达(shorthand expression)。精心设计的裁决其主要目的就是准确地寻求事实(fact finding)。因此正当程序成为实情调查计算器,而对现有裁决程序提出挑战的诉讼是基于改错理论(error-correction theory)的。有且只有当现有的体制不足以对事实问题产生精确的判断时才需要更多或更好的程序。而且即使最高法院发现存在有不足，它也可能考虑可以接受的一些错误风险。因此，在控制法律（controlling law）下，最高法院曾提出，在评估什么程度、什么类型的程序是合法的这一过程中，首先要确定是否这一争论会提出了可以获得程序上正当的程序的权力类型，然后"通过所使用的程序和可能的额外或替代的保护价值（如果有的话），判断错误地剥夺这一利益存在的风险"[Mathews v. Eldridge, 424, U. S. 319, 335 (1976)]。

但是许多人的回应是，正当程序观点并不是一个主要确切的决策制定。如果这是一个主要的目标，那么完全有可能是，我们在判决中普遍要求的正当程序其许多要素都是不适当的。相反的是，正当程序是为了保证在裁决中的公正。为了维持判决的接受度，我们必须不仅仅保证程序是公正的，也要保证别人看来是公正的。当决定具体个人或群体的合法权利或地位的裁决由缺乏法律保护和限制的机构公布时，所表现出来的公正和不偏颇可能更为重要。用这种方式表现出来的正当程序的价值是内在的。

对于正当程序所起的作用是内在性的还是工具性的辩论也与其管理问题有关。在早些时候，当行政机构在美国生活中作用还不够重大和广泛时，行政裁决常常主要在规制争论中受到辩驳，当时铁路或大型的产业组织摆好架势（square off）来反对独立的规制委员会。今天在许多不同的情况下出现了成千上万的裁决，从学校到社会保障办公室（Social Security offices）。在一个经济匮乏的社会中，规模和复杂性等问题已产生了关于公正和成本之间关系的讨论。现在又出现了用工具路径（instrumental approach）进行正常程序的倡导者，和那些强调裁决公正的内在价值的人相比，他们采取了完全不同的一个方法。

除了律师导向、寻求事实、计算器因素外，工具正当程序关注的是许多可以追溯到20世纪30年代的行政问题。如果古立克（Gulick）宣称的效率"基本的好"（the basic good）是正确的（Gulick and Urwick 1937: 192），而正当程序要求将主要精力远离近期行政机构主要的目标上，那么正当程序必须被予以限制。即使对于那些不愿意使得该种案件到那种地步的人而言，还是存在着过度裁决的危险。盖尔霍恩（Gellhorn 1941）警告道，过于复杂的裁决程序将限制行政官员把其专业才能和经验以有效的方式应用到在他们面临的、还悬而未决的问题中去。弗兰克（Frank 1942）提出警告，对于增加技术法律要求（technical legal requirements）的要求可能基于这样一个错误假设，即法官比行政官员本质上要更加公正。尤为新近，这一观点认为裁决仅仅是变得太过于昂贵了。司法部副部长罗伯特·博克（Solicitor General Robert Bork）把成本观点（cost argument）极端化，令人堪忧，他告诉最高法院，他能够"把美元价值放在正当程序等式的两边"[Mathews v. Eldridge, 424 U. S. 319 (1975), oral argument]。

工具性方法的挑战者认为，正当程序是存在的而且在历史上也支持努力保护我们不受到过度高效率地使用政府权力的影响。的确，一般意义上而言，奠基者们（the framers）寻求一个讲求效益和效率的政府但是他们又仔细地分散、构建和制约权力以防止权力滥用。他们所发展的许多保护措施显然与保护个体的历史需要有关，当时政府集中在特定个人在法律下的权利、责任和地位。虽然法院认识到了在行政裁决中需要灵活性，但是他们坚持公正的程序，而且一直到最近仍然拒绝经济裁决（financial adjudications）足以用来抛弃正当过程要求这一观点。他们不断地引用大法官布伦南（Justice Brennan）所写的：

> 建立一个果断的、有效能的程序来获得合法的国家目标是在宪法裁决中值得审理的一个正当的国家利益。但是美国宪法认为价值比速度和效率更重要。的确，一个人通常可能公正地谈到人权法案（the bill of rights），特别是正当程序条款（the Due Process Clause），这些法案和条款是设计用来保护脆弱的公民不受到专横地关注效率和效能的影响，效率和效能（efficiency and efficacy）则是值得表扬的政府官员的特征，这些官员比起平庸者来说可能更关注效率和效能［Stanley v. Illinois, 405 U. S. 645, 657（1977）］。

不过，最高法院接受了这一成本观点，并且在马修斯对埃尔德里奇（Mathews v. Eldridge）一案对正当程序标准得出结论：法院在评估正当程序中必须考虑"政府的利益，包括相关的职能以及附加或替代程序要求需要承担的财政与行政负担"［Mathews v. Eldridge, 424 U. S. 319, 335（1976）］。

除了有效性和充分性外，大家还关注正当过程的复杂性。虽然负担问题常常用政府成本来措辞衡量，但是复杂性以及在钱和时间上的花费对于具有机构待决问题的个人（has matters pending before their agencies）是非常重要的。沃尔（Woll 1963）认为，有些公民确实不能够承担在法律下可以获得的保护。目前还不确定对成本的关注将如何影响行政裁决的进展。似乎有可能的是非正式程序将特别重要。另一方面，备选争论技术（alternative dispute techniques）的存在不可能清除裁决。在诸如教育和工作等重大问题处于危险的地方，在机构前具有争议的人不可能会就不充分的程序上正当程序的保护措施达成妥协。

最后，正当程序作为保障公正的性质将被视角问题所塑造。特别是，政府雇佣很大比例的国家劳动大军、而且这些雇员具有正当程序权利和享受公平待遇、并且他们判断其他在其机构前仍有未决问题的雇员的利益等这些事实都是非常重要的。这些雇员所拥有的知识和专业才能使得他们能胜任且不同于机构外的那些参与裁决的人。而且，裁决有关政府工人的问题其性质因为影响公共部门劳工关系的法令而进一步复杂。

20世纪八九十年代，最高法院继续倾向于使用平衡测试（balancing tests）增加了不确定程度。虽然埃尔德里奇（Eldridge）案件决定何时、是否以及什么程度的过程是正当的这一规范在其颁布20年之后仍然生效，但是最高法院不断强调必须认真平衡行政官员和人力资源管理者的需要［see Cleveland Board of

Education v. Loudermill, 470 U. S. 532 (1985)]，并注意不要不恰当地干预人事管理［Connick v. Myers, 416 U. S. 138 (1983)]。虽然一方面，这一方法听起来既合理又完全尊重人事管理者特有的问题，但是还是走到令人担忧的极端上去。目前，公共雇员对于他们是否完全有权利真正求助于宪法上正当程序保护措施这一点上是不确定和害怕的［see Waters v. Churchill, 128 L. Ed. 2d 686 (1994)]。

总之，使用正当程序保证在行政国家中的公正是一个不断演化的动态问题。但是对公正的需要以及对公正的认识并不仅限于裁决判决中。它扩大到更广泛地关注防止任意性。

B. 任意性问题（the matter of arbitrariness）

历史上，正当程序要求（due process requirements）被解释为：当政府对有关个人过去和现在的行为做出判决时保证公正的必要条件。但是行政机构也通过规则制定做出许多普遍的政策决策，这将改变将来的单个案件。在这些情况下，公正问题以两种方式显现出来。首先，当没有个体要求裁决中所含有的权利时，存在公正要求什么的这样一个问题。第二，甚至还存在一个更为一般的、理性决策制定的义务问题。

当行政官员是政策制定者时，他们常常表现得像立法人员，但他们并不是被选举的，那么将来也不会站在投票者面前。这样就出现了关于如何保证不受到他们行动任意性影响这样一个问题。对该问题答案的一个构成部分就是用《行政程序法》（APA）强制进行规制并要求提供公民参与机构规则制定的机会。正如先前所指出的，后来对《行政程序法》（APA）的修正添加了以《信息自由法》（the Freedom of Information act, FOIA）、《阳光政府法案》（Government in the Sunshine Act）、以及《联邦顾问委员会法案》（Federal Advisory Committee Act）等形式的关于政府公开的要求。

60 年代出现了要求大量增加更多参与政策制定机会的呼声，以及公共部门不断向面临新的问题的新领域发展，这也提出了在规则制定情况下，例如在裁决情况下，要求多大程度的正当程序。这一辩论一直发展到上诉法院特区巡回法院（the Court of Appeals for the D. C. Circuit）。

广告商对美国联邦贸易委员会（FTC）主席麦克尔·珀楚克（Michael Pertschuk）参与针对小孩广告的规则制定行动而提出挑战。他们断言，因为珀楚克以前表达过这样的规制是必要的这一观点，因为存在偏见，他应该被禁止参与机构行动。地区法院决定，因为国会授权的混合规则制定要求提高参与，所以立法机关决定这一规则制定过程应该具有裁决特点，把权利赋予参与者。上诉法院（the Court of Appeals）并不同意这一观点，其裁决是：混合的规则制定过程仅仅因为它包括了扩大的参与要求这一点并不会使其丧失立法特点［Association of National Advertisers v. FTC, 627 F. 2d 1151 (D. C. Cir.) (1979)]。但是，大法官麦金农（Judge McKinnon）不同意这一观点，即在政策制定和裁决中都应该要求公正,尤其是在立法机关已经明确说明需要为公民参与这一过程提供有意义的机会之时。

即使没有包含正当程序权利,法院也坚持行政决策制定不应该是任意的。这是另外一种提出公正问题的方式。这要求行政官员接受相关证据(relevant evidence)并禁止行政官员采用不恰当标准,如把一方的种族或宗教带到机构前。这种方式命令行政官员考虑全面记录,而不是他们发现的有利的部分证据。该方式坚持要把陈述行政行动的理由记录在案。要求理性决策制定不仅适用于那些机构扩大其行动的情况,也适用于试图从先前确定的政策中退出的情况 [Motor Vehicle Manufacturers Association v. State Farm Mutual, 463 U. S. 29 (1983)]。

因此公正是超出那些被正当程序所要求的情况的一个因素。但是,公正也以第三种方式出现。歧视性行为(discriminatory behavior),也就是不按规定的程序行事,也包括在我们对不公正行为的理解之内。正如我们已经持续地对正当过程和理性决策制定进行了讨论,我们在行政背景下界定平等也存在困难。

C. 平等和公平 (equality and equity)

基于平等来判断行政公正提出了两个普遍的问题。首先是理解如何界定歧视性行为。其二是解决平等和公平之间的差别问题。最高法院在20世纪七八十年代努力发展一个框架,通过该框架来评估被指控的歧视性行为。

最高法院一致认为,根据历史上"可疑"分类(suspect classification)来差别对待人民或者在他们基本的权利上差别对待人民,这认为是存在非法歧视(illegal discrimination) [see, e. g., San Antonio Independent School District v. Rodriguez, 411 U. S. 1 (1973)]。的确,最高法院甚至在肯定性行动(affirmative action)项目案例中倾向应用同一个规范,这些项目不是用来继续历史的歧视而是补救先前的排除类型(patterns of exclusion)[Adarand Construction Company v. Pena, 132 L. Ed. 2d 158 (1995); Richmond v. J. A. Croson, 488 U. S. 469 (1989)]。

但是,除了种族问题,最高法院一直不能够在哪种分类是"可疑的"以及那种分类可以推断出能够接受上达成一致看法。曾有一段时期,似乎基于性别或可让渡性(alienable)的行政行为被认为是可疑的 [see, e. g., Frontiero v. Richardson, 411 U. S. 677 (1973); Graham v. Richardson, 403 U. S. 365 (1971)]。但是,最高法院在某些领域摇摆不定,例如性别 [Craig v. Boren, 429 U. S. 190 (1976); Mississippi University for Women v. Hogan, 458 U. S. 718 (1982); Rostker v. Goldberg, 453 U. S. 57 (1981)],并且完全改变了对其他领域的观点,例如移民的法律地位 [Ambach v. Norwick, 441 U. S. 68 (1979); Folie v. Connelie, 435 U. S. 291 (1978)]。最高法院在其他的案件中裁决道,诸如年龄和怀孕等的分类可以认为是差别对待的基础 [Geduldig v. Aiello, 417 U. S. 484 (1974); Massachusetts v. Murgia, 427 U. S. 307

(1976)]。在某些情况下,例如年龄和怀孕,国会通过法令提供帮助,而在这些情况中,最高法院的结论是:没有哪个法令是根据美国宪法而提供的。

另外一件应用平等保护的难题关注是否真正存在差别对待这一问题。因为很少有进行差别对待的人会公开承认他们的意图,因此长期以来人们就对需要用什么东西来证明存在差别对待展开了讨论。现在最高法院也改变了其立场,从存在证明歧视的影响是充分的这样立场转变到了坚持严格表明歧视意图上[compare Personnel Administrator v. Feeney, 442 U. S. 256 (1979) and Wright v. Council of the City of Emporia, 407 U. S. 451 (1972)]。

以平等来界定的一个最为困难的问题出现了,这与平等和公平两个概念之间的混淆不清有关。公共行政中的趋势一直是将二者好像作为同一概念来对待。实际上,二者迥然不同。这一问题在关于肯定性行动的冲突上表现最为明显。公平/平等之间的差别可以追溯到亚里士多德(Aristotle)并通过英国法律告诉我们。公平是在必须求助于正义情况下故意不平等对待(Equity is a deliberately unequal treatment necessary to do justice)。因而公平被用来提供一个避免在法律上不可接受的、僵化的、不适当的裁决的所必须的裁决,或者对那些受伤得到了金钱赔偿但不能得到再次赔偿的人提供唯一的补救办法。因此种族意识的补救办法对于解决已经得到证实的重大的差别对待案件(proven cases of prior discrimination)都是公平的补救办法。这些补救办法谨慎地根据种族有差别地对待人民,但是这样做是为了最高法院认为正当合理的一个目的 [see, e. g., International Association of Firefighters v. Cleveland, 92 L. Ed. 2d 405 (1986); Sheet Metal Workers' International Association v. EEOC, 92 L. Ed. 2d 344 (1986); Swann v. Charlotte-Mecklenburg Board of Education, 402 U. S. 1 (1971)]。但是现在再一次,最高法院不能够说清楚作为行政中两个基本的公正要素——平等和公平之间的关系。调和二者的努力继续进行,最近的裁决说明:公平方法只是应用在具有已经证明的重大的歧视对待案例中。虽然最高法院没有对这一论点明确裁决,并且保持开放的可能性态度,即可能对某种精心策划的肯定性行为进行审查,但是所强加的符合这一检验的条件是如此地苛刻以至于难以了解哪种项目将会经受得住挑战 [Adarand Construction Company v. Pena, 132 L. Ed. 2d 158 (1995); Richmond v. J. A. Croson, 488 U. S. 469 (1989)]。

那么,无论其实际困难和多种解释是什么,行政中的公正问题给我们提出了一系列行政官员和法官所不同意的重大的问题,即使所有的人都认识到所争论的这些问题非常重要。同样,行政规则制定也一直是前25年一直争议的焦点,尽管最近10年见证这一问题的最激烈辩论。

Ⅳ. 反规制环境下的规则

在规则制定领域一个持续的争论充满了讽刺的故事。在20世纪70年代以来，卡特和里根总统以及许多的立法者都把规则制定作为一个政治目标。然而自 20 世纪 40 年代后期以来努力实施《行政程序法》（APA）的努力的核心就是使行政机构以系统、公开和参与的方式来制定规则。虽然，规则制定的改革重要且有益，这一观点是正确的，但是对规则制定的全面攻击忽视了历史并且使高级执行主管执行分配给他们的职能的能力受到危害。

A. 规则制定的需求

在促进现代行政法发展的诸多问题中，存在着一种判断：行政机构任意操纵政策。事实上，对于许多受到影响的人只有在《联邦公报法》(the Federal Register Act) 颁布之后才有办法知道这些政策是什么。虽然《行政程序法》（APA）意欲通过建立一个有序、公开而参与的过程来颁布规则从而补救这些问题，但是只有在行政机构实际以规则的形式颁布了他们的政策声明情况下才能生效。

但是在《行政程序法》（APA）颁布 10 年之后，第二届胡佛委员会（the Second Hoover Commission）的关于法律服务和程序的任务小组（the Task Force on Legal Services and Procedures）中发现，行政机构（agencies）没有朝一个规则制定体制发展，仍是继续以随意的方式颁布指令。他们常常在裁决中宣布其态度，这产生了两个问题。首先就是行政机构行为的任意性。该报告得出结论：

> 因为个体继续做长期以来他和其他人所认为的在法律下被允许的事情而使个体受到惩罚或者其他的制裁，这显然是很困难的（manifest hardship）。不幸的是，由于行政机构所建议的裁决过程（adjudicatory proceeding），出现了这样的情况：因为从事这样的行为而把制裁强加给个体，即使没有具体实行或颁布法令或规则来谴责这样的行为（U. S. House 1955：31）。

另外一个困难就是虽然行政机构似乎按照普通法的模式运作，但是他们不受先例（precedent）——即先例原则（the rule of stare decisis）的限制。因而，任务小组发现"当人们诚心诚意依赖于权威行政机构意见、只是在后来的诉讼中才被告知这一意见对机构不具有约束力的时候，就出现了明确的不公平"（U. S. House 1955）。任务组提议：

> 行政机构应该用来完成立法条款的主要方法就是采纳一种执行将给予公众信息和指导原则的规则。基本上，机构也不应该在主题允许通过普遍适用性原则确定和陈述政策的情况下通过裁决（U. S. House 1955：31）。

对规则制定的呼吁持续到 60 年代。法官弗兰德利（Judge Friendly 1962）认为,如果行政机构更为明确而具体地确定了其政策,那么许多行政过程问题可以得到解决。他也呼吁更多的规则制定(Friendly 1962:145)。戴维斯(Davis 1969)虽然维护行政自由裁量权的重要地位,但是也认为行政官员主动的规则制定是构建自由裁量权的一个关键机制。法官赖特(Judge Wright 1972)辩论道,如果机构不主动行为的话,法院可能不得不要求行动。

的确,法院和立法机关开始给规则制定施加更大压力。所谓的严格审查原则(Hard look doctrine)处于70年代早期朝混合规则制定方向发展的核心,该原则很重视执行良好的规则制定。国会开始明确规定,不仅将制定规则,而且这些规则将在从立法通过的一个具体的时期内制定并且在开放和参与的混合过程中得到发展。此外,国会颁布了更多要求规则制定和机构报告的立法。这样,例如,各种各样的开放性政府法令被要求制定应用到实施中去的规则以及在《联邦公报》(Federal Register)进行定期报告。在其他情况下,州政府是联邦规则制定过程的一部分,因为他们参与了联邦项目,而这些项目要求把颁布规则作为获得联邦补助的一个条件。不足为怪的是,《联邦公报》(Federal Register)和其在州层面的相应发表物的规模开始壮大。

B. 20世纪70年代对规则制定的攻击

卡特总统竞选运动(the Carter presidential campaign)拥护各种挑战政府的平民主义(populism)。的确,当他来到首都,他如此强硬反对华府的这一事实给新总统提出了无尽的困难。在许多方面,卡特远比被描述的要保守。在他对待规制态度上这一点尤为正确。

卡特任命艾尔弗雷德·卡恩(Alfred Kahn)作为其在解除规制努力的代理人(lieutenant)。卡恩的行动和行政部门的压力产生了一个重大的解除规制立法机构。卡特实施了一系列的行动来减少现有机构和项目中的规制。两个措施尤为重要。首先,他颁布了12044号总统令,要求行政机构明确指出曾经考虑过那些规制措施的备选方案并强制性对所提议规则的影响进行评估。与该项目相关的是,卡特成立了规制委员会(the Regulatory Council)和规制分析评估小组(Regulatory Analysis Review Group)来评估机构规则并提出澄清和备用方案(clarifications and alternatives)。"创新技术"项目(innovative technique)是该政府通过使用市场办法来指导和监控规制以尝试得到替代规则制定方案的一个重大方面(U.S. Regulatory council 1980a, b)。沿着这一方法,规则制定和规制受到平等对待的。重要的是减少在《联邦公报》(Federal Register)中的页数(number of pages)。仍然还存在一些领域,如环境等,行政部门感到有必要更为有力的行动。

卡特政府的某些规则制定是国会委托的,如在《清洁空气法》(the Clear Air Act)和《清洁水法》(the Clear Water Act)的要求以及处理有毒废物的《资源保护与回收法案》(the Resource Conservation and Recovery Act)。国会也是反对管制的追随者(bandwagon),这是一个跨两党的攻击(bipartisan attack)。立法机关在法令中增加了更多细节以给机构增加更多限制。特别是，国会再度使用立法否决，并于 70 年代把它增添到几十个法令中。《规制灵活性法》(the Regulatory Flexibility Act) 借鉴了针对所有行政机构的卡特 12044 号总统令的很大一部分，因为这些行政机构的行为影响了小型政府、非盈利组织和小型企业。国会扩大它的国会研究服务部门（the Congressional Research Service）、技术评估办公室（Office of Technology Assessment）、美国联邦审计总署（General Accounting Office）以及国会预算办公室（Congressional Budget Office）来增强监管。增强监管的目标不是改进规则制定，而是限制机构行为。一次又一次立法者证明不是为了更好而是为了更少的规则制定。当然，一直以来他们都是有选择地创建一些新的任务让行政机构来实行。

里根政府的到来意味着意识形态强度（ideological intensity）的发展。刚刚一就职，里根就发布了 12291 号总统令，它以卡特 12044 号总统令为基础，但在许多重大的方面超过了后者。首先，他授权对任何重大的规则进行有利的成本效益分析，并要求实质上比以前更为广泛的评估成本。而且创建了以副总统为首的解除规制工作小组（the Vice President's Task Force on Regulatory Relief）并把实质增长的权威授予管理与预算办公室（OMB）来监控所提议的规则的发布。

不同于卡特政府，里根政府从不同参与评估过程的机构中获得代表性，新的规则制定评估过程没有这类代表或者主题专家，而主要依赖于白宫经济学家。因此这一过程是困难的，因为它激起了不同机构内甚至最为保守的里根任命者的反对（Ball 1984）。在其第二任期内，里根用 12498 号总统令补充了 12291 号总统令，给予管理与预算办公室（OMB）更大的权力，包括管理与预算办公室（OMB）有能力保证所提议的规则制定过程与政府的规制措施保持一致（U. S. Senate 1986）。的确，新的总统令甚至允许管理与预算办公室（OMB）进行干预，目的是为了阻止旨在决定是否应该实施规则制定的研究。

政府也使用了反职员战略（counter-staffing strategy），故意安置明显反对机构所实施项目的重要行政官员。在行政长官哥萨奇（Administrator Gorsuch）的领导下，环境保护署（EPA）推迟发布在里根政府就职时就已经准备好的规则，时间很长，一直到由法院命令其发布为止 [Environmental defense Fund v. EPA, 716 F. 2d 915 (D. C. Cir. 1983); Illinois v. Gorsuch, 530 F. Supp. 340 (D. D. C. 1981)]。除了延迟，还采用了许多不同的方法，包括拒绝发布规则和废除现有或待决规则。虽然卡特政府主要通过立法反对规则和规制的一般管制模式，但是里根政府通过行政行为来完成。因而，例如，联邦通讯委员会（the Federal Communications Commission，FCC）在主席马克·福勒（Chairman Mark Fowler）的领导下，大量解除以前由该机构管理的该领域的管制 [FCC v. WNCN listeners guild, 450 U. S. 582 (1981); Office of Communication of the United Church of Christ v. FCC, 707 F. 2d 1413 (D. C. Cir. 1983)]。

布什政府持续里根的方法，并坚持对规则制定实行强制暂停（moratorium)。即使他声称没有违反任何现有法令,但是暂停令使得大量的行政机构如环境保护局 (the Environmental Protection Agency, EPA) 处于白宫和国会不同的命令中行动,并且要在固定的时间期限内行动 (see generally Kerwin 1994)。

克林顿政府 (the Clinton administration) 继续对行政机构施加压力以减少规则制定并且增加了额外的程序要求。的确,白宫做得太过分了,以至于在总统和副总统在白宫草坪上铲草机之间的合影特写也带上了许多被认为要捣毁的不良规制措施。

目前对待规则的一个方面就是规则制定现在常常与规章的一般政治象征相等。这一过程是用意识包裹 (ideological baggage) 来衡量的。到目前为止,行政改革这一概念已经失去了它应该有的任何用处。

C. 对规则和规则制定攻击的危险

这些发展的部分结果就是,完全激励了行政官员试图避免发布规则 [see, e. g., Allison v. Block, 723 F. 2d 631 (8th Cir. 1963)];激励他们使自己的行动是解释性规则制定而不是实质性规则制定以避免了这类声明所带来的程序负担 [see Chamber of Commerce v. OSHA, 636 F. 2d 464 (D. C. Cir. 1980); General Motors v. Ruckelshaus, 403 U. S. 365 (1983)];完全激励他们声称其行为是不受规范规则制定约束的紧急行为 [Environmental Defense Fund v. EPA, 716 F. 2d 915 (D. C. Cir. 1983)];或者不知不觉回到使用裁决而不是发展政策的规则制定的传统习惯中去 [Ford Motor Co. v. FTC 654 F. 2d 599 (9th Cir.) (1981)]。的确,许多行政机构内的趋势一直都是把其声明标志为"解释性规则" (interpretative rules) 或者"政策陈述" (policy statements) 以避免受到《行政程序法》(APA) 的程序要求 (Anthony 1992)。总之,诱惑就是回到在要求规则制定以前所存在的情况中去。

当然,不无讽刺的是,规则制定所行使的好几个重大功能与五六十年代拥护者所意识到的、广泛定义的关于规制的思想倾向 (ideological dispositions) 没有关系。规则通过把机构绑定在既定的政策上而减少任意性。规则使程序规则化,因而当各方代表机构前来裁决时有助于提供正当的程序。规则通过提供规范和普遍的政策声明而不是通过重复特殊的决策制定来支持效率。规则通过给立法者和法官评估提供明确的记录和政策声明从而为责任和监管提供方法。规则提供了可预测性和规制感。由于这些或那些原因,在更少的规则 或者说在《联邦公报》(Federal Register) 上更少的记录与公正而有效的管理之间这一等式是纯粹的一派胡言。对规章和规则制定不断持续地讨论要关注历史、要肩负行政规则制定价值感。

V. 回应性问题

另外一个争论是如何保证行政回应性的问题,该辩论因为其形成的过程,同样因为其参与方的观点的功绩而有趣。回应性问题继续上升为现在的经典问题,即通过内部主动路径还是外部强制措施来实现目标。虽然这一问题仍然没有解决,但是大多数感兴趣的人认识到,法律必须继续在保证回应性上起着关键作用。但是同时,在关于该任务的大多数适当机制上还存在着大量不同意见。

A. 内部/外部辩论继续

对于回应性行政(responsible administration)讨论的兴衰体现在该领域资料文献中(see, e. g., Appleby 1949; Burke 1986; Cooper 1985; Finer 1936, 1941; Friedrich 1940; Hyneman 1950; Levitan 1946; Long 1952; Martin 1965; Redford 1958; Rohr 1980; Storing 1964)。即使如此,我们继续应对由该辩论中最早的两位参与者所提出的问题。芬纳和弗里德里克(Finer and Friedrich)对是否应该主要依赖于内部而反对外部机制来保证回应性这一点上展开了辩论。拥护内部路径的人强调政治规范的重要性,尤其是公共利益对行政的重要意义(Appleby 1949; Storing 1964; Waldo 1948)。其他人则强调从不同方式所界定的伦理的重要性,从关注政策所依赖的政体价值到个体道德哲学(individualistic moral philosophy)(see, e. g., Burke 1986; Rohr 1980)。在60年代末到70年代,有些人将招募作为保证代议制官僚制(representative bureaucracy)的路径以正确反映了社会特点和规范。另外一个在70年代晚期所提出的路径是寻求职业化,将其作为提高认知诚实和公民接受公共服务的一种工具。最近几年,伦理方法重新出现,特别关注像检举揭发以及有关科学与卫生或安全有关的决策等问题。

但是,同时使用外部回应性路径来保证整个机构或个体行政人员的责任(accountability)的措施也在继续进行。虽然共同偏向于多种备选措施,但是法律继续在保证行政责任上起着即使不是支配也是主要的作用。显然,事实就是,在回应性辩论中这是一个主要讽刺。虽然每个人都想要避免依赖于法律机制,但是很少有人能够严肃严正地同意可以避免法律措施。

B. 对责任法律机制的行政紧张

在行政官员和法律界成员之间的紧张态势又提出了另外一个关键问题。如果法律路径对于保持行政回应性和公民对公共行政官员是负责的这一信任至关重要,那么要使用什么路径呢? 法律和法律机构有许多种方法可以用来提供责任,包括刑事检控(criminal prosecution)、损害责任(damages liability)、强制干涉(injunctive intervention)和对行政机构决策的司法审查(judicial review)。作为一个实践问题,刑事检控几乎难以用到而且并不适用于大多数寻求回应性的案件。司法审查和强制干涉是相对直接的责任机制,但是损害责任在其运作中是更为间接的。

不足为怪的是,许多行政官员宁愿不接受应对这些机制。但是,就本章所考虑的原因,这是一个不合理的期望。因而出现了有关哪种机制更受到偏爱的问题。这也是许多对行政回应性问题辩论的基础。

虽然存在几乎没有人反对普遍意义上的司法审查这一事实,但是许多人的确提出了早期所讨论的、有关审查的适当标准和范围这类问题。这不仅仅是思想问题。这是有关法院和机构之间联系的性质问题(see, e. g., Chayes 1976; Cooper 1985; McGowan 1979; Melnick 1985; O'Leary 1993; Scalia 1978)。

虽然如此,但是更为复杂的情况是法官被要求发布补救性命令(remedial decrees)来弥补监狱条件或者不足的精神健康设备。这些情况产生了对法院无数的尖锐批评,理由是:他们不应该卷入到这样的活动中来,而且即使他们有某种根据行动,但是他们缺乏在这些情况下有效运作的能力(Gilmour 1982; Glazer 1978; Horowitz 1977)。也存在某些抵抗者,他们认为法院扮演的角色是要求他们干涉用来保护权利(see, e. g., Cavanagh and Sarat 1980; Wasby 1981)。

由于某些批评,因为最高法院的人事变动,而且因为许多其他原因,70年代最高法院在补救法令路径(remedial)中经历了急剧的变化。大约自1974年以来,最高法院不断告诫下级法院避免干预行政机构的运作。这些裁决包括诉讼范围广泛,从反对种族隔离到监禁、到精神健康机构、到警察渎职诉讼等。④最近几年,最高法院更进一步地限制了法院或当法官在补救性命令案例中维持裁决时将他们解救出来 [see Board of Education of Oklahoma City v. Dowell, 498 U. S. 237 (1991); Freeman v. Pills, 503 U. S. 467 (1992); Missouri v. Jenkins, 132 L. Ed. 2d 63 (1995)]。

然而,同时最高法院成立了权衡机构(trade-off),这一机构提供更多机会可以因为金钱赔偿而对行政机构和个体官员提起上诉(see Rosenbloom 1980)。⑤这一保证回应性的方法避免直接干预正在进行的行政活动,而赞成更像私有法争讼(private law contests)中管理的那种补救方法,在那种争讼中,在事实之后的货币赔偿是解决争端的标准机制。

但是,就在法院刚朝这个方向前进的时候,它遇到了大量的批评(see generally, Eikenberry 1985; Wise 1985)。面对自国家建立伊始就一致的历史,就政府单位创建主权豁免(sovereign immunity)责任以及为个体官员创建官员豁免(official immunity)责任而言,最高法院被指控为纯粹捏造地创立责任。而且,最高法院被控告为对行政问题不敏感并且不关心其裁决的影响。

但是事实上,事情远比法院批评者所描述的要复杂得多。的确,根据更为严密的审查(closer examination),所依赖的、如此明确且确立如此长久的原则的结果表明是缺乏精确度或者缺乏批评家所宣称的历史支持(Cooper 1984)。市政府在历史上并没有享有不受联邦诉讼的主权豁免,因为它们都是传统上能够诉讼和被起诉的法人(corporations) [see generally Owen v. City of Independence, 445 U. S. 662 (1980)]。大多数复杂的责任问题都是只存在一致性的州法律问题。事实上,大多数州都自主地通过一个路径并且在这种或那种程度上废除豁免。官员责任在19世纪才姗姗出现,而其主要发展是在1951年以后。

此外，有证据表明，最高法院意识到其决策会碰到困难，因而采取措施解除某些问题。它创建了许多的豁免权并且指示联邦审判法庭应该阻止广泛的探索（extensive discovery）和其他繁重的程序，除非提出了一个实质性的案例〔Harlow v. Fitzgerald, 457 U. S. 800 (1982)〕。

在任何事件中，在保证回应性的内部和外部模式之间的关系以及有关哪类法律机制是最适合的这一紧张状态这两个问题继续存在，而且几乎不可能在可以预见的将来中得以解决。

Ⅵ. 小结

合法性、专家裁量权、在其不同公开声明中的公正、规则和规则制定的地位，以及回应性问题都在过去的一个世纪中促成了行政法的许多发展。尽管对这些主题已经描述了许多，但是这些问题肯定仍然存在。促进公共行政发展的法律、政治和管理等力量的互动似乎驱使我们回到许多重大问题上来。虽然我们不断地从挑战中显现出来，也没有成功地找到解决办法，但是这些问题太重大了以至不能够忽视，民主社会的行政任务太关键了而不会消失。当然，真正的危险就是不愿意继续这场战斗。

案例

阿达兰德建筑公司诉佩纳案（Adarand Construction Company v. Pena）(1995). 132 L. Ed. 2d 158.

艾伦诉美国案（Allen v. U. S.）(1984). 588F. Supp. 248 (D. Utah).

阿利森诉布洛克案（Allison v. Block）(1983). 732 F. 2d 631 (8th Cir.).

安巴赫诉诺维克案（Ambach v. Norwick）(1979). 441 U. S. 68.

美国纺织业公会诉多诺万案（American Textile Manufacturers Institute v. Donovan）(1981). 452 U. S. 490.

行政法法官协会诉赫克勒案（Association of Administrative Law judges v. Heckler）(1984). 594 F. Suppl. 1132. (D. D. C.).

国家广告主联盟联邦贸易委员会（Association of National Advertisers v. FTC）(1979). 627 F. 2d 1151 (D. C. Cir).

贝尔诉沃尔菲什案（Bell v. Wolfish）(1979). 441 U. S. 520.

布洛克诉社区营养学院案（Block v. Community Nutrition Institute）(1984). 467 U. S. 237.

鲍恩诉美国医院协会案（Bowen v. American Hospital Association）(1986). 90 L. Ed. 2d 584.

鲍舍诉西纳尔案（Bowsher v. Synar）(1986). 478 U. S. 714.

The Brig Aurora (1813). 11 U. S. (7 Cranch) 382.

巴克利诉瓦莱奥案（Buckley v. Valeo）（1976）. 424 U. S. 1.
卡特诉卡特煤业公司案（Carter v. Carter Coal）（1936）. 298 U. S. 238.
工商会诉职业安全和健康署/美国自动车工程师学会（Chamber of Commerce v. OSHA）（1980）. 636 F. 2d 464（D. C. Cir）.
克利夫兰教育委员会诉劳德米尔案（Cleveland Board of Education v. Loudermill）（1985）. 470 U. S. 532.
（Connick v. Myers）（1983）. 416 U. S. 138.
克雷格诉博伦案（Craig v. Boren）（1876）. 439 U. S. 190.
Cruzan v. Director, Missouri Dept. of Health（1990）. 497 U. S. 261.
Dames and Moore v. Regan（1981）. 453 U. S. 654.
Environmental Defense Fund v. EPA（1983）. 716 F. 2d 915（D. C. Cir.）.
FCC v. WNCN Listeners Guild（1981）. 450 U. S. 582.
Field v. Clark（1892）. 143 U. S. 649.
Folie v. Connelie（1978）. 435 U. S. 467.
Ford Motor Co. v. FTC（1981）. 654 F. 2d 599（9th Cir.）.
Foundation on Economic Trends v Heckler（1985）756 F. 2d 143（D. C. Cir.）.
Freeman v. Pitts（1992）. 503 U. S. 467.
Frontiero v. Richardson（1973）. 411 U. S. 677.
Geduldig v. Aiello（1974）. 417 U. S. 484.
General Motors v. Ruckelshaus（1983）. 403 U. S. 365.
Graham v. Richardson（1971）. 403 U. S. 365.
Harlow v. Fitzgerald（1982）. 457 U. S. 800.
Heckler v. Chaney（1985）. 84 L. Ed. 2d 714.
Hutto v. Finney（1978）. 437 U. S. 678.
Illinois v. Gorsuch（1981）. 530 F. Supp. 340（D. D. C.）.
移民归化局诉查哈案（Immigration and Naturalization Service v. Chadha）（1983）. 462 U. S. 919.
美国劳工联盟和工业组织代表大会诉美国石油学会案（Industrial Union Department, AFL-CIO v. American Petroleum Institute）（1980）. 448 U. S. 607.
International Association of Firefighters v. Cleveland）（1986）. 92 L. Ed. 2d 405.
J. W. Hampton, Jr. & Co. v. U. S.）（1928）. 276 U. S. 394.
（Lujan v. Defenders of Wildlife）（1992）. 504 U. S. 555.
（Massachusetts v. Murgia）（1976）. 427 U. S. 307.
（Mathews v. Eldridge）（1976）. 424 U. S. 319.
（Milliken v. Bradley）（1974）. 418 U. S. 717.
（Mississippi University for Women v. Hogan）（1982）. 458 U. S. 718.
（Missouri v. Jenkins）（1995）. 132 L. Ed. 2d 63.
（Mistretta v. U. S.）（1989）. 488 U. S. 361.

(Monell v. Department of Social Services)(1978). 436 U. S. 658.

(Morrison v. Olson)(1988). 487 U. S. 654.

(Motor Vehicle Manufacturers Association v. State Farm Mutual)(1983). 463 U. S. 29.

(New York v. U. S.)(1951). 342 U. S. 881.

(Nixon v. GSA)(1977). 433 U. S. 435.

(Office of Communication of the United Church of Christ v. FCC)(1983). 707 F. 2d 1413 (D. C. Cir.).

欧文诉独立城市案(Owen v. City of Independence)(1980). 445 U. S. 622.

巴拿马炼油公司诉瑞安案(Panama Refining Co. v. Ryan)(1935). 293 U. S. 388.

Pasadena Board of Education v. Spangler (1976). 427 U. S. 424.

(Personnel administrator v. Feeney)(1979). 442 U. S. 256.

(Procunier v. Navarette)(1978). 434 U. S. 555.

航空交通专业规制员工会诉联邦劳工关系委员会案(Professional Air Traffic Controllers Union v. FLRA)(1982). 605 F. 2d 547 (D. C. Cir.).

(Rhodes v. Chapman)(1981). 452 U. S. 337.

(Richmond v. J. A. Croson)(1989). 488 U. S. 469.

(Richardson v. Perales)(1971). 402 U. S. 389.

(Rizzo v. Goode)(1976). 423 U. S. 362.

(Rostker v. Goldberg)(1981). 453 U. S. 57.

(Sale v. Haitian Centers Council)(1993). 125 L. Ed. 2d 128.

(San Antonio Independent School District v. Rodriguez, 411 U. S. 1 (1973).

谢克特家禽公司诉美国案(Schechter Poultry Co. v. U. S.)(1935). 295 U. S. 495.

(Sheuer v. Rhodes)(1974). 416 U. S. 232.

(Sheet Metal Workers' International Association v. EEOC)(1986). 92 L. Ed. 2d 344.

(Small Refiner Lead Phase Down Task Force v. EPA)(1983). 706 F. 2d 506 (D. C. Cir.).

(Stanley v. Illinois)(1977). 405 U. S. 645.

(Swan v. Charlotte-Mecklenburg Board of Education)(1971). 402 U. S. 1.

(Synar v. U. S.)(1986). 626 F. Supp. 1374 (D. C. C.).

(Train v. New York)(1975). 420 U. S. 35.

(U. S. v. Grimaud)(1911). 220 U. S. 506.

(U. S. v. Lee)(1882). 106 U. S. 196.

(U. S. v. Nixon)(1974). 418 U. S. 683.

弗蒙特扬基核能公司诉自然资源保护理事会案(Vermont Yankee Nuclear Power

Corp. v. Natural Resources Defense Council) (1978). 435 U. S. 519.
沃特斯诉邱吉尔案 (Waters v. Churchill) (1994). 128 L. Ed. 2d 686.
(Wood v. Strickland) (1975). 420 U. S. 308.
(Wright v. Council of the City of Emporia) (1972). 407 U. S. 451.
(Youngberg v. Romeo) (1982). 457 U. S. 307.
(Youngstown Sheet & Tube v. Sawyer) (1952). 343 U. S. 579.

REFERENCES

Anthony R. Interpretive rules, policy statements, guidance, manuals, and the like—should federal agencies use them to bind the public? Duke Law J 42: 1311, 1992.

Appleby P. Big Democracy. New York, Knopf, 1949.

Ball H. Controlling Regulatory Sprawl. Westport, CT: Greenwood, 1984.

____. Justice Downwind. New York, Oxford University Press, 1985.

Bush G. Memorandum for certain department and agency heads on the subject of "Reducing the burden of government regulations," January 28, 1992.

BNA. Arguments before the Supreme Court. U.S. Law Week 54: 3709 – 3711, 1986.

Burke JP. Bureaucratic Responsibility. Baltimore: Johns Hopkins University Press, 1986. Cavanagh R, Sarat A. Thinking about courts: toward and beyond a jurisprudence of judicial competence. Law Society Rev 14: 371 – 420, 1980.

Chayes A. The role of the judge in public law litigation. Harvard Law Rev 89: 1281 – 1316, 1976. Cooper P. Due process and the Burger court. South Rev Public Admin 6: 65 – 98.

____. The supreme court on governmental liability: the nature and origins of sovereign and official immunity. Admin Society 16: 259 – 288, 1984.

____. Conflict or constructive tension: the changing relationship of judges and administration. Public Admin Rev 45: 643 – 652, 1985.

____. The supreme court, the first amendment, and freedom of information. Public Admin Rev 46: 622 – 628, 1986.

____. Public Law and Public Administration. 2nd ed. Englewood Cliffs, NJ: Prentice Hall, 1988. Cooper T. The Responsible Administrator. Port Washington, NY, Kennikat, 1982.

David KC. Discretionary Justice. Baton Rouge: Louisiana State University, 1969a.

____. A new approach to delegation. Univ Chicago Law Rev 36: 7i3 – 733, 1969b.

Dickinson J. Administrative Justice and the Supremacy of Law in the United States. New York: Russel & Russell, 1927.

Ediey C, J. r. Administrative: Rethinking Judicial Control of Bureaucracy. New Haven, CT: Yale University Press, 1990.

Eikenberry K. Government tort liability and the balance of power. Public Admin Rev 45: 742 – 745, 1985.

Finer H. Better government personnel: America's next frontier. Polit Sci Q 51: 569 – 599, 1936.

———. Administrative responsibility in a democratic government. , Public Admin Rev 1: 335 – 350, 1941.

Fisher L. Constitutional Conflicts Between Congress and the President. Princeton, NJ: Princeton University, 1985.

Frank J. If Men Were Angels. New York: Harper & Brothers, 1942.

Freund E. Administrative Powers Over Persons and Property. Chicago: University of Chicago Press, 1928.

Friedrich C. Public policy and the nature of administrative responsibility. In: Mason ES, ed. Public Policy. Cambridge, MA: Harvard University Press, 1940.

Friendly HJ. The Federal Administrative Agencies: The Need for Better Definition of Standards.

Cambridge, MA: Harvard University Press, Gellhorn W. Federal Administrative Proceedings. Baltimore: Johns Hopkins University Press, 1941.

Gerber S. To Secure These Rights: The Declaration of Independence and Constitutional Interpretation. New York: New York University Press, 1995.

Gilmour R. Agency administrative by judiciary. South Rev Public Admin 6: 26 – 42, 1982.

Glazer N. Should courts administer social services? Public Interest 50: 64 – 80,

Goodnow F. Comparative Administrative Law. New York: Putnam, 1893.

———. The Principles of Administrative Law in the United States. New York: Putnam, 1905.

Gore A. From Red Tape to Results: Creating A Government That Works Better & Costs Less.

Report of the National Performance Review. Washington, D. C. : U. S. Government Printing Office, 1993.

Grant W. Community control vs. school integration—the Case of Detroit. Public Interest 24: 62 – 79, 1971.

Gulick L, Urwick L. The Papers on the Science of Administration. New York: Institute of Public Administration, 1937.

Hecio H. A Government of Strangers. Washington, D. C. : Brookings Institute, 1977.

Horowitz D. The Courts and Social Policy. Washington, D. C. : Brookings Institution,

1977. Hyneman C. Bureaucracy in a Democracy. New York: Harper & Row, 1950.

Kerwin C. Rulemaking. Washington, D. C.: Congressional Quarterly, 1994.

Landis J. The Administrative Process. New Haven, CT: Yale University Press, 1938.

Levitan D. The responsibility of administrative officials in a democratic society. Polit Sci Q 61: 562–598, 1946.

Long N. Public policy and administration: the goals of rationality and responsibility. Public Admin Rev 14: 22–31, 1952.

Lowi T. The End of Liberalism. New York: Norton, 1969.

Martin R. Public Administration and Democracy: Essays in Honor of Paul Appleby. Syracuse, NY: Syracuse University Press, 1965.

McGowan, C. Reflections on rulemaking review. Tulane Law Rev 53: 681–696, 1979.

Melnick RS. The politics of partnership. Public Admin Rev 45: 653–659, 1985.

Moe R, Gilmour R. Rediscovering principles of public administration: the neglected foundation of public law. Public Admin Rev March/April.? 135–146, 1995.

Mosher F. Democracy and the Public Service. New York: Oxford University Press, 1968.

Nigro LG, Richardson WD. Administrative ethics and founding thought: constitutional correctives, honor, and education. Public Admin Rev 47: 367–376, 1987.

O'Leary R. Environmental Change. Philadelphia: Temple University Press, 1993.

Osborne D, Gaebler T. Reinventing Government. New York: Penguin, 1993.

Popkin WD. Judicial use of presidential legislative history. Indiana Law J 66: 699, 1991.

Rabkin J. Judicial Compulsions. New York: Basic Books, 1989.

Redford ES. Ideal and Practice in Public Administration. Tuscaloosa: University of Alabama Press, 1958.

Rohr J. Ethics for Bureaucrats. New York: Marcel Dekker, 1980.

――. To Run a Constitution. Lawrence: University of Kansas Press, 1986.

Root E. Public service by the bar. In: Bacon R, Scott JB, eds. Elihu Root: Addresses on government and citizenship. Cambridge, MA: Harvard University Press, 1916.

Rosen B. Uncertainty in the senior executive service. Public Admin Rev 41: 203–206, 1981. Rosenbloom D. Public administrators, official immunity and the Supreme Court: developments during the 1970s. Public Admin Rev 40: 166–173, 1980.

Rourke F. Bureaucracy, Politics, and Public Policy. 3rd ed. Boston: Little, Brown,

1984.

Scalia A. Vermont yankee: The APA, the D, C. circuit and the Supreme Court. Supreme Court Rev 1978: 345-409, 1978.

Shapiro M. Administrative discretion: the next stage. In: Schuck PH, ed. Foundations of Administrative Law. New York: Oxford University Press, 1994.

Schuck P. Agent Orange in Court. Cambridge, MA: Harvard University Press, 1986.

Storing H. The crucial link: public administration, responsibility and the public interest. Public Admin Rev 24: 39-46, 1964.

Tribe L. American Constitutional Law. Mineola, NY: Foundation Press, 1978.

U. S. Advisory Commission on Intergovernmental Relations. Citizen Participation. Washington, D. C. : ACIR, 1979.

U. S. House. Task Force on Legal Services and Procedure. Report of the Task Force on Legal Services and Procedure Prepared/or the Commission on the Organization of the Executive Branch of Government. House Doc. No. 128, 84th Cong. , 1st Sess. , 1955.

U. S. Regulatory Council. Innovative Techniques in Theory and Practice. Washington, D. C. : U. S. Regulatory Council, 1980a.

——. Regulating with Common Sense. Washington, D. C. : U. S. Regulatory Council, 1980b. U. S. Senate. Committee on Governmental Affairs. Office of Management and Budget: Evolving Roles and Future Issues. Comm. Print, 99th Cong. , 2d Sess. , 1986.

Waldo D. The Administrative State. New York: Ronald Press, 1948.

Wasby S. Arrogation of power or accountability: "judicial imperialism" revisited. Judicature 65: 208-219, 1981.

Wise C. Liability W federal officials: an analysis of alternatives. Public Admin Rev 45: 746-753, 1985.

Woll P. Administrative Law: The Informal Process. Berkeley, CA: University of California Press, 1963.

Wright JS. Beyond discretionary justice. Yale Law J 81: 575-597, 1972.

第十九章 公共行政学教育史

埃莉诺 V. 劳迪辛纳[*]

Ⅰ. 引言

公共行政学的教育史在许多方面是公共行政学本身历史的一面镜子。所有标志公共行政学演变领域特征的发展、多元化、变革以及动荡危机的因素都同时出现在其学术组成成分中。公共服务教育不断地被塑造和再塑造，回应每一段时期所经历的精神和风貌。因此，教育事业，就像该领域本身一样，是建立在一个一系列层面基础上，是一个叠加过程，许多新的、互为竞争、互相矛盾、且常常互不兼容的主题还是维持着密切的共存，即使是令人不安的共存。因此，历史描述呈现出建筑学特征。每个历史时期代表一个独立层（stratum），边缘上与上层或下层相联系，但大体上是独立的。而且，每一层面的持续在确定当代公共服务教育的特点中起着重要作用。

本章的目的是描述这些多重、变化、复杂的层面（strata）的形成，因为它们为公共行政今天的教学奠定了基础。在每一个历史时期，政治和社会潮流、经济变量以及其他教育体制的外部因素在形成教育使命中起着关键作用。制度结构、课程发展以及教学方法得以产生以回应这些因素。随着环境的变化，新的教育方法出现了但没有取代旧的模式。因此，随着时间的发展，教育前景在许多比较悠久的大学校园展现着同样的特点，这些学校可以找到公共行政的项目：建筑风格的多重组合，每个风格都显示了它所建立之特殊时期的特征。然而，每个结构以自己的方式仍然可以使用，而且，这种特殊结合提供了一个确定、唯一的维度来，产生一个整体，这个整体比部分更加完善。

虽然我们的讨论大部分仍是按照 10 年接 10 年的方法，但是最初从 1880~1920 年是合并在一起的。这有几个原因：

---

[*] 埃莉诺 V. 劳迪辛纳（Eleanor V. Laudicina），基恩大学（Kean College of New Jersey）

首先，它不同于以后的几十年，这整个40年有着相同的显示其特征的基本价值观和主题；其次，早期的教育发展是相当缓慢而零零星星，的确出现了一个模式，但只是在几十年发展的背景下才出现的。

Ⅱ. 形成时期：1880—1920

公共行政学教育作为一个有自我意识的事业，其出现不可避免地与"进步时代"（Progressive ERA）有关（Mosher 1975）。当时的哲学和精神加上改革运动的实际影响给第一次无经验的教育努力创造了必要的前提条件。

但是主要的知识潮流受到约翰·杜威（John Dewey）和威廉·詹姆斯（William James）"坚强意志"（tough-minded）哲学的影响，他们强调物质主义、现实主义、实证主义（positivism）以及务实主义（pragmatism）。经验和行动，而不是被动的反应，成为知识的来源，而检验真理则是有用性（Waldo 1955）。这一时期潜在的精神是深邃而本质上的乐观主义，对进步和人能指导与控制环境以及命运好转的能力的坚定信仰（Mosher 1975）。

进步主义（Progressivism）的行动武器，即改革运动，为补充学术和精神基础提供现实动力。改革运动引进了唐纳德和艾丽斯·斯通（Donald and Alice Stone 1975）所指的系统研究和教授行政学的"基础先决条件"：意识到行政管理是政府一个基础职能。因此，这些里程碑诸如：《彭德尔顿法案》的通过、重要城市的公务员改革运动、反腐败的出现以及由商业利益团体拥护并资助的公民改善协会（civic improvement associations）都把公众的关注集中在政府的行政任务上。改革要取得成功，这些任务必须通过一个新的公务员执行，这要求他不仅诚实而且在行政职能、系统、政策和过程的运作中知识丰富。因此，公共行政学教育的起源不可避免地是从要求行政改革的运动中出现的（Stone and Stone 1975）。

威尔逊（Wilson 1887）著名文章《行政之研究》的出版为系统地探究组织的运作原则提供了可以确定的一个起点。显然，威尔逊的文章是回应当时盛行的进步主题。但是，该文也是第一次表达了需要"科学地"和系统地研究行政学（Wilson 1887）。此外，威尔逊确立了以后几十年公共服务教育的基础条件，即这样一个理念：威尔逊所指的科学是有序、有组织、有效的事务性领域固有的一个组成部分，而与"政治领域的那种混乱和冲突"相距甚远。

威尔逊的文章给系统地研究和传授行政学提供了动力。但是，其他的时期和环境确定了制度、课程以及后来的学科基础，没有这些，威尔逊的方案（prescriptions）很可能是抽象而没有成型的。首先最重要的方案是出现职业教育，并将其作为高等教育的一个重要任务这样一个概念。20世纪前33年职业和职业教育开始诞生（Mosher 1975）。出现了会计、工商管理、城市规划、工程、医护、新闻、社会工作、教书以及许多其他领域，它们都是学术关注的正当对象（legitimate objects）。这一时期，高等教育主要目标和内容为职业或就业提供了准备。因此公共行政学自觉教育的开端与更广大的趋势联系在一起,无法分开,且这些趋势将从根本上改变高等教育的重心,并使得威尔逊所预期的事业成为可能。

在同一时期,其他的一些动议也促进了大学里职业教育的发展。这些动议包括:首先,建立独立的学科协会(discipline associations)。美国政治和社会科学学院(The American Academy of Political and Social Science)于1889年成立,接着是1903年建立的美国政治科学协会(the American Political Science Association, APSA)。这些协会产生了学科资格认可、概念基础以及财政基础,而且在此基础上威尔逊"行政科学"可能开始其探究。更广泛但也同样重要的是1900年美国大学协会(Association of American Universities)的成立。该社团很快就开始制定研究生教育的基本要素(Church 1971),这在当时还是一个新的概念,但成为了公共行政学教育的核心。几年之内专业协会开始发展。国际城市管理协会(The International City Management Association)于1913年创立,一年之后成立美国公共服务培训促进协会(American Society for Promotion of Training for Public Service),这是美国公共行政学会(The American Society for Public Administration)的前身。这些协会要求更高的专业标准以及先进的知识基础,也推动大学课程和教学计划的进程以接受这些要求。

在公共服务教育的演变中,课程推动了项目发展。宾夕法尼亚大学的沃顿学院(the Wharton School of the University of Pennsylvania)首次具体开设了有关公共管理问题的课程(Sass 1983)。不足为怪的是,其重点放在财政上,毫无疑问这反映了学院的使命,也反映了当时对腐败以及对市政事务的诚实"企业化"实践的极度关注。还早在1882年,该校的目录上就把薄记(bookkeeping)列为地方政府管理的为数不多的议题之一。后来的课程更加具体地集中在公共财政管理、开支和税收上(Blunt 1989:612)。不久,公共行政课程在其他地方出现。1892年,加利福尼亚大学开始一系列的课程,主要是地方政府和财政。其他地区也相继仿效。10年之内,在比较行政、城市政府、行政法以及州和联邦行政等方面的课程开始出现在大学大纲里。1900年,该新生领域出现了另一个里程碑:古德诺《政治与行政》的出版。被普遍认为这是第一本真正的公共行政学的教材。

除了课程设置,20世纪初许多大学还承担了另一角色:建立研究机构支持城市改革运动。1909年,威斯康辛和堪萨斯市政信息署成立,由大学外延服务机构(extension services)管理。1911年,纽约市政研究局(the New York Bureau of Municipal Research)开始运作。1913年,在8个州建立了研究局。为了和进步改革运动的精神保持一致,他们强调实践和务实:提供直接有用的帮助使政府日常的事务能有效运作。在一些情况下这些研究局是后来学术项目的跳板,但在那之前还是经过了好几年。

虽然对课程还是一知半解,虽然还只成立了几个研究机构,但大学对所出现的专业的要求反映还是缓慢。结果,不足为怪的是"第一个真正的公共行政专业学校"（Stone and Stone 1975：28）是在学术界以外开设的。玛丽·埃夫里尔·哈里曼（Mary Averill Harriman）夫人在她出国旅行时，对英国公务员模式印象颇深。她一回国，就寻求促使哈佛、耶鲁和哥伦比亚大学的校长发展一个美国的公共服务模式，为公共服务培训有才能且志向远大的年轻人，但没有取得成功。最后，她捐助了纽约市政研究局，该局成立于1906年，是该市市政改革的一部分。1911年，该署建立了公共服务培训学校，哈里曼夫人（Mrs. Harriman）捐出25万美元，后来又得到了同样富有和慷慨的捐赠者的资助，包括安德鲁·卡耐基（Andrew Carnegie）和约翰·D. 洛克菲勒（John D. Rockefeller）（Roberts 1994）。

早期公共服务培训学校的课程体现了这一时期的主导主题。最初既不是科学的也不是立足于任何深邃的社会理论。像许多这一时期才出现的领域，它的途径是务实的、跨学科的、问题导向的而且相信进步、效率和能人统治。该学校有双重功能：消除浪费和增加效率，同时使用新的合理的治理机器达到社会满意的目标。通过动手而学习的理念是课程的中心部分。学生马上按照研究局当前的计划展开工作。研究、公共服务和教学是紧密相联的。1915年，通过引进常规的计划讲座和研讨班，成为两年项目的核心特征。但是，还是保留了实践和应用的成分。课程涉及这些主题，诸如法律、城市政府、立法起草和管理、城市公路工程、城市会计、警察和消防管理以及管理原则。培训学校在该领域对政府的影响是巨大的。在1911～1930年间，几乎有1600个男女通过了这一项目，80%的毕业生进入政府或其他形式的公共服务部门（Stone and Stone 1975：269-271）。

1914年，新生的公共服务教育事业受到了只是稍微更加成熟一点的政治科学领域的学科认可。美国公共行政学会（ASPA）公共服务实践培训委员会的报告表明了"热切支持为政府职业培训建立一个广大项目"（White 1933, 260）。该报告进一步提议建立特别的"专业学校"和新的技术学历（technical degrees）。几乎就在同时，政府指导委员会（the Committee on Instruction in Government）的一个报告将公共行政作为当年建立的美国政治科学协会（the American Political Science Association，APSA）存在的一个主要原因，强调政治科学在为市民培训、准备诸如法律和新闻等方面的职业，以及为政府职位和研究训练专业人才和专家等各方面的作用。

到1920年为止，已经奠定了公共服务教育在30年以内应该前进的方向。旺盛的精力、乐观的态度以及对进步的信仰融为一体，"进步时代"将继续鼓舞教育事业致力于通过开明的职业化改变社会。作为支撑主题的技术改革主义（technocratic reformism），与效率和经济这两个一样的价值观紧密结合，这一时期大部分都主要集中在为地方政府管理的教育上。后来，同样的主题也融入到集中在国家层面的学术项目上。

也许要确定后来几十年的课程，最重要的就是基本的PODSCORB公式，它们强调教育管理是一系列的技能（Ellwood 1985：6）。整个这一时期的管理被发觉是"无论在哪里发现都是一个单一的过程",它的教学,非常类似于其实践,最终能够以一种科学的方式完成。出现在这一时期文献中的基本"管理原则"是新兴的教育事业的指示灯。如德怀特·沃尔多(Dwight Waldo)所指出的,这些原则已经获得了权威教材的地位,将被接受作为持久的真理(lasting truth)。最终这些原则进一步演变为教条,一直持续到20世纪30年代晚期。"一个综合体——而且,一个具体成形的东西——已经出现了"(Waldo 1955:39)。

具有讽刺意味的是,虽然管理原则继续被视为"一般性的",即,无论在哪里发现都是一样的,但是对管理实施的教育却逐渐在政治科学学科领域内整合。原因正如尼古拉斯·亨利(Nicholas Henry)所提出的,是在"地点"而不是"焦点"时候的重点。早期的作品、研究以及教学强调地点——政府环境。焦点——管理的基本职能——虽然还是课程的组成部分,但是,在作为确定该学科的指导因素时已不是最重要的。结果是,公共行政学与相关的领域,诸如企业管理等逐渐分离,当时这些相关领域开始了他们自己富有成果的对组织性质的探索研究(Henry 1995)。同一时候种下了什么将成为政治科学内一个逐渐壮大的分裂分子的种子。政治行政两分法的概念在理论上为政治科学和公共行政之间的瓜分领地提供了分析理论基础,产生了到今天都非常明显的核心课程差别。

Ⅲ. 20世纪20年代:公共行政学作为一个单独研究领域的发展

公共行政学教育从1920年前开始成形。但是,在1920~1930年这10年间,最初的发展轮廓出现了更多细节和内容,尤其是当坚固的制度构架(solid institutional housings)和可接受的课程模式出现时。机构的发展,开始比较缓慢但一直在加速前进,是这10年的显著特征,而私人慈善机构则是作为推动其发展的动力。

整个20年代公共行政学的培训项目、研究机构以及大学课程继续扩大。但是,相对而言很少有发展成正式学位点的项目。主要受到洛克菲勒基金会资助的融入所鼓舞,这一个10年期后来发展速度加快,但早期发展还是缓慢的。在1931年以前,只有375个研究生(或相当于研究生)的学位点(Stone and Stone 1975)。但是,当时却出现了重大的组织模式。除了在加利福尼亚大学的伯克利分校(1920)和斯坦福特大学(1921)开创的项目,10年中,有两个学位点在许多方面具有规范性影响,这些影响集中体现了这10年的主要主题。它们分别是,锡拉丘兹大学的马克斯韦尔公民与公共事务学院(the Maxwell School of Citizenship and Public Affairs at Syracuse University)以及在南加利福尼亚大学的公民与公共行政学院(the School of Citizenship and Public Administration)。这两所学校在真正意义上,为把公共行政学建立为一个独立的研究领域,起了开创性的作用。

这10年初期，乔治 A. 马克斯韦尔（George A. Maxwell），一个富有的企业家，也是锡拉丘兹大学的校友，表明了建立一个新兴学院的兴趣，其目的是双重的：致力于教育更好的公民并且把社会科学领域的教育和研究与公共服务专业教育相联系。乔治·达文波特（George Davenport）被任命为第一届院长，他向卢瑟·古立克求教培训公共服务专家的意见。那时候，古立克是国家公共行政学院（the National Institute for Public Administration）的院长，以前是纽约市政研究局的局长（New York Bureau of Municipal Research）。当时，国家公共行政学院正面临严重的财政困难。看到这个机会，古立克建议，不从小打小闹开始，锡拉丘兹大学应该吸纳培训学院的活动。达文波特同意了，于是1924年马克斯韦尔学院开始招收第一个班6名学生，都提供奖学金。

马克斯韦尔学院的成立说明了公共行政教育的发展和"进步运动"有着密切联系。学院的创始人乔治·马克斯韦尔、弗雷德里克·达文波特、卢瑟·古立克以及威廉·莫舍（他是达文波特的继任院长）都分别与"进步运动"的好几种不同思想有联系，但他们都相信，公共福利（common good）的主要敌人就是政治腐败和行政缺乏效率。他们的共同目标是，通过恰当的研究生教育，建立一支专业公共行政人员队伍。他们的教育哲学是务实的、工具型的和实验性的。但是，他们都深信要广泛扩大政府的权力来调节经济和警务方面的政治和社会弊端。从上层开始控制，并且由一支公正客观的行政人员控制是关键所在。这样一支队伍能有效地对劳工、顾客以及资本家不同的需求进行公正的判断（Johnson, n. d.）。

把培训学校转到雪城大学，这将作为公共行政学教育的基本原则的基本务实应用的因素带入一个大学环境之中。古立克相信，对政府的研究已"过于书本化"，他强调对现场服务的要求是获得第一手知识的最基本途径（Johnson, n. d. 11）。所开设的课程注重调查水利工程、污水处理工厂、警察局以及其他市政机构。对于没有经验的人来说，实习是很重要的。学院的重点放在城市管理上，但是也明显强调大量的政策和实际运作。相对缺乏教材，尤其在这10年最开始的时候，激励他们采用归纳的方式上课，重点放在解决问题和发展提高公共服务供给的实用技能上。正如斯通和斯通（Stone and Stone 1975：45 - 46）所记录的，最好的课程是能够给研究生提供许多的"操作性好处"（operational mileage），产生明确的使命感以及强大的道德规范和对发展前景的信心。

马克斯韦尔学院成立几年以后，在大陆的另一端，南加利福尼亚州立大学也建立了自己的公共行政专业学院。该学院于1928年开始了在公共行政系中（the Division of Public Administration）给实践者提供的一系列学院短期课程。在一个较短的时期，这些课程发展成为一个完整的课程体系。在1929年2月28日，公民与公共行政学院成立。与当时出现的大多数教育事业单位一样，课程重点放在地方政府、强调流行的效率和经济规范上，并且依赖于从商界引进成功的技术。学院的任务就是"促进那些被公民为公共或群体目标而闲置一边的资源的提供、控制和使用，应用经证明在私营企业资源使用中宝贵的原则和技术"(Olson 1955：10)。

与马克斯韦尔学院不同的是,公民和公共行政学院从一开始就设置了学士和硕士学位。白天和傍晚都开设课程,但是常规和进一步划分的课程内容没有区别。全部的课程是广泛的、多学科的,包括政治学、经济学、社会学、心理学、人类学、历史和科学。还有一点与马克斯韦尔学院不同的是,南加利福尼亚州立大学的这一项目深深根植于当地社会。尤其商务部门在参与确定课程、政策和程序中发挥着积极作用。

马克斯韦尔学院和南加利福尼亚州立大学经历的相似点和差异使得我们有可能确定早期公共服务教育的两种不同途径的概貌。马克斯韦尔学院提供的模式是教育和培训相对较少的精英和全职研究生。虽然是在纽约上州进行的教育,但是这些学生一经毕业就可以为全美国的大大小小的社区需要服务。另一方面,南加利福尼亚州立大学的课程是现在许多州和地方政府不同的、多功能项目的先行者。对于致力于全职或业余教育的学生、职前人员和在职者、研究生或本科生来说,这些课程都是深深扎根于当地社区和地区。虽然南加利福尼亚州立大学后来在全国更加的突出,但是其起源和最初所强调的都是南加利福尼亚州社会背景下的部分。

支持新公共行政专业的教育基础结构的兴起得到了同一时期建立的补充性的职业协会和研究学院的加强。其中最为重要的是公共行政交流中心(the Public Administration Clearing House)。最初,该中心位于芝加哥大学校园内,后来它把15个公共服务组织聚集在一个地方。这些组织包括国际城市管理协会(the International City Management Association)、市政财务官员协会(the Municipal Finance Officer's Association)、公务员协会(the Civil Service Assembly)、美国市政协会(the American Municipal Association)以及美国公共工程协会(the American Public Works Association)。在形成时期,主要在路易斯·布朗诺(Louis Brownlow)领导下,交流中心不断强调需要在大学进行在职培训以及职前培训教育,并发展了许多自己的培训材料。在同一时期,社会科学研究理事会(the Social Science Research Council, SSRC)表明了对正在发展中的这门专业越来越感兴趣。1926年,SSRC组建了公共行政咨询委员会,以促进公共官员和学者之间的联系,并以此支持应用研究。该团体也是在布朗诺的强大领导和影响下,确保重大的公众对广泛的行政和管理问题研究的支持。1927年,布鲁金斯学会(the Brookings Institution)成立,这又为支持公共部门管理的研究和探索提供了另一工具。

在政府除支持最基本的服务以外都非常俭省的时代,对教育、培训和研究的经济支援都是来自于私有渠道。许多慈善机构支持公共行政领域的教育、培训和研究。当时最重大最具有影响力的是洛克菲勒基金会。洛克菲勒的支持直接促进了教育项目的发展。从1927~1936年期间,该基金会给公共行政新的学术项目资助了100万以上的资金,这些项目包括锡拉丘兹大学、哈佛大学、加州大学伯克利分校以及芝加哥大学等在内。洛克菲勒基金会对于公共行政交流中心的支持也是至关重要的，在 1922~1936 年间，交流中心收到了超过 350 万美金的资助。洛克菲勒基金会同样也构成了社会科学研究会的预算的大部分，这一时期有 1/5 的预算资金投入到公共行政咨询委员会（Roberts 1994）。

普遍意义上的私人慈善组织和特别意义上的洛克菲勒基金的重要意义直到最近才被认识到。显然，许多私人慈善机构是受到早期良好政府运动反腐败、反浪费热情的吸引。同样把"企业化"方法这一概念融入到政府运作也普遍感染了很多人。但是，洛克菲勒基金会资助的规模和范围以及它资助的条件对早期的公共行政研究和教育的整体方向有着重大影响。罗伯茨（Roberts）认为，洛克菲勒基金会给公共服务教育的初期事业提供资金，这也加快了政治学和行政学概念的分离，并寻求一个客观的"行政学"。基金会注意避免参与有争议的政策问题的丑闻或任何名誉受损，所以它坚决拒绝资助与政策问题相关或暗示有点点政治参与的项目。"主要依赖于洛克菲勒资金来促进专业发展和学术研究，也感觉到了慈善机构所担心的争论中的纠缠不休，受款者把大量精力都投入到避开政治项目中去"（Roberts 1994：224）。

将行政与政治分离、使用自然科学比喻（metaphors），以及寻求行政的客观"原则"也是早期教材中的流行主题，第一本教材就是这 10 年出现的。第一本致力于公共行政学的教材即怀特出版于 1926 年的《行政学研究导论》（Introduction to the Study of Administration）中包括了这些主题，有人认为是这本书宣告"公共行政学作为一门独立的研究领域的诞生"（Chandler and Plano 1982）。该书首次系统地组织了行政学研究。它发展的概念和方法一直到 40 年代都可用来界定这一领域：政治与行政的分离、需要确定客观的行政方法、公共行政作为"公共事务执行"的概念以及效率和经济的基本标准。1927 年，另外一本书，威洛毕（Willoughby）《公共行政的原理》（Principles of Public Administration）问世。威洛毕和怀特一样，吸收了许多"进步时代"的主题，但是更着重强调科学原则的发展和应用。

到这 10 年末，普遍接受的课程定义、课程内容以及学科方向开始出现。当时的四个主要的原则深深铭记在文献和课程表内：首先，政府过程只有两部分组成——决策和执行；其次，行政可以变为一门科学；再者，科学的研究会发现行政的原则；最后，经济和效率是最重要的，即使他们不是行政研究的唯一目标（Waldo 1955）。到这一时期，很清楚的是，新生的教育模式将明确地突出管理（Ellwood 1984）。因此，公共服务教育的美国式路径将完全不同于法律统治的欧洲模式和普遍教育统治的英国模式。早期作品的作者几乎从最开始就证实了这一趋势，即该领域是受政治科学家以及政治科学的学科视角所支配的。

Ⅳ. 20 世纪三四十年代：行政国家的教育

20 世纪 20 年代后期到 40 年代后期是公共行政学学术发展的黄金时期。

"新政"和第二次世界大战一起促进国家层面政府权力急剧扩大。反过来，这一扩大也是公共行政学领域的学术人员所支持、辩护、发动和合理化的。以前没有，以后也不会有像这样学术和公共行政如此密切地与权力职位相关。"在这个国家历史上，教授作为国家成员在权力走廊上漫步时，从没有受到过如此的尊重和得到这么多的关注。而那些在新兴的公共行政艺术和科学专业的毕业生，在拿到他们还笔墨未干的文凭时，也从没有遇到过这么多有兴趣的工作机会"（Egger, in Mosher 1975：50）。这20年公共行政达到了名望的顶点，因为教授们发现由于他们的专业才能，他们受到政府还有产业界的尊重。

也是在这20年内，作为学术事业和专业实践的公共行政最终也得到了外界的承认。"人们在1925年可能从没有谈到过公共行政，也不能确信听众知道它的意思。但在1937年，情况就截然不同了"（Roberts 1994：222）。该领域许多研究和实践的制度基础也是在这20年制定出来的，关于公共服务教育的重大价值观、先决条件、内容和目的永远都不可能达到一致的程度（Gulick and Urwick 1937）

这一时期的学术项目发展缓慢但是步伐稳定。到1933年，大约产生了25个公共行政新项目（Ridley and Nolting 1937）。此外，开办了39个培训学校和12个或更多的大学研究机构（Stone and Stone 1975）。就业机会增加了，这与政府活动增加有关。明尼苏达大学报道，在1928~1936年间，共有1/3的毕业生进入公共服务部门（Graham 1941）。根据当时政府活动的巨大增量，大学相对缓慢的回应可能难以理解。在某种程度上，原因在于那个年代的经济短缺（economic stringencies）。面临巨大的经济萧条，许多大学奋力维持生存。新的务实发展（new pragmatic development），无论是何种需要，都是一件奢侈的事情，很少有人进行。而且，虽然公共行政学作为一门学术领域声誉与日俱增，但仍有人怀疑（甚至是在主要的机构内）为公共服务培训的功效问题。《公共行政评论》的第一期特载了罗伯特 M. 哈钦斯（Robert M. Hutchins）——他当时是芝加哥大学的校长——和马克斯韦尔学院的院长威廉 E. 莫舍（William E. Mosher）之间的一个对话。哈钦斯坚持采取英国模式，认为广泛的人文学科为行政准备提供了必要的基础。幸运的是，为了公共行政教育的将来，莫舍的观点占据了上风，学术项目继续它们缓慢而稳步的增长。

纵观这20年，学术课程调整适应不断变化的环境，但总是在"进步时代"基础的框框内。最重大的课程变化是从早期的以地方/城市作为中心转到更加关注联邦层面的行政。同样，早些年所强调的务实、实践并主要靠动手来强化技能都逐渐不受重视，而倾向于更多的课堂指导，推动广泛的管理和行政能力的发展（Egger 1975）。在继埃尔顿·梅奥（Elton Mayo）和其同事研究之后，并得到切斯特·巴纳德（Chester Barnard）早期研究成果的支持，人际关系现在成为一个共同的课程，虽然几乎不可能代替 PODSCORB 或者普遍存在的效益标准。

1935年，第一次展开了对公共行政学教育一系列常规的阶段性检验。公共行政交流中心发起和召开大会以考虑合适的教育和培训模式。大会的议程报告第一次系统地提出了区分当时出现的几种公共服务规划形式：初步教育、实习或学徒，以及在职或后续培训。有关"初步"（可能是大学本科生）这一部分明确丢弃"独立的、只为公共服务部门做准备的大学或学院项目"这一概念。为公共服务部门具体的培训应该局限于在职阶段，"因此不是教育机构主要关注的问题"（Lambie 1935：11）。该报告的确呼吁对本科课程做出调整，以使学生更好地理解公共服务部门的职责和义务、理解公务人员的回应性、了解财政、政治和法律基础知识以及学到一些工具性方法：统计、会计、口头和笔头英语、速记以及图书查询方式（library methods）。但是，首要的重点应该是在"全能大学"途径上，特别强调跨学科。该报告第一次明确表达了这样一个理念：公共部门管理角色的具体准备应该限制到大学毕业典礼之后的经历上。这种观点主要突出了几十年后本科生和研究生差别的认知特征。

对在职培训，该报告确定了至少 11 种类型的培训，从会议到短期班到"有组织的课程"。但是，所有的类型有一个共同的主题，即需要学术人员和实践者的密切互动。下面从该报告所摘录的一段节选表明了该报告的特色，以及它所确定的大学毕业后培训选择的广大范围：

> 传统类型的研究课程，根据大学课程所开设，可以在部门或官方机构、抑或在合作大学的指导下继续学习/研究特定主题，在某些情况下得到证书和学位。[或者]
> 与政府机构比邻的学校开设学校有组织的课程，专门进行公共服务培训并且提供设备或更长时段、有组织并予以指导的研究，届时颁发证书和学位 [或者]
> ……在公共行政学领域，由实践者和大学教师共同组织和进行课程，这作为行政学艺术和科学的主要激励（Lambie 1935, recommendations）。

显然，这些与会者远远没有考虑有学位和没学位项目之间的差别，他们需要的是确保在大学和社会实践者之间保持一个密切、持久的工作关系。报告中很突出的是构想发展一个职业服务机构，这样学生可以接受不同层次的教育。无法确定该报告对当时正在发展的新公共行政项目有多大影响。但是在学术界和实践者之间的密切合作（虽然这是这一时期的主要特征）的确没有进入后期。除了它是第一次作为一种新类型出现而非常重大外，该报告也由于第一次明确阐述大学毕业前"准备"阶段的教育类型与大学毕业后的专门培训的不同而获得一些持续性的共鸣。

整个 30 年代对专业培训的支持力在增长（White 1933）。在地方层面，城市群体（leagues of municipalities）常常承担了培训的责任，并不断得到地方慈善机构的援助。例如，30 年代纽约市长和其他市政官员大会得到了斯佩尔曼基金会（Spelman Fund）5.2万美元的资金以建立一个培训市政雇员的项目。警官、消防员、福利官员（welfare officials）、房屋验收员（building inspector）、污水工厂操作人员、评估人员、奶制品验收员（milk inspector）和其他官员受到（他们许多都是第一次）关于他们不同范围内的现代程序和实践的正式指导。在国家层面，行政管理总统委员会（布朗诺委员会）1937年的报告还有其他的一些议题，赞同行政干部进行培训，因为在他们手中该报告所提议的许多程序改革能够予以实现。这些改革包括需要在行政上集权、职能巩固以及提高公共管理效率和效益的新程序。

美国公共行政学会（the American Society for Public Administration，ASPA）的成立再次说明了正在出现的专业认同。ASPA作为一个中心点，周围是培养刚刚明确表述的行政"艺术和科学"。成立不久后，ASPA承担起主办《公共行政评论》的责任，这是一年前在锡拉丘兹大学开始的出版物。作为一个全国性出版物，它能够培育和传播行政学最优秀和最新近的研究，并介绍建立专业公共服务的另一手段。ASPA的成立也有助于将发展中的学术学科合法化（Blunt 1989）。如沃尔多所言（in Mosher 1975：13-14）："政治科学作为一门学术学科，不足以代表和培育那些对提高公共行政绩效感兴趣的人的需要，这一见解是建立新组织的强大激励力量。回顾过去，很清楚的是ASPA首先代表的就是尝试把公共行政从政治学的禁锢中解放出来……。"

值30年代结束40年代开始之际，对服务于快速增长的政府官员职位的教育力量（educational force）也在发展。1941年，为社会科学研究理事会的公共行政委员会（the committee on Public Administration of Social Science Research Council）的公共行政服务部门（the Public Administration Service）出版了第一部关于教育筹划的综合性研究：《公共行政教育》（Education for Public Administration）。作者乔治·格雷厄姆（George Graham）区分了大学中5个不同的活动：专业准备、提高研究和自然科学、提高研究和社会科学、加强辅助性职员机构（auxiliary staff agencies）以及发展管理职能（Graham 1941）。这次报告，与早期的大会报告一样，明确区分了本科生和研究生的准备差别，倡导专门为本科生水平的自由教育。对于研究生水平，格雷厄姆建议开设综合性课程，包括这些领域诸如人事、财政管理、组织以及相关学科课程如经济学、政治学和统计学。英语、心理、历史和公共演说也认为是合适的课题，与对跨学科的强烈信任保持一致。

格雷厄姆的研究与早期大会报告比较的结果也揭示了干涉年代中一些强调的改变。不像30年代的与会者，格雷厄姆认为公共行政教育牢牢地留在了大学环境里并与传统的学位密切相关。格雷厄姆强调在教室启用公共官员和顾问的重要性，强调给学生应用研究和实地经验机遇的重要性。但是平衡被扭转了。事实上，1935年报告描述了在大学和实践者之间的伙伴关系。如果其中之一在这种模式中被认为是次要合伙人的话，那肯定是大学——大学被认为仅仅是一个容器，通过它可以满足对公共服务的务实、实践的需求。但是，到40

年代时，发生了波澜壮阔的变化。现在大学成为了主要合伙人，而实践者社团是助手和支持者。在公共服务有学位教育和无学位但"务实"的培训之间产生了一个主要的概念裂缝。

战争年代对公共行政项目产生主要影响，为战后将产生的激烈变革做好了铺垫。最直接最明显的战争影响就是在学生团体上可以看得见的一个改变。随着对大学教育免除的结束，入学人数陡然下降。现有项目"面临做得多，关心4门功课不及格的学生和女生，因为只有这两个群体进入某些选择服务年龄段领域，而他们并不受到欢迎"（Egger 1975：86）。正如在许多其他领域一样，战争年代为女性打开了各种途径和新的机会。外国学生大量参与到某些项目中来，尤其在锡拉丘兹大学，这增加了一定的人口属性差异，在那以后的许多年内不会很明显。但是，这些变革主要是临时的，一旦战争结束就会消失，传统职位就会占据所有的座位。

对公共行政作为学科和学术事业其前途更为重要的是大学教师纷纷离开校园，进入一线和政策制定职能部门。在联邦官僚制中的经历可以让他们更加综合地理解政策过程。最后正是这种理解——后来被赫伯特·西蒙（Herbert Simon）和其他人的研究所支持——才导致了政策行政两分法作为该领域基础概念的崩溃。不仅存在一个提高的认识，认为行政官员与政策密切相关无法分开，而且政策发展本身也得到重新理解。政策发展与党派之争的联系——这是该领域早期依赖于洛克菲勒基金但洛克菲勒对这一有争议的问题持保留态度的遗产——让步于作为回应高于一切的国家利益的一个新的政策见解。回到校园，学术人员现在寻求通过行政为获得"良好"结果的可能性描绘一张精确乐观的图片（Ellwood 1985）。许多这些从学术领域转行的行政人员都是政治科学家。他们重新振作的精力和声音，结合一直坚持公共行政与政治科学分离的概念基础的崩溃，一起加速了公共服务教育趋势以政治科学为动力的进程。

"二战"期间以及战后这一时期是过去10年教育的种子开始在国家层面结果的时期。许多20世纪20—30年代启蒙项目的毕业生在战后一直留在华盛顿，很多人已经获得了权势职位。"这是一个镀金时代，公共行政人员组成了这两届胡佛委员会，这一时期詹姆斯·韦伯（James Webb）和埃尔默·斯塔茨（Elmer Staats）的成功产生这样的印象：联邦政府最终开始发展一个英国行政等级的类似物"（Ellwood 1985：9）。这个结果把一个全新的重要感带入学术界，但曾经促进早期进步的同一的教育视角将面临分解。

这10年之末，开始了对公共行政主要观点的一系列的挑战。1946年摩斯坦恩—马克斯（Morstein-Marx）读本的出版首先挑战了主流观点。接下来是达尔（Dahl）1947年写的文章：《行政科学：三个问题》（The Science of Administration: Three Problems），同年又被西蒙的《行政行为》（Administrative Behavior）所超过。这只是进攻中开始一连串扫射，但却永远地改变了公共行政教学。始于40年代晚期的革命确立了新的方法论原则、提供了探究的新焦点并且把公共行政研究逐步远离实践和应用而转到学术分析上来。运动最终为政治科学在整个 50 年代一直到 60 年代都处于主导地位打开了大门。对公共行政学的学术研究不再是以实践突出学习特色，但它可以成为一门行政科学，它的客观性在于远离实践。

V．20 世纪 50 年代：衰败和分裂

50 年代伊始，公共行政学在学术上比较落后，它就不能解决它所面临的、不断增加的系列挑战。该领域在其神圣的概念受到致命的抨击后一直处于学术混乱状态，现在该领域终于与横扫学术领域的新力量作斗争，这些力量将进一步腐蚀脆弱的认同感所遗留下的任何东西。新的科学学问模式、新的研究议程以及新的行政概念加速推动了衰败和分裂。这 10 年得出结论，结果是学术领域目标感最小，这受到相关学科同僚的诋毁，在部门上也是独立于备用模式和方法论之外，这些很可能促进其振兴。公共行政学开始了其长长的下坡路（Henry 1989）。

衰败的标志最初并不明显。的确，先前几十年的经历一开始似乎对课程安排有很积极的影响。"新政"和"二战"经历一起在课程重点上产生了 4 个主要变化（Fesler 1975）。第一，远离行政职员的专业，诸如人事、购买等等，赞成与获得公共目的相关的线性操作（line operations）。第二，重点从主要行政和主要辅助性和控制机构转到部或局级的行政问题。第三，避免一般抽象的原则，而看重个别部和项目的变化的环境。最后，该领域从关注经济和效率作为指导规范到更广泛意义的公共行政是或应该是如何受到在其民主背景下政治价值和过程的影响。甚至当该领域正在丧失其主要的概念基础时，却出现了对行政领域一个更为丰富、更加多样的看法。

40 年代后期出版的几种教材说明了"大萧条"和战争的影响。摩斯坦恩—马克斯（Morstein-Marx, 1946）编辑的《公共行政的构成要素》（Elements of Public Administration）介绍了 14 位政治科学家对政府经验的见解和视角。保罗·阿普比尔（Paul Appleby）是前农业部长和预算局助理局长，在这一时期至少有 3 本教材：《大民主》（Big Democracy 1945）、《政策和行政》（Policy and Administration 1949）以及《民主政府的道德和行政》（Morality and Administration in Democratic Government 1952）。这些教材（也许最后一本是按照学术实践者的传统）试图表达行政生活的丰富现实。它的基础主题是这样一个概念：由公众确定的政府与其他的行政组织形式存在固有的不同。方法论上而言，这些作品完全不同于早期发展普遍的或者"科学的"管理原则这一目标。

1953 年出版了菲夫纳（Pfiffner）和普雷斯修斯（Presthus）以及迪莫克（Dimock and Dimock）的两本教材，它们证实了正在发生的大变化。他们重点更少地放在职员或者家政职能上，而更多的是在政治环境上。政策执行和制定在将行政主要任务概念化中扮演更重大和更主要的角色。两本教材都没有表现出有关行政已知或已确定的原则的相同的确定性，这些原则曾是该领域的突出特

征。甚至比起前几年来，更大程度上，这些教材不重视行政的结构方面而是更多关注过程方面，尤其是在政治动态中的相互作用（Waldo 1955）。

但随着公共行政开始包括一个范围更广、更加复杂的行政综合体观点，对于其方法、信誉、任务以及存在理由的抨击开始了。在三四十年代，已成为国家机器一部分的大多数政治科学家不断地把该领域纳入政治科学领域或政治科学各部门的行政产业（administrative housing）。现在与世纪之交政治科学将自身主要界定为公共行政形成鲜明对照的是，政治科学宣布其对公共行政的支配性地位。在1952年出版在《美国政治学评论》（American Political Science Review, APSR）的一篇文章中，美国政治学会的主席罗斯科·马丁（Roscoe Martin）明确阐述了在政治科学社会一个共同的观点：公共行政除了作为政治科学一个子领域这一地位外，没有明确的学术根据或概念身份（Martin 1952）。这一时期的研究作品中，公共行政也常常被简单地当作政治科学领域内的一个"重点"或者"兴趣领域"（Henry 1995）。

行为主义运动的出现又是当头另一棒。行为主义不赞成研究政府和行政机构，即当时公共行政如何界定自身的本质。植根于逻辑实证主义，加上其刻板地对事实/价值的区分，行为主义对教和学中的标准规定提出质疑。行为主义呼吁科学研究的严格标准并要求在理论和模式的制定中"精确"、要求定义和设想"明确"、在假设方面讲求操作主义、对假设要进行实证测试并且要求质性方法的重要性。如费斯勒（Fesler 1975：115）后来所哀叹的："政府似乎已成为只是一个可以依赖的变量，而行政则是一个毫不相干的东西"。

在著名的公共行政学者中的确出现了对新学术潮流的一定调整。1950年由西蒙等人编写的教材《公共行政》严格遵守（rigorous commitment）逻辑实证主义。其作者小心翼翼避免对政府应该做什么做出任何判断，对理想的或甚至是合意的政府安排没作任何规定，并且避免进行任何道德评价。但是，与以前的教材相比，在更大程度上，他们纳入了诸如心理学、社会学以及其他行为领域的学科概念和信息。对行为主义强制性规定的适应也明显地体现在菲夫纳（Pfiffner）和普雷斯修斯（Presthus 1960）的教材、考夫曼（Kaufman 1960）的著作，以及贾诺威茨（Janowitz 1958）等人的著作和沃纳（Warner 1963）等人的著作中（Waldo 1955：31）。但是，这些都是例外，基本上，授课和课程继续反应传统的、相对当时已明显过时的观点。处于政治学系下的公共行政学教师不断地失去其卓越地位和学生，可能不再受到主流政治科学更加精彩、更加现代化的吸引。

而50年代，作为确定政治分析的概念框架的多元主义出现给公共行政雪上加霜。多元主义学者不遗余力地发动提供给公共行政的另一个主要学术基础：公共利益这一概念。在实证主义者的攻击下、在经验主义者的辩论下，可确认的并受客观决定的公共利益概念被贬为一个谬论、一个纯粹的神话。而且，多元主义者强调"投入过程"，把主要权力给了立法运作和利益团体的活动而不是给了行政运作（Fesler 1975：114）。

面临飞速下降的地位，公共行政学学者奋力找到新的和更有激励的途径来教授行政现象。案例研究方法很快就在公共行政教学中盛行，并在许多方面成为一个与众不同的创新方式。案例研究不断增长的魅力反映了社会对用教科书作为教授和培训的途径普遍不满（Waldo 1955）。"原理"教学途径仍然在许多教科书中明显存在，它言过其实地肯定了有关行政的假设的科学概括概念。程序上，教材几乎没有传达行政生活的实际情况。相比较而言，案例则是试图重新构建真实的行政事件，因为其展示的问题和活动显得意义重大。案例审查也提供了重新把价值观引进整个课程的机会，虽然在许多行为主义导向的教材系列里这些价值观是被禁止的。一个早期的案例本（虽然绝对不是第一本）是斯坦（Stein 1952）所写：《公共行政学和政策制定案例》（Cases in Public Administration and Policy Formulation）。这些案例为制定政策和项目加强了了解具体环境的重要性，高度评价了从行政现实中间接得到的经验。案例研究重新引起了"动手"热潮，这曾经是早期公共行政教学中的显著特征。

案例法在1948年随着校际案例项目（Interuniversity Case Program，ICP）的成立仪式结束就得到极大地振奋。在康纳尔、哈佛、普林斯顿以及锡拉丘兹大学的发动下，校际案例项目（ICP）在早期得益于另外一个慈善赞助者——纽约卡耐基公司（the Carnegie Corporation of New York）的慷慨援助。校际案例项目（ICP）案例的独特性质是集中关注在对大量经济和社会维度的重大决策上而不是更加世俗化的行政过程上。这些案例围绕一个单一的决策以及与这些决策相关的组织、群体和个人的行为。案例试图使这些间接获得的经验的范围、深度和时尚性接近。

案例法作为一个教学手段，先不管其价值和普遍性，它在公共行政学学者中激起了一些矛盾。依赖于案例研究和书写强调在政治科学和公共行政学之间与日俱深的鸿沟。当政治科学同僚正勤勉地朝科学概括和理论构建前进时，公共行政学教师们朝着完全相反的方向，集中关注个体现象以及行政经历中的丰富多样性。案例作为教学手段无论是多么精彩纷呈颇具成效，但没有给科学概括提供任何实证基础。案例主要以描述为主，缺乏分析。无论案例分析有多大的收益和价值，这10年对它的反应可以看作是一个暗喻（metaphor）。如亨利（Henry 1987：52）所指出："使用案例分析学术感到不安反映了公共行政当时的情况：一群垂头丧气的学者，被孤立于其同僚之外，却试图用他们唯一知道的方法来解决"。

当学术上公共行政已被孤立于政治科学边界之外，它在这些界限之内的地盘使它更加孤立于这些学科诸如经济学、社会学和心理学等潜在的实用的影响外。例如，在经济学、数学和运筹学研究等系，正在发展着令人兴奋的新的管理模式和分析技术。在更加定量的社会和行为科学领域的创新对公共行政教育产生了一个让人饶有兴趣的谬论。理性分析的新技术对于获得公共行政传统的效率标准是必不可少的，但不断要求超出了大多数公共行政教师能力范围的技术和培训。新的课程和课程内容使得通才行政人员（generalist administrators）能够评估和应用从运筹学研究、计量经济学和先进的统计学吸取来的新技术。但是，被孤立于政治科学各系之外，公共行政学教师既没意识到也没有必要的能力打入（tap into）这些潜在的丰富的新学术潮流。

社会学和工业心理学领域同样也在重大的概念和理论突破之中痛苦挣扎。官僚制和正式组织的研究始于马克斯·韦伯（Marx Weber），在塔尔科特·帕森斯（Talcott Parsons）和结构功能主义的影响下也整体上呈现出新的方向。《田纳西流域管理局与基层组织》（TVA and the Grass Roots 1949）和《领导与行政》（Leadership and Administration 1957）的出版证明了这种分析途径来了解公共组织的动态性是很有价值的。也产生了关于人际关系的和小型工作团体的爆发性研究。在大规模组织内个人自由和自主的规范性问题吸引了许多学科的学者。到50年代，在人际关系这一新领域已经出现了大量的文献，其中大多数没有区分公共和私营组织，事实上也没有直接包括学术上的公共行政。

在以后的几十年，超出政治科学的研究价值被公共行政学界所承认，并使得在公共事务和公共行政项目的课程上出现广泛的跨学科方法。事实上，一些在将来会出现的项目和学科发展的种子是在50年代种下的。西蒙和其他人的视角将产生七八十年代的政策运动。甚至不久，人际关系运动开始创建激发性的概念诸如参与民主、实现更高自我实现需要以及在人际关系中的真诚等，这为60年代后期"新公共行政"的到来搭好了舞台。

甚至在50年代，有许多事务表明大家对公共行政教育模式以政治科学为基础不满。在50年代中期，康奈尔大学建立了商务和公共行政学院，这是在一个重要机构（at a major institution）用一个新的"一般"途径研究管理的第一个范例。一般途径强调管理技术，它假设技能（而不是周围环境意识）是公共和私营部门管理成功的最关键成分。在1956年《行政科学季刊》（Administrative Science Quarterly）开始出版，它也有一个近似的前提，即公共、企业和机构行政并没有什么不同（false distinctions）。1954年出现了一本新的教材，米利特（Millett）的《公共部门的管理：寻求有效业绩》，采用了一般途径，强调所有机构管理问题的普遍性，并采用一个多学科焦点。一般管理趋势一旦开始，就会在接下来10年呈现出巨大的动力。

对以政治科学为基础的、占主导地位的公共行政教育模式的另外一个重大特例发生在30年代建立的大型而独立的公共行政学院。这些包括在锡拉丘兹大学和南加利福尼亚大学的公共行政学院以及普林斯顿大学的伍德罗·威尔逊学院。在50年代中期，这些大型学院的院长成立了公共行政研究生教育委员会（the Committee on Graduate Education for Public Administration，CGEPA），并作为美国行政学会（ASPA）的一个下属机构。CGEPA最初是作为一个论坛，系统地关注与这些学院有关的问题，并且作为在ASPA内作为一个组织为它们发言。但是，没有几年，它将更加值得注意。

到这个10年末，随着公共行政指导原则的结束，随着学科分裂，离心力开始作用，并造成损失。1961年对公共行政研究生教育的一个调查发现了很多的形式和重点，但却没有综合的学术框架（Stewart 1961）。学术上公共行政学受到社会科学中快速发展的一系列潮流的围攻。结果是积累了多种多样且互不相同的方法。在系统地考虑如何整合所有影响该领域的新兴学术潮流时，因为缺乏任何制度（institutional housing）和合适的论坛，所以完全没有进行整合。同时，行政服务资格证书日益增长的重要性也产生了许多新兴、专业化的集中措施来服务不同的职业；例如，卫生行政、城市行政、国防行政等等。很明显，曾经在"二战"前把该领域捆绑在一起的、统一的概念已经丧失了，如爱尔伍德（Ellwood 1985：11）建议的，公共行政成为一个"雨伞性术语"，是多种多样项目的混合体。

公共行政学领域的混乱与一个紧密联系领域所正在发生的情况形成鲜明的对比。在50年代，工商教育领域进行了一个深刻和重要的反省，得到了两个综合性的且资金提供良好的研究的支持（Gordon and Howell 1959；Pierson1959）。这段反省时期显然对于几年之后大学为基地的商业教育项目的高度统一和一致有重大意义。虽然在当时不能预见，用课程标准化和广泛认可的商业项目经验后来为公共行政教育的未来方向提供了产生出巨大影响力的一个经历背景和基础。

Ⅵ. 20世纪60年代：老问题新方向

60年代的显著特点是边界得到巨大扩展，但没有一个保留或建立一个统一中心（Waldo 1975：185）。如希克（Schick 1975：157）所说："一代人以前没有解决的问题现在仍然没有解决。公共行政学已经分裂，不可能再放在一起"。没有证据表明这一时期的压力是首先在60年代出现的，也没有哪个压力在这一时期得到了解决。但是，这一时期产生了重大的新的课程和新的项目模式。到这一时期结束时，有表明其身份和关注焦点复苏的证据（Henry 1987）。

一个持续下降的趋势的指示就是在这一时期没有出版新教材的这一事实。老教材已经被重编了，但是没有出现完全新的或不同的概念化内容。一个教本有助于构成一个领域，并赋予一定的统一和界限。教材可以遵守传统的智慧或者建立新的方向。当这些功能没有一个起作用时，学科的意义就逐渐消失（Schick 1975）。在60年代的公共行政学情况下，缺乏新的教材标志着创造力的最低点。

但是，的确出现了重大的发展，有时候是通过引进其他学科中的开创的成果，有时候是行政实践革新的结果。前者一个最好的例子就是在课程中吸收组织理论和组织发展主题。对组织研究兴趣以某些方式的更新又回到了早期对结构和控制的问题，虽然60年代其环境和途径完全不同。这一兴趣也是一个更普遍推广到研究其他社会科学的一部分，也是一个对社会学、心理学、经济学和工商管理兴趣增长的一般体。结果就是出现了一些多学科措施和其他一些建立一个更加有选择性课程的尝试，虽然一个拓宽的学科重心的全面影响并不会在不久之后就被感觉到。

预算也引起了新的关注。威尔达维斯基（Wildavsky）《预算过程中的政治》（The Politics of the Budgetary Process 1964）创建了对预算过程的新认识并加强了政治和行政作为整体相互联系的概念。同时，预算实践新技术的采用，尤其是计划项目预算系统（the Planning, Programming Budgeting System, PPBS）革命，使得预算行政再次在课堂上受到尊重。加上从经济学得来的系统分析和技术愈加重要，新预算技术的声誉强调了以僵化的政治科学为基础的课程的局限性。作为回应，研究生课程加快了朝更强大跨学科重点的发展。PPBS 一个附带结果就是对规划和预算兴趣的复活。

这一时期另外一个新的课程重点就是比较行政学，外延意义是国际视角以及远离偏狭主义——这是自从该领域建立起其主要特征。1960 年成立了比较行政学团体（Comparative Administration Group）。两年之后，它得到了福特基金会（Ford Foundation）的慈善援助。该团体的主要兴趣是使用比较研究，来加强公共行政学的理论而不是为了实施"地区研究"或者提高实践。这一行为的显著特征是学术的而不是应用的推力（Henry 197：54）。比较行政学的动议在开始几年吸引了大量的关注，其成员到 1968 年为止增加到大约 500 人。但是，接下来 10 年兴趣陡然下降。

由于公共行政开始渗透到其他学科以试图找到新的理论和概念基础，它在政治科学队伍中的地位继续腐蚀。1962 年，作为美国政治学会（APSA）一个学科的政治科学委员会（the Committee on Political Science as a Discipline of the AP-SA）的报告甚至没有把公共行政学作为政治科学的一个子领域。1964 年的一个研究记录了政治科学社区内对公共行政学兴趣的普遍下降。到 1967 年，在美国政治学会（APSA）一个年度会议上，公共行政学作为一个组织成分已然消失。最值得一提的是，在 1960—1970 年间，在 5 个主要的政治科学期刊上只有 4% 的文章涉及公共行政学（Henry 1987）。

同时，一般管理模式达到鼎盛时期。也许这是该领域跨学科方向不断发展的结果，也许这是在政治科学内对不断下降地位不满的结果。在政治科学为基础的课程内，规范的公共行政学课程显得不能够配备给学生管理大型组织的必要才能，尤其是在其缺乏对现代分析和信息技术的关注时。而且，60 年代越来越多的商业学院都涉及到公共部门的活动。随着早些时候政府内重新开始的发展，接下来是几年相对静止状态，商业学院的研究生找到了新的就业机会。商学院的教师成功地吸引了政府拨款、合同和咨询机会。一些公共行政和商业行政项目合并为管理学院。

在 60 年代中期，加州大学欧文分校的管理研究生院宣称这是第一所有意识建立的行政学学院。该院只提供"行政学"或"管理"硕士学位（Henry 1987）。加州大学欧文分校、威勒梅特大学以及耶鲁大学的新项目也随后开设。其他学院开始把公共行政学作为商业项目中的一个专业领域。这些所有项目的哲学前提是，对所有管理领域所共有的现象比那些突出具体场所（公共或私有）特征的现象更为重要。通常这些课程展示了对定量分析和财政分析，而不是对"更软（softer）"的社会科学学科的强烈倾向。

不管这些最初的吸引力如何，行政学在一般项目或说在一个严重倾向于商业的项目中的地位（housing）很快在自己的方式上就出现了问题，就正如其在政治科学中的羽翼之下一样。很少有课程是真正通用性的。大多数应用到政府环境下的技术和实践最初都是被或者是为商业所发展的。很明显，通用性的途径加强了早期对经济和效益的规范性强调（尽管披着新的外衣），但不理会新的规范问题。政府可能更加的企业化，但是比如像回应性这样的道德问题就几乎没有在课程里表现出可靠性。而且，对公共部门职业感兴趣的学生和公共行政学教师也常常在新的环境下经历了他们曾经在政治科学部门内所经历的同样的二等公民（second-class citizenship）的感受。在商业部门更高薪金和更高地位的许诺诱使得学生离开公共服务部门。公共行政学教师常常发现商业部门的同僚对政府问题几乎没有丝毫兴趣。因此，除了几个著名的例外之外，通用性学院运动的动力很快就开始减速。

虽然通用性运动没有获得广大支持，但是它给学术的公共行政学留下了持久的遗产。通用性学院所提出的严峻挑战突出了当时公共行政学教学内在的局限性。政治科学传统的方法对于公共行政学是不合适的，但是商业和一般项目中的管理方法也是非常不适用的。管理重点也迫使重新考虑公共行政学中的"公共"含义，尤其是从其独特的道德和伦理问题的视角来考虑（Henry 1987）。不可避免的，其结果导致了课程中的改变。评估研究和项目评估中的课程、更多地强调统计和定量分析，以及整合预算课程中的管理控制技术开始变得相当普遍。

通用性管理挑战也支持这一时期所出现的、一个真正的创新发展：政策研究。在某种程度上而言，政策发展是一个自然的综合：解决在商业为中心课程中对公共环境的更多关注的争议，以及解决在政府为中心的课程中对管理技术和方法更多关注的需要。从这种冲突中所出现的是一个新的混合体，它明显地带有许多学科的迹象，但却是自己独特的方式。

尼古拉斯·亨利认为政策运动的起源，是一个1965年由社会科学研究理事会的政府与法律过程委员会的会议。在讨论的过程中，一个迫切的问题出现了：什么职业专长和义务，如果有的话，政治学家必须学习、评估并对公共政策的内容提出建议？需要回答那个问题所提出的议题有必要举办日后在1966年和1967年的美国政治学会关于公共政策的小组会议。

对于公共行政学界，公共政策概念提出了一个新的前所未有的机遇，把严格的分析技术应用到广大的公共问题。随着在华盛顿复杂分析逐渐获得声誉，对研究生新的技能和能力的要求也随之增加。传统项目很少有在其师资内恰当地混合了专业知识和技能以满足需要。政策中心显然提供了一切：是一个机会，公共行政学再次得到在政治科学内获得重要性和地位的机会；是一个工具，在课程内纳入广泛的多学科重点并且满足商业学院对定量化的严格需求的工具；是一个方式，是再次在政府决策制定中扮演不可缺少角色的方式；也是一个机遇，是解决当时重大社会问题的机遇。对后者的承诺激励了福特基金会为新的进步支持发展课程和制度基础。到 60 年代末，建立了 8 个新的公共政策学院。

这 10 年后期也经历了一个开始对公共行政学全新的看法，该看法对后来几十年的课和课程产生了巨大影响。1968 年，德怀特·沃尔多（Dwight Waldo）召集很有前途的年轻学者开会，考虑当时所教授和实践的公共行政学状态。会议的成果"明诺布鲁克观点"提出了一系列完全不同于公共服务教育以前所面临的挑战。对公共行政学是政治学这一观点的攻击已经削弱了传统的政治行政两分法，把公共行政直截了当地置于政治科学环境下。一般学院的挑战威胁着另一个基础前提：公共部门管理是不同的。溯源于政策运动的第三个挑战动摇了一般和政治科学为基础课程的方法和概念框架。但是，明诺布鲁克与会人员从不同的方向发动了攻击。通过质疑效率和经济标准的至高无上，"新"公共行政的倡导者开始挖传统公共行政学中的另外一个支柱。

明诺布鲁克观点的全面影响一直到 70 年代才被感觉到，然后与 70 年代的事件一起予以讨论。这里要说的一点是，到 60 年代末，出现了两个关键事件。首先，公共行政学研究和实践的传统基础被完全瓦解了。课程内还存有强大的残余部分，但是早期显著的特征——目的一致性——已经消失。取而代之的是出现了许多新的观点，但没有哪种观点被认为是一个统一模式。相反，20 世纪以后该领域的特征——继续分层过程——却进行得很好。在公共行政学项目之内和之间，新旧观点相互竞争。政策和一般模式的基本原则与政治科学为基础的方法、甚至与早期的 PODSCORB 基本原则相互竞争。历史事件、师资偏好以及独具特性的基本原则，在缺乏一个被大家接受的学术或概念框架情况下支配了课程方向。显然，又重新获得了一些活力，但是发展潮流的趋势方向是多元的、分散的和相反的。

尽管在学术领域缺乏一致性，公共行政作为一个专业的自我意识身份继续发展。1967 年，美国公共行政科学院（the National Academy of Public Administration, NAPA）成立；这表明了公共行政学专业化崛起的骄傲。在其主要奠基人詹姆斯 E. 韦伯的领导下，美国公共行政科学院（NAPA）旨在把最出色的公共行政人员和学术人员聚集一堂解决公共问题。如其同道国家科学院（the National Academy of Sciences），美国公共行政科学院（NAPA）是国会特许，很快就加入到公共服务部门更加有效的、上升的联合呼吁中（Chapman and Cleaveland 1973）。

其中呼吁之一就是经济发展委员会（the Committee on Economic Development, CED），这是一个致力考虑重大公共问题的私营部门协会。CED 表达在联邦层面初级职位充分的教育准备，以及其作为进一步专业发展的工具的日益增长的关注。该报告呼吁"集中探索大学项目和联邦对高层人力长期需要相联系的方式"（CED 1964：34）。CED 研究和其他类似的研究强调了学术界和公共服务部门的二分法，学术界没有为快速发展、精力旺盛、充满活力的公共服务领域提供很好的服务，因为学术界丧失了重心和方向。这种紧张局势，加上来自实践人员群体的持续压力，为接下来 10 年将要出现的重大制度变革提供了动力。

Ⅶ. 20 世纪 70 年代：振兴和发展

70 年代这一时期的主要特征是学生和学术项目的快速发展、课程和教学的创新，以及项目选择的不断增长的差异和多样化。公共行政学在研究生和本科生教育上作为一个研究课程获得了更大的声誉。但是，两个相关的运动支配了这 10 年。第一个是学术项目范围和多样性持续地扩大，但没有一个普遍接受的学术范式或公共哲学。第二个是加快在课程中引进一定程度的一致和标准化。荒谬的是，后者的成功有助于途径和范式多样性的合法化而不是消除它们。

70 年代公共行政学学位项目的数目经历了前所未有的增长。从 1970 – 1978 年，授予的硕士学位人数增加了 153%，主要是由于新项目的建立和业余入学人数的增加。全职入学者占全体研究生总人数的百分比值实际上从 1973 年的 49% 降到 1979 年的 35%（Ellwood 1985：27 – 28；Zumeta and Solomon 1982）。学士人数也以惊人的比值增加，从 1970 年的 425 个增加到 1978/79 年度的 2034 个。同一时期授予的博士人数从 36 个增加到 153 个。独立的专业学院增加了 21%，同时独立的公共行政学系或公共事务系增加了 53%。

在行政屋檐下的新旧项目都展示了巨大的多样性。有许多的学校、学院、部、系、项目和中心（Waldo 1972）。项目标题也展示了很大的多样性，包括诸如政策、管理、行政、公共服务、政府和公共事务等方面（Conant 1992）。1974 年全国公共事务和公共行政院系联合会（National Association of Schools of Public Affairs and Administration，NASPAA）的一个报告《公共事务和公共行政研究生项目》（Graduate Programs in Public Affairs and Public Administration），确定了 104 项不同的项目，大约有 50 个被确认是独立的学校、中心、系或学院。在这一时期，倾向于增长的专业化也变得很明显。并出现了社会服务行政、司法行政、卫生行政、娱乐行政以及其他的变化形式（Waldo 1975：202）。

在缺乏任何统一的框架来指导项目或课程发展的情况下，新项目的激增不但导致了任务和方法的极大多样性，而且也导致了在成果质量和研究生能力方面的广泛不同。作为回应，公共行政教育委员会于 1970 年脱离美国公共行政学会（ASPA），形成一个新的独立组织——全国公共事务和公共行政院系联合会。全国公共事务和公共行政院系联合会（NASPAA）的成立标志着公共行政学教育者，尤其是那些在大型、业已确定的院系教育者，重新做出决定去承担更新公共经理教育背景和技术能力的责任。全国公共事务和公共行政院系联合会（NASPAA）的产生也有标志性的意义，它表明了一个新的自信，一种把公共行政学作为独立独特的多学科研究领域的自信。因此,全国公共事务和公共行政院系联合会(NASPAA)的出现是从政治科学领域更广泛撤离的一个部分,也表明了朝更强大意义的专业化发展趋势。

70年代早期标志着一个时代的开端,在此期间,公共行政学是否能够在法律上认为自己是一门专业遭到激烈辩论。批评家认为,需要研究生学位作为实践前提的缺乏,以及资格认可研究生项目的缺乏,使该领域丧失了专业化所需的好几个至关重要的根本要素(elements)(Schott 1976)。公共行政学是一门专业这个概念的支持者认识到,公共行政实践中提高的专业化与研究生教育严格和信誉的提高是不可分割、相互联系。公共行政要被承认是一门合法专业,就必须认识到专业培训的价值。这是对全国公共事务和公共行政院系联合会(NASPAA)挑战的实质。虽然当时基本上无法预见,但全国公共事务和公共行政院系联合会(NASPAA)迎接该挑战的方式将对公共服务教育的未来有着主要影响。

在研究生公共行政学教育中,努力获得信誉开始的第一排炮火是1974年,当时全国公共事务和公共行政院系联合会(NASPAA)的会员正式接受公共行政和公共事务硕士学位项目的课程标准。这是第一次一个普遍接受(如果被广泛确定的话)的框架存在用以指导课程和项目发展。新的指导方针强调需要与人文科学重心相对照的专业重心,包括在课程内要发展的一个专业能力模式(matrix),新的指导方针也确定了公共服务管理的不同属性。新的标准鼓励项目围绕5个主要知识和技能方面来塑造课程:(1)公共行政的政治、社会和经济背景;(2)定量和定性分析工具;(3)个体、团体和组织动态性;(4)政策分析;以及(5)行政/管理过程。两年以后,该联合会赞同一套近似的指导方针来用于本科生学位项目,虽然这些方针比用于硕士学位项目的方针影响要小得多。

在达成最初标准3年后,全国公共事务和公共行政院系联合会(NASPAA)开始下一步行动。在科罗拉多斯普林斯市(Colorado Springs)的年会上,全体成员投票采取一个匿名评审过程,接着是公开了一系列经判定是"真正符合"标准的项目。投票结束了好几天激烈的争吵,只有在保证可以在广泛的标准框架内包含多种进行公共服务教育的方法之后,才能达成一致意见。"布罗德莫承诺"(Broadmoor Pledge)(这是一受人尊重的、悠久的旅游胜地的酒店,会议议程在那里举行)确信,各种不同的、满足公共服务教育需要的方法是受欢迎的,并且确定了组织承诺和避免在追求一致和统一时扼杀创造力和创新。到1979年7月,67个项目都提交了自研报告(self-study reports)。45个出现在了第一批被批准的项目名单上(Poore 1982:92)。

赞成标准和匿名评审的观点围绕着需要确定更加清晰的公共服务教育参数,加强其作为一种职业准备形式的信誉,与其他领域提供的专业准备形式是相等的并且同等合法。但是在采纳标准的决策中,全国公共事务和公共行政院系联合会(NASPAA)的领导者们面临一个进退维谷的境地。标准的存在逻辑上暗指某种程度的一致。然而，如果全国公共事务和公共行政院系联合会（NASPAA）内项目广泛排列，那么只有通过在普遍性层次上确定标准才能达成一致意见，而普遍性要足够广泛才可以减轻某些项目的真正恐惧：即某种途径被裁定为不可接受。因此，标准成为协调广泛但完全不相同的一系列途径、职能、专业和教育哲学的大协调。达成一致意见需要防止有关基础原则或者哲学基础的辩论。完全相反的是，在项目重点中接受多样性逐渐被视为是全国公共事务和公共行政院系联合会（NASPAA）资格认可哲学的一个积极属性，这是一个年轻、蓬勃、崭新领域活力和创造力的来源。

事实上，接受达成一致的一套主题，使之包含在所要求的课程内很快就在项目中产生了更大的一致性，但是从未达到资格认可行动批评家所担心的程度。在所要求的基础课程中变革最为明显，这加强了对先前某些项目中被忽视主题的关注。这包括先进的定量方法和财政管理。在研究生中所出现的核心课程共同强调了以下一般的研究领域：公共行政学的社会、政治和经济环境、定量方法、预算和财政管理以及组织理论。在所要求的课程中，学分数目从1974/75年度少于39个到1980/81年多于41个。公共行政学课程现在更多强调统计分析，尤其是在诸如项目评估和政策分析课程中应用时（Meier and Brudney 1981；Poister 1978）。

70年代也是公共政策项目发展的10年。政策分析成为教学、研究和实践的一个新焦点。出现了《政策研究期刊》（Policy Studies Journal）和《政策研究评论》（Policy Studies Review）。1972年，政策研究组织（the Policy Studies Organization）也形成了。这是几十年来首次政策研究在一个单一的学术参考框架（frame of reference）内联合了政治科学研究人员和公共行政研究人员。但是，在这一参照系内，每个群体的关注点是不同的。政治科学研究员看来，政策研究的目的是在某些广大的政策领域"产生规范的学术理解"。对公共行政研究员来说，政策研究代表了集中关注研究设计、选择、实施、组织功效和生产力的"依赖知识的行动"的一个机遇（Henry 1987：65）。

虽然政策研究进入了一个发展和高地位时期，早期的途径仍处于一个重要下降的痛苦挣扎之中。例如，比较行政学在70年代前5年业快速消亡。1973年，比较行政学团体解散并与美国公共行政学会（ASPA）的国际委员会结合。《比较行政学期刊》（Journal of Comparative Administration）于1974年停止出版。比较行政学课或者从整个课程上消失，或者降到很少开设的选修课程地位上。

案例法的声望在70年代也开始步履蹒跚，尽管也作了无畏的努力使其保持活力。1977年，校际案例项目（the Interuniversity Case Program）的研究工作通过新形成的公共服务交流中心项目教育（Education for the Public Service Clearinghouse Project）而重新开始继续。最初，因为得到了福特和斯隆基金会（Sloan Foundations）的援助款，该项目持续了仅仅一年。在1978年，通过公共政策和管理项目案例/课程发展而获得成功。但是这一努力也于1980年终止。案例法的下降可能与一般管理方法的声誉下降有关，案例法与商业教育的教学一直都有密切联系。依次而来，可能是由于不断增加的在职学生给他们带来了机构经验，作为一种衬托这些经验可以检验理论和概念。

案例法也成为开始入侵学术的、过多的新学习技术的受害者。在抵抗学术的僵化和形式主义时，朝"废除传统形式的学校"教育（deschool education）的发展正在普遍进行着。这一时期的特征是"没有围墙的大学"、使用工作经验替代课堂教学、异地办学（off-site locations）满足工作学生的需要以及试验新的动手课堂技术。工作实习是长期以来课程的一个主要内容，随着对"相关性"的需求成为促使课程变革的动力而受到新的关注。新的工作实习机会急速增长。州和市政都建立了正式的项目，许多是在城市背景下。1977年总统管理实习项目（the Presidential Management Internship Program）启动，预示着许多人所期待的、在学术团体和联邦机构之间合作新纪元的到来，也是毕业生就业有个受人尊敬的新去处的新纪元。

"新"公共行政的出现加速了将传统教学技术从规范性假设中分离的趋势。明诺布鲁克运动对这10年的项目重点、课程或者整体课程安排的实际影响是难以估计的。毫无疑问的是，倡导者提出了许多问题，这些问题是这一时期学者对话的主要内容并且以多种方式对传统信仰提出挑战。年轻的教员无疑把新的视角带入了课堂，许多后来的教材反映了当时"青年土耳其人（young Turks）"的影响。按理说，后来课程重点的变革，尤其在课程中对伦理学重新的关注，可以直接追溯到这一时期。

新公共行政学研究人员哲学和价值观在马里诺（Marini 1971）《迈向新公共行政》（Toward a New Public Administration）和沃尔多（1971）《处于动荡时期的公共行政学》（Public Administration in a Time of Turbulence）中得到最清楚的描述。对该运动持具有不同意见的观察者认为其拥护者的特征是展示"愤怒的知识分子卢德派意欲拆卸传统公共行政学和多元政治科学的前提条件"（Schick 1975，161）。在保持反体制主题然后扫除学术环境时，明诺布鲁克支持者认为官僚机构是属于美国大多数压制性机构之一。那些声称用知识公正来研究它们的人是压制机构的帮凶。

新公共行政文献强调四个主题：相关性、价值观、公平和变革。明诺布鲁克的门徒们对传统公共行政学课程的POSDCORB公式已感到厌倦和不耐烦，他们寻求一个政策导向的公共行政，一个把其意识放在政府的范围和行动上、最终放在美国社会属性上的公共行政。新公共行政是公开的规范性的，摒弃行为主义的基本理念，他们认为，在没有某种价值前提下作假设研究和评估政策是既不可能也不合意的。新公共行政研究人员也抛弃了传统公共行政学的程序中立，认为，所谓的中立事实上就是不明确地接受现状。相反，公共行政官员更为合理的角色就是明确说出那些在政策过程中没有发言权的人的需要：穷人、处于不利地位的人以及被剥夺了的人。公共行政的新任务就是，他们不再是，在学术和实践中，已然确立的秩序的仆人，去推翻旧的社会并建立一个新的、更正义的社会。

新公共行政学没有成功地在当时成形的公共行政学教育整体结构中产生新的重大改变。但是，它在结构中的确有一个重大的影响，并且它引进了一些主题，这些主题在整个 80 年代一直到 90 年代都在不断回响。对政策相关性的强调当然有助于加速政策研究运动的发展，或者至少是加速倾向于规范评估而不是定量分析的那一部分。对城市行政（当时日益普遍）以及对项目评估的关注程度可能也因此而上升。运动的重点放在行动和经验上，可能对实习和其他经验式教育形式日益增长的兴趣也增加了动力。当然，该运动鼓励了在课程中更大的开放性，一个试验新的教学形式和技术的意愿。使用小说、想象、主观解释以及荣格心理学（Jungian psychology）给课堂注入了新的活力和精力。

新公共行政学没有发展一个连贯一致的知识框架以吸引广泛的支持这一事实不应该减低其对教育重要性的评估。明诺布鲁克的影响随着其从 70 年到发展到 80 年代就像一根线穿过学术公共行政的结构。新公共行政的影响不是给早期政治科学、政策或一般途径所介绍的那些东西增加了一层或多层，而是无处不在，影响着所有的这些东西。

Ⅷ. 20 世纪 80 年代：巩固和变革

在 80 年代，早期开始的一些动议开始产生重大影响。也出现了新的问题。虽然硕士层次的教育继续是教育的主要问题，但是有关博士层次以及在更低程度上，本科生教育的问题也重新出现。学术项目数目和规模的快速增长缓慢下来，但在教师和学生机构中人口多样性的问题重新突出。这 10 年结束时，出现了另外一个让人不安的新谬论。正如自 20 年代以来，如果全国公共事务和公共行政院系联合会（NASPAA）内课程辩论和资格认可过程的累积影响似乎是首次提出了最低程度的一致意见，半个世纪以来为人所了解的公共行政的性质也得到了讨论。

这 10 年的前面几年，公共服务教育的许多层次（这是这些年逐步建立起来的）是首次得到了展现。1984 年如果全国公共事务和公共行政院系联合会（NASPAA）所赞助的 111 个硕士级别的项目研究确定了不少于 5 个的、不同的公共服务研究生教育操作模式（Ellwood 1985）。每个模式都界定了教育事业发展史上一个独立的层面，这是在具体时间影响该领域的不同力量的最终结果。但是，存在的 5 个不同的途径也证明了在该领域内缺乏一个单一连贯的学科重心。每个模式都不仅展示了一个不同的课程框架，也展示了每个课程内在内容和重点上的差异，甚至是那些有着相同或近似名称的课程。而且，在每一模式内，在教师的学科背景和学生性质中，量化工具的层次、范围和应用都明显存在差异。这 5 个模式主要描述如下：（1）政治科学为基础的项目；（2）单独公共行政学系；（3）综合学院或项目；（4）公共政策项目；（5）通用性管理项目。

政治科学为基础的项目强调政治框架，行政决策制定在这一框架内发生。

这些项目完全被政治科学的师资所控制,强调在核心要求下几乎完全没有经济学课程。这些项目也包括少量的以其他模式的统计和计算机。虽然课程在课程名称上还是用 POSDCORB 标题,但是课程内容的重点是在过程而不是在应用上。政策课程倾向于从描述性而不是工具性角度来教授,也就是,政策是如何出台,而不是对不同选择的定量性评估。政治科学为基础的项目在学生和师资数目上也是最小的,并且这些项目使用的实践者也最少。这些项目的核心要求也最少,并且对专业性要求最少的课程。学生主要是业余学生组成,大部分来自州和地方不断增长的雇员。

公共行政学项目是独立的组织实体,无论其是否是一个部门、中心、学院等等,其倾向于在公共行政学和社会科学学科内有更多具有学科背景的师资,这不同于在政治科学学科,如经济学内。该模式的特点是课程方式的范围是变化的。但是,一般而言,要求更多的定量课程,课程一般也强调更强大的政策重心。此外,也更加广泛地使用实践者作为兼职教师。学生近似于政治科学为基础的项目:大多数是业余的,来自国家和地方政府。

综合项目在规模上基本上不同于其他项目。虽然综合项目只构成了2%的 NASPAA 的数目,但是5个最大的项目(印第安纳大学、纽约大学、匹兹堡大学、南加利福尼亚大学和锡拉丘兹大学)占10%的所有教学和单位师资、17%的实践者以及13%的硕士生。这与20年代早些时候的起源相一致,许多项目在课程上保持一个强大的政治科学和 POSDCORB 基础,但却融入了其他四个模式的基本原则,即,吸收了更多的经济学人才和更多的实践者。所要求的基础课也近似于那些在独立的公共行政学所发现的课程,但综合性项目提供了更多选修专业。不像其他另外两个模式,55%的招收到综合性项目中来的人都是全日制学生。大部分的这些项目保留了其建立者的州和地方导向。但是,由于规模巨大,它的毕业生在联邦位置找到的工作比其他4个模式合起来的毕业生还多。

公共政策项目"接近于任何有一个范式支持的项目"(Ellwood 1985:49)。这些项目的目的是用不同的优化技术来培训学生,以便它们能够支持公共部门决策制定过程,帮助选择最好的或者更好的政策。公共政策项目在其基础课程的规模上是最别具一格的。平均的课程数目有10个,重点放在经济学、定量分析和计算机科学的跨学科混合体上。课程设计强调研讨班,这样可以把优化技术应用到具体情况和/或实际政策问题上。政策项目的教师主要是经济学者,其次代表最多的是政治科学家。但是,不同于其他模式,政策项目在其混合体中也可能包括律师和社会学家。值得一提的是,在公共行政学专门进行学科培训的教师是很难发现的。学生主要是全日制学生。毕业生的职位包括广大范围的机构,包括各级政府,也包括私营部门。

一般管理项目运转的前提是私营部门管理技术能够应用到公共企业的行政管理中。一般途径吸收了长长的一个历史传统,可以追溯到公共行政学的最早起源。但是,大部分正式项目起源于70年代。课程方式多种多样。有些提供真正一般管理硕士学位，试图在一个基础课程内包括所有的公共和私有部门共有的管理方面，并且从两个部门再纳入主题目和个案材料。其他的课程，常常是在工商管理硕士（MBA）学位项目中，强调一个"一般的"工商管理硕士核心，接下来几个选择方向，其中之一是在公共部门管理内。一般项目的基础课程要求通常在5个模式中是最大的。一般而言，一般项目如政策项目一样提供了经济学和定量课程同样的基础。但是，一般项目也同样包括会计、市场、管理信息系统和运作管理。整体课程还提供了源自行为科学的课程；它是其他模式提供的课程的3倍之多。不像政策项目，一般途径基本上接受了政治行政两分法。教师层次包括了很少的政治科学家，但却高度跨学科。学生主要是全日制的。正如可能所期待的，一般项目的毕业生在私营部门找到职位的学生多于其他项目模式的毕业生。

埃尔伍德研究（the Ellwood study）是个及时的快照，把公共行政学的状态都抓住了，其基本概貌是相对清晰的。此后的20年中，在全国公共事务和公共行政院系联合会（NASPAA）评估过程的影响下以及在不可避免的彼此相互借鉴的项目情况下，这一结构中的基本要素发生改变。一些项目的广泛性会下降，尤其是一般模式。许多以政治科学为基础的项目将分裂成独立的组织单位。但是，80年代埃尔伍德确认的基本结构在这10年中直至90年代显然仍保持一致。

一些新的课程导向在80年代实际上影响了所有的项目。对项目评估和政策分析的兴趣迅速增长。公共政策分析和管理协会的建立只是对传统和应用学科强调政策的一个说明。涉及政策问题的论文和专题小组在美国公共行政学会（ASPA）会议上的数目逐步增长。在政治科学内，在1982年美国公共行政学会（ASPA）年会上有30%的论文和36个专题小组集中关注与政策有关的主题。

不足为怪的是，对研究方法的兴趣，尤其是具体研究公共行政的方法，增加了。也许是在回应全国公共事务和公共行政院系联合会（NASPAA）资格认可标准的指令，也许是作为对政策分析和项目评估的增加的兴趣的回应，公共行政学课程，尤其是硕士课程，也越来越关注研究方法。80年代早期出现了第一批有关集中关注公共部门的研究方法教材（Gohagan 1980；Meier and Brudney 1981，Welch and Comer 1983；McKenna 1981）。虽然每本教材的重点有所不同，但是所有教材都强调在一般理论框架内的运用。这也是首次师资教学研究方法课程不再需要适应为其他学科学生编写的教材和材料。紧跟对研究方法日益增长的兴趣，就是对公共行政学计算机应用教学上相对较慢发展的关注。虽然在公共行政学实践中计算机日益重要，但80年的学术领域在为信息时代提供学生知识上普遍落后。1983年的一个研究发现在学术项目内几乎没有微型计算机教学（Garson 1983）。3年后，公共管理教学在全国公共事务和公共行政院系联合会（NASPAA）计算机特设委员会（NASPAA's Ad Hoc Committee on Computers in Public Management Education 1986）发现在把计算机技术带入课程上，公共行政学项目远远落后于其他学科。

虽然项目教师努力使课程适应公共政策和公共行政学技术基础的快速变化，但是入学报名突然呈现出新的始料不及的波动。在1978－1983年间，MPA项目的研究生下降了大约25%，从28191降到21138人。一个例外出现在公共政策项目内，其中研究生实际增长了15.4%（Conant 1992，228）。在1981－1983年，NASPAA内研究生项目的数量首次下降，从192降到186。到这10年结束时，出现了有选择性的恢复。整个10年，公共政策项目都展示了最大的活力，从1982年到1989年入学人数增加了78%。在同一时期，综合学校入学人数下降了18%。但是，最戏剧的反差就是在一般管理项目内，整个入学率下降了73%以上。5个主要一般学院有4个一起决定结束对公共部门的强调。显然，除了政策项目以外，曾是70年代主要特征的快速增长和扩张时期已经结束。

对新颖和创新的课程供给方法的发展采用有了新的关注。业余成人学生数量的不断增长要求改变授课方式。1982年的一个研究发现3/4的项目是在晚上教学。许多也在傍晚和午间。周末集中项目和"高级执行主管MPA"项目也是经常普遍地寻求新的和更有吸引力的课程安排。在一个研究中，几乎60%的回应者指出，他们定期地在主校区外上课（Daniels et al. 1982）。

在激烈地竞争学生的气候下，承认与全国公共事务和公共行政院系联合会（NASPAA）硕士学历标准"实质一致"的项目显得更加重要。一个调查指出，有2/3的硕士项目认为，得到全国公共事务和公共行政院系联合会（NASPAA）批准的项目享有更高的地位。半数以上的认为获得批准的项目在招募优秀学生和优秀教师中更占优势，并且课程阵容更强大。全国公共事务和公共行政院系联合会（NASPAA）匿名评审过程获得更大的合法性，该协会的成员同意，是摒弃有点混淆不清的"登记"（rostering）获得批准的项目而进行完整的资格认可的时候了。到这时为止，有70个项目已经"登记"，即，得到了职能相当的资格认可。1983年NASPAA成功地请求大专院校认证委员会（the Council on Postsecondary Accreditation）认可NASPA为授权的认证机构。这个10年前开始运转的过程现在圆满结束。

关注入学对集中关心学生的人口组成上有附加影响。全国在所有领域对女性和不断增加的少数族裔录入和机会的压力促使项目审查学生的招募和教师的代表性。在1984年，全国公共事务和公共行政院系联合会（NASPAA）多样性委员会（NASPAA Diversity Committee）指出，女学生在MPA项目中的代表从1976年的20%增加到1984年的43%；非洲裔美国学生代表同期从9%增加到11%。但是，女老师在NASPAA学院的数目只占14.4%，非洲裔美国老师则只有5%。他们主要集中在讲师和助教级别，只有较低的平均工资。女性和少数族裔教师也更可能在小型项目和私有机构内发现。有些院校的师资结构成分很少或者没有不同成分。几乎一半的全国公共事务和公共行政院系联合会（NASPAA）项目都没有少数族裔教师，22%的没有女性，13.4%的既没有女性也没有少数族裔的老师（NASPAA 1984）。后来的一个研究发现，女性和少数族裔教师遇到了巨大的制度阻碍，阻止了他们的职业生涯。孤立、没有导师、没有来自同事的非正式支持限制了他们的职业流动（Cicin-Sain et al. 1988）。该研究也对课程内容的一些方面提出了问题，例如说明在普遍使用的案例研究中相对没有女性和少数族裔领导。为公共部门工作地点的人口多样性不断增加，研究者对为这一现象而准备的学生课程的充分性提出疑问。

全国公共事务和公共行政院系联合会（NASPAA）用好几种方式来回应多样性委员会提出的问题。在一个层次，协会试图加强论证标准，以要求项目展示计划是适宜用来增长全职教师的种族和性别的多样性。为帮助项目满足该标准精神和字面的需要，NASPAA 标准委员会也出版了指导方针，确定已提高的教师招聘措施并且包含把多样性问题融入课程的建议。1988 年，全国公共事务和公共行政院系联合会（NASPAA）与 32 个参与博士授予机构合作，启用一个研究职位项目来增加少数族裔的博士投考者。但是，1990 年的一个调查发现在博士项目中女性，尤其是少数族裔的代表持续不足（Overman et al. 1990）。

博士教育本身已成为 80 年代不断关注的焦点和一些警报的来源。关心博士准备的质量并不是一个新问题。第一次 NASPAA 关于博士教育的政策声明可以追溯到 1975 年。最初的声明于 1983 年而后于 1987 年得到修订（NASPAA 1987；Overman et al. 1990）。激发第一次声明的同样的问题继续在 80 年代出现，这些问题被博士项目入学人数的持续增长所恶化。例如，在 1985－1987 年间，2147 个投考者被 48 个博士项目所接纳。1987 年后增长减慢，主要是由于阻止了在实践者中对兼职博士学习。但是，定性的关注依旧，不仅与课程问题有关，也与招募高质量的学生参加博士项目的难度有关。

与相关学科相比较，主要问题是公共行政学内博士层级准备的质量。主要问题包括论文研究的整体质量、博士课程教学内容的严格程度，以及师资互动的质量和师资的监督质量。对博士项目质量的关注是公共行政学作为独立学科的成熟过程的一部分。公共行政学要与依然确立的社会科学学科处于同等的地位，博士教育的质量和严格性应该得以加强。关键的一步就是建立博士点，将其作为研究学位点，而不是作为专业实践的高等证书。这一原则在 NASPAA 第一次政策声明中得到肯定，在后来的修订中也被反复提到。

与博士教育不可分开的是对研究整体质量的同等广泛的关注。批评家习惯地认为研究质量低是博士项目没有培养出满足需要的学生的证据（Stallings 1986；White 1986）。整个 80 年代，一系列规范研究批评了公共行政学研究的质量和复杂性（Cleary and McCurdy 1984；Garson and Overman 1983；Perry and Kraemer 1986，1989）。例如，1990 年的一份研究发现公共行政学内的研究与其他学科相比基本上资金提供不足。出版的作品主要是概念性的，即，主要是倾向于为将来的研究发展一些概念性问题，是非经验性的，并且几乎没有理论测试。建立在除了《公共行政评论》以外的 6 个期刊的评论上，按照传统的社会科学标准来判断，该研究发现经验严格性中存在很大变化。它得出了一个令人沮丧的结论：没有发展一个积累的知识基础（Houston and Delavan 1990）。

关于这一问题的一个解释引用了公共行政学学术项目的一个多重任务，它导致了有关研究目的的模糊不清。这一观点认为，公共行政学教师的主要责任就是教育那些事实上"从事"公共行政的人。应用学习来考虑的需要，加上伴随着的朝应用研究的推力，与对理论发展和对学术严格的需要的冲突要求更高层次抽象的概念化。为满足实践需求的研究与用来建立学科研究类型并不相同。公共行政学为了凭自己发展成为一门学科而不是成为政治科学或经济学的一个克隆物，它需要发展自己的研究方式，该研究方式同样地严格，但更少受到实证主义方法论的局限和限制。

关于在 80 年代开始的博士教育和研究的辩论一直持续到 90 年代，并且超出了 90 年代。同时，在主题的另一端出现了有关本科生教育的新问题。1976 年，全国公共事务和公共行政院系联合会（NASPAA）批准公共行政学内的本科级别项目的指导方针。接下来是几十年严重地忽视这一问题，这是因为协会的注意力集中在硕士层面项目的资格认可上。80 年代由 NASPAA 本科部（Undergraduate Section）发动的一个研究发现全国大学有大约 225 个本科项目。但是，只有 67 个是在全国公共事务和公共行政院系联合会（NASPAA）附属学院内，而且大部分的这些项目多少与研究生项目相关。到 80 年代中期，几乎所有只含有本科项目的学院都脱离全国公共事务和公共行政院系联合会（NASPAA）。本科部逐渐地失去活力直至解散。

沃尔克委员会报告（Volcker Commission Report）的公布（下面会进行讨论）为重新评估公共服务本科生准备提供了动力。除其他发现外，该报告指出，招募最优秀和最聪慧的大学生进入公共服务部门存在严重的困难。该报告认为，在课堂上对政府和公共服务部门进行的画像，导致了对政府服务严重的批评和否定看法，这打击了职业兴趣。例如，在介绍性的美国政府教科书内，一个对官僚制治理的研究发现明显地具有负面和贬损性的倾向（Cigler 1991）。除了意识到大学层级政府职业选择外，在中学课程缺乏对政府问题和对发展公民意识的关注也成为一些人焦虑的来源。到这 10 年末，这种焦虑导致一些大学和中学的合作关系，目的是改进政府教学，提高对行政重要性的认识（NASPAA 1991）。但是，这些合作关系并不广泛。

在某种程度上而言，对博士和大学教育的重新重视表明大家越来越意识到，全国公共事务和公共行政院系联合会（NASPAA）早期给自己定下的主要任务——即加强公共事务和公共行政的硕士学位——已经获得了完全的成功。首次真正的确认是从 1989 年对 215 个全国公共事务和公共行政院系联合会（NASPAA）附属学院的调查结果中得出。该研究揭示，在资格认可和非资格认可的项目内，科目所要求的必修科目越来越趋于共同化。具体的课程名称不同，但 6 个领域的一个"内核"显示了许多被调查项目的主要特征。这 6 个领域包括对公共行政、研究方法、公共财政、政策分析、人事以及政治制度和过程的一个普遍概览。在半数以上的项目内所要求的课程中都出现了这些领域，但不一定是同样的课程。自 40 年代末以来，首次出现了对该领域很关键的对一般知识体系普遍认同（Cleary 1990）。

虽然在核心课程内有清晰证据说明共同性，但是，没有证据显示资格认可将导致一个统一或标准的模式。在项目内继续存在大量的变革成为标准。例如，学分要求大大不同，从低的24分到高的64分。组织安排和资格认可前景都显然与规模相关。政治科学系的项目不仅低于标准，而且更不大可能得到资格认可。更小型的项目普遍更不可能得到资格认可。基于政治科学系的大量项目都是没有得到资格认可的。公共政策项目与早期的研究一样，不同于其他项目。专业领域也广泛地不同，但主要按照知名度的顺序被包括其内，它们是公共财政、公共行政或管理、人力资源、公共政策分析、卫生行政、地方政府（城市管理或城市行政是其变化形式）以及司法行政。

具有讽刺意义的是，至少在硕士层次，当学术公共行政似乎已经获得了一点点的课程认同时，来自学术领域内外的新的批评又开始兴风作浪。最终这些批评不仅质疑了学术圈的自鸣得意，也质疑了公共服务教育所依赖的整个事业的真正基础。

全国公共事务和公共行政院系联合会（NASPAA）职业和市场委员会（Committee on Careers and Marketing）于1989年发布了一个报告，该报告虽然在当时并没有被广泛注意，但其包含了研究生项目令人震惊、而且在许多方面令人沮丧的消息。可以用一句话概括这一重大的结论："甚至在政府内，雇主都异常地忽视MPA课程和教育"（NASPAA 1989）。在将近一个世纪的发展、骚动和辩论之后，公共部门管理的重大学业证书仍然缺乏被承认和信誉，甚至在其自己范围内也是如此。该报告表达了对MPA学位身份和价值的关注，并指出，未来的雇主既不知道也不了解这一学位。对于政府之外的雇主而言，承认就更是成问题的。该报告指出许多相关问题：在许多学校地位层次中，公共行政学相对而言地位低；学生所走的是不同的职业道路；以及老师缺乏对毕业生职业道路的了解。对将要来临的10年非常重要的是，在目前的NASPAA资格认可标准和毕业生在将来变化的世界中所扮演的不同角色之间显然缺乏一致性。

全国公共事务和公共行政院系联合会（NASPAA）职业和市场委员会的报告著名是因为它是最早的一个报告，它日益得到发展，并关注公共行政学的教育，满足公共服务变化的需求。几乎就在同时，在公众更加大肆的吹擂下，公共服务国家委员会（即沃尔克委员会）提出了令人不安的两卷报告。主要结论是联邦政府中处于"沉寂危机"的痛苦时期，这在公共服务质量上是个持久的腐蚀，尤其是在高级行政和专业级别层次。事实上，对政府领导权的未来效用的结果可能很严重。委员会呼吁教育机构和政府部门一起合作，扩大投身于公共服务的青年队伍。它的建议包括：呼吁每年把总统管理实习项目（Presidential Management Internship Program）的应试者从400个扩大到1000个；呼吁鼓励在中小学进行公民教育；呼吁建立一个总统公共服务奖学金项目（Presidential Public Service Fellowship Program），每年为1000个大学生提供奖学金。

沃尔克委员会报告意味着对公共行政教育的破坏性评论，尤其是对学术界没有承担其最关键的责任；这一责任也就是为政府服务保证有一个稳步的、可靠的、且受过良好训练的、有才能的新成员流。该报告怀疑学术界能否做得更好。接下来是大量的讨论和辩论，最终以全国公共事务和公共行政院系联合会（NASPAA）一系列的报告结束，报告激励重新考虑本科和中学对政府和公共服务的教育，提议提高公共服务学生招募的办法，并且审查在职教育（mid-career education）的适当性（NASPAA 1991）。在有关州和地方公共服务的温特委员会报告公开后，一套近似的提议给予了保证，虽然其更多集中关注在加强在职教育和培训的需要（NASPAA 1992b）。

贯穿整个温特和沃尔克委员会报告的是感到对美国政府机构真正的公共信任危机。这与30年代形成鲜明的对比，当时联邦政府是救助和支持的来源，而到80年代末公众将政府视为敌人，由关系遥远、反应迟钝、效率低下的官僚群体管理的代价高昂、累赘多余、没有效果的机构的一个泥淖。与加强政府服务有关的讨论，不管结果如何有价值，都有点不符合时代潮流。不管这一兴趣，甚至不管在学术圈内提高政府管理质量的热情，这一潮流很明显朝另一方向发展。

随着80年代接近尾声，大家越来越认识到公共服务的性质在发生着巨大的变化，这些变化对公共行政学的教学和实践都有着深远的意义。以前局限于政府内的活动和运作现在进入其他部门领域。"公共政策、项目和服务越来越通过许多的机制和组织（自愿的和非盈利政府部门）、私营盈利组织和公共/私营企业来获得。因此，越来越多的职业反应了各级政府和非政府部门之间的发展。公共服务迅速地开始反应这一目标即，开展一个项目或活动，而不是组织或部门，通过这些组织或部门提供了项目或服务"（NASPAA 1989：9）。

到这10年末，作为政府服务私有化广泛行动的结合，要求"精简"政府，"重塑"和"重建"行动，在联邦层面更加关注预算赤字，在各级政府增加税收以适应公共服务剧烈变化了的环境。这些变革，是对所有各级政府功效不信任和不迷信的一部分，将继续持续到下一个10年，也将提供公共行政教育将面临对其真实目的和存在理由的重大挑战的背景。正当出现了对课程的一些一致的看法时，公共服务教育满足未来需要的能力遭到严重的怀疑。许多问题认为被解决了。如果在一个部门之间的界限越来越无意义的情况下，应该招收什么样的学生？当其地位在大学等级排名中还没受到保证的情况下，公共行政学学院和系需要与那些任务是与更广泛的公共服务概念相联系的系、学科以及学术和专业协会之间发展什么新的关系？也许最重要的问题是需要专业价值和理想来加强公共服务变化的概念。新的方向如何、并以哪种课程格式教授？随着这些恼人的问题开始出现，公共行政学进入了90年代。

Ⅸ. 20世纪90年代：进入一个奇怪的新世界

随着公共行政学教育进入20世纪最后10年，10年前开始出现的重大矛盾更加明显。教育圈继续在解决学科身份、课程重点以及教育公平等关键问题上取得进展。但是同时,公共行政学和教育在其服务领域的历史基础,即行政国家的出现和发展,稳步地受到侵蚀。

到 90 年代初,公共行政学已经进入一个独立、可以确认的研究领域。当然,组织与制度从政治科学和管理学科的分离也正在进行。1991 年,独立的公共行政学系首次成为 NASPAA 成员项目的多数。独立的公共行政学系的数量在 1973－1995 年间增长到 3 倍。同样在其他系之下的项目数量,尤其是工商管理或管理系之下,从 17% 降到 9%。以政治科学为基础的项目数量仍保持在 1973 年水平,虽然在 NASPAA 内项目数量加倍(Henry 1995:45)。公共行政学项目的组织分离说明在认知效果方面的上升,这一品质应归因于独立院系内的 MPA 项目(Baldwin 1988)。但是,也值得一提的是 NASPAA 内独立专业学院百分比的下降。1973 年这些学院构成了整个项目的 1/4。但到 1991 年,相对的比率降到了 13%。在某种程度上,这一下降可能反映了一般学院概念的消亡,结果好几个一般学院从 NASPAA 内脱离出来。显然,这也反映了 80 年代协会项目重点的多样化,发展了新的更趋小型的项目,NASPAA 从最初作为"院长俱乐部"(Dean's Club)扩大到服务广大范围项目类型的组织。

有关资格认可影响的证据继续累积。以前没有包括在核心课程内的主题和技能继续朝更广泛课程覆盖发展趋势。到 90 年代早期,计算和计算机应用最终在核心课程内呈现出更大重要性,正如公共部门伦理学一样。虽然并不总是获得巨大成功,但是许多项目集中努力提高以前作为教师成员或在学生内未被充分代表的团体的代表情况。在学院层次,更清楚的项目管理安排在许多学院都非常明显。资格认可过程也似乎给项目使用产生更多的资源、产生更精确的录取决定以及更大的"广告的真实性"(NASPAA 1992a)。

到 90 年代早期,入学人数再次上升也非常明确。1992 年 NASPAA(NASPAA Directory)列出有 2.5 万个学生被录取到公共行政和公共事务硕士学位项目中,超过 1990 年数目的 6%。到 1994 年,入学数目增加到 2.67 万,增加了 7%。但是,在入学人数中最高潮是出现在博士和本科级教育。1987 年是 NASPAA 收集有关博士项目入学数据的第一年,但是只有稍微超过 1500 人入学。两年后,数字上升到几乎有 1800 人,又两年之后急速上升到 2700 人。但是到 1993 年,数目又稍微降到 2100 人。1987 年大约有 7500 名学生被吸收到本科教育。但到 1991 年数目急速膨胀到 9300 人,而到 1993 年几乎增加到 1.15 万人,超过了前一数字的 22%。考虑到对本科生项目缺乏信息,很难知道什么力量可能促使了本科生就学率的增长。

性别多样化在数目上的增长也很明显。1993 年首次硕士级别中有稍微过半的学生是女性。但是,非洲裔美国学生许多年来一直很低。1987 年数字占到 14%。到 1993 年只稍微增加到 14.2%。西班牙裔学生在同一时期也只稍微增加一点点,从 4% 到 6.8%。女性学生数量的增加与职业教育的全国趋势一致。虽然有些项目进行资格认可授权、积极主动接触和招募努力,但是,在增加少数族裔学生的代表的进展上要慢得多。

公共事务和公共行政项目的新的赞助者也在 90 年代早期出现。变化的国际环境增加了来自外国学生和外国国家对公共行政教育的需求。这一需要在新生的东欧民主国家和朝自由市场经济发展的国家内尤其巨大。新的需求推动在某些项目的入学率，外国学生的整体比率从 1987 年的 6% 上升到 1991 年的 8%。更重要的是，对外援助的要求给美国教师提供了令人振奋的新机会，使他们能够与在东欧、中国和世界其他地区的学术相关人士一起努力、参与国家建设过程。但是，越来越高的期望对个体项目和普遍对学术圈提出挑战。援助要求像呼吁一个更为协调和策略的响应（NASPAA 1994b）。为政府和文化行政发展课程的需要不像美国的那些政府和文化，它也强调在传统 MPA 学位项目的特别内容和一般内容之间有一个"创造性张力"，再次日益长久地关注美国公共行政基本上的狭隘属性。回应国际需求的需要也集中关注教学法的至关重要性，需要更加关注互动教学模式以及现存案例材料的稀缺。

对国际社会新的要求的适合反应的发展也强调教学技术的快速变革性质。这些新技术的影响在 90 年代中期开始被感受到，其全面影响一直要到 21 世纪才会显现出来。但是，研究一下全国公共行政教学第十八届大会（the Eighteenth National Conference on Teaching Public Administration 1995）陈述的主题就会对未来是什么样子有所感受。这些主题包括远程教学的前景和技术、使用交互式视频、偏远地区计算机教学、互动网络、因特网作为教学工具以及发展多媒体案例材料。《国际城市管理协会》（the International City Management Association, ICMA）思潮，这是一套用只读光盘制作的多媒体伦理学培训材料，就是可能发展为潮流般的新教学手段的早期例子。显然，未来的教室——事实上如果未来还有教室的话——看上去会与过去的截然不同。

90 年代早期在资格认可过程和程序上也开始经历了几个重大变化。第一次出现在大专院校认可委员会（COPA）所公布的一个新的命令上。该命令要求所有的资格认可协会证实他们应用到项目中的标准和这些项目所产生的结果之间有关系。结果，NASPAA 现在所有申请资格认可的项目发展一些方式来决定他们教育努力的成效。COPA 命令把资格认可的重点从传统的投入措施——即，所要求的学分数、全职教师数量、必修科目构成等等——转到对结果的评审上：毕业生所承担的、其教育应该为其准备的责任的实际能力。

为了发展把结果评估整合到资格认可过程中的机制，NASPAA 建立了结果评估委员会（Committee on Outcomes Assessment）。在大量讨论和探索以供选择的方法后，委员会提议了一个分权模式，认为在 NASPAAA 这一协调机构下该模式最能兼容广大的范围项目方法。寻求资格认可的项目被要求进行某种形式的结果评估，但会给予大量的自由度和灵活性来让它们自己确定最合适的评估方法（Poister et al. 1991）。评估课程影响的备选机制可能包括使用对已经毕业学生的采访（exit interviews）、焦点小组（focus groups）法 和/或使用校友调查问卷。

对结果措施的讨论也成为 NASPAA 内更大对话的一个部分，围绕的问题是资格认可过程是否已经失去了对项目多样性的灵活性和回应性，多样性曾经是它们创造力的一个检验标志。对某些人而言，资格认可已经固定在对一致性的狭隘、定量指标上，没有看到质量和成功更广泛的指标。正如 NASPAA 的资格认可机构——匿名评审和认可委员会——的一个主席所言："我们目前的资格认可程序过度地限制了项目内容的创新和多样性。我们集中关注项目内容而不是专业教育的质量，目前的程序没有鼓励并酬劳那些使项目适应特殊需要和资源的努力"（NASPAA 1992a）。

一个特设委员会的报告指出，"创造性多元主义"（creative pluralism）是公共行政学教育的一个主要特征，受到该报告的强化，NASPAA 成员在 1992 年投票接受在标准和匿名评审过程中的变革，提议考虑更加任务导向的资格认可过程。转到项目任务作为资格认可的中心焦点是 20 年来在资格认可程序中的首次重大变革。NASPAA 的决定紧跟着好几年前美国大学商学院协会（the American Assembly of Collegiate Schools of Business，AASCB）所采取的一条类似途径。AASCB 资格认可过程因其缺乏灵活性、强调与非常具体的标准要求相联系的"官方统计数字"形式、并且对小型学院的需求缺乏回应性而处于日益强烈的攻击下。反对 AASCB 资格认可过程最终产生了一个竞争力强的资格认可机构——大学商学院和项目协会（the Association of Collegiate Business School and Programs）。

急于避免在其成员内的这样一种分裂，并且关注强大但稍微独特的项目方面的成员院校的流失，NASPAA 欢迎由任务导向的资格认可所提倡的新的灵活性和回应性。这一转变并没有消除以前与投入相联系的标准。相反，它要求每个寻求资格认可的项目分析与其任务相联系的那些标准的一致性。面临公共部门环境急速的变化，维持创新和创造的需要似乎比以前更加重要。但是，在我写这一章文稿的时候，要说出任务导向的资格认可对未来公共行政学研究生教育课程产生什么影响（如果有的话）还为时过早。

长期关注的一个主题——论文研究的质量——继续在 90 年代让学术界感到苦恼。对博士教育长年以来是否得到提高这一问题似乎没有明确的答案。1992 年一个研究发现博士论文的质量有显著的提高（Cleary 1992）。按照 1981 年同一个标准，该研究发现 10 年以后写的论文都普遍展示了一个更加提炼的研究目的和更为有效的方法论。该研究也指出在纯粹的描述性研究和使用单一的案例研究数量下降。但即使这种更为有前途的评估也注意到许多主题是该领域的周边兴趣（peripheral interest）。只有 32% 被确定拥有一个主题中心，被认为有足够的一般兴趣可以在一本主导教材内予以重视。总之，主题的选择表明，普遍缺乏对主要问题，诸如公共和私营管理的比较或者政治行政界面等的关注。

两年以后一个新的研究把公共行政学内论文研究与 5 个其他领域相互比较：规划、管理、犯罪学、社会工作和女性研究（Adams and White 1994）。发起人得出结论：公共行政学研究并不落后于其他学科从事的研究，而且在某些方面还要更好。但是，根深蒂固的问题，在所有的领域都突出了论文研究的主要特征。这些问题远远超出对方法严格的简单关注，正如这些发起人所发现方法严格无论如何确定，都与整体质量相关性很小。事实上，所有的领域似乎都远没有发展基本的或应用的、能够指导理论建设或实践的研究。在所有领域的研究的主要特征是由"没头脑的经验主义"所引导，即，方法技术的评估高于所有其他的考虑因素，没有特殊的理论框架作指导，其结果是发现与理论和实践缺乏实际的相关度。公共行政学的论文研究最著名的就是"实践研究"影响，被界定为在发起人自己的机构内研究组织变化或者政策执行。这一类型的研究在其他领域几乎并不存在，但几乎占据公共行政学内所有的论文的1/4。这些论文都是描述性和非理论性的，质量排名最低。实践研究也常常包括外国学生对发起人本国的问题进行的研究，它也受到了同样的批评。这些发起人提出疑问，对于实践者和外国论文是否存在一个不同的、较低的标准。

事实上，90年代早期越来越多的证据表明，在学术人员和实践者之间的问题存在许多级别的距离。的确，三四十年代的"黄金时期"是公共行政学学术研究和专业实践完全一致（full alignment）的唯一时期。但是，到80年代末，二者之间的历史紧张压力达到一个新层次。对于学术人员来说，如果公共行政学曾经可以承担起学科身份，那么该领域需要朝一个新的理论构建和理论发展前进。这要求免去一些每天很平常的实际问题，距离的程度要足够允许抽象地概念化。另一方面，实践者继续在《公共行政评论》中对学术研究的支配地位提出质疑。虽然各方面都试图维持一个良好的对话和互动，美国公共行政学会（ASPA）首当其冲地受到日益剧烈的分裂，而学术人员也逐渐地要求一个"他们自己的空间"。

许多年来，学术界一直批评ASPA年会的内容。这些会议上的文章数量逐年下降，甚至有些学者拒绝参加。1993年，一个类似的大会与ASPA年会一起召开。当ASPA在旧金山开会之时，一批学者在加州大学校园的海湾边发起伯克利研讨会（Berkley Symposium）。1990年，出版了一个新的期刊《公共行政研究与理论期刊》（Journal of Public Administration Research and Theory，简称J-PART），编辑目标是"公然的学术性"。J-PART，如它为人所知的，把公共行政学研究和理论构建的发展作为其任务。它提出的目标是通过经验研究和概念排序来改进理论。该期刊与ASPA保持密切联系，作为公共行政研究分部（Section for Public Administration Research）的官方学术出版物，但是在其1993年目标声明中根本没有提到服务于实践或实践者的需要（Journal of Public Administration Research and Theory 1993）。

学术界对公共行政学中传统专业协会的不断清醒认识也体现在公共行政学全体师资回到政治科学的数量。作为出版和讨论的论坛，美国政治学会（APSA）内公共行政学分会成立于1984年。刚开始成员只有286人，到90年代初，已经成为APSA 32个分会中最大的分会之一。1995年其成员达到最顶峰，总共有 675 人。

公共行政学术界和实践界之间日益增长的裂缝太新和太不可确定以致于我们不能评估其对未来教育的影响。显然，公共行政学教育的最初目的是为公共事务提供一个有效业绩基础。一个日渐远离该目标的学术界能够满足那一需要吗？由于公共行政全体教师退回到自己的世界里，这是一个远离实践者关注的世界，潜在导致产生了新经院哲学。另一方面，当其进入 20 世纪的最后几年，一定的知识公正（intellectual detachment）可能正是所需要用来抓住影响该领域快速和基本无法预测的变化的事物。无论结果如何，很清楚的是公共服务教育很快就会在其工作方法上面临重大的变化。

X. 新千年的教育和公共服务

虽然公共服务教育这一概念已经有一个世纪之久了，大多数公共事务和公共行政学的研究生项目实际上还是经验非常不足的。在埃尔伍德（1985）对公共行政教育形式描述中的 111 个项目中，86% 是在 1960 年以后才开始首次招收硕士学生。半数以上的在 1970 年以前并不存在，17% 是在 1975 年以后建立的。除了 5 个主要综合性学校，所有学校都在 20 年代成立，发展最迅速的时期只是在过去 30 年中，大部分在六七十年代。公共服务教育事业的发展明显地支持了各级政府规模和范围同样的快速发展。随着 70 年代后期出现的"抗税"运动，入学增长出现了停止、下降然后稳定下来（Ellwood 1985：24 - 25）。

入学增长和下降的循环性清楚表明公共行政学教育的反应性。从最初开始，教育事业的特点就一直受到周围环境中事件的影响。课程和项目发展在进步主义和城市改革运动的温和影响下蓬勃发展，很快就是三四十年代行政国家的飞速扩展。由于 50—60 年代早期政府行动主义（governmental activism）逐渐削弱，学术的公共行政也逐渐衰落。显然，教育命运受到整个 20 世纪政府不断变化的定义和规模的影响。在面临各级政府残酷无情的攻击下，公共行政教育在布满阴云的情况下进入了下一个世纪。

解决环境要求就是该学科本身面临前所未有的身份危机。这一危机也是历史紧张压力的显著结果。正如费斯勒（Fesler 1975：97）所提到的："矛盾一直困扰着公共行政学研究。我们一直被强求在基础研究和应用研究中选择、在理论构建和数据收集和分析之间选择、在处方性和描述性之间选择、在体内临床对'真正的行政学'研究和在社会心理实验室内进行非行政学体外研究之间的选择"。由不同甚至是对立的教育命令（educational imperatives）不稳定共存状态所引起的离散压力（centrifugal pressures）目前正威胁即将切断整个学术领域和实践领域之间的已经松散的关系。最完全、最引人注目、最明显的一点是这一事实：两个最具影响力并改变着进入 21 世纪的政府组织行为的运动——全面质量管理和"重塑政府运动"——其起源远远不能被认为是主流公共行政。

同时公共服务的属性，甚至"公共"本身的属性，也在经历着激烈的改变。随着公共部门资源的继续萎缩，朝中层管理矛盾发展的趋势很可能持续到 21 世纪。不仅这一矛盾会威胁招募有前途的 MPA 学生的传统群组（traditional pool），它也会强加给留在政府内的中层管理人员新的要求和压力。"空心国家"的管理要求技术和能力，这传统上认为不是 MPA 课程的部分。正如州和地方那个公共服务国家委员会（温特委员会 1993）的报告所述，未来的管理者将被呼吁更少地在传统意义上管理官僚机构，更多地安排网络。传统上对管理、纪律、监督等等的强调将让位于教练、基准、辅导以及拥护等技能的需要。

回应公共部门变化的特点要求做重大的课程变革。未来的管理人员需要新的能力，举几个例子，如在团队建设、沟通、雇员参与、文化意识和劳工关系等方面。满足这些挑战要求教师从根本上重新考虑核心课程以及课程给毕业生带来的技能范围（Dunn 1994）。同时也需要新的教学方法，更加集中关注在帮助学生掌握人际和管理技能方面的实践机会上。跨学科质量一直是公共服务教育的特点，随着毕业生在他们的职业过程中越来越多地服务于各个部门，它需要进一步扩展。

虽然 21 世纪的政府和公共服务与以前会截然不同，在这一点上是没有争议的，但在 90 年代最后几年几乎没有任何东西说明教育组织或机构准备用任何系统的或一致的方式来回应。显然在资格认可程序中有证据表明更大的开放性和灵活性，表明该领域的概念在扩大。NASPAA 作为标准化的工具正偏离资格认可，而朝向更加关注课程和项目规划中的任务和更多多样性。教育重点也普遍离开专一地为政府服务职业而朝向各个部门多样和机动的职业教育（NASPAA 1994a）。

但是，在很一般的方向之外，没有出现可以辨别的回应模式，至少到 90 年到中期还没有。单个项目似乎正在回应，如果有，那也是以特殊的方式，显示了他们自己历史、关注者和导向的特征。由于还没有证据说明一个变化的公共部门会产生任何重大的新教育范式，堆积在其他层面上。变革是迫在眉睫的，但它的形状和形式远远不是清晰可辨的。

纵观整个历史，公共服务教育的优势和活力来自它对变化的时代、变化的需要以及变化的价值观的回应能力。虽然回应性较少地产生一致性而较多地产生多样性，它还是能够使该领域回应，并且是有效地回应始终变化着和越来越复杂的需求。根据所有迹象，对未来可以预见和不能预见的需求的回应将遵循同一模式：继续层堆过程（layering-on），这是过去的主要特征。那些寻求一个整洁的综合法或者一个普遍的范式的人注定要失望。最可能的是，随着学术的公共行政学更加的跨学科性，随着新的教育实验回应公共服务变化性、回应新兴的教学技术并回应新的期望，将出现一个更加多样化的教育路径。

REFERENCES

Adams GB, White JD. Dissertation research in public administration and cognate fields: an assessment of methods and quality. Public Admin Rev 54 (6): 565 -575, 1994.

Ad Hoc Committee on Computers in Public Management Education. Curriculum recommendations for public management education in computing. Public Admin Rev 46: 595-602, 1986.

Appleby PH. Big Democracy. New York: Alfred A. Knopf, 1945.

____. Policy and Administration. Alabama: University of Alabama Press, 1949.

____. Morality and Administration in Democratic Government. Baton Rouge: Louisiana State University Press, 1949.

Baldwin JN. Comparison of perceived effectiveness of MPA programs administered under different institutional arrangements. Public Admin Rev 48: 876-884, 1989.

Blunt BE. Developments in public administration pedagogy: 1880 to the present. In: Rabin J, Hildreth WB, Miller GJ, eds. Handbook of Public Administration. New York: Marcel Dekker, 1989.

Chandler RC, Piano JC. The Public Administration Dictionary. New York: John Wiley & Sons, 1982.

Chapman RL, Cleaveland FN. Meeting the Needs of Tomorrow's Public Service: Guidelines for Professional Education in Public Administration. Washington, D.C.: The National Academy of Public Administration, 1973.

Church RL. History of universities in the United States. In: Deighton LC, ed. The Encyclopedia of Education. New York: Macmillan and Free Press, 1971, pp. 341-354.

Cicin-Sain B, Newcomer KE, Sampson C. The status and concerns of women and minority faculty in public administration: results from a national survey. Washington, D.C.: National Association of Schools of Public Affairs and Administration, February 1988.

Ciglar BA, Neiswender HL. "Bureaucracy" in the introductory American government textbook. Public Admin Rev 51 (5): 441-450

Cleary R. What do public administration master's programs look like? Do they do what is needed? Public Admin Rev 50: 663-673, 1990.

____. Revisiting the doctoral dissertation in public administration: an examination of the dissertations of 1990. Public Admin Rev 55 (1): 55-61, 1992.

CED (Committee for Economic Development). Improving Executive Management in the Federal Government. Washington, D. C.: Committee for Economic Development, 1964.

Conant JK. Enrollment trends in schools of public affairs and administration: a search for winners and losers. Public Admin Rev 52 (3): 288-297, 1992.

Dahl RA. The science of public administration: three problems. Public Admin Rev 7: 1-11, 1947.

Daniels MR, Darch RE. Swain J. Public administration extension activities by American colleges and universities. Public Admin. Rev. 422: 56-65, 1982.

Dimock ME, Dimock GO. Public Administration. New York: Holt, Rinehart, and Winston, 1964.

Durm DD. Public affairs, administrative faculty and the Winter Commission report. Public Admin Rev54 (2): 109-110, 1994.

Egger R. The period of crisis: 1933-1945. In: Mosher FC, ed. American Public Administration:

Past, Present and Future. Tuscaloosa: University of Alabama Press, 1975, pp. 49-96.

Ellwood JW. A Morphology of Graduate Education for Public Service in the United States. Report prepared for the National Association of Schools of Public Affairs and Administration. Unpublished. 1985.

Fesler JW. Public administration and the social sciences: 1946-1960. In: Mosher FC, ed. American Public Administration: Past, Present and Future. Tuscaloosa: University of Alabama Press, 1975, pp. 97-141.

Garson GD. Microcomputer applications in public administration. Public Admin Rev 43: 453-458, 1983.

____, Overman S. Public Management Research in the United States. New York: Praeger, 1983. Gohagan JK. Quantitative Analysis for Public Policy. New York: McGraw-Hill, 1980.

Gordon RA, Howell JE. Higher Education for Business. New York: Columbia University Press, 1959.

Goodnow FJ. Politics and Administration. New York: Macmillan, 1900.

Graham GA. Education for Public Administration, Published for the Committee on Public Administration of the Social Science Research Council by the Public Administration Service, Chicago, 1941.

Gulick L, Urwick L. Papers on the Science of Administration. New York: Institute of Public Administration, 1937.

Henry N. The emergence of public administration as a field of study. In: Chandler R, ed. A Centennial History of the American Administrative State. New York: Free Press, 1987, pp. 37-78.

———. Public Administration and Public Affairs. 6th ed. Englewood Cuffs, NJ: Simon and Schuster, 1995.

Houston DJ, Delevan SM. Public administration research: an assessment of journal publications. Public Admin Rev 50 (6): 674–681, 1990.

Hutchins RM. Shall we train for public administration? "Impossible". In: Waldo D, ed. Ideas and Issues in Public Administration. New York: McGraw-Hill, 1953, pp. 225–227.

Janowitz M, Wright D, Delany W. Public Administration and the Public: Perspectives Toward Government in a Metropolitan Community. Ann Arbor: Institute of Public Administration, University of Michigan, 1958.

Johnson PJ. The Progressive Movement, Municipal Reform, and the Founding of the Maxwell School. Syracuse, New York: Maxwell School of Citizenship and Public Affairs, n. d. Journal of Public Administration Research and Theory. Editorial comment. 3: 1–3, 1993.

Kaufman H. The Forest Ranger. Baltimore: Johns Hopkins Press, 1960.

Kraemer K, Perry J. Institutional requirements for academic research in public administration. Public Admin Rev 49 (1): 9–16, 1989.

Lambie M. Training for the Public Service. Chicago, Illinois: Public Administration Clearing House, 1935.

Marini F. Toward a New Public Administration: The Minnowbrook Perspective. Scranton, PA: Chandler, 1971.

Martin R. Political science and public administration—a note on the state of the union. Am Politic Sci Rev 46: 665, 1952.

McCurdy H, Cleary R. Why can't we resolve the research issue in public administration? Public Admin Rev 44 (1): 49–55, 1984.

McKenna CK. Quantitative Methods for Public Decision Making. New York: McGraw-Hill, 1981. Meier KJ, Brudney JL. Applied Statistics for Public Administration. Boston: Duxbury Press, 1981. Miller JP. Graduate education. In: Deighton LD, ed. The Encyclopedia of Education. New York: Macmillan and Free Press, 1971, pp. 185–190.

Millett JD. Management in the Public Service: The Quest for Effective Performance. New York: McGraw-Hill, 1954.

Mosher FC. Democracy and the Public Service. New York: Oxford University Press, 1968. ———, ed. American Public Administration: Past, Present and Future. Tuscaloosa: University of Alabama Press, 1975.

Murphy T. Government Management Internships and Executive Development. Lexington, MA: Lexington Books, 1973.

———. Democracy and the Public Service. New York: Oxford University Press,

1982.

NASPAA (National Association of Schools of Public Affairs and Administration). NASPAA Policy on Doctoral Education in Public Affairs/Public Administration. Washington, D. C., October 16, 1983.

Interim Report on Diversity Committee. September 26, 1984.

Task Force Report on the Future of NASPAA. February 10, 1984.

NASPAA Policy on Doctoral Education in Public Affairs/Public Administration. October 24, 1987.

Final Report of the NASPAA Committee on Careers and Marketing. October 28, 1989.

Report of the NASPAA Task Force on Revitalizing the Public Service. December, 1991.

―――. Improving Public Service in State and Local Governments. August 1992b.

―――. Report of the Ad Hoc Committee on the Future of Public Service Education and Accreditation. April 1992c.

―――. Commission on Peer Review and Accreditation. Annual Report to NASPAA Members. 1992a.

―――. Report on the Meeting of NASPAA Deans and Directors on International Public Administration, Education, Training and Research. February 1994.

―――. Report of the First Meeting of the Task Force on the Future of NASPAA. April 1994a.

National Commission on the State and Local Public Service. Hard Truths/Tough Choices: An Agenda for State and Local Reform. Albany, New York: Nelson A. Rockefeller Institute of Government, 1993.

National Commission on the Public Service. Leadership for America: Rebuilding the Public Service. Washington, D. C.: Government Printing Office, 1989.

National Conference on Teaching Public Administration. Proceedings of the Eighteenth National Conference on Teaching Public Administration, 1995.

Olson EE. Challenge and response: the history of the school of public administration. In: Sherwood FP, ed. Twenty-Five Years of Building Better Government: A Report of the Proceedings, Twenty-Fifth Anniversary Celebration, School of Public Administration. Los Angeles: University of Southern California Press, 1955.

Overman ES, Perry J, Radin BA. Doctoral Education in Public Affairs and Administration: Issues for the 1990s. Paper prepared for the NASPAA Annual Conference, October 27, 1990.

Perry J, Kraemer K. Research methodology in the Public Administration Review, 1975–1984. Public Admin Rev 46 (3): 215–226, 1986.

―――. Institutional requirements for academic research in public administration. Public Admin Rev 49 (1): 9-16, 1989.

Pfiffner J, Presthus V. Public Administration. 3rd ed. New York: Ronald Press, 1953.

____. Public Administration. 4th ed. New York: Ronald Press, 1960.

Pierson F. The Education of American Businessmen. New York: Carnegie Corp., 1959.

Poister TH. Public Program Analysis: Applied Research Methods. Baltimore, Maryland: University Park Press, 1978.

____, et al. Symposium on outcomes assessment. Am Rev Public Admin 21: 3, 1991.

Poore DM. The impact of NASPAA's standards on defining the field of public administration. In: Uveges JA. Public Administration: History and Theory in Contemporary Perspective. New York: Marcel Dekker, 1982, pp. 85-104.

Ridley CE, Nolting OF. The Municipal Yearbook. Chicago: International City Mangement Association, 1937.

Roberts A. Demonstrating neutrality: the Rockefeller philanthropies and the evolution of public administration, 1927-1936. Public Admin Rev 54 (3): 221-228. 1994.

Sass SA. The Pragmatic Imagination: A History of the Wharton School. Philadelphia: University of Pennsylvania, 1983.

Schott RL. Public administration as a profession: problems and prospects. Public Admin Rev 36: 253-259, 1976.

Schick A. The trauma of politics: public administration in the 1960s. In: Mosher FC, ed. American Public Administration: Past, Present and Future. Tuscaloosa: University of Alabama Press, 1975, pp 142-180.

Seiznick PA, TVA and the Grass Roots. New York: Harper and Row, 1949.

____. Leadership and Administration. Evanston, IL: Row Peterson, 1957.

Siffin WJ. The new public administration: its study in the United States. Public Administration. 34: 35, 1956.

Simon HA. Administrative Behavior: A Study of Decision-Making Processes in Administrative Organizations. New York: Free Press, 1947.

Simon HA, Smithberg D, Thompson V. Public Administration. New York, Knopf, 1950.

Stallings R. Doctoral programs in public administration. Public Admin Rev 46 (3): 235-240, 1986.

Stein H, ed. Cases in Public Administration and Policy Formulation. Orlando, FL: Harcourt, Brace and Company, 1952.

Stewart W. Graduate Study in Public Administration. Washington, D.C.: U. S. Office of Education, 1961."

Stone AB, Stone DC. Early development of education in public administration and Appendix: case histories of early professional education programs. In: Mosher FC, ed. American Public Administration: Past, Present and Future. Tuscaloosa: /University of Alabama Press, 1975, pp. 11 – 48, 268 – 290.

van Morstein-Marx F, ed. Elements of Public Administration. Englewood Cliffs, NJ: Prentice-Hall, 1946.

Waldo D. The Administrative State. Englewood Cliffs, NJ, 1948

____, ed. Ideas and Issues in Public Administration. NY: McGraw-Hill, 1953, pp. 225 – 254.

____. The Study of Public Administration. NY: Random House, 1955.

____. Public administration. In: Trish MD, ed. Political Science: Advance of the Discipline. Englewood Cliffs, NJ: Prentice Hal), 1968, pp. 153 – 189.

____. Developments in Public Administration. Annals of the American Academy of Political and Social Science, 1972, pp. 404.

____, ed. Public Administration in a Time of Turbulence. San Francisco: Chandler, 1971.

____. Education for public administration in the seventies. In: Mosher FC, ed. Public Administration: Past, Present and Future. Tuscaloosa: University of Alabama Press, 1975, pp. 181 – 232.

____. The Enterprise of Public Administration: A Summary View. Novato, CA: Chandler and Sharp, 1980.

Warner WL, et al. The American Federal Executive. New Haven: Yale University Press, 1963.

Welch S, Comer JC. Quantitative Methods for Public Administration. Homewood, IL: Dorsey Press, 1983. White J. Dissertations and publications in public administration. Pu] blic Admin Rev 46 (3); 227 – 234, 1986.

White LD. Introduction to the Study of Public Administration. New York: Macmillan, 1926.

____. Trends in Public Administration. NY and London: McGraw-Hill, 1933.

Wildavsky A. The Politics of the Budgetary Process. Boston: Little Brown, 1964.

Willoughby WF. Principles of Public Administration. Baltimore: Johns Hopkins Press, 1927.

Wilson W. The study of administration. Politic Sci Q 2: 197 – 222, 1887.

Zumeta W, Solomon LC. Professions education. In: Mitzel HE, ed. Encyclopedia of Educational Research. New York: Free Press, 1982, pp. 1458 – 1466.

第二十章 公共行政教育学

另一个角度看待理论和实践中的演变范式

拉尔夫·克拉克·钱德勒*

I. 引言

  本章从公共行政学教育的历史回顾到考虑公共行政教育学的四大历史时期。表明这些时期主要特征的演变范式与主题理论有关，并受其影响，但在实际意义上，任何领域的教育都有其自己的生长点。这样既是好事又是坏事：好的方面是因为它能带着该领域新的、更好的、界定它的本质以及它所应该从事的事情，坏的方面在于教育有时候会与实际世界的专业要求步调不一致而很让人失望。

  公共行政学很少有著作试图全方位并务实地全面概括该领域的教育和学习过程。更普遍的是，研究和学术著作会确定公共行政学的问题、目标和目的，但在把必要的、用来成功地提出这些问题的知识和信息如何最适合地传达上却保持沉默。像《公共事务和行政教育创新》（Innovations in Teaching Public Affairs and Administration）（Heimovics and Rizzo，1981）等诸如此类的出版物的结果显然是，在这10年，为了产生有效地教育和培训，教师必须清楚公共行政学的知识基础、理论、构建、目标和意图，以及如何传授他们所知道的东西。

  本章试图把有关公共行政学的大量文献集中在一起，因为这些文献与该领域主要时期的历史、理论和实践教育的发展相关。公共行政学是由许多其他学科和领域而组成的，它的独特性在于它能够从这些学科和领域中选择它所考虑的必要的新方向和技术。当回过头来看待这些借鉴方式时，它们已构成一个演化系统。

---

* 拉尔夫·克拉克·钱德勒（Ralph Clark Chandler），西密歇根大学（Western Michigan University）

第十单元 公共行政教育

公共行政学多角度的特点通过尽力演示它如何随着时间的发展而得到最好的说明。这包括了四个主要时期。第一个时期是探索时期,强调改革、行政中立以及政治行政分离。当时的学校致力于教授公共行政学,并且发展了许多科目。第二个时期是公共行政学被确定为行政科学时期。强调科学方法论、合理的决策制定以及独断的组织结构。第三个时期是与政治学的调和时期,这时公共行政学将自身界定为政治科学。第四个时期公共行政学就是公共行政学,开始于 70 年代早期,一直持续到本文的完成。焦点放在人类行为和人际关系、参与管理以及组织发展上。每个范式都在第三部分得到阐述。

然而,首先,公共行政学教育应该理解为不仅仅是其中的任何一个范式。它涉及到学生、教师以及他们的个人和专业历史和哲学,也涉及到他们的需要和不足。一方面,它集中在学术传统上,另一方面,它是一个实践的动手学习经历。这两个世界之间的紧张局面是每个范式演化的环境。

教育学被界定为是教育的艺术、科学,或者职业(Webster 1991:866)。加布里埃尔·康帕耶(Gabriel Compayre)曾经在《教育学历史》(La Histoire de La Pedagogie)和《教育学课程、理论与实践》(Cours de Pedagogie,Theorique et Pratique 1901a)中清楚地提出了教育的历史、理论和实践维度。在后一本书中,W. H. 佩恩(W. H. Payne)把它翻译成英文,说道:"教育本身是一门体现在实践中的艺术和技能,这一艺术和技能当然假定超出了从书本中学到的一些原则知识之外的事物。它要求经验、道德品质、热心肠,以及真正智慧的灵感"(Compayre 1901a:4)。

要想相信康帕耶所提出的教育学观点,理解他在教育工作者(educator)和教师(pedagogue)之间所作的区别是非常有用的。康帕耶认为,有关教育学的作品是一个作家的论著,他实际上讲授并且能够从实践和理论的角度来讨论教育问题。这样一个作者就是教师(Compayre 1901a:5)。一个管理教育事务但不进行实际教学的人,像公共教学的教务长、院长或者负责人,是教育工作者(Compayre 1901a:5)。

康帕耶在教育(education)史和教学(pedagogy)史之间作了同样的区分。教育史被描述成"教育体制和单位的兴起、发展和现状",但是教学史是"描述教育理论和理念的兴起、发展和现状"(Compayre 1901a:4-5)。这样,教学是教育的理论和科学的应用,也是其实践艺术形式。

诚然,康帕耶通过一个更加综合性的公共行政教学定义来使用可以回避的同义反复法为我们目的服务。公共行政教学是公共行政学的理论和实践方面的教学艺术、科学和技术。但是,如果没对公共行政学的历史发展作为一个领域有一个平行的研究,公共行政教学就不能得到充分探索。

在他对教学理论方面的经典讨论中,约翰·斯图尔特·布莱基(John Stuart Blackie)(爱丁堡大学的希腊教授)作了精辟的总结,他认为,记忆的发展必须考虑心理状况。在《关于自我文化:知识、生理和道德》(On Self Culture:Intellectual, Physical, and Moral 1874)中,布莱基认为,状况是

1. 最初印象是清晰、活泼和强烈
2. 在陈述事实中顺序和分类
3. 重复:"如果敲一下钉子不进去,那就再敲一下、再敲一下"
4. 逻辑顺序的力量:"让一个如果没有原因就难以记住事物的人搜索事实的因果联系,而且,一旦他找到这一联系,它通过联结理性顺序把他大脑的构成是他不愿意接受的连在一起,作为一个任意的和未作解释的连续"
5. 建立在被记得事物之间的表面联系
6. 使用书写便条:"缺乏自然状态的记忆,使我必须写在纸上"

(Blackie 1874:19)

其他早期的教育理论家认为,学习者的身体状况也非常重要。这一因素是由亚历山大·贝恩(Alexander Bain)在《教育是一门科学》(Education as a Science)中提出来的,他是阿伯丁大学(the University of Aberdeen)逻辑学教授(Bain,1879)。贝恩认为:

> 第一个有利于好记性的是个体的身体状况。它包括当时的总体健康、精力以及精神饱满,以及进一步不可缺少的附带条件:营养,而不是要求纯粹地加强身体功能,允许充分地补充大脑。

在《高中教育杂志》(Revue de l'Enseignement Secondaire 1885)上有他一篇颇具影响力的文章《经典背诵》(Recitation classique),多略特(Douliot)警告当时的风气不要过分严重地强调维持体能状况。"我们思维中使用的词语并不会在意识中出现,除了通过一般在脑半球的第三个前脑回(frontal convolution)中的特定细胞的活动"(Douliot 1885:7)。他认为,如果这样做的心理动机有足够强烈的话,这些特定细胞剥夺了身体其他部位所需要的无论哪种营养价值。这样一个开创性工作是由伍德罗·威尔逊的当代人做的,而且在百年后的生理学家中基本上仍然没有反驳,显然学生的心理和生理状况,以及教学材料和教学技术与作为学习过程材料的主题的内容同样重要。在没有首先努力了解学习机制之前,没有哪个有良心的教育工作者或者教师能够提出教授公共行政学或者分析其他事物这一主题。

在追溯公共行政学教学的演化中,教师的历史、学术、专业和哲学背景和他们所教授的内容同等重要。这些个人倾向在第二部分(II)得到探讨,希望阐明公共行政学以独特方式教授的一些理由。对公共行政学跨学科性质的更为综合性的评价是在第三部分(III),集中在该领域的主题问题上。现在关注的是行政学项目的性质和原因(etiology)因为公共行政吸收多学科的知识。本章第四部分致力于公共行政学教育的四大演化范式的具体内容,这一点在前面已经讨论过。该部分还包括范式发展的历史背景、范式强调的领域、围绕范式发展的理论以及范式与同时代不断变革的观点之间的关系。

整个教育事业的主要起点是伍德罗·威尔逊给《政治科学季刊》的埃德温 R. A. 塞利格曼（Edwin R. A. Seligman）的一封信中，信中他要求发表一篇题为"公共行政研究"的文章。威尔逊的文章发表于1887年，是持续研究公共行政学的催化剂，本章只是其中研究的一小部分。

Ⅱ. 公共行政学的教员

格雷厄姆（1950）确认了公共行政学教师的7个相关特点。他发现，这些教师主要来自政治科学领域，他们教授公共行政学，把其作为母学科内的一个兴趣和专业领域。但是公共行政学的教师们也来自于经济学领域，对经济政策和公共财政管理表现了特别的兴趣。政治科学和经济学都在行政机构内采取了许多动手研究（hands-on research）。其中许多人都是公共行政官员的顾问，其他人则是专职行政官员，他们兼职教课。教学方法主要利用个人经验和职业智慧。一些文科纯粹教员看不起这种市场导向，因为他们认为这是培训而不是教育。

从1950年开始，公共行政学内发生了许多变革。今天除了从政治科学和经济学领域之外，还从许多领域吸收教师。显然，这反映了公共行政学自上一代以来所接受的新身份。不再寻求一个养父母和一个叫做家的地方。这不仅仅是政治科学内的一个重点领域或者经济学内的一个专业。它包括了政治科学和经济学，但它大于二者任何一方。

20世纪80年代，公共行政学的教员来自于不同的背景：心理学、法律、工商管理、系统工程以及人类学（McCurdy 1986：xvi）。他们的个人哲学、理论导向以及管理风格都均有不同。而且，教员日益成为城市经理、城市议员和其他地方、州和国家行政官员和管理者的顾问。他们参与研究和评估其他的官僚机构，因此他们能够给公共官员和学生提供有关特殊管理风格、个人关系以及确定功绩和生产力方式的定量和定性的信息来源。这些活动提高了教师的信誉，并给课堂交流、在职培训讨论会以及职业发展研讨班提供了丰富的知识和信息来源（Heimovics and Rizzo 1981；Vocino and Heimovics 1982）。这些实践经验的不同层次反映在教学理论和实践中。

那些教授公共行政学的人带来了不同的哲学视角和理论方向。这些可能包括：遵循犹太教和基督教共有的价值观和伦理；理性和逻辑性的希腊传统；罗马的传统法律；或者许多其他的信仰。一些教师可能认同参与性管理和团队的教学技术，但是其他的教师则确立了需要独裁式领导和不断监督。

格雷厄姆（1950：70）说道，公共行政学的主要论调是理性，这与权威或法律相对。原因是美国公共行政学是由社会科学家而不是法学家发展起来的，例如，德国就是后者这样。社会科学家指出了法律的局限性，因为其重点强调财产权利。这一导向保证这些局限性始终放在了公共权力执行上（Graham 1950：70）。40年后，公共行政学大部分教师的哲学仍然不重视私有权利而倾向于公共利益。私有利益必须不断地受到公共利益（public good）的规制。

个体是民主制度内的主要测量单位（Gunn 1986：3）。而且，真正的民主非常相信所有的公民生来都是平等的，有权完全参与公共事务这一概念。但是，行政国家的发展已经在日益改变这一观点（Redford 1969）。事实上，常常是留给官僚机构来确保在政治领域或官僚机构形成的政治是为了人民而实施的，而且实际上确实促进了社会公平。总统和国会都是政治机构，他们可能忽略了公共目标而倾向于更多的意识形态和私有化的目标。在公共行政学教师中有一点不同的是，公共行政官员应该在多大程度上代表公民的作用。

迈耶（Meier 1979）把官僚机构描述为政府的第四部门，这是一个与威尔逊（1887）所占据的职位自然相关，并且是由韦伯（Weber 1946）明确提出的一个模式，其中，韦伯认为，专业才能、学科、等级以及效率应该在行政过程中处于最高支配地位。这样产生了另外一个区分公共行政学教师的问题：韦伯倡导的中性官僚机构价值（其中，专业人士最高的道德价值是服从上级权威）与教员和实践者的有效知识（即专业主义本身就充满了政治电子）之间的冲突。

其他的技术和结构问题也影响了公共行政学的哲学导向。它们扩大了某些伦理想法，这不仅影响了教学方法，也逐渐把公共行政学的重心移到公共物品这一概念上来。整体利益现在与个人主义或者艰难或者容易地竞争（Waldo 1977）。不过没有具体地描述公共物品包含了什么或者如何确定公共物品，但是该领域的开拓者（pathfinder）多年来一直认为，设计它的内容是道德行政官员的责任（Appleby 1952；Bailey 1964；Cleveland 1975；Schubert 1957）。

其他的教员认为，权力，尤其是确定公共物品的权力，不可避免地腐蚀着公共官员，而且有必要把外部和内部的约束强加在他们身上。雷德福（Redford 1969）提出了头顶上的民主（overhead democracy）这一概念，它包括立法机关、总统、法院、检察官、调查委员会以及审计机关设置的制度约束。外部控制对照于内部控制如个人和职业道德规范。某些教员辩论道，外部检查已经足够，但是其他人认为，内部约束也是同样（如果不是更加）重要。

那些教授和著作公共行政学的人经常一贯重申的观点是40年前由阿普尔毕（Appleby 1952）首次明确提出来的。他写道，公共行政官员的适合角色是通过在相互冲突的公共利益（public interests）之间选择公共物品（public good）的仲裁者（Appleby 1952：36）。这一观点假定，公共行政官员是非常有道德的；他们与政治和普遍自由的过程和符号一致；他们开放地对待变革；他们对公众所感受到的需要有必要的知识和意识。

贝利（Bailey 1964）辩论道，当行政官员"由唯一的公共利益导向"时，并且他的态度反映了意识到乐观主义、勇气和博爱这些道德素质的时候，那么这个理想的行政官员就接近了阿普尔毕的道德责任水平。这也是柏拉图（Plato）所提出的关于哲学王（philosopher-king）特质的观点。重点放在个人正直以及个体行政官员的领导特质上（Schubert 1957）。道德行政官员的职责是执行产生于合法的政治论坛（political forum）的政策，并且在政治过程不负责任的地方提出没有被有效代表的合法利益（Appleby 1952; Maas and Radway 1949）。

美国宪法、职业标准以及道德规范是那些承担了教授公共行政学领域职责的其他指导标准。在《民主与公共服务》（Democracy and the Public Service 1968）中，莫舍（Mosher）讨论了随着公务员职业化而出现的一些关键问题。在这些问题中，有对加强功绩原则和评估绩效和专业人士的专业才能，诸如科学家、医师和工程师等。随着最近几年的拉芙运河案（Love Canal）以及三哩岛灾难（Three Mile Island）事件，公众开始要求对科学程序更大的控制。面临进退两难的困境，卡维尔（Caldwell 1965a）20年前就建议对在科学超文化（scientific superculture）操作的行政官员进行一个专门的教育。其他的学者要求在技术发展内保持谨慎，因为与之伴随的是不断进步的需求。他们警告担心通过技术发展破坏人类价值观。

罗尔（Rohr 1978）提升了法律作为指导公共行政学学者和实践者的适宜基础，因为宪法中以及随后的最高法院的裁决中都体现了法律。罗尔（1978: 24）主张，自由、平等和繁荣的价值观"是规范性的，因为它们是制度价值观（regime values），而且官僚人员起誓拥护宪法，宪法产生了该制度，并且继续象征性地声明了其精神和意义"。无论法律是如何有局限，公共官员应该信奉法律这一观点是1987年伊朗门交易丑闻听众会（Iran-Contra Hearings of 1987）的一个重大问题。罗尔说道，当决策有关公共物品时，官僚和行政官员被期望修改他们最深的政治信仰。罗尔的立场遭到一些他同时代的人的拒绝，他们认为只是人类在要求生存和安全中对物质财富以及其他政府回报分配的一种解释。

从探索时期的一开始，公共行政学教员们就推荐了道德准则。罗尔（1978）将这些规范确定为法律上的正规性，并且焦点是负面的，但1984年美国公共行政学会（the American Society for Public Administration, ASPA）所采纳的法则实际上几乎没有罗尔所担心的这些局限性。像国际城市经理协会（International City Manager's Association, ICMA）这样的组织自1924年一直把积极的意见包括在一个规范的指导方针内。"水门丑闻"的确极大地破坏了公共服务部门的声誉，结果"水门事件"以前不予重视讨论的伦理问题大约于1975年开始在公务员的议程上高高悬起。这包括了美国审计长埃尔默·斯塔茨（Elmer Staats）发起的创意大会，会上集中讨论"水门事件后道德准则"（Staats 1975: 7–12）。"水门事件"的重点问题是由贝利（1964）提出来的，关于当时的经理是否表现得更加道德，或者是否有更少的违法性报道。对贝利问题的答案成为未来研究和评估的一个重要议题。

那些支持道德准则并将之作为职业关键部件来讲授的人有好几个理由这样做。一些人将这些准则视为提升行政责任的方式。其他人认为，机构层面的典则在采纳这些规范的特殊机构内监督实践和问题是积极有效的。赞成严格利益冲突法律的游说人员，像共同事业（Common Cause），认为对这些法律的需要是明确地通过对综合服务局（the General Services Administration）高层官员贿赂的控诉并且通过行政分支记录潜在的利益冲突。1978年，国会通过了《政府伦理法》（Ethics in Government Act），该法强调了作为伦理行为的决定因素以及作为处置违反了公共信任的公共官员的惩罚力量的重要性。

但是在公共行政学内另外一个教学导向是泰勒（1911，1947）理念所激励起来的，泰勒理念认为权威来自事实。由于知识和信息是通过新的行政积累起来的，大家更加相信福莱特（Follett 1940）的情境决策制定（situational decision making）概念。她认为公共行政学领域内的情境支配了必须制定的决策的性质。

最后，一些教员提出了一个管理民主哲学，其中下属用名字对上级说话并不是不普遍。并不是有意的和不加尊重的。同样这些教员邀请每个人分享知识和经验，尽量在课堂创造一种学习的友善气氛而不是让一个人（即老师）传授。无论这些政策会产生足够的个人责任以证明它采取的组织冒险的合理性与否还拭目以待。70年代后期，在核潜艇服务尝试用"热心的、模糊的方法"（warm fuzzy approach）管理后，美国海军放弃了该想法，因为高级官员认为它破坏了纪律。

在回顾中最好指出的是，公共行政学教师们一直努力善于接受对学生传统的学术和专业需要以及新的教学技术。这样课堂给学生提供了通过讲座和阅读教本来学习该领域主要事实的机会，同时也有机会应用这些教学创新，如篮中练习（in-basket exercise）（案例——译者注）、角色扮演以及模仿官员问题解决技术（Heimovics and Rizzo 1981）。一些教员强调对政府机构提出的项目进行案例研究以及图书馆研究（library research）。80年代后期，公共行政学主要的教学重点是在实践运用上，即，融合了理论和实践。在许多硕士项目中，完全融合了学术研究和实践经验，形式是实习（internship）和研究助理（research assistantship）。

毋庸置疑的是，扩充公共行政学知识、信息、技能和技术懂得可选择的多样性是与那些教授这一主题的哲学导向和背景一样多的。好的教学将继续是一门艺术和科学，但只增添了一些戏剧手法。

Ⅲ. 公共行政学的跨学科性质

公共行政学在其最终于80年代以自己独有的身份出现之前是许多其他学科不可缺少的组成部分，它是所有其他学科的混合体并有了自己的身份。今天，它包括了政治科学、经济学、管理科学、工商管理、社会学、心理学、人类学以及法律等主要的成分，但是整体大于这些部分的总和。公共行政学的演化以许多方式加以概念化。麦柯迪（McCurdy 1986：17-21）将该领域的知识基础分成四大派：（1）正统的；（2）行为主义的；（3）理性的；以及（4）政治的。

正统派主要在 1880—1945 年间，非常重视描述和应用。从社会学和心理学中它吸收了对人际关系的重点关注；从政治科学学科和法律领域，它吸收了对改革的兴趣；从经济学和工商管理它吸收了科学管理理念。

行为主义派尤其在 1945～1965 年间影响颇深。它主要集中在描述上。包括具体地研究官僚制、组织理论和行为、比较公共行政学以及组织发展。行为主义来源于社会科学，尤其是心理学和社会学，并建立在正统派对人类关系动态性的研究和教学基础上。

麦柯迪认为公共行政学的第三个主要方向是理性派，这在 1965—1980 年间盛行。它强调应用，主要来源于经济学和工商管理学科。它进一步发展了正统派对科学管理的兴趣。理性主义者推动了政策分析和管理科学领域理念和其研究的发展。

政治派是所有其他派的基石。它主要是吸收了政治科学和法律领域。政治派的历史联系是与改革运动以及威尔逊的政治行政两分法有关。它的研究、出版物，以及教学重点是在公共项目、公共政策实施、人事、预算、财政、州和地方政府，以及价值观和公共服务的极度观点（McCurdy 1986：17）。政治派主要从 70 年代后期一直到现在。它致力于继续重新考虑和重新界定该领域。

公共行政学的发展激励了大批量的学者作品的诞生。这些尤其反映了该领域跨学科性质的作品是格雷厄姆的《公共行政学教学倾向》（Trends in Teaching Public Administration）（1951）以及弗雷德里克森（Frederickson）的《70 年代的公共行政学：发展与方向》（Public Administration in the 1970s：Development and Directions"（1979）。麦柯迪（1986：17）也撰写了有关公共行政学来源的广泛的学科和领域。图 1 说明了这一多样性。

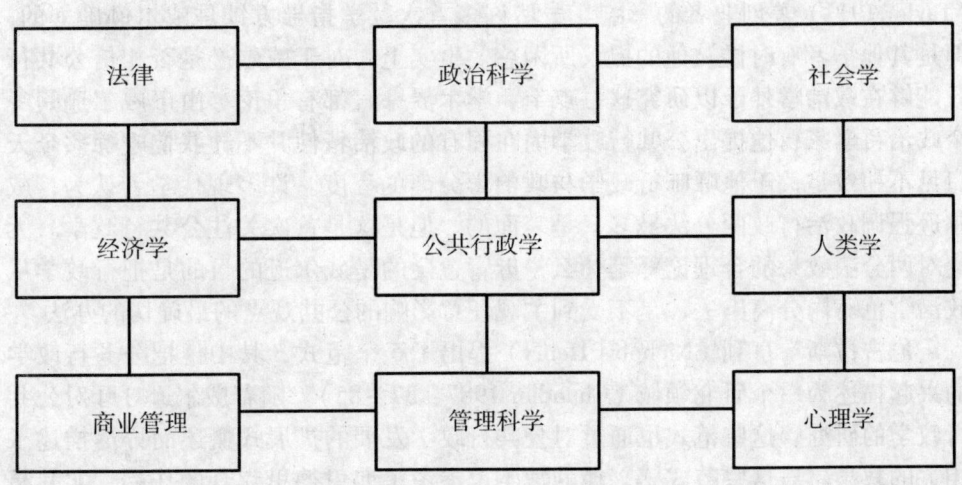

图 1　公共行政的学科间特征

公共行政学是独立但相互联系的学科和领域的一幅马赛克镶嵌图案。其传统的支撑物是在政治科学和科学管理内，代表了改革和持续的行政效率和责任关注。但从相当简朴和不矫饰的（austere and unpretentious）开始，它就开始日益吸收行为科学。正统时期是有关公共行政学中人的因素日益增长的知识体时期。然后，试图了解人类行为的复杂性以及什么事物激发了人类融入并植入了社会科学的心理范畴（psychological dimension）。这一发展的完成是通过经济寻求构建最有益的环境以确保高生产力和根据所赚钱的个人满意度。由于经济学者检验直接影响生产力程度的问题，社会学家和人类学者开始研究影响组织行为和发展的社会因素。

这样，公共行政学领域发展到了一个广泛但有重点地投入到研究、理解、描述以及教授人类和组织生活复杂性。然而，图1中没有一个学科单独运用其专业重心能够完全了解公共官僚机构的性质和原因，公共行政学在理性探究的事业里为融合统一学科提供了概念联系。

Ⅳ. 公共行政学教学的演化范式

A. 探索时期：1887—1910

在探索时期，重点放在研究行政学、经济学以及财政，并将它们作为提高公务员管理才能的途径上。这是确定一个新兴领域原理和范围的随机时期。努力的基石是威尔逊富有创意的文章《行政学研究》（The Study of Administration 1887）。

探索时期的特征是缺乏公共行政学应该予以研究、再研究和教授的明确确定的界限。教学主要受到像威尔逊（1887）、古德诺（Goodnow 1990）以及泰勒（Taylor 1911）等创业者的影响。虽然许多首次教学指导方针是威尔逊确立的，但是其他学者有时候被他的提议所困惑。事实上，对于威尔逊是否相信公共行政能够在政治学外予以研究这一点上，学术界一直都有争论。由于威尔逊是一个政治科学家，他提出公共行政学内在固有的政治特性并不让我们吃惊。今天意见不一致是关于他呼吁行政学与政治学分离的程度。许多现代学者认为，威尔逊强调政治行政两分法最多只是表面的。但是这是首次关注公共行政学。无论对两分法效果的合理诠释是什么，毋庸置疑的是威尔逊的目的是把行政学从政治学范畴内分离出去，是不受到主观任意影响的公共观点的最确切的办法。

尼古拉斯·亨利（Nicholas Henry）提出了5个范式，其中他把公共行政学的兴起描述为一个研究领域（Chandler 1987：37-85）。随着威尔逊呼吁对公共行政学的研究，这些范式也通过对公共行政学发展的扩展式概述而详尽描述了相关的教学。对这些范式感兴趣的学生也参考了弗里德里克森的作品，尤其是他对行政学教育发展（1979）以及他的《新公共行政血统》（The Lineage of New Public Administration 1976）的叙述。行政学史上每一种叙述都有助于确立我们用以评估公共行政学最初如何教授的范围。

第十单元 公共行政教育

改革运动试图将公共行政学与任何自利（self-serving）的政治家的腐败影响相分离，或者与公众意见相分离，正如他们常常所说的，那是不能辨别的。但是，并不是所有的政治都被谴责为自利的，而且，并不是所有的公众意见都是由于无知而产生的。相反，改革者们认为，他们呼吁自由裁量和理性决断。官僚机构应该是价值中立的，不应该受到公众心情的任意改变。改革者们不是在声称政治是黑的，而行政是白的。他们是在为公共行政学获得一个更大程度的独立，而不再是以前一样屈从政治学的情况。

最能代表这一时期的作品是古德诺的《政治与行政》(Politics and Administration 1900)，书中，他探讨了政治行政两分法的性质。像威尔逊和阿普尔毕一样，古德诺是一个政治科学家，他认为，好的政治学要求澄清行政学的地位。在区分二者之中，他将政治学描述成通过诸如此类的行为，如建立立法政策来确定国家意愿的途径，而行政学是实现这些政策的途径。政治学的任务是建立国家作为整体的优先权，而行政学的任务是将这些优先权制度化。两分法的主要目的是促进公共行政学从政治学领域分离。它应该是一个公正的公共服务，而决不是一个党羽。亨利认为，古德诺和他的学术传人所提升的假定至多是幼稚的（Chandler 1987：41）。

政治行政两分法所呈现的困境意味着公共行政学教学的最初发展并没有专门集中关注在政治或者行政方面。回顾一下最处在开创性学术中心，像宾州大学沃顿学院（the Wharton School of University of Pennsylvania）和加州大学伯克利分校（它们分别在1881年和1892年开始提供课程）的最初课程，它们表明首先的重点放在公共财政方面。学术目标是发现以最小的成本管理最重大的公共服务的最佳途径。好的财政管理并不视为许多教学目的之一，但是却被视为公共行政学总体本身。该领域一个更具综合性的界定一直到很久以后才得到发展。但是，因为由于提供了有关这些科目如公共税收和管理公共债务（public debts）的课程，所以，最终得以可能在它们基础上建成扩展主体的允许范围。

这一过程是渐进的。探索时期的课程类型的缩影列在表1内，该表清楚地说明了所宣称的突出探索时期特征的公共财政管理重心。它也强调了对地方和州政府管理，以及确定良好行政管理实践的原理、目标和技术的高度兴趣。

表1　公共行政学教学的探索时期背景材料

年限	课程
	例Ⅰ：宾州大学沃顿学院
1881	公共税收
	公共债务管理
	国内税收
1882	市政簿记（municipal bookkeeping）

	联邦和州政府的宪法与行政法要素
	公共财政的原理与方法
	地方财政
	公共行政学的原理与比较方法（全国和地方）
1885	公共财政的原理与方法
	公共开支的目标
	公共财产与费用收入
	税收理论与实践
	财政行政
	地方财政

例Ⅱ：加州大学伯克利分校

1892	地方政府和行政
	财政与税收
1897	公共财政

资料来源：萨斯（Sass）1983；宾夕法尼亚大学目录，1881 – 1882，1882 – 1883，1885 – 1886；加州大学目录，1892 – 1893，1897 – 1898

B. 作为行政科学的公共行政学：1910—1950

随着时间的演变，公共行政学教学内的几个变革明显化。该领域日益成为行政科学。那些教授公共行政学的人被号召详细说明正统教学方法能够被理解为应用科学方面的方法。课程设计日益集中在实践问题解决上，尤其当其与城市政府相联系时。

在科学管理大伞下，教学强调与公务员改革运动密切相关并持续提高城市管理的的原理和技术。应用科学方法被用来应对诸如在 20 年代立法对行政预算（legislative versus executive budgets）的问题以及自从内战以来阻碍了有效的公共管理的许多人事问题（McCurdy 1986：61）。

这一时期主要用以依赖的书籍是怀特（White）的《公共行政学研究导论》（Introduction to the Study of Public Administration 1926）以及古立克和厄威克（Gulick and Urwick 1937）的《行政科学论文集》（Papers on the Science of Administration）。怀特被认为是撰写第一本公共行政学教材的人，该著作确定了许多重要的先例（precedents）。最具有深远意义的是公共行政学教学应该面向实践者而不是学者这一原理。怀特将行政当作一个简单的过程，对整个政府和政策不同层面都普遍一致。虽然怀特是政治科学的教授，但是他的教材基本上忽视了政治学，把公共管理作为一个技术问题而不是治理问题提出来。

古立克和厄威克的经典选集出现在行政科学运动的巅峰时期，是广泛支持发现构成好的行政其主要原理的产品。古立克呼吁一门行政科学，其中"最基本的目标是以最少人力和材料的耗费完成手头工作"。该书包含了从埃尔顿·梅奥（Elton Mayo）和玛丽·帕克·福莱特（Mary Parker Follett）有关行政学心理和社会基础，以及来自厄威克、詹姆斯·穆尼（James Mooney）、亨利·法约尔（Henri Fayol）和其他人的正宗文献。古立克提出：

> 目前，行政学更多是一门艺术而不是一门科学；事实上，有一些独断地宣称它永远不可能成为其他任何事物。例如，他们不能从下一事实得到任何希望，冶金学在其成为一门主要科学之前几个世纪完全是一门艺术，在经过几代人的断断续续的发展和衰落之后开始狂飙前进（Gulick and Urwick 1937：191）。

古立克和厄威克提出的其他问题是行政原理，诸如 POSDCORB（计划、组织、人事、指导、协调、报告和预算）、命令统一以及控制跨度。他们和合作者强调在新行政科学时期，"有许多原理可以从研究任何一种类型的人类联合中归纳得出。这些原理可以作为一个技术问题研究，于教育事业毫无关系，人事构成这一问题，或者任何制度、政治或社会理论构成它形成的基础"（Gulick and Urwick 1937：49）。尽管年代已久且有正统性，《行政科学论文集》是公共行政学内第6部最频繁引用的书籍，仅次于威尔达维斯基的《预算过程中的政治》（The Politics of Budgetary Process 1964）、巴纳德《经理人的职能》（The Functions of the Executive 1938）、马奇和西蒙的《组织》（Organizations 1958）、鲁尔克（Rourke）的《官僚、政治与公共政策》（Bureaucracy, Politics, and Public Policy 1984）和西蒙的《行政行为》（Administrative Behavior 1976）。

行政教学的管理模式为流行于探索时期的偶然性方法论提供了秩序。例如，重点不再是常识性培训，而是科学方法，这不可避免地产生胜任的行政官员。中性的、科学的行政管理比探索时期中性的、凭经验做事的方法能够更好地服务公众。

新的、科学的管理者将有效地引导工人获得最大生产力。无论怎样，工人不过是奖励寻求者。这些信念在弗雷德里克·温斯洛·泰勒——"科学管理运动"的奠基者——之后都归入泰勒主义。泰勒主义的第一个组成部分就是需要为每个工人的工作发展一种方法。该方法将根除对凭经验做事的方法的需要以及与之相关的问题。第二个部分是关于选拔、培训、教授以及发展工人的这一过程。这一教育方面是与探索时期的常识性方法直接对比，探索时期工人主要是训练自己本人。第三个部分使管理者必须与工人保持密切联系以保证能够严格遵守为工作每个成分所研制的科学原则。该部分清楚说明，如果要完成工作，工人必须受到严密监视。最后，泰勒主义提出这样一个概念，应该在管理者和工人之间平均分配工作和责任。第四个部分可能与第三个部分互相矛盾，认为管理决定什么任务最适合于每个工人。由于即使所有的工作不再单独按照平均分配的概念委托给工人，所以在实践中，控制的等级范围确保了在有关公平的决策制定过程中鲜有工人参与。

1910~1950这一段时期也是对将公共行政学领域专业化兴趣日浓的一段时期。1911年成立了塔夫特经济效率委员会（the Taft Commission on Economy and Efficiency）以评估公共部门服务供给的状况。塔夫特委员会具有深远意义的工作说明了公共部门采纳科学管理原则的程度要早于私有部门。1912年，美国政治科学学会（APSA）建立了一个公共服务部门政治培训委员会（Committee on Political Training for Public Service），由前面提到的芝加哥大学政治科学教授伦纳德D. 怀特（Leonard D. White）所领导。该委员会后来发展为美国公共行政学会（the American Society for Public Administration，ASPA）。

该时期另外一个重大的发展是通过了1921年《预算会计法》。该法案在公共行政学内仍然是一个里程碑，它的作用是在预算监督层面将行政和立法措施专业化。该法通过建立预算署（the Bureau of the Budget）——现在是管理与预算局（the Office of Management and Budget）——将联邦预算过程集权化，并且该法建立了联邦审计总署（the General Accounting Office）来协助立法部门分析它所授权的拨款的实际开销。

在怀特的第一本教材于1926年出版后，威洛毕（Willoughby）在《公共行政学原理》（Principles of Public Administration 1927）中加强了怀特的研究。威洛毕支持怀特的前提，即公共行政像企业管理一样，应该关注由科学得出原则的应用。他认为，教员应该主要关注实践课程的结构和组织，以及如何用普遍能够适用的方法教授财政和人事管理。

这些贡献受到了法国工业学家亨利·法约尔《一般管理与工业管理》（General and Industrial Management 1949）的支持。基于科学管理的欧洲版本，法约尔提出了5要素的范式，这包括计划、组织、指挥、协调和控制。计划包括分析将来所期待的事物，有一套绩效目标（performance objectives）来支持完成计划。组织指的是建立人和材料要素的一个二元结构来完成该计划。指挥与需要确保工人有足够的任务占据时间相关。协调包括将工作和材料与适合的人事相整合以确保按时完成任务。控制是一个机制，用来保证工作生产和人事活动符合组织的目标。

公共行政学作为行政科学的焦点直接源自于探索时期，此时公共行政学被认为还拥有自己的生命。在政治行政两分法上，该领域是独立的且自主的。然后出现的科学运动是试图给两分法的专业化方面提供更大的合理性。行政科学理论强调管理的等级和独裁风格，工人鲜有参与决策制定。确定工作，制定科学完成工作的方法，并对需要完成的任务进行监督也得以锁定。

探索时期对地方和州的预算和财政兴趣盎然。管理时期又得到全国的关注，并使得各级政府都在理性、协调、计划以及控制上实施预算。开始注重人事选拔和培训与国家预算的增加一样明确。这是对分赃制和庇护制的决定性的回应（definitive response），一直持续到1883年《彭德尔顿法案》（the Pendleton Act of 1883）出台之后。工作职位描述、人事激励以及监督方法都归入科学管理标题之下。人事管理的每一个问题都被认为有一个合理的解决办法,而且这些解决办法都在课堂内得到说明和讲解。

作为行政科学的公共行政学其组成部分随着行政法的不断发展而得到壮大,行政法被认为是用来确定良好行政管理的标准。专业组织的形成以及职业伦理法典的建立进一步完善了这些标准。塞尔(Sayre 1965)有见地地认为行政科学时期是美国公共行政学正统的正午。

C. 作为政治科学的公共行政:1950—1970

直到20世纪50年代公共行政学领域才是一个回应性领域。最初,改革者们回应分赃制和政治庇护,因为这些导致了低下的行政绩效。然而,行政学问题并不都是政治性的,这一点行政科学时期已得以说明。两分法的建立经证明并不是所认为的万灵药。但是,把行政实践职业化的确有助于缓和政治和行政之间的紧张态势,二者之间开始调和。第二个反应是针对两分法本身和科学管理原则。这最终导致出现了政治科学与公共行政学的融合,或者叫做宏观行政学时期(macroadministrative period)。不仅公共行政学逐渐受到政治科学的支配,而且两大阵营的主要学者也强烈建议从属关系。正是这个时期(比探索时期更甚)阻碍了公共行政学作为一个独立的学术事业的发展。本文中,公共行政学的教授今日还依然被某些政治科学的同事视为丑陋的亲戚,尽管公共行政学者在确立他们自己的领域上取得了重大进展。今天在公共行政学内有一个政治流派(political school),但是它的重点不会与五六十年代所描述的政治科学和公共行政学同义身份(synonymous identification)相互混淆。

这一时期的主要贡献来自威尔达维斯基(1964)和阿普尔比(1949)。威尔达维斯基的《预算过程中的政治》(1964)是公共行政学内引用频率最高的书(McCurdy 1986:31)。书中他探讨了将预算过程合理化的尝试,并且他呼吁进行制度改革,对联邦政府的整个开支情况设置一个最高限制。威尔达维斯基认为大政府是分散预算过程的一个不可避免的结果。

在《政策和行政》(Policy and Administration 1949)中,阿普尔比使得自己成为一个政治行政两分法的杰出批评家。他将公共行政界定为政策制定,这样它就像其他的政治过程受到同样的限制。他认为,公共行政在代表和约束公民的直接行动中应该被认为是政府。行政中的政策制定是实施与该行动相关的裁量权。

在阿普尔比书的最后几章中,阿普尔比呼吁党派政治和行政专业才能的调和。他提出的其他问题指的是需要一个公众需求可以接受的行政结构,需要一个控制专断的行政实践的手段,以及需要管理政治意识形态的效果和公民参与政府二者的途径。

作为政治科学的公共行政学是一个重新界定时期,好几个提到公共行政学政治动态性的研究在前引路。塞尔兹尼克(Selznick)《田纳西流域管理局政权(TVA)与基层组织:》(TVA and the Grass Roots 1949)就是一个主要范例。在审查了田纳西流域管理局（the Tennessee Valley Authority，TVA）建立者的最初意图之后，塞尔兹尼克把 TVA 政策的关键组成部分描述成民主的民众主义（democratic populism）、参与式规划、分权以及地方行政的一种形式。这些想法后来得到修正，因为 TVA 被业已确立的农场利益群体所收买。这允许顾客群体来影响 TVA 政策以致达到它们被大量地修改。

这一时期也进行了大量的案例研究，这些包括考夫曼（Kaufman 1960）的在美国林务局（U. S. Forest Service）的行政实践研究；迈耶森和班菲尔德（Meyerson and Banfield 1955）在芝加哥对公共房屋的场地选择的研究；阿利森（Allison 1968）在古巴导弹危机（the Cuban Missile Crisis）时期对官僚政治动态的研究；以及弗里奇勒（Fritschler 1969）对决定烟草吸烟政策的行政机构——立法委员会——受影响利益群体"铁三角"的研究。

校际案例项目（the Interuniversity Case Program）努力发现，能够在课堂情况下保存和使用许多政治学和行政学相互影响的案例的方式。该项目出版了成百上千的有关具体科目的单一的专题论文，前提是如果学生阅读了足够多的案例，他们能够理解行政问题的政治层面以及潜在的解决办法。莫舍的《政府重组》（Governmental Reorganization 1967）是这些案例研究的一本最近的巨大集子。到 1967 年，对案例方法的批评激增，因为它不赞成命题测试（proposition testing）。在他收集的 12 个重组案例研究中，莫舍试图满足这些批评。

在教学形式上，公共行政学作为政治科学时期的主要特点是课程涉及事物的"政治"。公共行政学的每个方面都有政治问题，这主要解释了为什么政策以该方式形成，为什么是一个社会科学家可能发现的管理方式。行政官员他们自身被认为是政治行动者，而且常常制定他们正在实施的政策。遵循这一传统的教员认为，学生必须提防与每个政策问题有关的政治次级系统（political subsystem）。行政官员是次级系统的重要组成部分但必须与立法人员、利益群体、公共意见以及法律妥协。这一时期的公共行政教学主要是增加了该领域的政治哲学，并添加了对专业的诚实成分。几十年来，实践者知道他们是政治行动者，现在他们能够站出来承认这一点了。

D. 作为公共行政学的公共行政：1970—现在

公共行政学今天走出了政治科学的阴影。这关系到更多对公共行政学复杂的观点，超出了政治科学所允许的范围。一直存在着现实行为主义的回归。公共行政学教学现在处于这样一个时期，工人都被视为复杂的人，受到的不仅仅是经济和政治激励的刺激。因此，所作的许多研究和作品都与影响工人的态度、行为、动机和个人发展的社会和心理因素相关。这些因素彻底地修改了公共行政学对个体和群体动力学的估计。科学、理性、逻辑以及独裁的观点看待行政科学时期的公共行政学教学因建立了一个错误现实而受到批判。

教员们越来越求助于霍桑实验的结果，霍桑实验开始于 1924 年并于 1933 年在该职业得到首次报道。实验是在伊利诺伊州西部电气公司的霍桑工厂进行的，使用了泰勒的理论前提。研究结果促进了有时候被掩盖了但现在很明显的对人际关系分析作为教学技术的前沿（cutting edge）的关注。霍桑研究表明，正式和非正式群体在组织内都存在。这些群体进行许多人事和社会的互动，其重要性的程度并不依赖于正式的结构。非正式群体也可能在确定生产力水平上比组织的正式等级结构更具有影响力。

霍桑实验成员之一埃尔顿·梅奥（Elton Mayo）鼓励一个实践者，也就是新泽西贝尔电话公司（New Jersey Bell）的总裁切斯特 I. 巴纳德（Chester I. Barnard）撰写了他自己作为管理者的经验。巴纳德长期以来感到弗雷德里克·泰勒和亨利·法约尔的正统理论不能足够解释他每天所观察到的组织现象。结果出了一本书《经理人员的职能》（Bernard 1938），该书有助于推动由梅奥和 F. J. 罗特利斯伯格（F. J. Roethlisberger）所阐述的、现在对简单的人类关系原则发展到像赫伯特·西蒙（Herbert Simon）等学者提出来的丰富华丽（richly baroque）的社会体制理论。

巴纳德不理会正统管理理论。巴纳德认为，组织不是从上面开始建立的，这一点是古立克和法约尔提出来的。它是由工作群体的集合体组成，他们被鼓励在一起工作是因为他们的合作将满足个体需求。组织是由群体和个体相互协商而组成在一起的社会系统。直到且除非行政部门理解了这些协商的性质并且使用他或她的知识将组织带入均衡状态，才会出现成功的行政管理。行政学教学目前这一时期求助于巴纳德的理论进行持续的思索和反思。

其结果是人们对管理风格和实践产生了极大的兴趣。例如，在看待群体动态性上，这些民主管理的群体与那些用专断、放任政策或无政府方式管理的群体相比，显然更为有效，有更高水准的效率和生产力，并且产生更良性的人事关系。

当时的心理重点主要是利用了亚伯拉罕·马斯洛（Abraham Maslow）的研究，马斯洛确定了按照等级比例得以实现的 5 个层次的个体需求。更高的需求只有当低一级的需求得到满足的时候才能得以实现，这一顺序开始于生理需要，然后朝安全和保障发展；归属感、爱情和社会活动；自尊和地位；最后是自我发挥潜能（self-actualization）、自我实现以及实现自我抱负。这显然与科学管理概念认为雇员的行为和生产力可以得到合理的确定和激励相互矛盾。人不再被当作是生产的机器。相反人被认为是互动的社会有机体（social organism）。

在马斯洛的研究之后是道格拉斯·麦格雷戈（Douglas McGregor）的研究（他提出了 X 理论和 Y 理论）和弗雷德里克·赫茨伯格的人类动机和行为的满意者—不满意者理论。这里每一个研究人员都集中在更为复杂、超出财政和政治奖励、更多方面（multidimensional）地影响人类行为的因素。

作为公共行政学的公共行政学发展时期也投入到如何最好获得效率的重新评估中。传统认为独断的结构能够获得最高的生产力水平的观点受到更多实证的质疑。当用组织发展的现代工作方式来判断韦伯（Weber）的理想式官僚制时，似乎显得过于简单而不适合组织生活现实世界的复杂性。

与这一范式显著相关的是众所周知的新公共行政运动,运动中公务员被鼓励倡导社会公平。H. 乔治·弗雷德里克森(H. George Frederickson)是该流派的主要代表,在他的阐述中,他提出最重要的是要描述该领域的多维度性质。

在回顾《新公共行政的血统》(The Lineage of New Public Administration)一书中,弗雷德里克森(1976)讨论了公共行政学与政治科学的令人不安的关系。他说道,"正是公共行政学者集中在来自其他社会科学领域的理论、形成以及模式,这才是真正标志着公共行政学远离政治科学的重要性"(Frederickson 1976:21)。

这一漂移使得公共行政学有了自由,能分别进入其他学科和领域并且与它们的理论、概念和模型相整合。文献确定了许多当代教学的重大组织观点,弗雷德里克森用5个模型集中了这些观点:(1)经典官僚模式,(2)新官僚模式,(3)制度模式,(4)人类关系模式,以及(5)公共选择模式。每一个构建都与一个特殊的理论家群体相关,是一个完全不同的范围,有其实证重点(empirical focus),独特特点以及它们所最大化的变化的价值观。

经典官僚模式集中在把组织作为分析单位。它与泰勒的生产群体、威尔逊的政府机构、韦伯的局和署以及古立克和厄威克的工作小组相关。这种组织关注特点是结构、等级制、控制、权威、政治行政两分法、命令链、命令统一、控制跨度、功绩任命以及集权。他们最大化的价值观是效率、经济和效益。

新官僚模式强调决策制定。它主要的倡议者是西蒙、希尔特(Cyert)、马奇和戈尔(Gore)。特点强调逻辑实证主义、运筹学、系统分析、控制论(cybernetics)、管理科学以及生产力。最大的价值观是理性、效率、经济和生产力。

第三个模式是制度模式。分析单位也是在决策上,但是也包括了组织成分。制度模式与理性决策制定、渐进决策制定、开放的组织行为体系、克罗泽(Crozier)对组织行为的分析、唐斯(Downs)对个体和组织行为的分析、莫舍对局和专业的分析、埃兹奥尼(Etzioni)对权利和比较组织行为的研究、布劳(Blau)对组织行为内的交换的研究、里格(Rigg)对组织和文化的研究以及塞尔兹尼克对有机组织行为的研究息息相关。制度模式的特点是经验的、实证主义的、官僚机构是文化的表现、官僚行为的模式以及强调存活、竞争、技术、理性、渐进主义和权力。最重大的价值观是制度分析和负熵(negative entropy)。

第四个模式是人类关系。它集中在人,包括个体、工作小组、管理人员以及行为变化的理论。与该模式相关的理论家是麦格雷戈、利克特(Likert)和阿吉里斯(Argyris)。研究单位是个体的人、小型群体、管理者/工人关系以及管理者/工人绩效。人类关系模式的明确特点是强调人与人之间和群体之间的关系、交流、制裁、激励、变革、培训、共享权威、程序正确(procedural correctness)以及一致的决策制定。最大化的价值观是工人满意度、人力增长以及个人尊严。

公共选择模式是当代公共行政学和其教学的第五个理论重点。分析单位是组织、顾客关系以及物品分配。与模式相关的主要理论人士有奥斯特罗姆（Ostrom）、布坎南（Buchanan）、塔洛克（Tullock）、奥尔森（Olson）、米切尔（Mitchell）、沃姆斯利（Wamsley）和泽尔德（Zeld）。他们强调应用经济逻辑解决公共分配的问题，他们在使用市场类比、合同、小型、分权以及协商的语言时高度采用分析方法。

这五大模式都在某些地方几乎强调现代公共行政学课程的每一门科目。该领域在借鉴社会科学领域以及其外的每门学科的概念和教学方法的能力越来越高度兼收并蓄和十分复杂。沃尔多（1980）把公共行政学描述为拥有大量根本不同的观点的巨人，这适用于描述这样一个领域：首先发展薄弱，但现在大胆地发展成一个知识和目标的拼图马赛克。

V. 结论

结论部分我想应用我自己的观点。1982年，马塞尔—德克尔出版社（Marcel Dekker）出版了一本题为《转型中的公共行政学教育》一书，书中我受邀点评了由威廉·厄尔·克莱（William Earle Klay）所写的一章"公共行政学教育的创新与标准"。下面是点评中的几段，直到今天还是和过去一样的相关，尤其在涉及公共行政学教育方面。

> 教授和学生之间的私下交往（personal contact）事实上是定性学习的必备条件。以计算机为基础的技术将最终解除大部分获得信息的后勤壁垒，但是更多的是学习信息收集！尤其在公共行政学领域，我们放在管理者工具箱内的定量定性工具不足以处理占据了管理者大量时间、主要需要他进行裁量的复杂问题。知识加上权力是公共行政学的内容。

> 在这一情况下的职业表现的特点是什么？的确如此，许多非传统项目回避这一问题。"我们这里是在管理信息系统、预算分析技术和人事管理过程内培训你们。如果你们想要学伦理学，就去哲学系吧。"这可能是培训，但教育远远超出培训。

> 到目前为止，非传统教育项目只是培训，而且避免职业教育，他们在对学生的整体责任上是玩忽职守的。然而，没有数据支持这一观点：即传统以学校为基地的项目在责任实施上要比非传统项目更好。的确，最近的数据表明没有人这样做。在调查了公共政策和公共行政学的219所学校和项目后，乔尔 L. 弗莱希曼（Joel L. Fleishman）和布鲁斯 L. 佩恩（Bruce L. Payne）于1980年报告说，"但是，任何一个地方都没有发现以伦理问题为中心的科目占到几乎10%的课程，而

且可以公平地说,绝大多数的政策学生毕业时没有在这一科目上受过正式的培训"。

如果职业标准和伦理学都没有在公共行政学传统或非传统项目的课程中发展的话,因此职业契约(professional covenants)方舟的持有者必须是一个特别的老师。无论他或她所代表的是什么价值系统都会传达给学生。有时候他们会接受,有时候会提出异议。

差别是更加精微的,因为明显的事实是,传统的学院并不比非传统学院配备精良设备以提供角色模型(role models)。这与以下事实有关:教授,尤其是精英教授常常比那些在非传统课堂内的成熟学生知道更少的职业化要求。在参与式民主环境下,可进行教育的教授将知道,职业社会化已经在这些学生中发生,而且他或她的最有成效的角色可能是促进者或务实的理想主义者。教授可以选择回到教育角色的最初意义。他可能只是进行宣称,或者承认他所逐渐认识到的真理。不论怎样,教授的方式很重要。

如果以上所述是真的,可以推断出,对于传授理论和态度是至关重要的师生之间的语言和非语言交流可以随处发生——在哥伦比亚的费耶威烈大礼堂(Fayerweather Hall),在普林斯顿大学的伍德罗·威尔逊学院,或者在兰辛(Lansing)的管理和职员发展建设局(the Bureau of Management and Staff Development Building)的地下室。在教授的职业社会化角色上,环境比地域更为重要。课堂内的每一个人都从其他人身上学习。教育不仅仅是信息的传播。教育发现信息。

VI. 后记

在公共行政学教学内进行实证研究的确困难。要测评的是什么?变量是什么?甚至当收集了在美国教授的所有公共行政学科目的课程提纲并对此作了令人满意的分析之后,仍不能科学地解释人事教学风格和学习环境的效果。但是,也许我们可以做些什么,无论多么微不足道(however modest)。

至本文止,(1996年1月)关于公共行政学教学的全国会议有18个。这些会议没有官方主办的,除了一个东道主学术机构以及通常得到了地方美国公共行政学会(ASPA)分会(ASPA chapter)的支持以外。策划这样一个活动每年所做的巨大努力表明了公共行政学教师对职业的献身以及他们对与同僚分享最新发现成果的专注。

随着每年过去,这些大会获得了日益增长的声望。有人注意到,在专业文献内越来越多地参考大会所出版的《会议论文集》(Proceedings)。大会地点是提出新的教学观点的地方以及（如果按时间研究这些论文）能够确定范式转换(paradigm shifts)的地方。例如，在最后 4 次会议上，它们分别是在 1992 年、1993 年、1994 年、1995 年，陈述了 181 篇论文。虽然每年都有自己特殊的主题，但当把所有的论文放在一起分析，他们自然归入几个类目。我将列举 5 个类目，然后给出 181 篇论文归入每个类目的编号、论文标题（有时候是发人深省的主题）、大会年、作者以及第一作者单位（考虑到该手册的读者可能想联系有相同想法的人）。最后，我将简要地总结以下每一类目的主要概念，因为它们与公共行政学教学出现的趋势相关。

A 类：电子信息对公共行政学教学的影响（27）
  1. 使用变异数分析（ANOVA）探索性的政策分析（1992）
  帕特里夏·麦吉·克罗蒂（Patricia McGee Crotty）与哈罗德·雅各布斯（Harold Jacobs），东史托堡大学（East Stroudsburg University）
  2. 评估在公共行政学教育中教授计算机应用的需要和潜能（1992）
University）布鲁斯 J. 纽鲍尔（Bruce J. Neubauer），韦恩州立学院（Wayne State College）
  3. 使用小型计算机的蒙地卡罗（Monte Carlo）模拟（1992）
  多萝西·奥尔施夫斯基（Dorothy Olshfski），罗格斯大学（Rutgers University）
  4. 对工作多年学生的教学研究方法：挑战与机遇（1992）
  凯瑟琳 M. 雷丁（Kathleen M. Reding），西密执安大学（Western Michigan University）
  5. 在教学法中使用 JMP（1992）
  亨利 B. 托马斯（Henry B. Thomas），北佛罗里达大学（University of North Florida）
  6. 在没有个人电脑情况下讲授政府信息系统（1992）
  沙伦·库格尔马斯（Sharon Kugelmass），北卡大学夏洛特校区（University of North Carolina at Charlotte）
  7. 功能分析：公共行政学一个决策集中模式（1993）
  贾斯廷·贝尔（Justine Bell），加州州立大学道明格士山分校（California State University, Dominguez Hills）
  8. 把计算机纳入公共预算教学（1993）
  德鲁·A. 多兰（Drew A. Dolan），莱特州立大学（Wright State University）
  9. 活化的期末考试（living finals）：公共政策课程新的互动教学途径（1993）
  马克·德鲁克（Mark Drucker），南伊利诺伊大学（Southern Illinois Uni-

versity)

10. 在公共行政学课程内融合微电脑应用技术（1993）

罗纳德·R. 高区（Ronald R. Gauch），马里斯特学院（Marist College）

11. 教学研究法：一种备用途径（1993）

拉里·哈贝尔（Larry Hubbell），怀俄明大学（University of Wyoming）

12. 在信息革命时代挑战教授信息技术和管理（1993）

蓝志勇（Zhiyong Lan）与 N. 约瑟夫·凯尔（N. Joseph Cayer），亚利桑那州立大学（Arizona State University）

13. 桌面进入网络空间：将电子信息带入公共行政学课堂（1993）

托德·R. 马萨（Tod R. Massa），圣路易斯大学（Saint Louis University）

14. 在公共人事课程中引进人工智能（1993）

布鲁斯 J. 纽鲍尔（Bruce J. Neubauer），韦恩州立学院（Wayne State College）

15. 公共行政学课程中使用计算机：概念性框架（1993）

迈克尔 L. 瓦修（Michael L. Vasu）与埃伦·斯托里·瓦修（Ellen Story Vasu），北卡州立大学（North Carolina State University）

16. 用个人电脑、祈祷和手册讲授政府信息系统（1993）

沙伦·库格尔马斯（Sharon Kugelmass），北卡大学夏洛特校区（University of North Carolina at Charlotte）

17. 研究设计强调研究方法：建立统计分析的情境（1994）

珍妮特 M. 凯利（Janet M. Kelly），鲍林格林州立大学（Bowling Green State University）

18. Preotographics：在公共预算和财政内教授微软 Excel（1994）

布鲁斯 J. 纽鲍尔（Bruce J. Neubauer），韦恩州立学院（Wayne State College）

19. 在农业地区提供 MPA：在公共行政学研究生项目中采用互动录影技术（1995）

唐 A. 科扎特（Don A. Cozzetto）与罗伯特 W. 奎特（Robert W. Kweit），北达科他大学（University of North Dakota）

20. 远程教学与使用互动电视教授公共行政学（1995）

查尔斯 W. 戈赛特（Charles W. Gossett），佐治亚南方大学（Georgia Southern University）

21. 在统计（Stat）班采用只读光盘（CD-ROM）教学（1995）

理查德 W. 胡克（Richard W. Hug），印第安纳大学–西北分校（Indiana University Northwest）

22. 对远程教学和 M. P. A. 的初级评估（1995）

威廉·莱维特（William Leavitt）与罗杰·里奇曼（Roger Riochman），

奥尔特多米尼大学/老道明大学（Old Dominion University）

23. 政策和结果：距离使得模拟很重要（1995）

康尼·莫尼（Connie Mauney），州立恩波里亚大学（Emporia State University）

24. 对公共行政官员教授信息高速公路：非学位公共行政培训项目的案例研究（1995）

马宁德拉 K. 莫哈帕特拉与夏克拉·埃尔霍辛（Manindra K. Mohapatra and Chaqra El-Houcin），印第安纳州立大学（Indiana State University）

25. 歧义、移情与关键的逻辑推理：对在全球教室教授公共行政学的思考（1995）

戈克塔克·莫科尔（Goktug Morcol），肯尼索州立大学（Kennesaw State University）

26. 政策课程内使用原则为基础计算机的模拟模糊认知图（1995）

布鲁斯 J. 纽鲍尔（Bruce J. Neubauer），韦恩州立学院（Wayne State College）

27. 在 MPA 课程内结合全面质量管理（TQM）与远程教学（1995）

J. 迈克尔·汤姆森（J. Michael Thomson），北肯塔基大学（Northern Kentucky University）

电子信息技术对公共行政学教学有深远的影响。自从 1988 年秋开始，全国公共事务与公共行政院系联合会（National Association of Schools of Public Affairs and Administration，NASPAA）期待所有的公共行政学研究生项目寻求资格认可（accreditation）以囊括在"信息系统，包括计算机扫盲和应用"中的培训。同一年，正式承认了计算机和信息是 NASPAA 课程指导方针的第六项技能/知识。"信息系统，包括计算机扫盲和应用"的意义随着日子的过去呈现出新的内涵。正如兰和凯尔（Lan and Cayer）在他们 1993 年论文中所指出的，"信息系统"这一名词再次意味着专家和技术人员所提供的中央计算机加微型电脑环境，在组织范围内，使用者可以进入电脑终端。或者可能意味着独立的电脑，但配备了微软工具包（software packages）缩小文字处理、空白表格程序、数据库和主界面（mainframe interface）。同样词语"计算机文化"指的是了解硬件、软件以及程序语言的目标和性质。

但是，更新一点的范式中，一个信息系统也指的是办公室内地方区域网络，由非技术人员和联网的能够跨越大洋交流的多媒体平台操作。用戴维 O. 阿诺德（David O. Arnold）的话，计算机文化已成为"一个概念，意思已经随着我们使用计算机的方式的变化而发生了变化。计算机早些时候的概念集中在编程能力上，然后让位于对动手能力的重点强调上。现在，计算机文化指的是，把对计算机的了解发展为扩展人类智慧能力的工具。"（Arnold 1991）。

公共行政的工具长期集中在信息概念上。管理信息系统、人事管理、财政报告和会计，以及统计分析和规划，所有这些都围绕着信息的操作和管理。信息科技现在发展到了因特网，一种国际网络、组织和机构的联网，它通过一系列能够以即时速度和额定使用者分享信息，并且价格相对低廉。在不同大洲的学术专业人士可以不用离开桌子就能够对研究相互沟通。在私人的工作台，自己可以阅读最近最高法院的裁决全文。几乎可以瞬间就发送一份电子信件给自己的国会代表或者给在州自然资源部（the state Department of Natural Resources）工作的行政官员

根据该学科的教育，使用这些技术的技术也正是技术。在职培训并不是获得该技术的地点。《会议论文集》文献在表述学习时间上实际上是无一例外的，教授这些技能是在学生学术项目内，其中联系能够支持其他的活动，诸如，研究以及数据和信息管理。网络工作者能够进入美国教育资料储库（Educational Resources Information Center，ERIC）数据库、国会图书馆，以及全国图书馆藏书情况的在线目录。正如一个支持把因特网增加到公共行政学课程的人所说的：" 我们应该主动为公共行政利益群体发展电子文化，促进公共行政学学生、教师和行政官员的交流和工具共享（tool sharing）"（Massa 1993）。

B 类：教学技术的自我觉醒（22）

1. 角色扮演的负面评估：成绩不优秀的学生优缺点（1992）

    李 M. 艾伦（Lee M. Allen），瓦尔多斯塔州立大学（Valdosta State College）

2. 公共行政学教育学生有关的疲惫（burnout）（1992）

    迪安 S. 卡德威尔（Dean S. Caldwell），北密歇根大学（Northern Michigan University）

3. 公共行政学教学的新范式：课堂是建立在自我管理学习技术之上的组织（1992）

    唐娜·（Donna Callenius）、罗杰·杜兰德（Roger Durand）和马克斯·埃尔登（Max Elden），休斯顿大学克利尔湖分校（University of Houston at Clear Lake）

4. 教育积极的行政官员：自由裁量权主义（discretionist）理论的教学意义（1992）

    查尔斯 J. 福克斯（Charles J. Fox），得克萨斯理工大学（Texas Tech University）

5. 偏见和歧视：行政决策制定和自我分析的一个模拟（1992）

    康尼·莫尼（Connie Mauney），州立恩波里亚大学（Emporia State University）

6. 公共行政 631："把工作场地人性化"（1992）

    南希·默里（Nancy Murray），佩斯大学（Pace University）

7. 自由创作：考虑到学生的要求（1992）

卡伦 A. 斯坦福（Karen A. Stanford），怀俄明大学（University of Wyoming）

8. 公共行政学职业化理念：对教育的意义（1992）

柯蒂斯·文特里斯（Curtis Ventriss），佛蒙特大学（University of Vermont）

9. 学生如何了解公共行政：将导读课本作为学习仪式（learning ritual）的评估（1993）

埃纳马尔 H. 乔德赫利（Enamul H. Choudhury），印第安那州立大学（Indiana State University）

10. 迈向理论 Y 教授公共行政学方法（1993）

马蒂 F. 多布斯（Matti F. Dobbs），州立圣迭戈大学（San Diego State University）

11. 以学生为中心的教学：对公共行政学内情感能力讲授的挑战（1993）

拉斐尔·赞布雷拉（Rafael Zambrana），纽约城市大学（City University of New York）

12. 户外探险与绳索训练课程：对培训和教育的应用（1994）

马克 R. 丹尼尔斯（Mark R. Daniels），孟菲斯州立大学（Memphis State University）

13. 角色扮演训练纳入公共行政学课程（1994）

理查德·赫佐格（Richard Herzog），斯蒂芬 F. 奥斯丁州立大学（Stephen F. Austin State University）

14. 管理理论有效应用教学：帮助学生应对情感、人际和政治现实（1994）

林娜 L. 霍尔默（Leanna L. Holmer），俄亥俄州立大学（Ohio State University）

15. 欲速则不达：蓝中培训模拟（1994）

康尼·莫尼（Connie Mauney），州立恩波里亚大学（Emporia State University）

16. 教授组织行为：发展评估和应用技能的任务（1995）

玛丽 L. 奥斯（Mary L. Auth），加利福尼亚州立大学道明格士山加分校（California State University, Dominguez Hills）

17. 通过直面挑战学习领导技术（1995）

李·霍尔默（Lee Holmer），安提亚克学院（Antioch College）

18. 解决超级抽象（super-abstract）：公共行政学教授后现代主义的意义（1995）

戴维 J. 法默（David J. Farmer），维吉尼亚联邦大学（Virginia Commonwealth University）

19. 使用研究建立组织共识：来自地狱的培训课程（1995）

拉里·哈贝尔（Larry Hubbell），怀俄明大学（University of Wyoming）

20. 讲学的替换形式：暂时性对课堂失控的长久利益（1995）

米尔蒂斯·安·纽曼（Meredith Ann Newman），华盛顿州立大学（Washington State University）

21. 为持续性教学设计研究生管理课程（1995）

卡罗尔 H. 索耶（Carol H. Sawyer），拉瓦尼大学（University of LaVerne）

22. 鲜活颜色教学（1995）

唐娜·范妮沃尔登 和玛格丽特·塞勒斯·沃克（Donna Vaniwarden and Margaret Sellers Walker），大峡谷州立大学（Grand Valley State University）

在教学技术中，自我察觉主题作为其公分母，普遍地攻击取代制度的非人化。在人类，对个人价值的感觉是给人以权力抵制对官僚者的打击甚至改变工作场所名誉玷污的情况。但是，为了更恰当地深化人性，必须要有能力，常常这些能力静静地藏在自身，被个人和组织存活无情的要求压在了意识底下。这些能力常常涉及比喻、神话、故事、象征和传奇；例如，把罗伯特·弗斯特（Robert Frost）的一首诗翻译出来，或者从《道德经》中解释相关的句子。

在南希·默里（Nancy Murry）启发式的"公共行政631：'把工作场地人性化'"中，她列举了在该领域教学原型中出现的几个因素：例如，卡尔·琼（Carl Jung）的作品以及其他的文献在几年之前还不被认为与公共行政学相关。"在我们努力支持一个很少被察觉的专业时，经典的作品中所包含的心理学、文学以及价值观都为我们提供了强大的观点，"她写道（Murray 1992）。

贯穿自我察觉教学中似乎有三个互补的主题。一个是对组织领导者和管理者中性质重要性长期存在的认识。柏拉图（Plato）的《共和国》（The Republic）、马基雅维利（Machiavelli）的《君主论》（The Prince）、斯科特（Scott）和哈特（Hart）的《组织化的美国》（Organizational America）都是这种文献的例子。站在另一边的是曼弗雷德 F. R. 凯茨·德·弗里斯（Manfred F. R. Kets de Vries）和丹尼·米勒（Danny Miller）的的著作（《神经性组织》和《迟钝的行政主管》）（The Neurotic Organization and The Inactive Executive）强烈证明了个体的态度和行为是组织问题的源头。"官僚病态"（bureaupathology）是一个现在普遍运用到制度环境下的词语。组织可能与个体生病的方式相同，而且原因也一样。但另一方面，也有可能被称为希望文学的东西：例如，出现在《公共行政评论》（1986 年 11 月/12 月）肖特（Schott）的《成人的心理发展：对公共行政学的意义》（The Psychological Development of Adults: Implications for Public Administration）。肖特和卡尔·琼都认为，真正发展成熟的那些人是通过严肃地在他们自身内探索而这样做，结果是对其他人和被投射出来的组织健康。

直觉知识（intuitive knowledge）在公共行政学内并不总是受到重视，因为公共行政学是遵从工具主义并专注于程序规律性。在评估课堂自我管理学习实验时,研究者报告说,当学生没有从专家或权威人物那里获得明确的信息时,他们常常感到受到了欺骗。"这门课我学的每样东西都必须自己教会自己"这句话并不是恭维话。普遍认为(the common wisdom goes),学生并不希望承担自己学习的责任。他们不想学会如何批判性和建设性地思考,学会如何与其他人有效地合作以通过合作努力而获得共同的目标。公共行政学教育特别容易受到批评,认为它与实践没有足够的关联。

B类所指的这22篇文章对这些担心有个中的回复,而且这与形象设计(image making)有关。教员必须编结新的兴趣网,首先在自身内寻求精神和情感的成熟,这样把真诚传达给学生并鼓励他们保持直观性(intuitive)。用一个教师(本文作者)的话来说,学生在研究教师的脸部和行为时常常只有一个问题:"你去过特尔斐吗?"如果你去过,他们会想知道那个地方是什么样,然后他们自己也想去那里。特尔斐真的是本位的自我(centered self)吗?那是上帝住的地方吗?

C类:行政学教育的伦理维度(14)

1. 伦理教学中的伦理关注(1992)

林恩 W. 巴彻勒(Lynn W. Bachelor),托利多大学(University of Toledo)

2. 公共利益概念:使之成为现实(1992)

托马斯 J. 巴恩(Thomas J. Barth),孟菲斯州立大学(Memphis State University)

3. 研究生培训项目中的伦理教学:把公共行政学比作社会工作(1992)

乔治·罗伯特·库克(George Robert Cook),南卡大学(University of South Carolina)

4. 公共服务伦理学教育(1992)

阿尔普里·黑卡—伊库斯(April Hejka-Ekius),加州州立大学史坦尼斯劳斯分校(California State University, Stanislaus)

5. 颜色是"我们大脑和宇宙见面的地点":释义(Hermaneutics)、科学现实主义与社会研究者的教育(1993)

丹尼 L. 鲍尔弗(Danny L. Balfour)与威廉·梅萨罗斯(William Mesaros),阿克伦大学(University of Akron)

6. 正义视角与道德和伦理决策制定中的模拟的行政(1993)

罗伯特 A. 洛林斯卡斯(Robert A. Lorinskas),南伊利诺斯大学(Southern Illinois University)

7. 在公共行政中听证官员的困境:当事实可能是猜想时的裁决案例(1993)

康尼·莫尼（Connie Mauney），州立恩波里亚大学（Emporia State University）

8. 应用民主理论：为了最佳公众利益（1993）

乔·安·迈尔斯（Joe Anne Myers），马里斯特学院（Marist College）

9. 公共行政学中的伦理教育（1993）

贝亚德·卡特伦（Bayard Catron），乔治华盛顿大学（George Washington university）

凯瑟琳 G. 丹哈特（Kathryn G. Denhardt），中弗罗里达大学（University of Central Florida）

10. 教授的非教授化：一个案例研究和争论（1994）

弗雷德里克·霍默和拉里·哈贝尔（Frederic Homer and Larry Hubbell），怀俄明大学（University of Wyoming）

11. 超越"伦理意识"：把减少偏见的课程带入管理课堂（1994）

帕梅拉 J. 利兰（Pamela J. Leland），玛丽伍德学院（Marywood College）

12. 公共行政学内教授伦理学：获得教师一致认同（1994）

凯瑟琳 M. 雷丁（Kathleen M. Reding），西密歇根大学（Western Michigan University）

13. 终身聘任制的政治经济：一项比较研究（1995）

雅各布斯·德·里德（Jacobus de Ridder），荷兰格罗宁根大学法学院（University of Groningen Law School, The Netherlands）

约翰·尼古拉（John Nicolay），特洛伊州立大学（Troy State University）

14. 保健伦理：提出伦理和法律困境（1995）

凯瑟琳 M. 雷丁（Kathleen M. Reding），西密歇根大学（Western Michigan University）

将伦理学建立成公共行政学研究生教育一个规范性的部分花了整整一代人的时间。今天 NASPAA 课程指导原则的标准 3.21（Standard 3.21）部分这样评价的："公共课程的组成部分将提高学生的价值观、知识和技能，以求在伦理上有效地行动……"。翻译成 NASPAA 资格认可的明确要求，学校的教师被要求解释一般的课程尤其是专业课程是如何提高学生的价值观、知识和技能，以求在（1）公共管理在伦理范围内行动并作为适合的第三部门组织；（2）定量分析技术的应用上符合伦理的行动；并且（3）随着对公共政策和组织环境的理解而符合伦理地行动。

标准 3.21（Standard 3.21）在 1989 年被采纳，这是在 ASPA 采纳了一部道德典则的 5 年之后。该典则本身是在 ASPA 职业标准和伦理委员会内 5 年斗争的结果。争议是围绕着上面引用的《会议论文集》文章中所讨论的许多同样的问题。公共行政学是一门能够拥有一套一致的规范性期盼，并且所采取的方式是和医学人士、律师和土木工程师所采用的方法一致的学科吗？在公共行政学内存在一个已被认识到的道德推理过程吗？而且该过程涉及道德义务吗？什么可以被称为使用道德想象？

从 ASPA 在 1939 年建立到 50 年代后期，公共行政学教育一直努力投身于教授民主风气和治理过程中的行政官员的正确角色。这是一次道德努力，公务员职业是一个位居高位的呼唤。的确，公务员在 50 年代中期的麦卡锡时期（the McCarthy era）承受了一些直接的冲击（took some direct hits），但是公务员制度将全国度过了大萧条和第二次世界大战所得来的声望使它持续了一段时期。60 年代，公共行政学开始丧失其道德依托，这时麦克纳马拉－恩托文职能预算运动（McNamara-Enthoven functional budgeting movement）到达华盛顿，行政"科学"也随之诞生。在民主和行政内所要求的科目开始让位于研究方法。甚至当伦理问题在 70 年代"水门事件"后得到重生时，"应用伦理"或者"行政伦理"被认为是讨论的适合点，而不是回到早些时候对民主风气的关注上。

1987 年对 NASPAA 院校的调查（李和皮尤的调查）展示了稍微过半的学校（52%）倾向于必须修习伦理课程。反对在核心课程内包括伦理课程所主要引证的原因是"已经有太多的必修课程了"。卡特伦和丹哈特（Catron and Denhardt）对这一持续的辩论的观点是"我们相信伦理也是一个核心科目，不能在课程模块单独地被充分提出来。伦理对于公共服务的身份和合理性是至关重要的，而且一个独立、必修的伦理课程是在其专业教育内明确无误地传达其重要性的"（Catron and Denhardt 193）。

90 年代的文献推动力是价值观和伦理应该渗透到公共行政学教学的所有方面，而且伦理学应该真正地与核心课程的每一门科目相融合。例如，伦理学不是一独立、可以分开的问题，与研究方法、政策分析以及预算和公共财政毫无关系的问题。伦理学教育使有关确认裁量选择过程的问题，这在选择的具体执行中或多或少地保持了公共利益。是解决道德困境的个人责任也是行政角色不可分割的一部分，而公共行政教育应该建立到它所教授的任何科目内。

D 类：行政学教育中的性别和多样性因素（12）

1. 在 MPA 项目课程内整合种族、性别与阶层问题（1992）

露西亚 A. 哈里森和安德烈亚 L. 齐加特（Lucia A. Harrison and Andrea L. Ziegart），常绿州立学院（Evergreen State College）

2. 用案例研究方法讲授文化多样性的管理（1992）

凯瑟琳 L. 马利克和爱德华·海勒（Kathryn L. Malec and Edward Heler），印第安纳大学西北分校（Indiana University Northwest）

3. MPA 女士：玻璃天花板和授权策略（1992）

埃伦·罗塞尔（Ellen Rossel），中佛罗里达大学（University of Central Florida）

4. 公共行政学性别因素（1992）

卡罗尔 J. 埃德隆和戴维 R. 西蒙（Carol J. Edlund and David R. Simon），州立圣迭戈大学（San Diego State University）

5. 财政政策中的种族、阶层和性别标准（1993）

露西亚·哈里森和肯尼思·多比尔（Lucia Harrison and Kenneth Dolbeare），常绿州立学院（Evergreen State College）

6. 公共行政学内西班牙低度代表性：研究生教育中的成人教育路径（1994）

玛丽亚 J. 卡尼诺（Maria J. Canino），拉特格斯大学（Rutgers University）

7. 文化多样性调查与公共行政学教学：关键调解的需要

埃纳马尔·乔德赫利（Enamul Choudhurry），印第安纳州立大学（Indiana State University）

8. 将男女同性恋问题融合进公共行政学课程中（1994）

查尔斯 W. 戈塞特（Charles W. Gossett），佐治亚南方大学（Georgia Southern University）

9. 肯定性行动政策的讲授（1994）

迈伦·马斯特（Myron Mast），大峡谷州立大学（Grand Valley State University）

10. 通过网络促进公共行政学教育的文化多样性：印第安纳州立大学与历史上的黑人大专院校 MPA 项目之间合作的案例研究（HUCB）

马宁德拉 K. 莫哈帕特拉和詹姆斯 L. 马克道尔（Manindra K. Mohapatra and James L. McDowell），印第安纳州立大学（Indiana State University）

11. 捕获女性智慧（1995）

史蒂文 E. 奥弗雷奇特（Steven E. Aufrecht）、玛丽安·埃斯特尔（Marian Estelle）和吴逊（Xun Wu），阿拉斯加大学（University of Alaska）

12. 给女性教授管理：警世故事（1995）

费思·普拉瑟（Faith Prather），纽约州立大学布罗克堡分校（State University of New York at Brockport）

男性和女性常常从不同的角度考虑同一个情况。该类文献探索如何确定公共行政学的事实和意义，代表人物是爱德隆和西蒙的"公共行政学性别因素"。作者一个又一个地从当前事件和性别研究中引用例子，以说明男女之间观察不同点的性质和广泛性。例如，在最近的消息中，有一个克拉伦斯·托马斯诉阿尼塔·希尔案件（Clarence Thomas-Anita Hill case），其中人们的说话都充满了感情，言语令人信服，由于对同一件事每人都有不同的说法而出现或者没有出现在平等就业委员会（EEOC）的办公室。爱德隆（Edlund）和西蒙（Simon）写道："希尔和托马斯可能认为他们都在说实话。她所认为的性骚扰行为对于托马斯可能理解得完全不同。女性看来持续存在并具有侮辱性的性语言被某些男性认为只是奉承、调情或者'只是高兴'的形式"（Edlund and Simon 1992）。也有证据表明，男人和女人在他们对肯尼迪被刺杀的理解、对共和党、民主党候选人的看法以及许多诸如女性体育记者有权进入男用更衣室等这类问题的看法上显著不同。

性别研究说明女性更少说谎、偷东西、打架、吸毒、酗酒，而更多地忠实于关系，在工作场所更少的举止异常而更多地遵守法律。男女不同地看待性关系。男人常常认为女人只是性对象并且几乎完全依赖性魅力的标准作为建立关系的理由。而另一方面，女人倾向于把男人作为成功对象。男人必须不仅迷人而且聪明，能够赚钱、当爸爸、抚养孩子而适合作为一个伴侣。女人在选择伴侣方面更加区别对待、要求更高。

研究人员卡罗·吉里根（Carol Gilligan）认为女人和男人的道德概念是以文化为基础的。规则教导男孩子如何玩并赢得游戏。因此，遵守而不是规则例外或者解释影响他们的行为。作为成人，男人倾向于相信，法律是绝对的而服从是至高无上的。相反，女性被教导要注意情感和关系。而规则只是实用的工具。它们不是绝对的而是灵活的。对女性而言，过程和结果是同等重要的，而男人更加以目标为导向，集中在产出上。

研究人员安妮·威尔逊·谢弗（Anne Wilson Schaef）认为，性别是在自由的基础上不同地看待规则。女性相信，规则通过服务于个体需要和个人发展而促进自由。当规则不能促进生长和发展，它们就能够并应该得以改变。男人认为，法律的存在是控制和限制自由。存在一个管制方法支持该系统。法律优先于个体。

该类文献应用了许多其他类目的性别分析，包括对于权力和成绩的不同概念，以及男人和女人如何谈话、听话以及理解彼此。结果是女性批评主义的解释权将性别差异确立为看待现实的一个必要的概念棱体（conceptual prism）。一个女性主义者的镜头必须被包括在公共行政学教学内已完成我们认识的途径，并且允许女性成为她们自己故事的主体（subjects），而不是男人的映射（male reflections）。当女性的呼声较弱或者安静时，而她们的问题没有被听到或受到支持时，现实就没有得到完整地评估，而学生对于工作场所的多样性准备非常不充分。性别肯定式的教学采用案例研究，女性团体内只有女性讨论她们对一个主题的看法，而考试问题允许女性从她们独特的交流方式来回答。团队教学（team teaching）以及强调与义务论伦理学（deontological ethics）相反的本体论伦理学（ontological ethics）的讲座和阅读资料（reading assignments）一样受到鼓舞。

E类：公共行政学的文学化和艺术环境（11）

1. 将小说作为案例研究：使用小说来讲授行政学真理（1992）

诺兰 J. 阿盖尔和伯顿 K. 布赖特（Nolan J. Argyle and Burton k.

Bright），瓦尔多斯塔州立大学（Valdosta State College）

2. 原理与参考书目：伦理学讲授中的电影（1992）

贝斯·斯特纳·亨克（Beth Sterner Hunker），俄亥俄州立大学（Ohio State University）

3. 通过来自"伍德罗·威尔逊：一个三幕剧"的节选说明的短剧来讲授（1993）

约翰·尼古拉（John Nicolay），中密歇根大学（Central Michigan University）

4. 通过文学来体验行政（1993）

达雷尔 L. 皮尤和埃尔西 B. 亚当斯（Darrell L. Pugh and Elsie B. Adams），州立圣迭戈大学（San Diego State University）

5. 在多元社会教授社会公平："威尼斯商人"（1994）

埃尔西 B. 亚当斯和达雷尔 L. 皮尤（Elsie B. Adams and Darrell L. Pugh），州立圣迭戈大学（San Diego State University）

弗兰克·马里尼（Frank Marini），阿克伦大学（University of Akron）

6. 行政动画片：重大形象与巧妙课程（1994）

李 M. 艾伦和（Lee M. Allen），瓦尔多斯塔州立大学（Valdosta State College）

7. 文科在公共行政学课程中的地位（1994）

彼得 J. 伯格森（Peter J. Bergerson），东南密苏里州立大学（Southeast Missouri State University）

8. 卡通片和版权：使用和滥用形象（1995）

李 M. 艾伦和诺兰 J. 阿盖尔（Lee M. Allen and Nolan J. Argyle），瓦尔多斯塔州立大学（Valdosta State College）

9. 普遍的恐惧：使用短篇和中篇小说来教授行政原则（1995）

诺兰 J. 阿盖尔和李 M. 艾伦（Lee M. Allen and Nolan J. Argyle），瓦尔多斯塔州立大学（Valdosta State College）

10. 在本科生公共行政学教学中融合写作任务（1995）

康拉德 M. 克雷斯雷（Konrad M. Kressley），南亚拉巴马大学（University of South Alabama）

11. 公共行政学的杜撰和想象（1995）

霍华德·麦柯迪（Howard McCurdy），美国大学（American University）

公共行政学的文学和艺术环境是教学中一个快速发展的主题领域。在1995年提供了一门实验课，课中使用一些我自己的作品——两个戏剧和一本诗，并且邀请12个在公共行政文化环境中注册过的学生，找到他们自己的文化和行政相互作用的实例，这之后，该课程在1996年在西密歇根大学发展成为公共行政学教学的一个新的重大方面。31名学生现在报名参加该课程，并且在下列领域内选择研究主题：

建筑	动画
舞蹈	民族艺术
电影	传奇
壁画	音乐
美国本土文化传统	小说
歌剧	绘画
摄影	戏剧
诗	被子绗缝
收音机	雕塑
短篇小说	电视

我从未见过学生在报告他们的发现时是如此兴奋，例如，通过诺莫尔·罗克韦尔（Normal Rockwell）的绘画发现了他对公共行政学的评价；《辛德勒名单》（Schindler's List）对公共行政的不同观点；在公共建筑中有关公民文化的陈述；厄普顿·辛克莱（Upton Sinclair）小说《屠场》（The Jungle）对肉类包装业行政改革的影响；以及其他 100 个有关文化生活和公共行政学相互影响的例子。

麦柯迪（McCurdy）（1995）认为，该主题范围内的主要联系点是想象，"想象对于现代政府的行为与电子计算机同样重要"。他说，想象有助于确定政府的目标以及它的使用。虚构和非虚构的形象都通过书本、电影、电视、报纸、杂志、音乐和戏剧来传达。现代社会用想象的作品轰击民众。最普遍的形象出现了并成为流行通俗文化的一部分。他们基本上成为公众所持有的观点、习惯以及信仰。想象力帮助建立的文化提出了人类所面临的巨大问题：生活的目标、个人责任、对未来的梦想、爱、忠诚以及悲剧。

电影像《第三个人》（The Third Man 1946）、《国王的弄臣》（All the King's Men 1949）、《杀死一只知更鸟》（To Kill A Mockingbird 1962）、《总统班底》（All the President's Men 1976）以及《死亡诗社》（The Dead Poet's Society 1989）为公共行政研究人员带来了一经损坏无法修复的综合症（the Humpty Dumpty syndrome）。富有影响力的人崛起了，他们平静地坐在他们被提拔的位置上，他们又垮了，而且他们不可能再放在一起。为什么威利·斯塔克（Willie Stark）和理查德·尼克松（Richard Nixon）垮台了？为什么麦克佩斯（Macbeth）（莎士比亚一悲剧主人公）失败了？对于艺术作品的分析帮助公共行政学学生认识到错误的和不相关的权威，避免太快的概括化或者刻板的印象，避免在应对功绩议题时进行个人攻击，拒绝红鲱鱼（即错误的线索）和烟幕，在他们个人和公众生活中保持体面尊严，而且最终理解埃斯库罗斯（Aeschylus）在《阿伽门农》（Agamemnon）中体现的智慧：

学习的人一定遭受痛苦。甚至在我们睡觉的时候，痛苦也不会忘记一滴一滴地落在心房上，但在我们绝望的时候，违背意愿地又产生了上帝威严的恩典所使用的智慧。

REFERENCES

Appleby PH. Policy and Administration. Tuscaloosa: University of Alabama Press, 1949.

——. Morality and Administration in Democratic Government. Baton Rouge: Louisiana State University Press, 1952.

American Assembly, Sayre WS, ed. The Federal Government Service. Englewood Cliffs: Prentice Hall, 1965.

Allison GT. Conceptual Models and the Cuban Missile Crisis: National Policy, Organization Process, and Bureaucratic Politics. Santa Monica: Rand, 1968.

Arnold DO. Computers and Society. New York: Mitchel/McGraw-Hill, 1991. Quoted in Lan Z, Cayer NJ, "The challenge of teaching information technology and management in a time of information revolution." Proceedings of the Sixteenth National Conference on Teaching Public Administration, March 25 – 27, 1993. Department of Public Administration and Policy Analysis, Southern Illinois University at Edwardsville, p. 163.

Bailey SK. Ethics and the public service. Public Admin Rev 24: 234 – 243, 1964.

Bain A. Education as a Science. New York: D. Appleton, 1879. Cited in Payne WH, ed. and transl. Compayre's Lectures on Pedagogy. Boston: D. C. Heath, 1901.

Barnard CI. The Function of the Executive. Cambridge MA: Harvard University Press, 1938.

Blackie JS. Conditions for the development of memory. In: On Self Culture: Intellectual, Physical, and Moral. New York: Scribner, Armstrong, 1874.

Caldwell LK. Public administration and the universities: a half-century of development. Public Admin Rev 25: 52, 1965.

Catron BL, Denhardt KG. Ethics education in public administration. In: Proceedings of the Sixteenth National Conference on Teaching Public Administration, March 25 – 27, 1993. Department of Public Administration and Policy Analysis, Southern Illinois University at Edwardsville, pp. 300 – 308.

Chandler RC, ed. A Centennial History of the American Administrative State. New York: Free Press, 1987,

Cleveland H. How do you get everybody in on the act and still get some action? Public Manage 57: 3 - 6, 1975.

Compayre G. Cours de Pedagogic, Theorique et Pratique. Boston D. C. Heath, 1901a.

Douliot M. Recitation classique. In: Revue de l'Ensiegnement Secondaire. Cited in Payne EH ed. and transl. Compayre's Lectures on Pedagogy. Boston: D. C. Heath, 1901.

Ediund CJ, Simon DR. The gender factor in public administration. In: Proceedings of the Fifteenth National Conference on Teaching Public Administration, February 6 - 8, 1992. The Institute for Public Affairs and Policy Studies, The College of Charleston, Charleston, South Carolina, pp. 567 - 573.

Fayol H. General and Industrial Management. New York: Pitman, 1949.

Follett MP. Dynamic Administration: The Collected Papers of Mary Parker Follett. Fox M, Urwick L, eds. New York: Hippocrene Books, 1940.

Frederickson HG. The lineage of new public administration. Admin Soc 8: 20 - 41, 1976.

———. Public administration in the 1970s: development and directions. In: Uveges JA, Jr, ed. The Dimensions of Public Administration. Boston: Allyn and Bacon, 1979, pp. 646 - 672.

Fritschler AL. Smoking and Politics; Policymaking and the Federal Bureaucracy. New York: Appleton-Century-Crofts, 1969.

Goodnow FJ. Politics and Administration. New York: Russell and Russell, 1900.

Graham GA. Trends in teaching public administration. Public Admin Rev 10: 69 - 77, 1950.

Gulick L, Urwick L, eds. Papers on the Science of Administration. New York: Augustus M. Kelley, 1937.

Gunn EM. Ethics and the Public Service: An Annotated Bibliography and Overview Essay. Norman: Bureau of Government Research, University of Oklahoma, 1986.

Heimovics R, Rizzo AM, eds. Innovations in Teaching Public Affairs and Administration. Kansas City: L. P. Cookingham Institute of Public Affairs, 1981.

Kaufman H. The Forest Ranger, A Study in Administrative Behavior. Baltimore: John Hopkins Press, 1960.

Maas A, Radway LI. Gauging administrative responsibility. Public Admin Rev 9: 182 - 193, 1949.

March JG, Simon HA. Organizations. New York: Wiley, 1958.

Massa TR. Desktop to cyberspace: bringing electronic information into the public administration classroom. In: Proceedings of the Sixteenth National Conference on

Teaching Public Administration, March 25 – 27, 1993. Department of Public Administration and Policy Analysis, Southern Illinois University at Edwardsville, p. 202.

McCurdy HE. Public Administration: A Bibliographic Guide to the Literature. New York: Marcel Dekker. 1986,

———. Fiction and imagination in public administration. In: Proceedings of the Eighteenth National Conference on Teaching Public Administration, March 23 – 25, 1995.

Institute of Public Servtees, Seattle University, Seattle, Washington, Panel 2 – B, Paper 1, p. 1.

Meier K. Politics and the Bureaucracy: Policy Making in the Fourth Branch of Government. North Scituate, MA: Duxbury Press, 1979.

Meyerson M, Banfield EC. Politics, Planning, and the Public Interest; The Case of Public Housing in Chicago. Glencoe: Free Press, 1955.

Mosher FC. Governmental Reorganizations. Indianapolis, IN: Bobbs-Merrill, 1967.

———. Democracy and the Public Service. New York: Oxford University Press, 1968.

Murray N. PA 631: Humanizing the workplace. In: Proceedings of the Fifteenth National Conference on Teaching Public Administration, February 6 – 8, 1992. Institute for Public Affairs and Policy Studies, The College of Charleston, Charleston, South Carolina, p. 301.

Nelson WE. The Roots of American Bureaucracy, 1830 – 1900. Cambridge, Massachusetts: Harvard University Press, 1982.

Redford ES. Democracy in the Administrative State. New York: Oxford University Press, 1969. Rohr JA. Ethics for Bureaucrats: An Essay on Law and Values. New York: Marcel Dekker, 1978. Rourke FE. Bureaucracy, Politics, and Public Policy. Boston: Little town, 1984.

Sass SA. The Pragmatic Imagination: A History of the Wharton School. Philadelphia: University of Pennsylvania, 1983.

Schubert GA, Jr. "The public interest" in administrative decision-making: theorem, theosophy or theory? Am Politic Sci Rev 51: 346 – 368, 1957.

Seiznick P. TVA and the Grass Roots. New York: Harper and Row, 1949.

Simon HA. Administrative Behavior: A Study of Decision-Making Processes in Administrative Organization. New York: Free Press, 1976.

Taylor F. Principles of Scientific Management. New York: Harper & Row, 1911.

———. Scientific Management. New York: Harper & Row, 1947.

Vocino T, Heimovics R, eds. Public Administration Education in Transition. New York: Marcel Dekker, 1982.

Waldo D. Democracy, Bureaucracy, and Hypocrisy. Berkeley, CA: Institute of Governmental Studies, University of California, Berkeley.

____. The Enterprise of Public Administration: A Summary View. Novato: Chandler & Sharp, 1980.

Weber M. From Max Weber: Essay in Sociology. Gerth HH, Mills CW, eds. and transl. New York: Oxford University Press, 1946.

Webster's Ninth New Collegiate Dictionary. Springfield: Merriam-Webster Inc., 1991.

White LD. Introduction to the Study of Public Administration. New York: Harper and Brothers, 1926.

Wildavsky A. The Politics of the Budgetary Process. Boston: Little, Brown, 1964.

Willoughby WF. Principles of Public Administration. Baltimore, MD: Johns Hopkins University Press, 1927.

Wilson W, The study of administration. Politic Sci Q 2: 197 – 222, 1887; reprinted Politic Sci Q 50: 448 – 506, 1941.

BIBLIOGRAPHY

Caldwell LK. The study of administration in the organization of the university. Chinese Journal of Administration July 1965b: 8 – 16.

California State Department of Education. Orientation to Public Service Occupations, Curriculum Guide, U.S. Government Printing Office, Washington, D.C., 1975.

____. Administering Public Service Occupations, an Implementation Guide, Curriculum Guide, U.S. Government Printing Office, Washington, D.C., 1975.

____. Preparing for Public Service Occupations, Educational Services, Curriculum Guide, U.S. Government Printing Office, Washington, D.C., 1975.

Cleveland H. A philosophy for the public executive. In Perspectives on Public Management (Robert T. Golembiewski, ed.), R. E. Peacock Publications, Itasca, Illinois, 1968, pp. 12 – 23. Committee on Practical Training for Public Service. Proposed Plan for Training Schools for Public Service, American Political Science Association, Madison, Wisconsin, 1914.

Compayre G. Lecture on Pedagogy, Theoretical and Practical (W. H, Payne, transl.), (translated from the French), D. C. Heath, Boston, 1901c.

____, La Histoire de la Pedagogic, Swan Sonnenschein, London, 1901b.

____. The History of Pedagogy (W. H. Payne, trans L), Scholarly Press, St. Clair Shorres, .Michigan, 1970.

Dahl RA. The science of public administration: three problems. Public Admin Rev 7: 1 – 11, 1947.

Daniels MR, Darcy RE, Swain, JW. Public administration extension activities by American colleges and universities. Public Admin Rev, 42: 56–65, 1982.

Feldman EJ. Comparative public policy: field or method? Comparative Politics 10: 287–305, 1978.

Gaus JM. Trends in the theory of public administration. Public Admin Rev 10: 168, 1950.

Golembiewski RT. Part I: perspectives on past and present. In: Public Administration as a Developing Discipline. New York: Marcel Dekker, 1977.

Henderson KM. A new comparative public administration? In: Marini F, ed. Toward a New Public Administration: The Minnowbrook Perspectives. Scranton, Pennsylvania: Chandler, 1971.

———. Emerging Synthesis in American Public Administration. New York: Asia Publishing House, 1966.

Hinderaker I. The study of administration: interdisciplinary dimensions. Western Political Science Quarterly, 16: 5–12, 1963.

Honey JC. A report: higher education for public service. Public Admin Rev 27: 301–319, 1967.

Kraemer KL, Perry JL. Camelot revisited: public administration in a generic school. In: Birkhead GS, Carroll JD, ed. Education for Public Service. Syracuse, NY: Maxwell School of Citizenship and Public Affairs, Syracuse University, 1980, pp. 87–102.

Lambie MB, ed. Training for the Public Service: The Report and Recommendations of a Conference Sponsored by the Public Administration Clearing House. Chicago: Public Administration Clearing House, 1935.

Mailick S, Van Ness EH, eds. The concept of decision-making in the "field" of public administration. In: Concepts and Issues in Administrative Behavior. Englewood Cliffs, NJ: Prentice-Hall, 1962, pp. 1–29.

Miles RE, Jr. The search for identity of graduate schools of public administration. Public Admin Rev 27: 343–356, 1967.

Millet JD. A critical appraisal of the study of public administration. Administrative Science Quarterly 1: 177–188, 1956.

Murray MA. Education for public administrators. Public Personnel Management 4: 239–249, 1976.

Rabin J, Bowman JS, eds. Politics and Administration: Woodrow Wilson and Contemporary Public Administration. New York: Marcel Dekker, 1984.

Ranney A. The study of policy content: a framework for choice. In: Ranney A, ed. Political Science and Public Policy. Chicago: Markham: 1968.

Reining H, Jr. A reversal of emphasis. Public Admin Rev 27: 334–336, 1967.

Robson WA. The present state of teaching and research in public administration. Public Admin Rev 39: 217-222, 1961.

Rohr JA, Ethics for bureaucrats. America 128: 488-491, 1973.

____. The study of ethics in public administration curriculum. Public Admin Rev 36: 398-406, 1976.

Sherman H. Some questions about the question. Public Admin Rev 27: 337-342, 1967.

Siffen W, Jr. The new public administration—its study in the United States. Public Admin Rev 34: 365-376, 1956.

Simon HA. A comment on "the science of public administration," Public Admin Rev 7: 200-203, 1947.

Somit A, Tanenhaus J. American Political Science: A Profile of a Discipline. New York: Atherton, 1964.

Staats E. A post-Watergate code of ethics. Public Management 57: 7-12, 1975.

Stone AB, Stone DC. The early development of education in public administration. In: Morrison EB, ed. The Letters of Theodore Roosevelt. Vol. 6. Cambridge, MA: Harvard University Press, 1952, pp. 1547-1557.

Sundquist JL. Reflections on Watergate: lessons for public administration. Public Admin Rev 31: 453-461, 1974.

Waldo D. Scope of the theory of public administration. In: Charlesworth JC, ed. Theory and Practice of Public Administration: Scope, Objectives, and Methods. Philadelphia: American Academy of Political and Social Science, 1968.

Walker JL. Brother, can you paradigm? Political Science Quarterly, 5: 419-422, 1972.

Ward S. Graduate Study in Public Administration. Washington, D.C.: U.S. Office of Education, 1961.

Young MR, Darch RE, Swain JW. Public administration extension activities by American colleges and universities. Public Admin Rev 42: 56, 58, 65, 1982,

第二十一章 公共行政学数据管理和研究方法

罗伯特 K. 惠兰[*]

Ⅰ. 简介

数据管理和研究方法在公共行政学理论和实践上都是至关重要的领域。它们都是一些公共行政学领域的人们——不管是学术人员还是实践者——不经常直接面对的问题。因为新的做事方法和途径从多种不同的领域进入公共行政学,因此在研究方法和数据管理内的创新过程是非常有意思的。

纵观过去 100 年的发展,我们要考虑许多重大的问题。公共行政学领域学术人员和实践者所要求的技能是什么?它们是如何演变的?方法和数据管理的变革如何影响公共政策?学术观点如何与公共政策相联系?我们能迅速(或缓慢)认识到政策问题吗?由于我们知识水平的提高,政策得到改善了吗?

本章将按时间顺序评价数据管理和研究方法的发展。第一部分将涉及"二战"前。第二部分将讨论从"二战"后到 60 年代期间。最后三个部分将研究一下最近 40 年的发展情况:20 世纪 60~90 年代。

Ⅱ. 到 1945 年这一段时期

许多学者认为现代公共行政学研究是从伍德罗·威尔逊发表在《政治科学期刊》(Political Science Quarterly)第一卷上的著名文章开始的(Wilson 1887)。但是要精确确定现代对数据管理和研究方法的研究努力的一个具体的日期可要困难得多。

有些人可能认定 1902 年是一个关键日期,那一年建立了一个永久性的人口普查局(Bureau of the Census)。因为

---

[*] 罗伯特 K. 惠兰(Robert K. Whelan),新奥尔兰大学(University of new Orleans)

100多年来，统计局是由那些19世纪负责该领域重大创新的人员所领导的。在1879年，统计在编纂系统中引进了机械计数器（tallying machines），使得大批量的数字得到有效地处理（Lyons 1969：23-24）。

其他人可能赞成与世纪之交改革者突出工作相关的其他措施。正如在公共行政学众多领域一样，20世纪初美国改革者在数据管理和研究方法两方面的努力是非常重要的。早在1894年，里士满·梅奥—史密斯（Richmond Mayo-Smith）在哥伦比亚大学建立了一个统计实验室，以"积累和分析有关该城市社会状况的数据"（Karl 1974：31）。那个时代哥伦比亚的学者们也投入许多与纽约市慈善组织有关的场地项目（field projects）。在课堂里，20世纪初索尔斯坦·维布伦（Thorstein Veblen）在芝加哥大学讲授了一门课程——"政治经济学的范围与方法"。

A. 城市研究局和乡村改革者的努力

有许多人可能认为在该领域的现代公共行政学研究是从建立纽约城市研究局（New York Bureau of Municipal Research）开始的。该局于1907年由威廉 H. 艾伦（William H. Allen）、亨利·布鲁埃尔（Henry Bruere）和弗雷德里克·克利夫兰（Frederick Cleveland）所建立。该局工作的资金是富有的商人所提供的，尤其是安德鲁·卡耐基（Andrew Carnegie）、R. 富尔顿（R. Fulton Cutting）（一个投资银行家）和约翰 D. 洛克菲勒（John D. Rockefeller）。该局的奠基人都相信，只要公民知道有关政府的事实，那么他们就会采取正确的行动。因此，他们决定"确定并传播这些事实"（Caro 1974：61）。该局的雇员背景都在工程学、会计、统计学和行政学内。他们使用统计方法来比较并划分城市机构和部门的活动。该局职员将"问卷调查"一个机构，在收集了某个机构的数据后，他们将进行检验，并提出变革建议。该局发表公告，描述纽约市的经济和社会环境（Schiesl 1977）。仅举一例，该局有一次研究对公务员的效率评估作了详细的一个报告。该局的职员（bureau staffer）整天观察人们工作，把他们的工种分成可以量化的部分。

1913年，该局组织了公共服务培训学校，这是今天 MPA 项目的前身。E. H. 哈里曼（E. H. Harriman）提供了首笔资金，查尔斯·比尔德（Charles Beard）是该校的首任校长。而罗伯特·摩西（Robert Moses）是该研究局和培训学校最卓越的一名雇员。研究局的报告文件在架子上没有积累一丝灰尘。这些报告都用作主要政府改革的依据。该局1915年报告《纽约州的政府》（Government of the State of New York）是摩西在1918年艾尔弗雷德 E. 史密斯当选州长之后，代表史密斯所进行的州政府重大重组的基础。此外，该局在全国包括费城和辛辛那提在内的其他城市内开展工作。该局在其他城市的工作也是收入的主要来源。

该局的工作在许多方面都代表着弗雷德里克 W. 泰勒科学管理哲学在城市管理方面的应用。根据泰勒（1911）和其跟随者的设计，科学管理包括专业化、计划、定量评估以及规范化。这些概念促进了"效率",基本上它指的是投入固定但产出最大化。正如希尔瑟(Schiesl 1977)所指出的,该局是按照泰勒方式,在准确的数据和操作理性化基础上重组政府机构。特别是,当全局人员比较和分类城市活动时,他们采用"统计方法"。并不是所有职员都执着于效率重心。罗伯特·摩西是该局最有名的校友(alumnus),从 20 年代到 60 年代,他负责建立纽约市和州府的基础结构。摩西在其长期成功而颇有争议的公共服务生涯中更以他的有效果而不是效率出名。

查尔斯·梅里亚姆(Charles Merriam)20 世纪早期在芝加哥的研究也可以说明问题。芝加哥城市俱乐部(the City Club of Chicago)从一个慈善主义者——海伦·卡尔弗(Helen Culver)那里得到资金以帮助"调查和改善芝加哥城市的环境条件"。梅里亚姆巧妙地利用其学术兴趣和社区关系,使用俱乐部的资金来从事对芝加哥城市收入制度(revenue system)的研究。梅里亚姆以 1906 年所作的全面的比较研究得到芝加哥和全国的城市改革者的热烈欢迎。在最后的分析中,城市研究机构的活动一直激励着更好的会计和预算制度、更系统化的纪录保持(record keeping)以及城市更规范的资料收集。城市改革局构成了城市改革"网络"的一部分,改革也包括了发展该领域的职业组织。

最近的学术成就阐明了改革措施中一些受到忽视的方面。斯蒂弗斯(Stivers 1995)指出,学者强调那些"官僚"效率的路径,这些官僚将改善政府程序。改革运动也包括"社区睦邻工作女性"(settlement house women),她们寻求在解决社会问题上实质性的进展。沙克特(Schachter 1995)注意到了使用源自于城市研究局研究成果的公民主人模式(citizen owner model)。该局把信息用一种容易使用的方式传达给市民。而且,该局所作的努力在 20 世纪前几十年鼓舞了广大市民参与地方预算过程。

联邦政府在这方面所作的努力也应该提及。美国统计署在世纪之交做的报告给所有 3 万人或更多人的城市提供了好几个重大政府职能部门详尽的年度开支分析。因而,城市获得了有关人均开支变化的信息,以及城市是否对重要服务负责的信息(这与政府其他单位相对)。

与城市改革措施同样重要的是在农村地区合作性推广(cooperative extension)方面的类似努力。美国农业部和《莫里尔法》(the Morrill Act)建立了土地赠与学院(land grant colleges),于 1862 年成立。1914 年国会通过了《史密斯—利弗法案》(the Smith-Lever Act),它将合作性推广建成美国农业部和赠地教育机构的一个伙伴性机构。伙伴性的目的是促进"美国人民之间有关农业和家庭经济学(home economics)实用信息的传播"。这些信息通过负责农业技术推广官员系统(county agent system)传递到农民手中。

B. 职业组织的发展

甚至在 20 世纪之前,公共行政官员就被组织起来交流经验和信息。例如美国公共卫生协会(the American Public Health Association)和警察长官国际协会（the International Association of Chiefs of Police）等组织在 1900 年前就存在。许多州立城市联盟也在 20 世纪初期形成。国际城市经理人协会（the International City Managers Association, ICMA）也于 1913 年建立。在学术这一方面，美国政治科学协会（the American Political Science Association，简称 ASPA）于 1930 年成立。

对这一领域至关重要的是公共利益组织集中在芝加哥东 60 大街 1313 号。这一组织是在 20 年代末 30 年代早期出现的，并得到了查尔斯·梅里亚姆的努力推进，梅里亚姆当时是芝加哥大学政治科学系的主任。梅里亚姆把路易斯·布朗诺（Louis Brownlow）带到芝加哥，并帮助他建立了公共行政信息交流中心（the Public Administration Clearing House）。联合任命（joint appointments）和联合研究项目是大学和"1313"组织之间相互交叉深化的范例。这些组织包括例如：国际城市经理人协会、州政府理事会（the Council of State Governments）、美国公共工作协会（the American Public Works Association）以及城市财政官员协会（the Municipal Finance Officers Association）。1933 年这些组织成立了公共行政服务中心（the Public Administration Service, PAS），这项联合举动是给社区人们提供咨询、研究以及出版物。某些组织还提供了培训项目。

对职业组织的讨论也应该包括美国公共行政学会（the American Society for Public Administration, ASPA），它于 1939 年成立。ASPA 的成立是促进公共部门更好地管理，并为学术人员和实践者之间的互动提供场所。

C. 第一次世界大战的影响

虽然美国参加第一次世界大战时间短暂，但在数据管理史上显然是非常重要的。战争事务的调动和处理要求更多可以管理的统计资料。后来，在"大萧条"和第二次世界大战时期要求更好的政府统计资料。

从我们在公共行政中的视角出发，第一次世界大战至关重要，因为心理学家第一次参与政府。心理学已出现了三四十年之久，但第一次世界大战首次见证了心理学家参与政府，他们进行军事测试和人事问题。后来一些与军队合作的心理学家于 1922 年创立了美国公务员委员会研究部门（the Research Division of the U. S. Civil Service Commission）。这些心理学家为传统的公务员委员会设计了人事测试和选拔的方法（Lyons 1969）。

除了心理学，统计学也以一种更为严格的方式被引进到第一次世界大战动员措施中来。埃德温·盖伊（Edwin Gay）是哈佛商学院的院长，他担任军队统计部门的首脑。盖伊收集了有关军队要求以及装载和载重量的性质等方面的信息。1918 年盖伊成为战争工业规划和统计的领头人，成为中央规划和统计部门（向总统报告的独立战时机构）的领头人。该机构设立了统计工作一个信息交流中心、为战争契约协调统计结果、并为战争官僚机构集中数据生产过程。这是首次朝着有系统的联邦统计组织发展。这些措施为和平时期经济规划提供了依据。战后，韦斯利·米切尔（Wesley Mitchell）（他曾与盖伊共事）领导了国家经济研究局（the National Bureau of Economic Research），该局成为该领域理论研究中心（Alchon 1985）。

D. 社会科学研究理事会（Social Science Research Council）

查尔斯·梅里亚姆将1923年成立的社会科学研究理事会（the Social Science Research Council, SSRC）视作是工具性的。SSRC为学术研究提供了急需的资金，并且作为一个协调性机构，为社会科学研究主要基金会筹集部分集资。在SSRC人类迁居委员会早期的一个措施中，它建议，在为解决新的预算数据而发展一个"关联计算机制"（correlation computing mechanism）以寻求与工人之间的关系（Karl 1974, 130）。SSRC成了一个公共行政委员会。

在30年代，该委员会目标是提高学术研究，并使之与最近的行政方法更加密切联系。"二战"前，该委员会为无数个新开发的行政学课题提供资金。此外，该委员会的出版物极大影响了研究课题和方法（Egger 1975: 66-67）。SSRC有关"行政学研究"系列的第一卷是基（Key）的《联邦对州拨款的管理》（The Administration of Federal Grants to States 1937）。基从华盛顿的联邦机构和州行政官员那里收集了有关行政实践的详尽信息。他的访谈得出了有关联邦援助管理的大量信息。基（key）统计表中的一些资料今天能够很容易地从联邦机构那里获得。当时，1937年，基（key）开辟了新的局面。在他的研究中，没有复杂的统计分析。

在SSRC发展中，预示了一些更多最近的辩论。尤其是，罗伯特·克兰（Robert Crane）（后来是SSRC的会长）在一次辩论中加入了查尔斯·梅里亚姆，我们今天认为是"纯粹"对"应用"的研究。1924年《美国政治学评论》中的一个报告，克兰对研究局的研究方法极其批判。克兰认为，该工作的"科学"性质由于该局依赖于产生结果、强调经济和效率以及需要进行宣传等而被削弱（Karl 1974）。一直到现在，这一辩论在许多大学还在困扰着我们。

E. 政府研究所和布鲁金斯学会（Brookings Institutions）

1910年政府研究所（the Institute of Government Research）紧随塔夫脱政府经济效率委员会（the Taft Commission on Economy and Efficiency in Government）成立。弗勒德里克·克利夫兰来自纽约城市研究局，带领了塔夫脱委员会。总之，这一参与者相信需要在国家层面建立城市研究局类型的操作。因为有来自洛克菲勒基金会的支助，该所第一届所长是威廉F.威洛毕（William F. Willoughby）。在其早期，该所的主要兴趣是国家预算和预算改革。

该所成员与政府机构一起致力于改善行政程序。这些程序包括起草人事手册、建立现代会计制度并且建立办公室文件（office files）。该所工作的推力是促使政府机构与现代商务实践保持一致。如史密斯（1991）所指出的，该所的学者正在为建立公共行政学科学以及提高公务员制度实践而收集事实和资料。

1928年，政府研究所与经济所（the Institute of Economics）和经济和政府研究院（the Graduate School of Economics and Government）联合建立了布鲁金斯学会（Brookings Institution）。布鲁金斯是圣路易斯的一个金融家，他曾为许多这样的努力措施而筹集资金。政府研究所的主要工作是在 W. F. 威洛毕的指导下调查密西西比州和县政府的组织以及行政管理。该研究有四个组成部分：研究收入制度、州财政管理、州政府以及县政府。

该研究作为一个数据来源是极其丰富的。有许多图表都具体说明了州收支的渠道，并说明了例如教育和公共卫生诸如此类的州政府职能。在县一级，管理和政府成本数据也得以陈述。这些研究为今天同类资料的常规发表奠定了基础。这些研究在 60 多年前也是一个重大和创新的成就。必须记得的是，虽然收集并陈述了大量的资料，但这主要是描述性材料。我们几乎不能承认它们可以作为当代的统计分析（Institute of Government Research 1930）。

以一种类似的方式，纽约城市研究局在州和地方进行了管理研究。奥图尔（O'Toole）（1986）在一篇杰出文章中分析了措施之一，这是在 20 年代哈里·伯德（Harry Byrd）政府时期重组维吉尼亚政府中有关该局的角色问题。该局[后来改名为今天的公共行政研究所（Institute of Public Administration）]，由卢瑟·古立克（Luther Gulick）担任局长。所进行的研究非常近似于上面提到的布鲁金斯研究。有趣的结论是改革者（古立克和其共事者）在行动中有很多政治技巧，并且操纵政党活动的政客（machine politician）（伯德和其共事者）对改革兴趣犹浓。这给该领域的政治行政两分法提供了一个不同的观点，这不同于平常的历史观点。

F. "新政"（the New Deal）

"新政"在该领域意义重大有几点原因。大量的社会科学家首次进入政府。在"新政"时期，统计机构得到发展，并通过 1933 年建立的一个中央统计局（Central Statistical Board）得到系统地协调。该局试图通过采样技术发展收集信息的有效方法，并试图提高机器制表（machine tabulation）（Lyons 1969）。研究单位例如印第安事务局（the Bureau of Indian Affairs）和农业部（the Department of Agriculture）在政策制定过程中起着非常重要的作用。总统行政管理委员会（the President's Committee on Administrative Management）（查尔斯·梅里亚姆、路易斯·布朗诺和卢瑟·古立克都是成员）是社会科学专家参加"新政"的又一个例子。委员会建议创立了总统行政办公室（the Executive Office of the President）和"现代总统制"（modern Presidency）。

最近詹姆斯 W. 费斯勒（James W. Fesler）（他当时是布朗诺委员会的一个年轻会员）的重新收集观察到委员会最重大的成绩是建立了总统行政办公室并给总统提供了 6 个行政助理（administrative assistants）。费斯勒指出，委员会关注行政管理。行政办公室将有"中央机关以履行强大的政府管理职能从而影响所有的行政部门"（Fesler 1987）。这些职能有人事管理、财政和组织管理、以及计划管理。

30年代的另一个里程碑是出版了《行政科学论文集》(Papers on the Science of Administration) (Gulick and Urwick 1937)。公共行政学大多数研究人员都非常熟悉这些概念，例如：控制跨度 (span of control) 和对一个行政主管工作的 POSDCORB 描述，这些都在《论文集》中进行了讨论。《论文集》有三点值得我们现在关注。首先是古立克乐观地提到了巴克 (Buck)、里德利 (Ridley)，西蒙和其他人努力找到了"行政评估方法"。如果公共行政学研究者能够使得政府评估结果准确化，那么使用现代技术的行政机关将有更大的机会进行有效控制，为组织找到新的可能性办法 (Gulick and Uwrick 1937：32 - 33)。第二点是亨利·丹尼森 (Henry Dennison) 在该集中一篇不很出名的论文中提出来的。丹尼森呼吁"在发展一个客观现实的政治科学工程中，开始把科学知识和方法应用到治理艺术中去"(Gulick and Urwick 1937：42)。古立克对"科学、价值观以及公共行政学"的总结性论文提出了第三个兴趣点。古立克对评估非常感兴趣，致力于发展和发明计算器、选举机器和其他统计机器。古立克得出结论：我们在社会科学领域所需要的是"分析现象、在这些角度基础上发展广大的科学文献工作、鼓励想象思维方式"，并与假设检验结合起来 (Gulick 1937：194)。展望未来，带着他通常的先见之明，古立克指出，"当然我们在穿孔卡片里可以找到信息的及时电子传递、自动会计、对考试和日程的电子计分……以及类似的已知器具，这是些基本的工具装备，对发展社会科学是必要的"(Gulick 1937：195)。

全国资源计划委员会 (the National Resources Planning Board) (查尔斯·梅里亚姆曾是其成员) 收集了许多关于自然资源、工业地点和交通系统的有用资料，并对这些问题作了重大的报告。1943年国会拒绝给该委员会的继续存在提供资金。

"新政"所建立的机构实施了许多社会研究项目，尤其是在联邦紧急救济署 (the Federal Emergency Relief Agency) 和工作进展管理委员会 (the Works Progress Administration) 的主持下。1935年，在农业部建立了一个小型访谈部门以确定农民的意见。1939年伦西斯·利克特 (Rensis Likert) 成为该单位的处长。项目调查处 (the Division of Program Surveys) 评估了农民对美国农业部 (USDA) 项目，例如家庭分配 (domestic allotments) 和土壤保护 (soil conservation) 等的看法。利克特强调规范化和定量化。在一个短时期内，他对整个农业部和其他政府机构进行了调查 (Converse 1987)。

G. 第二次世界大战

"二战"给数据管理领域提供了重大突破，这在社会科学其他领域也是一样。经济学者在政府中日益显得重要，他们在这些机构如物价管理办公室 (the Office of Price Administration, OPA) 和战时动员办公室 (the Office of War Mobilization, OWM) 任职。经济信息的收集、分类、分析和规划对于战时经济措施如价格控制和分配都是至关重要的。虽然"新政"时期政府的统计服务有所改善，但是经济行政官员需要更好的数据。经济机构，像劳动统计局（the Bureau of Labor Statistics）完善了数据收集技术。普查局（the Census Bureau）在战时压力下，采用更多更好的统计数字，并发展了新的抽样系统、问卷设计和机器制表。莱昂斯（Lyons 1969：88）得出结论：战争"迫使政府发展了一套复杂的经济和社会统计方法以及一套新的经济和社会分析方法，从而考虑了整个经济，不仅是作为一个综合系统，也是该系统的具体方面"。

1938年，里德利（Ridley）和西蒙（Simon）出版了《评估城市活动：为评估行政管理调查提议标准》（Measuring Municipal Activities：Survey of Suggested Criteria for Appraising Administration）。他们确定了5类必要的测评：需要、结果、成本、措施和绩效。他们在评估需要和结果中检查了障碍，并且将成本、措施和绩效结合起来形成对行政效率的一个评估办法。这在成本—效益分析和系统分析被广泛使用之前可能是该领域最先进的方法。

在与里德利一起研究中，西蒙较早使用了计算机。西蒙将《城市年鉴》（Municipal Year Book）中的统计工作机械化。这一行为不仅对实践意义很重要，而且由于西蒙非常喜好计算机从而刺激他后来依靠人工智能进行工作。国际城市经理人协会（ICMA）的实践工作也促使西蒙探究行政行为（Simon 1991）。

虽然因为西蒙的《行政行为》是1947年出版，也许放在下一节讨论这一点更为合适，但是在这一点上来讨论该书也是不无裨益的。西蒙本人指出，该作品的大部分是在1942年写的。这一里程碑式的作品确实与公共行政学研究相对抗，因为传统的概念和途径都整个受到挑战。在检查"行政谚语"中，西蒙呼吁"实证研究和试验来确定备选行政安排的相关合意性"（Simon 1947：42）。正如里德利（Ridley）和西蒙（Simon）早期勾勒出来的那样，在效率原则中方法论的框架已经存在。从这个意义上讲，西蒙指出成功研究的两个条件："在研究中的组织目标必须这样定义，以目标表达的结果可能会准确地度量，实施足够的实验控制以使研究的特别效果从其他同时在组织中起作用的干扰的因素中分离出来"（Simon 1947：42）。

问卷调查研究（survey research）是"二战"前新发展的领域，其使用在战争时期更为广泛应用。开创者如保罗·拉扎斯菲尔德（Paul Lazarsfeld）、哈德利·坎特里尔（Hadley Cantril）和伦西斯·利克特（Rensis Likert）在30年代的项目中使用调查研究。战争期间，公众意见和态度的调查问卷也使用在价格调控和调控（price control and rationing）中并具有战争契约动力（war bond drives）。战争也为发展社会心理学提供了动力，该发展对公共行政学具有非凡的意义。

心理学研究技术也以同样的方式在战争时期得到发展。虽然有许多措施，但最重要的是在塞谬尔·斯托夫尔（Samuel Stouffer）的带领下信息与教育部的军队研究分部（the Army's Research Branch of the Information and Education Division）的研究工作。斯托夫尔在分析单元上使用了问卷调查和实验来研究这些主题，例如：美国人对军队生活适用问题、军队在移动中的效果以及战后对军人的期望。1949 年，斯托夫尔和其同事（study）通过《美国士兵》（The American Soldier）（Stouffer et al. 1949）公开了他们的经典研究课题。该课题不仅对其调查研究技术而且对洞悉组织人类行为至关重要。

任何对"二战"的讨论和研究方法都应该包括内容分析。使用内容分析的方法，在国防和情报机构工作的学者研究了新闻报道、无线广播以及宣传资料以审查外国政治体制并预测国外政府的行为。哈罗德·拉斯韦尔（Harold Lasswell）的工作在该领域是开创性的。

数据管理问题还早在 1944 年夏天这一期的《公共行政评论》上得到讨论。乔尔·戈登（Joel Gordon）是联邦公共住房委员会（the Federal Public Housing Authority）统计主任，他撰写了有关政府统计单位的发展和需要与行政管理协调（Gordon 1944）。戈登注意到了数据收集中的一些问题，如需要综合管理和统计报告，以及编纂、分析和呈递的一些问题。戈登发现需要进行研究来包括进展报告和进展分析、对行政绩效的统计测评和分析（包括对工作量、比较单位成本和行政运作的时间要求等分析）以及对项目结果的统计测评和分析。

接下来的是"二战"期间军队中有关使用统计数字的一篇文章提出的问题。身为军队后勤部队（the Army Service Forces）统计援助发展部（the statistics aid progress branch）长官的约翰·威腾（John Witten）上校讨论了使用统计学作为一个管理工具（Witten 1944）。威腾叙述了军队每月的发展报告，包括采购统计、合同价格变化、存货和分收（storage and issue）、弹药提供、存货控制、运输、建筑终止（construction terminations）和财产处置。威腾赞成发展报告的筹备分权到下级阶层。他的结论是，如果报告系统要有效运作，机构的活动必须经得起统计评估的怀疑，而得出的统计数字必须用在活动这一方面。

最后应该提及的一个与"二战"有关的发展是运筹学。总之，大规模的数据分析和数据收集被用来规划使用新的军事技术。在这些领域如防空研究中，英国的措施显著。美国人在运筹学方面的成功事例包括飞机侦察船只的新型搜索侦察部队、轰炸机阵形搜索范围的备用方法以及布雷策略。最重要的是战时经验确定了"二战"后出现的运筹学研究和管理科学中的努力措施（White 1983）。

Ⅲ. 战后时期：1946—1960

A. 案例研究法

战后公共行政学领域最瞩目的学术发展是抛弃了政治行政两分法。与该发展密切相关的是案例教学和研究法的兴起。

案例法在好几个学术领域都与哈佛大学有关系。在公共行政学里，哈佛大学在"二战"结束时试验了公共行政案例。与康奈尔（Cornell）、普林斯顿（Princeton）和锡拉丘兹（Syracuse）等大学一起，加上从卡耐基公司（Carnegie Corporation）的经济援助，哈佛大学在 1948 年开创了公共行政案例委员会（the

Committee on Public Administration Cases)。项目职员主管是哈罗德·斯坦（Karold Stein），这一委员会在 1951 年变成校际案例项目（the Interuniversity Case Program，IUCP）。IUCP 许多年来提供了公共行政学案例。

其中有 26 个案例（许多都是该领域主要学者所写）被编纂到一起并由斯坦（Stein）出版在《公共行政和政策发展：案例教程》（Public Administration and Policy Development：A Case Book 1952）上。斯坦的引言是公共行政案例方法最好的概述之一。在斯坦看来，一个公共行政案例就是"对构成或产生一个公共官员或一群公共官员所做出的一个决策或许多相关决策的事件的描述"（Stein 1952：xxvii）。编纂的大部分案例都是从"公正的观察者的角度"来写的（Stein 1952：xxvii）。

除了斯坦的案例书，这一时期也出版了好几个经典的单独的案例研究。一个研究是考夫曼（Kaufman）的《森林护林员》（The Forest Ranger 1960）。受到赫伯特·西蒙的激励，考夫曼选择了 5 个森林护林区进行深入细致的研究。除了具体的背景研究，考夫曼在每个林区进行了长期的采访。也许考夫曼研究最重要的贡献是他从下到上对组织的审查。他的开拓性研究为后来研究人员，如迈克尔·利普斯基（Michael Lipsky）等人铺平了道路，迈克尔从"街道基层"（street level）来研究城市官僚机构（Lipsky 1980）。

另外一个经典案例研究是塞尔兹尼克（Selznick）的《田纳西流域管理局（TVA）与基层组织：》（TVA and the Grass Roots 1949）。如考夫曼一样，塞尔兹尼克在实施研究时得到了 TVA 的人事资料和档案。塞尔兹尼克实证分析的重要性是，它在阐明组织行为的一般概念时超越了纯粹的案例。而且，塞尔兹尼克也说明了领导的重要性，这是在 H. A. 摩根（H. A. Morgan）所发展的 TVA 基层项目这一案例中。而且，他还说明了组织如何通过吸收不同的选区居民（constituencies）进入 TVA 决策制定组织而使自身更为稳定并获得支持。这一过程就是大家所知的笼络（co-optation），它是今天熟知的一个概念，但是由塞尔兹尼克在他的 TVA 研究中引入的（Selznick 1949）。

校际案例项目（IUCP）案例以及这一时期公开的其他公共行政学案例提供了有关公共行政学决策不同类型的数据来源。但是，案例方法许多年一直受到该学科的广泛批评。戴维斯（Davis）和温鲍姆（Weinbaum 1969：84）观察到"大多数批评集中在或者是以夸张的口吻（dramatic tone）、研究程序、或者社会—科学相关性上"。其他的批评家也认为公共行政学内案例研究法有缺陷。费斯勒（Fesler 1962：75）指出，案例"倾向于强调病态情况，因为冲突的戏剧性以及通过决策的解决办法自然要比行政生活的普通调整要更加活跃"。

案例研究法的作者常常受到谴责。戴维斯和温鲍姆（1969：4）在案例方法中引用了好几个缺点，这些缺点频繁地出现在案例研究中：数据资料太肤浅或让人产生误解；资料的筛选过于随便；可能采用了印象主义者和"内部结果预测者"的证据。

也许对案例分析最广泛、最严肃的批评是他们声称没有对公共行政学做出一个理论贡献。特别是案例因为没有为行政行为分析提供比较材料而受到挑剔。费斯勒在他对这段时期的记载上所作的评价是很典型的:

> 每个案例都集中在一个单一的决策上(或者一套相互联系的决策上)并且重点强调具体组织、群体和个体的行为。案例单独或作为总体都没有为科学的一般化提供经验基础。他们是在探究但不具有说服力。我们还没学会使用在科学上值得尊重的词语"启发的",虽然少但是已更多的人承认,从案例中能得出的大量假设有助于朝公共行政"科学"发展(Fesler 1975: 107-108)。

下面我们将看一下案例研究作者后来回答这些批评的努力。

B. 引入运筹学和系统分析

"二战"后,军事机构(military services)继续许多研究措施。1948年,军队成立了运筹学研究室(Operations Research Office, ORO),约翰·霍普金斯大学(Johns Hopkins University)是其承包者。后来,军队支持乔治·华盛顿大学的人力资源研究室(the Human Resources Research Office)。这两个办公室都是从事与朝鲜战争中后勤、军队调动以及战争行为的运筹研究(Lyons 1969: 141-142)。

"二战"后,空军建立了兰德项目(Project RAND)来实施运筹学研究。兰德公司在1948年成为一个独立的非盈利组织。虽然兰德公司全体职员主要是由数学家、科学家和工程师组成,但是空军深受战时社会科学研究的影响而在兰德公司建立了一个社会科学和经济学处(Social Science and Economics Division)。正是经济学处的工作使得在国防部管理中广泛使用系统分析。60年代,这又反过来导致在联邦政府所有机构中使用系统分析和计划项目预算体系(planning-programming-budgeting system, PPBS)方法。

兰德公司成员允许采取按照他们自己的倡议而进行研究来拓展研究探索。也许最著名的例子是研究海外空军基地。在1952财政年度国会授予15亿美元给海外空军基地建设。兰德公司被要求决定如何使用这笔资金。最终研究检查了地面空军在受到原子弹突然袭击时的弱点,并证实了保存再次袭击能力对于威慑政策是至关重要的。最后的结果是在我们的核威慑政策方面产生变革。

战后这些年,第一届胡佛委员会的报告是高度重要的公共行政里程碑。认识到我们多元的政府统计系统,胡佛委员会建议:"应该更好地使用普查局,针对一些重复性、大规模的统计数据的主要收集和制表"。委员会也提议预算局统计标准处(the Division of Statistical Standard of the Office of the Budget)应该努力简化传达给公众的表格和问卷。

C. 该领域的教材

当然,任何一时期的公共行政学状态都可以通过检查所出版的教材而得到评估。战后这一时期也不例外。《公共行政学》(Public Administration) (Simon et al. 1950) 就是一个最好的例子。这些作者意识到他们面临两大建设任务: "确保我们所教授的有关公共行政学内容确切地反映了现实世界的情况——应用到行政人员的实际经历中有意义"; 并且"把这些经历用这样的方式如具体地描述人们如何在政府组织中表现等来传达给学生"(Simon et al. 1950, v)。他们觉察到公共行政学内有三个主要兴趣领域: 在所有三个层面的政府组织和重组; 日益关注人类行为; 以及对政治关系的复审。西蒙等人认为公共行政学正作为一门科学领域出现, 而且研究方法还有待提高。他们指出, "在开始将行政学作概括性归纳时, 我们试图陈述这些归纳所依赖的证据, 这些证据存在何处。当证据不足时, 我们有时试图指出需要经验研究来检验我们的命题……只要可能, 我们都试图说明我们所做的归纳"(Simon et al. 1950, vi)。本章的标题就说明了该领域的新行为和经验的研究。这些作者把这些主题作为组织的建设砖块来讨论, 划分工作、确保团队工作、大规模组织、团队选拔、奋力生存以及执行策略。

这一时期其他的标志性课本是《公共行政学要素》(Elements of Public Administration) (Morstein-Marx 1959)。14 位参与了"二战"政府历程的学者联合创作了该书。这些做出贡献的人读起来像是公共行政学领域的名人录: 詹姆斯·费斯勒 Fesler (James Fesler)、乔治·格拉姆 (George Graham)、V. O. 基 (V. O. Key)、埃弗里·莱瑟森 (Avery Leiserson)、米尔顿·曼德尔 (Milton Mandell)、哈维·曼斯菲尔德 (Harvey Mansfield)、约翰·米利特 (John Millett)、弗里茨·莫斯坦马克斯 (Fritz Morstein-Max)、唐·普赖斯 (Don Price)、亨利·莱宁 (Henry Reining)、华莱士·塞尔 (Wallace Sayre)、唐纳德·斯通 (Donald Stone)、约翰·维格 (John Vieg) 和德怀特·沃尔多 (Dwight Waldo)。对于我们目的而言, 最重要的一章也许就是唐纳德 C. 斯通的"应用管理知识"。斯通开始就谈到了这一时期的公共行政学历史, 然后分析了政府在这些措施如布朗诺委员会和胡佛委员会中所作的反应。在关于如何组织行政改善一小节后, 斯通讨论了行政机构的调查和分析技术。在结尾时, 他讨论了其他行政改善的手段, 包括运筹学和自动数据处理系统 (Morstein-Marx 1959: 406 - 434)。

D. 数据管理和研究

关于在政府官僚之内使用计算机的第一次具体讨论是在 1954 年《公共行政评论》的冬季一期上。在一篇今天可以用作范例的评估文章里, 美国预算局霍华德·甘蒙 (Howard Gammon) 评论了与自动化和办公室相关的一本书和好几个技术报道。除了直接评论出版物, 甘蒙还讨论了在商务和联邦政府中计算机的使用。

当然, 在"二战"后这 10 年中公共行政学研究很有活力。很容易就想到该 10 年出现的许多"经典"研究。研究在两个大方向下进行: 与直接解决问题相关的研究和与获得基本了解相关的研究。但是，早在 1956 年，莫舍在《公共行政评论》中发出了警告，这一警告到今天还在回响。莫舍指出，公共行政学处于"老化"的危险之中。首先，莫舍注意到该领域对分散的研究几乎没有系统的明确叙述。第二，莫舍看到"对于过去和现在的研究结果严重缺乏相关的联系、综合或概述"（Mosher 1956：171）。莫舍认为，公共行政学研究因为没有进行足够的研究而缺乏潜在的效果；关键问题范围被予以忽视；该领域内交流不够；与相关领域交流不够。

卡耐基公司的约翰 C. 霍尼（John C. Honey）在随后一篇文章中探讨了莫舍所关注的问题（Honey 1957）。霍尼问道："如果我们不能够界定我们的兴趣领域，那么如何确定理论和实践问题？如何明确表述假设？如何应用研究技术？"霍尼把公共行政学视为实践艺术而不是一门科学领域或学科。霍尼观察到实质上需要实用主义倾向研究；需要展示政府过程复杂性的研究；需要解决与政府有关的问题（在这些问题功能情景下）的研究；需要真正基本特性的研究。

在讨论战后这一时期"大"社会科学环境下，琼·康弗斯（Jean Converse, 1987）提出三个主要发展。第一，有许多新的计算机技术发展潜能。可以更快地实行新的分析类型。第二，有许多新的数据档案。学术人员和实践者容易获得机器可读数据。最后，研究组织得到发展。在这些组织的发展和生存中出现了复杂的研究行政的政治学（politics of research administration）（Converse 1987）。

Ⅳ. 20 世纪 60 年代

A. 计算机环境的发展

60 年代在公共行政学内见证了计算机环境的演化。通用自动电子计算机（UNIVAC）公司的哈里·菲特（Harry Fite 1961）讨论了在州政府引进自动数据处理，并且认为数据处理活动的集中并不是最合适的过程。菲特相信，由于集中内在的问题、例行工作更容易适应计算机以及对引入计算机政治反对的减少，那么在单个部门安装计算机的分散形式能更为有效。

人口普查局（The Bureau of the Census）是大规模安装全自动数据处理系统的第一个联邦政府机构，它是在 1951 年安装的。到 60 年代，联邦政府内广泛使用计算机，尤其是在国防部。也是到 60 年代，美国州和地方政府使用了 100 多台计算机。没有人质疑这是改变了我们经济和社会的革命的一部分。正如在任何变革中一样，出现了批评人士（Hoos 1996；Mann and Williams 1960）。当然显而易见的是，早期批评家所抓住的现象就是我们今天城市中认为的"非工业化"。对这些发展所作的一个有趣的总结是科洛格（Cornog 1961）所作的。

当然，美国政府采纳自动数据处理（automatic data processing, ADP）这一过程并不是一帆风顺的。空间技术实验室（Space Technology Laboratories）的查尔斯·盖罗德（Charles Gerold）提到了在将自动数据处理引入联邦人事管理中的一些困难。盖罗德注意到政府行政部门担心他们会被取代或作用降低，担心人事管理将非人性化和非个人化（Gerold 1962）。

到 60 年代早期，大家注意到许多重大的发展。《公共行政评论》的一个专题研讨会描述了这些措施，例如，对新奥尔良州会计系统内使用计算机、在宾夕法尼亚州计算机多种用途，以及对纽约州整体信息处理职能和俄克拉荷马州塔尔萨市政数据中心项目（the Metropolitan Data Center Project of Tulsa, Oklahoma）的关注。但是在回顾联邦政府第一个 10 年的计算机使用中，邮政总局管理服务办公室（the Postmaster General's Office of Management Services）的弗兰克·赖利（Frank Reilly）主任的结论是，我们所取得的最大成就是"发展了系统概念；实现了问题是一个反映自身的岛屿（island unto itself），但是，大部分活动都与在一个特定机构内政府或甚至一个社会的特定实证领域（substantive field）内一个或更多项目相关"（Reilly 1962）。该研讨会也包括了赫尔和梅森（Hearle and Mason 1963）所作的、对州和地方政府数据处理系统的一个简短陈述。为了说明对这些话题的广泛兴趣，这一研讨会还包括了对决策制定技术的一个讨论（Gore 1962）。其中得到戈尔考虑的一篇文章是一个学者乔治·舒尔茨（George Schultz）和他人联合著作的，舒尔茨后来成为众所周知的决策制定者——在里根政府的大部分时候担任国务卿（Secretary of State）。

1964 年莫里斯·罗内因（Maurice Ronayne）的一篇评论文章在 1963 年 ASPA 年会上宣读，是前述专题讨论会的延续。该文提醒行政人员准备好应对自动数据处理的继续冲击。罗内因围绕四个主要领域进行论述：对自动数据处理（Automatic Data Processing, ADP）的基本介绍、商业应用、ADP 在州和地方政府中的到来（Hearle and Mason 1963），以及国会对 ADP 的审查，这也包括了对人的影响力、可行性以及联邦政府 ADP 开支的总体情况。罗内因的结论是：ADP"现在存在于公共行政内——在政府所有层面"，并且"有关 ADP 的知识对于政府行政官员至关重要，因为它平衡对待人类技术力的同时还提供了提高绩效的力量"（Ronayne 1964：125）。

在一篇 1964 年庆祝 ASPA 第 25 岁周年一起出版的文章中，西蒙回顾了行政决策制定的发展。西蒙指出了在"二战"中许多量化决策制定工具的发展。例如，西蒙引用了线性规划（linear programming）发明者的发明，这些人包括库普曼（Koopman），他致力于坦克操作的有效调度；还包括丹齐克（Dantzig）和伍德（Wood），他们安排当时还是假想的柏林空运（then-hypothetical Berlin airlift）。60 年代，查尔斯·希契（Charles Hitch）把许多运筹学工具的东西带入国防部，当时他服务于罗伯特·麦克纳马拉部长（Robert McNamara）。项目评估技术（Program evaluation and review technique, PERT）（或者关键途径调度）是 60 年代早期发展的另一个技术，这在政府部门广泛运用。以试验的形式，该系统的兰德公司研究实验室使用相关的早期警报基地以及在几个月时间内配备 30 名人员模仿整体防空控制，从而对决策制定进行研究。

公共行政学的计算机环境得到进一步探索。60年代中期所达成的共识是：联邦层面更为先进，并且普遍更为了解其发展。上面提到的1964年赫尔和梅森纽约大学系统发展公司（Hearle and Mason New York University-System Development Corporation）是鲜有的几个解决州和地方层面问题的努力之一。普赖斯和莫尔夫海尔（Price and Mulvihill 1965）报道了有关43个州比较电子数据处理（EDP）实践的一个调查。在讨论了具体的创新后，他们提议，法律实施、雇佣安全以及汽车驾驶证和登记都是州职能使用电子数据加工的杰出保证（excellent promise）——结果证明也是。在同样一个专题内，拉宁（Laning 1965）提出了一些潜在灾难的警告，尤其是在"实施EDP系统中潜在的专政"。同时，预算署有关联邦政府ADP管理的报告也提议需要取得更大的兼容性、更好地对ADP进行管理、给管理使用ADP装备提供更充分的信息、并且改进用来选购装备的程序。

B. 计划项目预算系统的出现

60年代中期，预算署宣布引进计划项目预算系统（Planning-Programming-Budgeting System，PPBS），并下令在每个联邦机构内安装配备。这一方法源于系统分析。简言之，该方法是建立在组织活动能够被视为是产生确定的产品或产生目标这一理念基础之上的。成本和收益能够被确定。把这些概念带入联邦机构时，研究人员和实践人员都意识到：项目目标必须得以明确确定而且与能够量化的结果相关。实践者也再次认识到，有效而可信赖的项目统计数字通常很难以在政府机构内找到。其他州和地方也作了类似的尝试，纽约州是领头羊之一。

对计划项目预算系统日益关注最终导致1966年12月份《公共行政评论》专题论文的发表。两篇文章堪称经典之作。希克（Schick 1966）的《通向计划项目预算系统之路：预算改革进程》（The Road to PPBS：The Stages of Budget Reform）追寻预算改革演变的足迹，从控制导向时期、到管理导向时期、一直到最后的PPBS规划导向时期。从我们的视角来看，希克提出了发展新的决策和信息技术的重要性，例如运筹学、成本效益分析以及系统分析。这些技术提供了分析不同方案的方法论，并使得解决由计划项目预算系统强加的信息和分析负担成为可能（Schick 1966）。

第二篇文章是威尔达维斯基（Wildavsky 1966）的"政治经济效益：成本效益分析、系统分析和项目预算"（The Political Economy of Efficiency：Cost-Benefit Analysis, Systems Analysis, and Program Budgeting）。由于本文篇幅太小，难以对威尔达维斯基（Wildavsky）内涵丰富的文章做出公正评价，但是他表明了这些途径中不仅仅涉及经济学。威尔达维斯基证明了存在一个构成这些技术的基础的政治理论，而且他也指出在这些技术使用中的一些局限性。在指出系统分析进行计算的困难时，威尔达维斯基注意到定量技术吸收了"经验法则"（rules of thumb）。威尔达维斯基用项目预算概念阐述了一些存在的困难。最后，他提出了，不仅是经济的，"而且政治上的成本和效益经证明也是至关重要的"（Wildavsky 1966：308）。

难以置信的是，同一期还包括了艾达·胡斯（Ida Hoos）对加利福尼亚州在5大政策领域应用系统分析的研究结果报告，这5大领域是犯罪、运输、废物管理、信息处理以及福利。最后，胡斯提到了政府之间新的关系类型以及需要新的参谋能力（staff capability）种类。而且他还呼吁公共行政官员保护人类价值观（Hoos 1966）。

这一时代的许多人都高度怀疑PPBS和系统分析这些技术。例如，叶赫泽尔·德罗尔（Yehezel Dror）指出系统分析的一些缺陷：依赖于量化、不能处理互为冲突的、不相同的价值观、要求明确的决策标准、忽视政治可行性问题、缺乏处理国家外决策（例如判断）、不能处理大型复杂的系统以及缺乏考虑人类行为的工具。德罗尔担心"回飞镖效果"（Boomerang effects）（对所有理性类型技术的一种反叛），并且建议我们引入政策分析。在德罗尔使用中，政策分析包括关注公共决策制定的政策方面、决策制定和政策制定的广泛概念、强调鼓励创造性和创新性思维、依赖于机智和理解、强调未来导向的思维，最重要的是有一个更松散、不那么僵化但仍然是系统的途径（Dror 1967）。

C. 城市和地区政府措施

60年代地方政府为工作的职业化和系统化所作的努力措施也应该提及。受到联邦政府的鼓舞，地方政府能够实施基础研究，能够发展综合性计划，并能够获得计算机能力。

最为人所知的一次联邦措施是城市规划协助项目（Urban Planning Assistance Program），也就是著名的"701项目"，因为它是根据《1954年住宅法案》（the Housing Act of 1954）第701条所建立的。该法案的特殊重要性是它努力激励州和地方政府建立和改善规划成员（planning staffs）。由于联邦政府承担2/3的成本，更为小型的地方政府（尤其是郊区市政）能够雇佣有经验的专业规划者，他们能够在运输等领域开发综合性的计划。后来，在《1965年住宅法案》中，联邦政府给由公共官员组成在一个城市地区或地方代表政府的地方性组织提供拨款。联邦资金是成立政府理事会（councils of governments，COGS）的一个巨大的诱因。"701项目"资金促进了技术援助和管理提高的传播。

后来，"伟大社会"的立法，例如1966年《模范城市法案》（Model Cities Act of 1966）以及《1968年政府间合作法案》（the Intergovernmental Cooperation Act of 1968）也成为地方动力之一。行政和预算局在1969年A-95号公告（Circular A-95）中建立了被称为A-95评估的地方程序。总之，它建立了一个"清算所"（clearing houses）网络来评估他们的地方价值（Goodall and Sprengel 1975）。同样，关键在于雇佣了专业规划者。在每个主要都市地区，规划者进行了各种各样的研究，并把城市政府带入计算机时代。虽然里根政府废除了A-95评估过程，但是大部分的城市地区仍然有城市事务局和/或一个具有专业人士的地方规划委员会。

同样的努力措施也出现在医疗保健领域。1964年希尔伯顿法案（the Hill-burton Act）修正案确定了地方健康设备规划委员会。这些机构在1966年都被综合性卫生工作计划机构所代替。到1974年，有200所以上的地区性卫生工作计划机构，但自联邦医疗保险和政府医疗保险开支（Medicare and Medicaid expenses）发展起来后，它们都被认为是毫无效果的。《1974年卫生工作计划和资源开发法案》(the Health Planning and Resources Development Act of 1974)成立了卫生保健系统机构（Health Systems Agencies, HASs）。这些单位主要是私有的、由联邦政府提供资金的非盈利组织。在试图发展经济和效率中，美国卫生部、教育部以及福利部试图在医疗卫生的基本领域内确定量性健康标准。像地方规划委员会一样，卫生保健系统机构（HAS）注定要失败，因为它们缺乏影响提供和分配医疗服务的必要资源（Thompson 1981：45 – 64）。

V. 20世纪70年代

A. 计算机环境的广泛发展

随着六七十年代计算机的使用扩展到州和地方政府层级，学者继续研究有关描述、分析和诠释计算机所带来的影响。研究这一主题的主要项目是城市信息系统（Urban Information System, URBIS）项目，通过70年代国家科学基金会（National Science Foundation）给加州大学尔湾分校（Irvine）的拨款而得到资金。与URBIS项目有关的主要研究人员是肯尼思·L. 克雷默（Kenneth L. Kraemer）、詹姆斯·丹齐格（James Danziger）、威廉·H. 达顿（William H. Dutton）、约翰·莱斯利·金（John Leslie King）、罗布·克林（Rob Kling）、阿拉那·诺思罗普（Alana Northrop）以及亚历山大·穆德（Alexander Mood）。

他们的目的是调查地方政府以确定当时计算机的最新前沿，以研究计算机的影响，并且在地方层级以一种务实的方式应用这些研究结果。这些创始人正确地觉察到了在70年代早期对这些主题还惊人地缺乏实证研究。

该研究分为两个阶段。第一阶段是由对700个以上的政府单位的最初调查组成，目的是记录它们沿着一个连续体形式走向计算机化的进程。第二阶段，城市信息系统（URBIS）研究人员挑选了42个地点深入研究计算机对地方政府的影响。第二个阶段有两个目的：（1）确定地方政府政策对数据处理的影响（Kraemer et al. 1980：xiv），和（2）确定计算机对地方政治和组织正在产生的影响（Danziger et al. 1982：xii）。

许多主要研究发现对于我们现在关注的问题非常重要。在1975年的一篇文章中，克雷默等人报告了城市的规模对于计算机的使用是非常关键的。人口在1万人以下的城市计算机的使用率在50%以下。

研究者们还区别了地方层级两种使用计算机的途径。改革方法（reform approach）整合了计算机管理的先进技术、经典结构、任务效率以及专业控制。

后改革途径（postreform approach）包括应用合适的技术使用计算机、参与结构、任务分配的人本主义重心（humanistic emphasis with task assignments），以及行政管理的政治控制。他们发现成功的执行是和改革政策和先进的技术相一致的，但他们也发现，大多数地方政府采取后改革和合适的技术模式。

城市信息系统（URBIS）研究人员频频地讨论了管理和计算机之间的关系。克雷默等人（1981）指出，计算机能够在地方层面产生不同，但只有当技术得到正确管理的时候。第一阶段发现计算机最常用在地方预算和财政部门。城市信息系统（URBIS）研究人员发现，地方层面的大部分行政人员都是管理理性主义者，他们相信，更多、更好、更容易获得信息会产生更好的决策［这一部分使用了斯蒂芬斯（Stephens 1984）的研究］。

金和克雷默（1983）报告说，绝大多数地方政府信息系统目标都是操作运用，这最主要受益于自动系统。研究普遍表明，出于管理和规划目的，在使用地方发展的信息上人们大步前进。URBIS 和其他研究人员的工作也表明了，许多地方政府常规地收集信息，这些信息现状和绩效（例如，预算信息、犯罪事故统计）提供基本的指标。为了规划和管理目的，许多系统编辑被专门收集的数据。金和克雷默（1984）观察了希望计算机能够完成的工作和地方政府内现实之间的差距。

金和克雷默（1984）发现存在差距主要有三个原因。首先，地方政府官员相信他们缺乏适当的数据（尤其是在收入预测方面）。在正常的操作中所收集并可以用来管理和规划的数据很多，但是行政官员认为，这些数据没有以有用的方式组织好。其次，地方政府缺乏技术和分析能力。工业雇佣最好的人事系统（systems personnel）；大多数地方政府没有采用精细的工具如模式等，而且大多数政府缺乏分析资料来使用高级人才和复杂的工具。最后，这一差距还存在行为和政治原因。例如，工会常常抵制绩效数据收集，或者这些模式可能被用来将已经做过的、为政治目的的决策理性化。

B. 城市服务供给研究

如计算机使用增长的文献资料一样，有关城市服务供给的资料在 70 年代也大量增长。这一增长反映了 60 年代末和 70 年代联邦给城市项目和研究资金的增加，反映了联邦项目分权所作的努力，反映了城市政治和公共行政学学者们相应的关注。

站在我们角度来看，最为重要的是学者们收集数据并试图衡量城市政府绩效的产出和结果。然后他们分析这些关于经典公共行政问题（如效率）和"新公共行政"问题的结果资料（如公平和歧视）。

在一个有限的空间内对这些不同的资料进行总结是极具挑战力的。总之，公共机构在资金和人事方面拥有有限的资源。机构既没时间也没有资金把每一个情况都当作一个特殊的案例来解决。相反，行政机构为他们资料和分配和服务优先权的确定发展程序和设计规则。这些决策规则在很大程度上决定那些人或区域获得那种类型的服务收益。[See, in particular, Jones et al (1980) and Lineberry (1977)]。在许多方面，这些决策规则是基于技术考量的——怎样有效地执行任务。一些决策规则是基于一些职业协会所制定的职业标准。一些决策规则相当简单，只是处理重负荷工作的压力——例如，急诊室（emergency rooms），将威胁生命的案例放在第一位（see Prottas 1979）。

下面将对城市服务供给文献的复杂的发现进行一个简要的评估，研究者发现，在设施上有阶级差异。甚至在具备同等条件情况下，在服务维持和服务质量上可能会不平等。虽然大多数决策规则是根据技术和专业标准建立的，但是还是有组织的和颇具影响的政治干涉的情况存在。某些决策反映了有意识地采取措施来提高城市经济发展并保护富有的纳税者（see Levy et al. 1974）。某些决策规则反映了避免与低收入顾客一起工作的偏好[see Levy et al. 1974 and Prottas 1979]。某些表面上建立在专业和技术标准基础上的决策规则实际上强化了分配中的不平等现象，导致了"富有的人更富有"模式的产生。但是，一些项目是特意补偿性质的，尤其是在教育领域内。这些项目常常建立在州和联邦指示之上，有时候它们受到地方社区的抵制。还有些决策规则通过集中关注在那些急需资源上以理性供应稀缺性资源。有时，建立在种族偏见基础上[如圣安东尼奥市的财产税评估；参见莱恩伯里（Lineberry 1977）]或者与雇员协商的收益基础上（如纽约市的教师工会合同，它减少了学生在补偿型教育课上的学生负担）的决策规则也用来解决下层社会的分配利益[这一部分的根据来自斯通等人（1986），pp. 335－363]

C. 更系统地使用案例研究

60年代后期和70年代的学者发展了一个更为严格的案例研究方法。罗伯特·应（Robert Yin）可能是这一努力的领军人物，他声称没有理由排斥采用案例方法。一些社会科学的"经典著作"是"纯粹的"案例研究。例如，怀特（Whyte）的《街角社会》（Street Corner Society 1943）就是一个描述性的案例研究，但却广泛地被城市街区和政治机器所引用。

一个这样精确的措施就是莫舍（1976）所编辑的有关政府重组的一系列案例。他所采纳的案例"主要是用于科学研究目的"和为了系统地探讨或者确证有关行政行为假设的效度（Mosher 1967, iii）。莫舍的导论提供了对案例方法颇具成效的讨论，并且提出了有关重组的假设。案例研究本身被分为三部分：从事于公共服务和管制过程的机构（如，公共卫生服务）、从事研究、发展或教育的机构（如，国防部弹道组）和从市政府内管理和服务的机构[如，加州人事局（the California State Personnel Board）]。联邦、州和地方层面的案例都包括其中。莫舍在公共组织、组织变革以及参与和重组等广泛的分析评论中结束该书。

阿利森（Allison）的《决策的本质：解释古巴导弹危机》（Essence of Decisions: Explaining the Cuban Missile Crisis 1971）是研究探讨诠释性目的案例研究

的例子。阿利森假设了三个竞争性组织理论来解释 1962 年古巴导弹危机事件：理性行动者模式、组织过程模式和政府政治模式（governmental politics model）。阿利森认为，政府政治模式能最好地解释这类危机。阿利森进一步说明了这种解释能够应用到其他国外政策场景，例如美国卷入越南战争。

在一个更为严格和全面的案例研究讨论中，应（1984）观察到，案例研究必须能够像其他社会科学研究一样被检测。案例研究必须有构建效度——所研究的概念应该有正确的操作指标；有内部效度——诠释性和因果研究必须有明确的因果关系；有外部效度———项研究结果能够一般化的范围必须很明确；还有可靠性——研究的操作可以重复并产生同样的结果（Yin 1984：36）。

应给那些想提高构建效度的研究者提出了三个策略：采用多种证据资料来源；建立证据链；并由主要信息提供者（key informants）评估案例研究报告。获得内部效度的具体策略很难确定，但应相信模型匹配（pattern matching）、解释建立（explanation building）和时间序列分析（time-series）不无益处。而讨论到外部效度时，应指出常常被引用的类比调查研究是不适当的。应使用了实例：雅各布（Jacob）的《美国大城市的生与死》（The Death and Life of Great American Cities 1961）。雅各布在写书时主要描述了纽约市，尤其是格林尼治村（Greenwich Village）。但是该书在城市规划理论方面激起了广泛辩论。为获得可靠性，应提出用程序归档、使用案例研究协议来解决归档问题、并且发展案例研究数据库。

应在其自己研究中使用这一方法。在《修补系统》（Tinkering With the System）（Yin et al. 1977）中，应和其研究小组评估了州和地方服务机构的技术创新案例研究。应评估了其他学者所从事的 140 个案例研究，并将之归于定量分析之下。在分析之后，应提供有关地方政府创新过程的结论。在后来的著作《变革中的城市官僚机构》（Changing Urban Bureaucracies）（Yin 1979）中，应分析了城市官僚机构的创新生活史（life history of innovations）。在书中，对 6 种创新类型的研究是基于 19 个实地案例研究再加上在 90 多个城市的电话采访。研究的这 6 个创新是计算机辅助教学、警察电脑系统、移动特护室（mobile intensive care unites）、闭路电视系统（closed-circuit television systems）、驾驶员安全呼吸测试以及（Jet-Axc）（一种消防部门使用的引爆装置）。应的结论讨论了新的服务实践是如何常规化的。

Ⅵ. 20 世纪 80—90 年代

A. 对该领域研究方法的批评

虽然前面提到了大量的发展，但是许多学者仍不满意于公共行政学的研究方法论状态。《公共行政学中的研究》（Research in Public Administration）（White and Adams 1994）很便利地把许多批评收集到一起。书中除了前言和简介之外，各章都出现在 1986-1993 年《公共行政评论》上。

第一组批评围绕该领域研究的性质和范围。学者们敦促探讨不同的框架和途径。亚当斯（Adams）呼吁人们更多关注公共行政学的历史，这是该期中许多学者提出的批评。怀特呼吁将阐释性（interpretive）和批评性研究作为诠释性研究的补充。达内克（Daneke）提出了一个先进的系统理论范式。博克斯（Box）质疑了是否有理想的科学方法适合于实践导向的学科（all in White and Adams 1994）。

第二组批评来自该领域的实际出版作品，这一点由博士论文和学术期刊上的文章可得到证明。麦柯迪和克利里（McCurdy and Cleary 1984）分析了公共行政学博士论文的摘要，然后发现大多数论文没有涉及重大问题。而且，由于缺乏严格的方法论，没有人能确信自己的发现。在他们看来，缺乏进步可能归于博士项目内标准不充分，并且归于该领域混乱的状态（muddled state）。怀特（1986）更新了麦柯迪和克利里（1984）的研究，发现论文研究不是该领域的主要知识渠道。博士论文很少在后来得以发表。该知识没有通过委员会评估，无论是什么原因（如质量低或对出版该论文缺乏兴趣等）。在后来的一项研究中，亚当斯和怀特（1994）把国内公共行政博士论文与近似领域的博士论文进行比较。公共行政学论文的特征是充满了"实践研究"（研究"如何"而不是"为何"）、国外研究（即，研究美国外的单一国家）和案例研究方法。作者们批评论文研究是"不动大脑的经验主义"（mindless empiricism），是"理论的荒原"，是狭隘主义（parochialism）。

佩里和克雷默（Perry and Kraemer 1986）研究了1975~1984年间出版在《公共行政评论》上的文章。半数以上的文章（52%）是经验研究。而且大部分水平相当低。这52%中，又有37%是属于案例研究变化形式，52%是跨部门和修正分析。几乎没有经验研究涉及实地调查（field experiment）、结构方程（structural equations）、或者跨时间的纵向研究（longitudinal studies）。除了日益增加的支持，佩里和克雷默呼吁更广泛地使用元分析（meta-analysis）、进一步完善案例分析方法、更加熟练使用定量方法并且使用更先进的定量性方法，如因果分析、结构方程模型和跨时间的纵向统计方法。斯托林斯和费里斯（Stallings and Ferris 1988）通过分析1940—1984年出版在《公共行政评论》上的研究拓展了这一工作。许多研究都是在早期的概念化问题上。很少有研究设计分析因果关系或者理论测试。甚至在80年代，概念化问题仍是《公共行政评论》文章主要的研究形式。

最后一组问题集中于知识和理论发展在一个应用的职业化领域不同的程度。贝利（Bailey）为恰当建构的案例研究辩论，采取的是上面提到的进行案例研究部分的人的风格。凯莉（Kelly）和梅纳德—蒙迪（Maynard-Moody）呼吁在他们对国家的经济发展区域项目（Economic Development Districts program）研究中从内部人或者股东的角度理解机构行动。赫梅尔（Hummel）赞同"经理所讲述的故事"（即，他们诠释他们世界的方式）是产生和积累知识有效的途径（all in White and Adams 1994）。

B. 关注政府绩效

整个八九十年代，学者和实践者非常关注政府绩效。这在一个以财政稀缺、政府紧缩（governmental retrenchment）以及平衡政府预算和限制政府增长的措施为特点的时代是众望所归的。正如米勒的书名所表明的，她（1984）相信我们对公共部门绩效的了解已达到了一个概念转折点。

试图测评政府绩效将弥补理论和实践之间的空白，这一努力在城市研究所（the Urban Institute）的研究中被发现。该所开发了好几类绩效指标：效果/质量指标、效率指标和生产力指数。该所采用三种类型的数据收集程序：使用政府记录、受过训练的观察者评分和市民/顾客问卷调查（Hatry 1985）。即使绩效测评有进步，其进步也是缓慢的。有人想知道今天的城市研究所的调查员是如何与 75 年前市政研究局（the Bureau of Municipal Research）成员的研究进行比较的。

在实践层面上，随着 1984 年有关成本控制的总统私有部门调查委员会（the President's Private Sector Survey，PPSS）报告的公布，对公共部门效率低下的批评到达了一个高度。PPSS 普遍被叫做格雷斯委员会（the Grace Commission）（根据其主席，航运总裁 J. 彼得·格雷斯命名），他的提议被认为可以在 3 年内节省 4240 亿美元，到 2000 年为止每年可以节省 1.9 万亿美元。委员会的结论是"税收的 1/3 是由于联邦政府的浪费和效率低下所消耗的"（Grace Commission 1984，xii）。委员会提出了许多成本节省措施，包括调整联邦养老补助金计划和关闭许多军事基地。

委员会与经典公共行政学传统工作一致，但是它的成员主要是私有部门行政主管志愿者。古德塞尔（Goodsell 1984）在一篇对委员会研究颇具思想的批评中指出，这一探索在规模、范围和方法上都是史无前例的。他们进行了成千上万个访谈。报告本身（包括了有关方法论的部分）都是博大无比而几乎无法理解的。古德塞尔发现报告质量混杂。他也相信报告具有一定的错误陈述（misrepresentation）。古德塞尔（1984：200）发觉一个"完全商业导向的偏见，它应该因其本质而被认识到"。古德塞尔最终关注的是联邦公务员士气的腐蚀和委员会的秘密方法。但是，委员会的操作方法和关注的问题可以追溯到早些时候的学者和实践人员，如泰勒、古立克以及布朗诺委员会和胡佛委员会。

格雷斯委员会的报告中一个最为争议的领域是关于自动数据处理/办公自动化。委员会"发现联邦自动数据处理活动没有组织性且效率低下，从而最先进的（state-of-the-art）电脑体系内远远缺乏潜在的生产力提高办法和相应的储蓄。半数以上的联邦 ADP 系统都是废弃的，平均年龄是公共部门的两倍"（Grace Commission 1984：81）。作为我们在计算机时代一开始就提到的一个批评的回应，格雷斯委员会指出"ADP 系统没有得到协调规划而且政府的 ADP 绩效受到无法吸引和保持高质量人才这一问题的损害"（Grace Commission 1984，81）。委员会提议建立一个联邦信息资源经理（Federal Information Resources Manager），该经理能够协调政府措施以更新现有系统和人事。

唐斯（Downs）和拉基（Larkey）是研究政府效率的两个学术专家，他们指出了委员会提议的一些困难。虽然委员会的整体提议旨在降低政府开支，但是减少政府电脑年龄的成本可是天文数字。唐斯和拉基（1986：231）观察到，"不能仅仅因为一台计算机是旧的，就说它是效率低下、完全浪费或者毫不适合它正被应用的工作"。唐斯和拉基认为，政府的协调措施将难以达到。技术问题是困难的，因为电脑的生产者不同。组织问题也是困难的。数据处理操作传统上在政府组织内是集中化的。微电脑革命使得在整个组织内分配计算职能成为可能。唐斯和拉基补充道，对安全数据库的需要和分时共享计算的管理代价都是将计算职能分散的补充证据。

从最近的共和党政府到比尔·克林顿的民主党政府一直都持续关注政府绩效。国家绩效评估委员会（the National Performance Review）创办于1993年3月，当时克林顿总统宣布了一个6个月的评估，由副总统阿尔·戈尔挂帅。对该报告的讨论以及其执行都十分广泛。现在的关注点是与该章有关的提议。

一个提议是"所有机构将开始发展和使用可以测评的目标和报告结果"（Gore 1993a）。一个相关提议是对所有雇员进行更新的信息技术联邦培训。其他相关提议包括建立一个连贯的财政管理系统、为联邦政府发展一套会计标准、向公民发布年度责任报告以及在联邦政府内发展一个使用信息技术的战略计划。

该评估的一篇相关报告（accompanying report）集中讨论了联邦政府在信息技术中的措施。联邦政府落后于私营部门，因为它"缺乏进入大多是高效率、成本低、效果好的信息技术产品和服务"（Gore 1993b）。一系列的提议依赖电子政府的实施运作，包括整合集成的电子福利津贴转账（integrated electronic benefit transfer）、国家法律执行/公共安全网络的建立、国家环境数据指标的发展和政府电子邮件。而且任命了一队机构间顾客服务改善小组来监督执行这些提议。

学术界继续认识到绩效测评和评估中存在的问题。威廉等人（1994）指出，今天的公共管理者都是许多不同种类研究的顾客。他们对管理信息系统被应用到评估政府绩效上来持乐观态度。范·沃特（Van Wart 1995）提出，在我们能够提高政府绩效之前有必要进行认真严肃的评估。他讨论了7类评估战略：使命评估；价值观、规划和愿景陈述评估；伦理评估；顾客和市民评估；雇员评估；标杆评估和质量评估。沙克特（Schachter 1995）比较了市民顾客（citizen-as-customer）模式和市政研究局所假设的市民主人翁（citizen-owner）模式。沙克特认为，在通过教育和信息交流建立一个更为积极的整体公民（citizenry）中存在着功绩（merit）。这可以产生改善的政府绩效。以相同的口吻，安蒙斯（Ammons 1995）认为，对相关绩效比较的日益强调能够获得媒体和公民的关注，从而产生更大的责任。安蒙斯将绩效指标分为四大类：工作量、效率、效果和生产力指标。他使用这些指标检验了图书和休闲服务，这导致了上面所引用的令人鼓舞的结论。贝恩（Behn 1995）注意到，评估是我们展望 21 世纪在公共行政学所面临的一大问题：公共管理者如何以有助于提高他们机构成绩的方法来评估这些成绩？

C. 电脑环境

前 10 年所出版的许多研究评估了州和地方政府对电脑技术的使用。URBIS 项目所作的一个研究（Northrop et al. 1990）研究了从 1976 – 1988 年间美国 46 个城市的计算机化过程。这些著作者发现大多数收益都不是立刻出现，而是要几年才达到想要的结果。主要收益都是在财政控制、成本规避（cost avoidance）和与公众有更好互动的领域。其他所预期的收益，例如规划和管理控制更好的信息等，都没有得到实现。对州信息资源管理（Information resources management, IRM）的一份研究发现，80 年代州政府在建设和执行 IRM 结构时进步巨大。

最后 10 年许多地方规划机构使用了地理信息系统（geographic information systems, GIS）。英尼斯和辛普森（Innes and Simpson 1993）警告规划者们认识到 GIS 是一个建立在社会之上的技术。他们不仅仅必须了解硬件和软件，而且必须懂得对使用技术所需的法律、实践、知识和组织安排。这一警告可以扩展到任何从事 GIS 系统工作的公共行政官员。文图拉（Ventura 1995）发现了 GIS 的广泛使用，但是也注意到其使用往往局限到"对与地域相关信息的卡片索引和文件绘制（file drawer）"。而且，对使用 GIS 还存在许多组织和制度障碍。

对弗蒙特市人力资源管理系统（Vermont's Human Resources Management System）（Cats-Baril and Thompson 1995）的一个案例研究发现，所提议的信息技术项目推迟了两年并且超过了预算的 100 万以上。州雇员对此特别担心，因为他们没有及时收到工资和联邦所得税 W-2 表格。作者提供了来自这一经验的教训。也许最重要的教训就是尽管政府中的计算机长期存在，但当新的技术被引进时，会存在大量的问题和困难。

在提出一个创新政府的信息基础设施管理的框架中，赫德里克（Hedrick 1994）认为在公共行政领域应为信息系统的管理和发展争得一个更为中心的位置。她认为信息系统对于那些公共组织的运行来说是非常重要的。这一主题应当放在公共行政研究和教学的主流中去。

Ⅶ. 结论

甚至从这一粗略仓促的检查中，我们很明显就可以看出，今天的决策制定者可以获得大量的他们前任不能得到的数据。在各级政府中，计算机产生了所有类型的数据。决策制定者，不管是民选的还是被任命的，简直被淹没在信息之中。当然，问题是如何有效地使用这些信息。可以肯定的是，我们认识到甚至在我们今天的能力下，决策制定者用"令人满意的"标准。不过，好像那些更好地拥有信息的决策应当优于那些以前只是简单以偏见为基础的决策。当然理性主义路径可能走得太远，人们可以记起吉米·卡特（Jimmy Carter）坐在白宫前总结反对和支持导弹系统的观点。现在的决策制定者有更多的通道去获得信息和分析技术，但是它肯定也会导致一些更为智慧和聪明的决策来。

在学术方面，很明显今天的学者和研究者（student and scholars）可能远比他们的前人老练得多。在一些方面我们取得了非常大的进步。但有些时候我们仍然认为还没有超出世纪之交时期在政府研究局里的研究者的方法。今天的研究者学会了复杂的技术，但是他们并不总是将它们应用到研究中。又一次，已经取得卓著的进步，但是这些研究的路径不是平坦的，尤其是一个仍然在经受定义过程的这一领域。现在，无论是在实践和理论中，在后现代主义和后实证主义的外表下，对传统的和理性主义的路径似乎有大量的质疑。

REFERENCES

Adams GB, White JD. Dissertation research in public administration and cognate fields: an assessment of methods and quality. Public Admin Rev 54 (6): 565 -575, 1994.

Ad Hoc Committee on Computers in Public Management Education. Curriculum recommendations for public management education in computing. Public Admin Rev 46: 595-602, 1986.

Appleby PH. Big Democracy. New York: Alfred A. Knopf, 1945.

____. Policy and Administration. Alabama: University of Alabama Press, 1949.

____. Morality and Administration in Democratic Government. Baton Rouge: Louisiana State University Press, 1949.

Baldwin JN. Comparison of perceived effectiveness of MPA programs administered under different institutional arrangements. Public Admin Rev 48: 876-884, 1989.

Blunt BE. Developments in public administration pedagogy: 1880 to the present. In: Rabin J, Hildreth WB, Miller GJ, eds. Handbook of Public Administration. New York: Marcel Dekker, 1989.

Chandler RC, Piano JC. The Public Administration Dictionary. New York: John Wiley & Sons, 1982.

Chapman RL, Cleaveland FN. Meeting the Needs of Tomorrow's Public Service: Guidelines for Professional Education in Public Administration. Washington, D.C.: The National Academy of Public Administration, 1973.

Church RL. History of universities in the United States. In: Deighton LC, ed. The Encyclopedia of Education. New York: Macmillan and Free Press, 1971, pp. 341-354.

Cicin-Sain B, Newcomer KE, Sampson C. The status and concerns of women and minority faculty in public administration: results from a national survey. Washington, D. C.: National Association of Schools of Public Affairs and Administration, February 1988.

Ciglar BA, Neiswender HL. "Bureaucracy" in the introductory American government textbook. Public Admin Rev 51 (5): 441–450

Cleary R. What do public administration master's programs look like? Do they do what is needed? Public Admin Rev 50: 663–673, 1990.

____. Revisiting the doctoral dissertation in public administration: an examination of the dissertations of 1990. Public Admin Rev 55 (1): 55–61, 1992.

CED (Committee for Economic Development). Improving Executive Management in the Federal Government. Washington, D. C.: Committee for Economic Development, 1964.

Conant JK. Enrollment trends in schools of public affairs and administration: a search for winners and losers. Public Admin Rev 52 (3): 288–297, 1992.

Dahl RA. The science of public administration: three problems. Public Admin Rev 7: 1–11, 1947.

Daniels MR, Darch RE. Swain J. Public administration extension activities by American colleges and universities. Public Admin. Rev. 422: 56–65, 1982.

Dimock ME, Dimock GO. Public Administration. New York: Holt, Rinehart, and Winston, 1964.

Durm DD. Public affairs, administrative faculty and the Winter Commission report. Public Admin Rev 54 (2): 109–110, 1994.

Egger R. The period of crisis: 1933–1945. In: Mosher FC, ed. American Public Administration: Past, Present and Future. Tuscaloosa: University of Alabama Press, 1975, pp. 49–96.

Ellwood JW. A Morphology of Graduate Education for Public Service in the United States. Report prepared for the National Association of Schools of Public Affairs and Administration. Unpublished. 1985.

Fesler JW. Public administration and the social sciences: 1946–1960. In: Mosher FC, ed. American Public Administration: Past, Present and Future. Tuscaloosa: University of Alabama Press, 1975, pp. 97–141.

Garson GD. Microcomputer applications in public administration. Public Admin Rev 43: 453–458, 1983.

____, Overman S. Public Management Research in the United States. New York: Praeger, 1983. Gohagan JK. Quantitative Analysis for Public Policy. New York: McGraw-Hill, 1980.

Gordon RA, Howell JE. Higher Education for Business. New York: Columbia University Press, 1959.

Goodnow FJ. Politics and Administration. New York: Macmillan, 1900.

Graham GA. Education for Public Administration, Published for the Committee on Public Administration of the Social Science Research Council by the Public Administration Service, Chicago, 1941.

Gulick L, Urwick L. Papers on the Science of Administration. New York: Institute of Public Administration, 1937.

Henry N. The emergence of public administration as a field of study. In: Chandler R, ed. A Centennial History of the American Administrative State. New York: Free Press, 1987, pp. 37 – 78.

——. Public Administration and Public Affairs. 6th ed. Englewood Cuffs, NJ: Simon and Schuster, 1995.

Houston DJ, Delevan SM. Public administration research: an assessment of journal publications. Public Admin Rev 50 (6): 674 – 681, 1990.

Hutchins RM. Shall we train for public administration? "Impossible". In: Waldo D, ed. Ideas and Issues in Public Administration. New York: McGraw-Hill, 1953, pp. 225 – 227.

Janowitz M, Wright D, Delany W. Public Administration and the Public: Perspectives Toward Government in a Metropolitan Community. Ann Arbor: Institute of Public Administration, University of Michigan, 1958.

Johnson PJ. The Progressive Movement, Municipal Reform, and the Founding of the Maxwell School. Syracuse, New York: Maxwell School of Citizenship and Public Affairs, n. d. Journal of Public Administration Research and Theory. Editorial comment. 3: 1 – 3, 1993.

Kaufman H. The Forest Ranger. Baltimore: Johns Hopkins Press, 1960.

Kraemer K, Perry J. Institutional requirements for academic research in public administration. Public Admin Rev 49 (1): 9 – 16, 1989.

Lambie M. Training for the Public Service. Chicago, Illinois: Public Administration Clearing House, 1935.

Marini F. Toward a New Public Administration: The Minnowbrook Perspective. Scranton, PA: Chandler, 1971.

Martin R. Political science and public administration—a note on the state of the union. Am Politic Sci Rev 46: 665, 1952.

McCurdy H, Cleary R. Why can't we resolve the research issue in public administration? Public Admin Rev 44 (1): 49 – 55, 1984.

McKenna CK. Quantitative Methods for Public Decision Making. New York: McGraw-Hill, 1981. Meier KJ, Brudney JL. Applied Statistics for Public Administration. Boston: Duxbury Press, 1981. Miller JP. Graduate education. In:

Deighton LD, ed. The Encyclopedia of Education. New York: Macmillan and Free Press, 1971, pp. 185 – 190.

Millett JD. Management in the Public Service: The Quest for Effective Performance. New York: McGraw-Hill, 1954.

Mosher FC. Democracy and the Public Service. New York: Oxford University Press, 1968.

____, ed. American Public Administration: Past, Present and Future. Tuscaloosa: University of Alabama Press, 1975.

Murphy T. Government Management Internships and Executive Development. Lexington, MA: Lexington Books, 1973.

____. Democracy and the Public Service. New York: Oxford University Press, 1982.

NASPAA (National Association of Schools of Public Affairs and Administration). NASPAA Policy on Doctoral Education in Public Affairs/Public Administration. Washington, D. C., October 16, 1983.

Interim Report on Diversity Committee. September 26, 1984.

Task Force Report on the Future of NASPAA. February 10, 1984.

NASPAA Policy on Doctoral Education in Public Affairs/Public Administration. October 24, 1987.

Final Report of the NASPAA Committee on Careers and Marketing. October 28, 1989.

Report of the NASPAA Task Force on Revitalizing the Public Service. December, 1991.

____. Improving Public Service in State and Local Governments. August 1992b.

____. Report of the Ad Hoc Committee on the Future of Public Service Education and Accreditation. April 1992c.

____. Commission on Peer Review and Accreditation. Annual Report to NASPAA Members. 1992a.

____. Report on the Meeting of NASPAA Deans and Directors on International Public Administration, Education, Training and Research. February 1994.

____. Report of the First Meeting of the Task Force on the Future of NASPAA. April 1994a.

National Commission on the State and Local Public Service. Hard Truths/Tough Choices: An Agenda for State and Local Reform. Albany, New York: Nelson A. Rockefeller Institute of Government, 1993.

National Commission on the Public Service. Leadership for America: Rebuilding the Public Service. Washington, D. C.: Government Printing Office, 1989.

National Conference on Teaching Public Administration. Proceedings of the Eighteenth

National Conference on Teaching Public Administration, 1995.

Olson EE. Challenge and response: the history of the school of public administration. In: Sherwood FP, ed. Twenty-Five Years of Building Better Government: A Report of the Proceedings, Twenty-Fifth Anniversary Celebration, School of Public Administration. Los Angeles: University of Southern California Press, 1955.

Overman ES, Perry J, Radin BA. Doctoral Education in Public Affairs and Administration: Issues for the 1990s. Paper prepared for the NASPAA Annual Conference, October 27, 1990.

Perry J, Kraemer K. Research methodology in the Public Administration Review, 1975-1984. Public Admin Rev 46 (3): 215-226, 1986.

____. Institutional requirements for academic research in public administration. Public Admin Rev 49 (1): 9-16, 1989.

Pfiffner J, Presthus V. Public Administration. 3rd ed. New York: Ronald Press, 1953.

____. Public Administration. 4th ed. New York: Ronald Press, 1960.

Pierson F. The Education of American Businessmen. New York: Carnegie Corp., 1959.

Poister TH. Public Program Analysis: Applied Research Methods. Baltimore, Maryland: University Park Press, 1978.

____, et al. Symposium on outcomes assessment. Am Rev Public Admin 21: 3, 1991.

Poore DM. The impact of NASPAA's standards on defining the field of public administration. In: Uveges JA. Public Administration: History and Theory in Contemporary Perspective. New York: Marcel Dekker, 1982, pp. 85-104.

Ridley CE, Nolting OF. The Municipal Yearbook. Chicago: International City Mangement Association, 1937.

Roberts A. Demonstrating neutrality: the Rockefeller philanthropies and the evolution of public administration, 1927-1936. Public Admin Rev 54 (3): 221-228. 1994.

Sass SA. The Pragmatic Imagination: A History of the Wharton School. Philadelphia: University of Pennsylvania, 1983.

Schott RL. Public administration as a profession: problems and prospects. Public Admin Rev 36: 253-259, 1976.

Schick A. The trauma of politics: public administration in the 1960s. In: Mosher FC, ed. American Public Administration: Past, Present and Future. Tuscaloosa: University of Alabama Press, 1975, pp 142-180.

Seiznick PA, TVA and the Grass Roots. New York: Harper and Row, 1949.

____. Leadership and Administration. Evanston, IL: Row Peterson, 1957.

Siffin WJ. The new public administration: its study in the United States. Public Administration. 34: 35, 1956.

Simon HA. Administrative Behavior: A Study of Decision-Making Processes in Administrative Organizations. New York: Free Press, 1947.

Simon HA, Smithberg D, Thompson V. Public Administration. New York, Knopf, 1950.

Stallings R. Doctoral programs in public administration. Public Admin Rev 46 (3): 235 – 240, 1986.

Stein H, ed. Cases in Public Administration and Policy Formulation. Orlando, FL: Harcourt, Brace and Company, 1952.

Stewart W. Graduate Study in Public Administration. Washington, D. C. : U. S. Office of Education, 1961.

Stone AB, Stone DC. Early development of education in public administration and Appendix: case histories of early professional education programs. In: Mosher FC, ed. American Public Administration: Past, Present and Future. Tuscaloosa: /University of Alabama Press, 1975, pp. 11 – 48, 268 – 290.

van Morstein-Marx F, ed. Elements of Public Administration. Englewood Cliffs, NJ: Prentice-Hall, 1946.

Waldo D. The Administrative State. Englewood Cliffs, NJ, 1948

———, ed. Ideas and Issues in Public Administration. NY: McGraw-Hill, 1953, pp. 225 – 254.

———. The Study of Public Administration. NY: Random House, 1955.

———. Public administration. In: Trish MD, ed. Political Science: Advance of the Discipline. Englewood Cliffs, NJ: Prentice Hal), 1968, pp. 153 – 189.

———. Developments in Public Administration. Annals of the American Academy of Political and Social Science, 1972, pp. 404.

———, ed. Public Administration in a Time of Turbulence. San Francisco: Chandler, 1971.

———. Education for public administration in the seventies. In: Mosher FC, ed. Public Administration: Past, Present and Future. Tuscaloosa: University of Alabama Press, 1975, pp. 181 – 232.

———. The Enterprise of Public Administration: A Summary View. Novato, CA: Chandler and Sharp, 1980.

Warner WL, et al. The American Federal Executive. New Haven: Yale University Press, 1963. Welch S, Comer JC. Quantitative Methods for Public Administration. Homewood, IL: Dorsey Press, 1983. White J. Dissertations and publications in public administration. Public Admin Rev 46 (3); 227 – 234, 1986.

White LD. Introduction to the Study of Public Administration. New York: Macmillan,

1926.

———. Trends in Public Administration. NY and London: McGraw-Hill, 1933.

Wildavsky A. The Politics of the Budgetary Process. Boston: Little Brown, 1964.

Willoughby WF. Principles of Public Administration. Baltimore: Johns Hopkins Press, 1927.

Wilson W. The study of administration. Politic Sci Q 2: 197 – 222, 1887.

Zumeta W, Solomon LC. Professions education. In: Mitzel HE, ed. Encyclopedia of Educational Research. New York: Free Press, 1982, pp. 1458 – 1466.

第二十二章 公共行政学研究经典方法

塞谬尔 J. 耶格尔[*]

Ⅰ. 简介

本章关于公共行政学研究方法包括5个部分,分别集中关注在案例研究、采访(interviews)、非介入方法和记录(unobtrusive methods and records)、参与观察(participant observation)以及问卷调查上。每个部分都在内容和形式上完全不同。

对于这些主题的讨论又限制在精心选择的它们所代表的更大主题的几个方面上。这一行为是必要的,只有这样本章能够在一合理的时间内和可接受的篇幅内完成这一论述。例如,有关非介入方法集中讨论了使用文档和第二手资料,而不是集中关注在对该主题不同方面更为综合系列的更草率地检验上。撰写这一部分早期的努力是更综合的而且陷入了技术的泥沼困境。这一似乎永无休止的非介入方法系列实质上其范围从评估博物馆展品的相对受欢迎程度,这是建立在检阅地板瓷砖和玻璃展品凸出印记基础之上,到通过审查当居民在星期天上教堂时垃圾袋的内容来评估一个小社区的酗酒者人数。把对非介入措施局限在文档和档案资料上反映了包含在公共行政学研究出版的大量研究作品的方法论和内容。

同样,关于问卷调查研究这一部分也集中讨论了对回信问卷调查(mail-back surveys)日渐增加的回应问题。在公共行政学研究内使用回信问卷调查在过去20年内已经增加。这里对回信问卷调查不断增长的回应作出评估是因为这是问卷调查研究的一个异常困难而又非常重要的部分。许多问卷调查回应率很低,因此调查结果效度有限。复杂的定量分析不能够弥补不完整不精确的数据。问卷调查研究的这一方面在公共行政学内和一般性发表的研究中常常予以忽视。

---

[*] 塞谬尔 J. 耶格尔(Samuel J. Yeager),维奇托州立大学(Wichita State University)

这些主题以某些方式相互重叠，而且它们都代表着分析不同的层面。例如，案例分析可能使用我们这里讨论的任何其他方法，而参与者观察能够包括采访和其他渠道的结果。调查常常是建立在由评估记录、实地观察和采访等组成的最初背景工作。但是，反过来并不一定是真的。采访和实地观察可能用在案例研究中，但是所有的采访和所有的实地观察结果并不一定都是案例研究的一部分。在这些方法中所关注的问题并没有在本章的每个部分予以讨论。这样将引起太多的重复。这些问题只是在本章合适的地方得以认知。

本章并不像导入性方法论教材那样很简要地综述和评估潜在使用的许多方法。同样，本章也并没有包括在公共行政学内使用的所有方法。本章并不认为这种方法优于那种方法，但是很明显它陈述并说明了每种方法的使用。

本章的每一部分都评估了在公共行政学研究中使用的一个具体方法论。但是，由于本章的焦点是方法论，所以并没有综合评估在公共行政学内多种方法的使用。每一部分的任务只是说明从事公共行政学研究和相关领域研究的大量人员所使用的相关技术。结果，每一部分的大部分内容是评估方法本身而不是其使用。

对在公共行政学研究中所使用的方法，其更广阔更普遍的概述感兴趣的读者可以参考发表在《公共行政评论》（Public Administration Review，PAR）上的文章，这些文章努力做出了大量的成绩。这些文章包括了佩里和克雷默（Perry and Kraemer 1986）的"《公共行政评论》的研究方法，1975 – 1984"（Research Methodology in the Public Administration Review, 1975 – 1984）和更为综合性的创作"《〈公共行政评论〉中的公共行政研究工作，1940 – 1984"（Public Administration Research Work in PAE, 1940 – 1984）（1988）。对所采用的方法所作的其他评论都评估了公共行政学内所出版的博士论文摘要。这与出版在 PAR 上的文章相比，是一个非常不同的数据库。这些文章包括麦柯迪和克利里（McCurdy and Cleary 1984）的文章《为什么我们不能在公共行政内解决研究问题？》（Why Can't We Resolve the Research Issue in Public Administration）、怀特（White 1986）的《公共行政学博士论文和出版物》（Dissertations and Publication in Public Administration）、克利里（Cleary 1992）的《再探公共行政学博士论文：对1990年论文的评估》（Revisiting the Doctoral Dissertation in Public Administration: An Examination of the Dissertations of 1990）以及亚当斯和怀特（Adams and White 1994）的《公共行政学和同源领域的博士论文研究：方法和质量评估》（Dissertation Research in Public Administration and Cognate Fields: An Assessment of Methods and Quality）。这些文章确定了公共行政学研究模式。诸如此类的批评，如"方法论问题"、"定性胜过定量"、"无效度"、"不经过大脑的经验主义"、"实践研究"、"没有理论"以及"没有检验理论"等令人担忧。

读者可能会问为什么本章研究公共行政学研究方法只包括了案例研究、采访、非介入方法和记录、参与观察和问卷调查而没有其他的方法。简言之，是笔者认为这些方法而不是其他方法在公共行政学研究中更多地被使用。这一观点是根据公共行政学包括了成千上万个案例研究以及笔者对 20 世纪所出版的公共行政学书本、论文和期刊文章的审查得出的。每一部分所作的参考都是最后 45 年 PAR 中所出现的方法类型。使用该期刊作为参考的理性基础在关于案例分析这一部分中得到阐述,而且在对 PAR 中最近的方法使用研究中可以发现更全面的讨论(Perry and Kraemer 1986;Stallings and Ferris 1988)。

同时读者可能想知道为什么本章所有部分没有集中讨论统计学(统计学是广泛应用的方法论工具)和评估(评估是公共行政学内早期广泛应用的一种研究方法(Perry and Kraemer 1986)。现在没有评估它们是因为这些题目太泛并且囊括了所有的东西。每个主题都要花独自一章的篇幅或者更确切地说是一本手册。于是有人提议一套不同的方法可能更为合适。那么就这样吧。一些可以替换的名单是无法避免的,因为每个与公共行政学研究相关的人都有其偏爱的一个或一套研究方法。毫无疑问,某类方法是被忽视的。笔者对这一忽视表示歉意,我并没有宣告也不是暗示这里所评估的方法要优于其他公共行政学研究方法。以上所引述的方法非常乐意承担这一任务。事实是 5 个主题不会伸展为 10 个,尽管笔者试图包括与该主题相关的一些问题。对于这一问题,即使本章评估了 10 个而不是 5 个方法也都是不够的。笔者直接就知道这一问题,因此,笔者最近一直使用的大多数方法和他事业中所使用的统计都没有包括在这里。

这一修订版指的是更新早期的研究工作或者增加新的扩展性材料和澄清早期所报告的结果。但是此外,在某些事例中,这也是通过增添在第一版中曾被忽视的材料从而修改早期结果的一个机会。

Ⅱ. 案例研究

公共行政学中最广泛应用的一个方法技术就是案例研究(Perry and Kraemer 1986)。案例研究法是由哈罗德·斯坦(Harold Stein)提出而被公共行政学学者和实践人员所广泛接受和合法化的,斯坦的经典之作《论公共行政和公共行政案例》(On Public Administration and Public Administration Cases)出版于 1952 年。由于斯坦的早期研究,出现了三个趋势。首先,广泛使用案例研究法。例如,过去 40 年出版的每一期 PAR 都包括了一篇或更多的、整体或部分使用案例研究文章。其次,案例研究由于其内在局限性受到严厉地批评。第三,案例研究法受到坚定地维护和拓展。考虑到本章是方法论为中心,这一部分评估了第二和第三个趋势。斯坦的文章是其案例书《公共行政和政策发展》(Public Administration and Policy Development)的第一章,而且与其他早期有关案例研究的论文一起重新印刷在博克(Bock)等人的书中(1962)。斯坦(1952)将案例方法界定如下:

> 公共行政案例可以界定为:对引导促使一个或一群公共行政官员所作的一个决策或一组相关决策的事件的描述。有些是关于对许多围

绕决策过程的个人、法律、制度、政治、经济和其他因素的描述，但并没有尝试界定完全绝对的因果关系。

两个更为新近的定义只是稍微不同于斯坦的界定。案例就是对于基于采访、档案、自然等观察和其他数据之上的管理情况（management situation），这些观察和数据对于管理行为发生的背景和它当时的局限性非常敏感。这是所有案例都共有的特点（Bonoma 1985）。

作为一个研究战略，案例研究不同寻常的特点就是它试图检阅：（a）在其实际生活背景中的当代现象，尤其是当（b）现象和背景之间的界限并不清晰明显之时（Yin 1981a）。

案例类似于医生的临床检查，并依赖于类似地求助于多元数据资料以求可靠诊断（Leenders and Erskine 198；Macleod 1979；Stein 1952）。虽然课堂上所使用的案例研究通常集中关注在组织管理的某些兴趣问题上而且有浓厚的教学色彩（see, for example, Briscoe and Leonardson 1980；Golembiewski 1976；Golembiewski and White 1983；Henry 1982；Holzer and Rosner 1981；Meyer et al. 1983；Stillman 1984；Uveges 1978），但是，案例也可以在没有一个问题中心的情况下组建起来从而了解一个健康组织的管理（Waldo 1962）。《政策分析和管理杂志》（Journal of Policy Analysis and Management）几乎在每期都出版了一个多页教学案例，而且自1983年春天起一直如此。这些案例集中在公共行政学的一些时事上。读者受邀对这些案例提出评论，其中一些评论在后来几期中得到发表。同样，ICMA期刊《公共管理》（Public Management）也在1994年每一期中开始包括一页伦理脚本/案例，而且在以后的几期内经常出版了关于这些案例的评论。1987年，该期刊开始出版对伦理问题的疑问和答案/讨论，其中有些问题成了有效的教学目标的微型案例（minicases）。笔者希望新的《公共行政教育期刊》（Journal of Public Administration Education）将开始出版教学案例。

公共行政学内中案例是一个无处不在的现象。例如，现在在校际案例项目（Inter-University Case Program）指导下有好几百个准备好的案例。公共行政学内或在行政学研究内的许多闻名著作通常都是案例研究。例如，考夫曼（Kaufman）的书《森林护林员：行政行为研究》（The Forest Ranger: A Study in Administrative Behavior 1960）就是在公共行政学领域内一个经典的案例研究。其他的例子也非常丰富，包括雷德曼（Redman 1973）对于国家卫生服务公司（the National Health Service Corps）的国会起源的案例研究，霍尔（Hall 1976）对《星期六晚邮报》（Saturday Evening Post）停刊的研究、沃里克（Warwick 1975）对州部门（the State Department）的非官僚化尝试的研究、德西克（Derthick 1972）对联邦给州层面项目拨款的研究，以及普雷斯曼和威尔达维斯基（Pressman and Wildavky 1973）对经济发展措施的研究。案例材料常常被用来为其他经典著作提供证据，如威尔达维斯基（Wildavsky 1984）的经典之作《预算过程中的政治》(The Politics of the Budgetary Process)。这样，虽然管理问题常常是案例建设的动机，但并不需要问题聚焦。

其次，不像其他定性方法，案例法利用了许多其他数据资料来在一个更广阔的背景下以三个角度对这些发现结果进行论证。这一要求并不新鲜。沃尔多（Waldo 1962）确定了需要横跨和多元（cross- and multiple）检测及评估来减少"特殊辩解和独特视角"的可能性。案例建设常常需要使用多种数据来源，诸如私人采访和非介入观察。例如，堪萨斯州两个福利改革案例研究都是建立在一套广泛的研究基础上（Snyder 1992；1995）。通常其他的数据来源（包括定量数据）都用作"认知三角度量"（perceptual triangulation）的工具并且在研究中提供更为完整的组织画面。这些来源都包括财政数据（预算、运作报告、审计员的报告等）、绩效数据（对所完成的工作和工作量的年度报告）以及规划文件和数据（计划、特定研究和普查数据）。另外所咨询到的数据资料包括书面档案（记录、备忘录和司法裁决等）和对管理活动的直接观察。

其三，案例应该对管理活动所出现的背景以及展现事件所通过短暂的方面予以反映并保持灵敏度。它们不只是对事件进行短暂静态映射而且应超越情势的时间和背景维度（Bonoma 1985；Stein 1952；Waldo 1962）。

最后，案例包括由经过训练的观察者直接观察管理行为，观察者会应用他/她自己对事件的理解，同时努力了解行动者的想法。这一方法常常叫做人种志（ethnography）。案例法要求对所观察的东西和观察结果的含义进行训练有素的判断。这样，像其他定量方法，案例法关系到研究者对管理方和其他相关人士对实践、信息和现实（不是"客观现实"）的诠释（Bonoma 1985；Stein 1952；Waldo 1962）。

A. 批评

对案例法的批评形式多种多样。毫无疑问，最彻底、最常被引用的一个批评家是迈尔斯（Miles 1979），他确定了以下局限性：(1) 在案例中的分析"基本上是直觉的、原始的、且无法管理的"，(2) 在跨案例中"甚至更加难以形成公式表述"，而且 (3) 相对于建立在问卷调查研究基础上的结果来说，被采访者更加强烈反对案例分析结果。

第四个问题是案例研究通常严重依赖于定性数据。这一事实"常常被认为是初步证据的（prima facie evidence），因而它们的有效性是值得怀疑的。案例研究人员的任务就是证明一个不同的结果"（Lee 1985），而且案例研究结果即刻被作为非科学化而不予考虑（Lee 1985；Morgan and Smirich 1980；Perry and Kraemer 1986）。毋庸置疑，依赖于定性数据限制了概括化（generalizability）（Louis 1982；Patton 1980；Sampson 1972）。因而，"定性"和"案例"标签成为受人贬损的对象。

不幸的是，对这些观察的基础大多时候没有作出解释。建立在定量基础之上的方法受到许多研究者的偏爱,因为概括化是令人合意的,而且因为统计技术允许研究者对他们发现成果的概括化进行评估。因为有了恰当的抽样技术,抽样的方差(variance)可以用来估计人口的方差(variance)。单一的案例研究不能满足这一标准。而且如果没有对人口变化的估计,也就不存在有关人口统计推论的基础(Edgington 1967;McNemar 1940)。

第五,案例研究包含独特的不再发生的现象。因此,案例研究不能重复而且不必通过重复而进行确认(Datta 1982;Louis 1982;miles 1979, 1982;Yin 1981a, b, 1982b)。单独的案例研究很难有意义地聚集在一起,因为他们在许多方面(重点、方法、设置等)都不同,这局限了有意义地比较它们的发现结果(Kennedy 1979)。

第六,案例研究一直被批评为是没有理论的,不能够拥护假设验证(hypothesis testing)或者证明理论假设不成立(theory disconfirmation)(Dunn 1984;Waldo 1962)。该问题的一个重要方面就是很少有研究者使用案例法来形成合适的假设,作为研究的一部分,更少试图检测这些假设(Lee 1985;Yin 1981a)。

第七,由于研究者主观性的原因,案例研究存在测评偏见和错误的风险(Datta 1982;Gordon 1976;London 1964;Susman and Evered 1978;Waldo 1962)。有关数据完整性或错误以及研究中的偏见等问题提出了影响内部效度(Campbell and Stanley 1963)、统计结论有效性(Cook and Campbell, 1979)和可靠性(Guilford 1954;Sellitz et al. 1959)等问题,并且迫使研究者选择建立在归纳统计的解释模式基础之上(Susman and Evered 1978)。

这些困难对学术人员有负面影响,他们发现发表案例研究结果可能相对于发表用其他方法产生的研究结果更为困难。使用该方法可能让人泄气(Bonoma 1985;Das 1983)。

考虑到这些问题,不足为怪的是,案例研究结果遭人怀疑,而且当研究者关注因果关系、定量化、统计上可测评的内部和外部效度以及假设证伪等问题时,甚至被认为是"不科学的"(Van Maanen 1979a)。

甚至当这些问题得到确定和界定时,案例研究法也随着实证主义科学研究法的兴起而逐渐衰落(Lee 1985)。在公共行政学内,这种衰落归因于政治科学(公共行政学的一个母系学科)内反对案例研究这一偏见。和该母系学科内的其他同级学科一样,公共行政学者寻求更为复杂的方法来支持理论发展和检测。因此被批评为"描述性的和真正非理论性的"案例法应用越来越窄,而且不再是一种选择方法(Dunn 1984)并受到公共行政学领域学者的贬斥(Bailey 1992)。

这一倾向并不完全是因为政治科学本身的变革。受到实证主义的驱使,社会科学整体以这种方式演变,而且在政治科学内的变革只是这种演变的部分。实证主义的重点是经验分析外部社会世界的具体关系,鼓励关注知识的"客观"形式,因为它根据社会"事实"来测评在各种现象中的法律、规章以及关系的主要性质(Pugh and Hickson 1976a;Skinner 1953, 1957)。因而案例研究被一个更加优先的定量研究模式所取代（Bailey 1992；Mitroff 1974；Van Maanen 1979b）。

考虑到这些和其他的问题，迈尔斯（1979）得出结论：如果案例分析不改进方法，那么"对组织的定性分析不会如其所愿超越故事叙述"。虽然这一结论很残酷，但是存在着使用案例研究的理由，而且也存在技术使得这些案例方法成为解决某种研究问题的更为站得住脚的方法。

B. 防御和扩展

案例方法的防御是多维度的。首先，定量方法作为一种备选方案遭受本身固有的缺陷和局限性的困扰。其次，案例法和定量法有不同的目标、优点和弱点，因此能用来互为补充。第三，存在一系列具体的步骤，这有助于对案例研究作一个通用性设计。第四，也存在具体的技术实践，这样研究者能够将其融入到案例分析过程中以克服在前述部分确定的一些陷阱。

1. 定量疣（quantitative warts）

首先，所有的方法，包括问卷调查和定量分析技术都有其优缺点。没有哪种方法能同等且良好地满足所有的研究需要。在这方面是优点在其他方面可能就是缺点，因为对效度和不同的研究目的而言存在多种危险（Campbell and Stanley 1963；McGrath 1982）。例如，寻求高度数据完整性的研究要求将研究变量精确操作化，要求统计学的能力（statistical power）有相当大的样本大小和定量数据，并且要求有能力对人、设置和其他因素实施控制以防止因果关系污染。用在社会科学诸如问卷调查研究和多变量统计分析等内的定量方法利用了自然科学并且认为在能够发现的各成分（如人、群体、组织、事物、行为等）之间存在一个合法结构。那些使用这些方法的人也认为世界本身有利于测评的客观形势，认为精确的界定和测评要求这些成分能从环境中提取出来（Morgan and Smirich 1980）。因此这些定量测评几乎只是在一个有限的设置下在某一时间上对现实的快照，从而只具有有限的外部效度。

定量研究被批评为分析几个独立于现实世界之外的单独变量，因为情景不能用这种方式进行有意义的划分（Rist 1977）。因此构成定量社会科学基础的范式呈现出一个静态因果模式，而不是一个动态世界的可能性，其中在行动者、组织、顾客、政治家和项目之间充满了复杂的因果联系，因而这一范式是不充分的（Bryck and Weisberg 1978；Glaser and Backer 1972）。另一种观点认为世界是以一个开放性结果（open-ended）的过程形式［或者用阿吉里斯（Argyris）的话来说，是一种正在形成（becoming）状态］，认为首先排除一些方法选择而赞成狭隘地集中在有限的几个时间点和有限的情景中的方法是不能公正地对待大多数的研究主题（Morgan and Smircich 1980）。

对定量研究方法和策略出现了不满，尤其是当这些方法被引用到不容易操作或者不容易在它们的自然场景之外被观察到的现象中去时［例如，参见《行政科学季刊》的特刊（1979），或者在《定性研究》（Qualitative Research）的系列论著（the Sage Series）（Van Maanen et al. 1982）；或者应（Yin 984）]。马阿南（Van Maanen 1982a）总结了在学科内重新出现定性研究并对定量研究工具感到不满的原因："被解释过的方差变化相对数量较少、关键变量的抽象和疏远特点、研究之间缺乏比较性、没有获得预期效度……以及多变量分析的因果复杂性等等，甚至在理解后，所有这些都使得变化导向的行动难以去想象"。

于是乎提出了关于构成流行的社会科学研究法诸如问卷调查研究等假设的问题，而反之也提出了基于这些方法的研究所产生的知识的性质和充分的问题。传统的定量方法受到质疑和被认为不充分不合适（Burrell and Morgan 1979；McGuire 1986；Mitroff and Kilmann 1978；Morgan and Smircich 1980）。管理研究也因其对管理实践用途有限（Hakel et al. 1982；Lawler et al. 1985；Shrivasta and Mitroff 1984）且因其重点追求时尚新奇和"立竿见影"（Byrne 1986；Kilmann 1984）而受到批评。很难以界定或者操作处理方法。混杂影响如霍桑效应、介入影响以及妨碍研究者得出有效结论的一些情有可原的情况都很难确定下来，也很少能够避免（Anderson 1976；Kennedy 1978）。

其他定量方法存在的传统问题也限制了它们的有用性。特别是频繁地使用并在某些情况下过分依赖于问卷调查研究使得有些人对用在组织研究中的变量的性质和质量提出质疑。例如，有人指出在问卷调查设计中的微小的变化也能影响回应率（Houston and Nevin 1977）和回应模式（Blair et al. 1977）。同样，其他人也发现甚至在一个设计好的采访中，采访者效果有时也说明了绝大部分的从属（因）变量的变化（McKenzie 1977）。效度问题也来自于一些语义问题和采访者不愿接受在采访过程中普遍面临的一些问题（Becker and Greer 1957；Burstein et al. 1985；Demaio 1980；O'Neil 1979；Steeh 1981）。

因此越来越多的经济学（Piore 1989）、医疗（Feinstein 1977）、管理（Mintzberg 1978）、组织行为（Fombrun1982；Van Maanen 1979b）、社会学（McGrath et al. 1982；Mitroff 1974）和精神病学等领域的研究者倡导并帮助在社会科学领域复兴定性研究。

对定性研究技术日益增长的兴趣开始于20世纪70年代中期，它包括了参与观察、人种志、案例分析和簇合法（cluster method），以及其他的定性方法（see, for example, Bogdan and Taylor 1975；Downey and Ireland 1979；Greenhalgh and Jicck 1979；Manning 1977；McClintock 1978；Millman 1977；Mintzberg 1978；Pettigrew and Bumstead 1980；Turner 1974）。定性研究逐渐受到尊重。

2. 目标、优势和方法选择

案例法支持不同的研究目标，相对于那些立足于问卷调查为基础的定量研究所确定的目标，有不同的优势。在案例研究和那些强调更高的数据完整性方法之间存在显著的不同。首先，在案例研究中的数据收集目标并不是数量化或者甚至枚举（enumeration），而是（1）描述，（2）分类（分类学发展），（3）

理论发展以及（4）有限的理论检测。总之，像在所有社会科学领域一样，目标是了解。

第二，大多数枚举在案例研究中价值不大。目标不是研究的广度或代表性，而是理解的深度。相对较低的数据完整性风险被用来交换所学的内容的流通和情景丰富（contextual richness）。一旦研究者确信他们用案例研究了解了一个现象，其他更为传统的演绎法可能被应用到那个问题上去。

第三，实用案例研究法不需要使用人种志、参与观察或者任何其他特殊的方法论类型。案例研究证据可能来自实地工作、档案记录、口头报告、观察结果和定量信息来源（quantitative sources）或者任何这些来源的结合。例如，阿利森（Allison 1971）对古巴导弹危机的研究没有依赖人种志或者观察技术。格罗斯（Gross 1971）等人的组织案例研究和维脱里斯与哈里森（Vietorisz and Harrison 1970）对城市地区经济发展的研究结合了定性和定量证据。对于这一件事，人种志和参与观察方法都是研究有关警察和其他个体的组织行为的基础，这一行为没有产生发表的案例研究［see, for example , studies by Jacobs 1970; Reiss 1971; Rubenstein 1973; and Van Maanen 1979b］。

而且，甚至本身就是一个"纯粹的定性"的案例研究项目可能是对某些重大级别问题进行有价值且有效度的科学抨击的基础。当研究者对理论构建而不是对理论证实或拓展感兴趣时，使用关于描述、分类和比较的案例研究是一项合适的研究技术。使用案例法进行研究能产生"深刻的理解"（Geertz 1973），更全面地对研究现象的背景感（Miles 1979），详细地描述事件、情景以及人和具有深度和细节的事物之间的互动情况（Patton 1980），并且朝理论构建而不是理论检测明确地迈了一步，这在简单的描述研究或者大多数的因果研究中常常是不存在的（Bailey 1992；Van Maanen 1982a）。

第四，案例研究不能提供普遍概念化的结果，但是它们的确提供了有见解、意义重大且对建设实质性理论非常有用的知识（Glaser and Strauss 1967）。案例研究中定性观察已经产生并将继续产生意想不到的结果，这些结果构成了新的假设和"扎根理论"（grounded theories）的基础（Glaser and Strauss 1967；Lundberg 1976）。例如，霍桑研究中著名的银行线路房试验（bank wiring room experiment）所得出的定量结果（Roethlisberger and Dickson 1939）在没有使用定性数据——观察到的非正式群体标准——的情况下不能得到解释。同样，时间跨越很长的案例研究能够展现其他方法诸如问卷调查不大可能展现的发展信息（Agranoff and Radin 1991）。由于使用定性方法的研究者更可能意识到正在调查的实践者或实地层面的主题的不同方面，可能他更容易提出其他选择性解释来说明能形成进一步探讨基础的互为冲突的证据。

使用案例分析作为研究策略的决定会受到研究项目中的研究目标和所需要数据性质的影响。调查人员在案例发展之前、在案例方法被选为研究策略之前确定研究目标（Bonoma 1985；Waldo 1962）。对理论发展的兴趣、问题或情势的复杂性以及需要在自然情况下研究现象将决定案例方法的应用。由于研究目标可以在研究项目中发生变化,案例方法可能对于研究的一个时期适合而对于另外一个时期不适合(Van Maanen et al. 1982;Yin 1984)。

如果不采用定量技术,某些组织现象不能被有效地测评。案例研究能够提供对现象了解的深度和定量分析可能缺乏的背景(Agranoff and Radin 1991;Bailey 1992;Geertz 1973;Miles 1979;Sjoberg et al. 1991;Van Maanen 1982a)。该问题的另一方面是"盲目地研究以获得可以量化的规章……可能导致忽视人的这些方面——最重要的方面——它们是内在的和非量化的"(Nicosia and Rosenberg 1972)。"客观的"研究人员可能"用自己的猜测填写诠释过程,而不是捕获这一过程,即在使用这一过程的行动单位经历中出现之时"(Blumer 1962)而且在这一过程中可能冒着高度主观性的危险。因为案例研究提供了综合出现在不同学科中的知识的一个途径,所以案例研究可以促进了解复杂的社会互动,互动是所有组织的典型特征。

C. 案例研究过程

一个四阶段的过程,分别标为"漂移"(drift)、"设计"(design)、"预测"(prediction)和"证伪"(disconfirmation),可以用来指导和解释研究中案例方法的应用。在案例项目的最初或漂移阶段,调查人员努力学习概念、发生地点和现象的行话(jargon of phenomena),并且开始从文献资料、有关现象运作的先前概念(priori notions)和所观察的实践中的关键部分。大多数研究方法涉及这种情境分析或漂移阶段。在这一时期,背景得到观察,并尽可能发展为准确的一个观点(Sjoberg et al. 1991;Van Maanen 1982b,1988)。

在漂移阶段,研究者一个关键而艰巨的任务是推迟判断并忽视预想的偏见以求能够从遇到的现象中学习。例如,皮奥里(Piore 1979)描述了当他第一次努力在经济学内进行案例研究时在漂移阶段所出现的东西。他许多早期的研究不是数据收集,而是集中学习解决在他对工厂内人员配备的预先信念(prior belief)和该领域内问题被考虑的方式之间的分歧。花了很久的时间才克服他不愿意倾听经理对人员配备层面的叙说这一偏见,他认为这些述说只是毫无用处的神话;克服把这些叙说作为对他的研究兴趣可能更有用的途径而不是他最初在理论上合理的观点。没有这些叙说,他可能已经把管理行为作为要求有一个修正系数(correction factor)的模型标准(model deviations)来对待,而不是当作构建更为正确了解的激励因素。

设计阶段开始于发展对到目前为止所收集的观察结果的尝试性解释(tentative explanations)。这些尝试性解释导致了理论的发展。在设计阶段,数据收集的目的是评估和确定由初级模式提出的主要探询领域。信息被收集以使该模式有血有肉并允许发展一些普遍规则(generalizations)来说明观察结果的差异。在这一点上定性研究者的关键技巧就是,如果最初的概念化不阻碍新的情境或者当更好的概念化提出来时,他还是愿意让进一步的数据把他或她的思想"回归"到漂移阶段。应(1994)指出这是一个不断发展的过程。

案例研究的第三阶段——预测或者概括化形成——出现在案例研究项目的中期。到这一阶段，研究者有一个模型说明将要检测的普遍规则，已经很好地了解把现场数据分到相对明确的独立部分中去的特点，而且正试图评估最初的预测（Sjoberg et al. 1991；Van Maanen 1988）。

研究者可能从不同的场所（sites）编辑更多的案例，这些场所在概念上近似于那些被用来已获得普遍规则的那些场所。这一步通常要求评估在组织内或设置内还没有探讨的概括化。这样许多案例可以被收集用来检测一个概括化的预测力并了解其参数。这一阶段要求研究者（1）考虑下一事实：许多普遍规则并不能广泛应用，因为它们是建立在具体的情境、设置或者行业上，并且只确切地描述或者适合这些情境、设置或行业，而且（2）愿意使用新的证伪证据（disconfirming evidence），将其作为发展新的概括化和修改早期概括化的基础（Agranoff and Radin 1991；Bailey 1992；Lofland 1971；Van Maanen 1988；Yin 1994）。

第四个阶段——证伪阶段——是由对在预测阶段没被否定的概括化的局限性作进一步检测构成。曾经通过把尝试性普遍规则应用到比预测阶段更为广泛的一套案例中来证明它们不成立。案例研究中这一阶段代替了用在演绎分析中的证伪程序（falsification procedures）。在预测阶段的最初否证措施与这一阶段更为完整的否证办法的相互融合说明了重要的一点：这四个阶段并没有形成一个严格的等级制而是设计了一系列重复步骤从而了解所遇到的现象（Yin 1994）。

D. 案例分析方法

根据迈尔斯（1979）的观点，分析人员面临定性数据时"没有什么指南以防范不受自我欺骗影响"。相反，研究定量数据的研究人员存在明确的指南。评论案例方法的文献资料可以确定从一个单一的案例或者案例之内的证据来分析证据的5个途径。它们是叙述（narrative）、问答、解释、案例簇群和定量格式。

1. 叙述

叙述准备是一个长期或者传统地把顺序强加在案例分析之上的方法。当不存在理论命题时建立一个叙述可能是有帮助的。例如，普雷斯曼和威尔达维斯基（1973）使用该技术描述事件之间可能存在的因果联系。

有许多的具体技术可以被用来帮助案例叙述构建和用于其他的案例准备方法中。迈尔斯和休伯曼（Miles and Huberman 1984）建议使用下列方法把顺序加到案例材料中：按时间顺序安置信息；把信息置于不同的排列或群体内；建立类目矩阵（a matrix of categories）或者把证据置于这些类目中；建立数据显示（data display）诸如流程图等，这使得逐步的过程更加清晰而且可以帮助组织其他信息；把不同事件发生的频率制成表格；并且使用合适的统计方法诸如均值、方差、跨表格制作以及在变量之间相互关系的其他测评方法来评估这些数据之内复杂的相互之间关系。

迈尔斯（1979）发现，因为任务的复杂性，叙述准备并不很有用。案例研究叙述常常都是冗长且没有遵循可预测的结构（Yin 1981a, 1984, 1994）。结果案例分析难以被写下来且难以读懂。如果案例研究围绕一个清晰的概念框架而建立，那么该问题可以避免，而且独特的特点和干涉性环境也得到确定（Bailey 1992）。

在叙述和其他形式中的一个案例研究分析可以根据具体的大量命题、问题和案例的活动得以组织。正如在讨论案例方法的研究设计时所指出的，案例的关键问题需要在研究的早期得到确定（Agranoff and Radin 1991；Bailey 1992；Bonoma 1985；Stein 1952；Yin 1981a, 1984, 1994）。理论有助于通过提出如何和为什么的问题去指导分析从而把顺序强加到案例研究中。这并不意味着一个僵硬的概念框架必须被使用。鉴于案例研究常常以很少的概念框架开始，因而通常随着分析的发展而必须修正这些概念化。

概念框架的发展可能限制那些准备案例研究的人的太过于普通的趋势，他们认为"任何事物都可能相关，因此应该对一切事物都进行观察和编码（code）"。在研究的早期，这种公开性是有必要的，但随着概念化的发展，记录应该是反应案例研究中有意义的而不是所有的事件。这些概括化同样适用于定性和定量数据。

概念框架可能也限制分析人员把过度的时间和精力放在给独立的数据源建设一个可读性叙述的趋势上，这些数据源有个体采访、会议或者其他主要事件，每天或每周活动的日志（logs）以及个人文档或者报告。每个叙述部分都应该由从不同数据资料得到的证据整合而来，这些数据必须得以笔记而不是叙述的形式的准确记录。对应同一个主题的数据应该集合到一起；例如，从对同一个主题的不同回应中所分离出来的采访应该得到整合（Jick 1979；Yin 1980）。在准备叙述时，在任何用在案例研究中的其他方法中，研究者必须建立并提出由引用具体的证据构成的证据链。大多数案例研究都没有建立明确的证据链，因此批评家对如何达成明确的结论提出质疑（Yin 1979；1981a, 1994）。

两个技巧可以帮助明确陈述案例的关键问题。技巧一是要求把案例重心缩小而另一个是扩大。首先，案例研究的中心能够被限制到一个有限的时间段内，而且只主要概述其背景和结果。应该强调关键决策，不论其是一个行动或是一个过程，而且应该忽视无关事物（Stein 1952）。其次，典型案例的"自由度"（degrees of freedom）事实上得到增加。坎贝尔（Campbell 1975）讨论了案例分析的丰富性（richness）是如何能通过寻求所调查的理论理念的多种含义而能得到巨大提高的。由于这些不同的目的，再恰当之处，它们也许都能够被按顺序或者按照单独案例研究的不同部分来使用（where appropriate）。当然，对两个程序而言，前面所描述的案例研究的四个部分的循环都有足够的空间。

2. 问题和答案

一系列开放式问题和相应的答案可以代替案例研究的叙述。按这种格式收集和整合信息要比相对缺少结构的采访更为简单。结果，基于这种格式的案例比叙述更容易产生，而且读者通常能够容易找到合意的信息。

两个出色的案例说明了问答方式。美国邻里全国委员会（the U. S. National Commission on Neighborhoods 1979）对 40 个社区组织的案例研究就是问答方式的一个例子。在项目初期几乎提出了 60 个开放性问题。这些问题用来指导数据收集。实地工作者准备了 2—3 段文字回答每一个问题。这些问题和答案被用作准备最后报告的依据，报告的标题是"人、建设邻里"（People, Building Neighborhoods）（U. S. National Commission on Neighborhoods 1979）。同样，应（Yin）和怀特（White）（1984）使用了 50 个开放性问题收集有关在 12 所学校计算机使用的数据。采访者从尽可能完整回答这些问题的对象中收集信息。采访者的笔记是个体案例报告和跨案例分析的依据。使用多案例的其他大量公共行政案例也存在（Agranoff and Radin 1991）。

3. 解释

第三个技巧就是使用案例研究来解释现象。解释性案例研究由以下因素组成：（1）对事实的确切重现，（2）对这些事实可供选择的解释的考虑，（3）对这些可供选择的评估，以及（4）根据看来最与事实一致的单个解释所作出的结论。这一方法探讨已摒弃和已接受的假设选择，这一点是斯坦（1952）所推荐的。

公共行政学内一些最著名的案例研究，包括阿利森（1971）、德西克（1972）、格罗斯等人（1971），以及普罗斯曼和威尔达维斯基（1973）的著作，都使用解释技术。例如，阿利森（1971）的研究评估了 3 个对古巴导弹危机的解释，他发现其中一个解释比其他两个更为令人满意。同样，对研究的有用性的一个案例研究比较了相对于好几个互为竞争的研究使用过程模式的一个案例的所有事实（Yin and Heinshn 1980）。

4. 案例簇群

麦克林托克（McClintock 1979）等人将分析一个独立案例的技巧叫做案例簇群法。这一技术通常依赖于对同一事件或"组织行为的活动、过程、特征或方面"从许多不同渠道所收集的数据。这些数据来自于对合适的数据源所进行的分层采样，但是信息提供者（informant）也常常用作数据源。例如，从许多不同个体收集对同一个主题的数据，他们的回答针对的是完全一套相同的问题。好几个研究都使用这一技术。其中最早使用这一方法来研究是麦克林托克（1978）对州立机构规划程序的评估。布兰农（1979）对一个公共福利机构决策制定的研究也使用了案例簇群法。麦克林托克等人（1978）对在一所大学内的任务预测的研究也采用了这一方法。所有这3个研究都使用了信息提供者。

案例簇群技术与应（Yin 1979）的案例问卷调查方法不一样，与应和希尔德（Heald，1975）如下述的重点关注也不同。案例问卷调查方法依赖于聚焦于同一标题的不同案例。与此相对照，麦克林托克（McClintock 1979）的案例簇群方法采用了一系列聚焦于同一案例或事件的来源之数据

5. 定量

另外一个把顺序加到案例分析中的传统设计技术是对定量数据制成表格。一旦事件被编码成数字格式，规范的统计技术可以被用在分析中（Pelz 1981）。著名的案例研究有效地使用了这些定量数据。例如，普雷斯曼和威尔达维斯基（1973）对政策实施的研究就包含了定量数据——为了将要实行的政策而描述必须要做的决策数量。同样，应（1981a）在他对创新的生命历程的研究中使用了定量数据。定量数据是根据不同组织事件所制成的表格，对每个案例研究进行了编码。

并不是所有在案例分析中包括定量数据的努力都是成功之举。迈尔斯发现这一技术并不实用。"我们推出了一个精细的编码计划。现场工人，包括编码专家都不喜欢这一工作"。因此"编码停止了"，而且编码的数据没有在后来的分析中使用（Miles 1979）。

存在这些问题可能的原因包括使用了太细微和太多的编码类目。这一问题被难以提前确定准确类目这一事实所恶化。这一情况给案例研究分析人员带来了无数困难，分析人员既没有培训也不倾向于作为一个机械的录制机器（Yin 1981a）。对这一问题的一个解决办法就是随着在编译过程中经历的发展而结合最初的回应类目（response categories）。例如，实质上相同但最初被确认为独特的情况的不同的事件和条件可以结合在一起。

E. 方法论议题——有效性（validity）

在案例分析中许多主观性可以通过使用一个或更多的（毫无疑问，使用更多的这些技术比只使用一个技术要好得多）下列方法来消除：

1. 数据的验证是通过将之与外界信息或者已知事实作比较（Foreman 1948；Sjoberg et al. 1991；Van Maanen 1988；Yin 1994）。这一途径有助于从多种信息源，尤其是从与案例有关的个体，排出相互冲突的证据问题。

2. 通过面对自我和检测数据内部一致性来验证（Agranoff and Radin 1991；Bailey 1992；Foreman 1948；Sjoberg et al. 1991；Yin 1994）。这一点可以通过比较所收集的信息的不同部分而得以完成。

使用这些不同的（1）外部的和（2）内部的数据源的一方或双方，而且按

照这一方式从不同的方法使用数据叫作三角测量（triangulation）。这一过程也叫做多特质多方法路径（multitrait-multimethod approach），而且通常被用来在案例研究中确证发现结果（Campbell and Fiske 1959）。不幸的是，时间限制、技术问题以及收集和分析数据的成本代价常常限制和排除使用多元方法或者三角测量措施（Martin 1982）。

3. 通过涉及研究的主题，阐释研究者评论的有效性（Foreman 1948；Sjoberg et al. 1991）。例如，阿尔金（Alkin）等人（1979）在准备他们对校区的研究中，要让每个校区所采访的个人来评估他们的案例草稿。一套开放式问题被用于这一目的。在修改草稿中使用了参与者的评价和建议，而且在最后的研究中也使用了开放式问卷调查的内容。

迈尔斯（1979）指出，信息提供者对案例研究的结果比对调查结果反应更加消极。这个问题不是由于使用了案例方法论。消极反应是由于参与者对于与他们自身有关的证据的反应引起的。当问卷调查问题回答者被要求评价他们的结果时也出现了类似的敌对反应。不管所使用的调查方法论如何，当消息提供者被要求以总体或总结形式进行评价时，消极反应的可能性就小些（Yin 1981a）。

面对个体数据，回答者抱怨没有足够的时间解释他们的行动和陈述、被人误解和错误解释（Yin 1981a）。斯坦（1952）提出了下列战略来预防这些问题：避免心理揣测（psychological speculation）、集中重复性行为模式和引用、或者总结参与者对他们行动的诠释。

一个可供替换且反应更小的评估程序是使用一组专家。在 1980－1981 年间，美国技术评估办公室（the U.S. Office of Technology Assessment）动用了 20 或者更多的评估人员来评估医疗技术的 17 个不同案例研究。评估人员广泛不同的背景给这些案例提供了许多不同的见解。

4. 通过预测性歧视或假设形成（hypothesis formulation）和检测来作可靠性检测（Foreman 1948）。

5. 通过允许几个调查都独立产生结论来作可靠性检测，这样增加了对同一事件的观察量（Foreman 1948；Van Maanen 1988；Yin 1994）。这样，另外一个形式的三角测量出现在所有项目中。"项目间三角测量"（interproject triangulation），这是波拿马（Bonama 1985）所称呼的，或者研究人员采用不同的方法在不同的情况下对同一现象进行独立研究能够产生确认结果（confirmatory results）。这一技术受到研究之间可比性问题的限制。

F. 对多元案例证据的分析

案例调查法是案例之间分析中一个最明确和使用最多的方法。但是，几乎10年以前，案例调查法作为肯尼迪（1979）所呼吁的一套发展完善、正式的一套多案例分析（multicase analysis）规则却没有这样明确过。

案例调查法要求确定不同案例中类似的行为和事件。这一过程开始是选择对研究主题至关重要的行为和事件。然后是确定与这一普遍主题相关的许多案例研究。案例的数目必须足够多以便进行跨案例制表（cross-case tabulations）。

多少案例才足够呢？对这一问题并没有确定的答案，但是这个要求不能总是令人满意。在使用案例问卷调查法的一些研究中存在着大量案例。例如，应和希尔德（Yin and Heald 1975）在评估城市分权中研究了269个案例，而应等人（1976）则在研究城市革新中使用了140个案例中的数据。一些成功的研究使用了少得多的案例。例如，比奇洛和斯通（Bigelow and Stone 1995）在研究社区卫生保健中心的压力时只采用了4个案例。德西克（Derthick）（1972）在她对新城镇的研究中用了7个例子。迪马乔和乌西姆（DiMaggio and Useem 1979）在他们学习对研究的使用时评估了25个案例，而应和怀特（Yin and White 1984）对学校计算机使用的研究仅仅根据12个案例所作的。其他案例调查问卷使用了太少的案例或者没有多少案例是相关的。例如，迈尔斯（Miles 1979）的项目试图采取案例调查法，但是很难以解释结果，因为只有6个案例。

一旦确定了案例数目，那么普遍行为和事件就可以排列成表了。这促进了结果比较和寻求行为的普遍模式。一个多元案例研究可能把每个案例的材料综合成一个更有意义的整体而不是单独的、陈述每个案例的材料。

许多以多元案例为基础的研究同时存在于公共行政学文献资料中和与公共部门相比拥有更多普遍管理焦点的研究中。例如，考夫曼（Kaufman 1981）对6个联邦署署长的研究就包含了对每个研究个体的材料的综合。焦点放在这些重要的主题上，诸如他们如何评估信息、如何制定决策以及如何与职员互动并激励职员。在解决这些主题中，从单个行政官员的行为中得到范例，但这些具体的案例都不是主要焦点。综合与独立的案例的唯一材料可以用在同一个研究中（Agranoff and Radin 1991；Bailey 1992；Coggin 1986；Sjoberg et al. 1991；Yin 1994）。赫里奥特（Herriott 1979）和格罗斯（Gross）的著作《有计划的教育变革的动力》（The Dynamics of Planned Educational Change）有10章，其中5章描述了在5个不同学校体制中的变化，另外5章则描述了跨案例问题。同样，彼得斯和沃特曼（Peters and Waterman 1982）现在的名著《追求卓越》（In Search of Excellence）吸收了来自60个成功的大型公司的案例研究材料。每一具体的章节都是一个跨案例分析。

案例问卷调查法还没有得到完善。首先，通常，值得评估的因素数量相对于相关案例研究的数量来说数目巨大。这导致了取样点的缺乏，这样会使得可能会混淆分析结果的统计互动效果的确认工作出现问题，即使不是不可能的话。其次，集中关注在孤立于案例研究背景的单个因素上可能会使正在研究的现象过于简化。其三，案例问卷调查法把案例研究作为将要制表的个体数据点或者观察点来对待。

G. 结论

案例研究给公共行政学研究人员提供了巨大的机会。首先，它允许调查许多重大的公共行政问题，由于这些问题的复杂性用其他技术是难以进行调查的。其次，这些深入分析促进具体情况的了解和理论构建。第三，来自于案例研究的知识深度反馈到其他的活动如教学和咨询等中去，反馈到理论发展和超出最初研究项目本身的检测措施中去。第四，案例研究能让公共行政学学者更近距离地接触公共行政实践人员。

使用案例研究法研究公共行政现象的研究人员还存在着巨大的问题。这些困难包括概念上的、执行的和政治上的问题。概念上，很容易提出高质量的研究判断，但除了通过做试验项目以外，很难培养或改进判断。而且，案例研究（一个案例研究）中的每个"数据点"可能是一个广阔而代价高昂的冒险，这使得获取专业才能举步维艰且花费时间。适合研究目标的进入组织的途径可能不像获得邮件列表和发出一个回信调查所必需的资源那么容易。个体案例研究并不一定像一个重要调查项目那样代价高昂，但在理论—数据—理论验证循环中重复性案例发展的必要性要求比其他方法投资更多的时间和资金。政治上，因为许多近期公共行政研究的主要动力是朝向演绎、数量以及因果导向研究，所以研究者可能在验证所研究的问题的定性方法的益处和必要性时面临更大的挑战。

总之，在公共行政学研究中需要更多使用案例法。当存在着复杂的观察任务时以及存在着相对缺乏理论材料作为起点时，这一点尤其适合。

Ⅲ. 采访

在公共行政学研究中收集数据时频繁用到采访。这种收集数据的方法在整个公共行政学研究里始终都在使用。例如，参考采访开始出现在 PAR 的起始之时，而且今天仍作为一个参考工具，但是通常与其他研究方法一起使用。采访如此受欢迎的一个原因是这一技术是可以在其他方法途径诸如案例分析、参与观察和问卷调查研究中使用。

采访该词通常以两种方式使用。"采访"通常指的是面对面或者电话采访，用于收集问卷调查数据。这是一个广泛使用的技术。在调查采访中，每个被采访的对象或者个体被询问了一套完全相同的问题，问题也是按照同一顺序所陈列。通常探讨问题（probes）或追踪问题（follow-up questions）数量都是有限的，如果它们被使用的话。探讨预先确定，这可能局限它们的适宜性和使用性。调查问卷采访和回信问卷调查的主要差别是采访者可以确保合适的人参与调查问卷，确保问题全部按照顺序得到回答。而且采访者可以向个体陈列用书面形式很难以陈列的问题。

采访的第二个类型有时被叫做精英或者特别采访（specialized interviewing）（Dexter 1970）。这种采访类型被用来从更为有限的、叫做"关键信息人"（key informants）的个别群体中收集数据。关键信息人也是个体，他们由于其地位可能或者与制定利益决策或者与执行决策有关。他们可能具有的专门知识和经历把关键信息人从其他组织成员或者普遍的公众中区别开来。专门知识使得他们能够评价或者确证研究者对在研究项目中通过其他方法所收集的信息的最初诠释（Dexter 1970；Fetterman 1989；Heard 1950）。

特别采访至少在4个方面不同于问卷调查采访。首先，采访对象数量有限。不仅采访在设计的采样中根据描述某一类型的人数中统计上能够接受的精确度来挑选的对象，而且根据其地位或者其经历来挑选对象。其次，在每次采访中所询问的问题并不一定相同，而且可能在重大方面不同，这取决于每个采访对象的不同地位和经历。例如，问题常常是开放性的，设计的目的就是让采访对象按照自己的情况谈论这一主题。第三，探讨不是预定的，探讨随着对象不同而在数量和内容上有所不同。第四，采访者能够采用多种方式调整采访，而且能够通过回答应答者的问题而帮助他们（Dexter 1970；Downs et al. 1980；Fetterman 1989，Heard 1950）。

现在提到的感兴趣的采访类型是精英或者特别采访，因为它广泛应用于公共行政学研究。本章节检阅了采访的以下方面：面对面采访的优点、采访的缺陷、训练采访者、背景工作、谁应该实施采访、采访场景、获得接见被采访者权利（gaining access）、采访过程、建立协调关系、中立和协调、采访格式、问题类型、探讨需要、探讨类型、错误源、多会话（multiple session）、敏感问题、对抗以及记录和作笔记。

A. 采访的优点

面对面采访有下列重大优点。首先，相对于其他研究技巧来说，它更容易建立与问题应答者融洽的关系，因而应答者合作程度相对较高。其次，比起结束其他的数据收集行为来，应答者很难以结束面对面的交流。这样，个人采访通常比电话采访的时间长。第三，可以使用视觉辅助效果。这意味着可以询问复杂的问题，而这些问题在回信或者电话采访中是不能够问到或者难以开口询问的。面对面采访通常比其他的数据收集方法更为准确。

面对面采访比电话采访更为有效果。差别包括回应率更高、采访时间更长、没有回答的问题更少、而且对开放性问题有更多的回应（Groves and Kahn 1979；Jordan et al. 1980；Klecka and Tuchfarber 1978；Quinn et al. 1980）。这些差异都可能发生，因为面对面采访进行的速度较慢，这允许采访者和被采访者有更多的个人互动，这也给予了采访者比其他研究媒体给采访对象提供更多反馈（Groves 1978；Groves and Kahn 1979；Singer 1981）。这些差异在所有的被采访对象中都存在，但对年长的比对年轻的更为明显（Herzog et al. 1983）。

个人采访对于被采访者而言更加愉快，而且相对于信函或电话调查而言能够提供完整的信息。但是，个人采访比信函或者电话调查成本更高（Dillman 1978）。就愉快和完整而言，这些差异不但更大而且对某些敏感型数据甚至是更为重要的（Mangione et al. 1982）。这些事实可以说明面对面采访的额外代价的合理性。

B. 采访的缺陷

采访中也存在着问题。采访者需要明白几个潜在的问题，包括可能要引导被采访者而且传达自己对被采访者的的态度和倾向。例如，像简单的一下皱眉或者扬眉可能传达的是不同意或者怀疑的意思。采访者认为是中立的音调或者观点在被采访者看来可能是裁判性的、有倾向的、冒犯性的，甚至会激起怀疑，这就对采访产生了负面影响或者会轻率地结束采访（Heard 1950）。

面对面采访耗费时间且代价高昂。当被采访者在地理上分散且需要对他们多次采访才能完成一个采访任务时这一点尤为正确。由于这些原因，面对面采访比大多数其他研究方法更加昂贵。

C. 训练采访者

采访者应该得到培训，通过角色扮演或者模拟采访、录制他们的表现，然后对他们的表现提出评价（Jones 1959）。多轮实践课比一轮实践课效果要好。培训课上，新采访者可以看到有经验的采访者工作的实况或者录像，接下来有一节批评或者评论课，这些课对于新采访者成为未来的采访者都特别有效。

培训采访者需要包括采访对象适应采访速度和对难易程度判断的信息。这些判断的基础仅需要语音或者语调、说话语调的变化量、音量的响度或程度以及采访者停顿的次数和长短（Sharf and Lehman 1984）。采访者的言语模式（speech patterns）影响了被采访对象对他/她的回应，反过来影响了采访者成功进行采访的能力（Dillman et al. 1976；O'Neil et al. 1979）。言语模式也影响了其他人类行为方式，诸如病人转诊（patient referrals）（Milmoe et al. 1967）和病人与心理医生互动（Goldman-Eisler 1952）。非语言行为和个人特异性也能影响任何一个交流者（包括采访者）的效果（Mehrabian and Williams 1969）。对采访者培训可能包括对采访培训对象的言语模式分析的基础之上的反馈和纠正性培训。

培训会增长采访者的能力以及他们对成功的期望。这些期望也是至关重要的，因为它们影响了采访者的成功率。对使个体参与很容易的积极性期望会产生较高的参与水平和更完全的采访结果。积极的期望会随着采访者的阅历而增加（Singer et al. 1983）。

在培训采访者时会用到许多技巧。一些技巧包括个人学习（培训对象自己控制采访过程）、书面练习、表演采访、"循环"采访、两个或三个一组的试验采访、采访不知情的应答者、以及采访预选安排好的应答者（Parten 1966，Weinberg 1983）。

个人学习须包括采访者自己复习采访指南和其他任何材料。如果被采访者需要大量专门的知识以能够睿智地与一个被采访者讨论学习主题，那么这是一个有效地获得该知识的途径。温伯格（Weinberg 1983）提供了几个例子，对吸毒者的采访人员必须了解毒品、剂量以及提供渠道才能得以采访这些瘾君子。受训人员了解这些问题的一个途径就是向他们自己做问卷调查。结果就是熟悉并了解这些材料（Weinberg 1983）。理性上而言，每个采访者在进行他们初次采访之前大脑中都会有已经背诵的适合的背景信息。了解相关背景会给被采访者留下深刻印象，因为采访者知道他/她想要什么、能有见地地谈起采访对象、而且理解采访对象想要说什么。这种了解除去了在作记录时必须必须同时浏览采访指南，也消除了没有视线交流、在试图交流或者聆听的同时还要在阅读下一个问题时受到干扰（Heard 1950）。

书面练习可以用来确定采访者从个人学习中所学到的东西。这些练习也视为一种复习，给予采访者在回答有关假设情境的问题时应用自己所学知识的机会。训练者应该能够从书面练习中判断未来的采访者是否已经阅读并且记住了该材料，是否掌握了应该掌握的技能（Weinberg 1983）。

在演示采访中，一个人扮演被采访对象，培训老师进行采访，学生在下观看。接下来就是一个评论和讨论，其中指出采访的优缺点，同时学生的问题也得到了解答。评论课很有意义因为接受培训人员更加熟练地找到采访过程明显的积极和消极方面，但还缺乏经验发现更加细微的事件。这些包括采访者和被采访者使用的面部表情和其他形式的肢体语言、音调和措词。每个刚开始的采访者应该有机会在该领域实施真正的采访之前进行演示采访。

如果演示采访是使用录音磁带或者录像带进行，那么对培训学习的批评过程和被培训者学习程度都将得到改进，而且接受培训人员可以听到或者听到并且看到每堂课他们自己的行为。温伯格（1983）建议使用录音机，这样采访者会更加意识到并改进现在采访问题的速度以及他们采访进行的速率。而且，使用磁带或者录像带是训练采访者如何认识到何时需要探讨或追踪问题、如何有效地用语言表达后续问题的行之有效的途径。

循环采访包括培训者或者角色扮演者作为采访接受者，每个采访受训人员轮流问一些问题。整个受训组都聆听采访过程。接下来就是批评和反馈课（Weinberg 1983）。

进行演示采访的一个方法就是让学员两人一组进行，一个作为被采访者角色，另外一个作为采访者。三个人一组的采访是第三个受训者扮演观察者，在每次演示后提供反馈信息。受训人员在这些设计中变化角色直到每个受训者至少每个角色都扮演了一次（Weinberg 1983）。这些技术可以用来评估采访指南中的不同部分或者受训者有问题的或想再次实践的个别问题。

对不知情的应答者、预先安排的、入选的和有酬对象，以及有酬角色的扮演者的实践采访都是真正的采访，除非该采访接受者不是实际研究中的人员（Weinberg 1983）。被采访者必须是受训者不认识的人。被采访者通常是其他受训人员的培训师和有酬角色扮演者。

D. 背景工作

进行采访的那些人建议使用采访以外的其他渠道来获得被采访者希望采访者知道的实际信息。常常背景信息能从出版渠道诸如报纸描述和官方记录中得到。例如，可以从公共记录中了解到很多重要的、被采访者和他们的活动的信息（Heard 1950；Van Schendelen 1984）。这些渠道的主要缺点就是没有包括一切，所有的主题都没有同等覆盖，而且通常没有用索引。如果背景信息不能从报纸报道和出版的报道中获得，那么可以使用这些采访来收集这一信息。但是，这些采访是应该和人有关而不是和那些关键或者最重要的采访对象相关。关键采访对象的问题应该留给没有其他人能回答的问题（Dexter 1970；Fetterman 1989；Heard 1950）。例如，不是一开始就采访关键决策制定者，而是开始采访其他职员这样可能要好得多。

背景信息和从采访中获得的信息同等重要。采访者需要向被采访者传达他/她已准备好并对该主题很感兴趣的信息。此外，采访前手头有背景信息说明采访者和采访对象的时间不会浪费在背景问题上。需要这一信息是为了询问该主题一些睿智的问题并了解被采访者的陈述。背景信息使得不必在询问背景问题下来维持采访流程并且集中在重大的追踪问题上（Ball 1967；Dexter 1970；Fetterman 1989；Heard 1950）。背景信息使得确认所需要的额外信息和细节更为容易，诸如对如何和为何制定决策的解释。同时背景信息可能包括了被采访者无法记住的细节。当主题是像预算或日程计划等技术问题时这是尤为可能的事情。

E. 谁进行采访？

大量证据表明采访内容的质量受到采访者的影响。先前的经历影响了采访者让个体参与采访并完成采访的能力。更富有经验的采访者更胜任工作（Burstein et al. 1985；Groves et al. 1992），但是这似乎有一个门槛效应（threshold effect），因为巨大的提高并没有出现。采访绩效的提高在第一年的经历中出现。超过一年的经历并没有使采访者的绩效提高更多（Singer et al. 1983）。

当采访者与被采访者有共同的社会地位和种族时，让他来进行采访比由其他人来进行要更为确切。当问到一些敏感性的问题时这一点尤为正确。例如，研究反复表明，对一些敏感问题，白人采访者不能从黑人那里得到确切的采访记录（Grimshaw 1969–1970；Shaffer 1980；Williams 1964，1968）。

采访者的特征也使采访结果不同，这些结果差异可能是相当大的。黑人和白人被采访者试图避免回答会冒犯属于另一种族的采访者，而且他们倾向于对同种族采访者更为坦率。但是，这些差异只有当问到如何应对种族或者种族关系时才可能出现（Athey et al. 1960；Bailey et al. 1978；Campbell 1981；Cotter et al. 1982；Dohrenwend et al. 1968；Fetterman 1989；Groves and Kahn 1979；Groves and Magilvy 1980；Hanson and Marks 1958；Hatchett and Schuman 1975；Hyman et al. 1954；Kish 1962；Schuman and Converse 1971；Singer and Kohnke-Aguirre 1979；Stock and Hochstim 1951；Sudman and Bradburn 1974；Sudman et al. 1974；Tucker 1983；Weiss 1975）。当问到种族敏感问题时，采访者种族效应（race-of-interviewer effects）也出现在其他被采访者和采访者种族杂交群中，例如，古巴人、墨西哥美裔人（Chicanos）、土著美洲人和中国人。但当涉及不那么敏感的问题时，没有产生采访者种族效应（Weeks and Moore 1981）。

甚至采访者的穿着也会影响采访内容。穿着和个人仪容整洁对采访过程有着重要影响。长发和鬓角、络腮胡子和八字须都可能是被采访者产生对采访者政治偏向和个人习惯结论的根据（Babbie 1983）。这些结论是否正确是题外话了。这些特征足以形成一套定势结论，并使得被采访者对采访者的回答产生变化，这些回答本来不会出现的。因为被采访者对采访者的结论影响了他对采访者的信任度，这就有可能出现了（Fetterman 1989；Van Schendelen 1984；Williams 1964）。为了避免或减小这一问题，采访者的服饰、仪容整洁和社会经济地位应该和被采访者的保持一致（Groves et al. 1992；Van Schendelen 1984；Williams 1964）。

F. 采访场景

德克斯特（Dexter 1970）和道格拉斯（Douglas 1976）强调在建立和维持协调中采访场景的重要性。采访应该一个一个地私下进行。一个让人舒服且不会被人打断的场景最行之有效。当别人出现或者其他人能够走进房间时，被采访者不会像他们在另外情况下的那样坦然自如（Downs et al. 1980；Parten 1966）。如果要控制潜在的打扰，办公室或家里可能比较合适。但由于被采访者不能或者不会拒绝接见某人或者接他的电话，这也是一个困难（Dexter 1970；Van Schendelen 1984）。由于这些原因，被采访者的办公室或者会议室通常比私人房间更合适。一个更好的选择可能是远离工作场所的安静环境，这会使得被采访者感到安心并避免打扰（Heard 1950；Van Schendelen 1984）。一个安静的环境对采访成功是非常重要的。背景中的电话铃声会扰乱被采访者和采访者集中精力（Parten 1966）。饭馆太吵闹而且不可能控制不受打扰（Dexter 1970）。

G. 获得接近的路径

见面可能有时是一个问题。重要人物很少有自由时间，他们可能已经被一个或多个其他研究者采访过了。这些长期在办公室服务的人不会准予采访尤其是准予会损害他们职业生涯主题的采访。偶尔他们因为他/她对巡回演出或者一本书的计划也不会准予采访。

被采访者并不都同样重要。他们可能在职位、职责或者利益活动的参与度方面不同。显然，每个人都想采访焦点事件的主要参与者或人物。但这些人是谁又不甚清楚。例如，在研究伊朗武器交易案（Iran-Contra affair）中，采访关键人物是至关重要的。但谁是关键参与者呢？（我们首先把名单列举出来以找到重点人物）。现在对于当时副总统乔治·布什在伊朗武器交易问题中的重要性仍然争议很大。他当时是不是重要或有影响力的参与者？他愿不愿意接受采访？如果不愿意，有影响吗？大家并不清楚采访一个前副总统和采访其他的人是否同等重要。

所有被采访者对事件了解都不同。有些可能的采访对象是思考型的，记忆力很好。他们从经历中、从他们对周围的观察中学习。其他的人记忆力不行或者是有选择记忆的。有些对象由于某种原因可能进行伪装，拒绝与人分享信息或者试图控制他们所具有的信息。尽管被采访者进行合作，显然，不管他们了解或者不了解，他们所告诉的任何事情都需要通过其他渠道进行确证（Dexter 1970；Douglas 1976；Fetterman 1989；Heard 1950；Seidler 1974）。

H. 采访过程

采访过程由下列几个步骤组成：采访过程包括介绍自己和项目、建立和谐、遵照采访大纲或者问卷表，使被采访者认为采访过程是一个愉快经历，在探讨答案的过程中尽量减少采访者的观点以及感谢被采访者的时间和合作。这个清单只是一个概要，可以以许多种方式进行添加。例如，追踪采访可以用来检测不清楚的细节、可以询问从最初采访之后出现的附加探讨或附加问题、漏掉的问题，并可以用来获得有关新问题的信息（Dexter 1970；Downs et al. 1980 Fetterman 1989；Heard 1950）。

如果要进行采访，至关重要的是要介绍自己和项目，并且介绍给潜在的被采访者或者说服他/她参与。我们发现，下列每一个具体做法或结合多个具体做法在安排采访并说服潜在的被采访者参与是不无裨益的：发送一封讲述该项目和介绍自身的介绍信，提前用电话介绍自己和主题并订好时间，从朋友或该主题的同事那里使用的介绍信或者在自己的信件和电话中使用推荐信和使用合适的赞助者的一封介绍信（Dexter 1970；Downs et al. 1980；Fetterman 1989）。相反，赫德（Heard 1950）提出，仅仅出现在被采访者办公室并要求他们进行采访通常也凑效。被采访者可以看到他，听到他的声音，而且被说服。常常人们不愿意拒绝来访者因为他是特地来拜访的。

特别恳求也可以有效地用到说服潜在的被采访者参与采访，这包括告知他你需要他的帮助；告诉他他的意见很重要，而这是求见的原因；告诉他某个朋友、邻居或者同事也参与了或者提到他的名字；告诉被访者结果会公开。告诉他结果会被用到重大的决策中去；并且保证他有一份结果的副本（Dexter 1970；Downs et al. 1980；Heard 1950）。

有些被访者只有当采访者保证他们所说的不会归咎于他们的时候才同意接受采访。如果被访者要求他和他的回答应该保持匿名，那么采访者必须准备作出这样的保证或者在采访前准备好（Dexter 1970；heard 1950；Van Schendelen 1984）。归咎和匿名应该总是明确讨论好而且应该在采访过程早期就这些事项达成一个明确的协定。在采访过程结束后给被采访者发送一封信件，告知他这一理解（Dexter 1970）。

1. 建立和谐关系

与被访者建立和谐关系的原因是，被访者会感到非常舒服，这样他/她会告诉采访者所需要的信息。而且这些信息很有希望比可能在另外一种情况下是更为确切、坦诚和完整（Dexter 1956）。提前写信或者电话告诉被访者以约定采访有助于建立和谐关系（Bergsten et al. 1984；Brunner and Carroll 1969；Dexter 1970；Sudman 1966）。语调和方式或者如何说和做会影响到和谐。解释有关该研究项目并且这样做的原因能使被访者放松参与该研究项目的焦虑感。向被访者保证他的回答将会保持绝密而且不会以可以辨认出是他的形式采访会使他放心。要被访者谈论有关他们自身以及他们通常所做的事情会让他们放松并使得他们"放得开"。谈论的主题是他们很熟悉的，他们会对此感到舒服，他们看到研究者对这些主题感兴趣时也会感到舒服。像这样从熟悉的话题到采访主题上来的轻松转换比来自完全陌生的一个人的一大串问题要有效得多（Dexter 1970；Fetterman 1989；Heard 1950；Kahn and Cannell 1963）。

另外一个让回答者一方坦率的技巧就是采访者平等对待采访对象或者把他当作研究合作者对待（Dexter 1970；Heard 1970；London 1975；London and London 1966）。不合时宜的高人一等的态度会破坏采访者和被访者之间的和谐（Dexter 1970）。

2. 中立和和谐

"开始就建立与被访者的和谐关系"这一句话说来容易做来难。例如，当他开始与被访者谈话时，采访者通常试图确定他对该主题持中立看法或者他很"思想开明"。这可能是一个"很好"的社会科学研究实践，因为让别人知道自己的观点会影响采访结果（Heard 1950；Lenski and Leggett 1960；Smith and Hyman 1950；Wyatt and Campbell 1950），但在建立和谐方面会产生困难。原因是对该问题深切且情感上信奉自己观点的被访者会视任何其他观点为反对意见。这一结论也会相应影响他们的回答。

建立中立的另外一个技巧就是不说、不暗示、不讲或不做任何可能让被访者知道对这一问题的有关感想或观点（Dexter 1970；Fetterman 1989；Heard 1950；Williams 1968）。不幸的是，克服建立对问题保持中立态度的困难是异常困难的，因为被访者常常在采访者说话之前就对采访者对该问题的态度作出判断。这些判断可能根据的是采访者的穿着或者他就职的单位（institutional affiliation）。例如，一个大学教授可能仅仅由于他的职业就被某些人视为自由主义者，那么被访者对于采访问题的回答可能反映了他相信这位自由的大学教授想听到的内容。相反的情况也可能出现。被访者可能认为这位大学教授是该学校的一部分，因此是保守的，所以他的答案可能反映了这一倾向。比被访者长得多的发型并在工作时穿着蓝色牛仔服，或者使用工作头衔并穿着西装打领带都足以在被访者心中建立任何一个印象并使得他说出他认为采访者想听到的内容（Dexter 1956；Fettterman 1989；Thibaut and Kelly 1959）。

德克斯特（1956）、多拉德（Dollard 1937）、道格拉斯（1976）和金西（Kinsey 1948）都建议倾听被访者的言语并仔细挑选和使用被访者使用过的术语。使用这些关键词语告诉被访者采访者同意他的观点。这一方法的理性根据是，对被访者而言，采访者只有在被访者的参照系内才可能保持中立这一事实（Dexter 1956）。不幸的是，这一方法也不是没有风险，因为它涉及失去中立并且欺骗被访者。对被访者的词语使用的更多，那么采访结果就越有可能发生偏差。中立的态度可能被视为敌对态度，被访者可能不会过多地提供信息，而且提供的信息内容可能大相径庭，这些都是存在的，但是假设：在这些情况下被访者改变了他们的回答只是为了迎合采访者，甚至他们采取比平时更为极端的态度。那么研究者如何能分辨是否已经发生了这些情况呢？简单而言，不能分辨。无妨用几个单词可以看出，不能保证这些也不会影响采访结果。

建立和谐的另一方法是使用赞助人、熟人或者研究该主题的同事来进行介绍。这可能包括介绍信、电话或者个人介绍（personal introduction）。介绍在许多不同的场景中对各种各样的被访者都适用（Dexter 1970；Douglas 1976；Fetterman 1989；Heard 1950）。但是，采用个人介绍可能有过之而无不及。必须注意避免产生这样的看法：你为某人工作，而实际上没有，或者介绍信意指有深厚的友谊，而实际上没有，或者采访者与提供信息的人有共同的信仰等。任何这样的误解可能会使受访者在某种程度上改变他们的回答。典型的是，受访者会倾向于告诉研究者他们认为研究者想要听到的东西（Dexter 1970；Fetterman 1989；Heard 1950）。

与受访者建立和谐的其他技巧包括对受访者无所保留并且和他们分享信息。这可能包括采访者同情受访者的信息（Douglas 1976；Fetterman 1989；Heard 1950）。对同情感的表述又涉及到了已经讨论过的中立问题。

与受访者建立和谐关系有可能到了妨碍采访和研究过程的程度。和谐可以发展到被访者认为采访者是亲密朋友或者密友的程度。这一关系在几个意义上都是一种妨碍。首先，被访者可能透露给采访者的信息有害于被采访者。其次，不可能比较愉快地探讨敏感性的消极话题。第三，不是不可能但很难以回到较低的和谐程度上。第四，与某些被访者建立高度的和谐关系，如果不是不可能，也很难以与其他持有不同观点和态度的采访者建立和谐关系，或者采访他们。采访者可能被视为属于一个特殊群体。连续的互动和和谐的继续发展可能意指采访者与被访者或者一类被访者持有同样的态度、价值观和观点。这样可能难以维持和建立客观性和公正性（Fetterman 1989；Miller 1952）。

和谐过度这一概念以及它的影响又提出了许多伦理问题。例如，由于与被访者的友谊关系而展示所获得信息，如果公众知道了这一信息会伤害该被访者的话，是不道德的（Dexter 1970；Fetterman 1989）。如果建立和谐的目的是操作受害者的话，那么这一点尤为如此。赫德（1950）讨论了通过限制获得接近文稿的权利和使用个体受访对象的假名来保护他们。

3. 采访格式

在精英或者专业采访中有三类格式。有结构的采访使用采访问卷（interview schedule）或者要求每个受访者回答的问题。每个受访者被问询一套相同的问题。问题的措词、问题的顺序以及追踪问题在每个案例中都是一致的。该格式的目的是确保应答者之间的差异是事实差异而不是采访方式上的差异。使用采访问卷假设被访者的问题是一样，这样能够用词语表达的问题对每个人都是一个意思，而且包括优先问题的采访背景对每个应答者都是一致的（Richardson et al. 1965）。

第二个采访格式类型叫作焦点的（focused）或者非问卷结构采访（nonscheduled structured interview）。显然这类采访包括从参与决策制定或者决策执行的个体收集信息。决策或者情景是已知的，而且在采访前就已得到分析，结果形成了一套研究问题和暂时性假设。研究者用这些问题和常识性假设作为提问被访者的指导或者结构来源。问题的形式和顺序对每位被访者都是一致的，但是追踪问题的具体内容随着从被访者得到的回答性质的不同而变化。被访者被鼓励广泛地回答问题。个人对问题的反应、看法、信任和解释都得到追问。新材料的启示、视角和诠释都可能导致研究者重新部分采访以前的某个被访者（Fetterman 1989；Heard 1950；Merton and Kendal 1946）。

第三个类型是非预先安排或者非指导性采访（nonscheduled or nondirective interview）。没有提前设想发展一套问题。问题的形式和顺序会随着不同的采访对象而变化。问题回答者被鼓励描述他们的经历和他们对事件的诠释。研究问题、暂时性假设、普遍规则或者观察到的模式（如相似点和不同点）都用在对其他对象的随后采访中来证实或者检测它们。用这种方式所作的研究随着采访的继续而定形。

Ⅰ. 问题类型

不管采取的什么类型的采访，用在采访过程中的问题可能是同一类型。闭卷式问题（closed questions）要求具体的答案或选择，开放式询问（open-ended question）需要回答者自由地用自己的语言回答，两种类型都用在采访中。

一种最好的技巧就是要求参与者马上给出具体答案的开放式询问。用在采访中的一系列的开放式询问或者一系列的主题陈述可以根据背景信息来准备好。最有效果的问题意义清楚明了且句子较短（Van Schendelen 1984）。开放式询问的附加问题可以从每次采访中发展。这些问题可以用来作为采访的一个起点，给采访提供一定的顺序，并保证没有疏忽重大的问题。探讨或者更为具体地跟踪问题可以在需要的时候放在自由询问之后。

1. 探讨的需要

当问题的答案不充分时，必须使用探讨或者追踪问题。不充分的回答会以很多种方式出现，包括不回答；回答不完整；不相关的回答；不准确的回答；答案没有组织好；采访者不能理解的行话或者词汇；采访者不知道的参考人物、地方和事件；以及采访者不明白所说的或者对所说的感到迷惑不解（Downs et al. 1980；Fetterman 1989；Kahn and Cannell 1963）。这些问题出于多种不同的原因，正如采访的个体也各不相同。一般而言，这些原因归结为下列三个问题：采访对象可能不知道你所需要的、可能不记得或者知道问题的回答、或者可能不愿意回答问题。

首先，采访对象可能误解了问题或者采访者想要什么样的答案。采访者需要不断地给予采访对象提供有关答案中所需要的许多细节信息。例如，有时候重新措词表达一个问题有助于采访对象记忆。询问更多的细节或者询问有关前一个答案的部分问题就是一个有效的方式。

其次，采访对象可能不能够回答这个问题，因为他不知道或者不记得答案了。采访对象可能不了解一个具体的问题，因为当事情发生的时候他不在场，没有阅读记录（如果有的话），而且没有听到过此事。一个确切而又令人满意的答案就是他不知道。除了问采访对象谁可能知道这个答案或者可能在哪里找到答案之外，没有其他办法。许多人甚至在事情刚刚发生之后就不记得具体细节，事情发生后随着时间的增加，这一问题也就更严重。这是一个普遍现象。甚至那些进行采访的人被告知他们应该录制每一次会面以获得最确切的记录。有时候也会自然产生对这一问题的成功的解决办法。如果对某个问题给定一些时间，被采访者可能会想到答案。采访对象可能在后来采访过程中打断，提供对前面的问题之答案。如果使用追踪访谈（follow-up session），采访对象可能会在会面之间记得一个答案。

第三，采访对象可能不想回答一个具体问题。采访对象可能不愿意告诉有关绝密事件、人事问题、个人事情、任何可能让人难堪的问题、政治敏感问题、有争议的问题或者给机构、项目、其他人或者特别是会给自身带来负面影响的事情的信息。当有关这些话题的信息被人知道，可能会出现伪装。被告诉的可能是不确切和不完整的信息。担着某种风险、要获得或失去的某些东西、或者要隐藏某些东西的人常常强调正面并且漏掉负面信息。当信息可能被用来反对某个人或者有人可能"报复"时，这种行为类型得到加强（Fetterman 1989；Heard 1950；Jablin 1979；Muchinsky 1977；O'Reilly and Roberts 1974；Penley and Hawkins 1985；Read 1962；Roberts and O'Reilly 1974；Roberts et al. 1974；Zand 1974）。分享某些问题的信息在法律上和道德上都超出了限制。这些问题的例子包括人事问题、继续不断地调查（ongoing investigation）和法律案件（Parker 1996）。

2. 探讨或者追踪问题类型

当追踪对早先一个问题的答案时，可以询问许多不同类型的问题或者探讨。这些包括沉默、中性陈述、重复、澄清、细化（elaboration）、内部总结和冲突（confrontation）（Downs et al. 1980；Fetterman 1989；Heard 1950）。

在短暂的停顿或者在等待采访对象重新开始谈话中的沉默允许采访对象考虑问题和准备答案，并且使得采访速度保持在令人舒服的程度上。而且，这允许采访者评价所得到的答案并考虑所需要的附加问题和探讨。沉默伴随着视线交流（这是兴趣的表达）和合适的肢体动作（例如点头），这说明愿意倾听以及寻求更多的信息（Downs et al. 1980）。

中立表述如"嗯"、"是的"、"好"和"我明白了"都用来鼓励采访对象继续谈下去。这类表述在所有的谈话中都出现，使用来传达兴趣和专注的意思。

重复一个没有回答或者回答不正确或不完全的问题是得到问题答案的一个方法。做到这一点有许多技巧，包括重新措辞表述问题、使问题更为具体（包括使用事例）和把困难的问题分解成更简单的部分。

澄清是要求进一步解释因为有些事情不明了或者不完整。如果采访者不明白采访对象所说，那么要求澄清就是妥当的。模糊的表述、普遍规则、使用人的名（不包括姓）、特殊术语以及技术解释常常导致无法理解和误解。采访对象常常认为采访者比他们懂得更多。人事教材提到在绩效评估中对此的一种解释是"像我"错误（like me error）。这等于是认为"既然我知道了那么其他人也知道"（Decotiis and Petit 1978；Tyer 1983）。像"你指这个还是那个？"或者"我不明白"这样的表述以及仅仅要求采访对象重复某些东西都是这类探讨的确切例子。另外一个技术就是重复采访对象所作的表述并要求采访对象对此作出解释。这样做必须小心谨慎，因为采访对象可能表现出防御性姿态（Jorgensen 1989）。

细化仅仅是要求更多信息。诸如"还发生了什么？"、"你还知道什么吗？"、"你对此有什么感觉？"和"能告诉我更多吗？"等问题都是采访者询问早先答案细节的例子。采访对象所作的表述可能得到重复而且他可能被要求增添细节。要求对早先的答案作具体描述自然是追踪会晤的一部分。很显然，细化可能也产生问题澄清。

有时停下来回顾所说过的内容或者检查你对所说过的话的解释都可能提高采访答案的质量。这样做的一个方法就是停下来并总结你所听到的内容并询问你的理解是否正确。内部评估给被采访者机会以证实采访者的看法是正确的、对早先问题的答案或者其他类型的探讨予以澄清、证明采访者一直在倾听并因此在研究者和采访对象之间建立和谐、并且作为到新话题的转换（Fetterman 1989）。如果采访者没有获得会晤（taping the session）而且没有做笔记，这一技巧就提供了弥补的一段时间。如果他既没有也没有做记录，那么这一技术可以把采访的主要要点更坚定地固定在脑海里直到可以准备好记录。这是一个用简要的评估或概述时段来结束讨论的有效的采访技巧。

J. 错误源

错误源包括曲解和夸大其词、省略和报道不足（underreporting）、精简（telescoping）和报告过实（overreporting）、缺乏交流技巧、缺乏语言技巧，而且没有确定采访对象是否明白了问题、采访者是否明白了采访对象的答案是正确的。采访对象更可能曲解或者夸大对问题的答案，他们的答案都是社交话语或者具有威望值（prestige value）（Hyman 1944）。通过其他渠道和通过双重检测采访对象来证实可能给这些问题提供答案。

一些普遍的错误影响了采访和调查结果。随着时间的过去，采访对象遗忘了事件、人物和具体情节。事件发生后的时间越长，采访对象遗忘得越多（Sudman and Bradburn 1973）。遗忘时间、人物或者具体情节导致遗漏和报道不足。另外一类错误是精简（telescoping）。这个问题是遗忘了事情出现的时间、事件之间所消逝的时间以及事件的顺序所引起的。精简（Telescoping）通常导致报道过实，因为应答者真的相信事件比它们实际发生的要近或者更为频繁（Bradburn 1983）。对精简（telescoping）问题解决的一个办法就是使用叫做有限回忆（bounded recall）的程序（Neter and Waksberg 1964；Sudman et al. 1984）。不幸的是，这一程序只有在重复性采访中才起作用，正如在被不断重复采访的专家组中。在第二次或者后来的采访中，采访对象在提问中被提起他先前做的回答。不足为怪的是，使用有限回忆显著地增加了采访对象回答的确切性。

缺乏元沟通意识（metacommunications）使得采访者毫无效果。缺乏有关可接受行为的形式和可接受的询问问题的方式都可能产生问题。不合时宜的问题、措词中的错误、对错误的人询问问题、社交上不能接受的问题、冒犯性的表述以及不合适的称呼形式都可能导致交流中的错误、冒犯采访对象和他的同事、并且使得采访突然结束（Briggs 1984；Grimshaw 1969；Heard 1950）。采访者培训应该包括有关元沟通的材料，这包括独特的语言使用和被采访群体的社会规范。对少数族裔和那些不能用英语流利表达的人将成为采访对象的人来说，这一点尤为重要（Briggs 1983，1984；Grimshaw 1969 – 1970；Strauss and Schatzman 1955）。每个采访者需要在术语上进行定向并了解采访对象的文化背景，那样他才会明白采访对象的参照对象（London 1975）。

缺乏语言工具可能对采访者产生问题，因为这样他必须依赖于翻译。在翻译中由于译者加入了自己的词汇、解释或者对于采访者问题和采访对象答案的观点，可能会丢失某些重要的东西。即使经过培训，采访者可能会漏掉、改变、曲解或者创造材料（London 1975）。缺乏语言工具增加了问题出现的可能性、消除了自发性行为并且局限了使用追踪问题。

采访者需要知道采访对象理不理解以及如何理解每一道问题。答案合理并不总是说明应答者理解了该问题。不幸的是，采访者很少力图去发现采访对象如何解释既定的问题（London 1975）。

当采访者没有通过与采访对象检验来证实自己明白了对方所说的内容时，那么双方之间的交流可能迅速恶化。采访对象可能意识到采访者没有明白，因而力图简化回答或者提供可以理解的答案（London 1975）。这一问题则意味着丧失具体细节和精确度。而且，最有趣、最有效、最新的材料最可能被丢失。问题有点近似于采访对象告诉采访者他们认为采访者想听到的东西这样一个普遍存在问题（ubiquitous problem）。

K. 多次面谈（multiple sessions）

要从采访对象获得大量的具体信息，多次面谈则是必不可少的（Heard 1950；London and London 1966）。当疲劳是一个因素而且漫长的采访会话很难以安排时，这一点尤为可能（Dexter 1970；London and London 1966）。多次面谈给予采访者发展更多问题并且追踪或者寻找来澄清在先前会话中不清楚的答案的机会。采访者能够总结或者陈述一个解释并从采访对象得到反馈（Dexter 1970）。

多次面谈可以用来证实先前会话材料的确切性（Heard 1950；London 1974）。通过机智地问询采访对象可以澄清明显的矛盾之处（Dexter 1970；Mead 1953；Paul 1953；Van Schendelen 1984）。核实采访内容确切性的另外一个技巧就是对同一个主题采访多个对象（Fetterman 1989；London 1974；Merton 1947；Seidler 1974；Williams 1968）。

L. 敏感问题

困难、敏感、潜在危险的问题应该留在采访的后面。首先应该建立和谐而且采访对象在与采访者交流中应该感到舒服（Dexter 1970）。随着时间通过交流建立了和谐和信任，而且建立这些特性没有捷径可言。某些个体比其他人更加开明和信任别人，所以更容易让他们开口说话。其他人绝不会完全坦率（Dexter 1970；Douglas 1976；Fetterman 1989）。

具有危险性内容的问题产生曲解的答案（Sudman and Bradburn 1974）。对此没有纠正方法（包括随机的回答模式）可以消除由于威胁性问题引起的答案中的错误。随机回答（randomized response）是沃纳（Warner 1965）提出来的，认为应答者抛镍币来决定是否回答一个危险问题或者与之相配的非危险问题。采访者不知道采访对象会回答这两个问题的哪一个，但是通过了解整个"是"和"否"的回答的数量、样本大小和采访者回答每个问题的可能性，随机回答技巧得以发展来提高应答者的合作和诚实（Horvitz et al. 1967）。随机回答技术失败是因为它只有在大量采访对象样本（如在抽样采访中）得到采访的时候才适用，因为这一技术还是没有消除危险问题所产生的大错误（Locander et al. 1976）。对一些采访对象而言，被采访者不披露任何信息（Fetterman 1989；

Heard 1950；London 1974）。

M. 对抗

德克斯特（Dexter）认为，对抗是让某些采访对象"开口"而且与采访者"一致"（level）的唯一可能的办法。他们欣赏坦率真诚以及说话的机会或者试图说服采访者认为他们是正确的（Dexter 1956, 1970）。消极性问题有时被用来使采访对象不设防而使之谈论他们通常不愿讨论的问题（Minor 1970）。该技巧可能凑效，但不建议使用，因为这有可能结束采访而且破坏存在于采访者和采访对象之间的信任。这样采访对象总是很警觉并限制坦率程度。而且不能保证在压力环境下所揭示的信息是准确的（Douglas 1976）。

对抗、或者询问有关明显矛盾的问题或者可能使采访对象难堪或不舒服的问题常常会搁置在访谈之外。采访者不可以问这些问题，是因为他们害怕采访会马上结束。询问显然不一致性的问题很重要，因为它们常常可以得到澄清。一个不完整的答案或者记忆丧失可能使明显的不一致得到澄清。没有解决不一致问题可能对整个采访投下怀疑阴影。某些事实可以在其他地方得到检测。潜在的冲突问题必须措词机智。"你谈到了有关 X。但这显然不是事实。"这种率直的判断法可能是冒犯性的并可能破坏和谐。寻求对该问题的细化或者澄清不那么可能冒犯别人。这样，"你能更多地谈论一下 X 吗？"这可能是更为凑效而且不那么冒险的策略。

进攻性对峙行为有时可能以一种谨慎且精心策划的方式采用来从采访对象获得信息，而在另外一种情况下采访对象是不愿意交流的（Bernstein and Woodward 1974）。当采访对象在情感上受到其他问题的负担时，这种技巧可能尤为有效（Levine 1980）。

N. 录音和做笔记

采访应该磁带录音以求最大可能地获得最为准确和具体的信息。如果采访者不能录音采访，那么就必须接受另外一个最好的方式，就是在每次采访中作记录。作记录常常使采访者和采访对象分心。做笔记也只是记下主要要点。这种方式常常丢失确切的引语，因为采访者不可能像采访对象说话一样快的记录。记录十分难以进行视线交流、形成下一个问题并且判断何时需要探查问题。另一方面，一些采访对象对录音感到不舒服而愿意接受笔记（Dexter 1970；Fetterman 1989）。事实上，采访者的笔记有助于采访对象接受采访过程（Bernstein and Woodward 1974）。采访后记录是一个遥远的第三选择（distant third choice），因为采访者会遗忘一些问题和细节。例如，确切的措词或表达以及几乎所有的引语都丢失了。但是每个方法都好于一点不作录音或者做笔记而只是依赖于记忆。

录音应答者确切的词语很重要，这样研究者确切地知道说的内容和说的方式。确切的引语包含了这一信息，而且无法进行代替。这在力图确定确切含义时非常重要。引语或者录音都是保障不要遗忘。引语作为佐证采访者或者研究者结论的证据。引语产生了深度感，并能用作提供例子（Dexter 1970；Douglas 1976；Fetterman 1989；Heard 1950；London 1961，1974；London and London 1966）。

一个有效的选择就是采访时有第三个人做记录。记录者能够询问问题以确证记录收集完整和清晰。采访者和记录者后来都可以参与解释记录内容（London 1974）。

Ⅳ. 非介入方法——使用档案数据

30年后最有名的有关非介入方法的著作仍旧是韦布（Webb）等人的（1966；1976）经典之作《非介入方法：社会科学非反应性研究》（Unobtrusive Measures: Nonreactive Research in the Social Sciences）。他们指出，收集社会科学数据最普遍使用的方法是问卷调查和采访。通过这些方法所收集数据的效度受到调查和采访方法内在局限性的危害。用这些危害作为跳板，他们后来调查了收集数据的其他方法。这些危险包括下列问题：采访和调查"产生并衡量态度，它们得出非典型性的角色和答案，它们局限于那些可以接触和合作的人，并且得到的回答部分是通过与手头主题没有关系的个人差异的大小而产生"（Webb et al. 1966）。这些危险导致了研究结果的内部和外部效度问题。

内部效度问题常常集中关注在任何一个既定的比较内是否差异。外部效度问题则集中关注在解释所观察的结果、概念化或者解释结果问题上，这样能更广泛地运用这些结果。内部和外部效度的差异是模糊的，因为威胁内部效度的因素常常也威胁外部效度。韦布等人（1966）确定的潜在的无效源是很多的，包括反应性评估效果或者应答者所产生的错误。这是一个广泛的问题，因为即使一个善意的合作研究对象都知道这是在参与一个研究项目。明白这一点可能使得研究对象以这样一种方式表现从而在数据中出现不准确的内容。这些错误有四种形式：意识到受到检测或者受试者偏差效果（guinea pig effect）；角色选择；测评为变化动因（change agent）；以及反映风格（response sets）。进一步而言，严重依赖于自我报告基础的方法排除了评估中的关键人（Daft and Widgington 1979；Webb and Weick 1979）。

但是，韦布等人的主要麻烦是采访和调查大多数时候都是单独使用的。忽视其他方法从而没有收集到确证的证据。正如他们所指出的："没有哪种研究方法没有偏见。采访和问卷必须通过检测同样的……变量且具有不同方法缺点的方法来补充"（Webb et al. 1966）。他们不倡导消除问卷调查和采访。相反，他们倡导使用不同的方法，这样在测评过程中可以出现三角测量（triangulation）。使用相同方法研究得出的结果产生了这样一种可能，即研究结果是方法所特定的。从不同方法获得相似结果有可能排除一种似乎有理的对面假设，即研究结果的获得是由于方法论。

非介入方法的发展和应用应该调整在数据收集中的满足倾向或者延迟对结果的反复检查，应该产生更广泛并更准确反映组织内实际所发生情况的观察结果（Daft and Widgington 1979；Webb et al. 1966；Webb and Weick 1979）。

每个未来的研究者应该解读韦布等人（1966）的方法讨论。在布兰特（Brandt 1972）和邓金（Denzin 1970）研究中发现了对传统主要数据收集技巧的方法讨论以及非接入方法作为备用方法的使用。

韦布等人（1966）提出了非接入方法的四大类别：实物追踪（physical traces）、档案、简单观察以及用硬件所收集的方法。其中一类——信息的档案渠道——在公共行政学内广泛使用，而且在下一节进行描述。

A. 档案资料

数据的档案资料包括可以从公共和私营部门记录中可获得的材料。

1. 公共记录

档案包括对社会的连续记录，诸如精算保险记录（actuarial records）、投票记录、政府预算和传播媒介等，这是由研究者以外的某个人制作并支付报酬。从这些渠道得来的数据相对来说都是非反应性的、唾手可得的、且收集成本低。例如，研究伊利运河（the Eire Canal）的修建和影响主要依赖于档案资料（Sheriff 1996）。

精算保险记录有许多种形式，包括出生、婚姻和死亡证明、人口普查报告和组织成员名单。这些记录提供了有关年龄、性别、寿命、职业、宗教信仰、婚姻和其他问题的数据。这些数据可以有创造性地使用。例如，通过检测在历史不同时期的婚姻记录，可以通过指出名字签为"X"的部分人的文化程度（Webb et al. 1966）。

政治记录像选举记录和立法唱名表决（legislative roll-call votes）都是政治档案记录的实例。联邦和州法律规定合适的选举委员会将那些竞选某个职位的人保持记录并且把这些文件归档在恰当的选举委员会。有些材料还在报纸上公开。立法唱名表决常常被政治科学家用作研究。不幸的是，不可能辨出个体如何对表态（voice votes）进行投票的，表态投票常常被故意用来避免录制个体如何对有争议的措施进行投票。其他用来研究政治家的渠道就是他们的演讲和信件内容。总统演说都出版成册。报纸定期印刷总统和官员的演说。媒体对次要一些的政治人物的公共讲话的报道更可能是一些漫无目的的命题（hit-or-miss proposition）。法院记录和公开的判决为被研究法院提供了信息。例如，这些渠道被用在影响判决的研究因素中（Kuklinski and Stanga 1979）。

公众对政治家和政府活动的反应可以通过使用给编辑者的信件来评估，这是一种表达自我和公共辩论的流行且广泛使用的形式（Hill 1981；Renfro 1979）。那些为了研究目的而给编辑者使用信件的人需要问："这封信如何具有代表性？"历史上大多数城市都有多家竞争性强的报纸出版赞同他们主编和政治观点的信件。在任何情况下，给主编的信件要通过编辑成员的筛选过程（winnowing process）。大部分信件不会得到印刷，通常只有被选择的信件部分才得以印刷（Hill 1981；Renfro 1979）。某些研究表明，给编辑的信件反映了公众意见的范围，并且这一点在人们对某问题处于分裂状态并感觉强烈时尤为可能（Buell 1975；Hill 1981；Sigelman and Walkosz 1992）。其他的研究包括：那些写信给编辑的人都是受过更良好教育、年长、更为保守、更可能为共和党人而且比一般公众更为悲观（Buell 1975；Forsythe 1950；Foster and Friedrich 1937；Grey and Brown 1970；Rosenau 1974；Tarrant 1957；Vacin 1965；Vogly et al. 1977）。

其他政府记录包括有关天气类型的数据、年度、月相、专利、经济趋势、生产趋势、劳工队伍数据和趋势、人口普查记录和预测、税收数据、停电、专利、市政水压、停车计时表收集、福利支付、犯罪和交通死亡数。使用这些数据在大多数情况下是非常直接的。最近几年，几乎每期 PAR 都含有从政府数据收集项目来的数据表格或者报道了基于这些数据的分析结果。如果没有进行原始分析，那么就会引用另外一个学者或者政府机构的研究成果。

有些时候，政府数据没有直接测评一个调查者感兴趣的内容，因此不同渠道的数据被编纂起来支持这一兴趣分析。例如，贝里（Berry）等人（1976）在分析芝加哥地区的城市化中编纂了不同渠道的数据。

公开的渠道被用作社区电力研究的数据源（Aiken 1970；Alford 1973；Clark 1968；Hawley 1963；Smith 1976；Summers and Bloomquist 1982；Walton 1976；Warren 1983）。当研究经济发展（Fuguitt and Deeley 1966；Richardson and Larson 1976；Summers et al. 1976）、项目执行（Luloff and Wilkinson 1979；Moore and Centrell 1976；Pressman and Wildavsky 1973）、人事问题（Cornwell and Kellough 1994；Kim 1996；Mesch and Shamayeva 1996；Thompson 1975）、人口变化（Fuguitt and Beale 1978；Hassinger 1957；Humphrey et al. 1977；Humphrey and Sell 1975）、不同地方的相关地位（Logan 1976；Logan and Schneider 1981；Logan and Semyonov 1980）和税收趋势（Fisher 1996）时，可从官方文件中收集数据。

在其他研究项目中政府数据并不存在直接测评研究兴趣的变量。在这种情况下使用政府数据可能非常具有创新意义。政策研究常使用一个变量作为兴趣变量的伪测度（pseudomeasure）。例如，收集停车计时表被用来确定城市报道罢工的影响。在另外一个研究中交通死亡数被用来确定速度限制变化的影响。水压不同被用来确定人们晚上何时休息（Webb et al. 1966）。轻便电视机的重量被用来作为偷盗趋势的预测（Felson and Cohen 1980），而且来自美国国税局（the Internal Revenue Service）的数据被用来测评大麻消费量（Felson 1983）。

大众媒体也提供了对现在和历史事件一个连续而容易获得的记录。使用他们的记录受到主要是可获得性和想象的限制。通过研究记者会的内容，媒体内容被用来确定政治家的政策态度。媒体内容也被用来评估不同时期的社会价值观。

2. 私有记录

档案记录也包括插曲事件（episodic）和私有记录。这些档案数据源都更加不连贯，而且常常不是公共记录的一部分。例如，有关私营公司的数据都是有选择性地对公众报道，而且某类公司数据（例如，人事记录）根本没有报告过。这些数据源更难以确定和获得，除非研究者是制作这些记录组织的成员。通常这些记录比获得公共记录更为困难且代价更高。这些数据不能获得的原因：安全以及一个事实，即出于保持数据需要的开销的考虑，数据短暂储存之后就被销毁。

虽然很难以获得数据，但是私有档案数据常常提供了专项性内容而且比公共数据残渣更少。任何对过去的研究（包括评估一定人口的观点、态度、动机和经历）都要求评估历史记录。个人档案可能是有关不再存在的组织和行动的唯一现存的数据源（Mariampolski and Hughes 1978）。通常使用三类私有数据：销售记录、单位记录和个人档案。销售记录是数据的一个普遍形式，以许多广泛的方式使用。例如，酒精饮料的销售数据被用作测量压力的一个方法。纪念邮票销售被用来测评事件和个人的知名度，个人亲笔签名的销售值被用来评估他/她的名气。

工业和单位记录包括诸如产出数量、不满情绪和病假使用的数据。这些数据被用来全面审查监督评估、发展工作标准、预测工作离职和缺席以及为不同类型的工种、工作环境和工作群体发展许多不同的数量措施。例如，评估数据被用来检测评估中心的效度（Neidig and Neidig 1984；Sackett and Dreher 1982；1984）。

伯恩斯坦和伍德沃德（Bernstein and Woodward 1974）说明了私有和单位记录的有效性，他们运用想象在《总统班底》（All the President's Men）所作的研究中使用了许多公共和私有档案。这些材料包括地址薄、借书单（library slip）、账单、长途电话记录、银行记录、取消的支票（canceled checks）、信用卡记录和电话清单。使用这些材料会导致社会科学家关于伦理和法律问题的兴趣，因为有些材料是暗中从信息源得到的。今天，从信用局（credit bureau）获得的没有确切证实的记录可能会导致严重的法律问题。

个人档案也广泛用作信息源。个人档案是任何有关展现参与者对曾参与过的经历的看法（Angell 1947）。这些档案包括日记和个人信件、速记记录、商务文件、备忘录、新闻报道、自传、政府文件、小说作品、照片、胶卷、传单、广告传单（flyers）、宣言、家庭圣经（family Bibles）、艺术作品和照片（Bouchard 1976b；Gottschalk et al. 1947；Sechrest 1976；Web et al. 1966）。使用信件、日记和其他信息源主要因为可获得性而受到限制。例如，给政治家的信常被研究。信件可能产生令人误解的公众意见影响，因为它包括了来自不是选民的信件以及"模拟信件"（simulated mail）。当某些组织鼓励其成员或者公众写"自发性"信件时，模拟信件就出现了。模拟信件可以通过使用格式信件

(form letters)得到侦察,因为个人都把名字和地址写在格式信件上或者在上面签名;或者许多信件包含相同的句子和证词或者使用同样的句子结构;或者有许多关于同一主题的信件是来自于一小群人。同样,在第二次世界大战中,被俘的德国军队的信件和日记也是创新的使用。分析这些个人文档来确定宣传的影响和评估军队士气(Webb et al. 1966)。日记也被用来研究组织内的沟通行为(Higgins et al. 1985;Irving and Elton 1986)。

布兰特(1972)和布沙尔(Bouchard 1976a,b)确定了许多不同种类的常规记录(routine records)和档案,并且提出这些记录的大量使用。在表1中描述了他们的列表[主要是来自韦布等人(1966)]和来自其他人确定的许多不同信息源的更为新近的材料。

许多其他的具体研究也说明了使用非介入方法的广度。例如,韦纳(Weiner 1973)研究了给组织决策制定强加最后期限的影响。韦纳使用科恩等人(Cohen et al 1972)的垃圾桶模式(garbage can model)追溯了废除种族隔离的出现、缺乏关键行动和通过联邦法院一法官强加50天的最后期限来提交一个废除种族隔离计划而触发的最后组织决策。

组织图表确定了正式组织的结构、权力和沟通关系。组织图表试图控制期望、要求和责任。这些都用来确定在非正式网络中,谁被忽视了(Webb and Weick 1979)。

在交际产业中,独特的一条档案数据源由"借用镜头"(outtakes)、实地采访和其他通过电视和无线电网络收集但从未广播或公开过的材料组成。许多人努力传唤这种材料的这一事实表明其潜在的重要性(Westerbeck 1970)。为某一特殊目的,如晚间新闻,所收集的胶卷材料可能对进行其他研究目的的研究者有用。对这些致力于制作他们自己的胶卷或者录像带的坚强的人来说,卡里(Cary 1982)提供了一些合理的技术建议。

尤迪(Udy 1964)利用人际关系领域档案(the Human Relations Area Files)作为组织的跨文化比较研究。怀廷(Whiting 1968)提供了这些档案存放的一系列单位。舍恩菲尔德(Schoenfeldt 1970)也提供了在西方世界研究者唾手可得的一列主要数据档案。特金木(Trochim,1981)发现了一系列包含大量数据的政府文件。哈默(Hamer 1961)在美国确定了档案和其内容。国家档案和记录管理局(the National Archives and Records Administration 1987)的出版物和国家历史出版物暨记录委员会(the National Historical Publications and Records Commission 1988)都提供了进入联邦政府制作的或保存的巨大信息途径。安德里奥特(Andriot 1990)索引了美国政府出版物和报告的索引。进入联邦政府统计数据的途径得到了几个其他出版物的推动(Andriot et al. 1995;Evinger 1988)。一些大型的参考著作,诸如《城镇数据》(County and City Data Book)(U. S. Department of Commerce 1994)和大多数的人口统计数据部,都在只读光盘上可以找到。

表1　公共记录

记录种类	被评估的变量
联邦、州和地方法律委员会报告	官方社会限制 组织地位、活动、制度修改措施
董事会备忘录	官方机构政策和决策
出版的演说	政治、社会、经济态度
演说内容分析	多个挡案和多重权力（Donley and Winter 1970）
国家之间信件交换	友谊——敌对方面（Inoguchi 1972）
立法唱名（legislative roll calls）	单个立法者采取的行动，自由主义/保守主义措施（Sechrest 1969）
国会记录以及州和地方机构类似记录	对特殊问题的立场陈述
司法记录	判刑一致、反社会行为、司法裁决的影响
税收记录	生活模式的地方差异
联邦、州和地方政府预算	对不同活动的感知价值和支持程度
政府机构记录	生活和商业趋势
组织图表	正式组织结构、权力和沟通安排
雇员手册	正式规则、强调控制
工作路程图	正式工作程序
生产和其他产出数字	个体和部门的业绩
项目顾客数量，货物和服务的消费水平	公众对项目的需要或者支持，宣传运动的效果
会议席位	非正式权力
抵达和离开时间	组织的控制重点（Webb and Weick 1979）
未经收集的抱怨或者称赞雇员名单	顾客反应
缺席和迟到记录	工作习惯或动机
电话病假率	士气
军队延长服役期限和时间数字	士气
教师或政府雇员的薪金	社区支持
工资上涨和晋升名单	个体对组织的感知价值
查找求人广告	雇主吸引
不满董事会记录	少数人群中的冲突指标（Stuart 1963）
一个人监管人数	管理责任评估
书桌日历	建立时间框架和事件顺序

官员记录本	除了记录本主要的用途外，还包含对相关事情的有用观察
日记	建立事件顺序，诸如第一次接触
组织成员和顾客名单	相关/被服务的社会部分的指数
联合代表雅座酒吧（Delegations' Lounge bar）的销售单	紧张指标
航空旅行保险数额	空难前后公众关注问题
保险统计记录：出生、洗礼、时间数据记录、结婚证书	比较人口数据（职业、宗教、日期、死因和其他变量）
墓地记录、埋葬地点记录	家庭成员
精神病院的入院率	社会整体普遍的焦虑感
《读者》（Reader's Digest）	普遍使用的数学词汇
联合新闻出版物	不同种类的新闻事件具体情况
报纸标题	新闻倾向
讣告栏	慈善偏爱（charity preferences）
都市报纸社会部分	上中层和下级上层阶级活动
电话薄	社区种族群体成员
《穆迪手册》（Moody's Handbook）	法人财政结构、州或地方政府福利
《美国名人录》（Who's Who in America）	所引用的成功人士的成就性质
儿童书籍	角色模型（男女英雄）的素质
产权交易清单	个人商业活动
邮局地址格式变化	流动数据（mobility data）
图书资料和流通记录	用以检测谁读了指定资料（assignment）、动机、兴趣度、教学方式的影响（Robinson et al. 1966）。用在组织环境下——谁对什么感兴趣？
信件的文化分析	发信者的文化程度（Plot 1966；Routh and Rettig 1969）
亲笔签名的销售价格	知名度指数
专利数量	工业创造性（Taylor et al. 1963）

借用镜头（电视台没有使用的胶卷）	可以用于文档建设、检测媒体倾向、建立过去群体或个体某种行为的几率（Matarazzo et al. 1964; Westerbeck 1970）
个人文档和信件	对事件的观察和思考；离家人（如，移民）的态度（Thomas and Znaniecki 1918）
电话账单	交际网络：联系谁、什么时候、谈话多久
使用医院新药品和新疗程（procedures）的速度和频率	医院创新（Rosner 1968）
球赛中花生销售	兴奋指数（比第七局前更兴奋）
邮购商品目录	时装趋向、反映生活模式的商品

国会图书馆目录和大多数大型大学图书馆可以在线进入。索引，如公共事务信息数据库（the Public Affairs Information service）和 W. W. 威尔逊公司（W. W. Wilson Company）制作的全程索引和种类不断增多的信息数据库也可以在网上获得。你可以不离开桌子就搜寻到相关主题的材料而且把文章的复印件传真到办公室，并且填写图书馆和馆际互借服务清单（library and interlibrary loan requests）。

不像许多在线数据库和索引只集中了最近 3 年、5 年或 7 年的内容，也存在提供获得某些公共行政期刊任何一年的信息。这些包括《公共行政评论索引 1940－1994》（Index of the Public Administration Review 1940－1994）（Yeager 1995）、《国际公共行政索引：1－13 卷（1979－1990）》（Index of the International Journal of Public Administration: Volumes 1）(1979) Through 13 (1990)（Yeager 1991）、《公共行政季刊索引：1－14 卷（1977.6—1991 冬）》（Index of the Public Administration Quarterly: Volumes 1 (June, 1977) Through 14 (Winter, 1991)）（Yeager 1992）、《卫生与人力资源管理期刊索引：1/1－15/1 卷（1978，8－1992 夏）》（Index of the Journal of Health and Human Resources Administration: Volumes 1/1 (August, 1978) Through 15/1 (Summer, 1992)）（Yeager 1993）和《公共行政教学全国会议录索引》（Index of the Proceedings of the National Conferences on Teaching Public Administration: 1978－1989）（Yeager and Manns 1990）。其他的公共行政学和政治科学期刊也完成了类似的索引。

二手资料（secondary sources）（正如历史学家所叫的）包括出版书籍、文章、研究、论文和学术讲座。二手资料广泛被使用。草率地对 PAR——这是年代最久、阅读最广泛、公共行政期刊引用最多的出版物（Colson 1990）——40期出版物的一次评估说明：这类二手资料比最初或原始资料引用频繁得多。事实上，对于使用大量最初资料的人也使用同样多或者更多的二手资料不是不同寻常的。

这些二手资料的内容可能有时候是反应性的和解释性的，虽然社会科学规定了中性和确切性。但是，一旦出版，这些资料在时间上就确定下来。这些二手资料成为历史记录的一部分，成为随后学者评估的理念的历史之一部分。全部精确与否，这些资料代表了某一时间点——大约就是出版的时候的最新思想。根据科学方法或公共行政学理论的发展，他们都有分别站在伽利略和达芬奇（Galileo and DaVinci）或者韦伯和威尔逊肩上的巨大优势。二手资料，像对《公共管理学手册》中的相关章节，都是很有用的，因为他们确定了最初资料、综合这些资料，并思考这些资料和在这些资料进行构建。这使得学生、教师和实践者的学习、教育和管理实践更为容易，并且促使从这些人身上更好地产出和结果。

作为一个惯例，任何项目的第一步，研究者应该熟悉其兴趣领域的文献资料。这样做的理由包括：二手资料确定许多（如果不是全部）的主要信息资料、确定与研究主题相关观点关键问题、确定有关研究资料的疑问和问题、作为通过帮助确定被忽视或者强调不足或过度的资料和数据来评估最初资料的基线（baseline），而且作为可以在研究最初阶段用作理论直觉的渠道（Stanfield 1987）。

B. 档案数据问题

使用档案材料的人需要意识到并且防范这些数据源存在的好几个潜在问题。首先，档案可能含有错误而且可能不完整。这些错误可以通过检测内部一致性和使用多种材料源得以预防。其次，有些档案材料存在选择沉淀（selective deposit）的问题。例如，基于从墓碑上得来的出生和死亡日期对罗马人寿命的研究就受到对可能拥有墓碑的性别和社会等级差异的混淆。死于丈夫之后的妻子和穷人都不可能拥有墓碑。

第三，在解释数据中可能出现错误，因为研究者没有意识到薄记实践（bookkeeping practices）中的变化。由于编辑可能在档案数据中存在有倾向性。例如，《国会记录》（Congressional Record）含有编辑过的演说文本而且不是逐字记录的（Bouchard 1976b；Webb et al. 1966）。

第四，即使记录是准确的，由于选择存活性可能还是出现错误。材料可能丢失、某些材料可能比其它材料系统性保存更长。例如，正如韦布等人（1966）所指出的，"考古学家是陶瓷专家，这决不是意外。"好几个因素影响了被保存的材料。罗克（Rock 1976）指出，许多广阔的经验领域不可避免地逃脱了被保存的影响。例如，因为它们不必要地并行用语言表达，所以感情简化了可能没有确切记录的经历。经历几乎没有立即变成文字。几乎总是在回顾中描写一个事件或者经历，因此这可能遗忘了重要的细节。这种延迟部分解释了为什么经历被有选择地记录下来（Rock 1976）。历史材料有选择性的另外一个原因是教育并不广泛普及（Mariampolski and Hughes 1978）。

记录可能系统地遭到破坏。保存可能由于偶尔系统地对记录材料进行清除而受到影响。例如，政治任期（political Administration）可能清除给个人和事件带来负面影响而他们希望隐藏的记录。一些羞耻和/或亲密的经历没有进行记录只是为了保护受人尊重的作者、其他人或者组织（Rock 1976）。

一个更普遍也是更可能的事情就是记录被不小心丢失。这一问题随着电子交流和微电脑使用的出现而更加广泛。复印文本（hard copy）几乎要比电子媒体保存得更好，备忘录要比地域网络传输保存得更好。

在选择数据源时要特别小心，这是要排除反应性测评效果。有一种趋势认为，反应仅限于有声的（采访）和测试（问卷调查）行为。这种观点缺乏见识。人们能够而且的确在伪装。而且，反应并不总是对实验者的回应。常规记录和档案表面上看是没有倾向性的，但常常是对政治顾虑（political considerations）的反应（Dalton 1959）。材料可能丢失，然后常常被改变以要么得到改善，要么销毁记录。例如这类活动常常在1986-1987年伊朗武器交易案中大规模出现。事实上，对相关文件的破坏在司法部对这些问题中的调查初期仍继续发生。一旦出现，许多通常被认为是非反应性的数据在调查者对这些材料进行评估前就被污损了。

从档案记录中得来的数据受到多种因素影响，研究者要把这些因素记在心中来避免潜在的问题。首先，历史无关事件影响这些记录。例如，国家人口持续增加。这一曲线影响了历史事件以及对事件的诠释。这样，如韦布等人（1966）所说的："我们确信，尼克松对在1960年比除艾森豪威尔以外的以前获胜候选人赢得更多选票，但他却是个输家，这一点肯定感到不舒服。"同样，美国众议院和参议院的成员数量一直都是稳定的，但这两个机构的特点却在变化。例如，重新分配名额对众议院成员的背景和利益有着巨大的影响。这些差异只在使用选票指数的研究中才明显。

档案记录的其他问题包括选择性保存（selective survival）、记录保留方法的变化和档案材料的庞大数量（sheer mass）。选择性保存是对这些记录效度的一个威胁。一些资料会被偶然地丢掉。一些会被故意销毁。记录保留标准产生变化也可能是一个问题。例如，"在1882-1883年普鲁士（Prussia）自杀人数上升了20%"就是记录保留标准变化的结果（Webb et al. 1966）。档案的另外一个问题就是记录数量巨大使得研究者承受不了。对此问题的一个办法就是随机抽样（random sampling）。格拉斯纳和考兹恩（Glassner and Corzine 1982）提出了在档案内抽样的策略，这可能有助于解决这一困难。个人档案作为一种数据源有许多潜在的局限性，这一点研究者要清楚。首先，数据源主要是私人拥有，因此难以找到并获得它们。其次，有关一个特殊问题的信件可能并不存在或者为数极少。原因之一是除非个体相互分开否则不会写信。第三，信件主要说明了问题的一个方面。第四，个人材料受到选择性保存问题的影响。个人信件尤其可能被随意丢失。对收信者有负面影响的材料或含有极度隐私内容的材料如情书可能在一方面保存，但在另一方面，即使保存了也不可能展示给公共评估。最后，生产者和储存库都可能污损这些材料。意识到现在或者将来的巨大作用可能在他操作和管理数据保留时产生效度问题来保证他有一个"准确的"形象。根据斯坦菲尔德（Stanfield, 1987）的观点，"对记录保留的操作和管理包括就像对一个未来读者一样写信和回信、销毁反应负面个人素质的记录、对记录掺假、把记录交给喜爱的继承者等"。即使采访对象没有做这些事情，活着的家庭成员也可能处理私人记录来保护或者改善死去的亲人的形象。由于历史著名人物的后代通常关心适当性和受人尊敬，所以这些记录必须当作潜在的失真数据源（sources of distortion）来处理。改变继承者获得的道德准则和/或上进心（upward mobility）可能使他们隐藏、销毁、编辑或者歪曲记录。后来几代人的受尊敬程度可能受到祖先声誉的影响。公共和私有记录的保管人不必委屈这些记录。但是，保管人会以很多种形式影响他们所持有的记录。例如，如埃里克森（Erickson 1971）所指出的，

> 所有这些档案所共有的一个特点是他们的保存（survival）；即使研究者完全相信这些档案的真实性和可靠性，他们肯定想知道/怀疑它们被保存的法律或者事故依据。这些档案不是一个死亡年代的零乱的遗留物，就像在考古地点发现的残骸。同时居住的每一代人都是一个时期这些记录的保管人，因此资料的保存书籍在很多方面也是所有这些介入年（intervening years）的记录。

对于实地研究者来说，档案和记录是非常有用的，但是使用起来又是要小心翼翼的，因为这些档案和记录从不当作表面价值（face value）。甚至基础的统计数字如运行成本等都是用来对付政治原因的（Dalton 1959）。安杰尔和弗里德曼（Angell and Freedman 1953）、马奇（Madge 1965）、曼（Mann 1968）和韦布等人（1966）都对不同类型的档案的主要局限性进行了良好的讨论。对政府数据银行的研究也发现它们常常包含许多错误信息（Kruskal 1977; Roos et al. 1979）。鲁斯等人（Roos et al 1979）提议使用一系列内部反复检查和审计来减少政府档案内的错误率。

研究者有时候获得接触绝密和私人记录。使用个人材料的研究者在写有关将会或不会出版的材料时应该明确承诺。

C. 补救办法

考虑到档案材料、个人记录和其他数据源的这些问题，使用这些材料的指导方针对于公共行政学学者来说是重要的。布卢默（Blumer 1939）确定了评估数据源的四个标准：数据的代表性、数据的充分性、数据的可靠性和数据解释

的有效性。

1. 数据的代表性

公共行政学研究中很难以评估获得的足够材料如何代表了体现一具体事件特征的活动、行为和态度的普遍性。虽然很困难，但是公共和私人档案的确定和发现也是一个类似于历史书目研究（historical bibliographical research）之过程。巴曾和格拉夫（Barzun and Graff 1977）、戈特沙尔克（Gottschalk）等人（1947）、谢弗（Shafer 1974）、特金木（Trochim 1981）和温克斯（Winks 1968）所作的杰出的历史研究指南为我们提供了一个起点。

不幸的是，没有可靠的测验表明这些保存下来的数据是经验的代表样本。因此，研究者应该保持怀疑态度，应该假设在这些历史遗留物中广泛存在巨大的偏见（Barzun and Graff 1977）。

2. 数据的充分性

没有办法评估已被确定的材料的综合性。但是，公共行政学研究者可以用好几个办法对于其充分性给予有见地的猜测。首先，研究者应该带有批评性地检验可获得性材料的范围来确定它是否反映了全部的观点。简言之，研究者应该总是并且反复询问"事件的覆盖范围平衡吗？"由于几乎难有可能获得完全充分的材料样本，所以研究者应该确定和评估覆盖的差距，并建议将来研究中需要进一步评估或者找到额外数据源的领域（Cahnman and Boskoff 1964；Mariampolski and Hughes 1978）。

3. 数据的可靠性

为求真实性，对公共和私有档案以及档案材料的评估，无论整体或部分，都是一项必要且长期的任务（Barzun and Graff 1977）。有人会认为，社会科学家没有足够详细地检查他们的源材料。例如，历史学家有时批评其他的社会科学家，认为他们对分析研究中所采用的材料不够批判和怀疑（Erickson 1971）。

数据的可靠性包括（1）数据源的可信度和（2）数据记录的准确度。在历史记录中消除失真（distortion）是不可能的，而评估失真程度和结果也是困难的。但是，可以确定指导原则来评估失真的程度和估计历史记录的可靠性（Mariampolski and Hughes 1978）。

好几个因素可以导致数据失真。数据源或记录的政治或者思想意识导向可能是带倾向性的观点，这样可能没有解决错误参考源这一问题。失真也可能是来自特别组织角色、个人参与、或者数据源或纪录保持者的个性所产生的观点，无论该人是公务员还是政府雇员（Mariampolski and Hughes 1978）。

虽然可靠性问题不会永远放置不管，但是还是有指导原则帮助研究者侦察失真存在、估计失真数量并避免这一危险陷阱（Erickson 1971）。戈特沙尔克等人（Gottschalk, 1947）对可靠性证据的评估做了一个最有用的陈述。他们确定了四个测验方法用来确定个人档案在多大程度上可靠：

1. 具体数据（主要目击者）的最终渠道能够告诉事实吗？
2. 主要目击者愿意告诉事实吗？
3. 主要目击者确切地报告了被检验的具体数据吗？
4. 对被评估的具体数据有来自外部的任何确证吗？

虽然到目前为止，通过所描述的过程的档案中所提取的信息或证据都认为是可以相信的，但是，戈特沙尔克等人（Gottschalk, 1947）认为，只有等到被两个或更多的独立的数据源所确证时，才能认为它们是可以信赖的或准确的。当不能找出报道了同样数据的两个单独文档时，调查者必须寻求其他的确证方法，诸如在其他当时数据源内没有矛盾的说法、文件的普遍可靠性、作者因其真实性和完备性而享有的声誉、文档内部没有自相矛盾之处，以及文档观点、符合或适合另外已知事实。如果研究者明白构成不同陈述的基础或不同观点，那么相互矛盾的陈述具有相等的可靠性 Mariampolski and Hughes 1978）。

4. 数据阐释的有效性

不幸的是，社会科学家频繁地把对精心论证立足于粗略和支离破碎的部分数据或二手数据源上。每个社会科学家都应该合理地怀疑档案材料（Mariampolski and Hughes 1978）。

由于数据样本问题（包括充分和可靠性）和其定性性质，通常不可能应用那些接受基于存档的可能逻辑之上的解释性判断（interpretive judgements）的统计方法。结果社会科学家被迫使用其他方法解释他们的发现成果。

对经过怀疑分析的证据的谨慎使用所产生的一个谨慎的论证就是分析这些材料的可以接受的一个方法。这一方法不是代替基于统计推论的分析。但是，考虑到被检验材料的性质，这是唯一可行的办法。在发展一个完备的论证中三个过程是很关键的：（1）对理论视角的敏锐信赖（sensitive commitment）；（2）完全熟悉档案材料；（3）有想象地联系证据和理论的能力。研究者必须最终对有关数据产生平衡和比率感，并在合成这些材料时有判断能力。在有效性部分所提出的以上这些程序在这一方面是不无裨益的——尤其在需要有多种独立数据源来确定发现结果上。

研究者可能使用现有模式或理论来评估档案证据和理论产生的期望之间的"适合性"（fit）（Smelser 1967）。理论在确定项目中使用的材料是否相关上是有用的向导；或者研究者可以从被检验的档案材料的关系中得出一个解释或者理论（Cahnman and Boskoff 1964）。无论是哪种情况，所使用或得出的理论原则应该是灵活的。理论应该是"一个向导，不是主人"（Cahnman 1976）。

许多档案能经受内容分析（content analysis），内容分析是自计算机发展以后就得以广泛成长和复杂化的一个技术。如果一个档案相对自由不受反应性测评效果（reactive measurement effects）的影响，那么使用内容分析会产生，在某种程度上而言是，非介入性的结果。两个较早的对这一技术的讨论是格伯（Gerbner）等人（1969）和霍尔斯蒂（Holsti，1968）作的。早期的计算机编码系统是普遍探寻者（the General Inquirer）（Stone et al. 1966）。普遍探寻者是一套计算机程序，设计用来操作文本材料。它会"（a）在文本内系统确定属于研究者特别使用类别的单词和词组实例；（b）这些类别出现的频率（count occurrences）和这些类别同时出现的频率；（c）印刷和图表表格；（d）实施统计测验；（e）按照是否含有特殊类别的例子或者类别组合来整理和重组句子"（Stone et al. 1966）。其他计算机项目也存在，例如，文内关键字索引（the Key Word in Context, KWIC）项目和其他更现代的索引项目（Davis and Rush 1979；Travis and Fidel 1982；Williams 1981；Wood 1984）。计算机分析产生协调一致（在上下文背景中出现的按照abc顺序的单词）、单词清单以及索引（Hockey 1980；Oakman 1980；Wood 1984）。字或词使用的频率以及使用的模式能反映趋势或趋向以及政策问题。内容分析可以用来检测内部一致或者确定档案或者档案组随着时间变化的情况（Woodrum 1984）。

虽然使用内容分析的项目在公共行政学研究中并不广泛，但是的确存在使用该方法的案例。例如，布伦纳和利夫内斯（Brunner and Livornese 1982）编码和分析了自1945年以来美国总统陈述的国情咨文。纳粹宣传（George 1959）和士兵信件与日记的内容也受到内容分析（Webb et al. 1966）。毋庸置疑，这种分析方法对于其他人可能也有用处。

D. 小结

总之，对公共行政学进行研究的人频繁使用档案材料。当其他数据收集过程不恰当、当有必要通过三角测量证实从其他方法得到的发现结果时，这些材料就被他们使用。

档案材料有许多优点，诸如允许研究只使用一个数据源，反复检查另外一个数据源并发现事情如何随时间而变化；提出这些变化出现的原因解释。此外，档案材料的稳定性使得有可能检测一个假设、修改该假设、并通过不同时间在不同的情况下再次检测该假设。

没有哪个数据源或测试指标是至善至美的。因此所有的测试指标能够而且应该被用来补充其他数据源的信息。非介入方法，尤其是在公共行政学研究中的档案材料，常被用作三角测量（使用通过多种技术收集的数据）措施的补充方法来排除可能的对立竞争性假设。非介入方法既不是公共行政学测评问题的万灵药，也不是许多研究背景（context）中的选择测试指标。不过，明智而灵活的使用可以导致公共行政学研究整体质量的提高。

Ⅴ. 参与观察

参与观察是公共行政学和其他研究领域一个传统且广泛使用的研究方法。

今天"参与观察"这一名词包含了许多技术，包括各种形式的观察、使用关键信息提供者（key informants）、人种志（ethnography）和控制观察（controlled observation）等技术。参与观察包括观察者个人直接从看或者听到一件事情发生而获得的资料。常常参与观察者与对象建立个人关系，并在一段时期内保持这些关系。这些关系持续的长度要大于用其他研究方法像问卷调查和采访的时间。与对象建立的和谐和信任程度也大于其他研究方法。显然，使用参与观察比其他方法能从更少的对象收集到更多完全的数据。从其他方法不能获得的数据可能从参与观察获得（Sjoberg et al. 1991）。

除了他们自己收集信息，参与观察常常使用从"关键信息提供者"得来的信息。从关键信息人得来的信息是有必要的，因为一个观察者不可能到处碰到同时发生的事件，或者他不能接触到某些个人或者事件，和需要在他开始收集信息以前所发生的事件的信息。

历史上，人种志是人类学研究者的地盘范围，他们仅仅把参与观察作为实地工作的多种数据收集技术的其中一种。今天该词"人种志"在用作参与观察的同义词的同时，在更广泛意义上包括了研究者用来研究一个社会、组织、群体或个人的参与观察和其他任何方法。这些方法又包括使用信息提供者、采访和问卷调查（Rist 1980；Stocking 1983）。

更多最近的控制观察技术被用来给观察过程加上顺序。例如，在许多对领导艺术的研究中观察者使用了这些技术（Busson et al. 1981；Feilders 1979；Fielder 1967；Guest 1956；Jasinski 1956；Kaplan 1979；Kmetz and Willower 1982；Kurke and Aldrich 1979；Landsberger 1961；Larson et al. 1981；Lau et al. 1980；Martin and Willower 1981；Martinko and Gardner 1984a；Mintzberg 1968，1970，1971，1973，1975；Morris et al. 1981；O'Neil and Kubany 1959；Peterson 1977；Pitner 1978；Ponder 1958，1959；Snyder and Glueck 1980；Sproul 1981）。

A. 参与观察的特点

参与观察有以下特点：第一，观察发生在"自然"场景中。唯一的差别就是观察者在场。第二，对一个延长时段的观察产生了大量信息。第三，观察者能够包括自己和观察对象的反映。对他们经历的反思和思考是来自参与观察者的合理数据源（Balaban 1973）。例如，参与观察者可以报道当他们在排队等待个案工作者（case worker）进行失业补偿合格面谈时，打电话给一个社会服务机构询问信息或者寻求他们的感受时的经历（Balaban 1978）。第四，观察者可以录制观察对象陈述和其他行为者出现的场景，这样使得它们更有意义。第五，如果观察者能够与观察对象建立和谐关系和信任，那么他可以获得观察对象通常不能告诉实施采访或问卷调查的研究者的信息，因为那些采访者与他们的交流比较短暂、浅显和不具备个人感情色彩（Jorgensen 1989）。

有时候有人认为参与观察者被动地观察周围所发生的一切。这是一个错误的印象。当然，参与观察者看到和听到在研究场景中所出现的许多事情，但是，参与观察者也必须询问问题。该领域研究者的行动主要是根据与周围人的谈话，因为观察者亲身看到和听到的只是所发生的一小部分，所以不可能了解这一材料的重大部分。

了解在该领域中所观察到的事件在很大程度上依赖于找到这些事件对于参与者和信息提供者的意义（Becker 1958；Bittner 1973；Geertz 1973；Goodenough 1971；Malinowski 1935；Pelto 1970；Tremblay 1957；Van Maanen 1979b，1988）。这些交流可以导致观察者发现观察对象或者信息提供者通常没有意识到或者没有有意识考虑的事物，例如意义和类型（Malinowski 1922）。除非观察对象和信息提供者主动解释，要不然参与观察者没有其他方式了解为什么有人这样做、为什么出现特殊事件、或者事件对他们的意义。询问问题的需要很大，一部分是因为观察对象在没有被询问的情况下通常不会主动解释。这是因为观察对象常常认为，研究者或者知道事件出现的原因，或者和他们一样明白，或者研究者对此不感兴趣。而且，观察对象希望研究者询问问题并等着询问开始。参与观察过程的主要缺点就是双方假设或者想当然的东西太多了。结果，观察对象主动解释得太少，而观察者问的问题也太少（Lofland and Lofland 1984；Patton 1980）。

参与观察是一种行之有效的替换方法，几乎全部依赖于自我报告（self-report）方法如采访和问卷调查。虽然有其缺点，但这些方法支配了社会科学研究好几十年（Seltiz et al. 1976；Webb et al 1966）。最近的研究说明在群体和组织场景中的自我报告方法的准确性受到许多因素的影响，如观察对象对观察的了解和对环境的感知（Binning and Lord 1980；DeNisi and Pritchard 1978；Downey et al. 1979；NcElroy and Downey 1982；Staw 1975）。麦克尔罗伊和唐尼（McElroy and Downey 1982）提出，两个与群体相关（group-related）和与任务相关（task-related）的因素影响了在控制试验中的观察结果。与他们研究的个人、群体和组织相比，观察者较少受到外界的影响（Jones and Nisbett 1972）。麦克尔罗伊和唐尼（1982）报告了类似的由戈尔德（Gold 1958）、江克（Junker 1960）和布沙尔（Bouchard 1976b）所确定的、群体相关和任务相关的信息以及个体适应4个参与观察者角色变化的结果。

B. 历史和应用

参与观察被用来收集数据已有150多年历史。例如，刘易斯·卡斯（Lewis Cass）和亨利·罗·斯库尔克拉夫特（Henry Rowe Schoolcraft）使用该方法来研究住在密执安上半岛（Michigan's Upper Peninsula）的美国印第安人（Hinsley 1981；Schoolcraft 1846；Stocking 1983）。1846年，斯库尔克拉夫特（Schoolcraft）在他对易洛魁人（Iroquois）的研究中使用了参与观察。弗兰克·汉密尔顿·库欣（Frank Hamilton Cushing）在1879－1884年研究阻尼印第安人（the Zuni Indians）中也采纳了这一技术（Brandes 1965；Green and Mitchell 1979；Hinsley 1981，1983；Mark 1976；Stocking 1983）。博厄斯（Boas）把这一技术用

在 1883 – 1884 年对巴芬岛（Baffin Island）以及 90 年代其他一些研究中（Boas 1897）。两个早期对童工和其工作条件的研究（Hunter's 1904；Spargo 1906）也是用了参与观察。早期委员会对贫民、孤儿院、修道院和监狱的访问也是根据参与观察技术，而且这些技术在美国和其他国家都有长久的历史（Bremner 1970 – 1971；Rist 1981）。

虽然作为参与观察的支持者杰西·沃尔特·菲克斯（Jesse Walter Fewkes）并不出名，但是他为收集实地数据的人提出了一个有用的工具。他在 1890 – 1894 年间的研究包括了录制阻尼印第安人行为的留声机（Hinsley 1981, 1983）。这是最早使用录制工具补充该创始人发现的实地观察和记录。

参与观察在整个公共行政学研究史中都在使用。例如，早期的 PAR 出版都包含了大量基本上是案例研究的文章，这些文章主要根据观察者作为雇员的经历或者他/她作为观察一个特殊机构或项目的外部观察者。这类文章可以在其整个历史中每期期刊上找到。同样，过去 40 年校际案例项目（the Interuniversity Case Program）所出版的许多这些案例都是或者全部或者部分根据参与观察者的研究。这两个渠道出版的研究中，整个趋势一直是在单个研究中不是仅仅依靠参与观察，也使用其他的方法。

最近的研究使用参与观察者与其他的方法一起对广泛众多的研究题目进行收据收集。例如，这些主题包括医院信息使用和病人护理（Georgopoulos and Mann 1962）；管理沟通模式（Lawler et al. 1968）；福利机构的决策制定模式（Aiken and Hage 1968）；决策制定和权威类型（Inkson et al. 1970）；政府机构内互动模式（Blau 1954）；管理行为（Hodgson et al. 1965；Sayles 1964）；警察招收社会化（Van Maanen 1973, 1975）；在政策实施过程中决策制定（Pressman and Wildavsky 1973）；人事过程（Thompson 1975）；决策制定中使用的信息源（Blau 1968）；对家庭计划诊所的评估（Glaser and Humphries 1985）；州能力建设项目（Madley 1981）；联邦发布材料和学校活动（Huberman and Crandall 1982）；学校中的父母参与（Smith and Robbins 1982）；警察街道行为（Banton 1964；Buckner 1967；Cain 1973；Fox and Lundman 1974；Harris 1973；Lundman and Fox 1974；Manning 1972；1976a, b, 1977；McCall 1975；Reiss 1968, 1971；Rubenstein 1973；Skolnick 1966；Van Maanen 1974, 1978b, 1988；Westley 1970）；警察职业（Van Maanen 1978a；Van Maanen and Schein 1977）；乡村实验学校（herriott 1982）；社会运动（Gusfield 1955）；公司妇女待遇（Kanter 1977）；城市次文化（Polsky 1967；Whyte 1955b）；以及学校对研究的使用（Louis 1982a）。

参与观察研究从单一案例研究（Blau 1960）演化到对多组织的研究（Blau and Schoenherr 1971；Dalton 1950；Huberman and Crandall 1982；Simpson and Gulley 1962），从主要依赖于单一或少数几个观察者发展到大量使用观察者和信息提供者（Boas 1897；Datta 1982；Malinowski 1922；Mead 1953；Opler and Singh 1948；Osgood 1940；Paul 1953；Rist 1980；Yang 1945）。这些趋势的发展是随着参与观察从属于主要是人类学者使用的人种志的一部分到被许多不同类型的社

会科学家广泛使用的一门技术（Rist 1980；Van Maanen 1983）。

C. 关键信息提供者

参与观察研究中广泛使用关键信息提供者，这一使用很久以来一直在增加（Inkson et al. 1970）。使用关键信息提供者有一些优点，包括控制成本和保持研究重点（Seidler 1974）。学任何东西最容易的一个办法就是询问你认为知道某事的人。

关键信息提供者一直被用来收集广泛的不同主题的信息。例如，关键信息提供者传统以来一直被用在对整个社会的人种志研究中（Mead 1953）。而且，关键信息提供者在比较不同社区的研究中（Burt 1981；Summers and Bloomquist 1982）和对诸如社区权力和决策制定（Aiken 1970；Clark 1968；Crain et al. 1969；Hawley 1963；Hunter 1953；Smith 1976）、相对社区地位（Logan 1976；Logan and Schneider 1981；Logan and Semyonov 1980）、经济和工业发展（Fuguitt and Deeley 1966；Krannich 1981；Richardson and Larson 1976；Summers et al. 1976）、社区参与环境保护（Bridgeland and Sofranko 1975）、社区发展和人口趋势（Fuguitt and Beale 1978；Hassinger 1957；Humphrey and Krannich 1980；Humphrey et al. 1977；Humphrey and Sell 1975；Johansen and Guguitt 1984；Krannich and Humphrey 1983；Maurer and Christensen 1982）、社区发展控制（Baldassare 1981；Baldassare and Protash 1982）和项目执行（Luloff and Wilkinson 1979；Moore and Cantrell 1976）等中与数据的文件来源用在一起。在比较社区中越来越多地使用关键信息提供者的一个解释就是，可获得信息常常没有测评研究者在其研究中需要检验的变量这一事实。备选方法，如可获得的人口普查数据，作为替代实际兴趣变量的充分性受到严重质疑（Alford 1973, 1975；Summers and Bloomquist 1982；Walton 1976；Warren 1983）。

相对于问卷调查对象，关键信息提供者被用不同的一种方式挑选。问卷调查被选择的对象是作为确切代表一定特殊人口的几率样本的一部分。参与观察研究中的关键信息提供者被挑选是因为他们所做的工作和他们的职位以及他们可能拥有的经历。信息提供者的阅历、知识和专业才能是选择的基础，而不是随机选择（Seidler 1974；Tremblay 1957）。如果信息提供者都是具有良好记忆的敏锐的观察者并能准确描述，那就更好了，因为这使得研究者很容易就获得数据，而在另外一种情况下研究者不大可能找到这些数据（Boas 1897；Paul 1953）。不幸的是，无法保障存在如此有能力的信息提供者。所有的信息提供者都是不相等的，因为他们不具备同等的信息数量和质量（Lofland and Lofland 1984；Van Maanen 1979b）。结果，找到具有知识和合适技能的信息提供者是一个主要困难和局限（Krannich and Humphrey 1986；Osgood 1940；Parrish and Whyte 1978；Tremblay 1957；Van Maanen 1979b, 1983, 1988；Whyte 1984）。

信息提供者和观察对象可以作为要么是问题应答者要么是信息提供者来履行职能。应答者被要求描述他们自己的行为、态度和情感。信息提供者常常报告的是其他人和事件而不是他们自己有关的信息，报告研究者不在场所发生的事件的信息（Zelditch 1962）。信息提供者被用来收集在其他情况下不能获得的信息。此外，观察者有时候要求同一对象在研究项目中有时作为应答者，有时作为观察者（Aiken and Hage 1968）。

从不同信息提供者收集数据是通过与他们非正式谈话、采访他们并采用问卷调查来完成的。这些技巧并不相同。问答形式不如与一两个其他人的非正式谈话那么凑效（Malinowski 1935）。这一点在第三部分关于使用采访时已说明。后一技巧是三个中最新近的一个。在许多事例中，所有三个技术都在同一研究中使用。在无数的研究案例中，调查被用来从早期作为信息提供者的个体中收集数据，或者调查被用在通过亲自采访信息提供者完成最初的解释工作之后（Simpson and Gulley 1962; Smith et al. 1969; Tremblay 1957）。

D. 参与观察的数据类型

参与观察研究可以集中关注许多不同类型的信息。一类参与观察数据包括意义、实践、插曲、接触、角色、关系、群体、组织和社区安置（settlements）（Lofland and Lofland 1984）。意义包括语言、习语、口头和书面陈述、文化规范和正式规则。实践是观察和报告各种各样的行为。插曲是特别、可以确定且具体的独立事件，它们通常有很好确定的起始点和结束点。例子有生病、离婚、犯罪和顾客拜访某办公室。接触不同于插曲因为接触包括两个或更多的人见面和面对面互动。角色是个体占据的职位以及在这些职位的个体行为。关系是两两之间或者角色组之间的互动，像师生、上下级、委员会成员、同事以及个案工作者和顾客之间。群体，尤其是小群体包括了工作组。对小群体行为和对这一研究类型子集（subsets）的研究，如群体决策制定（Allison 1971; Janis 1983），是社会科学研究中一个最多产的领域。群体作为参与观察研究的焦点包括研究非正式组织。比较而言，研究组织通常指的是研究正式组织、大型组织内的单位如部门和项目、组织结构和组织运作。社区安置（settlements）包括对镇、城市和城镇的部分如街道邻里等的研究。

E. 人种志

历史上，人种志和参与观察要求研究者工作时长期致力于他实际将居住的一个环境。研究者把自己浸泡在周围的活动中，但同时与这一环境和周围的人保持一定的距离以求能够对观察的事件和活动作出公正的判断（Agar 1980; Asad 1973; Cesara 1982; Clifford 1983; Datta 1982; Epstein 1967; Foster et al. 1979; Gaunt 1982; Hinsley 1983; Kaberry 1957; Leach 1965; Malinowski 1954, 1967; Mandelbaum 1982; Powdermaker 1970; Rist 1980, 1981; Sanday 1979; Sontag 1970; Stocking 1968, 1982, 1983; Tremblay 1957; Whyte 1960）。虽然专家提出劝告和建议，但这一时间要求已经发生彻底变化。一个专家建议研究一个学校体制或项目至少要花一年的时间观察（Wolcott 1975）。其他人指出，在大多数

观察研究中，今天这一研究都比较快。虽然像建立和谐和信任要求大量的时间等实际困难还存在但这已经发生了（Lofland and Lofland 1984；Rist 1980；Van Maanen 1979b，1983；Wolcott 1975）。

使用人种志和相关技术如参与观察等的快速增长部分是由于联邦拨款机构要求这一类型的研究的需要引起，部分是由于在限制和进入人类对象的规章下的曲折的、多阶段的研究提议评估和批准程序（Boruch and Cordray 1980；Rist 1980；Raizen and Rossi 1981）。要求研究提议的评审和提前批准被用来预防可能使人难堪或者有潜在的法律后果的研究（Datta 1982；Rist 1980；Van Maanen 1983）。这些要求和困难导致了作为评审工具的调查和试验研究的相对减少，而这种减少几乎总是要求评估整体研究。对于实验和问卷调查，这种困难更可能出现而且会更加广泛。这些趋势和困难产生了方法优势，如参与观察和人种志，这些方法较少可能要求这类评估。这种差异的一个根据就是观察要求更少的对象（Datta 1982；Rist 1980）。在任何情况下，评审都可能变得更为严格和更为广泛的（Rist 1980；Van Maanen 1983）。

F. 观察者的角色

参与者观察要求研究者充当许多的研究和评估角色而且使用广泛的数据源（McCall and Simmons 1969）。江克（Junker 1960）和后来的布沙尔（Bouchard 1976b）曾观察过那些被确定了的四个数据源，包括完全参与者、作为观察者的参与者、作为参与者的观察者和完全观察者。麦克尔罗伊（McElroy）和唐尼（Downey）（1982）把江克（1960）的分类与观察者参与被观察群体的数量联系起来，与观察者参与群体任务的数量联系起来。这样完全参与者是高度参与群体和群体任务。作为观察者的参与者是高度参与群体，但较少参与群体任务。作为参与者的观察者是高度参与群体任务而较少参与群体或其成员。而完全观察者是既少于参与群体也少于参与群体任务，而是几乎完全集中在观察上（Schwartz and Schwartz 1955）。

参与观察者一个最普遍的研究角色是作为观察者的参与者，他将观察对象作为他的研究目标（Gold 1948；Junker 1960）。使用这一方法的研究包括贝克尔等人（Becker et al 1961）的著作和默顿等人（Merton et al 1957）对医疗学者社会化的研究。斯科尔尼克（Skolnick 1966）和范·马阿南（Van Maanen 1978a，1988）对警察行为的研究就是基于参与者是观察者模式的研究范例。

参与观察另外一个广泛应用的研究角色是完全参与者，他像是研究中的群体或组织的一个成员，既没有向他的观察对象暴露研究正在进行，也没有暴露研究的目的（Gold 1958；Junker 1960）。这一参与观察形式一个非比寻常且广为人知的范例是在罗森汉（Rosenhan 1973）对一个州立医院的研究。"论不健康地方的健康思想"。这一方法导致研究者获得了包括自己在研究环境下的个人经历和对周围人观察结果在内的数据。而且这一方法提供了进入场所和个人的途径，这在另外一种情况下并不能够获得（Riecken 1956；Riesman and Watson

1964)。

G. 普遍问题

使用参与者观察技术收集数据的研究者遇到了一些共同的问题。这些问题包括进入研究场所的的困难；观察对象的压力；参与研究场所；和谐和语言；记录数据的过度参与/过度和谐方法；参与观察方法的潜在局限性；以及不确切的原因。

1. 进入研究场所

参与观察者进入研究场所遇到的潜在问题包括获得进行研究的许可、观察对象的怀疑、以及获得观察对象的接受。为了在大多数组织作研究，必须从处于领导位置的人那里获得许可。官方许可只是给予研究者合法的接近，这并不保证成功。甚至有了来自领导的许可和介绍，在组织内出现陌生人可能引起在研究者想要观察的人中间的怀疑和焦虑。潜在的观察对象可能担心采访者会对他们产生负面的影响（Dollard 1937；Heffernon 1972；Van Maanen 1979b，1983，1988；Wax 1960）。同样，雇员可能怀疑研究者是资方雇来监视他们的（Blau 1964）。

参与观察者第一次进入新的研究场所常常有些焦虑感（Powdermaker 1967）。如果参与观察者身边的个体表明他们对研究者的目的表示怀疑或焦虑或者他们表现出敌意的态度，那么这些感情会被加剧。例如，那些在工作场景中的人可能避免接触研究者或者不和他说话。研究对象表现出敌意的方式的一个极端例子是威尔逊（1956）提供的，他叙述了一个陌生人得出已经被接受了的结论，因为许多年后研究对象在公共场合遇到他时已不再吐痰了。要得到被观察对象的接受可能要花很多时间，在这一时间内，研究者对最开始收集的少量的有用信息可能感到受挫。而且参与观察者可能受到研究项目成功或失败影响而焦虑不安（Blau 1964；Powdermaker 1967，1970；Van Maanen 1979b，1983；Wax 1960）。最初缺乏成功可能导致担心组织的领导会取消这一项目（Balaban 1978）。

第一次进入一个新的组织或者研究场所是观察者一个压力重大的经历。苏勒和博扎克（Suelzle and Borzak 1981）描述了组织成员不认识的一个陌生研究者，他进入组织并最终导致其被当作客人接受的这一过程。客人或者新手（neophyte）被期望是不知道很多的、被期望会询问许多问题、需要帮助而且犯错误（Suelzle and Borzak 1981；Van Maanen 1979b）。

2. 观察对象的压力

参与观察研究对象被迫与陌生人交谈并回答让他们感到不舒服的问题。通常，大部分人与其他人，尤其是与陌生人，几乎不会分享有关他们生活和内心深处情感的信息。不管从研究者那里得到多少保证，他们还是不相信一个陌生人所说的，尤其是涉及到真实的或者想象到的个人风险时。

有些问题可能在大多数人中引起焦虑。例如，有关收入、性行为和成绩的问题对大多数人都是构成威胁的。询问有关个人问题和有关观察对象知道很少或者不知道的问题也会产生焦虑感。研究对象不能回答问题或者不能很好地回答问题可能受到这一事实的影响。几乎没有人愿意表现得无知。甚至还会存在这一情况，当有人询问问题本身就是烦人的。研究对象回答问题时可能经历了压力。他们被来自政府或者大学的研究者询问这一事实或者他们认识的其他人参与或者动员他们参与这一事实都会导致他们在参与上有情感压力，但这在通常情况下不会有的（Useem and Marx 1983）。参与和回答问题的压力感可能如此之大以至于个人编造答案或者回答有关并不存在的事物（Bishop et al. 1980, 1986；Collette and O'Shea 1976；Kolson and Green 1970；Orne 1962；Schuman and Presser 1981）。

由于这些压力，下列事件常常出现在参与观察研究中。首先，观察者在研究项目中越来越消息丰富而且更擅长收集信息。第二，在许多研究中，研究者从开始到项目中某一时期已越来越被研究对象所接受。这依赖于研究对象和观察者彼此逐渐相互了解、尊重和信任并在相当久的时间内保持这种情感。这些发展既不会总是也不会自动发生。因此，常常发生的是研究对象开始经常地与参与观察者讨论他们早期不愿谈论或者不会坦白谈论的事情。这些模式导致数据质量随着时间会有所差异，这提到了早期观察结果的有效性问题（Balaban 1978；Levine 1974；Patton 1980；Rist 1980；Van Maanen 1979b, 1983, 1988；Webb et al. 1966）。对这一问题的一个办法就是首先检验研究项目中的一般问题，然后是敏感问题。另外一个解决方法就是对研究对象犹豫讨论的问题做好记录并在后来提出这些问题。

3. 参与研究的场所

良好的参与研究场所是在不干扰个人和事件情况下收据数据的最佳方式。研究者和研究对象之间的交流是自然且不加防备的（Bryun 1966；Dollard 1937；Liebow 1967；Van Maanen 1988；Wax 1960）。通常最初的数据收集是努力致力于获得背景信息；了解人、过程和场所；并且确定和界定可能的研究问题。研究者作为参与者其自身的经历是这一信息的最好渠道。花时间和采访对象在一起有助于参与观察者建立对他们、对他们的情感以及他们认知的了解（Dollard 1937；Polsky 1962；Van Maanen 1988）。

参与观察者可能必须询问问题，因为他没有其他选择。询问问题可能加深研究对象的恐惧，尤其如果问了大量的问题并且问题都是有关敏感性和威胁性问题时（Richardson 1960）。有些研究对象只是不喜欢被问问题，尤其是他们不十分了解的人的问题，而且他们可能喜欢更少地回答问题（Bain 1960）。在研究项目的早期，最好的策略就是尽力建立和谐关系，尽力依赖自己的观察并尽力少询问问题。如果在他了解人以及他们在组织的情况之前询问问题的话，研究者不经意就有询问令人难堪或者带威胁性问题的风险（Bogdan and Taylor 1975；Dalton 1964；Lofland and Lofland 1984；Van Maanen 1983，1988）。当参与观察者和研究对象逐渐了解对方就可以询问更多的问题，此时假设研究对象喜欢并尊重观察者。许多研究者指出，与研究对象之间的和谐很重要，它实际上可以"完成或破坏"研究项目（Douglas 1976；Lofland and Lofland 1984；Van Maanen 1983，1988；Whyte 1955a）。甚至在建立和谐关系后，当采访对象拒绝回答问题时，最好放弃这一方法，并通过其他途径收集数据，包括问其他采访对象相同的一些问题。

4. 建立和谐关系

有许多技术可以用来克服研究对象对于参与观察者和研究项目的焦虑。比起询问问题，回答问题可能是一个更好的开始策略，因为问题可能加深害怕（Richardson 1960）。这在研究项目的早期尤为可能。要向研究对象解释你所观察到的事物是建立和谐行之有效的途径，因为这保证了更大的精确并把对象引入项目中来。一些这样的技术包括向对象解释项目的目标、回答他们有关项目的问题并向每个人保证所观察和听到的内容不会归咎于他们或其他个体而且他们知道的秘密事情不会公开（Balaban 1978；Bogdan and Taylor 1975；Douglas 1976；Patton 1980）。与对象尤其是非正式领导发展人际关系是获得他们信任的另外一个途径。观察者用来发展这些关系的一些东西包括：不采用正式方式行动、与个体交谈并以友好的方式对待他们、在休息时一起度过、讨论非事务性和个人问题、并在工作后参与社交（Lofland and Lofland 1984；Van Maanen 1983，1988；Whyte 1943，1955a）。

这些人际关系最重要的部分可能是建立信任（Zand 1972）。向对象和信息提供者保证他们所说的会保持绝密和有帮助（Bain 1960；Becker 1967；Gullahorn and Strauss 1960）。研究者可能告诉研究对象保密，可以通过在研究项目中假造人、地点和事件的办法（Geer 1964；Lynd and Lynd 1937；Van Maanen 1979b，1983）和通过不使用只是来自一个对象的信息（Berreman 1962；Dexter 1970；Whyte 1983）来维持。使用观察者与对象在这些讨论中的特殊例子是行之有效的，因为对象了解例子的内容。

研究者需要仔细关注保护对象不感到尴尬和不受到严重伤害。人、组织和地点的假名和改变日期和时间是保护消息源不受到一般大众伤害的有用和有效的方式。但是，已知情的读者，如组织内对象为之工作的其他成员和可能与该事件有关的其他人等，能够看穿这些伪造和保护信息提供者的简易办法（Becker 1964；Lofland and Lofland 1984；McCall and Simmons 1969；Ruebenhausen and Brim 1965；Van Maanen 1983，1988）。

5. 参与、和谐和语言

观察者理解对象和被对象理解的能力取决于他们使用共同语言。这可能是一个学习行话和使用专业或文化群体的事情（Jorgensen 1989；Van Maanen 1979b，1983，1988），或者可能是学习一门外语的事情（Cole 1983；Hinsley 1983；Lowie 1940）。无论哪个限制都使研究者不能完全理解和被理解，所以研究结果有明显的多种意义。没有语言工具，研究者依赖于翻译和研究对象愿意学习和说他的语言。有能力说这一语言是建立和谐的必须条件。没有语言工具，观察者被认为是外来者而且一直会被这样认为，因为他几乎不能采取（已经描述过）建立和谐和信任的行动。通过翻译使他人来交流或者使用研究者的语言给研究对象传达的是观察者对他们的看法、他们的语言和研究话题的负面消息。这些实践把观察者置于一个"上级"位置而研究对象则相对于另一方是一个"下级"位置。和谐和精确冒着危险，观察者必须学到相应的语言工具。

6. 参与过度/和谐过度

参与过度和和谐过度从两个方面负面地影响了参与观察。首先，观察者可能不能够进行工作。参与观察需要了解被观察的人如何思考、感觉和表现，但同时要保持中立、不带感情，那样才能准确地记录观察结果。观察者可以允许自身完全融入观察对象和事件，那么他就不能够确切地观察所发生的一切（Gullahorn and Stauss 1960；Miller 1952；Powdermaker 1967；Rosenthal 1976；Vidich 1955）。参与过度的形式包括：屈服愿望去帮助需要帮助的人们、参与竞争地位、在内部冲突中站到其中一边、以及参与道德上不能接受的活动（Bogdan and Taylor 1975；Bouchard 1976b；Patton 1980；Van Maanen 1983，1988）。而且，观察者可以感到他不能询问敏感性问题，因为这会破坏与观察对象的个人关系（Argyris 1952；Douglas 1976；Lofland and Lofland 1984；Miller 1952；Schwartzbaum and Gruenfeld 1969；Van Maanen 1983，1988；Whyte 1983）。其次，观察对象可能真的通过做一些他们通常不会做的和通过集中做他们认为观察者在场时想看到的活动来"做秀"给观察者看（Van Maanen 1983，1988）。"做秀"的可能原因包括观察对象想证明他们的能力、知识和专门才能，他们对自己的工作感到骄傲，并且他们想教育无知观察者的愿望。

7. 记笔记和复制数据

观察的主要目的是收集信息，而作笔记和磁带录制是永久记录这些观察结果的工具。没有这样做的观察者最好不要再作研究（Lofland 1971）。

观察者看到和听到的内容应该尽可能地被记录，那样细节就不会被遗忘（Bogdan and Taylor 1975；Lofland 1971；Van Maanen 1983，1988；Whyte 1983）。笔记可以在当天或者工作后记录下来。通常当天作的笔记都是缩写形式，因为通常没有时间做更具体的内容。这些简短的笔记需要被尽可能地扩充来减小被遗忘或被混淆的内容（Dollard 1937）。笔记应该包括对人和事件的描述、引语、观察者自身感想，以及研究者对不同观察结果的意义和应该如何解释这些结果的想法。研究者的想法可以在任何时候添加到笔记中（Balaban 1978；Dalton

1964；Patton 1980）。如果研究者由于过去的经历而希望发生某些事情但又没有发生，那么这一事实应该包括在记录中（Patton 1980）。

通常做笔记和磁带录制会被观察对象所接受；他们希望观察者做这些事情（Lofland and Lofland 1984）。如果研究者想录制不正式的讨论或者正式的采访，那么要求研究对象允许进行录制就好了。这可能让研究对象会更舒服（Davis 1961；Lofland and Lofland 1984）。而且，讨论录制使研究者有机会通过解释为什么要录制或者使用磁带的目的，这让研究对象放心，并且确保匿名。

当研究项目在进行，确定没有回答的问题、新问题、他们所观察的模式以及对观察的可能解释时，观察者需要审查自己的笔记。任何这种信息必须被添加到书面记录中不至于被遗忘。这一信息可以用作后面观察活动的指南，而且在报告准备中也是有用的。一个权威建议这些审查活动所花的时间应该和该领域收集数据的时间一样多（Lofland and Lofland 1984）。

8. 参与观察法的潜在局限

这一方法的局限包括有效性和可靠性问题，原因有（1）对实地工作者或观察者的随机观察；（2）参与观察过程普遍的被动性；（3）观察者的偏见和选择性；（4）在研究地点或与观察对象过度参与；（5）观察者对事情想当然；（6）研究/观察者角色固有的局限性，包括观察形式、观察者对由于别人对他在场的反映所引起的情况的影响、参与者和观察者角色之间的冲突；（7）参与观察者致力于保证所收集信息精确性所花的时间和精力数量。

首先，参与观察受到研究者随机观察引起的缺乏可靠性的困扰。两个独立的观察者不可能以同样的方式看到、听到或者记录同一事件。而且，不能保证两个研究者会以同一方式解释一个实地工作者所收集的一套观察结果。对这些问题的可能解决办法在第 V 部分的 H 节"补救措施"中予以讨论。

第二，观察者通常被动地等待所希望的事件或行为出现。不能保证观察者在场时会出现他所感兴趣的事件。两个观察者的经历可能完全不同。这可能受到花更多的时间观察、使用不同的观察者、采取预设的激励观察对象行为和反应的行动（Salancik 1979）和使用一定形式的结构观察（Martinko and Gardner 1985）等的限制。

第三，观察者的偏见和选择感知产生不可靠并威胁着有效性。这一问题可能受到观察者优先知道并致力于一个理论或一套感兴趣的主题的恶化。当研究主题和重大问题在实地工作进行之前就预先完全确定下来时，这一问题更加严重（Rist 1980；Van Maanen 1983，1988）。这样可能使观察者集中在与自己相关或与自己保持一致的行为或事件上，而更少关注其他事件。偏见和感知可以影响研究者对观察结果的解释。当只使用一个观察者时，这一潜在偏见源更可能出现并更可能不受到察觉。

观察者和观察对象的偏见也可能影响着负面消息的报告。参与观察者可能对负面事件报道不足或者没有记录，尤其是在对他们自身（Balaban 1978）和观察对象（Van Maanen 1983，1988）造成负面影响的事件上。这也会出现因为观察对象不愿意且不可能与研究者分享这一类信息。和谐和信任的发展随着时间可能减小这一问题。

第四，观察者可能介入群体，这样他认为自己是他们中间的一员或者同情他们，从而使他失去客观性。正如所说过的，参与过度和和谐过度也可能是严重的问题。这是偏见的一特殊形式。完全或部分的离开研究场景是问题解决的一个办法。

第五，观察者常常没有记录信息，因为他们认为理所当然。这种情况出现的一个原因是，观察者想当然地看待他们过去所听到和看到许多次的日常事件。他们随着时间建立起有关大量事件的期望值，并且不准备对这些长期建立和期望的模式有变异。观察者想当然的另外一个方式就是忽视事件发生的物理场景（physical setting）（Bogdan and Taylor 1975；Patton 1980；Whyte 1984）。

第六，研究者角色固有的局限性可以产生问题。研究者采取的观察形式或角色确定了其试验可能的范围。例如，作为一个办公室文员的秘密观察者通常不能询问机构首脑个人信息，而雇员观察者（employee-observer）不能在其想做笔记的任何时候离开，更不能公开做笔记。对某些人来说，秘密观察干扰他们记录能力这个事实导致了强烈的挫折感（Dalton 1959）。在组织内行动自由严格受到其角色的限制，秘密观察者可以询问的主题范围也一样受到严格限制。

观察者角色固有的另一问题就是，知情参与观察者在场可能干扰敏感的观察对象，这样他们会改变其行为。有些研究者认为这是较之其他问题较小的一个问题，因为他们认为观察对象在有观察者在场时没有理由改变其行为（Skolnick 1966）。但是，大家普遍认为观察者经常多少会有一点导致观察对象改变其行为。其他人认为这是一个难以预防、侦察和更正的问题（Van Maanen 1979b，1983，1988）。对这一问题的解决办法包括观察者在大部分时间都在场，并且在观察对象和这些观察者之间建立和谐和信任。避免展现出变化行为或者行为加剧的观察对象是解决该问题的另一方式，即使这取决于其他观察者可以到位（Van Maanen 1983，1988）。

参与者和观察者角色之间的冲突给观察者产生重大的压力。给观察者的压力可能来自道德问题。这些感情可能如此强大以致影响了观察者的工作，观察者可能看到观察对象参与非法行为。他们自己可能是迫于压力参与这些行为，而且他们可能实际上有了违法行为。例如，有些研究者报告看到被观察警员殴打嫌疑对象，其他人则参与许多其他犯罪行为（Becker 1970；Chevigny 1968，1972；Irwin 1972；Kitsuse 1962；Polsky 1967；Skolnick 1966；Van Maanen 1983，1988）。非法和道德问题事件可以经常被观察者观察到（听到或看到）。此外，观察者常常从观察对象那里了解到其他人的非法活动。其他观察者被迫参与被观察者的活动。例如，观察者被迫从口头上和行动上虐待病人（Bogdan and taylor 1975）。为了保持与一群观察对象的关系，有些人参与诸如投票做假（Whyte 1960）和持有或隐藏用来犯罪的武器（Polsky 1967）等的非法活动。被观察对象也被处于他们期望在内部组织冲突和办公室政治中选择派别的地位（Bogdan and Taylor 1975；Bouchard 1976b；Douglas 1976；Patton 1980；Van Maanen 1983, 1988）。

在隐藏信息、犯罪事实和道德冲突成为帮凶是观察者承担的沉重和困难的负担（Becker 1964, 1967）时，观察可能导致法律问题，因为观察者和其消息源不受法律保护，就像律师和其代理人医生和其病人拥有特权一样（Becker and Friedson 1964；Brasndezburg b. Hayes, 336 Ed. 2d. 626；Carroll 1973；Klockers 1974；Lewis 1994；Nejelski and Lerman 1971；Rainwater and Pittman 1967；Ruebenhausen and Brim 1965；Social Problems 1967；Vidich et al. 1964；Yablonsky 1965, 1968）。事实上，至少有一个社会科学家因其不能回答法庭提出的问题而短期入狱（Carroll 1973），其控词都归入档案，后来用以反对其他社会科学家拒绝回答问题和移交研究记录（Van Maanen 1983）。

在参与观察中使用秘密而非公开途径的理性基础是有些信息根本不可能收集或者收集准确度小的信息。有些观察者受到他们秘密观察活动的干扰。欺骗干扰着观察者以致他们在研究过程中汇报了沮丧、生气、不满和厌恶等情感（Hsu 1979；Jorgensen 1989；Schwartz and Schwartz 1955；Van Maanen 1983, 1988）。这些感情可能使得某些观察者放弃研究项目（Bodgan and Taylor 1975；Lofland and Lofland 1984；Patton 1980；Van Mannen 1983）。

9. 不准确（inaccuracy）的原因

研究者承担评估信息提供者信息的责任。查出谎言和其他种类的错误是重要而又极其困难的。显然为了得到有关观察结果依据的确切信息，检测很重要。而且，侦察对于知道观察对象如此关心他们要撒谎或者设法隐藏的内容不无益处。

检测不准确是一项困难的工作，因为观察者可能在许多方面被误导。首先，观察对象或者信息提供者可能故意误导观察者。观察对象可能不想告诉某种信息，或者他们先产生一个特殊印象，所以他们撒谎、片面回答问题，或者逃避回答问题。观察对象犯对自己有利的错误是因为，他们像大多数其他人一样想尽可能以一种让人嘉许的方式介绍自己（Goffman 1973）。讨论中所陈述的材料被编辑起来强调正面和消除或缩小负面因素。社会赞许、竞争、避免责备的需要和偏见都是这种行为的一些解释。

因为人们有不同的价值观和需要，因为对他人和情况有不确切的看法，所以存在倾向和偏见。常常，偏见是由于无知而不是根据事实所作的假设。思维定势、种族主义、性别主义和宗教偏见都是一般偏见的例子。有时候这种偏见是明显的，容易被观察者查看出来，他们在后来的分析中考虑到这些倾向。例如，表述了种族主义和性别主义言词的被观察对象揭示了他的感情。但是，被观察对象有时候虽然是有倾向的，但谨慎地不表露出来。观察者听到的陈述和观察到的行为可能是由于倾向和偏见造成的，但是是被观察对象或者信息提供者归结于其他可以接受或者合理的信仰和价值观。观察者无法确定他们的准确性和动机。长时间的持续观察以及对行为模式的分析可能对这类问题有所见识：以下每个范例中的个体在某种程度上都是有倾向性的。被观察对象认为自己是独立的，但是年复一年他从来只投同一个候选党人的票。雇佣大量管理职位人员的人事官员说自己不带偏见，但却从未在这些职位上雇佣过女人或黑人或信仰少数派宗教成员。

第二，有时出于幽默原因人们会撒谎。被观察对象可能想娱乐一下或者想看看在知道某人"开玩笑"之前，观察者能接受多少错误信息。

第三，信息提供者只要自己知道还是能够说真话，但是自己也被误导或者有不准确或不完全的信息。例如，最近总统新闻秘书（presidential press secretaries）和其他官方代言人有时候做了他们认为是正确但后来证明是不准确的声明。有时候，其他人故意操作这些代言人，不告诉他们事实，这样他们的谎言就会令人信服。

简单明了的事实常常被不加疑问地接收下来，没有检测其正确性。在许多场景中存在这一问题。例如，目前的研究常常不加疑问地接受以前的研究结果。很少有人重新分析现有的数据。虽然存在值得一提的实例，如重新分析著名的霍桑研究（Franke and Kaul 1978），但是这些分析性质是统计的，而且研究的参与观察部分没有得到全面的重新分析；的确，虽然进行了批评，但没有完整地重新分析。同样但在不同的情况下，预算决策通常长久地使用过去的优先权和协定（Barber 1966；Wildavsky 1984）。这一消息源可能有事实错误。甚至记录诚实可靠的消息源有时候也不经意地遗忘或混淆事实。参与观察者可以认为这些错误是由于没有认真听、对所看所听的解释错误、没注意到周围发生的事情和在录制观察结果时出现错误。

第四，信息提供者有时候没意识到这些事实。他们回答是想取悦观察者，且不想表现得无知。

第五，担心报复也导致被观察对象提供不准确信息。常常他们会遗漏事情，谈论不具危险的问题和信息，并只提供正面信息（Griaule 1957；Van Maanen 1979b，1988）。这些问题早些时候已被具体讨论。

其他的错误源包括材料的直接性、观察者的空间位置和观点的社会地位差距（social locational skewing）。直接性与信息源有关。参与观察者自己看到和听到事件了吗？信息源亲自听到还是看到的？或者，信息是二手还是三手的？信息经过的人越多，那么增加或删除的信息可能就更多。随着不断传递就可能产生一个更完善的说法。流言蜚语和结果导致的骚乱就是这种方式产生的。观察者必须注意每一个消息源的可靠性，而且甚至必须不时地证实自己的观察结果。

观察者的空间位置决定了他将看到和听到的内容。位置说明了观察者的角度。如果观察者不在场，那么他必须从某种二手消息源得到信息（Malinowski 1926）。而且，由于观察者可能忘记事件发生的时间和地点，或者更糟糕的是记忆错误，那么这一错误可能出现。不幸的是，也存在其他的可能性，如观察者假设或编造事件。

无论群体是正式或非正式的，观点的社会地位差距都会在每个群体中出现。观察者可能完全入乡随俗，而且完全接受被观察对象的观点、态度和视角。被观察对象态度和行为上的差异以及被观察对象之间的冲突可能限制了观察者入乡随俗的可能性。例如，与城市两个部门首脑合作的观察者发现他们对于生产力评估和发展项目的观点和态度完全不同（Yeager 1983）。意识到入乡随俗的危险并采用多种视角是解决这一问题的途径。

H. 补救措施

许多技术被用来保证来自参与观察信息的质量或克服这些困难。对这些问题的办法包括培训观察者、使用协议和实地向导（field guide）、保持开明态度、使用实地协调者、使用多个观察者并比较他们的结果、三角测量或用其他消息源数据比较观察者数据、并要其他观察者进行二次分析。这一部分的最后一小节（IV：I）与其他数据收集方法相比，评估了参与观察的正确性。

1. 培训

要找到具有背景和技能的人作为观察者是一大困难（Smith and Robbins 1982）。有经验的观察者更难找到。因此培训观察者通常是必不可少的。

对没有经验的观察者进行培训是至关重要的，如果他们的数据是要准确、完整和有用的（Pelto 1970；Sanday 1979；Wolcott 1975）。行之有效的培训技术包括：教室、实地和观察之后的反馈课。在教室里，给予接受培训者相关项目背景、实地场景和对象。将培训者暴露在主题实例、要录制的适当和不适当的陈述和要忽视的实例里，而且能够实践观察、采访和笔记技巧。在这些课程中，录像很有用。接受培训者常常跟随一位有经验的观察者，让他解释收集什么样的信息以及原因。有经验的观察者在首次几堂实地课程中教导新手。继实践或培训观察后的反馈课可以用来审查每个观察者的笔记。这样的课可能也包括与其他培训接受者和有经验的观察者比较观察结果。由于参与观察者常常询问周围人们问题，甚至可以采访关键信息提供者，因此开放性采访技术和追踪问题或探查问题等培训是适合的。培训采访者已在采访这一节予以讨论。

2. 平衡的对象

防止观察数据发生问题的第二个方法是确保对象代表了能够成为合适对象的整个切面（cross-section）。应该总是询问该问题："信息提供者的代表性如何？"对象的平衡是十分重要的，因为好几个发起人报告，最初的接触可能是与边缘人物和具有不满情绪的人物接触（Douglas 1976；Glaser and Strauss 1967；Kluckholn 1940；Lofland 1976；Merton 1947；Patton 1980；Van Maanen 1979b, 1983, 1988）。地位低的对象常常比其他人更难以接触，有时候被故意忽视

(Sjoberg et al. 1991)。

个体作为信息提供者的情愿程度不同。例如，赛德勒（Seidler 1974）指出，组织或群体内的边缘人物以及那些表示不满的人常常都是第一批与研究者接触的人。好几个研究表明，公共官员比私有部门公司的官员更愿意作为关键信息提供者（Burt 1981；Johansen and Fuguitt 1984；Krannich and Humphrey 1986；Maurer and Christenson 1982）。这些潜在偏见的信息源——首先接触边缘和不满信息提供者——需要防卫。意识是第一步。更具体的补救行动包括与多个对象（处于正式和非正式权利职位的人和其他人）的互动、努力接触研究场景中的任何部门人物、并努力接触对象的平衡、有代表性群体。

为了评估对象中的平衡，研究者能够从信息提供者和其他渠道收集背景信息（Seidler 1974）。研究者能够选择有特殊正式头衔和职位的信息提供者，因为他们有相似的经历和获得信息的途径（Campbell 1955；Cartwright and Schwartz 1973；Clark 1968；Krannich and Humphrey 1986；Sjoberg et al. 1991；Tremblay 1957；Williams 1973）。但是，仅仅因为个体拥有相似职位，还不是认为他们都同样能够成为有能力信息提供者的充分理由（Krannich and Humphrey 1986）。

观察者不应该满足于他接触的最初几个对象、志愿者和具有合作性并相对容易谈话的人。应该接触多种不同的工作群体和个人，而不是一个群体或代表该群体的一个人。同样，如果最初的对象主要提供的是嘲讽和消极的信息，那么观察者需要多种接触，了解是否后来的消息源提供类似的或者不同的观点。与一群平衡的对象合作尤为重要，但是有时候很难做到，因为对象会拒绝与观察者交流（Festinger et al. 1956）。可以要求信息提供者推荐其他资源丰富的人，他们反过来被用作信息提供者（Seidler 1974；Tremblay 1957）。在这些序列中重叠部分就说明在研究场景中个体的相对参与和可见性。和对象在相当长时间的互动或拜访以及接触也可能有所帮助（Griaule 1957；Rist 1980；Van Maanen 1983）。

3. 实地指导

使用书面方案和实地指南告诉观察者要寻找什么、要问和答的问题、要录制内容的指导以及对包括许多不同意外的普遍规则，这些都是非常有帮助的。这些指导中提出的例子尤其对没有经验的观察者有用（Datta 1982；Louis 1982；Smith and Robbins 1982）。在研究项目中太早提出这些指导也不适合。里斯特（Rist 1980）报告，有些研究者在首次实地访问之前就制定了这些指导。这一优先方法似乎给观察者强加了偏见。事实上，开始实地访问的目的之一就是培养对实地情况、界定、范围和潜在问题的感觉（Tremblay 1957）。继续对实地指导进行修改似乎适合大部分的研究。

4. 保持开明态度

观察者必须心胸开放，没有偏见。为了这样做，观察者必须防止被第一印象（无论是好是坏）所过度影响（Suelzle and Borzak 1981；Van Maanen 1979b，1988）。太快下决定并且太过于肯定某事会导致不能询问问题且不能寻求意见和帮助。结果，重大的实践和行为可能被忽视或被想当然，对于对象来说，这些事件和行为的意义也可能被误解（Suelzle and Borzak 1981；Van Maanen 1979b，1988）。

5. 实地协调者

实地协调者能够回答观察者拥有的问题，以现场或及时的方式进行。从一个观察者获得的信息，诸如解释或问题，能够与其他观察者分享。实地协调者帮助减少无法预见的意外事件，诸如参与观察过程对观察者的影响。通过审查观察者的记录，实地协调者也能够保证，在观察者内部和观察者之间的一致性。反馈和鼓励都是有用技术，用来提高实地协调者可以使用的观察者业绩（Tremblay 1957）。耶格尔等人（Yeager et al 1985）都说明了有关反馈效度和有关反馈使用建议的进一步证据。

6. 观察者配对

不作为观察者的另外的研究者有时候与参与观察者一起来协助维持其目标感、目的感和现实感（Levine 1974）。"消息灵通的其他人"这一词语有时也用来描述这样的人（Balaban 1978）。怀特（Whyte 1951）指出，所有的研究者都有"盲点"，而且消息灵通的其他人可能使参与观察者意识到这些盲点。显然，如果在研究项目的早期而不是在收集了大部分数据以后意识到这一点要好得多，这时可以采取合适的调整。应（Yin 1994）建议与消息丰富的同事继续讨论初期发现结果，将其作为发现意义和保持观点的途径。

消息灵通的其他人可以帮助研究者处理参与者角色和观察者角色之间的冲突。例如，研究者有时候感到，他们正在剥削他人，从他们身上获得数据。对此的犯罪感使得他很困难去继续一个研究项目。消息灵通的其他人能够帮助研究者维持目标感（Jorgensen 1989；Powdermaker 1967；Riesman and Watson 1964；Yin 1994）。而且，在研究背景下参与过度让观察者分心；消息灵通的其他人可以帮助克服这一问题（Balaban 1978；Sullivan et al. 1958）。另外的研究者能够作为"敌手"、"牛虻"、或者评估者，对参与观察者的观察结果和解释质疑（Levine 1974；Yin 1994）。其他研究者的公正会平衡观察者参与研究场景。个体和参与观察者都能够独立地解释对研究项目的笔记，然后比较他们的解释。这一技术有助于防止参与观察者忽视可能的多种和/或选择性解释。

7. 信息提供者如何知道？

观察者可以从信息提供者获得有关他是如何知道某一特殊事实或信息的，这一点很有帮助。例如，他亲身看见或听见吗？或它是从别人那里了解到的？随着信息从一个人传到另一个人手里，其准确性通常会降低。例如，故事和流言随着从一个人到另一个人而"更完善"。同样研究者应该确定信息提供者是多久以前看到或听到一件事情。由于时间自事情发生后就在加长，那么通常记忆会更加有错误。随着时间的过去，细节丢失和可能的混淆增加，除非信息提供者做些什么来刷新记忆，诸如大脑回顾事情的细节和顺序、写日记、对他人讲述该事情、或者与可能在场也可能不在场的人讨论该事情。

研究者应该总是问"信息提供者提供的信息有多准确？"研究者然后判断信息提供者的信息的准确度（Vidich and Bensman 1954；Vidich and Shapiro 1955）。不知道所关心事件的信息提供者应该予以避免。同样，塞德勒（Seidler 1974）建议不要使用有极端或明显偏见立场的个体。如果可能，选择偏见相互平衡的一组信息提供者。研究者然后在一个场景中使用多个信息提供者，问他们相同的问题，这在一定程度上是模仿采访（Bridgeland and Sofranko 1975；Clark 1968；Humphrey and Krannich 1980；Krannich and Humphrey 1983，1986；Merton 1947；Williams 1973）。可以使用单个的信息提供者，可以用同一和其他组织类似位置的个体的答案来检测他们的回答（Baldassare 1981；Baldassare and Protash 1982；Caputo and Cole 1977；Cartwright and Schwartz 1973；Johansen and Fuguitt 1984；Maurer and Christiansen 1982）。多个信息提供者的信息可以通过以下来检测：外部专家、比较陈述的一致性和用书面记录和其他渠道来反复检查其信息（Kendall and Lazarsfeld 1950；Pennings 1973；Seidler 1974）。而且，观察者可以根据事件出现所要求的时间、事件的顺序或时间轴，以及特殊行动或事件以特殊方式出现的可能性来判断其陈述（Mead 1953）。研究者能够询问自己有关信息提供者的证据的问题有，"信息提供者可能在场吗？这个人参与这一事件了吗？他或她能够说、做或观察所声称的吗？"

8. 观察者意见一致

多个观察者能够反复核查彼此的观察结果（Griaule 1957；Levine 1974；Poggie 1972；Riesman and Watson 1964；Whyte 1951；Young and Young 1962）。这是建立结果一致的有效途径。比较不同观察者的笔记可以展现不同的观点、偏见、疏忽和不同的解释。比较很有希望展现更多的相似点而不是不同点。一旦研究者意识到差异，尤其是差异的类型，那么他们能在规划进一步研究和解释数据中考虑到这些差异。多个观察者能够在实地彼此监视，并注意到对象和其他观察者如何互动（Whyte 1951）。

信息提供者之间的意见一致可以通过统计方法测评和评估来确定。这类分析的一个有用统计，就是科恩的编码（Cohen's kappa）（1960），这是在观察者和信息提供者内测评一致性。好几个作者对这一方法的使用和解释进行了说明（Fleiss 1981；Krannich and Humphrey 1986；Spitzer and Fleiss 1974）。

参与观察者注意和记录的内容都不同。出现这些不同是因为：每个人的价值观、偏见和兴趣都不同；地点和时间不同；当发生主要事件时他是不是足够幸运在场也不同。同时发生多个事件，但观察者不能同时在任何地方出现。此外，有时候事件发生如此之快以至于单个的观察者不能只是看或听（但却更少记录）所发生的一切。多个观察者会更全面地报道，因为与单一的观察者相比，他们能够看、听和记录（Balaban 1978；Blau 1964；Dalton 1964；Epstein 1967；Griaule 1957；Malinowski 1926）。

抛弃不能通过其他途径证实的观察结果是避免可靠性问题的一个方法（Louis 1982；Tremblay 1957）。这种技术的一个变化就是使用成组的观察者，并要求他们讨论观察结果，在接收数据之前达成一致看法。直接把观察者带到反复检测和解释过程中来是强大的学习和激励经历（Louis 1982）。

9. 反思

研究者能够花时间思考其经历和笔记，努力确定在研究项目之前、之中和之后的实际和潜在的偏见。这一努力可能包括对研究题目、研究的人类对象和研究场景的思考。思考可以确定现存的和潜在的问题，研究者可以努力找到解决问题的途径。意识到并补偿就是一种潜在的解决方法。而且，思考过程应该紧随研究过程的每一部分之后。例如，在观察一群对象行动一天后，研究者应该回顾与观察对象或观察对象之间的每次交流来确定偏见和其他问题、追踪领域以及改善研究过程或避免错误的途径以及检查成功（Dexter 1970；Krieger 1985）。

观察者可以查找似是而非的材料和矛盾，并根据以前的观察结果和所建立的事实检查新材料的准确性。在接下来的接触中可以与观察对象一起检测明显的错误和其他问题（Griaule 1957）。一旦有关观察对象可信度的问题存在，那么应该更慎重地关注和反复检查源自这一渠道的信息。研究者可以决定不使用不能通过一种以上渠道证实的任何信息。这些技术可以和其他方法如采访等一起使用。

10. 承诺质量

研究者承诺不使用叫做"闪电人种志"（blitzkrieg ethnography）的捷径方法。压缩到很短的一段时间，如一或两周，且只涉及几个有限的实地访查（site visits）（少到一或两个）的参与观察不可能产生准确而有意义的结果。时间局限限制了能收集到的数据的数量和质量。和谐和信任很难在一两天的实地工作内建立。人种志这一词语有时候被用作防卫劣等方法工作：例如，研究报告的内容对于对象来说是"真实的"、在本质上是现象的、独特的个人经历以及"扎根理论"（grounded theory）的开始。这类解释都是毫无效果的防卫，因为没有让不懂之处被人理解（Rist 1980）。在许多渠道还是发现了对要求要有意义地进行参与观察的讨论（Adams and Priess 1960；Bogdan and Taylor 1975；Bryun 1966；Clifford 1983；Filstead 1970；Freilich 1970；Glazer 1972；Gusfield 1955；Johnson 1975；Kaberry 1957；Leach 1965；Lofland and Lofland 1984；Patton 1980；Powdermaker 1970；Reiss 1968；Rist 1980；Van Maanen 1988；Ward 1954）。

11. 三角测量

另外一种获得参与观察数据的途径就是使用不同渠道的数据，包括采访、公开的记录问卷调查、早期研究以及任何其他可以获得的数据源。例如，可以使用从其他渠道如报纸和没有经过培训的研究者、人种志研究者或参与观察者的作品（Sanday 1979）。另外一个有帮助的数据源可能是传记和自传。后者可能含有在其他地方不能获得的信息（Sjoberg and Kuhn 1989；Sjoberg et al. 1991）。以一个有点类似但更系统的方式，好几个参与观察研究使用了以前的研究，并作为比较数据的起点和来源（Summers et al. 1976；Summers and Bloomquist 1982）。某些这类数据可能是参与观察者收集的（因为他们能够使用录制机器、照相机或录像机），还有些是使用其他方法如调查和正式采访的观察者收集的。例如，观察、调查和采访都用来在救世军项目（Salvation Army programs）评估中收集数据（Glaser et al. 1987）。用这一方法使用多种数据源叫做三角测量（Jick 1979；Louis 1982）。三角测量在案例研究法中已以更多的篇幅讨论了。

12. 结构性观察（structured observation）

通过在该领域使用有结构的观察技术至少可以使观察有点系统性。例如，有时候观察者有一套目录或者分类系统来帮助对所观察的东西提供顺序或指导数据记录，这是十分有用的。当有大量的数据和事件或者被观察的事物出现很快时，这一点尤为真切。例如，贝尔斯（Bales 1950）发展了一套 12 个确定好的目录以用于在对群体成员行为的分类中。这些目录如下：表现团结、表现紧张解除、同意、提建议、提供观点、给方向、要求方向、要求建议、不同意、表现紧张和表现敌意。明茨伯格（Mintzberg 1973）提出了另外一个例子，他发展了一个研究高级行政主管官员的观察计划，包括地点、人数和参与者类别（如：顾客、下级、主任）、活动类型（如：文书工作、安排好日程的会议、观光）、使用的沟通媒体（如：面对面交流、电话、书面）、谁开始与高级行政主管接触，以及每次事件的目的（如：提供信息、日程计划、行动要求）。

结构性观察的优缺点在许多地方都得到检验（Busson et al. 1981；Miles 1979；Penfield 1974；Stewart 1976；Weick 1968；Wilpert 1982）。其局限性包括小样本规模（small sample size），这加剧了异常数据和非参与者的影响，并限制了使用推论统计（inferential statistics）和可靠检测（reliability checks）。缺乏推论统计和可靠检测也是使用结构观察方法研究受到的批评的原因。另外一个批评就是，使用结构观察法在概念上没有发展好。例如，明茨伯格（1973）对管理角色的作品被批评为简单化、机械化（没有考虑环境影响和个人差异）、集中在细枝末节而不是细节的含意、没有理论基础、没有充分编译数据、并且没有区分有效和无效的管理行为（Gronn 1982；Pitner 1982）。在更为新近的管理研究中，这些困难至少部分被克服了（Burgoyne and Hodgson 1984；Gronn 1982；

Huff et al. 1982; Martinko and Gardner 1984a; Snyder and Glueck 1980)。

不幸的是，正如明茨伯格（1973）的作品所表明的，一个像贝尔斯（Bales 1950）所做的那样全面、发展谨慎、有理论基础、预先测试过的工具在大多数参与观察研究中都没有提前得到。但是，考虑到观察和记录可能迅速出现的复杂行为的困难以及记录数据统一方法的合意性，最好努力发展某类指南来帮助观察者。指南随着项目的发展可以修改和改进，曾经发展的指南可以被别人引起工作需要而修改。如明茨伯格的作品所言，即使缺乏指南，也可以激励后面的研究者，例如马丁克和加德纳（Martinko and Gardner 1984a），根据他们直接前驱者（immediate predecessors）的发现结果来发展一个指南。

13. 第二次分析（secondary analysis）

除了这些技术，研究者可以对参与观察研究的原始数据进行第二次分析，这样尽力确证最初结果。好几个障碍限制了把二次分析应用到参与观察研究中。首先，把包含研究对象姓名和秘密的原始数据转交给其他人是不道德的（Datta 1982）。如果作了保密的保证，研究者就有道德责任感来兑现这些保证。研究者也有责任不伤害其研究对象，并防止他人使用其研究数据来伤害他们。

为了遵守这些义务，研究者必须大量编辑书面记录。所有人名和地点都必须隐瞒。这可能还不够。将来的使用者会知道谁做了研究、研究的地点和时间。他们会得到根据研究和其他相关的公共记录报告和出版物的复印件。从这些和其他渠道得来的信息可能使别人容易确定研究对象、所谈论的人物和内容，以及记录中事件发生的地点和时间。结果，本质潜在有伤害性和敏感性的信息（无论是对提供信息的对象或者是对于对象所谈论的其他人而言）可能必须从记录中除掉。例如，如果研究对象的陈述是损害他人名誉的且还留在记录中，那么对研究者、研究对象以及研究对象所谈论的人都可能产生许多问题。这些编辑任务是巨大的。有多少积极的研究者有时间用这种方式向公众准备他们的记录呢？这一问题和下一事实混合在一起：一旦研究记录不再受研究者控制而成为公共记录的一部分，那么他们就能够被任何人检阅，并用于任何目的。

第二，在许多情况下并没有进行参与观察研究的二次分析，因为包含从这种研究得来的原始数据的档案实际上并不存在（Datta 1982）。从西方电力公司霍桑实验（Western Electric Hawthorne studies）得来的数据是这一普遍化的例外。有些创始者嫉妒地守着他们的数据不愿与其他人分享。有些学者把研究视为竞争性行业。例如，笔者观察到，至少有一打的学者在临近研究项目结束时发现一份新的研讨会论文，或者是几乎进行同一项目研究的他人刚发表的论文。虽然这些数据存在，但它们在微缩胶卷上并不存在或者还没有以书本形式流通。要获得这些数据，研究者必须到储备这些材料的场所去（the facility housing these materials）。与之相反，存在好几个含有调查和其他定量数据形式的档案。其中之一就是密执安大学的问卷调查研究中心（the Survey Research Center at the

University of Michigan)。

第三，分析大量定性数据在时间和金钱上都是非常昂贵，因而难以进行（Datta 1982）。需要去储备这些材料的场所（facility housing）获得研究记录并在那里停留很长的时间，像这样会扩大了研究的花费。典型的是像这样的项目要花几年的时间。一或两个学期的带薪休假的时间是不够长的。做这一研究的教师常常处于出版或放弃的压力下。第二次分析的机构奖励（institutional rewards）和专业承认都不如首次或最初研究重要。得出主要新的结果或对早期数据进行有意义的重新解释，其几率是很小的，除非发现了主要的错误或者没使用过的材料。想想看，一个已经花了5年的时间在第二次研究项目上的学者和未来的作者证实了20年前就已经得出的研究结果所面临的困难吧。

参与观察研究第二次分析的最后一个原因是：有进行分析所必需的技能和资源的人是有限的（Datta 1982）。该局限性的影响被机会成本概念适用这一情况这个事实加剧。简而言之，许多有必要技能的人都在研究其他可能更为简单、更为及时、甚者更为有趣的项目。

V. 参与观察的准确性

大量经验研究用来评估参与观察/关键信息提供方法所收集数据的准确性。这些研究常常把从关键信息者手中得来的数据与通过其他途径如调查和文件得来的数据相比较（Honigmann and Honigmann 1955；Honigmann and Carrera 1957；Johansen and Fuguit 1984；Pennings 1973；Poggie 1972；Tremblay 1957；Young and Young 1962）。这些结果说明，当关键信息提供者所报告的内容是可能直接观察到的、没有争议的且公共所知的时候，他们则更为可靠。当他们报道的内容不是直接可以观察到的、具有争议性的、可能让信息提供者或他们认识和喜欢的人或者其组织印象不好、并且要求不只进行一点推论、评估或判断时，信息提供者就不够准确。发生在一个建筑物内或在一个人大脑内的事情就不能被观察到（Poggie 1972；Young and Young 1962）。而且，参与观察者或者关键信息提供者都是相对稳定或者变化很慢的事情的信息来源是可靠的。

VI. 问卷调查研究

通过使用结构性面对面采访、结构电话采访的调查数据的收集是通过让对象填写受控制情况（controlled situations）的调查，通过邮寄调查给对象，然后他们再填写并寄回调查。每个这些不同方法的例子包括国家舆论研究中心（the National Opinion ResearchCenter）进行的面对面的总体社会状况问卷调查（General Social Surveys）（Steinhaus and Perry 1996）；在初选和竞选中进行的大量电话采访；以及评估在课堂环境下给学生做的毒品戒除训练（Drug Resistance Education, DARE）项目（Dukes et al. 1996）。这一部分主要有回信调查（mail-back surveys），下面都是这一实例的使用。

回信调查是在公共行政学研究中越来越普遍使用的方法。这一逐渐上升的普遍证据在 PAR 中可以发现。1971 年年刊（annual volume）中包含以调查作为基础的 3 篇文章，或是该刊上 5.9% 的文章。1976 年卷含有 4 篇使用调查研究法的文章，或在该卷上 6% 的文章。1986 年有 10 篇文章的作者使用信件调查收集数据，或在该年出版的 17.99% 的文章。1995 年，6 篇文章或 51 篇中的 11.8% 出版的文章都是根据调查做的。此外，大量的文献资料说明，州和地方政府越来越使用问卷调查作为增加市民参与和评估政府项目质量的途径（Brown and Fish 1973；Daneke and Kobus-Edward 1979；Glaser and Bardo 1994；Glaser and Hildreth 1996；Moore 1994；Poister and Henry 1994；Watson et al. 1991）。这些证据以及 PAR 上的证据都说明，问卷调查正日益被用在公共行政学研究上。

回信调查被用来研究广大范围的公共行政学主题。问卷调查也被用来研究有关商业与政府之间关系（business-government relations）（Stevens et al. 1991）、从职员到州立法委员会的信息流（Lewis and Ellefson 1996）、政治任命者的经历（Michaels 1995）、社区权力（Clark 1968；Crain et al. 1969）、地方政府决策制定（Caputo and Cole 1977）、地方政府服从州指令（May and Burby 1996）、地方政府伦理实践（West et al. 1993）、环境政策执行（Bridgeland and Sofranko 1975）、工业发展（Krannich 1981）、经济发展（Glaser et al. 1997；Humphrey and Krannich 1980；Johansen and Fuguitt 1984；Krannich and Humphrey 1983；Maurer and Christensen 1982）、评估预留拨款项目的影响（May and Burby 1996）、雇员对工资的态度（Scott et al. 1996）、高级行政主管离开联邦服务原因（Wilson 1994）、组织承诺（Balfour and Wechsler 1996）、州雇员的培训需要（Guthrie and Schwoerer 1996）、社区发展控制政策（Baldassare 1981；Baldassare and Protash 1982）以及评估专业期刊（Forrester and Watso 1994；Vocino and Elliott 1982, 1984）的管理态度。在公共行政学研究中用得最普遍的调查技术是回信问卷调查，而不是像使用面对面或者电话采访的更个人的方式来收集数据。在 1971 年、1976 年、1986 年和 1995 年的 PAR 年刊中，只出现了一个电话问卷调查为基础的文章，且是 1986 年出版的。

信件问卷调查使用者的困难总是存在着没有回答的缺点以及它可能产生的问题。这一部分评估了没有回答、产生的问题以及对这些困难的解决办法。

A. 没有回答（nonresponse）

自 20 世纪 50 年代，虽然发展和使用更精细和广泛的问卷调查程序，但对各种问卷调查的回答率已经下降（American Statistical Association Conference 1974；Benus and Ackerman 1971；Eisinger et al. 1974；Groyder 1982b；Hawkins 1975；Pearl and Fairley 1985；Steeh 1981）。

通常，高回答率被认为是面对面采访优于邮寄问卷调查的一个关键论证，因为普遍认为，对邮寄问卷调查的回答率要比对个人采访问卷调查的回答率低得多（Benus and Ackerman 1971）。对这一普遍结论的论证是，潜在的回答者拒绝门边的拜访者要比拒绝邮寄的信件困难得多（Babbie 1973；Sanders and Pinhey 1983；True 1983）。拒绝采访遭受来自实地工作者否决的心理成本（psychic cost）。当通过邮件接触时，不顺从代价要小，而且问卷调查可能很容易就丢失或被遗忘。没有回答这一观点与迪尔曼（Dillman 1978）和加里高斯（Gallegos 1974）研究中所拥护的交换理论是一致的。

虽然有这些优点，但在过去25年中，结果导致被拒绝的采访者接触的百分比一直在上升。这损害了采访调查的回答率，但提高了问卷调查的竞争地位（Koenig et al. 1977；Steeh 1981）。对某些主题而言，邮寄问卷调查可能比个人采访产生更高的回答率（Dillman 1978；Nachmias and Nachmias 1976）。

同样，虽然电话采访的回答率普遍高于回信调查，但电话采访回答率的问题在最近几年越来越多。更精心地采样和再次打电话（call-back）方法被要求来得出可以接受的回答率，过去一直想当然地认为回答率要低（Cummings 1979；Dillman 1978；Dillman et al. 1976；Groves and Kahn 1979）。

最近，过去个体暴露先前问卷调查（prior survey）的数量影响了其参与调查的意愿。大量的人都被过度采访（Goyder 1987；Schleifer 1986）。笔者认为，过度采访的效果被不择手段的大众市场组织（unscrupulous mass marketing organizations）掩饰邮件和电话接触作为采访而恶化。这些操作会降低公众对问卷调查和问卷调查者的信任，降低对问卷调查的回应（Butz 1985）。结果，正当的问卷调查和垃圾邮件一起被扔掉了。大众市场组织（mass marketers'）接触（许多邮件和追踪）的频繁和持续，至少部分是调查研究方法得来的教训，放大了这一效果。

虽然不断下降的回答率这一问题对于所有调查方法都很普遍，但大家普遍知道，调查比面对面或者电话采访的回答率都低。很少有研究直接把面对面调查的回答率与通过邮件和电话的回答率作比较。大量证据说明，使用任何一种方法都可能产生近似的回答率（Dillman et al. 1974；Dillman 1978）。至少一个研究者发现电话和邮件调查有较高的回答率，并得出结论：潜在的回答者喜欢这些方法的匿名性和非人格化（Steeh 1981）。

方法论的教材包括广泛的"典型"的、可以从回信调查中得到的回答率。好几个课本都说明，对信件问卷调查的普遍人口不会超过约30%（Black and Champion 1976；Labovitz and Hagedorn 1971；Meyers and Grosson 1974）。威廉森等人（Williamson et al 1982）指出"10%的回答率或更少都是普遍的"。巴比（Babbie 1986）和贝利（Bailey 1982）认为50%的回答率是足够的。其他的人指出，这可能是对邮寄调查普遍人口的期望上限（Guy et al. 1987；Kidder 1981；Nachmias and Nachmias 1987；Orenstein and Phillips 1978）。还有其他人认为，更高的上限也是可能的。这些人的估计包括了60%（Fitzgerald and Cox 1975）和70%（Cole 1980；Goode and Hatt 1952；True 1983）。还有其他人指出，甚至更高一点的回答率也是可能的（10%—80%），尤其是使用多个追踪接触时（Bailey 1982; Brennan and Hoek 1992; Dillman 1978; Dillman et al. 1974; James and Bolstein 1990, 1992; Miller 1977; Sanders and Pinhey 1983; Weisberg and Bowen 1977; Yammarino et al. 1992)。

此外,没有哪个进行调查的单个方法(信件、面谈、电话采访)是收集所有形式的调查数据的单一最好的技术。许多研究都表明,在这些方法之间的差异上有很大的不同,在使用这些不同的技术收集同一个主题的数据的差异方面和数量方面也有很大差异(Bradburn 1983; Cannell and Kahn 1968; Dillman 1978; Jonsson 1957; Marks and Maudlin 1950; Sudman and Bradburn 1974; Yammarino et al. 1992)。

B. 不回答偏见(nonresponse bias)

不管使用哪种方法,在所有的调查中都会出现不回答,我们知道一些什么呢? 在邮件调查中不回答倾向这一问题最早在1838年提出来(Porter 1838)。不回答是问卷调查错误的主要来源。不回答这一问题很重要,因为那些不回答的人的不为人所知的观点不能被用来评估一定人口的观点、偏爱或态度。除非有100%的回答率,否则我们永远不能肯定没有出现失真(Erdos 1983)。

当在回答者和不回答者的偏爱之间存在差别时就出现了不回答偏见。差别的大小被不回答者的比率增加,这说明了不回答偏见的期待量(expected amount)。因此,邮件调查(mail polls)的低回答率加大了存在的任何不回答倾向(Eisinger et al. 1984; Pearl and Fairley 1985)。这一问题对邮件调查尤为严重,因为邮件调查虽然其成本不贵且很普遍,但有时候其回答率远远低于50%(Bradburn 1983; Pearl and Fairley 1985)。

任何低于50%回答率的调查结果都会被认为是不可以信赖的,除非有人证明不回答者在统计数字上没有不同于回答者。这并不是指,高于50%的回答率就必然充分,因为这取决于每个个体研究的性质。这也不是指,不回答者和回答者因为他们在人口问题上没有不同就足够一样,因为他们可能只在实质性问题上不同(Erdos 1983)。

当不回答者近似于回答者时,不回答偏见更不可能出现。不幸的是,大部分目前证据说明,回答者和不回答者在许多重大方面都不同。这增加了回答偏见出现的可能性(Dillman 1978)。

邮件调查中的倾向常常是因为对调查主题特别感兴趣的人比那些不感兴趣的人更可能发回邮件问卷。这说明回答率低的邮件调查结果常常有倾向性,因为它直接与调查主题相关(Bradburn 1983; Donald 1960)。以这一方式影响了邮件调查准确性的最有名的不回答者事例就是被频频引用的1936年的《文学文摘》(Literary Digest)的总统民意调查(presidential poll),这一调查预测了阿尔夫·兰登(Alf Landon)的获胜。富兰克林·罗斯福以压倒多数票赢得了选举。随着时间发展,该说法发展为,该调查的失败是由于从电话簿中抽样,并通过电话采访被抽中的人。共和党(兰登的党派)在1963年,与民主党人相比,更可能拥有电话。这一说法不正确，因为调查是通过邮件进行的，之所以失败是因为没有人回答。大部分收到调查问卷的人都没有回复。那些想处于劣势的政党获胜的人更可能想表达观点（Bryson 1976；Squire 1988）。

许多研究发现，没有回答的人与回答了问卷调查的人截然不同。例如，不回答者更可能住在中心城市、小城市或者小城镇的外郊或内郊。（Goyder 1985；Riche 1987）。相类似的是居民的不回答模式在早期霍金斯（Hawkins 1977）、基什（Kish 1965）和迈耶（Mayer 1964）的研究中可以发现。其他的研究表明，回答率与地点的规模联系相反。而且它们表明，对各类回答者而言，因为不断的被拒绝，回答率自20世纪50年代就一直下降；表明在更大和更小地区的之间回答率的差异也一直在扩大（Benus and Ackerman 1971；DeMaio 1980；Goyder 1985；Hirst and Goeltz 1984；House and Wolf 1978；Riche 1987；Steeh 1981）。

50岁或50岁以上的人更可能比年轻人拒绝回答（Benus and Ackerman 1971；DeMaio 1980；Goyder 1985；Hawkins 1975，1977；Kish 1965；Palmer 1968）。在大城市的人比在小地方这一关系要强大。没有回答调查的绝大部分人都是教育程度较低的人（Goudy 1976）。已婚和分居的人比寡妇、离婚者或没结过婚的人更可能拒绝（Goyder 1985；Hawkins 1977）。住在高层的公寓、复式套房和市镇住宅或排屋内的人比住在单亲房子或低层公寓的人更可能拒绝回答（Goyder 1985）。其他的研究报告了住房和拒绝倾向的不同关系。这些不同可能是由于这些研究中用多种不同的方法对居住类型进行分类这一事实（Lagay 1969）。例如，霍金斯（1975，1977）发现，单亲居住居民比任何其他类型的居住更可能拒绝回答。

年龄、收入、种族和性别有与愿意回复调查并没有一致关系（Benus and Ackerman 1971；Brehm 1990；Brown and Bishop 1982；DeMaio 1980；Goyder 1985，1987；Groves 1989；Hawkins 1975，1977；Herzog and Rogers 1988；Lagay 1969；Schuman and Gruenberg 1970；Smith 1979，1983）。有些研究报告了年龄、收入、种族和性别的影响，其他的则报告了或者不重大或者相反的影响。

这里提到了回答率尤其是在城市内不断下降的好几个原因。原因包括怀疑陌生人、害怕犯罪、生活方式改变以及希望避免参与任何不寻常事情（American Statistical Association Conference 1974）。害怕犯罪是年长者不愿参与调查的主要原因，尤其是在城市地区年长者（Clemente and Kleiman 1976）。似乎人们越来越希望留有隐私，不愿意暴露个人信息，因为回答者感到既然他们有隐私权，就不要非得告诉他人（DeMaio 1980）。不填写调查问卷的一个普遍原因就是希望个人信息保密（Tomaskovic-Devey et al 1994）。

对于没有回复邮件调查，不回答者通常给了很多原因。这些包括他们放错地方、没有注意、认为已经填写或回复了一份问卷、当时太忙、不在家、没收到、对题目不感兴趣、从不回答问卷、当时生病以及非常喜欢这一问卷从而保留下来等等事实（Robinson and Agisim 1951）。除了没有回复调查的这些原因，不回答者常常是没有定居的个体。如果这些没有定居的人是抽样中最移动的个体,那么这一事实可能给调查结果带上倾向性(Mayer and Pratt 1966)。

存在这样一个问题:邮件调查的对象会迁移从而使得信件不能成功地发送给他们。有些人没有登记地址变化卡。其他的人没有正确地填写卡片。美国邮政服务部门仅仅保证地址变化卡6个月有效,一旦过了时间就不再发信。从专业组织购买的邮寄名单或者处理这些名单的服务部门可能不是完全最新的或者正确的。在笔者处理由专业组织和批准专业组织成员的州立机构所提供的邮寄名单的经历中,这些名单有8%—10%的错误。这些组织每年都更新邮寄名单。其他的渠道可能含有更多的过时地址。一些现有研究表明:10%邮寄的调查不能被送到也不是什么不寻常的事(Brennan and Hoek 1992;Sosidian and Sharp 1980)。

那些进行信件调查的人可能对他们根据所收到的回信数量的邮寄名单的准确性有些想法。但是,信件退回只是一等邮件(first class)才有可能。如果调查是大宗发送的信件,虽然不能发送但也不会退回。甚至当使用了一等邮寄,不能送到的信件也不可能退回。例如,送到上次正确地址(last known address)的一封信可能被当时的住户扔掉了,而不是标上"已搬走"、"地址不明"或"拒收"并丢到邮箱里。

C. 提高信件调查问卷回答的研究

既然不回答是进行调查问卷人员所面临的生活事实,那么问题就是找到提高调查问卷回答率方法。在20世纪最后25年,有7种综合因素评估影响了对邮件调查的回答。早期的评估文章用表格形式总结了对回答率的经验研究,包括斯科特(Scott 1961)对几乎100篇经验研究的评估、卡奴克(Kanuk)和贝伦森(Berenson 1975)对80篇以上经验研究的评估、林斯基(Linsky 1975)对几近60篇的评估以及邓肯(Duncan 1979)的评估。

更近的研究文章分析局限到报道设计以控制和有意义方式来确定不同的、有关调查问卷反馈(survey returns)实践效果的实验结果。这些文章也对他们评估的调查研究数据进行定量分析。在他们1978年对98篇有关影响邮件调查因素的独立实验中,赫伯林和鲍姆加特纳((Heberlein and Baumgartner 1978)确定了有10个变量影响对邮件调查的回答。这10个因素决定了他们所评估的调查中回答率的变化性。自此,(Goyder 1982)用330份调查样本重复了他们的研究,艾克勒和哈伯迈尔(Eichner and Habermehl 1981)用152份调查样本在奥地利和联邦德国重复他们的工作。鲍姆加特纳和赫伯林(1984)和亚马利奥等人(Yammarino et al 1992)报道了根据从后来调查实践研究数据得出的结果。现在下列11个因素对邮件调查回答率的效果都得到了评估:追踪联系、赞助者、回答人口的性质、凸显性、激励、长度、匿名、人格化、请求类型(types of appeals)、邮资和最后期限。

1. 追踪联系(follow-up contacts)

使用最踪技术总是能产生提高的回答率。广泛使用追踪不是一门新技术。

严格的追踪是40多年来采访调查的规范程序（Gaudet and Wilson 1940）。追踪可以从提醒邮卡（reminder postcard）到迪尔曼（1978）的完全设计法（total design method，TDM），完全设计法使用详细的追踪计划，仔细考虑不少于4个追踪的时间，不断强烈的呼吁信（letters of appeal），2次、3次，如果必要，4次地使用问卷副本，并使用挂号邮件。

许多研究都报道，追踪联系是有效地提高回答率的方式。保障调查回答主要是一件克服抵抗或者甚至教育被联系者的事情（Cannell and Kahn 1968；Young 1949）。这些技术沿着下列尺度大大不同：类型、频率和时间调整。不管格式如何，大部分使用一个或更多追踪技术的研究比单次调查问卷（single-shot survey）产生更高的回答率（Brennan and Hoek 1992；Dillman 1978；Dillman et al. 1974；Duncan 1979；Fox et al. 1988；Goyder 1982a；Heberlein and Baumgartner 1978；James and Bolstein 1990，1992；Kanuk and Berenson 1975；Kish 1965；Levine and Gordon 1958；Lindsey 1921；Linsky 1975；Scott 1961；Survey Research Center 1976；Willimack et al. 1995；Yammarino et al. 1992；Yu and Cooper 1983）。

赫伯林（Heberlein）和鲍姆加特纳（Baumgartner）（1987）发现，联系的次数是调查回答率最好的预测器，说明了被评估调查回答率42%的变化。艾克勒和哈伯迈尔（1981）、（Goyder 1982a，1985）、亚马利奥（Yammarino）等人（1992）以及于和库珀（Yu and Cooper 1983）报告了在追踪联系和回答率之间近似的强大关系。在他们的元分析中，亚马利奥等人（1992）发现，追踪联系对回答率的影响对学院比对单个回答者要大得多。

产生高回答率的追踪法，除了使用多次追踪邮件外，还使用多个电话要求参与（Altschuld and Lower 1984；Brennan and Hoek 1992；McClosky 1983）。科默和凯利（Comer and Kelly 1980）发现，电话追踪（46%）比邮件追踪（33%）产生更高的回答率。布伦南和霍尔克（Brennan and Hoek 1992）和亚马利奥（Yammarino）等人（1992）也报告了电话追踪的重大效果。

这些通过电话进行调查的人已重复的说明，无论是通过邮件还是电话，提前通知有助于提高回答率（Bergsten et al. 1984；Dillman et al. 1976；Groves 1989；Pol 1992；Traugott et al. 1987）。无论使用何种媒介提前通知邮件调查接受者也会提升回答率（Fox et al. 1988；Goyder 1982a；Heberlein and Baumgartner 1978；Yammarino et al. 1992；Yu and Cooper 1983）。

大量研究者报道，追踪要求中包括附寄调查问卷也增加回答率。把问卷与第二次或后来的追踪，而不是和首次追踪放在一起似乎更为有效（Dillman 1978；Dillman et al. 1974；Swan et al. 1980；Heberlein and Baumgartner 1981a，b）。特级邮递（一级或挂号）也被发现影响了对追踪呼吁的回答率（Dillman 1978；Goyder 1982b；Heberlein and Baumgartner 1978）。更近的研究没有反映这些邮件效果（Yammarino et a. 1992）。

2. 赞助者

好几个（metalytic）研究（Heberlein and Baumgartner 1978；Fox et al. 1988；Williamack et a. 1995；and Yammarino et al. 1992）报告表明，赞助者对邮件调查回答率有巨大影响。例如，市场研究组织赞助者对回答有消极影响（大约是下降10%），而大学和政府组织的赞助者有积极影响（大约上升10%）。在许多其他研究中报告了类似的结果（Armstrong and Lusk 1987；Brunner and Carroll 1969；Fox et al. 1988；Houston and Nevin 1977；Jones 1979；Jones and Lang 1980，1982；Jones and Linda 1978；Peterson 1975；Scott 1961；Willimack et al. 1995；Yu and cooper 1983）。其他的研究也部分地支持了赫伯林和鲍姆加特纳（1978）以及亚马利奥等人（1992）的发现。戈依德（Goyder）（1982b）报告了政府和大学赞助调查的类似结果。最后，有些研究的结果发现政府或大学以及市场公司所赞助的调查的回答率没有差别（Hawkins 1979）。琼斯（Jones 1979）指出，赞助者决策的基础应该是使用具有最可能高地位、能提供一定的调查人口的赞助者。在他们的元分析中，亚马利奥等人（1992）报告了赞助者的混合结果。这可能反映了赞助者和抽样之间的不同互动。

在研究学校教师和管理者之中，洛厄和阿特休尔德（Lower and Altschuld 1982）指出，虽然对回答者的匿名和秘密作了保障，但这种保障并不存在，而且这种强迫利诱效果产生作用时，赞助者可能不如做保障时那么有效果。迪尔曼（1978）以及赫伯林和鲍姆加特纳（1978）都认为，赞助者作用最小部分是因为个体关注的是没有遵从填写和回复调查的潜在的负面影响。这一威胁似乎对赞助者组织的雇员比对其他人更为现实。

3. 回答人口的性质

回复率受到被调查人口性质的影响。调查更适合于某类人而不是其他人。赫伯林和鲍姆加特纳（1978）报告指出，当调查是对普通人而不是调查学校、政府、军队和雇员时，会产生低回复。其他人也报告了对普通人调查的类似结果（Eichner and Habermehl；O'Neil 1979）。戈依德（Goyder 1982b）报告了对政府雇员调查的一个类似的积极结果。阿特休尔德和洛厄（Altschuld and Lower）（1984）报告了学校教员和校长的高回复。

从专业或同一类人口与从普通人抽样获得回答的困难程度也不同。许多不同的人发现，在普通人中，抽样在几乎所有可能的性格结合中都有所不同。因此，这比同一类人更难以确定、联系并说服其参与（O'Neil 1979）。迪尔曼（Dillman）（1978）报告说，使用TDM回复调查的比率从58%到94%之间变化。TDM的基础是从开始到结束都仔细关注调查程序所有部分的细节。TDM的结果是能比其他方式取得更高的回复率，并且在调查中取得更高的问题完成率。其他的研究者也同样密切关注具体细节，即使他们没有遵守TDM形式。例如，阿特休尔德和洛厄（1984）指出，他们密切关注迪尔曼（1978）提出的细节。

他们的调查在公开出来之前被修订了5次，并且使用了多种技术激励回复。

4. 突显性（salience）

对于潜在回答者，调查主题的凸显性或者被感知的重要性是影响回答率的一个尤为重要的因素。这个因素的重要性在其他有关问卷回答的评论文章中得到讨论（Goyder 1982a；Heberlein and Baumgartner 1978；Kish 1965；Levine and Gordon 1958；Linsky 1975；Survey Research Center 1976；Yu and Cooper 1983）。对调查中所评估的问题感觉强烈的人更可能回答。对特定目标人群或者抽样框架（sampling frame）高度凸显的特殊目的调查能产生高于90%的回答率（de-Vaus 1986）。当观点长度与对问题偏好的回答有关时，凸显性产生不回答倾向（Armstrong and Overton 1977；Baur 1947；Benson 1946；Burt 1981；Dillman 1978；Donald 1960；Erdos 1983；Pfiffer and Salancik 1978；Scott 1961）。

赫伯林和鲍姆加特纳（1978）发现，回答率与问卷主题被感知的凸显率大有关系。他们报告说，认为不凸显或者低凸显率的调查只获得42%的平均回答率，认为可能或者比较凸显的调查获得66%的回答率，被认为高凸显的调查却产生了77%的回答率。这是一些较大且统计上重大的差别。多变化分析的结果表明，在凸显尺度上每增加一点会产生增长7.3%的回答率。艾彻和哈伯迈尔（Eichner and Habermehl 1981）和戈依德（Goyder 1982b）报告指出，回答率受到问卷被感知的凸显率的多种形式的影响。

研究者应该说服对象，让他知道研究主题的重要性，以及值得完成并回复问卷。讲述研究项目的目的并请求对象的帮助提前信件、精心准备的具有相关赞助者签名的申请信、在不同适合时间的多个邮件以及通过电话多次亲自交流都是提高对象对特殊调查凸显性的有效途径（Altschuld and Lower 1984；Dillman 1978）。

5. 激励措施

许多研究发现，先付现金的激励措施对回答率有巨大积极作用。对使用金钱激励的调查研究文献的评估一致比没有采用这一激励形式的研究产生更高的回答率（Armstrong 1975；Church 1993；Duncan 1979；Fox et al. 1988；Goyder 1982a；Heberlein and Baumgartner 1978；Houston and Ford 1976；Kanuk and Berenson 1975；Linsky 1975；Scott 196；Willimack et al. 1995；Yammarino et al. 1992）。

激励措施有许多形式。现金激励调查问卷比没用这一激励办法的调查有更高的回答率（Armstrong 1975；Armstrong and Overton 1971；Baumgartner and Heberlein 1984；Bevis 1948；Dohrenwend 1970；Gelb 1975；Goodstadt et al. 1977；Goyder 1982b，1985；Gunn and Rhodes 1981；Hansen 1980；Heberlein and Baumgartner 1978；King 1979；Lockhart 1984；McDaniel and Rao 1980；Mizes et al. 1984；Sudman and Ferber 1974；Weber et al. 1982；Wolfe and Treiman 1979；Yammarino et al. 1992）。大部分的这些研究都采用了预先支付25美分的激励形式，其中一些研究认为这种激励形式是一种心意象征。大的激励形式比小的激励形式在某种程度上更为有效，但这有一个回复逐渐减少的问题（Armstrong 1975；Fox et al. 1988；Willimack et al. 1995；Yammarino et al. 1992）。在一次研究中承诺对慈善机构奉献会比现金激励产生更高的回答率（Robertson and Bellenger 1978），但是重复这样的行为并没有得出早期的发现结果（Furse and Stewart 1982）。

大多数研究表明，货币激励比其他的激励措施如礼物等更为有效果（Goodstadt et al. 1977；Hansen 1980；Willimack et al. 1995）。虽然有一个研究报告，无论激励措施是现金还是礼物，在回答率上没有区别（Church 1993）。

提前支付与承诺将来支付两个技术哪一个更为有效？提前支付比许诺将来支付更为有效。这是与社会交换理论（Blau 1964；Cialdini 1988；Homans 1961）和互利互惠规范（Gouldner 1960；Groves 1989）相一致的。这种现象的理论基础如下：当回答者被要求填写问卷并许诺以后支付时，那么对交换的动议权的控制留给了该个体。直到问卷填写完成，双方没有任何责任。如果在没有填写问卷情况下兑现支票或留有一定现金，那么交换中的平等规范会使得回答者不舒适，有没做事就得到了报酬的感觉（Adams 1956；Homans 1961）。

虽然早期的研究报道，承诺的金钱激励和提前支付一样凑效，但是在一般人尤其是在常常拒绝参与邮件调查的人中，提前的金钱激励对于提高回答率比承诺金钱激励要有效（Armstrong 1975；Baumgartner and Heberlein 1984；Berk et al. 1987；Church 1993；Gelb 1975；Goodstadt et al. 1977；Gunn and Rhodes 1981；King 1979；Linsky 1975；Sudman and Ferber 1974；Weber et al. 1982；Willimack et al. 1995；Wotruba 1966；Yammarino et al. 1992；Yu and Cooper 1983）。无论是现金支付还是支票支付都没有影响（Berry and Kanouse 1987；James and Bolstein 1992）。虽然有些研究表明没有影响（Furse et al. 1977），但是大部分的研究表明，在首次邮件中就提出激励措施比在后面的邮件中提出来更为有效（Berk et al. 1987；Church 1993；Gelb 1975；Goodstadt et al. 1977；Isen 1987；James and Bolstein 1992；Willimack et al. 1995；Wotruba 1966；Yammarino et al. 1992）。对于那些难以交流的人、对于可能因为忙，如律师和大型组织的主管而不作回答的人、以及当调查对对象要求很高时，那么提前支付和更大额的提前支付会增加对方的回答率并降低整体花费，因为追踪联系需要得少了（Berk et al. 1987；Berry and Kanouse 1987；Ferber and s1974；James and Bolstein 1992；Tedin and Hofstetter 1982；Walsh 1977）。

不同大小的激励措施对回答率影响的早期研究产生了混合的结果（God win 1979；Mizes et al. 1984）。大家发现，1美元是非常有效果的（James and Bolstein 1990，1992；Mizes et al. 1984）。很清楚现在更大的激励会产生更高的回答率（James and Bolstein 1990，1992；Kephart and Bressler 1958；Mizes et al. 1984；Schewe and Cournoyer 1976；Willimack et al. 1995；Yammarino et al. 1992）。至少

有一个研究说明大的激励（25 美元）产生了很高的回答率（98%）（Carter et al. 1983）。

与大的激励产生大量积极的回答这一观点相反，有些研究说明，严重无礼的操纵行为会产生负面的反作用力（Berry and Kanouse 1987；Brehm 1966；Brehm and Cole 1966；Brehm and Brehm 1981；Weiner and Brehm 1966；Wicklund 1974；Willimack et al. 1995）。丘奇（Church 1993）发现，他评估的研究有 10% 报告了采用激励措施比没有采用情况产生了更低的回答率。

6. 长度

调查的长短对回答率产生一致的影响。长度可以通过很多种方法测量，包括页数、问题数目和估计完成的时间。洛克哈特和拉索（Lockhart and Russo 1981）就邮寄调查长度对回复率的影响作了广泛调查。他们报告说，长度不是确定回复率的重要因素。他们和迪尔曼（1978）区别了问卷长度和问卷感知长度的区别。批量和格式化会产生问卷冗长这一印象。用合适的方式改变问卷的格式化（例如，使用排版和小册子形式）可能完全改变这一印象。如果调查看上去或感觉短，那么结果是产生更高的回复率（Dillman 1978）。

评估这一问题的不同研究其结果都是混合的。有些报道，长度对回答率有较弱的负面影响（Heberlein and Baumgartner 1978；Goyder 1982b；Yu and Cooper 1983）。在最近对以前研究的元分析中，4 页纸的长度是影响回答率的有意义的上限（Yammarino et al. 1992）。问题的数量经证明是控制对邮寄问卷一个很重要但次要的因素（Goyder 1982a；Heberlein and Baumgartner 1978）。其他的研究报道则认为长度没有影响（Childers and Ferrell 1979；Dillman 1978）。例如，迪尔曼（1978）报告指出，用 10－11 页的调查获得了相对高的回答率（大约 70%）。至少有一份研究报告了长度和回答率之间的正相关联系（Hornik 1981）。赫伯林和鲍姆加特纳（1978）对这些混合结果作以下解释：虽然较长的问卷需要回答者更多时间作答并有可能产生低回答率，但是长度也向潜在的回答者说明该研究是重要的。

7. 匿名/秘密

匿名或者保密通常被描述为对回答率和其他回答特点如问题忽略、回答倾向和问题回答质量等产生有益的影响。但是，存在大量数据说明匿名对回答率有一点点或者没有任何影响。在他们对调查研究文章的评估中，卡奴克和贝伦森（Kanuk and Berenson 1975）以及斯科特（Scott）（1961）报告道，匿名对调查回答率没有一致和有意义的影响。

保证用匿名对回答率有复合或不一致的影响，好几个研究已发现，匿名并不一定会产生高回答率（Frey 1986；Heberlein and Baumgartner 1978；Singer et al. 1995；Skinner and Childers 1980；Yammarino et al. 1992；Yu and Cooper 1983）。身份编号（identification number）的存在，这通常说明了回答者可以识

别出来，这并不影响回答率（Futrell and Swan 1977）。

道斯和克尔（Downs and Kerr 1986）以及辛格（Singer 1978）报告说，回答质量受到缺乏匿名保障的影响。可以辨认出的回答者更可能比匿名的回答者提供更多的信息。缺乏匿名对其他的回答特征如回答率、回答倾向、回答省略和完整回答等都没有一致的影响。"如果研究者为了个体分析目的或为了追踪调查而希望确定回答者，那么他或她应该不怎么关注没有匿名的相反的影响"（Downs and Kerr 1986）。有些研究表明，过分强调匿名或保密似乎让对象感到敏感并负面地影响了回答率（Berman et al. 1977；Reamer 1979；Singer et al. 1995）。

评估匿名对调查回答的影响的研究分析与该文献的问题特点，如这些研究中的独特性或非典型性以及许多这些研究的同样独特的主题，混合在一起。这些特点使得对他们研究的比较产生问题。

首先，在研究匿名对研究回答的影响中缺乏一致或甚至可比结果的一个原因是大多数这些研究使用唯一而不是广泛基础的样本。唯一样本（unique samples）的实例包括军事群体、医疗病人、推销员和学生（Ash and Abramson 1952；Becker and Bakal 1970；Berman et al. 1977；Corey 1937；DeLamater and MacCorquodale 1975；Fischer 1946；Fuller 1974；Futrell 1981；Futrell and Swan 1977；Gerberich and Mason 1948；Hamel and Reif 1952；King 1970；Koson et al. 1970；Mason et al. 1961；Olson 1936；Pearlin 1961；Stouffer 1950）。

在对匿名和回答率的比较研究中的第二个困难源是许多这些研究集中关注在非常狭隘的主题上，而不是集中在大部分的普通人都感兴趣的主题上。这些主题包括对某人工作的态度或信息（Futrell 1981；Hamel and Rief 1952）、吸毒（Berman et al. 1977；King 1970）、军事（Elinson and Haines 1950；Fuller 1974）、道德和性实践（DeLamater and MacCorquodale 1975；Singer 1978）、家禽和猪（Scott 1961）、或者把心理清单（psychological inventories）作为主要内容（Becker and Bakal 1970；Fischer 1946；Koson et al. 1970；Olson 1936）。有些调查包括了敏感问题，如询问有关收入等信息（Singer et al. 1995）。

a. 回答率。大部分实验研究说明，存不存在匿名对回答率不构成影响（Andreason 1970；DeLamater and MacCorquodale 1975；Futrell and Swan 1977；Jones 1979；King 1970；Mason et al. 1961）。其他的研究报告了相反的结果，但是这些研究的独特性可以解释他们的结果。最近的元分析指出，以调查为基础的研究说明，保密只对回答率产生很小的影响（Singer et al. 1995）。

斯科特（1961）和辛格（1978）的研究说明，回答率随着匿名而增加。斯科特要求人们回答有关农场动物的问题。他报告了匿名回答者比那些愿意签名的回答者高出5%的回答率。在他对社会活动以及道德和性实践的研究中，辛格（1978）发现，要求签名增加了个体拒绝参与调查和不回答问题。在两个研究中主题的独特性也阻止了对结果的概念化。

在评估匿名对调查回答的大多数研究中，主要的限制就是这些研究的大部分使用了回答率作为唯一可以依赖的变量。其他的调查回答指标包括问题忽略、回答完整、回答倾向和回答质量。只有少数的研究评估了匿名对其他任何一个这些回答指标的影响（Benson 1941；Downs and Kerr 1986；Elinson and Haines 1950；Fischer 1946；Fuller 1974；Futrell and Swan 1977；Houston and Ford 1976；Olson 1936；Rosen 1960；Singer 1978；Stouffer 1950）。

b. 回答偏见。回答偏见是事实数据和对象对自我评估回答的差异。与匿名对回答偏见相关的证据是混合的。许多研究说明，匿名对象比那些已知的对象给出更多否定的答案（Fischer 1946；Fuller 1974；Olson 1936；Stouffer 1950）。其他的研究则报告了相矛盾或相反的结果（Elinson and Haines 1950；Rosen 1960）。有一个研究报告指出，匿名投票者，虽然他们使用的是无记名投票，比在其他情况下进行投票的人有更少未决定的答案（Benson 1941）。

c. 回答完整。评估匿名对回答完整率的影响的研究结果也是混合的。辛格（1978）发现，要求回答者签名降低了回答者回答问题的完整率。这可能，或者也可能不是由于研究主题的个人性质——社会和性实践。其他的研究报告说，在匿名和已知回答者之间回答完整率没有差别（Fuller 1974；Futrell and Swan1977）。有些研究也表明，使用提前支付货币激励手段可能产生完成更多问题，并给予更完整的个人答案（Willimack et al. 1995）。

有些人口变量可能影响匿名和完整回答率之间的关系。例如，费伯（Ferber 1966）发现，女性、年长者、教育程度低的回答者比其他回答者回答完整率要低很多。同样，道斯和克尔（1986）报告说，回答完整率受到缺乏匿名的影响。年长、收入低、有自己的住房或者是少数族裔成员中的自我提供姓名的回答者（self-identified respondents）比匿名的回答者回答完整率更低。

d. 回答质量。回答质量关注的是回答者如何负责地回答问卷。回答质量至少有三种方法测量。主题专家被用来判断回答者对开放性问题答案的质量。回答质量的第二个指标是每个书面回答平均字数（Hansen 1980）。第三个评估回答质量的方法是评估回答者是否很好地遵从了指示（Downs and Kerr 1986）。不管回答质量使用哪种指标，在匿名和回答质量之间没有发现任何联系（Downs and Kerr 1986；Singer 1993）。

不同群体在回信调查中提供姓名的愿意程度也有差异。例如，道斯和克尔（Downs and Kerr）（1986）报告，自己拥有住房者、收入低的回答者和非白种人比其他人更可能识别自己。他们也指出，在这些自动提供姓名的回答者和匿名的回答者之间在统计数字上没有巨大差别。

8. 人格化（personalization）

人格化对回答率影响的研究结果也是混合的。人格化方法也用于对地方政府官员的调查中（Krannich and Humphrey 1986）。基于邓肯（Duncan 1979），斯科特（1961）对经验研究的评估和沃森和瓦尔卡斯（Worthen and Valcarce 1985）以及亚马利奥等人（1992）的元分析，他们得出结论，人格化提高回答率。但是，卡奴克和贝伦森（Kanuk and Berenson 1975）在使用人格化中提出了混合结果，并提到了与匿名一起可能的互动结果。

人格化有许多种形式，并涉及对次要细节的关注。例如，迪尔曼（1978）报告说，把人的姓名打印到发出的信封上而不是使用贴头、或者在邮寄或回复的信件使用一等邮递而不是大批邮递会使得潜在的回答者对邮件调查的最初反应大有不同。成批量的调查可能会被当成一个任意的广告来对待，没打开之前就被扔掉了。

普遍采用的一个增加人格化的方法就是增加与潜在的回答者的接触次数。提前通知是一个形式。提前通知可以通过邮寄明信片告知潜在的回答者将会有一个调查（Armstrong and Lusk 1987；Church 1993；Dillman 1978；Fox et al. 1988；James and Bolstein 1990；Willimack et al. 1995；Yammarino et al. 1992；Yu and Cooper 1983）或者通过电话请求参与。邓肯（1979）、卡奴克和贝伦森（Kanuk and Berenson 1975）、林斯基（1975）和斯科特（1961）所总结的许多不同研究报告说，提前通知增加了对大多数调查的回答。迪尔曼（1978）的 TDM 在调查构建和管理的方方面面都依赖于高度的人格化，并且这产生了高度的回答率。相反，几个其他研究发现，在人格化和回答率之间没有任何联系（Heberlein and Baumgartner 1978；LaBreque 1978；Roberts et al. 1978）。

9. 邮资

最近评估邮资对调查回答率影响的元分析表明，这些影响是存在的并且重大的，但是在早期研究中更重要。今天，似乎研究者想当然地认为，他们的调查必须以一等邮件送出，而且含有已写明地址贴好邮票的回复信封（Willimack et al. 1995）。

早期的研究集中在曾用以邮寄给回答者、贴在信封上的邮票的不同形式和贴在回复信封上不同的邮票形式来评估邮资的效果。用在邮寄调查给回答者信封上的邮票类型十分重要的；调查应该总是使用一等邮递（Dillman 1978）。在大多数情况下使用一等或航空邮寄增加了回复率（Armstrong and Lusk 1987；Church 1993；Duncan 1979；Kanuk and Berenson 1975；Fox et al. 1988；Linsky 1975；Scott 1961；Willimack et al. 1995；Yammarino et al. 1992；Yu and Cooper 1983）。迪尔曼（1978）证实了一等邮件更高花费的合理性，他指出，（1）当有可能一等邮件就会发出而且即使不能投递到也会退回，（2）任何以第三等形式邮寄的调查可能误作垃圾邮件，因而未打开就被扔掉。使用昂贵形式的邮递，诸如挂号邮件（certified mail）比使用常规的第一等邮件产生更高的回答率（Tedin and Hofstetter 1982）。同样，第四等以及最后一等邮件可能通过挂号邮件形式发送以确保到达对象并获得注意（Dillman 1978）。但是，其他的研究对第一等和其他特殊邮递的邮件的有效性不那么乐观。对不同邮资种类的检测（常规的第一等邮票和纪念票、第三等、邮资付费（metered）第一等、邮资付费第三等）产生不同的回答率（McCrohan and Low 1981）。

其他的因素也可能混合这些邮递观点。鲍姆加特纳和赫伯林（1984）指出，使用第三等邮递对回答率有负面影响，除非邮件序列是最新的。迪尔曼（1978）把这一合格标准推广到所有的不管使用哪种邮递方式的调查问卷邮件上。邮递清单很快就过时。邮递清单越久，不回答的数量就越大。

在阿姆斯特朗和勒斯克（Armstrong and Lusk 1987）对综合的一套元研究（该研究试验性地操作了邮递方式）进行元分析之前，在回复信封上的邮递方式和回答率之间没有发现一致的关系。早期几个研究表明，使用第一等邮票（普通邮票和纪念票）与商业回邮或邮资付费邮件相比，对回答率有更为积极的影响（Armstrong and Lusk 1983; Dillman 1978; Finn 1983; Gaffey 1978; Gullahorn and Gullahorn 1963; Hammond 1959; Harris and Guffey 1978; Hensley 1974; Hewett 1974; Jones and Linda 1978; Martin and McConnell 1970; Perry 1974; Peterson 1975; Pressley and Tullar 1977; Robinson and Agisim 1951; Veiga 1974; Wiseman 1973; Wolfe and Treiman 1979）。其他的研究者也报道了要么更不积极要么混合的结果（Brook 1978; Duncan 1979; Heberlein and Baumgartner 1978; Kanuk and Berenson 1975; LaBreque 1978; Linsky 1975; McCrohan and Lowe 1981; Pressley 1976; Scott 1961; Yu and Cooper 1983）。阿姆斯特朗和勒斯克（1987）报告道，第一等邮递比商业回邮产生了平均多9%的回答率，第一等邮票则比邮资付费邮递平均多出了3.4%的回答，纪念邮票则比在回复信封上使用普通邮票的平均多出了1.6%的回答。阿姆斯特朗和勒斯克（1987）建议"在回信信封上使用或纪念性或一套小面值邮票"。

迪尔曼（1978）指出，而且已经引用的对邮递效果的大量研究也证实，某种形式的回信邮件是必需的。同样，费里斯（Ferriss 1951）说明，写好地址的回信信封必须和调查问卷一起包括在内，因为没有回信信封对回答率有严重的影响。按理说，不能期盼回答者负担额外的邮资支付（这对于一个较长的问卷可能是比较昂贵的）和支付回信信封。虽然他们都有其他的专业差异，但毫无疑问，上面提到的所有研究者都同意下面最起码的要求：研究者必须提供支付回信邮资和写好回邮地址的信封。

10. 最后期限

调查需要通过研究最后期限来完成对回答率的影响，研究结果也是混合的。维奇科（Vocino 1975）报告道，两个星期的期限对回答率没有任何影响。另外一个研究发现，3个星期的期限对第一次邮件以及第一次和第二次追踪邮件回答率有巨大影响（Roberts et al. 1978）。

11. 请求类型

对回答者受益的请求与用来帮助研究者的请求相比对回答率有一个更为积极的影响（Armstrong and Lusk 1987; Childers et al. 1980; Church 1993; Fox et al. 1988; Jones and Linda 1978; Yammarino et al 1992; Yu and Cooper 1983）。人

性化的请求比非人性化的更为有效。例如，有些引用的研究只是报告了有助于研究者或者研究赞助者的请求的混合结果。其他的研究则表明，要求帮助是有效果的。

D. 权衡（weighting）

存在有诸多可选择方法以供使用来努力提高回答率。方法之一就是通过使用样本评估（sample weights）来调节调查结果（对人口范围的样本评估）。

最普遍的评估法是在调查中使用有关其他变量的数据，因为人口分布是已知的，包括性别、种族、年龄和收入。许多评估计划被用来实施这一策略。例如，调查结果根据这些已知数据通过比率估计得以调节（Bailar et al. 1978）。其他的结果只是从和不回答者具有相同或相似人口特征的回答者的答案中推算出来（Fuller 1974；O'Neil 1979）。例如，在一个老人代表不足的抽样中，老人的回答得以权衡来接近其人口的已知分布或者抽样框架。

第二个方法更多考虑来自于更难以带入抽样或花更长时间决定参与的参加者，根据是他们更近似于那些不回答者（Goudy 1976；O'Neil 1979；Pace 1939；Platek et al. 1978；Politz and Simmons 1949）。第三个技术认为评估计算的基础是回答者对问题的观点的长度和取向（Pearl and Fairley 1985）。厄尔多斯（Erdos 1983）和戈依德（Goyder 1985）简要讨论了影响评估决定的问题。

所有这三个方法都是基于下一假设：评估变量和兴趣依因变量（dependent variable）之间的关系，对于拒绝参与的人和对于回答者都是一样的。无论这一假设确切与否，但几乎没有被检测过。这一假设常常是不合适的，原因有二。首先，评估正确地接近人口范围，除非因变量与获得信息的人口变量有很强的关系。第二，这一假设不正确是因为拒绝对变量之间产生了倾向性影响——这是一个可能出现且不为人所知的因素。

由于评估不回答者如何不同于回答者的研究认为不回答者只是与在特殊地点特殊时候为了调查特殊问题而进行的特殊抽样有关，有些研究者得出结论：设法确认典型的不回答者或者那些可能不回答的人是徒劳无益的（Cannell 1964；Hawkins 1977；Palmer 968）；其他人则认为不然。例如，戈依德 Goyder（1985）以及珀尔和费尔利（Pearl and Fairley 1985）指出，虽然这些调查有不同的特点，但都存在着共性。

权衡与其他提高回答率的措施很大不同，因为它是出现在数据收集之后。正如前几段所指出的，权衡受到不能克服的方法困难的影响。相反，激励回答率能够增加调查回答更接近地相似于抽样框架或所调查的人口这一可能。

E. 小结

回信调查问卷广泛用于公共行政学研究。1995 年出现在 PAR 上的 6 篇文章和 1986 年的 10 篇文章都是使用这一方法收集的数据，而其他 5 篇文章则是根据调查问卷研究的其他方式。10 年或甚至 5 年之前，在最广泛阅读的公共行政期刊上只有为数很少的研究使用这一方法。

要对不回答下结论是困难的,因为在调查回答中有巨大的变化,这是由于在其他方面因素不同如调查主题的突显性、调查主办者和目标人口的性质不同而引起的(Heberlein and Baumgartner 1978;Yammarino et al. 1992)。

由于调查研究方法正在日益被人使用,这一部分回顾了影响调查回答率的一系列因素。这些因素是追踪接触、主办者、回答者人口的性质、凸显、激励、长度、匿名、人格化、请求类型、邮资和最后期限。如果在公共行政学研究中广泛使用这一数据收集法,了解这些因素很关键。

像许多已经评估了影响邮件调查问卷回答率的人一样(Dillman et al. 1974,1978;Willimack et al. 1995;Yammarino et al. 1992;Yu and Cooper 1983),这一评估得出结论:调查筹备或管理的无论哪一方面都肯定不能被忽视。一个考虑不当的决定,像没有装入预先写好地址、贴好邮票(第一类)的回邮信封,或没有使用追踪邮件等,可能对调查的回答率产生不幸的后果。

Ⅶ. 结论

总之,笔者对研究方法很少进行概念化。对方法的选择必须由所研究的问题和场景确定。没有一个方法适合每一个问题和场景。方法特殊化产生结果的可能性对于有效性和可靠性是一种威胁。因此建议使用多种方法。在许多场景中采用许多不同方法会发现结果的有效性和可靠性,重复是有必要的。当新方法合适时,应该使用它们来评估用其他方法已经研究过的问题。

笔者相信,对定量还是定性方法更优越的辩论已经消耗了太多的时间和精力。只要时间地点都适合,使用两种方法更有价值。通常与定量和定性分析联系在一起的方法并不相互排斥,正如它们有时候被描述的。例如,许多人要求三角测量或使用一种方法确证和补充另一种方法(Jick 1979;Vidich 1978),而且存在许多三角测量的例子。三角测量在案例研究部分已被更为详细评估,在参与观察部分评估程度较少。虽然在文献资料上还存在批评,但是本章所引用的许多最近的公共行政学研究使用了多元方法,这可是一个好迹象。

REFERENCES

Adams GB, White JD. Dissertation research in public administration and cognate fields: an assessment of methods and quality. Public Admin Rev 54: 565 – 576, 1994.

Adams JS. An experiment on question and response bias. Public Opin Q 20: 593 – 598, 1956.

Adams RN, Preiss JJ. Human Organizational Research. Homewood. IL: Dorsey, 1960. Agar M. The Professional Stranger: An Informal Introduction to Ethnography. New York: Academic Press, 1980.

Agranoff R, Radin BA. The comparative case study approach in public administration. In: Perry JL, ed. Research in Public Administration. Greenwich, CT: JAI Press, 1991, pp. 203–231.

Aiken M. The distribution of community power: structural bases and social consequences. In: Aiken M, Mott P, eds. The Structure of Community Power. New York: Random House, pp. 1970, 487–525.

Aiken M, Hage J. Organizational interdependence and intra-organizational structure. Am Social Rev 33: 912–930, 1968.

Alford RR. Quantitative indicators of the quality of life: a critique. Comp Urban Res 3 (Summer): 5–8, 1973.

——. Ideological filters and bureaucratic responses in interpreting research: community planning and poverty. In: Demerath NJ, et a)., eds. Social Policy and Sociology. New York: Academic Press, 1975, pp. 25–36.

Alkin M, Daillak R, White P. Using Evaluation: Does Evaluation Make a Difference? Beverly Hills, CA: Sage, 1979.

Allison GT. Essence of Decision: Explaining the Cuban Missile Crisis. Boston: Little, Brown, 1971.

Altschuld JW, Lower MA. Improving mailed questionnaires: analysis of a 96 percent return rate. In: Lockhart DC, ed. Making Effective Use of Mailed Questionnaires. San Francisco: Jossey–Bass, 1984, pp. 5–18.

American Statistical Association Conference. Report on the ASA Conference on Surveys of Human Populations. Am Stat 28: 30–34, 1974.

Anderson AB. Policy experiments: selected analytic issues. In: Bernstein IN, ed. Validity Issues in Evaluative Research. Beverly Hills, CA: Sage, 1976, pp. 17–34.

Andreason AR. Personalizing questionnaire correspondence. Public Opin Q 34: 273–277, 1970.

Andriot D. Guide to United States Government Publications. McLean, VA: Documents Index, Inc., 1990.

Andriot D, Andriot J, Andriot L. Guide to United States Government Statistics. Manassas, VA: Documents Index, Inc., 1995.

Angell R. A critical review of the development of the personal document method in sociology, 1920–1940. In: Gottschaik L, et al., eds. The Use of Personal Documents in History, Anthropology, and Sociology. New York: Social Science Research Council, 1947, pp. 177–232.

Angell RC, Fredman R. The use of documents, records, census materials, and indices. In: Festinger L, Katz DD, eds. Research Methods in the Behavioral Sciences. New York: Holt, Rinehart & Winston, 1953, pp. 300 –326.

Argyris C. Diagnosing defenses against the outsider. J Social Issues 8: 24 – 34, 1952.

Armstrong JS. Monetary incentives in mail surveys. Public Opin Q 39: 111 – 116, 1975.

Armstrong JS, Lusk EJ. The effect of return postage on mail survey response: a quantitative review. Unpublished manuscript. Department of Marketing, University of Pennsylvania, Philadelphia, PA, 1983.

____. Return postage in mail surveys: a meta-analysis. Public Opin Q 51: 231 – 248, 1987.

Armstrong JS, Overton TS. Estimating nonresponse bias in mail surveys. J Market Res 14: 397 – 402, 1977.

____. Brief vs. comprehensive descriptions in measuring intentions to purchase. Journal of Marketing Research 13: 114 – 117, 1971.

Asad T, ed. Anthropology and the Colonial Encounter. London: Humanities, 1973.

Ash P, Abramson E. The effect of anonymity on attitude questionnaire response. J Abnorm Social Psychol 47: 722 – 723, 1952.

Athey KR, Coleman JE, Reitman AP, Tank J. Two experiments showing the effect of the interviewer's racial background on responses to questionnaires concerning racial issues. J Appi Psychol 44: 244 – 246, 1960.

Babbie E. Survey Research Methods. Belmont, CA: Wadsworth, 1973.

____. The Practice of Social Research. 3rd ed. Belmont, CA: Wadsworth, 1983.

____. Practicing Social Research. 4th. ed. Belmont, CA: Wadsworth, 1986.

Bailar B, Bailey L, Colby C. A comparison of some adjustment and weighting procedures for survey data. In: Namboodiri NK, ed. Survey Sampling and Measurement. New York: Academic Press, 1978, pp. 175 – 198.

Bailey KD. Methods for Social Research. 2nd ed. New York: Free Press, 1982.

Bailey L, Moore TF, Bailar B. An interview variance study for the eight impact cities of the national crime survey's cities sample. J Am Stat Assoc 73: 16 – 23, 1978.

Bailey MT. Do physicists use case studies? Thoughts on public administration research. Public Admin Rev 52: 47 – 54, 1992.

Bain RK. The researcher's role: a case study. In: Adams RN, Preiss JJ, eds. Human Organization Research. Homewood, IL: Dorsey, 1960, pp. 140 – 152.

Balaban RM. The contribution of participant observation to the study of process in program evaluation. Int J Mental Health 2: 59 – 70, 1973.

____. Participant observation—rediscovering a research method. In: Goldman L, ed. Research Methods for Counselors. New York: Wiley, 1978, pp. 155 – 175.

Baldassare M. The Growth Dilemma. Berkeley: University of California Press, 1981.

Baldassare M, Protash W. Growth controls, population growth, and community satisfaction. Am Sociol Rev 47: 339–346, 1982.

Bales RF. Interaction Process Analysis. Cambridge, MA: Addison-Wesley, 1950.

Balfour DL, Wechsler B. Organizational commitment: antecedents and outcomes in public organizations. Public Product Manage Rev 19: 256–277, 1996.

Ball JC. The reliability and validity of interview data obtained from 59 narcotic drug addicts. Am J Sociol 72: 650–654, 1967.

Banton M. The Policeman in the Community. Garden City, NJ: Anchor, 1964. Barber JD. Power in committees: an experiment in the governmental process. Chicago: Rand McNally, 1966.

Barzun J, Graff H. The Modern Researcher. 3rd ed. New York: Harcourt Brace Jovanovich, 1977.

Baumgartner RM, Heberlein TA. Recent research on mailed questionnaire response rates. In: Lockhart DC, ed. Making Effective Use of Mailed Questionnaires. San Francisco: Jossey-Bass, 1984, pp. 65–76.

Baur EJ. Response bias in a mail survey. Public Opin Q 11: 594–600, 1947.

Beck PA, Rainey HG, Nicholls K, Traut C. Citizen views of taxes and services: a tale of three cities. Social Science Q 68: 223–243, 1987.

Becker G, Bakal DA. Subject anonymity and motivational distortion in self-report data. J Clin Psychol 26: 207–209, 1970.

Becker HS. Problems in the publication of field studies. In: Vidich A, et al., eds. Reflections on Community Studies. New York: Wiley, 1964, pp. 267–284.

———. Problems of inference and proof in participant observation. American Sociological Review 23: 652–660, 1958.

———. Whose side are we on? Social Problems 14: 239–247, 1967,

———. Practitioners of vice and crime. In: Habenstein RW, ed. Pathways to Data. Chicago: Aldine, 1970, pp. 30–49.

Becker HS, Friedson E. Against the code of ethics. American Sociological Review 29: 409–410, 1964.

Becker HS, Greer B. Participant observation and interviewing: a comparison. Hum Org 16: 28–32, 1957.

Becker HS, Greer B, Hughes EC, Strauss A. Boys in White: Student Culture in Medical School. Chicago: University of Chicago Press, 1961.

Benson LE. Studies in secret ballot technique. Public Opin Q 5: 79–82, 1941.

———. Mail surveys can be valuable. Public Opin Q 10: 234–241, 1946.

Benus J, Ackerman JC. The problem of non-response in sample surveys. In: Lansing J, Wolfe A, eds. Working Papers on Survey Research in Poverty Areas. Ann

Arbor: Survey Research Center, University of Michigan, 1971, pp. 26 – 59.

Bergsten JW, Weeks MF, Bryan FA. Effects of an advance telephone call in a personal interview survey. Public Opin Q 48: 650 – 657, 1984.

Berk ML, Mathiowetz NJ, Ward EP, White AA. The effect of prepaid and promised incentives: results of a controlled experiment. J Official Stat 3: 449 – 457, 1987.

Berkhofer RF Jr. A Behavioral Approach to Historical Analysis. New York: Free Press, 1969.

Berman J, McCombs H, Boruch RF. Notes on the contamination method. Sociol Meth Res 6: 45 – 62, 1977.

Bernstein C, Woodward B. All the President's Men. New York: Warner Books, 1974.

Berreman G. Behind many masks: impression management in a Himalayan village. Monograph 4. Society for Applied Anthropology. Ithaca, NY: Cornell University Press, 1962.

Berry BJL, Cutler I, Draine EH, Kians YC, Tocalis TR, deVise P. Chicago: Transformation of an Urban System. Cambridge, MA: Ballinger, 1976.

Berry SH, Kanouse DE. Physician response to a mailed survey: an experiment in timing of payment. Public Opin Q 51: 102 – 114, 1987.

Bevis JC. Economical incentive used for mail questionnaire. Public Opin Q 12: 492 – 493, 1948.

Bigelow B, Stone MM. Why don't they do what we want? An exploration of organizational responses to institutional pressures in community health centers. Public Admin Rev 55: 183 – 192, 1995.

Binning JF, Lord RG. Boundary conditions for performance cue effects on group process rating: familiarity versus type of feedback. Org Behav Hum Perform 26: 115 – 130, 1980.

Bishop GF, Oldendick RW, Tuchfarber AJ, Bennett SE. Pseudo-opinions on public affairs. Public Opin Q 44: 198 – 209, 1980.

Bishop GF', Tuchfarber AJ, Oldendick RW. Opinions on fictitious issues: the pressure to answer survey questions. Public Opin Q 50: 240 – 250, 1986.

Bittner E. Objectivity and realism in sociology. In: Psathas G, ed. Phenomenological Sociology New York: Wiley, 1973, pp. 108 – 125.

Black JA, Champion DJ. Methods and Issues in Social Research. New York: Wiley, 1976.

Blair E, Sudman S, Bradburn NM, Stocking C. How to ask questions about drinking and sex:

response effects in measuring consumer behavior. J Market Res 14: 316 – 321,

1977.

Blau PM. Patterns of interaction among a group of officials in a government agency. Hum Relat 7: 337-338, 1954.

____. Orientation toward clients in a public welfare agency. Admin Sci Q 5: 341-361, 1960.

____. The research process in the study of " The Dynamics of Bureaucracy." In Hammond, PE ed. Sociologists At Work. New York: Basic Books, 1964, pp. 16-49.

____. The hierarchy of authority in organizations. Am J Sociol 73: 453-467, 1968.

Blau PM, Schoenherr RA. The Structure of Organizations. New York: Basic Books, 1971.

Blumer H. Critiques of research in the social sciences. I. An appraisal of Thomas and Znaniecki's The Polish Peasant in Europe and America. New York: Social Science Research Council, 1939.

____. Society as symbolic interactionism. In: Rose A, ed. Human Behavior and Social Processes. Boston: Houghton Mifflin, 1962, pp. 179-192.

Boas F. The social organization and the secret societies of the KwakiutI Indians. In: Report of the U. S. National Museum for 1895, Washington, D. C.: Government Printing Office, 1897, pp. 311-337.

Bock EA. Fessler JW, Stein H, Waldo D, eds. Essays on the Case Method. Paris: International Institute of Administrative Science and the Inter-University Case Program, 1962.

Bogdon R, Taylor SJ. Introduction to Qualitative Research Methods: A Phenomenological Approach to (he Social Sciences. New York: Wiley, 1975.

Bonoma TV. Case research in marketing: opportunities, problems, and a process. J Market Res 22: 199-208, 1985.

Boruch R, Cordray DS. An appraisal of education program evaluations: federal, state and local agencies. US Department of Education, Northwestern University. 1980.

Bouchard TJ. Unobtrusive measures: an inventory of uses. Sociol Meth Res 4: 267-300, 1976b.

____. Field research methods: Interviewing, questionnaires, participant observation, systematic observation, unobtrusive measures. In: Dunnette MD, ed. Handbook of Industrial and Organizational Psychology. Chicago: Rand McNally, 1976a, pp. 289-328.

Bradburn NM. Response effects. In: Rheas J, et al., eds. Handbook of Survey Research. New York: Academic Press, 1983, pp. 289-328.

Brandes RS. Frank Hamilton Gushing: Pioneer Americanist. PhD dissertation. University of Arizona, Tucson, 1965.

Brandezburg v. Hayes. 336 Ed. 2d. 626.

Brandt RM. Studying Behavior in Natural Settings. New York: Holt, Rinehart & Winston, 1972.

Brannon D. Choice behavior in a public welfare agency. Unpublished manuscript, Department of Human Service Studies, Cornel! University, Ithaca, NY, 1979.

Brehm JW. A Theory of Psychological Reactance. New York: Academic Press, 1966.

――――. Opinion surveys and political representation. PhD dissertation. University of Michigan, Ann Arbor, 1990.

Brehm SS, Brehm JW. Psychological Reactance: A Theory of Freedom and Control. New York: Academic Press, 1981.

Brehm JW, Cole AH. Effect of a favor which reduces freedom. J Personal Social Psychol 3: 420 – 426, 1966.

Bremner R, ed. Children and Youth in America, Vol. 1, 1600 – 1865; Vol. 2, 1866 – 1932; Vol. 3, 1933 – 1973. Cambridge, MA: Harvard University Press, 1970 – 1971.

Brennan M, Hoek J. The behavior of respondents, nonrespondents, and refusers across mail surveys. Public Opin Q 56: 530 – 535, 1992.

Bridgeland WM, Sofranko A. Community structure and issue-specific influences: community mobilization over environmental quality. Urban Affairs Q 11: 186 – 214, 1975.

Briggs CL. Questions for the ethnographer: a critical examination of the role of the interview in fieldwork. Semiotica 46: 233 – 261, 1983.

――――. Learning how to ask: native metacommunicative competence and the incompetence of fieldworkers. Language Society 13: 1 – 28, 1984.

Briscoe DR, Leonardson GS. Experiences in Public Administration. North Scituate, MA: Duxbury Press, 1980.

Brook LL. The effect of different postage combinations on response levels and speed of reply. JMark Res Soc 20: 239 – 244.

Brown PR, Bishop GF. Who refuses and resists in telephone surveys? Some new evidence. Paper presented at the Annual Conference of the Midwest Association for Public Opinion Research, 1982.

Brown R, Fish D. Recreation planning and analysis in local government. In: 1973 Municipal Year Book. Washington, D. C.: International City Management Association, 1973, pp. 54 – 60.

Brunner A. Carroll SJ. The effect of prior telephone notification on the refusal in fixed address surveys. J Advert Res 9: 42 – 44, 1969.

Brunner RD, Livomese KM. Subjective Political Change: A Prospectus. Boulder: Center for Public Policy Research, University of Colorado. 1982.

Bryck A, Weisberg H. An alternative paradigm for evaluation individualized demonstration programs. Paper presented at the Annual Meeting of the American Educational Research Association, Toronto, Ontario, Canada, 1978.

Bryson MC. The literary digest poll: making of a statistical myth. Am Stat 30 (4): 184–185, 1976.

Bryun S. The Human Perspective in Sociology. Englewood Cliffs, NJ: Prentice-Hall, 1966.

Buckner HT. The police: the culture of a social control agency. PhD dissertation. University of California, Berkeley, 1967.

Buell EH. Eccentrics or gladiators? People who write about politics in letters to the editors. Soc Sci Q 56: 440–449, 1975.

Burgoyne JG, Hodgson VE. An experimental approach to understanding managerial action. In:

Hunt HG, et al., eds. Leaders and Managers: International Perspective on Managerial Behavior and Leadership. Elmsford, NY: Pergamon, 1984, pp. 163–178.

Burrell G, Morgan G. Sociological Paradigms and Organizational Analysis. London: Heinemann, 1979.

Burstein L, Freeman HE, Sirotnik KA, Delandshere G, Hollis M. Data collection: the Achilles heel of evaluation research. Sociological Methods and Research 14: 65–80, 1985.

Burt RS. Comparative power structures in American communities. Soc Sci Res 10: 115–176, 1981.

Busson RS, Larson LL, Vicars WM, Ness JJ. The Nature of Police Executive's Work: Final Report. Carbondale: Southern Illinois University, 1981.

Butz WP. Data confidentiality and public perceptions: the case of the European censuses. Proceedings of the Survey Research Methods Section. Washington, D.C.: American Statistical Association, 1985, pp. 90–97.

Byrne J. Business fads: what's in-and out. Executives latch onto any management idea that looks like a quick fix. Business Week Jan. 20: 52–55, 58, 60–61, 1986.

Cahnman WJ. Historical sociology: what it is and what it is not. In: Varma BN, ed. The New Social Sciences. Westport, CT: Greenwood Press, 1976, pp. 107–122.

Cahnman WJ, Boskoff A, eds. Sociology and History: Theory and Research. New York: Free Press, 1964. -Cain M. Society and the Policeman's Role. London: Routledge, Kegan Paul, 1973.

Campbell B. Race-interviewer effects among Southern adolescents. Public Opin Q 45: 231 – 244, 1981.

Campbell DT. The informant in quantitative research. Am J Sociol 60: 339 – 342, 1955.

———. Degrees of freedom and the case study. Comp Politic Stud 8: 178 – 193, 1975.

Campbell DT, Fiske DW. Convergent and discriminate validation by the multitrait-multimethod matrix. Psychol Bull 56: 81 – 105, 1959.

Campbell DT, Stanley JC. Experimental and Quasi-Experimental Designs for Research. Chicago: Rand McNally, 1963.

Cannell CF. Factors affecting the refusal rate in interviewing. Working paper. Survey Research Center, University of Michigan, Ann Arbor, 1964.

Cannell CF, Kahn RL. Interviewing. In: Lindzey G, Aronson E, eds. Handbook of Social Psychology, vol. II. 2nded. Reading, MA: Addison-Wesley, 1968, pp. 526 – 595.

Caputo DA, Cole RL. City officials and mailed questionnaires: an investigation of the response bias assumption. Politic Method 4: 271 – 287, 1977.

Carroll JD. Confidentiality of social science research sources and data: the Popkin's case. Politic Sci 6: 11 – 24, 1973.

Carter GM, Robyn A, Singer AM. The supply of physician researchers and support for research training: Part I of an evaluation of the Hartford Foundation fellowship program N2003-HF. Santa Monica, CA: Rand Corporation, 1983.

Cartwright BC, Schwartz RD. The invocation of legal norms: an empirical investigation of Durkheim and Weber. Am Social Rev 38: 340 – 354, 1973.

Cary MS. Data collection: film and videotape. Social Meth Res 11: 167 – 174, 1982.

Cesara M. Reflections of a Woman Anthropologist. New York: Academic Press, 1982.

Chevigny P. Police Power: Police Abuses in New York City. New York: Pantheon, 1968.

———. Cops and Rebels. New York: Pantheon, 1972.

Childers TL, Ferrell OC. Response rates and perceived questionnaire length in mail surveys. J Market Res 16: 429 – 431, 1979.

Childers TL, Pride WM, Ferrell OC. A reassessment of the effects of appeals on response to mail surveys. J Market Res 17: 365 – 370, 1980.

Church AH. Estimating the effect of incentives on mail survey response rates: a meta-analysis. Public Opin Q 57: 62 – 79, 1993.

Cialdini RB. Influence: Science and Practice. Glenview, IL: Scott, Poresman;

1988.

dark TN. Community structure, decision-making and urban renewal in 51 American communities. Am Socio! Rev 33: 576-593, 1968.

Cleary RE. Revisiting the doctoral dissertation in public administration: an examination of the dissertations of 1990. Public Admin Rev 52: 55-61, 1992.

Clemente F, Kleiman MB. Fear of crime among the aged. Gerontologist 16: 207-210, 1976.

Clifford J. Power and dialogue in ethnography: Marcel Griaule's initiation. In: Stocking GW, ed. Observers Observed: Essays on Ethnographic Fieldwork. Madison: University of Wisconsin Press, 1983, pp. 121-156.

Coggin M. The 'too few cases/too many variables' problem in implementation research. Western Political Q 39: 328-347, 1986.

Cohen J. A coefficient of agreement for nominal scales. Educ Psychol Measure 20: 37-46, 1960.

Cohen MD, March JG, Olsen JP. A garbage can model of organizational choice. Admin Sci Q 17: 1-25, 1972.

Cole D. "The value of a person lies in his herzensbildung": Franz Boas' Baffin Island Letter-Diary, 1883-1884. In: Stocking GW Jr, ed. Observers Observed: Essays on Ethnographic Fieldwork. Madison: University of Wisconsin Press, 1983, pp. 13-52.

Cole S. The Sociological Method: An Introduction to the Science of Sociology. 3rd ed. Chicago: Rand McNally, 1980.

Collette P, O'Shea G. Pointing the way to a fictional place: a study of direction giving in Iran and England. Eur J Soc Psycho! 6: 447-458, 1976.

Colson H. Citation ranking of public administration journals. Administration & Society 21: 452-471, 1990.

Comer JM, Kelly JS. Follow-up techniques: the effect of methods and source appeal. Working paper, University of Cincinnati, Cincinnati, OH, 1980.

Cook TD, Campbell DT. Quasi-Experimentation: Design and Analysis for Field Settings. Boston: Houghton Mifflin, 1979.

Corey SM. Signed and unsigned attitude questionnaires. J Educ Psychol 28: 144-148, 1937.

Cornwell C, Kellough JE. Women and minorities in federal government agencies: examining new evidence from panel data. Public Administration Review 54: 265-270, 1994.

Cotter PR, Cohen J, Coulter PB. Race-of-interviewer effects in telephone interviews. Public Opin O 46: 278-284, 1982.

Crain RL, Katz E, Rosenthal D. The Politics of Community Conflict: The Fluoridation Issue. Indianapolis, IN: Bobbs-Merrill, 1969.

Cummings K. Random digit dialing: a sampling technique for telephone surveys. Public Opin Q43: 233-244, 1979.

Daft RL, Widgington JC. Language and organizations. Acad Manage Rev 4 (2): 179-191, 1979. Dalton M. Conflict between staff and line managerial officers. Am Sociol Rev 15: 342-351, 1950.

——. Men Who Manage: Fusions of Feelings and Theory in Administration. New York: Wiley, 1959.

——, Preconceptions and method in "Men Who Manage." In: Hammond PE, ed. Sociologists at Work. New York: Basic Books, 1964, pp. 50-95.

Daneke GA, Kobus-Edwards P. Survey research for public administrators. Public Admin Rev 39: 421-426, 1979.

Das TH. Qualitative research in organizational behavior. J Manage Stud 20: 301-314, 1983.

Datta L. Strange bedfellows: the politics of qualitative methods. Am Behav Sci 26: 133-144, 1982. Davis CH, Rush JE. Guide to Information Science. Westport, CT: Greenwood Press, 1979.

Davis F. Deviance disavowal: the management of strained interaction by the visibly handicapped. Soc Probe 9: 120-132, 1961.

Decotiis T, Petit A. The performance appraisal process: a model and some testable propositions. Acad Manage Rev 3: 635-646, 1978.

DeLamater J, MacCorquodale P. The effects of interview schedule variations on reported sexual behavior. Sociol Method Res 4: 215-236, 1975.

DeMaio TJ. Refusals: who, where and why. Public Opin Q 39: 223-233, 1980.

DeNisi AS, Pritchard RD. Implicit theories of performance as artifacts in survey research: a replication and extension. Org Behav Hum Perform 21: 358-366, 1978.

Denzin N. The Research Act. Chicago: Aldine, 1970. Derthick M. New Towns In-Town: Why a Federal Program Failed. Washington, D.C.; Urban Institute, 1972.

deVaus DA. Surveys in Social Research. London: Alien & Unwin, 1986.

Dexter LA. Role relationships and conceptions of neutrality in interviewing. Am J Sociol 62: 153-157, 1956.

——. Elite and Specialized Interviewing. Evanston, IL: Northwestern University Press, 1970. Diliman DA. Mail and Telephone Surveys: The Total Design Method. New York: Wiley, 1978. Dillman DA, Christenson JA, Carpenter EH, Brooks RM. Increasing mail questionnaire response: a four-state comparison. Am Sociol Rev 39: 744-756, 1974.

Dillman DA, Gallegos JG, Frey JH. Reducing refusal rates from telephone interviews. Public Opin Q 40: 66–78, 1976.

DiMaggio P, Useem M. Decentralized applied research: factors affecting the use of audience research by art organizations. J Appl Behav Sci 15: 79–93, 1979.

Dohrenwend BS. An experimental study of payments to respondents. Public Opin Q 34: 620–624, 1970.

Dohrenwend BS, Colombotos J, Dohrenwend J. Social distance and interviewer effects. Public Opin Q 32: 410–422, 1968.

Dollard J. Caste and Class in a Southern Town. New Haven, CT: Yale University Press, 1937. Donald MN. Implications of nonresponse for the interpretation of mail questionnaire data. Public Opin Q 24: 99–114, 1960.

Donley E, Winter G. Measuring the motives of public officials at a distance: an exploratory study of American presidents. Behav Sci 15: 222–236, 1970.

Douglas JD. Investigative Social Research: Individual and Team Field Research. Beverly Hills, CA Sage, 1976.

Downey HK, Chacko T, McElroy JC. Attribution of the "causes" of performance: a constructive, quasi-longitudinal replication of the Staw study (1975). Org Behav Hum Perform 24: 287–299, 1979.

Downey HK, Ireland RD. Quantitative versus qualitative; environmental assessment in organizational studies. Admin Sci Q 24: 630–637, 1979.

Downs CW, Smeyak GP, Martin E. Professional Interviewing. New York: Harper & Row, 1980.

Downs PE, Kerr JR. Recent evidence on the relationship between anonymity and response variables for mail surveys. J Acad Market Sci 14: 72–82, 1986.

Dukes RL, Ullman JB, Stein JA. Three-year follow-up of drug abuse resistance education (D. A. R. E.). Evaluation Rev 20: 49–66, 1996.

Duncan WJ. Mail questionnaires in survey research: a review of response inducement techniques. J Manage 5: 39–55, 1979.

Dunn DD. Blinders on research in public sector performance. Public Admin Q 8: 313–324, 1984. Edgington ES. Statistical inference from $N = 1$ experiments. J Psychol 65: 195–199, 1967.

Eichner K, Habermehl W. Predicting response rates to mailed questionnaires (comment on Heberlein and Baumgartner, ASR, August 1978). Am Sociol Rev 46: 361–363, 1981.

Eisinger RA, Janicki WP, Stevenson RL, Thompson WL. Increasing returns in international mail surveys. Public Opinion Q 38: 125–130, 1974.

Elinson J, Haines VT. Role of anonymity in attitude survey. Am Psychol 5: 315.

Epstein A, ed. The Craft of Social Anthropology. London: Tavistock, 1967.

Erdos P. Professional Mail Surveys. Malabar, FL: Kreiger, 1983.

Erikson KT. Sociology and the historical perspective. In: Bell W, Mau JJ, eds. The Sociology of the Future. New York: Russell Sage, 1971, pp. 61–67.

Evinger WR. Federal Statistical Data Bases: A Comprehensive Catalog of Current Machine-Readable and Online Files. Phoenix, AZ: Oryx Press, 1988.

Feagin JR, Orum AM, Sjoberg G, eds. A Case for the Case Study. Chapel Hill: University of North Carolina Press, 1991.

Feilders JF. Action and Reaction. The Job of an Urban School Superintendent. PhD dissertation, Stanford University, Stanford, CA, 1979.

Feinstein AR. The haze of Bayes, the aerial palaces of decision analysis, and the computerized Ouija board. Clin Pharmacol Therapeut 21: 482–496, 1977.

Felson M. Unobtrusive indicators of cultural change. Am Behav Sci 26: 534–542, 1983.

Felson M, Cohen LE. Human ecology and crime: a routine activity approach. Hum Ecol 8: 397–406, 1980.

Ferber R. Item nonresponse in a consumer survey. Public Opin Q 30: 399–415, 1966.

Ferber R, Sudman S. Effects of compensation in consumer expenditure studies. Ann Econ Soc Measure 3: 319–331, 1974.

Ferriss AL. A note on stimulating response to questionnaires. Am Sociol Rev 16: 247–249, 1951.

Festinger L, Reicken HW, Schacter S. When Prophecy Fails. Minneapolis: University of Minnesota Press, 1956.

Fetterman DM. Ethnography: Step-by-Step. Newbury Park, CA: Sage, 1989.

Fiedler FE. A Theory of Leader Effectiveness. New York: McGraw-Hill, 1967.

Filstead WJ. Qualitative Methodology: Firsthand Involvement in the Social World. Chicago: Markham, 1970.

Finn DW. Response speeds, functions, and predictability in mail surveys. J Acad Market Sci 11: 61–70, 1983.

Fischer RP. Signed versus unsigned personal questionnaires. J Appi Psychol 30: 220–225, 1946.

Fisher GW. The Worst Tax? A history of the Property Tax in America. Lawrence, KS: University Press of Kansas, 1996.

Fitzgerald JD, Cox SM. Unravelling Social Science: A Primer on Perspectives, Methods, and
Statistics. Chicago: Rand McNally, 1975.

Fleiss JL. Statistical Methods for Rates and Proportions. New York: Wiley, 1981.

Fombrum CJ. Strategies for network research in organizations. Acad Manage Rev 7:

280–291, 1982.

Foreman PB. The theory of case studies. Soc Forces 26: 408–419, 1948.

Forrester JP, Watson SS. An assessment of public administration journals: the perspective of editors and editorial board members. Public Admin Rev 54: 474–482, 1994.

Forsythe SA. An exploratory study of letters to the editor and their contributors. Public Opin Q 14: 143–144, 1950.

Foster G, et al., eds. Long-Term Field Research in Social Anthropology. New York: Academic Press, 1979.

Foster HS Jr., Friedrich CJ. Letters to the editor as a means of measuring the effectiveness of propaganda. Am Politic Sci Rev 31: 71–79, 1937.

Fox JC, Lundman RJ. Problems and strategies in gaining access in police organizations. Criminology 12: 52–69, 1974.

Fox RJ, Crask MR, Kirn J. Mail survey response rate: a meta-analysis of selected techniques for inducing response. Public Opin Q 52: 467–491, 1988.

Franke RH, Kaul JD. The Hawthorne experiments: first statistical interpretation. American Sociological Rev 43: 623–639, 1978.

Freeman J, Butler EW. Some sources of interviewer variance in surveys. Public Opinion Quarterly 40: 79–91, 1976.

Freilich M. Marginal Natives: Anthropologists at Work. New York: Harper & Row, 1970.

Frey JH. An experiment with a confidentiality reminder in a telephone survey. Public Opin Q 50: 267–269, 1986.

Fuguitt GV, Beale CL. Population trends of nonmetropolitan cities and villages in subregions of the United States. Demography 15: 605–620, 1978.

Fuguitt GV, Deeley NA. Retail service patterns and small town population change: a replication of Hassinger's study. Rural Sociol 31: 53–63, 1966.

Fuller CH. Weighting to adjust for survey nonresponse. Public Opin Q 38: 239–246, 1974.

Furse DH, Stewart DW. Monetary incentives versus promised contributions to charity: new evidence on mailed survey response. J Market Res 19: 375–380, 1982.

Furse DH, Stewart DW, Rados DL. Effects of foot in the door, cash incentives, and follow-ups on survey response. J Market Res 14: 611–616, 1977.

Futrell CM. Effects of using both confidentiality and anonymity in survey research of the sales force. AMA Proc 1981: 391–393.

Futrell CM, Swan JE. Anonymity and response by salespeople to a mailed questionnaire. J Market Res 14: 611–616, 1977.

Gaffey HJ. Questionnaire returns: stamps versus business reply envelopes revisited. J

Market Res 15: 290 – 293, 1978.

Gallegos JC. An experiment in maximizing response to telephone interviews through the use of a preliminary letter, based on the principles of exchange theory. MA thesis, Washington State University,

Gaudet H, Wilson EC. Who escapes the personal investigator? J App) Psychol 24: 773 – 777, 1940.

Gaunt D. Memoir on History and Anthropology. Stockholm: Swedish Council for Research in the Humanities and Social Sciences, 1982.

Geer B. First days in the field. In: Hammond PE, ed. Sociologists At Work. New York: Basic Books, 1964, pp. 322 – 344.

Geertz CA. The Interpretation of Cultures. New York: Basic Books. 1973.

Gelb BD. Incentives to increase survey returns: social class considerations. J Market Res 12: 107 – 109, 1975.

George AL. Propaganda Analysis: A Study of Inferences Made from Nazi Propaganda in World War'II. Westport, CT: Greenwood Press, 1959.

Georgopoulos BS, Mann FC. The Community General Hospital. New York: Macmillan, 1962.

Gerberich JB, Mason JM. Signed versus unsigned questionnaires. J Educ Res 42: 122 – 126, 1948.

Gerbner GO, Holsti OR, Krippendorff K, Paisley WJ, Stone PJ, eds. The Analysis of Communication Content: Development in Scientific Theories and Computer Techniques. New York: Wiley, 1969.

Glaser B. Theoretical Sensitivity. Mill Valley, CA: Sociology Press, 1978.

Glaser BG, Strauss AL. The Discovery of Grounded Theory: Strategies for Qualitative Research. Chicago: Aldine, 1967.

Glaser E, Backer T. A clinical approach to program evaluation. Evaluation 1 (1): 541 – 549, 1972.

Glaser MA, Bardo JW. A five-stage approach for improved use of citizen surveys in public investment decisions. State and Local Government R 26: 161 – 172, 1994.

Glaser MA, Denhardt, KG, Grubbs JW. Local government-sponsored community development: exploring relationships between perceptions of empowerment and community impact. American Rev of Public Admin 27: 76 – 94, 1994.

Glaser MA, Hildreth WB. A profile of discontinuity between citizen demand and willingness to pay taxes: comprehensive planning for park and recreation investment. Public Budgeting & Finance 16: 96 – 113, 1996.

Glaser M, Humphries K, An Evaluation of the Wichita-Sedgwick County Department of Community Health Family Planning Clinic. Wichita, KS: Hugo Wall Center for Urban Studies, Wichita State University, 1985.

Glaser M, McKinney J, Urbom D, eds. An Evaluation and Needs Assessment of the Wichita-Sedgwick County Salvation Army. Wichita, KS: Hugo Wall Center for Urban Studies, Wichita State University, 1987.

Glassner B, Corzine J. Library research as fieldwork: a strategy for qualitative content analysis. Sociol Soc Res 66: 305-319, 1982.

Glazer M. The Research Adventure: Promise and Problems of Fieldwork. New York: Random House, 1972.

Godwin RK. The consequences of large monetary incentives in mail surveys of elites. Public Opin Q 43: 378-387, 1979.

Goffman E. The Presentation of Self in Everyday Life. Woodstock, NY: Overlook Press, 1973.

Gold RL. Roles in sociological field observations. Soc Forces 36: 217-223, 1958.

Goldman-Eisler F. Individual differences between interviewers and their effect on interviewees' conversational behavior. J Ment Sci 98: 660-671. 1952.

Golembiewski RT, ed. Perspectives on Public Management: Cases and Learning Designs. Iiasca, IL: Peacock, 1976.

Golembiewski RT, White M, eds. Cases in Public Management. 4th ed. Boston: Houghton Mifflin, 1983.

Goode WJ, Hatt PK. Methods in Social Research. New York: McGraw-Hill, 1952.

Goodenough W. Culture, Language, and Society. Reading, MA: Addison-Wesley, 1971.

Goodstadt MS, Chung L, Kronitz R, Cook G. Mail survey response rates: their manipulation and impact. J Market Res 14: 391-395, 1977.

Gordon R. Ethnomethodology—radical critique. Hum Relat 29: 193-202, 1976.

Gottschalk L, Kluckhohn C, Angell R. The Use of Personal Documents in History, Anthropology, and Sociology. New York: Social Science Research Council, 1947.

Goudy WJ. Nonresponse effects on relationships between variables. Public Opin Q 40: 360-369, 1976.

Gouldner AW. The norm of reciprocity: a preliminary statement. Am Sociol Rev 25: 161-178, 1960.

Goyder J. Further evidence on factors affecting response rates to mailed questionnaires. Am Sociol Rev 47: 550-553, 1982a.

———. Nonresponse: the opinion surveyor's dilemma. Queen's Q 89: 569-582, 1982b.

———. Face-to-face interviews and mailed questionnaires: the net difference in response rate. Public Opin Q 49: 234-252, 1985.

————. The Silent Minority: Nonrespondents on Sample Surveys. Boulder, CO: Westview Press, 1987.

Green SG, Mitchell TR. Attributional processes of leaders in leader-member interactions. Organizational Behavior and Human Performance 23: 429 – 458, 1979.

Greenhaigh L, Jick TD. The relationship between job security and turnover and its differential effects on employee quality level. Paper presented in the Academy of Management Conference, Atlanta, GA, 1979.

Grey DL, Brown TR. Letters to the editor: hazy reflections of public opinion. Journal Q 47: 450 – 471, 1970.

Griaule M. Methode de l'ethnographic. Paris, 1957.

Grimshaw AD. Language as data and as obstacle in sociological research. Items 23: 17 – 21, 1969.

————. Some problematic aspects of communication in crossracial research in the United States. Sociological Focus, 3: 67 – 85, 1969 – 1970.

Gronn PC. Methodological perspective: neo-Taylorism in educational administration? Educ Admin Q 18: 17 – 35, 1982.

Gross N, Giacquinta JB, Bernstein M. Implementing Organizational Innovations. New York: Basic Books, 1971.

Groves RM. On the mode of administering a questionnaire and responses to open-ended items. Soc Sci Res 7: 257 – 271, 1978.

————. Survey errors and survey costs. New York: Wiley, 1989.

Groves R M, Cialdini RB, Couper MB. Understanding the decision to participate in a survey. Public Opinion Quarterly 56: 475 – 495, 1992.

Groves RM, Kahn RL. Surveys by Telephone: A National Comparison with Personal Interviews. New York: Academic Press, 1979.

Groves RM, Magilavy LJ. Estimates of interviewer variance in telephone surveys. Proceedings of the Survey Research Methods Section. Washington, D. C.: American Statistical Association, 1980, pp. 622 – 627.

Guest RH. Of time and the foremen. Personnel 32: 478 – 486, 1956.

Guilford JP. Psychometric Methods. 2nd. ed. New York: McGraw Hill, 1954.

Gullahorn J, Strauss G. The field worker in union research. In: Adams RN, Preiss JJ, eds. Human Organization Research. Homewood, IL: Dorsey, 1960, pp. 153 – 165.

Gullahorn JE, Gullahorn JT. An investigation of the effects of three factors on response to mail questionnaires. Public Opin Q 27: 294 – 296, 1963.

Gunn WJ, Rhodes IN. Physician response rates to a telephone survey: effects of monetary incentive on response level. Public Opin Q 45: 109 – 115, 1981.

Gusfield JR. Field work reciprocities in studying a social movement. Hum Org 14:

29 –33, 1955.

Guthrie JP, Schwoerer CE. Older dogs and new tricks: career stage and self-assessed need for training. Public Personnel Manage 25: 59 –72, 1996.

Hakel M, Sorcher M, Beer M, Moses J. Making It Happen: Designing Research with Implementation in Mind. Beverly Hills, CA: Sage, 1982.

Hall RI. A system pathology of an organization: the rise and fall of the old Saturday Evening Post. Admin Sci Q 21: 185 –211, 1976.

Hamel L, Reif HG. Should attitude questionnaires be signed? Personnel Psychol 5: 87 –92, 1952.

Hamer PM. A Guide to Archives and Manuscripts in the United States. New Haven, CT: Yale University Press, 1961.

Hammond EC. Inhalation in relation to type and amount of smoking. J Am Stat Assoc 54: 35 –49, 1959.

Hansen RA. A self-perception interpretation of the effect of monetary and non-monetary incentives on mail survey respondent behavior. J Market Res 17: 77 –83, 1980.

Hanson RH, Marks ES. Influence of the interviewer on the accuracy of survey results. J Am Stat ˆ Assoc 53: 635 –655, 1958.

Harris JR, Guffey HJ. Questionnaire returns: stamps versus business reply envelopes revisited. J Market Res 15: 290 –293, 1978.

Harris RN. The Police Academy: An Inside View. New York: Wiley, 1973.

Hassinger E. The relationship of trade-center population change to distance from larger centers in an agricultural area. Rural Sociol 22: 131 –136, 1957.

Hatchett S, Schuman H. White respondents and race of interview effects. Public Opin Q 39: 523 –528, 1975.

Hawkins DI. Estimation of nonresponse bias. Sociol Meth Res 3: 461 –485, 1975.

———. Nonresponse in Detroit Area Study Surveys: A Ten Year Analysis. Working Papers in Methodology. Chapel Hill: Institute for Research in Social Science, University of North Carolina, 1977.

———. The impact of sponsor identification and direct disclosure of respondent rights on the quantity and quality of mail survey data. J Business 52: 577 –590, 1979.

Hawley AH. Community power and urban renewal success. Am J Sociol 68: 422 –431, 1963.

Heard A. Interviewing southern politicians. Am Politic Sci Rev 44: 886 –896, 1950.

Heberlein TA, Baumgartner RM. Factors affecting response rates to mailed questionnaires: a quantitative analysis of the published literature. Am Sociol Rev 43:

447 – 462, 1978.

———. The effectiveness of the Heberlein-Baumgarmer models for predicting response rates to mailed questionnaires: European and U. S. examples. Am Sociol Rev 46: 361 – 363, 1981a.

———. Is a questionnaire necessary in a second mailing? Public Opin Q 45: 102 – 108, 1981b. Heffernon E. Making It In Prison. New York: Wiley-Interscience, 1972.

Henry N. Doing Public Administration: Exercises, Essays, and Cases. Boston: Allyn and Bacons, 1982.

Hensley WE. Increasing response rate by choice of postage stamps. Public Opin Q 38: 280 – 283, 1974.

Herriott RE. Tensions in research design implementation: the rural experimental schools study. Am Behav Sci 26: 23 – 44, 1982.

Herriott RE, Gross N, eds. The Dynamics of Planned Educational Change. Berkeley, CA; McCutchan, 1979.

Herzog AR, Rodgers WL. Age and response rates to interview sample surveys. J Geronotol 43: S200 – S205, 1988.

Herzog AR, Rodgers WL, Kulka RA. Interviewing older adults: a comparison of telephone and face-to-face modalities. Public Opin Q 47: 405 – 418, 1983.

Hewett WC. How different combinations of postage on outgoing and return envelopes affect questionnaire returns. J Market Res Soc 16: 49 – 50, 1974.

Higgins CA, McClean RJ, Conrath DW. The accuracy and biases of diary communication data. J Soc Networks 7: 173 – 187, 1985.

Hill DB. Letter opinion on ERA: a test of the newspaper bias hypothesis. Public Opin Q 45: 384 – 392, 1981.

Hinsley C. Savages and Scientists: The Smithsonian Institution and the Development of American Anthropology, 1846 – 1910. Washington. D. C. : Smithsonian Institution Press, 1981.

———. Ethnographic charisma and scientific routine: Gushing and Fewkes in the American Southwest, 1879 – 1893. In: Stocking GW. ed. Observers Observed: Essays on Ethnographic Field-work. Madison: University of Wisconsin Press, 1983, pp. 53 – 69.

Hirst E, Goeltz R. Testing for nonresponse bias: evaluation of utility energy conservation programs. Eval Rev 8: 269 – 278, 1984.

Hockey SA. A Guide to Computer Applications in the Humanities. Baltimore: Johns Hopkins University Press, 1980.

Hodgson RC, Levinson DJ, Zaieznik A. The Executive Role Constellation: An Analysis of Personality and Role Relations in Management. Boston: Harvard Business

School, 1965.

Holsti OR. Content analysis. In: Lindzey G, Aronson E, eds. The Handbook of Social Psychology, vol. II. Reading, MA: Addison-Wesley, 1968, pp. 596 – 693.

Holzer M, Rosen ED. Current Cases in Public Administration. New York: Harper and Row, 1981.

Homans GC. Social Behavior: Its Elementary Forms. New York: Harcourt Brace, 1961.

Honigmann J, Carrera R. Another experiment in sample reliability. Southwest J Anthropol 13: 99 – 102, 1957.

Honigmann J, Honigmann I. Sampling reliability in ethnological field work. Southwest J Anthropol 11: 282 – 287, 1955.

Hornik J. Time cue and time perception effect on response to mail surveys. J Market Res 18: 243 – 248, 1981.

Horvitz DG, Shah BV, Simmons WR. The unrelated question randomized response model. Proceedings of the Social Science Statistics Section. Washington, D. C.: American Statistical Association, 1967, pp. 67 – 72.

House JS, Wolf S. Effects of urban residence on interpersonal trust and helping behavior. J Personality Soc Psychol 36: 1029 – 1043. 1978.

Houston MJ, Ford NM. Broadening the scope of methodological research on mail surveys. J Market Res 13: 397 – 403, 1976.

Houston MJ, Nevin JR. The effects of source and appeal on mail survey response patterns. J Market Res 14: 374 – 378, 1977.

Hsu FLK. The cultural problem of the cultural anthropologist. Am Anthropol 81: 517 – 532, 1979.

Huff SM, Lake D, Schaalman ML. Principal Differences; Excellence in School Leadership and Management. Boston: McBer, 1982.

Huberman AM, Crandall DP. Fitting words to numbers: multisite/multimethod research in educational dissemination. Am Behav Sci 26: 62 – 83, 1982.

Humphrey CR, Krannich RS. The promotion of growth in small urban places and its impact on population change, 1975 – 1978. Soc Sci Q 61: 581 – 594, 1980.

Humphrey CR, Krout J, Gillaspy RT. Net migration turnaround in Pennsylvania nonmetropolitan minor civil divisions, 1960 – 1970. Rural Sociol 42: 332 – 351, 1977.

Humphrey CR, Sell RR. The impact of controlled-access highways on population growth in nonmetropolitan communities, 1940 – 1970. Rural Sociol 40: 323 – 343, 1975.

Hunter F. Community Power Structure: A Study of Decision Makers. Chapel Hill: University of North Carolina Press, 1953.

Hunter R. The Child In Poverty: Social Conscience of the Progressive Era. Hunter R, Jones P, eds. New York: Harper and Row, 1904.

Hyman H. Do they tell the truth? Public Opin Q 8: 557-559, 1944.

Hyman HH, Cobb WJ, Feldman JJ, Hart CW, Spencer CH. Interviewing in Social Research. Chicago: Aldine, 1954.

Inkson JHK, Pugh DS, Hickson DJ. Organizational context and structure: an abbreviated replication. Admin Sci Q 15: 318-329, 1970.

Inoguchi T. Measuring friendship and hostility among communist powers: some unobtrusive measures of esoteric communication. Soc Sci Res 1: 79-105, 1972.

Irving R, EIton MCJ. The use of diaries to measure discretionary behavior: hypothesis and results. Eva! Rev 10: 95-113, 1986.

Irwin J. Participant-observation of criminals. In: Douglas JD, ed. Research on Deviance. New York: Random House. 1972, pp. 117-138.

Isen AM. Positive affect, cognitive processes, and social behavior. In: Berkowitz L. ed. Advances in Experimental Social Psychology. New York: Academic Press, 1987 pp. 203-253.

Jablin FM. Superior-subordinate communication: the state of the art. Psychol Bull 86: 1201-1222, 1979.

Jacobs G, ed. The Participant Observer: Encounters with Social Reality. New York: Braziller, 1970.

James JM, Bolstein R. The effect of monetary incentives and follow-up mailings on response rate and response quality in mail surveys. Public Opin Q 54: 346-361, 1990.

―――. Large monetary incentives and their effect on mail survey response rates. Public Opin Q 56: 442-45. 3, 1992.

Janis IL. Groupthink: Psychological Studies of Policy Decisions and Fiascoes. 2nd ed. Boston: Houghton Mifflin, 1983.

Jasinski FJ. Foremen relationships outside the work group. Personnel 33: 130-136, 1956.

Jick TD. Mixing qualitative and quantitative methods: triangulation in action. Admin Sci Q 24: 602-611, 1979.

Johansen HE, Fuguitt GV. The Changing Rural Village in America. Cambridge, MA: Ballinger, 1984.

Johnson J. Doing Field Research. New York: Free Press, 1975.

Jones C. Notes on interviewing members of the House of Representatives. Public Opin Q 23: 404-406, 1959.

Jones EE, Nisbett RE. The actor and the observer: divergent perceptions of the causes of behavior. In: Jones EE, et al., eds. Attribution: Perceiving the Causes of Behavior. Morristown, NJ: General Learning Press, 1972.

Jones WH. Generalizing mail survey inducement methods: population interactions with anonymity and sponsorship. Public Opin Q 43: 102–111, 1979.

Jones WH, Lang JR. Sample composition bias and response bias in a mail survey: a comparison of inducement methods. J Market Res 17: 69–76, 1980.

———. Reliability and validity effects under mail survey conditions. J Business Res 10: 339–353, 1982.

Jones WH, Linda G. Multiple criteria effects in a mail survey experiment. J Market Res 15: 280–284, 1978.

Jonsson CO. Questionnaires and Interviews; Experimental Studies Concerning Concurrent Validity on Well-Motivated Subjects. Stockholm: Swedish Council for Personnel Administration, 1957.

Jordan LA, Marcus AC, Reeder LG. Response styles in telephone and household interviewing: a field experiment. Public Opin Q 44: 210–222, 1980.

Jorgensen DL. Participant Observation: A Methodology for Human Studies. Newbury Park, CA: Sage, 1989.

Junker BH. Field Work: An Introduction to the Social Sciences. Chicago: University of Chicago Press, 1960.

Kaberry P. Malinowski's contribution to field-work methods and the writing of ethnography. In: Firth R, ed. Man and Culture: An Evaluation of the Work of Bronislaw Malinowski. London: Routledge, 1957, pp. 71–92.

Kahn R, Cannell C. Dynamics of Interviewing. New York: Wiley, 1963.

Kanter RM. Men and Women of the Corporation. New York: Basic Books, 1977.

Kanuk L, Berenson C. Mail surveys and research rates: a literature review. J Market Res 12: 440–453, 1975.

Kaplan AL. Management activities in an organized anarchy and a rational organization: community mental health centers contrasted to branch banks. PhD dissertation, Stanford University, Stanford, CA, 1979.

Kaufman H. The Forest Ranger: A Study in Administrative Behavior. Baltimore: Johns Hopkins University Press, 1960.

———. The Administrative Behavior of Federal Bureau Chiefs. Washington, D.C.: Brookings Institution, 1981.

Kelley J. The study of executive behavior by activity sampling. Human Relations 17: 277–287, 1964.

Kendall PL, Lazarsfeld PF. Problems of survey analysis. In: Merton RK, Lazarsfeld PF, eds. Continuities in Social Research. Glencoe, IL: Free Press, 1950, pp. 133–196.

Kennedy MM. Findings from the follow through planned variation study. Educ Res 7 (6): 3–11, 1978.

———. Generalizing from single case studies. Eval Q 3: 661–678, 1979.

Kephart WM, Bressler M. Increasing the responses to mail questionnaires: a research study. Public Opin Q 22: 123–132, 1958.

Kidder LH. Qualitative research and quasi experimental frameworks. In: Brewer MB, Collins BE, eds. Knowing and Validating: A Tribute to Donald T. Campbell. San Francisco: Jossey-Bass, 1981.

Kilmann R. Beyond the Quick Fix. San Francisco: Jossey-Bass, 1984.

Kim PS. Disability policy: an analysis of the employment of people disabilities in the American federal government. Public Personnel Management 25: 73–88, 1996.

King DN. The effects of incentives on response rates on the national longitudinal survey of education effects. Paper presented at the 34th Annual Conference for Public Opinion Research, Buck Hill Falls, PA, 1979.

King FW. Anonymous versus identifiable questionnaires in drug usage surveys. Am Psychol 25: 982–985, 1970.

Kinsey A. Sexual Behavior in the Human Male. Philadelphia: WB Saunders, 1948.

Kish L. Studies of interviewer variance for attitudinal variables. J Am Stat Assoc 57: 92–115, 1962.

———. Survey Sampling. New York: Wiley, 1965.

Kitsuse JI. Societal reaction to deviant behavior: problems of theory and method. Soc Problems 9: 247–256, 1962.

Klecka WR, Tuchfarber AJ. Random digit dialing: a comparison to personal surveys. Public Opin Q 42: 105–114, 1978.

KIockers CB. The Professional Fence. New York: Free Press, 1974.

Kluckholn FR. The participant observer technique in small communities. Am J Sociol 46: 331–343, 1940.

Kmetz JT, Willower DJ. Elementary school principals' work behavior. Educ Admin Q 18: 62–78, 1982.

Koenig DJ, Martin GR, Seller LH. Response rates and quality of data: a re-examination of the mail questionnaire. Can Rev Sociol Anthropol 14: 432–438, 1977.

Kolson KL, Green JJ. Response set bias and political socialization research. Soc Sci Q 51: 527–538, 1970.

Koson D, Kitchen C, Kochen M, Stodolsky D. Psychological testing by computer: effect on response bias. Educ Psychol Measure 30: 803–810, 1970.

Krannich RS. Socioeconomic impacts of power plant developments on nonmetropolitan communities: an analysis of perceptions and hypothesized impact determinants.

Rural Sociol 46: 128 –142, 1981.

Krannich RS, Humphrey CR. Local mobilization and community growth: toward an assessment of the 'growth machine' hypothesis. Rural Sociol 48: 60 – 81, 1983.

———. Using key informant data in comparative community research. Sociol Method Res 14: 473 –493, 1986.

Krieger S. Beyond 'subjectivity': the use of the self in social science. Qual Sociol 8: 309 –324, 1985.

Kruskal WH. Issues and opportunities. In: Fairley WB, Moestellar F, eds. Statistics and Public Policy. Reading, MA: Addison-Wesley, 1977, pp. 3 –20.

Kuklinski JH, Stanga J. Political participation and government responsiveness: the behavior of California superior courts. Am Politic Sci Rev 73: 1090 –1099, 1979.

Kurke LB, Aldrich HE. Mintzberg was right! A replication and extension of "The Nature of Managerial Work". Acad Manage Proc, 1979.

Labovitz S, Hagedorn R. Introduction to Social Research. New York: McGraw-Hill, 1971.

LaBreque DP. A response rate experiment using mail questionnaires. J Market 42: 82 –83, 1978.

Lagay BW. Assessing bias: a comparison of two methods. Public Opin Q 33: 615 –618, 1969.

Landsberger HA. The horizontal dimension in bureaucracy. Admin Sci Q 6: 299 –332, 1961.

Larson LL, Busson RS, Vicars WM. The Nature of a School Superintendent's Work: Final Technical Report. Carbondale: Southern Illinois University, 1981.

Lau AW, Newman AR, Broedling LA. The nature of managerial work in the public sector. Public Admin Rev 40: 513 –520, 1980.

Lawler EE, Mohrman A, Mohrman S, Ledford G, Cummings T, associates, eds. Doing Research That Is Useful for Theory and Practice. San Francisco: Jossey – Bass, 1985.

Lawler EE, Porter LW, Tannenbaum A. Managers' attitudes toward interaction episodes. J Appl Psychol 52: 432 –439, 1968.

Leach E. Introduction: Malinowski B, ed. Coral Gardens and Their Magic, vol. 1. Bloomington: Indiana University Press, 1965, pp. vii-xvii.

Lee A. The scientific basis for conducting case studies of organizations. Academy of Management Proceedings, 45th Annual Meeting of the Academy of Management, San Diego, CA, 1985, pp. 320 –324.

Leenders MR, Erskine JA. Case Research: The Case Writing Process. 2nd ed. London, Ontario: Research and Publications Division, School of Business Administration, University of Western Ontario, 1978.

Lenski GE, Leggett JC. Caste, class, and deference in the research interview. Am J Sociol 65: 463-467, 1960.

Levine M. Scientific method and the adversary model: some preliminary thoughts. Am Psychol 29: 661-677, 1974.

———. Investigative reporting as a research method: an analysis of Bernstein and Woodward's the President's Men. Am Psychol 35: 626-638, 1980.

Levine S, Gordon G. Maximizing returns on mail questionnaires. Public Opin Q 22: 568-575, 1958. Lewis BJ, Ellefson PV. Evaluating information flows to policy committees in state legislatures: forest and natural resources as a case. Eval Rev 20: 29-48, 1996.

Lewis GB. Women, occupations, and federal agencies: occupational mix and interagency differences in sexual equality in federal white-collar employment. Public Administration Review 54: 271-276, 1994.

Liebow E. Talley's Corner: A Study of Negro Streetcorner Men. Boston: Little, Brown, 1967.

Lindsey EE. Questionnaires and follow-up letters. Pedagog Semin J 28: 303-307, 1921.

Linksy AS. Stimulatory responses to mailed questionnaires. Public Opin Q 39: 82-101, 1975.

Locander W, Sudman S, Bradburn N. An investigation of interview method, threat and response distortion. J Am Slat Assoc 71: 269-275, 1976.

Lockhart DC. Making Effective Use of Mailed Questionnaires. San Francisco: Jossey-Bass, 1984.

Lockhart DC, Russo JR. The effect of length of questionnaire and type of follow-up on the return rate of a mailed questionnaire. Paper presented at the Annual Conference of the Evaluation Network and the Evaluation Research Society, Austin, TX, 1981.

Lofland J. Analyzing Social Settings: A Guide to Qualitative Observation and Analysis. Belmont, CA: Wadsworth, 1971.

———. Doing Social Life. New York: Wiley, 1976.

Lofland J, Lofland LH. Analyzing Social Settings. Beimont, CA: Wadsworth, 1984.

Logan JR. Industrialization and the stratification of cities in suburban regions. Am J Sociol 82: 333-348, 1976.

Logan JR, Schneider M. The stratification of metropolitan suburbs: 1960-1970. Am Sociol Rev46: 175-186, 1981.

Logan JR, Semyonov M. Growth and succession in suburban communities. Sociol Q

21: 93-105, 1980.

London ID. Respondent evaluation applied to quotational analysis: a case study. Psychol Rep 9: 615-621, 1961.

————. The revenge of heaven: a brief methodological account. Psychol Rep 34: 1023-1030, 1974.

————. Interviewing in sinology: observations on methods and fundamental concepts. Psychol Rep36: 683-691, 1975.

London ID, London MB. A research-examination of the Harvard project on the Soviet social system: 1. The basic written questionnaire. Psychol Rep 19: 1011-1109, 1966.

London P. The Modes and Morals of Psychotherapy. New York: Holt, Rinehart and Winston, 1964.

Louis KS. Sociologist as sleuth: integrating methods in the RDU study. Am Behav Sci 26: 101-120, 1982.

Lower MA, Altschuld JW. A Study of Attitudes and Perceptions of the Evaluation of Teaching. Columbus: Ohio State University, 1982.

Lowie RH. Native languages as ethnographic tools. Am Anthropol 42: 81-89, 1940.

Luloff AE, Wilkinson KP. Participation in the national flood insurance program: a study of community activeness. Rural Sociol 44: 137-152, 1979.

Lundberg CC. Hypothesis creation in organizational behavior research. Acad Manage Rev 1: 5-12, 1976.

Lundman RJ, Fox JC. Maintaining research access in a commonwealth bureaucracy. Paper presented to the American Society of Criminology, 1974.

Lynd RS, Lynd HM. Middletown in Transition. New York: Harcourt Brace Jovanovich, 1937.

MacLeod J. Clinical Examination. Edinburgh: Churchill Livingstone, 1979.

Madge J. The Tools of Social Science. New York: Anchor, 1965.

Madley DL. Some benefits of integrating qualitative and quantitative methods in program evaluation. Educ Eval Policy Analy, 1981.

Malinowski B. Argonauts of the Western Pacific. New York: Dutton, 1922.

————. Myth in primitive psychology. In: Malinowski B, ed. Magic, Science and Religion. Boston: Beacon, 1954.

————. Coral Gardens and Their Magic. 2 vols. Bloomington: Indiana University Press, 1935.

————. A Diary in the Strict Sense of the Term. New York: Harcourt, Brace and World, 1967.

Mandelbaum D. Some shared ideas. In: Hoebel E, et al., eds. Crisis in Anthropology: View from Spring Hill, 1980. New York: American Books, 1982, pp. 35 – 50.

Mangione TW, Hingson R, Barrett J. Collecting sensitive data: a comparison of three survey strategies. Sociol Meth Res 10: 337 – 346, 1982.

Mann PH. Methods of Sociological Enquiry. Oxford: Basil Blackwell, 1968.

Manning PK. Observing the police: deviants, respectable and the law. In: Douglas JD, ed. Research on Deviance. New York: Random House, 1972, pp. 213 – 268.

———. The researcher: an alien in the police world. In: Neiderhoffer A, Blumberg A, eds. The Ambivalent Force. 2nd ed. Chicago: Dryden Press, 1976a.

———. Rules, colleagues and situationally justified actions. In: Blankenship RA, ed. Colleagues in Organization. New York: Wiley, 1976b, pp. 263 – 289.

———. Police Work: The Social Organization of Policing. Cambridge, MA: MIT Press, 1977.

Mariampolski H, Hughes DC. The use of personal documents in historical sociology. Am Sociol 13: 104 – 113, 1978.

Mark J. Frank Hamilton Cushing and an American science of anthropology. Persp Am Hist 10: 449 – 486, 1976.

Marks ES, Maudlin WP. Response errors in census research. J Am Stat Assoc 45: 424 – 438, 1950.

Martin J. A garbage can model of the research process. In: McGrath JE, et al., eds. Judgment Calls in Research. Beverly Hills, CA: Sage, 1982, pp. 17 – 40.

Martin JD, McConnell JP. Mail questionnaire response induction: the effect of the four variables and the response of a random sample to a difficult questionnaire. Soc Sci Q 51: 409 – 414, 1970.

Martin WJ, Willower DJ. The managerial behavior of high school principals. Educ Admin Q 17: 69 – 90, 1981.

Martinko MJ, Gardner WL. The observation of high performing educational managers: an observational study. Unpublished paper. Department of Management, Florida State University, Tallahassee, 1984.

———. The observation of high performing educational managers: methodological issues and managerial implications. In: Hunt JG, Hosking DM, Schriesheim C, Stewart R, eds. Leadership and Managers: International Perspective on Managerial Behavior and Leadership. Elmsford, NY: Pergamon, 1984b, pp. 142 – 162.

———. Beyond structured observation: methodological issues and new directions. Acad Manage Rev 1, 0: 676 – 695, 1985.

Mason WS, Dressel RJ, Bain RK. An experimental study of factors affecting response to a mail survey of beginning teachers. Public Opin Q 25: 296–299, 1961.

Matarazzo JD, Wiens, AN, Saslow G, Dunham RM, Voas RB. Speech duration of astronaut and ground communicator. Science 143: 148–150, 1964.

Maurer RC, Christensen JA. Growth and nongrowth orientations of urban, suburban and rural mayors: reflections on the city as a growth machine. Soc Sci Q 63: 350–358, 1982.

May PJ, Burby RJ. Coercive versus cooperative policies: comparing intergovernmental mandate performance. J Policy Analy Manage 15: 171–201, 1996.

Mayer CA. The interviewer and his environment. J Market Res 1: 24–31, 1964.

Mayer CS, Pratt RW Jr. A note on nonresponse in a mail survey. Public Opin Q 30: 639–646, 1966.

McCall GJ. Observing the Law. Washington, D. C.: Government Printing Office, 1975.

McCall GJ, Simmons JL. Issues in Participant Observation: A Text and Reader. Reading, MA: Addison-Wesley, 1969.

McClintock CC. Evaluation of human services planning at state and local levels. J Hum Serv Abstr 3: 26, 1978.

McClintock CC, Barnard D, Maynard-Moody S. Applying the logic of sample surveys to qualitative case studies: the case cluster method. Admin Sci Q 24: 612–629, 1979.

McColsky WH. Identifying predictors of information utilization by secondary school principals. PhD dissertation, Ohio State University, Columbus, 1983.

McCrohan KF, Lowe LS. A cost benefit approach to postage used in mail questionnaires. J Market 45: 130–133, 1981.

McCurdy HE, Cleary RE. Why can't we resolve the research issue in public administration. Public Admin Rev 44: 49–55, 1984.

McDaniel SW, Rao CP. The effect of monetary inducement on mailed questionnaire response quality. J Market Res 17: 265–268, 1980.

McElroy JC, Downey HK. Observation in organizational research: panacea to the performance-attribution effect? Acad Manage J 25: 822–835, 1982.

McGrath JE. Dilemmatic: the study of choice and dilemmas. In: McGrath JE, et al., eds. Judgment Calls in Research. Beverly Hills, CA: Sage, 1982, pp. 69–102.

McGrath JE, Martin J, Kulka RA. Some quasi-rules for making judgment calls in research. In: McGrath JE, et al., eds. Judgment Calls in Research. Beverly Hills, CA: Sage, 1982, pp. 103–118.

McGuire J. Management and research methodology. J Manage 12: 5–17, 1986.

McKenzie JF. An investigation into interviewer effects in market research. J Market

Res 14: 330 – 363, 1977.

McNemar Q. Sampling in psychological research. Psychol Bull 37: 331 – 365, 1940.

Mead M. The study of culture at a distance. In: Mead M, Metraux, R, eds. The Study of Culture at a Distance. Chicago: University of Chicago Press, 1953, pp. 3 – 53.

Mehrabian A, Williams M. Nonverbal concomitants of perceived and intended persuasiveness. J Personality Soc Psychol 13: 37 – 58, 1969,

Merton RK. Field work in a planned community. Am Sociol Rev 12: 304 – 312, 1947.

Merton RK, Kendal PL. The focused interview. Am J Sociol 51: 541 – 557, 1946.

Merton RK, Reader GG, Kendall PL, eds. The Student-Physician: Introductory Studies in the Sociology of Medical Education. Cambridge, MA: Harvard University Press, 1957.

Mesch DJ, Shamayeva O. Arbitration in practice: a profile of public sector arbitration cases. Public Personnel Management 25: 119 – 132, 1996.

Meyer CK, Brown CH, Beville MJ, Scheffer WF, Preheim RL. Practicing Public Management: A Casebook. New York: St. Martin's, 1983.

Meyers LS, Grosson NE. Behavioral Research: Theory, Procedure, and Design. San Francisco: WH Freeman, 1974.

Michaels JE. A view from the top: reflections of the Bush administration presidential appointees. Public Admin Rev 55: 273 – 283, 1995.

Miles MB. Qualitative data as an attractive nuisance. Admin Sci Q 24: 590 – 601, 1979.

——. A mini-cross-site analysis: commentary on these studies. Am Behav Sci 26: 121 – 132, 1982.

Miles MB, Huberman AM. Analyzing Qualitative Data: A Source Book for New Methods. Beverly Hills, CA: Sage, 1984.

Miller DC. Handbook of Research Design and Social Measurement. New York: David McKay, 1977.

Miller SM. The participant observer and 'over-rapport'. Am Sociol Rev 17: 97 – 99, 1952.

Miller TI, Miller MA. Standards of Excellence: U. S. Residents' Evaluations of Local Government Services. Public Admin Rev 51 (6): 503 – 514, 1991.

Millman M. The Unkindest Cut: Life in the Backrooms of Medicine. New York: William Morrow, 1977.

Milmoe S, Rosenthal R, Blane HT, Chavetz ME, Wolf I. The doctor's voice: postdoctoral of suc cessful referral of alcoholic patients. J Abnorm Psychol 72: 78 –

84, 1967.

Minor D. The Information War. New York: Hawthorne, 1970.

Mintzberg H. The manager at work—determining his activities, and programs by structured observation. PhD dissertation, MIT, Sloan School of Management, Cambridge, MA, 1968.

———. Structured observation as a method to study managerial work. J Manage Stud 7: 87–104, 1970.

———. Managerial work: analysis from observation. Manage Sci 188: 97–110, 1971.

———. The Nature of Managerial Work. New York: Harper and Row, 1973.

———. The manager's job: folklore and fact. Harv Business Rev 5: 49–61, 1975.

———. Patterns in strategy formulation. Manage Sci 24: 934–948, 1978.

Mitroff IM. The Subjective Side of Science. New York: Elsevier, 1974.

Mitroff IM, Kilmann R. Methodological Approaches to Social Science. San Francisco: Jossey-Bass, 1978.

Mizes JS, Fleece EL, Roos C. Incentives for increasing return rates: magnitude levels, response bias, and format. Public Opin Q 48: 794–800, 1984.

Moore BH. Managing cities and counties: ICMA activities and resources. Public Admin Rev. 54: 90–92, 1994.

Moore DE, Cantrell R. Community response to external demands: an analysis of participation in the federal flood insurance program. Rural Sociol 41: 484–508, 1976.

Morgan G, Smirich L. The case of qualitative research. Acad Manage Rev 5: 491–500, 1980.

Morris VC, Crowson RL, Hurwitz E, Porter-Gehnie C. The urban principal: discretionary decision-making in a large educational organization. Unpublished manuscript. University of Illinois, Chicago, 1981.

Muchinsky PM. Organizational communication: relationships to organizational climate and job satisfaction. Acad Manage J 20: 592–607, 1977.

Nachmias D, Nachmias C. Research Methods in the Social Sciences. New York: St. Martin's, 1976.

———. Research Methods in the Social Sciences. 3rd ed. New York: St. Martin's, 1987.

National Archives and Records Administration. Guide to the National Archives of the United States. Washington, D.C.: National Archives and Records Administration, 1987.

National Historical Publications and Records Commission. Directory of Archives and Manuscript Repositories in the United States. Phoenix, AZ: Oryx Press, 1988.

Neidig RD, Neidig PJ. Multiple assessment center exercises and job relatedness. J Appi Psychol 69: 182 – 186, 1984.

Nejelski P, Lerman LM. A researcher-subject testimonial privilege: what to do before the subpoena arrives. Wise Law Rev 1086 – 1103, 1971

Neter J, Waksberg J. A study of response error in expenditures data from household interviews. J Am Stat Assoc 59: 18 – 55, 1964.

Newman MA. ender and Lowi's thesis: implications for career advancement. Public Admin Rev 54: 277 – 284, 1994.

Nicosia FH, Rosenberg B. Substantive modeling in consumer attitude research. In: Haley RI, ed. Attitude Research in Transition. Chicago: American Marketing Association, 1972, pp. 213 – 247.

Oakman RL. Computer Methods for Literature Research. Columbia: University of South Carolina Press, 1980.

Olson W. The waiver of signature in personal reports. J Appi Psychol 20: 442 – 450, 1936.

O'Neil HE, Kubany AJ. Observation methodology and supervisory behavior. Personnel Psychol 12: 85 – 95, 1959.

O'Neil MJ. Estimating the nonresponse bias due to refusals in telephone surveys. Public Opin Q43: 218 – 232, 1979.

O'Neil MJ, Groves RM, Cannell CF. Telephone interview introductions and refusal rates: experiments in increasing respondent cooperation. Paper presented at the American Statistical Association Meeting, 1979.

Opier M, Singh RD. The division of labor in an Indian village. In: Coon CS, ed. A Reader in General Anthropology. New York: Holt and Co. 1948, pp. 464 – 496.

O'Reilly CA, Roberts KH. Information filtration in organizations: three experiments. Org Behav Hum Perform 11: 253 – 265, 1974.

Orenstein A, Phillips WRF. Understanding Social Research: An Introduction. Boston: Allyn and Bacon, 1978.

Orne MJ. On the social psychology of the psychology experiment: with particular reference to demand characteristics and their implications. Am Psychol 17: 776 – 783, 1962.

Osgood C. Informants. In: Osgood C, ed. Ingalik Material Culture. Publications in Anthropology ff ll. New Haven, CT: Yale University Press, 1940, pp. 50 – 55.

Parrish WL, Whyte MK. Village and Family in Contemporary China. Chicago: University of Chicago Press, 1978.

Pace RC. Factors influencing questionnaire returns from former university Students. J Appi Psychol 23: 388 – 397, 1939.

Palmer S. On the character and influence of nonresponse in the current population survey. Proceedings of the Social Science Statistics Section. Washington, D. C. : American Statistical Association, 1968, pp. 73 – 80.

Parker LE. Juvenile intake and assessment: a legal roadmap. Paper presented at the Annual Meeting of the Academy of Criminal Justice Sciences, Las Vegas, 1996.

Parten M. Surveys, Polls, and Samples: Practical Procedures. New York: Cooper Square, 1966.

Patton MQ. Qualitative Evaluation Methods. Beverly Hills, CA: Sage, 1980.

Paul BD. Interview techniques and field relationships. In: Kroeber AL, ed. Anthropology Today. Chicago: University of Chicago Press, 1953, pp. 430 – 451.

Pearl DK, Fairley D. Testing for the potential for nonresponse bias in sample surveys. Public Opin Q 49: 553 – 560, 1985.

Pearlin LI. The appeals of anonymity in questionnaire response. Public Opin Q 25: 640—647, 1961.

Pelto PJ. Anthropological Research: The Structure of Inquiry. New York: Harper & Row, 1970.

Pelz DC, Use of Innovation in Innovating Processes by Local Governments. Ann Arbor: CRUSK, Institute for Social Research, University of Michigan, 1981.

Penfield RV. Time allocation patterns and effectiveness of managers. Personnel Psychol 27: 245 – 255, 1974.

Penley LE, Hawkins B. Studying interpersonal communication in organizations: a leadership application. Acad Manage J 28: 309 – 326, 1985.

Pennings J. Measures of organizational structure: a methodological note. Am J Sociol 79: 686 – 704, 1973.

Perry JL, Kraemer KL. Research methodology in the Public Administration Review, 1975 – 1984.

Public Admin Rev 46: 215 – 226, 1986.

Perry N. Postage combinations in postal questionnaire surveys—another view. J Market Res Soc16: 199 – 210, 1974.

Peters RJ, Waterman RH. In Search of Excellence. New York: Harper and Row, 1982.

Peterson KD. The principal's tasks. Admin Notebook 26: 1 – 4, 1977. Peterson RA. An experimental investigation of mail survey response. J Business Res 3: 199 – 210, 1975.

Pettigrew AM, Bumstead DC. Strategies of organization development in differing contexts. In: dark PA, et al. , eds. Organizational Change and Development in Europe. London: Wiley, 1980.

Piore MJ. Qualitative research techniques in economics. Admin Sci Q 24: 560 –

569, 1979.

Pitner NJ. Descriptive study of the everyday activities of suburban school superintendents: the management of information. PhD dissertation, Ohio State University, Columbus, 1978.

———. Training of the School Administrator: State of the Art. Eugene: University of Oregon, College of Education, Center for Educational Policy and Management, 1982.

Platek R, Singh MP, Tremblay V. Adjustment of nonresponse in surveys. In: Namboodiri NK, ed. Survey Sampling and Measurement. New York: Academic Press, 1978, pp. 157–174.

Plog SC. Literary index for the mailbag. J Appi Psychol 50: 86–91.

Poggie JJ. Toward quality control in key informant data. Hum Org 31: 23–30, 1972.

Poister TH, Henry GT. Citizen ratings of public and private service quality: a comparative perspective. Public Admin Rev 54 (2): 155–160, 1994.

Pol LG. A method to increase response when external interference and time constraints reduce interview quality. Public Opin Q 56: 356–359, 1992.

Politz A, Simmons W. An attempt to get not-at-homes into the sample without callbacks. J Am Stat Assoc 44: 9–31, 1949.

Polsky HW. Cottage Six. New York: Russell Sage, 1962.

Polsky N. Hustlers, Beats, and Others. Chicago: Aldine, 1967.

Ponder QD. The effective manufacturing foremen. Proceedings of the Tenth Annual Meeting, Industrial Relations Research Association, Madison, WI, 1957, pp. 41–54.

Ponder QD. Supervisory Practices of Effective and Ineffective Foremen. PhD dissertation, Columbia University, New York, NY, 1959.

Porter GR. Agricultural queries, with returns from the county of bedford. J Stat Soc Lond 1: 89–96, 1838.

Powdermaker H. Stranger and Friend: The Way of an Anthropologist. New York: Norton, 1967.

———. Further reflections on Lesu and Malinowski's diary. Oceania 40: 344–347, 1970.

Pressley MM. Mail Survey Response: A Critically Annotated Bibliography. Greensboro, NC: Faber and Co., 1976.

Pressley MM, Tullar WL. A factor interactive investigation of mail survey response rates from a commercial population. J Market Res 14: 108–116, 1977.

Pressman JL, Wildavsky A. Implementation: How Great Expectations in Washington Are Dashed in Oakland; Or, Why It's Amazing That Federal Programs Work At

All This Being a Saga of the Economic Development Administration. Berkeley: University of California Press, 1973.

Pugh DS, Hickson DJ. Organizational Structure in its Context, vol. 1. Farnborough, Hants, England: Saxon House, 1976.

Quinn RP, Gutek BA, Walsh T. Telephone interviewing: a reappraisal and a field experiment. Basic Appl Soc Psychol 1: 127–153, 1980.

Rainwater L, Pittman DJ. Ethical problems in studying a politically sensitive and deviant community. Social Problems 14: 357–366, 1967.

Raizen S, Rossi R, eds. Program Evaluation in Education: When? How? To What Ends? Washington, D.C.: National Academy Press, 1981.

Read WH. Upward communication in industrial hierarchies. Hum Relat 15: 3–15, 1962.

Reamer FG. Protecting research subjects and unintended consequences: the effect of guarantees of confidentiality. Public Opin Q 43: 497–506, 1979.

Redman E. The Dance of Legislation. New York: Simon & Schuster, 1973.

Reiss AJ. Stuff and nonsense about social surveys and observation. In: Becker HS, et al., eds. Institutions and the Person. Chicago: Aldine, 1968, pp. 351–367.

——. The Police and the Public. New Haven, CT: Yale University Press, 1971.

Renfro PC. Bias in selection in letters to the editor. Journal Q 56: 822–826, 1979.

Riche MF. Who says yes. Am Demogr 9 (2): 8, 1987.

Richardson JL, Larson OF. Small community trends: a 50-year perspective on social-economic change in 13 New York communities. Rural Sociol 41: 45–59, 1976.

Richardson S, Dohrenwend BS, Klein D. Interviewing: Its Forms and Functions. New York: Basic Books, 1965.

Richardson SA. A framework for reporting field-relations experiences. In: Adams RN, Priess JJ, eds. Human Organization Research. Homewood, IL: Dorsey, 1960, pp. 124–139.

Riecken HW. The unidentified interviewer. Am J Sociol 62: 210–212, 1956.

Riesman D, Watson J. The sociability project: a chronicle of frustration and achievement. In: Hammond PE, ed. Sociologists at Work. New York: Basic Books, 1964, pp. 235–321.

Rist RC. On the relations among educational research paradigms: from disdain to detente. Anthropol Educ 8: 42–49, 1977.

——. Blitzkrieg ethnography: on the transformation of a method into a movement. Educ Res 9: 8–10, 1980.

——. Earning and Learning: Youth Employment Policies and Programs. Beverly Hills, CA: Sage, 1981.

Roberts K, O'Reilly C. Failures in upward communication: three possible culprits. Acad Manage J 17: 205-215, 1974.

Roberts K, O'Reilly CA, Bretton GA, Porter LW. Organizational theory and organizational communication: a communication failure? Hum Relat 27: 501-524, 1974.

Roberts RE, McCrory OF, Forthofer RN. Further evidence on using a deadline to stimulate responses to a mail survey. Public Opin Q 42: 407-410, 1978.

Robertson DH, Bellenger DN. A new method of increasing mail survey responses: contributions to charity. J Market Res 15: 632-633, 1978.

Robinson JA, Anderson LF, Hermann MG, Snyder RC. Teaching with inter-nation simulation and case studies. Am Politic Sci Rev 60: 53-65, 1966.

Robinson RA, Agisim P. Making mail surveys more reliable. J Market 15: 415-424, 1951.

Rock P. Some problems of interpretive historiography. Br J Sociol 27 (Sept): 353-369, 1976.

Roethlisberger FJ, Dickson WJ. Management and the Worker. Cambridge MA: Harvard University Press, 1939.

Roos LL, Nichol JP, Johnson CF, Roos NP. Using administrative data banks for research and evaluation: a case study. Eval Q 3: 236-255, 1979.

Rosen NA. Anonymity and attitude measurement. Public Opin 0 24: 675-679, 1960.

Rosenau JN. Citizenship Between Elections. New York: Free Press, 1974.

Rosenhan DL. On being sane in insane places. Science 179: 250-258, 1973.

Rosenthal R. Experimenter Effects in Behavioral Research. New York: Appleton-Century-Crofts, 1976.

Rosner MM. Administrative controls and innovation. Behav Sci 13: 36-43, 1968.

Routh DK, Rettig K. The mailbag literacy index in a clinical population: relation to education, income, occupation, and social class. Educ Psychol Measure 29: 485-488, 1969.

Rubenstein J. City Police. New York: Farrar, Strauss and Giroux, 1973.

Ruebenhausen G, Brim OG. Privacy and behavioral research. Columbia Law Rev 65: 1184-1908, 1965.

Sackett P, Dreher GF. Constructs and assessment center dimensions: some troubling empirical findings. J Appl Psychol 67: 401-410, 1982.

———. Situation specificity of behavior and assessment center validation strategies: a rejoinder to Neidig and Neidig, J Appl Psychol 69: 182-190, 1984.

Salancik GR. Field simulations for organizational behavior research. Admin Sci Q 24: 638-649, 1979.

Sampson P. Qualitative research and motivational research. In: Worcester RM, Downham J, eds. Consumer Market Research Handbook. London: McGraw-Hill, 1972, pp. 25 – 48.

Sanday PR. The ethnographic paradigms. Admin Sci Q 24: 527 – 538, 1979.

Sanders WB, Pinhey TK. The Conduct of Social Research. New York: Holt Rinehart and Winston, 1983.

Sayles LR. Managerial Behavior: Administration in Complex Organizations. New York: McGraw-Hill, 1964.

Schaffer N. Evaluating race-of-interviewer effects in a national survey. Sociological Methods and Research. 8: 400 – 419, 1980.

Schewe CD, Cournoyer NG. Prepaid versus promised monetary incentives to questionnaire response: further evidence. Public Opin Q 40: 105 – 107, 1976.

Schleifer S. Trends in attitudes toward and participation in survey research. Public Opin Q 50: IP – 26, 1986.

Schoolcraft HR. An address delivered before the Was-Ah-Ho-De-No-Son-Ne, or new confederacy of the Iroquois. Third Annual Council. Rochester, New York, August 14, 1846.

Schoenfeldt LF. Data archives as resources for research instruction and policy planning. Am Psychol 25: 609 – 616, 1970.

Schuman H, Converse J. The effects of black and white interviewers on black respondents in 1968. Public Opin Q 35: 44 – 48, 1971.

Schuman H, Gruenberg B. The Impact of City on Racial Attitudes. Ann Arbor: Institute for Social Research, University of Michigan, 1970.

Schuman H, Presser S. Questions and Answers in Attitude Surveys. New York: Academic Press, 1981.

Schwartz MS, Schwartz CG. Problems in participant observation. Am J Sociol 60: 343 – 354, 1955.

Schwartzbaum A, Greunfeld L. Factors influencing subject observer interaction in an organization study. Admin Sci Q 14: 443 – 449, 1969.

Scott KD, Markham SE, Vest MJ. The influence of a merit pay guide chart on employee attitudes toward pay at a transit authority. Public Personnel Manage 25: 103 – 117, 1996.

Sechrest L. Nonreactive assessment of attitudes. In: Willems EP, Raush HL, eds. New York: Holt, Rinehart and Winston, 1969.

———. Another look at unobtrusive measures. In Perspectives on Attitude Assessment: Surveys and Their Alternatives H. W. Sinaiko, and L. A. Breeding (eds.). Pendelton, Champaign, 111. pp. 97 – 107, 1976.

Seidler J. On using informants: a technique for collecting quantitative data and controlling measurement error in organization analysis. Am Sociol Rev 39: 816 – 831, 1974.

Selltiz C, Jahoda M, Deutsch M, Cook SW. Research Methods in Social Relations. New York: Holt, Rinehart and Winston, 1959.

Selltiz C, Wrightsman LS, Cook SW. Research Methods in Social Relations. 3rd ed. New York: Holt, Rinehart and Winston, 1976.

Seiznick P. TVA and the Grass Roots: A Study of Politics and Organization. Berkeley: University of California Press, 1949.

Shafer RJ. A Guide to Historical Method. Rev. ed. Homewood, IL: Dorsey Press, 1974.

Sharf DJ, Lehman ME. Relationship between the speech characteristics and effectiveness of telephone interviewers. J Phonetics 12: 219 – 228, 1984.

Sheriff C. The Artificial River: The Erie Canal and the Paradox of Progress, 1817 – 1862. New York: Hill and Wang, 1996.

Shrivasta P, Mitroff I. Enhancing organizational research utilization. Acad Manage Rev 9: 18 – 26, 1984.

Sigelman L, Walkosz BJ. Letters to the editor as a public opinion thermometer: The Martin Luther King holidy vote in Arizona. Social Science Q 73: 938 – 946, 1992.

Simpson RL, Gulley WH. Goals, environmental pressures, and organizational characteristics. Am Sociol Rev 27: 344 – 351, 1962.

Singer E. Informed consent: consequences for response rate and response quality in social surveys. Am Socio! Rev 43: 144 – 162, 1978.

_____. Telephone interviewing as a black box. Health Survey Research Methods, Research Proceedings from the Third Biennial Conference. U. S. Department of Health and Human Services, National Center for Health Services Research, Reston, VA, 1981.

_____. Informed consent and survey response: a summary of the empirical literature. J of Official Statistics 9: 361 – 375, 1993.

Singer E, Frankel MR, Glassman MB. The effect of interviewer characteristics and expectations on response, response. Public Opin Q 47: 68 – 83, 1983.

Singer E, Kohnke-Aguirre L. Interviewer expectation effects: a replication and extension. PublicOpin Q 43: 245 – 260, 1979.

Singer E, Von Thurn DR, Miller ER. Confidentiality assurances and response. Public Opin Q59: 66 – 77, 1995.

Sjoberg G, Kuhn K. Autobiography and organizations: theoretical and methodological issues. JAppi Behav Sci 25: 309 – 326, 1989.

Sjoberg G, Williams N, Vaughan TR, Sjoberg AF. The case study approach in social research: basic methodological issues. In: Feagin JR, et al., eds. A Case for the Case Study. Chapel Hill: University of North Carolina Press, 1991, pp. 27-79.

Skinner BF. Science and Human Behavior. New York: Macmillan, 1953. ____. Verbal Behavior. New York: Macmillan, 1957.

Skinner SJ, Childers TL. Respondent identification in mail surveys. J Advert Res 20 (6): 57-61, 1980.

Skolnick J. Justice Without Trial. New York: Wiley, 1966.

Smelser NJ. Sociological history: the industrial revolution and the British working class family. JSoc Hist 1: 17-35, 1967,

Smith AG, Robbins AE. Structured ethnography: the study of parental involvement. Am Behav Sci 26: 45-61, 1982.

Smith HL, Hyman H. The biasing effect of interviewer expectations on survey results. Public Opin Q 14: 491-506, 1950.

Smith PC, Kendall LM, Hulin CL. The Measurement of Satisfaction in Work and Retirement. Chicago: Rand McNally, 1969.

Smith RA. Community power and decision making: a replication and extension of Hawley. Am Sociol Rev 41: 691-705, 1976.

Smith TW. Sex and the GSS. General Social Survey Technical Report no. 17. Chicago: National Opinion Research Center, 1979.

____. The hidden 25 percent: an analysis of nonresponse on the 1980 general social survey. Public Opin Q 47: 386-404, 1983.

Snyder N, Glueck WF. How managers plan—the analysis of managers' activities. Long Range Plan 13: 70-76, 1980.

Snyder NM. Managerial and organizational impediments to effective welfare reform. J Health Hum Resourc Admin 14: 445-464, 1992.

____. Organizational culture and management capacity in a social welfare organization: a case study of Kansas. Public Admin Q 19: 243-265, 1995.

Social Problems 14 (2): entire issue, 1967.

Sontag S. The anthropologist as hero. In: Hayes EN, Hayes T, eds. Claude Levi-Strauss: TheAnthropologist as Hero. Cambridge, MA: MIT Press, 1970, pp. 184-197.

Sosidian CP, Sharpi LM. Nonresponse in mail surveys: access failure or respondent resistance? Sociol Soc Res 66: 348-361, 1980.

Spargo J. The Bitter Cry of Children. New York: Macmillan, 1906.

Spilzer RL, Fleiss JL. A reanalysis of the reliability of psychiatric diagnosis. Br J Psychiat 125: 341-347, 1974.

Sproul LS. Managing education programs: a micro-behavioral analysis. Hum Org 40:

113 – 122, 1981.

Squire P. Why the 1936 Literary Digest poll failed. Public Opinion Q 52: 125 – 133, 1988. Stallings RA, Ferris JM. Public administration research work in PAR, 1940 – 1984. Public Admin Rev 48: XX, 1988.

Stanfield JH. Archival methods and race relations research. Am Behav Sci 30: 366 – 380, 1987.

Staw BM. Attributions of the 'causes' of performance: a general alternative interpretation of cross-sectional research on organizations. Org Behav Hum Perform 13: 414 – 432, 1975.

Steeh C. Trends in nonresponse rates, 1952 – 1979. Public Opin Q 40: 40 – 57, 1981.

Stein H. On public administration and public administration cases. In: Stein H, ed. Public Administration and Policy Development. New York: Harcourt Brace Jovanovich, 1952, pp. ix-xlv. Stevens JM, Wartick SL, Bagby JW. Managerial attitudes on business-government relations. In: Perry JL ed. Research in Public Administration: A Research Annual, Volume 1—1991. Greenwich, CT: JAI Press, 1991, pp. 1090 – 132.

Stewart R. Contrasts in Management: A Study of the Different Types of Managers Jobs: Their Demands and Choices. London: McGraw-Hill, 1976.

Stillman RJ. Public Administration: Concepts and Cases. Boston: Houghton Mifflin, 1984.

Stock JS, Hochstim JR. A method of measuring interviewer variability. Public Opin Q 15: 322 – 334, 1951.

Stocking GW. From physics to ethnology. In: Race, Culture and Evolution: Essays in the History of Anthropology. New York: Free Press, 1968.

———. Anthropology in crisis? A view from between the generations. In: Hoebel E., et al., eds. Crisis in Anthropology: View from Spring Hill, 1980. New York: pp. 407 – 419, 1982.

———. History of anthropology: whence/whither. In: Stocking GW, ed. Observers Observed: Essays on Ethnographic Fieldwork. Madison: University of Wisconsin Press, 1983, pp. 3 – 12.

Stone PJ, Dunphy DC, Smith MS, Ogilvie DM, with associates. The General Inquirer: A Computer Approach to Content Analysis. Cambridge, MA: MIT Press, 1966.

Stouffer SA. Studies in Social Psychology in World War II. Princeton, NJ: Princeton University Press, 1950.

Strauss A, Schatzman L. Crossclass interviewing: an analysis of interaction and communication styles. Hum Org 14: 28 – 31, 1955.

Stuart IR. Minorities vs. minorities: cognitive, affective, and conative components of Puerto Rican and Negro acceptance and rejection. J Soc Psychol 59: 93–99, 1963.

Sudman S. New uses of telephone methods in survey research. J Market Res 3: 163–166, 1966.

Sudman S, Bradburn NM. Effects of time and memory factors on response in surveys. J Am Stat Assoc 69: 805–815, 1973.

———. Response Effects in Surveys. Chicago: Aldine, 1974.

Sudman S, Bradburn NM, Blair E, Stocking C. Modest expectations: the effects of interviewers' prior expectations on response. Sociol Meth Res 6: 177–182, 1974.

Sudman S, Ferber R. A comparison of alternative procedures for collecting consumer expenditure data for frequently purchased products. J Market Res 11: 128–136, 1974.

Sudman S, Finn A, Lannom L. The use of bounded recall procedures in single interviews. Public Opin Q 48: 520–524, 1984.

Suelzle M, Borzak L. Stages of field work. In: Borzak L. ed. Field Study: A Sourcebook for Experiential Learning. Beverly Hills, CA: Sage, 1981, pp. 136–154.

Sullivan MA, Queen SA, Patrick RC. Participant observation as employed in the study of a military training program. Am Sociol Rev 23: 660–667, 1958.

Summers GF, Bloomquist LE. Votes count, but resources decide. Paper presented at the International Conference on Energy Resource Communities, Calgary and Edmonton, Canada, 1982.

Summers GF, Evans SD, Clemente F, Beck EM, Minkoff J. Industrial Invasion of Nonmetropolitan America: A Quarter Century of Experience. New York: Praeger, 1976.

Survey Research Center. Interviewer's Manual, rev. ed. Ann Arbor: University of Michigan, 1976.

Susnian GI, Evered RD. An assessment of the scientific merits of action research. Admin Sci Q 23: 582–603, 1978.

Swan JE, Epiey DE, Burns WL. Can follow-up response rates to a mail survey be increased by including another copy of the questionnaire? Psychol Rep 47: 103–106, 1980.

Tarrant WD. Who writes letters to the editor? Journal Q 34: 501–502, 1957.

Taylor CW, Smith WR, Ghiselin B. The creative and other contributions of one sample of research scientists. In: Taylor CW, Barron F, eds. Scientific Creativity: Its Recognition and Development. New York: Wiley, 1963, pp. 53–76.

Tedin KL, Hofstetter CR. The effect of cost and importance factors on the return rate for single and multiple mailings. Public Opin Q 46: 122 – 128, 1982.

Thibaut JW, Kelly HH. The Social Psychology of Groups. New York: Wiley, 1959.

Thomas WI, Znaniecki F. The Polish Peasant in Europe and America. Ctycago: University of Chicago Press, 1918.

Thompson F. Personnel Policy in the City. Berkeley: University of California Press, 1975. Tomaskovic-Devey D, Leiter J, Thompson S. Organizational survey nonresponse. Admin Sqi Q39: 439 – 457, 1994.

Traugott MW, Govers RM, Lepkowski JM. Using dual frame designs to reduce nonresponse in telephone surveys. Public Opin Q 51: 523 – 539, 1987.

Travis LL, Fidel R. Subject analysis. In: Williams ME, ed. Annual Review of Information Science and Technology, vol. 17. White Plains, NY: Knowledge Industry Publications, 1982, pp. 123 – 157.

Tremblay MA. The key-informant technique: a nonethnographic application. Am Anthropol 59: 688 – 701, 1957.

Trochim WMK. Resources for locating public and private data. In: Boruch RF, et al., eds. Reanalyzing Program Evaluations. San Francisco: Jossey-Bass, 1981, pp. 57 – 67.

True JA. Finding Out: Conducting and Evaluating Social Science Research. Belmont, CA: Wadsworth, 1983.

Tucker C. Interviewer effects in telephone surveys. Public Opin Q 47: 84 – 95, 1983.

Turner R, ed. Ethnomethodology. Markham, Ontario: Penguin, 1974.

Tyer CB. Employee performance appraisal: process in search of a technique. In: Hays SW, Keamey RC, eds. Public Personnel Administration: Problems and Prospects. Englewood Cliffs, NJ: Prentice-Hall, 1983, pp. 118 – 136.

Udy SH. Cross-cultural analysis: a case study. In: Hammond SE, ed. Sociologists at Work. New York: Basic Books, 1964, pp. 161 – 183.

U. S. Department of Commerce. County and City Data Book (CD-ROM). Washington, D.C.: U. S. Bureau of the Census, 1994.

U. S. National Commission on Neighborhoods. People, Building Neighborhoods. Washington, D.C.: Government Printing Office, 1979.

Useem M, Marx GT. Ethical dilemmas and political considerations. In: Smith RB, ed. An Introduction to Social Research. Handbook of Social Science Methods, Vol. I, Cambridge, MA: Ballinger, 1983, pp. 169 – 200.

Uveges JA. Cases in Public Administration: Narratives in Administrative Problems. Boston: Holbrook Press, 1978.

Vacin GL. A study of letter-writers. Journal Q 42: 464 – 465, 510, 1965. Van Maanen J. bservations on the making of police. Hum Org 32: 407 – 48, 1973.

———. Working in the street. In: Jacob J, ed. The Potential for the Reform of Criminal Justice. Beverly Hills, CA: Sage Criminal Justice System Annuals, 1974, pp. 83–130.

———. Police socialization. Admin Sci Q 20: 207–228, 1975.

———. The asshole. In: Manning PK, Van Maanen J, eds. Policing. Pacific Palisades, CA: Goodyear, 1978a, pp. 221–238.

———. On watching the watchers. In Manning PK, Van Maanen J, eds. Policing. Pacific Palisades, CA: Goodyear, 1978b, pp. 309–349.

———. The fact or fiction in organizational ethnography. Admin Sci Q 24: 539–550, 1979a.

———. Reclaiming qualitative methods for organizational research: a preface. Admin Sci Q 24: 520, 1979b.

———. Fieldwork on the beat. In: Van Maanen J, et al., eds. Varieties of Qualitative Research. Beverly Hills, CA: Sage, 1982a, pp. 103–151.

———. On the ethics of fieldwork. In: Smith RB, ed. Handbook of Social Science Methods, vol. 1, An Introduction to Social Research. Cambridge, MA: Ballinger Publishing, 1983, pp. 227–251.

———. Tales of the Field: On Writing Ethnography. Chicago: University of Chicago Press, 1988.

Van Maanen J, Dabbs JM, Faulkner RR, eds. Varieties of Qualitative Research. Beverly Hills, CA: Sage, 1982.

Van Maanen J, Schein EH. Career development. In: Hackman JR, Suttle JL, eds. Improving Life at Work. Pacific Palisades, CA: Goodyear, 1977, pp. 30–95.

Van Schendelen. Interviewing members of parliament. Politic Method 10: 301–321, 1984.

Veiga JF. Getting the mail questionnaire returned: some practical research considerations. J Appl Psychol 59: 217–218, 1974.

Vidich AJ. Participant observation and the collection and interpretation of data. Am J Sociol 60: 354–360, 1955.

Vidich AJ, Bensman J. The validity of field data. Hum Org 13: 20–27, 1954.

Vidich AJ, Bensman J, Stein MA, Reflections on Community Studies. New York: Wiley, 1964.

Vidich AJ, Shapiro G. A comparison of participant observation and survey data. Am Sociol Rev 20: 28–33, 1955.

Vietorisz T, Harrison B. The Economic Development of Harlem. New York: Praeger, 1970.

Vocino T. Three variables in stimulating response to mailed questionnaires. J Market

41: 76 – 77, Z975.

Vocino T, Elliott RH. Journal prestige in public administration: a research note. Admin Soc 14: 5 – 14.

——. Public administration journal prestige: a time series analysis. Admin Sci Q 29: 43 – 51, 1984.

Volgy TJ, Krigbaum M, Langan MK, Moshier V. Some of my best friends are letter writers:
eccentrics and gladiators revisited. Soc Sci Q 58: 321 – 327, 1977.

Waldo D. Five perspectives on the cases of the inter-university case program. In: Bock EA, etal., eds. Essays on the Case Method. New York: Inter-University Case Program, 1962, pp. 39 – 63.

Walsh TC. Selected results from the 1972 – 73 diary surveys. J Market Res 14: 344 – 352, 1977.

Walton J. Community power and the retreat from politics. Soc Probi 23: 292 – 303, 1976.

Ward RE. Studying Politics Abroad: Field Research in the Developing Areas. Boston: Little, Brown, 1964.

Warner SL. Randomized response: a survey technique for eliminating error answer bias. J Am Stat Assoc 60: 63 – 69, 1965.

Warren RL. Observations on the state of community theory. In: Warren R, Lyon L, eds. New Perspectives on the American Community. Homewood, IL: Dorsey, 1983, pp. 76 – 79.

Warwick DP. A Theory of Public Bureaucracy: Politics, Personality, and Organization in the State Department. Cambridge, MA: Harvard University Press, 1975.

Watson DJ, Juster RJ, Johnson GW. Institutionalized use of citizen surveys in the budgetary and policy-making processes: a small city case study. Public Administration Review. 51: 232 – 239, 1991.

Wax RH. Twelve years later: an analysis of field experience. In: Adams RN, Priess JJ, eds. Human Organization Research. Homewood, IL: Dorsey, 1960, pp. 166 – 178.

——. Doing Fieldwork: Warnings and Advice. Chicago: University of Chicago Press, 1971.

Webb EJ, Campbell DT, Schwartz RD, Sechrest LL. Unobtrusive Measures: Nonreactive Research in the Social Sciences. Chicago: Rand McNally, 1966.

——. Unobtrusive Measures: Nonreactive Research in the Social Sciences. Rand McNally, Chicago, 1972.

Webb EJ, Ellsworth PC. On nature and knowing. In: Sinaiko HW, Broedling LA, eds. Perspectives on Attitude Assessment: Surveys and their Alternatives. Champaign, IL: Pendelton, pp. 223 – 238, 1976.

Webb EJ, Weick KE. Unobtrusive measures in organizational theory: a reminder. Admin Sci Q24: 650 – 659, 1979.

Weber SJ, Wycoff ML, Adamson DR. The Impact of Two Clinical Trials on Physician Knowledge and Practice. Arlington, VA: Market Facts, Inc., 1982.

Weeks MF, Moore RP. Ethnicity-of-interviewer effects on ethnic respondents. Public Opin Q45: 245 – 249, 1981.

Weick KE. Systematic observational methods. In: Lindzey G, Aronson E, eds. Handbook of Social Psychology, vol. 4. 2nd ed. Reading, MA: Addison-Wesley, 1968, pp. 357 – 451.

Weinberg E. Data collection: planning and management: In: Rossi PA, et at., eds. Handbook of Survey Research. New York: Academic Press, 1983, pp. 329 – 358.

Weiner SS. Deadlines and school desegregation in San Francisco. In: Webb EJ, ed. Papers for
the March 1973 Deadline Conference. Unpublished manuscript. Graduate School of Business, Stanford University, Stanford, CA, 1973.

Weiner SS, Brehm JW. Buying behavior as a function of verbal and monetary inducements. In: Brehm JW. A Theory of Psychological Reactance. New York: Academic Press, 1966.

Weisberg HE, Bowen BD. An Introduction to Survey Research and Data Analysis. San Francisco: WH Freeman, 1977.

Weiss CH. Interviewing in evaluation research. In: Streuning EL, Guttentag M, eds. Handbook of Evaluation Research, vol. 1. Beverly Hills, CA: Sage, 1975.

West JP, Berman E, Cava A. Ethics in the municipal workplace. In: The Municipal Yearbook, 1993. Washington, D. C.: ICMA, 1993.

Westerbeck CJ. Some outtakes from radical film making: Emile de Antonio. Sight and Sound Summer. -XX, 1970.

Westley WA. Violence and the Police: A Sociological Study of Law, Custom and Morality. Cambridge, MA: MIT Press, 1970.

White JD. Dissertations and publications in public administration. Public Admin Rev 46: 15 – 24, 1986.

Whiting JWM. Methods and problems in cross-cultural research. In: Lindzey G, Aronson E, eds.
Handbook of Social Psychology, vol. 2. 2nd ed. Reading, MA: Addison-Wesley, 1968, p. 693 – 728.

Whyte WF. Street Corner Society. Chicago: University of Chicago Press, 1943.

———. Observational field-work methods. In: Jahoda M, et al., eds. Research Methods in Social Relations, vol. 2. New York: Dryden Press, 1951, pp. 493 – 513.

____. Learning from the Field: A Guide from Experience. Sage Publications, Beverly Hills, CA: Sage, 1955a.

____. Street Corner Society, rev. ed. Chicago: University of Chicago Press, 1955b.

____. Man and Organization. Homewood, IL: Irwin, 1959.

____. Interviewing in field research: In: Adams RN, Preiss JJ, eds. Human Organization Research.

Homewood, IL, Dorsey Press, 1960, pp. 352 – 374.

____. On studying China at a distance. In: Thurston AF, Pasternack B, eds. The Social Sciences and Field Work in China. Boulder, CO: Westview Press, 1983, pp. 63 – 80.

____. Learning from the Field: A Guide from Experience. Beverly Hills, CA: Sage, 1984.

Wicklund RA. Freedom and Reactance. Hillsdale, NJ: Eribaum, 1974.

Wildavsky AB. The Politics of the Budgetary Process. Boston: Little, Brown, 1984.

Williams JA. Interviewer-respondent interaction: a study of bias in the information interview. Socio metry 27: 338 – 352, 1964.

____. Interviewer role performance: a further note on bias in the information interview. Public Opin Q 32: 287 – 294, 1968.

____. The ecological approach in measuring community power concentration: an analysis of Hawley's MPO ratio. Am Sociol Rev 38: 230 – 242, 1973.

Williamson JB, Karp DA, Dalphin JR. The Research Craft. Boston: Little, Brown, 1982.

Willimack DK, Schuman H, Pennell B, Lepkowski JM. Effects of a prepaid nonmonetary incentive on response rates and response quality in a face-to-face survey. Public Opin Q 59: 78 – 92, 1995.

Wilpert B. Various paths beyond establishment views. In: Hunt JG, et al., eds. Leadership Beyond Establishment Views. Carbondale: University of Illinois Press, 1982, pp. 68 – 74.

Wilson PA. Power, politics, and other reasons why senior executives leave the federal government. Public Admin Rev 54: 12 – 19, 1994. Winks RW, ed. The Historian as Detective: Essays on Evidence. New York: Harper and Row, 1968.

Wiseman F. Factor interaction effects in mail survey response rates. J Market Res 41: 74 – 79, 1973.

Wolcott H. Criteria for an ethnographic approach to research in schools. Hum Org 34: 111 – 128, 1975.

Wolfe AC, Treiman BR. Postage types and rates in mail surveys. J Advert Res 19

(1): 43-48, 1979. Wood M. Methodological observations on applied behavioral science. J Appl Behav Sci 20: 289-297, 1984.

Woodrum E. 'Mainstreaming' content analysis in social sciences: methodological advantages, obstacles, and solutions. Soc Sci Res 13: 1-19, 1984.

Worthen BR, Valcarce RW. Relative effectiveness of personalized and form covering letters in initial and follow-up mail surveys. Psychol Rep 57: 735-744, 1985.

Wotruba TR. Monetary inducements and mail questionnaire response. J Market Res 3: 398-400, 1966.

Wyatt DF, Campbell DT. A study of interviewer bias as related to interviewer's expectations and own opinions. Int J Opin Attit Res 4: 77-83, 1950.

Yabolonsky L. Experiences with the criminal community. In: Gouldner AW, Miller SM, eds. Applied Sociology. New York: Free Press, 1965, pp. 55-73.

____. On crime, violence, LSD, and legal immunity for social scientists. Am Sociol 3: 148-149, 1968.

Yammarino FJ, Skinner SJ, Childers TL. Understanding mail survey response behavior. Public Opin Q 55: 613-639, 1992.

Yang M. Taitou: A Chinese Village. New York: John Day, 1945. Yeager SJ. Applying research on productivity improvement in local government. Paper presented at the Annual Conference, National Association of Schools of Public Affairs and Administration, Minneapolis, MN, 1983.

____. Index of the International Journal of Public Administration: volumes 1 (1979) through 13 (1990). Int J Public Admin 14: 439-498, 1991.

____. Index of the Public Administration Quarterly: volumes 1 (June, 1977) through 14 (Winter, 1991). Public Admin Q 18: 1-156, 1992.

____. Index of the Journal of Health and Human Resources Administration: volumes 1/1 (August, 1978) through 15/1 (Summer, 1992). J Health Hum Resourc Admin 15: 379-610, 1993.

____. Index of the Public Administration Review 1940-1994. Wichita, KS: Bratton-Yeager, 1995. Yeager SJ, Manns EK. Index of the proceedings of the national conferences on teaching public administration: 1978-1989.

Section on Public Administration Education. Washington, D.C.: American Society for Public Administration, 1990.

Yeager SJ, Rabin J, Vocino T. Feedback and administrative behavior in the public sector. Public Admin Rev 45: 570-575, 1985.

Yin RK. Changing Urban Bureaucracies: How New Practices Become Routinized. Lexington, MA: Lexington Books, 1979.

____. Creeping federalism: the federal impact on the structure and function of local government. In: Glickman NJ, ed. The Urban Impact of Federal Policies. Bal-

——. timore: Johns Hopkins University Press, 1980, pp. 595 – 618.

——. The case study as a serious research strategy. Knowledge: Creation, Diffusion, Utilization 3: 97 – 114, 1981a.

——. The case study crisis: some answers. Admin Sci Q 26: 58 – 65, 1981b.

——. Studying the implementation of public programs. In: Williams W, et al., eds. Studying Implementation: Methodological and Administrative Issues. Chatham, NJ: Chatham House, 1982, pp. 36 – 72.

——. Case Study Research: Design and Methods. Beverly Hills, CA: Sage, 1984.

——. Case Study Research: Design and Methods. 2nd ed. Beverly Hills, CA: Sage, 1994.

Yin RK, Bingham E, Heald KA. The difference that quality makes. Sociol Method Res 5: 139 – 156, 1976.

Yin RK, Heald KA. Using the case survey method to analyze policy studies. Admin. Sci Q 20: 371 – 381, 1975.

Yin RK, Heinsohn I. Case Studies in Research Utilization. Washington, D. C.: American Institutes for Research, 1980.

Yin RK, White JL. Microcomputer Implementation in Schools. Washington, D. C.: COSMOS Corp. 1984.

Young FW, Young RC. Key informant reliability in rural Mexican villages. Hum Org 20: 141 – 148, 1962.

Young PV. Scientific Social Surveys and Research: An Introduction to the Background, Content, Methods, and Analysis of Social Studies. New York: Prentice Hall, 1949.

Yu J, Cooper H. A quantitative review of research design effects on response rates to questionnaires. J Market Res 20: 36 – 44, 1983.

Zand D. Trust and managerial problem solving. Admin Sci Q 17: 229 – 240, 1972.

Zeiditch M. Some methodological problems of field studies. Am J Sociol 67: 566 – 576, 1962.

第二十三章 司法行政——第三部门现代化

史蒂文 W. 海斯[*]

Ⅰ. 引言：改革传统

自从司法行政首次作为管理领域内一个可以辨认的（identifiable）专业开始，它就一直专注于一个明确的目标：法院组织和实践的现代化。虽然这一目标可能似乎简单了点，是考虑到大多数法院组织的规模不大，但事实证明这还是一个费力的任务。正如一个最为有名的司法行政的拥护者在1949年所指出的，法院现代化（modernization of the courts）"绝对不是气短的人（short winded）所能进行的运动"（Vanderbilt 1949：54）。后来的事件重复地强调这一观察的正确性。

实际意义上而言，20世纪司法行政历史一直围绕法院改革这一主题。该领域的实践者和理论家没有纯粹地对法院行政议程细节进行修补，他们常常建议一些雄心勃勃的结构和程序改革，如果一旦采纳这些改革，那么将会彻底改变大部分的司法机构。改革热（the reform fervor）似乎逐年激烈，常常得到高姿态诉讼的推动——例如罗德尼·金和 O. J. 辛普森（the Rodney King and O. J. Simpson trials）审理案——这进一步动摇了公众对司法系统的信任。公众对法院过程和结果高度的不满常常导致在各级政府法院结构和程序中的重大变革。

虽然所有政府机构在19世纪都经历了巨大变革，但是鲜有（如果有的话）公共组织被要求进行全面的改革，这种改革都习惯地在我们国家的法院中被提出来。现在一个最大的讽刺是：司法系统的运行和结构是许多重大改革的目标，但却很可能是最墨守成规、最传统的政府部门。这些相互对立力量之间的冲突导致了一场充其量是缓慢而不规范的改革

---

[*] 史蒂文 W. 海斯（Steven W. Hays），南卡罗莱纳大学（University of South Carolina）

过程。

为了领会法院现代化中的内在困难,沿着回顾司法系统如此坚持传统(well-worn path)(see, e. g., Fish 1973; Frank 1949)以及为什么它表现出如此不愿意接受行政改革(Dubois 1982; Friesen 1971; Stupak 1991)的原因的路径是有帮助的。这些原因中最重要的就是,法院是而且将继续是律师(attorneys)的一个特殊领域这一简单事实。没有任何其他公共组织是这样由一个单一的职业所支配。因此,法院改革运动至少直到最近一直都几乎由法律界人士所支配。虽然律师绝对不是一个同源或者紧密一致的群体(下面将会更加全面地提到这一主题),但是其对法院组织和程序的支配产生了许多预料之中和预料之外的影响。

构成法官和律师主要特点的一些行为和职业特征对法院现代化的努力产生了直接影响。作为其法律培训和职业经历的一个副产品,法官和律师通常高度珍惜他们的独立性,因而遭到官僚倾向的抵制(Wheeler and Whitcomb 1977: 17-19)。他们嫉妒不已,反对任何对他们自主性的外部威胁,同时他们高度珍惜"相对不受到外部压力或命令所限制"的法律的自由(Cannon 1982: 670)。同样,他们倾向于用学院方式(collegial fashion)解决问题,而且他们"奖励文明礼貌传统和与他们职业有关的同志情谊"(Cannon 1982: 670)。总之,法官和律师不习惯于这些官僚标志如等级命令链和非人格性规范。正如社会地位高的职业群体成员一样,他们就像他们被教育的那样强烈偏好独自完成工作,不受到"外界"闲人的干扰(see Wice 1995)。

法院现代化的另外一组负担来自支配美国法理学(jurisprudence)的辩论式程序(adversarial process)。我们的法律体系借鉴了许多英国普通法传统,因此极力强调先例(stare decisis)。这一倾向使得律师和法官在处理当代问题时寻求过去的指导。而且,这时的法律专业强调过程,在过程中正义得以执行。

辩论式诉讼程序(adversary proceedings)起源于通过战争和/或对抗方式来审判的古代传统,该程序的显著特征就是在公正的裁决者(法官)面前"口头比武"(verbal jousting)。据说,通过给人颇有印象的一系列程序保护和保障措施,这些诉讼会产生公正(或者正确解释法律)。司法过程因而演化成"一个繁琐的仪式"(an elaborate ritual)(Friesen 1971: 122),要求谨慎结合(careful orchestration)几十个个体,包括律师、法官、目击者、陪审、法院书记官、法警等等类似的人。在筹划司法这一戏剧中所遇到的明显困难被这一事实,即大多数行动者都不是法院雇员因而不受法官直接规制所加重。除了产生严重的行政困境之外,辩论式诉讼程序在律师和法官中间培养另外的职业喜好。尤其是,法律实践者普遍不关心时间、"效率"或者其他让行政人员内心非常亲近的价值观。对许多法官和律师而言,当诉讼当事人的权利处于危险之中,仓促进行公正(rush justice)、服从行政权宜之计是无法想象的。即使当审判的长度和成本增加到可笑的程度,正如 O. J. 辛普森可耻的下场(O. J. Simpson fiasco)中所明确表明的,很少会有法律专业人士要求加快的程序(expedited procedures)。他们察觉到在司法和效率之间存在一个重大冲突。正如一个陪审员所言,"正当程序效率低下,且蓄意如此!"(Greene 1972:250)。

因此可以看到,法院现代化绝对不是纯粹教育热切的司法行动者如何更为有效果和有效率地进行工作。在法院体系能够进行大量的改革之前,必须完成一个长期且一致的教育过程。法官和律师必须被说服存在更好的工作方式,而且行政改革将给美国诉讼当事人产生更优化的司法质量。不足为怪,把这一信息带入法律实践者的工作几乎全部落在法律教授、著名的陪审员以及其他法律界的开明人士肩上了。这一事实反映在盖泽尔(Gazell 1975)对司法管理文献所作的总结中。在整理1910-1969年间该领域出版的所有法律期刊的98%的期刊文章之后,他得出这样一个结论:司法管理"一直几乎是法律专业的唯一当务之急"(Gazell 1975:12)。1400篇涉及到这60年所出版的司法行政主题文章中,只有28篇是在行政科学、公共行政,或者其他类型的期刊内。毫不奇怪,这一趋势一直持续到20世纪90年代。在法院管理领域所进行的绝大多数研究都是出版在法律评估和法律界所标的专门的期刊内。对这一现象的主要例外就是《司法》(Judicature)和《司法系统期刊》(Justice System Journal),这是包括许多社会科学家作为读者的两个杂志。但是,一般公共管理文献则几乎没有提到这个政府的第三部门。

作为这种独特情况的结果,司法管理历史并不总是与公共行政这一更广泛的学科历史发展平衡。由于传统的惰性,行政变革并没有很快就到达美国法院。和改革迟迟而来一样,司法管理的理论也落后于该领域的其他子学科的学术争鸣(intellectual ferment)。虽然过去一个世纪里公共行政内的学术浪潮此起彼伏,但是司法行政理论100年来仍然相对来说没有发生变化。虽然新的主题不断增加到改革议程上来,但是司法管理思想的核心并没有受到重大影响或者没有受到其他地方出现的变化的改变。效果上,司法改革者锁定在早期该领域发展中一个理想的司法管理模式;最初的看法只有微小的变化,甚至一直持续到今天。

Ⅱ. 早期历史:庞德之前的先驱

粗略地浏览司法行政文献资料肯定会留下的印象是:这一公共行政子学科始于1906年罗斯科·庞德(Roscoe Pound)对美国律师协会(the American Bar Association,ABA)所作的颇有争议且反偶像崇拜的演说。庞德打破长期礼让和文雅的传统,对于过时且效率低下的行政实践,在ABA大会的主题演讲中鞭挞法院[以及,通过联合(by association),鞭挞他的法律同事]。这样一来,他确定了后来几十年的改革议程。

庞德的评价至少立刻震惊了法律界的一些人,让他们不再自鸣得意,虽然这一点确实是真的,但是,他所明确说明的问题并不完全是新的。事实上,有关法院系统的运作和人事长期都是"美国历史上一个相对一致的问题"

(Wheeler and Whitcomb 1977：26)。

19世纪的大多时候，3个问题主宰了有关法院的政治讨论：司法选择方式（methods of selection of the judiciary）；公民可以获得的司法接近（judicial access）程度；以及司法结构，包括下级法院的数量和司法范围。虽然这些问题在19世纪一再地出现，但是最持久的是（而且根据某些改革者，现在仍然是）司法选举。有关"最佳"方式去配备法院人事的争论可以追溯到独立革命战争时期（the Revolutionary War Period）。一个殖民者对英国国王乔治三世（King George III）统治的最初控诉就是该时代的法官效忠殖民总督（colonial governor）。正如在《独立宣言》（the Declaration of Independence）中所特别指出来的，这一实践通过使得他们（法官）为了生活而依赖于政府的行政部门从而威胁着法官裁决的客观性。殖民主义者对于司法中立问题的解决办法出现在美国宪法"行为端正而任职"这一条款中。

虽然选拔联邦法官的方法在美国历史的早期就得到了解决，但是对于州法院的人事争议从未减退过。19世纪三四十年代增加了大量的燃料，当时杰克逊民主（Jacksonian Democracy）正在全盛时期。这个大规模的政治运动的最直接影响就是把向"普通百姓"开放政府（see Crenson 1975；Kaufman 1965），这是迎接长期选票（long ballot）的一个现象。一旦决定投票者应该选举每个可以想到的公共官员，对法官的普选（popular election）成为了州政府的规范。与此相关的是，州立法机关开始在操纵和控制司法机器中扮演更为活跃的角色。法官的任期受到严格限制（许多正被选举的人只有4年任期，为了使他们与州地方长官的选举保持一致），而司法组织和程序则受到日益增加的审查。

与杰克逊平民理想的抱负相一致的是，在19世纪中叶到后期，许多州立法机关的重要目标也是增加普通百姓接近法院的权力。立法机关因此常常在起动州法院系统结构改革以及在规定司法程序上处于领导地位。根据一个分析人士的观点，"激进主义者……想要……一个便宜、简单、容易获得而迅速的司法管理系统，一个将保障平等并在与法律专业保持最低联系情况下提供安全的行政司法系统"（Ellis 1971：121）。在杰克逊党人（Jacksonians）（他们被给予了"激进主义者"这一并没有贬义的称号）掌权的地方，常常创建了新的法院来提供更大的公众接近（public access）路径。此外，激进主义者的目标通过任命治安法官（justices of the peace）和扩大其司法管辖权范围来得以实现。

法院和司法官员激增的普遍趋势是在19世纪晚期和20世纪初期获得了动力（pick up momentum）的。随着人口的增长，以及随着社会变得越来越复杂，呈现在法官面前要解决的案例也是激烈膨胀。这要求扩大各级政府司法官僚机构的规模。在联邦层面，司法结构随着《上诉法院法》（the Court of Appeals Act）的采纳而在1891年永远固定下来了（see Richardson and Vines 1970：16-35）。在对联邦法院数量和分布情况长达几十年的不一致之后，该法确定了三重法司法体制（the three-tiered judicial system）：最高法院（Supreme Court）、巡回上诉法院（Circuit Courts of Appeal）以及地区法院（District Courts）。

在州层面的情况从来都不是干净纯洁的。针对城市化、农业经济（agrarian economy）下降、汽车的出现以及相关的趋势等所产生的社会要求，州立法机关大规模创建法院。也确定了专门的司法机构来处理不断上升的离婚、地主与承租人冲突（landlord-tenant disputes）、违反交通事例、市政典则违背（municipal code infractions）的数量以及大量以前非正式处理的其他类型的诉讼。因为这些法院都是个别建立来满足严重需求的，所以司法系统以一种不受控制且基本上没有系统的方式发展。到20世纪初，"州法院是复杂但没有组织的……重叠的司法管辖权是普遍的，而且没有两个州法院系统具有相同的结构"（Wheeler and Whitcomb 1977：28）。

司法历史的另外一个结果就是司法程序和资源的立法支配地位。与政府其他部门相反，司法机关没有在政府体系内自动运行。除了因为其资源依赖于行政和立法部门（包括建筑、运作收入和人事），司法体系的运作模式受到由立法机构来规定的程序所管理（see Barr 1975；Biden 1994；Friesen 1971）。法官并不是自己行政和程序领域的主宰者，他们被迫参与政治过程以赢得拨款来管理司法内部事务。这一情况因下一事实而更加复杂：因为在建立新的法院时，立法机关通常规定了新的一套民事和刑事程序或者允许受到影响的法官产生必要的程序（因而这导致了在法院实践中让人混淆的多样性以及在司法管辖权中和管辖权之间的法律要求）。此外，他们通常赋予城市和县在其司法权内向法院提供资金并且配备人事。这一情势的一个明显的附加结果就是在不同地区中法院的程序、运作实践、司法权以及其提供资金程度等内都不同。法院"体系"正在真正地演化成一个支离破碎的非系统（nonsystem）。

虽然在1900年前明显存在着骚乱，但是早期的法院改革者在其奋力将司法过程理想化过程中偶尔也给其继承者提供了一个示范教训（occasional object lesson）和/或胜利。当时一个最有影响力的改革者是法官戴维·达德利·菲尔德（David Dudley Field 1805 – 1895），他不断鼓动编纂与司法程序有关的州法律。他的目标是建立一个简单、高效、经济的诉讼制度，这样公民可以被鼓励（而不是被打消）去寻求法院的帮助以解决私人争端（private disputes）（Aumann 1969：208）。菲尔德的努力最终的回报是通过了（New York's Field Code of Civil Procedure）。该法典于1848年采纳，极大改善了当时的程序无秩序状态（procedural anarchy）。它在规范和规制民事程序中如此有效以至于成为今天继续在几乎所有州使用的一个模式（Aumann 1969；Mayers 1964：227）。虽然菲尔德在后来规制刑事和行政法和程序的几次斗争中都失败了，但是他的开创性努力说明传统的力量可以凭借坚韧而克服。

20年之后，菲尔德的编纂努力开始结出果实，法律专业的精英分子加入其中以改善律师的公共形象，并且"促进公众广泛接受法律实践"（Glick 1982：20）。19世纪70年代，第一个城市律师协会（city bar association）在纽约市和芝加哥市成立，随后在1878年创建了美国律师协会（ABA）。这些职业协会主要关注的是提高司法形象，这在19世纪的后半叶十分盛行。虽然长期参与党派政治（partisan politics）——这段时期的政治腐败是臭名昭著的——但是，法官和律师的声誉遭到严重玷辱。因而 ABA 最早的目标之一就是通过"使法官脱离政治"从而提高公众对其的尊重（Glick 1982：20）。这一目标最终转变为许多具体的改革建议，包括法官的非党派选举（该目标后来得到修改用以促进任命中立法官）、司法过程的规范化（以减少偏袒和腐败）以及不受立法影响的、增加的司法系统自主性。正如任何一个公共行政学者很快会指出的，这一在司法行政中的运动和 19 世纪七八十年代所出现的同时用以使公共服务部门"非政治化"（中立化）的措施完全吻合。

在美国律师组织努力提高所必要的司法改革的同时，一个重要的重建英国司法系统运动正在进行。《1873 年司法法》（the Judicature Act of 1873）代表了英国系统化其司法系统的尝试，通过的方式有：将法院司法管辖权规范化、将其诉讼程序程序化、并且根据案件数量将法官在不同的地点调动以使其所浪费的司法时间最小化等。此次改革的中心事件是法院统一（court unification）这一概念，它确定了国家最高法庭是官僚政治而且对整个司法系统而言是法律权威。通过把行政权威和责任放在司法等级制的最顶点，大家认识到法院可以相对比以前更像个正式组织那样起作用。这一概念最终成为美国司法行政理论和实践的主要组成部分。

因此在现代司法行政诞生很久以前所出现的事件为 20 世纪的改革者提供了许多暗示。法院在沉重的历史负担下劳作，这些负担包括混乱的结构、过度参与政治、程序混乱和几乎全部资源依赖（near-total resource dependency）。而且，它们更加受到缺乏行政传统的限制。虽然管理问题至少在其他部门是边缘相关的，而且在 19 世纪后半叶显得日益重要，"法院"和"管理"一直到 1906 年才同时出现。相反，有关国家法院的结构、构成（composition）和程序都被视为政治问题，都是属于立法机构而不是法官或者行政官员的范围。

尽管列举了一系列重要的问题，但是 19 世纪给司法系统提供了一个小的（主要都被忽视了的）改革议程。开始进行一场减少政治在法院中的影响的运动，程序规范化的优势也被法律专业的进步人士（Progressive elements）认识到。最后，一个模糊界定的法院统一（court unification）概念被传入到美国，但是其潜在的重要意义还没有被法律界人士所正式认识到。

Ⅲ. 司法行政最初发展：1900—1909

到 20 世纪之初，政府改革在"进步运动"（the Progressive Movement）旗帜下广泛进行。改革由许多"良好政府"（good government）运动组成，这些运动的目的是帮助美国"接受上个世纪工业革命所产生的巨大改变"（Wheeler and Whitcomb 1977：47）。"进步运动"的信念是：政府需要被洗除特殊利益，公民接近公共机构的权利应该得到广泛扩大，公共资源应该被动员以减轻人民大众的社会和经济困难（Wheeler and Whitcomb 1977：28-29）。与早期杰克逊运动的通常主题保持一致,"进步运动"想改革政府机器,目的是使其"对于少数人是更困难地而对大多数人则更为容易监控"(Dewitt 1915:5)。

"进步运动"形成具体改革建议的能力得到兴起于商业和公共行政领域的其他学术浪潮的巨大援助。经典管理思想,这一点在泰勒(Taylor 1967)的作品中得到最好地描述,使得进步主义改革者以一种比其他可能的方式更为具体的方式明确叙述了自己的目标。

进步主义改革者的社会和政治目标和科学管理的"科学"的整合产生了"城市管理运动"(City Management Movement),以及常常一串给政府所有其他部门和机构的建议。例如在联邦层面,"进步运动"的影响是很明显的,西奥多·罗斯福总统(President Theodore Roosevelt)任命了各部门方法委员会(the Committee on Department Methods)(又叫基普委员会)(the Keep Committee)。该委员会的既定任务是"根据最好的现代商业实践……找出需要何种变化来把行政事务运作放在最为经济和有效的基础上"(as quoted in Van Riper 1958:192)。国家日益关注"经济和效益",这在委员会的最后报告中可以明显看出,这要求职位分类计划(position classification plans)、对联邦雇员一个规则化的补偿系统以及一个简单明了的行政〔在通读这些文件时,不可避免地这显然近似于副总统戈尔(Vice President Gore)的国家绩效评估委员会(National Performance Review);问题陈述在实质上是一致的,最终产生的建议也一样(resulting recommendations)〕。

本质上,这一时期的美国历史强调使政府在其运作中更为"企业化"和更少"政治化"。借鉴了在1883年《彭德尔顿法案》时期流行的观点,这些改革常常突出的特点是良好对邪恶的运动(campaigns of good against evil)(Kaufman 1965;Mosher 1968;Van Riper 1958)。通过从政府运作中执行政治,可以获得有效而公正的公共管理。因而像控制范围、命令统一和责任等级范围的概念开始取代"政治",至少在改革者的心目中是这样。

"进步运动"对法院运作的直接影响,在很大程度上而言,是有名无实的。司法系统所面对的一个主要目标,至少最开始就是,通过建立"小申诉法庭"(small claims court)迅速而经济地解决小冲突从而扩大进入法院的权利。虽然"进步运动"在使得州立法机关在建立这些法庭上非常有效,但是这些法院并不代表法院管理实践的一个主要进步。"进步运动"的另外一个目标就是要公众有能力投票撤销有错误的法官(errant judges),并且通过投票撤销不受欢迎的司法裁决。没有一项改革措施得到州立法机关的热情接受。

A. 庞德的 ABA 演说:司法行政的问世

"进步运动"虽然对司法行政的具体方面只是产生了一些边缘影响,但是它提供的学术范围为该领域的新理论家提供赞誉。经典管理理论和进步主义理想之间的相互借鉴(cross-fertilization)提供了催化剂,激励着罗斯科·庞德(Roscoe Pound)向1906年ABA年度大会提出了著名的请求。庞德后来成为哈佛法学院（the Harvard Law School）的院长，他详细说明了"公众对美国法院不满的主要原因"（Pound 1937）。对不公正、拖延和过度花费的日常经历已经产生了"代表社会一种深切的愿望，即每个有责任的商人，不管对与错，都要置身于法院之外"（Pound 1937：179；see also Downie 1972：205）。已经注意到了这一令人沮丧的现实，他列举了美国法院的缺陷并提供了系统改革的框架。

庞德的话大部分集中在美国司法组织和程序的"过时"特征上（Pound 1937，1962，62）。在司法系统内选出了三个具体的缺点。首先，他认为存在有太多的法院；它们的存在被认为是司法体系含有过多重复、浪费和效率低下的证明（Berkson 1977：7）。第二，他坚持，通过保持同样的司法管辖权（这意味着不止一个法院有权听审案件），美国法院正在浪费司法资源和混淆诉讼。最后，庞德控诉了"司法人事中内在的浪费"，这是由另外两个特点以及僵化的司法管辖权阻止在法院之间和之内调动法官所引起的。他观察到，有些法官很多时间都是空闲的，但是他们被阻止帮助其他拥有过多案件目录的法官（Berkson 1977：7）。"好几个州的司法组织在具体细节上表现出许多的不同"，他指出，"但是他们在这三个方面却看法一致"（Pound 1962：62）。

庞德所攻击的弊端在20世纪早期的地方司法情况下能够得到最好的理解。当他作这次演讲的时候，大多数大型城市都有许多让人迷惑的法院，包括孤儿法院、听审裁判庭（courts of oyer and terminer）（高等刑事法院）、一般法庭（general sessions court）、市长法庭（mayor's court）、地方法院（hustings court）[这可以比作今天的市镇法院（municipal court）]、土地法庭（land courts）、治安法庭（police court）、小申诉法庭（small claims court）、遗嘱检验法庭（probate courts）、税收法院（tax courts）、家事法庭（family courts）和少年法庭（juvenile courts）等（Berkson 1980：18）。这些司法机构的某一些通常会严重积压案件，但是其他的则很少听审冲突。而且，相互重复的司法范围则使得诉讼当事人感到迷惑并允许律师"逛法院"（judge shop）（即把他们的案件从一个法院拿到另外一个法院直到他们找到一个适当同情的和/或"友好的"法官）。对于公正质量唯一的控制就是对他们案例结果不满意的诉讼当事人有权在高等法院进行诉讼（trial de novo）（一个根据事实真相的、全新的审判）。因而同样的案件在最终解决之前可能有时候在好几个法院得到听审。弗里德曼（Friedman 1973：226）总结了这一情况如下：

> 没有行政官员运行、操控或者协调司法系统。没有人根据需要改变法官，从写满到空无一物的判决摘要；或者监控诉讼流程；或者确定规则告知法院如何行为。高等法院通过推翻裁决的权力的方式微弱而部分地控制了下级法院——但是仅仅是在上诉的情况下。

在明确阐述其改革建议时，庞德主要依赖于《1873年英国司法法》（the English Judicature Act of 1873）。他如此受到英国司法行政方法吸引的一个原因就是，大家广泛知道这一法案例进程要比美国的效率高。①他发现，英国法院体系最为吸引人的特点就是其等级制的"统一"结构。

庞特建议所有的州加强其审判和上诉法院，改成一个由初审法庭（court of first instance）和上诉法庭（court of appeals）组成的双重系统。根据庞德的观点，这一结构的构造提供了以下好处：（1）它将"把司法的焦点放在诉讼当事人行动的原因上而不是上诉程序的技术上"（Ashman and Parness 1974：3）；（2）它将减少在选择法庭中的错误数量，因而把案件驳回数量最小化；（3）司法人力的浪费量将通过清除闲置以及不必要的重审而减少（Ashman and Parness 1974：3）。

庞德评述的基础前提是，法院需要被管理；也就是说，它们需要采纳一种根据其他公共组织所形成的行政方式。他所建议的改革措施无疑包括两个广泛的构成部分。首先，庞德认为，每个州的司法体系应该在结构上得到加强。所有的下级专门法院应该予以废除，其司法管辖责任指定给新的、统一的法院。所有的案件最初在统一体系下的审判机构听审，任何后来的上诉都交由上诉法院（因而排除了重审的可能）。其次，统一的法院结构将处于一个单一实体的行政监督之下。行政集中化被认为是解决相互冲突程序、浪费的司法人力和不一致的公平标准这一混乱状况的一条路径。更简单地说，庞德仅仅想把一个经典的官僚制结构强加于法庭之上，完全具有固定的责任、命令统一、权威链（a chain of authority）和其他被认为对官僚制的效率负责的固定结构（fixtures）。

虽然庞德的观点对传统提出了攻击，但是至少可以这样说，这些观点对于美国司法现象并不陌生，这一点大家可以想到。在 1906 年 ABA 大会几个月之前，伊利诺伊州立法机关（Illinois legislature）加强了芝加哥（Chicago）的市政法院，其方式显然近似于庞德的见解。该法院具有"一个拥有控制其行政机构［副司法长官，秘书，等等］的行政领导，使用其人事快速解决问题并且定期调整其组织以解决现有工作任务"（Ashman and Parness 1974：4）。在其演说几年后所出现的一篇期刊文章中，庞德大加赞赏了这一系列的行政权，尤其对芝加哥法院不受立法机构干涉制定程序规则这一不受限制的权力印象颇深（Pound 1913）。因而不受立法参与的司法行政的自由迅速成为庞德改革项目中的一个附加组成部分。

B. 法律职业在改革中的地位

正如庞德可能所期望的，他的评述最初并没有得到法律界大多数人的热烈欢迎。事实上，ABA 某些读者的反应几乎可以被称作敌视态度。在其演讲结束之后，一个接一个的演说者站在台上，其目的是反驳庞德对法院的指控。一个从观众中来的"年长的发言人"控告庞德"试图破坏几个世纪的智慧所建立起来的东西"（as quoted in Vanderbilt 1938：5 – 6）。詹姆斯·安德鲁斯（James Andrews）是一个受到尊敬的纽约律师，他宣称"一个对美国法院所采用的程序系统更为猛烈的攻击……几乎不可能被设想出来"（ABA Reports 1906：12 –

13)。其他的人后来把这些人的反应的特征总结为"诧异的"和"仇恨的"（Wigmore 1962：52-53）。一个表现了律师对庞德忠诚所产生的愤怒的说明可以在下一个引文中找到：

> 他那使人麻烦的分析所产生的反感马上引起了反应：在赞美法院冗长的辩护之后印刷4000份演讲的决议被推翻了，其中还点缀着对他某些主张急躁的谴责（Lowe 1973：317）。

虽然这是一个不利的开端，但是司法改革运动在庞德恼怒的同事离开会议大厅之后不久真正地开始了。虽然律师普通成员（rank and file members）的反对，但是法律界有头有脸的人物在庞德演说的时候默默地点头赞同。的确，庞德的演说明确说明了一直在ABA上层阶级内长期以来萌发的观点。从最开始，司法行政的主要拥护者就来自法律职业的最高层。庞德并不是一直为在法律壕沟（legal trenches）里的绝大多数律师说话。相反他代表了一小群法律精英，他们担心会产生严重的回应，如果律师和法院没有对诉讼当事人的需要更具有回应性。一直以来法律界这些颇具影响的人能够在普通人中赢得信仰者。但是在改革议程成为一个群众运动之前，精英律师锻造了并不被ABA更广大成员所广泛接受的路径（forge a path）。

根据一次颇有见地的分析，他们的动机并不总是自私的。弗德里曼（Friedman 1969：358）认为，精英律师对法院管理的支持过去是（现在也是）打算帮助法律职业证明自己领域主导地位（market monopoly）的合理性，通过的方式是将公众对司法过程的反感最小化并且"将一个产生有利公共形象的机制制度化"。法院改革被视为是加强法律界控制市场的一种路径，也是通过减少政治家对法院程序和法律实践影响从而获得更大自主权的一个方便路径。因而律师领导人、著名的法律教授以及"由法律领导人物特别创建的组织"对法院改革事务呈现出一个真正的束缚（Munger 1982：53）。正如我们将看到的，外部群体一直到很久以后才明显地参与到法院现代化的运动中来。

显然，把一个规范的直尺应用到精英律师早期司法行政管理中来是没有意义也是不合适的。无论他们的动机是什么，其为法院改革所制定的目标是对当时结构和程序混乱的一种巨大改善。但是，法律建制（legal establishment）的角色的确对所界定和所追求的改革项目的方式产生了关键性影响。几乎无一例外，改革议程的具体内容在ABA不同会议上和/或由法律精英所控制的特殊组织予以制定出来（hammer out）。在20世纪前60或70年中的司法行政是根据法律建制（legal establishment）正式的声明和改革建议来逐渐确定的。而且，所确定的改革目标逐渐被精英法律界认为是司法行政圣杯（Holy Grail）的组成部分（Gazell 1978：5）。改革成为一种近似讨伐运动的东西（虽然是一个缓慢而无规律的运动），而且运动的原则被改变成了信条，很少被知识界或职业界（intellectual and professional persuasion）所质疑。

C. 改革议程具体成形

1909年，法律界首次对庞德所谓一个统一的法律体系的呼吁给予了官方回应。同一年，被任命来分析庞德控诉的一个 ABA 研究委员会［提出补救措施形成建议法律以防止在诉讼中拖延和不必要代价的特别委员会（Special Committee to Suggest Remedies and Formulate Proposed Laws to Prevent Delay and Unnecessary Cost in Litigation）］公布了其报告。在评估了法院在诉讼中拖延和过度开支问题之后，该委员会确定了在司法行政中四个主要"因素"：司法组织；程序法；选拔和任命法官的路径；以及"律师界的组织、培训和传统"（Special Committee 1909：588）。为了解决司法组织中的问题，该委员会宣布：

> 每个州的整个司法权力……应该被授予给一个大法院，所有的初级法院（tribunals）都是分支、部门或分庭。法院事务以及司法行政都应该全面组织化，目的不仅只是防止浪费司法权力，而且防止浪费不必要的文秘工作（clerical work）、复制文件和记录等等诸如此类的工作，因而减少诉讼当事人的开支以及公众的花费（Special Committee 1909：589）。

稍微对照一下庞德最初双重法院的观点，该委员会建议州立法机关在"大法院"（great court）内建立三个分支：县法院（county court）（包括市镇法院），对所有小事务（petty matters）具有唯一的司法管辖范围；初审上级法院（superior court of first instance）（普遍司法管辖范围的审判法院）；和一个单一的上诉法院。该委员会添加了一个县法院，这是庞德很快就接受的一个变化。对大法院的管理是单一的"高级官员"的责任，他分配案件并且也处理法律系统的行政监督。

该委员会其他的建议则集中在延长法官的任期、使他们的选拔尽可能保持中立和非党派性、并且提高法官和律师的管理意识上。而且该委员会认为，"程序细节应该属于法院规则而不是由立法行动来规定"（Ashman and Parness 1974：11）。委员会认为，法令应该只是确定了一个大纲，而程序的细节问题则留给法院规则来制定。这使法院能够制定程序满足无法预见的发展并且如经验所表明地改变法院实践。

虽然该委员会报告的一些最重要的部分从来没有提交给 ABA 会员去正式投票（部分是担心它们会被普通成员拒绝），一个简要而合理的改革议程被明确制定和公开。在1906年几乎被从台上赶下来之后，庞德的理论成为1909年 ABA 一个委员会报告的中心议题。除了借鉴他的许多建议之外，该委员会制定了一个比庞德最初所建议的还要广泛的改革议程。幸亏精英律师的倡议，法院改革终于成功地发动起来。

Ⅳ. 征召同盟：1910—1919

ABA 委员会报告在早期司法行政发展中起着双重作用。除了提高某些司法改革者目标的合法性之外，它也促进了法院管理问题在"良好政府"（good government）和其他公共利益集团中的可见性。虽然少数怀疑者转而相信法院改革原则（当时的法律期刊通常登载批评改革措施的文章与支持改革的文章一样多），这一公开性的确增加了公众意识程度并且吸引了对这一进程更为广泛的支持。教育公众的职责在 1912 年得到进一步帮助，当时罗斯科·庞德被任命为哈佛法学院的院长。从那一"全国重要职位"开始，他调整法院改革的主题并吸引了许多著名的联盟（Lowe 1973：317）。

也许这 10 年中庞德最具有影响力的同盟者就是前会长塔夫脱（President Taft）。作为 ABA 的会长，塔夫脱为了机构和程序变革而广泛游说，这些变革促进了"司法事务的迅速办理"（dispatch）（as quoted in Wiebe 1967：167）。在 1914 年辛辛那提大学法学院（the University of Cincinnati Law School）的开学典礼致词（commencement address）中，他告诫美国法院学习英国的经验。他批评了国会在补救法律体系缺点时"玩忽职守"（Berkson 1977，8）。塔夫脱然后提出了提高联邦司法体系的六条建议（Berkson 1977：8-9）：

1. 废除分离法律和公平的制度，该制度产生了不必要的诉讼当事人混乱并导致法院多重性的状况；
2. 赋予最高法院或者法官理事会（council of judges）对程序规则的完全控制权；
3. 将诉讼成本最小化，即使涉及的是政府（而不是诉讼当事人）负责开支；
4. 授予有关联邦司法体系的领导［假设是美国首席大法官（the Chief Justice of the United States）］重新分配法官的权力以减少案件积压（case backlog）；
5. 通过减少要求用来审查的案件数目从而减少最高法院的案件负担；
6. 颁布一个联邦工人伤残赔偿法（workmen's compensation）（该法的出现将减少工人与雇主的诉讼量）。

有趣的是，塔夫脱的建议整合了程序、行政和案件量等办法来解决法院问题。他的关于法律和公平相结合的建议已存在了几乎一个世纪，而且大多数他所确定的行政改革可以追溯到庞德身上。但是，通过呼吁减少必须由司法裁决的案件的数量和类型，塔夫脱打破了在不久的过去一直用稍微不同方法栽培的（虽然庞德也曾经作过这一议程项目）土地。通过这样做，他发动了一个关于把诉讼授予准司法和/或行政机构来解决的相对优点的长期讨论。其第六条建议在本质上是建立一个行政而不是司法回应与工作相关的、成千上万个伤残案件。这个把焦点放在了输入解决办法（input solutions）——也就是说，通过把案件转到准司法机构来减少案件输入到司法系统——后来显得日益重要。

  根据彼得·菲什（Peter Fish）的观点，塔夫脱的努力显然试图顿挫"进步主义运动"的锐气，当时进步主义鼓动把法院完全"民主化"。他们想要一个纯粹的民主版本，这样允许人民成为法令意义和宪法意图的最终决定者。塔夫脱认为这是一个社会主义道路；他控诉在这样一个体制下，法律将依赖于"人民临时性的热情"，通过动议、公投、撤销司法官员和裁决等来表达（Fish 1973；Pringle 1939）。通过使得法院更为有效地运作，塔夫脱显然相信他能够改变"进步主义运动"对司法过程的某些批评。迄今为止，塔夫脱都是一个非常"传统保守的改革者"（Fish 1974：4），努力把改革引导到一个理性的（也就是不是太具有破坏性的）道路上来。

  庞德能够吸引其他重大联盟的这一事实反映在1914年他参与撰写的一个法院改革文件中。其合作者有路易斯 D. 布兰代斯（Louis D Brandeis）（后来被任命到最高法院）、查尔斯·埃利奥特（Charles Eliot）（最近从哈佛大学校长职位退休）和穆尔菲尔德·斯托里（Moorfield Storey）［ABA过去的会长以及美国全国有色人种促进会（National Association for the Advancement of Colored People）的创始人］。他们的《对司法行政效率的初步报告》（Preliminary Report on Efficiency in the Administration of Justice）（Eliot 1914）是为国家经济联盟（National Economic League）做准备的，这一联盟一直是第一批跳上法院改革这趟快车的良好政府集团之一（Wheeler and Whitcomb 1977：47-48）。除了呼吁通常的改革平台（统一的法院、延长的司法期限、程序自主权），该报告强调了需要专业的法庭管理者和功绩制选拔法官体系。报告的另外一个部分讨论了允许民选的法院书记员和其他独立官员对法院运作的许多方面行使权力所产生的许多困难。虽然这些观点和问题在这一时期的改革进程中没有明确确定，但是它们都是在司法行政中后来重大运动的先驱。正如下面要讨论的，雇佣培训过的法院管理者以及"功绩选拔"所有司法人事的呼吁最终成为ABA改革建议中的重要部分（see ABA 1962，1971，1974，1990）。

  1914年一个相关的发展很快给功绩选拔增加了特征（give texture to）。艾伯特·M.·凯尔斯（Albert M. Kales）是"进步主义运动"撤销计划（recall plan）的一个狂热的反对者，他建议另外一种方式即结合选举和任命来选拔法官。他提出，公众应该选举一个短期的统一法院领袖，在这期间，这一领袖被授权通过任命来填补司法空缺。然后通过这一程序被任命的法官在"保留选举"（retention election）中"根据记录"运行将不会遭到反对（Kales 1914）。这样的法官选拔策略的基础最终成为"凯尔斯计划"（Kales plan）中的一个部分，也是目前所使用的最为著名的功绩选拔技术（see Harley 1936）。

  随着1913年美国司法学会（the American Judicature Society，AJS）的成立，

司法行政运动在这 10 年可能是达到了其发展最快的时期（也许可能是在庞德之后其历史上最快发展时期）。理查德 S. 奇利斯（Richard S. Chiles）是"短票选举运动"（Short Ballot Movement）的奠基人和相关的"城市管理运动"的学术领导人，他提供资金允许一小部分但是"有凝聚力的一群人"发动了最有影响的法院改革组织活动（Wheeler and Whitcomb 1977：47）。AJS 开始只是一个微小的利益集团，其成立是"为了促进高效的司法行政"（to promote the efficient administrative of justice），这是出现在其出版物上的标语。

最初其唯一的活动就是出版好几个描述法院改革问题的公告（bulletin）。例如，公告 I 简要地叙述了试图用来"作为讨论基础"的一套建议方案。艾伯特·凯尔斯（Albert Kales）是公告的作者，列举了以下题目：陪审团选任（jury selection）、实践原则（rules of practice）、法官的选举和训练、非司法法院人事的选拔等。AJS 早期一个最具有雄心壮志的出版物是公告 IV（Bulletin IV 1914），它含有一个示范性《城市法庭法》（Metropolitan Court Act）。反过来，出现了一个示范性《州范围司法法》（State-Wide Judicature Act）[Bulletin VII (1914)]。这些文件始终如一坚持庞德所确定的改革议程，但是其内容也开始越来越丰富。例如，凯尔斯（Kales）的功绩选拔计划，最初是作为《城市法庭法》的一部分（Bulletin IV）。然后在 1917 年法院改革文献开始多了起来，当时正是《美国司法学会杂志》（Journal of the American Judicature Society）开始出版的时候。该杂志现在简单地叫做《司法》（Judicature），是美国司法行政最具有权威的编年史。它的文章包括了对在该领域当代史中曾出现过的每次辩论问题的讨论。迄今为止，它对子学科的影响都是非凡的。在其存在最初几年，该杂志免费分发给全国的图书馆、律师和学术人员。在教育公众满足现代司法行政的需要上，没有哪个出版物能有该杂志的重要地位（see Harley 1936）。

V. 司法行政稳步发展：1920—1929

在第一刊中，AJS 杂志指出，"不可能存在进行司法挽救（judicial salvation）的专利计划（patented scheme）"（Harley 1917：4）。这一观察的先知先觉在 1920 年得到证明，当时产生了司法行政的第二个主要模式。全国城市联盟（the National Municipal League）是另外一个良好政府行政者组织，它与美国司法学会一起联合提出司法条款模式（the Model Judiciary Article）。

A. 1920 年司法条款模式（the Model Judiciary Article）

该模式对改革思潮的主要贡献是推荐了一个方法，在这一方法中，统一的法院体系应该建立在不同的州政府内部。州司法系统的主要特征是"机构繁多，没有大脑"（Journal 1920：132），所以，该模式认为法院统一化应该通过制度改革而不是通过法令路径来完成。该模式断言，州立法机关一直在从事指导法院体系这样一个不良工作，而且通过法令而进一步的立法干涉纯粹只会使情况更为糟糕。此外，法令对司法系统的控制被视为是违反了权力分离原则；它把法院置身于相对于立法机关一个劣等的地位，并且严重限制了法官的行政灵活性（Ashman and Parness 1974：6）。

该模式提供一个补救方法让立法机构参与法院实践，也建立了早期的司法委员会（Judicial Council）概念。所有的实践和程序规则都是法院系统的唯一性责任（exclusive responsibility），而且这些权力将通过司法委员会的规则制定权而得到实施。这一委员会由来自3个法院的代表法官组成（按照1909年司法结构模式）。该委员会的管理责任是广泛的，包括规制法院内所有非司法人事的权利、减少治安官数额的权利；控制法官分配的权利以及管理法院审理案件议程表（court calendar）的权力。该系统的大法官是该系统的行政首长。在其作为司法委员会的执行长官（presiding officer）的其他责任中，这个"司法检察总长"（Chief Judicial Superintendent）（Wigmore 1917）将负责编纂司法统计数据并且负责法院活动的年度报告。这些措施对于给司法系统提供一个计划能力上是至关重要的，这样才能制定出将来的人事和案例分配决策。

另外一个由1920年司法条款模式（the Model Judiciary Article）提出的、值得一提的建议是：所有的法院官员都由州支付薪酬，所有法院收集的罚款和费用都同时交到州财政部门。这保证了在该系统内的统一指标，这与当每个地方司法管辖范围负责其范围内的经济维持法院时所盛行的多样性形成对比。

B. 州和联邦的回应

虽然没有哪个州接受了在条款模式（model article）中所包括的整个范围的改革，但是在20世纪20~30年代，的确有好几个州采纳了其中一些重要的部分。该条款"在建立几个州司法委员会、把大量的规则制定权归还给州立法院以及在司法行政几个其他领域中都是工具性的"（Ashman and Parness 1974：7）。但是，正如AJS在1937年所认为的，全国城市联盟（the National Municipal League）专注于城市和县政府改革这一事实说明了司法条款模式（the Model Judiciary Article）没有得到其应该享有的知名度（Journal 1937：189）。

虽然全国城市联盟的这一模式是作为州立法院改革的指导方针，但是塔夫脱1914年的改革议程在美国国会内受到了积极欢迎。例如1922年，国会确定了资深巡回法官联席会议（the Conference of Senior Circuit Judges），其目的是遵从塔夫脱的建议，即法官委员会应该被授权管理法院系统的程序。后来重新命名为美国司法联系会议（the Judicial Conference of the United States），该机构被赋予权力分配法官、监控规则和程序的运作及效果，以及计划司法工作量中未来的紧急事件。此外，该机构被赋予权力（现在也是这样）"为联邦法院颁布程序规则，一旦最高法院采纳就立即生效，除非在90天内遭到国会拒绝"（Berkson 1977：9）。

一个与之有关的动议出现在1925年，当时国会颁布了《司法法》（the Judiciary Act）。该法通常叫做《法官法案》（the Judges Bill），是对塔夫脱要求减少最高法院的上诉管辖权做出的一个回应。该法清除了所有的上诉管辖权，只剩下少量强制性上诉管辖权（obligatory appellate jurisdiction）（使得向下级法院调取案卷成为主要的上诉手段），因而减少了最高法院的案件量和案件积压（Berkson 1977：9）。此外，这也产生了"全面整理联邦上诉管辖权……并且确定了基本的组织计划，现在的法院就是在该计划下运作的"（Wheeler and Whitcomb 1977：42）。

C. 研究活动

除了主要的立法动议，20世纪20年代展开了第一次重大的研究努力来评估全国法院的实际情况。直到AJS开始发布其一系列公告，才有从只是一些轶事和/或暴露等角度对法院进行的系统性评估。虽然几乎每个人都承认庞德对法院的描述基本上是确切的，但是并没有许多人尝试去评估现有行政实践的影响或后果。但是在20年代这一切开始逐渐地改变。

最初的一个实践性研究集中在克利夫兰刑事法庭（the Cleveland criminal courts）上，该研究后来成为司法管理研究的一个长期传统。该研究于1921年完成，对于其发现结果，庞德（1921：45）评价道："职业罪犯和其顾问迅速学会如何使用该机器，并且制定出策略，作为惯犯的一种逃脱方法，把刑法应用于偶犯（occasional offender）情况从而减轻罪责"。庞德把这一问题归咎于混乱的组织、不称职的法官以及"讨价还价的律师"（haggling lawyer）（Downie 1972：205）。把不善的法院管理实践与严重的社会问题（例如使危险的犯罪分子获得自由）联系起来的能力极大促进了法院改革进程（see Pound 1913）。

庞德和其他法院改革者相当成功和有效地利用了这些主题。例如1927年，庞德写一篇文章，追溯了州司法系统的历史背景，着眼于说服读者相信：美国从英国和法国司法体系中借鉴了大部分的糟粕但很少有精华。当随意提到城市和州立法院某种恐怖事件时，他指出：

> 该模式是英国式的，当时英国司法组织是处于最糟糕时期，而且当时我们司法系统形成的环境没有反对最初增加法院的这一政策。因此，在一个急需统一的时期，我们继续产生新的法院（Pound 1927：75; see also, Low 1973：318）。

20年代在社会科学界也开始出现了一个类似的文献类型，但是这类文献的确很少。一些社会科学家组织起来对城市审判法庭/初审法庭进行跨学科研究。许多这些研究在内容上都是描述性的，内容上几乎像杂志文章一样。他们详细地向读者说明司法行动者的小缺点，并且指出在司法过程中的明显错误。几乎不可避免的是，被分析的法院系统被不恰当地与法院加强和统一化的想法作比较。两个例子是：拉普斯基（Lepawsky 1932）的《芝加哥市的司法系统》（The Judicial System of Metropolitan Chicago）和莫利（Moley 1930）的《我们的刑事法庭》(Our Criminal Courts)。在政治科学文献中,这一风格(vein)(虽然可能它很狭隘)在过时的(dated)参考文献中可以找到,如库尔曼(Kuhlman 1939)的《犯罪和刑事审判材料指南》(A Guide to Material on Crime and Criminal Justice)。

VI. 进一步改进,更少的行动:1930—1939

虽然在20年代改革州和联邦法院系统中取得了令人瞩目的进步,但是对司法行政的兴趣一直到1930年才达到顶峰。随着"进步运动"的声誉逐渐减退,法院改革议程失去了许多公众呼吁。同样,大萧条(Great Depression)严重地使人烦乱,这耗干了许多改革运动者的热情(但是,附带说明一点,这也促使发起了其他类型的改革措施)。虽然联系紧密的司法改革者群体继续坚持不懈地进行其改革运动,随着30年代这10年向前发展,取得的胜利越来越少。对这一事实最戏剧化的反映可以在芝加哥市政法院(Chicago Municipal Court)经历中发现,庞德在1906年曾天真地参照过。到30年代早期,"添加了新的司法层,芝加哥地区发现与'改革'前相比,法院是以前的2.5倍"(Wheeler and Witcomb 1977:29)。沿着法院改革下滑着的斜坡往上的进步,出现了不少的倒退。

A. 热心拥护(Boosterism)的司法行政文献

30年代早期,许多司法行政文献包括了对一直执行到当时的改革的描述。鉴于司法理事会是大多数州改革措施中最常见的组成部分这一事实(到1949年为止,37个州创建了这样的机构;但是到1995年为止,只有6个州继续使用这些机构),许多研究者集中在这些机构的活动和运作方式上。这在社会科学文献资料中尤为如此,这些著作的为数不多的文章中大部分都涉及到司法理事会(Aumann 1930;Grant 1928;Sikes 1935)。其他的研究者详细描述了有关"统一的"(不是严格意义上的)州法院系统少有的几个例子的经历,例如:在密苏里(Missouri)实施的一个,以及在堪萨斯(Kansas)、佐治亚(Georgia)、爱达荷(Idaho)、新泽西(New Jersey)和威斯康辛(Wisconsin)等州所正在讨论的经历(Harley 1932)。期刊文章另外一个喜欢的主题是"如何做"(how to)篇章,这些文章常常集中在事后看来,如何在一具体地点获得改革的(而且根据观察几乎不可避免地得出结论:案例研究"发现结果"在别处都是很快就能够使用的)。

也许将这一时期(以及后来)司法行政文献资料内容总结的最好方式就是把它当作统一的法院概念的啦啦队(cheerleading)。根据格立克(Glick 1982:28),"大部分对法院改革的著作更像一个销售标语(sales pitch)或者促进精神(boosterism),而不是冷静评估变革对法院运作的影响"。这一现象主要可以归答于这一事实:正在撰写司法行政的个体几乎总是那些完全卷入到改革运动本身中去的人(当然法院改革反对者除外,他们的辩论常常同样是缺乏分析的)。

B. 亚瑟 T. 范德比尔特（Arthur T. Vanderbilt）推动促进者

法院改革运动在 30 年代后期中得到了一剂急需的兴奋剂，当时亚瑟 T. 范德比尔特（Arthur T. Vanderbilt）是司法行政的一个明确的拥护者。作为美国律师协会（ABA）的会长，他创建了司法行政部（Section on Judicial Administration）来研究 7 个不同题目：提高预审程序；陪审员选任；改进审判实践；提高证据法（improving the law of evidence）；简化上诉程序；控制州行政机构；以及改进法院组织和程序。在一篇题为"司法行政部广泛发动项目"（Section of Judicial Administration Launches Program on Wide Front）的文中，他辩论到"法院的存在不是为了法官或者律师的利益，而是为了那些被迫为其利益提出诉讼的公民"（Vanderbilt 1938：6）。他继续具体确定了诉讼当事人的"根本权利"，包括（1）迅速有效的审判，（2）合理费用，（3）由一个胜任的律师代表，（4）在公正而称职的法官前接受听审，以及（5）通过上诉法庭有请求审查的特权，这将在上诉提出之后 4 个月内做出裁决（Vanderbilt 1938：6）。

这些权利在该部对制定标准任务的分配中被用作指导原则，这些标准将会被州和地方律师协会采纳。最终美国律师协会（ABA）代表大会（House of Delegates）批准了该部呈交的 6 个决议，迫使 AJS 把这一发展叫做"我们这一代中出现的、有关民事程序最为重大的事情"（Journal 1938：66）。这些决议反映了庞德的遗产以及范德比尔特的痕迹，包括了法院统一化、需要季度的司法统计数据、法院完全的规则制定权力以及给司法部门提供充分的行政协助等要素。

最后这一点很快就正式成为范德比尔特主要改革目标之一，即为法院建立一个"行政手臂"（administrative arm）。后来，范德比尔特成为新泽西最高法院的大法官（Chief Justice of the New Jersey Supreme Court），随着 1947 年法院行政主管的（the Administrative Director of the Courts）设立，他看到这一理想实现了。

但是，范德比尔特并不是第一个享受到司法系统的专业行政手臂服务的人。在大法官查尔斯·埃文·休斯（Chief Justice Charles Evan Hughes）不情愿的默许之下，国会于 1939 年建立美国法院行政管理办公室（the Administrative Office at the United States）。它的建立部分是大萧条时期联邦法院威望逐渐消失的结果。最高法院在加速经济萧条中被察觉到的作用，通过经济保守的裁决措施，而且因其企图扼杀"新政"（New Deal）而进一步恶化，为法院制造了许多"强大压力"（bad press）并且直接导致了富兰克林 D. 罗斯福（Franklin D. Roosevelt）著名的"法院改造（court packing）计划"。罗斯福声称联邦法院"效率低下"，这导致了他建议设立一个国家法院行政官员（administrator），该建议得到范德比尔特和其他法院改革者的普遍支持。

最终达成的妥协是成立了行政办公室（the Administrative Office），这是一个司法联席会议（the Judicial Conference）机构。虽然罗斯福最初期望一个强大的法院管理者，但是该办公室并没有给予真正的政策制定权力。相反，它被称作

"司法部门的管家机构"（Fish 1973：124）。其首脑（director）服务于最高法院的爱好，其责任仅限于预算筹备（budget preparation）、财政审计（financial auditing）、人事管理（不包括对法官的管理）、统计编纂和分析、空间利用和分配以及规划（Carp and Stidham 1985：66-68）。

因而，在第二次世界大战前夕，司法行政正在逐渐地增加正式组织，但是真正的改革进展从前几十年就已经大幅度减慢了。但是，改革议程继续欣欣向荣。虽然文献相对薄弱且没有经验，但是其思想质量在司法行政领域逐渐稳步发展。多亏了范德比尔特的学术参与，加上 ABA 热忱的支持，法院改革开始成为比以前基础更为广泛的一个运动。

Ⅶ. 困惑的 10 年：1940—1949

20 世纪 40 年代许多学术和政府努力的真实情况就是如此，大多数的司法行政活动在美国参与第二次世界大战期间被悬置了起来（Put on hold）。几乎长达 6 年时间，没有一个具体的改革措施，而期刊文章远远比战前盛行的那种贫乏状态还要落后。盖泽尔（Gazell 1975：13）发现整个 10 年只出版了 139 篇文章，这与 30 年代出现了 224 篇文章相比较就贴切地说明了这一事实。这 139 篇文章中，只有 3 篇是在法律期刊内。

如果没有这种敌对状况打断改革运动，那么 40 年代很可能是司法行政标志性的 10 年。1938 年《ABA 司法行政规范条例》（Standards of Judicial Administration）的出版重新在法律界内激起了对法院改革运动的兴趣。在范德比尔特的鼓励下，1940 年 ABA 初级律师大会（the Junior Bar Conference of the ABA）展开了一个全国性的对司法管理的调查。特别是，该调查意欲根据 ABA 1938 年的建议评估 48 个州的司法行政实践。该调查评估了该分部特别指定的 7 个地区所有的州立司法系统，并且增加了问题探讨，如司法选拔和期限以及交通法庭等话题。

在 10 年即将过去时，该调查的发现结果被并入到由范德比尔特著作的一个巨大文献内。《司法行政的最低标准》（Minimum Standards of Judicial Administration）出版于 1949 年，被誉为是"给 ABA 规范条例注入了生命"以及"铺平了通向统一的法院概念实际意义的道路"（Ashman and Parness 1974：18-19）。除了提供有关州司法实践的概略信息外，该文献非常详尽地说明了司法行政的不同组成部分。迄今为止，这可能是所出现过的对传统法院管理智慧的最好陈述。

对于统一的法院概念的另外一个澄清也是出现在这 10 年。在 1940 年题为"现代统一法院组织的原则和纲要"（Principles and Outline of a Modern Unified Court Organization）的文章中，无处不在的庞德明确阐述了他对统一化的"控制理念"。这些观点包括：统一化、司法人力的保留（conservation of judicial manpower）、灵活性和回应性等。为了发展这些目标，他建议一个分成"两个或三个级别或部门的"单一结构的法院系统,一个行政大法官与一个执行管理者(executive manager)和一个职业人士(即"法院经理")、集权的程序和规则制定权威(被授予最高法院而不是司法理事会)、法官专门化而不是建立专门化的法院来解决不同类型的争端(Pound 1940)。到当时为止,庞德把司法理事会的作用归为监控大法官的行政绩效。

很大一部分,该10年剩下的司法行政文献资料包括无数的"法院研究",其中研究者密切研究了不同州和地方司法机构的运作和管理。这一类文献突出的研究是审查整个范围的法院问题(包括:机构间协调问题、人员过剩和后备人事培训不足等)和所建议的不同解决方案,大部分的方案都来自 ABA 规范条例和/或者其他已被接受的法院统一化原则(see, e. g., Citizens Reform Committee 1948;Lawson 1974:18;Virtue 1950)。

虽然社会科学家在大多数这类研究中都仅仅是边缘行动者(peripheral actors),但是司法行政专门小组(Panel)在40年代开始出现在美国政治学会(American Political Science Association, APSA)大会议程上。正如惠勒(Wheeler)在1975年所指出的,在1940年 APSA 大会上举行了一个"司法行政圆桌会议"(Judicial Administration Roundtable),而且与会者讨论了"目前联邦和州法院存在的行政问题"(Current Administrative Problems of Federal and State Courts)这一普遍议题(Colgrove 1941)。然后在1946年,范德比尔特就任一个 APSA 专门小组主席,讨论有关"法院人力"(The Manpower of the Courts)、"论文来自一个法院行政官员、一个'司法行政顾问'、一个州和联邦法官,以及美国司法学会格伦·温特斯(Glenn Winters)的讨论"(Griffith 1950;Wheeler 1975, 1)。因而至少还是有几个社会(和管理)科学家对40年代后半期的司法行政感兴趣。后来这些人的数目激增,部分是因为1949年流行出版社(Popular Press)丛书的出版。弗兰克(Frank)的《审判中的法庭:美国司法的神话和现实》(Courts on Trial:Myth and Reality in American Justice)吸引了学者和大众的非同寻常的关注,因为它用一种激昂的评论描绘了司法系统许多最为显著的缺陷。通过把这样一个概念即效率低下的法院影响了几乎我们每一个世人之后,弗兰克的文章确实为后来许多人竞相仿效的一个重要先例。

40年代最后一段时间至少值得附带一提。在多年的行动之后,后来得到有效的立法游说的加强,范德比尔特最终于1947年成功地使得他的家乡新泽西州接受了一个新的司法条款(article)。虽然这一改革并没有建立一个真正统一的司法体系,但是它的确建立了一个得到极大改进具有集权管理责任的结构。此外,该州创建了法院行政主管(Administrative Director of the Courts),这是范德比尔特长期所支持的一个概念。范德比尔特作为这一改革后的司法系统主要大法官,他在统一国家法庭方面的不懈努力上的力量得到了加强。到这10年末,新泽西州的例子已经颇有名气。当1948年统一州法律委员会议(the Conference of Commissioners of Uniform State Laws)问世时,它包括了给州立法院管理者作为模式法令的条款。到1956年为止,16个州创建了这样的办公室,但是其职责在每个州都具有重大的不同（Lawson 1974）。

Ⅷ. 现代时期的开始：1950—1959

50 年代标志着所谓的司法行政"现代"时期的开始（Saari 1980）。虽然在这 10 年法院改革议程没有显著的变化，但是个体参与该领域的数量和类别开始缓慢而重要地增长。随着这一基础更为广泛的运动不断发展，司法行政最终开始与其传统狭隘的边界分裂开来。

A. 放松法律控制

对该领域一个最为重大的现代化影响就是 1952 年建立了司法行政学院（the Institute of Judicial Administration）。在亚瑟·范德比尔特领导下被建立并附属于纽约大学法学院（the New York University School of Law），该院马上开始启动一个满怀抱负的研究和出版物系列。由一大批研究人员支持，该院出版了一系列令人瞩目的问题报告，包括"司法行政发展检查列表总结"（Checklist Summary of Developments in Judicial Administration 1954–1958），"州立法院系统指南"（A Guide to State Court Systems 1959），"司法文章——带有解释性评论的近期选择建议"（Judicial Articles-Selected Recent Proposals with Explanatory Comment 1958）以及许多集中关注个别州立法院体系的专门报告（see Klein 1963）。除了把有关法院改革的信息传播到比以前收到的信息更为广泛的学术和职业读者外，该院偶尔地利用社会科学家和管理专家的服务。

非法律专家日益增加地参与司法行政研究对这一子学科产生了许多重大影响。一直以来，法院改革议题，和统一化和巩固方案一起，开始在公共行政和政治学的学生的教科书上出现。例如，在格雷夫斯（Graves）对美国州政府（1953）的教材中几乎 180 页文章（总共大约 950 页）是关于诸如陪审制、司法组织、行政困境、司法选任和任期等议题的。同样，为社会科学中学习司法过程和宪法法律学生撰写的教材开始讨论法院结构、州宪法条款和改革进展（see Berman 1958；Blume and Joiner 1952）。在真正意义上，这些提到了司法行政的教材反映了该主题最终会成为对非律师的一个合法的关注问题（a legitimate concern for nonattorneys）。

虽然对司法行政"非法律化"（de-legalization）的另外一个重要标志是美国政治与社会科学院（the American Academy of Political and Social Sciences, AAPSS）所表现出来的再度兴趣。在对司法行政审查中断了 20 年（see, AAPSS 1933）之后，美国政治与社会科学院年报（Annals）系列出版了一篇题为《司法行政与普通人》（Judicial Administration and the Common Man 1953）的长篇著作。在这册书中几篇文章提出了家庭法院问题（family court problems）、工人赔偿问题、交通法庭运作、遗嘱、事故诉讼、陪审管理以及许多行政和结构关注。

该书以及类似的其他书（Crane and Elliot 1953）的最重要的意义就是它证实了在学术界一个新的"法律现实主义"浪潮（for a discussion of legal realism, see Frank 1930；Llewellyn 1930）。教授和学生都逐渐认识到下级法院可以比上诉法院对美国公民的生活产生更大的影响。但是由于被称作"上级法院的迷信"（upper court myth）（Frank 1949：222-224）的一个现象，大多数学者的注意力长期集中在上诉法院上，他们相信，司法系统的其他机构是微不足道、不构成影响的。因而该时期大多数社会科学研究集中在司法决策制定、抽象的法律规则和命题以及辨别上诉裁决真实含义的努力等议题上（see Munger 1982）。通过努力打破这一哲学偏见，50年代法律现实主义者开始把研究者的关注点从上诉法庭转移到初审法庭上来，初审法庭上对行政发展的需要变得更为迫切。

一旦"非律师"的注意力集中在下级法院的状况上，就出现了许多令人吃惊的现实事件。大家发现城市初审法庭有延迟了5年的民事陪审案件（Institute of Judicial Administration 1956），主要是因为与汽车相关的高诉讼率。地方司法的质量也成为一个主要问题，尤其是当它与治安官、市长法院以及其他缺乏法律学位（law degree）的司法官员的绩效联系在一起时。有关这些外行法官滑稽行为的恐怖事件大量增加；对那些不能读也不能写的法官的描述是普遍的，这些都是报道在某些法官的会议室里几乎没有听到过"无罪"判决，原因是费用制度（fee system）——只有有罪的诉讼当事人才会被要求支付"罚款和费用"，这样法官常常获得他们的唯一收入（only income）（Sunderland 1945；Weygandt 1956）。此外，不恰当的管理实践在公众和学术压力面前也得到日益增加的关注。在一篇题为《不公正法庭》（Courts of Injustice）的曝光文章中，卡利森（Callison 1956）发现，美国司法管理是一个"悲剧性失败"，原因是其不合适的管理基础结构、不称职的法官以及唯利是图的律师所带来的负面影响。在经过几乎50年的法院改革后，在1950年"大多数州立法院拥有100多年前就存在的相同的结构和权力"（Hurst 1950：85）。

B. 开始职业化

朝司法行政现代化方向的第二个主要发展是伴随着50年代职业化法庭管理者的出现而产生的。在这以前，法律界对法院的束缚是如此全面以至于即使所任用的为数不多的"法院管理者"都具有法律背景和偏见。正如萨里（Saari 1980：6-7）所陈述的：

> 一直到大约1950年，在法院内只有一点点或者没有用现代管理考虑管理问题的空间。法院采用律师般的思维考虑管理问题……法院管理被认为主要是"将文件存档"和"削铅笔"以给法庭上的法官使用。法律学校与法院运作的有限观点相同。

萨里把这一态度的主要变化归因于美国最初两个真正的"职业"法院管理

者：爱德华 B. 麦康奈尔（Edward B. McConnell）和爱德华 C. 加拉斯·麦康奈尔（Edward C. Gallas. McConnell），1953 年他们被范德比尔特任命为新泽西州州法院主管（Director of the Courts of the State of New Jersey）。几年之后，加拉斯担任了洛杉矶高级法院的执行官（Executive Officer of the Los Angeles Superior Court），该职位是遵照大法官厄尔·沃伦（Chief Justice Earl Warren）的建议而创建的。不同于以前的法院管理者，这两个人拥有职业管理技能：马康奈尔拥有法律和管理学位；加拉斯是没有法律背景的公共行政官员。

这两个人在司法行政领域所作的开创性辉煌成绩如何夸大都不过分。作为成功的法院管理者，他们的出现向法律界证明了"除法律之外，行政知识与管理法律系统也有关系"（Saari 1980：7）。通过承担把案件分类列表、公共关系、陪审管理和大量相关的活动等责任，他们把法官从费时分心的工作中解放出来。此外，他们能够把"管理视角"引入法院系统，因而更新了所有复杂组织所具有的预算、认识、规划和监控等功能。他们对该学科的影响由下一事实得到证实：他们是在全国最大的两个城市地区开展实践的，这两个地区的高度可见性促进它们所学到的经验教训的快速传播。

因而在司法行政研究中开始了两个主要方向。正如在本卷书中下一章盖泽尔（Gazell）所提到的，职业法院管理者的适当作用、培训、教育和职责现在是司法行政文献资料的焦点。

IX. 紊乱的 10 年：1960—1969

如果 50 年代在司法行政内开始了一场"非法律化"趋势，那么 60 年代可以被认为是推广法院的改革目标。毋庸置疑，公众对司法行政的意识和关注在这一时期达到了顶点。公众高度的兴趣可以直接归因于社会动乱，动乱是我国历史上宣泄时期的主要特征。在那个年代国家所面临的许多危机有一个前所未有的犯罪潮、离婚率和青少年犯罪激增、总统肯尼迪（President Kennedy）遇刺，以及由"民权运动"（civil rights movement）和越南战争（Vietnam War）所引起的广泛的社会斗争。每一种力量和每一个事件都给刑事司法系统产生压力，该系统严重超负荷，并被证明不足以接受这一挑战（Downs 1972；Seymore 1973）。正如（Friedman 1973：595）后来得出的结论："司法系统毫无用处。左派认为它是压迫性和不公正的；右派抱怨它没有发挥作用。"

在法院中这场所谓的危机所产生的结果是可以预计的。除了产生几十个研究委员会和会议之外（Brownell 1970），政府开始日益增加大量的财政资源以用于刑事司法系统的运作和改善。但是，整体而言，司法行政的理论支撑基础几乎未动。

A. 司法行政原则的发展

60 年代大部分的司法行政文献资料强调：（1）法院病症分析；（2）法院

改革的热情理由；和/或（3）对不同地区规划的或者已经实施的变革的总结（see Klein 1976）。法院延误（court delay）是一个受欢迎的主题（see AAPSS 1960），同时还有自动化和信息管理应用（Adams 1972；Popp and Kuyendall 1977）、陪审管理（Klein 1976：476 – 508）和法院裁决的不同办法（see Pearson 1982）。几乎无一例外，这些著作者都主要依赖于 1938 年 ABA 规范条例或者 1962 年规范条例版本，这一版本在许多重要方面不同于早期起草的规范条例。

1962 年示范性司法条款包括需要一个统一的法院系统管理者的强烈措辞。甚至到了这种地步，即建议应该给予法院管理者宪法上的责任负责司法系统的预算、统计和相关职能。在规范条例中，司法委员会显然不再受到重视（他们只是作为次佳方案时才被提到），其他类型的司法政策制定机构也是如此。反之，最高法院在所有程序、司法权问题、证据性规则，以及规制律师进入律师界和其行为的规则上被赋予规则制定权力（ABA 1962；Ashman and Parness 1974：13 – 14）。实际上，州立最高法院现在是真正意义上"最高的"。这是一个具有争议的建议，尤其当其关系到最高法院对证据性规则的控制时。最终，与以前的双重或三重模式相比较，1962 年规范条例呼吁一个四重法院系统，包括最高法院、中级上诉法院、一般管辖权的初级法院和特定管辖权的初级法院（地方法院）（the "magistrate's court"）。

另外一个对改革者的重大指导方针在 ABA 颁布其新的规范条例几年之后出现。总统的法律实施委员会与司法行政局（the President's Commission on Law Enforcement and Administration of Justice）编撰了一个法院改革建议纲要，叫做《任务小组报告：法院》（Task Force Report：The Courts 1967）。该文件广泛依赖于法院统一化的传统智慧（conventional wisdom），服从 ABA、AJS 和全国城市联盟的领导。此外，职业（"专家"）法院管理者被突出提到，这需要"企业管理实践"、现代技术、提高了的陪审管理技术、集中预算控制以及更为有效的书记员实践（President's Commission 1967）。正如报告中所清楚表达的，提高司法系统的管理能力（不管其整体结构如何）已经成为几乎和系统改革一样重要的一个目标（虽然委员会当然希望各州会采纳统一和集中的模式，这被认为是行政天堂梦中最为有效率的路径）。正如后来所声称的，该报告"被用来作为促进各州修改和改革那些被认为是完全过时和古老的司法系统的动力"（Berkson 1977a：12）。

B. 制度建设（Institution Building）

也许 60 年代所出现的最重大的司法行政趋势就是所发生的制度建设。在 1970 年对过去 10 年所发生大事的一个总结上，大法官汤姆·克拉克（Justice Tom Clark）把 60 年代叫做"司法发展历史性的 10 年"（A Historic Decade in Judicial Improvement）（Clark 1970）。许多荣誉要给 60 年代所建立的、用于进一步发展司法行政理论和实践的无数组织。例如，1963 年成立州司法全国学院（the National College of the State Judiciary），它的目的就是给州和地方法学家

(jurist) 提供源源不断的教育项目。通过地方和州项目这一广大网络，现在每年能给成千上万的法官提供教育服务。另外一个朝法律服务职业化发展的趋势出现于 60 年代中期，当时成立了审判法院管理者全国协会（the National Association of Trial Court Administrator）和法院管理全国协会（the National Association for Court Administration）（这两个组织最终在 1985 年合并）。

1967 年，联邦政府也把一个极为重要的组织加入到司法官僚制中来。在大法官厄尔·沃伦（Chief Justice Earl Warren）的监管下，司法大会（the Judicial Conference）成立了一个联邦司法研究机构（research arm）。成立之时，联邦司法中心（the Federal Judicial Center）就被给予四项职能：实施研究和研究美国法院的运作；给建立司法大会并提出建议；创建、发展并实施继续教育所有司法和准司法（书记员等）人员的项目；并给司法大会提供人事、研究和规划援助（Berkson 1977：12）。在其许多项目和活动中，该中心倡议为新任命的法官开办新法官研究班（New Judges Seminars），它也为法官和其助手（ancillary personnel）出版了手册［最有名的是《法官标准手册》（The Judge's Bench Book）］、定期总结新的法律发展和把信息传播给司法人员（see Carp and Stidham 1985：68 - 72）。其研究人员是跨学科的，并且出版的主题从管理创新的影响到"评估用来处理陪审员审查复杂事实情况能力的心理学文献资料"（Carp and Stidham 1985：70）。

60 年代最后一件大事值得特别注意。在这 10 年结束之际，新任命的首席大法官沃伦·伯格（Chief Justice Warren Burger）宣布，他个人支持法院改革和司法行政动议多样化项目。在一个接一个的演讲中，他反复重申庞德对司法系统的批评并呼吁各种新旧解决办法。在其他事情中，他的改革议程包括了程序规范化和清晰化；消除多重司法权范围；重新审查 12 人陪审团（着眼于减少其数量，并且/或者减少在刑事判决中一致性的需要）；在遗嘱诉讼程序中降低开支；快速审判规则（即要求司法管辖权在确定期限内对被告进行审判）；以及增加技术的使用以迅速处理司法过程（see Tamm and Reardon 1981）。对那些主要是"管理"解决办法，他继续呼吁扩大仲裁的使用，以及减少在法庭上发生的渎职行为、侵权行为、婚姻、监护和收养诉讼程序数量。因而，他回到首席大法官塔夫脱（Chief Justice Taft）1941 年所提出的一个主题——通过把案件输入最小化以及通过提高管理能力来减少法院负担。

总之，到 60 年代末，司法行政这个大锅可以说是一片沸腾。公众相信，法院管理不善，在各个层面都施加政治压力和要求系统的改革。无数的组织要求提高司法行政目标，而且更多的组织正在发展之中。此外，出现了一个精神抖擞的新的司法行政拥护者。法院改革最终到来。

X. 改革奋战：1970—1979

还早在沃伦·伯格担任首席大法官之时，他就支持待决立法（pending legislation),这样会在每个上诉巡回法院建立法院管理者职位(当时有 11 个职位;在 1981 年和 1982 年分别添加了第 12 个和第 13 个)。关于该议题,在他的国会证词中,伯格(1971a:4)指出:

> 美国现在有 38 个经培训的宇航员……[但是]如果马上通过这一立法,我们将不会开始填补这些职位。的确我们应该通过立法,但是我们也必须马上采取措施保证提供管理者。我们不能够通过立法提供法院管理者,正如我们不能通过立法提供宇航员一样;他们必须受到培训。

当时是 1971 年。这一观察,超过其他任何一个单独引用,恰恰说明了司法行政领域是如何迅速发展的。在 1971 年宇航员的数量超出了法院管理者的数量,比率是 3 或 4 比 1。到这 10 年结束之时,受过培训的法院管理者要以千来计数(Saari et al. 1993)。

A. 法院统一化发展

在进取的 70 年代,法院改革最明显的趋势就是一心一意地追求法院统一化和加强(see Berkson and Carbon 1978;Gazell 1978)。虽然没有几个州全心全意地接纳法院统一化的所有部分,但是大多数州都开始朝该方向前进。基本上这些努力包括了加强审判法庭(trial courts)、司法系统规则制定和程序权威集中化,以及州承担法院财政和人事系统责任。这样一来,各州朝减少专门化法院、清除重叠的司法管辖权并规范司法程序方向迈开大步。

当根据司法绩效的正统标准来评估——也就是法院拖延和案件积压率、程序一致性、公民接近法院的容易度,以及有效利用法官的时间——"统一化运动"似乎对法院管理有着有益的影响(see, e. g., Baar 1980; Cannon 1982)。谋划这一发展路线成为该领域文献资料的一个主要关注。

20 世纪最后几十年所有法院改革的评估水准基点是 ABA 的《相关法院组织的规范》(Standards Relating to Court Organization)(1974;Revised in 1900)。1974 年这个改革圣经版本被 1978 年《帕克—范德比尔特规范》(Parker-Vanderbilt standards)所仿效,但是它还是更具有综合性。这些规范把统一的法院概念作为"其他建议所围绕旋转的主轴"(Volcansek 1977:23),建议一个三重法院系统,由最高法院、中级上诉法院和一般司法权的初级法院组成,因而远远不同于以前的声明。早期的模式普遍提供双重系统,但这些规范增加了中级上诉法庭。最高法院通过减少上诉权从而对案件输入进行完全控制;所有的案件通过自由决定的方式(discretionary avenues)(调卷令)(certiorari)进入法庭。

这些规范其他的条款明确阐述了改革运动的早期主题。功绩选拔法官是一个主要目标,相对较新的一个概念,即使用一个司法调查委员会(a board of judicial inquiry）来建议撤销无能和/或腐败法官，也是一样（Braithwaite 1971；Frankel 1970；Swain 1976）。这与传统的司法纪律和撤销——检举、质问（address）和决议——相对照。②事实上根据所有的评论员的观点，这些以立法为基础的技术是过度麻烦的、政治为动力的且不常常执行的（Abraham 1986：40 - 50）。通过赋予司法系统使用内部调查过程惩罚其自己成员的权力，③司法部门有望在制定政策上更为有效率（且更为中立）。

1974年ABA规范条例中所含有的另外一个主要改进就是关注焦点放在司法机关决定自己的程序规则的这一需要上；这一权力完全被授予给州立最高法院。与之相关的是，该系统的首席大法官被指派为法院的行政主管（chief administrative officer）。他的权力将扩大到诸如司法和非司法人事分配、规划和财政问题的监督以及确定政策议程等领域。

根据命令统一这一经典原则，行政主管的概念迅速取代了所有其他断断续续被提出来的备选行管理结构。这被认为在逻辑上超越了一个行政结构内最高法院卓越的地位；正如在最高法院中"同辈中第一"（first among court）一样，首席大法官占据了理想的有利位置，从这一位置上去调节系统的活动。虽然某些思想致力于让最高法院行使的行政决策，或者把监督职能分配给一个由来自整个法院系统的法官组成的司法委员会（这是只在几个州和联邦政府所采用的一种格式（format）），但是反对这种由委员会统治的格式的观点通常是有说服力的。行动的容易和简单以及结果的一致性都是所预期的优势。而且，首席大法官并不是旨在成为古典官僚意义上的"老板"，这一事实使得权威集中更为合意。相反，其作用指的是行使促进者和协调者的作用。制度安排上的含蓄不明是希望首席大法官能把很大一部分精力投入到优先于行动的共识建设和咨询中去。要在一个职业组织内，尤其是一个高度重视独立和自主规范的组织内，倒行逆施将会导致灾难。

职业人事（professional staff）的作用在1974年的规范条例中被更为言简意赅地加以界定。法院管理者具体规定的职责将包括议程管理、监管非司法人员、预算、管理辅助性服务、监控法院运作、规划、统计数据收集以及运作政府信息系统（ABA 1974；Volcansek 1977：23）。事实上，法院的行政办公室逐渐被视为近似是首席大法官和最高法院的一个行政助手。人们期望该办公室担当管家职能并且提供所必需的、无论哪种支持服务；它并不是想在最高法院纯粹的司法或政策制定职能中扮演任何实质性角色。

在这振奋人心的改革环境下，不足为怪的是，大多数法院管理文献由包罗一切的国家调查（Berkson and Carbon 1978；Gazell 1978）或以州为基础的法院改革的案例研究（Hays 1977；Powell 1980）组成。另外一个大型的文献资料库由成百上千篇案例研究组成，论述了单个法庭和/或法院体系的次要的结构修改。这类研究大多数出现在法律期刊和律师协会出版物中。其关注的焦点通常是"描述法律、组织和政治环境，在这些环境下，出现了统一法院的运动以及描述由此所出现的结构和程序变革"（Henderson and Kerwin 1982：452）。

在这 10 年后期，一些人转而关注法院中可能叫做"发现"（discovery）或者非司法人事方面。法院传统上没有控制他们关键服务所依赖的书记员、法警和记录员，这一事实随着司法系统设法处理他们的管理问题而变得更加麻烦。因为在首席法官和法院所有雇员之间缺乏一个直接的行政权威链，所以协调和合作常常碰到阻碍。在那些给法院提供基本行政支持的法院书记员、警官/司法行政官和其他官员都是普选的地方，这一问题尤为尖锐。因而，给予法官对所有下属的控制权成为改革议程的一个额外组成部分，这一建议，即所有州政府应该消除选举法院书记员这一过时实践，也是改革议程的一个额外组成部分（ABA 1974；Berkson and Carbon 1980；Berkson and Hays 1976；Fetter and Scott 1980）。而且随着法院管理者开始对于法院书记员和其他非司法人事的管理影响提出挑战，许多研究者审视了这种结果冲突（Berkson and Hays 1976b；Mort and Hall 1980）。

在这一时期所进行的研究中一个代表性例子是由伯克森和海斯（Berkson and Hays）（1976a，b；see also Hays 1978）进行的。他们的研究集中关注爆发在佛罗里达州（Florida）司法系统民选法院书记员和任命的法院管理者之间的政治和行政冲突。冲突最初出现的时候，法律执行助手委员会（Law Enforcement Assistant Administration，LEAA）基金正使得首席法官有可能在一个新的统一的法院系统下任命职业法院管理者作为行政助手。因为它们的职能和职责都与传统的法院书记员的责任在很大部分重叠（例如，法院管理、纪律保存、陪审管理等），许多书记员感到他们的领域受到了侵犯。而且由于书记员更为明确的政治基础和他们传统上对县司法机器的束缚，大多数书记员都能够（至少暂时是这样）避开法院管理者所代表的挑战。因而管理者并不能够马上担任在 ABA 规范条例中给他们所预见的广泛的管理角色。相反，许多人只是实施一些实际上并没有把他们纳入法院系统的行政生活中来的表面的职能（例如，数据收集和分析）。这类研究代表了最开始评估具体改革措施影响的一些措施，这一趋势在后来加速发展。

B. 管理改革

虽然结构变革当然是改革运动中最为可见的结果，但是该领域最广泛的影响可能是在提高了的管理实践这一领域。司法行政的焦点放在更新个体法院系统的内部管理能力上，这使得萨里（Saari）（1980：27）把 70 年代称为"基础结构的 10 年"（infrastructure decade）。实质上，司法行政的工作帮助法院系统跟上其他公共官僚机构的管理和技术任务。为了完成这一功绩，司法行政被迫成立了"一个组织的基础结构、一个研究基地、一种出版和传播新知识的新方法"以及教育实践者的方法（Saari 1980：7）。表明这一斗争的严重性的事实的指针，已经到了 1965 年之晚，是在唐尼（Downie 1972）的评价中："首席大法官［厄尔］沃伦花了 3 年的时间在美国最高法院书记员办公室得到一台打字机，才避免了用普通写法来制作判决摘要条目"。

鉴于他们在朝向行政现代主义的道路上起步较晚，在这10年中法院的成绩也是斐然的。许多法院系统集中在计算机和技术的应用、纸张流量改进（paper flow improvements），以及提高了的空间和建筑设计上，包括"人类工程学"。这些改革类型反过来促进了大量解释性和改进型文献资料的发展，它们详细说明了记录管理的范围和方法（Carbon 1977；Solomon and Doan 19810，法院空间的设计和维护（Sobel 1972；Wong 1973），以及管理信息系统（management information system，MIS）的应用（Freed 1972；Gazell 1977）。

更为重要的是，核心管理职能得到重大改善。与过去的实践相对比，大多数法院开始使用现代规划（State Court Planning Capabilities Project 1977；Wheeler 1977，1979），人事（Gazell 1974；Lawson et al. 1979）、预算（Baar 1975；Lawson et al. 1979）和监控（Anderson 1977）等技术。值得关注的是，许多法院甚至使用相对复杂的策略，诸如应用排队理论来解决陪审团管理问题（Winters 1971）并使用管理科学结束来解决空间分配、资源分配和一系列法院面对的其他困难（Flanders 1978；Nagel et al. 1978）。

该文献资料中的一个相关趋势就是谈到了对法院延误的管理解决办法。许多作者讨论了不同的"陪审团管理"（jury management）策略（AJS 1971；Church 1982；Zeisel 1973），但是其他人集中关注在"审判室工作组"（courtroom workgroups）上，将其作为"提高法院诉讼程序效率的起点"（Henderson and Kerwin 1982：454）。参与陪审室的人员所进行的整合和协调任务逐渐被视为与司法绩效相关，主要支配他们行为的非正式协会和习俗也与司法绩效相关（Eisenstein and Jacob 1977；Nardulli 1980）。

显然，这些提高司法系统管理能力的措施性质上主要是"从下到上"（bottom-up）。该领域没有从外界强加变革，相反把焦点放在（并且现在继续放在）培训和教育许多职业管理者来更新法院的行政实践。同样，继续教育成为一个主要的关注，这通过出版和咨询服务提供技术支援。在70年代LEAA所提供的资金在促进这些追求中是工具性的，并且给许多法院系统提供了金钱雇佣一流的职业管理者（Fisher 1981）。这些措施在1970年得到了（Major boost），当时法院管理研究所（the Institute for Court Management）正式开始其为法院执行人员所开设的集中的教育项目。接下来一年州法院国家中心（the National Center for State Courts）已成立提供政策指导，并参与研究、出版和技术支援等活动。两个实体机关很快就开始出版自己的期刊——ICM的《司法体系期刊》（Justice System Journal）和《州法院期刊》（State Court Journal）——作为向更广泛读者传播"信息"的路径。

虽然专门化的研究院继续培训大量的职业法院管理者，但是只有少数正式的司法行政硕士（Master of Judicial Administration，MJA）项目在80年代欣欣向荣。在美国大学（American University）和南加利福尼亚大学（the University of Southern），MJA项目是最为知名的，但是到80年代末几乎有40所学校提供该领域的课程。

这些项目的发展是该学科发展的重大一步，因为它们提供了核心的法院管理学者，并且为了该领域进一步出版提供了容易辨明的市场。自司法行政的第一本课本出现——（Friesen et al）的出名之作《管理法院》（Managing the Courts），1971 年问世——也出现了好几个其他教材和读本。这些书籍通过组织该学科通过确定其基本构成部分而对该领域做出重大贡献。其中最值得一提的是纳尔森（Nelson）（1974）巨型的案例书《司法行政和司法的行政》（Judicial Administration and the Administration of Justice）；盖泽尔（Gazell）（1975）《官僚机构式的州立审判法庭》（State Trial Courts as Bureaucracies）；伯克森等人（Berkson et al）（1977）的教材（带有读本）《管理州立法庭》（Managing the State Courts）；惠勒和惠特科姆（Wheeler and Whitcomb）（1977）的教材（带有读本）《司法行政》（Judicial Administration）以及萨里（Sarri）（1982）《美国法院管理：理论与实践》（American Court Management：Theory and Practice）。

一旦培训了大量的法院管理者并且安置到司法组织内，文献资料中一个自然的趋势就是描述他们的活动并评估他们的进展。从对萨里（1970）《现代法院管理：法院行政主管作用之趋势》（Modern Court Management：Trends in the Role of the Court Executive）开始，出现了许多研究和分析。大多数的研究和分析都像"展示和告诫"（show and tell）执行，其中来自不同地区的法院给管理者叙述了法院生活的战争故事（Hays and Berkson 1977；Malech 1973）。但是，更多激发思想的著作也开始非常普遍。对在试图改革传统官僚制中所遇到的角色冲突（e. g., Hays and Berkson 1977）、变革策略以及各种陷阱的讨论开始频繁出现（Butler 1977；Corso 1980；Dubois 1982a；Martineau 1974）。这些都是在更近时候非常流行的关键性评估的先兆。

XI. 当代时期：1980—现在

自 70 年代一段美好的日子以来，法院改革领地在其继续发展中进入了一个相对动荡的时期。这一动荡的来源是纷繁复杂的，但是大多数的来源可以追溯到形成更广泛公共行政领域的主要经济和政治力量。像紧缩、裁员、税收和开支限制（tax and expenditure limitations，简称 TELS）和"保守主义革命"（the conservative revolution）等这些术语都与法院管理者有关系，正如它们与城市管理者和州行政机构首脑（state agency directors）有关一样。所有这些群体都面临着毫不松懈的压力去获得更大效率、"用更少的资源做更多的事"、并设计出富有想象力的新方法来完成原有的任务。

虽然当前的财政压力肯定会使得法院管理者的职业生活更为复杂，但是在许多案例中，剥夺司法系统几乎所有需求，除了继续运作的最低需求（DeBenedictis 1994；Orrick 1990），这可能要间接对在朝法院统一化和巩固化过程中大家所看得见的发展减慢这一事实负责。到 80 年代初，每个州的法院系统都采取了许多 ABA 的建议。相对"容易的"改革都已基本完成，在许多情况下留下了更为困难（且受政治支配）的结构和程序改革，而这些都是实现真正统一化的前提条件。千千万万的专门化法庭被清除了，但是却雇佣了上万的法院管理者，购买了几十万台的计算机，并且更新了成千上万项管理实践。显然没有在这一系列令人难忘的改革措施中出现的是采纳了整个 ABA 规范条例的州立法院系统。程序和预算权威的完全集中化并没有被积极采纳；大部分的州没有根据 ABA 建议来巩固其司法结构；而且许多有关不同主题的 ABA 建议措施如司法功绩选任、被高度赋予权力的法院管理者和统一的财政管理等都广泛被忽视。

不愿意将司法官僚机构集中化的部分原因可能要归于这一事实：分权（decentralization）——通过"就近原则"（closer to home）提出问题从而使政府对人民更具有回应性——盛极一时。允许在遥远的州府的"官僚人员"（即使他们碰巧是首席大法官）为地方法官作决策已不像过去那样在政治上被接受了。而且过去实行的结构和程序改革也不像过去所希望的那样是个万能药，政治家们开始寻求更快的办法（fixes）解决法院系统问题。在使法院更为有效的非常压力之下，法律界发现本身一直在与来自政治家和公众的不断增加的一系列改革措施做抗争。正如我们将看到的，这不断地导致由外界压力产生的改革，在大多数情况下减少了法院必须处理的案件量。在法院集中化路上的最后一个弯路是学术界所给予的。对于那些已经有点怀疑统一化议程的人来说，理论和经验支持可以在 70 年代且随后昌盛的评估文献资料（evaluative literature）中发现。

A. 评估文献：法院改革的新方向？

在这篇文章中显而易见的是，法院管理文献资料与改革运动的紧密联系产生了主要是一个描述性和宣传性的文集。改革，按照其最基本的性质，是"更为倡导性而不是评估性的"（Wheeler 1979：135）。因而直到 80 年代该领域的核心——统一的法院概念以及其不同的良好政府组成部分——仍然被当作摩西的一块石板（Mose's tablets）一样被传下来。法律界内外的评论员逐渐接受了法院改革的传统智慧（conventional wisdom），而不是公开地低声反对或真正的质询。集权化、巩固化、功绩选任法官以及类似方法的好处已经自动地显现出来，即使几乎没有进行实证研究来确定是否这些改革真正对法院运作或者司法质量产生良性影响。

第一个对传统智慧（conventional wisdom）提出质疑的人是杰夫·加拉斯（Geoff Gallas）（1976，1979；Gallas and Rausch 1982）。他从权变理论（contingency theory）借鉴概念来质疑集权是否是法院合适的组织安排。权变理论的主要关注点是解释无数变量对复杂组织的结构、程序和行为所产生的影响。如此一来，理论家成功地辨认出许多组织关系，这些关系在反复的实证检测后似乎都联结在一起。例如，等级（集权）的组织在稳定的环境中表现最佳，但是扁平（分权的）结构在快速变化的环境中最为合适。同样，一个组织的技术影响了其结构构成。一般而言，组织的技术越复杂，组织权力越分散。例如，研究和发展活动因为涉及到高度的不确定性（结果越难以预测，技术越复杂）而非常复杂。因而研究和发展措施通常应该在非等级制度情况下予以实施。这些结论加上许多类似的结论都正在对管理思潮进行着革命化。

使用权变理论的声明即不存在组织官僚机构的"最佳方式"，加拉斯分析了法院的环境和结构部分，得出结论：分权的格式可能与当代组织理论更为保持一致。这一结论是根据司法系统的职业性质、加上其异质环境和复杂的内部构成等预测的。根据加尔布雷思（Galbraith 1973）、明茨伯格（Mintzberg 1979）和其他的权变理论家的观点，这些条件通常都要求一个复杂的组织结构和一个分权的决策制定机构。

自加拉斯首先以一个旷野中的声音出现以来，越来越多的社会科学家加入了这一行列。例如，巴尔（Baar 1982：284）认为，传统智慧（conventional wisdom）时的改革者犯了一个严重的错误："……为采纳由国家机构提出来的统一性模式，打击人们所想出来的、解决不同管理和政治问题的、创造性的解决办法"。巴尔引用了好几个例子，其中"烹饪书"（cookbook）解决办法经证明是尤为幼稚的，就好像当一个改革小组建议"州完全接管法院筹集资金，即使存在一个高度政治化的环境并且缺乏足够的证据表明，集资是一个问题或是一个提高法院运作的路径"（Baar 1982：284）。其他的研究者得出结论：有效的法院改革要求有进取的规划，这应包括了最直接受到影响的人们（see, e. g., Holmes 1994）。这一结论的不明确性就是实现了法院主要是地方性的机构，而且他们的改革需要因地制宜地进行。

同时，戴林（Dahlin 1986）全面回顾了支持和驳斥法院统一化的研究。借鉴加拉斯的权变讨论，他得出结论：集权化和分权化都"可能走得太远了"（Dahlin 1986, viii）。事实上，他呼吁更为谨慎的一个法院改革方法，在做出任何快速制定的解决方案之前考虑了每个司法系统的独特性。最低程度上，改革者需要认识到，许多有用的法院结构可以在高度分权为特征的环境中存在。"不可避免的是，法院必须适应地方特性、问题和环境"（Graham 1993：117）。

那么实质上，批评家辩论道，刑事司法系统应该针对特有的地方问题做出地方回应，因而一个灵活的组织安排是必要的（Broder et al. 1981）。仍然，其他的研究者很想知道为什么法院改革者一直对法院改革的政治和社会意义不那么关注（Good 1980；Sarat 1981）。在将司法系统集中化和统一化过程中，在其他群体赢的情况下难道就没有群体输吗？正如布罗德等人（Broder et al. 1981）在他们对在乔治亚州（Georgia）雅典城（Athens）的一个城市和县相结合的法庭（city-county court）研究中得出结论：巩固化对于不同公民群体有好几个"隐性影响"。尤其是农村（县）居民从重组中受益，但是城市居民相对地受到损失。这来自于一个事实：城市居民每个案例的平均费用上升而县居民的费用减少了。而且，经发现，农村公民比城市公民有更高的"政策兼容性"（即对法院政策更高的满意程度）。

在对几个州初审法院实践的一个相似的评估中，巴尔（1993）的结论是：盲目遵从 ABA 有关初审法院巩固化的规范条例可能产生不必要且意想不到的影响。通过推翻精细的政治调停，将双重或三重法院系统碎裂成一个全能的法院（这正是 ABA 所建议的）可能"通过使初审法庭受到比现有的更为具有党派性的压力的影响从而动摇了法治"（Baar 1993：184）。巴尔（1993：184）结论是，ABA 所规定的模式是"没有必要且不充分的"，而且"ABA 的规范更可能是束缚了法院发展创造性措施而不是激励实施必要的改革"。因为 ABA 在 1990 年修改了其规范条例，巴尔的恼怒似乎尤为加剧。虽然广泛对统一化模式提出质疑，但是 ABA1974 年建议的基本动力没有得到改变。除了对几个有关诸如备选性争议决议（alternative dispute resolution，ADR）、广泛使用技术，以及强制使用司法绩效评估项目（ABA 1990）等主题进行相对重大的修改之外，ABA 对法院管理的集权模式的钟爱从未改变。

部分是因为许多这些关注的表达，对具体法院改革的评审和评估在司法行政文献资料中现在非常普遍。对这类学术关注的扩大导致了 1989 年司法行政经验式研究大会（Conference on Empirical Research in Judicial Administration）（Nelson 1989），并且导致了许多集中关注在研究记录中剩下的空白部分的圆桌会议（Boyum 1992）。对统一的法院体系的案例研究出现了（Baar 1993；Tarr 1981），它们对具体的结构和程序项目进行了实证分析（Flango 1981；Hudzik 1985）。

虽然现在的许多文献资料都高度批判教条式的改革规定，但是有些研究支持统一化对法院服务质量以及社区对有关司法实践的态度都具有积极影响这一命题（Winberry 1980）。在存在有高度分化的法院的地方，或者重叠的司法管辖权盛行的地方，某种程度的巩固化通常是在其他改革措施取得很大进展之前的一个基本前提。在这些情况下，几乎所有的分析都得出结论：巩固化和统一化减少了重叠的司法权、使司法人力浪费最小化、并且简化了州和地方政府的司法过程（Lawson and Howard 1991）。

虽然存在有对统一化模式的支持，但是似乎出现了这一共识：如果地方环境允许的话，那么所有的法院系统应该到能够自由地试行不同的结构和程序构造。文献资料现在承认存在有一个"组织设计的后统一化路径"（Lipscher and Conti 1991）。这一后统一化模式避免过于简单的规定，它"寻求州范围内的一致和协调，而不完全依赖于命令和监控机制"（Lipscher and Conti 1991：668）。通过使用分权的决策网络来完成的广泛的绩效标准，新的模式促进了从下到上路径的法院改革。对地方需求的灵活性和回应性比服从外部强加的理想模式更为受到重视。

十分有趣的是，新的视角远远不是一个理论构建。大家发现在《1990 年民事司法改革法》（the Civil Justice Reform Act of 1990）中的立法表达，该法是法院体系改革中几乎 10 年之内最为重大的一个联邦法律［最近的一个是 1983 年在《联邦民事程序法》（the Federal Rules of Civil Procedure）中的变革，这一法案极大增加了地区法院法官对安排和案例管理的监控]。虽然目的是建立一个公正（partial）地解决联邦法院中高成本和过度延误问题的办法，但是该法案"从下至上"来实施改革（Plotnikoff 1991：232）。事实上，每个法院都被授予权力制定和实施民事司法费用和延误减少计划，并且引进案例跟踪系统（case tracking system）。该法强调分权决策制定的价值以及旨在解决地方问题的地方解决办法的益处。系统地利用司法委员会以及法院管理者和首席法官的联合会议被认为是一个协调工具。这一"协调分权"（coordinated decentralization）方法（Lipscher and Conti 1991：668）也被应用于美国（the U. S. Circuit Courts of Appeal）和好几个州立法院系统内（Cavanagh 1993；Lamber and Luskin 1992）。

在实证文献资料中的另外一个论调似乎驳斥了传统智慧的其他方面。尤其是功绩选任法官吸引了大量的关注，因为它已经被广泛认为是法院改革的一个基石。虽然功绩选任有许多的直觉和本能的吸引力，但是没有人能够证明通过功绩程序被选任的法官要比那些通过其他路径当上法官的人要莫名地"更好"（Hays 1993）。因为有关功绩任命法官的政治性，大多数的功绩选任都是参与者进行的"赌博"。而且，一旦任命通过功绩程序当上法官的法官都基本上授予了终身职位，因为公众几乎不会在留任选举中投票让他下台。因而几乎没有证据表明支持 ABA 需要功绩选任这一坚定不移的观点。

对其他司法选任影响的研究也产生了令人吃惊的结果。一个有趣的例子是莱文（Levin 1977）比较了通过党派和非党派选举而选任的法官。与所接受的司法改革概念相反，他发现，令人满意的特点并不一定来自非党派选任程序，而且很可能受到这种程序的破坏。在对匹兹堡（Pittsburgh）和明尼阿波利斯（Minneapolis）的法官进行的比较中，他观察到那些通过功绩程序选任的法官（明尼阿波利斯法官）比那些通过政治渠道当上法官的法官（匹兹堡法官）在对待被告上要苛刻得多。部分差别主要是由于几乎所有的明尼阿波利斯法官在升迁到法官之前都一直在私有部门实践，而大多数匹兹堡法官却一直在低层政治办公室就职。莱文得出结论：他们的背景这一方面引起了明尼阿波利斯法官在判决中应用普遍的标准（"为了保护社会"），而匹兹堡法官应用特殊标准（"关心作为个体的被告"）。在最低限度上，这些发现结果再一次表明，使用法院管理的传统智慧时会出现出乎意料的结果。

B. 现状报告：法院管理者（status report：court administrator）

也许从实证记录中唯一受到广泛支持的一组 ABA 建议是使用职业法院管理者。虽然存在有大量证据说明法院管理者没有达到在改革文献中所展现的崇高形象（Gallas and Gallas 1991），但是大多数评论员现在承认，早期的模式是不现实的。那些真正相信法院管理者最终能够作为司法组织的关键的决策制定者——例如有时候和医院管理者相同的人——并没有完全掌握法院运作的本质。法官都非常不愿意放弃他们对法院内部生活的控制，而且他们几乎总是坚持认为，他们的法院管理者起着相对受到限制（如果不是被动的话）"作为首席法官助手"的作用。

一旦法院管理者这一更不具有雄心的观点获得广泛流传后,该职业更加能够现实地谈论法院管理者可以为司法官僚做的贡献了。在这一情况下,记录是令人印象深刻的。法院管理现在是一个被接受的职业范畴,而且可以在美国几乎任何一个规模适当的法院系统内发现实践者(Saari et al. 1993)。许多实践者在使他们在传统的法院设置下的地位合法化并得到加强的方向上迈出了重大的步伐(Dahlin 1986;Saari 1982;Stott 1982)。许多进展都紧跟技术革命而来,这促进了最新的管理专业才能。而且在法院书记员(被选任的)职位没有被撤销的地方,法院管理者和书记员就对他们的相对责任领域达成妥协。基本上,书记员保留了对法院空间、法院纪律以及准司法人事(主要是副书记员)等的权力,但是法院管理者则日益赋予了陪审职能、数据管理、预算和其他直接与法院(县法院不在其列)事务有关的支持活动。实际上,人们一直都在呼吁休战。和其他新兴职业一样,一旦经历了痛苦和骚动的新生后,对于那些直接受到影响的人来说,法院管理在其初期阶段是成功的。如果法院系统紧紧抓住传统,那么很容易预测出:改革将会不情愿地发生。

但是,并不是所有的理论家都对在理论和实践中出现的法院管理者的这种极小作用的理论看法(minimalist vision)感到满意。例如,斯托特(Stott 1982)认为,目前的文献资料赞成法院管理者一个极其狭隘并受到约束的作用。为了挽救这一困境,他动员法官和管理者形成一个管理小组,分担责任。值得一提的是,斯托特是第一批研究者中建议法院管理者应该需要对本质上基本是"司法的"某些职能承担更多的责任的一个,这些职能包括"司法权分配"、司法绩效和"诉讼质量和数量"(Stott 1982:171)。他借鉴法律专业还没有对有关法院体系的概念形成统一这一问题,斯托特相信法院管理者能够与法官形成合作关系。对法院管理者扩大作用的看法是法律职业文献资料中频繁予以讨论的主题(Zaffarano 1985,1988),然而,成功故事的数量并不很高。许多司法官员认为,法院管理者要成为有效的法院执行者就需要很大的独立性(Hoffman 1991),但是只有真正幸运的(和/或特别有能力的)法院管理者似乎能获得这一待遇(Orrick 1990)。

一旦改革者开始对有关职业法院管理者的意图角色(intended role)降低认识(lower one's sights)的话,司法领导的问题显得更为重要。如果法官准备成为法院改革乐队的事实指挥的话,那么法律专业需要认识到这一事实并且据此而采取相应措施。坦白讲,法院现代化不可能在没有首席法官和其协作者有效领导下而发生(Faerman et al. 1993)。

因为这一原因,人们越来越把关注点放在司法机构的态度、能力和产出方面。除了为具有行政大脑的法官提供极为广泛的培训机会之外(Galls 1987),法院体系现在按照惯例给法官提供有关他们的管理风格和/或"最佳实践"的咨询帮助(McConnell 1991;Stupak 1991)。而且,为了激励提高绩效,正式的产出指标和绩效评估工具被使用(Graham 1993)。这些趋势在1990年的ABA

规范条例版本中非常明显，该规范建议更新司法教育项目和复杂的司法绩效评估系统。相关的发展包括在立法者和州立最高法院中间更为依赖于下级法院法官贡献成果这样一个不断上升的倾向。如上所提及的，某些司法活动的分权把焦点放在初审法院法官的职位上。通过获得下级法院司法机构的帮助以提高司法绩效外，改革者希望给法院现代化运动添加多样性和创造性。

虽然广泛认识到司法领导的重要性，但几乎没有人对该主题进行研究。除了法官报告了在管理领域他们自己的活动的几个轶事外（see, e. g., Coffin 19800），没有很多对个体法官的管理贡献的深度分析。

这一现象的一个重大例外是怀斯（Wice 1995a）对新泽西州一个州立法官乔治·尼古拉（Judge George Nicola）进行的创新领导的叙述。这一研究提供了令人鼓舞的证据，即通过进取而创造性地领导，法官能够在司法系统内获得卓越的成绩。在尼古拉担任新泽西州法院20年的工作生涯中，他制定并引进了一系列丰富的创新项目，更不用说"害怕的直接"（Sacred Straight）项目，这一项目通过把年轻的冒犯者暴露于冷酷无情的重罪犯和监狱生活的艰苦折磨之中而打击了青少年犯罪；"垂直案例管理"（vertical case management），这一项目通过"案例监管者"的分配从而使案例很快地通过法院系统；"尽早解决项目"（Early Settlement Program），这一项目把刑事诉讼分为不同的类别（tracks），这样小错误可以转到非拘留性监管下，而其他被控告严重犯罪的人则能够很快得以裁决；"监狱问讯"（jailhouse arraignment），通过这样法官辗转监狱中进行闻讯，从而解除了必须把成百名重罪犯转移到一个集中地点的高额费用。尼古拉法官对行政创新的额外遗产有力地证明了司法领导对法院改革事业的集中趋势（Wice 1995b）。

C. 法院改革进入政治领域

在其整个历史中，法院改革运动很少在极大程度上被政治化。个别改革建议（诸如功绩选任法官）可能不时地点燃了党派之火，但是广大的改革议程都是在政治科学家认为的"宏观系统"层面予以讨论。大多数的协商出现在法律界，这只是在巩固了特殊改革项目的具体细节之后才获得了关键立法人员的帮助。这样律师和法官通常能够控制改革议程，或者至少在公众意识中站稳脚之前丢弃不尽人意的措施。在这样一个环境内，具有争议的主题几乎难以进入更广泛的政治范围。除非法律界发动公众支持以迫使不情愿的立法机关行动，否则大众通常对大多数的改革争议完全不知情。这种规划适合任何人，因为法律问题显然对公民来说并不十分突出，而且因为司法机构并不急于把其改革议程交给门外汉。

由于许多因素，这种适应情况（accommodating situation）现在受到攻击。虽然法院改革已有100年了，但是法院延误仍然是许多州和城市面临的一个严重问题。两或三年的民事延误（civil delay）并不是一个不普遍的事情，部分是因为大多数州都实施了要求刑事案例在6-9个月内听审的"快速审判原则"

(speedy trial rules)。因为高犯罪率，以及由于毒品使用和传播引起的密切相关纷沓而至的诉讼，刑事法院的法官被被告所困扰。面对用限时的方式审判这些案件以及释放被告的严厉措施，法院把越来越多的资源投入到刑事机构。同时案件总量（sheer volume）——根据某个渠道，每年有 1800 万的案件入档——有淹没大多数法院的危险（Hensler 1992）。除了与司法缓慢进程有关的成本和不便之外，公众日益为司法裁决的实质感到担忧。过去 10 年许多著名的民事和刑事案件已经大大破碎了公众对美国司法系统的天真想法。当一个明显有罪的被告被释放，或者轻微侵权行为（minor tort）（因为打翻的一杯咖啡而烫伤了大腿？）导致数百万美元的陪审奖励，公民都更加感到不安。

虽然这些让人恼怒的事情可能总是会存在，但是在今天的技术社会里，他们的可见度已经前所未有地提高了公众的敏感度。使这一不安定的混合状态恶化的是当前盛行的反政府政治气候，这是尊崇没有政府机构的一种反浪费语言（antiwaste rhetoric）。记忆中第一次，法院系统开始被普遍认为是需要对之进行改革的另外一个政府组织。简言之，政治家和公众似乎对于内部为导向的法院改革的缓慢进程失去了耐心。这促使了当代的政治家放弃对传统的尊敬方式并煽动公众的不满以强行对司法机构进行全面的改革。作为一个政治事件的法院改革，其出现可能在美国法院管理的整个历史中都是一个最为重大的发展。无论这一可能实现与否，在这一时刻，都仅仅是一个猜想问题。

改变法院系统所依赖的基础的证据可以在最近国会的行动中以及对民事和刑事司法改革继续进行的政治辩论的许多方面中发现。国会在试图改进联邦诉讼缓慢而高额的进程中颁布了《民事司法改革法》（the Civil Justice reform Act of 1990，CJRA）和 1993 年对《联邦民事诉讼规则》（the Federal Rules of Civil Procedure）的修正案。CJRA 要求所有的联邦地区法院（联邦系统内 94 个初审法院）整合顾问组帮助制定民事费用（civil expense）和拖延减少计划（delay reduction plans）。这些法院被鼓励使用下列快速解决案子的动议（Cavanagh 1993：726）：

1. 系统地、差别地对待民事案件，根据案件需要裁定司法管理级别；
2. 司法官员尽早、持续控制庭前准备过程；
3. 在复杂案例中使用案例管理大会（case management conferences）来探讨解决机会，确定争议的问题，并确定最后动议的期限；
4. 通过自愿交流信息，鼓励成本效果的发现结果；
5. 授权把适当的案件提交给备选争议解决办法（alternative dispute resolution）。

在其他事情中，1993 年《联邦民事诉讼规则》修正案放松了好几个用来保证在 94 个地区法院程序中统一的限制条件，这样的话，这些改变能够更为容易地予以实行。虽然立法的论调是"从下到上"——每个区的法官被授权确定自己的程序修订——显然，该法案是外松内紧。

国会将评估司法绩效，如果没有达到预想效果的话，将会颁布更为强有力的要求。立法史说明了如果民事诉讼的成本和延误没有实质性降低的话，那么民事法庭可能会采纳快速审判规则（Speedy Trial Rule）（Biden 1994）。这一措施将会使得联邦初审法院处于巨大的压力之下，从而不得不在非常短的时间内对其内部程序进行革命。

这些立法变革暗示着在各个层面法院就要发生的、外部强加的改革。前副总统丹·奎尔有关竞争委员会的报告（Vice President Dan Quayle's Council on Competitiveness report）（Hensler 1992）提供了各种各样的改革议程。该报告把许多国家经济困境与民事司法系统弊端联系起来，详细列举了主流和非主流改革建议。在这些可能仍处于广泛讨论之下的改革措施中包括对使用专家证词（expert testimony）的禁令或限令（通过迫使诉讼当事人在没有竞争的情况下承认"广泛接受的理论"，而且通过限制使用胜诉酬金，在这种情况下如果拥有专家的一方赢得官司，那么专家目击者收到补偿）；对审前案情调查结果（pre-trial discovery）的限制，加上对滥用这些限制的重罚（实际效果将会迫使诉讼方在审判前透露所有相关事实，其目的显然是简化并缩短诉讼过程）；扩大使用即席判决（summary judgments）（也就是，鼓励法官发布具有权威性的判决，当这些事实不能保证继续追查案件时，判决将简化成熟的陪审考量）。这些措施的目的显然是缩短审判的长度。

通过限制存档案件的数量，另外一套建议是以司法等式的输入方为对象的。例如，在试图减少民事诉讼的经济激励办法时，报告建议目前掌管惩罚性损害赔偿费的法律应该大大加强。对于惩罚性损害赔偿费的一个绝对的最高限额也提出来了，同时还规定由法官确定这一赔偿费的数额（不是由陪审员确定，这是非常大方的）和给予赔偿费的法律测试应该提高到"明晰而令人信服证据"（clear and convincing evidence）上来［而不是限制性小的"占优势证据"（preponderance of evidence）］。同时也包括民事诉讼中败诉方应该被要求支付审判费用这一建议。

不用说，民事律师几乎坚决反对所有这些措施。尽管他们反对，但是理事会（the council）的许多想法在共和党控制的国会找到了新生。"侵权改革"（Tort reform）是保守型议程的主要一条，而且它在下列建议中是最为明确和突出的：限制惩罚性损害赔偿费；大大限制各事务所（businesses）受到产品责任诉讼的袭击；采纳"败诉者支付"（loser-pays）原则；使投资者更加困难对误导他们投资的证券经纪人和/或股票发行人（stock issuer）；并且剥夺联邦监狱里收容者就生活条件和获得法律图书路径等诉讼监狱看守的权力（Hengstler 1995）。大多数这些动议都在将"恣意诉讼"（frivolous lawsuits）最小化情况下予以讨论。他们的知名度正在超出华盛顿特区；到1995年许多州立法机关都采纳了一个或多个诉讼减少的法令，这些在律师会最初的建议被当作模本（Tobias 1995）。

政治家把"改革"强加到法律界的迫切心情并不是凭空出现的。无论是出于善意还是自私动机的推进（而且两者当然出现在对法律改革的继续辩论之中），都存在大量的经验和理论支持目前（许多人认为是"最终"）正在讨论的变革类型。加快民事司法过程的建议在这些年不断被提出来（Litan 1989）。在以小规模进行的地方改革似乎取得了即刻的成功。对民事诉讼时间限制的设置、败诉方支付对方法律费用的要求以及强制性使用 ADR 程序都经证明减少了诉讼数量或者加速了司法过程（Broderick 1991；Press 1991）。

特别是备选争议解决办法（alternative dispute resolution），它展示了把案件从法院系统转移到不那么正式场景下的巨大前景。争端双方在审判开始之前通过调停力图达成的一个协议，现在调停在许多司法权限内都予以要求，因为它是有效的一个案件解决策略。有区分的案件管理（differentiated case management，DCM）是另外一个成功的故事（Bakke and Solomon 1989）。DCM 的目标是根据案件的复杂性"追踪"它们来保存司法资源；案件越不复杂，追踪就越快（Litan 1989）。法官在复杂案件中的作用就是使用进取的措施（aggressive measures）把案件推开（push along），但更为简单的案件可以转到 ADR 项目或者得到快速解决。

怀斯（Wice 1995）对尼古拉法官如何使用 DMA 来解决年轻的吸毒罪犯的叙述是侵入性司法介入（aggressive judicial involvement）如何能同时减少成本并使诉讼当事人受益的有价值的例子。轻微犯罪者（minor offenders）被追踪实行非监禁对待项目，他们中包括了吸毒和工作咨询（job counseling）。这些案例在一个没有争议的场景下得以迅速解决，累犯率大大下降，法院的积压案件开始相应下降。相反，更为严重的罪犯迅速得以审判。通过加快这些裁决，对于实际和可能的吸毒者来说，犯罪和惩罚之间的联系更为直接。而且，因为被告在审判之前几个月都不再"出现在街上"，街头犯罪和其他犯罪行为日渐下降（经发现，被控告吸毒的人常常诉诸于另外的犯罪形式以获得犯罪行为的资金）。

这些教训对法院改革者产生了影响，越来越多的人参与呼吁程序变革以提高法官快速有效地解决争端的权力。能确定时间的最综合的改革项目可能是富兰克林·斯特里（Franklin Strier 1994）的项目。除了扩大使用 ADR 技术外，他建议，法官应该被允许在陪审团审判（jury trial）中展现更为雄心进取（aggressive）的作用。事实上他相信美国法官应该模仿欧洲式庭辩争，即让法官盘问证人，要不然就更为积极地精心策划法院场面以改变目前现状。与此相关的是，他认为应该修改陪审体系（jury system）从而允许更多的"一流的"（blue ribbon）陪审团。这些陪审团由专家而不是门外汉组成，他们被认为是可以公正地解决对常常使不一致的陪审员感到困惑的日益科学的复杂案件。一支有经验的专家陪审团可以清除许多重复性"专家证明"，从而减少了民事和刑事审讯的长度和代价。一个相关措施允许法官控制使用专家证人。法院不让指控方和被控方（或者原告和被告）召唤他们自己的专家证人为彼此辩护，法院将雇佣中立专家证实复杂问题。

XII. 结论

总之，许多法院改革运动似乎沿着一条不同于庞德1906年提出来的道路前进。虽然庞德带头———一条执行了将近一个世纪、没有许多弯路的路线———对司法权威进行结构巩固化和集权化，但是现代改革讨论日益集中在对司法程序的变革上。今天的改革家更为关注提高司法部门的效率而不是组织细节问题。减少法院的工作量、给法官提供快速进行公正裁决的权利和工具、并且发展解决争端的新方式占据了改革议程的绝大部分。

但是，这并不意味着法院管理的传统问题被人忘却。如果要把今天法院管理的现实情况与几十年前所存在的情况相比较，那么结论将是无法避免的——司法行政领域继续对整个国家的法院体系产生深远的影响。可能比较安全的表述是，美国每个单独的法院都受到了来自司法行政运动革新的影响。而且值得一提的是，加强法院、功绩选任法官、消除重复以及在司法程序中确定一致性等措施在许多地区继续，并丝毫没有被减弱。

主要的区别是许多原来的优先权被取代了，而且许多获得改革的路径也发生了变化。对司法效率低下、没有耐心导致了部分改革议程的政治化；对法院改革的意见交换因而成为民主人士和保守人士之间在更广泛全国范围内辩论的一个部分。在组织结构和权威关系中的变化仍然相互关联，但是他们常常在与获得使用司法资源权力相关的深奥讨论中宁居后座。每个可能的诉讼当事人都应该接受"在法院耗上一天"吗，或者社会对定量分配稀少的司法时间有兴趣吗？如果定量分配是必要的，那么优先权应该给谁呢？这些都可能是暗藏在减少案件诉讼（case filings）并加速司法进程等努力措施中的问题。

就法院管理者而言，毫无疑问，他们都是无须考虑改革运动所采取方向的积极参与者。在沿着集权化和巩固化传统路线继续发展的法院系统内，职业法院管理者是获得了高度理性的例行公事者（routine fixtures）。更为集中关注在刚刚讨论过的程序问题上的法院体系内，法院管理者可能（而且有点讽刺性的）比以前更为忙碌。随着ADR技术、案件追踪、DCM和有关改革措施的传播，法院将要求有才能的管理者监管和协调这些新活动。经培训的法院管理者是这些新责任理所当然的接受者。

最后，社会科学家和其他研究者对描述和评估法院改革运动的参与能够不断发展。在司法行政领域所出现实证研究已经产生了许多有趣的结果，许多结果都是与直觉相反的（counterintuitive）或者要么就是让人惊讶的。虽然大多数的发现结果都不是结论性的，但是表明了要求对整个法院的改革——结构的、程序的和过程——进行仔细分析。试图确定法院改革结构和程序变革的影响和意义显然是一个重要的事业。这一重要意义被公众明显愿意改变长期以来的争端解决路径这一事实所恶化。就采用新的路径来限制法院的案件量而言，就操纵内部司法程序来加速司法步伐而言，研究者的作用变得越来越重要。这些变革类型显然影响了政治内的最基本问题，"谁得到了什么？"确定不同的法院改革措施如何影响了对这一问题的答案在未来的几十年毫无疑问将成为许多社会科学家的终身职业。

NOTES

① Interestingly, this situation is apparently still true today. Sixty-five years after Pound's address, Chief Justice Warren Burger observed: "England has far fewer judges and lawyers; nevertheless, it disposes of its cases far more rapidly, and with greater public satisfaction" (Burger 1970b).

② Impeachment involves a two-step process in which the lower body of the legislature acts as a grand jury in conferring charges, while the upper house serves as the trial jury in deciding ultimate guilt or innocence. The trial in the upper house is conducted in much the same manner as any criminal trial: the accused retains his/her right to representation, rebuttal, cross-examination, and the like. Ordinarily a majority vote is needed to impeach (i. e., to charge with a high crime), while a two-thirds vote is required for conviction. Address and resolution, in contrast, do not provide the accused with an opportunity to defend him/herself formally before the deciding body. Under the address procedure, a majority vote of both houses of the legislature is all that is required to order the state's governor to remove the offending judge. Resolution is conducted in a similar manner, but a two-thirds vote of both houses is required to convict the accused.

③ The judicial discipline and removal technique that seems to be most popular among reformers is called the "commission plan," under which a permanent professional staff investigates complaints against judges. Once the investigation is complete, any number of responses is possible. The commission may order a suspension, reprimand, or other administrative response. In the event that the offending judge has committed a very serious offense, or if he/she is unwilling to alter the offensive behavior, removal may be recommended. Under the plan, the state's supreme court has the power of removal, which is accomplished by majority vote.

REFERENCES

AAPSS (American Academy of Political and Social Sciences). Administration of judicial administration. Annals 167: 1 – 256, 1933.

———. Judicial administration and the common man. Annals 287: 1 – 243, 1953.

———. Lagging justice. Annals 328: 1 – 227, 1960.

ABA (American Bar Association). Model state judicial article. ABA Report 87: 392 – 399, 1962.

———. The Improvement of the Administration of Justice. Chicago: American Bar Association.

———. Standards Relating to Court Organization. Chicago: American Bar Association.

———. Standards Relating to Court Organization. Chicago: American Bar Association, 1990.

Abraham H. Judicial Process. Chicago: Allyn and Bacon, 1986.

Adams E. Courts and Computers. Chicago: American Judicature Society, 1972.

AJS (American Judicature Society). The Jury: Selected Readings. Chicago: American Judicature Society, 1971.

Anderson ES. Management control in the courts. State Court J 1: 12 – 14, 1977.

Ashman A, Parness JA. The concept of a unified court system. De Paul Law Rev 24: 1 – 41, 1974. Aumann PR. The Ohio Judicial Council embarks on a survey of justice. Am Politic Sci Rev 24: 416 – 425, 1930.

———. The Changing American Legal System: Some Selected Phases. New York: De Capo Press, 1969.

Bakke H, Solomon M. Case differentiation: an approach to individualized case management. Judicature 73: 17 – 21, 1989.

Baar C. Separate But Subservient: Court Budgeting in the American States. Lexington, MA: D. C. Heath, 1975.

———. The scope and limits of court reform. Justice Syst J 5: 274 – 290, 1980.

———. Trial court unification in practice. Judicature 76: 179 – 184, 1993.

Berkson L. A brief history of court reform. In: Berkson L, et al., eds. Managing the State Courts. St. Paul, MN: West, 1977a. Minnesota

———. Why probate judges fear unified courts. Judges J 19: 16 – 21, 46 – 49.

Berkson L, Carbon S. Court Unification: History, Politics, and Implementation. Washington, D. C.: National Institute of Law Enforcement and Criminal Justice, 1978.

Berkson L, Hays SW. Court clerks: the forgotten politicians. Univ Miami Law Rev 30: 499 – 516, 1976a.

———. Injecting court administrators into an old system: a case of conflict in Florida. Justice Syst J 2: 57 – 76, 1976b.

Berkson L, Hays SW, Carbon S. Managing the State Courts: Texts and Readings. St. Paul, MN: West, 1977.

Berman HJ. Nature and Functions of Law. Brooklyn, NY: Foundation Press, 1958.

Biden J. Congress art B the courts: our mutual obligation. Stanford Law Rev 46:

1285–1302, 1994. Blume WW, Joiner CW. Jurisdiction and Judgments. New York: Prentice-Hall, 1952.

Boyum K. Roundtable: an agenda for judicial administration research. Justice Syst J 16: 1–18, 1992.

Braithwaite WT. Who Judges the Judges? Chicago: American Bar Association Foundation, 1971.

Broder JM, Porter JF, Smather WM. The hidden consequences of court unification. Judicature 65: 11–17, 1981.

Broderick R. Court-annexed compulsory arbitration is providing litigants with a speedier and less expensive alternative to traditional courtroom trial. Judicature 75: 41–44, 1991.

Brownell H. A developmental program for court administration. Judicature 5, 4: 99–103, 1970.

Butler BW. Presiding judges' role in perceptions of trial court administrators. Justice SystJ3: 181–197, 1977.

Burger W. Foreward. In: Karlen D. Judicial Administration: The American Experience. London: Butterworth, 1970b.

———. Address to the American Bar Association: state of the federal judiciary. Am Bar Assoc J 57: 855–865, 1971a.

Callison IP. Courts of Injustice. New York: Twayne, 1956.

Cannon MW. Innovation in the administration of justice, 1961–1981: an overview. Policy Stud J 10: 668–679, 1982.

Carbon S. Records management: obscure components requisite to efficient court administration. In: Berkson L et al., eds. Managing the State Courts. St. Paul, MN: West, 1977.

Carp RA, Stidham R. The Federal Courts. Washington, D.C.: Congressional Quarterly Press, 1985.

Cavanagh E. The Civil Justice Reform Act of 1990 and the 1993 amendments to the Federal Civil Rules of Civil Procedure. St. Johns Law Rev 67: 721–763, 1993.

Church TW Jr. The 'old and new' conventional wisdom of court delay. Justice Syst J 7: 395–412, 1982.

Citizens Reform Committee. Analysis of Court Structure in South Carolina. Columbia: University of South Carolina Law School, 1948.

dark TC. The sixties: a historic decade in judicial improvement. Brooklyn Law Rev 36: 331–338, 1970.

Coffin F. The Ways of a Judge. Boston: Houghton Mifflin, 1980.

Colgrove K. Thirty-sixty annual meeting of the APSA: program. Am Politic Sci Rev

45: 132, 1941. Corso JW. Three political theories for court administrators. Judicature 63: 427 – 435, 1980.

Crane BF, Elliot SD. Progress in judicial administration. State Gov 26: 261 – 262, 271 – 272, 1953. Crenson MA. The Federal Machine. Baltimore: Johns Hopkins University Press, 1975.

Dahlin DC. Models of Court Management. Millwood, NY: Associated Faculty Press, 1986. DeBenedictis D. Struggling toward recovery. Am Bar Assoc J (August): 50 – 55, 1994.

DeWitt BP. The Progressive Movement. New York: Macmillan, 1915,

Downie L. Justice Denied. Baltimore: Penguin, 1972.

Dubois PL. Court executives for the federal trial courts: learning from the circuit executive experience. Justice Syst J 7: 180 – 212, 1982a.

Eisenstein J, Jacob H. Felony Justice: An Organizational Analysis of Criminal Courts. Boston: Little, Brown, 1977.

Eliot CW, Brandeis LD, Storey M, Rodenbeck AJ, Pound R. Preliminary Report on Efficiency in the Administration of Justice. Boston: National Economic League, 1914.

Ellis RE. The Jeffersonian Crisis: Courts and Politics in the Young Republic. New York: Oxford University Press, 1971.

Faerman S, DiPadova L, Quinn R. Judicial leadership in court management. In: Hays S, Graham C, eds. Handbook of Court Administration and Management. New York: Marcel Dekker, 1993.

Fetter T, Scott EK. Court administration in rural areas. Public Admin Rev 40: 34 – 40, 1980.

Fish P. The Politics of Federal Judicial Administration. Princeton, NJ: Princeton University Press, 1973.

Fisher JR. Prospects of court reform after LEAA. Court Management J 3: 13 – 15, 1981.

Flanders S. Case management in federal courts: some controversies and some results. Justice Syst J 4: 147 – 164, 1978.

Flango V. Is court unification a unidimensional construct? Justice Syst J 6: 254 – 261, 1981.

Frank J. Law and the Modern Mind. New York: Anchor, 1930.

——. Courts on Trial: Myth and Reality in American Justice. Princeton, NJ: Princeton University Press, 1949.

Frankel JE. Judicial discipline and retirement—The California Plan. Ill Bar J 58: 510 – 520, 1970. Freed AN. Computers in judicial administration. Judicature 52: 419 – 421, 1972.

Friedman L. Law reform in historical perspective. St. Louis Law J 13: 351–389, 1969.

———. A History of American Law. New York: Simon and Schuster, 1973.

Friesen E. Constraints and conflicts in court administration. Public Admin Rev 31: 121–124, 1971. Friesen E, Gallas E, Gallas N. Managing the Courts. New York: Bobbs-Merrill, 1971.

Galbraith J. Designing Complex Organizations. Reading, MA: Addison-Wesley, 1973.

Gallas G. The conventional wisdom of court administration: a critical assessment and alternative approach. Justice Syst J 2: 35–55, 1976.

———. Court reform: has it been built on an adequate foundation? Judicature 63: 28–38, 1979.

———. Judicial leadership excellence: a research prospectus. Justice Syst J 12: 39–60, 1987.

Gallus G, Gallas E. Court management past, present, and future: a comment on Lawson and Howard. Justice Syst J 15: 605–616, 1991.

Gallus G, Rausch A. Proceedings of the First National Symposium on Court Management. Williamsburg, VA: National Center for State Courts, 1982.

Gazell J. A taxonomy of state court personnel management. St. Johns Law Rev 46: 74–96, 1974.

———. State Trial Courts as Bureaucracies. New York: Dunellen, 1975.

———. The principal facets and goals of court management: a sketch. In: Berkson L, et al., eds. Managing the State Courts. St. Paul, MN: West, 1977.

———. The Future of State Court Management. Port Washington, NY: Kennikat, 1978.

Glick HR. The politics of state court reform. In: Dubois P, ed. The Politics of Judicial Reform. Lexington, MA: D.C. Heath, 1982.

Good DW. Court reform: do critics understand the issues? Judicature 63: 365–375, 1980.

Graham C. Reshaping the courts: traditions, management theories, and political realities. In: Hays S, Graham C, eds. Handbook of Court Administration and Management. New York: Marcel Dekker, 1993.

Grant JA. The judicial council movement. Am Politic Sci Rev 22: 936, 1928.

Graves WB. American State Government. Boston: D.C. Heath, 1953.

Greene HH. Court reform: what purpose? Am Bar Assoc J 58: 245–252, 1972.

Griffith ES. Forty-fifth annual meeting of the APSA: program. Am Politic Sci Rev 44: 152, 1950. Harley H. Introduction. Judicature 1: 3–4, 1917.

———. Progress in unifying state courts. Judicature 16: 79–85, 1932.

――. Concerning the AJS: an attempt to give a brief history of a unique organization and to explain its objectives. Judicature 20: 9 – 12, 1936.

Hays S. Court Reform: Ideal or Illusion? Lexington, MA: D. C. Heath, 1978.

――. Staffing the bench: personnel management and the judiciary. In: Hays S, Graham C, eds. Handbook of Court Administration and Management. New York: Marcel Dekker, 1993.

Hays S, Berkson L. The new managers: court administrators. In: Berkson L, et al. eds. Managing the State Courts. St. Paul, MN: West, 1977.

Henderson TA, Kerwin CN. The changing character of court organization. Justice Syst J 7: 449 – 469, 1982.

Hengstler G. At the seat of power. Am Bar Assoc J (April): 70 – 75, 1995.

Hensler D. Taking aim at the American legal system: the council on Competitiveness's agenda for legal reform. Judicature 75: 244 – 250, 1992.

Holmes FO. Courts, and futures planning: Justice 2020. Justice Syst J 16: 101 – 112, 1994.

Hudzik J. Rethinking the consequences of state financing. Justice Syst J 10: 1335 – 153, 1985.

Hurst JW. The Growth of American Law. Boston: Little, Brown, 1950. Institute for Judicial Administration. Checklist Summary of Developments in Judicial Administration. New York: New York University Law School, 1954 – 1958.

――. Assignment Status in Civil Cases, Continuances, and Judicial Vacations. New York: New York University Law School, 1956.

――. Judicial Articles—Selected Recent Proposals with Explanatory Comments. New York: New York University Law School, 1958.

――. A Guide to State Court Systems. New York: New York University Law School, 1959.

Journal (Journal of the American Judicature Society). Draft judiciary article. Judicature 3: 132 – 135, 1920.

――. Judiciary article in model state constitution. Judicature 20: 189 – 193, 1937.

――. Standards of judicial administration adopted. Judicature 22: 66, 1938. Kales AM. Bulletin I. Chicago: American Judicature Society, 1914.

Kaufman H. The growth of the federal personnel system. In: American Assembly, ed. The Federal Government Service. Englewood Cliffs, NJ: Prentice-Hall, 1965.

Kirsch C. A history of court administration—the American experience. Judicature 55: 329 – 338, 1972.

Klein FJ. Judicial Administration and the Legal Profession: A Bibliography. Brooklyn, NY: Oceana, 1963.

———. The Administration of Justice in the Courts: Book One. Dobbs Ferry, NY: Oceana, 1976. Kuhlman AF. A Guide to Material on Crime and Criminal Justice. New York: H. W. Wilson, 1939. Lamber J, Luskin M. Court reform: a view from the bottom. Judicature 75: 295–299, 1992.

Lawson HO. Overview of Court Administration: A Commentary. Washington, D. C.: American University, 1974.

Lawson HO, Ackerman HR, Fuller DF. Personnel Administration in the Courts. Boulder, CO: Westview Press, 1979.

Lawson HO, Howard D. Development of the profession of court management: a history with commentary. Justice Syst J 15: 580–604, 1991.

Lepawsky A. The Judicial System of Metropolitan Chicago. Chicago: University of Chicago Press, 1932.

Levin MA. Urban politics and the criminal courts. Judges J 16: 16–21, 56, 1977.

Lipscher R, Conti S. A post-unification approach to court organization design and leadership. Justice Syst J 15: 667–676, 1991.

Litan R. Speeding up civil justice. Judicature 73: 162–167, 1989.

Llewellyn K. A realistic jurisprudence—the next step. Columbia Law Rev 30: 431, 1930.

Lowe RS. Unified courts in America: the legacy of Roscoe Pound. Judicature 56: 316–323, 1973. McConnell E. What does the future hold for judges? Judges J 30: 8–14, 1991.

Malech AM. A glass house: court administration from the inside. Judicature 56: 249–254, 1973. Martineau J. The federal court executives: an initial report. Judicature 57: 438–445, 1974.

Mayers L. The American Legal System. New York: Harper and Row, 1964.

Mintzberg H. The Structuring of Organizations. Englewood Cliffs, NJ: Prentice-Hall, 1979.

Moley R. Our Criminal Courts. New York: Milton Balch, 1930.

Mort G, Hall MD. Trial court administrators: court executive of administrative aide. Court Management J 4: 9, 1980.

Mosher F. Democracy and the Public Service. New York: Oxford University Press, 1968.

Munger F. Movements for court reform: a preliminary interpretation. In: Dubois P, ed. Politics of Judicial Reform. Lexington, MA: D. C. Heath, 1982.

Nagle S, Neef P, Munshaw R. Bringing management science to the courts to reduce delay. Judicature 62: 128–137, 1978.

Nelson D. Judicial Administration and the Administration of Justice. St. Paul, MN: West, 1974.

———. Commentary on the conference on empirical research in judicial administration. Ariz State Law J 21: 161 – 171, 1989.

Orrick D. Court administration in the United States: the on-going problems. Anglo-Am Law Rev 19: 36 – 54, 1990.

Pearson J. An evaluation of alternative to court adjudication. Justice Syst J 7: 420 – 444, 1982.

Plotnikoff J. Case control as social policy: civil case management legislation in the United States. Civ Justice Q 10: 230 – 245, 1991.

Popp WH, Kuykendall CM. Computers in the courts. State Court J 1: 6 – 11, 1977.

Pound R. Generation of improvements in the administration of justice. NY Univ Law Q 22: 369 – 388, 1921.

———. Organization of courts. Judicature 11: 69, 1927.

———. The causes of popular dissatisfaction with the administration of justice. Judicature 20: 178 – 189, 1937; reprinted in Judicature 46: 55, 1962.

———. Principles and outline of a modern unified court organization. Judicature 23: 225 – 233, 1940. Powell L. Court Reform in Seven States. Chicago: American Bar Association Press, 1980. President's Commission on Law Enforcement and the Administration of Justice. Task Force Report: The Courts. Washington, D. C.: U. S. Government Printing Office, 1967.

Press S. Alternative dispute resolution: a critical review of the recent literature. Justice Syst J 14: 257 – 264, 1991.

Pringle HF. The Life and Times of William H. Taft: A Biography. New York: Farrar and Rinehart, 1939.

Richardson RJ, Vines KN. The Politics of the Federal Courts. Boston: Little, Brown, 1970.

Saari DJ. Modern Court Management: Trends in the Role of the Court Executive. Washington, D. C.: Law Enforcement Assistance Administration, 1970.

———. Historical perspectives of modern court management. Court Management J 2: 6 – 8, 27 – 28, 1980.

———. American Court Management: Theory and Practice. Westport, CT: Quorum Books, 1982.

Saari DJ, M Planet, Reinkensmeyer M. The modern court managers: who they are and what they do. In: Hays S, Graham C, eds. Handbook of Court Administration and Management. New York: Marcel Dekker, 1993.

Sarat A. The role of courts and the logic of court reform: notes on the Justice Department's approach to improving justice. Judicature 64: 300 – 311, 1981.

Seymore WN. Why Justice Fails. New York: Morrow, 1973.

Sikes PS. The work of judicial councils. Am Politic Sci Rev 29: 456 – 464, 1935.

Sobel WH. The American courthouse: planning and design for judicial process. Judicature 56: 115-123, 1972.

Solomon M, Doan R. Design and implementation of manual case management systems for misdemeanor courts. Justice Syst J 6: 117-134, 1981.

Special Committee to Suggest Remedies and Formulate Proposed Laws to Prevent Delay and Unnecessary Cost in Litigation. Report. Chicago: American Bar Association, 1909.

State Court Planning Capabilities Project. Planning in the state courts. State Court J 1: 17-21, 1977. Stott EK. The judicial executive: toward greater congruence in an emerging profession. Justice Syst J 7: 152-179, 1982.

Strier P. Reconstructing Justice. Westport, CT: Quorum Books, 1994.

Stupak R. Court leadership in transition: fast forward toward the year 2000. Justice Syst J 15: 617-627, 1991.

Sunderland ER. Qualifications and compensation for minor court judges. Judicature 29: 111-116, 1945.

Swain JT. The procedures of judicial discipline. Marquette Law Rev 59: 196-224, 1976.

Tamm EA, Reardon PC. Warren E. Burger and the administration of justice. Brigham Young Univ Law Rev 1981: 447-552, 1981.

Tarr GA. Court unification and court performance: a preliminary assessment. Judicature 64: 356-368, 1981.

Taylor FW. The Principles of Scientific Management. New York: Norton, 1967.

Tobias C. Common sense and other legal reforms. Vanderbilt Law Rev 48: 699-737, 1995. Vanderbilt AT. Section on judicial administration launches program on wide front. Am Bar Assoc J 24: 5-6, 78, 1938.

———. Minimum Standards of Judicial Administration. New York: New York University Law Center, 1949.

Van Riper P. History of the U.S. Civil Service. Evanston, IL: Row, Peterson, and Co., 1958.

Virtue MB. Survey of Metropolitan Courts in the Detroit Area. Ann Arbor: University of Michigan Law School, 1950.

Volcansek ML. Conventional wisdom of court reform. In: Berkson L, et ah, eds. Managing the State Courts. St. Paul, MN: West, 1977.

Wasby S. Judicial administration in the federal courts. In: Hays S, Graham C, eds. Handbook of Court Administration and Management. New York: Marcel Dekker, 1993.

Weygandt CV. Our challenged bench and bar. Louisiana Bar J 3: 221-232, 1956.

Wheeler RR. Judicial reform: basic issues and references. Policy Stud J 8: 134-

153, 1979.

———. What is judicial administration? Paper presented at annual meeting of the American Political Science Association, San Francisco, 1975.

Wheeler RR, Whitcomb HR. Judicial Administration: Text and Readings. Englewood Cliffs, NJ: Prentice-Hall, 1977.

Wice P. Court Reform and Judicial Leadership. Westport, CT: Praeger, 1995a.

———. Court reform and judicial leadership: a theoretical discussion. Justice Syst J 17: 309 – 321, 1995b.

Wiebe RH. The Search for Order: 1877 – 1920. New York: Hill and Wang, 1967.

Wigmore JH. Wanted—a chief judicial superintendent. Judicature 1: 7 – 9, 1917.

———. The spark that kindled the white flame of progress—Pound's St. Paul Address of 1906. Judicature 46: 50 – 58, 1962.

Winberry PB. Washington state court reform. State Court J 4: 3 – 5, 1980.

Winters G. The Jury: Selected Readings. Chicago: American Judicature Society, 1971.

Wong M. Space management: building new life into old courthouses. Judicature 57: 154 – 158, 1973. Zaffarano M. Understanding leadership in state trial courts: a review essay. Justice Syst J 10: 229 – 242, 1985.

———. The professional court manager—have the traditional roles changed? Court Manager 5: 6 – 9, 1988.

Zeisel H. Reflections on experimental techniques in the law. J Legal Stud 2: 107 – 124, 1973.

BIBLIOGRAPHY

AJS (American Judicature Society). Draft judiciary article. Judicature 3: 132 – 149, 1920.

———. Introduction. Judicature 1: 3 – 4, 1917.

———. Judiciary article in model state constitution. Judicature 20: 189, 1937.

———. Standards of judicial administration adopted. Judicature 22: 66. 1938.

———. The professionalization of court administration. Judicature 50: 256 – 259, 1967.

———. The unified state court. Judicature 1: 5 – 7, 1917.

Berkson L. Emerging ideal of court unification. Judicature 60: 327 – 339, 1977b.

Burger W. Bringing the judicial machinery up to the demands made on it. Pennsylvania Bar Association Quarterly 42: 262 – 267, 1971b.

———. Agenda for change. Judicature 54: 232 – 236, 1970a.

———. Court administrators: Where would we find them? Lincoln Law Review 5: 1 –

5, 1969.

Cannon MW. Judicial administration: Why should we care? Arizona State Law Journal 1974: 521-535, 1974.

Carbon S, and Berkson, L. Literature on Court Unification: An Annotated Bibliography. Washington, D. C.: National Institute for Law Enforcement and Criminal Justice, 1978. Church TW Jr. Justice Delayed: The Pace of Litigation in Urban Trial Courts. National Center for State Courts, Williamsburg, Virginia, 1978.

Dodd, V. Toward a national system of state court accreditation. Judicature 75: 295-299, 1989.

Dolbeare KM. Trial Courts in Urban Politics. New York: Wiley, 1967.

Dubois PL. The Politics of Judicial Reform. Lexington: D. C. Heath, 1982b.

____. Symposium on judicial reform. Policy Studies Journal 10: 663-668, 1982c.

Fish P. William Howard Taft and Charles Evan Hughes: Politicians as Chief Judicial Reformers.

Paper presented to the annual rnleeting of the Southern Political Science Association, New Orleans, 1975.

Friesen E. Court managers: Magnificently successful or merely surviving? Court Management Journal 1982: 20-22, 1982.

Gazell J. Current status of state court reform: A national perspective. In: Hays S, Graham C., eds. Handbook of Court Administration and Management. New York: Marcel Dekker, 1993.

Hays S, Graham C, eds. Handbook of Court Administration and Management. New York: Marcel Dekker, 1993.

Holt, R. The model state judicial article in perspective. Judicature 47: 6-10, 1963.

Imlay CH. Federal jury reformation. Loyola University Law Review 6: 247-273, 1973.

Kandt WC. Jury waiting time can be eliminated. Judicature 56: 116-117, 1971.

Kaufman IR. Judicial reform in the next century. Stanford Law Review 29: 1-11, 1976.

Keilitz S. Alternative dispute resolution in the courts. In: Hays S, Graham C., eds. Handbook of Court Administration and Management. New York: Marcel Dekker, 1993.

Lawson HO. State court system unification. American University Law Review 31: 273-289, 1982. Nardulli PF. The Courtroom Elite: An Organizational Perspective on Criminal Justice. Cambridge, MA: Ballinger, 1978.

Planet M. Future directions in the practice of court management. In: Hays S, Graham C., eds. Handbook of Court Administration and Management. New York: Marcel Dekker, 1993.

Pound R. Justice according to the law. Columbia Law Review 14: 696 – 713, 1913b.

―――. The administration of justice in the modern city. Harvard Law Review 26: 302 – 318, 1913a. Wheeler RR. Broadening participation in the courts through rule-making and adjudication. Judicature 62: 280, 1977a.

―――. Planning in the state courts. In: Berkson L, Hays S, eds. Managing the State Courts. St. Paul: West, 1977b.

第二十四章 司法行政五大理论

詹姆斯 A. 盖泽尔[*]

I. 引言

公共行政的实践远远比它的研究要超前。该领域的事务年代久远，起源于中世纪前期，在学者和实践者记录、评估、编纂其基本概念和各个方面并追溯其演化过程的几个世纪之前就开始了（Waldo 1980）。事实上，公共行政内的自我意识的兴起还仅仅只有一个世纪之久，以威尔逊（Wilson 1887）著名的文章《行政学研究》（The Study of Administration）发表之时为标志，该文通过记述行政学的历史、确定其实质并启发其比较性方面来履行这一职能。这一努力在编织具有启发性的马赛克图（heuristic mosaic）中是具有示范作用的，但是不可避免留下了无数的空白，需要将来的学者和实践者来填补，他们将扩大、改编并重新诠释这一刚刚起步的领域。

公共行政学在20世纪稳步发展，直到20世纪70年代，它将司法行政这一领域和其他新的构成部分一起包括在内（Friesen et al. 1971）。直到70年代，这一受到关注的方面才被放置到法律和刑事司法行政相互重叠的范围之内，这是自20世纪初以来的两个相类似的领域场所（Willoughby 1929）。在20世纪之前，司法行政实践已经繁荣了几千年。例如，《圣经》（the Bible）（Exodus 18：13-17）记述了杰思罗（Jethro）对他女婿摩西（Moses）就确定和运作司法系统这一问题的训导。但是人们发现，关于法院管理的效能只有零星的记录线索，而且大多数都是不尽人意的。例如，《圣经》条文（Luke 11：45-46）威胁律师（threatens lawyers）。莎士比亚（Shakespeare）的《哈姆雷特》（Hamlet 3.1.64）悲叹司法延误，狄更斯（Dickens 1853）记述了在维多利亚英格兰

---

[*] 詹姆斯 A. 盖泽尔（James A. Gazell），圣地亚哥州立大学（San Diego State University）

(Victorian England)时代这样的行为所酿成的人类苦难,因而促使了英国法院系统的大规模重组。歌德和伏尔泰(Goethe and Voltaire)提出了对司法行政这一领域的需要(Cannon 1974;Pound 1906)。

当法律学者罗斯科·庞德(Roscoe Pound)做到了威尔逊为公共行政所做之事时,有意识的司法行政才终于到来。受到英国司法改革和其作为内布拉斯加法律修改委员会(the Nebraska Law Revision Commission)委员这一职业的影响,庞德越来越关注这一主题(Clark 1964a)。他最著名的贡献是1906年对美国律师协会(the American Bar Association)的讲话以及他对美国州和联邦法院惯例的大量抱怨。他抱怨道:"我们的法院系统在三个方面是过时的:(1)在法院繁多方面;(2)在维持共同的司法权限内;[以及](3)在有关的司法权力浪费方面。"他的第一条指控是州立初审法院的激增方面,由于大量原因,这损害了司法效率,包括多余的裁决、不必要的成本、繁重的记录记载以及由于提交案件程序错误而造成的大量不公正,在提交案件中(on appeal/an appeal)上诉结果出现在错误的初审法院中。他第二个抗议集中在由杂乱的初审法院所执行的重叠的司法权限以及由此产生相应的一些现象,如多次提交同一案件、司法裁决重复以及法律争端解决的延误。他的第三个关注点是通过更大的效率来维护司法制度,这一点又被分成三个方面:(1)在有点拥挤的法院,法官缺乏法律权威来帮助其同事解决负担沉重的司法权限;(2)被认为在程序问题上过多的时间消耗,从而将注意力从案件的实质上转移开;并且(3)他所认为的不必要的重审激增——这些案件因为微小程序错误而重新进行司法裁决。

虽然庞德在其漫长的生涯中继续严厉批评国家法院的状况,他也提供了另外一个著名的服务,即描绘了一个新专业的实质:司法行政(Pound 1906,1927,1940,1958;Wheeler and Pound 1909)。他在这一领域的工作至少要求短暂的关注(passing attention),因为它明确预示了将成为该领域的五大问题:案件壅塞和延误(congestion and delay)、统一化(unification)(或者集中化)、职业化(professionalization)、教育和培训(education and training)以及技术(technology)。让我们简略地思考一下他对于每个主题所提出的思想。

庞德对案件壅塞和延误的谴责反映了美国历史上进步主义时代(the Progressive Era)(1890–1920)的信仰,其中一方面通过尽可能地把行政和政治分离来强调在各个层面——联邦、州和地方——的行政部门内诚实高效的政府(Goldman 1956;Hofstadter 1955;Mosher 1982)。庞德把这一观点应用到政府其他部门:司法部门。对于他而言,法院案件壅塞以及随后在法律问题解决上的延误都是效率低下的。司法是效率的一个副产品,如果法院可以像企业一样运作同时采用企业的方法,那么效率可以得到最大化。因此他强调案件的更快终结。重要的是,案件要得到解决而不是仅仅裁决,好像加快的结果就是公正的一样。这十分明显的,因而他没有必要探讨这一普遍认同关系的有效性。在他看来,司法效率低下来自于几个渠道:不必要的重新审判、繁琐的程序以及司法人士的分配不当(没有把在许多地区工作量不足的法官分配到其他司法辖区内工作过重的法院)。此外,他看到根据政治(选举)而不是功绩(任命)选择法官所产生的许多不称职现象。

最重要的是,庞德把司法效率低下如延误和案件壅塞归结于组织分裂(organizational fragmentation),这曾经适合于人口稍多的农村社会但是不适用于都市化的工业国家。初审法院典型地作为岛屿地区(islands)运作,不仅在这一层面上独立于其他法院之外而且独立于上诉法院之外。他所提议的补救方式就是结构和管理上的统一(或者叫集中化),包括了许多值得注意的方面。一个方法就是在每个州都建立了一套单一的初审法院——一个地区一套——从而排除了复杂的最初司法权限,并利用分支机构来解决不同类型的诉讼问题如破产、离婚和遗产等问题。另外一个方法是官僚化,因为他含蓄地认为司法系统应该像金字塔一样组织:具有等级制,从最后诉求的州立法院开始,它实行强大的监督权并且促进统一程序来进行司法公正的管理;根据每个地域单位内所有司法职能绩效进行专门化,法官集中关注在法律的特殊领域但也可以进行其他类别的工作;而且有最高州立法院所颁布的并且适用于除一定程度必要的地方裁量之外所有低级仲裁法院的统一的综合的规则。其首席大法官(或法官)将在每个初审法院的法院管理者和主审法官的帮助下监管这样一个官僚机构的运作。对于庞德而言,结构和管理统一相互补充。效率将从一个金字塔组织设计中得到提高(Ostrom 1974),这让庞德与古典管理理论家(classical administrative theorists)如威尔逊(Wilson)、泰勒(Taylor)、韦伯(Weber)和古立克(Gulick)等意气相投。

庞德预示司法行政将最终职业化。他帮助司法行政提高职业化的特点:一个知识体系、名人纪念堂(pantheon of luminaries)、一个学者和实践者组织以及自主性(Somit and Tanenhaus 1964)。他把官僚制分析应用于法院之中。他是长长的著名人物队伍中的第一个,这些人包括赫伯特·哈利(Herbert Harley)、亚瑟 T. 范德比尔特(Arthur T. Vanderbilt)、威廉·霍华德·塔夫脱(William Howard Taft)、查尔斯·埃文斯·休斯(Charles Evans Hughs)、汤姆·克拉克(Tom Clark)和沃伦·伯格(Warren Burger)。他有关适当的法院结构和过程的著作无疑激励了其崇拜者建立下列组织:美国司法学会(the American Judicature Society)、司法行政研究院(the Institute of Judicial Administration)、州司法全国学院(the National College of the State Judiciary)、联邦司法中心(the Federal Judicial Center)(Institute for Court Management)、州法院国家中心(the National Center for State Courts)。这些知识、开创性工作和职业社团使得这个国家的法院更加不依赖于政府其他部门并且更加接近成为在制约和平衡(checks and balances)系统之内的一个真正的协调部门。

庞德认为教育和培训是职业化的伴随产品。教育和培训都主要来自在职经验并且将包括法官和其他所有职员。为了帮助开发最大的司法能力,他赞成任务专门化(task specialization)而不是轮调分派(assignment rotation)。他批评了后一实践是浪费法院权力。特别是他认为这是对司法在特殊法律领域获得大量知识和经验的一种损害，一个使得法官在解决诉讼案件中不确定、犹豫和缓慢的缺陷。

庞德（1940）把首席（或主审）法官对法院职员（特别是历史上被选任和自主的书记员）的严格监管作为他们教育和培训的一个前提。他评论道，"在现代法院所必须的科学管理绝不亚于一个现代工厂所需要的科学管理。"这一由泰勒（1911）所发明的管理哲学倡导使用"职能头目"（functional foremen）来教育雇员采用最佳方式完成工作。把这一方法应用于法院系统将会使得州和地方层面的首席（主审）法官扮演了职能头目的角色，而书记员和速记打字员（在其早期作品中提到的、唯一的支援类别）扮演学生的角色。官僚制结构中，这一结果就是在职经验从首席大法官向其职员以自上而下形式进行转移。

庞德暗示需要技术和行为研究，这说明了在司法情况下使用计算机进行有效的案件流程管理、最佳人事和空间分配、在处理资金上获得成本效果（cost-effectiveness）并最终是更为公正的争端解决办法。两个可能的应用激起了他的兴趣（Pound 1940）。首先，他猛烈抨击"大多数法院中许多毫无必要的记录重复、复制和再次复制、以及普遍罗嗦"。这些问题产生于他所谓的"过时的商务方法"（archaic business methods）。由于他想要法院向企业一样进行管理，他预见在把后者的技术应用到前者中来时，没有不能克服的障碍。其次，他倡议集中"可靠的且灵活组织的"的司法统计数据来促进形成有效的法院管理政策，这是一项日益取决于技术的任务，尤其是在最新的技术形式上。这一类的管理就像教育一样，是州和地方首席法官的责任。

这里对司法行政内五大主要议题的简介给我们提供了自罗斯科·庞德时候以来更为充分评估每个议题平行发展的背景状况。虽然这些标题在理论和实践中会有大量重合而且实际上形成了一个丰富的马赛克图案、一张没有缝隙的任务网，但是让我们把它们分开，这仅仅是为了对其进行有序分析这样一个目的。

Ⅱ．案件壅塞和延误

庞德以及后来的司法改革者对法院案件壅塞和延误的强烈反感体现在经常重复的一条标语中："司法延误就是否认公正"。对这些孪生概念（twin concepts）的悲观看法占据了司法行政萌芽时期的正统地位，而且不断地被无数国家委员会和许多改革家引用，并作为更具有深远意义的组织和程序变革的明显正当理由。但是自20世纪50年代开始，对这些主题的传统观念开始进行重新审查，这一过程现在仍在继续。

最初的重新考虑并不是围绕案件壅塞这一主题，正如特罗特和库珀（Trotter and Cooper 1982）所指出的，这一主题通常就等同于法院的案件积压或者案件库存。相反，重新评估集中关注在法院案件延误上。例如，某些学者开始询问：在操作上这意味着什么？因为在法律专业内还没有有关这一术语内涵意义的严肃讨论。它在一贯的使用中几乎没有一个相应的定义，就好像司法知识渊博的人理解这一概念并用相似的方式思考这一概念一样。但是蔡塞尔等人（Zeisel et al. 1959）解释了这一概念的模糊之处，指出它可能指的是案件处理的不同阶段。它可能表明了从案例提交到审判日期阶段、从提交诉讼答辩状到开始审判阶段、从案件提交到法官认为诉讼予以讨论（即准备审判）阶段、从讨论阶段到审判阶段、从准备审判的答辩状或者从提交到上诉的最后解决阶段。这些阶段的变更是最为普遍的变更。

在 1964－1974 年间，司法行政学院（the Institute of Judicial Administration）出版了年度记录状况报告（annual calendar status reports），这是诉讼当事人在全国州立初审法院尤其是在大都市地区所经历的案件延误的全面总结。以纽约市为基础的组织依赖两个标准来衡量这一概念：从提交答辩状到审判开始所需平均时间以及从案件讨论阶段到开始审判所需平均时间。但是，这些努力因为这一趋势，即对某些司法权限下运作延误这一概念存在不同的理解，而受到挫折，因而提供给机构的是经证明不完全可比的统计数据。而且，其他的州根本就没有测评延误问题。他们仅仅是用表格形式摆出案件壅塞或者说案件积压，在具体阶段——例如：3 个月、6 个月、2 年或者 5 年——内许多悬而未决的民事和刑事类目中的案件数量。

虽然资金不足迫使这一由私有资助的机构于 1974 年中断了这一项目，但是司法行政学院（the Institute of Judicial Administration）工作是 1975 年州法院国家中心（the National Center for State Courts, NCSC）为各州在其司法权统计数据内获得一致所做措施的先例。其目标包括 NCSC 官员和州法院管理者之间的密切合作，并且产生定期的信息流，并允许在全国范围内作有效比较。

自 1975 年以来，法院数据的收集成为一项不仅包括 NCSC 也包括州法院官员会议（the Conference of State Court Administrators, COSCA）和州司法学院（the State Justice Institute, SJI）在内的共同工程。其年度报告提供国家司法系统评估，尤其是在初审法院所处理的诉讼量（目前是 27847 位法官面对 97786499 件案件）以及在提交刑事、民事、青少年和交通案件中的趋势方面，这些显然都在稳步发展（NCSC 1994b）。

这一计划完善了美国法院管理办公室（the Administrative Office of the U. S. Courts, AOUSC）的工作，该办公室自 1939 年以来一直在收集所有联邦法院的数据，当时它是从司法部（the Department of Justice）那里承担了这一责任（Fish 1973）。而且，自 1946 年以来，该办公室断断续续地一直在评估美国上诉和地区法院的延误问题。最高法院没有受到分析是因为自 1925 年以来它具有唯一控制自己的判决摘要（docket）的权力，因而避免了壅塞和延误。AOUSC 对这一问题进行了分析，要求法官记录几个月来花在不同事务上的时间。这样的研究使得 AOUSC 发掘花在处理不同种类诉讼所花费的平均时间、衡量法官的案件量、并且确定是否他们的工作量需要额外的评判（AOUSC 1980）。

甚至在没有进行这些分析的情况下，普遍的一个观点就是：实际上所有的案件能够而且应该在6个月的提交日期内是组织意识的。当厄尔·沃伦（Earl Warren）担任美国首席大法官时，他拥护这一观点，并将其作为联邦司法诉讼可以接受的延误和无法忍受的延误之间的一个分界线（Warren 1958）。1972年，最高法院批准了在司法程序规则（the Rules of Criminal Procedure）（规则50[b]）中一个变革，命令联邦地区法院颁布一个在起诉之后6个月之内审判刑事案件的计划（92 S. Ct. 2912－2913）。但是，1974年国会进一步大大压缩了这一时间段，通过了《快速审判法》（the Speedy Trial Act），该法代替了这一规则，要求除某些例外之外联邦法院对此类案件的裁决是从逮捕之日起100天之内、从起诉开始60天之内进行（18 U. S. C. secs. 3161－3174）。这些例外集中在情有可原的延误上，这可能伴随着复杂的案件、耗时的揭示诉讼（discovery proceedings），以及在保持适当辩护中的困难。因为5年内转变到完全执行所有裁决这一要求经证明是不现实的，国会态度软化了，修订该法令并允许联邦初审法官在有利于司法的情况下终止时间安排并实际上如他们在规则50（b）之下所作的那样进行。这一不那么严厉的法律仍然根本上迫使国家初审法院优先处理刑事问题而不是民事诉讼。大多数州都把这一优先权编入法典，这显然减少了刑事案件的延误但却使得民事诉讼问题更为严重，而且这在城市地区比在农村地区更为严重，农村地区的法官有时候工作量是不足的（Gazell 1971, 1972）。

用以测评和减少司法延误的措施意味着在延误和不公正之间有一个直接线性的关系，而且认为前者有损于公正。某些分析家最近对民事和刑事案件中的这一关系的有效性提出质疑。相反，他们假定了一个曲线的（或者抛物线的）关系，根据这一关系某些延误可能进一步将司法利益推进到了一个顶点，超过这一点拖拉逐渐削弱了对公正的追求（Frank 1964）。例如，在情杀或者性犯罪中，延误常常起到降低公众情绪并增加公平审判和公正裁决的可能性。但是，对于大多数公众而言，在执行死刑中不确定的司法制裁推延是不公正的（Jacob 1984）。

在民事案件中，长时间延误是否产生不公正主要取决于这个人是原告还是被告。最常见的一类民事诉讼如实说明了这一差异：汽车事故赔偿案件。作为被告，保险公司典型地会赞成反复推延来解决这类诉讼，作为一种方法以迫使诉讼当事人接受一个解决方案，这一方案只提供部分索赔（fraction of the filed claim）。相对而言，原告通常需要迅速得到大笔的钱补偿伤害和财产损失，因而不能够答应等上好几年诉讼才开始审判。一个著名的例外是关于保险公司或者其他公司要求损失赔偿之诉（Walter E. Meyer Research Institute of Law 1968; Frank 1964; Jacob 1984; Winters 1960）。同样像IBM那样的企业巨头认为已经延长的法院延误是对反托拉斯行动的一个支持，因为他们根据律师费雇佣律师，这些律师比司法部律师（Department of Justice attorneys）成员更具有知识和经验优势，司法部律师随着继任的管理部门而变化并且需要时间来掌握复杂诉讼的微妙之处。此外，司法延误在遗嘱问题上常常使得律师能收到高得惊人的费用。

但是，最近几年有些分析家开始认为司法延误不仅是许多诉讼当事人的祸根，而且也是潜在的公共福利的祸根。这一观点最著名的倡导者就是法官理查德·尼利（Richard Neely 1982），他赞同在国家大都市中初审法庭持续延误部分是因为地方政府有意但却默许政策的结果。这些组织拥有通过计算机化的案件流程管理和用以消除壅塞和延误所必要的技术。对地方政府单位的诉讼的裁决常常拖延好几年，因为如果这些案件很快进入审判的话，那么人们会频繁地发现城市和县是要负责任的，而且反对他们的货币裁决（monetary judgments）将会积累成一个严重的财政耗尽（financial drain），使得有必要减少某些地方服务、进行更高的税收，或者二者兼而有之。

延迟解决这些案件产生两个好处。一个就是许多对地方政府单位提起诉讼的原告，像他们在汽车事故诉讼中的原告一样，需要迅速得到资金并且接受索赔的部分数量而使案件得以解决。其他的案件进行审判，但是数量要少得多而且时间分散开来。在法院中政府延缓以及产生的财政影响下降因而开始可以忍受。纽约市据断言是从这一实践中受益的一个主要城市。

最后，对法院延误的研究对那些真正寻求对抗这一延误的司法组织得出好几个发现结果，但是并没有一个适用于所有法院的模式。至少有四个结论值得强调一下。其一就是对法院案件处理系统详细地描述是确定可能对延缓或者停止案件流程的案件的前提。司法管理信息系统可能促进这一过程并且进行可能的管理监控（management control）。第二个发现就是一旦管理监控成为可能，那么管理监控可能前后一贯地实施以在诉讼当事人、法官和司法职员中间形成赞成加速解决案件的态度。第三个发现就是几个法官根据实验基础的、一个经试验是成功的、反对延误项目证明对法院其余部分的价值是有效的。第四个发现是在对抗延误项目中要在法院人事中产生信任必须要大量的时间段（大约6个月）（Trotter and Cooper 1982）。

Ⅲ. 统一化（或集中化）

庞德（1906，1927，1940）赞成州和联邦法院系统一个准韦伯式的官僚化。为了描述这一目标，他采用了术语统一化，其内涵是结构和管理集中化以获得更高的效率。对他而言，这一概念是容易理解的，仅仅包括几个维度：在它地域领域内单一的、具有最初司法权限的初审法院，作为州范围内规则制定机构的司法委员会，以及首席大法官和作为监督的主审法官，其权力是根据需要把其他法官分配到其他部门或法院内。但是，今天大多数的分析家把这一概念分为结构和管理两个部分。劳森（Lawson 1982）认为这种区分有重要的原因：州沿着一个而不是另一个方面改善其司法系统或者从一个维度到另一个维度连续进行的趋势。司法改革者倡导沿着两个部分同时进行，或者如果没有达到这一期望，在获得管理巩固之前达到结构统一。

自庞德时代以来，法院统一化这一概念经历了大量的变革。其含义得到大大拓宽，融入了其他方面。它开始对巩固程度日趋敏感。它变得深奥微妙，摒弃了所假设的与效率的直接关系，承认超出某一特殊点，集中化结果会出现功能障碍这一可能性（Flaherty 1983；Gallas 1976）。

让我们简要地考虑一下统一化的6个重要方面，从结构方（初审法院一个层面）再到行政方。

A. 单层（single-tier）初审法院

8个州分别把它们的初审法院合并成一个具有唯一最初司法管辖权的单层结构。爱达荷（Idaho）、伊利诺伊（Illinois）、衣阿华（Iowa）、堪萨斯（Kansas）、密苏里（Missouri）、俄克拉荷马（Oklahoma）、南达科他（South Dakota）、佛盟特（Vermont）采纳了这样一个系统。更多的州选择这样一个计划的不同形式的变体，把初审法院的种类减少到2或3个，并且使用诸如地理、经费限制（dollar limits）和案件类型等标准来消除重叠司法权限的可能性。加利福尼亚州（California）说明了这一倾向，该州1950年把初审法院的种类从8个压缩到3个：高级（superior）、城市（municipal）和审判（justice）。这些法院的每个权威范围是唯一的。高级法院是裁决重罪犯和索赔超过2.5万美元的民事案件的全县范围单位。市镇和审判法院处理初级重罪听审、不轨行为、违法以及索赔处于2.5万美元以下的民事诉讼。城市法院在城市地区行使职能；审判法院则在州的农村地区行使职能。但是，1995年审判法院被吸收到城市法院内。至少有23个其他的州遵从类似的计划：亚拉巴马（Alabama）、阿拉斯加（Alaska）、阿肯色（Arkansas）、科罗拉多（Colorado）、佛落里达（Florida）、夏威夷（Hawaii）、肯塔基（Kentucky）、路易斯安娜（Louisiana）、缅因（Maine）、密执安（Michigan）、内布拉斯加（Nebraska）、内华达（Nevada）、新泽西（New Jersey）、新墨西哥（New Mexico）、北卡罗莱纳（North Carolina）、北达科他（North Dakota）、俄勒冈（Oregon）、宾夕法尼亚（Pennsylvania）、罗得岛（Rhode Island）、南卡罗莱纳（South Carolina）、弗吉尼亚（Virginia）、华盛顿（Washington）和 威斯康辛（Wisconsin）（Gazell 1971；State Trial Court Jurisdiction Guide 1984）。最后，值得一提的是，除了几个专门法院，联邦司法机构只在一层初级法院之下运作：地区法院（district court），其中95个是国家范围的（Federal Judicial Center 1983）。

B. 司法理事会（会议）

统一化的第二个方面——建立司法理事会（会议）——值得重大关注。在最早建立这些组织的州中有加利福尼亚州（California）、堪萨斯州（Kansas）、马萨诸塞州（Massachusetts）、密执安州（Michigan）、新泽西州（New Jersey）和纽约州（New York）（Pound 1940）。这些组织通常由范围广泛的成员构成：来自各个层级的州立法院系统的法官、立法人员、律师协会代表和门外汉。这些组织定期聚会、收集司法统计数据并发布报告。最重要的是，他们寻求在本州进一步提高法院统一化程度，通过把统一的程序规则——民事和上诉程序规则推荐给立法机构，司法机构保留了诸如审查司法权等的权力，并且大体上一直到 20 年前左右，仍犹豫是否要放下这一权力（Berkson and Carbon 1980；Glick and Vines 1973）。州立法机关所面临的工作扩大以及他们缺乏足够的时间评估所提议的规则变革促使他们把权力交到最高州立法院，这样最高州立法院能够颁布司法规范，这些司法规范在一个规定的时间内通常是 60 – 90 天，如没有法令废除的话就会生效（Gazell 1974）。这样的否定是很少见的。

最初与州立司法委员会相对应的联邦机构是美国巡回法院资深法官会议（the Conference of Senior Circuit Judges），成立于 1922 年，作为联邦法院的政策制定机构。美国首席大法官担任该组织主席，并由不同上诉法院的首席法官组成，它寻求在国家司法机构内促进更高程度的统一化，不断地与法律学者保持联系以通知他们最高法院意识到他们的活动，向国会提议规则并游说国会成员，激励任务不足的法官主动在壅塞地区法院或巡回法院申请任务，鼓励法院收集相关的统计数据（在 1938 年和 1946 年，国会把许多民事和刑事规则制订权让给了最高法院）。1948 年，这一组织改名为全美司法会议（the Judicial Conference of the United States），其成员范围进一步扩大，包括了所有上诉法院追求者（pursuits），8 年以后，包括了所有的地区和特别法院法官（Fish 1973）。

C. 法院管理者办公室（court administrator's offices）

统一化的第三个方面包括了在州和联邦层面创建法院管理者办公室。这些办公室作为各州最高法院的业务部门（operational arm），通过实施和监控其政策来帮助监管司法等级制的其余部分。这些官员显然与首席法官密切联系，他们传达由法院所颁布的政策。在 1948 年（该年新泽西州成为第一个建立这一职位的州）到 1980 年间（该年新罕布什尔（New Hampshire），授权成立了这一办公室），所有的州都建立起了这类组织（Farthing-Capowich 1984）。

在联邦层面相应的一个发展要更早一点发生——具体是在 1939 年 AOUSC 成立之时。其主管由最高法院任命，根据首席大法官的提议行动并且服务于前者的利益。该主管进行大量的国家司法整理工作，包括收集相关统计数据、对联邦司法成员（诸如书记员、图书员、遗产官员、秘书和速记打字员）任命提出建议、处理分配给其他司法部门的司法任务、并对提交给国会的单一的联邦司法预算进行年度准备。不仅因为该办公室的系统职能而且因为其他的职能（尤其是财政和人事）都从行政部门分离（以前传统上通过行政部门的司法部来执行这些职能），所以该办公室的成立是朝联邦司法统一化方向迈进了一步。此外，AOUSC 的成立结束了作为联邦法院主要诉讼当事人的司法部所经历的利益冲突，而且最终加速了国家司法部门成为联邦政府一个真正的协调部门的进程（Fish 1973）。

D. 司法分配权

统一化的第四个特点集中关注在主审法官根据需要把其他法官（jurists）从一个法院部门分配到另外一个部门的权力上，在州层面则集中关注在首席法官通过法院管理者把初审法官暂时从案件不壅塞的农村法院分配到负担过重的城镇法院的权力上。这样的调动在夏天频繁出现，补偿了由于城镇法官渡假而引起的人手缺乏。分配来的法官做出的最大贡献就是减轻案件积压（Hays and Graham 1993）。

司法分配权在州层面比在联邦层面要强大得多。某些州立首席法官可能在合法指定的环境下指令重新进行司法分配，但是联邦法官（jurists）因为其事实上是终身任命，所以可能只有在他们同意的情况下才可以调任。如果后者没有法律准许的缘由而拒绝也不会像州立法官那样受到纪律程序的检查（prospect）。

E. 司法财政合并

统一化的第五个部分是司法财政合并。这一发展最为突出的部分是州立法院集资和州范围内单一的司法预算（联邦法院系统是二者兼有的）。在第一个概念下，立法机关成为州立司法运作唯一的资金来源，同时它承担了曾经分散在各个不同政府单位如城市、县和地方法院的责任：征收罚款、收取费用以及宣布没收等。州立司法集资包括许多花费，如最终和中间法院（final and intermediate courts）、初审法院的开销、司法和行政工资、退休金，以及法院建筑的建造和维护、装备、旅行、司法委员会和会议以及为贫穷的申请者和被告提供的律师费用。州立司法集资范围可以从两个方面来考虑：（1）根据其活动，其花费可以由州、地方或者共同支付；或者（2）根据州所支付的整个法院开支比率。

这一集中的集资模式代表了一种努力，在一个州内促进了平等公正，而不允许根据地方富足情况允许公正质量左右波动。而且，随着财政需求的变化，州立司法集资寻求打击地方法院对因为财政需求变化而采取不同方式交通和停车罚款的这一实践行为。此外，还有其他的原因支持这一集资模式（Baar 1975）。一个理由就是因为地方政府收入来源变得稀少，州认为法院开支给自身提供了更多的资金和更高程度的服务。第二个原因是这样的集资使地方初级法院独立于城市和县立法机构之外，以前在他们面前，地方初级法院必须提出并为其预算请求辩护（但是人们可能认为，州范围的司法集资仅仅只是从一个层面到另外一个层面改变了其独立性，因为所提议的司法预算必须在州立法机关前提出并得到支持）。第三个理由就是，如果与一个州范围的单一司法预算（统一的预算）相结合，这样的集资会提高法院管理和规划。第四个理由则是，州法院集资促进了公民更大权力进入申请费（filing fees）盛行的地方法院（例如，加利福尼亚州）。这些理由可能并不一定相互完全一致。例如，最后一个理由（更多的公众使用法院）可能削弱了第一个理由（更好的服务供给）。第五个理由是州司法财政责任增进了地方能力，把更多的收入转向公众认为重要的事情，如免除财产税、警察和消防保护、道路和学校（Bird 1985）。

而且，这一新的集资模式是对声名狼藉的收费办公室系统（fee-office system）的一棒重击，在这一系统中，较小的初级法院的某些法官（治安官、警务官和警官）的收入不再取决于政府所支付的工资而是取决于从被告收取的费用。这样的法官在确定被告罪犯投入的财政资源很大。不足为怪的是，缩写形式 J. P. 不仅代表了治安官而且代表了原告判决。值得指出的是，庞德倡议具有排他性、综合性和有创意的、一套单一司法权限的初审法院主张废除收费办公室（fee-office）。但是，像亚利桑那（Arizona）、特拉华（Delaware）、路易斯安娜（Louisiana）、密西西比（Mississippi）、蒙大拿（Montana）、得克萨斯（Texas）、怀俄明（Wyoming）仍然保持了这些司法职位。成为收费官员（fee-officers）普遍受害者的都是持有过时车牌（license plate）的、在超速行驶中被抓住的汽车司机。但是，大多数州已经消除了这种判决或者根据薪金来进行赔偿。这些变革难以进行，因为这些官员所拥有的政治权力。但是他们也仅仅是遵从 1944 年国会行为，当时国会把自己的司法收费官员（U. S. Commissioners）改变成为领薪人员（Fish 1973；Gazell 1975）。

虽然州立法院集资可能促进一个单一司法预算的产生，但是这两个概念并不一定相互伴随而生。州有可能支付所有的司法开支，但是同时允许个别法院出于司法考虑准备其自身的预算。另一方面，虽然集资来源是分散的，但是州可能要求一个统一的司法预算。但这两者还是要同时发展。到目前为止，有 30 个州——到 1985 年底，加利福尼亚州成为最后一个——对其法院进行大量财政控制。另外 5 个州一直考虑这样一个动议（Farthing-Capowich 1984；Huntin 1985）。顺便提一句，州立法院集资并不一定产生过度的司法统一，如果地方法院，如加利福尼亚州允许选择在一个共享的集资基础之上和州保持在一起或者选择把其提交费用、罚款没收和惩罚评估移交给州以交换州承担所有的资金责任（Hunting 1985）。而且，各州为各县提供资金免除的压力（这一点在加州得到体现）为州立司法集资提供动力（Hays and Graham 1993）。

F. 司法人事

统一化的第六个也是最后一个方面是关于建立独立于州民事服务系统的州立司法人事机构，或者把法官和其他法院官员纳入后者。一个不同的人事系统（像在 AOUSC 指导下的联邦人事系统）将在最高州立法院或者司法委员会下运作，并且在宪法权限内有权订立自己的标准对司法辅助人员如法院管理者、书记员、秘书、速记打字员、图书管理员、法警、精神医生、遗产官和公共抗辩律师（public defenders）等进行招募、补偿、晋升、纪律、裁撤和退休。这一趋势是倾向一个不相连的系统，新泽西、科罗拉多（Colorado）和爱荷华等州采纳了这样的系统，在其他几个州，如佛罗里达、密执安、明尼苏达和宾夕法尼亚州都被提议出来。贬低各州颁布这些系统的能力是一些地方法院书记员办公室的状况，这些办公室进行司法管理的一些重要任务（诸如记录和收集统计数据），但是这些办公室是民选的而不是任命的，因而不受司法控制。此外，其他的州，如马里兰州（Maryland）选择把其法官和法院成员纳入整体州立人事系统，这一任务随着州立法院集资的出现以及把地方司法人事纳入一个系统的需要而更为复杂。

Ⅳ. 职业化

自罗斯科·庞德时代以来，司法行政领域在州和联邦层面经历了大规模的职业化。正如在 III 部分中所提的，每个州由一个法院管理者办公室管辖，但是在不同的司法辖区工作名称明显不同。例如，科罗拉多（Colorado）采用州立法院管理者（State Court Administrator）；阿肯色（Arkansas）采用司法部执行秘书（Executive Secretary, Judicial department）；加州、夏威夷、爱达荷（Idaho）、伊利诺伊、新泽西、俄亥俄和俄克拉荷马（Oklahoma）采用法院行政主管（Administrative Director for the Courts）；威斯康辛（Wisconsin）采用州立法院主管（Director of State Courts）；怀俄明则采用法院协调者（Court Coordinator）。另外，大多数的都市地区也有这些职位的地方版本。

虽然头衔称呼不同，但是不管是那个州，这些官员行使相似的职能。基本上，他们的主管寻求给州立法院系统在程序上最高程度的统一化，这样在法律内是切实可行的而从效率角度上来在管理上也是令人合意的。他们监控在州内从一个地方到另一个地方法官的调配。他们监管与法院相关的大量统计数据的收藏和维护。他们监督州司法预算的筹备以及法院人事实践。此外，他们在首席法官的要求下执行许多特别任务。基本上，大多数观察者接受萨里（Saare 1970）的类型学，他描述了这些办公室所进行的八个重叠的管理类别：日程表（或者案件流）、数据加工（或者信息系统）、财政、人事、陪审和目击者、空间和设备、公共信息和报告以及一般事件（general）。但是，他们缺乏日常参与初级法院管理者所经历的议程以及陪审和目击者管理。

在这些相互交织的职能中，也许最重要的一个就是日程管理，他寻求把诉讼过程稳步朝一种解决形式前进［预审会议、认罪求情协议（plea bargains）、庭外解决、案件减少（case dropping）、审判等］。这些管理者努力对被审案件进行管理而不愿允许竞争性律师管理诉讼节奏。一个有助于这一导向的方法由许诺有关持续的严格政策组成。有些法律公司（law firms）接收了超过他们解决能力的更多案件，结果导致法院场地约定冲突、不可避免地要求拖延以及被审案件壅塞。另外一个程序就是案件分配系统，通过该系统法院管理者或者其他司法辅助官员在他们可以听审案件的情况下，迅速把诉讼按时间顺序分配给法官。这一事件促使更快解决以及在法官内分配法律业务中更高程度的平等。但是，这一过程在律师中间增加了不确定性，案件将被有利于他们的法官听审。一个附加的工具涉及到监控所分配的案件以确定案件接近解决，或者定期检查系统内没有按照分配运作的个别司法日程。增加对被审案件控制和减少裁决中延误的最新技术是区别对待的案件管理（differentiated case management，DCM），这是整理司法提交并将它们置身于具有不同的程序和时间限制来解决的不同方法中。民事和刑事案件都是根据其复杂性来分类的，这取决于至少四个因素：诉讼或控诉类型、当事人数量、争议量（the amount in controversy）以及律师对解决诉讼所要求的时间的评估。自新泽西州1986年开始实行，先后有10个州以及哥伦比亚特区（the District of Columbia）在初审法院采用了DCM（Alliegro et al. 1993；Hays and graham 1993；Pankey 1992）。

在没有把时间花在成为他们职业角色一部分的其他责任上时，地方法院管理者无法履行其案件流管理职能。解决司法业务流程要求，至少在大都市初审法院建立管理信息系统（计算机化），这使得法院管理者不仅能够监控民事和刑事诉讼、侦察早期案件积压并在法官中间更为平均地分摊案件，而且提高了财政和人事管理效率。法院可能更好地监管其开支流程、保持在预算限制之内，并且分析其优先权、开支类型、财政请求和拨款之间的关系。司法组织在其他事务中可能更为有效地进行薪金检查，并保持对假期、残疾、资历、增加工资、退休以及职位空缺等其他事件的记录。

这样的计算机化极大地影响了构成司法管理者角色的管理的其他形式：陪审和目击者管理（witness management）、空间和设备管理、作记录以及一般事情。法院能够更容易地保持最新的、有资格的陪审员名单，这样，如果诉讼当事人准备审判的话，挑选陪审团就容易得多了。如果在法官专用办公室里他们没有达成一致意见的话，这些名单使得召开审前大会的法官在一个立即审判的情况下能够面对反对律师（opposing attorneys）。如果随后进行一个审判，那么法院可以更佳地掌握证人的情况。法院可以更多地知道进行审判的场所以及有效使用这些场所，并且更多地知道录音机、放映机以及录像机的地点。这样的组织可能提高他们保存数据的能力，这些数据是州立司法管理者办公室用来使自身了解地方运作、准备年度报告和及时新闻发布、并满足立法者和其他利益群体对数据的要求。一般管理就是对各种各样问题的一个包罗万象的标题，这些问题常常是无法预见、在工作日当中出现的。法官喝醉了。法院休息时必须关门。雇员宣称被性骚扰。这种类型中最为重要的一个部分就正如萨里（1970）所争辩的，在于"协调［司法］组织的各个部分"。

州立初审法院管理者的数量在全国范围内从20世纪50年代的仅仅6个增加到60年代末的46个。到1977年，这个数字已经达到了420个。在联邦层面，所有的13个巡回法庭自1971年都雇佣了法院管理者；15个大都市地区法院自1982年招募了这样的管理者。最后，成立于1939年的AOUSC作为州和地方司法管理者办公室的一个原型，首先于1948年在新泽西州实行，10年之后开始在洛杉矶县最高法院（the Superior Court of the County of Los Angeles）实行。

法院管理者在州和联邦层面的角色在最近变得更为复杂，不仅因为其具有许多相互联结的职能，而且也因为工作环境的影响，而这一情况与公共和商务部门（business sector）的行政主管类似。大多数分析家赞同萨里（1982）观点，他认为明茨伯格（Mintzberg 1973）用来理解运作中管理工作实质的框架也适用于启发公共管理者，包括司法管理者在内的工作。

基本上，这些管理者的活动至少展示了6个特征：许多职责、对具体工作的时间很少、频繁被打断、表面上执行多种任务的趋势、强烈依赖于口头交流（如不正式会议和电话交流）以及因此倾向于工作过度。表1总结了广泛类型的法院管理者的活动。

在所有法院管理者进行的活动中，帮助代表（represent）其组织以及协商司法预算等任务可能是最重要的，因为这些政府部门越来越不得不在开放性的系统内执行，这一点对常常是敌意的公众和政治环境非常敏感，不以传统的方式行事——也就是说，封闭式的韦伯官僚制。此外，随着激烈的反税收措施［例如，加州的十三点动议（Proposition 13）和马萨诸塞州的2.5提议（Proposition 2?）］和公共部门规模削减，法院面对着寻求稀缺公共资源的激烈竞争，因而这样的职责越来越重要。这一趋势甚至渗入到州立法院系统中来，加州的"雇佣法官"（rent-a-judge）这一实践就体现了这一点，这也使得诉讼当事人在某种情况下雇佣退休的法官听审案件（Naisbitt 1984）。

而且，法院管理者的职业化也体现在其他方面。一个是其对法院中的种族、人种和性别倾向问题日益敏感（Low 1944; New Jersey Committee on Women in the Courts 1993）。另外一个方面就是通过雇员更大参与设定运作政策来采用现代管理实践如全面质量管理（total quality management, TQM）以提高法院绩效和使用者的满意度（Aikman 1993; Fleischman and Aikman 1993）。另外一个方面就是他们在事务管理以及法律证书中频繁坚持硕士学位。他们的管理和法律专业有助于他们将职责内部化，因而排除了其职责成为组织要求。他们的教育和培训培养了他们在学院工作环境下操作的能力（Sargent and Stupak 1993）。

此外，这些官员建立组织以加强他们不断发展的职业化。其中最为突出的是初级法院管理者全国协会（the National Association of Trial Court Administrators, NATCA）和法院管理者全国协会（the National Association for Court Administrators, NACA），这两个机构最近合并，现在在州法院国家中心（the National Center for State Courts, NCSC）的支持下运作。其他著名的职业协会包括州法院管理者大会（the Conference of State Court Administrators, CSCA）、联邦法院书记员协会（the Federal Court Clerks Association, FCCA）、上诉法院书记员全国大会（the National Conference of Appellate Court Clerks, NCACC）和司法规划全国委员会（the National Council for Judicial Planning, NCJP）。

这些协会定期出版通讯、期刊或者同时出版通讯和期刊以促进有效管理思想和实践更大地交流，并帮助其成员通过讨论会和实验班来跟上这一领域（尤其是管理信息系统中的技术创新）的最新发展。这些出版物有《法院管理者》（The Court Manager）——这是法院管理全国协会（the National Association for Court Management）的一个季刊——和《州立法院期刊》（the State Court Journal）

——NCSC 所出版的一个季刊。1994 年，NCSC 增加了第 3 个季刊——《州立法院报告》（State Court Report）。此外，美国司法学会（the American Judicature Society，AJS）以及全国法院组织协调理事会（the Coordinating Council of National Court Organization）出版了一个季刊——《法院发展公报》（Court Improvement Bulletin），该刊提供了地方、州和联邦司法管理的研究报告题目，同时还有这些研究的简短总结以及获得这些复印件的价格和地址。

在州和联邦层面出版了重要的公报。在州层面，这些例子包括加州的双月刊物《法院管理办公室通讯》（A. O. C. Newsletter）（Administrative Office of the Courts）和纽约法院管理办公室（the New York Office of Court Administration）的一个双月刊《帝国法院》（Empire State Court Notes）。两者都宣称，讨论会和实验班以及司法规则发生了变化。在联邦层面，最卓越的出版物是《第三部门》（The Third Branch），这是联邦司法中心（the Federal Judicial Center）（国家法院体系的研究、发展和培训机构）出版的一份月刊。但是，不同于相类似的州机构，其覆盖范围更为全面。例如，它包括了美国首席大法官演说的节选；对法官、国会成员、行政部门官员以及法律学者（总之，任何对司法过程是执行或者管理方面具有强烈兴趣或者专业才能的人）的长篇访谈；研究发展消息（尤其是在案件量和自动性方面）；以及人事变化（在联邦法官中间对高级或者半退休状况、辞职或者死亡等的提名、批准、任用）。

V. 教育和培训

在司法行政中，教育和培训是另外一个大问题。第一个概念是理论的，第二个问题是实践的。但是，由于它们更多是在程度而不是在种类上不同，所以它们值得联合在一起对待。二者都应用于法院去支持人事和法官。二者都是职业化的方面，是实现职业化目标的途径，它们包括了各种系统地把知识传授给有前途和受欢迎的司法管理者的模式。另外，二者都含有非正式和正式的方面。前者包括在职学习并分享职业经验；后者，是由法律学校、大学、私有部门和法院系统本身所提供的指导性项目。

无数的法律学校把司法行政科目纳入课程。最有名的例子包括纽约大学（New York University）、丹佛大学（the University of Denver）、耶鲁大学（Yale University）、阿肯色大学（the University of Arkansas）和休斯顿大学（the University of Houston）的法律教育。事实上，法律学校提供了本专业最优秀的学生。还早在 1929 年，马修·G·黑尔（Matthew G. Hale）在俄勒冈法学院（the Oregon College of Law）就开了这样一门课程。5 年之后，梅勒德 E 皮斯格（Maynard E. Pirsig）在明尼苏达大学法学院（the University of Minnesota Law School）开了一门相类似的课程。而这可能受到这一刚刚萌芽领域中的第一本教材的影响：威洛毕（Willoughby 1929）的《司法行政的原则》（Principles of Judicial Administration），该教材肯定了庞德对该主题的观点但是把这些观点和刑事司法系统的其余部分联系起来。《美国司法协会杂志》(The Journal of the American Judicature Society) [现在叫做《司法》) (Judicature)] 作为一个更新的补充。

超过 50 所的大学是以司法管理课程为特色,虽然设在不同的系。这些课程可是公共行政、刑事司法、政治科学和企业管理等项目的一个部分。学生可以在该领域以下学校获得证书:南加州大学 (the University of Southern California)、丹佛大学 (the University of Denver)、中部密苏里州立大学 (Central Missouri State University)、印地安那大学 (Indiana University)、美国大学 (American University) 和亚狄非大学 (Adelphi University)。按照一般条件,这些课程通常包括对联邦、州和地方司法管理者都很感兴趣的科目。

但是,在司法行政中的教育机会不仅在于私有部门,也在于州和联邦法院系统本身。(the Institute for Court Management, ICM),最初设立在科罗拉多州的丹佛市 (Denver, Colorado),但现在搬到了弗吉尼亚州的威廉斯堡 (Williamsburg, Virginia),它是该领域教育的一个主要的非政府组织。自 1969 年成立以来,超过 675 个人完成了 ICM 法院管理发展项目 (Court Executive Development program) 并获得了证书,该项目包括通过许多讨论(最重要的讨论涉及案例流程管理和延误减少)的课堂教学以及集中评估(并报告)与具体候选人相关的法院的重大管理问题。虽然该项目入学的大门向在法院管理方面寻求工作的人敞开,但是主要是那些对生涯职业变化感兴趣的人注册,这些人都是其他职业的经验人士,他们把新的经历和不同见解带入了司法行政领域 (NCSC 1994)。

而且,该组织以两种项目为主要特征。一个项目集中关注通过定期提供实验班并对成功结业的人授予证书,对法院管理、司法职能和设备,以及青少年司法行政等领域进行继续教育。第二类项目集中关注在讨论会上,提供一个全国的视角以促进问题解决,同时提出具体的问题来帮助满足这些特殊的州和地区法院的需要。

首席大法官沃伦·伯格 (Chief Justice Warren Burger) 是在 ICM 成立之后的一个促进人物 (catalyst),在一次演说中首次对美国律师协会 (the American Bar Association, ABA) 提出这一主题。他一直受到把医院和法院作类比这一影响。在第二次世界大战之初,对现代医院有效的管理变得如此复杂以至于医生和护士(其专业是药学,而不是管理)不能够像以前一样很好地解决管理职责。随着在医院管理中的项目开始展开,那些在该领域经过培训的人被雇佣来管理这些机构,允许医生和护士集中关注在药物之上。

同样,那些管理国家法院的人(常常是首席法官和主审法官)在处理日益增加的案件量、人事和预算问题事业面临着日益严重的困难。这些法律人士 (jurist) 几乎无一例外都是律师,而不是行政人员,他们的培训缺乏管理课程。法律学校在其课程安排中预先假定:大部分毕业者将成为法律公司的独自的实践者或者合作者,而两者都没有必要承担实质性的管理责任。结果伯格 (Burger) 预料法院管理者的发展是提高法院效率的一个绝对必要条件。在其呼吁这类教育的几个月后,ABA,JS 以及司法行政学院 (the Institute of judicial Administration）集中资源成立了 ICM。1984 年，ICM 成为 NCSC 的一部分。

在联邦层面，在司法管理中的教育和培训已远远超过了法院管理者而到了其他法院职员身上，尤其是图书管理员、速记打字员、试用官员（probation officers）、法警、秘书和精神医生等。这样的教育是（the Federal Judicial Center）执行的最突出的职能之一，该中心是在首席大法官厄尔·沃伦的坚持下于 1967 年成立的，而且成立之初是由另外一个支持者——已经退休的副大法官汤姆 C. 克拉克（Associate Justice Tom C. Clark）所领导。在最后 28 年，该中心定期提供岗前和在岗（preservice and in-service）项目，通常一年有多次。这些课程使得司法辅助官员能够跟上其专业内的最新发展。

没有人认真地对这一提议提出异议：法官和其职员一起应该在管理和其角色的管理和本质方面接受定期教育以提高其业绩并更为有效公正地运作。为了满足这一广泛需要的目标，成立了好几个机构。例如，美国司法教育科学院（the American Academy of judicial Education）在全国各地提供许多一周项目（one-week programs）。这一教育包括许多科目：进行审判、证据、陪审管理、法律和精神、法律写作以及搜查和扣押。国家青年法官大学（the National College of Juvenile Judges）和国家遗嘱检验法官大学（the National College of Probate Judges）都是其他的历史悠久的学院。40 个州都建立了定期司法指导的机构。

在州层面，主要的组织是全国司法学院（the National Judicial College，NJC）。该组织成立于 1963 年，地点在内华达大学的里诺（the University of Nevada, Reno），根据最新数据，它为 24083 个法律工作者提供了教育和培训。在 1963 年一年内，它的 250 个教师为新任的和有经验的法官提供了两天半到三个星期的课程。所提供的课程包括：非司法途径解决争端问题、证据、美国法律重大问题、药物和科学在法律中的作用、技术（计算机）以及受害者权利等。著名的律师、法律教授和法律工作者主动在学院里上课。同样，交流专家（communications expert）、医学博士、心理学家和社会学家也免费提供援助。1986 年，NJC 在与内华达大学（the University of Nevada, Reno）合作下建立了一个司法研究硕士项目（Master of Judicial Studies program），这是全国审判法官唯一高级的学位点。1995 年，超过 90 名法官申请这一学位。许多公司和基金会［最著名的是马克斯·C·佛莱希曼（the Max C. Fleischmann Foundation）］在经济上同意担保该机构的运作。联邦和州的资助金以及协会和个人的贡献也补充了援助。

在联邦层面，两个司法教育项目至少值得粗略一看。一个就是联邦司法中心（the Federal Judicial Center，FJC）——国家法庭的研究、发展和培训机构。它成立于 1967 年，不仅为上诉和初审法院中各类联邦法院职员而且给各个层次的新手或者有经验的联邦法官提供上岗和在职教育。课程包括法院管理的各个方面，并且全年提供课程，这一点在该中心的年度报告得到强调。刚刚批准的地区法官通常在华盛顿特区（Washington, D.C.）集会一周，参加一年一度的研讨会，并探讨诸如反托拉斯案件、日程管理、集体诉讼、雇佣歧视诉讼、证据问题、欺诈、司法伦理、陪审管理、搜查和扣押、安全案子、判决程序以及压力管理等主题。通过举办地方实验班，FJC 也给这些法律工作者提供继续教育。它同时每年也给上诉法官和初审法官召开会议，这是为期一个星期的讨论会，寻求更新在涉及经济问题和在这类诉讼中日益突出的统计证据问题等的诉讼知识。1993 年 FJC 为 2700 人次以上的法官、法律职员和公共辩护律师（public defenders）举办了 34 个项目。

第三个著名的规划是弗吉尼亚大学法学院（the University of Virginian School of Law）的法律硕士点（the Master of Laws Program）。建立于 1980 年，它的特征是连续两个夏天（每个夏天 6 州）举办有 30 个联邦和州上诉法官参加的、长达 12 个星期的研讨会。在第一年中，法官们评估下列主题：英美（Anglo-American）法学发展、法律和经济之间的联系以及一两个宪法法律问题。第二年，法官们评估另外的、与上一年三个主题相互重叠的问题：社会科学研究到法律的应用、药学（尤其是心理学）在刑事案件中的作用以及比较法律系统。到 1992 年，有 6 组法官通过了这一项目——来自 45 个不同司法权的 178 名参与者。他们在撰写了一篇可以接受的论文并通过一个由法律学校教师所出长达 3 个小时的考试之后获得学位。

VI. 技术和行为研究

司法行政领域所面临的最后一个大问题就是技术的地位（值得指出的是，但并不是单指计算机应用问题），尤其是在初审法院层面的技术地位，以及与之伴随的一个发展：行为研究。法院官员通过阅读 NCSC 的双月刊《法院技术公报》（Court Technology Bulletin）和其年度编纂《法院技术报告》（Court Technology Report）稳定获得信息流。众所周知，全国法院不管其层次如何，在技术发展方面都落后于联邦和州行政和立法机构以及私有部门。例如，1970 年首席大法官伯格公布了这一巨大差距，强调国家大多数地区的司法系统在管理上都是过时的，自 19 世纪后期以来采用记录、管理诉讼和规划的方式都未曾改变，而且正如庞德所认同的，都是不充分的。实际上，伯格正呼吁把现代企业方法，尤其是管理信息系统应用到国家的司法机构中，而不是仅仅应用传统的、增加法官和提高预算等补救方法，虽然毫无疑问，他知道这样的技术变化要求投入大量的资金，至少在开始时是这样。一年之后，他加强了批评，宣称："在方法、机器和社会以及文件流程上（flow of papers）——我们知道法院事物取决于文件流程，大多数法院 100 年来基本上没有发生任何变化。"（Burger 1970）

这一停滞有好几个原因。一个就是许多法官认为技术幽灵是对传统自主性的一种威胁。第二个原因是，直到前 20 年，都很少有法官认为法院案件壅塞和延误已经非常严重而不得不求助于计算机。第三个考虑是许多法官害怕权力大量丧失落到其他职员手中（尤其是法院管理者手中），这些人拥有成功运行计算机的专业能力。第四个原因是，大多数法官对技术的潜能知之甚少，因为频繁而繁重的案件使得他们无法了解。第五个原因是司法计算机化常常是昂贵的，尤其是在开始之时（Gazell 1970, 1972）。

但是，州和联邦法院逐渐缩小技术差距。在州层面，这样的现代化被认为是始于1960年，当时圣路易斯县遗嘱检验法院（the St. Louis County Probate Court）采用预先打孔卡片（prepunched card）来记录可能出现的影响案件流量和印刷费用（print fee statement）的紧急情况。1961年，宾夕法尼亚州阿勒格尼县普通民事诉讼法院（the Court of Common Pleas of Allegheny County, Pennsylvania）（Pittsburgh）装备了计算机，发现和监控所有的诉讼案件情况、通知争议的律师（contending attorneys）有关其监管情况、并激励他们至少快速地解决某些案件。1965年，分析家在华盛顿特区一般议事法院（the Court of General Sessions）制定了刑事诉讼流的激励措施，并且说明了如果特殊的法律问题，如在联邦重罪案件中初审，被从司法机构中清除的话，那么延误就减少了。在1967-1969年间，纽约市兰德研究院（the Rand Institute of New York City）在曼哈顿（Manhattan）刑事初审法院作了类似的工作，并且模仿了有关司法业务流程的具体提议（诸如增加法官和清除大陪审团起诉）的效果。

此外，技术不仅仅包括计算机。它也包括行为研究，计算机加速、模仿并促进其发展。例如，1979年民法研究所（the Institute for Civil Justice，ICJ）[加州圣莫尼卡市兰德公司（the Rand Corporation of Santa Monica, California）的一个分公司]促进这种研究。在一个最近的5年报告中，ICJ总结了其研究成果，这归类于五大标题之下：延误、成本、结果、战略和策略以及解决案件的替换模式。虽然每一类中结论都很多，本文的空间无法包括所有，但是每类还可以引述几条，不过也是一般叙述。以下就是一些例子：

1. 学院分析者了解到，诉讼处理中的延误更多取决于地方法律文化，尤其是法官和律师的努力以及法官和其职员的政治技能，而更少取决于具体的补救方法，如法院日程体系的变化、法官数目的增加、诉讼延期的减少以及对揭示程序的限制。这些特殊步骤只是短期使法院受益。

2. ICJ研究者发现，法院成本最主要取决于诉讼当事人利用陪审团审判的比率、这些诉讼的长度、审前解决比率、司法薪金等级、法院人事规模以及个体法官的案件量。

3. 学院职员报告了许多结果，包括随着时间过去，原告在业务侵权（business tort）、玩忽职守和产品责任案件中成功几率的增加，但是在后面两种诉讼中，其成功几率仍然只有40%。此外，在70年代，判决中对原告的回报翻了一倍，其中产品责任案件产生了最多的判决。

4. ICJ分析者探讨了许多战略和策略，包括一个联邦司法政策

(Rule 68 of the Federal Code of Civil Procedure),该政策试图阻止原告不要拒绝被告的正式解决提议,通过的方法是:在提交了所提供的费用/报价之后,如果原告继续要进行审判,则要求前者支付后者的法律费用,而且后者得到的经费额比所报价的要少。但是,研究者发现,政策实际上产生了相反的结果,这又产生了大量的诉讼,原因众多,包括被告倾向于进行名义上解决争端,原告错误估计从继续审判中获得更高回报的几率。

5. 在审查解决争端的备选模式中,学院研究者了解到法院内外的资源仲裁经证明在减少案件壅塞上是有效果的,因为这一程序广泛被认为是不公平的。他们发现这样的仲裁使用不当。

但是,1993 年 ICJ 报告说,仲裁很少在司法成本和一般的案件解决时间上导致案件大量削减,因为它几乎没有使诉讼离开法院。仲裁也没有明显降低诉讼当事人的成本,他们仍然对增加接近司法权的这一方法感到满足;这允许他们有机会陈述自己的要求并得到裁决而不是提交解决。

今天法院技术远远超过案件管理和行为研究;州范围内的司法信息系统开始流行。特拉华(Delaware)和新泽西州是有名的范例。前者经营一个计算机化的网络,包括在初审法院、公共抗辩律师办公室和州立司法部门内。网络系统产生法院日历、控制传票发布、并依据法律把案件从一个司法机构移交给另外一个司法机构。后者的特征是一个设计用来不仅提高诉讼管理而且储存案件档案以及提高收集费用和罚款的系统。

此外,3 个州(加利福尼亚州、俄亥俄州和威斯康辛州)正在试验把这些诉讼的审判或者部分录制下来。另外 4 个州〔阿拉斯加州(Alaska)、爱达荷州(Idaho)、内华达州(Nevada)和宾夕法尼亚州(Pennsylvania)〕在初审和审讯的时候采用了这一技术。这些录像所报道的好处是省时、减少安全风险、接近无法接近的证人、更为有效地使用陪审团并且提高上诉审查质量,而这些都主要依赖于初审法院诉讼的书面记录。因为这些文件的准备是耗时的,因而这是上诉延误的主要来源,另外一个州(得克萨斯州)通过试验计算机辅助录音和录像寻求加快上诉。但是,最广泛的技术变革是电视:至少 47 个州在实验或者永久性基础之上授权包括法院诉讼(Farthing-Capowich 1984;Hays and Graham 1993),但是,1994 年联邦法院继续禁止这样的报告。此外,使用录像法院报告(无人操作的录制设备来进行法院录制)和闭路电视(closed-circuit television,CCTV)(一个分屏装置,使得所有案件参与者能够观看并彼此交谈)在全国迅速发展。闭路电视也被用来提供在法院和拘役中心之间的双向视听联系(Low 1994)。

毋庸置疑,把技术应用于州立法院的措施不仅来自于案件量增加和有限资源这一压力,而且来自于在联邦司法层面成功地使用技术。AOUSC 一直在研究利用计算机促进地方法院工作量,研究这些法院法官花在各种类型的刑事和民事案件的时间。这些分析被用作预测司法人事需要的一种途径。

但是,在最近,联邦法院技术变革后面的主要力量是 FJC,它在 3 个领域内鼓励了这样的发展。一个是时间研究的继续——在 1969 年和 1979 年,其改进方法以提高他们的结果对美国司法会议(the Judicial Conference of the United States)的价值,这也取决于诸如法官对国会提议的基础工作等的分析。第二个方面涉及到进一步对追求有效的民事和刑事案件量预测。研究者寻求预测整个司法事务等级,而且每个诉讼类别中有 5 年、10 年和超过 20 年的不同时期。他们创建案件量模式,这是他们寻求人口、经济和社会变量的结果,这曾经解释了在 50-70 年代进入联邦初审法院的法律问题的数量和种类。

这些模式使得研究者在决定能够在一个模仿的司法环境中测试所提议的变革,然后决定是否将它们应用于联邦法院。例如,1975 年,分析家使用上面提到的一般类别中的 158 个变量来建立模式,这些模式解释了联邦巡回和地区法院中 42 种诉讼模式的影响。他们努力预测在集中紧急情况下对案件量影响,例如,建立国家无过失汽车保险法、发展预付法律保险、并限制允许一个州居民在联邦法院诉讼另外一个州居民的公民司法权的多样性。

但是,一年之后,FJC 研究者开始怀疑进入国家司法机关、已辨明的诉讼类型是否会继续,而且他们是否能够预见在该系统之外条件的变化,如在国家经济中的变化。到 1981 年为止,该中心承认,在联邦司法预测中的研究还没有达到允许在所研究中的地区法庭中有效规划具体诉讼类别的程度。相反,中心的分析家限制了其努力措施,集中关注在对作为整体的国家法院系统进行有效的案件流向的预测上(FJC 1975,1976)。

技术发展的第三个领域——最新也是最重要的——与整个联邦司法机构中的计算机的传播有关,尤其是在案件量最为繁重的初审法院。95 个中有 74 个地区法院(77.9%)既没有自己的计算机终端,也没有办法进入使用。这一趋势开始于 1971 年在哥伦比亚特区和伊利诺伊北部地区联邦初审法院的计算机化。这些司法权使用了一个特殊的技术模式:法院运作(Courtran)(被法院运作 II 所代替)和其应用。这一自动数据处理系统的两代产品帮助这些司法组织解决了他们日益增长的案件量(FJC 1971)。

FJC 发展了 7 种应用方法并和法院运作一起,转让到 AOUSC,AOUSC 承担了这一运作责任,因而解放了该中心,让它可以去追求其他的发展措施。最关键的应用是《快速审判法会计和报告系统》(the Speedy Trial Act Accounting and Reporting System,STARS),这允许地区法院能够满足这一诉讼一直的要求。另外一个就是地区法院索引系统(the District Court Index System,INDEX),它恢复了一些基本数据,如提交日期、诉讼当事人姓名、每个案件被告数量以及法官处理合法行为等。第三个是核心违反机构系统(the Central Violations Bureau System,CVB),它处理了几千个小罪(minor offenses),像对联邦财产的交通罚款。其他的规则包括《刑事案件流程管理系统》(the Criminal Case Flow Management System)、《文字处理和电子邮件应用》(the Word Processing and Electronic Mail application)和《上诉信息管理系统》(the Appellate Information Management System, AIMS)。

自 1983 年以来，维持一个如法院运作 II 这样的集中硬件和软件系统成本增加以及自动微电脑的发展都促使 FJC 和 AOUSC 合作在保持规范化的软件之时将其硬件分散。他们的计划在 5 年后获得这一自动化目标。在这方面最初的努力是小型和中型法院自动工程 (the Small and Medium Court Automation Project, SAMCAP)，该项目提供有价值信息以提高案件管理、陪审团管理、财政、律师招生、人事、财产清单和文字处理系统等。在这一步随后不久就是大都会法院自动工程 (the Large Metropolitan Court Automation Project, LAMCAP)，该项目同样提供广泛使用 (FJC 1983, 1984)。

Ⅶ. 小结

司法行政领域的发展要归因于罗斯科·庞德的创新努力，该领域由 5 个伟大而相互连接的主题所支配：(1) 延误和壅塞，(2) 统一化（或集中化），(3) 职业化，(4) 教育，和 (5) 技术和行为研究。这 5 个主题一起形成了一个单一的知识和实践体系，但是分别研究它们有利于明确分析。而且，法官、法院管理者和其他司法辅助官员的特殊的行为可能不仅归属于一个范畴。

此外，虽然这一分类法是意义深远的，但是它并不包括所有的司法行政所面临的结果问题。另外 5 个主题至少值得一提：有权利进入法院、比较法院管理、法院安全、司法责任和司法规划（立足于预测的长期战略性管理）。特别是，司法责任与治理法官 (disciplining judges) 的方法、缺少撤职或者如果有必要促使他们离职等有关。比较法院管理集中关注其他国家——最有名的是英国——的司法机构案件处理实践；因为他们的某些方法可能在美国法院应用，并提高他们执行的司法质量。

最后，接下来是作为本章基础的广泛目录参考。文中省略了许多参考文献，因为这里所陈述的许多信息可以在好几个渠道中找到而且几乎就是常识问题，而且因为这些参考把文章弄得乱七八糟降低了可读性。虽然大量的书写和许多局限性阻止了理解，但是这一列材料是很广泛的，代表了司法行政领域所发生的绝大多数的重要研究。

表 1　法院管理者活动范畴

1. 人际关系上的
   a. 在庆典时作为名义领袖
   b. 指导并与下级合作
   c. 在法院和外部世界扮演联系作用

2. 信息的
   a. 监控流入法院的信息
   b. 观察工作环境
   c. 通过临时和正式会议传播知识
   d. 帮助在其他政府、法律、民间和职业机构面前代表法院

3. 决策上的
   a. 提出法院政策
   b. 帮助首席法官
      1) 形成组织战略和策略，尤其是关于预算冲突的
      2) 设计并创办项目提高法院效率
   c. 解决日常危机
   d. 分配组织资源（如资金、空间、案件、人事等）
   e. 为法院协商
   f. 作为技术专家，指导项目并促进任何伴随问题的解决

REFERENCES

AOUSC (Administrative Office of the United States Courts). Judicial Business of the United States Courts. Washington, D.C.: Administrative Office of the United States Courts, 1993.

——, Federal Judicial Caseload: A Five-Year Review, 1989–1993. Washington, D.C.: Administrative Office of the United States Courts, 1994.

——. Report of the Director. Washington, D.C.: U.S. Government Printing Office, 1980.

Aikman AB. Total quality management in the courts: the time is now. State Court J 17: 3–7, 55, 1993.

Alliegro S, Bright B, Chacko J, Cooper C, Gish G, Laurence D, Rutigliano J, Torkelson L. Beyond delay reduction: using differentiated case management. Court Manager 8: 24–29, 8: 12–18, 8: 23–30, 1993.

Baar C. Separate but Subservient. Lexington, MA: D.C. Heath, 1975.

Berkson LC, Carbon SJ. Court Unification: History, Politics and Implementation. Chicago: American Judicature Society, 1980.

Bird RE. Sacramento should pick up local trial courts' tab. Los Angeles Herald Examiner, Sept. 9, p. A–17, 1985.

Burger WE. The state of the judiciary—1970. Am Bar Assoc J 56: 929–934, 1970.

Cannon M. Judicial administration: why should we care? Ariz State Law J 1974: 521–535, 1974.

dark T. Roscoe Pound [:] The man who struck the spark. J Am Judic Soc 48: 45 -49, 1964.

Dickens, C. Bleakhouse. New York: Signet, 1853 [1964].

Farthing-Capowich D. State of the judiciary. In: The Book of the States 1984 – 1985. Lexington. KY: Council of State Governments, 1984.

FJC (Federal Judicial Center). Annual Report. Washington, D. C. : Federal Judicial Center, 1968 – 1984.

―――. Annual Report 1982. Washington, D. C. : Federal Judicial Center, 1983.

―――, Annual Report 1993. Washington, D. C. : Federal Judicial Center, 1994.

Fish PG. The Politics of Federal Judicial Administration. Princeton, NJ: Princeton University Press, 1973.

Flaherty FS. Move to court reform just keeps rolling along. Nati Law J 6: 1, 26 – 28, 1983.

Fleischman AL, Aikman AB. Total quality management: where the courts are now. State Court J 17 (3/4): 17 – 22, 1993.

Frank JP. American Law: The Case for Radical Reform. New York: MacMillan, 1964.

Friesan EC Jr. , Gallas EC, Gallas NM. Managing the Courts. Indianapolis, IN: Bobbs-Merrill, 1971.

Gallas GE. The conventional wisdom of state court administration: a critical assessment and alternative approach. Justice Sys J 2: 35 – 51, 1976.

Gazell JA. Leadership competition in judicial management of the state level. DePaul Law Rev 19: 737 – 750, 1970.

―――. State trial courts: an odyssey into faltering bureaucracies. San Diego Law Rev 8: 275 – 332, 1971. Li

―――. Developmental syndromes in judicial management. Brooklyn Law Rev 38: 587 – 627, 1972.

―――. Lower-court unification in the American States: is the capture of the Holy Grail Imminent? Arizona State Law Journal 1974 (4): 653 – 687.

―――. A national perspective on Justices of the Peace: time for an epitaph? Mississippi Law Journal 46 (4): 795 – 816, 1975.

―――. A taxonomy of State Court personnel management: problems, prototypes, and prophecies. St. John's Law Review 49 (Fall): 74 – 96, 1974.

Glick HR, Vines KN. State Court Systems. Englewood Cliffs, NJ: Prentice-Hall, 1973.

Goldman E. A Rendezvous with Destiny. New York: Vintage, 1956.

Hays SW, Graham CB, Jr, eds. Handbook of Court Administration and Management. New York: Marcel Dekker, 1993.

Hofstadter R. The Age of Reform. New York: Vintage, 1955.

Hunting KF. Governor signs measure shifting funding for trial courts to state. Los Angeles Times, San Diego County ed., Oct. 4, pt. 2, p. 3, 1985.

Jacob H. Justice in America. Boston: Little, Brown, 1984. Lawson H. State court system unification. Am Univ Law Rev 31: 273–289, 1982.

Low EB. Accessing the judicial system: the states' response. In: The Book of the States 1994–1995.

Lexington, KY: Council of State Governments, 1994.

Mintzberg H. The Nature of Managerial Work. New York: Harper & Row, 1973.

Mosher FC, Jr. Democracy and the Public Service. New York: Oxford University Press, 1982. Naisbitt J. Megatrends. New York: Warner, 1984.

NCSC (National Center for State Courts). 1993 Annual Report. Williamsburg, VA: National Center for State Courts, 1994a.

———. State Trial Court Jurisdiction Guide. Williamsburg, VA: National Center for State Courts, 1989.

———. State Court Caseload Statistics, Annual Report 1992. Williamsburg, VA: National Center for State Courts, 1994b.

Neely R. The politics of crime. Atlantic 250: 27–31, 1982.

New Jersey Committee on Women in the Courts. A guide to using gender-neutral language. Court Manage 8 (3): 31–32, 1993.

Ostrom V. The Intellectual Crisis in American Public Administration. Tuscaloosa: University of Alabama Press, 1974.

Pankey KG Jr. State of the judiciary. In: The Book of the States 1992–1993. Lexington, KY: Council of State Governments, 1992.

Pound R. The causes of popular dissatisfaction with the administration of justice. Rep Am Bar Assoc 29 (1): 395–417, 1906.

———. Organization of courts. J Am Judic Society 11: 69–83, 1927.

———. Principles and outline of a modern unified court organization. J Am Judic Society 23: 225–233, 1940.

———. Toward an adequate administration of justice. Chicago Bar Rec 39: 247–257, 1958.

Saare DJ. Modern Court Management: Trends in the Role of the Court Executive. Washington, D.C.: National Institute of Law Enforcement and Criminal Justice, 1970.

———. American Court Management. Westport, CT: Quorum, 1982.

Sargent AG, Stupak RJ. The androgynous manager. Court Manage 8 (3): 13–18, 1993.

Somit A, Tanenhaus J. American Political Science: Profile of a Discipline. New

York: Atherton, 1964.

Taylor FW. The Principles of Scientific Management. New York: Norton, 1911 [1967].

Trotter JA Jr, Cooper CS. State trial court delay: efforts at reform. Am Univ Law Rev 31: 213 – 236, 1982.

Waldo D. The Enterprise of Public Administration: A Summary View. Novato, CA: Chandler and Sharp, 1980.

Warren E. The problem of delay: a task for bench and bar alike. Am Bar Assoc J 44: 1043 – 1048, 1958.

Wheeler EP, Pound R. Report of the special committee to suggest remedies and formulate proposed laws to prevent delay and unnecessary cost in litigation. Rep Am Bar Assoc 34: 578 – 602, 1909.

Willoughby WF. Principles of Judicial Administration. Washington, D.C.: Brookings Institution, 1929.

Wilson W. The study of administration. Politic Sci Q 2: 199 – 222, 1887.

Winters GR, ed. Lagging justice. Annals 328: 1 – 163, 1960.

Zeisel H, Kalven H Jr, Buchholz B. Delay in the Court. Boston: Little, Brown, 1959.

BIBLIOGRAPHY

Advisory Commission on Intergovernmental Relations. State-Local Relations in the Criminal Justice System. Washington, D.C.: U.S. Government Printing Office, 1971.

American Academy of Political and Social Sciences. Judicial administration and the common man. The Annals 287: 1 – 243. 1953.

American Bar Association Commission on Standards of Judicial Administration. Standard Relating to Court Organization. Chicago: ABA, 1990. The American Judiciary: Critical Issues. Levin AL, Wheeler RR, eds. The Annals. 462: 9 – 151, July 1982.

Ball H. Courts and Politics. Englewood Cliffs, NJ: Prentice-Hall, 1980.

Bazelon D. New gods for old: "efficient" courts in a democratic society. New York University Law Review 46: 653 – 679, 1971.

Berkson LC, Carbon SJ. Literature on Court Unification: An Annotated Bibliography. Chicago: American Judicature Society, 1980.

Berkson LC, Hays SW. Carbon SJ. Managing the State Courts. St. Paul, MN: West, 1977.

Bezold C, Monahan BP, Schultz W. Moving state courts consciously and creatively into the 21st century: using vision to joint the way. State Court J 17 (2): 28 – 37, 1993.

Boersema C. Court futures research: the first step in long-range strategic planning. State Court J 17 (1): 3–8, 1993.

Burger WE. Court administrators: where would we find them? Lincoln Law Review 5: 1–4, 1969.

——. Deferred maintenance. In: Swindler WF, ed. Justice in the States. Washington, D.C.: U.S. Government Printing Office, 1971.

——. School for judges. Federal Rules Decision 33: 139–142, 1963.

Calendar Status Study, 1964–1974. Institute of Judicial Administration, New York.

Callison IP. Courts of Injustice. New York: Twayne, 1956.

Casper G, Posner RA. The Work of the Supreme Court. Chicago: American Bar Foundation, 1976.

dark T. A tribute to Roscoe Pound. Harvard Law Review 78: 1–3, 1964b.

Clifford ML, Roper RT. 1984 State Trial Court Jurisdiction Guide for Statistical Reporting. Williamsburg, VA: National Center for State Courts, 1985.

Comell JG. State and local court management associations: what do they look like? Court Manager 9 (1): 19–25, 1994.

Court Reorganization Reform – 1962. Journal of the American Judicature Society 46: 110–114, 1962.

Denhardt RB. Theories of Public Organization. Belmont, CA: Wadsworth, 1993.

Dolbeare KM. Trial Courts in Urban Politics. New York: Wiley, 1967.

Downie L Jr. Justice Denied. Baltimore: Penguin, 1972.

Feeley M. Court Reform in Trial. New York: Basic Books, 1983.

Fitzgerald WD. Courthouse security programs: a balance of technology and personnel. Court Manager 8 (1): 16–17, 31, 1993.

Flango VE, Ostrom BJ, FIango CR. How do states determine the need for judges? State Court Journal 17 (3/4): 3–11, 1993.

Flemming M. The Law's delay: the dragon slain Friday breathes fire again Monday. The Public Interest No. 32: 335, 1973.

Forer LE. Criminals and Victims. New York: Norton, 1980.

Fremlin RH, ed. Modern Judicial Administration. Battle Creek, MI: Kellogg, 1973.

Friesen EC Jr. Judicial administration lessons from England. Judicature 60: 140–146.

Gazell JA. Chief Justice Burger's quest for judicial administrative efficiency. Detroit College of Law Review 1977: 455–497, 1977.

——. University and law school education in judicial administration: a case of national proliferation. Detroit College of Law Review 1976: 423–487, 1976.

Gerth HH, Mills EW. From Max Weber. New York: Oxford University Press, 1946.

Goulden J. The Benchwarmers. New York: Ballantine. 1974

Greene H. Court reform: what purpose? American Bar Association Journal 58: 247 – 250, 1972.

Greenwood PW. Potential Uses of the Computer in the Criminal Courts. New York: New York City Rand Institute, 1971.

Gulick L. Urwick L, eds. Papers on the Science of Administration. New York: Institute of Public Administration, 1937.

Hardenbergh, D. Justice without fear: Are we safe in our courthouses? State Court Journal 17 (1): 22 – 23, 29, 1993.

Hays SW. Court Reform: Ideal or Illusion? Lexington, Massachusetts: D. C, Heath, 1978a.

____. Should courts try management by objectives? Judicature 62: 85 – 93, 1978b.

____. The logic of court reform: is Frederick Taylor gloating? Criminal Justice Review 4: 7 – 16, 1980.

Institute for Civil Justice. Annual Report. Santa Monica, CA: Rand, 1993.

____. An Overview of the First Five Program Years. Santa Monica, CA: Rand, 1985.

Institute for Court Management of the National Center for State Courts. Course Catalog. Williamsburg, VA: ICM/NCSC, 1985. James H. Crisis in the Courts. New York: McKay, 1977.

Jennings JB. Analysis of the Night and Weekend Arraignment Parts in the Bronx and Queens Criminal Courts. New York: New York City Rand Institute, 1973.

____. Evaluation of the Manhattan Criminal Court's Master Calendar Project: Phase I—February 1-June 30, 1971. New York: New York City Rand Institute, 1972.

____. The Flow of Arrested Adult Defendants Through the Manhattan Criminal Court in 1968 and 1969. New York: New York City Rand Institute, 1970.

____. Quantitative Model of Criminal Courts. New York: New York City Rand Institute, 1971.

Jones HW. The Courts, the Public, and the Law Explosion. Englewood Cliffs, NJ: Prentice-Hall, 1965.

Kappeler VE, Blumberg M, Potter GW. The Mythology of Crime and Criminal Justice. Prospect Heights, IL: Waveland, 1996.

Karlen D. Judicial administration. In: Sills DL, ed. International Encyclopedia for the Social Sciences, Vol. 8. pp. 297 – 303.

____. Judicial Administration: The American Experience. Dobbs Ferry, New York: Oceans, 1970.

Kilpatrick JJ. A summer school for judges. The San Diego Union, 1985, Aug. 3, p. B-ll.

Kirsh, C. A history of court administration—the American experience. Judicature 55:

329 – 333, 1972.

Klein FJ. Federal and State Court Systems—A Guide. Cambridge, MA: Ballinger, 1977.

Klonoski JR, Mendelsohn RI. The Politics of Local Justice. Boston: Little, Brown, 1970.

Knoebel DK. State of the Judiciary. In: The Book of the States 1990 – 1991. Lexington, Kentucky: The Council of State Governments, 1990.

Lawson H, Ackerman H, Fuller D. Personnel Administration in the Courts. Washington, D. C.: American University, 1978

Lawson H, Gletne B. Workload Measures in the Court. Williamsburg, VA: National Center for State Courts, 1981.

Lepawsky AW. The Judicial System of Metropolitan Chicago. Chicago: University of Chicago, 1932.

Miller A. Lord Chancellor Warren Earl Burger. Society 10: 18 – 27, 1973.

National Advisory Commission on Criminal Justice Standards and Goals. Courts. Washington, D. C.: NACCJG, 1973.

National Center for State Courts. Justice Delayed. Williamsburg, VA: National Center for State Courts, 1978.

National Commission on the Causes and Prevention of Violence. Law and Order Reconsidered.

New York: Bantam Books, 1970.

———. The Politics of Protest. New York: Ballantine, 1969.

———. To Establish Justice, to Insure Domestic Tranquility. New York: Bantam Books, 1970.

National Commission on Law Observance and Enforcement. Report on Prosecution. Washington, D. C.: US Government Printing Office, 1931.

Neely R. How Courts Govern America. New Haven, CT: Yale University Press, 1981.

———. Why Courts Don't Work. New York: McGraw-Hill, 1983.

Nejelski P, Wheeler R. Wingspread Conference on Contemporary and Future Issues in the Field of Court Management. Williamsburg, Virginia: National Center for State Courts, 1979. Nelson DW. Judicial Administration and the Administration of Justice. St. Paul, MN: West, 1974. Neubauer DW. America's Courts and Criminal Justice System. Belmont, CA: Wadsworth, 1992. The 1969 – 1970 Federal District Court Time Study. Washington, D. C.: Federal Judicial Center, 1971.

The 1979 Federal District Court Time Study. Washington, D. C.: Federal Judicial Center, 1980. Pound R. Jurisprudence. In: Seligman ERA, ed-in-chief. Encylopedia of the Social Sciences, Vol. 7 – 8, 1957, pp. 477 – 490.

President's Commission on Law Enforcement and the Administration of Justice. The Challenge of Crime in a Free Society. New York: Avon, 1968.

Radin M. Counts. In: Seligman ERA, ed-in-chief. Encyclopedia of the Social Sciences, Vol. 3, 1957. pp. 515 – 529.

Rawls J. A Theory of Justice. Cambridge, MA: Harvard University Press, 1971.

Reardon RC. Introduction to state court reform. American University Law Review 31: 207 – 212, 1982.

Report on the National Advisory Commission on Civil Disorders. New York: Bantam Books, 1968.

Robertson JA. Rough Justice: Perspectives on Lower Criminal Courts. Boston: Little, Brown, 1, 974.

Rubin HT. Two Courts. CA: Goodyear, Pacific Publishing, 1976.

Saare DJ. Modem court management: trends in court organization concepts. Justice Systems Journal 2: 19 – 33, 1976.

Schubert G. Jurisprudence and Judicial Behavior. In: Schubert GA, ed. Judicial Behavior: A Reader in Theory and Research. Chicago: Rand McNally, 1964.

Shakespeare W. In: Wright LB, LaMar VA, eds. Hamlet. New York: Washington Square Press (Pocket Books), 1958.

States favor mediation over litigation. Public Administration Times 1985, July 1, p. 3.

Strick A. Injustice for All. Baltimore: Penguin, 1978.

Swindler WF, ed. Justice in the States. Washington, D.C.: U. S. Government Printing Office, 1971.

Task Force Report: The Courts. Washington, D.C.: U. S. Government Printing Office. 1967.

Twenty-Fifth Anniversary Report. New York: Institute of Judicial Administration, 1977.

Vanderbilt AT, ed. Minimum Standards of Judicial Administration. New York: Law Center of New York University, 1949.

———. Brief for a better court system. New York Times (late city ed.), 1957, May 5, sec. 6, pp. 9, 67, 69.

———. The Challenge of Law Reform. Princeton, NJ: Princeton University Press, 1955.

———. Essentials of a sound judicial system. Northwestern University Law Review 48: 1 – 15, 1953.

Walter E. Meyer Research Institute of Law. Dollars, Delay and the Automobile Victim. Indianapolis, IN: Bobbs-Merrill, 1968.

Warren E. A new discipline: judicial administration. Trial 4: 9 – 11, 1967 – 1968.

Weber M. The Theory of Social and Economic Organization. New York: Free Press, 1947.

Wheeler RR. Judicial Administration: Text and Readings. Englewood Cliffs, NJ: Prentice-Hall, 1977.

第二十五章 公共经济学和公共行政学

弗里德·汤普森[*]

公共行政学总是和经济学相互交织在一起。效率是有进取心的官员和学者所追求的神圣的东西,这些官员和学者建立了现代公共行政学。他们寻求将公共行政"建立在一个纯事务性的基础上","不受党派,无论是民主党还是共和党人,但却受熟练掌握企业管理和经济学的人"的指导。因此,他们建立了一个职业性官僚机构以管理20世纪城市中公共职能部门日益巨大的作用。道路为新发展的运输工具所铺设,港口为了容纳大而新的货物而不得不加深。此外,电力照明系统、街道铁路(street railways)、污水处理工厂(sewage disposal plants)、供水系统(water supplies)和消防部门等被建立或大规模扩建以满足成百上千个迅速发展的工业中心的居民,无论是普通住户还是商业住户的需要(Weinstein 1968:93~95; see also Rubin 1993)。此外,在城市一级建立的职业性官僚机构直接导致对基础设施更高水平的投资,从而也显著地促进了经济的增长(Rauch 1995; See also Mauro 1995)。

过去组织效率就意味着韦伯的官僚制范式(Weberian Bureaucratic paradigm),这一范式在塔夫脱(Taft)、布朗诺(Brownlow)和胡佛(Hoover)等委员会的报告中被编著成公共部门的法典(Barzelay 1992; See for example, Blau and Meyer,1971)。在第一届胡佛委员会报告出版后的日子里,公共行政学并没有放弃官僚制范式,但却疏远了经济学。公共行政学者发现了组织心理学和行为学。在这一领域中许多人拒绝接受政治与行政之间的差异,而强调中立能力(neutral competence)。一些人怯步于理性选择方法所采用的数学。而少部分人则抛弃其意识形态而将传统的经济和效率目标两个领域联系起来的。

公共行政学疏远经济学并不完全是单方面的。50年以

---

[*] 弗里德·汤普森(Fred Thompson),威拉米特大学(Willamette University)

前，大多数说英语的经济学者都接受庇古（Pigouvian）的福利经济学及凯恩斯（Keynesian）的宏观经济学。他们普遍认为，政府应该在整体上确定经济的目标和目的。许多人都欣羡前苏联国家计划委员会（Gosplan）所使用的全面集中计划控制系统（detailed centralized planning and control system）以执行自己的长期政策和战略计划，如采用集体农庄计划（Kriegwirtschaftsplan），第一次世界大战中德国用来运输物资的计划控制系统——也就是说，韦伯的官僚制已履行其最终的结论。确实，苏联国家计划委员会的方法并非不像美国和英国在"二战"中所使用的计划控制机制。但是逐渐地，大多数经济学者开始评估国家对生产财产的分配以及对集中计划和控制所产生的职能失调，并且认识到庇古经济学的社会福利职能是不可能的。对许多人而言，这一评估反映在对市场的承诺超过了对几乎所有等级或命令制度的承诺上。毫不令人感到惊讶的是，在这方面，这种承诺对于官僚制——或者几乎任何其他类型的组织或规章——的理念和实践都是不友好的。

公共行政学对经济学的疏远在20世纪60年代以及70年代早期被项目预算（program budgeting）和系统分析（systems analysis）所产生的兴奋激动暂时中断，前者主要建立在应用经济学（applied economics）的基础上，后者主要建立在运筹学研究（operations research）和管理科学基础之上，但两者都是理性选择学派（discipline）。这一时期见证了查尔斯·希契和罗兰·麦基恩（Charles Hitch and Roland McKean）的著作（Hitch 1965；Hitch and McKean 1960；McKean）、伯克黑德和迈纳（Burkhead and Miner）的经典著作《公共开支》（Public Expenditure）——该书关注政府所提供的产品和服务的供给和需求，[①] 以及其他主要关注公共部门资源分配问题的著作——主要是关于国防的（Enke 1967；Fisher 1970；Niskanen 1967；Novick 1956；Quade and Boucher 1968），但同时也有其他领域（Haveman and Margolis 1970；Hirsch 1970；Margolis 1970；Merewitz and Sosnick 1971；Quade 1975；Rivlin 1971，1972；Schultze 1968；Williamson 1970）。这些文献代表了那些还没有充分融入公共行政学的学者的母脉（mother lode）。同时，由希契和麦基恩（Hitch and McKean）以及他们同时代的人所提出的主题很大部分被经济学家所抛弃，而到现在，只有在公共财政或公共经济学的标准教科书中偶尔被提及。

可论证的是，关于公共行政学和经济学之间关系的界定运动发生在1970年的明诺布鲁克会议（Minnowbrook）上。这次的会议议程，宣布了"新公共行政"（Marini 1971），包括对计划项目预算系统（Planning-Programming-Budgeting Systems，PPBS）恭敬的评价，这是一次整合项目预算和系统分析的安排（Parker 1971）。但是，与会的理性选择理论家遭到大会的粗暴对待，一些人认为实际上被这次会议所排挤。他们的评论和史蒂文·布拉姆（Steven Bram）的被邀论文也随后从会议议程中删除（Marini 1971：5）。

最终，在公共行政学和经济学之间的分歧到了产生一个间隙的地步，这两个不同的知识混合体（intellectual hybrids）竞相填充。第一个混合体就是成立于

1965 年、现为我们所知的公共选择学会（Public Choice Society）。其最初两次的与会者包括詹姆斯·布坎南（James Buchanan）、戈登·塔洛克（Gordon Tullock）、约翰·罗尔斯（John Rawls）、威廉·赖克（William Riker）、文森特·奥斯特罗姆（Vincent Ostrom）、托比·戴维斯（Toby Davis）、詹姆斯·科尔曼（James Coleman）和查尔斯·普洛特（Charles Plott）。公共选择学（public choice）包括把经济逻辑学——方法论的个人主义以及理性的、自利的决策制定（self-interested decision making）——应用到那些传统上一直受政治学和公共行政学学者关注的问题和议题；它是现代社会和经济学中伟大的成功故事之一。

第二个混合体包括在在美国一些名声赫赫的大学成立的公共政策学院：如哈佛大学（Harvard）、芝加哥大学（Chicago）、加利福尼亚州立大学伯克利分校（UC Berkeley）、杜克大学（Duke）、卡耐基-梅隆大学（Carnegie-Mellon）等。这些学院将经济学的理性选择学派和运筹学/管理科学作为他们课程的核心。[②] 他们继续从这些精英大学的定位所产生的光环效果中受益，但是大多数人现在都认识到，他们的界定任务——培训政策分析家——从根本上来说是一种误解。总的说来，他们在学术上并没有获得成功，他们的教员通常都在他们的母学科（home disciplines）中寻求知识上的庇护场所（intellectual refuge）。

考虑到大陆漂移的历史，蓝和罗森布洛姆（Lan and Rosenbloom）在近来（1992）一篇编辑评论中有关公共行政学正在经历一种范式转换，而且理性选择、经济学为基础的一个范式正成为主流的这些断言的确很让人惊讶。[③]

Ⅰ．公共行政学不是经济学

当然，蓝和罗森布洛姆是错误的。公共行政学可能正在经受一种范式转换，但是一种理性选择、经济学为基础的范式并没有成为主流，至少到现在为止还没有。至少有三个原因解释为什么公共行政学不可能是经济学（Zorn 1989）。

A. 公共行政学是规范性的（Prescriptive）

在工程学和科学之间存在着基本的差别（Behn，1996）。公共行政学关注的是规范（prescription）——为决策制定者确定规范性规则，这些规范性规则将使得决策制定者制定从公民整体作为出发点的最适合的决策。经济学关注的是预测（prediction）——确定决策制定者可能去遵循的规则，以激励他们。坦率说公共行政学者（administrator）解决问题而经济学者解释选择。

经济学理论对公共行政学者是有用的，它为公共行政学提供概念，这样公共行政学可以用来确切地诊断问题，并找到解决这些问题的有效处方——也就是说，像机会成本、激励措施或资本化等概念，它们可以行之有效地应用到公共行政学者经常遇到的一系列问题中。但是现实世界问题的解决常常会产生价值观问题以及对与错的问题。经济学逻辑承认的只是效率，认为没有什么比效率低下更糟糕的事情（Box 1992；Hood 1995）。道德应当在公共事务中扮演一个重要的角色，而经济学者对说明这样一个简单的事实常常都感到困难。

B. 公共行政学是现实的，实证基础的（Empirically Grounded）和实践性的

经济学是一个更为悠久的，理论性的学科，而公共行政学关注的是"实用的改革（pragmatic reform）"。经济学家建立精致的、逻辑一致的推理模式；公共行政学者则处理凌乱的、现实世界的问题。确实，可以这样认为：经济学家选择理性选择理论，而不是那些整合了有限理性的模式，这主要是因为这些模式是归纳性的，而不是因为它们是正确的。决策制定者用几乎无限的方法达到近似理性；但他们只可能在一个方面是理性的。

经济学家和公共行政学者（public administrators）的这一差别在他们对集体产品（collective goods）志愿供给问题的解决方法上就得以说明。经济学家根据以下两个特征来界定集体（或公共）产品：联合供应（jointness of supply）和非排它性（impossibility of exclusion）。这表明，一旦集体的某些成员提供了一个集体产品，它就可以被所有的人所共享。从这一假设中，他们推理出，一个集体中一些成员做出提供产品或产品的数量的决策，这对于他们自身来说是给予其他每个成员战略行为（strategic behaviour）的机会。既然这个集体的其他成员从事战略行为有利可图，经济学家得出结论：他们将会这样做。如果这个集体的其他成员能够分享产品，而不要考虑他们的贡献，经济学家则预测，他们将停止或减少他们自已产品供给的贡献。因此，集体一些成员提供一定数量产品的决策会导致其他成员在贡献上"搭便车"（free ride）——意思是说，如果贡献是志愿的，集体产品将是供给不足（under provided），或者走极端化，就是所有人都不提供（see Breton 1989）。

犯罪控制非常贴切地说明了这个情况。公民在其社区内可以通过两种方式影响犯罪率：通过限制暴露于风险之中并保护财产，以及通过帮助警察与犯罪做斗争。如果他们的财产或个人安全问题对个体来说重要的话，他们可以会从对在门锁、枪支、守门狗或安全系统的投资中看到直接的物质利益。他们甚至可以从志愿参与邻里观察（block watches）和联合巡逻街道或资助一个私人安全力量中获益。当局可以鼓励这类活动，提供指导和技术援助；分发警笛；敦促人们标记好自已的财产，这样在被偷时可以很容易确定；帮助组织邻里观察（block watches），建设紧急报警系统以便迅速反应，给予私人努力措施支持。

但是，单单是自我防卫是无法控制犯罪的。必须对犯罪分子进行确认、逮捕和判罪。警察必须依靠公民向他们提供犯罪信息，帮助他们对罪犯判罪。但不幸的是，只有当公民的安全或他们的亲人处于危险之中或他们的财产受到威胁之时，他们才会意识到来自干预制止正在进行的犯罪的直接利益。甚至当他们自身也成为受害者时，公民个人也很少从帮助警察确认、逮捕和判罪攻击者中受益，因为伤害已经造成了，刑事审判制度（criminal justice system）很少能够提供补偿，并恢复原状的。在这些情况下，对公民所期待具有的行为，虽然对他们的社区有很大的价值，但并没有以一种明显的方式使个人得到奖赏。因此，个人常常逃避这些艰巨的公民职责，试图搭乘他们邻居的努力便车。

许多经济学家认为，就集体产品而言，必须强迫公民去履行他们的公民职责（Breton 1989），否则共同提供的服务就肯定会供给不足。这种倾向（mind-set）认为：把一个极为有用的分析结构即经济人（economic man）与有生命、有活力的人搞混淆了。经济人是一个理性人（rational fool）。如果有机会搭便车，他肯定会搭。既然经济人不愿意主动和他们的邻居合作提供公共或集体产品，那就必须强迫他这样做。这样一个倾向忽视人类在设计社会安排中的智慧活力/生命力，并忽视多种强迫激励措施的有效性。

与之相对应的，公共行政学者认识到公民常常搭他们邻居的便车，但是他们将这解释成一个有待解决的问题而不是生活的一个必然事实。养蜂提供了一个没有成功区分经济理论和现实的经典案例。有一段时间，经济学家曾经教导我们，养蜂是一个集体产品，既然果农可以依靠邻居的蜜蜂来给他们的花朵传粉，那么大多数果农都会这样做。因此，养蜂必然将供给不足。

张（Cheung 1973），当时是华盛顿大学（the University of Washington）经济学系的一个助理教授，做了一件相当不寻常的事情：他辞职去寻求是否养蜂真的供给不足。作为对华盛顿州养蜂和苹果种植实践的一项详细研究结果，张（Cheung 1973）发现在苹果种植者和养蜂人之间有一个长期的契约关系。这些契约对养蜂人为苹果种植者的丰收所作的贡献提供补偿。他也发现果农明确地与他们的邻居订立契约以保证给果树一定比率的蜜蜂。那些不遵循这些契约的果农将受到排斥，并会被那些遵守契约的人视为麻烦。结果，张（Cheung）得出结论：在现实的养蜂人和果农中，搭便车可能不是一个严重的问题（see also Breton 1989; Ostrom 1990; Ostrom et al. 1994）。

张（Cheung）想弄清的最重要的一点是：现实中的人并不是理性的人。他们的确常常志愿为集体产品的供给做出贡献（Ostrom 1990）。而且，社会契约或集体规范也会阻止搭便车和减少逃避。这些契约可能采取道德戒律、机构所制定的法规或为个人行为所简单制定的规则等形式。此外，集体规范通过排斥那些没有作出贡献而表扬做出贡献的人来进行集体实施。

从这个蜜蜂的故事中得到的第二个教训就是：社区规范和集体实施这些规范都没有发生。做什么，如何去做，美国农业部推广服务的农场代理人员（field agents of the U. S. Department of Agriculture's Extension service）提供了这些知识。这些信息给苹果种植者形成集体规范提供了一个坚实的技术基础去规制个体种植者的行为。这些农场代理人员决定需要多少个蜂窝及他们的供给所承担的相应职责。他们也在监督服从组织规范和将信息传送给果农上起着重要作用。通过这样做，农场代理人员可以确认出逃避者及随后在蜜蜂供给上的不足，而这一不足必须由社区其他人进行补偿。此外，美国农业部通过市场指令和定额等形式,也为那些搭便车的人提供了一个强有力的集体制裁。搭便车者不仅受到社会排斥,而且其他的种植者也会在实际上剥夺他们进入大多数的赢利市场的通道。

还有一点问题就是对公共产品的志愿供给不只是自发性发生的;集体受益行为的机会必须被确认,个体贡献必须被建立,绩效必须受到监督,反叛者必须受到制裁(see Heckathorn and Maser 1990,1987b;Maser 1986)。当然,从这个蜜蜂故事中得到的最后的也是最重要的教训就是:志愿供给可以被组织而且必须被管理。因为管理意味着一个管理者,可以推断出这是某个人,且常常是公共官员,必须赋予他为了公共产品而动员社区的权力、组织供应产品、建立激励措施、并监督社区规范的执行(Powers and Thompson 1994)。

C. 公共行政学者关注的是技术上的效率

公共行政学不是经济学还有第三个原因。作为一门规范学科,公共行政学关注确定公民一致支持的决策规则。在实践中,这意味着,正如经济学者不喜欢做价值判断一样,在实践中,这意味着公共行政学者更乐于谴责技术效率而不是分配效率。技术上无效率说明管理者没有成功地最小化成本或最大化产出,因为他们没有使用最佳可行的技术。技术不仅意味着有工厂和装备,而且还有用来协调行为和激励绩效的方法。最佳可行技术是指在实践中,而不仅仅是在理论中。

将福特汽车公司(Ford Motor Company)如何解决(accounts for)它的采购与海军如何处理应付账款(accounts payable)问题所作的一个比较可以说明什么是技术无效率(technical inefficiency)。不久以前,福特公司将支付产品的手工会计交易(accounting transactions)所需的人的数量从9个减少到3个,从而允许应付账款部门人员削减了75%(Hammer 1990:104~107)。与之相对应的,海军则需要26个从事手工会计交易的人和9个核对员——总共35个步骤——去处理和支付产品(Hemingway 1993:8~12)。这个系统不仅费时,而且它常常导致糟糕的服务和对存货(inventories)的过度投资。根据国家绩效评估委员会(National Performance Review)的报告,它使得军队不能及时得到维修零件,这导致海军很大比例的汽车和卡车不能正常工作,并强迫纳税人支付超过海军真正需要的10%的交通工具(Gore 1993:12)。

电脑化(computerization)可以减少在海军应付账款过程中的一半以上的步骤(Hemingway 1993:25)。在福特只要3个会计记录的情况下为什么海军需要14个呢?更不要说需要35个步骤了。一个答案就是海军过去和从开始就没有成功地掌握好信息。相反,在供应过程中的每一个步骤——申请(requisition)、签收(receipt)、核准发票(certification of invoice)、核对(reconciliation)和修订(revision)——在组织的每个层级中都予以重复。而且,那些产生信息的人并没有对信息进行处理。处理过程是由组织底层到高层的财政管理专家进行。最后,海军没有在其工作设计中建立财政控制。海军官员对他们的控制权内所使用的资源的组合或数量几乎没有自由裁量权。甚至在和平时代，他们在管理资源上的效益常常和对他们的绩效评估几乎没有或根本没有什么关联。

直到近来，大多数经济学家都认为技术效率是他人关注的问题：工程师、也许是会计师、组织理论家或者甚至是公共行政人员（public administrationist）。今天，他们理解到，技术无效率常常远远比分配无效率更为重要，但是他们倾向于用结构或其他因素来解释（例如，缺少竞争压力），而这些因素超出了管理者的控制范围。尽管近年来经济学家努力理解管理失败，并已经产生了一些有说服力的新理论和概念用以能够帮助公共行政学者处理大量的问题（见下文），但是经济学家仍然倾向于忽略引起技术无效率的最普遍的原因：无知。无知是多种多样的。正如他们所言，在海军中，只有几个方法可以做对事情，但却有无数的方法把事情弄糟。例如，海军的拜占庭式会计制度（Byzantine System）可证明就是《反赤字法》[Anti-Deficiency Act 33 U. S. C > $ 1214, 1257 (1905)] 意想不到的后果。这一体制是设计用来确保地方军官和更高层级的机构都不能超过由国会授予他们的职责权威（obligational authority）。这一法定权威被分成 50 个独立的账户，557 个管理密码和 1769 个会计线（accounting line）。

同时也应当认识到，过多关注技术效率将导致公共行政忽略分配效率。分配效率与协调供求有关。例如，对于那些反对私人垄断的经济学家，这就是一个特殊的关注，原因不是这些人价格过于高昂，而是因为他们的生产数量少于他们处于竞争状态下的数量。为什么这样糟糕？甚至即使当生产在技术上是有效率的时候，这仍然很糟糕，因为消费者愿意花更多的钱购买那些还没被生产的东西，而不愿购买那些制作成本高昂的东西。因此纯利润就丧失掉（纯利润 = 支付的意愿和能力减去成本 >0）。经济学家将这些损失掉的的纯利润（foregone net benefits）称之为"净损失"（deadweight loss）。

在政府中发现分配无效率的事例或者确定推断出分配无效率的一些相当普遍的病状并不难。例如，经济学告诉我们，资金在资本市场中能够以某个价格获得的情况下，公民的福利将通过执行所有提供正净现值（positive net present values）的项目而最大化。这说明，只要将来的效益和成本得到适当的贴现/优惠，那么成本效益流的时机选择（timing of benefit-cost flows）通常并不是举足轻重。但是政府常常显得过于关注支出的时间选择。他们过于重视当前的成本和效益，却几乎毫不在乎将来的成本和效益。因此，为了遵守武断的开支限制，他们常常推迟能够产生纯利润的投资项目或者滥用项目，从而增加了项目成本。

例如，在过去的 20 年中，国防部对许多的武器系统生产率减少到低于最低满意规模。在一些例子中，这产生的结果就是将现在整个生产运营的价值成本增加超过 100%。为什么？目的是为了减少年度赤字。在这种情况下，联邦政府愿意用未来巨大的债务来换取现在国债增长上很小的削减，这一利息现在每年大约为 6%。

政府倾向漠视可行性问题，特别是行政和经济上的可行性，这也常常导致分配上的无效率。例如，门德洛夫（Mendeloff 1988）说明了这一倾向是怎样使得美国职业安全与健康局（OSHA）过度规制的，以及过度规制又是如何导致规制不足的。但是无论是过度规制还是规制不足都是分配无效率的例子。根据门德洛夫的观点（Mendeloff 1988: 155~185），美国职业安全与健康局过分规制过度规制工作场地有害化学物质暴露问题，因为它常常在设立标准时没有考虑到将灾难减少到这些水平的效益和成本。莫拉尔（Morrall 1986）评估道：结果就是，美国职业安全与健康局所建议的标准把成本强加给工业之上，显然这些成本超出效益 10 倍。在它所提议的甲醛标准的案例中，成本是利润的 2.5 万倍。不足为怪，这样的成本将鼓励企业采纳可能故意阻止、推迟或者推翻发布新标准的每项法律、行政或政治措施）。因此，几乎所有美国职业安全与健康局的自由裁量权资源（discretionary resources）都被吸引来为那些只管理少数有害物质的标准辩护。因此过度规制的机会成本可以从暴露于规制不足的成百上千的、有害化学物质中的工人身上看到，因为修改标准所需的方法渠道无法获得。

政府还有一种倾向就是漠视对它所制定的价格的激励效果。这必然导致分配无效益。幸运的是，这一倾向似乎正在消失。但是，一些公共行政学者仍然很难明白在土地管理署（Bureau of Land Management，BLM）所管土地过低放牧费和过度放牧之间的关系，在农业用水的低廉价格和浪费的农场灌溉实践或城市用水缺乏之间的关系，在低木材开采费和过分开采之间关系，在私人飞机过低的着陆费和机场拥挤之间的关系，或在农业价格支持和食品过剩之间的关系。

公共行政学者忽略了分配无效率，这是非常危险的。对技术效率的关注，就像贫穷一样，可能"绝对不是什么罪恶，但也不是一个很光彩的事"。

II. 对经济学兴趣的复活

当然，像蓝和罗森布洛姆（Lan and Rosenbloom）一样有洞察力的观察家，如果他们的断言没有抓住事实中心的话，他们就不可能得出这样的结论：经济学已成为公共行政学的主流范式。一个范式转换似乎正在发生。至少，在这一领域的许多人现在抵制传统官僚制范式。此外，经济学似乎比过去更加直接与公共行政学的关注问题相关。对于这些改变有三个并不是完全不相关的原因：政治科学（political science）中正在改变的风格，公共行政学环境的改变和经济学的进步。我将简要地介绍前两个问题。本文的剩下部分将集中介绍最后一个问题。

A. 政治科学（political science）

也许并没有足够的理由说，一个理性选择、经济学为基础的范式已成为美国政治科学，包括官僚制和公共政策在内——它们是与公共行政学密切相关的子学科——的主流范式。在我看来，这是事件的一个健康的转变。但是，一个公正的观察家应当明白：政治学，和大多数人文科学一样，都倾向于学术潮流。潮起潮落，常常在积累知识的道路上留下很少或什么也没留下。很自然的，我们会认为我们自己就是进步之箭的尖端，但是知识的历史需要一个更为谦逊的解释。正如我们认为过去几代的学者似乎顽固不化一样，后来的学者也可能这样看待我们。但是，无论是好是坏，当政治科学一打喷嚏，公共行政学常常不只是得感冒。现在政治学已经打喷嚏了。

B. 公共行政学环境的变化

美国的公共行政学也受到"新公共管理"的影响（Gore 1993）。"新公共管理"强调"绩效评估和效率；把公共官僚机构分散成许多的机构，这些机构以使用者付费为基础处理相互关系；使用准市场和业务外包以培育竞争；削减成本；以及一个管理风格，这种风格强调以下事情：产生目标（output target）、有限条款契约（limited term contracts）、货币目标和刺激、管理自由等"（Dunleavy and Hood 1994；Rhodes 1991）。

"新公共管理"是一个世界性运动（Rhodes 1991；see also Barzelay 1992；Hood 1991；Osborne and Gaebler 1991；Schedler 1995）。可以证明的是，它代表了公共行政学的一次范式转换。例如，施瓦茨（Schwartz 1994）宣称，政府正在经受"一次深刻的转变，转变为一种新型政体……不只是朝向一个更少政府（less state）的转变，而且也是朝一个不同形式政府的转变"。他将这种转变归因于国际市场压力。他强调，许多接受"新公共管理"的政府现在或过去都是由社会民主党所执政。新西兰就是一个突出的例子，它是在工党政府的领导下，在接受"新公共管理"之后却比其他国家都走得更远（见下文）。

"新公共管理"后面的驱动力是技术变革。计算机、计算机网络和我们日益增长的使用能力导致信息成本下降，这些下降导致在治理机制和机构安排的比较优势中产生四大转变。它们就是（Reschenthaler and Thompson 1996）：

1. 相对于政府供给和控制而言，市场效能（efficacy）有所增加；
2. 相对于等级制协调系统而言，市场和其他自组织系统（自组系统）（self-organizing system）的效能有所增加；
3. 相对于集中分配和事前控制而言，分散的资源分配和事后控制的效能有所增加；
4. 相对于职能结构而言，过程导向的结构的效能有所增加。

这些变化几乎不令人感到惊讶。正如下文所解释的，任何机构安排的比较优势归结起来就是信息或交易成本问题。在信息成本上的变化应该且已经极大地改变了治理机制和机构安排的比较优势。

例如，大型组织过去常常通过规模经济（economies of scale）和范围经济（economies of scope）来证明其合理性（justified）。规模经济的生产是通过在更大规模产出方面分散固定开支（spreading fixed expenses），尤其是扩大对工厂和装备以及生产线组织的投资，从而降低单位成本。而范围经济的产生是通过利用劳动力分工——结果以多种方法联合高度专业化的职能单位从而生产出许多不同的产品。等级制和官僚制可以产生规模经济和范围经济，它们将任务分成最简单部分、重新组合以生产复杂的产品和服务、给行政机构分配匮乏资源，并建立产品—市场战略。

反过来，等级制和官僚制也可能由组织设计、行政控制和运筹技术（operational engineering）的创新来产生（Chandler 1962）。正如罗森堡和伯索尔（Rosenberg and Birdsall 1986：235～237）所解释的，大多数工业革命（Industrial Revolution）时期的企业家是商人和金融家——他们对于生产知之甚少或根本一无所知。[④]直到 19 世纪中期，商人才知道怎样去组织和监督大批的工人。例如，直到 1892 年卡内基·斯蒂尔（Carnegie Steel）才逃避了组织和管理它的生产雇员的工作这一问题。"大量工人其工作的组织是一个新的管理职能，只有当招募、组织和监督工厂工人已被挑选出来并适合等级制度，直接雇佣才有可能成为一个普遍实践"。当然，只有很大型的组织才会充分利用官僚制变革。只有这些组织才能完全有效地整合或有能力提供大量的资源为高层管理者收集和处理大量数据以用来协调行动、分配资源和制定战略——毕竟这些都是固定成本；他们并没有直接为产出做出什么贡献。

计算机正在迅速侵袭在行政、生产和销售中的规模经济，从而也侵蚀了等级制和官僚制的比较优势。今天，任何能够买得起电脑工作站和软件（大约 2 万美元）的组织都拥有从购买和存货控制到人力资源管理、到财物规划和资金预算、到销售和后勤等之内的一流的管理系统）。[⑤]20 年以前，只有巨型组织才可以拥有这些系统。此外，电脑化的生产由机器工具或其他制造、装配和处理装备构成，通过一个材料处理系统连接从而把构成部分在各个工作站之间移动，并且在全面系统化的控制下作为一个综合系统运作现在允许各个组织以规模生产的价格进行顾客化的服务（customized services）。

在电脑化生产的设备中，一般管理费用（overheads）比生产量更加重要。使用这些设备，直接的手工劳动力（manufacturing labor）占不到成本的 5%，材料和采购部件通常占到成本的 30%～40% 之多，这就给管理费用留下了至少 55% 的空间。大多数管理费用是交易或信息成本。它们包括一些像采购、搬运（materials handling）、销售、会计和资产利用。它们受组织的政策、运行和行政程序以及其顾客关系的驱动，而不是产量、产出率或者甚至是两者结合的驱动。

为了控制管理费，其中包括维持材料、部件和已完成产品存贮等的成本，许多组织采纳了像简洁的生产（lean manufacturing）以及部件和材料的即时配送（just-in-time delivery of parts and materials）的技术。他们也修正他们管理成本会计系统,使责任中心管理者、销售和生产团队、而且特别是产品设计者和工程师的注意力集中放在控制管理费用上。两个途径对这一努力至关重要:循环周期责任(cycle-time burdening)和作业成本法(activity-based costing)。毋庸为怪,这又是一次切实可行的努力,因为技术产生了有关根本生产程序的信息。计算机辅助设计项目也产生了循环周期和交易成本评估。通用产品代码(universal product codes)和光扫描工具(optical scanning devices)允许持续监督,从而允许对生产过程进行实时重新设计。

规模经济在生产中的重要性日益下降的结果就是,近20年来整个工业化世界的工作场所的平均规模也持续下降。大型公司正在"模仿他们的小型竞争者,减少高层职位、减少官僚机构等级,并将他们分解为利润中心群(constellations of profit center),……他们正在'坚持他们的事情'——集中关注核心事务,将其他事情一律外包,……[而且]他们给每个办公桌放置一台电脑,授权给第一线工人"。[6]正如祖伯夫(Zuboff 1988:204)所解释的,在现代的工作场所,有效运行需要更为平等地分配知识、权威和责任。为从信息中创造价值,组织成员必须被给予知道更多和做更多的机会。这意味着"正是曾经带来巨大的好处的同一个管理等级制"。[7]

对于许多不是经济学家的人而言,所有的这一切看起来都像经济学,但是事实上它不是。对这些变革的知识辩护(intellectual justification)主要来自于这些管理思想家,诸如彼得·德鲁克(Peter Drucker)和奥尔多·莱维特(Theodore Levitt)、托马斯·彼得斯(Thomas Peters)、约瑟夫·鲍尔(Joseph Bower)和罗伯特·安东尼(Robert Anthony)、罗伯特·卡普兰(Robert Kaplan)、罗宾·库珀(Robin Cooper)、亨利·明茨伯格(Henry Mintzberg)、艾尔弗雷德·钱德勒(Alfred Chandler)、大前研一(Kenichi Ohmae)、普拉哈拉德(C. K. Prahaladad)、加里·哈梅尔(Gary Hamel)以及彼得·M·森杰(Peter M. Senge)等。在制造这些改变中所用的信息工具和组织工具在《哈佛商业评论》(Harvard Business Review)、《斯隆管理评论》(Sloan Management Review)和《管理会计》(Management Accounting)中得到描述,但在《美国经济评论》(American Economic Review)或甚至在《经济行为和组织杂志》(Journal of Economic Behavior and Organization)中并没有得到描述。许多的公共行政学者现在阅读这些杂志,并试图在他们的组织中使用这些工具——从而产生了"新公共管理"。

从企业管理文献中借鉴观点是公共行政学科的一个古老传统,也是近来的一个现象。企业管理和公共行政都是规范性、系统性的学科(Fitch 1990, Hammond 1990)。此外,商业学校和公共行政学院曾经拥有相同的管理格言,正如我们共同拥有韦伯的官僚制范式和在切斯特·巴纳德(Chester Barnard)、亨利·法约尔(Henri Fayol)、玛丽·帕克·福莱洛特(Mary Parker Follett)、卢瑟·古立克(Luther Gulick)、菲利浦·塞尔兹尼克(Phillip Selznick)、弗里德里克·泰勒(Frederick Taylor)和其他人等著作中的一个共同的知识基础一样。我们也认为，官僚制是"最大化组织效率"问题的解决办法；组织越大越好；组织应当职能区分和垂直整合；高层管理者总是最好地掌握情况）。还有，在公共部门和私营部门的大型组织基本上是相似的。大多组织都是等级制，大多数组织都在高层管理任务（计划、组织、人事和发展）和低层管理任务（控制、运行、报告和预算）之间进行区分，大多数组织都集中资源分配和人事服务。

现在，变革发生在管理者的行动以及机构如何被整合之中——甚至发生在组织的本质之中。"新公共管理"者对企业运作的方法很感兴趣，这不是因为它比政府更好，而是因为他们面对相类似的问题，而且企业管理文献充满了似乎能恰当地满足这些新的挑战的理念）。

C. 经济学的发展

尽管企业管理文献对"新公共管理"至关重要，但是两种经济学文献体系也深深地影响它的认知和执行：公共选择理论（public choice theory）和新组织经济学（New Economics of Organization）。公共选择理论改变了我们对政府及它是怎样运作的认知。此外，它解释了投票者、民选官员和官僚可能遵循的规则，这些都给了他们激励，公共选择理论也给公共行政学者一些有用的新的规范性信息。毕竟，在许多的案例中，一个好的规范性的模式也只是一个好的、积极的模式，但却起着反作用（run backward）。但是，当公共行政学者向经济学的发展寻求帮助时，它寻求帮助的不主要是公共选择文献，还有新的组织经济学。

新组织经济学关注的是刺激和控制结构和财产权利及所有权的分配，以最小化组织内部的外在性（intra-organizational externalities）和外溢效应（spillovers）。它包括一些像科斯定理（Coase theorem）、交易成本（transaction costs）、外在性和不对称信息的概念——包括代理理论（agency theory）、道德（moral hazard）、逆向选择（Adverse Selection）、契约理论（Contract Theory）、不完全合同理论（incomplete contract theory）、非正式合同理论（implicit contract）、"激励性合同"（incentive contracts）、寻找和信息理论（search and signaling theory）、团队理论（team theory）、激励相容理论（incentive compatibility），它们与管理问题直接相关。这也是肯尼思·阿罗（Kenneth Arrow）、威廉·鲍莫尔（William Baumol）、艾伯特·布雷顿（Albert Breton）、罗恩·温特罗布（Ron Wintrobe）、哈罗德·德姆塞茨（Harold Demsetz）、维克托·戈德堡（Victor Goldberg）、迈克尔·詹森（Michael Jensen）、保罗·米尔格罗姆（Paul Milgrom）、威廉·尼坎南（William Niskanen）、戈登·塔洛克（Gordon Tullkck），特别是罗纳德·科斯（Ronald Coase）和奥利弗·威廉姆森（Oliver Williamson）等经济学家的遗产。它给"新公共管理"提供坚实的分析基础，这种基础需要去理解何时、何地以及如何来授权；需要用激励措施代替规章和制度；需要发展基于结果的预算；需要将运行置于竞争之中；向市场而不是政府寻求解决方案或使用准市场和业务外包以培育竞争。

组织经济学已经影响到美国许多机构安排的设计［从排放交易（emissions trading）和"泡泡政策"（bubbles）到航空公司和州际间货车运输的直接解除规制和欧洲一大批特别显眼的国有资产（和一些债务）的私有化及证券化（securitization）。此外，越来越多的证据表明这些安排行之有效。这部分是因为存在这一证据："新公共管理"者的理念得到管理者所要求的关注。

Ⅲ. 公共选择理论

公共选择理论，像传统的公共财政学的规范理论一样，公共选择理论起源于公共财政学，开始致力研究集体供给产品和服务的需求和供给。除了有两个例外，集体提供产品的需求理论和消费者对私营产品的需求理论是完全一致的。在这两种情况下，需求反映个体支付消费一个产品或服务的意愿和能力。因此对于服务的整个需求被认为是产品价格一个正日益下降的函数（function）、一个消费者收入的日益增长的函数和产品市场的规模的一个函数。在集体供给产品需求理论和消费者对私营产品的需求理论之间有两个差异，也就是在一个管辖范围内所提供的服务其数量由政治过程所决定，常常被被认为是多数裁定原则（majority rule）的某种形式，而且在整个辖区范围内必定一致。[8]

因此，一个集体供给服务所需的数量将取决于服务价格（P），公民的长期收入（Y）和人口规模（C）：

$D_i = f[P^\varepsilon, Y^\alpha, C^\beta]$ 其中：
$\varepsilon =$ 产品 i 的需求价格弹性（price elasticity）
$\alpha =$ 产品 i 的需求收入弹性
$\beta =$ 从 0 到 1 的一个数值，代表产品 i 公共性的程度

这一公式是博赫特（Borcherding 1977b）所提出的；也可以参见伯格斯特龙和古德曼（Bergstrom and Goodman 1972）。

在任何条件下都通行的这种函数关系当然反映了现有政治机构和文化调和后的口味和偏好（Breton 1989）。也有相当多的证据表明投票人对集体供给产品的需求模式在实践中运行得相当合理。确实，数百个研究表明，家庭年纯收入（family/per capita income）、课税价格（tax price）、社区规模和被服务人口比其他任何一套"因素"（determinants）能够更好地解释在集体供给服务水平中的横向变化（cross-sectional variations）（Oates 1994；e. g., Duncombe 1991；Romer and Rosenthal 1992；Turnbull and Djoundourian 1994）。当然，当服务水平受到直接投票（direct referenda）制约时，这些变量能够最充分地发挥作用（Holcombe 1977）。该药方上的唯一瑕疵就是"飞纸效应"（flypaper effect），之所以这样说是因为政府间的转移倾向于停在他们本地（Ladd 1994；Oates 1994）。也就是说，政府间拨款所产生的、政府服务产出增长似乎比基本需求

模式的收入和价格弹性所预测的产出增长要高得多。[9]

A. 中间选民（median voter）和鲍恩均衡理论（Bowen Equilibrium）

在民主政体中，D_i应当反映中间选民的口味和弹性（Bowen 1943），也应当保持均衡[10]：

$V_m = T_m$

其中

$V_m =$ 产品或服务 i 对中间选民 m 的边际效益（marginal benefit），而

$T_m =$ 产品或服务 i 对中间选民 m 的边际成本

因此，如果产品成本由所有选民（n）平等均分，那么可以推出，对所有选民而言，产品的边际成本（Mc）是

$$M_C = \sum_{j=1}^{n} T_j$$

在萨缪尔森的最优条件（Samuelsonian efficiency condition）中，提供集体产品的边际成本的总量等于给所有贡献者的边际效益的总量，（既然该条件是）：

$$\sum_{j=1}^{n} V_j = \sum_{j=1}^{n} T_j$$

我们可以推断出，要鲍恩均衡理论有效，那么一般选民的边际成本/效益将不得不等于中间选民的边际成本/效益），也就是说，不得不满足下一条件：

$$V_m / \sum_{j=1}^{n} V_j = T_m / \sum_{j=1}^{n} T_j$$

因此，随后当且仅当中间选民所选择的产出或供给水平的边际纯利益总量为零时鲍恩均衡理论才有效。这当然就是所谓的"刀锋条件"（knife-edged condition），但这排除在管辖区内所有选民在实际情况下都具有相同的口味、意愿和支付能力这一情况。一个可能满足这一条件的机制是蒂鲍特排序（Tiebout sorting）[以查尔斯·M·蒂鲍特（Charles M. Tiebout 1956）命名]，在这一机制中，选民搬迁到那些政府能最好地满足他们对集体供给产品和服务的偏好的社区（Zax 1989；Deller 1990a, b；Taylor 1991；See, however, Hoyt 1990）。尽管大多数经济学家承认存在蒂鲍特排序，但是很少有人对它的重要性达成共识。例如，菲谢尔（Fishel 1992）宣称，分区制（Zoning）和投票（Voting）中的证据说明它是相当全面的。但是，英格等人（Yinger et. al）宣称，税收资本化（Tax Capitalization）中的证据表明它是模棱两可的。

这是一个有意义的宣称，因为在地方，在某种程度上，服务和税收水平（Tax Levels）用不动产价值（Real Property Values）资本化了，在没有蒂鲍特排序的情况下，依赖财产税减少在中庸选民（Mean Voter）和中间选民之间的差别。依靠比例所得税（Proportional）或累进所得税（Progressive Income Taxes）可能对州、也许对联邦政府有一个相似的影响。这里要强调的关键一点是，正如鲍恩（1943）所解释的［他的结论后来被唐斯（Downs, 1959-1960）所推广］，一般选民（Average Voter）对集体供给产品的需求通常超出了中间选民所选择的消费水平。这意味着在一个民主政体中，如果成本被平等分担，或者也许甚至在那里税收相对于收入来说是成比例的情况下（tax are proportional to income），那么集体供给产品将倾向于供给不足。[11]

有证据表明，鲍恩—唐斯的供给不足确实发生。例如，席尔瓦和苏斯特里（Silva and Sonstelie 1995）近来测评了菲谢尔（Fischel）的假设（1989, 1995）：通过要求州内所有学区每个学生平均开支，从而减少蒂鲍特排序并扩大在一般选民和中间选民偏好差距的方法，加利福尼亚州最高法院在"塞朗诺诉普林斯特"（Serrano. v. Priest）一案中削减公共开支以支持初等教育和中等教育。在这一诉讼案之前，在所有的州中公立学校对每个学生的开支上，加利福尼亚州排在第 11 名，高于所有其他地区的平均水平 13%。到 1990 年，加利福尼亚州落到了第 30 名，低于平均水平 10%。席尔瓦和苏斯特里（Silva and Sonstelie 1995）发现，这种下降一半可能要归功于"塞朗诺诉普林斯特"一案。他们将剩下一半则归功于 20 世纪 80 年代入学人数的迅速增长。[12]

B. 林达尔均衡（Lindahl Equilibrium）

至少在理论上还存在有前面所描述的"刀锋条件"（knife-edge）可能通过的第二个条件：有关集体供给的决策是在一致通过的情况下，在林达尔均衡理论下可以达到一致意见（Feldman 1980），这是萨缪尔森效率条件（Samuelsonian Efficiency Condition）的一个特殊案例。形式上，林达尔均衡理论被界定为开支份额（Expenditure Shares）$[S_1, S_2, \ldots S_n]$ 的一个矢量，而且对于所有 i 来说是一个标准或规定 $[D*]$，这里 i 的开支份额是 S_i，所需要的物品数量是 $D*$（即，因为 i 的开支或者 T_i 是 $S_i D*$，$\sum S_i = 1$）。而且，

$Vi'[D] = S_i$
$Vi''[D*] = S_i$，对所有的 i
$\sum Vi'[D*] = \sum S_i = 1$

在这一公式中，对所有 i 的需求被假设为正常的，也就是说，i 的份额 S_i 越高，D 越低，则需要 i。因此，如果林达尔均衡（Lindahl Equilibrium）是 D_1，而且一个 i 减少他们对产品供给的贡献，那么所有其他 i 的份额将增加，而且 $D_1 > D_2$。

但是，很少使用这一投票规则，因为存在有与发现林达尔均衡相联系的交

易成本——研究、谈判和监督成本（Heckathorn and Maser 1987b; Maser 1986）。由于这一事实，布坎南和塔洛克（Buchanan and Tullock 1962）认为，一个优化的规则将最小化强加于不满意少数派（dissatisfied minorities）身上的成本总数——所需多数派规模的一个日渐减小的函数——和交易成本——一个日益增强的函数。的确，美国人试图在大脑中设计出一个具有这种目标——尽管并不是这一公式——的一个宪政秩序。奠基人（founding fathers）设计出美国联邦宪法以保护生命、自由、财产，使之免受一个鲁莽妄动、奢靡过分行政机构的简慢自负、野心勃勃，免受少数族裔的激情澎湃（passions of minorities）、免受狭隘或临时多数族裔的利益等的伤害。这一结构是为了确保美国有一个法治的政府（Government of Law），确保该法律的更改是缓慢的、渐进的、且只有在绝大多数公民赞同这一改革方向的情况下。奠基人依靠政党、国会两院之间的猜忌和委员会利益的特殊性来确保联邦政府是一个谈判和妥协的机构，它通过发现一个最低公分母（lowest common denominator）来达成决策（Thompson 1979）。

C. 立法机关决策制定（legislative decision making）

代表制（representation）通过其他两种方式来提高效率。首先，它最小化政治参与的交易成本（经济学家认为参与是成本，而不是收益）。第二，在个体选民的偏好只有他/她自己知道且成本是共同分担的情况下，它把某些公共产品转变成为私营产品，这时用美元来衡量收益和成本，并且所有的人都可以知道每个选民/议员的纯收益一览表（Net Benefit Schedule）（Shepsle and Weingast 1984）。一旦将公共产品问题归咎于其他因素，效率就应当容易获得。根据科斯定理（Coase Theorem）（Coase 1960），在我们处理私营产品并且决策曾经制定得很好的时候，任何决策规则都将产生一个有效率的后果，除了在那些对额外支付（side payment）进行的限制、交易成本、或只是纯粹无知等所引起的情况下（Dahlman 1979）。[13]

例如，考虑一下下面这个问题，有三个议员：X、M 和 N，每一个都代表一个产烟雾的选区（smog-producing district）；但是，X 的选民将所有他们的烟雾排放到 M 的选区，M 将所有他们的烟雾排放到 N 的选区；而 N 保留了所有他们自己生产的烟雾，再加上从 X 和 M 的选民所排放的烟雾。X、M、N 必须处理的问题就是：在自动烟雾控制设备维修上的投资不足。这是一个真正的市场失灵：烟雾控制设备只有在得到适当保养之时才会正常运作，而且维修设备的成本是很低的，至少和其他相同的有效减少污染的手段相比较来说。不幸的是，个人承担维修成本，但产生的收益却属于其他人，所以他们就没有动机去维修他们的设备。这一结果就是投资不足。

强制检查和维修（Inspection and Maintenance, I&M）是处理这种市场失灵的一个方法。鉴于诸多理由，这也是符合我们目的的一个有吸引力的例子，原因之一就是在每个选区，可以假设粗略地将成本平均强制分给选民。图1就说明了与一个典型的检查和维修方案有关的政治计算（political calculus）。在这个例子中,有效的解决方案是在 x_{opt},当 V_x,V_m,V_n 的垂直下标(vertical sum)与 MC 相等时。但是由于每个议员选择那些在他们选区中间选民的 T 与 V 相等的检查和维修方案:对于 X 来说是零,对于 M 来说是 X_{med},对于 N 来说是 x_{hi},这一例子也清楚地表明了在 x_{med} 和 x_{opt} 之间的明显差别——尽管在这个案例中,x_{med} 比零更接近 x_{opt}(see also Bell 1989;Nelson 1990)。

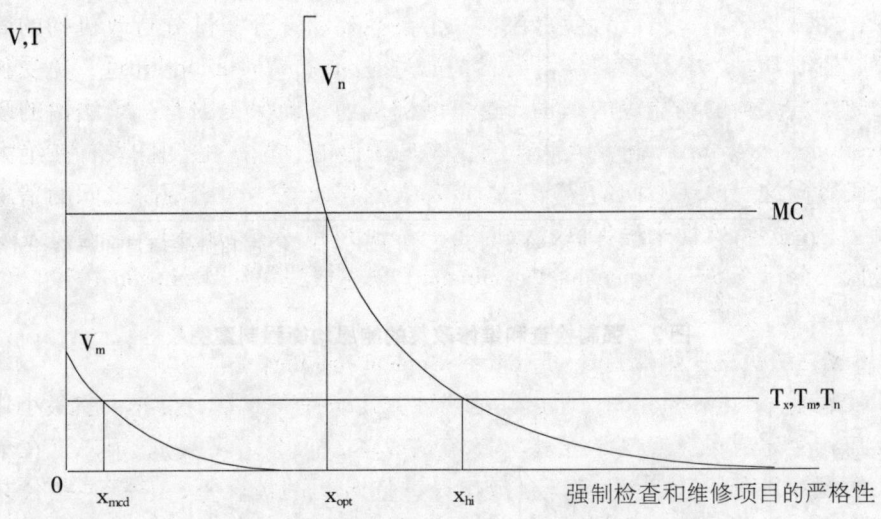

图 1　强制检查和维修的强制案例鲍恩均衡

当在边际上寻求"帕累托最优"(Pareto superior)行动时,用科斯定理方法来解决这个问题,将会发生什么呢?例如,检查和维修并不是强制性和有效的。可以贿赂汽车检察官来检查他们的车辆,并在检查中得到高的维修分。这些贿赂可以通过对 N 议员的选区征收财产税来资助。在这样的条件下,图 2 所标出的情况就可以实现(图 3 在偏好空间上也表示相同的情况,并且表明图 2 中所通过的有效解决方案也是鲍恩均衡论)。

注意,这一解决方案也有吸引人的特性,使得这三个议员比在图 1 所显示的解决方案下的境况更好,但这只是在众多解决烟雾控制设备维修中投资不足问题的许多科斯解决方案中的一个。科斯定理也只是表明,在决策制定者寻求解决方案不受限制的情况下,他们所选择的解决方案是有效的。

当然,实际中的议员并非总是像科斯模范(Coasian Paragon)一样的行事。简单个人失误在解释这个事实上已经很久了。所有的人都可能同等地得到有关一个建议的收益和成本的概率信息,但也有可能是没有一个人能够得到。市场失灵问题的科斯解决方案很容易概念化;但是要设计一个切实可行的计划来执行常常要困难得多(e. g. Hahn and Noll 1982)。因此,议员没有像科斯模范那样行事也并不令人惊讶。像我们其他人一样,他们,无论是个人还是相应的集体,都会犯错误。[14]

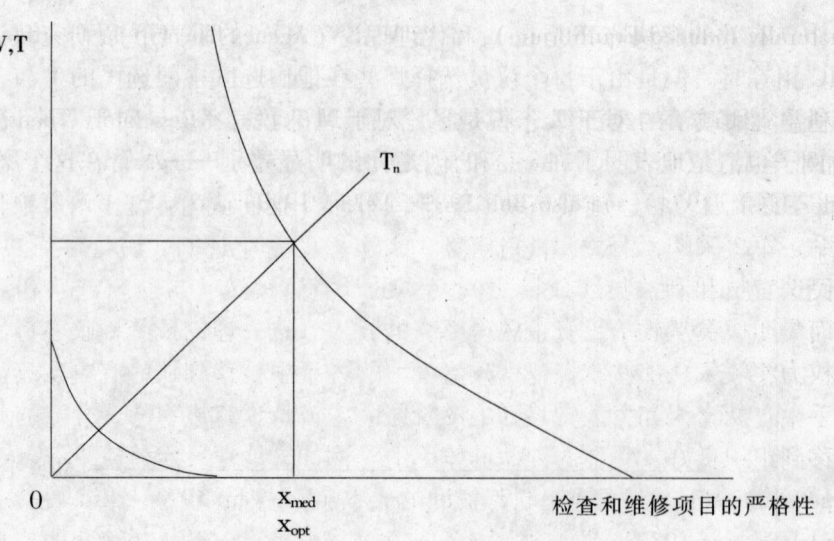

图2　强制检查和维修政策的鲍恩均衡强制案例

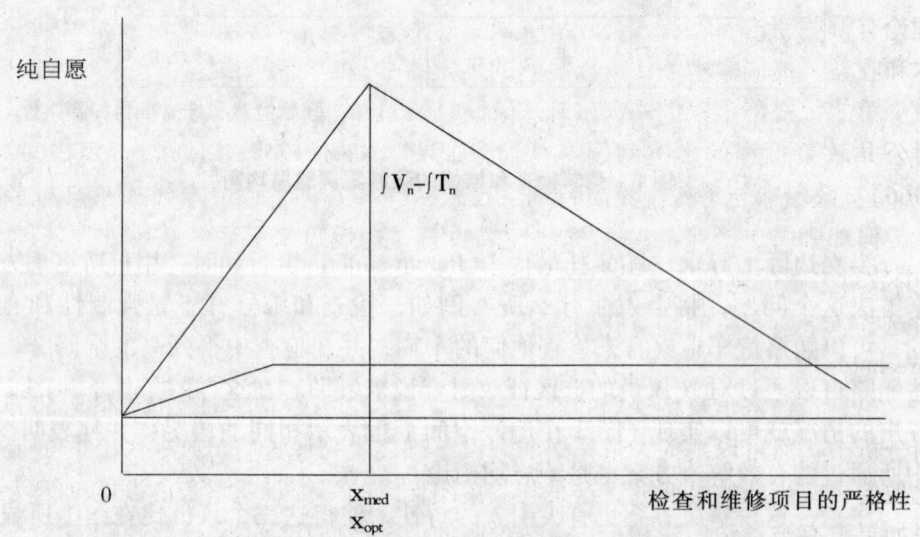

图3　在自愿情形下检查和维修政策的非强制性鲍恩均衡

D. 解释过度供给

集体供给产品的基本模式暗示了供给不足这一可能性。对于许多的公共选择理论家来说，这一可能性违反了现实。他们想要做的事情就是解释他们所观察到的现象：政府过量（excess of government）（Coughlin 1990）。曾经有两次重大的解释政府过量的尝试，虽然没有一次全面获得成功，但是两次都教给我们一些关于政府的东西。它们是政治学中的利益集团理论（interest-group theory）和尼斯坎宁的开支联盟理论（Spending Coalitions），二者引进了结构推理均衡

(Structurally Induced Equilibrium) 和代理理论（Agency Theory）以研究政治和官僚制。

利益集团政治的经济理论基本上是规制理论学家（Regulatory Theorist）的"芝加哥学派"（Chicago School）的创举：佩尔兹曼（Peltzman 1976）、波斯纳（Posner 1971,1974）、施蒂格勒（Stigler 1975）。他们认为，许多政府项目（农业补贴、军事采购、海关和进口定额、大多数的企业规制、税收系统的结构）都是民选官员和利益集团成员之间交换的产物，民选官员获得选票和竞选捐献，而集团成员从政治投资中获得更高的收入。这一理论预测，政客将使用他们的权力将收入从那些掌握更少政治权力的人手中转移到那些有更多政治权力的人手中：从富人和穷人转移到中产阶层手中；从没有组织的、分散的利益群体转移到组织良好、集中的利益群体手中〔例如，地理目标利益（geographically targeted benefits）和主要是联邦资助的成本（Ferejohn 1974；Hird 1991；Shepsle and Weingast 1981）〕。谁得到什么取决于参与政治过程的单个集团成员的成本和收益以及集团对政策制定者的影响能力。

当然，几代以来，政治学家对利益集团也有所了解。关于利益集团政治的理论有哪些新内容？首先，经济学家更好地了解政府行为和他们分配结果的成本和收益，他们集中关注个人盈利的规模而不是游戏者的财富。

第二，经济学家借用奥尔森（Olson 1965）的集体行动理论来解释利益集团对公共政策过程的影响问题。奥尔森证明（Olson 1965；Olson and Zeckhauser 1966）：政治参与（利益集团行动、投票，等等）将私人成本强加在参与者身上，但却倾向于产生一些非排他性的收益，这反过来导致"搭便车"行为和"少数对多数的剥削"。这将关注集中在会否认非参与者的收益的公共政策上，由这些政策所产生的收益的聚集上，得到这些收益所需的支持门槛上（support thresholds）。

第三，经济学家将他们的理论建立在这样一种常常是错误的、但在部分均衡分析中仍然可以发挥大量作用的假设基础之上：民选官员唯一关心的是最大化他们再次当选的可能性，这是利益集团支持的一个日益增长的职能（因为公民如果没有被竞选广告和工作人员说服的话，他们甚至不会投票）。

利益集团政治的经济学理论存在的最大问题就是：虽然它常常讲述了有关现有公共政策的似乎有理的说法，但是将其与议员追求他们自己有关公共利益的概念这一假设相比较而言，对其基本假设和预测的实证测试却很少行之有效（Graddy 1991 a, b；Kalt and Zupan 1990；Mayer 1991；Peltzman 1984, 1990）。[15] 当然，我们应当注意的是，利益集团政治经济理论的建立主要是为了解释政府在产业上对价格和进入的规制，如卡车运输和航空。这两者后来已被解除规制。

利益集团政治的经济理论中一直未有受到挑战的一个主张是，政府行为——关税、农产品销售指令（agricultural marketing orders）、进口配额、不同的价格类型和进入调控关注措施、关税）、猪肉桶开支（pork-barrel spending）等等诸如此类的行为——的许多收益对于他们名义上的接受者来说,并没有增长(Buchanan et al 1980)。反之,由政府行为所创造的租金用资产价格(asset prices)特别是不动产价格而被资本化了,或者被消耗掉(competed away)了。政府所创造的租金常常被消耗是因为它们的存在导致寻租行为(rent seeking behavior),这种行为旨在得到或保留租金。大多数这样的行为都是直接的非生产性的,在某个程度之外是完全浪费的。⑯

塔洛克(Tullock 1967)可能是第一个系统地思考寻租行为后果的学者。他认为,如果每个人都能自由参与追求分脏,每个寻租者都会在追求中扩大潜在转移的整体数量。在这种情况下,政府所创造的租金将会被俘虏了寻租者的这种直接的、非生产性行为所浪费。的确,在一个将其与在非完善竞争经济学中的产品差异化效果的不明确类比中,塔洛克假设,获得租金所产生的浪费实际上已超出所获得的租金。⑰同样,奥尔森(1982)认为,如果租金广泛,而要保留租金的措施太过于分散,不可避免的结果就是一种政策滞塞(policy gridlock),这种政策滞塞在维护经济现状上会挥霍更多的资源、使改革无效、并且通过把投资偏离生产性行为并阻止创造性破坏过程来减少经济增长率。

事实上,一个门外汉不能帮助,只会注意到这个国家在竞选公共职位中的花钱总量,或者用来影响行政、立法、司法过程的资源总量。美国政治系统中值得关注的东西不是因为他比其他国家创造了更多的租金——这可以并不是那么回事(See Krueger 1974)——而是在美国比在其他地方,租金的建立、维持和分配吸引(或者说,任何政策动议的酝酿和执行其实是需要)如此更多的努力。

E. 威廉·尼斯坎宁和预算最大化的官僚

在第二个解释政府过量的尝试中,威廉·尼斯坎宁(William Niskanen)——凯拓研究院的主席(Cato institute)以及总统经济顾问委员会(President's Council of Economic Advisors)前主席——表示:收入最大化(revenue-maximizing)的单一产品部门(single-product bureau),它拥有绝对垄断和议程设定权力,将有技术效率,但将产生两倍的最佳产出量(optimal quantity of output)(Niskanen 1971;Blais and Dion 1991)。尽管也许有太多的专卖局(Monopoly Bureaus)(See Carroll 1989,1990),但是他们议程设定权力常常受到限制,大多数专卖局使用许多不同的技术提供一系列服务,而且技术无效率是很普遍的。因此,任何跳过这些部门假定垄断权力到政府分配效率的人无疑都是过度的。

前面已提到过,我们必须认识到尼斯坎宁所做的令人瞩目的科学贡献。首先,他比其他任何人都更好地证明:政府官员的行为,就像企业官僚一样,能从他们的口味和机会中推出来;而且这一方法比假设他们只是受过良好训练的机器人要有效得多。第二,尼斯坎宁表明:控制提交给中间选民议程的权力是怎样从他们选择的立场中转变为结果的。例如,在什么都没有和一个比偏好还要高的开支水平(preferred spending level)之间进行选择(即,$V_m < T_m$),只要

整个收益高于整个成本（$\int V_m > \int T_m$），中间选民将选择更高的开支水平。当然，相同的机制在不同议程设置者手中可能会导致供给不足，但是尼斯坎宁认为：在美国国会系统中，委员会和下属委员会，有效的立法和预算议程设定者，可能被项目支持者所支配（for evidence on this point, see Mugger 1984; Shepsle 1978, 1979）。最后，尼斯坎宁把从工业组织理论中得出的结构—行为—绩效范式（Structure Conduct Performance Paradigm）[18]应用到研究政府机构的行为，他证明了其他一些事情：垄断供给是分配无效率的一个必要但不充分条件（insufficient condition）。尼斯坎宁对官僚垄断的责难可能比任何从公共选择文献中得出的其他理念对公共行政的理论和实践产生更为重大的影响）（Ezzamel 1993; Ferris and Graddy 1991; Mayston 1993; Miranda 1994, 1995; Rogerson 1990）。

政治科学家接纳了尼斯坎宁关于结构推理均衡概念，我认为主要是因为它符合他们对政治制度的关注和他们对战略游戏的着迷。[19]现在关于结构推理均衡的文献非常广泛（see Bendor 1990; McKelevey 1976; Shepsle 1979）。过去从这些文献中得出的结论就是如果投票没有被仔细地限定在单个议题范围，起草人可以操纵它们去产生任何他们想要的结果。另一个广泛接受的结论就是：立法机构部门没有能力去实现一个稳定的集体选择"可能"是可观的官僚自由裁量权的来源——甚至是在没有困难测评官僚绩效或者设计激励机制的情况下（Hill 1985; Knott and Miller 1987）。当然，"可能"并不等同于事实（Langbein 1996; McCubbins and Schwartz 1984; McFadden 1976, 1977）。

经济学家和政治学家都认识到个体激励代理人（individually motivated agents）在官僚机构产物（bureaucratic outcomes）的决定中所扮演的关键角色。但是，大多数人都质疑尼斯坎宁关于官僚是收入最大化者的这一假设（Blais and Dion 1991）。同时，新的理论认为，它们依赖于对官僚口味和机会的一个更为详尽或也许更富有想象力的描述。当代官僚制模式强调官僚的信息捐赠（informational endowments）、那些将他们的行为和报酬相联的明确或不明确的契约和他们的自由裁量权。认为在国家行政机构内的个体是专心致志被驱动以扩大和保护现有项目并提出新的干预项目这样一个假设现在已让位给了那些认为他们的效能函数[20]（utility function）可能包括下列一些或者更多的观点：努力与风险规避（努力措施和风险趋避）（efforts and risk aversion）、额外所得消费（perquisite consumption）、控制利润和非金钱利润、名誉（Gonzalez and Mehay 1984; Laffont and Tirole 1993; Mehay 1986; Migue and Belanger 1974; Schleifer 1994; see also Antoci 1995; De Fraja 1993; Gemmell 1990; McFadden 1976, 1977; Santerre 1990; Whynes 1993）。此外，结构行为绩效范式（structure conduct performance paradigm）所主张的竞争者和垄断者之间的区别——价格接受者和价格设定者——在工业组织学文献中已基本上被在不完全信息条件下的一个新游戏技术所取代。

更新的官僚行为模式常常似乎具有内在可行性。但是，就像利益集团政治的经济学理论一样，他们通常也没有成功地做出实证预测，超越那些按照传统所作的预测（see Conybeare 1984）。例如，汤普森和琼斯（Thompson and Jones 1986）提出一个预算过程的双边垄断模式，一边是中央控制室，另一边是机构。我们认为预算制定者（budgeters）主要对削减预算感兴趣——这毕竟是他们拿工资所要做的事情——而机构官员常常被许多的考虑所激励——任务完成、额外所得消费、控制利润和非金钱利润以及名誉等（see Thompson and Williams 1979）。这一模式的典型结果就是少于最佳预算和产出却高于最小单位成本。但是，如果这一模式常常基本上有效，那么无论竞争何时抬起它丑陋的头，预算制定者和机构首脑都会协同一致地反对竞争。但是，事实似乎并非总是如此，例如在新西兰和澳大利亚（New Zealand and Australia），中央控制机构（central control agencies）官员却带头推动政府内的竞争。

另一个是来自莫尔（Moe 1990：140；see also Cooley and Smith 1989；Tabellini and Alesina 1990）的例子，他认为政治当局（political authorities），特别是立法机关，支持设计上并没有效率的行政控制。他认为：议员回避重要的政策控制，反而寻求"特殊化"控制（particularized control），这是因为他们"想能够迅速、低廉且用特别的方法来保护或促进特定顾客在某些特殊问题上的利益"。把严格限制强加在机构自由裁量权及其程序上的详尽法规有助于满足这一要求。例如，因此而产生的详细支出用途预算（object-of-expenditure budgets）成为规范不是由于历史的原因，而是因为他们符合当时统治联盟的需要，统治联盟更为关心的是谁获得了公共资金（public monies），资金流向哪里，而不是资金基本上为公众买了些什么。此外，莫尔认为美国行政过程的僵硬特征主要是当时的统治联盟为了防止将来的多数派干预他们亲手着手的工作所采取的措施的结果（see also McCubbins et al. 1989）。

F. 总结

公共选择理论家对政治学常常是冷嘲热讽，对政府的运行则悲观失望。他们不承认凯尔曼（Kelman 1987）所谓的公共精神（public spirit）和社会精神（civic spirit）的作用，除了在自利被界定包括了对其他人的福利有兴趣这一程度上（这是一种策略，其效果是否认了对公共选择的任何波普尔诱钩（Popperian bite）。此外，正如特里比尔科克（Trebilcock 1994）所解释的，虽然近来私有化、解除规制和税收改革等这些倾向很难用其他方法解释，但是公共选择理论家暗地里还是抵制这样一种概念：理论拥有权力［如果这是真实的，这些理念将给公共选择提供一项无谓的练习（exercise in futility）］。正如特里比尔科克所言，这些政策说明了理念有力量，"在很重要的程度上，政治部分是关于什么被认为是好理念和什么被认为政治上突出的利益"。

除了这些问题，而且很显然这些都不是小问题，公共选择理论家所说的联盟构成、搭便车、议程设置和官僚制等都是很重要的，即便不是别的原因，也是因为这些在发展一个有关政府和利益集团需求的健康的怀疑态度（而不是冷嘲热讽的态度/犬儒主义)是不无裨益的。在包装下看问题也不是一件坏事情(see Stanbury 1993)。个体和集团确实常常转向政府寻求帮助以得到或保护经济租金,但是这些租金却是他们用其他方法所不能得到的。政府行为常常计划用来干预资源分配问题的有效市场解决方案。社会也有一些共同的财富池(pools of wealth):(1)个人和企业的净资产(personal and business net assets);(2)政府的净不动产和金融资产(net real and financial assets),不包括自然资源;(3)公共拥有的自然资源;(4)净人力资源存量(stock human resources);(5)一个环境池(environment pool),反映环境的整个"特性"(quality);(6)后代的财富。后代的财富当然很大程度上取决于前5个池的扩张。政治在其最糟糕的时候只是一种工具,利益相关集团通过这种工具,是用集体的强制性政府权力使这些财富池朝他们的方向倾斜。这产生了许多的财富倾摇(Sloshing about)和巨大的财富遗漏。此外,一些集团特别容易受到损失——例如,年轻一代以及尤其是没有出生的那一代必须承担现在这一代人没有成功扩大这些财富池的后果,但是他们却基本上被排除在政治过程之外。消费者和纳税人,无论是个体还是集体,在政治领域内虽然并不是完全但都是相同的地位低下。对现有机构安排和治理机制日益增长的怀疑态度似乎能够鼓励试验不同的方法,并更能接受新组织经济学和新制度经济学的教训。

Ⅱ. 新组织经济学

在近来一篇文章中,贝恩(Behn 1995)观察了一些公共行政学需要关注的问题,诸如公共管理者怎样能打破程序性规章(procedural rules)的微观管理圈(micromanagement cycle)以及他们怎样能够帮助他们用提高机构成就的方法来评估机构的成就。新组织经济学关注着这些极为重要的问题。其基本理念是任何机构机制或治理安排的比较优势归根到底是一个信息或交易成本问题,是"受信息成本影响的人认识和承担它们的能力和意愿"的问题(Arrow 1969; see also Alchian and Demsetz 1972; Barzel 1982)。因此,创造市场失灵的环境——公共产品、自然垄断者、外在性、道德风险和逆向选择等——也就是在资本主义经济中证明政府行为合法性的问题,它们从根本上说来是信息失灵(information failures)。例如,如果存在使得"搭便车"者享受不到利益的信息技术,市场能够提供公共产品。如果信息成本较低,可以补偿垄断者使之成为像竞争者一样。外在性可以通过自利的个人相互谈判来消除,如果交易成本为零,外在性可以在没有政府干预的情况下通过自利的个体相互谈判来消除。许多这样相同的逻辑也适用于在组织和市场之间选择,以及组织中使用的各种治理机制之间。

由组织经济学实践者所创造的、精确的、逻辑一致的推理模式所具有的问题就是:许多模式既不是以实证为基础的,也不是切实可行的。直到近来,组织经济学还是一个没有数据的经典案例。例如,当科尼比尔(Conybeare 1984)

研究关于公共部门绩效和结构的文献时,他发现一个简单的可以引用的实证研究。[21]情况也一直在发生变化(e. g. Frant 1993; forthcoming),但是变化并不是很快。事态如此的一个原因就是要求调整来制造一个令人满意的、积极的公共部门供给安排理论。例如,一个人不可能简单地认为:选择安排的原因是安排将运行成本和交易成本的总量最小化(Moe 1984; although it is best to be agnostic on this point, see De Groot 1988; Ferris and Graddy 1991, 1994)或者认为我们遵守的安排是最佳的;我们需要详尽的、比较性的、实践中最佳的研究(best-practice research)。

新组织经济学可能是不切实际的,这部分是因为其实践者常常对说"什么不能做"比说"应当是什么"更为感兴趣;对证明环境造成效率低下比对证明我们如何能着手使效率低下最小化更为感兴趣。

考虑一下研究不对称信息的典型方法——代理、道德风险和逆向选择问题。经济学家似乎确定了这一问题,在委托人和代理人之间存在高度冲突的一些问题,这常常导致如果在委托人消息更为灵通的情况下,这就常常导致在委托人所得和他们能够所得之间巨大的鸿沟(Persky 1994)。但是学术思想兴趣(intellectual interest)不应遮掩现实。许多,也许是大多数不对称信息问题已经有了令人满意的合理的解决方案(Tirole 1994)。潜在的问题就是现实的问题,这一明摆的事实要求关于数量的信息,而不仅仅是一个存在性证明。代理、道德风险和逆向选择问题在公司治理中很普遍,因为公司管理者的利益也不是必然与股票持有者的利益一致。但是许多的公司还是生存了下来,并依然取得了发展。进言之,这些冲突并没有完全削减那些忽略它们的理论家的价值。[22]此外,当经济学家仔细考察代理问题时,当不能使得它们一起消失时,他们常常减少规模(Baker 1992; Baker et al. 1994; Bates 1993; Campbell et al. 1989; De Fraja 1993; De Groot 1988; Good 1992; Hemmer 1993; Itoh 1993; Mayston 1993; Wallis 1991)。

潜在和真实的代理问题之间的差异被布坎南(1969:98-102)的推理所证明:厌恶风险的公共官员将寻求更好地理解政府服务生产以从公众中得到更高的预算。布坎南的观点有点像这样:从公共官员的立场出发,用税收来资助公共开支可能比用债务的成本要高。在这种情况下,借债可能会导致更高的而不是最佳的政府开支和服务水平。因此布坎南得出结论:现收现付理财服务(pay-as-you-go financing services)是公共官员的一种牵制,将他们的行为和公民的口味一致。现收现付理财有许多值得推崇的,但是正如结果所证明的,厌恶风险问题——这是布坎南假设的核心——严格说来在动机上是相容的(incentive compatible)——它要么不是一个问题,要么是很容易得到解决的问题(Choate and Thompson 1988, 1990; see also Wittman 1989)。

在本文的余下部分,我认为,代理问题并不是完全不能处理,而且既使没有完全被克服的话,它常常能够得以调节。根据这一假设,我们能从这个不无裨益的新的组织经济学中借鉴些什么?

A. 控制问题

设计僵硬的、复杂的规章制度的癖好也许任何地方都没有政府采购所关注的那么热衷。以水果蛋糕为例，海军每年要购买 250 吨。为了排除不审慎的面包师傅的浪费，为了确保在水果面包中有真正的糖渍水果（candied fruits）和果仁，为了保证充足的保质期（shelf-life）和耐存放，为了确保世界各个地方的口感（palatability），在那些地方美国士兵庆祝圣诞节，美国军用与原子能标准 MIL-F-1499（水果蛋糕）的说明书有 18 页长。塑料口哨（plastic whistles）的说明书有 16 页长，橄榄（olives）有 17 页长，口香糖（chewing gum）有 15 页，避孕套（condoms）有 13 页，等等。

已故的弗里德里克·C·莫舍（Frederick C. Mosher 1980: 545 – 547）在不久以前观察到：政府在其责任和战略上已经历巨大变化，他得出结论：这些巨大的变化促使我们放弃从祖先那里继承的传统行政控制。同样，希克（Schick 1978, 518）关注道，与近来在政府范围和规模上的变化相伴随的是以规章为基础的治理机制范围和内容的巨大发展：汇报要求已经多样化；审计员更加仔细地检查联邦机构和承包人的账户；以规章和制度为形式的直接控制急剧增长。

希克（Schick）总结道：我们不能继续给一个正在扩大的行动范围强加以直接控制，必须寻求对行政治理问题新的解决方案。他最后提醒道：在许多情况下，可以通过"诱导——这是他们追求他们自身的利益——而不是限制——这试图阻止他们按照自己想要的方式行事"来更为有效地影响个体服务于公共利益。

组织经济学最有用的贡献也许就是它使我们认识到了备选的治理机制，这些机制能够影响人们去改进他们所服务机构的政策和目的：（1）支出预算；（2）责任预算；（3）固定价格合同（Fixed-price contracts）；（4）弹性价格合同（flexible-price）；在这样的环境下，每一项都有一个比较优势，而且这种标准将被用来在两两之间做出选择。

B. 一般性治理（governance in general）

所有治理系统的设计者都面临一个相同的关键选择：控制什么（what）、什么地方控制（where）、什么时候控制（when）以及控制谁（whom）？控制什么和什么地方控制的选择是合理的，不证自明的。管理控制主要应当致力于服务提供者行为（也就是部门和机构、承包人等等）、他们生产产品和服务的效率、还有最终是在控制内其使用资产的效率。

关于谁服从控制和什么时候执行这些控制的选择就不是那么明朗了。在理论上，治理系统的设计者有 4 套选择，由两个主体选择和两个时间安排组成：（1）主体可能是一个组织或一个个体；（2）控制的执行在主体行动之前或之后。

事前控制试图阻止主体做一些令人不满意的事或者强迫他们做一些令人满

意的事。这些控制必定采取官方授权、规章或者规制等形式,它们规定了主体必须、可以或者不准做的事情。事前控制的主体必须对这些指令负责,控制者应尽力监督和强迫他们服从指令。

事后控制是在主体——个体或组织——做出决策并实践了一系列行动之后,因而也就是在主体决策的后果已为人所知之后。因为不好的决策不可能在执行之后还未被实践,因此时候控制的目的是激励主体做出好的决策。因此,这使得主体对他们的决策后果负责,而控制者尽力监控这些后果,并保证主体受到相应的奖励或惩罚。

将主体的选择和时间安排的选择联合起来,我们发现治理系统的设计者必须在4个不同的机构安排中进行选择:个体责任、事前控制或事后控制、组织责任、事前控制或事后控制。

C. 私有化

这些方案设计的意义在对有关私有化公共服务供给的绩效的争议中得到了公正的反映。私有化的支持者认为,选择在规则主导的、且常常是在过分规制的、垄断的公共官僚和自由竞争的私营企业之间进行(Hanke 1987;Savas 1992;see, however, Donahue 1989)。如果选择是那样,那么难以明白私有化如何能错,因为它分解成一个简单的垄断或竞争问题。其他事情也是一样的,如果其他方面相同,竞争中的私营企业的提供常常比一个政府垄断(public monopoly)的提供更为有效率。

但是其他方面并不是一样。因此,私有化的支持者在公共和私营生产之间所得出的差异常常过于简单化。它过分简单是因为许多私有化的支持者暗地里认为:政府是有缺陷的,但市场是完美的:市场参与者信息完全灵通;市场交易不需成本;而且他们参与分离性产品(discrete product)交换现金。但是,当治理安排的选择就要到来,最重要的是什么我们禁止做。在现实世界里,当一个产品或服务的生产特征就是对范围或规模的日益增长的回报、高水平的生产(或消费)整快性(lumpiness)[22]、资产特定性(asset specificities)、或缺乏接近的替代品(close substitutes)时,购买者必须把资源用于购买并就价格和条款进行谈判。如果条款或服务必须在日后才能有效的话,购买者必须花费资源以确保供给者遵守谈判或合同的条款。也就是说,为了避免高成本的错误,购买者必须承担研究、谈判、监督和执行成本。这些交易或控制成本是获得产品或服务的成本的一部分。他们无论发生在政府内部还是外部都不重要,因为最终是由公众付钱。

因此在公共机构供给和私营部门供给之间的差异没有成功地覆盖可供治理系统设计者使用的全部选择。它也没有成功地反映出所有的与选择有关的因素。

首先,虽然大多数产品和服务是由组织而不是个体生产的,但是有效控制最终意味着个体责任。由私有化支持者所归纳的在公共供给和私营供给之间的差别忽略了控制者控制公共组织管理者的能力，在他们管辖范围内个体对他们的行为负责，和随之而来的他们直接影响奖励和惩罚的能力，这些奖励和惩罚是针对这些个体的，例如薪金和晋升机会。

控制者不可能控制管理者个人的责任，因为他们与供给组织的关系保持了一定的距离，个体责任结构被组织形式所遮掩了。能够奖励（或惩罚）一个组织的唯一途径就是增加（或减少）它的收入。一个组织的收入可以影响到个体管理者的福利，但也只是间接的。

使个体和组织负责之间的差异——或者在直接的个人影响和间接影响之间的差异——是相当明确的。看下面这个例子：如果由一个机构所提供的服务质量总体上是令人不满意的，以国防后勤局（Defense Logistics Agency）为例，控制者可以建议撤换机构首长。如果国防部与服务提供者保持一定距离的关系，例如美国麦道公司（Mcdonnell Douglas），但这一关系不尽人意的，那么控制者能够做的全部事情就是建议结束这种关系。控制者可以惩罚供给方组织（supplying organization），但是不能惩罚为这些失败负责的管理者，虽然他们的行为可以引导董事会那样去做。不幸的是，惩罚一个垄断企业〔例如，任何单一资源的供给者（sole-source supplier）〕，就像切掉你的鼻子来报复您的脸；奖励一个垄断企业就像吃一个份奶油蛋糕以庆祝继续减肥。结果如果一个供给组织就是一个垄断企业，直接影响管理者的能力将产生巨大的效能，特别是如果控制者可以激励和促进在备选管理团队之间竞争的情况下。

这一声明可以通过参照私营部门得到证明。在私营部门，大多数真正的自然垄断企业生产中间产品（intermediate products），也就是给消费者提供产品或服务的产品。我们常常把自然垄断企业（降低成本就是产出增加）归因于在传统产出上扩大对专门资源（specialized resources）的巨大多块的投资——专门技术知识技术诀窍（technological know-how）、特定产品（product-specific）研究和发展、装备等。投资专门资源常常会产出一个所谓垂直整合（vertical integration）过程〔如果是由消费品生产者所发起的叫"回溯垂直整合"（backward vertical integration），如果是由中间产品生产者所发起的叫"前瞻垂直整合"（forward vertical integration）〕（Colbert and Spicer 1995；Joskow 1988）。新组织经济学告诉我们：垂直整合的发生是因为它允许交易成本或控制成本最小化，部分是通过用直接监督代替间接影响（see Williamson 1985；on the relevance of transaction cost economics to public administration, see Ferris and Graddy 1991, 1994; Maser 1986; Vining and Weimer 1990; see also Borcherding 1983, 1988; Friedman）。

用交易成本经济学的行话来说，投资专门资源被称作资产特殊性（asset specificity）。如果资产对产品或服务的供给做出了必要的贡献并且在备选方案的使用中价格更低，则这个资产被认为是特殊的。资产特殊性的必然结果就是双边垄断（bilateral monopoly），这样一种情况给供给者和消费者的投机行为（opportunistic behavior）提供了一个理想的环境。例如，如果中间产品生产者已经得到了专门资产,他们的消费者可以威胁去转变供给者以从他们中得到折扣。在这种情况下,供给者会发现取消他们专门化投资是必要的。或如果对最终产品的需求急剧增加,那么中间产品供给者可能会使用其垄断权力去从消费者中诈取非法价格。因此,如果在中间产品供给者与他的消费者之间保持一定的距离,投机行为的威胁足以消除,在另外情况下是成本效率投资(cost-effective investments)的生产动机。垂直整合可以消除这种威胁。确实,如果中间产品供给者提供相似的产品或服务(即,那些很容易监控的产出),而且整个生产量得以确定,技术成熟,那么垂直整合允许由不平衡或者二元转移价格(two-part transfer prices)成功地管理双边垄断(Masten 1993;Prusa 1990;Schroeder 1993;Young 1991)。

当然,垂直整合也只是对待资产特殊性的一个方法而已(Walker and Poppo 1991)。一些组织投资专门资源,拥有专门设计的资产(design-specific assets),他们将这些提供给他们的供给者。这就是所谓的准垂直整合(quasi-vertical integration)。这在汽车和航天工业中很普遍,当然,它也是国防部提供和拥有装备、印模(dies)、设计的标准程序,国防企业使用这些装备、印模和设计给国防部提供武器系统和类似的装备(see Montevere and Teece 1982)。其他依赖少量供给者或少量分配者的组织签订合同限制与之交易企业的投机行为。一个良好执行的合同可以在没有产生垂直整合的实际成本情况下接近垂直整合的结果(虽然很难签到这样的合同,而且如果合同的一方想去剥削另外一方的话,禁止这样行为的成本很高)。在其他情况下,可以通过基于抵押品交易的同盟或者基于长期相互依赖的纯粹的旧式托拉斯来得以实现所需要的结果[例如,保证债券(surety bonds)、债务交易或资产股(equity positions)]。例如,在日本,买方—卖方关系基本上建立在相互信任的基础上(Ravenscroft 1993)。丰田公司(Toyota)依赖很少的供给,依赖它所培植和支持的为数并不多的几个供给。公司在其生产和工程部门和其供给者之间保持紧密的工作联系并且明确避免投机行为以维持长期的关系。

但是,在对美国航天工业的垂直整合的一次研究中,马斯廷(Masten 1984)明确证实了资产特殊性和因此日益下降的成本是外购或自制决策(make or buy decision)的基础。如果中间产品不但复杂而且高度专门化(只供购买者使用),那么有92%的可能性它将内部生产;甚至有31%简单的专门化零件是内部制造的。如果这些零件不是专门化的,那么不管它有多复杂,这种可能性都降到2%以下。

私有化的支持者也在他们不明确的宣称中犯了错误,这一宣称认为:当且仅当(if and only if)组织是民营的情况下可以把责任授予给组织;当且仅当组织是公共部门的一部分的情况下可以把责任授予给个体。这一宣称的荒谬只要被明确地表达出来时才会变得非常明显;它既不符合理论,也不符合实践。例如,许多州议会将其与公共实体,如大学或医院等的关系建立在一定距离关系的基础之上,这些距离关系由克己的法规(self-denying ordinances)得以保证,这使得公共实体的管理者免于受到具体监督和直接控制。例如，国防部关于军事基地的关闭和改组的决策由于这样一个克己的法规而免于受到国会的直接控制（Twight 1990）；公众当局（public authorities）是另一个很好的例子（Frant, forthcoming）。类似的，不断发生的采购欺诈案件说明了给政府提供服务的私营企业的管理者在其违反联邦法律时他们能够直接对自己的行为负责。

最后，大多数私有化的支持者暗地里认为：给政府或为政府提供的服务都是相类似的或互换的，这说明确定最有效的供给组织或管理团队的问题分解为一个简单的价格寻找问题，即一个展示有关"消费者"服务需求信息的基础控制机制（elementary control mechanism）。事实上，许多给或为政府提供产品或服务的组织提供了大量的或多或少的相类似的产品——许多这些产品难以测评，评估成本很高，有些产品禁止这样做。

D. 在备选方案中选择

私有化的支持者确实做了一个重要的、并不令人感到意外的宣称：机构设计的选择应当取决于讨论中的产品或服务的成本和生产行为。但是，他们常常没有成功地将这一宣言转化成合乎逻辑的结论。这种选择将取决于将生产成本和交易成本的总量最小化（Williamson 1985）。

从交易成本观点来看，至少有两个相关因素：运行决策结果被监督的容易度和组织间竞争的合意度所制约。大多数管理控制理论家相信：如果结果[即一个组织或责任中心（responsibility center）]的产出容易监督的话，控制将集中关注主体决策的结果；如果不是这样，控制将集中关注主体的内容（输入）。因为结果是很容易监督的，如果企业生产相类似的产品或如果在一个企业中的责任中心执行可互换的行为时，可以推出的是：如果相类似产品被供给时，控制者应当依赖事后控制。理论上，从"消费者"角度而言，如果每个条款供给本质不同的话，我们可以推出他们应该依赖于事前控制。此外，这种观点由近来在组织经济学和代理理论中的新发现进一步加强（Brown et al. 1992；Ezzamel 1993；Good 1992；Mackintosh 1993；Mayston 1993；Whynes 1993）。

与此同时，工业组织理论告诉我们：在产出数量（产出率或产量）增加而成本恒定或者不断增加的情况下，组织间的竞争是必要的（Carlton and Peloff 1990；Tirole 1988）。如是规模经济或范围经济在促使成本下降同时增加产出的话，那么垄断供给可能是适宜的 [Barzelay (1992) refers to entities that have this characteristics as "utilities"; see also Kettl 1993]。正因为只有当消费者或者他们的代理人最终对一个或多个供给组织的存亡漠然视之的时候，责任才能够被有效地授予组织，这一推理的意义就是，只有当组织间的竞争是切实可行且可能行之有效的情况下，控制者应该把责任授予组织，而如果情况并非如此则把责任授予个体（Aersen 993；Willig, Jatar, and Laffont 1993）。这些规范性的描述在图4中得到总结。

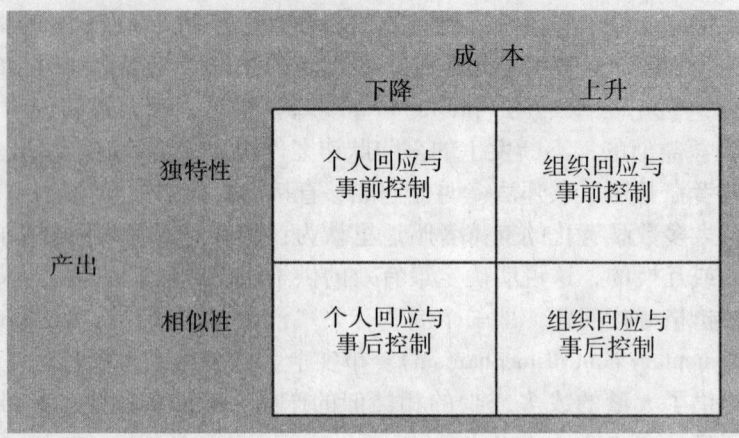

图4 治理机制设计的客观经济学

E. 备选治理系统设计的执行（Execution of Alternative Governance System Designs）

政府使用了4种基本类型的控制。但是是否每种类型都得到正确地使用？在回答这个问题之前，我必须首先说明怎样使用这些设计并解释它们执行的实际逻辑。我的讨论集中关注事前控制的使用。这并不说明我特别喜欢它。相反，我认为只有在生产和交易成本显然对这些设计的使用提供最小反对方案时，控制者才会求助于事前控制设计（Reid 1990）。

我集中关注使用事前控制是因为在我看来，它们的执行似乎没有得到很好的理解，特别是那些最依靠它们的人没有很好的理解。许多参与政策过程的人似乎都会相信：事前控制不仅防范滥用职权，也通过减少成本来提高绩效。但是如果失败了，他们倾向于认为解决的办法在于更多或更好的规则。

对事前控制效能的持久信任的一个可能解释就是，它的信徒并不理解有效执行事前控制有多困难。例如，他们似乎认为，事前控制的主体遵循它们是因为他们道德上有义务那样做。但是很明显，并不是每个人都打算尊重道德权威（moral authority）、尊重规则或者遵守规则的。因而有必要监督和强制服从规则并查出和惩罚那些不服从者。同时也有必要确定事前控制的内容，告诉主体要做什么，不能做什么，用这样一种办法去寻找和执行效率，这绝对不是一件容易的事情。

此外，许多相信事前控制的效力的人没有理解到道德权威由于规则过多而过于容易受到腐蚀。道德权威、尊重法律和倾向于服从规则对社会安排（social arrangements）的稳定和效能至关重要。在现实中，在其他社会控制机制充足的地方，他们也太过于重要而不能被浪费。相反，应当仔细节俭使用它们，这样当在真正需要它们的地方和时候就可以得到它们（see Tyler 1990）。

事前控制和事后控制一样，因为他们最终依赖对它们的效果的奖励和惩罚措施。不同的是，事后管理控制是动机或需求展示机制（incentive- or demand-revealing），而事前管理控制是动机或需求隐藏机制（incentive- or demand-concealing）。这说明，不透明性（opacity）是事前控制的一个基本特征。事前控制的动机方面也因此没有事后控制的动机方面那样明显。这也说明它们的效果是执行它们的技能的抵押品，这也解释了为什么它们的动机方面很容易被忽略，解释了也许为什么他们没有被很好地了解。为了说明需求隐藏机制是怎样运行的，我首先将展示需求展示机制是怎样运行的，或者至少这些机制是什么。

F. 事后控制治理系统设计

我所说的需求展示机制是指，在这些机制中消费者（或他们的代理人）宣称他们支付各种数量的产品、服务或行为的意愿。消费者明确地向他们的供给者展示一个充分表达了他们需求和偏好的需求表（demand schedule）。然后他们要供给者想出如何最好地满足这些需求和偏好。传统需求展示机制就是竞争性的现货交易市场（competitive spot market），在那里消费者从许多不知名的公司中购买东西。当许多供给者有意满足消费者的需要，消费者只要选择价格和质量结合最好的产品——这些产品远远地把他们的需求表丢开。通过这样做，消费者回报那些尽力满足他们口味的供给者，同时暗暗惩罚了其他的供给者。例如，他们可能会从代理商那里以市场价格定购小麦，货到付运费。在这种情况下，将不会有正式的合同。消费者将不会给生产者任何限制。事实上，消费者可能甚至不会知道是谁种的小麦。但是小麦种植者却为他们的贡献得到回报。例如，当政府购买现有的电子零件时就依赖于这些形式的现货市场（spot market）。

G. 事后控制透明奖励测评绩效或结果

现货市场绝不是用来管理卖方和买方交易的唯一的需求展示机制。在这一依赖透明回报的基本主题上还有许多的变体。但是所有的奖励形式都有一个共同的特征：只有在生产者作了运作决策之后、在已经获得并使用资产之后、在产出得到监控之后，才能提供奖励。因为他们是在资产获得和使用已制定的决策后才被执行，所以我们称为事后或事后控制（ex post or after-the-fact controls）。

政府使用预期价格机制（prospective pricing）补偿独立的服务提供者（free-standing service providers）可以看成是与现货市场近似的一个类比。美国卫生护理财务部（Health Care Financing Administration）使用的、用以支付医院治疗病人的系统就是一个例子。一些州用来补偿大专院校（postsecondary institution）教育学生所采用的注册驱动资助公式（enrollment-driven funding formulas）则是另外一个例子（Jones et al. 1986）。在这两个例子中，主体都是独立组织，在供给组织中权威和责任结构纯粹是一个内部事务。政府或它的代理人决定一个价格表（price schedule），并确定最小服务质量标准（或者一个过程，通过它确定这些标准）和价格表将生效的时间表。

根据预期价格,所有具有资格的组织(qualified organizations)每次在执行了特定服务之后都将被支付一个规定的每单元价格(per-unit price),诸如录取一个全日制学生(full-time equivalent student)或者治疗一个心脏病人。和其他事情一样,这说明政府的财政责任有点不明确(open ended)。它取决于所提供的价格和实际被提供的服务数量(责任=价格×数量),但是不直接取决于供给者所付出的成本。

现货市场的另一个近亲(close relative)就是固定总价合同(fixed-price contract)。根据固定总价合同,价格事先又是确定的,并且不受供给者后来的成本所影响。与之相对应的,根据弹性总价合同(flexible-price contract),这些成本将与消费者共享。在成本加固定费用合同(cost-plus-fixed-fee contract)情况下达到了弹性总价合同的限额,消费者为所有的、合法的、已经测评的成本承担全部责任。

在一个纯粹的、成本加固定费用合同中,政府常常从许多与保持一定距离的供给商中购买。常常举行投标竞赛,而订购则在只根据价格在所挑选的供给者之中移动。这些价格表可能需要各种复杂安排,包括产出率、产量、混合调整(mix adjustments)以及通货调整(inflation adjustments),有时还包括违约惩罚(default penalties)。固定总价合同也包括在一个固定时期内,也许在特定的场所提供某些特定服务的特权——例如,在一个军事基地的垃圾收集工作。

根据所有的这些需求展示机制,政府依赖于组织间的竞争加上利益驱动以激励服务供给者进行明智的资产收购(asset acquisition)和使用决策,并激励有效生产。如果组织间竞争行之有效,那些没有做出明智资产收购和使用决策的组织将半途而废。

H. 在垂直整合组织中的需求隐藏机制

在某些情况下,甚至正在谈论中的服务成本习性(cost behavior)都提供了垂直整合和垄断供给拨款(monopoly supply appropriate),但是适当的事后控制需求展示机制仍然可以被有效地应用。在企业和类似企业的(businesslike public sector)公共部门中,其完成是通过使管理者负责最优化一个单一价值准则(criterion value)——常常是一个财政绩效指标——使之受到一套特定的限制约束。这种控制机制也常常被认为是责任预算(responsibility budgeting)(Anthony and Young 1988,365-386;Thompson 1991),有时候也被认为是绩效合同(performance contracting)(Islam 1993)。[24]责任预算的基本结构是一个定位给行政单元的账户(控制)结构,这些行政单元(administration unit)有目标或对象(object)、使用输入(资源)去生产产出(产品或服务)。一个理想的责任预算包括每个行政单元的一个单个数字或财政绩效目标(例如,一个单位成本标准,或者关于投资目标的赢利或回报)。[25]

责任中心根据两个方面来划分:(1)整合方面——即,在责任中心的对象和组织的整个目标和政策之间的关系;(2)分权化方面(decentralization dimension)——即，授予给责任管理者的权威，这根据获得和使用资产的自由裁量权来评估。在第一个方面，一个责任中心可以是一个任务中心（mission center）也可以是一个支持中心（support center）。任务中心的产出直接贡献于组织目标。支持中心的产出是对组织另外一个责任中心的投入，它可能是另外一个支持中心或者是任务中心。在分权化方面，自由裁量费用中心（discretionary expense centers），它模仿政府标准（governmental norm），被发现在一个极端，而利润中心（profit center）或投资中心（investment center）在另一个极端。一个支持中心可能是一个支出中心也可能是一个利润中心。如果是后者，它的利润就是它的开支费用和它将服务"卖给"其他责任中心所得的"收入"之间的差额（Halal 1994）。[26]利润中心和投资中心都常常是自由借贷，投资中心也自由制定关于工厂、装备、新产品以及其他对组织长远绩效有重要意义的事情的决策。

责任预算主要关注的是确定目标、根据确定的目标监督绩效、相应地奖励管理者。责任中心通过交易和相互调适容纳（mutual accommodation）的过程来协调管理者的行为。这在现在常常是可能的，但这在以前实际上是不可能的，因为责任结构（财产权和财产所有权的分配以最小化组织内部的外在性和外溢效应）和管理信息系统［绩效指标、转移价格（transfer prices）、成本计算程序（costing procedures）］的设计现在更加精确了。绩效指标、转移价格和成本计算程序越来越复杂在很大程度上是由于电脑速度和软件的发展（Lapsley 1994）。

就双边关系而言，常常可以建立一些形式的交易安排去消除或内在化外溢效应（Balachandran and Ronen 1989；Dorkey and Jarrell 1991；Ronen 1992；Ronen and Balachandran 1988）。在大多数的情况下，这些关系可以通过买方卖方的安排进行管理，而如果这些关系发生在组织内部，则通过合适的转移价格来管理。如果垄断供给适宜，二元关税（tow-part tariffs）［例如，电话服务的接线和使用费（hook-up-plus-usage charge），见科恩等人（Cohen et al. 1992）和梯若尔（Tirole 1988）］或非平衡的转移价格可以用来管理关系和给供给者提供动机对工厂、装备或经营（know-how）进行长期投资（非平衡转移价格常常较之以成本为基础的二元关税更容易使用，因为后者必须进行仔细测评以产生一个有效的解决方案，但是会计师并不是很喜欢它们）。在其他的情况下，在一个准市场动态环境下，可以使支持单位（support units）与在组织内外提供类似服务的其他单位进行竞争，并且允许支持单位收取市场将承担的费用。

这样一种账户结构看起来有点像下面所说的：

1. 所有的行政单元都被分成任务中心或者是支持中心。
2. 所有由支持中心所增加的成本，其中包括使用资本性资产（capital assets）和库存折耗（inventory depletion）的费用，收费都归于他们所服务的任务中心。
3. 资助任务中心来支付他们的预期开支，包括支持中心的费用。
4. 工作资金（working capital fund）为支持中心提供短期资金支

持。

5. 资本性资产资金（capital asset fund）为资本资产提供长期的财政支持，并鼓励对它们的收购、使用和处置进行有效管理。

主要的正式工具是周转金（revolving fund），通过它交易可以立即在政府内得到完成。这些资金包括联邦政府内部的买方—卖方安排（buyer-seller arrangements）。海军早在1878年就有周转金。现代意义上的周转金追溯到1947年的《国家安全法》（National Security Act），而且在国防企业营运资金（Defense Business Operating Fund）下已增加到每年400亿美元。在这一权威中下建立了两种形式的资金：股票资金（stock funds）和产业资金（industrial fund）。股票资金被用来从商业资金中大量采购供给物，并将它们保存在库存中直到提供给消费者，消费者常常是一个军事机构或设施。产业资金被用来从政府内的生产单位采购产业或商业服务（即，基地维修、交通运输等）。这两种形式的资金都应该由从消费者拨款的补偿金中获得。

现代转移价格（modern transfer pricing）可以通过预测性而不是追溯性地制定价格规则和强调交易的标志性（notational nature）来扩大这一工具的范围和加强它的效果。转移价格鼓励对使用他们服务的支持中心和机构进行有效地选择，只有（1）当价格是提前制定的；（2）当支持中心名义上根据提供服务所得的收入来收取他们所有的开支；（3）当支持中心被视为责任中心的时候，他们的管理者才被授权承担提供服务的开支，并且对完成他们中心所规定的财政目标负责：都是那些更高程度的资本密集中心，像投资中心，而大多数其他的中心是成本中心或收入中心（虽然在大多数情况下，他们的绩效可以根据他们的准赢利度来评估——即，水准基点成本或价格低于实际成本）（Bailey 1967，343）。

在责任预算或绩效合同下，组织内的权威和责任结构对那些控制者来说非常关键。责任预算的效果取决于明确的目标、根据这些目标确切及时的绩效报告，以及开支权威和责任的仔细匹配等的精致度。他们的效果也取决于传达给责任中心管理者的个人报偿表的清晰度和透明度以及不同管理团体之间的竞争程度（Chia 1995；Goold 1991；Govindarajan 1988）。

已经实验了责任预算和会计的政府包括新西兰、澳大利亚、英国、瑞士（Switzerland）、芬兰、加拿大的艾伯特省（Province of Alberta）和许多其他国家（Cothran 1993；Ezzamel 1993；Schedler 1995；Schick 1990）。这些政府都迅速将他们的公共官僚精简成更有效率的各种组织，基于这样一个假设，即竞争，建议和提供系统两者，是有效服务供给的根本之所在，这些政府用有利于竞争和业务外包的政策取代了对垄断性机构的依赖。正如上文所提到的，新西兰在这些改革中走得最远。在新西兰大多数对公共行政的关注都集中在提高财政报告和绩效指标质量的措施上。新西兰是第一个出版一系列理性的关于整体（一般）目标的财政报表（general-purpose financial statements）的国家，包括一张显示资产和债务的资产负债表和一个以应计制为基础的收入和开支报表（accrual-based statement of income and expense）。但是，在它的政府结构上所做的变革可能更值得关注（Ball 1994; Scott et al 1990）。

首先，议会私有化了一切不是"核心公共部门"部分的东西，剩余的"核心"包括一个由政策职能、规制职能和运行职能构成的混合体。第二，议会重新定义了它与部门首脑的关系。部门首脑被任命有固定的期限，还有重新被任命的可能。每个人都根据一个规定的合同工作，与国家文官委员会（State Services Commission）进行协商，文官委员会进行监督和评估绩效（从而加强了绩效合同，see Islam 1993; World Bank 1995）。第三，议会改变了拨款方式。

拨款的基础现在取决于部门提供关于其绩效的充足信息的能力。过去所有的部门根据模式 A 进行；现在大多数部门改进了用模式 B 或模式 C 进行。在模式 A 中，各部门被视为自定成本中心（discretionary cost center），议会为了获得输入而拨款。在模式 B 中，各部门被视为准赢利或开支中心。在模式 C 中，各部门被认为类似于投资中心。拨款是支付为各部门所生产的产出和部门任何纯资产变化。在模式 B 和 C 中，管理者可以自由地对在厂房和装备上的投资作出决策。议会依靠这样一个事实：管理者的财政绩效是一个主要的基础，根据这些基础，评估他们的绩效以确保他们决策的完善性（Gul 1994; Halal 1994; see, however, Burke 1990）。

I. 事前治理系统设计（Before-the-Fact Governance System Designs）

事前管理控制是需求隐藏机制。它们的显著特征就是他们的执行是在公共资金被使用之前。也就是说，他们管理服务供给者的采购以及短期和长期资产的使用，这意味着控制者可以保留预查这些决策的权力。事前管理的例子包括支出目标拨款（object-of-expenditure appropriations）和负担账户（encumbrance accounts）。这些管理由政府部门和机构能够获得的资产类型：拨款、职务控制（position controls）、规制公共开支的比率、时间安排和目的的资金和会计控制（Pitsvada 1983; Schick 1964; 1978）以及管理私营承包者行为的类似的法规和规制（Goldberg 1976; Kovacic 1990）。

读者将认识到在传统政府预算中事前控制和个人责任的联合。大多数人也将认识到在所谓的成本加合同（cost-plus contract）——被管理的或灵活价格合同家庭中最著名的成员——中，事前控制和组织责任的联合。我通常更喜欢"灵活价格合同"，而不是"成本加成合同"，因为我主要关注的是把这些合同从固定价格合同中区分出来。灵活价格合同包括各种激励和成本分担合同计划（incentive and cost-sharing contract designs）而不是经典的成本加成合同（see Goldberg 1976）。

大多数政府预算是开支计划（spending plan）。为了将他们与责任预算相区别，我使用了"支出预算"（outlay budgets）这个术语。在支出预算中，保证分配给供给组织一定的资金以回报它在一个规定的时间内所提供的服务。他们常常收到分配资金却不用管所提供服务的实际数量或质量如何（这样做相当于把每个政府部门、机构或局都视为一个自由裁量成本中心）。

灵活价格合同基本上是生产计划。它们全面规定产品或服务的特点，常常有一个提供安排表。在灵活价格合同下，供给组织被保证为提供服务而产生的合法的费用得到补偿（完全的或部分的）。因此，他们提供服务所付出的价格是根据已确定的成本合同标准和他们合同的规定回溯性得到决定。

说控制者主要关注供给者资产收购决策并不是说他们在执行支出预算时忽视绩效或在执行灵活合同时忽视价格。控制者常常考虑供给者决策的将来后果的有关信息，也会考虑其当前和过去行为的信息。他们对绩效的关注可能是隐性的，就像在传统明细支出预算（line-item budgets）执行中一样，而不是明确的，这就正如在绩效、项目预算或零基预算的执行中一样。但是资产收购决策的后果常常对控制者很重要。关键是在这些控制系统设计中，对开支决策绩效后果的关注在本质必须是预测性的。控制者不会泄露充分表达了消费者需求和对供给者偏好的需求表，或者把需求表留给供给者去弄清楚如何最好地满足这些需求和偏好。

甚至在这些控制系统设计中，这些服务供给者，不管他是一个部门还是一个外部承包者，都必须承担责任，管理产出水平和提供安排计划、服务质量和价格。但是，正如我将要证明的，需求隐藏监督的逻辑要求严格限制供给者的自由裁量权。这意味着供给者必须受到相当广泛的、相当详尽的事前控制约束。例如，一个机构的支出预算应该确定所有将在这一年内执行的资产收购、确定其数量、并明确谁负责谁实施采购。

当然，限制管理自由裁量权并不是事前控制所行使的唯一职能。即使它是唯一的职能，也难以承认事前控制代表了一个最不可能受到反对的方法（least-objectionable alternative），更不要说解释了事前控制的广泛使用。更确切地说，限制管理自由裁量权主要是实现目标的一种手段，而它本身并不是一个目标（Baron and Besanko 1988；Keren 1989；Lewis and Sappington 1989；Reichelstein 1992）。为了说明能如何告知主体以一种能加强效率的方式行事，我将详细列出采用两种基本的事前治理系统设计的逻辑：灵活价格合同和支出预算两个计划。

J. 灵活价格合同

在固定价格合同和灵活价格合同中竞争所扮演的角色是不同的。这个差异不是发生在有关的服务生产之前的那个差异（经济学家将这样一种竞争机制视为竞争市场，区别于市场内竞争）。固定价格合同的接受者常常在服务提供之前就获得排他性的特权。

在固定价格合同和灵活价格合同中，竞争所扮演的角色差别可以用"道德风险"这一表达来总结。在灵活价格合同下，不能依赖于竞争来保持较低价格，更不要说去加强效率了（Cohen and Loeb 1990）。一旦签订灵活价格合同，供给者可以自由去将他的手伸进消费者的腰包里。因为供给者开支他人的钱财，所以对成本效率的正常激励措施基本上消失殆尽。影响成本、服务质量、或价格的决策（即，资产收购决策和使用决策）必须在合同的执行中被制定，但是一旦签订合同，就不能够再完全信任供给者会制定这些决策了（Thomas and Tung 1992）。当消费者忽视了有关供给者根据早期合同的行为信息或者消费者不能（也不会）根据出色绩效裁决将来的合同时，这一结论尤其站得住脚。当涉及固定价格合同时，拒绝考虑过去的绩效将打击了供给者的忠诚，并消除他们提高对所提供产品质量的动力（see Kelman 1990；von Ungern-Sternberg 1994）。

然而为什么消费者还要签订灵活价格合同呢？为什么不简单地只签订一个固定价格合同呢？答案就是：固定价格合同是一种选择机制，控制者清楚地知道他们的委托人需要什么，而且还存在一些也知道怎样满足这些需求和偏好的潜在的服务供给者。在这样的环境下，所提供的服务质量特征、所承诺的提供安排表和赎回价（bid price）允许消费者合理地评估提议。令人遗憾的是，只有当所谈论的服务是相当简单且相对规范的时候——如垃圾收集，所有这些条件才成为可能（von Ungern-Sternberg 1994）。

K. 技术的不确定和财政风险

在其他情况下，在执行合同以前，控制者和服务提供者可能都没有充分了解产品特征或生产过程的价值，从而采用一种固定价格合同（Mackintosh 1993）。这是一个很简单的生活事实，相对于一个狭窄范围内的后果，要求有相当丰富的处理经验；当涉及特殊或独特服务时，不可能有哪个组织拥有所需要的经验。因此，根据一个确定的安排表，任何同意以一个固定价格生产独特服务的组织都将遭受一个巨大的财政风险。这种风险可以被转移，但不能被消除。

政府，特别是联邦政府，常常比供给组织更能承受财政风险。这一点千真万确，因为政府控制了资产的规模而且有能力集中风险。因此，如果政府承担了与服务采购有关的部分风险，那么它的成本常常相对较低。灵活的或追溯定价（retrospective pricing）是政府来承担风险的一种方法。此外，政府的偏好可能在合同执行时发生变化。因此，在一个固定价格合同情况下，如果变化涉及到增加卖主的成本时，就不可能保证在服务特征上产生想要的变化。

当然，政府对财政风险的漠视是很容易得到夸大的。政府无法不受到财政风险影响，否则政府将依赖于支出预算从而不会产生任何经济意义（Carlton and Perloff 1990：503）。此外，虽然与政府做生意具有风险性这一点可能是真的，但是这种风险主要是非系统的，因此可以通过多样化而得到转移。

但是，我的观点仍然是：消费者应该选择灵活价格合同而不是固定价格合同，因为消费者比承包者处理不确定因素更为便宜，或者因为消费者更为关注承包者提供合格（works）产品的能力而不是价格（see, however, Cohen and Loeb

1989)。问题是，事前控制可以被用来确保卖方对成本效率保持兴趣吗？

L. 在灵活价格合同中，用事前控制加强效率

一个灵活价格合同其执行必须一开始就具有一个完全确定的项目开支计划，详细列出将要进行的工作，列出要使用的人事、材料和装备，列出投入质量标准以及计划性目标（Kathawala 1990；Lewis and Sappington 1989；Reichelstein 1992）。这一过程可比作一个重复的囚徒困境搏弈（prisoner's dilemma game），搏弈中双方在达成协议上有着共同的利益，但在协议的内容上有着不同的利益。在这一游戏中，努力以一个固定价格尽可能多地获得他们想要的东西，而供给者则为其提供服务尽力获得可能的最高价格（Hofstede 1967；see also Breton 1989）。在囚徒困境搏弈中的谈判权取决于每一方所获得的信息。特别是，当消费者（或他的代理人）知道供给者的真实成本一览表（cost schedule）但是能完全隐瞒关于自己的的偏好或需求表信息时，他的权力最大（Morgan 1949）。

这仅仅是一个更为正式的方式认为，对于能够最好地展望未来和理性回顾过去的一方而言，战略优势自然增长。为了达到目的，一方必须能够使自己完全处于另一方的位置上（即，他必须知道在不同情况下另一方的成本）。这是"应该成本"模式（should-cost model）的一个目标。这也是在选择已经处于对方位置的代理人之后的目标之一（促进信任是另外一个目标）——例如，在制造工厂（manufacturing plants）的采购代理人通常从工厂推销员（industrial salesman）、程序工程师（process engineers）层级中招聘，反之亦然。但是，联邦政府中的"旋转门"规则（revolving-door laws）也享有这种人事交换。这些规则可能增加政府设定议程的权力，但无疑会减少它理解或使用该权力所授予的信息能力。

在一个重复性搏弈中，消费者（或他的代理者）得到的信息将取决于他们控制组成这一搏弈运动和反向运动的后果的能力。公共选择理论家将这种情况视为议程控制（agenda control）（Hammond 1986）。在复杂的事前控制下，只有在另一方或其代理的事前同意下才可以做出变化，那么提议或动议变化的一方必须向对方展示有价值信息。这可能促进了消费者或供给者，或双方的利益。

例如，考虑一下下面的情况："合同和规定是为……一艘船而制定的，并且二者已达成一致……但是承包者发现，通过另外的途径他可以更为便宜地焊接某些钢板。到了顾客要求船上的一些空间应当更大的时候……承包者可能申辩道，他不能轻易改变空间的规模；但是，如果顾客允许改变焊接的话，可以达成一个交易"（Stark and Varley 1983：132）。但是，当正确使用灵活价格合同时，我们有充足的理由相信大多数变化提议都会由服务供给者提出。竞争市场给潜在的服务供给者提供动力以承诺提供超出他们能够提供的东西，因为合同通常被提供给那些承诺最多的服务供给者。因此很少有合同获得者能够全部兑现他们的承诺，特别是当他们的管理自由裁量权受到一整套事前控制的严格

限制时。这一事实常常在合同执行之时对于服务供给者非常明显。服务供给者也会在成本、服务质量和有效地提供安排表之间进行权衡,甚至想(在有些情况下不得不)改变其承诺或计划。

在一整套事前控制下,这些变化依以前的批准而定。为了确保批准,服务供给者必须展示关于他们能力和权衡可能性的信息。结果,执行政府偏好的权力就传递给了采购官员,但是这只有在采购官员知道他们自己正在做什么和怎样使之发生的情况下才行(Brown et al 1992; Lewis and Sappington 1989; Reichelstein 1992)。我们可以在军队多管火箭发射系统盘(multiple-launch rocket system)的发展和生产中找到有关这一过程的一个现实例子,在那里项目管理者的相关专业技能不仅允许一个有信心的渠道选择(source-selection)决策,而且允许有一个高度有效的合同管理(Kennedy School 1987)。

M. 支出预算

一个近似的逻辑(Wildavsky and Hammond 1965)适用于在支出预算具有比较优势的地方——在对一系列的专门或者独特服务按比例排列的逐渐下降的成本下。当为提供服务需要大规模、多块的专门化资源投资的时候,当每个问题、顾客或所执行的任务都具有独特意义的时候,当应该首先解决最严重的问题的时候,支出预算能够有助于保持价格低廉并激励效率。

政府中的许多组织单元也具有这些特点。他们提供不同的、难以确定的、而且几乎不可能测评的产品。结果,"这些机构似乎总在一个复杂的拆卸或重建工程的开始或结尾附近,因为通常有一种感觉,就是绩效并不是它应该的全部。这些机构的绩效只能通过预算增加(budget augmentation)来提高。当然,也不可能只是在预算增加中有保证。"

在支出预算中,控制者保留权威审查(或事前审计)所有重要的运营决策。他们大概会在行政单元决策或执行前尽可能多地了解替代选择及其后果。也就是说,他们想要服务供给者在每种可能的情况下出示所有可能行动的全部菜单(comprehensive menus)和确定执行每个行动最低成本所需的价格表。但是,愿望并不等于现实(wishes are not horses)。没有什么方法去强迫组织中的管理者去揭露他们机构的真正生产职能,即使在他们知道的情况下(不过在大多数情况下,他们是不知道的)(Brown et al 1992)。

因此,控制者常常必须同意采用这种理想模式的一个实际的近似物。这样,通过在预算执行中继续协商,他们的权威也为加强效率提供了一个基础。如果控制者非常熟练,如果他们正确出牌的话,那么即使没有完全满足他们委托人的偏好,但也可以近似地满足。也就是说,长期以来,他们能够强迫供给组织去解决"最为重要"的问题并且是以一个合理的代价解决这些问题。

给这些机构的压力越大,它的行动就越迅速。但是根据灵活合同,这里对变革要求的动力必须来自于运营经理(operating manager)。也就是说,责任中心的管理者必须有兴趣去增加预算。否则,他们将会对这种情况漠不关心:低优先级（low-priority）问题把对他们上级或立法议员更为重要的问题的资源耗尽。所以这里也必须有一套完全井然有序的事前控制。最低程度上，这意味着控制者必须确定何时、何地、如何使用资产以及确定下级可以支付给他们多少资金。另外，在预算期间从用更低成本或更高生产力的资产来代替更高成本或更少生产力的资产所节省下来的资金必须返回国库。没有成功提高运营所损失的资金必须在其他地方补回，而且必须相应地证明要求采购额外资产或者重新分配现有资产的新举措是合理的。

这些限制是完全必要的，之所以有必要是因为它们可以阻止运营经理（operating manager）不要过高估计在高优先权领域的资产要求以从别处获得使用资源，因而这也在低优先权领域为更高支持水准创建了一个先例。它们也有必要去强迫运营经理在开支计划有所改变时寻求授权，因此有展示隐藏的偏好、能力和权衡可能性。

一旦达到这些条件，而且预算最大者受到严格的事前控制约束时，控制者就可以在预算期间通过要求对下列问题做出肯定性回答来加强效率：所提议的变革允许以更低的成本实施同一个行动吗？会以相同的成本实施更高优先权的行动吗？所建议的资产收购（asset acqusitions）或节余的重新分配支持那些比现在正在实施的活动具有更低优先权的活动吗？当业务管理者知道和理解这些标准的时候，控制者将支持管理者所提议的大多数的开支计划改革，因为管理者将只会提出相互有利的改革。

自相矛盾的是，认为需要事前开支是用来加强在需要支出预算地方控制者的谈判能力，这并不意味着控制者必须直接管理事前控制。在某些条件下，信任可以被替换成谈判和执行成本，而开支资金、转移资金和任命职位的权力可以被安全地授予给业务管理者。再次强加的直接控制所带来的威胁能够足以确保业务管理者问询自己正确的问题，并且在他们行动之前就得到问题的正确答案——这在保证管理行为符合消费者偏好这条路上还应该长途跋涉。当灵活价格是适当时，显然也是有这种情况。例如，国防部制定了一个计划，指派模范承包者，并使之免受直接监督。

依靠诚信的必备条件（necessary conditions）就是控制的加强必须是一个可信赖的威胁；业务管理者从授权中的利益必须大于对在谈判权中相关损失所得到的补偿（例如，在公共政策一成不变的情况下，一个日趋老化的机构可能不能从事前控制的解除中得到什么，如果这种解除只是平常的商业变动的话）；而且控制者必须有信心，相信他们的监控程序，包括事后审计，可以确定有违诚信的情况）。

正如布雷顿和温特罗布（Breton and Wintrobe 1981；see also Gormley 1989；McMaster 1994）所解释的，充分条件（sufficient condition）仅仅指的就是控制者和业务管理者彼此信任。信任要求相互尊重和相互理解，对合办事业的承诺有相同的认识。在这种环境下，它的必然结果就是代表控制者和业务管理者双方的避免机会主义行为（opportunistic behavior）的一个意愿，因为机会主义行为无论对于运作单位还是组织的长期利益在总体上成本都是很高的，这一意愿也包括了拒绝利用事件为个人谋利益的机会。在一个谈判关系中的信任可能由于诚实或公正处理（fair dealing）的单方面背离、由于某一方对其另一方的能力、判断或道德标准的不尊重、由于过分的热情或一个公然的逆向或对抗性的方法、或者由于一个简单的仅仅缺少沟通而受到损伤。换言之，在支出预算下，或者其实在灵活价格合同下也是一样，所需用来实现最佳可能后果（outcome）的这类信任可能受到对商业伙伴关系——或更熟悉的姻亲（关系）——构成威胁的相同条件的威胁。当然这些条件也适用于与合同关系有关的地方）。根据洛克希德公司臭鼬工厂（Lockheed'Skunk works）的原创经理凯利·约翰逊（Kelly Johnson）的观点，运行一个成功的系统开发工程（systems-development project）有14条规则，其中包括完全项目控制、小型军事工程办公室（small military project offices）、提前同意的规定（specifications agreed to in advance）、按时拨款和极简便的监督和汇报，但是最重要的是"在工程官员和承包者……之间的相互信任"（Kitfield 1989，28）。

所有长期的买卖关系最终都取决于激励措施，甚至那些由支出预算和灵活价格合同所管理的措施。正如我们所观察到的，差别在于当这些治理系统设计被采用时，这些激励措施已深深地渗入预算或合同执行的过程中。因此它们常常被忽视了。外部观察者没有成功地理解它们（这些措施）是如何发挥作用的；他们也没有成功地理解要使它们很好地发挥作用有多么困难。有效执行需求隐藏治理系统设计——灵活价格合同和支出预算——要求控制者一方丰富的见识。要求正确执行需求隐藏治理系统设计的这些技能当然比需要用来设计和执行事后控制的那些技能要少得多，因为后者只要少量的专业技能就足够了。在这种环境下，掌握谈判的复杂性常常要花费多年的培训和实践经验，再加上大量常识。

N. 过度控制的成本

所有的长期买卖关系都依赖于标准和规则的程度。甚至在政府使用预测性价格机制补助独立的服务提供者的地方，常常都必须确定并加强质量标准。但是与需求展示机制相比，需求隐藏治理系统设计需要更高程度地依赖事前控制，也需要更高程度地监督事前控制，并加强与之保持一致。至少，采纳这些治理系统设计说明控制者必须采取措施确保供给者公正、确切地认识、记录和汇报他们的开支。这反过来要求仔细界定成本和规格或者适当的账户结构（account structures）、簿记实践和内部控制、直接成本核算程序和处理一般管理费所使用的标准等。

但是确切的账户（accurate accounts）并不能保证效率。即使——这一点并不可能是真的——（Sourwine 1993；1994）服务供给者的财政和运营账户完全且确切地提供了关于其管理者所制定的运营决策的每个相关事实，这些账户也不会为评估这些决策的完善性提供基础。这是因为成本账户只显示已发生了什么,不显示可能已经发生了什么。它们不能显示供给者所考虑的资产收购选择和权衡的范围,更不要说那些应当被考虑但实际上没有被考虑的东西(Cohen and Loeb 1989,1990)。正如我所提到的,在支出预算和灵活价格合同下,必须制定资产收购决策,但是,不能相信供给者会有效地制定这些决策。因此,必须拒绝授予供给者制定管理决策的某些自由裁量权。

因此,《联邦采购条例》(federal acquisition regulations)中规定:"虽然政府并不期望参与每一个管理决策,但它保留了评估承包者管理措施的权力"。事实上,当政府决定在一个合同的条款中允许哪些成本、不允许哪些成本的时候,它就有权力决定该渠道所采取哪些行为以及承担的开支条款。此外,联邦合同(federal contracts)显然授予政府权力去审查制定或采购(make-or-buy)决策,去批准分承包商和供给者,并且有权去确定内部财政汇报、运营、成本会计、计划系统、工资率等。

一个根本的问题就是这种参与会走多远。在多大程度上政府应该取代或复制供给者的管理措施?提出这一问题之所以有必要是因为事前控制成本高昂,无论是就直接支付监控和回报成本(out-of-pocket monitoring and reporting costs)还是就因消费者没有能力完全开发供给者的管理专业技能而失去的收益而言都是如此。政府或政府代理人很少比供给者更有能力制定资产收购决策。这一根本性问题的答案就非常明显了:考虑到服务供给者的动机和他们所面临的激励措施,也就是最小且必须做的事(the minimum necessary)。有时候"最小且必须做的事"实际上是许多事情。多少则取决于环境和控制者开发机会的技能,这些机会是由供给对制度限制的回应所产生的。

弄清楚存在多少限制是有必要的,这一问题可能在最小化来自供应者机会主义行为的成本总量[即,使用公共话语(public discourse)语言、浪费、欺骗和滥用等]和控制成本——无论是直接成本还是间接成本——中得到最佳体现。经济学理论告诉我们:最佳状态只有当控制的边际成本等同于其边际收益时才得以实现,如图5显示(from Breton and Wintrobe 1975; see also Harr 1990; Harr and Godfrey 1991, Masten 1993; Masten et al. 1991; Reid 1990; Williamson 1985;然而,威廉姆森在很大程度上忽略了一般性制度设计所实际导致的成本,包括了这里强调的一些成本)。

由行政控制所产生的收益,其特征就是减少了管理回报。在所避免的浪费、欺骗和滥用方面产生了最大收益的控制应该得到首要执行只是一种抽象的说法。相对的,控制执行的直接成本和间接成本总量的特征就是增加了管理成本。当然这一论断是值得争议的。就我们正在谈论的直接控制成本——他们强加在买方和卖方身上的直接支付研究、谈判、监控和实施成本——这一程度而言,假设恒定的边际成本可能更为合理。但是,在我看来,间接控制成本——受抑制的主导行为(stifled initiative)、单调的激励手段(dulled incentives)和重复的措施(duplicative efforts)(Marcus, 1988)——似乎随着控制数量的增加而以一个日益增长的速率在增加。这里图5中标有斜线的三角形描述了控制的总成本。这淡色阴影部分的三角形代表控制所得的全部收益。它们由被避免的浪费、欺骗和滥用所构成。颜色更深的三角形表明了剩余部分的浪费。

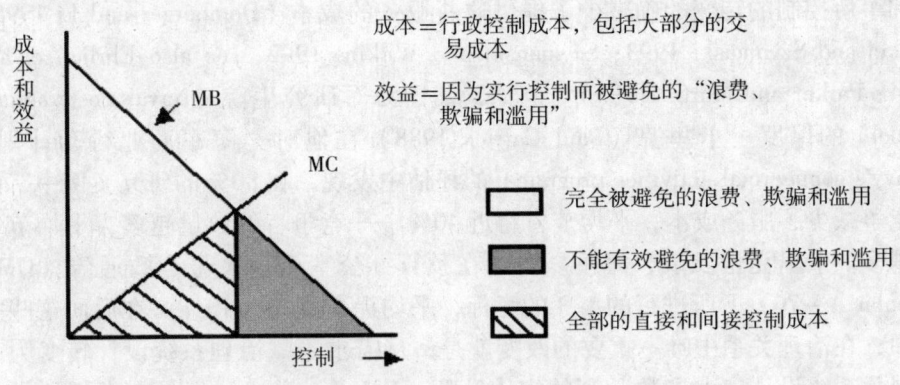

图5　行政控制的成本和效益

这个图表明，试图全部消除滥用是没有意义的。如果供给者机会主义行为的成本总数加上控制他们行为的直接和间接成本都被最小化，那么必须保留一些滥用，这仅仅是因为消除滥用是非常非常不经济的。控制没有做出什么有积极价值的贡献；控制唯一的目的就在于帮助我们避免浪费。在一定程度上，他们做了他们应当做的事，在它们完成了它们应当完成的任务这一程度上而言，它们能够产生巨大的节余。但是必须认识到的是，控制本身也是成本高昂的（e. g. see Vena 1993）。

Ⅴ．它会产生什么样的差别？

如果治理系统设计被仔细制定以适应环境的话，政府将有多大程度上更有效率？不幸的是，对于这个问题，我并没有一个明确的答案。这里所概述的理论说明运营决策的后果能够被监控的容易性以及组织之间竞争问题的合意性。但是大多数的实证研究忽略了在控制主体（subject）和控制时间安排上的差别。因此大多数人没有说明机制的选择是怎样影响成本的。此外，我想把匹配不当的控制所需要的成本与过度控制或微观管理所产生的成本区别开来。微观管理的后果常常更多的是受到指责而不是受到测评。但是，我对这一事情的解读是，配合不当的控制可能是给供给服务的实际成本增加了5%～20%；而过分控制则增加得更多。

这些事情的某些部分涉及到私有化不同服务的效率，包括监管服务和建筑维护、托儿所（day-care centers）的运作、消防保护服务、医院和健康护理服务、住房供给（housing）、邮政服务、废物收集、安全服务、船舶及飞机维护、废水处理、自来水供应以及气象预报等。因为这些都是很寻常、性质相同的服务，不需要在附加资产上进行大量密集的投资——确实，大多数这些服务都有直接的商业伙伴——它们是联合组织责任和事后控制的合适的候选者。

并不令人感到惊讶的是，这些事件表明，从个人责任和事前控制向组织责任和事后控制的转变的确减少了提供这些服务的成本（Domberger and Li 1995；Haskel and Szymanski 1993；Szymanski and Wilkins 1992；see also Ehrlich et al. 1994；Parker and Martin 1995）。例如，美国海军研究生院（Naval Postgraduate School）的保罗·卡里克（Paul Carrick 1988）在他对"海军商业行动计划"（Navy's commercial activities program）的评估中发现，在80%的研究案例中，引进竞争减少了服务成本，平均节省将近40%——竞争者的数量越多，平均节省就越多。卡里克也发现，海军赢得了在预算办公室76—A号行政通告（OMB Circular A-76）下所进行的1/3的竞标，平均提高生产力13%。在后面这些案例中，在治理关系中唯一重要的改变就是，从需求隐藏治理系统设计转变为需求展示系统设计，大多数胜利的室内队伍（in-house team）都是有责任的供给者。

在另外一个相关的研究中，该研究是在"国防实业计划"（the Defense Enterprise Program）的资助下得以进行，马斯特等人（Masten et al. 1991）仔细分析SSN-21型海狼级（Seawolf）新式攻击型潜艇建造中控制/交易成本的决定因素，认为生产成本是个恒量。查看74个零件——41个"制造"零件（items），31个"购买"零件，根据类似于这里所概括的使用标准来分类——他们确定，组织内的控制成本占总成本的14%——大约13%用来制造零件，17%用来购买零件。他们也发现，对治理机制的适当选择可以将控制成本大幅度地减少。制定正确的决策导致这样的结果：如果所有的零件都是内部制作的话，那么控制成本要少1/3；但如果所有的零件都被包出去的话，控制成本则是原来的一半。

好几个分析家都发现，如果适当，事后控制取代事前控制也能产生类似的生产力收益。例如，戴维·J. 哈尔（David J. Harr）报告道，在国防后勤局的仓库里（Defense Logistics Agency depots）用责任预算（responsibility budgets）取代支出预算是和效率的10%-25%的增长联系在一起的（Harr 1990：36；Harr and Godfrey 1991：68-69）。其他在国防领域以外研究该问题的分析家对控制的性质和时机选择的重要性作了更强有力的宣告。例如，戈登·蔡斯（Gordon Chase）断言，"无论什么时候如果一个公共组织的产品不用将绩效与奖励相联系的方法来监督的话，那么引进一个有效的监督系统在短期内将会把产品提高50%"（Allison 1983：16）。这种规模的生产力增长事实上并不是前所未闻的。

这种增长的一个经常被引用的例子就是纽约卫生部门（the New York Sanitation Department）的中央修理工厂（central repair garage），该厂用一个设计良好的责任预算取代了标准的城市支出预算。罗伯特·安东尼（Robert Anthony）宣称，这次改革增加了将近70%的生产力——从机器修理中心最高点143%到摩托车间（motor room）的最低点19%（Anthony and Young 1988：356-357）。

托科特（Turcotte 1974）对两个州的售酒机构的经典匹配比较报告了事后

控制代替事前控制引起的更为巨大的生产力差别。托科特所研究的两个组织在全州范围内进行了相当大型的项目，其特征是建立了大量的地方零售店。此外，两个组织都用统一的术语来确定他们的使命——从把酒精饮料销售给公众将收益最大化。根据这里所概述的理论，这一情况要求使用一个相当简单的、直接的责任预算以管理地方零售渠道。其中一个州（托科特将其称为州 B）事实上的确采用这一方法来治理——将零售店视为盈利中心（profits centers），坚持零售店管理者负责满足这些盈利目标，并授予他们达到这些目标所需的营运裁量权。另外一个州（托科特称之为州 A）依赖支出预算和一套全面的事前控制。托科特报道说，这两个州所采用的控制战略其差别所产生的一个后果就是在州 A 的直接控制成本是州 B 的 20 倍。间接控制成本有些更不相称，但是在州 A 的间接成本绝对远远大于在州 B 的间接成本。此外，在州 B 的个人商店（individual stores）其生产力是州 A 个人商店的两倍。在州 A 一美元的销售所需的运营开支高于州 B 的 150%，行政开支则高 300%，存储成本高 400%。

但是，安东尼和托科特都似乎强烈地想将治理计划的选择合并。纽约的车库（garages）和州 A 的售酒商店不仅受到错误控制形式的制约，而且可能也受到控制过量的影响。事前控制一个更为令人伤感的特征就是它们倾向于扩张——过量的控制产生失败，失败则又导致更多的控制，然后又是更多的失败。如果这里所报道的生产力差异有 2/3 是由于过度控制引起的话，我一点也不感到惊讶。

A. 事后控制无用的候选者

这些证据也表明，单个的供给者能够更为有效地供给整个市场的这些例子都是事后控制的无用的候选者。工业组织经济学家给予最大关注的情况是在消费者人为地维持竞争性供给者的时候（Anton and Yao 1990）。但是，有一个更为有趣的情况——就是当计划错误导致研究失败的时候［对于这一现象的专业术语就是逆向选择（adverse selection）］。当竞争性公司受邀根据一个固定价格、单一来源合同投标提供一个先进的因而也是高度风险的或者高度不确定的技术的时候，考虑一下可能发生的情况吧。他们可能采用这两种方法之一回应这一行为：

1. 如果他们全部投标，他们将标价很高以保护自己不会有失败的风险。这意味着给消费者服务的价格将过高，或者甚至更为糟糕。

2. 有一个或多个的投标者会低估了合同的困难（或者高估了自己满足这些条款的能力）。当然，他常常是中标（win the contract）的最低投标人。如果他不是很幸运，那么他会因他的胜利而苦恼。因为如果他没能成功地实现供给或者面临破产的威胁，那么消费者可能不得不干预以挽救这一项目，而且在某些情况下还不得不挽救这个公司。

公开投标竞争（open-bidding contest）也倾向于根据供给者的乐观态度（或他们的拼命精神）来选择他们，因为对工程可行性持最乐观态度的投标者常常赢得合同。不幸的是，最乐观的（或最拼命的）投标者不可能最为理解合同的技术可行性。的确，恰恰是因为他没有能力执行合同，他可能过高地估计了合同的可行性。这种可能性可能并没有什么要紧，如果所有的投标者都有成功地管理一个较窄范围内的后果所必需的经验的话，那么这种可能性不会构成大的影响（即，有许多已经提供市场的公司）。在这种情况下，要么比较优势将胜过乐观主义或者，如果不是那样，比较优势常常被边缘化。如果投标者缺乏成功管理一个小范围的结果所必需的经验，那么这种可能性至关重要，当涉及到先进的因而也是高度风险性的技术时，情况通常如此。

普遍认为，在近些的记忆中最糟糕的国防采购，洛克希德对C-5A项目和后来的国防救济部门（defense bailout）的违约，其发生的原因是洛克希德公司错估了设计和建造C-5A的困难。因此，洛克希德公司根据一个固定价格、整体采购合同竞标设计并提供150架C-5A，竞价比波音公司低50%，虽是第二个竞价最高的。显然，即使洛克希德公司知道它自己正在做什么（但事实证明它并不知道），它的投标价也是一半，太低了。等到国防部和洛克希德公司发现错误有多大的时候，他们已经陷入太深，无法自拔。

同样的事情发生在更近的海军的A-12中型轰炸机项目（medium bomber program）上。幸运的是，当A-12发展团队发现遇到麻烦时，国防部决定A-12项目是可以牺牲的，并取消了合同，从而避免了像C-5A事件的最糟糕地步。但是，这明显是近来发生的事情。在20世纪80年代中期，波音公司在一系列的固定价格合同中损失很大（take a bath），虽然缺乏经验，它还是寻求并得到了这些合同。再次对于波音公司也最终对纳税人来说幸运的是，波音的民事盈利（civilian profits）足以补充它在军事部门的损失。

重点就是，当涉及到一个独特的产品或服务时，一个单一的组织常常是唯一有资格提供该产品和服务的机构。确定正确的供给者也因此是及时并以合理价格得到最好产品的关键。在私营部门，这一寻找过程常常是相当不正式的。公司倾向于根据经验和名声来挑选供给者。征求建议的一个决策通常相当于做生意的报价（offer）。这些建议多半是（more often than not）联合开发的。在公共部门，这一过程则更为正式。潜在的供给者必须出现在具有资格的卖方名单中。消费者必须常常要求来自一个组织以上的申请要求。拟议草案（Requests for proposals, RFPs）应当对应该包括什么提议以及如何评估提议提供详细解释。评估倾向于高度的仪式化，提议的每个部分都有明确的数量账目（numerical score），而提议的全面评估基则是根据加权总合（weighted sum）。只有在评估者确定出最佳提议后，政府的代表才会与卖主进行单方面沟通以制定合同细节和选定一个最好和最终的报价。

但是，这些寻找过程有相类的目的，而且我认为多半会产生类似的结果。当项目管理者被授权去签署一个拟议草案而不是一个投标邀请时，这里所描述的正式性可能比现实中的更为明显。确实，如果大家公认一个单一的供给者在技术上领先，法律将允许这单一拟议草案和单一来源合同（sole-source contract)。即使情况并非如此,采购官员可能也相当清楚最具有资格供给者的身份标志。拟议草案只能反映采购官员对于各种不同产品特征的重要性和不同卖主根据自己的承诺提供服务的能力的主观判断。评估提议所具有的正式性也有助于使他们与选择后果相隔离,也因此保护他们免受被挫败卖主的抱怨。当处于最佳情势下事情恶化时,这一点尤为重要。

我们必须支持力图使不公正批评最小化并使努力工作的官员免遭麻烦的程序困扰。不幸的是,对于拟议草案倾向于膨胀直到失去控制,特别是当涉及到重大工程时。这些拟议草案倾向于非常地详细;与之相对应的,建议扩大到一卡车规模之多,需要评估大军来给他们评分。这是很明显的浪费,虽然可能比当合同基于价格单独授予时浪费会少一点,但是赢得合同者后来证明是无能的。

从 C-5A 例子中得出的一个教训就是由匹配不当控制所产生的成本其构成是不对称的:如果其他方面相同,那么需要事前控制的时候比不需要的时候更应该禁止依赖于事后控制——显然这是因为道德风险比逆向选择更容易确定。马斯特等人的发现加强了这一教训,他们的发现是:虽然制造"购买"零件引起内部控制成本比实际情况高 70%,但是将"制造"零件外包将使得控制成本会增长得更多——将近 200%,从这些零件的整个价值的 13% 到超过 30%。

但是其他的方面并不完全一样了。不仅事后控制更容易使用,而且它们也会自我限制(self-limiting)。当采购官员依赖需求展示机制时,过度控制以更高价格或减少产出的方式产生负面反馈,这又导致必须削减控制。而事前控制常常产生积极反馈,这又使得控制增加。

B. 实施合法和必要的控制直到废除的极端(Self-defeating Extremes)

长期以来,组织理论家就理解到失败导致某种可预测的回应,这些回应反过来又会产生某些同样可预测的结果。例如,卡恩达瓦拉(Khandwalla 1978)观察到,危险情况总是给直接控制产生压力:程序的标准化、法规和规章(rule and regulation)的制定以及权威集中等。克罗泽(Crozier 1964)认为,没有成功实现期望几乎不可避免会产生一个法律制定、更多失败和然后更多法律的循环。安东尼和扬(Anthony and Young 1958:562)宣称,详尽的规则(rule)来自于内部:滥用现象的出现,一些人认为"应当有一部法律",并制定一条法规以避免将来滥用。但是,法规在人们对它们的需求过后仍然长期继续存在。那些有权废除这些法规(rule)的人没有一个人会考虑"错误的可能性和严重性是否已足够巨大以至于保证了这些法规的继续存在"。

诺特和米勒(Knott and Miller 1987:108, 257, 262-265)观察到,更为严格的法律和更为严密的监督常常产生积极的短期效果(results),但是它们也加剧了那些引起组织失败的因素。另外,额外的监督者下达更多的命令且更为严密地监督工作,他们可能使得下属"对他们的状况比以前更紧张,这可能使得下属更加不愿意去信任管理层或与管理层合作,这将导致更加严密的法律、更加依赖等级制、对部分下属更加的敌视等等"。默顿（Merton 1957, see also Marcus 1988）得出结论：对法规和规章的依赖反映了对防止错误的关注，而对错误防止的重视，比可测评绩效更易于造成组织僵硬，并最终导致整体没有效果。

换言之，对滥用需求更多更好的法规的回应倾向是正常的，正如对没有成功地解决更僵硬更复杂的法规、更密切监视和更严密的监督的回应一样也是如此。科瓦契奇（Kovacic 1990：112）提供了一个循环过程的例子，在这一过程中，在国防部事前控制导致了失败，从而导致了附加控制。"因为国防部的合同签订人员（contracting personnel）被其工业对手（industrial counterpart）所打败，所以，国会和国防部都已经通过授权多层程序保护措施和精细的评估过程来寻求重新平衡这个游戏场地。通过让大批天分不足的人员有足够长的时间处理一个问题，国防部认为能够防止承包者从其口袋中拿钱"。换言之，政府和其供给者之间人力资本上的不对称有助于解释现在控制机制的规模和内容。科瓦契奇（1990：112～113）进一步观察到："这一战略成本巨大。当承包者和征服采购人员实施所要求的评估和审计程序时，项目以冰川的速度向前推进。权力广泛分散在汇集了项目管理者、合同官员（contract officers）、高级〔政府〕人员、审计员和检察院的这些人当中，而责任也消失在其中。政府的工资名单扩大了，承包者租用大量的合同管理人员以回应大量的、多层次的……采购组织的要求"。

C. 过度控制

与美国采购控制的负担有关的一条关键证据就是近来由《经济学家》（Economist 1993）所描述的一个研究提供的。这个研究由马萨诸塞州的伯灵顿软件生产力研究学院（Software Productivity Research pf Burlington, Massachusetts）进行，使用一种称为功能点分析的方法（function-point analysis）来评估三种软件工程的生产力和成本效益：小型管理信息系统、大规模系统和军事系统。功能点分析广泛应用于软件企业，因为它适用于用任何计算机语言所编写的任何软件。德克萨斯州仪器公司和尤尼希斯（Unysis）公司（Texas Instruments and Unysis）都出售计算机辅助工程项目（computer-aided engineering programs），这些项目根据被称为"功能点"（function points）的一个指标自动计算出 5 个东西——输入、输出、询问（inquiries）、文件和分界面（interface）（产入、产出、调查、文件和分界点）——根据提供他们的指令的复杂性来衡量。一旦一个软件工程的功能点受到测评，要计算它每个功能点的成本、在企业中所使用的成本效益的标准指标、每个系统工程师所产生的功能点数量和生产力的标准指标就是一件容易的事情了。

将功能点分析方法应用到从全世界挑选出来的数千项软件工程，软件生产力研究学院发现，美国军队软件生产力落后于法国、以色列、韩国、英国、德国、瑞典甚至意大利。问题不是因为美国的软件工程师本身不具有生产力。情况完全相反。同一个研究表明，美国在管理信息系统的生产上是排第一位的，在大规模系统软件工程中是强大的和第二位的，仅次于日本。

软件生产力研究学院也发现，在每个功能点上成本差别的主要原因是每一点所产生的日常文书工作的数量。这些文书工作的准备工作花费大量的工程时间，但是对所完成的产品却没有产生任何功能点。美国军事工程（American military projects）在每一功能点所消耗的纸是管理信息系统工程的5倍，成本是12倍。每一功能点上的成本是大型系统软件工程成本的6倍，将大型系统软件工程与军事软件工程相比还是有争议的。这种比较特别能说明问题。软件生产大多数是一般管理费用——产品发展、设计、文件提供和行政支持——不是生产劳动力、不是资本、不是原材料。一旦制定好规则准备好文件，就可以几乎不需要成本却无数次地生产软件。这种比较认为，像软件工程这种行为，联邦采购程序可以占他们的成本的一半以上。

强调这一证据还有第二个原因。它是直接评估由联邦采购程序所强加的成本负担的为数不多的研究之一。当然，还有其他的评估。其中一个是由格雷斯委员会（总统私营部门成本控制调查委员会）（the Grace Commission, President's Private Sector Survey on Cost Control 1983：146；see also Lamm 1988；MacManus 1991）所提供的。格雷斯委员会估计，遵守采购规则至少占国防部（the Pentagon）采购成本的10%，或者大约每年占120亿美元。石油公司给大多数批量采购者大打折扣——在某些情况下高达15%，格雷斯委员会的评估就是基于这样一个观察。但是，因为遵守麻烦的采购规则所花的成本，许多的供给者拒绝给国防部提供相类似的折扣。因此国防部以市场价的80%购买它所要的天然气和石油。

石油产品在光谱的一端，而软件工程则在另一端。原材料和加工成本几乎占据了石油公司的全部开支；一般管理费用则占了软件公司的全部。根据一项对206家公司的调查，甘斯勒（Gansler 1995, 123 - 124）发现，有代表性的国防企业管理合同的开支是其商业对手的4倍，所雇的管理者也是4倍之多，而且平均国防产品成本比他们的商业竞争对手高出30% - 50%。至于高科技产品，成本则高出200% - 500%。

这些研究也表明为什么缺乏对事前控制成本的正确评估：联邦政府建立的告知承包者如何测评成本的会计标准就是没有提供这一信息。的确，这些程序的主要目的不是发现成本，而是确认允许的或不能允许的成本。

D. 解释交易成本

在有代表性的国防企业中，从事直接制造的劳动力（direct manufacturing labor）只占成本的10% - 20%，材料和采购零件基本上占30% - 40%。这就给一般管理费用留下了至少50%。而这就是典型的国防企业。正如我们前面所提到的，直接劳动力成本在日益增长的、依赖灵活的计算机辅助设计和制造的企业中实际上是无关紧要的。

找出是什么推动了一般管理费用、确定成本推动者（cost driver），确定没有把价值增加到终端产品上来的成本动因，以及改变这些动因应该是成本分析的目标。软件生产力研究是有用的恰恰是因为它采用了这个方法——文书工作被确定为一个成本推动者，同时也是非生产性开支（unproductive expense）的一个来源。这种方法是由甘斯勒（1995）所提出的，他也一直使用这一方法。不幸的是，这不是政府成本测评的典型方法。政府的会计标准要求供给者集中关注直接劳动力成本和材料成本，而将大多数其他的成本视为固定的。他们要求根据标准的劳动力时间或机器时间将一般管理费用分配给生产成本。尽管这一方法在30年前可以还有意义，当时有效使用直接劳动力是制造生产力的关键，但今天它是不现实的，结果可能总是转移对采购过程所产生的成本的关注。直到政府会计标准得以改变而集中到关注一般管理费用和交易成本时，我们才知道联邦控制实际上增加了多少成本。

例如，每个人都相信采购规制（regulation）增加了文书工作负担——这也是软件生产力研究院研究和格雷斯委员会机会成本分析（opportunity-cost analysis）的依据。但是日益增加的红头文件（red tape）只是冰山一角。大多数的采购控制成本来自于他们对运行过程和资产使用的影响。

让我有切身体会的是一次在一家为军队生产拖车的企业合作。拖车在技术上并不复杂，它们的制造似乎在金属敲击（metal bashing）方面是一个非常直接的行为。讨论中的这家公司为其军事生意在一个新地方建立了第二条生产线，因为这是遵守联邦成本会计标准和其他政府报告要求的最容易的方法。当然，设备的复制增加公司拖车的平均成本——这种增长确切地说应该归因于产生它的政策而不是拖车本身。

这个企业试图实践精简管理（lean management）和准时库存管理（just-in-time inventory control）原则。就它的商业性来看（on its commercial side），它相当地成功。它的库存已减到最低程度，它的制造循环时间——从生产开始到成品装运的时间——常常少于36个小时。产品一旦完成就会装运交给消费者，这允许企业将准时库存管理应用到成品的生产中，也可应用到原材料、其他地方的计算机采购（在其他地方采购的零件）和正在加工的库存中（work-in-progress inventories）。

就它的军事方面而言，过去整个库存一度高达25倍。这是公司营运资金（working capital）要求的两倍，并增加了租金、保险、效能和折旧，因为它们是直接随着库存规模而变化的。因为循环时间更高，所以军事生产线的库存规模更大；循环时间更高是因为军队要求在每个制造阶段进行监督，也因为军队更喜欢成批地接受供给。增加的循环时间也意味着更少密集使用企业厂房和装备，这也就增加了每台拖车的资本成本。同样的事情发生在管理时间上。因此，虽然每台拖车的直接劳动力成本并不是特别的高，但在军事生产线上每台拖车的一般管理费用是商业生产线上的两倍还要多。

E. 收益如何？

说控制成本高并不一定意味着他们的成本特别高。过度控制的证据需要控制的成本和收益信息。例如，前面我用水果蛋糕来说明联邦采购控制的荒唐可笑程度。但是我必须承认国防部每磅水果蛋糕只支付了 1.5 美元，大约是民间市场价格（civilian market）的一半。那么控制的收益通常与它们的成本成比例吗？

一个机构，作为一个例子，国防部的合同审计局（Defense Contract Audit Agency）自豪地宣称，1988 年它为美国纳税人节省了大约 70 亿美元，只消耗了 10 亿美元。其对犯罪行为的调查产生了另外 3 亿美元的罚金和处罚费用，而消耗只有 0.84 亿美元。即使我们考虑了这一宣称的来源，这听起来还是相当不错。但是这一经验法则就是，监督和执行规则（regulations）会给政府每开支的 1 美元强加大约 10 美元的私人成本（Weidenbaum and DeFina 1978）。因为这些成本最终主要由企业的消费者来承担，而且在这种情况下消费者是政府，所以，收益增值率在第一种情况下指的是国防部合同审计局规章强加了 \$100 亿来节省 \$70 亿，而在第二种情况下强加了 \$10 亿来节省 \$3 亿——换言之，它通常每节省 \$1 就消耗 \$1 以上，这与 \$2 和 \$4 的边际成本相一致。边际成本远大于边际收益的这一事实，是过度控制的初步证据，更不要说在大 4 倍的时候了。

再看看政府之外，要找到一些事前控制所产生的边际收益是负面的证据并不困难。例如，马库斯（Marcus 1988）表明，增加管理核动力工厂运行的安全规则，加上监视更为密切和监督更为严密实际上具有降低反应堆安全的效果。轶闻证据（anecdotal evidence）表明，在涉及国防采购，特别是需要需求展示控制机制，而过多的法规否定项目管理者权衡成本、时间表和绩效的权威的时候，情况常常如此。

最后，过度依靠法规（rules）常常会产生受到过度控制而同时也是失控的组织。例如托科特（Turcotte 1974：69）发现在 A 州零售商店（retail stores）的管理者比在 B 州的同行受到更多法规和更严格的行政和立法监督约束，但即使如此还是对他们政治主人意愿更不具有回应性。很明显，A 州零售店的管理者受到众多法规的限制，但这些法规都无足轻重。因此，过分控制直接导致控制失效。

F. 与环境匹配的计划是怎样的？

政府使用的治理机制与该机制所生产和要求的产品和服务的成本行为之间的匹配通常是不尽完美的。但是不匹配也许没有人们所担忧的那样普遍。在政府所外包的服务中，几乎没有应当由它自己来执行的。存在许多应该可能让以承包但政府却自己执行的小型服务，但是关键性的服务更少。

同时，有许多明显的机会让政府所使用和/或生产的、普遍的、日常的服务参与竞争。许多这些服务并不要求在另外的资产上进行大量的密集的投资，而且有些服务已经有直接的商业伙伴。例如，只有5.8万个国防部雇员在政府的商业行动项目（commercial activities program）中受到A-76号通报文件竞争的影响，目前5.4万个执行行动中大约有1/10是私营部门对手进行的（Carrick 1988：521）。国会正式将25万名国防部雇员排除在政府商业行动项目之外。大多数剩余下来的国防部雇员也被有效地排除在竞争挑战之外，由于没有成本信息。在许多的情况下，国防部只是没有需要用来执行A-76号通报项目的单位成本信息。

当前政府政策将灵活价格合同的使用限制在有巨大的采购风险的情况下。在其他的合同中，激励的程度应该符合项目的风险标准。例如，在多艘船舶建造项目中，第一艘船应该是在成本加合同（cost-plus contract）下建造，但是后来的版本要求在激励和最终固定价格合同下建造，其假设根据是：经验允许服务供给者成功地管理小范围的成本结果（outcome），并且承担更大一份风险。当生产量充足时，政府政策要求与两个或多个生产者保持长期的合同关系，因为第二供货来源（second-sourcing）允许在每个生产合同的重新谈判阶段重新竞争。表面上看来，这些像是完美的政策。此外，当政府从设计走向原型发展时，似乎政府通常都作出从成本加成合同到奖金合同（award-fee contracts）这种适宜的转变。

但是，在20世纪80年代中期到晚期，联邦政府在过多的压力下签订了固定价格合同，合同的授予是通过对主要的系统开发工程——这是占据了80%联邦采购开支的大额项目（big ticket projects）——进行竞争性投标。许多压力都是《合同竞争法》（Competition in Contracting Act）的结果。压力强度反映在国防部主要采购中灵活价格合同比例的下降上：从1978年的60%下降到1988年的20%（Pilling 1989：3-7）。

这是过量的。不管情势如何，支持固定价格合同和竞争性投标的一些不利影响因政府在生产技术中发动的变革和政府创造性使用准垂直整合（quasi-vertical integration）得到缓解。这些不利影响并没有被完全消除（Pilling 1989）。另外，需要多重渠道来利用竞争，这与目前严格挑选国防公司的需要背道而驰。

政府最大的需求之一就是一个现代的、以行动为基础的成本控制系统（costing system）。很明显，更好的成本信息对实现制造或购买决策来说是必要的，但是对于这样一个系统来说则不是一个最重要的用途。相反，要执行一个完备的责任预算系统则需要充分的成本会计，缺少一个完备的责任预算系统是政府治理系统设计与环境之间最大的不匹配。这样一个系统不是不可能会显示：政府所执行的许多行动，尤其是一般管理费用和攻击行为，本质上是不具有生产力的从而可以消除的。

VI. 结论

柯尔曼（Kelman 1991：196）认为，政府过度依赖事前控制的一个原因是智力上无法理解它们的高额成本,特别是它们根据任务绩效所执行的成本。如果柯尔曼是正确的,那么这个情况确实让人感到愉快。智力失灵(intellectual failures)是相当容易校正的。但是柯尔曼的诊断也只是公共行政中的许多控诉(indictment)之一。这说明,在我们的研究、文献和教学中,我们没有成功地表明对备选制度设计和治理机制的需要。简单的一个事实就是还没有开发治理机制,特别是创新的行政控制,去匹配当前政府的战术策略和责任。许多人甚至没有理解这个任务应当是公共行政事业的核心。

幸运的是,这一领域正在发生变化。公共行政已接受了莫舍的挑战,更多地向外看而更少地朝内看——去理解广泛不同的制度安排:规制、以贷款(loan)和税收形式的激励措施、业务外包以及准政府企业。但是,虽然他们采取了很多措施,但许多人仍然含糊。为什么?因为新组织经济学提供了一个满意的分析框架,答案必须在于没有能力看到表面的制度不同点之外的共同结构要素——没有能力保证整个制度安排是从一套普通材料中放到一起的(财产权的分配和偿还资产的使用和所有权),并确保为了设计有效的制度,所使用的材料必须相互和谐以最小化生产和交易成本的总额。对于制度应当怎样放在一起,或者财产权应当怎样在组织内和组织间分配,或应该怎样说明财产权?本文没有保证也没有提供一个完整的答案。我希望,这只是朝向正确方向迈进的一步。

感谢

像每个文献评论一样,这里反映了作者的独特兴趣和口味。读者可能发现有趣的或有用的其他评论包括本朵(Bendor 1990)、邓拉维(Dunleavy 1991)、米勒(Mueller 1989)、霍恩(Horn 1995)以及韦默和瓦伊宁(Weimer and Vining 1992)。我也要感谢我的合作者G·马克·乔特(G. Marc Choate)、L·R·琼斯(L. R. Jones)、凯西·鲍威尔(Kathy Powers)、吉尔·热西亨萨拉尔(Gil Reschenthaler)、W·T·斯坦伯里(W. T. Stanbury)和比尔·朱梅塔(Bill Zumeta),在文章中,我可是毫不羞愧地掠夺了他们的观点,我还要感谢我的朋友们艾琳·鲁宾(Irene Rubin)、霍华德·弗兰特(Howrad Frant)和利兹·格兰迪(Liz Graddy),他们也对文章的内容提出了建议。

NOTES

① In my opinion, the best contemporary text in the tradition of Burkhead and Miner is Friedman's (1984) Microeconomic Policy Analysis, and it is over ten years old; this tradition is also ably represented by Weimer and Vining (1992).

② It is worth recalling that in 1970, the battle between policy analysis as a subfield of management science and as a subfield of economics had not been decided. Major research topics at that time included the use of linear programming models to design public-sector budgets, Markov process models of policy intervention, and multicriteria/attribute decision making. While many of these models were fundamentally misconceived, the hegemony of economic^ has also led to a regrettable decline in computer-based simulation of the kind pioneered by John Patrick Crecine and his students. Of course, what goes around comes around. Options theory, which is central to the modern theory of corporate finance and has begun to be incorporated into standard treatments of public-sector cost-benefit analysis, relies on two old management science techniques: decision trees and Monte Carlo simulation. There has also been a renewed interest in data envelopment analysis (DEA), a linear programming-based technique for measuring organizational performance in the presence of multiple inputs, outputs, and constraints. Recently 1 did a quick computer search that identified 106 articles published since 1990 explaining, using, or criticizing DEA. There is even a recent book on the subject, which I have not read, by J. A. Ganley and J. S. Cubbin (1992), Public Sector Efficiency Measurements: Applications of Data Envelopment Analysis.

③ Lan and Rosenbloom further assert that the preeminence of the rational-choice, economics-based paradigm is due not to its theoretical superiority but to the triumph of conservative politics.

④ Rosenberg and Birdsall (1986, 162 – 163) note that mass production came to the ceramics industry, for example, not because of technological innovation, but was entirely due to organizational innovation "because there were advantages to unified control of the step process. . . , further advantages to specializing workers to each stage of the process [that could be realized only with a number of workers], and yet further advantages of a central source of power."

⑤ In fact information technology currently favors smaller organizations. Rapid development of information systems is reducing this advantage, but object-oriented, relational databases and distributed systems will probably continue to encourage radical decentralization and delayering of organizations.

⑥ Critics call firms that have pursued these policies "hollow corporations." By analogy, Millward (1994) refers to governments that shrink overhead, remove layers of bureaucracy, break themselves up into responsibility centers, concentrate on core services, and contract everything else out, as "hollow states." Friends call them "virtual corporations" (Davidlow and Malone 1992).

⑦ Much of the recent business management literature implies that the bureaucratic paradigm was a mistake from the beginning. Like Zuboff, I am unwilling to believe that the owners of most organizations perversely sacrificed their own interests and those of their stakeholders in a stampede to embrace the latest fashion trend in organizational design around the turn of this century and then persisted in this error for nearly 100 years. Besides, very few of the new ideas are truly new—most have been rattling around in the literature for decades and organizations have been experimenting with alternatives to the bureaucratic paradigm for at least along, in some cases going back to the 1920s (managers and scholars have never been blind to the dysfunctions of bureaucracy). It makes much more sense to believe that bureaucracy is simply no longer the best solution 10 the problem of administrative efficiency in a great number of instances where once it was.

⑧ This fact justifies the conclusion that if efficiency is the sole object of public policy, public provision should be restricted to pure public or collective goods, owing to their basic characteristics: impossibility of exclusion and jointness of supply, that is, free riders cannot be excluded from their enjoyment, and one person's enjoyment of the good is not diminished by someone else's (Samuelson 1954, 1955).

⑨ In my opinion this is largely an artifact of the use of expenditure data as a proxy for the consumption of collectively provided services. As Larkey (1979) demonstrated in his study of general revenue sharing, there was no flypaper effect in the majority of cases. Most municipalities used GRS funds to reduce taxes, either immediately or, by investing them in plant, equipment, maintenance, or training, in the future.

⑩ The following discussion is based on Holcombe (1977).

⑪ Downs (1959 – 1960) further argued that collectively provided services are under-produced because their benefits are less visible to the median voter than their costs. However, it is by no means self-evident that government services are really worth more than they cost at the margin. If anything, the opposite assumption—that the benefits of government services are palpable and appear to be free—seems more plausible. Pure public goods are the only exception to this generalization that I know of. These goods are often undersupplied, almost by definition (Gradstein 1993). There aren't many of them, though. Government waste reduction seems like one, so does careful and honest evaluation of government programs, which could be one explanation for their short supply (Stanbury and Thompson 1995).

⑫ The mechanism through which this outcome was produced was Proposition 13, which limited property tax rates and, by curtailing the main source of local revenue for public schools, shifted decisions about education spending levels to the state. Before Serrano Californiams consistently rejected similar initiatives.

⑬ The Coase theorem states that in the absence of transaction costs, the initial assignment of property rights/will not affect the ultimate allocation of resources. Hence if there is nothing to stop advantageous trades from taking place, they will occur and resources will be allocated to their best and highest-valued uses.

⑭ The actual history of I&M policy is entirely consistent with this view. Under the Clean Air Act Amendments of 1977, states are required to impose I&M on those metropolitan areas that fail to meet federal air quality standards; 29 states fall under this provision of federal law. Legislators from smoggy metropolitan areas should have had preferences like those of either M or N in Figure 1. Legislators from non-metropolitan districts (Cs) should have had preferences like those of N. In six states, only one alternative to the status quo (SQ) was considered—centralized, state-operated or franchised facilities featuring state-of-the-art inspection equipment (OI&M). In 23 other states a second option was considered-reliance on private, state-licensed or certified service stations using primitive, but cheap, inspection equipment (GI&M). Since GI&M imposed lower costs on constituents that OI&M, but was presumed to be less effective, Ms and, perhaps, Ns should have preferred GI&M to OI&M and presumably Cs should have preferred OI&M. In any case, 19 of 23 states adopted the GI&M option. California did not; the I&M issue gave rise to a legislative cycle that persisted for over a decade. As noted below, cycles are exceptional in American legislative experience, presumably because legislators can anticipate and abort them. Why did I&M produce a legislative cycle in California and not elsewhere? One possible answer is that California legislators had access to more and better information on the distribution of benefits and costs of the two principal I&M options which showed that GI&M was in fact less costly than OI&M, but was also a lot less effective. This meant that a compulsory GI&M program would produce total costs in excess of total benefits for the state as a whole and even for a significant number of smog-importing districts. This knowledge produced the violation of single-peakedness that made a legislative cycle possible. Why did it persist? Part of the answer is a desire to find an efficient solution—in a search for other, better options. Unlike their counterparts in some other states, California legislators tried to develop and understand other alternatives, for example, in 1980 a state senator from a smog-importing district introduced an I&M bill based on a smog tax proposal developed at Rand. In this instance, however, the Coasian solution came not from the policy analysts, but rom the engineers in the form of an inexpensive, nearly foolproof, fraud-proof, accurate diagnostic device. The availability of this product changed the calculus of the distribution of costs and benefits of the GI&M option and made possible its adoption during the 1982 session of the California legislature.

⑮ Like Olson, Downs also predicted that citizens would not vote. However, has prediction was based on the low value of voting relative to its costs, not free riding. Downs assumed that a vote would be valuable only if it was decisive, the likelihood of which is often trivially small. If the vote is intended to influence the behavior of whomever is elected, every vote counts, but many will still free ride on the efforts of others (see Thompson 1982). Free riding also creates a problem in corporate finance. Recently Admati et al. (1994), for example, noted the problems caused by free riding in stockholder monitoring of the corporation and the costs this imposes on large stockholders (another example of the exploitation of the powerful by the weak). Nevertheless, there remains a critical difference between stockholders and citizens, and therefore public and corporate finance. The theory of corporate finance rests on the unanimity principle, which says that stockholders implicitly agree to the goal of wealth maximization by their decision to invest in a firm. A few students of municipal finance insist that the analogy between the unanimity principle in corporate finance and municipal finance is far closer in reality than it might appear on first glance. In Tiebout models the role assigned wealth maximization in corporate finance is played by maximization of the value of a municipality's private property. It is fairly easy to show that, in the short run, property value maximization on the part of a municipality is identical to wealth maximization on the part of the firm (Scotchmer 1994; Sonstelie and Portney 1978, 272; see, however. Miller 1981). It is even possible to show that under specified conditions a residential community financed entirely by property taxes would unanimously support public officials who pursued the goal of property value maximization. Hence it follows that the only problem faced at the local level is the agency problem—which boils down to a question of effective monitoring and incentive compatibility. Once it is admitted, however, that government can benefit some citizens at the expense of others, the unanimity principle breaks down, giving rise to multiple principals. In which case the political participation problem looms far larger for public than for corporate finance (see McCubbins et al. 1989; Moe 1989, 1990).

⑯ Rents involve payments to the owners of actors of production (land, labor, capital, technology) that exceed their minimum supply prices. It is usually wasteful for government to create rents. (The only exception to this generalization occurs where they contribute to a more equal income distribution and where rent creation also involves fewer leaks than alternative redistribute mechanisms.) The Davis-Bacon Act of 1931 is a good example. On its face the law seems innocuous enough. It merely requires that contractors on federal construction projects pay employees no less than the prevailing local wage. In practice, however, the prevailing wage as determined by the Secretary of Labor is often above the competitive level. It is often set at or close to the wage rates negotiated by building-trades unions. Indeed, if the law did not have the effect of creating rents, it would have no point, since contractors would be unable to get the work done if they were unwilling to pay prevailing wages (see Belman and Heywood 1988).

⑰ Under reasonable assumptions, risk neutrality, and polynomial cost functions, it can be demonstrated that the resources used up in competitive rent seeking will not exceed the economic value of the prize (Monissen 1991). Faint reassurance that.

⑱ According to which structure (the number of competitors, the degree of product differentiation, technology, the degree of vertical integration with suppliers, and so on) determines conduct (price and output, investment, and so forth), and conduct yields performance (efficiency, product variety, etc.) (see Duncombe 1992; Eberts 1990b).

⑲ There is a third reason for its popularity with political scientists: it explains why voting cycles seldom occur in American legislatures. Rational choice theory tells us that if preferences are not single-peaked, that is, if they involve choice among points in a zero-beta, /i-dimensional space, for example, the issued is purely a question of distribution of income or wealth, voter preferences will not produce a stable majority, that is, an undominated Nash equilibrium (McKelvey 1976). Under the rules governing legislative decision making in America, however, the status quo is always included in the last pair-wise comparison made. This means that if it is included in the cycle, its supporters will never let it come up against an option that would beat it. Hence once a cycle starts it can never end; in the mean time the status quo remains in effect. Legislators seem intuitively to understand this point and they studiously avoid issues that produce cycles. In any case Poole and Rosenthal (1991) have demonstrated that zero-beta, n-dimensioned issues rarely appear in congressional roll-call votes—either all issues voted upon are single-dimensioned or individual preferences on all relevant dimensions are highly correlated (see also Koford 1991). Evidently legislators have better outlets for their energies than chasing their tails.

⑳ It might be noted that Niskanen's governmental experience before 1970 was primarily with the Defense Department. In my opinion the assumption that military bureaucrats are budget maximizers is not often very far from the mark. Their individual budget sets are often, perhaps usually, correlated with their departments. That does not generally seem to be the case (Gemmell 1990; Johnson and Libecap 1989).

㉑ remember because the article was Thompson (1981). Of course there were other empirical studies out there to be found. Perhaps the first and still one of the better econometric analyses of bureaucratic behavior is McFadden (1976, 1977), which concluded that bureaucrats maximize net social benefits.

㉒ I don't mean that agency problems are irrelevant. Corporations tend to be more efficient than governmentally owned or mixed enterprises; sole proprietorships more efficient that corporations; and closely held corporations more efficient than those with dispersed ownership—these tendencies seem to derive from the feasibility of using high-powered incentives and their design (Vining and Boardman, 1992; see also Douglas and Santerre, 1990).

㉓ Normal goods have continuous and twice-differentiable supply schedules. In contrast, supply of a lumpy good is discrete, perhaps even a single point on the supply schedule. An appendectomy illustrates the concept of lumpiness. A second appendectomy would be useless; half an appendectomy, worse than useless (Thompson, 1987).

㉔ In the public sector, responsibility budgeting is often called output budgeting. I prefer the former term, however, because it is more widely used in the management control literature and also to distinguish it from output-oriented approaches to budget formulation (as opposed to budget execution), such as performance budgeting, PPBS, and zero-base budgeting.

㉕ Note that in contrast to other demand-revealing mechanisms, here an organization's financial liability depends upon the costs it actually incurs, regardless of the budget target.

㉖ Selling is in quotation marks because the organization as a whole has not sold anything to an outside party. Rather the responsibility center providing the service records revenue in its accounts and the center receiving the service records an expense. Both revenue and expense cancel out when the organization consolidates its books. Money rarely changes hands in interdivisional transfer pricing, and responsibility centers don't get to keep "their" profits. Only the organization as a whole earns a profit, and selling to and buying from outsiders are the only activities that can generate real profits for the organization.

REFERENCES

Admati AR, Pfleiderer P, Zechner J. Shareholder activism risk sharing and financial market equilibrium. J Politic Econ 102: 1097–1130, 1994.

Aertsen F. Contracting out the physical distribution function: a trade-off between asset specificity and performance measurement. International Journal of Physical Distribution & Logistics Management. 23 (1): 23–29, 1993.

Alchian AA, Demsetz II. Production, information costs, and economic organization. Am Econ Rev 62: 777–795, 1972.

Allison GT Jr. Public and private management: are they fundamentally alike in all unimportant particulars? In: Golembiewski RT, Gibson F, eds.. Readings in Public Administration. 4th ed. Boston: Houghton Mifflin, 1983, pp. 1–19.

Anon. A guide to better buying. The Economist. October 18, 1986, 71.

Arttoci A. A public contracting evolutionary game with corruption, Zeitschrift Fuer National-oekonomie 61 –. S9 – 122, 1995.

Anton JJ, Yao DA. Measuring the effectiveness of competition in defense procurement. J Policy Anal Manage 9: 60 – 79, 1990.

Anthony RN, Young D. Management Control in Nonprofit Organizations. 4th ed. Homewood, IL: Irwin, 1988.

Arrow K. The organization of economic activity: issues pertinent to the choice of market versus non-market allocation. In: The Analysis and Evaluation of Public Expenditure: The PPB System. U. S. Congress, Joint Economic Committee, Washington, D. C. Government Printing Office, 1969.

Bailey MJ. Defense decentralization through internal prices. In: Enke S, ed. Defense Management. Englewood Cliffs, NJ: Prentice-Hall, 1967, pp. 337 – 352.

Baker GP. Incentive contracts and performance measurement. J Politic Econ 100: 598 – 614, 1992.

Baker GP, Gibbons R, Murphy KJ. Subjective performance measures in optimal incentive contracts. Q. J Econ 109: 1125 – 1156, 1994.

Balachandran KR, Ronen J. Incentive contracts when production is subcontracted. Eur J Operat Res 40: 169 – 185, 1989.

Ball I. Reinventing government: lessons learned from the New Zealand treasury. Gov Account J 43: 19 – 28, 1994.

Baron DP, Besanko D. Monitoring of performance in organizational contracting: the case of defense procurement. Scand J Econ 90: 329 – 356, 1988.

Barzel Y. Measurement costs and the organization of markets. J Law Econ 25: 27 – 48, 1982.

Barzelay M, with Armajani BJ. Breaking through Bureaucracy: A New Vision for Managing in Government. Berkeley: University of California Press, 1992.

Bates LJ. Property tax collector performance and pay. Nat Tax J 46: 23 – 31, 1993.

Behn RD. Public management: should it strive to be art, science, or engineering. J Public Admin Res Theory 6: 91 – 193, 1996.

――. The big questions of public management. Public Admin Rev 55: 313 – 324, 1995.

Bell CR. Between anarchy and leviathan a note on the design of federal states. J Public Econ 39: 207 – 221, 1989.

Belman D, Heywood S. Public wage differentials and the public administration 'industry'. Industr Relat 27: 385 – 393, 1988.

Bendor J. Formal models of bureaucracy: a review. In: Lynn NB, Wildavsky A, eds. Public Administration: The State of the Discipline. Chatham, NJ: Chatham House, 1990, pp. 373 – 417.

Blais A, Dion S, eds. The Budget – Maximizing Bureaucrat: The Empirical Evidence. Pittsburgh, PA: University of Pittsburgh Press, 1991.

Blau PM, Meyer MW. Bureaucracy in Modem Society. 2nd ed. New York: Random House, 1971.

Borcherding TE. Toward a positive theory of public sector supply arrangements. In: Pritchard JRS, ed. Crown Corporations in Canada: The Calculus of Instrument Choice. Toronto: Butterworths, 1983.

———. Some revisionist thoughts on the theory of public bureaucracy. Eur J Politic Econ 4: 47 – 64, 1988.

———. The sources of growth of public expenditures in the United States, 1902 – 1970. In: Borcherding TE, ed. Budgets and Bureaucrats. Duke, 46 – 70, 1977b.

Bowen HR. The interpretation of voting in the allocation of resources. Q J Econ 58: 27 – 48, 1943.

Box R. Public choice and public administration. Public Admin Rev 52: 303 – 304, 1992.

Breton A. The growth of competitive governments. Can J Econ 22: 717 – 750, 1989.

Breton A, Wintrobe R. The equilibrium size of a budget-maximizing bureau. J Politic Econ 88: 195 – 207, 1975.

———. The Logic of Bureaucratic Conduct. New York: Cambridge University Press, 1982.

Brown PC, Thornton JR, Buede DM, Miller JB. A revelation scheme for allocating organizational resources. J Econ Behav Org 18: 201 – 214, 1992.

Buchanan JM. Cost and Choice: An Inquiry into Economic Theory. Chicago: University of Chicago Press, 1969.

Buchanan JM, Tollison RD, Tullock G, eds. Toward a Theory of the Rent-Seeking Society. Ann Arbor: University of Michigan Press, 1980.

Buchanan JM, Tullock G. The Calculus of Consent: Logical Foundations of Constitutional Democracy. Ann Arbor: University of Michigan Press, 1962.

Burke C. Internal markets: the road to inefficiency? Public Admin 68: 389 – 396, 1990.

Burkhead J, Miner J. Public Expenditure. Chicago: Aldine. Atherton, 1971.

Campbell TS, Chan Y-S, Marino AM. Incentive contracts for managers who discover and manage investment projects. J Econ Behav Org 12: 353 – 364. 1989.

Carlton DW, Perloff JM. Modern Industrial Organization. Glenview, IL: Scott, Foresman-Little, Brown Higher Education, 1990.

Carrick PM. New evidence on government efficiency. J Policy Anal Manage 7: 518 – 528, 1988.

Carroll KA. Industrial structure and monopoly power in the federal bureaucracy: an empirical analysis. Econ Inq 27: 683 – 703. 1989.

———. Bureau competition and inefficiency: a reevaluation of theory and evidence. J Econ Behav Org 13: 21 – 40, 1990.

Chandler A. Strategy and Structure: Chaptei-frin the History of Industrial Enterprise. Cambridge, MA: MIT Press, 1962.

Cheung SNS. The Fable of the Bees. Journal of Law & Economics. 16: 11 – 33, 1973.

Chia YM. Decentralization, management accounting system information characteristics and their interaction effects on managerial performance: a Singapore study. J Busin Finan Account 22: 811 – 830, 1995.

Choate GM, Thompson F. Biased budgets. J Econ Behav Org 14: 424 – 434, 1990.

———. Budget makers as agents: an investigation of discretionary behavior under state-contingent rewards. Public Choice 58 (1): 3 – 20, 1988.

Coase R. The problem of social cost. J Law Econ 3: 1 – 44, 1960.

Cohen SI, Loeb MP. The demand for cost allocations: the case of incentive contracts versus fixed-price contracts. J Account Public Policy 8: 165 – 180, 1989.

———. On the optimality of incentive contracts in the presence of joint costs. Int J Industr Org 8: 405 – 416, 1990.

Cohen SI, Loeb MP, Stark AW. Separating controllable performance from non-controllable performance: the case of optimal procurement contracting. Manage Account Res 3: 291 – 306, 1992.

Colbert GJ, Spicer BM. A multi-case investigation of a theory of the transfer pricing process. Accounting, Organizations & Society. 20 (6): 423 – 456, 1995.

Conybeare JAC. Bureaucracy, monopoly and competition: a critical analysis of the budget-maximizing model of bureaucracy. Am J Politic Sci 28: 479 – 502, 1984.

Cooley TF, Smith BD. Dynamic coalition formation and equilibrium policy selection. J Monet Econ 24: 211 – 233, 1989.

Cothran DA. Entrepreneurial budgeting: an emerging reform? Public Admin Rev 53: 445 – 454, 1993.

Coughlin PJ. Electoral Politics, Interest Groups, and the Size of Government. Economic Inquiry 28 (4): 682 – 705, 1990.

Crozier M. The Bureaucratic Phenomenon. Chicago: University of Chicago Press, 1964.

Dalhman C. The problem of externality. J Law Econ 23: 140 – 162, 1979.

Davidow WH, Malone MS. The Virtual Corporation: Structuring and Revitalizing the Corporation for the 21st Century. New York: Harper-Collins, 1992.

De Fraja G. Productive efficiency in public and private firms. J Public Econ 50: 15 –30, 1993.

De Groot H. Decentralization decisions in bureaucracies as a principal-agent problem. J Public Econ 36: 323 –337, 1988.

Deller SC. An application of a test for allocative efficiency in the local public sector. Reg Sci Urban Econ 20: 395 –406, 1990a,

——. Pareto-efficiency and the provision of public goods within a rural setting. Growth Change 21: 30 –39, 1990b.

Domberger S, Li EAL. An orderedprobit analysis of price and performance in competitively tendered contracts. Austral Econ Rev 110: 14 –22, 1995.

Donahue JD. The Privatization Decision: Public Ends, Private Means. New York: Basic Books, 1989.

Dorkey FC, Jarrell GA. Calculating proper transfer prices. Public Util Fortnight 12: 725 –27, 1991.

Douglas EJ, Santerre RE. Incentive contracts and stockholder monitoring: substitute sources of executive compliance. Q Rev Econ Busin 30: 24 –31, 1990,

Downs A. Why the government budget is too small in a democracy. World Politic 12: 541 –563, 1959 –1960.

Duncombe WD. Costs and factor substitution in the provision of local fire services. Rev Econ Stat 74: 180 –184, 1992.

Dunleavy P. Democracy, Bureaucracy, and Public Choice: Economic Explanations in Political Science. New York: Harvester/Wheatsheaf, 1991.

Dunleavy P, Hood C. From old public administration to new public management. Public Money Manage 1 (3): 9 –16, 1994.

Eberts RW. Structure, conduct, and performance in the local public sector. National Tax Journal 43 (2): 165 –173, 1990b.

Economist. Software engineering: made to measure. Economist 23: 79, 1993.

Ehrlich I, Gallais-Hamonno G, Liu Z, Lutter R. Productivity growth and firm ownership: an analytical and empirical investigation. J Politic Econ 102: 1006 –1038, 1994.

Enke S, ed. Defense Management. Englewood Cliffs. NJ: Prentice-Hall, 1967.

Ezzamel M. Corporate governance and financial accountability: recent reforms in the UK public sector. Account Audit Account J 6: 109 –132, 1993.

Feldman AM. Welfare Economics and Social Choice Theory. Boston: Martinus Nijhoff, 1980. Ferejohn JA. Pork Barrel Politics: Rivers and Harbors Legislation, 1947 –1968. Stanford, CA: Stanford University Press, 1974.

Ferris JM, Graddy E. Production costs, transaction costs, and local government contractor choice. Econinq 19: 541 –554, 1991.

———. Organizational choices for public service supply. J Law Econ Org 10: 126 – 141, 1994.

Fisher GH. Cost Considerations in Systems Analysis. Rand Report R – 490 – ASD.: Rand Corp., 1970.

Fischel WA. Did Serrano cause proposition 13?" Nat Tax J 42: 465 – 473, 1989.

———. Property taxation and the Tiebout model: evidence for the benefit view from zoning and voting. J Econ Lit 30: 171 – 177, 1992.

———. Property taxes and tax revolts: the legacy of proposition 13. J Econ Lit 33: 239 – 240, 1995.

Filch LC. Luther Gulick. Public Admin Rev 50: 604 – 608, 1990.

Frant H. Rules and governance in the public sector: the case of civil service. Am J Politic Sci37: 990 – 1007, 1993.

———. Politics and effectiveness in the design of public organizations. J Public Admin Res Theory, forthcoming. Friedman LS. Public institutional structure and resources allocation: the analysis of adjustment. Res Public Policy Anal Manage 2: 303 – 325, 1981.

———. Microeconomic Policy Analysis. New York: McGraw-Hill, 1984. Ganley JA, Cubbin JS. Public Sector Efficiency Measurements: Applications of Data Envelopment Analysis. New York: Elsevier Science, 1992.

Gansler JS. Defense Conversion: Transforming the Arsenal of Democracy. Cambridge, MA: MIT Press, 1995.

Gemmell N. Public employees' preferences and the size of the public sector. J Econ Behav Org14: 393 – 402, 1990.

Goldberg V. Regulation and administered contracts. Bell J Econ 7: 426 – 448, 1976.

Gonzalez RA, Mehay SL. Bureaucracy and the divisibility of local public output. Public Choice45 (1): 89 – 102, 1984.

Good DH. Productive efficiency and contract management: some evidence from public transit agencies. Public Finan Q 20: 195 – 215, 1992.

Goold M. Strategic control in the decentralized firm. Sloan Manage Rev 32: 69 – 81, 1991.

Gore A. From Red Tape to Results: Creating a Government that Works Better and Costs Less.

Report of the National Performance Review. New York: Times Books/ Random House, 1993.

Gormley WT. Taming the Bureaucracy: Muscles, Prayers, and other Strategies. Princeton, NJ: Princeton University Press, 1989.

Govindarajan V. A contingency approach to strategy implementation at the business-unit level: integrating administrative mechanism with strategy. Acad Manage J 31: 828 – 853, 1988.

Graddy E. Interest groups or the public interest—why do we regulate health occupations? J Health Politics Policy Law 16: 25 – 49, 1991a.

―――. Toward a general theory of occupational regulation. Social Sci Q 72: 676 – 695, 1991b.

Gradstein M. Rent seeking and the provision of public goods. Econ J. 103: 1236 – 1243, 1993.

Gul FA. The effects of management accounting systems, perceived environmental uncertainty and decentralization on managerial performance: a test of 3 – way interaction. Account Org Soc 19: 413 – 426, 1994.

Hahn R, Noll R. Design for an emissions permit market. In: Graymer L, Thompson F, eds. Reforming Social Regulation. Los Angeles: Sage, 1982, pp. 37 – 54.

Halal WE. From hierarchy to enterprise: internal markets are the new foundation of management. Acad Manage Exec 8: 69 – 82, 1994.

Hammer M. Reengineering work: don't automate, obliterate. Harv Busin Rev p. 104 – 112, 1990.

Hammond TH. Agenda control, organizational structure, and bureaucratic politics. Am J Politic Sci 30: 379 – 420. 1986.

―――. In defense of Luther Gulick's 'notes on the theory of organization'. Public Admin 68: 143 – 173, 1990.

Hanke SH. Prospects for Privatization. Proc Acad Politic Sci 36, 1987.

Harr DJ. How activity accounting works in government. Manage Account 72: 36 – 40, 1990.

Harr DJ, Godfrey JT. Private Sector Financial Performance Measures and Their Applicability to Government Operations. Montvale. NJ: National Association of Accountants, 1991.

Haskel J, Szymanski S. Privatization, liberalization, wages and employment: theory and evidence for the UK. Economica 60: 161 – 181, 1993.

Haveman RH, Margolis J, eds. Public Expenditures and Policy Analysis. Chicago: Rand McNally, 1970.

Heckathorn D, Maser SM. The contractual architecture of public policy: a critical reconstruction of Lowi's typology. Journal of Politics, November, 1990.

―――. Bargaining and Constitutional Contracts. American Journal of Political Science 3 (2); 1987b. Hemingway AW. Cost center financial management: training OPTAR managers. Navy Comptr 3: 2 – 26, 1993.

Hemmer T, Risk-free incentive contracts: eliminating agency cost using option-based compensation schemes. J Account Econ 16: 447 – 473, 1993.

Hill J. Why so much stability? Public Choice 46: 275 –287, 1985.

Hird JA. The political economy of pork: project selection in the U. S. Army Corps of Engineers. Am Politic Sci Rev 85: 429 –456, 1991.

Hirsch WZ. The Economics of State and Local Government. New York: McGraw-Hill, 1970.

Hitch CJ. Decision Making for Defense. Berkeley: University of California Press, 1965.

Hitch CJ, McKean R. The Economics of Defense in the Nuclear Age. Cambridge, MA: Harvard University Press, 1960.

Hofstede GH. The Game of Budget Control. Amsterdam: Van Gorcum, 1967.

Holcombe RG. The Florida system: a Bowen equilibrium referendum process. Nat Tax J 30: 77 –84, 1977.

Hood C. A public management for all seasons. Public Admin 69: 3 –20, 1991.

——. Emerging issues in public administration. Public Admin 73: 165 – 183, 1995.

Horn M. The Political Economy of Public Administration: Institutional Choice in the Public Sector. New York: Cambridge University Press, 1995.

Hoyt WH. Local government inefficiency and the Tiebout hypothesis: does competition among municipalities limit local government inefficiency? South Econ J 57: 481 –496, 1990.

Islam N. Performance contract: contractualization of the government-public enterprise interface. Optimum 23: 53 –59, 1993.

Itoh H. Coalitions, incentives, and risk sharing. J Econ Theory 60: 410 – 427, 1993.

Johnson RN, Libecap GD. Agency growth, salaries and the protected bureaucrat. Econ Inq 27: 431 –451, 1989.

Jones LR, Thompson F, Zumeta WM. The logic of budget execution. Econ Educ Rev 6: 44 –53, 1986.

Joskow P. Asset specificity and the structure of vertical relationships; empirical evidence. J Law Econ Org 4: 95 –118, 1988.

Kalt J, Zupan M. The apparent ideological behavior of legislators. J Law Econ 33: 103 – 132, 1990.

Kathawala Y. Organizational structure considerations in the next decade: implications for operations management. Int J Oper Product Manage 10: 53 –60, 1990.

Kelman S. Making Public Policy a Hopeful View of American Government. New York: Basic Books, 1987.

——. Procurement and Public Management: The Fear of Discretion and the Quality of Government Performance. Washington, D. C.: AEI Press, 1990.

Kennedy School. The multiple launch rocket system: on time and under budget. Case program, C16 - 87 - 773. 0. Cambridge, MA: John F. Kennedy School of Government, Harvard University, 1987.

Keren M. Decentralization, aggregation, control loss and costs in a hierarchical model of the firm. J Econ Behav Org 11: 213 - 236, 1989.

Ketti DF. Sharing Power: Public Governance and Private Markets. Washington, D. C.: Brookings Institution, 1993.

Khandwalla PN. Crisis responses of competing versus noncompeting organizations. In: Smart C, Stanbury WT, eds. . Studies on Crisis Management. Montreal: Institute for Research on Public Policy, 1987.

Kitfield J. Black programs: too big to hide? Milit Forum 26 : 21 - 28, 1989.

Knott JH, Miller GJ. Reforming Bureaucracy; The Politics of Institutional Choice. Englewood Cliffs, NJ: Prentice-Hall, 1987.

Koford K. On dimensionalizing roll call votes in the U. S. Congress. Am Politic Sci Rev 85: 956 - 976, 1991.

Kovacic WE. The sorcerer's apprentice: public regulation of the acquisitions process. In: Higgs R, ed. Arms, Politics, and the Economy. New York: Holmes & Meier, 1990, 104 - 131.

Kreuger AO. The political economy of the rent-seeking society. Am Econ Rev 64: 291 - 303.

Ladd HF. Comments on chapter 5. In: Quigley JM, Smolensky E, eds. Modern Public Finance. Cambridge, MA: Harvard University Press, 1994, 152 - 156.

Laffont J-J, Tirole J. A Theory of Incentives in Procurement and Regulation. Cambridge, MA: MIT Press, 1993.

Lan Z, Rosenbloom D. Public administration in transition? Public Admin Rev 52: 535 - 537, 1992.

Langbein L. The Causes and Consequences of Bureaucratic Discretion. Unpublished manuscript, American University, 1996.

Lapsley I. Responsibility accounting revived? Market reforms and budgetary control. Manage Account Res 5: 337 - 352, 1994.

Larkey PD. Evaluating Public Programs: The Impact of General Revenue Sharing on Municipal Government. Princeton, NJ: Princeton University Press, 1979.

Lewis TR, Sappington DEM. Inflexible rules in incentive problems. Am Econ Rev 79: 69 - 84, 1989.

Mackintosh M. Economic behavior and the contracting outcome under the NHS reforms: theory and the example of community nursing. Account Audit Account J 6: 133 - 155, 1993.

MacManus SA. Why businesses are reluctant to sell to governments. Public Administration Review 51 (4) 328 –44, 1991.

Marcus AA. Responses to externally induced innovation: their effects on organizational performance. Strat Manage J 9: 387 –402, 1988.

Margolis J, ed. The Analysis of Public Output. New York: Columbia University Press, 1970.

Marini F, ed. Toward a New Public Administration: The Minnowbrook Perspective. New York: Chandler, 1971.

Maser SM. Transaction costs in public administration. In: Calista D. ed. Bureaucratic and Governmental Reform. Greenwich, CT: JAI Press, 1986, pp. 55 –72.

Masten SE. The organization of production. J Law Econ 27: 403 –417, 1984.

———. Transaction costs, mistakes, and performance: assessing the importance of governance. Manage Decis Econ 14: 119 –129, 1993.

Masten SE, Meehan JW, Snyder EA. The costs of organization. J Law Econ Org 7: 1 –25, 1991.

Mauro P. Corruption and growth. Q J Econ 110: 681 –712, 1995.

Mayer KR. The Political Economy of Defense Contracting. New Haven, CT: Yale University Press, 1991.

Mayston D. Principals, agents and the economics of accountability in the new public sector. Account Audit Account J 6: 68 –96, 1993.

McCubbins M, Schwartz T. Congressional oversight overlooked: police patrols versus fire alarms. Am J Politic Sci 28: 165 –179, 1984.

McCubbins MD, Noll G, and Weingast R. Structure and process, politics and policy: administrative arrangements and the political control of agencies. Virginia Law Rev 75: 431 –508, 1989.

McFadden D. Revealed preferences of a government bureaucracy, part I. Bell J Econ 6: 401 –416, 1976.

———. Revealed preferences of a government bureaucracy, part II, Bell J Econ 7: 52 –72, 1977.

McKean RN. Public Spending. New York: McGraw-Hill, 1968.

McKelvey R. Intrasitivities in multidimensional voting models and some implications for agenda control. J Econ Theory 12: 427 –482, 1976.

McMaster R. The contract state: x-efficiency and trust. Manage Res News: MRN. 17: 8, 9, 47 –49, 1994,

Mehay SL. Economic incentives under contract supply of local government services. Public Choice 46: 79 –86, 1986.

Mendeloff JM. The Dilemma of Toxic Substance Regulation: How Overregulation Causes Underregulation. Cambridge. MA: MIT Press, 1988.

Merewitz L, Sosnick SH. The Budget's New Clothes: A Critique of Planning – Programming-Budgeting and Benefit-Cost Analysis. Chicago: Markham, 1971.

Merton R. Social Theory and Social Structure. New York: Free Press, 1957.

Migue J-L, Belanger G. Toward a general theory of managerial discretion. Public Choice 17: 27–42, 1974.

Miller GJ. Cities by Contract. Cambridge, MA: MIT Press, 1981.

Milward HB. Nonprofit contracting and the hollow state. Public Admin Rev 54: 73–77, 1994.

Miranda R. Privatization and the budget-maximizing bureaucrat. Public Product Manage Rev 17: 17–34, 1994.

——. Bureaucracy, organizational redundancy, and the privatization of public services. Public Admin Rev 55: 193–200, 1995.

Moe T. The new economics of organization. Am J Politic Sci 28: 739–777, 1984.

——. The politics of bureaucratic structure. In: Chubb JE, Peterson PE, eds. Can the Government Govern? Washington, D.C.: Brookings Institution, 1989.

——. The politics of structural choice: toward a theory of public bureaucracy. In: Williamson OE, ed. Organization Theory: From Chester Barnard to the Present and Beyond. New York: Oxford University Press, 1990.

Monissen HG. Rent-seeking in general equilibrium: a didactic illustration. Public Choice 72: 111–130, 1991.

Monteve, rde K, Teece DJ. Appropriable rents and quasi-vertical integration. J Law Econ 25: 403–418, 1982.

Moores K. A reconciliation of market competition, decentralization, size, and financial performance results: an extension testing moderating effects. Human Relations 42 (1): 67–80, 1989.

Morgan J. Bilateral monopoly and the competitive output. Q J Econ 63: 370–381, 1949.

Morrall JF. A review of the record. Regulation. 10: 25–43, 1986.

Mosher FC. The changing responsibilities and tactics of the federal government. Public Admin Rev 40: 540–547, 1980.

Mueller DC. Public Choice II. Cambridge: Cambridge University Press, 1989.

Munger M. On the mutuality of interests between bureaus and high demand review committees. Public Choice 43: 211–215, 1984.

Nelson MA. Decentralization of the subnational public sector: an empirical analysis of the determinants of local government structure in metropolitan areas in the U.S. South Econ J 57: 443–457, 1990.

Niskanen WA. The defense resource allocation process. In: Enke S, ed. Defense Management. Englewood Cliffs, NJ: Prentice-Hall, 1967, pp. 3–22.

——. Bureaucracy and Representative Government. Chicago: Aldine-Atherton,

1971.

Novick D. Efficiency and Economy in Government through New Budgeting and Accounting Procedures. Santa Monica, CA: The Rand Corporation, 1954, pp. R-254.

____. A New Approach to the Military Budget. Santa Monica, CA: The Rand Corporation, 1956, pp. R-1759.

Oates WE. Federalism and government finance. In: Quigley JM, Smolensky E, eds. Modern Public Finance. Cambridge, MA: Harvard University Press, 1994, pp. 126-151.

Okun A. Equality and Efficiency: The Big Tradeoff. Washington, D.C.: The Brookings Institution, 1975.

Olson M. The Logic of Collective Action: Public Goods and the Theory of Groups. Cambridge, MA: Harvard University press, 1965.

____. The Rise and Decline of Nations: Economic Growth, Stagflation, and Social Rigidities. New Haven, CT: Yale University Press, 1982.

Olson M, Zeckhauser R. An economic theory of alliances. Rev Econ Stat 48: 266-279. 1966.

Osborne D, Gaebler T. Reinventing Government: How the Entrepreneurial Spirit Is Transforming the Public Sector from Schoolhouse to Statehouse, City Hall to the Pentagon. Reading, MA: Addison Wesley, 1992.

Ostrom E. Governing the Commons: The Evolution of Institutions for. Collective Action. New York: Cambridge University Press, 1990.

Ostrom E, Gardner R, Walker J, with Agrawal A. Rules, Games, and Common-Pool Resources. Ann Arbor: University of Michigan Press, 1994.

Parker D. Comment: the inadequacy of traditional theories and the promise of PPB as a systems approach. In: Marini F, ed. Toward a New Public Administration: The Minnowbrook Perspective. New York: Chandler, 1971, pp. 301-308.

Parker D, Martin D. The Impact of UK Privatization on Labor and Total Factor Productivity. Scot J Politic Econ 42: 201-220, 1995.

Peltzman S. Toward a more general theory of regulation. J Law Econ 14: 109-148, 1976.

____. Constituent interest and congressional voting. J Law Econ 27: 181-210, 1984.

____. How efficient is the voting market? J Law Econ 33: 27-63, 1990.

Persky A. The expected utility hypothesis as immunity against the "legal" utilization of the money pump and underachiever methods. South Econ J 61: 478-487, 1994.

Pilling DL. Competition in Procurement. Washington, D.C.: Brookings Institution,

1989.

Pitsvada BT. Flexibility in federal budget execution. Public Budget Finan 3: 17 – 26, 1983.

Poole KT, and Rosenthal H. Patterns of Congressional voting. American Journal of Political Science 35 (1): 228 –278, 1991.

Posner RA. Taxation by regulation. Bell J Econ Manage Sci 2: 22 –50, 1971.

————. Theories of economic regulation. Bell J Econ Manage Sci 5: 335 –358, 1974.

Powers KA, Thompson F. Managing Coprovision: using expectancy theory to overcome the free-rider problem. J Public Admin Res Theory 4: 179 – 196, 1994.

President's Private Sector Survey on Cost Control. Task Force Report on the Office of the Secretary of Defense. Arlington, VA: PPSS, 1983.

Prusa TJ. An incentive compatible approach to the transfer pricing problem. J Int Econ 28: 155 – 172, 1990.

Quade ES. Analysis for Public Decisions. New York: American Elsevier, 1975.

Quade ES, Boucher WI. Systems Analysis and Policy Planning. New York: American Elsevier, 1968.

Rauch J. Demosclerosis: The Silent Killer of American Government. New York: Times Books, 1994.

Ravenscroft SP. Bargaining behavior in a transfer pricing experiment. Org Behav Hum Decis Process 55: 414 – 443, 1993.

Reichelstein S. Constructing incentive schemes for government contracts: an application of agency theory Account Rev 67: 712 – 731, 1992.

Reid GJ. Perceived government waste and government structure: an empirical examination of competing explanations. Public Finan Q 18: 395 – 419, 1990.

Reschenthaler GB, Thompson F. The information revolution and the new public management. J Public Admin Res Theory 6: 124 – 143. 1996.

Rhodes RAW. The new public management. Public Admin 69: entire issue, 1991.

Rivlin AM. Systematic Thinking for Social Action. Washington, D. C.: Brookings Institution, 1971. Rogerson WP. Quality vs. quantity in military procurement. Am Econ Rev 80: 83 – 92, 1990.

Romer T, Rosenthal H. Economic incentives and political institutions: spending and voting in school budget referenda. Journal of Public Economics 49 (1): 1 – 33, 1992.

Ronen J. Transfer pricing reconsidered. J Public Econ 47: 125 – 136, 1992.

Ronen J, Balachandran KR. An approach to transfer pricing under uncertainty. J Account Res 26: 300 – 314, 1988.

Rosenberg N, Birdsall LE. How the west grew rich: The Economic Transformation of the Industrial World. New York: Basic Books, 1986.

Rubin IS. Who invented budgeting in the United States? Public Admin Rev 53: 438 –444, 1993. Samuelson PA. The pure theory of public expenditure. Rev Econ Stat 36: 387 –389, 1954.

———. A diagrammatic exposition of a theory of public expenditure. Rev Econ Stat 37: 350 –356, 1955.

Santerre RE. A test of executive behavior in the local public sector. Rev Econ Stat 72: 546 –550, 1990.

Savas ES. Privatizing the Public Sector: How to Shrink Government. Chatham, NJ: Chatham House, 1982.

Schedler K. Ansatze einer Wirkungsorientirten Verwaltungsfuhrung: Von der Idee des New Public Managements (NPM) zum konkreten Gestaltungsmodell. Bern: Verlag Paul Haupt, 1995. Schleifer A. Politicians and firms. Q J Econ 109: 995 –1025, 1994.

Schick A. Control patterns in state budget execution. Public Admin Rev 24: 97 –106, 1964. ———. Contemporary problems in financial control. Public Admin Rev 38: 513 –519, 1978.

———. Budgeting for results: recent developments in five industrialized countries. Public Admin Rev 50: 26 –34, 1990.

Schroeder DA. Organizational structure and intrafirm transfer prices for interdependent products. J Busin Finan Account 20: 441 –455, 1993.

Schultze CL. The Politics and Economics of Public Spending. Washington, D.C.: Brookings Institution, 1968.

Schwartz H. Small states in big trouble. World Politics. 46: 527 –555, 1994.

Scotchmer S. Public goods and the invisible hand. In: Quigley JM, Smolensky E, eds. Modern Public Finance. Cambridge, MA: Harvard University Press, 1994, 93 –119.

Scott G, Bushnell P, Salee N. Reform of the core public sector: the New Zealand experience. Public Sector 13: 11 –24, 1990.

Shepsle KA. Institutional arrangements and equilibrium in multidimensional voting models. Am J Politic Sci 23: 27 –43, 1979.

———. The Giant Jigsaw Puzzle: Democratic Committee Assignments in the Modern House. Chicago: University of Chicago Press, 1978.

———. Political solutions to market problems. Am Politic Sci Rev 78: 417 –434, 1984. Silva F, Sonstelie J. Did Serrano cause a decline in school spending? Nat Tax J 48: 199 –215, 1995.

Sonstelie JC, Portney PR. Profit-maximizing communities and the theory of local public expenditure. J Urban Econ 5: 263 –277, 1978.

Sourwine DA. CAS applicability, coverage and disclosure. J Account 176: 69 –74,

1993.

——. Cost accounting standards: myths & misconceptions. Manage Account 75: 42 –43, 1994. Stanbury WT. A skeptic's guide to the claims of so-called public interest groups. Can Public Admin 36: 580 –605, 1993.

Stanbury WT, Thompson F. Toward a political economy of government waste. Public Admin Rev55: 418 –427, 1995.

Stark R, Varley T. Bidding, estimating, and engineered construction contracting. In: Engelbrecht-Wiggens R, et al., eds. Auctions, Bidding, and Contracting. New York: New York University Press, 1983, pp. 121 –135.

Stigler GJ. The Citizen and the State: Essays on Regulation. Chicago: University of Chicago Press, 1975.

Szymanski S, Wilkins S. Competitive tendering: lessons from the public sector. Busin Srat Rev3: 101 –113, 1992.

Tabellini G, Alesina A. Voting on the budget deficit. Am Econ Rev 80: 37 –49, 1990.

Taylor LL. Government budgets and property value. Econ Rev [Federal Reserve Bank of Dallas] 1 –7. 1991.

Thomas JK, Tung S. Cost manipulation incentives under cost reimbursement: pension costs for defense contracts. Account Rev 67: 691 –711, 1992.

Thompson F. American legislative decision making and the size principle. Am Politic Sci Rev 73: 1100 –1108, 1979.

——. Utility maximizing behavior in organized anarchies. Public Choice 36: 17 –32, 1981.

——. Closeness counts in horseshoes and dancing . . . and elections. Public Choice 38: 305 –316, 1982.

——. Lumpy goods and cheap riders: an application of the theory of collective goods. J Public Policy 7: 427 –445, 1987.

——. Management control and the Pentagon: the strategy – structure mismatch. Public Admin Rev 51: 52 –66, 1991.

——. Matching responsibilities with tactics: administrative controls and modem government. Public Admin Rev 53: 303 –318, 1993.

Thompson F, Jones LR. Controllership in the public sector. J Policy Anal Manage 5: 547 –571, 1986.

Thompson F, Williams R. A horse race around a mobius strip: a review and a test of utility maximizing and organizational process models of public expenditure decisions. Policy Sci 11: 119 –142, 1979.

Tiebout CM. A pure theory of local expenditures. J Politic Econ 64: 416 –424, 1956.

Tirole J. The Theory of Industrial Organization. Cambridge, MA: MIT Press, 1988.

―――. The internal organization of government. Oxford Econ Papers 46: 1 – 29, 1994.

Trebilcock MJ. The Prospects for Reinventing Government? Toronto: C. D. Howe Institute, 1994. Tullock G. The welfare costs of tariffs, monopolies and theft. West Econ J 5: 224 – 232, 1967. Turcotte WA. Control systems, performance, and satisfaction in two state agencies. Admin Sci Q19: 60 – 73, 1974.

Turnbull GK, Djoundourian SS. The median voter hypothesis: evidence from general purpose local governments. Public Choice. 81 (3): 223 – 138, 1994.

Twight C. Department of defense attempts to close military bases: the political economy of congressional resistance. In: Higgs R, ed. Arms, Politics, and the Economy. New York: Holmes & Meier, 1990, pp. 236 – 279.

Tyier TR. Why People Obey the Law. New Haven, CT: Yale University Press, 1990. Vena CH. The real world of military standard 1567A and work measurement. Industrial Engineering. 25 (2): 42 – 43, 1993.

Vining AR, Boardman AE. Ownership versus competition: efficiency in public enterprise. Public Choice 73: 205 – 240, 1992.

von Ungern-Sternberg T. Quality incentives in auctions for construction contracts. Int J Industr Org 12: 89 – 104, 1994.

Walker G, Poppo L. Profit centers, single-source suppliers, and transaction costs. Admin Sci Q36: 66 – 87, 1991.

Wallis JJ. The political economy of new deal fiscal federalism. Econ Inq 29: 510 – 524, 1991. Weidenbaum M, DeFina R. The Cost of Federal Government Regulation of Economic Activity.

Washington, D. C.: American Enterprise Institute, 1978.

Weimer DL, Vining AR. Policy Analysis: Concepts and Practice. 2nd ed. Englewood Cliffs, NJ: Prentice Hall, 1992.

Weinstein J. The Corporate Ideal in the Liberal State: 1900 – 1918. Boston: Beacon Press, 1968. Whynes DK. Can performance monitoring solve the public services' principal-agent problem? Scot J Politic Econ 40: 434 – 446, 1993.

Wildavsky A, Hammond A. Comprehensive vs. incremental budgeting in the Department of Agriculture. Admin Sci Q 10: 321 – 346, 1965. Williamson OE. The Economic Institutions of Capitalism. New York: Free Press, 1985.

―――. Administrative decision making and pricing. In: Margolis J, ed. The Analysis of Public Output New York: Columbia University Press, 1970, pp. 115 – 135.

Willig RD, Jatar AJ, Laffont JJ. Public versus regulated private enterprise. World Bank Res Observ Annual Conference on Development Economics Supplement 155 – 180, 1993.

Wittman D. Why democracies produce efficient results. J Politic Econ 9: 1395 – 1424, 1989. World Bank. Bureaucrats in Business: The Economics and Politics of Government Ownership. New York: Oxford University Press, 1995.

Yinger J, Bloom HS, Borsch – Supan A, Ladd HF. Property Taxes and House Values: The Theory and Estimation of Interjurisdictional Property Tax Capitalization. Boston: Acadmic Press, 1988.

Young AR. Transaction costs, two-part tariffs, and collusion. Econ Inq 29: 581 – 590, 1991.

Zax JS. Is there a leviathan in your neighborhood? Is leviathan a mythical beast? Searching for

leviathan: a reply and some further reflections. Am Econ Rev 79: 560 – 583, 1989.

Zorn CK. The economic perspective on public administration. Public Admin Rev 49: 213 – 214, 1989.

Zuboff S. In the Age of the Smart Machine: The Future of Work and Power. New York: Basic Books, 1988.

BIBLIOGRAPHY

Ahlbrandt R. Efficiency in the provision of fire services. Public Choice 16 (Fall): 1 – 15, 1973.

Anthony RN. Planning and Control Systems: A Framework for Analysis. Boston, MA: Graduate School of Business Administration, Harvard University, 1965.

——. New frontiers in defense financial management. The Federal Accountant. XI: 13 – 32, June 1962.

Anthony RN, Govindarajan V. Management Control Systems. 8th ed. Chicago: Irwin, 1995.

Balachandran KR, Srinidhi B. On the control of public service. Journal of Accounting, Auditing, & Finance. 9 (1): 21 – 39, 1994.

Becker G. Public policies, pressure groups, and dead weight costs. Journal of Public Economics 28 (2): 371 – 400, 1985.

Becker SW, Neuhauser D. The Efficient Organization. Elsevier-North Holland Publishing Company, 1975.

Bellamy C, Taylor JA. Reinventing government in the information age. Public Money & Management 14 (3): 59 – 62, July – September 1994.

Bendor J, Hammond TH. Rethinking Allison's models. American Political Science Review 86 (2): 301 – 322, 1992.

Beniger JR. The Control Revolution: Technological and Economic Origins of the Information Society. Cambridge MA: Harvard University Press, 1986.

Bergstrom T, Goodman R. Private demands for public goods. American Economic Review. 63 (3): 280-296, 1972.

Bish RL, Nourse HO. Urban Economics and Policy Analysis. New York: McGraw-Hill, 1975.

Borcherding TE. Budgets and Bureaucrats: The Sources of Government Growth. Durham, NC: Duke University Press, 1977a.

Bos D, Peters W. Privatization, internal control, and internal regulation. Journal of, Public Economics. 36 (2): 231-258, July 1988.

Bower J. The Resource Allocation Process. Boston: Harvard Business School Division of Research, 1970.

Breit W. Income redistribution and efficiency norms. In: Hochman, Peterson, eds. Redistribution through Public Choice. New York: Columbia University Press, 3-21, 1974.

Brock WA, Magee SP. The economics of special interest politics. American Economic Review. 68 (2): 246-50, 1978.

Buchanan JM. An economic theory of clubs. Economica. 32 (1): 1-14, 1965.

———. The Demand and Supply of Public Goods. Chicago: Rand McNally, 1968.

Button K, Swarm D, eds. The Age of Regulatory Reform. New York: Oxford University Press, 1989.

Caves DW, Christensen LR, Swanson J, Tretheway M. Economic performance of U.S. and Canadian railways: the significance of ownership and the regulatory environment. In: Stanbury WT, Thompson F, eds. Managing Public Enterprises. New York: Praeger, 1982, 123-151.

Chubb JE, Moe TM. Politics, markets, and the organization of schools. American Political Science Review, 82 (4): 1065-1087, 1988.

Coase R. The lighthouse in economics. Journal of Law and Economics. 17 (2): 357-76, 1974.

Cooper R, Turney PB. Internally focused activity-based cost systems. In: Kaplan RS, ed. Measures for Manufacturing Excellence. Boston: Harvard Business School Press, 291-308, 1990.

Corbett CJ. Decentralization of responsibility for site decontamination projects: a budget allocation approach. European Journal of Operational Research. 86 (1) 5, 103-119, 1995.

Comes R, Sandier T. The Theory of Externalities, Public Goods, and Club Goods. Cambridge: Cambridge University Press, 1986.

Cowan T, ed. The Theory of Market Failure. Fairfax, VA: George Mason University Press 1988.

Davis OA, Whinston AB. On the distinction between public and private goods. American Economic Review. 57 (2): 360 -73, 1967.

de Jasay A. Social Contract, Free Ride: A Study of the Public Goods Problem. Oxford, UK: Clarendon Press, 1989.

Demski J, Feltham G. Cost Determination. Ames: Iowa State University Press [1976].

Denzau AT, Mackay RJ. Benefit shares and majority voting. American Economic Review. 66 (1): 69 -76, 1976.

Dixon WA. The Demand and Supply of Collective Goods: From a Market Exchange to the Political Process. Unpublished dissertation. University of Oregon, 1970.

Dixit A, Pindyk R. Investment Under Uncertainty. Princeton, NJ: Princeton University Press, 1994.

Downs A. An Economic Theory of Democracy. New York: Harper and Row, 1957.

Downs GW, Larkey PD. The Search for Government Efficiency. New York: Random House, 1986.

Drucker P. Management: Tasks, Responsibilities, Practices. New York: Harper & Row, 1973.

Duncombe WD. Demand for local public services revisited: the case of fire protection. Public Finance Quarterly 19 (4): 412 -436, 1991.

Eberts RW. School reform, school size, and student achievement. Economic Review [Federal Reserve Bank of Cleveland] 26 (2): 2 -15, 1990a.

Ferris JM. Coprovision: citizen time and money donations in public service provision. Public Administration Review 44 (4), 1984. Gramlich EM. Benefit-Cost Analysis of Government Programs. 2nd ed. Englewood Cliffs, NJ: Prentice-Hall, 1990.

Grosskopf S. Economies of scope in the provision of local public services. National Tax Journal. 43 (2): 61 -74, 1990.

Hahn R, Hird J. The costs and benefits of regulation. Yale Journal on Regulation. 5 (2): 1719 -1761, 1991.

Hamel G, Prahalad CK. Competing for the Future. Boston: Harvard Business School Press, 1994. Hammond TH, Miller GJ. A social choice perspective on authority and expertise in bureaucracy.

American Journal of Political Science 29 (1): 1 -28, 1985.

Hardin R. Collective action as an agreeable N-prisoners' dilemma. Behavioral Scientist 16: 472 -481, 1971.

Harr DJ. Productive unit resourcing: a business perspective on government financial management. Government Accountants Journal p. 51 -57, 1989.

Hartman RW. One thousand points of light seeking a number: a case study of CBO's search for a discount rate policy. Journal of Environment Economics & Management 18 (2 [Pan 2]): S3 – S7, 1990.

Heaver TD, Waters WG II. Public enterprise under competition. In: Stanbury WT, Thompson F, eds. Managing Public Enterprises. New York: Praeger, 152 – 160, 1982.

Heckathorn D, Maser SM. Bargaining and the sources of transaction costs: the case of government regulation. Journal of Law, Economics and Organization 3 (2), 1987.

Hirschleifer J. Transfer pricing and decentralized decisions. In: Bonini CP, Jaedicke R, Wagner HM, eds., Management Controls: New Directions for Basic Research. New York: McGraw-Hill, 1964, 49 – 75.

Hochman HM, Rodgers JD. Pareto optimal redistribution. American Economic Review 58 (4): 542 – 547, 1969.

———. Individual preferences and distributional adjustments. American Economic Review 61 (2): 353 – 360, 1972.

Hochman HM, Peterson GE, eds. Redistribution through Public Choice. New York: Columbia University Press, 1974.

Hochschild JL. What's Fair? American Beliefs about Distributive Justice. Cambridge, MA: Harvard University Press, 1981.

Hood C. The Limits of Government. London: John Wiley & Sons, 1976.

Hopkins TD. The costs of federal regulation. Journal of Regulation and Social Costs 2 (1): 5 – 31, 1992.

House R, Prichard R, Trebilcock M. Smaller or smarter government? University of Toronto Law Journal 40 (2): 498 – 541, 1990. \

Hunt LC, Lynk EL. Privatization and efficiency in the UK water industry: an empirical analysis. Oxford Bulletin of Economics and Statistics 57 (3): 371 – 388, 1995.

Johnson HT, Kaplan RS. Relevance Lost: The Rise and Fall of Management Accounting.

Boston: Harvard Business School Press, 1991. Kaplan RS. The topic of quality in business school education and research. Selections Autumn 1991, 13 – 21.

———, ed. Measures for Manufacturing Excellence. Boston: Harvard Business School Press 1990. Kelman S. The prescriptive message. Public Administration Review 51 (3): 21 – 23, 1991.

Kiewiet DR. Bureaucrats and budgetary outcomes: quantitative analyses. In: Blais and Dion, eds. The Budget-Maximizing Bureaucrat. Pittsburgh: University of Pittsburgh Press, 1991.

Lamm D. Why firms refuse DOD business. National Contract Management Journal 21: 45 – 55, 1988.

Larkey PD, Stolp C, Winer M. Theorizing about the growth of government: a research assessment. Journal of Public Policy (May 1981), 157-220.

Leibenstein HJ. Beyond Economic Man. Cambridge, MA: Harvard University Press, 1976. Littlechild SC. with Thompson F. Aircraft landing fees: a game theory approach. Bell Journal of Economics 8 (1): 186-204, 1977.

Lovell C, Tobin C. The mandate issue. Public Administration Review 41 (3): 318-330, 1981. Lozier J. Volunteer fire fighters and community mobilization. Human Organization 35 (4): 19-46, 1976.

McDavid J. Part-time firefighters in Canadian municipalities. Canadian Public Administration 29 (3): 377-387, 1986.

McLure CE, Zodrow GR. The study and practice of income tax policy. In: Quigley and Smolensky, eds. Modern Public Finance 1994, pp. 165-212.

McVay B. Caution! slippery fixed-price incentive contracts ahead. National Contract Management Journal 26 (1): 15-22, 1995.

Milgrom P, Roberts J. Economics, Organization and Management. New Jersey: Prentice-Hall, 1992.

Miller GJ. Managerial Dilemmas: The Political Economy of Hierarchy. Cambridge, UK: New York: Cambridge University Press, 1992.

Minasian J. Land utilization for defense. In: Enke S, ed. Defense Management. Englewood Cliffs, NJ: Prentice-Hall, Inc., 1967, pp. 234-56.

Muid C. Information systems and new public management-a view from the center. Public Administration 72 (1): 113-125, 1994.

Niskanen WA. The total cost of regulation? Regulation 14 (2): 23-25, 1991.

———. The costs of regulation (continued). Regulation 15 (1): 25-26, 1992.

Parks RB, et al. Consumers as coproducers of public services. Policy Studies Journal 9: 1001-1011, 1981.

———. Coproduction of public services. In: Rich RC, ed. Analyzing Urban-Service Distributions. Lexington, MA: Lexington Books. 1982, pp. 185-189.

Perrow CA. The bureaucratic paradox: the efficient organization centralizes in order to decentralize. Organization Dynamics Spring 1977, 3-14.

Peters TJ, Waterman RH. In Search of Excellence: Lessons from America's Best-Run Companies. New York: Harper & Row, 1982.

Pincus JJ. Pressure Groups & Politics in Antebellum Tariffs. New York: Columbia University Press, 1977.

Pinheiro AC, Schneider BR. The fiscal impact of privatization in Latin America. Quarterly Review of Economics & Finance 34: 9-42, 1994.

Poole KT, Rosenthal H. The enduring nineteenth-century battle for economic regulation: the interstate commerce act revisited. Journal of Law & Economics 36

(2): 837-60, 1993.

Quiggin J. Does privatization pay? Australian Economic Review 110: 23-42, 1995.

Quigley JM, Smolensky E, eds. Modern Public Finance. Cambridge MA: Harvard University Press, 1994.

Rauch JE. Bureaucracy, infrastructure, and economic growth: evidence from U. S. cities during the progressive era. American Economic Review 85 (4): 968-979, 1995.

Recktenwald HC. Potential welfare losses in the public sector - anatomy of the nature and causes.

In: Hanusch H, ed. Anatomy of Government Deficiencies. Berlin: Springer-Verlag, 1983, pp. 43-58.

Rivlin AM. New Approaches to Public Decision-Making. Ottawa: Information Canada for the Economic Council of Canada, 1972.

Rosenthal HA. Committee power, structure-induce equilibrium, and roll call votes-comment. American Journal of Political Science 36 (1): 1-39, 1992.

Rosenfeld Y. Cost-plus and incentive contracting: some false benefits and inherent drawbacks. Construction Management & Economics 9 (5): 481-492, 1991.

Sah RK. The quality of managers in centralized versus decentralized organizations. Quarterly Journal of Economics 106 (1): 289-295, 1991.

Schlesinger JR. The changing environment for systems analysis. In: Enke S, ed. Defense Management. Englewood Cliffs, NJ: Prentice-Hall, 1967, pp. 89-112.

———. Systems analysis and the political process. In: Lane FS, ed. Current Issues in Public Administration. 2nd ed. New York: St. Martin's Press, 1982, pp. 390-404.

Schick A. Congress and the details of administration. Public Administration Review 36 (6): 516-528, 1976.

Shepsle KA, Weingast BR. Political preferences for the pork barrel: a generalization. Am J Politic Sci 25: 96-111, 1981.

Stedry A. Budget Control and Cost Behavior. Englewood Cliffs NJ: Prentice-Hall, 1960.

Thompson F. Why America's military base structure can't be reduced. Public Administration Review 48 (1): 557-63, 1988.

Thompson F, Jones LR. Regulatory Policy and Practices: Regulating Better and Regulating Less. Praeger: New York, 1982.

Tullock G. The cost of transfers.. 4 (4): 629-643, 1971; reprinted in Buchanan, Tollison, And Tullock, 1980, 269-282.

Vancil R. Decentralization: Management Ambiguity by Design. Homewood, IL: Dow Jones Irwin, 1979.

Vroom V. Work and Motivation. New York: Wiley, 1964.

Whitaker GP. Coproduction: citizen participation in service delivery. Public Administration Review 40 (3): 240 – 246, 1980.

Wilson JQ. Bureaucracy. New York: Basic Books. 1989.

Zaid MN. Decentralization: myth vs. reality. Personnel 41: 19 – 26, 1964.

第二十六章 市场选择、公共选择和制度选择研究的新发展

文森特·奥斯特罗姆[*]

Ⅰ．引言

在20世纪50代和60年代早期，出现了一些用经济推理（economic reasoning）的基本原理来探讨政府或公共部门组织等基本方面的出版物。其中包括阿罗（Arrow 1951）的《社会选择和个人价值》（Social Choice and Individual Values）、布坎南和塔洛克（Buchanan and Tullock，1962）的《一致同意的计算》（Calculus of Consent）、唐斯（Down，1957）的《民主的经济理论》（The Economic Theory of Democracy）、奥尔森（Olson 1965）的《集体行动的逻辑》（Logic of Collective Action）、赖克（Riker 1962）的《政治联盟理论》（Theory of Political Coalitions）和塔洛克（Tullock，1965）的《官僚主义的政治》（The Politics of Bureaucracy）。另外还有两篇期刊文章也属于此列：奥斯特罗姆等人的（V. Ostrom et al.，1961）《大都市地区政府组织：一个理论探询》（The Organization of Government in Metropolitan Areas: A Theoretical Inquiry）和铁博（Tiebout）的《一个地方开支的纯理论》（A Pure Theory of Local Expenditure）。

这些著述构成了与公共选择传统相关的学术界的关注核心。源自阿罗和赖克（Arrow and Riker）传统的著作已成为一小组学者（a subset of scholars）的主要关注点，这些学者倾向于认为自己献身于"社会选择"，并将其作为"公共选择"的一个变体。因此，要想明确地区分社会选择学者和公共选择学者还存在一些不确定性。

这些传统的早期研究倾向于认为人类选择是在一种特定

---

[*] 文森特·奥斯特罗姆（Vincent Ostrom），印第安纳大学（Indiana University）

形式的选择机制环境下运行，这些机制在投票、交易安排和等级制中得到反映。备选制度安排（alternative institutional arrangements），也就是说做出选择的安排，被认为在人类社会是可以得到的，备选方案的可获得性意味着在制度安排上选择而不是在产品或服务中选择的可能性。当作出选择的安排本身被认为是选择的对象时，我们就把这种选择的范畴定为"制度选择"。

公共选择方法的显著特征就是将"经济推理"应用到非市场决策制定中（nonmarket decision making）。这一方法已经在社会科学中引起巨大的争议，特别是在公共行政学者中（例如，Golembiewski 1977）。格林和夏皮罗（Green and Shapiro 1994）做了最详细的评论。我自己的评论在一篇题为《认识选择和公共选择》（Epistemic choice and Public Choice）的论文中有所提及，该文出版在《公共选择》（Public Choice）杂志第 25 周年纪念版上）（V. Ostrom 1993）。

公共行政学中的许多批评指向在"经济推理"中所使用的一种特殊的人的模式。一些公共选择理论家在他们的研究中采用一种个体的极端"理性选择"模式。但是正如我后面将要讨论的，这一特殊模式并不是经济推理所使用的唯一的理性行为模式。极端的理性选择模式对于某些形式的询问（inquiry）是有用的，但是在当前经济学中的许多调查都认为融入人的理性选择模式的基本因素是建立在可变而不是固定假设基础之上的。当研究焦点转到非市场决策结构（nonmarket decision structures）上来时，这一点对公共选择传统中的某些研究尤为正确）。尽管较少的关注放在公共政策分析中相类似的假设上，但是该领域也存在相同的问题（Majone 1986）。[①]当我们考虑我们要使用什么假设时，我们应当认识到，社会科学和相关专业研究领域中的学术精神（scholarship）要求使用多层次和多中心的分析以处理现代社会中的复杂问题：在不同环境下和不同层次中的选择。

下面，我将首先探讨极端的理性选择模式和它的一些贡献。然后我将转向探讨在市场安排研究中一些不同的假设，第三步探讨的就是非市场机构研究中的一些不同假设。第四步，我将试图澄清框架与理论和框架与模式之间的关系。最后，对于复杂关系结构（complex configurations of relationships）中分析的多层次和多中心基础所采用的调查的基本要素，我将得出一些总结性的观察结果。

Ⅱ. 极端理论选择模型及其贡献

在公共选择中，可以认为，大部分的著作使用了一种或另一种理性选择模式。所有的选择模型都考察具体形势背景下的个体（Popper 1964：147 - 159，1967）。理性选择方法假定不同程度的：（1）关注他人（作为区分"好"和"坏"的规范基础）（Buchanan 1970；Ostrom 1986）；（2）关于世界的知识；（3）价值观始终一致；（4）做出选择的内部机制［见凯吉斯（Kekes 1976）对理性的一般讨论］。理性选择模型受到最强烈的批评是它的以下几个假设：（1）

极度自私;(2) 所有信息;(3) 明确能够将效用与所有的后果(outcomes)和行动相联系并用一个始终一致的方法排列所有的选择的能力;(4) 期望效用的最大化(maximization of expected utility)[见里克和沃尔德舒克(Ricker and Ordeshook 1973)对这一模型的详细阐述]。

在评估理性选择模型时,重要的是首先应当从这些模型最初得到发展的背景来考虑——背景包括与个体做出选择相关的大量信息和高度确定性。在这种形势下,使用极端理性模型已经导致关于反预期结果的(counterintentional outcome)的反直觉结果(counterintuitive results)。对于所有社会制度的研究者来说,这些结论是非常重要的基础。其次,认识到有许多理性选择理论和模型已经得到了发展这一点是很重要的。极端理性选择模型在公共选择中已经被使用,但在这一传统研究中,它并不是唯一被采用的理性观点的版本。个体选择行为的不严格假设也被经常使用。让我们谈论第一个问题——极端理性选择途径在它最初的背景中所做的贡献。

就像森(Sen 1977)所指出的那样,创造出这个最初的模型是为了解决产生于现代经济思想早期的一个理论困惑。这个困惑在曼德维尔(Mandeville 1962)《蜜蜂的寓言》(Fable of the Bees)所提出来,受自私自利(egoistic self-interest)(个人恶行)(Private vices)所强烈驱动的个体是否可能会为公众提供公共产品,或为大众福利(common welfare)、公共利益(public benefits)或为一个更大的社区提供服务。对一些学者而言,个体对自我利益的追逐只会造成纯粹的混乱。相反,这个论证研究过程导致对竞争市场经济新出现属性(emergent properties)的澄清,它表明有序和可预测的关系是怎样发生。

在完全竞争市场条件的假定下,一个稳定的价格意味着供求平衡。如果允许这些平衡趋势在完全竞争市场条件下自己发挥作用,那么相对于所有的商品来说,当在任何既定的需求和收入分配水平上它们的价格等于它的边际成本时,将会达到一个全面均衡(general equilibrium)。

这些意义是反直觉和反预期的。这些结果是反直觉的是因为出现了有序的可预测性关系而不是所预期的混乱。这些结果是反预期的是因为,在市场竞争压力下,受到最大化利润强烈驱动的人被引导减少潜在的利润,并允许相对于其他人的经济优势作为消费者剩余(Consumer Surplus)自然增长。在一个竞争市场中,相对优势从自私的利润最大化者转移到寻求最小成本机会的消费者手中。

在理解具有竞争性的市场安排上,与新古典经济理论有关的极端假设已经产生了重大的学术成果。产生于竞争性市场的价格能提供各种信息,而这些信息能够在经济关系中提高理性计算。用新古典方法进行经济推理的极端假设经证明在理解一个新出现的具有竞争性市场特征点的秩序上很有效。

将极端理性选择模式应用到集体选择这一问题上具有完全不同的效果。在集体选择中,个人面对的环境是集体中的每个成员都参与制定选择,这些选择对这一集体中每个成员都有约束力。阿罗(Arrow 1951)证明,当个体偏好秩序高度分歧时，就没有可行的决策规则去产生一个集体结果（outcome），其具有能够提高社会福利的市场平衡的所有"美好"属性。多数投票规则（majority vote），或其他的投票安排，都没有在集体选择形势下产生市场安排在交易形势下所产生的最优结果（outcome））。此外，多数票（majorities）将循环，这一循环取决于投票进行的秩序。均衡是没有希望的；最小获胜联盟（minimum-winning coalition）是不稳定的（Riker 1962；1982）。

正如苏必克（Shubik 1982：122~124，1984）所指出的，如果阿罗采用基数效用（Cardinal Utility）而不是序数效用（Ordinal Utility），那么阿罗问题的存在就不是一个理论问题。然后，这一问题将通过计算效用总数和选择"最大的幸福"来解决，正如本瑟姆（Bentham）已描述的这一规范。并不是所有的价值观或所有的产品都经得起检测，能够像算术中的数字一样被控制。处理集体产品中无法比较问题（incommensurables）可能更好地被阿罗的公式所表达；阿罗的不可能理论反映了存在于集体选择形势下的基本紧张。大量的文献被提出，而且我们越来越认识到，个体理性能产生不正当的社会关系模式，这些关系的特性可能是社会的非理性因素。巴里和哈丁（Barry and Hardin 1982）的《理性的人和不理性的社会？》（Rational Man and Irrational Society）和谢林（Schellings 1978）的《微观动机和宏观行为》（Micromotives and Macrobehavior），正如这些书的标题所表明的，他们关注的是在个人动机或意图和社会结果（outcomes）之间的分歧（see also Elster 1977）。

这些结果在指出我们在制定社会科学的探询传统时所面临的两难困境上是很有成效的。在人类社会中所呈现的关系模式可能是反直觉和/或反预期的。如果这样的问题不存在，在提出社会关系问题上有常识就够了，就没有内在的困难要求去求助于社会探询的关键方法。

Ⅲ. 在市场关系研究中变化的假设

在转向非市场情景之前，让我评论在市场研究中的一些发展，特别是与非市场形势研究相关的研究。对"经济人"所作的有力（strong）假设以及对均衡分析、英美人（Anglo-American）特征和新古典研究传统的强调并没有得到所有经济学家的广泛支持。奥地利学派（Australian School）同苏格兰学派（Scottish School）在伦理学（moral philosophy）上具有相同点，但它更愿意在有限信息假定下进行研究，并且集中关注均衡调节机制而不是均衡状态（Kirzner 1973，1979）。一些美国学者反而强调交易成本计算来解释在市场中企业的上升（rise of firms）。企业的发展伴随着信息和权威关系的不对称因素。当这些因素呈现出可变比例（variable proportions）时，经济关系受制于各种不同的体制结构（institutional structures）。

奥地利经济学所强调的重点放在提供创新激励措施并生成与剧烈变化环境相关的信息的市场结构上。弗里德里希·奥古斯特·冯·哈耶克（F. A. von

Hayek）是这种传统在当代的最著名代表。冯·哈耶克（Von Hayek 1973, ch1）认为，由于新知识的产生促进了新技术的发展和新经济机会，所以信息不一定是全面的。他进一步阐述，应该区分在应用到一般化关系中的知识与时间和地点信息之间的差异，这里所说的知识在科学知识中得到明确地叙述，而这里所说的时间和地点信息则在具体情况下呈现出不同的具体价值（von Hayek 1945）。

然而奥地利经济学非常关注企业家精神（entrepreneurship），就像柯兹纳（Kirzner）所强调的一样。企业家精神具有一种寻找新的可能性的动机。这种行为活动扰乱了任何假定的均衡，给在市场经济中寻求获得相似的能力的其他人增加负担。企业家精神和创新提供竞争动力（Competitive Dynamic），这一动力与知识的发展、技术能力的增长和新经济机会的开放有关。这是一种只能发生在不完全信息世界内而不会发生在完全信息世界内的竞争形式。这种和奥地利学派有关的竞争动力学（Competitive Dynamics），与英美经济学家的传统均衡分析有很大不同，但并不对立。

奥地利学派的著作也和西蒙（Simon 1972, 1978, 1981）关于"有限理性"（bounded rationality）的著作相一致。纳尔逊和温特（Nelson and Winter 1982）的《一个经济变革的进化理论》（An Evolutionary Theory of Economic Change）是建立在与有限信息和学习潜能相关假设的基础上（see also Nelson 1977）。多西（Dosi 1984）在《技术变革和产业转型》（Technical Change and Industrial Transformation）的一个研究中，极为重视增加知识和技术革新的地位，将其视为一个竞争性过程，这一过程以不同方式影响市场结构，而不会在具有完全信息的竞争性市场中发生。拉塞尔和塞勒（Russell and Thaler 1985）在一篇有关《竞争性市场中准理性的关联性》（The Relevance of Quasi-Rationality in Competitive Markets）的文章里，阐述了变化的理性假设如何产生一个不同的均衡解决方案。这些解决方案具有不同的市场特征，而不是所期望的完全信息和完全竞争。

其他相关分析把信息不对称当作一些市场的现存特征，指出这样的特征预期将怎样影响市场结构。阿克尔洛夫（Akerlof 1970）证明，在二手车市场上，当购买者发现很难区分"桃子（佳品）"（peaches）和"柠檬（次品）"（lemon）时，信息不对称是如何产生问题的。这种信息不对称为某些人提供动机，以区别于自己是"桃子"卖主，而不是"柠檬"卖主。荣誉和信任因素也进入这样的市场，取代了被认为是完全竞争市场特征的非人性化，或说独立于他人的活动。波普吉（Popkiy 1981）关于《理性的农民》（The Rational Peasant）这本著作是广为人知的，他评估了构成农业生产力特征的信息不对称问题以及不对称信息怎样产生不同的制度安排（institutional arrangements）问题，诸如涉及收成分享制（sharecropping）、记件工作（piecework）、固定费用工资（fixed-fee wages）或者固定费用的租赁安排（fixed-fee rental arrangements）。

这些依赖于这种或那种不完全信息假设的分析传统与科斯（Coase 1937）在

《公司的性质》（The Nature of the Firm）一文中为解决问题而提出一个稍微不同的分析传统有紧密的相似之处。科斯关注的是，更多根据等级制原则组织的公司为什么会出现在依赖于彼此之间具有平等地位的个体他们之间的买卖的市场经济中。在市场中，为什么个体倾向于无市场的组织模式？

为了解释这一明显的异常，科斯认为通过市场组织交易需要成本。这些成本可以反映在得到现有价格（going price）、谈判费用等等信息的成本上。这些交易成本通过其他的组织形式也许能得到降低。在一个企业内的交易基本结构将被改变以包括参照一份这样的长期雇佣合同：新型关系中的雇主能够分配和重新分配雇员参与诸多不同的任务。在企业的运作中建立了受到这样的长期雇佣合同约束的上下级关系。

科斯推测，市场中交易成本的节余通过管理成本的相对上升来达到某种均衡。如果管理成本的增加等于交易成本的节省，一个企业的尽优势（net advantage）将得到实现。于是我们能够解释为什么在市场结构中运作的企业出现了等级制。在一定程度上，威廉森（Williamson 1975）以科斯的分析作为基础，说明了，是如何把对准市场或影子市场结构（shadow-market structures）的差异依赖（differential reliance）纳入企业内对分支部门（subdivisions）的管理的。一个较大生产过程的各组成部分由作为盈利中心的相关分部门组建而成，但是它们在市场中都是企业。因此，管理可以依赖于市场的竞争动力机制以提高在一个较大组织内分部门的效率。

阿尔奇安和德姆塞茨（Alchian and Demsetz 1972）关注科斯在有限信息背景下提出的问题以及信息限制因素（limits on information）与组织结构联系的方式。他们提出团队合作（teamwork），将其作为市场内公司发展的解释。多个个体聚集在一起作为团队工作能够完成个体单独工作时所不能完成的任务。合作意味着：联合努力具有产生更高生产力的潜力。在这种形势下，产生了一个疑问。当每个工人得到共同成果的固定部分作为工资，那么就会出现这样一个诱惑：每个工人在工作中都想更加悠闲，而且团队合作的产出将下降。

从这种情形可以看出，即使涉及到每个参与者对联合产品的贡献时，对信息的限制因素仍然存在。那么为了维持从"团队"合作中获得的生产力潜能（productive potential），完全有必要让一些人从事监督绩效以减少偷懒现象。这一点可以通过求助于承担组织企业、监控绩效和获得来自联合生产力的剩余收入（residual earnings）等责任的单个缔约方来完成。剩余收入的边际将会受到限制，因为在产品市场，竞争动力机制将会降低利润并产生增长的消费者剩余。

阿尔奇安和德姆塞茨（Alchian and Demsetz）所描述的、与单个缔约方（single contracting party）相关的企业形式是独资企业（sole proprietorship）。然而，他们也阐明，在不同形式的组织内动机结构受到由生产力上升所得的剩余收入的分配方式的影响，并且为了减少偷懒现象和提高生产力，责任被分配以监督绩效。

在阿尔奇安和德姆塞茨（Alchian and Demsetz）对"逃避义务"（shirking）的分析中指出，一些人会产生剥削其他人的诱惑。威廉姆森（Williamson 1975）将这种诱惑描述为机会主义和冒险。这类似于在所谓的"囚徒困境"（prisoner's dilemma）下，在产生"公地悲剧"（tragedy of the commons）的"公地困境"（the commons' dilemma）问题中追求非合作而不是合作战略的那些诱惑（E. Ostrom 1990）。阿尔奇安和德姆塞茨（Alchian and Demsetz）依靠单一缔约方的方法只是提出这个问题的一个方法而已。这些问题发生在人际关系的许多方面，而且不可能形成一个满足于简单的解决方案。逃避义务问题的成功解决方案可能产生其他的具有错误意义的诱惑和危险。解决阿尔奇安和德姆塞茨的逃避义务问题的单个缔约方可能会追求其他诱惑而剥削其他人。

在这一点上，重要的是指出这种经常被称之为交易成本经济学（Williamson 1979）的研究传统，它利用了包含在英美新古典经济分析方法中固定假设（fixed assumption）的一些因素，并将这些因素视为变量。科斯认为通过市场组织交易需要成本。其中有信息成本。阿尔奇安和德姆塞茨认为因信息局限而需要时间和精力的投资在监督绩效中。这些问题受到由倾向不同形式的组织的解决方案的约束。这意味着权威的差别性分配。而权威差别分配反过来意味着涉及具有不同补偿的管理和监控责任的不同观点之间的分歧。

此外，在这些分析中不明确的还有一个多层次的问题。构成企业基本组成要素的长期劳动合同为奠定与执行短期管理、监控和企业职能有关的权威差别分配奠定了基础。正如威廉姆森（Williamson 1975）所建议的，竞争动力机制被引进到企业各部门之内，以产生简化管理任务和监控问题的更为复杂的结构。在经济关系中的合同安排结构（contractual arrangements）比物物交换安排（quid pro quo arrangements）的新古典完全竞争模型更为复杂（Cheung 1969；De Alessi 1980）。

克鲁思贝格（Krusselberg 1986）在一篇《市场和等级制度》（Markets and Hierarchies）的文章里，提出了"市场"和"等级制度"的双层分歧（twofold distinction）问题，作为对区别企业和市场交易的组织原则的恰当描述。现在存在有一种很强的趋势，要将从"市场"和"等级制度"之间的联合转变成"市场"和"政府"（markets and states）之间的联合。这些两分法引入了简化方法，但这些方法可能使得对社会中市场和非市场决策制定安排的分析更为混乱。

克鲁思贝格（Krusselberg）认为，在与劳动力服务有关的一个生产要素市场（factor market）中签订雇佣合同完全不同于在产品市场（product market）用标准化和可替代性产品交易。相对于产品市场而言，劳动力市场包括很多不同的经济关系。然而，企业的组织成为与劳动力均衡分配相适应的组织技术的一部分，作为一个因素参加生产过程。

克鲁思贝格（Krusselberg）的分析为我们提供了另一种对于新古典完全竞争模型的批评。大家认为，市场动力机制使得在市场经济中进行交换的每一种产品都有一种趋向一般均衡的趋势。但人类劳动力不只是市场中另一种简单的商品。劳动服务合同将在不同的情况下发生，而不是在那些适应产品市场中标准化商品的情形下发生（cf. Taylor 1966）。当张（Cheung 1983）指出雇佣合同或像计件合同（piece-rate contract）一样简单或像建立无产阶级专政（dictatorship of the proletariat）的共产主义制度一样复杂时，克鲁思贝格（Krusselberg）赞许地引用了张的观点。

想要有效利用人力资本的企业家面临处理人际关系中所固有的问题。这关键取决于每个人进入自愿交易关系的可能性，因为自愿交易关系使得作为一个相互促进生产的努力的每一方在进入雇佣关系时处境更好。生产力标准、公平、自由不能被忽视。雇主和雇员彼此都有权利和义务，并且他们的生产潜能取决于相互理解和意志。追求自身利益的企业家应当考虑到其他人的利益，为他们提供在更大范围内自由选择职业的就业机会。

克鲁思贝格（Krusselberg）分析的重点是表明了雇佣市场与标准化的产品市场相比具有很大的不同特征。影响企业家精神的偶发事件也被要求考虑各种易变生产要素市场和产品市场。适于生产要素市场和产品市场的不同形势暗示着具有高度差别的结构将会发生。皮希特（Picht 1985）参照货币制度与市场经济的关系，对这些原则作了清澈地阐述。货币作为交换媒介至少有两个显著特征：其一在一个既定的货币安排（monetary arrangements）下，为所有交易提供一个已标准化的计算单位（unit of account）。这个特征有完全公共产品的特征。作为交换媒介的货币也履行流通职能（liquidity function）。此时一定量的货币单位能够交换到特定的商品。货币的这方面也符合作为完全私有产品的标准。在一个社会中，货币制度被要求考虑交换媒介所提供的计算单位和流通服务职能。货币系统具有不同的制度含义，这些含义彼此紧密相连并贯穿于私营和公共部门。当货币政策产生不稳定的计算单位服务时，市场秩序会变得非常不稳定。

克鲁思贝格（Krusselberg）赞成德国经济学派（German school of economists）的观点，这一学派将他们自己视为致力于秩序理论（即秩序理论）（theory of order）。他们的焦点放在经济体制的比较研究上，这些研究考察在任何规定经济内不同的结构安排，并且把研究扩大到具有不同秩序原则（ordering principles）的经济当中，如苏联那种类型的中央计划和指令经济反对主要依赖市场组织的经济［see Montias（1976）and Pryor（1973）for close English-language approximations］。英美相似之处出现于对在实证研究情况下采取强有力措施使用理论的工业组织研究中，这时在制度结构中的变化成为强调结构、行为和绩效等研究中的依赖性变量（Bain 1959; Bain et al. 1966; Coves 1980）。产生于工业组织传统的理论推测已经提出市场组织的问题，即完全竞争是不存在的。鲍默尔等人（Baumol et al. 1982）在对可竞争的市场（the contestable markets）研究中，说明了在具有趋向自然垄断的工业中所构建的经济关系其方式是如何影响竞争性压力的。这一研究已经应用于政策方案上，例如，解除对航空工业的管制。

在经济研究（economic inquiry）中，当不同传统被视为相互补充时，在具有完全信息的完全竞争微观经济理论中基本假设的大部分僵化现象和明显的任意性开始呈现出分析要素的特征，可以被指定作为变量运作。当有限信息被视为一个变量，而不是在完全信息条件下不予考虑的一个变量时，许多不同的问题就突出来了，要求对权威结构、对进入经济关系的生产因素和产品予以不同的关注。

有限信息也许会呈现高度易变特征，这些特征成为提倡创新的企业家所关注的对象和集中关注创新的一个竞争动力。通向知识的不同路径可以产生独特的不对称特征，就像那些在二手车市场，在健康、教育和专门服务性机构，或者在雇佣关系中所出现的不对称特征。当信息状态被视为一个变量时，市场结构能出现在不同的组织类型和均衡内。信息也能被视为不同组织的制度安排（institutional arrangements）的产品。市场价格产生信息，而这些信息的意义取决于其在源自经济理论的计算逻辑中的应用。

像完全信息这样的极端假设，虽然帮助我们基本了解了当许多行动者独立追求经济机会时的秩序法则（the nature of order），但是也促使经济学家与其他关注人类社会其他秩序性质的学者的富有成效的合作中分离出来）。从极端假设到可以被视为变量的分析因素的转移为不同社会科学和专业研究领域的合作拓宽了合作机会。

Ⅳ. 在非市场安排的研究中变化的假设

当公共选择传统被描述成"经济推理"应用到非市场决定时，正如早期设想的那样，确定一个参照的关键转到了什么是经济推理和如何可能区别市场安排和非市场安排（nonmarket arrangements）上面来。如果我们所说的经济推理的意义是使用与完全竞争相关的智能化仪器（intellectual apparatus）的话，那么应用这一推理模式到非市场决策制定上来将没有许多相关性。英美微观经济理论中这一分析模式的主导地位并没有囊括世界其他地区经济分析的可能性，或者囊括欧美传统中经济分析的重要组成部分的可能性。

当我们评估克鲁思贝格（Krusselberg）对于进入雇佣关系的人的因素的观察结果时，我们开始明白，经济关系的关联处是市场和非市场的结合点。私有和公共（private and public）、市场和等级制、市场和非市场制度安排（institutional arrangements）的两分法成为概念上的分歧，这有助于在区别某些社会现实属性中实现有限分析的目的。任何认为现实社会存在两个可分离的、彼此孤立的领域的假设都是一个明显的概念错误。我所居住的这个世界需要做出选择：在连续社会时空里的大量的事物复杂嵌套的情况下，怎样把这些事物相互联系起来。我不断与其他人交涉以处理一些观念分歧的事物。例如，私人公共、市场阶层、市场非市场安排只有有限的作用（Shubik 1986）。

在下一部分中，我将阐述"官僚政治"的公共选择研究根据不同于用与完全竞争微观经济理论中的假设的这些假设基础建立起来的，同样的方法也发生在与奥地利经济学、交易成本分析法、德国经济系统比较研究相关的著作中。然后我将转向一个分析传统中宪政选择（constitutional choice）的地位，因为当我们认识到存在着制度安排（institutional arrangements）选择不同于产品和服务选择时，这样的选择允许我们预期如何可能在多层次的分析中潜在地提出阿罗的悖论。[②]

A. 官僚制（Bureaucracies）

在公共行政文献中所谓的"控制幅度"（span-of-control）原则反映出在官僚组织类型中的一个重要思考。如果我们假定人们拥有完全信息，尽管能力有限，我们可以设计官僚制作为一个理想类型的组织（ideal-type organization），在这个制度中，在一定领域内（across some domain）具有完全信息个体是可能会服从并且知道去保持一个统一的法治（uniform rule of law），这些领域受到官僚制指令的治理系统（bureaucratically ordered system of rulership）的影响时。这样一个想象中的行为能使我们解释为什么马克斯·韦伯（Max Weber）将官僚制描述成一个能够维持社会中理性法律秩序的理想的组织形式。

控制幅度问题提出了有限信息和有限能力问题。在公共行政传统理论中认为，如果组织每个层面的下属部门的数量被限制在一个小数目时，那么控制幅度问题就能得到解决。然而，西蒙（Simon 1946［1947］1957, 1959）在一篇评论文章中指出：信息和控制的损失是一个组织等级制中层级数量的一个函数，也是在任何一个组织层级中上下级比率的一个函数。

塔洛克（Tullock 1965）将焦点转向一个实证理论分析，在这个分析中，假设每个个体都为职位升迁的愿望所激励。塔洛克断定，在一个存在上下级关系且晋升主要受到上级的推荐和决定所影响的官僚等级结构中发挥作用的个体都是具有有限信息和有限能力的。塔洛克预见，信息在官僚机构中向上传递过程中将会系统地受到偏见，抑制不利信息而推动有利信息的传播。类似过程在执行命令时也会发生：这些过程或者放纵、或者剥夺其他人权益。系统的歪曲发生在这些信息和命令流中以至于当官僚机构更为庞大且组织联系更为广泛的时候，承诺和绩效都要受到不断增长的分歧的影响（see also Williamson 1967）。塔洛克的官僚制理论非常重要地证明有限信息和在一个等级制构造的组织（hierarchically structured organization）内信息流能预期会发生什么。这个结构履行一个改变职能（transformational function），它可能会歪曲和偏袒某些信息。在这种情况下，对于那些认为官僚机构是能够维持社会理性法律秩序的理想组织的人来说，组织产生了反直觉和反预期的一个错误变化。这些很吸引人的假设会产生苦果，而我们将面临如何产生更值得信任的替代组织模式的这一任务。威廉姆森关于信息产生、传递和使用方法，作为一个组织功能的暗含意义已经开始在纳尔特和温特（1982）的《一个经济变革的进化理论》的著作中得到继承,但是很多前沿问题留待被探索。塔洛克的研究并非最后定论,而只是一个开端。

在一篇题为《多重组织安排与协调:制度分析的应用》(Multiorganizational Arrangements and Coordination: An Application of Institutional Analysis)评论性文章(review essay)中,埃利诺·奥斯特罗姆(Elinor Ostrom)阐述了当分析要素被确定为在不同模拟措施中呈现出可变价值的假设时,不同模式的代议制政府(Representative Government)、官僚组织和预算谈判是如何产生不同的逻辑意义的。唐斯(Downs 1957)的代议制政府模式与尼斯坎宁(Niskanen 1971, 1975)的代议制政府模式是相对应的。二者在预算谈判上是可以相提并论的(see also Borcherding 1977),这时该谈判的结果(outcome)不同于对信息不对称因素、在没有达成一致协议的情况下所应用的可逆规则(reversion rule)和竞争暴露程度等所作的假设。有时候被称作指出在模仿与代议制政府、官僚制和预算谈判相关的制度安排的努力中存在缺陷的问题,我们可以视之为分析中的要素,并允许这些要素在不同模式中呈现出不同的价值。尼斯坎宁(Niskanen 1971)的努力可以与唐斯(Downs 1957)的分析和罗默和罗森塔尔(Romer and Rosenthal 1978)的评论相提并论,它们产生了具有不同意义(alternative implications)的多重组织安排模式(see also Orzechowski, 1977)。那么,不同的理论观点和它们不同含义可以被视为假设猜想,这些猜想在大量的"自然实验"(natural experiment)中受到在人类社会构建的一个多元化组织的世界中所存在的大量实证研究(empirical inquiry)的制约[E. Ostrom 1972; Parks and Ostrom 1981; Pommerehne and Frey 1977; Savas 1974, 1977, 1979, 1982]。我们可以以洛克、唐斯、尼斯坎宁和其他人的著作作为基础,通过把他们分析中的基本要素当作变量而不是坚持都用固定的假设来对待最初的模式,我们得到一些最根本的真实价值。

同样,奥尔森(Olson 1965)的《集体行动的逻辑》(The Logic of Collective Action)也可以作为基础,开始对完全依赖于公共部门官僚组织机构等级原理(an exclusive reliance)的替代方案进行概念化,这时候集体产品和服务的供给是研究的焦点。奥尔森明确地将集体组织问题与区别于私人产品的公共或集体产品理论联系在一起。他认识到,不具有排他性(failure of exclusion)发生在集体产品情况下。他也认识到,这是黑德(Head 1962)的著作影响的结果,联合使用或联合消费(jointness of use or consumption)是公共产品的一个属性。规模成为一个重要的变量,但在奥尔森的分析中,与明显性(noticeability)相关的有限信息问题并没有引起足够的重视。除非通过管制或通过具有排斥性和能予以标价的相关利益来提供具有选择性的强迫服从的动机,否则,奥尔森的基本论点就是,致力于提供集体产品的努力将归于失败。

在阿尔钦和德姆塞茨(Alchian and Demsetz 1972)的分析中,因团队合作而生产力增长的组织中导致偷懒现象产生的同一个问题也在集体产品情况下导致产生了勒索要挟(hold-out)或者"搭便车"(free-rider)问题。这一基本差异就在于联合问题（jointness problem）发生在经济关系的消费方面而不是生产方面。就像存在各种方式组织监控功能以减少在团队中的偷懒现象，在公共产品和服务的供给中，也存在许多不同的方法组织集体以减少勒索要挟和"搭便车"问题。其根本的问题是集体组织消费功能之一，而不是生产功能之一（V. Ostrom and E. Ostrom 1977）。

如果认为与人类福利有关的世界物质状况指的是受到联合使用和消费的许多不同商品和服务，并且使用和消费的共享影响到许多不同的领域的话，那么我们在为不同规模社区的人们组织集体消费时产生了许多问题（Bish 1971；V. Ostrom 1973：1983）。这些问题可以通过组织改变管辖范围的各种集体行动来解决，范围的改变可以使受到不同社区的人共同使用或消费的领域内在化。这样的组织形式将会和与许多不断变化领域的不同政府单位有联系的高度联邦化的政治体系保持一致（Gregg 1974；V. Ostrom 1973：1983）。

既然与不具有排他性和共同使用相关的问题适用于消费功能，这些问题的解决可以通过组织一个有能力征税政府部门和通过采取集体决策来解决，这两者都利用公共讨论、投票、代表制的工具来进行，通过多元投票和使用模式的管制等采取集体决策。一旦集体消费功能是通过能够采纳约束性集体决定以避免勒索要挟和"搭便车"问题的结构来组织时，就存在不同的选择以组织生产职能。除开依靠它自己的机构外，组织成集体消费部门的政府组织可以与私人卖主或与其他公共卖主（public vendors）签订合同以供给公共产品和服务。只要这个集体能够监控供给者的绩效，就没有任何理由去依赖一个独立的机构提供一种集体产品或服务（E. Ostrom 1986b；V. Ostrom and E. Ostrom 1977）。

这种可能性允许公共部门服务外包和准市场情况（quasi-market condition）的发展（V. Ostrom et al. 1961；Warren 1964）。准市场和私人市场是有显著区别的，因为集体是购买单位，而非个人。对于依赖集体消费机构和生产机构之间合同关系的公共经济（public economies）来说，私有化是不合适的术语。私有化也许会发生在经济关系中的生产方，但是，对于集体消费产品而言，能够征税和规制使用类型的集体组织也是必要的。只要存在多个卖主，竞争性选择给完全依赖于官僚制原则的公共部门组织提供了替代方案。可竞争的准市场安排在公共部门是切实可行的。

要理解在公共经济中这样的混合结构如何运行需要将注意力由政府部门的内部结构移向准市场内的关系模式。这就解释了为什么企业产生于市场的科斯问题的反面。取而代之的问题是为什么在公共部门会产生准市场和其他跨组织以及跨政府安排模式？这个解释证明集体组织很大程度上关注的是在公共经济中组织消费职能问题，就像考夫曼（Kaufmann 1986b：211）所做的那样，现代公共部门可以被描述成为一个"多重的官僚机构"（multibureaucracies）而不是"超级官僚机构"（megabureaucracies），在那里复杂的大规模秩序通过参照跨组织安排的网络来组织。

新古典完全竞争市场模式没有给与产品和服务类型有关的公共经济提供适

当的推理假设，这些产品和服务类型受到联合使用和联合消费、不具有排他性和其他造成市场缺陷和市场失灵的产品属性的制约。诸如信息、偏好秩序（preference ordering）和集聚、权威关系等因素以及产品和服务突出的特征等因素能够适应变化的假设，我们能够使用这些假设得出结论作为替代性概念化可能性（alternatively conceptualized possibilities）的理论假设。即使这些结论仅仅指的是均衡趋势，这些假设也可以被用作与出现在人类经验变化情况下的准经验和实验研究设计（quasi-experimental and experimental research designs）有关的实证研究（empirical inquiries）的一种竞争性假设渠道（E. Ostrom et al 1994）。

现在我们可以利用克鲁思贝格（Krusselberg）（1986）对交易成本法的评论，并认识到集体消费设施，如公共街道和高速公路等，为市场经济中企业家精神提供所必需的基本设施或元素。任何一个企业家在创建企业时都要求将这些因素考虑在内。无论在什么地方当对一个企业活力所必需的因素或基础设施受到更多群众联合使用的制约时，私人企业主所面临的任务都可能要求他们具有公共企业精神。从某种意义上说，所有的经济都成了混合经济，包括不同形式的私人和公共的制度安排（V. Ostrom et al. 1988，1993）。

市场作为一种制度，允许众多的买者和卖者彼此参与交易，这一情况也说明了私有和公共之间的密切联系。排他性适用于这些潜在的联系。要使交易发生，必须存在一致协议，并且发生交换。如果我们将注意力从参与市场买卖的双方转向买卖所发生的地点，我们就会发现市场本身受制于买卖双方的联合使用。来自于市场本身的排他性在"自由"市场中并不盛行。相对于在市场内部发生的买卖行为，市场组织的状况具有集体产品的特征（V. Ostrom 1983）。伯曼（Berman 1983：557）在《法律和革命》（Law and Revolution）的总结部分做出了如下观察：对于任何企业家或经济行为人（economic agent）来说，法律本身是一个必要的因素。

> 法律和农田或机器一样，都是社会生产方式的一个部分；除非农田或机器被加以利用否则毫无价值，法律构成了其被运作的一个不可缺少的部分。没有劳作和交易，庄稼不会有播种和收获。如果行动没有某种法律秩序（legal ordering），那么机器就不会得以生产、从生产者转到使用者手上并加以使用，而且其使用的成本和收益也不能得以评估（value）。而这样的法律秩序本身就是一种资本形式。

用竞争市场经济模式来解释世界经济发展中的问题方面显然不尽人意。同样，用国家概念和等级制组织原则在解释人类社会中的集体组织问题方面也不是非常令人满意。这样的多元类型和相互依赖类型使得根据适用于完全竞争或完全等级机构的先决条件的模式并没有带我们走很远。

B. 立宪选择（Constitutional Choice）

早期对公共选择传统做出贡献的有布坎南和塔洛克（Buchanan and Tullock

1962)的《同意的计算》(The Calculus of Consent)。正如其副标题《立宪民主的逻辑基础》(Logical Foundation of Constitutional Democracy)所表明的那样,关注的是立宪选择。阿罗(Arrow 1951)关于社会选择(social choice)的贡献是偶发事件的不可能性原理(impossibility theorem)。考虑到极端理性选择传统中的假设,不可能形成一个与具有不同偏好个体组成的群体完全一致的集体选择。布坎南和塔洛克方法认识到,在治理—治理者—被治理者的关系(rule-ruler-ruled relationships)结构中的极端不对称会受到限制。谁将创建、设计、改良、重组政府(Osborne [1992], 1993):是一个民主政体的人们还是政府?谁是委托人(principals)?谁又是代理人(agents)?根据阿罗的不可能性原理,独裁治理(dictatorship)是一种获得稳定的方式。虽然认为独裁政治是一种选择,但人类将仍然探索其他降低这种治理形式成本的可能性。

通过改变分析角度,布坎南和塔洛克认为,有以下这种可能:参与选择结构情形(structure of choice situations)的个体,(这时会出现输赢情况),可以构成这样的情形,通过的方式是参照满足适合所有参与者的公平条件的规则。这是构成一个公平游戏的基础,正如霍布斯(Hobbes 1651, 1960: 227)在观察中所认为的那样:

> 一个共和国的法规(laws of commonwealth)正如游戏中的规则一样:不管参与者达成什么协议,对他们中的每个人都是公平的。

布坎南和塔洛克在分析背景中的改变并不是阿罗悖论的"解决方案",但却是降低成本的一种方法,此时集体决策已无法满足符合构成集体的个体的不同偏好这一条件。布坎南和塔洛克在推进成本计算方面做出过重要贡献,这种成本计算能够应用于做出集体决策的集体规则选择(choice of aggregation rules)。他们认为,集体组织取决于从采取集体行动中得到的利益或价值中达成一个不明确的一致意见。没有这种条件(该条件背离了阿罗的假设),就没有集体组织的基础。当认识到共同的利益时,集体规则意味着做出集体决策所需的一致性和共同性,如果存在潜在的决策成本(时间和精力开支)和潜在的外部成本(因意见相反导致的损失),就存在一个可以被用来考虑最小成本集成规则选择的逻辑。

选择的立宪水平类似于构成科斯在企业内部安排的一份长期合同,其目的是为了给"管理者"和"工人"分配不同的权威(V. Ostrom 1982)。然而,布坎南和塔洛克的努力明显与更为一般的人类社会治理问题相关联。类似的治理问题发生与团队合作的所有人类行为中。奥利弗·威廉姆森(Oliver Williamson)(个人交流,1986)将解决合同安排任务观念化,这些合同安排将制度安排确定为有限理性的经济化,已将制订合同安排的任务概念化,同时保障交易免受灾难和机会主义。

明确地认识到立宪选择适应人类社会治理中的不同层次的分析是布坎南和

塔洛克公式的一个重要意义。一部宪法能被视为设置政府的条款和条件（terms and conditions）的规范：制定、监控和执行集体决策。关于这些条款和条件应当是什么的问题不同于政府在集体选择层面应该做什么的问题。反过来，政府应当做什么也是一个不同的问题，不同于因为集体决策制定而在操作性分析层面（operational level of analysis）所发生的问题。然而，在立宪选择中反映的制度分析问题与政策分析问题有联系，而政策分析问题反过来又与操作性分析层面有联系。对执行和服务供给的研究应当在制度分析和政策分析两者的背景下进行评估。对人类社会中秩序的本质及构成问题的探索与政治科学和公共行政实践相关，并且需要参照分析的不同层面和焦点（V. Ostrom 1971，1987，especially chaps. 1，9）。人类面临许多不同层次的选择——不仅仅是对一系列商品和服务的选择。

人类社会中的治理问题可以用不同的方式概念化。然而，在人类关系的治理中，概念是远远不够的。相反的是，权威的不同分配需要用适合于应用到治理系统设计中的不同概念的方式进行。17世纪以前大部分政治理论和英国、美国、法国以及俄罗斯变革背景中的设计的治理体系的猜测都十分关注宪政选择问题。布坎南和塔洛克澄清宪政选择问题的努力为我们打开了一个更为久远的政治研究传统。

依赖于单一的最终权威中心（single center of ultimate authority）的主权理论产生了许多治理结构，在这些治理结构中，主权是法的源泉，它高于法律并且不受法律制约。对于联邦治理系统来说，宪法规定政府的条款和条件，在那里宪法作为强制性的法治，能产生一个权威关系系统——所有的权威都受到限制，并且没有人能行使无限制的权威。这就产生了一个环境，在那里一个主权统治整个社会，在其他地区，所有的居民参与制定、维护、监督各种治理工具的宪政决策制定过程。在这种情况下，社会有潜力进行自我治理而不是依赖国家来统治社会。

在这一点上，我们有必要认识到霍布斯传统中形成的主权理论，该理论认为主权权威（sovereign authority）是不受限制的、不可剥夺的、绝对的、并且是不可分割的，这就意味着权力的统一（unity of power）：政府特权的垄断。也存在其他的理论传统，它们所指的主权被给予了一个不同的意义或者认为统治者的特权受到社会有机性质的限制。德·托克维尔（De Tocqueville [1835] 1945，I：123）将主权定义为制定法律的权力。这导致一个构思：应用于政府体系的结构特征比霍布斯的设计范围更广。

许多欧洲作者也认为，不同的组织形式是社会所固有的，并且职能自动地来自于国家。国家干预这些关系可能会破坏基本的社会化和适应过程（socialization and acculturation processes）并伤害社会。黑格尔（Hegel）提出了赞成家庭这样的一个观点。与宗教和教育机构、经济机构（包括各种形式的经济联合协会）以及地方政府机构相关的类似观点也已经被提出。赫尔（Herre 1982：171－181）阐述了康斯坦丁·弗朗茨（Coustautin Frantz）是怎样将各种形式的组织视为社会所固有的"国家"理论（a theory of a "state"）发展成为联邦制理论（a theory of federalism）的。

霍布斯的权力统一概念是很明确的：它是一种权力的垄断。欧洲传统虽然宣告一个中央集权的政府系统，但是也认识到与政府立法、行政和司法手段相区别有关的一个机构专门化，所以欧洲传统受到更多不明确因素的影响（V. Ostrom 1985）。这些不明确因素部分通过将社会组织概念化为有机系统得以解决，这些社会的各方面被视为"社会"所固有的，并且对"国家"来说是自治的。

在民主社会治理中，虽然集聚规则（aggregation rules）（集体投票决定规则）很重要，但是它们只是几种基本的规则形式之一。埃利莉·奥斯特罗姆（Elinor Ostrom 1986a）在借鉴博弈论（game theory）传统中，确定一套最小的规则，除了集聚规则之外，还有边界规则（boundary rules）、范围规则（scope rules）、职位规则（position rules）、权威规则（authority rules）、信息规则（information rules）和清偿规则（payoff rules）。如果集聚规则被置于权威规则所规定的限度内，那么我们可以开始评价，在治理体系各种决策过程中创建均衡趋势时投票规则（voting rules）如何适合于否决规则（Herzberg and Ostrom 1986; see also Shepsle 1979）。在规则构成中，投票规则、否决规则、法律平等保护规则（equal-protection-of-the-law rules）和正当程序规则（due-process rules）等一起发挥作用，它们构成了民主社会中的不同关系社会。

那么，在各种关系构成（configurations of relationships）中，规则需要被视为是相互联系的，其中任何一个既定规则中的任何变化都会影响在一个更大规则结构中的战略选择机会。虽然规则本身在性质上是结构性的，但是我们也必须认识到，照这种情况，规则也不过是用人类语言清晰表达的文字而已（V. Ostrom 1997）。要这些文字具有意义，人类需要不同的途径找到规范性研究的方法，使他们在建立选择规范和标准时能够进行人与人之间的比较（Harsanyi 1977; V. Ostrom 1986）；需要途径进行意外事故分析，这些分析涉及到与我们所生存的这个世界中物质条件有关的不同类型的制度安排（V. Ostrom 1976, 1980）。如果人类要对自己生存的这个世界和对可以获得的选择机会都有一个批判意识，这就要求我们提出多个分析层面、方面和焦点，因为它们与下列都有关系：(1) 人类的价值；(2) 生产可能性（production possibilities）；(3) 产品和服务的排列；(4) 规则秩序关系（rule-ordered relationships）；以及 (5) 使人们能够彼此有意义地交流和行动的相互共同理解的水平。

V. 框架、理论和模式

当各种被包括在一个模式中的不同因素本身也被视为变量的因素时，我们将不再有一个模式。在经济推理中所常用的模式是去确定某种假设、然后将这种假设视为外生变量（exogenous variables）。这些是由规定（stipulation）来确定。激活因素（Activating factor）也用相类似的方法来确定，但是既然它是一个激活因素，它的指导原则（governing principle）被提出作为暗指一个选择规则的先决条件（postulate）。通过改变了一些外生变量，有理由去预测依靠一个激活原则（activating principle）将怎样产生假设性结果。当参照物指的是被确定为"非市场决策制定"的某些模糊的形态（set）时，这样一种方法就容易出错。这些问题特别严重，当这些努力用来参与应用到人类社会所产生的实践事件的各种分析中时。

解决这一难题的一个主要任务就是尝试确定在现有事态下一些问题的来源，因为现有事态已产生了负面影响，产生了冲突或者被认为是悲观的其他一些现象。当一个问题被确定时，需要指出的是，受到影响的相关领域指的是那些受到影响并且暴露了一个假想行动范围（action arena）的领域（hypothetical action arena）。影响这一行动范围的领域是三类广泛的需要考虑的因素。第一，是物理环境条件，这些适用于相关的技术以及受到影响的资源和产品类型。第二，是受到影响的人和存在于相关人群中的相互理解或者是缺乏理解的群体。第三个普遍因素就是将现存的制度安排的结构视为规则秩序的关系，这些关系构成人们所做的选择的基础（see, e. g. Crawford and Ostrom 1995；E. Ostrom et al. 1994；chap. 2）。澄清这些特征以及特征之间如何互动就是努力澄清行动情况（action situation）的结构。如果行动者的行动有助于这种特征性问题的解决，而行动者又可以根据正在起作用的动机结构得到确认的话，那么就存在要求一个行动趋势的一个基础。我们有很多理由去进行一个诊断性的评估。然后，还有可能探索补救性行动。从制度分析视角来看，需要考虑在规则秩序关系模式中的可能性修正。技术特征可以表现为发展的潜力。如果这些技术对更大的关系社区（community of relationships）有影响，则在规则秩序关系系统中的修正也被包括在内。

只要存在改变的可能，就需要关注所有这些假设的相关因素可能发挥作用的方式，它们作为参与者参与了影响获得冲突解决的潜在解决办法的探询过程。在这样的一个过程中的基本特征包括对信息的解释、对预期结果的澄清和可以应用到人们根据环境条件找到自我的这类情况下的基本逻辑。除了得到一个特定的会计模式外，这些过程的一个附带特点就是产生了一定程度的共识、相互理解的群体（包括责任类型）和不同程度信任和信赖，这些信任和信赖可能因为研究过程和已然产生的解决办法所提供的保证而自然增加。转变正在发生，这可能有技术、制度和文化意义，这些意义超出了狭隘理解的、纯粹的经济或政治算计。

欧肯（Eucken [1940] 1951）参与对新古典经济理论的一个重要批判，他认为去制定一个比较市场经济的普遍模式有这样一个效果：即使经济理论家越来越远离所谓的经济"现实"（economic reality）。他对经济历史学者所采用的实证研究的批评是：在缺乏理论的情况下，他们的研究只是堆积事实。这些双重趋势产生一个很大的自相矛盾。实证研究并没有得到理论的指导，理论的制定并没有得到实证应用的指导。这是公共行政学特有的一个苦恼,在理论和实践之间有一个无法跨越的鸿沟。

跨越理论和实践之间鸿沟的一个方法就是将关注从模式思考转移到去认识,一个框架的基本要素开始——物质条件、技术、产品;法律和法律所统治的关系;共享社区的理解——在其中假设行动者在一个行动情况下行动;这也是一个制定研究的方法。只要学者说明了对能够应用于人类机构的行动情况结构和先决条件的理解,那么我们就有了得出理论推理的基础。这要求去学习如何"实践"理论,而不只是"谈论"理论,将它视为一个纯粹的抽象精神。越可以详细确定一个行动情况的必然性,我们就越接近于得出一个能够产生明确后果(outcome)的明白无误的模式。

框架—理论—模式的思考方法为实证研究打开了新的远景。广泛形式的博弈论成为各种将"经济推理"应用到人类所做的选择中去的模式的一种补充。公共选择理论、新制度经济学、以及制度分析和发展现在被在实地场景(field setting)和实验室中所进行的实证研究所补充。通过使用一种普遍的方法去应对不同的分析背景、层级和焦点,通过所有科学能够实现更高层级的互补,这些科学影响那些持续关注问题的工作规则之政策和它们的执行。

VI. 总结和结论

在这一章,我尝试阐明被广泛视为"经济推理"的各种方法是怎样用在不同制度安排的分析中。如果我们采用新古典方法研究完全竞争市场中的极端模式,我们解释了寻求自我利益的自私个体是如何在竞争动力下达到一个一般均衡的,这时在价格上供给等于需求,这些价格包括了边际成本。这一结果至少在两个方面是反直觉的或反预期的。第一,个人在市场中追求自我利益的行为产生有序的关系模式。第二,竞争动力的压力用消费者剩余上相应的增加来减少了将由生产者所实现的收益。完全信息的假设,尽管有明显的不正确,但在竞争市场上也非常近似了,因为人们都习惯于在一个持续的基础上进行重复性交易。

但是,完全竞争成为一个"不可实现的"模式(Demsetz 1969),这一模式将经济学家从许多经济学家感兴趣的问题中分离出来。现在,许多经济学家提出一个有限信息假设取代完全信息假设。当在经济分析中假设了不同程度的无知(varying degree of ignorance)时,我们看到对制度变量的考虑在有关人类关系类型的承包情况下是如何适合的。完全信息排除了大部分的制度分析问题。正是对如何期待他人行动和对未来是什么样的不确定因素要求人类将对规则的依赖放在对他们彼此之间关系的秩序排列中(Heiner 1983)。对经济关系中基本要素的不同假设的依靠使得能够在市场和非市场决策制定安排中提出类似类型的问题。交易关系和在生产和消费中的联合等问题在公共部门和私营部门都有类似的地方。它们之间如此依赖以至于需要重新审慎地看待私营和公共部门之间的概念分歧（Kaufmann 1986a，especially 131 – 134）。

因此，我们面对探索"什么是所有人类社会所共有的"这样一个问题，这样我们才能更好地理解不同社会中的不同特征。我们几乎还没有开始探索什么因素构成了人类社会的不同组织，以及如何得以将毫无联系的组织类型描述成与其他元结构（metastructures）有关的不同分析层面都发挥作用的元类型（metatype），其他分析层面包括参照社会、参照文明并参照文化适应过程（reference to societies），它们能够使人类对生存在一个自治社会什么才有意义形成一个批判的自我意识并且能够促进人类文明的绽放（Hayek 1960，1973；V. Ostrom 1997；Taylor 1966；Teilhard de Chardin 1961；Tocqueville [1835 and 1840] 1945；Turchin 1977）。这些努力要求我们寻求进行制度分析的不同方法的元理论合成（metatheoretical syntheses），这时我们试图理解这些术语，因为根据这些术语可以找到作为人类社会不同分析层面的替代选择（Kiser and Ostrom 1982：179 – 222），包括可以应用到在公共行政研究中所使用到的分析工具上的分析层面。

感谢：

彼得·波伽桑（Peter Bogason）、罗伯特·赫茨伯格（Robert Herzberg）、盖尔·希金斯（Gayle Higgins）、埃莉诺·奥斯特罗姆（Elinor Ostrom）、哈特曼特·皮希特（Hartmut Picht）和珍妮·沙夫（Jeanne Schaaf）在消除我语言使用中所存在的不明确的地方上提供了很大的帮助。关键的分歧对我所不得不说的东西是很有重要的。任何存在的模糊都来源于我没有成功地进行适当的区别。

NOTES

① Giandomenico Majone (1986, 61 –70) offers a critique of what he calls the "received view" of policy analysis. His criticisms of "decisionism," "unitarianism," and "intellectualism" focus on extreme rationality assumptions that pervade much policy analysis. I shall not pursue those issues here, but refer the reader to Majone's essay. Majone's concluding paragraph, with which I concur, advances the following contention: Thus, policy scientists must leam to base their analyses on institutionally rich models of the policy process, just as students of political processes and institutions have learned to use several formal techniques developed by decision and policy analysis. To paraphrase Kant, policy analysis without institutional analysis is empty; institutional analysis without policy analysis is blind (p. 70).

② shall not attempt to examine in this chapter the vast literature on voting and representative institutions by public choice theorists. Several major reviews are available in the literature (Mueller 1979). For public administration scholars, the theory of bureaucracy and the theory of constitutional choice are most relevant.

REFERENCES

Akerlof G. The market for 'lemons': quality, uncertainty and the market mechanism. Q J Econ 84: 488–500, 1970.

Alchian A, Demsetz H. Production, information costs, and economic organization. Am Econ Rev 62: 777–795, 1972.

Arrow KJ. Social Choice and Individual Values. New York: Wiley, 1951.

Bain JS. Industrial Organization. Berkeley: University of California Press, 1959.

Bain JS, Caves RE, Margolis J. Northern California's Water Industry: The Comparative Efficiency of Public Enterprise in Developing a Scarce Natural Resource. Baltimore: Johns Hopkins University Press, 1966.

Barry B, Hardin R, eds. Rational Man and Irrational Society?: An Introduction and Sourcebook. Beverly Hills, CA: Sage, 1982.

Baumol WJ, Panzar JC, Willig RD. Contestable Markets and the Theory of Industry Structure. New York: Harcourt Brace Jovanovich, 1982.

Berman H. Law and Revolution: The Formation of the Western Legal Tradition. Cambridge: Harvard University Press, 1983.

Bish RL. The Public Economy of Metropolitan Areas. Chicago: Markham, 1971.

Borcherding TE, ed. Budgets and Bureaucrats. Durham, NC: Duke University Press, 1977.

Buchanan JM. Public goods and public bads. In: Crecine JP, ed. Financing the Metropolis. Beverly Hills, CA: Sage, 1970, pp. 51–71.

Buchanan JM, Tullock G. The Calculus of Consent. Logical Foundations of Constitutional Democracy. Ann Arbor: University of Michigan Press, 1962.

Caves RE. Industrial organization, corporate strategy and structure. J Econ Lit 18: 64–92, 1980.

Cheung SNS. Transaction costs, risk aversion, and the choice of contractual arrangements. J Law Econ 12: 23–42, 1969.

———. The contractual nature of the firm. J Law Econ 26: 1–21, 1983.

Coase RH. The nature of the firm. Economica 4: 386–405, 1937.

Crawford S, Ostrom E. A grammar of institutions. Am Politic Sci Rev 89: 582–600, 1995.

De Alessi L. The economics of property rights: a review of the evidence. Res Law Econ 2: 1–47, 1980.

de Tocqueville A. Democracy in America. 2 vols. Bradley P, ed. New York: Knopf, [1835, 1840] 1945.

Demsetz H. Information and efficiency: another viewpoint. J Law Econ 12: 1?r22, 1969.

Dosi G. Technical Change and Industrial Transformation. New York: St. Martin's, 1984.

Downs A. An Economic Theory of Democracy. New York: Harper & Row, 1957.

Elster J. Ulysses and the Sirens. New York: Cambridge University Press, 1977.

Eucken W. The Foundations of Economics. Chicago: University of Chicago Press, [1940] 1951.

Golembiewski RT. A critique of 'democratic administration' and its supporting ideation. Am Politic Sci Rev 71: 1488–1507, 1997.

Green DP, Shapiro I. Pathologies of Rational Choice Theory: A Critique of Applications in Political Science. New Haven, CT: Yale University Press, 1994.

Gregg M. Units and levels of analysis: a problem of policy analysis in federal systems. Publius 4: 59–86, 1974.

Harsanyi JC. Rule utilitarianism and decision theory. Erkenntnis 11: 25–53, 1977.

Head JG. Public goods and public policy. Public Finan 17: 197–219, 1962.

Heiner RA. The origin of predictable behavior. Am Econ Rev 73: 560–595, 1983.

Herre F. Nation ohne Staat: Die Entstehung der deutschen Frage. Gladbach: stei-Lubbe-Taschenbuch, 1982.

Herzberg R, Ostrom V. Votes and vetoes. In: Kaufmann FX, Majone G, Ostrom V, eds. Guidance, Control, and Evaluation in the Public Sector. Berlin and New York: Walter de Gruyter, 1986, pp. 431–443,

Hobbes T. Leviathan or the Matter, Forme and Power of a Commonwealth Ecclesiasticall and Civil. Oakeshott M, ed. Oxford: Basil Blackwell, [1651] 1960.

Kaufmann FX. The blurring of the distinction 'state versus society' in the idea and practice of the welfare state. In: Kaufmann FX, Majone G, Ostrom V, eds. Guidance, Control, and Evaluation in the Public Sector. Berlin and New York: Walter de Gruyter, 1986a, pp. 127–138.

———. The relationship between guidance, control, and evaluation. In: Kaufmann FX, Majone G, and Ostrom V, eds. Guidance, Control, and Evaluation in the Public Sector. Berlin and New York: Walter de Gruyter, 1986b, pp. 211–228.

Kaufmann FX, Majone G, Ostrom V, eds. Guidance, Control, and Evaluation in the Public Sector. Berlin and New York: Walter de Gruyter, 1986.

Kekes J. A Justification of Rationality. Albany: State University of New York Press, 1976.

Kirzner IM. Competition and Entrepreneurship. Chicago: University of Chicago Press, 1973.

——. Perception, Opportunity, and Profit: Studies in the Theory of Entrepreneurship. Chicago: University of Chicago Press, 1979.

Kiser LL, Ostrom E. The three worlds of action: a metatheoretical synthesis of institutional approaches. In: Ostrom E, ed. Strategies of Political Inquiry. Beverly Hills, CA: Sage, 1982, pp. 179–222.

Kriisselberg HG. Markets and hierarchies. In: Kaufmann FX, Majone G, Ostrom V, eds. Guidance, Control, and Evaluation in the Public Sector. Berlin and New York: Walter de Gruyter, 1986, pp. 349–386.

Majone G. Policy science. In: Kaufmann FX, Majone G, Ostrom V, eds. Guidance, Control, and Evaluation in the Public Sector. Berlin and New York: Walter de Gruyter, 1986, pp. 61–70.

Mandeville B. The Fable of the Bees, or Private Vices, Publick Benefits. Primer I, ed. New York: Capricorn Books, 1962.

Montias JM. The Structure of Economic Systems. New Haven, CT: Yale University Press, 1976. Mueller D. Public Choice. Cambridge: Cambridge University Press. 1979.

Nelson RR. The Moon and the Ghetto: An Essay on Public Policy Analysis. New York: Norton, 1977.

Nelson RR, Winter SG. An Evolutionary Theory of Economic Change. Cambridge: Harvard University Press, 1982.

Niskanen W. Bureaucracy and Representative Government. Chicago: Aldine-Atherton, 1971.

——. Bureaucrats and politicians. J Law Econ 18: 617–643, 1975.

Olson M. The Logic of Collective Action: Public Goods and the Theory of Groups. Cambridge: Harvard University Press, 1965.

Orzechowski W. Economic models of bureaucracy: survey, extensions and evidence. In: Borcherding. TE ed. Budgets and Bureaucrats: The Sources of Government Growth. Durham, NC: Duke University Press, 1977, pp. 229–259.

Osborne D. Reinventing Government: How the Entrepreneurial Spirit is Transforming the Public Sector. New York: Plume, [1992] 1993.

Ostrom E. Metropolitan reform: propositions derived from two traditions. Social Sci Q 53: 474–493, 1972.

——. An agenda for the study of institutions. Public Choice 48: 3–25, 1986a.

——. Multiorganizational arrangements and coordination: an application of institutional analysis. In: Kaufmann FX, Majone G, Ostrom V, eds. Guidance, Control, and Evaluation in the Public Sector. Berlin and New York: Walter de Gruyter, 1986b, 495–510.

——. Governing the Commons: The Evolution of Institutions for Collective Action.

New York: Cambridge University Press, 1990.

Ostrom E, Gardner R, Walker J. Rules, Games, and Common-Pool Resources, Ann Arbor: University of Michigan Press, 1994.

Ostrom V. Can federalism make a difference? Publius 3: 197 – 238, 1973.

――. Some paradoxes for planners: human knowledge and its limitations. In: Chickering L, ed. The Politics of Planning: A Review and Critique of Centralized Economic Planning. San Francisco: Institute for Contemporary Studies Press, 1976, pp. 243 – 254.

――. Artisanship and artifact. Public Admin Rev 40: 309 – 317, 1980.

――. A forgotten tradition: the constitutional level of analysis. In: Gillespie JA, Zinnes DA, eds. Missing Elements in Political Inquiry: Logic and Levels of Analysis. Beverly Hills, CA: Sage, 1982, pp. 237 – 252.

――. Reflexions on public administration in Europe. In: The Development of Research and Training in European Policy-Making. Papers presented at the Inaugural Colloquium of the European Institute of Public Administration, Maastricht, The Netherlands, 1983, pp. 122 – 169.

――. Multiorganizational arrangements in the governance of unitary and federal systems of governance. In: Hanf K, Toonen T, eds. Policy Implementation in Federal and Unitary Systems. Dordrecht, The Netherlands: Martinus Nijhoff, 1985, pp. 1 – 16.

――. A fallabilist's approach to norms and criteria of choice. In: Kaufman FX, Majone G, Ostrom V, eds. Guidance, Control, and Evaluation in the Public Sector. Berlin and New York: Walter de Gruyter, 1986, pp. 229 – 249.

――. The Political Theory of a Compound Republic: Designing the American Experiment. 2d rev ed. San Francisco: Institute for Contemporary Studies Press, [1971] 1987.

――. Epistemic choice and public choice. Public Choice 77: 163 – 176, 1993.

――. The Meaning of Democracy and the Vulnerability of Democracies: A response to Tocqueville's Challenge. Ann Arbor: The University of Michigan Press, 1997.

Ostrom V, Faeny D, Picht H, eds. Rethinking Institutional Analysis and Development: Issues, Alternatives, and Choices. 2d ed. San Francisco: Institute for Contemporary Studies Press, [1988] 1993.

Ostrom V, Ostrom E. Public goods and public choices. In: Savas ES, ed. Alternatives for Delivering Public Services: Toward Improved Performance. Boulder, CO: Westview, 1977, pp. 7 – 49.

Ostrom V, Tiebout CM, Warren R. The organization of government in metropolitan areas: a theoretical inquiry. Am Politic Sci Rev 55: 831 – 842, 1961.

Parks RB, Ostrom E. Complex models of urban service systems. In: dark TN, ed.

Urban Policy Analysis: Directions for Future Research. Urban Affairs Annual Reviews, vol. 21. Beverly Hills, CA: Sage, 1981, 171–199.

Picht H. Monetary arrangements for economic development. Working paper, Workshop in Political Theory and Policy Analysis, Indiana University, Bloomington, IN, 1985.

Pommerehne W, Frey BS. Public versus private production efficiency in Switzerland: a theoretical and empirical comparison. In: Osirom V, Bish FP, eds. Comparing Urban Service Delivery Systems. Urban Affairs Annual Reviews, vol. 12. Beverly Hills, CA: Sage, 1977, pp. 221–242.

Popkin S. The Rational Peasant. Berkeley: University of California Press, 1979.

——. Public choice and rural development—free riders, lemons, and institutional design. In: Russell CS, Nicholson NK, eds. Public Choice and Rural Development. Baltimore: Johns Hopkins University Press, 1981, pp. 43–80.

Popper KR. The Poverty of Historicism. Harper Torchbook ed. New York: Harper & Row, 1964.

——. Rationality and the status of the rationality principle. An English translation of La rationalite et le statut du principe de rationalite. In: Classen EM, ed. Le Fondements philosophiques des systems economiques: Textes de Jacques Rueffet essais rediges en son honneur. Paris: Payot, 1967, pp. 145–150.

Pryor FL. Property and Industrial Organization in Communist and Capitalist Nations. Bloomington: Indiana University Press, 1973.

Riker W. The Theory of Political Coalitions. New Haven, CT: Yale University Press, 1962.

——. Liberalism Against Populism. San Francisco: W. H. Freeman, 1982.

Riker WH, Ordeshook P. An Introduction to Positive Political Theory. Englewood Cliffs, NJ: Prentice-Hall, 1973.

Romer T, Rosenthal H. Political resource allocation, controlled agendas, and the status quo. Public Choice 33: 27–43, 1978.

Russell T, Thaler R. The relevance of quasi-rationality in competitive markets. American Economic Review 75: 1071–1082, 1985.

Savas ES. Municipal monopolies versus competition in delivering urban services. In: Hawley WD, Rogers D, eds. Improving the Quality of Urban Management. Urban Affairs Annual Reviews, vol. 5. Beverly Hills, CA: Sage, pp. 473–500.

——. An empirical study of competition in municipal service delivery. Public Admin Rev 37: 717–724, 1977.

——. Public vs. private refuse collection: a critical review of the evidence. Urban Anal 7: 1–12, 1979.

——. Privatizing the Public Sector. Chatham, NJ: Chatham House, 1982.

Schelling TC. Micromotives and Macrobehavior. New York: Norton, 1978.

Sen AK. Rational fools: a critique of the behavioral foundations of economic theory. Philos Public Affairs 6: 317 – 344, 1977.

Shepsle K. Institutional arrangements and equilibrium in multidimensional voting models. Am J Politic Sci 23: 27 – 59, 1979.

Shubik M. Game Theory in the Social Sciences: Concepts and Solutions. Cambridge: MIT Press, 1982.

____. Game Theory in the Social Sciences, vol. 2, A Game-Theoretic Approach to Political Economy. Cambridge: MIT Press, 1984.

____. The games within the game: modeling politico-economic structures. In: Kaufman FX, Majone G, Ostrom V, eds. Guidance, Control, and Evaluation in the Public Sector. Berlin and New York: Walter de Gruyter, 1986, pp. 571 – 591.

Simon HA. The proverbs of administration. Public Admin Rev 6: 53 – 67, 1946.

____. Administrative Behavior: A Study of Decision-Making Processes in Administrative Organization. 2d ed. New York: Free Press, [1947] 1957.

____. Theories of decision making in economics and behavioral science. Am Econ Rev 49: 253 – 283, 1959,

____. Theories of bounded rationality. In: McGuire CB, Radner R, eds. Decision and Organization: A Volume in Honor of Jacob Marschak. Amsterdam: North Holland, 1972.

____. Rationality as process and as product of thought. Am Econ Rev 68: 1 – 16, 1978.

____. The Sciences of the Artificial. 2d ed. Cambridge: MIT Press, 1981.

Taylor JFA. The Masks of Society—An Inquiry Into the Covenants of Civilization. New York: Appleton-Century Crofts, 1966.

Teilhard de Chardin P. The Phenomenon of Man. Harper Torchbook ed. New York: Harper & Row, 1961.

Tiebout C. A pure theory of local expenditure. J Politic Econ 64: 416 – 424, 1956.

Tullock G. The Politics of Bureaucracy. Washington, D.C.: Public Affairs Press, 1965.

____. Federalism: the problem of scale. Public Choice 6: 19 – 29, 1969.

Turchin VF. The Phenomenon of Science. New York: Columbia University Press, 1977.

von Hayek FA. The use of knowledge in society. Am Econ Rev 35: 519 – 530, 1945.

____. The Constitution of Liberty. Chicago: University of Chicago Press, 1960.

____. Law, Legislation and Liberty. 3 vols. Chicago: University of Chicago Press, 1973, 1976, 1979.

Warren RO. A municipal services market model of metropolitan organization. Journal of the American Institute of Planner 30: 193–204, 1964.

Williamson O. Hierarchical control and optimal firm size. J Politic Econ 75: 123–138, 1967.

____. Markets and Hierarchies: Analysis and Antitrust Implications. New York and London: Free Press, 1975.

____. Transaction-cost economics: the governance of contractual relations. J Law Econ 22: 233–261, 1979.

第二十七章 公共行政学界和寻求职业化

约翰 J. 加根*

I. 引言：职业概念

社会能力（Societal capacity）是显示知识和技术能力的函数。在当代社会，例如处在新千年前沿的美国，信息、与技术相关的知识以及技能都是影响力的必不可少的要求和权力基础。本章关注社会能力的一个维度，即公共行政职业化以及公共行政人员运用信息、知识和技能来解决公共问题。

过去 $1\frac{1}{4}$ 个世纪中，在职业结构、白领工人"集体流动"（collective mobility）到职业中以及职业精英的巨大发展上发生了许多的变化（Brint 1994: 5）。考虑到其在现代生活中的重要意义，职业化成为许多领域包括公共行政学的关注主题。虽然在给职业和相关术语的界定上还模糊和不确切（Freidson 1970: 3-4），但还是有一些共同的意义概念。例如，戈乐碧威斯基（Golembiewski 1983: 252）指出，"理想形式的职业化反映了对良好和谨慎的实践的日益增长的目标感（targeted sense）的发展，以及激励和实施这一发展的机构之发展"。桑德斯（Sanders 1993: 86）抓住其实质：

> 一个"职业者"（professional）指的是那些有能力解决困难任务的人；"职业"一词描述的是追求考虑中的工作或者（可能是制度化的）从事该工作的总人数；"职业化"和其他的相类似的词语必须同样指的是这一中心思想。
>
> 桑德斯提出的职业地位（professional status）是建立在竞争能力基础之上；它是实现的，不是归属

---

* 约翰 J. 加根（John J. Gargan），肯特州立大学（Kent State University）

谁的。最起码，职业者把"知识变成行动"并"使用其知识或经验帮助人们面对他们不能自已解决的问题"（Eulau 1973：172-173）。

曾有许多尝试以制定普遍的职业化标准。在一次总结中，克兰（Kline 1981：260-276）描述了7个：

1. "职业"这个词语通常应用于建立在一个知识和理论系统体系之上的职业或工作（vocation or occupation）。
2. 从事某职业的人都被认为是充满"使命感"（sense of calling）或"天职感"（sense of mission），它超越了"更卑鄙、更利己、更少利他"的动机和目的。
3. 在职业人士和大学教师、部门和大学及职业学校之间普遍存在密切联系。
4. 职业培训不只局限于大学场景。
5. 在工作朝职业地位前进的某一点，形成了一种关系。
6. 职业人士强大的服务导向使他们始终朝着要增长知识以便更好服务的道路上大踏步前进。
7. 有组织的职业经常地为其成员的行为订立规章和标准。

这些标准是建立在相关的知识和技能、使命感和目的感、组织以及责任基础之上。最基本的就是知识和技能。核心的职业知识是在广泛学习之后获得的，主要是由职业所认证的以及/或州批准的大学研究生课程内获得。

大学和其职业学校（profession school）自中世纪以来就是职业世界的核心机构。在大学内，刚开始的职业人士接受该职业积累的智慧和先进知识，熟悉职业规范，并培养职业身份感（professional identity）。培训和经验给这一世界反复灌输导向、词汇以及"感知和组织问题以及攻击和解决问题的普遍方式"（Mosher 1978：147）。

大学和其教员承担着许多与职业相关的额外职能。在评估学生对自我和学识能力的陈述中，大学进行最初的审查操作，找出不"适合"现有职业规范或标准的个体。职业学校的教师不受现实世界实践的限制，能够明确阐述这一职业如何服务世界的规范观点。作为基础研究中心，多数大学都扩大其核心知识体系和创新实践体系。新的知识和实践在常规课程中传播到新的学生中，并通过在职培训项目传播给该领域职业人士。

职业人士使用其职业知识以中立的竞争能力（neutrally competent）服务顾客是所有职业的道德公理。职业知识所提供的中立竞争能力并不等于普通的职业知识。工作中职业人士会把一些理论体系、实证发现和典型的程序带入问题环境中。当有多种理论、发现和程序时，指导理论的选择决定了职业问题可能解决的范围。当一个职业现存的核心知识以及相关的实质性、方法论和理论性等问题正受到攻击或者迅速变化时，该职业，作为一个整体，必须关注新出现的知识和机制以把这一新知识传播给学生和该领域的实践人员。这可能会产生危机。奥斯特罗姆（Ostrom 1974：11-12）指出：

> 如果研究、教育和实践该主题的方法……已有问题，那么该职业不可能对其所教育的内容有多大信心。职业实践取决于其所教授知识的有效性。当职业对其知识的基本有效性的信心已被动摇时，该职业应该在维持其存在时对给予它的职业意见要特别谦虚。

即使有了有效理论、实证发现和典型实践，职业也只能在合适的情境下才能成功地被实践。最常见的是，如果职业要被接受，那么情境（context）是应该支持使用抽象知识的，支持和服从被认可个体的技术能力和技巧。职业化情境一个突出的特点（几乎所有的研究者都基本引用过）是自主性，这一概念就是，如果职业人士要对他们的决定负责，那么他们就必须获准得到裁量权，及"有关手段和目的的选择权利"（Kerr et al. 1977：332）。

如果职业人士要将知识、判断和技能应用到各种不能预测的问题上时，那么自主性很关键。自主意味着裁量权，"裁量权意味着不受其他人一丝不苟地监督和裁量"（Freidson 1986：147）。但是，单个职业人士从没有完全不受监督的，因为有必要对职业人士的行为进行一定的监督。这一问题更多是一个由谁来控制而不是是否要控制的问题。职业实践者喜欢最大的自主权，所有的规章和控制由同行来解决。证书和进入一门职业的标准、雇佣条件、道德行为准则和不适当实践的政策（policing）都可以由职业协会通过其常务委员会、董事会和大会来解决。整个职业也在控制进入该职业人员的质量和数目上有真正的经济和权力兴趣。

其他人也对管理职业行为有兴趣。为保护公民不受职业欺骗并提高公共利益，政府，尤其是州政府，要求负责批准工作，包括职业。公共官员也必须关注重大的政策问题——职业人士的培养要与社会需要相适应、保证顾客有权获得市场或非市场机制的服务，并保证实施合适的规章（Trebilcock 1978：7）。

Ⅱ. 职业、职业化和公共部门

像职业社会一样，公共行政学界意识到职业承认（professional recognition）的重要性并寻求与其他领域相适应的地位、声望和自主性。[①]尤其自20世纪60年代开始。公共行政人员表明对他们的核心知识和技能、独特的能力、道德义务以及在民主政治体系内自主的合法性的关注。关注公共行政职业化的基础是显而易见的。由于现代社会是官僚制的，现代生活的质量是大规模组织内职业人士所作的决定以最根本的一些方式形成的。

政府和职业之间的关系是密切、长久且反复的。在整个政治体系内，政府是各类职业人士的主要雇主，而公共官员在遇到不熟悉的问题时会寻求职业人士的意见。正如布林特（Brint 1994：129）所指出的：

> 当然，在发达国家中，没有哪个政府发现自己能够不要专家队伍，他们研究有关结果对公共政策的问题、咨询并建议决策制定者，并且为将来制定政策选择方案。

对于公共部门来说，对市场失灵和社会问题回应的质量在很大程度上而言取决于政府人士的职业才能。

公共和半公共官僚机构职业人士的有效性——个体方面、集体方面和与其他部门关系方面——一直是公共行政学界在研究"过程，［学界］通过该过程……参与创建和诠释法律——并且这些创建和诠释如何能够'正确'、'明智'或'按照公共利益'地予以完成"所感兴趣的地方（Waldo 1968a：145）。确定这些官僚机构的效能是提供公共物品（public goods）的制度安排和集体行动模式，这一直是那些寻求理解公共行政职业人士行为的人的主要挑战（Buchanan 1985；Ostrom 1974）。

A. 政府内和政府的职业人士（professional in and of government）

在讨论职业和政府时，需要对有关名词进行澄清。这里使用的职业人士参考名单有两个普遍类别。一类是政府内职业人士，他们在公共而不是私有或非盈利部门工作，使用先进的知识和技术（工程、法律、医学、会计等等）。另外一类是政府的职业人士，他们从事公共事务监督、管理和行政。

学者和实践者需要注意这两个类型的职业人士。当公共议程上出现新的问题时，民选官员依赖于政府内职业人士以获得建议。政府行为和公众对其充分性的判断都受到政府的职业人士行为的影响。

公共部门扩大的关注点增加了所需要的两类职业人士的范围，即研究政府雇佣就是评估在各种不同情况下的职业化。在公共劳动队伍（public workforce）中，政府内职业人士基本上有两类。第一类"一般职业人士"（general professionals），他们在公共和私营部门都被雇佣（律师、医生、工程师、会计）。第二类是"公共服务部门职业人士"（public service professionals）（军官、林务官、气象人员、外交官、情报人员），他们都集中在政府内部（Levine 1986：202；Mosher 1982：116）。对许多公共服务部门职业人士来说，职业机会主要是，如果不是唯一的话，在政府内。

因为所需要用来满足法定义务和政治期望的知识和技术水平，单个机构可能雇佣好几类职业人士——政府内两种类型的职业人士（"一般职业人士"和"公共服务部门职业人士"）和政府的职业人士。机构的职业文化由精英确定，精英的职业背景最适合其职能责任（司法部门或者州检查总长办公室的律师、卫生部门的公共卫生医生、公路部门的工程师、预算和财务管理办公室的会计）。精英职业人士队伍的工作通常得到其他第一线职业人士和人员以及行政职业人士的支持。

B. 联邦雇佣（包括政府内职业人士）

虽然公共部门职业队伍是多元的，但是公共雇佣大部分集中在各级政府有限的几个职能方面。符合联邦制的公共产品和职能分配的理论基础，国防和邮递正如在19世纪一样，继续是联邦政府的主要雇佣目标。现役军人和邮政服务部门的雇员占整个联邦雇佣的53%。整个60年代，军人是政府内最高程度职业化的职业人士之一，正好构成联邦政府过半的雇员。从70年代早期开始，这一部分下降到了40%。

国家政府对职能职业化的另一个观点是从表1中得来的，表1报告了1992年公共雇员的数量和部门雇佣占整个行政部门雇用的比值（Budget of the United States 1993：38）。在诠释这些数据时要小心谨慎。虽然行政部门的发展明确相关联，但行政部门并不是一个单独的部分。参考联邦政府的文职人员（civilian workforce）可能造成误导。赫德森研究所（Hudson Institute 1988：31-32）报告宣布：

> 在任务、组织和技术方面，没有"联邦政府"这样的事情。只有不同机构的集合，每个机构都有不同的目标、不同的结构和需要不同的雇员。

虽然表1列举的6个部门只涉及被选择的国家政府职责，但它们都雇佣了3/4以上的行政部门的文职人员。一半以上的行政部门公共雇员是准备应付未来战争（国防部）或者解决过去战争的人力成本（退伍军人事务部）。较少一些的职业人士和辅助雇员与另外4个部门有关，他们收税、指导社会福利项目、监督司法行政或管理广大自然资源和公园体系。

与表1中列举的部门工作有关的是莫舍（Mosher）所认为的"一般"到"公共服务部门"的全部职业人士，从核科学家、到会计、到合同协商者、到林务官。联邦政府文职雇员，像他们的军队同伴一样，很好地代表了政府职业人士这一概念；职业化的水平也在上升。国会预算办公室（the Congressional Budget Office, CBO）在80年代晚期报告道，联邦雇员正不断受到更好的教育和更加职业化。雇员中上层白领不断上升的部分——18%是职业的、24%是行政的、17%是技术的——要比整个经济领域的白领高（Congressional Budget Office 1988：5）。

表1　1992年行政机构公共雇员情况，以部门为参量

部门	总数	总（%）	累积
国防部	972.9	44.8%	44.8%
退伍军人事务部	229.0	10.6	55.4
财政部	162.8	7.5	62.9
健康和人类服务部	128.8	5.9	68.8
司法部	91.7	4.2	73.0
内政部	75.3	3.5	76.5

资料来源：美国预算（Budget of the United States），1993

C. 州和地方政府（包括政府内职业人士）

虽然对国家政府内职业人士倾注了学术关注，但是谈到文职公共部门的职业化，主要指的是州和地方部门。这是因为州和地方雇佣超过了联邦雇佣达4-5倍之多。在州和地方部门内，地方又是州部门的2-3倍。

表2报告了50个州占整个州和地方雇佣的平均百分值，这可由几个主要职能部门来说明。

表2　州和地方公共雇佣，以职能参量，1971-1991

职能	平均比值（1991）	比值变化（1971-1991）
初级/中级教育	38.0	50.9
高等教育	12.7	79.0
医院	7.2	26.7
公路	4.8	6.6
警察保护	4.9	68.8
福利	3.4	117.9
矫正	3.3	270.9
卫生	2.5	193.1

资料来源：美国统计局，1972，1992

大部分的州和地方公共雇佣正如在国家层面一样，集中在几个职能上。[②]半数以上是集中在教育部门中——初级、中级和高等教育。通过培训、经历、传统和伦理规范，那些在教育中被雇佣的人代表了政府的主要职业人士。除了在教育部门中雇佣外，还有大量的职业人士从事其他州和地方的职能。许多职业人士，与技术和半技术工人一起，都与监护工作有关——当代社会（医院）做事（copying）或者管理违反法律（矫正）的人，照顾病人或需要帮助者。维持基本的交通系统（公路）产生另外一组工人。警察保护平均占州和地方雇员的5%。福利和卫生职能涉及更少但也有重大的比值。

从 1971-1991 年，在州和地方雇员中增长最巨大的比值是在整个雇员中比值较小的职能部门——矫正、卫生和福利职能部门。这些职能也是那些州和地方职能（和教育一起），其中职业人士和技术人员，政府内职业人士，在被要求用新颖和有创意的方法解决特别复杂问题时遇到了主要的政治压力。因为有创意的方法并不容易形成，在许多情况下的职业人士发现其领域的核心知识和技术能力的最新发展（the state of the art）受到非职业人士——民选官员、顾客和公民纳税者——的挑战，他们指责职业人士是毫无效果或不胜任工作的。

对于州和地方雇员中职业的穿透性的另一看法来自于平等就业机会委员会（the Equal Employment Opportunities Commission，EEOC）所收集的数据（Equal Employment Opportunities Commission 1992）。每个州 EEOC 都报告了其州和地方政府好几个职业部门（不包括教育）的雇佣情况。

EEOC 类别标志（category labels）是描述性的。用来确定从事工作者就是职业人士的标准对于从事学术文献的人来说是十分熟悉的。职业人士拥有"职业和理论知识，这些知识通常要通过大学培训和工作阅历以及其他提供可比知识的培训中获得"（Equal Employment Opportunities Commission 1992：xxxv）。包括在这一类中的职业覆盖了整个职业化的范围。他们是社会工作者、医生、注册护士、经济学者、饮食学家、律师、系统分析家、工程师、职业康复顾问、图书管理员、管理分析者、飞行员和航海人员。

即使把教育部门排除在外，政府内的职业人士仍支配着州和地方雇佣。这类职业是表 3 中比值最大的，平均占据了州和地方整个雇员的 23.2%。在雇佣职业人士中，各州之间存在差量，但这个差量通常小于其他类别的差量。职业人士的差量系数是表中倒数第二小的。

表 3　州和地方非教育类的公共雇佣，以主要工作类别划分，1991

工作类别	州的平均值（N = 49）	方差系数
官员和行政人员	6.2	21.9
职业人员	23.2	14.2
技术人员	9.2	22.7
保护服务部工作者	15.5	18.1
辅助性职业人员	7.7	30.6
行政支持人员	17.6	12.7
技术工艺工作者	8.6	22.2
设备维护者	12.0	22.0

资料来源：平等就业机会委员会，1992

D. 评估政府的职业人士

在莱恩和沃尔夫（Lane and Wolf 1990：63）对联邦人事的评估中，他们引用了三类与公共部门职业化讨论相关的能力：

首先是技术能力——执行不同治理任务所必需的基本职业技能。其次是项目和业务能力（agency competency）——要求启动行政程序来建立和提供项目并执行公共政策的能力。第三是治理能力——为了在各级政府活动中在各政治制度之内、之间更有效地工作，这是联邦工作者必须掌握的综合特殊能力。

第一类能力包括技术能力，是政府内职业人士范围。第二和第三类能力，包括业务管理、政策执行以及组织间交流和协商，是政府的职业人士永久关注的问题。

政府的职业人士逐渐控制了美国政府和政治的关键位置。现代生活是大规模官僚机构内所作的决策以及代表了大规模官僚组织的行动是用最基本方式形成的。这些决策和行动的质量又是管理和行政领导阶层的优秀人物所制定的。了解这些领导的行为和他们运作组织的效能是公共行政学者，包括那些对公共部门职业化感兴趣的人的主要挑战（Buchanan 1985；Ostrom 1974，1980）。

政府的职业人士都是监督人员、管理者和行政主管，从他们的职业服务上看，他们对政府事业和精神的成败负责。公共官僚机构的短期行为和现代行政国家的绩效基本上都由这些精英所决定。政府职业人士的职责包括项目管理（对公共项目的执行和相关在线雇员的有效监督）、资源管理（监管发展良好的预算、会计、信息和人事系统）和政策管理（指导战略计划、优先设置和系统设计）。③

每个管理构成要素都包括技术和政治因素，虽然是在不同的结合当中。在政府的个体职业人士的职业生涯中，他经常地在一系列要求技术和知识的职位中从更职业和技术转移到更概念和政治的职位上来。这一转移可能通过两条路线。职业行政人员开始作为政府内职业人士且不承担管理责任。行政职业人员开始作为政府的职业人士且在不同的行政层级中移动（Kearney and Sinha 1988：572）。

因为他们在政府组织职位（之高）而不是因为他们的人数（之多），所以政府的职业人士很重要。作为公共部门生力军的一部分，政府的职业人士这一部分是有限的。CBO估计，在20世纪80年代中期有2%的联邦政府白领雇员都是管理者，11%是在监查人员职位上（Congressional Budget Office 1988：4）；在州和地方雇佣中，表3说明了"官员和行政人员"这类拥有最小平均百分比（6.2%）。

虽然他们数量有限，但是政府的职业人士受到了持续的关注，尤其是在高层级别上的职业人员。关注是有正当理由的。那些在公务员等级中获得较高地位的人承担政策管理的主要职责。他们常常被期望（或被认为）执行机构记忆（institutional memory）、能够行使复杂精细的官僚专业才能并且展示久经磨练的政治灵活性。这些高层公务员要获得成功就必须成为"一般化的专家"（Smith

1984：16)。

但这说来容易做来难。在政府机构之间的权力分立和权力分享的宪法条款（institutional provisions）模糊了公务员的权力和职责界限。美国人事系统普遍是倾向于专家而不是通才（specialists over generalists）。在通才化的属性中的变化使问题更加复杂化。例如，由于联邦政策更少依赖于直接的服务供给而更多依赖于和第三方供给者的合同，高级管理者就不得不适应这一运作风格，并学习新的技术技能（Lane and Wolf 1990）。

Ⅲ．公共行政职业化的发展

当公共部门职业化被视为满足特殊需要的时候，它发展繁荣。这些需要的观点和定义是由控制公共议程的议题的内容和政府内和政府的职业人士的能力所决定的。议题实质和职业能力并不是固定的。对21世纪公共行政职业化的了解是出于对确定职业能力和具体历史发展的活动领域的考虑所推动的，而职业能力和具体历史发展又影响了核心知识和典范实践的发展。

A．职业活动领域

职业有效性（professional effectiveness）、职业威望和职业自主性由职业人士在三个领域内如何有效地行使职能所决定的。第一个领域是理论生成（theory generation）；第二个领域是理论转化和支持（theory translation and advocacy）；第三个领域是理论执行和常规化（theory implementation and routinization）。虽然在时间上无疑会有大量的相同部分，但是每个领域还是有独特的参与群体和重点。

1．理论生成

理论生成由产生用以组织数据描述及解释知识和技术基础的范式的智力活动组成。有关职业兴趣现象、旧问题的重新概念化的主要发现或者从其他领域的发展产生了新的理论。这些理论是整体的或部分的，而且对职业人士如何与实践情境相联系上有明确或不明确地陈述。

范式变化可以导致职业内部的冲突时期，如在医学、法律（Freidson 1970；Larson 1977）和公共规划（Benveniste 1989；Forester 1989）等内。公共行政学过去一个世纪的历史最显著的是一直寻求一个理论和技术的核心体以及讨论是否存在构成一门职业的证据的职业化因素（Pugh 1989）。理论生成和建立新的核心职业知识在主要的研究型大学和独立的研究所的研究中汇合在一起。参与这一领域的个体主要关注的是基础研究和假定关系（positing relationships）。虽然实践职业人士的世界是这些个体的数据的基本来源，但是在许多领域，实践者的理论转化或者基于这一理论的实践执行都是第二重要的。

2. 理论转化和支持

理论生成领域的产品显然是相当抽象的,而且对这些产品感兴趣的人数也是有限的——基本上都是其他理论的生产者。正是在第二个领域——理论转化和支持,理论的基本成分被转化到要求具体行动、提议的实践和程序的建议中。在这一领域,关键人物、个体地或既有群体的代表者,都成为理论生成者和理论执行者之间的智力桥梁。当信息和知识与权力资源更为相关时,这一桥接活动也更为重要。

理论转化和支持是由职业协会、教材作者、大学生和研究生课程以及在职培训项目来执行的。这一领域的参与者对形成新的理论观点没有像对促进他们职业成员完善的观点那么感兴趣。在实际操作中,古德(Goode)赞成(1969:282),"大多数职业人士并不使用许多抽象知识,可能在大多数问题中,他们没有真正把原则运用到具体的情况中,而是把具体的方法应用到具体的情况中去"。

缺乏一个单一的、广泛运用的范式,一门职业有时发现自己具有许多相互竞争的、完善的观点和具体的方法。这些观点和方法得到不同的智囊团、期刊和学术项目的推动。在这些情况下,范式政治变得与政策或政治派别政治同样的强烈。

3. 理论执行和常规化

范式最终在实践者的职业人士日常操作中接受检验。检验时,基于理论的观点和技术必须行之有效,而且必须有用或超过实施中的观点和实践。假设这些观点和技术证明可以接受,那么在许多场景下的活动构成了理论执行和常规化。

如果第一和第二领域的结果(理论生成以及理论转化和支持)证明适合的话,那么一个特殊理论的成败将由其实践者执行质量决定,尤其是采纳将基于理论的新知识常规化的程序和相关技术的决定。实地经验的结果是,一个理论的发展可以有在它所处的状态是有效的或经修改后被接受为有效;被拒绝为无效、或被视为一个不完整的理论;只在某些情况下有效,但在其他环境下无效。

但这并不表明,所提出的活动范围就是在执行中的职业化过程或步骤的各个阶段的确切等价物,这些过程或步骤以发现为开始,以实践者应用新知识为结束。在职业工作上,新观点和技术的来源是许多的。前面两个领域可能被忽视,当政策被执行时,解决问题的新路径得到发展:"……大家逐渐认识到,实践者根据常常是默许和想当然的'所采用的理论'(theories-in-use)不断设计和采取行动"(Argyris 1991:338)。但是,在理论和实证知识、推广该理论和知识的方法以及职业行为之间存在明显而重大的联系(Lynn 1978;Walker 1981)。对一个职业内典范实践和标准的界定可能来自于理论框架和经验基础的某种结合,甚至后者仅仅是在少数案例中对职业经验和职业判断组成。

提高已扩大了的公共部门的绩效是公共行政职业人士——政府职业人士——的主要任务。在2000年公共行政职业化国度——知识、素质和技能——是过去一个世纪左右在三个领域内——理论生成、理论转化和支持以及理论执行和常规化——适合和开始(fits and starts)的最终产品。在2000年对该领域的了解将由对这些主要的适合和开始的考虑而得到提高。

对于评估美国公共行政学的发展来说,虽然一个世纪是一个适宜的时段,但是在许多重大方面,这一时段都是不科学的。由于任何领域、学科或职业构成了理论和应用进步的发展,因此,对特殊时候暗含性关系或者在不同时候事件之间的暗示性关系进行回顾性评估时,而无论哪种关系又都不存在,就存在着危险了。

把评估限制在一个世纪之内是不科学的还有第二个原因。公共行政学的研究和实践在19世纪并未开始。正如费斯勒(Fesler 1982)所提醒我们的,对财政管理、职业生涯服务的发展和实地工作的忽视(field office oversight)深深根植在12世纪的英格兰和13世纪的法国。在美国早期历史中,研究和讨论了适当的行政安排问题(Rohr 1986)、建立了行政结构并实行了行政实践(Crenson 1975;White 1951,1954)。

在讨论特殊时期的具体情况时,美国公共行政学内某些持续的主题或宏观层面因素是值得一提。主题之一是寻求政治和行政活动的适当分离。如何处理这一分离活动使自1880年到现在的学者和实践者都感到迷惑。至少自20世纪30年代以来,任何用简单政治行政两分法来指明民选官员和职业行政人员的适当行为的缺陷一直被提及。考虑到其作为描述或分析工具的不足,两分法将继续举足轻重。任何公共行政职业化最基本的问题就是谁将执行政治权力、权力将如何执行、执行是为了谁的利益等等。在过去一世纪中,这些问题影响了职业行政人员的活动,并且从威尔逊(Wilson 1887)到阿普尔比(Appleby 1949)到斯瓦拉(Svara 1985)等行政学者的作品中常常被提起。

在研究公共行政职业化中,权力的突显性是显而易见的。权力通过互动的方式得以执行,而且"将政治互动从其他各种社会互动中区别出来的是这些政治互动主要倾向于一个社会价值的权威分配"(Easton 1965:50)。由于价值观并不是普遍分享的,而且权威分配也是有约束力的,价值选择和分配路径是政府目标的最基本问题。指导公共行政职业化的美国政治文化和政治思想体系对这些问题一直有相互矛盾的看法。从个人主义、自私自利和贪得无厌等美国性格特征所形成的一个普遍公共利益对奠基人提出了挑战,正如它挑战现代政治家和行政人员一样(Nigro and Richardson 1987)。爱拉扎尔(Daniel Elazar 1984:112)坚持认为,整个的美国政治文化来自于对政治的两个方向的融合:

> 首先,政治秩序被认为是一个市场,其中主要的公共关系是个体和群体行为出于自私而协商的产品。其次,政治秩序被认为是一个共

同体——州，州内全体人民都有没有分割的利益，州内的公民合作努力建立和维持最好的政府以执行某种共同的道德原则。

这两个方向反映了对权力价值和公正的矛盾观点。从对这两个方向和价值不同的结合中演变出次文化，其中也对偏好的政治风格、公共问题和公民权的特征等作了不同的解释（Elazar 1984：chap. 5）。在过去一个世纪中，大部分的政治文化和次文化都影响了对公共行政职业化不断变化的定义和该职业的主要价值观的认同。在某一确定时期或确定地点盛行的政治次文化总是限制了政治、行政和管理关系的亲密，但是却精心发展了行政或管理实践和技能。

B. 描画该领域的界限：1880－1910

对公共行政职业化的任何评估，一个适宜的起点是19世纪80年代。这10年所发生的事件导致了政府雇佣条件的变化和对政府职业人士的理论思考。在80年代，对某些应用问题的行动先于对某些理论问题的思考，这在美国政治历史上不是没有典型性的。

1883年《彭德尔顿法案》（the Pendleton Act of 1883）就是这类行动中的一个，在公共部门内创建任何一种职业化的合法安排都是意义重大的。该法案提供给了富有竞争性的考核、任期和政治中立的同时，规定了职业生涯服务的最低要求（Van Riper 1958a：chap. 5）。从部门外界招募个体并且标准是他的能力而不是政治支持（political patron support）。

采纳《彭德尔顿法案》标志着政治力量，由于完全不同的原因，就支持改革达成一致。鼓励采取欧洲模式或带有一点美国变化的职业公务员队伍是一个长期存在的问题。正在兴起的商人和职业者阶层认识到：需要制度建设，需要一个有能力的政府行政（或至少在邮政服务和顾客服务方面有能力）来解决在一个城市化和工业化的社会的相互依赖问题（Skowronek 1982；Wiebe 1967）。相对地，那些城市政治领导和党派组织支持公共服务改革，原因更加是将其作为一个消除庇护制的路径而不是增加行政能力或管理职业化。

由于职业化要求一个功绩、任期、规则和职业路径的结构，《彭德尔顿法案》对于公共行政学领域是至关重要的。它的重要性正如现实一样具有象征意义。对雇员的保护是有限的，只涉及办事员和技术人员及仅占11%的联邦人员。该法案影响了联邦政府雇员，当时大部分的管理都发生在地方层面。当这一法案被通过时，许多后来扮演了主要的政治角色和确定公共行政学领域的改革者还在政府机构之外。主要政党的主要派系并没有对所有政府职位的中立竞争能力（neutral competence）和功绩有所承认。根据斯科罗尼克（Skowronek 1982：68）："功绩制是这一政党国家的私生子。它在政党职业人士中所赢得的支持是在竞争党派权利中的另一武器。在美国政党政府全盛时期中功绩公务员地位充其量仍然是不确定的。"

如果1883年的《彭德尔顿法案》是一影响公共行政职业化政策行动的重

要事件,那么威尔逊(1887)的文章《行政学研究》(The Study of Administration)就是明确阐述该职业基本的思想和理论构建的一个主要的早期努力行为。要作为一个完全不同的学术和职业领域,而不是政治科学的子领域,公共行政学需要一个明确的知识体系、一个资料库。对于威尔逊而言,行政科学在法国和德国已经很发达,可以被转移到美国来。

行政科学对于政府行动、对于在政府行政部门运行宪法是至关重大的。行政科学所指导的领域是"一门事务性领域"(Wilson 1887:209)。行政科学关注的是政府机器有效果有效率地运作;关注的是重大的问题并不是"政治的混乱和冲突"或者"宪法研究争议甚多的场面"(Wilson 1887:209-210)。对提高政府绩效和使用良好企业实践起关键作用的是行政科学内职业人士的骨干分子。对威尔逊(1887:216)而言,"在任何情况下,我们都必须拥有一支受过充分训练、以良好行为进行服务的官员;这显然是一种工作上的需要。"

行政学领域和科学的设计产生了主要的智力困境。把行政视为行政官僚机构的范围要求威尔逊和其他人解决民主和效率相互冲突的价值观的分离这一基本宪法问题。如果"受过充分训练的官员"和公共行政学职业人士要实践行政科学,有必要区别他们的活动和民选及被任命政治领导者活动。

对于威尔逊来说,有效的行政是十分重要的。19世纪晚期的美国,公共部门面临正在出现的社会和经济变化,需要支持行政实践者的发展并允许他们应用科学的技术去解决公共问题。对于公共利益而言,有效的行政是一个方法。和其他改革者一道,威尔逊"沉浸于当时的紧迫问题,即,如何使政治不那么容易受到分赃制的影响、不容易受到政治滥用的影响、更加代表普遍公共利益而不是特殊利益"(Stillman 1973:585)。公共意见(public opinion)并不等于公共利益。虽然实践者不得不承认公共利益指导了他们的行动,但是他们也要被保护不受到"民主过度"和政治家的影响。公众过度参与行政会是"一个笨拙讨厌的家伙",而且像是"一个乡下人操纵一部难以驾驶的机器"(Wilson 1887:215)。

威尔逊的文章是公共行政职业化的一个框架基础。对于行政学在政府中的位置,一个更为完善发展的理论叙述是古德诺(Goodnow 1900)的《政治与行政》(Politics and Administration)。古德诺(1900:22)描述了政府的主要职能:

> ……在所有的政府体制中都存在着两种主要的或最终的政府职能,即国家意志的表达职能和国家意志的执行职能。在所有的国家中也存在着独立的机关,每个机关主要行使这两种职能中的一种。这两种职能分别是:政治与行政。

活动都是这两个最终职能的这种或那种。立法机关主要从事政治和国家意志的表达职能。行政是国家意志的执行,是由司法和行政部门执行。在行政部门内,在从事执行职能(executive functions)的行政部门和从事"完全的行政职能"（distinctly administrative functions）的行政部门之间要进行区别。例如，在"完全的行政职能"中，例如，"半科学、半司法和半事务或商务的活动——如果有，也几乎不能对国家真实意志的表达产生任何影响"（Goodnow 1900：85）。

因为行政部门负责执行国家意志，所以他们必须服从立法机关的政治控制。那些在"行政系统"处于"更高部门""对政策问题有决定性影响"的人（Goodnow 1900：91）也应该服从政治控制且没有占有权。但是，更少的行政机关、文书以及部长级雇员的工作就是必须避免政治影响他们行为。

古德诺建议，行政活动应该由"一支完全不受政治影响的政府代理人"来执行。由于职业才能和杰出的工作只能来自长期工作经验，行政代理人应享有终身任期。他们因此能够执行他们的"任务"（Goodnow 1900：85）："执行预测和裁量权、追求真理、收集信息、对和他们打交道的个体，保持严格公正的态度，以及提供最可能有效率的行政组织。"

当时世纪之交的政府急需改善，这一点几乎不容争议；威尔逊（1887：201）指出"市政府的污浊气氛"以及"州行政当局的幕后交易，以及在华盛顿政府机构中屡见不鲜的杂乱无章、人浮于事（sinecurism）和贪污腐化"。威尔逊和古德诺明确阐述了政府内职业人士和政府的职业人士产生的逻辑基础。如果公共行政职业化的话，那么首先就必须界定该职业化的定义和内容。利用民主和非民主的欧洲体制来说明行政实践的成功应用，威尔逊和古德诺提出了其定义并提供了在美国转化这些实践和公共行政学领域的基本原则。

威尔逊和古德诺的逻辑基础和基本原则针对的是一个普遍的公共行政学领域。但是，从19世纪晚期到20世纪，学术人员、新闻工作者和改革家在"进步运动"（the Progressive Movement）中联合起来并且对公共问题兴趣盎然，他们集中关注城市政府[④]。直到20世纪30年代的"新政"，美国公共部门基本上是以地方为基础。在国家和州政府也有巨大的紧张局势——战争、经济萧条和政治丑闻。国家和州政府的责任就是，深远地影响了社会和经济发展的步伐——涉外事务、财政政策、邮政服务、规制活动和司法决策。但是，总体上——人事、开支、项目——去参照1930年前的治理和政府能力就要参照地方政府。

改革者关注大型城市的管理有合理理由。当时，庇护制的分布（distribution）是导致总统被暗杀，全国政治动荡的一个主要原因，但是大城市政治老板控制了工作和契约，他们能够把传统的地方精英从权力位置上赶走。行政部门的分散妨碍了行政像商业一样在国家和州层面（出现），但是大多数正在发展中的城市最明显的就是缺乏理性、效率低和效益不好的政府。在大城市政治场上，改革者经证明是"朝阳"（mornin' glories）（Riordon 1963：17）；他们开始执政但没有维持下去。甚至选举了优秀人才后，他们最好的目的也受到自主的城市机构、忠于政治党派组织的人和缺乏可以使用的行政科学给暗中破坏掉了。

城市化美国对公共行政学中的贡献是巨大的。最开始应用到地方政府具体事件中的理论影响了整个领域后来的发展。例如，预算和财政管理中的发展，在被其他层面采纳之前，已在地方层面得到检验。莫舍（Mosher 1975：8）指出，"作为实践、研究领域和自我意识的职业，公共行政在城市中开始登台。"在"进步运动"和"市政改革运动"中的活动者提高了公民对大城市行政、管理和政策的意识。正是意识到需要精确的数据源和解决城市问题的创新方法才导致纽约市政研究所（the New York Bureau of Municipal Research）的成立。以该研究所和大学（密歇根大学、雪城大学、哥伦比亚大学、斯坦福大学以及其它大学）为基地的公共行政学项目被要求培养能胜任解决城市管理问题的专家（Stone and Stone 1975）。查尔斯·梅里安（Charles Merriam）、路易斯·布朗诺（Louis Brownlow）和卢瑟·古立克（Luther Gulick）带给 20 世纪 30 年代总统职位重组的学术和经验基础就是他们花在城市政府和行政机构理论和应用问题上的职业生涯的结果（Karl 1963）。

相信实证知识和科学方法的疗效在 19 世纪末和 20 世纪初的公共和私有部门盛行一时。对于这段时期，卡尔（Karl 1963：xi）说道：

> 研究社会，无论是在方法还是在原则上，越"科学"，就可能更不"政治性"，就更不容易与"协议"传统相妥协。科学真理，如果真是科学的话，也可能因为共识、或多数人的决策、或个人偏好影响而变得或多或少地不真实了。

这一信仰，加上日益提高的中产阶级的愿望和在技术方面的发展，在许多地方政府领域支持职业化。教育、公共卫生、法律实施和工程日益由专门职业人士提供服务，他们反过来受职业规范和职业组织的控制。这样，政府内的职业人士的数量开始增长。

政治的职业人士的主要发展是在 20 世纪前 20 年城市经理计划的制定和改进。城市经理不是，也永远不会是公共行政职业化的理想类型或者典型情况。城市经理计划没有包含那些关注行政科学和公共行政职业化的人的建议。权力分离问题，对于国家政府研究人员来说，是非常无聊的，通过把政治和政策权力分配给非党派市议会（nonpartisan city council），即"单一选择的董事会"来解决（Childs 1914：96）；行政机构的责任被赋予职业经理。任何商人都很明白这样一种安排的好处；"咨询需要许多人的建议；但执行只要求一个人"（Childs 1914：96）。

城市经理计划，随着它的演化，在政治和行政之间产生了一个结构性界限（虽然是可以相互渗透的界限），这正是公共行政学主要的学者所呼吁的（Stillman 1974：11）。富有经验的理论家，尤其是斯瓦拉（1985，1989）指出，这一区别不仅仅是一个简单的政治行政两分法而是一个连续体——任务、政策、行政、管理。市议会是支配连续体的任务和政策末端，而管理者是支配行政和管理末端。像在企业领域的同伴一样，城市经理要解决的是他们在有效管理中的培训和了解其原则。他们认识到良好政府和规划、组织以及具体问题研究之间的关系。在政府内，可以理解的是，政策过程是有冲突的，但是具有中立能力的经理被赋予了尽可能有效果、有效率和经济地执行政策的权力。虽然经理的权限受到市议会的限制，但是其任期视其杰出业绩而定。

问题的性质和严重性决定经理带给城市的职业水平。小社区政府主要关注的是物质发展和实用事物（utility matters）；因此，城市经理"应该是实践中的城市工程师"（Childs 1914：96）。对于大型的社区来说，"广泛的行政经验当然是其主要的要求"（Childs 1914：96）。不管社区大小，城市管理技能都是雇佣的主要标准。

城市经理计划是公共行政职业化演化中的一个重要发展（Nalbandian 1991）。体现在计划中的是一种信仰，即抛开政治因素，有效的管理能够提高社区的管理能力。这一信念在公共行政学领域的许多机构已经改变了对政治和行政分离的观点之后，仍然没有动摇。对这一信念的持续的优势的证据是，学者和经理职业协会产生了大量有关城市管理的文献著作以及为城市经理建立了学术和在职培训项目。⑤

C. 公共行政变革：从改革到职业化：1910—1930

对城市经理计划的推崇过分简化了一个复杂的现实。甚至在计划的成熟时期，从第二次世界大战结束到20世纪80年代，城市经理仍然是公共行政中职业人士的少数。但是，这一推崇的确是不无裨益的。在成形之时，该计划包括了公共行政职业化的早期信念。经理的主要责任是实施市议会成员决议的政策，市议会成员是社区选举的代表。拥有了必要的知识、技能和才能，并在一个集权和等级制组织内运行，城市经理能够向市议会和社区保证有效果和有效率地执行政策。这一模式的吸引力值得强调一下。在富兰克林·罗斯福总统任期内，迪莫克（Dimock 1937：261）写道：

> 政府的城市经理制给州和联邦行政机构提供了一个模式。不像市政府，他们需要双重行政主管，名义上受选举官员和有效率的被任命经理领导。毕竟，城市经理所做的几乎就是美国之外的每个国家所发现必需的和令人满意的。民选领导是民众统治（popular rule）的象征，是国家统一的象征；他把高效的行政主管从大部分与政治生活相关的礼仪义务中解放出来，这样行政主管才能真正地完成工作。

对更好的城市管理的强调说明了社会变革的步伐。强大而不断增长的资本主义经济使得商人成为了民族英雄，而私营公司成为了一个有效组织的模式。无论相关与否，政府业绩的比较标准将成为而且在将来也会是私营公司（Allison 1980；Downs and Larkey 1986）。1910—1930年期间见证了政府从关注消除贪污腐败到关注有效业绩的变化。到20年代中期，公共行政学领域已被确定了。根据沃尔多（Waldo 1968a：146-147）的观点，这包括"三个主要趋向的汇集和融合"——政府改革、科学管理和实证政治科学。

科学管理潮流的贡献尤其重大。作为一种意识形态和一种方法路径，科学管理来自弗雷德里克 W. 泰勒（Frederick W. Taylor）对工业产品技术的富有创意的著作。在他作为机械工程师的生涯中，泰勒尝试通过确定基本工作要素的方法来提高生产工厂和军火厂的效率和生产力。最终泰勒科学管理原则和其对专家判断效能的信仰，用简化的形式，通过讲座和出版物传播给更多读者（Taylor 1911）。

无论泰勒的原则对于生产工厂以外的世界是不是有效（Nelson 1980：chap. 6），它们都被大家热情地接受，尤其是被那些支持政府改革的人所接受（Nelson 1980：173）：

> 他号召由专家进行管理的"科学"是对科学管理"机制"和专家服务的呼吁，但这也是实现进步主义者，在基本上不改变制度和价值观的情况下，消除美国社会弊端的这一目标的一个公式。科学知识在客观而政治中立的专家管理下将会消除与工厂、公司、政府部门和学校有关的浪费。

可以通过科学路径获得效率目标，这说明了管理职业化的合理性。在两次战争之间这段时间内，在职业才能制度化以及减少对诸如教育、社会工作、法律实施和军队等公共职能的非专业和政治控制上取得了进步（Knott and miller 1987：chap. 4）。科学管理改变了对政府结构和组织的一般路径以及对政府内虽然很关键但更有限的活动的具体路径。人事管理的重点从消除政治阴谋到检测已进行分类的职位，并确定最胜任、最有职业技能的职位候选者。政府内职业人士的公共服务日益"开始围绕这职位而不是人运作，头衔保证被赋予了前者而不是后者"（Shafritz et al. 1986：36）。地位开始作为工作特点而不是个人特点；个人只有占据了职业职位才会成为职业人士。

把科学管理引进到公共部门对公共行政职业化具有长期的影响。职能具体的管理培训，像为学校督导和警察长官的培训，将以教育和培训作为目的的一般公共行政学领域的定义复杂化。公共服务机构强调职位分类并且为特定工作寻求"一个最好的"个人，这妨碍了流动总经理（mobile general managers）的职业终身制。

这也有积极的影响。如果威尔逊和古德诺所描述的政治和行政之间的差别主要是一个规范性或者分析性差别，那么科学管理就为使得这一差别成为操作性提供了基础。政治和行政是可以分开的，因为它们涉及不同的标准和目标。对于公共行政学职业人士而言，正如通常在科学管理中的一样，存在着一个主要焦点，并且它是主要围绕着"'效率'，将其作为标准和目标"（Waldo 1948：60）。这一焦点和其意义是重大的，马丁（Martin 1952：667）提到了这一点：

当应用到公共行政中去时，科学管理的信条有以下特征：关注行政，但不特别强调该词语的"公共"部分；相信"原则"；强调行政中的科学；且分离行政和价值观。

对目标和标准的强调说明，到 20 世纪 20 年代，在美国存在着公共行政领域的内容，这是任何公共行政职业化的前提。第二个指示物就是怀特（White 1926）和威洛毕（Willoughby 1927）出版的公共行政学导读教材。教材的出版是一个里程碑。在任何职业领域，教材通过传播基础信息、解释职业文献和描述职业经验，行使至关重要的理论转化和支持职能。教材也通过把期盼那些将成为职业人士的学生引入到知识和技术中从而促进社会化过程。

虽然怀特和威洛毕的教材在基本方面存在不同，但也有普遍的相似点。每个人总结起来就是创作了比有关"政府事务领域"以及有关"政府事务实际行为"（Willoughby 1927：1）的资料还要多的文献资料体系（White 1926：9）。虽然法律和政治因素在确定政策（对威洛毕而言，立法机关是支配行政人员的"董事会"）中被认为是重要的，但是这与执行政策中的管理相比就不那么重要了。在两个人的教材中，管理对于公共行政学的目标是极为关键的，"在官员和雇员的支配下最有效地使用资源"（White 1926：2）和"保证政府问题实际管理中的经济和效益"（Willoughby 1927：viii）。

怀特和威洛毕向他们的同事和学生指出，虽然公共和私营组织不同，但是在公共部门讨论公共行政还是有意义的。对于怀特（1926：2）来说，不同层面的政府的差别是没有必要的，因为"行政过程是一个单位，……是所有层级政府共同的一个过程"。对于威洛毕（1927：1）来说，行政"意指与政府事务中实际行为相关的工作，不管是哪个相关的特殊政府部门"。

怀特和威洛毕传达给学生的是 20 世纪 20 年代公共行政学的主导范式。在公共和立法机构面前的问题只有通过技术能力胜任者的努力才能得以解决，因为这些问题"常常纠缠在一起，或者变成排它性的技术问题，门外汉只有使用专家服务才能解决"（White 1926：6）。这些技术问题需要专家和行政科学是由于

在行政中，有许多普遍应用的重大原则，它们类似于显示任何科学特征的那些原则，如果要确保行政的目标，即运作中有效率，就必须遵守这些原则，而且……这些原则的确定以及它们重要意义只有通过严格地把科学方法应用到对它们的调查中去才会为人所知（Willoughby 1927：ix）。

20 世纪前面 20 年标志着从非专业社会活动分子（amateur civic activists）支持的政治改革到代表着理性和政府职业才能努力措施的转化。公共部门专业才

能在大学培训项目和诸如城市经理协会（the City Managers' Association）等组织中被创建。公共行政的分析和知识基础通过城市和州研究所得以扩大，如布鲁金斯学会（the Brookings Institution）、社会科学研究理事会（the Social Science Research Council）和 30 年代早期的公共行政中心（the Public Administration Clearing House）。这一时期实践效果的证据可以在州和地方政府重组、行政部门的集权、持续关注预算和财政管理以及关注公共行政学职业人士未来等重要的子领域中看到。

这一时期最重要的结果就是对政府内管理专业人才角色的看法。这一看法来自科学管理，这与私有企业模式有关，并且它寻求以实证为基础的原则。研究和出版物——包括玛丽·帕克·福莱特（Mary Parker Follett）、埃尔顿·梅奥（Elton Mayo）和弗里茨·罗特利斯伯格（Fritz Roethlisberger）的著作（Gross 1964：chap. 7）——和后来巴纳德（Barnard 1938）和其他人的著作一起明显地修改了这一观点。一段时期之内，存在一个范式和一个正统观点，它们产生了理论和行动。注意凯顿（Caiden 1984：62）的观点："这就出现在大萧条的前夜，美国对公共行政学的研究坚定地投入到寻求以普遍规律管理原则为基础的非政治科学中。"

D. 公共行政职业化以及正统观点和政治现实的互动：20 世纪 30 年代

在发展公共行政职业化过程中，20 世纪三四十年代是发生深刻变革的年代。在大萧条和第二次世界大战期间的事件压力导致了政府的重要发展，并迫使学者和实践者关注宪法问题和结构、组织和人事的实际问题。对这些广大问题和实际问题的经验产生了关于这一领域最重要的知识的重大辩论。这一时期是以普遍接受公共行政学理论而开始，以对重大的原则意见不一致而结束。

在对大萧条的回应中，罗斯福政府提供经费资助了许多创新和试验性项目和机构。许多都是在正常渠道以外完成的。大约有 60 个机构和 1 万个人在"新政"的头两年被国会从功绩制中解放出来（Van Ripper 1958a：32）；在罗斯福第一届执政时期，25 万个新工人的 80% 被公务员中免除出来（Polenberg 1966：22）。这一创新和试验要求有创造性地使用商业、一般福利和美国宪法中必要且适当的条款来使国家政府在联邦体制内的最高地位合法化、使总统在国家政府的最高地位合法化（Rohr 1986：chap. 8）。宪法问题是 30 年代对出现一个充分发展的行政国家全面挑战的一个方面。这些挑战也产生了使国家公务员现代化并加强总统的管理权力的努力措施。在 30 年代的大量理论和应用研究都是围绕着这些措施。

公共行政职业化的意义，正如在所有领域的一样，是由现存实践与使用知识和技术的组织之间的互动而确定的。鉴于需求的巨大和由此产生对称职人员的需要，有人提议彻底检查公共人事系统。对于观察者来说，现有公务员结构是过时的，是用来消除庇护制滥用而不是促进卓越的。检验"暂缓考虑的"程序中，有野心的个人和任期条款阻止了免职"无用人员"。在广泛的研究和调查后，公共服务部门人事调查委员会（the Commission of Inquiry on Public Service Personnel）（1935：16）宣布："显然，美国民主政治中最脆弱的联系，也就是我们显著落后于其他自治人民的这一点，是在指派的服务中（appointive services），其中现代政府大量的工作被继续做下去。"

根据该委员会和学者的意见（White 1935：18），公共服务部门中的缺陷可以通过发展像英国、德国和法国那样的职业生涯服务（career service）而得以克服。职业阶梯（career ladders）允许雄心壮志者展示他们的能力。职业阶梯的特殊特点在委员会（1935：25~26）把政府工作区分为五大类中可以被发现：非技术的、技术的和手艺（skilled and trades）、文书的、职业的和行政的。

虽然平等就业原则规定允许个体在不同类别中甚至在各级政府中调动，但委员会认为，大部分人会在单一的类别中追求一生的职业。职业由该职位知识和技能来限定。在职业类别中的那些人——医生、工程师、律师、化学家、教授等——运用"特殊的科学知识和技术"（Commission of Inquiry of Public Service Personnel 1935：26），这一点很重要，但与行政职位并不特别相关。

职业行政人员（career administrators）将拥有制度记忆（institutional memories）并控制着事实和技术信息，使得他们与从事政策制定的民选和被任命官员密不可分。行政官员对管理的主要贡献是在政策执行上，因为一旦接受一个新的政策

> 行政官员在指定的范围内，为执行项目，通过规划、组织、委任、人事、指导、协调和预算等，把决策转化为现实。在这一过程中，要做许多重大的行政政策决策……在职业行政服务部门中，行政人员在很好地区分政策的政治问题和行政问题中非常有经验，因为他在投身于这些问题的服务中提拔起来了（Commission of Inquiry of Public Service Personnel 1935：34-35）。

熟悉管理实践和行政经验并对区分政治和行政问题的政策的精微保持敏感，这将委员会和怀特所推荐的行政职业服务（administrative career service）或群体与政府内其他职业人士区分开来。为职业行政人员设计入门水平测试是很困难，这一点大家都承认的。重点被放在像经济、统计、公共行政和政治科学等领域的一般知识和培训上（White 1935：42）。高等教育以一种普遍的方式准备将来的行政人员；掌握行政艺术与培训和经验一起而生（Friedrich 1935）。这样一个精英群体结合了一般教育、培训和经验的先例可以在国务院外交部（the Foreign Service of the State Department）内发现。对于最开始在职培训年青的终身职业行政人员也有其他的先例。怀特（1935：60）认为："培训期的纪律应该严格而苛刻，可以和西点军校（West Point）或安纳波利斯美国海军军官学校（Annapolis）相比，但是没有军队院校严格规制的特点。

大萧条和"新政"提出了人事以外的问题。公共行政学界也大量考虑了行

政部门的行政管理问题。总统行政管理委员会（the President's Committee on Administrative Management 1937）报告的一系列论文中（Gulick and Urwick 1937）陈述了该想法。正如论文中所指出的，公共行政学是更加具有包容性"行政科学"的一部分。基本上，该科学"必须完成任务；完成已确定的目标"（Gulick 1937b：191）。行政提高效率，"这是行政价值尺度的第一原理"（Gulick 1937b：192）。效率的获得依赖于工作的划分和组织，这样就可以"以最小的人力和材料花费"完成群体的任务（Gulick 1937b：192）。

政府工作的划分和组织是由原则指导的，这些原则可以"从人类对组织经验的研究中归纳出来，它们可以管理任何一种人类社团的安排"（Urwick 1937b：50）。这些原则中，最重要的是垂直或水平地协调职能和活动（Mooney 1937）。这条中心原则要求一个权威和控制的全面模式。从该原则可以得出其他主要原则——控制范围、职能专门化以及活动分为职能和行政单位（line and staff components）。这些原则提供了构成"行政长官主要职责"的框架和指导方针：计划、组织、人事、指导、协调、报告和预算（Gulick 1937a：13；Urwick 1937a）。

在1937年总统行政管理委员会报告中，布朗诺、梅里亚姆（Merriam）和古立克应用了这些原则。如果总统要成为"联邦体制和内的行政首长和行政官员"（President's Committee on Administrative Management 1937：2），有必要扩大他的管理能力和重组行政部门作为他自己的范围。总统需要少数的助手作为"行政首长的左右臂"制定预算、进行有效研究、人事管理和计划。因此总统是"行政首长"，而不"只是许多行政人员的一个且小心翼翼地绕过他没有能力克服的那些障碍困难"，他被授权不断地重新组织各个部门的工作分配；而且所有的政府职能，包括独立规制委员会的活动，都必须集中在12个主要部门。

虽然委员会的建议并没有被国会完全采纳，但是总统行政管理委员会的报告（布朗诺报告）（the Brownlow report）却是一个主要的政策陈述。莫舍（1984：66）说道："布朗诺报告的信念很快就成为公共行政学学者和实践者的基本教条而且一连几十年都保持下来。"报告中概括了公共行政学当时流行的理论和原则。根据这些理论和原则，公共行政学与政府行政部门有关。行政部门组织是等级制的，具有明确的权威和责任链以维持行政长官有限的控制范围。为了确保有效运作，总统利用职业公务员雇员担任白宫顾问、预算署（Bureau of the Budget）、国家资源局（National Resources Board）或其他工作的关键职能和行政职位。公共行政职业化动力中心在行政部门，而行政首长是这一中心的主要行动者。

布朗诺报告的语言是行政科学语言，强调效率、专业才能和有效地管理。对总统的参谋协助是非政治的，并且由中立能力的行政专家来提供（Hart 1987：186）。报告的语言也是非党派性质的。非党派政治并不等于政治中立，而且非党派提议也并不总是产生非党派效果。在布朗诺报告中的推理过程中有大量政治含义，是早期公共服务部门人事调查委员会报告的更低程度。公务员在整个政府覆盖率的扩大（这在两份报告中都有呼吁）意味着"新政"政策任命者将成为终身政府雇员，在罗斯福离任后，他们继续支持"新政"的社会项目。如果行政主管和行政结构要控制公共政策的形成和执行，鉴于行政部门大量知识、技术职业才能和政策顾客（policy clientele）的集中化，行政主管和结构与公民的联系在政治体系内会更加直接和重要。像立法机关等其他政治机构和政治团体的重要性也会下降（Milkis 1987）。

行政形式的变化和政治的变化之间的关系是复杂的。布朗诺报告在谈到民主价值观时认识到这一关系："在这一点上，我们历史中美国民主的前进运动更加取决于有效的管理而不是其他任何单一的因素"（President's Committee on Administrative Management 1937：47）。

虽然有这些陈述，但是对30年代拥护有效的公共行政的人来说，在政治和行政问题之间必须进行区分。行政学者将会认识到并考虑政治条件和框架侵犯和影响行政实践的方法。但对于要充分发展的行政科学而言，这些条件和框架必须当作与获得效率有关的行动和实践环境的一部分，这是"行政学内单一的、最终的价值测试"（Gulick 1937b：193）。只有通过集中在效率上并把政治和其他因素作为环境来对待，才有可能"更接近客观无价值的世界，在其中严密的科学获得如此成功"（Gulick 1937b：193）。

在30年代，关于应用政府问题的学术著作和研究中明显的是一种行政理论，其中公共行政职业化最为突出。如果有效的话，该理论考虑到了界定职业问题和责任的主要领域。一旦这些主要问题和责任被明确后，附带的问题也可以提出来了。缩写名词"POSDCORB"描述了行政工作的职能要素（计划、组织、人事、指导、协调、报告和预算），它是培训该职业个体的教育项目的课程基础。根据有限或不充分的知识领域来进行研究。职业表现优秀和道德行为的标准将以从理论和其原则得来的标准为基础。

日益增加的对公共行政职业化的认同在30年代其他方面也很明显。30年代合并的公共行政中心成为行政子领域内发展的一个重要消息渠道（Karl 1963：118）。主要的研究项目是社会科学研究理事会公共行政学委员会（the Committee of Public Administration of the Social Science Research Council）所承担（Anderson and Gaus 1945；Clapp 1946）。国家政府的扩张以及充分发展的行政国家的到来给予了教授和其学生新的短期和长期职业机会。许多大专院校通过以大学为基地的研究所为地方官员提供了公共行政学课程、培训项目和技术援助（Egger 1975：56-57）。在一个多元的公共行政学界发展"共同的职业感和一个一致的兴趣范围"是美国公共行政学会（the American Society of Public Administration）在1939年所创立的一个指标（Pugh 1985：476；Stone 1975）。1940年，《公共行政评论》（Public Administration Review）成为理论和应用研究的一个主要出版物。

E. 公共行政学从正统到非正统时期：1940—1960

20世纪30年代末期，公共行政学作为一个领域和一门职业，其特征是目标和重点清晰明确。该领域和职业通过培训职业人士治理政府来提高效率。向管理"控股公司"这一类型操作的行政主管负责，职业人士在合理规划的组织内工作得最好。他们的工作是直接行政的，或者，在像预算署行政管理部门（the Division of Administrative Management in the bureau of the Budget）这类办公室里，支持行政官员。那些从事行政工作的人以一套可以确定的原则为指导，这些原则与现行行政规范的理论和科学相关。投入了大量的努力以形成定义、主张和原则，支持该理论和科学（Gulick and Urwick 1937；Stene 1940）。

一些人对在古立克、厄威克（Urwick）、穆尼（Mooney）和其他人著作中所拥护的行政的可行性提出了警告（Gaus et a. 1936）。在关于政府机构的实际运作和行政机构内的学术经历文献资料中产生广泛的批评；对于学者，"内部观点完全不同于古德诺、怀特和古立克'原则'的经典理论"（Stillman 1982：25）。

这些挑战和批评来自对行政机构以及行政机构内的价值观、政治和政治权利影响的质疑。密切观察揭露了在理论生成与理论执行和常规化之间、理论和政府实际行为之间的偏差。职业人士不仅仅是技术和物质方面的专家，他们也是政策过程的参与者，而且是寻求提高特殊利益的个体机构的官员。在快速发展的公共部门，职业人士用以保护他们自己职业的特殊策略就是使整体和集中的政策协调复杂化。任何实践中有效的公共行政学理论都必须解释基（Key 1942：152）所描述的三元效果（effects of triad）："压力群体、国会集团和行政等级制下属部门的密切交流妨碍了普遍利益的中央指导。"

行政机构直接参与政策过程产生了职业责任与政策发展和行政分离性等重大问题。这也提出了行政和行政机构内的职业人士与政治权力之间的关系问题。对这些问题的考虑是（并且继续是）发展一般行政科学的至关重大的问题。

在40年代，对于这些问题的答案按道理对观察者是很清楚的。公共行政学的特殊性质使得行政和政治之间的联系很直接。确切地是因为它处理的是公共问题，公共行政学常常被要求同时完成多个甚至有时候是互为冲突的目标；在民主政府内，像平等和公民参与等这样的价值观与效率是互为竞争的（Appleby 1945/1949；Dahl 1947；Waldo 1948）。目标不同和可见性把公共行政和私营行政区分开来（Appleby 1945：7）：

> 由于其公共性质，政府行政不同于所有其他的行政工作，在某种程度上，甚至外界都不能丝毫意识到它容易受到舆论监督和舆论呐喊的方式。政府内上任的行政官员在其生活、个性和行为的每个具体细节上都立刻受到，并因此持续受到，新闻界和公共利益的困扰。这一利益常常涉及到行政行动的具体细节，除了在组织内之外，在私有企

业内这永远都用不着关心。

要在这样的环境中获得成功,"政府内上任的行政人员"以及职业人士应该有特殊才能——"处理更大、更广泛条件下关系的能力——哲学能力";"'政府感',就是把公共利益放在首位的根深蒂固的气质";以及"公共关系才能或政治感"(Appleby 1945: 43)。

阿普尔比所提出的,关于高层行政人员的素质指出了政治因素的中心地位。公共行政科学必须解释作为内源性变量(endogenous variable)而不是作为外源性变量(exogenous variable)的政治影响。正是这种影响才可能减少把一般行政科学应用到政府中的应用性。如果行政是关系到既定目标的有效运动,那么"在大多数社会,尤其是在民主社会,目标常常是具有争议的;它们几乎不可能是直接明确确定的"(Dahl 1947: 3)。这一基本问题比目标和价值更大。官僚抵触中央控制和协调、机构促进顾客群体的政策利益以及部门追求相互冲突的目标都反映了美国社会权力的分散以及缺乏自律的政党体制。有效的公共行政的决定因素更少是建立在抽象的原则,而更多是建立在权力的基础之上。"行政的生命线就是权力。它的获得、维持、增长、消散和丧失都是实践者和学者几乎不能忽视的主题。现实丧失和失败几乎是确定的结果"(Long 1949: 257)。

在40年代,政治、政治权利和政府绩效等问题在基(1949)对南方各州的研究中提了出来。基的方法被分析其他地区州政治的学者所采纳(Fenton 1957; Lockhard 1959; Munger 1966)。虽然只是略微触及公共行政学和公共行政职业化等理论,但以州为基础的研究其发现结果是或者应该是麻烦不断地。州政治内的鸿沟基础是根植于种族关系、政党派别和种族解决的时机等的历史模式之中。在这样一个背景下,州政治常常与一般公共利益和有效的行政程序关系很小;公共行政职业人士的判断也常常不只是简单地受到限制,而是与政府实践毫无关系。

F. 赫伯特·西蒙(Herbert Simon)和行政的新概念

对在第二次世界大战期间和这以后的公共行政职业化的观点是通过考察价值观、政治和政治权力在行政科学中的地位这一基本方式而重新形成的。重新形成的观点反之又受到了赫伯特·西蒙著作的重大挑战。对于本分析而言,在西蒙多种贡献中,这两个方面是意义重大的。首先是他对与价值观、政治和权力相关的行政科学批评的反应。其次是他详细地说明了决策制定是真正的行政科学的关键分析单位。

在1947年的论文中,达尔(Dahl)反对把公共行政与一套假设的普遍的有效性原则联系起来;"公共行政学,作为一门学科和一门潜在科学其基本问题要比纯粹的行政(administration)问题要广泛得多"(Dahl 1947: 2)。公共行政学规范价值观的重要性、人类行为的复杂性以及缺乏在不同国家背景下社会和文化对行政学影响的相关知识妨碍了行政学普遍原则的界定。

回应达尔的观点,西蒙(1947)提出将科学从其实际应用中区分出来的重要性。理论家和学者应该集中把公共行政学作为科学,并"在组织内,尤其是在政府组织内创建一个纯粹的人类行为科学,……并且……提出有关社会心理学基础的一个更为牢固的理论"(Simon 1947:202)。对于那些关注应用解决问题和考虑所有相关价值观的人来说,可以替代的办法就是成为公共政策专家。但是,对公共行政职业化而言,这一替代办法的含义是巨大的。西蒙(1947:202)提出:

> 对提议在应用领域工作的人而言,他会谴责在任何一个政治科学领域内,或者甚至在其整体内,狭隘的专门化,并赞成在政治科学、经济学和社会学内进行广泛而深刻的培训——这将回到政治经济的原始意义上来。

西蒙强调公共行政学与一个包容的行政科学之间的关系,反对将公共行政学视为应用公共政策或者是政治过程,这包含了范式的变化。从30年代开始,行政原则就受到攻击,认为像"谚语",并且内部不一致、自相矛盾(Simon 1946)。对西蒙而言,价值和事实决策前提是分析的基本单位,因为"决策制定是行政学的核心,而且……行政理论的词语必须来自人类选择的逻辑和心理"(Simon 1957, xivi)。

正是通过组织(无论私有还是公共)和行政过程,个体和群体才得以合作"达成共同的目标"(Simon et al. 1950:3)。要根据被检测的如果—那么(if-then)关系来描述和理解行政,就有必要研究组织背景下的个体。组织效率最终由决策和决策的事实前提所决定。个体带入组织的素质以及他们获得的与所作贡献有关的激励措施影响了决策。决策也受到组织正式和非正式结构的影响——"内聚力的心理基础"(Simon 1952:1133);而且"'现有'的环境——这是被接受的前提,……是……选择的基础"(Gore 1981;Simon 1957:79)。

有了问题的刺激,组织的回应则由与刺激具体情况相关的问题解决能力来决定。类似的问题会产生一个绩效项目,"一个回应——有时候非常清楚——这是在以前某个时候被提出和学习,作为这类刺激合适的一个回应"(March and Simon 1958:139)。不同问题的刺激引起对解决办法更大的努力和更广泛的搜索。这些搜索受到"人的智力能力"(human intellective capacities)(March and Simon 1958:169)和组织行为的现实情况的限定。有限理性限制了发掘解决问题最有利的办法。对关注范围、知识、时间和过程的限制阻止了考虑所有可能的选择,因而产生一个"让人满意"的策略,即使用"一套标准来描述最不令人满意的各种选择方案"(March and Simon 1958:140)。

西蒙的研究对公共行政学研究和公共行政职业化实践有着重要的意义。西蒙在40年代末期和50年代出版的作品要求研究重心有所变化。任何对该领域非常感兴趣的人都要使用科学的路径和科学工具去描述和评估而不是规定和建立决策和组织行为。参与这样的研究要求沉浸在心理学、社会学和社会心理学中，这是超出传统的政治科学外的大量知识。它也要求用复杂精深的方法和技术进行数据分析。

这些知识点、方法论和技术不仅包括了赫伯特·西蒙的研究或者政治科学和公共行政学的研究。这些也反映了在 50 年代整个社会科学内行为主义运动的认识论问题（epistemological issues）。它强调的是社会科学的统一和需要跨学科政策来寻求概念框架、分析方法和行为法则（Waldo 1954，1956b）。公共行政学职业人士必须"看到"他们的目标与韦伯和巴纳德的框架之间的联系、看到霍桑实验的发现结果、看到凯恩斯主义经济学（Keynesiam economics）、看到利克特使用调查研究、并看到数学模型（mathematical modeling）。

寻求研究公共行政学一个更为"科学"的路径并没有被普遍接受。对某些人而言，新的路径是不现实的或者根本就是有缺陷的（Banfield 1957；Storing 1962）。其他人对民主行政学的伦理和代议官僚制比对统计有效性更为感兴趣。虽然公共行政学一个充分发展的因果模式的优点被认识到了，但实现它的艰辛也被认识到了。如果政府不同于其他企业，那么更好的描述和更好的理解这些差异可能是来自对政府经验而不是对控制性试验的见解。"二战"后的著作提供了"对行政现实世界独具见解的思考"，这些著作许多都是"二战"期间服役的政治科学家所作；他们"不是宫廷贵族密室哲学家（closet philosophers），而是具有经验的人，像公共行政人员或者顾问，而且这些人具有直接观察现象的背景，这也是他们为分析目的而寻求安排的"（Fesler 1957：143）。

对公共行政学来说，四五十年代的某些发展也是使人仓皇失措的。那些对职业生涯感兴趣的人在学习培训时面临着艰难的决策。他们要熟悉从政治科学和其他社会科学到数学、历史、生物、文学、经济学和系统理论等不同的科目（Waldo 1956a）。熟悉是必要的，因为"行政是如此之大的一个主题，而且在许多方面还是如此的黑暗，我们应该打开我们能够找到的有关它的所有窗户"（Waldo 1956a：49）。与公共行政学相关的知识如此广泛地提出了有关其传授这一艰难教学的问题。案例研究被认为在用来提供总的或宏观层次的框架上是有限的，但它却给学生政策和决策制定有丰富多彩的背景这样一个感觉（Kaufman 1958）。数学模型和运筹学的教学给了学生提高决策和扩大有限理性界限所必要的工具（Simon 1960）。

公共行政学中知识、方法论和教学方法的多样化在学术季刊一直进行的讨论中得到反映。就任何职业依赖于一个知识体系和一个特殊技术这一点来说，这场讨论认为公共行政学职业人士缺乏一个核心，或者说一个不稳定的核心。莫舍（1956：177）在 50 年代中期谈到了公共行政学：

> 也许它没有定义反而是最好的。这更是一个兴趣领域而不是一个学科领域，更是一个关注点而不是一个独立的科学。像行政本身一

样,行政学研究必须使用许多的方法和路径。它必然是跨学科的。

一阵阵且剧烈的学科辩论在外人看来可能仅仅是学术人员之间神秘的辩论。有时候这一点是真的,至少在有一段时期是真的。但是,长期来看,由于辩论转移到期刊文章和教科书中来,对青年职业人士的教育和培训也就再次成型了。从这一教育和培训来的观点被实施到职业角色中来。现实检测或年老同事的拒绝(senior colleague resistance)可能迫使年青的职业人士放弃这一观点。换言之,如果这一观点被接受的话,那么新的观点将重新界定职业标准并最终被纳入顾问和同事给顾客和上级的建议中。知识专门化是职业的特点,这样随着理论生成、理论转化和支持以及理论执行和常规化这几阶段完成之后,似乎神秘的辩论就是最重大、最相关的了。

代表这种或那种公共行政学理论的拥护者的各种要求并没有在 50 年代随着政策被采纳、决策被指定、管理结构被重组而阻碍公共行政学的实践。在这些事情中,公共行政学理论和实践之间的联系并不容易被陈述出来。理论和实践之间的差异在两个方向都有。公共部门有些活动家是建立在理论前提基础之上,这些前提被某些的学术人员认为是过时的。其他的活动家则走在主流学术思想的前头。正如过去一样,公共行政学精神的内容是理论化和现实世界活动相互作用的产品。

在第二次世界大战之后一直到 50 年代,回应一个变化的环境,见证了有意识地规划以提高政府绩效和许多政府重组和重建工作。"二战"的结束需要遣散国内和军事单位并发动行政机构来解决一个新的全球外交政策。德怀特·艾森豪威尔(Dwight Eisenhower)1952 年当选为总统后,20 年第一次,集中关注政治转型的困难以及在"新政"治任命者与在"新政"时期和"二战"时期成熟的官僚制之间的关系。这些都是公共行政学职业人士所面临的来自环境的问题源。

前总统赫伯特·胡佛(Herbert Hoover)从 1947 – 1949 年和从 1953 – 1955 曾两次担任两个委员会的主席,这两个委员会都尝试应用"良好行政"的理论和原则来力图提高政府能力。这两个跨两党委员会研究、分析并提议变革联邦政府的结构和实践。在胡佛委员会对理解公共行政职业化的许多贡献中,有两个尤为重要:在应用问题解决方面显然使用理论框架;职业公务员制度中考虑使用行政人员精英团体。

两个委员会的成员给他们的任务带来了很好的经验和对政府的一个全面的视角。⑥委员会的报告也相信在政府结构和政府作为之间存在一个密切关系。为了改进正在被完成的任务,首先有必要发展一个行政体制并给总统合适的组织权力和控制权。存在一个"最佳方式"来组织行政部门,"只有通过严格遵守行政部门组织合理的原则"才能产生经济和效益(Seidman and Gilmour 1986:4)。1949 年胡佛委员会报告明确阐述了政府和管理的哲学,就像 1937 年布朗诺委员会报告所说的一样:"作为行政哲学的一个陈述,第一届胡佛委员会的目标肯定遵循科学管理运动（the Scientific Management movement）和早期改革措施的传统"（Moe 1982：34）。对等级结构、职能归类、避免复制和重复，以及在政府内应用商业实践等的关注在第二届胡佛委员会的著作中以及 50~80 年代州和地方层面的"小胡佛委员会"的许多著作常常被反复提到。

引用胡佛委员会这一例子是说明在一个领域内的范围分离。到 50 年代，在公共行政学理论基础上出现了多元化。该领域核心的模糊状态并没有自动地转化到更广泛的范围。胡佛委员会所提议旧理论和原则对官员和前任官员还有着巨大的持续力量（holding power），他们的建议和决策形成了政府的未来。旧理论和原则有效性并不是方位基点（the cardinal point）。在公共行政学内，正如在军事和医学内一样，如果新的理论生成者的框架和发现结果要转化为可用的知识，对执行者、对处理真正问题的人来说，那么它们必须是可以接受的而且"具有意义的"。

胡佛委员会也有对政府雇佣、职业服务和高级行政官员的分析和建议。虽然这些分析和建议没有明确地提出在美国公共行政职业化中长期存在的紧张态势以及其在政治体制中的地位，但是它是针对大规模政府的实际问题。只在国家层面上，公共雇员就从 1930 年的 58 万人增长到 1940 年的 100 万人到 1945 年的 370 万人以上，到 1952 年达到 2600 万人。这些增长数字导致了管理和控制更为职业化的技术雇员这些严重问题。这些问题是相当严重的，"在 1946－1956 这 10 年间，对联邦服务不同方面的研究和分析（公共和军事兼有）比以前一个世纪还多"（Van Riper 1958a：516）。

政府内的职业化取决于所招募的人员的素质。观察者指出，虽然政府在 30 年代吸引了有能力的年轻人，但 50 年代来自商业的竞争使得雇佣更加困难（Perkins 1957）。第一届胡佛委员会提议通过一般动议（general initiatives）（确定"给对追求在联邦政府内行政终身职位的人存在有机会"）和具体政策（促进"有能力的人，尤其是在技术、科学和行政领域，从一个机构到另一个机构"调动）来改善招募、培训、报酬以及留住那些进入公共服务部门的人（Commission on Organization of the Executive Branch of the Government 1949：121）。

从 30 年代到 40 年代政府不断变化的规模和范围提高了对项目相互依赖、机构之间交流以及垂直和水平协调、一般管理（general management）和应用公共行政职业化的实质等的意识。在城市政府层面，这样的一般管理是由职业城市经理来进行的。但是，联邦服务部门是建立在让技术娴熟人员适应具体工作的基础之上。提升到行政职位常常是那些在远远离开行政而在其他领域中有能力的人，因此这提出了有关公共行政职业化的定义问题。

被提升的技术娴熟者面临许多困难："作为专家被教育、作为专家被雇佣、并被他的职业同僚荣称为专家，就因为他自己没有什么准备，所以对行政责任感到不舒服"（Randall 1956：28）。用以帮助专家获得通才和提高行政人员知识和技能的教育机会和项目显然被认为为是减少不愉快的一种路径（Dimock

1958; Harder and Stephens 1956)。

要解决职位为基础的公务员的固有局限性,第二届胡佛委员会极力要求由机构领导提名并由特别董事会任命的公共服务部门的由 1500－3000 名职业主义者组成的高级公务员队伍(Senior Civil Service)(Macneil and Metz 1956: 36)。这种制度的普遍形式就像美国军队和英国的行政阶层。用军队作比喻是用来支持下述观点的:

> 将军就是将军,无论他在战场上指挥一个团还是一个军;还是在家乡的要塞或出于职责而驻扎其他地方;还是坐在华府的桌子后面,无论其职责大小;或者还是在等待他人,他都完全享有头衔、报酬和地位。他可能被派给不同类型的任务、不同的责任、在任何地点……把这些标准应用到高级文官身上,可以推断出即将有的行政机构会拥有一支高素质的文职行政人员,他们的地位受到保护,并随时准备接受被认为是可行的政治命令(White 1955: 330)。

虽然 50 年代的总统令就发动了讨论和各项步骤,但是高级文官制度的建立被延迟到 1978 年。为提高现有的体制作了一些调整。招募到联邦服务部门的队伍,包括初级管理水平职位,由于 1955 年采纳《联邦服务部门入门考试》(the Federal Service Entrance Examination)而被扩大并潜在更多样化。《1958 年政府雇员培训法》(the Government Employees Training Act of 1958)的颁布使"为提高人员水平的在职和脱产培训(out-training)的形式和变化"合法化并得到加强(Stahl 1963: 31)。

在构思中,高级文官制度标志着对人事行政管理的民主信条的一种背离。这也肯定了传统的政治行政两分法。虽然在战后关于行政人员在政策过程中的政治角色的书籍、文章和案例研究中作了许多努力,但是高级文官制度仍然是建立在政治和行政活动明确划分的基础上。政治中立被确保是通过适当划分那些高级文官和高级政治任命者之间的职责和责任。那些在服务部门的高级官员将成为经理,这限制了他们与大众媒体和国会委员会的联系,不去陈述事实材料。政治性行政人员提供政策、明确阐述行政职位以及把政策转化到终身服务上。无论过去政治人员和行政人员的区别是什么,是真实的还是愿望的,第二届胡佛委员会对公共行政学改革者的理想还是保持坦诚对待。范·里佩(Van Riper 1958b: 191)的结论是"委员会最终下定决心确定在我们联邦体制内分离政治与行政的日期"。

第二届胡佛委员会要求高级官员的提议提到了与公共行政职业化实质相关的问题。这些问题中最关键的是(而且现在也是)政治对加强行政部门三重"领导层"(leadership group)的限制:"政治性行政人员(political executive),他们代表……政策职位;高级公务员(senior civil servants),他们在行政上提供专业才能和持续性;项目行政人员(program executives),他们把职业知识和经理奉献给新的项目"（Sayre 1960：294）。虽然大多数提高"领导层"的讨论与总统的要求有关，但是与行政人员相关的最基本的问题贯穿整个联邦体制。在各级政府，组建领导核心证明比强调其需要更加困难。

G. 60 年代持续的公共部门扩张主义和公共行政职业化

20 世纪 50 年代的标志是促进公共行政学作为一个领域，并在政治科学内"分裂"的学术挑战（intellectual challenges）（Schick 1974）。公共行政学职业学者和实践者面临的非正统信仰在 60 年代得以增长。对于实践者而言，大都市人口和人数的变化预示着城市和郊区需要有能力的人才（Municipal Manpower Commission 1962）。对于学者而言，他们的注意力从对管理狭隘的定义和主要是从社会心理学来集中研究公共组织上重新定向到更广泛地关注体制绩效（system performance）和人文问题（Golembiewski 1977b：chap. 2）。

部分由于导向的变化，并随着这一变化是对公共行政学性质辩论的继续。在这 10 年晚期的一个报告上，沃尔多（1968b：10）激励他的同事考虑职业观点，作为反对"身份危机"（crisis of identity）的一个方法：

> 我提议的是，我们要尽力作为一门职业而实际上不是一个职业，而且也许不希望或不打算成为严格意义上的一个职业……
>
> 我喜欢的类比是医学。大家一致同意，这是一门职业；但是它也是各种职业、副职业和职业专门化的集合，有许多分支，奇妙而复杂。它是科学和艺术，理论和实践，研究和应用的集合。它不是建立在单一的学科基础之上，而是采用了许多学科。它不是由单一的理论合并而成，而是被一广大的社会目标合理化并指明方向。

呼吁职业化是 1967 年开会的著名人物提出来的，是指公共行政学的范围、目标和方法的评估。并不是所有的人都同意沃尔多的"身份危机"。有人指出，公共行政学的文献说明了在部分理论的建立时的进展（Sayre 1968）。其他人则鼓励有关政府行政职能更多的理论、科学和比较性研究以及对政府作为一个完整体制的基本思想（Riggs 1968）。

除了对范围和目标的具体细节不同意之外，与会者认识到公共行政学内长久的压力。政治科学内行为主义对理论和方法的强调使得应用公共行政学，作为母学科的一个子领域，不那么受欢迎（Altshuler 1968）。甚至在政治科学框架内，公共行政学学者关注跨学科都提出了如何在框架内很好地实现他们的兴趣的问题。

追究对行政学至关重要的理论和研究的学术人员并不总是关注追求在政府内终身任职学生的需要。而政府任职导向的学生也并不总是那些追求或需要行政技能的学生的典型。在公务员中，晋升是根据在技术职业方面的职业才能，公共行政是大多数职业行政人员的第二职业。在塞尔（Sayre 1968：319）看来，无论是哪一所大学内的公共行政学教育者和项目都面临困境：

> 我们不是在培训工程师、或者公共卫生者、或其他类似的群体。公共行政职业的定义是我们主要的难题。职业这个问题，如果我们走得太远，把公共行政学各院校的目标确定为培训公务人员，那么它就会把各院校逼回政府在实施公共事务时所关注的一个很窄的范围。由于我们不能把整个领域与医生、或工程师、或律师、或会计、以及类似的人分开，我们就会回到职员办公室（staff offices），把它作为学员的职业目标。

有关范围、目标和方法的各种会议可以证明一个职业的成熟；也可以反映对焦点和方向的不确定。成熟以及关注焦点和方向在公共行政学史上经久不衰。过去100年来，该领域的最主要价值观或目标（Laswell 1971）就是公共部门内的理性。赋予理性的方法取决于政府失灵的原因以及行政技术和实践的发展水平。60年代处于显著地位的是新的政策分析模式、新的决策制定方法以及对严格评估公共政策后果的新关注。虽然这些技术和实践定位到公共行政学最主要的价值观上来，但是这些技术和实践的概念和分析基础更多是经济学而不是公共行政学。

重新采取措施提高政府理性是公共官员没有解决复杂问题这一声明的回应。太长的时间、太多的决策和政策看来都是个别和短期的，忽视了长期的后果，并且只是集中在整个体制不同部分。决策制定的部分和渐进性质（全部以及在如预算这样的关键特殊领域）可以用政治术语来解释（Braybrooke and Lindblom 1963；Lindblom 1965；Wildavsky 1964）。这些解释并没有在互为竞争的需要面前避免用有限的资源获得最有力结果这一经典经济问题。

60年代进入国家政府的是那些具有地位的人，像系统分析人员（systems analysts）。他们的职业知识和技术能力在好几个方面受到不同领域的联系——定量方法、运筹学以及成本效益和成本效果计算。他们的知识和技能许多归功于对福利经济学、统计理论、后勤学和水利资源发展等的理论和应用研究。当理性最大化技术进入政府，一开始它们被应用到国防策略上（Quade and Boucher 1968），后来被用到福利问题上（Rivlin 1971），而且有一段时期用以处理大家认为是顽固性问题的方法。

这些新的分析技术广被宣传的应用是在预算上。独家宣传的是规划计划预算体制（the Planning-Programming-Budgeting System，PPBS），其根据是理性决策制定逻辑步骤的进程（Schultze 1969：2-3）：

1. 在政府每个主要活动领域内对基本项目的目标进行详尽叙述和分析。
2. 尽可能地按照第一步骤中一开始规定的目标来分析固定项目的

产出。

3．要测评项目的整体成本，不是一年，而是前面几年。

4．要分析备选方案，要寻找那些获得第一步骤中规定的、基本目标具有最大效果的方案，或者那些用最小成本获得这些目标的方案。

PPBS 复杂而基本的逻辑提供了在国家政府提高决策制定和绩效的路径，而且这也扩展到其他各级政府（Mushkin et al 1969；Schick 1971）。

PPBS 是规划用来重新指导预算和政策制定。预算是公共部门投资的机制，主要用来规划而不属管理目的。如在过去许多情况中，影响公共行政学的主要变革是外部强加的而不是内部生成的。希克（Schick 1966：253）所引用的导致预算变革的发展没有一个是唯一或甚至主要是因为公共行政学者的贡献：

1．经济分析——宏观和微观的——在形成财政和预算政策中的地位越来越重要。

2．新信息和决策技术的发展加大了目标分析到决策制定中的应用。

3．规划和预算程序逐渐融合。

虽然 PPBS 不是公共行政学界所发展的，但是它受到了学术界的巨大关注。学术文章和专题研讨会也致力于研究 PPBS，实践者也着手解决该制度的执行困难。经验也表明在应用决策背景下使用 PPBS 的好几个实际局限（Schick 1973）。所有的联邦机构采纳该制度是 1965 年授权的；到 1971 年授权就被解除了。

60 年代早期引进的、新的思考公共问题方法和解决公共问题的新路径使得公共行政学职业人员的角色复杂化。公共行政学界历史的和主要的任务是管理行政部门并准备和培训能胜任的个体执行该任务。谈到最有利的政策和多年策略，公共行政学的通才（或者从另外一个领域且成为总经理的职业人士）在政府中的地位以及他到政府所要受的适当培训越来越不清楚。例如，朝 PPBS 的运动对预算机构的认识有影响。在三四十年代，从开支管理记录（expenditure control document）到管理工具角度重新界定预算要求熟悉成本会计（cost accounting）和管理实践的人。同样，寻求把"具有职业奉献精神，投身分析类型和新技术所要的标准的人；具有经济学和系统分析而不是一般行政培训背景的人"纳入新的预算体系的那些人也希望需要新的人才（Schick 1966：257）。缺乏这样的人才并且拒绝 PPBS 可能减少了对传统公共行政官员以及"具有一般行政培训"那些人的威胁。但是，在 60 年代晚期，许多人继续指出了制定更合理的决策和政策的重要性。

在应用经济原理中所遇到的障碍并没有否认系统分析概念和路径的治理价值。在那些修正的情况下——使用产生想法（idea generation）的非定量技术

（nonquantitative techniques），包括政治和社会变量——系统方法可能成为一种政策分析方法。"同时建立在系统分析和定量决策理论以及在政治科学和公共行政学内新的视角基础之上"，这种能力的职业政策分析人员被任命以提高公共决策的质量（Dror 1967：202，1968）。对威尔达维斯基（Wildavsky 1969）而言，PPBS 的缺陷不会毁损政策分析的价值和政策分析者的培训，这一点十分重要。严格分析问题的原因、政策的形成以及政策的影响将满足社会和公共官员的需要。满足公共官员的需要促进了认真分析的可能性，因为

> 那些行使权力的人需要有为之奋斗的目标。为了自己的缘故而去寻求权力既不流行也不具有效率。在上流社会（polite society），当动力与能给他人和权力追求者本人都带来利益的政策问题相关时，动力是蒙上面具的而且被给予了一张高贵的脸庞（Wildavsky 1969：198）。

虽然对政策分析技术的大量讨论被 60 年代的作品和经历所激励，但是分析的技术源头和一个更具包容性的政策科学的智力源头都要早得多（Brewer and deLeon 1983；Lerner and Lasswell 1950）。正如在早期和当代文献资料中所主张的，政策路线是全面整体的。其范围包括政策过程的所有阶段，从问题发现到政策评估和结束，而且还有潜在的导致公共问题的所有实质性问题。政策分析是跨学科性的而且广泛抽取概念框架和研究方法（Quade 1985）。

公共行政职业化的政策分析、政策研究和政策科学的内涵是混合的。一方面，效果是中等的；无论政策是什么，机构都要管理，预算都要实行，而人员也要招募、培训和评估。另一方面，其涵义也是更为复杂的。政策分析一被纳入政府过程，组织关系就必须被调整以包括和政治的和职业的服务行政人员一道的分析人员。那些负责研究生项目（这些项目用以指导公共行政人员的职前或在职培训）必须决定，在不包括哪些标准科目的情况下，分析主题在那一点（或是否）适合他们的课程和是否被包括在课程内。对于公共行政学学界的学术团体来说，任何强调新的和跨学科政策主题的决策都需要代价：

> 跨学科政策分析（或"政策科学"）方法的问题就在于许多传统公共行政学问题都被置之不理。政策分析学派和大多数的政策分析项目对公共行政学的人事管理、与政策不相关的（内部的）管理以及规范性问题等几乎只字未提（Bozeman 1979：46）。

H. "新公共行政"

对公共分析和决策制定理性的日益关注并不是出现在真空里。它来自对所有文化、社会和政治力量的政府回应的压力。在 60 年代这 10 年中，所有的问题——民权、中心城市的环境、高等教育、社会福利、法律和秩序、对外政策、国防等——挤满了公共部门的议程，而且在动荡的时候，竞相拼搏获取民

选官员和职业官僚的注意。

政府回应和政府回应这些问题的能力被质疑，尤其是被公共行政学学界年轻的、以大学为基地的人士。对于学术人员，公众对美国贫穷问题以及对系统分析为基础的越南战争的道德回应不够，这反映了当前公共行政学思想的不足。所需要的就是新路径、新哲学和新安排——一个"新公共行政"。

在"新公共行政"形成中一个有重大影响的时间就是1968年明罗布鲁克会议（Minnowbrook），这是锡拉丘兹大学（Syracuse University）的一个会议中心。在明罗布鲁克会议济济一堂的是关注作为学术领域的公共行政学的理论基础、研究焦点和方法复杂化的学者以及那些更以行动为导向、更关注公共政策影响和失败的人。来自明罗布鲁克的报告产生了一些激烈辩论的文本和学术基础。

要简要概括明罗布鲁克会议的原意和基础是困难的；"新公共行政"的观点和态度是多种多样且适应不同目的。但是，它们的确反映了对公共行政学状态以及承四五十年代的对组织价值观、概念框架和良好的实践的定义持悲观态度。这一继承领域遵守研究现象的实证方法并坚持有限理性观点，强调效率和经济排斥其他价值观，并发展组织的集权和等级形式。这些批评家认为，传统的公共行政学不能解决快速变化的社会、经济和政治秩序。

传统的公共行政学不仅在回应上有限，而且它本身就是问题的一个源头："越来越多的证据表明，公共行政学没有完成它们开始所作的，而且更糟糕的是，它们现在被怀疑加剧或激化了它们计划要解决的那些问题"（Savage 1971：46）。学术悲观并不是不可改变的。一个新生的公共行政学可以和一个鼓噪的社会相关并作为指导社会变革的工具（White 1971）。有了"新公共行政"，那些在公共组织中的人就可以从组织束缚中解脱出来，可以实现自我并成为政治无权势者的优胜者。

新生意味着全面的变革，包括在认识论和哲学方面的变革（Guerreiro-Ramos 1980）。趋向跨学科并远离实证的学习和了解意味着建立在知识基础之上的应用政策和行动是从行政官员和顾客的观点交流中获得的。交流要求"有结构的非等级"的新机构（Thayer 1980）和缺乏永久等级制的"协和式"组织（consociated organizations），认识到领导阶层是随情况而定的，并且依赖于项目组（project team）来满足目标（Kirkhart 1971：160）。公共行政学将不再那么思想狭隘而且会更多地考虑公共组织的外部联系和这些组织行动的影响。

新公共行政的支持者做了许多价值强调和规范性基础。该领域的正统价值观——"经济、效率、效果、对民选官员的回应、责任等"——并没有什么问题（Frederickson1980a：49；Frederickson 1980b）；这些价值观是必要的但不充分。其他应有的价值观是"公民回应、雇员和公民参与决策制定、公共服务的平等分配、提供公民选择的范围，以及对项目有效性的行政责任"（Frederickson 1980a：49）。因为对这些价值观更为敏感，公共行政学成为真正相关的并满足它的"主要规范性前提"："公共组织的目的是减少经济、社会和心理痛苦并增加组织内外人士的生活机会"(LaPorte 1971：32)。

在新生的学科内，学术公共行政学项目将招收和培训"'短头发的'激进分子"(short-haired radicals)，将他们作为"变革促进派"(change agents)(Frederickson 1971：331)。新一代成长的行政官员将最终消除政治和行政分离的政治有用的神秘性。由于行政人员已提高的敏感性、持续的组织发展以及变革的需要，"新公共行政最好发展一个政治系统，在该系统内民选官员基本为多数人和少数特权人说话，而法院和行政官员是弱势群体的代言人"(Frederickson 1971：329)。"新公共行政"重新申明了六七十年代学术界中的概念派别主义(Golembiewski 1977b：117)，但又产生了关于预期变革的新颖性、可行性以及目标等另外一个领域内部的辩论(Campbell 1972；Meade 1971；Mosher 1971；Wilbern 1973)。像维克托·汤普森(Victor Thompson 1975)这样的学者慷慨激昂地辩论道，新的范式通过破坏合法当选官员的权威而背离了公共利益。对于职业实践者而言，新的价值重点以及从该领域的正统思想解脱出来要付出代价，尤其是法律代价。

> 自由，……提出了一个严重的问题，即传统思想解决行政合法性的方式。自由使得有可能坚持公务员在政策意义上是政治中立的观点。他们可能毫不掩饰公开支持政治观点，……而且，当他们彼此产生分歧时，显然他们的技术专业才能不能成为他们执行公共权威的基础。那么，被解脱的公共服务部门在哪里可以发现它的合法性？新公共行政明确地赞成，合法性可以从提出社会平等而来(Ingraham and Rosenbloom 1989：118)。

"新公共行政"的效果很难被确定。明罗布鲁克思想在1968年激励了年轻学者，但并不总是对一线管理者有效(line administrator)。对于60年代后期和70年代早期的政策和行政动荡，坎贝尔(Campbell 1972：344)认为：

> 由于行政学学者对他们的学科基础提出质疑，该艺术的实践者就面对那些受到他们行动影响的人。不能用职业化、职业才能和政治中立的申明来搪塞，行政人员……发现自己每天都受到一般认为的自己的服务对象的质疑。

在其基础部分，"新公共行政"提出重新安排政治权力和政治角色。在现有秩序下，地方、州和国家行政人员意识到，他们影响了政策和政治过程，这一影响是由环境决定，而且他们的利益和政治体制的利益是通过政治与行政分离的言词和象征(rhetoric and symbolism)得以提供。行政人员的权力来自现有的实践。"那么，新公共行政像以前的联邦主义者、杰克逊主义者(Jacksonians)和公共服务部门改革者和进步主义者一样，集中把行政改革作为重新分配政治权利的一种手段"（Ingraham and Rosenbloom 1989：116）。

"新公共行政"思想对公共行政学职业主义精神更为长期的影响可以推测到的，即使这一点不能被证明是因果关系的。整个60、70、80年代，政策制定者试验了各种动议，或者回应了来自"新公共行政"文章的一些相关的创意——公民参与要求、分权化服务提供安排以及权利和既享权益（rights and entitlements）的扩大解释。

在对第二次会议上（明罗布鲁克第二次会议）的论文专集的引言中，弗雷德里克森（Frederickson 1989：97）总结了第一届会议上发展的9个主要主题，这些主题都成为"公共行政学的重要方面"：

1. 该领域的在重大指标上的重心从机构管理转到政策问题上来。
2. 社会公平作为政策态度的基本原理或理由被添加到效率和经济中。
3. 政府内的道德、诚实和责任再一次回到公共行政学词汇上来。
4. 明罗布鲁克观点认为，随着公众需要的变化，政府机构总是存在太久，不再适用其目标。
5. 变革而不是发展逐渐被理解为是更为关键的理论问题。
6. 有效的公共行政逐渐在公民积极参与这一环境下被确定。
7. 执行在五六十年代的决策制定研究中被赶出中心舞台，但在70年代更合适的理解是，更困难的挑战是执行决策。
8. 理性模式的正确性以及等级制严格概念的有用性受到严重挑战。
9. 虽然多元主义继续被广泛接受为解释公共权力执行的有用工具，但是不再作为供公共行政学实践的标准。

这些主题指出了公共行政职业化的变化重心以及新的核心知识和示范实践。继对公共机构的管理和使用更新的POSDCORB技术之后，"新公共行政"学派的职业人士要更加习惯于公共政策问题、它们的执行和它们的社会公平影响。职业人士要成为变革的经理，不管是发展还是衰落。在履行职责上，职业人士要支持开放性组织、公民参与政策和行政过程，以及政治上缺乏代表的政治代表性。

正如在第一届明罗布鲁克会议上一样，在第二届会议上对公共行政学作为学术和职业领域的状态也提出了各种各样的观点。有些参与者，如布朗（Brown 1989：215）断言，20年的发展都没有消除主要的问题，而且相关的资料继续被排除在该领域的主要流行范式之外：

> 结果，该领域的核心是营养不够或不够完整，所以它能够给公共行政学现在拥有的或者可能成为将来一个责任的许多不同兴趣提供栖

息依靠。

其他与会者的观点也响应第一届明罗布鲁克会议的社会公平和人力发展观点。这些建议的含义如下：

> 公务员存在的问题是……他们把大部分的注意力投入到政府的实际的每日运作中。但是他们的责任应该包括关注提高所有与之有关的公民特点（civic character）（Hart 1989：103）。

> 规划更具责任心的组织是一个更为困难的任务，这考虑到官僚组织的目的常常是偏向于效率和效益而不是责任行动（Burke 1989：184）。

> 内在的生活（inner life）是最为重大的，因而由此产生的意义能够有意识地引导外部世界各种事物。

> 在这一方面的晦暗不清就是人类生活的目的是发展，而不仅仅是生存和物种的持续生殖……在生活工程中（life project）主要所需要的是通过社会关系解决在个体层面的自我异化（self-alienation）（McSwain and White 1989：198）。

虽然社会公平和人类发展在这些发言中得到强调，但是这两个问题并不是第二届明罗布鲁克会议的主要问题。三个与会者提出了与公共行政学职业认识传统上更为关注问题的几个主题。公共管理持续地集中关注被认为是有效制度绩效的决定因素（DiIulio 1989）。同时构建公共行政学的可能性被认为是一门设计科学（design science），这一点赫伯特·西蒙早些年就已提出来（Shangraw and Crow 1989）。也给职业人士的议程提出了新的主题，如在科学和技术项目中的政府和大学之间的关系的管理问题。

在评估与公共行政职业化特别相关的方面时，英格拉哈姆和罗森布卢姆（Ingraham and Rosenbloom 1989：117）回顾了公共人事政策方面的发展，认为是"如果不合乎新公共行政的特别技术但也非常合乎主要的问题"。由于根据他们的判断，有三个值得注意的发展：雇员的自由（liberation of employees）、社会团体在公共雇佣队伍中上升的代表性，以及公共雇员更多地参与行政决策。

与职业化有关的发展的原因是多方面的。公共雇员不受等级权威结构的限制是六七十年代公共雇员广泛工会化（unionization）以及有利于雇员制度权利（employee constitutional rights）的法律裁决的结果（Ingraham and Rosenbloom 1989：117~118）。弱势群体上升的代表性（由此可能产生的多元价值观和利益上升的代表性）也由于联邦法律、法院裁决和社会态度等成为可能（Ingraham and Rosenbloom 1989：118~119）。雇员在决策制定中的更大参与是通过工会合同条款得以促进，同时也得到了行政文化变革的促进，这使得管理者更愿意接受雇员的观点（Ingraham and Rosenbloom 1989：119）。

新公共行政1968年所追求的提高公共部门绩效的许多目标到80年代被以这样或那样的方式得以实现。但是，政治环境也改变了，从普遍支持或者不积极反对代表社会公平的行动主义和政策试验到怀疑政府解决社会问题的能力。英格拉哈姆和罗森布卢姆（1989：123）评论道：

> 在1988年，虽然许多职业人士对工作和服务继续感到骄傲，但是在更大的政治舞台为社会公平辩护的权利或授权并不是围绕公共服务辩论的一部分。而且，辩论是围绕着重建服务部门本身的合法性和活力。1988年比1968年更甚，公共人事行政的"政治性"没有着手行动主义或者公平但却着手重建对能胜任和政治中立的职业行政人员的职业才能和能力的信心上。

英格拉哈姆和罗森布卢姆在80年代末得出的消极结论得到了同一时期对有关政府内外职业人士应用世界的条件所作判断的证实。如果第一届明罗布鲁克会议的某些理想已经被实践，那么继续会存在对公共部门职业化的限制。具体的结构安排有具体的负面影响。例如，研究联邦政府在招募、培训和使用科学家和工程师——政府内的原来职业人士——等方面的问题由科学和工程人事国家研究理事会办公室（the National Research Council's Office of Scientific and Engineering Personnel）在1990年得以提出（Campbell and Dix 1990）。那次研究的一个结论是，

> 影响联邦政府招募和保留科学家和工程师能力的因素的想法还和过去30年来的基本保持一致，虽然OPM和个体机构还是采取了具体的措施来提高招募和保留（Campbell and Dix 1990：2）。

报告所确定的这些因素有报酬不够、工作提供延缓、文书工作和机会限制。这些考虑并不是只针对科学和工程职业人士。这些因素（或者相同类型的其他因素）也在近年受到了巨大关注。公共服务全国委员会（National Commission on the Public Service）由政府内和政府示范职业人士保罗·沃尔克（Paul Volker）担任主席，它研究了影响联邦雇佣群体未来的各种条件（National Commission on the Public Service 1989）。

沃尔克在其发言和著作中都谈到了正在出现的"沉默的危机"（quiet crisis），因为政府在吸引高素质人才进入公共部门职位中面临大量的困难。没有把每代人中最优秀和最智慧的一些人吸收到政府服务部门中来，这说明治理能力不可避免地被削弱。公共服务部门国家委员会的最后一个报告（1989：4）得出一个悲观的结论，它适用于各级政府："如果这些趋向继续发展，美国不久就只剩下一个由平庸之人治理的政府，这些人被锁定在最不愿停留的职业上或

者等待机会换到其他工作上去。"

I. 超越"新公共行政"

"新公共行政"作为另外一种视角,其出现是符合公共行政学理论和思想的长期历史的。无论如何毫不相干,它仍然促进了均势国家观点之间的辩证关系(competing state visions)(按照斯蒂尔曼的说法),促进了在学科内微型范式的可获得性(根据戈乐碧威斯基的说法)。作为一个思想体系,它影响了公共行政学学界职业人士的思考以及对他们的思考。

另外一个长期存在且与公共行政职业化有关的思想体系是关于公共部门机构和行政人员自由裁量权的执行问题。主要从20世纪30年代开始发展的美国政府一个普遍的组织安排是一种行政机构,其中终身职业人士被赋予巨大的自由裁量权(discretionary power)以处理职业化明显的领域如通讯和药学。在许多情况下,自由裁量权结合了"调查、起诉和审判职能"(Freedman 1978:139)以便在处理非常精细复杂问题时表现出职业才能和经验。因此,职业人士能够对权力分离原则的内在局限性置之不理并服务于公共利益。

在本章一开始就提到了独立自主根据所有职业人士工作的特性——把特殊技术知识、判断和技能应用到问题中去——对他们而言是至关重要。在公共部门,这会产生问题。由于立法机关不能预见所有可能意外事件(contingencies),因此政府的行为要求给职业服务的技术职业人士授予高于决策的某些权力。实施有关在特殊情况下政策实行中应该做什么的独立判断中,这些职业人士能有效地制定政策。公共行政学学界的困境(quandary)就是把自由裁量权授予政府内和政府职业人士的正当理由问题。

1. 卡尔·弗里德里克和赫尔曼·芬纳(Carl Friedrich and Herman Finer)

有关这一困境情况的大致概括是20世纪40年代早期在弗里德里克(1940)和芬纳(1941)之间交流中得出来的。两人都主张"责任政府要求公共行政人员对服务于公共利益负责"(Harmon 1995:48)。根本问题是如何让行政人员负责。弗里德里克主张自我约束形式,但芬纳主张政治约束。为了确保行政人员执行负责行为,弗里德里克注意到两个因素,"负责的行政人员是回应……:技术知识和人心所向(popular sentiment)"。对于实用技术知识,行政人员坚持"客观的"或"技术的"责任,因为他们必须符合"科学协会"(fellowship of science)职业同行的标准,这些人"根据相关的科学知识能够判断其政策"(Friedrich 1940:13)。

弗里德里克第二个因素——人心所向——与责任有关。在政策过程中执行裁量权的行政官员必须回应政治以及技术力量。负责的行政官员也通过预见媒体、公众和执法人员对他们提议的反应来回应"主观的"力量。

对芬纳来说,约束职业服务以及其执行裁量权是民主政府生存的最关键因素。国家的权力如此广大以至于"这一庞然大物(behemoth)的重量与巨大,就我们的利益和控制而言,都为我们所知"(Finer 1941:336)。在民主制度下,公共官员根据"三条原则"负责(Finer 1941:337):

> 公众控制(mastership),因为政治家和雇员都是工作是……[为了满足]……公众所表达的公共需求。
> 承认这一控制需要机构,以及……被选机构表达和执行其权威的集中。
> 公众以及被选机构的职能不只是告知政府和官员公众所想要的来执行控制,而且执行权威和权力来对后者所追求的事业实施影响,这是强迫服从命令的权力。

从这三条原则,行政官员"根据议会执行的条款"将对他们的机构的等级制、法院和上级的权威负责。

2. 西奥多·洛伊(Theodore Lowi)

对行政裁量权内部对外部的控制的争议中一个重要的当代看法是政治科学家西奥多·洛伊,他赞成芬纳对官僚裁量权进行控制的观点。洛伊根据"在机构内运作的法规"提出了"司法民主"的"新公共哲学"(Lowi 1979:298)。

在一般的政治条件下,司法民主的实现是有阻碍的,行政人员的职业生活受到广大行政裁量权的限制。这是因为

> 广泛的代表是对正式组织和对中立的公务人员理想的一大威胁。多元原则损害了任务的合理安排和路线的常规化(Lowi 1979:304)。

而且

> 在政府选举责任层次之外到终身职业行政机构裁量权的每个代表都是一次权衡风险,因为政治总是落到裁量权这一点上来,要求代表性将在这一点上发生,而且用以平衡相互利益的一套制度形式在这一点并不存在(Lowi 1995:151)。

过度的自主裁量权"把官僚者变成了政客"并增加了政治技巧对职业公务员的重要性。这动摇了行政人员在其职业角色中的中立和专业才能要求。

洛伊通过要求有关"早期频繁的行政法规制定"的"行政形式"(Lowi 1979:302-303)以及通过编纂所有"与特别主题相关的法律条款"(Lowi 1979:305)来减少行政裁量权。用合适的制度控制来代替以及在具体情况下遵循颁布的一般行政法规,行政灵活性以及通过机构利益群体协商的决策

制定将会显著减少。反之，这些变化将促进回到法制上，增加公众对政府的信心，并允许行政人员承担政策过程中合适且道德合法的行政角色。

3. 约翰·罗尔（John Rohr）

对自由裁量权内部对外部控制的长期的辩论（established）最近得到重建。这一重建最广泛地试图为职业行政人员在现代行政国家中的角色和职能提供理论基础。重建提供了政府职业人士所允许的自主和裁量权的规范性理由以及他们执行的政治权力的理论基础。在重建辩论中的一个主要人物是约翰·罗尔，他寻求建立在宪法基础之上行政国家的合法性。这是一个重大的学术努力。由于公共行政是行政国家的一个职业，后者的合法性加强了前者的真实性。

罗尔在其著作提出了对公共行政职业化至关重要的问题。罗尔认为，将立法、行政、司法权威授予行政机构违反了权力分离原则，而用描述的方式论证并没有完全提及并且没有考虑整个的历史记录。仔细阅读这一记录揭示了在确定美国参议院的责任中——立法（如批准法律），行政（同意主要任命）和司法（如考虑检举）——"当条件如此要求时，制定者（framers）非常愿意把政府的三项权力置于同一机构内"（Rohr 1990：57）。

为了评估公共行政职业人士在治理中的地位，有必要了解更广泛的政治秩序。所形成的政治体制的目标或目的过去是，现在也是保护个人权利。在这一体制内，人民，而不是任何立法，是至高无上的，是人民接受"平衡……授予三个平等部门的权力这一宪法秩序"（Rohr 1990：75）。

罗尔认为职业公共服务是"公共行政"（the Public Administration），它"是人民所选择的宪法秩序的……一部分"（Rohr 1986：185）。即使服务部门的成员不是选举的（因为选举是唯一在宪法下获得职位的方法），他们在治理中发挥自主作用。

公共行政因其职业知识、长久和责任，就职宣誓拥护宪法，不会与任何政府分支耍滑头而且从属于国会、总统和司法部门。虽然处于下级地位，但是公共行政实际上是"与奠基人的宪法设计可比拟的政府制度"（Rohr 1986：181）。公共行政在国会、总统和司法中选择有关它"对三个部门在既定时候对既定事件的持续斗争拥护"哪一方（Rohr 1986：182）。在选择上，行政人员代表权力平衡，行使裁量权益保护个体权利。

在工作上，行政人员力求履行其就职宣誓中维护宪法所需要的职责。罗尔对就职宣誓和对融入国家"宪法遗产"中的制度价值的关注是有重大意义的。誓言和制度价值观形成了示范技术的职业准则、规范和定义，这些限制了对职业实践至关重要的自主权。对公共行政人员，罗尔提出以下建议：

> 如果公共行政是一门职业，那么它是刚开始形成，因此缺乏在传统职业中可以找到的具体的规范。但是，作为一个起点，在我们寻求有关职业独立的自我约束原则中，我们会觉得以对就职宣誓者宣誓时

所献身的宪法遗产忠诚开始会有益处（Rohr 1986：192）。

罗尔促成了对职业化主题极为关注的公共行政学成员最近非常重要的理论化。这项工作不是一个单一工程；理论家中间对认识论和方法论问题有许多不同意见。例如，罗尔在代表当代公共行政学发展其信念时采用了历史方法，并回顾了对采纳宪法的辩论，评估了公共行政学和"建立时期的宪法原则"（Rohr 1993：246）。斯派塞和特里（Spicer and Terry 1993：239）发现这一方法不够标准，所以宣称"宪法的逻辑是限制权力，公共行政学的积极角色如果服务于这一目的则可能是合理的"。

理论家的分析单位和关注点也存在不同。"黑堡群体"（Blacksburg Group）的某些人把研究集中在公共行政机构上，集中在一类理论性的守护等级上（platonic guardian class），和集中在"公共行政"作为政府的第四部门上，其地位等同于其他三个部门（Fox and Cochran 1990：96）。特里（1995）一直关注以功绩为基础的职业服务（政府职业人士）的不断继续的领导角色，而且尤其关注职业服务领导层保护和维护公共官僚机构的任务、价值观和支持的这一责任。对于他的行政保护机制（administrative conservatorship）这一核心概念，特里（1995：26）说道：

> 正确的概念化，行政保护机制就是行政精英愿意（而不是传统的忠诚和道德原则）保护权威以及与一个制度存在的妥当性、其功能地盘（functional niche）和其集体制度目标等有关的权利分配。在最后的分析中，行政保护机制涉及到保护制度的完整。

4. 麦克尔·哈蒙（Michael Harmon）

哈蒙（1995）在改变有关行政裁量权和责任范围上以及与此相联系的公共行政职业化的范围上超过他的当代人。哈蒙宣称，虽然对职业行政人员的内外约束有所差异，但每种约束的拥护者都同意有关政策过程的假设。在正统政策范式的逻辑中，政治是"公共目标的成功之道"，而行政是"其他人回答获得这些目标的路径"（Harmon 1995：173）。政策要获得的目标的选择要先于获得这些目标的路径或过程。

支持这一推理的是一套两分法，其中的名称都是"处于不可调和的对立"（Harmon 1995：165），而第二个名称从属于第一名称：思考—行动、价值观—事实、政治—行政。在公共行政学学界，"责任矛盾"产生于两分法：

> 如果公务人员只是对有效地完成政治权威授予的目标负责，那么作为该权威的唯一工具，他们作为其行动产品的道德代理人不承担任何个人责任。另一方面而言，如果公务人员积极参与确定公共目标，他们的责任是受到损害的，而政治权威也被动摇了（Harmon 1995：

163–164)。

消除矛盾要求政策过程重新概念化。重新概念化最基本的就是拒绝在过程中安排决策。决策并不一定是思想和行动之间必要的纽带,而且可以更确切地描述为社会过程或组织行为的结果:

> 决策主要是流动和无法预测的过程的具体表现(post factum objectifications)……一个想法,通过该想法,我们懂得我们行动的过程……,常常在反省中发现我们想要做什么(Harmon 1995:177)。

而且消除责任矛盾性的基础就是对政治性格化的修改。哈蒙借鉴怀特(1976)的想法,提出了政治的三个基本职能——改变公民让他们适应生活中的风险和机会,修改法律禁止某种行为,并对那些希望生活有变化而又不能凭靠自己做出变化的人提供帮助。政策使得公民可以获得资源和知识来促进调整生活并帮助他们了解这些调整的意义。政策不是通过具体路径实现的具体的目标,但是"目标的一个象征表述"(Harmon 1995:179),它允许予以行动。政策行动的结果决定政策目标。

在哈蒙的框架内,公共行政人员执行审慎权和责任的传统评估有许多变化。作为"公民使动者"(enablers of citizens)的政府内和政府职业人士必须认识到政策内某些行为是被禁止的,因此"从在法律上受到政策限制这一意义上而言,他们是……对政治权威负责的"(Harmon 1995:194)。他们也对在提供信息以及帮助促进与同行职业人士、民选官员和公民在有关达到目标的谈话实践中的他们自己的行为负责。因此哈蒙和公共行政学职业所关注的责任的矛盾性得以重新框架。重新框架后,辩论本质上就不再是关于内部或外部的约束而是认识到"责任主要被看作是一个对话过程而不是在预期的奖励或惩罚面前被动地服从"(Harmon 1995:196)。

哈蒙在发展自己的案例时也像其他的公共行政学理论家一样(Cooper 1987/1990;Denhardt 1991)采用了阿拉斯代尔·麦金太尔(Alasdair MacIntyre)的实践概念。本章的目的是用实践来解释什么构成公共行政学,它标志着在讨论公共行政职业化方面的一个重大变化。根据麦金太尔(1984:187)的观点,实践是

> 任何一种连贯复杂的、社会上建立的、合作性的人的活动形式,通过这种活动,内在适应该活动形式的产品(goods)是在力图获得卓越标准(standards of excellence)这一过程中实现的,这些卓越标准适合于并且确定这种活动形式,其产生的结果是:获得优秀的人力以及人对目标和相关利益的观点都系统地得到了扩大。

实践中可以获得两种利益：外部的（从实践中获得但在其他地方也可以获得的那些利益——健康、威望、地位）和内部的（那些从实践中获得但在其他地方不可以获得的那些利益——在具体实践中的卓越绩效、奉献、服从于实践相关的规则）(MacIntyre 1984：188-190)。实践具有道德内容，因为它提供了"展现美德的舞台"。美德是爱好，它使人倾向于按道德和原则行动。实践的内部利益"只能通过在我们与其他实践者的实践关系中服从我们自己"才能得以实现(MacIntyre 1984-191)。

鉴定公共行政是一种实践而不是一个职业要求在习惯性思考平衡行政裁量权的内外约束以及在思考领域的核心知识和技能上有所变革。到目前为止，公共行政一直被认为基本上是一个强调工具理性的技术领域。任何对实践的思考和采纳，而不是职业人士(other than a professional)，必要的观点前要加上对内部利益和构成实践的道德等持续地思考。最根本的是，花在公共行政实践上的一生可以看作是一个天职，反映了一种内心倾向而不仅仅是一个工作和职业(Wolf and Bacher 1989)。负责的行政人员利用公共行政学内的绩效传统，并遵循公共行政学的规则和规范。由于在公共行政学内这些传统、规则和规范在所有领域内一样容易变化，

（因此）没有人能够真正预测[一种实践]的进展和结果。长期来看，被接受的卓越标准……发生变化，而规则……也在变化。这些不确定因素和变化在参与者有意识的努力行为和对实践（和传统）是什么——即我们可以借助什么而称之为解释性批评主义过程或批评过程——中一直出现。我们的社会身份有实践的首先存在而构建的，而实践是由社会行动者构成的(Frazer and Lacey 1994：271)。

在公共行政学实践中，重点将放在获得内部利益和美德上而不是放在外部利益上，例如组织规模、个人收入或者职业地位上。在寻求公共利益（实践的义务）中，实践者将实现对公民的公正（一个主要美德）、宽容和友好等内部利益，并在其他人中展示勇气、审慎、理性和公平等美德(Cooper 1987：324)。

对宪法解释等基本问题和对寻求美德的不同意见以及在重点上的有所不同都不会超过现代许多理论家的普遍关注。总而言之，作为一个群体，他们已经不再关注对没有被当选官员实施的裁量权的内外约束。取而代之的是明确赞成公共行政作为一个机构，其自主权独立于立法、行政和司法部门。这一机构对于政治秩序稳定的重要性在某些人看来是巨大的："我们发现，如果没有一种新的方式思考、谈论并遵照公共行政的话，就没有办法遏制我们政治体制的病态，没有办法面对我们国家政治经济的巨大问题"(Wamsley et al. 1990：34)。作为一个机构，公共行政在联系其他三个部门之时就磨光了政治秩序棱角：

一开始这么做，公共行政就在缓解权力分离的尖锐关系中起着关

键作用，并且经证明是在19世纪提供同样服务的法院和政党的相称的继承者。政党、法院和机构的出现是作为公众（Publius）提醒大家注意教条式地解释权力分离原则的制度化表达（institutional expression）（Rohr 1986：184）。

许多理论制定者（像最近"新公共行政"的先驱和早期的改革者）认为公共行政学学界的责任是更具包容性的而不仅仅是形成现有的管理实践或者科学设计有效的组织。此外，他们声称，公共行政有责任维护盟约（"公共行政人员和其所服务的公民之间达成的庄严协议"）（Wamsley et al. 1990m：46）来保护制度价值，并且有责任维护长期的公共利益不受狭隘的特殊利益或不受在位者或追求者的短期党派利益所影响。公共行政职业、实践或天职在促进"习惯和性格的形成"上有一个道德维度（Green et al. 1993：519）。

对行政裁量权的担心（appehension）在某种程度上是建立在这一信念之上的：它违反了民选官员是那些（根据选举）被赋予权力来决定公共政策并（在选举中）对选民的决定负责之规则。这一理解在当代作品中被有关对选举和民选官员的重要性的不同观点有所削弱。罗尔（1990：73）辩论的一个基本观点就是，行政官员即使不是被选举的也有合法权利参与治理，因为"对于宪法的制定者而言，选举只是具有合法治理权威（legitimate claim）的许多形式的一种"。

其他人则更加强调他们的地位。福克斯和科克伦（Fox and Cochran 1990：89）谈到那些赞成行政裁量权的人和那些"认为治理事务过于复杂而被留给了仅由一部分漠然的公民选举的官员手里"。而且他们也证明了他们对与被选官员有关系的未来公共行政职业人士的评估，一句话："某种程度上，我们的确相信我们的学者比那些选举程序产生的官员在追求公共利益上更加真诚，更具敏感，而在积极意义上更加具有职业化。"

J. 公共选择和公共行政职业化

公共行政职业化的学术基础的另外一个挑战来自于公共选择学派（the public choice school）。该学派被描述为是在六七十年代由"经济学者和政治学家建立起来的一个相当松散的社团，他们不断地采纳经典政治经济的各种理论和不同观点，作为研究稀缺的公共物品（public goods）和公共服务如何在社会上最好地分配的一种方法"（Baker 1976：42）。自此，该学派对公共行政学界的学术方面（academic wing）的思想和公共政策产生巨大影响。

将公共选择从公共行政学思想的主体中分离出来是对个体动机和行为、对公共物品的性质以及对结构安排的效率和功效的判断。公共选择理论（Public Choice theory）"主要是演绎的"，"从形式逻辑和可能性理论以及经济学吸收分析工具"（Abrams 1980：1），而且集中在决策规则和"非市场决策制定安排"上，这样"公共经济就不同于市场经济"（Ostrom 1977：19）。

从更早到现在，公共行政职业化至少正式地赞同一种道德文化，在该文化中，"大众和政治家都认为政治是一个政治活动，围绕着公共物品的某种理念而且完全渗入到推动公共利益的征程之中"（Elazar 1984：117）。比较之下，对公共选择理论家而言，公共物品或公共利益没有了个体选择就没有了意义；"任何用以结束和预见政治行动的方法都必须以假设追求自己利益的理性个体作为前提"（Harmon and Mayer 1986：244）。公共选择理论家假设，在公共经济内运作的个体理性的表现，就正如市场经济中的个体一样。

公共王国也如市场一样，"自私的个体寻求通过进行理性选择来最大化他或她的功效"（Harmon and Mayer 1986：241）。一个理性的个体"只是一个有一套自始至终一致的偏好而不是一套选择"（Abrams 1981：9），并试图通过决策和行动来满足有序偏好的人（Buchanan and Tullock 1962）。投票者选择对问题的态度最与自己相近的政党和候选人；公共雇员采纳能够促进在组织内晋升到更高职位和扩大组织规模和预算的策略（Borcherding 1977；Nisakanen 1971；Tullock 1965）；民选官员参与能促进可能被再次当选的活动，如解决选民要求的问题（Fiorina 1977）。

根据公共选择拥护者的观点，个体在私人市场上最大满足自己的偏好。因为问题的性质，当私人市场解决办法不够或者行不通而要求集体公共行动时，复杂情况就出现了。对于任何的集体行动都必须存在有一套规则和一个章程来达成解决问题的决策以及筹划生产和提供物品和服务。反之，可行的行动范围受到用于该问题的物品和服务特点的影响（Buchanan and Tullock 1962；Olson 1965）。

所有物品和服务的突出特点表现在它们对排斥（exclusion）和共同消费（joint-consumption）范围的态度。排斥与保护物品或服务不受潜在用户使用的困难影响。共同消费与一个用户使用物品或服务禁止或阻碍其他用户使用的程度有关。对纯粹的私人物品或服务而言，排斥是可行的，而个体消费也是可能的，并且市场机制可以用来生产和分配。对纯粹的集体物品或服务而言，排斥是行不通的，共同消费是可能的，而非市场机制必须建立对生产和提供进行决策。

一旦制定提供集体物品的决策，就会有社会和政治影响。政府的强制性权力就会被用来惩罚"搭便车者"（free riders），他们是那些不平均分担成本但享受物品和服务利益的人。随着集体规模的扩大，就更可能发生违背个人偏好有序化的现象。集体行动的这些负面因素——强制和偏好受挫（preference thwarting）——被表达观点——投票、利益群体、志愿协会、独立选举官员、政府自治单位——的机会所减轻。只要公共选择盛行的地方，政治（关于采取那种政策的决策）和行政（关于用什么组织安排来执行的决策）不是分离的而是紧密联系的，因为"公共行政学的结构不能离开政治选择过程来组织"（Ostrom 1974：66）。

公共选择和传统的公共行政学都对用效率来评估政府绩效感兴趣，但这不是一成不变地采用通用的评估测试。根据奥斯特罗姆（Ostrom 1974：48）的观点，公共行政学倾向不直接通过一个行政结构标准来判断效率，这一标准认为"职业化、职业化和在一个单一的命令链内线性组织的程度越大，效率越高"。

对公共选择学派而言，效率最适合通过成本计算（cost calculus）来评估，"完成一个可以具体化的目标至少的成本；或者，用固定成本的更高程度的绩效"（Ostrom 1974：48）。如果要提出这样界定的效率并尊敬公民的偏好，那么也必须考虑生产和提供公共物品和服务的多种安排。安排的形式和规模受到物品和服务的性质的支配。通过分离生产和提供决策（Ostrom et al. 1961），政治决策制定者有大量的备选方案回应选民的要求。在这些方案中有鼓励服务提供者之间竞争和确保服务消费者有更大选择的各种安排——公共、私有和公共私有联合（Savas 1987）。这些方案潜在的影响是一个多元的、片段的、部分相同的供给系统（delivery system）。

被描述成多元、片段且部分相同的一个公共部门可能效率非常高（Ostrom et al. 1973）而且能够使公民的偏好最优化。而且，多元化、片断化和部分相同额外的好处就是阻止了公共组织的发展。某些效率低下现象是与组织的规模有关。在大型的集中化的官僚机构内，下级部门为了寻求使上级满意可能传达错误信息，从而使得决策和政策更容易出现错误。其他的事情也一样，随着规模扩大，更少的组织资源被分配到服务供给这一主要任务上，而更多的资源投入到了管理和控制活动上（Ostrom 1977：30）。

广大的功能职业化（functional professionalism）、政府内职业人士以及大规模组织的联合常常产生负面后果。这一点在那些政策效果的成功取决于联合生产——即，在服务供给者和服务消费者之间的合作性交流——的职能部门尤为正确。奥斯特罗姆（1977：35 – 36）指出了这些困难：

> 公共服务部门职业化可能伴随着这些服务质量的严重腐化。当职业人士认为知道什么对人们好而不是提供他们表达他们自己偏爱的机会时，他们没有把公民当作最重要的公共物品和服务的合作生产者时，这一点尤为正确。受过高级培训的职业人事干部所专门提供的公共服务的更高花费可能导致一个"服务矛盾"，即根据职业标准的界定，服务更好的地方，公民对这些服务就越不满意。有效的一个公共行政系统将取决于职业人士，他们的工作条件是：他们有激励措施来帮助公民作为重要的合作生产者而不是认为公民没有能力实现他们自己的利益。

文森特·奥斯特罗姆（Vincent Ostrom）和他的同事抨击了过去50年官僚行政（bureaucratic administration）的霸权，并认为官僚行政是民主社会的危机来源。官僚行政认为一个公共权力和权威单一核心是非常重要的。从这一想法产生了指导公共行政学职业人士的规戒（precepts）。由威尔逊、韦伯、古立克和厄威克提出来并在 1937 年总统行政管理委员会的报告中宣告的这些规戒强调职业行政人员的等级安排、明确的权威线、技术娴熟以及政治中立。这些规戒被各级政府广泛接受和执行。但是，奥斯特罗姆和他的同事声称，最终结果被证明是大型、疏远且没有回应性的官僚机构；效率低下、没有效果的公共项目；以及对被选行政主管的不现实的期待。

公共行政学的研究受到公共选择理论的影响。虽然该理论的逻辑被批评支持既有利益并且低估了对少数族裔权利的意义（Baker 1976；Golembiewski 1977a），但是却产生了广大的规范和经验的文献资料体系（Greenaway and Shaw 1985；King 1987；Lovrich and Nieman 1984）。

公共选择理论也影响了公共行政学实践并形成了对政府内和政府职业人士的要求。从理论中可以得出的是一些规定，这些规定构成主要的在某些情况下是激烈地从公共行政职业化的传统思想中分离。离开官僚行政朝向公共选择，民主行政改变了示范绩效的标准以及公共行政学研究和培训的方向。最根本的是，确定和满足公民的偏爱是最主要的问题，政府职业人士研究了不同的服务生产和提供的办法并再次评估了宪法秩序和联邦安排如何促成公民满意。在一个真正的民主行政中，公共部门管理者被期待会将效率最大化，是冒险者和创业者。职业人士的名望更多是由公民消费者而不是职业组织的标准来判断；那些最大限度满足公民需要的人相应地得到奖励。那些没有做到的人就被解雇或降低薪金。

在与赞成政府解除规制和重振的拥护者结盟中（Dubnik 1994），公共选择理论家已经促进重新界定政府的实际实践（Kettl 1993）。重新界定一个基本的部分就是一部分公共部门私有化并广泛地使用合同、规制、拨款、贷款和税收条款（Starr 1989）。过去 30 年来，公共选择支持者促进在公共部门模仿和市场一样的条件。某些公共机构，如 80 年代的联邦环境保护机构（the Federal Environmental Protection Agency）逐渐依赖于承包商解决许多项目甚至是行政责任。凯特尔（Kettle 1988：4）指出在各级政府日益使用这些策略是"代理政府"（government by proxy）并且指出，它们

> 已经发展成一个最主要的政府活动形式。每个策略都依赖于委托——负责实际生产物品和服务的中介组织——代替政府直接管理项目。

在这一新秩序下，公共项目的效果是随着协调许多从事整个联邦体制内政府内外项目的方方面面工作的个体的活动而定。要获得成功，政府技术和行政职业人员必须把自己的工作与根据合同或第三方设定的拨款雇佣的对手结合在一起。这些新方法所改变的是熟悉的公共行政职业化的构成——核心知识、技术能力、道德责任和责任渠道。在职业化更为传统的条件下，怀特和麦克斯旺（White and McSwain 1990：53）指出：

一般认为，公共机构确实是治理过程的一个积极组成部分，而且认为，实际上对于行政人员而言，努力推进机构的项目和福利，在某种程度上，是为公共利益服务。公共行政人员被视为行动者（doer），就像能够直接参与完成巨大任务的人。似乎很明显的是，公共行政人员的这种形象现在是时代的错误（anachronistic）。首先，大批量的政府活动现在是由承包商执行这一事实存在，而且无法看到这一趋向的尽头。公共行政人员正在成为承包经理。

Ⅳ. 影响公共行政职业化的结构安排和政策变革

过去一个世纪曾反复证明，公共行政职业化受到特定时期的结构安排和公共政策的影响。结构安排和公共政策从来都不是中立的，因为它们提高了某种价值观并决定了公共权力的执行（Moe 1989）。在国家大部分历史中，联邦制度、权力分离以及行政和立法机构内的组织安排决定了管理能力。完成政府工作方式以及招募和晋升人事方式中的变化是为了某些价值观和利益的好处。

结构、政策和职业化之间的联系定期地得以证明。在20世纪30年代，当地方主义和州的权力仍然是强大的政治力量时，州政府的行政机构被组织起来和予以现代化并且其人事也被职业化了。有些变革是回应地方政治要求具有更大效率以避免财政灾难。其他变革则是国家立法和"新政"行政人员强行进行。在机构的执行范围内如社会保障理事会（the Social Security Board）、美国就业服务中心（the U. S. Employment Service）和教育办公室（the Office of Education）也包含职业化—提高功绩系统（professionalism-augementing merit system）或人事要求作为获得资金的条件（Benson 1941, chap. 6; Patterson 1969, chap. 8）。在70年代，新一代的联邦官员像他们30年代的先辈一样也面临着政府之间的困境。认识到联邦拨款项目的成功是以州和地方政府职业人士的行政能力以及州和地方政府内职业认识的知识和技术能力为前提的，联邦官员动员和首先建立地方性（subnational）管理能力和职业能力（Macaluso 1975）。

改革者也改进政策来改变行政职业化的形式。这一点在他们支持国家和州职业服务中得以体现，这些服务人员由一支非党派公共行政的通才（generalists）组成。不断被提到和作为模型的是英国和法国高级公务人员。有许多关于美国版本的这些体制的提议，在一些情况下这些提议也被采纳。

职业公共行政通才最成功的例子就是"城市经理计划"（city manager plan）。该计划试图确立政治和行政之间的界限，这正是公共行政学学者所呼吁的（Stillman 1974: 11）。政府内，政策过程的冲突能被人理解，但是能力中立的经理被赋予尽可能有效果、高效率和经济地执行政策。虽然经理任期受到市议会的制约，但是任期是依杰出功绩而定的。计划中所体现的是一种信仰：即使不依赖政治因素，有效的管理也能够提高社区人民。这一信念在公共行政学领域许多人改变了对政治行政分离的观点之后仍完好无损（Nalbandian 1991）。

在国家层面代表公共行政学职业人士的精英干部提出了许多重大的措施。在 50 年代第二届胡佛委员会提议高级文官制度，这一提议在六七十年代被其他群体以不同的形式、在 1971 年被尼克松总统、1977 年被赫尔克（Helco 1977：239 – 253）继续提出来。《1978 年公务员改革法》(the 1978 Civil Service Reform Act）确定了高级执行主管（the Senior Executive Service，SES），这是联邦行政人员一个新的独立类别。那些被选为此类服务的人被给予高级层级，不受具体职位制约，而且能胜任多种职位。在实践中，他们是"一支行政空降森林灭火员，时刻准备到达并扑灭无论何地他们可能引发的小规模的行政林火"（Huddleston 1991：179）。

高级文官将主要由来自职业服务的"特级"（supergrades）中最具天分的应聘者，但也包括有限的一部分非职业政治任命者。这些高级行政干部被安置在政治任命者和永久性官僚人士之间，他们将推动前者对合法直接目标的行动并保护后者长期的利益。如果业绩最佳，他们也会像私有部门一样被给予佣金；不断地绩效低下将导致丢失职位并回到职业服务中或退休。正如其拥护者所期望的那样，正确使用新的官员"经过一段时期，有潜力创建美国政府所急需的职业管理队伍"（Sundquist 1979：9）。高级文官能够起政治管理作用并"在追求不同的制度、政治、组织甚至个人利益方面实施传统的（而且主要是一般的）行政领导才能"（Sanders 1994：218）。

有能力的行政人员被招募到服务部门中来，他们认为自己是政府职业人士，"作为领导和管理者，他们的职责超过特定机构和羡慕的特殊技术方面"（Sanders 1994：221）。但是，无论 1978 年的承诺是什么，SES 在 90 年代中期被认为没有"如一些计划者所预想的那样发展为一支流动的通才管理者"（Cipolla 1993：24）。有些理由是以政策和策略为依据的。结构安排继续是一个问题。桑德斯（Sanders）得出结论，联邦政府缺乏一个政府范围的整体行政管理人事战略，缺乏支持这一战略的文化。机构内横向流动（lateral mobility）受到机构内那些职能领域（functional fiefdom）思维的限制，纵向流动（vertical mobility）"受到政治生涯'玻璃天花板'的限制，而这一天花板实际上是无法击破的"（Sanders 1994：221）。

其他的原因更加世俗但却重要。当用于业绩的分红被证明少于所许诺的，SES 的士气不振。80 年代，联邦行政薪金落后于私有企业的雇员。服务部门的非职业政治任命者的数量限制了给职业人士的机会，而且同样重要的是，给主要工作的个人带来"微小的公共服务部门经验，而更糟糕的是，他们几乎不愿意从事公共服务"（Huddleston 1992：181）。培训机会也不够，机构内机构之间的流动目标也证明是难以理解的（elusive）（Huddleston 1991：178 – 180）。根据密切观察者的观点，虽然政策管理行政人员在实践中开始做了许多工作，但是 SES 的职位要求高级技术能力以及行政经验（Huddleston 1988 – 1989）。

日益对政府职业人士的强调并不只限于华府。过去 30 年中对振兴州政府全部的还有州人事体制方面的变革。在许多州都采取了扩大公共服务范围、更好地招募项目核心的培训机会。

在其他变革方面，在州人事体制方面做了许多适应措施以允许在职业雇员分配上有更大的灵活性。在许多州，全面发展了高级文官制度（Sherwood and Breyer 1987），在其他州则不断扩大使用被免除的经理（exempt managers），"他们服务于他们政治上级的意愿和兴致，因为这些人在政策制定和执行中的作用"（Roberts 1988：21）。州高级文官和被免除的经理如何成功还有待观察。这其中许多取决于每个州的政治文化以及州长如何协调压在他们身上的要求政治庇护和要求政策和行政职业才能之间竞争（Roberts 1991）。甚至随着州政府组织的改善措施，许多州长继续分享行政权力，继续面临极度困难的管理问题。因此，政府中政治上精明的职业人士就非常重要了。当代的州长，像总统一样，需要特殊形式的帮助。每个人"能够面对超过他或她的制度资源（institutional resources）和执行能力的绩效期盼值。因而，两者都奖励'回应能力'而不是'中立或组织能力'"（Roberts 1988：34）。

广泛采纳城市经理计划、在国家政府建立 SES 并试验州层面的 SES 都是重大的发展。每一方面都构成了公共行政学理论的一部分测试。有效理论以及源于该理论的核心知识、技术能力和示范实践都是一个具有包容新的公共行政学职业的必要前提，该职业中，政府职业人士是应用实践者。

V．公共行政学学界法律、伦理和道德问题

所有的职业社会必须关注三类职员行为。第一类是法律的；职业人士应该普遍服从民事和形式规范，而且服从与具体职业相关的法律。第二类是职业的；职业人士应该遵循良好职业实践标准以及在伦理规范中描述的那些职业具体化（profession-specific）的标准。第三类是伦理的；职业人士应该由来自道德结构的原则所引导。展示所有三类可接受的行为是一种职业长期利益和职业职员以外社会福利的必不可少的部分。

当行政人员和职业公务人员遵守法律并坚持高标准的职业和伦理戒律时，美国政治体制的问题可能得以改善。坚持这些规则也有助于防止违法乱纪的流言、让人尴尬的媒体披露、或事实起诉、法院案件和监禁，从而减少了在位者的政治和法律尴尬事件。

只要服从规则并维持社会和政治支持，职业人士普遍相当自由地行使职能，不过正如上所述，裁量权和自主从来不会不加限制。偏离规则可能刺激寻求对职业人士自主权的限制。对职业或个体职业人士日益增长的不信任也会促进要求更严格的限制。例如，黑斯廷斯中心报告（Hastings Center Report）指出，尤为新近，"在日益关注顾客权利和反对职业家长作风中，有关职业伦理的话语的高调发生了急剧的变化"（Jennings et al. 1987：1）。在这种情况下，常常会通过法律、规章和法院裁决不断强加监管。

职业也规管着他们成员的行为和表现。在这些使用的机制中是伦理规范（Griener 1993；Jennings et al. 1987；Sanders 1993）。规范典型地说出了职业行为的理想、指导这些行为的原则以及对顾客、职业、制度以及更广泛公众的道德义务和责任（Jennings et al. 1987：3）。此外，规范激励和约束职业人士努力"掌握普遍在实践者中活化自我形象的特征和风格的实质。职业和他们的规范，对实践者很重要，这一点是不与外人共有的"（Sanders 1993：93）。

过去1/4个世纪来，公共行政学社会和一般公众都关注有关选举、任命和职业服务官员的不恰当行为的描述。许多可见度高的案例都把国家人物卷入其中——总统、国会两院成员、军事长官以及国家最受人尊敬的法律执行和情报机构的职业雇员。

不可接受行为不仅限于华盛顿特区，而且包括了政府所有层面、机构和职能部门。1992 – 1993年编辑的《美国报告》（The Book of the States）（pp. 61 – 62）说，整个国家"好几个行政部门人物发现自己处于有问题的道德境地"，例如滥用国家电话、洗钱、利益冲突、把合同给政治支持者等。可以从地方层面引用的案例的是：由于报道失实、伪证和费城警官的非法搜捕而推翻毒品判罪（drug-conviction）和重新调查谋杀案件（New York Times 1995）。

虽然最近几年腐败和非职业的公共部门行为的发生率不一定高于过去，但是关键环境改变了。对事件更具侵入性的媒体报道通过君子协定可能不会报道。中产阶级的关于职业人士（包括政府内职业人士）应该如何表现的期望被得以提高。

变化的条件和不道德行为相互作用有实际的影响。采用新的法规来普遍促进道德行为，并特别防止发生利益冲突问题。州政府内建立了伦理委员会。杂志文章、学术出版物和手册提出了各种各样的问题，包括"公民权和民主理论、美德、基础思想（founding thought）和制度传统、组织环境、伦理教育，以及哲学理论和观点"（Cooper 1994：17）。伦理主题被包括在公共行政学项目课程表内，为在职公共雇员伦理问题的学习班定期由职业组织和大学项目开办。不断提醒这些学习者："行政伦理把道德原则应用到组织的官员行为中"（Thompson 1985：55）。

另外一个重大的结果是采纳了1984年美国公共行政学会（the American Society for Public Administration）的伦理规则，这是在城市经理协会（the City Managers' Association）所曾经采纳了60年以后才采纳的。这在公共行政学学界超职业地位进程中是尤为重要的一个事件，接下来就是多年的研究、讨论和辩论。规范中明确说明了对公共利益、政治制度、实践者诚实、组织伦理和职业最佳的各种义务。提出的五大规则（和说明目标）是：

* 服务于公共利益
——执行裁量权以促进公共利益。
——在政策决策制定中包括公民。
——准备制定可能不受欢迎的决策。

* 尊重宪法和法律
——理解并应用与职业角色相关的立法和规章。
——尊重和保护不受法规限制的信息。
——在保护公民权利时，发展宪法平等、公平、代表性、回应性和正当程序。
* 表明个人诚实
——保持真实和诚实不为前程、荣誉和个人利益予以妥协
——热情抵御利益冲突或其出现：例如，裙带关系、不正当的在外就业、滥用公共资源或接受礼物。
——不带党派偏见指导官员行为。
* 提高道德组织
——提高组织公开交流、创造力和献身等能力。
——让制度忠诚服从公共利益。
——促进保护不受武断或任意行为的功绩原则。
* 争创职业最佳
——提供支持和鼓励来提高能力。
——作为个人职责和责任来接受最新暴露的问题和潜在问题。
——鼓励他人在整个职业生涯中参与职业活动和社团。

接受这一规范在某种程度上反映了对公众不满短期因素敏感以及对职业化外部标志的愿望。但是，短期因素不应该被过度陈述。这一规范所涉及的法律、职业和伦理行为是公共行政学学界长期关注的内容。

A. 裁量权（discretion）和其意义

裁量权对于民主社会官僚责任问题——弗雷德里克和芬纳以及他们的衣钵传人所辩论过的问题——至关重要，裁量权也是政府伦理问题的一个主要构成条件。行使裁量权在职业服务的精英层面是明显的，因为那里政治与行政的界限事实上并不存在。在街坊官僚的工作中这也很明显，因为这决定了大多数公民所受到的公共服务质量。在美国，在实践中处理裁量权的后果尤为麻烦，因为权力在结构上是分离和分散的。古德塞尔（1989：575）解释道：

> 在某些国家，行政法制度甚至行政腐败是足够严格以至于行政人员的裁量权是最小程度的。在其他国家，外部政治控制是如此强大从而行政人员被赋予了充分的指导权利。与这些情况相反，美国公共行政人员在权力分立的制度情况下具有广泛的裁量权。

可能精英阶层和街道官僚者出现的职业实践的窘境或道德困境其更大部分是超过了裁量权情况的。在绝对的好和绝对的坏之间几乎没有选择。反而，选择是有关道德管理者或服务提供者能够以这种或那种方式公平有效地决定的问

题，倾向于 X 不是 Y、批准或不批准弃权要求、允许或否决调动、寻求告发或忽略一个事故、或者把合同给公司 A 而不给公司 B 等。在这些实际情况下，行政人员"不予理会一个合法价值取向而给另一个荣誉时常常进退维谷"（Goodsell 1989：576），这一困境常常由于激进的伦理宗教态度或政治思想意识的微妙影响而更复杂。这就是现代行政国家的裁量、伦理困境和决策制定。

公共行政学界如何处理裁量权问题对于研究伦理和道德有深远影响，因为它们与公共行政学职业人士有关。对这一点，罗尔（1990b：119）认为"裁量权是职业公共服务的最主要的伦理问题"。控制裁量权提出了对民主理论和政治权力的重大考虑。明白地说，就是谁将在什么情况下治理？罗森布洛姆（1989：464）以问题的形式提出了最基本的回应性、责任、权力和管理等问题：

> 如果公共行政人员实际上是政府"永久的部门"、长期公共利益的保卫者和公共信任的维持者，那么谁保卫这些保卫者？

B. 行政的伦理和道德以及政治环境

对行政裁量权以及其伦理意义的辩论可能会继续，正如本章前面所讨论的，考虑到相反的观点，会继续辩论关于对公共部门行政人员和职业人士外部的（或客观的和政治的）对内部的（或主观的和个人的）约束或麦金太尔激励的（MacIntyre-inspired）实践。互为竞争的观点之间的不同点以非常特别的方式完全展现。因此 SES 如其所望，将包括职业行政人员，他们固定地行使裁量权而且他们把自己的经验和技术带入政府最高层。根据坎贝尔（1972）的观点，服务的一个目标就是"恰当地回应政府政治领导并抵制不恰当的政治影响"。为了帮助在服务中面临潜在的伦理困境，如"不恰当的政治影响"的那些人，罗尔（1980）提议一个伦理培训项目，该项目强调：认识到宣誓就职维护宪法的伦理意义，了解机构项目和制度历史，并意识到他们服务的总统的政治视野和政治目标。

伦理、道德和公共行政职业化之间的联系是长久的。大量政府内非法、非职业和不道德实践促进公共行政学上升为一个学术研究领域和上升为一个应用领域（Pugh 1991）。阵发的改革运动是工具，通过把更好的一类人带到职位和权力上从而更好地管理和用更道德的方式来保卫不受到腐败政治事件的影响和支持创新。19 世纪晚期的城市政府改革和城市贫穷改良计划就是以社会基督教（social Christianity）和关注个人救赎的原则为指导。根据皮尤（Pugh）（1991：11）的观点：

> 这一运动是一部"社会福音书"，认为社会制度改革是个人道德拯救的关键，因此该运动在追求地球上的"天堂城市"时赞成工具理

性和官僚路径。

备选的伦理范式也被提出来指导该职业（或实践）。有时候学者们对于公共行政学的规范性基础非常明确。20世纪许多时候，中立能力和效率，如要被最大化的价值观一样，都是公共行政学的天然磁石。借鉴了约翰·罗尔斯（John Rawls）哲学著作的"新公共行政"认为，获得社会公平是该领域的一个任务。与之并列的是公共选择学派，其成员利用了经济理论，追求最优化效率并满足公民偏爱有序化。丹哈特（Denhardt 1991：92）认为，公共行政学学科是"建立在一套连贯的原则和美德之上"，其"荣誉、仁爱和公正"应该作为"道德路标"为该职业服务。

以类似的方法，斯蒂芬 K. 贝利（Stephen K. Bailey）补充了保罗·阿普尔比（Paul Appleby）对系统层级过程（system level process）和结构安排的伦理提高潜力的见解，他强调个体性格的重要性。贝利（1965：285）宣称公共部门伦理是"心态和道德品质的"合成体。道德品质最"基本的"的就是"乐观，……勇气，和……仁爱锻造的公平"（Bailey 1965：286）。他非常确定他观点的普遍性：

> 这些心态和道德品质与每个部门和各级政府的所有公务人员相关。它们与法官和立法人员的密切关系正如它们与行政人员的关系一样。它们对于一线官员（line officers）的重要性正如它们对于参谋人员（staff officers）的重要性一样。它们适用于州和地方官员正如适应国家和国际官员一样。在军队、对外和其他专门服务中需要它们正如在职业服务和在其他政治之行政部门需要它们一样。当然，它们呈现出阿普尔比曾经英明阐述过的诚实美德和对贪赃枉法的制度检查。它们是一般的态度和品质，没有了它们，大民主（big democracy）不能有意义地存活下来（Bailey 1965：286）。

"新公共行政"学者、公共选择学派、丹哈特、贝利和其他人所倡导的这些价值观和道德品质都是在美国和西方政治传统主流之内。但是，这些价值观和品质与公共行政实践者的工作内在上并没有联系。一个关键问题就是，学术讨论所包含的这些观点在何种程度上是源自对应用到具体情况中的价值观的观察结果或者源自表达个体对政府应该如何运作和应该寻求哪种规范价值观等的构想。

如果包含的这几个观点都是来自对应用到具体情况的价值观的观察结果，那么学术讨论构成了培训项目的令人印象深刻的一个基础。既然技术专家对在美国职业服务中的招募和晋升有偏见，公务员进行伦理培训是必要的，使他们察觉到用负责的方式实施裁量权的重要性。

行政职位的个体都来自不同的背景。一个医学研究者成为实验室主任，一个会计被当选为财政主管，或者一个工程师被晋升为项目主管（project superintendent）。虽然他们在技术上可以胜任，但是在处理对立的伦理要求或伦理不清的问题时就缺乏经验。这些行政官员和他们的下属最好从伦理培训和对利益法规冲突的定期简报、从影响机构程序的法院裁决和从关于与说客关系的报道要求上获得益处。可以开办学习班和培训课以允许雇员进行角色扮演和竭力处理伦理模糊的情况。对法律服从和对意识到模糊的道德问题的这种关注与公共机构的有效运作是重大而又基本的。

但是，学术讨论所包含的这几点在伦理和道德原则的描述中找不到根据，且不值得传播（worth diffusing），但由政治构想组成，政治构想是学者和他们的同类人所追求的规范目标。然后由于对支配权良好竞争的不同定义，这一景象就变得更加难以理解。在这些情况下，使构想成为现实的挑战和价值矛盾的可能就不应该被估计不足。

C. 哲学——政治的交界

这一挑战是令人畏惧的，它明确指出一类伦理和道德原则来指导公共行政学人士，而且对这些原则公共行政学学界内还存在普遍的共识。如果严肃对待，这一挑战将迫使关注职业哲学家之间具有争议的重大观点的问题。作为一个说明，学界需要决定采取哪两个路线——基础主义者（他们认为存在着可以被发现的基本客观规则，包括用于伦理行为和道德义务的那些规则）或后现代主义者（他们坚持传统主义者规范性原则观点，即伦理行为和道德义务并不根植于社会传统或文化实践而是个体选择的产品）。

根据伦理行为和道德义务原则的起源，基础主义者（foundationalists）依次被再分成目的论（teleological）和义务论（deontological）（Chandler 1994；Pops 1994）。目的论认为行为是"根据其实际或期待结果而裁断"（Pops 1994：157）。对于实用主义而言，目的论最为人熟知的例子，"如果这一规则（在行为归属于这一规则）导致了最大程度善对恶的整体平衡的话，那么行为是受道德约束的"（Fox 1994：86）。义务论是关于明确联系"一种价值和某类一般程序或实践"（Chandler 1994：149），而且认为行为"是建立在义务或原则基础之上，这些义务和原则本身就是对的或错的，结果与道德判断毫无关系"（Frederickson 1993：248）。

两种论点——目的论和义务论——对公共行政学学界运作影响的证据已被许多学者指出来。官僚精神支撑了学界最主要的传统框架，这种精神是目的论的，强调工具理性、效率和职业才能（Pugh 1991）。换言之，公共行政学群体所采用的伦理规范"主要是义务论的——……［建立在］……存在有许多绝对的对错原则，不拘泥于结果或后果，以及公共行政官员会坚持这些价值观……的假设上"（Fredericks on 1993：249）。

显然，职业哲学家对基础持不同意见，这妨碍了选择一类单一的伦理和道德原则来指导公共行政学。还有其他的复杂的因素。虽然执行公共政策有时候支配了行动，这产生了伦理困境并使得伦理规范成为问题，但贝利的"心态和道德品质"还是存在。汤普森（Thompson）（1987）和沃尔泽（Walzer 1973）寻求马基雅维利（Machiavelli）的教义来提醒学生"肮脏之手矛盾的"政治和道德。这一矛盾"与政治领导有关，他们以公共目的的名义违背道德原则"（Thompson 1987：11）。政府内和政府职业人士（选举、任命或终身的）可以不顾传统的道德并以最高尚的理由获得——说谎以保卫国家完全、严刑拷打以获得挽留名誉的信息、暗杀专制统治者等。当对许多其他人有害结果的影响足够强大时，不愿意采取必要的（尽管是不符伦理的）行动可能是"道德自我放纵"（moral self-indulgence）（Thompson 1987：52）。对肮脏之手的需要也有卑微的理由。政府内和政府职业人士有时候赞成涉及巨大冒险的行动。这一冒险既不是为公共利益也不是为个人德行"而是为了权力和荣耀。如果该政客获得成功，他就是个英雄；永远赞美是对不诚实的最高奖励"（Walzer 1973：176）。常常伴随着脏手行动的违法不会与伴随着非暴力抵抗（civil disobedience）的违法混为一谈：

> 在大多数非暴力抵抗事件中常常因道德原因而触犯政府法律，然后政府予以惩罚。在大多数脏手案件中常常因政府原因而打破规则，但没有人进行惩罚。很少有专制主义刽子手在后面等待具有肮脏之手的政客，即使是他们中间最值得（砍头）的人（Walzer 1973：179）。

学术对哲学争议的关注是很有意义的，而且长时间来制约着政治辩论的措词。与此同时，政府内和政府职业人士需要实践指导。对于行政官员和公共部门职业人士而言，艰难的伦理局势是鲜有的，其中鲜明地描绘了道德或伦理问题，而公共利益也明确清楚。行政人员和专职人员必须处理的大多数伦理局势都是道德模糊的，而且存在合法要求进行互换课程（alternative courses）。在这些情况下，职业挑战是对勇气的挑战和一种职责感。

处理模糊而复杂的问题要求伦理灵活并避免道德僵化。伦理灵活并不是缺乏原则或善变的道德观，它表示对原则的相对重要是随着情境而变化这一现实的灵敏度。摩根和卡斯（Morgan and Kass 1991）发现在具有实践行政人员的焦点群体内，使用了三种"语言"来解释行政行动：中立能力语言，它强调效率和技术能力；多元政治语言，它赏识平衡并存利益的重要性和合法性；以及公共利益语言，它强调行政人员即使在面对多数反对的时候有责任保护公共利益，即主要社区价值观。没有偏好其中一种语言而排斥其他语言。当某种语言适合"充满复杂；……不确定；[并且]大量潜在的冲突（如果不限制在管理范围内的话）会阻止管理者完成工作"的决策制定环境，那么该语言就会广泛被使用（Morgan and Kass 1991：288）。摩根和卡斯的发现结果对某些语言纯正者而言意味着道德相对论和情境伦理（因而也是令人烦扰的），或者对更多有经验的实践者而言是真正职业人士的灵活性和适应性（因而也是值得赞美的）。

对指导（约束）治理的具体价值观缺乏一致意见或对选择这些价值观缺乏标准（MacIntyre 1984, chap. 2），必须采取某种机制选择优先价值观。这一点做起来不容易。价值观有许多形式。拉斯韦尔（Laswell 1971：42-43）借鉴《世界人权宣言》（the Universal Declaration of Human Rights），然后列举了与人格尊严相关的价值观——权力、智慧、财富、健康、技能、爱心、尊敬、诚实等。戈姆利（Gormley 1989：42）更明确地列举了改革者的政治价值观，其中有回应性、效率、一致性、理性和责任。

拉斯韦尔和戈姆利提出的价值观可能相互加强，在最大化一方的时候最大化另外一方。常常，相反的情况也是正确的。价值观是相互排斥的；最大化一个价值观就阻止了最大化其他价值观。因此在罗尔斯以及"关于需要的平等原则"指导下的公共行政学学界的决策其影响可能完全不同于在诺齐克（Nozick）以及"有关权利的平等原则"指导下的决策的影响（MacIntyre 1984：148）。虽然麦金太尔、罗尔斯和诺齐克的观点都是有理性根源的，但是它们不能兼容不能共存。但是，在包容多样性的政体内，可以允许公共行政人员在其职业工作中选择对他们个人最具有伦理的价值观并由其指导。可以想象，这不同的选择会导致行政混乱、从一个范围到另一个范围巨大的服务差异以及在相同情境下不同职业行政人员的不同决策。

无论学术上如何有吸引力，允许在道德情境下这样自由选择的提议都不可能成功。决定了官僚者不是独立的代理而是服务人员的政治文化可能抵制自由选择和自由选择所产生的严重后果（Elazar 1984）。政治秩序中权力产生于选举成功和控制战略决策点（strategic decision points）——立法委员会，尤其是预算和拨款委员会；负责人事招募、晋升和任期的办公室；辅助职员到高级任命行政办公室；政治行动委员会，这一秩序不能容忍行政混乱也不允许有关道德和伦理的自由决策，因为这威胁到最主要统治联盟（governing coalition）的健全。

根据其德行将价值观排列，但缺乏标准的声明在许多方面是毫无关系的。政治其最原始和高尚的意义最终是与权威分配社会价值观有关（Easton 1965），其产生的决策个体和利益集团将从政策决策中获得物质利益而且其价值观将广为流行并按法律限制社会成员，无论社会成员的个体道德偏爱是什么。统治有效性（由此也产生公共行政学职业人士的绩效质量）是在执行纳入权威价值分配中的政策时得以检测。在行政部门和治理中面临伦理、价值和道德问题迫使公共行政学学界处理规范的政治理论和政治哲学问题。如过去很久的几代人所提醒我们的，这些问题从最初就使整个学界感到困惑并且使公共行政学职业的发展复杂化。

Ⅵ. 最后结论

在本章前面就提到了职业化的标准——目的、知识基础、培训、职业组织和服务导向。本章所涉及的问题是要确定公共行政学学界发展到它能或多或少地满足职业化的程度。虽然朝职业化已取得进展，但是说明一下是恰当的。要做的一个论证是（虽然稍微歪曲了现实），学界在21世纪初面临的问题类似于在20世纪初面临的问题。学界继续辩论其理论核心，继续推测其职业责任的实质，继续评估公共行政学作为政治体制中一门职业的角色和合适性。

学界面临的其他问题都是暂时的。有些更普遍地与各种职业中的变革有关。布林特（Brint 1994：8）描述了一个最基本的变革，如下：

> 过去30年来，职业这一观念……已日益与认为对公共福利至关重要的职能没有关系，与"专家知识"这一概念则更加专门联系。
>
> 虽然社会受托职业化（social trustee professionalism）至少在80年代早期仍然是卓越超群的，但这并没有，……完全制约理想表达领域（the field of ideal expressions）。第二个重要理想也是在这一时期产生的。专家职业化理想强调专门化、理论为基础的工具有效性，但也包括了相对较少地关注学员组织（collegial organization）、伦理标准或服务于公共利益（Brint 1994：37）。

目前在学界的学术和理论生成单位的更饶有兴趣和具有学术挑战性的辩论中（这不同于所描述的发展）是那些有关公共利益责任的思考。正如已讨论过的，有些学术人员倡导公共行政学界对更广大的公共利益承担更大而不是更少的责任。其他人则支持超越职业化的运动并从事天职、使命和实践等职业。正是在学界内所作的有关这些事情的决策加上有关理论焦点的决策决定了公共行政职业化前途并影响了美国政治权力的实施。

重大的问题继续被提出来，而且出现了其他同等重大的问题，这并不说明没有发展。对治理、行政和管理的理解在20世纪得到实质性的提高。数据库和它们对行政和管理决策制定的支持在定量和定性上都远远不同于纽约市政研究所（New York Municipal Research Bureau）以前所存在的内容。来自更好的数据和分析技能所得出的更佳的决策其程度是难以证明的，但是，里夫林（Rivlin 1984：19）推测道，

> 我无法证明，但我真的认为我们的确［制定出更好的决策］。许多政府项目比它们过去要更为有效地管理而且也的确解决了许多问题——甚至是大问题，像如何给社会保障体系提供资金。

在带入行政和管理问题的技术和实践方面也作了许多改进措施（Goodsell 1994）。社会保障、TVA、第二次世界大战、州际高速公路系统、医疗保险、NASA、州为基础的高等教育体系等，无论它们的问题是什么，都证明了公共部门的创造性。每一项事业都展示了政府有能力分析、了解和解决复杂问题的

老练。

对分析、了解和解决复杂问题所必要的最关键的基本原理中是那些与行政和管理——预算和会计、人事测试和培训、政策和设施规划,以及后勤等——相关的原理。政府职业人士必须精通这些原理以做出宏伟的事业并提供常规服务,同时不顾并存的竞争理论、结构形式或目标界定,这一点是不言自喻的。那些想超出这些基本原理的人可能求助于私有部门的实践,因为一直宣称它们对于公共管理很重要——零基预算、战略规划、全面质量管理等。在公共管理领域也产生了附加的实践活动。像与组织发展有关系(Golembiewski 1987)的实践得到了极大关注。像来自于对后现代理论和领导创新思想(Kuhnert 1993)的其他的实践行为也是更为新近优秀的实践行为。真正政府职业人士的一个标志就是有能力认识到哪些实践是骗人的,哪些实践能够真正提高治理质量。

能够充分解决基本的行政和管理任务的能力是必需的,但不是公共行政职业化的充足条件。实践者必须与政治权威人士联系,因为他们对该职业化过程中的局限性非常敏感。这一敏感并不总是明显的。有时候从政府专家寻求建立和行动,这并不是因为市场失灵而是因为缺乏有关应该和能够做什么的知识。在职能领导机构(line agencies)内的职业行政人员发现自己被授予一项真正不可能的任务:满足立法目标解决问题以致"最佳保护公共利益"、"保护环境"或者"最大化经济和效率"。当行政人员证明不能满足这些目标时,公众的不满就会增长(Lowi 1995:chap. 2)。

在最后的分析中,公共行政职业化的高度由主流政治体制和当权者相关的态度和思想意识决定。政治体制是建立在理论、制度和政策之上,而这些一起又构成了统治的方法(Harris and Milkis 1989)。当理论、制度和政策不支持职业化的假设时,正如19世纪后半叶情况一样(Skowronek 1982),就必须寻求改革以破坏领导可能没有注意到的政权的优先权。职业化只有当受欢迎时才会取得胜利。

示范职业实践本身鲜为目标,但确是获得政治目标的手段。在一个政权内,职业变量和政治变量之间的关系是英国的,这一因果顺序是从政治到职业。这一因果结构是动态的。缺乏职业知识和技能的有害后果,其证据可能迫使政治领导招收新的职业人士并采纳新的实践。随着新职业人士所展示的价值,他们的实践就成为统治常规活动中的一部分。

或者,政治考虑能够否决职业意见和最善意的政策。为了回报选举支持者,总统、州长和市长可能把无能不称职的业余人士任命到机构职位中来,职业人士认为,严格说来,这些职位是给他们的。为了反对立法机构的控告和大众媒体"对犯罪态度温和"或"对福利改革关注松懈",同一行政部门可能会采纳机构顾问——政府内职业人士——反对的策略。

这里涉及到与公共行政学政治行政两分法相关的经典问题。无论界定两分法的分离点困难有多大,大多数政府内和政府职业人士(除了在最高层的那些人)都站在行政学这一边。而且对统治的意义有不同的解释。施奈德(Schneider 1992：32）写道，

> 职业化和政治并没有混为一谈。事实上，美国人认为它们是对立的。职业政治家这一概念给投票者的影响是矛盾的说法。职业化是解决问题的艺术，是得出正确答案的艺术。政治是可能的艺术，是平衡利益的艺术。政治家通过平衡公众意见、组织利益和他或她自身职业的利益找到答案。

不同的解释给那些分析公共部门绩效的人产生难题。职业服务专职人士（与半职业和非职业人士一起）要在工作中获得成功，他们运作的政治环境必须支持他们。过去25年的环境不利于其服务。齐格莱尔（Cigler 1900）认为"职业化的矛盾"广泛存在。当时，公共服务部门已更为职业化和有能力，公众对政府和政治机构的支持已经下降。

这些数据也是模糊的。自20世纪60年代中期开始，民意调查和态度调查表明公众日益不信任政府，日益对政府尤其是国家政府有效解决问题的能力失去信心。1995年进行的民意调查发现，70%的回答者认为"政府运作是为了特殊利益集团的利益，不是为了大多数美国人的利益"；94%的人同意"政府浪费了我们太多的钱"；79%的人认为"你能相信政府所做的是正确的"；只是某个时候或从来没有过的事（American Enterprise 1995：106）。各个层次的政治家在确切看清环境后，都利用公众对政府不抱幻想（的情绪），作为政府的局外人来竞选公职。

当权者的政治态度和意识形态对政府内和政府职业人士有实际的影响。统治联合和其政治实业家通过提出新的政策与新的制定和执行这些政策项目的形式和模式来维持并扩大选民（Mollenkopf 1983；Walker 1991）。

在政策方法上的变革也是主要治理发展的表现，这些发展腐蚀了政府内职业人士的自主和权力。职业化的基础——职业知识、技术能力和最新的信息——都日益得到扩散。所使用的知识、技能和信息不再单独为中立能力的职业人士拥有去提高普遍的公共利益。取而代之的是它们也被行动知识分子用来寻求获得思想目标并促进交替的公共利益。

例如，许多民选官员求助于"智囊团"的意见。这些意见常常自然地反映了组织政策分析者的自由或保守倾向以及他们明确的主张和偏爱的方法。这些分析者的意见质量和政府内那些分析者的意见一样高。担任官职的那些人不再垄断职业才能和职业知识（Wildavsky 1988：753）。

作为职业才能和政策意见独立渠道的非政府机构不断扩大的影响提出了从一个行政或政治体制到另一个体制战略规划变革（strategic programmatic change）的可能性。这反过来又意味着政府内和政府职业人士的数量、类型和责任可能随着在统治联盟中当权者的观点和意识的变化而波动。

通过继承体制而留在政府服务内的职业人士发现他们自己要随着行政机构

的变化应对急剧变化环境中的问题。适合于某一个行政机构的一套问题的知识和技能可能经证明不适合与另外一个行政机构的同一套问题或者与之毫不相干。如果新方法与他们的良好时间不相符合，政府内和政府职业人士可能不满意。在这些情况下，职业人士面临着艰难的个人选择。这些艰难的个人选择的总数将会决定 21 世纪公共行政职业化的质量问题。

NOTES

① The choice of terminology for any study of public administration is difficult. Throughout this chapter, reference is made to a public administration community. As used, the term community include academics and scholars whose primary teaching and research interests are the operations and practice of government. Also included are those in government whose primary responsibilities are administration and management and those in staff positions that support administration and management.

② Because of differences among the states as to the assignment of functional responsibilities to state and/or local governments, it is necessary to combine state and local employment for comparative purposes. Table 2 lists the major, but not all, state-local functions.

③ The primary management categories — program management, resource management, and policy management are drawn from Burgess (1975). Though Burgess was concerned primarily with management in local governments, his categories are obviously applicable to other levels.

④ At the time of the major publications by Wilson and Goodnow the governments receiving the most attention and viewed as most in need of administrative expertise were at the local level. Before and after Politics and Administration Goodnow wrote extensively on city government and politics (Goodnow 1897, 1904).

⑤ Good practices in general and functionally specific management are covered in the "green book" and other series of the International City Management Association. Monthly updates and annual summaries of urban related topics are reported in ICMA's Public Management and The Municipal Year Book, respectively.

⑥ In making a genera) point, this section may appear simplistic. There were important differences between the two commissions. The first was formed during a Democratic administration, the second during a Republican administration. In addition to the altered political milieu, there were changes in memberships, staffs, mandates, and emphases of the commissions (Moe 1982).

REFERENCES

Abrams R. Foundations of Political Analyses: An Introduction to the Theory of Collective Choice. New York: Columbia University Press, 1980.

Allison GT. Public and private management: Are they alike in all unimportant respects? In: Proceedings for the Public Management Research Conference. OPM Document 127 – 53 – 1. Washington, D. C.: Office of Personnel Management, 1980, pp. 27 – 38.

Altshuler AA. The study of American public administration. In: Altshuler AA, ed. The Politics of The Federal Bureaucracy. New York: Dodd, Mead, 1968.

American Enterprise. The mood in Washington. Am Enterprise 6: 106.

Anderson W, Gaus JM. Research in Public Administration. Chicago: Social Science Research Council, Public Administration Service, 1945.

Appleby PH. Big Democracy. New York: Knopf, 1945.

———. Policy and Administration. Tuscaloosa: University of Alabama Press, 1949.

Argyris C. The use of knowledge as a test for theory: The case of public administration. J Public Admin Res Theory 1: 337 – 345, 1991.

Bailey SK. Ethics and the public service. In: Martin RC, ed. Public Administration and Democracy. Syracuse, NY: Syracuse University Press, 1965, pp. 283 – 298.

Baker KG. Public choice theory: some important assumptions and public-policy implications. In: Public Administration: Readings in Institutions, Processes, Behavior, Policy. Golembiewski RT, Gibson F, Cornog GY, eds. New York: Rand McNally, 1976, pp. 41 – 60.

Banfield EC. The decision-making schema. Public Admin Rev 17: 278 – 285, 1957.

Barnard CI. The Functions of the Executive. Cambridge: Harvard University Press, 1938.

Benveniste G. Mastering the Politics of Planning: Grafting Credible Plans and Policies That Make a Difference. San Francisco: Jossey-Bass, 1989.

Benson GCS. The New Centralization. New York: Farrar and Rinehart, 1941.

Borcherding TE, ed. Budgets and Bureaucrats: The Sources of Government Growth. Durham, NC: Duke University Press, 1977.

Bozeman B. Public Management and Policy Analysis. New York: St. Martin's, 1979.

Braybrooke D, Lindblom C. A Strategy for Decision. New York: Free Press, 1963.

Brewer GD, deLeon P. The Foundations of Policy Analysis. Homewood, IL: Dorsey, 1983.

Brint S. In an Age of Experts. Princeton, NJ: Princeton University Press, 1994.

Brown B. The search for public administration: roads not followed. Public Admin Rev 49: 215 – 216, 1989.

Buchanan JM. Liberty, Market, and State. New York: New York University Press, 1985.

Buchanan JM, Tullock G. The Calculus of Consent. Ann Arbor: University of Michigan Press, 1962.

Budget of the United States Fiscal Year 1994. Washington, D.C.: Government Printing Office, 1993.

Burgess PM. Capacity building and the elements of public management. Public Admin Rev 35: 705 – 716, 1975.

Burke JP. Reconciling public administration and democracy: the role of the responsible administrator. Public Admin Rev 49: 180 – 185, 1989.

Caiden GE. In search of an apolitical science of American public administration. In: Rabin J, Bowman JS, eds. Politics and Administration: Woodrow Wilson and American Public Administration. New York: Marcel Dekker, 1984, pp. 51 – 76.

Campbell AK. Old and new public administration in the 1970s. Public Admin Rev 32: 343 – 347, 1972.

Campbell AK, Dix LS. Executive summary. In: Campbell AK, Dix LS, eds. Recruitment, Retention, and Utilization of Federal Scientists and Engineers. Washington, D.C.: National Academy Press, 1990, pp. 1 – 36.

Chandler RC. Deontological dimensions of administrative ethics. In: Cooper TL, ed. Handbook of Administrative Ethics. New York: Marcel Dekker, 1994, pp. 147 – 156.

Childs RS. Commission government and the city-manager plan. Ann Am Acad Politic Social Sci 38: 841 – 849, 1914. Page references are to an abbreviated version of the Child's article in Mosher FC, ed. Basic Literature of American Public Administration 1787 – 1950. New York: Holmes & Meier, 1981.

Cigler BA. Public administration and the paradox of professionalization. Public Admin Rev 50: 637 – 653, 1990.

Cipolla FP. Federal executive turnover: crisis or opportunity? Public Manager 22: 23 – 25, 1993.

Clapp GR. The long road to profession. Public Admin Rev 6: 171 – 174, 1946.

Commission of Inquiry of Public Service Personnel. Better Government Personnel. New York: McGraw-Hill, 1935.

Commission on Organization of the Executive Branch of the Government. The Hoover Commission Report on Organization of the Executive Branch of the Government. New York, McGraw-Hill, 1949.

Congressional Budget Office. Federal Civilian Employment. Washington, D.C.: Government Printing Office, 1988.

Cooper TL. Hierarchy, virtue, and the practice of public administration: a perspective for normative ethics. Public Admin Rev 47: 320–328, 1987.

———. The Responsible Administrator. San Francisco: Jossey-Bass, 1990.

———. The emergence of administrative ethics as a field of study in the United States. In: Cooper TL, ed. Handbook of Administrative Ethics. New York: Marcel Dekker, 1994, pp. 3–30.

Crenson MA. The Federal Machine: Beginnings of Bureaucracy in Jacksonians America. Baltimore: John Hopkins University Press, 1975.

Dahl RA. The science of public administration: three problems. Public Admin Rev 7: 1–11, 1947.

Denhardt KG. Unearthing the moral foundations of public administration: honor, benevolence, and justice. In: Bowman JS, ed. Ethical Frontiers in Public Management. San Francisco: Jossey-Bass, 1991, pp. 91–113.

Dilulio JJ Jr. Recovering the public management variable: lessons from schools, prisons, and armies. Public Admin Rev 49: 127–133, 1989.

Dimock ME. Modern Politics and Administration: A Study of the Creative State. New York: American Book Co. 1937.

———. Executive development after ten years. Public Admin Rev 18: 91–97, 1958.

Downs GW, Larkey PD. The Search for Government Efficiency: From Hubris to Helplessness. Philadelphia: Temple University Press, 1986.

Dror Y. Policy analysts: a new professional role in government service. Public Admin Rev 27: 197–203, 1967.

———. Public Policymaking Reexamined. Scranton, PA: Chandler, 1968.

Dubnik MJ. A coup against king bureaucracy? In: Dilulio JJ Jr., ed. Deregulating the Public Service. Washington, D.C.: Brookings Institution, 1994, pp. 249–287.

Easton D. A Framework for Political Analysis. Englewood Cliffs, NJ: Prentice-Hall, 1965.

Egger R. The period of crisis: 1933 to 1945. In: Mosher FC, ed. American Public Administration: Past, Present, Future. Tuscaloosa: University of Alabama Press, 1975, pp. 49–96.

Elazar DJ. American Federalism: A View From the States. 3rd ed. New York: Harper & Row, 1984.

Equal Employment Opportunity Commission. Job Patterns for Minorities and Women In State and Local Government 1991. Washington, D.C.: Equal Employment Opportunity Commission, 1992.

Eulau H. Skill revolution and the consultative commonwealth. Am Politic Sci Rev 67: 169–191, 1973.

Fenton JH. Politics in the Border States. New Orleans: Hauser Press, 1957.

Fesler JW. Administrative literature and the second Hoover commission reports. Am Politic Sci Rev 51: 135–157, 1957.

———. The presence of the administrative past. In: Fesler JW, ed. American Public Administration: Patterns of the Past. Washington, D.C.: American Society for Public Administration, 1982, pp. 1–27.

Finer H. Administrative responsibility in democratic government. Public Admin Rev 1: 335–350, 1941.

Fiorina MP. Congress: Keystone of the Washington Establishment. New Haven, CT: Yale University Press, 1977.

Forester J. Planning in the Face of Power. Berkeley: University of California Press, 1989. Fox CJ. The use of philosophy in administrative ethics. In: Cooper TL, ed. Handbook of Administrative Ethics. New York: Marcel Dekker, 1994, 83–105.

Fox CJ, Cochran CE. Discretionary public administration: toward a platonic guardian class. In: Kass HD, Catron BL, eds. Images and Identities in Public Administration. Newbury Park, CA: Sage, 1990, pp. 87–112.

Frazer E, Lacey N. MacIntyre, feminism and the concept of practice. In: Horton J, Mendus S, eds. After MacIntyre. Notre Dame, IN: University of Notre Dame Press, 1994, pp. 265–282.

Frederickson HG. Toward a new public administration. In: Marini F, ed. Toward A New Public Administration. Scranton, PA: Chandler, 1971, pp. 309–331.

———. The lineage of new public administration. In: Bellone CJ, ed. Organization Theory and the New Public Administration. Boston: Allyn and Bacon, 1980a, pp. 33–51.

———. New Public Administration. Tuscaloosa: University of Alabama Press, 1980.

———. Minnowbrook II: changing epochs of public administration. Public Admin Rev 49: 95–100, 1989.

Freedman JO. Crisis and legitimacy: The Administrative Process and American Government. Cambridge: Cambridge University Press, 1978.

Freidson E. Profession of Medicine: A Study of the Sociology of Applied Knowledge. New York: Dodd, Mead, 1970.

———. Professional Powers: A Study of the Institutionalization of Formal Knowledge. Chicago: University of Chicago Press, 1986.

Friedrich CJ. Responsible government service under the American Constitution. In: Friedrich CJ, Beyer WC, Spero SD, Miller JF, Graham GA, eds. Problems of the American Public Service: Five Monographs on Specific Aspects of Personnel Administration. New York: McGraw-Hill, 1935.

———. Public policy and the nature of administrative responsibility. In: Friedrich CJ, Mason E, eds. Public Policy 1940. Cambridge: Harvard University Press, 1940, pp. 3–24.

Gaus JM, White LD, Dimock ME. The Frontiers of Public Administration. New York: Russell and Russell, 1936.

Golembiewski RT. A critique of "democratic administration" and its supporting ideation. Am Politic Sci Rev 71: 1488–1507, 1977a.

———. Public Administration as a Developing Discipline. Part 1, Perspectives on Past and Present. New York: Marcel Dekker, 1977b.

———. Professionalization, performance, and protectionism: a contingency view. Public Product Rev 7: 252–259, 1983.

———. Public sector organization: why theory and practice should emphasize purpose and how to do so. In: Chandler RC, ed. A Centennial History of the American Administrative State. New York: Free Press, 1987, pp. 433–474,

Goode WJ. The theoretical limits of professionalization. In: Etzioni A, ed. The Semi-Professions and Their Organization: Teachers, Nurses, Social Workers. New York: Free Press, 1969, pp. 266–313.

Goodnow FJ. Municipal Problems. New York: Macmillan, 1897.

———. Politics and Administration: A Study in Government. New York: Macmillan, 1900.

———. City Government in the United States. New York: Century, 1904.

Goodsell CT. Balancing competing values. In: Perry JL, ed. Handbook of Public Administration. San Francisco: Jossey-Bass, 1989, pp. 575–584.

———. The Case for Bureaucracy: A Public Administration Polemic. Chatham, NJ: Chatham House, 1994.

Gore WJ. Administrative behavior. In: Long SL, ed. The Handbook of Political Behavior. New York: Plenum, 1981, pp. 113–194.

Gormley WT. Taming the Bureaucracy: Muscles, Prayers, and Other Strategies. Princeton, NJ: Princeton University Press, 1989.

Green RT, Keller LF, Wamsley GL. Reconstituting a profession for American public administration. Public Admin Rev 53: 516–524, 1993.

Greenaway D, Shaw GK, eds. Public Choice, Public Finance, and Public Policy. Oxford: Basil Blackwell, 1985.

Griener GG. Moral integrity of professions. Prof Ethics 2: 15–37, 1993.

Gross BM. The Managing of Organizations: The Administrative Struggle. New York: Free Press, 1964.

Guerreiro-Ramos A. A substantive approach to organizations: epistemological grounds. In: Bellone CJ, ed. Organization Theory and the New Public Administration. Boston: Allyn and Bacon, 1980, pp. 140–168.

Gulick L. Notes on the theory of organization. In: Gulick L, Urwick L, eds. Papers on the Science of Administration. New York: Institute of Public Administration, 1937a, pp. 1–45.

———. Science, values, and public administration. In: Gulick L, Urwick L, eds. Papers on the Science of Administration. New York: Institute of Public Administration, 1937b, pp. 189–195.

Gulick L, Urwick L, eds. Papers on the Science of Administration. New York: Institute of Public Administration, 1937.

Harder KC, Stephens JC. Management education for professional personnel. Personnel Admin 19: 37–43, 1956.

Hargrove EC, Glidewell JC eds. Impossible Jobs in Public Management. Lawrence: University Press of Kansas, 1990.

Harmon MM. Responsibility as Paradox. Thousand Oaks, CA: Sage, 1995.

Harmon MM, Mayer RT. Organization Theory for Public Administration. Boston: Little, Brown, 1986.

Harris RA, Milkis SM. The Politics of Regulatory Change. New York: Oxford University Press, 1989.

Hart J. The Presidential Branch. New York: Pergamon, 1987.

Hart DK. A partnership in virtue among all citizens: the public service and civic humanism. Public Admin Rev 49: 101–105, 1989.

Hecio H. A Government of Strangers: Executive Politics in Washington. Washington, D.C.: Brookings Institution, 1977.

Huddleston MW. Is the SES a higher civil service? Policy Stud J 17: 406–419, 1988–1989.

———. The Senior Executive Service: problems and prospects for reform. In: Ban C, Riccucci NM, eds. Public Personnel Management. New York: Longman, 1991, pp. 175–189.

———. To the threshold of reform: the Senior Executive Service and America's search for a higher civil service. In: Ingraham PW, Rosenbloom DH, eds. The Promise and Paradox of Civil Service Reform. Pittsburgh, PA: University of Pittsburgh Press, 1992, pp. 165–197.

Hudson Institute. Civil Service 2000. Washington, D.C.: Office of Personnel Management, 1987.

Ingraham PW, Rosenbloom DH. The new public personnel and the new public service. Public Admin Rev 49: 116–125, 1989.

Jennings B, Callahan D, Wolf SM. The professions: public interest and common good. Hastings Center Report Special Supplement, 1987, pp. 3–10.

Karl BD. Executive Reorganization and Reform in the New Deal. Cambridge: Harvard University Press, 1963.

Kaufman H. The next step in case studies. Public Admin Rev 18: 52–59, 1958.

Kearney RC, Sinha C. Professionalism and bureaucratic responsiveness: conflict or comparability? Public Admin Rev 48: 571–579, 1988.

Kerr S, Von Glinow MA, Schriesheim J. Issues in the study of 'professionals' in organizations: the case of scientists and engineers. Org Behav Human Perform 18: 331–342, 1977.

Ketti DF. Government by Proxy. Washington, D.C.: CQ Press, 1988.

——. Sharing Power: Public Governance and Private Markets. Washington, D.C.: Brookings Institution, 1993.

Key VO. Politics and administration. In: White LD, ed. The Future of Government in the United States. Chicago: University of Chicago Press, 1942, pp. 145–163.

——. Southern Politics in State and Nation. New York: Knopf, 1949.

King DS. The New Right. Chicago, Dorsey, 1987.

Kline EH. To be a professional. South Rev Public Admin 5: 258–281, 1981.

Knott JH, Miller GH. Reforming Bureaucracy: The Politics of Institutional Choice. Englewood Cliffs, NJ: Prentice-Hall, 1987.

Kuhnert KW. Leadership theory in postmodernist organizations. In: Golembiewski RT, ed. Handbook of Organizational Behavior. New York: Marcel Dekker, 1993.

Landau M. Redundancy, rationality, and the problem of duplication and overlap. Public Admin Rev 29: 346–358, 1969.

Lane LM, Wolf JF. The Human Resource Crisis in the Public Sector. New York: Quorum Books, 1990.

LaPorte TR. The recovery of relevance in the study of public organizations. In: Marini F, ed. Toward A New Public Administration. Scranton, PA: Chandler, 1971, pp. 17–48.

Larson MS. The Rise of Professionalism: A Sociological Analysis. Berkeley: University of California Press, 1977.

Lasswell HD. A Pre-View of Policy Sciences. New York: American Elsevier, 1971.

Lerner D, Lasswell HD, eds. The Policy Sciences. Stanford, CA: Stanford University Press, 1950.

Levine CH. The federal government in the year 2000: administrative legacies of the Reagan years. Public Admin Rev 46: 195-206, 1986.

Lindblom CE. The Intelligence of Democracy. New York: Free Press, 1965.

Lockard D. New England State Politics. Princeton, NJ: Princeton University Press, 1959.

Long NE. Power and administration. Public Admin Rev 9: 257–264, 1949.

Lovrich NP, Neiman M. Public Choice Theory in Public Administration: An Annotated Bibliography. New York: Garland, 1984.

Lowi TJ. The End of Liberalism: The Second Republic of the United States. New York: Norton, 1979.

———. The End of the Republican Era. Norman, OK: University of Oklahoma Press, 1995.

Lynn LE Jr, ed. Knowledge and Policy: The Uncertain Connection. Washington, D.C.: National Academy of Science, 1978.

Macaluso AC. Background and history of the Study Committee on Policy Management Assistance. Public Admin Rev 35: 695–700, 1975.

MacIntyre A. After Virtue. 2nd ed. Noire Dame, IN: University of Notre Dame Press, 1984.

Macneil N, Metz H. The Hoover Report 1953–1955. New York: Macmillan, 1956.

March JG, Simon HA. Organizations. New York: Wiley, 1958.

Martin RC. Political science and public administration: a note on the state of the union. Am Politic Sci Rev 46: 669–676, 1952.

McSwain CJ, White O, Transforming the Golem: technicism, human-relations technology, and the human project. Public Admin Rev 49: 197–199, 1989.

Meade M. "Participative" administration—emerging reality or wishful thinking? In: Waldo D, ed. Public Administration in a Time of Turbulence. Scranton, PA: Chandler, 1971, pp. 169–187.

Milkis SM. The New Deal, administrative reform, and the transcendence of partisan politics. Admin Society 18: 433–472, 1987.

Moe RC. The Hoover Commissions Revisited. Boulder, CO: Westview, 1982.

Moe TM. The politics of bureaucratic structure. In: Chubb JE, Peterson PE, eds. Can the Government Govern? Washington, D.C.: Brookings Institution, pp. 267–329.

Mollenkopf JH. The Contested City. Princeton, NJ: Princeton University Press, 1983.

Mooney JD. The principles of organization. In: Gulick L, Urwick L, eds. Papers on the Science of Administration. New York: Institute of Public Administration, 1937, pp. 88–98.

Morgan DP, Kass HD. Legitimizing administrative discretion through constitutional stewardship. In: Bowman JS, ed. Ethical Frontiers in Public Management. San

Francisco: Jossey-Bass, 1991, pp. 286–307.

Morgan DR, Pelissero JP. Urban policy: does political structure matter? American Pol Sci Rev 74: 999–1006, 1980.

Mosher FC. Research in public administration: some notes and suggestions. Public Admin Rev 16: 169–178, 1956.

——. The public service in the temporary society. In: Waldo D, ed. Public Administration in a Time of Turbulence. Scranton, PA: Chandler, 1971, pp. 234–256.

——. Introduction: the American setting. In: Mosher FC, ed. American Public Administration: Past, Present, Future. Tuscaloosa: University of Alabama Press, 1975, pp. 1–10.

——. Professions in public service. Public Admin Rev 38, 144–150, 1978.

——. Democracy and the Public Service. 2nd ed. New York: Oxford University Press, 1982.

——. A Tale of Two Agencies: A Comparative Analysis of the General Accounting Office and the Office of Management and Budget. Baton Rouge: Louisiana University Press, 1984.

Munger F, ed. American State Politics: Readings for Comparative Analysis. New York: Crowell, 1966.

Municipal Manpower Commission. Governmental Manpower for Tomorrow's Cities. New York: McGraw-Hill, 1962.

Mushkin SJ et al. Implementing PPB in State, City, and County: A Report on the 5-5-5 project. Washington, D. C.: State-Local Finance Project, George Washington University, 1969.

Nalbandian J. Professionalism In Local Government. San Francisco: Jossey-Bass, 1991.

National Commission on the Public Service. Leadership for America: Rebuilding the Public Service. Lexington, MA: Lexington Books, 1989.

Nelson D. Frederick W. Taylor and the Rise of Scientific Management. Madison: University of Wisconsin Press, 1980.

New York Times. September 1, 1995: All.

Nigro LG, Richardson WD. Self interest properly understood: the American character and public administration. Admin Society 19: 157–177, 1987.

Niskanen WA Jr. Bureaucracy and Representative Government. Chicago: Aldine-Atherton, 1971.

Olson M. The Logic of Collective Action. Cambridge: Harvard University Press, 1965.

Ostrom E. Metropolitan reform: propositions derived from two traditions. Soc Sci Qtly

53: 474 – 493, 1972.

Ostrom E, Baugh WH, Guarasci R. Community Organization and the Provision of Police Services. Beverly Hills, CA: Sage, 1973.

Ostrom V. The Intellectual Crisis in American Public Administration. Tuscaloosa: University of Alabama Press, 1974.

———. Structure and performance. In: Ostrom V, Bish FP, ed. Comparing Urban Service Delivery Systems: Structure and Performance. Beverly Hills, CA: Sage, 1977, pp. 19 – 44.

———. Artisanship and artifact. Public Admin Rev 40: 309 – 317, 1980.

Ostrom V, Tiebout C, Warren R. The organization of government in metropolitan areas. Am Politic Sci Rev 55 .? 831 – 842, 1961.

Patterson JT. The New Deal and the States: Federalism in Transition. Princeton, NJ: Princeton University Press, 1969.

Perkins JA. Staffing democracy's top side. Public Admin Rev 17: 1 – 9, 1957.

Polenberg R. Reorganizing Roosevelt's Government: The Controversy Over Executive Reorganization. Cambridge: Harvard University Press, 1966.

Pops GM. A teleological approach to administrative ethics. In: Cooper TL, ed. Handbook of Administrative Ethics. New York: Marcel Dekker, 1994, pp. 157 – 166.

President's Committee on Administrative Management. Administrative Management in the Government of the United States. Washington, D. C. : Government Printing Office, 1937.

Pugh D. ASPA's history: prologue! Public Admin Rev 45: 475 – 484, 1985. Pugh DL. The origins of ethical frameworks in public administration. In: Bowman JS, ed. Ethical Frontiers in Public Management. San Francisco: Jossey – Bass, 1991, pp. 9 – 33.

Quade ES. Analysis for Public Decisions. New York: American Elsevier, 1975.

Quade ES, Boucher WI, eds. Systems Analysis and Policy Planning: Applications in Defense. New York: American Elsevier, 1968.

Randall RL. The federal career executive in transition. Personnel Admin 19: 23 – 28, 1956.

Riggs FW. Professionalism, political science, and the scope of public administration. In:

Charlesworth JC, ed. Theory and Practice of Public Administration: Scope, Objectives, and Methods. Philadelphia: American Academy of Political and Social Science, 1968, pp. 32 – 62.

Riordon WL. Plunkitt of Tammany Hall. New York: Dutton, 1963. Rivlin AM. Systematic Thinking for Social Action. Washington, D. C. : Brookings Institution,

1971.

———. A public policy paradox. J policy Anal 4: 17 – 22, 1984.

Roberts DD. A new breed of public executive: top level exempt managers in state government. Rev Public Personnel Admin 8: 20 – 36, 1988.

———. A personnel chameleon blending the political appointee and careerist traditions: exempt managers in state government. In: Ban C, Riccucci NM, eds. Public Personnel Management. New York: Longman, 1991, pp. 190 – 204.

Rohr JA. Ethics for the Senior Executive Service. Admin Society 12: 203 – 216, 1980.

Rohr JA. To Run a Constitution: The Legitimacy of the Administrative State. Lawrence: University Press of Kansas, 1986.

———. The constitutional case for public administration. In: Wamsley GL, et al., eds. Refounding Public Administration. Newbury Park, CA: Sage, 1990a, pp. 52 – 95.

———. Ethics in public administration: a state-of-the-discipline report. In: Lynn NB, Wildavsky A, eds. Public Administration: The State of the Discipline. Chatham, NJ: Chatham House, 1990b, pp. 97 – 123.

———. Toward a more perfect union. Public Admin Rev 53: 246 – 249, 1993.

Rosenbloom DH. Public Administration. 2nd ed. New York: Random House, 1989.

Sanders JT. Honor among thieves: some reflections on professional codes of ethics. Prof Ethics 2: 83 – 103, 1993.

Sanders RP. Reinventing the Senior Executive Service. In: Ingraham PW, Romzek BS, eds. New Paradigms for Government. San Francisco: Jossey-Bass, 1994, pp. 215 – 238.

Savage P. Contemporary public administration: the changing environment and agenda. In: Waldo D, ed. Public Administration in a Time of Turbulence. Scranton, PA: Chandler, 1971, pp. 43 – 58.

Savas ES. Privatization: The Key to Better Government. Chatham, NJ: Chatham House, 1987.

Sayre WS. The public service. In: Goals for Americans: The Report of the President's Commission on National Goals and Chapters Submitted for the Consideration of the Commission. New York: Prentice-Hall, 1960, pp. 285 – 296.

———. Comment on Waldo's paper. In: Charlesworth JC, ed. Theory and Practice of Public Ad-ministration: Scope, Objectives, and Methods. Philadelphia: American Academy of Political and Social Science, 1968, pp. 27 – 31.

Schick A. The road to PPB: the stages of budget reform. Public Admin Rev 26: 243 – 258, 1966.

———. Budget Innovation in the States. Washington, D.C.: Brookings Institution,

1971.

———. A death in the bureaucracy: the demise of federal PPB. Public Admin Rev 33: 146 – 156, 1973.

———. Coming apart in public administration. Maxwell Rev 10: 13 – 24, 1974.

Schneider S. Off with their heads. Am Enterprise 3: 28 – 37, 1992.

Schultze CA. Why benefit-cost analysis? In: Hinrichs HH, Taylor MG, eds. Program Budgeting and Benefit-Cost Analysis. Pacific Palisades, CA: Goodyear, 1969, pp. 1 – 8.

Seidman H, Gilmour R. Politics, Position, and Power. New York: Oxford University Press, 1986.

Shafritz JM, Hyde AC, Rosenbloom DH. Personnel Management in Government: Politics and Process. New York: Marcel Dekker, 1986.

Shangraw RF Jr, Crow MM. Public administration as a design science. Public Admin Rev 49: 153 – 158, 1989.

Sherwood FP, Breyer LJ. Executive personnel systems in the states. Public Admin Rev 47: 410 – 416, 1987.

Simon HA. The proverbs of administration. Public Admin Rev 6: 53 – 67, 1946.

———. A comment on "the science of public administration." Public Admin Rev 7: 200 – 203, 1947.

———. Comments on the theory of organizations. Am Politic Sci Rev 46: 1130 – 1139, 1952.

———. Administrative Behavior: A Study of Decision-Making in Administrative Organizations. New York: Free Press, 1957.

———. The New Science of Management Decision. New York: Harper & Row, 1960.

Simon HA, Smithburg DW, Thompson VA. Public Administration. New York: Knopf, 1950.

Skowronek S. Building a New American State: The Expansion of National Administrative Capacities, 1877 – 1920. Cambridge: Cambridge University Press, 1982.

Smith BLR. The U. S. higher civil service in comparative perspective. In: Smith BLR, ed. The Higher Civil Service in Europe and Canada. Washington, D. C.: Brookings Institution, 1984, pp. 1 – 19.

Spicer MW, Terry LD. Legitimacy, history, and logic: public administration and the Constitution. Public Admin Rev 53: 239 – 246, 1993.

Stahl OG. Do present public servants approach the ideal? In: Sweeney SB, Charlesworth JC, eds. Achieving Excellence in Public Service. Philadelphia: American Academy of Political and Social Science, 1963, pp. 25 – 40,

Starr P. The meaning of privatization. In: Kamerman SB, Kahn AJ, eds. Privatization and the Welfare State. Princeton, NJ: Princeton University Press, 1989, pp. 16–48.

Stene EO. An approach to a science of administration. Am Politic Sci Rev 34: 1124–1137, 1940.

Stillman RJ II. Woodrow Wilson and the study of administration: a new look at an old essay. Am Politic Sci Rev 67: 582–588, 1973.

――――. The Rise of the City Manager: A Public Professional in Local Government. Albuquerque: University of New Mexico Press, 1974.

――――. The changing patterns of public administration theory in America. In: Uveges JA, ed. Public Administration: History and Theory in Contemporary Perspective. New York: Marcel Dekker, 1982, pp. 5–37.

Stone AB, Stone DC. Early development of education in public administration. In: Mosher FC, ed. American Public Administration: Past, Present, Future. Tuscaloosa: University of Alabama Press, 1975, pp. 11–48.

Stone DC. Birth of APSA-A collective effort in institution building. Public Admin Rev 35: 83–89, 1975.

Storing HJ. The science of administration: Herbert A. Simon. In: Storing HJ, ed. Essays on the Scientific Study of Politics. New York: Holt, Rinehart, & Winston, 1962, pp. 63–150.

Sundquist JL. Jimmy Carter as public administrator: an appraisal at mid-term. Public Admin Rev 39: 3–11, 1979.

Svara JH. Dichotomy and duality: reconceptualizing the relationship between policy and administration in council-manager cities. Public Admin Rev 45: 221–232, 1985.

――――. Official Leadership in the City: Patterns of Conflict and Cooperation. New York: Oxford University Press, 1990.

Taylor FW. The Principles of Scientific Management. New York: Norton, 1911.

Thayer FC. Organization theory as epistemology: transcending hierarchy and objectivity. In: Bellone CJ, ed. Organization Theory and the New Public Administration. Boston: Allyn and Bacon, 1980, pp. 113–139.

Thompson DF. The possibility of administrative ethics. Public Admin Rev 45: 555–561, 1985.

――――. Political Ethics and Public Office. Cambridge: Harvard University Press, 1987.

Thompson VA. Without Sympathy or Enthusiasm: The Problem of Administrative Compassion. Tuscaloosa: University of Alabama Press, 1975.

Toffler, A. (1990). Power Shift. Bantam Books, New York.

Trebilcock MJ. The professions and public policy: the nature of the agenda. In: Slayton P, Trebilcock MJ, eds. The Professions and Public Policy. Toronto: University of Toronto Press, 1978, pp. 1 – 12.

Tullock G. The Politics of Bureaucracy. Washington, D. C.: Public Affairs Press, 1965.

U. S. Bureau of the Census. Public Employment in 1971. Washington, D. C.: Bureau of the Census, 1972.

————. Public Employment: 1991. Washington, D. C.: Bureau of the Census, 1992.

Urwick L. The function of administration with special reference to the work of Henri Fayol. In: Gulick L, Urwick L, eds. Papers on the Science of Administration. New York: Institute of Public Administration, 1937a, pp. 115 – 130.

————. Organization as a technical problem. In: Gulick L, Urwick L, eds. Papers on the Science of Administration. New York: Institute of Public Administration, 1937b, pp. 47 – 88.

Van Riper PP. History of the United States Civil Service. Westport, CT: Greenwood Press, 1958a.

————. The senior civil service and the career system. Public Admin Rev 18: 189 – 200, 1958b. Waldo D. The Administrative State: A Study of the Political Theory of American Public Administration. New York: Roland Press, 1948.

————. Administrative theory in the United States: a survey and prospect. Politic Stud 2: 70 – 86, 1954.

————. Perspectives on Administration. Tuscaloosa: University of Alabama, 1956a.

————. Political Science in the United States of America: A Trend Report. Paris: UNESCO, 1956b.

————. Public administration. In: Sills DL, ed. International Encyclopedia of the Social Sciences, vol. 13. New York: Macmillan and Free Press, 1968a, pp. 145 – 156.

————. Scope of the theory of public administration. In: Charlesworth JC, ed. Theory and Practice of Public Administration: Scope, Objectives, and Methods. Philadelphia: American Academy of Political and Social Science, 1968b, pp. 1 – 26.

Walker JL. The diffusion of knowledge, policy communities, and agenda setting: the relationship of knowledge and power. In: Tropman JE, Diuhy MJ, Lind RM, eds. New Strategic Perspectives on Social Policy. New York: Pergamon Press, 1981, pp. 75 – 96.

Walker DB. American federalism from Johnson to Bush. Publius 21: 105 – 119, 1991.

Walzer M. Political action: the problem of dirty hands. Philos Public Affairs 2: 160 – 180, 1973.

Wamsley GL, et al. Refounding Public Administration. Newbury Park, CA: Sage, 1990. White LD. Introduction to the Study of Public Administration. New York:

Macmillan, 1926.

——. Government Career Service. Chicago: University of Chicago Press, 1935.

——. The Jeffersonians: A Study in Administrative History, 1801 – 1829. New York: Macmillan, 1951.

——. The Jacksonians: A Study in Administrative History, 1829 – 1861. New York: Macmillan, 1954.

——. Introduction to the Study of Public Administration. 4th ed. New York: Macmillan, 1955.

White OF. Social change and administrative adaptation. In: Marini F, ed. Toward a New Public Administration. Scranton, PA: Chandler, 1971, pp. 59 – 83.

——. Macro and micro approaches to policy analysis—notes toward a synthesis. In: Gregg PM, ed. Problems of Theory in Policy Analysis. Lexington, MA: D. C. Heath, 1976, pp. 63 – 76.

White OF, McSwain CJ. The Phoenix Project: raising a new image of public administration from the ashes of the past. In: Kass HD, Catron BL, eds. Images and Identities in Public Administration, 1990, Newbury Park, CA: Sage, pp. 23 – 59.

Wiebe RH. The Search for Order: 1877 – 1920. New York: Hill and Wang, 1967.

Wilbern Y. Is the new public administration still with us? Public Admin Rev 33: 373 – 378, 1973.

Wildavsky A. The politics of the Budgetary Process. Boston: Little, Brown, 1964.

——. Rescuing policy analysis from PPBS. Public Admin Rev 29: 189 – 202, 1969.

——. Ubiquitous anomie: public service in an era of ideological dissensus. Public Admin Rev 48: 753 – 755, 1988.

Willoughby WF. Principles of Public Administration. Washington, D. C.: Brookings Institution, 1927.

Wilson W. The study of administration. Politic Sci Q 2: 197 – 222, 1887.

Wolf JF, Bacher R. The public administrator: the worlds of public service occupations. In: Wamsley GL et al., eds. Refounding Public Administration. Newbury Park, CA: Sage, 1989, pp. 163 – 181.

第二十八章 公共行政职业中五大问题

达勒姆[*]

劳埃德 G. 尼格罗[**]

Ⅰ. 引言

公共行政学领域在其相当短的历史中受到它的最根本的关于其身份和内容问题争执的困扰。在努力拼搏获得重要地位而不仅仅作为政治科学的子领域并且抵挡被其他学科吸收的同时,公共行政学领域的那些人在寻求一个连贯一致的身份中与定义问题和智力(intellectual)策略纠缠一起。

早期在行政应该和政治与政策问题分离这一概念基础上达成了某些共识。公共行政只和选择合适的方法去执行政治官员的政策和项目这一工具任务(instrumental task)有关。公共行政这一"工具主义"观点导致了下一结论:行政技术特点上一般,因此在私有部门的实践(例如,科学管理的技术)能被应用以提高公共部门运作的效率。而且,把行政与政治和政策问题分离是为了确定一个价值观中立(value-free)的领域,正是这一领域,行政学得以构建。即使在那一时期也不应该夸大这一共识的程度。然而,很可能该领域已经越来越接近追问领域(area of inquiry)整体轮廓达成的协议,如果不是具体的地形的话。

在20世纪40年代,这一旧的范式受到挑战并加速了身份危机的出现。行政与政治和政策问题重新合并,公共行政从企业管理中分别出来,科学理想既没有形成也没予以放弃。矛盾的是,随着共识的消失,朝职业化刚开始发展的运动速度加快。事实上,可以理性地认为,该领域内的混乱导致了重新评估身份和内容,如果不是迫使,以图实现一个新的共识。

---

[*] 达勒姆,南卡罗莱纳大学(University of South Carolina)
[**] 劳埃德 G. 尼格罗(Lloyd G. Nigro),乔治亚州立大学(Georgian State University)

本章将评估 5 大问题，每个问题在改变公共行政学的状态和性质上都对未来产生着重要作用。这些问题是政治行政两分法、公共私有两分法、寻求行政科学、职业化和伦理学。

Ⅱ. 政治行政两分法

A. 伍德罗·威尔逊（Woodrow Wilson）和《行政学研究》

第一个问题是政治行政两分法。该两分法对于试图为公共行政学领域确定一个身份是至关重要的。虽然有些变化，但是在公共行政学经典时期（即 1940 年前）他得到广泛支持，而以后也同样被广泛拒绝。

威尔逊 1887 年论文《行政学研究》（The Study of Administration）现在在美国被普遍作为政治行政两分法的资料来源引用，不过几乎早在一个世纪以前的欧洲曾被使用（Martin 1988）。威尔逊的文章被称作"公共行政学发展中最重要的文献"（Waldo 1980：67），而且确定了威尔逊至少作为公共行政学的一位奠基人，如果还算不上鼻祖的话（Brownlow 1956；Link 1965）。威尔逊不仅提议政治和行政应该分开，而且他也建议我们应该开始探求建立在基本原则基础之上的行政科学，并暗示行政学符合一般化的特点。所有这些观点在美国公共行政学研究的形成阶段被广泛接受。

虽然威尔逊的文章的确是非常重要，但是也因其模糊性，尤其是关于政治行政两分法的观点方面模糊而称著。威尔逊好像明确陈述了该问题的两个方面，而且解释威尔逊在文中的意图和意义成为公共行政学领域喜爱的消遣之一。

威尔逊有三个一般方向，每个方向都影响了他对于政治和行政之间恰当关系的看法。这些方向是比较视角、宪法焦点和保守的民主政治哲学。

威尔逊的比较法（comparativism）与其构建行政科学的理想紧密相连。这一科学将是以效率作为其目标的科学，政治被排除在外的科学（Doig 1983）。威尔逊认为，大部分的科学行为应该是系统地调查其他国家使用的行政技术后，用以确定在美国可不可能应用它们。政治行政之间所假设的区别旨在证明威尔逊所赞同的借鉴于国外行政技术的可能性。如果政治和政策问题不同于行政，那么可以推断出我们能够在不必带有前者性质的情况下借鉴后者（Doig 1983）。

威尔逊是一位大不列颠、法国和德国政府过程废寝忘食的研究者（Simmons and Dvorin 1977）。对威尔逊而言，一个至关重要的问题就是为这些体制所设计的行政方法如何能够适合于美国使用（Link 1965）。关于整体结构，英国国会体制和政府内阁形式（cabinet form of government）吸引了威尔逊（Ostrom 1973；Stillman 1973）。事实上，威尔逊曾经提议美国朝政府内阁形式前进，在中央层面由无党派偏见的总统担任国家首脑，并在国会内任命多数党派的领导作为大臣（Rohr 1984）。因此，威尔逊表明了早期对建立一个强有力的行政部门并由强大的行政主管担任首领的兴趣。

至于行政官员的角色，威尔逊从德国创始人像黑格尔（Hegel）那里得到灵感，黑格尔认为官僚是代表国家行动以保护个体福利并确保人类进步的英雄人物（heroic figures）（Miewald 1984）。因此，威尔逊不认为官僚制是一个民主政府内的下属实体（subordinate entity）。与之相反，行政学是出自于政治学，而官僚被提升到高于政治学的一个特权地位（Fry and Nigro 1996；Miewald 1984）。按照这种方法，威尔逊不但认为在其他国家使用行政学技术是有正当理由的，而且讴歌（exalt）行政部门的权力和行政官员的地位。

威尔逊也对宪法问题兴趣盎然，尤其是对权力分离问题，威尔逊认为这是不合常理、不易操纵且不负责任的（Rohr 1984）。具有讽刺意味的是，正是威尔逊对宪法问题的兴趣导致他对行政学的兴趣。威尔逊宣称"执行一部宪法比制定一部宪法要更困难得多"（Wilson 1887：200），并断言所有的治理（all government）注定要成为行政（Link 1965），因此他认为时代已从关注宪法问题转到了行政问题上，已经在立法和行政机构之间重新分配某些责任。

最后，威尔逊所提议的行政与政治分离是他民主保守主义（democratic conservatism）的一个产物。威尔逊对于人民在管理公共事务中的角色有大量的保留。他认为多数人的意志与普遍的意志（general will）并不相同，人民主权（popular sovereignty）学说将权威源（source of authority）和权威本身混为一谈（Rohr 1984）。威尔逊相信行政可以通过在治理过程中注入理性和效率的方法将民主从其自己的过分行为中解救出来。同时威尔逊认为行政在美国政府体制中是明显地匮乏，而且他支持改革运动的举措以使得政治更为有效，而行政更不容易受到政治滥用（political abuse）的影响（Simmons and Dvorin 1977；Stillman 1973）。威尔逊相信，伴随着严格责任的权力是良好政府最重要的成分（Stillman 1973）。公共行政人员应该根据功绩而任命，而且他们应该运用有效的行政技术。但是他也认为，行政官员应该受到公众和选举代表的控制。

在《行政学研究》中，威尔逊提出了这些问题的解决办法，集中在行政机构内的改革上。威尔逊（1887：212）将行政界定为仅仅是"公法明细而系统的执行活动"。他赞同，行政是行动中的政府，因此与政府本身一样久远。威尔逊提出，说英语的人在历史上普遍地（尤其是美国人）更为关注控制行政权力并加强立法监督而不那么关注发展行政技术。威尔逊（1887：210）公开承认的目的是要把行政研究从"经验性试验的混乱和浪费中"拯救出来，"并使它们深深根植于稳定原则之上"。他的目的是发展行政科学，设计用来使得公共事务的运作更为有效。

威尔逊在关于政治和行政之间关系的论文中拿不定主意。威尔逊既想要一个不受政治干扰的强大而有效的行政，又想要一个由人民和/或其选举代表控制的行政（Simmons and Dvorin 1977）。他想"行政部门受到法律的控制，但有关其所有的行动不一定受到法律增添活力和委托"（Rohr 1984：37）。为了解释米瓦德（Miewald 1984），威尔逊的问题是如何在美国民主制下结合英国行政和普鲁士官僚，并且所有这些都不作重大的宪法变革。威尔逊完全解决了包含在这个最可怕的挑战之中的相互冲突的压力。

沃尔多（Waldo 1984）和其他人一样，宣称威尔逊的中心主题是行政官员应该与政治分离。威尔逊（1887：210－211）自己的话似乎支持沃尔多的断言：

> 行政置身于政治特定范围之外。行政问题并不是政治问题。虽然政治确定了行政的任务，但是政治无需自找麻烦地去操纵行政机构……幸运的是，政治和行政的区别现在已是极为明显，并不需要再作进一步的讨论。

根据威尔逊（1997：209－210）的观点，政府要像事务一样运行，效率是行政官员的格言：

> 行政领域是一种事务性领域。它与政治领域的那种混乱和冲突相距甚远；……它只是政治生活的一个组成部分，正如企业办公室所采用的方法是社会生活的一部分一样；正如机器是制造品的一部分一样。

但是，威尔逊也认为行政官员不仅仅是政治家的一个卒子。行政官员既是一个有效率而忠诚的下属又是权力的使用者：

> 巨大的权力和不受限制的自由裁量权在我看来似乎是承担责任的不可缺少的条件……只要权利并不是不负责任的，那它就绝对没有危险性（Wilson 1887：213）。

正是在巨大权力的这种执行之中，多伊格（Doig 1983）支持我们发现了威尔逊论文中的政治和行政的相互交织而不是分离。威尔逊所谈到的巨大权力将集中在行政机构的首脑身上，这样他们"就容易受到监督和接受质询"（Wilson 1887：214）。但是根据威尔逊（1887：212）的观点，

> 行政官员在为了完成其任务而选择手段时，应该有而且的确有其自己的意志。他不是而且不应该是一种纯粹被动的工具。

对行政权力执行的最终检测以及行政责任的最终担保者就是公共舆论。但是甚至在这一问题上，威尔逊也是模棱两可的。威尔逊认为，我们应该找到方法结合"开放性和活力"以及"准备接受一切严肃的并得到广泛支持的公众批评"（Wilson 1887：222），并且认为公共舆论应该对行政官员起"权威性评判家"的作用（Wilson 1887：214）。与此同时，并顺应其民主保守主义，威尔逊非常关注和唯恐公共舆论干预了行政效率。威尔逊（1887：215）告诉我们，问

题"在于使公共舆论具有效力，同时又免遭其好管闲事之苦"。考虑到公共舆论潜在的好管闲事方面，威尔逊提议，公共舆论应该像通过外部控制一样来通过发展代表行政官员的内部责任感而得以实施。

如果威尔逊的文章本身产生了其对政治行政两分法立场的混乱，那么他作为一个学术人员的演化观点以及作为一个实践者的行动对于解除混乱作用甚微。政治行政之间的区别崩溃了，威尔逊坚持把行政置身于政治和政策过程之中（Martin 1988）。用威尔逊（1969：519）的话：

> 因为在合适的法律制定领域内的行动，只有在遵守政治事实和力量中培训过的人员的指导下完成才是最佳完成，行政首脑都是便利的领导者，而且他们在其职能上也是最可能最容易获得的。此外，第二种领导权加强并告知了第一种领导权。

威尔逊不仅认为行政官员应该积极参与政策并从而参与政治过程，他也指出，选举的代表应该参与他先前所界定的行政事务。正如威尔逊（1969：519）所言：

> 是否可以推断出法律制定机构应该使自身局限在制定合适的法律内？绝对不会有许多把有效性给机构、许多选择方式、应该通过共同意见得以解决的问题。但可以推断出，在后一领域，代表机构，指导行政机构。

除此之外，威尔逊对于行政技术从一个环境到另一个环境容易转化的说法愈加审慎。他认为行政是有机社会结构的一个组成部分，因此在没有做适当的修改之下，公共行政技术不能够从其他社会或者从私有部门得以借鉴（Miewald 1984）。

威尔逊作为实践者的行为也许与他先前有关行政的陈述相对立。虽然威尔逊倡导改革，但是他的职务任期的显著特征是没有该方面的任何实质努力（Turner 1956）。虽然威尔逊反对分赃制，但是他根据党派倾向任命人员（Turner 1956）而且他利用任命权来争取对其项目的支持（Turner 1951）。虽然威尔逊昔日拥护行政政治分离，但他通过使用强调集中化和行政领导的一种方法（虽然该方法对内部管理事物也给予了行政官员广泛的自由裁量权）来使行政官员依赖于高度政治和党派的行政主管（Cooper 1984；Turner 1956）。

威尔逊寻求分离行政与政治了吗？或者他认为它们是密切交织的吗？对于这两种观点每种都可以提出可靠的充分理由，而且在两者中可能都存在有效性。显然，威尔逊没有解决他自己观点中的紧张局势和矛盾。对于行政官员如何既是一个忠诚的下属又是政治权力游戏的行动者，威尔逊从来没有完整地解释。相反他只是承认（也许）并披露（在某种程度上）了行政官员在民主社

——即政治中立是不可能的,而且在政策偏好中存在冲突时不遵从他们政治上级的指示——所处的困境(Stillman 1973)。

在实践上,威尔逊的回应更为清晰。威尔逊没有把行政官员从政治中分离,他使得他们对党派和政治行政主管负责。这解决了存在于等级忠诚以及政策和政治活动之间的潜在紧张局势。但是,除非有人认为总统(行政官员对其负责)要求效率并且不受到更卑鄙政治本能的激发,这一解决办法没有达到增加行政部门效率的目标。威尔逊显然愿意做此假设,至少在其总统任期内是如此。

B. 威尔逊的不确定遗产

有人对于威尔逊文章对早期公共行政学领域的发展的影响提出了一些疑问(Martin 1988)。例如,范·里佩(Van Riper 1984)认为影响微小,直到20世纪30年代都没有该文章的重要引述,而且在20世纪50年代才迟迟被赋予"学科之父"(fatherhood of the discipline)。但是,该文中所表述的观点无疑对后来公共行政学发展的概念有影响(Roberts 1994),而且威尔逊提出了关于政治行政之间的关系问题,这在该领域将是一主要问题。

1. 什么是公共行政?

一个问题就是界定公共行政学本身。早期的定义不会完全不同于威尔逊把公共行政学的特征描述为系统而有效地执行公共法律。例如,古德诺在1900年有关公共行政学的教材中就说道:

> 那么,在所有政府体制中都存在两个主要或者基本的政府职能。即国家意志的表达和国家意志的执行。在所有国家中也存在分立的机关,每个分立的机关都用它们的大部分时间行使着两种职能中的一种。这两种职能分别就是:政治与行政(Goodnow 1900:22)。政治与政策或国家意志的表达有关。行政则与这些政策的执行有关(Goodnow 1900:18)。

在20世纪20年代以及30年代早期,公共行政的界定更加呈现出一个管理导向。因此,怀特(White 1926:2)把公共行政界定为"在完成国家各个目标过程中对人与物的管理"。同样,迪莫克(Dimock 11933:261)将公共行政界定为"研究权力和问题、组织和人事,以及关于执行法律和政府权威机构政策相关的管理方法"。

即使在20世纪30年代,还有一些不同于此普遍观点的想法(Gulick 1933)。但是,40年代发生了革命。到这一时期,完全倒向威尔逊的观点,政治和政策被视为公共行政的必然成分。也许这一观点最大胆的代言人就是保罗·阿普尔比(Paul Appleby)。阿普尔比认为公共行政学的特征是"第八政治过

程"(eighth political process)(Appleby 1949: 29-30),他宣布:

> 公共行政是政策制定。但是这不是自动的、排它的或者单独的政策制定。这是有关一个领域其中各种强大力量相互竞争的政策制定,这些力量是在社会内并由社会所产生。这一政策制定容易受到其他不同政策制定者的影响。公共行政是许多基本的政治过程中的一种,通过这些过程人民获得并驾驭政府(Appleby 1949: 170)。

由于阿普尔比有力的陈述,几乎没有人对政治、政策和行政紧密相连的主张持有异议。

2. 谁是公共行政官员?

随着公共行政的概念拓展到包括政治和政策参与,行政官员的身份也更为狭隘地引用。虽然威尔逊对于该主题并不十分确切,但是他确实说机构行为比系统和有效执行法律需要更多的东西。随后的文献资料确定了机构内的几种雇员类别,但是其头衔和职能随着具体业绩而有所不同。

在组织的顶层是政治行政人员(political executive)。政治行政人员的任务是确定目标从而直接参与政治和政策过程(Derlien 1996; Lorentzen 1985)。大家认为,政治行政人员必须总是对政策和政治问题拥有最终的发言权,因为更小的任何事物都可能"颠覆民主和公共监督"(Dimock and Dimock 1970: 133)。

行政官员本身被作为运作在接近而不是在组织顶层的一个"通才"职业官员。行政官员们构成了组织的第二个层面,这个世界的大部分工作是在此完成的(Dimock and Dimock 1970)。虽然政治行政人员确定政策,但普遍认为职业行政人员或行政官员的工作就是把这些政策转化到实际项目之中(Lorentzen 1985)。不过,这样做的过程中能够或应该得以执行的指示的程度是颇有争议的一个问题。

韦伯(Weber)在这一问题上可能持最激进的立场,他简单地断言行政官员不应该参与政治或政治问题。韦伯宣称"公务人员的荣誉是其凭良心执行上级权威机构命令的能力,就正如该命令与其自身信仰相符"(Gerth and Mills, 1968: 95)。一个近似但却有些不那么僵化的观点被采纳作为公共服务部门人事调查委员会(the Commission of Inquiry on Public Service Personnel)1935 年报告中行政行为的标准。该报告断言行政官员(administrator)不同于行政主管(executive),因为行政官员不对政策作最终决策,不在公众面前维护政策,而且不根据政策立场成功或失败。虽然行政人员必须了解并协调公共政策并对执行机构进行诠释,但是他们的责任不是制定政策而是协调政府,并使政府按照政治官员所制定的政策运行。

大家认为,这一形成所存在的问题就是并不是所有的政策问题都可能指向上级行政人员，即使是，那么仍然在组织的下层存在不能减弱的裁量权成分（elements of discretion）。因此，像古立克（Gulick 1933）和阿普尔比（1949）等创始人就坚持认为在政治官员和行政官员之间进行明确区分是不可能的。古立克（1933：60）赞成，每个公共雇员的每个行为都是"裁量和行动编织的无缝的网"。虽然裁量权随着个人从组织的顶层移到底层而呈下降趋势，但许多的裁量不可避免仍存在于组织的底层，在这里"公务人员接触公众"（Gulick 1933：61）。而且只要有裁量权就可能存在政治和政策活动。

阿普尔比同意，行政人员对政策做出重要贡献，因而也参与了政治。事实上，阿普尔比赞同所有的治理和行政都是政治的。但是，只有一小部分的行政或治理是党派的，而且正是党派政治活动，阿普尔比才要行政官员有所避免。阿普尔比的建议就是行政官员要处理成为党派的政治问题，而不是他们完全独立于政治之外。

至于专家，大家认为行政官员隶属于政治家，因此专家也应该隶属于行政官员（Appleby 1949）。专家必须受到管理，因为他可能认为他比人民更知道他们需要什么，可能在他不胜任的领域假设知识和权威（Gulick 1937）。除了偶尔提及我们（即公共行政项目）无意于培训办事员，提及即使办事员拥有不可减少的最后裁量政策也不应该仅仅只交与办事员之外，对于办事员层面没有谈到很多。我们可以假设办事员在组织权势等级/尊卑等级中甚至隶属于专家。

3. 什么是政治？

政治逐渐与行政更为密切的联系的一个原因是政治被广泛地界定。阿普尔比的方法可以当作是描述性的。阿普尔比将政治界定为"很多手段，人们通过这些手段不断地与行动方案相一致"（Appleby 1965：335）。在这一界定更大的限制范围内，阿普尔比（1949：153）可以公正地认为，"任何与政府相关的事物以及政府所作的任何事物都是政治的，因为政治是关于政府的艺术和科学"。由于行政是治理的工具之一（Appleby 1965），可以推断出行政就是政治的一个组成部分。随着政治的定义不断拓展，出现了一种趋势在几种类型政治之间进行区分（Dimock and Dimock 1969/1970；Montjoy and Watson 1995）并修正行政官员应该从事的政治类型。正如沃尔多（Waldo 1984）所指出的，甚至威尔逊都不反对政治，低劣的政治。

对于行政官员能够适当从事的政治类型早期一个有力的陈述是古立克（1933）所作的。古立克说道，政治"真正"的意义仅仅是行动，凭借它，统治者进行统治。在这一广泛意义上，政治不可能产生于行政。但是，政治也有更庸俗的意义，就是通过统治者的控制寻求自私的利益或前进（advancement）。古立克断言，正是在这种意义上行政官员不应该从事政治。问题就是两种类型的政治之间的差别不在于行动，而在于执行该行动的人的动机。因此两种类型的政治常常不能分离，即使在执行该行动的人的大脑中也不能分离。问题是找到方法，行政官员可以按照此法被允许参与"良好"政治并避免"低劣"政治。不幸的是，古立克披露了该问题却没有提供解决办法。

更为新近，孟樵和瓦森（Montjoy and Watson 1995）做了一个近似的观点。他们辩论道，在党派制和庇护制对政策制定之间必须进行区别。他们认为，改革者像威尔逊等想要消除建立在特殊主义利益（particularistic interests）基础之上的党派政治的影响。相反他们会通过从行政中分离党派政治、集中权力并允许行政官员在制定政策中拥有裁量权和赋予行政官员权力。

长期以来"政治"这一词已逐渐与"政策"一词相等同，至少是因为前者被接受为行政活动的一种合法形式。在讨论行政官员的合适角色中，政策以诸如以下的方式界定：以"影响或者改变了有效的'国家意志'的行动"（Gulick 1933）或者，更为简单地以"影响公众的行动"（Appleby 1949）。阿普尔比（1949）坚持认为公共政策制定在这一意义上是所有政府部门所共享的职能。

尤为新近的文献资料支持行政官员一个更为强大更为独立的政治地位。从制度主义视角来看（Whicker et al. 1993），梅纳德和穆迪（Maynard-Moody 1989）赞成行政政策制定不仅仅是立法政策制定过程的延伸，而且是通过其制度背景（institutional setting）所区分的一个独立的过程。虽然立法政策制定由选举考虑因素（electoral considerations）所支配，但行政政策制定由理论以及制度规范和日程所支配。而且，行政官员参与政策制定并不局限在执行上。相反行政官员参与政策过程的所有阶段，从日程设置到执行和评估。

同样，斯科克（Skok 1995）断言，行政官员通过他们参与政策问题网络（policy issue networks）而参与政策过程的所有阶段。斯科克认为，我们必须在评估政策过程的行政官员的地位中区分结构和智能。政治行政两分法是建立在一个可以分离的结构但却是不现实的政治行政职能差异基础之上。政策问题网络方法认为政策过程是行动者（包括行政官员）之间一系列模式化的互动。政策制定源于在这些政策网络中参与者之间的竞争而不是在治理权威机构中的被集权。因而，存在政治等级制的行政官员在政策过程中担任政策企业（policy entrepreneurs）和知识的管理员

4．行政分离出政治还是政治分离出行政？

另外一个不确定的领域是政治行政两分法的目的究竟是政治从行政中分离出来还是行政从政治中分离出来。对于该问题一直都有一个不确定的不对称现象。政治不应该参与行政这一宣言中有一些腐蚀。但也几乎完全摒弃了行政官员不应该参与政治甚至党派政治这一学说。

政治行政两分法最初被建议用来把行政从政治中消除并使消除分赃制变得合理化（Caiden 1984；Dimock and Dimock 1969）。怀特（1948：483）抓住了公众的观点，他宣称：

> 政治有时间并再次通过使用吵吵嚷嚷要求奖赏的政党心腹代替组织成员来分裂有效组织。政治常常为党派目的通过滥用士气而破坏了

公共部门或机构的士气。

把政治从行政中分离出来的一个持续的决心可以在日益增长的使用功绩任命（尤其是在联邦层面）中体现出来（Van Riper 1983）。而且，最近的法院裁决有助于加强将政治从行政中分离出来的这种安排。在埃尔罗德诉伯恩斯一案（Elrod v. Burns）中，最高法院否决了政府出于政治激励，对一个没有政策制定和不自信的政府雇员的解雇，法院的基础是该雇员的政治信仰与有效工作业绩、有效政策执行或两党体制的生存没有关系（Hayford 1985）。这种裁决在布兰蒂诉芬克尔（Branti v. Finkel）中得以拓展，因为法院认为在某种情况下，一种观点可能被认为是非政治的，即使它涉及到政策制定并且是绝密性质的（Hayford 1985）。埃尔罗德/布兰蒂（Elrod/Branti）裁决被发展到其他人事行动中，诸如政治激励的调动、辞职、下岗或没有得到重新任命（Hayford 1985），而且甚至有人认为庇护雇佣可能是危险的（Meier 1981）。

但是，有更大的决心使政治置身于行政之外而不是使行政置身于政治之外。的确，完全有理由断言，在政策意义上而言，意图绝不是使行政置身于政治之外（Caiden 1984；Montjoy and Watson 1995）。希克（Schick 1975）断言，政治行政两分法实际上规定了行政比政治占优势并构成了一个主导的政治理论。在1940年以后，在以前的某些学者中，两分法是遭拒绝的，政治被认为是"公共行政学存在规则（existential imperative）"（Schick 1975：156）。但是，希克认为，两分法遭到拒绝不是因为它分离了政治与行政，而是因为它限制行政官员将要服务的利益的数量和多样性，以多元主义规范不能接受的方式联合了二者。

对政治也存在妥协，甚至是在以前党派政治的禁区。虽然仍然不情愿让党派政治影响行政官员，但日益形成让行政官员参与党派政治的趋势。限制公共雇员政治活动的愿望来自于下一信念：在作为个体参与党派政治的公共雇员的权利和公众接受其公共官员公正服务的权利之间有潜在的冲突（Cayer 1975）。虽然一般而言，优先权被给予了公众享受公正服务的权利（Cayer 1975），但最近有许多措施在公共权利和公共雇员的个人自由之间达到更公平的平衡（Stahl 1962）。

在联邦层面，公共雇员的政治活动受到《哈奇法》（the Hatch Act）条款的制约，《哈奇法》是用来保留公共雇员投票权和表达对政治主题和候选人意见的同时禁止某种党派活动（Hayford 1985）。显然该法案旨在保护公共雇员不受到参与非主动政治活动的压力（Rose 1966），其通过也受到一个问题的激发："新政"时的官僚机构不应该发动作为支持行政机构的一个政治机器（Cayer 1975）。《哈奇法》所禁止的活动包括：担任一个政党大会的代表或代理，或者作为一个政党委员会的成员；征求或解决政治贡献；担任一个政党俱乐部的官员或组织者；领导或组织政治会议或大会，或者对会议作党派发言；征求选票或参与其他党派选举活动；并成为党派政治机构的候选人（Cayer 1975）。许多州和地方政府制定了他们自己有关公共雇员政治活动的限制范围。

与这些限制相反的是公共雇员作为市民拥有同样的权利和自由的一种宣言（Stahl 1962）。新近的法院裁决意图放松强加到活动上的某些法律限制，这具有重大的政治意义。在 1967 年，最高法院裁决，公共雇佣不能建立在放弃宪法权利的条件之上，而且联邦法院普遍宣告了宪法权的神圣，尤其是公共雇员的第一修正权利（first amendment rights）（Hayford 1985）。诸如写信批评雇员的机构、"检举揭发"、在立法委员会面前作证以及进行电视新闻采访等行为如果没有妨碍工作业绩都被裁决为受到宪法保护。

5. 行政责任位居何处？

另外一个未有解决的问题就是正确确定行政职能的责任（Bernstein and O'Hara 1979）。该问题又被宪法不包含"行政"这一词汇（Waldo 1980）和《联邦党人文集》（the Federalist Papers）对该问题几乎没做讨论这些事实而大大复杂化。

宪法真正讨论过行政的地方通常是枚举国会凌驾于行政程序之上的各种特权。例如，国会必须批准总统任命，上议院必须批准总统商议的条约，还有国会被授予权力建立邮政局、规定货币印刷、招募军队、宣战、制定行政法规、调节州际商务和指导国际贸易政策等（Bernstein and O'Hara 1979）。创建部门的权力没有在宪法中提到，但表明这种权力被交给了国会的法律制定权威机构（Millett 1972）。

总统的行政权力包括：要求每个部门主要官员对其职责的意见的权利，经参议院批准而任命某些官员的权力，以及如果国会允许单独作其他任命的权利（Millett 1972）。因此甚至总统行政权受到保证，它们仍典型地受到国会所强加的限制的影响。

该问题受到宪法没有确定所谓的执行和行政职能之间关系进一步复杂化（Waldo 1968）。虽然亚历山大·汉密尔顿（Alexander Hamilton）承认行政可能涉及到立法、行政和司法权力的执行，但是他认为行政主要是一个执行职能（Millett 1972）。汉密尔顿的观点至少在实践上非常盛行，尽管著名的权威人士（Goodnow 1900；Willoughby 1927）和立法条例以及相反的法院裁决不予以承认。

对该主题最卓著的陈述是 W. F. 威洛毕（W. F. Willoughby）所作的。威洛毕坚持执行权力关注的是代表作为一个整体的政府，并保证正确遵守法律，但是行政权与政府活动的发现、监督和管理有关。根据威洛毕的观点，执行权在于行政机关，行政权在立法机关。立法可能使行政主管成为一个"总经理"来提高效率，但是在宪法上，总统不拥有行政权而且应该在这些问题上严格服从立法机关。国会通过建立像州际商务委员会（the Interstate Commerce Commission）等独立的规制委员会表面上赞同威洛毕的观点，这些委员会行使行政权力但是不受总统控制（Bernstein and O'Hara 1979）。法院裁决诸如麦卡洛克诉马里兰州案（McCulloch v. Maryland）、肯德尔诉斯托克斯案（Kendall v.

Stokes)和汉弗莱执行人诉合众国案(Humphrey's Executor v. United Stated)也似乎将证明威洛毕的观点有根据(Millett 1972)。

威洛毕的解释受到公共行政学其他人的顽强抵制。也许最著名的陈述是1737年总统行政管理委员会(the President's Committee on Administrative Management)(布朗诺委员会)(the Brownlow Committee)所作的。该委员会的观点是:行政机构只是行政机关的下属单位(Caiden 1971; Millett 1972)。这一观点提出了某种程度的一个逻辑困境,因为需要国会的支持来实行行政提议,而且这在有关行政问题上仍然似乎把行政机关置身于一个下属地位。逃离该困境是遵循"行政机关对国会负责"的这一原则。根据该原则,行政部门拥有行政权,但在完成任务上它不对国会负责。但是正如米利特(Millett)所指出,并不清楚行政部门如何如宪法所宣告的在保持平等的同时对国会负责。

无论这些观点可能有什么相对优势,政府所有的部门都在行政事务上发挥一些作用。1/3以上的最高法院议程都忙于应对行政机构决策所作的申诉(Bernstein and O'Hara 1979: 256)。国会执行监督、拨款并检查对行政活动的控制,《行政程序法》(the Administrative Procedures Act)对行政机构的准立法或准司法职能业绩提供评估。但是,行政权威和责任的中心显然转到行政机关(Bernstein and O'Hara)。迄今为止,区分执行和行政机关已非常之完善以至于鲜有人提出质疑。

上述宪法的模糊性有助于加速20世纪80年代中期的合法性危机并加速公共行政学持久的争执。一个发展的政府、许多政府项目被察觉的失败以及大量反映了公众、国会和总统对官僚中立不信任的"抨击"使公共行政官员置身于被视为既是不可或缺又有点不合法的矛盾情势中(Rourke 1987/1992)。

赢得了把行政职能和执行部门视为同一的这场战斗,并确立了总统是"行政首长"(chief administrator)之后,公共行政学领域现在面临着威尔逊曾经避免的困境——如何使行政官员在不成为另外一个政治首领的服务人员的同时,给行政结构提供主要的方向,这一次全在于总统本人(Rohr 1989)。那就是,通过结合行政中立和总统领导而在宪法运行中注入专业才能的努力反而导致了官僚制的政治化(politicization)(Arnold 1995)。导致执行权力提升的重组措施已成为卡特(Carter)、里根(Reagan)和克林顿(Clinton)之下的"反对政府的重建措施"。曾通过提高执行主管权力而被用来提高行政权力的那些辩词现在正被用来推翻行政的合法性。

这一改变最为新近的宣告被认为是在国家绩效评估委员会(the National Performance Review, NPR)之内。卡罗尔(Carroll 1995)辩论道,NPR是试图建立对官僚制监控的对行政的一个前沿攻击。总统突然成为了敌人,而不是联盟。罗森布洛姆(Rosenbloom 1993)认同NPR决不是试图复活已不存在的政治行政两分法,这次不是增加行政的影响而是建立总统对官僚制的监控。这将把行政过程交到公共管理部门的专家的一个干部手中,这些专家受强大的总统支配,而与人民绝缘。

那么如何解决需要行政专业才能和想要一个回应性官僚制的问题呢？答案一直是要求独立于国会和总统之外的一个行政机构其宪法的合法性。这一要求受到"黑堡群体"（Blacksburg Group）的激励，尤其是约翰·罗尔（John Rohr）的激励。认为，行政不仅是政治的一个部分，而且是治理职能的关键因素（Wamsley et al. 1992）。公共行政官员应该接受那些创始人唤做"代理视角"（agency perspective）的东西，这样行政官员不仅对政策和项目的管理负责，而且对代表普遍利益负责。这意味着我们必须重新掌握迷失在公共行政工具导向中的价值重点。反之，这要求对行政的宪法地位作一个更令人满意的解释，意识到公共行政是一个代表体制的一部分，而不仅仅是受该体制的管束。行政官员必须在宪法价值的限制内行使审慎权，但这并不要求一个价值中立的工具主义。公共行政官员应该成为保卫民主价值观和为民选官员长期教育而努力的理事（trustees）。

要求宪法合法性（constitutional legitimacy）有好几种形式。一个合法形式就是斯派塞和特里（Spicer and Terry 1993：1996）提出来的"逻辑"法。逻辑法被提出作为替代原教旨主义（originalism），这一主义狂热地相信宪法内容和制定者意图。相反，逻辑主义（logicalism）允许改变条件、公共价值和社会需求。这是根据宪法本身的逻辑而不是宪法制定者的意图。赞成独立的宪法合法性是根据一个独立的行政结构逻辑上与创建者强调检查权力相一致这一概念基础之上。行政官员被视为对国会和总统任意行使权力的一种检查，并作为在我们治理体系内提供稳定性的途径。由于宪法被创立来限制政府官员的裁量权，且由于行政官员提供了限制政治官员权力的一种途径，行政官员能够用法律方式合法地修改、延迟甚至抵制政治领导的指示。

另外一个形式是库克（Cook 1992a）提出来的。库克认为官僚制从其独特特质——稳定和专业才能——获得宪法合法性。库克认为，由于这些特质，公共行政官员帮助构建美国政权，而不仅仅是服务于美国政权。从这一角度，所有的政治制度都有宪法性质，而政治代表提供了一个"继续奠基"（ongoing founding）。官僚制通过在形成和界定体制这一持续过程中提供永久性和稳定性而履行其宪法职能。这代表了赋予公民一个有组织的生活的观念和理性概念。行政官员具有监护（conservatorship）职责，他们要维护政府体制和政权价值。

为公共行政建立独立的宪法合法性的这一努力没有受到挑战。也许反对力量最具雄辩的政治家就是西奥多·洛伊（Theodore Lowi）。洛伊（1993）的基本论据相当简单。他认为，国家政府所有的权力是宪法授予国会的。总统制只是被授予权力的一个机构，总统运作的合法性必须来自体现在法令中的具体权威授予。因而行政合法性来自于法律，而不是宪法，行政官员的裁量必须以法令为基础。更为具体的是，行政裁量权不是宪法授予对政治官员的一种检查。洛伊认为，如果是那样的话，政府本身就被委托给了行政官员。

在现今熟悉的形式中，洛伊认为，政治倾向裁量权观点（points of discretion）。在裁量存在与行政机构这一程度上而言，存在对代表性的要求。这一问题就是宪法所规定的检测和平衡在这一层级并不存在。因此财物并不是根据功绩而是根据组织能力而分配的。其好处充其量是被组织的，这又导致了利益群体自由主义的腐败。正如洛伊（1995：491）所言，"无论在统治联盟中主要流行哪种意识形态，但公共行政总是受到政治化的动摇和腐化，在授予其的权利是开放性结果这一程度上而言它也被政治化了。"回应那些借助据说的宪法合法性而赋予行政官员更多的裁量权的人，洛伊对此做出回应：行政因其独立性而绝没有政治化。政治化来自于对政治官员的裁量，而不是对其服从，而行政的政治化破坏了民主过程。所需要的是更少，而不是更多的裁量以及恢复法制。

这一争议不可能很快或容易地得以解决。这些问题进入到公共行政学这一事业的核心，且热情高涨。

C. 经验证据（Empirical Evidence）

可以根据前面提到的得出公平的结论：有关行政官员的合适地位和职能的观点已经随着时间得以大大改观。公共行政的范围得以扩展，行政官员的角色也得到发展，而行政职能逐渐认同于行政部门，但是最近还是有些人并不情愿。

一个明显的问题就是行政官员的行为是否反映了那些变化的观点。有关该问题，人们作了一些经验研究，但是所做的一切几乎不能是可靠的。现存的证据说明，文献资料中的冲突被那些参与行政的人敏锐地觉察到。

弗里德曼等人（Friedman et al. 1966）的研究调查了行政官员所起的代表作用。一批行政官员被要求确定他们机构所服务的个体或群体、机构政策的渠道以及他们的机构是否对他们所服务的群体具有回应性。弗里德曼等人也发现行政官员声称他们对他们所服务的群体具有回应性而且他们承认履行某种代表作用的重要性。但是，机构在了解公共偏好上是有局限性的，机构依赖于潜在具有倾向性的信息渠道，而且机构在政策制定中起着积极且常常是独立的作用。

在1971年，查普曼和克利夫兰（Chapman and Cleaveland 1973）在公共行政实践者和学术人员中间进行了一个德尔菲实验（Delphi exercise）以确定影响美国公共服务部门的变化因素。回应者表明有三个普遍与经典范式相关的特征消退了：在形式分配权利（assigned duties）中的诚实和没有偏见，在任命和晋升中的承诺功绩原则，以及对政治领导的充分回应。唯一在统计上重大的下降就是在公众对公共服务部门的能力和诚实的信任方面。相比较而言，像回应公共偏好、适应变化以及代表性等这些因素都被认为在这10年中不断继续增长。

在1974年，温尼亚（Wynia）评估了上层联邦职业行政主管对民主意识的观点。他的主要发现就是：对民主价值存在广泛的认同，但对具体的应用颇有争议。但是，温尼亚（Wynia）也发现，1/3以上的受访者并不坚持某种宪法保障，发现在服务年限和承诺民主价值之间存在着负面关系。

更直接与政治行政两分法相关的研究是由斯瓦拉（Svara）在1985年所做

的，并在1994年得以扩大。斯瓦拉采访了俄亥俄州（Ohio）和北卡罗莱纳州（North Carolina）的民选官员、行政官员和公民领导。应答者被要求描述他们参与从确定任务到具体管理职能等一系列的活动。他确定了4个经理与理事会（manager-council）之间关系的维度：任务（目标）、政策（所进行的计划和项目）、行政（服务供给和执行）和管理（协调和管理资源）。这产生了4个经理——理事会关系模式，取决于与4个维度相关的程度。它们是理事会支配论（council dominance）、分离论（dichotomy）（任务/政策对行政/管理）、分离二元论（dichotomy-duality）（责任共享但相对强调在两分法模式中所描述的方面）和执行支配论。斯瓦拉发现根据实际的相关度，相对的贡献处于分离二元论和执行支配模式之间。优先模式更接近于分离二元模式。斯瓦拉的发现结果说明，职能既不是完全分离的也不是完全融合的。

其他人也借鉴斯瓦拉的带动并得出非常相似的结果。布朗（Browne 1985）在调查密执安（Michigan）城市和乡村经理时检验了斯瓦拉有关经理参与政策事务的假设。他发现，大多数经理认为有必要参与政策事务，而且大多数政策问题来源于经理办公室而不是理事会。此外，大多数经理认为，他们主要参与政策事务对于他们的理事会是可以接受的。摩根和瓦森（Morgan and Watson 1992）研究了2500座或更多城市的行政主管，发现任何规模的城市经理都在给治理理事会（governing board）形成、动议和提议政策方案时起着积极作用。在对威斯康辛州（Wisconsin）的自然资源委员会（the Natural Resources Board）的一个研究中，托马斯（Thomas 1990）发现，该委员会主要根据连续体的任务/政策端运作。

经验证据表明，该理论的复杂性体现在现实的复杂性之中。实践行政官员限于两个世界，对他们的行为产生了相互冲突的期盼。他们承认政治官员的地位，但乐意接受他们自己在政策和政治事务中的地位。

D. 小结

似乎政治行政两分法可能在回溯中比在其所认为的支配时期更为重要。事实上，是否两分法曾普遍被接受还存在疑问。但是，至少两分法是一个方便的假设，对于一个经验不足的领域而言，提供了许多有用的职能。两分法作为行政行为一个标准的基础强调在执行行政任务中的中立能力。两分法为将公共行政学从政治科学中分离提供了一个理论基础，并使得公共行政学获得自己的身份。两分法确定了可能构建一门行政"科学"的范围，即使其早期倡导者的愿望从来就没有得到完全实现（Wing-yee lee 1995）。最后，两分法为寻求将行政从令人麻烦的政治影响中脱离出来提供了一个改革平台。政治行政两分法不是没有缺陷，但绝对不是它没有确切反映行政生活的现实（Riggs 1991）以及它作为行政行为的标准是有缺陷的。但是，随着它的消亡，公共行政学领域失去了希克（Schick 1975）所声称的一致伦理和身份感。

Ⅲ. 公共私有两分法

与政治行政两分法紧密相关且是公共行政学领域的第二大议题的是公共行政是否不同于私有行政。对于那些接受政治行政分离的人而言，行政仅仅是其他人所选择的最为有效的执行政策的途径之决定因素。大家认为，这一任务在性质上是一般的。因此行政的共有技术在公共和私有部门都适用。

这一辩论出现在公共行政学文献资料的两个体现方面。第一个是在经典时期，在科学管理思想的影响下，注意力转到私有部门寻求提高公共部门活动理性和效率的技术。第二个体现是在行为主义方法中，行为主义方法寻求详细阐述"组织理论"。在其科学理想中与其先辈相似（这一次是在事实价值两分法规定下），行为方法也采纳了一个一般视角，但实质上支持不同的行政技术而不是科学管理技术。

对于那些认为将政治从行政中分离既不可能也不合意的人而言，他们倾向于接受公共私有两分法，其根据是公共行政因公共行政官员必须运作的政治环境而不同于私有行政。我们首先将讲述公共和私有行政之间的差异，然后讲述其相似点。

A. 公共私有差异

1. 目标模糊性

第一个用来区别公共和私有行政的特点是公共部门目标的模糊性。大家认为，这一模糊是政府任务性质、范围和影响的产品以及在执行这些任务时集中关注公平。

促成政府目标模糊性的一个主要因素是政府活动的性质。在一个民主体制内，是否应该进行一个既定活动的唯一标准就是是否存在足够的公共利益来保证政府行动（Appleby 1953b）。因此，那些在私有部门被认为太冒险或太无利益可图而无法执行的任务被频繁地分派给公共部门（McKinney and Howard 1979；Sherwood and Page 1983）。没有了利益标准，公共行政官员的活动难以得到测评，因而难以得到评估，因而他们的行为必须受到市场的机制而不是自动调节绩效（self-regulating performance）标准的调控（von Miss 1953）。

第二个造成政府目标模糊性的因素是政府活动的范围和影响（Dimock and Dimock 1969；Nigro 1969）。政府努力行为的广大范围意味着个体机构必须考虑其活动对超出其权限的价值和顾客的影响（Fesler 1980；Simon 1957）。这要求公共行政官员见多识广并且具有公共兴趣导向，这对私有部门的行政官员是不作要求的（Appleby 1953a）。这也使确定政府机构的目标以及评估他们的业绩大大复杂化。

最后，要求在政府具体运作中确保平等导致了这些运作目标的模糊性。正如阿普尔比（1953a：61）所言，公共行政官员"必须努力以政府形式运作；也就是说，通过尽可能公平的行事、尽可能统一地行动以及可以公开对待和公开维护地行动"。对公平的考虑很难以明确地说明并典型地抵制量化。

由公共活动的性质、范围和影响所产生的模糊性意味着在公共部门常常没有"底线"（Allison 1984；Blumenthal 1983；Pak 1984）。在私有部门，至少在理论上，利润作为组织有效性的最终检验。在公共部门，没有对等的指示物（Fesler 1980；Gortner 1977；Pfiffner and Presthus 1967；Rainey et al. 1976；Starling 1982）。相反，目的存在多重性和多样性，而且这些目标在性质上倾向于模糊和难以确定（Allison 1984；Fesler 1980；Rainey et al. 1976；Rossner 1983；Sherwood and Page 1983；Starling 1982；von Mises 1953）。公共部门目标的多重性和难以确定性问题被某些最重大的目标可能和组织的正式目标没有联系这一可能性（Bower 1977）以及公共机构所采取的目标可能互为冲突这一可能性所恶化（Mathiason 1984；Rainey et al. 1976）。考虑到测评业绩的困难，公共部门的成功典型地由所进行的行动的合法性来测评（Kogood and Caulfield 1984）。因而，一致意见和评估的主观标准至关重大，因为公共行政人员对他们能生产的内容相对于生产的方式负责更少（Blumenthal 1983；Mathiason 1984；McKinney and Howard 1979）。

a. 公众激励公共部门目标模糊性的一个重要意义就是其对雇员动机的影响。大家认为，缺乏有意义的业绩指标提出了激励问题并导致公共部门缺乏效率和适应能力。

公共官员像他们所管理的项目一样常常受到具有不同利益的许多不同党派依据高度主观标准的评估（Pak 1984）。这使得要设计适合于联系措施和奖励的激励结构很难。而且，由于评估典型地与发展和增减的开支联系在一起，公共经历几乎没有动机来保存资源（Kogood and Caulfield 1984；Rainey et al. 1976；Zeithamel et al. 1983）。当评估的困难与对平等和效率相对重要性模糊的期盼结合在一起时，可能的结果是比在私有部门所发现的对公共官员创新的更大的谨慎和更难以接纳（Dimock and Dimock 1969；Kogood and Caulfield 1984；Pak 1984；Pfiffner and Presthus 1967；Rainey et al. 1976）。构建激励措施的最后一个问题就是官僚制以相对匿名的方式运作，同时公共官员获得任何它应当被拥有的信任（Stahl 1962）。公共服务部门的匿名和较低威望可能正好与在公共组织内普遍发现的相对低的工作满意度水平和组织奉献有关（Cayer 1985；Pfiffner and Presthus 1967；Rainey et al. 1976）。

b. 效率 在公共部门缺乏运作目标和有意义的业绩指标，和构建激励措施的困难性一起使某些人认为公共部门比私有部门效率低下（Blumenthal 1983；McKinney and Howard 1979；Roessner 1983）。这些观点建立在公共和私有部门之间关于市场监控、个人激励措施和规模等可见的差异基础之上。

首先，普遍认为，市场提供了公共部门并不存在的对效率和成本减少的回报（Downs 1967；Rainey et al. 1976）。如果价格太高或质量太低，消费者能够选择消费更少的产品，这样市场就限制了效率低下（Spann 1983）。照这一观点，与之相反，公共组织都是垄断性的或半垄断性的，而公共机构并不被要求仅仅为了生存而维持一个很高的效率水平（Gortner 1977；Roessner 1983；Stahl 1962）。来自不同供应渠道的竞争（这里存在竞争）可能对保持成本减少产生一定的压力，而人们可能能够通过转到另一管辖范围而限制管理成本（Spann 1983）。但是，这些措施可能运作不完善。在没有市场机制清除效率低下的公共组织的情况下，要求有一套明晰的会计和预算管理措施来保证对政府运作中的某种程度的效率和责任（Mathiason 1984；Wamsley and Zald 1983）。

第二个有关相对效率的考虑是缺乏在公共部门创新的个人激励措施。财产权理论主义者同意，没有能力以保持来自自己行为的利益去阻止公共部门的创新并阻止其提高效率的措施（Bower 1977；Roessner 1983）。阿尔钦（Alchian）断言，当一个行动的回报和成本都直接集中在对决策负责的个体身上，就像在私有部门一样，那么该个体在做决策时会更为谨慎因而更加关注效率问题（Spann 1983）。鲍莫尔（Baumol）进一步说道，公共部门是劳力密集型，因此被否决了常规提高生产力的办法（即：资金积累、规模经济和技术创新）。因此，薪金激励即使在适当构件的情况下也不可能独自足以激励公共部门内更高层次的效率和创新（Roessner 1983）。最后，大家认为，在私有部门持股者可以操纵公司的效率是因为他们有财产利益。由于持股者在不满业绩时可以变卖他们的股份，所以如果要维持持股者的支持，组织必须有效率地运作，或者至少是比竞争性投资更为有效率（Spann 1983）。

有关规模的论证是根据这一前提：存在提供既定政府服务的一个最适合规模——即单位生产成本最小化的运作规模（Spann 1983）。由于大部分政府运作规模只是等同于政府管辖范围大小，因此没有理由相信这是一个最适合规模。而且，由于不同的服务可能要求不同的运作规模，单一政府所提供的不同服务意味着政府管辖范围大小不可能对于某些这种服务是最适合的（Spann 1983）。

对于公共机构比私有机构效率低下这一声称有两个主要回答。一个是实际情况未必如此。另外一个就是即使事实如此，也相对不重要。阿普尔比支持第一个观点。阿普尔比（1953b）认为，重复和浪费在政府内不会比在商业内更糟糕，而且竞争（谈判）的发酵后果不仅在市场也在公共领域存在，而且政府作为一个政治机构（这是它的真实目的）比私有产业更为有效率。

另外一个回答就是政府除它必须获得的效率之外还有更重要的事情。这一回答宣称，我们的治理系统是规划用来防止任意行使权力并鼓励在回应人民所表达的需要方面有效果，而不仅仅是为了提高效率（Cervantes 1983；Pak 1984）。公共和私有部门之间一个主要的差别就是国家所采用的强制性实施手段（Dimock and Dimock 1969；Rainey et al. 1976；Gerth and Mills 1068）。这一回答认为，政府唯一的制裁和强制权力就是强加特别的责任并要求在私有部门所没有发现的慎重管理，并且不管这些管理对效率影响如何。

2. 裁量权和灵活性

政府目标的模糊性加上国家所采用的强制性手段要求建立一套对公共部门行政管理相互联系的限制措施，这些措施也用来区别公共和私有行政（Gordon 1982；McKinney and Howard 1979）。这些限制措施通过规章制度得以表达并构成了冯·米泽斯（von Mises 1953：51-52）所指的"官僚管理"。

公共部门的行政过程弥漫着法律限制，这些限制使得公共行政官员更加依赖并容易受到法律而不是他们私营同伴的影响（Berkley 1978；Rainey et al. 1976；McKinney and Howard 1979）。公共行政官员只能够做那些法律授权的事情，但私有部门法律只是告诉行政人员他们不能够做的事情。因此裁量权在公共部门比在私有部门更加受到限制（Whorton and Worthley 1983），而且随着行政官员寻求所采取行动的管辖范围该系统倾向于谨慎（Gortner 1977）。

除了法律限制，以及有时候与法律限制有关之外，就是强加到公共行政官员头上的一系列管理限制（Dimock and Dimock 1969；Pak 1984；Rainey et al. 1976）。公共经理通常必须带有目的，在由其他人确定的结构内工作，即使这些目的可能并不相识并且结构也不适合于这些目的（Bower 1977；Gordon 1982；Gortner 1977；McKinney and Howard 1979）。例如，公共经理只有受到限制的雇佣和解雇能力（Blumenthal 1983；Bower 1977；Dimock and Dimock 1969；Gordon 1982；Roessner 1983；Starling 1982），并且政府中的下属比商业中的下属很可能对他们的上级的指令回应性更低（Allison 1984；McKinney and Howard 1979；Rainey et al. 1976；Rumsfeld 1983）。此外，公共经理缺乏在金融事务中的控制和灵活性。财务账目（financial accounts）常常很僵化地分开，公共经理不能够借用，而且预算是有其他财务形成而且必须保持年度平衡（Starling 1982；Zeithamel et al. 1983）。乔治·罗姆尼（George Romney）对这些限制进行评述，他曾经把成为州长比作由某人的支持者所选择的足球队的四分卫（Myers 1964：134）。

法律和管理限制的结合就像使人赞叹的盛装（imposing array），是赋予有关公共行政官员裁量权的政治限制。公共行政官员，像私有经理一样，必须把团体内外聚集在一起而生存（Allison 1984）。而且，公共行政官员的任务因为下一事实而复杂化：可能有比私有部门内更多的正式影响渠道以及这些渠道更大的成分（Blumenthal 1983；Rainey et al. 1976）。

公共行政官员政治环境中的一个重要因素是立法机关。行政机构容易受到立法机关的监督，而且他们根据立法支持而生存（Allison 1984；McKinney and Howard 1979）。问题就是不像企业，因为企业中持股者和管理阶层通常有同样的基本利益，国会的利益是多元的而且可能不同于行政机构的那些利益（Blumenthal 1983），这是受到立法机关内相对较快的转换率所提高的一个可能（Gordon 1982）。这即使要最内行的行政官员来说，取悦所有利益派别是很困难的（Blumenthal 1983）。

在行政机关也存在一个任期短，因而在政治任命内缺乏持续性的问题（Allison 1984；Zeithamel et al. 1983）。这意味着必须更加依赖于二级管理（second-level management）（Washington 1984），执行计划更可能受到破坏（Rainey et al. 1976），并且在公共部门获得结果显然只有一个短时间范围（time horizon）（Allison 1984；Bower 1977；Gordon 1982；McKinney and Howard 1979；Roessner 1983）。

最后，政治压力可能来自公共部门本身。政府事务是在公众的眼前执行，而且这使得公共行政官员比他们的私有对手更为可见更容易受到影响（Berkley 1978；Fesler 1980；Gordon 1982；Nigro 1969；Rainey et al. 1976；Stahl 1962；Starling 1982）。据说，在商务中行政官员差不多由结果判断，但在公共部门公众的反应可能比确凿的结果更为重要（Rumsfeld 1983）。

B. 公共私有相似点

虽然目前优势观点似乎认为在公共和私有行政之间存在重大差异，但还有人认为它们之间的相似点（如果不是更加）也是同样重要的。

公共行政学领域许多先行者作了强有力的申明，大意是在私有部门使用的技术在公共部门能够应用。例如，

> 我相信，通过研究这些相似点，我们可以达成重大的普遍性（generalizations），这些普遍性价值非凡，不仅作为纠正实践中所遇到的困难的诊断工具，也是作为其指南……今天的管理十之有九是一门技术的、科学的工作（Urwick 1966：39/42）。

对公共私有共同点一般主题的变化具有强大的持久力而且依然和我们紧密相关。一个具有代表性的现代观点就是爱德华·利奇菲尔德（Edward Litchfield 1956）的观点，他是康奈尔大学企业和公共行政学院（Cornell University's School of Business and Public Administration）的前任院长。利奇菲尔德认为，虽然行政过程可能有所变化，但是在公共和私有部门之间它们在系统上没有差异。他呼吁发展一个综合性行政理论，其一般内容是不变且普遍的，但在具体应用上可以变化。

有关共同点主题的第二个变化认为，公共行政就像企业管理，这并不是因为它们共同具有管理技术，而是因为商业组织就像公共组织一样是政治系统（Long 1962）。雷德福（Redford 1965）的想法对于这一观点是描述性的。雷德福认为，商业组织合并了公共权力和私有权力，并且构成了一个政治体系。由于商业组织不再受到市场规则的支配，它们必须受到新的监控形式的支配，应该采取建立在共享权利概念基础之上新的内部管理形式。

但是，在"共同点"文献中的主要主题是公共和私有组织之间差别的模糊性（Bozeman 1984；Gordon 1982；Murray 1975）。正如洛奇（Lorch 1978）所言，

"在一定程度上，今天的所有大规模组织都是公共的，都被迫提出公共目标并使用法律和规章所规定的方法"。他认为，公共和私有行政之间许多据说的差别都是"纯真传说"（pure legend），而且企业管理并不比公共行政更为道德、不那么腐败、不那么浪费和更有效率的。

公共私有行政之间差别的模糊性主要是公共部门"私有化"的结果，或者说，根据某个人的观点，是私有部门"公共化"的结果（Cassell 1983）。这是随着政府与私有组织签订合同执行公共职能所出现的；随着公共企业被组建以执行公共事务而出现的；随着私有组织在企业责任的旗帜下从事公共福利开支而出现的；或甚至是随着私有实体参与对公共利益有影响的活动而出现的（McKinney and Howard 1979）。现在流行设计一个从"纯粹的"公共组织到"纯粹的"私有组织变化的"半分裂的连续体"（semi-segmented continuum），其中大部分组织处于这些位置之间的某个地方（Kogood and Caulfield 1984；Perry and Rainey 1988）。

来自那些模糊论者的建议不是因为我们纯粹采取更为企业化的实践或者甚至是因为我们了解私有部门管理的政治方面，而是因为我们发展了新的行政策略和适应第三方行政（third-party administration）任务的一个新一类行政官员（Cassell 1983；Murray 1975）。

C. 经验证据

有关公共私有两分法比政治行政两分法实际情况还有更丰富的经验证据。但是，它不再是结论性的。毫不奇怪的是，似乎在公共和私有组织之间既有相似点又有差异。

许多研究都提及公共行政官员的态度和价值观问题。雷尼（Rainey 1992）报告说，一般而言，公共组织的雇员对赚钱不那么重视，对利他因素和公共服务比较重视，而且他们对工作的自主性以及组织的晋升政策满意度较低。罗尔斯等人（Rawls et al. 1975）对两类研究者的价值方向和态度作了比较性评估，一类计划进入盈利部门，一类计划进入非盈利部门。他们发现，那些计划进入非盈利部门的人更为主导性，更灵活，更有能力获得地位，有更多社会表征（social presence），更加关注个人关系，更加需要权力，不那么关注经济财富，并且更可能是学校的变革动因（change agents）。研究中唯一意想不到的结果就是那些计划进入非营利部门的人更不需要安全。在盖尤特（Guyot 1962）所作的一份研究中出现了稍有不同的一个类型，他发现，政府官僚与他们商业中的同伴相比，精力更旺盛，独立性不强但不那么狂热追求权力。布朗（Brown 1970）报告说，商人与公共经理相比是更大的冒险者，而且与罗尔斯等人（1975）的发现结果相反，商人比公共行政官员对安全的需要相对要低。

有一个普遍发现，公共雇员整体上比在私有部门工作的人对他们的工作更为不满意。莱茵哈特（Rhinehart et al. 1969）研究了公共和私有部门的需要满足感，他发现，那些需要在公共部门比在私有部门各个管理阶层以及在整个马斯洛（Maslow）需求层次理论（hierarchy of needs）（即安全、社交、尊重、自主和自我实现）中都更少得到满足。与我们可能期盼的相反，安全需要被发现要比政府内的自尊需要更少得到满足。

盖尤特（1962）和布坎南（Buchanan 1975a/b）更为具体地研究了雇员奉献和忠诚的因素。盖尤特报告道，商人比公共经理更为看重合群激励指数（affiliation motivation index）。这一结果被布坎南加以肯定，他发现，在一般的政府行政机构内表现出了与私有部门经理相比更少的参与、更少的忠诚和更弱的组织目标认同（Buchanan 1975a：245，1975b：433）。

最后，好几项研究探索了公共和私有雇员中间的工作激励。结果再一次发生了变化。盖尤特（1962）报告道，政府官僚比私有雇员有更高的成就动机（achievement motivation）水平，但布朗（1970）却发现商人比公共经理更为看重成就动机。戈尔德（Gold 1982）发现了一定程度的共同性，因为同样的特点（明确的目标和组织奉献感）在公共和私有部门同样都与成功的管理相关。

在比较公共和私有部门的业绩时，结果也同样混杂。劳等人（Lau et al. 1983）报告道，高层公共和私有官员都在组织内行使非常相似的职能。像其私有同伴一样，公共执行人员没有很多时间进行深思熟虑地系统规划，他们喜欢有声媒介（verbal media），他们肩负过多的义务，而且他们通过加工来自外部环境的信息而成为组织单位的神经中枢。两个部门内的职位都是片段的、高压并需要快速反应。波特和范·马阿南（Porter and Van Maanen 1983）发现了一些差异，因为政府经理感觉到他们对自己的时间控制更少，而他们接到来自组织外的更多交流。私有部门更为有效的经理把更多的时间用来制定计划，但公共部门时间规划与有效性丝毫没有关系。公共经理也被发现集中在不同类型的决策上、采用不同的决策标准并经历着不同类型的冲突（Brettschneider 1990；Rainey 1992）。

生产力和效率的结果也是模糊不清的。许多研究表明，私有业绩比公共业绩更为有效率（Rainey 1992）。斯潘（Spann 1983）报告了比较公共部门和私有部门对共同职能的业绩的许多研究结果，他发现私有部门运作中更为有效率。戴维斯（Davies 1971）研究了两个澳大利亚航班，一个公共一个私有，他发现私有航班实质上更为有效率。与之相反，对卫生护理质量的研究则说明在公共和私有效果上几乎没有差距（Spann1983），而且在大不列颠国有化产业以及公用事业（public utilities）如美国的田纳西流域管理局（the Tennessee Valley Authority）和瑞典（Sweden）的公用事业中还有一些著名的成功事例（Berkley 1978）。斯潘（1983）得出结论，对大多数的活动，私有生产者能够以同样或更低的成本提供同样的服务。罗斯纳（Roessner 1983）宣称，虽然私有组织可能更具有生产力，但是他们不会比公共组织更具有创新性。伯克利（Berkley 1978）认为，我们有关公共和私有组织相对效率所作的结论只是根据我们所看阅的部分记录。

对公共和私有部门之间有关"官样文章"（red tape）的差异性也倾注了大

量关注。毫不奇怪的是，公共部门组织被发现比私有部门有更多的官样文章，但对于这一普遍发现也有一些不足。博兹曼等人（Bozeman et al. 1992）研究了研究和发展组织，他发现公共组织或从事治理的组织完成任务的时间要更长。巴尔德温（Baldwin 1990）分析了公共和私有组织中官样文章这一概念，并发现公共组织经理比私有部门管理者要察觉更多类型的官样文章（外部正式官样文章、内部正式官样文章、人事官样文章和非正式官样文章）。有趣的是，没有哪个官样文章措施与激励层次相关。布雷茨奈德（Brettschneider 1990）对公共和私有部门信息系统管理者的研究说明公共部门管理者比私有经理普遍经受更大的相依性、更高责任需要、更多程序拖延以及更多官样文章。

雷尼等人（Rainey et al 1995）在对锡拉丘兹（Syracuse）地区公共和私有经理的一个研究中发现变化更大的结果。在评估认为与官样文章发展相关的因素时，他们发现两个部门之间对目标模糊性没有差异，但他们的确在安全（在公共部门更高）和对外在待遇（extrinsic rewards）（在公共部门更低）的期望上发现了所期待的差异，两者都与更高级别的官样文章相关。他们得出结论：一般的正式化（general formalization）和规则强度（rule intensity）与规模相对于部门联系更为密切，但公共组织鲜明表现出某类只能更高的正式化水平，诸如人事和采购。

好几项研究通过引进"公共性"程度而接纳了部门模糊性现象（sector-blurring phenomenon）。根据经济对政治权威而区分组织类型，考西和雷尼（Coursey and Rainey 1990）发现，公共组织在人事方面比私有组织更为受到限制，而混合型组织居于中间。博兹曼等人（Bozeman et al 1992）根据部门地点（sector location）、与政府之间的交流和来自政府的预算比值将研究和发展组织分类。他们发现，相对于其他两项指标，部门地点与官样文章联系更为紧密，但每项指标都与官样文章有一个独立的关系。采用维度方法（dimensional approach）研究公开性，考西和博兹曼（1990）发现，公开性与决策类型、参与组织程度和决策制定的顺利（即所要求的流程和实践）都有关系。

公共和私有组织之间的差异也在其他管理技巧上得到发现。帕克（Park 1991）评估了公共和私有组织质量圈（quality circles）的成功率，发现虽然公共和私有组织的成功率都高，但在私有部门有更高的成功率。罗伯逊和塞尼（Robertson and Seneviratne 1995）查看了 47 个有关公共和私有组织内计划组织变革研究。他们在两个部门内都发现了重大的积极结果，而且两个部门之间几乎没有差异。但是，虽然私有部门变革在个人发展上很有效果，但公共部门干预在提高系统业绩上更为成功。他们的结论是：可能事实上在公共部门比在私有部门更容易产生发展。

D. 小结

对于这些经验研究当然还存在大量的局限性。这些研究并没有囊括所有提到的公共和私有行政之间的差异；它们涉及的是不同的，常常具有高度选择性的数目（populations）；而且在使用的方法上他们往往过于简单化，但情况却是一直在改进。但是，最显而易见的局限性是经验证据没有提出规范性问题。公共行政可能和私有行政相同或不同，但这并没有告诉我们真实的情况应该是什么。公共行政可能和私有行政一样和不同。但公共行政也可以更甚于私有行政。没有必要否认政府行使了它不应该行使的某些职能，而且它行使的职能有时候是不恰当操作的，或者公共权力可能被用来服务于私有和狭隘利益，以证明政府的行为应该以被赋予其特殊权利和职责相称的方式来完成。

莫（Moe 1988）谈到了部门模糊性问题是政府委派部分权力和职责给那些合法性还存在问题的第三方。在这一过程中，法律原则被过程原则所取代，政治责任与管理责任分离。政府可以下放某些职能，但这应该是在角色和责任被了解且部门差异被认识这一环境中完成。雷德福（Redford 1965）在观察政府通过代表性职能执行其任务而有所不同中扩展了规范论证（normative argument）。在民主政府中的公共行政必须不仅仅是寻求效率或行使权力。它必须在执行职能时是负责并具有代表性。这些规范性问题必须着手描述性问题调查的完整性。

Ⅳ. 行政科学

公共行政学领域第三个主要问题就是是否有可能发展行政科学。无论有多难以理解，这一直是该领域大多时候的理想，不过具体方法随着时间一直在变化。

A. 经典行政科学

在经典时期，寻求行政科学与对政治行政和公共私有两分法的立场联系一体。一致认为，如果能够把行政从政治中区分开来，因而把行政减少到手段选择问题，那么一个一般和价值中立的行政职能可以辨认出来，而这一职能将经得起科学调查。需要发展这样一门科学得到广泛宣告。公共行政学被认为是政治科学和其他社会科学的一个分支（Gulick 1937），它将成为一门同源科学，"贯彻政策并从政治科学停止的地方开始"（Merson 1923：221）。这一行政科学被界定为"一个知识体系，借助它人们可以在任何被认为为一个共同目标而组织在一起的情况下了解关系，预测结果并影响后果"（Gulick 1937：191）。

普遍认为，社会科学和精确科学（exact sciences）之间的差异不在于各种科学本身，而在于"其主题事故"（accidents of their subject matter）（Merson 1923：224）。因此，经典方法赞同自然科学方法并且意欲跨越不理性的经验主义界限，或纯粹的事实积累。古立克（Gulick 1928：102）以反问句的形式询问"难道我们不应该发现，通过我们用来发现管理原子的法则的同样技巧来发现治理人的原则和法则吗？"科学评估任务被认为是现象分类、追踪因果关系、通过试验和探险检测假设、并且应用已经发现的真理（Gulick 1938：29）。

根据沃尔多（Waldo）的观点，经典方法接受了"宇宙宪政主义"（cosmic constitutionalism）概念，该概念结合了事物存在一个自然顺序概念和自然顺序就是事物应该存在的方式这一概念。科学的功能就是发现统治自然和社会现象的"法则"或"原则"。这些原则是通过"合适和辛勤的研究"得出来的，然后它们作为良好有效政府的一个指南（Waldo 1968b：148）。不清楚的是经典创始人的"原则"确切指的是什么。古立克（1925：400）把原则界定为从经验中抽离出来并精炼成实践应用的一个简单形式的"不变的法则"。厄威克（Urwick 1966：39-40）在把原则的特点认为是"暂时的概化"或"近似或可能的期望"时持大大温和的立场，这些特点不是因果之间不变关系的陈述。

经典作家没有意识到采纳"科学的"方法而产生的危害。尤其是他们承认存在一个"价值问题"。但是，对价值问题的回应仅仅是认为价值与公共行政学研究和实践的主要问题无关（Gulick 1937）。价值只有当原则被评估或者被应用时才有关系，当相互联系或变体被评估时没有关系，而且后者是科学问题。

B. 对经典行政科学的批评

对行政经典概念的挑战和/或要求发展行政科学是在20世纪40年代。对经典科学理想和成就的三个主要批评家是德怀特·沃尔多（Dwight Waldo）、罗伯特·达尔（Robert Dahl）和赫伯特·西蒙（Herbert Simon）。

在其《行政国家》（The Administrative State 1949）一书中，沃尔多提出，经典方法仅仅是常识的一种扩展，虽然有相反的一些抗议，但其依赖于几乎不以理论指导方式的一堆事实。沃尔多赞同，虽然公共行政学某些部分可能经得起科学调查的检验，但该领域普遍充满了各种价值因而不能当成科学对待。公共行政学是关于思考和评价由一个自由意志所拥有、因而也不是完全受对自然科学解释至关重要的因果机械力量支配的人类。沃尔多承认，即使行政科学不可能也需要一个科学的心智。但是，该主题的性质应该确定所使用的方法，而我们不应该试图强力采用对主题很不适合的一个方法。

达尔（Dahl 1966）赞同沃尔多关于经典行政科学没有足够解决价值的观点。在一个民主体制内有许多除了效率以外的价值，行政必须关注更广泛的伦理问题。在区别目标和手段中，对目标和困难的争论提出了应该明确化而不是隐藏在科学中立旗帜下的价值问题。

达尔也赞同沃尔多认为经典方法所拥护的科学方法不足以解决组织内的人的行为这一观点。研究者很少获得经验背景（experimental settings），在数据方面几乎难以获得一致性，而且观察者偏好所起的作用可能被夸大了。因此，行政"法则"在自然科学王国内可能不那么可靠。

最后，达尔认为经典科学对公共行政学的社会背景不够敏锐。这有两个含义。首先，不能仅仅认为行政"原则"在所有社会背景下都适用。达尔认为，如果公共行政学对发展普遍使用的原则很严谨，那么就要求比较分析，这是经典创始人所没有做到的。其次，也不能认为经典创始人所倡导的新行政派（the new administrative class）不适合美国的社会背景。简而言之，达尔将对已经发展了一门科学的声称提出挑战，而且甚至对这样做的努力的效果持悲观态度。

西蒙（Simon 1975）的批评更直接集中在经典方法的"原则"方面。他认为，经典原则致命的缺陷就是缺乏经验证据，而且就像谚语一样趋向于以相反的配对（contradictory pair）形式出现。分析问题就是在这些相反的建议中建立适当的平衡。这是经验分析的一个任务，但也是经典文献中没有完成的一个任务。西蒙承认，经典原则作为组织分析的经验法则或诊断标准可能不无用处，但却几乎没有什么科学价值。

C. 行为主义行政科学（The Behavioral Science of Administration）

对经典行政科学的这些和近似的批评是双重的：呼吁发展称得上"科学"这一称号的组织理论并拒绝科学理想和抱负（pretensions）。

第一个回应是来自逐渐为人所知的"行为主义"方法（behavioral approach）。沃尔多（1975b）把行为主义描述为更多是一个论调或劝说而不是一个坚定的信条，但却是明确反对纯粹的描述、抽象的臆测、律法主义、制度主义并涉及道德和伦理问题。它是为了研究成功的科学、集中研究可观察行为、检测经验理论并在理论指导下收集数据。更多的与心理学、社会学、社会心理学和人类学而不是公共行政学主流相关，行为主义方法同意经典创始人的科学理想，但通过追求普遍集中在组织或更具体的集中在组织内的个人行为上来追求其目标。目的是构建科学有效地"组织理论"（Fesler 1975）。

也许应用行为主义方法研究公共行政学的最佳范例就是赫伯特·西蒙的著作，西蒙是既认为自己是一个公共行政学研究者又是一个行为主义者，这一时期为数不多的几个创始人之一。西蒙在两个方面不同于经典先行者。首先，他呼吁在公共行政学研究中发展运作概念（operational concepts）和应用经验设计的系统经验调查（Simon 1957）。他说，这已被科学管理运动中弗雷德里克·泰勒和其他人所完成，但被其他经典创始人排除在精神方面之外而有所忽视。

其次，西蒙描述了构建行政科学一个不同的领域，该领域不同于经典创始人所具体化的领域。虽然经典创始人认为如果行政与政治分离，公共行政学整体能被经得起科学调查的考验，但西蒙认为仅有部分行政经得起科学分析的怀疑。西蒙拒绝认为政治行政两分法是经验无效、规范不足的。由于他相信价值超出了科学调查的范围，而且由于行政官员通过其政治和政策参与不可避免地至少与某类价值问题有关，所以西蒙得出结论，公共行政学整体上从未是科学的。

西蒙在否决政治行政两分法不足以为构建行政科学而完成确定合适领域这一任务后，他提出了自己的两分法，事实价值两分法（fact-value dichotomy）。西蒙认为，行政决策有两个基本构成部分，价值部分和事实部分。价值部分是一种伦理表达，不能被评价为真实或虚假的。事实部分是一个选项和其后果之间的联系，这通过经验就可以观察到，因此可以被评估为真实的或虚假的。因为科学不可能解决价值或伦理前提,所以西蒙建议行政科学集中在行政决策的事实部分。他说,这样一种科学可以给我们提供对我们决策后果更为精确的评估(Simon 1967)。但是,这不会解决与公共行政学必然有关的冲突利益、紧缺资源、价值界定和抉择等政治问题(Simon 1967)。

西蒙(1957)事实上呼吁发展两个行政科学:一个是实践的,一个是应用的。纯粹科学寻求发现和证实有关组织内人类行为的经验主张(empirical proposition)。实践科学将集中在组织内获得更为有效率的业绩的方法。实践科学将会更为广泛地应用,但不会那么科学,因为它涉及提高业绩的提议,而这些提议总是取决于做提议的个人的价值观(Simon et al. 1950)。西蒙认为,因为他感觉两种类型组织之间的相似点比不同点更为重要,所以各种科学都与公共和私有组织有关。

D. 对行为主义行政科学的批评

正如以前经典方法所遭受的,行为主义途径、尤其是西蒙的研究产生了一阵狂轰乱炸的批评。一个主要的批评家又是德怀特·沃尔多(Dwight Waldo),沃尔多在完全暴露在行为主义者中间后开始看到了经典方法的某些希望。

沃尔多开始时就攻击逻辑实证主义,这是行为主义方法的哲学基础。沃尔多声称,虽然经典方法在科学分析影响下掩盖了其价值观,但逻辑实证主义简直就是忽视这些价值观。沃尔多(1954:86)认为这一特征是对价值问题的"武断且无法忍受的侵犯"(dogmatic and intolerant evasion)。他不赞同在因果理论(causal theory)中把价值当作纯粹的数据,并把这些数据在劳力的学术分工下再交给别人。根据沃尔多(1955)的观点,逻辑实证主义是作为一种分析工具提出来的,但事实上它是一个行动计划,它导致早熟性技术导向(premature technological orientation),在选择研究主题时允许价值从后门进入,并且当行政官员被降低到被雇佣的专家地位时允许自身被精英使用。沃尔多(1965)承认,逻辑实证主义是一个重要而值得尊重的学术观点。但是,它一"招收"就对"应该"问题不予理睬,因此它满足于掌握一部分人生经历并将之作为整体(Waldo 1965:23)。

鉴于对逻辑实证主义的这种态度,毫不奇怪的是,沃尔多发现了西蒙研究行政的方法中存在许多令人反对的内容。根据沃尔多的观点,问题的核心在于西蒙的事实价值两分法。沃尔多(1955)认为,事实价值两分法和西蒙在纯粹和应用科学之间所作的区别都仅仅是老调重弹的方法,也就是公共行政学被降低到政府事物的工具这一地位上来。他同意,只要社会科学是社会的,那么事实和价值就不可分离,即使在纯粹科学领域也一样(Waldo 1964)。结果行政理论应该包容伦理理论,而价值应该有意识和精神地研究(Waldo 1954)。

以上所说的并不是指沃尔多认为公共行政必须完全抛弃其科学理想。他断言,逻辑实证主义、经验主义和科学都不是同一的(Waldo 1952)。根据沃尔多的观点,广泛意义上而言,科学仅仅是"知识":在其最严格的构成上,它只是一种类型的知识，其获得和合法化都是根据一个具体方法的标准。选择"正确"的科学概念是一个信仰行为，而不是一个科学行为（Waldo 1975b），而且他发现了比逻辑实证主义更为"温和"的方法，不仅在学术方面值得尊敬而且"在社会政治方面也是有用的"（Waldo 1975b：3）。

对于公共行政能否成为一门科学，沃尔多没有做出决定。一方面，他认为公共行政学已经是科学的，因为它获得了对人民的大量支配权并且甚至可以纠正某些预测（Waldo 1956）。另一方面，在科学和道德之间有一个差异，而且由于公共行政不可避免地与价值问题和伦理问题有关，因此它不可能完全是科学的。沃尔多（1961）承认，他对公共行政学可以是更为科学的这一观点是"温和的承认"（mild commitment），但他对其成为一门"科学"的前景确实极度保留。他的愿望是"创造性想象力与科学探索和检验相联合的共同努力"将有助于提高行政能力（Waldo 1968a：74）。

沃尔多的研究方法便转化到一些人所叫做的"新公共行政"（New Public Administration）领域来，可能更为确切更为适当的特征只是公共行政学的"后行为主义"时期。这一时期的显著特征是科学实验的广泛概念化以及一定的方法普遍性（Catholicism）。但是，应该指出的是，公共行政学领域一直都有一个方法多元化的传统，但多样性被对主要主题的讨论所掩盖。

马克斯·韦伯（Max Weber）虽然坚持对价值地位的行为主义观点，但他认为社会科学应该与"定性方面"和对来自自然科学各方面的一个不同类型的着重理解有关（Shils and Finch 1949：76）。玛丽·帕克福莱特（Mary Parker Follett）要求参与观察作为分析人类关系和社会情况分析中经验研究的指南（companion）（Fox and Urwick 1973）。巴纳德（Barnard 1968）赞同"非逻辑过程"在行政活动中的重要性并且更多依赖于经验和观察而不是因果科学概念（Wolf 1974）。梅奥（Mayo 1945：16）区分了产生于直接经验的"认识"（knowledge-of-acquaintance）和产生于反省和抽象思考的"了解"（knowledge-about）。他强调在研究中对现象亲密、习惯和本能的熟悉（Roethlisberger 1977）。

后行为主义或后实证主义（postpositivist）科学研究的方法在方法论尝试方面是也广泛的，但是对"系统的、经验的调查"很谨慎，而且似乎几乎不关注被认为是"科学的"与否。这一方法试图把价值作为科学努力的主要成分而纳入进来，并且采用沃尔多所喜爱的一些"更软化"的技术。这产生了与折衷主义（eclecticism）毗邻的多元化。

丹哈特（Denhardt 1981）的"批判理论"（critical theory）方法和卡特伦和哈蒙（Catron and Harmon 1981）的"行动理论"（action theory）表明了对价值的集中关注。丹哈特断言，经验分析科学寻求预测因而以控制物质和社会现象（occurrences）。这导致了更加关注发现最为有效的途径来完成确定的目标而不是关注与目标本身相关的理性思考和启发式行动的一个工具主义导向（instrumentalist orientation）。丹哈特提议用"批判理论"代替经验分析视角。批判理论的目标是暴露在个体内部奋斗和社会环境所加诸的局限性之间的矛盾，并且提供更多人类自由的基础。对于公共行政学，批判理论的目标是双重的。首先，批判理论应该产生对官僚主导（bureaucratic domination）技术基础的一个评估以及该主导的思想范围（ideological justifications）。其次，它应该促成理解对行政程序加之于个体行动的局限性以发展一个在本质上不那么压迫性的新行政"实践"。

卡特伦和哈蒙在激励采纳"行动理论"视角时采用了一个稍微不同的论调。不像行为主义集中在各种行为类型之上，行动理论集中在被激励的行为之上，并试图了解行动（action）原因而不是行为（behavior）原因。从这一角度出发，与行动有关的意义模式是主要关注的问题，他们认为，了解与行动有关的意义将会消除对社会发展的限制因素。与公共行政有关的行动理论的目的就是"通过澄清能够促使、限制或制止行政行动或决策的隐含假设、因果想法和价值观来增加实践者的诠释性能力"（Catron and Harmon 1981：537）。

后实证主义途径对行为主义时期所使用的方法提出疑问。回应梅奥的某些主题，施密特（Schmidt 1994）断言，不同类型的知识没有优劣之分，而只是观察和组织我们对复杂现实的理解的不同方法而已。她认为，没有采用实证主义的分析途径，我们需要来自我们几个感官的数据以熟悉，并从这几个（即其他人）上熟悉以获得整体感。

赫梅尔（Hummel 1994）发动了一系列有力的叙述，作为认识的方式。他开始就以知识是跨学科的这一观点作为前提，而所作的判断必须是关于是否过去的经验提供了可以应用到目前情况中的原则。在倾听叙述中，听话者在她自己的世界和叙述者的世界里忽左忽右。在这一过程中，倾听者重新制定了叙述者在最初故事中所构建的世界的各个步骤，并分析了叙述者的世界可能对她的意义。故事的有效性在于听者在不熟悉环境下认识到熟悉情况的能力。赫梅尔得出结论：那些在公共部门管理者和工作人员的故事是一个新公共行政学科的唯一基础。

贝利（Bailey 1992）为案例分析方法辩护。像赫梅尔一样，贝利让我们采用实践者的办公室作为研究公共行政学的实验室。她认为，公共行政学研究可以通过辨认可重复的情境和使用将严格的案例方法纳入其中的研究方法而成为更科学的。案例研究可以转移（到其他情况下）并且可以复制。它们也可以在分析意义上而不是在统计意义上一般化。案例研究允许评估从一个到另一个情况的共同点。在这意义上，案例研究不仅仅是一个范例，而是扩大和概念化理论的一个机会。只存在少数戴克（Daneke 1994）认为的一般特征是"后实证主义"的案例［戴克（Daneke）自己在序列上加入了回归系统理论（a return to systems theory）作为组织范式］。他们所共同的是不信任系统经验分析，相信定性分析，且喜欢方法多样性。

无论这些或其他理论方法是否会代替原有的方法还有待观察。但赞成多样性是值得称赞的。怀特和亚当斯（White and Adams 1994）认为，在我们迷恋实证主义的演绎逻辑中，我们忽略了解释性（理解事物）和批判推理（判断事物好坏）的潜在作用。但是，存在的危险是这会留给我们不具有明确质量标准的方法相对主义（Methodological Relativism）。

试图把价值重新注入公共行政学研究，其潜在的麻烦重重。这可能是试图揭露在前面观点中不明确的思想和隐含的价值时，我们可能走到把公共行政学当作不过是思想意识的另一个极端上去了。也许这无可避免。如果这样，那么该前提应该公开受到仔细的评估。有可能希望沃尔多对许多方法的合作性和补充性努力成为泡影。但是，我们必须谨慎以防有时候表现在行为主义中的某种原则偏执（doctrinal intolerance），这一方法会以潜在的更为爆发性（explosive）的形式把价值和思想意识摆在事业核心位置上。

E. 公共行政学的研究

对公共行政学的研究质量的激烈讨论也在前 10 年出现了。对研究的研究是集中在作为研究质量标志的期刊文章和论文上。从两个渠道都得出了非常相似的结论——还有待提高。

麦柯迪和克利里（McCurdy and Cleary 1984）是以评估公共行政学博士论文而开始这一争议的。他们报告说，论文在许多争论点（a number of counts）上是不足的，包括方法严格性、理论测试和因果分析。在 1990 年重新阅读他对论文的研究中，克利里（1992）发现，在所有这些方面都得到了某些改进，但他也发现，在论文涉及该领域一个重要的主题上有所退步。少于 1/3 的论文涉及了克利里认为重要的主题。

亚当斯和怀特（Adams and White 1994）扩展了克利里的分析，他们比较了公共行政学与在规划、管理、犯罪学、社会工作和女性研究方面之间的论文。公共行政学论文在比较中并不理想。公共行政学论文在是否存在有一个分析框架方面排倒数第二，在有明显的方法错误方面排在最后。几乎有一半的论文没有理论相关性，1/3 没有实践相关性，1/3 对于该学科或者不重要或者在一般重要性（average importance）以下。半数以下的论文保持了主要倾向（即依据了实证主义传统）。几乎没有证据证明在分析中使用了中程分析（mid-range theory）。84% 的论文是经验的，但几乎没有几篇采用了复杂的定量技术。创始人给这些论文整体上是 D^+ 级。

在分析公共行政学期刊文章中仍得出了非常相似的结论。斯托林斯和费里斯（Stallings and Ferris 1988）评估了在 1940 - 1980 年间出现在《公共行政学评论》（Public Administration Review）上的文章。他们发现，大部分文章性质都是概念上的并且集中在管理问题、政策分析和对具体项目的评估上。他们认为，研究需要有更广泛的中心并且不仅仅是确定研究问题，应该花更多的时间来进行实际分析。

休斯敦和德莱范（Houston and Delevan 1994）扩大了评估期刊的范围，在批判上更加尖锐。在所评估的 7 种期刊内，他们发现几乎没有用到精细的研究设计，几乎没有很多的变量分析，也几乎没有纵向研究（longitudinal studies）。

正如斯托林斯和费里斯所发现的，这样的研究通常是概念性和非经验性的。他们断言，这不会导致建立在科学原则基础之上的知识基础的积累。

科扎特（Cozzetto 1994）阅读了在 1988－1991 年这一时期使用定量分析的 4 种期刊中的随机抽样文章。他报告说 60% 的分析都采用了不适合于评估水平的统计技术，而且少于 20% 的分析采用了复杂的定量技术。方法缺陷在所评估的期刊内分布并不均匀。

这是一个令人沮丧的一系列结果（a litany of results）。应该指出的是，如果要严格对待"科学"（即实证）研究的话，评估本身也存在缺陷。文章和论文的抽样并没有代表性，分析也采用了不明确的指标，而且评估倾向与实证主义方法。但是，这似乎有待关注的某些原因。威尔逊（Woodrow Wilson）曾经警惕他所称作的"蛮横经验主义"或没有头脑地堆积事实，这些事实都被理论视角和缺乏基础原则而统一化了。我们似乎没有留意这一警告。公共行政学许多定量研究似乎就落入"没有大脑的经验主义"这一处境，并且缺乏方法严格性。事实上，似乎很少关注研究是定量还是定性这些方法问题。也许最让人头疼的不是如此缺乏理论而是缺乏一套要被评估的核心问题。显然，该领域发现，无论怎样界定，公共行政学的构建是一个难以捉摸的目标。

V. 职业化和公共行政

公共行政职业化问题逻辑上是来自先前讨论过的问题。政治应该在行政中扮演什么角色、公共行政是否不同于私有行政以及行政科学是否成为可能等这些问题所提出的身份危机激励大家积极努力通过职业化过程来获得某种共识。

A. 朝职业化运动的起源

职业化的种子几乎同时撒播在与公共行政学作为有意识探索的焦点出现之时。科学管理和期望政府积极角色和行政官员在政府中的积极角色一起为公共行政职业化提供了最初的动机（Stone and Stone 1975）。同时与之相反的是，政治科学——公共行政学的起源学术原型——正转向科学或学科模式，这与职业模式相对（Waldo 1980）。无论公共行政学是被推动还是跳出，它走出了巢穴并寻求自己的身份和独特能力。

在职业化过程中早期的组织血统（organizational lineage）可以追溯从纽约市政研究所（the New York Bureau of Municipal Research）到政府研究协会（the Governmental Research Association, GRA）、到公共行政中心（the Public Administration Clearing House, PACH）。在结合实施调查中，该所帮助建立了许多地理分散的研究所。GRA 成立于 1915 年，是为了保持在这些研究所之间以及该所公共服务培训学校（Training School for the Public service）的联系（Pugh 1985；Stone and Stone 1975）。在大约同一时候，国际城市经理协会（the International City Manager's Association, ICMA）成立。ICMA，与其他专业协会一道在 1929

年路易斯·布朗诺（Louis Brownlow）的指导下被纳入了 PACH。1932 年，在由大萧条引起的金融压力之下，GRA 寻求参与在 PACH 的资格。这一关系经证明对双方都不尽人意（Pugh 1985），因而寻求一个新的组织安排。结果是在 1939 年成立了美国公共行政学会（the American Society for Public Administration，ASPA）。

如皮尤（Pugh）所指出的，ASPA 的成立标志着公共行政学作为一门领域，独立于政治科学专业化之外，并且代表了共同的职业感。ASPA 用来规划代表通才（generalists）而不是专家（specialists）用来避免与其他现有组织竞争，而且决定组织应该独立于党派和政治问题之外（Pugh 1985）。新组织的总部设在芝加哥并且和其他 PACH 成员共处一室。1956 年 PACH 遇到了财政困难，但到 1961 年为止 ASPA 本身也处于严重的财政危机之中。1963 年该组织移往华盛顿特区，然后一直持续到今天。

与此同时，1958 年一群公共行政项目首脑集聚一堂，讨论共同感兴趣的某些问题；他们中间主要是认为对 ASPA 中的研究生教育问题没有给予足够的关注（Henry 1985）。该小组认为自身是公共行政研究生教育理事会（the Council on Graduate Education in Public Administration，CGEPA），他们寻求更好地确定公共行政学内的研究生教育、提高研究生层次的教育措施，并促进发展新的公共行政项目（Henry 1985；Pugh 1985）。显然他们一致赞同公共行政项目需要某种不受人文和科学部门限制的独立，而且不应该被商业院校所占据。因此该小组认为管理是一个融合性方向并寻求公共行政学内项目独立的职业身份。此外，该小组开始考虑组织内成员的限制并积极促进发展项目规范（Henry 1985）。CGEPA 在 20 世纪 60 年代在政治上活跃起来，促成通过了《1967 年公共服务法》（the Public Service Act of 1967）和对《1968 年高等教育法》的修正案（Amendments to the Higher Education Act of 1968）（Pugh 1985），并与联邦政府协商承认公共行政是一个雇佣的特别范围（Henry 1985）。在当时，ASPA 担心 CGEPA 不会成为一个独立的组织。CGEPA 的会议通常与 ASPA 的会议连在一起，CGEPA 构成了 ASPA 中两个委员会之一。但是，CGEPA 被认为仅仅是一个年度聚会，而且大家认为，有必要产生一个更好的组织来使得公共行政研究生教育更为有效果（Henry 1985）。

1970 年，成立了一个新的组织作为 CGEPA 的继任，它有个相当严峻的名称"全美公共事务与公共行政院校联合会"（the National Association of Schools of Public Affairs and Administration，NASPAA）。从一开始，该组织的范围就得到相当广泛的分析（Henry 1985）。"公共事务"这一词语被包括在该组织名称内以提供公共事务和政策的项目。成立了一个综合性社区以适应公共事务和行政独立院校的兴趣。成立了一个研究部把不同的研究所纳入 NASPAA。该组织发展迅速，现在有超过 200 个成员院校。

在这一时期，ASPA 内产生了许多变革（Pugh 1985）。在领导上的一个变革要求更广泛的代表性和扩大在该组织的参与。直接反对传统的实践，ASPA 作为一个组织提出了一些敏感性的政策问题和态度。最后，随着 ASPA 在该领域内提供了专业化的代表，ASPA 在历史上对"通才行政人员"（generalist administrator）的重心予以放弃。这些变革加上对金融问题的意见不统一促使 NASPAA 于 1976 年从 ASPA 中脱离出来。

对 ASPAA 一个重要的问题，而这也是 CGEPA 早期所关注的一个问题，就是建立公共行政的项目标准。显然，早期倾向于建立规范，虽然 NASPAA 的领导不断保证它永远不会成为一个认证性机构（accrediting agency）(Henry 1985)。尽管做了这些保证，很快就采取了强制措施以结束在 NASPAA 内有这样作为。1973 年，NASPAA 设计了一套项目规范，将通过附加项目（affiliated program）用于"自我评估"目的（Engelbert 1977; Zuck 1985）。到 1977 年为止，这些规范已予以修改，而且自我评估已变成了"匿名评审"（peer review），如果项目经发现与规范"相当一致"（substantial conformity），这将导致 NASPAA 进行名册登记（rostering）。1983 年，NASPAA 成员通过申请使 NASPAA 被承认是公共行政项目的认证机构，而认证本身随后不久就成为一个现实。

B. 职业定义

鉴于公共行政学领域已展示了对专业地位一个显而易见的愿望，问题就在于它是否已获得了该地位。不足为奇，这一问题的答案取决于界定"职业"的方式以及取决于所存在的大量不同的意见。莫舍（Mosher 1968）将职业简单地界定为容易确定的和专业化的工作，通常要求 4 年的大学教育，该职位给处于该职的人提供了一个终身生涯。公共行政似乎在这一相当松弛的界定上称得上是一门职业。库珀（Cooper 1982）认为，职业化要求掌握并保持运作公共组织和管理公共政策所必要的技术专业方面的能力。它也要求治理义务，这需要他们在他们错误时有义务告诉多数人和被选的领导，并且对行政目标和行政手段负责。通过这一定义，公共行政再次被认为胜任一门职业，虽然实际情况变得更加困难，标准也更不可靠。

到目前为止，界定职业最普遍的方法就是社会学途径，或者列举被认为是一门"职业"的诸多特点（Bowman 1982 – 1983; Gillespie 1981; Mosher 1978; Rabin 1981 – 1982; Riggs 1981 – 1982; Waldo 1975b; Wilbern 1966）。不幸的是，这些列举的长度和内容竟不相同，从吉莱斯皮斯（Gillespies）列举的 4 个属性到雷宾（Rabin）列举的 21 个。里格斯（Riggs）列举的 7 个特点可能代表了这些努力措施。根据里格斯的观点，一门职业应该有一个知识体系、一个社区导向（community orientation）、职业组织、有关道德规范（code of ethics）的一个批准程序、实践垄断、社区制裁（批准）和运作自主权。

要得出的结论——是公共行政文献一个典型的结论——就是公共行政学在某些方面称得上是一门职业，但在其他方面不是。公共行政可能有一个可以确定的知识体系，但那也是一个争议不休的问题。它有一个社区导向。它有一个职业组织（的确它有好几个）。它有一个认证形式的批准程序，但是它没有持执照的实践者（license practitioners）。它有原则陈述，即使不是道德规范（Chandler 1982）。它没有垄断实践或社区制裁并且只有有限的运作自主权。事实上要公共行政享有这样的自主权至少是有问题的，而且可能并不如人意。

C. 公共行政应该是一门职业吗？

最后一个考虑提出了更广泛的问题：即使可能，公共行政学成为一门职业是否令人满意？同样，可以从该问题的两方面集中证明。那些拥护增加的职业化的人首先断言，它能提高该领域的公共地位而且可能产生更高的集资水平（Mertins 1977；Rabin 1981 - 1982；Riggs 1982；Thai 1985；Turnbull 1985）。其次，他们认为增加的职业化能在大学里产生公共行政项目增加的地位。例如，沃尔多（1975a：224）认为，公共行政学作为一门职业的想法"使公共行政从大学文科的二级地位以及从我们没有范式这一负罪感中解脱出来"。增加的职业化第三个可见优势是在确定的一个知识体系和对构成适当道德行为因素的共识方面可以给该领域提供更多的连贯性（Denhardt 1982；Mertins 1977；Riggs 1982）。他们认为，职业化将促进尊重技术专业才能；促进尊重事实、理性和高标准；为获得新知识提供动机；增进研究；并作为传播信息的工具（Kearney and Sinha 1988；Mertins 1977；Wilbern 1966）。第四，大家同意，增加的职业化能促使组织能力的提高（Kearney and Sinha 1988；Riggs 1982）。在这一点上，他们认为，增加的职业化将促成实施最低标准；把行政官员和不适当的公共压力隔绝开来；促进组织内的交流和创新；促进发展组织内的职业阶梯（career ladders）；培养职业忠诚；提供工人满意度并在雇员中植入团队精神；增进对公共经理职责的了解（Kearney and Sinha 1988；Mertins 1977；Rabin 1981 - 1982；Riggs 1982；Wilbern 1966）。

该问题的另一方面就是认为职业化对公共行政领域有害的那些人（有些人两方都赞成）。在这种情况下，他们首先宣称，职业化无异于保护那些已在该领域的人的自我利益的一个机制（Cooper 1982；Fry 1985；Miewald 1978；Pugh 1989）。威尔伯恩（Wilbern1966）指出，职业的利益可能正好与公共利益冲突，而且职业群体的福利可能优越于公共福利。职业利益可能通过强加限制性标准、限制人事流通和阻止职业圈对外交流而获得。但是，这些措施可能不利于服务公众。事实上，塞耶（Thayer 1976）同意，NASPAA 已经显示出了这些职业自私性。沃尔多（1968c）告诫道，如果我们要考虑采纳一个更为职业化的观点，那么"对内面对自私"（inward-facing, selfishness）必须根据"对外面对公共服务"这一需要而得以平衡。

第二个问题是据说职业化是"非民主"性（Pugh 1989）。对职业组织的内部运行和有关职业行政官员在民主社会的角色问题等进行控诉。威尔伯恩（Wilbern1966）和戈乐碧威斯基（Golembiewski 1983）指出，职业组织缺乏内部民主，在其治理过程中依赖于权威等级执行。在外部，米瓦德（Miewald 1978；

52）赞成，职业化直接反对公开政治过程，在职业人士掌控之下的政府扬言要成为职能理性支配的"自身不断发展的机器"（self-perpetuating machines）。威尔伯恩同意他的看法，并说道，职业责任决不能代替法律和政治责任。1976年ASPA成员所作的一个调查说明，对职业规范在培育民主价值中的效能有相当广泛的保留。最多一半的回应者相信，职业标准将鼓励行政官员更负责更具有回应性地行动，不到一半的人认为，他们将帮助抵制特殊利益（Norris 1977）。

对职业化的另一个控诉就是它可能扼杀动机。例如，米瓦德（Miewald）认为，职业化仅仅是"惯例想法"（think in a nut）。最后一个控诉就是它可能对公共行政学项目有"调整"影响（leveling influence）。戈乐碧威斯基（Golembiewski 1983）认为该问题是在众多群众组织中确定"神龛和庇护所"（niche and standing）以及是在确定标准和维持质量监控中所伴随而生的困难。塞耶（1976）提出，"廉价学位学校"（cheap degree school）将欢迎强加项目标准。

总之，似乎一直认为，公共行政学还不是一门职业，但对其是否应该成为一门职业或如果这样努力甚至会发生什么事情却意见不同。在前面引用的对ASPA成员的一个调查中（Norris 1977），有稍微过半的回应者认为职业标准应该很有用处，但57%的人反对自己的组织采取任何措施制定标准。这一持续的不稳定状态导致了在有关职业化问题看法上的一定程度的矛盾状态。沃尔多（1968b，1980）认为公共行政是一门职业的想法正如一个态度或一个策略一样。他激励该领域朝职业模式方向发展，但他也承认，在严格意义上而言，公共行政不能（但可能不应该是）一门职业（Waldo 1975a/1980）。波曼（Bowman 1982-1983）提出，公共行政学应该被认为是一个具有商业联系的工作，就像它是职业一样的运作。莫舍（Mosher）（1978：150）认为公共行政学的未来可能是"职业学校以及没有职业的职业人士"之一。里格斯（1981）可能抓住了该领域这样做的情感，他得出结论职业化的代价超过它的利益。

有关公共行政是否应该是一门职业辩论的另一个曲解就是攻击职业应该是什么这一定义。凯勒等人（Keller et al. 1996）认为我们应该撇开职业的社会学概念，并转向至少是经典概念的某些观点。这些人认为，社会学概念不关注价值并忽视了服务伦理。而且，随着公共行政学奋力成为一门职业的同时它不明智地成为了一个规范性模式。因此，现代职业人士缺乏有助于伟大社会福祉的韦伯的比例和方向感。职业的经典概念包括"感召"（calling）概念并且要求其成员的知识和特征。职业化这一概念是建立在价值观基础之上并且对民主社会需要的代表很敏感。公共行政应该将自身描述为一个职业，它维持宪法过程，认为其责任是多种选民的代表，但在服务于一般利益时行使服务员的裁量权。

纳尔班迪安（Nalbandian 1990）在参考地方经理中作了一个类似的论证。他认为，我们应该离开行政官员作为隔离的行政专家这一传统模式。经理必须对委员会负责，但他们也有义务代表社区的价值。效率是这些价值之一。但是，代表、个人权利和社会平等这些价值也必须得到代表。职业人士不能讲政治人士从行政人士分离。经理必须不仅仅是利益的代表者。这会使他们难以与政治家分开。但他们不能不顾政治代价仅仅追求效率,他们必须将政治中立和正式责任及政治敏感融合起来;将效率和代表性、权利和平等融合起来。

职业化这些多种概念化呈现出进退两难的困境。社会模式可能期望太少,但其他模式可能要求太多。我们能拥有一个既是职业的又具有代表性的公共服务吗?如果是职业的,我们如何阻止它远离人民?如果是代表性的,我们如何将行政官员与政治家区别开来?职业化概念的形成仅仅是这一困境具体化,并没有解决困境。我们求助于"错误意识"原则。也就是说,职业行政官员应该做有利于公共利益的事情。但是,这似乎领着我们沿着最初直通向遥远,尤其是如果行政官员作为公共利益的受托管理人或服务者时。或正如某人曾经预言的,错误意识是功能混乱的。

同时,职业化倾向继续向前发展。希格拉(Ciglar 1990)断言,公共行政学内职业化的矛盾就是虽然职业化在增长,但是公众对官僚制的接受程度在下降。她认为这是因为政府是变革的障碍以及公共行政官员仅仅被视为是政府过程中自私的行动者这一看法。问题比解决办法更为清楚。希格拉提议在变革管理风格(改革交易领导和设备管理)和行政官员角色,他们应该作为广大公共利益的积极的说客(proactivist lobbyists)。斯蒂弗斯(Stivers 1994)提议行政官员学会更好地倾听。引用福莱特(Follett)的话,斯蒂弗斯认为,倾听使我们能够把公共空间接受为"意愿的交织"(interweaving of willings)而不是一个单一的透明的声音。这可能有点理想化,但是很可能是民主体制的创造性在于紧张状态而不是它的解决。

Ⅵ. 伦理学和公共行政学

A. 行政伦理

现代社会中广泛的行政权这一现实以及对行政官员在政治体制中的积极角色的支持产生了自然的、必要的、用促进普遍福利的方式来控制和引导执行该权利的兴趣。传统上而言,政府研究人员、宪法撰写者以及政治实践者携手应对构建对行政行为有效外部监督的这一挑战。这是长长的一系列潜在有用的外部监控措施,包括制度筹划、立法实施和监督、司法评估、行政管理系统和公共舆论将施加压力的政治过程(Meier 1993)。后来更多的关注集中在对内部监控程度方面,这些公共官员职位所具有个人行为的决策前提和标准可能确实会产生一个这样的公共服务:有效能、回应民选政治领导、并能明智而负责地行使广泛裁量权(Leys 1943)。

在一般情况下,考虑到内部监控是与公务员有关的两个显然相互联系的问题:(1)他们的基本职责、责任和义务是什么?(2)能采取什么措施确保他们理解并鼓励他们采取这些标准?行政伦理是一个词语,普遍用来确定研究和实践寻求这些问题的答案的领域(Waldo 1980)。

在美国,1930年之后行政国家(大政府)的迅速发展促进了一个持续而不断变化的提供驾驭行政伦理的这两个问题的答案的努力（Appleby 1952）。第二次世界大战后对行政伦理的许多兴趣都是直接回应在各级美国社会公共行政迅速扩大的范围和影响。保罗·阿普尔比（Paul Appleby）是接纳和探索行政国家道德意义的创始人之一。他认为，公共行政的政治权利把重大的伦理义务强加于公务人员身上：

> 公共行政恰当说来具有政治特点，据此我们不能不予理睬。公共行政参与创建机会产生道德目标……这不仅仅是通常技术方面所对待的"管理"，或者普遍具有稍微更加广泛一点意义所对待的"行政"（Appleby 1947：95）。

不必说在日常实践这一层面上，源源不断且众所周知由公共行政人员所作的涉及腐败、利益冲突和党争（partisanship）现象也证明了职业问题和公众对"官僚"和民选官员道德的怀疑（Bowman 1990）。因此，不可避免的是，许多行政伦理在实践中涉及相当基础而且常常是复杂个人行为问题，诸如真正和明显的利益冲突（Roberts and Doss 1992；Stark 1992）。

B. 行政伦理的基础

对行政伦理的关注不是一个最近才有的现象，也不是意识到了其对政治和社会层面的重要性。在1919年韦伯（Weber 1965）的文章《作为一种职业的政治》（Politics as a Vocation）中，他不遗余力地把公务员的道德责任和义务与政治家的区分开来。

> 公务员的荣誉被赋予在他有道德地执行上级权威的命令之能力当中，恰似于该命令与自己的信仰相同。即使该命令看起来是错误的但（虽然公务员已进行规劝）如果上级权威坚持这一命令时，这也具有效力。在最高级意义上而言，没有这一道德原则和自我否认，整个的机构就会四分五裂（Weber 1965：20）。

韦伯的行政伦理狭隘地集中在公务人员积极有效地执行立法权威的指示方面。总之，韦伯的公务员是公正无私的，是在稳定更广泛的政治和社会秩序中的伦理义务的一种工具。在美国，中立能力的标准对于19世纪末和20世纪初的公务员改革运动是至关重要的，而且它继续对公共行政学领域的伦理思考产生强大的影响。但是，该领域没有接受大公无私地执行作为行政伦理的基础。这部分是因为韦伯的合法合理的（legal-rational）官僚"机器"（apparatus）以及在政治和行政王国之间相应的明确划分都没有描述美国的政府状态（Frederickson 1980；Rohr 1978；Waldo 1980）。

在1887年有关行政研究的文章中，威尔逊提出了一个现在对行政伦理仍

然至关重要的问题:

> 我们在政府内各系列应当如何被管理,这样才会总是符合公共官员要服务的利益,不仅仅是他的上级也包括他的社区的利益,最大努力地利用他的才能和他的良知的理性服务(Wilson 1992:16)。

该文中这段文字和其他陈述强烈地说明,威尔逊对美国公共行政的看法包括了在那些简单的技术能力和非党派中立之外的一个广大范围的伦理义务。

韦伯和威尔逊提出来的标准,即公正执行和开明地回应社区利益,是行政伦理的源泉,行政伦理已发展进入一个广泛的道德问题、理论视角和公共行政实践的规范等范围。下面是当代行政伦理所面临的挑战的一般看法。

C. 对公务员责任和义务达成共识

公共行政学一个主要并持续的挑战就是努力精确确定广泛被接受为行动和抉择指南以及评估和评价标准的一套职责、责任和义务。正如利思(Leys 1943:11)所指出,这不是一蹴而就的事情,因为涉及到伦理推理:"可能提高行政决策的这种伦理与发现正确行动的标准有关,而不是与提倡去做已经被宣布为正确的事情有关"。

到20世纪40年代,美国公共行政已然走上被大大拓宽的行政伦理定义,这一定义包括了韦伯的"道德原则",但却大大受到条件限制,并且增加了许多其他重要的方面。一般情况下,这一扩大的视角寻求提出威尔逊认为公共行政官员按照"服务于民主政府目标"这一义务认识和行动的主张(Caldwell 1943:253)。公共官员被要求通过回应公共舆论和致力于"公民的尊严、价值和潜力"来"拥护并促成实现民主社会"(Appleby 1947:94-95)。

在美国,公共行政学和民主之间许多的联系经证明是行政伦理学探索的一个非常具有成果的领域。过去50年来,这一探索已大大超出了所列举的、要求在公共行政官员思考的职业关注和有限的职责、义务和责任等。还有那些宣称对韦氏(Weberian)改革主义中立能力有绝对责任的人。弗莱明(Flemming 1953)的韦伯式的断言就是一个很好的例子,他认为职业公务人员做任何事情都必须"保证每个政策……是以高效和节约的方式管理,无论他对此相信与否"。弗莱明(1953:77~78)继续得出逻辑结论:每个公务人员"有义务执行本部门领导的政策,并且应该由领导确信项目与国会制定的政策保持一致"。

其他人思考或调和韦伯主题,他们认识到需要行使行政裁量权,并且强调对民主过程传统规则的义务是这一执行中最主要的原则。例如,格拉姆(1974:92)认为:

> 所有的行政官员、民选官员、任命的政治行政人员和职业行政人员都似乎受到国家法律的制约,只要在解释和应用国家法律中存在裁

量权，那么他们就有义务真诚地为公共利益行使他们的权力……政府属于公众，在行使其权力时，行政官员的角色是受托管理人的角色，不是上级。

一个相关的观点强调公众信任公务人员的诚实正直。米歇尔和斯科特（Mitchell and Scott 1987）得出结论，单个公务人员必须是负责而有信誉的服务员，因为公众信任最终是行政领导的基础。根据这些表述，多贝尔（Dobel 1990：363）制定了7个义务作为"公共诚实的重点"：

1. "真正对相关权威机构和公众负责"。
2. 提出"政权的公共价值"并将个人价值转化成"与公共语言相一致的价值"。
3. 尊重并构建"制度和程序以获得目标"并在此过程中担任"价值和制度的受托管理人"。
4. 采取设计用来"确保相关持股者公平充分地参与"的措施。
5. 寻求"在执行政策和项目中的竞争能力绩效（competent performance）"。
6. 旨在追求"政府运作的效率"。
7. 通过"以一种不会破坏基本目标的方式把政策和项目与公众和参与者的自我利益"联系起来并尊重"民众的权利和利益"。

另外一个颇具影响的视角提出假设：公共行政人员是有义务成为道德哲学家和道德行动主义者的个体。该看法宣称，行政人员有责任通过积极的道德领导和作为范例或角色模特来促进公民美德（Hart 1984：118）。对这一主题的一个观点是"公务人员的主要职责是美国公众政权价值的守卫者和保卫者"（Frederickson and Hart 1985：551）。一个相关流行的看法强调他们有义务促进社会平等和公平（Frederickson 1994；Harmon 1974）。在哈特（Hart 1974：9~10）《公平行政官员的行为法则》（Code of Conduct for the Equitable Administrator）中，他应用了罗尔斯（Rawls 1971）的公平理论，确定了以下职责或义务：（1）"服务弱势群体"，（2）"消除组织所制定的、违反公民权利条例"，（3）"提供要求社会公平的公共行政职业原则"。另外一个观点就是罗尔（Rohr 1978）所代表的，他确定了有义务理解美国人民的价值观并理解构成美国政体基础的价值观（Richardson and Nigro 1987）。

换言之，已经发现在20世纪90年代行政伦理方面存在有巨大的不同，但是韦伯和威尔逊的方向仍然构成了整个事业。丹哈特（Denhardt 1989）确定了应该"纳入"行政伦理的公共行政的两个理想：民主理想和官僚理想。正如她所指出的，要完全整合这些理想，经证明是难以实现的目标：

一方面要在原则上投身于民主社会的理想,但另一方面,也要投身于有效的官僚管理的理想。要发展一个公共行政学的伦理来指导行政官员在实践中平衡和应用这些理想并且调节两类理想之间的冲突是相当困难的一件事情(Denhardt 1989:187-188)。

迎接这一挑战的措施也是持续进行的,而且获得了丰硕的成果,更重要的是这是一个学术过程和职业奉献(Bowman 1991;Cooper 1994;Denhardt 1988;Frederickson 1993)。当然保持对公务人员的职责、义务和责任热烈的辩论被认为是至关重要的。

D. 确保公务员理解他们的伦理职责和义务

努力迎接这一挑战随着几个情形而向前发展。由于行政伦理的规定和禁令已经增加并更为复杂,教育,尤其是职业教育已日益重要。一方面,行政伦理学者指出教育作为培育公民美德的一种方式的重要性,包括其他对公正和公平的责任、民主制度和过程以及公益(the common good)和公共利益(Richardson and Nigro 1987;Rohr 1986)。另一方面,普遍集中在职业教育尤其是公共行政的伦理内容上。

在过去15年中,一直大量投入关注公共行政学的伦理教育,不仅是在MPA项目内(Hejka-Ekins 1988)和通过ASPA等职业协会(Bowman 1990)。至少在理论上,这些背景一起提供了一个最佳机遇来有效地教育公务员和那些准备进行公共服务生涯的人。如果情况的确是真的,那么就存在一个主要挑战,因为普遍认为,公共行政学大多数研究生项目课程安排没有系统地涉及到伦理学,而且在职培训受"顺从模式"(compliance model)的支配,该模式不鼓励"伦理推理"或探索(Bruce 1995:144-115)。在对全国公共行政人员的一次调查中,鲍曼(Bowman 1990:347)发现,几乎有25%的应答者认为"各个机构对伦理采用反动的、负面的、简单的、'低端方法'(low road),这是……集中在错误做法之上的一种方法"。根据鲍曼的应答者的观点,大多数的其他人认为机构没有采用前后一致的方法。

伦理推理要求有意愿有能力整理复杂模糊且要求在利益之间作选择的伦理问题,它反对处于好坏之间。随着这些情形,贝利(Bailey 1964:235-240)认为公共行政人员必须预见到道德模糊点、情景力量以及如果要表现得有道德行政程序常常相互矛盾的结果,这些论证都是颇有影响作用的。贝利相信,他们必须也拥有某种道德素质或美德:"在公共服务领域三个基本的道德素质是乐观、勇气和博爱所锻造的公平"(Bailey 1964:240)。马里尼(Marini 1992,425)讲授有关行政伦理中可能使用索菲克尔(Sophocle)《安蒂格尼》(Antigone)的文章中所指出的,"该剧展示了不同的'正确观点',并说明了黑暗中(in the murky)公共伦理的困境,它们以难以驾驭的方式来到现实生活中"。

存在有大量活动的一个领域是伦理法则。概念上这些法则是用来明确而一贯地把伦理职责、义务和责任传达给实践者和研究者。它们也为继续思考和讨论行政伦理提供了一个有用的框架。关键方面，如提出财政问题和利益冲突问题的那些东西，可能被写入法令。

伦理法则和法律常常与解释性指导方针和培训材料一起出台（Richter et al. 1990）。正式培训或法则和法令的定向可能由雇主或职业协会提供（Mertins and Hennigan 1982）。例如，在联邦层面，《1978年政府伦理法》（the Ethics in Government Act of 1978）成立了政府伦理办公室（the Office of Government Ethics, OGE），它与任命伦理官员（Designated Ethics Officers）一起"负责保证服从广泛的伦理规范（著名的是那些关于财务资料披露和利益冲突的规范）"（Thompson 1992）。伦理官员被赋予提供建议和伦理培训的责任。

> 强制性培训，通过 OGE 教育培训办公室的协调，现在被要求适应所有总统任命的雇员、所有被要求对财务资料披露形式归档的官员以及所有签订合同和采购（procurement）的官员（Executive Order 12731）。据估计，因为这一要求，每年有40万到60万官员将受到伦理培训（Thompson 1992：254）。

伦理法则有不同的一般级别（degrees of generality），从 ASPA 适应其所有成员和最终所有的公共行政人员（Chandler 1983）到那些适应具体的职业或工作的形式，诸如城市管理、社会工作、法律实施和教育（Kellar 1988：133 - 171）。个体公共机构可能有自己范围狭隘但集中的法则，而且州和地方政府规定"政府服务"的一般伦理法则也不是不寻常的一件事（Georgia Laws 1968：1369）。

ASPA 伦理规则最初于1984年被采纳，随后于1994年得到修改。它被分为5个类目，包括（1）服务公共利益，（2）尊重宪法和法律，（3）建立个人诚信正直，（4）提升组织道德行为，（5）拥护和发展专业卓越（professional excellence）。这5个行政伦理的基本领域包括了整整32个具体规定，包括

1. 执行裁量权以提高公共利益。
2. 让公民参与政策制定。
3. 废除不合法的歧视。
4. 促进平等、公平、代表性和正当程序的宪法原则以保护公民的权利。
5. 保持诚实真诚，不为晋升、荣誉和个人利益而出卖它们。
6. 没有党派偏见地进行职务行为。
7. 促进功绩原则，反对武断任意行动。
8. 保护和鼓励能力更新。

ASPA 的规则也提出了有责任"鼓励组织采纳、分配和定期评估作为动态文件的伦理规范"。

这一类规定是相当典型的职业或工作群体的伦理法则,诸如国际城市管理协会(the International City Management Association,ICMA)。ICMA 的法则可以追溯到1924年。ICMA 伦理法则指导原则(ICMA Code of Ethics with Guidelines)(Kellar 1988:167-171)谈到了城市经理的工作和城市背景,如下所述:

1. 致力于由负责的民选官员管理的有效和民主的地方政府概念,相信职业的一般管理对获得这一目标的关键作用。
2. 致力于在所有公共和个人关系中的荣誉和诚信这一最高理想,目的是[ICMA]的成员将受到民选官员、其他官员和雇员以及公众的尊重和信任。
3. 根据功绩解决所有人事问题,这样公平和公正决定成员的决策、有关任命、薪金调整、晋升和记录等问题。
4. 不拉关系;相信通过绝密信息或滥用公共时间而得到保证的个人晋升(personal aggrandizement)或利益是不诚信的。

ICMA 为12条主要伦理标准或义务逐条准备了指导原则。对于上面第4条(拉关系),指导原则包括下列话题:要求或接受礼物、与职务相冲突的投资、产生利益冲突的个人关系、泄漏绝密消息、涉及利益冲突的私人雇佣、外部利益的代表以及批准商业产品。

美国社会工作者协会(the National Association of Social Workers,NASW)的规则"是用来指导社会工作行业成员的日常行为的原则以及作为裁决该规则中所表达的或所指的规范行为的根据"(Morales and Sheafor 1995:183)。NASW 规则中所规定的许多职责和义务基本上和 ASPA 和 ICMA 法则中的一样,尤其是在整体水平上一样。财产、能力、服务方向、诚信和尊重个体权利和尊严作为法则的一个主要部分得到强调,标题是"社会工作者的行为和表现"(The Social Worker's Conduct and Comportment as a Social Worker)(Morales and Sheafor 1995:184)。其他部分则应用这些普遍伦理规范到具体的社会工作行业的方方面面,诸如对顾客、同事、雇主和雇佣组织、社会工作行业以及整个社会的责任。可能如人所料,许多 NASW 的具体伦理标准与 ASPA 和 ICMA 的近似。其他的则大大不同,这部分是因为医疗社会工作者必须在大多数州获得证书以获得第三方的补偿(third-party reimbursements),而且许多人都是私人行医。在前一类别中可能发现以下的告诫(admonitions):

1. 社会工作者必须避免与顾客利益冲突的关系和责任。
2. 社会工作者应该建立并维持由同行来进行的促进道德和胜任的职业的实践条件。

3. 社会工作者应该采取行动防止并消除在雇佣组织工作任务中和在其雇佣政策和实践中的歧视。

4. 社会工作者在形成社会政策和制度中应该鼓励公众知情参与。

5. 社会工作者不应该参与、宽恕或与不诚实、欺骗、虚假或代表不当等。

社会工作者具体规范的例子有：

1. 社会工作者应当坚决不与顾客进行性活动。

2. 社会工作者应该在窃听、录制或允许第三方观察他们的活动之前获得顾客知情同意。

3. 在估计费用时，社会工作者应该确保他们是公平的、理性的、替人考虑的，并且适合所提供的服务、适合顾客的支付能力。

4. 社会工作者不应该在大力宣扬与资格、能力、服务或要获得的结果有关的问题方面代表不当。

伦理法则现在是个共同的东西，它们在商业和政府方面受到相当广泛的支持。鲍曼（1990：348）的调查揭露了大多是公共行政官员需要伦理法则，但不确定这些法则对行为的效果。他的结论是：伦理是组织所关注的一个问题，但伦理法则的实际影响看来似乎又想，除非存在其他的因素（Bowman 1990：349）。

如果伦理法则所规定的道德规范得到遵从，那么用以确定的因素就是行政领导、培训和行政程序（Bowman 1990：239~250）。简言之，领导需要用来确定并将在权威等级中组织成员的伦理行为模式化。领导必须明确确定伦理行为的性质、高度优先获得伦理行为，并一贯支持和鼓励伦理行为。对于培训，鲍曼（Bowman 1990：350）指出，

行政机构公开规则并期望雇员理解和自动应用这些规则。相反，由职能经理（line manager）在外部专家帮助下执行的有计划的培训加强了标准。

最后，一贯支持的行政政策和程序必须位置适当。如果这些程序不清楚不公平，那么对管理阶层承诺遵守由法则所规定的伦理规范的信任将被削弱。保护检举揭发者（whistleblowers）的立法和行政程序也潜在起着重要的作用。这是《1989年联邦检举揭发者保护法案》（the 1989 federal whistleblower protection bill）所陈述的目标，该法案"使得特别理事会办公室（Office of the Special Counsel, OSE）成为一个独立机构，具体规定其权利，包括保护检举揭发者、并给OSE以权利发布一个45天的留职（stay）从而禁止机构降级或解雇曾经投

诉过的工人"（Jos et al. 1989：58）。如果对检举揭发者严重的报复行为没有被禁止，那么大多数公共雇员可能不愿意揭发其同事和上级的违反道德规范行为，甚至不顾个人后果而有些锲而不舍（Jos et al. 1989）。

E. 行政伦理的未来

行政伦理核心问题所提出来的挑战就像本章所讨论的其他挑战一样都是不加限制地和开放性地不断发展。作为一项事业，行政伦理最好被理解为是一个发现过程，也就是更好地理解更全面地实现民主社会公共服务理念的一个持续性努力过程。沃尔多（Waldo 1980：113 - 114）用以下语言描述了这一挑战：

> 正是在组织世界不断加强而对伦理指导的需要不断上升之时，不仅传统道德在腐化，而且没有采取严肃的措施来建立新的适合新情况的行为准则……旧的［道德］上层建筑（superstructure）已经摧垮。但是，旧的上层建筑不符合我们的目标。也许根据一个新的基础，我们可以使用一些被推翻的材料（fallen materials）来建筑一个符合我们目标的上层建筑？

正如布鲁斯（Bruce 1995：111）在她对3本最近出版的有关行政伦理书籍的评估中所观察到的（Bowman 1991；Cooper 1994；Frederickson 1993），这些著作"号召我们询问确定该学科的重大问题；而且它们提出挑战要我们继续寻求公共行政能够服务社会的方法"。

Ⅶ. 结论

20世纪最后10年可能因它是新范式出现的10年而被记住。最显而易见的是，存在许多大张旗鼓的重塑现象。这是许多理念的混合体（有人可能叫做什锦菜），在其核心是对政府在社会中地位的重新思考以及对传统管理范式的挑战。这些理念中，更为持久的可能是对官僚制的挑战。在几乎半个世纪的研究和爆发后，并受到新的交流和信息技术的推动，围绕这管理应该是分权的、参与式的、多元主义的和包容性的这一理念达成了许多一致的看法。新的范式有许多标志——重组、重新规划、质量管理、自由管理——但核心概念是一样的。我们需要放弃等级制和官僚制，赞成在具有不断快速变化特征的环境里具有灵活性、回应性和适应性的组织。大多数人会认识到，这些理念并不是新有的。差异更多在于这些理念具体化为一个更加一贯的整体而不是在于它们的新颖性。

同时，在公共行政学领域更为悄然发生着一场革命。虽然是悄悄的，但同样意义重大。这一崭新的"新公共行政"（the new new public administration）将重新联合政治和行政，但行政官员不仅仅是对某些多元主义的通晓数种语言感兴趣（be simply another interested in some pluralist polyglot）。与之相反，公共行政官员将赋予宪法合法性，而行政官员将作为公共利益的管理者。或者放弃科学理想或者修改科学概念（有时候是在一种几乎受严格统治而失去人性的社会意义上而言）以包括一堆定性方法。职业化模式将会被纳入个体行政官员的伦理结构。总之，对沃尔多呼吁在公共行政学内进行"激励文学"（inspirational literature）的回应。

奇怪的是，这场革命结果证明可能是一种修正而不是倒退。如果我们查看一下这一世纪以来公共行政学内范式的进步，（我们会发现）这个模式看上去更为环形的而不是线性的。规范性强调（normative emphasis）并支持行政官员的积极参与，这对该领域并不是一个新事物。经典方法是规范性的，其中专家处于支配地位。这仅仅是受到对政治行政两分法混乱立场的掩饰。支持这一两分法似乎是行政官员从属于政治家。取而代之的是，行政官员/专家将被从政治中除名，被置于这一政治辩论之外（above the political fray）。20世纪中期修正主义者转向描述性途径，行政官员的角色降到了一般模式中的管理地位，或者降到了是在政治多元视角中的另外一个利益（interest）。20世纪90年代的新新公共行政回到了经典范式的规范性上。但是，新新公共行政取代了仅仅依靠行政官员的专业才能（虽然并没有放弃这一点），但是它也赋予行政官员独立的宪法地位并交给他们代表性职能和服务公共利益的权利。

因而，新新公共行政既是修正主义的也是倒退主义的，并且它提出了自己的一些问题。它呼吁积极的行政官员让人想起了威尔逊的指示：行政官员行使"重大权力"，并被赋予裁量自己工作的权利。新新公共行政的拥护者认为，行政官员最终对公众和其选举的代表负责，但人们感觉，他们会赞同威尔逊的观点，认为公共意见应该是行之有效的而不是干预性的。要求更为强大的伦理是回应威尔逊坚持的一种内部责任感。的确在某种程度上，威尔逊似乎更有理由要求成为新新公共行政而不是旧新公共行政的"创始人"。

但是，也存在一个主要不同点。虽然威尔逊和他的经典追随者在追求他们的规定时忽视了宪法上的细微问题（constitutional niceties），但是新新公共行政将给予行政人员独立的宪法地位。这里就包含了那些支持行政官员在政策和政治过程中更大地位的可能性，包含了那些害怕这样的人的危险。把宪法合法性这一礼物赋予公共行政官员是一把双刃剑。它可能构成行政官员更大地位的基础，但也可能产生滥用权力的这一幽灵，这样呼吁职业规范和个人伦理可能并不足够。而且，通过把传统的一套宪法上独立的行动者纳入治理过程，它又提出了另外的权力分离问题，这是经典作者们一直希望克服的问题。

REFERENCES

Aberdach J, Rockman B. Mandates or mandarins? Control and discretion in the modern administrative state. Public Admin Rev 48: 606–612, 1988.

Adams G, White J. Dissertation research in public administration and cognate fields: an assessment of methods and quality. Public Admin Rev 54: 565–576, 1994.

Alasdair R. Demonstrating neutrality: the Rockefeller philanthropies and the evolution of public administration, 1927–1936. Public Admin Rev 54: 221–227, 1994.

Allison G. Public and private management: are they fundamentally alike in all unimportant respects? In: Bozeman B, Straussman J, eds. New Directions in Public Administration. Monterey, CA: Brooks/Cole, 1984, pp. 33–45.

Arnold P. Reform's changing role. Public Admin Rev 55: 407–417, 1995.

Appleby PH. Toward better public administration. Public Admin Rev 7: 93–97, 1947.

———. Policy and Administration. Tuscaloosa: University of Alabama Press, 1949.

———. Morality and Administration in Democratic Government. New York: Greenwood Press, 1952.

———. Government is different. In: Waldo D, ed. Ideas and Issues in Public Administration. New York: McGraw-Hill, 1953a, pp. 57–63.

———. The relativity of efficiency. In: Waldo D, ed. Ideas and Issues in Public Administration. New York: McGraw-Hill, 1953b, pp. 424–430.

———. Public administration and democracy. In: Martin R. ed. Public Administration and Democracy. Syracuse, NY: Syracuse University Press. 1965, pp. 333–347.

Appleby P. Making sense out of things in general. In: Hawley CE, Weintraub R, eds. Administrative Questions and Political Answers. New York: D. Van Nostrand, 1966, pp. 233–239.

Bailey M. Do physicists use case studies? Thoughts on public administration research. Public Admin Rev 52: 47–54, 1992.

Bailey SK. Ethics and the public service. Public Admin Rev 24: 234–243, 1964.

Baldwin N. Perceptions of public versus private sector personnel and informal red tape: their impact on motivation. Am Rev Public Admin 20: 7–28, 1990.

Banfield E. The decision-making schema: review. In: Hawley CE, Weintraub R, eds. Administrative Questions and Political Answers. New York: D. Van Nostrand, 1996, pp. 64–70.

Barnard CI. The Functions of the Executive. Cambridge: Harvard University Press, 1968.

Beard CA. Philosophy, science and art of public administration. In: Waldo D, ed. Ideas and Issues in Public Administration. New York: McGraw-Hill, 1953, pp. 76–81.

Beetham D. Max Weber and the Theory of Modem Politics. London: George Alien & Unwin Ltd., 1974.

Bendix R. Max Weber: An Intellectual Portrait. Berkeley: University of California Press, 1960.

Berkley GE. The Craft of Public Administration. Boston: Allyn and Bacon, 1978.

Bernstein S, O'Hara P. Public Administration: Organizations, People, and Public Policy, New York: Harper & Row, 1979.

Blumenthal WN. Candid reflections of a businessman in Washington. In: Perry JL, Kraemer KI, eds. Public Management: Public and Private Perspectives. Palo Alto, CA: Mayfield, 1983, pp. 22 – 33.

Bower JL. Effective public management: it isn't the same as effective business management. Harv Bus Rev 55: 131 – 140, 1977.

Bowman JB. A professional perspective for PA. Bureaucrat 11: 49 – 52, 1982 – 1983.

Bowman JS. Ethics in government: a national survey of public administrators. Public Admin Rev 50: 345 – 353, 1990.

———, ed. Ethical frontiers in Public Management. San Francisco: Jossey-Bass, 1991.

Box R. An examination of the debate over research in public administration. Public Admin Rev 52: 62 – 69, 1992.

Bozeman B. Dimensions of 'ublicness': an approach to public organization theory. In: Bozeman B, Straussman J, eds. New Directions in Public Administration. Monterey, CA: Brooks Cole, 1984, pp. 46 – 62.

Bozeman B, Reed P, Scott P. The presence and predictability of red tape in public and private organizations. Admin Society 24: 290 – 322, 1992.

———. Exploring the limits of public and private sectors: sector boundaries as the Maginot Line. Public Admin Rev 48: 672 – 674, 1988.

Brettschneider S. Management information in public and private organizations: an empirical test. Public Admin Rev 50: 536 – 545, 1990.

Brown J. Risk propensity in decision-making: a comparison of business and public school administrators. Admin Sci Q 15: 473 – 481, 1970.

Browne W. Municipal manager and policy: a partial test of the Svara dichotomy-duality model. Public Admin Rev 45: 620 – 622, 1985.

Brownlow L. Woodrow Wilson and public administration. Public Admin Rev 16: 77 – 81, 1956.

Bruce W. Ideals and conventions: ethics for public administrators, Public Admin Rev 55: 111 – 116, 1995.

Buchanan B. Government managers, business executives, and organizational commitment. Public Admin Rev 35: 339 – 347, 1975a.

———. Red tape and the service ethic: some unexpected differences between public and private managers. Admin Society 6: 423 –444, 1975b.

Caiden G. The dynamics of Public Administration: Guidelines to Current Transformations in Theory and Practice. New York: Holt, Rinehart and Winston, 1971.

———. In search of an apolitical science of American public administration. In: Rabin J, Bowman JS, eds. Politics and Administration: Woodrow Wilson and American Public Administration. New York: Marcel Dekker, 1984, pp. 51 –76.

Caldwell LK. Thomas Jefferson and public administration. Public Admin Rev 3: 240 –253, 1943.

Carroll J. The rhetoric of reform and political reality in the national performance review. Public Admin Rev 55: 302 –312, 1995.

———. In search of an apolitical science of American public administration. In: Rabin J, Bowman JS, eds. Politics and Administration: Woodrow Wilson and American Public Administration. New York: Marcel Dekker, 1984, pp. 51 –76.

Cassell FH. The politics of public-private management. In: Perry JL, Kraemer KI, eds. Public Management: Public and Private Perspectives. Palo Alto, CA: Mayfield, 1983, pp. 142 –157.

Catron BI, Harmon MM. Action theory in practice: toward a theory without a conspiracy. Public Admin Rev 41: 535 –541, 1981.

Cayer NJ. Public Personnel Administration in the United States. New York: St. Martin's, 1975.

Cervantes AJ. Memoirs of a businessman-mayor. In: Perry JL, Kraemer KI, eds. Public Management: Public and Private Perspectives. Palo Alto, CA: Mayfield, 1983, pp. 350 –352.

Chandler RC. The problem of moral illiteracy in professional discourse: the case of the statement of principles of the American Society of Public Administration. Am Rev Public Admin 16: 369 –386, 1982.

———. The moral reasoning of American public administration: the case for a code of ethics. Public Admin Rev 43: 32 –39, 1983.

Chapman RL, Cleaveland F. The changing character of the public service and the administrator of the 1980's. Public Admin Rev 33: 358 –366, 1973.

Ciglar B. Public administration and the paradox of professionalism. Public Admin Rev 50: 637 –653, 1990.

Cleary R. Revisiting the doctoral dissertation in public administration: an examination of the dissertations of 1990. Public Admin Rev 52: 55 –61. 1992.

Commission of Inquiry on Public Service Personnel. Better Government Personnel. New York: McGraw-Hill, 1935.

Cook B. The representative function of bureaucracy: public administration in a constitutive perspective. Administrative and Society 23: 403 –439, 1992a.

——. Subordination or independence for administrators: the decision of 1789. Public Admin Rev 52: 497–503, 1992b.

Cooper PJ. Defining PA professionalism. Bureaucrat 11: 49–52, 1982.

——. The Wilsonian dichotomy in administrative law. In: Rabin J, Bowman JS, eds. Politics and Administration: Woodrow Wilson and American Public Administration. New York: Marcel Dekker, 1984, pp. 79–94.

Cooper TL, ed. Handbook of Administrative Ethics. New York: Marcel Dekker, 1994.

Coursey D, Bozeman B. Decision making in public and private organizations: a test of alternative concepts of 'publicness'. Public Admin Rev 50: 525–535, 1990.

Coursey D, Rainey H. Perceptions of personnel system constraints in public, private, and hybrid organizations. Rev Public Person Admin 10: 54–71, 1990.

Cozzetto D. Quantitative research in public administration. Admin Society 26: 337–343, 1994.

Dahl RA. The science of administration: three problems. In: Hawley CE, Weintraub R, eds. Administrative Questions and Political Answers. New York: Van Nostrand, 1996, pp. 23–33.

Daneke D. A science of public administration? In: White J, Adams G, eds. Research in Public Administration: Reflections on Theory and Practice. Thousand Oaks, CA: Sage, 1994, pp. 60–74.

Daniel C, Rose B. Blending professionalism and political acuity. Public Admin Rev 51: 438–441, 1991.

Davies DG. The efficiency of public vs. private firms: the case of Australia's two airlines. J Law Econ 13: 149–165, 1971.

Denhardt KG. The Ethics of Public Service. New York: Greenwood Press, 1988.

——. The management of ideals: a political perspective on ethics. Public Admin Rev 49: 187–193, 1989.

Denhardt RB. Toward a critical theory of public organization. Public Admin Rev 41: 628–635, 1981.

——. PA: sub-field? profession? discipline? Am Rev Public Admin 16: 15–21, 1982.

Derlien H. Politicization of bureaucracies in historical and comparative perspective. In: Peters G, Rockman B, eds. Agenda for Excellence: Administering the State 2. Chatham, NJ: Chatham House, 1996, pp. 149–162.

Development of theory of democratic administration: replies and comments. American Political Science Review 46: 494–503.

Dimock ME. The study of administration. American Political Science Rev 31: 28–40, 1937.

_____. What is public administration? Public Manage 15: 259-262, 1933.

Dimock ME, Dimock GO. Public Administration. 4th ed. New York: Holt, Rinehart and Winston, 1969.

_____. The politics of administration. In: Gawthrop L, ed. Administrative Processes and Democratic Theory, Boston: Houghton Mifflin, 1970, pp. 124-136.

Diver CS. Engineers and entrepreneurs: the dilemma of public management. J of Policy Analysis and Management 1: 402-406, 1982.

Dobel JP. Integrity in the public service. Public Admin Rev 50: 354-366, 1990.

Doig JW. If I see a murderous fellow sharpening a knife cleverly: the Wilsonian dichotomy and the public authority tradition. Public Admin Rev 43: 292-304, 1983.

Downs A. Inside Bureaucracy. Boston: Little, Brown, 1967.

Egger R. An American administrative class? In: Waldo D, ed. Ideas and Issues in Public Admin-Istrat Fon. New York: McGraw-Hill, 1953, pp. 233-245.

From McLean JE, ed. The Public Service and University Education. Princeton, NJ: Princeton University Press. Engelbert EA. Professional standards for public managers: boon or bane? Bureaucrat 6: 5-10, 1977.

Fesler JW. Public administration and the social sciences: 1946-60. In: Mosher FC, ed. Public Administration: Past, Present, Future. Syracuse, NY: Maxwell School of Citizenship and Public Affairs and the National Association of Schools of Public Affairs and Administration, 1975, pp. 97-141.

_____. Public Administration: Theory and Practice. Englewood Cliffs, NJ: Prentice-Hall, 1980.

Flemming AS. The civil servant in a period of transition. Public Admin Rev 13: 73-79, 1953.

Florestano PS, Gordon SB. Public vs. private: small government contracting and the private sector. Public Admin Rev 40: 29-34, 1980. Forum on public/private differences. The Bureaucrat 13: 4-32, 1984.

Fox EM, Urwick L. Dynamic Administration: The Collected Works of Mary Parker Follet. 2nd ed. London: Pitman. 1973.

Frederickson HG. New Public Administration. Tuscaloosa: University of Alabama Press, 1980.

_____, ed. Ethics and Public Administration. Armon, NY: M. E. Sharpe, 1993.

_____. Can public officials correctly be said to have obligations to future generations? Public Admin Rev 54: 457-464, 1994.

Frederickson HG, Hart DK. The public service and the patriotism of benevolence. Public Admin Rev 45: 547-553, 1985.

Friedman RS, Klein BW, Romani JH. Administrative agencies and the publics they serve. Public Admin Rev 26: 192 – 204, 1996.

Friedrich CJ. Public policy and the nature of administrative responsibility. In: Altshuler A, ed. The Politics of the Federal Bureaucracy. New York: Dodd, Mead, & Co., pp. 414 – 425. From Friedrich CJ, Mason ES, eds. Public Policy. Cambridge, MA: Harvard University Press, 1940.

Fry B. Accreditation: some words of caution. In: The MPA Degree: A Forum on the Accreditation of Professional Degree Programs. Columbia, SC: Bureau of Governmental Research and Service, 1985, pp. 11 – 16.

Fry B, Nigro L. Max Weber and American public administration: the administrator as neutral servant. J Manage Hist 2: 37 – 46, 1996.

Gaus JM, White L, Dimock ME. Frontiers of Public Administration. Chicago: University of Chicago Press, 1936.

Georgia Laws. Code of Ethics for Government Service. Georgia Code, Section 1369, 1968. Gerth HH, Mills CW. From Max Weber: Essays in Sociology. New York: Oxford University Press, 1968.

Gillespie B. Professionalism in the latter part of the twentieth century. South Rev Public Admin 5: 370 – 391, 1981.

Gold KA. Managing for success: a comparison of the public and private sectors. Public Admin Rev 42: 568 – 575. 1982.

Golembiewski RT. Toward professional certification? Bureaucrat 12: 50 – 55, 1983.

Goodnow F. Politics and Administration. New York: Macmillan, 1900.

Gordon GJ. Public Administration in America. 2nd ed. New York: St. Martin's, 1982.

Gortner H. Administration in the Public Sector. New York: Wiley, 1977.

Graham GA. Ethical guidelines for public administrators. Public Admin Rev 34: 90 – 92, 1974.

Grodzins M. Public administration and the science of human relations. In: Hawley CE, Weintraub R, eds. Administrative Questions and Political Answers. New York; D. Van Nostrand, 1966, p. 85.

Gulick L. American Forest Policy. New York: Institute of Public Administration, 1951.

——. Government Administration and the American Economy. New York: Institute of Public Administration, 1950.

——. The National Institute of Public Administration. New York: National Institute of Public Administration, 1928.

——. Next steps in public administration. Public Admin Rev 15: 73 – 76, 1955.

——. Notes on the theory of organization. In: Gulick L, Urwick L, eds. Papers on the Science of Administration. New York: Institute of Public Administration,

____. 1937a, pp. 3 – 45.

____. Politics, administration, and the "New Deal." Annals 169: 55 – 66, 1933.

____. Principles of administration. Natl Munic Rev 14: 400 – 403, 1925.

____. Research in public administration. Administration 9: 388 – 392, 1931.

____. Science, values, and public administration. In: Gulick L, Urwick L, eds. Papers on the Science of Administration. New York: Institute of Public Administration, 1937b, pp. 191 – 195.

____. The scientific approach to the problem of society and government. The University of Buffalo Studies 15: 27 – 34, 1938.

____. Toward a municipal career service. Public Management J 11: 331 – 333, 1935.

____. The twenty-fifth anniversary of the American Society for Public Administration. Public AdminRev25: 1 – 4, 1965.

____. Wanted: a measuring stick for school systems. National Municipal Rev 18: 3 – 5, 1929.

Guyot JF. Government bureaucrats are different. Public Admin Rev 22: 195 – 202, 1962.

Harmon MM. Social equity and organizational man: motivation and organizational democracy. Public Admin Rev 34: 11 – 18, 1974,

Harmon MM. Action Theory for Public Administration. New York: Longman, 1981.

Hart DK. Social equity, justice, and the equitable administrator. Public Admin Rev 34: 3 – 11, 1974.

____. The virtuous citizen, the honorable bureaucrat, and "public" administration. Public Admin Rev 44: 111 – 120, 1984.

Hartle TW. Sisyphus revisited: running the government like a business. Public Admin Rev 45: 341 – 351, 1985.

Hayford SL. First amendment rights of government employees: primer for public officials. Public Admin Rev 45: 241 – 248, 1985.

Hejka-Ekins A. Teaching ethics in public administration. Public Admin Rev 48: 885 – 891, 1988.

Henry L. Oral history of the formation of NASPAA. Transcript of NASPAA committee discussion. 1985.

Henry N. Public Administration and Public Affairs. 2d ed. Englewood Cliffs, N. J.: Prentice-Hall. Inc., 1980.

Henry N. Paradigms of public administration. Public Admin Rev 35: 378 – 386, 1975.

Herring EP. Public Administration and the Public. New York: McGraw – Hill, 1936.

Houston D, Delevan S. Public administration research: an assessment of journal publications. In: White J, Adams G, eds. Research in Public Administration: Reflections on Theory and Practice. Thousand Oaks, CA: Sage, 1994, pp. 124 – 138.

Hummel R. Stories managers tell: why they are valid as science. In: White J, Adams G, eds. Research in Public Administration: Reflections on Theory and Practice. Thousand Oaks, CA: Sage, 1994, pp. 225 – 245.

Janowitx M, Wright D. The prestige of public employment: 1929 and 1954. In: Hawley C, Weintraub R, eds. Administrative Questions and Political Answers. New York: D. Van Nostrand, 1966, pp. 380 – 386.

Jos PH, Tompkins ME, Hays SW. In praise of difficult people: a portrait of the committed whistleblower. Public Admin Rev 49: 552 – 561, 1989.

Kaufman H. The Administrative Behavior of Federal Bureau Chiefs. Washington, D. C.: Brookings Institution, 1981.

Kearney R, Sinha C. Professionalism and bureaucratic responsiveness: conflict or compatibility? Public Admin Rev 48: 570 – 577, 1988.

Keller EK. Ethical Insight, Ethical Action: Perspectives for the Local Government Manager, Washington, D. C.: International City Management Association, 1988.

Keller I, Green R, Wamsley G. An eleventh-hour attempt to develop a normatively based theory of public administration. In: Peters B, Rockman B, eds. Agenda for Excellence 2. Chatham, W: Chatham House, 1996, pp. 12 – 37.

Kline EH. To be a professional. South Rev Public Admin 5: 258 – 281, 1981.

Kogood RP, Caulfield S. Beyond corporate responsibility: toward a fundamental redefinition of the roles of the public and private sectors. In: Bozeman B, Straussman J. eds. New Directions in Public Administration. Monterey, CA: Brooks/Cole, 1984, pp. 63 – 68. Lane FS. Managing not-for-profit organizations. Public Admin Rev 40: 526 – 530, 1980.

Lau AW, Newman AR, Broedling LA. The nature of managerial work in the public sector: In: Perry JL, Kraemer KL, Eds. Public Management: Public and Private Perspectives. Palo Alto, CA: Mayfield, 1983, pp. 199 – 211.

Leys WAR. Ethics and administrative discretion. Public Admin Rev 3: 10 – 23, 1943.

Litchfield E. Notes on general theory of administration. Admin Sci Q 2: 3 – 29, 1956.

Link AS. The Higher Realism of Woodrow Wilson. Nashville, TN: Vanderbilt University Press, 1965.

Long N. Power and administration. Public Admin Rev 9: 257 – 264, 1949.

——. Public policy and administration: the goals of rationality and efficiency. In:

Hawley C, Weintraub R, eds. Administrative Questions and Political Answers. New York: D. Van Nostrand, pp. 54–63, 1966.

____. The administrative organization as political system. In: Mailick S, Van Ness EH, eds. Concepts and Issues in Administrative Behavior. Englewood Cliffs, NJ: Prentice-Hall, 1962, pp. 110–121.

Lorch RS. Public Administration. St. Paul, MN: West Publishing, 1978.

Lorentzen P. Stress in political-career executive relations. Public Admin Rev 45: 411–414, 1985.

Loverd RA. Taming techniques for public purposes: some business views and an overview. Public Administration Review 42: 484–487, 1982.

Lowi T. Legitimizing public administration: a disturbed dissent. Public Admin Rev 53: 261–264, 1993.

____. Lowi responds. Public Admin Rev 55: 490–494, 1995.

____. Two roads to serfdom: liberalism, conservatism, and administrative power. The American University Law Review 36: 295–322, 1987.

Macmahon A. Policy and administration. In: Hawley C, Weintraub R, eds. Administrative Questions and Political Answers. New York: D. Van Nostrand, 1966.

Marini F. The uses of literature in the exploration of public administration ethics: the example of Antigone. Public Admin Rev 52: 420–426, 1992.

Martin D. The fading legacy of Woodrow Wilson. Public Admin Rev 48: 631–636, 1988.

Martin R. Political science and public administration: a note on the state of the union. American Political Science Review 660–676, 1952.

Martuello F. The semantic definition of a profession. Southern Review of Public Administration 5: 246–257, 1981.

Mathiason DG. Rethinking public management. Bureaucrat 13: 9–11, 1984.

Maynard-Moody S. Beyond implementation: developing and institutional theory of administrative policy making. Public Admin Rev 49: 137–142, 1989.

Mayo E. The Social Problems of an Industrial Civilization. Boston: Harvard Graduate School of Business Administration, 1945.

McCurdy HE, Cleary RE. Why can't we resolve the research issue? Public Admin Rev 44: 49–55, 1984.

McKinney JB, Howard LC. Public Administration: Balancing Power and Accountability. Oak Park, IL: Moore Publishing, 1979.

Meier KJ. Ode to patronage: a critical analysis of two recent Supreme Court decisions. Public Admin Rev 41: 558–563, 1981.

____. Politics and the Bureaucracy. 3rd ed. Belmont, CA: Wadsworth, 1993.

Merson F. Public administration: a science? Public Admin 1: 220–227, 1923.

Mertins H Jr. The application of professional standards to public managers. Bureaucrat 6: 11-20, 1977.

Mertins H, Hennigan P. Applying Professional Standards and Ethics in the Eighties: A Workbook and Study Guide for Public Administrators. Washington, D. C.: American Society for Public Administration, 1982.

Miewald RD. Public Administration: A Critical Perspective. New York: McGraw-Hill, 1978.

____. The origins of Wilson's thought: the German tradition and the organic state. In: Rabin J, Bowman JS, eds. Politics and Administration: Woodrow Wilson and American Public Administration. New York: Marcel Dekker, 1984, pp. 17-30.

Millett JD. The Constitution and public administration. In: Golembiewski RT, Gibson F, Cornog GY, eds. Public Administration Readings in Institutions. Processes, Behavior. Chicago: Rand McNally, 1972, pp. 355-370.

Mitchell TR, Scott WG. Leadership failures, the distrusting public, and prospect of the administrative state. Public Admin Rev 47: 445-451, 1987.

Moe R. 'Law' versus 'performance' as objective standard. Public Admin Rev 48: 674-675, 1988. Montjoy R, Watson D. A case for reinterpreted dichotomy of politics and administration as a professional standard in council-manager government. Public Admin Rev 55: 231-239, 1995.

Morales AT, Sheafor BW. Social Work; A Profession of Many Faces. Boston: Allyn and Bacon, 1995.

Morgan D, Watson S. Policy leadership in council-manager cities: comparing mayor and manager. Public Admin Rev 52: 438-445, 1992.

Mosher FC. Democracy and the Public Service. New York: Oxford University Press, 1968.

____. Professions in the public service. Public Admin Rev 38: 144-150, 1978.

Murray MA. Comparing public and private management: an exploratory essay. Public Admin Rev 35: 364-371. 1975.

Musolf LD. and Seidman H. The blurred boundaries of public administration. Public Admin Rev 40: 124130, 1980.

Meyers HB. A businessman in a political jungle. Fortune Mag 69: 132-354, 1964.

Nalbandian J. Professionalism in Local Government. San Francisco: Jossey-Bass, 1991.

____. Reflections of a 'paramedic' on the logic of politics and administration. Public Admin Rev 54: 531-36, 1994.

Nalbandian J. Tenets of contemporary professionalism in local government. Public Admin Rev 50: 654-663, 1990.

Nigro FA. What is public administration: nature and scope of the field. In: Reagan MD, ed. The Administration of Public Policy. Glenview, IL: Scott Foresman, 1969, pp. 5–9.

Norris CA. The implications of professional standards for the practitioner. Bureaucrat 6: 39–45. 1977.

Ostrom V. The Intellectual Crisis in Public Administration. Tuscaloosa: University of Alabama Press. 1973.

O'Toole L. Diversity or cacophony? The research enterprise in public administration. Public Admin Rev 55: 293–296, 1995.

Pak CM. Public executives can't. Bureaucrat 13: 19–22, 1984.

Park S. Estimating success rates of quality circle programs: public and private experiences. Public Admin Q 15: 133–146, 1991.

Parker RS, Subramanian V. "Public" and "private" administration. International Rev of Administrative Sciences 30: 345–366, 1969.

Perlmutter P, Cnaan R. Entrepreneurship in the public sector: the horns of a dilemma. Public Admin Rev 55: 29–36, 1995.

Perry JL, Kraemer KL, eds. Public Management: Public and Private Perspectives. Palo Alto, CA: Mayfield Publishing Company, 1983.

Perry JL, Porter L. Factors affecting the context for motivation in public organizations. In: Perry JL, Kraemer KL, eds. Public Management: Public and Private Perspectives. Palo Alto, CA: Mayfield Publishing Company, 1983, pp. 171–184.

Perry J. Jainey H. The public-private distinction in organization theory: a critique and research strategy. Acad Manage Rev 13: 182–201, 1988.

Pfiffner J. Why not make social science operation? In: Hawley CE, Weinstaub R, eds. Administrative Questions and Political Answers. New York: D. Van Nostrand, 1966, pp. 90–96.

Pfiffner JM, Presthus R. Public Administration. 5th ed. New York: Ronald Press, 1967.

Porter L, Van Maanen J. Task accomplishment and the management of time. In: Perry JL, Kraemer KL, eds. Public Management: Public and Private Perspectives. Palo Alto, CA: Mayfield, 1983, pp. 212–224.

President's Committee on Administrative Management. Report of the President's Committee on Administrative Management. Washington: US Government Printing Office, 1937.

Presthus R. Public Administration. 6th ed. New York: The Ronald Press Company, 1975.

Price DK. 1984 and beyond: social engineering or political values? In: Mosher FC, ed. Public Administration: Past, Present, Future. Syracuse: Maxwell School of Citizenship and Public Affairs and NASPAA, 1975, pp. 233 – 252.

Pugh DL. ASPA's history: prologue! Public Admin Rev 45: 475 – 483, 1985.

———. Professionalism in public administration: problems, perspectives, and the role of ASPA. Public Admin Rev 49: 1 – 8, 1989.

Rabin J. The profession of public administration. Bureaucrat 10: 10 – 12, 1981 – 1982.

———, ed. Symposium on professionalism in public administration: definition, character, and values. American Review of Public Administration 16: 15 – 21, 1982.

Rabin J, Bowman JS., eds. Politics and Administration: Woodrow Wilson and American Public Administration. New York: Marcel Dekker, 1984.

Rabin J, Hagens H. Professionalism and public administration: a bibliography. International Journal of Public Admin 4: 427 – 450, 1982.

Rainey H. On the uniqueness of public bureaucracies. In: Hill L, ed. The State of Public Bureaucracy. Armonk, NY: M. E. Sharpe, 1992, pp. 111 – 140.

———. Public organization theory: the rising challenge. Public Admin Rev 43: 176 – 182, 1983.

———. Reward expectancies, role perceptions, and job satisfaction among government and business managers: indicators of commonalities and differences. Academy of Management Proceedings, pp. 357 – 361, 1979,

———. Understanding and Managing Public Organizations. San Francisco: Jossey Bass, 1991.

Rainey H, Backoff RW, Levine CH. Comparing public and private organizations. Public Admin Rev 36: 233 – 244, 1976.

Rainey H, Pandey S, Bozeman B. Research note: public and private perceptions of red tape. Public Admin Rev 55: 567 – 574, 1995.

Rapp BW. You can't manage city hall the same way you manage general motors. Good Government 92: 12 – 15, 1975.

Rawls JA. A Theory of Justice. Cambridge, MA: Belknap Press, 1971.

Rawls JR, Ullrich R, Nelson OT Jr. A comparison of managers entering or reentering the profit and nonprofit sectors. Acad Manage J 18: 616 – 622, 1975.

Redford E. Business as government. In: Martin RC, ed. Public Administration and Democracy. Syracuse, NY: Syracuse University Press, 1965. pp. 63 – 82.

Rhinehart JB, Barrell RP, DeWolfe AS, Griffin JE, Spaner FE. Comparative study of needs satisfactions in governmental and business hierarchies. J Appl Psychol 53: 230 – 235, 1969.

Richardson WD, Nigro LG. Administrative ethics and founding though: constitutional correctives, honor, and education. Public Admin Rev 47: 367 – 376, 1987.

Richter WL, Burke F, Doig JW. Combating Corruption, Encouraging Ethics. Washington, D. C.: American Society for Public Administration, 1990.

Riggs F. Public administration: a comparatives framework. Public Admin Rev 51: 473–477, 1991.

Riggs RR. Toward a professionalism model for public administration: upgrading corrections in Kansas. South Rev Public Admin 5: 282–313, 1981.

———. The professionalization of the public service: a road map for the 1980's and beyond. Am Rev Public Admin 16: 348–369, 1982.

Roberts A. Demonstration neutrality: the Rockefeller philanthropies and the evolution of public administration. Public Admin Rev 54: 221–227, 1994.

Roberts N, Doss MT. Public service and private hospitality: a case study in federal conflict-of-interest reform. Public Admin Rev 52: 260–269, 1992.

Robertson P, Seneviratne S. Outcomes of planned organizational change in the public sector: a meta-analytic comparison to the private sector. Public Admin Rev 55: 547–558, 1995.

Robson WA. The managing of organizations. Public Admin 44: 275–281, 1966.

———. The present state of teaching and research in public administration. Public Admin 39: 217–222, 1961.

Roessner JD. Incentives to innovate in public and private organizations. In: Perry JL, Kraemer KL, eds. Public Management: Public and Private Perspectives. Palo Alto, CA: Mayfield, 1983, pp. 353–367.

Roethlisberger FJ. The Elusive Phenomenon. Boston: Harvard Graduate School of Business Administration, 1977.

Rohr JA. Ethics for Bureaucrats: An Essay on Law and Values. New York: Marcel Dekker, 1978.

———. The constitutional world of Woodrow Wilson. In: Rabin J. Bowman JS, eds. Politics and Administration: Woodrow Wilson and American Public Administration. New York: Marcel Dekker, 1984, pp. 31–49.

———. To Run a Constitution: The Legitimacy of the Administrative State. Lawrence: University Press of Kansas, 1986.

———. Public administration, executive power, and constitutional confusion. Public Admin Rev 49: 108–114, 1989.

Rose H. A critical look at the Hatch Act. In: O'Donnell M, ed. Readings in Public Administration. Boston: Houghton Mifflin, 1966, pp. 174–180.

Rosenbloom D. Have an administrative Rx? Don't forget the politics. Public Admin Rev 53: 503–507, 1993.

Rourke F. Bureaucracy in the American constitutional order. Politic Sci Q 102: 217–232, 1987.

———. Responsiveness and neutral competence in American bureaucracy. Public Admin Rev 52: 539 – 546, 1992.

Rumsfeld D. A politician-turned-executive surveys both worlds. In: Perry JL, Kraemer KL, eds. Public Management: Public and Private Perspectives. Palo Alto, CA: Mayfield, 1983, pp. 34 – 40.

Sayre W. A decade of administrative values. Public Admin Rev 11: 1 – 10, 1951.

Schick A. The trauma of politics: public administration in the sixties. In: Mosher FC, ed. Public Administration: Past, Present, Future, Syracuse, NY: Maxwell School of Citizenship and Public Affairs and the National Association of Schools of Public Affairs and Administration, 1975, pp. 142 – 180.

Schmidt M. Grout: alternative kinds of knowledge. In: White J, Adams G, eds. Research in Public Administration: Reflections on Theory and Practice. Thousand Oaks, CA: Sage, 1994, pp. 213 – 224.

Sharkarnsky I. Policymaking and service delivery on the margins of government: the case of contractors. Public Admin Rev 40: 116 – 123, 1980.

Shaw LC, dark RT Jr. The practical differences between public and private sector collective bargaining. In: Perry JL, Kraemer KL, eds. Public Management Public and Private Perspectives. Palo Alto, CA: Mayfield Publishing Company, 1983, pp. 312 – 327.

Sherwood FP, Page WJ Jr. MBO and public management. In: Perry JL, Kraemer KL, eds. Public Management: Public and Private Perspectives. Palo Alto, CA: Mayfield, 1983, pp. 301 – 311.

Shils EA, Finch HA, eds. The Methodology of the Social Sciences. New York: Free Press, 1949.

Siffin WJ. Business administration/public administration. Business Horizons 5: 69 – 76, 1963.

Simmons RH, Dvorin EP. Public Administration: Values, Policy and Change. Port Washington, NY: Alfred, 1977.

Simon HA. Administrative Behavior: A Study of Decision-Making Processes in Administrative Organization. New York: Free Press, 1957.

———. The changing theory and changing practice of public administration. In: Pool I, ed. Contemporary Political Science. New York: McGraw-Hill, 1967, pp. 86 – 120.

———. A comment on the "science of administration". In: Hawley CE, Weintraub R, eds. Administrative Questions and Political Answers. New York: D. Van Nostrand, 1966, pp. 34 – 37.

———. The Sciences of the Artificial. Cambridge, MA: M. I. T. Press, 1969.

Simon HA, Smithburg DW, Thompson VA. Public Administration. New York: Alfred

A. Knopf, 1950.

Skok J. Policy issue networks and the public policy cycle: a structural-functional framework for public administration. Public Admin Rev 55: 325–332, 1995.

Smithburg DW, Thompson VA. Public Administration. New York: Alfred A. Knopf, 1974.

Spann RM. Public versus private provision of governmental services. In: Perry, JL, Kraemer KL,

eds. Public Management: Public and Private Perspectives. Palo Alto, CA: Mayfield, 1983, pp. 333–349.

Spicer M, Terry L. Legitimacy, history, and logic: public administration and the Constitution. Public Admin Rev 53: 239–246, 1993.

———. Administrative interpretation of statues: a constitutional view on the 'new world order' of public administration. Public Admin Rev 56: 38–47, 1996.

Stahl OG. Public Personnel Administration. New York: Harper & Row, 1962.

Stallings R. Doctoral programs in public administration: an outsider's perspective. In: White J, Adams G, eds. Research in Public Administration: Reflections on Theory and Practice.

Thousand Oaks, CA: Sage Publications, 1994, pp. 171–180.

Stallings R, Ferris J. Public administration research: work in PAR, 1940–1984. Public Admin Rev 48: 580–587, 1988.

Stark A. Public sector conflict of interest at the federal level in Canada and the U.S.: differences in understanding and approach. Public Admin Rev 52: 427–437, 1992.

Starling G. Managing the Public Sector. Homewood, IL: Dorsey, 1982.

Stene EO. An approach to a science of administration. American Political Science Rev 32: 1124–1137, 1940.

Stillman RJ II. Woodrow Wilson and the study of administration: a new look at an old essay. Am Politic Sci Rev 47: 582–588, 1973.

Stivers C. The listening bureaucrat: responsiveness in public administration. Public Admin Rev 54: 364–369, 1994.

Stone DC, Stone AB. The birth of ASPA. Public Admin Rev 35: 83–93, 1975.

Svara JH. Dichotomy and duality: reconceptualizing the relationship between policy and administration in council-manager cities. Public Admin Rev 45: 221–232, 1985. . Policy and administration: city managers as comprehensive professional leaders. In: Frederickson HG, ed. Ideal and Practice in Council-Manager Government. Washington, D.C.: International City Manager's Association, 1994, pp. 70–93.

Symposium on public administration as Southern Review of Public Administration 5:

237-291.

Thai KV. Does NASPAA peer review improve the quality of PA/A education? Public Admin Q8: 422-460, 1985.

Thayer F. The NASPAA threat. Public Admin Rev 36: 85-90, 1976.

Thomas C. The policy/administration continuum: the Wisconsin natural resources board decisions. Public Admin Rev 50: 446-449, 1990.

Thompson D. Paradoxes of government ethics. Public Admin Rev 52: 254-259, 1992.

Turnbull AB III. The accreditation process and its justifications. In: The MPA Degree: A Forum

on the Accreditation of Professional Degree Programs. Columbia, SC: Bureau of Governmental Research and Service, 1985, pp. 7-10.

Turner HA. Woodrow Wilson: exponent of executive leadership. West Politic Q 4: 97-115, 1951.

____. Woodrow Wilson as administrator. Public Admin Rev 16: 449-457, 1956.

Urwick L. Organization as a technical problem. In: Gulick L, Urwick L, eds. Papers on the Science of Administration. New York: The Institute of Public Administration, 1937, pp. 47-88.

Urwick L. Public administration and business management. In: Hawley, CE, Weintraub R, eds.

Administrative Questions and Political Answers. New York: Van Nostrand, 1966, pp. 38-43.

Van Riper PP. The American administrative state: Wilson and the founders-an unorthodox view. Public Admin Rev 43: 477-490, 1983.

____. The politics-administration dichotomy: concept or reality? In: Rabin J, Bowman JS, eds. Politics and Administration: Woodrow Wilson and American Public Administration. New York: Marcel Dekker, 1984, pp. 203-218.

von Mises L. Bureaucratic management. In: Waldo, D. Ideas and Issues in Public Administration. New York: McGraw-Hill, 1953, pp. 51-56.

Waldo D. The Administrative State. New York: Ronald Press, 1949.

____. Development of theory of democratic administration. Am Politic Sci Rev 46: 81-103, 1952.

____. Administrative theory in the United States: a survey and prospect. Politic Stud 2: 70-86, 1954.

____. The Study of Public Administration. New York: Random House, 1955.

____. Perspectives on Public Administration. Tuscaloosa: University of Alabama Press, 1956.

____. Organization theory: an elephantine problem. Public Admin Rev 21: 310-

325, 1961.

——. Comparative Public Administration: Prologue, Promise, Problems. Comparative Public Administration Special Series no. 2. Washington, D.C.: American Society of Public Administration, 1964.

——. The administrative state revisited. Public Admin Rev 25: 5-30, 1965.

——. The Novelist on Organization and Administration: An Inquiry into the Relationship Between Two Worlds. Berkeley, CA: Institute of Governmental Studies, 1968a.

——. Public administration. In: Sills D, ed. International Encyclopedia of the Social Sciences. New York: Macmillan, 1968b, pp. 145-156.

——. Scope of the theory of public administration. In: Charlesworth JC, ed. Theory and Practice of Public Administration: Scope, Objectives, and Methods. Philadelphia: American Academy of Political and Social Science, 1968c, pp. 1-26.

——. Education for public administration in the seventies. In: Mosher FC, ed. Administration: Past, Present, Future. Tuscaloosa: University of Alabama Press, 1975a, pp. 181-232.

——. Political science: tradition, discipline, profession, science, enterprise. In: Greenstein FI, Polsby NW, eds. Handbook of Political Science. Reading, MA: Addison-Wesley, 1975b, pp. 1-130.

——. The Enterprise of Public Administration. Novato, CA: Chandler and Sharp, 1980.

——. The Administrative State. 2nd ed. New York: Holmes and Meier, 1984.

——. Public administration and culture. In: Martin R, ed. Public Administration and Democracy. Syracuse, NY: Syracuse University Press, 1965b, pp. 39-61.

——. The perdurability of the politics-administration dichotomy. In: Rabin J, Bowman JS, eds. Politics and Administration: Woodrow Wilson and American Public Administration. New York: Marcel Dekker, 1984, pp. 219-233.

——. Politics and administration: on thinking about a complex relationship. In: Chandler R, ed. A Centennial History of the American Administrative State. New York: The Free Press, 1987, pp. 89-112.

——. A theory of public administration means in our times a theory of politics. In: Lynn N, Wildavsky A, eds. Public Administration: The State of the Discipline. Chatham, NJ: Chatham House, 1990, pp. 73-83.

——. Reflections on public administration and national development. International Social Science Journal 21: 294-309, 1969a.

——. Some Ideas on Preparing Science Administration Leadership for Tomorrow. Program of Policy Studies in Science and Technology. Occasional Paper No. 6. The

George Washington University, Washington, D. C. , 1969b.

———. Theory of organization: status and problems. In: The Study of Organizational Behavior: Problems and Trends. Papers in Comparative Administration Special Series: No. 8 Comparative Administration Group, American Society of Public Administration, Washington, D. C. , 1966, pp. 1 – 28.

———. The administrative state revisited. Public Admin Rev 25: 5 – 30, 1965a.

———. Developments in public administration. In: Lane FS, ed. Current Issues in Public Administration, New York: St. Martin's Press, 1978, pp. 537 – 567.

———. Public administration. In: Uveges JA Jr. , ed. The Dimensions of Public Administration: Introductory Readings. Boston: Holbrook Press, Inc. , 1971, pp. 23 – 41.

From Irish MD, ed. Political Science: Advance of a Discipline. M. D. Englewood Cliffs, NJ.

Wamsley G, Goodsell C, Rohr J, White O, Wolf J. A legitimate role for bureaucracy in democratic governance. In: Hill L, ed. The State of Public Bureaucracy. Armonjt, NY: Sharpe, 1992, pp. 59 – 86.

Wamsley L, Zaid MN. The political economy of public organizations. In: Perry JL, Kraemer KL, eds. Public Management: Public and Private Perspectives. Palo Alto, CA: Mayfield, 1983, pp. 133 – 141.

Warner WL, Van Riper PP, Martin NH, Collins OF. The several worlds of the administrator. In: O'Donnell ME, ed. Readings in Public Administration. Boston: Houghton Mifflin, Co. , pp. 191 – 196.

From The American Federal Executive. Yale University Press, 1963.

Washington CW. To the morale office. Bureaucrat 13: 18, 1984.

Weber M. Politics as a Vocation. Philadelphia: Portress Press, 1965.

Weiss HL. Why business and government exchange executives. In: Perry JL, Kraemer KL, eds. Public Management: Public and Private Perspectives. Palo Alto, CA: May Field Publishing Company, 1974, pp. 41 – 54.

Whicker M, Strickland A, Olshfski D. The troublesome cleft: public administration and political science. Public Admin Rev 53: 531 – 541, 1993.

White J, Adams G. Making sense with diversity: the context of research, theory, and knowledge development in public administration. In: White J, Adams G, eds. Research in Public Administration: Reflections on Theory and Practice. Thousand Oaks, CA: Sage, 1994, pp. 213 – 224.

White LD. Introduction to the Study of Public Administration. 1st ed. New York: Macmillan, 1926.

———. Introduction to the Study of Public Administration. 3rd ed. New York: Macmillan, 1948.

Whonon JW, Worthley JA. A perspective on the challenge of public management: environmental paradox and organizational change. In: Perry JL, Kraemer KL, eds. Public Management: Public and Private Perspectives. Palo Alto, CA: Mayfield, 1983, pp. 126 – 132.

Wilbem Y. Professionalism in the public service: too little or too much? In: Hawley CE, Weintraub R, eds. Administrative Questions and Political Answers. New York: Van Nostrand, 1966, pp. 333 – 341.

Wilensky H. Organizational Intelligence. New York: Basic Books, Inc., 1967.

Weintraub R, eds. Administrative Questions and Political Answers. New York: Van Nostrand, 1966, pp. 333 – 341.

Wilson W. The study of administration. Politic Sci Q 2: 197 – 222, 1887.

———. Lectures on administration. In: Link AS, ed. The Papers of Woodrow Wilson. Princeton, NJ: Princeton University Press, 1969, pp. 112 – 158.

———. The study of administration. In: Stillman R, ed. Public Administration: Concepts and Cases. 5th ed. Boston: Houghton Mifflin. 1992, pp. 6 – 17.

Willoughby WF. Principles of Public Administration. Baltimore: Johns Hopkins University Press, 1927.

Wing-yee Lee E. Political science, public administration and the rise of the American administrative state. Public Admin Rev 55: 538 – 546, 1995.

Wolf WB. The Basic Barnard: An Introduction the Chester I. Barnard and His Theories of Organization and Management. Ithaca, NY: Cornell University School of Industrial and Labor Relations, 1974.

———. Conversations with Chester Barnard. School of Industrial and Labor Relations. Ithaca, NY: Comell University, 1973.

Wynia B. Federal bureaucrats' attitudes towards a democratic ideology. Public Admin Rev 534: 156 – 162, 1974,

Yeager S3. Fostering the development of professionalism: an exchange theory perspective of the decision to join a professional association. Southern Review of Public Administration 5: 314 – 338, 1981.

———. Rabin J, Vocino T. Professional values of public administrators in the United States. American Review of Public Administration 16: 402 – 411, 1982.

Zeithamel VA, Lamb CW Jr, Crompton JL. Public program termination: conditions, constraints, and management strategies. In: Perry JL, Kraemer KL, eds. Public Management: Public and Private Perspectives. Palo Alto, CA: Mayfield, 1983. pp. 368 – 378.

Zuck A. NASPAA and the road to accreditation. In: The MPA Degree: A Forum on the Accreditation of Professional Degree Programs. Columbia, SC: Bureau of Governmental Research and Service, 1985, pp. 7 – 10.

索引

Academic organizations and publications 学术组织和出版物, 172-173

Action Theory for Public Administration (Harmon) 《公共行政的行动理论》(哈蒙), 125

Administrative Procedure Act (APA) 《行政程序法》11, 14, 598, 627, 631-637, 668, 687

Administrative Science Quarterly 《行政科学季刊》715

Administrative State, The, (Waldo) 《行政国家》(沃尔多), 13, 125-126, 383, 1188

Adams, Henry 亨利·亚当斯, 5

Ad Hoc Committee on Computers in Public Management Education 公共管理教育中计算机临时委员会, 728

Administration of Federal Grants in States, The (Keys) 《各州中联邦拨款的管理》(基斯), 781

Administrative Behavior (Simon) 《行政行为》(西蒙), 269-271

Administrative Dispute Resolution Act (1990) 《行政争议解决法》(1990), 650

Administrative feasibility of public policy 公共政策的行政可行性, 528-529

Administrative federalism 行政联邦主义, 450, 455-457

Administrative Justice and the Supremacy of Law (Dickinson) 《行政司法与法律至高性》(迪金森), 627

Administrative law and regulation 行政法律和法规 See Law and regulation 参见行政法律和法规

Administrative Law Treatise (Davis) 《行政法专题论文集》(戴维斯), 602

Administrative Office of the United States 美国行政办公厅

creation of 美国行政办公厅的创建, (1939), 936

Administrative Office of the U. S. Court (AOUSC) 美国法院行政办公室, 971

Computerization of the federal courts and 联邦法院计算机化与美国法院行政办公室, 988

Advisory Commission on Intergovernmental Relations (ACIR) 政府间关系顾问委员会, 169-170, 457

creation of 政府间关系顾问委员会的创建, 404-406

primary mission of 政府间关系顾问委员会的主要使命, 407-408, 411, 416-417

Affirmative action 肯定性行动, 20-21, 349, 367-370

Affirmative Discrimination (Glazer) 《肯定性歧视》, 369

Africa 非洲

civil service reform in 非洲的公务员制度改革 549

CPA and administrative reform efforts in 非洲的比较公共行政与行政改革努力, 548

After-the-fact governance system designs 事后治理系统设计, 1023-1024

substituting before-the-fact controls for 用事前控制来取代事后治理系统设计, 1035-1045

unworthy conditions for 事后控制不值得的条件, 1037-1039

Age Discrimination in Employment Act (1967) 《1967年就业年龄歧视法》, 339

Aid to Families with Dependent Children (AFDC) 对未成年子女家庭补贴, 617

Airline Deregulation Act (1978) 《1978年航空解除管制法案》, 643-644

Alliance for Progress 追求进步同盟, 536-537

Allocation analysis 分配分析, 519-520

Allocation formulas for federal budgeting 联邦预算的分配公式, 234-236

Alternative governance system designs 备选治理系统设计, 1022-1023

American Academy of Political and Social Sciences (AAPCS) 美国政治与社会科学院, 22, 701,

939

American Assembly of Collegiate Schools of Business (AACSB) 美国大学商学院联席会, 734 – 735

American Bar Association (ABA) 美国律师协会, 921

court reform movement and 法院改革运动与美国律师协会, 929 – 932

creation of 美国律师协会的创建, 923 – 924

new directions in court reform and 美国律师协会与法院改革中的新方向, 950

Pound's address to (1906) 庞德1906年对美国律师协会的致辞, 925 – 929, 967 – 968

standards for court unification and consultation 法院的统一与咨询的标准, 944 – 946, 948

standards for judicial administration (1938) 1938年司法行政标准, 936 – 937

use of court administrators 法院行政人员的使用, 952 – 954

Vanderbilt and 范德比尔特与美国律师协会, 935 – 936

American Economic Association (1885) 1885年美国经济学会, 5

American Enterprise Institute (AEI) 美国企业研究所, 416

American Federation of Labor (AFL) 美国劳工联合会, 331

American Federation of State, County, and Municipal Employees (AFSCME) 美国州、县及城市雇员联合会, 334

American Institute of Certified Public Accountants (AICPA) 美国注册会计师协会, 185

American Institute of Planners (1917) 1917年美国规划师学会, 8

American Judicative Society (AJC) 美国司法学会, 931 – 932

American Partnership, The (Elazar) 《美国伙伴关系》(伊拉扎), 455

American Political Science Association (APSA) 美国政治学会, 7, 8, 471, 701, 702, 779, 937

American public administration 美国公共行政, 1 – 47

five great ideas in 美国公共行政的五大理论, 48 – 101;

classic management models 经典管理模式, 55, 63 – 67

honest, businesslike government 诚实, 无党派及像企业一样的政府, 57 – 58, 59 – 63

human behavior 人类行为, 59, 72 – 76

politics and policy making 政治与政策制定, 58 – 59, 67 – 72

program effectiveness 项目有效性, 59, 76 – 92

search for governance (moving into its 2nd century) 美国公共行政（进入第二个世纪）寻求治理, 29 – 33

three legacies of governance 美国公共行政治理的三笔遗产, 3 – 4

the 1880s 美国公共行政19世纪80年代, 4 – 5

the 1890s 美国公共行政19世纪90年代, 6

the 1900s 美国公共行政20世纪前10年, 6 – 8

the 1910s 美国公共行政20世纪第一个10年, 8 – 9

the 1920s 美国公共行政20世纪20年代, 9 – 10

the 1930s 美国公共行政20世纪30年代, 10 – 12

the 1940s 美国公共行政20世纪40年代, 12 – 14

the 1950s 美国公共行政20世纪50年代, 14 – 17

the 1960s 美国公共行政20世纪60年代, 17 – 20

the 1970s 美国公共行政20世纪70年代, 20 – 21

the 1980s 美国公共行政20世纪80年代, 23 – 26

the 1990s 美国公共行政20世纪90年代, 26 – 29;

American Review of Public Administration 《美国公共行政评论》, 22

American Society for Municipal Development 美国市政发展学会, 6

American Society for Public Administration (ASPA) 美国公共行政学会, 12, 701, 709, 715, 1194

automatic data processing as a decision-making tool 作为一种决策制定工具的自动数据处理程序, 790

CAG as part of 比较行政协会是美国公共行政学会的一个构成部分, 17 – 18

code of ethics of 美国公共行政学会的伦理准则, 748, 1204 – 1205

founding of 美国公共行政学会的建立, 780

IGR activities and 美国公共行政学会与政府间关系活动, 408

Americans with Disabilities Act (1990) 《1990年美国残疾人法案》, 347

Analysis for Public Decisions (Quade) 《公共决

策分析》(奎德),478

Antideficiency Act (1906) 《1906年反赤字法》,158

Anti-Federalists 反联邦党人,452-453

Anti-regulatory environment, status of rules in 反规制环境下的法律状况,687-690

Antitrust regulations 反托拉斯规制,614-615

Applied social science, policy science as 作为应用社会科学的政策科学,471-475

Arbitrariness vs. rationality 专制对理性,684-685

Archival data, use in research of 档案数据在研究中的使用,838-850

problems with 档案数据在研究中的使用时所存在的问题,845-847

remedies for the problems 对这些问题的补救措施,847-850

sources 来源,839-845

private records 私人记录,840-845

public records 公共记录,839-840,842-843

Argentina, privatization efforts in 阿根廷的民营化努力,554

Arizona, states' right federalism and 亚利桑那州与州的权利联邦主义,454-455

Articles of Confederation 《邦联条款》,449

Assessment, expert discretion in problems of 在评估问题中的专家自由裁量权,679-680

Assignment authority for presiding judges 主审法官权威分配,975

Association for Public Policy Analysis and Management 公共政策分析与管理协会,496

Atomic Energy Commission (AEC) 美国原子能委员会,637

Autocratic decision style 专制式决策风格,295

Automatic data processing (ADP) 自动数据处理

in judicial administration 在司法行政中的自动数据处理,957,958

in the U. S. government 美国政府中的自动数据处理,789-790

See also Computer technology 也参见计算机技术

Australia 澳大利亚

decentralization of managerial authority and 管理权威的分权化与澳大利亚,556

reinvention of government and 政府重塑与澳大利亚,559

Balanced budget 平衡预算,202-205

balanced base budget system of Kansas 堪萨斯州的平衡基础预算系统,232

constitutional amendment for 寻求平衡预算的宪法修正案,203

line-item veto and 单项否决与平衡预算,203-204

political significance of 平衡预算的政治影响,202-203

resistance to budget reform 对预算改革的抵制,202

Spending cuts through devolution 通过权力下放来削减开支,205

Balanced Budget and Emergency Deficit Control Act 预算平衡与紧急赤字控制法. See Gramm-Rudman-Hollings Act (1985) 也见《1985年格拉姆——鲁德曼——霍林斯反赤字法案》

Balance of power politics 权力政治的平衡,574

Barnard, Chester 切斯特·巴纳德,11-12,129,758,778

Beard, Charles A. 查尔斯·A·比尔德,8,159

Before-the-fact governance system designs 事前治理系统设计,1027-1027

to enforce efficiency under flexible price contracts 事前治理系统设计以在灵活价格控制下实现效率,1030-1031

substituting after-the-fact controls for 用事后控制取代事前治理系统设计,1035-1045

"Behavioral Model of Rational Choice, A" (Simon) 《理性选择的行为模式》(西蒙),270-271

Behavioral research 行为研究

judicial administration and 司法行政与行为研究,984-988

Pound and 庞德与行为研究,969-970

Behavioral science of administration 行政的行为科学,15,16,1188-1190

critique of 对行政的行为科学的评述,1190-1193

model of 行政的行为科学的模型,72-73,74

Belongingness (level of need) 归属感(需要层次),72

Benefit-cost analysis 收益成本分析,299-302,474,516-517,1035

application of 收益成本分析的应用,301-302

future of 收益成本分析的预期,302

origins 收益成本分析的起源,299-301

Biennial budgeting 两年制预算, 558
Bilateralism in the public sector, growth of 公共部门中双边主义的增长, 370–372
Blacksburg Group 黑堡团队, 1175
Blacksburg Manifesto 黑堡宣言, The, 28, 121–122
Block grants 一揽子拨款, 205, 415, 419
Bounded rationality 有限理性, 269–271, 1069
　disjointed incrementalism and 断续的渐进主义与有限理性, 273–274
　in the 1980s 20世纪80年代的有限理性, 285–286
Bowen equilibrium 鲍文均衡, 1007–1008
　for I&M policy 检查与维护政策, 1008, 1010, 1011
Brainstorming 头脑风暴法, 296
Brazil, intergovernmental relations in 巴西的政府间关系, 552
Britain 英国
　judicial reforms in 英国的司法改革, 967
　reinvention of government and 英国与政府重塑, 559
British Civil Service 英国公务员制度, 367
Brookings Institution 布鲁金斯学会, 172, 416, 781–782, 1107
Brownlow, Louis 刘易斯·布朗诺, 780
Brownlow committee 布朗诺委员会, 11, 66, 174–175, 176–177, 333–334, 709, 782, 788
　politics-administration dichotomy and 布朗诺委员会与政治行政二分法 1174
　professionalism and 职业化与布朗诺委员会, 1110
Budget and Impoundment Control Act (1974) 《1974国会预算和没收扣押限制法案》, 192–197, 233, 247
　budget process and procedures 预算过程与程序, 193–197
　reconciliation 调停, 197
　sources of reform 改革来源, 192–193
Budgetary decision-making 预算决策制定
　in the 1945–1970 period 1945–1970年中的预算决策制定, 275–276
　in the 1970s 20世纪70年代的预算决策制定, 279–280
　in the 1980s 20世纪80年代的预算决策制定, 286–287

Budget Enforcement Act (1990) 《1990年预算执行法》, 199–202
Budgeting and Accounting Act (1921) 《1921年预算会计法》, 9, 157, 160–167, 245, 332
Budgeting and financial management 预算与财政管理 223–263
　budgeting as analysis 预算作为分析 225;
　budgeting as politics 预算作为政治 224–225;
　decision rules that guide resource allocation 决策规则指导资源分配 227–237
　allocation formulas 分配公式 234–236
　base plus fair share 基础份额加上公平份额 230–231
　ceilings and targets 上限与目标 231–234
　program merit 项目功绩 227–230
　propositions 建议 236–237
　delegation of fiscal authority to executive branch 财政权威分配给行政部门 245–249
　fostering efficiency in government 提高政府效率 249–257
　holding public managers accountable for spending 让公共管理者负责开支 237–245
　as important policy making 作为重大的政策制定 225–226
　outlay budgets 支出预算 1031–1033
　politics and budget analysis 政治与预算分析 225–226
　responsibility of 责任 1025–1027
　See also Executive budgeting; Public budgeting 也参见行政预算；公共预算 (1789–1995)
Bureaucracy (bureaucracies) 官僚制（官僚）
　democracy versus 民主对官僚制, 122–126
　effect on people of bureaucratic organizations 官僚制组织对人的影响, 76
　in international organizations 国际组织中的官僚制, 585–587
　main categories or theories 官僚制主要类型或理论, 53
　public choice studies of 关于官僚制的公共选择理论, 1973–1077
　simple and sovereign structure of 官僚制的简单主权结构, 103–104
　skeletal structure in governance of 官僚制的治理中的骨骼结构, 104, 108–109
　Weber's "ideal" type 韦伯的"理想"类型, 65

Bureau of Governmental Research 政府研究所, 7-8

Bureau of the Budget (BOB) 预算局, 9-10, 161, 163

introduction of PPBS 预算局计划项目预算系统的引进, 790-791

management of automatic data processing system 预算局自动数据处理系统的管理, 790;

Bureau of the Census 人口普查局, 789

Burger, Warren 沃伦·伯格

court reform program of 沃伦·伯格的法院改革项目, 942-943

IGM establishment and 沃伦·伯格与跨部门管理, 982-983

Bush administration 布什政府

administrative law and regulation 布什政府行政法律与规制, 648

attack on rules and rule making 布什政府对规则与规则制定的攻击, 690

public service and 布什政府公共服务, 345

representativeness in 布什政府中的代表性, 369

rule of factions (ROF) model and 布什政府与派系规则模型, 25

Calculus of Consent, The (Buchanan and Tullock) 《同意的计算》(布坎南和塔洛克), 1077-1078

Calendar management, judicial administration and 司法行政与日历管理, 978

California, Proposition 13 in 加利福尼亚州的第13号提议, 187-189

Canada, "envelope budget" of 加拿大的"封套预算", 232

Carnegie, Andrew 安德鲁·卡耐基, 5

Carter administration 卡特政府

administrative law and regulation 行政法律与规制, 647-648

attack on rules and rule making 对规则与规则制定的攻击, 688-689

limited career administrator's power in 卡特政府中有限的职业行政人员的权力, 25

public service and 公共服务与卡特政府, 342-343

reform of federal civil service system 卡特政府联邦公务员系统改革, 78-79

zero-base budget and 卡特政府与零基预算, 180

Case for Bureaucracy, The (Goodsell), 《官僚制案例》(古德诺), 28, 373

Cases in Public Administration and Policy Formulation (Stein), 《公共行政和政策制定中的案例》(斯坦), 713

Case studies 案例研究, 13, 713-714, 757, 809-823

analysis of evidence from multiple cases 对多个案例中的证据进行分析, 821-822

approaches to case analysis 案例分析的路径, 817-820

case cluster 案例簇群, 819

explanatory 解释, 819

narrative 记载, 817-818

quantitative data 定量数据, 819-820

questions and answers 问题与答案, 818

criticism of 对案例研究的批评, 786, 811-812

defense and extension 防御与扩展, 812-815

methodological issues-validity 方法论议题——有效性, 820-821

postwar period development of 案例研究在战后时期的发展, 785-786

process for case research 案例研究的进程, 816-817

systematic use of 案例研究的系统应用, 795-596

Causality, expert discretion in matter of 在因果关系问题上的专家自由裁量权, 680-681

Centralized federalism 集权联邦主义, 450, 457-460

Chicago Civil Service Reform League 芝加哥公务员改革联盟 359

Chicago Club, The 《芝加哥俱乐部》, 779

Chief Finance Offices Act (1990) 《1990年首席财务官法》, 240

China, ancient 古代中国, 49

City charter model (1917) 1917年模范城市宪章, 8

City government 城市政府

commission form of 委员会形式的城市政府 6

commission-management form of 委员会管理形式的城市政府 6-7

City manager plan 城市经理计划, 6-7

in evolution of professionalism 职业化演变中的城市经理人计划, 1103-1105

formation of professional organization (1913) 1913

年职业组织的建立, 8
model of 城市经理人模式, 62
City Managers Association 城市经理协会, 8, 1107
Civil Aeronautics Board (CAB) 美国民航管理委员会, 614, 627
Civil Justice Reform Act (1990) 《1990 年民事司法改革》955 – 957
Civil Rights Act (1964) 《1964 年民权法案》, 339, 640
Civil Rights Act (1991) 《1991 年民权法案》, 346
Civil rights movement 民权运动, 20 – 21, 338 – 339, 671
Civil Service Act (1883) 《1883 年公务员法》, 617 – 618, 620
Civil Service Commission 公务员委员会 60 – 61, 327, 328, 329, 335, 336
Eisenhower administration and 艾森豪威尔政府与公务员委员会 337 – 338
examinations for professionals 公务员委员会对职业人员的测试 11
Kennedy administration and 肯尼迪政府与公务员委员会 339
Research Division of 公务员委员会的研究部门 780
Civil Service Reform Act (1978) 《1978 年公务员改革法》, 22, 78 – 79, 331, 342 – 343, 361, 495 – 496, 646, 1139
Civil Service System 公务员系统, 327 – 334
in ancient Greece and China 古代希腊与中国的公务员系统, 49
consolidation of reform principles 改革原则的巩固, 329 – 333
continuation and change 持续与变革, 333 – 334
CPA studies and 比较公共行政与公务员系统, 548 – 549
duties and obligations of 公务员系统的职责与义务, 1201 – 1203
establishment of 公务员系统的建立, 60 – 61, 63 – 64, 358 – 363
implementing reform 执行改革, 327 – 328;
international 国际的, 585 – 587
reform of 公务员系统改革, 358 – 363
major reforms (1978) 1978 年的重要改革, 78 – 79

PI model as influence 作为影响因素的公共利益模型, 4
understanding ethical duties and obligations 理解的伦理职责与义务, 1203 – 1207
Classical CPA 经典比较公共行政, 536 – 541
foreign aid and CPA 对外援助与比较公共行政, 536 – 538
functionalist framework 职能主义框架, 538 – 541
Classical science of administration 经典行政科学, 1187
Critiques of 对经典行政科学的评述, 1187 – 1188
Classic bureaucratic model 经典官僚模型, 53
for pedagogy 教育史, 759 – 760
Classic management models 经典管理模型, 58, 63 – 67
Classic research methods 经典研究模型, 807 – 918
archival data 编码数据, 838 – 850
case studies 案例研究, 809 – 822
interviews 采访, 823 – 837
participant observation 参与式观察, 850 – 873
survey research 调查研究, 873 – 888
Classification Act (1923) 《1923 年职位分类法》, 332, 360
Classification Act (1949) 《1949 年职位分类法》, 360
Classification of public administration theories 公共行政理论的分类, 53 – 57
Clayton Act (1914) 《1914 年克莱顿法》, 625
Cleveland, Frederick 弗雷德里克·A·克利夫兰, 159
Clinton administration 克林顿政府
Administrative law and regulation 行政法律与规制, 649 – 652
attack on rules and rule making 对规则与规则制定的攻击, 690
concern with governmental performance 关注政府绩效, 798 – 799
National Performance Review (NPR) and 克林顿政府与全国绩效评估委员会, 136 – 137
new federalism and 克林顿政府与新联邦主义, 462, 463
public service and 克林顿政府与公共服务, 346 – 348
reinvention of government and 克林顿政府与政府

索引

重塑, 557-559, 29
Closed circuit television (CCTV) in the courts 法院中的闭路电视, 986-987
Code of Hammurabi 汉穆拉比法典, 468
Collective bargaining 集体谈判, 331, 334, 338, 371-372
　Kennedy administration and 肯尼迪政府与集体谈判, 339
Collective choice, extreme rational-choice model and 极端理性选择模型与集体选择, 1067-1068
Columbia University statistical laboratory (1894) 哥伦比亚大学统计实验室, 778
Commission form of city government 城市政府的委员会形式, 6
Commission-manager form of city government 城市政府的委员会经理形式 6-7
Commission on the Organization of the Executive Branch 行政机关组织委员会
　See Hoover commissions 也见胡佛委员会
Commission on Practical Training for Public Schools 公立学校实践培训委员会, 8
Commission on Careers and Marketing of NASPAA 公共事务与公共行政院校联合会职业和营销委员会, 730
Committee on Economic Development (CED) 经济发展委员会, 719
Committee on Graduate Education for Public Administration (CGEPA) 公共行政研究生教育委员会, 715
Commodity rationing programs 商品配额项目, 402
Community Services Act (1974) 《1974年社区服务法》, 485
Compact (state-based) view of the Union 工会的契约意识（以州为基础）, 389-391
Comparative Administration Group (CAG) of the ASPA 美国公共行政学会的比较行政协会, 17-18, 576, 716
Comparative Administrative Law (Goodman), 《比较行政法》（古德曼）, 6
Comparative and international administration issues 比较行政与国际行政议题, 571-594
　further convergence as goal 作为一个目的的未来趋同, 589-590
　major issues 主要议题, 575-589
　administrative capabilities in LDCs 欠发达国家的行政能力, 582-584
　framework for study 研究框架, 575-80
　international agency and administrative capabilities 国际机构与行政能力, 584-587
　knowledge acquisition 知识获得, 580-582
　system transformation 系统变迁, 587-589
　perspectives 视角, 571-575
Comparative public administration (CPA) 比较公共行政, 535-569
　classical CPA 经典比较公共行政, 536-541
　new CPA 新比较公共行政, 541-562
Complexity of public policy decision 公共政策决定的复杂性, 508
Comprehensive Employment and Training Act (CETA) 《综合就业和培训法》341, 479
Computer technology 计算机技术
　evolution in public administration (1960s) 20世纪60年代公共行政中变革, 788-790
　judicial administration and 司法行政与计算机计术, 984-988
　in use by state and local governments 州和地方政府对计算机技术的使用, 792-794, 799-800
Conference of State Court Administrators (COSCA) 州法院官员会议 971
Conflict of factions (COF) model 派系冲突模式, 2, 3
　orientation toward governing a complex society 以治理复杂社会为导向 31, 32
Congestion and delay in the judicial system 司法系统中的案件壅塞和延误, 968-969, 970-973
Congress of Vienna 维也纳国会, 584-585
Constitutional choice 宪政选择, 1077-1080
Constitutional debates over legitimacy of authority 对权威合法性的宪法辩论, 664-670
Constitutional democracy, adapting public administration to 使公共行政适应宪法民主, 652-655
Constitutional Federalism 宪政联邦主义, 652-655
Consumer Product Safety Act (1972) 《1972年消费产品安全法案》, 643
Consumer Product Safety Commission (CPSC) 消费者产品安全委员会, 615
Contemporary Moral Issues (Girvetz) 《当代道德问题》（格扶持）, 494
Content analysis as research method 作为一种研究模型的内容分析, 784

1355

Contract with America 与美国签约, 203－204, 419, 486

Coolidge administration, civil service system and 柯立芝政府与公务员系统, 332－333

Cooperatives in rural areas 农村地区合作, 779

Cost-benefit analysis. 成本收益分析
See Benefit-cost analysis 参见收益成本分析

Council on Graduate Education for Public Administration (CGEPA) 公共行政研究生教育理事会, 19, 22, 1195

Council on Postsecondary Accreditation (COPA) 大专院校认可委员会, 734

Court administrators 法院行政官员, 952－954
activities of 法院行政官员活动, 980
offices of 办公室, 974－975
professionalization of 职业化, 979－981

Court of Appeals Act (1891) 《上诉法院法案》922

Courtran II (centralized hardware and software system) 法院运作Ⅱ（集权的硬件和软件系统）, 988

Court reform movement 法院改革运动
See Judicial administration 参见司法行政

Court Technology Bulletin 《法院技术公报》, 984

Court unification and consolidation 法院统一和加强, 941－946

Creating a Government That Works Better and Costs Less 建立一个工作更好成本更低的政府 92

Critical issues in public law 公共法的关键问题 663－698
expert discretion 专家自由裁量权 675－681
character, uses and abuses 特点, 使用和滥用, 676－677
experts, politics and rule of law 专家, 政治和法治, 677－681
fairness in the administrative state 行政法的公平性 681－687
due process of law 正当法律程序 682－684
equality and equity 公平与平等, 685－687
matter of arbitrariness 任意性问题, 684－685
matter of responsibility 责任性问题, 691－693
questions of legitimacy 合法性问题, 663－675
rules in anti-regulatory environment 反规制环境下的规则, 687－690

Critical path method (CPM) of decision making 决策制定的关键路径模型, 298, 304－305, 306, 790

Cuban missile crisis 古巴导弹危机, 281

Culture of the organization 组织文化 130－132

Customer focus, TQM approach to 消费者导向的全面质量管理路径, 313

Czech Republic, privatization efforts in 捷克共和国的民营化努力, 555

Data administration and research methods 数据管理与研究方法, 777－805
the era up to 1945 到1945年止, 777－785
development of professional organizations 职业组织的发展, 779－780
influence of World War I 一战的影响, 780
Institute of Government Research and Brookings Institution 政府研究所与布鲁金斯学会, 781－782
municipal research bureaus and rural reformers 城市研究所与农村改革者, 778－779
New Deal 新政, 782－783
Social Science Research Council 社会科学研究理事会, 780－781
World War II 二战, 783－785
postwar period (1946－1960) 战后时期 (1946－1960), 785－788
case study method 案例研究法, 785－786
data administration and research 数据管理与研究, 788－789
operations research and systems analysis 运筹学与系统分析, 786－789
textbooks in the field 该领域的教材, 787－788
the 1960s 20世纪60年代, 789－792
evolution of the computer environment 计算机环境的演变, 789－790
rise of PPBS 计划项目预算系统的崛起, 790－791,
urban and regional government efforts 城市与地区政府的措施, 792
the 1970s 20世纪70年代, 792－796
broadening of the computer environment 计算机环境的扩大, 792－794
more systematic use of case studies 更为系统地使用案例研究, 795－796
study of urban service delivery 对城市服务供给的研究, 794
the 1980s and 1990s 80和90年代, 796－800

the computer environment 计算机环境, 799-900
concern with government performance 关注政府绩效, 797-799
critique of research methods in the field 对该领域研究方法的批评, 796-797
See also Classic Research methods 也见经典研究模型
Death and Life of Great American Cities, The (Jacobs) 《美国大城市的生与死》（雅各布）795
Decentralization of managerial authority 管理权威的分权, 555-556
Decision making 决策制定, 265-319
 decision-making processes 决策制定过程, 294-298
 definition of 决策制定的定义, 293
 five major contributions to 决策制定的五个重要贡献, 298-316
 benefit-cost analysis 收益成本分析, 299-302
 management information systems 管理信息系统, 306-308
 operations research 运筹学, 302-306
 strategic planning and management 战略计划与管理, 308-312
 TQM 全面质量管理, 312-316
 pre-World War II period 二战前, 266-268
 types of decisions 决策类型, 293-294
 the 1945-1970 period 1945年到1970年间, 269-276
 budgeting decision making 预算决策制定, 275-276
 disjointed incrementalism 不连续渐进主义, 272-275
 Simon and bounded rationality 西蒙与有限理性, 269-271
 the 1970s 20世纪70年代, 276-284
 budgetary decision making 预算决策制定, 279-280
 foreign-policy decision making 外交政策决策制定, 280-283
 risk perception and decision making 风险观念与决策制定, 283-284
 the 1980s to the present 20世纪80年代到现在, 284-287
 budgetary decision making 预算决策制定, 286-287
 disjointed incrementalism and bounded rationality 不连续渐进主义与有限理性, 285-286
 intelligence and decision making 情报与决策制定, 285
 organizational decline 组织衰退, 284
Decision theory school 决策理论学派, 51
Decision trees 决策树, 514-516
Deconcentration in intergovernmental relations 政府间关系的去分权化, 551-552
Decrementalism 减缩主义, 461-462
Dehumanizing aspect of bureaucracy 官僚制的非人性方面, 124-125
"De-legalization" of judicial administration 司法行政的"非法律化", 938-939
Delegation doctrine 授权原则 664, 666-668
Delimitation, system transformation and 系统变革与解除限制, 588
Deming, W. Edwards 爱德华·W·戴明, 312
 approach to TQM 全面质量管理路径, 314-315
Democracy, Bureaucracy versus 官僚制对民主, 122-126
Democracy in the Administrative State (Redford) 《行政国家的民主》（雷德福）, 125
Democratic challenges to the administrative state 行政国家的民主挑战, 670-675
Democratic decision style 民主决策风格, 295
Denhardt's classification of public administration theories 丹哈特对公共行政理论的分类, 55
Dependency theory of system transformation 系统变迁的依赖理论, 587-588
Deregulation 解除管制, 462
Development administration 发展行政, 576
Devolution in intergovernmental relations 在政府间关系上的权力下放, 461, 551, 552-555
Dewey, John 约翰·杜威 470, 471
Differentiated case management (DCM) 区别对待的案件管理, 956-957, 958, 978
Disjointed incrementalism 不连续的渐进主义, 272-275
 in the 1980s 20世纪八十年代, 285-286
Divisional structure in government 政府中的部门结构, 108-109
Doctoral-level preparation in public administration 公共行政中的博士层级准备, 728-729, 733

Domestic partnership policies 国内伙伴关系政策, 347

Downsizing 精简, 462–463

Dual classification of public administration theories 公共行政理论的双重分类, 55–56–57

Dual federalism 双重联邦主义, 390, 392–394

Due process of law 法律的正当程序, 644, 668–669

fairness in administration of 在行政中的正义, 682–684

Durham, G. H., IGR and 政府间关系与 G. H. 戴哈维, 383–384

Eastern Europe 东欧

bureaucratic controls in 东欧的官僚控制, 539

comparative management information system and 东欧与比较管理信息系统, 561

CPA and organizational design in 东欧的比较公共行政与组织设计, 544

CPA and political culture in 东欧的比较公共行政与政治文化, 547

devolution of intergovernmental issues in 东欧的政府间问题的权力下放, 552–553

privatization effects in 东欧的民营化效果, 554

public budgeting controls for 东欧的公共预算控制, 550

reinvention of government for 东欧的重塑政府, 558

Eaton, Dorman, civil service study of 多尔曼·伊顿的公务员研究, 5

Economic reasoning 经济推理, 1065–1087

extreme rational-choice model and its contribution 极端理性决策模式与它的贡献, 1066–1068

framework, theories, and models 框架、理论与模式, 1080–1081

varying assumptions in study of market relations 市场关系研究中不断变化的假设, 1068–1073

Economics 经济学, 995–1063

differences between economists and public administrators 经济学家与公共行政人员的差异 997–1002

governance system designs and 治理系统设计与经济学, 1035–1045

accounting for transaction costs 解释交易成本 1042–1043

benefits of control 控制收益, 1043

carrying controls to self-defeating extremes 实施控制直到废除的极端, 1039–1040

designs matched to circumstances 与环境匹配的设计, 1043–1045

excess controls 过多控制, 1040–1042

unworthy candidates for after-the-fact controls 事后控制的无效候选者, 1037–1039

gulf between public administration and 公共行政学与经济学之间的鸿沟, 996–997

new economics of organization 新组织经济学, 1016–1035

after-the-fact governance system designs 事后治理系统设计, 1027–1028

choosing between alternatives 在备选方案中选择, 1021–1022

control problem 控制问题, 1017–1018

cost of overcontrol 过度控制成本, 1034–1035

demand-revealing mechanisms 需求展示机制, 1024–1027

execution of alternative governance systems designs 备选治理体系设计执行, 1022–1023

flexible price contracts 灵活价格合同, 1029

governance in general 一般治理, 1018

outlay budgets 支出预算, 1031–1033

privatization 民营化 1018–1021

technological uncertainty and financial risk 技术不确定性与财政风险, 1929–1030

using before-the-fact controls to enforce efficiency 用事前控制实施效率, 1930–1031

public choice theory 公共选择理论, 1006–1015

explaining oversupply 解释供给过剩, 1011–1013

legislative decision making 立法决策制订, 1009–1011

Lindahl equilibrium 林达尔均衡, 1008–1009

median voter and Bowen equilibrium 中间选民与鲍恩均衡理论, 1007–1008

Niskanen and budget maximizing bureaucrat 尼坎南与预算最大化官僚 1013–1015

revival of interesting 兴趣复萌 1002–1006

advances in economics 经济学的发展, 1005–1006

changes in public administration environment 公共行政环境的变化, 1002–1005

political science 政治科学, 1002

Education and training in judicial administration 司法行政中的教育与培训, 981–984

Education for Public Administration (Graham)

索引

《公共行政学教育》(格雷厄姆), 709-710
Education for public service 公共服务教育
See Pedagogy 参见教育史
Effectiveness of public policy analysis 公共政策分析的效果, 520-524
  impact assessment 影响评估, 523-524
  quasi-experimental designs 准试验设计, 521-523
Effectuality of public policy analysis 公共政策分析实施, 513-520
  allocation analysis 分配分析, 519-520
  approaches to increasing 增长路径, 249-257
  cost-benefit analysis 成本收益分析, 516-517
  decision trees 决策树, 514-516
  optimum-level curves 最佳水准曲线, 517-519
  public-private dichotomy and 公共私营两分法, 1180-1181
Eisenhower administration 艾森豪威尔政府,
  IGR in 艾森豪威尔政府中的政府间关系, 404-406
  public service and 艾森豪威尔政府与公共服务, 337-338
Election as foundation of public authority 竞选作为公共权威的基础, 3
Electronic information 电子信息
  impact on teaching public administration 对教授公共行政学的影响, 762-765
  See also Automatic data processing (ADP); Computer technology 也见自动数据处理;计算机技术
Elements of Public Administration (Morstein-Marx) 《公共行政学要素》(莫斯泰恩——马克思), 788
Ellwood study 埃尔伍德研究, 726
Empirical school of management 管理经验学派, 51
Employment Act (1946) 《1946年就业法》, 176, 239, 631
Employment processes, administrative law and 行政法与就业过程, 616-617
Empowerment and teamwork, TQM approach to 全面质量管理方法进行授权与团体工作, 313
End of Liberalism, The (Lowi) 《自由主义的终结》(刘易斯), 70
Energy crises (1970s) 能源危机, 20
  effect on policy sciences 对政策科学的影响, 490-492

Enlightenment movement 启蒙运动, 4
"Entitlements", protection of 保护"既享权力", 617
"Envelope budget" of Canada 加拿大的"封套预算", 232
Environment, regulations for protection of 环境保护规章, 615-616
Environmental Protection Agency (EPA) 环境保护局, 643
"Epistemic Choice and Public Choice" (Ostrom), 1066
Equal employment opportunity 平等就业机会, 20-21
Equal Employment Opportunity Act (1972) 《平等就业机会法案》, 339, 341, 367, 640
Equal Employment Opportunity Commission (EEOC) 平等就业机会委员会, 341, 616, 640
  report on professionals in government 政府中职业人员报告, 1095
Equality versus equity 平等对公平, 685-687
Equal Pay Act (1963) 《1963年同酬法》, 339
Esteem and status needs 自尊与地位需要, 72
Ethics 伦理, 1199-1207
  administrative ethics 行政伦理, 1199-1200
  assuring that civil servants understand ethical duties 保证公务员理解伦理责任, 1203-1207
  duties and obligations of civil servants 公务员的职责与义务, 1201-1203
  -morality-professionalism linkage 伦理、道德和职业化的联系, 1143-1148
  pedagogy and 教育与伦理, 767-769
  in the policy sciences 政策科学中的伦理, 493-495
Ethics in Government Act (1978) 《1978年政府伦理法》, 343, 372-373, 1204
Ethnography, participant observation and 参与观察与人种志, 855-856
Ethos (multimedia ethics training package) 多媒体伦理学培训材料, 734
Etzioni, Amitai 阿米泰·伊兹欧尼, 71
Evaluation of policy sciences 政策科学评估, 483-484
"Evolution of the Budget Idea in the United States" (Cleveland) 《美国预算理念的演变》(克利夫兰), 159

Evolutionary paradigms of public administration pedagogies 公共行政学教育的演变范式, 751-760
exploratory period (1887-1910) 1887-1910 年探索时期, 751-753
public administration as administrative science (1910-1950) 1910-1950 年公共行政学教育作为行政科学, 753-756
public administration as political science (1950-1970) 1950-1970 年公共行政学教育作为政策科学, 756-758
public administration as public administration (1970-present) 1970 年到现在公共行政学教育作为公共行政学教育, 758-760
Evolutionary Theory of Economic Change, An (Nelson and Winter) 《一个经济变革的进化理论》(纳尔逊和温特), 1069
Executive branch, delegating fiscal authority to 把财政权授予行政部门, 245-249
Executive budgeting 行政预算, 157-160, 163
Apportionment 拨款, 158
influence of public administration 公共行政学的影响, 159-160
initial steps toward delegating authority 授权开始的最初阶段, 158-159
municipal source of 行政预算的市政根源, 157
Taft Commission and 塔夫脱委员会与行政预算, 157-158
Executive Office of the President (1939) 总统行政办公厅, 627, 630
Executive Order 10988 第 10988 号行政命令, 339, 370-371
Expert discretion in administrative authority 行政权威中的专家裁量权, 675-681
character, uses and abuses 性质、使用与滥用, 676-677
experts, politics, and rule of law 专家、政治与法治, 677-681
Extreme rational-choice model of the individual 个人的极端理性选择模式, 1066-1068
Fair Labor Standards Act (1938) 《公平劳动标准法案》, 360, 627, 630
Fairness in administrative authority 行政权威中的正义, 681-687
due process of law 法律正当程序, 682-684
equality and equity 平等与公平, 685-687

matter of arbitrariness 任意性问题, 684-685
Fair-trade regulations 公平贸易规则, 614-615
Family and Medical Leave Act (1993) 《1994 年家庭和医疗休假法》, 347
Fayol, Henri 亨利·法约尔, 755-756
bureaucratic model and 亨利·法约尔与官僚模式, 123
classic management model and 亨利·法约尔与经典管理模式, 64-65
Federal aid 联邦援助
to cities 给城市的援助, 399-400
financing of 联邦资助, 397
Federal Aid Highway Act (1916) 《1916 年联邦资助公路法案》, 8
Federal Aviation Administration (FAA) 联邦航空局, 615
Federal Communication Commission (FCC) 联邦通讯委员会, 614, 627
Federal Highway Research Board 联邦公路研究委员会, 8
Federal Home Loan Bank Board 联邦家庭贷款银行委员会, 627
Federalism (FED) 联邦主义, 381-401, 449-465
administrative federalism 行政联邦主义, 450, 455-457
centralized federalism 集权联邦主义, 450, 457-460
constitutional federalism 宪政联邦主义, 450-453
continued relevance of (1980s and 1990s) 20 世纪 80、90 年代联邦主义的持续相关性, 419-420
emergent federalism (1790-1890) 1790-1890 年联邦主义的出现, 389-392
historical evolution of IGR, IGM and 政府间关系、政府间管理和联邦主义的历史演变, 421
historical patterns of 联邦主义的历史模式, 385-386
mature federalism (1890-1940) 1890-1940 年成熟联邦主义, 392-401
new federalism 新联邦主义, 450, 460-462
origins of 联邦主义起源, 386-389
states' rights federalism 州权联邦主义, 450, 453-455
Wilson on 威尔逊论联邦主义, 382-383
Federalism and Intergovernmental Relations... (An-

derson) "联邦主义和府际关系"(安德森),402

Federalist Papers, The 《联邦党人文集》, 2, 152, 374, 381-382, 386, 387, 388, 390, 417, 450-452, 457, 469

Federalist period (1789-1800), development of public service and 公共服务的发展与联邦党人时期, 321-322

Federal Judicial Center (FJC) 联邦司法中心:
judicial instruction programs of 司法指导项目, 983-984
technology in federal courts and 联邦法院技术和联邦司法中心, 987-988

Federal Labor Relations Authority (FLRA) 联邦劳工关系局, 342

Federal Managers' Financial Integrity Act (1982) 《1982年联邦经理人财务诚实性法案》, 186

Federal Paperwork Control Act (1980) 《1980年联邦文书控制法》, 299-300

Federal Quality Institute 联邦质量学院, 316

Federal Reserve Act (1913) 《1913年联邦储备法》, 158-159, 625

Federal Rules of Civil Procedure 《联邦民事程序法》, 955

Federal Salary Reform Act (1962) 《1962年联邦薪水改革法》, 339

Federal Service Entrance Examination (FSEE) 联邦服务入选考试, 341, 360, 1118

Federal Trade Commission Act (1914) 《1914年联邦贸易委员会法》, 614-615, 625-626

Federal trial courts, computerization of 联邦审判法院计算机化, 987-988

Field, David Dudley 戴维·达德利·菲尔德, 923

Field Code of Civil Procedure, (1948) 《民事程序菲尔德法典》, 923

First Annual Conference for Good City Government (1894) 1894年第一届良好城市政府年会, 61

Fiscal consolidation of judicial operations 司法财政合并, 975-977

Flexible price contracts 灵活价格合同, 1029
controls to enforce efficiency under 在灵活价格合同下控制以实现效率, 1030-1031

Flood Control Act (1936) 《1936年食品控制法》, 77

Follet, Mary Parker 玛丽·帕克·福莱特, 9

Food and Drug Administration (FDA) 食品和药品管理局, 615, 627

Foreign aid 对外援助:
CPA and 比较公共行政和对外援助, 536-538
fiscal conservation effect on 财政保守主义对外援助的影响, 541-542
policy decision making in the 1970s 20世纪70年代的政策决策制定, 280-283

Foundation Blocks for modern public administration 现代公共行政学的基石, 57-92
classic management models 经典管理模型, 58, 63-67
honest, businesslike government 诚实、像企业一样的政府, 57-58, 59-63
human behavior 人类行为, 59, 72-76
politics and policy making 政治与政策制定, 58-59, 67-72
program effectiveness 项目有效性, 59, 76-92
informational factors 信息因素, 80-84
managerial factors 管理因素, 89-92
social factors 社会因素, 84-87
technological factors 技术因素, 87-89

Fourth Generation Management (Joiner) 《第四代管理》(乔伊纳), 366

Freedom of Information Act (1966) 《1966年信息自由法》, 631, 641-642, 674

Functionalist model of CPA 比较公共行政的功能主义模型, 539-541

Functions of the Executive, The (Barnard) 《高级执行主管职能》(巴纳德), 268, 269, 365, 758

Gallas, Geoff, new directions in court reform 杰夫·加拉斯:法院改革的新方向, 949

Galveston, Texas, city manager government of 得克萨斯州的加尔维斯顿市的城市经理政府, 62

"Garbage-can" approach to policy making 政策制定的"垃圾桶"路径, 71-72

Gay and lesbian issues 同性恋问题, 347

Gdansk Institute of Market Economics 格但斯克市场经济学研究所, 555

Gender and diversity factors in administrative pedagogy 行政教育中的性别和多样化因素, 769-770

Gender Images in Public Administration (Stivers) 《公共行政中的性别形象》(斯帝弗斯), 135

General Accounting Office (GAO) 联邦会计总

署，9，161，163
IGR and 联邦会计总署与政府间关系，407－408
as source of data and documents 联邦会计总署作为数据和文件的来源，167－169
technological analysis and information from 来自联邦会计总署的技术分析和信息，170－171
General and Industrial Management（Fayol） 《一般和工业管理》（法约尔），755－756
Generally accepted accounting principles（GAAP） 公认的会计原则，185
Generally accepted audit standards（GAAS） 公认的审计标准，185
General revenue sharing（GRS） 一般收入共享，414－415，460－461
Nixon administration and 一般收入共享与尼克松政府，179－180
General-system theory of comparative-international issues 比较—国际问题的一般系统理论，577
Generic management programs 一般管理系统，725－726
Geographic information systems（GIS） 地理信息系统，799
Glass Ceiling Commission 玻璃天花板委员会，346
Globalism（or modernist）paradigm for study of comparative-international issues 比较—国际问题研究中的全球主义（或现代主义）范式，579
Globalization, IGM and 政府间关系和全球化，424－425
Glossary of Terms Used in the Federal Budget Process 《联邦预算过程术语汇编》，159
Goodnow, Frank, decision making and 弗兰克·古德诺与决策制定，266
Gore, Albert 艾伯特·戈尔，92，346，486
NPR and 全国绩效评估委员会与艾伯特·戈尔，136，191，241，255－256，362，798－799
Governance system designs 治理系统设计
after-the-fact 事后，1023－1024
alternative 备选，1022－1023
before-the-fact 事前，1027－1028
before-the-fact or after-the-fact controls 事前控制或事后控制，1035－1045
Government Accounting, Auditing, and Financial Reporting（GAAFR） 《政府会计、审计和财务报告》，185
Governmental Accounting Standards Board（GASB） 政府会计标准委员会，84，170，241
Governmental Process, The（Truman） 《政府过程》（杜鲁门），7
Governmental Reorganizations（Mosher） 《政府重组》（莫舍），757
Governmental Research Association（GRA） 政府研究协会，1194
Government Employees Training Act（1958） 《1958年政府雇员培训法》，338，1118
Government in the Sunshine Act（1976） 《1976年阳光政府法》，631，645
Government Performance and Results Act（1993） 《1993年政府绩效和结果法》，171，240，558，650
Grace Commission 格雷斯委员会，23，189－190，362，1041，1042
critique of governmental performance 对政府绩效的评述 797－798
Graduate School of Management（University of California at Irvine） 717 管理研究学院（加州大学欧文分校）
Graduate studies in public administration 公共行政研究生研究，7－8
Gramm-Rudman-Hollings Act（1985） 《1985年格拉姆——鲁德曼——霍林斯反赤字法案》，197－199，233，461－462
Grant administration, public service and 拨款管理与公共服务，326
Grants program 拨款项目：
administration of 拨款项目管理，398－399
block grants 一揽子拨款，205，415，419
growth and funding of 拨款项目的增长与财政支持，397－398
legal status of 拨款项目的法律状况，398
Great Depression, judicial administration and 司法行政与大萧条，934
Great Society programs 伟大社会项目，18，458，459
Greece, ancient 古代希腊，49
"Guidelines and Standards for Master's Degree Programs" of the NASPAA 公共事务和公共行政院校联合会的《硕士学位点指南和标准》，22
Hamilton, Alexander 亚历山大·汉弥尔顿，374
politics-administration dichotomy and 政治行政两分法与汉弥尔顿 1173

on public budgeting 汉弥尔顿论公共预算, 152

U. S. Constitution and 美国宪法与汉弥尔顿, 152 - 153

Handbook of Leadership: A Survey of Theory and Research (Stogdill) 《领导手册:理论和研究概况调查》(斯多迪尔), 365

Harding administration, civil service reform and 公务员制度改革与哈丁政府, 332

Harmon, Michael, professionalism and 职业化与迈克尔·哈蒙, 1131 - 1132

Hatch Acts (1939 and 1940) 《海奇法》, 334

Hawthorne experiments 霍桑实验.
See Western Electric experiments at Hawthorne 西方电子公司的霍桑实验

Health Planning and Resources Development Act (1974) 《1974年卫生工作计划和资源开发法案》, 792

Hill-Burton Act (1964) 《1964年希尔伯顿法案》, 792

Honduras 洪都拉斯, 539

Honest, businesslike government 诚实、象企业一样的政府, 57 - 59, 59 - 63

"Honey Report" (1967) "霍尼报告", 19, 22

Hong Kong 香港, 588

Hoover commissions 胡佛委员会, 14, 17, 176 - 177, 252, 336, 338, 687, 787, 788

professionalism and 胡佛委员会与职业化, 1116 - 1117

"Horizontal" structure of work 工作的"水平"结构, 106, 112, 113

House Un-American Activities Committee (HUAC) 非美活动调查委员会, 335, 338

Human behavior 人类行为, 51, 59, 72 - 76

managerial assumptions about 人类行为的管理假设, 75

See also Behavioral science of administration 也见行为主义行政科学

Human relations model 人类关系模式, 53 for pedagogy, 760

Human relations movement 人际关系运动, 363 - 367

group processes and organizational environments 群体过程与组织环境, 365 - 366

leadership, motivation, and productivity 领导、激励与生产力, 365

quality workplace movement 质量职场运动, 366 - 367

Hungary, privatization efforts in 匈牙利私有化措施, 555

"Idealist" school of international administration 国际行政的理想主义学派, 574, 578 - 579

"Ideal type" bureaucracy 官僚制的理想类型, 65

Imaginization 意像, 26

Impact assessment 影响评估, 523 - 524

Implementation of the policy sciences 政策科学执行, 484 - 485, 526 - 529

administrative feasibility 行政可行性, 528 - 529

five dependent variables for judging success of 判断政策科学执行成功与否的五个独立变量, 529

political feasibility 政治可行性, 527 - 528

scenario writing 情景撰写, 527

Incrementalism 渐进主义, 71, 177 - 178, 278 - 279

budgetary decision making and 渐进主义与预算决策制定, 279 - 280

disjointed 不连续的渐进主义, 272 - 275, 285 - 286

India, CPA studies and 印度与比较公共行政研究, 540

Industrial sociology 工业社会学, 50

Informal organization system 信息组织体系, 73 - 74

Informational factors in diagnosing productivity improvements 诊断生产力提高时的信息因素, 80 - 84

Information-energy model for study of comparative-international issues 比较和国际议题研究的信息能量模型, 577

Information industry 信息产业, 167 - 173

as growth industry 作为发展产业, 173

integrating comparative management systems 整合比较管理系统, 560 - 562

management and development of 信息产业的管理和发展, 799 - 800

nongovernmental information producers 非政府信息制造者, 171 - 173

OMB and GAO data and documents 管理与预算局和联邦会计总署的数据和档案, 167 - 169

state information producers 州信息制造者, 171

technical analysis and information 技术分析与信

息，170 - 171

Innovations in Teaching Public Affairs and Administration (Heimovics and Rizzo) 《公共事务和行政教育创新》（海默威克斯和里佐），743

Institute for Civil Justice, behavioral research programs of 民法研究所的行为主义研究项目，985 - 986

Institute for Court Management (ICM) 法院管理学院，982 - 983

Institute of Government Research 政府研究所，781 - 782

Institute of Judicial Administration 司法行政学院，938 - 939

congestion and delay in the court system and 法院体系的壅塞与延误以及司法行政学院，970 - 971

Institutional model 制度模式，53

for pedagogy 教育的制度模式，760

Instrumentalism in America 美国的工具主义，470 - 471

Integration, expert discretion in problems of 专家对整合问题的裁量权，681

Interdisciplinary nature of public administration 公共行政学的跨学科性质，749 - 75

Interest group liberalism 利益集团自由主义，70

Intergovernmental management (IGM) 政府间管理，385，420 - 426

evolution in the 1980s 20世纪80年代的发展，423 - 424

future of 政府间管理的未来，425 - 426

historical evolution of FED, IGR and 联邦主义、政府间管理和政府间关系的演变，421

historical patterns of 政府间管理的历史类型，385 - 386

maturity of 政府间管理的成熟，424 - 425

meaning of 政府间管理的意义，420 - 422

origin and emergence of 政府间管理的起源与出现，422 - 423

Intergovernmental Personnel Act (1970) 《1970年政府间人事法》，342

Intergovernmental relations (IGR) 政府间关系，383 - 384，385，401 - 420

comparative public administration studies in 政府间关系的比较公共行政研究，551 - 557

historical evolution of FED, IGM and 联邦主义、政府间管理和政府间关系的演变，421

historical patterns of 政府间关系的历史类型，385 - 386

major events in (1980 - 1995) 政府间关系的主要事件（1980 - 1995），428

major trends affecting (1980 - 1995) 影响政府间关系的主要趋向（1980 - 1995），429

origins and emergence of (1940 - 1960) 政府间关系的起源与兴起（1940 - 1960），401 - 406

academic decade 学术十年，404 - 406

wartime and postwar IGR 战时与战后的政府间关系，402 - 404

quarter century of maturation and metamorphoses (1960 - 1985) 政府间关系成熟与蜕变的25年，406 - 420

evaluation and codification 演变与编纂，415 - 417

finances, state and urban affairs 金融、州与城市事务，411 - 413

major trends affecting IGR 影响政府间关系的主要趋势，409

monitoring maturation 监控成熟，407 - 409

political processes and shared functions 政治过程与共同职能，409 - 410

reorientation and implementation 重新定向与执行，413 - 415

retrenchment/redirection and management 紧缩/重新定向与管理，417 - 420

International and governmental organizations (IGOs) 国际组织与政府组织，578

International bureaucracies, administration capabilities of 国际官僚机构的行政能力，584 - 587

International City Managers Association (ICMA) 国际城市经理协会，8，701，1194，1205

ICMA Code of Ethics and Guidelines 国际城市经理协会的伦理与指导方针，1205

International civil service 国际公共服务，585 - 587

International Labor Organization (ILO) 国际劳工组织，578

International Monetary Fund (IMF) 国际货币基金组织，538

public budgeting and financial management controls for LDCs 欠发达国家的公共预算与财政管理控制，550

International Political Science Association 国际政治科学协会，572

International public administration 国际公共行政. See Comparative and international administration issues

参见比较行政问题和国际行政问题

The Internet 因特网，29

Interstate and Defense Highway Commission Act (1956) 《1956年州际和国防公路委员会法》，464

Interstate Commerce Act (1887) 《州际商务法》，395-396

Interstate Commerce Commission (ICC) 州际商务委员会，5，614，617，618-620

Inter-University Case Program (ICP) 校际案例项目，713-714，757，785，786

Interviews 采访，823-837
advantages and disadvantages 优势与劣势，824
background work 背景工作，826-827
confrontation 对峙，836-837
gaining access 获得途径，828-829
the interview process 采访过程，829-832
establishing rapport 建立和谐，829-830
interview formats 采访形式，831-832
neutrality and rapport 中立和和谐，830-831
multiple sessions 多会话，836
recording and note taking 录制与记录，837
sensitive questions 敏感性问题，836
settings for interview 采访场景，828
sources of errors 错误源，834-835
training interviewers 培训采访者，824-826
types of questions 问题类型，832-834
who should conduct interview 谁应该组织采访？，827-828

In the Shadow of Organization (Denhardt) 《在组织阴影下》（丹哈特），124-125

Introduction to Administrative Law with Selected Cases, The (Hart) 《行政法案例选集导论》（哈特），600-601

Introduction to the Study of Administration (White) 《公共行政学研究导论》（怀特），706，754

Jackson administration 杰克逊政府：
honest government and 诚信政府与杰克逊政府，60
public service and 公共服务与杰克逊政府，324-325

Jefferson administration, public service and 公共服务与杰斐逊政府，322-324

Johnson administration 约翰逊政府：
centralized federalism and 集中联邦主义与约翰逊政府，458

PPBS introduced in 约翰逊政府引进计划项目预算系统，276
public service and 公共服务与约翰逊政府，339-340

Journal of Comparative Administration 《比较行政杂志》《比较行政学期刊》，17-18

Journal of Policy Analysis and Management 《政策分析和管理杂志》，496

Journal of Public Administration Research and Theory 《公共行政研究与理论期刊》，736

Judicature 司法部门，921，932

Judicature Act (England-1873) 英国《1873年司法法》，924，926-927

Judicial administration 司法行政，919-965
five great issues in 司法行政的五个问题，967-993
congestion and delay 壅塞和延误，970-973
education and training 教育和培训，981-984
professionalism 职业化，977-981
technology and behavioral research 技术和行为主义研究，984-988
unification (or centralization) 统一（或集中化），973-977
popularizing goals of court reform 法院改革的大众目标，940-943
precursors to Pound (early history) 庞德的先驱（早期），921-924
reform of tradition 改革传统，919-921
1900-1909 (the start) 1900-1909年兴起时期，924-929
1910-1919 (enlisting allies) 1910-1919年加入同盟，928-932
1920-1929 (judicial administration takes hold) 1920-1929年司法管理控制，932-934
1930-1939 (further refinements) 1930-1939年进一步完善，934-936
1940-1949 (distracted decade) 1940-1949年分心的十年，936-938
1950-1959 (modern ear begins) 1950-1959年现代时期开始，938-940
1960-1969 (turbulent decade) 1960-1969年动荡的十年，940-943
1970-1979 (reform onslaught) 1970-1979年改革进攻的十年，943-947
1980 to the present (contemporary period) 1980年

到现在是当代时期, 947 – 957
Judicial councils 司法委员会, 974
Judiciary Act (1925) 《1925 年司法法》, 933
Justice System Journal 《司法体系期刊》, 921
Kansas, balanced base budget system of 堪萨斯州平衡的基础预算系统, 232
Kennedy administration 肯尼迪政府
bilaterlism and 肯尼迪政府与双边主义, 370
concept of project management in 肯尼迪政府的项目管理概念, 17
public service and 肯尼迪政府与公共服务, 338 – 340
Knowledge acquisition, comparative-international issues and 比较议题和国际议题与知识获得, 580 – 582
Knowledge for What? (Lynd) 《知识何用?》(林德), 472
"The Lack of a Budgetary Theory" (Key) "缺乏预算理论"(科伊), 175 – 176
Laissez-faire decision style 自由放任决策类型, 295
Large Metropolitan Court Automation Project (LAMCAP) 大都会法院自动工程, 988
Lasswell, Harold 哈罗德·拉斯维尔, 467, 468, 470
early decades of policy science and 哈罗德·拉斯维尔以及政策科学的最初几十年, 473 – 482
Latin America 拉丁美洲:
civil service reform in 公共服务改革, 549
CPA and political culture in 比较公共行政与政治文化, 546, 547
devolution of intergovernmental issues in 政府间问题的权力下放, 552 – 553
privatization efforts in 私有化措施, 554
public budgeting controls for 公共预算控制, 550
Law and regulation 行政法与规章, 595 – 661
administrative penetration today 目前的行政渗透, 613 – 617
current issues and future prospects 现有问题,展望未来, 652 – 656
constitutional democracy 宪法民主, 652 – 655
regulatory policy 管制政策, 655 – 656
decade-by-decade analysis (1880s – 1990s) 以十年间隔分析, 617 – 652
the 1880s 19 世纪 80 年代, 617 – 620
the 1890s 19 世纪 90 年代, 620 – 621

the 1900s 20 世纪前 10 年, 621 – 625
the 1910s 20 世纪第二个 10 年, 625 – 626
the 1920s 20 世纪 20 年代, 626 – 627
the 1930s 20 世纪 30 年代, 627 – 630
the 1940s 20 世纪 40 年代, 630 – 637
the 1950s 20 世纪 50 年代, 637 – 639
the 1960s 20 世纪 60 年代, 639 – 642
the 1970s 20 世纪 70 年代, 642 – 646
the 1980s 20 世纪 80 年代, 646 – 648
into the 1990s 进入 20 世纪 90 年代, 649 – 652
defining administrative law 界定行政法, 598 – 604
problems of administrative law 行政法存在的问题, 598 – 598
regulatory administration and administrative law 规制行政与行政法, 604 – 613
See also Critical issues in public law 也参见公共法的关键问题
Law Enforcement Assistance Administration (LEAA) 法律执行助手行政, 945, 947
Law schools 法律学校, 982
League of Nations 国际联盟, 571, 574, 578
secretariat system of 秘书处系统, 585
Learning organization (organizational learning) 学习型组织(组织学习), 130 – 132
five disciplines of 五个原则, 131
Legislative changes in court reforms 法院改革中的立法变革, 954 – 957
Legislative Reorganization Act (1946) 《立法重组法》, 344, 630
Legitimacy of administrative authority 行政权威合法性, 663 – 675
Less developed countries (LDCs) 欠发达国家:
civil service reforms for 公共服务改革, 548 – 549
developing administrative capabilities in 发展行政能力, 582 – 584
public budgeting and financial management for 公共预算与财政管理, 550
technical assistance programs for 技术援助项目, 576 – 577
Liability, expert discretion in matters of 在责任问题上的专家裁量权, 680 – 681
Liberty Bond Act (1917) 《1917 年自由公债法》, 158
Lindahl equilibrium 林达尔均衡, 1008 – 1009
Linear programming 线性规划, 790

Line-item veto 单项否决，203-204
Literary and artistic environment of public administration 公共行政学的文化与艺术环境，771-772
Lloyd-LaFollette Act (1912) 《1912年劳埃德·拉福莱特法》，329，626
Logic of Collective Action, The (Olson) 《集体行动的逻辑》（奥尔森），1075
Loyalty Program (1947) 政党忠诚项目，437
Mail-back surveys, improving response to 提高对回信问卷调查的回应，873-888
　anonymity/confidentiality 匿名和保密，883-885
　deadlines 最后期限，887
　follow-up contacts 追踪问题，878-879
　incentives 激励措施，881-882
　length of survey 调查问卷长度，882-883
　nature of respondent population 回答者人口的性质，880
　personalization 人格化，885
　postage 邮资，886-887
　salience 凸显，880-881
　sponsorship 主办方，879-880
　types of appeals 请求类型，887
Management 管理
　decentralization of managerial authority 管理权威的分权，555-556
　factors in diagnosing productive improvement 确诊生产力提高的因素，87-92
　integrating multiple information systems 整合多重信息系统，560-562
　organization and 管理与组织，126-132
　public policy and 管理与公共政策，495-497
Management by Objectives (MBO) 目标管理，180
Management information systems 管理信息系统，306-308
Management process school 管理过程学派，51
Managing the Courts (Friesen et al.) 《管理法院》（弗里森等人），947
Market behavior 市场行为：
　administrative law in regulating 行政法管制市场行为，614-615
　varying assumptions in study of 研究市场行为的不同假设，1058-1073
Maslow's five levels of needs 马斯洛的五个需要层次，72
Massachusetts Reform Club 马萨诸塞州改革俱乐部，359
Master of Judicial Administration (MJA) programs 司法行政硕士点，947
Masters of Public Administration (MPA) degree 公共行政学硕士学位，22
Masters of law program (University of Virginia) 弗吉尼亚大学法律硕士点，984
Mathematical school (of management theory) （管理理论）的数学学派，51
Mature federalism (1890-1940) 成熟的联邦制，392-401
Maxwell, George 乔治·马克斯韦尔，704
Maxwell School of Citizenship and Public Affairs (Syracuse University) 锡拉丘兹大学的马克斯韦尔公民与公共事务学院，703，704，705
Meat Inspection Act (1907) 《1907年肉食检查法案》，624-625
Mental models of learning organization 学习型组织的心智模式，131
Merit in personnel administration 人事行政中的功绩，359-363
　affirmative action versus 肯定性行动原则对功绩原则，368-370
　collective bargaining in the public sector and 公共部门的集体协商与功绩概念，371-372
　reform of 人事行政中的功绩概念改革，362-363
Merit selection of judicial personnel 司法人事的功绩制选拔，931，951
Merit Systems Protection Board (MSPB) 功绩制度保护委员会，342
Merriam, Charles 查尔斯·梅里亚姆，471-472，779，780
"Metavalues" of organizational development 组织发展中的"元价值观"，129-130
Minimum Standards of Judicial Administration (Vanderbilt) 《司法行政规范条例》（范德比尔特），937
Minnowbrook conferences 密诺布鲁克会议，78，996
　new public administration formulated at 新公共行政的形成，1122-1126
"Minnowbrook Perspective" (challenge to public service education) "密诺布鲁克视角"（对公共服务教育的挑战），718-719，723
"Mixed scanning" approach to policy making "混

合扫描"的政策制定途径, 71
Model Cities Act (1966) 《1996年模范城市法案》, 792
Model Judiciary Article of 1920 《1920年司法条款模式》, 932-933
Model State Judicial Article of 1962 《1962年州司法条款模式》, 941-942
Morality 道德
-ethics-professionalism linkage 道德、伦理和职业化的联系, 1143-1145
organizational development and 道德与组织发展, 129-130
Morrill Act (1862) 《1862年莫里尔法》, 779
Motivation, theories of 动机理论, 72
Moving averages 移动平均数, 524-525
Multicriteria decision making (MCDM) 多准则决策制定, 510-512
Multiculturalism 多元文化主义, 32-33
Municipal research bureaus 市政研究局, 778-779
Municipal Research Journal 《市政研究杂志》, 8
Municipal sources of executive budgeting 行政预算的市政来源, 157

National Academy of Public Administration (NAPA) 美国公共行政科学院, 719
National Aeronautics and Space Administration (NASA) 国家航空航天局, 17
National Association for Court Administration (NACA) 法院管理者全国协会, 981
National Association of Letter Carriers 全国邮递员协会, 328
National Association of Schools of Public Affairs and Administration (NASPAA) 全国公共事务与公共行政学院校联合会, 8, 22-23, 372, 720-721, 724, 725, 1195-1196, 1197
alterations in accreditation process 资格认可过程的变动, 734-736
on doctoral education 博士教育, 728, 733
educational emphasis for the new millennium 新千年的教育重点, 738
electronic information systems and 电子信息系统与联合会, 764
increasing membership in 会员人数增长, 733
peer review process of 匿名评审程序, 24, 728-732

serving a broader range of program types 服务更广泛的项目类型, 732
values and ethics in administrative pedagogy and 行政学教学中的价值观和伦理与全国公共事务与公共行政学院校联合会, 768-769
National Association of Social Workers (NASW) code of ethics 美国社会工作者协会伦理规范, 1205-1206
National Association of Trial Court Administrators (NATCA) 初级法院管理者全国协会, 981
National Bureau of Economic Research 国家经济研究局, 780
National Center for State Courts (NCSC) 各州法院国家中心, 971
National Civil Service Reform League 国家公务员改革联盟, 331-332
National College of State Judiciary 州司法全国学院, 942
National Commission on Public Service 国家公共服务部门委员会.
See Volcker Commission 见沃克委员会
National Commission on the State and Local Public Service 州与地方公共服务全国委员会, 79
National Council on Government Accounting (NCGA) 全美政府会计理事会, 185
National Defense Education Act (1958) 《1958年国防教育法》, 404
National Environment Policy Act (1969) 《国家环境政策法》, 615-616, 641
National Federation of Federal Employees 联邦雇员国家联盟, 331
National Governors' Association 全国州长协会, 394
National Industrial Recovery Act (NIRA) 《国家工业复兴法》, 665
Nationalist (people-based) view of the Union 国家主义者(以人为本)对工会的观点, 389-391
National Labor Relations Act (1935) 《国家劳工关系法》, 616, 627
National Labor Relations Board (NLRB) 国家劳工关系委员会, 616
National League of Cities 全国城市联盟, 8
National Municipal League 全国城市联盟, 6. 157, 359
National Performance Review (NPR) 国家绩效评估委员会, 92, 136-137, 190-192, 240, 241,

255-256,362,486,557,558-559,649-650,798-799,1174-1175

National Resources Planning Board 全国资源计划委员会,783

National Science Foundation(NSF) 国家科学基金,473

National Traffic and Motor Vehicle Safety Act(1966) 《1996年国家交通与机动车安全法》,640

Nation and the States, The(Anderson) 《国家和州》(安德森),387-388

Nation-state systems, transformation of 民族国家的变革,587-589

Needs, Maslow's five levels of 马斯洛的五个需要层次理论,72

Negative egalitarianism in the Soviet Union 苏联的"负面平均主义",547

Negotiated Rulemaking Act(1990) 《1990年协商规则制定法》,650

Neo-bureaucratic model 新官僚模型,53

for pedagogy 教育,760

Neoinstitutional economics, CPA and 比较公共行政与新制度经济学,543-544

Neorealism paradigm for study of comparative-international issues 比较议题与国际议题研究的新现实主义范式,579-580

Nepal, intergovernmental relations in 尼泊尔的政府间关系,552

New CPA 新比较公共行政,541-562

back to functionalism and systems analysis 回到功能主义与系统分析,544-545

back to political culture 回到政治文化,545-548

civil service reform and personnel administration 公务员改革与人事行政,548-549

comparative management and information systems 比较管理与信息系统,560-562

intergovernmental relations and local government 政府间关系与地方政府,551-557

new problems and opportunities 新问题和新机会,557

public budgeting and financing management 公共预算与财政管理,549-551

public choice and institutional economics 公共选择与制度经济学,542-544

from reorganization to government reinvention 从重组到政府重塑,557-559

New Deal 新政,14,394,395

centralized federalism and 新政与集权联邦主义,458

data administration and research methods and 新政与数据管理和研究方法,781-783

federal aid to cities and 联邦援助城市与新政,399-400

questions of constitutional legitimacy 对宪法合法性的质疑,664-665

New Directions period of U. S. foreign assistance 美国对外援助的新方向时期,536,537-538

New federalism 新联邦主义,414-415,417-420,450,460-462

New Freedom program of Wilson 威尔逊的新自由项目,394

New Nationalism 新民族主义,394,395

New Public Administration(NPA) 新公共行政,18-19,78,130,1002-1005

in the 1970s 20世纪70年代,62

New Science of Organization(Ramos) 《新组织科学》(拉莫斯),124

New York City 纽约市:

Bureau of Municipal Research 纽约市政研究局,157,251,701,702,775,1194

fiscal crisis of 1970s 20世纪70年代的财政危机,185-186

New York Constitution Club 纽约宪法俱乐部,359

New Zealand, reinvention of government and 政府重塑与新西兰,559

Nicaragua 尼加拉瓜,539

intergovernmental relations in 尼加拉瓜的政府间关系,552

Niskanen, William, structurally induced equilibrium notion of 威廉·尼坎南的结构推理均衡概念,1013-1015

Nixon administration 尼克松政府:

general revenue sharing and OMB 一般收入共享和管理与预算局,179-180

new federalism and 新联邦主义与尼克松政府,460-461

public service and 公共服务与尼克松政府,340-342

Nondelegation doctrine 非授权原则,665-666

Nonresponse bias to mail-back surveys 对邮件调查的不回答偏见,875-877

Nonroutine (ill-structured) decisions 非常规（结构不良）决策, 293-294

North American Free Trade Agreement (NAFTA) 《北美自由贸易协定》, 668

North Carolina, University of 北卡罗莱纳大学, 7

"Notes on the Theory of Government" (Gulick) 《组织理论的几点见解》（古立克）, 127

Note taking and recording during interviews 采访中的笔记与记录, 837

Nuclear Regulatory Commission (NRC) 核能规制委员会, 615

Occupational Safety and Health Act (1970) 《1970年职业安全与健康法案》, 642

Occupational Safety and Health Administration (OSHA) 职业安全与健康管理局, 616-617, 642-643

Occupational Safety and Health Review Commission (OSHRC) 职业安全与健康评审委员会, 642

Office of Government Ethics (OGE) 政府伦理办公室, 1204

Office of Information and Regulatory Affairs (OIRA) 信息和规制事务办公室, 649-650

Office of Management and Budget (OMB) 管理与预算局, 9-10
as source of data and documents 是数据与文件的一个重要来源, 167-169
Nixon administration and 尼克松政府和管理与预算局, 179-180

Office of Personnel Management (OPM) 联邦人事管理总署, 761
affirmative action and 肯定性行动与联邦人事管理总署, 367-368

Omnibus Budget Reconciliation Act (1981) 《1981年综合预算调解法》, 419

Operations research (OR) 运筹学, 77, 302-306, 785, 786, 787
applications of 运筹学的应用, 303
network analysis 运筹学的网络分析, 304-306
origins of 运筹学的产生, 303-304

Operations Research Office (1948) 运筹学研究室, 786-787

Optimality of public policy analysis 公共政策分析的优化, 510-513
multicriteria decision making 多准则决策制定, 510-512

payoff matrices 回报矩阵, 512-513

Optimum-level curves 最佳水平曲线, 517-518

Ordnungtheorie (theory of order) 秩序理论, 1072

Organization 组织
management and 管理与组织, 126-132
new economics of 新组织经济学, 1016-1035
after-the-fact governance system designs 事后治理系统设计, 1023-1024
before-the-fact governance system designs 事前治理系统设计, 1027-1028
choosing between alternatives 在备选方案中选择, 1021-1022
control problem 控制问题, 1017-1018
costs of overcontrol 过度控制的成本, 1034-1035
demand-revealing mechanisms 需求展示机制, 1024-1027
execution of alternative governance systems designs 执行备选的治理系统设计方案, 1022-1023
flexible price contracts 灵活价格合同, 1029
governance in general 一般性治理, 1018
outlay budgets 支出预算, 1031-1033
privatization 私有化, 1018-1021
technological uncertainty and financial risk 技术不确定性与财政风险, 1029-1030
using before-the-fact controls to enforce efficiency 用事前控制加强效率, 1030-1031

"Organizational Decline and Cutback Management,"《组织衰退和精简管理》, 187

Organizational humanism 组织人本主义, 75

Organizational sciences (OS) 组织科学, 103-116
environmental and technological contingencies 环境和技术的情景变量, 105-107
five trends 五大趋势, 104-105
horizontal approaches to structuring organizations 构造组织的"水平"途径, 112, 113
organization development and change 组织发展和变革, 112-115
simple and sovereign structure 简单主权结构, 100-104
strategy-structure contingency 战略结构情景变量, 107-109
structural contingencies 结构式情景变量, 109-112

Organization theory 组织理论, 117–144
bureaucracy and democracy 官僚与民主, 122–126
classification of 组织分类, 51–52
organization and management 组织与管理, 126–132
politics and administration 政治与行政, 117–122
theories of public organization 公共组织理论, 137–140
theory and practice 理论与实践, 132–137
Outlay budgets 支出预算, 1031–1033
Out of the Crisis (Deming) 《走出危机》（戴明）, 312
Oversupply 供给过剩, 1011–1013
P/G% analysis 百分比值分析, 510–511
Papers on the Science of Administration (Gulick and Urwick) 《行政科学论文集》（古立克和厄威克）, 11, 66, 175, 267, 754, 782–783
Paperwork Reduction Act (1980) 《1980年文书削减法》, 647
Paradigmatic orientation toward public administration 公共行政范式导向, 31, 32
Paradigm (or framework) of comparative-international issues 比较议题和国际议题的范式或框架, 575–580
Participant observation (research method) 参与观察（研究方法）, 850–873
accuracy 准确性, 872–873
characteristics of 特点, 851–852
common problems 普遍问题, 857–865
ethnography 人种志, 855–856
history and usage 历史和应用, 852–853
key informants 关键信息提供者, 854–855
remedies 补救措施, 865–872
roles of the observer 观察者的角色, 856–857
types of data 数据类型, 855
Pay Comparability Act (1970) 《1970年薪资比较法》, 339
Payoff matrices 回报矩阵, 512–513
Peace Corps "和平队"组织, 338
Pedagogy 教学, 699–741, 743–775
education and public service in the new millennium 新千年的教育和公共服务, 737–738
electronic information as teaching aid 电子信息作为教育辅助方法, 762–765
ethics dimension of administrative pedagogy 行政教学中的伦理维度, 767–769
evolutionary paradigm of 演变范式, 751–760
gender and diversity factors in administrative education 行政学教育中的性别和多样性因素, 769–770
interdisciplinary nature 跨学科性, 749–751
literary and artistic environment 文化和艺术环境, 771–772
self-awareness in instructional techniques 教学技术中的自我觉醒, 765–767
teachers of public administration 公共行政学教师, 746–749
1880–1920 (the formative years) 1880–1920年：形成时期, 700–703
the 1920s (emergence of public administration as field of study) 20世纪20年代：公共行政学作为一个单独研究领域的兴起, 703–707
1930s-1940s (education for the administrative state) 20世纪30、40年代：行政国家的教育, 707–711
the 1950s (decline and fragmentation) 20世纪50年代：衰败和分裂, 711–716
the 1960s (old problems and new directions) 20世纪60年代：老问题新方向, 716–719
the 1970s (renewal and growth) 20世纪70年代：振兴和发展, 719–724
the 1980s (consolidation and change) 20世纪80年代：巩固和变革, 724–732
the 1990s (into a strange new world) 20世纪90年代：进入一个奇怪的新世界, 732–736
Pendleton Civil Service Act (1883) 《1883年彭德尔法案》, 60–61, 327, 328, 358, 363
professionalism and 职业化与《彭德尔法案》, 1100–1101
Persian Gulf War (1990) 1990年海湾战争, 491
Personality and Organization (Argyris) 《个性和组织》（阿吉里斯）, 129
Personal mastery 个人掌握, 131
Personnel system of state judicial operations 州立司法运作的人事系统, 977
PERT (decision making method) 项目评审技术（决策制定方法）, 304, 305–306
Phenomenology (interpretive theory) 现象学（解释理论）, 134–135
Philadelphia, fiscal crisis in 费城的财政危机, 553

−554

Philadelphia Convention 费城会议, 449

origins of federalism at 联邦主义的起源, 386

Philosophical – politics-professionalism interface 哲学、政治与职业化的交界面, 1145 – 1148

Physiological needs 哲学需要, 72

Planning programming budgeting system（PPBS） 计划项目预算系统, 77, 179, 251, 474, 475, 478, 787, 996

introduction of 引进, 276

phasing out of 逐步淘汰, 299

rise of 兴起, 790 – 791

Pluralism 多元主义, 7, 15, 16

Poland, privatization efforts in 波兰私有化措施, 555

Policy analysis approach to public policy 政策分析法研究公共政策, 477 – 478

"Policy Orientation, The"（Lasswell） "政策导向"（拉斯维尔）, 467, 470, 473

Policy sciences 政策科学, 467 – 506

American pragmatism and instrumental-ism 美国实用主义和工具主义, 470 – 471

applied social science 应用社会科学系, 471 – 473

growth and development through the 1970s 20世纪70年代政策科学的成长与发展, 482 – 492

initial realization of the policy sciences 政策科学的早期实现, 473 – 582

from policy science to policy inquiry 从政策科学到政策追问, 492 – 506

in Western civilization 西方文明中的政策科学, 468 – 470

See also Science of administration 也参见行政科学

Policy Studies Journal 《政策研究期刊》, 722

Policy Studies Review 《政策研究评论》, 722

Political Economy of Public Organization, The（Wamsley and Zaid） 128 公共组织的政治经济学（万木斯雷和泽德）

Political feasibility of public policy 公共政策的政治可行性, 527 – 528

Political Science Quarterly 《政治科学期刊》, 777

Politics, relationship between administration and 政治与行政之间的关系, 117 – 122

Politics-administration dichotomy 政治行政两分法, 1164 – 1178

Wilson and "The Study of Administration," 威尔逊与"行政学研究" 1164 – 1168

Wilson's uncertain legacy 威尔逊的不确定遗产, 1168 – 1177

Politics and Administration（Goodnow） 《政治与行政》（古德诺）, 118, 359, 624, 701, 753

professionalism and 职业化与《政治与行政》, 1101 – 1102

Politics and policy making（foundation block of public administration） 政治与政策制定（公共行政学基石）, 58 – 59, 67 – 72

Politics as a Vocation（Weber） 《政治作为一种职业》（韦伯）, 1200 – 1201

Politics of Efficiency, The（Schiesl） 《效率政治学》（希尔）, 359

Politics of the Budgetary Process, The（Wildavsky） 《预算过程中的政治》（威尔达威斯基）, 177, 275, 276, 716, 757

POSDCORB（planning, organizing, staffing, directing, controlling, reporting and budgeting） 计划、组织、人事、指导、控制、报告和预算, 65 – 67, 267, 723, 724, 725, 754, 782

professionalism and 职业化与POSDCORB, 1111

Positivism 实证主义:

deficiencies of 实证主义的缺陷, 134

Simon and 西蒙与实证主义, 133 – 134

Post-Civil War period, honest government and 诚实政府与内战后时期, 60

Postpositivism in the policy sciences 政策科学中的后实证主义, 500

Postwar IGR 战后政府间关系, 402 – 404

Pound, Roscoe 罗斯科·庞德, 921

address to ABA（1906） 对美国律师协会做的演说, 925 – 929, 967 – 968

court reform movement and 罗斯科·庞德与法院改革运动, 929 – 932, 934

judicial reform concerns of 罗斯科·庞德的司法改革关注, 967 – 970

congestion and delay 壅塞和延误, 968 – 969, 970

education and training 教育和培训, 969

professionalism 职业化, 969

technology and behavioral research 技术和行为研究, 969 – 970

unification 统一, 969, 973

unified court concept and 罗斯科·庞德与统一的法院概念, 937

Power in a republic 共和国的权力, 2
Pragmatism in America 美国实用主义, 470-471
Presidential Management Internship Program (1977) 总统管理实习项目, 722-273
Presidential reform, ROF model as pattern for 派系规则模型作为总统改革模型, 4
President's Commission on Law Enforcement 总统法律实施委员会, 941-942
President's Committee on Administrative Management 总统行政管理委员会, See Brownlow Commission 见布朗诺委员会
President's Council of Economic Advisors 总统经济咨询理事会, 245
President's Private Sector Survey (PPSS) 总统私营部门调查委员会 See Grace Commission 见格雷斯委员会
Preliminary Report on Efficiency in the Administration of Justice (Eliot) 《对司法行政效率的初步报告》(埃利奥特), 931
Pre-View of Policy Science (Lasswell) 《政策科学预览》(拉斯维尔), 470-471
Primer for Policy Analysis, A (Stokey and Zeckhauser) 《政策分析入门》(斯托克利和泽克豪泽), 478
Principles of Public Administration (Willoughby) 《公共行政的原理》(威洛毕), 706
Principles of the Administrative Law of the United States, The (Goodnow) 《美国行政法原则》(古德诺), 599
Private sector approaches to strategic planning 私营部门战略计划途径, 310-311
Privacy Act (1974) 《隐私权法》, 631, 642
Productivity improvement 生产力提高, 79-80
diagnosis of 其诊断, 80-92
Product safety, administrative law to assure 行政法保证产品安全, 615
Professional air traffic controllers (PATCO) strike (1981) 1981年空运交通控制组织罢工, 343-344, 345
Professional and Administrative Careers Exam (PACE) 行业和行政执业考试, 341
Professional associations and organizations 职业协会和组织, 172
development of 职业协会和组织的发展, 779-780
Professional court managers 职业法院管理者, 939-940
Professionalism 职业化, 1089-1161
concept of profession 职业概念, 1089-1091
development of professional organizations 职业组织的发展, 779-780
ethics-morality-professionalism linkage 伦理、道德和职业化的联系, 1143-1148
evolution in the public sector 公共部门内职业化的演化, 1097-1137
continuing public sector expansion (the 1960s) 20世纪60年代继续壮大公共部门, 1118-1122
delineating the boundaries (1890-1910) 1890-1910年描画界限, 1099-1104
domains of professional activity 职业活动领域, 1097-1099
interaction of orthodoxy and political reality (the 1930s) 20世纪30年代正统观点与政治现实的互动, 1107-1111
new public administration 新公共行政, 1122-1134
from orthodoxy to heterodoxy (1940-1950) 1940-1950年从正统到非正统时期, 1111-1113
public choice and professionalism 公共选择与职业化, 1134-1137
reform to professionalism, from (1919-1920) 1919-1920年从改革到职业化, 1104-1107
Simon and new concepts of administration 西蒙与行政新概念, 1113-1118
professions, the public sector and 公共部门与职业, 1091-1097
recognition of public administration 公共部门的认识, 372-374
structural arrangements and policy changes affecting 结构安排和政策变革对职业化的影响, 1138-1148
discretion and its implications 裁量权及其意义, 1142-1143
ethics and morality of administration and political context 行政伦理和道德及政治环境, 1143-1145
philosophical-politics interface 哲学与政治的交界, 1145-1148
Professionalization 职业化, 1194-1199
definition of a profession 职业界定 1196-1197
genesis of movement toward 朝职业化运动的起源, 1194-1196

judicial administration need for 职业化运动的司法管理需要, 969, 977-981

should public administration be a profession? 公共行政应该成为一个职业吗？1197-1199

Program effectiveness (foundation block of public administration) 项目有效性（公共行政的基石）, 59, 76-92

Projection method for public policy analysis 公共政策分析的预测法, 524-526

moving averages 移动平均数, 524-525

regression analysis 回归分析, 525-526

Project management 项目管理, 17

Proposition13 十三条提案, 187-189

Psychological research techniques 心理学研究技术, 784

Public Administration (Simon et al.) 《公共行政学》（西蒙等人）, 787-788

Public Administration and Policy Development: A Case Book (Stein) 《公共行政和政策发展：案例教程》（斯坦）, 785

"Public Administration as a Profession" (1981 symposium) 《作为职业的公共行政学》（1981年专题论文集）, 373

Public Administration Clearing House (PACH) 公共行政交流中心, 10, 11, 706, 1111, 1194, 1195

report on models for education and training 对教育和培训模式的报告, 708-709

Public Administration in a Time of Turbulence (Waldo) 《处于动荡时期的公共行政学》（沃尔多）, 723

Public Administration Network 公共行政网络, 26

Public Administration Quarterly 《公共行政季刊》, 22

Public Administration Review (ASPA publication) 《公共行政评论》（美国公共行政学会出版）, 12, 373

research methods summarized in 总结研究方法, 808

Publications monitoring IGR activities 监控政府间关系活动的出版物, 408-409

Public budgeting (1789-1995) 1789-1995年间的公共预算, 145-221

bibliographic criteria 文献目录索引标准, 151

chronology of federal budgeting 联邦预算年表, 145, 146-151

context 背景, 151-152

CPA studies and 比较公共行政研究与公共预算, 549-551

emergence of the modern era 现代时期的出现, 156-172

continuity and disjuncture 连续性和断裂性, 156-157

executive budgeting 行政预算, 157-160

the information industry 信息产业, 167-172

the 1921 reform 1921年改革, 160-167

historical antecedents 历史先例, 152-155

legislative budgeting of the 19th century 19世纪的立法预算, 154-155

U. S. Constitution 美国宪法, 152-154

perfecting the prototype 完善原型, 173-208

accountability and economic control 责任和经济控制, 180-182

Budget Enforcement Act of 1990 《1990年预算执行法》, 199-202

Congressional Budget Act of 1974 《1974年国会预算法》, 192-197

the elusive balanced budget 令人困惑的平衡预算, 202-205

Gramm-Rudman-Hollings Act of 1985 《1985年格拉姆-拉德曼-霍林斯法》, 197-199

incrementalism and rationalists 渐进主义者与理性主义者, 177-180

prevailing federal budget dynamics 占主导地位的联邦预算动力, 205-208

pursuing the classical and radical 追求经典和激进, 172-177

Public Budgets 《公共预算》, 159

Public choice theory 公共选择理论, 53, 62-63

CPA studies and 比较公共行政与公共选择理论, 542-544

economics and 经济学与公共选择理论, 1006-1015

explaining oversupply 解释过度供给, 1011-1013

legislative decision making 立法决策制定, 1009-1011

Lindahl equilibrium 林达尔均衡, 1008-1009

median voter and Bowen equilibrium 中间选民和鲍恩均衡理论, 1007-1008

Niskanen and budget maximizing bureaucrat 尼坎南

索引

和预算最大化的官僚, 1013–1015
pedagogy and 公共选择理论和教育, 760
professionalism and 公共选择理论和职业化, 1134–1137
Pubic interest (PI) model 公共利益模型, 3–4
city manager system and 城市经理制与公共利益模型, 7
civil service as illustration of 公务员制度说明公共利益模型, 4, 5
connecting professional concern with social needs 把职业关注与社会需要相联系, 29–30
criticism of (the 1970s) 20世纪70年代对公共利益模型的批评, 20–21
emphasis on scientific management 强调科学管理, 9–10
Jane Adams on 简·亚当斯论公共利益模型, 25–26
maturation of (the 1920s) 20世纪20年代公共利益模型的成熟, 9–10
orientation toward governing a complex society 治理一个复杂社会的导向, 31, 32
project management and 项目管理与公共利益模型, 17
reinterpretation of (the 1950s) 20世纪50年代重释公共利益模型, 19–20
Public interest organizations 公共利益组织, 171–172
Public personnel management 公共人事管理, 321–379
big government 大政府, 335–340
civil service systems 公务员制度, 327–334
development of human relations and workplace quality movements 人际关系和工作场所质量运动的发展, 363–367
development of public service 公共服务的发展, 321–327
establishment and reform of the civil service and merit concepts 公务员制度和功绩概念的确立与改革, 358–363
growth of bilateralism in the public sector 公共部门双边主义的发展, 370–372
quest for representativeness 寻求代表性, 367–370
recognition of the professional public administration 职业公共行政的认可, 372–374
reinvention, reengineering and downsizing (the 1990s) 20世纪90年代重塑、再造和精简, 345–346
retrenchment and reform 精简与改革, 340–345
Public policy analysis 公共政策分析, 507–533
diverse perspective for 多元视角, 510–529
effectiveness 有效性, 520–524
efficiency 效率, 513–520
implementation 执行, 526–529
optimality 最优化, 510–513
projection 预测, 524–526
methodological problems in 方法论问题, 507–509
complexity 复杂性, 508
effectuality 效果, 509
uncertainty 不确定性, 508–509
Public-private dichotomy 公共私有两分法, 1178–1186
empirical evidence 经验证据, 1183–1186
public-private differences 公共私有的差异, 1178–1182
public-private similarities 公共私有的相似点, 1182–1183
Public Productivity and Management Review (PPMR) 《公共生产力和管理评论》, 84
Public Strategies Group (PSG) 公共策略集团, 557
Public strikes 公共罢工, 371–372
Pure Food and Drug Act (1906) 《纯洁食品与药品法》, 624–625
Pursuit of Significance, The (Denhardt) 《追求意义》(丹哈特), 131–132
Quality Control Handbook (Juran) 《质量控制手册》(朱兰), 315
Quality Is Free (Crosby) 《质量是免费的》(克罗斯比), 315
Quality of working life (QWL) 工作生活品质, 111, 114, 115
Quality workplace movement 质量工作场所运动, 366–367
Quantitative modeling 定量模式, 474
Quasi-experimental designs of public policy 公共政策的准实验设计, 521–523
Railway Labor Act (1926) 《1926年铁路劳工法》, 627
Ramspeck-O'Mahoney Postmaster Act (1938) 《1938年拉姆斯佩克和奥马霍尼邮政局长法

案》,334

RAND Corporation 兰德公司,787,790

Rational decision maker, procedures for 理性决策制定者的程序,267-268

Rationality versus arbitrariness 理性对任意性,684-685

Reagan administration 里根政府:

administrative law and regulation and 里根政府与行政法和规章,648

attack on rules and rule making 对规则和规则制定的攻击,689-690

controls on size and scope of government 对政府规模和范围的控制,22,23,24

IGR and 里根政府与政府间关系,417-420

new federalism and 新联邦主义与里根政府,461-462

public service and 里根政府与公共服务,343-345

representativeness in 里根政府的代表性,369

Realist paradigm for study of comparative-international issues 研究比较议题国际议题的现实主义范式,579

Recording and note taking in interviews 采访中的录制和纪录,837

Reformist organizations 改革主义组织,359-360

Reform movements in U.S. government 美国政府中的改革运动,60-63

city manager government 城市经理政府,62

civil service system 公务员制度,60-61

post-Civil War period 内战后时期,60

public choice theory 公共选择理论,62-63

Wilson administration and 威尔逊政府和政府改革运动,61,62

Refounding Public Administration 《重建公共行政》,28

Regression analysis 回归分析,525-526

Regulatory administration 规制行政:

administrative law and 行政法与规制行政,604-613

resolving tension between market economy and 解决市场经济与规制行政之间的紧张态势,655-656

Regulatory Analysis Review Group (RARG) 规制分析评估小组,300,647-648

Regulatory Flexibility Act (1980) 《1980年规制灵活法案》,646

Rehabilitation Act (1973) 《1973年残疾人复健案》,341

Reinventing Government (Osborne and Gaebler) 《重塑政府》(奥斯本和盖布勒),92,136-137,190-191,497

Reinvention Government Network (RGN) 重塑政府网络,557

Reinvention of government 政府重塑,557-559

paradigm for 政府重塑范式,92-94

Report on Studies of Implementation in the Public Sector, A. 《公共部门执行研究报告》484

Representativeness 代表性,367-370

Research 研究

government investment in social science research 政府投资社会科学研究,12-13

quality of 研究质量,1193-1194

See also Classical research methods; Data administration and research methods 也见经典研究方法;数据管理和研究方法

Research arm for federal judiciary 联邦司法研究机构,942

Research in Public Administration (White and Adams) 《公共行政学中的研究》(怀特和亚当斯),796-797

Research organizations ("think tanks") 研究组织("智囊团"),172

Responsibility budgeting 责任预算,1025-1027

Responsibility for administrative authority 行政权威的责任,691-693

Retirement Act (1920) 《1920年退休法案》,332

Retrenchment ("cutback management") 紧缩("精简管理"),157

Rise of a New Federalism, The (Clark) 《新联邦主义的兴起》(克拉克),455

Risk perception, decision making and 决策制定与风险察觉,283-284

Rivers and Harbors Act (1907) 《1907年里弗斯和哈伊斯法》,299

Rockefeller Foundation 洛克菲勒基金会,27,472,703,705-706

Roman empire 罗马帝国,49

Roosevelt (Franklin) administration (富兰克林·)罗斯福政府:

centralized federalism and 罗斯福政府与集权联邦主义, 458
civil service system and 罗斯福政府与公务员制度, 333–335
New Deal of 罗斯福政府的新政, 394, 395
Roosevelt (Theodore) administration （西奥多·）罗斯福政府：
civil service system and 罗斯福政府与公务员制度, 329–331
New Nationalism of 罗斯福政府与新民族主义, 394, 395
Routine (programmed) decisions 常规（程序化的）决策, 293
Rule of factions (ROF) model 派系冲突模型, 3, 4
orientation toward governing a complex society 治理一个复杂社会的导向, 31, 32
Reagan-Bush administrations openness to 里根政府和布什政府对派系冲突模型的开放性, 25
Russia 俄罗斯
CPA and organizational design in 俄罗斯的比较公共行政与组织设计, 544
cultural legacy of Soviet Union 苏联的文化遗产, 547
devolution of intergovernmental issues in 俄罗斯把政府间问题权力下放, 553
privatization efforts in 俄罗斯私有化措施, 554
public budgeting controls for 俄罗斯的公共预算调控, 543, 550

Safety needs 安全需要, 72
Scenario writing 情景撰写, 527
Schedule C C 工资档次, 337
School of Business and Public Administration (Cornell University) 工商和公共行政学院（康奈尔大学）, 715
School of Citizenship and Public Administration (University of Southern California) 南加利福尼亚大学的公民与公共行政学院, 704–705
Science of administration 行政科学, 1186–1194
behavioral science of administration 行政的行为主义, 1188–1190
critiques 批评, 1190–1193
classical concept of 经典行政科学概念, 1187
critiques 批评, 1187–1188
research in public administration 公共行政学研究, 1193–1194
Scientific management 科学管理, 60, 159, 250–252, 266
applied to municipal administration 应用到市政管理, 778–779
as classic management model 作为经典的管理模型, 64–65
in evolution of professionalism 在职业化发展中, 1105–1106
as model of administrative pedagogy 作为行政教学的模式, 753–756
PI model and 公共利益模型与科学管理, 9–10
Scientific rationality 科学理性, 3–4
Secretariat system 秘书处系统, 584–585
Securities and Exchange Commission (SEC) 美国证券和交易委员会, 627
Self-actualize, need to 实现自我的需要, 72
Self-awareness in instructional techniques 教学技术的自我觉醒, 765–767
Senior Executive Service (SES) 高级执行主管制, 337, 343
establishment of 高级执行主管制的建立, 1139
Sexual harassment 性骚扰, 345, 347
Shared vision, building of 建立共同观点, 131
Sherman Anti-Trust Act (1890) 《1890年谢尔曼反托拉斯法》, 6, 620–621
Simon, Herbert 赫伯特·西蒙, 133–134, 268
behavioral science of administration and 西蒙行为主义行政科学, 1189–1190
bounded rationality and 西蒙与有限理性, 269–371
on decision types 西蒙论决策类型, 293
new concepts of administration 行政新概念, 1113–1118
Simple and sovereign structure (SSS) of bureaucracy 官僚制的简单主权结构, 103–104
Singapore 新加坡, 588
Single-tier trial court 单层初审法院, 973–974
Small and Medium Court Automation Project (SAMCAP) 小型和中型法院自动工程, 988
Smith-Lever Act (1914) 《1914年史密斯—利弗法案》, 779
Social Contract (Rousseau) 《社会契约论》（卢梭）, 468–469
Social Darwinism 社会达尔文主义, 469

Social factors in diagnosing productivity improvement 诊断生产力提高的社会因素, 84 – 87

Social Science Research Council (SSRC) 社会科学研究理事会, 10, 472, 705, 780 – 781

Social Security Act 《社会安全法案》, 335, 360, 627

Social system school 社会系统学派, 51

Sociological Paradigm in Organizational Analysis (Burrell and Morgan) 《组织分析中的社会学范式》(伯勒尔和摩根), 51

South Korea 南朝鲜, 588

Sovereignty, theories of 主权理论, 1079 – 1080

Special Supplement Food Program for Women, Infants, and Children 《妇女、婴儿、儿童特别辅助食品计划》, 234 – 235

Speedy Trial Act Accounting and Reporting System (STARS) 《快速审判法会计和报告系统》, 988

Spirit of Laws, The (Montesquieu) 《论法的精神》(孟德斯鸠), 468

Spoils system 分赃制, 324 – 325

Standards Relating to Court Organization 《有关法院组织的规范》, 944

State government, use of TQM by 州政府使用全面质量管理, 316

"State-oriented" federalism 州导向的联邦主义, 462

States and the Urban Crisis, The (Campbell) 《州和城市危机》(坎贝尔), 413

States' rights federalism 州权联邦主义, 450, 453 – 455

Statist cultures 国家主义文化, 547

Statistics 统计学:
systematic organization of 统计学的系统组织, 780
in use during World War II 二战中统计学的使用, 785

Status, expert discretion in matters of 专家自由裁量权的地位, 677 – 679

Strategic planning and management 战略规划与管理:
in decision making 决策制订中的战略规划与管理, 308 – 312
TQM approach to 全面质量管理途径运用于战略规划与管理, 313

Strategies for organizational growth 组织发展战略, 107 – 109

Street Corner Society (Whyte) 《街角社会》(怀特), 795

Strengthening Public Management in the Intergovernmental System (SCOPMA report) 《加强政府间体制的公共管理》(政策管理援助研究委员会报告), 423

Structural contingencies in organization science development 组织科学发展中的结构性情景变量, 109 – 112
analytic or synthetic treatments 分析或综合方法, 110
clinical treatments 临床方法, 111 – 112
statistical treatments 统计方法, 111

Study Committee on Policy Management Assistance (SCOPMA) 政策管理援助研究委员会, 415, 423

"Study of Administration, The" (Wilson) 《行政学研究》(威尔逊), 157, 358 – 359, 382, 700 – 701, 751 – 752, 777, 967, 1164 – 1168
as framework for professionalism 作为职业化的框架, 1101, 1102

Supportive relationships 支持关系, 75

Surrogate markets, administrative law and 行政法与替代市场, 613 – 614

Survey research 问卷调查研究, 784, 873 – 888
improving response to mail surveys 提高对回信问卷调查的回应, 878 – 887
nonresponse to 对问卷调查研究没有回应, 874 – 875
nonresponse bias 没有回应问卷调查研究的偏见, 875 – 877
weighting 权衡, 887 – 888
See also Mail-back surveys 也见回信问卷调查

Systems analysis 系统分析, 474, 787

Systems Analysis of Political Life, A (Easton) 《政治生活的系统分析》(伊斯顿), 477

System's Research Laboratory of RAND 该系统的兰德公司研究实验室, 790

Systems thinking 系统思考, 131

Tacit Organizations, The (Ingersoll and Adams) 《缄默的组织》(英格索尔和亚当斯), 135

Taft administration, court reform movement and 塔夫脱政府与法院改革运动, 930 – 932

Taft Commission (1911) 塔夫脱委员会, 8, 157

—158，159，160，245，781
Taiwan 台湾，588
Task Force Report：The Courts 《任务小组报告：法院》，941
Tax and expenditure limitations（TELs） 税收开支限制，189
Taylor, Frederick W. 弗雷德里克·W·泰勒，8，50，76，133，159，250，778，1105
classic management model of 泰勒的经典管理模式，64，65
See also Scientific management 也参见科学管理
Teachers of public administration 公共行政学教师，746—749
Team learning 团队学习，131
Technical assistance programs to assist LDCs 援助欠发达国家的技术援助项目，576—577
Technical Change and Industrial Transformation（Dosi）《技术变革和产业转型》（多西），1069
Technocrats, topocrats versus "专家治国论者"和地方自治政府，384—385
Technologies 技术：
administrative law to assure safety of 行政法保证技术安全，615
in diagnosing productivity improvement 诊断生产力提高的技术，87—88
judicial administration and 司法行政与技术，984—988
Tennessee Valley Authority（TVA） 田纳西流域峡谷管理局，10，333
"Ten Principles"（Urwick's guidelines for organizational design）"十大原则"（厄威克的组织设计指导方针），66
Tenure of Office Act（1820）《1820年任期法》，324
Tenure of Office Act（1867）《1867年任期法》，326
Termination of the policy sciences 政策科学的终结，485—486
Texas, states' rights federalism and 州权联邦主义与得克萨斯州，454
Textbooks in the field 该领域的教材，787—788
Theory generation, implementation and routinization by professionals 职业人员的理论生成、执行与常规化，1097—1100
Theory of Justice, A（Rawls）《正义论》（罗尔斯），494
Theory-practice issue of organization 组织的理论实践问题，132—137
Theory X management X理论管理，75，365
Theory Y management Y理论管理，75，365
Three models of public administration 公共行政的三种模型，2—4
conflict of factions（COF） 派系冲突，2—3
public interest（PI） 公共利益模型，3—4
rule of factions（ROF） 派系规则模型，3，4
Third World countries 第三世界国家. See Less developed countries（LDCs） 参见欠发达国家
Tinkering With the System（Yin et al.）《修补系统》（范等人），795—796
Topocrats 地方自治政府，384—385
To Run A Constitution（Rohr）《运行宪法》（罗尔），28
Total Quality Management（TQM） 全面质量管理，84，190—192，312—316，366—367
approaches to 全面质量管理途径，314—315
Clinton administration and 克林顿政府与全面质量管理，346
definition and essential elements of 全面质量管理的定义和基本要素，89，312—314
professionalization of the judicial system and 司法体系的职业化与全面质量管理，979
use and current trends 全面质量管理的使用与当前趋势，315—316
Toward a New Public Administration（Marini）《迈向新公共行政》（马里诺），723
Training and education in judicial administration 司法行政的培训与教育，981—984
Training interviewers 培训采访者，824—826
Training School for Public Service（1911） 公共服务培训学校，702，778
Transitional federalism 过渡/转型的联邦主义，391，462—463
Transitional societies, CPA as provider of insight into 比较公共行政为转型社会提供见识，538—541
Treasury Department, establishment of 财政部的建立，153—154
Truman administration 杜鲁门政府：
civil service system and 杜鲁门政府与公共服务体系 335—337

loyalty and security issues in 杜鲁门政府的忠诚与安全问题, 336-337

TVA and the Grass Roots: Leadership in Administration (Merton and Seiznick) 《田纳西流域管理局与基层组织》(塞尔兹尼克), 714, 757, 786

20th century public personnel administration 20世纪公共人事行政. See Public personnel management 参见公共人事行政

Uganda 乌干达, 548

Ukraine, privatization efforts in 乌克兰的私有化措施, 555

Uncertainty of public policy decisions 公共政策决定的不确定性, 508-509

Unconscious Life of Organizations, The (Diamond) 《组织的无意识生活》(戴蒙德), 130

Understanding Intergovernmental Relations (Wright) 《理解政府间关系》(赖特), 456

Unfunded Mandates Reform Act (1995) 《1995年无资金授权改革法》, 428-429

Unification (or centralization) of the judicial system 司法系统的统一（或集权）, 937-938, 973-977

court administrator's offices 法院行政官员的办公室, 974-975

judicial assignment authority 司法分派权威, 975

judicial councils 司法理事会, 974

judicial fiscal consolidation 司法财政加强, 975-977

judicial personnel 司法人事, 977

single-tier trial court 单层初级法院, 973-974

United Kingdom 英国. See Britain 参见英国

United Nations (UN) 联合国, 536, 574, 578, 585-587

developing administrative capabilities in LDCs 欠发达国家发展行政能力, 582-583

secretariat system of 联合国的秘书处系统, 585

United States (U.S.) Congress, legislative changes in court reform and 美国国会与法院改革的立法变革, 955-957

U.S. Constitution 《美国宪法》, 152-154

adoption of 接纳《宪法》, 387

budgetary powers enumerated in 预算权根植于《宪法》, 153

establishment of the Treasury Department 财政部的建立, 153-154

framer's intent, meaning, and orientation 奠基人的意图、意思和导向, 387-389

Hamiltonian perspective on 汉弥尔顿的《宪法》观, 152-153

staffing the court system and 法律体系的人事与《宪法》, 922

U.S. Supreme Court 美国最高法院:

cases dealing with federalism (1890-1960) 处理联邦主义的案件 (1890-1960), 393-394

rulings on nondelegation doctrine 对非授权原则的裁决, 665-666

"Universities without walls," "没有围墙的大学", 722-723

University programs to educate professionals 教育职业人员的大学项目:

in the 1920s 20世纪20年代, 9-10

in the 1930s 20世纪30年代, 10, 11

in the 1940s 20世纪40年代, 13

in the 1950s 20世纪50年代, 15

in the 1960s 20世纪60年代, 15, 18-19

in the 1970s 20世纪70年代, 20

Unobtrusive Measures: Nonreactive Research in the Social Sciences (Webb et al.) 《非介入方法：社会科学非反应性研究》(韦布等人), 838

Urban Information System (URBIS) 城市信息系统, 792-794, 799

Urban Institute 城市学院, 416

Urban planning assistance program ("701" program) 城市规划协助项目（"701"项目）, 792

Urban reform efforts (early 1900s) 城市改革措施（20世纪初）, 779

Urban service delivery study 城市服务供给研究, 794

Values in the policy sciences 政策科学中的价值观, 493-495

Vanderbilt, Arthur T 亚瑟·T·范德比尔特：

court reform movement of 法院改革运动, 935-936

unified court concept and 亚瑟·T·范德比尔特与统一的法院概念, 937, 938

Vertically integrated organizations, demand-revealing mechanisms in 垂直整合组织中的需求展示机制, 1024-1027

Veteran's Preference Act (1919) 《1919年退役军人优先权法》, 330-331

Veteran's Preference Act (1944) 《1944年退役

军人优先权法》,335
Videotaping of trials 审判录像,985–986
Vietnam Veteran's Readjustment Act (1974)《1974年越南退役军人调整法》,341–342
Vietnam War, effect on policy sciences of 越南战争对政策科学的影响,488–489
Violence in the workplace 工作职场上的暴力,348
Volcker Commission (1989) 沃尔克委员会,79,346
report of 委员会报告,729,730–732

Waldo, Dwight 德怀特·沃尔多,13
behavioral science of administration and 沃尔多与行为主义行政科学,1190–1191
Wagner Act《瓦格纳法》. See National Labor Relations Act 参见《国家劳动关系法》(1935)
War on Poverty, effect on policy sciences of "向贫穷宣战"计划对政策科学的影响,487–488
Wartime IGR 战时政府间关系,402–404
Washington, D. C., fiscal crisis in 华盛顿特区的财政危机,553–554
Washington administration 华盛顿政府:
honest government and 诚实政府与华盛顿政府,59–60
public service and 公共服务与华盛顿政府,321–322
Watergate 水门事件,18,20
effect on policy sciences 水门事件对政策科学的影响,489–490
Weber, Max 马克思·韦伯,14,76
administrative ethics and 行政伦理与马克思·韦伯,1200–1201
classic management model of 马克思·韦伯的经典管理模式,65
concept of bureaucracy 官僚制概念,123
on professional civil servants 韦伯论职业公务员,372
Weighting responses to mail-back surveys 权衡对回信问卷调查的回答,887–888
Western Electric experiments at Hawthorne works (1929–1932) 西方电子公司的霍桑工厂实验,73,363–364,365,755
Wharton School 沃顿学院,701,752,753

Williams, Whiting 怀廷·威廉斯,50,79
Wilson, Woodrow 伍德罗·威尔逊,5,157,469,700–701,777,967
administrative ethics and 伍德罗·威尔逊与行政伦理,1201
civil service system and 伍德罗·威尔逊与公务员制度,331–332
decision making and 伍德罗·威尔逊与决策制订,266
on federalism 威尔逊论联邦主义,382–383
New Freedom program of 伍德罗·威尔逊的新自由项目,394
politics-administration dichotomy and 伍德罗·威尔逊与政治行政两分法,117–118,122,123,1164–1168
on professional civil servants 论职业公务员,374
reform movement of 伍德罗·威尔逊的改革运动,61,62
uncertain legacy of 伍德罗·威尔逊的不确定遗产,1168–1177
Winter Commission 温特委员会,23–24
Women's Civic Action League 女性民事行动联盟,9
Woodrow Wilson School (Princeton University) 伍德罗·威尔逊流派(普林斯顿大学),715
Worker motivation, public-private dichotomy and 公共私有两分法与工人激励,1179–1180
Workplace quality movement 工作场所质量运动,363–367
World Bank 世界银行,536
civil service reform in LDCs and 欠发达国家的公共服务改革与世界银行,548–549
public budgeting and financial management control for LDCs and 欠发达国家的公共预算和财政管理控制与世界银行,550
World Health Organization (WHO) 世界卫生组织,578
World Peace Through World Law (Clark and Sohn)《通过世界法来促进世界和平》(克拉克和索恩),579
Zero-base budgeting (ZBB) 零基预算,251,558
Carter administration and 卡特政府与零基预算,180

主编简介

杰克·雷宾（Jack Rabin）是宾夕法尼亚州（Pennsylvania）米德尔敦市（Middletown），宾夕法尼亚州立大学哈里斯堡分校（The Pennsylvania State University——Harrisburg）公共行政和公共政策教授。他曾是新泽西州劳伦斯维尔的赖德学院（Rider College in Lawrenceville，New Jersey）人类服务研究生项目（Graduate Program in Human Services）的副教授和主任。他担任以下杂志的编辑/共同编辑（Co-editor）：《组织理论和行为国际杂志》（International Journal of Organization Theory and Behavior），《公共行政国际杂志》（International Journal of Public Administration）——由马塞尔·德克尔公司（Marcel Dekker）出版；《公共行政季刊》（Public Administration Quarterly），《健康和人力服务管理杂志》（Journal of Health and Human Services Administration），《公共预算、会计和财政管理杂志》（Journal of Public Budgeting, Accounting, and Financial Management），《管理历史杂志》（Journal of Management History），《公共行政和管理》（一本相互影响的杂志）（Public Administration and Management）。他也是25本书籍的作者、主编或共同主编，其中包括：《公共预算手册》（Handbook of Public Budgeting），《公共人事行政手册》（Handbook of Public Personnel Administration），《公共部门劳工关系手册》（Handbook of Public Sector Labor Relations），《政治与行政》（Politics and Administration），《管理政府》（Managing Administration），《州和地方政府行政》（State and Local Government Administration），《信息资源管理手册》（Handbook of Information Resource Management），《人力服务行政手册》（Handbook on Human Services Administration），《战略管理手册》（Handbook of Strategic Management），《公共预算和财政》（Public Budgeting and Finance）（所有这些书都由马塞尔·德克尔公司出版）。此外，杰克·雷宾也是美国总统行政办公室预算和战略计划办公室顾问。他也担任《公共行政和公共政策系列丛书》（Public Administration and Public Policy Series）（马塞尔·德克尔公司出版）的执行主编。杰克·雷宾教授在1972年获得佐治亚州阿森斯市的乔治亚大学政治学博士学位。

W. 巴特利·希尔德雷思（W. Bartley Hildreth）是雨果·沃尔城市和公共事务学院（the Hugo Wall School of Urban and Public Affairs）和W. 弗兰克·巴顿商学院（the W. Frank Barton School of Business）的著名公共财政教授（Regent Distinguished Professor of Public Finance），堪萨斯州（Kansas）威奇托州立大学（Wichita State University）的公共财政中心主任（Kansas Public Finance Center），希尔德雷思博士任职阿克伦市（City of Akron, Ohio）的财政局长（Director of Finance）、俄亥俄州肯特州立大学（Kent State University, Ohio）管理研究生院的公共行政学教授、路易斯安那州立大学八吞鲁日分校（Louisiana State University, Baton Rouge）企业管理学院的公共行政学教授和美国公共行政学会协会预算与财政管理分会的前任主席。目前，他是《城市财政期刊》（Municipal Finance Journal）主编、《公共行政国际杂志》（International Journal of Public Administration）（马塞尔·德克尔公司）的书评编辑、州和地方预算国家咨询委员会（the National Advisory Council on State and Local Budgeting）和政府财政官员协会注册公共财政官员项目证书理事会成员（the Council on Certification for the Certified Public Finance Officer Program of the Government Finance Officers' Association）以及佩夫出版商（PEF）董事成员。他的著作在诸多期刊上发表，诸如《公共行政评论》、《美国公共行政评论》（American Review of Public Administration）、《公共行政季刊》（Public Administration Quarterly）、《公共预算与财政》（Public Budgeting & Finance）、《公共预算与财政管理》（Public Budgeting and Financial Management）、《应用行为科学杂志》（Journal of Applied Behavioral Science）、《公共人事行政评论》（Review of Public Personnel Administration）、《公共人事管理》（Public Personnel Management）和《公共生产力评论》（Public Productivity Review）。他的出版物也包括《州和地方政府债务保险和管理服务》（State and Local Government Debt Issuance and Management Service）。另外，他是《州和地方政府预算实践手册》（State and Local Government Budgeting Practice Handbook）、《公共预算实验室（第二版）》（Public Budgeting Laboratory）等书的合作者,《公共人事行政手册》（Handbook of Public Personnel Administration）、《公共部门劳工关系手册》（Handbook of Public Sector Labor Relations）、《战略管理手册》（Handbook of Strategic Management）（所有这些书都由马塞尔·德克尔公司出版）和《公共预算和财政管理中的案例研究》（Case Studies in Public Budgeting and Financial Management）和《预算：形成与执行》（Budgeting: Formulation and Execution）等书的合编者。1995年，他得到公共行政东南部会议所颁发的多纳托·普莱塞（Donato J. Pugliese）奖，以表彰他对公共服务和公共行政所作的杰出贡献。他曾是1995年堪萨斯州税收改革研究的主管以及州长税收公平任务小组的成员。他于1971年获得阿拉巴马大学（University of Alabama）政治学学士，1974年获得奥本大学蒙哥马利校区（亚拉巴

马州）(Auburn University)(Montgomery，Alabama) 公共管理硕士学位，1979 年获得乔治亚大学阿森斯分校（University of Georgia，Athens）公共管理博士学位。

杰拉尔德·J. 米勒（Gerald J. Miller）是新泽西州（New Jersey）纽瓦克市（Newark）市罗格斯大学（Rutgers University）的公共行政副教授。他是 50 多篇论文的作者，他的作品发表在美国及国外许多杂志上，包括《公共行政国际杂志》(International Journal of Public Administration)、《公共行政评论》、《政策研究杂志》、《公共生产力和管理评论》(Public Productivity and Management Review)、《公共行政季刊》(Public Administration Quarterly)，他已出版超过 20 多本著作，他是《政府财政管理理论》(Government Financial Management Theory) 一书的作者，是《债务管理手册》(Handbook of Debt Management) 的主编，是《战略管理手册》(Handbook of Strategic Management)、《公共部门劳工关系手册》(Handbook of Public Sector Labor Relations) 的共同主编。另外，他还出版了《公共预算实验室》(Public Budgeting Laboratory)、《管理行为和组织需求》(Managerial Behavior and Organization Demands)、《预算管理与预算：制定和评估》等合著。他是《公共行政国际杂志》(International Journal of Public Administration)、《公共预算与财政管理》(Public Budgeting and Financial Management)、公共生产力和管理评论》(Public Productivity and Management Review)、《城市财政管理》(Municipal Finance Management)、《公共行政杂志》(Journal of Public Administration)、《健康和人力服务行政》(Journal of Human Services Administration) 等杂志的编委会成员。他也是《公共行政季刊》的书评编辑。作为亚利桑那州凤凰城（Phoenix，Arizona）的劳舍尔·皮尔斯·里福斯内斯公司（Rauscher, Pierce, Refsnes, Inc.）的前任投资银行家，他长期在美国、加拿大、西欧进行积极的咨询实践，他的顾客包括中央、州和地方政府组织、政府的立法机构、行政机构和司法部门，还有私营企业和公共部门协会，如特许财政和会计学会（Chartered Institute of Public Finance and Accountancy，英格兰和威尔士（England and Wales）、美国和加拿大政府财政官员协会（Government Finance Officers Association of The United States and Canada）、国际城市和县管理协会（International City and County Management Association）等。他的研究寻求理解在公共组织控制中资源分配的主导因素。另外，他的工作得到了美国、加拿大、英格兰、威尔士和欧洲的政府和私营赞助者的持续和坚定的支持。他于 1969 年在奥本大学获得经济学理学士（Bachelor of Science，简称 B. S），1974 年在奥本大学获得公共管理硕士学位，1979 年在乔治亚大学阿森斯分校（University of Georgia，Athens）获得政治学博士学位。

作者简介

卢瑟·F. 卡特（Luther F. Carter）博士，南卡罗莱纳州预算与控制局高级执行主管。

N. 约瑟夫·凯尔（N. Joseph Cayer）博士，文学学士，公共管理硕士，亚利桑那州立大学公共事务学院教授。

拉尔夫·克拉克·钱德勒（Ralph Clark Chandler）博士，西密执安大学城市事务和政治科学学院、公共行政学院教授。

菲利浦·库珀（Phillip J. Cooper）博士，佛蒙特大学文学院、政治学系冈德讲座教授和 MPA 项目主管。

彼得·德利翁（Peter deLeon）博士，科罗拉多大学公共事务研究生学院教授。

罗伯特·B·丹哈特（Robert B. Denhardt）博士，特拉华大学城市事务和公共政策学院教授。

布雷恩·R·弗赖伊（Brian R. Fry）博士，南卡罗莱纳大学政府和国际研究系。

瓦奇·盖布雷林（Vatche Gabrielian）博士、公共管理硕士，罗格斯大学公共生产力研究中心，公共行政研究生院副研究员。

约翰·J·加根（John J. Gargan）博士，肯特州立大学政治学教授。

詹姆斯·A·盖泽尔（James A. Gazell）博士，圣地亚哥州立大学公共行政和城市研究系。

约翰·R. ·吉斯特（John R. Gist）[*]，城市事务和规划系，维吉尼亚理工学院和州立大学。

罗伯特·T·葛伦比维斯基（Robert T. Golembiewski）博士、荣誉理学博士（D. Sc.）（Hon.），佐治亚大学政治学系研究教授。

格洛丽亚·A. ·格里泽尔（Gloria A. Grizzle）博士，佛罗里达州州立大学艾斯丘公共行政和政策学院教授。

乔治·M·格斯（George M. Guess）博士，马里兰州发

---

[*] 目前任职：华盛顿美国养老金学会公共政策研究所政策分析员

展方案公司高级行政管理专家。

史蒂文·W·海斯（Steven W. Hays）博士，南卡莱罗纳大政府和国际研究系教授。

弗雷尔·海迪（Ferrel Heady）博士，新墨西哥州大学公共行政学院荣誉退休教授（Professor Emeritus）。

马克·霍哲（Marc Holzer）博士、公共管理硕士，罗格斯大学公共行政研究生院教授。

劳伦斯·F·凯勒（Lawrence F. Keller）博士、法学博士（J. D），克利夫兰州立大学莱文城市事务学院城市研究系公共行政项目助理教授。

埃莉诺·V·劳迪辛纳（Eleanor V. Laudicina）博士，新泽西州基恩大学学术事务助理副校长、公共行政系教授。

理查德·H·里奇（Richard H. Leach），杜克大学政治学系荣誉退休教授。

卡罗尔·W·刘易斯（carol w Lewis）博士，康涅狄格州立大学政治学系教授。

罗伯特·P.·麦高恩（Robert P. McGowan）博士、公共管理硕士。丹佛大学丹尼尔斯商学院管理学副教授。

斯图亚特·S·那格尔（Stuart S. Nagel）博士、法学博士。教授，伊利诺伊大学政治学系副主任、国际政策研究教授。

劳埃德·G·尼格罗（Lloyd G. Nigro）博士，乔治亚州立大学公共行政和城市研究系教授。

文森特·奥斯特罗姆（Vincent Ostrom）博士，印第安纳大学阿瑟·本特利政治学荣誉退休教授、政策理论和政治分析研讨班共同主任（Co-Director）。

E·萨姆·奥弗曼（E. Sam Overman）博士，*科罗拉多州立大学公共事务研究生院教授。

戴维·H·罗森布洛姆（David H. Rosenbloom）博士，美国大学公共行政系著名教授。

C. E. 提斯里三世（C. E. Teasley III）博士，西佛罗里达大学怀特曼公共服务中心执行主管。

弗里德·汤普森（Fred Thompson）博士，威拉米特大学格雷斯和埃里默·古迪公共管理和政策系、阿特金森管理研究生院教授。

约瑟夫·A·尤格斯（Joseph A. Uveges）博士，西肯塔基大学政府学系教授。

罗伯特·K.·惠兰（Robert K. Whelan）博士，新奥尔兰大学城市和公共事务学院教授。

丹尼斯·P.·威特曼（Dennis P. Wittmer）博士、公共管理硕士、文学硕士。丹佛大学丹尼尔斯商学院管理学副教授。

---

* Deceased.

作者简介

戴尔·S·赖特（Deil S. Wright）博士、文学学士、公共管理硕士，北卡罗莱州立大学政治学和公共行政学系著名教授。

塞谬尔·J·耶格尔（Samuel J. Yeager）博士，威西塔州立大学胡戈学院教授。

译者简介

张梦中，1963年生，四川人。毕业于美国新泽西州立大学（Rutgers University）公共管理专业，获博士学位。现为新加坡南洋理工大学教师。担任的其他兼职工作还有：美国公共行政学会中国分部共同主席、美国公共行政学会美中公共管理国际合作局副主任、美国国家公共生产力中心研究员及副主任、Chinese Public Administration Review 执行主编，Public Performance and Management Review（美国）、Public Voices（美国）、Public Management and Social Policy（美国）和 Genesis: A Caravan（印度）杂志编委，《中国行政管理》杂志社特约研究员、中国人民大学行政管理系客座研究员，并为中国10所大学聘为兼职或客座教授。主要研究领域为：组织理论与政府改革，公共政策制定与实施，预算与财政改革等。出版主编专业书籍四部、主译专业书籍五部。用中文发表文章30余篇，英文文章20余篇。在过去的几年中，曾应邀到中国的20余所大学讲学。

周巍，男，1981年生，湖南人。东莞理工学院城市学院社会科学系教师，行政管理学硕士。先后在中文核心期刊发表学术论文17篇，被《中国社会科学文摘》转载1篇；主持或参与7项国家级、省级课题、校级课题；参与5本教材的编写工作；参与翻译著作3部。

葛洪，男，1964年生，湖北人。中山大学政治学与公共事务管理学院博士研究生。先后在中文核心期刊发表学术论文7篇，其中被"人大复印资料"全文转载1篇，另有多篇文章发表于报刊；参与联合国教科文组织（UNESCO）课题2项，为课题组副组长，部级课题1项；参与过多部教材的编写和译著的翻译。

张云，女，1977年生，湖南人。东莞理工学院城市学院文学与艺术系讲师，英语语言文学硕士，在中文核心期刊中发表学术论文3篇；主持或参与3项省级课题；参与2本教材编写工作，参与翻译著作3部。